第 13 版

迈尔斯普通心理学

[美]戴维·G.迈尔斯
[美]C.内森·德沃尔　著

曾早垒　等译

中信出版集团｜北京

图书在版编目（CIP）数据

迈尔斯普通心理学 /（美）戴维·G. 迈尔斯,（美）
C. 内森·德沃尔著；曾早垒等译 . -- 北京：中信出版
社, 2024.9
　　ISBN 978-7-5217-6365-2

Ⅰ.①迈… Ⅱ.①戴…②C…③曾… Ⅲ.①普通心
理学 Ⅳ.① B84

中国国家版本馆 CIP 数据核字 (2024) 第 064165 号

Psychology, Thirteenth Edition by David G. Myers, C. Nathan DeWall
First published in the United States by Worth Publishers
Copyright © 2021, 2015, 2013 Worth Publishers
Simplified Chinese translation copyright © 2024 by CITIC Press Corporation
ALL RIGHTS RESERVED
本书仅限中国大陆地区发行销售

迈尔斯普通心理学

著者：　　［美］戴维·G. 迈尔斯　　［美］C. 内森·德沃尔
译者：　　曾早垒 等
出版发行：中信出版集团股份有限公司
　　　　　（北京市朝阳区东三环北路 27 号嘉铭中心　邮编　100020）
承印者：　北京通州皇家印刷厂

开本：787mm×1092mm　1/16　　印张：60　　字数：1200 千字
版次：2024 年 9 月第 1 版　　　　印次：2024 年 9 月第 1 次印刷
京权图字：01-2024-1696　　　　　书号：ISBN 978-7-5217-6365-2
定价：152.00 元

版权所有·侵权必究
如有印刷、装订问题，本公司负责调换。
服务热线：400-600-8099
投稿邮箱：author@citicpub.com

心理学事件时间轴

查理斯·布鲁尔（Charles L. Brewer，弗曼大学）与赛琳娜·布罗迪（Charles L. Brewer，得克萨斯大学达拉斯分校）

公元前

- **387**—— 柏拉图（Plato）相信天赋观念（innate ideas），认为大脑是心理过程的产生地。
- **335**—— 亚里士多德（Aristotle）否认天赋观念，他认为心脏是心理过程的产生地。

公元

- **1604**—— 约翰内斯·开普勒（Johannes Kepler）描述了视网膜上的倒置图像。
- **1605**—— 弗朗西斯·培根（Francis Bacon）出版了《学术的进展》（The Proficiency and Advancement of Learning）。
- **1636**—— 哈佛学院成立。
- **1637**—— 提出身心交感论和天赋观念论的法国哲学家、数学家勒内·笛卡儿（René Descartes）出版了《谈谈方法》（A Discourse on Method）。
- **1690**—— 英国哲学家约翰·洛克（John Locke）出版了《人类理解论》（An Essay Concerning Human Understanding），强调经验主义而非主观猜测。他反对笛卡儿的天赋观念论，认为人出生时的心灵是一块"白板"（tabula rasa）。
- **1774**—— 奥地利医生弗朗兹·麦斯麦（Franz Mesmer）首次利用"动物磁流"（之后被称为催眠）进行治疗。1777年，他被禁止在维也纳行医。
- **1793**—— 菲利普·皮内尔（Philippe Pinel）第一个在法国比赛特精神病院解开了束缚精神疾病患者的锁链，倡导以更加人道的方式对待精神病患。
- **1802**—— 托马斯·杨（Thomas Young）在英国出版了《色彩视觉理论》（A theory of Color Vision）（之后他的理论被称为三色论）。
- **1808**—— 德国医生弗朗茨·高尔（Franz Gall）提出了颅相学，他认为一个人的头骨形状能够揭示此人的智力和性格特征。
- **1813**—— 美国第一家私立精神病院在费城开业。
- **1834**—— 恩斯特·韦伯（Ernst Weber）出版了《触觉》（The Sense of Touch），他在书中提出了"最小可觉差"（jnd）和韦伯定律（Weber's law）。
- **1844**—— 13名督导在费城组建了美国精神病医疗督学协会（现为美国精神病学协会）。
- **1848**—— 菲尼斯·盖奇（Phineas Gage）的大脑被一根铁棍意外刺穿，导致他遭受了严重的脑损伤。这没有影响他的智力和记忆，但使他的性格大变。
- **1850**—— 赫尔曼·冯·亥姆霍兹（Hermann von Helmholtz）测量了神经冲动的速度。
- **1859**—— 查尔斯·达尔文（Charles Darwin）出版了《物种起源》（On the Origin of Species by Means of Natural Selection），这本书综合了大量前人关于进化论的研究成果，包括赫伯特·斯宾塞（Herbert Spencer）提出的"适者生存"理论。
- **1861**—— 法国医生保罗·布洛卡（Paul Broca）发现了大脑左额叶存在一块对口语产生至关重要的区域，现称为布洛卡区。
- **1869**—— 查尔斯·达尔文的表弟弗朗西斯·高尔顿（Francis Galton）出版了《遗传的天才》（Hereditary Genius），他在书中认为智力是遗传而来的。1876年，他创造性地提出了"先天与后天"这一表述，与"遗传与环境"相对应。
- **1874**—— 德国神经学家、精神病学家卡尔·韦尼克（Carl Wernicke）发现大脑左颞叶的某个特定区域（现称为韦尼克区）损伤会破坏理解或产生口语及书面语的能力。
- **1878**—— 斯坦利·霍尔（Stanley Hall）在哈佛大学哲学系被授予了第一个基于心理学研究的博士学位。
- **1879**—— 威廉·冯特（Wilhelm Wundt）在德国莱比锡大学建立了第一个心理学实验室，由此莱比锡大学成为全球心理学学生的圣地。
- **1883**—— 威廉·冯特的学生斯坦利·霍尔在约翰斯·霍普金斯大学建立了美国第一个正式的心理学实验室。

1885 — 赫尔曼·艾宾浩斯（Hermann Ebbinghaus）出版了《记忆》（On Memory），该书总结了他对学习和记忆的广泛研究，包括"遗忘曲线"。

1886 — 约瑟夫·贾斯特罗（Joseph Jastrow）获得了约翰斯·霍普金斯大学心理学系授予的第一个心理学博士学位。

1889 — 亨利-艾蒂安·美尼斯（Henri-Étienne Beaunis）与阿尔弗雷德·比奈（Alfred Binet）在索邦建立了法国第一个心理学实验室。同年，第一届心理学大会在巴黎举行。

1890 — 哈佛大学哲学家、心理学家威廉·詹姆斯（William James）出版了《心理学原理》（The Principles of Psychology），将心理学定义为"心理生活的科学"。

1891 — 詹姆斯·马克·鲍德温（James Mark Baldwin）在多伦多大学建立了英联邦第一个心理学实验室。

1892 — 斯坦利·霍尔率先成立了美国心理学会（APA），并担任首任主席。

1893 — 玛丽·惠顿·卡尔金斯（Mary Whiton Calkins）及克里斯汀·拉德-富兰克林（Christine Ladd-Franklin）是第一批入选美国心理学会的女性成员。

1894 — 玛格丽特·弗洛伊·沃什伯恩（Margaret Floy Washburn）是第一位获得心理学博士学位的女性，她的学位由康奈尔大学授予。

—— 哈佛大学因玛格丽特·弗洛伊·沃什伯恩的女性性别拒绝授予她博士学位，尽管雨果·闵斯特伯格（Hugo Münsterberg）认为她是自己在哈佛大学见过的最好学生。

1896 — 约翰·杜威（John Dewey）发表了《心理学中的反射弧概念》（The Reflex Arc Concept in Psychology），促成了机能主义心理学流派的形成。

1898 — 哥伦比亚大学的爱德华·桑代克（Edward Thorndike）在《动物智慧》（Animal Intelligence）中描述了他在"迷笼"（puzzle boxes）中用猫进行的学习实验。1905年，他提出了"效果律"。

—— 博士生爱丽丝·李（Alice Lee）利用《解剖学期刊》（Journal of Anatomy）上的公开数据驳斥了流行的优生学观点，即头骨的尺寸与智力相关。

1900 — 西格蒙德·弗洛伊德（Sigmund Freud）出版了《梦的解析》（The Interpretation of Dreams），这是他关于精神分析的主要理论著作。

1901 — 十名创始人成立了英国心理学学会（the British Psychological Society）。

1904 — 伊万·巴甫洛夫（Ivan Pavlov）因其消化生理学研究被授予诺贝尔生理学或医学奖。

1905 — 玛丽·惠顿·卡尔金斯成为美国心理学会的首位女性主席。

—— 伊万·巴甫洛夫开始发表关于动物条件反射的研究。

—— 阿尔弗雷德·比奈和泰奥多尔·西蒙（Théodore Simon）发布了第一个智力测验，用于评估巴黎学童的能力和学业成就。

1909 — 西格蒙德·弗洛伊德进行了他唯一一次美国之旅，在克拉克大学举办了一系列讲座。

1913 — 约翰·华生（John Watson）在《心理学评论》（Psychological Review）发表了一篇题为《行为主义者眼中的心理学》（Psychology as the Behaviorist Views It）的文章，概述了行为主义的原理。

1914 — 一战期间，罗伯特·耶基斯（Robert Yerkes）和他的工作人员开发了一个用于评估美国军事人员的群体性智力测验，这提高了美国公众对心理测验的接

受度。

莉莲·吉尔布雷思（Lilian Gilbreth）出版了《管理学原理》（*Principles of Management*），这是工业组织心理学领域的奠基性书籍。

1920— 利塔·霍林沃思（Leta Hollingworth）出版了早期经典著作《亚正常儿童心理学》（*The Psychology of Subnormal Children*）。1921年，因其对女性心理的研究被收录至《美国科学名人录》（*American Men of Science*）。

弗朗西斯·塞西尔·萨姆纳（Francis Cecil Sumner）获得了克拉克大学授予的心理学博士学位，成为首位获得该学位的非裔美国人。

约翰·华生和罗莎莉·雷纳（Rosalie Rayner）报告了"小艾伯特"的恐惧条件反射。

1921— 瑞士精神病学家赫曼·罗夏（Hermann Rorschach）介绍了罗夏墨迹测验。

1923— 发展心理学家让·皮亚杰（Jean Piaget）出版了《儿童的语言和思维》（*The Language and Thought of the Child*）。

1924— 玛丽·琼斯（Mary Jones）报告消除了一个孩子（名叫彼得）的恐惧条件反射，这是约瑟夫·沃尔普（Joseph Wolpe）提出的系统脱敏法的前身。

1927— 安娜·弗洛伊德（Anna Freud）在《儿童精神分析技术导论》（*Introduction to the Technique of Child Analysis*）中探讨了精神分析疗法在儿童中的应用。

1929— 沃尔夫冈·柯勒（Wolfgang Köhler）出版了《格式塔心理学》（*Gestalt Psychology*），该书对行为主义进行了批判，同时概述了格式塔心理学的立场和方法的基本要素。

1931— 玛格丽特·弗洛伊·沃什伯恩成为第一位入选美国国家科学院的女性心理学家，同时也是美国国家科学院所有学科中第二位女性科学家。

1932— 沃尔特·坎农（Walter Cannon）在《身体的智慧》（*The Wisdom of the Body*）中创造性地提出了"内稳态"（homeostasis）这一术语，并讨论了战斗或逃跑反应，以及发现了与应激有关的激素变化。

1933— 伊内兹·贝弗利·普罗塞（Inez Beverly Prosser）成为美国第一位获得心理学博士学位的非裔女性（由辛辛那提大学授予）。

1934— 露丝·温妮弗雷德·霍华德（Ruth Winifred Howard）成为美国第二位获得心理学博士学位的非裔女性（由明尼苏达大学授予）。

1935— 克里斯蒂安娜·摩根（Christiana Morgan）与亨利·默里（Henry Murray）开发了主题统觉测验，用来引出接受精神分析的人的幻想。

1936— 葡萄牙医生安东尼奥·埃加斯·莫尼兹（António Egas Moniz）发表了关于人类第一例额叶切除术的成果。

1938— 斯金纳（B.F. Skinner）出版了《有机体的行为》（*The Behavior of Organisms*），该书描述了动物的操作性条件反射。

路易斯·瑟斯顿（Louis Thurstone）在《基本心理能力论》（*Primary Mental Abilities*）一书中提出了人的7种基本能力。

乌戈·塞尔莱蒂（Ugo Cerletti）和卢西欧·毕尼（Lucio Bini）对人类患者使用电击疗法。

1939— 大卫·韦克斯勒（David Wechsler）发表了韦克斯勒-贝尔维尤智力测验（Wechsler-Bellevue intelligence test），这是韦氏儿童智力量表（WISC）和韦氏成人智力量表（WAIS）的前身。

玛米·克拉克（Mamie Clark）获得霍华德大学的硕士学位。之后，她在实验室中与肯尼斯·克拉克（Kenneth Clark）合作，扩充了自己的论文——《黑人学龄前儿童自我意识的发展》

（*The Development of Consciousness of Self in Negro Preschool Children*）。这篇论文于 1954 年被美国最高法院在关于终止公立学校的种族隔离的决定中引用。

爱德华·亚历山大·伯特（Edward Alexander Bott）帮助创立了加拿大心理学协会，并在 1940 年担任协会的第一届主席。

二战为心理学家提供了许多机会来增强心理学的知名度和影响力，特别是应用领域。

1943　心理学家斯塔克·海瑟薇（Starke Hathaway）和内科医生查恩利·麦金利（Charnley McKinley）开发了明尼苏达多相人格量表（MMPI）。

1945　批判弗洛伊德的女性性发展理论的卡伦·霍尼（Karen Horney）出版了《我们内心的冲突》（*Our Inner Conflicts*）。

1946　本杰明·斯波克（Benjamin Spock）出版了第一版《斯波克育儿经》（*The Commonsense Book of Baby and Child Care*），该书影响了北美的儿童养育几十年。

1948　阿尔弗雷德·金赛（Alfred Kinsey）和其同事出版了《人类男性性行为》（*Sexual Behavior in the Human Male*），并于 1953 年出版了《人类女性性行为》（*Sexual Behavior in the Human Female*）。

斯金纳的小说《瓦尔登湖第二》（*Walden Two*）描绘了一个基于正强化的乌托邦社会，它号召大众将心理学原理应用于日常生活（尤其是社会生活）。

欧内斯特·希尔加德（Ernest R. Hilgard）出版了《学习原理》（*Theories of Learning*），它是北美几代心理学学生的必读书目。

1949　雷蒙德·卡特尔（Raymond Cattell）开发了 16 型人格测验（16PF）。

博尔德临床心理学研究生教育大会通过了科学家—实践者培训模式（The scientist-practitioner model）。

加拿大心理学家唐纳德·赫布（Donald Hebb）在《行为的组织：神经心理学理论》（*The Organization of Behavior: A Neuropsychological Theory*）一书中，提出了一个全新的、具有影响力的关于神经系统如何运作的概念。

1950　所罗门·阿希（Solomon Asch）发表了关于从众对线段长度判断影响的研究。

埃里克·埃里克森（Erik Erikson）在《童年与社会》（*Childhood and Society*）一书中提出了社会心理发展理论。

1951　卡尔·罗杰斯（Carl Rogers）出版了《来访者中心疗法》（*Client-Centered Therapy*）。

1952　美国精神病学会出版了《精神障碍诊断与统计手册》（*Diagnostic and Statistical Manual of Mental Disorders*），该书产生了巨大影响，并在之后定期更新版本。

1953　尤金·阿瑟林斯基（Eugene Aserinsky）和纳撒尼尔·克莱特曼（Nathaniel Kleitman）发现了睡眠中的快速眼动睡眠（REM 睡眠）。

珍妮特·泰勒（Janet Taylor）在《变态心理学杂志》（*the Journal of Abnormal Psychology*）上发布了《显性焦虑量表》（Manifest Anxiety Scale）。

1954　亚伯拉罕·马斯洛（Abraham Maslow）在《动机与人格》（*Motivation and Personality*）一书中提出了从生理需要到自我实现需要的需要层次理论（马斯洛之后更新了需要层次理论，加入了自我超越需要层次）。

麦吉尔大学的神经心理学家詹姆斯·奥尔兹（James Olds）与彼得·米尔纳（Peter Milner）发现了电刺激大鼠下丘脑会产生奖赏效应。

戈登·奥尔波特（Gordon Allport）出版了《偏见的本质》（*The Nature of Prejudice*）。

1956　乔治·米勒（George Miller）在《心理学评论》（*Psychological Review*）上发表了《神奇的数字 7±2：我们信息加工能力的局限》（*The Magical Number Seven, Plus or Minus Two: Some Limits on Our Capacity for Processing Information*）一文，创造性地提出了记忆研究领域的术语："组块"（chunk）。

1957　罗伯特·西尔斯（Robert Sears）、埃利诺·迈克比

作者简介

美国著名心理学家，拥有惠特沃思大学（Whitworth University）化学学士学位和爱荷华大学（the University of Iowa）心理学博士学位。他的职业生涯一直在密歇根州的霍普学院（Hope College）度过，在那里教授过几十门心理学入门课程。学生们邀请他担任毕业典礼的演讲者，并评选他为"杰出教授"。因其研究和著作他获得了美国心理学会的戈登-奥尔波特群际关系奖、行为与脑科学协会的荣誉科学家奖、社会-人格心理学杰出服务奖、美国心理学会第二分会的总统嘉奖令，当选为美国科学促进会研究员，并获得三项荣誉博士学位。

在美国国家科学基金的资助下，迈尔斯的科学论文发表在30多种科学期刊上，包括《科学》《美国科学家》《心理科学》和《美国心理学家》，并兼任《实验社会心理学》《人格和社会心理学》杂志的编辑。除了撰写学术论文和教科书，他还为大众撰写心理科学文章，发表在《今日教育》《科学美国人》等40多种杂志上，并有5部面向大众的著作。

戴维·G. 迈尔斯
（David G. Myers）

肯塔基大学（University of Kentucky）心理学教授，拥有圣奥拉夫学院（St. Olaf College）学士学位、芝加哥大学（University of Chicago）社会科学硕士学位，以及佛罗里达州立大学（Florida State University）社会心理学硕士和博士学位。德沃尔荣获了文理学院杰出教学奖（该奖项旨在表彰在本科生和研究生教学方面的卓越成就）。心理科学协会在德沃尔的职业生涯早期就将他评为"新星"，以表彰他"对心理科学领域做出的重大贡献"。根据科学网（Web of Science）的数据，在美国科学信息研究所的心理学和精神病学领域所有被引用的科学家中，德沃尔名列前1%。

德沃尔从事亲密关系、自我控制和攻击性方面的研究。在美国国立卫生研究院、美国国家科学基金会和约翰-邓普顿基金会的资助下，他发表了200多篇科学论文和文章。德沃尔获得的研究奖项包括人格与社会心理学基金会的SAGE青年学者奖、国际攻击性行为研究学会的青年研究者奖，以及国际自我与身份学会的早期职业奖。《早安美国》《华尔街日报》《新闻周刊》《大西洋月刊》《纽约时报》《洛杉矶时报》《哈佛商业评论》《今日美国》《卫报》与美国国家公共广播电台、英国广播公司等众多媒体对他的研究进行了报道。他曾在世界各地发表演讲，包括中国、荷兰、英国、希腊、匈牙利、瑞典、澳大利亚、法国和美国。

C. 内森·德沃尔
（C. Nathan DeWall）

目 录

前 言 I
给学生的前言 VII

导论 心理学的故事 001
什么是心理学？ 003
心理学是一门科学 003
批判性思考 004
心理科学的诞生 007
心理科学的成熟 010
当代心理学 012
心理学帮助学习和成长 020

第1章 心理学的批判性思考 025
研究策略：心理学家如何提出并回答问题 027
心理科学的必要性 027
后真相世界的心理科学 029
科学的方法 031
心理学的研究伦理 049
日常生活中的统计推理 053
描述数据 054
显著差异 057

第2章 心理的生物学基础 061
神经和激素系统 063
生物、行为和心理 063
可塑性 064

神经交流 065
神经系统 072
内分泌系统 076

探索的工具、较古老的大脑结构和边缘系统 078
探索的工具：检测大脑 079
较古老的脑结构 083
边缘系统 085

大脑皮质 088
大脑皮质的结构 089
大脑皮质的功能 090
对损伤的反应 096
割裂的大脑 097

第3章 意识与心理的双通道 103
意识的基本概念 105
意识的定义 105
认知神经科学 106
选择性注意 107
双重加工：意识的双通道 110
睡眠与梦 113
生物节律与睡眠 114
人为什么要睡觉？ 121
睡眠不足和睡眠障碍 122
梦 128
药物与意识 133
药物使用障碍的耐受与成瘾 133

精神活性药物的类型　136

药物使用的影响　147

第4章　天性、教养与人类的多样性　153

行为遗传学：预测个体差异　155

基因：我们的生命密码　155

双生子研究和收养研究　157

气质与遗传　161

遗传力　162

基因‒环境的相互作用　163

进化心理学：解释人类的天性与教养　166

自然选择与适应　166

进化的成功有助于解释相似性　167

关于人类性行为的进化论解释　169

文化与性别的多样性：理解天性与教养的关系　173

经验如何影响个体发育？　173

文化影响　177

性别的发展　184

关于天性、教养及其相互作用的思考　196

第5章　生命周期的发展　201

产前发育和新生儿的发展问题　203

发展心理学的主要问题　203

胎儿期的发展和新生儿　205

婴儿期和儿童期　210

生理发展　210

认知发展　212

社会性发展　220

青少年期　230

生理发展　231

认知发展　233

社会性发展　237

成人初显期　241

成年期　242

生理发展　243

认知发展　246

社会性发展　250

第6章　感觉与知觉　259

感觉和知觉的基本概念　261

加工感觉和知觉　261

传导　261

阈限　262

感觉适应　265

知觉定势　267

情境、动机和情绪　268

视觉：感觉和知觉加工　270

光能与眼睛结构　270

眼睛与大脑的信息加工　272

知觉组织　279

知觉解释　285

非视觉感官　287

听觉　287

其他感官　293

感官互动　305

超感官知觉——没有感觉的知觉？　308

第7章 学习 313

基本的学习概念和经典条件反射 315
- 我们如何学习？ 315
- 经典条件反射 317

操作性条件反射 326
- 斯金纳的实验 326
- 斯金纳的遗产 335
- 经典条件反射和操作性条件反射的对比 338

生物学、认知与学习 339
- 条件反射的生物学制约因素 339
- 认知对条件反射的影响 342
- 观察学习 344

第8章 记忆 351

研究和编码记忆 353
- 研究记忆 353
- 编码记忆 358

存储和提取记忆 366
- 记忆存储 366
- 记忆提取 373

遗忘、记忆建构和改善记忆 377
- 遗忘 377
- 记忆建构错误 384
- 改善记忆 391

第9章 思维与语言 393

思维 395
- 概念 395
- 问题解决：策略与阻碍 396
- 形成（或好或坏）的决策与判断 398

- 创造性思考 406
- 其他物种是否与人类拥有同样的认知技能？ 410

语言与思维 412
- 语言结构 412
- 语言的习得与发展 413
- 大脑和语言 420
- 其他物种有语言吗？ 421
- 思维和语言 424

第10章 智力 429

智力是什么？ 431
- 斯皮尔曼和瑟斯顿的智力理论 431
- 卡特尔-霍恩-卡罗尔智力理论 432
- 多元智力理论 433
- 情绪智力 436

智力评估和动力学 438
- 早期和现代智力测验 439
- 测验编制原理 443
- 智力的极端情况 446
- 终生智力 448

遗传和环境对智力的影响 452
- 遗传与智力 453
- 环境与智力 454
- 遗传-环境相互作用 455
- 智力测验分数的群体差异 458

第11章 是什么驱动了我们：饥饿、性、归属感和成就感 465

动机的基本概念 467
- 本能与进化理论 467

驱力和诱因　467
  唤醒理论　468
  需要层次　470
饥饿　472
  饥饿生理学　472
  饥饿心理学　475
性动机　480
  性生理学　480
  性心理学　484
  性取向　488
  性与人际关系　495
归属和成就　496
  归属需要　496
  成就动机　504

第12章　情绪、应激和健康　509

情绪简介　511
  情绪：唤醒、行为和认知　511
  具身情绪　516
情绪的表达　518
  觉察他人的情绪　518
  性别、情绪和非言语行为　521
  文化与情绪表达　523
  面部表情的影响　525
情绪的体验　527
  愤怒　527
  快乐　530
应激与疾病　538
  应激：一些基本概念　539
  应激与疾病易感性　545

健康与应对　552
  应对压力　552
  减少压力　559

第13章　社会心理学　565

社会思维　567
  基本归因错误　567
  态度与行为　569
  说服　572
社会影响　573
  从众：服从社会压力　573
  服从：服从命令　578
  从众与服从研究的启示　581
  群体行为　583
反社会关系　589
  偏见　590
  攻击　599
亲社会关系　605
  吸引　605
  利他主义　612
  冲突与调停　617

第14章　人格　623

人格和心理动力学理论简介　625
  什么是人格？　625
  心理动力学理论　625
人本主义理论和特质理论　637
  人本主义理论　637
  特质理论　642

社会认知理论与自我 653
　　社会认知理论 653
　　探索自我 657

第15章　心理障碍 663

心理障碍概述 665
　　心理障碍的定义 665
　　理解心理障碍 666
　　心理障碍的分类——给人贴标签 668
　　对自己和他人造成伤害的风险 670
　　心理障碍的患病率 675

与焦虑相关的心理障碍 678
　　焦虑障碍 678
　　强迫症及相关障碍 681
　　创伤后应激障碍 682
　　躯体症状及相关障碍 683
　　理解与焦虑相关的障碍 684

抑郁症和双相障碍 687
　　重度抑郁症 688
　　双相障碍 689
　　理解抑郁症和双相障碍 690

精神分裂症 698
　　精神分裂症的症状 698
　　精神分裂症的发病和发展 700
　　理解精神分裂症 700

分离障碍、人格障碍和进食障碍 705
　　分离障碍 705
　　人格障碍 707
　　进食障碍 711

神经发育障碍 713
　　智力障碍 713
　　孤独症谱系障碍 714
　　注意缺陷多动障碍 716

第16章　治疗 719

治疗和心理治疗导论 721
　　治疗心理障碍 721
　　精神分析和心理动力学疗法 722
　　人本主义疗法 724
　　行为主义疗法 726
　　认知疗法 731
　　团体与家庭治疗 736

评估心理治疗 738
　　心理治疗有效吗？ 738
　　哪种心理治疗更有效？ 742
　　心理治疗如何帮助人们？ 744
　　人类多样性是如何影响心理治疗的？ 746
　　谁在寻求心理治疗，谁在提供心理治疗？ 746
　　心理治疗有哪些重要的伦理原则？ 748

生物医学疗法和心理障碍的预防 748
　　药物治疗 749
　　脑刺激 754
　　精神外科手术 756
　　预防心理障碍和培养心理韧性 758

附录A　心理学的职业领域 761

附录B　术语表 767

附录C　学习目标问题答案 783

附录D　检索练习答案 813

参考文献 823

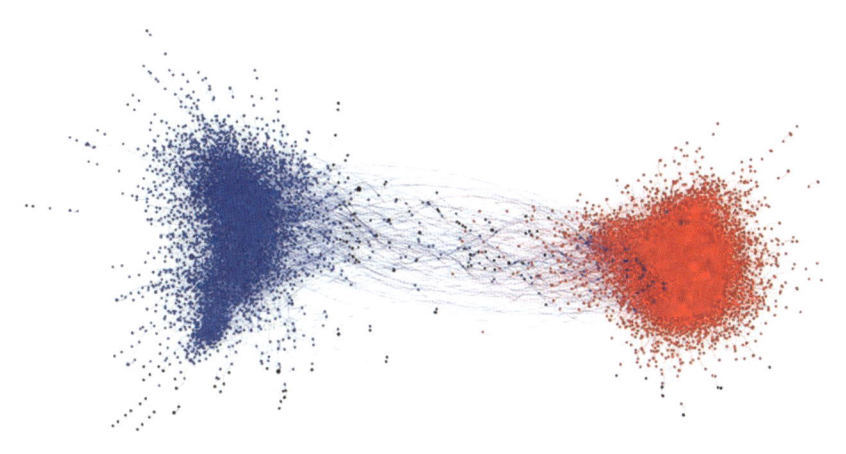

图 1.1 人以类聚

在社交媒体上，大部分人只与志趣相投的人讨论有争议的问题，如枪支管制、同性婚姻和气候变化等。在这张充满政治色彩的推特活动图中，每个节点代表一个发送信息的用户，每条线都代表一个将信息转发另一用户的用户。我们可以从图中发现，绝大多数用户都会发送信息给那些同为自由派（蓝色）或保守派（红色）意识形态的人，并转发他们的信息（Brady et al., 2017）。

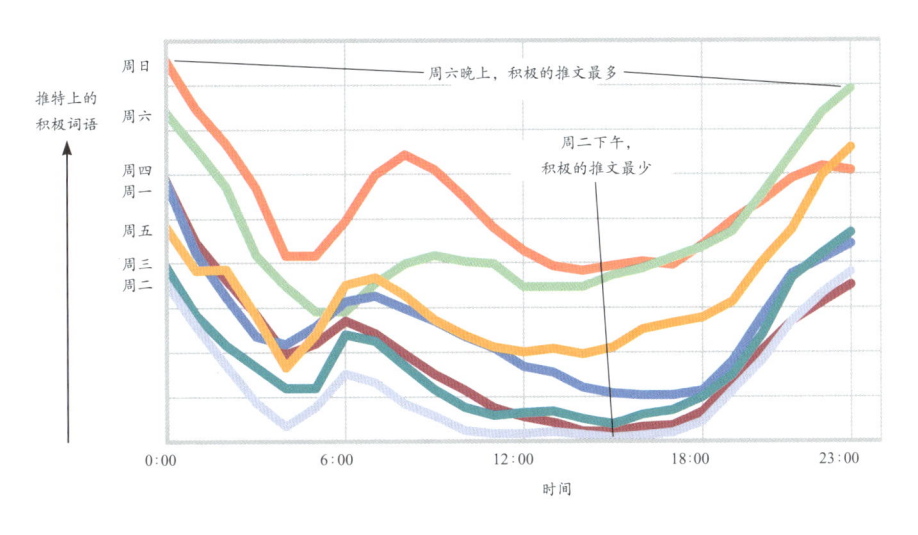

图 1.3 按时间和日期划分的推特信息情绪

这张图说明了研究人员如何在不知道任何人身份信息的情况下，利用大数据来大规模地研究人类行为。例如，现在也可以将人们的情绪与其所在位置或天气等联系起来，还可以研究思想通过社交网络的传播（Golder & Macy, 2011）。

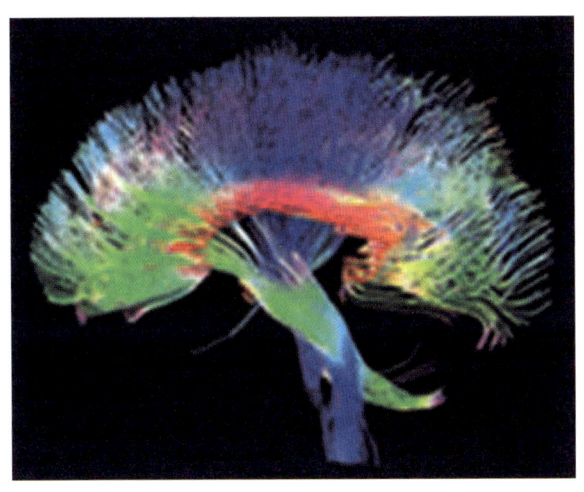

图 2.11 美妙的大脑神经连接

人类连接体计划正使用尖端技术来绘制大脑的神经元互联网络。科学家们创造了这首多彩的神经纤维"交响乐"，其中的神经纤维正在通过不同脑区输送水分。

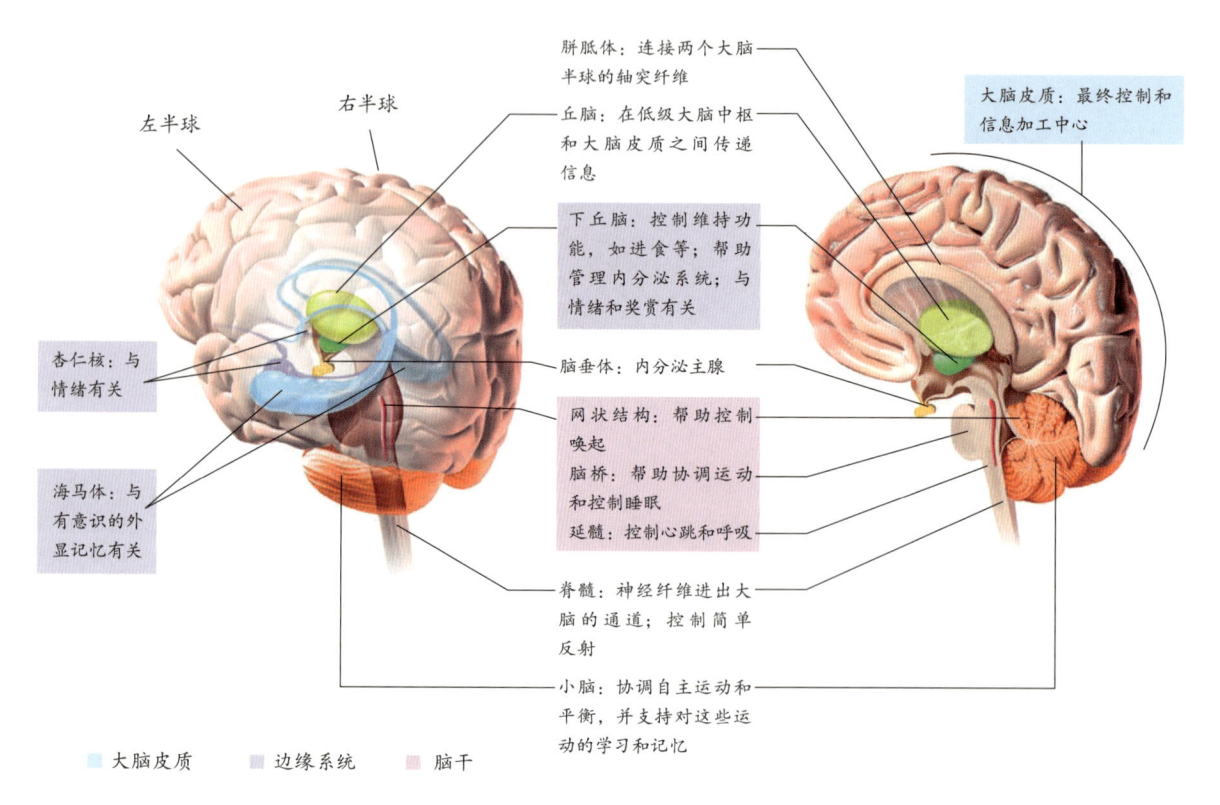

图 2.15 大脑结构和功能

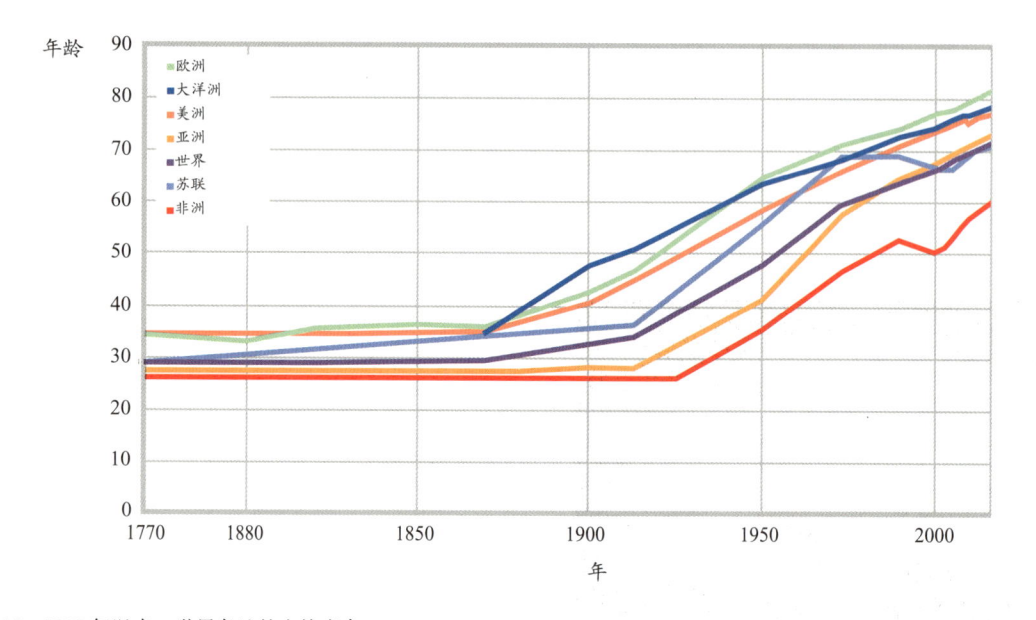

图 5.15 1770 年以来，世界各地的人均寿命

随着卫生条件的改善、现代医学的出现和抗生素的使用，20 世纪婴儿死亡率下降，人均寿命增加（Roser, 2019）。

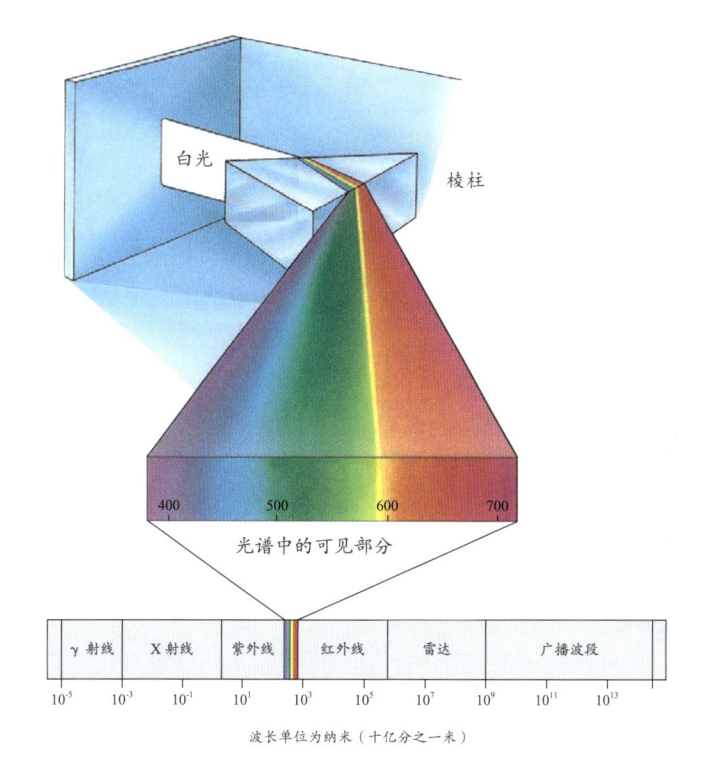

图 6.3 我们看到的波长

电磁光谱范围从波长只有原子直径那么短的 γ 射线到长至 100 千米的无线电波。人眼可见的波段（放大显示的部分）范围从波长较短的蓝紫光到波长较长的红光。

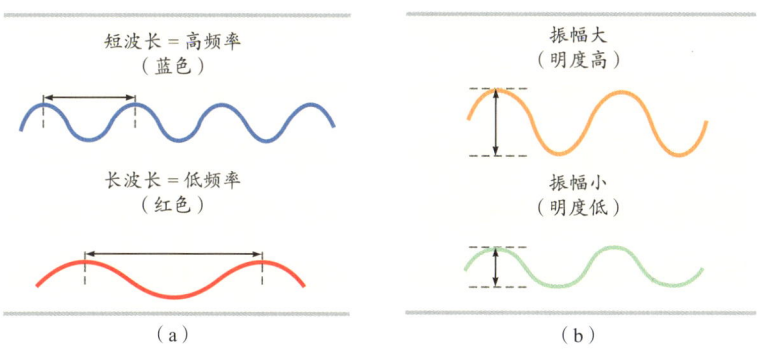

图 6.4 波的物理特性

（a）不同波的波长（相邻两个波峰间的距离）是不同的。频率（在一定时间内通过某一点的完整波长的个数）取决于波长。波长越短，频率越高。波长决定了可感知的光的颜色。

（b）不同波的振幅（从波峰到波谷的高度）也是不同的。波的振幅决定了可感知的颜色的明度。

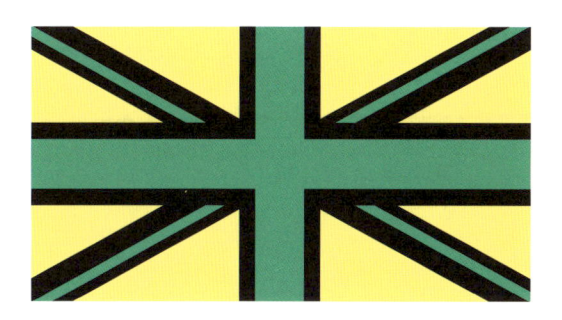

图 6.8 视觉后效

请注视彩旗中央一分钟，然后把视线转移到旁边空白部分的黑点上。你看到了什么？（在你那对黑色、绿色和黄色反应的神经元疲劳后，你会看到它们的互补色。）再请注视一堵白墙，并注意彩旗的大小是如何随投影距离增大的。

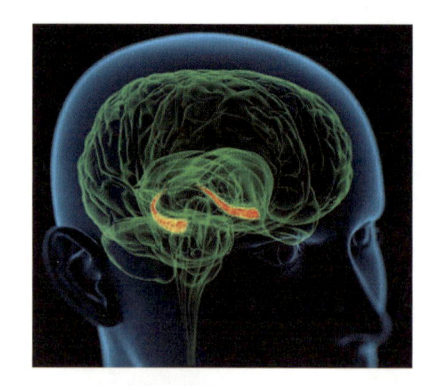

图 8.8 海马体

对事实和事件的外显记忆在海马体（橙色结构）中得到加工，并输送到其他脑区进行存储。

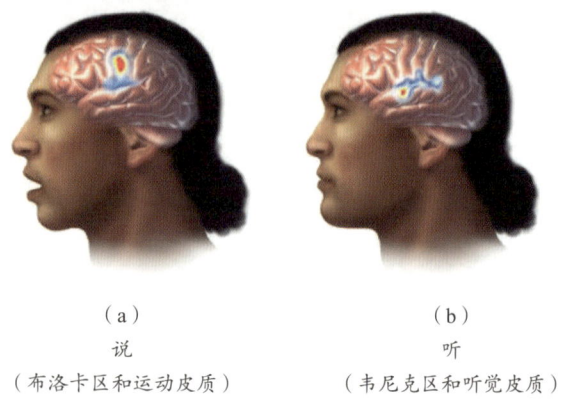

图 9.4 说和听时的大脑活动

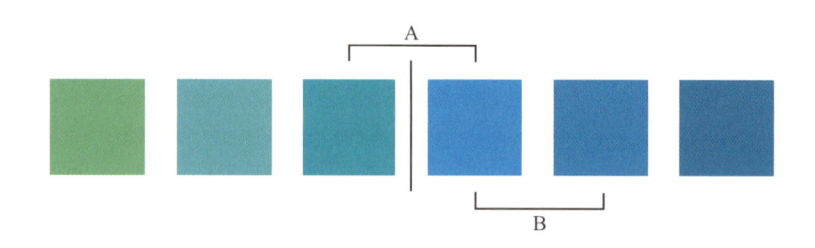

（a）说
（布洛卡区和运动皮质）

（b）听
（韦尼克区和听觉皮质）

图 9.5 语言和感知

当人们观察颜色不同的色块组时，他们会认为颜色名称不同的色块差别更大。因此，即使 B 组中两个"蓝色"的差异与 A 组中"绿色"和"蓝色"的差异同样大，人们也会觉得 A 组中两个不同名称的颜色差异更大（Özgen, 2004）。

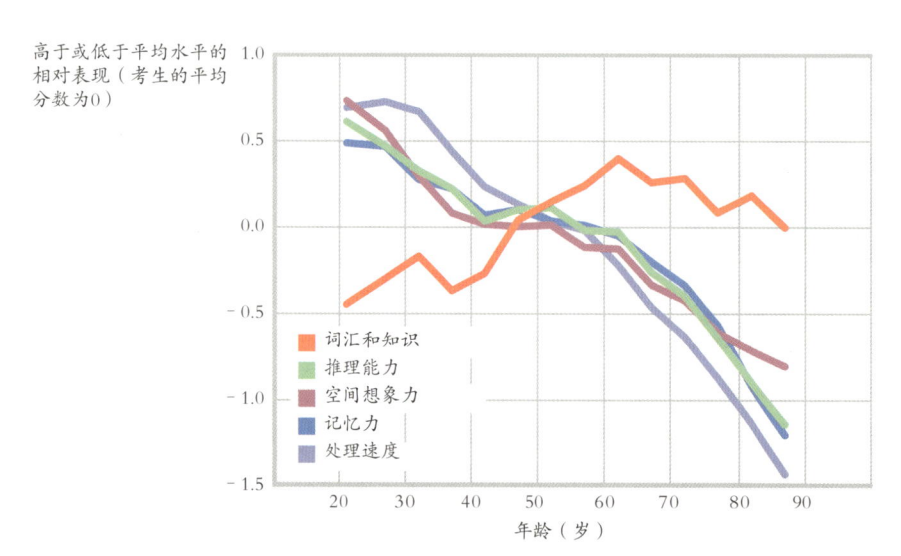

图 10.8 成也年龄，败也年龄

研究表明，词汇能力随着年龄的增长而增长，而流体智力（Gf）则随年龄增长而下降（Salthouse, 2010）。

前　言

　　从第一版开始，这本教材就侧重于批判性思考的教学，帮助学生理解心理学发现背后的研究。在新版中，我们扩展了这一重点。新版引用了 2100 余篇 2015~2020 年的研究文献，学生可以阅读到目前最新的心理学入门课程资源。学生将看到心理学研究的重要性和价值，以及心理学如何帮助他们理解周围的世界，其中有许多令人激动的新发现，而且每一章都紧跟最新的案例和观点。例如，我们讨论了关于新冠疫情影响的新研究、我们的归属需求（第 11 章）、社会责任规范和偏见（第 13 章），以及自杀行为（第 15 章）。

美国心理学会对心理学入门的建议与心理学专业的学习目标和成果

　　美国心理学会（APA）发布了心理学入门建议（Introductory Psychology Initiative，IPI），希望借此能够提高"心理学的入门体验"（APA.org/Ed/Precollege/Undergrad/Introductory-Psychology-Initiative）。这一建议包含五项"综合主题"和六项"学习成果"，鼓励教师将这些主题贯穿于整个课程教学中，并定期提供实践、思考和交流的机会，以及定期评估学生的理解程度。

　　总之，美国心理学会的心理学入门建议鼓励教师利用 5 项综合主题来帮助学生达到以下目标：（1）根据经验证据调整自己的思维；（2）了解一般原理和个体差异；（3）认识到生物、心理和社会文化的影响；（4）认识到知觉和思维上的错误；（5）运用心理学原理来改善自己的生活。

　　6 项学习成果要求学生做到：（1）充分理解 5 项综合主题；（2）在日常生活中运用心理学；（3）在判断和决策时运用经验证据；（4）运用心理学科学地评估他人的主张；（5）设计、开展和评估研究；（6）了解研究和治疗的伦理原则。

对于有意愿遵循上述新指导原则的人，《迈尔斯普通心理学》第 13 版堪称完美，这本书涵盖了相关内容，并提供了丰富的学生活动、课堂活动及评估机会。

第 13 版有哪些新内容？

我们对每一章都进行了彻底的更新，对读者的性别认同、性取向、文化、关系或家庭状况、年龄、经济背景或身体能力不做任何假设，除此之外，我们还在第 13 版中提供了许多新内容：

1. 超过 2100 篇 2015～2020 年研究文献的引用。我们对数十种科学期刊和科学新闻来源进行了详细的追踪审查，并通过委托评审以及来自教师和学生的无数电子邮件加以完善，将本领域极其重要、发人深省且与学生相关的新发现整合到一起。每天都能学到新东西，是这项工作的乐趣之一！

2. 更多的教学支持，基于对批判性思考和研究的广泛关注。

3. 新的给学生的前言《学生的成功——如何运用心理学过好人生》。当我们请教师同行分享他们希望教给学生的最重要的课程时，他们往往告诉我们，他们希望教会学生批判性思考，并将心理学应用到自己的生活中，从而过上更好、更成功的生活。这篇短小精干的新前言通过以下方面帮助学生走上正确的道路：

- 批判性思考和科学思维
- 自我控制和自我提升
- 时间管理和学习技巧
- 社会生活
- 寻找意义和追求目标

4. 关于性别认同和性取向内容的改进和更新。上一版编写完成以后，心理学领域发生了许多变化，尤其是在人类性行为和性别心理学这一快速发展的子领域。我们征求了专家和教师的意见，对这部分内容进行了大量更新。在第 4 章、第 11 章和其他章节中，我们在表述上努力做到了适当的包容性和与时俱进——既反映该领域当前的大量研究，又涵盖许多人的生活经验，这些经验在现有文献中可能还没有得到很好的体现。

5. 自问。每一章都会有规律地呈现新的"自问"问题，让教材变得更有意义、便于记忆，帮助学生将所学的知识应用到自己的生活中。这有助于这些问题在课堂指南中反复出现，作为课堂讨论的开始。

6. "批判性思考"专栏。所有"批判性思考"专栏都在新版中进行了修订和更新，并增加了两部分全新的内容:"性侵犯"(第4章)和"如何说服"(第13章)。

7. 主动学习。我们的教学资源一直被认为是业内的"黄金标准",它们很好地支持了学生在课堂上的主动学习。新增的课堂练习、学生专题、演示、讲座/讨论主题非常适合结对思考、小组和大组活动。这些新增活动表现了心理学的多样性,由得克萨斯大学达拉斯分校的塞雷纳·布洛迪(Salena Brody)创建。

本书的八项指导原则

我们保留了本书自第一版以来一直坚持的指导原则。

促进学习体验

1. 教给学生批判性思考的能力。通过将介绍现有研究作为明智的探索工作,我们塑造了科学的思维模式。学生将发现批判性思考如何帮助他们评估相互对立的观点和流行的说法——从超感知觉和记忆构建到智力的群体差异和替代疗法。我们的"批判性思考"专栏有助于学生参与这项学习。

2. 提供原理的应用。通过文字叙述和插图,我们将心理学的发现与实际生活的应用联系起来。通过展示心理学与生活的关系——他们的毕生发展、对人际关系和幸福的追求、对偏见等负面力量的理解等——我们让心理学对学生更有意义。每一章的"自问"都让学生将重要的概念应用到自己的生活中。

3. 强化每一步的学习。通过日常案例和发人深省的问题鼓励学生主动处理教学材料,学习和记住重要的概念和术语。

展现心理科学

4. 示范探究过程。我们试图向学生展现研究过程如何一步步得出研究成果,通常是让学生在经典研究中扮演实验者或参与者的角色。我们将研究故事当作一个解谜过程来介绍,随着一条又一条线索的出现,谜团逐渐揭开。

5. 尽可能与时俱进。在保留心理学的经典研究和概念的同时,我们还介绍了最重要的新发展。在第13版中,有2100余篇2015~2020年的参考文献。新的图片和日常案例也取材于当今世界。

6. 让事实为概念服务。我们的目的不是用事实淹没学生,而是揭示心理学的主要概念,教学生如何思考,并提供值得思考的心理学观点。"学习目标问题"和"检索练习"贯穿每一章,帮助学生关注最重要的概念。

弘扬大观念，拓宽视野

7. 提供连贯性以促进理解。本书的许多章都有一个重要的问题或主题，能将次级主题联系起来，并将整章内容串联在一起。"学习"一章传达了一个观点，即大胆的思考者可以成为探索知识的先驱。"思维与语言"一章提出了人类的理性和非理性问题。"心理障碍"一章表达了对坎坷人生的共情和理解。认知神经科学、双通道理论、个体和群体多样性等其他主线均贯穿全书，让学生感受到全书的连贯性。

8. 表达对人类统一性和多样性的尊重。在全书中，读者将看到人类亲缘关系的证据，即人类在生物学上的共性——观察和学习、渴望和感受、爱和恨的普遍机制。读者也将更好地了解人类的多样性——在发育和能力、气质和个性、失调和健康方面的个体多样性，以及在态度和表达方式、抚养子女和照顾老人、生活重点和经历方面的文化多样性。

致谢

多年来，在数千名教师和学生的帮助下，本书比我们两位作者单独撰写所能写出的更好、更有效、更准确。我们要感谢无数研究人员，感谢他们愿意分享自己的时间和才能，帮助我们准确地报告他们的研究。我们还要感谢数百名教师，感谢他们愿意抽出时间为我们提供反馈意见。

我们还要感谢对这一新版及其教学资源的内容、教学法和格式提出批评、修改和创造性意见的同行。我们感谢以下审稿人和顾问，感谢他们的专业才能和鼓励，感谢他们为心理学教学付出的时间：

Michelle Butler United States Air Force Academy	Erin Lea Langara College	Alison Phillips Iowa State University
Gary Creasey Old Dominion University	Valerie L. Lloyd Langara College	Alan Roberts Indiana University
Brian Day Clemson University	Beth Morling University of Delaware	Jon Sigurjonsson Caldwell University
Joseph Eastwood University of Ontario Institute of Technology	Robin Musselman Lehigh Carbon Community College	Kamara Taylor Michigan Technological University
Perry Fuchs The University of Texas at Arlington	Levente Orban Kwantlen Polytechnic University	Elizabeth Veinott Michigan Technological University
Antonia Henderson Langara College	John M. O'Brien University of Maine at Augusta	Jeanne Viviani LaGuardia Community College
Carrie Kobelsky University of Victoria	Elaine M. O'Reilly University of North Carolina at Charlotte	Kimberly Wood Samford University

我们要特别感谢那些帮助我们更新和改进关于性别和人类性行为部分的审稿人和顾问，他们帮助我们创建了第 4 章中新的"批判性思考：性侵犯"专栏：

Michael Bailey	Angela B. Dortch	Michelle Merwin
Northwestern University	Ivy Tech Community College	The University of Tennessee at Martin
Andrea Brown	Heather V. Ganginis Del Pino	Hayley Kleitz Nelson
College of Southern Nevada	Montgomery College	Delaware County Community College
Christia Brown	Jerry Green	Thelisa E. Nutt
University of Kentucky	Tarrant County College	Tarrant County College District—Southeast Campus
Ann Coker	Ruth Hallongren	Claire Renzetti
University of Kentucky	Triton College	University of Kentucky
Jane Dickie	Regina M. Hughes	David L. Roby
Hope College	Collin College	Texas Southmost College
Sara Dorer	Kellie McCants-Price	
Hope College	Anne Arundel Community College	

我们还要感谢那些与我们分享意见和经验的教师，他们帮助我们确定了新的"给学生的前言"的内容：

Andrea Brown	Timothy Flemming	Edie Sample
College of Southern Nevada	Georgia State University	Metropolitan Community College
Douglas Dinero	Dann Hazel	Melissa S. Terlecki
Onondaga Community College	Polk State College	Cabrini University
Angela B. Dortch	David L. Roby	Carol Wilkinson
Ivy Tech Community College	Texas Southmost College	Whatcom Community College

Macmillan Learning 公司的许多人在第 13 版的编写过程中发挥了关键作用。我们在此非常感谢我们的编辑团队：

Carlise Stembridge	Noel Hohnstine	Laura Burden
Betty Probert	Chrysalis Wright	Anna Munroe
Lee McKevitt	Robin Fadool	Donna Ranieri
Won McIntosh	Susan Wein	Paul Rohloff
Natasha Wolfe	Christine Brune	Trish Morgan
Danielle Slevens	Deborah Heiman	Kate Nurre
Robyn Burnett	Elizabeth Chaffin Woosley	

在霍普学院，凯瑟琳·布朗森（Kathryn Brownson）研究了无数信息，编辑和校对了数百页资料。凯瑟琳在许多问题上都是一位知识渊博、敏锐的顾问。在肯塔基大

学，洛里·海利（Lorie Hailey）展现了各种重要的品质，包括敏锐的眼光和强烈的职业道德。

我要再次感谢我的写作导师、诗人杰克·里德尔（Jack Ridl）在编辑方面的帮助和指导。他比任何人都更能培养我与语言共舞的乐趣，并教导我将写作作为一门艺术来对待。同样，我也要感谢我的智力偶像和导师罗伊·鲍迈斯特（Roy Baumeister），是他教会我如何打磨文字，如何拥抱写作生活。我还要感谢约翰·蒂尔尼（John Tierney），他给了我无尽的支持，并在如何与普通读者交流方面为我树立了榜样。

我们很享受这次合作，这是我们合著的第 8 本书。在我们共同完成每一章的过程中，内森·德沃尔（Nathan DeWall）的新见解和新贡献不断丰富着这本书的内容。这是一个在优秀编辑支持下进行的团队项目。除了共同编写教材之外，内森和我还为期刊《美国心理学会观察家》（*APS Observer*）每月的《心理科学教学现状》专栏撰稿。我也开设了博客，分享心理学令人兴奋的新发现、日常应用以及对所有心理学事物的观察——特别感谢我才华横溢的长期编辑南希·弗莱明（Nancy Fleming）。

最后，我们要感谢许多写信给我们提供建议或鼓励的学生和教师。正是为了他们，以及那些即将开始学习心理学的人，我们才竭尽全力介绍我们所热爱的这个领域。

本书付梓之日，就是我们开始为下一版收集信息和想法之时。您的意见将影响本书的发展。因此，请与我们分享您的想法。

戴维·迈尔斯
美国密歇根州霍普学院

内森·德沃尔
美国肯塔基州肯塔基大学

给学生的前言

学生的成功——如何运用心理学过好人生

有些事情我们可以凭借意志力加以控制，比如气质、体形和个性特征等，但大多数事情是我们无法改变的。从这一角度来看，接受自己比跟自己作对更好。

在有些方面，我们可以改变自己，成为我们渴望成为的那种人，现在看看我们可以运用心理学来让自己的生活更美好的五条途径（后面会详细介绍）：

- 在形成判断和决定时，进行批判性思考。
- 专注于自我控制和自我提升。
- 对时间和学习进行管理。
- 享受满意的社交生活。
- 在追求目标的同时追寻意义。

批判性地和科学地思考

要想过好自己的人生，就要掌握批判性的思考方式——在本书的每一章，你都能看到相关指导。你应当将自己的希望、恐惧和决定建立在事实基础之上，并明了科学思维和细致研究的重要性，这将是理解本书接下来所有内容的前提。

错误信息总是很容易传播。很多人对恐怖主义、大规模枪击事件和飞行的恐惧，超过了对家庭拥有枪支和进行汽车旅行的恐惧，尽管后者意味着更大的危险。虽然美国的犯罪率在快速下降（McCarthy, 2019），但还是有三分之二的美国居民认为犯罪率在逐年上升。在世界范围内，有多少一岁以下的幼儿接种过某种疾病的疫苗？这一比率是20%、50%，还是80%？大多数国家里，有五分之四的人认为这一比率是20%或50%，但事实上，这一比率达到了88%（Rosling, 2018）。

批判性地和科学地思考不仅能帮助个体了解事实，即什么在威胁我们，以及什么使我们受益，而且有助于整个群体的发展。民主是以智慧为前提的，当事实战胜了虚假新闻时，我们才会支持明智的政策，并选举出仁慈的领导者。

错误信息有多种来源：

- 某些个人或组织会刻意欺瞒我们，以便销售产品或削弱政治对手。
- 耸人听闻的信息会产生误导作用——目睹可怕的枪击事件或飞机失事场景，可能会让我们对某些危险过分恐惧，而对另一些危险又不够重视。
- 如果我们只和认同自己思维方式的人、网站以及新闻来源交流的话，我们就会确认自己的观点，而不是质疑自己的推测。
- 我们有一种与生俱来的"真相偏见"，倾向于相信别人说的话，尤其是被反复重复的内容。

幸运的是，我们可以通过教育来弥补自己的无知。这就是为什么你会读到这本书，本书从心理学角度对批判性思考做出了贡献。要想知道如何让自己的大脑免受错误与偏见的影响，要想更好地理解当下科学研究的重要性及其所遵循的严谨程序，就请继续往后阅读吧。将开放的好奇心与寻求证据的质疑精神结合起来，我们就能更好地将谎言与事实区分开，过上更明智、更富足的人生。

自我控制和自我提升

我们可以将明智的思维方式运用到生活中的方方面面，包括恰当的自我照料。家庭、工作和学业让我们总是忙忙碌碌，难以找到时间去实现目标、维持健康和享受乐趣。但是在关照他人之前，我们得先学会照顾好自己。

自我控制

自我控制是成功的起点，它是一种控制冲动，为了获取更大的长期回报而延迟短期满足的能力。那么你的自我控制水平如何呢？在从1（完全不像）到5（非常接近）的范围内，请指出下列每项陈述在多大程度上描述了你的特点（Tangney et al., 2004）：

1. 我善于抵御诱惑。
2. 我很难改掉坏习惯。
3. 我很懒。
4. 我言辞不当。
5. 我会因为好玩而做一些对自己有害的事情。

6. 我不会做对自己有害的事情。

7. 我希望自己更自律。

8. 他人觉得我非常自律。

9. 愉悦和玩乐有时会让我完不成工作。

10. 我难以集中注意力。

11. 我会为了长期目标而高效工作。

12. 有时我虽然知道那么做不对，但还是忍不住。

13. 我总是在还没考虑清楚所有可能性的时候就采取行动。

计算你的总分：

·将第 2、3、4、5、7、9、10、12 和 13 项的得分翻转过来（1=5，2=4，3=3，4=2，5=1）。

·现在把所有得分加起来计算总分。

·总分范围在 13 至 65 之间，分数越高说明自控力越强。两项以大学生为对象的研究发现，该测试的平均分数是 39 分（Tangney et al., 2004），你可以将自己的分数与其进行对比，以了解自己的自我控制能力。

自我提升

以下是一些自我提升的小建议：

·设定并公开你的目标。要设定具体且现实的目标，比如"下周五之前写出论文初稿"，这样才能引导注意力，提升效率，并激励自己坚持下去。为了让自己负起责任，不妨向朋友和家人昭告自己的目标。

·制订行动计划。那些拟订出详细计划来将目标具体化的人通常更加专注，也更可能按时完成任务。想象自己要达成的最终目标（按时上交一份出色的论文，获得一份漂亮的课业成绩，或是取得某场体育比赛的胜利）固然不无帮助，但想象出达成目标的每一步细节更加有效。

·培养好习惯。有哪些行为是你自然而然就会去做的吗？比如锻炼。如果每天都运动，坚持两个月，你就会把一件很难做到的事情变成一个必定去做的习惯。

·为充足的睡眠做好计划。工作任务、家庭压力和其他的挑战，都可能干扰睡眠。花在电子屏幕和社交上的时间也会压缩睡眠时间。改变睡眠习惯的第一步就是问问自己："我是否希望提升自己的快乐水平、精力、专注力和健康状况？"如果是，那就要想办法让身体获得更多的睡眠（有关改善睡眠的建议，请参阅第 3 章）。

·创造有利的环境。周围没有垃圾食品的话，就更容易吃得健康。吃饭时，用更小的盘子和碗来控制食量。要想专注于某项工作，就要排除周围的干扰项。夜晚睡觉时，远离手机，这样就不会被打扰。和能够激发自己最好一面的朋友交往，远离那些让自己感觉糟糕的朋友。

·控制物质滥用。许多精神活性物质，比如尼古丁等，很容易成瘾，从而影响我们的日常生活、长期目标和健康状况。虽然有些物质如咖啡因等，用量得当的情况下是安全的，但其他很多物质会严重干扰我们的美好生活，必须完全避免（更多内容请参阅第3章）。

·留出锻炼的时间。频繁的有氧运动是非常好的时间投资。即便少量的有氧运动也能促进健康、增强精力、振奋精神、改善记忆力和缓解焦虑。

·结合正念冥想。正念练习能帮助你应对压力，调节情绪。

·培养应对压力的健康生活方式。增强心理韧性和管理情绪的能力，有助于我们应对压力。我们还可以通过改变生活方式来促进心理健康。更多信息请参阅第12章，以及第16章中的"批判性思考：改变生活方式的治疗"。

时间管理和学习方法

有些学生学业失败，有些学生勉强维持在目前的水平，还有些学生表现优异。要想获得优异的成绩，你应该做出哪些选择呢？

首先你可以制订一个时间管理计划，以便最大限度地提高学习效率。就像传奇篮球教练约翰·伍登（John Wooden, 1997）说的："如果你没有做好准备，那你就是在准备失败。"

如果你每一周似乎都没有足够的时间来完成所有的事情，那么你也许并没有尽可能有效地利用时间。为了评估你目前的时间管理情况和学习方法，请用"是"或"否"来回答以下问题[1]：

1. 你是否估算过，你每周需要学习多少小时？
2. 你是否会按时完成作业？
3. 你是否估算过，完成每项作业所需的时间？
4. 你是否从开学就开始着手完成长期作业？
5. 你是否会在脑海中列举出需要完成的事项，而不是写在纸上或记录在电子日程表中？
6. 你是否在明知应该学习的时候，还是会参加社交活动？
7. 你是否会为考试复习安排时间？
8. 你是否有一份需要每周花费20小时以上的工作？
9. 当你坐下来学习时，你是否确切地知道自己要完成什么学习任务？

1　资料来源：Van Blerkom, D.L.(2012). *Orientation to Learning*(7th ed.). Wadsworth。

10. 你会尝试先完成作业里最困难的部分吗？

问题 5、6、8 的回答为"否"时，加 1 分；其他问题的回答为"是"时，加 1 分。

你的总分是多少？得分在 7 分以上的人，通常已具备良好的时间管理能力和学习技能；得分低于 5 分的人要学习如何改进。我们每个人都可以通过最佳实践来提升自己。以下是一些小建议：

管理你的时间

时间是你最宝贵的资源。在向前接近目标时，你必须有意识地做好规划，才能管理好自己的时间。仔细检视自己一周来的时间安排情况（包括所有与个人、学校和工作相关的时间），并观察其中的规律，寻找改善的机会（我们都做过这个工作，并惊讶地发现，我们浪费了很多时间！）。接下来，制定一份"时间预算表"，让自己可以充分享受生活，充满活力，完成学业、工作和家庭事务。给娱乐和交友留出时间；计划好媒体社交、睡眠、饮食和个人护理时间；确定上课和学习时间，以及任何需要花在工作和家庭任务上的时间。通过创建每周和每天的时间表，确定自己在什么时段完成哪一项事务，为每一项活动留出没有负罪感的时间。为了成为自己希望成为的人，要日复一日地去用心生活。

为成功留出时间：制定出切实可行的日程表，这样你既有时间做必须要做的事，也有时间做自己想做的事。

管理你的精神能量

有些事务需要极高的精神能量。计划好一天的工作，在精力最充沛的时候完成这些事务。在进行下一项高要求的事务之前，留出休息和恢复的时间。通过追踪自己的精神能量状态，你就会知道，何时该投入精力，何时该养精蓄锐。

积极主动

汽车故障、家庭问题和工作挑战都会时不时地发生。有时我们不得不开启"防御模式"来对抗生活的要求和问题，这让我们心力交瘁，无法实现自己的目标。解决办法就是：在可能的情况下，开启"进攻模式"来应对周围的环境。不要任由事情发生，而是有计划地开始每一天。控制好自己的时间。建立生活的常规，提前做出决定，通过减少每天的决策来节约精力。如果知道自己在早晨上课前需要学习两小时，那你就不用浪费时间来权衡该做什么了。

聪明地学习

要想记住自己所阅读的内容，你可以使用 SQ3R 学习系统（S 代表纵览，Q 代表提问，三个 R 分别代表阅读、复述、复习）。首先观察章节结构。然后确定阅读中需要回答的问题。积极阅读，寻找答案。检索并回顾阅读要点。最后，复习章节结构和概念。

最后两个"R"尤其重要：反复自测和复述以前学习过的内容，是记住信息的最佳方式。即时反馈可以让测试的效果更明显。

合理分配学习时间，而不是进行填鸭式学习，也会有所帮助。制定并坚持执行时间表，可以将学习负担分散到整个学期。想要了解更多信息，请参阅导论最后一节"心理学帮助学习和成长"，以及第 8 章中有关"提高记忆力"的部分内容。

社交生活

美好的生活需要社会支持。以下是一些建立和维护健康的、支持性的人际关系的小技巧：

·**以人为本**。人类是社会动物。我们需要归属感。得到朋友的支持，也给予他们支持时，我们会更快乐，更健康。因此，要多交朋友，比如加入俱乐部、运动队或是联谊团体。多了解自己的老师们。不要把朋友和亲人视为习以为常的存在，要关注他们，肯定他们，与他们分享你的日常经历和感受。

·**享受社交媒体和手机带来的好处，而不是被其控制**。利用社交媒体和手机跟朋友和家人保持联络，但不要让它们劫持你的时间和其他优先事项。在社交媒体上发帖时请记住，未来的潜在雇主可能会在某一天在网上搜寻你的名字。

·**拥抱畅所欲言的文化，而不是"抵制的文化"**。人类天生就会持有不同意见。你会不同意其他人的看法，而其他人也会不赞成你的观点。我们往往通过探索其他不同的观点而有所收获。（这就是为什么对于心理学家来说，保持谦逊如此重要。）当你不同意他人观点的时候，你要避免去抵制他们（在公开场合羞辱他们），而应该讲出来：接近对方，向对方解释自己为何反对，而不要指责他们。我们天然地倾向于用他人的个性特征来解释其行为（"他是个自私的浑蛋"），而不是从他人的处境出发来解释其行为（"他睡眠不足且压力大"）。为了避免这样的倾向，请站在对方的立场来看问题。

·**是时候做个成年人了**。我们在成长的过程中，会经历许多不同的发展阶段。大多数青少年在寻求社会认可的同时，仍然会依赖自己的家庭。从青春期到成年期的过渡，需要我们变得更加独立。作为成年人，我们需要拥有自己的目标、态度、价值观和信仰，自己做决定并解决问题。

社会成功：培养人际关系是成功人生的重要组成部分。为重要的人留出时间和精力，你就会拥有更好的身心健康。

追寻意义和追求目标

拥有意义，意味着过一种充满了目标、连贯性和价值的生活。大多数人都希望过上有意义的人生，但他们也承认在人生的某些方面感到不满足。他们可能并没有完全投入地工作，抑或感到为了赚钱而陷入毫无意义的日常循环中。为了过上更好的生活，请采取以下步骤来提升意义感和追求目标：

· **想象可能的自己**。你希望自己成为什么人？你梦想成为的那个"可能的自己"是谁？给自己希望成为的人和想要达成的目标下个定义。在脑海中记住这个愿景，这样你就可以制定更加具体的目标和策略，帮助自己去往任何想去的地方。

· **每天都为梦想而活**。成功有一条很好的规则：如果你希望达成什么目标，那么你就要每天为接近这个目标做点什么。你希望自己更友善、更博学、更有决断力吗？那么，你就每天做一件善事，学习一些新东西，或锻炼自己果断判断的能力。虽然很多时候，你完成的事情比预期的少，但随着时间的推移，每天朝目标迈进的这一小步都会让你更靠近目标——把你希望成为的那个可能的自己变成真正的自己。

· **保持成长心态**。要相信我们付出的精力和努力会改变我们的能力，这样的想法会带来惊人的力量。有些事情我们只能接受，但我们也有力量去改变很多事情。如果你将自己的数学、写作或演讲能力看作肌肉，看作可以通过训练和练习来变得更强壮的东西，那么你就能够发展出更多的技能。心态非常重要。（更多信息请参阅第10章。）

· **找到自己的使命**。不必着急，大多数学生在成长道路上一路走来，都会改变自己的职业计划，你可能也会这样。但是请留意一下，哪些事情会吸引你投入其中，让你感受不到时间流逝。是与人相处，做手工，还是用头脑来解决问题？做自己热爱的事，并且喜欢自己正在做的事，关注那些能让你这样做的工作和活动，就在这样的道路上走下去。

* * *

在学习本书的过程中，你会看到更多关于幸福人生的建议：珍惜幸福，表达感激，找到心流，表现得快乐，训练意志力，拥有正念，选择乐观，等等。用这些方法，你不仅可以应对生活，还能过得幸福。要是遇到挫折，不必苛责自己。如果每天都尝试做得更好一点，那么随着时间的推移，你就能实现那些一开始看起来不太可能达成的目标。就像莱因霍尔德·尼布尔（Reinhold Niebuhr）建议的那样，平静地接受那些你无法改变的事情，但也感到有力量去改变那些你可以改变的事情。

导 论

心理学的故事

什么是心理学？
心理学是一门科学
批判性思考
批判性思考：科学态度
心理科学的诞生
心理科学的成熟
当代心理学
心理学帮助学习和成长

天文学家欧文·金吉里奇（Owen Gingerich）认为，人类的大脑是"迄今为止整个宇宙中人类已知的最复杂的事物"（2006, p. 29）。从宇宙的角度而言，人类比海滩上的一粒细沙还要渺小，人的一生也不过是一瞬间。然而，与人类内心的宇宙相比，一切都稍显逊色。长久以来，人们的意识——从物质中产生的心智——就是一个深奥难解的谜。人类的思想、情感和行为（以及它们与他人的思想、情感和行为的相互作用）令无数人为之着迷。外在宇宙的广袤无垠无疑让我们叹为观止，内在宇宙却让我们心醉神驰。让我们一同进入心理科学的美丽世界一探究竟吧。

通过各种新闻和媒体，你可能会觉得心理学家的作用就是提供咨询、分析人格、给予育儿建议、检查犯罪现场乃至出庭作证。事实的确如此吗？的确如此，但不只如此。请思考，关于心理学，你可能想要了解什么问题：

· 你可曾发现，你对于一些事情的反应和亲生父母的反应极其相似？也许你曾发誓永远不会那么做。然后你想知道，自己的个性有多少是遗传的？基因在多大程度上决定了人们的个性差异？家庭和社区环境又是如何塑造了我们的？

· 你可曾烦恼过应当如何对待不同文化、性别认同或性取向的人？作为人类大家庭的一员，人有哪些相同之处？又有哪些不同之处？

· 你可曾从噩梦中惊醒，想知道自己为什么会做如此疯狂的梦？人为什么会做梦？

· 你可曾和半岁大的婴儿玩过躲猫猫，是否好奇为什么婴儿会觉得你消失后又再出现的行为如此有趣？婴儿到底在想什么？

· 你可曾想过学业和事业取得成功的原因？一些人更富有、更有创造力或更善于处理人际关系，是因为他们天生聪慧，还是坚韧不拔的努力和坚定不移的信念更有用？

· 你可曾抑郁或焦虑过，怀疑自己是否还能恢复"正常"？究竟是什么引发了人们的情绪变化呢？日常的情绪波动和心理障碍之间的界限是什么？

心理学就是这样的科学，它尝试回答这些关于我们自身的问题：我们如何思考、感受和行动，以及为何如此。

什么是心理学？

很久以前，宇宙中的一颗星球上，人类出现了。此后不久，这些生物开始对自身和他人产生浓厚的兴趣："我们是谁？我们的思想感受和行为是如何产生的？我们又该如何理解和应对身边的人？"

心理学是一门科学

学习目标问题 导论-1 为什么心理学是一门科学？

首先，在没有误导或被误导的情况下，对探索和理解的热情是所有科学的基础。有一些问题（比如人死后是否还会有生命？）超出了科学的范畴，回答这样的问题需要"信仰之跃"[1]。而对于许多其他的想法（如有人能表现出超感知觉吗？），事实胜于雄辩，我们要凭事实说话。

魔术师詹姆斯·兰迪（James Randi）在测试那些声称能在人体周围看到光环的人时，就使用了这种实证方法：

> 兰迪：你看见我头上有光环吗？
> 可看到光环者：是的，没错。
> 兰迪：如果我把这本杂志挡在脸前，你还能看到光环吗？
> 可看到光环者：当然可以。
> 兰迪：要是我走到一堵比我稍高一点的墙后面，你可以通过我头顶上的光环确定我的位置吗？

后来，兰迪告诉我，没有任何一个可看到光环者同意接受这个简单的测试。

无论一个想法看起来多么合乎情理，抑或多么天马行空，聪明的思考者都会问：这行得通吗？对其进行测试时，反馈的数据支持其预测吗？在这样的审查下，有时候看似疯狂的想法都能得到支持。18世纪的科学家们对陨石来自外太空的说法嗤之以鼻。据报道，当耶鲁大学的两位科学家对传统观点提出疑问时，托马斯·杰斐逊（Thomas Jefferson）嘲笑道："先生们，我宁愿相信那两位美国教授在撒谎，也不会相信石头是

为了帮助你学习，主要章节的开头有带编号的学习目标问题。你可以在阅读该章节内容之前和之后尝试回答这个问题，检验自己理解了多少。

全书的重要概念会加粗显示。在学习时，你可以在书页附近找到这些概念的定义。

实证方法：以观察和实验为基础的循证方法。

---

1 "信仰之跃"是克尔恺郭尔在其著作《恐惧与战栗》中提出的概念，指的是一个人从有限的人生经验和理性推断的基础上，跳跃到接受超越有限经验和理性信仰的过程。也就是说，个体要毫无理由地、超出理性范围地相信或接受某一件事。——编者注

从天上掉下来的。"但是，有时候科学探究也会化嘲笑为欢呼。

但更多的时候，科学就像是社会的垃圾收集器，将这些看似疯狂的想法送进垃圾堆，正如以前那些所谓的永动机、神奇的癌症疗法和回到几个世纪前的灵魂穿越一样。为了将现实与幻想、事实与虚构区分开来，我们需要一种科学态度：保持怀疑，但不愤世嫉俗；保持思想开放，但不随波逐流。在各种观点百花齐放时，只有审慎检验才能发现其中最符合事实的观点。有人具备预测意外灾难的超能力吗？电休克疗法（对大脑进行电击）能够有效治疗严重抑郁症吗？对这些说法进行仔细检验后，我们就会发现，心理科学家对第一个问题的回答是"否"，而对第二个问题的回答是"是"。

> 全书在括号中列出了信息来源，并注明了研究人员的姓名和研究发表的时间。书末的参考文献中列出了引用的所有文献，并根据美国心理学会（APA）格式提供了完整的文献记录。

将科学态度付诸实践不仅需要好奇心和怀疑精神，还需要谦逊——知道我们自身很容易犯错，并对新观点持开放态度（Leary et al., 2017）。真正重要的不是某一个人的观点，而是我们通过质疑和测试所能揭示的真理。如果人类或其他动物的行为与我们预测的观点不相符，那么我们的观点就更糟糕了。这种谦逊的态度在心理学早期格言中得到了极大的体现，"老鼠永远是对的"（见"批判性思考：科学态度"）。

谦逊的态度往往预示着乐于助人的精神和实际的学术自信（Erlandsson et al., 2018）。一项涉及9个国家的研究对40 000名青少年进行了调查，询问他们对16个数学概念中的哪几个比较了解，其中包括3个假概念："最佳数""主观比例""陈述分数"。而那些傲慢地声称自己知道这些并不存在的概念的人，往往都出身优越（Jerrim et al., 2019）。要记住一点：去了解我们所不了解的东西，可以让我们变得慷慨而谦逊。

自问

得知心理学是一门科学时，你是否感到惊讶？如果现在有人问你这一点，你会如何进行解释？

批判性思考

学习目标问题 导论-2 批判性思考如何培养科学态度？在日常生活中如何更聪明地思考？

> 批判性思考：一种不会自动接受任何论点和结论的思考方式。相反，批判性思考会检查假设，评估信息来源，辨别隐性偏见，评估证据和结论。

科学态度涵盖好奇、怀疑和谦逊等使人聪明的思考方式。这种聪明的思考方式，叫作**批判性思考**，它让人们检查假设是否成立，评估信息来源是否可信，辨别隐性偏见，评估证据和结论是否可靠。在阅读研究报告、网络观点或新闻报道时，批判性思考者会提出这样的问题：他们是怎么知道的？这个人有什么意图？该结论是基于传闻还是证据？该证据能证明因果关系结论的合理性吗？还存在哪些可能的替代解释？

在他人只根据自己的直觉提出事实主张时，批判性思考者就会警觉起来，例如"我觉得气候变化正在发生（或没有发生）""我觉得自动驾驶汽车更危险（或更安全）"我觉得我支持的候选人更诚实"。这些观点（通常会被错误地划分为感觉）可能是正确的，也可能是错误的。批判性思考者对犯错的可能性持开放态度。最佳的证据有时会证实人们的观点，有时又会向人们提出挑战，引导人们换一种思维方式。愤世嫉俗者往往看起来聪明，但大多数这种人的认知能力和学术能力都低于正常水平（Stavrova & Ehlebracht, 2018）。相信一切或质疑一切，都是愚蠢之举，以科学为依据的批判性思考有助于消除人们的偏见。请思考：气候变化是否正在威胁人类的未来？如果你认为是，它是人类活动引起的吗？2016 年，一些气候活动人士解释说，美国路易斯安那州创纪录的洪水灾害是气候变化的证据；而 2015 年，气候变化怀疑论者还认为北美冬季的严寒正是对全球变暖的有力否定。批判性思考者不会因为这种地方性气候的例子而动摇对气候变化的理解，他们会说，"拿出证据来"。随着时间的推移，地球真的一直在变暖吗？极地冰盖是否正在融化？植被分布规律是否正在发生变化？极端气候事件是否越来越频繁？人类活动是否增加了大气中的二氧化碳浓度，使人们预期会发生这样的变化？

> 推特上一条调侃的推文：
> "网络引语的问题在于，你永远不知道它们是真是假。——亚伯拉罕·林肯"

思考此类问题时，批判性思考者还会考虑信息来源的可信度。他们会审视证据（这些观点是否有事实依据，是否只是胡编乱造的结果），他们会了解多种不同观点，充分接触那些挑战他们预设观念的新闻来源。

一些宗教人士可能会将批判性思考和科学探究（包括心理学）视为一种威胁。然而，包括哥白尼和牛顿在内的许多科技革命领导者都是虔诚的宗教徒，他们相信"为了爱神和敬神，就必须充分领略神的伟力"（Stark, 2003a, b）。

批判性探究往往能够取得惊人的发现。心理学的一些案例就是如此：生命早期脑组织大量损失的长期影响可能微乎其微（见第 2 章）；新生儿在几天之内就能通过母亲的气味认出她（见第 5 章）；大脑损伤的人能够习得新技能，却对学习这一行为毫无察觉（见第 8 章）；不同的群体——性别、年龄、财富、身体状况各异——反馈的个人幸福水平都大致相当（见第 12 章）。

> 记忆研究发现了一种测试效应：我们如果通过自测和复述主动地进行信息检索，就可以更好地记住信息。为了增强你的学习和记忆，请将书中的"检索练习"利用起来——答案在附录中。

后面几章还展示了批判性探究如何驳斥一些流行的假说。例如：梦游的人并不是在用行动表现他们所做的梦（见第 3 章）；大脑并没有巨细无遗地记录人们过往的经历，对大脑进行刺激或催眠无法简单地回放和重演埋藏已久或受到抑制的记忆（见第 8 章）；大多数人并没有不切实际的低自尊，而高自尊也不是全无坏处（见第 14 章）；异性往往并不相吸（见第 13 章）。从这些例子和更多的例子中，心理学家所了解到的东西，和人们的普遍认识并不一致。

心理学的批判性探究还能识别有效的政策。为了遏制犯罪，政府是应该投入资金延长刑期，还是应该提高犯罪逮捕率呢？为帮助患者从创伤中恢复，心理咨询师是要帮助他们重温创伤记忆，还是要让他们避免再次回忆起这些经历呢？为了提高选举投票率，我们是将投票率低的问题公之于众，还是强调其他同龄人都在行使投票权呢？

批判性思考：
科学态度

学习目标问题 导论-3 科学态度的三个关键要素是什么？它们如何在科学探究中发挥作用？

三个基本态度帮助现代科学成为可能。

1 好奇：

它是否有效？

进行测试时，其预测能否得到证实？

有人会读心术吗？

压力水平与健康和幸福有关吗？

- 目前还没有人能够证明读心术的存在。
- 许多研究发现，压力越大，健康越差。

2 怀疑：

你是什么意思？
你怎么知道的？

区分现实与幻想需要一种正确的怀疑精神：既不多疑（怀疑一切），也不轻信（相信一切）。

面部表情和身体姿势是否会影响人的实际感受？

父母的行为会决定孩子的性取向吗？

- 面部表情和身体姿势确实会影响人的实际感受。
- 本书第11章解释了此问题，父母的行为与孩子的性取向无关。

3 谦逊：

这真是出乎意料！
让我们进一步探索。

研究人员必须乐于接受意料之外的情况，追随新观念。人类和动物的行为并不总是符合我们的想法和预期。

老鼠永远是对的。

重要的不是我们"觉得"什么是真的，而是事实。批判性思考给出例子时，与通常的做法相反，几乎每个例子的最佳选择都是后者（Shafir, 2013）。有时候，批判性思考确实可以改变世界。

批判性思考也能改变我们，帮助我们评估心理学的流行应用。阅读自助书籍时，我们能够考虑作者的专业知识和写作目的，能够提问：该书的建议是基于证据还是逸事？作者的个人价值观和意图会对这些建议产生怎样的影响？如果你遵从了一些关于人生的指导，例如如何养育孩子，如何实现自我价值，如何应对性的感受，如何在工作中取得进步等，那么你接受的建议就带有作者的个人价值取向。关于行为和心理过程的科学能够帮助我们实现目标，却无法帮助我们决定哪些目标值得追求。心理学家只教给人道理，不传道。

"我深信，如果存在一个类似传统意义上的上帝，而我们的好奇心和智慧就是由这样的上帝所赐予。那么如果我们压抑自己探索自身和宇宙的热情，就是在浪费这样的天赋……"

——卡尔·萨根，《布罗卡的大脑》，1979

检索练习

RP-1 描述批判性思考的内容。

答案见附录 D

心理科学的诞生

学习目标问题 导论-4 心理学早期历史上有哪些重要的里程碑？

作为人类，我们对自身和世界都充满了好奇。公元前 300 年之前，希腊博物学家和哲学家亚里士多德就提出了关于学习和记忆、动机和情感、知觉和人格的理论。如今，我们会对他的一些猜测嗤之以鼻，比如他提出饱食使人昏昏欲睡，是因为进食使大量气体和热量聚集在心脏周围，而他认为心脏是人的人格之源。但是，亚里士多德提出了正确的问题，这一点是值得称赞的。

第一个心理学实验室

哲学家对思维的思考一直持续到人们所知的心理学的诞生。它发生在 1879 年 12 月的一天，德国莱比锡大学三楼的一个小房间里。在那里，两个年轻人正在帮助一位严厉的中年教授威廉·冯特（Wilhelm Wundt）制造一台实验仪器。这台仪器测量了人们在听到一颗球击中平台后按下电报键所需的时间（Hunt, 1993）。有趣的是，如果实验者要求人们在声音响起时立即按下按键，他们的反应时间大约为十分之一秒；而如果实验者要求人们在有意识地感知到声音后立即按下按键，他们的反应时间大约为十分之二秒（察觉自己有意识需要花更长的时间）。冯特

威廉·冯特（1832—1920）

冯特在德国莱比锡大学建立了第一个心理学实验室。

试图借此测量"心灵的原子"——最快、最简单的心理过程。第一个心理学实验室就这样建立了，该实验室的工作人员就是冯特和第一批心理学研究生。

心理学最初的思想流派

没过多久，心理学这门新兴科学就分成了不同的分支或学派，每个分支或学派都由先驱思想家所倡导。早期的两个思想流派分别是**结构主义**（stucturalism）和**功能主义**（functionalism）。

结构主义：冯特和铁钦纳倡导的早期思想流派，通过内省来揭示人的心理结构。

功能主义：詹姆斯倡导的早期思想流派，受到达尔文进化论的影响，探讨心理和行为过程的功能——它们如何使有机体适应、生存和繁衍。

爱德华·布雷福德·铁钦纳（1867—1927）
铁钦纳通过内省的方法探索心理的结构。

结构主义就像化学家制定元素周期表来对化学元素进行分类一样，心理学家爱德华·布雷福德·铁钦纳（Edward Bradford Titchener）也致力于对心理结构的各种要素进行分类和理解。他提倡内省，训练人们在看一朵玫瑰、听某种节拍、嗅某种气味或品尝某种物质时报告自己所体验到的要素，如直接感觉、印象和感受，以及这些要素是如何相互关联的。然而，结构主义的内省方法最终被证明不太可靠。这一方法要求受试者必须聪明而善于言辞，其结果也因人、因经历而异。内省方法逐渐衰落，结构主义也随之退出学术舞台。尝试用一些简单要素组合出心理结构，就好比试图通过检查拆开的零部件来了解一辆汽车。

功能主义哲学家、心理学家威廉·詹姆斯（William James）认为，与其给人的内在思想和感受贴标签，不如思考两者进化出来的功能。鼻子的功能是嗅觉，大脑的功能是思维，但鼻子和大脑为什么要这样做呢？受到查尔斯·达尔文（Charles Darwin）进化论的影响，詹姆斯认为，思维之所以能够发展，是因为它和嗅觉一样具有适应性，能够帮助人类的祖先生存繁衍。同样，意识也具备某种功能，使人能够思考过去，适应现在，规划未来。为了探索心智的适应性功能，詹姆斯对情感、记忆、意志力、习惯和每时每刻的意识流进行了深入研究。

詹姆斯的著作打动了出版商亨利·霍尔特（Henry Holt），他主动提出要与詹姆斯签订一份关于出版新的科学心理学教科书的合同。詹姆斯欣然接受，于1878年开始写作，并为无法在要求的两年内完成写作表达了歉意。事实证明，写作这本书是一件意想不到的苦差事，他花了12年的时间才完成（为什么我们对此一点也不感到意外？）。如今，一个多世纪过去了，他所著的《心理学原理》（*Principles of Psychology*, 1890）仍有大量拥护者。该书对心理学的介绍精彩绝妙，令读者耳目一新。

威廉·詹姆斯（1842—1910）和玛丽·惠顿·卡尔金斯（1863—1930）

詹姆斯是一位传奇教师兼作家。在他的指导下，卡尔金斯成了记忆研究的先驱和美国心理学会的第一位女主席。

心理学的第一批女性

在哈佛大学的教学经历以及所出版的著作，令詹姆斯的思想得以传承。1890年（美国妇女要再过30年才能获得选举权），詹姆斯不顾哈佛大学校长的反对，让玛丽·惠顿·卡尔金斯（Mary Whiton Calkins）进入他的研究生研讨班（Scarborough & Furumoto, 1987）。卡尔金斯入学后，其他学生（都是男生）都退学了，于是詹姆斯单独对她进行辅导。后来，她完成了哈佛大学博士学位的所有要求，在资格考试中超过了所有男生。可惜，哈佛大学拒绝授予她所应得的学位，而是提供了拉德克利夫学院的博士学位，该学院是哈佛大学专为女性学生开设的"姊妹"学校。卡尔金斯拒绝了这一不平等待遇，也拒绝了这一学位。不过，她后来成了一位杰出的记忆研究专家，并于1905年成了美国心理学会（APA）的第一位女主席。

第一位正式心理学女博士的殊荣最终为玛格丽特·弗洛伊·沃什伯恩（Margaret Floy Washburn）所获，她的著作《动物心理》（*The Animal Mind*）极具影响力。1921年，沃什伯恩成了美国心理学会的第二位女主席。但是，沃什伯恩的性别同样阻碍了她的发展。尽管她的毕业论文是冯特在其心理学杂志上刊出的第一篇国外研究报告，但她连自己的研究生导师铁钦纳创立的实验心理学家组织都无法加入，因为该组织全由男性成员组成（Johnson, 1997）。与过去相比，如今的世界发生了天翻地覆的变化：1997年至2019年期间，关注科学成就的心理科学协会（Association for Psychological Science，APS）一半以上的当选主席是女性。在现在的美国、加拿大和欧洲，心理学博士学位的获得者大多数是女性。

玛格丽特·弗洛伊·沃什伯恩（1871—1939）

沃什伯恩是第一位获得心理学博士学位的女性，她在《动物心理》（1908）一书中对动物行为研究进行了总结。

自问

越来越多的女性和其他过去受到排斥的群体开始在心理学领域贡献他们的想法，

你认为这会让心理学在未来发生怎样的变化?

检索练习

RP-2 什么事件代表了心理学作为科学的开始?

RP-3 为什么用内省的方法无法了解心理的运作方式?

RP-4 _____学派使用内省法来定义心理的构成,_____学派则关注心理过程是如何使人适应、生存和繁衍的。

答案见附录 D

心理科学的成熟

学习目标问题 导论-5 行为主义、弗洛伊德心理学和人本主义心理学如何促进心理学的发展?

心理学发展早期,许多心理学家都与英国散文家刘易斯(C. S. Lewis)一样,认为"在整个宇宙中,有且只有一件事物,我们对它的了解要比从外部观察所获得的更多"。刘易斯认为,这件事物就是我们自身,"可以说,我们有内部信息"(1960, pp. 18-19)。冯特和铁钦纳十分关注内在感觉、印象和感受,而詹姆斯也曾对意识流和情绪流进行内省式的考察,希望了解它们如何帮助人类生存和发展。对于这些人和其他早期学者而言,心理学的定义是"心理生活的科学"。

行为主义

该定义一直沿用到20世纪20年代,当时两位颇具野心的美国心理学家率先对其提出了异议。约翰·华生(John B. Watson)和B.F.斯金纳(B. F. Skinner)先后否定了内省的方法,并将心理学重新定义为"对可观察行为的科学研究"。他们认为,科

约翰·华生(1878—1958)和罗莎莉·雷纳(1898—1935)

华生与雷纳合作,倡导心理学是对行为的科学研究。他和雷纳对一个婴儿进行了一项颇具争议的研究,这个婴儿后来以"小艾伯特"之名著称。该研究表明,恐惧是可以习得的。

B.F. 斯金纳（1904—1990）
这位著名的行为主义学家反对内省，研究后果如何塑造行为。

西格蒙德·弗洛伊德（1856—1939）
著名的人格理论家和治疗师，其颇具争议的观点影响了人类的自我认识。

学毕竟植根于观察，而无法观察和测量的东西，就无法进行科学研究。人无法观察感觉、情感或思想，但可以观察和记录他人的行为，因为人都是被条件化的：在不同的情境中做出反应并进行学习。许多人对此表示赞同，直到20世纪60年代，**行为主义**（behaviorism）一直是心理学的两大主要力量之一。

> 行为主义：该理论认为心理学（1）应该是一门客观的科学，（2）研究行为而不涉及心理过程。如今，大多数心理学家都认可（1），但不认可（2）。

弗洛伊德（精神分析）心理学

另一股主要力量则是西格蒙德·弗洛伊德（Sigmund Freud）的精神分析心理学，该理论强调人的无意识心理和童年经历影响行为的方式（接下来的章节中，我们将更深入地探讨弗洛伊德的学说，包括他的人格理论、他对无意识性冲突的观点，以及心理对自身愿望和冲动的防御）。

人本主义心理学

正如行为主义学家拒绝接受20世纪初的心理学定义一样，其他流派也拒绝接受行为主义学家对心理学的定义。20世纪60年代，以卡尔·罗杰斯（Carl Rogers）和亚伯拉罕·马斯洛（Abraham Maslow）为代表的人本主义心理学家认为，行为主义和弗洛伊德心理学都过于局限。**人本主义心理学**（humanistic psychology）不再关注条件反射或童年记忆，而是关注人的成长潜能、对爱和接纳的需求，以及促进或限制个人成长的环境。

> 人本主义心理学：一种颇具历史意义的观点，强调人类的成长潜能。

检索练习

RP-5 从20世纪20年代到60年代，心理学的两大主要力量是_____和_____心理学。

答案见附录D

当代心理学

学习目标问题 导论-6 当代心理学如何聚焦于认知、生物学、经验、文化、性别以及人类繁荣？

20世纪60年代，在人本主义心理学兴起的同时，心理学家还掀起了一场认知革命。这一运动令心理学界的目光又回到了其早期的兴趣上，即人的大脑如何加工和保存信息。如今，**认知心理学**（cognitive psychology）仍在对人们如何感知、加工和记忆信息，以及思维和情绪在焦虑、抑郁和其他心理障碍中如何相互作用进行科学探索。认知心理学（关于心智的科学）与神经科学（脑科学）的结合造就了**认知神经科学**（cognitive neuroscience）。这一领域的研究人员通常来自不同学科，主要研究心理活动背后的大脑活动。

如今的心理学建立在许多早期科学家和思想流派的工作之上。为了使定义能够涵盖心理学对可观察到的行为、内心想法和感受的关注，如今的心理学家将**心理学**（psychology）定义为研究行为和心理过程的科学。这个定义可以理解为：行为指生物体所做的任何事情，即人们可以观察和记录的任何行动，如呐喊、微笑、眨眼、流汗、说话、发微博和做问卷等；心理过程则是人们内在的主观体验，包括感觉、知觉、梦境、思想、信念和情感等。

如今的心理学定义的关键词是科学。与其说心理学是一套研究成果，不如说它是一种提问和回答问题的方式。因此，本书的目标除了报告心理学的研究结果，还包括向你展示心理学家的"游戏方式"。在本书中，你将看到研究人员如何评估相互冲突的观点和想法。你还会了解到，我们所有人，不管是科学家还是单纯的好奇者，在体验和解释生活中的事件时，如何更努力、更聪明地进行思考。

作为一门研究行为和心理过程的科学，心理学与许多学科和国家都有渊源。这门年轻的科学从哲学和生物学这两个更为成熟的领域发展而来。冯特既是哲学家也是物理学家，詹姆斯是美国哲学家，弗洛伊德是奥地利医生，学习研究方面的先驱伊万·巴甫洛夫（Ivan Pavlov）是俄国生理学家，而20世纪最有影响力的儿童观察家让·皮亚杰（Jean Piaget）是瑞士生物学家。正如心理史学家莫顿·亨特（Morton Hunt, 1993）所称，这些"心理学的麦哲伦"恰好阐释了心理学起源的多样性。

如今心理学家的数量已经达到100多万，与这些先驱者一样，他们都来自世界各地（Zoma & Gielen, 2015）。从阿尔巴尼亚到津巴布韦，国际心理科学联合会共有89个会员。1978年，中国开设了首个大学心理学系，到2016年时心理学系已多达270个（Zhang, 2016）。心理学在不断发展壮大的同时，也在逐步全球化。从研究神经细胞活动到研究国际冲突，人们正在不同领域书写心理学的故事。当代心理学受到多种力量的影响，尤其是人们对生物学与经验、文化与性别，以及人类繁荣的理解。

认知心理学：该学科研究心理过程，如人们感知、学习、记忆、思考、交流和解决问题的过程。

认知神经科学：与认知（包括感知、思维、记忆和语言）有关的大脑活动的跨学科研究。

心理学：研究行为和心理过程的科学。

> **自问**
>
> 在学习这门课之前,你会如何定义心理学?

进化心理学和行为遗传学

人类的特质是通过遗传得来的,还是通过经验形成的呢?这一直是心理学领域最重大、最持久的问题。关于"先天—后天"(nature-nurture)的争论由来已久。希腊哲学家柏拉图(公元前428—公元前348)认为,人的性格和智力,以及某些观念,都是与生俱来的。而亚里士多德(公元前384—公元前322)反驳说,思想中没有任何东西不是先通过感官从外部世界进入的。

17世纪,欧洲哲学家重新掀起了这场争论。约翰·洛克(John Locke)认为,思想是一块由经验书写的白板。勒内·笛卡儿(René Descartes)对此表示反对,认为有些观念是与生俱来的。两个世纪后,笛卡儿的观点得到了一位好奇的自然学家的支持。1831年,一位无足轻重但热衷于收集甲虫、甲壳和贝壳的学生,刚刚踏上一段历史性的环球旅行。这位旅行者就是22岁的查尔斯·达尔文,他正思考着自己所见到的各种令人难以置信的物种变异,例如一个岛上的乌龟与附近岛屿上的乌龟不同。在《物种起源》(On the Origin of Species,1859)一书中,达尔文提出了进化过程的**自然选择论**(natural selection),以此来解释这种变异的多样性:大自然从偶然的变异中选择出最能使生物在特定环境中生存和繁衍的特征。哲学家丹尼尔·丹尼特(Daniel Dennett, 1996)将达尔文的自然选择论誉为"有史以来最棒的想法",在160多年后的今天,该理论仍然是生物学的组织原则。进化论也已成为21世纪心理学的重要原则。达尔文相信,他的理论不仅能解释动物的结构(如北极熊身上的白皮大衣),还能解释动物的行为(如与人类欲望和愤怒相关的情绪表达)。若他知道这一理论如今的发展情况,肯定会欣喜若狂。

在本书中,当代心理学家探讨生物学和经验的相对贡献时,先天—后天问题将再次登场。例如,心理学家会思考:由于共同的生物基础和进化史,人类有什么相同之处?这正是**进化心理学**(evolutionary psychology)关注的重点。而由于基因和环境的不同,每个人又有什么不同之处?这正是**行为遗传学**(behavior genetics)关注的重点。

例如,我们可以思考:性别差异更容易受到生物遗传的影响,还是社会构建的影

查尔斯·达尔文(1809—1882)

达尔文认为,自然选择不仅塑造身体,也塑造行为。

先天—后天问题:一个长期的争议,关于基因和经验对心理特征和行为发展的相对贡献。现代科学认为,特质和行为产生于先天和后天的相互作用。

自然选择论:在与其他性状变异的竞争中,使生物能够在特定环境中生存和繁衍的遗传性状最有可能传给后代的原则。

进化心理学:利用自然选择原理探讨行为和心理进化的研究。

行为遗传学:探讨遗传和环境影响行为的相对力量和限制的研究。

响？儿童的大部分语法是天生就会的，还是后天习得的？遗传或环境如何影响智力和性格差异？

性行为更多的是受到内在生理因素"推动"，还是受到外在刺激因素"牵引"呢？我们应该将心理障碍（如抑郁症）视为大脑障碍、思维障碍，还是两者兼有呢？

这样的争论仍在继续。然而，我们将多次看到，当代科学中"先天"与"后天"之间的紧张局面已经消弭：后天作用于先天的基础之上。在第4章中，你还将了解表观遗传学——探讨经验如何影响基因表达的学科。而在第2章中，你将了解人类得天独厚的生物天赋，即大脑可塑性带来的强大的学习能力和适应能力。此外，每一个心理事件（每一个想法、每一种情绪）同时也是一个生理事件。因此，抑郁症既是一种大脑障碍，也是一种思维障碍。

> **自问**
>
> 考虑一个你自己的特质。
> 例如，你是规划者还是拖延症患者：你通常是按时完成作业还是逾期？
> 你是外向还是内向：你更喜欢社交还是独处？
> 你认为这种特质如何受到先天和后天的影响？

> **检索练习**
>
> RP-6 认知革命对心理学领域有何影响？
> RP-7 什么是自然选择？
> RP-8 当代心理学在先天–后天问题上的立场如何？
>
> 答案见附录 D

跨文化和性别心理学

我们能够从在某个特定的时间和地点进行的研究中，了解到人们的一般情况吗？心理学家将西方的（western）、教育的（educated）、工业化的（industrialized）、富裕的（rich）和民主的（democratic）文化称为 WEIRD 文化（Henrich et al., 2010; Hruschka et al., 2018）。心理学研究的参与者往往来自这一类文化。我们将一再看到文化（culture）——代代相传的共同思想和行为——的重要性。正是文化塑造了人们对机敏和坦率的标准，对婚前性行为和不同身材的态度，各种随意或正式的倾向，进行眼神交流的意愿，乃至谈话距离，等等。认识到这样的差异，我们便不会再假设他人会像我们一样思考和行动。

然而，同样正确的是，人类共同的生物学传承将人们凝聚成一个普遍的大家庭。人性的某些方面是全人类共有的，例如我们如何看和听，身体如何应对压力，微笑如何传达感情等（Stroebe et al., 2018）。同样的潜在过程引导着世界各地的人。请见以下

文化：一个群体所共有的、代代相传的、持久的行为、思想、态度、价值观和传统。

"性相近也，习相远也。"
——孔子，公元前551—公元前479

例子：

- 患有特定学习障碍的人，无论来自意大利、法国还是英国，都会表现出相同的大脑功能障碍（Paulusu et al., 2001）。
- 语言的差异可能会阻碍跨文化交流。然而，所有语言都共享深层语法原则。
- 来自不同文化背景的人对孤独的感受各有不同（Lykes & Kemmelmeier, 2014）。但在不同文化中，害羞、自卑和未婚都会加剧孤独感（Jones et al., 1985; Rokach et al., 2002）。

我们每个人都在某些方面与所有人相似，在某些方面与一部分人相似，在某些方面与任何人都不相似。研究不同文化背景的人有助于我们了解彼此的相似之处和不同之处，以及人类的亲缘关系和多样性。

在本书中，你将会发现，人们的性别认同（感觉自己是男性、女性，两者皆非，或男性和女性的某种组合）和生物学性别一样重要。

如今的研究人员报告，人们在做梦的内容、表达和探测情绪的方式，以及患酒精使用障碍、抑郁症和进食障碍的风险方面也存在性别差异。性别差异令人着迷，而研究性别差异可以令人获益。例如，许多研究人员发现，女性更容易通过交谈来建立关系，而男性则更多地通过交谈来提供信息和建议（Tannen, 2001）。了解这些差异有助于我们在日常交流中避免冲突和误解。

从心理学和生物学的角度来看，人类在很大程度上是相似的。无论性别如何，人们学会走路的年龄都大致相同，对光和声音的感觉相同，会记得生动的情感事件，也会忘记普通的细节，对饥饿、欲望和恐惧的感受相同，表现出的整体智力和幸福感也相似。

要记住的一点：尽管具体的态度和行为常常因性别或文化而异，但其基本过程是大致相同的。

自问

你的文化经历如何影响你的成长？

积极心理学

心理学发展的前100年通常侧重于理解和处理问题，如虐待和焦虑、抑郁和疾病、偏见和贫困等。现代心理学在很大程度上仍在继续探索这些问题。马丁·塞利格曼（Martin Seligman）和另一些学者（2002, 2011, 2016）同样重视修复损伤和治疗疾病的必要性，但他们也呼吁其他人对人类的繁荣发展进行更多研究，以了解并发展有助

积极心理学：对人类繁荣发展的科学研究，其目标是发现和促进有助于个人和群体繁荣发展的优势和美德。

于人类茁壮成长的情绪和特质。这些心理学家将他们的方法称为**积极心理学**（positive psychology）。他们认为，幸福是愉悦、投入和充实生活的副产品。因此，积极心理学尝试使用科学方法来建设"美好的生活"和"有意义的生活"，使人们能够发挥所长、超越自我。

心理学的三个主要分析层次

学习目标问题 导论–7 心理学家如何使用生物心理社会方法，它如何帮助人们理解这个多样化的世界？

人类有着共同的生物本性。然而，人们的预设、价值观和行为会受到许多心理和社会文化因素的细微影响。我们每个人都因性别认同、身体能力和性取向而各不相同。每个人都是一个复杂的系统，是家庭、种族群体、文化和社会经济地位（包括教育、收入和职业）等更大的社会系统的一部分。而**生物心理社会方法**（biopsychosocial approach）整合了生物学、心理学和社会文化这三个**分析层次**（level of analysis）。

生物心理社会方法：一种涵盖生物学、心理学和社会文化分析层次的整合性方法。

分析层次：从生物、心理到社会文化，彼此互补的不同观点，用于分析任何给定的现象。

以可怕的校园枪击事件为例，这类事件的发生是因为枪手有大脑障碍或遗传所导致的暴力倾向吗？是因为他们在媒体上看到了残暴的画面或玩了暴力电子游戏吗？还是因为他们生活的社会本就枪支泛滥呢？生物心理社会取向令心理学家能够超越"校园枪手"的标签，考虑可能导致暴力行为的多个关联因素（Pryor, 2019）。临床心理学家也会使用这种取向来帮助精神障碍患者（Teachman et al., 2019）。

每个分析层次都提供了一个观察行为或心理过程的视角，但每个视角本身都是不完整的。表1所描述的每个视角都提出了不同的问题，也都存在局限性，但又相辅相成。请看以下例子，思考这些分析层次如何阐明愤怒：

- 从神经科学角度出发的人，可能会研究导致人们面红耳赤、"火冒三丈"的大脑神经通路。
- 从进化论角度出发的人，可能会分析愤怒如何有利于人类祖先存活下来。
- 从行为遗传学角度出发的人，可能会研究遗传和经验如何影响个体的气质差异。
- 从心理动力学角度出发的人，可能会将情绪爆发视为无意识敌意的发泄。
- 从行为学角度出发的人，可能会试图确定引发攻击行为的原因。
- 从认知角度出发的人，可能会研究人们对情境的解释如何影响愤怒情绪，以及愤怒情绪如何影响思维。
- 从社会文化角度出发的人，可能会探索不同的文化背景下，愤怒的表达方式有何差异。

```
生物学因素：                        心理学因素：
·遗传倾向（受基因影响的特质）         ·习得性恐惧和其他习得的期望
·基因突变（基因复制时的随机错误）     ·情绪反应
·世代相传的适应性特质和行为的自然选择  ·认知加工和感知解释
·基因对环境的反应
                    ↓           ↓
                    行为或心理过程
                        ↑
              社会文化因素：
              ·他人的存在
              ·文化、社会和家庭的期望
              ·同伴和其他群体的影响
              ·令人信服的榜样（如媒体上的榜样）
```

表1 心理学理论的视角

理论	关注	问题示例	使用该视角的分支领域示例
神经科学	身体和大脑如何使情感、记忆和感官体验得以实现	疼痛信息如何从手传递到大脑？血液的化学成分与情绪和动机有何联系？	生物心理学，认知心理学，临床心理学
进化论	特质的自然选择如何促进基因的存活	进化如何影响行为倾向？	生物心理学，发展心理学，社会心理学
行为遗传学	遗传和环境如何影响个体差异	智力、人格、性取向和抑郁易感性等心理特征在多大程度上受到遗传和环境的影响？	人格心理学，发展心理学，犯罪心理学
心理动力学	无意识的驱力和冲突如何产生行为	如何用未实现的愿望和童年创伤来解释个体的人格特质和心理障碍？	临床心理学，咨询心理学，人格心理学
行为学	人如何习得可观察到的反应	对特定对象或情境的恐惧如何习得？改变行为最有效的方法是什么，比如减肥或戒烟？	临床心理学，咨询心理学，工业组织心理学
认知	如何编码、加工、存储和检索信息	我们在记忆、推理和解决问题时如何使用信息？	认知神经科学，临床心理学，咨询心理学，工业组织心理学
社会文化	不同情境和文化中的行为和思维方式有何差异	人们如何受到周围的人和文化的影响？	发展心理学，社会心理学，临床心理学，咨询心理学

要记住的一点：就像用二维视角看三维物体一样，心理学的每一个视角都有帮助，但每一个视角都无法单独揭示事物的全貌。

> **自问**
>
> 你觉得心理学的哪一个理论视角最有趣？为什么？

> **检索练习**
>
> RP-9 在研究心理事件时，采用生物心理社会方法有什么好处？
>
> RP-10 心理学的_____视角侧重于研究不同情境和文化中的行为和思维差异，而_____视角强调观察人们在不同情境中如何应对和学习。

答案见附录 D

心理学的分支

学习目标问题 导论-8 心理学有哪些主要分支？

在脑海中想象一位工作中的化学家时，你可能会想到一位实验室科学家，他被试管和高科技设备所围绕。而想象一位工作中的心理学家时，你可能会想到：

- 一位身着白大褂的科学家正在探究老鼠的大脑
- 一位智力研究员正在测量婴儿表现出无聊（通过从一张熟悉的图片上移开视线）的速度
- 一位管理者正在评估一项关于"健康生活方式"的员工培训新计划
- 一名研究人员正在电脑前分析来自社交媒体状态更新或谷歌搜索的"大数据"
- 一位治疗师正在积极倾听抑郁的来访者的想法
- 一位旅行学者正在体验另一种文化，并收集有关人类价值观和行为差异的数据
- 一位教师或作家正在与他人分享心理学的乐趣

我们所说的心理学的分支领域集群，是不同学科的交汇点。因此，它是兴趣广泛者的理想家园。从生物实验到文化比较，心理学部落的活动多种多样，但都追求一个共同的目标：描述和解释行为及其背后的心理原因。

一些心理学家主要从事**基础研究**（basic research），尝试建立心理学的知识基础。这样的研究人员在各个领域都有分布，包括探索身心联系的生物心理学家，研究人类从生到死能力变化的发展心理学家，用实验方法研究人类感知、思考和解决问题方式的认知心理学家，考察人类持久特质的人格心理学家，以及探索人们如何看待和影响

基础研究：旨在扩大科学知识基础的纯科学。

彼此的社会心理学家。

心理学家也会进行**应用研究**（applied research），以解决实际问题。例如，工业组织心理学家会将心理学概念和方法应用于工作场所，帮助组织和公司选择和培训员工、提高士气和生产力、设计产品和实施系统等。

心理学既是一门科学，也是一种职业选择。从事心理学的人帮助人们建立健康的关系，克服焦虑或抑郁情绪，培养茁壮成长的孩子。在不同的历史传统影响下，咨询心理学和临床心理学出现了。早期的咨询心理学家主要提供工作技能指导，而临床心理学家则在早期心理诊所中与精神科医生一起为人们提供心理评估和心理治疗。现在的咨询心理学家和临床心理学家有很多共同之处。**咨询心理学**（counseling psychology）家帮助人们应对各种挑战和危机（包括学业、职业和人际关系问题），帮助心理障碍患者改善个体功能和社会功能。**临床心理学**（clinical psychology）家则专注于评估和治疗精神、情绪和行为障碍患者。咨询心理学家和临床心理学家都会实施测试，解释测试结果，为不同程度的心理障碍患者提供咨询和治疗，并参加相同的执业资格考试，有时也会从事基础研究和应用研究。相比之下，**精神病学**（psychiatry）可以提供心理治疗，但精神科医生都是执证医生，可以开具处方，治疗心理障碍的生物学因素。

相较于改变人以适应环境，**社区心理学**（community psychology）家致力于创造有利于所有人的健康的社会和物理环境（Bradshaw et al., 2009; Trickett, 2009）。为了减少校园霸凌，他们可能会考虑如何改善学校和社区的文化环境，并促进旁观者的干预行为（Polanin et al., 2012）。

从生物学到社会学，从实验室到诊所再到办公室，心理学与许多领域息息相关。心理学家的教学地点包括医学院、商学院、法学院和神学院，工作地点包括各种医院、工厂和企业办公室等。他们从事着各式各样的跨学科研究，例如心理传记（研究公众人物的生活和人格）、心理语言学（研究语言和思维）和心理陶瓷学（研究坏瓷器）[1]。

> **自问**
>
> 报名学习本课程时，你对各个不同的心理学领域有多少了解？

心理学也会对文化产生影响。知识会塑造人，对太阳系或病菌理论的了解会改变人们的思维和行为方式。同样，学习心理学的研究成果也会令人发生改变：人们不再认为心理障碍是可以通过惩罚和排斥进行治疗的道德缺失，不再认为女性在精神上比男性劣等，也不再将抚养孩子当作驯服无知任性的野兽。莫顿·亨特（Morton Hunt, 1990, p. 206）指出："在每一种情况下，知识都改变了态度，并通过态度改变了行为。"一旦了解了这些深刻的心理学观点，例如身体和心理如何联系，孩子的心灵如何成长，

应用研究：以解决实际问题为目的的科学研究。

咨询心理学：心理学的一个分支，帮助人们解决生活中的问题（通常与学业、工作或人际关系有关），使人的生活更幸福。

临床心理学：心理学的一个分支，主要研究、评估和治疗心理障碍患者。

精神病学：医学的一个分支，主要治疗心理障碍；由医生从业，能够提供医学治疗（如药物）和心理治疗。

社区心理学：心理学的一个分支，研究人们如何与社会环境互动，以及社会机构（如学校和邻里）如何影响个人和群体。

---

1 坦白：这句话里的最后一项研究是我在愚人节写的。

人们如何构建感知，如何进行学习和记忆，世界上的人如何相似（如何区别）等，你的思想就可能会从此不同。

但是，我们必须认识到，心理学也存在局限性，不能指望它回答终极问题，比如俄国小说家列夫·托尔斯泰（1904）提出的问题："我为什么而活？我为什么要做事？生命中还有什么目的不会因为即将到来的、不可避免的死亡而遭到破坏和毁灭？"

尽管生活中的许多重大问题都超出了心理学的范畴，但有些非常重要的问题即使是最初级的心理学课程也能解答。经过刻苦钻研，心理学家对大脑和心灵、梦境和记忆、抑郁和快乐都有了深入的了解。即使是没有答案的问题，也能让人们对尚不理解的事物产生新的思考。并且，学习心理学还能够教你如何提出和回答重要的问题，如何在评估相互冲突的观点和主张时进行批判性思考。

心理学加深了人们对感知、思考、感觉和行动的理解，进而丰富了人们的生活，扩大了人们的视野。正如一个世纪前，著名教育家查尔斯·艾略特（Charles Eliot）所说的，"书籍是人类最宁静和最恒久的朋友，也是最有耐心的良师"。通过这本书，我们希望引导你实现这一目标。

> **检索练习**
>
> RP-11 将专业（i—iii）与描述（a—c）配对。
>
> 专业　　　　　　　描述
> i. 临床心理学　　　a. 致力于为所有人创造健康的社会环境和物理环境
> ii. 精神病学　　　　b. 研究、评估和治疗心理障碍患者，但通常不提供医学治疗
> iii. 社区心理学　　　c. 治疗心理障碍的医学分支学科
>
> *答案见附录 D*

心理学帮助学习和成长

"心灵一旦被新的思想拉伸，就再也回不到原来的尺寸。"
——拉尔夫·瓦尔多·爱默生，1803—1882

学习目标问题 导论-9　心理学原理如何帮助人学习、记忆和茁壮成长？

学习心理学，不仅是为了了解他人，更是为了了解我们自身。只有通过这样的学习，我们才能成为最好的自己，并大胆地向世界展示这样的自己。本书将为你提供许多切实的建议，令你的生活更加快乐、高效、活力充沛。建议包括以下几点：

- 合理安排时间，保证充足睡眠。睡眠不足的人总是被疲劳和阴郁的情绪所笼罩，睡眠充足的人则不同，他们精力更充沛，幸福感更强，生产力也更高。
- 坚持锻炼。有氧运动能够增强体质和精力，更是治疗轻度和中度抑郁症的有效方法。

- 设定长期计划和日常目标。成功者会努力实现自己的日常目标，比如多运动、多睡觉或吃得更健康等。随着时间推移，他们往往发现每天练习已经成了他们的习惯。
- 保持成长心态。成功者决不认为自己的能力是固定不变的，他们认为能力就像肌肉一样，努力锻炼就会变得更加强壮。
- 优先考虑人际关系。人类是社会动物，拥有亲密关系的人会更具活力。得到朋友的帮助或给予朋友帮助，都会让我们变得更快乐、更健康。

心理学研究还揭示了人们如何学习和记住信息。许多学生认为，巩固新知识的方法就是反复诵读。而本书提倡重复自测和复述学过的材料，这样的效果更好。记忆研究者亨利·罗迪格和杰弗里·卡尔皮克（Roediger & Karpicke, 2006）将这种现象称为**测试效应**（有时也称为检索练习效应或测试强化学习）。他们指出，"测试能够有力地提高学习效果，而不仅仅是评估学习效果"。一项研究让说英语的学生回忆20个学过的立陶宛语单词，接受重复测试的学生比花同样时间重新学习的学生记起的单词更多（Ariel & Karpicke, 2018）。重复测试的奖励也使其具有强化作用：尝试过重复测试的学生一旦发现它很有帮助，以后学习新材料时就会经常使用这一方法。

包括大学课堂研究在内的许多其他研究都表明，频繁测验和自测能够提高学生的记忆力（Cho et al., 2017; Foss & Pirozzolo, 2017; Trumbo et al., 2016）。

在第8章中你将学习到，要掌握信息，你必须主动加工信息。一篇涵盖了225项研究的文献摘要指出，在科学、技术、工程和数学（即STEM领域）方面的考试中，主动学习的学生成绩最高（Freeman et al., 2014）。同样，在学习一门新语言时，练习口语的人比被动练习听力的人学得更好（Hopman & MacDonald, 2018）。说胜于听。因此，我们不要把大脑当成胃这种只能被动地填满的东西，而要把它当成肌肉，能够通过锻炼变得更强壮。无数实验表明，用自己的语言复述学习材料，再对其进行检索和复习时，学习和记忆效果最佳。

SQ3R学习法包括了这些原则（McDaniel et al., 2009; Robinson, 1970）。SQ3R就是其五个步骤的首字母缩写：纵览（survey）、提问（question）、阅读（read）、检索（retrieve）[1]和复习（review）。

学习本书某一章时，首先要纵览，即鸟瞰全局。浏览该章首页的目录，注意该章内容的结构。

阅读每个主要章节之前，尝试回答带编号的学习目标问题（例如，本节的学习目标问题是"心理学原理如何帮助人学习、记忆和茁壮成长？"）。研究人员罗迪格和布

> 测试效应：也称为检索练习效应或测试强化学习。对信息进行检索，而非简单重读信息后，记忆得到强化。

> SQ3R：一种学习方法，包含五个步骤，即纵览、提问、阅读、检索和复习。

---

1 有时也称为"复述"（recite）。

> "如果通读一篇文章二十遍，想把它背下来也没有那么容易，但是把它读十遍，同时不断尝试进行背诵，并在记忆消退时再查阅文本，却能轻易做到这一点。"
> ——弗朗西斯·培根，《新工具》，1620

> "与其再看一遍书，不如静静等待，努力回想。"
> ——威廉·詹姆斯，《心理学原理》，1890

里吉德·芬恩（Bridgid & Finn, 2010）发现，"检索答案时的尝试和失败，实际上对学习是有帮助的"。那些在阅读前进行自测、知道自己有何不足的人，能够学得更好，记得更牢。

接下来开始阅读本书，并且积极寻找学习目标问题的答案。

每次坐下来阅读时，在能够吸收知识而不感到疲倦的情况下，尽可能多地阅读该章内容（通常是一章中的主要内容）。积极、批判地阅读，提出问题，做好笔记，并将其内容化为自己的想法：你所阅读的内容与现实生活有着怎样的联系？它与你的假设相符，还是相抵触？证据能够令人信服吗？（本书每一章新增的"自问"部分将帮助你亲自参与到每一份学习材料中。）你可以写出你知道的内容。研究人员指出，"写作通常是学习的工具"（Arnold et al., 2017）。

完成一节内容的阅读后，对其主要观点进行检索。卡尔皮克（2012）指出，"主动检索促进有意义的学习"。因此，请对自己进行测试吧。测试不仅能帮助你厘清所学的内容，还能帮助你更高效地学习和记住信息，重复测试的效果更佳。为了方便你进行测试，本书每一章都以一定的间隔提供了检索练习（例如本节末尾的问题）。回答完这些问题后，你可以在附录中查看答案，并根据需要重读材料。

最后一步是复习。阅读你所做的笔记，再次回顾该章的结构，快速复习整章内容。先写下或说出某个概念的意义，再进行重读，以检查你的理解是否有误。

我们根据纵览、提问、阅读、检索、复习的顺序，对本书各章进行了精心组织，便于你通过SQ3R方法进行系统性学习。每一章开头都有一篇概述，便于你纵览全章。章节标题和学习目标问题会提示你在阅读时应考虑的问题和概念。教材内容被编排成一个个长度便于阅读的章节。检索练习中的问题将锻炼你检索所学内容的能力，帮助你更好地记忆。

以下四个学习技巧可以进一步提升你的学习效率：

恰当分配学习时间。间隔练习比海量练习更能促进记忆，这是心理学最古老的研究成果之一。如果将总的学习时间划分为几个时段（例如每天学习一小时，每周学习六天），而不是花费整周的时间死记硬背或通宵突击学习，你将把所学的内容记得更牢。例如，与其试图每次坐下来就一口气读完一整章，不如只读一个主要章节，然后做其他的事。交替学习心理学和其他科目，能够促进长时记忆，避免过度自信（Kornell & Bjork, 2008; Taylor & Rohrer, 2010）。

间隔学习需要自律地管理时间。有关时间管理的更多提示，请参阅新的给学生的前言：学生的成功——如何运用心理学过好人生。

学会批判性思考。无论在课上还是课下，批判性思考（聪明的思考）都是智慧的核心。无论阅读还是交谈，你都要注意别人的假设和价值观。一个论证是基于怎样的观点或偏见，要评估证据才能判断。它是道听途说，还是基于提供了有用信息的实验，要评估结论才能够确定。同时，你还要考虑是否还有其他解释。

主动加工课堂信息。仔细倾听教师讲课时的主要观点和次要观点，认真做好笔记，并在课上和课后提问。课堂学习，就像你自己学习一样，只有主动加工信息，才能理解得更透彻，记忆得更深刻。在一个世纪以前，心理学家威廉·詹姆斯曾指出："没有反应就没有接受，没有……表达就没有印象。"积极回答每一章的"自问"问题，将读到的内容与生活联系起来，向他人讲述这些内容（所有老师都认为，教学的过程就是记忆的过程）。

此外，还要注意手写笔记。与在电脑上逐字记笔记相比，用自己的语言进行复述的手写笔记，通常涉及更为主动的信息加工，能够帮助你更好地记住信息（Mueller & Oppenheimer, 2014）。

超量学习。心理学告诉我们，超量学习能够提高记忆力。我们往往会高估自己的知识水平。阅读某个章节时，你可能会觉得自己已经理解了其内容，但这种舒适的熟悉感可能是有欺骗性的。通过"检索练习"中的问题，你可以测试自己掌握的知识，并在此过程中进行超量学习。

为了提高你的记忆力和学习成绩，记忆专家伊丽莎白·比约克和罗伯特·比约克提出了以下简单有效且具有科学依据的建议（Elizabeth Bjork & Robert Bjork, 2011, p. 63）：

少花时间输入，多花时间输出。例如，根据记忆总结所读内容，或与朋友聚在一起互相提问。自测的重点在于要求检索或生成信息，而非仅仅对自己呈现信息，这样的测试能够令学习更加持久和灵活。

自问

所有这些原则中，哪些原则对于你改善自己的生活和学习最相关、最重要？你会如何将它们应用到日常生活和学习中？

检索练习

RP-12 _____指的是反复检索（就像在自测时那样）而非单纯地重读新信息所产生的记忆强化效果。

RP-13 SQ3R 分别代表什么？

答案见附录 D

第1章

心理学的批判性思考

研究策略：心理学家如何提出并回答问题
心理科学的必要性
后真相世界的心理科学
科学的方法
批判性思考：相关关系与因果关系
心理学的研究伦理

日常生活中的统计推理
描述数据
显著差异

为满足对人的好奇，排解自身的困境，越来越多的人开始求助于所谓的"心理学"。他们阅读专家建议专栏，只因这些专栏旨在帮助他人解决问题，战胜成瘾，甚至拯救婚姻；他们围观那些"有名的灵媒"，期盼他们展示所谓的力量；他们参加催眠研讨会，只为了戒烟；他们玩在线游戏，希望能令头脑得到锻炼；他们埋头于自助书籍、网络和讲座，期望能够找到通往爱情和个人幸福的道路、成功的"窍门"或捷径。

另一些人则好奇于心理学的真相，他们想知道：父母如何以及在多大程度上塑造了孩子的性格和能力？长子女是否具有更强的成就动机？梦是否有深层含义？我们有时会记起从未发生过的事情吗？心理治疗有效吗？

面对这样的问题，作为一门科学的心理学不能只停留于推测。为将盲目的推测与经过检验的结论相区别，心理学家会使用科学的方法进行研究。让我们一起思考，心理学家如何进行科学研究。

➡ 研究策略：心理学家如何提出并回答问题

心理科学的必要性

学习目标问题 1-1 常识性思维有时是如何引导我们得出错误结论的？

一些人认为，心理学只是证明了我们已知的东西，然后用行话加以修饰："你用些花哨手段告诉我我奶奶都知道的东西，就能得到报酬？"

的确，奶奶的常识往往是正确的。棒球巨星尤吉·贝拉（Yogi Berra，1925—2015）曾说过："通过观察，你可以发现很多东西。"（我们还要感谢贝拉的其他名言，如"那里太挤了，没有人再去了"，以及"如果人们不想去球场，没有人能阻止他们"。）我们都是行为的观察者，倘若心理学的许多发现无法被预见，那可太令人惊讶了。例如，许多人都相信爱会带来幸福，这是正确的（正如第 11 章所说的深层"归属需求"）。

然而，无数次的偶然观察中，奶奶的常识有时也可能是错误的。在后面的章节中，我们将会探讨研究如何颠覆熟能生巧、梦境能预测未来以及大多数人只使用了大脑的 10% 等流行观点。我们还将探讨研究各种惊人发现，如大脑的化学信使控制人们的情绪和记忆的方式，其他动物具有的能力，以及压力对人们抗病能力的影响。

一些事情看起来像是常识性真理，原因在于人们常常重复听到它们。不管是真是假，仅仅是反复陈述，都会使这些事情更容易被大脑加工和记忆，因此看起来会更真实（Dechêne et al., 2010; Fazio et al., 2015）。因此，一些容易被记住的误解（如维生素 C 可以预防普通感冒）得以战胜硬道理。这样的谎言通常为人所熟识，其影响也难以消除。它们的力量早已为政治操纵者所熟知，也为批判性思考者所牢记。

常识性思维存在三个常见缺陷：后视偏差、过度自信和在随机事件中感知到规律。它们恰好说明了小说家马德琳·朗格尔（Madeleine L'Engle, 1973）的观点，"赤裸裸的智力是一种极其不准确的工具"。

我们早就知道吗？——后视偏差

试想一下，射箭上靶后再画靶心是多么轻松。股市下跌后，人们总会说股市早"该修正"了。倘若体育教练凭借"大胆的策略"取得比赛胜利，人们就会对其赞不绝口；倘若没有取得胜利，人们则会痛斥其"愚蠢的举措"。一场大战或大选前，其结果往往都是"显而易见"的。尽管历史可能因此看起来是一系列不可避免的事件，但实际的未来很少能被预知。没有人会在日记中写道："今天，百年战争开始了。"

通过告知一组人一个所谓的心理学发现，告知另一组人一个相反的发现，这种后

"生活要向前看，但理解却要向后看。"
——哲学家索伦·克尔恺郭尔

后视偏差：也称为"我早就知道"现象。在得知某一结果后，认为自己会预见到这一结果的倾向。

"任何事情一旦解释清楚，就显得很平常。"
——华生医生对夏洛克·福尔摩斯说

视偏差（hindsight bios）能够轻松得到证明。比如，告诉第一组人："心理学家发现，分居会削弱浪漫对象的吸引力，即'久别情疏'。"请他们想象为什么会如此。大多数人都可以想到原因，而且在听到解释后，几乎所有人都会认为这个正确的发现不足为奇。

而告诉第二组人相反的情况："心理学家发现，分居会加强浪漫对象的吸引力，正如俗话说，'小别胜新婚'。"得知这个虚假结果的人也很容易想到原因，而且大多数人也不会觉得奇怪。然而，两个相反的发现看起来都像常识时，问题就出现了。

人们的回忆和解释中存在这样的错误，表明我们需要心理学研究其原因。这并非说常识通常是错误的，正相反，常识可以很好地描述已经发生的事情，但不擅长预测将要发生的事情。

超过 800 篇学术论文显示，世界各地的人，无论老少，都存在后视偏差（Roese & Vohs, 2012）。据报道，物理学家尼尔斯·玻尔（Niels Bohr）曾开玩笑说："预测是非常困难的，尤其是关乎未来时。"

过度自信

我们人类倾向于认为自己所知很多，但实际上没有那么多。在被问及我们对事实问题的答案有多大把握时（如波士顿在巴黎的北边还是南边？[1]），我们往往对自己不正确的答案过于自信。思考下列三个变位字谜，其答案已在旁边列出（Goranson, 1978）：

WREAT → WATER
ETRYN → ENTRY
GRABE → BARGE

过度自信的历史趣事：
"我们不喜欢他们的声音。吉他乐队正在走向衰落。"
——迪卡唱片公司在 1962 年拒绝了与甲壳虫乐队的录音合同

你认为自己解开这些字谜需要花多长时间？你有没有受到后视偏差的影响？知晓答案往往会使人过于自信（真的"只需要 10 秒左右的时间就能得出答案"吗？）。实际上，解谜者平均要花 3 分钟的时间，你可能也要花 3 分钟才能解开一个没有答案的类似变位字谜：OCHSA[2]。

我们能很好地预测社会行为吗？心理学家菲利普·特洛克（Philip Tetlock, 1998, 2005）收集了超过 27 000 份专家对世界大事的预测，如南非的未来、魁北克是否会从加拿大独立。他多次发现：专家们对"自己做出的预测是正确的"的把握平均是 80%，但只有不到 40% 的预测是正确的。事实证明，只有大约 2% 的人能够出色地预测社会行为。特洛克称此类人为"超级预测者"，他们会避免过度自信。面对困难的预测时，超级预测者会"收集事实，平衡冲突的论点，并确定一个答案"（Tetlock & Gardner, 2016）。

---

1 波士顿在巴黎南边。
2 答案是 CHAOS。

自问

你是否很难相信自己可能过度自信？过度自信会在这种自我评估中起作用吗？阅读有关过度自信的这一节，能够如何帮助你减少过度自信的倾向？

检索练习

RP-1 在朋友开始约会后，为什么我们常会觉得自己早就知道他们注定要在一起？

答案见附录D

在随机事件中感知到规律

人们天生就渴望理解自己所在的世界。人们总会在月球上看到一张脸，在倒放的音乐中听到魔鬼的留言，或者在烤奶酪三明治上看到圣母的形象。即使是随机数据序列，人们也常会发现规律的存在，这是一个奇怪的事实，因为随机序列往往看起来并不随机（Falk et al., 2009; Nickerson, 2002, 2005）。抛掷硬币50次，你可能会对硬币正面或反面的连续出现感到惊讶，就像篮球投篮和棒球击球中所谓的"连续得分"或"连续失分"一样。实际的随机序列中，规律和同类事件连续发生的情形（如重复的数字）出现得比人们预期的更频繁（Oskarsson et al., 2009），这也使得人们很难编写出类似随机的序列。诈骗犯在确定诈骗金额时会尝试模拟随机数字，然而，其非随机的序列会提醒防诈专家（Poundstone, 2014）。

为什么人们总会倾向于寻找规律？对大多数人而言，一个随机的、不可预测的世界是令人不安的（Tullett et al., 2015）。而理解所在的世界可以帮助人们减轻压力，维系日常生活（Ma et al., 2017）。

一些事情，如连续两次中奖，看起来太不寻常，乃至我们很难想象出一个正常的、与概率有关的解释。"但只要有足够大的样本，任何离谱的事情都有可能发生。"统计学家佩尔西·迪亚科尼斯（Persi Diaconis）和费德里科·蒙泰勒（Frederick Mosteller）如是说。一天在10亿人中只发生一次的事件，一天会在全球范围内发生大约7次，一年则会发生2500多次。

要记住的一点：由于三大倾向——后视偏差、过度自信以及在随机事件中感知到规律的强大影响，常识性思维存在缺陷。但科学探索可以帮助人们从幻觉中筛选出真实的发现。

后真相世界的心理科学

学习目标问题 1-2 为什么我们如此容易相信不实之词？

《牛津英语词典》2017年的年度词汇是"后真相"。该词语描述了一种现代文化，

"这个距离上，他们连一头大象都不会击中。"
——约翰·塞奇威克将军在美国内战中被杀前说道

"在我的时代，没有女人会成为首相。"
——玛格丽特·撒切尔

"没有任何不寻常事件发生的一天才是真正不寻常的。"
——统计学家佩尔西·迪亚科尼斯

在这种文化中，人们的情绪和个人信念往往凌驾于客观事实之上。

请看美国这两个"真相衰落"的例子——错误信息被广泛传播：

观点：犯罪率正在上升。最近一年，每10个成年人中就有7个告诉盖洛普调查，犯罪情况"比一年前更多"（Swift, 2016）。

事实：几十年来，暴力和财产犯罪率都在下降。2015年，暴力犯罪率还不到1990年的一半（BJS, 2017; Statista, 2017）。

观点：许多移民是罪犯（McCarthy, 2017）。一些重大事件助长了这种说法。移民谋杀、盗窃或撒谎的故事在社交网络和新闻渠道上广为传播，所造成的恐惧在北美，甚至欧洲和澳大利亚都很普遍（Nunziata, 2015）。

事实：大多数移民都不是罪犯。移民入狱的可能性要比土生土长的美国人低44%（CATO, 2017; Flagg, 2018, 2019）。在意大利、英国和其他地方也是如此（Di Carlo et al., 2018）。

政党偏见已经扭曲了美国人的思维。心理学家彼得·迪托（Peter Ditto, 2019a, b）和同事报告称，研究人员发现"自由派和保守派都有党派偏见，而且程度几乎相同"。在美国，大多数共和党人认为，在民主党总统奥巴马的领导下，失业率上升了（实际上下降了）；而大多数强硬的民主党人认为，在共和党总统里根的领导下，通货膨胀恶化了（实际上改善了）（Gelman, 2009; PPP, 2016）。一项研究发现，美国民主党人和共和党人都对另一党派的奖学金候选人有偏见（Iyengar & Westwood, 2015）。所以，我们不要自以为是地认为"偏见存在，但对我不适用"，偏见是双向的。

美国民主党人和共和党人都对人们不能区分事实和虚构的情况感到担忧。奥巴马（2017）在其卸任演讲中曾警告，如果没有一个"共同的事实基线"，民主就会受到威胁："我们在自己的泡沫中感到如此安全，以至于我们开始只接受符合自己观点的信息，无论它是真是假，而不是将观点建立在现有的证据之上。"共和党参议员约翰·麦凯恩（John McCain, 2017）生前同样发出警示："越来越多的人失去了分辨真相和谎言的能力，甚至没有意愿去这么做。"

那么，用心理学家汤姆·吉洛维奇（Tom Gilovich, 1991）的话说，为什么后真相时代的人经常"知道什么事情并非如此"？

虚假新闻 一些虚假信息是有意灌输给我们的，它们是"披着新闻外衣的谎言"（Kristof, 2017）。2016年美国大选期间，在所有推特推送的新闻中有6%都是假新闻（Grinberg et al., 2019）。并且，捏造的新闻会持续存在。一项对300万人在推特上发布的12.6万个故事的分析发现，虚假信息，特别是虚假政治新闻，"扩散得比真相更远、更快、更深、更广"（Vosoughi et al., 2018）。好消息在于，大多数人通常可以区分高质量和低质量的信息来源（Pennycook & Rand, 2019）。

重复 在实验中，声明在重复后会变得更可信（De keersmaecker et al., 2019）。我们会将反复听到的东西记下来，哪怕是对政治对手的诽谤，并且更加信以为真（Fazio et al., 2015）。

提供有力佐证 在媒体上，"越血腥越能吸引眼球"。媒体报道一些可怕的暴力事件时，如可怕的谋杀、大屠杀和飞机失事等，其生动形象的描述会影响人们的判断。难怪美国人会严重高估他们遭遇犯罪、恐怖活动和飞机失事的可能性。

群体认同和志趣相投者的回声室效应 人们的社会身份很重要。对自己所在群体感觉良好能使人对自己感觉良好。在社交媒体上，人们倾向于与有相同想法的人做朋友（见文前彩图1.1）。人们常会浏览那些支持自己所持观点的新闻，并将那些相反的新闻妖魔化。

好消息是，我们可以采用科学的思维方式来建立一个真实的世界。我们可以带着好奇心、怀疑精神和谦逊，遵循批判性思考的精神：接受一切就是盲目轻信，否认一切就是愤世嫉俗。

科学的方法

好奇心、怀疑精神和谦逊三者相结合的科学态度是所有科学的基础。心理学家们用科学的方法来武装他们的科学态度，这是一个通过观察和分析来评估观点的自我修正过程。心理科学欢迎直觉和听起来很有道理的理论，并对它们进行检验。如果一个理论是有效的，即数据支持其预测，那对这个理论来说就更好了；如果预测失败，该理论就会被修改或否定。研究人员向科学期刊提交研究成果时，同行评审员（该领域的其他科学家）会对其研究的理论、原创性和准确性进行匿名评估。有了这些反馈，期刊编辑才能决定该研究是否值得发表。

构建理论

学习目标问题 1-3 理论如何推动心理科学的发展？

日常对话中，我们常用"理论"这个词来表示"单纯的直觉"。例如，有人可能认为进化论"只是一种理论"，好像它只是一种猜测。在科学领域，**理论**（theory）会提供一套想法来组织观察结果，从而解释行为或事件。理论通过运用更深层次的原理整合零散的事实，起到归纳和简化的作用。当我们将观察到的数据点联系在一起时，一个连贯的画面便呈现出来。

理论：一种解释，使用一套整合原则来组织观察结果并预测行为或事件。

例如，一个关于睡眠影响记忆的理论，能够帮助我们将无数与睡眠有关的观察结果整合为数条简短的原则。假如我们通过多次观察得知，睡眠习惯良好的人在课堂上通常表现优异，在考试时也能发挥良好，那么我们可能会推断：睡眠可以提高记忆力。到目前为止，这一理论运用的效果还不错，我们巧妙地总结了一系列关于良好睡眠的观察结果。

然而，无论一个理论听起来多么合理（例如良好睡眠能提高记忆力似乎很合理），我们都必须对它加以检验。一个好的理论做出的预测是可检验的，这种预测也被称为**假设**（hypothesis）。这种预测会指明哪些结果能够支撑该理论，哪些结果会否定它。为检验睡眠影响记忆的理论，我们可以假设睡眠不足时，人们对前一天的记忆会下降。为了验证这一假设，我们可以评估人们在睡眠良好或睡眠不足的情况下对所学教材的记忆程度（图 1.2）。检验结果要么支持这一理论，要么会让我们对其进行修改或否定。

假设：一个可检验的预测，通常由某个理论产生。

图 1.2　科学的方法
一个提出问题和观察结果的自我修正过程。

操作性定义：对于一项研究所使用的确切程序（操作）措辞严谨的声明。例如，人的智力可以被操作性定义为智力测试所衡量的东西（也称为操作化）。

理论会使观察结果产生偏差。当我们推断良好的睡眠会改善记忆效果时，我们可能只看得到自己所期望看到的，从而判定犯困的人说的话不太准确。无论是在实验室内还是实验室外，我们都强烈地想要看到自己所期望的东西，正如人们对气候变化的看法影响了他们对当地天气的解释。

心理学家们在报告研究时，对研究程序和概念给予了精确且可度量的**操作性定义**

（operational definition），以此作为对自己偏见的检查手段。例如，可以将睡眠不足定义为比该个体的自然睡眠时间"至少少两小时"。（同理，对"攻击性"的研究可以观察你在象征实验伙伴的玩偶娃娃上扎了多少针，或者对"助人为乐"的研究可以记录你的捐款数额。）通过这些措辞严谨的表述，其他人可以用不同的参与者、材料和环境来**复制**（replicate）原始观察。如果他们能够取得类似结果，那么人们对该发现可靠性的信心就会大大增加。例如，对后视偏差的首次研究引起了心理学家的好奇。而现在，在不同的人身上针对不同的问题进行了多次成功的复制实验后，人们证实了后视偏差。复制是进行确认的手段。

> **复制**：对研究的本质进行重复，通常是在不同情况下选用不同参与者，以验证该基本发现是否可以被复制。

复制是科学的重要组成部分。心理学曾经历过一场"可复制危机"，即多个实验室对多达100项研究进行复制，产生了不同的结果，各个研究的可复制率从36%到85%不等（Camerer et al., 2018a; Klein et al., 2014, 2018; Open Science Collaboration, 2015）（本书并未呈现这些不可复制的研究结果）。研究样本较小时，结果往往很难复制，所以心理学家们越来越多地使用大样本研究（Camerer et al., 2018b; Sassenberg & Ditrich, 2019; Stanley et al., 2018）。样本更大，结果可复制的可能性也更大。

如今的心理学研究受益于更高的可复制率、更多的研究数据共享，以及更加严格的研究方法（Dougherty et al., 2018; Smaldino & McElreath, 2016; Zwaan et al., 2018）。越来越多心理学家通过**预注册**（preregistration）来公开交流自己计划的研究设计、假设、数据采集和分析方法（Nosek et al., 2018）。（这种公开透明的制度也防止了后期修改，如改变假设来适应数据。）而探索性研究仍有一席之地，调查人员可以收集数据，并寻找可以激发理论的模式，然后通过确认性研究（预注册的假设和预计划的分析）来对理论进行测试。

> **预注册**：公开交流计划的研究设计、假设、数据采集和分析方法。

探索、复制、预注册和原始数据的开放共享正在实现一场改善科学实践的"心理学的文艺复兴"（Motyl et al., 2017; Nelson et al., 2018）。

心理学和医学也利用了元分析的力量。**元分析**（meta-analysis）是一种用统计学方法综合大量科学证据的程序。通过综合许多研究的结果，研究人员避免了样本小的问题，并得出了最终结论。

> **元分析**：对多项研究结果进行分析以得出总体结论的一种统计程序。

最后，如果我们的理论能够（1）整合观察结果和（2）给出任何人都能用来检验理论或推导实际应用的假设，那么它将是有用的（例如，是否能根据人们的睡眠状况预测他们的记忆保持程度呢？），最终我们的研究可能还会（3）刺激进一步的研究，从而得出能够更好地组织和预测的修正后的理论。

接下来，我们将会学习通过描述法（通常通过案例研究、调查或自然观察来描述行为）、相关法（将不同因素联系起来）和实验法（控制因素以发现其影响）对假设进行检验，并对理论加以完善。为了对流行的心理学主张进行批判性思考，我们需要了解这些方法，以及它们所能得出的结论。

> "复制失败不是错误，而是一项壮举，正是它引导我们走上奇妙曲折的科学发现之路。"
> ——丽莎·费尔德曼·巴雷特

> **检索练习**
>
> RP-2 一个好的理论能够做到什么？
>
> RP-3 为什么复制很重要？
>
> 答案见附录 D

描述

学习目标问题 1-4 心理学家如何通过案例研究、自然观察和调查来观察和描述行为？为什么随机抽样很重要？

任何科学的出发点都是描述。在日常生活中，我们常会观察和描述他人，总结他们为什么会有这样的想法、感觉和行为。心理学家也是如此，只不过是通过以下方式更加客观系统地进行的：

- 案例研究（深入分析个人或群体）。
- 自然观察（记录许多人的自然行为）。
- 调查和访谈（向人们提问）。

案例研究 作为最古老的研究方法之一，**案例研究**（case study）对个人或群体进行深入研究，希望能揭示所有人的真实情况。请看下列例子：

- 脑损伤。我们对大脑的早期认识大多来自对某一脑区遭受特殊损伤的人的案例研究。
- 儿童的思维。让·皮亚杰（Jean Piaget）仅在仔细观察和询问了几个孩子后，就向我们揭示了儿童的思维方式。
- 动物的智力。对各种动物（如黑猩猩）的研究，揭示了它们的理解能力和语言能力。

细致的案例研究有时非常具有启发性，它们往往为进一步研究指引了方向。

但非典型的个案可能会对我们造成误导。无论是在日常生活中，还是在科学领域中，非代表性信息会导致误判和错误结论。事实上，只要研究人员提到一项发现（如吸烟者会死得更早：85岁以上的男性有95%不吸烟），肯定会有人提供一则相反的逸事（噢，我有一个叔叔每天抽两包烟，还活到了89岁）。

案例研究：一种描述性技术，该技术对个体或群体进行深入研究，旨在揭示出普遍原理。

弗洛伊德和小汉斯
对 5 岁的汉斯极度怕马的案例的研究，令西格蒙德·弗洛伊德得出了他的儿童性行为理论。他推测，汉斯对母亲存在无意识的欲望，害怕被父亲这一竞争者阉割，于是将这种恐惧转变成害怕被马咬的恐惧症。正如本书第 14 章的解释，今天的心理科学不认可弗洛伊德的儿童性行为理论，但确实同意人类的大部分思维都在我们的意识之外运作。

戏剧性的故事和个人经历（甚至是心理学案例）会引起我们的注意，并且很容易被记住。记者们最清楚这一点，因此常以重大事件作为他们文章的开头。故事会令人触动，但也会产生误导。下列句子中，你觉得哪句话更难忘呢？（1）"一项对1300个与儿童被绑架有关的梦境报告的研究中，只有5%的人准确预见了孩子的死亡"（Murray & Wheeler, 1937）；（2）"我认识一个人，他梦见他的妹妹出了车祸，两天后她就被车迎面撞死了"。数字是令人麻木的，但逸事并不能作为证据。一个据称某人从同性恋转为异性恋的故事并不能证明性取向是可选择的。正如心理学家戈登·奥尔波特（Gordon Allport, 1954, p.9）所说："只要有一丁点儿（戏剧性）的事实，我们就急于做出像浴缸一样大的概括。"

要记住的一点：个案可以得出富有成效的想法。适用于我们所有人的真理，在我们中的任何人身上都可以窥见，但要找到这些普遍真理，我们必须采用其他研究方法。

■ 检索练习

RP-4 为什么我们不能假设案例研究总能揭示出适用于所有人的一般原则呢？

答案见附录D

自然观察 第二种描述性方法是记录自然环境中的各种反应。**自然观察**（naturalistic observation）的范围包括观察丛林中的黑猩猩社会，摄录和分析不同文化中的亲子互动，记录学校午餐室里学生坐姿的种族差异。在数字时代，自然观察的范围有所扩大，这得归功于从社交媒体和谷歌搜索等收集的"大数据"。

自然观察：一种描述性技术，在自然发生的情境下观察和记录行为，而不试图操纵和控制情境。

直到最近，自然观察大多仍只是"小科学"，可以用笔和纸来完成，而不需要花哨的设备和大笔的预算（Provine, 2012）。但是，如今的数字技术已经将自然观察升级为大科学。只需要使用人们手机的全球定位系统（GPS），就能调查人们去健身房、咖啡馆或图书馆的频率（Harari et al., 2016）。而一些新技术，如可穿戴式相机和健身传感器，以及连接互联网的智能家居传感器等，为人们提供了越来越多的可能性，使人们得以准确记录自己的活动、关系、睡眠和压力（Nelson & Allen, 2018; Yokum et al., 2019）。

数十亿人在网上输入个人信息，也使大数据观察（不披露任何人的身份信息）成为可能。一个研究小组曾通过计算来自84个国家的5.04亿条推特信息中的各种积极和消极词汇，来研究人类情绪的起伏（Golder & Macy, 2011）。如文前彩图1.3所示，人们在周末、起床后不久和晚上似乎会更快乐。（周六晚上通常都很快乐，不是吗？）另一项研究发现，来自美国1347个县的1.48亿条推文中的消极情绪（尤其是与愤怒有关的）词语在预测该县的心脏病发病率方面比吸烟率和肥胖率更准确（Eichstaedt et al., 2015）。谷歌帮助我们了解这个世界，而人们对谷歌的使用能够帮助我们了解他们。例如，通过人们搜索的词语和查询的问题可以确定一个地区种族主义的程度和抑郁症患者的人口占比。但谷歌搜索也揭示了我们人类的普遍相似性，正如不同国家的人在搜索"怀孕"这个词时，都有着相同的对食物的渴望（Stephens-Davidowitz, 2017）。全球各地的人，内在都是相似的。

和案例研究一样，自然观察并不能解释行为，只是描述行为。尽管如此，描述仍可能揭示问题。例如，我们曾经认为只有人类才会使用工具，而自然观察发现，黑猩猩有时会先把棍子插入白蚁堆中，然后抽出，吃掉棍子上的白蚁。这种不引人注意的自然观察为后来对动物思维、语言和情绪的研究铺平了道路，进而扩大了人们对动物伙伴的了解。通过研究人员的观察，我们了解到黑猩猩和狒狒也会使用欺骗的手段——心理学家多次看到一只小狒狒假装被另一只狒狒攻击，以此作为一种诱骗母亲把那只狒狒从食物边赶走的策略（Whiten & Byrne, 1988）。

自然观察也能阐明人类的行为。这里有两个你可能会喜欢的发现：

- 一个有趣的发现。人们在社交场合发出的笑声比独处时的笑声多 30 倍（你有没有注意到自己在独处时很少笑？）（Provine, 2001）。
- 文化和生活节奏。罗伯特·莱文（Robert Levine）和阿兰·洛伦萨杨（Ara Norenzayan）在 1999 年通过自然观察比较了 31 个国家的生活节奏，包括步行速度、公共时钟的准确性等。他们的结论是：日本和西欧的生活节奏最快，而经济欠发达国家的生活节奏较慢。

自然观察提供了许多有趣的日常生活快照，但这一方法是在没有控制所有可能影响行为的因素的情况下施行的。观察不同地区的生活节奏是一回事，但要理解一些人比其他人走得更快的原因是另一回事。然而，描述也具有启发性：任何科学的出发点都是描述。

检索练习

RP-5 自然观察的优势和劣势是什么？

答案见附录 D

调查：一种描述性技术，用于获取特定群体自述的态度或行为，通常通过询问该群体具有代表性的随机样本来实施。

调查 调查（survey）着眼于许多情况，要求人们述说自己的行为或意见，其研究范围包括从性行为到政治见解的方方面面。下列是最近的一些调查结果：

- 与 20 世纪 60 年代和 70 年代出生的人相比，20 世纪 90 年代出生的人报告自 18 岁以来没有性伴侣的人数是前者的两倍（Twenge et al., 2017）。如今这些依恋程度较低的年轻人正在经历一位作家所说的"性衰退"（Julian, 2018）。

- 在 24 个国家中，每两个人中就有一个人表示相信"宇宙中存在外星智慧文明"（Lampert, 2017）。
- 68% 的人类（约 52 亿人）称宗教在他们的日常生活中很重要（Diener et al., 2011）。

但是，如何提出问题是个棘手的难题。人们可能会掩饰自己的答案，使之更符合社会期望，比如少报告香烟消费或多报告投票行为。而答案往往取决于问题的措辞和对被调查者的选择。

措辞的影响 即使是提问顺序或措辞的微小变化都会令调查结果产生很大的差异（表 1.1）。美国福音派白人基督徒被问及（1）"人类是否随着时间的推移而进化"或（2）"人类从一开始就以其目前的形式存在"时，只有 32% 的人表示相信进化论（Funk, 2019）。但被问及是否相信（1）"人类随着时间的推移，由于自然选择等过程而进化，上帝或更高的力量没有参与这个过程"，（2）"人类随着时间的推移而进化，在这个过程中有上帝或更高的力量引导或允许"或（3）"人类从一开始就以其目前的形式存在"，超过两倍的人（68%）表示相信进化论。措辞是一个非常微妙的问题，批判性思维者会思考问题的措辞如何影响人们的意见表达。

表 1.1 调查措辞的影响

获得认可更多的措辞	获得认可更少的措辞
"援助有需要的人"	"福利"
"反歧视运动"	"优惠待遇"
"无证劳工"	"非法移民"
"枪支安全法"	"枪支管制法"
"增加收入"	"税收"
"加强审讯"	"酷刑"

随机抽样 日常思考中，我们倾向对基于观察得到的样本进行归纳，尤其是一些生动的案例。学校管理人员在阅读（1）学生对某个教授评价的统计汇总，以及（2）两个愤怒的学生对某个教授鲜明生动的评论时，受到偏倚样本（2）的影响可能跟受到统计汇总中许多有利评价的影响一样大，并因此基于几个生动但不具代表性的案例进行归纳总结。这种屈从于偏倚样本的诱惑几乎无法抗拒。

那么，如何才能获得代表性样本呢？假如你想了解你所在学院或大学的学生对增加学费的提议有什么看法，通常对整个群体进行调查是不可能的。那么，如何才能挑选出一个能代表所有学生的群体呢？一般情况下，你可以使用**随机样本**（random sample），这样**总体**（population）中每个人都有均等的机会被纳入样本。你可以对学生

随机样本：能够公平代表某一群体的样本，因为每个成员被纳入样本的机会是均等的。

总体：被研究群体的总人数，可从中抽取随机样本（注：除全国性研究外，该术语指的不是国家人口总数）。

名单进行编号，并使用随机数字生成器来挑选调查参与者（给每位学生都发问卷行不通，因为那些自觉交回问卷的人并非随机样本）。大型代表性样本要优于小型代表性样本，但100个小型代表性样本要优于500个非代表性大型样本。简单地增加样本人数无法弥补样本代表性不足的缺陷。

在全美范围的选举调查中，政治民意调查员就是这样对选民进行抽样的。如果不进行随机抽样，如各种网站的民意调查之类的大型样本产生的结果往往极具误导性。但是，只需从一个国家所有地区随机抽取大约1500人，就能非常准确地反映出全国性意见。此外，民意调查员还可以询问一些不相关的问题，如受访者是单身还是已婚等，并以政府统计数据为基准评估抽样的准确性（Bialik, 2018）。如果调查样本分布能够与全国人口分类匹配就更好了。

> 有了大型样本的帮助，预测结果会相当可靠。字母 E 占了梅尔维尔《白鲸》中 925 141 个字母的 12.3%、狄更斯《双城记》中 586 747 个字母的 12.4%，以及马克·吐温的 12 部作品中 3 901 021 个字母的 12.1%。据此估计，字母 E 约占书面英语中字母总数的 12.7%（Chance News, 1997）。

考虑到民意调查的误差幅度和最后时刻的选民波动，政治民意调查对可能的结果有一定预测作用，但并不完全准确。2016年美国总统大选前夕，民调分析网站"五三八"预测候选人希拉里·克林顿有71%的胜算。而唐纳德·特朗普当选后，许多人都认为这一预测失败了。但是，预测模型估计一个候选人有71%的胜算时，该候选人也有近三分之一的概率会输（试想一下，天气预报预测有70%的可能性会下雨时，当天一直下雨，这一预测也是有瑕疵的）。一项对1942年至2017年间45个国家的3万个大选预测的总结是：大选结果与流行看法相反，民意调查结果则相当准确（Jennings & Wlezien, 2018）。

要记住的一点：接受调查结果之前，要批判性思考样本的代表性。代表性随机样本是归纳总结的最佳基础。

检索练习

RP-6 什么是非代表性样本？研究人员如何避免这类样本？

答案见附录 D

相关关系

学习目标问题 1-5 我们所说的两件事情相关是什么意思？什么是正相关和负相关？

> **相关关系**：两个因素共同变化的程度，也意味着其中任一因素能够预测另一个因素的程度。
>
> **相关系数**：两个事物之间关系的统计指数（从 -1.00 到 +1.00）。
>
> **变量**：任何可变的、可测量的，并且对其的测量符合伦理要求的事物。

描述行为是预测行为的第一步。我们常会从自然观察和调查中得知，一种特征或行为往往与另一种特征或行为同时出现。在这种情况下，我们会说这两者是**相关关系**（correlate）。统计指标**相关系数**（correlation coefficient）能够帮助我们弄清两个事物共同变化的程度，从而了解其中任一事物能在多大程度上预测另一事物。知道考试分数与学业进步的相关关系，我们就可以知道分数能在多大程度上预测学业进步。

在本书中，我们常会问道，两个变量（variable）间的相关有多强？例如，同卵双胞胎的性格测试分数间有什么关联？智力测试分数对职业成就的预测程度如何？抑郁症状能在多大程度上预测人们的焦虑？对于这类情况，**散点图**（scatterplot）可以很好地揭示答案。

散点图里的每个点代表两个变量的值。图 1.4 展示了从完全正相关到完全负相关的相关关系散点图（现实世界中，完全相关非常少见）。如果两组分数（如身高和体重）总是一起上升或下降，则为正相关。

说一个相关关系为"负"，并不能说明其相关的程度。如果两组分数变化方向相反，一组分数上升时，另一组分数下降，则其相关关系为负。例如，人们的身高和其头顶到天花板的距离之间的相关关系是完全负相关。

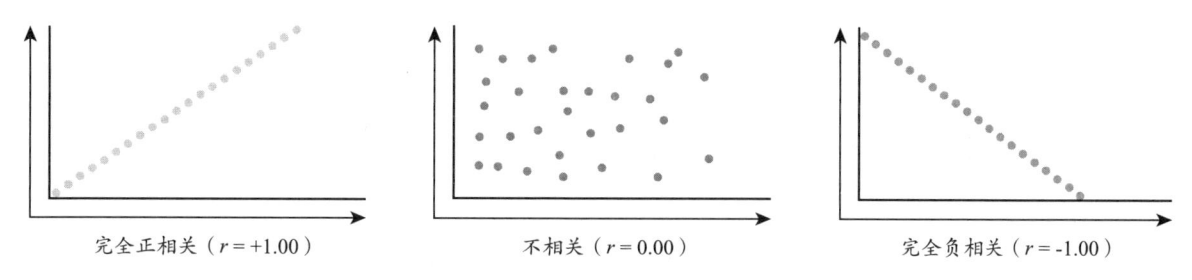

> 散点图：一个由点组成的图形群，其中每个点代表两个变量的值。点的斜率表明两个变量之间关系的方向。散点的分布表明相关的程度（散点越集中，表示相关性越高）。

完全正相关（$r = +1.00$）　　不相关（$r = 0.00$）　　完全负相关（$r = -1.00$）

图 1.4　显示相关关系的散点图

相关性（r）的范围从 +1.00（一个变量的分数随另一个变量的分数增加而增加），到 0.00（不相关），到 -1.00（一个变量的分数随另一个变量的分数增加而减少）。

统计能够帮助人们了解随意观察中可能遗漏的东西。为证明这一点，雅库布·波拉克（Jakub Polák et al., 2019）和同事收集了 2291 名捷克和斯洛伐克参与者的问卷，要求参与者们用 1～7 分的量表来评价他们对 24 种动物的恐惧和厌恶程度。浏览表 1.2 的数据，你认为参与者对动物的恐惧和厌恶之间的相关关系是正相关、负相关，还是接近于零？

表 1.2　参与者对各种动物的恐惧和厌恶程度

动物	平均恐惧程度	平均厌恶程度
蚂蚁	2.12	2.26
蝙蝠	2.11	2.01
公牛	3.84	1.62
猫	1.24	1.17
蟑螂	3.10	4.16
狗	2.25	1.20
鱼	1.15	1.38
青蛙	1.84	2.48
草蛇	3.32	2.47
马	1.82	1.11

续表

动物	平均恐惧程度	平均厌恶程度
蜥蜴	1.46	1.46
虱子	3.58	4.83
蛆虫	2.90	4.49
小鼠	1.62	1.78
熊猫	1.57	1.17
鸽子	1.48	2.01
大鼠	2.11	2.25
公鸡	1.78	1.34
蛔虫	3.49	4.79
蜗牛	1.15	1.69
蜘蛛	4.39	4.47
绦虫	3.60	4.83
毒蛇	4.34	2.83
黄蜂	3.42	2.84

在对表 1.2 各栏进行比较时，大多数人都没有发现恐惧和厌恶程度之间的关系。事实上，这一假想案例中的相关关系是正相关（$r=+0.72$），将数据以散点图（图 1.5）形式展示，我们就能看到这一点。

如果数据像表 1.2 一样系统性地呈现时，我们都很难认识到其中的相关关系，那么

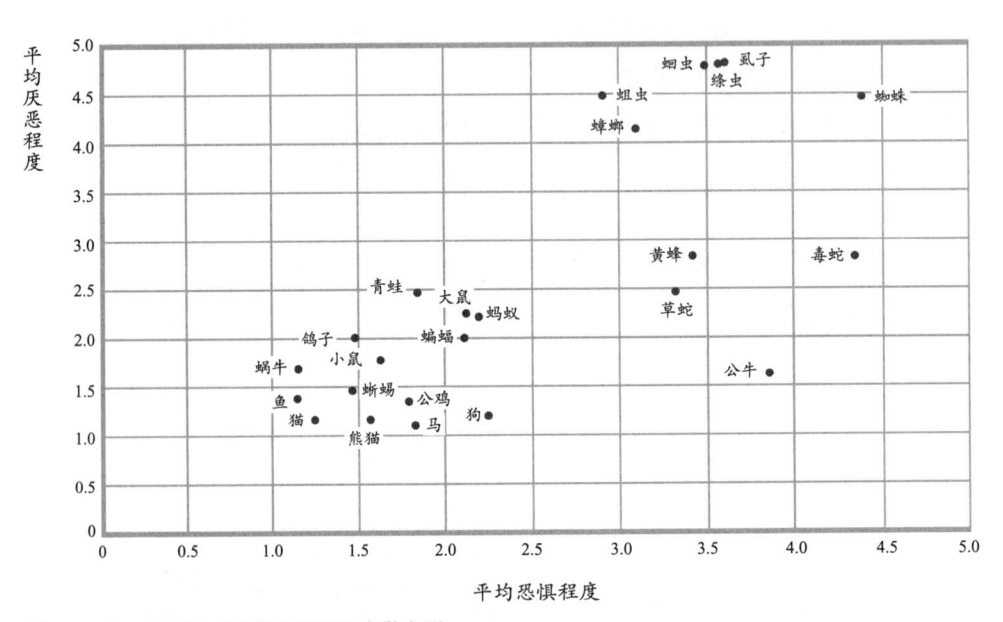

图 1.5 对 24 种动物的恐惧和厌恶程度散点图

本图展示了参与者自述的恐惧和厌恶程度的平均值（每个平均值都由一个数据点表示），图中显示出上升斜率，表明两者之间属于正相关。图中数据相当分散，表明相关性远低于 +1.00。

在日常生活中，我们注意到它们的可能性有多大？为了看清眼前的事物，我们有时需要统计的指引。得到有关岗位级别、资历、业绩、性别和工资的统计汇总信息时，我们能够轻易看出有关性别歧视的证据。但是，相同的信息逐一出现时，我们往往看不到歧视（Twiss et al., 1989）。像心理学家一样思考能够帮助我们平等地看待每个人，而不仅仅是那些引起我们注意的人。

要记住的一点：相关系数体现了两件事物的关联程度，能够帮助我们更清楚地理解这个世界。

检索练习

RP-7 指出下列相关关系是正相关还是负相关。

1. 丈夫浏览网络色情内容越多，婚姻关系越差（Muusses et al., 2015）。
———————

2. 少女花在网络社交媒体上的时间越多，患抑郁症和自杀倾向的风险就越大（Kelly et al., 2018; Twenge & Campbell, 2019）。———————

3. 儿童接受母乳喂养的时间越长，后来的学习成绩越好（Horwood & Fergusson, 1998）。———————

4. 老年人吃的绿叶蔬菜越多，之后 5 年的智力下降越少（Morris et al., 2018）。
———————

答案见附录 D

错觉相关和均值回归

学习目标问题 1-6　什么是错觉相关？什么是均值回归？

相关性不仅会帮助我们清楚看到可能遗漏的关系，还会令我们避免错误地观察到不存在的关系。认为两件事物之间存在关系时，我们可能会注意到并回忆起一些能够证实这一观点的例子。若是相信梦境内容能够预示现实事件，我们可能注意到并回忆起的相符事例会多于不相符的事例。这正是**错觉相关**（illusory correlation）。

错觉相关会产生一种控制错觉，令人认为偶然事件受到个人掌控。赌徒回想自己玩幸运骰子的经历，可能会认为自己能够影响骰子的滚动，轻抛骰子就能得到较小的数字，而重抛骰子结果则相反。这种不可控事件与个人行为相关的错觉也受**均值回归**（regression toward the mean）的统计现象的影响。平均结果比极端结果更为典型。因此，在不寻常事件之后，事态往往会向其平均水平回归：不寻常事件往往会被更多寻常事件取代。如果学生在测试时的成绩比平时低得多或高得多，那么在重测时，他们很可能会回到自己的平均水平。在第一次测试时表现超出随机水平的超感官知觉（ESP）测试对象，在重新测试时，几乎都失去了他们所谓的"精神力"。

错觉相关：认为无关联的两者有关系，或认为两者之间存在比实际更紧密的关系。

均值回归：极端或不寻常的分数或事件向平均值回落（回归）的趋势。

未能发现这一回归是许多迷信和无效做法的根源所在，在体育训练和工作场所中常会发生这样的事。经理在斥责了表现比平时差的员工（或运动员）后，当该员工恢复正常水平时，可能会对其"进步"感到欣慰；而在对员工的出色表现大加赞扬后，当该员工再次向平均水平回归时，则可能会对其感到失望。讽刺的是，回归平均水平会误导我们，令我们在批评他人后感到欣慰（"那次批评真的让他更努力了！"），在赞扬他人后却感到自责（"那些赞美之词让她懈怠了！"）（Tversky & Kahneman, 1974）。

> "一旦你对它变得敏感，你会发现回归无处不在。"
> ——心理学家丹尼尔·卡尼曼

要记住的一点：波动变化的行为恢复正常时，关于其变化的花哨解释往往是错误的，可能是均值回归在发挥作用。此外，相关研究尽管能够揭示各种关系，却并不能解释它们。如果青少年使用社交媒体与其抑郁风险相关（预测），这可能意味着使用社交媒体有抑郁风险，但也可能不是这样，也可能有其他解释（见"批判性思考：相关关系与因果关系"）。

检索练习

RP-8 学校篮球教练跟朋友说，上半场比赛，球队表现非常糟糕，她对球员大喊大叫才保住了球队的连胜纪录。球队表现变好的另一种解释是什么？

RP-9 婚龄与男性脱发呈正相关，是否意味着婚姻会导致男性脱发或者秃顶的男性会成为更好的丈夫？

答案见附录 D

实验

学习目标问题 1-7 实验的什么特征使它可以厘清因果关系？

罗马诗人维吉尔（Virgil）曾说："能够察觉事物原因的人是幸福的。"心理学家如何观察到相关研究中的因果关系，比如未成年少女使用社交媒体与她们患抑郁症和自我伤害的风险之间小的相关？

实验操作 我们的工作从两个简单的事实开始：

1. 2010 年开始，全球智能手机和社交媒体的用户激增。

2. 同时，加拿大、美国和英国未成年少女患抑郁症、焦虑症，自我伤害和自杀的概率也急剧上升（Mercado et al., 2017; Morgan, 2017; Statistics Canada, 2016）。

这样的发现意味着什么？两者之间是否存在因果关系？如果是这样，父母应不应该限制他们上初中的子女使用照片墙（Instagram）或色拉布（Snapchat）的时间？即使是来自一百万青少年的超大样本得出的相关关系也无法回答我们。答案仍在争论之中，数据得出的结果也不一致。除了简单的相关关系外，一份研究摘要指出，在八项纵向研究

批判性思考：
相关关系与因果关系

学习目标问题 1-8 为什么相关关系能够预测却无法解释因果关系？

精神疾病与吸烟有关，精神疾病患者更容易染上烟瘾。[1] 这一结论能否告诉我们人们患精神疾病或染上烟瘾的原因呢？答案是否定的。

吸烟可能引发精神疾病。

有精神疾病的人更可能会吸烟。

或

存在第三个变量，如家庭生活压力大等，同时引发了烟瘾和精神疾病。

那么，下列最近的发现应如何解释呢？
（1）一夜情与大学女生抑郁有关。
（2）推迟性行为能带来更积极的结果，如对亲密关系更满意，使亲密关系更稳定。[2]

可能的解释

1. 性克制 → 精神更健康，关系更牢固

2. 抑郁 → 更容易与人一夜情

3. 某些其他因素，如冲动性较低 → 性克制，心理更健康，亲密关系更好

相关能帮助进行预测。
思考：自尊与抑郁症呈负相关。
因此可以预测：人们的自尊越低，抑郁的风险就越高。

可能的解释

1. 低自尊 → 患抑郁症

2. 患抑郁症 → 低自尊

3. 某种其他因素，如痛苦的经历或生理倾向 → 既低自尊又患抑郁症

你来试一试！

一项对超过 12 000 名青少年的调查发现，青少年越多感受到父母的爱，其不健康行为如过早发生性行为、吸烟、酗酒、药物滥用、暴力行为等就越少。[3] 我们可以用哪三种方式来解释这一发现？[4]

要记住的一点：**相关关系不能证明因果关系。**
相关关系表明可能存在因果关系，但不能证明因果关系。
牢记这一原则，你就能更理智地对待看到或听到的科研信息。

---

1. Belluck, 2013。 2. Fielder et al., 2013; Willoughby et al., 2014。 3. Resnick et al., 1997。 4. 答案：（1）父母的爱可能会让青少年更健康。（2）表现良好的青少年可能会更多地感受到父母的爱和认可。（3）某些其他因素可能会影响父母的爱和青少年的行为，如家庭收入或社区环境。

实验： 一种研究方法，研究人员通过操纵一个或多个因素（自变量）来观察其对某些行为或心理（因变量）的影响。研究人员旨在通过随机分配参与者控制其他相关因素。

实验组： 在一个实验中接受操纵，即改变某种自变量的组。

对照组： 在一个实验中没有接受操纵，与实验组形成对比，作为评价操纵效果的比较组。

随机分配： 通过将参与者分配到实验组和对照组，从而使不同组之间预先存在的差异最小化。

（研究随时间推移的变化）中有六项研究表明，当前青少年对社交媒体的使用预示了其未来的心理健康问题（Haidt, 2019）。即便如此，为确定原因和结果，研究人员也必须进行**实验**（experiment）。在实验中，研究人员能够通过操纵感兴趣的因素和保持其他因素不变（即"控制"）来分离出一个或多个因素的影响。为达到这一目的，他们通常会建立一个**实验组**（experimental group），让人们接受操纵，如减少屏幕使用时间，并建立一个人们不接受操纵的**对照组**（control group），以进行对比。

为使两组之间预先存在的差异最小化，研究人员将人们**随机分配**（randomly assign）到两个组中。无论是用随机数字表还是抛掷硬币，随机分配都能有效地使两组人是等效的。在一个实验中，如果有三分之一的参与者可以让耳朵扭动起来，那么每组中都有大约三分之一的参与者可以做到。年龄、态度和其他特征在实验组和对照组中也是相似的。因此，如果在实验结束时两组人有差异，我们就可以推测出操纵有效果（注意随机抽样和随机分配的区别，前者创造了一个代表性调查样本，后者则使实验组和对照组更加均衡）。

那么，关于未成年少女使用社交媒体与她们患抑郁症和自我伤害风险之间的关系的实验表明了什么？尽管真正改变社交媒体使用的实验很少，但在另一个实验中，有近1700人同意停用他们的脸书（Facebook）账户四周时间（Allcott, 2019）。与对照组的人相比，那些被随机分配到停用账户组的人花了更多时间看电视和与家人朋友互动，他们报告的抑郁症数量较低，对生活的幸福感和满意度更高，而且实验后也更少使用脸书。少玩会儿脸书，生活更加幸福。

人们对长期使用社交媒体的影响争论不休。目前，大多数研究人员都认为青少年无限制地使用社交媒体会带来一定程度的心理健康风险。随着进行更多大规模的相关研究和纵向研究，以及进一步的实验，研究人员将逐渐完善这一暂定结论。

要记住的一点：相关研究揭示了自然发生的关系，实验通过操纵一个因素来确定其影响。

程序和安慰剂效应 那么，考虑一下我们如何评估治疗中的干预措施呢？在生病或情绪低落时，我们倾向于寻求新的治疗办法，而这可能会产生误导性的证据。如果我们在感冒三天后开始服用锌片，发现感冒症状减轻了，我们可能会认为是药物的功劳，而不是感冒的自然缓解。在18世纪，放血疗法似乎很有效，人们有时在接受该疗法后会有所好转；如果他们没有好转，医生就会推断疾病已经到了无法逆转的程度。因此，无论一种疗法是否真正有效，使用者都有可能认可它。为了确定其疗效，我们必须控制其他因素。

而这正是对新药和新的心理治疗方法进行评估的方式（见第16章）。研究人员将这些研究的参与者随机分配到各研究小组。一组接受假性治疗——使用无药效的安慰剂（一种外观相同但不含药物成分的片剂），而另一组接受真正的治疗，如服用抗抑郁药物。参与者对于他们所接受的治疗通常都是"盲目的",即不知情的。如果该研究采用双盲测试(double-blind procedure),则参与者、药物管理者和数据收集者都不知道哪一组在接受治疗。

在双盲测试中,研究人员检查的是治疗的实际效果,而非参与者和研究人员对其疗效的信念。只要想到自己正在接受治疗,就能让人精神振奋,身体放松,症状得到缓解。这种**安慰剂效应**(placebo effect)在减少精神分裂症患者的疼痛、抑郁、焦虑和听觉幻觉方面有大量记录(Dollfus et al., 2016; Kirsch, 2010)。运动员服用所谓可提高表现的药物后跑得更快(McClung & Collins, 2007);喝无咖啡因咖啡的人报告称,在他们觉得饮品中含有咖啡因时,他们的活力和警觉性提高了(Dawkins et al., 2011)。人们服用虚假的情绪改善药物后感觉更好(Michael et al., 2012)。安慰剂越贵,对我们来说就越"真实",价格为 2.5 美元的假药比 10 美分的假药效果更好(Waber et al., 2008)。要真正了解一种疗法的有效性,研究人员必须控制可能会出现的安慰剂效应。

■ 检索练习

RP-10 研究人员采取了什么措施来防止安慰剂效应混淆研究结果?

答案见附录 D

自变量和因变量 我们接下来看一个更有说服力的例子:药物万艾可(俗称伟哥)在经过 21 次临床试验后获批使用。其中一项试验是研究人员将 329 名患有勃起障碍的男性随机分配到实验组(服用伟哥)或对照组(服用安慰剂)。这个过程是双盲的,服药者和发药者都不知道参与者服用的是什么。结果显示:在峰值剂量下,有伟哥协助的成功案例占 69%,而服用安慰剂的成功案例只有 22%(Goldstein et al., 1998)。

这个简单的实验只操纵了一个因素:药物(服用伟哥与未服用伟哥)。我们把这个实验因素称为**自变量**(independent variable),因为我们可以单独改变它而不影响其他因素,如男性的年龄、体重和个性。其他有可能影响研究结果的因素被称为**混淆变量**(confounding variable)。随机分配控制了可能的混淆变量。

实验研究了一个或多个自变量对某些可测量行为的影响,并称其为**因变量**(dependent variable),这种变量可以根据实验中发生的情况而变化。自变量和因变量都有精确的操作定义,其中规定了操纵自变量(即本研究中确切的药物剂量和时间)或测量因变量(即男子对其性表现问题的反应)的程序。这些定义提供了一定程度的准确性,以便其他人能够重复这项研究(见图 1.6 中的脸书实验设计)。

双盲测试:一种实验测试,在测试过程中,研究参与者和研究人员对研究参与者是否接受了治疗或安慰剂都一无所知(盲目)。常用于药物评价研究。

安慰剂效应:(pluh-SEE-bo)拉丁文,意思是"我将取悦")仅由期望引起的实验结果;使用无效的物质或引入无效的条件,参与者由于误将其当作有效因素而导致的对行为的任何影响。

自变量:在一个实验中,被操纵的因素;实验是为研究其变化产生的影响。

混淆变量:除被研究的因素外,可能影响研究结果的因素。

因变量:实验中被测量的结果;当自变量被操纵时,可能发生变化的变量。

随机分配（控制其他混淆变量，例如人格和环境）

组别	自变量	因变量
实验组	注销脸书账号	4周后的抑郁评分
对照组	不注销脸书账号	4周后的抑郁评分

图1.6 脸书实验

为了辨别因果关系，研究人员通过随机分配一些参与者到实验组，另一些参与者到对照组来控制混淆变量。测量因变量（抑郁症测试分数）以确定自变量（社交媒体接触）的影响。

让我们暂停一下，做一个简单的心理学实验，确保你理解了内容。为了测试房东对租房者种族的感知对其邀请租房者看房的影响，阿德里安·卡普索（Adrian Carpusor）和威廉·罗格斯（William Loges）在2006年的研究中向洛杉矶地区1115名房东发送了措辞相同的询问电子邮件。研究人员改变了发件人姓名中包含的种族身份信息，并跟踪研究了积极答复（即邀请他们亲自去看房）的百分比。其中，"帕特里克·麦克杜格尔"（Patrick McDougall）、"赛义德·拉赫曼"（Said Al-Rahman）和"泰瑞尔·杰克逊"（Tyrell Jackson）分别收到89%、66%和56%的邀请。在这个实验中，什么因素是自变量？什么因素是因变量呢？[1]

实验也可以帮助我们评估社会项目。早期儿童教育计划能否提高贫困儿童的成功机会？各种反吸烟运动有什么效果？学校的性教育计划能否减少青少年怀孕的情况？为了回答这些问题，我们可以进行实验。如果一项干预措施效果极佳，但资源有限时，我们可以用抽签的方式，随机分配一些人或地区体验新的项目，而其他的人则作为对照组。如果后来这两组人有差异，那么干预的效果就有据可依（Passell, 1993）。

"（我们必须防范的）不仅是种族诽谤，而且要……防范微妙的冲动，例如给强尼工作面试机会，而不给贾马尔。"[2]
——美国前总统贝拉克·奥巴马

让我们来回顾学过的内容。变量是任何可以变化的东西，如婴儿营养、智力、社交媒体接触等任何在可行和道德的范围内可以测量的东西。实验的目的是操纵自变量，测量因变量，并控制混淆变量。一个实验至少有两个不同的组：一个实验组和一个对照或控制组。随机分配的作用是在任何操纵效果发生之前，尽量减少各组之间预先存在的差异。这样，一个实验至少可以测试一个自变量（我们操纵的因素）对至少一个因变量（我们测量的结果）的影响。

---

1 研究人员操纵的自变量是申请人姓名中隐含的种族信息，因变量是房东的积极答复率。
2 强尼是常见的白人男性名字，贾马尔是常见的黑人男性名字。——译者注

检索练习

RP-11 通过随机分配，研究人员能够控制_____，这是除自变量以外可能会影响研究结果的因素。

RP-12 将左边的术语（i—iii）与右边的描述（a—c）相匹配。

i. 双盲测试　　　　　　a. 帮助研究人员从一小部分调查问卷的答复中归纳出更大的人群的情况

ii. 随机抽样　　　　　　b. 有助于尽量减少实验组和对照组之间预先存在的差异

iii. 随机分配　　　　　　c. 控制安慰剂效应，研究人员和参与者都不知道谁接受了真正的治疗

RP-13 为什么在测试一种控制血压的新药时，在1000名参与者中，给一半人服用药物会比给所有参与者都服用药物更能了解其效果？

答案见附录D

研究设计

学习目标问题 1-9　你如何知道要使用哪种研究设计？

在本书中，你将学习到心理科学相关的各种神奇发现。但是，为得到有意义的结果，心理学家们会如何选择研究方法并设计他们的研究呢？了解研究如何进行，即如何开发和研究可检验的问题，是理解整个心理学的关键。表1.3比较了心理学各种主要研究方法的特点。在后面的章节中，你将学习到其他研究设计，包括双生子研究（第4章）以及横断研究和纵向研究（第10章）。

表 1.3　研究方法的比较

研究方法	基本目的	如何实践	操纵因素	不足之处
描述法	观察和记录行为	做案例研究、自然观察或调查	无	无法控制变量，单一案例可能具有误导性
相关法	检测自然发生的关系，评估一个变量对另一个变量的预测程度	收集两个或更多变量的数据，不进行控制	无	不能说明因果关系
实验法	探索因果关系	操纵一个或多个因素，使用随机分配	自变量	有时不可行，结果可能无法推广到其他案例，操纵某些变量是不道德的

在心理学研究中，除了无法检验（或不道德）的问题外，如自由意志是否存在、

人是否生来邪恶以及来世是否存在等，没有任何问题是不允许研究的。尽管心理学家们无法检验这些问题，但他们可以测试自由意志观点、攻击性人格以及来世的观点是否影响人们的思考、感受和行为（Dechesne et al., 2003; Shariff et al., 2014; Webster et al., 2014）。

选定研究问题后，心理学家会选择最合适的研究设计，如实验研究、相关研究、案例研究、自然观察、双生子研究、纵向研究或横断研究，并决定如何最有效地对其进行设置。他们会考虑可用的资金和时间、伦理问题以及其他限制。例如，研究儿童成长的研究人员采用实验法将儿童随机分配到温馨的家庭或严厉的家庭中，这种做法是不道德的。

接下来，心理学家会决定如何衡量所研究的行为或心理过程。例如，研究攻击性行为的研究人员可以衡量参与者是否愿意用所谓的强烈噪声轰击陌生人。

研究人员希望对研究结果更自信，所以还会仔细考虑混淆变量。

心理学研究是一种创造性的冒险。研究人员要设计每项研究，测量目标行为，阐释所得结果，并在此过程中进一步了解行为和心理过程的迷人世界。

自问

你会选择哪个心理学问题进行研究？你将如何设计此项研究？

预测日常行为

学习目标问题 1-10 简化的实验室条件能阐明日常生活吗？

在看到或听到心理学研究时，你是否会好奇，人们在实验室里的行为能否预示他们在日常生活中的行为？在黑暗的房间里探测微弱的红光闪烁，是否可以应用于飞机夜间飞行？观看了暴力色情片后，男性更愿意朝女性按下所谓的播放噪声按钮，这是否真的说明观看暴力色情片增加了男性虐待女性的可能？

回答上述问题之前，我们需要了解，研究人员意图将实验室环境打造为简化的现实环境，从而模拟和控制日常生活的重要特征。正如风洞能够让飞机设计师在控制条件下再现气流的力量，实验室实验能够让心理学家在控制条件下再现心理力量。

实验的目的不是精确地复制日常生活中的行为，而是检验理论原理（Mook, 1983）。在攻击性研究中，决定是否按下噪声按钮与打人耳光可能不一样，但原理是一样的。有助于解释日常行为的正是由此得出的原理，而非具体的发现。

心理学家在将有关攻击性的实验室研究应用于实际暴力事件时，采用的是攻击性行为的理论原理，这些原理是他们从许许多多的实验中提炼出来的。同样，研究人员也会将从实验室环境的实验（如在黑暗中看红灯）中得到的视觉系统原理应用于更复杂的行为，如夜间飞行等。许多调查表明，实验室中得出的原理通常可以推广到日常生活中（Mitchell, 2012）。

要记住的一点：心理科学关注的不是特定的行为，而是揭示有助于解释许多行为的一般原理。

心理学的研究伦理

学习目标问题 1-11 为什么心理学家要研究动物？什么研究伦理准则能够保障人类和动物的福祉？心理学家的价值观如何影响他们的研究以及成果的应用方式？

我们回顾了科学的方法是如何抑制偏见的，学习了案例研究、自然观察和调查如何帮助我们描述行为，还注意到了相关研究能够评估两个因素之间的联系，表明一个因素能够在多大程度上预测另一个因素。（我们研究了实验的基础逻辑，即使用对照组和随机分配参与者以分离出自变量对因变量的影响。）

然而，即使了解了这么多，你对心理学的态度可能仍然是好奇和忧虑参半的。因此，在投身心理学之前，我们先来讨论心理学伦理和价值观的一些常见问题。

研究和保护动物

许多心理学家热衷于研究人类以外的动物，对它们感到痴迷，希望了解不同物种的学习、思考和行为方式；而其他心理学家研究动物则是为了了解人。人类不是"像"动物，人类就是动物，有着共同的生物学特性。因此，动物实验也为一些人类疾病带来了治疗方案，例如治疗糖尿病的胰岛素，预防脊髓灰质炎和狂犬病的疫苗，取代缺陷器官的移植疗法。

人类是复杂的，但人类的一些学习过程同样也存在于其他动物中，甚至存在于海蛞蝓和蜜蜂之中。海蛞蝓简单的神经系统恰恰令其对学习的神经机制研究充满了启发性。同样，蜜蜂们在学习如何应对压力方面也与人类非常相似（Dinges et al., 2017）。

我们与动物有着这样的相似之处，不应该更尊重这些动物亲戚吗？动物保护运动对使用动物进行心理学、生物学和医学研究表示抗议。罗杰·乌尔里希（Roger Ulrich, 1991）指出："我们不能以动物与人类之间的相似性来为与动物有关的科研工作进行辩护，然后再以差异性来为其进行道德辩护。"在美国的全国性调查中，赞成和反对"使用动物进行科学研究"的成年人各占一半，其中更了解科学的人表示支持的程度更高（Strauss, 2018）。

在这场激烈的辩论中，出现了两个问题。其中的基本问题是将人类的福祉置于其他动物的福祉之上是否正确。在有关压力和癌症的实验中，为避免人类患肿瘤而令小白鼠得肿瘤的做法正确吗？在研发艾滋病疫苗的过程中，是否可以让猴子接触类似HIV的病毒呢？人类每年会饲养和宰杀560亿只动物（Thornton, 2019），我们对其他动物的使用和消费是否像老鹰、猫和鲸鱼这些肉食性动物的行为一样符合自然法则呢？

> "老鼠与人类非常相似，只是它们不会蠢到买彩票。"
> ——戴夫·巴里

对于那些将人的生命放在首位的人来说，出现了第二个问题：应采取怎样的安全防护措施保护研究中动物的福祉？对动物研究人员的一项调查给出了答案。有大约98%的人支持政府制定保护灵长类动物、狗和猫的法规，有74%的人也支持制定为研究用鼠类提供人道关怀的法规（Plous & Herzog, 2000）。许多专业协会和资助机构也已经有了这样的指导方针。英国心理学会（BPS）的指导方针呼吁在合理的自然生活条件下饲养动物，并为社会性动物提供伴侣（Lea, 2000）；美国心理学会（APA）的指导方针指明，研究人员必须提供"人道关怀和健康的条件"，所做的测试应"尽量减少不适"（APA, 2012）；欧洲议会也规定了有关动物护理和饲养的标准（Vogel, 2010）。大部分高校都会对研究方案进行审查，审查工作通常由动物护理伦理委员会负责，各种实验室也会受到监管和检查。

> "请不要忘记那些患有不治之症或残疾的人，他们希望通过动物研究来治疗疾病。"
> ——心理学家丹尼斯·菲尼

> "一个国家是否伟大，可以从它对待动物的方式来判断。"
> ——圣雄甘地

动物自身也能够从动物研究中受益。俄亥俄州的一个心理学研究团队测量了每年送到动物收容所的数百万只狗的应激激素水平。他们在研究中设计了应对和抚摸的方法，以缓减狗的压力，帮助它们从收容所过渡到收养家庭（Tuber et al., 1999）。其他一些研究也帮助提高了动物自然栖息地的护理和管理水平。一些实验揭示了人类与动物的行为亲缘关系，以及黑猩猩、大猩猩和其他动物的非凡智慧，大大增加了人们对它们的同情和保护意识。在最好的情况下，关注人类并尊重动物的心理学研究能够同时造福人类与动物。

研究和保护人类

那么，人类参与者又面临着什么呢？那些穿着白大褂、似乎要给人进行电击实验的科学家形象是否让你感到不安？实际上，大部分心理学研究是没有这种高压刺激的，更常见的是闪烁的灯光、闪动的文字和愉快的社交互动。

偶尔，研究人员也会暂时给参与者施加压力或欺骗参与者，但只会在他们认为这对达到合理目的必不可少时才会实施。比如，了解和控制暴力行为或研究情绪波动时。如果参与者事先知道一切，一些实验就不会成功（为了提供帮助，参与者可能会试图证实研究人员的预测）。

知情同意：向潜在参与者提供足够多的研究信息，使他们能够选择是否参与实验。

事后解释：实验后，向参与者解释研究内容，包括研究目的和采取的任何欺骗行为。

英美两国心理学会的道德规范敦促研究人员：（1）获得潜在参与者对参加研究的**知情同意**（informed consent）；（2）保护参与者免受超出寻常水平的伤害和感到不适；（3）对参与者的个人信息保密；（4）进行全面的**事后解释**（debrief）（事后解释研究内容，包括研究所采取的任何暂时性欺骗行为）。为了落实这些道德标准，许多大学和研究机构都设置了审查委员会，负责审查研究提案，保障"人类研究参与者的权利、福利和福祉"（NIEHS, 2019）。

确保科学的诚信

在科学领域，出现错误是难免的。偶尔的数据计算失误或误报是可以原谅和改正的，但造假是不可接受的，这会让科学家被驱逐出这个行业。事实上，许多顶尖科学家都将诚实看作最重要的科学品质，其次才是好奇心和毅力（Nature, 2016）。为谋求职业发展剽窃他人文字观点或编造数据，最终只会落得职业生涯终止的下场。一个罕见案例就是如此，一个荷兰心理学家捏造数据，将其编入了58篇研究文章，这一造假行为最终还是被其警觉的同事发现了（Retraction Watch, 2015）。

假科学还可能造成巨大的伤害。1998年，一位已被吊销执照的英国医生安德鲁·韦克菲尔德（Andrew Wakefield）在著名杂志《柳叶刀》上发表了一篇文章，报告了十几例英国儿童接种麻疹、腮腺炎和风疹（MMR）疫苗后出现孤独症的情况。而其他研究未能复制这一发现（研究可重复非常重要！）（Hviid et al., 2019）。直至后来，一项调查揭示了其伪造数据的行为，于是该杂志撤回了该报告（Godlee, 2011）。然而这时，这一发现已被广泛宣传，成了"过去100年中最具破坏性的医学骗局"（Flaherty, 2011），并且引发了一项"反疫苗"运动，导致疫苗接种率大大下降，并导致美国的麻疹发病率并未遵循疾病消除的典型路径，在2019年上升到了25年来的最高水平（CDC, 2019; Graham et al., 2019）。未接种疫苗的儿童还可能遭受长期伤害，甚至面临死亡危险，同时也令那些年龄太小而无法完全接种疫苗的儿童处于危险之中。尽管科学能够自我纠正，造成的伤害却挥之不去。然而，好消息是，科学审查以及复制研究能够为人们提供信息和保护。

心理学的价值观

研究人员的价值观会影响研究内容、研究方式以及对研究结果的解释，也会影响研究课题的选择。例如，我们应该研究工人的生产力还是工人的士气，性别歧视还是性别差异，顺从性还是独立性？价值观会影响我们的观察结果和解释。有时候，我们只看得见自己想要看到或期望看到的东西（图1.7）。

甚至我们描述特征时倾向的词语也会反映我们的价值观。在心理学和日常对话中，标签既是描述也是评价：僵化还是稳定，信仰还是盲信，通奸还是开放式婚姻？我们给他人贴上坚定或固执、细心或挑剔、谨慎或苛求的标签，也揭示了我们自己的态度。

因此，价值观会影响心理科学，而心理科学具有说服力。这也可能引起一些人的

(a)　　　　　　　　　　　　　　(b)

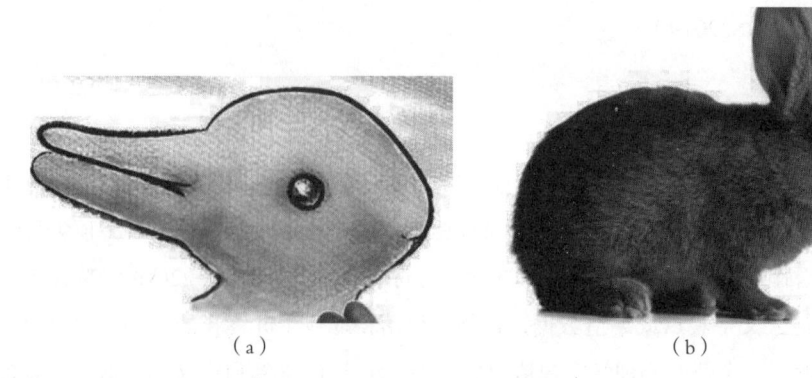

图1.7　你看到了什么动物？

我们的期望影响了观察到的事物。你在图（a）中看到的是鸭子还是兔子？向其他朋友展示这张照片，并把兔子的照片（b）遮住，看看他们是否认为这是鸭子（灵感来自 Shepard, 1990）。

怀疑：心理学的力量是否很危险？它可能被用于操纵他人吗？如同所有其他力量一样，知识可以用来做好事，也可以用来做坏事；核能可以为城市供能，也可用来摧毁城市；说服力可以用来教育人们，也可以用来欺骗人们。尽管心理学确实有欺骗他人的力量，其目的却是为了启迪他人，心理学家们一直在探索提高学习能力、创造力和同情心的方法。心理学涉及世界上的许多重大问题，如战争、人口过剩、不平等、气候变化、偏见、家庭危机、犯罪等，所有这些问题都与人的态度和行为有关。心理学还会涉及人们对滋养、爱和幸福最深切的渴望，它不能解决生活中的所有重大问题，但它会涉及其中一些非常重要的问题。

肯尼斯·克拉克（1914—2003）和玛米·克拉克（1917—1983）

1954年，在做出废除学校种族隔离的历史性决定时，美国最高法院引用了心理学家肯尼斯·克拉克和玛米·克拉克（1947）的专家证词和研究。克拉克夫妇报告称，让非裔美国儿童在黑人和白人玩偶之间做出选择时，他们大部分都选择了白人玩偶，这表明他们可能已经吸收并内化了反黑人的偏见。

> **自问**
>
> 你对心理学还有哪些问题或担忧？

> **检索练习**
>
> RP-14 如何保护研究中的动物和人类参与者？
>
> 答案见附录D

日常生活中的统计推理

统计是描述研究、相关研究和实验研究中的重要研究工具，帮助我们观察和解释肉眼可能错过的事物。准确地理解统计能够令所有人获益匪浅。如今，能够将简单统计学原理应用于日常推理是受过良好教育的体现。人们不需要记住复杂的公式，就可以更清晰、更具批判性地考虑数据。

凭空估计往往会误判实际结果，进而误导公众。只要有人提出一个较大的、笼统的数字，而其他人对此表示赞同，用不了多久，这一数字就会成为误导公众的错误信息。请看下列三个例子：

- 同性恋占总人口的10%，还是像各种全国性调查所表明的占总人口的2%～4%（见第11章）？
- 我们只使用了10%的大脑，还是使用了近乎100%的大脑（见第2章）？
- 每天走10 000步能够让人更健康，还是8500步或13 000步也行？游泳或慢跑可以吗（Mull, 2019）？

看到耸人听闻的标题，却没有证据支撑时（如全国有100万青少年怀孕，200万老人无家可归，或300万起车祸与酒精有关等），你就可以非常肯定地知道，这是有人在猜测。猜测者若是想强调这个问题，就会往更大的数字去猜；若是想尽量减少问题，就会往更小的数字去猜。要记住的一点：面对没有证据支撑的较大的、笼统的数字，要进行批判性思考。

虚假统计还会引发无谓的健康恐慌（Gigerenzer, 2010）。20世纪90年代，英国媒体曾报道一项研究，表示服用某种避孕药的妇女患血栓的风险增长了100%，而血栓可能引发中风。这篇报道广为流传，引起成千上万的妇女停用避孕药，结果导致了一大拨意外怀孕，还有估计13 000例额外的流产（这也与血栓风险增加有关）。由于这一较大的、笼统的数字的诱导，很少有人关注这项研究的实际结果：血栓风险的确增长了

设定目标时，人们都喜欢较大的、笼统的数字。在减肥时，人们更倾向于减掉10千克，而不是9.07千克。棒球击球手在赛季结束前会冲刺提高平均打击率，使得他们平均打击率达到0.33的可能性比达到0.299的可能性高出近四倍。（Pope & Simonsohn, 2011）

100%，但只是从七千分之一增长到了七千分之二。这样的虚假警报表明，我们有必要进行批判性思考，教授统计推理知识，并且更透明地展示统计信息。

描述数据

学习目标问题 1-12 我们如何使用三种集中量数来描述数据？两种差异量数的相对效用是什么？

研究人员采集完数据，可以采取描述性统计来对数据进行整理，将数据转换成简单的条形图正是这类方法之一。如图 1.8 所示，该图展示了十年后仍在道路上行驶的不同品牌卡车的数据分布情况。观察这样的统计图时，我们要格外注意。要设计一个令差异看起来明显（图 1.8a）或不明显（图 1.8b）的图表是很容易的，关键在于如何标注纵向刻度（Y 轴）。

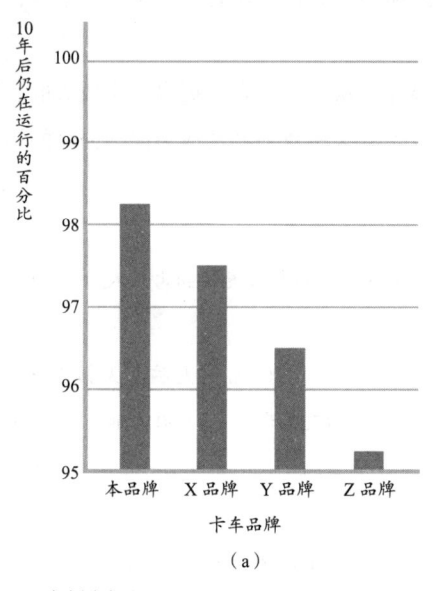

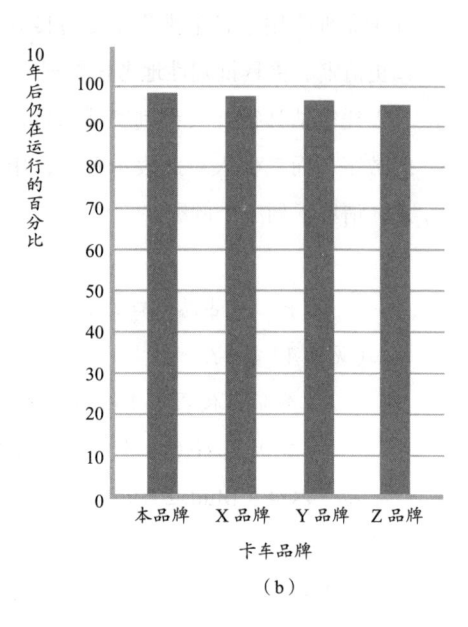

图 1.8 观察刻度标签

要记住的一点：我们要聪明地思考。在解释图表时，要考虑刻度标签，注意刻度范围。

自问

你有没有在课堂上、论文中，或者与朋友或家人讨论时，用统计说明某一问题的经历？回想一下，你引用的数据是否准确可信？你怎么知道这一点？

检索练习

RP-1 图 1.8 的图（a）由一家卡车制造商提供，图中包含实际的品牌名称，表明其卡车的耐用性更佳。关于不同品牌卡车的耐用性，图（b）说明了什么？这是如何做到的？

答案见附录 D

集中量数

接下来则是通过集中趋势测量对数据进行概括,即用一个数值来代表整组数值。最简单的测量方法是**众数**(mode),即出现频率最高的一个或多个数值。我们最熟悉的方法是**平均数**(mean,或算术平均数),即所有数值的总和除以数值的个数。而**中位数**(median)则是位于中点(第 50 个百分位)的那个数值。在分隔的高速公路上,中央隔离带处于中间位置,对数据而言也是如此。如果将所有数值从高到低进行排列,一半数值会在中位数之上,另一半数值会在中位数之下。

集中量数简明地概括了数据。但是,分布不平衡时(因为几个异常数值而产生偏态),平均数会发生什么变化?以收入数据为例,众数、中位数和平均数往往讲述了截然不同的故事(图 1.9),这是因为平均数会受到少数极端收入的影响而发生偏差。当亚马逊创始人杰夫·贝佐斯(Jeff Bezos)进入一家小咖啡馆时,其他顾客立刻成了(平均数意义上的)亿万富翁,但顾客们财富的中位数并没有变化。

> 众数:一组数据中出现频率最高的一个或多个数值。
>
> 平均数:一组数据的算术平均数,通过将全部数值相加后再除以数值的个数得到。
>
> 中位数:一组数据中位于中间的那个数值;一半的数值比它大,另一半比它小。

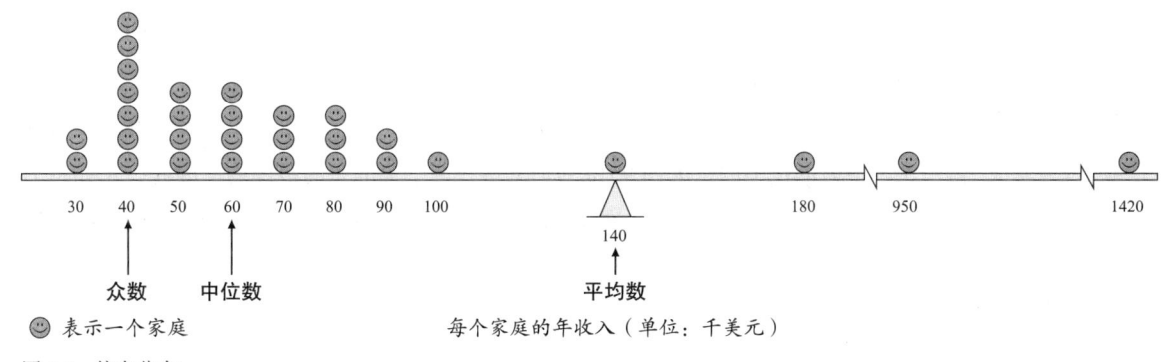

图 1.9 偏态分布

这一收入分布图说明了集中趋势的三个测量标准:众数、中位数和平均数。请注意,仅需几个高收入家庭就能令平均数(平衡高低收入的支点)显得很高。

理解了这一点,你就能明白为什么 2010 年美国人口普查时近 65% 的美国家庭的收入"低于平均水平",处于底层的一半挣钱者的收入远低于全国总收入的一半。因此,大部分美国人的收入低于平均水平(平均数)。平均数和中位数反映的真实故事截然不同。

要记住的一点:一定要注意报告的是哪种集中量数。如果是平均数,请考虑一些非典型的数值是否会令其产生偏差。

差异量数

一个恰当的集中量数可以告诉我们很多东西,但这个单一的数字也会忽略许多其他信息。而了解数据的变异性(数据的相似性或差异性)则会有所帮助。由低变异性数据得出的平均值比基于高变异性数据的平均值更可靠。假如在本赛季的前 10 场比赛中,某篮球运动员每场比赛的得分都在 13 到 17 分之间。了解这一点后,我们更相信该运动员下一场比赛中的得分会在 15 分左右，而非 5 分到 25 分不等。

全距： 分布中最小值和最大值之间的差距。

数值的**全距**（range，最小值和最大值之间的差距）只是对变化的粗略估计。在其他类似群体中，如果有几个极端数值，如图 1.9 中的 950 000 美元和 1 420 000 美元的收入，就会令数值范围出奇地大。

标准差： 测量数值在平均数周围变化程度的计算方法。

测量数值之间偏离（差异）程度的更有效标准是**标准差**（standard deviation），它会使用所有数值的信息，能够更好地测量数值是集中还是分散。该计算公式[1]收集了有关单个数值与平均数的差异程度的信息，可以很好地说明问题。比如，A 班和 B 班考试成绩的平均数相同（75 分），标准差却迥然不同（A 班为 5.0，B 班为 15.0）。你是否有过这样的考试经历，一门课程有三分之二的同学成绩在 70 分至 80 分之间，而另一门课程的成绩则更加分散（三分之二的同学成绩在 60 分至 90 分之间）？标准差和平均成绩会准确地告诉我们每个班级的实际情况。

思考数值的自然分布趋势，你就会理解标准差的含义。数量较大的数据，如身高、智力分数或预期寿命等，通常会呈对称的钟形分布：大部分数值都落在平均数附近，只有较少数值落在两个极端附近。这种钟形分布非常典型，我们将其形成的曲线称为**正态曲线**（normal curve）。

正态曲线： 一种对称的钟形曲线，可用于描述多种类型数据的分布情况；大多数数值都分布在平均数附近（约 68% 的数值位于一个标准差之内），越靠近极端位置的数值分布越少。正态曲线也称为正态分布。

如图 1.10 所示，正态曲线一个有用的属性在于，大约 68% 的个案都落在平均数两侧一个标准差的范围内，大约 95% 的个案落在两个标准差的范围内。因此，正如本书第 10 章显示的，大约 68% 的人的智力测验分数在 100 ± 15 分的范围内，大约 95% 的人的测验分数在 100 ± 30 分的范围内。

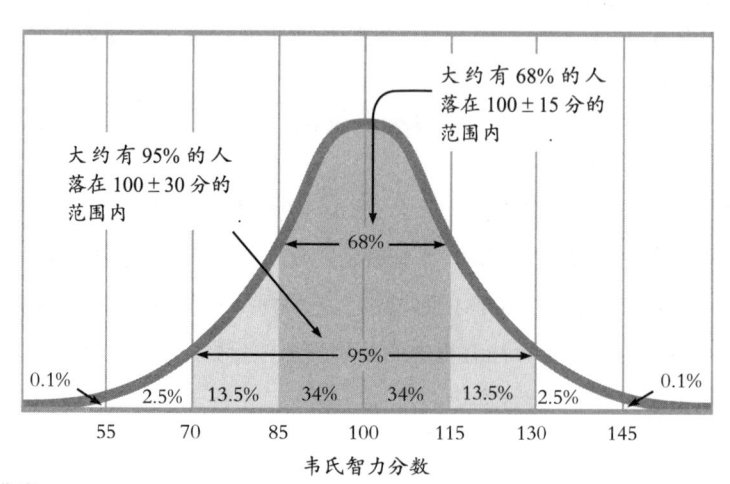

图 1.10 正态曲线

能力测验的分数往往围绕着平均数形成一条正态曲线。以韦氏智力量表为例，其平均得分是 100 分。

1　样本标准差公式：样本标准差 = $\sqrt{\dfrac{（与平均数的偏差）^2 之和}{数值的数量 - 1}}$。

> **检索练习**
>
> RP-2 数值分布的平均值是_____，出现频率最高的数值是_____，一半数值比它大、一半数值比它小的数值中间值是_____。我们确定数值围绕平均数变化的程度，需要有关数值的_____，需要使用_____公式。
>
> 答案见附录D

显著差异

学习目标问题 1-13 我们如何知道观察到的差异是否可推广到其他人群？

数据是"嘈杂的"。在我们前面提到的实验中，那些停用脸书账户的人患抑郁症的平均数与那些没有停用的人的平均数截然不同，这并不是因为两者之间存在任何真实的差异，只是因为被抽样者的偶然波动。那么，我们能有多大把握推论观察到的差异不是研究样本的偶然结果呢？我们可以探寻差异的可靠性和统计显著性，以此作为指导。这些推论统计能够帮助我们确定观察结果是否可用于推广到更大的样本总体（被研究群体中的所有人员）。

观察到的差异在什么情况下是可靠的？

根据样本进行推广时，我们应该牢记三个原则：

1. 代表性样本优于偏态（非代表性）样本。 归纳的最佳依据不是那些特殊而深刻的案例，而是代表性案例。科学研究从来不会对整个人类总体进行随机抽样。因此，要牢记一项研究的样本人群类型。

2. 低变异性观察结果比高变异性观察结果更可靠。 正如前文所述，某篮球运动员的每场比赛得分都十分稳定，基于低变异性数据的平均数更可靠。

3. 研究案例越多越好。 一位求学心切的准大学生前往两所大学参观，各用了一天时间。在第一所大学，该学生随机听了两堂课，发现两位老师都非常幽默，很有吸引力；而在第二所大学，抽取的两位老师似乎都很沉闷，没有吸引力。回到家后，他没有发现每个院校只抽查两名老师的样本规模太小，而是和朋友们聊起了第一所学校的"好老师"和第二所学校的"无聊家伙"。同样，我们知道这一点，却也常常忽略了它：基于多数案例的平均数要比仅基于少数案例的平均数更可靠（变异性更低）。发现小规模学校在办学最成功的学校中占比较高后，一些基金会立马投资将大规模学校拆分为小规模学校，却没有意识到小规模学校在办学最失败的学校中占比也极高，因为学生较少的学校办学成果变化更大（Nisbett, 2015）。同样，研究案例较多时，平均数会更可靠，研究也会更具可复制性。

要记住的一点：聪明的思考者不会受一些逸事的影响。基于少数非代表性案例的概括是不可靠的。

观察到的差异在什么情况下具备显著性？

假如你对攻击性测试中男性和女性的得分进行了比较，发现男性表现得比女性更具攻击性。但每个个体都是不同的，你观察到的性别差异只是一种偶然情况的可能性有多大？

研究人员会采用统计方法来回答这一问题。统计测试首先假设被研究的群体之间不存在差异，这一假设称为零假设。通过统计数据，我们可以得出结论，观察到的性别差异太大，不太可能符合零假设。因此，我们会放弃零假设（不存在差异），认为这个结果具有**统计显著性**（statistically significant）。这一巨大差异为备择假设提供了支撑。备择假设即被研究的群体（如男性和女性）之间在某方面（如攻击性）确实存在差异。

两组之间的差异大小（效应量大小）是如何决定统计显著性的呢？首先，如果两个样本的平均数都是对各自群体的可靠测量（如每个样本都基于多数低变异性观察结果），那么这两个样本之间的任何差异都更可能具有统计显著性。就上述例子而言，女性和男性攻击性测试得分的变异性越低，我们对观察到性别差异的真实性就越有把握。样本平均数之间的差异很大时，只要样本是基于多次观察的结果，我们同样会对这一差异反映了两个群体间的真正差异更有把握。

简而言之，样本规模以及样本之间的差异较大时，我们就可以说这样的差异具有统计显著性，这意味着我们观察到的差异可能不只是样本之间的偶然变异，并且我们也可以放弃零假设。

心理学家对统计显著性的判断非常保守，他们就像陪审团一样，在证明被告有罪之前必须假定其无罪。许多心理测试会给定 p 值，这一数值是给定样本数据的情况下零假设为真的概率。对于大多数心理学家来说，排除合理怀疑的证明没有多少意义，除非零假设为真的概率（p 值）小于5%（$p < 0.05$）。而一些研究人员认为，统计显著性被过分强调了，"不显著的"结果并不意味着组间差异完全不存在（正如人们经常假设的那样）（Amrhein et al., 2019），它只是表明了更大的不确定性。目前，许多心理学家仍在继续使用 $p < 0.05$ 的原则，但我们要对此保持关注。

在学习如何做研究时，我们应该牢记，即使样本足够大或足够同质，各研究群组之间的差异仍可能具备"统计显著性"，却没有什么实际意义。它们在统计学上是"显著的"，但效应量很小。对数十万头生子和后生子的智力测试分数进行比较，发现头生子的平均分数要高于后生的兄弟姐妹，这一趋势十分显著（Rohrer et al., 2015; Zajonc & Markus, 1975）。但是，由于这些分数的差别很小，这一"显著"差异产生的效应很小，

统计显著性：假设被研究的群体间不存在差异的情况下，某一结果（如样本间差异）为偶然发生的可能性。

没有什么实际意义。

要记住的一点：统计显著性只表明在零假设为真的情况下某结果偶然发生的可能性，但并不说明该结果具有任何重要性。

自问

你有被写作者或演讲者尝试用统计数字欺骗的经历吗？在这一章中你学到的哪些知识对今后避免上当最有帮助？

检索练习

RP-3 你能解决这个难题吗？

密歇根大学学生办公室发现，在第一学期结束时，通常有约 100 名文科和理科学生拿到满分。然而，能够以满分毕业的学生只有大约 10 至 15 名。你认为对这一现象最可能的解释是什么（Jepson et al., 1983）？

RP-4 ＿＿＿＿＿＿＿ 统计总结数据，而 ＿＿＿＿＿＿＿ 统计则决定了数据是否可被推广到其他群体。

答案见附录 D

第 2 章

心理的生物学基础

神经和激素系统
生物、行为和心理
可塑性
神经交流
神经系统
内分泌系统

探索的工具、较古老的大脑结构和边缘系统
探索的工具：检测大脑
较古老的脑结构
边缘系统

大脑皮质
大脑皮质的结构
大脑皮质的功能
批判性思考：我们真的只使用了 10% 的大脑吗？
对损伤的反应
割裂的大脑

两位移植外科医生，意大利的塞吉尔·卡纳维罗（Sergio Canavero）和中国的任晓平，联手创建了一个国际团队，开启了一项大胆的医疗冒险——头部移植（Kean, 2016; Ren & Canavero, 2017; Ren et al., 2019）。颈部以下高位截瘫的王焕明（音译）自愿加入，将自己功能健全的头部移植到一名身体功能正常的脑死亡患者身上。

一些人认为这样的实验"既鲁莽又可怕"，是科学家的某种"可怕幻想"（Illes & McDonald, 2017; Wolpe, 2018）。但我们要先暂时忽略这一实验的伦理问题，忽略其估计高达1亿美元的实验成本，也忽略将头部神经与脊髓神经精确连接的不可能性，简单地设想一下：假如这个手术能够成功，大脑保持不变而换了一具身体后，王焕明还是王焕明吗？他术后该回到哪个家里去？假如过去的王焕明是个技艺高超的乐手，新的王焕明是否会保留这一技能呢？还是说，这取决于新身体的肌肉记忆？假如他（假设新身体是男性）后来有了孩子，出生证明上的父亲应该写谁呢？

21世纪的大部分人认为（不知道你是否也如此认为），即使有了新的身体，王焕明仍然是王焕明。他们相信，大脑由基因所设计，由经验所雕琢，它成就人的身份认知，赋予人思考能力，没有大脑就没有思想。

我们的确是活着的大脑，但更多的是活着的身体。一切心理学都同时是生物学，对于如今的心理学或本书而言，这一原则至关重要。人的每一个想法、每一种情绪乃至每一次冲动，都是生物学事件。人是在用身体去爱，用身体去笑，用身体去哭，没有身体的存在，想要思考、感受或行动就如同想要跑步却没有腿。没有身体（基因、神经系统、激素、外表等）的存在，人就真的什么都不是。此外，人的身体和大脑既会对人的经验产生影响，也会受经验影响。在本书中，你会学习到许多生物学和心理学之间相互作用的例子。

你也会在本书中看到，我们人类有着相同的基本生物设计。然而，由于个人基因、经验、文化传统以及教育的不同，人类彼此之间存在差异。人的特质和行为来自先天和后天的相互作用。我们的思想、情感和行动会影响我们的血压、激素和大脑。在从襁褓到坟墓的过程中，我们的生命机理会随着行为和环境的改变而发生改变。

在本章中，我们将探讨心理的生物学基础。我们将从小处着手，从神经细胞到大脑，自下而上地开始学习，但我们也将自上而下地讨论行为和环境如何影响我们的生命机理。或许你早就听人说过，生活会改变人，在这里你会再次听到类似的话：后天能作用于先天。

神经和激素系统

生物、行为和心理

学习目标问题 2-1 心理学家为什么会关注人类的生命机理？

今天的人们对大脑如何孕育思想的理解已经取得了长足的进步。古希腊医生希波克拉底正确地认为思想存在于大脑之中；而与他同时代的哲学家亚里士多德则认为，思想存在于心脏中，心脏为身体输送温暖和活力。如今，心脏仍然是人们爱情的象征，但在这个问题上科学早已超越了哲学：坠入爱河的是人的大脑，而不是人的心脏。

19 世纪初，德国医生弗朗茨·高尔（Franz Gall）提出了颅相学，通过研究人头骨上的凸起揭示人的心理能力和性格特质。英国一度有 29 个颅相学会，一些颅相学家还到美国进行颅骨研究（Dean, 2012; Hunt, 1993）。幽默大师马克·吐温（Mark Twain）曾用假名对一位著名的颅相学家进行了测试。"他发现了一个空洞，并说这个空洞代表着我完全没有幽默感，这让我很吃惊！"三个月后，他进行了第二次测试，这一次他表明了自己的身份。这下"空洞消失了，取而代之的是……他毕生所见过最高级的幽默感！"（Lopez, 2002）。颅相学的"科学性"至今仍然为人所知，提醒人们需要批判性思维和科学分析。不过，颅相学至少成功地让人们开始关注起了大脑的功能定位，这一看法认为不同的大脑区域具有特定的功能。

我们如今生活在一个高尔只能梦想的时代。**生物心理学**（biological psychology）家们能够使用先进的科技来研究生物过程（遗传、神经、激素等）和心理过程之间的联系，他们和其他的生物学研究人员以喜人的速度在生物、行为及心理的相互作用方面报告了许多发现。一个多世纪以来，这些探索心理的生物学基础的研究人员发现：

- 大脑的适应性由人的经验决定。
- 人体细胞中的一些神经细胞能够导电，并通过它们之间的微小间隙发送化学信息来相互"交流"。
- 特定的大脑系统具有特定的功能（但与高尔提出的功能不同）。
- 这些不同的大脑系统所处理的信息整合起来，构成了人们对画面与声音、意义与记忆、痛苦与欢愉的经验。

我们还发现，人类是由许多子系统构成的系统，而这些子系统又由许多更小的子系统组成。无数微小的细胞相互组织，构成了各种身体器官；而这些器官又形成了更

生物心理学：探讨生物过程（遗传、神经、激素等）和心理过程之间联系的科学研究。一些该领域的研究者自称为行为神经科学家、神经心理学家、行为遗传学家、生理心理学家或生物心理学家等。

大的消化、循环和信息处理系统；这些系统又是人这个更大系统里的一部分，而人是家庭、社区和文化的一部分。因此，我们人类构成了一个生物心理社会系统。为了了解人的行为，我们需要研究这些生物系统、心理系统和社会文化系统如何进行工作以及相互作用。就让我们先从大脑适应经验时的自我重组能力开始吧。

检索练习

RP-1 颅相学和生物心理学有什么共同之处？

答案见附录 D

可塑性

学习目标问题 2-2 生物学和经验如何共同实现神经可塑性？

人的大脑不仅由基因塑造，也会被生活塑造。在意识的表面下，人的大脑不断发生变化，建立新的路径，适应新的经验。这样的神经变化称为**神经可塑性**（neuroplasticity）。虽然神经可塑性在儿童时期的效用最强，但它会在人的一生中持续存在（Gutchess, 2014）。

> 神经可塑性：大脑受到损伤后进行重组或根据经验建立新路径的变化能力，儿童时期神经可塑性最强。

神经可塑性的作用在伦敦实习的士司机身上可见一斑。他们会花数年时间来学习和记忆这个城市的 25 000 个街道位置和联络地点。最终只有一半人能够通过如此艰难的测试，获得巨大的回报：更丰厚的收入以及更强大的海马体（大脑处理空间记忆的记忆中心之一）。而伦敦的公交车司机，行驶在一组范围较小的固定路线上，则无法获得类似的神经奖赏（Maguire et al., 2000, 2006; Woollett & Maguire, 2012）。

在技术娴熟的钢琴家身上，我们也能看到神经可塑性的效果。他们的听觉皮质区域，即声音处理区域比常人更大（Bavelier et al., 2000; Pantev et al., 1998）。持续练习同样也塑造了芭蕾舞者、杂耍艺人和独轮车手的大脑（Draganski et al., 2004; Hänggi et al., 2010; Weber et al., 2019）。

人的大脑是一个发展中的作品，你死去时的大脑与你出生时的大脑不同。即使是有限的练习次数也可能对神经有益。如果你也像某项研究的参与者一样，花六周时间来训练自己的嗅觉，你大脑中与嗅觉相关的区域就可能会有所增长（Al Aïn et al., 2019）。仅需学习一个小时，大脑就会发生微妙的变化（Brodt et al., 2018）。下次听课时，请记住这一点！

神经可塑性是人类大脑出类拔萃的部分原因（Gómez-Robles et al., 2015）。回想过去 50 年里，世界发生了多大变化；未来 50 年里，还会有多大变化？人类的神经可塑性令人能够比其他任何物种更快地适应这样快速变化的世界（Roberts & Stewart, 2018）。

检索练习

RP-2 学习新技能会如何影响我们的大脑结构？

答案见附录 D

神经交流

对科学家而言，人类大脑信息系统的运作与其他动物类似这一点是个令人高兴的自然事实，你甚至难以区分人类和猴子的小型脑组织样本。这样的相似性使得研究人员能够通过研究一些简单得多的动物，如鱿鱼和海蛞蝓，来探索人类神经系统的运作方式，也使得他们可以通过研究其他哺乳动物的大脑来了解人类的大脑组织。汽车各不相同，但都有油门、方向盘和刹车，人们只需研究任意一辆汽车，就能掌握其工作原理。同样，动物也各有不同，但其神经系统的运作原理是相似的。

神经元

学习目标问题 2-3 什么是神经元？神经元如何传递信息？

人类身体的神经信息系统是一个建立在简单基础上的复杂系统，其构件是**神经元**（neuron），又称神经细胞。在整个生命过程中，新的神经元会不断诞生，而未使用的神经元则会逐渐消失（O'Leary et al., 2014; Shors, 2014）。为了理解人们的思想和行动、记忆和情绪，我们必须首先了解神经元的工作和交流方式。

神经元各不相同，但都是相同主体的不同衍生（图 2.1）。每个神经元都由一个**细胞体**（cell body）及其分支纤维组成。通常极为密集的**树突**（dendrite）纤维会接收和

神经元：一个神经细胞，神经系统的基本组成部分。

细胞体：神经元中含有细胞核的部分，细胞的生命支持中心。

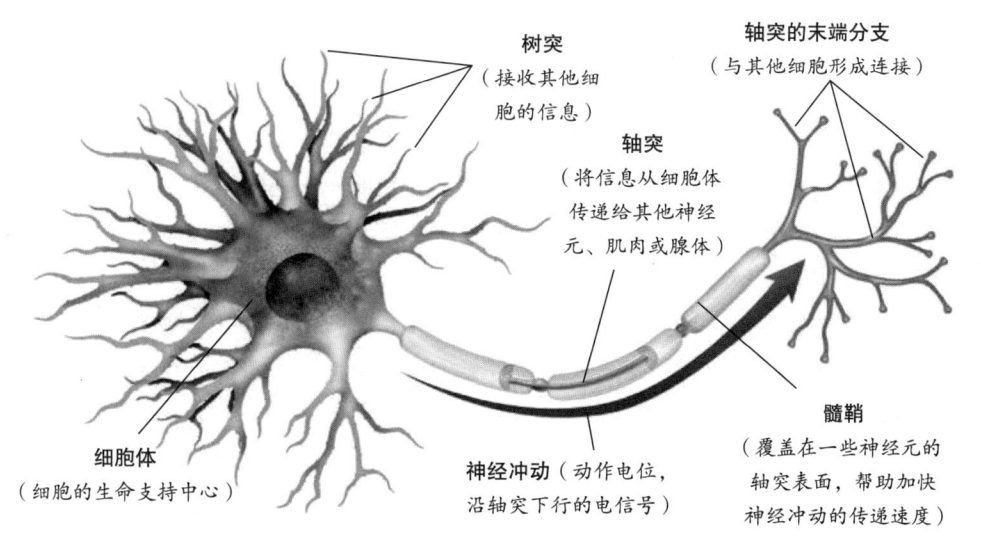

树突：神经元的分支延伸部分，常为灌木状，能够接收和整合信息，并将冲动传导至细胞体。

图 2.1 一个运动神经元

（图中标注：树突（接收其他细胞的信息）；轴突的末端分支（与其他细胞形成连接）；轴突（将信息从细胞体传递给其他神经元、肌肉或腺体）；细胞体（细胞的生命支持中心）；神经冲动（动作电位，沿轴突下行的电信号）；髓鞘（覆盖在一些神经元的轴突表面，帮助加快神经冲动的传递速度））

整合信息，并将其传导至细胞体（Stuart & Spruston, 2015）。从那里，细胞单一的、长长的**轴突**（axon）纤维通过其末端分支将信息传递给其他神经元、肌肉或腺体（图2.2）。简而言之，树突接收信息，轴突发送信息。

与较短的树突不同，轴突可能非常长，在人体内延伸数米的距离。例如，一个向腿部肌肉传输命令的人类神经元，其细胞体和轴突的尺寸大致相当于一个篮球连接到一根1千米长的绳子上。一些轴突被包裹在**髓鞘**（myelin sheath）中，就像被绝缘材料包裹的家用电线一样。髓鞘是一层脂肪组织，能够让轴突绝缘并加快其神经冲动传输速度。髓鞘的铺设过程会一直持续到25岁左右，在此期间，神经的效率、判断力和自我控制力等都会不断增长（Fields, 2008; Nakamura et al., 2018; Van Munster et al., 2015）。髓鞘退化会导致多发性硬化：神经元与肌肉和大脑区域的交流变慢，肌肉控制能力下降，有时还会导致认知能力受损。

为这数十亿神经细胞提供支持的是蜘蛛状的**胶质细胞**（glial cell）。神经元就像蜂后，无法进食或保护自己；而胶质细胞则是工蜂，提供营养物质和绝缘用的髓鞘，引导神经连接并吸收离子和神经递质。胶质细胞在学习、思考和记忆过程中也会发挥作用。通过与神经元的"聊天"，它们也会参与信息传输和记忆工作（Fields, 2011, 2013; Martín et al., 2015）。

在更复杂的动物大脑中，胶质细胞与神经元的比例会有所增加。对爱因斯坦大脑的尸检分析没有发现更多或更大神经元的存在，但确实发现爱因斯坦大脑的胶质细胞浓度比普通人大脑的更高（Fields, 2004）。爱因斯坦的胶质细胞令他的大脑总是精力充沛。

神经冲动

受到感官或邻近神经元的刺激时，神经元会发射一种叫作**动作电位**（action potential）的神经冲动来传输信息。动作电位是一种沿轴突传播的短暂电荷。

根据纤维的类型，神经冲动会以每小时3千米到超过每小时320千米不等的速度传输。但即使是它的最高速度也比电流通过电线的速度慢300万倍。我们测量大脑活动的标准可以用毫秒（千分之一秒），测量计算机活动的标准却要用纳秒（十亿分之一秒）。因此，与计算机近乎瞬时的反应不同，人对突发事件做出反应（如小孩发现车辆开始飞奔）可能要花四分之一秒或更久的时间。人的大脑比计算机复杂得多，但在执行简单反应方面却比计算机慢得多。如果你是一头大象，拉动你的尾巴所产生的信息发送到大脑再回到尾巴所需的传输时间是小鼩鼱信息往返传输时间的100倍，因而你的反应会更慢（More et al., 2010）。

神经元像电池一样，从化学事件中产生电。在电化学过程中，离子（即带电的原子）会发生交换。轴突膜外侧的流体大多是带正电荷的钠离子，而静息状态的轴突内部的流体（包括带负电的大型蛋白质离子和带正电的小型钾离子）大多带负电。轴突就像一个戒备森严的设施，其表面选择性地允许某些物质进出。因此，我们认为轴突表面是选择性渗透的，而这种外正内负的状态就称为静息电位。

然而，一个神经元放电时，大门（轴突表面）的安全系数就会发生变化。轴突的第一部分会打开大门，就像下暴雨时翻开的下水道井盖，带正电的钠离子（受神经元内部的负电所吸引）会通过打开的通道涌入其中（图 2.3）。内外电荷差的消失称为去极化，它会引起下一部分轴突通道的打开，随后是再下一部分，就像倒下的多米诺骨牌一样。这种暂时的正离子流入就是神经冲动，即动作电位。每个神经元本身就是一个微型决策装置，在接收其他数百甚至数千个神经元信号的同时进行着复杂的运算。单是想象这个电化学过程每秒重复 100 次甚至 1000 次，人们都会

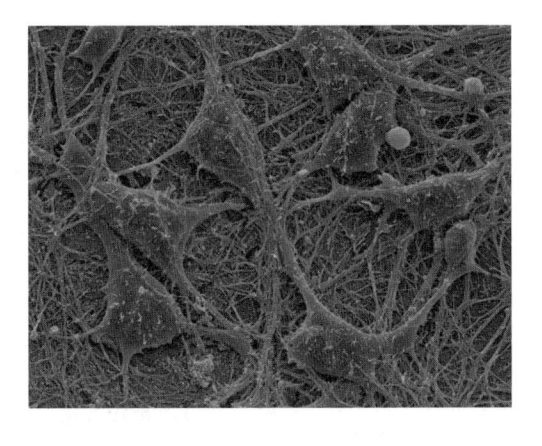

图 2.2　神经元的交流

我们神经元的数量多达数十亿，存在于一个紧密相连的巨大网络中。一个神经元的末端分支会向邻近神经元的树突传递信息。继续学习本章，了解这一复杂而迷人的电化学交流过程。

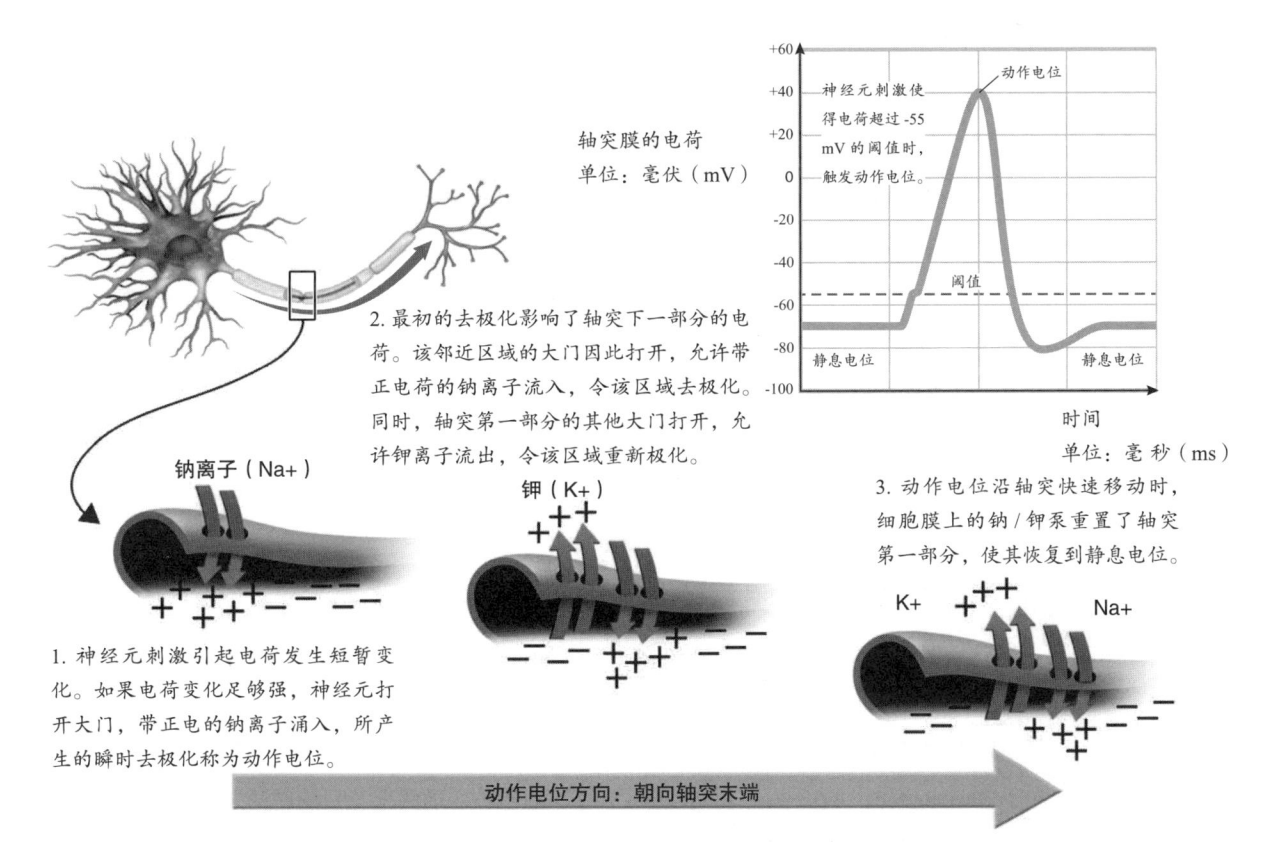

轴突膜的电荷
单位：毫伏（mV）

神经元刺激使得电荷超过 -55 mV 的阈值时，触发动作电位。

动作电位

阈值

静息电位　　　　　　　　　静息电位

时间
单位：毫秒（ms）

1. 神经元刺激引起电荷发生短暂变化。如果电荷变化足够强，神经元打开大门，带正电的钠离子涌入，所产生的瞬时去极化称为动作电位。

钠离子（Na+）

2. 最初的去极化影响了轴突下一部分的电荷。该邻近区域的大门因此打开，允许带正电荷的钠离子流入，令该区域去极化。同时，轴突第一部分的其他大门打开，允许钾离子流出，令该区域重新极化。

钾（K+）

3. 动作电位沿轴突快速移动时，细胞膜上的钠/钾泵重置了轴突第一部分，使其恢复到静息电位。

K+　　Na+

动作电位方向：朝向轴突末端

图 2.3　动作电位

当神经元受到足够刺激，其膜上的电荷达到阈值（本例中为 -55 mV，见图）时，身体感觉和动作就会出现，如察觉一个拥抱或做出踢足球的动作。这一反应促使各神经元产生一个冲动，即沿轴突传输的动作电位，并将信息传递给其他神经元、肌肉或腺体。

感到不可思议，但这仅仅是冰山一角。

大部分神经信号是兴奋性的，就像在踩神经元的油门；有一些信号则是抑制性的，像是在踩它的刹车。如果兴奋性信号超过抑制性信号的部分达到了最低强度或**阈值**（threshold）（图 2.3），这样的组合信号就会触发动作电位（换言之，如果派对上兴奋派动物的票数超过了抑制派动物的票数，那么派对就会继续）。然后，动作电位沿着轴突传播，而轴突分支会与数百或数千个其他神经元或身体的肌肉和腺体形成连接。

神经元需要的休息时间极为短暂（一眨眼的时间都要不了）。在称为**不应期**（refractory period）的休息期间，后续动作电位不会发生。直到轴突恢复到静息状态，神经元才可以再次放电。

将刺激水平提高到阈值以上，不会增加神经冲动的强度。神经元反应是一种**全或无反应**（all-or-none response），它就像枪，要么开火，要么不开火。那么，人们如何检测刺激的强度呢？如何区分温柔的触摸和大大的拥抱呢？强烈的刺激能够触发更多神经元放电，并且放电频率更高，但并不能影响动作电位的强度或速度。更使劲儿扣动扳机不会令子弹更快。

> **阈值**：引发神经冲动所需的刺激水平。
>
> **不应期**：在神经活动中，指神经元放电后出现的短暂停顿；在轴突恢复静息状态之前不能产生后续的动作电位。
>
> **全或无反应**：一种神经元反应，要么放电（全强度的反应），要么不放电。

自问

尽管人的大脑很复杂，人的反应时间却比电脑慢，知道这一点你是否会惊讶？这表明哪些任务由计算机来完成比由人类来完成更容易呢？

检索练习

RP-3 神经元产生动作电位时，信息会通过轴突、树突和细胞体传输，但并不按该顺序传输。请按正确顺序排列这三个结构。

RP-4 神经系统如何让人感受到用力拍打和轻轻拍打的区别？

答案见附录 D

神经元如何交流

学习目标问题 2-4 神经细胞如何与其他神经细胞交流？

神经元们错综复杂地交织在一起，即使借助显微镜，人们也很难看见一个神经元的终点和另一个神经元的起点。科学家们曾经认为，一个细胞的轴突与另一个细胞的树突相融合，形成一个不间断的结构。后来，英国生理学家查尔斯·谢林顿（Charles Sherrington，1857—1952）发现，神经冲动在神经通路上花费的时间之长超出意料。谢林顿推断，在冲动的传输过程中一定存在一个短暂中断，于是他把神经元之间的连接点称为**突触**（synapse）。

> **突触**：发送神经元的轴突末端与接收神经元的树突或细胞体之间的连接处。这个连接处的微小间隙称为突触间隙（或突触裂隙）。

我们如今了解到，一个神经元的轴突末端实际上是通过一个微小得不足百万分之一厘米的突触间隙（或突触裂隙）与接收神经元分开的。西班牙解剖学家圣地亚哥·拉蒙·卡亚尔（Santiago Ramóny Cajal，1852—1934）曾对神经元的这种近距离结合大为惊叹，称之为"原生质之吻"。诗人戴安娜·阿克曼（Diane Ackerman, 2004）指出："就像优雅的女士互致飞吻，以免影响她们的妆容一样，树突和轴突并没有完全接触。"那么，神经元如何做到在突触间隙中传递信息呢？这一问题的答案是我们这个时代的重要科学发现之一。

动作电位到达轴突末端的纽扣状终端，会引发化学信使的释放，这种化学信使称为**神经递质**（neurotransmitter）（图 2.4）。在万分之一秒内，神经递质分子穿过突触间隙，与接收神经元上的受体结合，精确得就像用钥匙开锁一样。在一瞬间，神经递质打开了接收部位的微小通道，带电的原子流入，刺激或抑制接收神经元的放电准备。多余的神经递质最终会流走，被酶分解，或被发送神经元重新吸收，这一过程称为**再摄取**（reuptake）。一些抗抑郁药物能够部分阻断增强情绪的神经递质的再摄取过程（图 2.5）。

> "大脑中的所有信息处理都涉及神经元在突触处的相互'交流'。"
> ——神经科学家所罗门·H. 斯奈德

神经递质：穿过神经元突触间隙的化学信使。发送神经元释放的神经递质穿过突触，与接收神经元的受体结合，从而对该神经元是否产生神经冲动造成影响。

再摄取：发送神经元重新吸收神经递质。

自问

为什么发现神经元交流机制如此重要？

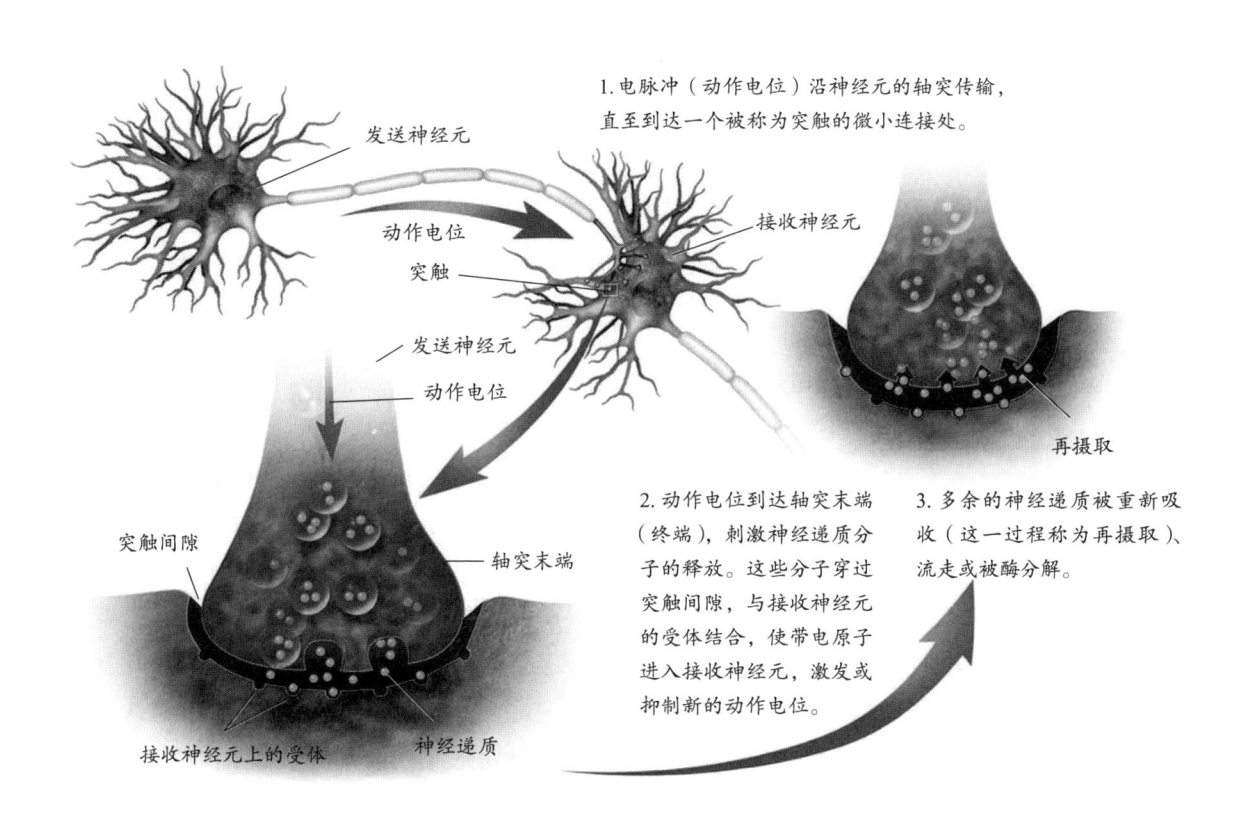

图 2.4　神经元如何交流

图中标注：
- 发送的信息通过突触间隙。
- 收到信息，多余的 5-羟色胺分子由发送神经元重新吸收。
- 百忧解部分阻断了神经递质 5-羟色胺的正常再摄取，突触间隙中多余的 5-羟色胺能够提升其情绪。
- 发送神经元
- 动作电位
- 突触间隙
- 接收神经元
- 5-羟色胺分子
- 受体
- 再摄取
- 5-羟色胺
- 百忧解

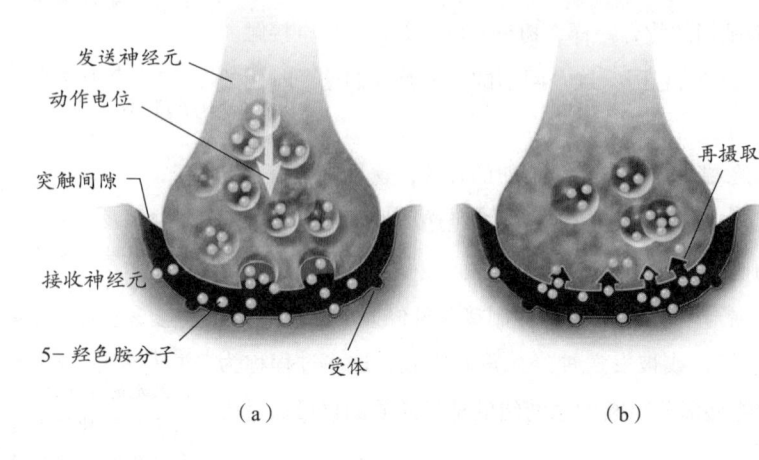

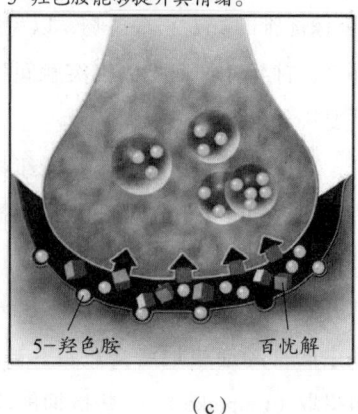

（a）　（b）　（c）

图 2.5　抗抑郁药的生物学原理

选择性 5-羟色胺再摄取抑制剂（SSRIs）是常用的抗抑郁处方药，它通过部分阻断神经递质 5-羟色胺的再摄取来缓解抑郁症。此处展示的是百忧解（Prozac）的作用，它是一种选择性 5-羟色胺再摄取抑制剂。

检索练习

RP-5 突触间隙中发生了什么？

RP-6 什么是再摄取？神经元做出反应后，多余的神经递质还会发生哪两种情况？

答案见附录 D

神经递质如何对人造成影响

学习目标问题 2-5　神经递质如何影响行为？药物和其他化学物质如何影响神经递质？

在探索神经交流的过程中，研究人员发现了数十种神经递质，继而提出了更多新问题：某些神经递质是否只存在于特定区域？神经递质如何影响人们的情绪、记忆和心理能力？人们能否通过药物或饮食来增强或减弱这样的影响？

在其他章节中，我们探讨了神经递质对饥饿和思考、抑郁症和欣快症、成瘾和治疗的影响。在本章节中，我们将学习神经递质影响人们运动和情绪的方式。一条特定的大脑通路可能只使用一种或两种神经递质，如 5-羟色胺和多巴胺等，而特定的神经递质会影响特定的行为和情绪（表 2.1）。但神经递质系统并非孤立运作，而是相互作用，其效果也随其刺激的受体而变化。乙酰胆碱（ACh）是最广为人知的神经递质之一，能够在学习和记忆中发挥作用。它还能在运动神经元（该神经元将信息从大脑和脊髓传递到身体组织）和骨骼肌之间的连接处充当信使，从而促进肌肉动作。当乙酰胆碱被释放到肌肉细胞中的受体时，肌肉就会收缩。如果阻断乙酰胆碱的传输，肌肉就无法收缩，人们就会瘫痪，某些麻醉剂和毒药就能产生这样的效果。

表 2.1 研究中常见的神经递质及其功能

神经递质	功能	功能故障示例
乙酰胆碱	促进肌肉动作、学习和记忆	随着阿尔茨海默病的发生,产生乙酰胆碱的神经元会退化
多巴胺	影响运动、学习、注意力和情感	该递质供应过多会导致精神分裂症,供应不足则会导致帕金森病的震颤和活动能力下降
5-羟色胺	影响情绪、饥饿感、睡眠和唤起	该递质供应不足会导致抑郁症,可使用一些提高 5-羟色胺水平的药物来治疗抑郁症
去甲肾上腺素	有助于控制警觉性和唤起	该递质供应不足导致情绪压抑
GABA（γ-氨基丁酸）	一种主要的抑制性神经递质	该递质供应不足会导致癫痫发作、震颤和失眠
谷氨酸	一种主要的兴奋性神经递质,与记忆有关	过度供应该递质会过度刺激大脑,导致偏头痛或癫痫发作
内啡肽	影响疼痛或快乐感知的神经递质	过度服用阿片类药物会抑制身体的天然内啡肽供应

坎蒂斯·珀特（Candace Pert）和所罗门·斯奈德（Solomon Snyder）在将一种无害的放射性示踪剂附着在吗啡（一种有情绪唤起和疼痛缓解作用的阿片类药物）上进行研究时,有了一个有关神经递质的惊人发现。研究人员在追踪吗啡于动物大脑中的活动轨迹时,注意到吗啡最终与有关情绪和疼痛感觉的脑区中的受体相结合。但是,为什么大脑会有这样的"阿片类受体"呢？除非大脑也有一把这样的钥匙———一种天然止痛剂,不然为什么会有这样一把化学锁呢？

研究人员很快证实,大脑确实产生了自己的天然阿片类物质。人们的身体在应对疼痛和剧烈运动时,会释放几种与吗啡类似的神经递质分子。这些**内啡肽**（endorphin,内源性吗啡的简称）正是产生良好感觉的原因,如"跑者快感"、针灸止痛以及一些重伤者对疼痛的无视等（Boecker et al., 2008; Fuss et al., 2015）。然而,新认识又带来了新问题。

内啡肽:"体内的吗啡",一种天然的、类似阿片的神经递质,与疼痛控制和愉悦感有关。

自问

你有过感受到内啡肽发挥作用的经历（比如某次锻炼后）吗？你如何描述这种感觉？

检索练习

RP-7 5-羟色胺、多巴胺和内啡肽都是化学信使,称为＿＿＿＿＿＿。

答案见附录 D

药物和其他化学物质如何调节神经传递？ 如果天然内啡肽可以缓解疼痛，振奋情绪，那么，为什么不能向大脑输入人工阿片剂来增强这一效果，强化大脑自身的"感觉良好"化学反应呢？这是因为此类药物会破坏大脑的化学平衡行为。输入海洛因、吗啡和芬太尼（一种强效的合成阿片类药物）等阿片类药物时，为了维持自身化学平衡，大脑可能会停止自己产出天然的阿片类物质。而药物被撤掉时，大脑被剥夺了任何形式的阿片类物质，可能会产生强烈不适。抑制人体自身的神经递质生成，违背了自然规律，是要付出代价的。

药物和其他化学物质影响大脑的化学作用，通常是通过刺激或抑制神经元放电来达到效果。兴奋剂分子能够增强神经递质的作用。一些兴奋剂能够促进神经递质的产生或释放，或阻断突触中的再摄取。而一些兴奋剂则与神经递质非常相似，能够效仿神经递质与受体进行结合，并模仿其兴奋或抑制作用。因此，一些阿片类药物就属于兴奋剂，通过放大正常的兴奋感或愉悦感，使人产生暂时的"快感"。

拮抗剂：抑制或阻止神经递质作用的分子。

拮抗剂（antagonist）则通过阻断神经递质的产生或释放来减少其作用。肉毒杆菌是一种毒素，形成于保存不当的罐头食品中，能够阻断乙酰胆碱的释放而引起瘫痪（少量注射肉毒杆菌毒素，能够麻痹面部肌肉，消除皱纹）。这些拮抗剂与天然神经递质十分相似，能够占据其受体并阻断其作用，但不会对受体造成刺激作用（就像符合自动售货机投币口尺寸的外国硬币，能够投进机器里，但无法购买货品）。一些南美洲原住民常将箭毒涂抹于狩猎镖尖，这种毒药能够占据并阻断肌肉中的乙酰胆碱受体，从而麻痹猎物。

检索练习

RP-8 箭毒能够阻断涉及肌肉运动的乙酰胆碱受体，令动物瘫痪；吗啡能够模仿内啡肽发挥作用。两者之中，哪个是兴奋剂，哪个是拮抗剂？

答案见附录D

神经系统：人体的快速电化学交流网络，由外周神经系统和中枢神经系统的所有神经细胞组成。

中枢神经系统：大脑和脊髓。

外周神经系统：连接中枢神经系统和身体其他部位的感觉和运动神经元。

神经：形成连接中枢神经系统与肌肉、腺体和感受器的神经电缆的束状轴突。

神经系统

学习目标问题2-6 神经系统各主要部分有什么功能？神经元有哪三种主要类型？

人们身体的神经系统（nervous system）由通过神经递质进行交流的神经元构成，该系统是一个交流网络，从外界和身体组织中获取信息，做出决定，并将信息和命令反馈给身体组织（图2.6）。一言以蔽之，大脑和脊髓所构成的**中枢神经系统**（central nervous system，CNS）是身体的决策者。**外周神经系统**（peripheral nervous system，PNS）负责收集信息，并将中枢神经系统的决定传递到其他身体部位。**神经**（nerve）就像轴突束形成的电缆，将中枢神经系统与身体的感受器、肌肉和腺体联系起来。例如，视神经就是由上百万个轴突捆绑形成的一条电缆，将信息从眼睛传递到大脑（Mason & Kandel, 1991）。

外周神经系统　　　　　　　　　　　　　　中枢神经系统

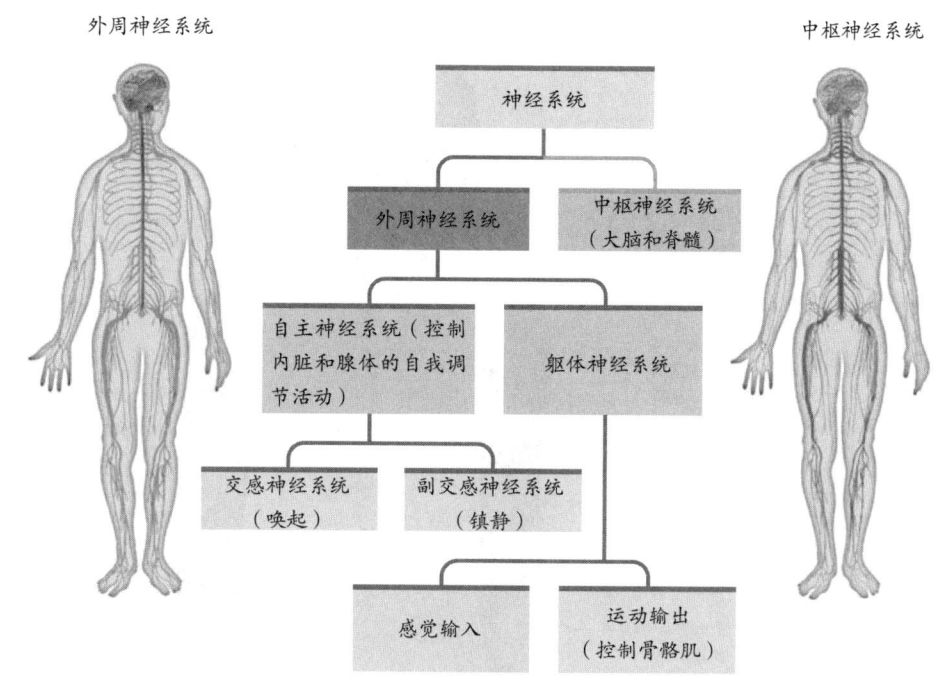

图 2.6　人类神经系统的功能划分

在神经系统中，信息通过三种类型的神经元进行传播。**感觉（传入）神经元**［sensory（afferent）neuron］将来自身体组织和感受器的信息向内传递（因此，它们是传入型的）到大脑和脊髓进行处理。**运动（传出）神经元**［motor（efferent）neuron］将指令从中枢神经系统向外传递到身体的肌肉和腺体。在感觉输入和运动输出之间，信息还通过**中间神经元**（interneuron）进行处理。人类的复杂性主要体现在这些神经元上。一个人的神经系统包含数百万个感觉神经元和运动神经元，以及数十亿的中间神经元。

外周神经系统

人体的外周神经系统由躯体神经系统和自主神经系统两个部分组成，**躯体神经系统**（somatic nervous system）能够自主控制骨骼肌。朋友拍你的肩膀时，你的躯体神经系统会向大脑报告骨骼肌的当前状态，并传回指令，于是你转头看向同学。

人体的**自主神经系统**（autonomic nervous system，ANS）控制着腺体和不随意肌，影响诸如腺体活动、心跳和消化等功能（自主代表"自我调节"）。这个系统就像一辆自动驾驶的汽车，也会受到意识的影响，但通常是自行运转（自主）。

自主神经系统的两个分支具备两个重要功能（图 2.7）。**交感神经系统**（sympathetic nervous system）能够唤起并消耗能量。如果你有什么害怕或觉得有挑战的事情，如渴望已久的工作面试等，交感神经系统将使你心跳加速，血压升高，消化速度下降，血

感觉（传入）神经元：将来自身体组织和感受器的信息传入大脑和脊髓的神经元。

运动（传出）神经元：将来自大脑和脊髓的信息传出到肌肉和腺体的神经元。

中间神经元：大脑和脊髓内的神经元；中间神经元在内部交流，处理感觉输入和运动输出之间的信息。

躯体神经系统：外周神经系统中控制身体骨骼肌的部分，也叫骨骼神经系统。

自主神经系统：外周神经系统中控制腺体和不随意肌（如心肌）的部分，其中交感神经系统具备唤起作用，副交感神经系统能使人平静。

交感神经系统：自主神经系统的分支，能够唤醒身体，调动能量。

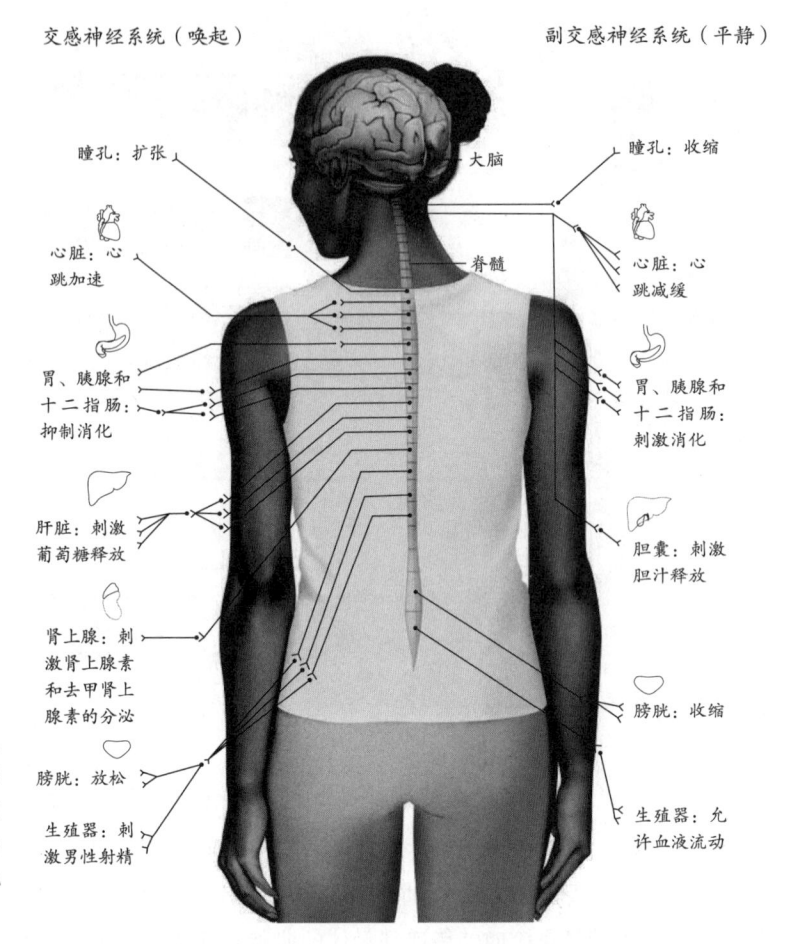

图 2.7 自主神经系统的双重功能

自主神经系统能够控制更多的内部自主（自我调节）功能，其中交感神经系统能够唤醒身体并消耗能量，副交感神经系统则能够使身体平静并保存能量，进行常规的维护活动。例如，刺激交感神经会使心跳加速，刺激副交感神经则会使心跳减缓。

交感神经系统（唤起）　　　副交感神经系统（平静）

- 瞳孔：扩张 / 瞳孔：收缩
- 大脑
- 心脏：心跳加速 / 心脏：心跳减缓
- 脊髓
- 胃、胰腺和十二指肠：抑制消化 / 胃、胰腺和十二指肠：刺激消化
- 肝脏：刺激葡萄糖释放 / 胆囊：刺激胆汁释放
- 肾上腺：刺激肾上腺素和去甲肾上腺素的分泌
- 膀胱：放松 / 膀胱：收缩
- 生殖器：刺激男性射精 / 生殖器：允许血液流动

副交感神经系统：自主神经系统的分支，能够使身体平静，保存能量。

糖升高，并通过大量出汗使身体降温，让你保持警觉并准备行动。面试结束后压力减弱时，**副交感神经系统**（parasympathetic nervous system）则会产生相反的效果，在使人平静的同时保存能量。交感神经系统和副交感神经系统一起工作，就像油门和刹车一样，使人处于一种稳定的内部状态，称为内稳态（更多内容见第 11 章）。

我最近在一次活动中感受到了自主神经系统的作用。在送我进磁共振仪进行肩部扫描前，操作员曾问我是否有幽闭恐惧症。我带着一丝大男子主义的豪迈，向她保证说："没有，我很好。"几分钟后，当我仰面朝天，深陷在一个棺材大小的盒子里无法动弹时，我的交感神经系统表示了不同的看法。幽闭恐惧症一下子笼罩住了我，我的心脏开始跳动，感受到一种想要逃离的迫切冲动。就在准备大喊放我出去的时候，我感受到了副交感神经系统所发挥的平静作用。我的心率开始减缓，身体放松下来，尽管在这 20 分钟的"禁闭"结束前，我的唤醒水平还是再次激增了。操作员说"你做得不错！"，却不知道我的自主神经系统经历了过山车一般的过程。

自问

回想一下你感受到交感神经系统发挥作用的紧张时刻，那时你的身体发生了什么

变化？紧张时刻过去之后，你是否能够感觉到副交感神经系统的反应？

检索练习

RP-9 请将下列神经元类型（i—iii）与相符的描述（a—c）进行连线。

神经元类型	描述
i. 运动神经元	a. 将信息从感受器传入中枢神经系统
ii. 感觉神经元	b. 在中枢神经系统内进行交流，并处理传入和传出的信息
iii. 中间神经元	c. 将信息从中枢神经系统传出到肌肉和腺体

RP-10 自主神经系统如何影响人的惊恐反应？意识到这是虚惊一场后，自主神经系统是如何令身体平静下来的？

答案见附录 D

中枢神经系统

从神经元与其他神经元的"对话"开始，中枢神经系统的大脑和脊髓就变得复杂起来。

正是大脑造就了人们的人性，即思考、感觉和行动的能力。数以百亿计的神经元中，每一个都与数千个其他的神经元交流，形成一张不断变化的网络。一项估计显示，有人根据小型大脑样本的神经元数量推算出人类大脑大约有 860 亿个神经元（Azevedo et al., 2009; Herculano-Houzel, 2012）。

就像单个像素组合形成图片一样，大脑的单个神经元也会聚集形成工作群组，称为神经网络。为了理解其原因，斯蒂芬·科斯林（Stephen Kosslyn）和奥利维尔·科尼格（Olivier Koenig）曾呼吁人们思考"为什么会存在城市？为什么人们没有均匀分布在农村？"。就像人与人形成关系网络一样，神经元与附近神经元也会形成网络，从而进行简短迅速的连接；神经网络上的每一层细胞都会与下一层的各种细胞连接。如拉小提琴、说外语或解决数学问题等学习行为，会在经验强化联系的过程中出现。套用一位神经心理学家的话说，一起放电的神经元联系在一起（Hebb, 1949）。

脊髓是中枢神经系统的另一部分，是一条连接外周神经系统和大脑的双向信息高速公路。上行的神经纤维会上传感觉信息，而下行的纤维则会送回运动控制信息。管理反射（reflex）的神经通路以及人们对刺激的自动反应，说明了脊髓的工作原理。简单的脊髓反射通路由单个感觉神经元和单个运动神经元组成，它们通常通过中间神经元进行交流。膝跳反射就涉及这样的简单通路，失去头颅尚有余温的尸体都能产生膝跳反射。

另一种神经通路可以实现疼痛反射（图 2.8）。当你的手指触碰火焰时，神经活动（受到热量刺激而产生）会通过感觉神经元到达脊髓中的中间神经元。中间神经元的反应是激活引导你手臂肌肉的运动神经元。由于这一简单的疼痛反射通路经过脊髓，随后直接传回信息，在大脑接收到引起疼痛的信息并做出反应之前，你的手就已经从蜡烛的火焰上缩回了。这就是为什么缩手不像你的选择，而像是手的自动反应。

反射：一种对感官刺激的简单自动的反应，如膝跳反射。

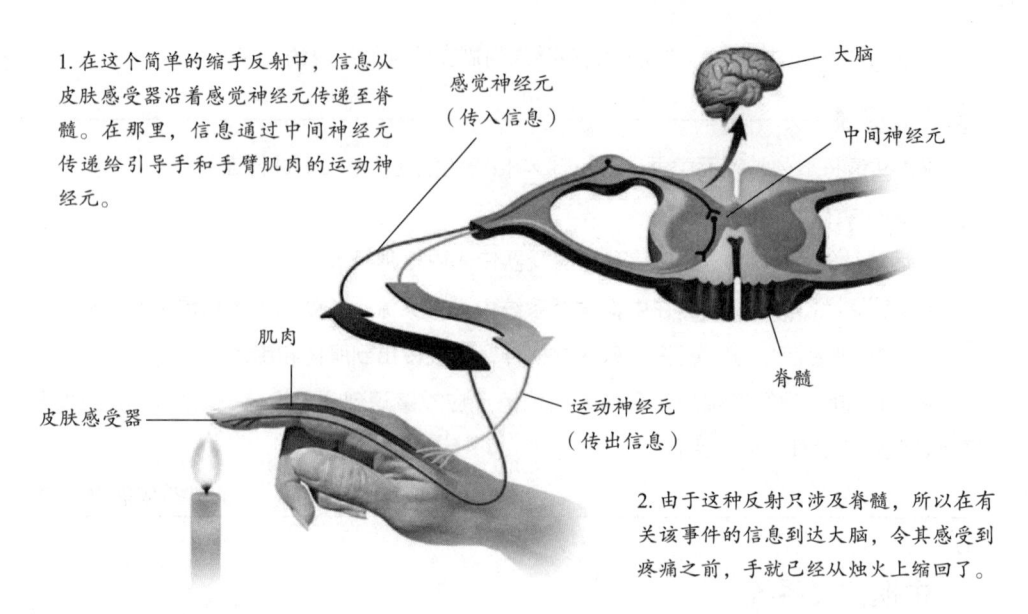

1. 在这个简单的缩手反射中，信息从皮肤感受器沿着感觉神经元传递至脊髓。在那里，信息通过中间神经元传递给引导手和手臂肌肉的运动神经元。

感觉神经元（传入信息）

大脑

中间神经元

肌肉

脊髓

皮肤感受器

运动神经元（传出信息）

2. 由于这种反射只涉及脊髓，所以在有关该事件的信息到达大脑，令其感受到疼痛之前，手就已经从烛火上缩回了。

图 2.8　一个简单的反射

信息通过脊髓传入和传出大脑。如果脊髓上部遭到切断，人的下身就会瘫痪，不会感觉到疼痛，也不会感觉到快感。大脑与身体完全失去联系时，对于与受伤点以下脊髓有感觉和运动联系的身体部位，将会失去所有的感觉感知和自主运动能力。此时，尽管人会表现出膝跳反射，却感觉不到敲击。如果生殖器受到刺激，腰部以下瘫痪的男性也可能会勃起（这是一种简单反射）（Gomes et al., 2017; Hess & Hough, 2012），瘫痪情况相似的女性也可能会产生阴道润滑的反应，但他们的生殖器可能不会对色情图像产生反应，他们也失去了对生殖器的感觉，这取决于他们的脊髓切断的位置和程度（Kennedy & Over, 1990; Sipski et al., 1999）。感觉信息必须传达到大脑，身体上的疼痛或快感才会产生。

内分泌系统

学习目标问题 2-7　内分泌系统如何传递信息，并与神经系统相互作用？

到目前为止，我们关注的都是身体的快速电化学信息系统，而**内分泌系统**（endocrine system）（图 2.9）则是与神经系统相互连接的第二个交流系统。内分泌系统包含腺体和脂肪组织，能够分泌另一种形式的化学信使，那就是**激素**（hormone）。激素随血液流动，能够影响包括大脑在内的其他组织。当激素作用于大脑时，能够影响人们对性爱、食物和攻击性行为的兴趣。

一些激素在化学成分上与神经递质（在突触中扩散，刺激或抑制相邻神经元的化学信使）相同。因此，内分泌系统和神经系统是近亲，两者都能产生激活其他受体的

内分泌系统：身体的"慢速"化学交流系统，包括将激素分泌到血液中的腺体和脂肪组织。

激素：内分泌腺体制造的化学信使，随血液流动，能够影响其他组织。

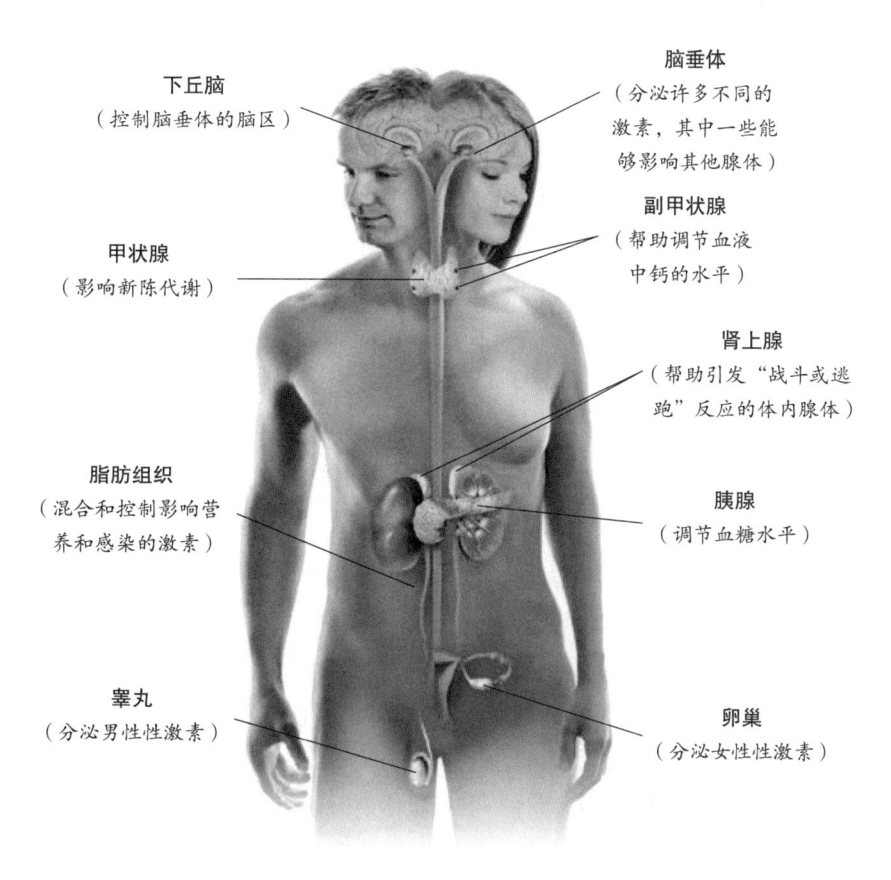

图 2.9　内分泌系统

分子。和许多亲戚一样，它们也有不同之处。神经系统运转较快，将信息从眼睛传递到大脑再传递到手的过程只需几分之一秒。而内分泌系统的信息只能在血液中艰难行进，从腺体到目标组织需要花几秒钟或更久的时间。如果说神经系统是以短信的速度传递信息，那么内分泌系统就是以老式信件的方式传递信息。

但是缓慢而稳定的方式有时会赢得比赛，内分泌信息的影响往往比神经信息的影响更持久。你有这样的经历吗？在生气的原因得到解决后很久还感到生气（例如，朋友因自己行为粗鲁向你道歉）。这可能是一种由于与情绪相关的激素持续存在而导致的"内分泌宿醉"现象。在一个巧妙的实验中，情绪的持续存在得到了有力的证明，尽管人们甚至不知道其存在的原因。由于大脑损伤，一些患者无法形成新的意识记忆，在实验中，他们先后观看了一部悲剧片和一部喜

偏见导致应激

遭遇偏见的经历可能会引发应激激素皮质醇的释放（Deer et al., 2018）。

剧片。每次观影结束后，他们都无法有意识地回忆起电影内容，但悲伤或快乐的情绪却一直存在（Feinstein et al., 2010）。

在危急时刻，自主神经系统会指示肾脏上部的**肾上腺**（adrenal gland）释放肾上腺素和去甲肾上腺素。这些激素能够提高心率、血压和血糖水平，以提供大量能量。在紧急情况过去之后，这些激素和感觉会在一段时间内持续存在。

脑垂体（pituitary gland）是影响力最大的内分泌腺体，它处于大脑核心部位，是一个豌豆大小的结构，由邻近脑区——下丘脑控制（后面会进一步介绍下丘脑）。在脑垂体释放的激素中，一种是能够刺激身体发育的生长激素，另一种则是催产素，它能够促进分娩收缩、哺乳时的乳汁流动和性高潮。催产素还能促进社会关系的建立（Bartz et al., 2019; Kreuder et al., 2018; Tan et al., 2019），加强人们的亲密关系，并提醒人们警觉所在群体的威胁（Nitschke et al., 2019; Sunahara et al., 2019; Zhang et al., 2019）。

脑垂体分泌的激素能够指示其他内分泌腺体释放各自的激素。因此，脑垂体是一个主腺（它自己的控制者是下丘脑）。例如，在大脑的影响下，脑垂体会引发人的性腺释放性激素，而这反过来也会影响人的大脑和行为（Goetz et al., 2014）。应对压力也是如此。高压事件会促使下丘脑指挥脑垂体释放激素，从而引发肾上腺释放大量皮质醇，通过这一应激激素提高血糖水平。

这样的反馈系统（大脑→脑垂体→其他腺体→激素→身体和大脑）体现了神经系统和内分泌系统的密切联系。神经系统指挥内分泌系统，而内分泌系统影响神经系统。如果将整个电化学信息系统看作一个管弦乐队的话，大脑便是那个控制协调整个乐队的指挥家。

> 肾上腺：一对内分泌腺体，位于肾脏上部，能够分泌肾上腺素和去甲肾上腺素，有助于在应激的情况下唤醒身体。
>
> 脑垂体：内分泌系统中影响力最大的腺体。脑垂体在下丘脑的影响下调节生长发育并控制其他内分泌腺体。

自问

你曾经在发生某些尤其严重的事件后，感受到激素的影响（例如愤怒）持续存在吗？你有怎样的感受？这一经历持续了多长时间？

检索练习

RP-11 为什么脑垂体被称为"主腺"？

RP-12 神经系统和内分泌系统有什么相同之处和不同之处？

答案见附录 D

➔ 探索的工具、较古老的大脑结构和边缘系统

我们相信，我们的自我存在于"脖子以上的某个地方"（Fodor, 1999）。这一想法并非毫无根据，正是大脑成就了人的心智，使人能够看见、听见、闻到、感觉、记忆、

思考、说话和做梦等。我的一个熟人从一位女士那里得到了一颗新的心脏，而这位女士在一次罕见的手术中接受了心肺移植。两人偶然在医院的病房里相遇时，这位女士自我介绍说："我想我的心脏在你那儿。"但也只是心脏而已，她认为，她的自我还存在于自己的头颅之中。自我反思地分析大脑的正是大脑本身。在你思考自己的大脑时，你是在用自己的大脑释放出数十亿神经递质分子，穿过数万亿个突触来思考。关于爱情等经历的激素影响告诉我们，如果我们只是没有身体的大脑，那么我们的心智也不会跟原来一样。然而，大脑、行为和认知是一个综合的整体。不过，心智的功能究竟是在什么地方与大脑发生关联，又是如何关联的呢？让我们先来看看科学家们对这类问题的探索吧。

"我是一个大脑，华生。我的其余部分仅仅只是个附件。"
——夏洛克·福尔摩斯

探索的工具：检测大脑

学习目标问题 2-8　神经科学家们如何研究大脑与行为和心智的联系？

在人类历史的大部分时间里，科学家们都没有足够先进而温和的工具来观测活体大脑的活动。一些早期案例研究有助于定位大脑的一些功能。一侧大脑的损伤常常会导致身体对侧出现麻木或瘫痪的情况，这一情况表明，身体右侧与大脑左侧存在关联，反之亦然。大脑后部的损伤会干扰视觉，而大脑左前部的损伤会导致语言障碍。渐渐地，早期的大脑探索者绘制出了大脑图谱。

如今，人类大脑已经开发出新的方法来研究自己，新一代的神经地图绘制者正描绘着这个宇宙中已知最神奇的器官。科学家们可以有选择地**损伤**（lesion）一小簇正常或有缺陷的脑细胞，并观察大脑功能会受到何种影响。例如，这类研究显示，在实验室中损伤老鼠下丘脑某一区域会让老鼠减少进食，甚至饿死，而损伤另一个区域可能引起老鼠暴食。

损伤：组织破坏。脑损伤指自然或实验造成的脑组织破坏。

现在的神经科学家可以通过电、化学或磁的方式对大脑不同部位进行刺激，并关注其效果。例如，（刺激不同的大脑部位，人们可能会相应地傻笑、幻听、扭头、感觉自己在坠落，或感觉自己灵魂出窍等）（Selimbeyoglu & Parvizi, 2010）。

科学家们甚至可以窥探单个神经元的信息。例如，现代微电极的尖端小到足以检测单个神经元的电脉冲，可以准确地检测出有人挠猫肚子时，信息到了它大脑中的哪个位置（Ishiyama & Brecht, 2017）。这类极具发展潜力的新工具还包括光遗传学，这一技术允许神经科学家控制单个神经元活动（Boyden, 2014）。通过对神经元进行编码，使其对光敏感，研究人员能够研究感觉、恐惧、抑郁和物质使用障碍的生物学基础（Dygalo & Shishkina, 2019; Firsov, 2019; Juarez et al., 2019; Nikitin et al., 2019）。

研究人员还可以探听到数十亿神经元的窃窃私语。此刻，你的心理活动正不断释放提示性的电信号、代谢信号和磁信号，这些信号令神经科学家得以观察你大脑的运

脑电图：对扫过大脑表面的电活动波形的放大读数。这些电波由安放在人头皮上的电极测量得出。

转活动。大脑中数十亿神经元的电活动会以有规律的电波形式传送到大脑表面，而**脑电图**（electroencephalogram，EEG）正是将这种电波放大后的结果。研究人员会通过一个类似浴帽的帽子来记录脑电波，这个帽子中布满了覆盖着导电凝胶的电极。研究记录大脑活动的脑电图，就像是通过聆听搅拌机的嗡嗡声来研究其电机。由于无法直接接触大脑，研究人员会反复刺激大脑，并让计算机过滤掉与刺激无关的大脑活动，最终剩下的就是由刺激诱发的电波。

脑磁图：一种脑成像技术，可测量大脑自然电活动的磁场。

脑磁图（magnetoencephalogram，MEG）是相关技术之一。为了隔离大脑磁场，研究人员搭建了特殊的房间，以抵消包括地球磁场在内的其他磁信号。研究参与者会坐在一个类似理发店热烫机的头部线圈下。在完成实验要求的活动时，参与者数以万计的神经元会产生电脉冲，接着形成磁场。而磁场的速度和强度使研究人员能够了解某些任务影响大脑活动的方式（Eldar et al., 2018; Ruzich et al., 2019; Uhlhaas et al., 2018）。

1746年，切斯特菲尔德勋爵（Lord Chesterfield）在给儿子的信中说道："观察他人时，你必须审视其内在。"如今，日新月异的神经影像技术赋予了人们超级英雄般的能力，让人们可以看到活人的大脑内部。**正电子发射体层成像**（positron emission tomography，PET，图2.10）正是这类技术之一，它通过显示各个脑区对葡萄糖这一化学燃料的消耗状况来描述大脑活动。较为活跃的神经元会大量消耗葡萄糖，大脑虽然只占人体重量的2%，却消耗了人体摄入热量的20%。一个人在被注射了短效放射性葡

正电子发射体层成像：一种技术，能够检测大脑活动，显示大脑执行特定任务时，放射性葡萄糖聚集的位置。

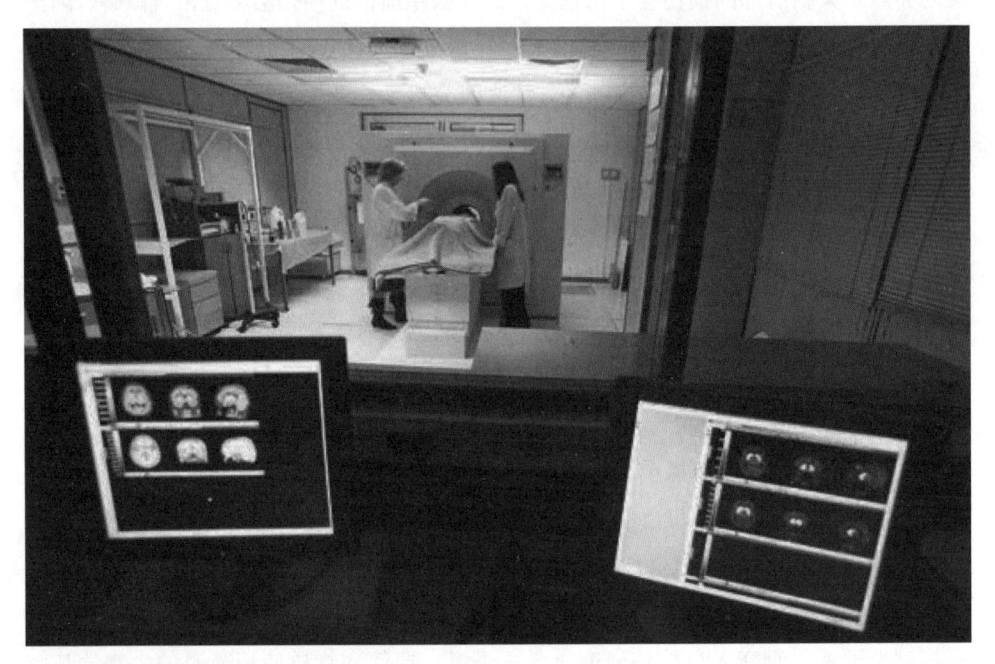

图2.10 PET扫描

为了进行PET扫描，研究人员会为参与者注射低剂量、无害的短效放射性葡萄糖。位于头部周围的检测器会接收葡萄糖所释放的伽马射线，这些葡萄糖会集中在活跃的脑区。随后，这些信号会由一台计算机进行处理，并转化为大脑的工作图谱。

萄糖后，PET 扫描可以追踪大脑执行任务时这种"思维的食物"所释放的伽马射线。就像天气雷达显示雨水活动一样，PET 扫描图的"热点"显示了人们在进行数学计算、看面孔图像或做白日梦时最活跃的脑区。

磁共振成像（magnetic resonance imaging，MRI）脑部扫描将人的头部置于一个强磁场中，磁场令大脑分子的旋转原子排列整齐，随后发射一个无线电脉冲瞬间改变这些原子的旋转方向。原子恢复正常旋转时会发出信号，提供包括大脑在内的软组织的详细图像。MRI 扫描图显示，那些能够演奏出绝对音准的音乐家，其大脑左半球的神经区大于常人（Schlaug et al., 1995）。该扫描还发现，一些精神分裂症患者的脑室（充满流质的脑区）扩大了。

功能性磁共振成像（functional，fMRI）是 MRI 的一种特殊应用，能够揭示大脑的功能和结构。血液会流向特别活跃的脑区。通过对连续的 MRI 扫描图进行比较，研究人员可以观察到特定脑区激活（显示为含氧血流增加）。例如，一个人看着一个场景时，fMRI 机器会检测到血液涌向大脑后部，因此正是该区域负责处理视觉信息。而另一个技术，功能性近红外光谱（fNIRS），则使用照射到血液分子上的红外光来识别大脑活动。fNIRS 设备可以装进较大的背包里，方便研究人员在不便接触的人群中进行心理生物学研究（Burns et al., 2019; Perdue et al., 2019）。

表 2.2 对这些成像技术进行了比较。

> 磁共振成像：一种技术，使用磁场和无线电波形成软组织图像，并由计算机进行图像生成。MRI 扫描能够显示大脑的解剖结构。

> 功能性磁共振成像：一种技术，通过对连续的 MRI 扫描图进行比较来显示血液的流动，从而显示大脑活动。fMRI 扫描能够显示大脑的结构，也能够显示某一脑区的功能。

表 2.2　神经测量技术的常见类型

名称	工作原理	样本发现
脑电图	通过放置在头皮上的电极测量神经元的电活动	抑郁和焦虑的症状与右额叶活动增加有关，该脑区与退缩行为和消极情绪有关（Thibodeau et al., 2006）
脑磁图	通过头部线圈记录大脑自然电流的磁场	观看与创伤相关的图像时，患创伤后应激障碍（PTSD）的士兵与没有患 PTSD 的士兵相比，视觉皮质中的磁场更强（Todd et al., 2015）
正电子发射体层成像	在大脑执行任务时，追踪短效放射性葡萄糖在大脑中的位置	一些猴子脾性较为焦躁，其与恐惧、记忆以及对奖赏和惩罚的期望相关的脑区消耗的葡萄糖更多（Fox et al., 2015）
磁共振成像	一个使用磁场和无线电波的舱室，人们坐或卧在其中，即可形成大脑结构图谱	有暴力史的人往往额叶较小，尤其是辅助道德判断和自我控制的脑区（Glenn & Raine, 2014）
功能性磁共振成像	通过对连续的 MRI 扫描图进行比较，测量各个脑区的血流量	飞机失事的幸存者在几年后观看自己创伤的相关材料时，大脑恐惧、记忆和视觉中枢的激活程度，比观看"9·11"恐怖袭击的相关录像时更高（Palombo et al., 2015）

这些成像技术揭示了大脑活动的变化，为人们认识大脑的分工方式和应对需求变化的反应方式带来了新见解。近期的大量 fMRI 研究向人们指出了在感到痛苦或被拒

绝、听见愤怒的语气、想起可怕的事情、感觉快乐或性兴奋时，哪些脑区最活跃。fMRI 扫描甚至还能显示出人们像演员一样故意压制自己个性的后果（Brown et al., 2019）。

脑成像可以达到读心术的效果吗？事实上，fMRI 技术已经实现了对思想的大致窃听。一个神经科学研究小组为 129 人安排了 8 项不同的心理任务（包括阅读、赌博、押韵脚等），并在任务进行的过程中对这些人的大脑进行了扫描。扫描结束后，研究人员能够以 80% 的准确率识别出参与者所做的心理任务（Poldrack, 2018）。其他一些研究还能够通过大脑活动来预测公共卫生运动的效果和将来的行为，如学业表现、药物使用以及择友倾向等（Chung et al., 2017; Cooper et al., 2019; Kranzler et al., 2019; Zerubavel et al., 2018）。

你也许曾经见过一些五颜六色的大脑图片，或许还带着如"你的音乐大脑"之类的标题。尽管脑区实际上并不会"点亮"，但那些生动的大脑扫描图像似乎总令人印象深刻。人们总认为包含神经科学内容的科学解释更可信，也更有趣（Fernandez-Duque et al., 2015; Im et al., 2017）。但那些"神经怀疑者"也告诫说，不要夸大神经科学预测客户偏好、检测谎言和预测犯罪的能力（Rose & Rose, 2016; Satel & Lilienfeld, 2013; Schwartz et al., 2016）。神经营销学、神经领导学、神经法学和神经政治学往往只是神经炒作。脑成像技术向人们展示了大脑的结构和活动，还能够帮助人们检验不同的行为理论（Mather et al., 2013），但是鉴于所有的人类经验都以大脑为基础，一个人在听讲座或对爱人产生欲望时，不同的脑区变得活跃也就不足为奇了。

今时今日，这些窥探大脑思维和感觉的技术对心理学的作用，就如同显微镜对生物学的作用，望远镜对天文学的作用。通过这些技术，人们在过去 100 年里对大脑的认识比过去 10 000 年还要多。随着人们每年为大脑研究投入大量资金，未来 10 年间人们对大脑的认识将会更全面。为了推动脑科学的发展，欧洲的"人类大脑计划"在 2013 年至 2023 年期间提供了 10 亿美元的预算（Salles et al., 2019）。耗资 4000 万美元的"人类连接体计划"尝试通过扩散谱成像（一种磁共振技术）来绘制大脑的远距离连接（见文前彩图 2.11）。这一工作形成了一个新的大脑图谱，其中包含 100 个以前没有描述过的神经中枢（Glasser et al., 2016; Wang & Olson, 2018）。一个新的项目以这项工作为基础，尝试了解从 36 岁到 100 岁以上的人类大脑典型老化状况（Bookheimer et al., 2019）。未来还会有更多迷人的发现，让我们拭目以待。

大脑科学正处于发展的黄金时代，在今天学习神经科学，就好比在麦哲伦环球航行时代学习世界地理一般。

> **自问**
>
> 得知有这么多技术工具可用于研究大脑的结构和功能时，你有没有觉得惊讶？你认为哪些技术最有趣？为什么？

检索练习

RP-1 请将下列扫描技术（i—iii）与正确描述（a—c）连线。

扫描技术	描述
i.fMRI	a. 追踪放射性葡萄糖以显示大脑活动
ii.PET	b. 追踪大脑组织的连续图像以显示大脑功能
iii.MRI	c. 使用磁场和无线电波以显示大脑的解剖结构

答案见附录 D

较古老的脑结构

学习目标问题 2-9 脑干由哪些结构组成？脑干、丘脑、网状结构和小脑有什么功能？

动物的各种能力来自其大脑结构。鲨鱼等比较原始的动物，其大脑复杂程度较低，主要负责调节基本生存功能，如呼吸、休息和进食等。啮齿类动物等低等哺乳动物的大脑则较为复杂，能够产生情感，记忆能力更强。而人类等高级哺乳动物的大脑能处理的信息更多，其预见能力也更强。

大脑的复杂性日益增加，原因在于大脑是建立在老系统之上的新系统，正如地球上的各种新地形覆盖着旧地形一样。向下深入发掘，人们就会发现来自过去的"化石"——脑子在我们身上起的作用与在我们祖先身上起的如出一辙。就让我们先从大脑的基础开始，逐步学习到更新的系统吧。

脑干

脑干（brainstem）是大脑最古老和最中心的区域，起始于脊髓刚进入颅内时轻微膨大的部分（图 2.12），其底部是**延髓**（medulla）。该区域控制着人的心跳和呼吸。一些处于植物人状态的脑损伤患者的案例说明，人体协调心脏泵送血液和肺部呼吸不需要高级的脑区或意识思维，这些任务由脑干负责。延髓的上方是脑桥，它协调运动、控制睡眠。

如果将猫的脑干与大脑其他部分切断，它仍然能够呼吸和生存，甚至还能够奔跑、攀爬和梳理毛发（Klemm, 1990）。但是，由于与高级脑区的连接被切断，它不会以获取食物为目的进行奔跑或攀爬。

脑干是一个交叉点，每一侧大脑半球的大部分神经都在这里与另一侧身体相互连接。这种奇特的交叉布线格局只是大脑的众多神奇之处之一。

> 脑干：大脑最古老和中心的部分，起始于从脊髓进入颅内时的膨大处，负责自动生存功能。
>
> 延髓：脑干的底部，控制心跳和呼吸。

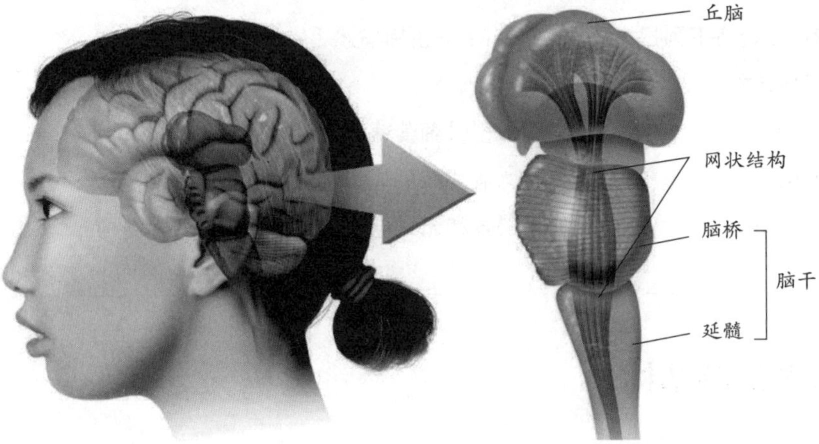

图 2.12 脑干和丘脑

脑干包括脑桥和延髓，是脊髓的延伸部分。丘脑附着于脑干顶部。网状结构则穿过这两个结构。

检索练习

RP-2 _____是一个交叉点，大脑左半球的神经大多在此处与右侧身体连接，反之亦然。

答案见附录 D

丘脑

丘脑（thalamus）位于脑干之上，呈蛋形结构，是大脑的感觉控制中心（图 2.12）。丘脑接收除嗅觉以外的所有感觉信息，并将这些信息传递给负责处理视觉、听觉、味觉和触觉的高级脑区。丘脑还能接收高级脑区的一些信息反馈，并将其传递到延髓和小脑。对于感觉信息而言，丘脑的作用就像铁路的交通枢纽，各种信息经过它到达不同的目的地。

网状结构

网状结构（reticular formation）位于脑干内部、两耳之间，是一个从脊髓延伸到丘脑的神经网络（图 2.12）。脊髓的感觉输入向丘脑传递时，部分信息会经过网状结构，而该结构能够过滤传入的刺激，并将重要信息转发到其他脑区。你今天进行过多任务处理吗？这多亏了你大脑的网状结构（Wimmer et al., 2015）。

1949 年，朱塞佩·莫鲁齐（Giuseppe Moruzzi）和霍拉斯·马古恩（Horace Magoun）发现，网状结构还能够控制唤起。他们用电刺激一只熟睡的猫的网状结构，这几乎立刻就让它清醒并警觉起来。而马古恩在不损害附近感觉通路的情况下，切断猫的网状结构，产生的效果也同样惊人：这只猫陷入了昏迷，再也没有醒过来。

丘脑：大脑的感觉控制中心，位于脑干顶部；丘脑将信息传递到大脑皮质的感觉接收区，并将信息反馈传递给延髓和小脑。

网状结构：穿过脑干进入丘脑的神经网络；能够过滤信息，在控制唤起方面发挥重要作用。

小脑

从脑干后部延伸出来的是棒球大小的**小脑**（cerebellum），即字面意思上的"小型大脑"，它那皱巴巴的两半的确与大脑十分相似（图2.13）。小脑（以及基底神经节，该部分是涉及运动的深部脑结构）能够进行非语言学习和技能记忆，在很多意识以外的事情上发挥着重要作用。请快速回答这些问题：你读这篇文章多长时间了？你的衣服贴在皮肤上感觉柔软还是粗糙？你今天心情如何？你能够很轻易地回答上来，这也得益于你的小脑。这个"小"脑，实际上拥有整个脑部一半以上的神经元，能够帮助人判断时间，分辨质感和声音，以及控制情绪和社会行为（Bower & Parsons, 2003; Carta et al., 2019）。它还有助于积累词汇量、进行阅读和提高信息存储能力（Moore et al., 2017）。在脑桥的协助下，小脑还能协调自主运动。一个足球运动员能够熟练地运球，也得归功于他的小脑。如果受到酒精影响，小脑的协调性会变差。如果小脑受到了损伤，人会很难行走、保持平衡或握手，各种动作也会变得僵硬而夸张，任何想要成为舞者或吉他手的梦想都将化为泡影。

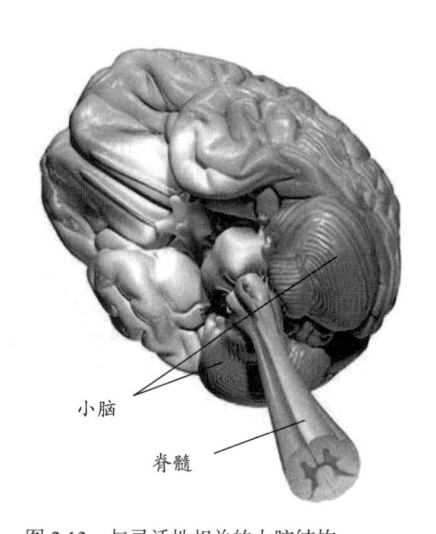

图2.13 与灵活性相关的大脑结构

小脑位于大脑后部，能够协调人们的自主运动。足球运动员灵活控球时，小脑就在发挥作用。

小脑：位于脑干后部的"小型大脑"，其功能包括处理感觉输入、协调运动输出和平衡，以及进行非语言学习和记忆。

注意：这些较古老的大脑功能都是在没有任何意识参与的情况下运转的。这说明了我们反复强调的另一个主题：大部分信息由大脑在人的意识之外进行处理，人们意识到的只是大脑的处理结果。比如，我们可以知道当前的视觉信息，却无法知道大脑是如何构建视觉图像的。同样，无论我们是睡着还是清醒，我们的脑干都在执行其维持生命的功能，令较新的脑区得以自由思考、交谈、做梦或品味回忆。

检索练习

RP-3 哪些脑区受到损伤最有可能导致下列情况：（a）破坏人的跳绳能力；（b）破坏人的听觉能力；（c）致人昏迷；（d）停止呼吸和心跳。

答案见附录D

边缘系统

学习目标问题2-10 边缘系统的结构和功能是什么？

在前文中，我们讨论了大脑较古老的部分，但还没有涉及大脑最新、最重要的区域——两个大脑半球。而**边缘系统**（limbic system）则位于较古老和最新的脑区之间，这一系统与情绪和驱力有关，由杏仁核、下丘脑和海马体组成（图2.14）。

边缘系统：位于大脑半球下方的神经系统（包括杏仁核、下丘脑和海马体），与情绪和驱力有关。

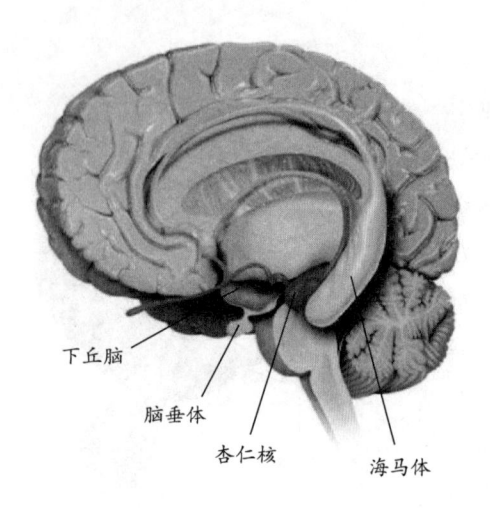

图 2.14 边缘系统
该神经系统位于大脑较古老的部分和大脑半球之间。边缘系统中的下丘脑控制着旁边的脑垂体。

杏仁核：边缘系统中两个青豆大小的神经元簇，与情绪有关。

杏仁核

杏仁核（amygdala）是两个青豆大小的神经元簇，能够使人产生攻击性和恐惧感。1939 年，心理学家海因里希·克鲁尔（Heinrich Klüver）和神经外科医生保罗·布西（Paul Bucy）通过手术切除了一只猕猴的杏仁核，令这种平日里坏脾气的动物变得温顺起来。在对其他野生动物（包括猞猁、狼獾和野生老鼠）的研究中，研究人员也观察到了相同的效果。人类也是如此。一位杏仁核病损的女性患者 S.M. 被称为"无所畏惧的女人"，即使遭到枪支威胁，她也毫不害怕（Feinstein et al., 2013）。那些杏仁核小于平均水平但健康的人，对威胁性刺激的兴奋程度也会下降（Foell et al., 2019）。杏仁核越小，恐惧感就越低。

那么，如果我们用电刺激那些通常温和的家养动物（如猫）的杏仁核，会发生什么情况呢？用电刺激杏仁核的一个点，猫就会进入准备攻击的状态，背部拱起、瞳孔放大、毛发竖起，并发出嘶嘶声。而稍稍移动电极再进行刺激后，将猫与一只小老鼠关在一起，猫却被吓得瑟瑟发抖。

这些实验都证明了杏仁核在恐惧和愤怒反应中的作用。杏仁核受损的猴子和人类对陌生人的恐惧感会下降（Harrison et al., 2015）。其他一些研究则发现，犯罪行为与杏仁核功能障碍有关（da Cunha-Bang et al., 2017; Dotterer et al., 2017; Ermer et al., 2012）。人在看见愤怒的表情时会增加杏仁核的活动，看见快乐的表情则不会（Mende-Siedlecki et al., 2013）。而能够激活杏仁核的负面事件则更令人难忘（Admon et al., 2018）。

但我们必须对此谨慎。大脑并未整齐地形成与人类的行为类别相对应的结构。杏仁核也会参与其他心理现象。人们感到恐惧或采取攻击性行为时，大脑的许多区域都会发生神经活动，而不仅仅是杏仁核。这就像电池遭到破坏时，汽车就无法运行，但电池仅仅是整个集成系统的一个环节。

检索练习

RP-4 用电刺激猫的杏仁核会引发猫的愤怒反应。这种刺激会激活自主神经系统的哪一部分？

答案见附录 D

下丘脑：边缘系统中的一个神经结构，位于丘脑下方；该结构能够管理一些身体维持性活动（如吃、喝、体温等），能够通过脑垂体来帮助管理内分泌系统，并且与情绪和奖赏有关。

下丘脑

下丘脑（hypothalamus）位于丘脑下方，是身体维持性活动指挥系统中的重要环节。在下丘脑中，一些神经元簇能够影响饥饿感，而其他的神经元簇则负责调节口渴、体温和性行为等。这些神经元簇共同协作，有助于维持稳定的内部状态（稳态）。

为了监测人的身体状态，下丘脑会对血液中的化学物质和大脑其他部位传入的任何指令进行调整。例如，接收到大脑皮质的信号，表示你正在思考有关性爱的问题时，你的下丘脑将分泌出激素。紧接着，这些激素会触发邻近的内分泌系统"主腺"——脑垂体（图2.14），以影响你的性腺，令其释放性激素。而这些性激素将会强化你大脑皮质中对性爱的想法（注意神经和内分泌系统之间的相互作用：大脑影响内分泌系统，而内分泌系统反过来又会影响大脑）。

一些心怀好奇、思想开放的研究人员会取得意想不到的观察结果，科学的进步往往就是这样发生的，关于下丘脑的一个非凡发现证明了这一点。麦吉尔大学的两位青年神经心理学家詹姆斯·奥尔兹（James Olds）和彼得·米尔纳（Peter Milner），在尝试将电极植入老鼠的网状结构时，犯了一个严重的错误：他们放错了电极的位置（Olds, 1975）。奇怪的是，仿佛是为了寻求更多刺激，老鼠会不断返回它被错位电极所刺激的地点。后来，当他们发现自己实际上是把电极放在了下丘脑区域时，奥尔兹和米尔纳才意识到，他们在无意中发现了一个能够提供愉悦感的大脑中枢。

在后来的一些实验中，奥尔兹还找到了其他的奖赏中枢（老鼠的实际体验只有老鼠自己知道，而它们无法用语言表达。现在的科学家们不愿意将人类的感受等同于老鼠的感受，因此将人类提供愉悦感的大脑中枢称为愉快中枢，而非老鼠的奖赏中枢）（Olds, 1958）。这些奖赏中枢的奖赏作用有多强呢？答案是足以令老鼠每小时对这些脑区进行超过1000次的自我刺激。

后来，研究人员在其他物种中（包括海豚和猴子），也发现了其他边缘系统中奖赏中枢的存在，如下丘脑前的伏隔核（Hamid et al., 2016）。此外，动物研究还发现了与多巴胺有关的一般奖赏系统以及一些与饮食和性愉悦有关的特殊中枢。动物们似乎都配备了内置系统，能够对重要的生存活动进行奖赏。

研究人员曾经尝试通过大脑刺激控制非人类动物的行为，使其可以参与搜救行动。通过对老鼠向左转或向右转的行为进行奖赏，一个研究小组将那些之前关在笼子里的老鼠变得训练有素，可以在自然环境中根据导航行进（Talwar et al., 2002）。老鼠携带着微型背包，内置信号接收器、电源和摄像头等，研究人员只需按下电脑按键，就能指挥老鼠根据提示转弯、上树、沿着树枝爬行，随后返回。

人类的边缘系统有愉快中枢吗？一些证据表明，答案是肯定的。人们遇到讨喜的人时，大脑愉快中枢的活动就会激增（Zerubavel et al., 2018）。在阅读朋友和家人的友善信息时也会如此，例如"你照亮了我的整个世界"（Inagaki et al., 2019）。即使是最残酷的人，在愉快中枢受到刺激时，也会更易控制。但是，一位神经外科医生在暴力倾向患者的边缘系统区域植入电极后发现，患者只表现出了轻微的愉悦感。与奥尔兹和米尔纳进行实验的老鼠不同，这些患者并没有被驱使到狂热的状态（Deutsch, 1972; Hooper & Teresi, 1986）。并且一项较新的研究发现，刺激大脑的"享乐热点"（大脑的愉快回路）产生的更多是欲望，而非纯粹的享受（Kringelbach & Berridge, 2012）。

"如果你要设计一个机器人，期望它能够走向未来，生生不息……你得设置好它的内部机制，确保自我或物种生存的行为，如性爱和饮食等，能够得到自然强化。"

——神经科学家坎蒂斯·珀特

一些实验也发现了多巴胺相关奖赏系统对人的影响。例如，通过实验提高多巴胺水平时，人对喜欢的歌曲的愉悦性"颤栗"反应会增加，而降低多巴胺水平时，音乐带来的愉悦感也会减少（Ferreri et al., 2019）。一些研究人员相信，许多行为紊乱可能源于自然的大脑系统在愉悦感和幸福感方面的功能失调。而受到这种奖赏缺陷综合征遗传倾向影响的人，则可能会渴望得到任何能够提供缺失的愉悦感或缓解负面情绪的事物，如攻击性、致肥食物、毒品和酒精等（Blum et al., 1996, 2014; Chester et al., 2016）。

海马体

海马体（hippocampus）是一个海马状的大脑结构，能够处理有意识的外显记忆。海马体发育过程中的变化能够预测人未来的学术成就（Wilkey et al., 2018）。因手术或受伤失去海马体的人会失去对事实和事件形成新记忆的能力（Clark & Maguire, 2016）。那些童年时得过海马体脑瘤的人，在成年后很难记住新信息（Jayakar et al., 2015）。经历过一次或多次意识丧失性脑震荡的美国国家橄榄球联盟球员，后来可能会出现海马体萎缩和记忆力下降的情况（Strain et al., 2015; Tharmaratnam et al., 2018）。海马体的大小和功能会随着年龄的增长而衰减，进而导致认知能力的衰退（O'Callaghan et al., 2019）。本书第8章解释了人们的通道制思维如何通过海马体来加工记忆。

文前彩图2.15展示了我们所讨论过的脑区的分布状况，以及身体的最终控制和信息加工中心——大脑皮质的位置。

> **检索练习**
>
> RP-5 边缘系统有哪三个关键结构？它们分别具有什么功能？
>
> *答案见附录D*

海马体：位于边缘系统的一个神经中枢，帮助加工各种事实和事件的有意识的外显记忆以供储存。

▶ 大脑皮质

学习目标问题2-11 大脑皮质由哪四个脑叶组成？运动皮质、体感皮质和联合区分别有什么功能？

大脑内那些较古老的网络负责维持基本的生命功能，并使记忆、情感和基本驱力得以实现。而占据了大脑重量85%的两个大脑半球，则是大脑内较新的神经网络，它们组成了专门的工作团队，使我们具备了感知、思考和语言等能力。和脑干（大脑最古老的部分）上方的其他结构——包括丘脑、海马体和杏仁核——一样，大脑半球也是成对的。**大脑皮质**（cerebral cortex）则覆盖在这两个半球之上，像树皮一样，是神

大脑皮质：神经细胞相互连接形成的复杂结构，覆盖两个大脑半球；身体的最终控制和信息加工中心。

经细胞相互连接形成的一层薄薄的表面层。在人类大脑的进化史上，大脑皮质这个人类大脑的思维之冠，是一个相对较新的结构。

人类在动物生命阶梯上不断前进的过程中，大脑皮质不断扩大，原本严格的遗传控制随之放松，而生物体的适应能力也随之增强。青蛙和其他大脑皮质较小的两栖动物普遍按照预设的遗传指令进行活动。而哺乳动物较大的大脑皮质提升了它们的学习和思考能力，使它们能够适应不断变化的环境。正是大脑皮质的大小和相互连接的性质，令我们与其他动物不同（Donahue et al., 2018）。让我们一起来看看它有哪些结构和功能吧。

> 最早解剖和标注大脑的人使用的是学者的语言——拉丁语和希腊语。他们的文字实际上是在尝试进行形象化的描述。例如，大脑皮质是"树皮"，小脑是"小型大脑"，而丘脑则是"内室"。

检索练习

RP-1 人类大脑的哪个区域与简单动物的大脑最相似？而人类大脑的哪一部分将人类与简单动物区分开来？

答案见附录 D

大脑皮质的结构

打开人的头骨，露出大脑，你会看到一个布满褶皱的器官，形状有点像超大的核桃肉。如果拉平这些褶皱，这个扁平的大脑皮质的面积将会是之前的三倍，和一个大号比萨的面积大致相当。大脑的左右半球布满了连接大脑皮质和大脑其他区域的轴突，仅在大脑皮质这一层薄薄的表层上就包含了约 200 亿～ 230 亿个大脑神经细胞和 300 万亿个突触连接（de Courten-Myers, 2005）。生而为人，很费神经。

每个半球的大脑皮质又细分为四个脑叶，各自由明显的裂缝或褶皱分开（图2.16）。从大脑的前部开始，有**额叶**（frontal lobe，额头后面）、**顶叶**（parietal lobe，大脑顶部和后面）和**枕叶**（occipital lobe，大脑后面）。从大脑后面出发，向左或右移动，你会在耳朵上方发现**颞叶**（temporal lobe）。每个脑叶都承担着许多功能，一些功能还需要几个脑叶相互协作。

> **额叶**：大脑皮质中，位于前额后方的部分，其功能包括说话、肌肉运动以及制订计划和判断等。

> **顶叶**：大脑皮质中，位于头顶和后方的部分，其功能是接收触觉和身体姿势的感官输入。

> **枕叶**：大脑皮质中，位于头部后方的部分，包括接收视觉信息的区域。

> **颞叶**：大脑皮质中，大致位于耳朵上方的部分；包括听觉区域，每个颞叶主要接收来自对侧耳朵的信息。

大脑皮质的功能

一个世纪以前，外科医生在对局部瘫痪或失语的人进行尸检时，发现他们大脑皮质区域受到了损伤。这一证据相当粗糙，还无法说明运动或语言等复杂功能是由大脑皮质的特定部分进行控制的。电源线断裂，笔记本电脑就会关机，但要是觉得连接互联网的"功能"就在电源线上，那就是在自作聪明了。

运动功能

定位相对简单的大脑功能时，科学家们的运气还不错。例如，1870 年，德国医生

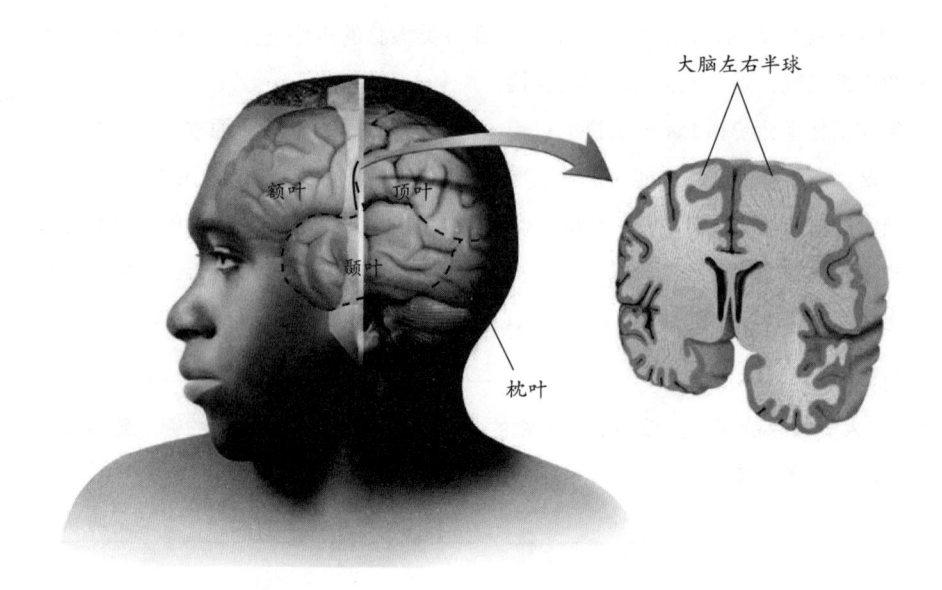

图 2.16　大脑皮质及其基本分区

古斯塔夫·弗里奇（Gustav Fritsch）和爱德华·希齐格（Eduard Hitzig）就有一个重要发现：对动物大脑皮质的部分区域进行轻微电刺激，可引起其部分身体抽动。但这种影响是有选择性的，只在刺激额叶后部的拱形区域时，运动才会发生，该区域大致处于从一侧耳朵越过头顶到另一侧耳朵之间的位置。此外，刺激大脑左半球或右半球的该区域，会引起另一侧身体特定部位的运动。现在，人们把弗里奇和希齐格发现的这一区域称为**运动皮质**（motor cortex）。

绘制运动皮质图　对于脑外科医生及其患者来说十分幸运的是，大脑并没有感觉感受器。了解这一点后，20世纪30年代，奥特弗里德·福尔斯特（Otfrid Foerster）和怀尔德·彭菲尔德（Wilder Penfield）对不同的皮质区域进行刺激，并观察其产生的反应，绘制了数百名清醒患者的运动皮质。他们发现，手指和嘴等需要精确控制的身体区域，占据的皮质面积最大（图 2.17）。西班牙神经科学家何塞·德尔加多（José Delgado）多次进行关于运动行为机制的演示，有一次他对患者大脑左侧运动皮质上的一个点进行刺激，使患者做出右手握拳的动作。第二次刺激时，他要求患者保持手掌张开，尽管患者竭尽全力，还是没能张开手掌。患者说："医生，我想你的电流比我的意志更强大。"（Delgado, 1969, p. 114）

科学家通过反复观察特定手臂运动的运动皮质活动来预测猴子的手臂运动（Livi et al., 2019），他们观察到，猴子的运动皮质神经元在执行社会行为（将物体放在实验者手中）与非社会行为（将物体放入容器或自己口中）时的反应不同（Coudé et al., 2019）。这些发现为脑控技术研究打开了大门。

运动皮质：位于额叶后部的大脑皮质区域，其功能是控制随意运动。

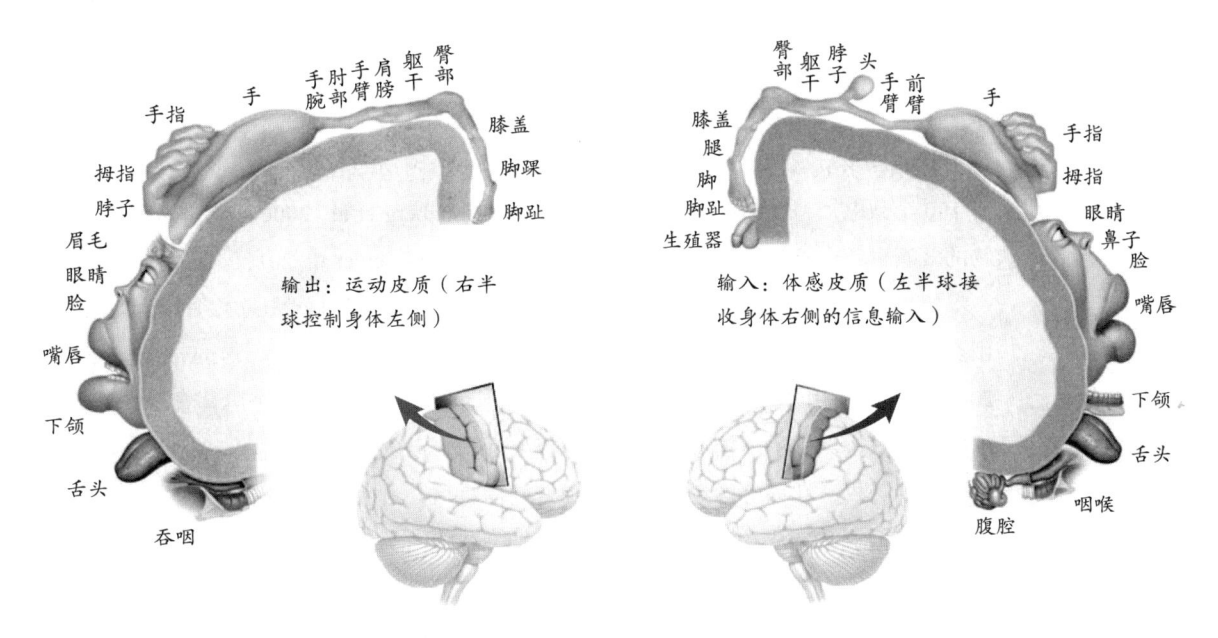

图 2.17 运动皮质和对应各个身体部位的体感皮质组织

从这个不太精确但十分经典的图片中,我们可以发现,额叶运动皮质或顶叶体感皮质中对应某一身体部位的皮质面积与该身体部位的大小不成正比。相反,大脑将更多的脑组织贡献给一些敏感区域和需要精确控制的区域。因此,在大脑皮质中,人的手指比上臂更有发言权。

检索练习

RP-2 可以的话,试着用右手做擦桌子一样的圆周运动,然后开始用右脚做同样的运动,与手同步。现在把右脚的动作方向反过来,但手的动作方向不变。最后,试着让左脚的动作方向与右手相反。

(a)为什么反转右脚的运动比较困难?

(b)为什么左脚与右手反方向运动更容易?

答案见附录 D

脑机接口 一些研究人员想知道是否能通过读取大脑的活动,让瘫痪的人移动机器肢体,脑机接口能否帮助人们学会指挥光标写电子邮件或者进行在线工作。为了寻求答案,他们在三只猴子的运动皮质中植入了 100 个微小的记录电极(Nicolelis, 2011; Serruya et al., 2002),将猴子的大脑信号与其手臂运动相匹配,让猴子使用操纵杆追逐移动的红色目标,并根据其表现给予奖赏。随后,科学家对计算机进行编程,以监测这些信号,同时对操纵杆进行控制。接下来,猴子只需想一个动作,计算机就会熟练地移动光标,和希望得到奖赏的猴子一样。猴子怎么想,电脑就怎么做。

此后，这种认知神经假体的临床试验就在严重瘫痪或截肢的人身上开展起来（Andersen et al., 2010; Nurmikko et al., 2010; Rajangam et al., 2016; Velliste et al., 2008）。第一个患者是一个25岁的瘫痪男子，他能够通过思想控制电视，在电脑屏幕上画出各种形状，以及玩视频游戏等。这一切都归功于一个阿司匹林药片大小的芯片，其中含有100个微电极，能够记录运动皮质的活动（Hochberg et al., 2006）。其他接受了植入物的瘫痪患者也能够用思想活动来指挥机器手臂（Clausen et al., 2017）。

伊恩·伯克哈特（Ian Burkhart）也是如此，他在19岁时就失去了手脚活动能力。俄亥俄州立大学的大脑研究人员将记录电极植入了他的运动器官（Schwemmer et al., 2018）。他们使用了计算机的机器学习技术，指示伯克哈特盯着一个屏幕看，该屏幕显示的是一只挥舞的手。接着，伯克哈特想象挥舞自己的手。记录电极将运动皮质的信号输入计算机，计算机得到他想移动手臂的信息后，对手臂肌肉进行刺激。实验结果如何呢？伯克哈特成功地用自己瘫痪的手臂抓起一个瓶子，把里面的东西倒了出来，再把一根棍子捡起来，甚至还能够玩视频游戏《吉他英雄》！通过学习伯克哈特独特的大脑反应模式，计算机可以预测其大脑活动，帮助他做出这些动作。"知道我在未来的日常生活中有可能使用类似这样的设备，真的恢复了很多我对未来的希望，"伯克哈特说，"对我和其他许多人来说，都是如此。"（Wood, 2018）

如果一切心理因素都是生物因素，比如说，如果每一个想法都是一个神经事件，

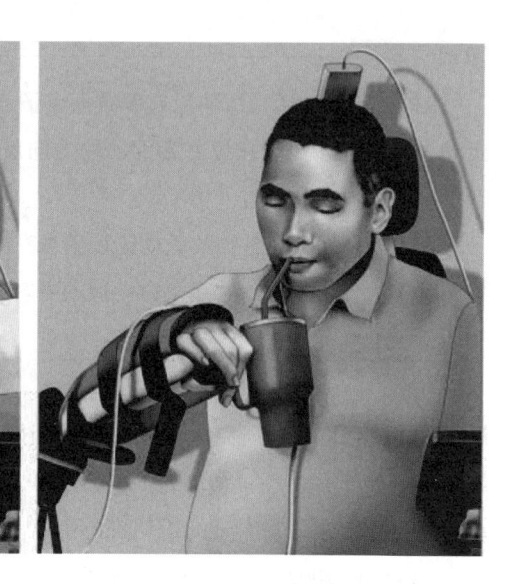

在另一个关于机器学习的演示中，研究人员扫描了物理学学生在思考如重力和动力等30个物理学相关概念时的大脑（Mason & Just, 2016）。使一个计算机程序学会了准确识别特定脑区活动和这些概念之间的联系。

图 2.18 脑机互动

研究人员将电极植入患者大脑运动皮质的手部区域以及手部、肘部和肩部肌肉，帮助这名四肢瘫痪的男子使用瘫痪的手臂喝咖啡（Ajiboye et al., 2017）。这样的研究进展可以帮助这名男子在脱离控制实验环境的日常生活中恢复运动能力（Andersen, 2019; Andersen et al., 2010）。

那么总有一天，微电极能够精准地检测到复杂的想法，许多人就能够以更高的精确度来控制他们的环境（图 2.18）。科学家们甚至已经创造了一种虚拟声音，通过读取大脑指挥发声运动的指令来创造大部分可理解的语音（Anumanchipalli et al., 2019）。

感觉功能

运动皮质向身体发送信息时，在哪里接收传入的信息呢？怀尔德·彭菲尔德发现了一个皮质区域，位于顶叶之前，运动皮质之后，与运动皮质平行，专门接收来自皮肤的感觉信息，如触摸和温度，以及来自身体部位的运动等。我们如今将这个区域称为**体感皮质**（somatosensory cortex）。对这个皮质区域顶部的某个点进行刺激，人可能会感觉有人在触摸他的肩膀，而刺激侧面的某个点，则可能会让人感觉到脸上有东西。

体感皮质：位于顶叶之前的一个大脑皮质区域，用于记录和处理身体的触觉和运动感觉。

身体部位越敏感，该部位对应的体感皮质面积就越大（图 2.17）。超级敏感的嘴唇投射的脑区范围比脚趾更大，这也是人们更喜欢亲吻，而不喜欢摸脚趾的原因之一。老鼠的大脑有一大片区域专门用于接收其胡须的感觉，猫头鹰的大脑皮质则主要用于其听觉感官。

科学家们已经确定了大脑皮质中接收除触觉以外的其他感觉输入的区域。你现在所接收到的一切视觉信息都会进入大脑后部枕叶的视觉皮质（图 2.19）。枕叶受到刺激时，如果你的视力正常，你可能会看到闪光或闪烁的色彩。从某种意义上说，我们的后脑勺确实长了眼睛！我的一个朋友因肿瘤切除了大部分的右枕叶，因此他的左半边视野是盲区。而视觉信息从枕叶传输到其他专门负责识别单词、检测情绪和识别面孔等任务的区域。

你现在听到的一切声音都经由颞叶（位于耳朵上方，见图 2.19）的听觉皮质处理。这些听觉信息大多从一只耳朵迂回传输到对侧耳朵上方的听觉接收区。如果对你的听觉皮质进行刺激，你就可能听到某个声音。对精神分裂症患者的 MRI 扫描显示，在听幻觉的虚假感官体验中，颞叶的听觉区域很活跃（Lennox et al., 1999）。有听力损失的人也会经历铃声幻觉——虽然仅有一只耳朵听到，另一侧大脑的颞叶也会产生相应的活动（Muhlnickel, 1998）。

检索练习

RP-3 大脑的_____皮质记录和处理身体的触觉和运动感觉，而_____皮质控制人的随意运动。

答案见附录 D

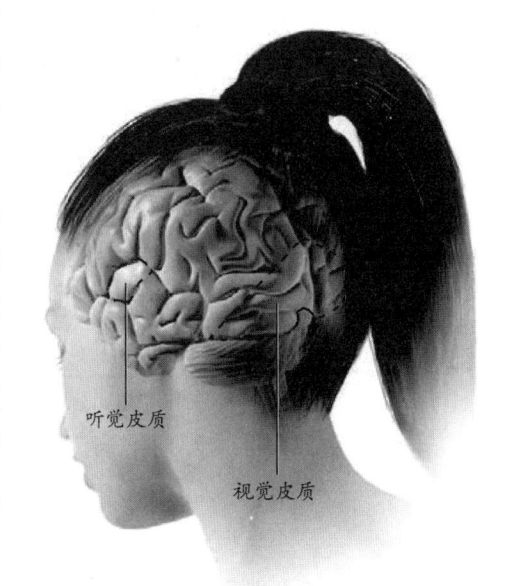

图 2.19 视觉皮质和听觉皮质

视觉皮质位于大脑后部的枕叶，能够接收眼睛输入的信息。听觉皮质位于耳朵上方的颞叶，能够接收耳朵输入的信息。

联合区

在前文中，我们学习了接收感觉输入或指引肌肉输出的小型皮质区域，这些区域总共只占据了人类大脑满是皱褶的薄覆盖层的四分之一。那么，大脑皮质其余的广大区域又是怎么一回事呢？事实上，这些**联合区**（association area）的神经元正忙于处理高级心理功能，正是这些功能令我们成为人类。对联合区进行电刺激，不会引发任何能观察到的反应。因此，与体感皮质和运动皮质不同，联合区的功能无法被整齐地定位。这是否意味着我们没有用到它们，又或者在两项调查中约 4/10 的人所赞成的"我们只使用了 10% 的大脑"是正确的（Furnham, 2018; Macdonald et al., 2017）（见"批判性思考：我们真的只使用了 10% 的大脑吗？"）？

> **联合区**：大脑皮质中不参与初级运动或感觉功能的区域；相反，它们参与高级心理功能，如学习、记忆、思考和说话等。

联合区在所有四个脑叶中都存在。额叶前部的前额叶皮质具备判断、计划、社会交往和加工新记忆等功能（de la Vega et al., 2016; Silwa & Frehwald, 2017; Yin & Weber, 2019）。这个区域受损的人也许能够取得很高的智力测试分数，或具备蛋糕制作技巧，却无法提前计划何时开始为生日派对烤制蛋糕（Huey et al., 2006），即使真的开始烤蛋糕，他们也可能会忘记蛋糕的配方（MacPherson et al., 2016）。而且，即使是他们导致了生日派对上没有蛋糕，他们可能也不会感觉到自责（Bault et al., 2019）。

额叶损伤也可能改变人的个性，卸下人的心理抑制。铁路工人菲尼斯·盖奇（Phineas Gage）的经典案例就是如此。1848 年的一个下午，25 岁的盖奇正要用填塞杆将火药塞入岩石中。突然，一个火花点燃了火药，引起了爆炸，填塞杆从他的左脸颊插入，从头骨顶部穿出，损伤了他的额叶。令所有人都惊讶的是，盖奇还能立刻坐起来说话，甚至在痊愈后还回到岗位上继续工作。但是，爆炸破坏了他的额叶和其他脑区之间的联系，而这些区域正是负责情绪控制和决策的脑区（Thiebaut de Schotten et al., 2015; Van Horn et al., 2012）。那么，这一损伤对盖奇的性格造成了什么影响呢？这个平时温和、说话和气的人开始变得暴躁粗俗、满口谎话。他的朋友说，盖奇已经"不再是盖奇了"。后来，他失去了铁路上的工作，但也渐渐适应了自己的身心障碍，找到了驿站马车夫的活计（Macmillan & Lena, 2010）。

其他额叶受损患者的案例研究也显示了类似的损害。没有额叶对他们的冲动进行抑制，他们不仅行为不受控制，也没有了道德判断的约束。1972 年，塞西尔·克莱顿（Cecil Clayton）在一次锯木厂事故中失去了 20% 的左额叶。此后，他的智商下降到了小学水平，而且变得越来越冲动。1996 年，他向一名副警长开枪致其死亡。2015 年，在他 74 岁时，密苏里州政府对他进行了处决（Williams, 2015）。

你会提倡以杀死一个人的代价来拯救其他五个人吗？大多数人不会，因为他们有强烈的社会规范意识，反对蓄意谋杀。而前额叶皮质受损的人往往不会为这种伦理困境所困扰（Koenigs et al., 2007）。额叶能够引导人们走向善良，远离暴力（Lieberman et al., 2019; Molenberghs et al., 2015; Yang & Raine, 2009）。而额叶受损的人，其道德指南

批判性思考：

我们真的只使用了 10% 的大脑吗？

学习目标问题 2-12 我们的大脑真的有 90% 没有被使用吗？

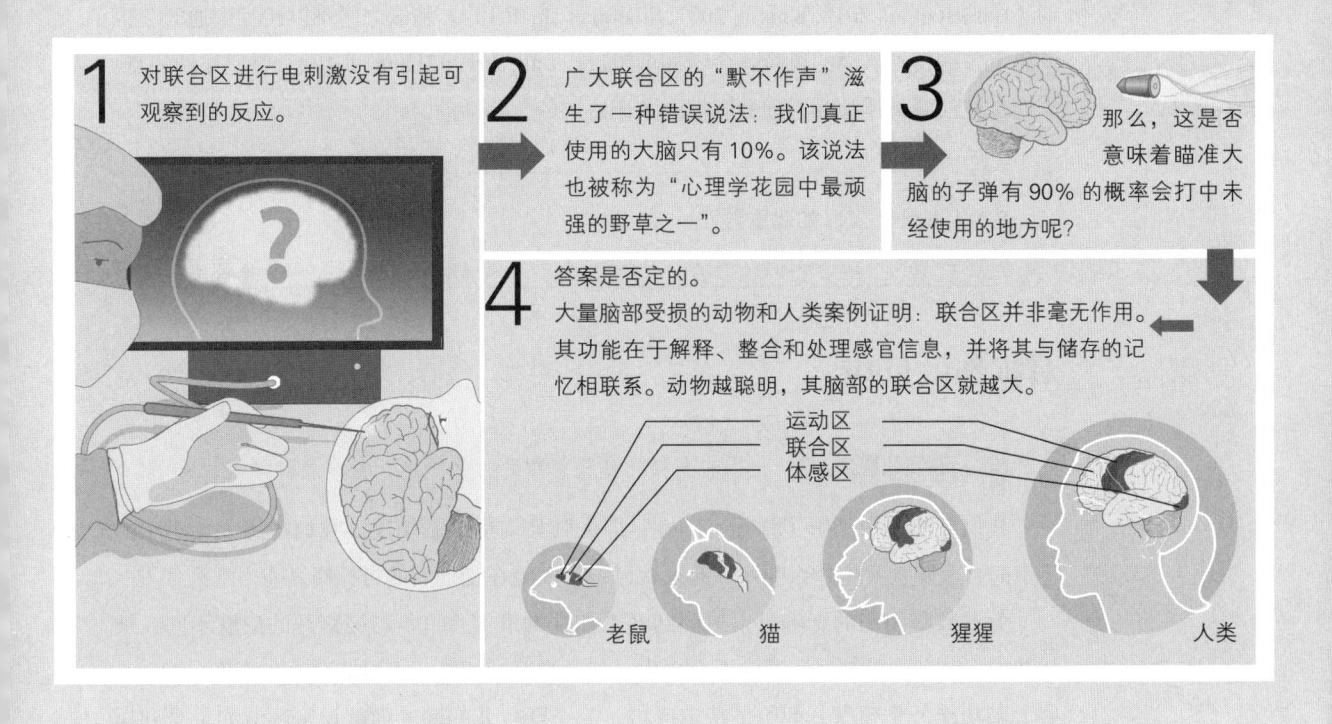

1 对联合区进行电刺激没有引起可观察到的反应。

2 广大联合区的"默不作声"滋生了一种错误说法：我们真正使用的大脑只有 10%。该说法也被称为"心理学花园中最顽强的野草之一"。

3 那么，这是否意味着瞄准大脑的子弹有 90% 的概率会打中未经使用的地方呢？

4 答案是否定的。
大量脑部受损的动物和人类案例证明：联合区并非毫无作用。其功能在于解释、整合和处理感官信息，并将其与储存的记忆相联系。动物越聪明，其脑部的联合区就越大。

运动区
联合区
体感区

老鼠　　猫　　猩猩　　人类

似乎与行为相分离，他们知道什么是对，什么是错，只是不在乎。

联合区还能执行其他心理功能。爱因斯坦的大脑在重量上与常人无异，但其顶叶某一部分体积较大，形状异常，使其能够更好地进行数学和空间推理（Amalric & Dehaene, 2019; Wilkey et al., 2018）。对脑外科患者的顶叶某一区域进行刺激，会使其产生想要移动上肢、嘴唇或舌头的感觉，但没有任何实际的运动。随着刺激不断增加，患者会错误地认为自己已经移动了这些身体部位。但奇怪的是，医生刺激额叶运动皮质附近不同的联合区时，患者确实在移动，却没有意识到自己在这样做（Desmurget et al., 2009）。这些令人"头疼"的发现表明，人们对移动的感知并非来自运动本身，而是来自自己的意图和预期的结果。

右颞叶下方的另一个联合区使人们能够对面孔进行识别。要是这一脑区因中风或头部受伤而被破坏，那么患者虽然仍可以描述某人的面部特征，识别某人的性别和大致年龄，却无法认出这个人是谁，无论他/她是大明星，还是自己的祖母。

然而，还要再次强调的是，我们应该谨慎使用大脑"热点"图片，试图去定位精确脑区的复杂功能，以免再次创造出某种新的颅相学说（Beck, 2010; Shimamura, 2010;

> "我们把爱因斯坦的大脑握在手中，意识到正是这一器官改变了我们对宇宙的感知……我们感到无比敬畏。"
> ——神经科学家桑德拉·维特森

Uttal, 2001）。一份大脑扫描显示，在复杂任务中，大脑的许多活动区也会分工合作，一些在后台自动运行，另一些在有意识的控制下运行（Chein & Schneider, 2012）。人的记忆、语言、注意力和社交技能都来自功能性连接，即不同脑区和神经网络之间的沟通（Bassett et al., 2018; Knight, 2007; Silston et al., 2018）。脑区之间难以相互沟通时，人们患上各种精神疾病的风险就会增加（Baker et al., 2019; Zhang, 2019）。要记住的一点：人们良好的精神体验和心理健康都取决于协调的大脑活动。

检索练习

RP-4 联合区为何如此重要？

答案见附录 D

对损伤的反应

学习目标问题 2-13 受损的大脑能自我重组到什么程度？什么是神经发生？

我们在前文中了解了神经可塑性，即大脑如何适应新情况。我们经历大大小小的不幸时，大脑会发生什么呢？一起来探讨一下大脑在受损后的自行修复能力吧。

大多数脑损伤的影响可以追溯到两个如铁的事实：(1) 与被割开的皮肤不同，被切断的大脑和脊髓神经元通常不会再生。如果脊髓被切断，人可能会永久瘫痪。(2) 一些大脑功能似乎预先分配给了特定区域。一个新生儿的颞叶面部识别区域如果受到损害，就会永远无法识别他人的面孔（Farah et al., 2000）。但也有好消息：一些神经组织可以在损伤后进行重组。

神经可塑性也可能在严重损伤后发生，尤其是在幼儿身上（Kolb, 1989）（图 2.20）。束缚诱导疗法的目的就是实现大脑神经的重新连接，有效改善脑损伤儿童甚至是成年中风患者的灵活性（Taub, 2004）。治疗师限制患者功能齐全的肢体，强迫他们使用"坏掉"的手或腿，逐渐对患者的大脑重新进行编程。有一位 50 多岁的中风患者，治疗人员限制住他的好胳膊和好手，安排他去擦桌子。慢慢地，他的坏胳膊恢复了行动能力。随着大脑受损部分的功能迁移到其他脑区，他逐渐重新学会了写作，甚至还可以打打网球（Doidge, 2007）。

大脑的可塑性对盲人或聋哑人来说是个好消息。失明或失聪使他们未使用的脑区可作其他用途，如听觉和嗅觉等（Amedi et al., 2005; Bauer et al., 2017）。如果一个盲人能用手指阅读盲文，那么对应该手指的脑区就会扩大，因为触觉信号会侵入通常帮助人看东西的视觉皮质中（Barinaga, 1992; Sadato et al., 1996）。神经可塑性也有助于解释，为何在学习另一种语言之前先学会了手语的聋人，周边

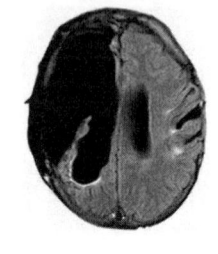

图 2.20

一名 6 岁的孩子接受了手术，结束了可能危及生命的癫痫发作。虽然整个大脑半球的大部分被切除，但她剩下的半球通过让其他区域工作来补偿。约翰斯·霍普金斯大学的一个医疗小组回顾了他们所实施的儿童半球切除术。虽然对侧手臂的使用受到了影响，但该医疗小组报告说，他们对患儿的记忆力、个性和幽默感保持得如此之好感到"震惊"（Vining et al., 1997）。孩子年龄越小，剩余半球接管手术切除半球功能的概率就越大（Choi, 2008; Danelli et al., 2013）。

视觉和运动检测视觉得到了强化（Bosworth & Dobkins, 1999; Shiell et al., 2014）。以手语为母语的聋人，其颞叶区域（常用于接收听觉信号）无法接收到刺激，最后会选择接收其他信号进行加工，例如视觉系统中那些用于观察和解释手语的信号。

通常用于特定功能的其他脑区在因疾病或损伤而空出来时，也可能发生类似的再分配。如果大脑左半球的语言功能被左半球缓慢生长的肿瘤破坏，右半球可能会对其进行补偿（Thiel et al., 2006）。当天生没有手的人使用脚来执行日常任务时，他们大脑中对应手部的体感皮质会非常活跃，即使他们从来没有过手（Striem-Amit et al., 2018）。那么，腿部以下截肢患者的性交体验是怎样的呢？"我实际上是在幻肢上体验高潮的，"该患者称，"而且那里的感觉范围要比之前大得多得多，因为它不再仅仅局限于我的生殖器上。"请回看图 2.17，体感皮质的脚趾区域与生殖器区域相邻（Ramachandran & Blakeslee, 1998, p. 36）。

尽管大脑经常试图通过重组现有组织来进行自我修补，但研究人员正在争论的是，它是否也可以通过**神经发生**（neurogenesis），即产生新的神经元来进行自我修复（Boldrini et al., 2018; Kempermann et al., 2018; Sorrells et al., 2018）。研究人员已经在成年小鼠、鸟类、猴子和人类的大脑深处发现了婴儿神经元（He & Jin, 2016; Jessberger et al., 2008），这些神经元以后可能与邻近的神经元形成连接（Gould, 2007; Luna et al., 2019）。神经发生因人而异，为我们为何以自己独特的方式体验某个共同的过程提供了佐证（Kempermann, 2019）。

神经发生：形成新的神经元。

干细胞可以发展成任何类型的脑细胞，也存在于人类胚胎中。如果在实验室里大量生产神经干细胞并注射到受损的大脑中，它是否能替代缺失的脑细胞呢？在如何生产类似人类神经元功能的干细胞方面，各个大学和生物技术公司的研究人员持续取得新的突破（Lu et al., 2016; Pasca et al., 2015）。该种干细胞研究不仅有助于治疗患病或受损的大脑，还有助于了解大脑发育、记忆和其他基本精神过程（Mariani et al., 2012; Sun et al., 2015; Zhang et al., 2016）。是否有朝一日，外科医生能像我们在破旧的运动场上重新种草一样重建受损的大脑呢？敬请期待吧。运动、睡眠以及其他无压力但有刺激的环境是神经发生的自然促进因素，我们也可以从中获益（Liu & Nusslock, 2018; Monteiro et al., 2014; Nollet et al., 2019）。

割裂的大脑

学习目标问题 2-14 分裂脑揭示了两个大脑半球的哪些功能？

大脑的左右半球，虽然外观相似，所具有的功能却不同，这种偏侧化在脑损伤后表现得很明显。跨越一个多世纪的研究表明，如果大脑左半球遭遇事故、中风或生出肿瘤，会损伤人的阅读、写作、说话、算术推理和理解能力，而右半球的类似损伤则

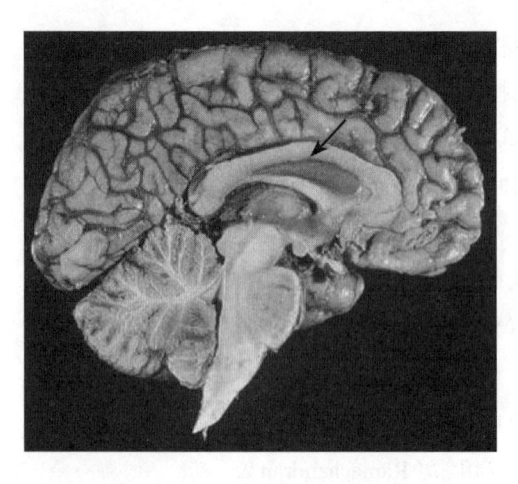

图 2.21 胼胝体

这条大的神经纤维带连接着两个大脑半球。为了拍摄这半个大脑，外科医生通过切开胼胝体和大脑下部的区域，将两个半球分开。

胼胝体：连接两个大脑半球并在它们之间传递信息的大型神经纤维带。

分裂脑：通过切断连接两个大脑半球的神经纤维（主要是胼胝体的纤维），使两个大脑半球分离的手术所导致的状况。

没有那么明显的影响。这是否意味着右半球的脑功能只是辅助而已呢？许多人都如此认为，直到 20 世纪 60 年代研究人员发现，"小小的"右半球的功能却是无限的，心理学历史上一个迷人的篇章才就此展开。

分裂脑

20 世纪 60 年代初，两位神经外科医生推测，癫痫发作主要是由大脑异常活动在两个大脑半球之间来回跳动放大的现象引起的，而左右两个半球是作为一个整体系统运作的（Bogen & Vogel, 1962），**胼胝体**（corpus callosum）就是连接两个半球并在它们之间传递信息的轴突纤维带（图 2.21）。如果是这样的话，这两位医生想知道，是否可以通过切断胼胝体来结束这场生物网球赛？他们也知道，心理学家罗杰·斯佩里（Roger Sperry）、罗纳德·迈尔斯（Ronald Myers）和迈克尔·加扎尼加（Michael Gazzaniga）就曾以这种方式割裂猫和猴子的大脑，并没有造成严重的不良影响。

于是，这两位外科医生进行了手术。结果如何呢？癫痫发作几乎完全消失了，而这些**分裂脑**（split brain）的患者出奇地正常，他们的性格和智力几乎没有受到影响。一个患者从手术中醒来后，甚至开玩笑说他"连头痛都是分裂的"（Gazzaniga, 1967）。通过分享他们的经历，我们对完整的大脑两半球之间互动的理解大大扩展了。

为了理解这些发现，我们需要关注视觉通路的特殊性，如图 2.22 所示。请注意，每只眼睛都会接收来自整个视野的感觉信息，但在每只眼睛中，来自左半边视野的信息会进入右半球，而来自右半边视野的信息则会进入左半球，后者通常控制语言。任何一个半球收到的信息都会通过胼胝体迅速传递给另一个半球。在胼胝体已切断的人身上，这种信息共享就不会发生。

了解到这样的情况后，斯佩里和加扎尼加分别向分裂脑患者的左半球或右半球发送信息。当患者盯着某个地方时，研究人员在其右侧或左侧闪现一个刺激物。他们也可以对你这样做，但在完整的大脑中，接收信息的半球会立即将信息传递给另一侧。由于裂脑手术切断了两个大脑半球之间的信息通路，研究人员可以分别对这些患者的每个半球进行测验。

在一个早期实验中，加扎尼加（1967）要求分裂脑患者盯着他在屏幕上闪现"HE·ART"图案时字母中间的那个点（图 2.23）。这样，"HE"会出现在患者的左视野，并传递到其右半球，"ART"会出现在患者的右视野，并传递到其左半球。当他要求患者说出看到了什么时，患者报告说他们看到了"ART"，但当他要求患者指出自己所看到的东西时，患者的左手会在右半球控制下指向"HE"，患者自己都感到惊愕无比。如果有机会表达自己，每个半球都会指明所看到的东西，但是，控制左手的右半球凭直觉知道自己看到了什么，却无法说出来。

当一张勺子的图片出现在他们的大脑右半球时，患者无法说出他们看到了什么，但在要求他们用左手触摸各种遮挡住的物体，凭感觉来识别他们所看到的东西时，他们轻而易举地就选出了勺子。研究人员说"答案正确！"时，患者却会回答说："什么？正确的？我都不知道自己看到了什么，怎么可能挑出正确的物体？"当然，这时候是左半球在说话，患者对无法言语的右半球所知的东西感到困惑不已。

有几个做了分裂脑手术的人曾有一段时间相当困扰于自己那特立独行、不守规矩的左手，似乎左手真的不知道右手在做什么。左手可能会在右手扣衬衫时把扣子解开，或者在右手将物品放入购物车后又将其放回货架上。仿佛每一侧大脑半球都在想："我今天有点想穿绿色（蓝色）衬衫"。事实上，斯佩里（1964）指出，分裂脑手术使人们拥有了"两个独立的大脑"。大脑割裂之后，两个半球都能理解、遵循指令，并且用左手和右手同时复制不同的图形（Franz et al., 2000）（图 2.24）。而今天的研究人员认为，分裂脑患者的心智就像一条分成了独立支流的河流，每条支流都不知道对方的存在（Pinto et al., 2017）。阅读这些报告时，你能想象一个患者独自用左手与右手玩着"石头、剪子、布"的感受吗？

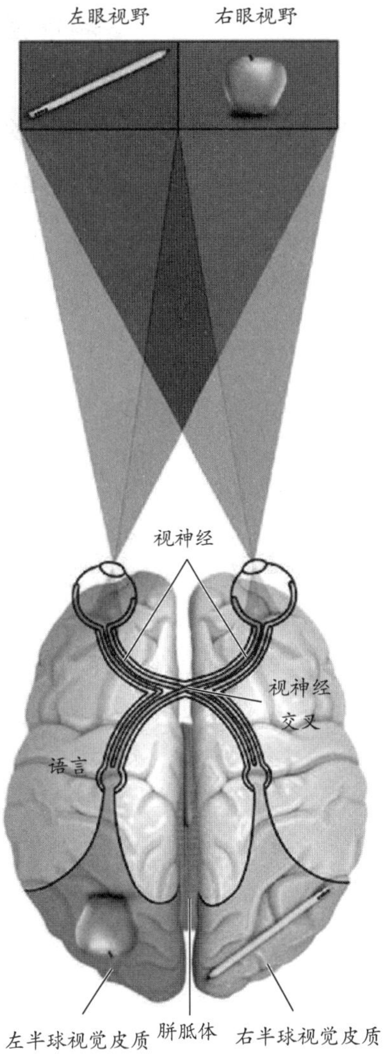

当"两个心智大脑"发生冲突时，左半球会做"精神体操"，将其不理解的反应合理化。在患者收到右半球传输的指令开始走路时，一件怪事儿就会发生：大脑左半球不知道这个指令，也不知道患者为什么会开始走路。但如果被问及，患者并不会回答"我不知道"，相反，患者的左半球会开始即兴发挥"我要进屋拿可乐"。加扎尼加（1988）将这些患者描述为"世界上最迷人的人"，加扎尼加认识到，具备意识的左半球类似一个即时构建解释的解释器。他还总结道，大脑经常以自动驾驶的状态运行，它常常是先行动、后解释。

图 2.22 从眼睛到大脑的信息高速公路

检索练习

RP-5（a）如果我们向一个分裂脑患者的右半球闪一下红光，向左半球闪一下绿光，它们会各自观察到自己看见的颜色吗？（b）此人是否会意识到颜色不同？（c）此人会回答看到什么？

答案见附录 D

（a）"注意看中间的点"

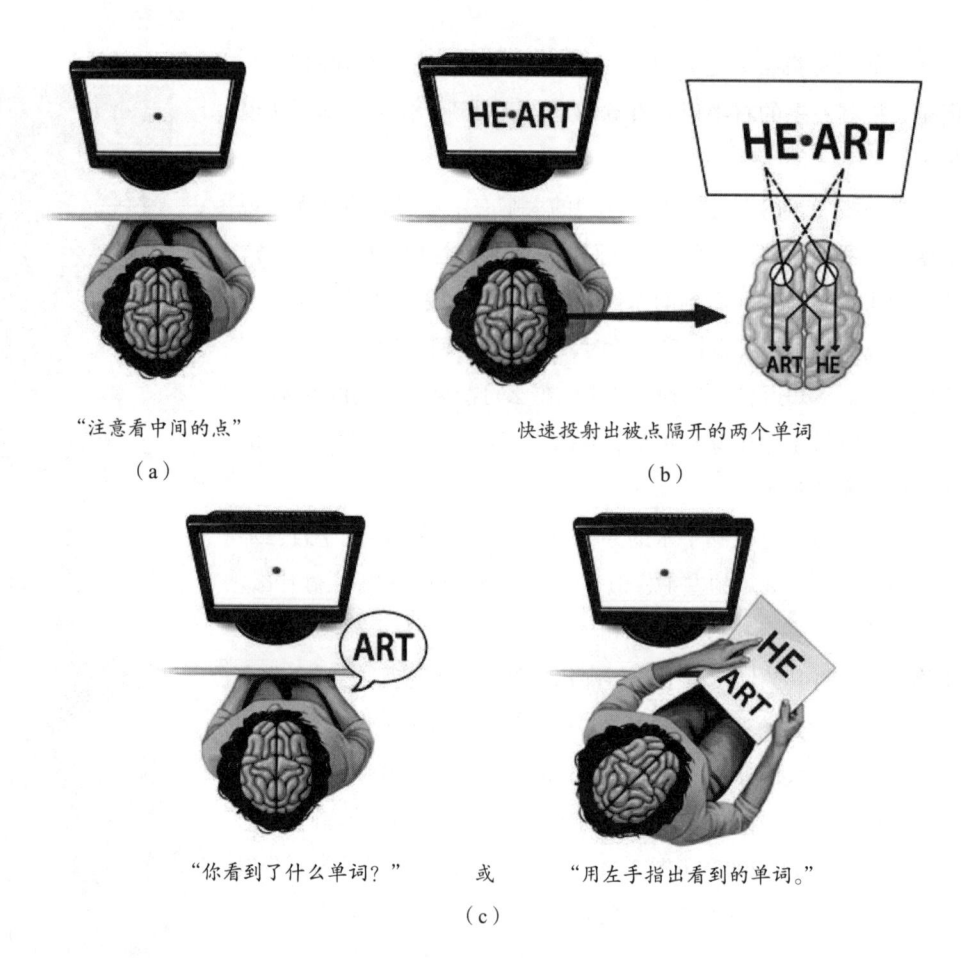

（b）快速投射出被点隔开的两个单词

（c）"你看到了什么单词？" 或 "用左手指出看到的单词。"

图 2.23　一个大脑，两种想法
研究人员在患者视野展现"HE·ART"字样时，一位分裂脑女性回答说看到了传输到她左半球的单词。然而，当要求她用左手指出她看到的是什么时，她会指向传输到她右半球的单词（Gazzaniga, 1983）。

完整大脑的左右差异

那么，99.99% 以上的大脑未割裂的人又是怎样的呢？我们的每一侧大脑半球是否也会执行不同的功能呢？简而言之，答案是肯定的。一个人执行感知任务时，其大脑扫描通常会显示右半球活动（如脑电波、血流和葡萄糖消耗等）增加，而这个人说话或进行数学计算时，其左半球的活动会增加。

在某些类型的脑部手术前，医生常常会进行一个戏剧性的大脑半球偏侧化展示。大脑左半球通常控制语言功能，外科医生为了定位患者的语言中枢，会将镇静剂注射到向左半球供血的颈部动脉中。在注射前，患者会保持平躺，举起双臂，与医生聊天。你能猜到药物使左半球进入

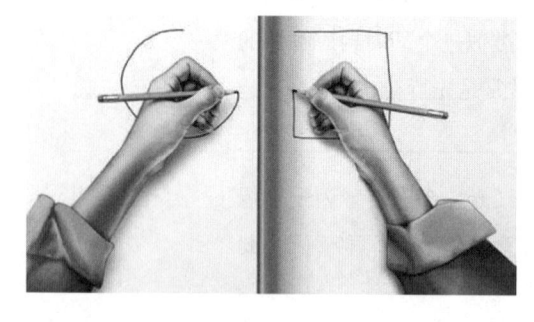

图 2.24　试着这样做！
做过分裂脑手术的人可以同时画两个不同的形状。

睡眠状态时会发生什么情况吗？几秒钟内，这个人的右臂就会瘫软下来，如果左半球正控制语言功能，他就会说不出话来，直到药效消失。如果将药物注射到通往右半球的动脉中，这个人的左臂就会瘫软下来，但仍然能够侃侃而谈。

对大脑来说，无论是口语还是手语，语言就是语言（更多关于大脑处理语言的方式和位置的内容见第9章）。听力好的人通常用左半球来处理口语，聋哑人也通常用左半球来处理手语（Corina et al., 1992; Hickok et al., 2001）。因此，像影响正常人的说话能力一样，左半球中风会影响聋哑人的手语能力（Corina, 1998）。

大脑左半球能熟练地对语言进行快速的字面解释，右半球则：

> 大脑扫描显示，狗与人类一样，通常在左半球区域处理话语内容，在右半球区域处理语调。研究表明，如果狗听到的内容与语调不一致，对给予的表扬就会毫无反应（Andics et al., 2016）。

· 擅长推理（Beeman & Chiarello, 1998; Bowden & Beeman, 1998; Mason & Just, 2004）。在研究人员展示出单词"foot"时，大脑的左半球会迅速识别出与之密切相关的单词"heel"。但是，如果给出一个与洞察力相关的问题，比如"什么单词和靴子、夏天、地面相配"？右半球则会更快得出合理的结论，并识别出相应答案"营地"。正如一位患者在右脑卒中后解释说："我能理解单词，但无法察觉细微之处。"右脑在复制图画、识别面孔、注意差异、感知情感以及通过更具表现力的左脸表达情感等方面也更具优势。右半球损伤则会大大破坏这些能力。

· 帮助我们调节语言，使意义更明确。比如我们会说"我们吃饭吧，爷爷"，而不会说"我们吃爷爷吧"（Heller, 1990）。

· 帮助协调自我意识。如果是右半球损伤的话，偏瘫的人有时会不断声称他们瘫痪的肢体可以活动，顽固地否认自己受到的损伤（Berti et al., 2005）。

单单只看这两个半球，肉眼看起来如此相似，谁会想到它们各自都对整体的和谐统一有着独特的贡献呢？然而，各种对分裂脑、正常大脑，甚至对其他物种大脑的观察研究都能很好地结合起来，毫无疑问，我们拥有统一的、各部分又分工明确的大脑（Hopkins & Cantalupo, 2008; MacNeilage et al., 2009）。

自问

为什么我们的大脑会进化为如此功能多样又相互关联的结构？

在本章，我们了解了一个首要原则：一切心理因素同时也是生物因素，集中讨论了思想、感觉和行动是如何在我们分工明确而又协调统一、适应性惊人的大脑中产生的。从19世纪的颅相学到今天的神经科学，我们已经走过了漫长的道路。在接下来的章节中，我们将进一步探讨心理学中生物革命的意义。

了解神经科学有助于了解我们自身和他人，正如现代神经科学的创始人之一玛丽安·戴蒙德（Mariian Diamond, 2016）所说："拿走大脑，就等于拿走了人。"然而，心理学家仍需要在知识上保持谦逊的态度，因为未知的东西仍然会使已知的东西相形见绌。我们可以描述大脑，了解其各部分的功能，研究这些部分如何沟通，但我们的思想是如何从身体血肉中产生的呢？各种欣喜的感受、创造性的想法或关于祖母的记忆又是如何在大小如同一小颗卷心菜的脑组织的电化学反应中产生的呢？

正如汽油和空气可以产生火焰这样截然不同的东西一样，人类的复杂大脑也可以产生不同的东西，那就是意识。罗杰·斯佩里认为，思想产生于大脑的离子运动中，但又无法还原为离子运动。又如神经学家唐纳德·麦凯（Donald MacKay, 1978）所观察到的那样："（我的大脑活动）反映了我的想法，就像（计算机）活动反映了它正在解决的方程。"他认为，思维和大脑活动相互关联、相互补充，但在概念上是截然不同的。

> "所有的心理现象都是由大脑造成的，但许多现象在思维层面上更容易被理解。"
> ——心理学家史蒂芬·平克

细胞不能完全用原子活动来解释，思想也不能完全用细胞活动来解释。心理学扎根于生物学，生物学扎根于化学，化学扎根于物理学。然而，心理学不仅仅是应用物理学。正如杰罗姆·凯根（Jerome Kagan, 1998）所说，葛底斯堡演说的意义并不能还原为神经活动，性爱也不仅仅是血液涌向生殖器。斯佩里（1992）说，我们把大脑理解为一个"整体系统"时，理解道德和责任就成为可能。我们不仅仅是个喋喋不休的机器人，大脑产生思想，而思想又会改变大脑。

力求理解大脑的思想，不仅是，而且将永远是科学的终极挑战之一。用宇宙学家约翰·巴罗（John Barrow）的话说，一个简单到可以完全理解的大脑也会简单到无法产生一个能够理解自身的思维。

第 3 章

意识与心理的双通道

意识的基本概念
意识的定义
认知神经科学
选择性注意
双重加工：意识的双通道

睡眠与梦
生物节律与睡眠
人为什么要睡觉？
睡眠不足和睡眠障碍
梦

药物与意识
药物使用障碍的耐受与成瘾
批判性思考：耐受与成瘾
精神活性药物的类型
药物使用的影响

意识是个有趣的东西。在我们入睡和梦醒时，意识常会带来一些非同寻常的体验。我有时不禁思考，究竟是谁在控制着我的身体？牙医将我麻醉之后，让我向左转头。我的意识开始抵抗："不行。"我默默对意识说："你休想操纵我！"于是，我的大脑无视了意识的抵抗，如机器一般，在牙医的指挥下转动了起来。

打篮球时，我也时常自个儿恼怒起来，我的身体做出传球动作时，意识虽然在说："不，快停下！萨拉会拦截住的！"唉，身体却还是把球传过去了。还有一些其他情况，正如心理学家丹尼尔·韦格纳（Daniel Wegner）在《意识意志的幻觉》（*The Illusion of Conscious Will*）中所述，人们总认为是意识在控制自己的行为，其实不然。在一个由两人共同控制一个电脑鼠标的实验中，就算搭档（实际上是研究人员）将鼠标停在某一预定的方格上，参与者也会认为是自己想将鼠标停在那里的。

有时候，意识似乎能够分裂。我常常会和小女儿一起唱《海洋奇缘》（*Moana*）里的一些歌曲，但唱歌时我的思绪总是飘忽不定。无数次，我给儿子读《绿鸡蛋和火腿》（*Green Eggs and Ham*）时，虽然我的嘴巴一直在说话，注意力却无法一直停留在故事情节中。若是有朋友在你发短信时问你午餐准备吃什么，这也不会对你正做的事产生丝毫影响——你能够在建议朋友吃玉米饼的同时麻利地敲击文字。

从这样的经验中，我们能了解到什么呢？唱歌、朗读或发短信时的心不在焉是否表明意识是分裂的呢？人们的意识状态在睡眠和梦境中如何体现？药物引起的牙齿疼痛是否与人们使用其他调节情绪和感知的精神药物的体验相似呢？思考这些问题或更深层次的问题之前，我们要先考虑一个基本问题：什么是意识？

意识的基本概念

任何学科都有一些难以定义的基本概念。生物学家知道生命体的某些特征,却无法确切地说明什么是生命;物理学家也无法用简单的定义清楚描述物质和能量。对心理学家而言,意识就是这样一个没有确切定义的基本概念。

意识的定义

学习目标问题 3-1　意识在心理学史中有着怎样的地位?

心理学的诞生最初是为了"对意识状态进行描述和解释"(Ladd, 1887)。但在 20 世纪上半叶,采用科学方法研究意识极为困难,很多心理学家都转而对行为进行直接观察,包括当时新兴的行为主义流派(见第 7 章)。到 20 世纪 60 年代,心理学几乎不再关注意识,人们认为心理学是一种"行为科学"。意识就像是汽车的里程表,"它无法驱动汽车前行,只能反映当前发生的事情"(Seligman, 1991)。

"心理学必须摒弃所有与意识有关的认识。"
——行为主义者约翰·华生

20 世纪 60 年代过后,意识的概念再次回到心理学领域。神经科学的发展将大脑活动与睡眠、做梦和其他各种心理状态紧密地联系在一起。研究人员开始探讨受到药物、催眠和冥想改变的意识(更多关于冥想的内容见第 12 章)。各种派别的心理学家都十分认同心理过程(认知)的重要性。心理学开始重新关注意识。

今天,意识成了一个蓬勃发展的研究领域(Michel et al., 2019)。如今大多数心理学家所指的**意识**(consciousness)是人们对自己和环境的主观觉察(Feinberg & Mallatt, 2016):

意识:人们对自己和环境的主观觉察。

- 意识帮助人们了解自己的生命,包括感觉、情感和选择(Weisman et al., 2017)。
- 意识使人在反思过去、适应现在和计划未来时,能够设定和实现目标。
- 学习某种行为时,意识能够帮助人们集中注意力(Logan, 2018; Rand et al., 2017; Servant et al., 2018)。但是,随着时间的推移,自动系统开始掌握主动权,人的心智就会以一种"自动驾驶"的模式运行(Logan, 2018; Rand et al., 2017)。在学习驾驶时,人们会非常紧张地关注汽车和交通状况。随着练习次数的增加,驾驶会慢慢变成一种半自动化的行为。我们可能会发现,在漫长的高速公路上行驶时,大脑偶尔会开小差——只有当其他人超车到我们跟前,需要我们做出反应时,注意力才会重新回到汽车和交通状况上。
- 随着时间的推移,人们会在不同的意识状态之间徘徊,包括正常的清醒状态以及其他不同状态（图 3.1）。

自发产生的状态	白日梦	打瞌睡	做梦
生理产生的状态	幻觉	性高潮	缺乏食物或氧气
心理产生的状态	感觉剥夺	催眠	冥想

图 3.1　意识的其他状态

除了一般的清醒意识，意识还有许多不同的变化状态，包括白日梦、睡眠、冥想和药物产生的幻觉。

催眠

催眠：一种社会互动。在这种互动中，一个人（催眠师）对另一个人（被催眠者）进行暗示，使其自发产生某些知觉、感觉、思想或行为。

被催眠（hypnosis）后，人们的意识状态可能会有所变化，包括知觉、感觉、思想或行为的改变等。多年来，研究人员和治疗人员会利用催眠减轻患者因医疗过程、烧伤、心脏病和牙科问题等引起的疼痛（Milling et al., 2002; Montgomery et al., 2000; Patterson & Jensen, 2003）。催眠还能减少困扰患者的情绪，减少烦人的思虑，缓解被社会排斥的痛苦（Rainville et al., 1997; Raz & Fan, 2005; Schnur et al., 2008）。对于肥胖人群而言，催眠对减肥也有益处，尤其是与心理治疗搭配使用时（更多关于催眠的内容见第 6 章）（Milling et al., 2018）。

***

所以，意识能够帮助人们适应和生存，但这也产生了研究人员所说的"难题"：大脑细胞之间的信息传输是如何创造出对吐司味道的感知、无限的概念、惊恐的感觉等意识的呢？意识如何从大脑中产生，是人类生命中最深刻的谜团之一。

认知神经科学

用神经科学家马文·明斯基（Marvin Minsky, 1986）的话来说，科学家猜测"心理是大脑的活动"。但人们却不了解大脑是如何做到这一点的。即使穷尽世界上所有的技术，人们仍然不知道如何创造出一个有意识的机器人。然而，今天的认知神经科学这一大脑活动与心理过程的交叉学科研究，迈出了将特定的大脑状态与意识体验联系起来的第一步。

大脑思考踢足球这一行为时，fMRI 扫描能够检测到计划该行为的脑区血流量增加。一项研究中，研究人员要求足球运动员想象自己正在做某些创造性动作（倒挂金钩）

或普通动作（左右脚传球）。扫描显示，对创造性动作的思考在不同的脑区之间产生了最协调的大脑活动（Fink et al., 2019）。

如果大脑活动能够揭示意识的思考，那么对大脑进行扫描是否可以让我们识别失去反应能力的患者的心理活动呢？答案是可以。从无法交流的患者的大脑扫描结果中，确实可以看出某种意识反应，这实在令人惊叹。一位23岁的女性患者，遭遇车祸后便没有表现出任何外在的意识迹象（Owen, 2017a; Owen et al., 2006）。研究人员让她想象打网球的活动时，fMRI扫描显示其控制手和腿的脑区正常地活跃起来。研究人员推断，即使身体不能动弹，无法交流沟通，人的大脑和意识可能依然十分活跃。对几十个失去反应能力的患者大脑活动的后续研究显示，其中25%～30%的人可能都有着有意义的意识（Owen, 2017b; Stender et al., 2014）。

许多认知神经科学家都在对大脑皮质的意识功能进行探索和定位。他们能够根据人的大脑皮质活动模式有限地读取人的思维（Bor, 2010）。例如，他们能够辨别出人正在看10个相似物体（如锤子、钻子）中的哪一个（Shinkareva et al., 2008）。

意识的经验，包括提取记忆，产生于整个大脑的同步活动（Chennu et al., 2014; Mashour, 2018; Vaz et al., 2019）。如果某个刺激激活了足够大的大脑皮质范围内的协调神经活动，即某个脑区的强烈信号触发了其他脑区的活动，它就越过了意识的范畴。一些较弱的刺激，可能只会引发视觉皮质的活动，随后迅速消退。比如一闪而过的单词，可能无法被有意识地感知到。而一些较强的刺激则会使其他脑区参与进来，例如那些涉及语言、注意力和记忆的脑区。（大脑扫描检测到）这样的反应活动就是意识的标志（Boly et al., 2011; Silverstein et al., 2015）。因此，跨脑区的协调活动可以为丧失反应能力的患者提供另一个意识指示器（Demertzi et al., 2019）。但协调活动如何产生意识，换言之，物质如何产生思想，仍然是个未解之谜。

检索练习

RP-1 研究与感知、思考、记忆和语言等心理过程有关的大脑活动这一跨学科领域的人被称为_____。

答案见附录D

选择性注意

学习目标问题 3-2 选择性注意如何引导人的感知？

在**选择性注意**（selective attention）的影响下，人们的意识就像手电筒的光柱，只能集中于自己体验的有限方面。人们或许会认为自己可以在检查和回复短信的同时集中注意力于谈话或听课，而实际上，人的意识每次只关注一件事。

> 选择性注意：将意识集中在某个特定的刺激物上。

据估计，人们的 5 种感官每秒共可以接收 11 000 000 比特的信息，而人在有意识状态下仅能加工 40 比特的信息（Wilson, 2002），其余 10 999 960 比特的信息则通过大脑的无意识通道得到充分利用。

那么，是什么吸引了人们有限的注意力呢？正是那些人们判断为重要的事情。鸡尾酒会效应就是选择性注意的一个典型例子。当你和与会的客人聊天时，你只能注意到聚会上众多声音中的一个。那么，另一个声音叫出你的名字时，会发生什么情况呢？在你大脑的另一条通道上运行的认知雷达，会立即将那个未被关注的声音带入意识中。甚至猫也会选择性地对自己的名字做出反应（Saito et al., 2019）。2009 年，这一效应本可阻止一个尴尬又危险的局面，当时西北航空公司的两名飞行员"忽略了时间的存在"。他们的注意力全在笔记本电脑和聊天内容上，全然没注意到惊慌失措的空中交通管制员正在试图联系他们，这导致飞机在飞抵目的地明尼阿波利斯后继续飞行了 240 千米。要是当时管制员知道并呼喊出飞行员的名字就好了。

选择性注意与事故

你是否也像美国 60% 的司机一样，在开车时查看、发送短信或查看手机地图（Gliklich et al., 2016）呢？如果是这样，你很可能认为自己能够同时关注道路情况，但这一想法是错误的。这种数字分心（注意力受到电子产品影响的现象）可能会引发许多悲惨后果，因为人们选择性注意转移的程度比自己能意识到的要多（Stavrinos et al., 2017）。一项实验研究曾让参与者在一个房间里待上 28 分钟，同时上网和看电视。他们猜测自己的注意力平均转换了 15 次，但实际上远远不止。眼球追踪结果显示，他们的注意力转换次数达到了 120 次，是平均次数的 8 倍（Brasel & Gips, 2011）。

在不同活动之间快速切换是持续集中注意力的大敌。人们越是无意识地查看手机，就越是会从日常工作中分心（Marty-Dugas et al., 2018）。尤其是投身复杂任务，如注意并避开周围的汽车时，我们如果转移注意力，就会应对不及时，这种应对不及时有时无伤大雅，有时却是致命的（Rubenstein et al., 2001）。一个司机分心与人讲话时，对驾驶至关重要的脑区的活跃程度就比平均数据下降了 37%（Just et al., 2008）。

分心驾驶到底有多危险？每天约有 9 名美国人因分心驾驶而殒命（CDC, 2018b）。一项针对青少年司机的视频摄像研究发现，58% 的车祸发生前，司机都会因乘客或手机而分心（AAA, 2015）。与乘客交谈而发生事故的风险比正常驾驶高 1.6 倍，而接打电话（即使开了免提）发生事故的风险也比正常驾驶高 4 倍——与醉酒驾驶的风险相当（McEvoy et al., 2005, 2007）。驾驶过程中，不只说话会让人分心，发短信的行为更是会使人处于危险之中。一项为期 18 个月的视频摄像研究追踪了长途卡车司机的驾驶习惯。司机发短信时，发生碰撞的风险增加了 23 倍（Olson et al., 2009）。许多欧洲国家、加拿大的大部分省份和美国 50 个州中的 48 个如今都禁止边开车边发短信（CBC News,

2014; Rosenthal, 2009）。因此，下次开车时，请不要再发短信了，你的乘客和其他司机都会因此感激。

非注意盲视

在有意识地觉知的水平上，除了其中极小的一部分，我们对所有的视觉刺激都是"盲目的"。乌尔里克·奈瑟尔（Ulric Neisser）、罗伯特·贝克伦（Robert Becklen）以及丹尼尔·切尔沃内（Daniel Cervone）用一个有趣的方法证明了这种**非注意盲视**（inattentional blindness）。他们让参与者观看了一段时长一分钟的录像，录像内容由三个穿黑色短袖和三个穿白色短袖的运动员投篮的图像重叠而成。实验要求受试者在穿黑色短袖运动员传球时按下按键进行计数。在录像中，还有一位拿着雨伞的年轻女子从镜头前闪过，绝大多数人都将注意力集中在实验任务上，全然没有注意到这位女子（图3.2）。研究人员重新播放这段录像时，受试者才惊奇地发现这位女子的存在（Mack & Rock, 2000）。这种非注意盲视，正是人们做自己最擅长的事——关注环境中的某些部分时，附带产生的结果。

对这一实验进行复现时，别出心裁的研究人员让一名助手装扮成大猩猩从运动员中间经过（Simons & Chabris, 1999）。大猩猩出现的片段共5~9秒，中途还停下来捶了下胸。参与者专注于计数，仍有半数人没有看到这只大猩猩。一些心理学家热衷于找乐子，继续用"看不见的"大猩猩来进行实验。曾有24名放射科医生在肺部扫描结果中寻找癌症结节，其中20人都没注意到叠加在图像上的一只小猩猩，尽管他们惊人的注意力连更小的癌症组织都能发现（Drew et al., 2013）。这些故意为之的恶作剧表明：注意力具有很强的选择性，人的意识在同一时间只集中在一个地方。

这种现象引申出了非注意麻木。职业扒手早就知道，与人发生碰撞会令受到碰撞的人很容易忽略有一只手正滑入其口袋。英国研究人员针对这种不敏锐触觉进行了实验：果然，在分心时，参与者未能察觉在其他情形下其实很容易注意到的振动（Murphy & Dalton, 2016, 2018）。非注意麻木还会导致人们"失去"嗅觉。当专注于一项让人分心的任务时，人们完全没有注意到房间里的咖啡香味（Forster & Spence, 2018）。人的注意力就像一份美妙的礼物，一次只能送出一份。

既然大多数人都将注意力集中在其他地方，而看不见大猩猩装扮的人，那么再试想一下，魔术师通过操控我们的选择性注意所能带来的乐趣。精通心理操控术的魔术师泰勒说："每次

> 非注意盲视：人们的注意力被引向其他地方，看不到可见的物体。

> "这一代人喜欢发短信、上网、发推特，是否已经说明他们能够平行地处理多个新信息流？大多数认知心理学家对此表示怀疑。"
> ——史蒂芬·平克

图3.2 非注意盲视

正在关注黑衣篮球运动员传球的观众通常不会注意到撑着伞的女人在屏幕上走过（Neisser, 1979）。

我们表演魔术，都是一种心理学实验。"（Teller，2009）聪明的小偷同样熟谙这一点。一位瑞典心理学家在斯德哥尔摩看到一个突然裸露身体的女人，大吃了一惊。后来他才意识到自己被偷了个精光。他被小偷给骗了，而那些小偷很了解人们选择性注意的局限性（Gallace，2012）。

其他一些实验也展示了这种被称为**变化盲视**（change blindness）的非注意盲视。短暂的视觉干扰后，人们会对周围环境中的某些事情视而不见，比如，一个大可乐瓶子从场景中消失了，场景中出现了一条栏杆，人物衣服的颜色有所变化，谈话中的某个人被另一个人所取代，等等（图3.3；Resnicketal，1997；Simons，1996；Simons & Levin，1998）。正所谓眼不见，心不想。

变化盲视：未能注意到环境中的变化，是一种非注意盲视。

（a）　　　　　（b）　　　　　（c）

图3.3 变化盲视

一个人给另一个人指路（a），两个研究人员抬着门板强行从他们俩中间穿过（b）。在此期间，原来的问路人被换成了另一个穿着不同颜色衣服的人（c）。大部分人的关注点都在指路这件事上，没有注意到这一替换（Simons & Levin，1998）。

自问

你能回忆起近期某次，你将注意力集中在某件事上，而忘却了其他事的经历吗？比如忘记疼痛，没注意到他人靠近，或是忘记歌词？如果你正一边听着激扬的歌曲，一边阅读这篇文章，要理解这个问题可能很费劲。

检索练习

RP-2 解释一下魔术师操控观众时可能用到的两个注意力原则。

答案见附录D

双重加工：意识的双通道

学习目标问题 3-3　如今的认知神经科学所揭示的双重加工是什么？

发现因特定的意识体验而变得活跃的脑区，会让许多人感到有趣，但还不足以令人震惊。如果所有心理上的过程同时也是生物上的过程，那么人们的意识、情绪和精神恐怕都必须以某种方式体现出来。真正令人感到震惊的是，有证据表明，大脑存在两种意识，并且每一种都有各自的神经架构。

在任何时刻，人们所认识到的都不过是意识水平之上的东西。在意识之下，无意识的信息加工在许多平行通道上同时发生。看到一只鸟在飞翔时，人们有意识地觉知的是自身认知加工的结果（"这是一只蜂鸟！"），而不是对鸟的颜色、形状、运动方向和与自身距离等次级信息加工的结果。近年来，一个宏大的想法在认知神经科学界十分流行，即人的大部分脑力劳动都发生在舞台之下、视线之外。感觉、记忆、思维、语言和态度都在两个独立的层面运作：有意识且目的性强的"高速公路"和无意识且自动发生的"羊肠小道"（Wang et al., 2017）。"高速公路"是思考的结果，"羊肠小道"是直觉的选择（Kahneman, 2011; Pennycook et al., 2018）。如今的研究人员称之为**双重加工**（dual processing）。我们知道的比我们认为自己知道的要多。

双重加工：信息往往在有意识和无意识的不同通道上同时进行处理的原则。

假如你是一个驾驶员，你会如何变道到右车道？驾驶员知道如何操作，却无法准确说明具体的驾驶过程（Eagleman, 2011）。大多数人会说自己会向右转动方向盘，然后回正——实际上这会让车跑偏。事实上，一个有经验的驾驶员在向右转后，会自动将方向盘转到中间偏左的位置，然后再回正。这就说明，大脑能够将有意识的认知转化为无意识的认知。

仔细阅读下面的这则故事，你会发现科学比科幻小说还要令人费解。在苏格兰的圣安德鲁斯大学游学时，我偶然认识了认知神经科学家梅尔文·古德尔（Melvyn Goodale）和大卫·米尔内（David Milner）。他们正在研究当地妇女 D.F. 的案例。这名妇女在洗澡时一氧化碳中毒，所造成的大脑损伤使她无法通过视觉分辨物体。从意识的角度来看，她什么都看不见，但她却表现出了**盲视**（blindsight）现象，也就是说，她所表现出的行为就像她能看见一样。她可以分毫不差地把明信片掷入垂直或水平方向的邮箱口；但若是问她面前的积木宽度时，她就会不知所措了，不过她仍能以正确的指尖距离抓住它。同样，如果你的右眼和左眼看到的是不同场景，你一次只能有意识地感知到其中一个场景。然而，你也会对另一只眼睛看到的场景有一些盲视的表现（Baker & Cass, 2013）。

盲视：一个人可以不知道视觉刺激的存在但仍能对其做出反应的情况。

为什么会这样呢？我们不是只有一个视觉系统吗？古德尔和米尔内从动物研究中得知，眼睛会同时向几个不同的脑区发送信息，而不同脑区具有不同的任务（Weiskrantz, 2009, 2010）。果然，对 D.F. 的大脑活动扫描显示，其与伸手、抓握和指引物体有关的脑区活动正常，而与有意识地识别物体有关的脑区则受到了损伤（另一个例子见图 3.4）。[1]

---

[1] 那么，相反的损害会不会导致相反的症状呢？的确，有一些这样的病人——他们能看到和识别物体，但难以指向或抓住它们。

图 3.4 盲人何时可以"看见"

这一关于盲视和心理双通道的演示中，研究人员劳伦斯·威斯克朗茨（Lawrence Weiskrantz）在一条杂乱的走廊上跟踪一位盲视患者。在被告知走廊上无障碍的情况下，患者仍然在所有的障碍物周围无意识地徘徊。

古德尔和米尔内在他们的著作《看不见的视力》（*Sight Unseen*）中总结道，人们称为视觉的这个东西多么错综复杂。我们可能认为视觉是单一系统，控制那些视觉引导的行为。但实际上，视觉是一个双重加工系统（Foley et al., 2015）。视觉感知通道使人能够"思考这个世界"——认识事物并计划未来的行动，而视觉行为通道则指导人眼下的行为。

意识的双通道在一个失去了全部左视觉皮质的患者身上也有体现，该患者看不见自己视野右侧的物体和面孔。然而，他却能感觉到那些他没有感知到的面部所表现的情绪（de Gelder, 2010）。视力正常，视觉皮质却因磁场刺激而不能运作的人也是如此。这些发现表明，大脑皮质以下的区域负责处理与情绪相关的信息。

人们的大部分日常思考、感觉和行为都是在意识之外进行的（Bargh & Chartrand, 1999）。诺贝尔奖得主、记忆专家埃里克·坎德尔（Eric Kandel, 2008）说："我们所做的事情有80%～90%是非自觉的。"有时我们会故意避免思考，尤其是思考的内容（"那块甜点有多少卡路里？"）与目标（"我想吃那块蛋糕！"）相冲突时（Woolley & Risen, 2018）。然而，大多数人在大部分情况下都错误地认为，自己的生活由自己的意图和深思熟虑后的选择所主宰，其实并非如此。

因此，尽管意识使人能够施加自主的控制，与他人交流自己的心理状态，但这不过是信息加工的冰山一角。那些观看魔术师洗牌后选择卡片的参与者便是如此（Olson et al., 2015）。在几乎每个例子里，魔术师都会巧妙地让一张牌显示的时间更长，以此影响参与者的决定，但91%的参与者都会认为是他们自主做出的选择。强烈地专注于一项活动（比如阅读本章），会使人的大脑总活动量增加，但不超过其基线比率的5%。即使在休息的时候，你的大脑仍在进行各种活动（Raichle, 2010）。

平行加工：同时加工一个刺激或问题的许多方面。

顺序加工：一次加工刺激或问题的一个方面，一般用于加工新信息或解决困难的问题。

无意识的**平行加工**（parallel processing）会比有意识的**顺序加工**（sequential processing）更快，但两者都是必不可少的。平行加工负责日常事务（更多内容见第6章）。顺序加工则更擅长加工需要人们集中注意力的新问题。如果条件允许的话，你可以试一试这个活动：你如果是右撇子，就移动右脚以逆时针画出一个平滑的圆圈，同时用右手反复写数字"3"；或者尝试其他同样困难的任务：左手平稳地轻拍三次，同时右手轻拍四次。这两项任务都需要意识加以注意，而人在同一时间只能注意一个地方。假如大自然通过时间让所有的事情不能同时发生，那么大自然就同样通过意识让人不能同时思考和做所有的事情。

> **检索练习**
>
> RP-3 什么是意识的双通道，什么是双重加工？
>
> *答案见附录 D*

➡ 睡眠与梦

学习目标问题 3-4 什么是睡眠？

我们人类每天的"电量"大约能续航 16 个小时，随后就要**睡眠**（sleep）为身体"充电"。睡眠是不可抗拒的诱惑，人们欣然屈服于它。无论是总统还是农夫，睡眠都平等地对待每一个人。睡眠是如此香甜，而又如此神秘。在睡眠过程中，我们可能觉得自己"对世界来说已经死了"，实则不然。邻居家的垃圾车轰隆作响时，我不会因此受到干扰，但孩子的啼哭会令我睡意全无。即使睡得再死，知觉的窗户还是会打开一条缝儿。人在床上翻滚扑腾，却不会掉下床去。在睡梦中听见有人呼叫自己的名字时，人的身体也会无意识地振作起来。脑电图记录发现，即使在睡眠中，大脑的听觉皮质也会对声音刺激做出反应（Kutas, 1990）。在你睡着时，你的大脑仍和清醒时一样，也在处理着意识之外的大部分信息。

> 睡眠：一种定期的意识自然丧失，与昏迷、全身麻醉或冬眠造成的无意识不同。(Dement, 1999)

研究人员记录了参与者睡眠时的脑电波和肌肉运动，时不时唤醒参与者并进行观察，尝试探索深层的睡眠奥秘。也许你能够预见他们的一些发现。请思考下述说法正确与否。

> "我喜欢睡觉，你呢？睡觉很美妙，不是吗？它实在是世界上最美妙的事情了。你进入了毫无意识的状态，却还活在世上。"
> ——喜剧演员丽塔·拉德纳

1. 人们梦见进行某种活动时，四肢往往会随着梦境变化而运动。
2. 老年人睡眠时间比年轻人长。
3. 梦游者的行为是其梦境内容的反映。
4. 睡眠专家建议，偶尔服用安眠药有助于改善失眠症状。
5. 有些人每天晚上都做梦，但是也有人几乎不做梦。

| 20 小时 | 12 小时 | 10 小时 | 8 小时 | 4 小时 | 2 小时 |

图 3.5 动物睡眠时间

你愿意做一只每天睡 20 个小时的棕蝠，还是愿意做一只每天睡 2 个小时的长颈鹿（NIH, 2010）？

上述所有说法（Palladino & Carducci, 1983）都是错误的。欲知原因，请看下文。

生物节律与睡眠

生命和大海一样，有着自己的潮汐节律。在不同的时间阶段，人的身体会发生不同的变化，精神也会随之而变化。接下来，我们将详细了解两种生物节律——24 小时生物钟和 90 分钟睡眠周期。

昼夜节律

学习目标问题 3-5 生物节律如何影响人们的日常机能？

一天的节律与生命节律相似——从新一天醒来的初生，到夜晚归家进入莎士比亚所称的"死亡假象"状态（即睡眠）。人们的身体变化和 24 小时昼夜周期大致同步，这要归功于一种叫**昼夜节律**（circadian rhythm）的体内生物钟。清晨来临，人的体温随之升高；在中午时，体温达到最高值；在下午的早些时候，体温会在一段时间内持续下降（许多人会在这时候午睡或喝含咖啡因的饮料），并在晚上再次开始下降。接近每天的生理唤醒高峰期时，人的思维和记忆力会得到改善。你有通宵熬夜的经历吗？在半夜时，你会感觉昏昏沉沉，但随着正常起床时间的到来，你的身体就会恢复清醒状态。

昼夜节律：生物钟，以 24 小时为一个周期的、规律的身体节律（如体温和清醒状态）。

年龄和经历可以改变人的昼夜节律。大多数 20 来岁的人都是"夜猫子"，晚上觉得精力充沛，白天的状态则需要渐渐恢复（May & Hasher, 1998）。年龄越大，人就会越想早点休息。大多数老年人觉浅，是喜欢早起的"百灵鸟"。对于人类的祖先（以及今天的狩猎采集者）来说，家里有一位早醒的祖父或祖母，能帮助整个家庭免受掠食者的侵害（Samson et al., 2017）。到了深夜，对于许多年轻人来说，夜晚才刚刚开始，而养老院则通常都是一片宁静祥和。大约在 20 岁以后（女性略早），人们就会开始从"夜猫子"转变为"百灵鸟"（Roenneberg et al., 2004）。年龄只是一个影响因素。一般来说，夜猫子往往比较聪明，创造性强，勤奋肯干（Giampietro & Cavallera, 2007; Schmidt et al., 2009），而爱早起的人则往往在学校表现得更好、更主动、更守时，而且患抑郁症的概率较低（Preckel et al., 2013; Randler, 2008, 2009; Werner et al., 2015）。

自问

你认为自己是夜猫子还是早起的百灵鸟？你通常什么时候精力最旺盛？一天中的哪个时间段最适合你学习？

睡眠阶段

学习目标问题 3-6 我们在入睡和做梦阶段有怎样的生物节律？

为了入睡，我们会先爬到床上假装睡觉，等待睡眠来临。最终，睡意笼罩了我们，随着大脑皮质的各个部分停止交流，意识也会逐渐消失（Massimini et al., 2005）。睡眠可能就像一场时间旅行，令我们穿越到几小时后的未来。然而在睡眠中，我们的大脑仍然活跃，有着自己的生物节律。

大约每隔 90 分钟，我们就会经历不同的睡眠阶段。1952 年的一个晚上，8 岁的阿蒙德·阿瑟林斯基（Armond Aserinsky）上床睡觉时，这一事实才为人们所认识。他的父亲尤金（Eugene）是芝加哥大学的研究生，那天恰好需要测试修好的脑波仪（Aserinsky, 1988; Seligman & Yellen, 1987）。因此，和许多优秀的科学家一样，他也让家人参与了自己的研究！他将电极放在阿蒙德的眼睛附近，以记录眼动，因为当时的人们认为眼动会在睡眠中出现。他看着机器疯狂地在图画纸上描画出深深的之字形，以为机器还没修好。但是随着夜晚的降临，这样的活动反复出现，尤金最后才意识到，快速的眼动会伴随着丰富的大脑活动出现。有一次，在眼动阶段时，他叫醒了阿蒙德，这个小男孩说他正在做梦。如今，我们将尤金发现的这一现象称作**快速眼动睡眠**（Rem Sleep，即 REM 睡眠，有时也称 R 型睡眠）。

对数千名参与者进行的类似测试表明，这样的周期是睡眠的正常组成部分（Kleitman, 1960）。为了理解这些研究，你可以想象自己也参与到测试中。随着时间渐晚，大脑新陈代谢的速度下降，你会开始感到困乏，打起了哈欠［打哈欠具有社会传染性，能够伸展人的颈部肌肉，提高心率，从而增强人的警觉性（Moorcroft, 2003）］。在你马上要入睡时，研究人员会将电极贴在你的眼角外侧（探测眼动）、头皮上（探测脑电波）和下巴上（探测肌张力）（图 3.6），还会放置其他仪器，记录你的心率、呼吸

快速眼动睡眠：REM 睡眠；一个反复出现的睡眠阶段，其间通常伴随着一些生动的梦境。

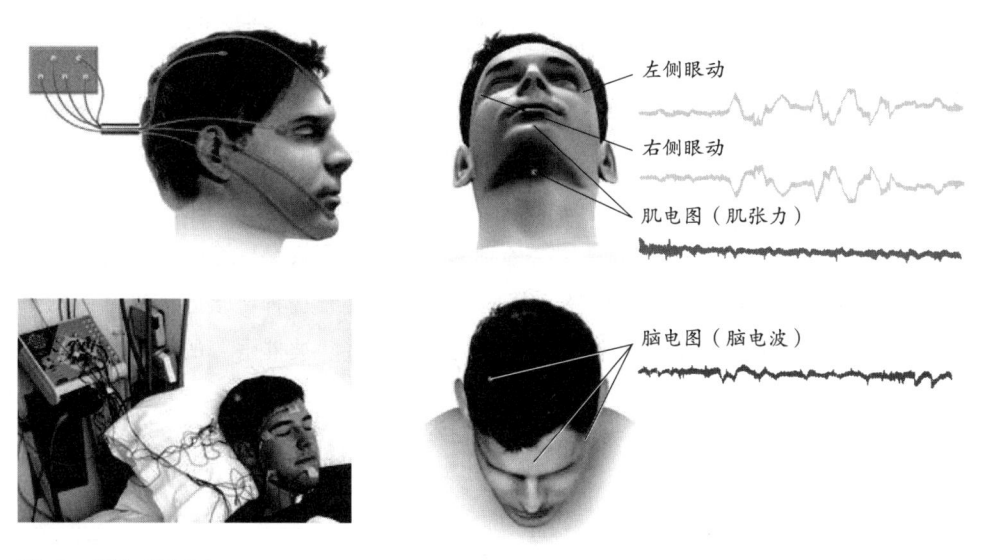

图 3.6 测量睡眠活动

睡眠研究人员通过电极测量脑电波、眼动和肌张力，这些电极能够收集来自大脑、眼睛和面部肌肉的微弱电信号（From Dement, 1978）。

海豚、鼠海豚和鲸鱼每次睡眠时只有一侧大脑入睡（Miller et al., 2008）。

α波：清醒、放松状态下，相对缓慢的脑电波。

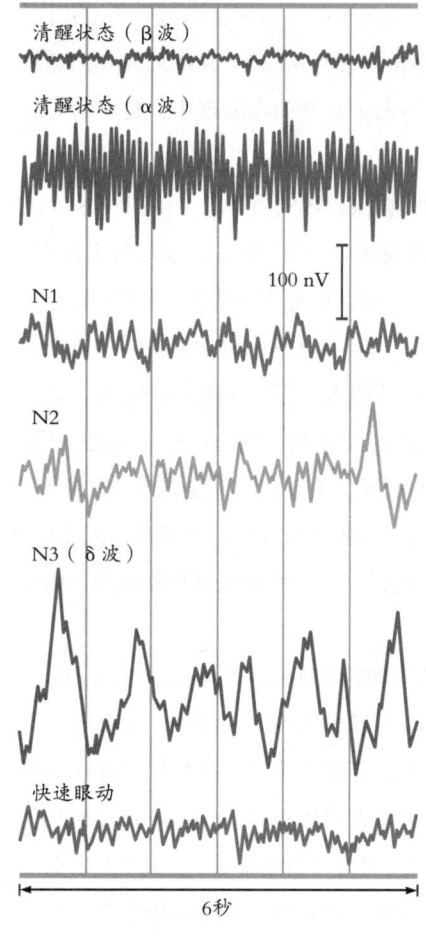

清醒状态（β波）
清醒状态（α波）
100 nV
N1
N2
N3（δ波）
快速眼动
6秒

图 3.7 脑电波和睡眠阶段

清醒、警惕状态的β波和清醒、放松状态的常规α波与深层N3睡眠的较慢、较大的δ波不同。虽然急速的快速眼动睡眠波类似于接近清醒的N1睡眠波，但在快速眼动睡眠期间，身体的内部唤醒状态比非快速眼动睡眠（N1、N2和N3阶段）更高。

幻觉：虚假的感官体验，如在没有外部视觉刺激的情况下看到某些东西。

频率和生殖器的唤醒程度。

你闭上眼睛躺在床上，另一个房间里的研究人员可以从脑电图上看到你大脑在清醒、放松状态下释放的相对缓慢的α波（alpha wave）（图3.7）。这时，你可能闭上了双眼，但仍然可以注意到研究人员通过对讲机说的话（Legendre et al., 2019）。随着时间推移，你渐渐适应了所有的仪器，开始感觉到困倦，在不知道什么时候，进入睡眠（图3.8）。这一过渡的标志是呼吸变慢、脑电波不规则，美国睡眠医学会将其归类为N1睡眠——非快速眼动（NREM）睡眠的第一阶段（Silber et al., 2007）。

威廉·丹特（William Dement, 1999）对15 000名参与者进行研究，观察到了大脑关闭感知外界的窗口时刻。他要求一个缺觉的年轻人睁开双眼，每当频闪灯在其眼前闪烁时（大约每6秒钟一次）就按下一个按钮。几分钟后，这个年轻人错过了一次灯光。问及原因时，他说："因为没有灯光。"但当时灯确实亮了，他错过灯光是因为他在那两秒里睡着了（根据其脑电波显示得知）。但他没有意识到，所以他不但错过了在他面前10米远的灯光，也错过了进入睡眠的那一瞬间。

在这个短暂的N1睡眠阶段，你可能会体验到一些奇异的景象，与**幻觉**（hallucination）类似，即没有感官刺激而发生的感官体验。你可能会有一种坠落感（当时你的身体可能突然抽搐了一下）或失重飘浮的感觉，而这些"被催眠"的感觉可能之后

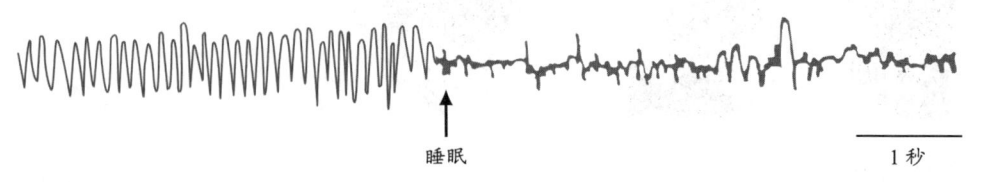

↑
睡眠
1秒

图 3.8 进入睡眠的瞬间

我们似乎意识不到自己进入睡眠的那一瞬间，但是观察我们的脑电波的人却可以（From Dement, 1999）。

就与记忆结合在一起了。那些声称遭到外星人绑架的人，通常都会有从床上飘下来或被压在床上的感觉，这种感觉一般都是上床后不久出现的（Clancy, 2005; McNally, 2012）。

随后，你会更深层次地放松，进入 N2 睡眠阶段。这一阶段大约持续 20 分钟，伴随着周期性的睡眠纺锤波——这种脑电波活动速度较快，节奏性强，有助于记忆加工（Studte et al., 2017）。在这个阶段，尽管你很容易被叫醒，但你的确是真正地睡着了。

接下来你将进入 N3 阶段的深度睡眠。这种慢波睡眠会持续大概 30 分钟，你的大脑会出现波幅很大的慢波——δ 波（delta wave），此时你会很难被唤醒。你是否有这样的经历？你说"昨晚的雷声真大"，朋友却迷惑地回答"什么雷声？"。那些没听见雷声大作的人可能已经进入了深度睡眠状态（这一阶段的末期，儿童可能会尿床）。

> 你可以使用闹钟的贪睡功能体验自己的睡眠过程。

> δ 波：速度慢、波幅大的脑电波，与深度睡眠有关。

快速眼动睡眠

在你入睡大概一小时后，奇怪的事情发生了。你从最初的深度睡眠中"上升"，不再继续熟睡。回到 N2 睡眠阶段后（大概有半个晚上都会处于这个阶段），你会进入一个有趣的阶段——快速眼动睡眠（图 3.9）。在大约 10 分钟的时间里，你的脑电波速度越来越快，呈锯齿状，与 N1 阶段近乎清醒的睡眠的脑电波非常相似。但与 N1 阶段不同的是，在快速眼动睡眠中，你的心率会上升，呼吸会加快并且变得不规律。每隔半分钟左右，你的眼球会突然快速转动。这些眼球运动表明你开始做梦了，这些梦通常情绪化，具有故事性，并且富于幻觉。梦境不是真实的，但快速眼动睡眠会欺骗你的大脑，使其做出真实的反应（Andrillon et al., 2015）。任何观察过入睡者眼睛的人都很容易发现这些快速眼动，科学界却直到 1952 年才注意到，着实令人惊讶。

除了一些特别可怕的梦以外，在快速眼动睡眠过程中，人的生殖器会处于唤醒状态。不管做梦的内容是否和性有关，男性的生殖器都可能会勃起，女性会产生阴道分泌物和阴蒂充血（Karacanetal, 1966）。例如，常见的"晨勃"就是由夜晚最后一个快速眼动阶段所引起的，并且通常刚好在醒来之前出现。很多受"勃起障碍"困扰的男性都会出现晨勃现象，说明他们的问题可能不是器质性的。

在快速眼动睡眠过程中，尽管大脑运动皮质处于活跃状态，但脑干会拦截它发出的指令。因此，人的肌肉会完全放松，若不是偶尔的手指、脚趾或者面部抽搐，人基本上处于一种类似瘫痪的状态，并且不容易被唤醒〔从快速眼动睡眠中醒来时，这种瘫痪的感觉可能会偶尔反复出现，产生令人不安的睡眠瘫痪体验（Santomauro & French, 2009）〕。所以，快速眼动睡眠有时也被称为反常睡眠：身体内部已经清醒，大脑如清醒时一样活跃，身体外部却处于平静的睡眠状态。人们每年有大约 600 个小时

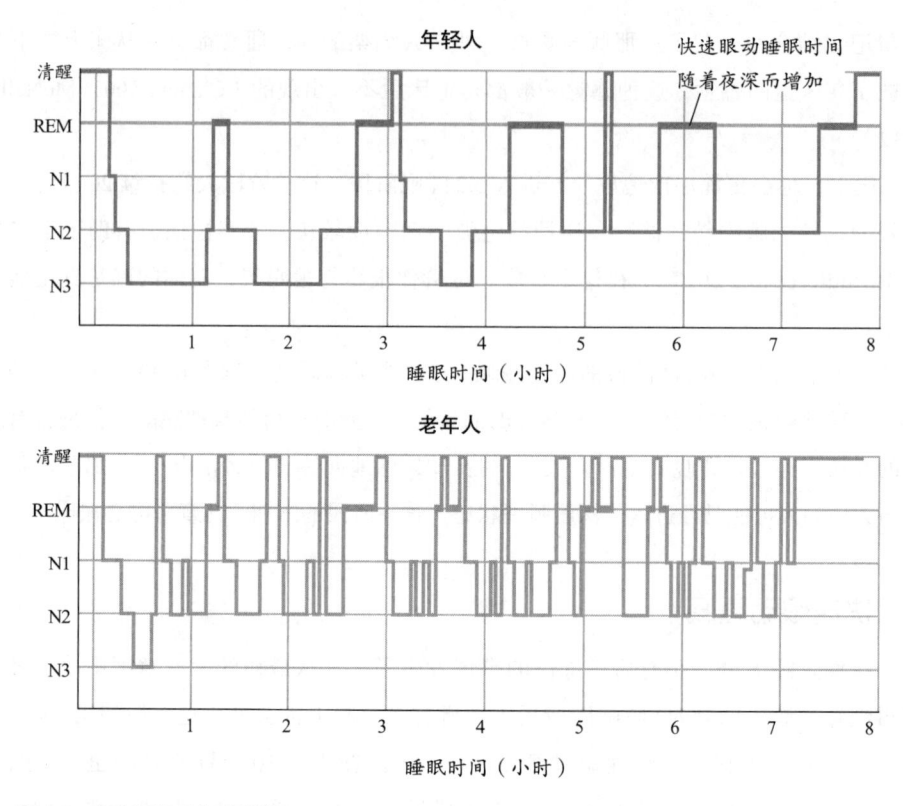

图 3.9　夜晚睡眠的典型阶段

人们每晚都要经历几次由多个阶段组成的睡眠周期。随着时间的推移，深度睡眠的时间会渐渐减少，而对于年轻人来说，快速眼动睡眠会增加。随着年龄的增长，人们的睡眠质量开始下降，老年人在睡眠过程中很容易清醒过来（Kamel & Gammack, 2006; Neubauer, 1999）。

在做梦，做的梦多达 1500 个；或者说，人们在一生中通常会做 10 万多个梦，由于快速眼动的保护性瘫痪，这些梦全由黑夜吞噬，并未实际发生。

年轻人的睡眠周期大约每 90 分钟重复一次（老年人的周期则更短、更频繁）。随着时间的推移，N3 阶段深度睡眠越来越短，直至渐渐消失，而快速眼动睡眠和 N2 阶段睡眠时间越来越长（图 3.9）。到早晨，人们每晚的快速眼动睡眠平均占整个睡眠过程的 20%～25%（约 100 分钟）。在睡眠实验室的研究中，37% 的参与者表示自己很少或从未做过"第二天早上还能记得"的梦（Moore, 2004）。然而，在超过 80% 的试次中，在快速眼动睡眠中被唤醒的参与者能回忆起一个梦。神经科学家还确定了做梦时比较活跃的脑区，这使他们能够检测到做梦的时间（Sicarli et al., 2017）。

马儿每天有 92% 的时间是站着的，它们可以站着睡觉，但必须躺下才能进入快速眼动睡眠。（Morrison, 2003）

检索练习

RP-1 为什么集体睡眠会给那些担心自身安全的人带来额外的安全感？

RP-2 睡眠阶段有哪些？人们通常按照什么顺序经历这些阶段？

RP-3 连线：将睡眠阶段（i—iii）与对应的认知体验（a—c）连起来。

睡眠阶段	认知体验
i. N1	a. 故事般的梦境
ii. N3	b. 转瞬即逝的图像
iii. REM	c. 最少的意识

答案见附录 D

人们的睡眠模式受什么影响？

学习目标问题 3-7 生理习性和环境的相互作用如何影响睡眠模式？

"每个人都需要 8 小时的睡眠"这一观点是对是错呢？答案是错误的。新生儿每天大约有 2/3 的时间都在睡眠中度过，而大多数成年人的睡眠时间却不超过一天时间的 1/3（一些人每晚只需不到 6 小时的睡眠即可，而另外一些人一般要睡 9 个小时或者更久）。但实际上，人们睡眠的个体差异比年龄差异更大。一些人在晚上的睡眠周期之间是清醒的，这有时被称为"第一睡眠"和"第二睡眠"（Randall, 2012）。而一些人则发现，15 分钟的午间小睡和夜晚多睡一小时的效果相当（Horne, 2011）。

睡眠模式会受到基因的影响。一些科研人员正在追踪研究人类和其他动物的睡眠调节基因（Hayashi et al., 2015; Mackenzie et al., 2015），一项对 130 万人的分析确定了 956 个与失眠等睡眠模式有关的基因（Jansen et al., 2019），另一项分析则确定了与早起有关的基因（Jones et al., 2019）。

睡眠模式也受到文化、社会和经济的影响。英国、加拿大、德国、日本和美国的成年人在工作日平均每晚睡 7 小时，其余时间则睡 7～8 小时（NSF, 2013）。然而，许多学生和工人的周末睡眠时间都没有达到这一平均水准（NSF, 2008）。开学时间较早、课外活动较多乃至父母规定的就寝时间较少，导致美国青少年的睡眠时间比澳大利亚的同龄人更少（Short et al., 2013）。那些疲于生计的人也难以得到充分的休息（Johnson et al., 2018; Mai et al., 2019; Vancampfort et al., 2018）。对于睡眠，就像清醒时的行为一样，生理和环境的影响是相互作用的。

无论是在工作还是在娱乐，人的昼夜节律都会因亮光激活视网膜光敏蛋白质而调整。这些蛋白质触发信号，传输到大脑的**视交叉上核**（suprachiasmatic nucleu, SCN，下丘脑中一对米粒大小、由上万细胞组成的细胞群），以此控制昼夜节律（图 3.10）。在一定程度上，视交叉上核促进大脑松果体在早晨减少诱导睡眠的角蛋白褪黑素的产生，又在晚上增加褪黑素产生（Chang et al., 2015; Gandhi et al., 2015）。2017 年，对人类生物钟的分子生物学机理研究获得了诺贝尔奖。

暴露在亮光下（或剥夺亮光）会扰乱人们的 24 小时生物钟（Czeisler et al., 1999; Dement, 1999）。一项研究曾模拟了一次前往火星的太空任务，试验中的宇航员在 520

人们在做梦时很少打鼾。快速眼动睡眠开始时，人就会停止打鼾。

视交叉上核：下丘脑中的一对细胞群，控制着昼夜节律。视交叉上核对光做出反应，使松果体调整褪黑素的分泌，从而调整人们的睡意。

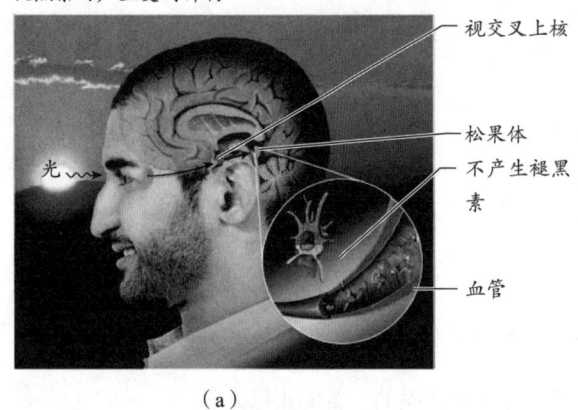

褪黑素的产生受到抑制　　　　　　　　　褪黑素产生

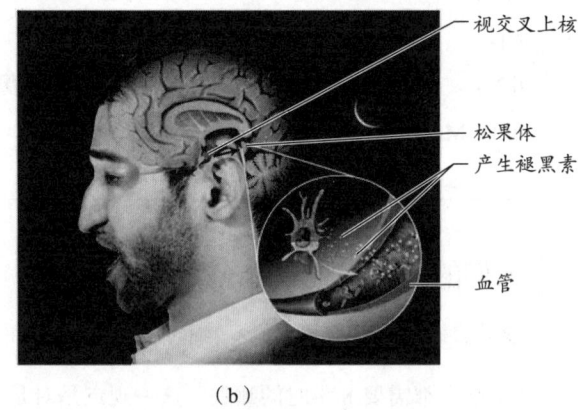

（a）　　　　　　　　　　　　　　　　（b）

图3.10　昼夜节律

（a）光线照射在视网膜上时，会给视交叉上核（SCN）发出信号，抑制松果体分泌褪黑素。
（b）在夜间，视交叉上核开始休息，松果体就会释放褪黑素到血液中。

昼夜颠倒的坏处：一项对超过24 000场美国职业棒球大联盟比赛的研究发现，在进行系列赛之前跨越三个时区的球队，有近60%的概率会输掉第一场比赛（Winter et al., 2009）。对美国职业篮球联赛和国家冰球联盟的后续研究再次印证了这一发现（Roy & Forest, 2018）。

天内没有接触自然光线（Basner et al., 2013）。他们因此体验到了去同步作用。夜班工人也常常面临这样的情况，这可能会引起疲劳、胃病、心脏病，以及女性常患的乳腺癌等（Knutsson & Bøggild, 2010; Lin et al., 2015; Puttonen et al., 2009）。人类祖先的身体时钟与一天24小时内太阳的东升西落相适应，在黑暗冰冷的冬季睡眠时间更长，在阳光明媚的夏季睡眠时间更短（van Egmond et al., 2019）。

当今的年轻人采用每天将近25个小时的作息方式，原因是他们熬夜太晚，得不到8小时的睡眠时间。对此，我们得感谢（抑或是责怪）发明了电灯泡的托马斯·爱迪生（Thomas Edison）。

将近90%的美国人表示在睡前一小时会使用发光电子设备（Chang et al., 2015）。这样的人造光会推迟入睡时间，影响睡眠质量。对于大一的学生来说，熬夜看电视会令他们睡得更晚，并且睡眠质量和睡眠时长也会下降（Exelmans & Van den Bulck, 2018）。流媒体干扰了我们的美梦。

一些人在周末熬夜和睡懒觉，然后又在周日晚上提前入睡为新的工作周做准备，但是他们往往无法入眠（Oren & Terman, 1998）。一些纽约人也是如此，去加利福尼亚州旅行回来后需要重新调整适应才能入睡，这是因为他们经历了"社会时差"。对于刚抵达欧洲的美国人来说，昼夜节律喊出"睡觉"时，他们却需要起床。这时，明亮的光线（第二天在户外度过）有助于他们重置生物钟（Czeisler et al., 1986, 1989; Eastman et al., 1995）。

> **检索练习**
>
> RP-4 ＿＿＿＿＿核有助于监测大脑释放褪黑素，影响我们的＿＿＿＿＿节律。
>
> 答案见附录 D

人为什么要睡觉？

学习目标问题 3-8　睡眠有什么功能？

睡眠模式因人而异，因文化而异。但是，为什么人会有睡眠这种需求呢？心理学家们认为可能有以下五个原因：

1. **睡眠具有保护作用**。夜幕降临时，人类的远古先祖在结束一天的狩猎、采集和旅行活动时，通常都会躲在山洞里睡觉，以此避免危险。只要不在夜里去悬崖边上徘徊，人就更有可能繁衍生息下去。这与一个更广泛的原则不谋而合：一个物种的睡眠模式往往与其生态位相匹配（Siegel, 2009）。最需要进食且最没有能力藏匿自身的动物往往睡得最少。在交配和迁徙期间，动物睡得比较少，也不会有任何不良影响（Siegel, 2012；关于动物睡眠时间的例子，见图 3.5）。

2. **睡眠帮助我们休整**。睡眠使我们的身体和大脑有机会进行修复、重新连接和重组。它有助于身体从感染中愈合，恢复免疫系统（Dimitrov et al., 2019）。睡眠使休息的神经元有时间自我修复，同时修剪或削弱不必要的连接（Ascády & Harris, 2017; Ding et al., 2016; Li et al., 2017）。蝙蝠和其他一些在清醒时新陈代谢旺盛的动物会燃烧大量的卡路里，产生对神经元有害的自由基分子。睡眠能够有效清除这些有毒废物，以及对人类来说可能导致阿尔茨海默病的蛋白质片段（Beil, 2018; Xie et al., 2013）。你可以这样理解：意识离开居所时，服务员会进来打扫卫生，并道上一声"晚安，睡个好觉"。

3. **睡眠有助于恢复和重建我们当天已经逐渐淡忘的记忆**。睡眠是为了加强记忆。通过重放最近的学习和加强神经连接，睡眠强化了我们的记忆（Paller & Oudiette, 2018）。它会重新激活存储在海马体的近期经验，并将它们转移到大脑皮质其他区域进行永久存储（Racsmány et al., 2010; Urbain et al., 2016）。因此，接受某任务训练的成年人、儿童和婴儿经过一夜的睡眠甚至短暂的午睡后，比清醒几个小时后能更好地回忆起这些任务（Friedrich et al., 2015; Horváth et al., 2017; Sandoval et al., 2017; Seehagen et al., 2015）。老年人睡眠的频繁中断也会破坏他们巩固记忆的能力（Boyce et al., 2016; Pace-Schott & Spencer, 2011）。

4. **睡眠能够激发创造性思维**。梦境可以激发显著的艺术和科学成就。化学家奥古斯特·凯库勒（August Kekulé）曾因梦境了解了苯的结构（Ross, 2006），医学研究员卡尔·阿尔温（Carl Alving, 2011）因为梦境发明了疫苗贴片。换言之，一整晚的睡眠能

> "快点睡吧，我们需要枕头。"
> ——意第绪语谚语

够促进人的思考和学习。完成一项任务后，美美地睡上一觉，这会令你比那些一直保持清醒的人更具洞察力，更善于解决困难问题（Barrett, 2011; Sio et al., 2013），同时也更善于发现新信息之间的联系（Ellenbogen et al., 2007; Whitehurst et al., 2016）。在睡前思考问题，然后再睡上一觉，能帮助你更机智地思考问题，发现信息之间的联系。

5. **睡眠促进发育**。在上半夜的慢波睡眠期间，脑垂体会释放形成肌肉所必需的人体生长激素。詹姆斯·马斯（James Maas）和丽贝卡·罗宾斯（Rebecca Robbins）报告称，有规律的整夜睡眠能够"极大地提高运动能力"。主要发生在整夜睡眠最后几小时的快速眼动睡眠和 N2 睡眠，能够强化建立持久记忆的神经连接，其中包括练习网球或投篮时学到的"肌肉记忆"。睡眠专家谢利·马（Cheri Mah）和同事常常就如何在训练中建立睡眠习惯向运动员提供建议。在她的帮助下，职业篮球运动员安德烈·伊古达拉（Andre Igoudala）改变了以往下午打瞌睡、深夜玩电子游戏的习惯，养成了健康睡眠的习惯（Gonzalez, 2018）。这样的转变带来了什么结果呢？伊古达拉的运动时间更长了，投篮也更有效率，获得了 2015 年美国职业篮球联赛总决赛最有价值球员奖。看到睡眠有如此多的益处，我们就不难理解为何睡眠不足会带来如此多的坏处了。

检索练习

RP-5 人们需要睡眠有哪五个原因？

答案见附录 D

睡眠不足和睡眠障碍

学习目标问题 3-9　睡眠不足对我们有什么影响，主要的睡眠障碍有哪些？

身体渴望睡眠却得不到满足时，我们就会开始感到不适。这时，我们会试图保持清醒，最终却总会失败。在这场疲惫的战斗中，睡眠总是赢家。

失眠的影响

现代睡眠模式，又称为"睡眠大衰退"，不仅使人困倦不已，还渐渐耗尽了人的能量和幸福感（Keyes et al., 2015; Thorarinsdottir et al., 2019）。连续几个仅有 5 小时睡眠的夜晚后，我们欠下的睡眠债务便已经无法通过一次长睡眠来偿还。睡眠研究人员威廉·戴姆特（William Dement, 1999）指出："大脑对睡眠债务的准确计算至少会保持两周。"

很明显，我们需要睡眠。人一生的睡眠时间约为 25 年，几乎占我们生命的三分之一。假如没有睡眠障碍，大多数正在偿还睡眠债务的成年人每晚至少要睡 9 个小时（Coren, 1996）。一个实验曾让参与者每天在床上待 14 个小时，为期至少一个星期，借此证明了没有睡眠障碍的好处。在最初几天中，参与者平均每天睡 12 小时或更久，显然是在偿还每周平均 25～30 小时的睡眠债务。睡眠债务偿还完毕后，他们再次恢复到每晚 7.5～9 小时的睡眠时长，此时他们会感觉自己精力充沛，幸福感也更强（Dement, 1999）。

高中和大学阶段的学生尤其缺乏睡眠：在美国的一项调查中，69% 的人表示在前两周至少有几天"感到疲倦"或"精力不足"（AP, 2009）。四分之一的中国大学生有严重的睡眠问题（Li et al., 2018）。美国的一项调查显示，75% 的高中生表示每晚睡眠时间少于 8 小时，其中 28% 的人承认自己每周至少有一次在课堂上打瞌睡（CDC, 2019; NSF, 2006）。学生们睡着，并不是因为课堂太无聊。

睡眠不足也会影响人们的情绪。疲倦使人易怒：睡眠不足会导致愤怒情绪增加，容易造成关系冲突（Keller et al., 2019; Krizan & Hisler, 2019; Madrid-Valero et al., 2019）。此外，睡眠不足还是预测抑郁症的一个有力因素（Palagini et al., 2019）。研究人员在两项研究中对数千名青少年进行分析，发现那些每晚睡 5 小时或更少的人患抑郁症及产生自杀想法的风险，分别比睡 8 小时或更多的同龄人高 70% 和 80%（Gangwisch et al., 2010; Whitmore et al., 2018）。在来自中国的 50 万名 30～79 岁的人中，那些每晚睡 5 小时或更少的人的抑郁症发病率比其他人高了一倍多（Sun et al., 2018）。这种联系似乎不能说明抑郁症对睡眠的影响。但是，对儿童和青少年的长期跟踪调查发现，睡眠不足是患抑郁症的前兆，反之亦然（Gregory et al., 2009）。而对于有自杀倾向的人来说，一夜的睡眠不佳会加重他们第二天想自杀的想法（Littlewood et al., 2019）。

幸运的是，快速眼动睡眠对情感体验的影响有助于预防抑郁症（Walker & van der Helm, 2009）。这或许能够解释为什么父母强制要求孩子早睡，因为这样孩子患抑郁症的概率更低；这或许还能够解释为什么中学的上学时间较晚，因为这样学生能得到更多睡眠时间，出勤率会更高，上课会更准时，警觉性也会提高，发生车祸的概率减小（Bowers & Moyer, 2017; Foss et al., 2019; Morgenthaler et al., 2016）。西雅图学区将中学上学时间推迟 55 分钟，取得了立竿见影的效果：学生睡眠的时间更长，取得的成绩更好（Dunster et al., 2018）。因此，欧洲的中学很少在上午 9 点前开始上课（Fischetti, 2014）。美国儿科学会主张推迟青少年的上学时间："让学生有机会达到最佳的睡眠水平（8.5～9.5 小时）。"正如心理学家洛葛仙妮·普里查德（Roxanne Prichard）所指出的："只要睡得好，一切都会变得顺心起来，一切都会变得更美好。"（Brody, 2018）

一位心理学教授曾让学生挑战在期末考试周期间每晚至少满足 8 小时睡眠，那些完成挑战的学生在期末考试中取得的成绩更高（Scullin, 2019）。这就表明：只有睡得好，表现才更好。

睡眠不足会使人增肥。睡眠不足会扰乱人的激素分泌、新陈代谢，以及大脑对食物的反应。例如：

1989 年，迈克尔·杜塞特被提名为"美国最安全的年轻司机"。然而在 1990 年的某一天，他从学校开车回家时在车上睡着了，与迎面而来的汽车相撞，导致他本人和那辆车的司机全都遇难。迈克尔的驾校教练后来承认，自己没有提醒他睡眠不足和疲劳驾驶的问题。（Dement, 1999）

"记得要睡觉，只有睡觉才能记得更牢。"
——詹姆斯·B. 马斯和丽贝卡·S. 罗宾斯

睡眠窃贼："你在半夜醒来，拿起智能手机查看时间——现在是凌晨 3 点——你看到了一个通知提示。在你查看通知之前，你就陷入了电子邮件和推特所创造的不确定的世界之中。还不睡吗？忘了它吧。"
——尼克·比尔顿

- 增加胃泌素，这是一种唤醒饥饿的激素，并减少抑制饥饿的瘦蛋白激素（Shilsky et al., 2012）。
- 增加皮质醇，一种刺激身体制造脂肪的应激激素。
- 降低新陈代谢（能量利用）率（Schmid et al., 2015; Potter et al., 2017）。
- 破坏基因表达，增加心脏病和其他负面健康结果的风险（Möller-Levet et al., 2013; Mure et al., 2018）。
- 增强边缘系统对食物的反应，减少有助于抵制食物诱惑的大脑皮质反应（Benedict et al., 2012; Greer et al., 2013; St-Onge et al., 2012）。

因此，睡眠较少的儿童和成人要比睡眠正常的人更重。近几十年来，人们的睡眠在减少，体重却在增加（Hallet al., 2018; Miller et al., 2018）。此外，实验性睡眠不足，会增加参与者的食欲，使其更爱吃垃圾食品；大脑疲惫时，我们会觉得脂肪类食物更诱人（Fang et al., 2015; Hanlon et al., 2015; Rihm, 2019）。因此，这也能解释，为什么睡眠不足的学生体重更容易增长（Hull et al., 2007）。

睡眠还会影响人们的身体健康。身体被病毒感染时，人们通常会变得嗜睡以增强免疫力。而睡眠不足会抑制身体释放抵抗病毒感染和癌症的免疫细胞（Möller-Levet et al., 2013; Motivala & Irwin, 2007; Opp & Krueger, 2015）。一项实验曾让参与者暴露在感冒病毒中。那些平均每晚睡眠不足 5 小时的人患感冒的可能性比那些每晚睡眠超过 7 小时的人高 4.5 倍（Prather et al., 2015）。睡眠的保护作用或许还能解释为什么每晚睡 7～8 小时的人往往比那些长期睡眠不足的人更加长寿（Dew et al., 2003; Parthasarathy et al., 2015; Scullin & Bliwise, 2015）。

"闭上你的眼睛，和我吻别。然后睡吧，睡吧。"
——我的化学浪漫乐队

睡眠不足会降低人的反应速度，使人在需要视觉关注的任务上更容易犯错误，比如机场安检、手术主刀和看 X 光片（Caldwell, 2012; Lim & Dinges, 2010）。处于昏昏欲睡的状态时，我们可能会不知不觉地经历 1～6 秒的"微睡眠"（Koch, 2016）。反应迟钝和微睡眠会给那些操作设备、飞行或开车的人带来毁灭性的灾难。据估计，在美国，每六起交通事故中就有一起事故是驾驶员精神不振造成的（AAA, 2010）；约 30% 的澳大利亚公路死亡事件也是因此发生的（Maas, 1999）。纽约地区两辆通勤列车的驾驶员患有睡眠窒息，这一睡眠障碍产生的疲劳感最终导致列车撞毁，事故造成 100 人受伤、1 名路人死亡（McGeehan, 2018）。不幸往往发生在昏昏欲睡的额叶要处理某个意外情况时。

斯坦利·科伦（Stanley Coren）利用了对许多美国人来说半年一次的睡眠操纵实验——分别是"春季提前"到夏令时（睡眠时间缩短）和"秋季回调"到标准时间

（睡眠时间增加）。科伦搜索了加拿大和美国数以百万计的记录数据后发现，在春季时间变化后，人们的睡眠时间缩短，事故立即增加（图3.11）。

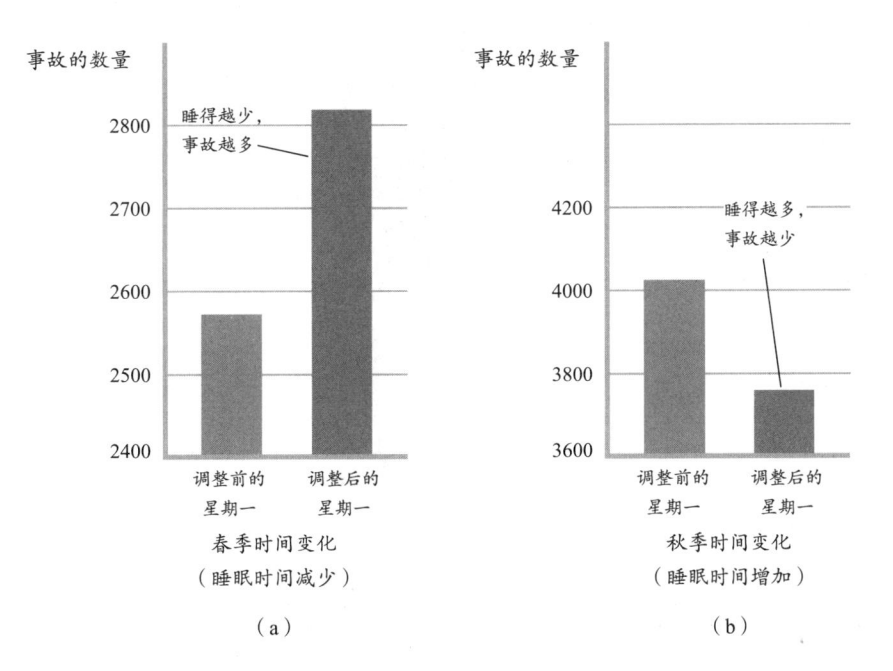

图3.11 睡眠少＝事故多
（a）在春季时间变化后的星期一，人们睡眠时间减少一小时，与调整前的星期一相比，事故增加了。
（b）在秋季，雪天的增多和漫长的黑夜通常会使得交通事故频发，但在睡眠时间变化后，交通事故减少了（Coren, 1996）。

图3.12总结了睡眠不足的影响。不过好消息是，心理学家已经发现了一种治疗方法，可以加强记忆，提高注意力，改善情绪，调节饥饿感，减少肥胖，强化免疫系统，提高学习成绩，并减少致命事故的风险。更棒的是，这种治疗方法使人感觉良好，可自行管理，而且完全免费！如果你是一个典型的高校学生，经常晚睡，你可能会觉得自己陷入了失眠的循环。紧张的生活环境可能使睡眠看起来更像是一种奢侈品，而非必需品。那么，就在本周的某个晚上，试着多睡15分钟吧。你如果觉得自己更有精神，不像个僵尸一样麻木迟钝了，那就尽量再多睡一会儿。其他一些能够提升睡眠质量的小窍门，请见表3.1。

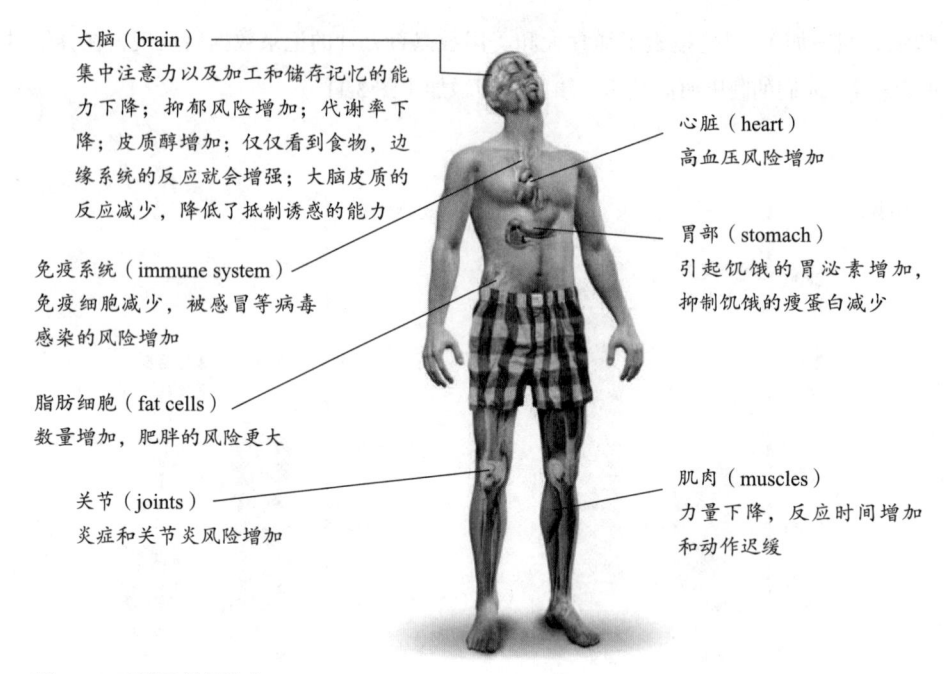

大脑（brain）
集中注意力以及加工和储存记忆的能力下降；抑郁风险增加；代谢率下降；皮质醇增加；仅仅看到食物，边缘系统的反应就会增强；大脑皮质的反应减少，降低了抵制诱惑的能力

心脏（heart）
高血压风险增加

胃部（stomach）
引起饥饿的胃泌素增加，抑制饥饿的瘦蛋白减少

免疫系统（immune system）
免疫细胞减少，被感冒等病毒感染的风险增加

脂肪细胞（fat cells）
数量增加，肥胖的风险更大

关节（joints）
炎症和关节炎风险增加

肌肉（muscles）
力量下降，反应时间增加和动作迟缓

图 3.12 睡眠不足的影响

表 3.1 如何获得更好的睡眠：自然睡眠辅助法

· 有规律地运动，但不要在夜晚进行（Lowe et al., 2019），傍晚时分最佳。
· 午后避免摄入咖啡因，并避免在临近睡觉时进食。牛奶除外，它能够为制造血清素提供原料，而血清素是一种促进睡眠的神经递质。
· 睡前放松，使用较暗的灯光。
· 按时睡觉。即使前一晚休息不好也应按时起床，避免长时间小睡（Jansson-Fröjmark et al., 2019）。
· 隐藏时间显示，避免反复受到干扰。
· 安抚自己的情绪，暂时性睡眠不足是正常的，偶尔无法安然入睡也是正常的。每天尽力而为就可以了。
· 把注意力集中在吸引力较强的非刺激性想法上，如歌词或度假旅游（Gellis et al., 2013）。老是想着快点入睡可能反而会让你睡不着。
· 处理好压力。要明白，对于任何有压力的生物来说，保持警惕是自然和适应性的选择。压力更小，睡眠更好。

自问

哪些关于睡眠的知识可以应用到自己身上？

主要睡眠障碍

在焦虑或兴奋时，你会睡不着吗？大多数人都会如此。偶尔的失眠并不值得担心。但是对于那些有严重睡眠障碍，如**失眠症**（insomnia）、**发作性睡病**（narcolepsy）、**睡眠窒息**（sleep apnea）、梦游（梦游症）和梦呓、**夜惊**（night terror）的人来说，试图入睡可能会是一场噩梦（这些睡眠障碍的介绍见表 3.2）。

约 1/10 的成年人和 1/4 的老年人受失眠困扰，这是个在入睡或保持睡眠方面长期存在的问题（Irwin et al., 2006），其最终引起人的疲倦和患抑郁症风险增加（Baglioni et al., 2016）。人到中年，夜间偶尔醒来是正常的，不需要担心或进行药物治疗（Vitiello, 2009）。但讽刺的是，人们为失眠而发愁时，失眠会变得更严重。在实验室研究中，失眠症患者确实比其他人睡得少，但他们通常会高估自己入睡所需的时间，低估自己实际的睡眠时长（Harvey & Tang, 2012）。即使只清醒了一到两个小时，人们也会认为自己的睡眠时长很短，因为人们往往只记得自己清醒时的状态。

应对失眠症最常见的解决办法是使用安眠药和酒精，但这又会令失眠问题越发严重，这样的方法会减少快速眼动睡眠，引起注意力和记忆力问题，使人在第二天精神萎靡不振。这类方法还可能导致药物耐受，这种状态下人们往往需要加大服药量才能达到效果。这样的人最好去咨询睡眠专家，获取健康的长期治疗方案。

表 3.2　睡眠障碍

疾病	概率	描述	影响
失眠症	每 4 个成年人中有 1 个（根据过去一年的情况）	在入睡和保持睡眠方面长时间存在问题	长期疲劳，抑郁症、肥胖、高血压、关节炎和纤维肌痛的风险增加（Olfson et al., 2018）。对安眠药和酒精产生依赖，减少快速眼动睡眠。一旦形成药物依赖，人们往往会加大服药量以达到睡眠的作用
发作性睡病	每 2000 个成年人中有 1 个	睡意突然发作，难以抗拒	危急状况中突然入睡会有风险。发作性睡病的发作通常持续不到 5 分钟，但它们可能发生在最糟糕和最情绪化的时候。在日常活动中需要特别小心，尤其是驾驶时
睡眠窒息	每 20 个成年人中有 1 个	睡眠时间歇性窒息	会导致疲劳和抑郁（因为慢波睡眠被剥夺），通常与肥胖有关（尤其是男性）

失眠症：一种睡眠障碍，其特点是在入睡或保持睡眠时反复出现问题。

发作性睡病：一种睡眠障碍，其特点是无法控制睡意来袭。患者往往在不恰当的时候直接进入快速眼动睡眠。

睡眠窒息：一种睡眠障碍，其特点是在睡眠中暂时停止呼吸，并反复短暂惊醒。

夜惊：一种睡眠障碍，其特点是高唤醒状态或看起来很害怕。与噩梦不同，夜惊发生在 N3 睡眠阶段，在入睡后 2 或 3 小时内，而且患者很少能记住夜惊的内容。

"睡眠就像爱情或幸福。你过于追求它，它就会躲避你。"
——威尔士·韦伯

"在睡得好的人和睡得不好的人之间存在着一条固定的鸿沟。这是人类最大的分野之一。"
——伊里斯·默多克

续表

疾病	概率	描述	影响
梦游和梦呓	在普通人群中，每100人中有1~15人患有梦游症（NSF, 2016），大约一半的幼儿患有梦游症（Reimão & Lefévre, 1980）	睡觉时会做一些清醒时的活动（坐起来、走路、说话）。梦呓可以在任何睡眠阶段发生，而梦游发生在N3睡眠阶段	很少导致严重的问题。梦游者可以自己或者在家人的帮助下回到床上，第二天早上通常很少能想起他们晚上梦游的经历
夜惊	每100个成年人中有1个，每30个儿童中有1个	在N3睡眠阶段中出现惊恐、说胡话、坐立不安或走动的情况，有别于噩梦	在发作期间，儿童的心率和呼吸频率翻倍。幸运的是，儿童第二天几乎或根本不记得这个令人恐惧的事件。随着年龄增长，夜惊的情况变得越来越少

> **检索练习**
>
> **RP-6** 一个睡眠好的人更可能_____（注意力不集中／反应速度快），睡眠不足的人更可能_____（体重增加／抵抗病毒感染）。
>
> 答案见附录D

梦

学习目标问题 3-10 我们会梦到什么，专家认为梦有哪些功能？

一位睡眠者生动的梦境，就像影院里正在首映的电影。这部前所未有的精神电影人物角色丰满迷人，故事情节新颖独特、令人难以置信，却又错综复杂，看起来极为真实，观众无不对造梦者的创作感到惊叹。

梦：在睡眠者的脑海中闪现的一系列图像、情绪和想法。

快速眼动睡眠期间的**梦**（dream）极为生动，富于情绪，但又往往令人难以捉摸（Loftus & Ketcham, 1994）。从梦中醒来时，人们可能会疑惑，自己的大脑怎么会如此创造性地完整构建这个丰富多彩的另类世界。处于梦境和清醒意识之间的灰色地带时，人们甚至会怀疑，究竟哪一个才是现实。4岁大的孩子从噩梦中醒来后，可能会坚信自己现实世界的房子里有一只梦中的熊。快速眼动睡眠和梦之间的联系，为人们对梦的研究揭开了新的篇章。研究人员可以在快速眼动睡眠期间或结束后的3分钟内将人们唤醒，从而在梦发生时就将其抓获，聆听人们对梦境的生动叙述，而不再依靠他们几小时后的模糊回忆。

我们会梦到什么

我们一生中有6年的时间是在梦中度过的，但很多梦境一点儿也不温馨。无论对男性还是女性来说，每10个梦中就有8个是以消极情绪为标志的（Domhoff, 1999）。人们经常梦到自己在做某件事时反复失败，受到攻击、被追逐或者被拒绝，或者经历不幸（Hall et al., 1982）。带有性意味的梦可能比你想象的要少得多〔尽管这类梦在接触色情媒体后更常发生（Van den Bulck et al., 2016）〕。一项研究表明，存在性暗示的梦占年轻男性梦境的十分之一，占年轻女性梦境的三十分之一（Domhoff, 1996）。

更常见的是，一个梦的故事线包含了前几天的非性经历和全心思虑的事情的痕迹（Nikles et al., 2017）：

- 创伤与梦境。受到创伤后，人们经常会出现梦魇，这一现象有助于消除白天的恐惧感（Levin & Nielsen, 2007, 2009）。奥斯威辛集中营的囚犯、生活在战乱中的巴勒斯坦儿童，以及"9·11"恐怖袭击后的美国人都经常做与创伤有关的梦（Owczarski, 2018; Propper et al., 2007; Punamäki & Joustie, 1998）。
- 音乐家的梦。与非音乐家相比，音乐家所述关于音乐的梦的数量是非音乐家的两倍（Uga et al., 2006）。
- 盲人的梦。一项涵盖了4个国家的研究发现，盲人大多会梦见自己能够使用非视觉感官（Buquet, 1988; Taha, 1972; Vekassy, 1977）。但即使是天生的盲人有时也会梦到自己能够"看见"（Bértolo, 2005）。同样，天生腰部以下瘫痪的人有时也会梦到自己能够走路、站立、跑步或骑自行车等（Saurat et al., 2011; Voss et al., 2011）。
- 媒体经历与梦。一项对1287名土耳其人的研究发现，"接触暴力媒体信息的人更容易做充满暴力的梦，而接触色情内容的人更容易做与性有关的梦"（Van den Bulck et al., 2016）。

在睡眠时，我们的意识双通道仍会持续监测周边环境。睡眠环境中的各种感官刺激（特殊气味或电话铃声等）也可能会进入梦境，并立即巧妙地化作梦中的故事。一项研究中，研究人员将凉水轻轻喷洒到做梦者的脸上（Dement & Wolpert, 1958）。与没有受到凉水喷洒的做梦者相比，前者更容易梦见与水相关的事物，如瀑布、屋顶漏水，甚至还会梦到被人喷水。

那么，我们能否通过入睡后听录音磁带来学习外语呢？只要能够成功实施，这当然是可以的。在睡眠过程中，我们能够将某种声音和轻微电击联系起来（并根据声音做出反应），还能够将一个特定声音与一种香甜或恶心的气味联系起来（Arzi et al., 2012）。但是在入睡后，我们却无法记住磁带中的信息（Eich, 1990; Wyatt & Bootzin,

> 有关梦的传说：如果你梦见自己正在下落并且掉到地上（或者如果你梦到死亡），你就会死亡。不幸的是，能够证实这一说法的人现在大概已经不在人世了。不过，也有很多人曾经做过这样的梦，但是他们现在还活着，还能够把这样的梦告诉我们。

1994）。实际上，我们睡前 5 分钟内所发生的任何事情通常都会从记忆中消失（Roth et al., 1988）。这也解释了为什么睡眠窒息患者常会因喘不过气而反复醒来，随后很快地入睡，却又想不起有这样的事。这也解释了为什么到了早上，那些使我们突然惊醒的梦大多会被我们遗忘。如果你想要记住一个梦境，你需要起床并且保持几分钟的大脑清醒。

我们为什么会做梦

梦境理论研究人员对人们做梦的原因做出了如下几种解释：

为了满足我们自己的愿望。弗洛伊德在他 1900 年出版的里程碑式著作《梦的解析》中写道："这是我有幸获得的所有发现中最有价值的一个。"他认为梦可以释放其他方式无法接受的情感，给人提供精神上的"安全阀"。根据弗洛伊德的说法，他认为梦的**显性梦境**（manifest content，表面上和记忆中的故事线）是其**潜性梦境**（latent content）的审查、象征版本，即无意识的驱力和愿望（通常是色情的），如果直接表达出来就会有危险。因此，一把枪可能是对阴茎的掩饰性表征。

弗洛伊德认为，梦是理解人们内在冲突的关键。但其反对者认为这样的理论本身就是科学的噩梦，是时候从这样的梦境理论中醒过来了。传闻中，就算是爱抽雪茄的弗洛伊德也承认过"有时候，雪茄就只是雪茄而已"。塞思·斯蒂芬·达维多维茨（Seth Stephens-Davidowitz, 2017）曾分析了类似阴茎的食物是否会"以意想不到的频率潜入人们的梦中"，而他的答案是："不会"。例如，黄瓜是第七大经常梦见的蔬菜，也是第七大常见的蔬菜。梦境研究人员威廉·多姆霍夫（William Domhoff, 2003）认为："没有理由相信弗洛伊德关于梦境及其目的的任何特殊说法。"有时，黄瓜只是一根黄瓜。

一些人认为，即使梦具有某种象征性意义，也可以按照人们的意愿进行解释。另一些人则认为，梦毫无隐藏。弗洛伊德关于梦的愿望实现理论在很大程度上已经让位于其他理论。

1. 记忆归档。信息加工的观点认为，梦可能有助于筛选、分类和固着人们记忆中某一天的经历，这一观点得到了许多研究的支持。在学习一项任务后的第二天进行测试时，慢波睡眠和快速眼动睡眠不足的人不如那些睡眠未被打扰的人做得好（Stickgold, 2012）。其他研究显示，每次快速眼动睡眠开始时就被唤醒的人对新材料都会有相似的记忆缺失（Empson & Clarke, 1970; Karni & Sagi, 1994）。

脑扫描证实了快速眼动睡眠和记忆之间的联系。老鼠学习走迷宫，或者人类学习视觉辨别任务时，那些活跃的脑区在随后的快速眼动睡眠期间也会得到激活（Louie & Wilson, 2001; Maquet, 2001）。这些激活模式非常精确，研究人员甚至可以指出如果老鼠正处于清醒状态下，它会站在迷宫的哪个位置上。好好睡觉，就有可能记得更多。

研究人员罗伯特·斯蒂戈尔德（Robert Stickgold, 2000）认为这对学生来说是个重要的消息，他们中的许多人似乎都得了一种贪睡症，平日里睡眠不足，周末则狂睡不

显性梦境：根据弗洛伊德的观点，指梦中那些具有象征性、可记住的故事线（不同于其潜性或隐藏的内容）。

潜性梦境：根据弗洛伊德的观点，指梦的潜在意义（不同于其显性内容）。

止。但是，斯蒂戈尔德谈道："如果在学习新东西之后缺乏足够高质量的睡眠，你就无法把这些新知识有效地整合到记忆中去。"这或许解释了为什么成绩较好的高中生比成绩较差的同班同学平均每晚多睡 25 分钟（Wolfson & Carskadon, 1998）（图 3.13）。牺牲睡眠时间来学习反而会使学习成绩下降，因为学生第二天更难以理解课堂材料，也更难在考试中取得好成绩（Gillen-O'Neel et al., 2013）。

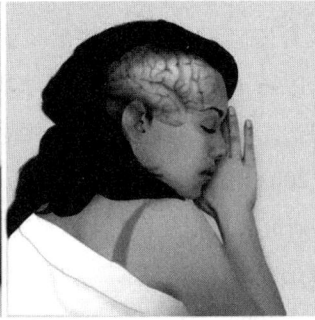

（a）学习　　（b）睡眠将我们的所学知识巩固为长时记忆　　（c）学习就是储存所学知识

图 3.13　睡梦中，大脑也在运转

2. 发展和保护神经通路。也许梦境或与快速眼动睡眠有关的大脑活动具有生理功能，能够为睡眠中的大脑提供有规律的刺激。这种理论观点非常有发展意义。刺激性的经历可以保护和扩展大脑的神经通路。婴儿的神经网络正在快速发展，其大量的睡眠时间都在快速眼动睡眠中度过（图 3.14）。

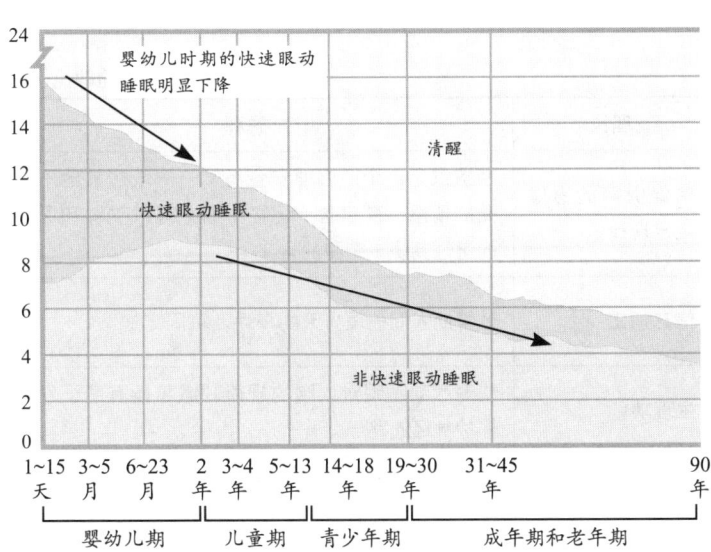

图 3.14　毕生的睡眠

随着年龄增长，人们的睡眠模式也会改变。在最初的几个月里，人们的快速眼动睡眠时间会逐渐减少。在人生的前 20 年，人们的睡眠时间也会越来越少（nyder & Scott, 1972）。

3. 理解神经静态。 其他一些理论提出，梦是神经激活从脑干向上扩散而产生的（Antrobus, 1991; Hobson, 2003, 2004, 2009）。而激活-整合理论认为，梦是大脑对随机神经活动的一种合成尝试。就像神经外科医生可以通过刺激病人大脑皮质的不同部分来使其产生幻觉一样，源自大脑内部的刺激也可以产生幻觉。

> 快速眼动还可以搅动眼角膜后面的液体，这可以将新鲜的氧气输送给眼角膜细胞，以防它们窒息。

就像弗洛伊德预期的那样，对睡眠者的PET扫描结果显示，在情绪化的梦中，与情绪有关的边缘系统（杏仁核）中的活动会增加（Schwartz, 2012）。相比之下，负责克制和理性思维的额叶区域却没有任何活动，这或许解释了为什么人们在梦中的抑制能力比清醒时要差（Maquetetal, 1996）。将边缘系统的情绪基调和大脑的视觉冲击加在一起时，我们就在做梦了。如果边缘系统或梦中激活的视觉中枢受损的话，做梦的过程本身也可能会受损（Domhoff, 2003）。

4. 反映认知的发展。 一些研究人员把梦看作大脑成熟和认知发展的一部分。比如，在9岁以前，儿童的梦境更像是在放映幻灯片，很少会出现以做梦者本人为角色的生动故事（Domhoff, 2003; Foulkes, 1999）。梦会与清醒时的认知相互重叠，具有连贯的语言，通过借鉴人们的概念和知识来模拟现实。做梦时的大脑网络在做白日梦时也很活跃，因此可以被视为强化的思维漫游，并通过视觉图像得以加强（Fox et al., 2013）。与梦境产生于自下而上的大脑激活这一观点不同，认知观点认为人们的大脑自上而下地控制梦的内容（Nir & Tononi, 2010）。威廉·多姆霍夫（Whilliam Domhoff, 2014）说，梦会"戏剧化地将我们的愿望、恐惧、忧虑和兴趣变成引人注目的场景，而我们会将其作为真实事件来体验"。

表3.3比较了与梦相关的主要理论。今天的睡眠研究人员对梦的功能仍有争论，一

表3.3 梦的理论

理论	解释	关键考虑点
弗洛伊德的愿望满足理论	梦提供了一个"心理安全阀"——表达其他不被接受的情感；梦包含（记忆中的）显性梦境和深层次的潜性梦境（隐藏的含义）	缺乏科学证据，梦可以通过许多不同的方式来解释
信息加工	梦帮助人们梳理当天的事件，巩固记忆	但是为什么人们有时会梦到未曾经历过的事情和过去的事件？
生理功能	快速眼动睡眠对大脑的规律刺激可能有助于发展和保护神经通路	这一理论不能解释为什么人们会做有意义的梦
激活整合	快速眼动睡眠引发的神经活动唤起了随机的视觉记忆，并且由睡眠中的大脑编织成故事	个体大脑编织的故事，仍然向人们透露了与做梦者有关的内容
认知发展	梦的内容反映了做梦者的认知发展水平、知识水平和理解能力等。梦会模拟人们的生活，包括最坏的情况	没有提出梦的适应性功能

些人甚至对梦是否具有功能持怀疑态度，但在有一点上他们是一致的：人们需要快速眼动睡眠。反复遭到叫醒而缺失快速眼动睡眠之后，人们在入睡后回到这一睡眠阶段的速度会越来越快。到最后可以不受打扰地睡眠时，他们的睡眠就如同婴儿一样，快速眼动睡眠会逐渐增加，这一现象称作**快速眼动睡眠反弹**（rem rebound）。大多数其他哺乳动物也会经历快速眼动睡眠反弹，这表明快速眼动睡眠的原因和功能是一种深层次的生物学问题。（快速眼动睡眠会在哺乳动物身上发生，而不会在鱼类等动物身上发生，这是因为鱼类的行为受学习的影响较小，这符合梦的信息加工理论。）

那么，这是否意味着，由于梦具有生理功能，扩展了正常的认知，它在心理上就是没有意义的呢？不一定。每一个有心理学意义的经验都与大脑的活跃有关。这再次提醒我们一个基本原则：对行为的生物学和心理学解释是合作伙伴，而不是竞争对手。

梦非常迷人，是意识的改变状态，但并不是唯一的改变状态。我们接下来会看到，药物也会改变意识觉知。

快速眼动睡眠反弹：指快速眼动睡眠被剥夺后，快速眼动睡眠增加的一种趋势。

问题：吃辛辣的食物是否会使我们做更多的梦？
答案：不会。但辛辣的食物会使你更容易醒来，增加你回忆梦境的机会（Moorcroft, 2003）。

自问

关于做梦的原因，你最能理解哪种解释？它能在多大程度上解释你的梦？

检索练习

RP-7 哪五种理论解释了人们做梦的原因？

答案见附录 D

药物与意识

药物使用障碍的耐受与成瘾

学习目标问题 3-11 什么是药物使用障碍？

在我们假想中，使用药物的学生的一天是怎样的呢？一大早，他们会先喝几杯咖啡提提神，再服用阿得拉（Adderall）[1]，以便在上午听讲座时集中精力。到了中午，他们会喝一杯能量饮料，赶走午餐后的昏沉。在课堂演讲前，他们会和朋友们一起抽烟，镇定疲惫的神经。晚餐后，他们因为研讨会再次服用阿得拉，和朋友一起吸食大麻后，

---

[1] 一种神经兴奋性药物，含有苯丙胺，主要用于治疗注意缺陷多动障碍和嗜睡症。——编者注

奔赴当地酒吧。以前只需要一两杯酒就能放松下来，现在却需要三四杯才能产生理想的效果。晚上回到家，他们会再吃上两片止痛药（Advil PM），减少药物带来的刺激。几个小时后，闹铃响起，一夜的不良睡眠结束，第二天的服药循环又开始了。随着时间的推移，我们假想中的这类学生，以及许多现实中的学生，为了跟上学校、工作和家庭责任的步伐而苦苦挣扎。在经历紧张人际关系的同时，使用药物的习惯也再难控制。当使用药物成为问题时，我们要如何得知？

我们假想的学生所服用的药物都是**精神活性药物**（psychoactive drug），这些化学物质能够改变感知和情绪。大部分人都能适度服用一些精神活性药物，并且不会对日常生活造成影响。但是，药物使用量偶尔会越过适度服用和**药物使用障碍**（substance use disorder）之间的界限（见表3.4）。

> 精神活性药物：一种改变感知和情绪的药物。
>
> 药物使用障碍：指在使用药物后生活受到严重干扰和/或有身体危险的情况下仍然渴望使用药物的障碍。

表3.4 什么时候服药成了一种病？

美国精神病学协会称，一个人在生活受到严重干扰的情况下仍继续服用药物时，就可以确诊为药物使用障碍。药物使用障碍造成的大脑变化在停止服用药物后仍会存在（接触到能够引发服药记忆的人和环境时，人仍会产生强烈的渴望）。药物使用障碍的严重程度分为轻度（符合下列指标中的两到三项）、中度（四到五项）和重度（六项或更多）（American Psychiatric Association, 2013）。如果你担心自己或所爱之人的药物服用情况，请联系咨询中心、健康诊所或医生。
控制力减弱
1. 药物服用量更大，或服用时间超出预期。
2. 试图控制药物滥用，但以失败告终。
3. 花较多时间获取药物、服用药物或从药物的影响中恢复。
4. 渴望服用该药物。
社会功能减弱
5. 药物服用干扰了在工作、学校或家庭中承担个人责任。
6. 引发社会问题后仍继续使用。
7. 导致社会、娱乐和工作活动减少。
服用危险
8. 尽管有危险仍继续服用。
9. 身体或心理问题恶化后仍然继续服用。
药物作用
10. 出现**耐受性**（tolerance）。
11. 试图停止服用药物时出现**戒断**（withdrawal）反应。

> 耐受性：重复使用相同剂量的药物后，药效会逐渐减弱，服药者需要服用更大的剂量才能体验药物效果。
>
> 戒断：停止使用成瘾性药物或停止行为后出现的不适和痛苦。

批判性思考：
耐受与成瘾

学习目标问题 3-12 耐受与成瘾在药物使用障碍中扮演什么样的角色？成瘾的概念是如何改变的？

耐受

长期酗酒和服用其他药物（非大麻）后，摄入者会产生耐受性，其脑化学反应会通过适应抵消药物效果（神经适应）。服药者不得不服用更大的剂量来达到同等效果，这增加了**成瘾**（addiction）和发展为药物使用障碍的风险。

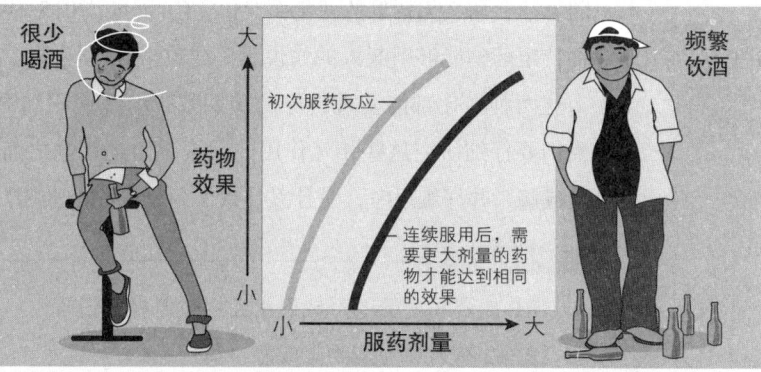

很少喝酒　　频繁饮酒

初次服药反应

连续服用后，需要更大剂量的药物才能达到相同的效果

药物效果　大／小　　服药剂量　小→大

成瘾

由大多数精神活性药物（包括处方止痛药）的剂量不断增加导致，促使服药者产生对药物的渴望，进而不顾不良后果继续使用，并难以戒掉该药物。这样的行为正是药物使用障碍的表现。一旦对药物成瘾，人们对药物的渴望就超过了对药物的喜爱。[1]

世界上 4% 的人有酒精使用障碍。[2]

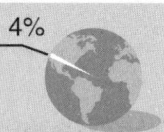

4%

服用各种药物后，终身成瘾的概率：

9% 大麻
21% 可卡因
23% 酒精
68% 烟草

来源：National Epidemiologic Survey on Alcohol and Related Conditions。[3]

治疗和团队支持（如匿名戒酒者互助会）可能会对控制药物成瘾有所帮助。相信成瘾现象是可控的，人们可以改变这种状态，这种信念也是有帮助的。也有许多人在没有进行任何治疗的情况下，自主戒掉了成瘾性药物。大多数戒烟者都是靠自己戒掉烟瘾的。[4]

行为成瘾

心理学家试图避免使用"成瘾"来定义各种受驱使的过度行为，如暴饮暴食、疯狂工作、性放纵和强迫性积累财富。

我对芝士汉堡成瘾！

然而，许多行为仍会具有强迫性，如过度饮酒和滥用药物。[5] 行为成瘾还包括赌博障碍。如今的网络游戏障碍也是一种可诊断的病症。[6] 即使工作和人际关系都受到了沉迷网游的影响，这些游戏玩家还是会忍不住登录账户，迟迟不肯下线。一项针对 1.9 万名游戏玩家的国际研究发现，每三个人中就有至少一个人会表现出该障碍的某种症状，但只有不到 1% 的人符合该障碍的诊断标准。[7]

针对使用互联网产生的问题，心理和药物治疗或许会有"奇效"。[8]

1. Berridge et al., 2009; Robinson & Berridge, 2003。 2. WHO, 2014b。 3. Lopez-Quintero et al., 2011。 4. Newport, 2013b。 5. Gentile, 2009; Griffiths, 2001; Hoeft et al., 2008。 6. WHO, 2018b。 7. Przybylski et al., 2017。 8. Winkler et al., 2013。

成瘾：强迫性使用药物（有时也指功能失调的行为模式，如难以自控的赌博行为）的日常用语，尽管会产生有害的后果，仍会继续使用该药物（另见药物使用障碍）。

当代精神病学诊断系统涵盖各种药物诱发型疾病（APA, 2018）。人们滥用药物和酒精，引起类似于各种心理障碍的变化时，就会出现药物诱发型疾病，包括性功能障碍、强迫症（OCD）、抑郁症、精神病、睡眠和神经认知障碍等。

一种药物的整体效果不仅取决于其生物效用，还取决于使用者的期望，这种期望随着社会和文化背景的变化而变化（Gu et al., 2015; Ward, 1994）。假如一种文化认为某种特定药物能够引起人的愉悦感（或攻击性、性唤起），而另一种文化则认为不会，那么这两种文化都能实现自己的预期效果。在使用和潜在滥用特定精神活性药物方面，我们要仔细研究这些相互作用的因素。但是在这之前，请先阅读"批判性思考：耐受与成瘾"并仔细思考，是什么导致了各种药物的滥用。

检索练习

RP-1 药物耐受的形成通常会经过怎样的过程？

RP-2 有人会对购物"成瘾"吗？

答案见附录 D

精神活性药物的类型

精神活性药物主要有三种，分别是镇静剂、兴奋剂和致幻剂，它们都在大脑的突触部位发挥作用，能够刺激、抑制或者模拟脑化学信使神经递质的活动。

镇静剂

学习目标问题 3-13　什么是镇静剂？镇静剂有什么作用？

镇静剂：如酒精、巴比妥类药物和阿片类药物，能够抑制神经活动，减缓身体机能。

镇静剂（depressant）如酒精、巴比妥类药物（安定剂）和阿片类药物，能够抑制神经活动，减缓身体机能。

酒精　下面这种说法是真的还是假的：在大剂量使用时，酒精会起到镇静剂的作用；而在小剂量使用时，酒精会起到兴奋剂的作用。这种说法是假的，无论剂量多少，酒精都是一种镇静剂。小剂量的"酒精"确实能够让饮酒者精神振奋起来，但这种功能是酒精的镇静作用导致的，酒精会使控制判断和抑制的大脑活动减缓。世界上每年因此死亡的人大约有 300 万（WHO, 2018a）。

酒精作为药物有好也有坏。它能增加（减少抑制）一些有益的倾向。例如：微醺的顾客往往会给出不菲的小费；在一个团体中，饮酒者通常更善于交际（Fairbairn & Sayette, 2014; Lynn, 1988）。它也能增加有害的可能性，酒精会让性唤起者更易进行性侵行为。伊利诺伊大学的一项校园调查发现，发生性侵之前，80% 的男性性侵者和 70% 的女性受害者都喝过酒（Camper, 1999）。另外一项对 89 874 名美国大学生的调查表明，在 79% 的非自愿性行为中，酒精或者药物都扮演了重要的角色（Presley et al., 1997）。饮酒会增加男性和女性对随意性行为的渴望，更容易受到他人的吸引（Bowdring & Sayette, 2018; Johnson & Chen, 2015）。然而，女性尤其经常为自己的性行为感到后悔，而这些行为通常与酒精有关（Peterson et al., 2019）。要记住的一点：人在清醒时会有的某种冲动，在醉酒后更有可能付诸行动。

以**酒精使用障碍**（alcohol use disorder）为特征的长期和过度饮酒会使大脑萎缩，甚至导致早逝（kendler et al., 2016; Mackey et al., 2019）。女孩和年轻女性（她们消化酒精的胃酶较少）会比男孩和年轻男性更快酒精成瘾，而且女性的酒精吸收水平更低，更容易造成肺、脑和肝损伤（CASA, 2003）。随着女性酗酒的概率增加，这些性别差异也在扩大，一系列致命问题也由此引发：2001 年至 2017 年间，加拿大女性与酒精相关的死亡风险以五倍于男性的速度增长（Tam, 2018）。加拿大和澳大利亚的研究人员目前正在使用基于计算机的机器学习来识别其他风险因素，预测饮酒产生的问题（Afzali et al., 2019）。

> 酒精使用障碍：俗称酗酒，其特点是产生酒精耐受、戒断反应和持续饮酒。

减缓神经处理 酒精会减少交感神经系统的活动。大剂量使用酒精会使人反应迟钝，说话含糊不清，表现变差。酒精是一种有效的镇静剂，饮酒者睡眠不足时尤其如此。加上对身体的这些影响，人的抑制能力下降，其结果可能是致命的。随着血液中酒精含量的上升，判断能力减弱，人们对酒驾的担忧也会减少。在醉酒时，人们往往不知道自己已经喝醉了（Moore et al., 2016）。在实验中，几乎所有饮酒者在清醒时都清楚知道酒后驾车是错误的。然而事实上，就算是经过呼吸测试并且得知自己已经处于醉酒状态，所有人最终还是会选择自己从酒吧直接驾车回家（Denton & Krebs, 1990; MacDonald et al., 1995）。初期的适度饮酒能够抑制呕吐反应，如果随后又大量饮酒则可能危及生命。人们可能会用过量的酒精毒害自己，但这些酒精会被呕吐出来。

记忆中断 酒精会干扰记忆的形成，大量饮酒会对大脑和认知造成长期影响。大鼠在与人类青少年期相对应的发育阶段，大量摄入酒精会导致其神经细胞死亡，减少新生神经细胞的数量，并损害突触连接的生长（Crews et al., 2006, 2007）。对于人类而言，大量饮酒可能会导致短暂意识丧失，在这种情况下，饮酒者无法回忆起他们前一天晚上遇到的人或醉酒时所说或所做的事情。意识丧失的部分原因是酒精抑制了快速眼动睡眠，而正是快速眼动睡眠帮助大脑将一天的经历转变为永久的记忆。

降低自我觉察 一个实验中，那些饮酒的人（而非喝安慰剂饮料的人）在阅读时心不在焉的可能性是其他人的两倍，但他们不太可能注意到自己正在开小差（Sayette et al., 2009）。有时，放空是为了让大脑得到休息，但是，例如在开车时无意中的开小差，后果可能会让人追悔莫及（Seli et al., 2016）。酒精也会产生一种"近视感"，削弱其自我抑制能力，使人只关注眼前的刺激情境（例如他人的挑衅），而不考虑任何后果（Giancola et al., 2010; Hull & Bond, 1986; Steele & Josephs, 1990）。

与对自己满意的人相比，那些想要抑制自己对失败或缺点的觉察的人更想要喝酒，其中的原因正与这样的自我意识降低有关。有时候，商场、赛场或情场上的失意更会让人想要借酒消愁。

期待效应 期待会影响行为。期待效应能够解释为什么青少年有时会在心烦意乱和孤独时喝酒，他们以为酒精会让他们振奋起来（Bresin et al., 2018）。实际上，独自饮酒并不能令人情绪高涨，反而增加了患药物使用障碍的可能性（Creswell et al., 2014; Fairbairn & Sayette, 2014）。

仅需要认为自己在饮酒，我们就能表现出酒精的可能影响（Christiansen et al., 2016; Moss & Albery, 2009）。在一项如今看来十分经典的实验中，研究人员给罗格斯大学的男生（他们自愿参加一项关于"酒精和性刺激"的研究）提供了含酒精或不含酒精的饮料（Abrams & Wilson, 1983）。看过一段色情电影片段之后，那些认为自己喝过酒的人更可能反馈自己产生了强烈的性幻想，但他们没有任何愧疚感，将性反应归因于酒精会降低他们的抑制力——无论他们实际上是否喝过酒。十四项"干预研究"对大学生饮酒者进行了这方面的教育（Scott-Sheldon et al., 2014），大多数参与者对酒精的积极期望都有所降低，并在随后的一个月里减少了饮酒。要记住的一点：酒精的作用部分在于我们强大的性器官——大脑。

巴比妥类药物 与酒精一样，巴比妥类药物（barbiturate）也是一种镇静剂，能够抑制神经系统的活动。巴比妥类药物，例如戊巴比妥钠、西可巴比妥和阿密妥，有时候会作为处方药来促进睡眠或者减少焦虑。大剂量服用这类药物会损害记忆和判断能力。和酒精一起服用时，比如晚上大量饮酒后服用安眠药，巴比妥类药物对于机体功能的整体抑制作用可能是致命的。

阿片类药物 阿片类药物（opiate），即鸦片及其衍生物，也能够抑制神经活动。阿片类药物包括海洛因及其医学上的替代品美沙酮，还包括各种缓解疼痛的麻醉剂，如可待因、奥施康定、维柯丁和吗啡（以及吗啡的合成替代品，威力更强大的芬太尼）。在愉悦的快感取代了疼痛和焦虑时，服药者会瞳孔收缩，呼吸减慢，变得昏昏欲睡起来。但是，这种短时的快感却需要付出长期的代价。服药者会迫切地渴望再次用药，用药剂量会日益增加（因为人体很快就会产生耐受性），还要忍受戒断带来的生理痛苦。反复服用人工阿片后，大脑最终会停止产生内啡肽，即大脑内的天然"阿片"。停止服用人工阿片时，大脑中的这些止痛神经递质就会低于正常水平。

许多美国人无法或不愿意忍受这种状态，并最终付出了代价——因吸毒过量而死亡。2013年至2017年间，美国因过量服用阿片类药物造成的死亡率增加了近10倍，达到43 036人（NIDA, 2018; NSC, 2019）。美国国家安全委员会于2019年报告称："这是美国历史上的第一次，一个人意外死于阿片类药物服用过量的可能性比死于机动车事故的可能性更大。"

巴比妥类药物：抑制中枢神经系统活动，减少焦虑，但会损害记忆和影响判断。

阿片类药物：鸦片及其衍生物，如吗啡和海洛因；抑制神经活动，暂时减轻疼痛和焦虑。

阿片类药物危机是什么造成的呢？制药公司发挥了很大程度的作用，它们积极推广阿片类药物，同时淡化其危险性，并向那些非法销售药物的药店输送了数百万颗药丸（Rashbaum, 2019）。因此，制药公司被处以数十亿美元的罚款，其中一家公司在2019年因"虚假、误导和危险营销"阿片类药物而被罚款（Hoffman, 2019）。一些医生过量开药，致使病人对药物上瘾（Tompkins et al., 2017）。同时，社会性影响也是原因之一。如果父母和朋友都在服用阿片类药物，那么本人也会受到影响（Griesler et al., 2019; Keyes et al., 2014）。

检索练习

RP-3 酒精、巴比妥类药物和阿片类药物都属于同一类药物，即＿＿＿＿＿＿。

答案见附录D

兴奋剂

学习目标问题 3-14 什么是兴奋剂？兴奋剂有什么作用？

兴奋剂（stimulant）会刺激人的神经活动，提升人的身体机能，使人瞳孔扩大，心脏和呼吸频率加快，血糖水平上升，食欲下降，同时增加人的精力和自信。

兴奋剂包括咖啡因、尼古丁和威力更强的可卡因、**苯丙胺**（amphetamine）、甲基苯丙胺（也称安非他明）和摇头丸。人们会服用兴奋剂来保持大脑清醒、减肥，或改善心情、提高运动表现。在西方文化中，只需向学生展示咖啡的图片，他们就会感到更加清醒（Chan & Maglio, 2019）。一些学生会依靠威力更强的兴奋剂来提高学习成绩，尽管这些药物几乎没有任何好处（Ilieva et al., 2015; Teter et al., 2018）。兴奋剂会让人上瘾，而过度服用咖啡因时，服用者会感到疲劳、头痛，易怒和沮丧（Silverman et al., 1992）。服用轻度剂量的兴奋剂，其效力通常会持续三或四个小时，如果在晚上服用则可能会影响睡眠。

尼古丁 烟草制品含有高度成瘾性的**尼古丁**（nicotine）。如果吸烟无害的假设是，在每2.5万包香烟中，偶然有一包外表看起来无害，里边却装的是炸药而不是烟草，那么吸烟者脑袋被炸掉的风险并不大。然而，全世界每天要消耗2.5亿包香烟，仅我们可以预计到的死亡案例每天就超过1万例，超过"9·11"恐袭致死人数的三倍！这一数据足够让全世界任何地方都开始禁烟。[1]

这些"装有炸药"的香烟所带走的生命数量与目前吸烟实际导致的死亡人数接近。一个从青少年期就开始吸烟的人，有50%的可能会因这种嗜好而失去生命。而每年在

> **兴奋剂**：如咖啡因、尼古丁，以及威力更强的可卡因、苯丙胺、甲基苯丙胺和摇头丸，可激发神经活动，提升身体机能。
>
> **苯丙胺**：甲基苯丙胺等药物，能够刺激神经活动，提升身体机能，并引起相关的能量和情绪变化。
>
> **尼古丁**：烟草制品中的一种高度成瘾的刺激性精神物质。

---

[1] 这个对比是由数学家山姆·桑德斯（Sam Saunders）提出的，在这里用基于世界范围的数据进行改编。

13 亿买香烟的顾客中，就有近 540 万人会死于这种嗜好。试想一下，如果今天有 25 架满载的巨型喷气式客机坠毁，人们会多么愤怒，更不用说明天以及以后的每一天都会发生这种事。到 2030 年，每年因香烟死亡的人数预计将增加到 800 万，这意味着 21 世纪可能会有 10 亿人死于烟草（WHO, 2012）。大多数因烟草死亡的事件发生在中低收入国家，因为生活在这些国家的吸烟者占了世界烟民总数的 80%（Akanbi et al., 2019）。

烟草产品包括香烟、雪茄、咀嚼烟草、烟斗烟草、鼻烟，以及新兴的电子烟。吸入电子烟的蒸汽会给用户带来尼古丁的刺激，但不含致癌的焦油。电子烟用户数量快速增长，是有记录以来药物使用增长最快的一次。2019 年，美国高中生使用电子烟的比例是传统香烟的五倍（Miech et al., 2019）。在一项美国、英国、加拿大和澳大利亚的电子烟用户调查中，85% 的人表示，他们吸电子烟是因为相信这样就能少吸传统香烟（Yong et al., 2019）。不幸的是，电子烟是令人上瘾的尼古丁分配器，不仅会释放有毒的化学物质，还增加了个人吸传统香烟的概率（Prochaska, 2019）。在英国的一项研究中，不吸烟的青少年在吸电子烟后，转而吸传统香烟的可能性增加了四倍（Miech et al., 2017）。

> "吸烟可以解决体重问题……最终。"
> ——喜剧作家史蒂芬·赖特

青少年吸烟的现象推动了法律限制和调查，包括美国食品和药品监督管理局的调查，以确定电子烟公司的目标用户是否为青少年（Richtel & Kaplan, 2018）。例如，在电子烟中添加果味，会使其更受青少年的青睐（Buckell & Sindelar, 2019; O'Connor et al., 2019）。这些令人不安的趋势，让美国卫生局局长杰罗姆·亚当斯（Jerome Adams）正式宣布"青少年吸电子烟已经成为一种流行病"（Stein, 2018）。

每吸一根烟，人的寿命会减少 12 分钟。讽刺的是，这正好是人吸一根烟所要花的时间（Discover, 1996；研究人员还不知道吸电子烟对预期寿命的影响）。与不吸烟者相比，吸烟者的预期寿命"至少会缩短 10 年"（CDC, 2013b）。戒烟比其他任何预防措施更能延长预期寿命。那么，为什么这么多人还是要吸烟呢？

> "戒烟是我做过的最简单的事情，要知道，我已戒过 1000 次了。"
> ——马克·吐温

烟草产品的成瘾性强，会令人迅速成瘾。即使吸烟者在最初几周内试图戒烟，也往往会以失败而告终（DiFranza, 2008）。而且，与其他成瘾现象一样，吸烟者会对烟草产生耐受性。那些试图戒烟的人将体验到尼古丁的戒断症状，如渴求感、失眠、焦虑、烦躁和分心。试图专注于某项任务时，他们走神的概率是正常人的三倍（Sayette et al., 2010）。而不想抽烟时，他们又往往会低估自己对香烟的渴望程度（Sayette et al., 2008）。

而要减轻这些糟糕的戒断症状，只需一支烟。开始吸烟后，尼古丁的涌入会给中枢神经系统发出信号，令其释放出大量神经递质（图 3.15）。肾上腺素和去甲肾上腺素的分泌会导致食欲下降，提高警觉性和心理效能，而多巴胺和阿片类药物能够短暂缓解焦虑感，降低人的疼痛敏感性（Ditre et al., 2011; Gavin, 2004）。难怪一些戒烟者在压力之下会重拾香烟。经历"9·11"恐怖袭击后，约有 100 万美国人重新开始吸烟（Pesko, 2014）。患有重度抑郁的人也是如此，他们的戒烟成果比一般人更容易化为乌有

1. 增加大脑警觉性

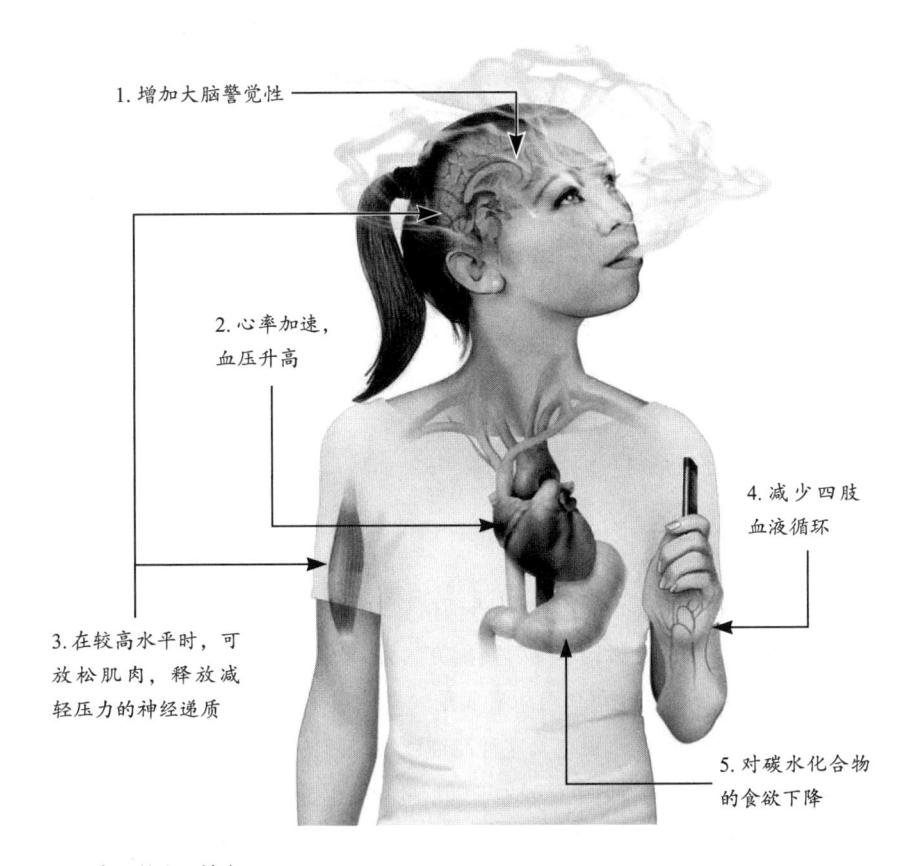

2. 心率加速，血压升高

3. 在较高水平时，可放松肌肉，释放减轻压力的神经递质

4. 减少四肢血液循环

5. 对碳水化合物的食欲下降

图 3.15　尼古丁的生理效应

尼古丁会在 7 秒内到达大脑，比静脉注射海洛因快一倍。几分钟之内，血液中的尼古丁含量就会飙升。

（Zvolensky et al., 2015）。

吸烟是美国可预防性死亡的元凶，每年因此死亡的人数达 48 万（CDC, 2018c）。虽然每四个吸烟者中就有三个希望自己能够戒烟，但每年只有不到七分之一的人能够成功戒烟（Newport, 2013b）。即使他们知道这是在慢性自杀，也仍然无法放下手中的香烟（Saad, 2002）。

即便如此，反复尝试戒烟似乎也有一定效果。自 1990 年以来，全世界吸烟率下降了约 30%，其中，男性吸烟率下降了 25%，女性吸烟率下降了 5 %（GBD, 2017）。在尼古丁替代药物的帮助下，在咨询师或戒烟团队的鼓励下，曾经的美国吸烟者有一半已经戒烟成功。一些研究人员认为，要想戒烟成功最好是突然戒掉，即"快速戒掉吸烟"（Lindson-Hawley et al., 2016）。其他人则认为，无论是突然戒烟还是循序渐进地戒烟，戒烟成功的可能性都是一样的（Fiore et al., 2008; Lichtenstein et al., 2010）。对于那些坚持戒烟的人来说，急切渴望香烟的情绪和戒断症状会在随后的六个月里逐渐烟消云散（Ward et al., 1997）。戒烟一年后，第二年复发的人只有 10%（Hughes, 2010）。这些不吸烟的人不仅活得更健康，也更幸福。吸烟与抑郁症、慢性病和离婚率高度相关

幽默大师戴夫·巴里（Dave Barry, 1995）回忆起他在 15 岁的夏天抽第一支烟的原因时曾说："反对吸烟的论点认为，这是一种令人厌恶的瘾，慢慢地，你一定会变成一个呼吸不畅、皮肤灰白、长满肿瘤的废人，从仅剩的一个肺里咳出褐色的有毒废物。支持吸烟的论点则认为，其他青少年都在吸烟，所以，我们抽烟没有任何问题！"

(Doherty & Doherty, 1998; Edwards & Kendler, 2012; Vita et al., 1998），而健康的生活似乎能增加生命的长度。不吸烟者能够更好地认识健康和幸福，这促使美国的高三学生中，有88%的人反对每天吸烟一包或以上，因此日常吸烟率骤降，从1998年的22%降至2018年的2%（Miech et al., 2019）。

自问

你有朋友或家人对尼古丁成瘾吗？你认为对这个人说什么可以最有效地说服他们尝试戒烟？

检索练习

RP-4 你的朋友在戒烟时可能会出现哪些戒断症状？

答案见附录D

可卡因：一种从古柯植物中提取的令人上瘾的强效兴奋剂，让人产生暂时的警觉性和兴奋感。

可卡因 可卡因（cocaine）是一种从古柯植物中提取的令人上瘾的强效兴奋剂。可口可乐的配方最初就包括古柯提取物，该配方为容易疲劳的老人创造了一种可卡因补品。在1896年至1905年间，可口可乐确实是"真正的好东西"。而今天，人们会吸食或注射可卡因（有时甚至以"快克"这种高纯度可卡因的形式出现，它的结晶形式起效更快，带来的兴奋感更短暂但也更强烈，随后的崩溃也更强烈）。可卡因会迅速进入人体血液，使人产生欣快感，耗尽大脑中神经递质多巴胺、血清素和去甲肾上腺素的供应（图3.16）。一小时内，药物效果就会消失，随之而来的是焦躁或抑郁的情绪崩溃。几小

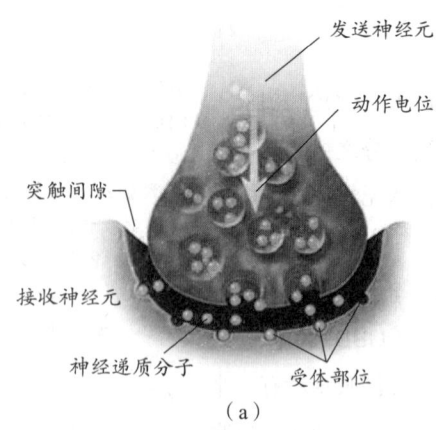

（a）神经递质穿过突触将信息从发送神经元带到接收神经元的受体部位。

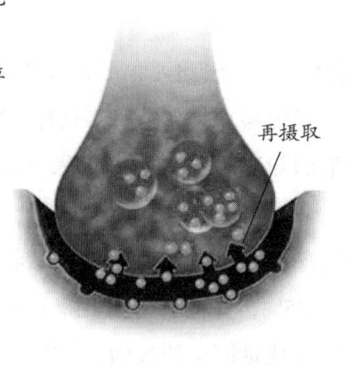

（b）发送神经元通常会重新吸收多余的神经递质分子，这一过程称为再摄取。

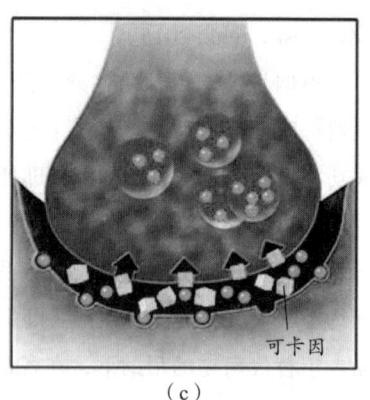

（c）可卡因通过与通常重新吸收神经递质分子的部位结合，阻止了多巴胺、去甲肾上腺素和血清素的再摄取（Ray & Ksir, 1990）。因此，额外的神经递质分子留在突触中，加强了它们正常的情绪改变作用，并产生了兴奋的冲动。当可卡因水平下降时，这些神经递质的缺乏会引发情绪崩溃。

图3.16 可卡因带来的欣快感和情绪崩溃

时后，对摄入更多药物的渴望会减弱，但几天后又会卷土重来（Gawin, 1991）。

在引起参与者攻击性的情境下，摄入可卡因可能会加剧参与者攻击性。笼中的老鼠在爪子受到电击时就会打斗起来，而在受到可卡因和电击的双重刺激时，它们会打斗得更凶狠。同样，在实验中自愿摄入高剂量可卡因的参与者与摄入安慰剂的参与者相比，会对假定的对手进行更猛烈的冲撞（Licata et al., 1993）。此外，摄入可卡因还可能导致情绪紊乱、多疑、抽搐、心搏骤停或呼吸衰竭等。

可卡因会对大脑的奖赏回路造成强刺激（Keramati et al., 2017; Walker et al., 2018）。在摄入可卡因之前摄入酒精或尼古丁，会放大大脑对可卡因的反应（Griffin et al., 2017）。可卡因带来的心理影响随摄入的剂量和形式而变化，但也与具体情况和使用者的期望和个性有关。以安慰剂为例，服用了安慰剂的可卡因使用者，以为自己在服用可卡因，常常会有类似服用可卡因的体验（Van Dyke & Byck, 1982）。

在针对英美两国的全国性调查中，美国约有 2% 的高三学生，英国约有 6% 的 18～24 岁青年表明自己在过去的一年中尝试过吸食可卡因（ACMD, 2009; Miech et al., 2019），其中，有近一半的人已开始吸食可卡因。

甲基苯丙胺 安非他明会刺激神经活动。随着身体机能加速，使用者会变得精力充沛，情绪高涨。安非他明是**甲基苯丙胺**（methamphetamine）的母体药物，而甲基苯丙胺具有高度成瘾性，与安非他明的化学成分类似，但效果更强（NIDA, 2002, 2005）。甲基苯丙胺能够促进神经递质多巴胺释放，多巴胺会刺激脑细胞，提高人的精力和使人情绪高涨，可以维持长达 8 小时左右的精力充沛和欣快。其后遗症可能包括易怒、失眠、高血压、癫痫发作、社交孤立、抑郁和偶尔的暴力行为（Homer et al., 2008）。随着时间的推移，甲基苯丙胺可能会降低使用者的多巴胺基线水平，引起身体机能持续下降。

摇头丸 摇头丸（ecstasy）是亚甲二氧基甲基苯丙胺（MDMA，其粉末形式也称为 Molly）的民间名称，它既是一种兴奋剂，也是一种轻度致幻剂。作为安非他明的衍生物，摇头丸同样会促进多巴胺的释放，但其主要作用是释放储存的血清素并阻断其再摄取，从而延长血清素产生的良好感觉（Braun, 2001）。使用者在服用摇头丸后半小时就会感觉到这种效果。在接下来的 3～4 个小时，他们会精力充沛、情绪高涨，以及（在社交场合中）加强与周围人的联系（大喊"我爱所有人！"）。研究人员给章鱼服用摇头丸后，章鱼也同样变得善于交际起来（Edsinger et al., 2018）。无论你有两只手还是八只手，摇头丸都会让你想伸出手来接触他人。

摇头丸的受欢迎程度在 20 世纪 90 年代末首次飙升，作为一种"俱乐部毒品"流行于各种夜总会和通宵舞蹈派对（Landry, 2002）。这种毒品的流行甚至跨越了国界，在英国，每年预计消耗量达 6000 万片（ACMD, 2009）。然而，我们有理由对摇头丸感到害怕。其一，它会引发脱水反应，服用摇头丸后长时间跳舞，可能引起严重的发热、血压升高，甚至死亡。另一个原因是，长期反复萃取大脑血清素会损害生产血清

甲基苯丙胺：一种具有高度成瘾性的药物，能够刺激人的中枢神经系统，提升身体机能以及相关的能量和情绪变化；随着时间的推移，该药物会降低多巴胺的基线水平。

摇头丸：一种合成兴奋剂和轻度致幻剂，能够使人产生欣快感和社会亲密感，但会带来短期健康风险，并对产生血清素的神经元以及情绪和认知造成长期损害。

素的神经元，导致血清素输出量下降，增加永久性情绪低落的风险（Croft et al., 2001; McCann et al., 2001; Roiser et al., 2005）。此外，摇头丸还会抑制人体免疫系统，损害记忆能力，减慢思维活动速度，并且干扰血清素对生物钟的控制，扰乱睡眠（Laws & Kokkalis, 2007; Schilt et al., 2007; Wagner et al., 2012）。受试者服用摇头丸后，整晚都会保持兴奋状态，第二天就会精神低落，萎靡不振。

致幻剂

学习目标问题 3-15 什么是致幻剂？致幻剂有什么作用？

> **致幻剂**：迷幻药（"心灵显现剂"），如麦角酸二乙胺（LSD），在没有感觉输入的情况下扭曲感知并唤起人的感官图像。

致幻剂（hallucinogen）会扭曲人的感知，在没有感觉输入的情况下扭曲感知并唤起人的感官图像（这就是这些药物被称为迷幻药的原因，其意思就是"心灵显现剂"）。一些药物，如麦角酸二乙胺（LSD）和摇头丸，属于合成药物，而其他药物，包括裸盖菇素、死藤水和温和的致幻剂大麻，属于天然物质。目前，研究人员正在探索用裸盖菇素和死藤水治疗持续性抑郁症的可行方法。

不管幻觉由药物、缺氧，还是极端的感官剥夺引起，大脑产生幻觉的方式都基本相同（Siegel, 1982）。这种体验通常以简单的几何形式开始，如螺旋形，随后是叠加在螺旋隧道上含义更丰富的图像，而最后的其他图像则可能是过去情感经历的再现。对服用了LSD的人进行大脑扫描后发现，他们的视觉皮质变得极其敏感，与大脑情感中枢的联系更加紧密（Carhart-Harris et al., 2016）。大脑幻觉达到峰值时，人们经常会感觉自己的精神与肉体分离，体验到梦境一般的场景。他们的自我感觉消失了，与外部世界的界限也消失了（Lebedev et al., 2015）。

> **濒死体验**：在与死亡擦肩而过（如心搏骤停）后报告的一种意识改变状态；通常与药物引起的幻觉相似。

这些感觉与**濒死体验**（near-death experience）非常相似，大约有10%～15%的人从心搏骤停中苏醒过来，都声称自己经历了某种意识改变的状态（Agrillo, 2011; Greyson, 2010; Parnia et al., 2014）。许多人描述了隧道的景象（图3.17）、明亮的灯光、过去记忆的回放和灵魂出窍的感觉（Siegel, 1980）。这些经历在以后可以增强精神力量，促进个人成长体验（Khanna & Greyson, 2014, 2015）。鉴于缺氧和其他对大脑的伤害会产生幻觉，很难不怀疑大脑在压力下也会产生濒死体验。在癫痫和偏头痛发作期间，人们可能会经历类似几何图形模式的幻觉（Billock & Tsou, 2012）。孤独的水手和极地探险家在忍受单调、孤独和寒冷的时候

图3.17 濒死体验是视觉还是幻觉？

心理学家罗纳德·西格尔（Ronold Siegel, 1977）报告说，受致幻药物影响的人经常看到"视野中心的亮光……这亮光的位置创造了一个隧道般的视角"。这与其他人的濒死体验非常相似。

同样会有这样的体验（Suedfeld & Mocellin, 1987）。哲学家、神经科学家帕特里夏·丘奇兰德（Patricia Churchland）称这种体验为"神经上的趣事儿"（Churchland, 2013）。

麦角酸二乙胺 化学家阿尔伯特·霍夫曼（Albert Hofmann）创造了**麦角酸二乙胺**（lysergic acid diethylamide，LSD），并在1943年4月的一个星期五下午意外摄入了该药物。结果，"不间断的梦幻般的画面、各种非凡的形状、强烈的万花筒式的色彩游戏"让他想起了童年的神秘经历，使得他渴望再次瞥见"一个神奇、强大、神秘莫测的现实"（Siegel, 1984; Smith, 2006）。

麦角酸二乙胺：一种强烈的致幻药物，也被称为"酸"。

服用了麦角酸二乙胺之后，服用者的情绪变化不已，有时兴奋、有时疏离、有时恐慌，他们的心情和期望（即"厚望"）也使得情绪体验丰富多彩，但感知上的扭曲和幻觉有一定的共同之处。

大麻 坦白地说，大麻的叶子和花瓣都含有**四氢大麻酚**（delta-9-tetrahydrocannabinol，THC）。吸食大麻时，四氢大麻酚会在7秒内到达大脑；食用大麻时，四氢大麻酚的传播速度则较慢，无法预测。但无论是吸食还是食用，四氢大麻酚都会产生混合效应。

四氢大麻酚：大麻的主要活性成分；引发混合效应，包括轻微的幻觉。

大麻通常被归类为轻度致幻剂，因为它能放大个体对颜色、声音、味道和气味的敏感性。但就像酒精的抑制功能一样，它也可以使人放松、解除抑制，并且产生兴奋的感觉。与酒精一样，人们有时也会吸食大麻来帮助入睡或改善情绪（Buckner et al., 2019; Wong et al., 2019）。酒精和大麻都会影响人们安全驾驶汽车或操控其他机器所需要的运动协调能力、感知技能和反应时间。"四氢大麻酚会导致动物对事件的判断失误，"罗纳德·西格尔表明，"鸽子等待的时间太长，无法对指示短期食物供应的蜂鸣器或灯光做出反应；老鼠在迷宫中也会转错方向。"

酒精和大麻也有所不同。人的身体在几小时内就会消除酒精带来的影响，而四氢大麻酚及其副产品在体内停留的时间会超过一周。经常使用大麻的人不会有太剧烈的戒断反应，并且只需比平常更少的量就能达到兴奋的状态。这与典型的耐受性相反，在耐受的情况下，反复使用者需要更大的剂量才能达到同样的效果。

在研究了超过1万份以上的科学报告后，美国国家科学、工程和医学研究院认为，使用大麻：

- 能够缓解慢性疼痛和化疗引起的恶心。
- 不会引起与烟草相关的疾病，如肺癌。
- 可能增加出现交通事故、慢性支气管炎、精神病、社交恐惧症和自杀的风险。
- 可能导致注意力、学习能力和记忆力受损，使学习成绩下降。

使用大麻的频率越高，出现焦虑、抑郁、精神病和自杀行为的风险越大，尤其是在青少年期（Gage, 2019; Gobbi et al., 2019; Huckins, 2017）。一项对近4000名加拿大七合成大麻（K2，也叫 Spice）仿制四氢大麻酚。其有害的副作用可能包括激动和幻觉（Fattore, 2016; Sherif et al., 2016）。

年级学生的研究表明，在这个年龄段使用大麻会产生"神经毒性"，可能引起长期认知障碍（Harvey, 2019）。大麻还成为未来使用酒精和阿片类药物的"入门药物"（Gunn et al., 2018; Olfson et al., 2017）。美国卫生局局长杰罗姆·亚当斯警告称："在青少年时期就开始使用大麻的人，有近五分之一的概率会成瘾。"（Aubrey, 2019）

在过去的半个世纪里，人们对使用大麻的态度发生了明显的变化，1969年支持大麻合法化的人占12%，而2019年支持大麻合法化的人占66%（De Pinto, 2019; McCarthy, 2018），一些国家和美国的某些州已经通过了持有大麻合法化的法律。法律对大麻的使用更宽容，也说明了为何1969至2017年间尝试过大麻的美国人比率从4%急速上升到了45%（Gallup, 2019）。

尽管有差异，表3.5中总结的精神活性药物除大麻外还是有一个共同的特点：它们会引发负面的后遗症，抵消其带来的直接积极作用，并且该后遗症会随着重复使用而越来越强。这也同时解释了耐受性和戒断症状出现的原因。

> **检索练习**
>
> "（快乐）与所谓其对立面的痛苦，两者之间的关系是多么奇怪啊……无论其中一个在哪里，另一个一定紧随其后。"（柏拉图，《斐多篇》）
>
> RP-5 这种关于快乐和痛苦的描述如何体现在反复使用精神活性药物的情况中？
>
> *答案见附录D*

表3.5 部分精神活性药物指南

药物	类型	积极影响	不良后果
酒精	镇静剂	起初兴奋，随后是放松和抑制解除	抑郁、记忆中断、器官损伤、反应障碍
海洛因	镇静剂	极度的欣快感、减轻痛苦	生理上的抑制、痛苦的戒断现象
咖啡因	兴奋剂	提高警觉、保持清醒	高剂量时焦虑、不安和失眠、不舒服的戒断现象
尼古丁	兴奋剂	唤醒和放松、提升幸福感	心脏病、癌症
可卡因	兴奋剂	兴奋、自信、精力充沛	心血管压力、焦躁或抑郁的情绪崩溃
甲基苯丙胺	兴奋剂	兴奋、警觉性、精力充沛	易怒、失眠、高血压、癫痫发作
摇头丸	兴奋剂、轻度致幻剂	情绪高涨、解除抑制	脱水、过热、情绪低落、认知和免疫功能受损
麦角酸二乙胺	致幻剂	"视觉之旅"	恐慌
大麻（四氢大麻酚）	轻度致幻剂	增强感知、缓解疼痛、扭曲时间认知、放松心情	学习和记忆能力受损、患心理障碍的风险增加

药物使用的影响

学习目标问题 3-16 为什么有些人会长期使用这些改变意识的药物？

20世纪70年代，北美大陆的青少年毒品使用率开始增加。随着毒品知识的普及，以及在各种媒体对使用毒品进行更加真实和去理想化的宣传作用下，毒品使用率急剧下降（除了在80年代中期有小幅反弹）。从20世纪90年代早期开始，反对毒品的呼声开始温和起来，在各种音乐和电影中，毒品再次得到了美化。以下是大麻的历史服用趋势：

·密歇根大学对美国15 000名高三学生进行的一项年度调查发现，认为经常吸食大麻存在"高风险"的人数占比从1978年的35%上升到1991年的79%，随后在2021年又回落到了30%（Miech et al., 2019）。

·1978年达到峰值后，到1992年，这一年龄群体的大麻使用率一直保持稳定的下降趋势，直至2017年才出现回升趋势（图3.18）。自2012年以来，加拿大15~24岁的青少年使用大麻的比例同样呈上升趋势。到2018年底，15岁及以上的加拿大人使用大麻的比例达15%（CCSA, 2017; Statistics Canada, 2019）。欧洲青少年使用毒品的比例一直较低，但发展趋势却与北美相同：大麻使用量上升，香

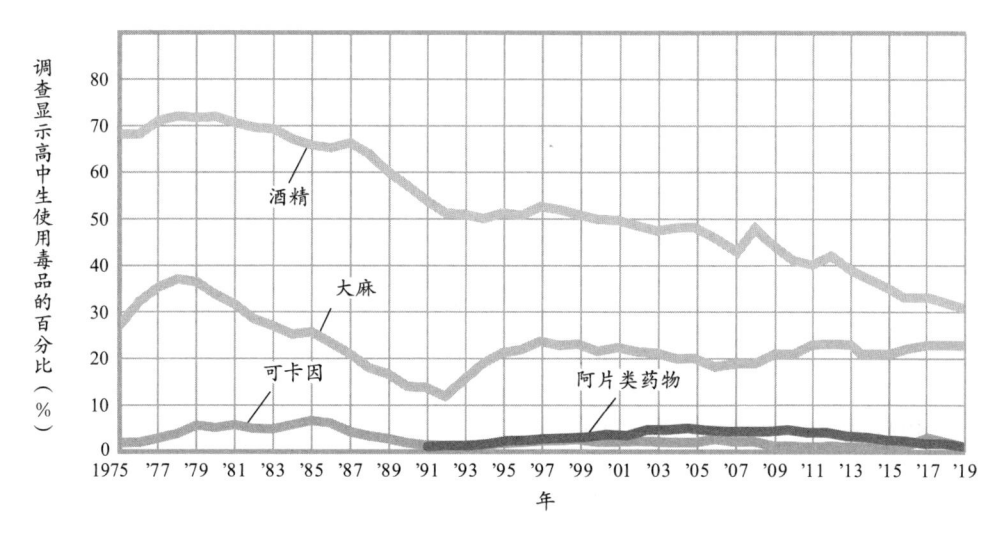

图3.18 毒品使用的趋势

美国高三学生中，表明自己在过去30天内使用过酒精或大麻的人数百分比从20世纪70年代后期到20世纪90年代基本呈下降趋势（有几年有所反弹）。可卡因使用率自20世纪80年代中期以来有所下降，而阿片类药物使用率在2009年达到峰值（Miech et al., 2016, 2019）。除美国外，其他地区的青少年毒品使用率也有所下降。在欧洲，15岁的青少年每周使用酒精的频率急剧下降——从2002年的26%下降到2014年的13%；在英国，这一比例从46%下降到10%（WHO, 2018b）。

烟使用量下降（Wadley & Lee, 2016）。

对一些青少年而言，偶尔使用毒品是寻求刺激的表现。然而，为什么有些青少年会长期吸毒呢？为了寻找答案，研究人员从生物学、心理学和社会文化层面进行了分析。

生物学影响

一些人可能在生物学层面上容易受到特定毒品的影响。例如，越来越多证据表明，遗传会影响毒品使用问题的某些方面，尤其是那些在成年早期显现出来的方面（Crabbe, 2002）：

酒精使用障碍的示警信号：
· 酗酒（两小时内，男性通常喝五杯，女性喝四杯）。
· 渴望酒精。
· 饮酒导致工作、学校或家庭任务未能完成。
· 没有戒酒的决心。
· 不顾健康风险继续饮酒。
· 饮酒时回避家人或朋友。

· 遗传学。研究人员已经确定了与酒精使用障碍有关的基因，并且正在寻找导致烟瘾的基因（Stacey et al., 2012）。似乎正是这些基因令大脑天然的多巴胺奖赏系统出现某种缺陷：成瘾药物在引发多巴胺产生的短暂愉悦的同时，破坏了正常的多巴胺平衡。关于药物如何重组大脑奖赏系统的研究，令人们看到了发明抗成瘾药物的希望，抗成瘾药物可以阻断或减弱酒精和其他药物的作用（Volkow & Boyle, 2018）。

· 双生子研究。如果同卵双生子中的一个人确诊为有酒精使用障碍，那么另一个人也很可能会出现酗酒问题（Kendler et al., 2002），而异卵双生子则不会出现这样的情况。相比异卵双生子，同卵双生子吸食大麻的情况也更为相似。

· 领养研究。瑞典的一项研究追踪了 18 115 名被收养者，发现：如果亲生父母吸毒，那么子女吸毒的风险是正常人的两倍，这表明吸毒受遗传影响。瑞典的另一项对 14 000 多对双生子和 130 万名其他兄弟姐妹的研究中，这一发现也得到了证实。但是，如果被收养者的兄弟姐妹中有人吸毒，那么被收养者吸毒的风险也增加了一倍，这表明环境也会造成影响。

心理学和社会文化的影响

在这本书中，我们将会学习到，行为源于生物学、心理学和社会文化因素的相互作用。有问题的药物使用行为也是如此（图 3.19）。缺乏与亲戚朋友亲密而安全的依恋关系的人更有可能吸毒（Fairbairn et al., 2018）。在一项对青少年和成年早期人群的研究中，研究人员发现的一个心理因素是"一种生命一片迷茫、毫无意义的感觉"（Newcomb & Harlow, 1986）。在那些不具备工作能力、没有特权，也没有希望的辍学者中，这样的感觉普遍存在。

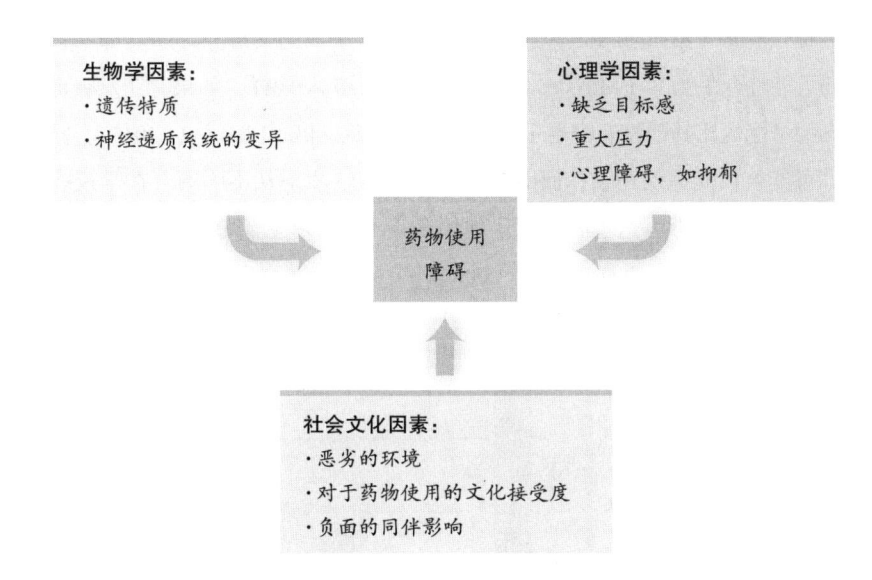

```
生物学因素：            心理学因素：
·遗传特质              ·缺乏目标感
·神经递质系统的变异     ·重大压力
                       ·心理障碍，如抑郁

            药物使用
              障碍

        社会文化因素：
        ·恶劣的环境
        ·对于药物使用的文化接受度
        ·负面的同伴影响
```

图 3.19　分析药物使用障碍的层次

生物心理社会方法使得研究人员可以从整合的角度对药物使用障碍进行研究。

有时候，心理影响是显而易见的。许多酒精、大麻和可卡因重度成瘾者都曾经历过巨大的压力或失败，并患有抑郁症。有抑郁症、饮食障碍、性虐待或身体虐待史的女孩，使用问题药物的风险会增加，那些正在经历转校或搬家的青少年也是如此（CASA, 2003; Logan et al., 2002），而尚未获得明确身份认同的大学生面临的风险则更大（Bishop et al., 2005）。精神活性药物可以暂时缓解自我觉知的痛苦，避免抑郁、愤怒、焦虑或失眠（如第 7 章所述，行为通常更多地受到即时后果而非长期后果的控制）。

吸食香烟或电子烟的习惯通常开始于青少年早期。如果你正在上大学，而且还没养成吸烟的习惯，那么你可能永远都不会染上烟瘾。青少年很容易受到伤害，他们的自我意识较强，常会认为全世界都在注视着自己的一举一动。因此，他们第一次吸烟可能是为了模仿明星偶像、展示自己成熟的形象、缓解压力，或是为了获得其他吸烟者的接受和认同（Cin et al., 2007; DeWall & Pond, 2011; Tickle et al., 2006）。考虑到这样的原因，烟草公司常会制定能够吸引青少年的主题推销策略，如增加异性吸引力、标榜独立、寻求冒险和社会认可（Surgeon General, 2012）。

不同文化和种族群体的药物使用率也各不相同。对欧洲青少年的一项调查发现，在挪威，大麻终生吸食者的比率约为 5%；而在捷克共和国，这类人群的数量是挪威的 8 倍多（Romelsjö et al., 2014）。虔诚的宗教人士对酒精和其他药物成瘾的比率也很低，在东正教犹太人、摩门教徒、门诺派教徒和阿米什人中，这一比率极低（DeWall et al., 2014; Salas-Wright et al., 2012）。

一般来说，青少年开始吸烟是受同伴的影响，同伴会向他们描述吸烟的乐趣，甚至给他们提供香烟（Rose et al., 1999）。如果一个青少年的父母和好朋友都不吸烟，那他吸烟的可能性几乎为零（Moss et al., 1992）（图3.20）。同样，如果有朋友吸毒，那么本人吸毒的可能性比其他没有瘾君子朋友的青少年高一倍（Liu et al., 2017）。同龄人在派对上，可能会彼此提供药物；而那些家庭幸福、15岁前从不喝酒、在学校表现良好的青少年往往不会吸毒，这主要是因为他们几乎不与那些吸毒者来往（Bachman et al., 2007; Hingson et al., 2006; Odgers et al., 2008）。

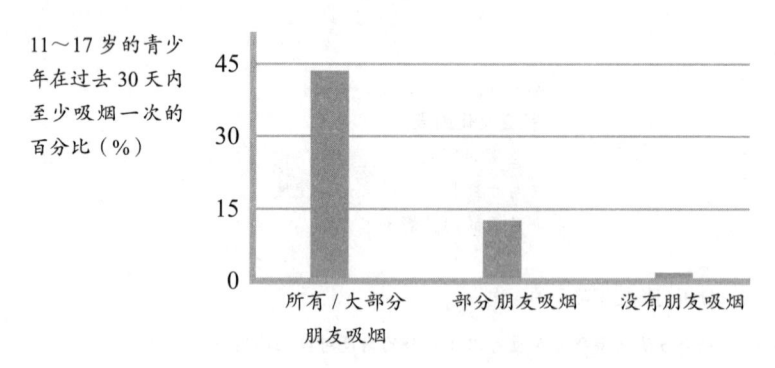

图 3.20 同龄人的影响

没有朋友吸烟的青少年，自己也不会吸烟（Philip Morris, 2003）。而一个相关–因果问题则是，青少年吸烟与其朋友吸烟之间的密切联系，是否反映了同龄人的影响？是否反映了青少年倾向于寻找与自己相似的朋友？还是两者都有可能？

青少年的期望，即他们对朋友行为的了解和认可，也会影响他们的行为（Vitória et al., 2009）。一项研究对美国22个州的六年级学生展开了调查。调查结果中，有多少人知道自己的朋友吸食过大麻呢？大约14%。有多少人认可自己朋友的行为呢？只有4%（Wren, 1999）。许多大学生也不免于这种误解，认为喝酒在社交场合占主导地位，这部分由于他们高估了同伴对酒精的热情，又低估了酒精的风险（Prentice & Miller, 1993; Self, 1994）（表3.6）。当学生们的这种错误估计得到纠正时，酒精的使用往往会减少（Moreira et al., 2009）。

表 3.6 一些"高等"教育的事实

与不是学生的同龄人相比，大学生喝的酒更多，其药物滥用的比例是一般人的2.5倍。大学毕业后，多数大学生都会"成熟起来"，不再酗酒（Lee et al., 2018）。
大学兄弟会、姐妹会成员的酗酒率大约比非成员要高一倍。
自1993年以来，校园内吸烟率下降，酒精使用率稳定，滥用阿片类处方药物、安眠药、兴奋剂的现象增多，大麻使用现象也在增长。

受到朋友影响而开始吸毒的人，也可能会因朋友停止吸毒或社交圈子的改变而停止吸毒（Chassin & MacKinnon, 2015）。一项研究对12 000名成年人进行了超过32年

的跟踪调查，结果发现：吸烟者倾向于集体戒烟（Christakis & Fowler, 2008）。一个人社交圈中的配偶、朋友或同事开始戒烟时，此人戒烟的概率会增加。同样，大部分在越南服役期间药物成瘾的美国士兵，回国后便停用了药物（Robins et al., 1974）。

任何事物都可能存在相关性，朋友的吸毒行为与本人的吸毒行为之间的联系可能是双向的。朋友会影响自身，社交圈子也会，但人们也会选择和那些跟自己有相同喜好的人成为朋友。

毒品使用的研究结果从以下三种可能的影响途径，对预防毒品滥用和治疗计划提出了建议：

- 教育年轻人，使其了解药物带来的短暂快乐需要付出长期的代价。
- 帮助年轻人找到其他方式来提升自尊，寻找生活目标。
- 尝试改变同龄人之间的关系，或通过告诉年轻人如何拒绝别人来"预防"受到同龄人的影响。

"不论贫富，无论种族，药物使用障碍都从不轻易放过任何人。这是一场公共健康危机，但我们有解决办法。"
——美国公共卫生局局长维韦克·穆尔西

如果人们熟知吸毒后身体和心理需要付出的代价，对自己的身体和生活方向感觉良好，并且处于一个反对毒品的同龄人社交圈中，他们几乎不会去吸毒。这些教育学、心理学和社会文化的相关因素也许能够解释，为什么美国高中辍学者的吸烟率高达26%，而在受过研究生教育的人群中，这个比例仅为6%（CDC, 2011）。

检索练习

RP-6 为什么烟草公司急于让消费者在青少年期就染上烟瘾？

RP-7 研究发现，在青少年早期开始饮酒的人，比在21岁或之后开始饮酒的人更容易患上酒精使用障碍（AUD）。对于这种相关性，可能如何解释？

答案见附录D

第 4 章

天性、教养[1]与人类的多样性

行为遗传学：预测个体差异
基因：我们的生命密码
双生子研究和收养研究
气质与遗传
遗传力
基因-环境的相互作用

进化心理学：解释人类的天性与教养
自然选择与适应
进化的成功有助于解释相似性
关于人类性行为的进化论解释

文化与性别的多样性：理解天性与教养的关系
经验如何影响个体发育？
文化影响
性别的发展

批判性思考：职场中的性别偏见
批判性思考：性侵犯
关于天性、教养及其相互作用的思考

---

[1] 天性指人性中先天遗传的本能。教养是指后天环境中习得的经验。

是什么塑造了独一无二的"你"？在一些重要的方面，我们每一个人都是独特的：我们有着不同的长相，讲着不同的语言，有着不同的人格、兴趣、能力以及文化背景。

但我们也是同一棵树上的叶子。人类大家庭不仅具有共同的生物遗传，而且具有共同的行为倾向。人类相同的大脑构造赋予我们一套相同的生理机制，使我们能够感知世界、发展语言系统、感知饥饿。人类无论是生活在寒冷的北冰洋还是炎热的阿塔卡马沙漠，都更喜欢甜味而不是酸味，都把光谱上相似的颜色划分为一类，而且都非常重视生育及保护后代。

人类之间的亲缘关系也表现在社会行为中。不管是什么种族，八个月左右大时，人们都会对陌生人感到恐惧；成年后人们喜欢同与自己有相似特征和态度的人为伴。尽管人们来自地球的不同角落，但都能领会他人的一颦一笑。作为同一物种的成员，人们都会结盟、服从、报答恩惠、惩罚犯罪、形成等级制度、划分社会地位，也都会因为孩子的夭折而感到悲痛。如果有天外来客访问地球，那么无论在何处，他们都会看到人们在跳舞、在开宴会、在歌唱、在运动、在游戏、在哭、在笑、居家生活、成群结队。总的来讲，这些普遍行为展现了人类的共有天性。

我们为什么会既有共同的人类天性，但也存在显著的个体差异呢？我们的基因在多大程度上决定了人类的差异？我们的环境，从生命最初在子宫里的母体营养到濒临死亡时的社会支持的各种外部影响因素，又在多大程度上决定了人类的差异？我们的养育方式、文化、性别，甚至当前的环境、人们对遗传倾向的反应、人们自身的选择和努力，又在多大程度上塑造了我们？本章将揭开科学的面纱，探讨基因（先天）与环境（后天）是怎样共同塑造独一无二的个体的。

行为遗传学：预测个体差异

学习目标问题 4-1 什么是染色体、DNA、基因和人类基因组？行为遗传学家怎样解释个体差异？

那么，如果碧昂斯（Beyoncé）和杰伊·Z（JAY-Z）的长女布鲁·艾薇（Blue Ivy）长大后成为一名受欢迎的歌手或艺术家，我们应该把她的音乐天赋归功于她的"超级明星基因"，还是归功于她成长在一个音乐世家，或是归功于外界对她的高期望值？这类问题引起了行为遗传学家的兴趣，因为他们的任务就是研究人类的差异，评估**遗传**（heredity）和**环境**（environment）各自的作用及相互作用。

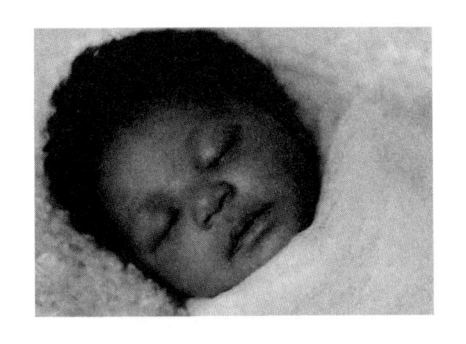

天性和教养

每个地方的父母都想知道：我的孩子长大后是合群的还是好斗的？能轻易成功还是必须苦苦挣扎？什么是与生俱来的，什么是后天培养的？该如何培养？研究显示，天性和教养共同影响了我们的发展过程。

基因：我们的生命密码

在人类的身体和大脑背后（人的大脑当然是这个小小星球上最令人敬畏的东西），我们先天的基因和后天的经验相互作用。这既塑造了我们人类的普遍天性，也造就了个人和社会的多样性。20世纪以前，谁会想到，人体内的每一个细胞核里都含有控制整个身体的遗传密码。就好像迪拜塔的每一间房里都有一个书箱，每个书箱里都放有一份整个塔的设计详图。你自己的"生命之书"总共有46章——母亲一方贡献了23章（来自卵子），父亲一方贡献了23章（来自精子）。每一章称为一条**染色体**（chromosome），都由一条螺旋形的DNA（deoxyribonucleic acid，脱氧核糖核酸）分子链构成。**基因**（gene）是DNA大分子上小的组成片段，这些片段构成了这本染色体之书的文字（图4.1）。每一个人总共拥有大约20 000个这样的基因文字，这些基因文字要么表达（活跃），要么不表达。外部环境可以激活基因，激活后的基因可以提供遗传密码，合成蛋白质分子——身体发育所需的基础物质。

总的来讲，每一个人都与其他人非常相似，就像同卵双生子一样。人类**基因组**（genome）研究人员已经发现了人类DNA中的共同序列。正是人类共享的基因遗传图谱才使我们生而为人，而不是郁金香、香蕉或者大猩猩。

实际上，人类与黑猩猩表亲并没有多大的区别，两者96%的基因都是相同的（Mikkelsen et al., 2005）。对于"功能上重要"的DNA位点，人类与黑猩猩的相似度达

遗传： 某些特质从父母到后代的转移。

环境： 所有非遗传性的影响因素，包括从母体营养到我们周围的各种外部影响。

染色体： 由DNA分子组成的线状结构，DNA分子中包含了基因。

DNA： 一种结构复杂的分子，含有构成染色体的遗传信息。

基因： 构成染色体的遗传生化单位，能够合成蛋白质的DNA小片段。

基因组： 构成一个生物体的完整指令系统，由该生物体的染色体中所有遗传物质组成。

> "我们与香蕉有一半基因相同。"
> ——英国皇家学会主席，进化论生物学家罗伯特·梅

> "你和我的 DNA 有 99.9% 是相同的……在 DNA 层面上，我们显然是同一个世界性大家庭的一分子。"
> ——人类基因组计划主任，弗朗西斯·柯林斯

到了 99.4%（Wildman et al., 2003）！然而，这 0.6% 的差异却相当重要。它们让作为人类的莎士比亚做到了黑猩猩做不到的事情，用 17 677 个单词，巧妙地编写出了他全部的文学作品。

这些微小的差异对其他物种也很重要。普通黑猩猩和倭黑猩猩在许多方面都很相似，其基因组只有不到 1% 的差异。但是它们的行为表现明显不同。黑猩猩更具有攻击性，雄性占统治地位；倭黑猩猩倾向安定和平，雌性占主导地位。

遗传学家和心理学家还对 DNA 分子的特定基因位点上偶然的变异非常感兴趣，正是人与人之间在共有模式上的细微差异，为我们的独特性谜题提供了线索，从而能够解释很多现象：为什么有人残疾，有人却是健全的？为什么有人高有人矮？为什么有人焦虑而有人很平静？人们是否应该使用新获得的基因编辑技术来减少他们未出生的孩子罹患疾病的风险？只有 26% 的美国人赞成这样的做法（Scheufele et al., 2017）。

人的性状有着复杂的遗传根源。例如，身高可以反映出一个人的面孔大小，椎骨、腿骨的长短等，而其中任何一个方面都可能被不同基因和特定环境相互作用影响。智力、幸福感和攻击性等复杂的性状同样受基因群的影响（Holden, 2008）。事实上，当今行为遗传学有一个重大发现，即无法通过单一的基因来预测人的聪明才智、性取向或人格。一项对 80 多万人进行的基因分析已经确定了 269 个与抑郁症有关的基因

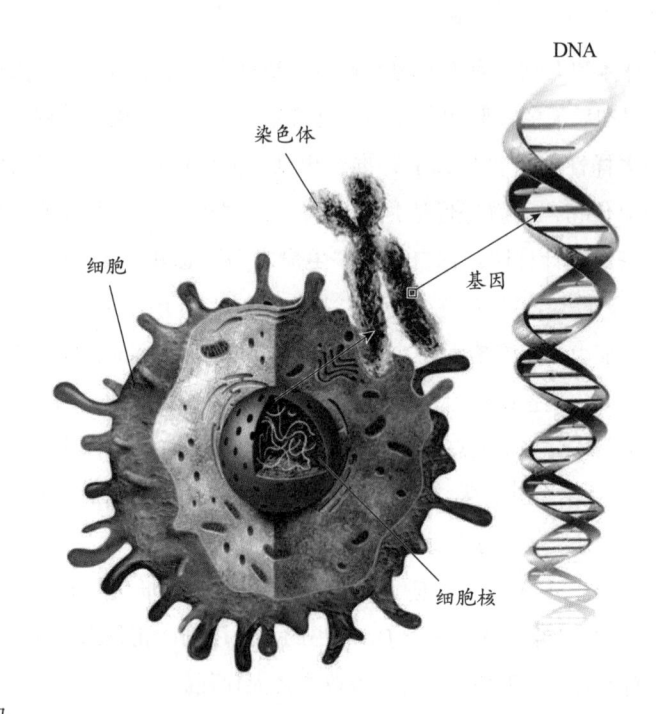

图 4.1　生命密码

每一个人类细胞的细胞核都包含染色体，每一条染色体都由 DNA 双螺旋链组成。基因是 DNA 片段，表达的基因引导蛋白质的合成，随后影响人类个体的发育。

（Howard et al., 2019）；另一项研究则在 110 万人中发现了 1271 个变异基因，这些变异基因共同预测了人们的受教育年限中大约 12% 的差异（Lee et al., 2018）。也就是说，人类的不同性状是多基因的结果——这些性状受"许多具有影响的基因"的影响（Lee et al., 2018; Matoba et al., 2019; Plomin, 2018）。

因此，众多基因有助于解释人类共有的天性和个体差异。但另一项研究发现表明，遗传只解释了人类的部分谜题，而人类是环境影响与遗传倾向的相互作用塑造的。

检索练习

RP-1 将下列细胞结构从小到大依次排列：细胞核、基因、染色体。

答案见附录 D

双生子研究和收养研究

学习目标问题 4-2 双生子研究和收养研究如何帮助我们了解天性与教养各自的影响和相互作用？

为了从科学上厘清环境和遗传的影响，行为遗传学家需要设计两类实验。第一种是改变家庭环境，控制遗传因素不变。第二种是控制家庭环境不变，改变遗传因素。对人类婴儿开展这样的研究是违反伦理道德的，但幸运的是，自然界已经为我们完成了这项工作。

同卵双生子与异卵双生子

同卵双生子（identical or monozygotic twins）由一个受精卵分裂后分别发育而成，他们在遗传基因上是相同的（图 4.2）。他们是自然界对人进行的克隆——的确，双生子不仅拥有相同的基因，还拥有相同的孕育过程和子宫环境、出生日期和文化历史背景。不过有两个很小的限制条件：

• 尽管同卵双生子拥有相同的基

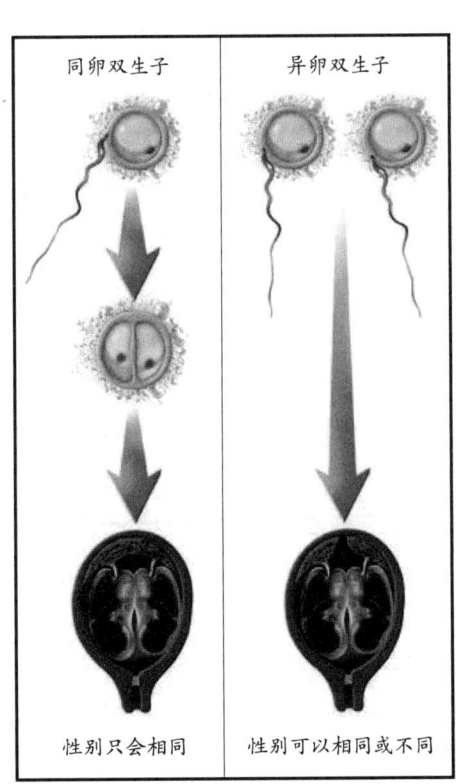

同卵双生子：由一个受精卵分裂后分别发育而成，他们在遗传上是相同的。

图 4.2 同卵同基因，异卵异基因

同卵双生子由一个受精卵发育而成，而异卵双生子由两个受精卵发育而成。

因，但是这些基因在各自的基因组中拷贝的数量并不总是一样的，而且它们有时在大脑的微小神经线路结构上也有差异。这些差异可以解释为什么尽管是双生子，其中一个却更可能患上精神分裂症在内的某些疾病（Lee et al., 2019; Maiti et al., 2011）。

· 在产前发育过程中，大多数同卵双生子在胎儿发育期共享一个胎盘（将营养物质和氧气从母体转移到胚胎的器官），但约 1/3 的同卵双生子拥有独立的胎盘。其中一个的胎盘提供的营养可能更为充足，这也可能导致同卵双生子之间存在些许差异（Marceau et al., 2016; van Beijsterveldt et al., 2016）。

异卵双生子（fraternal or dizygotic twins）由不同的卵细胞发育而来，虽然有共同的产前环境，但他们在遗传上和普通兄弟姐妹相差无几。

> 异卵双生子：由不同的卵细胞发育而来，虽然有共同的产前环境，但他们在遗传上和普通兄弟姐妹相差无几。

共同的基因可以转换为共同的经验。如果同卵双生子中有一个患有孤独症谱系障碍（autism spectrum disorder），那么另一个患该病的可能性有 3/4；如果异卵双生子中有一个患该病，那么另一个患病的可能性只有 1/3（Tick et al., 2016）。为了研究基因和环境的影响，数千名医学和心理学研究人员已经对近 1500 万对同卵双生子和异卵双生子进行了调查研究（Polderman et al., 2015）。

基因上克隆的同卵双生子的行为是否比异卵双生子的行为更相似？在对 12 个国家的双生子进行的研究发现：与异卵双生子相比，同卵双生子在开放性（openness）、尽责性（conscientiousness）、外向性（extraversion）、宜人性（agreeableness）和神经质（neuroticism）方面更相似（见第 14 章；Vukasovic & Bratko, 2015）。随着同卵双生子的年龄增长，其行为仍然保持相似（McGue & Christensen, 2013）。基因也影响许多特殊行为。例如，在吸食大麻的人群中，同卵双生子开始吸食大麻的年龄比异卵双生子更接近（Minica et al., 2018）。

同卵双生子比异卵双生子长得更像，由于太像了，以至于当镜头闪过时，大多数人很难区分同卵双生子的脸（Martini et al., 2015）。那么，人们对他们长相的反应是否说明了他们的相似性是源于长相呢？答案是否定的。研究人员南希·西格尔（Nancy Segal）巧妙地比较了同卵双生子和一对没有血缘关系但长相相似的人之间的人格相似性（Segal et al., 2013）。只有同卵双生子报告了相似的人格。其他研究表明，即使同卵双生子的父母对他们一视同仁（例如，给他们穿同样的衣服），他们在心理上也并不比其他同卵双生子更相似（Kendler et al., 1994; Loehlin & Nichols, 1976）。在解释个体差异时，基因的重要性显而易见。

分离双生子

想象有这么一个科幻实验：一个疯狂的科学家决定把刚出生的一对同卵双生子分开，然后分别在不同的环境里养育他们，就像他们是异卵双生子一样。事实上，正好有这样一个真实的故事（Dominus, 2015; Segal & Montoya, 2018）。

2015年，威廉·维拉斯科（William Velasco）在哥伦比亚的波哥大开肉店。有一天，顾客劳拉·维加·加尔松（Laura Vega Garzón）把他误认为是同事豪尔赫（Jorge），威廉和豪尔赫二人长得很像，有着一样的高颧骨、一样的微笑、一样的走路风格。难道是豪尔赫假扮成了威廉？她很困惑，于是回到肉店，给威廉看了一张照片，照片中是与他相貌相似的豪尔赫。威廉只是笑了笑，并未当真，但劳拉后来给豪尔赫看了一张威廉的照片。"这不是我嘛！"豪尔赫惊叹道。而后，豪尔赫浏览着威廉的社交媒体，不断翻看着一张张如同镜中自己的照片。让豪尔赫十分吃惊的是，在一些相片中，与他长相相似的威廉正坐在豪尔赫的异卵兄弟旁边（至少在豪尔赫看来是这样的）。

在此之前，威廉和豪尔赫一直过着完全不同的生活。威廉在农村长大，而豪尔赫在城市长大。由于医院的重大失误，威廉和豪尔赫都认为他们有一个异卵双生兄弟，分别是威尔伯（Wilber）和卡洛斯（Carlos）。实际上，威尔伯和卡洛斯，像威廉和豪尔赫一样，是在1988年出生的一对同卵双生子。医院的失误使得威廉和威尔伯去到了同一个家庭，卡洛斯和豪尔赫则一起去了另外一个家庭。

虽然他们是分开长大的，但威廉和豪尔赫都是爱开玩笑的人，身体强壮，乐于助人。而威尔伯和卡洛斯则喜怒无常，严肃认真，总是有条不紊，且同样有语言障碍。四个人都很困惑，为什么自己与所谓的异卵兄弟如此不同。这一切在见到他们各自的同卵双生兄弟后，都清楚了——遗传的力量显而易见。

基因很重要，但环境也很重要。在城市长大的豪尔赫和卡洛斯营养充足，因此比农村长大的威廉和威尔伯更高。卡洛斯有机会接受语言治疗，而威尔伯没有，这意味着只有威尔伯在成年后存在语言障碍。

"波哥大兄弟"（BogotaBrothers）的传奇故事与心理学家托马斯·布沙尔（Thomas Bouchard）和南希·西格尔测试的许多分开的双生子的故事相似。研究发现了这些双生子之间更多的相同点，这些相同点不仅包括口味和身体特征，还包括个性、能力、态度、兴趣爱好甚至恐惧的事物。

但这些令人惊讶的双生子相似性的例子并未说服那些批评家，他们认为，"这种小概率的逸事不能作为数据"。他们认为，如果随机对两个陌生人进行数小时的行为和生活经验方面的比较，也可能会发现很多巧合的相似点。如果研究人员加入一个对照组，参

分开的吉姆

1979年，吉姆·刘易斯（Jim Lewis）从梦中醒来，身旁是他的第二任妻子，他经常在屋子里留下表达爱意的字条。躺在床上时，他想到了他所爱的其他人和事物：儿子詹姆斯·艾伦（James Alan）和他的狗托伊。吉姆喜欢在地下室木工房里制作家具，前院树下围着树的一圈白色长凳就是他做的。吉姆也喜欢开他的雪佛兰轿车，他还喜欢看赛车，还爱喝点儿米勒清啤。令人震惊的是，这世上还有另外一个吉姆。在出生后第37天，吉姆·刘易斯和吉姆·斯普林格（Jim Springer）这两个同卵双生子分别被两个家庭收养。在之后的成长过程中他们从来没有任何联系，相互不知道对方的任何消息，直到某一天吉姆·刘易斯接到一个电话。打电话的人正是与他基因相同的双生兄弟（这个人得知他有个双生兄弟，然后就开始了寻亲之旅）。

这对39岁的兄弟成了心理学家托马斯·布沙尔和他的同事研究的74对分离的双生子中的第一对。兄弟俩的声音、语调和语气几乎一模一样，以至于吉姆·斯普林格在听到早先的采访时，猜测说："那是我。"结果错了，那是吉姆·刘易斯。他们的性格、智力、心率和脑电波的测试结果，几乎就是同一个人测试两次的数据。

与者在年龄、性别和种族上相同，但没有血缘关系，像很多分开的双生子一样不在一起长大，但在经济和文化背景上相似，难道这些参与者就不会表现出惊人的相似性吗（Joseph，2001）？研究人员答复道，分离的异卵双生子没有表现出与分离的同卵双生子相当的相似程度。

即使是令人印象深刻的人格评估数据也存有争议，因为许多对分离双生子所做的测试都是在双生子团聚几年之后才进行的，而且领养机构往往把双生子安置于相似的家庭环境。尽管有这些批评，但双生子研究呈现出来的结果令人印象深刻，促使科学探索越加重视遗传的影响。

生物学亲属与收养亲属

对于行为遗传学家来说，自然界的第二类真实实验是收养形成的两个群体：被收养人的遗传亲属（genetic relatives，亲生父母及亲兄弟姐妹）和环境亲属（environmental relatives，养父母及非亲兄弟姐妹）。因此，我们可以针对被领养人包括人格在内的任何特质进行探究。例如，被领养人更像提供家庭环境的养父母，还是更像为被领养人提供遗传基因的亲生父母？由于有共同的生活环境，被领养的兄弟姐妹之间是否具有共同特质？

研究人员对数百个收养家庭进行研究，结果令人吃惊，除了同卵双生子之外，一起长大的孩子无论有没有血缘关系，他们彼此在人格上都没有很强的相似性（McGue & Bouchard, 1998; Plomin, 2011; Rowe, 1990）。在性格特征方面，如外向性和宜人性，被领养人的特质大多来源于生育他们的亲生父母，而不是抚养他们的养父母。

研究结果值得在这里再次强调一下：就人格发展而言，同一个家庭中成长的两个孩子，虽然生活在同一个环境，但对其人格没有明显影响。同一个家庭中成长的两个被领养孩子的人格特质相似程度并不高于他们与隔一个街区的另一个家庭中的孩子。

遗传同样塑造了其他灵长类动物的个性。由养母抚养的恒河猴表现出的社会行为，更像其生物学母亲，而不是养母（Maestripieri, 2003）。

为什么同一家庭中的孩子会有如此大的差异？为什么共同的家庭环境对儿童人格的影响甚微？是不是因为每个兄弟姐妹都经历了独特的同伴影响和生活事件？是不是兄弟姐妹之间的关系相互影响放大了他们的差异？尽管兄弟姐妹之间有一半的基因相同，但不同的基因组合是不是引发了非常不同的养育方式？这些问题都激起了行为遗传学家的好奇心。

尽管基因纽带限制了家庭环境对人格的影响，但这并不意味着收养孩子是徒劳无功的冒险行为。研究人员跟踪了4000多名被收养的瑞典儿童，其亲生父母都是有犯罪记录或有药物使用障碍的人。与他们未被收养的兄弟姐妹相比，由收养家庭抚养的孩子犯罪的可能性要低44%（Kendler et al., 2016）。作为养父母，他们确实会影响孩子的态度、价值观、行为举止、政治主张、教育背景及信仰，这一点令人振奋（Gould et al., 2019; Kandler & Riemann, 2013）。二战期间，同卵双生子犹太人杰克·尤弗（Jack Yufe）与德国希特勒青年团成员奥斯卡·斯托尔（Oskar Stöhr）因战争分离。这样戏剧性的一幕正好能探索父母对孩子的影响。重逢后，奥斯卡若有所思地对杰克说："如果我们被调换，我就会成为犹太人，而你就会成为纳粹。"（Segal, 2005）父母对孩子的养育和孩子所处的养育文化环境仍然非常重要！

而且，在领养孩子的家庭里很少发生疏于照料孩子、虐待孩子，甚至养父母离异等情况（养父母领养孩子的资格是经过仔细审查的，而亲生父母没有）。一项研究考察了被分开抚养的兄弟姐妹，他们的养育方式不同——有些是和亲生母亲一起，有些是和养母一起（Natsuaki et al., 2019）。与亲生母亲相比，养母的养育方式更为温和，给予了更多的指导帮助，孩子抑郁的可能性更低。因此，尽管被收养的孩子原本患心理障碍的风险更大一些，但他们大多数都能茁壮成长，特别是在婴儿时期就被收养的孩子，此现象不足为奇（Lehlin et al., 2007; van IJzendoorn & Juffer, 2006; Wierzbicki, 1993）。每八个被领养的孩子中就有七个表示，他们非常依恋自己的养父母或其中一方。因为拥有无私的父母，这些孩子长大后比普通人更加无私，更乐于助人（Sharma et al., 1998）。许多孩子在智力测验中的分数高于他们的亲生父母和分开抚养的亲生兄弟姐妹，而且大多数孩子在成年后更快乐，情绪更稳定（Kendler et al., 2015b; van IJzendoorn et al., 2005）。瑞典的一项研究表明，有些孩子的亲生母亲最初登记要让别人收养自己的孩子，后来又决定自己来养育孩子，比起这样的孩子，那些婴儿时期就被领养的孩子在长大后出现的问题会更少（Bohman & Sigvardsson, 1990）。也就是说，大多数被收养的儿童会从收养中受益。

兄弟俩大不相同：赫尔曼·戈林（Hermann Goering）性格外向，喜欢融入人群，是希特勒的得力助手和纳粹盖世太保的创始人。他的弟弟阿尔伯特·戈林（Albert Goering）性格安静，是一名隐居者，致力于拯救哥哥赫尔曼的管理体制下遭到迫害的犹太人（Brennan, 2010）。

| 自问 |

你是否认识这样的亲兄弟姐妹：尽管他们是一起长大的，人格却非常不同（你属于这样的情况吗）？根据你对他们生活和成长过程的了解，你认为是什么导致了这些差异？

| 检索练习 |

RP-2 研究人员如何利用双生子研究和收养研究来认识心理学原理？

答案见附录 D

气质与遗传

学习目标问题 4-3 心理学家对气质有什么认识？

正如大多数有多个孩子的父母所说的那样，婴儿从子宫里出来的时候就各不相气质：一个人特有的情绪反应性和情感强度。

同（Willoughby et al., 2019）。人格的一个方面——**气质**（temperament，情绪反应性和情感强度）——很快就会显现出来，而且是受遗传影响的（Kandler et al., 2013; Raby et al., 2012）。我们已经发现，同卵双生子在气质上比异卵双生子更为相似（Fraley & Tancredy, 2012; Kandler et al., 2013）。气质是持久的。情绪反应最强烈的新生儿往往也是情绪反应最强烈的9月龄婴儿（Wilson & Matheny, 1986; Worobey & Blajda, 1989）。情绪紧张的学龄前儿童在成年后情绪往往也比较紧张（Larsen & Diener, 1987）。一项对1037名新西兰人的研究发现，对3岁儿童的挫折容忍度（frustration tolerance）、冲动性（implusivity）和智力进行45分钟的评估，可以"相当准确地"预测他们中的哪些人到38岁时将挥霍最多的福利，孕育而后遗弃最多的孩子，犯下最多的罪行（Caspi et al., 2016）。

遗传效应的影响表现在生理差异上。生理机能检测表明，焦虑、内向拘谨的婴儿，其心率通常比较快且不稳定，而且神经系统反应性强，在面对新情境或陌生情境时生理唤醒水平更高（Kagan & Snidman, 2004; Roque et al., 2012）。

遗传力

学习目标问题 4-4 什么是遗传力，它与个体和群体有什么关系？

如此看来，生理因素有助于我们人格的形成。然而，如果你问人格到底是基因的产物，还是环境的产物，就像问一个篮球场的大小是由它的长度决定的，还是宽度决定的。不过，我们可以这么问，不同的球场大小更多是由其长度的差异，还是宽度的差异造成的。同样，我们可以问，人与人之间的人格差异受天性的影响更多，还是受教养的影响更多。

遗传力：一个群体中的个体差异受遗传影响的程度。某个特质或性状的遗传力可能由于研究人群和环境的范围变化而不同。

通过双生子研究和收养研究，行为遗传学家能够从数学上估算各种特质或性状的**遗传力**（heritability）——群体中的个体差异受遗传影响的程度。许多人格特征的遗传力约为40%，重度抑郁症的遗传力约为30%（Haworth et al., 2010; Pettersson et al., 2019）。通常估计智力的遗传力在50%～80%之间（Madison et al., 2016; Plomin et al., 2016; Plomin & von Stumm, 2018）。但这并不意味着人的50%～80%的智力来自遗传。更恰当地说，那是指，人群中可观察到的智力差异有50%～80%可归于遗传的影响。我们永远不能说个体的人格或智力有多大比例是遗传的。说你的人格有X%归因于遗传，而Y%归因于环境，这是没有意义的。不过经常有人误解这一点，因此我想再次强调的是，遗传力是指群体中的个体差异受遗传影响的程度。

智力等特质的遗传力在不同的研究中呈现出不同结果。如果我们按照幽默大师马克·吐温（Mark Twain）的设想，将一些男孩放在木桶里喂养到12岁，通过木桶上的小孔喂给食物。那么这些男孩从木桶里出来时，智力肯定低于正常水平。然而，如果他们生活的环境相同，那么这些孩子 12 岁时，智力上的个体差异只能由遗传来解释。换句话说，在相同环境下，遗传力会接近 100%。

随着环境相似度增高，遗传作为个体差异的主要因素也变得更加重要。如果所有学校的教学质量一致，所有的家庭都一样充满爱，所有的社区都一样有健康的环境，那么遗传力——基因带来的差异——将会增加（因为由环境带来的差异降低了）。从另一个极端来说，如果所有的人都有相似的遗传基因，而在差异很大的环境里长大（比如在木桶里成长的环境与优越的家庭环境），那么遗传力的影响会变得很低。所以，遗传力不是一个单一的固定分数，它随环境的变化而变化。

如果遗传基因的影响有助于解释个体特质差异，那么它能否同样解释群体之间的性状差异呢？不一定。对个体而言，身高有 90% 的遗传力，然而，对一个群体而言，要用营养因素（环境因素）而不是基因来解释身高上的差异，比如当今的成年人比一个世纪前的成年人更高（Floud et al., 2011）。19 世纪 90 年代全球男性的平均身高是 162 厘米，女性的平均身高是 151 厘米（Our World in Data, 2019）。20 世纪 90 年代，全球男性和女性平均身高都长了 9 厘米。这两个群体的确存在差异，但并不是说基因在短短一个世纪内就发生了重大变化。这说明基因很重要，但环境也很重要。

人格或智力分数也同样如此：遗传上的个体差异并不意味着存在遗传上的群体差异。如果有些个体从遗传上看比其他人更具攻击性，那也不能解释为什么有些群体比其他群体更具攻击性。把人置于一个全新的社会背景中，可以改变他们的攻击性。当今爱好和平的斯堪的纳维亚人携带的许多基因，都遗传自他们好战的北欧海盗祖先。

检索练习

RP-3 研究人员在研究某一特质或性状的遗传力时，试图确定在某一特定群体的成员中，人与人之间，该特质或性状的变化有多少是由于他们不同的_____造成的。

答案见附录 D

基因–环境的相互作用

在人类的相似性中，最重要的就是人的强大适应能力，它也是人类物种的显著行为特点。人的一些特质或性状几乎在所有环境中都以同样的方式发展，但其他一些特质或性状只在特定的环境中才得以表征。如果整个夏天都赤脚走路，那么你的脚会变得粗糙、起老茧，这是脚部对摩擦力产生的生物性适应。而与此同时，你的邻居一直穿鞋，脚也因此保持柔嫩状态。所以，你们两人之间的这种差异当然是环境作用的结果，但它也是适应性这种生物机制的产物。人类共同的生物基础使得人的多样性发展成为可能（Buss, 1991）。因此，说基因和环境都很重要，没有错。但更准确地说，两者是**相互作用**（interact）的。当今心理学最热门的话题之一就是我们的基因和环境如何相互作用，形成一个个独特的个体。基因–环境相互作用的相关研究具有启迪作用。例如，谁最有可能受到压力或虐待带来的永久性伤害，谁最有可能从干预措施中受益（Byrd et al., 2019; Manuck & McCaffery, 2014）。美国国立卫生研究院（National Institutes of Health）设立的研究项目"我们所有人"（All of Us），参与人员达到 100 万，目的就是精准确定基因与环境如何共同影响人类的身心健康（NIH, 2019）。

> 相互作用：一个因素（如环境）的影响依赖另一个因素（如基因），两者相互影响。

分子行为遗传学

学习目标问题 4-5 分子遗传学研究如何改变了我们对天性和教养影响这一问题的理解？

行为遗传学家的研究已经远远超出了"基因是否影响行为"的问题。行为遗传学的研究前沿是"自下而上"的**分子遗传学**（molecular genetics），该研究关注基因的分子结构和功能。

> 分子遗传学：研究基因的分子结构和功能的生物学分支领域。

寻找影响行为的特定基因 正如我们所看到的，基因通常不会单独起作用。比如，双生子研究和收养研究告诉我们，并没有单一的"肥胖基因"。更可能的情况是，某些基因会影响肠胃对大脑反馈"吃饱了"这一信息的速度（Adetunji, 2014）。而某些基因则可能会决定身体把多余热量转化为脂肪的效率，决定肌肉需要多少燃料，又有多少卡路里是由于坐立不安而消耗掉的。**分子行为遗传学**（molecular behavior genetic）的目的是找到那些共同决定体重、性取向和冲动性人格等特质或性状的基因组合。

> 分子行为遗传学：研究基因的结构和功能如何与我们的环境相互作用，进而影响行为。

表观遗传学：开启和关闭基因的触发器 基因可以是表达的（活跃的，就像热水泡开茶包一样），也可以是不表达的。**表观遗传学**（epigenetics，意为"在遗传学之外"或"独立于遗传学"）研究环境可以触发或阻止基因表达的分子机制。基因是自我调节的。规划好的蓝图，无论情况如何改变，结果都是既定的。但基因不像蓝图，基因在面对不同的情况时，会做出相应的反应。一只非洲蝴蝶在夏天是绿色的，到了秋天就变成了棕色，这要归因于其体内某个温度控制的基因开关——同一个基因在某种情况下产生绿色，在另一种情况下则产生棕色。

> 表观遗传学：研究环境影响基因表达的分子机制（在 DNA 不发生变化的前提下）。

我们的经验也创造了表观遗传标记，这些标记通常是附着在 DNA 链上的有机甲基分子（organic methyl molecules，图 4.3）。如果一个标记指示细胞忽略该 DNA 片段中存在的任何基因，这些基因将被"关闭"——这些有机甲基分子将预先阻止 DNA 合成

图 4.3 表观遗传表达

从子宫开始，人的生活经验就奠定了表观遗传标记的存在。表观遗传标记通常是有机甲基分子，可以影响它们涉及的 DNA 片段中任何基因的表达（Champagne, 2010）。

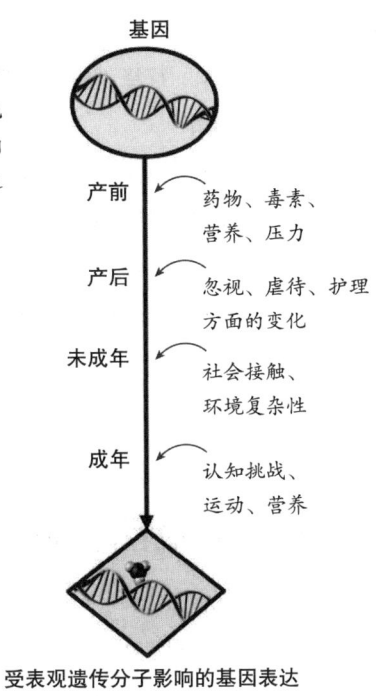

基因

产前 → 药物、毒素、营养、压力

产后 → 忽视、虐待、护理方面的变化

未成年 → 社会接触、环境复杂性

成年 → 认知挑战、运动、营养

受表观遗传分子影响的基因表达

通常由该基因编码的蛋白质。正如一位基因学家所解释的那样："你无法修改用钢笔写的东西。因此，DNA 也同样无法改变（遗传学）。但你可以修改用铅笔写的东西，而这就是表观遗传学。"（Reed, 2012）

环境因素，如饮食、药物和压力可以影响调节基因表达的表观遗传分子。母鼠通常会舔舐自己的婴儿。在实验中，未被舔舐的幼鼠有更多的表观遗传分子，这些表观遗传分子阻断了它们的大脑产生应激激素受体。当有压力时，这些动物的自由浮动应激激素水平高于平均水平，表现得更加紧张（Champagne et al., 2003; Champagne & Mashoodh, 2009）。

表观遗传学提出了一个可能存在的生物机制，即童年创伤、贫困或营养不良的影响可能会持续一生（Nugent et al., 2016; Peter et al., 2016; Swartz et al., 2016）。这种经验可能会在一个人的基因组中留下印记。一些表观遗传学的变化甚至可能传递给后代。对大屠杀幸存者和前美国内战战俘的研究显示，他们的后代有共同的表观基因改变（Costa et al., 2018; Yehuda et al., 2016）。一些批评者质疑这些研究的可靠性（Horsthemke, 2018; Yasmin, 2017）。这项科学研究仍在进行之中，敬请关注。

表观遗传学研究可能会解决一些科学之谜，比如为什么一对同卵双生子中只有一个人会患上受遗传影响的精神障碍（Spector, 2012）。表观遗传学也可以有助于解释为什么同卵双生子可能看起来略有不同。研究人员在研究小鼠时发现，在子宫内接触某些化学物质会导致基因相同的双生子毛发颜色不同（Dolinoy et al., 2007）。

> **检索练习**
>
> RP-4 将下列术语（i—iii）与正确的解释（a—c）相匹配。
>
> | 术语 | 解释 |
> | --- | --- |
> | i. 表观遗传学 | a. 研究基因和环境对我们行为的相对影响 |
> | ii. 分子行为遗传学 | b. 研究特定基因的结构和功能如何与我们的环境相互作用进而影响行为 |
> | iii. 行为遗传学 | c. 研究影响我们基因表达方式的环境因素 |
>
> 答案见附录 D

进化心理学：解释人类的天性与教养

学习目标问题 4-6 进化心理学家如何利用自然选择来解释行为倾向？

行为遗传学家探索人类差异的基因与环境根源，而进化心理学聚焦于是什么使我们成为人类。他们使用达尔文的"**自然选择**"（natural selection）原则来理解行为和心理过程的根源。理查德·道金斯（Richard Dawkins, 2007）称自然选择"无疑是人类思想发展史上最重要的里程碑"。简要来说，这个思想可做如下表述：

> 有机体的后代为生存而竞争。生物和行为的某些变异增加了后代在环境中的生存和繁殖机会。存活下来的后代更有可能把基因传承下去。因此，随着时间的推移，群体特征可能发生改变。

为了理解这些原则是如何运行的，接下来我们将讨论一个关于狐狸的直观例子。

自然选择：一个原则，即能使有机体在特定环境中更好地生存和繁衍的遗传性状，（在与其他性状变异的竞争中）最有可能传递给后代。

自然选择与适应

狐狸是一种机警的野生动物。你如果抓到一只狐狸并试图亲近它，要小心：如果这只胆小的狐狸无法逃跑，它可能会咬掉你的手指。20世纪50年代初，苏联科学家德米特里·贝尔耶夫（Dmitry Belyaev）想弄清人类的祖先是怎样把同样是野生动物的狼的祖先驯化成狗的。他想，是否能在相对短的时间内（与驯化狼相比）完成类似的壮举，把可怕的狐狸驯化成友善的狐狸呢？

为了找到这个问题的答案，贝尔耶夫从狐狸养殖场挑选了30只雄狐狸和100只雌狐狸（养殖场通过有规律的喂食和圈禁已经完成了一些驯化工作）来进行实验研究。他通过狐狸对喂食、触摸和敲打的反应来测量其后代的驯服度（Gorman, 2019），从那些狐狸的后代中选择了5%最温顺的雄狐狸和20%最温顺的雌狐狸，让它们进行交配。贝尔耶夫和其追随者柳德米粒·特鲁特（Lyudmila Trut）坚持不懈地重复这个简单过程。40年后，他们成功地繁殖了整整57代共计45 000只狐狸，得到了全新的狐狸品种。用特鲁特的话来说，这些狐狸"温顺，爱取悦人，毫无疑问是驯化了的……就在我们眼前，'野兽'变成了'可爱的东西'，它们的野性（它们的祖先所具有的野性）和攻击性行为已经完全消失了"。转变已经发生了——这些被驯服的狐狸非常友善，乐意接近人，也会发出呜咽声以吸引人们的注意，还会像狗一样用舌头舔人。因此，这家资金匮乏的研究院就抓住了这个挣钱的机会——把这批狐狸卖给人们当宠物。

同样的过程对自然发生的选择起作用吗？自然选择也能解释我们人类的倾向吗？从基因**突变**（mutation，基因复制过程中出现的随机错误）中，从每一个新个体新的基因组合中，自然已经选择了具有优势的变异形式。但是，决定狗的捕猎行为、猫的扑击行为、鸟的筑巢能力的基因链很牢固，而人类的基因链却没有那样牢固。在人类祖先发展期间，被选择的基因提供的不仅仅是一条长长的基因链，它们还会赋予人类学习的能力，从而适应各种环境——无论是在冻土地带还是在丛林地区。基因和经验共同构造了人的大脑。进化心理学家提醒说，人类应对不同环境的灵活性，促成了人类的适应性——生存和繁殖的能力。

突变：基因复制过程中出现的随机错误，会引起变异。

检索练习

RP-1 贝尔耶夫和特鲁特的驯化实践与正常发生的自然选择之间有什么相似之处，又有何不同？

答案见附录D

进化的成功有助于解释相似性

尽管人与人之间的差异会引发关注，如吉尼斯世界纪录中最高的人、最长寿的人、头发最长的人和文身最多的人，但是我们更需要了解的是人类深层的相似性。看看阿姆斯特丹史基普机场的国际航班出站口吧，在那里，无论是印度尼西亚老太太、中国儿童，还是回家的荷兰人，他们的脸上都洋溢着同样的喜悦。医生及社会学家尼古拉斯·克里斯塔基斯（Nicholas Christakis, 2019）指出："尽管处在看似瞬息万变的时代，人类共同生活的基本方式仍然不变。"

人类的基因遗产

我们的相似性源于我们共有的人类基因组，我们共同的基因遗传图谱。不同人群之间只有不到5%的遗传差异，余下95%以上的差异则是同一群体中的个体差异（Rosenberg et al., 2002）。两个南非人或两个新加坡人之间典型的遗传差异比这两组人之间的平均遗传差异大得多。因此，遗传学家莱瓦廷（Lewontin, 1982）说，如果在一次世界性的大灾难中，只有南非人或新加坡人活了下来，人类这一物种在遗传多样性上的"损失也微不足道"。

我们又是如何进化发展出这种共有的人类基因组的呢？在人类历史的开端，人类的祖先就面临这样的问题：谁是朋友？谁是敌人？什么可以吃？该与谁结为伴侣？一些人比其他人更好地解决了这些问题。例如，一些女性在怀孕的前三个月关键期里会感到恶心，这可以使她们避免食用某些带苦味的、味道强烈的和新奇的食物。避免食用这些食物具有生存意义，因为它很可能对胚胎发育有害（Profet, 1992; Schmitt & Pilcher, 2004）。那些习惯吃营养丰富的食物而不是有毒食物的早期人类能存活下来，从而把这种基因传递给后代，而那些认为豹子是"好宠物"的人却无法存活下来。

成功的个体通过交配生养后代。几代人以后，无法交配和生养后代的个体基因将在人类基因库中消失，能为机体提供适应优势的基因会继续被选择，行为倾向与学习和思考的能力使得石器时代的祖先生存、繁衍，并把基因传递到下一代。

跨越人类文化差异的鸿沟，我们甚至共享一个"普遍的道德规则"（Mikhail, 2007）。当人们被问到一个类似问题，"如果有一种致命的气体泄漏到通风口里，并朝某个房间蔓延，该房间里有七个人。把一人推到通风口，七个人就能得救，但那人因此丧生，这样做可以吗？"无论男女老少，自由派还是保守派，生活在悉尼还是首尔的人，都会给出否定的回答；而当被问及"同样的情形，如果某人是自己进入通风口，牺牲性命，但救了七个人，这样做可以吗？"，人们却都给出了肯定的回答。人类共同的道德本能来自遥远的过去，那时，我们生活在小团体中，做出直接的伤害行为会受到惩罚。对于所有这些普遍的人类倾向，无论是我们对养育子女的强烈需求，还是我们共同的恐惧和欲望，进化论都给出了一个一站式的全面解释（Schloss, 2009）。

作为这种史前基因遗产的继承人，人们天生就表现出那些能够促进人类祖先的生存和繁殖的行为方式。在校园里，我们很容易记住与生存有关的信息（"如果发生火灾，请走楼梯"），并密切关注那些我们心仪的人（Nairne et al., 2019; Nakamura et al., 2017）。但在某些方面，我们已经为一个不复存在的世界做好了生理准备，人们喜食糖类和脂类食物，是因为这些食物曾经很难获得，但它们让生理上活跃的人类祖先度过了食物短缺的时期。现在我们中很少有人收集和猎取食物，糖类和脂类食物在快餐店和自动售货机中也很容易找到。我们深深植根于基因中的自然倾向已经与吃垃圾食品、不运动的生活方式不相匹配。

想想自己多幸运：尽管过去几千年来婴儿死亡率很高，疾病猖獗，但你的无数祖辈都留下了后代。

如果有人被科学和宗教对人类起源相互矛盾的解释所困扰，那么想想看，我们可以从不同角度理解生命的起源，从而形成互为补充的视角，这可能有助于理解这样的困惑。

当今的进化心理学

很长时间以来，达尔文（Darwin）的进化论一直是生物学的组织法则之一。如今，达尔文的理论正处于"第二次达尔文革命"之中：开始将生物进化法则应用于心理学领域。在《物种起源》的结束语中，他预言道："进化论为更加重要的研究开辟了新的领域。心理学将会建立在一个崭新的根基之上。"

在本书的其他部分，我们讨论了令进化心理学家感兴趣的问题：为什么婴儿在刚刚可以自主活动时就会害怕陌生人？为什么很多人害怕蜘蛛、蛇，而且恐高，却对更为危险的枪支等具有威胁性的现代武器没有那么恐惧？为什么我们对航空旅行的恐惧超过了驾车出行？

为了理解进化心理学家是如何思考和推理的，我们先停下来探讨两个问题：男性与女性有何相似之处？男性和女性在性方面有何不同，为什么？

关于人类性行为的进化论解释

学习目标问题 4-7 进化心理学家如何解释择偶偏好的性别差异？

在整个人类史上，人类面临过许多类似的挑战，男性和女性都以相似的方式来应对这些挑战。我们吃同样的食物，避免同样的危险，感知、学习和记忆的方式都很相似。在寻找配偶时，我们都喜欢许多相同的特质，例如善良、诚实和聪明，我们都会避开我们的近亲（Dandine-Roulland et al., 2019）。进化心理学家表示，只有面临那些不同的适应性挑战的领域（最明显的是与生殖有关的行为）时，我们才会有所不同。

性方面的性别差异

男女之间确实存在差异。比如说性驱动。男人和女人都有性动机，一些女人甚至比许多男人更有性动机。然而平均而言，哪种性别渴望更频繁的性活动，更容易想到性，自慰更频繁，会观看更多的色情片？这些问题和其他这类问题的答案都是男性（Baumeister et al., 2001; Hall et al., 2017; Lippa, 2009; Petersen & Hyde, 2010）。甚至年龄在65～80岁的美国人中，也有12%的女性和50%的男性表示对性爱"非常"或"极其"渴望（Malani et al., 2018）。

单身的男异性恋者对女性散发出的吸引力很敏感，并且经常误把女性的友好当成性诱惑（Abbey, 1987）。男性的这种对性的过度感知偏差（sexual overperception bias）在"快速约会"中很明显，在男性视角下，他们的约会对象所表现出的性兴趣比实际要多得多，这或许部分是由于单身的女异性恋者低报了自己的性兴趣（Perilloux et al., 2012; Engeler & Raghubir, 2018）。结婚后的夫妻在衡量其伴侣的性兴趣方面就做得更好

（Dobson et al., 2018）。

性别上的许多相似性和差异都超越了性取向（sexual orientation）。与女同性恋者相比，男同性恋者（和男异性恋者一样）对视觉上的性刺激更敏感，也更关注伴侣的肉体吸引力（Bailey et al., 1994; Doyle, 2005; Schmitt, 2007; Sprecher et al., 2013）。男同性恋伴侣表明，他们比女同性恋伴侣拥有更多的性爱（Peplau & Fingerhut, 2007），而且（像男异性恋者一样）对无需承诺的性行为更感兴趣（Schmitt, 2003）。

自然选择和择偶偏好

自然选择是大自然对有助于生存和繁殖的性状和欲望的选择。随着时间的推移，能给个体或物种带来生殖优势的性状被选中，占据上风。无论是黑猩猩还是大象，农民还是企业总裁，进化心理学家都可以用性别选择的原则来解释雌性和雄性在与择偶有关的领域中的差异（Buss & Schmitt, 2019; Geary, 2010）。人类的自然渴望就是其基因进行自我繁殖的方式。

为什么女性在选择性伴侣时往往比男性更挑剔？因为女性面临的风险更大。女性为了将其基因传递下去，必须孕育、保护在她体内生长的胎儿至少9个月，且在孩子出生后进行数月的哺乳。因此，毫不意外地，女异性恋者更愿意选择那些能养育和保护他们共同后代的男人作为伴侣，她们会选择一位能充当靠谱的父亲角色的人，而不是看上去像无赖的人（Meeussen et al., 2019）。女性同样也会被拥有修长腰线和宽阔肩膀的高大男性所吸引——这都是高生殖成功率的标志（Mautz et al., 2013）。不论是美国、中国还是欧洲，绝大多数女性都极其喜欢看起来很富有的男性（Wang et al., 2018）。一项研究要求数百名威尔士行人分别对图片中的男女司机进行评价，男女司机都分别驾驶着简陋或豪华的车。男性表示，这两辆车上的女司机对他们的吸引力是一样的。然而，女性认为如果男性司机开着豪车，则更具吸引力（Dunn & Searle, 2010）。同样，当人们观看他人在豪华或普通公寓中的照片时，女性认为男性在豪华公寓中出现时更有吸引力，但男性的看法就不受周围环境的影响（Dunn & Hil, 2014）。

进化论者表明，数据显示，女性通常会明智地选择配偶来遗传基因，而男性通常是"广撒网"地选择配偶来遗传基因。究竟人们认为异性身上的什么东西吸引人呢？吸引力的某些层面可以跨越时空。男性喜欢健康、生育力强的女性——拥有光滑皮肤、年轻身体的女性意味着可以生育许多子女（Buss & Von Hippel, 2018）。这样男性就能更好地把基因遗传下去。的确，腰围是臀围2/3的女性最吸引男性，这种比例的身材是明显的未生育标志（Lassek & Gaulin, 2018, 2019; Lewis et al., 2015）。即便是盲人，也更偏爱腰臀比低的女性（Karremans et al., 2010）。处于生育高峰年龄（根据过去的研究结果，那时女性的排卵期开始得比现在晚）的女性对男性最具吸引力（Kenrick et al., 2009）。因此，十几岁的男孩对于比他们自己大几岁的女性最感兴趣，二十五六岁的男性偏爱与他们年龄相近的女性，而年龄较大的男性则偏好年轻的女性。报告显示，这种模式一直出现在欧洲的征友广告，印度的征婚广告，北美、南美、非洲和菲律宾的婚姻记录中（Singh, 1993; Singh & Randall, 2007）。

自然会选择那些有利于个体基因遗传下去的行为。作为活动的基因体，人们天生就偏好那些曾对人类祖先有用处的东西。人类祖先天生就具备能留下后代的行动方式——如果不是那样的话，也就没有现在的我们了。作为人类祖先基因遗产的载体，我们也会像祖先那样行动。

对进化论观点的批评

学习目标问题 4-8 对人类性行为的进化论解释有哪些关键的批评？进化心理学家如何回应？

自然选择使人类为生存和繁殖做好准备，大多数心理学家对此表示认可。但批评者认为，进化心理学家对人类择偶偏好的解释有一点不足。让我们思考一下在某项经典研究中（研究对象为男性和女性异性恋者）的一项惊人发现，进化心理学家对此如何解释（Clark & Hatfield, 1989），批评者又会如何抨击。

在这个实验中，一位研究人员装作陌生人走近其他男性或女性，并说道："我在校园里注意你很久了，你太有吸引力了。"而后，"陌生人"会问道："今晚愿意和我上床吗？"你认为女性和男性各有多大比例会同意？对性行为的进化论解释预示着，在选择性伴侣方面，女性会比男性更挑剔。结果每一次调查都发现，没有一位女性同意，但有 70% 的男性同意与一个陌生女性上床。法国的研究人员重复了这个研究，依旧得到了类似的结果（Guéguen, 2011）。

该研究是否支持进化心理学的观点？批评家指出，进化心理学通常从结果开始（例如男性更乐意接受随意性行为），然后以追溯的方式做出解释。如果研究显示了相反的结果呢？如果男人拒绝了随意性行为的提议，我们是否可以推断出，终生只有一个女性伴侣的男人会成为更好的父亲，他们的孩子也更容易生存下来？

其他批评者提出疑问，为什么我们要试图根据自己遥远的祖先在几千年前做出的决定来解释今天的行为？文化期望[1]不是也会影响性别带来的差异吗？爱丽丝·伊格利

---

[1] 文化期望是指基于某种民族的或社会群体的文化圈形成的，对事物或传播信息的某种预先的认识倾向或态度。——译者注

（Alice Eagly）和温迪·伍德（Wendy Wood）指出，在性别更加平等的文化中，女性和男性的行为差异较小。这些批评家认为，社会学习理论（social learning theory）提供了一个更好、更直接的解释。我们都在学习社会脚本（social script）——一个指导人们在某种情况下的行为的文化模式。在某一文化模式下，女性通过观察和模仿其他人，可能会了解到与陌生男人的性接触是危险的，随意性行为未必会带来大量的性快感，而做出随意性行为的女性比男性更容易名誉受损（Conley, 2011; Muggleton et al., 2019）。这种非传统的解释表明，女性是以社会脚本的方式对性接触做出反应的，而男性的反应或许说明了他们学到的社会脚本是："真正的男人"会利用一切机会进行性行为。

> 社会脚本：一个指导人们在某种情况下的行为的文化模式。

第三种批评意见主要集中在进化心理学可能带来的社会后果。男异性恋者是否真的有硬性标准，本能地要与任何接近他们的女人发生性关系？如果是这样，这是否意味着男人没有对伴侣保持忠诚的道德义务？这种解释是否将男人进化的结果作为不恰当性行为的借口？进化心理学可能会削弱旨在减少性侵害的社会运动，如"MeToo"运动（"我也遭遇过"运动）？

进化心理学家认为，"人究竟是谁"这个问题在很大程度上不是有关"本能"的问题。一个研究小组始终认为，"进化论有力地否决了基因决定论（genetic determinism）"（Confer et al., 2010）。基因不能决定命运。进化心理学研究证实，男性和女性面临着相似的适应性问题，他们之间的相似性远大于差异性。自然选择已经赋予我们灵活的适应能力。他们强调，人类拥有学习和促进社会进步的强大能力，能对不同的环境进行调整和回应。无论生活在北极还是沙漠中，我们都能适应和生存。

> "一个人过于显露自己兽性的一面，却忽视了崇高的人性，这很危险；而一个人太过崇高而无视自己卑劣的一面，也很危险。如果对以上两件事漠不关心，就更危险了。"
> ——布莱兹·帕斯卡尔

进化心理学家也认同批评者的一些观点，即某些特征和行为，如自杀，很难用自然选择来解释（Barash, 2012; Confer et al., 2010）。但他们要求我们记住进化心理学的科学目标：依据自然选择的原则，提出可加以检验的预测来解释行为和心理特征（Lewis et al., 2017）。例如，人们真的偏爱那些在一定程度上与自己有共同基因或者那些知恩图报的人吗？答案是肯定的。进化心理学家提醒我们，对人类是怎样形成的研究不意味着我们应该成为那样的人。有时，了解自己的行为和心理倾向本身就有助于克服它们。

自问

根据你目前学到的知识，你认为基因和环境如何共同影响性行为？

检索练习

RP-2 进化心理学家如何解释男性和女性在选择性伴侣方面的差异？
RP-3 对于人类性行为的进化论解释的三点主要批评是什么？

答案见附录D

文化与性别的多样性：理解天性与教养的关系

从受孕开始，人类就是自身的遗传倾向（genetic predisposition）与其周围环境之间一连串相互作用的产物（McGue, 2010）。他人如何对我们做出反应，如何对我们产生影响，都受我们自身基因的影响。基因还影响着我们的家庭环境（Barlow, 2019; Kong et al., 2018）。现在，让我们忘掉天性与教养之间的矛盾，想想它们之间的联系。

想象一下，有这样两个婴儿，一个在基因上具有吸引力，十分友善，容易相处，另一个则恰恰相反，没那么可爱。再进一步假设一下，第一个婴儿更惹人喜爱，得到了更多的关怀，能够激发人们的照顾欲，因此成长为一个更热情、更外向的人。渐渐地，这两个孩子都长大了，性格本就更热情外向的孩子可能会参加更多的活动，广泛交友，进一步提升社交自信。

那么是什么造成了两个孩子之间的人格差异？遗传和环境都不能单独发挥作用。环境会引发基因活动，而我们受基因影响的特质会唤起他人的显著反应。因此，一个孩子的冲动和攻击性可能会让父母或老师感到愤怒，父母或老师会对在家庭或教室里表现良好的孩子表现出强烈的喜爱之情。在这种情况下，孩子的天性与父母的教养相互作用。也就是说，基因与环境共舞。

同卵双生子不仅有相同的遗传基因，他们还寻求和创造表达他们共有基因的类似环境（Kandler et al., 2012）。这有助于解释为什么在不同家庭长大的同卵双生子在回忆起他们各自父母的温情时，会觉得非常相似——几乎像是被同一对父母养大一样（Plomin et al., 1988, 1991, 1994）。即使在同一个家庭长大，异卵双生子对他们早期的家庭生活也有着更多不同的回忆。桑德拉·斯卡尔（Sandra Scarr, 1990）说："由于孩子有各自不同的特质，因此他们把我们当作不同的父母。"

经验如何影响个体发育？

我们已经看到，在特定环境中表达的基因如何造成了我们的发育差异。我们更像是图画书，已经初具特定的线条，而经验则完成了整张图片。天性和教养塑造了我们，但是我们的教养中影响力最大的因素是什么？早期经验、家庭和同伴关系，以及我们的所有其他经验是如何引导我们的发育并造就我们的多样性的？

与天性共同作用的形成性"教养"在受精时就开始了，在子宫这个产前环境内，胚胎吸收的营养各不相同，受有毒物质影响的程度也不同。在子宫之外，教养继续发挥作用，我们的早期经验能够促进大脑的发育。

经验与大脑发育

学习目标问题 4-9 早期经验如何改变大脑？

不断发展的神经连接让大脑为思考、语言以及后来的经验做好准备，但早期的经验是如何在大脑中留下"印记"（fingerprint）的呢？马克·罗森茨韦格（Mark Rosenzwejg）和大卫·克雷奇（David Krech）打开了这一问题的大门，他们饲养了一些幼鼠，其中有一些是在隔离的封闭空间内单独饲养的，另一些则是在公共场地群体饲养。后来通过对这些幼鼠的大脑研究发现，饲养环境中接触玩具最多的幼鼠，大脑发育得最好。也就是说，生活在丰富多彩的模拟自然环境的大鼠，其大脑皮质（cerebral cortex）通常更重、更厚（图4.4）。

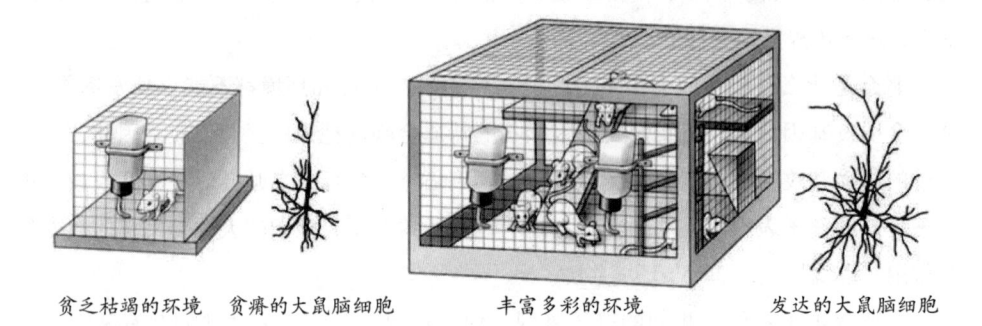

贫乏枯竭的环境　贫瘠的大鼠脑细胞　　丰富多彩的环境　　发达的大鼠脑细胞

图 4.4 经验影响大脑发育

研究人员将一些大鼠单独饲养在没有玩具的环境中，而把另外一些大鼠饲养在每天都有新玩具的、丰富多彩的环境中（Rosenzweig et al., 1962）。16次重复实验中有14次表明，在丰富多彩的环境中生长的大鼠的大脑皮质比生长在贫乏环境中的大鼠明显发育得更好（相对于大脑的其他组织而言）。

罗森茨韦格对这个发现感到十分惊讶，于是在发表这一发现前，他又重复了几次实验（Renner & Rosenzweig, 1987; Rosenzweig, 1984）。结果非常明显，即使仅仅观看简短的大鼠视频片段，你也能从大鼠的活跃程度和好奇行为中判断出它的喂养环境是贫乏还是丰富（Renner & Renner, 1993）。大鼠在丰富的环境中被喂养了60天后，大脑重量增长了7%~10%，神经突触连接的数量迅速增长了约20%（Kolb & Whishaw, 1998）。丰富多彩的环境确实会提高脑力。人类也会因为缺乏刺激而大脑发育迟缓，认知发展减慢（Farah, 2017）。

这些研究结果已经推动人们改善实验室、农场、动物园等场所的环境，以及机构中孩子所处的环境。触摸和按摩刺激有益于幼鼠和早产婴儿的发育（Field et al., 2007; Sarro et al., 2014）。经过"抚触"的幼鼠和早产婴儿的体重增长更快，神经发育更迅速。与父母有肌肤接触的早产儿睡眠质量更好，紧张情绪更少，10年后表现出更好的认知发展水平（Britto et al., 2017; Feldman et al., 2014）。

天性和教养共同构建、完善我们的神经连接。在大脑发育成熟并提供了丰富的神经连接之后，我们的经验将启动一个修剪的过程。观看、嗅闻、触摸和音乐律动等举动激活并强化了某些神经通路，而那些没有被使用的神经通路则被削弱。就像森林中的道路那样，行人不多的小路会慢慢消失，而行人众多的小路则渐渐拓宽（Dahl et al., 2018; Gopnik et al., 2015）。青少年期的结果就是大量未使用的神经连接消失。

这样，天性与教养的交会点就是童年早期学习的生物学现实：在童年早期——额外的神经连接随时可以建立——掌握另一种语言的语法和口音，对他们来说轻而易举。如果在青少年期之前缺乏对某种语言的接触（书面语或手语），那他们就永远不能完全掌握好那种语言。同样，如果早年没有视觉经验，那么去除白内障而复明的患者也永远不能获得正常的视知觉（Gregory, 1978; Wiesel, 1982）。因为本应负责视觉的脑细胞已经死亡或转作他用。要获得最适宜的大脑发育，早年合适的刺激相当关键。大脑的成熟似乎受到一条规律的支配——用进废退。

尽管早年的正常刺激是至关重要的，但大脑的发育并没有随着童年结束而结束。由于大脑具有惊人的神经可塑性，神经组织在人的一生中不断发生变化，并且根据经验重新构建，新的神经元也会诞生。如果训练一只猴子在一天内用一根手指拉杠杆多次，那么控制这根手指的大脑组织将发生变化以反映这种经验（Karni et al., 1998）。人脑的运作也一样。无论是学习用键盘打字、玩滑板，还是在伦敦的街道上导航穿行，当我们的大脑将学习内容融会贯通时，我们会越来越熟练（Ambrose, 2010; Maguire et al., 2000）。

"天性与教养……只不过是大脑突触的两种不同连接方式。"
——约瑟夫·莱多

自问

你小时候最常练习的技能是什么——体育、音乐、烹饪、电子游戏？你认为这对你的大脑发育有何影响？你将如何通过新的学习和新的技能来使自己的大脑继续发育呢？

父母到底应该受到多少赞扬或责备？

学习目标问题 4-10 父母和同龄人以何种方式影响孩子的成长？

在生育小孩时，女人和男人首先要洗基因这副牌，然后把可以形成生命的一手牌分发给未来的孩子，之后孩子受到的若干影响则是父母控制不了的。尽管如此，所有的父母，无论是亲生父母还是养父母，他们依然总是为孩子获得的成功而感到无比骄傲，也会为孩子的失败而感到内疚、羞愧。当孩子因获奖而得到他人的祝贺时，父母会眉开眼笑；当孩子屡次惹麻烦的时候，孩子的父母也会想知道问题到底出在哪里。

弗洛伊德式精神病学和心理学一直是解释这类问题的一种依据，例如，把从哮喘到精神分裂症的病症都归罪于"不良养育"。许多人认为父母应该且能够把孩子当成陶器模子里的黏土来塑造。人们因孩子的美德而赞扬其父母，因孩子的恶习而批评其父母。同时，"有毒的"父母可能会给脆弱的孩子施加心理伤害。难怪生养孩子显得如此危险。

但是，父母是否真的会通过一些方式让孩子儿时遭受心理创伤，如过于强势或漠不关心，强烈督促或放任自流，过度保护或有意疏离呢？那么孩子是否应该为自己的失败而责备父母，或父母是否应该因孩子的失败而责备自己呢？或者说，父母的正常失误无意中伤害了脆弱的孩子，是否让人们轻视真正虐待的残酷性？套用发展心理学家艾莉森·戈普尼克（Alison Gopnik, 2016）的话说，父母是否不太像陶工，而更像园丁，为孩子的自然成长提供土壤？

父母的养育当然重要。但是在极端情况下，养育产生的影响会最大化：受虐待的儿童变得具有虐待他人的倾向，被忽视的儿童变得忽视他人，备受宠爱但受家庭严格管制的儿童变得自信而能干。由于战火纷飞而逃离家园的越南和柬埔寨难民的孩子在学术和工作中成就卓著，这体现了家庭环境的力量——他们的成就可以归因于联系密切、相互支持甚至苛求的家庭（Caplan et al., 1992）。美籍亚裔和欧裔的父母在期望上大为不同。美籍亚裔母亲可能会督促她的孩子把事情做好，但通常不会使他们的关系变得紧张（Fu & Markus, 2014）。给孩子助力，并陪同孩子学习的"虎妈"往往会激励她们的孩子（这些孩子所处的文化背景使他们乐意接受这种强迫教育）。然而，美籍欧裔父母可能会认为这样做很过分，因为这破坏了孩子的积极性（Deal, 2011）。

然而在人格测量中，从子宫开始的共同环境的影响，通常只能解释不到10%的人格差异。涉及我们的特质而非价值观时，行为遗传学家罗伯特·普洛明（Robert Plomin, 2018b）指出："就算我们一出生就被在不同的家庭中长大，我们基本上也会是同一个人。"

这项研究具有惊人的意义。在发展心理学家斯卡尔（Scarr, 1993）看来，这句话意味着"我们不应该因为一个人获得成功而过多赞扬其父母，也不应该因为一个人没有成就而过多责备其父母"。如果认识到孩子不是那么容易受到父母教养的影响，父母或许能稍稍放松一下，自然地爱孩子，因为孩子是自己所生的。

同伴影响

在儿童的成长过程中，什么样的经历会对他们产生影响呢？所有年龄段的人都试图融入群体，但儿童和青少年尤其如此（Blakemore, 2018; Harris, 1998, 2000）。试想同伴的力量：

- 不喜欢吃某种食物的学龄前儿童，如果和一群喜欢这种食物的儿童在一张桌子上吃饭，他们往往也会吃这种食物。

- 一个儿童在家里听到的是某种英语口音，而在社区和学校里听到的又是另一种口音，那么他（她）肯定选择学习同伴的口音，而不是父母的口音。口音（和俚语）反映了文化，正如哈里斯（Harris, 2007）所指出的，"儿童从同伴那里习得他们的文化"。
- 十几岁就开始抽烟的儿童一般都有抽烟的朋友，这些朋友向儿童暗示了吸烟的快乐，还会为其提供香烟（Liu et al., 2017）。这种同伴相似性（peer similarity）的原因可能部分在于"选择效应"（selection effect），儿童会寻找态度、兴趣和特质与自己相近的人作为同伴（Domingue et al., 2018），所以抽烟的人可能会选择抽烟的人做朋友，不抽烟的人可能会选择不抽烟的人做朋友。

家长有权选择孩子所在的社区和学校，从而影响塑造儿童的同伴群体的文化。由于这种影响很重要，父母可能希望参与到针对整个社区或学校的干预计划中。如果不良的风气渗入儿童的生活，那么不仅儿童需要引导教育，这种风气本身也需要被纠正。即便如此，同伴只是文化影响的一个媒介。正如一句非洲谚语所说的："养育一个孩子需要一个村庄。"

检索练习

RP-1 什么是选择效应，这种效应会如何影响青少年加入学校运动队的决定？

答案见附录 D

文化影响

学习目标问题 4-11 文化如何影响我们的行为？

与苍蝇、鱼、狐狸狭窄的发展道路相比，大自然为人类修筑了一条更长更宽的道路，而环境则驱使着人们在这条路上前行。人类这一物种的标志在于学习和适应的能力，这是大自然赋予人的伟大礼物。人天生具有巨大的大脑硬盘驱动器，做好了随时接受文化应用软件的准备。

文化（culture）是一个群体中所有人共有的行为、观点、态度、价值观和传统，能够一代又一代地传递下去（Brislin, 1988; Cohen, 2009）。罗伊·鲍迈斯特（Roy Baumeister, 2005）指出，文化似乎塑造了人类的天性。人类是社会性动物，但不只如此。狼也是群居动物，它们成群结队地生活、捕猎；蚂蚁一直以来都以群体为单位，从不单独行动。但鲍迈斯特表示"文化是一种更好的社交方式"。狼的生活方式与一万年前相差无几，人类却享用电力、开发室内管道系统、发明抗生素、创建互联网——这些于我们大多数祖辈而言难以想象的事物，都是文化影响下的产物。

文化：一个群体中所有人共有的行为、观点、态度、价值观和传统，能够一代又一代地传递下去。

其他动物会表现出较小的文化内核。黑猩猩有时也会产生一些习惯：用树叶清洁身体、拍打树枝以引起异性注意、跳"雨舞"来传递大雨将至的信息，并将这些习惯传递给同伴和后代（Whiten et al., 1999）。文化会传播习得行为，这些习得行为使一个群体具有优势，利于该群体的生存和繁衍，但人类文化的作用远远不止于此。

多亏人类文化对语言的掌握，人类有着源源不断的创新精神。在一天之内，我们使用了谷歌、手机、数字听力技术，以及数字吉他调音器。从更广的时间范围看，得益于文化所积累的知识，20世纪（大多数生活在可能阅读本书的国家里的）人类平均寿命延长了30年。此外，文化还促成了有效的劳动分工。撰写本书的人中，有两位幸运地成了作者代表，在书上留下了自己的名字（这本书传递了积累的文化智慧），但这本书实际上是一群有才华的人合作和奉献的结果。正所谓，单丝不成线，独木不成林。

在不同的文化中，人类在语言、金钱、体育、宗教和习俗方面都有差异。但在差异之下，我们的文化能力表现出巨大的相似性。文化传递着习俗和信仰，使我们能够交流、以钱换物、玩耍、进食，并在开车时遵守既定的交通规则，以避免发生事故。

文化间的差异

我们可以从不同信仰、不同价值观的文化差异里，从养育方式及安葬方式上，以及从穿着（无论我们穿什么）方式上看到人类的适应性。我们时刻注意到的是，这本书的读者在文化上有很大的差异，读者居住地的跨度从澳大利亚到阿尔及利亚，从新加坡到瑞典。

顺着某个自成一体的文化前行如同顺风骑车：风带着我们前行，我们却几乎注意不到其存在。若逆风骑车，我们就会感受到风的存在。与不同的文化接触时，我们就会意识到文化之风。到欧洲旅游的大多数美国人会对这异国小小的汽车、人们左手用叉的行为，以及沙滩上人们衣着毫无拘束等现象感到惊讶。在伊拉克、阿富汗和科威特驻军的美国和欧洲士兵同样会意识到自己祖国的文化是多么自由。来自日本和印度的人到达美国后，难以理解为什么这么多人在家里还穿着在外面才穿的脏鞋。

尽管如此，不同文化背景下的人类仍有着一些共同的基本道德观念。甚至还不会走路的婴儿，也更喜爱那些乐于助人的人而不是爱捣乱的人（Hamlin et al., 2011）。全世界的人都珍视诚实、公平和善良的品质（McGrath, 2015）。然而，每个文化群体都发展出了自己的一套行为**规范**（norm），即可接受和期望的行为惯例。例如，英国人有按先后顺序排队的习惯；南亚、非洲和中东大部分人只用右手吃饭。有时社会期望会令人压抑："为什么我的穿着这么重要？"不过，社会规范为社会机器提供了润滑剂。

当文化碰撞时，不同文化的不同准则往往会令人困惑。我们应该握手、鞠躬还是亲吻对方的脸颊来打招呼？同样，如果知道什么样的手势和赞美是适合文化习惯的，

性别平等：在中非的阿卡人中，男人和女人交替扮演打猎和照顾孩子等角色。因此，父亲与婴儿之间形成了特别密切的联系，当婴儿感到饥饿而焦躁不安时，父亲甚至会进行哺乳行为，安抚着婴儿，等候母亲的归来。在这种文化下，父亲在47%的时间里都抱着他们的孩子或把孩子安置在其触手可及的地方。（Hewlett, 1991）

规范：可接受和期望的行为惯例。

那我们就可以放松并享受彼此的陪伴，而不必担心尴尬或冒犯。

如果不了解什么是可接受和期望的，我们可能会经历文化冲击。地中海地区的人认为北欧人办事效率高但为人冷漠，一心只想着守时（Triandis, 1981）。在日本，银行挂钟走得十分准确，行人步伐匆匆，邮政人员快速地忙碌着。如果这些时间观念很强的日本人去印度尼西亚旅游，他们很容易失去耐心。因为在印度尼西亚，时钟时间并不准确，人们的生活比较闲散（Levine & Norenzayan, 1999）。欧洲共同体成员国的人每年有20天的带薪假期，他们一旦去美国工作也可能会经历文化冲击，因为美国压根儿就没有工人带薪休假的制度（Ray et al., 2013）。

文化的历时变化

就像生物一样，文化千差万别，为资源而竞争，因此也会随着时间的推移而演变（Mesoudi, 2009）。我们再来看看文化随时间变化的速度有多快。英国诗人杰弗雷·乔叟（Geoffrey Chaucer, 1342—1400）与现代英国人相隔不过25代人，但他们若一起交谈会十分困难。上个世纪初，英国人生活在一个没有汽车、没有无线电广播、没有电灯的世界。而自1960年以来这段短短的历史中，大多数西方文化以惊人的速度发生着变化。中产阶级住进了空调房，能够网上购物、随时随地使用电子通信，而且由于人均实际收入翻倍，他们外出就餐的次数是其祖父母的两倍以上。人们现在享有更多的人权，而且由于经济上更加独立，今天的女性更普遍地因为爱情而结婚，不用经常忍受家暴。

但是，有一些变化却不是那么积极。你如果在1960年的美国睡着了，醒来会发现现在的文化是经济萧条、经济不平等的文化。你还会发现美国人与英国人、澳大利亚人和新西兰人一样，用在工作上的时间更多，睡眠时间更少，与朋友和家人相处的时间也更少（BLS, 2011; Twenge, 2017）。

对于这些变化，无论喜欢还是厌恶，我们都很难不因其惊人的变化速度而震撼。我们不能从人类基因库中寻找原因，因为人类基因库进化太慢，无法解释这些高速的文化变迁。文化变化多样，文化在变迁，文化塑造了我们的生活。

文化与自我

学习目标问题 4-12 个人主义和集体主义文化在价值观和目标上有什么不同？

如果有人将你的一切社会关系都剥夺掉，将你独自一人放逐到一个陌生的地方，你的自我身份认同还有多少能完好无损地保留下来？

如果你是一个个人主义（individualism）者，保留的会很多。你会有一种独立的"我"的感觉，以及对你独特的个人信念和价值观的认识。个人主义者相对看重自己的

个人主义：相对看重自己的个人目标，而不是群体的目标，并以个人的特质而不是群体的认同来定义自己的身份。

个人目标，以自己的特质来定义自己的身份，会努力获取个人控制和个人成就。

人类普遍对归属感有所需求，个人主义者也是如此。他们也会加入群体，但是较少关注群体和谐以及在群体中承担的职责（Brewer & Chen, 2007）。他们还是孩子的时候就很重视自由意志感（Chernyak et al., 2019）。由于个人主义者较为独来独往，因而能更自由地加入或退出社会团体，能自由地变换场所，能跳槽另谋高就，甚至能离开大家庭迁至一个新的地方生活，只要两个人真心相爱就会结婚。

一个**集体主义**（collectivism）者，如果被放逐到一个陌生的地方，可能就会产生严重的身份认同缺失。与家人、集体、忠实的朋友分离，这个人就会失去与他人的联系，而无法确定自己是谁。通过对集体的认同，集体主义者获得一份归属感，习得一套价值观，得到一种安全感。集体主义者对集体有着很深的依恋，这些集体通常是家人、家族、企业或国家，年老的长辈是很受尊敬的。例如，中国法律规定，凡未供养老人（60岁及以上）、关心老人、给老人提供舒适的生活条件、满足老人特殊需求的子女，父母有权起诉其子女。

集体主义者运动员比起个人主义者更重视集体胜利。他们在促进集体利益中获得满足感，甚至牺牲个人需求。为了维护集体精神，他们会避免正面对抗和直言不讳，避开令人不快的话题。他们为人谦虚，绝不自视过高（Bond et al., 2012）。他们认为心存宽仁是强化集体和谐的一种方式（Joo et al., 2019）。在遇到陌生人时，集体主义者不会主导谈话，通常比较沉默寡言且羞涩（Cheek & Melchior, 1990）。当文化更注重"我们"而不是"我"时，那种令人满意的、特别定制的北美拿铁咖啡在首尔可能像是自私的要求（Kim & Markus, 1999）。

集体主义：相对看重群体（通常是自己的大家庭或工作群体）的目标，并据此定义自己的身份。

表 4.1　个人主义价值观和集体主义价值观比较

概念	个人主义	集体主义
自我	独立（身份认同来自个体特质）	相互联系（身份认同来自群体归属）
人生使命	发现并表达个体的独特性	维持彼此之间的联系，融入群体，扮演好自己的角色
最为看重的	自我——个人成就和个人实现，权利和自由，自尊	我们——集体的目标和集体的团结稳定，社会责任和关系，家庭责任
应对方法	改变现实	适应现实
道德	由个体来确定（基于自我）	由社会关系网确定（基于责任）
关系	有很多，通常是暂时性的、非永久性的；对抗是可接受的	很少，但很密切，也很持久；重视和睦相处
归因行为	行为反映个体的人格和态度	行为反映社会规范和社会角色

你怎么看有人愿意改变自己的行为以适应不同的人和情况？在个人主义国家（例如美国和巴西），人们通常用"不诚实""不值得信任""不真诚"来描述这类人（Levine, 2016）；在传统的集体主义国家（例如中国、印度和尼泊尔），人们更常将他们描述为"成熟""诚实""值得信赖""真诚"。

当然，文化内部也具有多样性。许多国家也存在与宗教、经济地位和地区有关的独特亚文化（Cohen, 2009）。中国南方通常种植水稻，种植这种作物需要集体合作，由此建立起集体主义的价值观；中国北方通常种植小麦，这种作物由个人种植即可，由此形成个人主义价值观。这些差异导致中国南方人和北方人的思维模式、感知状况和行为方式大相径庭（Dong et al., 2019; Obschonka et al., 2018; Talhelm et al., 2014）。研究人员设计了一个巧妙的实验，在中国的星巴克咖啡馆内，把椅子搬到一起，挡住过道。他们观察到，典型的个人主义者会把其中一张椅子移开，然后再走过去；典型的集体主义者则会从椅子中间艰难地挤过去（Talhelm et al., 2018）。与更具集体主义精神的中国南方人相比，中国北方人更愿意移动椅子。

心理学家简·特温格（Jean Twenge）在为她的第一个孩子取名时发现，那些不常见的名字更受个人主义者青睐。特温格和她的同事（2010a, 2016a）对 1880～2015 年出生的 3.58 亿美国婴儿进行了统计，分析发现，以前最常取的婴儿名早已退出了历史舞台。如图 4.5 所示，男婴和女婴在其对应出生年份的所取之名中，最为常见的 10 个名字所占的比例急剧下降。相反，对于崇尚集体主义的日本，半数日本婴儿的名字都在该国最常见的 10 个名字之列（Ogihara et al., 2015）。

个人主义者与集体主义者之间的差异也体现在面对奥运奖牌时不同的表现。美国的金牌获得者和对其进行报道的美国媒体将这些成绩主要归功于运动员本身（Markus et al., 2006）。美国游泳金牌获得者米斯蒂·海曼（Misty Hyman）说："我要保持专注，现在是向世界展示我的能力的时候了。"日本的女子马拉松金牌获得者高桥尚子（Naoko Takahashi）则持有不同的看法："这里有世界上最好的教练、世界上最好的经理，以及所有支持我的人——这一切的一切汇集成了一枚金牌。"

个人主义者在婚姻中更看重浪漫和自我实现（Dion & Dion, 1993）。集体主义视角下的情歌总是表达了一生的承诺和情意。正如一首来自中国的情歌所唱

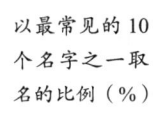

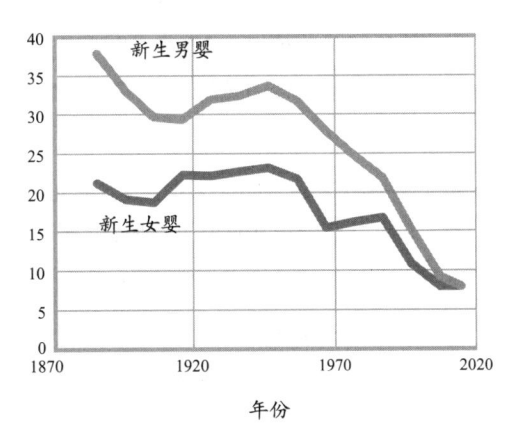

图 4.5 一个与众不同的孩子

给孩子取名字也能反映出美国人的个人主义倾向，近年来，曾经最为常见的 10 个名字已不再受新手父母的青睐，使用率急剧下降（Twenge et al., 2010a, 2016a）。

的那样："爱你到地久天长……陪你到海枯石烂。"（Rothbaum & Tsang, 1998）

什么因素可以预测一种文化随着时间的推移而发生的变化，以及文化之间的差异？社会文化有着举足轻重的地位。个人主义和独立性是由多方面因素促成的，包括自愿移民、资本主义经济、稀少的人口以及充满挑战的环境（Kitayama et al., 2009, 2010; Varnum et al., 2010）。在20世纪以及当前的西方文化中，除了最贫穷的国家，其他国家随着富裕程度不断提高，个人主义文化也越来越盛行（Grossmann & Varnum, 2015; Santos et al., 2017）。生物学因素可能也发挥了作用。一项比较集体主义者和个人主义者的大脑活动的研究表明，集体主义者在看到他人处于困境时，会遭受更大的情感痛苦（Cheon et al., 2013）。正如我们所看到的，人类是一种生物心理社会型的动物。

> **自问**
>
> 你认为自己是集体主义者还是个人主义者？你认为这种自我意识是如何影响你的行为方式、情感和思维的？

文化与育儿

育儿价值观会随着时间的推移而发生变化，反映了个体差异和文化的多样性。你是希望你的孩子有独立性，还是希望他顺从呢？与亚洲文化中的家庭相比，在西方社会中，大多数的父母都希望自己的孩子能独立思考。"你应对你自己负责"，西方的家庭和学校都是这样教育儿童的，"问心无愧，善待自己，发掘潜能，按个人需求思考"。最近，一些西方父母进一步地教育他们的孩子说："你比其他孩子更特别。"（Brummelman et al., 2015）许多西方的父母不再把对他人的顺从、尊重和敏感觉察放在首位（Alwin, 1990; Remley, 1988）。而在20世纪50年代，西方父母教育孩子："忠于你的传统，忠于你的家族和祖国，尊敬父母和长辈。"文化不仅各有不同，也会发生变化。

不同时空的儿童都能在不同的育儿体系下茁壮成长。英国上层阶级父母，按传统会把儿童的日常照料工作交给保姆，然后在孩子10岁左右时送他们去寄宿学校。

许多亚洲人和非洲人更强调培养情感联系。襁褓中的婴儿和蹒跚学步的幼儿可能每天都与家庭成员保持亲密的联系（Morelli et al., 1992; Whiting & Edwards, 1988）。这种文化中长大的孩子具有更强的"家族自我感"，即认为使自己蒙羞的必定会令家族蒙羞，而能给家族带来荣誉的也必定给自己带来荣誉。

而在肯尼亚西部的传统古斯族，婴儿的喂养很随便，白天大多数时候婴儿是在母亲或者兄弟姐妹的背上度过的，有大量的身体接触，几乎没有面对面的接触和语言交流。将婴儿背在背上这种在许多西方人看来缺乏互动的方式，在古斯人的父母看来，似乎比放在婴儿车里推着、坐在汽车座椅上、放在游戏围栏里的方式要好得多，因为后者婴儿获得的身体接触非常少（Small，1997）。在塞内加尔的一些村庄，文化传统不鼓励照顾者与幼童交谈。一些鼓励看护者与幼童交谈的项目使儿童的语言发育状况在一年后得以改善（Weber et al., 2017），但实施这些计划就会破坏文化，这值得吗？儿童养育方式的多样性给我们示警，不要假定任何一种文化中的养育方式是唯一成功的养育方式。

不同群体间的发展相似性

我们往往很在意自己与其他人有什么不同，却忽视了由人类共有的生物性决定的相似之处。一项涵盖 49 个国家的研究显示，在个性特征方面，如责任心和外向性，国家与国家之间的差异比预期的要小（Terracciano et al., 2006）。国民刻板印象夸大了一些尽管存在但并不明显的差异：澳大利亚人认为自己很外向，讲德语的瑞士人认为他们自己很有责任心，而加拿大人则认为自己是合群的。实际上，与群体中的个体间差异相比，群体间的差异更小。无论文化如何，我们人类的相似之处都多于不同之处，我们都具有同样的生命周期。我们以相似的方式对婴儿说话，并对婴儿的"叽咕"声和哭声有相似的反应（Bornstein et al., 1992a, b）。

即使是一种文化内部的差异，比如种族差异，往往也很容易用生物因素和文化的相互作用来解释。有研究人员对此进行了阐释：黑人男性的血压普遍比白人男性高，假设（1）两个群体中食盐消耗量都与血压有关，且（2）黑人男性的食盐消耗量明显高于白人男性（Rowe et al., 1994, 1995），这会得到什么样的结论呢？血压上的"种族差异"，可能实际或至少部分是饮食差异引起的，与种族无关。

而这与心理学上的发现相符：不同种族群体之间存在行为差异，例如平均学业成就，但正如研究人员所说，这种差异"只是表面上的"。如果家庭结构、经济、同伴影响和父母教育等变量能够预测一个种族的群体行为，那么这些变量同样也能预测其他种族的群体行为。

因此，作为不同种族和文化群体的成员，我们表面上差异很大，但我们属于同一个物种，受到相同心理力量的支配。作为不同种族和文化群体的成员，我们的语言各不相同，但这些语言反映出普遍的语法规则；我们的口味不同，但都反映出共同的饥饿规则；我们的社会行为不同，却都反映出人类影响的普遍规则。跨文化研究加深了我们对人类文化多样性和人类相似性的理解。

检索练习

RP–2 个人主义和集体主义文化中的人有何差异？

答案见附录 D

文化规范千差万别，不断变化。1918年，来自名为恩肖婴儿部门（Earnshaws' Infants' Department）的商业出版物的一篇文章宣称："粉色代表男孩，蓝色代表女孩。原因是粉色是一种更坚定且强有力的颜色，更适合男孩；蓝色则更加雅致柔和，更适合女孩。"

生物性别：心理学中指受生物学影响的特征，人们通过这些特征来定义男性、女性和双性。

社会性别：心理学中指人们认为与男性和女性相关的行为特征（参见性别认同）。

双性：在出生时拥有男性和女性的生物性征。

2019年，美国心理学会（APA）发布了一系列指南，帮助心理治疗师给男孩和成年男性做心理咨询和心理治疗（2007年也发布了类似的针对女孩和成年女性的心理咨询和心理治疗指南）。

性别的发展

学习目标问题 4-13 社会性别与生物性别有何差异？

我们人类有一种不可抗拒的冲动，就是把世界上的事物分门别类。在我们将人进行分类（比如高或矮，聪明或愚笨，开朗或冷漠）的各种方式中，有一个方式是显而易见的。在你出生的时候，每个人都想知道你是男孩还是女孩，你的父母可能会用粉色或蓝色的衣服来提供线索，他们的答案描述了你出生时被赋予的性别。对大多数人来说，我们的**生物性别**（sex）在很大程度上决定了我们的**社会性别**（gender），即文化对男性或女性的期望。近年来，对性别发展的文化理解和科学认识在不断加深。

简单地说，你的身体定义了你的生物性别，你的思想决定了你的社会性别。但是你的大脑对社会性别的理解来自生物特性和经验之间复杂的相互作用（Eagly & Wood, 2013）。在进一步思考这种相互作用之前，让我们仔细看看男性和女性的一些相似之处和不同之处。

相似性与差异

学习目标问题 4-14 男性和女性具有哪些相似性和差异？

无论是男性、女性还是双性（intersex），我们都从母亲和父亲那里分别获得23条染色体。这46条染色体中，有45条染色体是不分性别的，人人如此。这些相似的生物特性在我们进化上的祖先面临相似的适应性挑战时提供了帮助。例如，男性和女性为了生存都需要长途跋涉，包括迁徙、追捕猎物、逃避威胁。这一点在如今的生物学层面表现为，男性和女性在超长距离比赛中的完成时间是差不多的。所有人都需要生存、繁衍和躲避捕食者，因此人在大多数方面都是相似的。你认为自己是男性、女性、非男非女、还是两者的某种结合（Hyde et al., 2019）？无论你的答案是什么，你都没有给自己的词汇量、幸福感或观察、学习和记忆的能力提供线索。因为无论社会性别为何，平均而言，我们都具有相似的创造力和智慧，并感受到相同的情感和渴望（Hyde, 2014; Lauer et al., 2019; Reilly et al., 2019）。

但在某些领域，女性和男性的特征确实不同，而这些差异值得关注。一些经常被提及的差异（如自尊心的差异）实际上是相当普遍的（Zell et al., 2015）。女性和男性的平均智力测验分数几乎一致（Lynn & Kanazawa, 2011; Tran et al., 2014）。相比较而言，其他方面的性别差异会更为突出。平均来说，女性进入青春期的时间比男性早2年，预期寿命也比男性长4年。女性表达情绪的自由度更高，肆意大笑或号啕大哭的次数更多，并且经常在脸书上更新动态，表达"爱"和"兴奋"（Fischer & LaFrance, 2015; Schwartz et al., 2013）。女性的拼写和阅读能力也更强（Reilly et al., 2019）。女性能察觉到更微弱的气味，并能在性高潮后更快地重新唤起性欲。女性患抑郁症和焦虑症的风险是男性的 2 倍，患进食障碍的风险是男性的 10 倍。然而，平均来说男性死于自杀、烟草滥用和患上酒精使用障碍的可能性则比女性高 4 倍。男性更有可能拥有健硕的体格和强大的力量，但也更容易患孤独症谱系障碍、色觉缺陷和注意缺陷多动障碍。成年男性患反社会人格障碍的风险也更大。也就是说，男性和女性都有着各自的高风险。

本书会多次谈论性别的相似性和差异，但本章节将仔细谈谈三种性别（男性、女性、双性）的差异。尽管个体差异很大，但平均来说，男性和女性在攻击性、社会权力和社会联系方面是不同的。

攻击性 对心理学家而言，攻击性（aggression）是任何旨在伤害他人身体或情感的身体行为或言语行为（Bushman & Huesmann, 2010）。想一想那些好斗的人，他们大多数是男人吗？很可能是。一般来说，男性会承认他们具有更强的攻击性，特别是极端的身体暴力（Yount et al., 2017）。近一半 14～19 岁的美国男孩表示，"一旦被挑衅，就想揍人"，他们对此倍感压力（PLAN USA, 2018）。在男女恋人之间，轻微的身体攻击行为比如扇耳光，双方实施的次数差不多，但更为暴力的行为大多是由男性实施的（Archer, 2000; Tremblay et al., 2018）。

> 攻击性：任何旨在伤害他人身体或情感的行为（包括身体或言语行为）。

实验证实了攻击性的性别差异。男性更愿意发出怒吼，对别人进行长时间的痛斥（Bushman et al., 2007）。而实验之外，全球更多实施暴力犯罪行为的是男性（Antonaccio et al., 2011; Caddick & Porter, 2012; Frisell et al., 2012）。在世界范围内，95% 的谋杀犯是男性（HEUNI, 2015）。男性还在狩猎、打斗、交战和支持战争方面起着主导作用（Liddle et al., 2012; Wood & Eagly, 2002, 2007）。

这里有另一个问题：想一想人们通过传播伤人的流言蜚语或将某人孤立于社交团体或社交场合之外的方式去伤害他人的例子。这些人大多数是男性吗？也许不是。这些行为是**关系攻击行为**（relational aggression），女性比男性更有可能实施这些行为（Archer, 2004, 2007, 2009）。

> 关系攻击行为：一种旨在伤害他人关系或社会地位的攻击行为（包括身体或言语行为）。

社会权力 假设你走进一个求职面试现场，第一眼就看到了两位面试官。左边的那个人不苟言笑，显得自信和独立，一直与你保持着稳定的眼神接触。右边的人给了你一个热情洋溢的微笑，但目光接触较少，似乎希望另一个面试官能发挥主导作用。

哪位面试官是男性？

如果你说是左边的那位，会有很多人表示认同。在世界各地，从尼日利亚到新西兰，人们都感知到了权力的性别差异（Williams & Best, 1990；关于该话题的更多信息，请参阅批判性思考：职场中的性别偏见）。

现在想象一下，一对异性恋夫妇正在协商购车价格。其中一人说："如果不能再便宜点儿，我们就走了。"以此催促销售人员降价。

这对夫妇中的哪位是砍价的人？男性或女性？

如果你说的是男性，你再次站在了人数多的一边。人们倾向于将谈判与男性联系在一起，这能够解释为什么男性在谈判结果中往往具有优势（Mazei et al., 2015）。

社会联系 无论性别如何，每个人都渴望有所归属，尽管满足这种渴望的方式大不相同（Baumeister, 2010）。男性往往是独立的。即使在儿童期，男孩通常会组成一个大型的游戏团体，充满了活力和竞争，他们之间也很少有亲密的讨论（Rose & Rudolph, 2006）。而成年男性通常喜欢并肩作战，他们的谈话往往集中在解决问题上（Baumeister, 2010; Tannen, 1990）。当被问到一个他们不知道答案的难题时，比如"你知道为什么天空是蓝色的吗？"，比起女性，男性宁愿胡扯，也不愿意承认自己的无知，这种现象被研究人员称为男性回答综合征（Giuliano et al., 1998）。

> "我不想说我们处理权力的方式有男女之分，因为我认为我们每个人都有男性和女性的某部分特质。但根据我个人的经验来看，女性普遍具有包容性，乐于提供援助，关爱他人。"
> ——欧洲中央银行行长克里斯蒂娜·拉加德

大脑扫描并未显示出明显的性别差异（Ritchie et al., 2018; Wierenga et al., 2019）。神经科学家达芙娜·乔尔（Daphna Joel, 2015）和她的同事报告说："人类的大脑不能被划分为男性或女性大脑两个不同的类别。"然而，大脑扫描确实显示出了大脑神经网络连接的性别差异，这种性别差异在产前就已经出现，先于文化的影响（Wheelock et al., 2019）。而且扫描结果已经表明，相较于男性的大脑，女性的大脑通常是以一种能够建立社会关系的方式连接的（Ingalhalikar et al., 2013）。这能够解释为什么女性之间相互依赖的程度更高。在儿童期，女孩通常会形成一个小团体，与一群伙伴玩耍。女孩之间竞争较少，更多的是模仿彼此的社会关系（Maccoby, 1990; Roberts, 1991）。青少年期的女孩与朋友相处的时间更多，独处的时间更少（Wong & Csikszentmihalyi, 1991）。在青少年后期，女孩沉溺于社交网站，每天平均发短信的次数也高于男孩（Pew, 2015; Yang et al., 2018）。女孩之间的友谊和成年女性之间的友谊更加亲密，存在更多探讨关系的对话（Maccoby, 2002）。在一项对脸书（女性使用率更高）上1000万条帖子的分析中，女性的动态展现出与男性一样的自信，但使用的语言更温暖；男性发表的动态则通常是咒骂或表达愤怒的内容（Gramlich, 2018; Park et al., 2016）。分析发现，发表在脸书上的7亿多词汇中，女性会使用更多与家庭有关的词汇，而男性则使用更多与工作有关的词汇（Schwartz et al., 2013）。

有人会倾诉自己的忧虑和痛苦，当这些人寻求他人的理解时，通常会选择女性。女性和男性都表示，他们与女性朋友的相处更愉快，关系更亲密、更值得维护（Kuttler et al., 1999; Rubin, 1985; Sapadin, 1988）。女性之间的关系比男性更亲密，相互帮助的情谊比男性更深（Rossi & Rossi, 1993）。女性之间的关系纽带将家庭联系在一起，这些关系纽带包括母亲、女儿、姐妹、姑姑和祖母。女性朋友之间沟通频繁，且更加坦率（Berndt, 1992; Dindia & Allen, 1992）。乔伊斯·贝南森（Joyce Benenson, 2009）及其同事表明，"也许是因为'女性'对亲密关系有更大的渴望"，大学一年级女生更换室友的可能性是男生的2倍。当感到压力时，女性也比男性更可能向他人寻求支持。这被称为照料与结盟理论（Tamres et al., 2002; Taylor, 2002）。

批判性思考：

职场中的性别偏见

学习目标问题 4-15 哪些因素导致了职场中的性别偏见？

认知差异

在那些看起来渴望权力的政治家中，女性竞选成功的概率低于男性。[1]

大多数政治领导人是男性。

2019年，在世界各国的执政议会中，男性占据了76%的席位。[2]

世界各地的人往往认为男性更具影响力。[3]

当群体形成时，无论是陪审团还是公司，领导权往往归于男性。[4]

薪酬差异

从事传统男性职业的女性得到的报酬比男性同事少。[5]

医学 美国男性和女性医生的薪酬差距。[6]

女性 $171,880   男性 $243,072

学术界 女性研究基金申请者获得的研究人员质量评级较低，获得资助的可能性也较小（但正如我们将看到的，性别态度和性别角色正在发生变化）。[7]

家庭护理责任方面的差异

在美国，母亲所做的儿童看护工作仍然是父亲的两倍。[8] 在工作场所中，女性不太追逐名利，会做出更多的妥协，往往会选择缩短工作时间。[9]

还有哪些因素导致了工作场所中的性别偏见？

社会规范
在大多数社会中，男性更重视权力和成就，并在社会上占据主导地位。[10]

互动风格
女性通常表示支持。[12]

日常行为 
女性比男性更爱笑，道歉频率比男性高。[13]

男性发言更独断，常常打断他人对话，擅长主动出击，更爱注视他人。[13]

领导风格
女性更加民主，乐于在决策过程中听取他人的意见。[11]

男性擅长发出指令，告诉人们该做什么，怎么做。

男性往往会提出意见。

然而，性别角色在不同时空千差万别。 女性在领导层（现在占加拿大内阁成员的50%）和劳动力中的人数越来越多。1963年，哈佛大学商学院招收了第一批女学生；在2020届学生中，41%是女性。[14] 1960年，女性在美国医科学生中占6%；如今，这一比例略高于一半。[15]

1.Okimoto & Brescoll, 2010。2. IPU, 2019。3. Williams & Best, 1990。4. Colarelli et al., 2006。5. Willett et al., 2015。6. Census Bureau, 2018。7. Witteman et al., 2019。8. CEA, 2014; Parker & Wang, 2013; Pew, 2015。9. Nikolova & Lamberton, 2016; Pinker, 2008。10. Gino et al., 2015; Schwartz & Rubel-Lifschitz, 2009。11. Eagly & Carli, 2007; van Engen & Willemsen, 2004。12. Aries, 1987; Wood, 1987。13. Leaper & Ayres, 2007; Major et al., 1990; Schumann & Ross, 2010。14. Harvard Business School, 2019。15. AAMC, 2018。

人各为己，还是与人结盟、互相照料？
人际交往方式的性别差异在很小的时候就开始显现了。

"在漫长的岁月里，他们必须更加相似；男人更像女人，女人更像男人。"
——阿尔弗雷德·丁尼生勋爵

社会联系与社会权力的性别差异在青少年期和成年早期最为明显，这段时期是约会和交往的黄金时期（Hoff et al., 2018）。青少年期的女孩缺乏自信与安全感，而男孩似乎更强势，也更不善言辞（Chaplin, 2015）。在成年期，第一个孩子出生后，男女之间的态度和行为差异往往达到顶峰。特别是母亲，可能会表现出更多传统的女性态度和行为方式（Ferriman et al., 2009; Katz-Wise et al., 2010）。到了 50 岁，大多数的性别差异会消退，特别是在父母之间。男性不再那么霸道，变得更有同情心，而女性变得更加自信，特别是那些有偿工作的女性（Kasen et al., 2006; Maccoby, 1998）。在世界范围内，为了报酬而工作的女性比男性少。但是，与男性一样，女性在有偿工作时往往对自己的生活更加满意（Ryan, 2016）。

因此，尽管女性和男性的相似之处多于不同之处，但普通女性和男性之间仍存在一些行为差异，其中一些差异也发生在非人类的灵长类动物身上（Lonsdorf, 2017）。这种差异是由生物特性决定，由文化和其他经历塑造的吗？我们在性别顺应或不顺应的程度上有差异吗？请继续阅读下去。

检索练习

RP-3 _____（男性/女性）更有可能实施关系攻击行为，_____（男性/女性）更有可能实施身体攻击行为。

答案见附录 D

社会性别的天性

学习目标问题 4-16 性激素如何影响产前和青春期的性发育？

男性和女性在大多数生理方面都是相似的，比如出汗调节体温，喜欢高能量的食物，皮肤被摩擦的地方会长出老茧。尽管生物特性并不能决定社会性别，但它可以在以下两个方面影响我们的心理性别：

- 基因上——男性和女性有不同的性染色体。
- 生理上——男性和女性体内分泌不同浓度的性激素，这引发了其他的解剖学差异。

以上两个影响因素在你出生前很久就参与了你的塑造过程。

产前性发育 你的母亲怀孕 6 周后，你看起来和其他的小胚胎差不多。然后，随着基因开始发挥作用，你的生物特征会变得更加明显，这由你的第 23 对染色体（两条性染色体）所决定。不论你是男性还是女性，在这对染色体中，母亲贡献出一条 X 染色体。而父亲提供 46 条染色体中唯一一条分性别染色体——要么是一条 **X 染色体**（X chromosome，使你成为女性），要么是一条 **Y 染色体**（Y chromosome，使你成为男性）。一些其他的性发育变化我们稍后会谈到。

受孕后约 7 周，Y 染色体上的一个单一基因会扳动一个主开关，促使睾丸发育并产生**睾酮**（testosterone），这就是促进男性性器官发育的主要雄激素。女性体内也分泌睾酮，但含量较少；女性体内主要的性激素是**雌激素**（estrogen），如雌二醇。

再后来，到产前的第四和第五个月，性激素会影响胎儿大脑的解剖结构。在男性较高的睾酮水平或女性雌激素的影响下，男性和女性按各自的模式发育（Hines, 2004; Udry, 2000）。然而，如果女婴在产前接触到高于正常含量的雄激素，他们在成年后的行为则会更多地表现出男性的特征（Endendijk et al., 2016）。

青春期的性发育 我们在进入青春期（puberty）时会分泌大量的激素，身体也会发生巨大的变化。在这个为期 2 年的快速性成熟期，女孩和男孩出现了明显的差异。女孩和男孩会分别在 10 岁和 12 岁左右开始出现各种变化（如乳房发育或睾丸增大），尽管这种青春期的变化来得悄无声息（Biro et al., 2012; Herman-Giddens et al., 2012）。在可见的身体变化之前的一两年，我们往往会第一次感受到性吸引力的悸动（McClintock & Herdt, 1996）。

女孩会稍早进入青春期，因此一开始会比同龄男孩长得更高（图 4.6）。但当男孩开始进入青春期时，便会迎头赶上，到 14 岁以后时，男孩通常就比女孩高了。在这些生长高峰期，**第一性征**（primary sex characteristic），也就是生殖器官和外生殖器的发育十分明显，非生殖性的**第二性征**（secondary sex characteristic）也是如此。女孩的乳房发育，臀部变大；男孩的面部毛发开始生长，声音变粗。女孩和男孩都开始长出阴毛和腋毛（图 4.7）。

对男孩来说，青春期的标志是第一次射精，这往往发生在睡眠时（"梦遗"）。这被称为**首次遗精**（spermarche），通常发生在 14 岁左右。

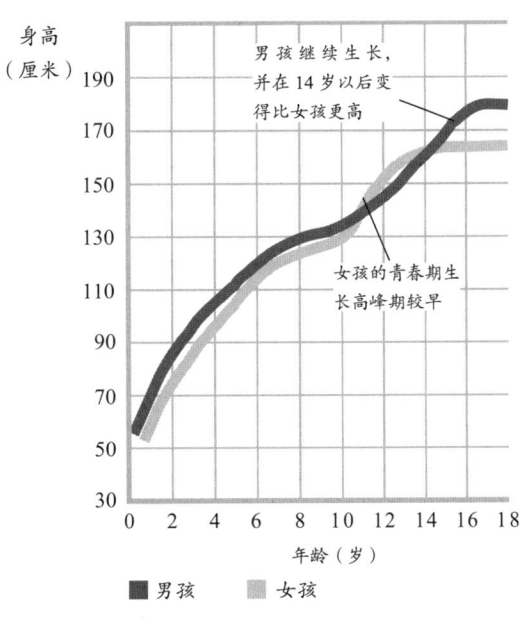

图 4.6 身高差异（Tanner, 1978）

X 染色体：在男性和女性体内均有的性染色体。女性通常有两条 X 染色体，男性通常只有一条。父母双方各提供一条 X 染色体，会孕育一个女性胎儿。

Y 染色体：通常只存在于男性体内的性染色体。当它与母亲的 X 染色体配对时，会孕育一个男性胎儿。

睾酮：最重要的男性性激素。男性和女性都有这种激素，但男性体内额外的睾酮会在胎儿期刺激男性性器官的生长，并在青春期刺激男性性征的发育。

雌激素：性激素，如雌二醇，有助于女性性征的形成，女性的雌激素分泌量大于男性。

青春期：性成熟的时期，人在这一时期开始具有生殖能力。

第一性征：使性繁殖成为可能的身体结构（卵巢、睾丸和外生殖器）。

第二性征：非生殖性特征，如女性的乳房和臀部，男性的声音和体毛。

首次遗精：第一次射精。

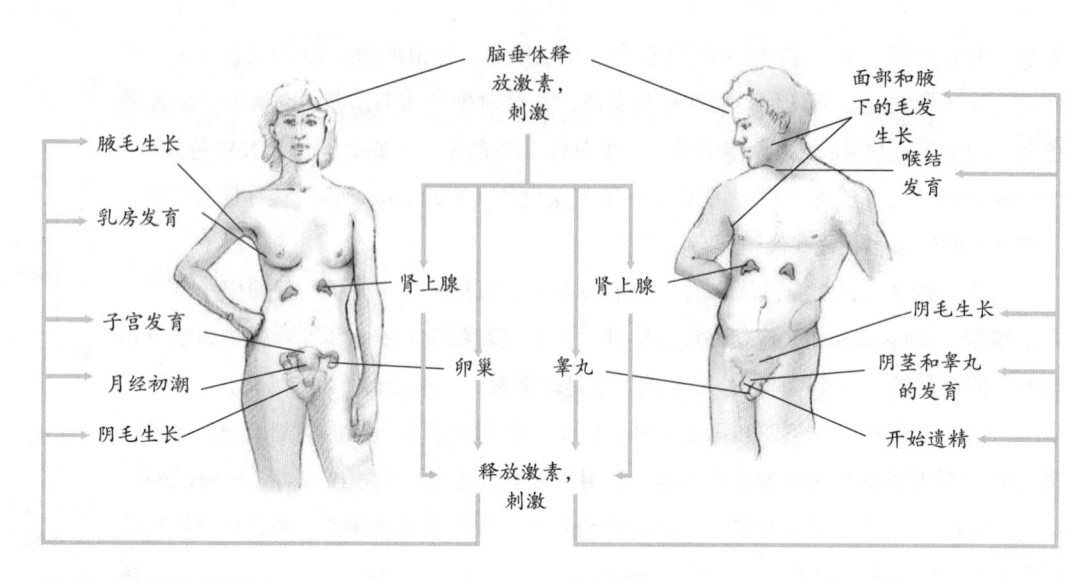

图 4.7 青春期的身体变化

在女孩 10 岁和男孩 12 岁左右，激素的激增使得身体出现各种明显的变化。

月经初潮：第一次月经。

青春期的男孩起初可能不喜欢他们稀疏的胡子。（但后来胡子变得茂密起来，他们也逐渐变得喜爱胡子。）

对女孩来说，青春期的标志是第一次月经，即**月经初潮**（menarche），通常发生在 12 岁半前后一年之内（Anderson et al., 2003）。科学家已经确定了近 250 个预测月经初潮年龄的基因（Day et al., 2017）。但环境因素也很重要，父亲缺席、性虐待、不安全依恋或母亲孕期吸烟等因素都有可能使初潮提前（Richardson et al., 2018; Shrestha et al., 2011; Sung et al., 2016）。如今，各国女孩都比过去更早进入乳房发育期和青春期。疑似诱因包括身体脂肪的增加，饮食中类激素的化学物质增加，以及与家庭破裂有关的压力增加（Biro et al., 2010, 2012; Ellis et al., 2012; Herman-Giddens, 2013）。但好在，良好的母子依恋关系可以缓解儿童的压力，包括那些与青少年早期有关的压力（Sung et al., 2016）。请记住，先天因素和后天教养是相互影响的。

检索练习

RP-4 产前性发育在受孕后_____周开始。出现_____标志着青春期的开始。

答案见附录 D

性发育变化 自然可以模糊男性和女性之间的生物界限。双性人可能生来就具有异常的男性和女性染色体、性激素和解剖结构的组合。例如，一个基因上为男性的人可能生来就有两条或更多的 X 染色体以及一条 Y 染色体（克里内费尔特综合征），这常常导致不孕和睾丸发育不良。基因上为女性的人，如果只有一条正常 X 染色体（特纳综合征），可能没有月经，乳房无法发育，也没有生殖系统，因此无法生育。这些人可能会在性别认同上挣扎不已。

过去，医疗专家通常会建议这些孩子进行变性手术，为他们建立一个明确的性别认同。一项研究回顾了14个基因上为男性的病例，这些男孩在婴儿期接受了变性手术，并被当作女孩抚养长大。在这些病例中，6人后来自我认同为男性，5人以女性的身份生活，剩余3人一直不能确定自身性别（Reiner & Gearhart, 2004）。

有这样一个著名案例，某位小男孩在一次包皮环切手术中，因医生的不当操作被切除了阴茎。精神病医生建议男孩的父母把他当作女孩来抚养。那么，一边拥有男性染色体和激素，另一边又处于女性的成长环境，那这个孩子的性别认同是受先天影响还是受后天教养的影响呢？布伦达·赖默尔（Brenda Reimer）与其他大多数女孩截然不同。"她"不喜欢玩偶，甚至会在打闹中撕破自己的衣服。到了青少年期，"她"也不想和男孩接吻。最后，布伦达的父母向他坦白了一切，这使布伦达立即放弃了其被指定的女性身份。他接受了手术，切除了因激素治疗而发育出的乳房。他还把长发剪了，并重新取了一个男性的名字——大卫。后来，大卫与一位女性结婚，成了别人的继父。不幸的是，就像他那抑郁的同卵双胞胎兄弟一样，大卫最终选择了自杀（Colapinto, 2000）。如今，大多数专家建议，等到孩子身体自然发育完成，性别认同变得清晰，再进行此类手术。

性别的教养

对许多人来说，生理性别与社会性别是和谐共存的。生物学划出界限，文化添加细节。将新生儿定义为男性、女性或双性的身体特征在全世界都如出一辙。但是定义男性（或男孩）和女性（或女孩）应该如何行动、交往或自我感知的性别特征在不同时空则有所不同（Zentner & Eagly, 2015）。

性别角色

学习目标问题 4-17 文化对性别角色有哪些影响？

文化通过定义我们在特定的社会地位或**角色**（role）中应该如何表现来塑造我们的行为。我们可以在**性别角色**（gender role）中看到这种塑造力量，也就是社会对男性和女性行为方式的期望。

世界范围内对于性别角色的态度随着时间发生了翻天覆地的变化。在20世纪初，世界上只有新西兰一个国家承认女性选举权（Briscoe, 1997）。到2015年，所有国家都赋予了女性这一权利。100年前，美国妇女不能在国家选举中投票，不能参军，也不能无故与丈夫离婚。如果某位女性为了报酬而工作，那她更可能是一名厨师，而非大学教授。在20世纪六七十年代，当被要求画出一名科学家时，只有不到1%的美国儿童

角色：是指一组规定的行为，即对处于特定社会地位的人的行为期待。

性别角色：对男性和女性行为方式的期望。

在其画中将科学家画成一名女性。而在最近的研究中，描绘女性科学家形象的人数比例达到了 28%（Miller et al., 2018）。如今，在许多国家，女性占其国家劳动力的比例达到 40% 以上（BLS, 2019; Fetterolf, 2017）。

在全球范围内，女性在 STEM（科学、技术、工程和数学）领域不会成为代表性人物（UNESCO, 2017）。大多数担任教职的人是男性，获得更多的研究经费支持的也是男性，大部分受知名期刊认可的文章还是出自男性研究人员（Odic & Wojcik, 2020; Oliveira et al., 2019; Shen et al., 2018）。在许多国家，女性仍然遭受着有意无意的性别歧视，这阻碍了女性从事与 STEM 相关的职业（Kuchynka et al., 2018; Leaper & Starr, 2019）。但有迹象表明，STEM 女性职位的供需都在增加。在高中阶段，美国女性在阅读和写作方面的表现优于男性（Reilly et al., 2019）。在大学阶段，美国女性与男性相比，获得大学学位的人数更多，成绩更优秀，并且在科学和数学方面的表现丝毫不亚于男性（Stoet & Geary, 2018; Terrell et al., 2017）。当研究人员邀请美国教授推荐有关 STEM 职位的候选人时，高素质的女性成为大多数人的首选，同等素质的男性则略逊一筹（Williams & Ceci, 2015）。这对刚起步的女性科学家和工程师来说是个好消息，她们向导师和榜样学习，而这些导师和榜样都是精明能干的女性（Dennehy & Dasgupta, 2017; Moss-Racusin et al., 2018）。

性别角色也因地而异。采集食物的游牧社会几乎没有按性别进行分工，男孩与女孩的养育方式几乎相同。然而，到了农耕社会，女性通常在附近的田地里干活，男性则在外面放牧。这样的文化塑造了儿童，使其承担不同的性别角色（Segall et al., 1990; Van Leeuwen, 1978）。

接下来，请花一分钟时间思考一下自己对性别的期望。你是否同意"当工作岗位稀缺时，男性应该有更多的工作权利"？在瑞典和西班牙，赞成此观点的成年人几乎不超过 10%；在埃及和约旦，赞同人数却高达约 90%（UNFPA, 2016）。可见同为人类，观念可以截然不同。

关于**性侵犯**（sexual aggression）的文化态度会受到性别角色期望的影响。在对声名赫赫、有权有势的男性的性侵犯指控的真实性得到证明后，许多国家正在努力减少性骚扰和性攻击行为。（详见"批判性思考：性侵犯"。）

> "'MeToo''Time's Up''the Women's March'这些反性侵运动告诉大众，人们需要对女性的权利、平等和性别的权力动力学进行批判性讨论。例如，在企业和政府中，性骚扰是一个系统性的问题，是不可接受的。作为领导人，我们是时候采取行动了。"
> ——加拿大前总理贾斯汀·特鲁多

> "你不能把女人和男人放在一个平等的位置上，这是违反自然的。"
> ——土耳其总统雷杰普·塔伊普·埃尔多安

性侵犯：任何不受欢迎的或旨在伤害他人身体或情感的有关性的身体或言语行为。通常表现为性骚扰或性攻击

检索练习

RP-5 什么是性别角色，其变化对我们理解人类的学习和适应能力有何启示？

答案见附录 D

性别认同

学习目标问题 4-19 我们如何形成自己的性别认同？

性别角色描述了在别人的期望中，我们应该如何思考、感知和行动。如果我们的

批判性思考：
性侵犯

学习目标问题 4-18 性侵犯有什么影响？文化观念是如何发生改变的，我们如何减少性侵犯？

性侵犯的定义

性骚扰
包括违背受害者意志的性挑逗、猥亵性言论或提供性服务的要求。[1]

性攻击
指"在未得到受害者明确同意的情况下发生的一切性接触或行为"。诸如违背受害人意志的触摸、猥亵，以及企图实施或实施完毕的强奸行为。[2]

文化对观念的影响

因地而异
在某些文化中，性侵犯的受害者被视为使其家庭蒙羞的罪犯。在印度和巴基斯坦，如果女性使整个家庭蒙羞，该家庭中的男性成员将其杀害的情况不计其数。据估计，每年在这两个国家因此而丧生的女性人数约有 1000 人。[9]

因时而异
全球规范发生改变，性侵犯的受害者不再受到责备。

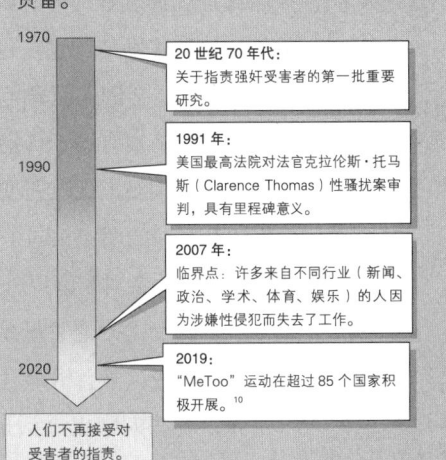

- **1970** — 20 世纪 70 年代：关于指责强奸受害者的第一批重要研究。
- **1990** — 1991 年：美国最高法院对法官克拉伦斯·托马斯（Clarence Thomas）性骚扰案审判，具有里程碑意义。
- 2007 年：临界点：许多来自不同行业（新闻、政治、学术、体育、娱乐）的人因为涉嫌性侵犯而失去了工作。
- **2020** — 2019：
"MeToo"运动在超过 85 个国家积极开展。[10]

人们不再接受对受害者的指责。

受害者
在美国，81% 的女性和 43% 的男性曾遭受过性侵犯。[3] 各个种族群体均受性侵犯影响。近 70% 强奸受害者的年龄在 11 ~ 24.4 岁之间。[4]
在一项关于全美国学校环境的调查中，每 10 名同性恋青少年中就有 8 名表示在上一年遭受过与性有关的骚扰。[5]

对健康的影响
由于人类的复原力，性侵犯的受害者往往能恢复健康，重拾有意义的生活。然而，许多人也遭受了严重的挫折，包括：

- 睡眠紊乱。[6]
- 身体健康状况不佳。[7]
- 难以信任新的伴侣。[8]

如何减少性侵犯行为

给性侵犯施害者提供心理治疗的办法如同隔靴搔痒。[11] 然而，还有其他更广泛、更有效的策略。

鼓励受害者向权威人士（父母、上司、执法官员）阐述他们的经历，并将其公之于众。

赋予受害者权力，使其能够掌控自身处境，拒绝被施暴者支配或操纵。调整社会规范，为受害者提供一个身心安全的讲述环境。

给民众普及预防性的旁观者干预策略，如"绿点"（Green Dot），这使社区内的性侵犯行为减少了 20%。[12]

---

1. McDonald, 2012; U.S.E.E.O.C., 2018。2. U.S.D.O.J., 2018。3. Stop Street Harassment, 2018。4. Black et al., 2011。5. GLSEN, 2012; Krahé & Berger, 2017; Snipes et al., 2017; Zanarini et al., 1997。6. Krakow et al., 2001, 2002。7. Schuyler et al., 2017; Zinzow et al., 2011。8. Muldoon et al., 2016; Starzynski et al., 2017。9. HBVA, 2018。10. Stone & Vogelstein, 2019。11. Grønnerød et al., 2015。12. Coker et al., 2017。13. Jesse, 2019。

性别认同（gender identity）是二元的（只涉及两个选项），那么它就是指我们个人感觉自己是男性或女性。而那些具有非二元性别认同的人可能不觉得自己是男性或女性，或者他们可能认为自己是男性和女性的某种组合。那我们该如何形成自己的性别认同呢？

社会学习理论（social learning theory）认为，我们在童年期通过观察和模仿那些与性别相联系的行为，并因某些行为所受到的奖励和惩罚获得性别认同，如"塔蒂亚娜，你真是玩具娃娃的好妈妈""男子汉不哭，阿曼德"。但批评者指出，性别认同不仅仅是模仿和奖励的问题。他们指出，**性别类型化**（gender typing），即获得传统的男性或女性角色，会因人而异（Tobin et al., 2010）。

父母确实有助于传播其文化中的性别观点。在一项对 43 项研究对象的分析中，具有传统性别观点的父母更有可能拥有具有相同性别类型的孩子，这些孩子与其父母对男性和女性的期望相同（Tenenbaum & Leaper, 2002）。当父母平等地分担家务时，这对夫妇的女儿会对家庭以外的工作有更高的期望（Croft et al., 2014）。

事实上，无论父母是否鼓励传统的性别类型，孩子都可能偏向于他们感觉正确的东西。有些孩子会组织自己的"男孩世界"和"女孩世界"，并以他们对规则的理解为指导，有些人则更灵活地遵从这些规则。还有人认为自己是**双性性格**（androgyny）：男性和女性角色的结合对他们来说才是合乎常理的。受益于双性性格，这类成年人更容易适应社会，在行为方式和职业选择上更加灵活（Bem, 1993）。他们从小就有更强的复原力和自我接受能力，且患抑郁症的概率更小（Lam & McBrid-Chang, 2007; Mosher & Danoff-Burg, 2008; Pauletti et al., 2017）。

感觉很重要，认知（思维）也很重要。在生命早期，我们会形成图式，即帮助我们理解这个世界的概念。性别图式将我们关于两性特征的经验组织起来，帮助我们思考自己的性别认同和作为独特个体的认识（Bem, 1987, 1993; Martin et al., 2002）。

幼儿是"性别侦探"（Martin & Ruble, 2004）。一岁前儿童开始区分男性和女性的声音和面孔（Martin et al., 2002）。两岁后，语言促使孩子以性别为基础来组织自己的世界。例如，英语使用代词 he（他）和 she（她）区分人的性别；另一些语言把物体分为阳性（le train 火车）或阴性（la table 桌子）。

儿童的认知里往往只有两种人，他们认为自己"应该"是这两种人中的一种，于是他们开始寻找关于性别的线索。在每一种文化中，人们传达性别的方式都五花八门。性别表达不仅存在于语言之中，还暗藏于衣着服饰、兴趣爱好和个人所有物中。掌握了这些线索后，三岁的孩子可能会把人类世界一分为二。他们或许认为，那些喜欢《冰雪奇缘》、留长头发的人是"女孩"；而喜欢《内裤超人》、不穿裙子的人是"男孩"。这些孩子会根据新收集的"证据"，调整自己的行为，以适应自身的性别概念。这些定型观念在五六岁时最为僵化。比如说，某个六岁男孩的新邻居如果是个女孩，在男孩的认知里，两人可能不会有共同的爱好。

因此，对于幼儿来说，性别问题十分突出。然而，他们的认知范围逐渐拓展，不再局限于经典动画片中的"两类人"，以及不同玩具货架上的玩偶和动作英雄。2019年，儿童动画片《亚瑟》风靡一时，其中出现了亚瑟的老师与另一位男性角色结婚的剧情。"艺术反映生活，"创作者马克·布朗（Marc Brown）说，"孩子需要看到世界上正在发生的事情。"（Wong, 2019）

对于顺性别者来说，社会性别与生理性别一致。而对于**跨性别者**（transgender）来说，其性别认同不同于生理性别（APA, 2010; Bockting, 2014）。例如，有人从小就认为自己是女性，但身体实际上是男性；或认为自己是男性，身体上实际是女性（Olson et al., 2015）。一项针对300名3~12岁跨性别儿童的研究发现，这些"早期跨性别"的儿童与其顺性别兄弟姐妹和顺性别对照组的儿童一样，具有强烈的性别类型意识和性别认同意识（Gülgöz et al., 2019）。大脑扫描显示：那些寻求医学变性的人（大约75%是男性）的某些神经束异于那些顺性别者（Kranz et al., 2014; Van Kesteren et al., 1997）。大脑扫描也显示了跨性别者与顺性别者之间的差异，这表明性别认同受到生物因素影响（Williams, 2018）。生物学家罗伯特·萨波尔斯基（Robert Sapolsky, 2015）解释说："并不是说这些人认为他们的性别与他们实际的性别不同，而是他们被困在了与他们实际身份不同的身体里。"

> 跨性别者：一个统称，描述性别认同或性别表达与出生时指定的性别不同的人。

> "跨性别应该是个人身份或社会身份的跨越，而不是精神病学层面上的跨越。"
> ——人类学家罗伊·理查德·格林克尔

在大多数国家，成为跨性别者绝非易事。在一项针对美国女同性恋者、男同性恋者、双性恋者和跨性别者的全国性调查中，71%的人认为男同性恋者得到了"一些"或"很大"的社会认可，85%的人认为女同性恋者也是如此。但只有18%的人认为跨性别者得到了同样的社会认可（Sandstrom, 2015）。在另一项针对27 175名美国跨性别者的调查中，46%的人表示在过去一年中受到了言语骚扰（James et al., 2016）。欧洲和亚洲的跨性别者也经常遭受侮辱、偏见和歧视（Amnesty Internationa, 2018）。这些痛苦刻骨铭心，因此，跨性别者产生性别焦虑的风险会更大（McNeil et al., 2017; Mueller et al., 2017）。被诊断为性别焦虑，必定要经受与性别认同相关的达到诊断水平的痛苦。仅仅认定自己为跨性别者并不表明你患有心理障碍。也许是在美国军队中饱受偏见，跨性别退伍军人自杀死亡的风险是顺性别退伍军人的两倍（Tucker, 2019）。而在一项针对27 000名跨性别成年人的研究中发现，那些接受"转换疗法"的人死于自杀的风险翻倍（Turban et al., 2020）。

跨性别者试图使他们的外在形象和日常行为与自身性别认同保持一致。2019年，美国最高法院下达了一项裁决，即跨性别者有权使用符合其性别认同的洗手间（Wolf, 2019）。这种对性别认同的确认可以帮助跨性别者免于抑郁，维持自尊（Glynn et al., 2017）。事实上，性别认同的医疗措施（使用激素、手术）似乎可以降低跨性别者患抑郁症、焦虑症和创伤后应激障碍的可能（Tomita et al., 2018）。

值得注意的是，性别认同与性取向（性吸引力的方向）是不同的。跨性别者可能会爱慕异性、同性、所有性别的人，或者根本不爱慕任何人。性取向是指你幻想与谁发生性关系，而性别认同是指你以何种身份与某人发生性关系。

据估计，在世界范围内，有 2500 万人被认定为跨性别者（WHO, 2016）。在美国，被认定为跨性别者的人约有 100 万（Meerwijk & Sevelius, 2017）。在这个群体中，大约 30% 的人有更广泛的非二元性别认同，也就是感觉自己是男性和女性的组合，或者感觉自己既不是男性也不是女性（Barr et al., 2016; James et al., 2016; Mikalson et al., 2012）。在北美和欧洲，这一数字正在上升，特别是在生理性别为女性的青少年中。有些人想知道这种数字增长是否在某种程度上是一种社会现象，或者仅仅是因为今天青少年选择个人身份的自由度更高（Wadman, 2018）。但许多跨性别者在幼儿时期就已经对与自己性别不一致的衣服、玩具和发型产生兴趣（Rae et al., 2019）。

> **自问**
>
> 你是何种性别类型？你是男性，女性，非男非女，还是男女兼有？是什么影响了你对自身性别的知觉？

关于天性、教养及其相互作用的思考

学习目标问题 4-20 天性、教养和个人选择怎样影响性别角色和我们生活的其他方面？

物理学家尼尔斯·玻尔（Niels Bohr）在谈及现代科学中一些悖论时说道："既有平凡的真理，也有伟大的真理。平凡真理的对立面就是谬误，而伟大真理的对立面还是真理。"人类祖先的历史促成了人作为一个物种的形成。只要有变异、自然选择和遗传，就会有进化。母亲的卵细胞吞没了父亲的精细胞而建立的独特的基因组合，既带来了我们共有的人性，也造成了我们的个体差异。这对于人的天性而言是一个伟大的真理——基因造就了我们。

但经验对人的形成也有帮助。在家庭和同伴关系中，人们学会了思考和行动。甚至天性引发的一些差异也可能通过后天的教养而增强。如果基因和激素共同决定了男性比女性更强的身体攻击性，那么文化会通过一些社会行为准则，比如鼓励男性具有男子汉气概，鼓励女性更和善、更温柔，来增强这些性别差异。如果男性倾向于扮演需要强壮体力的角色，女性倾向于扮演教养子女的角色，那么他们都会做出符合这些角色期待的行为。角色重塑了其扮演者，随着时间的推移，律师最终会变得更像律师，而教授变得更像教授。性别角色也在塑造着我们。

在许多现代文化中，性别角色正在融合。蛮力对于权力和地位来说已经不那么重要了。想想"慈善资本家"普利西拉·陈（Priscilla Chan）和马克·扎克伯格（Mark Zuckerberg）。从1965年到2019年，美国医学生中女性的比例从9%飙升到52%（AAMC, 2014, 2018）。1965年，美国已婚妇女投入家务的时间是丈夫的8倍；到了2012年，这一差距缩小至不到2倍（Parker & Wang, 2013; Sayer, 2016）。一项针对30个国家的调查显示，在家务劳动和其他无偿工作的方面（如照顾儿童），性别差距也在缩小（OECD, 2018）。这种迅速的变化表明，生物学影响并不能固化我们的性别角色。

如果天性与教养共同塑造了我们，那么我们"只不过是"天性与教养的产物吗？我们是被这样僵化地决定的吗？

我们是天性与教养的产物，但我们同时也是一个开放的系统（图4.8）。例如，基因的影响无处不在，但基因并非万能。因为有时，人们可以拒绝他们作为基因传播者的进化角色，拒绝生儿育女。同样，文化的影响无处不在，但也不是万能的。因为有时，人们会不顾来自同伴的压力，所作所为与社会期待背道而驰。

此外，我们不能把自己的失败完全归罪于基因不好或基因的不良影响。在现实中，人类既是世界的产物，又是世界的缔造者。关于我们自身的很多事情，包括我们的性别角色，都是基因和环境的产物。然而，今天的决策造就了明天的环境，人是环境的建筑师。人类的希望、目标和期望影响着人类的未来，这使得文化能够呈现出多样性并快速变化。因此，人的思想很重要。

检索练习

RP-6 生物心理社会方法如何解释我们的个体成长？

答案见附录D

生物学因素：
- 共有的人类基因组
- 个体的遗传变异
- 产前环境
- 与性相关的基因、激素和生理因素

心理学因素：
- 基因－环境相互作用
- 早期经验对神经的影响
- 我们自身的气质、性别等引发的反应
- 信念、感受和期望

↓   ↓
个体成长
↑

社会文化因素：
- 父母影响
- 同伴影响
- 个人主义或集体主义文化
- 文化性别规范

图4.8 发展的生物心理社会方法

※ ※ ※

我从收到的电子邮件和公众民意调查中了解到，有些读者对当代科学中的自然论和进化论感到困惑（给其他国家的读者的解释：在美国，关于进化论的科学认知和大众认知之间可能存在着巨大的鸿沟）。前沿科学杂志《自然》在2007年的一篇社论中写道："人类的思想是进化的产物，这是……无可辩驳的事实。"在《上帝的语言》（*The Language of God*）一书中，人类基因组计划主任弗朗西斯·柯林斯（Francis Collins, 2006），一位自称是福音派的基督徒，收集了"完全令人信服"的证据，从而得出结论，达尔文的观点"毫无疑问是正确的"。然而，盖洛普民意调查机构报告说，38%的美国成年人认为，在过去一万年内人类的状态与现在并无二致（Swift, 2017）。他们担心行为科学（尤其是生物进化科学）会损害人的美感、神秘感和精神意义。我可以提供一些实例以打消这些人的疑虑。

> "我们希望那不是真的；但如果它是真的，那么让我们希望它并不广为人知。"
> ——阿什莉夫人对达尔文思想的评论

当牛顿根据光的不同波长对彩虹进行了解释后，诗人约翰·济慈（John Keats）担心牛顿破坏了彩虹原有的神秘美感。然而，理查德·道金斯（Richard Dawkins, 1998）在《分解彩虹》（*Unweaving the Rainbow*）一书中写道，牛顿的分析引出了一个更神秘的理论——爱因斯坦的狭义相对论。而且牛顿的光学原理让我们知道，没有任何东西会影响我们欣赏绚丽多彩、横跨在晴朗天空中的彩虹。

当伽利略收集地球围绕太阳旋转的证据时，他并没有提供无懈可击的证据来证明这个理论。他只是通过对各种现象的观察结果提供了严密连贯的解释，如月球的环形山投下的阴影的不断变化。他的解释最终被接受了，因为他描绘和解释事物的方式自有道理。达尔文的进化论同样是一种对自然史的严密连贯的看法，也提供了把各种观察统一在一起的组织原则。

> "了解世界到底如何运作并不会令人不安——白光由各种色光组成，色彩可以度量光波波长，透明的空气会反射光线……多了解一点儿日落的现象并不会有损日落的浪漫情调。"
> ——卡尔·庐根

许多宗教人士觉得人类起源的科学观点与人的灵性是相宜的。公元5世纪，圣·奥古斯丁（St. Augustine）写道："宇宙形成初期呈现出一个不太完整的状态，但是它被赋予了把未成形的物质转变成神奇的序列结构和生命形式的能力。"14世纪，穆斯林历史学家伊本·哈勒敦（Ibn Khaldun, 1377）写道："那么，我们应该欣赏一下这个创造性的世界。这个最初只有矿物质的世界，以一种巧妙的、渐进的方式，进化出了植物和动物。"大约800年后，教皇方济各（Pope Francis）于2015年愉快地接受了科学与宗教的对话，他认为："自然界的进化与创造的概念并不矛盾，因为进化离不开创造进化的生物。"

同时，在对人和宇宙有了更多的了解后，许多从事科学工作的人对这些发现感到敬畏。令人难以置信的是，约140亿年前，宇宙在某一时刻突然爆炸，并急剧膨胀到如今宇宙空间这般规模。如果这次大爆炸的能量再稍稍小一点儿的话，那么宇宙很可能会自动萎缩回去；如果能量再稍稍大一点儿的话，那么结果可能会是整个宇宙变成一锅清汤，难以维系任何生命。天文学家马丁·里斯（Martin Rees）爵士在《宇宙中的六个神奇数字》(*Just Six Numbers*)一书中描述道,其中任何一个数字,如果稍微发生改变,都会产生一个无法维系生命的宇宙。如果地球引力再稍稍强一点或稍稍弱一点,又或者如果碳质子的质量稍微有一点不同,那么我们的宇宙就不会再运转。

到底是什么力量形成了这个如此完美、和谐、精妙的宇宙呢?为什么宇宙中存在着万物而不是空无一物呢?如果用哈佛大学天体物理学家欧文·金格里奇(Owen Gingerich, 1999)的话来说,宇宙是如何"如此惊人地恰到好处,以至于似乎宇宙原本就是用来产生有智慧且感知敏锐的生命"?哲学家路德维希·维特根斯坦(Ludwig Wittgenstein)建议,面对这种令人难以想象的问题,谦虚、敬畏、科学的沉默是合适的,他说:"对于无法解释的东西,必须保持沉默。"

我们并不是害怕科学,相反,我们热情地接受它。科学深化了我们的理解力,也唤醒了我们的敬畏感。在《脆弱的物种》(*The Fragile Species*)一书中,刘易斯·托马斯(Lewis Thomas, 1992)描述了令他无比惊讶的事实,地球在适当的时候产生了细菌,在适当的时候产生了巴赫 B 小调弥撒曲。在短暂的 40 亿年里,生命从无到有,再到拥有非常复杂的结构,比如有 60 亿单位的 DNA 链以及神秘复杂的大脑。宇宙学家戴维斯(Davies, 2007)说,和岩石中的原子一样的原子,以某种方式形成了动态的实体,产生了奇特的、可自我复制的信息加工系统——人类。尽管我们似乎是从尘土中诞生的,但经历了千百万年之后,最终结果是产生了一种无价的生命,一种有着令人难以想象的丰富潜力的生物。

"拥有知识并不会扼杀我们的好奇心和神秘感,我们总会迎来新的神秘。"
——阿娜伊斯·宁

第 5 章

生命周期的发展

产前发育和新生儿的发展问题
发展心理学的主要问题
胎儿期的发展和新生儿

婴儿期和儿童期
生理发展
认知发展
社会性发展
批判性思考：教养方式——太强硬、太放纵、太冷漠，以及恰到好处？

青少年期
生理发展
认知发展
社会性发展
成人初显期

成年期
生理发展
认知发展
社会性发展

人生是一场旅行，始于子宫，终于坟墓。于我于你，皆是如此。一个男人和一个女人共同为一个卵子贡献了2万多个基因，形成独一无二的个体——我们的人生就这样开始了。这些基因编码了蛋白质的构成要素，极其精准地构成人体，塑造个性。我的祖母将一种罕见的听力损失基因遗传给了我的母亲，而母亲又把这一基因遗传给了我（这是她送我的最小的礼物）。我的父亲和蔼可亲、性格外向，所以有时我一打开话匣子就停不下来（尽管我小时候曾有口吃的尴尬，西雅图公立学校还为我提供了语言治疗）。

除了遗传父母的天性，我也得到了他们的教养。我和你一样，出生在独一无二的家庭环境和文化氛围中，我的家人有自己看待世界的方式。我的价值观在充满欢声笑语的家庭文化、谈论爱和正义的宗教文化、鼓励批判性思考（家人会问我：你是什么意思？你怎么知道？）的学术文化中形成。

我们之所以成为我们，是自身的基因和所处的环境决定的，所以我们的故事各不相同。但在许多方面，我们和其他人几乎没有区别。作为人类，你和我都需要归属感。四岁以后，我的脑海里就充满了社会性依恋的场景。随着时间的推移，我与同龄人的友谊渐深，对父母的依恋减弱。在高中时，我对与异性交往缺乏信心。后来，我与大学同学相爱，并在二十岁那年结婚。自然选择使我们适合生存，使我们的基因得以延续。果然两年后，我们有了自己的孩子。这之后，我体验到一种全新的爱，这种爱是强烈的，强烈到连我自己都觉得惊讶。

但生活的特点是变化。我的两个儿子住在3200千米以外，女儿则在南非工作。连接父母和孩子的橡皮筋已不再紧绷，你和你的父母之间或许也是如此。

大多数人的职业生涯同样充满了变化。就我自己而言，从一个在家庭保险代理机构工作的青少年，到医学预科化学专业的学生兼医院助理，再到（在放弃了已完成一半的医学院学业后）心理学教授和作家。我预测，未来10年内你会做的事，你现在根本想不到。

我们的发展过程中也有稳定性：我们的生活环境在改变，但我们会一直体验到一个具有连续性的自我。我照镜子的时候，看到的不是过去的我，而是一直以来的我。我一直没有变——在十几岁的时候喜欢打篮球，并憧憬爱情。60年后，我仍喜欢打篮球，并依然深爱着那个与我同甘共苦的人生伴侣（虽然少了点激情，但更加有安全感）。

连续性随着阶段的变化而变化——对我来说，自我成长、养育子女、热爱事业，以及生命的最终阶段，都需要我逐一经历。当经历生死轮回时，我意识到生命是一场旅行，一个持续的发展过程。生命经天性播种，由教养塑造，因爱情激发，于工作集中。对于那些有福气活到老的人来说，他们的生命从充满好奇地睁大自己的眼睛开始，以平静且永不止息的希望结束。

在整个生命周期中，我们从新生儿成长为幼儿，从幼儿成长为青少年，再从青少年成长为成年人。在生命的每个阶段，都有生理、认知和社会方面的转折点。我们将从产前发育和新生儿阶段开始，然后继续探讨婴儿期、儿童期、青少年期和成年期。

产前发育和新生儿的发展问题

发展心理学的主要问题

学习目标问题 5-1 发展心理学家关注哪三个问题？

研究人员认为人类发展过程很有趣，因为我们都会经历这一过程——他们想知道我们是如何发展为现在的自己的，以及未来几年我们可能发生什么变化。**发展心理学**（developmental psychology）研究我们整个生命周期的生理、认知和社会发展。发展心理学家经常通过**横断研究**（cross-sectional studies，比较不同年龄的人）和**纵向研究**（longitudinal studies，在一段时间内追踪同一人）来探究三个主要问题：

1. 天性和教养：遗传（我们的天性）如何与经验（我们受到的教养）相互作用，影响我们的发展（这是第4章的重点）。
2. 连续性和阶段性：发展的哪些部分像乘电梯一样，是渐进、连续的过程？哪些部分像上台阶一样，在不同的阶段突然发生变化？
3. 稳定性和变化性：哪些人格特质会伴随我们一生？随着年龄增长，我们会发生什么改变？

连续性和阶段性

成年人与幼儿的区别是否和巨型红杉与红杉幼苗的区别一样——是日积月累的生长导致的？或者说，他们的区别和蝴蝶与毛毛虫的区别一样——是不同生长阶段的区别？

强调经验和学习的研究人员通常将发展视为一个缓慢、持续的形成过程。强调生理成熟的人则倾向于把发展看作一系列由基因预先决定的阶段或步骤：虽然各阶段的进展有快有慢，但每个人都将按相同的顺序一一经历这些阶段。

心理发展是否像生理发展一样，也有类似先走后跑这样明确的阶段？接下来讨论的阶段论——包括让·皮亚杰（Jean Piaget）的认知发展理论，劳伦斯·柯尔伯格（Lawrence Kohlberg）的道德发展阶段论，以及埃里克·埃里克森（Erik Erikson）的社会心理发展理论——都提出了发展阶段的概念（图5.1）。但正如我们所看到的，一些研究对"人生就是经历一些定义清晰且按年龄划分的阶段"这一观点提出了疑问。

尽管许多现代发展心理学家并不认为自己是阶段理论家，但阶段概念仍有其实用性。人类的大脑确实在儿童期和青春期快速发育，这与皮亚杰的阶段理论大致对应

发展心理学：心理学的一个分支，研究整个生命周期的生理、认知和社会发展。

横断研究：在同一时间点对不同年龄的人进行比较。

纵向研究：在一段时间内对同一人进行追踪和再测试。

"天性是个体与生俱来的，而教养是他出生后所接受的一切影响。"
——弗朗西斯·高尔顿

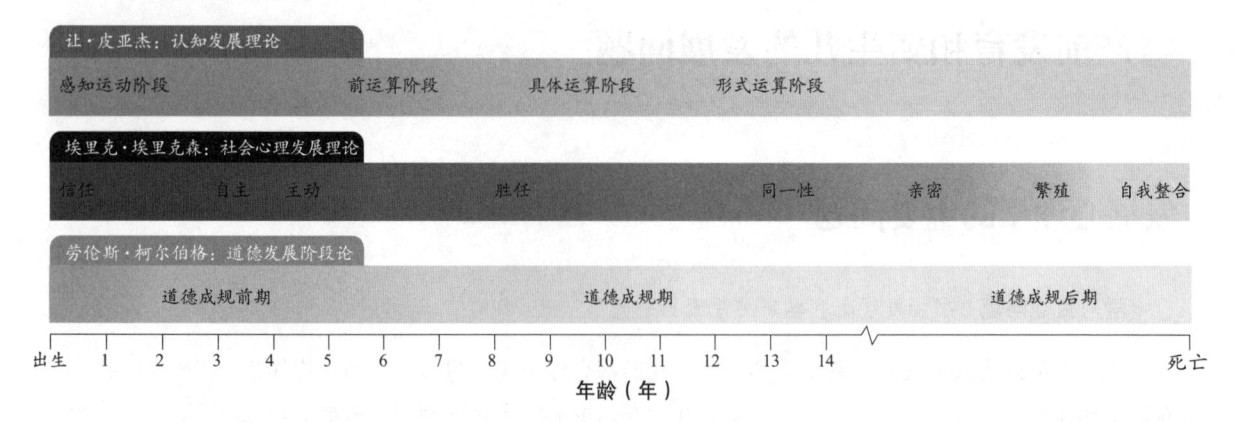

图 5.1 比较各个阶段论

让·皮亚杰：认知发展理论
感知运动阶段 | 前运算阶段 | 具体运算阶段 | 形式运算阶段

埃里克·埃里克森：社会心理发展理论
信任 | 自主 | 主动 | 胜任 | 同一性 | 亲密 | 繁殖 | 自我整合

劳伦斯·柯尔伯格：道德发展阶段论
道德成规前期 | 道德成规期 | 道德成规后期

出生 1 2 3 4 5 6 7 8 9 10 11 12 13 14 ... 死亡
年龄（年）

"我看着一年级的自己和现在的自己，我还是从前的我，气质也没什么变化。"
——唐纳德·特朗普

笑容预示婚姻的稳定性
在一项针对306名美国大学毕业生的研究中，在毕业纪念册上的表情像照片（a）的人，有四分之一后来离婚了，而像照片（b）那样微笑的人，离婚率仅为二十分之一（Hertenstein et al., 2009）。

（Thatcher et al., 1987）。阶段论有助于从发展的角度看待整个生命周期，即人在某个年龄段的思维和行为与他们在下个年龄段的不同。

稳定性和变化性

随着时间推移，我们是否在生活中发现了更多用以支持稳定性或变化性的证据？如果与多年不联系的儿时朋友重聚，我们能否立即意识到"这还是原来的那个安迪"，还是说老朋友现在看起来就像陌生人？（至少我的一位熟人有第二种感受。在大学毕业40年后的同学聚会上，他没有认出以前的一位同学。这位唯一未被认出的同学是他的第一任妻子！这可以理解，却很让人震惊。）

我们既有稳定性，也有变化性。我们的一些特质，如气质，是非常稳定的。研究小组对数千位新西兰人和美国人进行了长达几十年的研究，并对这些人不同时期在气质和情绪方面所表现出的前后一致性感到震惊（Kassing et al., 2019; Moffitt et al., 2013; Slutske et al., 2012）。研究人员通过对174名苏格兰人进行为期63年的跟踪调查（从14岁到77岁），证实了情绪具有稳定性（Harris et al., 2016）。另外，在儿童期便不受管教的人，也最有可能在青少年期吸烟，在成年期犯罪或无节制地赌博。在加拿大，注意力不集中的幼儿在成年后获得高薪的可能性更低（Vergunst et al., 2019）。此外，据观察，经常虐待动物的儿童，成年后往往会变得暴力（Hensley et al., 2018）。但稳定性也会表现在好的方面，如在童年照片和大学照片中笑容最灿烂的人最有可能婚姻长久（Hertenstein et al., 2009）。

然而，我们无法根据往事预测未来的方方面面。例如，我们处世的态度远不如我们的气质稳定，特别是在易受影响的青少年晚期（Krosnick & Alwin, 1989; Rekker et al., 2015）。大一点的儿童和青少年会学习新的应对方式。尽管有不良行为的儿童以后出现问题的概率更高，但许多迷茫的、有问题的儿童也可能成长为成熟、成功的大人（Moffitt et al., 2002; Robertset al., 2013; Thomas & Chess, 1986）。生命是一个成长的过程，现在的奋斗是为了更好的明天。

我们的某些方面会随着年龄的增长而改变。大部分害羞、胆小的幼儿在4岁时变得开朗；而在青少年期后，大部分人则逐渐变得更加勤奋、稳重、合群且自信（Lucas & Donnellan, 2009; Shaw et al., 2010; Van den Akker et al., 2014）。爱冒险的青少年在成年后往往会变得更加谨慎（Mata et al., 2016）。事实上，许多在18岁时没有责任感的人，40岁时已经成为商业领袖或文化领袖（如果你仍表现得像前者，则说明时候未到）。然而，当被问及过去十多年发生了什么变化，以及未来十多年还会发生什么变化时，无论是年轻人还是老年人，都对未来持悲观态度。他们认识到自己相对以前有所改变，但认为自己在未来不会有更多的变化（Quoidbach et al., 2013）。

生活既需要稳定，也需要变化。稳定让我们有同一性，变化让我们对更美好的未来充满希望，让我们能够适应并从经验中成长。

自问

你觉得现在的你和学龄前的你、8岁的你和12岁的你一样吗？有何异同？

检索练习

RP-1 强调学习和经验的发展研究人员支持_____，强调生理成熟的发展研究人员支持_____。

RP-2 心理学的哪些发现能够支持（1）发展的阶段论和（2）整个生命周期中的人格稳定性？

答案见附录D

胎儿期的发展和新生儿

学习目标问题 5-2 胎儿期的发展过程是什么？致畸物是如何影响胎儿发展的？

孕育

没有什么比物种的繁殖更符合天性，也没有什么比这一过程更加奇妙。对你来说，这个过程在你的祖母体内就开始了——卵细胞形成于发育中的雌性体内（你的母亲刚出生时就携带了她一生中所有还未成熟的卵细胞）。相反，你的父亲直到青春期，体内才开始不停地产生精子——在阅读这句话的一秒钟内，产生的精子就超过了1000个。

青春期过后，你母亲的卵巢就释放出一个成熟的卵细胞——那是一个与英文句末点号差不多大小的细胞。就像太空旅行者向某个巨大的行星靠近一样，大约2.5亿个储存下来的精子开始疯狂地逆流而上，靠近一个大小相当于它自身85 000倍的细胞。到达卵细胞处的少量精子会分泌分解酶，以消融卵子的保护性外壳（图5.2a）。当跑得最快的那个精子穿透保护性外壳，并进入卵细胞内部时（图5.2b），卵细胞的表面会将其他精子拒之门外。在不到半天的时间内，卵核和精核融合为一体。

这是你最幸运的时刻。在2.5亿个精子中，孕育你的精子赢得了比赛，与那个特定的卵细胞结合。在我们之前，无数代人类都是这样发展而来。如果我们的任何一个祖先是由不同的精子或卵细胞结合而成的，或者在孕育后代前死亡，或者没有遇见他们的伴侣……一连串几乎不可能的、不间断的事件造就了我们，这让人难以置信。

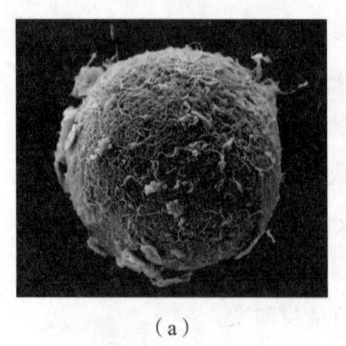

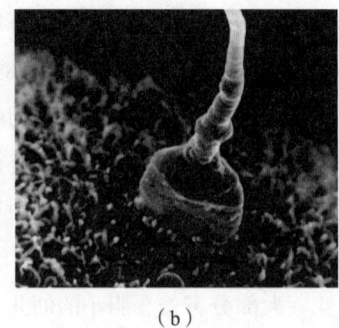

图5.2　生命是性传递

（a）精子围绕在卵细胞周围；（b）当一个精子穿透卵细胞的胶状外层保护膜，会触发一系列化学事件，导致精子和卵细胞结合成一个细胞。如果一切进展顺利，该细胞将一次又一次地分裂，9个月后将会发育成一个拥有37万亿细胞的人类个体（Bianconi et al., 2013）。

胎儿期的发展

有多少受精卵即合子（zygote）的存活期可以超过最初两周？答案是不到一半（Grobstein, 1979; Hall, 2004）。我们都是幸运的。从一个细胞，分裂为两个细胞，然后四个——每个分裂出来的细胞都和第一个细胞相同——直到该细胞第一周内分裂出大约100个相同的细胞。此后，这些细胞就开始分化——在结构和功能上专门化（"我来做脑细胞，你来做肠细胞！"）。

合子：又称受精卵，它会进入为期两周的细胞快速分裂期，并发展为胚胎。

怀孕大约10天后，合子依附在母亲的子宫壁上，开始了大约37周人与人之间最亲密的接触。在这一母体的壮举开始时，这一小团细胞分成了两部分。内部细胞形成**胚胎**（embryo），许多外部细胞形成胎盘——将营养物质和氧气从母体传送到胚胎的生命纽带。在接下来的6周中，器官开始形成并发挥作用（图5.3a）。心脏开始跳动。

胚胎：受精后约两周到第二个月期间，发育中的人体组织。

怀孕9周后，胚胎看上去明显地像一个人了（图5.3b）。它现在是——**胎儿**（fetus，拉丁语，意为"后代"或"幼雏"）。在怀孕后的6个月内，如果器官（例如胃）发育得足够好，即使胎儿早产也可能活下来、茁壮成长。

胎儿：怀孕第九周到出生期间的人体组织。

在胎儿期的每一个阶段，遗传和环境因素都会影响个体的发育。到了第6个月，胎儿开始对声音做出反应。子宫内的麦克风读数说明，胎儿能够听到母亲低沉的声音

(a) (b) (c)

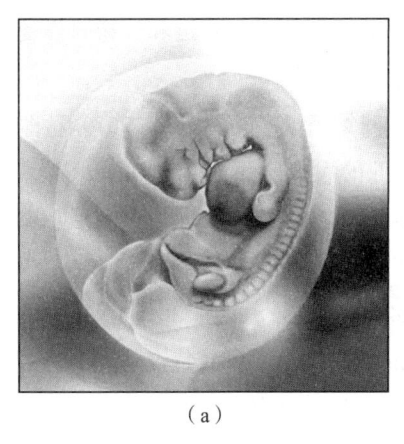

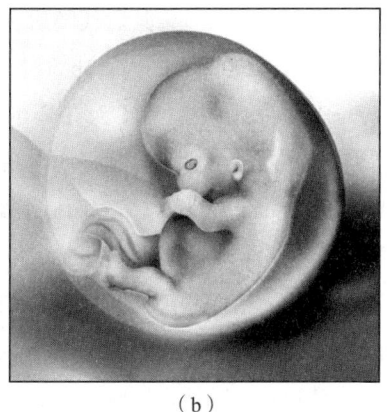

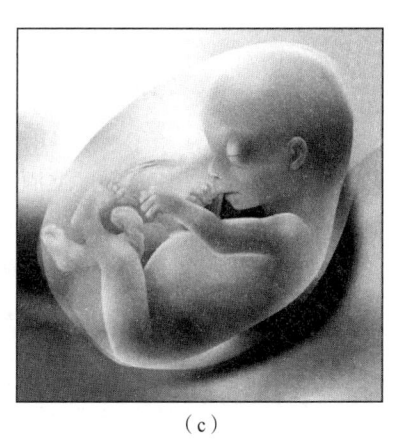

图 5.3 胎儿期的发展

(a) 胚胎迅速生长和发育,40天时,可见脊柱、胳膊和腿开始发育。(b) 从第9周,也就是胎儿期开始,面部特征、手和脚已经形成。(c) 当胎儿发育到第16周时,重约85克,恰好与你的手掌一般大。

(Ecklund-Flores, 1992; Hepper, 2005)。比起其他女性或父亲的声音,新生儿更喜欢听自己母亲的声音(DeCasper et al., 1986, 1994; Lee & Kisilevsky, 2014)。

新生儿还喜欢听他们母亲的语言。在一项研究中,刚出生一天的美国新生儿和瑞典新生儿吸吮奶嘴时,若听到他们母语中熟悉的元音,停顿的次数会增多(Moon et al., 2013)。在子宫里反复听到一个拟声词(tatata)后,芬兰新生儿出生后再听到这个词时,脑电波显示他们对这个词做出了识别(Partanen et al., 2013)。如果母亲在怀孕期间说两种语言,新生儿会对这两种语言都表现出兴趣(Byers-Heinlein et al., 2010)。刚出生的新生儿的哭声中有旋律的起伏表现出他们母亲母语的音调特征(Mampe et al., 2009)。母语为法语的母亲,孩子往往哭起来是法语的升调;母语为德语的母亲,孩子哭起来是德语的降调(Mampe et al., 2009)。你发现了吗?语言的学习在子宫内就开始了。

在出生前2个月,胎儿会以其他方式表现出学习能力,比如他们会适应位于母亲腹部的振动和发声装置(Dirix et al., 2009)。就像人们适应家附近的火车声一样,胎儿也习惯了这种声音。此外,出生4周后,他们能回忆起这个声音(表现为与那些胎儿期没有接触过该声音的新生儿相比,他们听到该声音时反应更平淡)。

声音并不是影响胎儿发展的唯一环境因素。胎盘除了可以从母体向胎儿输送营养和氧气,还能过滤掉许多有害物质。但也有一些漏网之鱼,如**致畸物**(teratogen,病毒和药物等物质)会对胚胎或胎儿造成伤害。这是建议孕妇不要饮用酒精饮料、吸食尼古丁或大麻的原因之一(Kuehn, 2019; Saint Louis, 2017)。孕妇吸纸烟、电子烟或喝酒,受到影响的不只是她自己。当酒精进入她和胎儿的血液时,会降低他们中枢神经系统的活动。怀孕期间饮酒可能导致子女嗜酒,并在青少年期酗酒以及有酒精使用障

致畸物:在胎儿发展期间可以到达胚胎或胎儿,并对其造成伤害的物质,如化学品和病毒。

碍。在实验中，怀孕的老鼠饮酒后，其后代随后会表现出对酒精的味道和气味的喜爱（Youngentob & Glendinning, 2009; Youngentob et al., 2007）。

全球范围内，每 10 名女性中就有 1 人在怀孕期间饮酒（Popova et al., 2019）。即使是轻度饮酒、偶尔酗酒或吸食大麻，也会影响胎儿的大脑发育（CDC, 2018; Ghazi Sherbaf et al., 2019; Marjonen et al., 2015）。而持续酗酒可能导致胎儿出现先天畸形、未来的行为问题和智力低下。全球范围内，每 130 名儿童中就有 1 名（美国每 30 名儿童中就有 1 名）表现为胎儿酒精谱系障碍（Lange et al., 2017; May et al., 2018）。其中最严重的表现形式是**胎儿酒精综合征**（fetal alcohol syndrome，FAS），其特点是终生的生理和心理异常。酒精对胎儿造成不良影响的原因可能是酒精具有表观遗传效应：它在 DNA 上留下化学标记，使基因异常开启或关闭（Liu et al., 2009）。怀孕期间吸烟或吸食大麻也会留下表观遗传疤痕，可能导致胎儿长大后容易应激，或容易对某种东西上瘾（Stroud et al., 2014; Szutorisz & Hurd, 2016）。

如果孕妇承受了极端的压力，其体内的应激激素可能对胎儿造成生命威胁，从而导致早产。若孕妇长期饥饿或营养不良，子女患高血压、心脏病、肥胖和精神疾病等健康问题的风险会增加（Glynn & Sandman, 2011; Santavirta et al., 2018）。

胎儿酒精综合征： 由于孕妇大量饮酒而导致子女的身体和认知都出现异常的现象。严重者的体征包括头小且比例失调，面部特征异常。

> **检索练习**
>
> RP-3 胎儿期的发展的最初两周是＿＿＿＿＿时期。怀孕第 9 周直到胎儿出生是＿＿＿＿＿时期。这两个时期之间是＿＿＿＿＿时期。
>
> 答案见附录 D

拥有能力的新生儿

学习目标问题 5-3 新生儿有哪些能力？研究人员如何探索婴儿的心理能力？

就像新手机预装了应用程序一样，婴儿也天生具备某些能力。度过了胎儿期的危险，新生儿天生就具备了反射反应，这种能力非常利于我们生存。感到痛时，我们会缩回四肢。如果一块布蒙在脸上妨碍呼吸，我们会左右摇头，然后把布扯掉。

刚做父母的人往往会惊奇于孩子吃东西时所表现出的一系列协调的反射行为。当有东西接触到婴儿的脸颊时，他们就会把头转过去，然后张开嘴，拼命地寻找乳头。找到后，他们会自动靠近，并开始吮吸（如果得不到满足，饥饿的婴儿可能会哭闹，因此父母能迅速找到婴儿不高兴的原因以对他们进行安抚）。其他适应性反射包括惊吓反射（受到惊吓时，婴儿的胳膊和腿会发力弹出，握紧拳头并大声哭泣）和惊人的抓握反射，这两种反射可能有助于婴幼儿与他们的照顾者保持紧密联系。

美国心理学的先驱威廉·詹姆斯（William James）认为，新生儿会经历一种"图像浮散的、嗡嗡作响的混乱"（blooming, buzzing confusion）。直到 20 世纪 60 年代，几乎没人对这一观点表示异议。但后来科学家发现，如果你知道正确的询问方式，婴儿会告诉你很多信息。要有效地询问，你就必须利用婴儿能做到的那些行为——凝视、吮吸和转头。因此，在配备了眼动仪和连有电动装置的安抚奶嘴之后，研究人员开始研究父母长久以来一直都想知道的问题：我的宝宝能看到什么、听到什么、闻到什么以及在想什么呢？

试想研究人员是如何利用**习惯化**（habituation）的——随着刺激的重复出现，个体对刺激的反应会降低。我们之前就对此有所了解，胎儿会适应位于母亲腹部的振动、发声装置。当第一次呈现时，新奇的刺激会引起个体的注意。但是，当该刺激被多次呈现后，个体对此的反应会减弱。这种看似厌烦熟悉刺激的现象给我们提供了一种询问婴儿看见了什么和记住了什么的方法。

图 5.4　新生儿对面孔的偏好

当给意大利新生儿呈现这两幅由三个相同元素组成的图案时，他们盯着面孔图案的时间几乎是另一幅图案的两倍（Valenza et al., 1996）。加拿大新生儿——在一项研究中，新生儿的平均年龄为 53 分钟——同样表现出对面孔的先天偏好（Mondloch et al., 1999）。

习惯化：反复刺激导致反应减弱。随着婴幼儿对反复接触的刺激的熟悉程度增加，他们对刺激的兴趣会减弱，很快便会转移视线。

新生儿更喜欢促进社会反应的视觉和声音。我们会朝着有人声的方向转头。我们凝视类似面孔图案的时间更长（图 5.4）。即使是孕晚期的胎儿，也会更多地看向照进子宫的红灯下的面孔图案（Reid et al., 2017）。婴幼儿也喜欢看距离自己 20～30 厘米远的物体，这一长度恰好是哺乳时婴儿离母亲眼睛的距离（Maurer & Maurer, 1988）。我们大脑的默认设置有助于我们进行社会联系。

在出生后的几天内，我们大脑神经网络留有母体的嗅觉印记。将出生一周的哺乳期婴儿放在他母亲的和另一个哺乳期母亲的胸衣衬垫间，他通常会转向带有自己母亲气味的纱布垫（MacFarlane, 1978）。更重要的是，这种对气味的偏好会持续下去。法国产科病房里，有些哺乳期母亲会使用带有洋甘菊香味的软膏来防止乳头疼痛（Delaunay-El Allam et al., 2010）。21 个月后，她们的孩子更喜欢玩有洋甘菊香味的玩具！而那些在哺乳期没有闻过这种气味的孩子则没有这种偏好（这让我们不禁思考：这些孩子长大后会成为甘菊茶的忠实爱好者吗？）。这些研究说明我们出生时具有非凡的能力。

检索练习

RP-4 新生儿对重复刺激的＿＿＿＿＿＿有助于发展心理学家研究婴儿能够学习什么和记住什么。

答案见附录 D

成熟：是一种生理发展过程，能使行为有序地发生改变，相对不受经验的影响。

准备喂食和进食

像鸟类和其他动物一样，我们做好喂食和进食的准备之后，会对后代渴求食物的呼声做出回应——即使当时我们正在参加一场全程 505 千米的超级马拉松比赛，我也这样做了，因为我 18 个月大的孩子贝维（Bevy）决定，只有爸爸才能喂她。

🔶 婴儿期和儿童期

正如花朵按照其遗传指令绽放，我们人类同样也要经历一系列有序的生物成长过程。**成熟**（maturation）——有序的生物成长过程——让我们具有许多共性。婴儿先学会站立，再学会走路；幼儿先学会使用名词，再学会使用动词。严厉的剥夺或虐待行为会阻碍儿童发展，但遗传的成长模式是"工厂原装"的——它们是天生的。成熟（天性）为发展制定了最基本的方案，经验（教养）对其进行调整——基因和环境相互作用。

生理发展

学习目标问题 5-4 在婴儿期和儿童期，大脑和运动能力是如何发展的？

大脑的发展

在母体的子宫内，你发展中的大脑以爆炸性的速度形成神经细胞——每分钟近 25 万个。发展中的大脑皮质实际上会生成数量过多的神经元，在 28 周时神经元数量达到峰值（Rabinowicz et al., 1996, 1999）。

从婴儿期开始，大脑和思维——神经硬件和认知软件——便同时开始发展。出生时，你就已经拥有一个成熟个体所应该拥有的大部分脑细胞。然而，此时你的神经系统还不成熟：出生后，分支神经网络（能够实现你的各种能力）将飞速增长（图 5.5）。这种快速发展有助于解释为什么婴幼儿的大脑尺寸在出生后的早期迅速增长（Holland et al., 2014）。从 3 岁到 6 岁，额叶区发展最快，使额叶能够制订合理的计划。这么多年来，你的大脑需要大量的能量（Kuzawa et al., 2014）。这个能量密集过程让你控制注意力和行为的能力迅速提升（Garon et al., 2008; Thompson-Schill et al., 2009）。

大脑的联合区——那些与思维、记忆和语言有关的

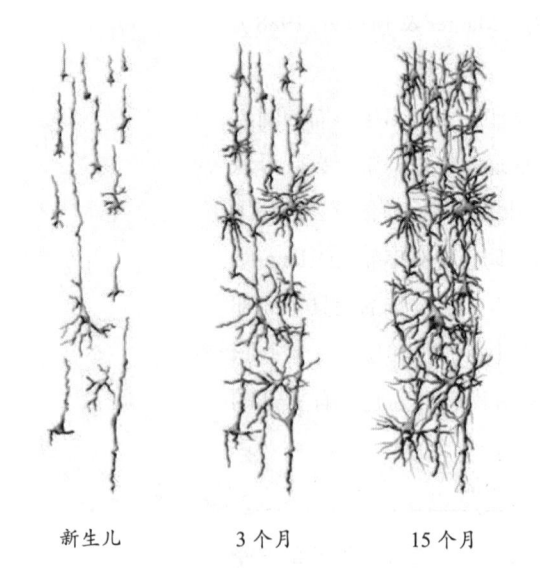

新生儿　　3 个月　　15 个月

图 5.5　婴幼儿大脑发展

人类的大脑在出生时还不成熟。随着个体逐渐成熟，神经网络也越来越复杂。

区域——是最后发展的皮质区。随着它的发展，你的心理能力激增（Chugani & Phelps, 1986; Thatcher et al., 1987）。支持敏捷行动、言语和自我控制的神经纤维通路在青春期大量增加。在肾上腺素的影响下，数百亿的突触形成并组织起来，而"用进废退"的突触修剪过程会关闭不使用的神经连接（Paus et al., 1999; Thompson et al., 2000）。

动作的发展

发展中的大脑使身体变得协调。随着婴儿的肌肉和神经系统日渐发育成熟，他们会表现出更多的复杂技能。除了个别例外的情况，动作发展的序列是普遍的。婴儿先会翻身，然后才能不靠支撑自己坐立起来，通常先会用四肢爬行，然后才学会走路。这些行为反映的不是模仿，而是神经系统的成熟——失明儿童也是先会爬行，后会走路。

基因指导动作发展。在美国，25% 的婴儿在 11 个月左右学会走路，50% 的幼儿在 1 岁生日后一周内学会走路，而 15 个月时 90% 的幼儿已经学会走路（Frankenburg et al., 1992）。同卵双生子通常几乎在同一天学会走路（Wilson, 1979）。成熟——包括位于大脑后部的小脑的快速发展——为我们在 1 岁左右学会走路做好准备。其他身体机能也是如此，包括对肠和膀胱的控制。在必要的肌肉和神经系统发育成熟之前，无论是恳求或惩罚都不会令孩子养成如厕的习惯。对于孩子的初次如厕，你不能操之过急。

不过，教养也能改变天性。在非洲、加勒比海和印度的一些地区，照料者经常按摩、锻炼婴儿，这样可以帮助婴儿更快学会走路（Karasik et al., 2010）。备受推崇的婴儿仰卧睡姿（让婴儿仰卧睡觉可以降低婴儿猝死综合征的风险）与婴儿日后学习爬行有些许关系，但与之后的学习走路无关（Davis et al., 1998; Lipsitt, 2003）。

生理发展

坐、爬、走、跑——尽管婴儿做到这些动作时的年龄可能有差异，但做到这些动作的先后顺序在世界各地都是一致的。

1994 年，美国发起了"重返睡眠"教育活动。此后 8 年里，俯卧睡的婴儿数量从 70% 下降到 11%，婴儿意外猝死的数量也大幅下降（Braiker, 2005）。

检索练习

RP-1 被称为＿＿＿＿＿＿的生物成长过程解释了为什么大多数儿童在 12～15 个月时开始走路。

答案见附录 D

大脑成熟和婴儿记忆

你能回忆起自己的第三个生日吗？我们大多数人都已记不起 4 岁之前的事情。老鼠和猴子同样会失去之前的记忆，这是因为神经元的快速生长破坏了储存旧记忆的回路（Akers et al., 2014）。但随着儿童的成熟，这种婴儿期遗忘现象会减弱，他们记住过去经历的能力越来越强，记忆甚至会持续一年或更久（Bauer & Larkina, 2014; Morris et al., 2010）。掌控记忆的脑区，如海马体和额叶，在青春期及以后继续发育（Luby et al., 2016; Murty et al., 2016）。

尽管对早年生活的有意识记忆很少，但我们的大脑仍在加工和储存信息。卡罗琳·罗维–科利尔（Carolyn Rovee-Collier）在攻读心理学博士学位时，观察到婴儿的非言语记忆在起作用。她2个月大的孩子本杰明（Benjamin）可以通过移动婴儿床上的风铃得到安抚，她希望在自己工作时，孩子也能得到安抚，于是她用一条布带将风铃系在本杰明的脚上。很快，本杰明就踢脚来牵动风铃。想到自己无意中做的家庭实验，罗维–科利尔意识到，与20世纪60年代流行的观点相反，婴儿是具有学习和记忆能力的。为了确定这不是发生在自己儿子身上的偶然现象，她在其他婴儿身上重复了这个实验（Rovee-Collier, 1989, 1999）。果然，在实验当天和第二天，当把婴儿的脚和风铃系在一起时，他们踢脚的频率会增加。然而，如果第二天把这些婴儿的脚与不同的风铃系在一起时，婴儿没有表现出任何学习的迹象，这表明他们记得之前的风铃，并认出了新旧风铃之间的差异。一个月后，再次将这些婴儿的脚与熟悉的风铃系在一起时，他们仍然记得这种联系并开始踢脚。

成年人仍可能寻到被遗忘的童年语言的痕迹。一项研究对讲英语的英国成年人进行了测试，他们对小时候使用过的印地语或祖鲁语没有有意识记忆。然而，即使到了40岁，他们还能重新学会这些语言中微妙的声音差异，而其他讲英语的人却学不会（Bowers et al., 2009）。从1岁起就被收养且生活在加拿大的中国人，即使没有关于中文词语的有意识记忆，也能像流利使用中文的人那样处理中文发音（Pierce et al., 2014）。因此双通道思维的观点认为：神经系统和潜意识以某种方式记住了意识里不存在也无法用语言表达的东西。

自问

你能想起的最早的记忆是什么？现在你知道了婴儿期遗忘现象，你认为那段记忆还准确吗？

认知发展

学习目标问题 5-5 皮亚杰是如何拓宽我们对儿童思维发展方式的理解的？今天的研究人员又是如何在他的工作基础上进行研究的？

"从一颗卵细胞发展为一个人"的这段旅程并不稳定（Broks, 2007），从哪一时刻起你开始变得有意识？为了寻找婴儿的意识思维——或者更确切地说，标志着早期意识的神经信号——来自法国的研究人员通过在屏幕上闪现面孔来实验。起初，这些面孔出现的时间很短，即使是一个成年人也无法有意识地觉知它们。闪现逐渐放慢，直到成年人的脑电波反应表现出有意识觉知的迹象，此时是图像出现约 300 毫秒后。当 5 个月大的婴儿有足够的时间来加工这些面孔时，他们表现出了相同的视觉觉知的大脑信号（Dehaene, 2014; Kouider et al., 2013）。

有了意识，你的思维是如何发展的？发展心理学家让·皮亚杰（Jean Piaget）一生都在寻找这个答案。他研究了儿童发展中的认知（cognition）——与思维、认识、记忆和交流有关的所有心理活动。他对儿童认知发展的兴趣始于 1920 年，当时他在巴黎编写儿童智力测验问卷。在测试时，皮亚杰对孩子的错误答案产生了兴趣——同一年龄阶段的儿童所犯的错误通常非常相似。尽管别人认为这些错误是幼稚的，但皮亚杰看到了正在发展的智力所起的作用。这些偶然的发现是心理科学的成果之一。

对儿童长达半个世纪的研究使皮亚杰确信，儿童的思维并非缩小的成人思维。皮亚杰的研究在一定程度上让我们明白了儿童的推理方式与成人不同，是"极其不合逻辑的"（Brainerd, 1996）。

皮亚杰进一步认为，儿童的思维发展需要经历一系列阶段，从新生儿的简单反射到成人的抽象推理能力，呈上升的发展趋势。因此，8 岁的儿童可以理解幼儿无法理解的东西，例如"灵感的闪现就像在你大脑中点亮一盏明灯"这样的类比。

皮亚杰的核心思想是，智力发展反映了我们坚持不懈地解释自己人生经历的努力。为此，发育成熟的大脑构建了**图式**（schema）——我们灌注经验的概念或心理模式。

为了解释我们如何使用和调整图式，皮亚杰提出了两个概念。首先，我们会**同化**（assimilate）新的经验——用现有的图式（理解）解释它们。例如，幼儿大脑中有一个简单的狗的图式，他可能会把所有的四足动物都叫作狗。但当我们与世界互动时，我们也

让·皮亚杰（1896—1980）

"如果我们研究个体或整个人类的智力发展，我们会发现，人类的精神经历了一定数量的阶段，且每个阶段都不同。"

认知：与思维、认识、记忆和交流有关的所有心理活动。

图式：组织和解释信息的概念或框架。

同化：根据我们现有的图式来解释新经验。

图 5.6 不断变化的婚姻图式

大多数人曾认为的婚姻图式是一男一女之间的结合。今天，超过 24 个国家已经将同性婚姻合法化。

顺应：调整我们当前的理解（图式）以吸收新的信息。

会调整或顺应（accommodate），从而使图式吸收新经验所提供的信息（图5.6）。因此，孩子很快就会发现先前关于狗的图式太宽泛了，于是进一步细化分类来让自己顺应。

> **自问**
>
> 你能回忆起由于你把歌词同化为自己的图式，而将其听错的某些时刻吗？

皮亚杰的理论和当前的观点

皮亚杰认为，儿童在与世界互动的过程中构建对世界的理解。他们的思维经历一次巨变后会更稳定，就像从一个认知阶段进入下一个认知阶段。因为，每个阶段都有其独自的特点，让某种类型的思维过程得以发展。皮亚杰认为，认知发展包括四个主要阶段——感知运动阶段、前运算阶段、具体运算阶段和形式运算阶段。

感知运动阶段：在皮亚杰的理论中，这个阶段（从出生到2岁左右）的婴儿主要通过感觉和运动来理解认识世界。

感知运动阶段 皮亚杰的感知运动阶段（sensorimotor stage）是指婴儿从出生到2岁左右，通过自己的感觉和运动（看、听、触摸、吮吸、抓）来理解这个世界。当他们的四肢开始活动时，他们就学会了如何让事情发生。

很小的婴儿似乎只生活在当下：看不见的东西便在他的思维之外。在皮亚杰的一个测试中，他给婴儿呈现一个很有吸引力的玩具，然后把自己的贝雷帽扣在玩具上。小于6个月的婴儿不会去寻找。比较小的婴儿缺乏**客体永久性**（object permanence）的概念——物体不会因为感知不到而不存在。到8个月时，婴儿开始表现出对看不到的东西的记忆。如果你把一个玩具藏起来，婴儿会马上去找它。再大一两个月的婴儿，甚至在玩具不见的几秒钟后便开始找它（图5.7）。

客体永久性：物体不会因为感知不到而不存在。

那么，客体永久性概念真的会在孩子8个月大时突然出现吗？就像春天到了郁金香就会开花？现在的研究人员认为，客体永久性是逐渐获得的。他们认为的发展比皮亚杰的观点更具有连续性。即使是小婴儿，至少也会到玩具刚刚被藏起来的地方暂时找一找（Wang et al., 2004）。

研究人员还认为皮亚杰及其追随者低估了婴儿的能力。婴儿能像小科学家一样思

图5.7 客体永久性

很少有6个月以下的婴儿能理解物体不会因为感知不到而不存在。但对于年龄更大一些的婴儿来说，绝对不是看不见就不存在。

考。婴儿能验证想法，做出因果推断，并从统计模式中学习（Gopnik et al., 2015）。让我们看几个简单实验：

- **婴儿的物理能力**。就像成人用难以置信的目光盯着一个神奇的魔术一样（露出"哇！"的表情），婴儿也会对一些出乎意料的现象注视更长的时间，并进行相关思考——如一辆车好像要穿过某个物体，一只皮球停留在半空中，或一个物体神奇地、违反了客体永久性的消失等（Shuwairi & Johnson, 2013; Stahl & Feigenson, 2015）。为什么婴儿会表现出这种视觉偏向？因为不可能的事件违背了婴儿的预期（Baillargeon et al., 2016）。

- **婴儿的数学能力**。卡伦·温（Karen Wynn, 1992, 2000, 2008）给5个月大的婴儿呈现一个或两个物体（图5.8）。然后她把物体藏在一个隔板后，并在婴儿的注视下拿走或增加一个物体。在这两种情况下，当她掀开隔板呈现物体时，物体的数目有误时，婴儿注视的时间更长。但他们是对物体数量的增加或减少做出反应呢，还是对数目的改变做出反应呢（Feigenson et al., 2002）？后来的实验证实，婴儿对数的感知能力可延伸至更大的数字、比例，以及鼓点和动作等方面（Libertus & Brannon, 2009; McCrink & Wynn, 2004; Spelke et al., 2013）。如果婴儿习惯了达菲鸭木偶在舞台上跳三次，那么当它只跳两次时婴儿会露出惊奇的表情。

"观察人类思维的诞生、成长和最初的微弱挣扎，是一种珍贵的特权。"
——安妮·沙利文

前运算阶段 皮亚杰认为六七岁前儿童都处于**前运算阶段**（preoperational stage）——能够用文字和图像来描述事物，但他们还太小，不能进行心理运算（如想象一个动作然后在心里把它颠倒过来）。

对一个5岁的孩子来说，盛在一个又高又细的玻璃杯里的牛奶看起来"太多"，而如果把牛奶倒在一个又矮又粗的玻璃杯里，可能看起来刚刚好。这是因为儿童只关注

前运算阶段：在皮亚杰的理论中，这个阶段（2～7岁）的儿童能够用语言描述事物，但还不能理解具体逻辑的心理运算。

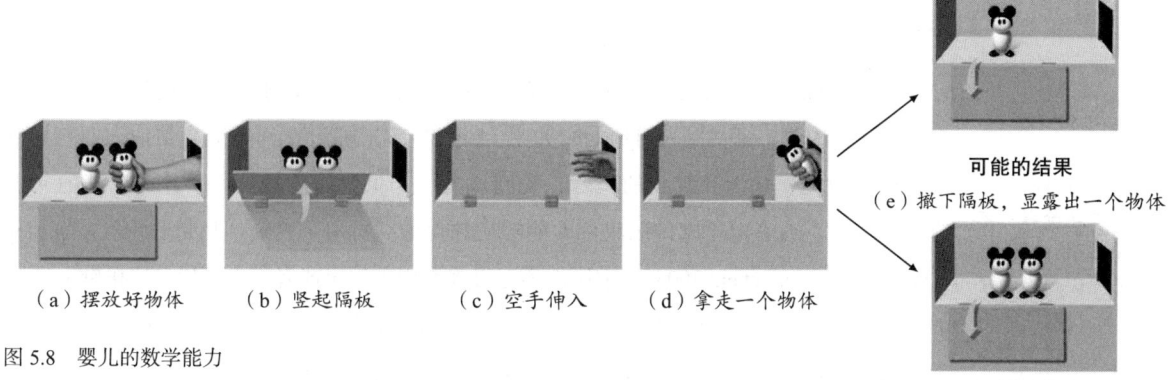

（a）摆放好物体　（b）竖起隔板　（c）空手伸入　（d）拿走一个物体

可能的结果
（e）撤下隔板，显露出一个物体

不可能的结果
（f）撤下隔板，显露出两个物体

图 5.8　婴儿的数学能力

当看到物体数目有误时，5个月大的婴儿注视的时间更长（Wynn, 1992）。显然，婴儿比皮亚杰想象的要聪明。即使在婴儿期，我们也有很多想法。

了高度这一个维度，并且不能执行将牛奶倒回去的心理运算。皮亚杰认为，儿童在 6 岁前缺乏**守恒**（conservation）的概念，即尽管形状改变了，量却保持不变的原则。

假装游戏 符号化的思维和假装游戏比皮亚杰预计的要出现得早。朱迪·德洛克（Judy DeLoache, 1987）给儿童呈现一个房间模型，在把一只迷你玩具狗藏在迷你沙发后面时，发现 2 岁半的儿童很容易就能记住到哪里去找迷你玩具狗，但他们不会利用模型在一间真实的屋子里寻找藏在沙发后面的真实的填充玩具狗。3 岁的孩子（只比 2 岁半的孩子大 6 个月）通常却可以在真实屋子里找到填充玩具狗，这表明他们可以将那个模型作为屋子的符号表征进行思考。虽然皮亚杰认为阶段之间的转换不是突然发生的，但他可能会对这么小的儿童就有符号化的思维感到惊讶。

自我中心主义 皮亚杰认为学龄前儿童是**自我中心**（egocentrism）的：他们很难从别人的观点认识事物。当河对岸的人问他们："我怎样才能去河对岸呢？"他们会回答："你已经在河对岸了。"妈妈对 2 岁的加布里埃拉说"给妈妈看你的画"时，她会拿起画对着自己。与此类似，3 岁的格雷用手蒙住自己的眼睛，认为这样别人就看不到他了，因为他认为如果他看不到祖父母，祖父母也看不到他。当 3 岁的格兰特被问及如果看到熊会怎么做时，他回答说："我们遮住眼睛，这样熊就看不见我们了。"

从与儿童的对话中也可以看出他们的自我中心，如一个小男孩这样回答问题（Phillips, 1969, p. 61）：

"你有兄弟吗？"
"有。"
"他叫什么名字？"
"吉姆。"
"吉姆有兄弟吗？"
"没有。"

像加布里埃拉一样，看电视时，如果幼儿在你前面挡住了你的视线，他们会认为你能看到电视，因为他们能看到。他们不能从别人的观点认识事物。即使是青少年，也会以自我为中心，高估别人对他们的关注（Lin, 2016）。成年人可能会高估他人拥有与自己相同的意见、知识和观点的程度。我们认为，如果我们清楚某件事，那么其他人也应该很清楚。或者电子邮件的收件人能够从邮件中"听出"我们"只是开玩笑"（Epley et al., 2004; Kruger et al., 2005）。也许你还记得曾经用手拍出或者敲出《生日快乐歌》这样的简单曲调，并让别人猜曲名。你的大脑里有这首曲子，所以这对你来说很容易猜出！但其实你受到了自我中心的干扰，认为自己大脑里的东西也存在于别人的大脑里。

具体运算阶段 皮亚杰说，儿童在 7 岁左右进入具体运算阶段（concrete operational

stage)。给他们提供具体的（物理）材料，他们开始能够掌握一些运算，例如守恒的概念。他们能理解形状的变化并不代表量的变化，在心中用不同形状的玻璃杯将牛奶来回倾倒。他们也很喜欢听与守恒有关的笑话：

> 琼斯先生去一家餐馆吃晚饭，点了一份比萨饼。当服务员问他比萨是切成 6 块还是 8 块时，琼斯先生说："啊，你最好把它切成 6 块，8 块我根本就吃不完！"（McGhee, 1976）

皮亚杰认为，在具体运算阶段，儿童完全获得了理解数学转换和守恒的心理能力。当我的女儿劳拉 6 岁时，我对她糟糕的数学运算能力感到吃惊。问她"8 加 4 等于多少"，她需要用 5 秒钟才能得出"12"，还要再花 5 秒钟才能算出 12 减 4 的得数。但到 8 岁时，她能够立刻回答出第二个问题。

形式运算阶段 到 12 岁时，我们的推理可以从纯粹的具体思维（涉及实际经验）发展到抽象思维（涉及想象的现实和符号）。皮亚杰指出，随着儿童进入青少年期，他们可以思考假设命题和推论因果关系：如果这样，那么会那样。系统化推理，就是皮亚杰称为形式运算的思维，现在他们已经能够掌握了。

虽然成熟的逻辑和推理要等到青少年期才能形成，但形式运算思维的雏形却比皮亚杰所认为的要早。思考这样一个简单问题：如果约翰在学校，那么玛丽也在学校，当约翰在学校时，我们能得出什么对于玛丽的结论呢？**形式运算阶段**（formal operational stage）的青少年能够轻松地回答这一问题，但是多数 7 岁的儿童也能做到（Suppes, 1982）。表 5.1 总结了皮亚杰理论的四个阶段。

形式运算阶段：在皮亚杰的理论中，在这一认知发展阶段（通常从 12 岁左右开始），人们开始对抽象概念进行逻辑思考。

表 5.1　皮亚杰的认知发展阶段

通常的年龄范围	发展阶段及其描述	关键里程碑
出生到 2 岁左右	感知运动阶段： 通过感觉和运动感受世界（看、触摸、咀嚼、抓握）	·客体永久性 ·对陌生人的焦虑
2 到 6 岁	前运算阶段： 用词语和图像表征事物，运用直觉而不是逻辑进行推理	·假装游戏 ·自我中心
7 到 11 岁	具体运算阶段： 对具体事件的逻辑思维，掌握具体类推，并能够进行数字运算	·守恒 ·数字转换
12 岁到成年期	形式运算阶段： 抽象推理	·抽象逻辑 ·表现出成熟的道德判断推理潜力

检索练习

RP-2 客体永久性、假装游戏、守恒和抽象逻辑分别是皮亚杰理论哪一个阶段的发展里程碑？

RP-3 将下列认知发展阶段（i—iv）与各发展现象（a—f）正确匹配：

认知发展阶段　　　　发展现象
i. 感知运动阶段　　　a. 思考抽象概念，如"自由"
ii. 前运算阶段　　　　b. 享受需要想象力的游戏（如装扮）
iii. 具体运算阶段　　　c. 认识到即使物体形状发生改变，其物理性质仍保持不变
iv. 形式运算阶段　　　d. 能够进行逆向数学运算
　　　　　　　　　　　e. 理解当某样东西从视线中消失时，并不是永远消失了，就像妈妈"消失"在浴帘后面一样
　　　　　　　　　　　f. 无法从别人的观点认识事物（在别人看电视时，挡住他的视线）

答案见附录 D

对皮亚杰理论的反思

"评价皮亚杰对发展心理学的影响，就像评价莎士比亚对英国文学的影响一样。"
——发展心理学家亨利·贝林

"儿童自有其观察、思考和感受的方式；我们用成人的方式取而代之，是最愚蠢的事。"
——哲学家让·雅克·卢梭

关于儿童心理学，皮亚杰有哪些观点呢？皮亚杰能成为《时代》杂志评选出的20世纪20位最有影响的科学家和思想家之一，说明他肯定留下了一笔重要的文化遗产；在一项英国心理学家的调查中，他被评为20世纪最伟大的心理学家（Psychologist，2003）。皮亚杰确立了认知发展的重要里程碑，并在世界范围内引起大家对认知发展的研究兴趣。他没有特别强调儿童达到特定里程碑的一般年龄，强调的是这种发展序列。从澳大利亚到阿尔及利亚再到美国，世界各地的研究都证实，人类的认知发展都是按照皮亚杰所提出的基本序列进行的（Lourenco & Machado, 1996; Segall et al., 1990）。

然而，和皮亚杰相比，今天的研究者往往把发展看作更连续的过程。通过观察每一种思维在儿童发展过程中的开始时间，他们揭示了皮亚杰所忽视的一些能力。此外，他们认为形式运算思维在认知中所占的比重并非像皮亚杰所说的那么大。作为自身认知发展的一部分，我们正在修正皮亚杰的理论以适应新的发现。

对教师和父母的启示 未来的父母和教师们，请记住：幼儿不具有成人的逻辑。那些在别人看电视时挡住其视线的学龄前儿童还没有学会考虑别人的观点。对我们来讲简单而又显而易见的事情——从跷跷板上下来会导致另一端的儿童摔下来——对3岁的儿童来说可能难以理解。我们所有人都要记住，儿童并非被动地等待老师来给自己灌输知识。教师最好在儿童已知事物的基础上进行建构，给他们提供具体例证并引导他们自己思考。最后，接受儿童的认知不成熟是适应性的。最自然的方法是让儿童亲近给自己提供保护的成年人，并给他们足够的时间学习和社会化（Bjorklund & Green, 1992）。

另一种观点：维果茨基和社会儿童

学习目标问题 5-6 维果茨基是如何看待儿童的认知发展的？

当皮亚杰形成其认知发展理论时，俄国心理学家列夫·维果茨基（Lev Vygotsky）也在研究儿童如何思考和学习。皮亚杰强调儿童的思维如何通过与物理环境的互动而发展，维果茨基则强调儿童的思维如何通过与社会环境的互动而发展。如果说皮亚杰的孩子是一个年轻的科学家，维果茨基的孩子就是一个年轻的学徒。通过教儿童新的词汇，并给他们提供指导，父母、教师和其他儿童提供了我们现在所说的临时**脚手架**（scaffold），儿童可以通过这个脚手架迈向更高的思维水平（Renninger & Granott, 2005; Wood et al., 1976）。当儿童的社会环境呈现给他们的东西介于太简单和太难之间时，他们的学习效果最好。

脚手架：在维果茨基的理论中，脚手架为儿童发展更高层次的思考提供暂时支持。

维果茨基指出，语言是社会指导的一个重要组成部分，为思维提供了基石。到 7 岁时，儿童更多地用语言思考，并使用语言来解决问题。维果茨基认为，儿童通过内化他们的文化语言和依靠内部语言来做到这一点（Fernyhough, 2008）。当把孩子的手从一杯热咖啡上拉开时，父母会说："不，不，贝维！"这是在教会孩子自我控制。当贝维以后面对需要抵制诱惑的情况时，她可能同样会想："不，不，贝维！"那些在做数学题时自言自语的二年级学生能在下一年更好地掌握三年级的数学知识（Berk, 1994）。无论是大声说话还是无声默念，自言自语都有助于儿童控制自己的行为和情绪，掌握新的技能［这样做对成年人也有帮助。善于鼓励自己的成年人会表现得更好——"你可以做到！"（Kross et al., 2014）］。

心理理论

学习目标问题 5-7 发展心理理论是什么意思，孤独症谱系障碍患者的思维是如何受损的？

当小红帽意识到"祖母"其实是一只狼时，她立刻想到了这个生物真正的意图，并迅速逃开了。学龄前儿童虽然仍以自我为中心，但当其开始形成**心理理论**（theory of mind）时，就会发展出这种推断他人心理状态的能力（Premack & Woodruff, 1978）。

心理理论：人们对自己和他人心理状态的看法，包括他们的情感、知觉、想法及可能的行为。

7 个月大的婴儿开始能够理解他人的观点（Kovács et al., 2010）。随着时间的推移，他们从别人的观点认识事物的能力逐渐增强。他们开始理解为什么玩伴会生气，什么时候兄弟姐妹会与自己分享，以及怎么做能让父母给自己买玩具。他们表现出捉弄、同情和劝说他人的能力。而做决定时，他们开始考虑自身行为会让别人产生什么样的感受（Repacholi et al., 2016）。那些更能理解他人想法的学龄前儿童往往更受欢迎（McElwain et al., 2019; Slaughter et al., 2015）。

在 3 岁到 4 岁半之间，孩子开始意识到别人的观点可能是错的（Callaghan et al.,

2005; Rubio-Fernández & Geurts, 2013; Sabbagh et al., 2006）。珍尼弗·詹金斯（Jennifer Jenkins）和詹妮特·奥斯汀顿（Janet Astington）向加拿大儿童展示了一个创可贴盒子，并问他们盒子里面装的是什么。孩子们本以为是创可贴，却发现盒子里装的居然是铅笔。当询问"从未见过这个盒子的孩子会认为盒子里装着什么"时，3岁的孩子通常会回答"铅笔"，而到了四五岁，孩子们的心理理论有了很大的进步，他们已经能够预料到朋友们会有盒子里装的是创可贴这样的错误想法。

在后续的一个实验中，儿童看到一个叫莎莉的木偶在红色的橱柜里放了一个球，随后另一个木偶安妮把球移到蓝色的橱柜里。研究人员随即提出一个问题：当莎莉回来时，她会去哪里找球呢？患有孤独症谱系障碍的儿童（见第15章）难以理解莎莉的心理状态与他们自己的不同——莎莉并不知道球已经被移动了，还是会到红色的橱柜里找球。他们甚至很难描述自己的心理状态，例如，他们不太使用"我"这样的人称代词。父母听力正常，但很少有机会与他人交流的聋儿在推断他人心理状态时也存在类似的困难（Peterson & Siegal, 1999）。

> **检索练习**
>
> RP-4 心理理论与孤独症谱系障碍之间有什么联系？
>
> *答案见附录D*

社会性发展

学习目标问题 5-8 照料者–婴儿之间的依恋关系是如何形成的？

婴儿从生下来就是社会性生物，会对照料者产生强烈的依恋。婴儿会偏好熟悉的面孔和声音，当照料者注意他们时，他们会发出咕咕和咯咯的声音。4个半月大的婴儿就能区分熟悉的和不熟悉的语言（Fecher & Johnson, 2019）。大约8个月后，在婴儿形成客体永久性概念并能够开始活动身体后不久，就会发生一件奇怪的事情：他们开始表现出**陌生人焦虑**（stranger anxiety）。他们见到陌生人时会哭闹并伸手去抓自己熟悉的照料者。"不！不要离开我！"这个年龄段的儿童会形成熟悉面孔的图式：当他们不能将新面孔同化到已经记住的图式中时，他们就会变得很痛苦（Kagan, 1984）。这再一次揭示了一条重要原则：大脑、思维和社会情绪行为共同发展。

陌生人焦虑：通常从约8个月大开始，婴儿表现出对陌生人的恐惧。

依恋的起源

一岁的婴儿在受到惊吓或预期到要分离时，通常会紧贴着照料者。分离后重聚时，他们常常会冲照料者微笑并拥抱他们。这种惊人的照料者–婴儿之间的**依恋**（attachment）关系是一种强大的生存动力，能让婴儿与照料者保持亲密。婴儿通常会对

依恋：与他人的情感联系；儿童表现为想要亲近照料者，并在分离时表现出痛苦。

那些令他舒适的、熟悉的人形成依恋（一般是他们的父母）。多年以来，心理学家推断，婴儿会对那些满足自己需求的人产生依恋。但是一个偶然的发现推翻了这一解释。

身体接触 20世纪50年代，威斯康星大学心理学家哈利·哈洛（Harry Harlow）和玛格丽特·哈洛（Margaret Harlow）养了一些猴子以进行学习研究。为了使猴子具有相同的经历，并且避免它们生病，小猴子出生后不久就不得不和自己的母亲分开，且分别养在单独的笼子里，每个笼子里面都有一张纱布婴儿毯（Harlow et al., 1971）。令人惊奇的是，当柔软的毯子被拿出来清洗时，猴子就会表现得很沮丧。

哈洛夫妇认识到，猴子依恋毛毯的现象与依恋源自养育的理论观点不符。但他应该如何更有说服力地解释这一现象呢？为探究食物源与舒适毯的吸引力大小，哈洛夫妇制造了两个人工"母亲"。一个母亲是附有一个奶瓶的木头脑袋金属圆筒，另一个母亲是用绒布包裹的圆筒。

当一个可哺乳的金属圆筒妈妈和一个无法哺乳的绒布妈妈同时被用于养育小猴子时，小猴子明显更偏好舒适的绒布妈妈。就像其他婴儿紧挨着自己的母亲一样，小猴子焦虑的时候也会依偎着绒布妈妈，这种接触时的舒适感能让它们得到安慰。当探索周围环境时，它们会把绒布妈妈当作安全基地，好像两者之间有一根看不见的橡皮筋连接着，会把小猴子拉回去一样。研究人员进一步发现给绒布妈妈增加摇动、温暖和可喂养的特点会使得它更具吸引力（图5.9）。

图5.9 哈洛夫妇的"猴妈妈"

心理学家哈利·哈洛和玛格丽特·哈洛用两个人工母亲喂养猴子，一个母亲的身体是用裸露的金属丝制成的圆筒，脑袋是木头做的，带有喂养奶瓶，另外一个母亲没有奶瓶，用塑料泡沫制成，包着厚厚的绒布。哈洛夫妇的发现令许多心理学家惊讶：即使在向带奶瓶的母亲要东西吃时，小猴子仍喜欢和"绒布"母亲待在一起。

人类婴儿同样会对柔软温暖、摇动、喂养、轻拍他的父母产生依恋。许多父母和婴儿的情感交流是通过触摸进行的，触摸可以是抚慰性的（依偎），也可以是唤起性的（挠痒）（Hertenstein et al., 2006）。全球各地的人都认为，理想的母亲"通过抚摸来表达爱意"（Mesman et al., 2015）。这样表达爱不仅让婴儿感觉良好，还能促进大脑发育和今后的认知能力发展（Davis et al., 2017）。

人类的依恋可以为个体提供一个安全基地，这个基地不仅可以支持个体探索世界，还能在痛苦时作为一个安全港湾。当我们长大成人后，安全基地也会改变——由父母转为伴侣、朋友（Cassidy & Shaver, 1999; Schmidt et al., 2019）。但不论年龄多大，我们都是社会性生物。当有人通过语言和行动为我们提供一个安全港湾时——"我会一直在你身边。我对你很感兴趣。无论发生什么，我都会支持你"——我们会从中获得力量（Crowell & Waters, 1994）。

熟悉性 接触是形成依恋的关键因素之一，另一个因素是熟悉性。很多动物的依恋

关键期：有机体生命早期的一个最佳时期，在此时期受到特定刺激或经历特定体验，有机体即可正常发展。

印刻：某些动物在生命早期形成强烈依恋的过程。

形成基于熟悉性，通常形成于**关键期**（critical period）。为了促进适当的发展，某些事件必须发生在最佳时期（Bornstein, 1989）。对于小鹅、小鸭子或小鸡来说，这个时期是在孵化后不久的几小时内，这时它第一眼看到的活动物体通常是它的妈妈。从那时起，小家伙便跟着妈妈，而且只跟着妈妈一个人。

这种严格的依恋形成过程被称为**印刻**（imprinting），康拉德·洛伦兹（Konrad Lorenz, 1937）对此进行了研究。他想知道：如果小鸭看到的第一个活动物体是他，会发生什么事情呢？结果，小鸭子始终跟着他——无论康拉德去哪里，鸭子们一定会跟着。他还发现，尽管小鸟对自己同类的印刻效应最明显，但它们也会对各种各样活动物体形成印刻，如其他动物、有轮子的盒子、跳动的皮球（Colombo, 1982; Johnson, 1992）。而且这种印刻一旦形成，就很难消除。

与小鸭不同的是，儿童不会形成印刻。但是，他们确实会对熟悉的事物形成依恋。仅仅是与一些人和事物接触就会培养出他们的喜爱之情。儿童喜欢反复阅读同一本书，看同一部电影，反复表演家庭的传统节目。他们喜欢吃熟悉的食物，住在熟悉的社区，和熟悉的老朋友一起上学。熟悉是安全的标志，熟悉使他们满足。

检索练习

RP-5 印刻和依恋有什么区别？

答案见附录 D

依恋的差异

学习目标问题 5-9 心理学家是如何研究依恋差异的？他们通过研究得出什么结论？

儿童依恋存在差异的原因是什么？为了弄清楚原因，玛丽·安斯沃斯（Mary Ainsworth, 1979）设计了一个陌生情境实验。她在婴儿出生后的前 6 个月观察了一些母子在家中的表现。后来，她观察了母亲在场和不在场时，1 岁婴儿在陌生环境（通常是实验室里的游戏室）中的反应。实验表明约 60% 的婴儿表现出安全型依恋（Moulin et al., 2014）。母亲在场时他们快乐舒适地探索新环境；母亲离开时他们会显得沮丧失落；母亲一回来，他们就会寻求与母亲接触。

其他婴儿会表现出不安全型依恋，他们表现出焦虑或回避信任关系。这些婴儿并不积极探索周围环境，甚至紧紧抓住母亲不放。当母亲离开时，他们或大声啼哭，或一直沮丧，或对母亲的行动漠不关心（Ainsworth, 1973, 1989; Kagan, 1995; van IJzendoorn & Kroonenberg, 1988）。

安斯沃斯和其他研究人员发现，敏感反应性高的母亲，即那些关注孩子的行为，并做出适当反应的母亲，其孩子表现出安全型依恋（De Wolff & van IJzendoorn, 1997）。

只在想起来时才注意孩子，其他时候忽略孩子的、迟钝的母亲，其孩子会表现出不安全型依恋。在哈洛夫妇对猴子的研究中，发现了令人震惊的现象：因为实验室中的人工母亲必定是无法做出反应的，所以小猴子被置于没有人工母亲的陌生环境中时会显得惊恐万分（图5.10）。

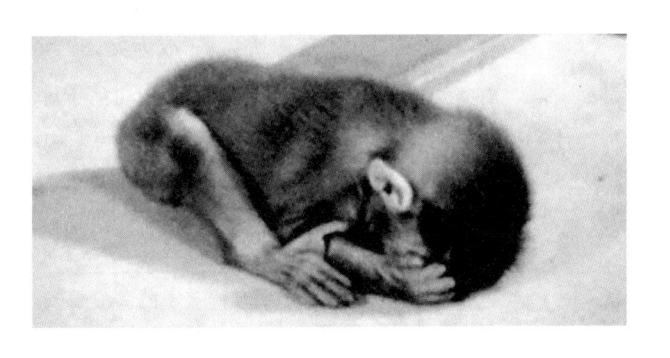

图5.10 社会剥夺与恐惧
在哈洛夫妇的实验中，由人工母亲饲养的小猴子被放置在一个没有人工母亲的陌生环境中时，会感到非常惊恐。

在许多人的印象里，哈洛的研究是对无助的猴子的一种折磨，今天，人们更加关注动物福祉，因此人类不再对类似的灵长类动物进行研究。但是哈洛为他的实验方法解释道："记住，每只遭受虐待的猴子大概对应着现实中一百万个受虐待的孩子。"他表示希望自己的研究能让人们更加关注虐待儿童和忽视儿童的问题。哈洛传记的作者黛博拉·布鲁姆（Deborah Blum, pp. 292, 307）指出："没有哪个了解哈洛实验的人会认为，婴儿在没有陪伴的情况下会表现得很好，或母亲是否充满关爱并不重要。""既然我们……在哈洛做这个实验之前，并非完全相信这一点，或许我们需要被这个事实狠狠地打脸一次，以后就不会再对此产生怀疑了。"

所以，关爱孩子的父母（和其他照料者）的存在很重要。但不同的依恋类型是由养育方式决定的吗？还是说依恋类型只是受遗传影响的气质的结果？研究显示，遗传会影响气质，而气质会影响依恋类型（Picardi et al., 2011; Raby et al., 2012）。在出生后不久，一些婴儿明显较难照料——他们易怒、紧张，行动无法预测；另一些则较容易照料——他们开朗、放松，饮食和睡眠时间都很规律（Chess & Thomas, 1987）。朱迪斯·哈里斯（Judith Harris, 1998）指出，由于不考虑这种先天差异，这些研究就像是"把在狗舍里长大的猎狗和在公寓里长大的狮子狗进行比较"。因此，为了区分天性和教养，我们需要在控制气质的影响的同时，改变育儿方式。（停下来想一想：如果你是研究人员，你会如何实现这点呢？）

荷兰研究人员迪姆菲娜·万·德·布姆（Dymphna van den Boom, 1994）的解决办法是将100个6~9个月大的、气质上属于困难型的婴儿随机安排到母亲受过训练的实验组和母亲未受过训练的对照组。在婴儿12个月大时，实验组中68%的婴儿形成了安全型依恋，但对照组这一比例仅为28%。其他研究证实，干预措施可以提高父母的敏感性，并小幅提高婴儿安全型依恋的水平（Bakermans-Kranenburg et al., 2003; Van Zeijl et al., 2006）。这种"积极育儿"的干预措施似乎对脾气不好的婴儿特别有益（Slagt et al., 2016）。

正如这些例子所示，研究人员更关注母亲的关爱而不是父亲的关爱。缺乏母爱的婴儿会遭受"丧失母爱"的痛苦，缺乏父爱的孩子仅仅体验到"缺少父亲"而已。这说明大家普遍认为："成为父亲"意味着让妻子怀孕，而"成为母亲"意味着要去养育子女。但父亲不仅仅是移动精子库，在全世界近100项研究中，父亲的爱和接纳与母亲的爱对后代的健康和幸福的影响不相上下（Rohner & Veneziano, 2001）（表5.2）。父亲在儿童成长过程中很重要。

表5.2 父母都参与教育的积极意义

· 积极参与的父亲给孩子的关爱更多。与1965年相比，如今共同养育孩子时父亲更加投入，每周陪伴孩子的时间增加了一倍（Livingston & Parker, 2011）。
· 共同承担家务，共同照顾孩子的夫妻关系更和睦，离婚率也更低（Wilcox & Marquardt, 2011）。
· 父母都参与的教育对孩子有好处。研究人员在控制其他因素后发现，"如果父母双方共同抚养"，孩子的平均生活质量更高。
· 父母的性别和性取向并不会影响儿童的幸福。美国儿科学会（2013）报告说，父母有能力、有保障、有教养才是重要的。美国社会学协会（2013）表示赞同：父母的稳定性和资源很重要，但"孩子是由同性还是异性父母抚养，对孩子的幸福没有影响"。一项对美国21 000名4～17岁儿童的分析发现，那些父母是异性恋的孩子与父母是同性恋的孩子的幸福水平不相上下（Calzo et al., 2019）。

英国的一项研究追踪了7259名儿童从出生到成年的情况，那些父亲参与养育过程最多的儿童（一起外出活动、陪他们阅读、关心他们的学习情况）往往在学校取得的成绩更高。即使控制了其他因素，如父母的教育程度和家庭条件之后，结果仍不变（Flouri & Buchanan, 2004）。有父亲支持的女孩会希望其他男人关心和尊重自己，且她们不太容易发生危险的性行为（DelPriore et al., 2017, 2019）。然而，相对于已婚关系，越来越多的非婚生子女和不稳定的同居关系意味着，越来越多的父亲缺席孩子的人生（Hymowitz et al., 2013）。例如，在欧洲和美国，与同居父母相比，已婚父母分居的可能性约为前者的一半，而分居往往会导致父亲对孩子的关心减少（Brown et al., 2016; Wilcox & DeRose, 2017）。即使在控制了父母的收入、教育程度和种族因素之后，由已婚父母共同抚养的孩子在学校出现问题的概率也较低（Zill & Wilcox, 2017）。

无论单亲家庭还是双亲家庭，无论孩子待在家里还是去幼儿园，是生活在美国、危地马拉，或是卡拉哈里沙漠，所有孩子因离开父母而产生的分离焦虑在13个月大时达到顶峰，然后逐渐减少。这是否意味着我们对他人的需要和爱也逐渐减少呢？并非如此。实际上，我们爱的能力仍在增加，我们从未停止通过触摸和拥抱所爱的人获得幸福。

依恋类型和后期关系的发展 心理学家埃里克·埃里克森与其妻子琼·埃里克森（Joan Erikson, 1902—1997）都认为，安全型依恋的婴儿以一种**基本信任**（basic trust）的心态面对生活——一种生活可预期和可依赖的感觉。他没有将这种感觉归因于环境或天生的气质，而将其归因于早期教养。他的理论认为，被敏感且充满爱的父母

基本信任：埃里克·埃里克森认为这是一种生活可预期且可依赖的感觉，据说是在婴儿期通过与敏感反应性高的照料者相处而形成的。

养大的婴儿会形成终生的信任感,而非恐惧。

现在许多研究人员认为,早期的依恋关系是形成我们成年后关系的部分基础,也是让我们对感情和亲密感到舒适的部分基础(Birnbaum et al., 2006; Fraley et al., 2013)。与父母关系稳定的人往往享受稳定的友情(Gorrese & Ruggieri, 2012)。与父母关系密切的离家大学生,往往能很好地适应另一种"陌生情境"(Mattana et al., 2011)。敏感、有责任心的母亲的儿童往往在社交和学术上都能获得成功(Raby et al., 2014)。

对他人的不安全型依恋可能有两种主要形式(Fraley et al., 2011)。一种是焦虑型依恋,这一类型的人不断渴望被接受,但只要有一点可能被拒绝的迹象,便开始保持警惕[焦虑型依恋的人对威胁很敏感,他们很容易感知到他人是否说谎,往往也是熟练的扑克玩家(Ein-Dor & Perry, 2012, 2013)]。另一种是回避型依恋,这一类型的人在接近他人时感到不适,并使用回避策略来与他人保持距离。在恋爱关系中,焦虑型依恋的人会不停地担心被拒绝,因此他们也会粘着自己的伴侣;而回避型依恋的人会在恋爱关系中减少承诺,制造冲突(DeWall et al., 2011; Overall et al., 2015)。

成人的依恋类型也会影响他们与孩子的关系。但对那些表现出谨慎、不安全型依恋的人(几乎占总人口的一半)来说:焦虑或回避有助于他们察觉或躲避危险(Ein-Dor et al., 2010)。

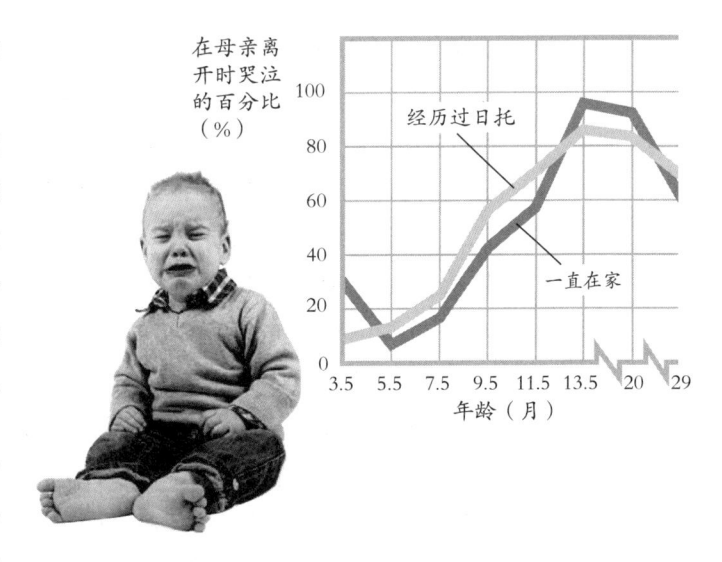

图 5.11 与父母分离给婴儿带来的焦虑
在一项实验中,母亲将婴儿放在一个陌生的房间里。无论是否经历过日托,13 个月大的婴儿在母亲离开时哭泣的比例最高(Kagan, 1976)。

"从信任与不信任的冲突之中,婴儿萌生了希望,这是逐渐形成的对成人信任的最初形式。"
——埃里克·埃里克森

自问
你的成长经历是如何影响你的依恋类型的?

依恋剥夺

学习目标问题 5-10 儿童期受到的忽视或虐待是如何影响儿童的依恋的?

如果安全型依恋能孕育社会能力,那么当环境阻止孩子形成任何依恋时,会出现什么结果呢?在各种各样的心理学研究中,再也没有比这更令人难过的研究了。有的儿童被锁在家里遭受虐待或极端的忽视,他们通常会变得退缩、冷漠、害怕,甚至丧失语言能力。那些得不到固定照料者的刺激和关爱的儿童也是如此,20 世纪 70 年代和 80 年代在罗马尼亚孤儿院就有悲惨的例子可以证明这一点。罗马尼亚前领导人尼古拉·齐奥塞斯库（Nicolae Ceaușescu）认为，贫穷国家需要更多的人力资源，只有这样经济才能增长，因此宣布避孕是非法的。该政策禁止堕胎，并对少于五个孩子的家庭征税。这样一来，罗马尼亚的出生率急剧上升。但是，许多家庭无力负担被迫生下的孩子，不得不把他们送到政府开办的孤儿院。那里的工作人员没有经过培训，且工作强度过大，儿童与照料者的比例通常是 15 比 1，因此这些儿童被剥夺了至少与一个成年人形成健康的依恋关系的权利。

齐奥塞斯库于 1989 年被处决，随后有人进行这样一项测试：与被分配到优质寄养家庭的儿童相比，这些经历了社会剥夺的儿童智力低下，大脑发育较差，压力反应异常，且注意缺陷多动障碍（ADHD）的发病率是其他儿童的 4 倍（Bick et al., 2015; Kennedy et al., 2016; McLaughlin et al., 2015; Nelson et al., 2014）。19 个国家的其他数十项研究表明，从小被收养的孤儿，通常在以后的智力测验中表现得更好（van IJzendoorn et al., 2008, 2017）。

大多数在逆境中长大的孩子（就像那些在大屠杀中幸存的儿童一样）都有很强的适应力，他们经受住了创伤，长大后适应能力强（Helmreich, 1992; Masten, 2001）。研究人员苏珊·克兰西（Susan Clancy）指出，大多数儿童期性虐待的受害者也是如此。除了创伤，艰难困苦往往也能增强意志力（Seery, 2011）。曾遭遇逆境的儿童未来在面对压力时表现得更加坚强（Ellis et al., 2017）。更重要的是，尽管贫穷导致的艰难困苦会让儿童遭遇一些社会问题，但在富裕家庭中长大的儿童也会面临其他风险。富裕家庭的儿童药物滥用、饮食失调、焦虑和抑郁的风险更高（Lund & Dearing, 2012; Luthar et al., 2013）。所以，当回想起曾经所处的逆境时，请想想乌云周围的阳光。当时的应对措施可能增强了你的适应力，让你能够重新振作起来，迎接更好的未来。

但许多经历了长期虐待的人并没有那么容易恢复过来。哈洛研究中生活在完全孤立甚至没有人工母亲的环境中的猴子，也遭受了终生的精神创伤。如果将在这种环境下长大的成年猴子和其他同龄的猴子放在一起，它们会因害怕而颤抖，或是表现出攻击行为。当它们到了性成熟的年龄，大部分猴子无法顺利交配。即使人工受孕，母猴也会非常冷漠无情，表现出虐待行为，甚至杀掉小猴子。另一项灵长类动物实验证实了虐待–繁殖–虐待的现象：16 只被母亲虐待的母猴中，有 9 只会虐待自己的孩子，而由无虐待倾向的母亲抚养长大的母猴则没有虐待倾向（Maestripieri, 2005）。

人类也是如此，得不到关爱的人通常不会去关爱他人。很多虐待子女的父母以及许多被判有罪的杀人犯表示，他们在儿时曾遭受过忽视或殴打（Kempe & Kempe, 1978; Lewis et al., 1988）。约 30% 受到虐待的孩子做父母后会虐待自己的孩子，是美国全国儿童平均虐待率的 4 倍（Dumont et al., 2007; Kaufman & Zigler, 1987）。而父母往往用自己小时候被虐待的方式虐待自己的孩子，例如忽视、精神虐待、身体虐待或性虐待

（Madigan et al., 2019）。

虽然大多数受虐儿童后来不会成为暴力罪犯或有虐待倾向的家长，但极早期的创伤仍可能会在大脑内留下印记（Teicher & Samson, 2016）。就像饱受战争压力的士兵一样，面对愤怒的面孔时，受虐儿童大脑的威胁探测区会更活跃（McCrory et al., 2011）。在充满冲突的家庭中，婴儿即使睡着了，在听到愤怒的声音时，大脑的反应也会增强（Graham et al., 2013）。成年后，这些孩子很难调节自己的负面情绪，会表现出更强烈的惊吓反应，并且自杀的可能性是其他人的两倍多（Angelakis et al., 2019; Jovanovic et al., 2009; Lavi et al., 2019）。

平常温顺的黄金仓鼠如果在幼年遭受反复的惊吓与攻击，那么当它们和体形相同的仓鼠在一起时会显得胆小懦弱，而一旦和弱小的仓鼠在一起时又会变得恃强凌弱（Ferris, 1996）。这些动物大脑中的化学物质 5-羟色胺发生了变化，而这种物质可以抑制攻击性冲动。在受虐儿童身上也发现了类似的 5-羟色胺反应迟缓，这些儿童在青少年期和成年期变得具有攻击性。通过使应激反应系统敏感化，早期的应激可以永久地增强后期对应激的反应，并导致患应激相关疾病的风险增加（Fagundes & Way, 2014; van Zuiden et al., 2012; Wei et al., 2012）。正如我们在第 4 章中指出的，受虐待的儿童也会留下表观遗传标记——化学标记，它可以改变正常的基因表达（Lutz et al., 2017; McKinney, 2017）。

这些发现有助于解释，为什么遭受过严重或长期的身体虐待、性虐待、霸凌或在战争暴行中幸存下来的儿童，会出现健康问题、心理障碍，成为药物滥用或犯罪的问题少年，以及增加（对女性而言）早逝的风险（Chen et al., 2016; Jakubowski et al., 2018; Schaefer et al., 2018）。一项对 48 个国家的 13.5 万名青少年的分析表明，那些被霸凌的青少年自杀率是正常水平的 3 倍（Koyanagi et al., 2019）。一项对美国 43 093 名成年人的全国性研究中，8% 的人表示在 18 岁之前多次受到身体虐待（Sugaya et al., 2012）。在这些人中，84% 的人至少患有一种精神障碍。此外，虐待程度越严重，出现焦虑症、抑郁症、药物使用障碍和自杀的概率也越大。受虐儿童在成年后的恋爱关系中也会遇到更多问题（Labella et al., 2018）。

如果受虐者体内能够刺激应激激素分泌的基因发生变异，则他们患抑郁症的风险尤其高（Bradley et al., 2008）。我们将一再看到该结论的相关证据：行为和情感产生于特定环境，并与特定的基因相互作用。

当依恋关系受到破坏时，成年人也会感到痛苦。无论是由于死亡还是由于分离，这种破坏会导致一系列显而易见的后果：因失去伴侣而焦虑不安，之后陷入深深的悲伤，然后情感开始淡化，最后回归正常生活（Hazan & Shaver, 1994）。那些刚刚分居但很久以前就已经对彼此没有感情的夫妇，有时也会惊讶于他们想要联系对方的渴望。分离是一个过程，而不只是一个事件。

发展自我概念

学习目标问题 5-11 儿童的自我概念是如何发展的？

婴儿社会性发展的主要成果就是依恋，而儿童期的主要社会性发展结果是形成积极的自我意识。到童年晚期，即 12 岁左右，多数孩子形成了**自我概念**（self-concept），一种对"我是谁"的理解和评价。家长时常疑惑孩子的这种自我概念是何时和怎样发展起来的："我的小女儿能够意识到她的自我吗？她知道自己和别人不同，是独一无二的吗？"

> 自我概念：一种对"我是谁"的理解和评价。

当然，我们无法直接问婴儿这个问题，但是我们可以对其行为进行归纳，让她的行为成为最初的自我概念的线索。1877 年，生物学家查尔斯·达尔文（Charles Darwin）提供了一种方法：自我概念在我们识别镜子中的自我时就已经出现。为了知道孩子是否能够识别出镜子中的女孩正是自己，研究人员偷偷地在女孩的鼻子上涂了点颜色。大约 6 个月大的婴儿会去触摸镜子中的影像，认为那是另一个孩子（Courage & Howe, 2002; Damon & Hart, 1982, 1988, 1992）。而 15～18 个月的婴儿，只要一看到镜中的彩色斑点，他们就会摸自己的鼻子（Butterworth, 1992; Gallup & Suarez, 1986）。显然，18 个月大的婴儿已经形成关于自己面孔的图式，他们会想："为什么我的脸上有个点呢？"

到学龄期，儿童的自我概念已经成熟。这些自我概念包括性别认同、群体关系、心理特点，以及将自己与其他孩子进行比较来得出异同点（Newman & Ruble, 1988; Stipek, 1992）。他们会认识到自己擅长某些事情，而不擅长另一些事情。他们开始形成一种希望自己具有什么样性格的理想概念。8～10 岁时，儿童的自我形象已非常稳定。

儿童对自己的看法会影响他们的行为。自我概念积极的孩子更自信、独立、乐观、果断和善于社交（Maccoby, 1980）。那么家长应该如何鼓励孩子形成积极的自我概念？

父母的教养方式

学习目标问题 5-12 四种主要的教养方式是哪些？

有些父母打骂孩子，有些父母会跟孩子讲道理，有些父母严格，有些父母宽容，有些父母冷漠，有些父母会拥抱亲吻孩子。父母育儿方式的差异会影响孩子吗？

育儿方式研究最重要的方面是，家长会怎样以及在何种程度上控制孩子。教养方式是父母对孩子回应和要求的程度的结合（Kakinami et al., 2015）。研究人员已经确定了四种教养方式（Baumrind, 1966, 1989, 1991; Maccoby & Martin, 1983; Steinberg et al., 1994）：

1. 强迫的专制型父母。他们强调规则，希望服从。"不准插嘴""自己的房间

批判性思考：

教养方式——太强硬、太放纵、太冷漠，以及恰到好处？

学习目标问题 5-13 每种教养方式对应着哪些结果？

研究人员已经确定了四种教养方式[1]，不同的教养方式对应着不同性格的儿童。

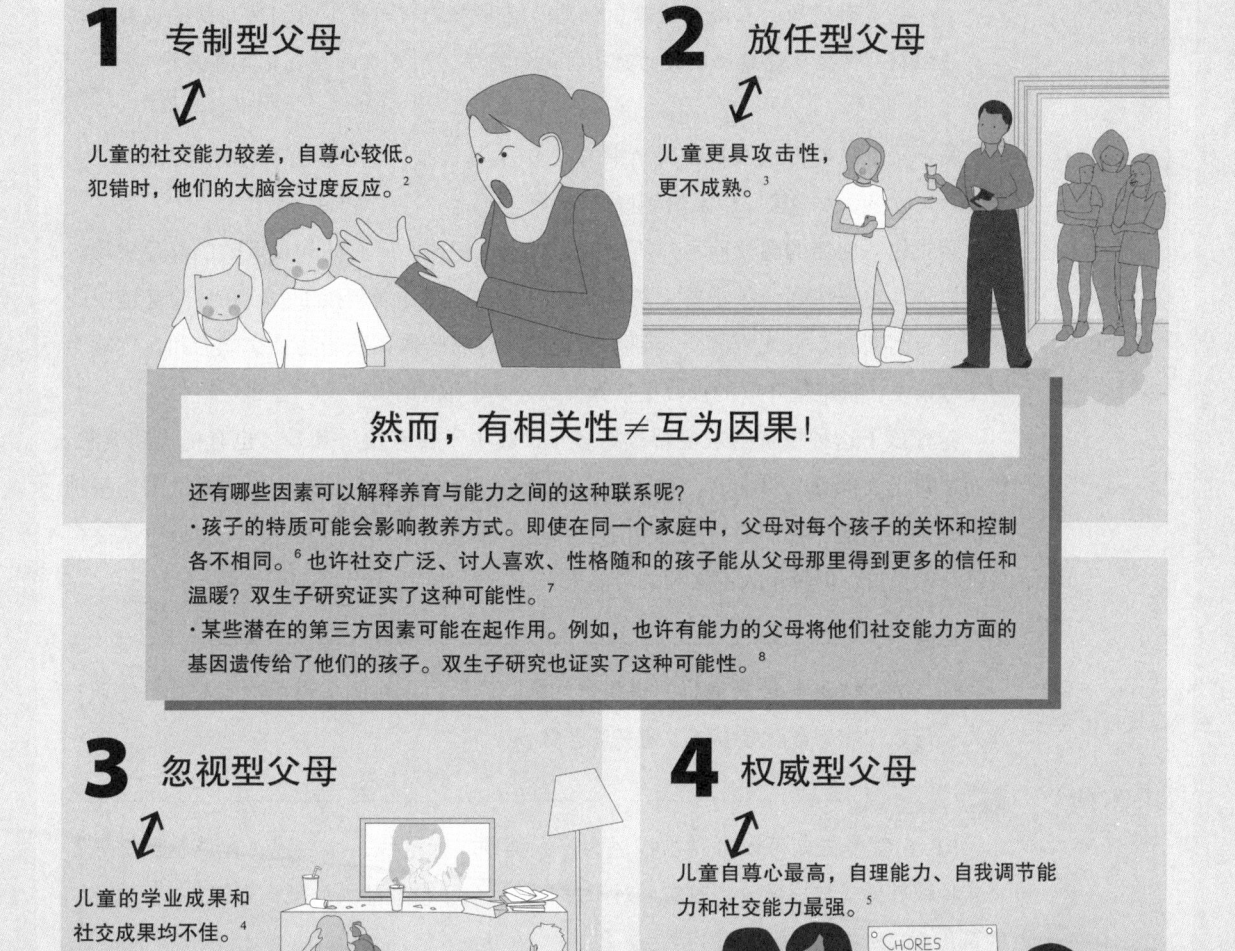

1 专制型父母

儿童的社交能力较差，自尊心较低。犯错时，他们的大脑会过度反应。[2]

2 放任型父母

儿童更具攻击性，更不成熟。[3]

然而，有相关性 ≠ 互为因果！

还有哪些因素可以解释养育与能力之间的这种联系呢？

- 孩子的特质可能会影响教养方式。即使在同一个家庭中，父母对每个孩子的关怀和控制各不相同。[6] 也许社交广泛、讨人喜欢、性格随和的孩子能从父母那里得到更多的信任和温暖？双生子研究证实了这种可能性。[7]
- 某些潜在的第三方因素可能在起作用。例如，也许有能力的父母将他们社交能力方面的基因遗传给了他们的孩子。双生子研究也证实了这种可能性。[8]

---

3 忽视型父母

儿童的学业成果和社交成果均不佳。[4]

4 权威型父母

儿童自尊心最高，自理能力、自我调节能力和社交能力最强。[5]

---

1. Kakinami et al., 2015。 2. Meyer et al., 2019。 3. Luyckx et al., 2011。 4. Pinquart, 2016; Steinberg et al., 1994。 5. Baumrind, 1996, 2013; Buri et al.,1988; Coopersmith, 1967; Sulik et al., 2015。 6. Holden & Miller, 1999; Klahr & Burt, 2014。 7. Kendler, 1996。 8. South et al., 2008。

要保持干净""不要晚归，否则你会被禁足""为什么？因为我说了算"。

2. 无限制的放任型父母。他们很少提出要求，从不设定限制，也从不惩罚孩子。

3. 不介入的忽视型父母。他们既不要求孩子也不回应孩子，粗心大意，不关心孩子，不寻求与孩子的亲密关系。

4. 直面问题的权威型父母。他们既有要求又有回应。他们通过制定规则来实施控制，但是也会鼓励稍大的孩子与他们沟通，制定规则时也允许有例外。

> "结婚前，我掌握六种关于养育孩子的理论；现在我有六个孩子，我却不知道任何关于如何抚养他们的理论。"
> ——约翰·威尔莫特

关于父母教养方式及其相关结果的更多信息，见"批判性思考：教养方式——太强硬、太放纵、太冷漠，以及恰到好处？"。

面对相互冲突的建议而不知所措的父母应该记住，所有的建议反映的都是建议者的价值观。对那些强调孩子要无条件服从的父母，或者强调孩子生活在危险环境中的父母，专制型教养方式可能会起到预期效果。对那些强调孩子的社交能力和自理能力的父母来说，坚定且开放的权威型教养方式才是可取的。

养育孩子这种投资一般要持续好多年，其中不仅有快乐和爱，也有担忧和愤怒。然而，对于大部分父母而言，孩子是一种遗产，是个人对人类未来的投资。引用精神分析家荣格的话：我们通过父母和过去相连，通过孩子和未来相连——可以进入一个自己从未见过，但每个人都必须关心的未来。

自问

你认为过去的父母最常犯的错误是什么？你认为现在的父母可能会犯哪些错误？作为父母，你想（或已经尝试）避免哪些错误？

> "你们是弓，你们的孩子是从弦上发出的生命的箭。"
> ——哈利勒·纪伯伦

检索练习

RP-6 教养方式可以分别被描述为"太强硬、太放纵、太冷漠，以及恰到好处"，将4种教养方式与描述分别对应。对于那些重视孩子自立能力的父母来说，"恰到好处"的育儿方式对孩子有哪些好处？

答案见附录D

青少年期

学习目标问题 5-14 如何定义青少年期？身体的变化如何影响发展中的青少年？

许多心理学家曾认为，我们的人格特点是在儿童期形成的。今天的发展心理学家认为发展是贯穿一生的过程。随着这种生命周期观点的出现，心理学家开始研究为什么生理成熟和后天经验不仅成功地塑造我们的婴儿期和儿童期，而且还影响到青春期以及未来的发展。**青少年期**（adolescence）是从儿童到成人的过渡期，它始于生理上的性成熟期，终于获得独立的成年人地位的时候。因此，在鼓励青少年独立的文化中，几乎不存在青少年期。而在西方文化中，性成熟较早，独立期较晚，青少年期正在变长（Sawyer et al., 2018; Worthman & Trang, 2018）。

> 青少年期：从儿童到成人的过渡期。性成熟的时期，在此期间通常变得有生育能力。

在工业化国家，青少年是什么样的？列夫·托尔斯泰（Leo Tolstoy）的《安娜·卡列尼娜》（*Anna Karenina*）中，青少年期是"告别童年的幸福时光，兴高采烈地跳出那个大圈子，一条路正伸向远方"的时期。另一位少女安妮·弗兰克（Anne Frank），却在躲避纳粹屠杀时的日记中记录了这样多变的情感：

> 他人对我的态度变化太大。某天他们说我很聪明，可以学习所有的东西；第二天，他们又说我是只笨山羊，什么都不懂，还自以为从书上学到了很多。啊，我躺在床上时，心头涌起了许多思绪，我不得不忍受那些讨厌的人，尽管他们总是误解我的意思。

斯坦利·霍尔（Stanley Hall, 1904）是最早描述青少年期的心理学家之一，他认为从生理成熟到社会独立的紧张感导致了一个"风暴与压力"的时期。这一时期父母的控制力也逐渐减弱（Lionetti et al., 2019），这也是一个青少年渴望被社会接受却常常感到与社会脱节的时期。在美国，友谊始于七年级但终于八年级的比例约为四分之三（Hartl et al., 2015）。与社会脱节严重打击了青少年，也增加了他们药物滥用和出现抑郁症状的风险（Hussong et al., 2019）。事实上，30岁以后，许多在鼓励独立的西方文化中长大的人不想回顾自己的青少年时期。因为那时的他们需要同龄人的社会认同，生活方向在不断变化，与父母的疏离感也最深（Arnett, 1999; Macfarlane, 1964）。但对另一些人来说，青少年期是一个免受成年期烦恼且充满活力的时期，因为此时有相互付出的友谊、高度的理想主义，以及对生活满满的期待。

自问

10年后你会怎样看待你现在的生活？为了回忆起过去时不觉得后悔，你现在可以做出什么改变？

生理发展

青少年期始于性成熟。伴随激素的大量分泌，性成熟会令个体的情绪多变，并促使身体变化（见第4章）。

青少年期的发展节奏

就像在生命的早期阶段一样,青少年期时生理变化出现的顺序(例如,在月经初潮前,就出现乳房发育和可见的阴毛)要比青少年期本身出现的时间容易预测。有些女孩在9岁时就开始快速发育,有些男孩却迟至16岁才开始发育。

早熟的青少年可能会面临一种挑战。乔西·奥斯博格(Josie Ullsperger)和莫莉·尼古拉斯(Molly Nikolas)说:"早熟的青少年可能更容易遇到压力和困难衍生出的心理健康问题。"这种脆弱性在情绪反应敏感的青少年身上表现得最为明显。另外,如果一个女孩的生理发展和她的心理成熟程度不匹配,以及发育程度与她的朋友不同步,她可能会与比她年长的未成年人交往,受到嘲笑或性骚扰,因此变得焦虑或抑郁(Alloy et al., 2016; Ge & Natsuaki, 2009; Weingarden & Renshaw, 2012)。

青少年的大脑

青少年期的大脑也在发育。在青少年期之前,脑细胞的连接增多,就像树木不断长出新的根系和枝叶一样。然后在青少年期,大脑开始选择性地清除那些很少用到的神经元和连接(Blakemore, 2008),即用进废退。

随着青少年的成熟,他们的额叶也在发育。髓鞘是一种脂肪组织,在轴突周围形成,可以加快神经传递速度,髓鞘的持续生长使额叶与大脑其他区域的交流更加顺畅(Whitaker et al., 2016)。这些发育让人能更好地判断是非、控制冲动并且具备长远规划的能力。一项研究的参与者有1.1万名(参与者年龄跨度为童年晚期至成年早期),研究内容则是影响青少年大脑发育的因素,如药物、使用电子屏幕的时间长短和睡眠质量(NIMH, 2019; Wadman, 2018)。

然而,额叶的成熟似乎晚于情绪性的边缘系统。青少年期的激素激增和边缘系统的发育可以解释青少年偶尔的冲动、冒险性行为和情绪风暴,如摔门和调高音量(Casey & Caudle, 2013; Fuhrmann et al., 2015; Smith, 2018)。这也难怪青少年(他们尚未发育完全的额叶还不完全具备制订长期计划和抑制冲

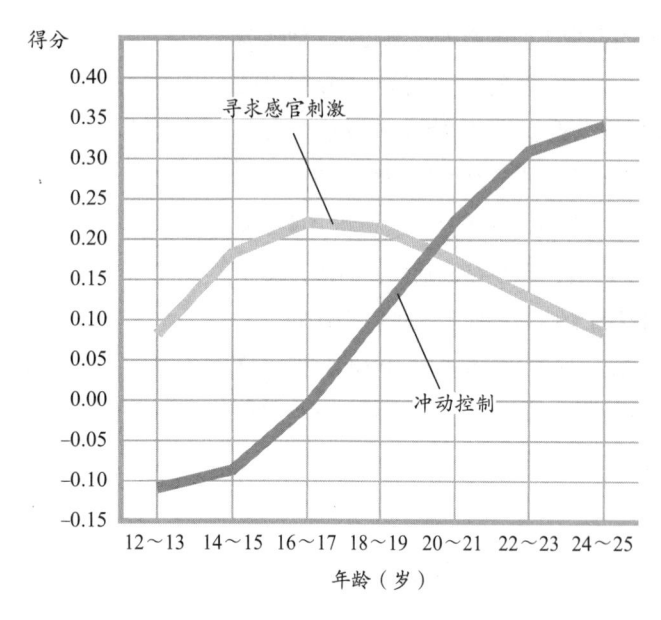

图 5.12 冲动控制滞后于寻求感官刺激

对7000多名12~24岁的美国人的调查显示,寻求感官刺激的行为在十几岁时达到顶峰,伴随着额叶成熟的冲动控制能力发展则非常缓慢,滞后于寻求感官刺激的行为发展(National Longitudinal Study of Youth and Children and Young Adults survey data presented by Steinberg, 2013)。

动的能力）可能无法抵挡吸食香烟或电子烟的诱惑。实际上，青少年并没有低估吸烟、超速驾驶或不安全性行为的风险，只是他们的大脑偏向于即时奖励，这可以解释为什么全世界的青少年都难以自控（Hansen et al., 2019; Steinberg et al., 2018）。青少年的大脑就好比一辆汽车，油门够猛，刹车却不太灵敏（图 5.12）。

因此，当青少年鲁莽驾驶，或是在学业上自毁时，他的父母能否安慰自己："这也不是他能控制的，他的额叶皮质还没有完全发育"呢？他们至少还可以抱有这样一种期望：大脑的变化是青少年依靠他人的想法形成新的自我概念的基础，也是他们评估风险回报的基础（Barkley-Levenson & Galván, 2014; Somerville et al., 2013）。青少年期开始和结束时，青少年的大脑是不同的。除非其大脑发育速度因酗酒而减慢（因为酗酒会让人变得容易冲动且上瘾），否则其额叶将继续发育，直到 25 岁左右成熟（Crews et al., 2007; Giedd, 2015）。其额叶也会与边缘系统形成广泛的连接，从而更好地调节情绪（Cohen et al., 2016; Steinberg, 2012）。

2004 年，美国心理学会（APA）与其他 7 个医疗和心理健康协会一起向美国最高法院提交意见书，反对判处十六七岁的青少年死刑。这些意见书认为青少年的大脑中"影响决策的领域"处于不成熟的状态。青少年的大脑扫描显示，额叶不成熟现象在青少年罪犯和青少年吸毒者中最为明显（Shannon et al., 2011; Whelan et al., 2012）。因此，心理学家劳伦斯·斯坦伯格（Laurence Steinberg）和法学教授伊丽莎白·斯科特（Elizabeth Scott）认为，青少年"因处于青春期而罪责较轻"（Steinberg et al., 2009）。2005 年，法院以 5∶4 的比例通过投票，宣布判处青少年死刑违反宪法。2012 年，APA 提出了类似的主张，反对判处青少年不可假释的终身监禁（Banville, 2012; Steinberg, 2013）。对此，法院再次以 5∶4 的微弱优势通过投票。

认知发展

学习目标问题 5–15 皮亚杰、柯尔伯格和后来的研究人员是如何描述青少年的认知和道德发展的？

青少年早期，自我中心主义持续存在，且个体的推理常常表现出自我中心的特点。青少年开始能够思考自己和他人的观点，他们也开始考虑别人会如何看待自己，并且非常在意这些想象中的观众的看法（如果青少年知道同伴都有相似表现的话，或许他们就不会那么担心别人如何看待自己了）。青少年也有发展个人神话的倾向，即相信自己是独特和特殊的，发生在"大多数人"身上的事不会发生在自己身上："我吸电子烟只是觉得好玩，我才不会像我叔叔那样变成烟鬼。"

"当飞行员告诉我们弯下身抓住自己的脚踝时，我首先想到的是我们看起来一定很愚蠢。"
——杰里迈亚·罗林斯

推理能力的发展

当青少年的智力发展到顶峰，即皮亚杰所说的形式运算阶段时，他们便将新的抽象推理工具应用于周围的世界。他们可能会思考什么是理想，并将其与社会、父母和自身不完美的现实进行比较。他们可以分辨人性、善恶、是非与公正。他们对公平的理解从简单的平等转变为公平——获得应与其付出的价值成比例（Almås et al., 2010）。在抛弃了童年早期的具体形象后，他们可能会寻找精神和更深层的生命意义（Boyatzis, 2012; Elkind, 1970）。青少年所具有的推理假设和演绎结果的能力同样可以使他们发现别人推理中的矛盾并判断真伪。这往往会导致他们和家长发生激烈的争吵，并默默发誓永不忘记自己的理想（Peterson et al., 1986）。

道德发展

儿童期和青少年期的两个主任务是：辨别是非和促进个性发展——控制冲动的心理"肌肉"。儿童学会同情他人，且这种能力还会在青少年期继续发展。要成为一个有道德的人，就是要以有道德的方式去思考，并做出相应的行为。皮亚杰和柯尔伯格认为，道德推理指导道德行为。基于心理学学界共识产生的颠覆性改变，一个较新的观点应运而生——我们的许多功能不是发生在有意识且深思熟虑的"高速公路"上，而是发生在无意识且自动化的"低速公路"上。

道德推理 皮亚杰（Piaget, 1932）认为，儿童的道德判断建立在认知发展的基础之上。柯尔伯格（Kohlberg, 1981, 1984）同意他的观点，并且试图将我们判断是非时的想法，即道德推理的发展描述出来。柯尔伯格提出了一些道德两难困境（例如一个人是否应该为救所爱之人去偷药），并分别询问儿童、青少年和成人这种行为是对还是错。柯尔伯格对他们的答案进行了分析，并以此提出了道德思维的三个基本水平：前习俗水平、习俗水平和后习俗水平（表5.3）。柯尔伯格认为这三个水平构成了道德阶梯。同所有阶段论一样，各水平出现的顺序不变。我们从最底层开始，发展到不同的高度；

表5.3 柯尔伯格的道德发展阶段论

柯尔伯格提出了一些道德两难困境，例如"为救所爱之人去偷药是否违背道德？"		
阶段（大致年龄）	关注点	道德判断举例
前习俗水平 （9岁前）	利己主义，遵守规则以避免惩罚或获得具体的奖励	"如果你偷药，你就会坐牢"
习俗水平 （青少年期）	维护法律法规以获得社会认可或维护社会秩序	"我们应该照顾好所爱之人，所以我们应该去偷药"
后习俗水平 （青少年晚期及以后）	行为反映了对基本权利和自身定义的道德原则的信念	"人有生存的权利"

在后习俗水平，我们可能会把别人的舒适置于自己的舒适之上（Crockett et al., 2014）。婴儿能够判断是非，偏好道德而非不道德的行为（Cowell & Decety, 2015）。学龄前儿童通常认同其文化群体，遵守并执行该群体的道德规范（Tomasello, 2019; Yudkin et al., 2019）。当这些规范奖励善良的行为时，学龄前儿童就会帮助他人（Carragan & Dweck, 2014）。我们似乎天生就排斥不公平（Elenbaas, 2019）。

柯尔伯格的批评者指出，后习俗水平受文化的限制。有些社会的人们信奉个人主义，认为个人目标优先；有些则信奉集体主义，更重视集体目标，后习俗水平主要发生在前者身上（Barrett et al., 2016; Eckensberger, 1994）。在更信奉集体主义的印度，与其说道德是个人选择，不如说是与角色相关的责任（Miller et al., 2017）。也可以说柯尔伯格的理论是以男性为中心的，因为比起"公平"，女性倾向于强调关心需要帮助的人（Gilligan, 1982, 2015）。

道德直觉 心理学家乔纳森·海特（Jonathan Haidt, 2002, 2012）认为，我们的道德很大程度上根植于道德直觉——"快速的直接感受"。根据直觉主义的观点，大脑可以迅速而自动地做出道德判断，正如我们做出审美判断那样。海特认为，厌恶感或兴奋感会触发道德推理。

一位妇女回忆起自己和三个年轻人在家附近的雪地开车时的情景，"一位老太太拿着铲子站在车道上，这时一位年轻人要求下车。当我意识到他要去帮那位老妇人清扫车道上的积雪时，我吃惊地张大了嘴"。这一出乎意料的善举激发了这位妇女崇敬的心理："我恨不得马上跳出汽车，拥抱这位年轻人。我多想一边唱一边跑，一边跳一边笑。我要赞美人们。"（Haidt, 2000）

海特想弄明白："人类的道德真的受制于道德情感吗？道德推理是假装一切尽在掌握吗？"想想你会在什么时候想要实施惩罚？一些实验显示，惩罚不法行为的愿望大多不是出于理性（比如客观认为惩罚可以阻止犯罪），而是出于情感，比如道德义愤和报复快感（Chester & DeWall, 2016; Darley, 2009）。在情绪化事实之后，道德推理——我们大脑中的新闻秘书——的目标是为了让自己和其他人相信我们的直觉感受是有逻辑的。

对道德悖论的一系列研究支持对道德的社会直觉的解释。请想象一辆因失控而冲向五名行人的电车，除非你扳动开关，将电车引到另一条轨道上，不然他们必死无疑，但这样可能使另一条轨道上的另一个人死亡。你会扳动这个开关吗？大多数人说"会"。牺牲一个人，可以救五个人嘛。

现在想象一个相同的困境，只不过有一点发生了变化。这一次，你必须把一个高大的陌生人推到轨道上，他会被电车撞死，但尸体可以让电车停下。在著名"电车问题"的两个版本中，逻辑是一样的——牺牲一个人，可以救五个人，但是大多数人会拒绝后者。一项脑成像研究表明，只有当面临类似推人的道德两难困境时，参与者的大脑情绪区的神经才会被激活并产生反应（Greene et al., 2001）。因此，我们的道德判断为大脑的双通道思维（双重加工）提供了又一例证（Feinberg et al., 2012）。当位于大脑某个区域的道德推理对我们说扳动开关时，我们植根于大脑其他区域的直觉的道德情感凌驾于推理之上，对我们说不要推陌生人。我们可以把道德认知比作手机的相机设置。通常情况下我们使用默认设置，然而有时我们会通过道德推理手动修改这些设置或调整产生的图像（Greene, 2010）。

道德行为 我们的道德思维和情绪感受肯定会影响我们的道德议论。但有时议论无足轻重，情绪也转瞬即逝。道德是做正确的事情，而做什么也要受社会影响。政治理论家汉娜·阿伦特（Hannah Arendt, 1963）观察到，二战时许多纳粹集中营的守卫曾经都是正常人，但后来被强大的邪恶环境腐蚀了。

当代的品格教育项目更多地关注一系列有关道德的问题，即思考、感受以及做正确的事。在学习服务项目中，青少年做家教、打扫社区、帮助老年人。他们这么做会产生哪些结果呢？他们的服务能力和服务意愿增加的同时，旷课和辍学率也会降低，暴行也减少了（Andersen, 1998; Heller, 2014; Piliavin, 2003）。道德行为滋养了道德态度。

这些项目还教会他们用自律来抑制冲动。那些学会了延迟满足的人——着眼于未来的人——已经变得更有社会责任感，学业有成，也更有社会价值（Daly et al., 2015; Funder & Block, 1989; Sawyer et al., 2015）。这种着眼于未来的人赌博、吸烟和犯罪的风险也最低（Callan et al., 2011; Ert et al., 2013; Lee et al., 2017）。

在最著名的心理学实验之一中，沃尔特·米歇尔（Walter Mischel, 2014）告诉4岁的儿童可以现在吃一个棉花糖，也可以等几分钟后他回来时吃两个棉花糖。选择延迟满足的儿童之后的大学毕业率和收入更高，并且出现成瘾问题的情况较少。对这一著名研究进行重复后，研究人员发现结果不如之前显著（Watts et al., 2018）。但最重要的是：放弃现在短暂的快乐，转而追求以后长远的快乐是一种能力，能让你变得成熟，且人生更加成功（Watts et al., 2018）。延迟满足会收获更多。

> "言行一致是一种令人愉悦的和谐。"
> ——米歇尔·德·蒙田

> "种一棵树最好的时间是20年前，其次是现在。"
> ——中国谚语

自问

想一想你在青少年早期做出的一个艰难但后来又令你后悔不已的决定。你当时是怎么做的？你现在又会怎么做？

检索练习

RP-1 根据柯尔伯格的观点，＿＿＿＿＿＿道德的关注点是利己主义，＿＿＿＿＿＿道德的关注点是自身界定的道德原则，＿＿＿＿＿＿道德的关注点是维护法律和社会规范。

RP-2 柯尔伯格的道德推理理论是怎样被批评的？

答案见附录D

社会性发展

学习目标问题 5-16 青少年期面临的挑战和承担的社会任务是什么？

理论家埃里克·埃里克森（1963）认为，生命每个阶段都有要完成的心理任务，有一个亟待解决的危机。年幼儿童要解决信任问题，接着是自主（独立），然后是主动性。学龄儿童努力追求胜任感，觉得自己有能力且有作为。青少年的任务是将自己过去、现在和未来的可能性综合起来，对自己有更加清晰的认识（表5.4）。青少年想知道"作为一个个体，我是谁？我的人生目标是什么？我的生活应遵循什么样的价值观？我的信仰是什么？"埃里克森把青少年的这种探索叫作"寻求同一性"。

正如心理学研究中时常出现的那样，埃里克森的研究兴趣也来自他自己的人生经历。据莫顿·亨特（Morton Hunt, 1993）说，作为犹太人和丹麦人的孩子，埃里克森在两边都是一个局外人。他"在学校被指责为犹太人，而在犹太教堂又因为金发碧眼被嘲弄为外邦人"。这种经历激发了他探求青少年自我同一性的兴趣。

"在10岁到13岁之间的某个时候（这取决于他们的肌肉被激素强化的程度），孩子们进入了青少年期，又称'去切割化'。"
——乔恩·斯图尔特等人

表 5.4 埃里克森的社会心理发展理论

阶段（大概年龄）	问题	任务描述
婴儿期（1岁以内）	信任/不信任	如果其需要得到满足，婴儿则形成基本的信任感
幼儿期（1到3岁）	自主/羞怯和怀疑	幼儿开始学习按自己的意愿做事情，否则他们会怀疑自己的能力
学龄前期（3到6岁）	主动/内疚	学龄前儿童会主动完成任务和实施计划，否则他们会对自己为独立所做的努力感到内疚
学龄期（6岁到青少年期）	胜任/自卑	儿童开始意识到全身心投入任务中的乐趣，否则他们会感到自卑
青少年期（青少年期到20多岁）	自我同一性/同一性混乱	青少年通过检验角色来完善自我概念，然后整合这些概念并形成单一的同一性，否则他们会对自己是谁感到迷惑
成年早期（20多岁到40多岁）	亲密/孤独	年轻人开始努力建立亲密关系，获得亲密之爱的能力，否则他们会感到与社会隔离
成年中期（40多岁到60多岁）	繁殖/停滞	中年人通常会通过家庭和工作找到一种为世界做贡献的感觉，否则他们会感到缺乏目标
成年晚期（60多岁及以上）	自我整合/悲观绝望	当反思自己的一生时，老年人可能会产生满意感或失败感

同一性形成

为了形成自我同一性，个人主义文化中的青少年通常在不同情境下尝试不同的"自我"。他们可能在家里是一个样子，和朋友在一起是另一个样子，在网上是一个样子，而在学校里又是另一个样子。如果两个情境有重叠——比如一个青少年带新朋友回家——不适感可想而知（Klimstra et al., 2015）。青少年经常会想"我该做哪个自我？哪一个是真实的自我呢？"。这种角色困扰最终的解决方案是形成一种自我定义，将不同的自我整合成一个一致的、舒适的自我——自我同一性（identity）。

对于青少年和成年人来说，不同群体间的同一性形成源于我们与周围人的差异，如性别和性取向、年龄和相对财富、能力和信仰。在英国生活时，我会意识到我是一个美国人。当我在香港时，我开始意识到自己是白种人。对于外国学生、少数民族或宗教群体、同性恋者和跨性别者或残疾人来说，**社会同一性**（social identity）往往围绕着他们的差异形成（请继续关注第 13 章中关于社会同一性和偏见的更多内容）。

埃里克森注意到有些青少年在其父母的期望和价值观的作用下很早就形成了自我同一性。其他青少年可能会接受某个特定的同伴团体的认同，如大学运动员、预科学生、奇怪的孩子、乐队成员、辩论赛辩手。传统的集体主义文化教导青少年认识自己，而不是鼓励他们自己做决定。双重文化背景下的青少年在整合群体成员关系和对群体成员的感觉时，会形成复杂的自我同一性（Marks et al., 2011）。

大多数年轻人对自己的生活感到满意。你会如何在"选择现在的生活方式"和"希望自己过另外一种人生"之间选择？81% 的美国青少年选择了第一种，19% 选择了第二种（Lyons, 2004）。75% 的美国大学生会思考自己存在的意义，并表示他们会同朋友"讨论信仰/精神"，并赞同"我们都是精神的存在"和"寻找生活的意义/目的"（Astin et al., 2004; Bryant & Astin, 2008）。研究人员对此并不惊讶，因为在他们看来，青少年期的关键任务之一是实现这样的目的，即渴望完成一些对个人有意义，且可以改变自己以外的世界的事情（Damon et al., 2003; Sumner et al., 2018）。

干预措施在促进青少年健康和福祉的同时，也大大激发了他们对自尊、地位和尊重的渴望（Yeager et al., 2018）。与其对他们说"健康饮食对身体健康很重要"，更有效

今天我将是谁？
青少年通过改变他们的外表来尝试不同的"自我"。尽管我们最终会形成连贯而稳定的同一性，但是我们展现的自我可能会根据不同的情境而变化。

自我同一性：我们的自我概念；根据埃里克森的观点，青少年的任务是通过测试和整合各种角色来巩固自我概念。

社会同一性：自我概念中的"我们"。关于"我是谁？"，这一问题的答案中来自我们所属的群体的那部分。

"自我概念，即生物对自身作为'自我'的认识，除非与'他者'，即非自我的某物形成对照，否则自我意识无法形成。"
——C. S. 刘易斯

"我认为没有人喜欢自己被归类为某个标签。"
——演员里兹·艾哈迈德

的说法是"这些卖家认为你不知道这是垃圾食品，根本就不尊重消费者。而买垃圾食品就是在给这些有钱人送钱"。

在青少年早期到中期，孩子们的自尊水平通常会下降，女孩抑郁的概率往往会增加（Salk et al., 2017）。但十八九岁到二十几岁这段时期，自我形象会回升，自尊的性别差异也会缩小（Zuckerman et al., 2016）。宜人性和情绪稳定程度在青少年晚期也有所增加（Klimstra et al., 2009）。

在这一时期，工业化国家里有许多人开始通过上大学或参加工作来寻找新机会。与大一的学生相比，许多大四学生已经形成更明确的自我同一性和更积极的自我概念（Waterman, 1988）。那些已经形成了明确的自我同一性的人更不容易滥用酒精（Bishop et al., 2005）。

埃里克森认为，青少年的自我同一性形成（一直持续到成年）之后，紧接着就是通过发展**亲密**（intimacy）关系能力而进入成年早期，亲密关系能力即建立紧密相连的情感关系的能力。当米哈里·契克森米哈赖（Mihaly Csikszentmihalyi）和杰里米·亨特（Jeremy Hunter）使用传呼机对美国青少年的日常经历进行抽样调查时，他们发现这些青少年在独处时感到最不快乐，与朋友在一起时感到最快乐。在美国，17岁的青少年中有三分之二的人表示，他们在恋爱关系中往往强烈地表达情感，但在集体主义国家（如中国），这种类型的人较少（Collins et al., 2009; Li et al., 2010）。那些与家人和朋友有高质量（亲密性、支持性）关系的人，往往在青少年期也有同样高质量的恋爱关系，这为健康的成年关系奠定了基础。对大多数人来说，亲密关系能给我们带来巨大的快乐。正如亚里士多德很久以前就认识到，我们人类是"社会动物"。我们有强烈的归属需求。

亲密关系的重要性可见一斑。

与父母和同伴的关系

学习目标问题 5-17 父母和同伴是如何影响青少年的？

青少年期往往是父母的影响减弱、同伴的影响增强的一个时期（Blakemore, 2018）。以前整天喜欢抚摸妈妈、依恋妈妈、离不开妈妈的学龄前儿童，到14岁时一下子变成了和妈妈拉一下手就像要死掉一样的孩子。这种变化是逐渐发生的（图5.13）。在儿童

社交媒体的普及以及因社交媒体导致的同伴之间的攀比，青少年抑郁和自杀的比率有所上升（详情见第11章）。如果你认为自己的生活与网友分享的经历相比非常无聊，请放宽心。你的大多数朋友都有同样的感觉（Deri et al., 2017）。

亲密：在埃里克森的理论中，亲密是形成紧密、友爱的关系的能力；这是成年早期的主要发展任务。

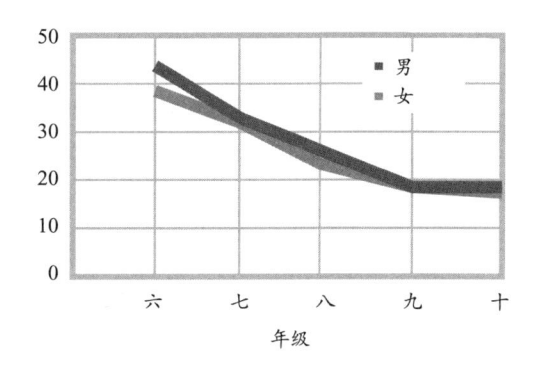

图5.13 亲子关系的变化

在一项对加拿大家庭进行的全国性大型研究发现，儿童与父母之间通常是一种亲密、温暖的关系，但随着儿童成长为青少年，亲子关系会逐渐淡化（Pepler & Craig, 2012）。

期，比起其他儿童的脸，我们更容易识别成人的脸；到了青少年期，我们对同龄人的脸表现出更强的识别能力（Picci & Scherf, 2016）。青少年期改变了依恋关系，并为认知提供了条件。

到了青少年期，父母与孩子争吵得更频繁了，通常是为了一些琐事——家务、作息时间、作业（Tesser et al., 1989）。向青少年期过渡的过程中，相对于次子，头生子与父母的冲突往往更大，并且与母亲之间的冲突也大于与父亲之间的冲突（Burk et al., 2009; Shanahan et al., 2007）。

对一小部分的父母和处于青少年期的子女来说，分歧会导致真正的分裂和巨大的压力（Steinberg & Morris, 2001），但大多数的分歧都不是破坏性的。对儿子来说，通常是行为问题，如日常表现或卫生；对女儿来说，通常是关系方面的问题，如约会和交友（Schlomer et al., 2011）。一项对10个国家（包括澳大利亚、孟加拉国、土耳其）6000多名青少年展开的研究发现，大多数人都喜欢自己的父母（Offer et al., 1988）。"我们通常相处得很好，但是……"青少年通常这样报告（Galam-bos, 1992; Steinberg, 1987）。

积极的亲子关系会带来积极的同伴关系。与母亲关系亲密的高中女生，往往也能与女性朋友建立亲密的友谊（Gold & Yanof, 1985）。认为自己和父母关系亲密的孩子一般更健康快乐，学习成绩也更好（Resnick et al., 1997）。当然，我们可以从另一个角度解释这种相关性：行为不良的青少年更有可能与父母和其他成年人关系紧张。

正如第4章所述，遗传在形成个人气质和人格差异方面起着非常重要的作用，其余则主要是同伴的影响。与同伴在一起时，青少年不考虑未来，更关注即时奖励（O'Brien et al., 2011）。大多数青少年是群居动物，他们说话、衣着和行为更像同伴而不像自己的父母。他们的朋友是什么样的人，他们通常就是什么样的人。"大家都在做什么"，他们往往就做什么。青少年使用社交媒体就说明了同伴影响的力量。相比那些点赞少的照片，青少年更喜欢那些点赞多的照片。此外，当看许多人点赞的照片时，青少年大脑中与奖励加工和模仿相关的区域变得更加活跃（Sherman et al., 2016）。对他人表示认同以及做被他人认同的事确实让人感觉不错。

无论是网上还是现实中，那些感觉自己被同伴排斥和欺负的人，会体验到强烈的痛苦感。多数被排斥的"学生默默地忍受……只有一小部分学生用暴力来反抗自己的同学"（Aronson, 2001）。因被排斥而导致的痛苦会持续存在。在一项大型研究中，那些小时候受欺负的人在40年后的身体健康状况更差，心理压力更大（Takizawa et al., 2014）。

自问

印象里，在你青少年期的时候发生的最积极和最消极的事情是什么？你更感谢谁，或者更责怪谁？是父母还是同伴？

成人初显期

学习目标问题 5-18 什么是成人初显期？

在西方世界，通常所说的青少年期大致相当于性成熟期。在早期，以及当今世界的其他地区，这一时期更加短暂（Baumeister & Tice, 1986）。性成熟后不久，年轻人就开始承担起成人的责任并且享有成人的地位。亲朋好友会为年轻人精心准备一场庆祝仪式（公开的成人仪式）。然后，这名新晋成年人开始步入工作，接着准备结婚生子。

随着许多西方国家开始实施义务教育，毕业之后青少年才开始独立。现在，青少年需要花更多的时间将自己的角色转变为成年人。如今的青少年不太可能为了薪酬、买车或是能享受一段浪漫的恋爱而工作（Twenge & Park, 2019）。在美国，个体的初婚平均年龄与 1960 年比推后了 5 年多（男性 29 岁，女性 27 岁）。1960 年，四分之三的女性和三分之二的男性在 30 岁时已经完成大学学业，离开家，经济独立，结婚并有了孩子。在 21 世纪初，30 岁的人中，只有不到一半的女性和三分之一的男性做到了这五件具有里程碑意义的事情（Henig, 2010）。2016 年，25～35 岁的美国人中有 15% 的人住在父母家里，是 1981 年的两倍（Fry, 2017）。

正如我们所述，从生理成熟到社会性独立的短暂时间因延迟独立和过早的性成熟而延长（图 5.14）。在繁荣的社区，从 18 岁到 25 岁是一个越来越不稳定的人生阶段，现在通常被称为**成人初显期**（emerging adulthood）（Arnett, 2006, 2007; Reitzle, 2006）。这些准成年人不再是青少年，但仍不能像成年人那样承担自己的责任，也没有完全独

成人初显期：从 18 岁至 25 岁的一段时间，在西方文化中，许多人在这一时期不再是青少年，但仍不能像成年人那样承担自己的责任，也没有完全独立。

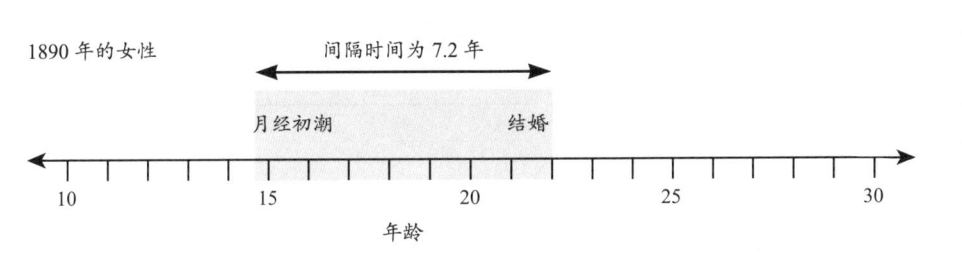

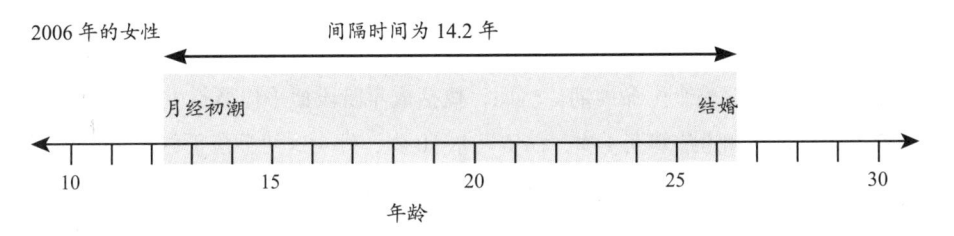

图 5.14 成人初显期正在向两端延伸

19 世纪 90 年代，女性月经初潮和结婚之间的平均时间间隔是 7 年左右，这也是向成年期转变的典型标志；到 2006 年，在工业化国家，这种时间间隔在富裕的地区延长到约 14 年（Finer & Philbin, 2014; Guttmacher Institute, 1994）。尽管许多成年人都未婚，但是，结婚延迟加上受教育时间延长与月经初潮提前，这些都导致了成人初显期的延长。

立——他们似乎"介于两者之间"。

那些继续完成学业或开始工作的人，可能会管理自己的时间和优先事项。然而，他们可能是在父母家做这些事情，因为他们无法负担住房的费用，或在情感上仍然依赖父母（Fry，2017）。美国政府意识到现在成人初显期变得越发缓慢，因此允许26岁以下的受抚养子女继续享受父母的医疗保险（Cohen，2010）。

自问

你认为成年人必备的素质是什么？你觉得自己是成年人吗？为什么是或为什么不是呢？

检索练习

将以下的社会心理发展阶段（i—viii）与根据埃里克森的理论我们需要在该阶段解决的问题（a—h）进行匹配。

社会心理发展阶段　　　解决的问题
i. 婴儿期　　　　　　　a. 繁殖 vs. 停滞
ii. 幼儿期　　　　　　　b. 自我整合 vs. 悲观绝望
iii. 学龄前期　　　　　　c. 主动 vs. 内疚
iv. 学龄期　　　　　　　d. 亲密 vs. 孤独
v. 青少年期　　　　　　e. 自我同一性 vs. 同一性混乱
vi. 成年早期　　　　　　f. 胜任 vs. 自卑
vii. 成年中期　　　　　　g. 信任 vs. 不信任
viii. 成年晚期　　　　　h. 自主 vs. 羞怯和怀疑

答案见附录D

成年期

你认为人多大年龄算老？这要看你问问题的对象了。对于18至29岁的人来说，67岁就是老。而对于60岁以上的人来说，76岁才叫老（Yankelovich Partners, 1995）。

生命的演变贯穿整个生命周期。然而，概括成年阶段似乎比概括生命的早期阶段更加困难。如果你知道詹姆斯1岁，而贾马尔10岁，针对这两个孩子你都能说出很多东西。而对于年龄相差悬殊的成年人就难说了。老板可能30岁，也可能60岁；马拉松选手可能20岁，也可能50岁；一名19岁的年轻人可能已为人父母，也可能仍需父母的庇护。尽管如此，我们的人生过程在某些方面还是很相似的。我们的生理、认知，特别是社会关系，在50岁时和25岁时是不一样的。在接下来的讨论中，我们将讨论这些差异，并使用三个术语：成年早期（20多岁到40多岁），成年中期（40多岁到65

岁），以及成年晚期（65 岁以后）。在这些阶段，人们在生理、认知和社会发展方面的表现各不相同。

自问

想象一下未来的自己会有什么变化？怎样才能让自己保持不变呢？你最想在哪些方面得到成长？

生理发展

学习目标问题 5- 么生理变化？

如同夏至后白昼 肌肉力量、反应时间、感官敏锐度和心排血量— 自己几乎察觉不到）。运动员通常是最先察觉的， 运的巅峰，自 1985 年以来，60% 的最有价值球员 012）。但我们中的大多数人——尤其是日常生活 察觉不到衰退的早期迹象。

成年中期的生

40 岁以上的运动 个终身篮球运动员，我打球的频率减少了，也不 够让我完成日常活动。此外，在成年早期和中期 健康状况和锻炼习惯的关系更大。许多身体硬朗 而习惯于久坐的 25 岁的年轻人却发现自己爬两

对女性而言，衰老 的女性中，因一次性交而受孕的概率是 19 ～ 26 男性产生精子的数量也会减少，睾酮水平、勃 自然停止时经历**更年期**（menopause），一般出现 体能下降而产生抑郁心理，但大多数男性衰老时

尽管中年以后性生活 加拿大受访者（40 ～ 64 岁）和 75% 的芬兰受访者 & Haavio-Mannila, 2009; Wright, 2006）。在一项证 仍有性生活（Schick et al., 2010）。

美国退休人员协会（ ）的一项性调查表明，直到 75 岁或以上，大多 退（DeLamater, 2012; DeLamater & Sill, 2005）。 人仍对性生活感觉满意

更年期：月经自然停止的时间，也指女性生育能力下降时所经历的生理变化。

"我想长生不老——到目前为止，保持得还不错。"
——喜剧演员史蒂芬·莱特

(Forbes et al., 2017; Schick et al., 2010)。如果有健康的身体和感情好的伴侣，尽管欲望下降，乐趣也不会减少。

成年晚期的生理变化

老年"比死亡更可怕"吗？当生命"在走下坡路时，那是最令人愉悦的"？变老会是什么样子？

人均寿命 全世界的初生婴儿预期寿命由1950年的50岁增至2015年的73岁（Dicker et al., 2018）（见文前彩图5.15）这多好啊——能多活20年！在中国、美国、英国、加拿大和澳大利亚，人均寿命分别增至76、79、81、82和82岁（World Bank, 2019）。长寿（有人说这是人类最伟大的成就）和低出生率结合在一起，使得老龄人群的数量不断增加，对助听器、养老村和养老院的需求也不断增加。今天，全世界60岁及60岁以上的人占13%。联合国2017年预测，到2100年这一比例将增加至少一倍。

在整个生命周期中，男性往往比女性更早去世。尽管男女胚胎比率为126：100，但男女出生率之比为105：100（Strickland, 1992）。出生后第一年，男婴死亡率比女婴高四分之一。世界范围内，女性的寿命比男性长4.7年（WHO, 2016b）。想寻找伴侣与自己共度人生的20岁女性，比起嫁给年长者，不如等16岁的男孩发育成熟后再结婚。100岁高寿者中，女性与男性的比率为5：1。

我们之中很少有人能活到100岁。疾病缠身、身体衰老、细胞停止繁殖，让我们变得越来越脆弱，而且会因为小问题生病——天热、摔倒、轻微的感冒——这对于20岁的人简直不值一提。像鞋带的末端会磨损一样，染色体的末端（端粒）也会磨损。吸烟、肥胖或压力都会加速这种磨损。母乳喂养的儿童端粒较长，而经常遭受虐待或霸凌的儿童的端粒缩短造成生物疤痕（Shalev et al., 2013）。随着端粒缩短，衰老的细胞可能会死亡，且没有完美的遗传复制品取代其位置（Epel, 2009）。

长期生气和抑郁都会增加早逝的风险。相反，低压力、良好的健康习惯以及积极的态度能让人长寿。研究人员甚至发现一种让人惊奇的死亡延期现象（Shimizu & Pelham, 2008）。最近15年内，在圣诞节后两天死亡的美国人比圣诞节前两天和圣诞节当天死亡的多2000～3000人。人们在生日当天，或者是到了像新年第一天这样的里程碑式时间点时，死亡率也会增加。

感觉能力、力量和精力 虽然身体在成年早期就开始衰退，但通常直到我们进入老年期才会强烈地意识到这一点，觉得楼梯更陡峭、字号更小、人们说话的声音更小；视敏度下降，距离知觉衰退以及对光强变化的适应减慢；肌肉力量、反应时间和精力显著衰退，嗅觉、听力和触觉也都有所衰退。在威尔士，有一种设备能发出几乎所有30岁以上的人都听不到的刺耳高音，以阻止青少年在便利店附近闲逛（Lyall, 2005）。

随着年龄的增长，瞳孔会收缩，晶体变得越来越浑浊，进而减少了到达视网膜的光量。65 岁老人视网膜接收到的光量只有 20 岁年轻人接收到的三分之一（Kline & Schieber, 1985）。因此，为了在阅读或驾驶时能看得和 20 岁年轻人一样清楚，65 岁老人需要三倍的光量——这也是为什么老年人买车要买无色挡风玻璃的车。这也解释了为什么老年人有时会问年轻人："难道你不需要更亮的灯光吗？"

健康　随着年龄的增长，人们越来越不关心自己的身材，而是更关心自己的健康。对于老年人而言，关于健康的信息喜忧参半。忧的是身体免疫力下降，使老年人更易感染危及生命的疾病，如癌症和肺炎；喜的是从一定程度上要感谢抗体的积累，65 岁以上老年人更少感染短期疾病，如普通感冒和流感病毒。一项研究发现，每年 65 岁以上老年人感染上呼吸道疾病的可能性是 20 岁年轻人的一半，是学龄前儿童的五分之一（National Center for Health Statistics, 1990）。

大脑老化　十几岁时，我们加工信息的速度越来越快（Fry & Hale, 1996; Kail, 1991）。与青少年及年轻人相比，老年人需要花更多时间进行反应，解决感知觉问题，甚至记住名字（Bashore et al., 1997; Verhaeghen & Salthouse, 1997）。玩电子游戏时，大多数 70 岁的人不是 20 岁年轻人的对手。这种加工滞后也可能致命（Aichele et al., 2016）。如图 5.16 所示，每亿千米致人死亡的交通事故率在 75 岁后明显上升，85 岁时的事故率甚至超过了 16 岁青少年。老年司机似乎很关注前方道路，但很少注意从侧面驶来的其他车辆（Pollatsek et al., 2012）。

在衰老过程中，大脑的记忆功能开始衰退（Fraser et al., 2015; Ritchie et al., 2015）。血脑屏障也从海马体开始瓦解，这进一步导致认知能力下降（Montagne et al., 2015）。难怪老年人在接受记忆测试后会觉得自己更老了：一个研究团队开玩笑说，这就像 "5

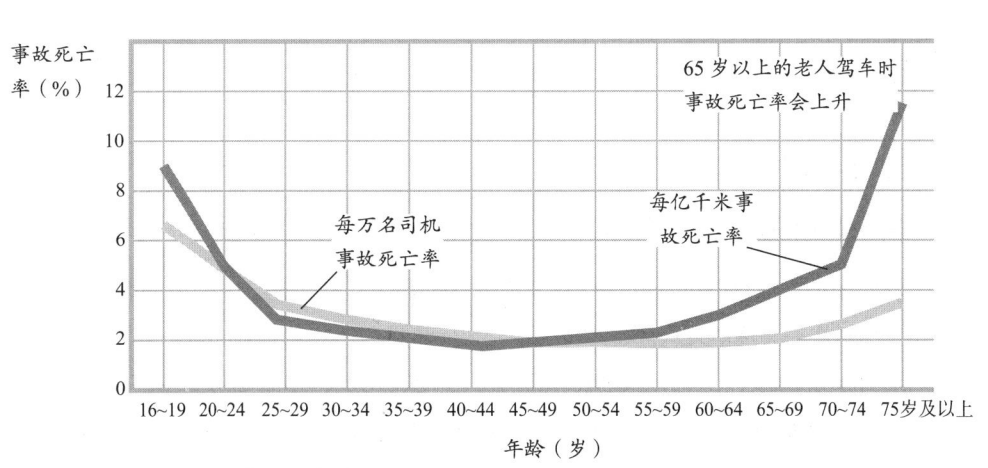

老年人从楼梯上摔落事故大多数是在最高一级台阶上发生的，那通常是人们从有窗户的走廊走到光线较暗的楼梯时（Fozard & Popkin, 1978）。我们可以利用关于人类衰老的知识设计环境，以减少这类危险事故的发生。

图 5.16　年龄和事故死亡率

反应迟缓增加了 75 岁以上老年人出事故的风险，而老年人更脆弱的身体则增加了他们在事故发生时死亡的风险（NHTSA, 2000）。你赞同驾照考试根据表现而不是年龄来筛选出那些因反应迟缓或感觉障碍而增加事故风险的人吗？

分钟内老了 5 岁"（Hughes et al., 2013）。成年早期，脑细胞开始小范围的死亡，到 80 岁时大约会丧失占整个大脑 5% 重的脑细胞。早些时候，我们着重提到，帮助我们抑制不良冲动的额叶成熟较晚，这解释了青少年为什么会做出冲动行为。到了晚年，随着额叶开始萎缩，一些冲动行为卷土重来，这似乎可以解释为什么老年人偶尔会问一些很直接的问题（"你长胖了吗？"）或发表一些不恰当的评论（von Hippel, 2007, 2015）。但好消息是：老化的大脑仍有一定的可塑性，可以通过神经网络再形成和重组弥补部分损失（Park & McDonough, 2013）。例如，在记忆任务中，年轻人的左额叶特别活跃，而老年人的大脑同时使用左右额叶。

运动与衰老 还有一个好消息是：对同卵双生子的研究（双生子中的一人有运动习惯）显示运动可以延缓衰老（Iso-Markku et al., 2016; Rottensteiner et al., 2015）。经常运动、很少闲坐的中年人和老年人往往思维敏捷（Kramer & Colcombe, 2018; Won et al., 2019）。运动不仅能锻炼肌肉、骨骼和力量，还有助于预防肥胖和心脏病；运动还能保护染色体末端的端粒，甚至可能减缓阿尔茨海默病（Kivipelto & Håkansson, 2017; Loprinzi et al., 2015; Smith et al., 2014）。

运动似乎还能刺激神经发生——新脑细胞发育以及神经连接，这可能要归功于吸入的氧气和营养循环（Erickson et al., 2010; Pereira et al., 2007）。习惯于久坐的老年人在被随机安排进行有氧运动后，表现出更持久的记忆力和更敏锐的判断力。这些运动项目还降低了这些老年人认知能力下降的风险（Northey et al., 2018; Raji et al., 2016; Smith, 2016）。运动可以减少大脑的萎缩现象（Gow et al., 2012），增加了细胞线粒体的数量，有助于为肌肉和脑细胞提供能量（Steiner et al., 2011）。我们更可能因不锻炼而衰退，而非因锻炼过头而筋疲力尽。健康的身体是一切的基础。

认知发展

老化与记忆

学习目标问题 5-20 记忆是如何随着年龄的增长而发生改变的？

发展心理学最热门的问题之一是成人的认知能力，如记忆力、智力和创造力，是否和生理机能一起逐渐衰退。

随着年龄的增长，有些事我们会记得很清楚。在晚年生活中，当被问起过去半个世纪里最重要的一两件事时，成年人倾向于回忆十几岁或二十几岁时所发生的事情（Conway et al., 2005; Rubin et al., 1998）。当被问起最喜欢的音乐、电影和运动员时，他们也会表现出这种"怀旧性记忆上涨"（Janssen et al., 2012）。无论人们在这期间经历了什么事——越南战争、"9·11"恐怖袭击、唐纳德·特朗普意外当选——这些过去的记

如果你的年龄是 15 至 25 岁，过去一年的哪些经历你可能永远不会忘记？（这可能是你到 50 岁时对一生中记忆最深事件的发生时期）。

忆都会变得很重要（Pillemer, 1998; Schuman & Scott, 1989）。我们在十几岁和二十几岁时会经历许多令人难忘的"第一次"——初吻、第一份工作、上大学的第一天、第一次在外住校。

成年早期确实是某些形式的学习和记忆的发展顶峰。在一项记忆测试中，人们观看了 14 个视频片段，视频中的陌生人以一种非常普通的方式介绍着自己："你好，我叫拉里。"如图 5.17 所示，即使在重复播放两或三遍有更多其他个人信息的自我介绍视频后，年轻人记住的名字始终比老年人更多（Crook & West, 1990）。老年人的记忆力如何，也部分取决于他们要记住的内容。在另一项实验中，老年人在识别他们之前试图记住的 24 个单词时，没有表现出记忆力下降。然而，在没有线索的情况下回忆信息时，他们的记忆力下降幅度更大（图 5.18）。

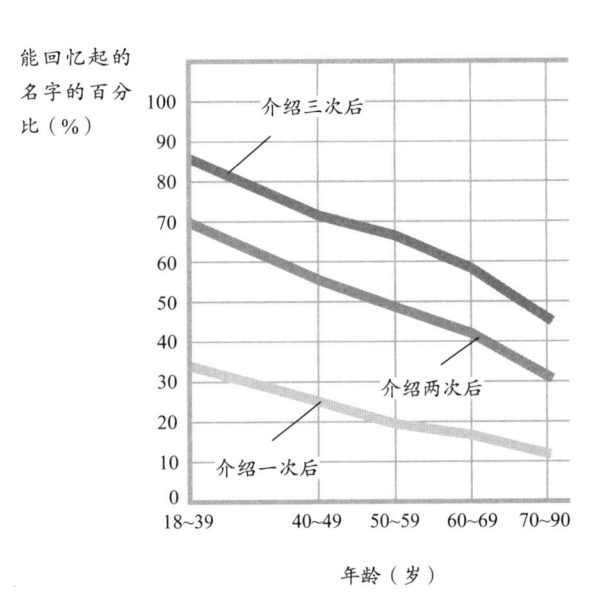

图 5.17 记忆测试

年轻人比老年人更容易记住介绍过一次、两次或三次的新名字（Crook & West, 1990）。

青少年和年轻人的前瞻性记忆（"记得……"）超过了儿童和 70 岁以上的老人（Zimmermann & Meier, 2006）。但当事件有助于触发记忆时，老年人的前瞻性记忆仍然很强（比如当走过一家便利店时，会触发"记得买牛奶！"）。基于时间的任务（"下午 3 点会见客户"），尤其是习惯性任务（"在上午 9 点、下午 2 点和 6 点吃药"）对老年人来说则具有挑战性（Einstein & McDaniel, 1990; Einstein et al., 1995, 1998）。为了尽量减少出现这类问题，老年人非常依赖时间管理和提示线索，比如给自己写便条（Henry et al., 2004）。这种方法可能对约翰·贝辛格（John Basinger）有所帮助，他在 76 岁时，能够背诵约翰·弥尔顿（John Milton）的 12 卷史诗《失乐园》，并成为一篇心理学期刊文章的话题主角（Seamon et al., 2010; Weir, 2010）。然而当地一家报社安排了一场对贝辛格的采访，他却忘了参加。在给记者打电话道歉的时候，他意识到忘记了接受关于记忆力的采访是多么讽刺的一件事。

"我还在继续学习。"
——米开朗琪罗

我们的学习能力和记忆能力就像其他发展领域一样，会表现出个体差异。年轻人的学习能力和记忆能力存在很大的差异，但 70 岁的人会表现出更大的差异。牛津大学研究员帕特里克·拉比特（Patrick Rabbitt, 2006）报告说："能力最强和最弱的 70 岁成年人之间的差异比能力最强和最弱的 50 岁成年人之间的差异大得多。"有些 70 岁的人的表现几乎难以与 20 岁的人相比，但也有些 70 岁的人达到或超过了 20 岁的人的平均水平。

无论我们的记忆速度有多快或多慢，记忆似乎也取决于我们试图检索的信息的类型。如果信息是无意义的音节或不重要的事件或经历，那么我们的年龄越大，就越容易记错。如果这些信息是有意义的，就像《失乐园》对约翰·贝辛格的意义一样，老年人丰富的现有知识网络将有助于他们掌握这些信息。但是他们可能比年轻人要花更多的时间来表达自己所知道的单词和事物。老年人也更经常出现这种情况——话都到嘴边了，可就是一时想不起来（Ossher et al., 2012）。思维敏捷类游戏节目的获胜者通常是年轻人或中年人（Burke & Shafto, 2004）。

保持智力

研究老龄化思维的心理学家就"健脑"电脑训练项目是否能锻炼心理"肌肉"、延缓认知能力下降的问题进行了辩论。在整个生命过程中，我们的大脑是可塑的（Gutchess, 2014）。那么，在"认知跑步机"上锻炼我们的大脑——通过练习记忆、视觉跟踪和解决问题能力——能保持我们的思维能力吗？"在人生的每个阶段，大脑的自然可塑性使我们能够提高自己的……功能"一位神经科学家兼企业家说道（Merzenich, 2007）。一项对认知训练项目的分析表明，他们在与训练有关的测试中得分不断提高（Simons et al., 2016）。玩电子游戏也可以让人们集中注意力（Bediou et al., 2018）。

基于这些发现，一些电脑游戏制造商一直在推广面向老年人的能够锻炼大脑的日常游戏。但研究人员在查阅了全部现有研究后，对此持怀疑态度（Melby-Lervåg et al., 2016; Redick et al., 2017; Sala et al., 2018）。一组专家报告说："大量证据表明，大脑干预训练能够提高训练任务的表现，较少证据表明这种干预可以提高密切相关任务的表现，几乎没有证据表明训练提高了相关程度较低的任务的表现，或训练能够提高日常认知表现。"（Simons et al., 2016, p. 103）正如研究人员扎克·哈姆里克（Zach Hambrick, 2014）说，"玩电子游戏时，你在这款游戏中表现得好，也会在另一款类似的电子游戏中表现得好"，但在驾驶汽车或填写纳税申报单时却不是这样。一项实验发现，与单一的在线电子游戏相比，Lumosity 公司推出的著名的大脑训练项目对智力表现并没有帮助（Kable et al., 2017）。

第 10 章探讨了认知发展的另一个维度：智力。正如我们将看到的，横断研究和纵向研究已经确定了智力当中随年龄增长而发生变化和不发生变化的部分。年龄对记忆力和智力的预测能力不如对自然死亡的预测，而自然死亡的时间确实能为一个人的心智能力提供线索。在生命的最后三到四年，特别是在死亡临近时，通常认知能力会加

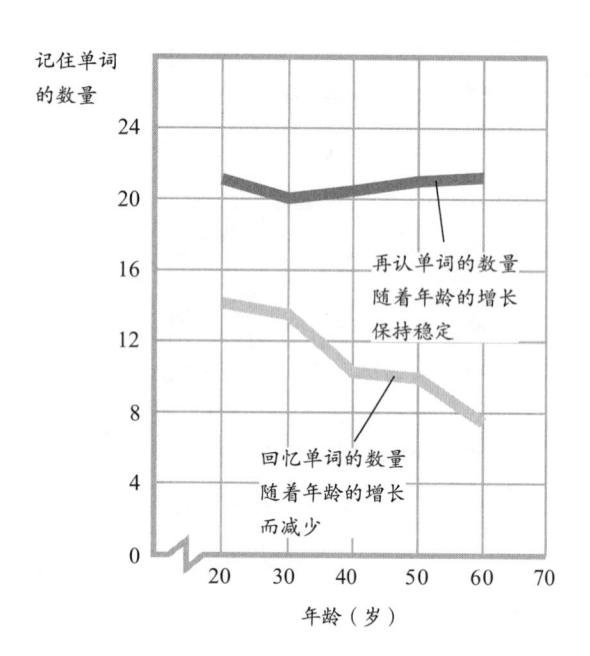

图 5.18 成年后的回忆和再认
在这个实验中，回忆新信息的能力在成年早期和中期都有所下降，而再认新信息的能力却没有下降（Schonfield & Robertson, 1966）。

"突然意识到自己生命的脆弱后，他开始缩小自己的关注点，改变自己的目标。看望孙子孙女，出远门探望定居印度的家人的次数变多，参与新投资的次数减少。"
——阿图尔·加万德

速下降（Vogel et al., 2013; Wilson et al., 2007b）。研究人员称这种濒临死亡时的下降为末期衰退（Backman & MacDonald, 2006）。我们的目标也在转变：学习的动力减少，社交的动力增加（Carstensen, 2011）。

神经认知障碍和阿尔茨海默病

学习目标问题 5-21 神经认知障碍和阿尔茨海默病是如何影响认知能力的？

大多数 90 岁的老年人依然头脑清醒。不幸的是，某些人遭遇了严重的心理衰退，这不是正常的衰老。在老年人中，听力丧失及因此导致的社会隔离，可能会导致他们患上抑郁症并加快智力下降的速度（Lin et al., 2011a, b, 2013; Loughrey et al., 2018）。与听力良好的人相比，那些听力丧失者的记忆力、注意力和学习能力会提前三年开始衰退——如果他们戴上助听器，情况会有所好转（Maharani et al., 2018）。轻微中风、脑瘤或酒精使用障碍会逐渐损害大脑，导致精神侵蚀——我们称为**神经认知障碍**（neurocognitive disorder，NCD）。过度吸烟的中年人患这种疾病的概率是正常人的两倍多（Rusanen et al., 2011）。世界上 75 岁以上的老人中有 3% 会患**阿尔茨海默病**（Alzheimer's disease）这一让人闻风丧胆的脑部疾病。95 岁以上的人患这一疾病的概率大约每 5 年翻一番。

阿尔茨海默病甚至会毁掉最聪明的人。首先衰退的是记忆力，然后是推理能力（偶尔忘记车钥匙放在哪里这种"情景记忆"会随着正常衰老而消退，没有必要对此感到惊慌，而忘记回家的路则可能意味着患上了阿尔茨海默病）。罗伯特·赛尔（Robert Sayre, 1979）回忆说，他的父亲对他患病的母亲大喊"再想想"，而母亲则困惑不已，不知所措。她茫然地满屋子寻找丢失的物品，几乎要哭出来。随着病情发展，5～20 年后，病人情绪淡漠，方向感丧失，不受控制，然后大小便失禁，最后丧失意识——一种活生生的死亡，变成被剥夺了人性的肉体。

阿尔茨海默病的潜在症状是脑细胞损失和产生神经递质乙酰胆碱的神经元退化，乙酰胆碱对记忆和思维至关重要。尸体解剖显示，这些产生乙酰胆碱的神经元有两种明显异常的表现：细胞体内是萎缩的蛋白质细丝，以及自由漂浮的团状蛋白质片段。这些片段在神经元顶端形成斑块，这里也是通常发生突触交流的地方。新技术能够在出现症状之前，检测到阿尔茨海默病的易感基因或检测出脊髓液中的致病蛋白质片段（De Meyer et al., 2010; Luciano et al., 2009）。有了这些发现后，科学家开始研发和测试可以预防这种疾病的药物，比如降低一种名为 γ-氨基丁酸（GABA）的神经递质的活性（这种神经递质能抑制记忆）（Chen et al., 2014）。21 个相关基因的发现可能对此有所帮助（Lambert et al., 2013）。

嗅觉退化和行走缓慢或摇晃可能是阿尔茨海默病的前兆（Belluck, 2012; Wilson et

神经认知障碍：俗称为老年痴呆。以认知缺陷为标志的获得性（非终身）障碍；通常与阿尔茨海默病、脑损伤、疾病或药物滥用有关。

阿尔茨海默病：一种以神经斑块为标志的神经认知障碍，通常在 80 岁以后发病，会导致记忆力和其他认知能力逐渐衰退。

al., 2007a）。对阿尔茨海默病风险人群的大脑扫描显示，在相关症状出现之前，关键脑细胞开始退化，与阿尔茨海默病相关脑区的活动减少（Apostolova et al., 2006; Johnson et al., 2006; Wu & Small, 2006）。在记忆单词时，会有弥散的大脑活动出现，患者似乎需要花更多的力气去完成相同的任务（Bookheimer et al., 2000）。

在那些睡眠良好并且通过阅读、参加教育讲座、跑步或举重等活动保持大脑和身体活跃的人中，阿尔茨海默病的发病率较低（Agrigoroaei & Lachman, 2011; Noble & Spires-Jones, 2019; Reynolds, 2019）。在一项长达 40 年的研究中，研究人员跟踪调查了近 1500 名瑞典中年妇女，发现活动能将阿尔茨海默病的发病时间推迟 9.5 年（Hörder et al., 2018）。正如肌肉锻炼的道理那样，大脑也是如此：大脑越用越灵光。

社会性发展

学习目标问题 5-22 从成年早期到死亡的社会性旅程中，有哪些标志性的主题和影响？

试着将这句话补充成五个不同的完整版本：“我是＿＿＿＿＿＿。”

青少年大多描述他们的个人特征。年轻人倾向于以他们的社会角色来定义自己，比如他们的职业或是为人父母的身份（Hards et al., 2019）。青少年、年轻人和老年人之间的许多差异是由重大的生活事件造成的。新工作意味着新的关系、新的期待和新的要求。婚姻带来亲密的快乐，也带来与伴侣一起生活的压力。对大多数夫妇来说，孩子出生的前后 3 年，生活满意度会增加（Dyrdal & Lucas, 2011）。爱人去世会给个体造成无法弥补的痛苦。这些成人生活事件会塑造一连串的生活变化吗？

成年期的年龄和阶段

当个体进入人生的第 40 个年头时，他们开始向成年中期过渡，意识到生命即将过半。许多心理学家认为，"中年期转变"是一场危机、一个竞争激烈的时期，伴随着后悔感，甚至还会产生被生活击倒的感觉。一个流行的中年危机形象是：一个 40 出头的男人为了追求年轻女朋友和跑车而放弃家庭——这不符合现实，更像是神话。不幸福、对工作和婚姻不满、离婚、焦虑和自杀行为在 40 多岁时很少出现（Hunter & Sundel, 1989; Mroczek & Kolarz, 1998）。比如离婚，在二十几岁时最常见；而自杀行为在 70～80 岁左右最普遍。对 10 000 个认为自己"情绪不稳定"的人进行的研究显示，"没有任何证据表明"中年人的压力最大（McCrae & Costa, 1990）。

四分之一的中年人报告说他们经历过危机，其关键因素不是年龄，而是生病、离婚或失业等重大事件（Lachman, 2004）。一些中年人称自己是"三明治一代"，既要赡养年迈的父母，又要养育未成年的子女或孙辈（Riley & Bowen, 2005）。

不同的年龄段发生的生活事件，会促使人们过渡到新的生活阶段。**社会时钟**（social clock）——对各种"时机"的界定，如离开家庭、找工作、结婚、生育、退休——在各种文化下和不同时代中都有所不同。现在，曾经僵化的序列开始松动，社会时钟仍然嘀嗒作响，但人们觉得自己的时间更自由了。

即使机遇事件也会对我们的人生产生持续的影响，令我们选择这一条而不是另外一条人生之路。阿尔伯特·班杜拉（Albert Bandura, 1982, 2005）想起了一个具有讽刺意味的真实故事：有位图书编辑来听班杜拉关于"偶遇和人生道路的心理学"的讲座，结果后来娶了讲座上碰巧坐在他旁边的女人。写这本书并不是我自己的主意，导致我写这本书的机遇事件开始于一场国际会议，会上我坐在一位优秀的同事旁边，我们就这样互相认识了。我与他人合著这本书的过程也是同样出乎意料：在偶然看到一篇关于我职业生活的文章后，迈尔斯邀请我去他的大学参观。那是我们第一次交谈，最终我们决定合作。机遇事件可以改变我们的生活。

成年期的承诺

我们的成年生活主要由两大方面组成。埃里克森称之为亲密感（形成亲密关系）和繁衍感（生殖和对后代的支持）。弗洛伊德（1935, 1960）的说法更简单：健康的成年人，是可以同时爱和工作的个体。

爱 尽管越来越多的人过着单身生活，但大多数人最终还是会结婚。我们动情，坠入情网，结婚——一次只与一个人。人类学家海伦·费舍尔（Helen Fisher, 1993）说："一夫一妻是人类社会的标志。"从进化论的观点来看，这种安排的确很有道理：那些养育子女到他们成熟的父母比不这样做的父母更有可能将基因传给后代。

这种形式的爱最令人满意也最持久：建立在相似的兴趣和价值观、情感分享和物质支持，以及亲密的自我表露基础上的爱。不管是变好还是变坏，这些年来我们的标准一直在提高：我们现在不仅追求建立一种持久的情感依恋，而且希望我们的配偶既能挣钱，又会照顾人；既是亲密的朋友，又是温柔和充满激情的恋人（Finkel, 2017）。似乎与"誓言的力量"有关，以承诺为基础的异性恋和同性恋关系往往更持久（Balsam et al., 2008; Rosenfeld, 2014）。夫妻双方都受过良好教育且在20岁后结婚的人，婚姻关系更持久。在西方国家，与30年前的同龄人相比，人们受教育程度越高，结婚时间也越迟（Wolfinger, 2015）。这些趋势也许能解释为什么美国的离婚率从1960年到1980年激增，此后又有所下降。自20世纪80年代以来，加拿大的离婚率也有此趋势（Statistics Canada, 2011）。

"试婚"般的尝试一起生活是否会将离婚率降到最低？欧洲、加拿大和美国的研究都表明，婚前（尤其是在订婚前）同居者的离婚率更高，婚姻中出现的麻烦也更

> 社会时钟：结婚、生育和退休等社会事件在文化影响下的"时机"。

> "如果我觉得这项工作并不能让我感到兴奋，我就不想做了。为什么会这样呢？"
> ——神经心理学家布伦达·米尔纳

> "人生中的重大事件是一连串极不可能出现的情况的产物。"
> ——约瑟夫·特劳布

多（Goodwin et al., 2010; Jose et al., 2010; Manning & Cohen, 2012; Stanley et al., 2010）。在被研究的11个发达国家中，同居伴侣比配偶更倾向于承认在过去一年中，他们严重怀疑过这段关系能否持续下去（Wang & Wilcox, 2019）。以下三个因素导致了这种情况：第一，那些同居者最初往往并不憧憬理想化的长久婚姻；第二，他们在同居期间可能变得更不支持婚姻；第三，与同居伴侣分手比与约会对象分手更尴尬，导致一些同居者与"他们本会与之分手的人"结婚（Stanley & Rhoades, 2016a, b）。

虽然如今的人际关系更加多样化，但婚姻制度仍然会持续存在下去。在美国，超过90%的成年人已经结婚或者想要结婚（Newport & Wilke, 2013）。在西方国家，想要结婚的"非常重要"的理由是什么呢？在美国，31%的人认为结婚能够带来稳定的经济，93%的人是因为憧憬爱情（Cohn, 2013）。婚姻预示着幸福、性满足、收入稳定和身心健康（Scott et al., 2010; Wilcox & Wolfinger, 2017）。1972年至2018年期间，对40 000多名美国人的调查发现，报告自己"非常幸福"的人中，已婚者占40%，而未婚者只占23%（NORC, 2019）。女同性恋伴侣也报告自己比那些单身者要幸福得多（Peplau & Fingerhut, 2007; Wayment & Peplau, 1995）。此外，结婚率高的社区儿童发生违法犯罪、行为不良和情绪障碍等社会问题的概率更低（Myers & Scanzoni, 2005; Wilcox et al., 2018）。

天长地久的婚姻关系并不总是没有冲突。有些夫妻会争吵，但也会向对方表达浓浓的爱意；有些夫妻从不大声说话，也很少相互赞扬或爱抚。两种类型的婚姻关系都能持久存在。在观察了2000对夫妇的互动后，约翰·戈特曼（John Gottman）和朱莉·戈特曼（Julie Gottman）提出了一个预测成功婚姻的指标：积极与消极互动的比例至少要达到5:1。稳定婚姻需要微笑、触摸、赞美和大笑的次数，是挖苦、批评和冒犯次数的5倍以上。因此，如果你想预测哪对新婚夫妇会在一起生活得更久，请不要注意他们在热恋时多有激情。拥有持久婚姻的夫妻往往都不会贬低对方。为避免这种消极的恶性循环，成功的夫妇应学会公平地争论（表达感情而不伤害对方），并学会疏导矛盾的表达方式，比如"我知道这不是你的错"或"现在我会安静地听你说"。

通常，是爱孕育了孩子。对大多数人来说，生活最持久的变化是拥有孩子，这是一件幸福的事——给你的人生带来意义、快乐和偶尔的压力（Nelson-Coffey et al., 2019; Witters, 2014）。在美国一项全国性调查中，93%的母亲说："我对孩子的爱与对其他人不同，这种爱无与伦比。"（Erickson & Aird, 2005）许多父亲也有同样的感觉。在我第一个孩子出生几周后，我突然意识到："原来这就是父母对我的感觉！"

爱
亲密、依恋、承诺——无论以哪种名字存在，爱都是健康快乐的生活的核心。

"你问我为什么这么多年我们的关系始终如一？这没有什么诀窍。我们是彼此的习惯，也是彼此的历史。"
——朱迪斯·维奥斯特

你持什么样的观点？婚姻与幸福感相关，是因为婚姻的支持和亲密感可以带来快乐，还是幸福的人更可能结婚并且维持婚姻，或二者皆有可能？

工作满意度和生活满意度

工作可以给我们提供认同感和胜任感，以及有所作为的机会。也许这就是具有挑战性且有趣的职业能够增强个体幸福感的原因。

当孩子开始消耗父母的时间、金钱和情感能量时，夫妻关系之间的满意度就会下降（Doss et al., 2009）。这尤其可能发生在职业女性身上，她们要承担的家务比预期的还多。因此，努力创造一种平等的关系可以得到双倍的回报：除了夫妻关系有更高的满意度之外，还能让亲子关系更加亲密（Erel & Burman, 1995）。

最终，孩子还是要离开家。这种分离也是一个重要的甚至是困难的事件。但空巢对大多数人来说仍是快乐的地方（Adelmann et al., 1989; Gorchoff et al., 2008）。许多父母经历了"空巢后的蜜月"，尤其是那些和孩子保持密切关系的父母（White & Edwards, 1990）。正如丹尼尔·吉尔伯特（Daniel Gilbert, 2006）所说："'空巢综合征'唯一的已知症状是父母脸上的笑容增多了。"

工作 对于大多数成年人而言，"你是谁？"的答案在很大程度上取决于"你做什么工作"。无论对女性还是男性来说，选择职业道路都很困难，特别是在经济不稳定的时期。即使在最好的时间点，即大学的前两年，也很少有学生能预测自己将来的职业。

归根结底，幸福就是找到既符合自己的兴趣又能给自己带来胜任感和成就感的工作。幸福感能让你慷慨地奉献出自己的时间和资源（Mogilner & Norton, 2016; Whillans et al., 2016）。幸福就是有可以给自己提供支持的亲密伴侣、家人和朋友，他们会肯定你的成绩并为之欢呼（Campos et al., 2015）。对一些人来说，幸福也包括爱自己、依赖自己的孩子，爱孩子并为之感到骄傲。

"不养儿不知父母恩。"
——中国谚语

"我们对孩子的爱与人类其他的情感截然不同。在我的孩子还未出生时，我便那样深爱着他。然而20年后，我看到他们离开家庭（或多或少）是高兴的——看到他们离开家庭我必须高兴。当孩子还小的时候，我们全心全意地爱着他们，但当他们长大后，我们所期待的最大回报就是他们对我们全心全意的爱。"
——发展心理学家艾莉森·高普尼克

检索练习

RP-1 弗洛伊德将健康的成年人定义为可以同时去_____和_____的个体。

答案见附录 D

毕生的幸福

学习目标问题 5-23 我们的幸福感在一生中是如何变化的？

我们都会变老。此刻的你就处在自己最老的时刻，但是此刻的你又比今后任何时刻都要年轻。这意味着我们可以满足或失望地回忆往事，充满信心或忧虑地展望未来。当人们被问及如果能再活一次会做些什么时，最常见的回答是"更认真地学习，更努力地工作"（Kinnier & Metha, 1989; Roese & Summerville, 2005）。其他的遗憾——"我应该告诉爸爸我爱他""我后悔自己从未去过欧洲"——也更集中于没有做成的事情，而不是做错的事情（Gilovich & Medvec, 1995）。

但直到最后，65 岁以上的人并没有明显的不快乐情绪。例如，个体的自尊水平一直保持稳定（Wagner et al., 2013）。盖洛普调查了全球 658 038 名受访者，让他们给自己的生活打分，从 0 分（"最糟糕"）到 10 分（"最美好"）。从 15 岁的年轻人到 90 多岁的老年人都表示感觉自己生活幸福（Morrison et al., 2014）。中年以后，随着情绪控制能力增强，积极的感受也会增长，而消极的感受则会消退（Stone et al., 2010; Urry & Gross, 2010）。例如在中美两国，与年轻人相比，老年人更关注积极的新闻（Isaacowitz, 2012; Wang et al., 2015a）。

和所有年龄段的人一样，老年人在有人陪伴的时候是最快乐的（图 5.19）。与青少年和年轻人相比，老年人的社交网络范围更小，朋友更少，孤独感也更强（Luhmann & Hawkley, 2016; Wagner et al., 2016）。然而，老年人在人际关系中遇到的问题更少——

> "出生时，你一哭，全世界都笑了。以这样一种方式生活，这样当你去世时，全世界都会为你哭泣，而你会为自己欢呼。"
> ——美国本土谚语

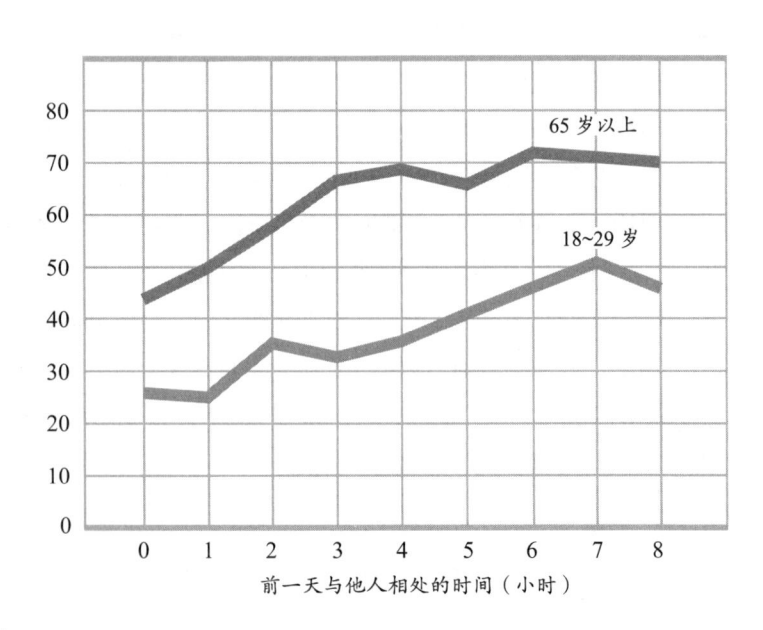

图 5.19 人类是社会生物

年轻人和老年人都表示，与他人在一起时更快乐。请注意，这种相关性也可能表示快乐的人更善于社交（Gallup survey data reported by Crabtree, 2011）。

出现依恋焦虑、压力和愤怒的可能性更小（Chopik et al., 2013; Fingerman & Charles, 2010）。随着年龄的增长，我们变得更成熟稳重，也更信任他人（Bailey & Leon, 2019; Shallcross et al., 2013）。

大脑老化可能有助于培养这些积极的感受。对老年人的大脑扫描显示，杏仁核（情绪的神经加工中心）对消极事件的反应微乎其微，但对积极事件仍有反应（Mather et al., 2004）。对消极图片的脑波反应也随着年龄的增长而减弱（Kisley et al., 2007）。当我们步入晚年时，大脑最易得到满足（Mather, 2016）。

此外，与年轻人不同，老年人在生活中记住的好事多于坏事（Addis et al., 2010）。总的来说，这种快乐的现象让大多数老年人感到欣慰，认为生活大多是美好的。受生物学、心理学和社会文化的影响，人们的老年生活愈加丰富（图 5.20）。

在个体毕生的生命周期中，主观幸福感模糊了一些非常有趣的与年龄相关的情绪差异。研究人员通过电子蜂鸣器发射周期性电信号，让人们报告自己当时的活动和感受，并描绘出人们的情感轨迹。他们发现，青少年通常在不到一个小时的时间里可能一下子从狂喜中跌落，一下子又从忧郁中回升。而成年人的心境不会那么极端，却更持久（Csikszentmihalyi & Larson, 1984）。随着时间的流逝，情绪会逐渐变得稳定（Brose et al., 2015）。高峰不太高，低谷也不太低；称赞不再那么令人开心，批评也不再那么令人沮丧，两者只不过是由褒贬积累而成的附加反馈。因此，随着年龄的增长，生活不再是情感的过山车。

> "活到 70 岁的好处是你可以更平静地面对生活。你知道'这一切都会过去的'！"
> ——埃莉诺·罗斯福

检索练习

RP-2 变老这一过程中最严峻的挑战和最大的收获分别是什么？

答案见附录 D

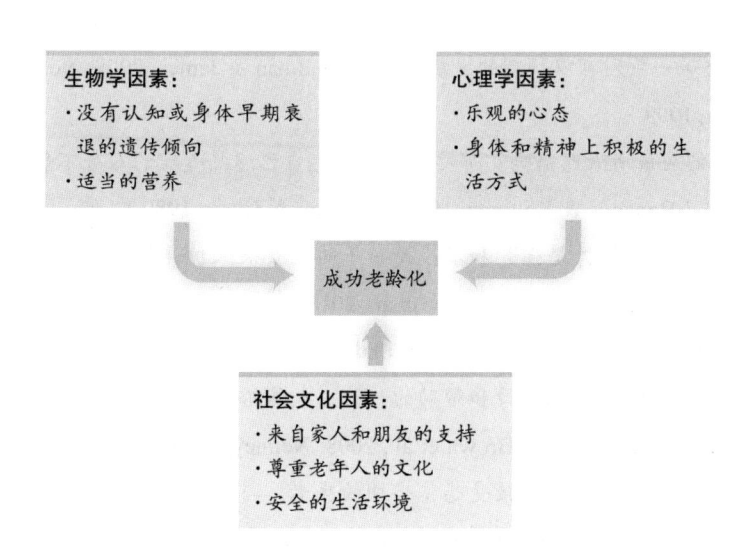

图 5.20 成功老龄化的生物心理社会影响因素

死亡与走向人生的终点

学习目标问题 5-24 所爱之人死亡会引发什么样的反应？

> "活到 100 岁最大的好处是没有同龄人压力。"
> ——刘易斯·W·库斯特

警告：如果你开始读下一段，你会死。

当然，如果你没有读到这段，你还是会死，在某个时刻。"时间是一位伟大的老师，"19 世纪作曲家赫克托·柏辽兹（Hector Berlioz）指出，"但不幸的是，它会杀死所有的学生。"我们无法避免死亡，正如人们所说，健康只是最慢的死亡方式。

我们中有很多人会经历亲朋好友死亡带来的痛苦。通常最痛苦的离别是来自配偶的死亡——女性所体验到的痛苦是男性的 5 倍。维持日常工作和人际关系可以提高面对此类创伤时的疗愈能力（Infurna & Luthar, 2016），但有些人会极度悲伤，特别是亲人在社会时钟预期的时间之前意外地死亡时。当一场悲剧夺走了我 60 岁母亲的生命时，我亲身经历了这一切。面对这样的悲剧，人们哀伤的时间可能会长达一年，甚至更久（Lehman et al., 1987）。

一些人根本无法承受这种创伤。丹麦一项对 100 多万人的长期研究发现，其中约 17 000 人曾经历过未满 18 岁的孩子去世的痛苦，在孩子死亡后的 5 年里，他们中有 3% 的人初次在精神病院住院治疗，其发生率比没有这种遭遇的父母高 67%（Li et al., 2005）。

爱人去世，个体反应的正常范围比人们想象的要宽泛得多。有些文化鼓励公开哭嚎，有些文化却鼓励隐藏悲伤。而无论是在任何文化中，个体都是各不相同的。即使经历同样的丧失，有些人会经历长久而强烈的悲痛之情，有些人的悲痛之情却轻微而短暂（Ott et al., 2007）。但与大众所持的错误观念相反的是：

- 悲伤是阶段性的吗？患有绝症的个体失去亲人时不一定按部就班地经历否认、愤怒等一系列可以预测的发展阶段（Friedman & James, 2008; Nolen-Hoeksema & Larson, 1999）。

- 我们应该消除悲痛吗？那些马上就表达自己悲痛心理的人并不能更快地消除这种悲痛（Bonanno & Kaltman, 1999; Wortman & Silver, 1989）。但是，那些悲伤的父母试图通过"保持坚强"和不谈论孩子的死亡来保护伴侣，这种做法实际上可能会延长自身的悲伤时间（Stroebe et al., 2013）。

- 是否需要治疗？丧亲治疗和自助小组会提供支持。但是时间的流逝、朋友的支持，以及给予他人支持和帮助的行为，也能给这些父母提供类似的治愈力量（Baddeley & Singer, 2009; Brown et al., 2008; Neimeyer & Currier, 2009）。那些经常和其他人谈话聊天，或者接受悲伤咨询的生者，与那些暗自伤心的人一样，都能调整好自己的情绪（Bonanno, 2004; Stroebe et al., 2005）。

・如果知道自己即将死去，这可怕吗？与人们想象的面对死亡时的感觉相比，那些身患绝症，即将面临死亡的人态度更积极，悲伤和绝望的程度更轻。在研究了绝症病人的博客文章和死刑犯的临终遗言后，阿米莉亚·格朗松（Amelia Goranson, 2017）和她的同事认为，"与死神会面可能并不像看起来那么可怕"。

坦诚和有尊严地面对死亡，有助于人们感知到生命是有意义的和完整的，并以这样的态度来圆满地度过人生历程——他们的存在曾经非常美好，而且生与死是生命周期的一个组成部分。尽管死亡不受人欢迎，但是生存本身包括死亡都是值得赞美的。对于那些具有埃里克森所说的整合感（一种认为生活有意义和自己的生存非常值得的感觉）而不是绝望地回顾自己一生的人，更是如此。

第 6 章

感觉与知觉

感觉和知觉的基本概念
加工感觉和知觉
传导
阈限
批判性思考：阈下感觉和阈下说服
感觉适应
知觉定势
情境、动机和情感

视觉：感觉和知觉加工
光能与眼睛结构
眼睛与大脑的信息加工
知觉组织
知觉解释

非视觉感官
听觉
其他感官
感官互动
超感知觉——没有感觉的知觉？

"我的视力很完美,"希瑟·塞勒斯(Heather Sellers)说道。她是一位受欢迎的作家和一名写作教师。她的视力极佳,但是知觉存在问题。她在2010年写的回忆录《你跟我认识的人都不一样》中,讲述了由于她患有先天性面孔失认症——脸盲症而导致的尴尬时刻。

我上大学时,某次在意大利餐厅和男友约会。当我从洗手间回来后,坐错了卡座,坐到了一个陌生男人对面。当我的约会对象(对我来说是一个陌生人)与我对面的人搭讪几句,然后怒气冲冲地走出餐厅时,我仍未意识到对面的人并不是我的男友。我认不出照片或视频中的自己;我认不出赛场上拦截足球的养子;在聚会、购物中心或超市里,我也认不出谁是我的丈夫。

为了避免他人误认为自己势利或冷漠,塞勒斯经常会面带微笑,假装自己认识他们。但是,塞勒斯说,这也有好的一面:即使遇见曾经激怒过她的人,她也不会感到不适,因为她根本没认出此人。

与塞勒斯不同的是,我们大多数人在大脑右半球下侧都有一个功能区,使我们能够在七分之一秒内识别面孔(Jacques & Rossion, 2006)。我们这种非凡的能力揭示了一个更广泛的原则:大自然的感官天赋使每一种动物都能获得基本信息。其他的例子包括:

· 人的耳朵对包括人类声音在内的声音频率最敏感,尤其是婴儿的哭声。

· 以飞虫为食的青蛙眼睛里有一种细胞,只对微小的、黑色的、移动的物体做出反应。青蛙看不见膝盖上方静止不动的苍蝇。但是如果有一只苍蝇飞过,青蛙的"昆虫探测器"细胞就会被唤醒。正如科米蛙(《大青蛙布偶秀》电视节目的角色)所说:"抓苍蝇可是非常有趣的。"

· 雄蚕蛾的气味感受器能检测出1.6千米外的雌蛾以每秒百亿分之一克的水平所释放的化学性引诱剂(Sagan, 1977)。这就是蛾能够不断繁衍生息的奥秘所在。

这一章,我们将学习心理学家就我们如何感知世界这一问题所做的研究。我们首先探讨一些适用于我们所有感官的感觉和知觉的基本原则。

感觉和知觉的基本概念

我们如何从每天 24 小时不间断轰炸我们身体的感觉刺激中获得意义？我们的身体是平静的。我们的大脑置于一片寂静的黑暗中，看不到、听不到，也感觉不到。那么，外部世界如何进入大脑？让我们科学地表达这个问题：我们如何构建外部世界的表征？篝火的亮光、噼啪声、热感和烟味是如何激活神经连接的？而从这种神经化学中，我们又是如何感受到火焰的晃动、温度、味道的呢？

加工感觉和知觉

学习目标问题 6-1 什么是感觉和知觉？我们所说的自下而上的加工和自上而下的加工分别是什么意思？

希瑟·塞勒斯将"完美视力"和脸盲症结合在一起，两者的奇怪结合表明**感觉**（sensation）和知觉（perception）是有区别的。看着朋友时，她的感觉是正常的。因为**感受器**（sensory receptor）能探测到任何视力正常的人都能探测到的信息，神经系统将这些信息传递给大脑。她的知觉——大脑组织和解释感觉输入的过程——几近于正常。因此，她可以通过头发、步态、声音或特殊的体态，而非面孔将他人认出。当人类想辨别出某一只企鹅时，也会做出相似的尝试。

在正常情况下，感觉和知觉会结合，形成一个连续的过程。

1. 自下而上加工（bottom-up processing）。从感受器开始，逐步扩展到更高级的神经加工水平。
2. 自上而下加工（top-down processing）。依靠经验和期望，从这些感觉输入中构建知觉。

当大脑解读信息时，自下而上的加工能让我们的感觉系统探测到线条、棱角和颜色。运用自上而下的加工，我们能诠释感受器所感觉到的东西。

传导

学习目标问题 6-2 哪三个步骤是所有感觉系统的基础？

感觉系统有惊人的能力：它们能将一种形式的能量转换成另一种形式的能量。视觉转化光能，听觉转换声波。我们所有的感官都能做到：

- 接收感觉刺激，通常使用专门的感受器细胞。

感觉：感受器和神经系统接收并表征来自环境的刺激能量的过程。

感受器：对刺激做出反应的感觉神经末梢。

知觉：大脑组织和解释感觉输入的过程，使我们能够识别有意义的物体和事件。

自下而上加工：从感受器开始的信息加工，直到大脑将感觉输入整合起来。

自上而下加工：由更高层次的心理过程引导的信息加工，比如我们根据经验和期望构建知觉。

- 将刺激转化为神经脉冲。
- 将神经信息传递给大脑。

将一种形式的能量转换为可供大脑使用的另一种形式的能量的过程叫作**传导**（transduction）。传导更像是翻译——将光波等物理能量转化为大脑的电化学语言。我们身体能感受到这种物理能量，这种物理能量会影响我们的心理体验。而**心理物理学**（psychophysics）研究的正是这二者之间的关系。

本章节，我们将重点讨论我们身体的各个感官系统。我们是如何理解这些感官系统的呢？听到声音？感觉到疼痛？尝出味道？闻到气味？保持平衡？在上述情况下，我们的某个感官系统会接收、转化信息并将信息传递给大脑。我们所有的感官是协同工作的。

在探索和了解自身能量时，我们来分析一下自己的优势和劣势。

> **传导**：将一种形式的能量转换为另一种形式。在感觉方面，把视觉、声音和气味等物理能量转化为我们大脑能够理解的神经冲动。
>
> **心理物理学**：研究刺激性物理特征（如强度）与我们心理体验之间的关系。

检索练习

RP-1 感觉和知觉之间的大致区别是什么？

答案见附录 D

阈限

学习目标问题 6–3 绝对阈限和差别阈限有何区别？

此刻，你和我正受到 X 射线和无线电波、紫外线和红外线、高频和低频声波的影响作用。我们既不能看到也不能听到上述这些事物。其他动物对世界的察觉与人类有所不同。迁徙的鸟类利用它们的磁性指南针保持航线；蝙蝠和海豚利用声呐将回声弹到物体上定位猎物；在阴天，蜜蜂通过探测我们看不到的太阳偏振光导航。感觉的屏幕只打开了一条很小的缝隙，因而我们对这个辽阔的能量海洋的认识还很有限。但考虑到我们的需求，这已经够了。

绝对阈限

我们对某些刺激是非常敏感的。在一个完全黑暗、视野清晰的夜里，站在山顶上，我们大多数人都能看到 50 千米外另一座山顶上的烛光。我们可以感觉到蜜蜂的翅膀落到我们的脸颊上，甚至还可以闻到公寓里一滴香水散发的气味（Galanter, 1962）。

德国科学家、哲学家古斯塔夫·费希纳（Gustav Fechner, 1801—1887）研究了我们能够意识到这些微弱刺激的界限，他称为**绝对阈限**（absolute threshold）。为了测量声音的绝对阈限，听觉专家分别给你的两只耳朵呈现不同声级的声音，并记录你是否能听到每个声级（图 6.1）。测试结果显示，对于每种声音，你有一半的次数能准确地觉

> **绝对阈限**：在 50% 的测试中觉察到一个特定刺激所需的最小刺激强度。

图 6.1 绝对阈限

我能听到这个声音吗？绝对阈限是指一个人在 50% 的测试中觉察到一个特定刺激所需的最小刺激强度。听力测试用来确定各种声音频率的阈限。

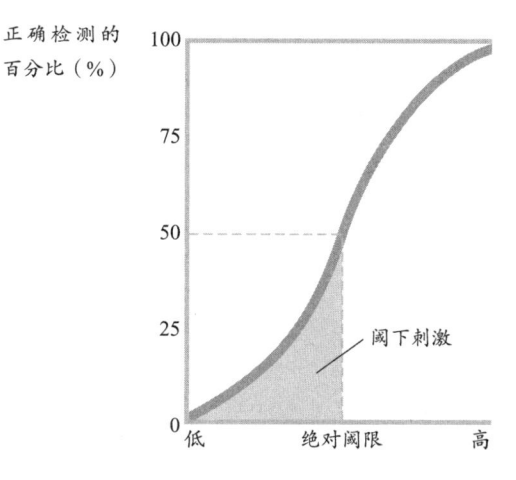

察到，另外一半次数却没有觉察到，那么这个 50-50 的点就是你的绝对阈限。

检测一个微弱的刺激或者信号（如听力测验中的声音信号），不仅依赖于信号的强度，也依赖于我们的心理状态——我们的经验、期望、动机和警觉水平。根据**信号检测论**（signal detection theory），我们可以预测何时会检测到微弱的信号（以"击中率"与"虚报率"进行计算）。信号检测论者努力地想要了解为什么人们会对同样的刺激做出不同的反应，为什么同一个人的反应会随环境的变化而改变。

在 50% 的测试中，你无法有意识地察觉到**阈下**（subliminal）刺激——原因在于阈下刺激低于你的绝对阈限（图 6.1）。一个有关阈下刺激的实验说明了性取向影响的深层次现实。当人们注视着屏幕中央时，屏幕的一边闪出了一张裸体照片，另一边则是照片的模糊版（Jiang et al., 2006）。裸体照片很快被一个彩色的棋盘遮住，人们无法有意识地感知到除了闪烁的颜色外的任何东西，因此无法判断裸体照片出现在屏幕的哪一边。为了测试这种不可见图像是否会吸引人们无意识地注意，实验者接着在某一边闪过一个几何图形。同样，这一几何图形也很快被掩盖。在几何图形和裸体女子照片出现在同一位置时，男异性恋者对几何形状的猜测更准确。而展示裸体男子照片时，男同性恋者和女异性恋者的猜测更为准确。因此，虽然自己没有意识到，但更有吸引力的性形象已经吸引了他们的注意。

这个实验表明，性取向是比有意识的道德选择更深层次的东西。它说明潜意识像风一样：我们看不见它本身，但我们看得见它对周遭事物的影响。那么，我们能被潜意识信息控制吗？（见"批判性思考：阈下感觉和阈下说服"。）

差别阈限

为了有效地感知世界，我们需要足够低的绝对阈限以便觉察重要的画

信号检测论：预测我们如何以及何时在背景刺激（噪声）中检测到微弱刺激（信号）的存在的理论。假设没有单一的绝对阈限，检测部分取决于一个人的经验、期望、动机和警觉水平。

阈下：低于意识知觉的绝对阈限。

批判性思考：

阈下感觉和阈下说服

学习目标问题 6-4　阈下刺激是如何产生影响的？

我们可能会受阈下刺激的影响——这种刺激非常微弱，我们平时根本不会注意到。

研究人员使用启动法（priming）来激活无意识的联想

参与者观看人像幻灯片，并对每个人面孔做出正面或负面的评价。

但是

在每张幻灯片出现前的一瞬间，聪明的研究人员故意闪过一些其他图像——这些图像有些是可爱的（例如小猫），有些是邪恶的（例如狼）。

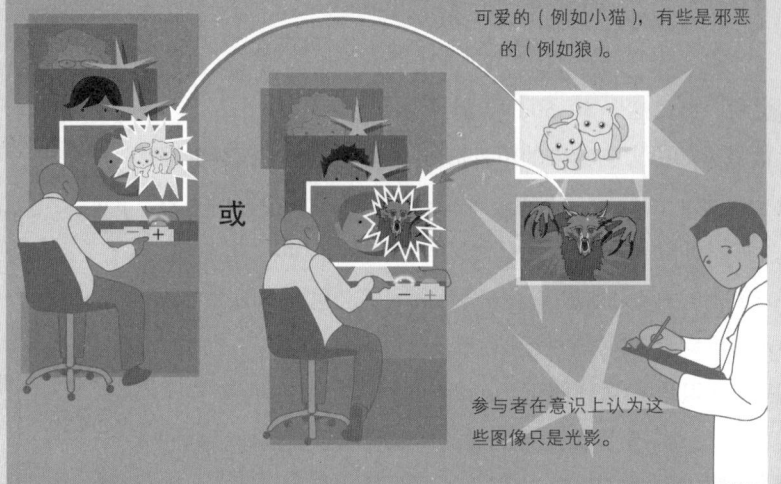

参与者在意识上认为这些图像只是光影。

参与者对这些面孔的评价会受到影响吗？

会！[1]

对人们更正面的评价　　　对人们更负面的评价

双通道思维：即使观看者的大脑没时间有意识地感知一闪而过的图像，这些图像仍会激活大脑。我们甚至可能在无意识的情况下评估某个刺激。[2]

因此，我们可以被启动，但我们会被阈下刺激说服吗？比如减肥、戒烟或提高我们的记忆力？

音频和视频信息以阈下刺激（在接受者无意识的情况下）的方式宣称：

"我很瘦。"
"香烟的味道并不好。"
"我成绩不错，考试时能记起全部知识点。"

16 项实验[3]的结果显示，这些音频和视频并没有对行为产生强大、持久的影响。音频不会比安慰剂更有用，而安慰剂之所以有用是因为我们相信它有用。

1. Krosnick et al., 1992。2. Ferguson & Zayas, 2009。3. Greenwald et al., 1991, 1992。

面、声音、质地、味道和气味。同时我们也需要觉察刺激间的微小差异：音乐家在给乐器调音时一定能够觉察到音调的微小差异；父母一定能在其他孩子的声音中分辨出自己孩子的声音；即使在苏格兰待了两年，但所有的羊叫声在我听来都一样，羊妈妈却能分辨出来。我发现，剪完羊毛后，母羊能在一群咩咩叫的羔羊中找到自己的孩子。

> 你的孩子，
> 其实不是你的孩子，
> 他们是生命对于自身渴望而诞生的孩子，
> 他们通过你来到这世界，
> 却非因你而来，
> 他们在你身边，
> 却并不属于你。
> 你可以给予他们的是你的爱，
> 却不是你的思想，
> 因为他们有自己的思想。
> 你可以庇护的是他们的身体，
> 却不是他们的心灵，
> 因为他们的心灵属于明天，
> 属于你做梦也无法到达的明天。

差别阈限

上面的纪伯伦《先知》第四章《论孩子》，随着行数增加，字号逐渐增大。到第几行你才会注意到字变大了呢？

启动法：激活某些联想，从而使人的感知、记忆或反应具有倾向性，往往是无意识的。

差别阈限（different threshold），也称最小可觉差（just noticeable difference，简称 jnd），是一个人在 50% 的测试中能觉察到两个刺激间差异的最小刺激变化量。差别阈限会随着刺激量的增加而增加。因而，如果我们以 40 分贝的音量听音乐，此时增加了 5 分贝，我们可能刚刚能察觉到。但如果我们把音量增加到 110 分贝，这时再增加 5 分贝，我们可能完全察觉不到。

19 世纪末，德国医生恩斯特·韦伯（Ernst Weber）注意到，不管物体的重量有多大，两个刺激必须相差一个恒定的最小比例才能被察觉到。这个原则——差别阈限是刺激的恒定比例变化，而不是恒定数量变化——非常简单而且普遍适用，因此我们把它称为韦伯定律（Weber's law）。这个比例是依照刺激的种类而变化的。例如，两束光的强度差要达到 8%，两个物体的重量差要达到 2%，而两个声音信号的频率只需要有 0.3% 的差异就能被觉察到（Teghtsoonian, 1971）。

差别阈限：一个人在 50% 的测试中能察觉到两个刺激间差异的最小刺激变化量，即最小可觉差（jnd）。

韦伯定律：两个刺激必须相差一个恒定的最小比例（而不是一个恒定的量）才能被觉察到。

检索练习

RP-2 以声音为例，解释这些概念的区别：绝对阈限、阈下刺激和差别阈限。

答案见附录 D

感觉适应

学习目标问题 6–5 感觉适应有什么功能？

日常生活中，有这么一种奇特现象：你可能不会注意到风扇的噪声，直到打开或关上它的时候。对于气味也一样。在公交车上，闻着邻座的人身上浓重的香水味，你想知道她自己是如何忍受的，但几分钟后你就适应了。这些例子都证实了**感觉适应**（sensory adaptation）。当不断暴露在常态化的刺激下时，我们不会那么容易地意识到

"我们首先需要了解变化，没有人想要或需要一天 16 小时被不停提醒，他的鞋子还穿在脚上。"
——神经科学家戴维·休贝尔

感觉适应：由于不断的刺激，敏感度下降。

它，因为此时神经细胞放电的频率较低。（要体验感觉适应，请你卷起袖子。此时你能感受到袖子的存在，但只有片刻。）

那么为什么当我们目不转睛地盯着某一个物体时，它不会从我们的视线中消失（感觉适应）呢？因为我们并没有注意到我们的眼睛始终是运动的，这种从一个点到另一个点的持续运动恰好可以保证对视网膜的刺激不断变化。

如果我们真的能控制眼睛的运动，会发生什么情况呢？视觉会像气味一样逐渐消失吗？为了寻找答案，心理学家设计了一种精密的仪器，它可以使视网膜上的图像保持不动。假设我们有一位合适的参与者玛丽，还有一个这样的仪器——一个安放在隐形眼镜上的微型投影仪。当玛丽的眼睛移动时，投影仪里的图像会随之移动。这样，玛丽看向哪里，图像就会出现在哪里。你能猜到这个实验的结果吗？（图6.2）。

图6.2 感觉适应：你看到它了，现在你又看不到了！

（a）隐形眼镜上安放一个投影仪，使投影图像随眼睛移动。（b）这个人一开始能看到稳定的图像。但由于感觉适应，她的眼睛很快就会习惯常态化刺激。她开始看到有些图案渐渐消退，然后再出现，却不会看到完整的图像。

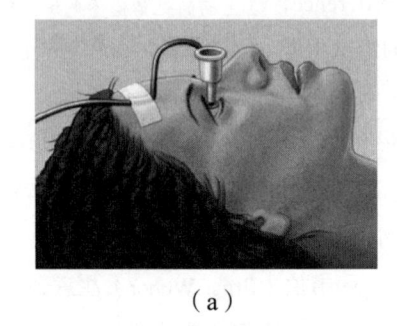

尽管感觉适应降低了我们的敏感性，但是这对我们非常有利：它可以使我们自由地关注环境中的信息变化。科技公司了解不断变化的刺激所具有的、吸引人的力量，我们手机上的新推文、收藏夹更新、信息、突发新闻报道和其他喋喋不休的消息都很难被忽视。正如照片墙（Instagram）的一位创始工程师所说，"总有另一个标签可以点击"（Alter, 2017）。如果我们正在做其他事情，很容易被以上这些事件分散注意力（Stothart et al., 2015）。

要记住的一点：我们的感受器对新奇的事物很警觉，但对重复出现的事物会逐渐适应。如此一来，我们可以注意到更重要的信息。我们不是按照世界的原貌，而是按照我们对世界的感觉来认识它。

> **自问**
>
> 在过去24小时内，你体验到哪些类型的感觉适应？

> **检索练习**
>
> RP-3 为什么在穿了一段时间鞋子后，你就不会再注意到它们了（直到被问到这一问题，你又开始注意到它们）？

答案见附录D

知觉定势

学习目标问题 6-6 期望、情境、动机和情绪是如何影响我们的知觉的？

眼见为实。当我们不太能完全理解某一事物时，所信即所见。通过以往经验，我们开始期待某些结果。这些期望可能会使我们形成**知觉定势**（perceptual set）：一系列心理倾向和假设，自上而下地影响着我们的听觉、味觉、感觉和视觉。

日常生活中，像"思想控制思想"的知觉定势的例子比比皆是。1972 年，一家英国报纸刊登了苏格兰尼斯湖水怪未经修饰的照片，宣称这是"有史以来最令人惊奇的照片"。如果你和大多数读者一样，对这一新闻深信不疑，你会在类似照片中看到水怪。但是，当某个持怀疑态度的研究人员带着不同的看法观察原始照片时，他看到的仅仅是一根弯曲的树枝——就像照片拍摄当天其他人看到的那样（Campbell, 1986）。新的知觉定势带来了多么大的不同啊。

知觉定势也会影响我们听到的东西——"stuffy nose"（鼻塞）或"stuff he knows"（他所知的事情）？在飞机起飞时，和蔼可亲的飞行员对着看上去闷闷不乐的副驾驶说，"Cheer up"（高兴起来）。副驾驶听到的是"Gear up"（收轮），于是在飞机离开地面前迅速抬起了轮子（Reason & Mycielska, 1982）。或者一个喜欢美国职业棒球大联盟的小男孩，当人们站起来对他唱"say, can you see?"（说，你能看见吗？）时，他可能听到的是"José, can you see?"（荷西，你能看见吗？）；或者向人们讲述一对夫妇在一些"bad sects"（坏教派）中的痛苦经历时，（由于他们的想法）他们可能会听到完全不同的东西，比如"bad sex"（糟糕的性事）。

现在请思考这样一个奇怪的问题：如果你说了某个词，但听到自己说了另一个词，你会认为自己说了什么？为了找出答案，研究人员邀请人们说出一种字体的颜色，例如当"绿色"两个字以灰色字体出现时，就说"灰色"（Lind et al., 2014）。当参与者戴着降噪耳机听自己说话声时，研究人员会偶尔播放参与者之前录制的声音来代替，比如"绿色"而不是"灰色"。令人惊讶的是，人们往往会忽略这个转换——并把播放的录音声当成是自己说的。因此，正如前面所说的所信即所见，所信也即所听。

期望还会影响味觉知觉。在一项实验中，1/6 的学龄前儿童认为，装在麦当劳袋子里的薯条比装在普通白色袋子里的薯条更好吃（Robinson et al., 2007）。另一项实验邀请麻省理工学院校园酒吧的顾客品尝免费啤酒（Lee et al., 2006）。当研究人员在一种名牌啤酒中加入几滴醋，并称之为"麻省理工酿造"时，品尝者会更喜欢它——除非他们

知觉定势：感知某物而不感知另一物的心理倾向。

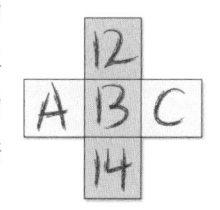

你认为中间的是数字还是字母呢？

如果你从左到右阅读，你会觉得它是字母。但如果你从上往下读，你可能会觉得中间的是数字。

There Are Two Errors in The The Title Of This Book[1] 是罗伯特·M. 马丁出版的一本书的书名。你是否意识到自己期待在标题中看到哪些信息，并因此忽略了其中的错误？如果你仍感到困惑，请看下面的解释。

"我们听到和领会到的，其实只是我们一知半解的东西。"
——亨利·大卫·梭罗

---

1 这句话的意思是：这本书的书名中出现了两处错误。标题的第一个错误是重复的"The"。具有讽刺意味的是，第二个错误是内容的错误表述，即只有一个错误，却说有两个错误。

提前就知道这只是加了醋的啤酒。在这种情况下,他们的预期和真实的体验通常都不太好。

是什么决定了我们的知觉定势?通过经验,我们形成了组织和解释陌生信息的概念或图式。我们对怪物和树干的已有图式影响着我们如何应用自上而下的加工来解释模糊的感觉。

在日常生活中,文化、种族、性别认同、性取向、收入、年龄、身体残疾等方面的刻板印象会影响知觉。例如,人们(尤其是儿童)认为同一个新生儿叫"大卫"的时候比叫"戴安娜"的时候更大更强壮(Stern & Karraker, 1989)。这样看来,有些差异只是人们的一厢情愿。

情境、动机和情绪

知觉定势影响着我们对刺激的理解。但我们所处的情境以及在该情境中的动机和情绪,也会影响我们对刺激的理解。

情境 社会心理学家李·罗斯(Lee Ross)让我们回忆自己在不同情境下的知觉:"你有没有注意到?在开车时,你讨厌(行人)大摇大摆地穿过人行横道,这时你几乎不敢再往前行驶,生怕撞到他们,但当自己在走路的时候,你讨厌司机。"(Jaffe, 2004)无论是面对愤怒的人(他伸手是要拿钥匙还是武器?)还是靠得太近的人(他是要威胁还是挑逗?),人们的期望会不断影响着他们的知觉。

听觉炒作

为什么人们要花费数百万美元买老式意大利小提琴呢?这是因为许多人认为其音质无与伦比。但是,最近的一项研究表明,在只听小提琴的声音而不看其是否古老的前提下,小提琴独奏专家通常更喜欢不太昂贵的现代小提琴,而非昂贵的老式意大利小提琴(Fritz et al., 2017)。

能说明情境力量的其他例子包括:

· 与白人男性相比,我们通常认为黑人男性更高、更重、更强壮(Wilson et al., 2017)。这种对体型的知觉偏见导致人们更倾向于认为黑人男性具有威胁,并为自己对黑人犯罪嫌疑人使用武力的行为辩护。这种知觉偏见可能导致警察误杀手无寸铁的黑人(Johnson et al., 2018; Plant & Peruche, 2005)。

· 想象一下,当听到"…eel is on the wagon"(……在货车上)时,你很可能会把第一个单词听成 wheel(轮子)。如果是"…eel is on the orange"(……在橙子上),你更可能听到的是 peel(果皮)。每种情况下,情境都会使我们产生一种期望,这种期望自上而下地影响我们对之前听到的话语的感知(Grossberg, 1995)。

· 文化情境有助于为我们的知觉提供信息，因此不同的文化可能导致人们对事物的看法不同，这并不奇怪，知觉受文化的影响。

自问

有没有这样一种时刻：由于自身的期望，你误解了某个人或某个团体的意图？你如何利用对情境效应的意识来调适自身的期望？

检索练习

RP-4 知觉定势涉及自下而上的加工还是自上而下的加工？为什么？

答案见附录 D

动机 当我们朝着某个目标努力时，动机能给我们带来力量。和情境一样，动机会影响我们对中性刺激的解读：

· 渴望的物品，如在口渴者视线里的水瓶，看起来比实际上离自己更近（Balcetis & Dunning, 2010）。接近性也可以增强渴望。例如，男异性恋者会觉得距离自己近的女性更有吸引力（Shin et al., 2019）。

· 当我们背着沉重的背包时，要爬的山似乎变得更陡峭；当我们感到疲惫时，目的地似乎显得更远了（Burrow et al., 2016; Philbeck & Witt, 2015; Proffitt, 2006a, b）。当肥胖的人减肥成功后，山丘和楼梯看起来不再那么陡峭（Taylor-Covill & Eves, 2016）。

· 在垒球球员击球后，不管击中或者没击中，研究人员都会让球员选择一个与球大小相同的圆圈。研究发现，击中垒球的球员会觉得垒球更大。这里也有一个相互作用的现象：当运动员专注于某个目标的时候，他眼里看到的目标越大，成绩越高（Witt et al., 2012）。

情绪 其他的实验表明，情绪可以把我们的知觉推向不同方向：

· 听悲伤的音乐可以使人们倾向于从同音词中感知悲伤的含义——"mourning"（哀悼）而不是"morning"（早晨），"die"（死亡）而不是"dye"（染色），"pain"（痛苦）而不是"pane"（窗玻璃）（Halberstadt et al., 1995）。

· 听节奏欢快的音乐会让人们更快地识别表达快乐情绪的词语（Tay & Ng, 2019）。因此，碧昂丝的《单身女士》——一首欢快的歌曲可能会让你更容易发现周围的快乐事物。

"在打球时，向你扑过来的球看上去像个葡萄柚。其他时候，它看起来就像一个黑眼豌豆。"
——前美国职业棒球大联盟球员乔治·斯科特

・人们在生气时更容易将中性物体看成枪支（Baumann & DeSteno, 2010）。以阈下刺激的方式展示一张充满怒气的脸，使人们感到轻微不安时，他们会觉得中性的脸不那么有吸引力，也不那么讨人喜欢（Anderson et al., 2012）。

情绪和动机也会影响我们的社会知觉。当自身经历过程度较轻的单独监禁、睡眠剥夺和寒冷后，人们更容易认为这是一种"折磨"（Nordgren et al., 2011）。在倍感压力的婚姻事件中，认为自己被爱和被欣赏的配偶感受到的威胁较小——"他只是度过了糟糕的一天"（Murray et al., 2003）。

要记住的一点：我们的很多感知不仅来自"身体之外"，也来自双眼之后、两耳之间的大脑。自上而下的加工，经验、假设、期望——甚至情境、动机和情绪——都可以塑造和影响我们对现实的看法。

视觉：感觉和知觉加工

光能与眼睛结构

学习目标问题 6-7 可见光作为能量有什么特点？

眼睛中的哪些结构有助于集中这种能量？

我们的眼睛能接收光能并且将其转换成神经信息。生命最伟大的奇迹之一——大脑——会把它们加工成我们能有意识看到的东西。这样一件理所当然却又非同寻常的事情是如何发生的呢？

刺激输入：光能

当看见一朵鲜红的郁金香时，刺激你眼睛的不是红色的粒子，而是我们视觉系统所知觉到的颜色的电磁脉冲。我们能看到的可见光其实只是电磁光谱上很窄的一部分。电磁光谱的范围从波长很短且不可见的伽马射线（γ射线），到无线电传输的长波（见文前彩图6.3）。其他物种可以看见光谱上的其他部分。例如，蜜蜂虽然看不到红色，却可以看到紫外线。

光以波的形式传播，而波的形状会影响我们看到的东西。光的**波长**（wavelength）是指相邻的两个波峰之间的距离（见文前彩图6.4a）。波长决定光的**色调**（hue），即我们看到的颜色，比如红色的花或绿色的叶。光波的振幅或高度，决定了它的**强度**（intensity）——光波所包含的能量大小，而强度影响亮度（见文前彩图6.4b）。

波长：指从光或声波的一个峰值到下一个峰值的距离。电磁波的波长从伽马射线的短脉冲到无线电传输的长脉冲不等。

色调：由光的波长所决定的颜色的维度，我们所知道的颜色有蓝色、绿色等。

强度：光或声波的能量大小，影响着我们对明度或响度的感知。强度由波的振幅（高度）决定。

要想了解我们如何把物理能量转化成颜色和感觉，首先需要了解我们的心灵之窗——眼睛。

眼睛

光线通过角膜进入眼睛，角膜弯曲并聚焦光线。然后光线通过瞳孔——一个大小可调的小孔。瞳孔的大小受虹膜调节，虹膜是瞳孔周围的有色肌肉。虹膜会根据光线的强度舒张或收缩。每个虹膜都很独特，因此虹膜扫描技术可以用来确认身份。

虹膜能对认知和情绪做出反应。如果你有完整的视野，想象你在阳光明媚的天空之下，此时你的虹膜会收缩；想象你在幽暗的房间之中，你的虹膜会舒张（Laeng & Sulutvedt, 2014）。当你准备对一个问题说"不"或感到厌恶时，虹膜也会收缩（de Gee et al., 2014; Goldinger & Papesh, 2012）；含情脉脉或感到信任时，你那明显舒张的瞳孔会暗示你的感受（Attard-Johnson et al., 2016, 2017; Kret & De Dreu, 2017; Prochanzkova et al., 2018）。

瞳孔后面就是透明的晶状体，它可以把进入的光线聚焦到位于对光具有敏感性的眼球内表面多层组织——**视网膜**（retina）上。通过改变晶状体的曲率和厚度而聚焦光线的过程称作**适应**（accommodation）。如果晶状体将图像聚焦在视网膜前面的一个点上，你就能清楚地看到近处的物体，但看不到远处的物体。这种现象称作近视，近视可以通过佩戴眼镜或手术来矫正。

几个世纪以来，科学家已经发现当蜡烛的图像经过一个小孔成像时，在黑暗的后壁上出现的是蜡烛倒置的镜像。如果视网膜接收的是完全颠倒的图像（如图 6.5），那我们怎么能看到正向的世界呢？不断探求新知的达·芬奇提出了另外一种观点：也许是眼睛内的流体性物质使进入的光线被弯曲，在光线到达视网膜时再把图像的位置恢复

视网膜：对光具有敏感性的眼睛内表面，包含视杆细胞、视锥细胞以及开始加工视觉信息的神经元层。

适应：眼睛的晶状体改变自身形状使近处或远处的物体在视网膜上聚焦的过程。

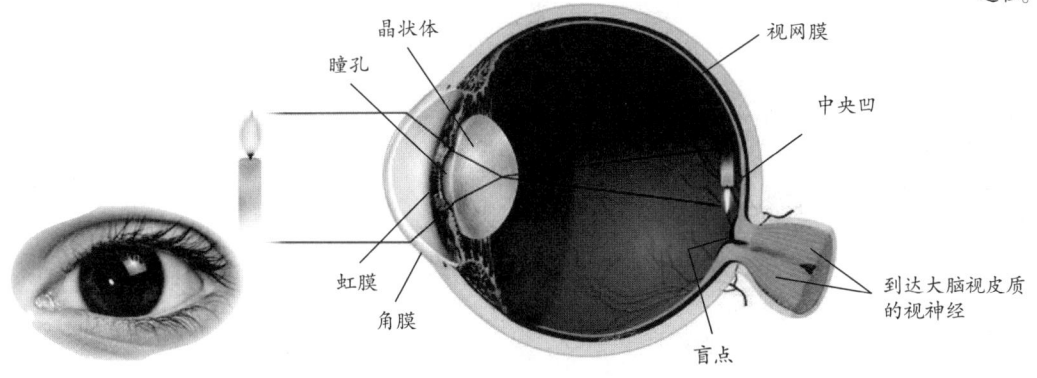

图 6.5　眼睛

蜡烛反射的光线会通过角膜、瞳孔和晶状体。晶状体通过改变曲率和厚度把近处或远处的物体聚焦在视网膜上。光线是沿直线传播的。所以蜡烛顶端发出的光线会到达视网膜底部，而蜡烛左侧的光线则到达视网膜右侧。因此，蜡烛在视网膜上形成的图像是颠倒并反转的。

272　迈尔斯普通心理学

原位。但是在 1604 年，天文学家和光学专家约翰内斯·开普勒（Johannes Kepler）发现，视网膜接收到的其实是完全颠倒的图像（Crombie, 1964）。我们是如何理解这样的一个世界的呢？困惑的开普勒说："我把这个问题留给自然哲学家吧。"

现在的人认为：视网膜并不是将图像作为整体来读取的。想一想棒球击球手对投手的快球做出反应只需要 0.4 秒的例子，视网膜上数以百万计的感受器细胞将光能粒子转化为神经冲动，并将其转发给大脑，大脑将它们重新组合，正面朝上，使之成为击球手感知到的东西——即将来袭的快球！视觉信息加工以惊人的速度逐步渗透到更抽象的层次。

视杆细胞：视网膜感受器，能识别黑色、白色和灰色，并对运动很敏感。当视锥细胞没有反应时，视杆细胞对于周围视觉和暗视觉来说是必需的。

视锥细胞：视网膜感受器，集中在视网膜中心，在白天或光线充足的条件下发挥作用。视锥细胞能探测到光线细节并产生颜色感觉。

眼睛与大脑的信息加工

学习目标问题 6-8　视杆细胞和视锥细胞如何处理视觉信息？视觉信息从眼睛传递到大脑的途径是什么？

眼睛到大脑的途径

想象自己在追踪一个已到达视网膜的光能粒子。首先，你将穿过视网膜稀疏的外层细胞，到达眼睛的最里面。在那里，你会看到视网膜中隐藏的近 1.3 亿个感光细胞，即**视杆细胞**（rod）和**视锥细胞**（cone）（图 6.6）。那里是光能引发化学变化的地方。

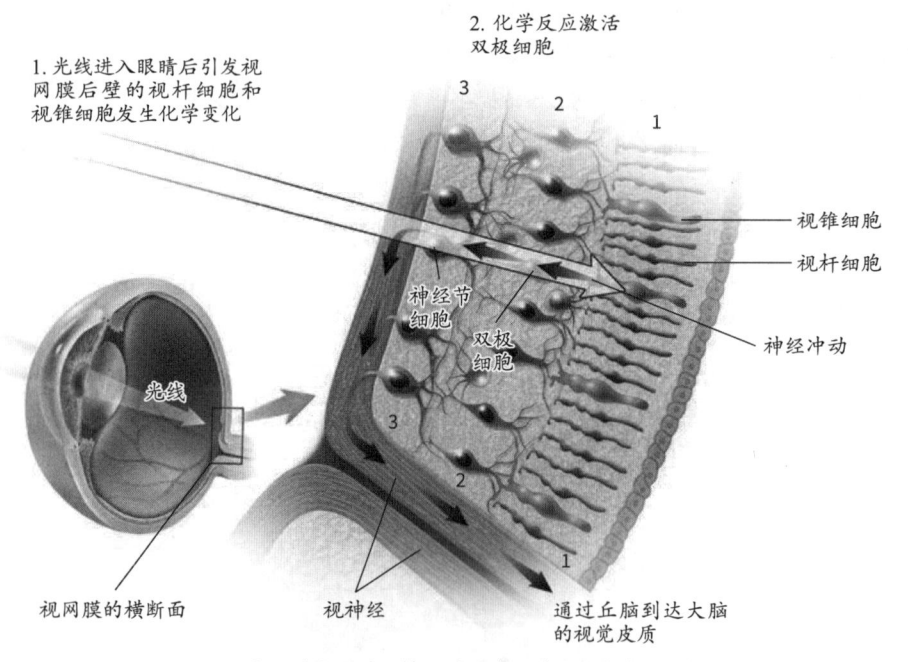

1. 光线进入眼睛后引发视网膜后壁的视杆细胞和视锥细胞发生化学变化
2. 化学反应激活双极细胞
3. 双极细胞激活神经节细胞，神经节的轴突会聚形成视神经。这条神经（通过丘脑）把信息传递到大脑的视觉皮质

视网膜的横断面　视神经　通过丘脑到达大脑的视觉皮质

视锥细胞
视杆细胞
神经冲动
神经节细胞
双极细胞
光线

图 6.6

视网膜对光的反应

这种化学反应会激活附近的双极细胞发出神经信号。然后，你可以看到双极细胞又激活了邻近的神经节细胞，这些神经节细胞的轴突像绳索一样缠绕在一起，形成**视神经**（optic nerve）。信息在丘脑短暂停留后，将被快速传递到最终目的地——位于大脑后部枕叶的视觉皮质。

视神经是一条从眼睛到大脑的信息高速公路。视神经可以通过近 100 万条神经节纤维同时传送接近 100 万条信息（相比之下，负责听觉的听神经通过它仅有的 30 000 条纤维能传递的信息少得多）。我们为这种高速连接付出了代价。视神经周围的地方没有感受器细胞，于是形成了**盲点**（blind spot）。闭上一只眼睛。你的视觉消失了吗？并没有，因为你的大脑会自己填补盲点，无须你同意。

视神经：将神经冲动从眼睛传递到大脑的神经。

盲点：视神经离开眼睛的区域，那里没有感受器细胞。

> **检索练习**
>
> **RP-1** 视神经周围的区域没有感受器细胞，于是形成了我们视野中的盲点。为了证明这一点，请你闭上左眼，注视这个圆点，然后左右移动你的脸，直到其中一辆汽车消失（你预测哪一辆车会消失？）。闭上你的右眼，再重复一遍上述操作——注意现在消失的是另一辆车。你能解释这是为什么吗？
>
> 答案见附录 D

视杆细胞和视锥细胞的位置和作用各不相同（表 6.1）。视锥细胞分布在**中央凹**（fovea）及其周围，即视网膜中心聚焦的区域（图 6.5）。许多视锥细胞有跟大脑联系的直接途径：一个视锥细胞将信息传递给一个双极细胞，再由双极细胞将信息传递给视觉皮质（皮质上有很大一部分区域接受来自中央凹的神经冲动）。这有利于保存视锥细胞的精确信息，使它们能更好地检测细节。视锥细胞可以识别白色，使你能够在非夜晚的时间感知颜色（Sabesan et al., 2016）。

中央凹：视锥细胞在视网膜中心聚焦的区域。

表 6.1 眼睛中的感受器：杆状的视杆细胞和锥形的视锥细胞

	视锥细胞	视杆细胞
数量	600 万	1.2 亿
视网膜上的位置	中央	外围
暗光中的敏感性	低	高
颜色敏感性	高	低
细节敏感性	高	低

视杆细胞（与视锥细胞不同）位于视网膜的外部区域，在弱光下仍保持较高的敏感性，形成黑白视觉。视杆细胞没有这种联系大脑的直接途径。如果说视锥细胞是独

奏者，那么视杆细胞则是合唱团。多个视杆细胞可以把暗淡光线的微弱能量汇聚起来后输入同一个双极细胞，该细胞再将综合信息发送到你的大脑。

视锥细胞和视杆细胞分别具有不同的敏感性——视锥细胞对细节和颜色敏感，而视杆细胞对弱光和周边变化敏感。现在请花一分钟，体验一下视杆细胞和视锥细胞的区别。在这个句子中挑出一个字，并一直注视它，那么这个字的视像就会聚焦在中央凹的视锥细胞上。你有没有觉得其他的字变得很模糊？之所以看不清其中的细节，是因为周围其他字的视像更多激活了视网膜外围视杆细胞分布的区域。因此，在开车或骑车时，视杆细胞能让你先检测到周边视野中的汽车，然后才会感知到它的细节。

当你进入一个黑暗的剧院或在夜晚关灯时，你的瞳孔会扩大，以使更多光线到达视网膜。人眼通常需要20分钟或更长时间才能完全适应。这一段暗适应的时间与太阳落山到黑夜来临之际自然的黄昏过渡时间相对应。人体是多么奇妙啊！

在初级阶段，视网膜的神经层不仅传递电脉冲，还参与编码和分析感官信息这一过程（例如，青蛙眼睛的第三个神经层上有"昆虫探测器"细胞，只对类似于苍蝇的移动刺激做出反应）。在人眼中，任何给定的视网膜区域都会将信息传递到视觉皮质中相应的位置——枕叶。大脑的线路如此奇特，意味着眼睛所见的一半感官信息通过x形视交叉，到达大脑的另一侧（图6.7）。

视网膜细胞放电的敏感度同样可以导致其错误放电，你可以证明这一点。请把视线左移，闭上眼睛，然后用指尖轻轻地摩擦右眼皮的右侧。注意左侧的光斑在随着你手指的移动而移动。

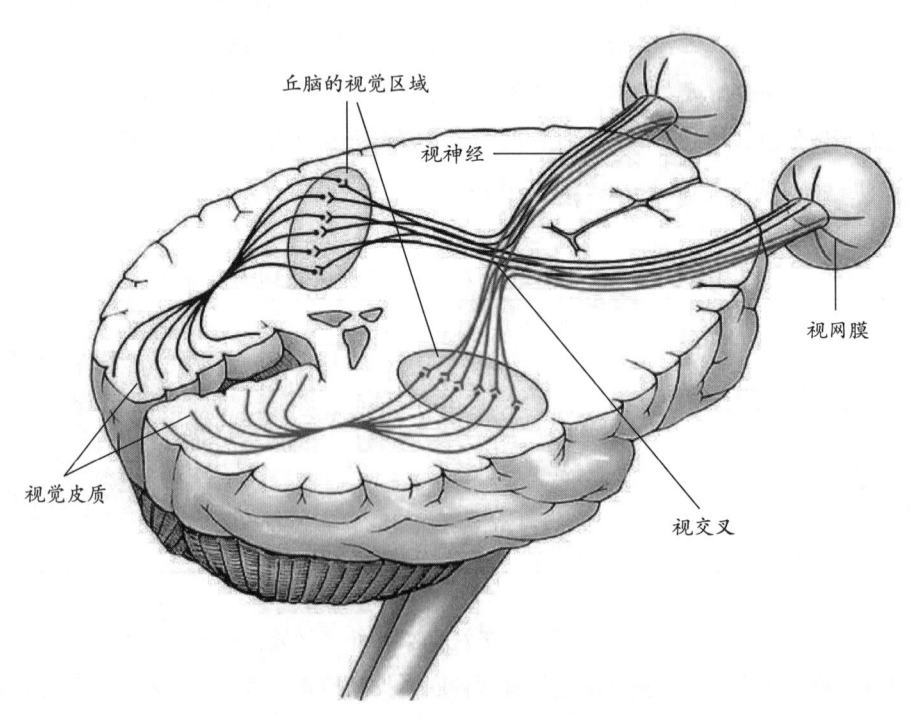

图 6.7 从眼睛到视觉皮质的途径

视网膜的神经节轴突形成视神经。视神经通向丘脑，在那里轴突与通向视觉皮质的神经元形成突触连接。

为什么你能看到光斑？为什么光斑在左边出现？这是因为视网膜细胞的反应性很强，压力也能触发其反应，但是大脑会把这种触发解释为光。此外，它还会解释光线来自左侧——正常激活视网膜右侧光线的方向。

自问

请想想过去一天你所做的活动中，哪些是依靠视杆细胞完成的？哪些是依靠视锥细胞完成的？如果没有这些细胞的多方面支持，这些活动会有什么不同——还是说这些活动根本无法完成？

检索练习

RP-2 一些如蟾蜍、小鼠、大鼠和蝙蝠之类的夜行动物，夜视能力极强，这是因为它们视网膜中_____（视杆细胞/视锥细胞）比_____（视杆细胞/视锥细胞）多得多。这些生物的_____（彩色/黑白）视力可能非常差。

RP-3 猫的_____可以张得比我们人类大得多，这样能够让更多的光线进入眼睛，让它们在晚上看得更清楚。

答案见附录 D

颜色加工

学习目标问题 6-9 我们如何感知周围世界的颜色？

我们一般认为物体都具有颜色。我们说："番茄是红色的。"也许你思考过这样一个老掉牙的问题："如果有一棵树在森林中倒下却没有一个人听到，那么它发出声音了吗？"我们可以对颜色提出同样的问题：如果没有人看到番茄，那么它还是红色的吗？

答案是否定的。首先，番茄绝不是红色的，因为它"拒绝"了红色长波，把红光反射出去了。其次，番茄的颜色只是我们的心理建构。如艾萨克·牛顿指出的："（光）线是没有颜色的。"和所有的视觉特性一样，颜色不是附着在物体上而是附着在我们大脑的剧场里。即使在睡梦中，我们也认为物体是有颜色的。

"在头脑里，罂粟花红了，苹果香了，云雀歌唱了。"
——奥斯卡·王尔德

在视觉研究中，最基本且引人入胜之处是我们如何看到多姿多彩的世界。大脑如何从冲击视网膜的光能中构建我们对如此多颜色的视觉体验？

现代对颜色视觉之谜的探索工作始于 19 世纪，德国科学家赫尔曼·冯·亥姆霍兹（Hermann von Helmholtz）在英国物理学家托马斯·杨（Thomas Young）观点的基础上进行了研究。杨和亥姆霍兹了解到任何一种颜色都可以用红、绿、蓝三原色光波混合产生。因此，他们推测眼睛必定有三种类型的感受器。

研究人员后来测量了对不同颜色刺激进行反应的不同视锥细胞，并且证明了**杨-亥姆霍兹三色理论**（Young-Helmholtz trichromatic theory）。视网膜上确实有三种类型的

杨-亥姆霍兹三色理论：视网膜上有三种类型的颜色感受器，分别对红色、绿色和蓝色最敏感，当同时刺激这些感受器时，便能感知任何颜色。

颜色感受器，每种感受器分别对红色、绿色或蓝色光波中的一种特别敏感。当光线同时刺激这些视锥细胞时，我们便会看到其他颜色。例如，我们视网膜上没有单独对黄色特别敏感的感受器，但当红色和绿色光波同时刺激对红色和绿色敏感的视锥细胞时，我们就会看到黄色。换句话说，当你的眼睛看到了红色和绿色而没看见蓝色时，你的大脑就会认为这是黄色。

在新加坡，显眼的黄色出租车的事故率比不那么显示的蓝色出租车低9%（Ho et al., 2017）。

据估计，我们大多数人可以看到超过100万种颜色变化的差异（Neitz et al., 2001）。一些幸运的人（大部分是女性），由于是四色视觉者，可以看到多达1亿种颜色（Jordan et al., 2010）。一位具有四色视觉能力的女性看向一片树叶时说："你可能看到了深绿色，但我能看到紫色、青绿色和蓝色，就像马赛克一样。"（Ossola, 2014）另一些人就没那么幸运了（大部分是男性），他们有与性别相关的色觉遗传缺陷。全世界约有1/12的男性和1/200的女性是"色盲"。大多数有颜色缺陷的人实际上并不是完全的"色盲"。他们只是缺乏对红色、绿色或两种颜色都敏感的视锥细胞。他们的视觉是单色或双色的，而不是三色，这使得他们很难辨别红色和绿色。也许他们自己并不知道这一点，因为他们终身的视力似乎是正常的（Boynton, 1979）。狗也缺乏对红色波长的感受器，因此只能看到有限的两色（Neitz et al., 1989）。

但是为什么看不见红色和绿色的人仍然能看到黄色呢？而且，为什么黄色看起来是一种纯色，却不是红色和绿色的混合，就像紫色是红色和蓝色的混合一样呢？正如与亥姆霍兹同时代的生理学家埃瓦尔德·赫林（Ewald Hering）指出的那样，三色理论在色觉方面留下了一些未解之谜。

赫林在视觉后效（afterimage）中发现了线索。注视一个绿色的正方形一段时间后再看一张白纸，你会看到红色——绿色的互补色。如果注视黄色的正方形，稍后你会在白纸上看到黄色的互补色，蓝色（如果想要体验这一过程，可利用文前彩图6.8中的彩色旗帜）。赫林猜测还有另外两个颜色加工过程，一个加工过程负责红-绿知觉，另一个加工过程负责蓝-黄知觉。

拮抗过程理论：互补的视网膜加工过程（红和绿、蓝和黄、黑和白）形成了色觉。例如，有些细胞受到绿色的刺激，而受到红色的抑制；另一些则受到红色的刺激，受到绿色的抑制。

事实上，一个世纪后，研究人员证实了赫林的假说——**拮抗过程理论**（opponent-process theory）。这个概念很复杂，要点如下：色觉取决于三组互补的视网膜加工过程——红和绿、蓝和黄，以及黑和白。当光脉冲到达视觉皮质时，视网膜和丘脑的某些神经元会被红色"打开"而被绿色"关闭"，其他神经元会被绿色打开而被红色关闭（DeValois & DeValois, 1975）。就像红色和绿色的弹珠被送进狭长的管道一样，"红色"和"绿色"信息不能同时进行。因此，红色和绿色是互补的，所以我们要么看到红色，要么看到绿色，而不是红绿混合。但是红色和蓝色在不同的通道中传播，所以我们可以看到红蓝混合而成的品红色。

那么，拮抗过程是如何帮助我们理解彩旗演示中的视觉后效现象呢？答案是这样的（对于绿色变为红色）：首先，我们因注视绿色而使自己对绿色的反应疲劳；之后当我们注视白色（白色包含了所有颜色，包括红色）时，由于对绿色的反应已经疲劳，红和绿这一组中只有红色部分可以被正常激活。

因此，目前对色觉之谜的解释大概是这样的。颜色加工发生在两个阶段，分别是：

1. 视网膜上红色、绿色、蓝色敏感的视锥细胞对不同颜色的刺激会做出不同程度的反应，正如杨－亥姆霍兹三色理论所指出的那样。

2. 然后，视锥细胞的反应受到拮抗过程细胞的加工，正如赫林的拮抗过程理论所提出的那样。

自问

当你得知颜色并不"存在"于我们所感知到的物体中——这些物体可以是任何颜色，除了我们所感知到的颜色——你会感到惊讶吗？如果有人问你，"草是绿色的吗？"在学本章节前，你将如何回答？

检索练习

RP-4 色觉的两个关键理论是什么？它们是矛盾的还是互补的？请你解释一下它们之间的关系。

答案见附录 D

特征觉察

学习目标问题 6-10 特征觉察器位于何处，有何作用？

科学家们曾把大脑比作一个电影屏幕，眼睛能够在上面投射图像。后来，大卫·休伯尔（David Hubel）和托斯登·威塞尔（Torsten Wiesel）证明了视觉加工会解构视觉图像，然后再将其重新组装。休伯尔和威塞尔因其在**特征觉察器**（feature detector）方面的成就获得了诺贝尔奖。特征觉察器是枕叶视觉皮质中的神经细胞，能对场景的具体特征——特定的形状、线条、角度和运动做出反应。

利用微电极，他们发现猫以某个角度看到线条时，一些神经元会被激活，而不同的神经元则对不同角度的线条做出反应。他们推测这些专门的神经元——现在被称为特征觉察器，从视网膜上的单个神经节细胞接收信息。特征觉察器将这种特定的信息传递到其他皮质区域，在那里细胞团队（超级细胞群）对更复杂的模式做出反应。

对于生物学上重要的物体和事件，猴子的大脑（当然也包括我们人类的大脑）有一个"庞大的视觉百科全书"，存在一些专门细胞（Perrett et al., 1990, 1992, 1994）。这些细胞仅仅对某一种刺激做出反应，如特殊的凝视、头部位置、身体姿势或身体动作。只在这些刺激共同指明了个体的注意力和行动方向时，超级细胞群才会整合这一信息并放电。这一快速的分析有利于我们祖先的生存，也可以帮助曲棍球运动员预测射门方向，以及帮助司机预测行人的下一步行动。

特征觉察器：大脑视觉皮质中的神经细胞对刺激物的具体特征做出反应，如形状、线条、角度或运动。

位于右耳边的颞叶区域（图6.9）能够帮你识别面孔，并且由于颞叶区域有一个专门的神经网络，你可以从不同的视角识别面孔（Connor, 2010）。这个梭状回面孔区帮助我们识别朋友和陌生人的面孔，与我们长相不同的人的面孔，以及来自相似种族的人的面孔（Hughes et al., 2019; Wiese et al., 2019）。如果一个人的梭状回面孔区受到刺激，可能会在没有其他人存在时看到面孔。某位参与者对实验者说："你变成了另一个样子，你的脸不一样了。"（Koch, 2015）如果这个区域受损，他可能会无法识别熟悉的面孔，却可以识别其他物体。

当研究人员用磁脉冲暂时干扰大脑的面部加工区域时，人们无法识别面孔。但此时他们仍然可以识别其他物体，比如房子，因为大脑的面孔感知与物体感知是分开进行的（McKone et al., 2007; Pitcher et al., 2007）。因此，功能性磁共振成像（fMRI）扫描发现，当人们观察不同的无生命物体时，大脑的其他区域会被激活（Downing et al., 2001）。大脑活动非常具体，在大脑扫描的帮助下，研究人员"可以根据人类大脑的活动模式判断一个人是否正在注视一只鞋、一把椅子或一张脸"（Haxby, 2001）。

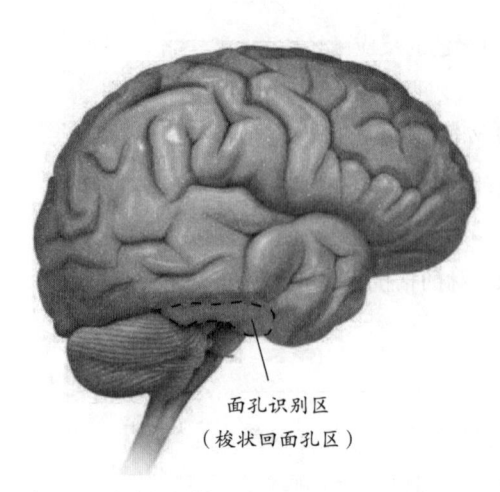

面孔识别区
（梭状回面孔区）

图6.9　大脑是如何识别面孔的

像人类这样的群居动物有一块很大的右颞叶区域（如图所示的大脑右侧）专门用于识别面孔这一关键任务。与观赏著名建筑相比，观看著名人物的面孔更能够刺激这一梭状回面孔区（Gorno-Tempini & Price, 2001）。

平行加工

学习目标问题 6-11　大脑如何通过平行加工来构建视觉感知？

我们的大脑通过平行加工可以同时做很多事情。为了分析一个视觉场景，大脑会同时加工它的各个子维度——运动、形状、深度、颜色。

为了识别面孔，你的大脑将视网膜投射到几个视觉皮质区域的信息整合起来，并将其与存储的信息进行比较，从而使梭状回面孔区能够识别面孔。科学家们一直想弄明白，这些存储的信息是包含在单个细胞中，还是分布在一个细胞网络中，一点一点地建立面部图像（现在看来这种情况更有可能）（Tsao, 2019）。但一些超级细胞——常被戏称为"祖母细胞"——似乎确实在100张面孔中识别出了其中一两张面孔（Bowers, 2009; Quiroga et al., 2013）。整个面孔识别过程需要大量的脑力，涉及视觉、记忆、社交和听觉网络之间的连接（Ramot et al., 2019）。超级细胞需要大量的脑力。

破坏或禁用视觉子任务的神经工作站，就会出现一些奇怪的结果，就像发生在M夫人身上的那样（Hoffman, 1998）。中风导致她大脑两侧后部附近的区域遭到破坏，因而无法感知运动。房间里的人似乎"突然出现在这里或那里，但我没有看到他们移动"。向杯子里倒茶对她来说就是一项挑战，因为液体似乎是凝固的——她无法察觉液体正在杯中上升。

因中风或外科手术失去大脑视觉皮质的人，可能会体验到视野中某部分区域的消失（见第 3 章）。在视盲区域呈现一系列木棒，他们报告说看不到任何东西。然而，当要求他们猜测木棒是垂直呈现还是水平呈现时，他们通常会根据视觉直觉给出正确的答案。当被告知"你都答对了"时，他们大吃一惊。似乎存在另一个"大脑"——"平行加工"系统——负责加工不可见的信息。这些分别用来感知和行动的视觉系统再次说明了我们双通道思维惊人的双重加工过程。

* * *

想一想视觉加工的奇妙之处。阅读这些文字时，这些文字将光线反射到你的视网膜上，从而触发了一个过程——将无形的神经冲动发送到大脑的几个区域，这些区域能整合并解码信息。令人惊讶的是：我们已经跨越了时空，将信息从自己的大脑转移到你们的大脑中。这一切都能在瞬间完成且毫不费力地持续发生，这确实令人惊叹。正如罗杰·斯佩里提出的，"科学知识增强（而不是减弱）了对人类的强大能力产生敬畏、尊重和崇敬的理由"。

检索练习

RP-5 当你看到并认出朋友时，紧接着会发生什么事？

答案见附录 D

知觉组织

学习目标问题 6-12 格式塔心理学家是如何理解知觉组织的，以及图形-背景和分组原则是如何影响我们的知觉的？

我们如何将图形-背景组织和解释为有意义的知觉——一朵盛开的玫瑰，一张熟悉的面孔，一次日落？在 20 世纪早期，几位德国心理学家提出了自己对这个问题的见解。他们注意到，人们倾向于将一组感觉信息组织成一个**格式塔**（gestalt，德语单词，意思是"完形"或"整体"）。当我们睁着双眼直视前方时，我们无法将感知到的场景分成左视野和右视野（仅用左眼可以看见左视野，反之仅用右眼可以看

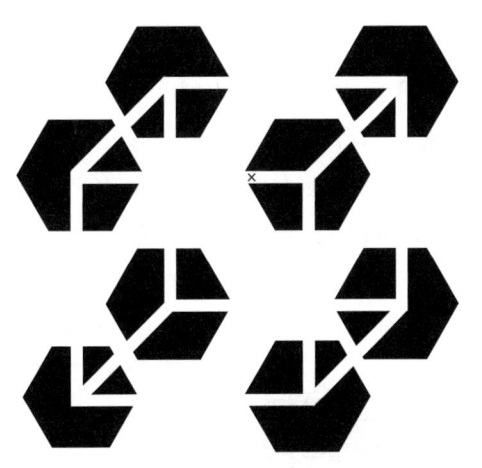

图 6.10 内克尔立方体

你看到的是带白线的六边形，还是立方体？如果你盯着立方体看，可能会发现它的位置变了，小小的字母 X 从前面的边缘移到了后面。有时，六边形跟在立方体后面，似乎在向前漂浮。其他时候，立方体穿过六边形形成的孔出现，看上去就像是立方体漂浮在这些孔后面一样。感知远比所见要多（Bradley et al., 1976）。

格式塔：一个有组织的整体。格式塔心理学家强调我们倾向于将信息碎片整合成有意义的整体。

见右视野）。我们有意识的知觉一直都是一个无缝的场景——一个整体。

请看图 6.10：这个图形叫作 "内克尔立方体"（Necker cube），其实际上是 8 个六边形，每个六边形都包含三条汇聚的白线。当我们把这些元素放在一起会看见什么？内克尔立方体很好地阐释了完形心理学家最喜欢的一句话：在知觉方面，整体可能超过部分的总和。

多年来，格式塔心理学家证明了许多我们用来将感觉组织成知觉的原则（Wagemans et al., 2012a, b）。这些原则基于一个基本事实：我们的大脑不仅记录关于世界的信息，知觉并不是印在大脑上的图像，我们大脑过滤传入的信息并构建知觉，知觉很重要。

形状知觉

请想象一下，假如你要设计一个像眼脑系统一样能一眼识别面孔的视频-计算机系统，那这个系统要具备哪些功能？

图形与背景 首先，系统需要通过感知**图形-背景**（figure-ground）来将面孔从背景中分离出来。在我们的眼脑系统中，这是第一个知觉任务——感知与周围环境（背景）不同的任何物体（图形）。当你阅读时，文字就是图形，无字区域就是背景。这种知觉也适用于听觉。在聚会上听到某人的声音时，那个人就成了图形，其他所有人都成了背景。有时，同一刺激会引发多个感知。在图 6.11 中，图形与背景的关系不断逆转。首先我们看到花瓶（或面孔），然后是面孔（或花瓶），但我们总是把刺激组织成一个与背景相对的图形。

分组 在从背景中识别出图形之后，我们（以及我们的视频-计算机系统）还必须将图形组织成一种有意义的形式。我们会立即自动加工场景的一些基本特征——如颜色、运动和明暗对比（Treisman, 1987）。格式塔心理学家还发现，我们的大脑通过遵循特定的**分组**（grouping）规则为其他刺激带来秩序和规则。甚至在婴儿时期，在触觉感知中，我们都会运用这些规则。这些规则阐明了所感知的整体与部分之和的区别，就像水不同于其中的氢与氧之和一样（Gallace & Spence, 2011; Quinn et al., 2002; Rock & Palmer, 1990）。图 6.12 给出了三个例子。

这些原则通常有助于我们构建现实。然而格式塔分组有时也会让我们误入歧途。

> **检索练习**
>
> RP-6 就知觉而言，乐队主唱会是_____（图形/背景），而其他乐手是_____（图形/背景）。
>
> RP-7 当我们说，在知觉方面 "整体可能超过部分的总和"，是什么意思？

图形-背景：将视野组织成从周围环境（背景）中突出的物体（图形）。

分组：将刺激组织成连贯组的知觉倾向。

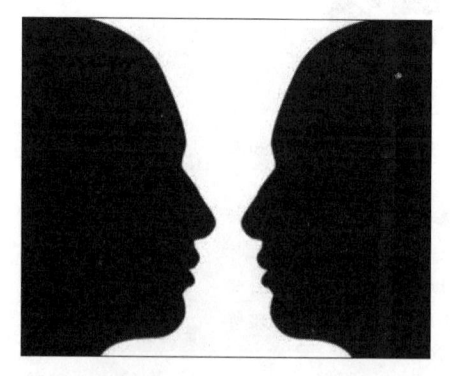

图 6.11 可逆图形和背景

答案见附录 D

（a）邻近性　　　　　（b）连续性　　　　　（c）封闭性

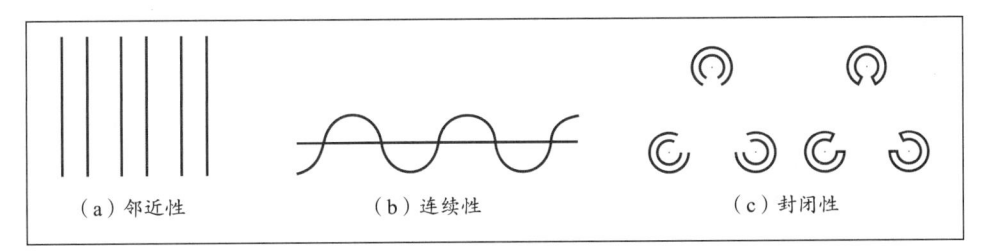

图 6.12　分组的三个原则

（a）基于邻近性，我们将位置邻近的图形分成一组。我们看到的不是六条独立的线，而是三组两条的线。（b）通过连续性，我们能感知到平滑、连续的图案，而非不连续的图案。这个图案可能是一系列交替的半圆，但我们认为它是两条连续的线——一条波浪形，一条直线。（c）利用封闭性，我们的大脑填补空白来创造一个完整的物体。因此，我们假设左边的圆是完整的，但部分被（错觉）三角形挡住了。如果只添加一些小线段来封闭圆圈，你的大脑可能就不会再构建三角形了。

深度知觉

学习目标问题 6-13　我们是如何利用双眼和单眼的线索来观察三维空间的？我们如何感知运动？

我们的眼脑系统有许多功能，其中包括**深度知觉**（depth perception）。通过视网膜上的二维图像，我们以某种方式形成三维知觉，例如，我们能够估计一辆迎面驶来的汽车与我们之间的距离。我们是如何获得这种能力的？我们生来就具有这种能力还是我们后天学会的呢？

当心理学家埃利诺·吉布森（Eleanor Gibson）在科罗拉多大峡谷（位于美国亚利桑那州西北部，科罗拉多高原西南）野餐时，对科学的好奇心让她开始思考这一问题：幼儿从峡谷边缘向下看时，会不会察觉到自己有坠落的危险并后退呢？为了寻找这一问题和一些其他问题的答案，吉布森和理查德·沃克（Richard Walk）在康奈尔大学实验室中用**视觉悬崖**（visual cliff，有着由坚固玻璃覆盖的"落差"区的悬崖模型）设计了一系列实验。他们把 6～14 个月大的婴儿放在"悬崖"边，让父母哄着婴儿趴在玻璃上或爬到玻璃上（图 6.13）。大多数婴儿对此表现抗拒，这表明他们可以感知深度。

深度知觉是不是婴儿后天习得的呢？学习似乎也是人生的一部分。在吉布森和沃克的经典视觉悬崖实验结束多年后，心理学家凯伦·阿道夫（Karen Adolph）继续研究婴儿运动发展（Adolph & Hoch, 2019）。阿道夫等人认为，无论婴儿从何时开始学会爬行，爬行似乎都会加剧婴儿的恐高症（Adolph et al., 2014; Campos et al., 1992）。爬行的婴儿倾向于往下看，他们更有可能近距离感受到自己可能发生的危险（Kretch et al., 2014）。会出现这种倾向是因为学会避开悬崖他们才能生存。可移动的新生动物——即使是那些没有视觉经验的动物

全球范围内，有一些城市用错觉的三维人行横道来减缓行车速度，这都要感谢艺术家 Saumya Pandya Thakkar 和 Shakuntala Pandyaand（他们在印度首创了此类作品）。

深度知觉：虽然落在视网膜上的图像是二维的，但我们仍能形成三维知觉的能力。这种能力使得我们能够判断距离。

视觉悬崖：一种检测婴儿和动物幼崽尝试知觉的实验室装置。

图 6.13　视觉悬崖

埃利诺·吉布森和理查德·沃克设计了这个玻璃覆盖的微型悬崖，以检验爬行的婴儿和新生动物是否能感知深度。

（包括猫幼崽、一天大的山羊和刚孵化的小鸡）——也拒绝冒险穿越视觉悬崖。这能够说明，天性让我们对高度保持警惕，而经验则放大了这种恐惧。

如果我们想要在视频-计算机系统中构建感知深度的能力，那么什么规则能让系统将二维图像转换成三维感知呢？我们的大脑能从单只或两只眼睛提供的信息中接收到深度线索，这就是一个很好的起点。

双眼线索 用两只眼睛看东西的人能够感知深度，这在一定程度上要归功于**双眼线索**（binocular cue）。你可以试着做一下这个小实验：睁开双眼，将两支钢笔或铅笔放在面前，并尝试用手去触摸笔尖，这很容易做到。现在闭上一只眼睛，再尝试用手去触摸笔尖，这似乎变得难了起来。

我们通过双眼线索判断自身与附近物体的距离。其中一个线索是视轴辐合，即双眼聚焦于近处物体时的内角。另一个是**视网膜视差**（retinal disparity）。由于双眼之间有距离，每个视网膜接收到的外部世界的图像略有不同。通过比较这两张图像，大脑就可以判断一个物体离你有多近。两张视网膜图像之间的差距（差异）越大，物体就离自己越近。试着这样做：将两根食指靠近鼻子，越近越好（但不要接触到鼻子），你的左右视网膜将接收到完全不同的两张图像。先只用左眼看，然后再只用右眼看，你就能看出区别（将两根手指靠近脸，就会看见一根"手指香肠"，如图6.14所示）。当距离比较远时——比如说把手指放在距离我们一臂的长度时，两只眼睛的图像差距就会小一些。

我们可以很容易地将视网膜视差纳入视频-计算机系统中。电影制片人有时会使用两个同一水平线上相距较远的镜头拍摄同一个场景。观众戴上眼镜观看电影时，左眼只看到来自左摄像机的图像，而右眼只能看到来自右摄像机的图像。3D影迷们都知

> **双眼线索**：深度线索，如视网膜视差，这取决于你用单眼还是双眼看。

> **视网膜视差**：感知深度的双眼线索。通过比较双眼上的视网膜图像，大脑计算出距离——两幅图像之间的差距（差异）越大，物体越近。

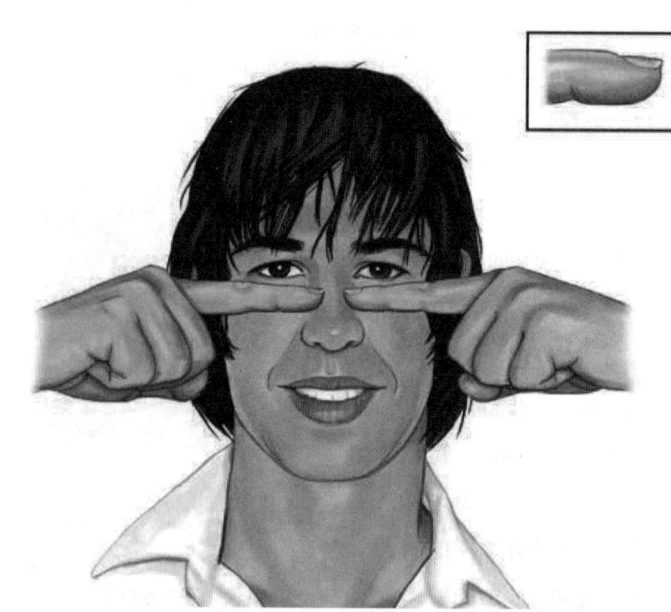

图6.14 漂浮的手指香肠

把你的两个食指放在眼睛前方约12厘米处，指尖相隔1厘米。现在将视线拉远点，你看到了什么？将手指向外侧移动时，两只眼睛视网膜的差异——也就是形成的"手指香肠"——会缩小。

道，这种效果模仿或夸大了正常的视网膜视差，让人产生深度知觉。

单眼线索 我们如何判断一个人在 10 米外还是 100 米外呢？视网膜视差在这种情形下无法提供帮助，因为投在我们左右视网膜上的图像差别不大。因此我们通过**单眼线索**（monocular cues）判断距离（每只眼睛单独得到的深度线索）。

单眼线索：一种深度线索，如插入或线条透视，可作用于任何一只眼睛。

> **检索练习**
>
> RP-8 我们通常如何感知深度？
>
> 答案见附录 D

运动知觉

想象一下，就像 M 女士之前描述的那样，你可以感知世界的颜色、形状和深度，但却无法感知运动。你不仅不能骑自行车或开车，而且就连写字、吃饭和走路也会有困难。

通常情况下，大脑会部分依据"正在缩小的物体在后退（而不是变小）和正在放大的物体在靠近"这一假设感知运动。而幼儿这种正确感知车辆正在靠近（和放大）的能力尚未完全发展，因此他们可能遭遇事故（Wann et al., 2011）。但其实不只是儿童在运动感知方面有困难。成年人的大脑有时也会被欺骗，相信并非亲眼所见之事。当大型和小型物体以相同的速度移动时，大型物体似乎移动得更慢。因此，火车的速度似乎比汽车慢，巨型喷气式飞机的着陆速度似乎比小型喷气式飞机慢。

你有没有注意到，虽然每次眨眼只需要 0.1 秒，但是这 0.1 秒会打断视线多少次呢？——大约每分钟 15 次还是每天 15 000 次？可能每一次眨眼并不会打断视线。我们的大脑将一系列快速变化的图像视为连续的运动（这种现象称为频闪运动）。正如电影动画师所熟知的那样，在一秒钟播放 24 张静止图片的超高速幻灯片会让人产生一种运动的错觉。我们在大脑中构建这种运动，就像在闪烁的字幕和节日的灯光中构建运动一样。当两盏相邻的静止灯在快速连续地闪烁时，我们所感知到的是一个单独的灯在来回移动。发光标志利用这种**似动现象**（phi phenomenon），用一连串灯光创造出了一种运动错觉。例如，一个移动的箭头。

似动现象：两盏或多盏相邻的灯连续快速闪烁时产生的一种运动错觉。

知觉恒常性

学习目标问题 6-14 知觉恒常性如何帮助我们构建有意义的知觉？

目前我们已经发现，我们的视频-计算机系统只能感知具有独特形状、位置和运动的物体——像我们一样。视频-计算机系统的下一个任务是在不被其颜色、明度、形状或大小的变化所欺骗的前提下识别物体——这一自上而下的过程称为**知觉恒常性**（perceptual constancy）。无论视角、距离和照明情况如何，我们都能在比呼吸更短的时间内识别人和物。这一壮举对视频-计算机系统来说是一个巨大的挑战。

知觉恒常性：即使光照和视网膜图像发生变化，依然认为物体不变（具有一致的颜色、亮度、形状和大小）。

颜色和明度恒常性 詹姆斯·吉布森（James Gibson, 1979）主张一种生态逻辑（ecological approach）的感知方法，即我们的感知取决于物体所处的环境。想象一下你是如何感受西红柿的颜色的，如果你用纸筒观察它一天，它会有什么变化。随着光的变化——也就是番茄反射波长的变化，番茄的颜色似乎也会改变。但如果你扔掉纸筒，把西红柿看作沙拉碗里的一个东西，它的颜色就会保持基本不变，我们将这种一致的感知现象称为颜色恒常性。

> "从这里到那里，从那里到这里，哪哪都是有趣的事情。"
> ——苏斯博士

虽然我们认为颜色具有恒常性是理所当然，但这一能力确实很神奇。室内照明下蓝色扑克筹码反射的波长与阳光照射下金色筹码反射的波长一致（Jameson, 1985）。但是，金丝雀并不会因为在室内就看起来像一只蓝知更鸟。我们之所以能看到鸟的颜色，不是因为鸟的羽毛有颜色，而是因为我们的大脑会计算一个物体相对于周围物体所反射的光线。

明度恒常性（brightness constancy，也称作 lightness constancy）同样取决于环境。我们认为即使光照强度在变化，物体的明度仍是恒常的。这种对恒常性的感知取决于相对明度——物体相对于其周围环境反射的光量（图 6.15）。白纸能反射落在它上面 90% 的光，而黑纸只能反射 10%。尽管在阳光下看到黑纸反射的光可能比在室内看到白纸反射的光强 100 倍，但这张纸看起来仍然是黑色的（McBurney & Collings, 1984）。

但如果试着通过一根狭窄的管子观察阳光下的黑纸，此时我们除了黑纸以外，其他什么都看不到了，这张黑纸可能看上去是灰色的，因为在强光下它会反射相当多的光。在没有管子的情况下看，这张纸看上去则是黑色的，因为它反射的光线比周围的物体少得多。

我们不是孤立地感知物体，而是在其所处的环境背景中感知它。这一原则对艺术家、室内装潢师和服装设计师来说很重要。我们对一面墙壁颜色和明度的感知，对画布上一抹油漆颜色的感知，不仅与油漆本身有关，也与周围的颜色有关。经验告诉我们：环境支配着我们的感知。

形状和大小恒常性 如图 6.16 中的门，即使我们的视网膜接收到的图像是不断变化的，由于形状具有恒定性，我们认为熟悉物体的形状是不变的。我们的大脑之所以能做到这一点，是因为视觉皮质神经元能迅速将物体的不同视图联系起来（Li & DiCarlo, 2008）

根据大小恒常性，我们认为一个物体的大小不变，即使我们与它之间的距离发生了变化。假设有这么一辆公共汽车，即使这辆公共汽车在两个街区外看起来比较小，我们也认为它足够大，完全可以载人。这个假设也说明了距离知觉和大小知觉

图 6.15 相对明度

由于周围环境原因，我们认为正方形 A 比正方形 B 的颜色更亮。但它们的颜色是一样的。用喜剧演员理查德·普赖尔（Richard Rryor）的话说："你会相信谁：我，还是你那会骗人的双眼？"如果选择相信说谎的眼睛——实际上是说谎的大脑——你可以复印这幅插图，然后剪下方块进行比较（Edward Adelson, 1995）。人类非常容易犯这种错误，因此在知道垃圾邮件机器人会正确回答此类问题的情况下，某个计算机系统会利用这种错误来识别人类网站用户。

之间的密切联系。感知一个物体的距离可以让我们知道其大小。同样地，我们知道一辆公共汽车通常的大小，相当于我们知道它离我们的距离。

然而，即使是在对大小-距离做出判断时，我们也要考虑物体所处的环境。这种感知到的大小和距离之间的相互作用有助于解释几个著名的错觉现象，包括月亮错觉现象（moon illusion）：月亮在地平线附近时看起来比在高空中大50%。你知道这是为什么吗？

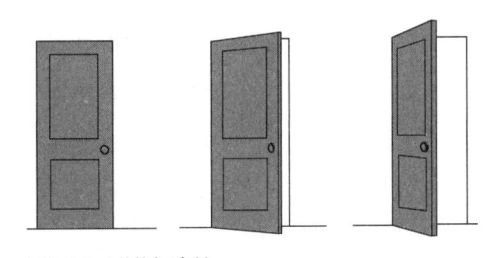

图 6.16 形状恒常性

当一扇门打开时，它会在我们的视网膜上投射出越来越明显的梯形图像，但我们仍然认为它是矩形的。

学者们思考这一问题已长达 22 个世纪（Hershenson, 1989）。其中一个原因是，感知某个物体距离的单眼线索使地平线上的月亮看起来更远。我们的大脑认为，如果地平线上的月亮离我们更远，那么它一定比夜空中的月亮更大（Kaufman & Kaufman, 2000）。同样地，如果你通过纸筒观察（此时没有距离线索），地平线上的月亮就会立即显得小了一些。

"有时我想知道：为什么我看到那个飞盘变得越来越大？然后它就击中了我。"
——匿名者

错觉让我们明白了一个基本的道理：知觉不仅仅是世界对我们大脑的投射。相反，我们的感觉被分解成信息碎片，然后由大脑重新组合成外部世界的功能模型。在这个重组过程中，我们的假设——比如距离和大小之间通常存在的关系——可能会把我们引入歧途。我们的大脑构建了我们的感知。

＊＊＊

形状知觉、深度知觉、运动知觉和知觉恒常性能够解释我们如何组织视觉感知。知觉组织也适用于我们的其他感官。在听一门不熟悉的语言时，我们很难在一句话中捕捉到单个的词语；当我们听自己的语言时，我们会自动听到不同的单词。这也反映了知觉组织。不仅如此，我们甚至能把一串字母——THEDOGATEMEAT——组织成一个可以理解的短语：它更可能是"THE DOG ATE MEAT"而不是"THE DO GATE ME AT"（McBurney & Collings, 1984）。这个过程不仅包括我们一直在讨论的知觉组织，还涉及知觉解释——在我们所感知到的事物中辨别意义。

知觉解释

哲学家们一直在争论，我们的感知能力应该归功于固有的天性还是后天的教养。知觉在多大程度上受到学习的影响？德国哲学家伊曼纽尔·康德（Immanuel Kant，1724—1804）认为，知识来自我们组织感官信息的先天方式。的确，我们生来就具备处理感官信息的能力，但英国哲学家约翰·洛克（John Locke，1632—1704）认为，我们也能通过自身经验学会如何感知世界。事实上，我们学会了将物体的距离与其大小联系起来。那么，经验到底有多重要呢？它是如何从根本上塑造我们的知觉解释呢？

经验与视觉知觉

学习目标问题 6-15 关于经验对知觉的影响，对视力恢复、感觉限制和知觉适应的研究揭示了哪些内容呢？

视力恢复和感觉限制 在写给洛克的信中，威廉·莫利纽克斯（William Molyneux）问道："一个天生失明的人现已成年，并通过触摸学会了区分立方体和球体，若现在视力恢复，他能否在视觉上区分两者呢？"洛克的回答是否定的，因为这个人从未看见这两者的区别。

随后，出现了这样的真实例子——有些人出生时失明，但后来获得了视力——莫利纽克斯的假设也因这些例子得以被检验（Gandhi et al., 2017; Gregory, 1978; von Senden, 1932）。大多数患有先天性白内障的人透过混浊的晶体，只能看到漫射的光线——就像视力正常的人通过折叠几次的纸巾向外看，只能看到模糊的图像一样。白内障手术后，患者能够区分人物和背景，区分颜色，区分面孔和非面孔——这表明感知这些方面的能力是与生俱来的。但正如洛克所设想的那样，他们往往仍然无法从视觉上识别那些通过触摸熟悉的物体。

为了让先天性白内障病人能恢复得更好，研究人员人为影响了初生小猫的视力（Hubel & Wiesel, 1963）。过了婴儿期，小猫的视力得以恢复，此时它们的行为就像先天性白内障人类患者一样。它们能区分颜色和明度，但不能区分圆形和方形。它们的眼睛没有退化，视网膜仍能将信号传递到视觉皮质，但由于缺乏早期刺激，它们的大脑皮质细胞没有发展出正常的连接。因此在功能上，这些动物仍然看不见形状。

对印度儿童进行的手术表明，天生失明的儿童可以通过白内障切除手术恢复视力。并且儿童年龄越小，恢复程度越好。但他们的视敏度（清晰度）可能永远无法恢复正常（Chatterjee, 2015; Gandhi et al., 2014），对于正常的感官和知觉发展来说，有一个关键期——一个需要接触某些刺激或获得某种经验的最佳时期。

一旦过了这个关键时期，往后生活中的感官限制就不会造成永久性的伤害。研究人员蒙住一只成年动物的眼睛几个月，它的视力在眼罩移除后并未受到影响。当外科医生切除在成年后期形成的白内障时，大多数人都会为视力恢复正常感到兴奋。

知觉适应 戴上新眼镜时，我们可能会有点儿分不清方向，甚至感到头晕目眩。但在一两天内，我们就会适应。这是因为我们对发生改变的视觉输入产生**知觉适应**（perceptual adaptation），这种适应使世界看起来恢复正常。但是，想象一下有一副更戏剧化的新眼镜，能让物体的位置看起来像是往左移了 40 度。当你第一次把球扔给朋友时，球会往左偏移。当你走向前与人握手时，你的手也会往左偏移。

你能适应这个扭曲的世界吗？如果你是一只小鸡，那么你将无法适应。当戴上这种眼镜时，小鸡会继续啄食看起来有食物的地方（Hess, 1956; Rossi, 1968），但我们人类很快就适应了会导致扭曲的镜片。几分钟内，你会重新校准投掷的方向，你的步伐

"我们的感知是一张白纸，上面没有任何记号，也没有任何观念。那我们后期的感知是如何形成的呢？对此，我的回答是一个词——经验。"
——约翰·洛克

知觉适应：适应变化的感觉输入的能力，包括人工移位甚至倒置的视野。

仍然朝向目标。但是摘下眼镜后，你会经历一些后遗症：一开始，你投的球会朝相反的方向——右边飞去；但同样地，几分钟内你会重新适应。

事实上，如果你有一副效果更戏剧性的眼镜——一副可以真正倒置真实世界图像的眼镜——你仍然可以适应。心理学家乔治·斯特拉顿（George Stratton, 1896）就做了相关实验。他发明了一种能将左边图像翻转到右边、上面图像翻转到下面的光学头套，并佩戴了八天。他是第一个在直立状态下体验到右旋视网膜图像的人——地面朝上，天空朝下。

起初，当斯特拉顿想走路时，他发现自己在寻找自己的脚，而他的脚现在是"朝上"的，他几乎无法吃饭。他开始感到恶心和沮丧，但斯特拉顿坚持了下来，到了第八天，他可以轻松地伸手取物，而且如果他的手在视线范围内，他走路时也不会撞到东西。而当斯特拉顿最终摘下头套时，他很快就重新适应了。研究人员后来也在骑摩托车、在阿尔卑斯山滑雪，以及驾驶飞机时佩戴了这种头套（Dolezal, 1982; Kohler, 1962）。通过在倒置的世界中积极活动，他们适应了新的环境，并学会了协调自己的动作。

那么，我们是否学会了感知世界？我们在一定程度上做到了，因为我们不断自我调整以适应变化的感官输入。对关键期进行的研究使我们了解到，早期的经验影响我们对世界的感知。在我们的一生中，早期的经验一直默默无闻地发挥着自己的作用。指导、支持并维护着让我们得以感知的大脑通路。

自问

请想想你认识的患有某种视力障碍的人（也可能是你自己），在视觉加工过程中，什么样的干扰可能导致视力障碍？

➡ 非视觉感官

听觉

和我们的其他感觉一样，**听觉**（audition）能帮助我们适应和生存。听觉能让我们接收信息，让人与人之间建立关系。听觉让我们更具有人性：当听到（而不仅仅是阅读）他人说的话时，人们似乎更有思想、更有能力、更讨人喜欢（Schroeder & Epley, 2015, 2016）。听觉的能量很大，能让我们在无形中进行交流——我们向空气发射人眼无法看见的电波，并从其他人那里接收相同的电波。因此，听力受损是严重的隐形残疾。听不见别人的名字，听不懂别人的问题，错过别人讲的笑话，这相当于听力障碍者被剥夺了知道这些事物的权利，有时他们还会有被排斥的感觉。作为一个遗传性听力障碍的人，我知道这种感觉，也能理解为什么严重听力障碍的成年人抑郁和焦虑的

听觉：听到的感觉或行为。

音乐之声

小提琴的高频短波产生高音，大提琴的低频长波产生低音。不同高度或振幅的声波产生不同的音量。

风险会增加（Blazer & Tucci, 2019）。

然而，我们中大多数人能听到的声音范围很广，而对那些符合人类声音频率范围的声音最敏感。在听力正常的情况下，我们对微弱的声音非常敏感，比如孩子的呜咽声（如果我们的耳朵再敏锐一些，我们可能会听见空气分子运动连续发出的嘶嘶声）。这曾经对我们祖先的生存有明显帮助，例如在狩猎或被追捕时需要这种敏锐性。

我们对声音的差别也有明显的适应性。在成千上万人可能的声音中，我们能够很容易地辨认出朋友的声音（尽管我们看不见此时他在哪儿）。此外，听觉十分快速。听觉神经科学家赛斯·霍洛维茨（Seth Horowitz, 2012）指出："你可能需要整整一秒钟的时间才能从眼角处注意到一些东西，然后再把头转向它，认出它，并对它做出反应，"而对一个新的或突然出现的声音，做出同样的反应至少会快10倍。在声音刺激你耳朵感受器之后的一秒钟内，数百万个神经元同时协作提取其基本特征，将其与过去的经验相比较，并识别刺激。

对于听觉，就像其他感官一样，我们想知道：我们是如何听到声音的？

刺激输入：声波

学习目标问题 6-16 当我们听到声音时，气压波具有哪些特征？

拉小提琴的琴弦，你会释放出声波的能量。每一个空气分子撞击下一个空气分子时，空气因压缩和膨胀产生的波，就像把石头扔进池塘所产生的环形波纹一样。当我们在移动的空气分子形成的海洋中遨游时，我们的耳朵能够察觉这些短暂的空气压力变化。

像光波一样，声波的形状也不同（图6.17）。声波的强度或者振幅，决定了声音的

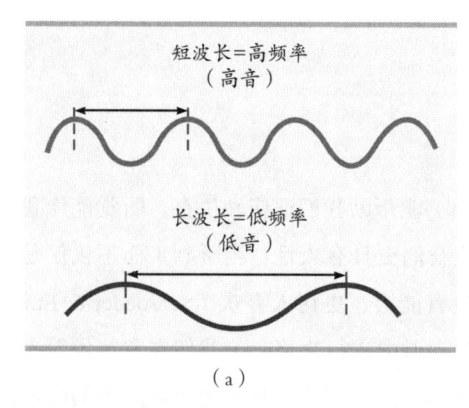

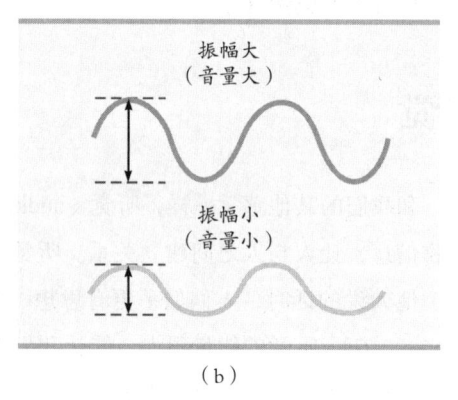

（a） 短波长=高频率（高音）
长波长=低频率（低音）

（b） 振幅大（音量大）
振幅小（音量小）

图 6.17 波的物理特性

（a）波的波长不同（连续波峰之间的距离）。频率，即在给定时间内通过某一点的完整波长的数量，取决于波长。波长越短，频率越高。波长决定了声音的音调。（b）波的振幅（波峰到波谷的高度）也不同。波的振幅影响声音的响度。

响度。**声波的频率**（frequency，以赫兹为单位）决定了声音的**音调**（pitch，高音或低音）。长波的频率低，音调也低；短波的频率高，音调也高。女高音歌唱家产生的声波比男中音歌唱家产生的声波短得多、快得多。

我们用分贝来衡量声音强度，零分贝代表听觉的绝对阈限。每增加 10 分贝的声音相当于音强增加了 10 倍。因此，普通谈话声（60 分贝）比 20 分贝的低语声响 10 000 倍。可以忍受地铁开过所发出的 100 分贝的声音比可觉察到的最微弱的声音要响 100 亿倍。持续暴露在 85 分贝以上的声音环境中会造成耳聋。让我们来告诉肯塔基大学的篮球迷们吧，他们在 2017 年以 126 分贝的响度打破了室内最嘈杂体育馆的吉尼斯世界纪录（WKYT, 2017）。今日的高声欢呼，可能会造成"明日"的耳聋。

声波的频率：在一定时间内（例如一秒内）经过某一点的完整波长的数量。

音调：高音或低音，取决于频率。

耳朵

学习目标问题 6–17 耳朵是如何将声波转换为神经信息的？

振动的空气是如何触发神经冲动，并让你的大脑将其解码为声音的？当声波撞击你的鼓膜后，紧绷着的鼓膜开始震动时，大脑便开始了解码过程（图 6.18）。

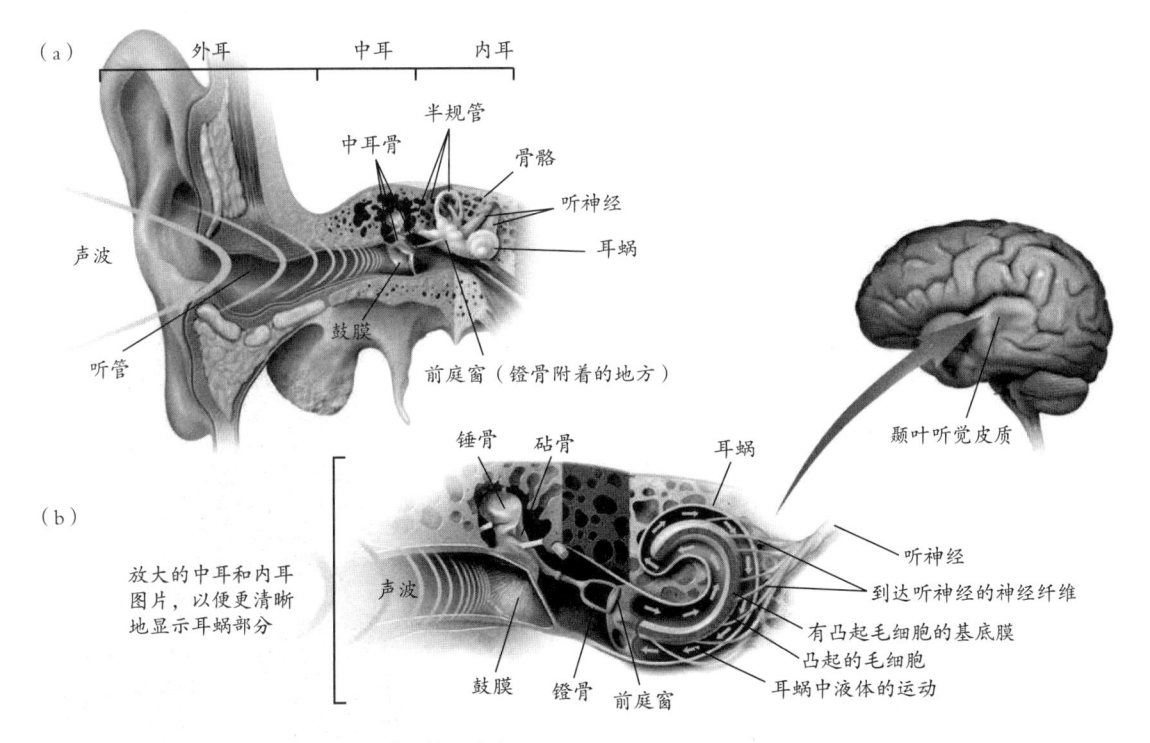

图 6.18 我们如何将声波转化为大脑解读的神经冲动

（a）外耳将声波输送到耳膜。中耳的骨头（锤骨、砧骨和镫骨）通过前庭窗将耳膜的振动放大并传递到充满液体的耳蜗。
（b）中耳和内耳的细节如图所示，耳蜗液的压力变化导致基底膜波动，使其表面的毛细胞弯曲。毛细胞的运动触发基底神经细胞的冲动，这些神经细胞的纤维汇聚成听神经。该神经将神经信息发送到丘脑，再发送到听觉皮质。

中耳：鼓膜和耳蜗之间的腔室内有三块听小骨——锤骨、砧骨和镫骨——将鼓膜的振动集中到耳蜗的前庭窗上。

内耳：耳朵最里面的部分，包括耳蜗、半规管和前庭囊。

耳蜗：内耳中一个卷曲、骨质、充满液体的管，声波通过耳蜗液触发神经冲动。

感音神经性听力损失：也称为神经性耳聋。最常见的听力损失形式，由耳蜗毛细胞或听觉神经受损引起。

中耳（middle ear）通过由三块听小骨（锤骨、砧骨和镫骨）组成的活塞把鼓膜的振动传送到内耳（inner ear）中被称作耳蜗（cochlea）的蜗形管。

传入的振动会使覆盖耳蜗内膜的开口（前庭窗）振动充满细管的液体。这一运动会导致基底膜的波动，使其表面的毛细胞如风中的草叶一般弯曲。

毛细胞的运动会反过来触发邻近神经细胞的冲动，这些神经细胞的轴突汇聚成听神经。听神经将神经信息先传递到丘脑，再传递到大脑颞叶的听觉皮质。从振动的空气到微小的移动骨骼，到液体的波动，最后到大脑的电脉冲：瞧！你听到了！

也许听觉过程中最有趣的部分是毛细胞——"让我们听到声音的一束颤动的细胞"，多亏了它们的"极端敏感和极端速度"（Goldberg, 2007）。一个耳蜗有16 000个毛细胞，如果不将其与我们一只眼睛所包含的1.3亿个左右的光感受器相比，这听起来也是很多的。但让我们来看看毛细胞的反应能力，将毛细胞尖端细小的纤毛束偏转一个原子的宽度，敏感的毛细胞就会因为一种特殊的蛋白质而引发神经反应（Corey et al., 2004）。

耳蜗的毛细胞感受器或听神经受损可能导致感音神经性听力损失（sensorineural hearing loss，神经性耳聋）。在听神经受损的情况下，人们也许能够听到声音，却难以分辨别人在说什么（Liberman, 2015）。

疾病有时会损害毛细胞感受器，但在大多数情况下，罪魁祸首是与遗传和衰老有

分贝
- 140 ← 近距离听摇滚乐队演唱
- 130
- 120 ← 响雷
- 110 ← 时速800千米的喷气式飞机
- 100 ← 时速32千米的地铁
- 90
- 80 ← 繁忙的街角
- 70
- 60 ← 日常交谈
- 50
- 40
- 30
- 20 ← 低语
- 10
- 0 ← 听觉阈限

持续暴露在85分贝以上的声音环境中会造成耳聋

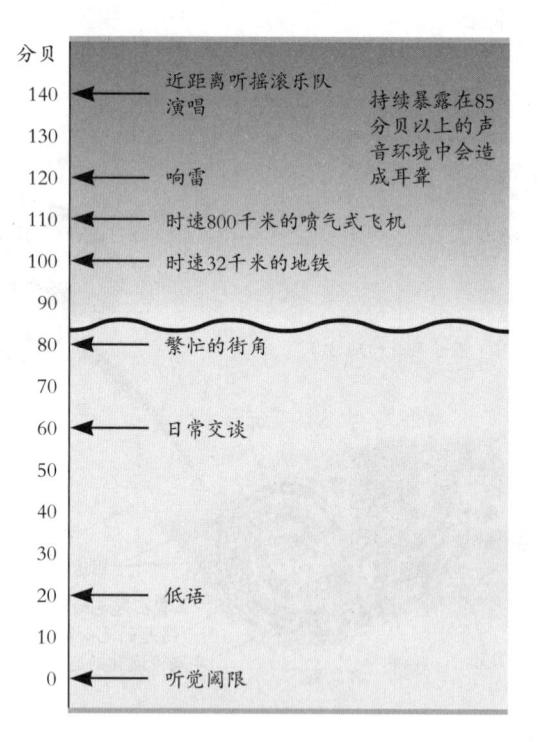

图6.19 一些常见声音的强度

一项研究发现，300万名职业音乐家中，因噪声引起听力损失的比例几乎是普通人的四倍（Schink et al., 2014）。有了防噪声耳塞和头戴式耳机，我们就能避免音量过大可能对听力造成的伤害。

关的生物变化。我的祖母和母亲因某个基因（WFS1）的单一突变，都患有严重的听力障碍，我对这一切深有体会。刺耳的噪声是另一个损害毛细胞感受器的罪魁祸首，如长期听刺耳的音乐。感音神经性听力损失比**传导性听力损失**（conduction hearing loss）更常见。传导性听力损失是将声波传导到耳蜗的机械系统（鼓膜和中耳骨）受损导致的。

传导性听力损失：一种不太常见的听力损失形式，由将声波传导到耳蜗的机械系统受损引起。

耳蜗的毛细胞被比作地毯纤维。从它们身上走过，它们会恢复原来的形态；但如果在它们身上放一件重重的家具，它们可能永远无法恢复过来。一般来说，任何阻止我们正常交谈的噪声（机械发出来的噪声、音乐会或体育赛事中球迷的尖叫声、以最大音量播放我们日常的音乐混音）都可能是有害的，特别是如果这些声音持续时间长且被重复播放的话（Roesser, 1998）（图 6.19）。如果在经历过这些之后，我们产生了耳鸣，那就说明我们已经对毛细胞造成了伤害。正如疼痛是在提醒我们身体可能受到了伤害一样，耳鸣提醒我们听力可能受到了损伤。这是另一种形式的"出血"。

全世界有 12.3 亿人的听力有损失，约有 5 亿人患有致残性听力损失（Global Burden of Disease, 2015; Wilson et al., 2017）。自 20 世纪 90 年代初以来，患有听力损失的青少年增加了三分之一，每六个青少年中就有一个受到影响（Shargorodsky et al., 2010; Weichbold et al., 2012）。暴露在嘈杂的音乐中（无论是现场还是通过耳机）就是罪魁祸首：经过一场平均 99 分贝的摇滚音乐会 3 小时后，54% 的青少年表示暂时听不清楚，四分之一的人表示有耳鸣（Derebery et al., 2012）。十几岁的男孩比十几岁的女孩或成年人更多地用大音量长时间"轰击"自己（Widén et al., 2017; Zogby, 2006）。这可能有助于解释为什么男性的听力往往比女性的听力要差。每一个长时间待在喧闹的夜总会里、电动割草机后面，或长时间使用手提钻的人都应该戴上耳塞，否则以后有可能需要助听器。性教育者常说"安全套"，而听觉教育者会说"耳塞"。

人工耳蜗：一种将声音转化为电信号并通过插入耳蜗的电极刺激听觉神经的装置。

迄今为止，神经性耳聋无法逆转。恢复听力的方法之一是使用一种仿生耳朵——**人工耳蜗**（cochlear implant）。每年约有 50 000 人，包括约 30 000 名儿童，接受这种配备电子装置的治疗方法（Hochmair, 2013）。人工耳蜗将声音转化为电信号，发送给耳蜗的神经，并将有关声音的信息传递给大脑（图 6.20）。当给失聪的猫咪幼崽和人类婴儿植入人工耳蜗时，似乎会使大脑相关区域"觉醒"（Klinke et al., 1999; Sireteanu, 1999）。这些设备可以帮助儿童熟练地进行口语交流（最好能在学龄前或在 1 岁前植入这些设备）（Dettman et al., 2007; Schorr et al., 2005）。听觉和视觉

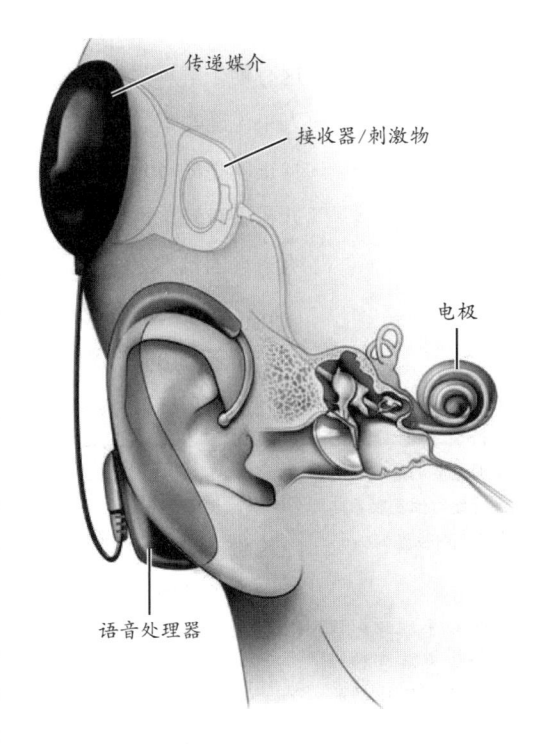

图 6.20 人工耳蜗

其工作原理是将声音转换成电信号，这些电信号被传输到耳蜗，然后再通过听觉神经传递到大脑。

一样，也有一个关键期。人工耳蜗可以帮助大多数成年人恢复听力，但前提是他们的大脑在儿童期就学会了加工声音。听力恢复还可以减少社会孤立感和降低患抑郁症的风险（Mosnier et al., 2015）。

检索练习

RP-1 将声波转化为可感知的声音的基本步骤是什么？

RP-2 声波的振幅决定了我们对_____（响度/音高）的感知。

RP-3 声波越长，其频率就越_____（低/高），音调就越_____（高/低）。

答案见附录 D

感知响度、音调和位置

学习目标问题 6-18 我们如何感知响度、辨别音调和定位声音？

对响亮和轻柔声音的反应 我们如何感知响度？如果你猜测与毛细胞反应强度有关，那你就错了。相反，一个轻柔的纯音只能激活少数与其频率相适应的毛细胞。如果声音响度增大，其邻近的毛细胞也会做出反应。因此，你的大脑根据被激活的毛细胞数量来解释响度。

如果一个毛细胞失去了对轻柔声音的敏感性，它仍然可能对响亮的声音做出反应。这有助于解释另一个让我们感到惊异的现象：不管听力是否受损，响亮的声音对所有人来说确实是同样响的。鉴于我患有听力障碍，我曾经想知道对于听力正常的人来说，真正响亮的音乐听起来是什么样的。现在我知道听起来没什么两样——我们的不同之处在于对轻柔声音的感知（以及从噪声中分离出声音的能力）。这就是为什么我们这些听力有困难的人并不需要把所有的声音（响亮和轻柔）都放大的原因。我们喜欢压缩声音，即轻柔的声音比响亮的声音放大更多（现代数字式助听器的特点）。

听不同的音调 我们如何知道一种声音是高频（如高昂的小鸟鸣叫声）还是低频（如低沉的卡车轰隆声）？目前对人如何区别音调存在两种理论解释。

听觉位置理论：该理论将我们听到的音调与耳蜗基底膜受到刺激的位置联系起来（也叫位置编码）。

1. **听觉位置理论**（place theory，也叫位置编码）假设：我们之所以听到不同的音调是因为不同的声波会触发耳蜗基底膜不同位置的活动。因此，大脑通过识别产生神经信号的特定位置（在基底膜上）来确定一个声音的音高。诺贝尔奖获得者盖欧尔格·冯·贝凯希（Georg von Békésy, 1957）将豚鼠和死者的耳蜗打孔，并用显微镜观察里面的情况，发现耳蜗会对声音做出振动反应，就像一张抖动的床单。高频声音在耳蜗基底膜的前端附近产生巨大的振动，低频声音使基底膜产生振动的部位更多，因此更不容易被定位。所以，这一理论存在一个局限：位置理论可以解释我们如何听到高音，却不能解释我们如何听到低音。

听觉频率理论：该理论认为沿听神经传播的神经冲动的速率与音调的频率相匹配，从而使我们能够感觉到音调（也叫时间编码）。

2. **听觉频率理论**（frequency theory，也叫时间编码）提出了另一种解释：大脑通过监测神经脉冲沿听觉神经传播的频率来识别音高。整个基底膜随着传入的声波振动，以与声波相同的速度触发大脑的神经冲动。如果声波的频率是每秒 100 次，那么每秒就有 100 个脉冲传到听神经。但频率理论同样存在一个问题：单个神经元的放电速度每秒不可能超过 1000 次。那么，我们如何能感知到频率超过每秒 1000 次的声音（钢琴上大约三分之一的琴键都会超过）？让我们再来看一下齐射原理：像士兵轮流开火一样，一些人装填弹药时其他人可以射击，神经细胞也可以轮流放电。通过快速连续地放电，它们可以实现每秒超过 1000 次的联合频率。

因此，听觉位置理论和听觉频率理论共同解释了我们如何感知音调。听觉位置理论更好地解释了我们如何感知高音；通过拓展为齐射原理，听觉频率理论解释了我们如何感知低音；最后，听觉位置理论和听觉频率理论的某种结合似乎可以用于解释我们如何感知中间范围的音调。

检索练习

RP-4 请分别用一种音调感知理论解释交响乐观众对高音短笛和低音大提琴的喜爱。

答案见附录 D

定位声音 为什么我们的耳朵不在鼻子上面？正如大灰狼对小红帽所说的，"这样可以更好地听到你的声音"。两只耳朵的位置能使我们形成立体（"三维"）听觉。两只耳朵优于一只耳朵的理由至少有两个（图 6.21）。如果你右边的汽车按喇叭，你的右耳会比你的左耳更早接收到更强的声音。

因为声音的传播速度很快，而且我们的耳朵相距不是很远，所以强度差异和时间延迟是相当小的。对于来自某一方向的两种声音的最小可觉差仅为 0.000 027 秒！幸运的是，我们超敏锐的听觉系统可以检测到这些细微差异并定位声音（Brown & Deffenbacher, 1979; Middlebrooks & Green, 1991）。

其他感官

鲨鱼和狗依赖于它们超常的嗅觉，以及与嗅觉相关的一大片脑区；人类的大脑则将更多的空间分配给视觉和听觉，但我

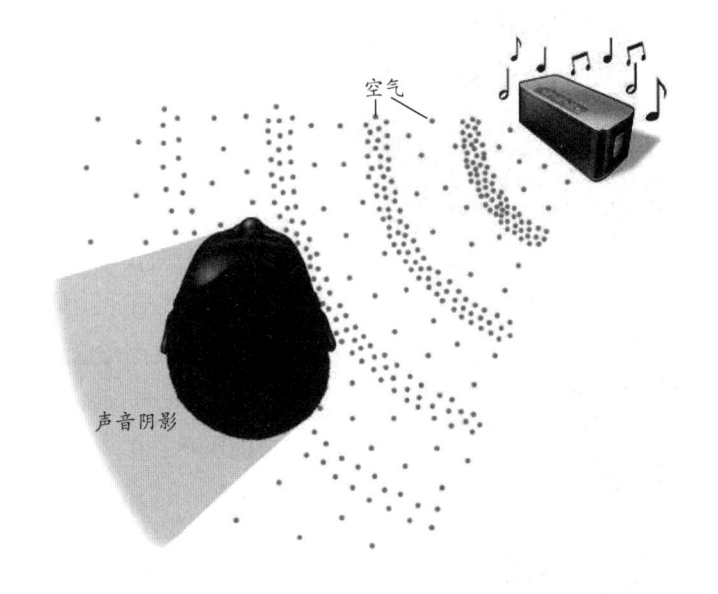

图 6.21 我们如何定位声音

声波到达一只耳朵的时间比到达另一只耳朵的时间早，而且到达一只耳朵的强度也比到达另一只耳朵的强度大。我们敏锐的大脑可以根据这一信息计算出声音的位置。由此可以推断，如果一个人的一只耳朵丧失听力，那么他往往也难以对声音进行定位。

们其他的感官也发挥着无与伦比的作用。如果没有触觉、味觉、嗅觉，以及对身体位置和运动的感知，我们将面临巨大的困难，我们享受世界的能力也会被大大削弱。

触觉

学习目标问题 6-19 有哪四种基本的触觉？我们是如何感知触觉的？

触觉对我们来说至关重要。从婴儿期到成年期，深情的抚摸会让我们感到幸福（Jakubiak & Feeney, 2017）。从出生开始，触觉就对我们的发展有所帮助。失去母亲陪伴的幼鼠产生的生长激素更少，新陈代谢率也更低——这是让幼鼠活到母亲回来的好方法，但时间一长便会妨碍幼鼠生长。只被允许去看、听和闻——但不能去触摸——其母亲的幼猴会变得极不快乐（Suomi et al., 1976）。如果用手按摩刺激早产儿，他们的体重会增长得更快，也能更早出院回家（Field et al., 2006）。面临灾难或对亡故而悲伤时，我们会在拥抱中找到安慰。作为成年人，我们仍然会对触觉（亲吻、抚摸、依偎）感到渴望。

幽默大师戴夫·巴里（Dave Barry, 1985, p. 2）也许是对的，他开玩笑说，皮肤"可以防止别人看透你的身体，具有排斥性，而且可以避免你的器官掉到地上"。但皮肤的作用远不止这些。用柔软的毛发、温暖或寒冷的金属丝及针尖轻触皮肤上的不同位置，结果发现有些位置对压力特别敏感，有些位置对温暖特别敏感，有些位置对寒冷特别敏感，还有一些位置对疼痛特别敏感。我们的"触觉"实际上是这四种基本而独特的皮肤感觉的混合，而我们的其他皮肤感觉则是压力、温暖、寒冷和疼痛的变体。例如，抚摸相邻的压点会感到瘙痒，反复轻抚疼痛点也会感到瘙痒，触摸相邻的冷点和压点会产生湿润感（你触摸干燥、寒冷的金属时也可以体验到这种感觉）。

然而，触觉不仅仅是由触觉刺激引起。自己搔痒所产生的躯体感觉对皮质的激活要少于由物体或他人的搔痒所产生的激活（Blakemore et al., 1998）。同样地，男异性恋者认为是一个漂亮女人而非男人在用性感的腿轻触自己时，触感会唤起他不同的体感皮质反应（Gazzola et al., 2012）。这样的反应揭示了认知影响大脑感官反应的速度之快。

痛觉

学习目标问题 6-20 哪些生物学、心理学和社会文化方面的因素影响着我们对疼痛的体验？安慰剂、分散注意力和催眠是如何帮助我们控制疼痛的？

我们要感谢偶尔的疼痛。疼痛是身体告诉我们躯体的某些机能

珍贵的触觉

正如威廉·詹姆斯在他的《心理学原理》一书中所写的："触觉既是情感的开始，也是情感的结束。"

发生故障的一种方式。疼痛让我们注意到烧伤、骨折或扭伤,让我们改变自己的行为——"别碰那只脚踝!"疼痛也会让我们产生心理作用——增强自我意识,唤起他人同情,并促进社会联系(Bastian et al., 2014)。

少数人出生时就没有感觉疼痛的能力,她们可能会体验无痛分娩,但也面临着重伤甚至早逝的风险(Habib et al., 2019)。我们因感到不适而不时转换体位,如果我们察觉不到不适,关节就会过度疲劳。没有疼痛的预警,感染和伤害的影响便会肆虐且累积起来(Neese, 1991)。

更多的是那些受慢性疼痛折磨的人,就好像身体里有永远不会关掉的警报。长期遭受背痛、关节炎、头痛和癌痛折磨的人提出了这样两个问题:疼痛是什么?我们怎样才能控制它?

理解疼痛 我们对疼痛的体验既反映了自下而上的感觉,也反映了自上而下的认知。疼痛是一种生物心理社会事件(Hadjistavropoulos et al., 201)。因此,对于疼痛的体验因人而异,因群体而异。从生物学、心理学和社会文化的角度来看待疼痛,有助于我们更好地理解、应对并治疗它。

生物学因素 疼痛是由感官产生的物理现象。但疼痛不同于其他感觉。没有哪一种刺激能像光线触发视觉那样触发疼痛。也没有专门的感受器像视网膜感受器加工光线那样加工疼痛信号。相反,伤害感受器(一种感觉感受器)——大部分在皮肤上,有的在肌肉和器官中——能检测对人体有害的温度、压力或化学物质(图 6.22)。

你对疼痛的感受部分取决于你的遗传基因和身体特征(Gatchel et al., 2007; Reimann et al., 2010)。女性对疼痛比男性更敏感(女性的听觉和嗅觉也更敏感)(Ruau et al., 2012; Wickelgren, 2009)。

没有哪一种疼痛理论可以解释目前所有的

图 6.22 痛觉回路
感觉感受器(伤害感受器)通过将感觉冲动传递到脊髓,从而对潜在的破坏刺激做出反应。脊髓接收到信息后,将其再传递给大脑,最后由大脑解释为疼痛。

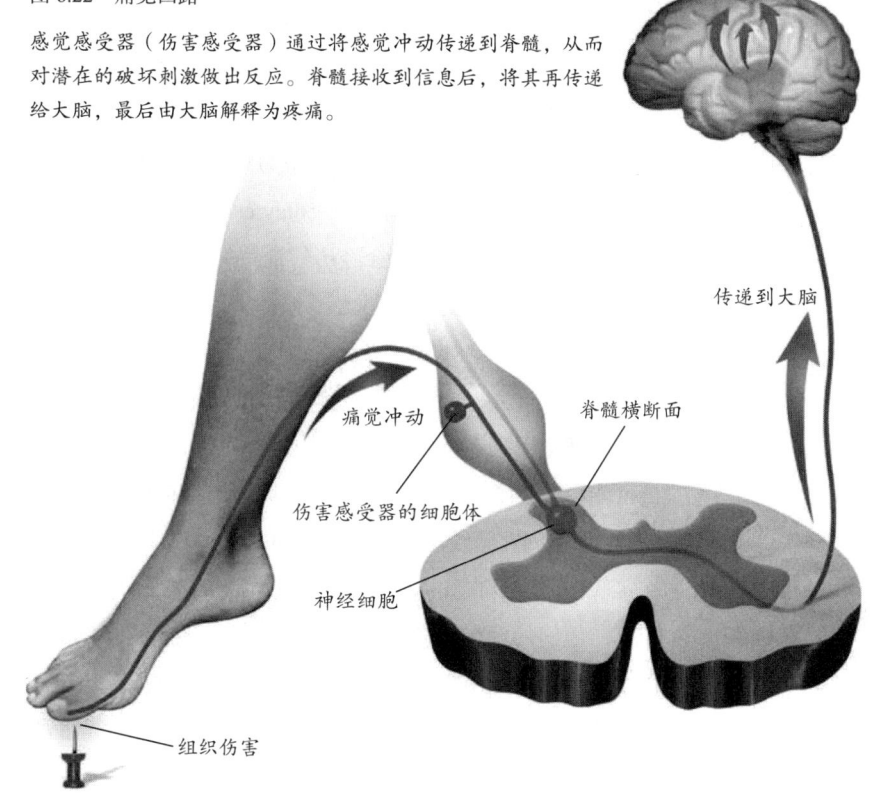

传递到大脑
痛觉冲动
脊髓横断面
伤害感受器的细胞体
神经细胞
组织伤害

发现。**闸门控制理论**（gate-control theory）是一个有用的模型，该理论认为脊髓中有一个神经"门"，控制着将疼痛信息向大脑的传递（Melzack & Katz, 2013; Melzack & Wall, 1965, 1983）。

就算很小的脊髓神经纤维也能传递大部分的疼痛信号，因此受伤会激活小纤维，打开疼痛的大门。然后疼痛信号会传递到大脑，此时你就会感到疼痛。但大纤维活动（通过按摩、电刺激或针灸刺激）可以通过阻断疼痛信号来关闭疼痛的闸门，大脑传递到脊髓的信息也可以关闭这扇门。因此，慢性疼痛既可以通过"闭门"刺激（如按摩）治疗，也可以通过精神活动（如转移注意力）来治疗（Wall, 2000）。

我们自身分泌的天然止痛剂——内啡肽也能帮助我们缓解疼痛，它会在我们剧烈疼痛或剧烈运动的情况下释放。携带促进内啡肽分泌基因的人，遭受疼痛折磨的情况会更少，他们的大脑对疼痛的反应也更弱（Zubieta et al., 2003）。还有一些人，他们由于基因突变可能无法感受到疼痛，因为突变基因破坏了痛觉回路的神经传递（Cox et al., 2006）。这些发现为未来根据这些基因效应研制止痛药指明了方向。

疼痛不仅仅是一种物理现象，即受伤的神经向特定的大脑或脊髓区域发送冲动（就像拉绳子摇铃铛一样），大脑也可以制造疼痛，例如幻肢能感受到疼痛。残缺的肢体无法正常输入感觉，大脑可能会误解并放大自发但不相关的中枢神经系统活动。就像正在做梦的人闭着眼睛也能看到东西一样。70%的肢体残缺者表示自己能感觉到幻肢的疼痛或运动（Melzack, 1992, 2005）。有些人甚至会尝试用幻手举起杯子，或用幻腿从床上下来。即使那些天生就没有某部分肢体的人，有时也会感知到不存在的手臂或腿。大脑可能为"从有四肢的身体上获得信息"做好了准备（Melzack, 1998）。

幻觉也能困扰其他感官。有听力障碍的人经常听到一种寂静之声：耳鸣，即伴随着大脑听觉活动产生的幻听（Sedley et al., 2015）。那些因青光眼、白内障、糖尿病或黄斑变性而失明的人可能会经历幻视——一种不具威胁性的幻觉（Painter et al., 2018）。还有一些味觉和嗅觉系统神经受损的人，也会出现幻嗅和或幻味，如认为冰水甜得令人作呕，或新鲜空气散发着食物腐烂的气味（Goode, 1999）。要记住的一点：我们的感觉、视觉、听觉、味觉和嗅觉都是通过大脑来完成的。

心理学因素 对疼痛的注意力也会强烈影响我们对疼痛的感知。专注于获胜的运动员可能会以不同的方式感知疼痛，并克服疼痛继续比赛。

我们似乎也会编辑我们对疼痛的记忆，这些记忆往往与我们实际经历的疼痛不同。在实验中，以及在让人倍感痛苦的医疗治疗或分娩之后，人们会忽略疼痛的持续时间。相反，他们的记忆快照记录了两个因素：疼痛的峰值时刻［这可以让他们回忆起疼痛程度的变化，而在峰值点疼痛最剧烈（Chajut et al., 2014; Stone et al., 2005）］，在最终结束时他们感受到的痛苦。在一项实验中，人们将一只手浸入刺骨的冷水中60秒，而另一只手在浸入同样刺骨的冷水中60秒后，紧接着将手在一盆引发较少疼痛体验的冷水

闸门控制理论：该理论认为，脊髓中含有一个神经"门"，可以阻止/允许疼痛信号传递到大脑。当疼痛信号向上传递到小的神经纤维时，"门"就打开了；当较大的纤维活动或接收到来自大脑的信息时，"门"就关上了。

"痛觉随着对它的关注而增强。"
——查尔斯·达尔文

中再浸泡30秒（Kahneman et al., 1993）。你认为在他们的记忆中哪个任务最疼痛？

奇怪的是，当问这些人更愿意重复哪个任务时，大多数人都更喜欢90秒的任务——有更多的疼痛体验，但结束时的疼痛较少。医生们将这一原理应用于接受结肠检查的病人——将不适感延长一分钟，但最后会减轻疼痛的强度（Kahneman, 1999）。想象一下当自己经历了一场痛苦的手术后，医生问你是想现在就回家，还是再忍受几分钟的轻微不适感。延长疼痛体验，但让疼痛"逐渐减轻"是有道理的。

好的故事结尾能为快乐的记忆增添色彩。在一项简单的实验中，参与者在收到第五块也就是最后一块巧克力时，一些人只被告知这是他们的"下一块"巧克力，而另一些人则被告知这是他们的"最后一块"巧克力。后者更喜欢自己手中的巧克力，并认为整个实验过程更有趣（O'Brien & Ellsworth, 2012）。因此，结尾很重要。

社会文化因素 疼痛是我们的注意力、期望以及文化的产物（Gatchel et al., 2007; Reimann et al., 2010）。我们对疼痛的感知因我们的社会环境和文化传统而异，这一点也不奇怪。当他人似乎也在经历疼痛时，我们往往会感觉到更多的疼痛（Symbaluk et al., 1997）。这可能有助于解释疼痛的社会属性，比如在20世纪80年代中期，澳大利亚的键盘操作员在打字或进行其他重复性工作时，突然出现了剧烈的疼痛——在没有任何明显身体异常的情况下（Gawande, 1998）。实际上，有时扭伤的痛感来自大脑的活动。当人们对他人的疼痛感同身受时，他们的大脑活动在一定程度上反映了大脑在疼痛时的实际活动（Singer et al., 2004）。

控制痛觉 如果痛觉是身体与心理的综合体验——特别是如果它既是一种生理现象又是一种心理现象——那么我们就应该同时对身体和心理进行治疗。根据不同的症状，痛觉控制疗法可能包括药物、手术、针灸、电刺激、按摩、锻炼、催眠、放松训练、冥想和娱乐等。

安慰剂 即使是安慰剂也能起到作用，它可以抑制中枢神经系统对疼痛体验的注意和反应——就像止痛药那样（Eippert et al., 2009; Wager & Atlas, 2013）。在一项实验中，实验者向男性参与者的下巴内注射了会引起刺痛的生理盐水安慰剂后，告知他们这是缓解疼痛的，结果确实如此——他们立即感觉不痛了，而且"毫无"感觉。这些人相信了虚假的止痛药的效果，他们的大脑通过释放内啡肽做出反应，类似于释放了天然止痛鸦片（Scott et al., 2007; Zubieta et al., 2005）。

另一项实验将两种安慰剂——假药丸和假针灸——进行对照实验（Kaptchuk et al., 2006）。持续性手臂疼痛的患者要么接受假针灸治疗（用无法刺穿皮肤的可伸缩假针），要么服用蓝色玉米淀粉药丸（外观和用于治疗劳损的药很像）。两个月后，两组人都报告疼痛感减轻，假针灸组报告疼痛减轻幅度更大。有25%接受假针灸治疗的人和31%服用假药丸的人甚至抱怨有副作用，如皮肤疼痛、口渴和疲劳。

分散注意力 护理专业人士是否曾建议你专注于一个令人愉快的画面（"想象自己

身处一个温暖、舒适的环境")或执行一些任务("倒数3秒")？把注意力从痛苦的刺激上移开是激活抑制疼痛和增加疼痛耐受性的大脑通路的有效方法（Edwards et al., 2009）。对于烧伤患者来说，护理过程是极为痛苦的。逃到虚拟世界是一个更为有效的转移注意力的方法。功能性磁共振成像（fMRI）扫描显示，在计算机生成的三维世界中玩耍可以减少大脑与疼痛有关的活动（Hoffman, 2004）。因为痛感来自大脑的活动，转移大脑的注意力可能会缓解疼痛。一位使用虚拟现实技术治疗疼痛的医生说："完全沉浸在虚拟环境中，就像是遇到了一个'大脑黑客'。你无法再专注于其他任何事情。"（Brody, 2019）

催眠 研究表明，将使用安慰剂与分散注意力相结合是更好的方法（Buhle et al., 2012），并通过催眠放大其效果，从而最大限度地缓解疼痛。想象一下，你即将被催眠。催眠师请你坐下，并盯着墙上某个高处的点，然后让自己放松。这时，你听到一个安静、低沉的声音在暗示："你感到眼睛越来越累……你感到眼皮很重……并且越来越重……眼皮开始打架……此时的你更加放松……你现在呼吸很深且很有规律。你的肌肉越来越放松。你开始感觉整个身体像灌了铅一样。"经过几分钟的催眠诱导，你可能会被催眠——言语可以暂时改变你的大脑活动。

催眠师并没有神奇的精神控制能力，他们只是把人们的注意力集中在某些图像或行为上。在某种程度上，我们都愿意接受暗示。但高度易被催眠人群——例如，有20%的人能接受暗示，从而对一瓶打开的臭氨水不做出反应——特别容易接受暗示，且极其富有想象力（Barnier & McConkey, 2004; Silva & Kirsch, 1992）。在催眠状态下，他们的大脑活动也会发生变化（Jiang et al., 2016）。

催眠可以缓解疼痛吗？答案是肯定的。当未被催眠的人将手臂放在冰水中时，他们会在25秒内感觉到强烈的疼痛（Elkins et al., 2012; Jensen, 2008）。当被催眠的人在接受暗示后也将手臂放在冰水中时，他们却说感觉不到疼痛。催眠也可以用于减轻某些慢性疼痛和因残疾导致的疼痛（Adachi et al., 2014; Bowker & Dorstyn, 2016）。

在外科实验中，催眠患者比未催眠的对照组患者需要的药物剂量更少，恢复速度更快，离开医院的时间也更早（Askay & Patterson, 2007; Hammond, 2008; Spiegel, 2007）。我们中近10%的人可以被深度催眠，甚至可以在没有麻醉的情况下进行大手术。一般的人通过催眠可以缓解疼痛。催眠在外科手术中的应用在欧洲非常盛行，一个比利时医疗团队将催眠、局部麻醉和镇静剂这三种方法结合，进行了5000多次手术（Facco, 2016; Song, 2006）。

关于催眠的原理，心理学家给出了两种解释：

- 社会影响理论认为，催眠是正常的社会过程和心理过程的副产品（Lynn et al., 1990, 2015; Spanos & Coe, 1992）。按照这种观点，被催眠的人就像陷入角色的演员一样，开始将自己代入"优秀催眠对象"的角色去感受周遭并行动。这些被催眠的人能让催眠师把他们的注意力从痛苦中转移。

·分离理论认为，催眠是一种特殊的双重加工的**分离**（dissociation）状态，即不同意识层次之间的分裂。分离理论试图解释为什么在没有人看着他们的情况下，先前被催眠的人之后会执行**催眠后暗示**（posthypnotic suggestions）（Perugini et al., 1998）。该理论还解释了为什么想要通过催眠缓解疼痛的人接受感觉信息的脑区出现活动，而通常加工疼痛相关信息的脑区却无任何活动（Rainville et al., 1997）。

选择性注意（见第3章）也可以在催眠止痛中发挥作用。大脑扫描显示，催眠会提高额叶注意力系统的活性（Oakley & Halligan, 2013）。因此，虽然催眠本身并不阻碍感觉输入，但它可能阻碍我们对那些刺激的注意力。这有助于解释为什么在战斗中受伤的士兵在到达安全地带之前几乎感觉不到疼痛。

> 分离：意识上的分离，允许不同的思想和行为同时发生。
>
> 催眠后暗示：在催眠过程中给出、在催眠过程结束后执行的暗示，一些临床医生会通过暗示控制不良症状和行为。

自问

你通常会使用哪些方法缓解疼痛？学习了这些控制疼痛的方法之后，你会不会想要做一些新的尝试呢？

检索练习

RP-5 哪一项不属于缓解疼痛的方法？

A. 分散注意力　　B. 催眠　　C. 幻肢感觉　　D. 内啡肽

答案见附录 D

味觉

学习目标问题 6-21 我们的味觉和嗅觉有哪些相似之处，又有哪些不同之处？

和触觉一样，**味觉**（gustation）——我们对味道的感觉——包括几种基本感觉。人们曾认为味觉就是甜、酸、咸和苦，其他所有的感觉都是这四种感觉的混合（McBurney & Gent, 1979）。后来，当研究人员寻找这四种味觉的专门化神经纤维时，他们发现了现在为人所知的第五种味觉——"鲜"味的感受器，鲜味和做饭使用的味精的味道很像。

> 味觉：我们对味道的感觉。

味觉的存在不仅仅是为了给我们提供乐趣（见表6.2）。诱人的味道会吸引我们的祖先去食用富含能量或蛋白质的食物，使他们得以生存。恶心的味道则使他们对可能有毒的新食物物种望而却步。如今，我们在2～6岁的孩子身上看到了这一生物智慧的传承，这一年龄段的孩子都很挑食，尤其是在喂食他们新的肉类品种或带有苦味的蔬菜，如菠菜和抱子甘蓝时（Cooke et al., 2003）。对我们的祖先来说，肉类和植物毒素都是食物中毒的潜在危险来源。然而，如果总是吃到不喜欢的新食物，大多数儿童开始接受它们（Wardle et al., 2003），开始喜欢我们吃的东西。与母乳喂养的婴儿相比，香草味奶粉喂养的德国婴儿长大后对香草味有明显的偏好（Haller et al., 1999）。味觉暴露的现象甚至延伸到了子宫。在一项实验中，母亲在妊娠末期和哺乳初期喝过胡萝卜汁的话，那么她们的宝宝会表现出对胡萝卜味麦片的喜好（Mennella et al., 2001）。

表 6.2 基本味觉的生存功能

味觉	含义
甜味	能量源
咸味	生理过程必需的基本钠元素
酸味	可能有毒的酸性物质
苦味	可能的有毒物质
鲜味	生长和修复组织必需的蛋白质

味觉是一种化学感觉。在你的舌尖和舌两侧的每个小的隆起里有 200 个或更多的味蕾，每个味蕾都包含一个可以捕捉食物化学物质并释放神经递质的孔（Roper & Chaudhari, 2017）。在每个味蕾孔中有 50～100 个味觉感受器，它们投射出的触角状绒毛可以感知食物分子。一些感受器主要对甜味分子做出反应，另一些则对咸味、酸味、鲜味或苦味的分子做出反应。每个感受器都会将其信息传递给大脑颞叶中与之相匹配的细胞（Barretto et al., 2015）。有些人的味蕾比其他人多，他们能够体验到更强烈的味道。心理学家琳达·巴托舒克（Linda Bartoshuk, 2000）对这些味觉超常者，以及他们是如何尝出我们普通人尝不出的味道进行了研究。

对于大多数人来说，不需要很强烈的刺激就可以触发味觉反应。如果水流过你的舌头，只要加入十分之一秒钟的浓缩的咸味或甜味就可以引起你的注意（Kelling & Halpern, 1983）。当一个朋友请求你"只是品尝一下"奶昔时，你可以在尝到味道的一瞬间吐出吸管。

味觉感受器每隔一周或两周就会自我繁殖一次，所以如果你不小心烫伤了舌头，那没有什么关系。然而，随着年龄的增长，味觉感受器的数量逐渐减少，味觉敏感性也随之逐渐降低（Cowart, 1981）。（成年人喜欢吃口味较重的食物，而孩子们却不喜欢，也就不足为奇了。）抽烟喝酒会加速味觉感受器数量的减少及味觉敏感性的降低。那些失去味觉的人报告说，食物尝起来像"稻草"，难以下咽（Cowart, 2005）。

除了味觉感受器，味觉还会受其他因素影响。吃饭时戴

琳达·巴托舒克（1938—）

20世纪50年代后期，性别歧视非常严重。当时还是一名学生的琳达·巴托舒克，得知"女性不允许使用大型望远镜"后，放弃了对天文学的兴趣。她开始研究心理物理学——研究物理刺激（如舌头上的物质）如何让我们产生主观体验。在研究味觉体验的过程中，她发现了味觉超常者的存在。

上眼罩，你会更关注食物的味道（O'Brien & Smith, 2019）。期望也会影响味道。当被告知香肠卷是"素食"时，非素食者对它的评价明显低于标记为"肉"的同款香肠卷（Allen et al., 2008）。在另一项实验中，当听到一款葡萄酒的价格是 90 美元，而不是它的真实价格 10 美元时，人们会认为它的味道更好，并触发大脑中对愉快体验做出反应的区域的更多活动（Plassmann et al., 2008）。与莎士比亚在《罗密欧与朱丽叶》中"玫瑰不论叫什么名字，闻起来都一样香"的表述相反，标签很重要。接下来我们来介绍气味……

向你的朋友们展示一下今天学到的新词吧：看不见的人是"无视者"，听不到的人是"无听者"，无法闻到气味的人是"无嗅者"。每 7500 人中就有 1 人患有无嗅症，他们不仅在烹饪和饮食方面有困难，而且更容易抑郁、发生交通事故和缺乏人际关系安全感（Croy et al., 2012, 2013）。

嗅觉

吸气，呼气。从出生时第一次吸气到死亡时最后一次呼气，这一生你会做出 5 亿次的呼吸运动，这些维持生命的空气使你的鼻孔沐浴在充满气味分子的河流中。由此产生的对气味的体验——**嗅觉**（olfaction）——是你的亲密伴侣。每一次呼吸，你都会嗅到任何人或物的一部分。

和味觉一样，嗅觉也是一种化学性感觉。当空气中的物质分子到达鼻腔顶部的微小感受器细胞群时，我们就闻到了气味（图 6.23）。这 2000 万个嗅觉感受器细胞，就像礁石上的海葵那样摇摆，对烘焙蛋糕的香气、对一缕青烟、对朋友的香水气味选择

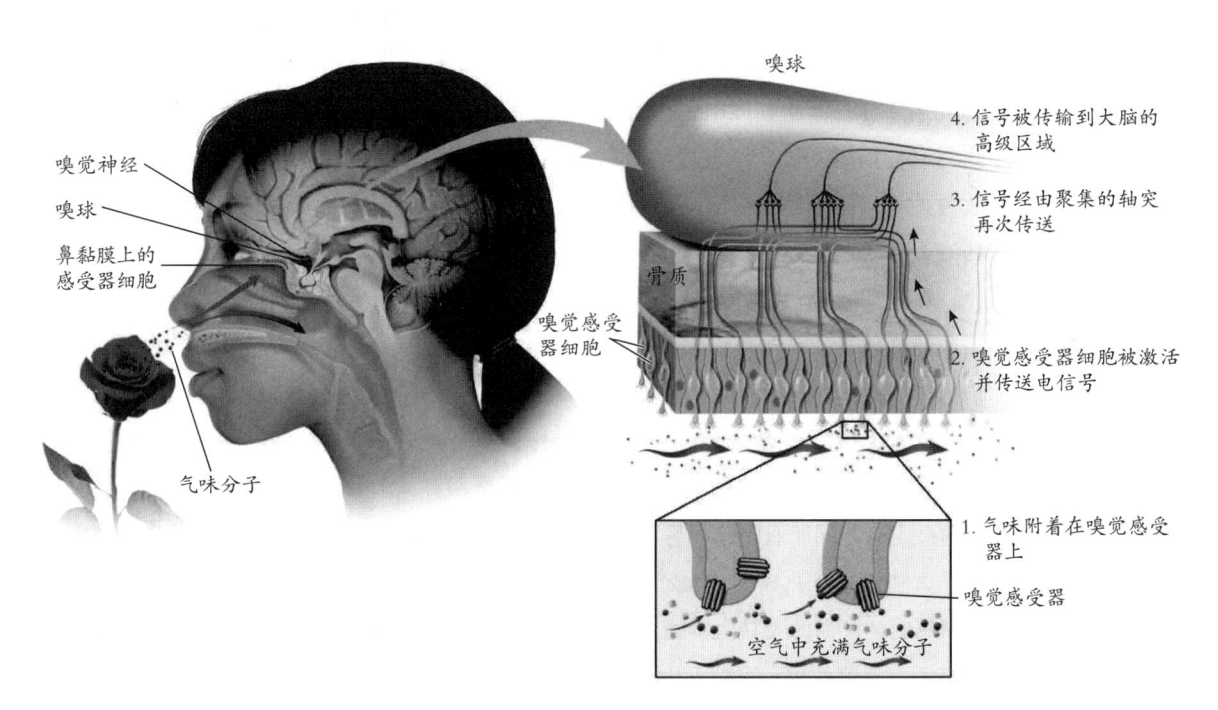

图 6.23 嗅觉

如果你要嗅到花香，那么空气中传播的香味分子必须到达你鼻腔顶部的嗅觉感受器。用力一吸，空气便盘旋到了这些嗅觉感受器上，这能使香味增强。嗅觉感受器细胞将信息传递到大脑的嗅球，然后再传递到颞叶的初级嗅觉皮质以及与记忆和情绪有关的边缘系统。

性地做出反应，然后立即通过其轴突纤维提醒大脑。

作为古老而原始感觉的一部分，嗅觉神经元绕过了大脑的感觉控制中心——丘脑。在我们的大脑皮质完全进化之前，我们的哺乳动物祖先就已经开始通过嗅觉寻找食物，并避开捕食者。他们还嗅到了一种叫作信息素的分子，尤其是同类分泌的信息素。有些信息素是性引诱剂。当男异性恋者嗅到排卵期女性 T 恤的气味时，男性变得更有性兴趣，并分泌更多睾丸激素（Miller & Maner, 2010, 2011）。

气味分子的形状和大小各不相同——事实上这就需要足够多的功能不同的感受器来探测它们。一个庞大的基因群组设计了 350 个左右的识别特定气味分子的感受器蛋白质（Miller, 2004）。琳达·巴克（Linda Buck）和理查德·阿克塞尔（Richard Axel）发现（他们在 2004 年荣获诺贝尔奖），这些感受器细胞镶嵌在鼻腔神经元的表面。就像钥匙插入锁孔一样，气味分子也会插入这些感受器中。然而，我们似乎没有为每一种可辨别的气味都配备独特的感受器。气味会触发感受器的组合，并由嗅觉皮质来解释这种模式。和英语字母表中的 26 个字母可以组合成许多不同的单词一样，气味分子组合对应不同的感受器排列，并形成至少 1 万亿种我们可以辨别的气味（Bushdid et al., 2014）。神经科学家已经确定了触发不同神经网络的嗅觉感受器的复杂组合，这些组合让我们能够区分令人愉快的气味和令人不快的气味（Zou et al., 2016）。

动物的嗅觉感受器数量是人类的很多倍，它们也通过嗅觉生存、交流和行动。大象可以嗅出少量和大量食物之间的区别，并由此判断是否有足够的食物供它或它的族群食用（Plotnik et al., 2019）。在鲨鱼看到猎物或飞蛾看到配偶之前，嗅觉线索就已经为它们指引了方向，就像嗅觉线索指引洄游的鲑鱼游向出生地一样，在孵化场释放两种气味化学物质中的一种后，洄游的鲑鱼会游向那条气味熟悉的河流（Barinaga, 1999）。

在嗅觉的帮助下，一只母海豹能在满是海豹幼崽的海滩找到自己的孩子。人类母亲和哺乳期婴儿也能很快识别对方的气味（McCarthy, 1986）。当恋爱中的人嗅到另一半的气味时，他们的压力水平会下降（Granqvist et al., 2019; Hofer et al., 2018）。像任何一只嗅觉灵敏的狗或猫所表现出来的一样，我们每个人都有我们自己可以识别的化学信号。[有一种值得注意的例外情况：一只狗会跟踪同卵双胞胎中的一个人的足迹，尽管这些足迹是同卵双胞胎中另一个人留下的（Thomas, 1974）。]

大脑知道鼻子不喜欢什么（Cook et al., 2017; Zou et al., 2016）。当小鼠嗅到捕食者的气味时，它们的大脑会本能地向与压力相关的神经元发送信号（Kondoh et al., 2016）。但嗅觉专家蕾切尔·赫兹（Rachel Herz, 2001）指出，气味给人们的感受还取决于文化体验。美国人将冬青的气味与糖果联系在一起，因此很喜欢冬青的味道；英国人常常将冬青与药联系在一起，因此不太喜欢它的气味。在一间有香味的房间里，当研究人员操纵电脑游戏让布朗大学的学生感受沮丧时，香味也会唤起不愉快的情绪（Herz et al., 2004）。在这之后，如果学生在做口头任务时嗅到同样的气味，他们的挫败感就会重新被唤起，这些学生比嗅到其他气味或没有嗅到气味的学生更早放弃。

嗅觉虽然很重要，却没有视觉和听觉那么敏锐。眺望整个花园，我们可以看到其格局和颜色等各种细节，听到园中各种鸟类的歌唱。然而如果不将鼻子靠近花丛，我们就嗅不到花的香味。我们可以后天学会如何识别细微的气味差异，但这并不容易（Al Aïn et al., 2019）。与我们体验并记住某一场景和某种声音的方式相比，气味更加难以描述和回忆（Richardson & Zucco, 1989; Zucco, 2003）。你可以自我测试一下：对你来说，描述煮咖啡的声音和描述咖啡的香味哪个更容易？对大多数西方人来说，描述声音更容易。

我们可能很难回忆出气味的名称，但是在识别尘封很久的气味以及与之相联系的事件时，我们会表现出令人称奇的能力（Engen, 1987; Schab, 1991）。我们的大脑回路有助于解释为什么大海的气味、香水的香味，或者是最喜欢的亲戚家厨房的香气能让我们想起一段快乐的时光，而有的气味会让我们想起创伤性事件，激活与恐惧相关的脑区（Kadohisa, 2013）。事实上，在从鼻腔获得信息的脑区以及大脑中影响记忆和情感的古老边缘中枢之间存在联系（图 6.24）。因此，当置身于气味难闻的房间里时，人们会更加严厉地批评他人和不道德行为（如撒谎或留下捡到的钱包）（Inbar et al., 2012; Schnall et al., 2008）；当暴露在腥臭味中时，人们会变得更加多疑（Lee et al., 2015; Lee & Schwarz, 2012）；当置身于火车车厢内，闻到清洁产品留下的柑橘香味时，人们会更少制造垃圾（de Lange et al., 2012）。

性别和年龄会影响我们识别气味的能力。女性和年轻人的嗅觉最好（Wysocki & Gilbert, 1989）。身体状况也会影响嗅觉。吸烟者和患阿尔茨海默病、帕金森病或酒精使用障碍的人的嗅觉通常会减弱（Doty, 2001）。此外，由于个体基因的不同，我们感知和体验气味的方式也有所不同（Trimmer et al., 2019）。你和你的朋友对同一朵花的香味体验可能不同。然而，对我们所有人来说，嗅觉往往在成年早期达到顶峰，之后逐渐下降。

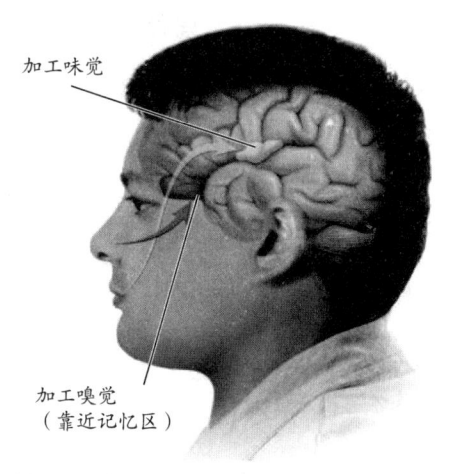

图 6.24 味觉、嗅觉和记忆

来自味觉感受器的信息传递到大脑额叶和颞叶之间的某一区域。该区域与接收嗅觉信息的脑区很近。因而嗅觉信息与味觉信息可以相互作用。大脑的嗅觉回路也与跟记忆存储有关的脑区相连，这有助于解释为什么气味可以触发记忆。

"你必须看到、闻到和感受到人们的情况，才能真正理解他们。"
——美国参议员卡马拉·哈里斯

检索练习

RP-6 我们的嗅觉系统与触觉系统、味觉系统有何不同？

答案见附录 D

身体的位置和运动

学习目标问题 6-22 我们如何感知身体的位置和运动?

如果感觉不到身体的位置和运动,你就不能把食物放进嘴里,不能站起来,也无法伸手触碰他人。就连向前迈出一步的"简单"行为你也不能完成。这一行为需要来自约 200 块肌肉的反馈和指令,所耗费的脑力超过了推理所耗费的脑力。在你全身的肌肉、肌腱和关节中有数百万个位置和运动传感器,称为本体感受器。它们不断向大脑提供反馈,使你产生**动觉**(kinesthesia),使你能够意识到身体各部位的位置和运动。只要将手腕扭动一度,你的大脑就会立即收到最新反馈。

> 动觉:我们的运动感觉——用来感知身体各个部位的位置和运动的系统。

如果你的视力和听力从未受损,你可以闭上眼睛或是堵住耳朵来体验漆黑寂静,在这一瞬间把自己当成盲人和聋人。但是,如果没有触觉或动觉——在夜间醒来时,就无法感知自己四肢的位置,那会是什么感觉?英国汉普郡的伊恩·沃特曼(Ian Waterman)知道这种感觉。19 岁时,沃特曼感染了一种罕见的病毒,破坏了使他能够感知轻微触觉和感知身体位置及运动的神经。患有这种疾病的人报告说,他们感觉自己脱离了肉体,就好像他们的身体是死的、不真实的,也不属于他们(Sacks, 1985)。经过长时间的练习,沃特曼学会了走路和吃饭——通过将视觉聚焦于四肢并相应地指挥它们。但如果将灯熄灭,他就会瘫软在地(Azar, 1998)。

视觉与动觉也会相互作用。你可以尝试在保持站立的情况下,将右脚跟放在左脚趾前,并放松身体。现在闭上眼睛,再重复一次,你还能保持平衡吗?

前庭觉(vestibular sense)能监测头部(也就是你的身体)的位置和运动。这一能保持平衡感的生物陀螺仪是你内耳的两个结构。第一个结构是充满液体的半规管,看起来像一个三维的椒盐卷饼(图 6.18a)。第二个结构是一对充满钙质晶体的前庭囊。当你的头部旋转或倾斜时,这些器官的运动会刺激毛发状的感受器,这些感受器将神经信号发送到大脑后部的小脑,使你能够感知自己的身体位置并保持平衡。

> 前庭觉:我们的平衡感——对身体运动和位置的感觉,让我们保持平衡。

如果你原地转一圈,然后突然停下来,那么你的半规管中的液体和你的运动感受器都不会立即恢复到中性状态。此时的你仍会感到晕眩,这种晕眩感让大脑以为你还在旋转。这项研究阐明了错觉的基本原理:那些平时能让我们准确体验世界的机制,在特殊条件下可能会欺骗我们。知道了这个原理,就能进一步了解我们的知觉系统是如何工作的。

你的前庭觉反应是非常迅速的。如果你滑了一下,你的前庭神经传感器会在你还没有意识到如何调整身体之前,自动地立即命令你的身体做出反应。你可以做一下这个测试:把一个拇指放在面前,然后将其快速地从右向左移动,再原路返回。请注意你的拇指是如何变得模糊的(你的视线不够快,无法追踪它)。现在保持你的拇指不动,从左到右旋转你的头——保持先前拇指移动的速度。瞧!你的拇指仍然清晰。这是因为你的前庭神经系统正在监测你头部的位置，并迅速移动你的眼睛。头向右移动，眼睛向左移动。上述两个实验告诉我们，视觉很快，但前庭觉更快。

* * *

请看表 6.3 对感官系统的总结。

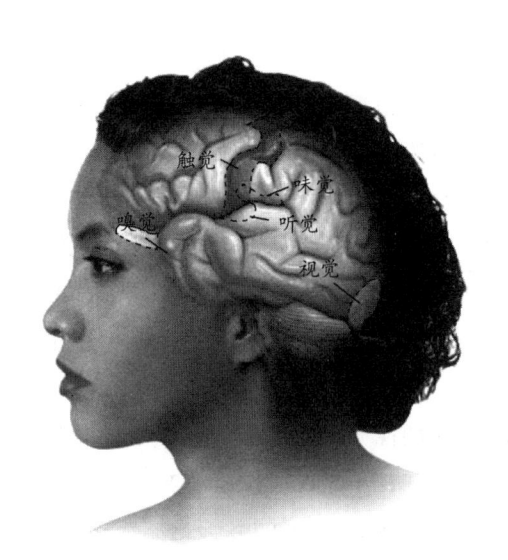

表 6.3 感官系统的总结

感官系统	来源	感受器	关键脑区
视觉	光波射向眼睛	视网膜中的视杆细胞和视锥细胞	枕叶
听觉	声波冲击外耳	内耳的耳蜗毛细胞（纤毛）	颞叶
触觉	压力、温暖、寒冷、有害化学物质	主要存在于皮肤中的感受器（包括对疼痛敏感的痛觉感受器），可以感知压力、温暖、寒冷和疼痛	躯体感觉皮质
味觉	口腔中的化学分子	甜、酸、咸、苦、鲜的基本味觉感受器	额叶和颞叶的边界
嗅觉	通过鼻子吸入化学分子	鼻腔顶部有数百万个感受器	嗅球
动觉——位置和运动	身体部位的任何位置变化，与视觉相互作用	关节、肌腱和肌肉中的动觉传感器（本体感受器）	小脑
前庭觉——平衡和运动	因头部/身体运动而引起的内耳液体流动	耳朵半规管和前庭囊中的毛发状感受器（纤毛）	小脑

检索练习

RP-7 动觉感受器和前庭觉感受器位于哪里？

答案见附录 D

感官互动

学习目标问题 6-23 感官互动是如何影响我们的知觉的？什么是具身认知？

我们已经知道视觉和运动感觉会相互作用。实际上，我们的各个感官都不是单独行动的。我们所有的感官——视觉、听觉、味觉、嗅觉、触觉——都会相互作用，而我们的大脑将这些感觉输入整合在一起来解释这个世界（Rosenblum, 2013）。这就是感

感官互动：一种感觉可以影响另一种感觉的原理，如食物的气味会影响其味道。

图 6.25 感官互动

通过视频聊天，听力障碍者更容易理解说话人的意思（Knight, 2004）。

官互动（sensory interaction）的作用。一种感觉可以影响另一种感觉。

想想嗅觉是如何影响味觉的。捏住鼻子，闭上眼睛，让别人喂你各种各样的食物。这时一片苹果和一块生土豆可能没有什么区别，饼干可能尝起来像纸板。如果闻不到它们的气味，你也很难将冷咖啡与红酒区分开来。这说明味觉与嗅觉高度相关。

正常情况下，我们通过鼻子吸入香气。就像烟囱里升起的烟一样，食物分子上升到我们的鼻腔。这就是为什么你患重感冒时会觉得食物的味道很淡——嗅觉能改变我们对味觉的感知。饮料中的草莓香气增强了我们对其甜度的感知。甚至触觉也能影响我们的味觉，我们能根据薯片的口感，判断它"尝起来"新鲜还是不新鲜（Smith, 2011）。气味+口感+味道=滋味。现在，你应该已经注意到了：滋味的奥秘在口腔中（Stevenson, 2014）。

视觉和听觉也有类似的相互作用。棒球裁判员的视觉能帮助他们听到球击中球员手套的声音，影响他们判断跑垒手是安全还是出局（Krynen & McBeath, 2019）。同样地，伴随着短暂的爆裂声，微弱的闪光变得更加明显（Kayser, 2007），反之亦然。与视觉提示搭配在一起时，柔和的声音更容易被听到。作为听力障碍者，如果看有字幕的视频，我可以听清视频里的说话内容。但是，如果我认为自己不需要字幕，并将其关闭，我很快就会意识到我确实离不开它们——眼睛引导耳朵（图 6.25）。

因此，我们的感官不是孤立运作的，它们相互作用。但是，如果它们"意见不一致"会怎么样呢？如果我们的眼睛看到说话者发出一种声音，而我们的耳朵却听到另一种声音会怎么样？令人惊奇的是：我们的大脑可能会感知到第三种声音——将两种输入混合的结果。当我们看到嘴部动作为"嘎"而听到的声音为"吧"时，我们可能感知到的是"嗒"。这种现象被称为麦格克效应（McGurk effect），以苏格兰心理学家哈里·麦格克（Harry McGurk）的名字命名，哈里和他的助手约翰·麦克唐纳（John MacDonald）一起发现了这种效应。对大多数人来说，读唇语是听声音的一部分。

我们已经了解到，我们的知觉有两个主要成分：自下而上的感觉和自上而下的认知（如期望、态度、思想和记忆）。在日常生活中，感觉和知觉是连续统一体上的两个点。因此，处理我们身体感觉的大脑回路有时与负责认知的大脑回路相互作用就不足为奇了。感觉和知觉的相互作用的结果就是产生了**具身认知**（embodied cognition）：我

具身认知：身体感觉、手势和其他状态对认知偏好和判断的影响。

们的认知来自我们身体自身的感觉。以下是三个趣味实验：

- 判断可能模仿身体的感觉。坐在摇摇晃晃的椅子上可能使人际关系显得不那么稳定（Forest et al., 2015; Kille et al., 2013）。
- 身体的温暖可以促进社会的温暖。在人们感到身体温暖的日子里，他们也会感到社会的温暖和友好（Fetterman et al., 2018）。想让自己在和别人社交时显得更可亲吗？试试穿毛衣而不是 T 恤。
- 坚硬的物体可能会让你对犯罪行为的态度更加强硬。与坐在软椅子上的人相比，坐在硬板凳上的人会给予罪犯和期末论文造假的大学生更严厉的惩罚（Schaefer et al., 2018）。板凳越硬，打击犯罪的拳头也越硬。

当我们试图解读世界时，我们的大脑混合了来自多个感官的输入。但在少数特定的个体中，两种或两种以上感官的大脑回路会连接在一起，这种现象称为"联觉"，即一种感官（听到一个数字或音符）的刺激会触发另一种感官（感知特定的颜色、味道或气味）（图 6.26）。在生命的早期，"旺盛的神经连接"在感官之间产生了一些任意的关联，之后这些关联通常会被切断，但并不总是如此（Wagner & Dobkins, 2011）。由于大脑能够混合各种感觉，听音乐可能会激活对颜色敏感的皮质区域，并引发对颜色的感觉（Brang et al., 2008; Hubbard et al., 2005）。看到一个数字可能会唤起味觉或色觉（Newell & Mitchell, 2016; Ranzini & Girelli, 2019）。有联觉的人都会经历这样的感觉转换。

图 6.26 联觉的交响乐

有联觉的人会体验混合的感觉。例如，听到数字可能会唤起对特定颜色、气味或音符的体验。

没有联觉的人　　有联觉的人

> **自问**
>
> 你在何时经历过可以用具身认知来解释的感觉呢?

超感官知觉——没有感觉的知觉?

学习目标问题 6-24 关于超感官知觉有哪些说法?在对这些说法进行测试后,大多数心理学家得出了什么结论?

知觉之河是由感觉、认知和情感滋养的。如果知觉是这三个来源的产物,那么对于**超感官知觉**(extrasensory perception,ESP)——认为知觉可以在没有感官输入的情况下发生,我们如何评价呢?真的有人——任何一个人——能读心、看穿墙壁或预知未来吗?在所有接受调查的美国人中,有近一半的人相信有人具备超感官知觉能力,41%的人相信灵媒的存在(Gecewicz, 2018; Kim et al., 2015)。

> **超感官知觉**:知觉可以脱离感官输入而形成,包括传心术、千里眼和预知能力(但这种说法存在争议)。

如果 ESP 是真实存在的,我们需要推翻这样一种科学认识:我们是一种生物,我们的思想与我们的物理大脑相连,我们对世界的感知经验是由感觉建立起来的。对于这一问题,可测性最高、相关性最强的 ESP 主张是:

- 传心术:心与心的交流。
- 千里眼:感知到远处的事件,如感知到全国各地正在着火的房子。
- 预知能力:预知未来的事件,如下个月的意外死亡事件。

念力,抑或"用意念移动物质",与这些 ESP 的主张密切相关,例如让桌子悬浮或控制骰子的滚动(这种说法也被称为心灵遥感,可以用一个极具调侃意味的提问来说明,"所有相信念力的人请举起我的手")。在英国,心理学家发明了一种"思维机器",来观察节日期间的游客是否能影响或预测抛掷硬币的结果(Wiseman & Greening, 2002)。参与者有四次机会与电脑对弈,猜硬币的正面或反面。到实验结束时,近 2.8 万人预测了 110 959 次投掷,准确率为 49.8%。

> **超心理学**:对超自然现象的研究,包括 ESP 和念力(也叫心灵遥感)。

大多数心理学家对超自然现象的存在持怀疑态度。但在一些知名大学里,**超心理学**(parapsychology)研究人员通过进行科学实验来寻找可能的 ESP 现象(Cardeña, 2018; Storm et al., 2010a, b; Turpin, 2005)。在了解他们的科学实验之前,先来看看一些流行的观点。

真预感还是伪命题?

灵媒能预见未来吗?没有哪个贪婪(或慷慨)的灵媒能够在股市赚上数十亿美

元。在"9·11"恐怖袭击的前一天,灵媒在哪里?为什么事后没有灵媒帮助找到奥萨马·本·拉登?还有,2010年智利发生矿难,33名矿工被困。当智利政府向4名灵媒咨询时,这些灵媒为何悲伤地断定"他们都死了"(Kraul, 2010)?可想而知,当33名矿工在69天后全部获救时,人们有多惊讶。

灵媒提供给警察部门的预言并不比其他人的猜测更准确(Nickell, 2005; Palmer, 2013; Radford, 2010)。但是这些预言的数量庞大,增加了偶尔猜对的概率,然后灵媒便可以将其报告给媒体。这些预言在后来被改编以匹配事件时,听起来可能尤为正确。诺查丹玛斯(Nostradamus),一位16世纪的法国灵媒无意间道出,他那些模棱两可的预言在"事件发生后,并用事件来解释才可能被理解"。

普通人的"幻象"会比灵媒的预言更准确吗?我们的梦是否如东西方文化的人们所相信的那样预示着未来(Morewedge & Norton, 2009)?还是当我们根据已经发生的事情回忆或重构它们时,才使得这些幻象似乎有预示作用?我们记忆中的幻象其实都是被修正过的?1932年,著名飞行员查尔斯·林德伯格(Charles Lindbergh)那尚在襁褓中的儿子被绑架并谋杀。在尸体被发现之前,两位哈佛大学的心理学家让人们报告自己做的关于这个孩子的梦(Murray & Wheeler, 1937)。有多少"预见者"给予了回复?答案是1300名。有多少人准确地预见到了孩子的死亡?答案是5%。有多少人还准确地预见到了尸体被埋在树丛中?答案是只有4人。虽然结果说明这和误打误撞没什么区别,但对这4个"做梦者"来说,他们显露出来的预见准确性一定是不可思议的。

每天都会有无数的事件发生,日子也无法穷尽,因此总会有一些惊人的巧合必然发生。据详细估计,下列事件纯属巧合:当一个人想到另一个人,然后在接下来的5分钟内得知这个人已经去世——这一巧合在地球上每天会发生一千多次(Charpak & Broch, 2004)。因此,在解释一个令人震惊的事件时,我们应该"给偶然一个机会"(Lilienfeld, 2009)。只要有足够长的时间、足够多的人,就不存在不可能的事情。

对ESP进行实验测试

遇到主张会读心术、灵魂出窍或能够与死人交流的人时,我们如何才能分辨他们说的到底是虚构的,还是奇怪但真实的事情?心理学给出了一个简单的答案:测试可以检验这些说法是否真实。如果它们行得通,那么这些说法就是真实的;如果它们行不通,那么我们的怀疑无疑是正确的。支持派和怀疑论者都同意超心理学需要的是一个可复制的现象以及能够解释这一现象的理论。超心理学家雷亚·怀特(Rhea White, 1998)道出了许多人的观点:"根据我在这一领域近44年的经验,我脑海中浮现的超心理学的形象是一架自1882年以来一直在实证科学机场的跑道上滑行的小飞机……它偶尔会升离地面几米,然后再次撞回停机坪上。但它从未起飞,也未曾持续飞行。"

> 你一定从未见过这样的新闻标题:"本次中奖者——灵媒。"

> "一个话多的人总有那么几句话说的是对的。"
> ——西班牙谚语

我们如何在一个可控的、可重复的实验中测试 ESP 的主张？实验不同于阶段性的演示。在实验室里，实验人员控制着"灵媒"的所见所闻。而在舞台上，灵媒则控制着观众的所见所闻。

一位受人尊敬的社会心理学家达里尔·贝姆（Daryl Bem, 1984）曾经打趣说："灵媒就是扮演灵媒角色的演员。"然而，这位曾经的怀疑论者通过 9 个实验重燃了人们对"有证据证明 ESP 可复制"的希望，这些实验似乎表明人们能够预测未来事件（Bem, 2011）。在一项实验中，当一个色情场景即将随机出现在屏幕上的两个位置之一时，康奈尔大学的参与者中有 53.1% 猜中了位置（猜中的比例不大，却非常有统计学意义）。贝姆想知道他的"反常"发现是否反映了那些能够预知未来危险的人在进化方面具有优势。

尽管贝姆的研究通过了顶级期刊的严格审核，但批评者们认为其研究方法和统计分析有"严重缺陷"和"偏见"（Alcock, 2011; Wagenmakers et al., 2011）。其他人则预测研究结果将无法复制（Helfand, 2011）。早就预料到会有批评声的贝姆将他的研究材料提供给任何想要复制自己的研究的人。多次复制实验的结果在减少争议方面收效甚微，争议持续存在（Bem et al., 2015; Ritchie et al., 2012; Wagenmakers, 2014）。无论如何，科学都在发挥作用：

- 科学一直对挑战其假设的发现持开放态度。
- 通过后续研究，科学已经评估了这一发现的可靠性和有效性。

> "科学的核心就是从两个看似矛盾的看法中找到基本的平衡点——一种对新观点保持开放的态度，不管它们有多么古怪或违背直觉；另一种是无情地怀疑、审视所有想法，不论新旧。"
> ——卡尔·萨根

这就是科学筛选那些听起来很疯狂的想法的方式，它把大多数想法留在历史的垃圾堆里，但偶尔会给我们带来惊喜。

19 年来，怀疑论者兼魔术师詹姆斯·兰迪（James Randi）悬赏 100 万美元奖励"在适当的观察条件下，被证明真正具备通灵能力的人"（Randi, 1999; Thompson, 2010）。法国、澳大利亚和印度的一些团体也提供了类似的悬赏，最高可达 20 万欧元（CFI, 2003）。尽管悬赏金额庞大，但是得到科学认可的价值更高。要想驳斥那些说 ESP 不存在的人，我们只需要找到一个人来证明一个单一的、可重复的 ESP 事件。（要驳斥那些认为猪不会说话的人，只需要找到一只会说话的猪。）到目前为止，还没有这样的人出现。

检索练习

RP-8 如果在受控条件下确实发生了 ESP 事件，那么下一步该如何确认 ESP 真的存在？

答案见附录 D

* * *

要想感受敬畏、神秘和对生命的深深崇敬，我们只需看看我们自己的感知系统，以及它将无形的神经冲动组织成色彩斑斓的景象、生动的声音和令人回味的气味的能力。正如莎士比亚的《哈姆雷特》所言，"霍拉旭，天地之间有许多事情，是人类的哲学没有梦想到的"。在我们平常的感官经验和知觉经验中，有很多东西是不同寻常的——肯定有许多事情是我们的心理学迄今为止没有梦想到的。

第 7 章

学习

基本的学习概念和经典条件反射
我们如何学习？
经典条件反射

操作性条件反射
斯金纳的实验
斯金纳的遗产
经典条件反射和操作性条件反射的对比

生物学、认知与学习
条件反射的生物学制约因素
认知对条件反射的影响
观察学习
批判性思考：观看媒体暴力的影响

20世纪40年代初，明尼苏达大学的研究生玛丽安·布雷兰（Marian Breland）和凯勒·布雷兰（Keller Breland）见识了一种新型学习技术的效果。他们的导师斯金纳（B. F. Skinner）在老鼠和鸽子的行为不断接近研究者所期望的行为时给予适时的奖励，达到了改变这些动物行为的效果，他本人也因此闻名于世。布雷兰夫妇对斯金纳的成果印象深刻，也开始改变猫、鸡、鹦鹉、猪、鸭和仓鼠的行为（Bailey & Gillaspy, 2005）。他们成立的公司在接下来的半个世纪里，训练了140个物种的15 000多只动物，其成果为训练动物以帮助警察和视障人士创造了条件。

人类像其他动物一样，能够从经验中学习。事实上，人类的适应能力可能是大自然最重要的礼物，使我们能够学习新行为以适应不断变化的世界。我们可以学习如何建造茅草屋、雪棚、潜水艇或空间站，故而在几乎任何环境中都能适应。

奥普拉·温弗里（Oprah Winfrey）就是一个活生生的例子，很能说明人类的适应能力。温弗里从小与祖母生活在一起，家境穷困潦倒，穿的衣服都是装土豆的袋子做的。她一直受到种族歧视，从9岁开始就陆续遭到一个表哥、一个叔叔和一个朋友的猥亵。13岁时，温弗里离家出走，14岁时怀孕，但她的儿子出生不久便夭折了。

为了战胜如此巨大的逆境，温弗里学会了如何适应新的环境。她加入了高中演讲队，并利用演讲天赋赢得了大学的奖学金。

毕业后，温弗里移居芝加哥，接管了一个陷入困境的节目，担任节目主持人，并使其成为美国最受欢迎的日间谈话节目。此后，她以媒体主管、慈善家和政治活动家的身份继续影响着世界。她说："教育是打开世界的钥匙，也是通往自由的护照。"

学习孕育希望。我们可以学习东西，也可以将知识教给别人。这一事实不仅鼓舞了动物训练师，还有许多家长、教育工作者和教练。压力管理和咨询项目的一个基本假设认为，我们能通过学习新事物来改变已经学到的东西。无论我们现在多么不快乐、不成功或不受人关爱，这都不会是一成不变的结局。

没有什么话题比学习更接近心理学的核心。在前面的章节中，我们思考了婴幼儿的学习、对视觉的学习、对药物预期效果的学习，以及对性别角色的学习。在后面的章节中，我们将体会到学习如何塑造我们的思想和语言、动机和情感、个性和态度。在本章中，我们将研究学习的核心内容：经典条件反射、操作性条件反射、生物学和认知对学习的影响，以及什么是观察学习。

基本的学习概念和经典条件反射

我们如何学习？

学习目标问题 7-1 我们如何定义学习，学习有哪些基本形式？

通过**学习**（learning），我们适应了环境，学会了预期重大事件（例如食物或疼痛）的到来并为此做好准备，这就是经典条件反射；我们也学会了重复去做带来奖励的行为，避免去做带来不想要的结果的行为，这就是操作性条件反射。通过观察事件和人，我们可以学习新的行为；通过语言，我们可以学习既没有经历过也没有观察过的东西，即认知学习。但我们是如何学习的呢？

联想是我们学习的一种方式。我们的大脑会自然而然地将依次发生的事件联系起来，发现这种习得的联系是有意义的（Kobayashi & Hsu, 2019; Rodríguez & Hall, 2019）。我们进化到喜欢学习的层次（Clark & Gilchrist, 2018）。假设你看到、闻到新鲜出炉的面包，吃了一些并觉得很满意，下次你看到、闻到新鲜出炉的面包时，你会期望再次吃到它的感觉还是满意的。声音也是如此：如果你把一个声音和一个可怕的后果联系起来，仅仅听到这个声音就可能让你感到害怕。正如一个4岁的孩子在看到一个电视中的角色遭遇抢劫后感叹道："如果我听到那音乐，我就不会去拐角处了！"（Wells, 1981）

习得的联想也会影响我们的习惯性行为（Urcelay & Jonkman, 2019; Wood et al., 2017）。我们在一个特定的环境中重复某一行为时，习惯就会形成。行为与环境联系起来后，对该环境的下一次体验就会唤起我们的习惯性反应。特别是当意志力耗尽（如精神疲惫）时，我们往往会转而依靠自己的习惯行为（Neal et al., 2013）。好习惯如吃水果，坏习惯如酗酒，都是如此（Graybiel & Smith, 2014）。要提高自制力，并将我们的决定与积极的结果联系起来，关键在于形成"有益的习惯"（Galla & Duckworth, 2015）。

形成一个有益的习惯需要多长时间？为了找出答案，一个英国研究小组要求96名大学生选择一些健康的行为，如晚餐前跑步或午餐时吃水果，在84天内每天坚持做一次，并记录该行为是否自发产生（即他们不假思索地做了这件事，并且发现很难不这样做）。平均来看，行为会在重复大约66天后成为习惯（Lally et al., 2010）。

你想把某件事情变成日常生活中的惯例或基本部分吗？只要每天都练习做这件事，坚持两个月或者更长一点的时间，你就会发现自己已经培养出了一个新习惯。

其他动物也会通过联想进行学习。海蛞蝓受到喷水干扰时会保护性地收回它的鳃。如果不断对它喷水，就像在自然环境下波涛汹涌的水中一样，它的收回反应就会减少。但是如果在喷水后反复电击海蛞蝓，它对喷水的保护反应反而会增强，因为它已经将

学习：通过经验获得新信息和习得相对持久的行为的过程。

喷水与即将到来的电击联系起来了。

复杂一点的动物可以学习将自己的行为与所产生的结果相联系。水族馆的海豹会重复一些行为,如拍打身体和嗷嗷叫,来促使人们丢鲱鱼给它。

海蛞蝓和海豹将两个发生在一起的事件联系起来,都是**联想学习**(associative learning)的表现:海蛞蝓是把喷水和即将发生的电击联系起来;而海豹则是把拍打和叫与美味的鲱鱼联系起来。这两种动物都学会了一些对自己生存很重要的东西:预测近期未来。

学习这种关联性的过程就是条件反射。它有两种主要形式:经典条件反射和操作性条件反射。

- 在经典条件反射中(图 7.1),我们学会将两个刺激联系起来,从而预测事件。**刺激**(stimulus)指任何能唤起反应的事件或情况。我们学到了闪电预示着雷声即将到来,因此附近天空出现闪电时,我们就会打起精神。联想到无法控制的刺激,我们就会自动做出反应,即表现出应答性行为(respondent behavior)。

- 在操作性条件反射中,我们学会了将反应(即我们的行为)和产生的结果联系起来。因此,我们和其他动物都学会了重复做有好结果的行为(图 7.2),避免有坏结果的行为。这些联系产生了**操作性行为**(operant behavior),即对环境进行操作,以产生想要的结果。

简单起见,我们会分别探讨这两种类型的联想学习,不过它们往往是同时出现的。比如,在日本的一个养牛场里,聪明的牧场主为他的牛群配备了电子呼叫器,可以用手机进行呼叫。经过一周的训练,动物学会了将两种刺激联系起来,呼叫器的提示音预示着食物的到来(经典条件反射);动物也学会了将它们赶往食槽的行为与进食的乐趣联系起来(操作性条件反射),这一行为减轻了牧场主的工作。在这个例子中,经典条件反射和操作性条件反射共同发挥了作用。

联想学习:学会了某些事件是同时发生的。这些事件可能是两个刺激(如经典条件反射)或一个反应及其后果(如操作性条件反射)。

刺激:任何能唤起反应的事件或情况。

应答性行为:作为对某些刺激的自动反应而产生的行为。

操作性行为:对环境进行操作,产生后果的行为。

"注意你的思想,它们会变成语言;注意你的语言,它们会变成行动;注意你的行动,它们会变成习惯;注意你的习惯,它们会变成性格;注意你的性格,因为它将成为你的命运。"
——19世纪的逃亡者弗兰克·奥特劳

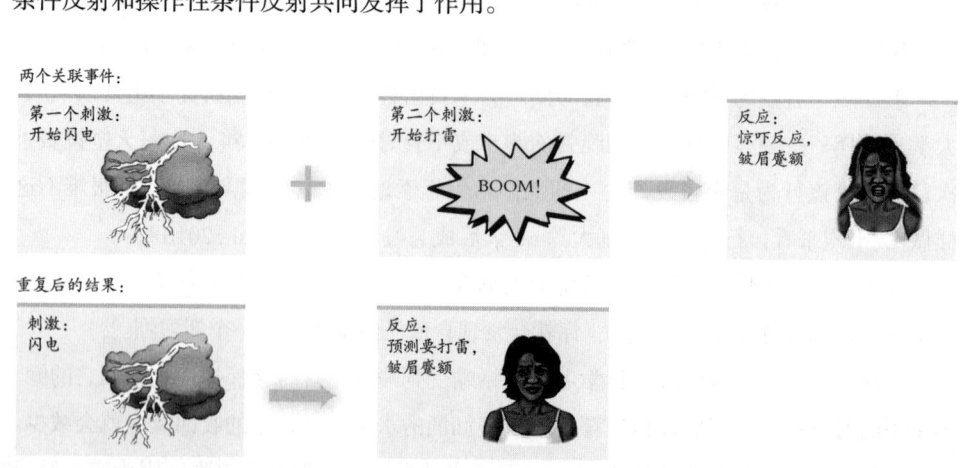

图 7.1 经典条件反射

（a）行为：表现得礼貌　　（b）结果：得到零食　　（c）行为得到强化

图 7.2　操作性条件反射

条件反射不是学习的唯一形式。**认知学习**（cognitive learning）使我们获得了指导行为的心理信息。观察学习也是认知学习的一种形式，使得我们可以从他人的经验中学习。比如，黑猩猩有时仅仅通过观察其他同伴的动作就能学习他们的行为。如果一只黑猩猩看到另一只黑猩猩解决了一个难题并获得了食物，这个黑猩猩可能会更快地解出同样的难题。我们人类也是如此通过观察进行学习。

接下来我们会更深入地了解经典条件反射。

> 我们大多数人都很难说出我们最喜欢的专辑或播放列表中歌曲的播放顺序。然而，听到一首曲子的结尾，就会引起对下一首曲子的期待（联想）。同样地，在唱国歌时，你会把每一句的结束与下一句的开始联系起来（可以从中间挑出一句，想想看回忆前一句有多难）。

> **认知学习**：通过观察事件、他人，或通过语言获得心理信息。

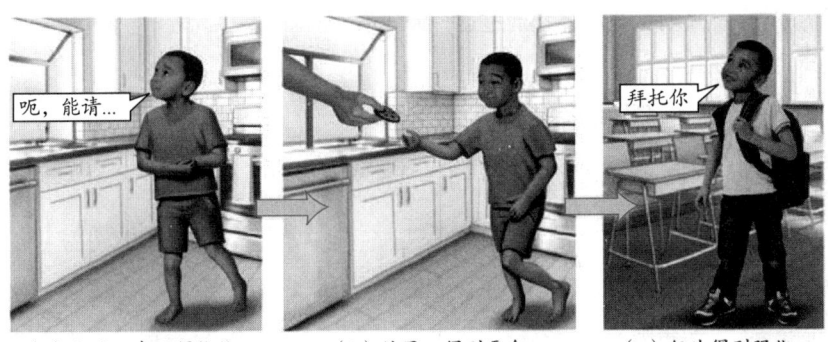

检索练习

RP-1 为什么习惯如此难以打破（比如一些人在喝咖啡时总想吃点甜食）？

答案见附录 D

经典条件反射

学习目标问题 7-2　行为主义如何看待学习？

伊万·巴甫洛夫（Ivan Pavlov）的名字令许多人印象深刻。他在 20 世纪初的实验堪称心理学史上的经典，至今仍是心理学领域最著名的研究，我们把他发现的现象称为**经典条件反射**（classical conditioning）。

巴甫洛夫的研究为心理学家约翰·华生（John Watson）的许多观点奠定了基础。1913 年，在寻找学习的基本规律时，华生敦促他的同事放弃以内心思想、感觉和动机作为参照的想法。他说："心理学应该研究的是生物体如何对环境中的刺激做出反应，其理论目标是预测和控制行为，而自省并不构成其方法的基本组成部分。"简单来说，心理学应该是一门基于可观察的行为的客观科学。

这一观点被华生称为行为主义，在 20 世纪上半叶对美国的心理学造成了重大影响。巴甫洛夫和华生都对意识等"心理现象"的概念不屑一顾，并相信学习的基本规律对所有动物都是一样的，无论是海蛞蝓、狗还是人类。而现在，赞成心理学应该忽略心理过程的学者少之又少，不过大多数人都认为经典条件反射是一种基本的学习方式，

> **经典条件反射**：一种把两个或两个以上的刺激联系起来的学习方式；以巴甫洛夫的经典实验为例，第一个刺激（声音）会引起狗对第二个刺激（食物）的期待行为（流口水）。

伊万·巴甫洛夫（1849—1936）

"实验调查……应该为未来真正的心理科学打下坚实的基础。"

约翰·B. 华生（1878—1958）

华生承认他的名言"超越了事实"。"给我一打儿健康的婴儿，让他们在我指定的特殊环境里长大，我保证随便选一个，都能把他训练成我可能选择的任何类型的专家——医生、律师、艺术家、大商人，甚至是乞丐和小偷，不管他拥有怎样的天赋、爱好、倾向、能力、职业，以及祖先属于什么种族。"

中性刺激：在经典条件反射中，指在条件反射发生前不会引起反应的刺激。

所有的生物体都通过这一方式来适应环境。

巴甫洛夫的实验

学习目标问题 7-3 巴甫洛夫是谁，经典条件反射的基本内容是什么？

巴甫洛夫的一生都被科学研究的热情所驱使。他放弃了最初跟随父亲皈依俄国东正教的人生规划，在33岁时获得了医学学位，其后花了20年研究狗的消化系统，这项工作也使他为俄国赢得了第一个诺贝尔奖。在生命中的最后30年，巴甫洛夫仍精力充沛，一丝不苟地投身于一个关于学习的新颖实验，这也令他获得了崇高的历史地位（Todes, 2014）。

巴甫洛夫的新研究方向来自他极具创造性的思维所观察到的一个偶然现象。毫无疑问，把食物放进狗嘴里会让狗流口水。而且，不仅品尝食物会让狗流口水，仅仅看到食物或盛食物的盘子、送食物的人，甚至听到那个人走近的脚步声都会让狗流口水。起初，巴甫洛夫认为这些"精神性分泌"是令人恼火的事情，但之后，他意识到这些现象表明了一种简单而又基础的学习方式。

巴甫洛夫和他的研究团队曾试图探究狗因期待食物而流口水时的想法和感受，这一做法让他们总是争论无果。因此，为了更客观地探索这一现象，他们进行了实验。

为了消除其他可能的影响，他们把狗隔离在一个小房间里，用皮带进行固定，并安装了一个收集装置，把它的唾液收集到一个测量仪器里（图 7.3），他们从隔壁的房间给狗喂食。起先是让食物滑到一个食槽内，后来则是在准确的时间点将肉粉吹进狗的嘴里。然后，他们将狗可以看到或听到但与食物无关的各种事件作为**中性刺激**（neutral stimuli，NS），将其与狗吃到食物进行配对。如果一个定期呈现的视觉或声音刺激预示着食物的到来，狗会不会学习到这种联系呢？如果是这样的话，它会不会因预料到食物的到来而开始流口水呢？

实验证明，这两个问题的答案是肯定的。巴甫洛夫在让狗吃到食物分泌唾液之前，发出了一个声音信号。经过声音信号和食物的几次成对出现后，狗听到声音信号就会开始流口水，因为其预料能吃到肉粉。在之后的实验中，一个蜂鸣器[1]、一盏灯，对腿部

---

[1] 人们常将铃铛与巴甫洛夫联系在一起，但它其实可能是"蜂鸣器"（Tully, 2003）。巴甫洛夫使用了各种各样的刺激物，但有人质疑他是否使用过铃铛。

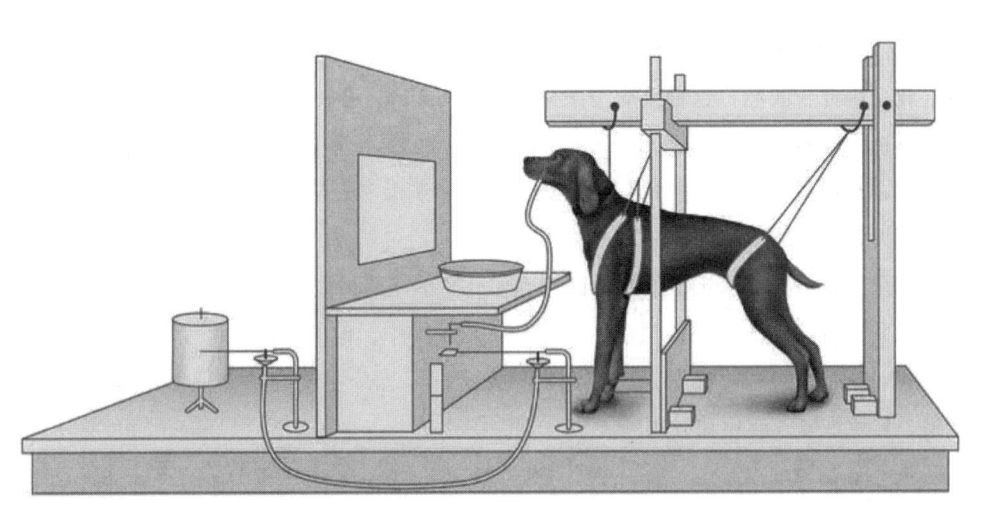

图 7.3 巴甫洛夫的记录装置

狗脸颊上的管子将唾液收集到房间外面的一个圆筒中进行测量。

的一次触摸，甚至看到一个圆圈都会让狗流口水。[这个程序对人也有效，让一些饥饿的伦敦年轻小伙在闻到花生酱或香草的味道之前，先观看一些抽象图形，他们的大脑很快就会对单独呈现的抽象图形做出预期反应（Gottfried et al., 2003）。]

狗对嘴里的食物流口水不需要学习，相反，是嘴里的食物自动地、无条件地触发了狗的唾液分泌反应（图7.4）。因此，巴甫洛夫将这种流涎反应定义为**无条件反应**（unconditioned response，UR），将食物定义为**无条件刺激**（unconditioned stimulus，US）。

无条件反应：在经典条件反射中，对无条件刺激（狗吃到食物）的一种未经学习、自然发生的反应（流口水）。

无条件刺激：在经典条件反射中，一种无条件自然发生的刺激，会自动触发无条件反应。

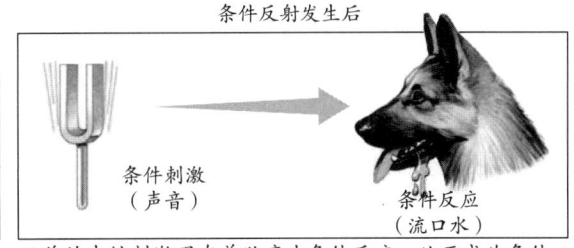

图 7.4 巴甫洛夫的经典实验

巴甫洛夫在呈现无条件刺激（让狗吃到食物）前先呈现中性刺激（声音）。这个中性刺激变成了条件刺激，产生了条件反应。

条件反应：在经典条件反射中，对之前的中性刺激（但现在是条件刺激）的习得性反应。

条件刺激：在经典条件反射中，指与无条件刺激产生联系后，变得能够触发条件反应的中性刺激。

然而，狗对声音的流涎反应是习得的，是基于狗将声音与食物联系起来而形成的条件化。因此，我们称这种反应为**条件反应**（conditioned response，CR），而原本的中性刺激成了**条件刺激**（conditioned stimulus，CS），在本例中，以前没有其他含义的声音，现在却引发了狗的流涎反应。要区分这两种刺激和反应很容易：有条件的是习得的，而无条件的是不需要学习的。

如果巴甫洛夫对联想学习的论证过程如此简单，那么他在接下来的 30 年里还做了些什么呢？在关于流涎条件反应的整整 532 篇论文中，他的工作室都发表了哪些发现呢（Windholz, 1997）？答案是，他和同事探索出了五个主要的条件反射过程：习得、消退、自发恢复、泛化和分化。

> **检索练习**
>
> **RP-2** 假如一个实验者先发出声响，再对你的眼睛吹气，你的眼睛就会不停眨动，反复几次后，你听到声音就会开始眨眼。在这个实验中，中性刺激、无条件刺激、无条件反应、条件刺激和条件反应分别是什么呢？
>
> 答案见附录 D

牢记：
NS：中性刺激
US：无条件刺激
UR：无条件反应
CS：条件刺激
CR：条件反应

习得：经典条件反射的最初阶段。指个体把中性刺激和无条件刺激联系起来，使中性刺激开始触发条件反应（在操作性条件反射中指强化的反应）。

习得

学习目标问题 7-4 在经典条件反射中，习得、消退、自发恢复、泛化和分化的过程是什么样的？

为了解刺激反应关系的**习得**（acquisition）或早期学习，巴甫洛夫和他的同事想知道，中性刺激（如声音、光线、触摸）和无条件刺激（如食物）之间应该间隔多长时间？在大多数情况下都不需要太久，通常半秒钟就足够了。

如果食物（无条件刺激）在声音（中性刺激）之前出现会发生什么情况呢？会出现条件反射吗？这是不太可能的。当中性刺激跟随无条件刺激出现时，通常是不会发生条件反射的。请记住，经典条件反射具有生物学适应性，它会帮助人类和其他动物为或好或坏的事件做准备。对于巴甫洛夫的狗，原来的中性刺激声音在预示着食物（无条件刺激）这一重要的生物学事件的到来后，就变成了条件刺激。而对林中的鹿来说，树枝断裂（条件刺激）也可能是捕食者接近的信号（无条件刺激）。

一项关于雄性日本鹌鹑的研究表明，条件刺激也可以作为另一重要生物学事件的信号（Domjan, 1992, 1994, 2005）。在放出具有交配欲望的雌性鹌鹑之前，研究人员总会先亮起红灯。红灯一亮就预示雌性鹌鹑即将出现，随着时间的推移，光是红灯就会使雄性鹌鹑开始兴奋。它们对笼子里的会亮起红灯的区域产生了偏好，雌性出现时，也会更快地与之进行交配，并且释放出更多精液和精子（Matthews et al., 2007）。鹌鹑的这种经典条件反射能力促进了它们的繁衍生息。

人类也是如此，所有与性快感相关的物体、气味、声音和景象（在某个实验中甚至是一个几何图形）都可以成为性唤起的条件刺激（Byrne, 1982; Hoffman, 2012, 2017）。洋葱的气味通常不会使人性唤起，但是反复将它与激吻配对时，它也可以成为一个条件刺激，并起到性唤起的作用（图7.5）。

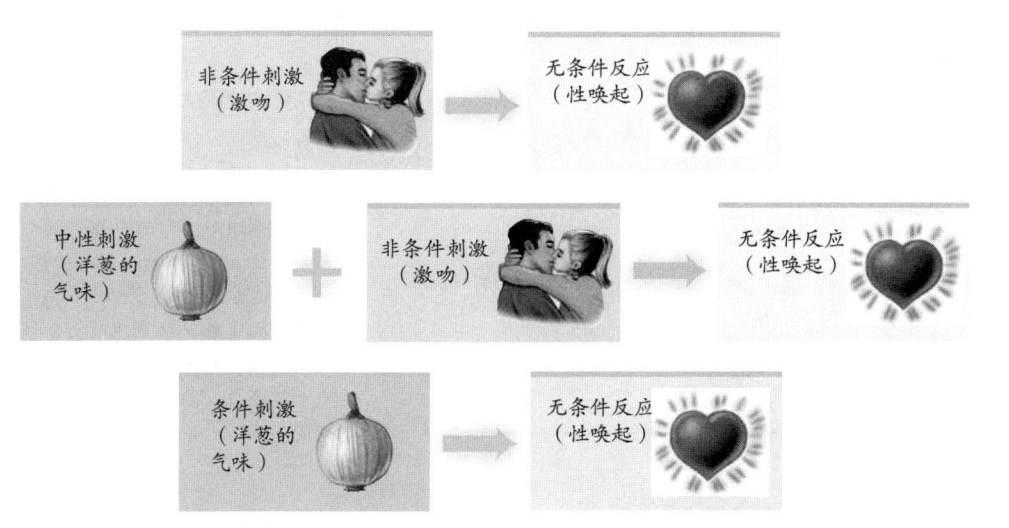

图 7.5　一个意想不到的条件刺激

心理学家迈克尔·蒂雷尔（Michael Tirrell, 1990）回忆说：“我的第一个女朋友喜欢洋葱，所以我就把洋葱的气味和接吻联系起来。没过多久，洋葱的气息就会让我的整条脊柱都颤抖起来。哦，那是一种什么样的感觉啊！”

要记住的一点：生物可以通过条件反射对觅食、避险、找到配偶和生育后代的各种线索做出反应，促进生存和繁衍——学习使人向往（Hollis, 1997）。

通过**高阶条件反射**（higher-order conditioning），一个新的中性刺激不需要无条件刺激的存在也可以成为一个新的条件刺激，所需要的只是让它与先前的条件刺激相关联。如果一个声音定期发出食物的信号并让狗分泌唾液，那么与该声音相关的灯光（灯光预示声音，声音预示食物）也可能会让狗分泌唾液。尽管这种高阶条件反射（也称为二阶条件反射）往往比一阶条件反射要弱，但它影响着我们的日常生活。如果你被狗咬了，可能过后仅仅是狗叫的声音就会让你感到害怕。

自问

心理学家迈克尔·蒂雷尔回忆说，他曾把女友的洋葱的气味与性唤起联系起来。你是否记得经历过一些这样的事情，它们通常是中性刺激，甚至是令人不愉快的刺激，但对你来说产生了特别的意义？

消退和自发恢复　巴甫洛夫想知道，在条件反射形成后，条件刺激反复出现而没有无条件刺激，会发生什么事情？如果提示音一次又一次地响起，但没有食物出现，提示音是否还会引发狗的流涎反应呢？答案是不确定的。狗分泌的口水越来越少，这种反应就叫作**消退**（extinction）。消退是指当条件刺激（声音）不再预示着无条件刺激

高阶条件反射：也称为二阶条件反射，指一个程序，在这个程序中，一个条件刺激与一个新的神经刺激配对，形成第二个（通常较弱的）条件刺激。例如，一只动物已经学会了某个声音信号预示着食物，然后它又学会一个灯光信号预示着声音的到来，并开始对单独呈现的灯光信号做出反应。

消退：条件反应的减弱。经典条件反射中，消退产生于条件刺激不再预示着无条件刺激时；操作性条件反射中，消退产生于反应不再被强化时。

自发恢复：暂停一段时间后，已消退的条件反应重新出现。

（食物）即将到来时，反应减弱了。但是，如果在几个小时的延迟后巴甫洛夫再次呈现声音，狗还是会流口水来回应（图 7.6）。这种**自发恢复**（spontaneous recovery）——减弱的条件反应在暂停后重新出现——让巴甫洛夫明白，消退是抑制条件反应而非将其完全消除。

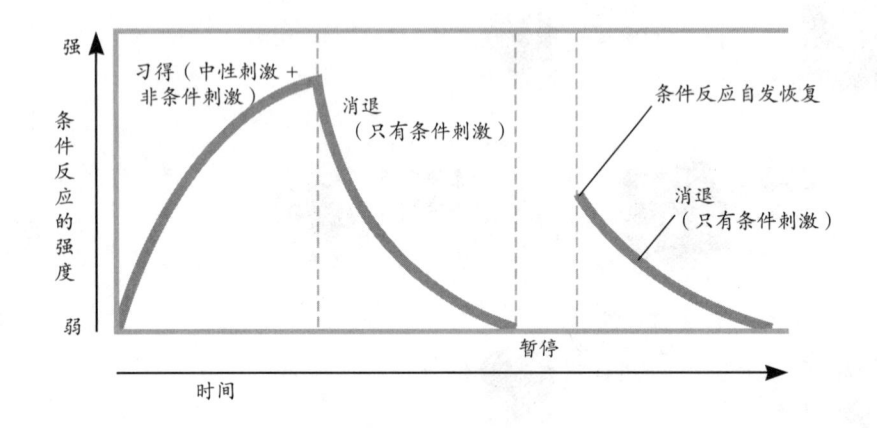

图 7.6 理想的习得、消退和自发恢复曲线

上升的曲线显示，当中性刺激成为条件刺激时，因为中性刺激与无条件刺激反复配对（习得），条件反应迅速变强。

当条件刺激被单独呈现时，条件反应迅速减弱（消退）。暂停后，减弱的条件反应重新出现（自发恢复）。

检索练习

RP-3 如果烤蛋糕的香味让你直流口水，这里的无条件刺激、条件刺激和条件反应分别是什么？

RP-4 经典条件反射的第一步，中性刺激变成条件刺激的过程被称为_____；无条件刺激不再跟随条件刺激出现，条件反应减弱的过程被称为_____。

答案见附录 D

泛化：也称为刺激泛化。在经典条件反射中，一旦反应被条件化，与条件刺激相似的刺激就倾向于引起类似的反应；在操作性条件反射中，当在一种情况下学到的反应出现在其他类似的情况下时，就表示出现了泛化现象。

泛化 巴甫洛夫和他的学生注意到，对一种声音有条件反射的狗，对新的和不同的声音也有一定的反应。同样，一只形成条件反射、在被摩擦时会流口水的狗，在被人抓挠（Windholz, 1989）或触摸到不同的身体部位时也会流一点儿口水（图 7.7）。这种对与条件刺激相似的刺激做出反应的趋势就叫作**泛化**（或刺激泛化，generalization）。

泛化可以是适应性的，比如会对移动的汽车感到害怕的幼儿也会害怕移动的卡车和摩托车。并且，泛化后的恐惧会挥之不去，停留在记忆中（Simon-Kutscher et al., 2019; Stout et al., 2018）。在撞车后的两个月内，敏感一点儿的年轻司机都不容易再撞车（O'Brien et al., 2017）。一位遭受过酷刑的阿根廷作家报告说，在多年后，他看到黑鞋时仍会害怕地退缩，因为施刑者走近关押他的牢房时，他第一眼看到的就是一双黑鞋（Timerman, 1980）。实验室研究将受到虐待和未受虐待的儿童进行比较，证明了泛化的焦虑反应。

一些与自然界中令人厌恶的事物，或在道德上令人反感的事物有关的刺激物也会引起一些人在身体或道德上的厌恶。有人愿意吃形状像狗屎的软糖吗？有人愿意拿着一本显然是阿道夫·希特勒拥有和使用过的英语词典吗？有人愿意用一条据说是"基地"恐怖组织成员以前用过的毯子裹住自己吗？答案是否定的。这些情况都会使人们感到厌恶（Fedotova & Rozin, 2018; Rozin et al., 1986, 2015）。这些例子表明，人们对一个刺激物的情绪反应可以泛化到其他相关的刺激物上。

分化 巴甫洛夫的狗也学会了只对一个特定的声音做出反应，而非其他所有声音。因为一个刺激（声音）预示着无条件刺激，而其他刺激则没有。这种区分预示无条件刺激的条件刺激和其他不相关刺激的学习能力被称为**分化**（discrimination）。识别差异的能力是适应性的。略有不同的刺激可能会带来截然不同的后果。在吃了一只有毒的蝴蝶后，鸟类的行为会泛化，它们会避免捕食类似的蝴蝶，但它们也会把这种蝴蝶与其他可食用的蝴蝶品种区分开来（Sims, 2018）。肯尼亚大象闻到马赛猎人的气味就会远离，因为它们已经学会了对马赛猎人感到害怕，但闻到没有威胁的坎巴人的气味则不会（Rhodes, 2017）。面对护卫犬时你可能会心跳加速，但面对导盲犬时你可能不会。

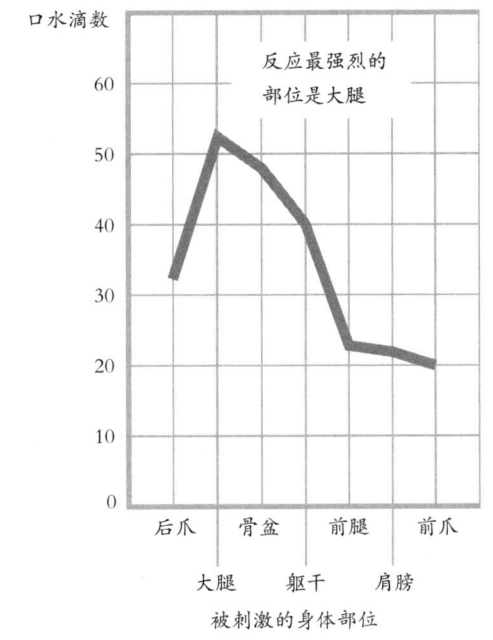

图7.7 泛化

巴甫洛夫通过在狗身体的各个部位安装微型振动装置来证明泛化的存在。在对大腿的刺激形成流涎条件反应后，他又刺激了其他部位。受刺激的地方越靠近狗的大腿，条件反应就越强烈（Pavlova, 1927）。

分化：在经典条件反射中，区分条件刺激和没有信号意义的类似刺激的学习能力；在操作性条件反射中，区分被强化的反应和未被强化的类似反应的能力。

检索练习

RP-5 蜗牛对胶带切割器的爱慕是受到了什么条件反射原理影响？

答案见附录D

巴甫洛夫的遗产

学习目标问题 7-5 为何巴甫洛夫的实验仍然如此重要？

巴甫洛夫的思想现在还留存了多少呢？答案是非常多。现在大多数的心理学家都赞成"经典条件反射是学习的一种基本形式"这一观点。现代神经科学发现了将条件刺激（警告信号）与无条件刺激（威胁）联系起来的神经回路，这也为巴甫洛夫的观点提供了支撑（Harnett et al., 2016; Yau & McNally, 2018）。现在从生物学、心理学和社会文化相互作用的角度来判断，巴甫洛夫的一些想法是不够完善的。但是，我们能够比巴甫洛夫看得更远的原因是，我们站在他的肩膀上。

为什么巴甫洛夫的实验仍然如此重要？如果他仅仅告诉了我们，老狗也能学会新花样，那么他的实验早就被遗忘了。我们为什么要关心狗会因为条件反射而对声音信号流口水呢？其重要性首先在于，我们发现在许多其他生物体中，对很多其他刺激的很多其他反应都可以形成经典条件反射，事实上，被测试的每一个物种都可以形成条件反射，从微生物、蚯蚓、鱼、狗、猴子直到人类（Schwartz, 1984; Zhou et al., 2019）。因此，经典条件反射是几乎所有生物体学习适应环境的一种方式。

其次，巴甫洛夫向我们展示了如何客观地研究学习这样的过程。令他十分自豪的是，他的方法几乎不涉及对狗的想法进行主观判断或猜测。流涎反应是一种可以通过测量唾液体积来量化的行为。因此，巴甫洛夫的成功为年轻的心理学发展提供了一个科学模式，即分离出复杂行为的基本构件，用客观的实验室程序进行研究。

检索练习

RP-6 一些公司经常出资让他们的产品出现在流行电影里，比如让一些大受欢迎的演员喝特定的饮料。根据经典条件反射原理，这种配对能够产生怎样的效果？

答案见附录 D

经典条件反射的应用

学习目标问题 7-6 巴甫洛夫的实验在人类健康和福祉方面有哪些应用？华生是如何将巴甫洛夫的实验原理应用于习得性恐惧的？

本书的其他章节，如意识、动机、情绪、心理障碍和治疗，展示了巴甫洛夫的实验原理如何对人类健康和福祉造成影响。[1] 以下是三个例子：

- 渴求毒品：经典条件反射可以为治疗物质使用障碍提供参考。前吸毒者再次进入吸毒环境时往往会再次对毒品感到渴望，因为他们的大脑已经形成了条件反射，将这种环境与毒品的奖励联系了起来（Wang et al., 2018; Wilar et al., 2018）。打破这种联系则可以减少他们对毒品的渴望（Ananth et al., 2019; Martínez et al., Rivera et al., 2019），所以许多戒毒咨询师都建议其客户远离与毒品有关的人和环境（NIDA, 2017; Siegel, 2005）。

- 渴求食物：经典条件反射会让节食更加困难，糖类物质会唤起愉悦的感觉。研究人员让健康志愿者形成了条件反射，使其在吃了一次甜食后就对甜食产生了渴望（Blechert et al., 2016）。因此，请不要觉得自己肯定可以只吃一块饼干就收

---

1 注：英语单词 condition，既有"训练；使适应；条件化"的意思，也有"保持（头发或皮肤等）健康"的意思。

手。努力减肥的人往往会产生强烈的条件反应，想去吃那些不健康的食物（Hill, 2007）。

• 免疫反应：经典条件反射甚至会对身体中抵御疾病的免疫系统起作用。当一种特殊的味道经常伴随着影响免疫反应的药物出现时，这种味道本身可能就会产生免疫反应（Ader & Cohen, 1985）。

巴甫洛夫的实验也为华生的想法打下了基础。华生认为，人类的情绪和行为虽然会受到生物学因素的影响，但主要还是由大量的条件反应构成。华生及其研究生罗莎莉·雷纳（Rosalie Rayner）以一个 11 个月大的婴儿为研究对象，展示了特定的恐惧如何被条件化（1920; Harris, 1979）。"小艾伯特"像大多数婴儿一样，害怕响声但不害怕白老鼠。在实验中，华生和雷纳给小艾伯特一只小白鼠，小艾伯特伸手去摸它时，他们就会在他头部后方用锤子敲击金属棒以发出巨响。在重复了 7 次看到小白鼠和听到可怕响声后，小艾伯特仅仅看到小白鼠就会号啕大哭。据报道，5 天后，他的这种惊恐反应泛化到了兔子、狗，甚至是毛茸茸的外套上。现代的复制实验对华生关于小艾伯特的条件反射的证据提出了疑问，但这个案例仍然极具传奇色彩（Powell & Schmaltz, 2017）。

多年来，人们一直想知道小艾伯特的下落。拉塞尔·鲍威尔（Russell Powell）及其同事发现，医院有一个孩子匹配度很高，他叫威廉·艾伯特·巴格（William Albert Barger），缩写为艾伯特·B.——正是华生和雷纳所使用的名字。也许是巧合，尽管这个艾伯特是个随和的人，却对狗感到厌恶。他于 2007 年去世，因而不知道自己在心理学历史上所起的作用。

人们也想知道华生的情况。他后来与雷纳结婚，因婚外情失去约翰斯·霍普金斯大学的教授职位后，加入了一家广告公司，担任该公司的常任心理学家。在那里，他利用联想学习的知识构思了许多成功的广告活动，包括为麦斯威尔咖啡（Maxwell House）设计的一个广告，使得"咖啡时间"成了美国人的习惯（Hunt, 1993）。

心理学家很难在其他儿童身上重现华生和雷纳的发现。以今天的标准来看，这些实验是不道德的。然而，小艾伯特的习得性恐惧使许多心理学家都想知道，是否我们每个人都只是一个行走的情绪条件反应仓库。如果是这样的话，消退程序或新的条件反射是否可以帮助我们改变对情绪刺激的多余反应呢？

一位 30 年来都害怕独自进入电梯的病人就这样做了。按照治疗师的建议，他强迫自己每天进入 20 台电梯。10 天之内，他的恐惧就几乎消失了（Ellis & Becker, 1982）。喜剧作家马克·马尔科夫（Mark Malkoff）在 30 天内乘坐了 135 次飞机，每天在空中飞行 14 个小时，以消除他对飞行的恐惧（NPR, 2009）。一个半星期后，恐惧消失了，他开始和其他乘客玩游戏。他最喜欢的游戏是"卫生纸实验"，把一卷卫生纸的一端放进马桶里，把剩下的部分在过道上展开，然后冲水，让马桶在三秒钟内把整卷纸吸完！

在第 16 章中，我们将看到更多心理学家使用对抗性条件反射的行为技术来治疗心理障碍和促进个人成长的例子。

检索练习

RP-7 在华生和雷纳的实验中，小艾伯特在反复经历了小白鼠出现时的巨大响声后，学会了害怕小白鼠。在这个实验中，无条件刺激、无条件反应、中性刺激、条件刺激和条件反应分别是什么？

答案见附录 D

➡ 操作性条件反射

学习目标问题 7-7　什么是操作性条件反射？

经典条件反射使狗听到声音信号就流口水，或使孩子害怕移动的汽车，这是一回事。但要教大象用后腿走路，或教孩子说"请"，我们就得求助于操作性条件反射。

经典条件反射和操作性条件反射都是联想学习的一种形式，但它们有着明确的区别：

- 经典条件反射在刺激物（条件刺激及其所预示的无条件刺激）之间形成关联。它也包括应答性行为，即对刺激的自动反应，比如狗对肉粉的反应和后来对声音信号的反应。

- 在**操作性条件反射**（operant conditioning）中，生物体将自己的行为与后果联系起来，有强化物跟随的行为更可能再次发生，而有惩罚物跟随的行为再次发生的可能性会减少。对环境进行操作以产生奖励性或惩罚性刺激的行为称作操作性行为。

> 操作性条件反射：一种学习方式，即有强化物跟随的行为更可能再次发生；而有惩罚物跟随的行为再次发生的可能性会减少。

检索练习

RP-1 在经典条件反射中，我们学习了我们_____（能/不能）控制的事件之间的联系；在操作性条件反射中，我们学习行为和_____（结果/随机）事件之间的关联。

答案见附录 D

斯金纳的实验

学习目标问题 7-8　斯金纳是谁？操作性行为如何被强化和塑造？

B. F. 斯金纳（B. F. Skinner，1904—1990）在大学主修英语专业，同时也是一位胸怀抱负的作家，为了寻找新的方向，他报考了心理学的研究生，后来成了现代行为主义领域中最具影响力和争议性的人物。斯金纳的工作细化了心理学家爱德华·桑代克（Edward Thorndike，1874—1949）所提出的**效果律**（law of effect）：受到奖励的行为往往会再发生（图 7.9），而受到惩罚的行为则不会。斯金纳以桑代克的效果律为出发点，开发出一种行为技术，揭示了行为控制的原则。1943 年，斯金纳在明尼阿波利斯一家面粉厂的屋顶办公室进行研究，他和他的学生凯勒·布兰（Keller Breland）和诺曼·古特曼（Norman Guttman）看着坐在窗台上的成群鸽子，开玩笑地好奇道："我们能不能教鸽子打保龄球呢？"（Goddard, 2018; Skinner, 1960）通过塑造鸽子的自然行走和啄食行为，斯金纳和他的学生做到了这一点（Peterson, 2004）。后来，斯金纳开始用他的新学习原则教鸽子其他一些不那么"鸽子"的行为，包括如何以 8 字形行走、打乒乓球，以及通过啄击屏幕上的目标来保持导弹的航向。

效果律：由桑代克提出，即引起有利后果的行为更有可能再次出现，引起不利后果的行为出现的可能性更小。

图 7.9 迷笼中的猫

桑代克以鱼作为奖励，诱使猫进行一系列操作来找到走出迷笼的方法。猫的表现往往随着连续试验而变好，证明了桑代克的效果律（Thorndike, 1898）。

斯金纳为他的开创性研究设计了一个**操作箱**（operant chamber），俗称斯金纳箱（图 7.10）。箱子里有一根杆子（杠杆），动物按下杆子，或者啄一下按键（或圆盘）就会得到食物或水作为奖励，箱子外也有一个装置对动物的反应进行记录。这就创造出一个舞台，斯金纳的**强化**（reinforcement）概念得以在舞台上由老鼠和其他动物演绎出来：任何加强先前反应，

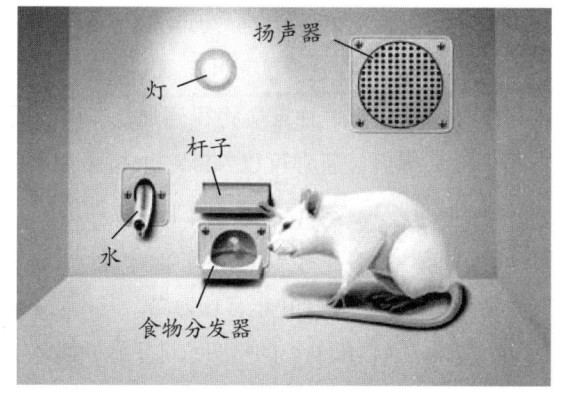

图 7.10 斯金纳箱

在箱子中，老鼠按压杆子获得食物奖励。计数装置（此处未展示）在箱外对动物的累计反应进行记录。

操作箱：也称为斯金纳箱，在操作性条件反射研究中，指一个里面有杆子或按键的箱子，动物可以通过操作杆子或按键来获得强化物，即食物或水；另有装置记录动物按压杆子或啄按键的次数。

强化：在操作性条件反射中，任何能强化其后续行为的事件。

即增加其频率的事件都是强化物。什么事件有强化作用，取决于动物本身和环境条件。对一些人来说，强化物可能是赞赏、关注或薪水，对另一些人来说，则可能是减轻痛苦或产生兴奋的药物（Bechara et al., 2019）。而对于饥渴交迫的老鼠来说，食物和水的强化效果就很好。斯金纳的实验不止教了我们如何在老鼠身上培养出习惯，还探索了促进高效持久学习的精确条件。

塑造行为

> 塑造法：一个操作性条件反射程序，即强化物引导行为向期望的行为靠拢。

假如你想训练饥饿的老鼠按压杆子，你也可以像斯金纳一样用**塑造法**（shaping）逐渐引导老鼠的行为向期望的行为靠拢，最终诱导出这个动作。首先，你要仔细观察老鼠的自然行为，以便在它的现有行为上进行调整。你可以在老鼠每次靠近杆子时给它一点食物，一旦老鼠定期靠近，就只在它朝杆子走得更近时给它食物，然后引导它越来越接近杆子，最终要求它触碰杆子才能得到食物。通过对连续接近的行为进行奖励，你强化了越来越接近最终期望行为的反应，忽略了其他反应。研究人员和动物训练员将做出期望的行为作为得到奖励的条件，逐渐塑造出了复杂的动物行为。我们也可以塑造自己的行为。比如说，你第一次参加 5 千米赛跑，想要进行训练，于是制订了一个步行和跑步混合的日常训练计划。在训练的每个阶段，你都给自己一个不错的奖励，比如起初步行 15 分钟奖励时自己一次，随后步行和跑步 1 千米时也奖励自己一次，接着跑步 1 千米时再奖励自己一次，最后是每次多跑 500 米时给予奖励，如此类推，对自己连续接近目标的行为进行奖励。

塑造法也可以帮助我们了解非言语生物的知觉。狗能辨别红色和绿色吗？婴儿能听出低音和高音的区别吗？如果我们能使它们只对一种刺激做出反应，而不对另一种刺激做出反应，那么我们就知道它们能感知到这样的区别。这样的实验甚至表明，一些非人动物可以形成概念。实验者只强化鸽子看到面孔后的啄击行为，而不强化看到其他图像后的啄击行为时，鸽子的举动表明它们可以识别面孔（Herrnstein & Loveland, 1964）。在这个实验中，面孔是一个分化刺激。分化刺激就像交通灯的绿灯信号一样，标志着一种反应将得到强化。鸽子受到辨别事物类别（如花、人、汽车、椅子）的训练后，通常可以判断一个新图片中的物体所属的类别（Bhatt et al., 1988; Wasserman, 1993）。更有甚者，它们经过训练后，可以区分巴赫（Bach）和斯特拉文斯基（Stravinsky）的音乐（Porter & Neuringer, 1984）。

斯金纳指出，尽管并非有意为之，但我们常会不断地强化和塑造他人的日常行为。例如，艾琳达（Erlinda）的唠叨惹恼了她的妈妈，但妈妈通常的反应是：

艾琳达："你能带我去商场吗？"

妈妈：（看手机。）

艾琳达："妈妈，我想去商场。"

妈妈："嗯，好的，等我一会儿。"

艾琳达："妈妈！商场！"

妈妈："礼貌点！好吧，我的钥匙在哪儿……"

艾琳达的唠叨得到了强化，因为她得到了想要的东西——去商场；妈妈的反应也得到了强化，因为她摆脱了厌恶的东西——艾琳达的唠叨。

或者想想另一个例子：对于在拼写测试得了 100 分的学生，老师在他们的名字旁边贴上金色的星星。大家就都可以看出，有一些学生的表现一直很好，而另一些学生可能比那些优秀学生更努力，却没有得到任何奖励。我们应当建议老师应用操作性条件反射的原理，对所有参与拼写的学生逐步改善的表现（逐步接近完美地拼写他们认为有挑战性的单词的目标）予以强化。

自问

你能回忆起某次老师、教练、家庭成员或雇主通过一小步一小步地塑造你的行为来帮助你学习，直至达到目标的经历吗？

强化物的类型

学习目标问题 7-9 正强化和负强化有何不同？强化物的基本类型有哪些？

到目前为止，我们主要探讨的都是**正强化**（positive reinforcement），即在反应后立即给予想要的刺激以对反应进行强化。但是，艾琳达唠叨的例子说明，基本的强化方式有两种（表 7.1）。**负强化**（negative reinforcement）是通过减少或消除厌恶的刺激来强化某个反应。艾琳达的唠叨得到了正强化，因为艾琳达得到了想要的东西——去商场；妈妈的反应，即满足艾琳达的要求，得到了负强化，因为妈妈摆脱了厌恶的事情——艾琳达的唠叨。同样，服用阿司匹林能缓解头痛，关掉闹钟能让恼人的闹铃安静下来，这些令人愉快的结果带来了负强化效果，增加了人重复这些行为的概率。戒毒者复吸的一大原因就是停止痛苦的戒断反应会导致负强化（Baker et al., 2004）。请注意，负强化并不等于惩罚。相反，负强化指的是消除惩罚性或厌恶的事物，它是心理学中最容易被误解的概念。我们应把负强化看成一种提供解脱的手段，帮助我们摆脱唠叨的人、糟糕的头疼或恼人的闹钟。

正强化：通过给予想要的刺激来增加行为发生的次数。正强化物是指任何在反应后出现并强化该反应的刺激。

负强化：通过减少或消除厌恶的刺激来强化行为。负强化是指任何在反应后被移除会加强该反应的刺激（注意：负强化不是惩罚）。

表 7.1 强化行为的方式

操作性条件反射术语	描述	示例
正强化	增加想要刺激	给叫之即来的狗抚摸，付钱给完成工作的人
负强化	消除厌恶刺激	吃止疼片止疼，系好安全带以关闭提醒器

有时候，负强化和正强化是一致的。试想一下，一个焦虑的学生，在偷懒导致考试一塌糊涂后，开始为下次考试努力学习。他的努力可能会因焦虑减轻而得到负强化，又因成绩提高而得到正强化。得到摆脱厌恶刺激的奖励，也会增加我们重复自己行为的概率。要记住的一点：无论是通过减少厌恶的事物，还是通过提供期望的事物来发挥作用，只要产生了激励行为的结果，就是强化。

初级强化物和条件强化物 饥肠辘辘时得到食物，或头疼欲裂缓解带来的满足感是自然而然、未经学习的，这些都是**初级强化物**（primary reinforcer）。**条件强化物**（conditioned reinforcer），也称为次级强化物，是通过学习来与初级强化物形成联系，从而产生影响。如果斯金纳箱中的老鼠学习到灯光可靠地预示了食物的投放，那么这只老鼠就会尝试去开灯（图7.10），这盏灯就成了条件强化物。我们的生活中充满了条件强化物，如钱、好成绩、愉快的语气，每一个都与更基础的奖励有关。

即时强化物和延迟强化物 我们再一起回到让老鼠产生按压杆子的条件反应的想象实验中来。除了执行按压杆子这种研究人员"想要的"反应外，老鼠还会做出其他研究人员"不想要的"反应，如挠痒痒、嗅探和四处走动，如果你在其中任何一个反应发生之后立即给老鼠投放食物奖励，老鼠很可能会再重复这一得到奖励的反应。

但是，如果老鼠按压杆子时你分心了，延迟了投放强化物的时间，会发生什么情况呢？如果延迟时间超过了30秒，老鼠就学不会按压杆子（Austen & Sanderson, 2019; Cunningham & Shahan, 2019）。延迟也会阻碍人类的学习。经常做小测验的学生能把课堂内容学得更好，因为小测验给他们提供了即时的反馈（Healy et al., 2017）。即时反馈产生即时学习。

但与老鼠不同的是，人类会对延迟的强化物做出反应，比如每周末发的工资、每学期末的好成绩、运动季结束时发的奖杯。事实上，为了更有效率，我们必须学习如何掌握困难任务下的延迟满足。在心理学最著名的一项研究中，一些4岁大的孩子就表现出了这种能力。在选择糖果或棉花糖时，这些能够控制冲动的孩子选择明天得到大份，也不选择立刻得到小份。具备延迟满足能力的儿童长大后往往更能适应社会，成就也更高（Mischel, 2014）。最近一项研究表示，延迟满足与以后的成就之间有类似的关联，尽管这一关联性较弱（Watts et al., 2018）。学会控制冲动以获得更有价值的奖励，甚至可以防止我们以后冲动犯罪（Åkerlund et al., 2016; Logue, 1998a, b）。要记住的一点：延迟是有好处的。

然而，不利的是，即时的小小欢愉有时比延迟的丰厚回报更具诱惑力，深夜看电视的乐趣有时远比为准备明天的大考好好休息更吸引人。对许多青少年来说，在激情时刻进行风险重重、没有保护措施的性行为所带来的即时满足，要比安全有保障的性行为所带来的延迟满足更胜一筹。同样，对许多人来说，今天的汽车、飞机和空调等带来的直接奖励比全球气候变化、海平面上升和极端天气等未来更大的后果更重要。

初级强化物：固有的强化刺激，如满足生物需要的刺激。

条件强化物：通过与初级强化物的联系而获得强化能力的刺激，也称为次级强化物。

强化计划

学习目标问题 7-10 不同的强化程式如何影响行为？

在我们的大多数例子中，期望的反应每次出现时都会得到强化。但是，**强化程式**（reinforcement schedule）则各有不同。在**连续强化**（continuous reinforcement）的情况下，学习的速度很快，这表明连续强化是学会某种行为的最佳选择。但是消退的速度也很快。强化停止时，比如在老鼠按压杆子后不投放食物，行为会很快停止（消退）。如果一台通常可以正常使用的糖果机连续两次都掉不出巧克力棒，我们就不会再往里面投币了（尽管一周后我们可能就会自发恢复，再次尝试投币）。

现实生活中连续强化并不多见。销售人员并不是每次推销都能成功，但他们的努力偶尔会得到回报，所以他们才能坚持不懈继续推销。这样的坚持不懈就是典型的**部分（间歇）强化程式**［partial（intermittent）reinforcement schedule］，在这种程式中，反应有时能够得到强化，有时则不能。与连续强化相比，部分强化的学习速度较慢，但对消退的抵抗力更强。假设一只鸽子已经学会通过啄击按键获取食物。如果你以无法预测的模式逐渐停止投放食物，直到偶尔才投放一次，鸽子可能会在没有奖励的情况下啄击 150 000 次（Skinner, 1953）。老虎机也同样以偶然、难以预测的方式对赌徒进行奖励，像鸽子一样，玩老虎机的人会一次又一次地不断尝试。在部分强化的情况下，希望永远存在。

部分强化对儿童也有作用。父母为了一时安宁偶尔对儿童的脾气让步，也会部分强化儿童的脾气。部分强化是使某一反应持续下去的最佳程式。

斯金纳和他的同事比较了以下四种部分强化程式及其对反应的影响。

固定比率程式（fixed-ratio schedule）是只在反应达到一定次数后对反应进行强化。比如，咖啡店可以在我们每消费 10 杯咖啡后免费赠送一杯饮料。形成条件反射后，老鼠的反应也可以按照固定比率得到强化。比如说，每 30 次反应后就对其投放食物小球，一旦形成条件反射，老鼠得到强化物后只会短暂的停顿一下，然后就迅速回到高反应频率的状态。

可变比率程式（variable-ratio schedule）是在似乎不可预测的反应次数后对反应进行强化。老虎机玩家和飞蝇钓爱好者所体验的正是这种难以预测的强化，这种强化使得即使老虎机和飞蝇钓没有产生预期的结果，仍有很多人热衷于此。由于强化物随着反应次数增加而增加，可变比率程式会产生很高的反应频率。

固定间隔程式（fixed-interval schedule）是只在一定时间间隔后对反应进行强化。在这种类型的程式中，随着预计奖励时间的临近，动物们会更频繁地做出反应：人们会随着送达时间的临近更频繁地检查邮件，鸽子也会随着获得强化的时间临近而更快地啄击按键。这种间隔程序产生了一种不稳定的停止-启动模式，而非稳定的反应频率（图 7.11）。

强化程式：一个模式，规定了对所期望的反应进行强化的频率。

连续强化：每一次发生期望的反应时都进行强化。

部分（间歇）强化程式：只在一部分时间内对反应进行强化；与连续强化相比，获得反应的速度较慢，但对消退的抵抗力更强。

固定比率程式：在操作性条件反射中，指只在反应达到一定次数后对反应进行强化的强化程式。

可变比率程式：在操作性条件反射中，指在似乎不可预测的反应次数后对反应进行强化的强化程式。

固定间隔程式：在操作性条件反射中，指只在一定时间间隔后对反应进行强化的强化程式。

"钓鱼的魅力在于，它追求的是难以捉摸但可以实现的东西，永远都充满着希望。"
——苏格兰作家约翰·巴肯

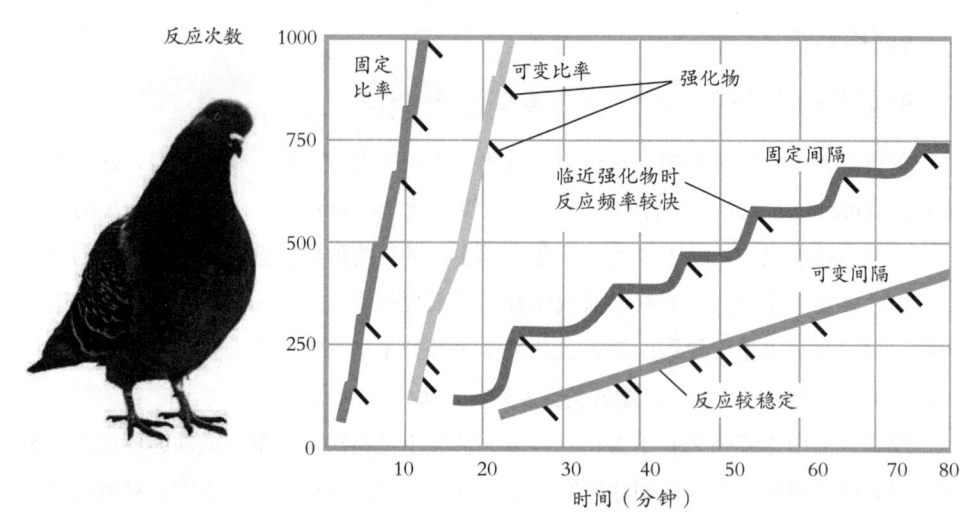

图7.11 部分强化程式

斯金纳的实验鸽对四种强化程式产生了如右图的反应模式（给予强化物用斜线标记表示）。人的强化实验与鸽子的一样，与反应次数相关的强化（比率程式）比与经过的时间长度相关的强化（间隔程式）产生的反应频率更高。但奖励的可预测性也很重要。不可预测（可变）的程式比可预测（固定）的程式产生的反应更稳定（Skinner, 1961）。

可变间隔程式：在操作性条件反射中，指在不可预测的时间间隔后对反应进行强化的强化程式。

可变间隔程式（variable-interval schedule）是在不可预测的时间间隔后对反应进行强化。在不可预测的时间间隔内，食物小球会激励着斯金纳的实验鸽坚持啄击按键。就像期待已久的信息会激励人坚持查看手机一样，可变间隔程式往往能够产生缓慢而稳定的反应。这是有道理的，因为我们并不知道这样的等待何时才能结束（表7.2）。

表7.2 部分强化计划

	固定	可变
比率	每隔一定次数：行为每发生n次就强化1次，比如买10杯咖啡后免费送1杯，或者按生产的产品数给工人支付工资	次数不可预测：在反应发生随机次数之后进行强化，如玩老虎机或飞蝇钓
间隔	每隔一定时间：在一个固定的时间间隔后对反应进行强化，如周二折扣日	间隔不可预测：在随机的时间间隔后对行为进行强化，如查看手机的信息

一般来说，当强化与反应次数有关（比率程式）时，反应频率会比其与时间有关（间隔程式）时更高。但是，强化物不可预测时，可变程序比固定程序的反应更稳定（图7.11）。动物们的行为各不相同，但斯金纳认为操作性条件反射的强化原则是普遍的。他认为，什么反应、什么强化物或使用什么物种进行实验都不重要。特定强化程式的效果几乎一样："鸽子、老鼠、猴子，哪种动物不重要……它们的行为都显示出了惊人的相似性。"

检索练习

RP-2 发送垃圾邮件的人是通过哪种程序得到强化的？面包师检查烤箱看饼干是否烤好的行为，是通过哪种程序得到强化的？三明治店铺在顾客每购买 10 个三明治后免费赠送 1 个三明治，使用了哪种强化程式？

答案见附录 D

惩罚

学习目标问题 7-11 惩罚与负强化有什么不同？惩罚如何影响行为？

强化会使行为增加，而惩罚（punishment）则相反。因此，负强化会通过消除负面的事物增加先前行为的频率，而惩罚则包括任何能够减少先前行为的事件（表 7.3）。迅速而确定的惩罚措施能够有力地抑制不想要的行为，触碰违禁物品而遭到电击的老鼠和摸到烧热的火炉而被烫伤的孩子都会学到不再重复这样的行为。

惩罚：任何能够减少先前行为的事件。

表 7.3 减少行为的途径

惩罚措施类型	描述	示例
正惩罚	给予厌恶刺激	向狂吠的狗喷水，给超速的人开罚单
负惩罚	撤销奖励刺激	剥夺有不良行为的青少年的驾驶权，禁言社交媒体上的粗鲁评论者

大部分冲动犯罪会更多地受到迅速而确定的惩罚措施的影响，而不易被严厉刑罚所威胁（Darley & Alter, 2013）。因此，亚利桑那州对首次醉驾者的刑罚尤其严厉时，该州的醉酒驾驶率并未发生较大变化。但是，堪萨斯州警察在犯罪高发区巡逻，使得惩罚来得更加迅速而确定时，该州的犯罪率就开始急剧下降。

研究惩罚对养育子女有什么意义呢？一项对超过 16 万名儿童的分析发现，体罚并不能纠正有害行为（Gershoff & Grogan-Kaylor, 2016）。在美国心理学会关于体罚的无效性和潜在危害的决议支持下，心理学家指出了体罚的五个主要缺点（APA, 2019; Finkenauer et al., 2015; Gershoff et al., 2018; Marshall, 2002）。

1. **受惩罚的行为只是被抑制，不会被遗忘。**这种暂时的状态可能会强化父母的惩罚行为（负强化）。儿童一说脏话，父母就施加惩罚，于是父母在旁边时，儿童就不说脏话了，所以父母会觉得惩罚成功阻止了儿童的行为。难怪打屁股会受到这么多家长的欢迎，以至于全世界有 60% 的儿童都受到过打屁股或其他方式的体罚（UNICEF, 2014）。

2. **惩罚并不能取代不想要的行为。**体罚可以减少乃至消除不想要的行为，但它并不能为合适的行为提供指导。如果一个儿童因为在车上高声尖叫被打了屁股，他可能会停止尖叫，但还会继续乱扔食物或偷玩哥哥的玩具。

3. 惩罚会让人学会区分各种情况。 在操作性条件反射中，一个生物体学习到某些反应会得到强化而其他反应不会时，刺激分化现象就会出现。惩罚是否有效地让孩子停止说脏话了？还是孩子只学到了在家里说脏话是不对的，而在其他地方说脏话却可以呢？

4. 惩罚可以让人学会恐惧。 在操作性条件反射中，一个生物体对类似刺激的反应也得到强化时，就出现了泛化现象。受到惩罚的儿童不仅会把恐惧与不受欢迎的行为联系起来，还会把恐惧与实施惩罚的人或发生惩罚的地方联系起来。因此，儿童可能会害怕爱惩罚的老师，并且开始不爱上学，或者变得焦虑不安（Gershoff et al., 2010）。由于这些原因，现在大多数欧洲国家和美国31个州都禁止公立学校体罚学生。截至2019年，已有156个国家出台法律禁止在家中打儿童。芬兰是第二个通过此类法律的国家，该国的一项大型调查显示，这类法律出台后出生的儿童确实很少挨打（Österman et al., 2014）。

5. 体罚树立了以暴力解决问题的榜样，可能会增加儿童的攻击性。 研究发现，挨打的儿童有攻击性增强的风险（MacKenzie et al., 2013）。比如，众所周知，许多攻击性强的罪犯和虐待型父母都出自虐待型家庭（Straus & Gelles, 1980; Straus et al., 1997）。

一些研究人员对这种逻辑表示质疑。他们认为，受到体罚的儿童更具攻击性的原因，与接受过心理治疗的人更容易患上抑郁症的原因相同，是因为他们之前就存在需要治疗的问题（Ferguson, 2013a; Larzelere, 2000; Larzelere et al., 2019）。那么，儿童是挨了打才产生了不良行为，还是因为不良行为才挨了打呢？两者间的相关关系并不能给我们一个答案。

既然如此，父母应该如何管教孩子呢？许多心理学家都提倡"计时隔离"这种正强化：让不良行为的孩子无法得到他们期望的刺激，比如兄弟姐妹和父母的关注（Dadds & Tully, 2019）。有效的计时隔离通常必须伴有明确的期望，即用另一个积极行为来取代问题行为，比如让儿童告诉兄弟姐妹说他们的言行伤害了自己，而不是对他们施以拳脚（O'Leary et al., 1967; Patterson et al., 1968）。儿童由此认识到，计时隔离有助于让家庭拥有更多积极和关爱的互动。

一些青少年罪犯的父母往往不知道如何在不打不骂、不拿惩罚威胁儿童的情况下让儿童做出他们期望的行为（Patterson et al., 1982）。培训项目有助于使可怕的威胁（"一分钟内把房间收拾干净，否则就别想吃晚饭！"）转变为积极的激励（"你把房间收拾好，我们等着你吃饭"）。停下来想一想吧，把威胁要施加惩罚的话语改为积极的措辞，难道不是同样有说服力，甚至可能更有效吗？例如，"你不完成家庭作业，就别想玩玩具车了"可以如何转化为更积极的表述呢？

在课堂上也是如此，教师也可以这样给学生反馈，多说"不对，但你可以这样做"和"是的，就是这样"。这样的回答可以减少许多不想要的行为，同时强化了教师所期望的行为。要记住的一点：惩罚是告诉你不要做什么，而强化是告诉你要做什么。因此，惩罚训练的是一种特殊的道德，而不是积极的义务，它更侧重于禁止，使人不去做某些事情（Sheikh & Janoff-Bulman, 2013）。

斯金纳称，惩罚通常教会人们如何避免受惩罚。现在，大多数心理学家都赞成强调强化的做法，即注意到他人所做的正确的事情，并肯定他们的做法。

"虽然拍拍背与踢屁股只有几块脊椎骨的距离，但在结果上却领先很多。"
——出版商贝内特·瑟夫

检索练习

RP-3 用以下术语填空：正强化（PR），负强化（NR），正惩罚（PP）或负惩罚（NP）。

刺激类型	给予	撤销
期望的刺激（例如，让青少年开车）	1. PR	2.
不期望的刺激/厌恶刺激（例如，辱骂）	3.	4.

答案见附录D

斯金纳的遗产

学习目标问题 7-12　为什么斯金纳的观点会引起争议？他的操作性条件反射原理如何应用？

B. F. 斯金纳直言不讳的观点捅了马蜂窝。他认为是外在影响塑造了行为，而不是内在思想和感受。他认为心理科学不需要神经科学，"行为科学独立于神经学之外"（Skinner, 1938, 1966）。他还敦促人们使用操作性条件反射原理来影响他人在学校、工作和家庭中的行为。由于行为由其结果所塑造，他认为我们应该采取奖励来激励更多期望的行为。

批评家则对这些观点表示反对，他们认为斯金纳忽视了个人自由，并试图控制人的行为，从而使人失去了人性。斯金纳则反驳称，外在的结果已经随意地控制了人的行为，为什么不把这些结果用来改善人类的生活呢？强化物不是比家庭、学校和监狱所采用的惩罚措施更人性化吗？如果想到我们过去的经历塑造了我们就感到羞愧难当的话，这样的想法难道不是给我们带来了希望，让我们得以应用操作性条件反射来塑造我们的未来吗？

B. F. 斯金纳（1904—1990）

"曾有人问我，'你是否会像看待你所研究的生物那样看待你自己呢？'答案是肯定的。据我所知，我在任何特定时刻的行为都只不过是我的遗传基因、个人经历和当前环境的产物。"

操作性条件反射的应用

在后面的章节中,我们会学习心理学家如何应用操作性条件反射原理帮助人们缓解高血压或习得社交技能,操作性条件反射也同样被应用于学校教育、体育训练、计算机程序、工作场所和家庭环境中。操作性条件反射原理还可以促进我们的自我完善（Flora, 2004）。

学校教育方面 50多年前,斯金纳和其他人不断努力,希望有一天能够让"机器和教科书"可以对正确反应进行即时强化,从而一步一步地对学习行为进行塑造。他们说:"这样的机器和教科书将彻底改变教育,使教师能够专注于每个学生的特殊需要。"斯金纳说:"好的教学需要做到两件事:必须立即告知学生他们所做的事情是否正确,如果是正确的,还必须立即引导他们采取下一步行动。"

斯金纳可能很乐于见到,他的许多教育理念如今都成为可能。过去的教师很难根据每个学生的学习速度来调整备课进度,也很难提供及时的反馈。而在线适应测验则可以做到这两点。学生根据自己的理解程度,按自己的进度和节奏完成测验,并且立即得到关于学习成果的反馈——包括个性化的学习计划。

体育训练方面 同其他方面一样,塑造运动表现行为的关键首先是对小的成就进行强化,随后逐渐增加挑战性。高尔夫初学者可以先从距离较短的推杆开始学习,随着技巧越加熟练,越推越远。棒球运动的初学击球手可以先从对10米外投出的大号球进行半挥棒开始,这会让他们立即体会到击球的乐趣。随着不断成功击球,击球手逐渐建立信心,在各个级别都达到熟练的程度,投手就开始逐渐后退,最终引导击球手适应标准棒球的击球距离。与传统训练方法训练出的球员相比,这种行为方法训练出来的球员的技能提升速度更快（Simek & O'Brien, 1981, 1988）。

计算机程序方面 研发人员使用强化原理,创造出了能够模仿人类学习的人工智能程序。这种人工智能程序可以比人类更快地完成各种动作,比如下棋、打扑克或玩多人电子游戏《雷神之锤 III》,能够迅速学会重复强化的行为,避免受惩罚的反应（Botvinick et al., 2019; Jaderberg et al., 2019）。人工智能程序正在教我们了解人类学习的极限。

工作方面 管理者如何成功激励员工,教练又如何激励球员们呢?即时的强化,以及对具体的、可达成的行为进行奖励是有用的,而对定义模糊的"美德"进行奖励则毫无用处。人与鸽子不同,对延迟的正强化物和负强化物都会做出反应。通用汽车公司首席执行官玛丽·巴拉（Mary Barra）就深谙此道。在2015年,她着重关注工人的高绩效,并因此发放了金额创纪录的奖金（Vlasic, 2015）。但奖励不一定是金钱上的,效率高的管理者只需要走进办公室,真诚地表扬员工的良好工作表现就足以达到激励的目的。

家庭教育方面 正如前文所述,父母也可以从操作性条件反射实践中学习。家庭教育培训的研究人员提醒称，父母说了"赶紧睡觉"后，又因儿童的抗议或违抗而让步，其实是强化了儿童这种抱怨和争吵行为（Wierson & Forehand, 1994）。而父母被激怒后，则可能会大声斥责或者会威胁动手打骂孩子，儿童被吓住之后才开始听话，这又强化了父母的愤怒行为。久而久之，就形成了消极的亲子关系。

为了打破这种恶性循环，父母应该记住塑造的基本法则：注意儿童所做的正确的事情，并对此表示肯定。在儿童表现良好时，父母应给予他们应有的关注和其他强化物。如果你希望自己的孩子安全驾驶，就对其安全驾驶给予奖励（Hinnant et al., 2019）。针对一个特定行为进行奖励使其不断强化。在儿童行为不当时，不要对他们大声斥责或施以拳脚，只需要对他们解释错误的行为，并收走他们的平板或玩具，或给予短时间的"计时隔离"。

改变行为方面 最后，我们在自己的生活中也可以应用操作性条件反射。为了强化期望的行为（如改善学习习惯），消除不期望的行为（如戒烟），心理学家建议采取以下步骤：

1. 用可以测量的形式确定一个现实的目标，并大声宣布出来。比如，你可以树立一个目标，比如每天增加一小时学习时间。为了坚定地实现承诺，增加成功的概率，你可以与朋友分享这个目标。

2. 决定自己将在何时、何地、如何努力实现目标。花点时间来进行计划。不论是北美的大学生，还是瑞典的企业家，那些明确自己如何实现目标的人，会更加专注于自己的目标，并且能够更快地实现它们（Gollwitzer & Oettingen, 2012; van Gelderen et al., 2018）。

3. 监测自己从事期望行为的频率。你可以记录自己目前的学习时间，注意自己在什么环境下才能够学习（我们开始编写教科书时，每个人都记录了自己工作的时间，惊讶地发现我们居然浪费了这么多时间）。

4. 强化期望的行为。人们对长期目标的坚持主要由即时奖励来推动（Woolley & Fishbach, 2017）。因此，为了增加学习时长，你可以在每天完成额外一小时的学习后，再给自己一个奖励，比如吃点零食或参加喜欢的活动。只有达到每周的实际学习目标后，周末才可以和朋友一起参加各种活动。

5. 逐渐减少奖励。随着你越来越习惯新行为，多给自己精神上的赞许，减少物质上的奖励。

自问

思考自己的坏习惯，你可以如何通过操作性条件反射来打破它？

> **检索练习**
>
> **RP-4** 乔斯琳（Joslyn）在学前班一直做出不当行为，她的老师一再责备她，但无济于事。为什么乔斯琳的不当行为还在持续，她的老师能做些什么来改变这一情况？
>
> 答案见附录 D

经典条件反射和操作性条件反射的对比

学习目标问题 7-13 操作性条件反射与经典条件反射有什么不同？

经典条件反射和操作性条件反射都是联想学习的形式之一。两者都涉及习得、消退、自发恢复、泛化和分化，但这两种学习形式也有一定的区别。通过经典条件反射，我们会把不同的刺激物联系起来，而这些刺激物并不受我们控制，我们会自动做出反应，即应答性行为（表 7.4）。通过操作性条件反射，我们将自己的行为与行为的后果联系起来，这些行为会作用于环境，产生强化或惩罚的刺激（操作性行为）。

表 7.4 经典条件反射和操作性条件反射的比较

	经典条件反射	操作性条件反射
基本概念	学习在不受控制的事件之间建立联系	学习在行为和行为的后果之间的建立联系
反应	非自愿，自动发生	自愿，对环境进行操作
习得	将事件联系起来；中性刺激与无条件刺激配对，形成条件反射	将反应与结果（强化物或惩罚物）联系起来
消退	条件刺激反复单独出现时，条件反应减少	停止提供强化物时，反应就会减少
自发恢复	已消退的条件反应在停止一段时间后重新出现	已消退的反应在停止一段时间后重新出现
泛化	对与条件刺激相似的刺激做出反应的倾向	在一种情况下学到的反应在其他类似的情况下出现
分化	学习区分条件刺激和其他无条件刺激	学到的一些反应会得到强化，而其他反应则不会

在接下来的章节中我们将看到，生物学因素和认知过程都会对经典条件反射和操作性条件反射产生影响。

> "哦！这学问，真是个好东西。"
> ——威廉·莎士比亚

> **检索练习**
>
> **RP-5** 狗对与食物配对的声音产生流涎反应是一种_____行为，老鼠按压杠杆获取食物是一种_____行为。
>
> 答案见附录 D

生物学、认知与学习

从流涎的狗、跑动的老鼠和啄击按键的鸽子身上，我们了解了许多关于学习基本过程的知识，但是条件反射原理并不足以呈现学习的全貌。今天的学习理论家认识到，学习是生物学、心理学和社会文化因素相互作用的产物（图 7.12）。

条件反射的生物学制约因素

学习目标问题 7-14 生物学制约因素如何影响经典条件反射和操作性条件反射？

图 7.12 生物学、心理学和社会文化因素对学习的影响
我们的学习不仅受环境经验，也受心理学和生物学的影响。

自查尔斯·达尔文以来，科学家认为所有动物的进化历程都是相同的，因此它们在天性和能力方面也有共同之处。比如，巴甫洛夫和华生认为，所有动物在学习方面的基本规律大致上是相似的。因此，无论研究鸽子还是研究人，都应该没有什么区别。此外，任何自然反应似乎都能被任何中性刺激条件化。

经典条件反射的生物学限制

1956 年，研究学习的研究人员格雷戈里·金波（Gregory Kimble）宣称："生物体能够进行的任何活动都可以被条件化，而且……这些反应可以被生物体能够感知到的任何刺激所条件化"。25 年后，金波谦虚地承认，有"五百份"科研报告证明了自己的观点是错误的（Kimble, 1981）。动物的条件反射能力受到的生物学因素的制约，远远超出早期行为主义者的认识。比如，每个物种都有一种天性，使其准备好去学习有助于生存的联系，这一生物学倾向称为**准备性**（preparedness）。环境不是影响学习的唯一因素，生物学因素也很重要。

约翰·加西亚就是对所有联系都可以平等习得这一普遍观点提出疑问的人之一。在研究

约翰·加西亚（1917—2012）

加西亚是加利福尼亚农场工人的儿子，在童年时期，他只在农闲的时候上过学。他在快三十岁时才进入两年制的专科学校，四十多岁时获得博士学位。"因为他在条件反射和学习方面的高度原创性和开拓性的研究"，加西亚获得了美国心理学会的杰出科学贡献奖。后来，加西亚还选入了美国国家科学院。

准备性：一种学习有助于生存的联系的生物学倾向，如学到味觉和恶心之间的联系。

辐射对实验动物的影响时，加西亚和罗伯特·库林（Robert Koelling, 1966）注意到，老鼠开始避免饮用辐射室中塑料瓶里的水。经典条件反射会是其原因吗？老鼠会不会把塑料瓶里的水（条件刺激）与辐射（无条件刺激）引发的疾病（无条件反应）联系起来呢？

为了验证自己的预想，加西亚和库林给予老鼠特殊的味道、视觉或声音等条件刺激，随后使其接触会引起恶心、呕吐等无条件反应的辐射或药物（无条件刺激）。实验过后，他们有了两个惊人的发现。首先，尽管老鼠在尝试了新口味的食物后过了几个小时才感到不适，它还是会避免这种口味的食物。这一发现似乎违反了条件反射必须在条件刺激之后立即发生的概念。

第二，产生不适的老鼠对味道产生了厌恶感，但没有对看见的画面或听见的声音产生厌恶感。这与行为主义者的观点（即任何可感知的刺激都可以作为条件刺激）相矛盾，但这一发现也有适应性的意义。对老鼠来说，识别已污染的食物最简单方法是品尝它。如果品尝一种新食物后产生了不适，它们就会避开这种食物。这种反应叫作"味觉厌恶"，正是这种反应使得投放鼠药来消除"忌口"的老鼠群体变得极为困难。

人类在生理上似乎也具备学习一些特定联系的能力。如果你吃了受污染的牡蛎后四小时内产生了剧烈的不适，你可能会对牡蛎的味道产生厌恶感，而不会对见到的相关饭店、碟子、和你在一起的人或者在那里听到的音乐产生厌恶感。与此相反，通过视觉捕食的鸟类，似乎在生理上准备好了对所看见的有毒食物产生厌恶感（Nicolaus et al., 1983）。

加西亚关于味觉厌恶的早期发现受到了大量批评。正如德国哲学家阿瑟·叔本华（Arthur Schopenhauer, 1788—1860）曾经说过的，重要的想法总会先遭到嘲笑，然后遭受攻击，最后才会理所当然地为人接受。一些主要期刊拒绝发表加西亚的论文，一些批评者则说，加西亚的发现是不可能的。但是，科学有时就是如此变化无常，加西亚和库林的味觉厌恶研究频繁地在其他实验中被复制，从构造简单的蜗牛到复杂的人类都适用（Aonuma et al., 2018）。条件化味觉厌恶实验现在已经成为教科书中的基础内容。

味觉厌恶研究也是一个极佳的实验案例，它从实验动物产生的不适开始，最终发展为其他许多动物的福祉。在一项条件化味觉厌恶的研究中，一些狼在引诱下吃掉了沾有药物的羊的尸体，这种药物会让它们感到恶心不适。此后，它们便对羊肉产生了厌恶感；后来研究者把两头狼和一只活羊关在了一起，这两头狼似乎对羊感到害怕（Gustavson et al., 1974, 1976）。这些研究不仅将羊从天敌口中拯救了出来，而且还让不吃羊的狼免遭牧场主和农民的怒火，以免它们被杀死。类似味觉厌恶的应用还有效地防止了狒狒劫掠非洲种植园，浣熊攻击家禽，以及渡鸦和乌鸦啄食鹤蛋等。这些案例中的捕食者和猎物都在生态圈中占据了重要的生态位，而味觉厌恶研究让它们都得到了恰当的保护（Dingfelder, 2010; Garcia & Gustavson, 1997）。

"所有的动物都在进行一场时间之旅，朝着促进其生存的未来航行，远离威胁其生存的未来。而快感和痛苦是它们用来导航的星星。"
——心理学家丹尼尔·T. 吉尔伯特和蒂莫西·D. 威尔逊

这一研究也为达尔文的理论提供了支撑，即自然选择更青睐有助于生存的特征。我们的祖先学会了避免会导致生病的食物和情况，这一能力使他们得以生存下来并繁衍生息（Bernal-Gamboa et al., 2018）。就像焦虑、疼痛和其他不好的感觉一样，恶心的感受也服务于一个良好的目的，它们就如同汽车的燃油报警灯，向身体发出威胁到来的预警信号（Davidson & Riley, 2015; Neese, 1991）。

人类的准备性是适应性的，它会将条件刺激与随后发生的、可预测的无条件刺激联系起来。原因往往就出现在结果之前。但正如我们在味觉厌恶研究中所见，将一个结果与之前发生的事件联系起来的倾向往往会欺骗我们。化疗结束一个多小时后癌症患者常常会恶心、呕吐，随着时间的推移，患者可能会对与诊疗室有关的景象、声音和气味产生典型的条件反射性厌恶或焦虑（Hall, 1997）（图 7.13），甚至仅仅是回到化疗等候室或者看到护士，就会激起患者这些条件反射性的感受（Burish & Carey, 1986; Davey, 1992）。正常情况下，这种对恶心刺激的反感是适应性的。

"一朝被蛇咬，十年怕井绳。"
——G. F. 诺索尔，《民间短语》，1894

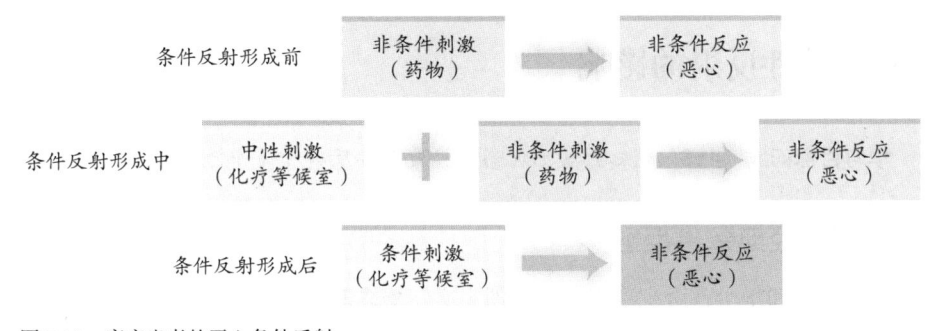

图 7.13 癌症患者的恶心条件反射

检索练习

RP-1 格雷戈里·金波早期认为"生物体能够进行的任何活动都可以被条件化，而且……被生物体能够感知到的任何刺激条件化"，加西亚和库林的味觉厌恶研究是如何反驳这一观点的？

答案见附录 D

操作性条件反射的生物学限制

自然界也制约着各个物种的操作性条件反射能力。科幻作家罗伯特·海因莱因（Robert Heinlein，1907—1988）就曾说："永远不要试图教一头猪唱歌——那会浪费你的时间，也会惹恼猪。"

我们很容易学会和保持那些能够反映我们生理和心理天性的行为（Iliescu et al., 2018）。因此，你可以使用食物作为强化物，轻而易举地条件化仓鼠的挖掘或后腿直立的行为，因为这些动作都属于仓鼠自然的觅食行为。但如果你用食物作为强化关于动物行为的更多信息，请参阅罗宾·福克斯（Robin Fox）和莱昂内尔·泰格（Lionel Tiger）的书（我们没有编故事，他们真的叫 Fox 和 Tiger）。

物，来塑造洗脸和仓鼠那些通常与食物或饥饿无关的其他行为，就没那么容易了（Shettleworth, 1973）。同样地，你也可以不费吹灰之力就教会鸽子扇动翅膀以免受到惊吓，啄击按键来获得食物，因为扇动翅膀逃跑和用喙进食本来就是鸽子的自然行为。然而，鸽子很难学会用啄击按键来避免受到惊吓，或用扇动翅膀来获取食物（Foree & LoLordo, 1973），其原理就在于，生物学上的限制使生物体更倾向于学习能够适应自然的联系。

在动物训练师玛丽安·布雷兰（Marian Breland）和凯勒·布雷兰（Keller Breland）的早期工作中，他们认为操作性条件反射的原则对动物可能做出的几乎所有反应都有效。但在接下来的工作中，他们也了解了生物学方面的限制。在一次表演中，受到训练、可以捡起大块木制"美元"硬币并将其放入储蓄罐的猪渐渐开始回归它们自然的行为方式。它们扔下硬币，就像猪平时那样用鼻子去拱它，再把它捡起来，随即重复这一过程，这延迟了它们的食物强化物投放。当动物恢复它们的生物学预设模式时，**本能漂移**（instinctive drift）就发生了。

本能漂移：指学习行为逐渐恢复到生物学预设模式的趋势。

认知对条件反射的影响

学习目标问题 7-15 认知过程如何影响经典条件反射和操作性条件反射？

认知和经典条件反射

巴甫洛夫和华生在否定意识等"心理主义"概念时，不仅低估了准备性和本能漂移等生物学制约因素的重要性，也低估了认知过程，如思想、知觉和期望的影响。早期的行为主义者认为，老鼠和狗的学习行为可以简化为无意识的机制，因此没有必要考虑认知。但是罗伯特·雷斯科拉（Robert Rescorla）和艾伦·瓦格纳（Allan Wagner）证明，动物也可以学习预测某个事件。如果先在对老鼠电击前有提示音，随后在播放提示音时伴随着灯光，那么老鼠会对提示音产生恐惧反应，对灯光则不会。尽管灯光之后总是紧随着电击，但灯光没有增加任何新信息，提示音才是更好的预测因素。联系的可预测性越强，条件反应就越强，就好像动物学会了期望，即对无条件刺激发生的可能性的认识。

"所有的大脑在本质上都是预测机器。"
——丹尼尔·C. 丹内特

忽视认知的经典条件反射治疗往往效果有限。比如，接受酒精使用障碍治疗的人们可能会收到添加了致恶心药物的酒类饮品，他们会把酗酒与恶心不适联系起来吗？如果经典条件反射仅仅是一个给刺激联系"盖章"的问题，我们倒是可以希望如此，而且在某种程度上确实如此。然而，在一个人意识到恶心是由药物引起，而不是酗酒引起时，往往会导致酗酒和恶心不适之间的联系削弱，从而降低了疗效。因此，经典条件反射不仅仅是条件刺激与无条件刺激的联系，认知也会在其中起作用，尤其是对人类而言。

认知和操作性条件反射

B. F. 斯金纳也承认行为的生物学基础以及个体思考过程的存在。然而，还是有许多心理学家批评他不重视认知的重要性。

1990 年，在因白血病去世的 8 天前，斯金纳曾在美国心理学会大会上进行了演讲。在这次最后的演讲中，他依然对相信认知过程（想法、知觉、期望）在心理科学中，甚至是我们对条件反射的理解中占有一席之地的观点持反对态度，尽管越来越多的人认同这一观点。他认为"认知科学"只是 20 世纪早期内省主义的回潮。对斯金纳来说，思想和情绪也是行为的一种，与其他行为遵循着同样的规律。

然而，认知过程的证据是不能忽视的。比如，在固定间隔强化程式中，随着反应产生强化物的时间越来越接近，动物的反应会变得越来越频繁。尽管严格的行为主义者会反对谈论"期望"，但动物的行为表现得就像它们期望重复做出反应就会很快产生奖励一样。

对迷宫中老鼠的研究也为认知过程的作用提供了有力的证据。探索迷宫的老鼠似乎在没有得到明显奖励的情况下，形成了一个**认知地图**（cognitive map），即对迷宫的一种心理表征。当实验者在迷宫中的目标箱里放置食物时，这些老鼠就会以跟之前经过食物强化训练的其他老鼠一样快的速度跑完迷宫到达目标箱。就像人们在一个新城市里观光一样，这些探索迷宫的老鼠在先前的观光中似乎就经历了**潜在学习**（latent learning）（Tolman & Honzik, 1930）。这种学习只有采取激励措施时才会明显表现出来。孩子也可能会在观察父母的过程中学习，但很晚以后才会根据需要将学习成果展示出来。

要记住的一点：学习不仅仅是将反应与后果联系起来，认知也会发生作用。在第 9 章中，我们将了解到更多有力证据，关于动物具有解决问题和使用语言的某些方面的认知能力。在第 11 章中，我们将学到，认知如何导致过度奖励从而降低了我们执行所期望行为的动力。

表 7.5 比较了生物学因素和认知因素对经典条件反射和操作性条件反射的影响。

认知地图：对所处环境布局的心理表征。例如，探索完一个迷宫之后，老鼠就会学到迷宫的认知地图。

潜在学习：学习已经发生，但在得到激励去展示之前表现并不明显。

表 7.5 生物学因素和认知因素对条件反射的影响

	经典条件反射	操作性条件反射
生物学因素	天生倾向限制了哪些刺激和反应容易产生联系	生物体很容易学习与它们的自然行为相似的行为；非自然行为会发生本能漂移，回到自然行为上
认知因素	生物体形成一个预期，即条件刺激预示着无条件刺激的到来	生物体形成一个预期，即某个反应将得到强化或惩罚；它们在没有强化的情况下也表现出潜在学习的现象

> **自问**
>
> 你还记得童年时通过经典条件反射、操作性条件反射和认知学习学到东西的例子吗？比如听到厨房里烹煮美味食物的声音或闻到气味就流口水，因为不喜欢其后果而决定不再做某个行为，重复或避免去做你看到的别人做的事情。

> **检索练习**
>
> RP-2 本能漂移和潜在学习的例子说明了什么重要思想？
>
> *答案见附录 D*

观察学习

学习目标问题 7-16 什么是观察学习？

> 观察学习：无需直接经验，通过观察和模仿他人来学习。
>
> 模仿：观察和效仿某一特定行为的过程。

认知为**观察学习**（observational learning），即社会学习，提供了有力支持。在观察学习中，高等动物，尤其是人类，可以无需直接经验，仅通过观察和模仿他人来学习。一个小孩看到姐姐被烧热的火炉灼伤了手指，就学到了不能摸火炉。我们可以凭借观察和效仿他人来学习母语和其他各种特定行为，这一过程就叫作**模仿**（modeling）。

阿尔伯特·班杜拉（Albert Bandura）是研究观察学习的先驱，我们可以描绘一下他的观察学习实验的场景：在一个房间里，一个学龄前儿童正在画画，一个大人在另一个地方搭建积木。在孩子的注视下，大人站起身来，对着房间里的一个大型充气波波玩偶拳打脚踢了近10分钟，还将其扔来扔去，同时大吼大叫着："用拳头狠揍它的鼻子……打倒它，踢它。"（Bandura et al., 1961）

随后，实验人员把这个小孩领进了另一个房间，里面摆满了吸引人的玩具。实验人员又很快转过身，告诉小孩说她已经决定把这些好玩具"留给其他孩子"，于是实验人员又把这个开始垂头丧气的小孩领进了第三个房间，里面放了一些玩具，还包括一个波波玩偶。实验人员让小孩一个人在房间里待着，小孩会做些什么呢？

那些没有观看过示范行为的小孩，都没有模仿大人的举动，而那些观看过示范行为的小孩则通常会对玩偶大打出手（Bandura, 2017）。观察攻击性的情感爆发显然让小孩们的抑制力出现了下降，但还有其他因素也在发挥着作用，因为小孩会模仿他们所观察到的行为，并且使用他们所听到的语言。

班杜拉认为，这种"其他因素"是这样运作的：通过观察示范，我们经历了替代性强化或者替代性惩罚，学会了预测在与所观察到的情况类似的场景下，某种行为的后果。我们尤其容易向我们所认为的成功人士、德高望重者，或和我们自己相似的人学习。功能性磁共振成像扫描结果显示，人们在观察他人赢得奖励时，大脑的奖励机制就会被激活，表现得就像是自己赢得了奖励一样，在被观察的人与他们相似的时候更是如此（Mobbs et al., 2009）。我们认同他人时，就会间接地体验到他们的成果。而我们在观察到他人安全地驾驭令人恐惧的情况时，甚至我们自己习得的恐惧也会消退（Golkar et al., 2013）。切斯特菲尔德勋爵（Lord Chesterfield，1694—1773）就曾有过这样的观点，"事实上，我们大部分的自我是通过模仿形成的"。

班杜拉的研究工作提供了一个例子来说明，"追求研究本身"的基础研究如何产生更宏大的目标。他反思道："波波玩偶的研究为未曾预见的、25年后的全球化应用确立了原则。"他的研究所提出的见解不仅用于限制电视暴力，还为非洲、亚洲和拉丁美洲的电视和广播连续剧提供了社会模型，这些模型为减少非计划生育，防止感染艾滋病病毒，以及促进环境保护提供了极大的帮助。

大脑的镜像与模仿

学习目标问题 7-17 观察学习如何通过神经镜像实现？

1991年，意大利帕尔马的一个炎炎夏日，一只实验猴正等待研究人员吃完午饭回来。研究人员在其运动皮质旁负责计划和实施运动的前额叶脑区中植入了电极，并且设置了监测设备提醒研究人员关注猴子该脑区的活动。例如，猴子将花生放进嘴里时，该设备就会发出蜂鸣声。那天，一位研究人员手拿冰激凌甜筒回到实验室时，猴子就开始盯着他看。该研究人员举起甜筒准备舔一口时，监测设备发出了蜂鸣声，仿佛这只一动不动的猴子自己动起来了一样（Blakeslee, 2006; Iacoboni, 2008, 2009）。

研究人员在早些时候也曾听到过同样的蜂鸣声。在猴子看到人类或其他猴子将花生放到嘴边时，监测设备就会响起来。以贾科莫·里佐拉蒂（Giacomo Rizzolatti, 2002, 2006）为首的研究团队大吃一惊，他们认为自己偶然发现了一种前所未知的神经元类型。他们提出，这种假定的**镜像神经元**（mirror neurons）为日常模仿和观察学习提供了神经基础。一只猴子看到其他猴子的举动时，它的神经元会反映其他猴子的行为。（关于镜像神经元重要性的辩论，已经被大众媒体夸大，详见 Gallese et al., 2011; Hickok, 2014。）

模仿行为在其他物种中也普遍存在。灵长类动物会观察和模仿各种使用新奇工具的行为，比如使用石锤敲碎坚果（Fragaszy et al., 2017），而这种模仿行为会在它们的本土文化中代代相传（Hopper et al., 2008; Whiten et al., 2007）。在一项对73 790条座头鲸的长达27年的观察分析中发现，1980年，一条鲸鱼第一次拍打水面将猎物驱赶到一起，在此后的几年里，这种"挑尾捕食"技术迅速传播到了其他鲸群中（Allen et al., 2013）。

猴子也是如此。艾丽卡·范德瓦尔（Erica van de Waal）和她的同事将某一种带颜色的玉米浸泡在口味恶心的溶液中，从而训练出几组更喜欢蓝色玉米或粉色玉米的黑

镜像神经元：一些科学家认为，我们进行某些动作或观察他人做这些动作时，额叶神经元会启动。大脑对他人的行动的镜像可能使大脑具有模仿和共情的能力。

长尾猴。4～6个月后，新一代猴子出生，成年猴子还是坚持自己习得的对某种颜色的玉米的偏好。在对成年猴子进行观察学习后，新生的27只幼年猴子中有26只都习得了这种偏好。此外，偏好蓝色玉米或粉色玉米的雄猴迁移到另一个族群中时，就会转换偏好并开始像这个新族群一样进食。猴子观察到什么，就会怎么做。

在人类中，模仿也普遍存在。我们的各种口头禅、时尚、仪式、食物、传统习俗、道德风尚都是通过一个人模仿另一个人进行传播的。我们的儿童是天生的模仿好手（Marshall & Meltzoff, 2014）。8～16个月大的婴儿已经开始模仿各种新奇手势（Jones, 2007, 2017）；12个月大时，他们会跟着看向大人所看的地方（Meltzoff et al., 2009）；14个月大时，儿童会开始模仿电视上的行为（Meltzoff, 1988; Meltzoff & Moore, 1989, 1997）；甚至在两岁半时，儿童的许多心理能力就已经接近成年黑猩猩，在社会任务方面还超过了黑猩猩，比如模仿他人解决问题（Herrmann et al., 2007）。儿童也在观察中学习。

人类通过观察成人来学习的倾向极其强烈，以至于2～5岁的儿童会过度模仿，无论儿童是生活在澳大利亚的城市还是非洲的农村。儿童甚至会模仿一些毫不相关的大人的行为。如果他们观察到大人在伸手拿塑料罐中的玩具之前，先用羽毛轻抚罐身，他们也会这样跟着做（Lyons et al., 2007）。甚至，他们还会有样学样地模仿大人的动作，先把棍子在盒子上方挥动几下，再用棍子按下盒子的按钮，尽管只需按下按钮就能把盒子打开（Nielsen & Tomaselli, 2010）。

> "这种羞辱的本能，一旦为公共平台上的某个人特别是某个有权势的人所模仿，就会渗透到每个人的生活中，因为它……给了其他人同样这么做的许可。"
> ——梅丽尔·斯特里普

人类的大脑与猴子的大脑一样会共情和模仿。研究人员无法在人类大脑中植入实验电极，但可以通过功能性磁共振成像扫描来监测与执行和观察行为相关的大脑活动。那么，人类模仿他人行动，分享他人经验的能力是专门的镜像神经元赋予的吗？还是源自大脑的分布式网络呢？这个问题的答案仍众说纷纭，悬而未决（Fox et al., 2016; Gallese et al., 2011; Hickok, 2014; Iacoboni, 2009）。但不管怎么说，儿童的大脑确实使他们具备了共情和推断他人心理状态的能力，后者又称为心理理论。

> "孩子们更需要榜样，而不是批评者。"
> ——约瑟夫·茹贝尔

我们的大脑在观察他人后产生的反应使得情绪具有传染性。大脑会模拟并代入性地体验所观察到的事物。这些心理上的即时重现极其真实，我们甚至可能会把观察到的行为误记为是自己执行过的行为（Lindner et al., 2010）。我们看见别人遭受电击，就好像自己也遭受了电击一样，因此会更小心地做自己的选择（Lindström et al., 2019）。但正是由于这些重现，我们可以领会他人的心理状态。在观察他人的姿势、表情、口音和写作风格时，我们会不自觉地和他们同步，这让我们得以体会他人的感受（Bernieri et al., 1994; Ireland & Pennebaker, 2010）。模仿帮助我们获得友谊，引导我们效仿喜欢的人，使他们更加喜欢我们（Chartrand & Lakin, 2013; Salazar Kämpf, 2018）。在他们哈欠连天时我们也会打哈欠，他们微笑时我们也跟着微笑，他们哈哈大笑时我们也会哈哈大笑。

我们见到亲人处于痛苦中时，不仅我们的脸会反映出对方的情绪，我们的大脑也会如此。观察他人的痛苦会让我们的身体分泌止痛物质，从而缓解自己的痛苦，让我们更愿意伸出援手（Haaker et al., 2017）。即使是阅读小说也可能引发这样的效应，因为我们会在精神上模拟和间接体验小说所描述的经历（Mar & Oatley, 2008; Speer et al., 2009）。在一系列实验中，通过阅读《哈利·波特》并了解主人公对"泥巴种"这类人的接纳，人们减少了对移民、难民和同性恋者的偏见（Vezzali et al., 2015）。

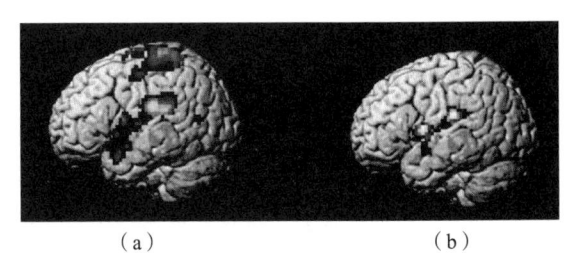

(a) (b)

大脑中实际经历的和想象的疼痛

在这些功能性磁共振成像扫描中，与实际疼痛有关的大脑活动（a）反映到了作为观察者的亲人的大脑（b）中（Singer et al., 2004）。大脑的共情活动出现在处理情绪的脑区，而不是接收身体疼痛输入的躯体感觉皮质。

观察性学习的应用

学习目标问题 7–18 亲社会模仿和反社会模仿有什么影响？

班杜拉的研究和镜像神经元研究的重大意义在于，我们会在观察他人的同时在心理上进行模仿，以此来学习。家庭、邻里或我们所消费的媒体中的各种榜样和模范都会产生或好或坏的影响。

亲社会效应 好消息是，人们对亲社会行为（prosocial behavior，积极有益的行为）进行模仿能够产生亲社会效应。很多企业都采用行为模范的方式来帮助新员工有效学习沟通、销售和客户服务技巧（Taylor et al., 2005）。通过观察经验丰富的员工或模仿演绎员工的演员示范如何有效地使用这些技巧，实习员工能够更快习得这些技巧。

举止文明、助人为乐的人能够促使其他人表现类似的行为。观察到别人热心帮助他人后，人们也变得更加乐于助人。例如，看到别人帮助女性捡起掉落的书后，人们也开始帮助他人把掉到地上的钱捡起来（Burger et al., 2015）。印度的圣雄甘地和美国的马丁·路德·金同样借助榜样的力量，使非暴力行动成为促进国家社会变革的强大力量（Matsumoto et al., 2015）。媒体也能产生模范作用，横跨多个国家的几十项研究表明，观看亲社会的电视剧、电影和视频能够促进人们的助人行为（Coyne et al., 2018; Prot et al., 2014）。

父母也是强大的榜样。那些冒着生命危险，从纳粹手中解救犹太人的欧洲基督徒，他们父母当中至少有一个人具有强烈的道德或人道主义关怀，并与他们关系密切；20世纪60年代的美国民权活动家也是如此（London, 1970; Oliner & Oliner, 1988）。道德的观察学习开始于成长早期。有社会责任感的幼儿乐意模仿他们的父母，到其成长为学龄前儿童时，往往就具备了强烈的内化良知（Forman et al., 2004）。

言行一致的榜样是最有效的。为了鼓励孩子进行阅读，父母可以为孩子朗读书的

亲社会行为：积极有益、有建设性的行为。与反社会行为相反。

内容，可以将他们置于各种书和读书人的环境中；为了增加孩子信奉自己宗教的概率，父母可以和他们一起做礼拜并参加宗教活动（Lanman & Buhrmester, 2017）；要让孩子学会坚持不懈，就要让他们看到你的毅力和恒心（Butler, 2017）。

然而，一些榜样常常是嘴上说一套，做起来又是另一套。似乎许多父母都是以"照我说的做，而不是像我一样做"的原则来教育子女，而实验表明，这两种做法孩子都学会了（Rice & Grusec, 1975; Rushton, 1975）。孩子接触到伪君子时，就会模仿伪君子的所作所为，做他所做的事，说他所说的话。

> **检索练习**
>
> **RP-3** 艾米丽的父母和长辈常常超速驾驶，却劝艾米丽不要这样做，汉娜的父母和长辈开车从不超速驾驶，但并没有教导她别超速驾驶。艾米丽或汉娜谁更有可能超速驾驶呢？
>
> 答案见附录 D

反社会效应 而坏消息是，观察学习也会产生反社会效应。这就解释了为什么父母有虐待倾向的孩子攻击性更强，为什么经常受骗的孩子更容易撒谎骗人，以及为什么一些有家暴倾向的男性，其父亲也有家暴倾向（Hays & Carver, 2014; Jung et al., 2019; Stith et al., 2000）。批评者认为，这种攻击性也可能是遗传所致。但我们知道，对于猴子来说，这种攻击性是受环境影响的。多项研究表明，与母猴分离并在攻击性强的环境中长大的小猴子也会极具攻击性（Chamove, 1980）。我们小时候学到的教训在成年后很难被取代，有时还会在后代身上表现出来。

观察学习也会影响成年人。反复接触仇恨言论的人会对这类仇恨的话语脱敏，并且他们对仇恨对象的偏见也会增加（Soral et al., 2018）。正如社会心理学家克里斯·克兰道尔（Chris Crandall）和马克·怀特（Mark White, 2016）提醒我们的，政治领导人有能力影响规范，而规范极为重要，因为"人们会把社会接受的偏见表达出来，把社会不接受的偏见隐藏起来"。

各种电视节目、电影和视频都是观察学习的来源。在观看过程中，儿童可能会错误地学到霸凌是有效控制他人的方式，学到无拘无束的性行为会带来欢娱，却不了解欢娱过后的痛苦或疾病，或者学到男性就应该刚强、女性就应该温柔。一些电影甚至还会美化高速驾驶和危险驾驶行为，这些电影是否在"教育"观众，这些驾驶行为是可以接受的呢？一项对近 20 万张超速罚单的分析表明，电影《速度与激情》上映后的周末，司机的平均车速都有所增加（Jena et al., 2018）。

而儿童有着充足的时间学习这样的课程。在 18 岁以前，发达国家的大部分儿童花在看电视上的时间比他们花在学校的时间都多。青少年平均每天看电视超过 4 个小时，成年人则是平均每天 3 个小时（Robinson & Martin, 2009; Strasburger et al., 2010）。观众想要通过讲故事的人了解生活，然而这个讲故事的人讲的却是神话故事，而非现实。据报道，1998～2006 年，黄金时段电视节目的暴力情节增加了 75%（PTC，2007）。一项对超过 3000 个网络和有线电视节目的分析表明，每 10 个节目中就有 6 个包含暴力内容，74% 的暴力行为没有受到惩罚，58% 的节目没有表现受害者的痛苦，近一半的事件都涉及对暴力的"合理化"，近一半的内容都将施暴者描写得极具魅力。这些条件决定了世界各地许多研究中所描述的暴力观看效应的"配方"，并为大多数媒体研究人员所认可（Anderson et al., 2017; Bushman, 2018; Martins & Weaver, 2019; Teng et al., 2019）。（见"批判性思考：观看媒体暴力的影响"。）

* * *

班杜拉与巴甫洛夫、华生、斯金纳以及其他数不胜数的研究人员一样，加深了我们对学习原理的认识，他的研究工作说明了全心全意致力于几个定义明确的问题和想法可能产生的影响。这些研究人员界定了这些问题，让我们更明白了学习的重要性。他们的遗产告诉我们，思想史往往是由那些冒着走极端的风险将思想推向极限的人创造的（Simonton, 2000）。

自问

你的重要榜样是谁？你通过观察这个人学到了什么？谁以你为榜样？你怎样才能更好地成为别人的榜样？

检索练习

RP-4 将示例（i—v）与相应的基本学习原则（a—e）配对。

示例
i. 不用开灯也知道从床到卫生间的路线
ii. 你的弟弟看完暴力动作片后和别人打了一架
iii. 闻到烤箱里的布朗尼蛋糕的香味时你就垂涎欲滴了
iv. 你吃完辣椒几小时后开始剧烈呕吐，于是不喜欢辣椒的味道
v. 你回家时狗狗竞相迎接你

基本学习原则
a. 经典条件反射
b. 操作性条件反射
c. 潜在学习
d. 观察学习
e. 生物学倾向

答案见附录 D

批判性思考：

观看媒体暴力的影响

学习目标问题 7-19 什么是暴力观看效应？

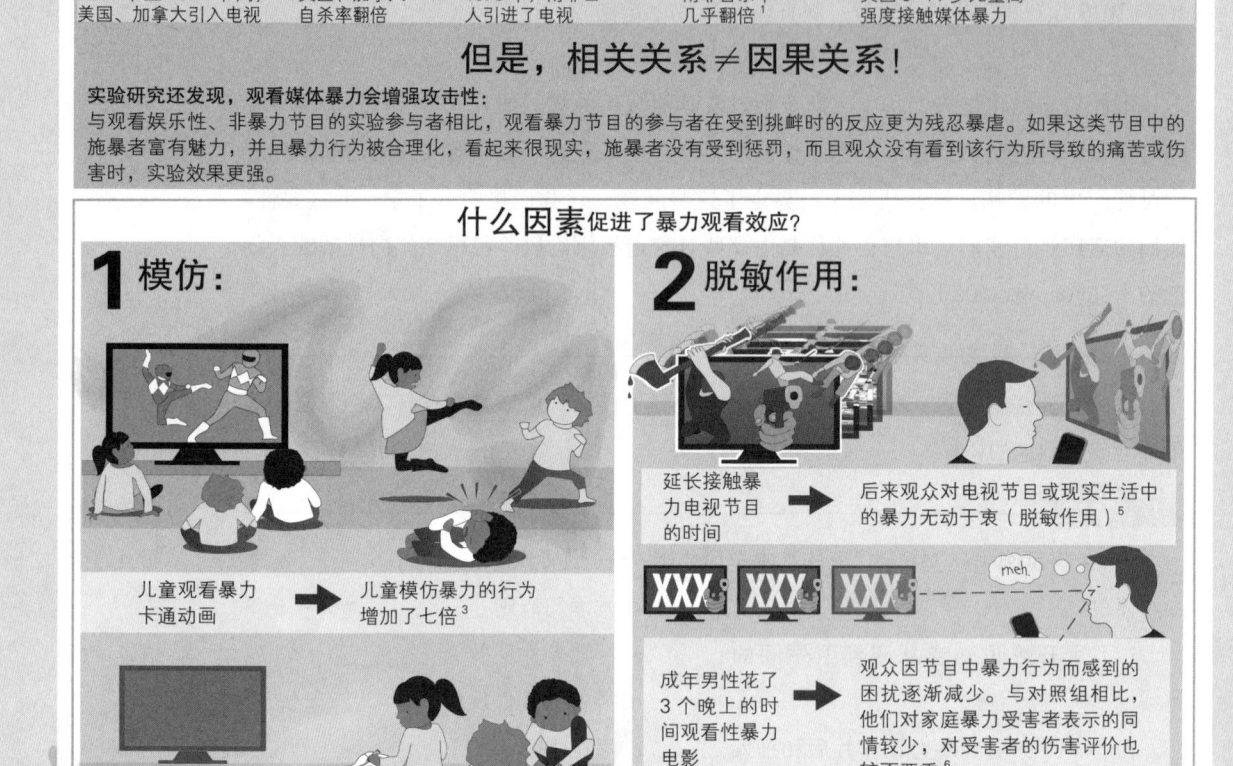

1957 年至 1974 年间，美国、加拿大引入电视 ↔ 美国和加拿大自杀率翻倍 ↔ 1975 年，南非白人引进了电视 ↔ 南非自杀率几乎翻倍[1] ↔ 美国 9~11 岁儿童高强度接触媒体暴力 ↔ 未成年人打架斗殴等暴力行为激增[2]

但是，相关关系 ≠ 因果关系！

实验研究还发现，观看媒体暴力会增强攻击性：
与观看娱乐性、非暴力节目的实验参与者相比，观看暴力节目的参与者在受到挑衅时的反应更为残忍暴虐。如果这类节目中的施暴者富有魅力，并且暴力行为被合理化，看起来很现实，施暴者没有受到惩罚，而且观众没有看到该行为所导致的痛苦或伤害时，实验效果更强。

什么因素促进了暴力观看效应？

1 模仿：

儿童观看暴力卡通动画 → 儿童模仿暴力的行为增加了七倍[3]

限制儿童接触暴力节目 → 儿童攻击性行为减少[4]

2 脱敏作用：

延长接触暴力电视节目的时间 → 后来观众对电视节目或现实生活中的暴力无动于衷（脱敏作用）[5]

成年男性花了 3 个晚上的时间观看性暴力电影 → 观众因节目中暴力行为而感到的困扰逐渐减少。与对照组相比，他们对家庭暴力受害者表示的同情较少，对受害者的伤害评价也较不严重[6]

暴力电影观影者 → 不愿伸出援手
非暴力电影观影者 → 愿意提供帮助[7]

---

* 美国心理学会暴力媒体工作组认为，"研究表明，参与暴力视频游戏与攻击性行为、攻击性认知与攻击性情绪增加、亲社会行为、同情和对攻击的敏感性减少之间存在一致关系"。

* 美国儿科学会向儿科医生建议称，"媒体暴力可能导致攻击性行为、对暴力行为脱敏、做噩梦，以及害怕受到伤害"。

批评者则认为，这些说法可能忽略了媒体暴力研究中的一些弊端，如实验的可靠性和影响的大小。批评者还指出，一些地方也存在类似的暴力媒体，但人们的暴力行为要少得多，比如日本。[8]

---

1. Centerwall, 1989。2. Boxer et al., 2009; Gentile et al., 2011; Gentile & Bushman, 2012。3. Boyatzis et al., 1995。4. Christakis et al., 2013。5. Fanti et al., 2009; Jin et al., 2018; Rule & Ferguson, 1986。6. Mullin & Linz, 1995。7. Bushman & Anderson, 2009。8. Elson et al., 2019。

第 8 章

记忆

研究和编码记忆
研究记忆
编码记忆

存储和提取记忆
记忆存储
记忆提取

遗忘、记忆建构和改善记忆
遗忘
记忆建构错误
批判性思考：童年遭受性虐待的记忆可以被压抑，然后再恢复吗？
改善记忆

我们往往认为记忆与生俱来，无法改变，直到记忆出了问题，才追悔莫及。因此，我们应对记忆心怀感激，正是记忆阐释了时间，定义了我们的生活；正是记忆，让我们能够认出家人的面庞，说出家乡的语言，找到回家的路；正是记忆，让我们在结束一段经历后，可以在脑海中重现出来，再次体验一番；正是记忆，让我们能够与所爱之人一起创造回忆。无论是爱尔兰人、伊朗人、索马里人还是萨摩亚人，正是共同的记忆将我们联系到了一起，偶尔也让我们与那些给我们带来无法忘怀的伤害的人对立起来。

在很大程度上，我们就是记忆本身。记忆是我们积累的学习档案，如果没有记忆，我们就不会有对过往快乐的回味，也不会有对痛苦回忆的内疚和愤怒。相反，我们将生活在一个一直持续着的现在，每一刻都是新奇的，每个人都是陌生的，每种语言都不熟悉，穿衣、做饭、骑车，每一项任务，都会是全新的挑战。你甚至会觉得自己也是一个陌生人，缺乏一种从遥远过去延伸到现在的自我意识。

研究人员从许多角度对记忆进行了研究。我们将首先研究记忆的测量、建模和编码，以及研究记忆如何被储存和提取。最后，我们会探讨为什么会发生遗忘，以及改善记忆的方法。

研究和编码记忆

研究记忆

学习目标问题 8-1 什么是记忆？如何测量记忆？

记忆（memory）是通过编码、存储和提取信息而长期保持的学习。研究记忆的极限能够帮助我们了解记忆的运作方式。我的父亲 92 岁时遭受了一次轻度中风，留下了一个特殊的后遗症。尽管他和蔼可亲的性格完好无损，他还认识我们，喜欢翻看家庭相册，回忆自己的过往，但是他大部分对对话和日常事件等形成新记忆的能力已经丧失了。他无法告诉我今天是星期几，也不记得他午餐吃了什么。父亲的姐夫最近过世了，我们曾多次把这一死讯告诉他，每次听到这个消息时，父亲都十分惊讶，悲伤不已。

一些病症会渐渐剥夺人的记忆。阿尔茨海默病患者在发病之初，会难以记住新信息，后期甚至会发展到连日常工作都无法完成。复杂的话语变成了简单的句子；曾经的亲朋好友也变成了陌生人；曾经强有力的大脑记忆中枢变得衰弱不堪，记忆力也逐渐消失（Desikan et al., 2009）。数年之后，阿尔茨海默病患者的自我意识会不断弱化，直至完全失去意识和自我，甚至连"我是谁？"这样的问题都回答不上来（Ben Malek et al., 2019）。那些失去的记忆会不断冲击他们人性的核心，剥夺他们生存的欢愉、意义和情谊。

而那些在记忆力竞赛中赢得金牌的人则是另一个极端。两次获得世界脑力锦标赛冠军的王峰，还在读大学时，就可以在没有手机的情况下记住朋友的号码。一般人可以鹦鹉学舌地背出 7～9 个数字；而如果是在安静的房间内，间隔 1 秒读 1 个数字时，王峰却可以准确地背出多达 200 个数字（Ericsson et al., 2017）。一次比赛中，王峰甚至回忆出了 300 个数字。

记忆力可真神奇，对吧？回想一下一些印象深刻的记忆，你也能回忆起数不胜数的面孔、地点和发生的各种事情、各种味道、气味和口感，以及各种声音、音效和歌曲。在一项研究中，接受实验的学生们听到了只有十分之四秒长的流行歌曲片段，他们能听出歌手和歌曲名的概率是多少呢？答案是超过 25%（Krumhansl, 2010）。我们识别歌曲的速度通常和识别耳熟的声音一样快。

识别面孔和地点也是如此。我们可以试想一下这样一个实验，实验参与者观看了 2500 多张面孔和地点的幻灯片，每张分别观看 10 秒钟，随后，研究人员将其中 280 张幻灯片与参与者从未见过的其他幻灯片配对呈现。参与者认出了他们在第一轮中所看

> 记忆：通过编码、存储和提取信息而长期保持的学习。

> 想测试一下自己的记忆力吗？尝试记住 π 的前 10 位数字：3.141592653。2015 年，印度的 Rajveer Meena 打破了世界纪录，背出了 π 的小数点后的 7 万个数字（Gulnness Word Records, 2019）。

到的 90% 的幻灯片（Haber, 1970）。在后续的实验中，参与者观看了 2800 张图片，每张图片用时 3 秒，他们识别重复图片的准确率为 82%（Konkle et al., 2010）。尝试在茫茫人海中寻找目标面孔时，之后你也可以认出当时场景中的其他面孔（Kaunitz et al., 2016）。

普通人能够永久储存和识别约 5000 张面孔（Jenkins et al., 2018）。但是，一些超级高手在识别面部方面却有着非凡的表现。英国、德国和亚洲各国警方聘用了这些面部识别高手，通过闭路电视的街道录像，破解了各种各样的棘手案件（Keefe, 2016; NPR, 2018）。一名警察在观看了武装抢劫案的监控视频 18 个月后，在繁忙街道上认出了抢劫犯，并对其实施了逮捕（Davis et al., 2013）。不只人类会表现出非凡的面孔记忆能力，羊同样也能记住面孔，而且至少有一种鱼类也是如此，它们会向熟悉的面孔喷射水花，希望能获得投食奖励（Newport et al., 2016）。

> "如果我们的天性中，存在任意一种可以称得上比其他能力更奇妙的能力，我认为那就是记忆。"
> ——简·奥斯汀

我们人类的记忆是如何完成如此壮举的呢？我们的大脑是如何从周围的世界中提取信息，又是如何将信息保存起来以供后用的呢？我们能记住多年未曾想过的事情，为何却会忘记刚认识的人的名字呢？记忆是如何存储于我们大脑中的呢？这一章后面还会谈到，为什么你有可能把"愤怒的暴徒把石头扔到了窗户上"这个句子记错呢？

自问

首先，想象一下假如你受伤了，伤势严重损害了大脑形成新记忆的能力。
接着，想象一下假如你和王峰一样，拥有能够打破世界纪录的记忆能力。
这两种情况会对你的日常生活造成怎样的影响？

检测记忆

对心理学家而言，学习持续进行的证据包括以下三种记忆测量措施：

- 回忆（recall）。检索一些当前没有进入意识但以前学习过的信息。填空题可以有效测试回忆能力。
- 再认（recognition）。识别以前学过的事物。多项选择题可以有效测试再认能力。
- 再学习（relearning）。第二次学习或以后再学习时，学习的速度会更快。在准备期末考试前复习几周前的课程作业，或再次学习一种幼儿时期使用的语言，都会比初次学习时更轻松。

> 回忆：一种测量记忆的方法，使用这种方法时，人们必须检索一些以前学习过的信息，如填空测试。
>
> 再认：一种测量记忆的方法，使用这种方法时，人们必须识别以前学习过的信息，如多项选择测试。
>
> 再学习：一种测量记忆的方法，该方法主要评估再次学习同一材料时节省的时间。

心理学家可以对这些不同形式的记忆分别进行测量。1945 年，大卫·韦克斯勒（David Wechsler）首次开发出的韦氏记忆量表，如今已经发展到了第四版（WMS-IV），涵盖了对记忆功能的全面评估。高中毕业很久以后，毕业班里的大部分人你可能都无法回忆起来了，但依然能够在纪念册照片，或者一长串的名单中认出他们来。在一个实验中，25年前毕业的参与者已经无法回忆起许多老同学，却还能认出90%的老同学的照片和名字（Bahrick et al., 1975）。如果你和大部分学生一样，那么，你能认出的白雪公主的七个小矮人的名字，比你能回忆起来的要多（Miserandino, 1991）。

我们的再认记忆储存量大，反应迅速，使人印象深刻。"你朋友穿的衣服是新的还是旧的？""旧的"；"你以前读过这本教材吗？""没有""你以前见过这个人吗？你是否能看出同样的人类特征（两只眼睛、一个鼻子等）的微小变化？""没有，不能"。在嘴巴回答这些问题之前，大脑就已经知道了答案，而且知道自己知道答案。

我们回忆或再认信息时的反应速度表明了记忆的强度，而再学习的速度也同样如此。在19世纪，记忆研究的先驱赫尔曼·艾宾浩斯（Hermann Ebbinghaus, 1850—1909）通过记忆无意义的音节证明了这一点。他随机选择了一个音节样本，对其进行练习，并对自己进行了测试。我们可以快速朗读下列音节（Baddeley, 1982）8次以上，然后移开视线，尝试回忆这些音节，以体验他的实验过程：

JIH，BAZ，FUB，YOX，SUJ，XIR，DAX，LEQ，VUM，PID，KEL，WAV，TUV，ZOF，GEK，HIW。

学习这张音节列表后的第二天，艾宾浩斯只能回忆起一小部分音节，但这些音节并没有完全被遗忘。如图8.1所示，艾宾浩斯第1天重复朗读音节列表的次数越多，第2天再学习这些音节所需的时间就越短。对言语信息进行额外的重复（超量学习），尤其是在不同时间分散进行练习时，能够提高记忆水平。对于学生而言，这意味着即使已经理解了学习材料，日积月累地复习课堂学习材料仍是有益的。多加练习，超量学习总好过放松自己，什么都没记住。

要记住的一点：对再认能力和再学习时长的测试表明，我们能记住的东西比能回忆起来的东西多。

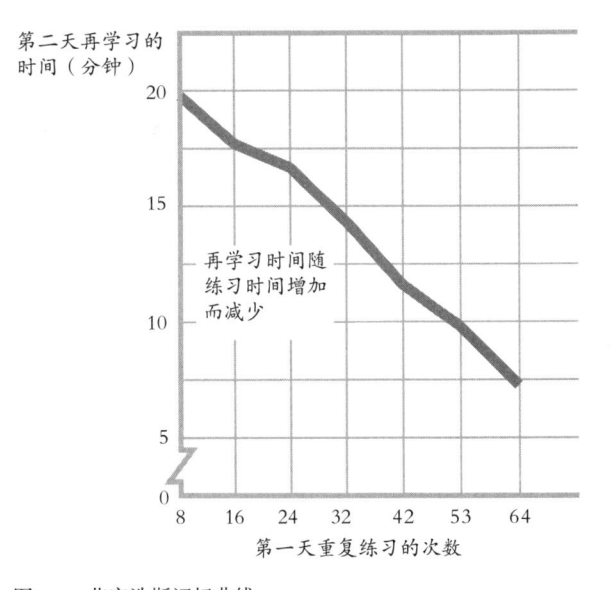

图8.1 艾宾浩斯记忆曲线

艾宾浩斯发现，他在第一天练习这些无意义的音节的次数越多，第二天再学习所需的时间就越少。再学习的速度是衡量记忆保持的一个标准（Baddeley, 1982）。

检索练习

RP-1 多项选择题测试的是_____，填空题测试的是_____。

RP-2 考试即将到来，你想检查自己是否记住了所学的知识，是通过回忆的方式来进行检测，还是通过识别的方式更佳？为什么？

答案见附录D

记忆模型

学习目标问题 8-2 记忆模型如何帮助我们研究记忆？后来的研究是如何修正三级信息加工模型的？

建筑师常常创建虚拟模型来帮助客户想象未来的家。同样，心理学家也会创建记忆模型。这种模型并不完美，但它能够帮助我们研究大脑形成和提取记忆的方式。人类的历史曾出现过各种各样的记忆模型，比如亚里士多德的蜡块、弗洛伊德的"神秘写字板"，甚至是房子、图书馆、电话总机、录像带（Roediger，1980）。而今天我们的信息加工模型则将人类的记忆比作操作计算机。因此，要进行记忆，我们必须：

编码（encoding）。将信息输入我们的大脑。
存储（storage）。保留这些信息。
提取（retrieval）。以后把信息再取出来。

> **编码**：使信息进入记忆系统的过程，通过提取意义等方式。
>
> **存储**：随着时间的推移保留已编码信息的过程。
>
> **提取**：从存储的记忆中获取信息的过程。
>
> **并行加工**：同时处理一个刺激物或问题的许多方面。
>
> **感觉记忆**：在记忆系统中对感觉信息进行即时的简短记录。
>
> **短时记忆**：对于少数事项短暂激活的记忆，如打电话时电话号码的数字。短时记忆在之后会被存储下来或遗忘。
>
> **长时记忆**：记忆系统中相对永久、没有限制的档案，包括知识、技能和经验等。

像其他所有的模型一样，计算机模型也存在其局限性，而我们的记忆不像计算机记忆那样以字面形式存储，而是更脆弱。大部分计算机都按顺序处理信息，即使在交替进行各种任务时都是如此。而我们敏捷的大脑则可以通过并行加工（parallel processing）（见第3章）同时处理许多事情，尽管其中一些是无意识进行的。联结主义这一信息加工模型，聚焦于这种多轨处理方式，将记忆视为相互连接的神经网络的产物，特定的记忆由这些网络中的特定激活模式产生。关于神经可塑性（见第2章）的一个例子表明，每当人学习新东西时，大脑的神经连接就会发生变化，形成并加强神经通路，使人能够与不断变化的环境相互作用并从中学习。

为了解释记忆的形成过程，理查德·阿特金森（Richard Atkinson）和理查德·希夫林（Richard Shiffrin）提出了三级信息加工模型：

1. 我们将待记忆的信息记录为短暂的**感觉记忆**（sensory memory）。
2. 我们会将信息加工成**短时记忆**（short-term memory），随后通过复述对其进行编码。
3. 信息进入**长时记忆**（long-term memory），供以后提取。

这个模型如今已经得到了修正（图 8.2），增加了一些重要的新概念，包括工作记忆和自动加工等。

自问

你的记忆系统今天编码、存储和提取了什么？

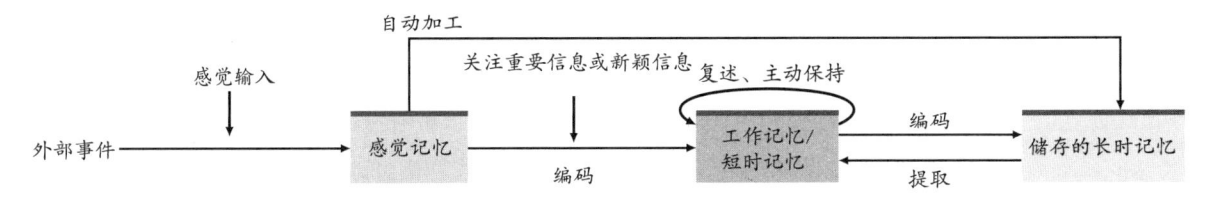

```
                              自动加工
                    ┌──────────────────────────────────────┐
                    │   关注重要信息或新颖信息   复述、主动保持 │
            感觉输入 │         ↓              ↓↻            │
外部事件 ──────→ 感觉记忆 ──────→ 工作记忆/ ──编码──→ 储存的长时记忆
                          编码    短时记忆 ←提取──
```

图 8.2 修正后的三级记忆信息加工模型

阿特金森和希夫林的经典三级模型能够帮助我们理解记忆的加工过程，现在研究人员还认识到了长时记忆的其他形成方式。比如，一些信息会通过"后门"进入长时记忆，不需要我们有意识地去关注它，即自动加工。有很多主动的记忆加工过程发生在短时记忆阶段，也就是我们现在说的工作记忆。

工作记忆　阿特金森和希夫林只将短时记忆看作一个暂时储存近期想法和经验的空间，而艾伦·巴德利（Alan Baddeley）和其他一些研究人员深入扩展了我们对短时记忆的理解（Baddeley, 2002; Barrouillet et al., 2011; Engle, 2002）。他们将短时记忆阶段称为**工作记忆**（working memory），原因在于短时记忆类似于一个活跃的"便签本"，大脑会在这一阶段对新习得的经验进行理解，并将其与长时记忆建立关联。这个"在脑海中保留信息并进行加工的系统"在相反方向也同样发挥着作用，可以对以前存储的信息进行提取和加工（Oberauer et al., 2018）。

工作记忆：对短时记忆的新认识；对输入的感官信息，以及从长时记忆中提取得到的信息进行有意识地主动加工。

工作记忆受到先天和后天的影响。一些人的工作记忆始终比其他人强（Balaban et al., 2019）。因此，人们认为，遗传可以解释约一半的人与人之间工作记忆的差异（Blokland et al., 2011; Knowles et al., 2014）。比如，相比于异卵双胞胎，同卵双胞胎的工作记忆能力更为相似（Kremen et al., 2007）。此外，实验还发现，人们的整体工作记忆能力并不会因为训练而提升，对于计算机化的工作记忆任务进行练习，也只能提高在同类任务和与之密切相关的任务上的表现（Redick, 2019）。但是，环境对工作记忆的影响也很重要。高压环境下成长的儿童在成年后往往工作记忆较差（Goodman et al., 2019），即使是瞬间的精神疲劳也会削弱工作记忆能力（Garrison et al., 2019）。

当你把新信息与现有的长时记忆相结合时，你的注意力很集中。在巴德利的模型中，有专门的中枢执行机制对这种注意力集中过程进行协调。如果注意力不集中，信息往往会消退。当你认为某事可以稍后再处理时，你就会减少对这件事的关注，也会更容易忘记这件事情。在一个实验中，实验参与者阅读并键入了之后可能需要用到的一些新鲜琐事，比如"鸵鸟的眼睛比大脑更大"，如果参与者知道这些信息可以通过网络获取，他们就不会投入太多精力，记得也不太清楚（Wegner & Ward, 2013）。知识在网上，就不在大脑里。

此时此刻，你的工作记忆正积极地将你所阅读的内容与你已经了解的内容联系起来（Cowan, 2010, 2016; deBettencourt et al., 2019）。听到"eye-screem"时，你可能会将其编码为"冰激凌"（ice cream）"或"我尖叫"（I scream），这取决于你的经验和听到这一词语时的环境，比如是在小吃店里，还是在看恐怖片。

对大多数人来说，阅读的信息会通过视觉首先进入感官记忆，再进入工作记忆。当然，你也可以通过听觉感官进行复述。加拿大北部的因纽特族群，就会通过重复口述历史来帮助族群中的年轻成员记住重要信息。曾有过这样一个戏剧性的案例，1845年富兰克林探险队的船只沉没在当地因纽特族群栖息地附近，而数代因纽特人反复传递这些信息，为考古队能发现那些沉没的船只起到了至关重要的作用（Neatby & Mercer, 2018）。无论我们是通过眼睛还是耳朵吸收信息，工作记忆都能帮助我们整合以前的经验，做出明智的决定。

> **检索练习**
>
> RP-3 工作记忆的概念如何修正经典的阿特金森-希夫林三级信息加工模型？
>
> RP-4 工作记忆有哪两个基本功能？

答案见附录 D

编码记忆

双通道记忆：有意识加工与自动加工

学习目标问题 8-3 外显记忆和内隐记忆有什么不同？

外显记忆：对自认为知晓和"宣布"的事实和经验的记忆，也叫陈述性记忆。

有意识加工：需要专注和有意识地进行的编码行为。

自动加工：对空间、时间和频率等次要信息，以及对声音、气味和词义等熟悉或学过的信息进行的无意识编码行为。

内隐记忆：对所习得技能或经典条件反射形成的联系的记忆。这种记忆无须有意识思考即可知道，也叫非陈述性记忆。

阿特金森和希夫林的模型关注的是如何处理外显记忆（explicit memory），即陈述性记忆，它指我们自认为知晓和"宣布"的事实和经验。我们可以通过有意识加工（effortful processing）对许多外显记忆进行编码。但是，我们的大脑中还存在另外一条无意识的编码通道。一些其他信息会在幕后跳过有意识的编码通道，直接进入记忆存储。这种自动加工（automatic processing）是无意识地发生的，这一过程会产生一些我们不用主动思考就能知道的东西，比如我们手中餐盘的形状，同时也产生了我们的内隐记忆（implicit memory），即非陈述性记忆。

有了双通道大脑的帮助，我们得以通过有意识加工和自动加工的通道编码、保存和提取信息。接下来，我们首先一起学习自动加工如何帮助我们形成内隐记忆。

自动加工和内隐记忆

学习目标问题 8-4 我们的大脑会自动加工哪些信息？

内隐记忆包括一些自动技能的程序性记忆（比如如何骑自行车），以及经典条件反射中刺激之间的关联。如果你曾经被狗攻击过，多年以后看到狗靠近时，你可能没有回忆起形成的条件反射，却会自动地紧张起来。

不需要有意识的努力，你就可以自动加工如下几类信息：

- 空间。在学习时,你会经常对某些材料出现的位置进行编码;此后,在你想检索该材料的信息时,你可能就会想到该材料出现的位置。
- 时间。进行一整天的工作时,你会在无意中留意到各种事件发生的顺序。在你意识到你把手机落在了某个地方时,大脑中自动编码的事件序列就可以帮助你追溯今天的工作步骤。
- 频率。你不费吹灰之力就能记住事情发生的次数,比如意识到"这是我今天第三次碰到她了!"。

我们的双通道大脑有着惊人的高效信息加工能力,一条通道自动收藏常规细节时,另一条通道可以自由地专注于有意识的、需要努力的信息加工。视觉、思考和记忆等大脑活动看似是单一的能力,实则不然。相反,大脑会把信息分成不同的组成部分,分门别类地同时处理。

有意识加工和外显记忆

自动加工毫不费力。看到送货车侧面熟悉的文字时,你就会情不自禁地去读并记住这些字的意思。学习阅读的过程并非自动发生,你可能还记得自己费力挑出认得的字母,并将它们与某些发音联系起来。但随着实践次数增加,经验愈加丰富,你的阅读就会变成自动化的行为。现在,尝试一下倒着读下面的句子:

- 工加动自为换转以可工加识意有。

起初,实现这样的转换需要一定的努力,但经过足够的练习后,你也能够自动地完成转换任务。人们以这种方式培养许多技能,如开车、发短信或学习新语言。

自问

了解到自己的记忆有很大一部分是通过自动加工形成的,你是否感到震惊呢?如果所有的记忆过程都需要有意识地去进行,生活会是什么样子?

感觉记忆

学习目标问题 8-5 感觉记忆如何发挥作用?

感觉记忆(回顾图 8.2)为活跃的工作记忆服务,它会记录短暂的图像、声音和强烈的气味。但是,感觉记忆就像闪电一

K　　Z　　R

Q　　B　　T

S　　G　　N

图 8.3　可以暂时回忆起所有字母

样转瞬即逝。何以见得呢？在一个实验中，实验参与者看了三行字母，每行三个，但观看时间只有二十分之一秒（图8.3）。在这九个字母消失后，参与者只能回忆起其中的一半。

是他们没有足够的时间来看这些字母吗？显然不是，参与者实际上可以看到并且回忆起所有的字母，但时间非常短暂。而我们之所以能够知道这一点，是因为研究人员乔治·斯佩林（Geroge Sperling）没有要求他们一下子回忆起所有的九个字母，而是在九个字母闪过后立即发出了高、中、低三种音调，通过音调的高低引导参与者分别只报告最上面、中间或最下面一行的字母。参与者鲜有漏掉字母的情况，表明他们在一段非常短暂的时间内是可以将所有的九个字母都回忆起来的。

斯佩林的实验证明了**映像记忆**（iconic memory），即对视觉刺激的短暂感觉记忆。在十分之几秒的时间里，我们的眼睛就可以记录一个场景的图像记忆，让我们能以惊人的细节回忆起其中任何部分。但若是将音调信号延迟半秒以上，图像记忆就会消退，对该场景的记忆水平就会下降。我们对听觉刺激也有着强大但稍纵即逝的记忆能力，即**回声记忆**（echoic memory）（Cowan, 1988; Lu et al., 1992）。想象你正在听课时，一条短信分散了你的注意力，老师问你：" 我刚才说了什么？" 你还能从脑海中的回声室里找到老师说的最后几个字。听觉上的回声往往会存在3~4秒的时间。

短时记忆能力

学习目标问题 8-6 什么是短时记忆能力？

我们先回顾一下短时记忆，即大脑可以短暂保留的记忆，及其活跃的加工管理者——工作记忆。那么，在这个短暂的中间阶段，我们保留记忆的极限是多少呢？

乔治·米勒（George Miller, 1956）提出，我们可以在短时记忆中储存大约七条信息（上下误差不超过两条）。米勒的神奇数字 " 七 " 是心理学对神奇数字 " 七 " 系列的一大贡献，除了短时记忆的容量，还有世界七大奇迹、七大洋[1]、七宗罪、彩虹的七色、七音阶、一周的七天——一共七个神奇的 " 七 "。

其他研究证实，在没有任何干扰分散注意力的情况下，我们可以回忆起大约七条信息。但回忆的数量因记忆任务而异，记忆字母时，我们能够记住 6 个左右；记忆单词时，却只能记住 5 个左右（Baddeley et al., 1975; Cowan, 2015）。那么，大脑的短时记忆是如何快速消失的呢？为了寻找答案，劳埃德·彼得森（Lloyd Peterson）和玛格丽特·彼得森（Margaret Peterson）要求实验参与者记住由三个辅音组成的组合，如 CHJ。为了防止参与者们通过复述来保持记忆，研究人员分散了他们的注意力，比如

映像记忆：对视觉刺激的短暂感官记忆，是持续时间不超过十分之几秒的图像记忆。

回声记忆：对听觉刺激的短暂感官记忆；如果注意力在其他地方，你在3~4秒内仍然可以回想起听到的声音和词语。

米勒2012年去世后，他的女儿回忆起米勒打高尔夫球的最佳时刻："他在77岁时打出了他一生中唯一的一次一杆进洞，球洞在第七个果岭上……他用的是七号球棒。他就喜欢这样。"（Vitello, 2012）

---

[1] 此处七大洋指北太平洋、南太平洋、北大西洋、南大西洋、印度洋、北冰洋以及南极洋，我们常说的四大洋指太平洋、大西洋、印度洋、北冰洋。——译者注

要求他们从 100 开始，大声向后报数，每次间隔三个数字。3 秒钟后，只有一半的参与者能回忆起这些辅音字母；12 秒钟后，就很少有参与者能回忆起这些字母来了（图 8.4）。如果没有工作记忆的主动加工，短时记忆的存在时间极为有限。

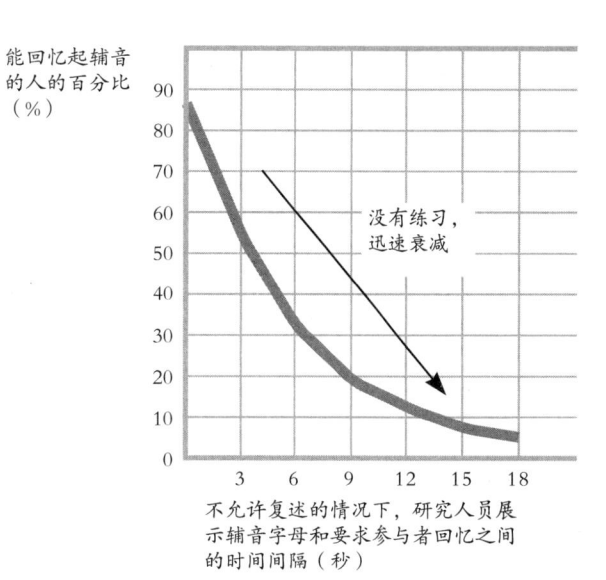

工作记忆的能力因年龄和其他因素而异。年轻人的工作记忆能力，即在加工信息时兼顾多个项目的能力往往比儿童和老年人更强（Bopp & Verhaeghen, 2020; Jaroslawska & Rhodes, 2019），这使得年轻人可以更好地保存信息，能够创造性地解决问题（De Dreu et al., 2012; Fenn & Hambrick, 2012; Wiley & Jarosz, 2012）。但是，由于多项任务切换会削弱工作记忆，人们在不受干扰的情况下专注于某项任务时，做得更好、更有效率（Steyvers et al., 2019）。同时观看直播、给朋友发短信和写心理学论文，让注意力在这些任务之间不断切换，可不是个好主意（Willingham, 2010）！

工作记忆能力还反映了智力水平（Cowan, 2008; Shelton et al., 2010）。想象这样一个实验，参与者先看到一个字母，接着看到一个简单的问题，随后看到另一个字母，再接着看到另一个问题，如此反复。在这样的实验中，那些能在有干扰的情况下记住更多字母的人，在日常生活中往往也会表现出高智商和高专注力（Kane et al., 2007; Unsworth & Engle, 2007）。这些人按照要求在不同时间进行汇报时，也不会像其他人一样称自己走神了。

图 8.4 短时记忆衰减
（Peterson & Peterson, 1959; Brown, 1958）。

检索练习

RP-5 自动加工和有意识加工有什么区别？请举例说明。

RP-6 映像记忆和回声记忆出现在阿特金森–希夫林三级信息加工模型中的哪一个阶段？

答案见附录 D

有意识加工策略

学习目标问题 8-7 有哪些有意识加工策略可以帮助我们记住新信息？

一些有意识加工策略可以提高我们形成新记忆的能力。在我们尝试提取记忆时，这些策略能决定记忆提取的成败。

组块法 花几秒钟观察图 8.5 中的第 1 组字母（第 1 行），然后移开视线，尝试重现

```
1.  W G V S R M T  (镜像)
2.  W G V S R M T

3.  VRESLI UEGBN GSORNW CDOUL LWLE NTOD WTO
4.  SILVER BEGUN WRONGS CLOUD WELL DONT TWO

5.  SILVER BEGUN WRONGS CLOUD DONT TWO
    HALF MAKE WELL HAS A
    EVERY IS RIGHT A DONE LINING

6.  WELL BEGUN IS HALF DONE
    EVERY CLOUD HAS A SILVER LINING
    TWO WRONGS DONT MAKE A RIGHT
```

图 8.5　组块处理

将信息组织成有意义的单元，如字母、单词和短语，可以使我们回忆起来更轻松（Hintzman, 1978）。

组块处理：将信息组织成熟悉、易管理的单元；组块处理经常自动发生。

记忆术：记忆辅助工具，尤其指那些使用生动形象和组织技巧的技术。

图 8.6　组块处理的例子——以中文读者为例

看完这些字后，你能准确地重现出来吗？如果可以的话，你也可以阅读中文了。

春夏秋冬

刚才所见的东西。做不到，对吧？第 2 组字母的复杂程度也不低，但你可以轻而易举地完全重现它们。同样地，虽然下方几组字母构成元素相同，但你可能会更容易记住第 4 组和第 6 组字母，而不是第 3 组和第 5 组。这表明，将信息**组块处理**（chunking），即把信息组织成熟悉、易管理的单元，能够让我们回忆起来更加容易（Thalmann et al., 2018）。要试着记住 43 个单独的数字和字母是很难做到的，除非把这些字母分成七个有意义的组块，比如"Try remembering 43 individual numbers and letters"。

组块处理通常自然而然地发生，我们有时甚至会认为这一行为本就如此。英语母语者甚至可以完美再现约 150 条的线段，这些线段组合起来可写成图 8.5 中第 6 组中的单词。不熟悉英语的人可能会觉得十分惊讶。同样令人惊讶的是，中文读者瞥一眼图 8.6，就能再现图中文字的所有笔画，或者篮球校队的成员只看一张篮球比赛的照片 4 秒钟，就能回想起所有队员的位置（Allard & Burnett, 1985）。如果能够对信息进行有个人意义的组织，我们都能好好记住信息。

记忆术　为了帮助对冗长的篇章和演讲进行编码，古希腊的学者和演说家开发出了**记忆术**（mnemonics）。由于我们特别善于记住心理图像，许多这样的记忆辅助工具都采取了生动的图像来辅助记忆。而与较抽象的单词相比，我们更容易记住一些具体的、能够视觉形象化的单词（Akbinar & Berger, 2015）。比如，如果我们之后对你进行测试，在自行车、空洞、香烟、固有的、火、过程这几个词语中，你最可能会想起的是哪三个词？如果你此时还能完整地想起本章开头的句子"愤怒的暴徒把石头扔出了窗户"，可能不仅是因为你编码了的句子意义，你还为这个句子描绘了一幅心理图像。

记忆奇才对这种助记系统的能力了如指掌。世界脑力锦标赛中的明星选手往往都不是智力超群，而是在记忆策略方面表现出色（Maguire et al., 2003b）。

科普作家约书亚·福尔（Joshua Foer）时常因为自己记忆力不出众而十分沮丧，于是想要弄明白记忆能提高到什么程度。刻苦练习一年以后，他在两分钟内记下了 52 张扑克牌，在美国记忆锦标赛上大放异彩。福尔是如何做到的呢？答案在于，他给自己熟悉的地方的记忆中，如他童年的家里，添加了一些生动的新细节。这样，无论每张牌以怎样的顺序出现，都能与他脑海中的清晰画面相匹配。作为自己野路子记忆实验的测试对象，他了解到在脑海中描绘精致图像的力量（Foer, 2011）。

组块处理和记忆术相结合时，对不熟悉的材料的辅助记忆效果极佳。你想按距离太阳的远近顺序记住八大行星吗？记住"My Very Educated Mother Just Served Us Noodles."这个记忆法就足够（水星 Mercury、金星 Venus、地球 Earth、火星 Mars、木星 Jupiter、土星 Saturn、天王星 Uranus、海王星 Neptune）；想要回忆起北美五大湖的名称吗？只要记住"HOMES"就行（休伦湖 Huron、安大略湖 Ontario、密歇根湖 Michigan、伊利湖 Erie、苏必利尔湖 Superior）。遇上类似的情形，我们可以用需要记忆的事物的首字母创造一个句子，将信息组合成更熟悉的形式进行处理。

> The Only Day After Yesterday 的首字母缩写：TODAY。

层次法 人们在学习某一领域的专业知识时，常常按层次结构来处理信息，这种层次结构由几个广泛的概念组成，这些概念也可以划分为更具体的概念和事实，后面的图 8.9 就提供了自动和有意识的记忆处理系统的层次结构。戈登·鲍尔（Gordon Bower）及其同事将单词随机呈现或按类别分组呈现，证明了将知识按层次结构进行组织有助于我们有效检索信息。分组记忆单词时，大脑的回忆效果能够提高两到三倍。这样的结果表明，将学习内容组织化，即对章节的大纲和标题等层次结构给予特殊的注意是有好处的。在本教材中，这种特殊注意的对象还包括编号的学习目标问题。实验表明，以大纲的形式对讲解内容和课文做笔记也是一种极为有效的层次组织办法。

自问

你使用了怎样的层次结构来组织自己想要记住的材料？请用本章任意一节内容进行举例说明。

分散练习

学习目标问题 8-8 分散练习、深层加工，以及给新材料赋予个人意义是如何帮助记忆的？

我们的大脑在时间上分散编码行为时，信息能够更好地保留下来。许多实验都证明了这种**间隔效应**（space effect）的可取之处（Cepeda et al., 2006; Soderstrom et al., 2016）。大量练习（填鸭式练习）虽然会加速短期学习效率，但也会使人自信心膨胀，套用早期记忆研究者赫尔曼·艾宾浩斯的话来说，学得快的人忘得也快。而分散练习才能创造更好的长时记忆，经过长时间学习，对材料充分掌握之后，当时再继续学习就会毫无效率。因此，我们最好把额外的复习时间安排得尽量稍晚一点儿，如果你需要在 10 天后记忆起一些东西来，就晚一天开始复习；如果你需要在 6 个月后都还能记忆起来，就晚一个月再开始复习（Cepeda et al., 2008）。间隔效应是心理学最可靠的发现之一，它还可用于提升运动技能和电竞游戏的表现。（Stafford & Dewar, 2014）。记忆研究者亨利·罗迪格（Henry Roediger, 2013）总结道："数百项研究表明，分散练习能够使学习更加持久。"

> 间隔效应：分散学习或练习产生比大量学习或练习更好的长时记忆趋势。

> "大脑忘记长期以来所学的东西是极为缓慢的。"
> ——罗马哲学家塞涅卡

反复自测是分散练习的一个有效方法，罗迪格和杰弗里·卡皮克（Jeffrey Karpicke）将这一现象称为测试效应。测试不仅能评估学习和记忆，还能改善它们（Pan & Rickard, 2018）。本书检索练习中的提问，能够有效改善学习和记忆。检索练习比仅仅重读材料的效果更好，前者是任何考试都会提的要求，而后者则可能使人产生已经学会了的错觉。罗迪格解释称，"学生经常使用的两种学习技术，如用彩笔（或下划线）在文本上做标记和重读文本，已经被证实没有效果"，但值得高兴的是，"检索练习或测试是更有效也更普遍的学习策略"。正如另一位记忆专家所说，"回忆也会熟能生巧"（Bjork, 2011）。难怪心理学入门课学生的课堂表现也会因为每日测验而提高（Batsell et al., 2017; Pennebaker et al., 2013）。

要记住的一点：分散学习和自我测评胜过填鸭式学习和重读材料。即使练习不一定能带来完美的结果，但聪明的练习——不定期的演练和自我测试等能够让记忆更持久。

加工水平 记忆研究人员发现，大脑会对言语信息进行不同水平的加工，而加工深度会影响长时记忆的保持程度。浅层加工（shallow processing）是在初级水平（如构成单词的字母）或中级水平（如单词的发音）上进行编码。因此，我们在打字时，可能会把"their"打成"there"，把"right"打成"write"，把"too"打成"two"等。而深层加工（deep processing）则是根据单词含义进行语义编码。加工水平越深（涉及语义的程度越深），记忆效果就越好。

一个经典实验中，弗格斯·克雷克（Fergus Craik）和安道尔·托尔文（Endel Tulving）向参与者快速展示了一些单词，随后向他们提出了一些问题，这些问题会引导参与者对单词进行不同水平的加工。你可以迅速回答表 8.1 中的问题，从而亲自体验这个实验。

> 浅层加工：在初级或中级水平上，基于单词的结构或发音进行编码。
>
> 深层加工：根据单词含义进行语义编码，深层加工的记忆效果最好。

表 8.1　不同加工深度的问题

引导不同加工深度的问题样本	单词	是	否
最浅层：该词是由大写字母构成的吗？	CHAIR	_____	_____
浅层：该词是否与"train"押韵？	brain	_____	_____
深层：该词放在以下句子中是否合适？The girl put the _____ on the table.	puzzle	_____	_____

哪种水平的加工能够让你在以后更好地记起这些单词来呢？在克雷克和托尔文的实验中，由第三个问题所引导的深层语义加工的记忆效果，要比第二个问题所引导的

浅层加工或第一个问题所引导的最浅层加工（尤其没有效果）的记忆效果要好得多。

给材料赋予个人意义 如果新信息既没有意义，也与我们的经验不相关，我们就很难对其进行加工。假如有人要求我们记住下面这段录音：

> 这一程序实际上很简单。首先，你需要把所有东西归为不同组。当然，可能只需分为一组就够了，这取决于有多少东西要处理……这一程序完成后，将它们再次分组，然后把它们放到合适的位置。最终，它们将再次被使用，于是刚才的整个过程也会再次重复。然而，这就是生活的一部分。

如果缺乏有意义的背景，一些学生听到这段话以后很难记下来（Bransford & Johnson, 1972）。当其他人得知这段话描述的是洗衣服（一件有意义的事情）时，他们就能记得更多。现在重读这段话，你可能也会记得更多。

你还能背出本章开头那个关于愤怒的暴徒的句子吗？也许就像威廉·布鲁尔（William Brewer, 1977）的实验中的参与者一样，你是根据阅读时所编码的含义来回忆这个句子的，例如，"愤怒的暴徒把石头扔出了窗户"，而不是按照原句"愤怒的暴徒把石头扔到了窗户上"来回忆的。提到这种心理错配，一些研究人员曾把我们的大脑比作戏剧导演，大脑得到的只是原始剧本，但通过想象形成了舞台上的成品（Bower & Morrow, 1990）。后来别人问我们听到或读到了什么时，大脑回忆起的不是原本的词句，而是我们所编码的内容。因此，在备考时，你更可能记得所做的笔记而不是讲课内容本身。

把所见所闻重新表述为有意义的词语，可以避免很大一部分错配。通过自己的实验，艾宾浩斯估计，学习有意义的材料只需使用学习无意义音节十分之一的精力。正如记忆研究者韦恩·威克格伦（Wayne Wickelgren, 1977）所说："学习新课题时，花时间思考所读的材料，并将其与以前学过的内容联系起来，是你可以做的最有用的事情。"

在由心理学家和演员组成的研究团队中，赫尔加·诺伊斯（Helga Noice）和托尼·诺伊斯（Tony Noice）描述了演员是如何通过注入个人意义来完成记住"所有台词"这一艰巨任务的。演员会首先理解台词的意义，例如演员把半页的对话分为三个部分（根据角色意图）："拍马屁""引导他说话"和"消除他的恐惧"。大脑里形成了这个有意义的顺序，演员们就能更轻松地记住这些台词。

大多数人都擅长记住与自己相关的信息。被问及某些描述陌生人的形容词时，我们往往记不起来；而被问及描述我们自身的形容词时，我们往往记得很清楚。人们为了记住自己的密码，常会使用与自己相关的信息（Taylor & Garry, 2019）。这种记忆与

> 在讨论记忆术时，我们给出了六个词，并告诉你我们稍后会进行测验。你现在能回忆起多少个词呢？其中有几个是更加具象的词？几个是更加抽象的词？[1]

---

[1] 自行车、空洞、香烟、固有的、火、过程。

自己相关的信息的倾向，称为自我参照效应，在强调个人主义的西方文化中尤为强烈（Jiang et al., 2019; Symons & Johnson, 1997）。相比之下，来自强调集体主义的东方文化的人通常能够同等地记忆与自己相关和与家庭相关的信息（Sparks et al., 2016）。了解到这一点，你就可以理解为什么有些人只记得"与自己相关"的信息，而另一些人却能熟练地两者兼顾了。

要记住的一点：花时间从所学内容中找到个人意义会对你有极大的帮助。

| 检索练习 |

RP-7 下面哪种策略更有利于长时记忆，填鸭式学习、重读材料，还是在一段时间内分散学习并反复测试？

RP-8 假如你正在尝试给所学材料赋予个人意义，这一行为属于浅层加工还是深层加工？哪种加工层次的记忆效果更好？

答案见附录 D

➡ 存储和提取记忆

记忆存储

学习目标问题 8-9 长时记忆的容量有多大？长时记忆是否在特定位置被加工并储存？

亚瑟·柯南·道尔的《血字的研究》一书中，夏洛克·福尔摩斯提出了一个关于记忆容量的流行理论：

> 大脑原本就像一个空荡荡的小阁楼，你必须用你选择的家具来填充它，如果认为这个小阁楼的墙壁有弹性，可以扩展到任何程度，那就错了。请相信，每增加一个知识，你就会忘记一些你以前知道的东西。

与福尔摩斯的"记忆模型"相反，我们的大脑并不像小阁楼，一旦被填满就只有丢弃旧东西才能储存下更多东西。大脑储存长时记忆的能力基本上是无限的，一个研究小组在研究了大脑的神经连接后，估计其存储能力"与万维网相当"（Sejnowski, 2016）。

信息在大脑中的保持

我年迈的奶奶常令我惊叹不已。她是一位退休的钢琴家和风琴演奏者。88岁时，她双目失明，已经无法再看乐谱。但是只要让她坐在钢琴前，她就能完美无瑕地弹出数百首赞美诗，任何一首都能信手拈来，甚至包括那些她20年都没有弹过的曲子。她的大脑将这些数以千计的序列音符储存在了哪里呢？

患者在手术期间大脑受到刺激，所激发的生动形象的记忆曾一度让外科医生和记忆研究者都十分惊奇。这是否证明，不仅仅是熟习的乐曲，而是所有的过往都"在那里"巨细无遗地等待着我们重温？而仔细分析后，这些貌似闪回的情况却似乎是被虚构出来的，而不是遗忘已久的经验的生动重现（Loftus & Loftus, 1980）。心理学家卡尔·拉什利（Karl Lashley, 1950）进一步证明了记忆并不保留在单一、特定的位置。他训练老鼠走出迷宫，然后通过手术切除了老鼠的部分大脑皮质，并重新测试它们的记忆。无论他切除的是哪一块大脑区域，老鼠都至少保留了部分关于如何走出迷宫的记忆。记忆以大脑为基础，但大脑将记忆的内容散布在神经网络的各个位置上，其中包括一些与最初体验有关的神经回路。也就是说，我们经历某事时激活的一些脑细胞会在我们回忆这件事时再次激活（Miller, 2012a; Miller et al., 2013）。

要记住的一点：尽管大脑存储能力强大，但我们并不会像图书馆存储书籍一样，将信息存储在单一、特定的位置。正相反，形成复杂记忆的信息都编码、存储于大脑的神经网络中，记忆提取也在其中进行。

"我们的记忆极其灵活，可附加能力极强，像一块全景式的黑板，可以不限次数地擦了又写，写了又擦。"
——伊丽莎白·洛夫特斯和凯瑟琳·凯彻姆

外显记忆系统：额叶和海马体

学习目标问题 8-10 额叶和海马体在记忆加工中扮演什么角色？

有意识的外显记忆要么是**语义记忆**（semantic memory），比如事实和一般知识；要么是**情景记忆**（episodic memory），比如经历过的事件。加工和存储关于事实和事件的新外显记忆的神经网络包括大脑额叶和海马体。当你在内心重演过去经历时，许多脑区会向你的前额叶皮质输入信息，供工作记忆加工（de Chastelaine et al., 2016; Michalka et al., 2015）。额叶左右部分分别负责加工不同类型的记忆，例如，回忆密码并将其保留在工作记忆中时，左额叶就会激活；而在脑海中调出聚会的视觉场景时，右额叶就会激活。女性的情景记忆要强于男性，因此更可能准确记住聚会上发生的事情（Asperholm et al., 2019）。

认知神经科学家发现，海马体这个位于大脑边缘系统的颞叶的神经结构，其功能如同外显记忆的"保存"键（图8.7）。儿童的海马体会在成长发育过程中渐渐成熟，使其具备构建详细记忆的能力（Keresztes et al., 2017）。大脑扫描显示，人们在形成对名字、图像和事件的外显记忆时，海马体及其附近的大脑神经网络都会表现得十分活跃（Norman et al., 2019; Terada et al., 2017）。

语义记忆：对事实和一般知识的明确记忆，是两个有意识的记忆系统之一（另一个是情景记忆）。

情景记忆：对个人经历过的事件的明确记忆，是两个有意识的记忆系统之一（另一个是语义记忆）。

图 8.7 海马体

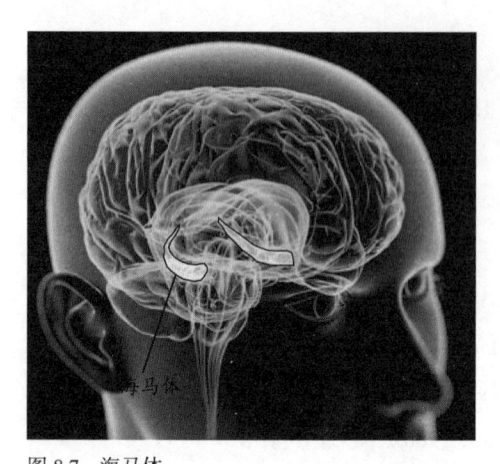

对事实和事件的外显记忆在海马体中得到加工，并输送到其他脑区进行存储。

因此，海马体受到损害时，外显记忆的形成和回忆也会遭到破坏。山雀和其他鸟类在海马体被切除后，会继续将食物贮藏到数百个储藏点里，之后却不能再找到这些储藏点（Kamil & Cheng, 2001; Sherry & Vaccarino, 1989）。大脑左侧海马体受损的人们很难记住言语信息，但在回忆视觉模式和空间位置方面的信息时不存在问题；如果是右侧海马体受损，情形则恰好相反（Schacter, 1996）。

因此，海马体的结构十分复杂，存在不同的功能分区。人类和老鼠在学习社会信息时，某一部分区域会活跃起来（Okuyama et al., 2016; Zeineh et al., 2003）；而脑力冠军在使用空间记忆术时，另一部分区域会活跃起来（Maguire et al., 2003a）。伦敦的出租车司机时常穿梭于迷宫一样复杂的大街小巷之中，他们大脑中加工空间记忆的部分区域会变得更大（Woolett & Maguire, 2011）。

记忆并非永久储存在海马体中。相反，海马体就像一个信息的装载码头，大脑在这里对记忆事件的各种元素（如气味、感觉、声音和位置）进行登记并暂时保存。随后，记忆会像归档旧文件一样被转移到大脑皮质中进行存储。这一存储过程称为**记忆巩固**（memory consolidation）。

记忆巩固：长时记忆的神经储存。

睡眠有助于记忆巩固。一个实验中，在学习、睡眠、再学习的条件下学习的学生对材料的记忆效果要比那些早晚持续学习，其间不睡觉的学生更好，无论是在一周之后，还是在六个月后进行测验，结果都是如此（Mazza et al., 2016）。海马体会在深度睡眠期间加工记忆，以便日后检索。经过训练后，人在睡眠时海马体越活跃，第二天对训练的记忆效果就越好（Peigneux et al., 2004; Whitehurst et al., 2016）。研究人员观察到，在睡眠期间，海马体和大脑皮质的活动节奏是同步的，仿佛它们在进行对话一样（Euston et al., 2007; Khodagholy et al., 2017）。大脑似乎是在回放一天的经历，将其转移到大脑皮质进行长期储存（Squire & Zola-Morgan, 1991）。而当学习是在几天时间里分散进行，而不是挤在单独一天里时，由睡眠引起的记忆巩固次数就会更多，这也有助于解释间隔效应。

内隐记忆系统：小脑和基底神经节

学习目标问题 8-11 小脑和基底神经节在记忆加工中扮演什么角色？

外显记忆在海马体和额叶进行加工。然而，多亏了自动加工的存在，你可以在失去这些较新的脑区时仍然形成对技能和新的条件化联结的内隐记忆。约瑟夫·勒杜

（Joseph LeDoux, 1996）曾讲过一个脑损伤病人的故事。这个病人患了失忆症，总会忘记医生的姓名，因此，他每天都得和这个病人握手，重新做自我介绍。有一天，病人把手抽了回来，因为医生手掌上的大头针把她扎疼了。医生第二次来做自我介绍时，她便拒绝与医生握手，但无法解释原因。她不愿意和医生握手，是受到了经典条件反射的影响，她感受到了一些隐隐约约、难以解释的东西。

在经典条件反射所产生的内隐记忆的形成和储存过程中，小脑起着关键作用。如果小脑受损，人们就无法形成某些条件反射，例如无法将声响与即将到来的喷气联系起来，因此不会预判喷气到来而提前眨眼（Daum & Schugens, 1996; Green & Woodruff-Pak, 2000）。内隐记忆的形成需要小脑的参与。

基底神经节是参与运动的深层大脑结构，能够促进大脑对技能程序性记忆的形成（Mishkin, 1982; Mishkin et al., 1997）。基底神经节会接收大脑皮质的信息输入，但并不会向大脑皮质反馈信息，从而使程序性学习进入意识。如果你能够学会骑自行车，基底神经节功不可没。

我们的内隐记忆系统就由这两个更古老的脑区构成，它解释了我们在婴儿期学到的反应和技能会延续到未来的原因。然而，作为成年人，我们对人生前四年的有意识的记忆在很大程度上是空白的，这是婴儿期遗忘的缘故。我的女儿贝薇（Bevy）现在已经成年，不再有意识地记得她2岁时去香港迪士尼的旅行。婴儿期遗忘的形成有两个影响因素：首先，大部分外显记忆由语言作为索引，而幼儿不具备这样的语言能力；其次，海马体是最晚成熟的大脑结构之一，海马体越成熟，保留下来的记忆越多（Akers et al., 2014）。

■ 检索练习

RP-1 大脑的哪些部分对内隐记忆加工很重要？哪些部分对外显记忆加工起关键作用？

RP-2 假如你的朋友在一次事故中遭受了脑损伤，他能记得如何系鞋带，却很难记住你聊天时告诉他的任何事情。如何用内隐信息加工和外显信息加工的差异来解释他身上发生的事情呢？

答案见附录D

杏仁核、情绪和记忆

学习目标问题 8-12 情绪如何影响大脑的记忆加工？

我们的情绪会触发影响记忆形成的应激激素分泌。在我们兴奋或紧张时，这些激素会促进葡萄糖分解，为大脑活动供能，向大脑发出信号，表明有重要的事情发生。此外，应激激素还能集中记忆。杏仁核是存在于两侧边缘系统中的情绪处理核团群，

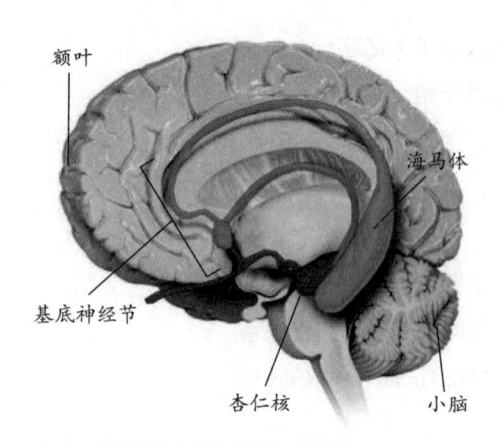

图 8.8　回顾大脑中的关键记忆结构
额叶和海马体：形成外显记忆。
小脑和基底神经节：形成内隐记忆。
杏仁核：形成与情绪有关的记忆。

压力会激活杏仁核，形成记忆痕迹——记忆形成过程中的持久物理变化，进而促进大脑记忆形成区的活动（Buchanan, 2007; Kensinger, 2007）（图 8.8）。这一过程就好像杏仁核在说："大脑，把这一时刻编码储存，以供将来参考！"随后会发生什么事呢？结果是，情绪亢奋的状态会使得某些事件被刻入大脑，同时破坏不相关事件的记忆（Brewin et al., 2007; McGaugh, 2015）。

重大的应激事件会形成难以忘怀的记忆。遭受过校园枪击案、房屋火灾、强奸等创伤性经历之后，对这类恐怖事件的生动回忆可能会一次又一次地闯入受害者的脑海。正如詹姆斯·麦克高（James McGaugh, 1994, 2003）指出的，这种经历就像被烙印在大脑中一样，情感体验越强烈，形成的记忆也越强烈、越牢固。这样的经历甚至还会强化对相关事件或紧接着发生的事件的回忆（Dunsmoor et al., 2015; Jobson & Cheraghi, 2016）。这样的记忆强化具有适应性意义：记忆挥旗示警，保护我们免受未来的危险（Leding, 2019）。但情绪性事件会产生隧道视野记忆，将我们的注意力和回忆集中在优先级较高的信息上，减少我们对不相关细节的回忆（Mather & Sutherland, 2012）。我们可以详细地回忆起那些吸引注意力的东西，代价则是忽略周围的环境。

经历或关于经历的记忆，哪个更重要？

情绪触发的激素变化有助于解释为什么我们能够长久记住那些激动人心或骇人听闻的事件，比如我们的初吻或得知亲人去世时自己所在的地方。例如，2016 年，当你得知唐纳德·特朗普当选美国总统时，你在哪里？2006 年皮尤[1]的一项调查中，95% 的美国成年人表示，他们可以准确地回忆起第一次听到"9·11"恐怖袭击的消息时自己在哪里或在做什么。这种对重大事件记忆的感知十分清晰，一些心理学家也因此将其称为**闪光灯记忆**（flashbulb memory）。

闪光灯记忆：对情绪上的重要时刻或事件的清晰记忆。

闪光灯记忆因其自身的生动性以及我们对这些记忆的信赖而十分值得我们注意。但在我们重温、复述和讨论它们时，即使是闪光灯记忆也可能会出现错误。随着时间的推移，与人们在事件发生后立即接受的早期调查报告结果相比，一些错误悄悄溜进了他们关于"9·11"事件的回忆中。然而，大多数情况下，人们对"9·11"的记忆在接下来的十年里都会保持一致（Hirst et al., 2015）。

一些戏剧性经历会在我们的记忆中保持清晰，部分原因在于我们多次重演这些记忆（Hirst & Phelps, 2016）。我们思考，并向他人描述它们。个人的一些重要经历的记

---

[1] 皮尤研究中心（Pew Research Center）是美国的一家独立性民调机构，总部设于华盛顿特区。——译者注

忆也会持续存在（Storm & Jobe, 2012; Talarico & Moore, 2012）。与非天主教徒相比，那些虔诚的天主教徒对教皇本笃十六世卸任的记忆更深刻（Curci et al., 2015）。2011年日本的福岛核泄漏事件后，类似的记忆强化也出现了（Talarico et al., 2019）。在德国，关于核能危险性的政治协商反复进行，德国人民对灾难的记忆也因此比荷兰人民的记忆更持久，因为荷兰人较少进行该类政治协商。

突触的变化

学习目标问题 8-13 突触层面的变化如何影响记忆加工？

此时，在思考和学习记忆加工的过程中，你灵活的大脑正不断地发生变化。鉴于特定神经通路的活动增加，神经间的相互联系也正在不断形成和强化。

对记忆的物质基础（信息如何嵌入大脑中）的探索，引发了对突触接触点的研究，在这里，神经元以神经递质为信使相互交流。埃里克·坎德尔（Eric Kandel）和詹姆斯·施瓦茨（James Schwartz）通过观察加利福尼亚海蛞蝓在学习过程中神经元发生的突触变化，为记忆研究找到了一个貌似可能性不大的候选研究对象。海蛞蝓是一种简单的动物，仅有约2万个神经细胞，并且这些细胞异常地大，很容易观察。研究人员可以用轻微电击使其形成经典条件反射，令其在被喷水时反射性地把鳃收缩回去，如同在战斗中受到创伤的士兵听到鞭炮声就会跳起来反击。坎德尔和施瓦茨发现，在学习发生时，海蛞蝓会向某些神经元释放更多的神经递质5-羟色胺。随后，这些神经元的突触就能更加有效地传输信号。经验和学习可以增加突触的数量，甚至使其数量倍增，即使是海蛞蝓也是如此（Kandel, 2012）。

在以人为对象的实验中，研究人员对某些记忆回路的连接的刺激，能够提高这些连接点在未来数小时甚至数周内的敏感性。发送神经元因此也仅需少量刺激就会释放其神经递质，并且神经元之间存在的连接也变得更多。这种潜在的神经放电效率提高，称为**长时程增强**（long-term potentiation, LTP），为学习和记忆联结提供了神经基础（Lynch, 2002; Whitlock et al., 2006）。有几条证据证实LTP是记忆的物质基础：例如，LTP阻断药物会干扰学习（Lynch & Staubli, 1991）；而模拟学习发生的药物会增强LTP（Harward et al., 2016）；接受LTP强化药物的老鼠在学习

海蛞蝓

神经科学家埃里克·坎德尔研究了加利福尼亚海蛞蝓45年，丰富了我们对学习和记忆的神经基础的了解。

长时程增强：经短暂的快速刺激后，神经元的放电增加；长时程增强是学习和记忆的神经基础。

走迷宫时，犯错次数仅有平时的一半（Service, 1994）。

LTP 发生后，给大脑通电不会破坏旧记忆，但会抹去较近的记忆。这一经验来自实验室动物以及接受电休克治疗（ECT）的严重抑郁症患者。头部受到重击也会造成同样后果：被短暂击晕的足球运动员和拳击手常常记不起被击倒前发生的事情（Yarnell & Lynch, 1970），因为他们的工作记忆在眼前一黑之前没有时间将信息牢固地储存到长时记忆中去。我就可以证实这一点，因为我在高中打橄榄球的时候就被击晕过，那也是我打的最后一场比赛。

我最近做了一个关于记忆巩固的小测试。因为打篮球受伤的缘故，我躺上了手术台，进行肌腱修复。戴上了麻醉面罩，我很快就闻到了麻醉气体的气味。我知道入睡前的最后几秒钟大脑是记不住的，于是便问麻醉师："那么，我还能清醒多久呢？"我昏睡前的最后一刻记忆就是她的回答，"大约 10 秒"。我的大脑花了 10 秒钟来巩固关于她这 2 秒钟的答案的记忆。在我昏迷之前，大脑已经无法再塞下更多的记忆了。

在记忆生物学探索者的帮助下，各种各样的公司建立了起来，开始竞相开发改变记忆力的药物。这种提高记忆力的药物的目标市场极为巨大，包括阿尔茨海默病患者，经常会发展为阿尔茨海默病的轻度认知障碍患者，由年龄引发记忆衰退的人，以及任何想要增强记忆力的人等。然而，学生们却已经找到了一种安全又免费的记忆力增强剂，那就是有效的学习技巧和充足的睡眠！

有一种提高记忆力的方式关注能够增加谷氨酸的药物，谷氨酸是一种增强 LTP 的神经递质（Lynch et al., 2011）。而另一种方式则涉及开发促进环磷腺苷效应元件结合蛋白（CREB）产生的药物，CREB 也是一种能增强 LTP 过程的蛋白质（Fields, 2005）。促进 CREB 的产生可能引起其他蛋白质增加，这些蛋白质有助于重塑突触，将短时记

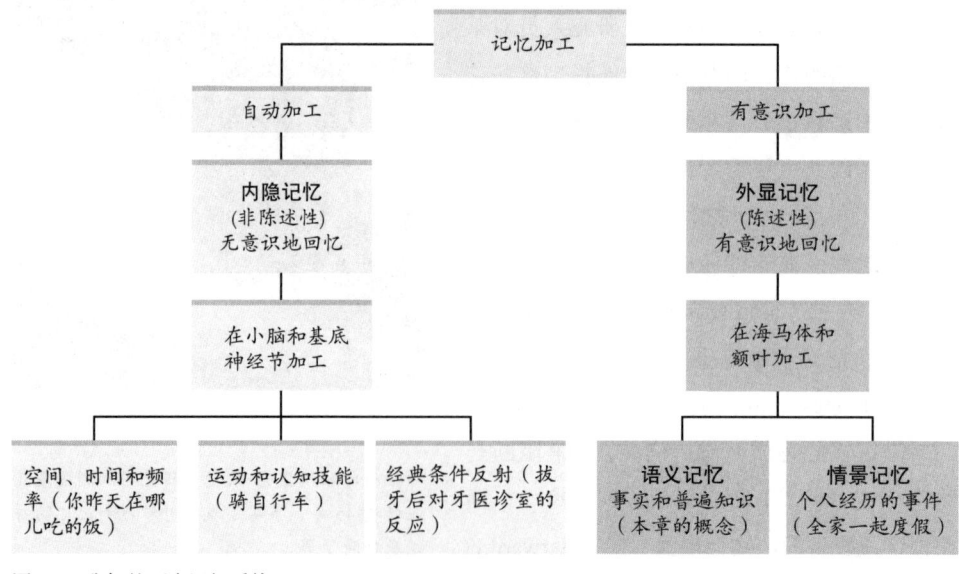

图 8.9 我们的两个记忆系统

忆转移到长时记忆中去。

一些人还希望能有记忆阻断药物，在创伤经历后服用，以弱化侵入性记忆（Adler, 2012; Kearns et al., 2012）。一项实验中，车祸、强奸等创伤性事件的受害者在事件发生后接受了6~10次药物普萘洛尔或安慰剂治疗，后来对应激迹象的测试显示，药物治疗组的应激水平下降得更多（Brunet et al., 2018; Pitman et al., 2002）。

图8.9总结了大脑对内隐（自动）和外显（有意识）记忆的双通道加工和存储系统。重要的是，学习一些东西，你的大脑就会有一些变化。

检索练习

RP-3 哪个脑区对应激激素的反应是帮助创造更强的记忆？

RP-4 突触效率提高证明了学习和记忆的神经基础，这一现象称为_____。

答案见附录D

记忆提取

结束了大脑神奇的编码和存储之旅后，我们仍有一个艰巨的任务：提取记忆信息。那么，是什么触发了记忆提取呢？

提取线索

学习目标问题8-14 外部的线索、内部的情绪和出现的顺序如何影响记忆提取？

在开始本节内容之前，我们先想象一只蜘蛛，正悬挂在蛛网中央，支撑蛛网的蛛丝从它的所在点往外延伸到四面八方。如果你要找出一条通往蜘蛛所在点的路径，要做的第一件事就是找一个锚点，然后沿着丝线进入网中。

记忆提取的过程遵循着类似的原则，因为记忆也存储于一个关联网络中，每一条信息都与其他信息相互关联。在你把目标信息，如班上同桌的名字编码到记忆中时，你会把它跟周围环境、心情、座位位置等其他信息关联起来。这些关联信息能够发挥提取线索的作用，我们可以通过这些线索来获取目标信息。目标信息的提取线索越多，找出通往"被悬挂"的记忆的路径就越容易。比如，遇上一个名叫贝克（Baker）的面包师（baker）时，尽管这两个词一模一样，我们还是能更清楚地记住他的职业，因为这个信息的关联网络十分丰富（Cohen, 1990）。

我们常常需要为过去的事（即回溯性记忆）和未来的预期行动（即前瞻性记忆）提取记忆。为了记住要做某事，我们可以采取一个有效策略：在心理上将要做的事与某个提示关联起来，例如将下课后给某人发短信与把手机放在桌子上关联起来（Rogers & Milkman, 2016）。提前计划是有好处的，这有助于解释为什么人们更愿意花时间思考

> "记忆不像是一个逐渐填满的容器；记忆更像是一棵长着钩子的树，各式各样的记忆都挂在上面。"
> ——彼得·拉塞尔

未来，而不是回顾过去（Anderson & McDaniel, 2019）。

最好的提取线索是大脑编码记忆时形成的关联，如那些能够唤起对相关人或事件的记忆的气味、味道和景象（Tamminen & Mebude, 2019）。在尝试回忆某件事情时，我们可能会在心理上将自己置身于当时的环境中，以唤起视觉线索。英国学者约翰·赫尔（John Hull, 1990）失明后，曾这样描述他回忆这种细节时遇到的困难：

> 我知道自己去过某个地方，和某些人做过一些特别的事情，但这个地方在哪里呢？我无法将这些对话……放到一个确定的环境中去。我记不起任何背景信息，也记不起任何可以识别这个地方的特征。通常情况下，你对于在那一天交谈过的人的记忆都储存于一个包含背景信息的框架结构中。

为了帮助人们回忆起久远的记忆，回忆疗法充分发挥了提取线索的作用（I'nel Manav & Simsek, 2019; Park et al., 2019）。一项研究曾让患有阿尔茨海默病的老年人待在一间20世纪50年代博物馆式的房间里，其中充斥着能够触发老人年轻时记忆的景象、声音和气味（Kirk et al., 2019）。与接受标准辅助护理的人相比，这些接受沉浸式回忆疗法的人在记忆测试中表现得更好。提取线索帮助他们重拾了记忆。

启动效应　记忆的关联常常在不知不觉中激活。哲学家、心理学家威廉·詹姆斯（William James）将这一过程称为"关联的唤醒"，而我们则称之为启动效应（priming）。看到或听到"rabbit"（兔子）这个词后，即使我们不记得看到或听到过这个词，也常会在之后把听到的"hair/hare"这个单词拼成"h-a-r-e"（野兔）（Bower, 1986）（图8.10）。

启动效应常被称为"没有记忆的记忆"，即没有意识、隐性、不可见的记忆。看到一张失踪儿童的海报时，启动效应可能就会激发，你会不自觉地把关系不明的大人和小孩间的互动理解为可能的绑架（James, 1986）。虽然你不会再想起那张海报，它却预先影响了你的解释倾向。启动效应也可以影响行为（Weingarten et al., 2016）。受到与金钱相关的词语和材料启动的成人和儿童会在各种方面改变自己的行为，如减少帮助他人的行为（Gasiorowska et al., 2016; Lodder et al., 2019），因为金钱会强化我们的物质主义和自利思想。

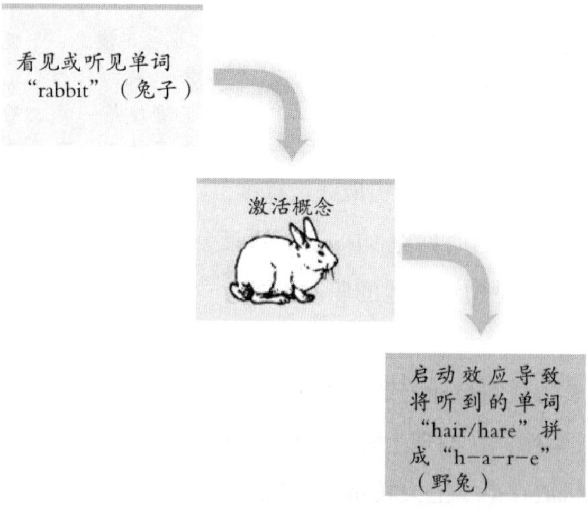

环境依赖性记忆　你是否注意到，置身于以前经历过的环境中时，记忆提取就会被启动。在许多方面，记忆依赖于我们所处的环境（Palmer, 1989）。

启动效应：记忆中特定联结的激活，通常是无意识的。

快速问朋友三个问题：
1. 雪是什么颜色？
2. 云是什么颜色？
3. 奶牛喝什么？

如果朋友对第三个问题的回答是"牛奶"，你就证明了启动效应的存在。

图8.10　启动效应无意识地激活了相关的联结

在重回童年的家或社区时，旧时的记忆就会浮现出来。让潜水员在两种不同环境中（水下3米处或坐在沙滩上）听一串单词，之后对他们进行测试，他们在水下听到这些单词时回忆起的单词更多（Godden & Baddeley, 1975）。

相比之下，发生在非常规环境中的事情则常常使人感到困惑。你是否曾在学校以外的地方，如商店或公园里偶然遇到过以前的老师呢？也许你会感到一丝熟悉感，却很难想起他是谁或你们是如何相识的。这是因为**编码特异性**（encoding specificity principle），这一原则有助于我们了解特定线索如何最有效地触发相关的记忆，而在新环境中，你可能会缺少快速识别面孔所需的记忆线索。记忆依赖于环境，并受到与该环境相关的线索的影响。

编码特异性：一种认为专属于特定记忆的线索和背景能够最有效地帮助我们回忆的观点。

卡罗琳·罗维·科利尔（Carolyn Rovee-Collier, 1993）在实验中发现，即使是3个月大的婴儿的记忆也会因熟悉的环境而激活。当婴儿了解到踢腿能够晃动婴儿床的床铃（通过脚踝上栓的丝带起作用）后，在同一个婴儿床上再次测试时，婴儿踢腿的次数要比在其他环境中多。

状态依赖性记忆 状态依赖性记忆与环境依赖性记忆密切相关。我们在一种状态下学到的东西，在再次处于这种状态时更容易回忆起来。人们在醉酒时学到的东西，在任何状态下都无法清楚地回忆起来，这是因为酒精破坏了记忆储存。但再次喝醉时，他们的回忆能力会稍好一些。醉酒后藏钱的人除非再次醉酒，否则很难想起钱藏的位置。

心境也是记忆的状态依赖性的一个例子。各种或好或坏的事件发生时所伴随的情绪同样可以作为提取线索（Gaddy & Ingram, 2014）。因此，我们的记忆在某种程度上具备**心境一致性**（mood congruity）。如果你的一天过得很糟糕：社交媒体显示昨晚朋友在你不在场的情况下也玩得很开心，老师拒绝了你的请假申请，并且下周就要期中考试了，那么阴郁的心情可能会使你回想起其他的糟糕经历。抑郁的心情会激活一些负面关联，让记忆蒙上阴影，我们也会用这些负面关联来解释当前的情绪。许多实验中，参与者心情愉快——不管是通过催眠诱导还是因为当天的事件（一项研究中，德国参与者沉浸在世界杯胜利的喜悦中），他们回忆起的所有事件都带有愉快的滤镜：自己的行为都行之有效，其他人都心地善良，发生的喜事也更多（DeSteno et al., 2000; Forgas et al., 1984; Schwarz et al., 1987）。

心境一致性：回忆起与自己当前心境一致的经历的倾向。

你是否注意到，你当前的情绪会影响自己对家庭成员的看法？一项研究表明，青少年在一周内对父母温情的评价，与六周后他们对父母的评价几乎没有任何联系（Bornstein et al., 1991）。青少年情绪低落时，父母在他们看来似乎残酷得不像话；他们心情变好时，父母又仿佛从魔鬼变成了天使。我们可能会心照不宣地点头同意。然而，不论心境好坏，我们都会坚持将自己不断变化的判断、记忆和解释归咎于现实。心情不好的时候，我们可能会把别人的眼神看成是瞪眼，因此心情变得更糟糕了；而心情好的时候，我们可能会把同样的眼神理解为感兴趣，从而心情更佳。心境会放大我们的所思所感。

情绪对记忆提取的影响有助于解释心境的持久性。心情愉悦时，我们会回忆起快乐的事件，从而将世界看成一个美好的地方，这有助于延长我们的好心情；情绪低落时，我们会回忆起悲伤的事件，使得我们对当前事件的解释更加悲观。对于那些有抑郁倾向的人来说，这个过程是阴郁的恶性循环。

自问

你最近心境如何？你的心境如何影响记忆、感知和期望？

序列位置效应 记忆提取的又一个奇怪特性是**序列位置效应**（serial position effect），这一效应解释了我们对一系列新近事件的记忆为什么会存在很大的漏洞。假如这是你参加工作的第一天，经理正向你介绍各位同事。她带你去见每个人时，你都会从头开始默默重复他们的名字。最后一个同事微笑着转身离开时，你觉得自己信心满满，第二天跟新同事打招呼时肯定能够叫出他们的名字。

可别指望了。因为你复述前面名字所花的时间比后面的名字多，第二天你会更容易回想起那些名字。在实验中，参与者在观看一系列项目（如单词、名字和日期）或感受一系列的气味或味道后，立即尝试按任意顺序回忆这些项目。结果发现，他们陷入了序列位置效应（Daniel & Katz, 2018; Dimsdale-Zucker et al., 2019）。也许是因为最后几个项目仍保留在工作记忆中，他们能够在短时间内清楚、迅速地回忆起它们（近因效应）。但经过一段时间的延迟后，当参与者们将注意力转移到其他地方时，他们对最初几项事物的回忆效果最好（首因效应）（图 8.11）。

检索练习

RP-5 什么是启动效应？

RP-6 我们读完单词表后立即进行测试时，往往对最前面和最后面的几个单词的记忆效果最好，这一现象称为_____效应。

答案见附录 D

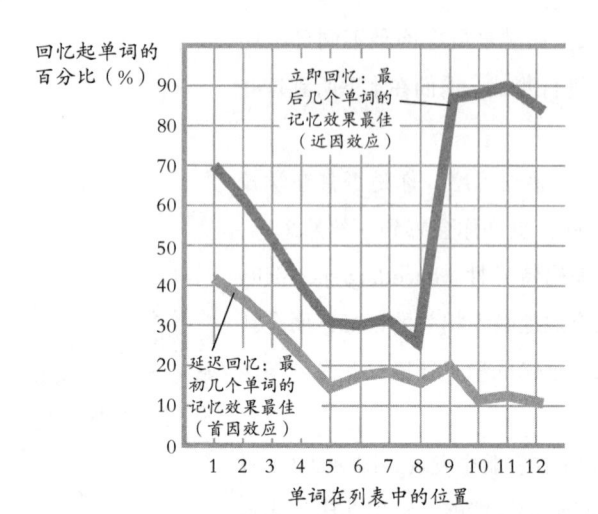

图 8.11 序列位置效应

2019 年奥斯卡颁奖典礼上，演员马赫沙拉·阿里（Mahershala Ali）刚刚走完红地毯后，可能对打过招呼的最后几个人记得更清楚（近因效应），但后来他可能会对最先几个人记得最清楚（首因效应）。

序列位置效应：我们更容易回忆起列表中的第一项（首因效应）和最后一项（近因效应）。

遗忘、记忆建构和改善记忆

遗忘

学习目标问题 8-15 我们为什么会遗忘？

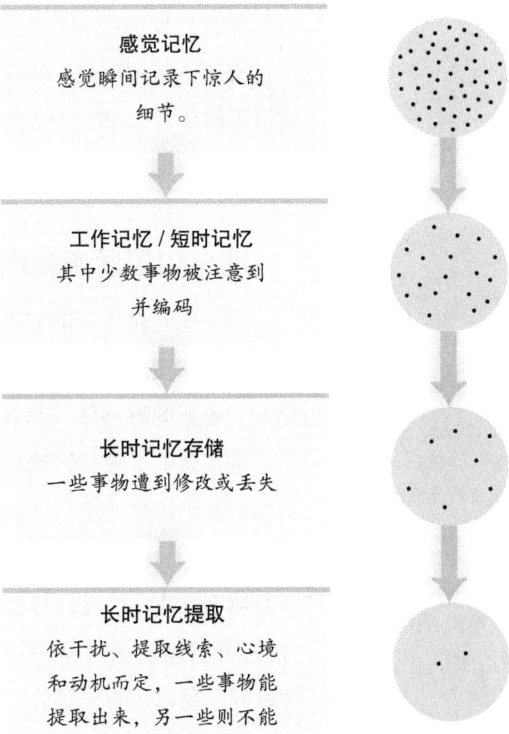

在所有对记忆的喝彩声中，所有为理解记忆而付出的努力中，以及所有关于改善记忆的书籍中，是否存在赞美遗忘的声音呢？威廉·詹姆斯就是这样的声音："大部分情况下，我们记住了一切和一切都没记住一样糟糕。"心理学家罗伯特·比约克（Robert Bjork）和伊丽莎白·比约克（Elizabeth Bjork）也对此表示认同，他们将遗忘称为"学习的朋友"。显然，丢弃那些杂乱无章的无用信息，如昨天停车的位置、旧电话号码、餐厅已经上过的菜，是一件好事（Nørby, 2015）。

20世纪20年代，其他记者正潦草地做笔记时，俄国记者、记忆奇才所罗门·谢尔舍夫斯基（Solomon Shereshevsky）只靠听力就能完成采访。尽管所罗门的记忆力并不完美，他却可以当众表演记住大量无意义的信息，如用他不懂的语言写下但丁《地狱》中的诗篇（Johnson, 2017）。但是，垃圾记忆已经主导了所罗门的意识（Luria, 1968），他很难进行抽象思维，如概括、组织、评估。他可以把读完的故事背诵出来，却很难总结出故事的内容要点。

吉尔·普莱斯（Jill Price）对自己的各种生活事件有着准确度惊人的记忆，加州大学欧文分校的一个研究小组从她14岁开始对她进行了仔细研究。她说，她的超级记忆，又称超级自传体记忆，已经严重干扰了她的生活，其中每一段记忆都会让她想起另一段记忆（McGaugh & LePort, 2014; Parker et al., 2006），"就像一场不断上演，永不落幕的电影，不间断，不可控，令人身心俱疲"。尽管这样的记忆并不完美，但像普莱斯这样的人的大脑塞满了信息，而信息一旦进入记忆存储，就永远不会消失（Frithsen et al., 2019; Patihis, 2016）。这样的人类个体十分罕见，在世界范围内也仅发现了60个，研究人员已经确定他们大脑的记忆中心区域范围更大，也更加活跃（Dutton, 2018; Mazzoni et al., 2019; Santangelo et al., 2018）。良好的记忆力是有益的，遗忘的能力也同样如此。如果有一天，增强记忆的药物出现了，那它的药效最好不要太强。

然而，更多时候，难以预测的记忆会使我们灰心丧气、深感挫败。记忆古怪极了。我自己的记忆很容易让我想起与爱人美妙的初吻这样的情节，或是伦敦到底特律的航

图 8.12 我们什么时候遗忘？

感觉记忆
感觉瞬间记录下惊人的细节。

↓

工作记忆／短时记忆
其中少数事物被注意到并编码

↓

长时记忆存储
一些事物遭到修改或丢失

↓

长时记忆提取
依干扰、提取线索、心境和动机而定，一些事物能提取出来，另一些则不能

遗忘在记忆的任何阶段都会发生。我们加工信息时，大脑就会过滤、改变或丢失很多信息。

"当遗忘症渗入我们大脑的缝隙中，遗忘症就痊愈了。"
——乔伊斯·卡罗尔·欧茨

空里程数这样的琐碎事实。然而，在我发现自己没能编码、存储或提取一个学生的名字，或想不起钥匙放在哪里时，记忆却又抛弃了我。我们给出这样一个句子，"这条鱼攻击了游泳者"，稍后再对你提问，看看你如何记住这个句子。

加工信息时，大脑会过滤、改变或丢失大部分信息（图 8.12）。

遗忘和双通道意识

对一些人而言，记忆丧失极为严重，是永久性的。亨利·莫莱森（Henry Molaison，或 H.M.）就是一个例子。为了治疗他的重度癫痫，外科医生切除了他的大部分海马体，导致"剩余的海马体与大脑其他部分严重脱节"（Annese et al., 2014）。在之后的 55 年里，莫莱森患了**顺行性遗忘**（anterograde amnesia），可以记住自己的过去，却不能形成新的有意识记忆［那些无法回忆自己的过去——储存在长时记忆中的旧信息——的人，则患了**逆行性遗忘**（retrograde amnesia）］。尽管莫莱森还和术前一样，十分聪明，每天都做填字游戏。然而，神经科学家苏珊娜·科金（Suzanne Corkin, 2005, 2013）报告称："1962 年我就认识 H.M. 了，他却还不知道我是谁。"信息可以在他脑海中存留大约半分钟时间，足以进行对话。然而一旦分心，他就会忘记刚刚说过的话或刚刚发生过的事。由于失去了将新信息转化为长时记忆的神经组织，莫莱森永远记不起现任美国总统的名字（Ogden, 2012）。

神经学家奥利弗·萨克斯（Oliver Sacks, 1985, p. 26–27）则提到了另一个病人吉米（Jimmie）。由于脑损伤，吉米患上了顺行性遗忘，没有了新的有意识记忆。因此，他对 1945 年受伤后流逝的时间毫无感觉。

当吉米说自己 19 岁时，萨克斯在他面前摆放了一面镜子："照照镜子，告诉我你看到了什么。镜子里的人像是 19 岁吗？"

吉米脸色苍白，紧紧地抓着椅子，咒骂着，随后变得仓皇失措："到底怎么回事？我身上发生了什么事？我这是在做噩梦吗？我疯了吗？这是个玩笑吗？"直到他的注意力转移到一些打棒球的孩子身上时，他停止了恐慌，可怕的镜子也随即被抛之脑后。

萨克斯给吉米看了一张《国家地理》杂志上的照片。萨克斯问："这是什么？"

吉米回答："这是月亮。"

"不，不是，"萨克斯说，"这是一张从月球上拍摄的地球照片。"

"博士，你在开玩笑吧！总得有人拿着相机上去吧！"

"那是自然。"

"该死！你在开玩笑吧，你到底怎么做到的？"惊奇的吉米仿佛一个 20 世纪 40 年代的聪明小伙子，惊讶地发现自己穿越到了未来。

通过对这些独特的人进行精细测试，人们发现了更奇怪的事情。虽然无法回忆起新的事实或最近做过的事情，但莫莱森、吉米和其他有类似疾病的人可以学习非言语

顺行性遗忘：无法形成新的有意识记忆。

逆行性遗忘：无法回忆储存在长时记忆中的旧信息。

类的任务。研究人员向他们展示图片中难以找到的人物（如《沃尔多在哪里》系列），他们能够迅速再次找出这些人物来。尽管无法说出卫生间在哪里，他们却能够找到去卫生间的路。他们能够学习阅读镜像文字或拼图，甚至学会复杂的程序性工作技能（Schacter, 1992, 1996; Xu & Corkin, 2001）。他们可以形成经典条件反射。然而，在做所有这些事情时，他们并没有意识到自己曾经学习过。莫莱森展示了自己的非陈述性记忆——熟练的镜像追踪，然后说："嗯，真奇怪，我以为那会很困难，但看起来我已经能做得很好了。"（Shapin, 2013）

莫莱森和吉米失去了形成新的外显记忆的能力，但他们大脑的自动加工能力仍然完整。如同阿尔茨海默病患者一样，他们失去了对新的人和事形成外显记忆的能力，但还可以形成新的内隐记忆（Lustig & Buckner, 2004）。这些病人可以学会如何做某件事，但他们不会有学习新技能的有意识记忆。这些悲惨案例的研究证实，我们有两个不同的记忆系统，分别由大脑的不同部分控制。

对我们大多数人而言，遗忘的过程是悄然进行的。接下来，让我们思考一下遗忘的原因吧。

编码失败

我们感知到的许多事物，从未得到我们的注意，没有编码，我们永远不会记得这些信息（图8.13）。英国小说家、评论家 C. S. 路易斯（C.S.Lewis, 1967, p. 107）描述了我们从未编码过的事物的巨大数量：

> （我们）每秒钟都被各种感觉、情绪、想法所轰炸……其中百分之九十的东西（我们）必须简单地忽略掉。过去（是）一个由数十亿个这样的时刻组成的疯狂奔流的大瀑布：其中任何一个时刻都过于复杂，无法完全掌握，而其总体则超出了人的想象……时钟的每一次嘀嗒声中，世界的任何一个有人居住的地方，都有一段丰富多样到无法想象的"历史"从这个世界坠落，直至完全被遗忘。

年龄会影响编码的效率。编码新信息时，年轻人的脑区会立即行动起来，而老年人的脑区则反应较慢。老年人编码速度较慢的现象也有助于解释与年龄有关的记忆衰退（Grady et al., 1995）。（更多关于衰老对记忆的影响见第5章。）

但是，无论多么年轻，我们都会有选择地注意到那些不断轰炸我们的万千景象和声音中的极少数。比如，你肯定已经无数次看见过苹果公司的标志，但你能把它画出来吗？在一项研究中，加州大学洛杉矶分校的85名学生（包括52名苹果用户）中只有 1 人能够准确地画出来（Blake et al., 2015）。大多数人也很难回忆起其他熟悉事物的细节，如他们国家的硬币（Nickerson & Adams, 1979; Richardson, 1993）。没有编码的努力，许多潜在记忆永远不会形成。

外部事件 → 感官记忆 —注意→ 工作记忆/短时记忆 —编码→ 长时记忆存储

编码失败导致遗忘

图 8.13　编码失败导致遗忘

我们不会记住编码失败的信息。

存储消退

有时候，我们也会忘记已经编码的信息。为了研究已存储记忆的保持时间，赫尔曼·艾宾浩斯学习了无意义音节表，如 YOX 和 JIH，并测量了自己在 20 分钟到 30 天后重新学习每个音节表时的记忆保持量，其研究成果便是著名的遗忘曲线：遗忘的过程最初极为迅速，然后随着时间的推移逐渐趋于平缓（图 8.14）（Wixted & Ebbesen, 1991）。另一项研究也发现，学生在学校学习的西班牙语词汇也存在类似的遗忘曲线（Bahrick, 1984）。相较于那些刚刚结束高中或大学西班牙语课程的人，离开学校 3 年的人已经忘记了所学的大部分内容（图 8.15）。然而，人们这时记得的东西，在 25 年后甚至更久以后，基本上还能记得起来。他们的遗忘过程已经趋于平缓。

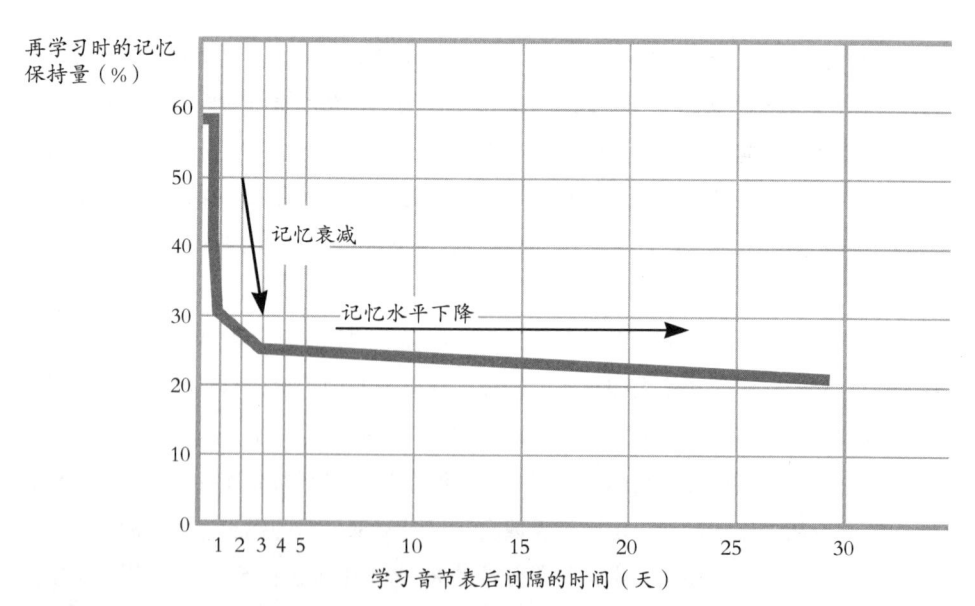

图 8.14　艾宾浩斯遗忘曲线（Ebbinghaus, 1885）

图8.15 在学校学习的西班牙语的遗忘曲线

词汇再认测试表明，完成西班牙语课程3年后，人们记得的词汇比刚完成课程的人要少得多，但与更早之前学这门课的学生差不多（Bahrick, 1984）。

一种解释认为，这些遗忘曲线是生理记忆痕迹的逐渐消退。认知神经科学家正在不断接近揭晓记忆的生理存储之谜，也在不断增加我们对记忆存储如何消退的理解。就如同那些在图书馆里找不到的书一样，记忆也可能因为很多原因而无法获取。一些记忆从未形成（没有被编码），一些记忆则丢失了（储存的记忆会衰退），还有一些则是因为我们无法提取到它们。

提取失败

通常情况下，遗忘不是记忆消退，而是记忆未被提取到。我们会把重要的信息或复述过的信息储存在长时记忆中，但有时候，重要的事件会不服从我们的提取指令（图 8.16）。

一个名字在我们的舌尖却怎么也想不起来的情形多么令人沮丧。如果存在提取线索，如以 M 开头，我们就可以轻而易举地提取到难以捉摸的记忆。正是提取的问题导

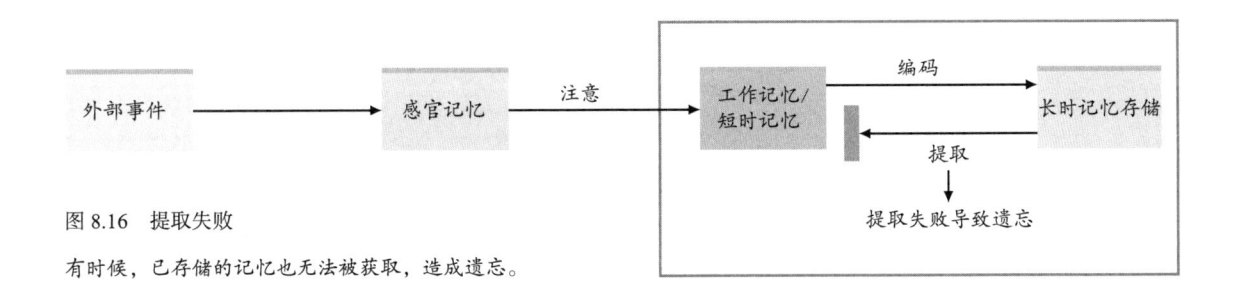

图 8.16 提取失败

有时候，已存储的记忆也无法被获取，造成遗忘。

致了老年人偶尔会记忆失败，他们也更常因为舌尖上的遗忘而沮丧不已（Abrams, 2008; Salthouse & Mandell, 2013）。

> 精通手语的聋人都会发生类似的"指尖上的遗忘"现象（Thompson et al., 2005）。

你是否还能回忆起我们让你记住的那个关于游泳者被攻击的句子的主旨？如果不能的话，"鲨鱼"这一词语是否可以作为提取线索呢？实验表明，相较于句子中实际出现的单词"鱼"，鲨鱼一词（可能是你想象出来的）更容易提取到大脑储存的图像（Anderson et al., 1976）。原话是：这条鱼攻击了游泳者。

提取问题有时是干扰造成的，有时甚至是动机性遗忘造成的。

干扰 随着收集的信息越来越多，尽管你的心理阁楼永远不会被塞满，但里面会变得更加杂乱无章。大脑会使用新密码与旧密码竞争，削弱你对旧密码的记忆，尝试让一切都井井有条（Wimber et al., 2015）。但有时杂乱无章的记忆会取得胜利，新的学习会和旧的学习发生冲突。先前的学习扰乱了对新信息的回忆时，**前摄干扰**（proactive interference）就出现了。假如你新买了一个密码锁，之前背得烂熟的旧密码就可能会干扰你对新密码的检索。

> 前摄干扰：较早的学习对新信息的回忆产生的前向干扰作用。

当新的学习扰乱了对旧信息的回忆时，**倒摄干扰**（retroactive interference）就出现了。如果有人用一首老歌的曲调来唱新的歌词，你可能就会想不起原来的歌词。这就像往池塘里扔下第二块石头，就会扰乱第一块石头所荡起的波纹。

> 倒摄干扰：较晚的学习对旧信息的回忆产生的逆向干扰作用。

入睡前一小时出现的信息受到的倒摄干扰较少，因为此时干扰事件发生的概率最小（Mercer, 2015）。在一个经典实验中，两个实验参与者日复一日地学习一些无意义的音节（Jenkins & Dallenbach, 1924），然后尝试在一夜睡眠后或保持清醒后回忆这些内容。如图 8.17 所示，保持清醒并参与其他活动后，遗忘发生得更快。研究人员推测，"与其说遗忘是旧印象和关联的衰退，不如说遗忘是新事物对旧事物的干扰、抑制或抹杀。"

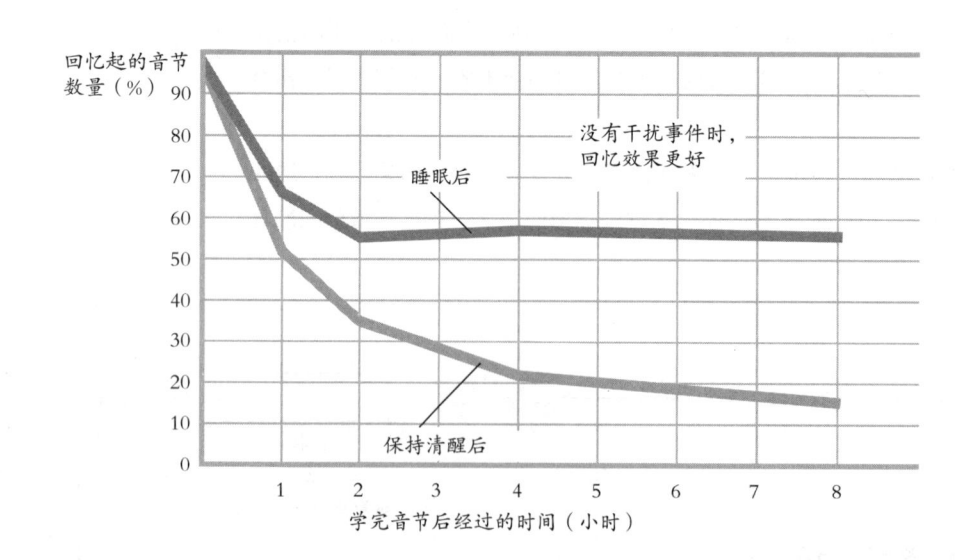

图 8.17 倒摄干扰

人在保持清醒并学习其他新材料后，会发生更多的遗忘（Jenkins & Dallenbach, 1924）。

睡前一小时是将信息刻入记忆的大好时机（Scullin & McDaniel, 2010），只是很少有人能记住睡前几秒钟出现的信息（Wyatt & Bootzin, 1994）。你也别指望在睡眠过程中学习，虽然睡眠时耳朵确实能够听到房间里大声播放的信息，大脑中却几乎不会有任何记忆（Wood et al., 1992）。

旧的学习和新的学习并不总是竞争关系。2016年巴西奥运会时，西班牙语的记忆就帮助我学习了一些葡萄牙语。这种现象称为正迁移。

动机性遗忘　记住过去的本质往往是修正过去。几年前，我家厨房里的超大饼干罐里面，常常塞满了刚出炉的巧克力豆饼干，料理台的架子上也放了许多要晾凉的饼干。一天过后，罐子里、架子上却连一点儿饼干渣都没有了。那段时间里，家里就只有我、妻子和三个孩子，会是谁拿了呢？因此，趁着记忆犹新，我做了一个小小的记忆测试。安迪承认自己狼吞虎咽了20块，彼得认为自己吃了15块，当时6岁的劳拉猜测自己吃了15块饼干，妻子卡罗尔回忆说吃了6块，而我记得自己吃了15块，还带了18块到办公室。我们羞愧地承认吃掉了总计89块饼干。不过，我们仍然离真相甚远，因为饼干一共有160块。

为什么我们的记忆会失效呢？部分原因在于，记忆是一个"不可靠的历史学家，它只为个人利益服务"（Tavris & Aronson, 2007）。在一项研究中，研究人员向部分参与者解释了经常刷牙的好处，随后，这些参与者就会（比其他人）更多地回忆起前两个星期里自己经常刷牙（Ross et al., 1981）。

那么，为什么我和家人对饼干数量的估计会有如此大的偏差呢？是记忆编码的问题，还是记忆储存的问题呢？是我们没有注意到底吃了多少吗？还是我们对饼干的记忆，就像艾宾浩斯对无意义音节的记忆一样，和饼干一样快速地消失了呢？或者说信息仍然完好无损，但无法提取，因为回忆起来会很难堪？

西格蒙德·弗洛伊德（Sigmund Freud）认为，我们的记忆系统对这些信息进行了自我审查。他提出，我们会**压抑**（repress）令人痛苦或难以接受的记忆，以保护自我概念，并尽量减轻焦虑。但他认为，受到压抑的记忆仍然存在，并且可以通过后续线索或在治疗过程中被提取出来。压抑是弗洛伊德人格精神分析理论的核心，如今依然是心理学一个流行的观念。事实上，挪威的一项研究发现，受过教育的人比没有受过教育的人更倾向于相信受压抑的记忆的存在（Magnussen et al., 2006）。美国的一项研究也发现，81%的大学生和60%~90%的心理治疗师相信"创伤性记忆往往会受到压抑"（Otgaar et al., 2019; Patihis et al., 2014a, b）。然而，越来越多的记忆研究者认为，压抑即使存在，也是极为罕见的。想一想那些人们后来又想起的词语。比如，经历过性侵的人能够忘记一些中性词，如盐、植物，但难以忘记与创伤有关的词，如性交、侵犯（Blix & Brennen, 2011）。创伤会释放应激激素，使经历创伤者关注并记住威胁（Quaedflieg & Schwabe, 2017）。因此，人们常会对创伤经历形成侵入性的持续记忆，尽

压抑：精神分析理论中的一种基本防御机制，它会把引起焦虑的想法、感受和记忆从意识中驱逐出去。

"对创伤性事件的记忆会以不同的方式储存在大脑中。一些……可以在令人痛苦的细节中被回想起来，就像这一事件刚刚发生一样，而另一些部分则可能会被遗忘。"
——杰西卡·亨德森·丹尼尔

管这是他们最想遗忘的（Marks et al., 2018）。

> **检索练习**
>
> **RP-1** 遗忘的三种方式是什么，分别是如何发生的？
>
> **RP-2** 弗洛伊德认为（尽管许多研究人员都对此表示怀疑），我们会_____无法接受的记忆以减少焦虑。

答案见附录 D

记忆建构错误

学习目标问题 8-16 错误信息、想象和来源性遗忘如何影响记忆建构？我们如何判断记忆是真实的还是虚假的？

近三分之二的美国人认为，"人类的记忆就像一台摄像机，准确记录我们看到和听到的事件，以便日后进行回顾和检查"（Simons & Chabris, 2011）。实际上，记忆并非如此精确，如同科学家根据恐龙残骸推断出它的外形一样，我们会根据储存的信息加上后来的想象、期待，以及所见所闻来推断自己的过去。记忆处于不断建构之中：我们不仅提取记忆，还会重新编织记忆。

记忆就像维基百科，可以不断进行修改。在"重演"一段记忆时，我们常会用一个稍加修改的版本来取代原来的记忆，就如同电话游戏中，信息在人与人之间私下传递时，会逐渐发生改变（Hardt et al., 2010）。记忆研究人员将这一现象称为**再巩固**（reconsolidation）（Elsey et al., 2018）。因此，约瑟夫·勒杜（Joseph LeDoux, 2009）说，某种意义而言，"你的记忆只是上一次的回忆。使用的次数越少，记忆就越完好无损"。这也意味着，某种程度上，"所有的记忆都是假的"（Bernstein & Loftus, 2009b）。

再巩固：以前存储的记忆，被提取出来后，在再次存储之前被改写的过程。

尽管知道这些，在一次国际会议上，我还是错信了自己的记忆，当时记忆研究者伊丽莎白·洛夫特斯（Elizabeth Loftus, 2012）曾在会上发言。洛夫特斯向与会者展示了一些单独的面孔，让我们稍后进行辨认，就像列队指认犯罪嫌疑人一样。随后，她又向我们展示了一些成对的面孔，其中一张是我们之前见过的，一张是没有见过的，也要求我们识别出之前见过的那张。但是，有一对面孔由两张我们没见过的新面孔组成，其中一张面孔与我们之前见到的很像，所以我们大部分人都把这张面孔识别错了。演示的高潮部分在于，她向我们展示了最初看到的面孔和之前选错的面孔，而我们大多数人再一次选择了错误的面孔。由于记忆再巩固的原因，我们这些本应清楚这一点的心理学家，用错误的记忆取代了原来的记忆。

为了弄清楚促进或阻断记忆再巩固的方法，神经科学家正努力找出相关的脑区和神经化学物质（Bang et al., 2018），临床研究人员也一直在进行各种实验。他们要求参与者回忆一次创伤经历或消极经历，随后尝试用药物（如普萘洛尔）、短暂的无痛电休克或一些分散注意力的新奇图片来阻断该记忆的再巩固（Phelps & Hofmann, 2019; Scully et al., 2017; Treanor et al., 2017）。假如有一天，利用记忆再巩固来消除特定的创伤性记忆成为现实，你会想要抹去令自己感到困扰的记忆吗？遭到暴力袭击后，你会希望删除对袭击及其恐惧的记忆吗？

错误信息和想象的影响

在2万多人参与的200多个实验中，洛夫特斯向我们展示了犯罪或事故发生后目击者如何重建记忆。一项重要研究中，两组参与者先观看了一个交通事故的影像片段，然后就他们在影像片段中所见的场景回答问题（Loftus & Palmer, 1974）。问题是"当这些车辆相互猛撞时，车速有多快？"时回答者估计的速度，要比问题是"当这些车辆相互碰撞时，车速有多快？"时回答者所估计的速度高得多。过了一周以后，当询问参与者是否在影片中看到过玻璃破碎时，听到"猛撞"问题的参与者回答看到玻璃破碎的比例是另一组参与者的两倍以上（图8.18）。而事实上，该影像片段没有任何玻璃破碎的画面。

引导性问题
"当这些车辆相互猛撞时，车速大约有多快？"

（a）事故的真实情况图片　　（b）记忆建构的情况

图8.18　记忆建构　观看了车祸影像片段的人在被问到引导性问题时，回忆起的事故比在影像片段中所目睹的车祸更严重（Loftus & Palmer, 1974）。

在世界各地的许多后续实验中，实验参与者同样是在目睹一个事件后，在接收或不接收误导性信息的情况下，进行记忆测试。反复实验的结果证实了**错误信息效应**（misinformation effect）：尽管我们对记忆信心满满，但接触到微妙的误导信息时，我们就可能记错自己的所见所闻（Anglada-Tort et al., 2019; Loftus et al., 1992）。在整个研究中，约有一半的人受到错误信息效应的影响（Brewin & Andrews, 2017; Scoboria et al., 2017）。人们将让行标志记成了停车标志，锤子记成了螺丝刀，可乐罐记成了花生罐，早餐麦片记成了鸡蛋，面目清秀的小伙记成了胡子拉碴的大汉。但是，陷入错误信息效应并不意味着你的记忆糟糕得一塌糊涂，其他各项记忆指标表现良好的人同样会受到错误信息效应的影响（Nichols & Loftus, 2019; Patihis et al., 2018）。人类的大脑似乎天生就内置了图片编辑软件。

错误信息效应极为强大，甚至可以影响人之后的态度和行为（Bernstein & Loftus,

错误信息效应：在记忆被误导性信息破坏时所发生的事情。

"记忆没有实体，各种事物会不断取代它。你拍的那些照片既能修复也能破坏你的记忆。除了那些可恶的照片之外，你无法记住旅行中的任何东西。"
——安妮·迪拉德

亚历山大·汉密尔顿（Alexander Hamilton）是美国总统吗？

有时大脑会欺骗我们，令我们记错日期、地点和名字。这样的情况经常发生，这是因为我们误用了熟悉的信息。一项研究中，许多美国人都误以为亚历山大·汉密尔顿是一位美国总统，因为他的脸出现在了10美元的纸币上，并且他也是林-曼努尔·米兰达的流行百老汇音乐剧中的角色（Roediger & DeSoto, 2016）。

2015年，美国全国广播公司夜间新闻主播布莱恩·威廉姆斯（Brian Williams）讲述了一个乘坐军用直升机被火箭弹击中的故事，但他所讲述的这一事件从未发生过。正如记忆研究者克里斯托弗·查布里斯（Christopher Chabris, 2015）所指出的，"很多人不了解虚假记忆发生的可能性，即使我们对记忆非常自信"。

来源遗忘：关于信息在何时、何地、如何被得知或想象出来的错误记忆，也称为来源归因错误。来源遗忘与错误信息效应是许多虚假记忆的关键。

2009a）。一个实验曾误导性地暗示一些荷兰大学生，称他们小时候吃了变质的鸡蛋沙拉后生过一场大病（Geraerts et al., 2008）。接收到这一暗示后，这些大学生立马就不爱吃鸡蛋沙拉三明治了，四个月后仍然如此。

更有甚者，反复想象不存在的行为和事件也会产生错误的记忆。在现实生活中，一些人经过暗示性的访谈后，甚至会生动地回忆起他们不曾犯下的谋杀或其他罪行（Aviv, 2017; Shaw, 2018; Wade et al., 2002）。

错误信息效应和想象效应之所以发生，一部分原因在于，想象某个事物和对其实际感知激活的是相似的脑区（Gonsalves et al., 2004）。想象的事件后来也会渐渐变得熟悉，熟悉的事件则会显得更真实。我们对事物的想象越生动，这些事物就越有可能成为记忆（Loftus, 2001; Porter et al., 2000）。同样，说谎也可以改变人们对真相的记忆（Otgaar & Baker, 2018），假作真时真亦假。

在实验中，研究人员更改了家庭相册，展示了一些家庭成员乘坐热气球的照片。观看了这些照片（而不是仅仅呈现热气球的照片）后，儿童报告了许多关于乘坐热气球的虚假记忆，并表示对这些记忆十分自信。几天后再次受访时，他们报告了关于虚假记忆的更丰富的细节，表现出想象膨胀（Strange et al., 2008; Wade et al., 2002）。一项调查中，有39%的人回忆起了不太可能拥有的2岁及以前的最初记忆（Akhtar et al., 2018）。而在英国和加拿大的一些大学调查中，有近四分之一的学生报告了一些个人记忆，之后发现这些记忆是不准确的（Foley, 2015; Mazzoni et al., 2010）。要记住的一点：不要相信自己所记得的一切。

来源遗忘

记忆最脆弱的部分是哪里？答案是记忆的来源。我们可能会记得在社交媒体上了解到的一些情况，但不确定其真实性；我们也可能会梦到一个事件，但醒来后不确定它是否真实发生过；我们还可能会告诉朋友一些八卦，后来才知道我们正是从朋友这里得到的消息。著名的儿童心理学家让·皮亚杰成年后才吃惊地发现，他童年时的一段生动详细的记忆——保姆将他从绑架者手中解救出来——完全是虚构的。他显然是在反复听到这个故事的基础上建构了这段记忆，因为他的保姆后来经历了宗教信仰的改变，承认这个故事从未发生过。皮亚杰将他的"记忆"归结为自己的经历，而非保姆的故事，表现出了**来源遗忘**（source amnesia）（又称来源归因错误）。许多错误记忆的核心都是来源遗忘。一些作家、作曲家和喜剧演员有时也会受到这种影响，他们会以为某一灵感来自自己的创造性想象，但实际上是无意中剽窃了之前读到或听到的东西。

甚至学龄前儿童也会出现来源遗忘。一项研究中，"科学先生"让学龄前儿童参与了诸如用小苏打和醋吹气球的活动（Poole & Lindsay, 1995, 2001）。三个月后，这些孩子的父母连续三天为他们讲一个故事，故事描述了孩子与科学先生一起做过的事情，以及一些他们没有一起做过的事情。在被问及只出现在故事中的某项活动时，如"科学先生有一个带绳索、可以拉动的机器吗？"，10个孩子中就有4个会自发地回忆起参与过该活动。

来源遗忘也有助于解释"**既视感**"（déjà vu，法语，意为"似曾相识"）。有三分之二的人都经历过这种转瞬即逝的诡异感："我以前也遇到过这种情况"。似曾相识的关键是我们对某一刺激的熟悉感，以及对之前在哪里遇到过这一刺激的不确定性（Cleary & Claxton, 2018; Urquhart et al., 2018）。通常情况下，在有意识地记住细节（这得益于海马体和额叶加工）之前，我们会经历一种熟悉的感觉（这得益于颞叶加工）。而这些功能（和脑区）不同步时，我们就会体验到一种熟悉感，而非有意识的回忆。我们神奇的大脑会尝试理解这种不可能的情况，于是就令我们产生正在重温之前生活的某一刻的怪异感。来源遗忘会促使我们尽力去理解这样的古怪时刻。

既视感：一种"似曾相识"的诡异感觉。当前情境中的线索可能会无意识地触发对早期经验的提取。

> "你有过那种奇怪的陌生感吗？这是一种不寻常的感觉，不知何故，某些以前发生过的事情好像从来没有发生过，原本熟悉的一切都显得陌生起来，然后突然间这种感觉就消失了。这就是vujà dé"。
> ——喜剧演员乔治·卡林

辨别真实记忆和虚假记忆

由于记忆既是重建，也是再现的过程，我们无法根据感觉的真实性来判断记忆是否真实。如同幻觉可能感觉起来就像是真实的知觉一样，不真实的记忆感觉上也像是真实的记忆。因为错误信息效应和来源遗忘发生在意识之外，所以我们很难将虚假记忆和真实记忆区分开（Schooler et al., 1986）。你可能会想起向朋友描述童年经历时，曾用合理的猜测来填补记忆的空白。实际上，我们所有人都会这样做。在多次复述的过程中，那些猜测的细节已经被吸收到记忆中，可能会真实得就像真的经历过一样（Roediger et al., 1993）。虚假记忆就像假钻石一样，看起来真实极了。

虚假记忆可能会长久存在，当它们与我们的信念一致时尤其如此。一个大型实验中，许多爱尔兰人就保留了与2018年爱尔兰堕胎政策公投相关的虚假新闻的错误记忆，当这些虚假新闻与他们的观点一致时，情况更是如此（Murphy et al., 2019）。

虚假记忆往往维持着虚假的关联。假如我们先大声朗读一列单词，如糖果、糖、蜂蜜和味道，随后在一张更大的单词表中再认先前的单词。若你和亨利·罗迪格（Henry Roediger）和凯瑟琳·麦克德莫特（Kathleen McDermott）所测试的人一样，那么在四次测试中你可能会犯三次错，错误地记住了一个之前未曾展示过的相似单词，如"甜"。这是因为我们更擅长记住大意，而非单词本身。

虚假记忆具有社会感染性。听到别人记错某一事件时，我们自己往往也会犯同样的错误（Roediger et al., 2001）。我们常会对自己最初是从哪里得知这一错误事件并存储他人的虚假记忆感到困惑——这件事情是我本来就知道的，还是从别人那里得知的呢？你的

批判性思考：

童年遭受性虐待的记忆可以被压抑，然后再恢复吗？

学习目标问题 8-17 为什么关于记忆压抑和恢复的报告引起了如此激烈的争论？

两种可能的悲剧结局：

1. 人们怀疑那些吐露秘密的童年性虐待受害者。
2. 无辜者遭人诬陷，因为治疗师促使受害者"恢复"了童年被性虐待的记忆。

善意的治疗师："许多性虐待受害者常有你这些症状。因此，也许你曾受过侵犯并压抑了这段记忆。让我们看看，能不能通过挖掘、想象你的创伤经历，帮助你恢复记忆。"

错误信息效应和来源遗忘：成年来访者可以塑造出施虐者的形象。

随着复述次数增加（反复的心理治疗），这一形象变得更加逼真。

来访者惊怒交加，想要反抗或起诉记忆中的施虐者。

被指控者同样大吃一惊，开始极力否认对长期性虐待的指控。

包括美国医学会、美国心理学会和美国精神病学会在内的许多专业组织正努力寻找合理的共识来解决这一心理学的"记忆之战"[1]：

- 童年性虐待是存在的。受害者可能会遭受性功能障碍或抑郁症等问题[2]，但不存在"幸存者综合征"——没有一组症状让我们可以识别性虐待的受害者。[3]
- 冤假错案也是存在的。无辜者遭到错误定罪，而有罪者通过质疑那些说真话的指控者却逃脱了惩罚。
- 遗忘是存在的。年幼时遭到性虐待的儿童可能不理解他们所经历的事情的意义，也可能不会记起。遗忘掉很久以前发生的好事或坏事在日常生活中也很常见。
- 记忆恢复很常见。在某句话或某次经历的线索提示下，我们可能会恢复被遗忘已久的事件的愉快或不愉快的记忆。但无意识是否会强行压抑痛苦的经历，这些经历能否通过治疗师辅助技术恢复呢？[4] 相比之下，自然浮现的记忆可能更具备真实性。[5]
- 4岁以前的记忆并不可靠。婴儿期遗忘是脑神经通路发育不足造成的。因此，大多数心理学家都对受害者所"恢复"的婴儿时期遭到性虐待的记忆表示怀疑。[6] 儿童遭受性虐待时的年龄越大，虐待越严重，记住的可能性就越大。[7]
- 催眠状态下"恢复"的记忆尤其不可靠。
- 无论记忆是真是假，都会给人造成情绪困扰。纯粹由暗示形成的痛苦记忆，也会像真实事件一样，带来身体上的压力。[8]

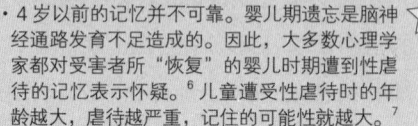

心理学家对压抑是否会发生表示质疑

（关于这一概念的更多信息，详见第14章，这是弗洛伊德理论的核心）

创伤性经历（如目睹亲人遭到谋杀，受到劫持者或强奸犯恐吓，在自然灾害中失去一切）。 → 持续不绝、萦绕不去的生动记忆[9]

关于遭受性虐待的儿童恢复记忆的报告，皇家精神病学院研究小组建议称："记忆在长期遗忘后又'恢复'，尤其是使用特殊手段来确保记忆恢复的情况下，这些恢复的记忆很可能是虚假的。"[10]

1. Patihis et al., 2014a。2. Freyd et al., 2007。3. Kendall-Tackett et al., 1993。4. McNally & Geraerts, 2009。5. Geraerts et al., 2007。6. Gore-Felton et al., 2000; Knapp & VandeCreek, 2000。7. Goodman et al., 2003。8. McNally, 2003, 2007。9. Porter & Peace, 2007; Goldfarb et al., 2019。10. Brandon et al., 1998。

网友可能会误将某个害羞的同学记成一个举止粗鲁的人，导致你也阴差阳错地对这个同学产生负面的记忆。虚假的网络故事如何传播并成为虚假记忆就显而易见了。

记忆建构错误也解释了一些人因不曾犯下的罪行入狱的原因。在入狱后被DNA测试证明无罪的365人中，有69%都是因为目击者错误指认而被定罪的（Innocence Project, 2019; Smalarz & Wells, 2015）。这也解释了"经催眠恢复的"关于犯罪的记忆容易出错的原因，其中一些错误可能是催眠师的引导性问题（如"你听到嘈杂的声音了吗？"）导致的。在许多"后来恢复的"童年虐待记忆中，记忆建构错误似乎也会起作用。（见"批判性思考：童年遭受性虐待的记忆能够被压抑，然后再恢复吗？"。）

记忆建构错误解释了为什么相爱的情侣会高估对彼此的第一印象，即一见钟情，也解释了为什么分手的情侣会低估分手前的爱恋，认为双方从来没有真正相爱过（McFarland & Ross, 1987）。爱一个人时，我们的记忆会消除负面成分，突显正面成分（Cortes et al., 2018）。这也解释了为什么人们被问及十年前对大麻或性别问题的看法时，他们回忆起的态度更接近他们现在的观点，而不是他们在十年前实际报告的观点（Markus, 1986）。在一个实验中，选择了撰写文章支持学费提高政策的学生就建构了错误的记忆，以为自己以前就是支持该政策的，然而实际上他们最初是反对该政策的（Rodriguez & Strange, 2015）。人们对体罚的态度也是如此，当前的观点会让人们记错以前的观点（Wolfe & Williams, 2018）。人们在回忆时，常会令一直以来的感受与现在的感受一致（Mazzoni & Vannucci, 2007）。正如乔治·范伦特（George Vaillant, 1977）在长期跟踪研究成年人的生活后指出的："毛毛虫变成蝴蝶后，坚称自己年幼时也是小蝴蝶，这简直太常见了。成长让我们都成了骗子。"

目击记忆的准确性还受到种族效应倾向的影响，我们回忆自己种族面孔的准确性要高于回忆其他种族面孔（见第11章关于其他种族效应的讨论）。在一些因目击者误认，后用DNA证据免于罪责的犯罪嫌疑人中，有近一半是因跨种族误认而被错误指控的（Innocence Project, 2019）。

自问

思考自己经常想起的一段记忆，你可能在无意识的情况下对它做出了什么样的改变？

儿童的目击记忆

学习目标问题 8-18 儿童的目击描述有多可靠？

记忆可能是真实的，也可能是错误的。那么，在儿童性侵案的审理过程中，唯一的证据就是受害儿童的记忆时，陪审员该如何裁决？斯蒂芬·塞西（Stephen Ceci, 1993）说："要是对虐待儿童的严重性视而不见，那可真是太可怕了。"然而，透过塞西和玛吉·布鲁克（Maggie Bruck, 1993, 1995）对儿童记忆的研究，人们意识到了塑造儿童的记忆有多么容易。例如，要求3岁儿童在一个符合人体解剖学标准的玩偶上指出儿科医生触摸过的身体部位时，那些没有接受过生殖器检查的儿童中有55%的人都指了生殖器或肛门部位。

研究人员还研究了暗示性访谈技术的效果（Bruck & Ceci, 1999, 2004）。在一个实验中，孩子从一副包括了可能发生的各种事件的卡牌中选择一张，随后由一个成年人为他们读出这张卡牌的内容。比如，"认真想一想，再告诉我这事儿在你身上发生过吗？你还记得有一次手指被老鼠夹夹了，去医院看医生吗？"。在这样的访谈中，同一个成年人会反复要求儿童思考几个真实的和虚构的事件。10周后，另一个成年人问了孩子同样的问题，得到了惊人的结果：有58%的学龄前儿童就一个或多个他们从未经历过的事件编造了（生动的）虚假故事（Ceci et al., 1994）。以下就是一个例子：

我哥哥科林想要我的玩偶，我不想给他，于是他把我推倒在柴堆里，里边就有个捕鼠器，我的手指就这样被夹在里面了。然后我们去了医院，因为那里很远，是我妈妈、爸爸和科林开着我们家的面包车把我送过去的。然后医生就给我这根手指缠了绷带。

鉴于这些故事细节满满，专门负责儿童访谈的专业心理学家都无法可靠地区分真实记忆与虚假记忆。孩子自己也做不到。尽管上述故事里的主人公的父母曾多次提醒他，捕鼠器事件从未发生过，是他凭空想象的，他仍抗议道："但这事确实发生过，我记得！"不幸的是，这类记忆错误早已比比皆是。在一项超过20 000名参与者的目击数据分析中，儿童经常将无辜的嫌疑人指认为有罪的（Fitzgerald & Price, 2015）。塞西说："这些研究使我十分担心虚假指控的可能性。如果数据更偏向于某一方，保持中立并不能体现个人的科学操守。"

然而，如果访谈者受过精心训练，那么成人和儿童都能够成为准确的目击者（Wixted et al., 2018）。访谈者用儿童能够理解的中性词汇询问儿童的经历时，儿童常会准确地回忆起发生了什么或谁干了什么（Brewin & Andrews, 2017; Goodman, 2006）。当访谈者使用暗示性更少且更有效的技巧时，即使四五岁的儿童也能更准确地进行回忆（Holliday & Albon, 2004; Pipe et al., 2004）。如果孩子在访谈之前没有与相关的成年人交谈过，信息吐露是在与中立者的访谈中发生，并且中立者的提问不具有引导性时，他们的回忆就特别准确。

检索练习

RP-3 鉴于来源遗忘的普遍性，如果我们能够记住所有清醒时的经历和所有的梦境，生活会是什么样子？

RP-4 假如你在一场因儿童期记忆恢复而指控父母性虐待的审判中担任陪审员，你应该与其他陪审员分享记忆研究中的哪些成果？

答案见附录D

改善记忆

学习目标问题 8-19 如何利用记忆研究的成果来学好本门课程和其他课程？

生物学的研究结果能够促进医学发展，植物学的研究结果能够促进农业发展。同理，记忆研究人员的发现也能让教育受益，改善学生在课堂和考试中的表现。为了便于参考，这里总结了一些基于研究的建议和策略，可以帮助你在需要时记住信息。本书中所使用的 SQ3R 学习技巧：纵览（Survey）、提问（Question）、阅读（Read）、复述（Retrieve）、复习（Review），就包含了其中一些策略。

思考和记忆
在阅读时积极思考，进行复述，将各种观点关联起来，使材料更具个人意义，可以产生最佳的记忆效果。

复述 为了掌握学习材料，请牢记间隔效应，采用分布式（间隔式）练习。在学习某一概念时，给自己许多分散的学习时间。充分利用生活中的各种小空隙，如坐公交车时、在校园中行走时、准备上课前的几分钟。新形成的记忆十分脆弱，只有不断进行练习，新记忆才会得到强化。因此，专家建议，在停止学习之前，要对需记忆的事项进行三次提取（Miyatsu et al., 2018）。阅读复杂材料时，如果很少复述，那么记忆效果会十分有限，复述和批判性反思可以更有效地增强记忆。正如测试效应所显示的，主动学习是有回报的。在心里念、手写或打字的效果要比默默阅读好（MacLeod & Bodner, 2017）。这种效应也解释了为什么在教学时，向自己解释时或大声复述信息时，学习效果最好（Bisra et al., 2018; Forrin & Macleod, 2018; Koh et al., 2018）。

主动解释或复述信息对学习的促进往往被人们忽视。一项实验中，研究人员将学生随机分配到只能被动听讲或学生主动学习的课堂上。在主动学习的课堂上，学生学到的东西更多，尽管他们觉得自己学得不多（Deslauriers et al., 2019）。因此，你可以组建一个学习小组，将课堂上的学习材料在小组里口头表述出来，以得到社会支持作为回报。即使只是手写课堂笔记，也能帮助你用自己的语言总结学习材料，记忆效果比在电脑上逐字逐句地打出讲义更好。因此，研究人员帕姆·穆勒（Pam Mueller）和丹尼尔·奥本海默（Daniel Oppenheimer）指出，在课堂上"笔比键盘更有力量"。

赋予材料意义 你可以通过尽可能多地形成关联信息来建立一个线索的网络。将这些概念应用于自己的生活，理解和组织信息，形成图像。最好是将概念实际画出来（Fernandes et al., 2018）。你也可以将学习材料与自己的见闻和经历结合起来，正如威廉·詹姆斯所说，"将每一个新事物都与已获取的事物交织起来"。只无意识地重复别人的话，而不真正下功夫去理解话的含意，是无法形成足够的提取线索的。这样的情况下，一旦某个考题所使用的措辞与你所记得的单词不同时，你的记忆就会卡壳了。

笔记本电脑会让人分心吗？一项针对大学心理学入门课程学生的研究表明，学生平均花了三分之一的课堂时间在浏览网页上。即使在控制了学生的能力和兴趣这些因素后，结果仍然显示学生花在网上的时间越多，考试成绩就越差（Ravizza et al., 2017）。

激活提取线索 牢记环境依赖性记忆和状态依赖性记忆的重要性，在心理上重现你当初学习时的环境和心情，让一个想法提示下一个想法，从而唤起你的记忆。

使用记忆术 编个故事，并将生动的形象融入概念中。也可以将信息分组或创造一个好用的记忆工具。你有没有学会用"Never Eat Slimy Worms"（不要吃黏糊的虫子）来顺时针记住"北（North）、东（East）、南（South）、西（West）"这四个方向呢？

使前摄干扰和倒摄干扰最小化 在睡觉前学习。不要为如西班牙语和法语容易相互干扰的课题安排过于接近的学习时间。

保持充足睡眠 在睡眠期间，大脑会进行信息重组和记忆巩固以长期储存记忆，而睡眠不足会干扰这一过程（Frenda et al., 2014; Lo et al., 2016）。并且，即使是清醒状态下的10分钟休息也能增强我们对所读内容的记忆效果（Dewar et al., 2012）。因此，努力学习一段时间后，你可以先坐一会儿或躺几分钟，休息一下再进入下一个主题的学习。

知识自测 这是一个复述的过程，也能帮助你找出还没掌握的内容。测试的效果是真实而强大的，不要因自己再认信息的能力而过度自信。你可以通过检索练习，在空白纸上列出章节提纲。先对每一章节末尾所列出的术语和概念进行定义，再回头查看书中的定义。

自问

在这些学习和记忆策略中，哪三种策略对你来说最重要，可以提高你的学习效果和记忆力？

检索练习

RP-5 哪些记忆策略可以帮助你更聪明地学习，记住更多的信息？

答案见附录 D

第 9 章

思维与语言

思维
概念
问题解决：策略与阻碍
形成（或好或坏）的决策与判断
批判性思考：恐惧因素
创造性思考
其他物种是否与人类拥有同样的认知技能？

语言与思维
语言结构
语言的习得与发展
大脑和语言
其他物种有语言吗？
思维和语言

纵观历史，人类总是赞叹自己的智慧，同时又哀叹自己的愚蠢。诗人T. S.艾略特（T. S. Eliot）曾因"我们是空心人……头脑里塞满了败絮"这一诗句，令人内心深受震撼。而莎士比亚曾借助笔下的哈姆雷特歌颂人类："多么高贵的理性！多么无穷的智慧！……如神一般的真知灼见！"在前面的章节中，我们同样也惊奇于自己的能力，诧异于自己所犯过的错误。

我们研究的人脑——那如同一块小肉饼一般、大约只有1.3千克重的组织，却有着令人难以置信的复杂线路。我们对新生儿的能力赞叹不已，也对自己的视觉系统啧啧称奇。这种视觉系统能将物理刺激转化为神经脉冲，并将这些神经脉冲分散开来进行平行加工，最后在大脑里把它们重新组合，形成清晰的、色彩斑斓的视觉图像。有意或无意地，我们总是在思索大脑看似容量无限的记忆力和双通道思维加工信息的能力。得益于此，人类通过对历史上各种思想的不断创新，发明了相机，开上了汽车，用上了电脑，解开了原子的奥秘，破译了基因密码，走进了外太空，也探索了人类大脑。

然而我们也清楚地知道，就某些方面来说，人类的理性并不够高尚。人类与其他物种有着亲缘关系。在学习上，我们与老鼠和鸽子一样，受着相同法则的影响。我们注意到，人类并不总是聪明的一方，我们时常听任知觉幻象的摆布，受灵媒和错误记忆的蒙骗。

在本章中，我们将遇到更多关于人类具有两面性的事例，包括理性的和非理性的。我们将探究思维，以及我们如何利用周遭世界的信息（这些信息有时也被忽略或误用）。

本章还会涉及人类的语言天赋，并思考这种天赋是如何发展以及为何发展的。最后，再进一步反思人类如何才能配得上"智人"（Homo sapiens）——"具有智慧的人类"这一称号。

思维

概念

学习目标问题 9-1 什么是认知？什么是元认知？概念的作用是什么？

研究认知的心理学家着重关注与思考、认识、记忆和信息交流有关的心理活动。其中一项活动就是**元认知**（meta cognition，字面意思即"超越认知"）。元认知是关于认知的认知，或者说是对我们思维的思考。学生在学习中用好元认知，积极地监测和评估其学习过程中一系列认知活动，可以帮助他们在学业上取得更好的表现（de Boer et al., 2018）。（元认知可以帮助你厘清学习中的盲点，提高成绩。）

概念（concept）的形成也是一种认知活动。同类事物、事件、想法和人在大脑中形成的思维集合就是概念。例如椅子这一概念，就是我们对婴儿椅、靠背椅、餐桌椅等一切用于"坐"的同类物品的概括。概念简化了人的思维过程。试想，如果没有概念，生活将会怎样？我们不能让孩子"把球扔掉"，因为根本没有"扔"或"球"这两种概念。我们不能说"我想挣钱"，因为人类不是生来就有"挣钱"或"钱"的概念。像"球"和"钱"这样的概念，不需要耗费过多的认知努力，就能为我们传递大量信息。人们有一种自然的偏见，即倾向于把接收到的信息分为两类——比如将人类分为"愚蠢"或"聪明"、"自由派"或"保守派"、"白人"或"黑人"不同类型（Fisher & Keil, 2018）。

我们经常通过拓展**原型**（prototype）来形成概念，原型即符合该类别事物所有特征的心理意象或最佳事例（Rosch, 1978）。某个事物越接近其概念原型，就越容易被认定为是这一概念的最佳示例。例如，相比"乌鸦是鸟"，人们需花更多时间接受"企鹅是鸟"这一说法。对我们大多数人来说，乌鸦比企鹅更像鸟类，更接近鸟类的原型。

在给人的面孔分类时，我们会在心理上用原型将这些人归类。比利时学生就是这样将混合种族面孔进行分类的。在观察一张具有 70% 白种人特征、30% 黄种人特征的混合面孔时，参与者将这张脸归类为白种人。随着参与者的认知偏向白种人原型，同一张脸，他们可能会记住 80% 的白种人特征，而不是他们实际看到的 70% 白种人特征的面孔（Corneille et al., 2004）。同样，如果给参与者展示一张具有 70% 黄种人特征的混合面孔，他们之后可能会记住一张更典型的黄种人面孔。性别方面也是如此：人们初次看到一张具有 70% 男性特征的面孔，会将此人归类为男性（这不足为奇），但之后人们对这张面孔的记忆则会比初见时更具有典型男性特征（Huart et al., 2005）。

如果某种事物的特征与我们熟悉的原型不吻合，我们就难以将其归类。西红柿

元认知：关于认知的认知，跟踪监测和评估我们的心理过程的一系列认知活动。

概念：同类事物、事件、想法和人在大脑中形成的思维集合。

原型：符合该类别事物所有特征的心理意象或最佳事例。新事物与原型匹配时，可以简单快速地将事物预先分类（例如将有羽毛的生物与鸟类原型如乌鸦进行比较）。

是水果吗？16 岁的女性是少女还是妇女？鲸鱼是鱼类还是哺乳动物？因为鲸鱼与哺乳动物原型相差较大，所以我们识别鲸鱼属于哺乳动物时会比较缓慢。类似的情况还有，如果我们生病时的症状与疾病原型不相符，也许我们就不能快速察觉到自己生病了（Bishop, 1991）。例如，有些心脏病患者的症状表现为胸闷气短、疲惫，这与心脏病症状原型（胸部剧烈疼痛）不吻合，这类病人很可能就不会去看医生。如果某种歧视与我们的偏见原型（白人歧视黑人、男性歧视女性、年轻人歧视老年人）不吻合，那么我们通常会忽略这种歧视。人们很容易就能察觉男性对女性的歧视，但女性对男性的歧视或女性之间的歧视却不那么容易被发现（Cunningham et al., 2009; Inman & Baron, 1996）。虽然概念引导思维，让思维变得更加敏捷，但这不代表概念总是会为我们指明正确的方向。

问题解决：策略与阻碍

学习目标问题 9-2 问题解决的过程中有哪些认知策略，其中有何障碍？

我们解决问题的能力是能够证明我们具有理性的一个证据。如何在交通堵塞时选择最佳路线？如何应对朋友的批评？怎么在没有钥匙的情况下进屋？

有些问题可以通过反复试错来解决。托马斯·爱迪生在发现适用的灯丝前，曾尝试了数千种灯丝。对于其他问题，我们可以使用**算法**（algorithm），即通过按部就班的程序得到解决方案。但是分步算法劳神又费力。例如，如果要我们使用 SPLOYOCHYG 中的所有字母来组成一个单词，我们可以尝试把每一个字母逐一换位，但这种方法一共会产出 907 200 种结果。

大脑不可能拥有一个沙滩球大小的计算区域，所以我们倾向于采用更简单的思维策略来解决问题，即**启发式**（heuristic）。我们可以把经常出现在一起的字母（CH 和 GY）加以分组，排除少见的字母组合（如 YY）来减少 SPLOYOCHYG 字母排列的所有结果，最后采用启发式，再运用试错法，也许就能找到答案。你猜对答案了吗？[1]

有时，我们会对一个问题百思不得其解，突然有那么一瞬间，所有零散的思绪汇聚到了一起，就形成一个突然的、看似可行的、通常令人满意的解决方案，这就是**顿悟**（insight）（Topolinski & Reber, 2010; Webb et al., 2019）。十岁的约翰尼·阿普尔顿（Johnny Appleton）瞬间的顿悟曾解决了一个困扰建筑工人的问题：如何从水泥砌墙上一个约一米深的狭窄洞中救出一只年幼的知更鸟。约翰尼的办法是：缓缓地往洞里倒入沙子，让小鸟有足够的时间慢慢站在逐渐上升的沙堆上（Ruchlis, 1990）。顿悟出来的解决方案往往不够完美，但总是正确的（Danek & Salvi, 2018）。

算法：有条理的、有逻辑的规则或解决特定问题的程序；与通常更快速但也更容易出错的启发式相对。

启发式：一种简单的思维策略，一种思维捷径——通常能让我们有效地做出判断，解决问题；通常比算法更快但也更容易出错。

顿悟：突然想出问题的解决方案，与基于策略的问题解决方案形成对比。

---

[1] SPLPYOCHYC 排序答案：PSYCHOLOGY（心理学）。

当人们顿悟时，大脑在经历什么？大脑扫描（EEGs或fMRIs）显示，人们顿悟时，大脑中与顿悟相关的活动呈爆发状态（Kounios & Beeman, 2014）。在一项研究中，研究人员要求人们想出一个单词，这个单词能与一组中其他三个单词——如pine（松子）、crab（螃蟹）和sauce（酱汁）——中的任一个组成一个复合词或短语，并在想出答案时按铃回答（提示：这个词是一种水果[1]）。人们解决问题的方案有一半都是通过顿悟获得的。在顿悟之前，问题解决者的额叶（与集中注意力相关的区域）十分活跃，在顿悟得出答案的瞬间，右耳上方的颞叶突然活跃起来。

顿悟总是以"突袭"的方式到来，并且在之前没有任何"预告"或接近答案的感觉（Knoblich & Oellinger, 2006; Metcalfe, 1986）。当答案"apple"（苹果）浮现在脑海中时，我们会感到幸福而满足。笑话带来的欢乐同样也取决于我们的顿悟能力，即对出人意料的结局或双关含义突然间的领悟：例如"You don't need parachute to skydive. You only need a parachute to skydive twice"（过了河也别拆桥，没准儿你还要回来呢）。[2] 喜剧演员格鲁乔·马克思（Groucho Marx）是这方面的高手："I once shot an elephant in my pajamas. How he got in my pajamas I'll never know."（我曾经穿着睡衣射杀过一头大象，但这头大象怎么跑到我睡衣里来的，我就不知道了）。[3]

尽管我们能够创造性地解决问题，但也可能会受到一些其他认知倾向的误导。证实偏差便是其中之一。证实偏差常引导我们寻找支持自己观点的证据，忽略或歪曲与自己观点相悖的证据（Klayman & Ha, 1987; Skov & Sherman, 1986）。在一项经典的研究中，彼得·沃森（Peter Wason, 1960）给英国大学生一组由3个数字组成的数列（2-4-6），并要求学生猜测他设计这一组数列时所采用的规则（规则很简单：任意3个升序排列的数字）。在提交答案之前，学生会自己编写3个数字的数列，沃森会告诉他们这些数字是否符合他的规则。一旦有学生确定自己发现了正确的规则，他们就可以将规则公布出来。结果呢？大多数学生的想法都是错误的（他们猜想"也许是等差数列"），然后只去寻找支持自己观点的证据（通过测试6-8-10、100-102-104等）。结果呢？几乎没有学生的答案是正确的，却没人提出疑问。

后来沃森说道："普通人逃避事实、矛盾、前后不一，在面临与问题相关的新信息时还会条理清晰地为自己辩解。"因此，人们已经在心中形成一种观点后，就更乐于接受支持自己观点的证据。比如，疫苗会导致（或不会导致）孤独症谱系障碍，人可以（或不能）改变自己的性取向，枪支管制不能（或能）拯救生命。而一旦我们被一个不

---

[1] 答案是apple（苹果）。可组成：pineapple（菠萝）、crabapple（海棠）、applesauce（苹果酱）。
[2] 此处的parachute（降落伞）一词，可以指穿着降落伞上飞机和飞行降落的两个动作。——译者注
[3] 该句中的in my pajamas可以理解为"穿着睡衣的我"或"穿着我睡衣的大象"。——译者注

图 9.1 可逆图形和背景火柴棍问题
怎样将 6 根火柴排列成 4 个等边三角形？

固着：无法从新的角度看待并解决问题，是一种解决问题的障碍。

心理定势：倾向于沿用得心应手的老方法解决问题。

"任何主张一经提出……，人们对其的理解便是动用其他所有力量来为之添油加醋并加以证实。"
——弗朗西斯·培根，《新工具》，1620

直觉：一种毫不费力的、快速的、自发的感觉或想法，与明确的、有意识的推理相对。

正确的观点所困扰，就很难从不同的角度来对待该问题。这种解决问题的障碍被称为**固着**（fixation），是一种无法从新的角度出发的能力。试着解决图 9.1 中的火柴棍问题，看看固着会不会成为你解题过程中的阻碍（解决方案见图 9.2）。

心理定势（mental set）是固着的一个典型例子，即沿用得心应手的老方法解决问题。但事实上，过去行之有效的解决方案有时的确有助于解决新问题。

假定某一序列为 O–T–T–F–？–？–？，那么，最后三个字母会是什么？

大多数人很难想到最后 3 个字母分别是 F（ive）、S（ix）和 S（even）。不过解决了这个问题，下一个问题也许就变得更加容易了。

假定某一序列为 J–F–M–A–？–？–？，那么，最后三个字母是什么？（如果不知道答案，就想想现在是几月份吧。）

如同知觉定势让我们先入为主地感知事物一样，心理定势也会让我们先入为主地去思考问题。有时候这种先入为主的概念可能会成为解决问题的障碍，就如我们过去对火柴棍的经验所形成的心理定势，可能会让我们在解决火柴棍问题时拘泥于二维平面思维。

形成（或好或坏）的决策与判断

学习目标问题 9-3 什么是直觉？代表性启发式和易得性启发式如何影响我们的决策和判断？

我们每天都要做出上百个判断和决策（我应该带件夹克吗？我能信任这个人吗？我应该自己投篮还是传球给那个手气不错的球员？），这些时刻我们几乎不会花费时间和精力去系统地推理，而是按照**直觉**（intuition）行事，凭借我们快速的、自发的、不理智的感觉和想法做出判断和决策。社会心理学家欧文·詹尼斯（Irving Janis, 1986）在采访了政界、商界和教育领域的决策者后得出这一结论：决策者"在解决问题时，往往不是三思而后行。那么他们通常是如何做出决策和判断的呢？如果你这样问起，他们很可能会告诉你……他们大多是凭自己的直觉来决定的"。

两条快速但冒险的捷径

当我们需要快速做出判断时，启发式通常可以帮助我们快速思考，也往往是有用的（Gigerenzer, 2015）。但是，正如认知心理学家阿莫斯·特沃斯基（Amos Tversky）和丹尼尔·卡尼曼（Daniel Kahneman）所指出的那样，如果采用直觉行事的心理捷径（代表性启发式和易得性启发式），即使再聪明的人也可能做出愚蠢的决策。没人会想到特沃斯基竟然会和卡尼曼成为挚友和伙伴（Lewis, 2016; Sunstein & Thaler, 2016）。当他们相遇时，特沃斯基还是一名气宇轩昂的战争英雄。那时他正在研究决策相关的课题，而卡尼曼则研究视觉，他老是发愁、忧虑不已。他们二人抛开分歧，封闭在一个小研讨室里，争论，说笑，最终探讨出来的结果改变了人们看待思维和决策的方式（Dean & Ortoleva, 2019）。他们的努力成果最终为他们赢得了 2002 年诺贝尔经济学奖。遗憾的是，特沃斯基当时已经过世，独留卡尼曼享受这一荣誉。

正如卡尼曼在为我的书《社会心理学》撰写的小短文中所写的："我和阿莫斯一起体会到了拥有一只能下金蛋的鹅的奇妙之处，两个人加起来总比一个人聪明。"

代表性启发式 凭借直觉将某事件与特定原型加以比较，并以此来判断事件的可能性，使用的就是**代表性启发式**（representativeness heuristic）。试想，有这么一个人，他身材矮小、瘦削，喜欢朗诵诗歌。你觉得这个人更可能是一位常春藤联盟高校英语教授，还是一名卡车司机呢（Nisbett & Ross, 1980）？

许多人会猜测这个人是一名英文教授——因为相较于卡车司机原型，这个描述更符合大众所认知的学术教授原型。在做出这样的判断时，人们忽略了常春藤盟校英语教授（不到 400 人）和卡车司机（仅美国就有 350 万人）的基本比例。因此，就描述形象适配度而言，即使英语教授的形象比卡车司机典型 50 倍有余，也不能忽略卡车司机的人数是常春藤盟校英语教授人数的大约 8750 倍。这意味着，实际上，描述中这位身材瘦小的诗歌爱好者是卡车司机的可能性，比是教授的可能性高出很多。

有些原型具有社会影响。一位同时养育了两个黑人孩子和三个白人孩子的母亲问其他父母："当你的孩子挑选佳得乐（一种饮料）口味的时候，店员会跟着他们吗？当你的孩子装扮成忍者和小丑挨家挨户地玩'不给糖就捣蛋'的时候，他们会被问到和谁在一起，以及住在哪里吗？这些问题我的黑人小孩都被问到过，白人小孩却从没有。"（Roper, 2016）如果人们对黑人青少年罪犯形成一种原型、一种刻板印象，他们在判断黑人个体时可能会无意识地使用代表性启发式。即使其结果是无意的，也是种族主义的一种体现。

易得性启发式 当我们基于心智显著性[1]来衡量事件的

阿莫斯·特沃斯基（1937—1996）

"在设计这些问题时，我们的出发点并非愚弄他人。所有这些问题同样也曾愚弄过我们自己。"

代表性启发式：根据事件与特定原型的匹配程度或是否能代表特定原型来判断事件的可能性，可能会导致我们忽略其他相关信息。

图 9.2 火柴棍问题的解答

要回答这个问题，必须从全新的视角审视它，并且必须打破仅限于在二维平面上的思维固着。

---

[1] 指大脑回忆某样事物的难易程度。——译者注

易得性启发式：根据记忆中所提供信息的可用性来判断事件的可能性；如果实例很容易就浮现在脑海中（也许是因为实例过于生动），我们便把这类事件假定为普通事件。

"卡尼曼及其同事和学生改变了我们对人们思维方式的看法。"
——美国心理协会主席莎伦·布雷姆

"不要相信你想到的任何事情。"
——保险杠贴纸

加州理工学院的科学家制作了一张过去120年间全球气温的交互式地图，以生动形象地描述气候变化。

共性时，**易得性启发式**（availability heuristic）就开始发挥作用了。任何信息，不论其生动、新颖或独特，只要大脑能轻易联想到，那么我们都会认为这类信息稀松平常。赌场就十分擅长利用这一点。赌场用闪烁的灯光播报极少数的胜局，让人产生深刻记忆，以此诱使人们去赌博；然而不为我们所见的是更为频繁的输局，输掉的金额更庞大。

易得性启发式扭曲了我们对风险的判断。一位名人的孩子接种疫苗后患上孤独症，引发了大多数人对疫苗的质疑。之后，虽然科学数据证明疫苗与患上孤独症并无联系，但大多数人仍旧更愿意相信这位名人身上发生的那令人难忘的事，也不愿相信有力的科学证据。稚嫩的幼童跟恐怖分子相比谁更可怕？一旦你了解到在2015年和2016年，武装幼童杀害的美国人比外国恐怖分子杀害的美国人还多（Ingraham, 2016; LaCapria, 2015），你也许会改变原来的看法。如果今年外国恐怖分子在美国杀害了1000个人，全美范围的人都会感到非常恐慌。然而，人们更应感到恐惧的是每年夺走3万多人生命的谋杀、自杀以及枪击导致的意外死亡事件。重要的是：我们常常害怕不该害怕的事情（见"批判性思考：恐惧因素"）。

与此同时，由于缺乏可感知的关于未来气候变化灾难的图像，一些人对气候变化漠不关心，科学家将这视为"慢动作的世界末日"。并且，人们对气候变化的看法就跟天气一样，一天一个变，虽然天气的变化很容易被感知到，但它对我们预测地球气候变化的长期趋势毫无帮助（Egan & Mullin, 2012; Kaufmann et al., 2017; Zaval et al., 2014）。异常炎热的当地天气加剧了人们对全球气候变暖的担忧，然而，仅需一天的降温便缓解了这种担忧，并且让那些容易被人遗忘的科学数据显得更不重要了（Li et al., 2011）。这就像史蒂芬·科尔伯特（Stephen Colbert, 2014）在推特上所说的那样："全球变暖不是真的，因为今天很冷！还有个好消息，世界饥饿也结束了！因为我刚才吃饱了。"

戏剧性的结果让我们吃惊得倒抽气，概率却不会。40多个国家在香烟外壳上标注有醒目的警告和图片，试图利用生动、让人难以遗忘的图像来警醒消费者（Riordan, 2013）。这样的方式能够奏效，是因为我们会进行情感推理（Huang et al., 2013）。我们总是过多地依赖感觉而不是思考（Slovic, 2007）。2015年，一张海滩上叙利亚儿童尸体的照片在网上疯传。这张照片的威力远胜于数十万难民死亡的统计数据，通过红十字会对叙利亚难民的捐款金额远高于对其他地区难民的捐款金额，高达55倍（Slovic et al., 2017）。

> **自问**
>
> 你害怕什么？你对一些事情的恐惧是否超过了它们发生的可能性？你如何使用批判性思维来评估自己恐惧的合理性，并确定生活中哪些领域需要加强预防措施？

批判性思考：

恐惧因素

学习目标问题 9-4 哪些因素加剧了我们对不太可能发生的事件的恐惧？

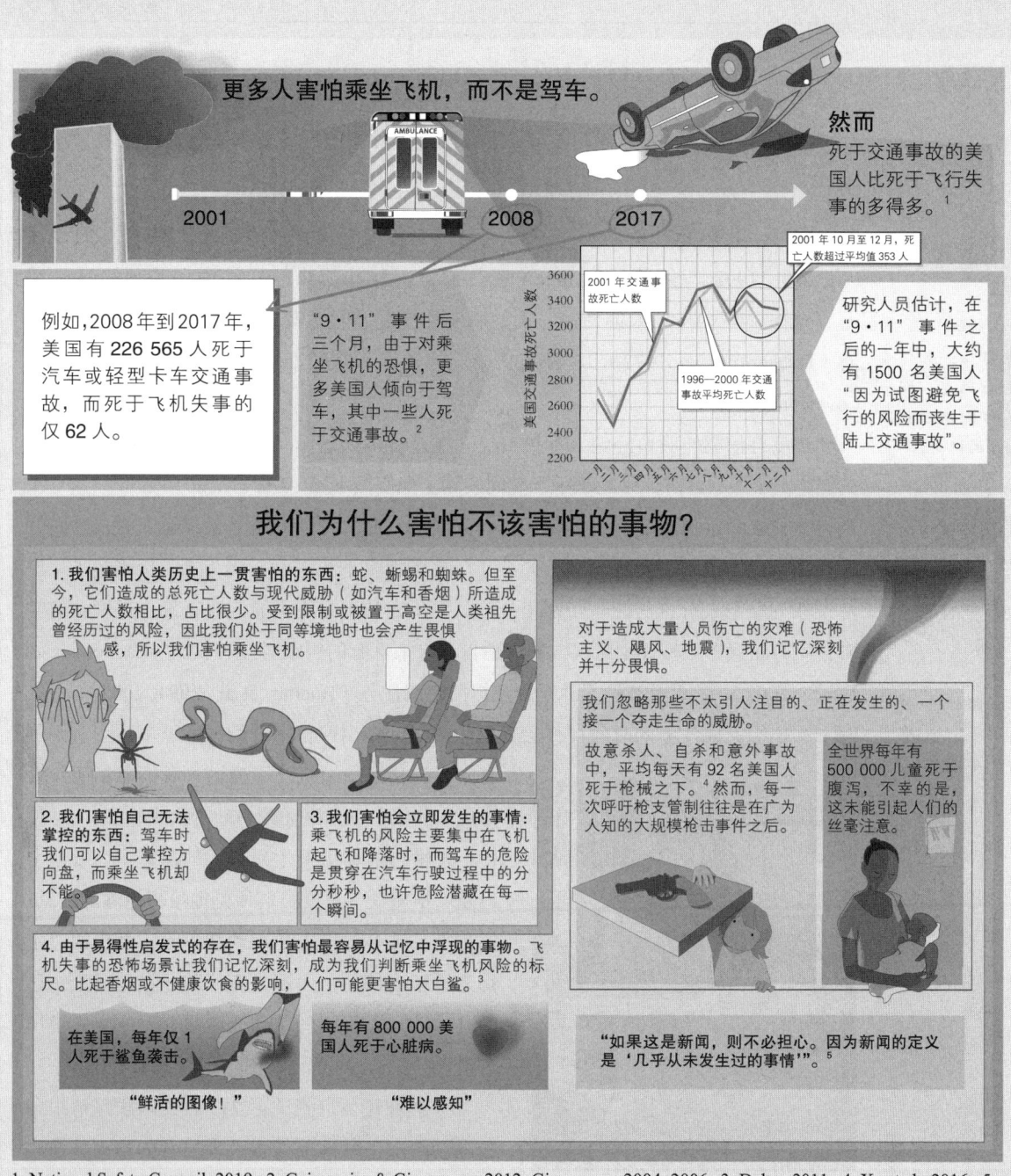

更多人害怕乘坐飞机，而不是驾车。

然而
死于交通事故的美国人比死于飞行失事的多得多。[1]

例如，2008年到2017年，美国有 226 565 人死于汽车或轻型卡车交通事故，而死于飞机失事的仅 62 人。

"9·11"事件后三个月，由于对乘坐飞机的恐惧，更多美国人倾向于驾车，其中一些人死于交通事故。[2]

2001 年 10 月至 12 月，死亡人数超过平均值 353 人

2001 年交通事故死亡人数

1996—2000 年交通事故平均死亡人数

美国交通事故死亡人数

研究人员估计，在"9·11"事件之后的一年中，大约有 1500 名美国人"因为试图避免飞行的风险而丧生于陆上交通事故"。

我们为什么害怕不该害怕的事物？

1. **我们害怕人类历史上一贯害怕的东西**：蛇、蜥蜴和蜘蛛。但至今，它们造成的总死亡人数与现代威胁（如汽车和香烟）所造成的死亡人数相比，占比很少。受到限制或被置于高空是人类祖先曾经历过的风险，因此我们处于同等境地时也会产生畏惧感，所以我们害怕乘坐飞机。

2. **我们害怕自己无法掌控的东西**：驾车时我们可以自己掌控方向盘，而乘坐飞机却不能。

3. **我们害怕会立即发生的事情**：乘飞机的风险主要集中在飞机起飞和降落时，而驾车的危险是贯穿在汽车行驶过程中的分分秒秒，也许危险潜藏在每一个瞬间。

4. **由于易得性启发式的存在，我们害怕最容易从记忆中浮现的事物**。飞机失事的恐怖场景让我们记忆深刻，成为我们判断乘坐飞机风险的标尺。比起香烟或不健康饮食的影响，人们可能更害怕大白鲨。[3]

在美国，每年仅 1 人死于鲨鱼袭击。

"鲜活的图像！"

每年有 800 000 美国人死于心脏病。

"难以感知"

对于造成大量人员伤亡的灾难（恐怖主义、飓风、地震），我们记忆深刻并十分畏惧。

我们忽略那些不太引人注目的、正在发生的、一个接一个夺走生命的威胁。

故意杀人、自杀和意外事故中，平均每天有 92 名美国人死于枪械之下。[4] 然而，每一次呼吁枪支管制往往是在广为人知的大规模枪击事件之后。

全世界每年有 500 000 儿童死于腹泻，不幸的是，这未能引起人们的丝毫注意。

"如果这是新闻，则不必担心。因为新闻的定义是'几乎从未发生过的事情'"。[5]

1. National Safety Council, 2019。2. Gaissmaier & Gigerenzer, 2012; Gigerenzer, 2004, 2006。3. Daley, 2011。4. Xu et al., 2016。5. Schneier, 2007。

> **检索练习**
>
> **RP-1** 为什么"新闻"可被称为"几乎从未发生过的事情"？知道这一点对我们评估自己的恐惧有何帮助？
>
> *答案见附录 D*

过度自信

学习目标问题 9-5 过度自信、信念固着和框架效应是如何影响我们的决策和判断的？

有时，我们是自信而不是真的正确。在各种任务中，人们会高估自己的表现（Metcalfe, 1998）。例如"absinthe（苦艾酒，一种甘苦味的烈性酒）是烈酒还是宝石"这种只有 60% 的人能回答正确的事实性问题，回答者总感觉有 75% 的信心能答对（Fischhoff et al., 1977）。这种高估我们的知识和判断准确性的倾向就是**过度自信**（overconfidence）。

过度自信驱使股票经纪人和投资经理在进行市场运作时，相信自己把握股票时机的能力高于股票经济人平均水平，然而实际上他们做不到（Malkiel, 2016）

在买入股票 X 时，买方经纪人推荐购买这只股并判断此时是最佳买入时机，而这时卖方经纪人也判断是时候卖出 X 股了。通常情况下买进和卖出相抵、价格持平。虽然说双方经纪人对自己的判断都很自信，但买方和卖方不可能同时正确。过度自信常常让我们屈服于一种计划谬误，即高估自己未来享有的闲暇时间和收入（Zauberman & Lynch, 2005）。学生及其他人总是预计提前完成任务（Buehler et al., 1994, 2002）。而实际上，他们完成任务的时间往往会比预计的时间多出两倍。我们预计下个月会有闲暇时间，于是愉快地接受了邀请；我们自信明年会挣更多的钱，于是毫无顾忌地贷款或赊账。

过度自信会影响生死攸关的抉择。如果给卡尼曼一根魔杖，过度自信便是他最想消除的偏见。历史上，许多领导人在发动战争时，做出的决定都是过于自信的，而不是正确的。在政治上，过度自信助长了极端的政治观点。在医学上，过度自信会导致错误的诊断（Saposnik et al., 2016）。

一个研究小组测试了 743 名美国联邦情报分析员预测未来事件的能力，参与者的预测常常表现得过度自信，那些经常预测失败的分析员往往缺乏灵活性、思想封闭（Mellers et al., 2015）。对

过度自信：自信心大于正确率，即一种高估知识和判断准确性的倾向。

侯世达定律：做事所花费的时间总是比你预期的要长，即使你已经在预期中考虑了侯世达定律。
——道格拉斯·侯世达、哥德尔、埃舍尔、巴赫

"知之为知之，不知为不知，是知也。"
——孔子

预测你自己的行为：你什么时候能读完这一章？

于碳排放总量管制、交易或单一税收等复杂提案来说，理解较为浅薄的普通公民也可能表达激烈的观点。有时，我们知道得越少，能表达出来的东西反而越明确。如果让那些持有激烈观点的人解释上述政策的细节，他们就会暴露自己的无知，这反倒会让他们的观点更为温和（Fernbach et al., 2013）。直面自己的无知即为明智。

然而，过度自信有时具有适应性价值。自信的人往往生活得更快乐，因为他们相信自己的决定是正确的，相信自己有闲暇时间。自信的人往往也更容易做出艰难的决定，而且他们看上去很有能力、令人信赖（Anderson et al., 2012）。如果能及时得到清晰明确的反馈，人们很快就能学会该如何实事求是地去评价自己判断事物的准确率（Fischhoff, 1982）。正所谓：智者知何时为知，何时为不知，此乃经验也。

信念固着

过度自信令人惊讶，**信念固着**（belief perseverance）同样如此，信念固着即形成信念的基础被否定后，仍坚持自己最初的信念。一项关于信念固着的经典研究涉及对死刑持对立观点的人（Lord et al., 1979）。意见双方学习了两个所谓的最新研究结果，一个研究结果支持死刑能阻止犯罪的主张，另一个研究结果则驳斥了这一主张。每一方都对支持各自观点的研究印象更为深刻，且双方都随时准备反驳对方的研究结果。以至于，当把相同的证据展示给支持和反对死刑的意见双方时，竟加大了他们的意见分歧。这些人并不是从证据中得出结果，而是用自己的结果来评估证据。这种现象也被称为动机推理。

信念固着：形成信念的基础被否定后，仍坚持自己最初的信念。

在其他研究和日常生活中，人们同样乐于接受支持自己观点的逻辑和证据，而对挑战自己观点的证据不屑一顾，这一现象体现在人们对气候变化、同性婚姻或政治等方面的看法上（Friesen et al., 2015; Gampe et al., 2019; Sunstein et al., 2016）。通常情况下，偏见持续存在，信念固着坚守。

有一个简单的方法可以控制信念固着：斟酌对方的观点。同一批研究人员再次就死刑问题进行研究时，他们要求一组参与者"尽可能客观，不带任何偏见"（Lord et al., 1984）。然而这一要求对于减少对证据的偏颇评价毫无作用。同时，研究人员告诉另一组参与者，"无论你对这个问题的评价是高还是低，另一组都是基于完全相同的研究得出结论"。这样一来，在分析问题时，由于参与者事先设想和考虑过相反的结果，他们对证据的评价偏见就少多了。最新的研究证实了这点，即思考相反的观点可以减少偏见（Catapano et al., 2019; Van Boven et al., 2019）。

一旦信念扎根，要改变它们就需要更有说服力的证据。即使我们看起来对其他观点持开放的态度，但我们也可能经常把与这些观点相悖的证据贴上"单薄"的标签（Anglin, 2019）。例如，气候变化怀疑论者往往将支持气候变化的证据视为不准确或不可信的（Druckman & McGrath, 2019）。中国有句谚语"目不可信，心不足恃"便是说的这个道理。

框架效应

> 框架：提出问题的方式；一个问题如何构思，会对决策和判断产生极大影响。

> 助推：以一种鼓励人们做出有益决定的方式制定最优决策。

我们提出问题的方式被称为**框架**（framing）。心理学家以及经济学家一致认为，在说服他人时，框架可起到惊人的效果。行为经济学家理查德·塞勒（Richard Thaler）还是个年轻学者时，曾与认知心理学家阿莫斯·特沃斯基和丹尼尔·卡尼曼紧密合作。塞勒和其他学者已经证明了选择框架是如何**助推**（nudge）使人们做出有益决定的（Benartzi et al., 2017; Daniels & Zlatev, 2019; Thaler & Sunstein, 2008）。

1. 退休储蓄。美国企业曾要求员工选择是否为退休计划缴费，退休计划会使员工的实得工资较少，因而很少有员工这么做。后来，由于一项新法律的颁布，公司现在有权自动将员工纳入退休储蓄计划，但允许员工退出该计划。无论哪种方式，是否参加退休计划的决定权都在员工自己手里。然而一项对340万员工的分析显示，在新政策下，退休储蓄注册率从59%飙升至86%（Rosenberg, 2010）。英国在2012年开始实施退休储蓄计划的选择退出框架，这一举措在英国获得了相同的效果，使该国退休储蓄者猛增了500多万（Halpern, 2015）。目前，研究人员正在钻研如何帮助退休储蓄者明智地用他们的退休金进行投资（Camilleri et al., 2019）。

2. 道德抉择。试想，一个人给了你5美元，并问你如果有钱的话，你会捐出多少钱？在做出决定之前，你还会被问到另一个问题：在这种情况下，你个人认为在道德上应该怎么做？这个问题旨在鼓动人们采取更慷慨的心态，诱导人们从道德层面思考，可使他们更加慷慨，这样一来，慈善捐款增加了44%（Capraro et al., 2019）。

3. 器官捐献。在许多欧洲国家以及美国，更新驾照的人可以决定是否成为器官捐赠者。在一些国家，默认选项是"是"，但人们可以选择退出。在这些可以自由选择退出的国家中，几乎所有人都同意成为捐赠者。然而在默认选项为"否"的国家中，大多数人不同意成为捐赠者（Hajhosseini et al., 2013; Johnson & Goldstein, 2003）。默认捐赠对人类有益。

4. 酒精使用。饮酒的人计算自己饮用的酒精量，是靠数酒瓶，而不是计算喝了多少毫升酒。英国一项研究通过减少酒吧服务的分量，总共减少了三分之一酒精消耗量（Kersbergen et al., 2018）。在英国、丹麦、德国、韩国和美国，大多数人都接受在不限制个人自由的情况下，推动实施减少酒精使用的政策（Reynolds et al., 2019; Sunstein et al., 2019）。

值得注意的是：框架可以影响我们的态度和决定。

直觉的危害和作用

学习目标问题 9-6 聪明人如何利用直觉？

我们已经见识过不准确的直觉会如何干扰我们解决问题、评估风险以及做出正确的决定。就算给聪明人支付额外的报酬，就算要求他们证明自己的答案，直觉的危害仍然存在，即使是专家、临床医生和美国联邦情报人员也不例外（Reyna et al., 2014; Shafir & LeBoeuf, 2002; Stanovich et al., 2013）。极其聪明的人也可能做出不那么聪明的判断。

那么，我们的大脑是否真的如诗人艾略特所说"塞满了败絮"？好消息是，认知科学家正在揭示直觉的力量。

- **直觉源于经验认识。** 直觉是一种隐性的（无意识的）知识，一种记录在大脑中但无法完全解释的东西（Chassy & Gobet, 2011; Gore & Sadler-Smith, 2011）。直觉体现在经验丰富的护士、消防员、艺术评论家和汽车修理工做出机敏快速的判断时，体现在熟练的运动员不假思索地做出反应时。事实上，有意识的思考反倒可能会扰乱精心练习的动作，导致技巧高超的运动员在压力下失误，例如投篮这种动作（Beilock, 2010）。瞬间的直觉也会体现在你身上，你的任何基于经验形成的知识都可以体现这种直觉。

- **直觉通常是适应性的。** 快捷省事的启发式让我们凭直觉假设：看起来模糊的东西离我们很远。通常情况下确实如此，除非是在雾蒙蒙的早晨。习得联想以直觉的形式出现，无论对错：看到一个陌生人长得像曾经伤害或威胁过自己的人，我们可能会下意识地对此人做出不信任的反应。直觉帮助我们生存，也可以引导我们找到满意的伴侣：从新婚夫妇对彼此内隐的、本能的态度，可预测他们婚姻的幸福程度（McNulty et al., 2017）。

- **直觉具有强大的力量。** 这种无意识的、自发的直觉不断对我们的判断产生作用（Custers & Aarts, 2010; Kihlstrom, 2019）。考虑一下：大多数人猜测，选择越复杂，依靠理性而不是直觉做出的决策就越明智（Inbar et al., 2010）。事实上，如果需要做出复杂的决策，有时让大脑无意识地思考并处理问题，倒会让我们受益（Strick et al., 2010, 2011）。在一个系列实验中，三组人分别阅读繁杂的信息（例如关于公寓或欧洲足球比赛的信息）。第一组在阅读了关于四种可能选择的信息后，立即说出了他们的想法；第二组成员有几分钟的时间来分析这些信息，最后做出了稍微聪明一点儿的决策；然而在各项研究中，最明智的是第三组成员，他们的注意力一度被分散，这让他们的大脑自动地、无意识地处理了复杂的信息。

> "心灵自有其不为理性所知晓的理由。"
> ——布莱兹·帕斯卡

实践经验：在注意力分散时掂酌问题，也许会给我们带来好处（Dijksterhuis & Strick, 2016）。当我们需要做出一个艰难的决定且这个决定涉及大量信息时，明智的做法是收集所有的信息，然后说："给我一些时间，让我能暂时不去想这个问题。"甚至睡觉也是有帮助的。由于我们的大脑一直处于活跃状态，无意识思维（推理、解决问题、决策、计划）反而可能会出奇敏锐（Creswell et al., 2013; Hassin, 2013; Lin & Murray, 2015）。

> "如果我可以这么说的话，你可能并不知道你知道的是什么，你只知道结果。夫人，那只是你的直觉。"
> ——出自阿加莎·克里斯蒂笔下的侦探赫尔克里·波洛

批评家指出，有些研究并没有发现无意识思考的力量，他们提醒道，刻意的、有意识的思考也能促进明智的思维（Newell, 2015; Nieuwenstein et al., 2015; Phillips et al., 2016）。怎样走出最妙的一步棋，如何辨别新闻标题真伪，在做出诸如此类具有挑战性的决策时，优秀的决策者会花时间去思考（Moxley et al., 2012; Pennycook & Rand, 2019）。在许多问题上，深思熟虑的思考者能察觉哪些是凭直觉做出的选择，但他们知道何时应推翻这些选择（Mata et al., 2013）。看看下面的两个例子：

1. 一根球棒和一个球共花费110美分。球棒比球的价格高100美分。球的价格是多少？

2. 女孩 Emily（艾米丽）的父亲有三个女儿，前两个女儿分别叫 April（四月）和 May（五月）。第三个女儿的名字是什么？

大多数人凭直觉立即作答：10美分和 June（六月）。但这两个答案都是错误的，稍加思索就能发现原因。[1]

要记住的一点：双通道思维促成了思维过程的和谐，并且这种和谐趋于完美。因为，我们的思维广阔无形且极富创造力，而批判性思考会考量这种创造性思维，然后评估事实，检验结论，规划未来。

自问

你能回忆起一次对立的信息挑战自己观点的时候吗？你会难以接受与自己观点相悖的信息吗？是什么让你改变了想法或者保持了自己原有的观点？

创造性思考

学习目标问题 9-7 什么是创造力，是什么培养了创造力？

创造力：创造新颖且富有价值的想法的能力。

创造力（creativity）是一种创造新颖且富有价值的想法的能力。普林斯顿数学家

---

[1] 第一个答案是5美分。第二个答案是艾米丽。如果你答错了，用不着沮丧——很多人都答错了（Frederick, 2005; Thomson & Oppenheimer, 2016）。

安德鲁·怀尔斯（Andrew Wiles）的创造性时刻惊艳了世界：17世纪的数学奇才皮埃尔·德·费马（Pierre de Fermat）曾向他那个时代的数学家发出挑战，让他们来评判自己对各种数论难题的解法，其最著名的挑战，费马大定理，难倒了许多聪明的数学家。即使是自1908年起，第一个证明该定理的人可获得（以今天的美元价值计算）200万美元奖金的激励，也无人解出证法。

30多年来，怀尔斯殚精竭虑思索费马大定理的证法，并且已经快得出答案。1994年的一个清晨，他在面对这个最后的困境时豁然开朗，获得了"不可思议的意外发现"。"解法美妙得难以形容，它是如此简单、如此优雅。我不明白我之前怎么会错过它……这是我数学生涯中最重要的时刻。"（Singh, 1997）作家、物理学家等创造型群体，都曾在思维游离过程中突发奇想（Gable et al., 2019）。（也许你也经历过这种时刻？）

创造力需要一定程度的天资（学习能力）。例如，13岁时在定量能力方面得高分的人，后来更有可能出版或创造专利作品（Bernstein et al., 2019; Lubinski et al., 2014）。然而，创造力不仅仅是天资，或者智力测试所揭示的东西。事实上，与智力相关的大脑活动不同于与创造力相关的大脑活动（Jung & Haier, 2013; Shen et al., 2017）。能力测试（如SAT）通常需要**聚合思维**（convergent thinking），也就是提供单一正确答案的能力。

创造力测试（如：你能想出一块砖的多少种用途？）需要用到**发散思维**（divergent thinking），发散思维是考虑许多不同的答案和以新方式思考问题的能力。额叶的某些区域受伤后，阅读、写作和算术技能会保持不变，但想象力会受到破坏（Kolb & Whishaw, 2006）。罗伯特·斯滕伯格（Robert Sternberg）和他的同事认为，创造力由5部分组成（Sternberg, 1988, 2003; Sternberg & Lubart, 1991, 1992）：

> 聚合思维：缩小可用的问题解决方案的范围，以确定单一的最佳解决方案。

> 发散思维：提出多个问题解决方案，向不同方向发散的创造性思维。

1. **专业性**，即熟练的专业知识，能为我们思维构建模块提供想法、图像和短语。路易斯·巴斯德（Louis Pasteur）曾说，"机会只留给有准备的人"。模块越多，以新方式将它们组合在一起的机会也就越多。怀尔斯解题时，脑海中丰富的知识为他所支配，随时可为他提供解题所需的定理和方法。

2. **富有想象力的思维**，赋予我们以全新的方式看待事物、识别模式，以及建立联系的能力。在掌握了一个问题的基本要素后，我们便可以用新的方式重新定义或探索这个问题。哥白尼首先发展了有关太阳系及其行星的专业知识，然后创造性地将太阳系定义为围绕太阳而不是围绕地球旋转的天体系统。怀尔斯打破常规的解法结合了两个不完整的答案。

3. **富有冒险精神、意志坚定的人格**，能够容忍模糊性、接受风险，并坚持不懈地克服障碍。怀尔斯说，他在与数学界几乎隔绝的情况下思考，部分原因是为了保持专注，避免分心。这种决心是一种经久不衰的品质。

4. **内在动机**，是一种被兴趣、成就感和挑战性而不是外部压力所驱动的特性

（Amabile & Hennessey, 1992）。有创造力的人不太关注外在的激励因素，例如按时完成任务、给人留下深刻印象或赚到很多钱，而是更关注工作本身带来的乐趣和刺激。当被问及如何解决困难的科学问题时，艾萨克·牛顿（Isaac Newton）回答说："通过一直思考这些问题。"怀尔斯对此也表示赞同："我沉迷于这个问题……从早到晚，不停地思考它。"（Singh & Riber, 1997）

5. 创造性环境，可以激发、支持和完善创造性的想法。怀尔斯在他人奠定的基础上，与以前的一个学生合作解题。一项针对2026位杰出的科学家和发明家的职业生涯的研究表明，最杰出的人或多或少都接受过同僚的指导和支持，同样也曾被同僚挑战过（Simonton, 1992）。利于创造的环境有助于创新、促进团队建设和沟通（Hülsheger et al., 2009）。这种环境还能将焦虑降到最低、利于沉思（Byron & Khazanchi, 2011）。乔纳斯·索尔克（Jonas Salk）在修道院休养期间，解决了一个发明脊髓灰质炎疫苗过程中的难题。后来，在索尔克生物研究所修建时[1]，索尔克设计了一个可以沉思的空间，目的是让科学家能在那里不受干扰地工作（Sternberg, 2006）。

对于想要激发创造力的人来说，该研究也提供了一些建议：

- 发展专业技能。问问自己最关心什么，最喜欢什么。追随自己的热情，拓宽知识面，成为某方面的专家。
- 留出孵化时间。仔细思考一个问题，然后将它搁置一旁，稍后再来解决。对于知识面足够深广的人来说，这是必要的心理构建模块，即一段时间不去注意某个问题（"考虑一晚上"），让大脑自动处理，形成联想（Zhong et al., 2008）。
- 让思想自由遨游。创造力源于"分散的注意力"（Simonton, 2012a, b）。所以，远离那些吸引眼球的电视、社交网络和视频游戏吧，去慢跑、散步或冥想。宁静孕育自发性。剧作家兼音乐家林–曼努尔·米兰达（Lin-Manuel Miranda）曾说："独处的时间是……创造力的源泉。"（Hainey, 2016）
- 体验其他文化和思维方式。从不同的角度看待生活有时会激发创造力。留学生也会学习如何将新的文化规范与原本的文化规范相融合，这提升了创造力（Godart et al., 2015; Lu et al., 2018）。甚至，只是走出你所居住的街区，结交与自己有不同文化背景的朋友，都能培养思维的灵活性（Kim et al., 2013; Ritter et al., 2012）。

关于本节中一些关键思想的总结，请参见表9.1。

---

[1] 索尔克生物研究所是美国生命科学领域成果最多、质量最高的研究机构之一。——译者注

表9.1 认知过程或策略的比较

过程或策略	概述	作用	危害
算法	有序的规则或程序	保证解决方案	耗时费力
启发式	简单的思维捷径，如易得性启发式（根据事件在脑海中出现的难易程度来估计其可能性）	高效迅速	让人面临犯错的风险
顿悟	一种瞬间茅塞顿开的反应	让人突然想到的解决方案	顿悟时间不定，有时可能不会发生
证实偏差	倾向于寻求支持自己观点的证据而忽略与自己观点相悖的证据	快速识别支持自己观点的证据	难以接受相互矛盾的证据
固着	无法从新的视角去看待问题	集中思维	阻碍创造性地解决问题
直觉	快速的、自发的感觉和想法	基于经验认识，力量强大且具有适应性	会导致我们过于依赖感觉而不是思考
过度自信	高估自己信心和决策的准确性	让人生活愉悦且更容易做出决定	让人面临犯错的风险
信念固着	忽略与自己观点矛盾的证据	让信念更加持久	封闭我们的思想，难以接受新信息
框架	仔细斟酌问题或陈述的表述方式以激发想要的反应	影响他人的决定	可能会产生误导的结果
创造力	提出新颖且富有价值的想法的能力	催生新见解和新产品	从有条理的、例行的工作中分心

检索练习

RP-2 将下列过程或策略（i—xi）与其对应描述（a—k）进行匹配。

策略　　　　　描述

i. 算法　　　　a. 不能从新的角度看待问题；专注于思考，却难以创造性地解决问题

ii. 直觉　　　　b. 保证解决问题的方法规则或程序，但耗时费力

iii. 顿悟　　　c. 基于经验认识；快速的、自发的感觉和想法；力量强大且具有适应性，但会导致我们过于依赖感觉而不是思考

iv. 启发式　　　d. 简单、高效迅速的思维捷径，但会让人面临犯错的风险

v. 固着　　　　e. 瞬间茅塞顿开的反应，让人突然想到解决方案

vi. 证实偏差　　f. 倾向于寻求支持自己观点的证据，而忽略与自己观点相悖的证据

vii. 过度自信　　g. 即使信念被证明是错误的，依旧坚信不疑；拒绝接受新思想

viii. 创造力　　h. 高估自己信心和决策的准确性；会让人更快乐，更容易做决定，但也让人容易犯错

ix. 框架效应　　i. 仔细斟酌问题或陈述的表述方式，以引起期望的反应；会误导他人并影响他们的决定

x. 信念固着　　j. 提出新颖且富有价值的想法的能力

xi. 助推　　　　k. 制定选择以促成人们做出最佳决策

答案见附录D

其他物种是否与人类拥有同样的认知技能？

学习目标问题 9-8 关于其他物种的思维，我们知道多少？

其他物种也非常聪明（de Waal, 2016）。在 1908 年出版的《动物心理》（*The Animal Mind*）一书中，心理学先驱玛格丽特·弗洛伊·沃什伯恩（Margaret Floy Washburn）认为，动物的意识和智力可以从它们的行为中推断出来。2012 年，剑桥大学的神经科学家补充说，动物的意识也可以从它们的大脑中推断出来，"非人类动物，包括所有哺乳动物和鸟类"，拥有"产生意识的神经网络"（Low, 2012）。请思考这个问题：动物的大脑能做什么呢？

使用概念和数字

通过食物奖励刺激，黑熊已经学会通过触摸屏幕将图片分为动物类和非动物类或概念类（Vonk et al., 2012）。猿类（包括黑猩猩和大猩猩）也形成了诸如猫狗这样的概念。在猴子学会这些概念后，它们大脑中的某些额叶神经元会对新的"像猫"的图像做出反应，而某些其他神经元则会对新的"像狗"的图像做出反应（Freedman et al., 2001）。甚至连鸟的大脑（如鸽子），也能将物体（汽车、猫、椅子、花的图片）分类。如果向鸽子展示一张它从未见过的椅子的图片，鸽子肯定会去啄代表椅子的按键（Wasserman, 1995）。

展现顿悟能力

心理学家沃尔夫冈·柯勒（Wolfgang Köhler, 1925）指出，人类不是唯一展现出顿悟能力的生物。柯勒在对一只名叫苏丹的笼养黑猩猩进行实验时，将一块水果和一根长棍放在笼子外苏丹够不到的地方。柯勒在笼子里放了一根短棍。苏丹抓住短棍，试图用它去够到水果。几次尝试失败后，苏丹放下了短棍，停了下来，似乎是在观察周围的情况。突然间，似是顿悟了一般，苏丹一跃而起，再次抓起了短棍。这一次，苏丹用短棍来拉那根长棍，然后用长棍成功够到水果。猿类甚至表现出了预见性，它们会提前储存好第二天取食物时将会用到的工具（Mulcahy & Call, 2006）。猿类还会预测人类会在某地寻找某物，这体现出猿类还具有阅读他人心思的能力，它们会预测人类会在哪里寻找东西，即使那个东西已经不在那里（Krupenye et al., 2016）。鸟类也表现出了这种顿悟能力。2009 年，克里斯托弗·伯德（Christopher Bird）和内森·埃默里（Nathan Emery）曾做过一个实验，将伊索寓言变为现实。寓言中，口渴的乌鸦无法喝到水罐里的水。实验中乌鸦的解决方案与寓言中完全相同。乌鸦还会用铁丝或树枝来获取食物（例如在腐烂的原木中捕获昆虫）（Jelbert et al., 2018; Rutz et al., 2016）。同样，乌鸦也善于创造性地使用工具，并且能提前数小时为还未发生的事情做打算（Kabadayi & Osvath, 2017）。

传播文化

与人类相同，其他物种也会创造文化，并将文化模式传授给他们的同伴和后代（Boech-Achermann & Boesch, 1993）。海豚形成联盟，合作狩猎，并互相学习工具的使用（Bearzi & Stanford, 2010）。在澳大利亚西部，一些海豚深海探寻鱼类时，学会了用海绵动物来保护鼻子，并把这种方法教给了自己的后代（Krützen et al., 2005）。

生活在森林里的黑猩猩选择不同的工具来实现不同的目的，用粗壮的木棍打洞，用轻便灵巧的棍子捕白蚁，或者用尖头棍子烤棉花糖（这是个玩笑，黑猩猩当然不烤棉花糖，但它们会使用如此精密的工具确实令人惊讶）（Sanz et al., 2004）。研究人员发现，至少有39种地方性习俗与黑猩猩使用工具、梳理毛发和求偶交配有关（Claidière & Whiten, 2012; Whiten & Boesch, 2001）。一群黑猩猩可能会直接舔食棍子上的白蚁，而另一群黑猩猩可能会将白蚁捉下来，一只一只地吃；一群黑猩猩可能用石锤砸碎坚果，而另一群则可能用木槌。一只黑猩猩发现了用树苔从水坑里吸水的喝水方式，6天内，其他7只观察能力强的黑猩猩便开始做同样的事情（Hobaiter et al., 2014）。这些传播行为，以及不同的交流方式和狩猎风格，体现了黑猩猩版本的文化多样性。

其他认知技能

猿类、海豚、喜鹊和大象能在镜子中认出自己，展示出了它们的自我意识（Morrison & Reiss, 2018）。大象还表现出学习、记忆、辨别气味、移情、合作、教导和自发使用工具的能力（Byrne et al., 2009）。黑猩猩表现出利他主义、合作和群体攻击性。和人类一样，黑猩猩可能会故意杀死邻居以获得土地，也会对死去的亲人感到悲伤（Anderson et al., 2010; Biro et al., 2010; Mitani et al., 2010）。

对其他物种能力的思考让我们回到了最初的问题：人类是否配得上"智人"的称号？让我们暂停一下，给人类的各方面打一个期中测评成绩：在决策和风险评估方面，人类聪明但容易出错，可能会得到 B−；在解决问题方面，人类有创造力，但容易受到证实偏差和思维固着的影响，也许能得到 B+；在认知效率和创造力方面，人类有迅速敏捷的启发式和发散思维（尽管有时会出错），无疑能得到 A。

语言与思维

试想，有一类外星物种，它们仅凭彼此间的空间中规律跳动的空气分子就可以互相传递思想。也许这种奇怪的生物会出现在未来的科幻电影中？事实上，我们自己就是这种生物！当我们说话时，我们的大脑和声音器官会通过空气传输气压波，我们发出的气压波冲击另一个人的耳膜，这样我们就能把自己的思想传递给另一个人。就像认知心理学家史蒂芬·平克（Steven Pinker, 1998）指出的那样，有时你会坐上好几个小时，"听别人发出嘈杂的喧闹声，因为那些嘶嘶声和吱吱声包含着你所需要的信息"。声音伴随着我们发出的气压波而产生，这让我们能引起他人的注意。我们可以通过声音发出指令，维持人际关系（Guerin, 2003）。你得到的是一个怒视还是亲吻，都取决于你振动空气的方式。

语言（language）不只是振动的空气，语言包括口语、书面语或手语，以及将它们组合起来进行思想交流的各种方式。当我创作这段文字时，我的手指在键盘上敲击出了电子二进制数字，这些数字在你面前被翻译成弯弯曲曲的线条。当这些线条通过反射进入视网膜（或通过声波进入耳朵）时，会触发无形的神经冲动，这些神经冲动会传递到大脑的几个区域，这些脑区会整合信息，将其与存储的信息进行比较，解码其含义。多亏了语言，信息才能在大脑间相互传递。许多动物除了自己感觉到的事物之外，对其他事物几乎一无所知。多亏了语言，我们才了解了许多从未见过，以及我们的远祖都未曾听说过的东西。多亏了科技，我们可以通过口头语、书面语，甚至图片式"表情符号"等语言形式进行远距离交流。丹尼尔·吉尔伯特（Daniel Gilbert, 2006）曾表示，如今，连一个匹兹堡的普通出租车司机"都比伽利略、亚里士多德、列奥纳多或其他任何一个历史上叫得出名号的智者，更了解宇宙。"

让我们考察语言的组成部分，开始学习语言。

> 语言：口语、书面语或手语，以及将它们组合起来进行思想交流的各种方式。

> "先辈得以生存的秘诀，也许是使用了语言来建立新的合作模式。"
> ——大卫·格林斯彭

语言结构

学习目标问题 9-9 语言有哪些结构性组成部分？

请想一想，如果让我们来创造一门语言，我们该如何进行呢？就口头语而言，我们需要三大构建模块：

- **音素**（phoneme）是语言系统中能够区分词义的最小语音单位。比如要读出"bat"，说英语的人就会发出音素b、a和t的音（音素和字母不同。"that"有四个字母，也含有三个音素——th、a和t；"Mercedes"中的三个字母e是不同的

> 音素：语言系统中能够区分词义的最小语音单位。

音素）。语言学家研究了近500种语言，发现在已知人类语言中共有869种不同的音素，但没有一种语言将这869多种音素尽数使用（Holt, 2002; Maddieson, 1984）。儿童语言研究者帕特里夏·库尔（Patricia Kuhl, 2015）指出，这800多种发音"可以组成世界上所有语言的所有单词"。英语大约有40个音素，其他语言中音素的数量介于英语的一半到两倍之间。一般来说，辅音音素比元音音素包含更多的信息。比如，请阅读下面这句话，看看是否能读懂其含义：The treth ef thes stetement shed be evedent frem thes bref demenstretien。[1]

• **词素**（morpheme）是传递意义的最小语言单位。在英语中，有些词素同时也是音素，例如冠词a。但大多数词素都是由两个或两个以上的音素组成。例如，单词"readers"就包含三个词素："read""er"（表明该词指的是人），"s"（表明不止一个人）。语言中的每个单词都包含一个或多个词素。

• **语法**（grammar）是人与人之间用来进行交流的一系列语言规则。语法规则指导我们从声音中推断出意义（语义），以及将单词排列成句子（句法）。

就像生命是由简单的基因密码字母表所构成的那样，语言也是由简单的要素构成的复杂体。例如，在英语中，大约40个音素可以组合成10万多个词素，这些词素本身或组合起来又能生成单词及其变体（过去时态和现在时态），《牛津英语词典》中大约收录了60万个这样的单词。我们用这些词汇可以创造出无数个句子，其中大多数句子（就像我写出的这一句一样）都是原创的。我知道你明白为什么我会担心你认为这个句子开始变得太过复杂（We know that you can know why we worry that you think this sentence is starting to get too complex），但正是这种复杂的句子结构，以及我们以此为载体进行交流和理解的能力，让人类的语言能力成为这世上一种独特的存在（Hauser et al., 2002; Premack, 2007）。

> **词素**：传递意义的最小语言单位，词素可以是单词或单词的一部分（如前缀）。

> **语法**：人与人之间用来进行交流的一系列语言规则。语义是从声音中获得意义的规则，句法是将单词排列成语法上合理的句子的规则。

> 作为英语母语者，我有必要为英语的一些怪异之处向其他英语使用者道歉：
> • extraordinary（非凡）并不意味着"extra ordinary"（非常平凡）。
> • "带连字符的"（hyphenated）不带连字符，"不带连字符的"（non-hyphenated）却带连字符。
> • adjective（形容词）是一个名词。
> • weird（奇怪的）的拼写是weird（不是wierd）。

检索练习

RP-1 "cats"这个词有多少个词素？多少个音素？

答案见附录D

语言的习得与发展

人类语言天赋惊人。我们能够以惊人的效率从数以万计储存在记忆中的词汇里，

---

[1] 从中我们可以看出，所有的元音音素都被人为地扭曲了，但辅音音素完好无损。因此试读原句，我们仍能得到这样的信息：The truth of this statement should be evident from this brief demonstration（这句话的真实性应该从这个简短的演示中显而易见）。——译者注

提取所需词汇，然后用近乎完美的句法，不费吹灰之力便将词汇迅速组合成句子，并以每秒 3 个单词的速度滔滔不绝地表达自己的想法（Vigliocco & Hartsuiker, 2002）。我们很少提前在脑海中造句，相反，我们边说话边组织句子。在做这一切的同时，我们还要使自己的言语适应社会和文化背景。我们也要遵循听（是否能打断别人说话？）和说（说话时应该保持多远的社交距离？）的准则。鉴于完成这一行为的失败率极高，我们能掌握这种社会性的能力真是太神奇了。那么，语言能力是如何以及何时展现出来的呢？

"语言是人类独有的天赋，是人类的核心体验。"
——蕾拉·波洛狄特斯基

语言习得：我们是如何学习语言的？

学习目标问题 9-10 我们如何习得语言，什么是普遍语法？

语言学家诺姆·乔姆斯基（Noam Chomsky）认为，语言是一种未经学习的人类特征。乔姆斯基的理论认为，学习语法规则的内在倾向（他称之为普遍语法）有助于解释为什么学龄前儿童在语言学习上轻松自如，并且能恰到好处地使用语法。这一切都发生得如此自然，就如同鸟儿学会飞翔一般，让训练显得毫无作用。无论是在印第安纳州还是在印度尼西亚，我们都会凭直觉遵循类似的句法规则（Aryawibawa & Ambridge, 2019）。所有人类语言的语法构成（超过 6000 种）都包含名词、动词和形容词，并且单词的排列和发音也遵循和符合一些常见的方式（Blasi et al., 2016; Futrell et al., 2015）。

其他语言学家指出，实际上，儿童是在辨别他们听到的语言模式时学习语法的（Ibbotson & Tomasello, 2016）。乔姆斯基也赞同这种观点，即人类并不是天生就拥有一种特定的语言或一套特定的语法规则。世界上的语言在结构上非常多样化，远比普遍语法观点中语言的结构更多样（Bergen, 2014）。在儿童期，不论是学习什么语言，不论是口语还是手语，我们都能轻易学会其特定的语法和词汇（Bavelier et al., 2003）。无论学习哪种语言，我们都是从名词开始学说话，而不是动词和形容词（Bornstein et al., 2004）。人类语言能力是先天因素和后天教养共同作用的结果。

检索练习

RP-2 乔姆斯基对语言发展的观点是什么？

答案见附录 D

语言发展：我们什么时候学会语言？

学习目标问题 9-11 语言发展过程中有哪些里程碑？什么时候是学习语言的关键期？

请快速估算一下，从你满一岁到高中毕业这段时间内，你一共学了多少个母语单词？虽然大多时候，你只需要使用 150 个单词就能表达想说的话，但你实际学了大概 60 000 个单词（Bloom, 2000; McMurray, 2007）。你平均每年（两岁以后）学会近 3500 个单词，或者说平均每天学会近 10 个单词！你是怎么做到这一点的呢？老师每年有意识地教授给你的单词仅 200 个左右，而你每年学会的单词却远超这个数量，这简直是人类最伟大的奇迹之一。

你现在还能讲清楚正确的句法规则（将单词组成句子的正确方式）吗？我们大多数人都不能。然而，在学龄前儿童能够正确运算 2+2 之前，就已经能用自己原创并且合乎语法规则的句子表达自己的想法了。学龄前儿童对语言的理解和说话的技能足以让为学习一门外语而费尽心力的大学生羞愧难当。

接受性语言　儿童的语言发展反映语言从简单到复杂的建构过程。婴儿生下来时是没有语言能力的（in fantis 的意思就是"不会说话"）。然而 4 个月大时，婴儿就能区分不同的语音（Stager & Werker, 1997），他们还能读唇。实验发现，婴儿偏爱嘴形与所发出声音匹配的面孔，例如嘴唇大大张开的嘴里发出"ah"的音，嘴角向后牵拉的嘴里发出"ee"的音（Kuhl & Meltzoff, 1982）。婴儿能够识别这种差异，标志着他们的接受性语言能力开始发展，他们能理解别人对自己说的话和言语中关于自己的事情。

婴儿的语言理解能力大大超过了他们的语言产生能力。甚至在 6 个月大（早在说话之前）时，许多婴儿就能识别出物体的名称（Bergelson & Swingley, 2012, 2013）。在 7 个月或更大一点后，他们的这种能力逐渐增强，能做到成年人在听一种陌生的语言时感到困难的事情：将口语中的声音分割成单个的单词。当成年人听一种陌生语言时，他们听到的所有音节都是连在一起的。例如，一对刚到北美、不太懂英语的苏丹年轻夫妇可能会把"United Nations"（联合国）听成"Uneye Tednay Shuns"。然而，他们 7 个月大的女儿就不会有这个问题。人类婴儿在学习人类语言的统计分析方面表现出非凡的能力（Batterink, 2017; Werker et al., 2012）。婴儿的大脑不仅能辨别单词的停顿，还能统计分析哪些音节最常一起连用，就像在 hap-py-ba-by 中连用的音节那样。研究人员让一些 8 个月大的婴儿听计算机声音合成器发出的一连串连续单调且无意义的音节群（bidakupadotigolabubidaku……），通过他们的反应证实，这些婴儿听到音节群后，仅仅过了两分钟，便识别出了其中重复出现的三个音节的音节序列（Saffran, 2009; Saffran et al., 1996）。

生成性语言　接受性语言开始发展很久之后，婴儿的生成性语言（产生单词的能力）才变得成熟。在后天的习得塑造婴儿的语言前，婴儿在 4 个月左右开始的**咿呀学语期**（babbling stage），就会本能地发出各种可能的声音。这些自然的咿呀声许多都是成对的辅音加元音的组合，是通过在口腔前部翘起舌尖发音（如：da-da, na-na, ta-ta）或通过嘴唇发音而形成的（如：ma-ma），这两类音都是婴儿在进食时自然发出的声

猜一猜大多数婴儿第一次说话，通常都说些什么词语？（提示：在不同语言中，这些词语发音大都是相似的。）在英语、克罗地亚语、法语、意大利语和斯瓦希里语中，这些词语是 mommy（妈妈）和 daddy（爸爸）（Frank et al., 2019）。

咿呀学语期：语言发展的阶段，大约从婴儿 4 个月时开始，在此期间，婴儿会自发地发出各种声音，但并不都与家庭语言有关。

（MacNeilage & Davis，2000）。婴儿咿呀学语并不是在模仿成人说话，因为婴儿的咿呀声里包含着各种语言的声音元素。仅凭婴儿早期的咿呀声，听者无法辨别婴儿是法国人、韩国人还是埃塞俄比亚人。

在婴儿长到大约 10 个月大时，他们的咿呀声已经发生了变化，这种变化让受过训练的人一听便可识别出婴儿成长的家庭使用的是哪种语言（de Boysson-Bardies et al.，1989）。聋哑婴儿也有自己的咿呀声，他们观察自己聋哑父母的手势语，更多是通过手势咿呀学语（Petitto & Marentette，1991）。如果不接触其他语言，婴儿会失去辨别和发出母语之外其他语言的语音语调的能力（Kuhl et al.，2014；Meltzoff et al.，2009）。因此，成年前只讲英语的人无法分辨出日语中的某些音素。同样，没有接受过英语培训的日本成年人也无法分辨英语中 r 和 l 这两个音素的区别。对于一个日本成年人来说，"la-la-ra-ra"听起来可能就是同一个音节的重复。

> **单词语期**：语言发展的一个阶段，在儿童 1~2 岁，在此期间，幼儿主要用单个单词说话。

到了一岁左右，大多数幼儿进入**单词语期**（one-word stage）。幼儿已经认识到声音会传递意义，如果反复训练他们将"鱼"的声音和鱼的图片联系起来，那么当研究人员说"鱼！鱼！快看鱼！"时，1 岁的孩子就会看着鱼的图片（Schafer，2005）。幼儿开始用声音来交流意思，他们最初使用的词语通常只有一个勉强可识别的音节，如 ma 或 da。但是家庭成员很快就会懂得理解幼儿的语言，而且幼儿语言逐渐与家庭语言趋于一致。世界各地婴儿说出的第一个词语往往是标示物体或人的名词（Tardif et al.，2008）。在单词语期，一个发生了变化的单词相当于一个句子，如"狗狗！"（Doggy！）可能相当于"看！那边有条狗！"。

> **双词语期**：语言发展的一个阶段，大约从儿童 2 岁开始，在此期间，幼儿主要用两个词的句子说话。
>
> **电报式言语**：指儿童在早期的语言阶段，说话具有电报的特征，主要使用名词和动词，如 go car（去汽车）。

大约 18 个月大时，幼儿的词汇学习从每周一个单词激增到每天一个单词。两岁时，大多数幼儿进入**双词语期**（two-word stage）（表 9.2）。幼儿这一阶段的语言具有**电报式言语**（telegraphic speech）的特征，如同电报"接受条件，汇款"一样简洁。就像这一则电报的词语构成一样，这一时期，幼儿言语主要由名词和动词组成，如：want juice（想喝果汁），并且遵循句法规则，话语中的词汇都按语意顺序排列，这一点也与电报十分相似。说英语的幼儿说话时通常把形容词放在名词前，如：white（白色的）house（房子）而不是 house white。讲西班牙语的儿童则与之相反，如：casa

表 9.2　语言发展一览表

月龄（近似值）	阶段
4	咿呀声包含许多语言的声音元素（"ah–goo"）
10	咿呀声模仿家庭语言（"ma–ma"）
12	单词语期（"kitty"）
24	双词语期（"Get ball"）
24+	语言迅速发展，形成完整句子

（房子）blanca（白色的）。

双词语期后，儿童的话语中很快就会出现较长的短语（Fromkin & Rodman, 1983）。到上小学的时候，他们就已经可以理解比较复杂的句子，并且开始能欣赏通过双重含义表达幽默的句子，如"You never starve in the desert because of all the sand-which is there"。[1]

检索练习

RP-3 接受性语言和生成性语言之间的区别是什么？儿童通常在什么时候达到这些语言发展的"里程碑"阶段？

答案见附录D

关键期 一些儿童——例如植入人工耳蜗的儿童，或是被外国家庭收养的儿童，语言学习起步较晚。对于这些较晚进行语言学习的儿童来说，尽管他们的学习速度通常较快，但其语言发展也遵循相同的顺序（Ertmer et al., 2007; Snedeker et al., 2007）。然而语言学习的延迟时间是有限的。在语言学习窗口关闭之前，似乎有一段时间是掌握语言某些能力的关键（或"敏感"）期（Hernandez & Li, 2007; Lenneberg, 1967）。一项研究发现，几个月大时接触过韩语、后来被荷兰家庭所领养的韩国儿童，长大后能做到别人难以做到的事情——轻松地学会被遗忘的语言中的辅音（Choi et al., 2017）。一些记忆中被遗忘的东西无意识间被保留了下来。但是到了7岁左右，语言学习窗口逐渐关闭，那些儿童期既没有接触过口语也没有接触过手语的人，就丧失了掌握任何语言的能力。

文化和其他环境差异影响儿童的语言接触（language exposure）。玻利维亚提斯曼部落[2]的成年人每天与4岁以下儿童交谈的时间少于一分钟（Cristia et al., 2019）。接触低质量语言的儿童，比如与3岁儿童在一个班级的4岁美国儿童，或一些来自贫困家庭的儿童，往往表现出较弱的语言技能（Ansari et al., 2015; Hirsh-Pasek et al., 2015）。读书给儿童听有利于增加其语言接触。杰西卡·洛根和她的同事（Jessica et al., 2019）发现，让孩子经常接触儿童书籍有助于入学准备，并表示"听过更多词汇的孩子进入学校后，对阅读书籍会更有准备"。

语言学习能力是普遍存在的，但儿童期学习语言最为容易。如果成年后才开始学习一门新语言，我们的发音通常会带着母语口音，并

与生俱来的天赋

人类婴儿在语言学习方面天赋异禀。但婴儿学习的特定语言反映了他们与他人独特的互动。

---

1 这句话的意思是：你决不会在沙漠里挨饿，因为所有的沙子（三明治）都在那里。"sand-wich"与"sand which"发音相同，语带双关。——译者注
2 亚马孙土著部落。——译者注

语法测试中回答正确的百分比（%）

且语法不完善（Hartshorne et al., 2018）。约翰逊和纽波特（Johnson & Newport, 1991）对一些在美国的韩国和中国移民进行了一次语法测试，要求他们判断 276 个英语句子（例如"Yesterday the hunter shoots a deer"）在语法上是否正确。有些人在幼年时就来到美国，有些人则是成年后才来到美国。姑且不管他们移居美国时的年龄大小，所有参与者都已经在美国生活了 10 年左右。然而，如图 9.3 所示，儿童期就开始学习第二语言的人，学得最好。

移居另一个国家时，年龄越大，学习该国语言和吸收其文化就越难（Cheung et al., 2011; Hakuta et al., 2003）。我第一次去日本时，有人告诉我不用费心鞠躬，因为日本有十几种不同的鞠躬方式，而我总是"带着口音鞠躬"。

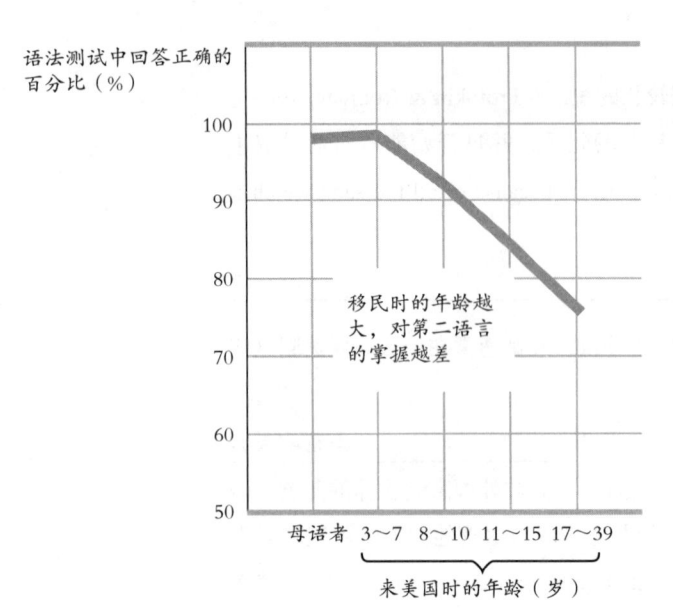

图 9.3　随着年龄的增长，学习一门新语言的难度增大
一些移居美国超过 10 年的亚洲人参加英语语法测试。虽然第二语言的学习没有一个明确的关键期，但那些在 8 岁之前就来到美国的亚洲移民，对美国英语语法的理解与母语者一样自如，而更晚移居美国的人则不然（Johnson & Newport, 1991）。

检索练习

RP-4　为什么成年后再学一门新语言如此困难？

答案见附录 D

失聪与语言发展

早期经历对语前（学习语言之前）聋儿的语言学习影响十分明显，出生在父母听力正常、不会使用手语这类家庭的孩子，通常在儿童期体验不到语言。9 岁以后才学习手语的先天失聪者，其手语学习永远达不到出生后就接触手语的失聪儿童的熟练程度。那些在十几岁或成年时学习手语的人，就像在童年后才开始学习第二语言的移民一样：他们能掌握基本的语言词汇，也能学会如何将这些词汇排列成句，但在生成和理解细微的语法差异方面，他们永远也做不到像手语母语者那样自如（Newport, 1990）。就像花朵离开了营养会枯萎一样，儿童如果在语言习得的关键期被置于语言环境之外，在语言方面的发育就会"营养不良"。

超过 90% 的失聪儿童是由听力正常的父母所生。大多数这类父母都希望自己的孩子能够体验一个充满声音和交流的世界。植入人工耳蜗可以将声音转换为电信号，穿入儿童耳蜗的电极刺激听觉神经，从而解决听力障碍问题。然而，如果植入人工耳蜗是为了帮助儿童熟练地进行口语交流，父母就不能把手术时间推迟到他们的孩子达到同意手术的年龄。是否给失聪儿童植入人工耳蜗引起了激烈的争论。聋人文化倡导者反对给语前失聪的儿童植入人工耳蜗。例如，美国聋人协会（The National Association of the Deaf）认为，失聪并不是一种残疾，因为手语母语者没有交流障碍。50多年前，加劳德特大学语言学家威廉·斯托克埃指出，手语是一种完整的语言，有自己的语法、句法和含义（William Stokoe, 1960）。聋人文化倡导者进一步指出，失聪可以被看作"视力增强"或"听力障碍"。闭上眼睛，你立即就会发现自己的注意力被吸引到其他感官上。在一个实验中，参与者蒙上眼睛静坐90分钟后，对声音的定位变得更加准确（Lewald, 2007）。恋人闭上眼睛接吻时，可减少分心并提高感官敏感性。

失去一种感官的人，会轻微增强其他感官能力作为补偿（Backman & Dixon, 1992; Levy & Langer, 1992）。先天失聪的儿童，其视觉加工能力会随之增强（Almeida et al., 2015）。失聪儿童听觉皮质基本上保持完整，在听觉上渴望感觉输入，因而会对触摸和视觉输入变得敏感（Karns et al., 2012）。因此，一旦听觉皮质被重新利用，其被用于视觉的机会就会减少——这有助于解释为什么在2岁之前植入人工耳蜗最有效（Geers & Nicholas, 2013; Niparko et al., 2010）。

生活在无声的世界 全世界有4.66亿人听力受损（WHO, 2019）。有些人完全失聪，而大多数人（男性多于女性）患有不同程度的听力受损（Agrawal et al., 2008）。有些人先天失聪，有些人则曾经对听觉世界有所了解。有些人打手语，认同以语言为基础的聋人文化；另一些人（尤其是那些曾开口说过话，后天失去听力的人）则认同口语，通过读唇语或书面笔记与听觉世界进行交流；还有一些人在这两种方式之间游走。

没有听觉的生活，对儿童来说可能最为困难。由于无法用惯常的方式进行交流，手语儿童在与会说话的玩伴玩游戏时可能会遇到困难。失聪儿童的学业成绩也可能受到影响，因为学业科目往往通过口语教授。失聪青少年可能会感受到被社会排斥，缺乏自信。在失聪人士身边长大的失聪儿童更容易认同聋人文化且有积极的自尊心。在手语家庭中长大（无论其父母是失聪还是听力正常）的孩子通常会表现出更强的自尊以及自我认同感（Bat-Chava, 1993, 1994）。

成年后失去听力的人生活也不容易。花费精力去听单词会耗尽他们感知、理解和记忆单词的能力（Wingfield et al., 2005）。一些研究发现，患有听力障碍，特别是那些没有佩戴助听器的人，生活得更加艰难，他们更少参与社交活动，并总是担心自己会激怒他人（Kashubeck-West & Meyer, 2008; National Council on Aging, 1999）。3岁时失去听力的芝加哥报纸编辑和专栏作家亨利·基索尔（Henry Kisor, 1990）表示，"几乎所有聋人都希望尽量不给听力正常的人带去麻烦，因而会经历某种程度上的社交拘谨"。"我们谦逊，缺乏自信，卑微如尘埃一般。有时这种倾向会让人崩溃。我必须一直与之斗争，"既失明又失聪的海伦·凯勒（Helen Keller）说到，"失明使人与事物隔绝，失聪则将人与人隔离开来。"

我十分理解这种感受。我的母亲也患有听力障碍，我们通过在一块可擦除的"魔术板"上写笔记来与她交流，她在一个完全安静的世界里度过了生命最后的十几年，这在很大程度上帮助她摆脱了试图与家人、老朋友之外的人交流的压力和紧张。和我母亲一样，我自己的听力也在逐渐下降（晚上取下助听器后，我听不清睡在一旁的妻子所说的话）。即使戴着助听器，我还是会在戏剧演出和会议时坐在前面或中间，在餐馆里寻找安静的角落。我确实受益于这项酷炫的技术：只要按下一个按钮，就可以把我的助听器变成耳内扬声器，用于播放电话、电视和公共广播系统的声音。然而，不管有没有佩戴助听器，当我听不到那个逗得大家开怀大笑的笑话时，在我反复尝试仍然听不清那个人的问题而无法蒙混过关使其气急败坏时，在家人想要告诉我一些并不重要的事情但尝试多次后无奈放弃并说"哦，没关系"时，我仍会感到非常沮丧。

随着年龄的增长，我母亲开始觉得，根本不值得费力去寻求社交。我赞同基索尔的观点，沟通是值得付出努力的："所以……我将咬紧牙关，勇往直前。"伸出手来，与他人联系，与他人沟通，即使是跨越沉默的鸿沟，这也是在肯定我们作为社会生物的人性。

大脑和语言

学习目标问题 9-12 哪些脑区与语言加工和语言表达有关？

失语症：语言障碍，通常由大脑左半球的布洛卡区（言语障碍）或韦尼克区（理解障碍）的损伤引起。

布洛卡区：通常位于左额叶的一个脑区，通过指挥与讲话有关的肌肉运动来帮助控制语言表达。

韦尼克区：通常位于左颞叶的一个脑区，与语言理解和表达有关。

我们认为说话和阅读、或写作和阅读、或唱歌和说话，只是同一种能力——语言的不同例子。但是有一个奇怪的发现：任何一个皮质区域的损伤都可能导致**失语症**（aphasia），即语言障碍。更奇怪的是，有些失语症患者可以流利地说话，但不能阅读（即使他们视力良好）。一些人能理解他们读到的东西，但不能通过语言表达出来。还有一些人会写但不会读，会读但不会写，会读数字但读不出字母，会唱但不会说。这些案例表明，语言是复杂的，不同的脑区服务于不同的语言功能。

事实上，早在 1865 年法国医生保罗·布洛卡（Paul Broca）就证实了一位同行的观点，即左额叶的一个脑区［后来被称为**布洛卡区（Broca's area）**］受损后，一个人即使表达能力受损，却能唱熟悉的歌曲，也能理解语言。10 年后，德国研究者卡尔·韦尼克（Carl Wernicke）发现，左颞叶的一个脑区［**韦尼克区（Wernicke's area）**］受损的人无法理解他人所说的句子，并且只能说出一些无意义的句子。研究人员让一名韦尼克区受损的病人描述一幅两个男孩在一个女人的背后偷饼干的图片时，该病人回答道："妈妈不在家，她努力工作使她好起来，但当她看着那两个男孩的时候，那两个男孩在看另一边。她又在工作了。"（Geschwind, 1979）

如今，神经科学已经证实了在语言加工过程中布洛卡区和韦尼克区的大脑活动（见文前彩图9.4）。对于失语症患者来说，用电刺激布洛卡区可以帮助他们恢复说话能力［对于那些布洛卡区活动高于平均水平的人来说，语法学习再简单不过（Marangolo et al., 2016; Novén et al., 2019）］。但我们现在也了解到，大脑对语言的加工是极其复杂的，布洛卡区也与其他脑区协作进行语言加工（Flinker et al., 2015; Tremblay & Dick, 2016）。虽然你体验到的语言是单一的、统一的语流，但功能性磁共振成像扫描显示你的大脑正在忙于多任务处理和网络交流。不同的神经网络被名词和动词（或物体和动作）激活，被不同的元音激活，被不同的视觉与运动体验激活，被说话人和话的内容激活，被许多其他刺激激活（Perrachione et al., 2011; Shapiro et al., 2006; Speer et al., 2009）。而无论你是在读还是在听，这些相同的网络都会被激活（Deniz et al., 2019）。此外，如果你足够幸运，同时学会了两种语言，你的大脑会在相似的区域加工这两种语言（Kim et al., 2017）。但如果你是在掌握第一门语言之后再学习第二门语言，或者学习的第二语言是手语而不是口语，你的大脑就会使用不同的区域来加工这两门语言（Berken et al., 2015; Kovelman et al., 2014）。

要记住的一点：加工语言的过程，就像加工其他形式的信息一样，大脑的运作方式是将其心理功能——说话、感知、思考、记忆——划分为多个子功能。阅读这一页时，你的意识体验似乎是不可分割的，但是，由于大脑的平行加工，许多不同的神经网络将它们的工作汇集起来，赋予单词、句子和段落意义（Fedorenko et al., 2016; Snell & Grainger, 2019），即合众为一。

检索练习

RP-5 _____是大脑的一部分，如果受损，可能会削弱你的语言表达能力。如果_____受损，可能会损害你对语言的理解能力。

答案见附录 D

其他物种有语言吗?

学习目标问题 9-13 我们对其他物种的语言能力了解多少？

与其他动物相比，人类更能接受他人的观点，用道德来约束自己（Tomasello, 2019）。长久以来，人类一直宣称，语言使我们高于其他动物。语言学家诺姆·乔姆斯基（Noam Chomsky, 1972）断言："当我们研究人类语言时，我们正在接近一些人称之为'人类本质'的东西，据我们所知，也就是人类独有的心智特质。"真的只有人类才有语言吗？

一些动物显示出基本的语言加工能力。鸽子可以学习单词和非单词之间的区别，但它们永远无法阅读这本书（Scarf et al., 2016）。一些动物表现出惊人的理解力和交流能力。各种猴类可识别不同的捕食者，发出不同的警报声，如在有豹子时吠叫，有鹰时发出咳嗽般的声音，有蛇时发出喳喳声。听到有豹子出现的警报声，长尾黑颚猴就会爬到最近的树上躲起来；听到有鹰的警报声，它们会冲进灌木丛中；听到有蛇的警报，它们会站起来，环视地面（Byrne, 1991; Clarke et al., 2015; Coye et al., 2015）。为了表示多种威胁（鹰、豹子、倒下的树、邻近的猴群），猴子会把6种不同的叫声组合成25种叫声的序列（Balter, 2010）。但这种交流是语言吗？

20世纪60年代末，心理学家艾伦·加德纳（Allen Gardner）和比阿特丽克斯·加德纳（Beatrix Gardner）对一只年轻的黑猩猩沃秀（Washoe）的研究引起了科学界和公众的广泛兴趣。基于黑猩猩天生的手势交流倾向，他们教沃秀手语。四年后，沃秀学会使用132个手语；2007年，在沃秀生命将尽之时，她的手语词汇量达到250个（Metzler, 2011; Sanz et al., 1998）。

到了20世纪70年代，关于以手势表达的"猿类语言"的研究越来越多。一些黑猩猩将手势串联在一起，组成句子。例如，沃秀就会用手语表示"You me go out, please"（你我出去，请）之类的句子。猿类甚至还会创造性地组合词汇，他们把"天鹅"称为"water bird"（水鸟），或是用"apple-which-is-orange"（橙色的那个苹果）来表示"橘子"（Patterson, 1978; Rumbaugh, 1977）。但到了70年代末，怀疑论者质疑：究竟是黑猩猩会开口说话，还是研究人员是笨蛋？并且，他们还提出了以下许多论点：

· 猿类所使用的词汇和句子十分简单，如同2岁幼儿一般。但与幼儿不同的是，猿类能学习掌握的词汇量十分有限，并且掌握起来非常困难（Wynne, 2004, 2008）。然而能说话或会手语的儿童一周之内就能轻松自如地学习掌握几十个新词汇，到成年时可以学会大约6万个词汇。

· 为了得到奖赏，黑猩猩会创造一些手势符号或按顺序触碰按钮。但猿类做出手势可能只不过是在模仿训练者，并了解到模仿某些手臂动作能得到奖励罢了（Terrace, 1979）。

· 当信息不明确时，由于知觉定势（perceptual set，一种期待看到自己所想或所期待的东西的倾向）的作用，人们把黑猩猩的手势解释为语言，这可能只不过是训练者的一厢情愿而已（Terrace, 1979）。当沃秀比划出"water bird"的手势时，她可能只是在分别给"水"和"鸟"命名。

· "Give orange me give eat orange me eat orange……"（给橘子我给吃橘子我吃橘子）这样的句子，与3岁儿童优美的语法相差甚远（Anderson, 2004; Pinker, 1995）。人类语言中的语法规则支配着句子中单词的顺序。所以对于儿童来说，"you tickle"（你挠痒痒）和"tickle you"（挠你痒痒）传达的完全是两个意思！黑猩猩缺乏这些语法规则的知识，所以也许它们表达这两个短语时，比划出的是相同的手势序列。

有争议就有发展，在这种情况下，争论与怀疑刺激研究人员找出了更多关于其他物种具有思考和交流能力的证明。沃秀训练她的养子路里斯（Loulis）使用她所学到的手势语。在没有人类帮助的情况下，路里斯通过观察沃秀和其他三只受过语言训练的黑猩猩，很快就学会了68种手语。更令人目瞪口呆的是，萨维奇·朗博及其同事发现，一只倭黑猩猩的词汇量高达384个，并且能理解英语口语用词在句法上的细微差别（Savage-Rumbaugh et al., 1993, 2009）。坎兹（Kanz）是一只语言接受能力约等于两岁儿童的倭黑猩猩，当问它"Can you show me the light?"（可以把灯给我看看吗？）和"Can you bring me the flash light?"（你能把闪光灯给我拿过来吗？）和"Can you turn the light on?"（把灯打开好吗？）时，坎兹都分别做出了恰当的回应。如果给他一些毛绒玩具，并要求它（注意，这是第一次让坎兹这样做）"Make the dog bite the snake"（让狗咬蛇），坎兹便把玩具蛇放到了玩具狗的嘴里！

那么，我们该如何解读这些研究呢？人类是唯一会使用语言的物种吗？如果我们所说的语言是指通过一系列有意义的符号进行交流的能力，那么猿类确实也有语言能力。

但如果我们指的是一种能让我们进行思想交流且拥有复杂语法的口语或手语，大多数心理学家会认可只有人类才拥有语言这种观点（Suddendorf, 2018）。此外，只有人类拥有FOXP2基因，这个基因在人类发声时协调嘴唇、舌头和声带的运动（Lieberman, 2013）。该基因发生突变会损害人的语言能力。

可以肯定的是，对动物语言和思维的研究让心理学家对其他物种惊人的能力有了更多的了解（Friend, 2004; Rumbaugh & Washburn, 2003; Wilson et al., 2015）。在过去，许多心理学家认为动物做事没有计划，没有概念意识，不能算数，不会使用工具，不能表达同情和怜悯（Thorpe, 1974）。现如今，受益于动物研究人员的努力，我们对动物有了更深刻的了解。在交流时，黑猩猩似乎会揣别人的想法，它们会猜想：我的朋友知道附近有一条蛇吗（Crockford et al., 2017）？动物也表现出顿悟能力和对家庭的忠诚，它们会相互关心，甚至还能一代代地传承它们的文化。对于人类而言，要搞清楚这一切对于动物所享有的道德权利有何意义，任重而道远。

> **自问**
> 你能想起某一次你认为动物在和你交流的时候吗？你如何检验这一点？

> **检索练习**
>
> **RP-6** 如果你的狗在门口朝陌生人狂吠,它的叫声算语言吗?要是你的狗缠着你不停汪汪叫,并用动作表示它想要出去,这种行为又该算作什么呢?
>
> *答案见附录 D*

思维和语言

学习目标问题 9-14 思维和语言之间的关系是什么?图像有什么思维价值?

如果要问先有思维还是先有语言,就好比问先有鸡还是先有蛋一样。到底我们是先产生思想,再用语言来命名,还是语言孕育思想,离开了语言我们就无法思考?

语言学家本杰明·李·沃尔夫(Benjamin Lee Whorf, 1956)认为,"语言本身塑造了一个人的基本思维"。沃尔夫指出,霍比族(Hopi)的语言中没有动词过去式,因此对霍比人来说,回顾过去,追忆往昔是件不容易的事。如今心理学家普遍认为,沃尔夫观点的一个重要方面——**语言决定论**(linguistic determinism),过于极端。我们时常思考那些无法用语言表达的事情。(你能想到一种叫不上名字的蓝色吗?)而且我们经常会有非符号化(无词语、无具体图像)的想法,比如当某人看到两个男人扛着一堆砖头时,会猜想砖头是否会掉下来(Heavey & Hurlburt, 2008; Hurlburt et al., 2013)。

> **语言决定论**:语言学家本杰明·李·沃尔夫的假设,即语言决定思维方式。
>
> **语言相对论**:认为语言会影响思维的观点。

语言决定论的一个弱化版本——**语言相对论**(linguistic relativism),承认语言会影响思维(Gentner, 2016)。对于双语者(语言差异性大)来说,比如讲英语和日语的人,显然他们在使用不同的语言时,可能会有不同的思维方式(Brown, 1986)。英语有丰富的词汇来表达自我中心的情绪(如愤怒),这一点日语则不同于英语,日语中表达人际情感(如同情)的词汇更加丰富(Markus & Kitayama, 1991)。许多双语人士称,在使用不同的语言时,他们会产生不同的自我意识,觉得自己是不同的人(取决于所使用的语言)(Matsumoto, 1994; Pavlenko, 2014)。一系列对以色列双语阿拉伯人(同时讲阿拉伯语和希伯来语)的研究显示,基于测试过程中参与者使用的语言,参与者会对他们的社会有不同的想法,对阿拉伯人和犹太人有不同的自发联想(Danziger & Ward, 2010)。

双语人士经常会根据他们想要表达的情绪转换语言。一位华裔美国学生说:"我妈妈对我生气时会用普通话;如果非常愤怒的话,她会改用粤语。"(Chen et al., 2012)双语者在用两种语言进行同样的测试时,甚至会因为其不同的文化关联而显示出不同的人格特征(Chen & Bond, 2010; Dinges & Hull, 1992)。当滑铁卢大学使用中英双语的学生被要求用英语描述自己时,他们的回答符合典型的加拿大人的特征,大多数人都表达了积极的自我陈述和情绪;用中文回答时,同样一名学生也表现了典型的中国式自我评价,显示出与中国价值观更一致,表现出来的积极情绪和消极情绪几乎各占一半(Ross et al., 2002)。当具有双文化背景的双语人群在西班牙语和英语、或阿拉伯语和英语的文化框架之间转换时，也会出现类似的态度和性格变化（Ogunnaike et al., 2010; Ramírez-Esparza et al., 2006）。捷克有这样一句谚语："学习一门新语言就等于拥有了一个全新的灵魂。"用第二语言回答问题时，双语者的道德判断反映了较少的情绪——他们倾向于用"脑"而不是"心"来回答（Costa et al., 2014）。

所以语言确实会影响思维（Boroditsky, 2011）。词语定义了我们的心理类别。在巴西与世隔绝的皮拉罕人的世界中，数字只有"1"和"2"，如果高于这两个数字，那就是"许多"。因此，如果给皮拉罕人看 7 个排列的坚果，他们很难从自己的那堆坚果中拿出相同数量的坚果（Gordon, 2004）。

语言也会影响我们对颜色的思考。无论是在美国的新墨西哥州、新南威尔士州还是在巴布亚新几内亚，人们看到的颜色几乎都是一样的，但我们都会用自己的语言来对各种颜色进行分类、记忆（Davidoff, 2004; Roberson et al., 2004, 2005）。想象一下，假设你看到三种颜色，其中两种你称为"黄色"，一种你称为"蓝色"，之后你再看到或想起这两种黄色，你多半会觉得它们更为相似。然而，在巴布亚新几内亚北润摩部落（Berinmo）的语言里，人们有专门的词语来描述深浅不同的黄色，他们也能更快地感知并回忆这两种黄色的差异；在俄语或希腊语中，也有专门的词语来形容不同的蓝色，他们便会觉得黄色差异不大，而对蓝色记忆得更加清楚（Maier & Abdel Rahman, 2018）。因此，词汇很重要。

我们接触到的不同名称越多，感知到的差异也随之增多。在光谱中，蓝色和绿色融为一体，直到我们在所谓的"蓝色"和"绿色"之间划出一条分界线。尽管两个物品的颜色在光谱上有所差别，但相较于使用不同颜色名称来命名（如文前彩图 9.5 中对比 A 中的"蓝色"和"绿色"），使用同一颜色名称命名两个不同物品（如文前彩图 9.5 中对比 B 中的两个"蓝色"）会令人更难区分（Özgen, 2004）。同样，就给人的感觉而言，4.99 美元与 5.01 美元的差值就是要比 4.99 美元与 4.97 美元差值更大；如果两个地方被划分在同一个州，而非同等距离的邻州，似乎更容易受到同一自然灾害的影响（Burris & Branscombe, 2005; Mishra & Mishra, 2010）。龙卷风不知道洲际界线，但人们知道。

鉴于词语对思维的潜移默化的影响，那么，在实际运用时，我们更应该谨慎措辞。"一个孩子通过与他的照料者交流来学习语言"与"孩子们通过与他们的照料者交流来学习语言"有什么不同吗？一般听到"他"（如艺术家和他的作品）时，人们更可能把"他"想象成一个男性（Henley, 1989; Ng, 1990）。许多研究发现确实如此。如果"他"和"他的"真的没有性别之分，那"人和其他哺乳动物一样，哺育他的幼子"这个句子就不应让我们感到吃惊。不同代词的使用也会带给我们不同的感受。跨性别和对自己性别不认同的年轻人表示，当人们使用他们偏好的代词（他/她、他们/她们）时，他们会感受到尊重与包容（Olson & Gülgöz, 2018; Rae et al., 2019）。

拓展和丰富语言，就意味着发展和提高思维能力。幼儿的思维发展与他们的语言

"一切言语，都是用来挂思想的钩子"。
——亨利·沃德·比彻

发展密切相关（Gopnik & Meltzoff, 1986）。事实上，没有语言就很难对某些抽象的想法（承诺、自由或押韵）进行思考或使之概念化。提高文字能力会让人受益匪浅这个道理不仅适用于学龄前儿童，也适用于所有人。这就是为什么大多数教科书（包括本书在内）都会采用新的词汇，其目的就在于教授新颖的思维观念和思维方式。这也是为什么史蒂芬·平克（Steven Pinker, 2007）将自己所著关于语言的书命名为《思想本质》（The Stuff of Thought）。

提高语言能力有助于解释麦吉尔大学研究员华莱士·兰伯特（Wallace Lambert）所说的"双语优势"（Lambert et al., 1993, 1992）。在幼年时学习第二种语言可以促进语言相关脑区的发展（Legault et al., 2019; Luo et al., 2019）。一些（但不是全部）研究表明，双语者善于抑制一种语言，同时使用另一种语言——例如，在学校说"yellow crayon"（黄色蜡笔，英语）时，他们能完全不说"crayón amarillo"（黄色蜡笔，西班牙语），在家则相反（Bialystok et al., 2015; Lehtonen et al., 2018; Tsui et al., 2019）。双语儿童还表现出更强的社交技能，因为他们能更好地转换和理解他人的想法（Fan et al., 2015; Gampe et al., 2019）。"双语优势"甚至在老年时依然有效，有助于人们在老年生活中保持健康的大脑功能（Li et al., 2017）。

然而，双语人士的确需要一定时间完成不同语言之间的转换（Kleinman & Gollan, 2016; Palomar-García et al., 2015）。不过在与北京的双语同事交谈前，我从未意识到这一现象。我用英语发言时，附带的幻灯片却是中文的。唉，后来才知道，经过翻译的幻灯片需要听众不断地将我的口语"转码"，这使得我的听众很难同时处理这两种语言。

在加拿大，研究人员设计了一项研究项目。自1981年以来，该项目让数百万英语母语儿童完全处于法语环境中（Statistics Canada, 2013）。毫无疑问，这些孩子很自然地获得了流畅的法语交际能力，而这是其他语言教学方法无法比拟的。此外，与对照组儿童相比，该项目的做法并不影响孩子的英语流利程度，并且能提高他们的学习能力和创造力，让他们更能理解法裔加拿大人的文化（Genesee & Gándara, 1999; Lazaruk, 2007）。

无论我们是语言上的少数派还是多数派，语言都将我们彼此紧密联系在一起。语言也将我们与过去和未来紧密联系在一起。俗话说："要毁灭一个民族，那就先毁灭他们的语言。"

自问

请思考，如果你在学习了第一语言之后再开始学习一门新的语言。学习这门新语言与学习第一语言有什么不同？口语表达的感觉是否也会有所不同？

检索练习

RP-7 本杰明·李·沃尔夫假设，如果没有语言来形容或表达概念或思维，我们便不能思考。这一充满争议的假设，它是_____。

答案见附录 D

图像思维

当你独处时，你会自言自语吗？"思考"只是自己与自己之间的对话吗？不可否认，语言能传达思想，但有时思想会先于语言。要打开浴室里的冷水，你是朝哪个方向拧水龙头呢？回答这个问题的时候，你可能不是用语言进行思考，而是用内隐记忆进行思考，内隐记忆是非陈述性的、程序性的记忆，是一幅描述你会怎么做的心理图像。

的确，我们经常用图像进行思考。艺术家经常使用图像思维。作曲家、诗人、数学家、运动员和科学家也是如此。爱因斯坦曾表示，他一些了不起的顿悟和发现的灵感都来自视觉图像，然后他再将灵感诉诸文字。钢琴家刘诗昆就展示了图像思维的力量与价值。获得柴可夫斯基钢琴比赛第二名的刘诗昆，在整整 7 年没有摸过钢琴后重返舞台并开始巡演时，乐评家纷纷点评道，刘诗昆的钢琴演奏水平比以往任何时候更加高超。

那么，刘诗昆在无法练习钢琴时，是如何让自己的演奏水平得以提高和发展的呢？对此，刘诗昆先生回答道："我每天都在练习，我把从前弹过的每一首曲子，一个音符接一个音符地练，只不过不是在钢琴上，而是在脑海里。"（Garfield, 1986）

对于一个已经学会某种技能的人来说，比如会跳芭蕾舞的人，哪怕只是观看这种活动，也会激活大脑对这种活动的内部模拟（Calvo-Merino et al., 2004）。同样，想象某个物理体验也会激活一些在实际体验中活跃的神经网络（Grèzes & Decety, 2001）。因此，心理训练能成为奥林匹克运动员训练中的一部分也就不足为奇了（Blumenstein & Orbach, 2012; Ungerleider, 2005）。

一项关于心理训练和篮球比赛中罚球的实验追踪调查了田纳西大学女子篮球队在 35 场比赛中的表现（Savoy & Beitel, 1996）。结果显示，在调查的这段时间里，该队的罚球投篮命中率在标准体能训练的情况下，大约为 52%，球队在接受过心理训练后，命中率上升到了 65%。在接受心理训练期间，球员反复想象在各种条件下罚球，例如被对手用"脏话激怒"的情景。最后，实验终于出现了戏剧性的结果：田纳西州捧回了全美篮球锦标赛的冠军奖杯，而这多亏了加时赛中的罚球！

心理预演也能帮助你完成学业目标。在一项研究中，研究人员召集了一群一周后要参加心理学导论期中考试的学生，并把他们分为两个组（没有进行任何心理预演的

"如果我们看到有个人在大街上自言自语，通常会认为这个人患有精神病。然而，几乎所有人都会不断地自言自语，只不过在这种时候，我们会有意识地闭上嘴巴……这就好像我们正在和一个想象中的朋友进行对话，他拥有无限的耐心。那么，我们是在和谁说话呢？"

——山姆·哈里斯

学生为第三组，即对照组）（Taylor et al., 1998）。研究人员要求第一组学生花五分钟想象自己浏览邮寄来的成绩单，看到得分全 A，喜笑颜开、扬扬得意的样子，并且每天要重复这种"结果模拟"5 分钟。与没有进行任何心理模拟的学生相比，这种"结果模拟"对考试影响不太大，平均每人仅仅比对照组高出了 2 分。研究人员要求第二组学生每天设想自己高效率地学习——阅读考试的章节内容，重温课程笔记，排除其他干扰，拒绝外出的邀请，并且每天要重复这种"过程模拟"5 分钟。过程模拟产生了非常好的效果，与对照组的学生相比，第二组学生很快就进入了学习状态，并在学习上花了更多时间，平均成绩比对照组高出 8 分。要记住的一点："过程模拟"（把时间用到设想和策划如何达到目标上）与"结果模拟"（仅把时间花在想象要达到的结果上）相比，前者明显优于后者。

* * *

既然如此，我们应该如何看待思维和语言之间的关系呢？正如我们所见，语言的确影响着我们的思维。但是，假如思维没有反过来影响语言，那么，这个世上还会出现新单词吗？单靠旧单词就能表达新意吗？实际上，只有从旧单词中派生出来的新单词和新词组才能表达新思想。"灌篮"（slamdunk）这一篮球术语，就是在这种动作本身已经变得相当普及之后才创造出来的；博客这一新词也是在"网络日志"出现后，才融入了我们的语言中。因此，也许我们可以这样总结：思维影响语言，而语言又反过来影响我们的思维（图 9.6）。

心理学关于思维和语言的研究，反映出文学、宗教等领域的学者对人类整体的综合评述。人的思维不仅具有巨大的能量，同时也可能出现智力上的重大疏忽。一些判断上的失误会给人类带来一系列灾难性后果；因此，我们必须认真地掂量自己犯错的倾向。但是，我们解决问题的聪明才智以及非凡的语言能力昭示着：人类（用莎士比亚的话说）几乎"能力无限"。

图 9.6 思维和语言的相互作用

思维和语言是相互作用的。思考会影响语言，而语言反过来又会影响我们的思维。

目前为止，你花费了多少时间阅读本章？前面（在"过度自信"的部分）我们让你预估自己会在多长时间内读完本章内容。从现在的结果来看，你是低估自己还是高估自己了呢？

自问

如何利用心理训练来提高自己在生活中某个领域（学业、人际关系或爱好等方面）的表现？

检索练习

RP-8 什么是心理训练？心理训练能如何帮助你为即将到来的事情做准备？

答案见附录 D

第 10 章

智力

智力是什么？
斯皮尔曼和瑟斯顿的智力理论
卡特尔−霍恩−卡罗尔智力理论
多元智力理论
情绪智力

智力评估和动力学
早期和现代智力测验
测验编制原理
智力的极端情况
终生智力
批判性思考：横断研究和纵向研究

遗传和环境对智力的影响
遗传与智力
环境与智力
遗传−环境相互作用
智力测验分数的群体差异

纳蒂的父母从不幻想纳蒂会在学术上出类拔萃。他们只是认清了现实：他们的儿子在学校似乎经常感到无聊。纳蒂从来都不是"聪明"的孩子。比起学习，纳蒂更喜欢运动。也许纳蒂最终会成为一名技艺高超的音乐家，他学会了如何歌唱，还会演奏各种乐器。读大学并不在纳蒂的计划之内，毫无疑问，他更想从事音乐事业。后来，纳蒂的父亲建议道："也许你可以尝试过一年的大学生活，这也没什么坏处。"纳蒂也接受了这个建议。

为修满学分，纳蒂选修了《心理学导论》这门课程。该门课程的指定教科书（也就是你正在阅读的这本书的早期版本）让纳蒂兴奋不已。"我从不知道我们可以用科学来了解人类！"虽然纳蒂这门课没有得到A，但他学到了永远改变他人生的真理：努力和坚持可以拓展见识。

后来，纳蒂以全新的心态，沉浸在心理学的研究中。他阅读了数十本心理学书籍，在课堂上的表现也愈加出色，纳蒂还参与了许多心理学研究，获得了宝贵的经验，参加了多场学术会议。后来，纳蒂获得了两个硕士学位和一个心理学博士学位，并成了一名教授，纳蒂也是这本书的作者之一。是的，没错。纳蒂就是我。

心理学界内外，最有争议的话题便是"智力"，我们每个人都有天生的一般心理能力（智力）吗？我们能否用一个有意义的数字来量化这种能力？个体及群体之间的智力差异有多大？为什么？这种关于智力的观点——智力是不可改变的，还是可以通过经验增长——是如何影响学术成就的？

本章梳理各种心理天赋后得出结论，为以上问题提供了答案：取得较高成就的秘诀就是，天赋、勇气和生活环境缺一不可。

智力是什么？

学习目标问题 10-1 心理学家如何定义智力？

在学术研究中，研究人员把**智力**（intelligence）定义为智力测验所测量的内容，这种测验的结果往往指的是一个人在学业方面的聪慧程度。但是，智力并不像身高或体重那样，对所有人都有相同的意义。社会文化认定的"智力"，就是能取得成功的那些特质（Sternberg & Kaufman, 1998）。在喀麦隆赤道附近的森林里，智力可能是对当地植物药用价值的理解能力。在北美高中，智力也许就是对微积分或化学中困难概念的掌握程度。在这两个地方，智力是指从经验中学习、解决问题以及运用知识来适应新情境的能力。

有些人在科学方面天赋异禀，有些人在人文方面出类拔萃，还有一些人在体育、艺术、音乐或舞蹈方面才华横溢。一个天才艺术家，可能会被最简单的数学题难倒；一个数学成绩优异的学生，探讨文学时却很费劲。因此，我们可能会产生这样的疑惑：这些人都很聪明吗？我们是否能用某个量表所得的一个数字准确地量化他们的智力，还是说需要几个不同的量表来完成测验？

> 智力：从经验中学习、解决问题以及利用知识来适应新情境的能力。

斯皮尔曼和瑟斯顿的智力理论

学习目标问题 10-2 g 因素存在的论据是什么？

查尔斯·斯皮尔曼（Charles Spearman，1863—1945）认为我们有一种**一般智力**（general intelligence，通常简称为 g 因素），g 因素是我们所有心理能力的基础，从航海出行到学业成绩优异。斯皮尔曼承认人们通常拥有出色的特殊能力。但他仍指出，在某一方面得分高的人（如言语智力），通常在其他方面（如空间想象力或推理能力）得分也会高于平均值。

斯皮尔曼的观点部分源于他对因子分析方面的研究，因子分析是一种识别相关能力集群的统计程序。通过单一智力分数来量化一般心理能力的观点在斯皮尔曼的时代就具有争议，现在依然如此。斯皮尔曼的反对者之一便是路易斯·瑟斯顿（Louis Thurstone，1887—1955）。瑟斯顿对人们实施了 56 个不同的测验，并用数学方法确定出了 7 种"基本心理能力"（语词流畅、言语理解能力、空间想象力、感知速度、数字能力、归纳推理能力和记忆力）。瑟斯顿并没有将所有参与者在单一的一般能力量表上划分等级。但是当其他研究人员研究瑟斯顿的参与者分布后，发现了一个较为稳定的趋势：那些在 7 种能力中任意一种因素中表现出色的参与者，通常在其他能力领域上的表现也同样优异。因此，研究人员得出结论，这一证据可以证实 g 因素的存在。

> 一般智力：斯皮尔曼和其他学者认为，一般智力是所有心理能力的基础，因此可以通过智力测验中的每一项测验来测量。

> "g 因素是测量行为最准确有效的方式之一……它对教育和职业水平等重要社会结果的预测准确度远胜于任何其他预测特质。"
> ——行为遗传学家罗伯特·普洛明

那么，我们可以把心理能力比作身体能力。运动能力不是一种而是多种，跑得快与把球投向目标需要不同的手眼协调能力。但仍有优势总是集中于同一个体的趋势——跑步速度和投掷的准确性是相关的。人类的智力也是如此（Warne & Burningham, 2019）。几种不同的能力倾向于聚集在一个人身上，这就足以界定一种小范围的一般智力因素。不同的大脑网络使不同的能力得以实现，其协调活动便解释了 g 因素（Cole et al., 2015; Kocevar et al., 2019）。

卡特尔-霍恩-卡罗尔智力理论

学习目标问题 10-3 流体智力和晶体智力的概念以及卡特尔-霍恩-卡罗尔理论是如何影响我们对智力的理解的？

雷蒙德·卡特尔（Raymond Cattell，1905—1998）和他的学生约翰·霍恩（John Horn，1928—2006）将瑟斯顿的主要心理能力简化为两个因素：**流体智力**（fluid intelligence，Gf）——进行快速、抽象推理的能力，如解决逻辑问题时需要的智力；以及**晶体智力**（crystallized intelligence，Gc）——积累的知识和言语技能，反映在词汇和应用技能方面的积累中（Cattell, 1963）。

一个经验丰富的计算机程序员可能会利用流体智力来开发创造性的计算机编程新理论，其晶体智力可能体现在参加会议时专业娴熟地讨论自己工作的方式。"流体智力"和"晶体智力"经常一起作用，就比如我们利用知识积累来解决问题时。

卡特尔和霍恩对流体智力和晶体智力研究在多大程度上支持了单一智力因素（g 因素）的观点呢？为了回答这个问题，约翰·卡罗尔（John Carroll, 1993）分析了数百项智力研究先例，并总结了以下证据：

- 人类拥有一般智力因素（g 因素）。
- 人类也拥有更具体的能力。
- 流体智力和晶体智力衔接了一般智力与具体能力。我们通过以一般智力为基础的流体智力进行学习，并收获晶体智力（具体能力）。

基于上述研究，**卡特尔-霍恩-卡罗尔理论**（Cattell-Horn-Carroll theory，CHC theory）诞生了。这一理论肯定了一般智力因素，也肯定了 Gf 和 Gc 的存在。卡特尔-霍恩-卡罗尔理论识别了更具体的能力，如阅读和写作能力、记忆能力和处理速度（Schneider & McGrew, 2012）。如今，卡特尔-霍恩-卡罗尔理论持续影响着心理学家，因为它认识到智力由许多具体能力构成，但这些具体的能力存在于一般智力这个更广泛的保护伞之下。自 20 世纪 80 年代中期，一些心理学家一直试图将智力的定义拓展

流体智力：进行快速、抽象推理的能力；随着年龄的增长，在成年后期，趋于下降。

晶体智力：积累的知识和言语技能，随着年龄的增长而趋于增加。

卡特尔-霍恩-卡罗尔理论：该理论认为，智力基于一般智力以及具体能力，由 Gf 和 Gc 衔接。

到学业智力的概念之外。

多元智力理论

加德纳的多元智力理论

学习目标问题 10-4　加德纳和斯滕伯格的多元智力理论有何不同，他们面临哪些质疑？

霍华德·加德纳（Howard Gardner）发现了 8 种相对独立的智力，包括标准化测试中评估的言语和数学能力（图 10.1）。因此，应用程序开发者、诗人、聪明的青少年和篮球队的后卫都表现出不同类型的智力（Gardner, 1998）。加德纳还提出了第九种可能的智力——存在智力，即"思考关于生命等重大问题"的能力。加德纳的多元智力概念继续影响着许多教育工作者的信念，即儿童有不同的"学习风格"，如视觉型和听觉型（Newton & Miah, 2017）。在一项研究中，英国 93% 的教师都赞同，"当个人以自己喜欢的学习风格接受信息时，他们能学得更好"（Dekker et al., 2012）。然而，越来越多的研究对以此方式提高理解力的观点提出疑问（Nancekivell et al., 2019; Papadatou-Pastou et al., 2018）。

图 10.1　加德纳的 8 种智力
加德纳还假设了"存在智力"（思考关于生命等重大问题的能力）作为第九种可能的智力。

加德纳（Gardner, 1983, 2006, 2011; Davis et al., 2011）认为，智力包含着多种不同的能力。例如，脑损伤可能会破坏一种能力，而其他能力却不受影响。P 博士，视觉脑区受损，但他口齿清晰，能走直线。然而，P 博士面部识别能力受到了影响，导致他把妻子错当成了一顶帽子（Sacks, 1985）。加德纳还研究了一群具有独特能力的人，例如，**学者症候群**（savant syndrome）。这类人在某些方面天赋异禀，但在智力测验中往往得分很低，而且其中有些人可能语言能力受限，甚至没有语言能力（Treffert, 2010）。学者症候群中有些人几乎可以立即计算出复杂的计算结果，或能够立即确认历史上任何日期是星期几，或创作出令人赞叹的艺术或音乐作品（Miller, 1999）。

学者症候群中大约五分之四是男性，其中多数人同时还患有孤独症（ASD），一种神经发育障碍。已故的记忆神童金·皮克（Kim Peek）是电影《雨人》的灵感原型（他没有孤独症）。皮克可以在 8～10 秒内，阅读并记住一页书的内容，他一生中背了 9000 本书，包括莎士比亚全集和《圣经》；他就像 GPS 一样，熟知美国任何一个主要城市的路线。然而，他却不会扣衣服的纽扣，也不具备理解抽象概念的能力。他的父亲在一家餐馆要求他小声一点儿（lower the voice），于是他便从椅子上滑下来，以降低自己喉部的位置（lower the voice box）。当被问及林肯的葛底斯堡演讲（Gettysburg Address）时，皮克回答说，"西北前街 227 号。但他只在那里待了一个晚上——第二天他就发表了演讲"（Treffert & Christensen, 2005）。[1]

> 学者症候群：智力受限，却在某些方面拥有超常能力（如计算或绘画）的人。

斯滕伯格的三元智力理论

罗伯特·斯滕伯格（Robert Sternberg, 1985, 2015, 2017）同意加德纳的观点，即智力是多元的，成功的因素除了学术智力还包括其他方面。但他提出了三元智力理论，认为我们能够可靠地进行测量的智力只有 3 种，而不是 8 种或 9 种：

- **分析性（学业问题解决）智力**。通过智力测验进行评估。测验呈现的是定义明确、只有一个正确答案的问题。这种测验能够较好地预测学业成绩，但对职业成功的预测效果一般。
- **创造性智力**。体现在创新的能力上，是对新情境的适应性和产生新想法的能力。
- **实践性智力**。处理定义不明确、往往有多种解决方法的日常任务所需要的智力。

尽管加德纳和斯滕伯格在某些方面存在分歧，但他们都认为，多种能力都有助于人生成功，天赋的多样性给生活增添了乐趣，也给教育带来挑战。许多教师在接受过

---

[1] 英文单词 address 既有"演说"的意思，也有"地址"的意思，皮克误将葛底斯堡演说（Gettysbury Address）中的 address 一词理解为对方询问林肯在葛底斯堡的地址，因此回答"西北前街 227 号"。——译者注

理解这种多样性的培训后，已经在课堂上应用多元智力理论。

> **自问**
>
> 多元智力的概念假定，传统智力测试所衡量的分析性智力很重要，但其他能力同样不可或缺。不同的人有不同的天赋，你的天赋是什么呢？

一般智力、毅力与刻意练习

如果世界是公平的，那么任何方面的愚钝通常都会以其他某一方面的天赋来补偿，那不是很好吗？然而，世界却是不公平的（Ferguson, 2009; Scarr, 1989）。一般智力因素——g 因素十分重要（Johnson et al., 2008）。g 因素可预测个体在各种复杂任务和工作中的表现（Gottfredson, 2002a, b, 2003a, b）。一项针对来自 19 个国家近 7 万人的研究发现，g 因素与高收入呈正相关（Ganzach et al., 2018）（图 10.2）。而极高的认知能力分数可预测卓越的成就，如获得博士学位和出版作品（Kuncel & Hezlett, 2010）。

即便如此，"成功"从来不是仅靠天赋就能达成。家境优渥、学校善教以及出生在一个天赋能够大显身手的时间和地点，都是成功的重要成分。与家境较差的青少年相比，家境优越的青少年能够在空间充足、安静、采光良好的房子中成长，他们的前额叶皮质发育更充分，阅读得分也更高（Uy et al., 2019）。虽然拥有更高的学术智力会带领你进入一个行业（通过学校和培训项目），但它本身并不会给你带来成功。成功是天赋和勇气的结合：成就极高的人往往也兢兢业业，人脉广泛，精力充沛。就比如运动员亚历克西·帕帕斯[1]（Alexi Pappas, 2016），她代表希腊参加了 2016 年里约奥运会，并记录下了那段时间在奥运村与世界上最优秀的运动员一起生活的时光。在那里，运动员通过玩电子游戏、乒乓球或桌上足球来做赛前放松。但这些才华横溢、坚韧不拔的人却很少松懈，"就算你能把运动员从比赛中除名，你也不能把竞争意识完全从他们身上剔除。竞争意识是刻在我们运动员骨子里

> 拖延者的座右铭：
> "勤奋努力，回报在以后；现在偷懒，现在就能享受。"
>
> "我只是恰好有玩股票的天资。但是我能发挥这种才能完全依赖于我所出生的社会。如果我出生在一个猎人部落……那么，也许我会成为某头野兽的晚餐。"
> ——沃伦·巴菲特

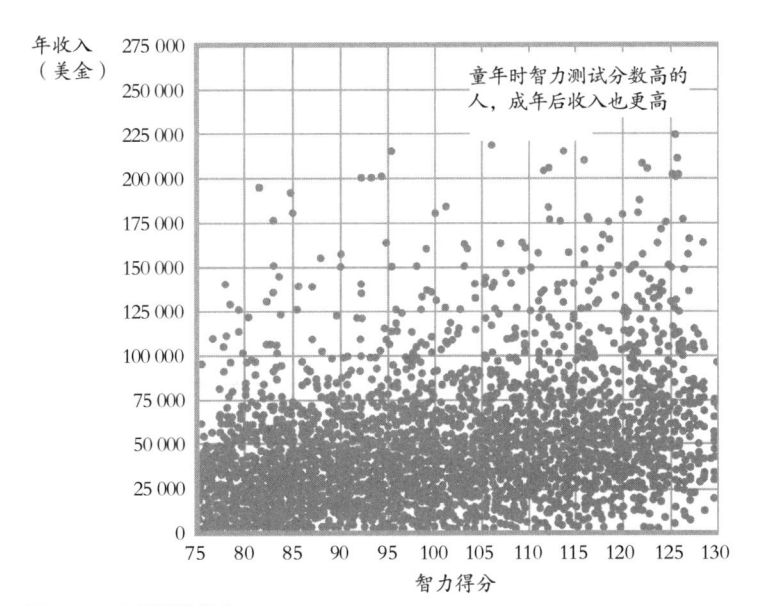

图 10.2 越聪明越富有？

杰伊·扎戈尔斯基（Jay Zagorsky, 2007）追踪了全美青年纵向调查中的 7403 人 25 年。正如散点图所示，人们的智力得分与其后来的收入呈 0.30 正相关。

---

1 希腊裔美国田径运动员。——译者注

的东西"。

更多关于自律促进学业成功的例子，请参阅第 11 章。

能力本身不会自然而然就让你取得成功，把一个人培养成才需要时间的累积。安德斯·埃里克森（Anders Ericsson）及一些学者提出了一个"十年定律"的概念，即精通国际象棋、舞蹈、体育、计算机编程、音乐和医学等领域的人才有一个共同的特点，"需要大约 10 年的高强度日常练习"（Ericsson & Pool, 2016）。成为音乐家、职业棋手或精英运动员首先需要天赋（Macnamara et al., 2014, 2016; Vaci et al., 2019），其次便是日复一日的练习——平均约 11 000 小时，最少 3000 小时（Campitelli & Gobet, 2011）。成功的秘诀是天赋加上精心的培养。

检索练习

RP-1 学者症候群的存在怎么证实了加德纳的多元智力理论？

答案见附录 D

情绪智力

学习目标问题 10-5 情绪智力的四个组成部分是什么？

社会智力是理解社会情境和成功的自我管理所涉及的专门技能（Cantor & Kihlstrom, 1987）。1920 年，心理学家爱德华·桑代克（Edward Thorndike）首次提出社会智力这一概念，他提到，"工厂里技术最好的机械师也可能因为缺乏社会智力而无法胜任'主管'的工作"（Goleman, 2006）。

情绪智力：感知、理解、管理和利用情绪的能力。

社会智力关键部分之一——**情绪智力**（emotional intelligence），由四种能力组成（Mayer et al., 2002, 2012, 2016）：

- 感知情绪（从表情、音乐、故事中识别情绪，感知自己的情绪）。
- 理解情绪（预测情绪以及情绪如何变化和融合）。
- 管理情绪（知道如何在各种情况下表达情绪，以及如何处理他人的情绪）。
- 利用情绪促进适应性或创造性思维的发展。

高情绪智力人士的社会意识和自我意识清晰。他们会避免被沮丧、焦虑或愤怒等情绪所劫持；他们能读懂别人的情绪暗示，知道该说什么来抚慰悲伤的朋友，鼓励同事，处理人际冲突；为了追求长期回报，他们不会流连于暂时的满足。因此，高情绪智力人士往往能在人际关系、事业和育儿等方面取得成功，而学术智力高但情绪智力较低的人反倒会失败（Cherniss, 2010a, b; Czarna et al., 2016; Miao et al., 2016）。并且，通常高情绪智力人士生活得快乐而健康（Sánchez-Álvarez et al., 2016; Schutte et al., 2007,

2016)。意识到高情绪智力的益处，以学校为基础的项目一直在努力提高教师和学生情绪智力（Castillo-Gualda et al., 2017; Nathanson et al., 2016）。

然而，一些学者质疑，情绪智力过度延伸了智力的概念，而且其论据不及一般智力充足（Brody, 2004; Visser et al., 2006; Waterhouse, 2006）。加德纳认为他人智力和自我智力是两种多元智力。但他指出，我们也应把情绪敏感性、创造力和动力看作非智力的重要因素。如果把智力这一概念延伸至我们所珍视的一切，那么这个词将失去它原本的意义。

* * *

关于智力理论的总结见表10.1。

检索练习

RP-2 卡特尔–霍恩–卡罗尔智力理论如何整合了一般智力和具体能力的观点？

答案见附录D

表10.1 比较智力理论

理论	总结	作用	其他观点
斯皮尔曼一般智力（g因素）	一般智力预测我们在不同学术领域的能力	不同的能力，如言语能力和空间想象力，确实有某种相互关联的趋势	人与人之间的能力差异多样，无法用单一的一般智力来概括
瑟斯顿的基本心理能力	智力可分为7种不同的能力	g因素的单一得分，不如7种基本心理能力的得分信息丰富	就连瑟斯顿的7种心理能力也显示出一种聚集的倾向，这表明存在一个潜在的g因素
卡特尔–霍恩–卡罗尔理论	智力建立在一般智力和具体能力的基础上，由流体智力（Gf）和晶体智力（Gc）衔接	智力由广义和狭义的能力组成，如阅读能力、记忆力和加工速度	卡特尔–霍恩–卡罗尔理论所概括的具体能力认知过于狭隘
加德纳的多元智力理论	我们的能力可分为8或9种独立智力，包括传统学术智力之外的广泛能力	智力不单单只是言语和数学能力，其他能力对人类适应社会同样重要	所有的能力都是智力吗？有些人应该被称为"次要人才"吗？
斯滕伯格的三元智力理论	智力可以分为可预测现实世界成功的3种智力：分析性智力、创造性智力和实践性智力	这3种智力可以被准确地测量	这3种智力可能没有理论上所说的那么独立，实际上可能共享一个潜在的g因素
情绪智力	社会智力是人生成功的重要标志，而情绪智力是社会智力的关键之一。情绪智力包括4种能力，即感知、理解、管理和利用情绪。	这4个组成部分可预测社会成功和情感幸福	该理论是否过度延伸了智力的概念？

智力评估和动力学

学习目标问题 10-6 什么是智力测验，成就测验和能力测验有何区别？

智力测验（intelligence test）对心理能力进行评估，并用数字将其量化，使之可与其他人智力进行比较。心理学家如何设计这种测验，又如何使测验结果令人信服？目前为止，你已经接受了数十次心理能力测验，如学校的基本阅读和数学技能测验、课程考试、智力测验、驾驶执照考试。这类测验一般分为两类：

- **成就测验**（achievement test），旨在评估一个人所学的知识。例如，期末考试就是衡量在这门课上所掌握内容的多少。
- **能力测验**（aptitude test），旨在预测一个人未来的表现。例如，大学入学考试的目的就是预测你学习大学课程的能力。

正如加德纳（1999）所言，能力测验是一种"稍加修饰的智力测验"。关于你在这门课程中学到了哪些内容的考试则是成就测验。实际上，有研究者（Meredith Frey & Douglas Detterman, 2004）指出，美国 14～21 岁全国范围 SAT 考试分数与一般智力测验得分之间呈 0.82 正相关（图 10.3）。能力对成就也有正面影响，学习速度更快的人也更善于保留信息（Zerr et al., 2018）。

> **自问**
> 你参加过哪些成就或能力测验？你认为，这些测验在评估你所学知识或预测你学习能力方面表现如何？

智力测验：用分数来评估一个人的心理能力并与其他人进行比较的一种方法。

成就测验：旨在评估一个人所学的知识。

能力测验：旨在预测一个人未来的表现；这里的能力指学习能力。

图 10.3 能力测验和智力测验是一对兄弟

散点图显示了智力得分与 SAT 考试中语言和数学得分之间的密切关系（Frey & Detterman, 2004）。

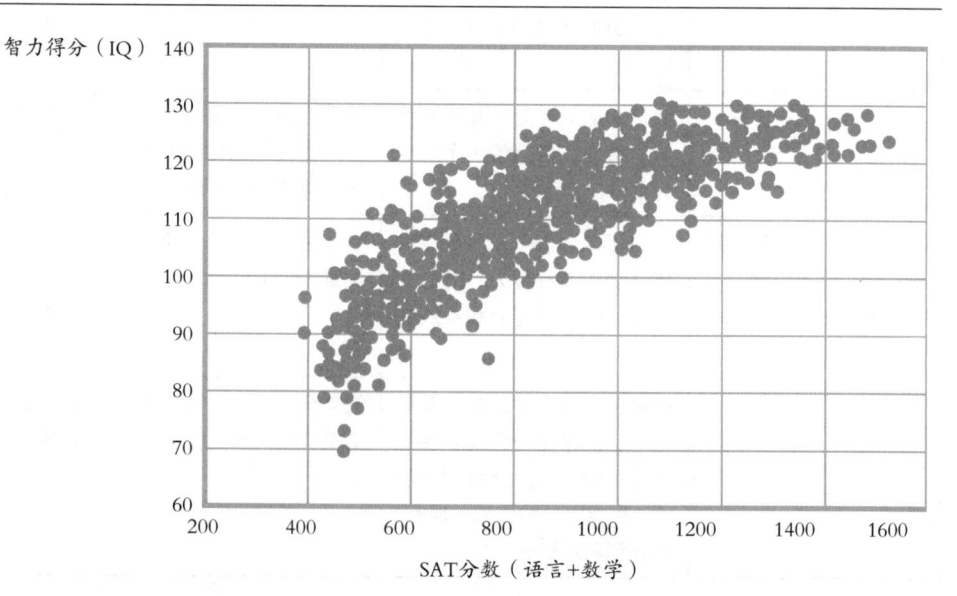

早期和现代智力测验

学习目标问题 10-7 智力测验产生于何时，又为什么产生？现代智力测验和早期的智力测验有什么不同？

有些社会关注家庭、社区和社会的集体繁荣，而有些社会强调个体的机会。柏拉图，这位个人主义传统的先驱 2000 多年前在其《理想国》一书中写道："没有两个人生来完全相同；每个人都有不同的天赋，一个人适合一种职业，另一个人适合另一种职业。"承袭了柏拉图个人主义的西方社会已经仔细探讨过个体在智力上存在什么差异以及为什么会存在差异的问题。

弗朗西斯·高尔顿：假定遗传的天才

英国科学家弗朗西斯·高尔顿（Francis Galton，1822—1911）最先尝试评估这种差异，高尔顿痴迷于测量人类特征。当他的表兄查尔斯·达尔文（Charles Darwin）提出，自然界拥有一种通过适者生存来选择成功的特征的能力时，高尔顿想知道这种"自然能力"是否可测量，并鼓励那些高能力者相互交配繁衍后代。1884 年，在伦敦健康展览会上，1 万多名参观者接受了高尔顿对他们"智力优势"的评估，评估的依据包括反应速度、感官敏锐度、肌肉力量和身体比例等方面。可惜的是，在这些参与者中不乏受人尊敬的成年人和学生，但从衡量指标上看，他们的测验分数并没有高于其他人，并且这些指标相互之间也未显示出任何关联。

尽管高尔顿简单的智力测量的探索失败了，但他留下了一些我们仍在使用的统计技术（以及先天和后天这对概念）。高尔顿在著作《遗传的天才》（Hereditary Genius，1869）中，反映出了他对天才来自遗传的执念，这反映了智力研究史和科学史上一个重要警告：尽管科学本身力求客观，但个别科学家会受到自己的假设和态度等主观影响。

阿尔弗雷德·比奈：预测学业成就

现代智力测验可追溯到 20 世纪初的法国。当时，法国政府颁布了一项法案，即要求所有儿童必须接受教育。法国官员知道，一些儿童，包括许多新到巴黎的孩子，似乎难以从正规的学校课程中受益，他们需要的是特殊课程。然而，学校应该如何客观地甄别这些有特殊需要的儿童呢？教师的判断不够客观，他们可能会把以前没有受过什么教育的儿童评估为学习缓慢者，或是根据学生的社会背景把他们分到不同的班级。为了最大限度地减少这种偏见，法国教育部部长将设计公平测试的任务交给了心理学家阿尔弗雷德·比奈（Alfred Binet）。

阿尔弗雷德·比奈（1857—1911）

"最近一些哲学家从道德上认可了这样一个可悲的结论，即一个人的智力是一个固定的、无法增加的定量。我们必须抗议并采取行动来反对这种残酷的悲观主义。"

心理年龄：比奈设计的一种衡量智力测验表现的标准，表现水平通常与一定年龄段的儿童有关。因此，如果一个孩子表现得像一个8岁的孩子，那么这个孩子的心理年龄就是8岁。

比奈及其学生西奥多·西蒙（Théodore Simon）一开始假设所有儿童都遵循相同的智力发展过程，但有些儿童发展得更快（Nicolas & Levine, 2012）。一个"迟钝"儿童的表现就像一个典型的较小年龄的儿童那样，而一个"聪明"儿童的表现就像一个典型的较为年长的儿童那样。因此，他们的目标转换成了测量每个孩子的**心理年龄**（mental age），即代表一种特定表现水平的实际年龄。一名普通8岁儿童的心理年龄就是8岁。低于平均心理年龄的儿童，例如日常表现为6岁儿童典型水平而实际年龄为8岁的儿童，在面对他们适龄的正常功课时，毫无疑问会遇到麻烦。

为测量心理年龄，比奈和西蒙认为，心理能力和运动能力一样，是一种以不同方式表现出来的一般能力。接着，他们编制了多种可能预测学业成就的推理和问题解决的题目，并将其中许多题目拿来测验比奈的两个女儿，然后将这些题目运用到"聪明"和"迟钝"的学生身上。比奈和西蒙发现，这些儿童回答正确的题目数的确能够预测儿童处理学校功课的能力。

需要说明的是，比奈和西蒙没有对某个孩子为什么迟钝、正常或早慧做出假设，比奈个人倾向于一种环境性的解释。要提高得分低的儿童的能力，他建议采取"心理矫正法"，用以训练儿童的注意广度和自我约束力。比奈认为智力测验并不能像天平衡量体重那样衡量先天智力。相反，这种测验只有一个单纯的实用目的：甄别法国社会中需要被特别关注的儿童。比奈希望自己的测验能够用以改善儿童的教育，但他也担心测验结果会被用来给儿童贴标签，从而限制他们的发展机会（Gould, 1981）。

检索练习

RP-1 比奈希望通过测量儿童的心理年龄来达到什么目的？

答案见附录D

刘易斯·推孟：测量先天智力

1911年比奈去世后，一些学者修订了他的测验，并将其作为智力的数字衡量标准。刘易斯·推孟（Lewis Terman，1877—1956）当时是一名斯坦福大学教授，他试图将比奈的智力测验引入美国。年轻时，推孟认为自己没有成为一名知识分子的可能性

（Terman，1930）。他的父母都是没受过什么教育的农民，家中 14 个孩子，他排行 12。后来，推孟克服了在火灾中被烧伤、髋骨骨折和肺结核的困难（Boring，1959），凭借着他的坚韧和无止境的阅读欲望，走出了那间校舍，进入当地的大学，后来又进入斯坦福大学，研究那些像他一样，生来就具有较高一般智力的儿童。

推孟首先在美国加利福尼亚州的孩子身上尝试了比奈针对巴黎儿童编制的问题和年龄标准，但推孟发现以巴黎儿童为常模编制的年龄标准不适合加利福尼亚的学生。因而，推孟修订了这个测验。他保留了比奈原来的一些题目，同时增加了一些新题目，建立了新的年龄标准，并将测验的年龄上限从 12 岁的青少年扩展到"优秀的成人"。推孟把他修订的测验叫作**斯坦福–比奈测验**（Stanford-Binet test）。这个名称沿用至今。

德国心理学家威廉·斯特恩（William Stern）从这种测试中得出了著名的术语：**智商**（intelligence quotient，IQ）。智商是一个人的心理年龄除以实际年龄，再乘 100 得到的整数。因此，一个心理年龄（8 岁）和生理年龄（8 岁）一样的普通孩子，其智商为 100，但一个 8 岁的孩子如果像典型的 10 岁孩子那样回答问题，则其智商为 125：

$$IQ = \frac{心理年龄（10）}{实际年龄（8）} \times 100 = 125$$

斯坦福–比奈测验：在美国广泛使用的比奈原始智力测验的修订版（由斯坦福大学教授推孟最先编制）。

智商（IQ）：最初定义为心理年龄与实际年龄之比乘 100。在当代智力测验中，给定年龄表现的平均数为 100 分。

现今的大多数智力测验包括斯坦福–比奈测验，都不再计算 IQ 分数（"智商"一词作为"智力测验分数"的简写形式依然保留在日常用语中）。原来的 IQ 公式适用于儿童却不适用于成人（一位 40 岁的人，在测验中表现得同一名 20 岁的普通人一样好，那他的 IQ 真的只有 50 吗？）。

取而代之的是，今天的智力测验在计算一个人的心理能力分数时，是以被测者的表现与其他同龄人的平均表现之比为基础的（设定 100 作为平均数）。如此一来，大多数人（大约 68% 参加智力测验的人）的得分都在 85 到 115 之间。

推孟认为，智力测验揭示了一种与之俱来的心理能力，他还假设一些种族群体天生就比其他种族群体更聪明。推孟的观点与优生学（19 世纪和 20 世纪备受批评的一项社会运动，该运动主张测量人类的特征，并只鼓励聪明健康的人繁衍后代）的观点一致。

在推孟的帮助下，美国政府编制了新的测验，用于评估美国的新移民以及第一次世界大战中的新兵。这是世界上的首次大规模智力测验。对某些心理学家来说，该测验结果表明了那些没有盎格鲁–撒克逊传统的民族劣等性。

如果比奈还在世，看到自己的测验被改编并用来得出这样的结论，他自己都可能会感到惶恐。事实上，这样笼统的评判的确使大多数主张智力测验的人陷入窘境。例如推孟逐渐意识到，测验分数不仅反映了人们的先天心理能力，还反映了他们的教育程度、母语以及对考试所假设的文化的熟悉程度。早期智力测验的滥用警示我们，科学可以承载价值，但在科学客观性的背后，有可能潜藏着意识形态问题。

> **检索练习**
>
> RP-2 一个心理年龄为 5 岁的 4 岁儿童的智商分数是多少？
>
> *答案见附录 D*

大卫·韦克斯勒：测试不同优势

使用最广的智力测验是由心理学家大卫·韦克斯勒（David Wechsler）编制的韦氏成人智力量表（Wechsler Adult Intelligence Scale，WAIS），该表同时还有一个针对学龄儿童的版本（韦氏儿童智力量表，即 WISC），以及另一个针对学龄前儿童的版本（Evers et al., 2012）。2008 年版的韦氏成人智力量表由 15 个分项测验组成，包括以下内容：

- 相似性——推理出两个物体或概念的共同点（"羊毛和棉花有什么相似之处？"）。
- 词汇——为图片上的物体命名，或给单词下定义（"什么是吉他？"）。
- 积木图样——视觉抽象处理（"用这 4 块积木，搭建图中积木"）。
- 字母 - 数字排序——给出一系列的数字和字母（"R-2-C-1-M-3"），按升序重复数字，然后按字母顺序重复字母。

韦氏成人智力量表不仅像斯坦福–比奈测验一样，可计算一个总体智力分数，而且还能单独计算语言理解、感知推理、工作记忆和处理速度的分数。在这些方面，这个测验有助于实现比奈的目标：甄别社会中需要特别关注的学龄儿童，以改善他们所接受的教育。

智力测验有助于高智商人士找到同样拥有高智商的朋友。有时是通过高智商组织，但这种分类也非绝对，例如，在智力测验最为广泛采用的文化中，智商顶级的门萨俱乐部有 70% 的会员都来自美国、英国和德国（Mensa, 2019）。

韦氏成人智力量表（WAIS）：韦氏成人智力量表及配套的儿童版本是使用最广泛的智力测验，包括言语和表现（非语言）子测验。

> **检索练习**
>
> RP-3 一个面对大量求职者的雇主，想测试每位求职者的潜力。要确定这一点，她应使用_____（成就 / 能力）测验。同一名雇主想要测试一个新的在职培训项目的有效性，明智的做法是采用_____（成就 / 能力）测验。
>
> *答案见附录 D*

测验编制原理

学习目标问题 10-8 什么是正态曲线？评价一个测验经过标准化，且具备信度和效度代表着什么？

心理测验若想得到广泛的接受和认可，必须符合 3 个标准：标准化、信度和效度。斯坦福-比奈测验和韦氏智力量表都具备这些必要条件。

标准化

在智力测验中，你回答正确的问题数几乎不会透露任何信息。要评估你的表现，我们需要一些比较的基础。这就是为什么测试编制者首先要将测验对一个代表性样本施测。当别人按照同样程序受测时，他们的分数就能够与由这一样本确定的标准进行比较。这种相对于一个前测样本来解释分数意义的过程叫作**标准化**（standardization）。

如果我们构建一个考生分数的图表，分数图案通常会呈一个钟形，称为钟形曲线，或正态曲线。不管我们测量的是什么内容（身高、体重或智力），曲线最高点对应的就是平均分数。在智力测验中，我们把这个平均分数拟定为 100（图 10.4）。向左右两端移动时，我们会发现越接近极点，人数越少。斯坦福-比奈测验和韦氏智力量表均以个体的成绩偏离平均数的多少来确定其分数。成绩高于总体分数 97.5% 的人，其智力得分为 130 分；而低于总体分数 97.5% 的人，智力得分为 70 分。

为了使平均分接近 100，斯坦福-比奈测验和韦氏智力量表都会定期重新标准化。如果你最近用第 4 版韦氏成人智力量表来测验，那么你的成绩要与 2007 年被测样本的标准比较，而不是与韦克斯勒 20 世纪 30 年代最初样本的标准比较。如果将最新标准

标准化：通过与预测验小组的表现进行比较，确定统一的测验程序及有意义的分数。

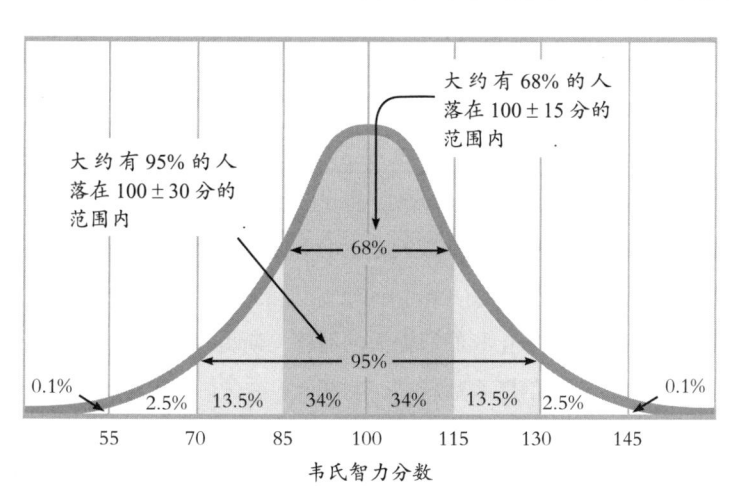

图 10.4 正态曲线

能力测验的分数往往围绕着平均数形成一条正态曲线。以韦氏智力量表为例，其平均得分是 100 分。

化的样本得分与 20 世纪 30 年代的样本进行比较，你认为测验得分是会上升还是下降？虽然 20 世纪 60 年代的大学能力考试分数是下降的，但是，智力测验成绩却不断上升！这种普遍存在的现象被称为弗林效应，用以纪念新西兰研究者詹姆斯·弗林（James Flynn, 1987, 2012, 2018），弗林首先计算出了该效应的强度。他观察到，普通人智力测验分数每十年上升 3 分。因此，在 1920 年，按照今天的标准，一个普通人的智力得分仅 76 分！从瑞典到苏丹，研究人员已经在 49 个国家都发现了这种智力得分的上升趋势（Dutton et al., 2018; Wongupparaj et al., 2015）。随着时间的推移，智商得分增长最多的国家，经济增长也最为迅速（Rindermann et al., 2018）。虽然一些地区出现了逆转，但这种增长现在已被作为一种重要现象得到了广泛的认可（Lynn, 2009; Teasdale & Owen, 2008）。

弗林效应的原因在心理学上仍是一个谜。它是人们测验经验越来越丰富的结果吗？不是，因为在测验普及之前就已经出现了这种增长。也许是人们获得了更充足的营养？由于营养的改善，人们越长越高，也越来越聪明。但是弗林指出，在战后的英国，下层阶级的孩子从营养改善中获益最多，但上层阶级的孩子在智力表现方面的进步更大。也许更多的教育机会、更小的家庭规模和不断提高的生活水平能解释这种增长（Pietschnig & Voracek, 2015; Rindermann et al., 2016）？例如，现在世界各地的儿童都能接触到芝麻街等教育节目，这些节目能提高他们的智力表现，减少他们对不同种族背景儿童的偏见（Kwauk et al., 2016）。弗林（2012）将智商得分的提高归因于我们需要开发新的心理技能来应对现代环境。不管是哪些因素共同造成了智力测验分数的上升，这种现象都驳斥了某些遗传论者的观点之一：20 世纪智力得分较低者中较高的出生率，将会拉低人类的智力分数水平（Lynn & Harvey, 2008）。

信度

信度：测验产生一致结果的程度，通过把测验分成两半、对比用其他形式的测验或重新测验的分数的一致性来评估。

测验必须具有**信度**（reliability），否则即使将你的测验分数与标准化样本的分数比较也仍然不能说明你的智力水平。一项可靠的测验必须能够在重测时得到一致的分数。为了考查一项测验的信度，研究人员对人们进行多次测试。他们把测验分成两半（例如看看受测者奇数问题的分数和偶数问题的分数是否一致），或者研究人员采用其他形式的测验或对同一测验进行重测（test-retest）。重测或两半分数之间的相关性越高，该测验的信度就越高。迄今为止我们所探讨的测验（斯坦福–比奈测验、韦氏成人智力量表和韦氏儿童智力量表）信度系数较高，均在 0.9 左右。几十年后，进行重测时，人们的分数通常都与其第一次的分数相似（Deary et al., 2009; Lyons et al., 2017）。

效度

效度：一项测验对它所要测量内容的实际测量程度，或者对它所要预测内容的实际预测程度。

高信度并不能保证一项测验的**效度**（validity），即一项测验对它所要测量内容的实际测量程度，或者对它所要预测内容的实际预测程度。如果你用一个不准确的卷尺来测量人们的身高，那么你报告的身高虽然具有很高的信度（一致性），不管你测量多少次，人们的身高都是一样的，但错误的身高结果是无效的。

我们期望智力测验具有**预测效度**（predictive validity，也叫效标关联效度），即预测未来表现标准的准确度，而且在某种程度上智力测验确实如此。美国大学生入学考试（SAT）能力分数与美国研究生入学考试（GRE，一种与 SAT 类似的能力测验，申请进入研究生院的学生必须参加此测验）的分数的相关性约为 0.81（Wai et al., 2018）。

一般能力测验能像它们具有信度那样具有效度吗？不，能力测验的分数的确可以预测学业表现（Roth et al., 2015），但正如批评者所热衷提到的那样，能力测验的预测效力在儿童低年级时达到顶峰，但随年龄增长而减弱。对于 6~12 岁的儿童来说，学业能力测验得分可较为准确地预测学业成绩，其中智力得分和学业成绩之间的相关性约为 0.60（Jensen, 1980）。智力得分与之后成就测验分数的相关性甚至更为密切。一项调查将 70 000 名英国儿童 11 岁时的智力分数与他们 16 岁时参加国家考试成绩做比较，发现智力分数与考试成绩的相关性为 0.81（Deary et al., 2007, 2009b）。美国用做大学生入学考试的学术评估测验（SAT），在预测大一学生的成绩方面则不太理想，相关性低于 0.50。[然而，以 SAT 分数为依据要求高分学生选择更难的课程时，相关系数略高一些（Berry & Sackett, 2009; Willingham et al., 1990）。]我们考查美国研究生入学考试时，发现其与研究生学业成绩的相关性虽更低，但仍为很有意义的 0.40（Kuncel & Hezlett, 2007）。

为什么能力测验分数的预测效度随学生受教育程度的提高而降低呢？让我们考虑下述类似的情况：美国和加拿大所有的橄榄球前锋的体重与赛场上的成功密切相关，一名 136 千克的选手往往胜过一名 90 千克的对手。但是，在 127~145 千克这个狭小的范围内，对职业运动员的研究通常发现，体重和成功之间的相关性会变得微乎其微（图 10.5）。体重的范围越小，预测效度就越低。如果一所名牌大学只录取能力测验分数很高的学生，然后给他们一个有限范围的高分。即便学

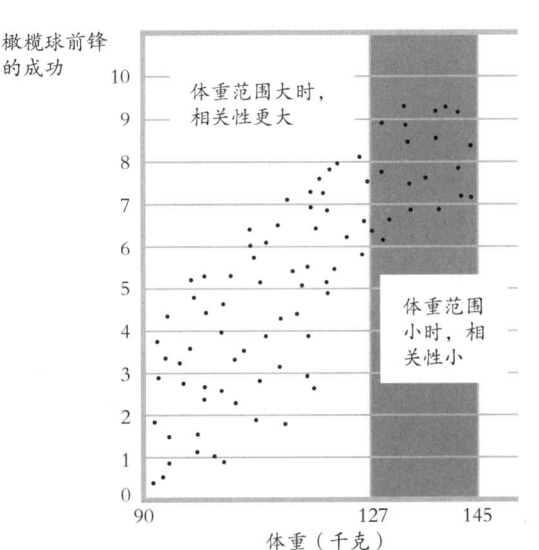

预测效度：也称为效标关联效度，预测未来表现标准的准确度；通过计算测验分数和标准行为之间的相关性来进行评估。

图 10.5 不断下降的预测效力

橄榄球前锋的体重与赛场上的成功密切相关。请注意，当我们把体重范围限定在 127~145 千克这个狭小的范围内时，这种相关性显得微不足道。随着考察数据的范围缩小，其预测效力也随之降低。

生的分数间有差异，也难以做出较多的预测。即使该测验对更为多样的学生样本具有良好的预测效度，这种情况也将依然如此。同样地，现代分数膨胀也使高中成绩差距更小。随着分数范围缩小，现在高中成绩对大学成绩的预测并不比 SAT 分数更准确（Sackett et al., 2012）。因此，当我们采用大范围群体来检验一项测验的效度，而后将它用于范围狭窄的群体时，它的预测效度就会急剧下降。

检索练习

RP-4 心理测验若要得到广泛接受和认可，必须满足哪三个标准？请详细说明。

RP-5 本节使用了相关系数。请快速回顾：相关关系并不表明因果关系，但它确实告诉我们两件事是否以某种方式相关联。相关系数 −1.00 代表两组分数之间完全＿＿＿＿＿＿（一致 / 不一致）：当一组分数上升时，另一组分数＿＿＿＿＿＿（上升 / 下降）。相关系数为＿＿＿＿＿＿代表没有关联。最高相关系数 +1.00 代表完全＿＿＿＿＿＿（一致 / 不一致）：随着第一组分数的上升，另一组分数＿＿＿＿＿＿（上升 / 下降）。

答案见附录 D

智力的极端情况

学习目标问题 10-9 那些智商极低和智商极高的人有什么特点？

了解任一测验的效度和意义的一个方法是比较其正态曲线两个极端得分的人数。这两个群体应该有明显的不同，在智力测验中如此，事实也确实如此。

低端情况

智力障碍是一种神经发育障碍，在 18 岁之前显化，有时有已知的生理原因。确诊智力障碍者的智力测验分数必须低于 70 分（除了采用某些其他标准时，见第 15 章）。对一些人来说，智力测验分数可能意味着生死。在美国（仅有的几个保留死刑的工业化国家之一），弗林效应意味着在当今美国鲜有人会被执行死刑。为什么？因为在 2002 年美国最高法院裁定，对智力障碍者执行死刑是"异常酷刑"。对于特蕾莎·刘易斯（Teresa Lewis）来说，70 分的测验分数线极具风险。刘易斯是一个智力有限的"依赖型人格"的人（据报道，其智力测验分数为 72 分），她被指控参与了一场阴谋，让两名男子谋杀了她的丈夫和继子，以骗取高额人寿保险赔偿（Eckholm, 2010）。最终在 2010 年，弗吉尼亚州处决了刘易斯。而要是她只得了 69 分就不会被判处死刑了。

2014 年，美国最高法院承认 70 分这一固定分界点的不精确性和随意性，并要求分数略高于 70 分的死刑犯所在的州在定罪时需考虑其他证据。因此，实际不知道春天之后是夏天，也不知道如何换乘公交车的泰德·赫林（Ted Herring），在经法院综合考虑后脱离了佛罗里达州死囚牢房,尽管其在智力测验中分别获得过72分和74分(Alvarez & Schwartz, 2014)。

高端情况

智力测验分数显示,学术天赋非凡的孩子通常会茁壮成长。在一个始于1921年的著名课题中,刘易斯·推孟研究了1500多名智商超过135分的加州学生。这些高分儿童(推孟把这些学生称为"白蚁"),和后来研究中的那些孩子一样,健康、适应力强,在学业上大放异彩(Friedman & Martin, 2012; Koenen et al., 2009; Lubinski, 2009, 2016)。在接下来的70年里,研究者再次研究这些高智商人士,大多数人都接受了高水平教育(Austin et al., 2002; Holahan & Sears, 1995)。尽管这一群体中没有诺贝尔奖获得者,但许多人都成了医生、律师、教授、科学家和作家。

还有一些研究跟踪了13岁时在数学SAT考试中成绩优异的早慧青少年的生活轨迹,他们的得分在同年龄组中排名前1%。到了50多岁,这些数学天才总共获得了681项专利,其中许多人在STEM(科学、技术、工程和数学)领域取得了卓越成就(Bernstein et al., 2019; Lubinski et al., 2014)。在美国,大约有1%的人能获得博士学位。但是,对于12岁和13岁的学生来说,在他们参加SAT考试的同龄人中,分数领先一万名考生,成为万分之一,大约有40%的青少年都曾做到过。(Kell et al., 2013; Makel et al., 2016)。心理学领域最有天赋的孩子之一是让·皮亚杰(Jean Piaget),他15岁就开始发表关于软体动物的科学文章,后来成了20世纪最著名的发展心理学家(Hunt, 1993)。

学校教育与智力

"天才儿童"项目倾向于将高分儿童分到特殊班级,并给他们提供同龄人无法获得的丰厚学习资源。"补偿"计划通常将儿童纳入主流班级,但仅为他们提供可帮助其克服挑战的资源。批评者指出,按能力倾向对学生进行分班教学("跟踪调查")有时会营造一种自我实现的预言:一些孩子被贴上"非天才"的标签,受到影响而无法成才,这加剧了普通儿童与高分儿童之间的成就差距(Batruch et al., 2019)。因为少数民族和来自低收入家庭的青少年更常被认为是学习能力较低的群体,这种分班教学也可能助长分歧与歧视——批评者指出,这很难说是在为多元文化社会中工作和生活所作的一种健康准备。

然而,天才计划的批评者和支持者一致同意:无论是在数学、语言推理、艺术还是社会领导能力方面,孩子都有不同的天赋。假设所有孩子都一样于是统一教育的做法,就像是在假设天赋是某种东西,如头发自然卷一样,要么有,要么没有。虽然我

"亲爱的阿黛尔,我4岁了,能够读任何英文书。我能说出所有拉丁名词、形容词和主动动词,还能读52首拉丁短诗。"
——弗朗西斯·高尔顿

推孟的确测验过两位未来的诺贝尔物理学奖获得者,但他们的智力得分都没有超过推孟设置的天才样本临界值(Hulbert, 2005)。

搜索"早慧青年",得分最高的神童包括谷歌联合创始人谢尔盖·布林(Sergey Brin)、脸书创始人马克·扎克伯格(Mark Zuckerberg)和音乐家史蒂芬尼·杰尔马诺塔(Stefani Germanotta,也就是我们所熟知的Lady Gaga)(Clynes, 2016)。还有一位成了年收入10万美元以上的职业扑克玩家(Lubinski, 2016)。

批判性思考：
横断研究和纵向研究

学习目标问题 10-10 什么是横断研究，什么是纵向研究，为什么知道在研究中使用哪种方法很重要？

研究人员使用**横断研究**同时研究不同年龄段的人群。他们发现智力随着年龄的增长而下降。[1]

研究人员采用**纵向研究**方法，对同一组人在其一生中的不同时期进行研究和再研究，发现这些人智力保持稳定，在一些测验中甚至有所提高。[2]

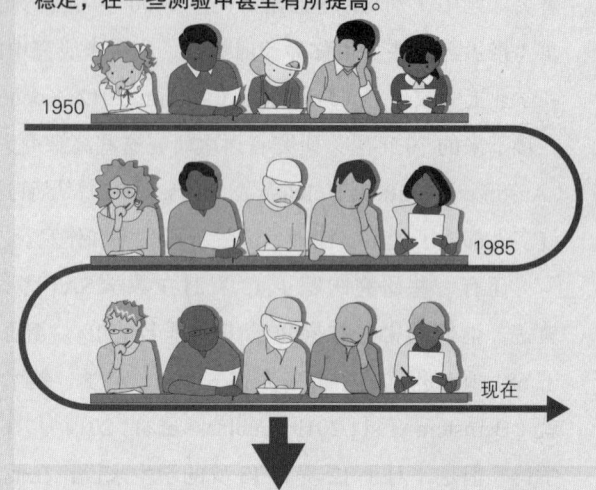

比较 70 岁和 30 岁的人，不仅是比较两个年龄不同的人，也是比较两个不同的时代。研究人员比较了：

- 受教育程度较低（出生于 20 世纪初）与受教育程度较高（出生于 1950 年后）的人。
- 在大家庭中长大的人和在小家庭中长大的人。
- 来自普通家庭的人和来自富裕家庭的人。

但是这些研究都存在一定问题。一直坚持到研究结束的参与者可能是最健康和最聪明的人。研究人员对智力较低的逝者进行统计调整后，发现智力确实在晚年有所下降，尤其是在 85 岁以后。[3]

1. Wechsler, 1972。 2. Salthouse, 2010, 2014; Schaie & Geiwitz, 1982。 3. Brayne et al., 1999。

们不需要给孩子贴上标签，肯定他们的特殊天赋，或挑战他们自身能力和悟性的新领域，但我们要做的是为每个孩子的天赋做出适当的教育方案（比如为数学天才提供更高水平的数学教育，或为有阅读障碍的孩子提供额外资源），如此促进教育公平，能让所有人都表现优异（Subotnik et al., 2011）。

终生智力

研究人员正在探索一些长久以来关于人类智力的遗留问题。我们知道，自己比一些人更聪明，而又不像有些人那样聪明。那么，在智力的核心——大脑——中，是什么创造了这种差异？是我们大脑的相对大小吗？某些脑组织的数量？还是脑内网络的速度？这些都是研究人员已经确定的可能性。

这里还有一个疑问：随着年龄的增长，我们的智力肌肉会发生什么变化？智力会像身体力量一样逐渐衰退，还是保持不变呢？了解心理学家如何研究智力——以及心理学自我修正过程的图解——请参阅"批判性思考：横断研究和纵向研究"。

稳定还是变化？

学习目标问题 10-11 智力测验分数在一生中的稳定性如何？

我们能从孩子的早期智力分数中预测到什么？一个早慧的 2 岁幼儿长大后会成长为一个天赋异禀的大学生、一个聪明的老人吗？也许会，也许不会。对于大多数儿童来说，3 岁前的智力测验只能预测其一部分未来能力（Humphreys & Davey, 1988; Tasbihsazan et al., 2003; Yu et al., 2018）。一些早慧的学龄前儿童也许会成为出色的成年人，但即使是爱因斯坦这样的天才，在学习说话时，也曾被看作"很迟钝"（Quasha, 1980）。

不过，到 4 岁时，儿童在智力测验上的表现就开始能够预测其青少年及成年期的智力分数了。分数的一致性随着儿童年龄的增长而增加（Tucker-Drob & Briley, 2014）。到 11 岁时，这种稳定性变得令人印象深刻，正如伊恩·戴尔利（Ian Deary, 2004, 2009b, 2013）的研究小组在多年后重新测验同一**群组**（cohort）时发现的那样。戴尔利此次令人惊叹的纵向研究得益于苏格兰所做的一次史无前例的尝试。1932 年 6 月 1 日，苏格兰对 1921 年出生的所有儿童（共 87 498 名儿童）都进行了智力测验。其目的是确定哪些工人阶级的孩子会从进一步的教育中受益。65 年后的今天，帕特里夏·沃利（Patricia Whalley）在离爱丁堡大学戴尔利办公室不远的苏格兰教育研究委员会（Scottish Council for Research in Education）布满灰尘的储藏室货架上，发现了这些测验结果。"这将改变我们的生活。"当沃利告诉他这个消息时，戴尔利回答说。

很多对早期测验结果的稳定性和预测能力的研究证明，事实也的确如此。例如，千禧年之交，戴尔利找到了当年 87 498 名儿童中仍然在世的 542 名 80 岁老人，戴尔利使用 1932 年老人们 11 岁时接受的智力测验版本，对他们重新进行测验。在将近 70 年的不同生活经历之后，两组分数之间的相关性让人十分惊讶（图 10.6）。一些年后，他们 90 岁时再次接受测验（那时仅剩 106 位老人）也是如此（Deary et al., 2013）。另一

智力的稳定性

詹姆斯·霍尔茨豪尔（James Holzhauer）在 4 岁时就被《芝加哥论坛报》在一篇文章中特别提到他的数学能力。7 岁时，他就上了五年级（Jacobs, 2019）。34 岁时，他连续 32 次在智力竞赛节目《危险边缘》中获胜。

群组：一群具有共同特征的人，比如来自某个特定时期。

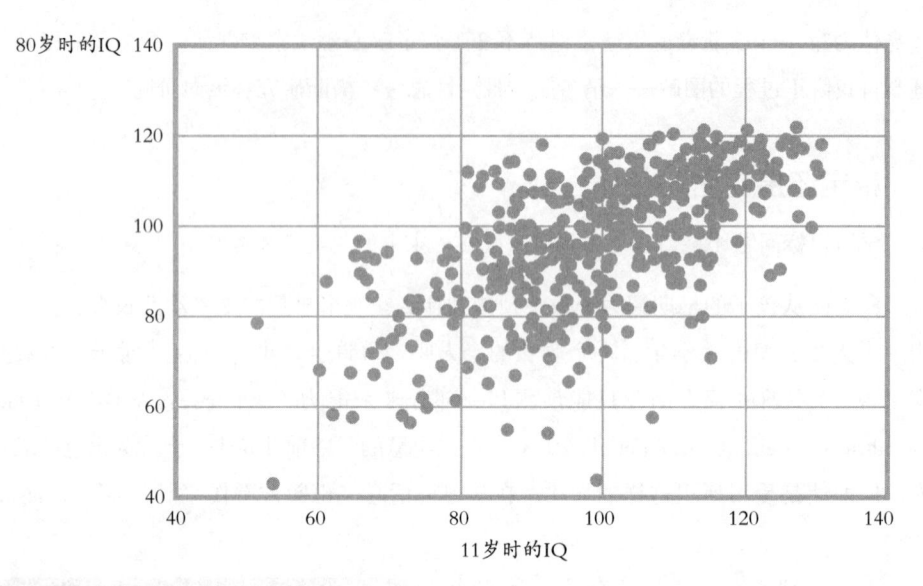

图 10.6 智力持久性

戴尔利及其同事对 80 岁老人进行智力测验，并与他们 11 岁时的测验成绩比较，70 年间的两个分数间的相关性为 0.66。当 106 名在世者在 90 岁再次接受测验时，与他们 11 岁时分数的相关性为 0.54（Deary et al., 2004, 2013）。

> 你能不能活到领取养老金的年纪，部分取决于你 11 岁时的智商。
> ——伊恩·戴尔利

> 在苏格兰全国智力测试中，11 岁时得分前 25% 的女性往往比得分后 25% 的女性寿命更长。戴尔利称，"平均而言，一个在这项时长 45 分钟的测验中落后 30 分的 11 岁女孩，活到 65 岁的可能性只有前者的一半。"

一项对 1936 年出生的苏格兰人从 11 岁到 70 岁的跟踪研究证实了智力具有显著稳定性（Johnson et al., 2010）。当时高智商的青少年在 50 年后，甚至觉得自己比实际年龄更年轻（Stephan et al., 2018）。

智力更高的儿童和成年人往往更健康长寿（Geary, 2019; Stephan et al., 2018）。为什么会这样？戴尔利提出了 4 种可能的解释：

1. 高智力者能获得更充分的教育，找到更好的工作以及生活在更健康的环境。
2. 高智力者推崇健康的生活方式：避免吸烟，控制饮食，勤加锻炼。
3. 先天疾病或童年早期疾病会影响智力和健康。
4. "健康的身体"反应敏捷，也许会促进智力增长，延长寿命。

衰老与智力

学习目标问题 10-12 衰老是如何影响晶体智力和流体智力的？

> "少而学，长而知。"
> ——埃布纳·埃申巴赫

心理学家研究什么问题很重要，但有时更重要的是他们研究问题的方式，即他们使用的研究方法。横断研究表明，老年人在智力测验中比年轻人错误率更高。这些发现让韦氏成人智力量表的编制者大卫·韦克斯勒得出结论："随着年龄增长，心理能力下降是机体整体衰老过程的一部分。"在很长一段时间里，这种令人极度沮丧的观点没有受到质疑。许多公司因此制定了强制性退休政策，认为公司可通过聘用更年轻、更有能力的员工取代老龄工人而获益。这种想法今天仍然存在，一些国家要求教授在 60 岁（香港）或 65 岁（荷兰）之前退休。"众所周知"，岁月不饶人。但从 20 世纪 20 年代开始，大学开始对新生进行入学测验后，心理学家通过纵向研究（在若干年内对同一批学生进行重新测验）发现，他们智力保持稳定。甚至在一些测验中，某些学生的智力得分还有所上升（一部分是由于重复测验得来的经验，见图 10.7）（Salthouse, 2014）。研究方法很重要。

纵向研究得出的结果更为乐观，并对智力随年龄急剧下降的假设发出了质疑。著名画家安娜·玛丽·罗伯逊·摩西（Anna Mary Robertson Moses，"摩西奶奶"）70 多岁时才开始画画，88 岁时被一家流行杂志评为"年度最佳青年女性"；建筑师弗兰克·劳埃德·赖特（Frank Lloyd Wright）在 89 岁时设计了纽约市的古根海姆博物馆；在 101 岁高龄时，神经心理学家布伦达·米尔纳（Brenda Milner）仍在继续研究心理学和指导学生。众所周知，只要身体健康，就能活到老学到老。

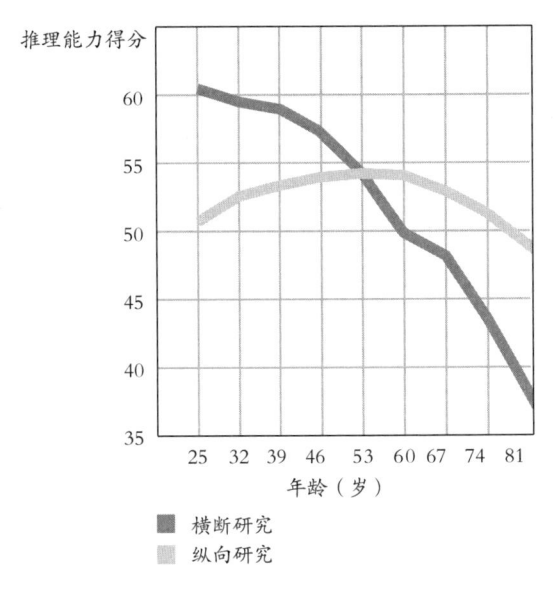

图 10.7 不同年龄段的横断和纵向智力测验

在对一种语言智力（归纳推理）的测验中，横断研究显示得分随着年龄的增长而下降；纵向研究（在若干年内对相同的人进行重新测验）显示，他们在成年后得分略有上升（Schaie, 1994）。

因此，年龄和智力问题的答案取决于我们测验的内容以及测验的方式。晶体智力——在词汇和类比测验中积累的知识——会随着年龄的增长而增加。流体智力——快速和抽象的推理能力，如在解决新的逻辑问题时的能力——从 20 多岁或 30 多岁开始缓慢下降，到 75 岁左右下降速度增快，到 85 岁以后更甚（Cattell, 1963; Deary & Ritchie, 2016; Salthouse, 2013）。

对于大多数人来说，衰老有得有失。快速回忆和高速处理离我们渐行渐远，但不断的积累让我们获得了更多词汇和知识（Ackerman, 2014; Tucker-Drob et al., 2019; 图 10.8）。流体智力也许会下降，但老年人的社会推理能力会增加，这表现在老年人能从多个角度出发，了解知识的局限性，并在社会冲突时提供有益的智慧（Grossmann et al., 2010）。老年人在做决策时也变得不会轻易被焦虑、抑郁和愤怒等负面情绪左右（BlanchardFields, 2007; Carstensen & Mikels, 2005）。

年龄相关的认知差异有助于解释为什么老年人不太能接受新科技（Charness & Boot, 2009; Pew, 2017）。这些认知差异也可解释为什么数学家和科学家普遍在二三十岁出头的年纪时产出最具创造性的作品，因为这段时期正是流体智力的巅峰期（Jones et

"知识就是知道西红柿是一种水果，而智慧就是不把它放在水果沙拉里。"

——佚名

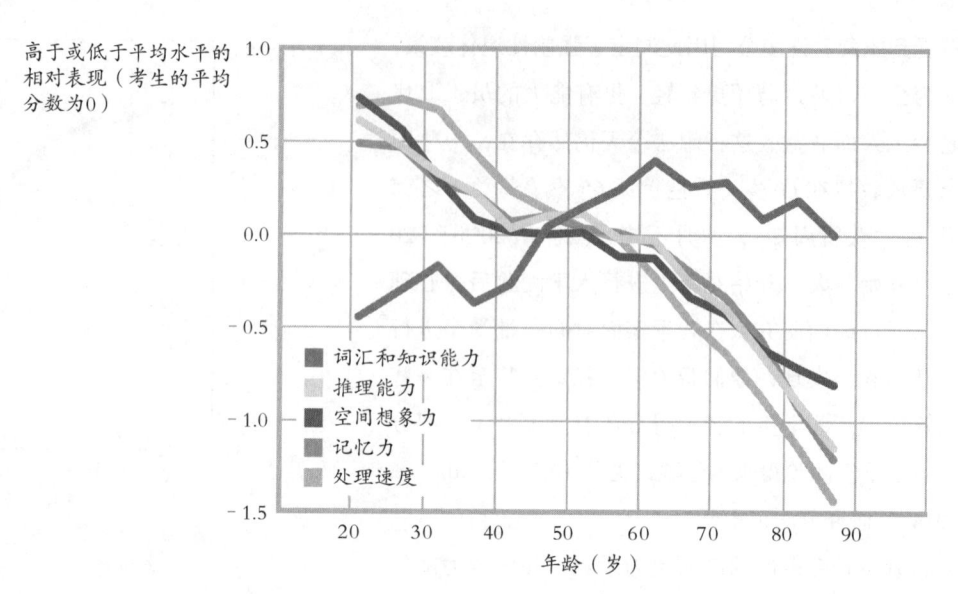

图 10.8 成也年龄，败也年龄

研究表明，词汇和知识能力随着年龄的增长而增长，而流体智力则随年龄增长而下降（Salthouse, 2010）。

al., 2014）。相比之下，作家、历史学家和哲学家的创作巅峰期往往在四十多岁、五十多岁甚至更老，在积累了足够多的经验与知识后才创作出他们最好的作品（Simonton, 1988, 1990）。依赖流体智力的诗人比散文家更早达到峰值产量，散文家则需要依靠随着年龄增长而积累的更深层次的知识储备。这一发现适用于所有文学，无论是现存的还是已消亡的语言。

---检索练习---

RP-6 研究人员 A 想要研究智力在整个生命期的变化，研究人员 B 想要研究现在处于不同生命阶段的人的智力。哪位研究者应该使用横断研究，哪位应该使用纵向研究？

答案见附录 D

遗传和环境对智力的影响

智力被认为受家族遗传影响。但人们为什么会如此认为呢？智力是大部分来自遗传，还是生活环境塑造了智力？心理学中很少有问题能引起如此热烈的讨论。如果我们的智力主要来自遗传，那么人们的社会经济地位应与他们的先天差异相对应。但是，如果智力主要是由生活环境培养的话，那么来自弱势背景的儿童，长大后可能依旧会过着弱势生活——仍有一些希望，即通过改变环境来培养出更多聪明、成就更高的人。

让我们来考虑相关证据，请重点关注以下问题：

- 有关于双胞胎和收养的研究发现，遗传和环境如何影响智力？
- 极端环境带来的影响是会使智力增长还是下降？
- 不同群体之间的智力测验分数存在哪些相似点和差异，是什么原因造成了这些差异？

遗传与智力

学习目标问题 10-13 什么是遗传力？针对双胞胎和收养的研究告诉了我们什么关于智力的天性与教养的知识？

遗传力指我们可以归因于基因的群体中个体之间变化的部分。智力遗传率的估计值——一个群体内智力测验分数的变化可以归因于遗传变异的程度——范围从 50% 到 80% 不等（Madison et al., 2016; Plomin et al., 2016; Plomin & von Stumm, 2018）。这是否意味着我们可以假设 50～80% 的智力来自遗传，剩余部分则由生活环境决定呢？不，遗传力从来不适用于解释个体为何不同，只适用于解释群体中的人为何彼此互不相同。

同卵双胞胎有相同的基因，那么，他们的智力也相同吗？图 10.9 总结了许多研究，从中可以看出，答案显然是肯定的。即使被两个不同的家庭收养，同卵双胞胎的智力测验分数也非常相似。一起长大的同卵双胞胎，他们的智力分数与同一个人参加了两次相同的测验类似（Haworth et al., 2009; Lykken, 2006; Plomin et al., 2016）。同卵双胞胎在音乐、数学和体育等特殊才能上也表现出了很大的相似性（和遗传力）。英国 16

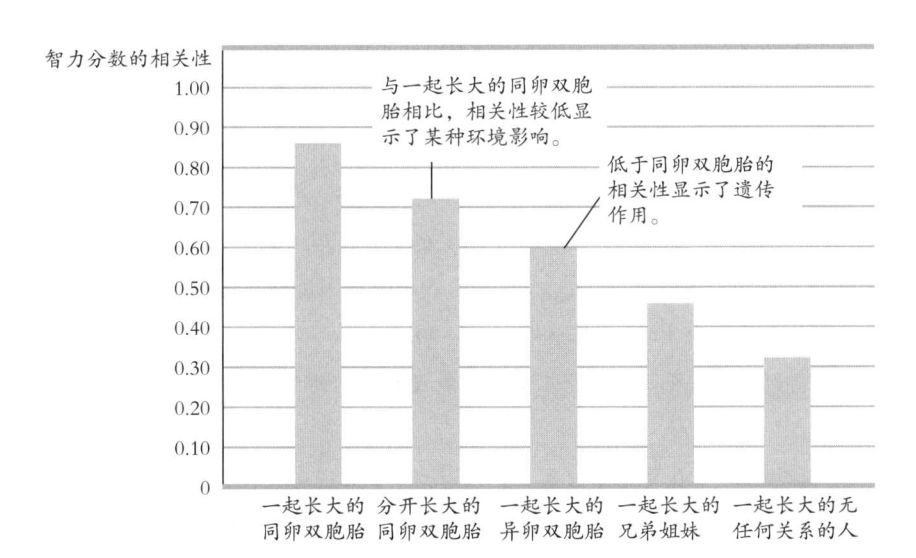

图 10.9 智力：天性与教养

遗传基因最相似的人智力得分也最相似。请牢记：1.0 表示完全相关，0 表示毫不相关（McGue et al., 1993）。

岁学生的全国数学和科学考试成绩中，一半以上的差异都来自遗传（Shakeshaft et al., 2013; Vinkhuyzen et al., 2009）。

大脑扫描显示，同卵双胞胎的大脑中灰质和白质体积相似，与言语和空间智力相关的脑区也几乎相同（Deary et al., 2009a; Thompson et al., 2001）。他们的大脑在做智力任务时也显示出类似的活动（Koten et al., 2009）。

天才基因真的存在吗？100名研究人员汇集了269 867人的数据进行研究，结果发现所有分析的基因变异仅占教育成就差异的5%左右（Savage et al., 2018）。另一项对110万人的基因分析表明，他们的教育程度差异约占12%（Lee et al., 2018）。对聪明基因的探索仍在继续。有些人想知道：做试管婴儿时，医生可能会筛选候选胚胎的智力基因，选择更"天才"的那个吗？统计遗传学家称，在可预见的未来，从胚胎选择中获得的智力收益将是最小的（Kaiser, 2019），因为智力与多种基因相关联。温迪·约翰逊（Wendy Johnson, 2010）将多基因效应比作身高：50多个特定的基因变异共同解释我们个人身高差异的5%，剩下的还有待发现。智力（身高、性格、性取向、精神分裂症或任何诸如此类的人类特征）的重要因素是许多基因的组合，其中包括52个与智力相关的基因——这些基因是汇集了对近8万人的调查结果后确定的（Sniekers et al., 2017）。

环境与智力

异卵双胞胎在遗传上的相似程度并不比其他兄弟姐妹高。但由于他们通常共享一个环境，并经常受到类似的对待，异卵双胞胎在智力测验分数上比其他兄弟姐妹更相似（图10.9）。由此看来，生活环境确实会对智力有些影响。研究被收养儿童有助于评估环境的影响，为了弄清遗传与环境的作用，研究者将被收养儿童的智力测验分数与如下对象的测验分数进行了比较：（a）亲生父母，即他们基因的提供者；（b）养父母，即家庭环境的提供者，以及（c）收养家庭的兄弟姐妹，即家庭环境共享者。

几项研究表明，共享环境对智力测验分数的影响不大：

· 原生家庭贫困、被收养到中产阶级家庭的儿童，智力测验分数有所提升（Nisbett et al., 2012）。瑞典的一项大型研究观察了被收养到父母受教育程度较高且家庭富裕的儿童中的这种效应。这类收养儿童的智力测验分数比他们未被收养的亲生兄弟姐妹平均高出4.4分（Kendler et al., 2015a）。

· 收养遭受过虐待或被忽视的儿童，也能提高他们的智力测验分数（Almas et al., 2017）。

· "虚拟双胞胎"（在婴儿期被收养并作为兄弟姐妹一起抚养长大的同龄、无血缘关系的孩子）的智力测验分数相关性高于偶然性（为+0.28）（Segal et al., 2012）。

在童年期，收养的兄弟姐妹考试成绩相关性不大。随着时间的推移，被收养的孩子在不同的收养家庭中积累了经验，那么，你是否认为共享环境效应会随着年龄的增长而增强，而遗传效应则会减弱呢？

如果你确实这么认为，那么行为遗传学家的发现可能会让你意外。被收养儿童的智力分数与自己亲生父母智力分数的相关性，比与他们的养父母智力分数的相关性要高得多（Loehlin, 2016）。并且随着时间的累积，被收养儿童的言语能力分数变得更像他们的亲生父母（图10.10）。被收养儿童和收养家庭之间的心理能力相关性随着年龄的增长而减弱（McGue et al., 1993）。谁能想到会是这样呢？

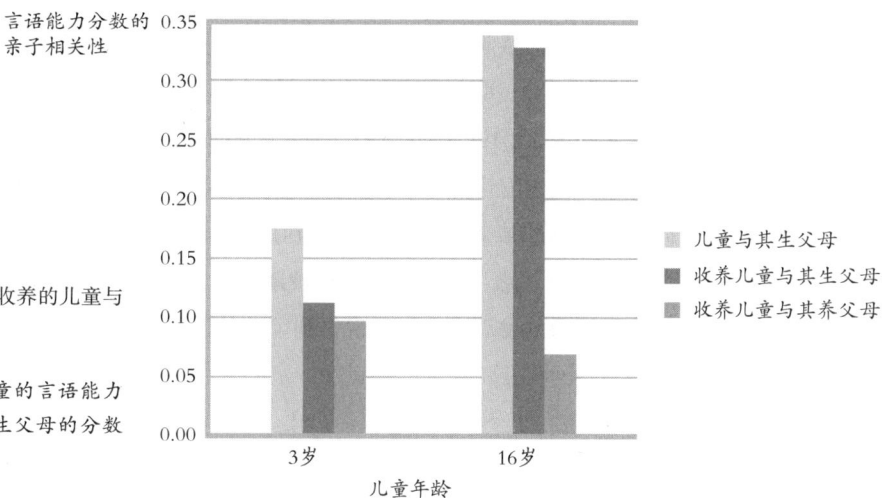

图10.10 言语能力方面，被收养的儿童与谁更相似？

随着岁月的流逝，被收养儿童的言语能力分数变得愈来愈接近他们亲生父母的分数（Plomin & DeFries, 1998）。

随着生活经验的积累，遗传的影响变得愈加明显。例如，同卵双胞胎直到80岁，他们智力的相关性仍然存在，甚至增加。在一项对四个国家中11 000对双胞胎的大规模研究中，一般智力（g因素）的遗传率从童年中期的41%增加到青少年期的55%，再到青年期的66%（Haworth et al., 2010）。因此，戴尔利报告称，一般智力的遗传性从童年早期的"大约30%"增加到"成年后远远超过50%"。

检索练习

RP-1 检验你对遗传力的理解： 如果环境变得更加相似，智力的遗传力将

A. 增加　　　　　　　　B. 减少　　　　　　　　C. 不变

答案见附录 D

遗传–环境相互作用

学习目标问题 10-14 环境如何影响认知发展？

基因和经验共同构成了智力。表观遗传学研究的是这种先天–教养交汇处的部分动

态生物学。与我们所有的能力（无论是智力还是体力）一起，基因塑造了我们的经验，进而塑造了我们。如果你生来就具备体育天赋，那你可能会比其他人更频繁地参加比赛（得到更多的练习、教练的指导和实践经验）；抑或你有学术方面的天赋，你就更有可能留在学校阅读书籍、提出问题——所有这些都会锻炼、提升你的智力。同样的道理也适用于你的同卵双胞胎，他们可能会成为某个领域的佼佼者，而这不仅是由于遗传。在这些基因–环境的相互作用中，微弱的基因优势便可以触发社会经验，让我们原有的技能成倍增长（Sauce & Matzel, 2018）。

然而，有时环境条件会起到相反的作用，抑制身体或认知发展。人类的生活环境极少像被剥夺权利的老鼠所生活的黑暗、枯燥的笼子那样恶劣（这些老鼠的大脑皮质比正常老鼠的要薄）（Rosenzweig, 1984）。然而，艰难的生活经历的确会给我们留下烙印。生物学和经验的交织最能体现在绝望的人类环境中，正如 J. 麦克维克·亨特（J. McVicker Hunt, 1982）在伊朗一所贫困的孤儿院中观察到的那样，在那里，普通儿童 2 岁时还不能独立坐起来，4 岁时还不会走路。这些婴儿得到的照顾甚少，而且他们哭闹、咕咕地叫或其他行为都得不到任何回应，因此，他们没有发展出任何对自己环境的个人控制感。相反，他们很被动，变成了"阴郁的笨蛋"。极度匮乏的环境制约了先天智力的发展。这一发现得到了其他研究的证实，这些研究对在罗马尼亚和其他管理不善的孤儿院长大的儿童进行了调查（Nelson et al., 2009, 2013; van IJzendoorn et al., 2008）。

意识到回应性照料和早期干预的好处后，亨特开启了一项针对伊朗护理人员的培训计划。例如，训练护理人员与 11 名婴儿玩语言培养游戏。他们首先模仿婴儿的咿呀学语，然后引导婴儿开口跟着学，他们还教婴儿波斯语的声音。这项训练的结果是激动人心的。到 22 个月大时，这些婴儿已经能够说出 50 多个物体和身体部位的名称。这些婴儿变得愈发讨人喜欢，吸引了许多访客，并且大多数婴儿都被收养了——这对孤儿院来说是前所未有的成功。

亨特的发现是一项发现的极端案例：贫穷恶劣的环境条件会抑制认知发展，并阻碍认知表现（Heberle & Carter, 2015; Tuerk, 2005）。这可能有助于解释另一项发现：在环境差异较大的地方（比如父母受教育程度差异），环境差异能更准确地预测智力测验分数（Tucker-Drob & Bates, 2016）。就像一台电脑在运行多项程序时会变慢一样，贫困人群的担忧和分心会消耗认知带宽，降低他们的思维能力。在认知功能测验中，印度的甘蔗农民在获得收获报酬后（也就是他们对金钱的担忧减少时）测验分数更高（Mani et al., 2013）。

如果说极端条件——感官匮乏、社会隔离、贫困——会减缓正常的大脑发育，那么反过来呢？一个"富足"的环境是否可以加速正常的发展，并使幼儿更"天才"？大多数专家对此表示怀疑（DeLoache et al., 2010; Reichert et al., 2010; Vance, 2018）。没有任何环境能让一个正常的婴儿快速成长为天才儿童。所有的婴儿都应该有正常的视觉、听觉和言语能力。除此之外，桑德拉·斯卡尔（Sandra Scarr, 1984）的结论仍广泛为大众所接受："那些热衷于让自己孩子接受特殊教育课程的父母，是在浪费时间。"

在提升婴儿智力方面，更令人鼓舞的结果来自后婴儿期密集的强化计划（Dodge et al., 2017; Sasser et al., 2017; Tucker-Drob, 2012; Protzko et al., 2013）。针对贫困阶层儿童的学前教育项目尤其如此，如向孕妇和新生儿提供营养补充剂（提升 3.5 分）、高质量的学前教育经历（提升 4 分）和互动式阅读课程（提升 6 分）（Gormley et al., 2013; Heckman & Karapakula, 2019; Magnuson et al., 2007）。

成长型思维模式

学校教育和智力相互作用，二者都对提高未来收入产生影响（Ceci & Williams, 1997, 2009）。但是，我们取得的成就也取决于我们自己的信念和动机。一项对 72 431 名大学生的分析发现，学习动机和学习技能与能力和以前的成绩一样，都是预测学术成就的因素（Credé & Kuncel, 2008）。学习动机甚至会影响智力测验的成绩。四十几项研究表明，如果研究人员承诺表现出色的参与者能得到报酬时，青少年在此类测试中分数会更高（Duckworth et al., 2011）。

心理学家卡罗尔·德韦克（Carol Dweck）对这些观察丝毫不感到诧异（Dweck & Yeager, 2019）。德韦克指出，相信"智力可以改变"这种信念可形成**成长型思维模式**（growth mindset），即关注学习和成长，否定能力一成不变的观点。德韦克教导青少年，大脑就像肌肉，随着神经元连接的增长而变得更强壮："每学习一种解决问题的新方法，会让你大脑中的数学能力变得更强大！"表扬青少年的努力和积极应对挑战的勇气，而不是一味夸赞他们的聪明或取得的成绩，能帮助青少年理解努力和成功之间的联系（Gunderson et al., 2013）。成长型思维模式虽不会改变先天智力，但它可以让儿童和青少年在面对学习中遭遇的困难或打击他们的人时更加坚韧（Peng & Tullis, 2019; Walton & Wilson, 2018）。一项针对 6320 名成绩较差的美国高中生的全国性实验发现，这些学生观看两段 25 分钟的培养成长型思维模式的教学视频后，学习成绩有略微提高（Yeager et al., 2019）。思维不能改变一切，但不可或缺。

300 多项研究证实，不论在什么领域（从体育到科学、音乐），成功 = 能力 + 机会 + 动机（Ericsson et al., 2007）。智力测验分数极高的 12 岁儿童，如果未来能将他们的能力"与动机相结合"的话，比分数普通的儿童更有可能获得博士学位或发明专利（Makel et al., 2016）。高中生的数学水平和大学生的成绩不仅反映了他们的能力，还反映了他们是否自律，是否相信努力的作用，以及是否拥有一颗好奇的、"求知若渴的心"（Murayama et al., 2013; Richardson et al., 2012; von Stumm et al., 2011）。一项针对 16.8 万名智利十年级学生的研究发现，来自低收入家庭却具有成长型思维模式的学生，其学

成长型思维模式：关注学习和成长，否定能力一成不变的观点。

"当你失败时，接受它，从中吸取教训。不要认为……失败会阻碍你成为你想成为的人……每天醒来我都会告诉世界：放马过来吧！让我看看今天你又为我准备了什么惊喜。"
——录音师皮特布尔

业考试成绩与来自高收入家庭、具有固定思维模式的学生水平相当（Claro et al., 2016）。请想一下：自 2008 年以来，南亚裔的年轻人斩获了大多数全美拼写比赛的冠军——这一令人难以置信的成就可能是受到一种文化信念的影响，即不懈的努力会让人充满活力，最后带来成功（Rattan et al., 2012; Savani & Job, 2017）。如何发挥潜力，秘诀很简单：相信自己的学习能力，并持之以恒地努力。

这些重复的发现——培养成长型思维模式和自律的努力能提高成就——引起了人们的关注。一些研究人员警告说，在对高危学生应用成长型思维模式的发现进行大规模干预时，可能会有一个缺点，即产生一种社会影响——把遇到个人困境归咎于处于苦难中的自身（Ikizer & Blanton, 2016）。其他人指出，研究人员和教育工作者有时会夸大成长型思维模式的益处（Sisk et al., 2018）。过分强调成长型思维模式的优点，就像强调勇气的激励作用一样，会导致一些学生觉得他们的失落反映了一种道德的缺陷。有时候，人们不是只依靠积极思维的力量就能走出困境的。

> **自问**
> 你是否正在努力发挥出标准化能力测验分数所反映的潜力？除了你的天赋，还有什么会影响你的学业成绩？

智力测验分数的群体差异

如果能力分数没有群体差异，那么心理学家就可以在他们的象牙塔里斯文地讨论遗传和环境的影响。但是，研究表明智力确实存在群体差异。那么群体差异表现在哪些方面呢？我们又该如何理解它们？

性别的相似性和差异性

学习目标问题 10-15　两性的心理能力得分有何差异？为什么？

在科学领域，就像在日常生活中一样，差异性往往比相似性更能引发大众的关注。男性的自我估计智力往往高于女性的自我估计智力，这可能会助长一种错误的看法，即男性比女性更聪明（Furnham, 2016）。事实上，男性和女性的智力差异并不大。例如，1932 年对全苏格兰 11 岁儿童的智力测验中，男孩的智力测验平均分数为 100.5 分而女孩为 100.6 分（Deary et al., 2003）。就一般智力而言，男孩女孩并没有什么不同。

针对性别重置（女性变为男性）的睾酮治疗导致大脑语言处理区域变得更像男性，以及一些灰质损失（Hahn et al., 2016）。

然而，大多数人认为差异更有新闻价值。在男女都接受教育的文化中，女孩更擅长拼写、阅读，且语言表达更流畅，更能记住物体的位置（Reilly et al., 2019; Voyer & Voyer, 2014）。除此之外，女孩子更能识别情绪，对触觉、味觉和色彩更敏感（Halpern et al., 2007）。在数学计算和整体数学表现方面，男孩和女孩的表现几乎没有差异（Else-Quest et al., 2010; Hyde & Mertz, 2009; Lindberg et al., 2010）。

在解决复杂的数学问题方面，男性的表现优于女性。而男性体现在空间能力测试中的优势最为明显，如图 10.11 所示（Lauer et al., 2019），想要获得答案，需在脑海中快速旋转三维物体。男性间的心理能力的差异也比女性的差异更大。在全球范围内，男性智力极端（高和低）的人数都超过了女性（Ball et al., 2017; Baye & Monseur, 2016）。例如，男性比女性更可能需要"补习"数学课，但他们也更有可能在数学这门学科上获得最高分。

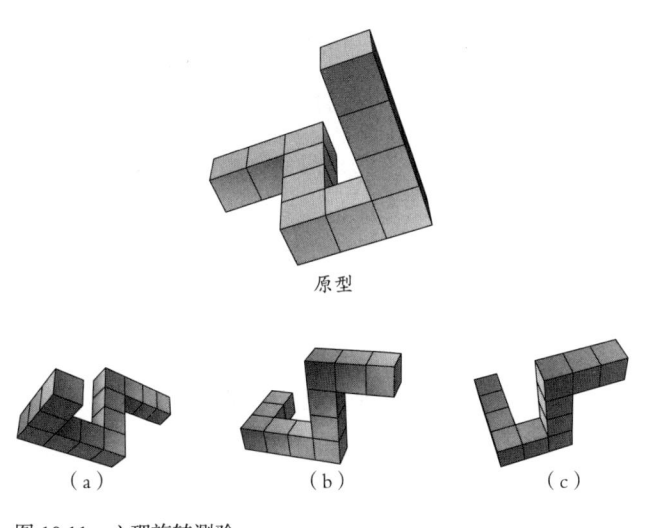

图 10.11 心理旋转测验

这类题目经常出现在空间能力测试中。答案见页下注。[1]

心理学家史蒂芬·平克（Steven Pinker, 2005）从进化论的视角论证了这种性别差异，即生物学会影响生活重心（女性更看重人，而男性则对金钱和物品更感兴趣）、风险承担（男性更为鲁莽），以及男女在数学推理和空间能力方面的性别差异。平克指出，性别差异存在于不同文化中，并且随着时间的推移逐渐稳定，受到产前激素的影响，这种差异也能在被当作女孩养大的男孩身上观察到。

但社会期望以及社会所提供的机会也通过塑造兴趣和能力的方式来构建性别差异（Crawford et al., 1995; Eccles et al., 1990）。史蒂芬·赛西（Stephen Ceci）和温蒂·威廉姆斯（Wendy Williams）指出，受文化影响的偏好也许有助于解释为什么美国女性比男性更倾向于从事非数学密集型职业。在亚洲和俄罗斯，女孩在国际科学考试中取得的成绩高于男孩；而在北美和英国，男孩科学考试的成绩更高（Fairfield, 2012）。

在瑞典和冰岛等性别平等程度较高的文化中，几乎没有出现这种数学方面的性别差异，而在土耳其和韩国等性别不平等文化中，这类性别差异则更为明显（Guiso et al., 2008; Kane & Mertz, 2012）。自 20 世纪 70 年代以来，随着美国性别平等程度的提高，SAT 数学高分（700 分以上）的 12～14 岁学生的男女比例从 13∶1 下降到 3∶1（Makel et al., 2016; Nisbett et al., 2012）。在心理学领域，获得博士学位的男女比例也发生了剧变——女性博士比例从 1958 年的 17% 上升到 2018 年的 71%（Burelli, 2008; NSF, 2019）。

---

1 答案为 c。

种族和民族的异同

学习目标问题 10-16 不同种族和民族群体在心理能力得分上有何不同,为什么?

另外两个令人不安但在科学上得到一致认同的事实加剧了群体差异的争论:

- 不同的种族和民族群体在智力测验平均分数上存在差异。
- 高分个体(及群体)更可能获得高水平的教育和收入。

平均智力测验分数表现出较强的群体差异。欧洲裔新西兰人比新西兰土著毛利人得分要高,以色列犹太人得分高于以色列阿拉伯人,大多数日本人得分高于部落民(在日本被污名化的日本少数民族),美国白人的分数超过了美国黑人。尽管近年来这种差异似乎有所减弱,特别是在儿童中(Dickens & Flynn, 2006; Nisbett et al., 2012)。这类群体差异几乎不能为对个体差异的判断提供事实依据。在世界范围内,女性比男性多活五年,但只知道一个人的性别并不能准确地告诉我们这个人能活多少岁。

我们已经得知,遗传对智力的个体差异有影响,但是在遗传特征上的群体差异可能完全是环境差异造成的。看看这个自然实验:一些孩子在成长过程中听到他们文化中的主流语言,而另一些天生耳聋的孩子则不能,然后对两组孩子进行以主流语言为基础的智力测验。结果如何?毫无悬念,那些精通主流语言的孩子会比天生失聪的孩子得分更高(Braden, 1994; Steele, 1990; Zeidner, 1990)。

种族和民族差异是否也同样是环境因素造成的呢?试想:

1. 遗传学研究显示,除了肤色,全世界各个种族在其他特质方面颇为相似。尽管存在一些种族差异,例如在健康风险方面,两名冰岛村民之间的平均遗传差异或两名肯尼亚人之间的平均遗传差异,肯定远超冰岛人与肯尼亚人之间的平均群体差异。(Cavalli-Sforza et al., 1994; Rosenberg et al., 2002)。此外,外表具有欺骗性。浅色皮肤的欧洲人和深色皮肤的非洲人在基因上比深色皮肤的非洲人和深色皮肤的澳大利亚土著更接近。

2. 种族并不是一个明确定义的生物学范畴。种族主要是一种没有明确物理界限的社会结构,每个种族都能无缝融入与其地理上相邻的其他种族(Helms et al., 2005; Smedley & Smedley, 2005)。在对16多万名居住在美国的人进行的一项基因分析中,大多数拥有低于28%非洲血统的人称自己为白人,而大多数高于28%的人则说自己是非裔美国人(Byrc et al., 2015)。此外,随着越来越多的血统混合,越来越多人反对纯粹的种族分类,并自我认同为多种族(Pauker et al., 2009)。

3. 在同一人群中,测验分数存在代际差异。现今饮食营养更丰富,受教育程度更高,测验准备也更充分,因而测验分数自然会超过20世纪30年代的人们,且分数间差异比现今美国白人和黑人的分数要大得多（Flynn, 2012; Pietschnig & Voracek, 2015; Trahan et al., 2014）。一项研究指出，今天撒哈拉以南非洲人的智力测验平均分数与1948年的英国成年人相同（Wicherts et al., 2010）。但没有人把这种代际差异归因为遗传。

4. 学校教育和文化很重要。贫富差距大的国家，智力测验分数差距往往也是巨大的（Nisbett, 2009）。在中国和土耳其，贫困地区的智力测验分数最低，而富裕地区得分最高（Lynn et al., 2015, 2016）此外，教育政策（如幼儿园入园率、学校纪律和每年的教学时间）预测了国家在智力和知识测验方面的差异（Lynn & Vanhanen, 2012; Rindermann & Ceci, 2009）。一项对60万名学生的分析表明，每多上一年学，智商得分就会增加1到5分（Ritchie & Tucker-Drob, 2018）。读书越多智商越高。

数学成绩、能力测验分数的差异，特别是成绩分数，可能更多反映了自觉性而不是能力（Poropat, 2014）。大学里，女性的表现超过了同等能力的男性，部分归功于她们更自觉（Keiser et al., 2016）。亚洲的学生在此类测试中的表现基本上优于北美的学生，这是因为亚洲学生在学校花的时间更多，在学校外学习的时间也多得多（CMEC, 2018; Larson & Verma, 1999; NCEE, 2018）。这些差异在美国持续存在，亚裔美国学生在学习上投入的时间最多，成绩也最好（Hsin & Xie, 2014）。

5. 在不同时期，不同民族都曾经历过黄金时代——取得非凡成就的时期。2500年前是希腊人和埃及人的时代，接着是罗马人的时代；在公元8、9世纪，天才似乎是属于阿拉伯世界的；500年前，是阿兹台克印第安人和北欧人的时代。几个世纪以来，文化兴衰起伏。

检索练习

RP-2 与农民和贵族构成的阶级社会相比，在以机会均等为标志的社会中，智力分数的遗传力更大，为什么？

答案见附录D

偏差问题

学习目标问题 10-17 智力测验是否有偏差或不公？什么是刻板印象威胁？它是如何影响受测者的表现的？

明了智力测验分数存在群体差异后，我们不禁疑惑：这些差异是否已被纳入测验之中。智力测验是引导人们寻找合适机会的建设性方法吗？还是说它只是一种以科学的外壳作为伪装、用于歧视的武器？简而言之，智力测验是否具有偏差，答案取决于对偏差的两种截然不同的界定。

偏差的科学意义完全取决于一项测验是否能预测所有受测者群体的未来行为，而不仅仅是一部分人。例如，如果SAT考试准确地预测了女性的大学成绩，但没有预测男性的大学成绩，那么这个考试就存在偏差。在这个术语的科学意义上，心理学家几乎达成共识（正如美国国家研究委员会能力测试委员会和美国心理协会智力工作组所总结的那样），大多数能力测验不存在偏差（Berry & Zhao, 2015; Neisser et al., 1996; Wigdor & Garner, 1982）。无论性别、种族、民族或社会经济水平如何，这些测验的预测效力大致相同。如果一个智力测验分数为 95 时能预测出略低于平均水平的成绩，那么这种粗略的预测通常同样适用于所有人。

但是在日常生活中，如果一项测验有失公允，即测验分数会受到受测者文化经历的影响，我们就会认为该项测验是"有偏差的"。事实上，这种情况曾发生在 20 世纪初的东欧移民身上，在进行智力测验时，新移民缺乏相应的文化背景，无法作答，因此许多人被归类为"低智商者"。如果我们使用这种普遍意义上的偏差，那么智力测验确实会被认为不公平（即使其在科学意义上无偏差）。这是因为智力测验衡量的是受测者的发展能力，而这种能力在一定程度上反映了他们所受的教育和经历。

你可能曾了解过一些智力测验中假设的例子（例如，杯子和碟子一起使用），这类题目会使测验产生偏差（不利于不使用碟子的人）。这类题目是否能解释测验分数的文化差异呢？在这种情况下，测验可能具有歧视性，也许会将有潜力的孩子（其中一些人因母语不同而分数较低）送到没有挑战性的班级，以后便做着没有前途的工作。因此，许多智力研究者建议采用文化中立的题目，比如评估人们学习新词、谚语和类比等能力的题目，以实现在文化公平的基础上测验能力（Fagan & Holland, 2007b, 2009）。

现有能力测验的拥护者指出，种族群体在一些非言语项目上的差异仍然存在（例如倒数数字）（Jensen, 1983, 1998）。此外，他们又补充道，把一个群体的低分归咎于测验，就像把坏消息归咎于邮差。为什么要指责测验暴露了不平等的经验和机会呢？如果因为营养不良，人们会出现生长迟缓，你能指责揭示这一现实的测量吗？如果过去不平等的经历预测着未来不平等的成就，那么有效的能力测验就将能探测到这种不平等现象。

正如你在本文中所阅读到的，期望和态度会影响我们的认知和行为。对于施测者来说，期望也许会带来偏见；而对于受测者来说，期望也许预测着自我实现。

> **检索练习**
>
> RP-3 存在文化偏差的测验和存在科学偏差的测验之间有什么区别？
>
> *答案见附录 D*

受测者预期 史蒂芬·斯宾塞及其同事（Steven Spencer, 1997）对能力相当的学生进行了一项难度较大的数学测试，结果发现男生比同等能力的女生得分高。除非事先引导女生，让女生具有她们在这类考试上能做得和男生一样好的预期，否则，某些因素会影响她们的表现。似乎是有一种"莫名的威胁"（Spencer et al., 2016）。斯宾塞与克劳德·斯蒂尔和约书亚·阿伦森（Claude Steele, Joshua Aronson & Spencer, 2002）一起，再次观察到了这种自我实现的**刻板印象威胁**（stereotype threat），例如在黑人学生参加语言能力倾向测试之前刻意提醒他们的种族，结果黑人学生语言能力分数就会更低。后续研究证实，遭受负面刻板印象的少数族裔和女性，可能有未实现的学术和职业潜力（Grand, 2016; Nguyen & Ryan, 2008; Walton & Spencer, 2009）。如果你所处的群体或"类型"经常在某种测试或任务中表现不佳，你的自我怀疑和自我监控可能会劫持你的工作记忆，损害你的注意力，从而导致表现不佳（Hutchison et al., 2013; Inzlicht & Kang, 2010; Rydell et al., 2010）。批评者认为，刻板印象威胁比最初认为的要弱，因为情境因素可以减少或消除刻板印象威胁（Flore & Wicherts, 2015; Flore et al., 2019）。

刻板印象威胁可以解释为什么黑人学生由黑人施测时，比由白人施测时得分更高（Danso & Esses, 2001）。这意味着黑人教师对黑人学生有着比非黑人教师更高的期望（Gershenson et al., 2016）。刻板印象威胁还可以解释为什么女生在没有男生同她们一起参加数学考试时，通常分数更高，这也有助于解释为什么男性从事传统女性化的工作（小学教师、儿童保护工作者）时，更希望没有能力很强的女性在场，且不在感到受威胁时履职（Doyle & Voyer, 2016; Kalokerinos et al., 2018）。远离那些社会期待值更高的人，会给你自信，让你表现得更好。

从这些研究中，研究人员得出结论，如果你告诉学生她们可能不会成功（就像补救性的"少数民族援助"项目通常所做的那样），这种刻板印象最终将会影响学生们在能力测验中的表现（Steele, 1995, 2010）。

其他研究团队已经证实了自我肯定练习的好处，这些练习让学生写下自己最重要的价值观（Borman et al., 2019; Ferrer & Cohen, 2018; Logel et al., 2019）。在受到挑战和质疑之时，让学生相信自己的潜力，积极思考他们不同的生活经历，或增加他们的归属感。如此，弱势学生取得了更好的成绩，辍学率也有所降低（Broda et al., 2018; Sarrasin et al., 2018; Townsend et al., 2019）。

* * *

那么，关于能力测验及其偏差，我们能得出什么现实的结论呢？从科学的角度来看，这些测验并不存在偏向，因此无法对不同群体进行有效的统计预测。但是在某种意义上，偏差确实存在——文化经验造成的成绩差异就可以轻易被察觉。这是否意味着能力测验是歧视性的？答案既可以是肯定的，也可以是否定的。从一种意义上讲是肯定的，测验的目的就是区分——对个体进行甄别；在另一种意义上，测验的目的又是通过减少人们在学校教育和工作安置方面对主观标准（例如，你的熟人、相貌，或者面试者对"你这种人"的喜爱程度）的依赖，从而减少歧视。例如，公务员考试在施测之前，就通过减少政治、种族和民族歧视，从而能够更公平、更客观地进行评价。取消能力测验将导致那些决定入学或工作录用的决策者更多地依靠其他因素，如个人

刻板印象威胁：一种自我确认的担忧，即担心别人会基于负面的刻板印象对你进行评价。

"生活的一切快乐之事几乎都在 IQ 测验之外。"
——马德琳·恩格尔

意见等。

或许，心理能力测验的目标应当是三重性的。首先，我们应认识到智力测验先驱阿尔弗雷德·比奈（Alfred Binet）所预见的好处——让学校能够发现哪些孩子可能从早期干预中获益最多。其次，我们必须对比奈的愿景保持警惕，即不要把智力测验分数误解为对一个人的价值和潜力的直接测量，或认为测量的潜能是固定的。最后，我们必须记住，一般智力测验所考查的能力十分重要，有助于在一些人生道路上取得成功，但它反映的仅仅是个人能力的一个重要方面（Stanovich et al., 2016）。我们的理性、实践智力和情绪智力就像创造力、天赋和性格的其他形式一样，也同样具有重要作用。

要记住的一点：通往成功的道路有很多条，人与人之间的差异是人类适应性的结果。人生的伟大成就不仅源自"能做"的能力（和公平的机会），也来自"愿意做"的动机。成功＝能力＋勤奋。

> "爱因斯坦证实了，天才＝智商＋（坚韧×坚韧）。"
> ——沃尔特·艾萨克森

检索练习

RP-4 哪种心理学原理可以解释为什么通常在没有男生一起参加数学考试时，女生得分更高？

答案见附录 D

第 11 章

是什么驱动了我们：饥饿、性、归属感和成就感

动机的基本概念
本能与进化理论
驱力和诱因
唤醒理论
需要层次

饥饿
饥饿生理学
饥饿心理学
批判性思考：肥胖和体重控制的挑战

性动机
性生理学
性心理学
性取向
性与人际关系

归属和成就
归属需要
成就动机

我非常清楚地记得在一节新开的心理学导论课上提出第一个问题时的情景，有几只手举起来，紧跟着一只左脚也举了起来，这只脚是克里斯·克莱因（Chris Klein）的。他是最不可能掌握这门课程的人。由于缺氧，克里斯出生时被迫接受了40分钟的心肺复苏。据他母亲回忆，"当时有位医生都想放弃他了"。

结果他撑了过来，不幸的是患上了严重的脑瘫。由于控制肌肉运动的脑区域受损，克里斯无法控制自己的双手，他的手总是不受控制地抖动，他无法自主进食、穿衣服，也无法照顾好自己的生活。他也失去了语言能力。但克里斯可以控制自己灵活的思维和左脚。他可以用那只得天独厚的左脚操纵电动轮椅上的操纵杆，用左脚大脚趾输入句子，将信息在交流系统中发送以此与他人互动、交流。现在，克里斯充满了动力。

当克里斯还在芝加哥读高中时，至少有三位老师怀疑他是否能离家去上大学。不过他仍然坚持了下来，并且进入我所任教的霍普学院。五年后，当他用左脚走上台去领取毕业证时，同学们对他十分钦佩，集体起立为他鼓掌。

现在，克里斯成了励志演讲者，经常在学校、教堂和社区发表演讲："为那些无法发声的人发声，向那些患有残疾的人伸出援助之手。"目前，他正在写一本书，这本书叫《大脚趾教给我的那些事》。此外，他还找到了真爱，并成立了家庭。

现实生活中很少有人会遇到克里斯·克莱因所面临的挑战，但人们都在寻找能够产生满足感和成就感的方式，因为我们都受到生物动机（如饥饿和性），以及社会动机（如归属感和成就感）的驱动。克里斯·克莱因对生活、学习和爱的强烈渴望正说明我们自身动机的本质，这些动机激励和引导着我们前进。

让我们先来看看心理学家是如何研究动机的。

动机的基本概念

学习目标问题 11-1 心理学家如何定义动机？四种主要的动机理论是什么？

我们的动机（motivation）来源于天性（身体的"推力"）与后天教养（来自个人经历、思想和文化的"拉力"）之间的相互作用。通常来说，动机驱动我们的行为，这是一件好事，但也不尽然。如果我们的动机被利用，我们的生活就会出现问题。例如，那些有药物使用障碍的人可能会发现他们对成瘾物质的渴望超过了对温饱、安全和社会支持的渴望。

动机：激励和引导行为的需要或欲望。

在理解行为动机的过程中，心理学家们从四个角度进行了研究：

- 本能理论（现在已被进化论所取代）关注受基因影响的行为。
- 驱力减少理论关注我们如何对内部推力和外部拉力做出反应。
- 唤醒理论关注如何找到合适的刺激水平。
- 亚伯拉罕·马斯洛（Abraham Maslow）的需要层次理论关注某些需要相对于另一些需要的优先性。

本能与进化理论

要成为**本能**（instinct），意味着某种复杂的行为必须在整个物种中具有固定的模式，并且这种行为是非习得的（Tinbergen, 1951）。这些不学就会的本能行为包括鸟类的印刻行为，鲑鱼倾向于回到出生地等。少量的人类行为，比如婴儿寻觅和吮吸乳头的本能反射，也显示出不学就会的固定模式。20世纪早期流行的本能理论认为，本能是我们一切行为动机的来源，但事实上，还有更多的行为是由生理需要和心理需要共同激发的。

本能：某种复杂的行为，在整个物种中具有固定的模式，而且是非习得的行为。

虽然本能不能完全解释人类行为的动机，但进化心理学中有一个基本的假设：基因确实预设了某些物种的典型行为。我们在第7章讨论了生物倾向对条件反射的限制，在之后的学习中，我们将看到进化如何影响人类内心产生的恐惧，如何影响人类的施善行为，以及如何影响人类制造浪漫的能力。

相同的动机，不同的神经通路

神经系统越复杂，机体的适应性就越强。例如人类和鸟类满足住所需要的方式都反映了其遗传能力，然而人类的行为更加灵活，人类可以学习建造房子所需的技能，鸟的行为模式却是固定的，只能建造同一类型的住所。

驱力和诱因

除了倾向性，我们还受到驱力影响。**生理需要**（physiological need）（如对食物或水的需要）会产生一种唤醒、激励的状态——产生某种驱力（如饥饿或口渴）——进而

生理需要：一种基本的身体需要。

驱力减少理论：认为生理需要会产生一种唤醒状态（某种驱力），这种状态会促使生物体去满足这种需要。

内稳态：保持平衡或稳定的内部状态的趋势；对身体化学的任何方面（如血糖）进行调节，使之保持在某一特定水平。

诱因：某种积极或消极的环境刺激，能促使行为产生。

促使我们减少（满足）这种需要。**驱力减少理论**（drive-reduction theory）主张，除了少数例外情况，当生理需要增加时，我们减少这种需要的心理驱力也会增加。

驱力减少是我们身体争取**内稳态**（homeostasis）（字面意思是"保持不变"）的一种方式，内稳态即维持某个稳定的内部状态。例如，我们的身体调节温度的方式就像房间里配置了一个恒温器，这两个系统都通过反馈回路运行：传感器将室温反馈给控制装置，如果房间温度下降，控制装置就会打开炉子；同样地，如果我们的体温下降，我们的血管会收缩以保暖，这时我们就会被迫穿更多的衣服或寻找更温暖的环境（图 11.1）。

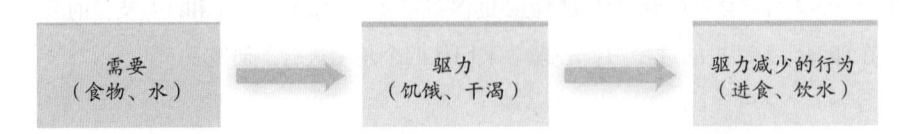

```
需要           →    驱力         →    驱力减少的行为
（食物、水）         （饥饿、干渴）        （进食、饮水）
```

图 11.1 驱力减少理论：

驱力减少动机源自内稳态——我们身体保持稳定的内部状态的自然倾向。因此，如果我们缺水，口渴就会驱使我们喝水来使身体恢复至正常状态。

我们不仅被减少驱力的需要所推动，我们也被**诱因**（incentive）所牵引——积极或消极的环境刺激引诱或排斥着我们。这些刺激（如果是积极的）会提高我们的多巴胺水平，导致我们的潜在驱力（如对食物或性的需要）变成活跃的冲动（Hamid et al., 2016）。这些冲动得到的满足和强化越多，驱力就会变得越强：正如罗伊·鲍迈斯特（Roy Baumeister, 2015）指出的，"得到就会产生欲望"。如果你饿了，美食的香味会引诱你。至于吸引你的这种香味是来自烤花生还是烤狼蛛，则取决于你的文化背景和经历。诱因也可能是消极的，如我们在社交媒体上取笑别人，导致被取消关注或被解除好友关系，这种消极诱因可能会让我们改变自己的行为。

当需要和诱因同时存在时，我们会感受到强烈的驱力。缺乏食物的人闻到烘烤比萨的香味时，可能会感到饥肠辘辘，烤比萨的香味就成了一种令人难以抗拒的刺激。因此，对于每种动机，我们都可以问问自己：动机是如何被与生俱来的生理需要所推动，又是如何被后天环境中的诱因拉动的？

唤醒理论

然而，人体的平衡系统不可能一直保持平衡，事实上，有些动机激发的行为会增加唤醒，而不是减少驱力。吃饱喝足的动物会离开栖身之所，去探索和获取信息，这种行为似乎是在没有任何需要驱动的情况下发生的。好奇心驱使猴子们四处乱跑，试图打开一个无法打开的门闩，或是打开一扇能看见外面的窗户（Butler, 1954）；好奇心驱使刚会爬行的婴儿探索房子里每一处可触及的角落。在一项关于好奇心的实验中，即使测试用的钢笔会产生电流，好奇的学生也会忍不住伸手触摸它（Hsee & Ruan,

2016）。好奇心推动了本书所讨论的科学家们的工作，还激励着探险家和冒险家，比如登山运动员乔治·马洛里（George Mallory）。在被问为什么想攀登珠穆朗玛峰时，他的回答令人印象深刻："因为山就在那里。"不确定性有时会令人兴奋，从而增强动机（Shen et al., 2015）。像马洛里一样喜欢高度刺激的人，更有可能去寻求激烈的音乐、新奇的食物、冒险的行为和职业（Roberti et al., 2004; Zuckerman, 1979, 2009）。尽管冒险者被称为感觉寻求者，但他们也可能受到激励去掌控自己的情绪和行为（Barlow et al., 2013）。

所以，人类动机的目的不是消除唤醒，而是寻求唤醒的最佳水平。当所有生理需要都得到满足后，人们就会有动力去追求刺激。要是缺乏刺激，我们会感到无聊，进而寻求新的刺激。

好奇心驱使

幼小的猴子和儿童对不熟悉的事物很着迷。他们的探索动力保持在一个最佳的唤醒刺激水平上，这是无须满足任何即时生理需要的几种动机之一。

世界上大多数人都喜欢做点什么，甚至（在没有其他选择的情况下）会对自己施加轻微的电击（Buttrick et al., 2019; Wilson et al., 2014）。为什么人们会想提高唤醒水平呢？因为适度的唤醒状态，甚至是焦虑，都能起到激励作用，例如让人考出更为理想的数学成绩（Wang et al., 2015c）。然而，过多的刺激或压力则会促使人们想办法降低唤醒水平。在实验中，当人们减少查看电子邮件和手机通知，而不是随时在线保持联系，那么人们感受到的压力会减少（Fitz et al., 2019; Kushlev & Dunn, 2015）。

20世纪早期，两位心理学家研究了唤醒水平与表现之间的关系，并提出了**耶基斯–多德森定律**（Yerkes-Dodson law）：适度的唤醒水平可激发出最佳表现（Yerkes & Dodson, 1908）。参加考试时，适度紧张可以让人更专注，但不能紧张得发抖（如果已经足够紧张，最好不要再摄入咖啡因）。在无聊的低度刺激和焦虑的过度刺激之间，蕴含着蓬勃的生命力。能否产生最佳表现取决于当前的情境是否困难，越是困难的情境，所需要的唤醒程度就越低（Hembree, 1988）。

耶基斯–多德森定律：只有在达到一定水平时，个体表现会随唤醒水平提高而提升，达到一定的唤醒水平后，表现就会随唤醒水平提高而下降。

自问

无聊是否驱使你采取了一些具有创造力的行动呢？上一次发生这种情况是在什么时候，你有什么收获呢？

检索练习

RP-1 当面对困难的任务时，较低的唤醒水平会使表现达到顶峰，而面对简单或已学习过的任务时，唤醒水平更高，才会使表现达到较高水平。（a）这一原理对马拉松运动员有何影响？（b）它对面临困难考试的考生有何影响？

"饥饿是最紧迫的贫困形式。"
——消除饥饿联盟

答案见附录D

需要层次

```
            自我
            超越
            需要
         找到超越
        自我的意义和
        同一性的需要
      ─────────────
         自我实现需要
        充分发挥我们自身独特
           潜能的需要
      ─────────────
           自尊需要
       自尊、成就、能力和独立的需要，
         被他人认可和尊重的需要
      ─────────────
         归属感和爱的需要
       爱和被爱、归属和被接受的需要，
          避免孤独和分离的需要
      ─────────────
           安全需要
       感觉世界是有条理的、可预测的需要，
          安全、可靠和稳定的需要
      ─────────────
           生理需要
          充饥止渴的需要
```

图 11.2 马斯洛的需要等级

苏珊娜·柯林斯（Suzanne Collins）虚构的国家的居民被统治者逼至半饥饿状态，他们渴望食物和生存。《饥饿游戏》女主角凯特尼斯·艾佛丁（Katniss Everdeen）表达了更高层次的自我实现和自我超越的需要，并在此过程中激励了整个国家。

需要层次：马斯洛的人类需要金字塔，从最底层的生理需要开始，首先必须满足生理需要，然后才能满足更高层次的安全需要和心理需要。

有些需要是要被优先满足的，比如人类对空气和水的需要。而其他的动机会激励和引导人们的行为，比如对学习和成就的渴望（本章稍后讨论）。然而，如果水的需要不能得到满足，我们就会口渴；要是没有空气，我们的一切需要都是空谈。

亚伯拉罕·马斯洛（Abraham Maslow, 1970）用人的**需要层次**（hierarchy of needs）来描述这些优先事项，这种需要层次之后又被其他人形容为需要金字塔（Bridgman et al., 2019）（图 11.2）。我们的生理需要——如对食物和水的需要，构成了金字塔的底座。

当食物和水等基本需要得到满足后，人们的注意力就会转移到对安全的需要上，然后进一步转移到对于爱的付出和接受的需要，以及对自尊的需要上。除了这些需要，马斯洛说，人还需要充分实现自己的潜能。

在生命接近尾声时，马斯洛提出，有的人还能达到自我超越的层次。在自我实现的这一层面，人们寻求实现自己的潜能。在自我超越层面，人们以超越个人——超越自我——的方式努力追求意义、目的和交流（Koltko-Rivera, 2006）。马斯洛同时代的精神病学家维克托·弗兰克尔（Viktor Frankl, 1962）是纳粹集中营的幸存者，他也认为寻找生命的意义是人类的一个重要动机："人们不会因为生活条件恶劣而感觉难受，但会因为生活没有意义和目标而感到乏味。"

"你觉得自己的生活有重要的目的或意义吗？"当盖洛普调查在 132 个国家向人们提出这个问题时，91% 的人给出了肯定的回答（Oishi & Diener, 2014）。当人们体验到自己的生活有目的（目标）、重要（价值）和（感觉）一致性时，他们就会感觉到意义——一种会被强大的社会联系、宗教信仰、有序的世界和社会地位所滋养的情感（King et al., 2016; Martela & Steger, 2016）。人们对生命意义的感知可以预测他们的心理和生理健康状况，以及延迟满足的能力（Heine et al., 2006; Van Tongeren et al. 2018）。这种对生活意义的感知很重要。

马斯洛需要层次理论的顺序并不是一成不变的。美国女权运动人士爱丽丝·保罗

（Alice Paul）为发表政治声明而选择绝食（最后被狱卒强行灌食）。文化也影响我们的需要顺序：在个人主义盛行的国家，"自尊"是最被看重的。公民往往更关注个人成就，而不是家庭和社区身份（Oishi et al., 1999）。而且，在认同马斯洛提出的基本需要层次的同时，今天的心理学家也指出：找到伴侣并保持亲密关系、和伴侣养育后代，以及渴望社会地位也是人类的基本动机（Anderson et al., 2015; Kenrick et al., 2010）。

尽管如此，"一些动机比其他动机更有吸引力"这一简单的观点为我们提供了一个思考动机的框架。一项在全球进行的有关生活满意度的调查支持了这个观点（Oishi et al., 1999; Tay & Diener, 2011）。在那些不容易获得金钱、食物和房子的贫穷国家，幸福感由财产的多少所决定；在富裕国家，大多数人都能满足自己的基本需要，幸福感就由社会关系所决定了。

以经典动机理论为基础（表11.1），接下来我们以四个具有代表性的动机为例，从生理层面的饥饿开始，通过性动机逐步达到更高层次的对于归属感和成就感的需要。在每一个层次上，我们将看到经验如何与生物学相互作用。

表 11.1 经典动机理论

理论	主张
本能理论	非习得的、典型的物种行为是有遗传基础的（比如鸟类筑巢或婴儿寻觅乳头）
驱力减少理论	生理需要（如饥饿和口渴）会产生唤醒状态，驱使我们为满足需要而行动（例如，通过吃或喝）
唤醒理论	我们需要保持一个最佳的唤醒水平，这就会促使我们做出一些不符合生理需要的行为（比如我们渴望刺激，期望获取信息）
马斯洛需要层次理论	我们优先考虑生存需要，然后是社会需要，而不是自尊和意义需要

自问

结合马斯洛需要层次理论来思考你自己的经历，你是否曾经因为饥饿或口渴，而不再关心其他更高层次的需要？你通常觉得安全吗？感到被爱吗？你自信吗？你觉得自己满足马斯洛所谓的"自我实现"需要的频率如何？你能满足"自我超越"的需要吗？

检索练习

RP-2 在一个陌生的城市里独自驾车数小时后，你终于看到了一家餐馆。虽然它看起来冷冷清清，而且有点令人不寒而栗，但你还是停下来了，因为你真的又饿又渴。马斯洛的需要层次理论如何解释你此时的行为？

答案见附录 D

饥饿

生理需要是强大的。安塞尔·凯斯（Ancel Keys）和他的研究团队（1950）对参与者的半饥饿状态展开了一项生动的实验研究，这些参与者以参与研究代替服兵役。前3个月，研究团队让参与者正常进食；3个月后，研究人员将其中36人的食物减半，并让他们长期处于半饥饿状态。最终，为了节约身体的能量，这群人变得无精打采、麻木不仁。实验结束时，他们的体重比开始时下降了25%。

和生理需要比起来，更值得关注的是心理影响。与马斯洛的需要层次理论一致，处于半饥饿状态的36个人变得对食物着迷，他们的话题一直围绕着食物，整日幻想着食物，妄图通过收集菜谱、阅读烹饪书籍，让自己对美味但禁忌的食物大饱眼福。由于一心只想着食物这项没有得到满足的基本需要，这群人对性和社会活动缺乏兴趣。正如一名参与者所说："我们看一场演出，最想看到的场景就是演员进餐的环节。即使是世界上最滑稽的电影，我也笑不出来，剧中出现的爱情场面也让我提不起精神。"这个实验充分说明了强大的动机是如何劫持我们的意识的。

> "饱人不知饿人饥。"
> ——爱尔兰谚语

当我们的饮食、睡眠或性冲动等基本需要无法得到满足时，其他的事情似乎都不重要了。在阿姆斯特丹大学的研究中，罗兰·诺德格伦（Loran Nordgren）和他的同事发现，当动机处于"热"状态（陷在疲劳、饥饿或性冲动中）时，个体很容易回忆起自己过去的这种感觉，并将其视为他人行为的驱动力（回忆一下第8章，我们当前的好心情或坏心情对我们的记忆有类似的影响）。当处于性冲动时，男性更多地将微笑视为"调情"，而不是将其简单地看作"友好"的表示（Howell et al., 2012）。动机问题非常值得研究。

饥饿生理学

学习目标问题 11-2 哪些生理因素会产生饥饿感？

上文提到的参与者之所以感到饥饿，是因为体内的平衡系统要维持正常运作，就必须摄入足够的营养。究竟是什么引发了饥饿感？是空腹带来的饥饿感吗？A.L.沃什伯恩（A. L. Washburn）似乎是这么认为的。他与沃尔特·坎农（Walter Cannon）合作进行了一项实验，沃什伯恩吞下了一个连接着记录装置的气球（Cannon & Washburn, 1912）（图11.3）。气球充满气，填充了沃什伯恩的整个胃部，因此可以传达出他的每一次胃部收缩情况。每当沃什伯恩感到饥肠辘辘时，就按下一个键来向外界传达饥饿感的信息。研究结果表明：每当沃什伯恩觉得饥饿的时候，他的胃确实会收缩。

> "大自然通常会为生命的基本要素（如性、饮食、哺乳）提供内在的满足。"
> ——弗兰斯·德瓦尔

要是没有胃部不适，我们还会有饥饿感吗？为了回答这个问题，研究人员将一些

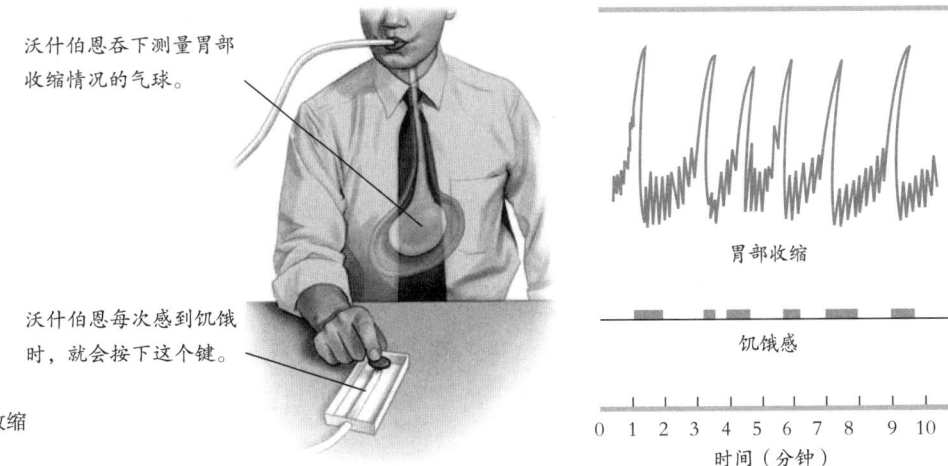

图 11.3 监测胃的收缩（Cannon, 1929）。

老鼠的胃切除，建立了一条直通小肠的通道（Tsang, 1938），结果发现老鼠还是能继续吃东西。那些因溃疡或癌症而切除了胃的人，同样存在饥饿感。

如果空腹感不是引发饥饿感的唯一原因，那还有什么在起作用呢？

身体化学和大脑

人类和其他动物会自动调节热量摄入，以防止能量不足，同时保持稳定的体重。这表明你的身体正在密切关注其可用资源。血液中的**葡萄糖**（glucose）就是这样一种资源。胰岛素（由胰腺分泌）的增加会降低血糖，其中一部分是通过将血糖转化为脂肪存储。如果你的血糖水平下降，你不会意识到血糖降低，但你的大脑会自动监测血液中化学物质的状态和你身体内部的状态，从而触发饥饿感。你的胃、肠道和肝脏发出的信号（表明葡萄糖是被储存，还是被提取）都在向你的大脑发出提示，来促使你进食或不进食。

葡萄糖：一种在血液中循环的糖，是人体组织主要的能量来源。当葡萄糖在血液中的含量较低时，我们会感到饥饿。

大脑是如何整合这些信息并发出警报的？这项工作由多个神经区域共同完成，其中一些区域位于海马体深处和下丘脑内，下丘脑是神经的交通枢纽（Stevenson &

图 11.4

下丘脑负责维持各种身体功能，包括控制饥饿。血管供给下丘脑，使其能够对我们当前的血液化学状态，以及关于身体状况的传入神经信息做出反应。肥胖小鼠下丘脑抑制食欲部分的受体不起作用。

Francis, 2017)(图 11.4)。例如，在下丘脑里面，存在一个神经网络（被称为弓状核），这里有一个分泌刺激食欲的激素的中枢。当受到电刺激，即便吃饱的动物也会开始进食；如果该区域遭到破坏，即使饥饿的动物也会对食物没有兴趣。另一个神经中枢分泌抑制食欲的激素。当这里受到电刺激时，动物会停止进食；破坏这个区域，动物就无法停止进食，会慢慢变得肥胖（Duggan & Booth, 1986; Hoebel & Teitelbaum, 1966）（图 11.4）。

血管将下丘脑与身体的其他部分连接起来，这样它能够对当前血液中的化学物质和其他传入信息做出反应。下丘脑的任务之一是监测食欲激素的水平，例如胃泌素，这是一种空腹状态下由胃分泌的引起饥饿感的激素。对严重肥胖患者进行胃旁路手术时，外科医生会封住或切除部分胃。剩下的胃产生的胃泌素就会少得多，患者的食欲降低，食物就不再那么有吸引力了（Ammori, 2013; Lemonick, 2002; Scholtz et al., 2013）。除了胃泌素，其他跟食欲有关激素还包括食欲素（orexin）、瘦素（leptin）和酪酪肽（PYY），图 11.5 描述了它们如何影响我们的饥饿感。

如果你减掉了一些多余的体重，之后发现体重（或公斤数）又开始回升，你可以把体重反弹的原因归咎为大脑（Cornier, 2011）。食欲激素和大脑活动之间复杂的相互作用有助于解释身体倾向于保持特定体重的原因。当半饥饿的老鼠体重下降到正常水

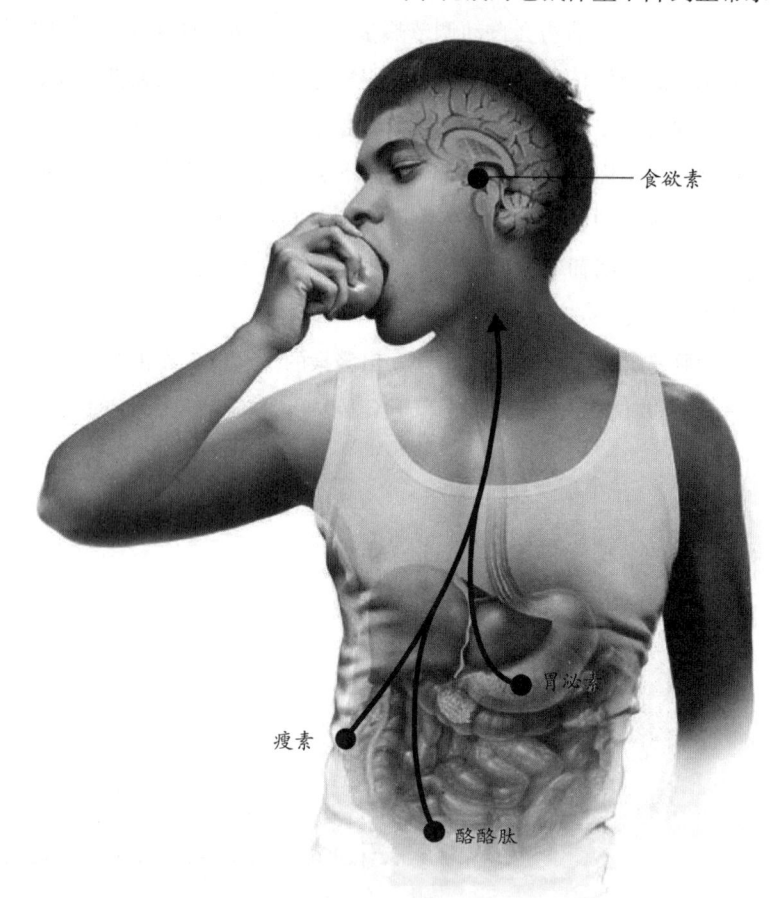

图 11.5　食欲激素

增加食欲：
- 胃泌素。空腹时胃分泌的激素，向大脑发出"我饿了"的信号。
- 食欲素。下丘脑分泌的触发饥饿感的激素。

降低食欲：
- 瘦素。脂肪细胞分泌的蛋白质激素；当瘦素充足时，大脑会增强新陈代谢，减少饥饿感。
- 酪酪肽。消化道激素，向大脑发出"我不饿"的信号。

平以下时，它们的"体重恒温器"会向身体发出信号，让身体恢复到原来的体重。这就好像脂肪细胞在呼喊"喂我！"并从血液中提取葡萄糖一样（Ludwig & Friedman, 2014）。饥饿感增加，能量消耗减少。这种半饥饿老鼠恢复的稳定体重水平就是它们的**体重设定点**（set point）（Keesey & Corbett, 1984; Müller et al., 2010）。在老鼠和人类中，体型和大致的体重设定点都受到遗传的影响。（有偏瘦基因的人更喜欢穿紧身牛仔裤。）

我们的身体通过控制食物摄入、能量输出和**基础代谢率**（basal metabolic rate）来调节体重。在 6 个月的半饥饿期结束时，之前提到的凯斯实验的参与者们的体重已经稳定地回到了他们正常体重的四分之三，但他们只摄入了之前一半的卡路里。对于节食减肥者来说，这样的噩梦是如何发生的呢？其实大部分人是减少了能量的消耗，一部分原因是缺乏运动，还有一部分原因是，能量摄入减少的人的基础代谢率下降了 29%。

然而，有一些研究人员对于我们的身体是否有保持最佳体重的预设持怀疑态度（Assanand et al., 1998）。他们指出，体重持续缓慢的变化会改变一个人的体重设定点，而且心理因素有时也会让我们感到饥饿。如果人类和其他动物能无限制地获得各种各样的美味食物，就容易因为暴饮暴食而体重增加（Raynor & Epstein, 2001）。因此，许多研究人员更喜欢用"稳定值"这个词来表示一个人的体重在摄入和消耗热量（这受到环境和生物因素的影响）时的稳定水平。

> 设定点："体重恒温器"被设定的值。当体重低于某个值时，饥饿感会增加，新陈代谢率会降低，二者结合导致减少的体重得以恢复。
>
> 基础代谢率：身体静止状态下维持基本身体机能所需的能量消耗率。

检索练习

RP-1 饥饿是对_____（低 / 高）血糖和_____（低 / 高）胃泌素水平的反应。

答案见附录 D

饥饿心理学

学习目标问题 11-3 哪些文化和情境因素会影响饥饿？

体内的饥饿感是由我们的生理状态（身体化学和下丘脑活动）所推动的。然而，饥饿感并不仅仅来自胃部。这一点在保罗·罗津（Paul Rozin）和他的同事对两名失忆症患者进行测试时表现得非常明显，这两名患者对一分钟前发生的事情完全没有记忆。研究人员让病人们在吃完一顿正常的午餐后休息 20 分钟，又吃了第二顿，接下来又休息了 20 分钟，吃了第三顿……病人们都欣然接受了。这表明，我们知道什么时候吃饭的部分原因是我们对上一顿饭的记忆。自上一次进食后，随着时间的推移，我们期待着再次吃东西，并且开始感到饥饿。

味觉偏好：生物学与文化

除了感到饥饿的时间，我们的口味也受到身体暗示和环境因素的共同影响。当感到紧张或心情不好时，我们是否会倾向于进食高热量的食物来寻求安慰，就像那些狂热的足球粉丝在球队大比分失利时所做的（Cornil & Chan-don, 2013）？碳水化合物能提高血清素水平，有镇静作用。在节食和压力过大时，无论是老鼠还是人类，都会觉得来一块能量饼干特别享受（Boggiano et al., 2005; Sproesser et al., 2014）。

我们对甜味和咸味的偏好受到遗传影响，并且这种偏好普遍存在。其他口味偏好则是条件反射式的，比如当人们食用高盐食物后，就会对过量的盐产生偏爱（Beauchamp, 1987）；人们因为某种食物而生病后，就会对其产生厌恶（如果一个儿童生病次数很多，他就有很多习得的对特定食物的拒绝）。

文化也会影响品味。许多亚洲人喜欢榴莲，这种水果被西方人描述为闻起来像"松节油和洋葱，混合着运动后的臭袜子的气味"（Sterling, 2003）。亚洲人对许多西方人喜爱的东西也感到厌恶——比如"有蹄类动物腐烂的体液"（也就是奶酪，其中一些品种所含的细菌和气味与臭脚一样）（Herz, 2012）。

老鼠往往会避开不熟悉的食物（Sclafani, 1995），我们也是，尤其是动物制品。毫无疑问，对我们的祖先来说，这种对新事物的恐惧（不喜欢不熟悉的事物）肯定是具有适应性的，可以保护他们免受潜在有毒物质的伤害。我们可以通过反复试吃少量不熟悉的食物或饮料来克服对无害食物的厌恶。在实验中，这往往会增加人们对新口味的喜爱（Pliner, 1982; Pliner et al., 1993）。

其他的口味偏好也具有适应性。例如，热带地区的人喜欢使用香料，因为热带地区的食物，尤其是肉类，会更容易腐烂，香料恰好可以抑制细菌的生长（图 11.6）。怀孕导致的恶心和厌食大约在第 10 周达到顶峰，因为发育中的胚胎在此时最容易受到毒素的伤害。许多孕妇也会自然地避开潜在有害的食物和其他物质，如酒精和含咖啡因的饮料（Forbes et al., 2018; Gaskins et al., 2018）。

情境对饮食的影响

让人惊讶的是，情境也会控制我们的饮食——心理学家将这种现象称为饮食生态学。以下是你可能已经注意到却低估了的四种情境影响因素：

- 朋友与食物。和朋友一起吃饭，我们会吃得更多

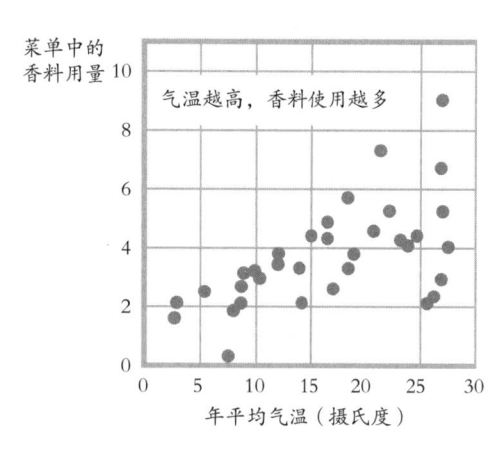

图 11.6 炎热地区的文化喜欢辣的香料

在气候炎热的国家，食物变质的速度很快，这些地区的食谱中便含有更多抑制细菌的香料（Sherman & Flaxman, 2001）。在印度，每份肉类食谱平均有近 10 种香料，而芬兰只有 2 种香料。

吗？是的（Cummings &Tomiyama, 2019）。但当我们试图给某位有吸引力的约会对象留下深刻印象时，我们通常会吃得更少（Baker et al., 2019）。

•食物分量。研究人员通过提供各种免费零食来研究食物分量对摄入量的影响（Geier et al., 2006）。例如，在一栋公寓楼的大厅里，他们摆出一个或半个椒盐卷饼，大块或小块的可可软糖，或在巧克力豆边上放置一把大勺或一把小勺。研究结果表明：提供超大分量的食物，将使人们摄入更多的卡路里。更大的食物分量会诱发更大的进食量，减少食物与口腔的接触时间也会增加摄入量（Herman et al., 2015）。当儿童使用成人尺寸（而不是适合儿童食物分量）的餐具时，他们也会吃得更多（DiSantis et al., 2013）。分量大小很重要。

•刺激选择。食物的多样性也会刺激进食。在甜点自助餐中，人们会吃得更多，而不是只选择一份喜爱的甜点。对于我们的早期祖先来说，食物多样化有益健康。当食物丰富多样时，多吃可以补充广泛的维生素和矿物质，并提供更多的脂肪来让我们顺利抵御冬天的寒冷或渡过饥荒；当缺乏丰富多样的食物时，少吃可以延长食物持续供应的时间，直到冬天或饥荒结束（Polivy et al., 2008; Remick et al., 2009）。

•增加营养。一组研究人员在儿童排队领取其他食物之前向他们发放胡萝卜，将这群儿童的胡萝卜摄入量增加了四倍（Redden et al., 2015）。这样的"暗示"显示了心理学如何影响我们的日常生活。

自问

你通常只在身体发出饥饿信号时才进食吗？在吃饱的状态下，看到美食或嗅到气味对你有多大的诱惑？

检索练习

RP-2 在 8 小时的徒步旅行后，你期待已久的、最爱的食物摆在了面前，你的嘴在期待中分泌了唾液。为什么会产生这样的现象？

答案见附录 D

要了解饥饿和其他因素如何影响我们的肥胖（obesity）风险系数，请参阅"批判性思考：肥胖和体重控制的挑战"。关于如何减掉多余体重的建议，见表 11.2。

肥胖：是指体重指数（BMI）在 30 及以上，这是根据我们的体重身高比计算出来的（超重者的体重指数为 25 及以上）。

表 11.2 体重管理的建议

对于那些希望减肥的人，研究人员建议寻求医生指导，同时遵从以下建议：
•只当你感到有动力和自律的时候才开始。永久性减肥通常需要终身改变饮食习惯，并加强锻炼。那些相信自己体重可以改变的人通常会减肥成功（Ehrlinger et al., 2017）。

批判性思考：
肥胖和体重控制的挑战

学习目标问题 11-4 肥胖会如何影响身心健康？体重管理涉及哪些因素？

肥胖及其对健康的影响

身体健康风险：
糖尿病、高血压、心脏病、胆结石、关节炎和某些类型的癌症。[1]

抑郁风险： 尤其是在女性群体中。[2]

欺凌行为： 在西方国家，超重带来的欺凌问题，已超过种族问题和性取向引发的青少年欺凌行为，成为最严重的问题。[3]

195 个国家的超重百分比 [4]

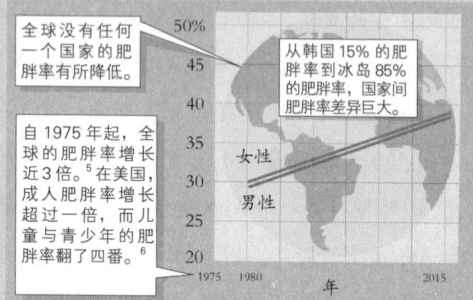

全球没有任何一个国家的肥胖率有所降低。

从韩国 15% 的肥胖率到冰岛 85% 的肥胖率，国家间肥胖率差异巨大。

自 1975 年起，全球的肥胖率增长近 3 倍。[5] 在美国，成人肥胖率增长超过一倍，而儿童与青少年的肥胖率翻了四番。[6]

体重指数（BMI）：

超重　肥胖

在你的国家，以及在全世界，你的 BMI 与其他人相比处于什么水平呢？

我们是怎么变胖的？

是否像很多人所想象的那样，肥胖仅仅是因为缺乏意志力？[7]
不！肥胖有多种原因！

生理因素

储存脂肪，适应环境：
- 这种理想的能量储存方式帮助我们的祖先渡过多次饥荒。在某些物产贫瘠的地区，人们仍然认为较胖的身材更有吸引力，因为丰满意味着地位和财富。[8]
- 而在食物充沛的国家，肥胖却被视为身体机能不协调。[9]

脂肪细胞

体重设定点和新陈代谢很重要：
- 脂肪的新陈代谢率比肌肉低，和增加脂肪比起来，维持脂肪所需的食物更少。
- 如果体重下降到设定点以下，大脑就会产生饥饿感，此时新陈代谢也会降低。
- 当身体感知到饥饿，便会自我调整，燃烧更少的卡路里。从长远来看，在减重期后，大多数节食者减掉的体重会反弹回来。[10]
- 《超级减肥王》30 周魔鬼比赛的 6 年后，14 名参赛者中，仅有 1 人保持了体重。剩余的参赛者平均反弹回来的体重为曾减掉的重量的 70%，他们的新陈代谢仍然非常缓慢。[11]

基因：
- 瘦子似乎天生就比超重的人爱活动，也会比超重的人燃烧更多的卡路里，而超重的人更倾向于长时间坐着。[12]
- 被收养者的体形与同样被收养的兄弟姐妹或养父母的体形都不相关，他们的体形更像亲生父母。[13]
- 就算是被分开抚养，同卵双生子的体形也更为相似[14]，异卵双生子在体形上的差异却要大很多。这也能解释为何基因决定了我们三分之二的体重差异。[15]
- 已经有超过 100 组基因被证实会在某些方面对体重造成影响。[16]

环境因素

缺乏睡眠： 更易导致肥胖。[17]

增加　　缺乏睡眠　　减少

胃泌素： 由胃分泌的一种刺激食欲的激素
瘦素： 向大脑报告身体脂肪

社交影响： 如果一位亲密的朋友变胖，我们自己变胖的概率也会增加两倍。[18]

食物和活动水平： 从全球范围内来看，人们摄入更多高热量的食物，却更少运动。研究表明，全球有 31% 的成年人（包括 43% 的美国人和 25% 的欧洲人）习惯久坐——每天仅有不到 20 分钟的中等活动（如散步）。[19]

注意：
与智力和其他特征一样，体重也有很高的遗传力，但只能解释个体差异而不能解释群体差异。基因主要决定了为什么一个人比另一个人重，环境主要决定了为什么今天的人比 50 年前的人重。

---

1. Kitahare et al., 2014。 2. Haynes et al., 2019; Jung et al., 2017; Rivera et al., 2017。 3. Puhl et al., 2015。 4. GBD, 2017。 5. NCD, 2016。 6. Flegal et al., 2010, 2012, 2016。 7. NORC, 2016b。 8. Furnham & Baguma, 1994; Nettle et al., 2017; Swami, 2015。 9. Hall, 2016。 10. Mann et al., 2015。 11. Fothergill et al., 2016。 12. Levine et al., 2005。 13. Grilo & Pogue-Geile, 1991。 14. Hjelmborg et al., 2008; Pomin et al., 1997。 15. Maes et al., 1997。 16. Akiyama et al., 2017。 17. Keith et al., 2006; Nedeltcheva et al., 2010; Taheri, 2004; Taheri et al., 2004。 18. Christakis & Fowler, 2007。 19. Hallal et al., 2012。

续表

- **锻炼并保证充足睡眠**。在每晚7～8小时睡眠的情况下，运动可以清除脂肪细胞，增强肌肉，加快新陈代谢，有助于降低体重设定点，减少压力和由于压力引起的对富含碳水化合物的舒适食品的渴望（Bennett, 1995; Ruotsalainen et al., 2015; Thompson et al., 1982）。电视节目《减肥达人秀》显示，锻炼可以减少体重反弹（Kerns et al., 2017）。

- **尽量减少获取美食的线索与途径**。在吃饱的时候去食品店购物。不要将诱人的美食放置在家中，并把特殊场合使用的食物藏起来。如果你够不着，你就不会想吃它。

- **限制食物种类，吃健康的食物**。食物种类越多，人们吃得也越多。所以，吃富含蛋白质、蔬菜、水果和全谷物的简餐。健康的脂肪，如橄榄油和鱼油，有助于调节食欲（Taubes, 2001, 2002）。富含水和维生素的蔬菜可以用很低的卡路里填饱肚子。爽脆的绿色蔬菜类食物比甜甜圈更好。

- **减少食物分量，重新标注分量**。提供的食物越少，人们吃得就越少。当人们把一份食物视为由若干部分组成（如10片薯片），而不是一个整体时（一份薯片），他们也会吃得更少。（Lewis & Earl, 2018）。

- **调整食物摄入时间**。如果在傍晚时分吃最后一餐，之后不再进食，直到第二天早上吃早餐，那我们往往会有更健康的体重和更好的睡眠（Wilkinson et al., 2020）。在一天中早一点吃丰盛的食物能促进新陈代谢，均衡的早餐能让我们在快中午的时候更加清醒，不那么疲惫（Spring et al. et al., 1992）。

- **警惕暴饮暴食**。喝酒、焦虑或抑郁感，会增强进食的欲望（Herman & Polivy, 1980）。注意：细嚼慢咽有助于减少进食（Hurst & Fukuda, 2018; Martin et al., 2007）。

- **在和别人一起吃饭之前，先想好自己要吃多少**。和朋友一起吃饭会分散我们监控自己饮食的注意力（Ward & Mann, 2000）。

- **记住，大多数人都会失误**。一次失误并不会导致满盘皆输。

- **公开记录你的任务完成进度**。那些爱记录并公开披露其目标完成进度的人更容易实现目标（Harkin et al., 2016）。

- **加入互助小组**。与他人一起，面对面或在线分享任务目标和最新进度（Freedman, 2011）。

自问

你或你的亲人有没有过减肥失败的经历？这是怎么回事？什么样的减肥策略更可能成功？

检索练习

RP-3 为什么身高、年龄和活动量相同的两个人，即使其中一个吃得比另一个少得多，二者仍然保持同样的体重？

答案见附录D

性动机

无性恋：对他人没有主观上的性欲。

性是生命的一部分。除了 1% 的人被认为是**无性恋**（asexual）以外（Bogaert, 2004, 2015），约会和交配从青春期开始就成了头等大事。生物学家阿尔弗雷德·金赛（Alfred Kinsey, 1894—1956）是研究人类性行为的先驱（Kinsey et al., 1948, 1953）。金赛开始研究性学纯属偶然。他成长于一个贫穷的宗教家庭，着迷于大自然（PBS, 2019）。在他职业生涯的前 20 年里，作为一名生物学家，他一直在收集各种昆虫并对其进行分类，但他这时候开始担心，人们对于昆虫的了解比对"性"的了解更多，"性"在当时是一个禁忌话题。金赛曾经教授过一门婚姻与家庭课程，这段经历促使他在职业生涯的剩余时间里收集人类的性史并对其进行分类。金赛与同事的研究结果引发了争论，但也为现在关于男性和女性性行为的研究铺平了道路。我们的性感受和性行为反映了生理和心理的影响。

性生理学

与饥饿不同，"性"并不是一种紧迫的需要（没有性生活，我们可能会感觉生不如死，但我们不会真的死去）。然而，"性"具备驱动力。如果我们的祖先都没有受到性的驱动，我们就不会活着，也不会有机会阅读这些文字。性动机是大自然让人类繁衍后代的聪明方式，使人类这一物种得以繁衍生息。人类生命通过"性"而生生不息。

激素与性行为

学习目标问题 11–5 激素如何影响人类的性动机？

性行为的驱动力是性激素。男性的主要性激素是睾酮。女性的主要性激素是雌激素，如雌二醇。性激素会在生命的几个阶段影响我们：

- 产前阶段，性激素引导我们的性发育。
- 青春期，性激素激增将我们带入青春期。
- 青春期到成年晚期，性激素都会促进性行为。

对大多数哺乳动物来说，自然界将性与生育能力巧妙结合在一起。当雌性动物的雌激素在排卵期达到顶峰时，其性欲就会增强，研究人员发现可以通过给雌性动物注射雌激素来增强其性欲。雄性动物的激素水平比较稳定，注射激素不容易对雄性动物的性行为产生影响。然而，经手术切除能产生睾酮的睾丸后，雄性仓鼠会逐渐失去对雌性仓鼠的大部分兴趣。如果给切除睾丸的仓鼠注射睾酮，它们对雌性的兴趣又会逐渐恢复（Piekarski et al., 2009）。

激素确实会影响人类的性行为，但影响程度不是很大。研究人员正在探索和讨论女性的交配偏好在整个生理周期中是否会发生变化，尤其是在排卵期，因为此时雌激素和睾酮都会上升（Arslan et al., 2018; Marcinkowska et al., 2018; Shirazi et al., 2019）。有证据表明，有配偶的女性在排卵期时性欲会轻微上升——有时男性和女性都可以通过排卵期女性身上的气味、表现出的行为和发出的声音来察觉这种变化（Gildersleeve et al., 2017; Haselton & Gildersleeve, 2011, 2016）。

女性体内的睾酮比男性少得多。但与其他雌性哺乳动物相比，人类女性对自己的睾酮水平更为敏感（Davison & Davis, 2011; van Anders, 2012）。如果女性的天然睾酮水平下降，如卵巢或肾上腺被切除的情况，她的性欲可能也会减弱。对手术或自然绝经妇女进行的实验表明，睾酮替代疗法通常可以帮助她们恢复减弱的性活动、性唤起和性欲（Braunstein et al., 2005; Buster et al., 2005; Petersen & Hyde, 2011）。

对于睾酮水平异常低的男性，睾酮替代疗法通常也会增加他们的性欲，同时也会增加他们的精力和活力（Khera et al., 2011）。但是无论是谁，无论在什么时候，睾酮的正常波动对性欲几乎没有影响（Byrne, 1982）。实际上，男性性激素有时会对性刺激做出不同的反应（Escasa et al., 2011）。一项研究表明，澳大利亚滑板爱好者在有充满魅力的女性在场时，其睾酮会激增，从而导致这些滑板爱好者选择更冒险和刺激的动作（Ronay & von Hippel, 2010）。因此，性唤起可能是睾酮水平上升的原因，也可能是其上升导致的结果。

激素的激增或减少会在生命中两个可预测的时间点影响性欲，有时还会在不可预测的第三个时间点影响性欲：

  1. 青春期性激素的激增引发了性特征和性兴趣的发展。如果青春期激素激增被抑制——就像在17世纪和18世纪，为了保留如意大利歌剧女高音般的嗓音，青春期前的男孩被阉割一样——其性特征和性欲就不能正常发展（Peschel & Peschel, 1987）。

  2. 在晚年，性激素水平会下降。随着雌激素水平的下降，女性会进入更年期；男性的变化则较缓慢（第4章）。性仍然是生活的一部分，但随着激素水平的下降，性幻想和性行为也随之减少（Leitenberg & Henning, 1995）。

  3. 对一些人来说，手术或药物可能会导致激素变化。成年男性被阉割后，他们的性欲通常会随着睾酮水平的急剧下降而下降（Hucker & Bain, 1990）。给男性性犯罪者服用一种叫甲羟孕酮（Depo-Provera）的药物（这种药物可以将他们的睾酮水平降低到青春期前男孩的水平），也会大大减少这些人的性冲动（Bilefsky,

2009; Money et al., 1983）。

总结一下：我们可以把人类的性激素，尤其是睾酮，比作汽车的燃料。没有燃料，汽车就不能行驶；但如果燃料已经达到汽车行驶所需的最低值，那么添加更多燃料也并不会改变汽车的运行状况。这个类比并不完美，因为激素和性动机是相互作用的。然而，它正确地表明，生物学是人类性行为的必要但不全面的解释。激素的燃料是必不可少的，但心理刺激也同样重要，它会启动引擎，使其进入高速运转状态并持续下去。

> **检索练习**
>
> RP-1 女性的主要性激素是_____。男性的主要性激素是_____。
>
> 答案见附录 D

一个不吸烟的 50 岁男性在任何一个小时内患心脏病的概率大约是一百万分之一。然而，在性行为期间以及发生性行为后的两个小时内，这个概率仅仅增加到一百万分之二（对于那些定期锻炼的人来说，这一概率并没有增加）。与剧烈运动或愤怒带来的风险相比，性行为带来的这个风险似乎不值得我们因此失眠（或失去性生活）（Jackson, 2009; Muller et al., 1996）。

性反应周期

学习目标问题 11–6 人类性反应周期是什么？性功能障碍和性反常行为有何不同？

科学研究往往始于对复杂行为的细致观察。在 20 世纪 60 年代，妇产科医生威廉·马斯特斯（William Masters）和他的合作者弗吉尼亚·约翰逊（Virginia Johnson）将这一研究方法应用于人类性交，因此登上了新闻头条。他们记录了志愿者在实验室进行手淫或性交时的生理反应（382 名女性志愿者和 312 名男性志愿者——这是一个非典型的样本，只包括在被科学家观察时能够并且愿意表现出性唤起和性高潮的人）。马斯特斯和约翰逊报告说，他们观察到了一万多个性周期。他们对**性反应周期**（sexual response cycle）的描述分为四个阶段：

性反应周期：马斯特斯和约翰逊所描述的性反应的四个阶段——兴奋期、持续期、高潮期和消退期。

1. 兴奋期：生殖器区域充血，致使女性的阴蒂和男性的阴茎膨胀。女性的阴道会扩张并分泌润滑液，乳房和乳头也会增大。

2. 持续期：随着呼吸、脉搏和血压持续升高，兴奋值达到峰值。男性的阴茎会完全充血——通过 1661 名男性对自己避孕套尺寸的测量，显示阴茎的平均长度为 14.2 厘米（Herbenick et al., 2014）。阴茎顶端会出现一些液体（通常含有足量的致孕精子）。女性的阴道分泌物持续增加，阴蒂缩回。性高潮迫在眉睫。

3. 高潮期：全身肌肉收缩，伴随着呼吸、脉搏和血压的进一步提高。性释放的愉悦感对两性来说是一样的。专家们也无法准确区分男性和女性对性高潮的描述（Vance & Wagner, 1976）。在另一项研究中，正电子发射体层成像显示，男性和女性在性高潮时，大脑皮质下的相同区域是同样活跃的（Holstege et al., 2003a, b）。

4. 消退期：随着生殖器中的血管释放出积聚的血液，身体逐渐恢复到之前的平静状态。对于男性而言，如果性高潮已经结束，这个过程就会相对快一些，否则就会相对慢一些（就像鼻腔痒一样，如果你的喷嚏打出来了，这种"痒"的感觉会很快消失，否则就会消失得较慢）。此后，男性会进入一个不应期（refractory period），时间长达几分钟到一天，甚至更久，在此期间，男性无法再次达到性高潮。相比之下，女性的不应期则短得多，如果在消退期或在高潮后不久再次受到刺激，女性可能会获得更多的性高潮。

性功能障碍和性欲倒错

马斯特斯和约翰逊不仅试图描述人类的性反应周期，还试图搞懂原因，以及医治那些无法完成这一周期的人。**性功能障碍**（sexual dysfunction）是指在性反应周期内的任何阶段持续损害性唤起或性功能的问题。一些与性动机有关，特别是性活力和性唤起能力的缺乏。对男性来说，还有一些其他的问题，包括**勃起障碍**（erectile disorder）（不能勃起或不能保持勃起）和早泄。对于女性来说，其问题可能是疼痛或**女性性高潮障碍**（female orgasmic disorder）（因很少或从未经历性高潮而苦恼）。在另一项针对3000名波士顿女性和32 000名美国其他地区女性的调查中，大约40%的人存在与"性"有关的问题，如性高潮障碍或性欲低下。大多数经历过性痛苦的女性都认为其与她们跟性伴侣的情感关系有关（Bancroft et al., 2003）。

心理治疗与医学治疗可以帮助有性功能障碍的男性和女性（Frühauf et al., 2013）。例如，在行为导向疗法中，男性学习如何控制射精冲动，女性则学习如何使自己达到高潮。自1998年万艾可问世以来，勃起障碍的常规治疗方法就是服用药物。研究人员一直在努力开发可靠的药物来治疗女性的性兴趣和性唤起障碍（Chivers & Brotto, 2017）。

性功能障碍包括性唤起或性功能方面的问题。**性欲倒错**（paraphilia）患者（主要是男性）确实会产生性欲，但他们会以不同寻常的方式引导性欲（Baur et al., 2016）。美国精神病学协会只在以下情况下才将这种行为归为障碍：

- 一个人因不寻常的性兴趣而感到痛苦。
- 给他人带来伤害或有伤害他人的风险。

连环杀手杰弗里·达莫有恋尸癖，会对尸体产生性欲；露阴癖患者在未经同意的情况下，通过向他人暴露自己的性器官来获得快感；恋童癖会对还没有进入青春期的儿童产生性兴奋。

检索练习

RP-2 因性唤起障碍而感到痛苦的人可能被诊断为_____，露阴癖会被认为是_____。

答案见附录D

不应期：在人类性行为中，指性高潮后的一段平静期，在此期间人无法再次达到性高潮。

正如你在第2章学到的，在神经加工过程中也有一个不应期——神经元放电后会出现短暂的停顿、休息。

性功能障碍：指在性反应周期的任何阶段持续损害性唤起或性功能的问题。

勃起障碍：由于流向阴茎的血流量不足而不能或不能保持勃起。

女性性高潮障碍：因很少或从未经历性高潮而苦恼。

性欲倒错：对非人对象、对伤害自己或他人，或对未经同意的人的幻想、行为或冲动所引起的性唤起。

性传播疾病

学习目标问题 11-7 如何预防性病感染?

全世界每天有超过 100 万人染上性传播疾病(WHO, 2018)。常见的性传播疾病包括通过衣原体、淋病、单纯疱疹病毒(HSV)和人乳头瘤病毒(HPV)感染。美国疾病控制和预防中心(CDC, 2016b)报告称,"与老年人相比,15～19 岁的性活跃青少年和 20～24 岁的年轻人的感染风险更高"。例如,十几岁的女孩由于身体尚未发育完全,体内保护性抗体水平较低,将面临更高的感染风险(Dehne & Riedner, 2005; Guttmacher Institute, 1994)。

对某些皮肤接触的性传播疾病,如疱疹,安全套只提供了有限的保护,但它们确实减少了其他风险(NIH, 2001)。泰国鼓励性工作者使用避孕套的效果显而易见。在四年的时间里,随着避孕套的使用率从 14% 飙升到 94%,每年的细菌性性传播感染人数从 410 406 人骤减到 27 362 人——降幅达 93%(WHO, 2000)。如果伴侣被感染,避孕套在预防艾滋病毒(人类免疫缺陷病毒)传播方面也有 80% 的有效性(Weller & Davis-Beaty, 2002; WHO, 2003)。尽管艾滋病毒可以通过其他方式传播,如共用毒品注射针头,但性传播是最常见的。在所有**艾滋病**(acquired immuno deficiency syndrome, AIDS)感染者中,有一半(最近被诊断出感染艾滋病的美国人中,每 5 人中就有 1 人)是女性(CDC, 2018a)。由于男性将病毒传播给女性比女性将病毒传播给男性更容易,因此,女性在全世界艾滋病人口中的比例正在增长。

一半的美国艾滋病患者年龄在 30～49 岁(CDC, 2016)。艾滋病的潜伏期较长,这意味着许多人在十几岁或二十几岁时就被感染了。2012 年,全世界有 160 万艾滋病患者死亡,留下了无数悲痛欲绝的亲人,包括数百万的孤儿(UNAIDS, 2013)。三分之二的艾滋病毒感染者居住在撒哈拉以南的非洲地区,为延长生命而进行的医疗和对濒死者的护理正在耗尽资源。

与一个人发生性关系也意味着跟这个人过去的伴侣产生联系——其中任何一个伴侣都可能在不知情的情况下传播性病。因此,预防性传播疾病的第一步是了解自己的状况,并与自己的性伴侣分享。

艾滋病(获得性免疫缺陷综合征):由人类免疫缺陷病毒(HIV)引起的一种威胁生命的疾病,可通过性传播感染。艾滋病使免疫系统瘫痪,导致人容易受到感染。

性心理学

学习目标问题 11-8 外部刺激和想象的刺激是如何引起性唤起的?

生物因素有力地影响着我们的性动机和行为。然而,不同时间、不同地点和不同个体之间的巨大差异,也证明了心理因素的巨大影响(图 11.7)。因此,尽管有共同的生物学因素作为性动机的基础,但研究参与者表达的 281 个性行为的理由五花八门,有的是"为了接近上帝",有的却是"为了让我的男朋友闭嘴"(Buss, 2008; Meston & Buss, 2007)。

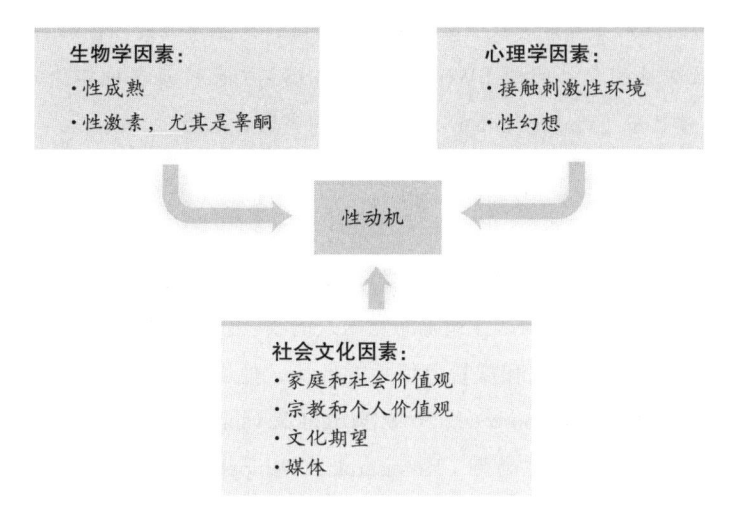

```
┌─────────────────────┐         ┌─────────────────────┐
│ 生物学因素：         │         │ 心理学因素：         │
│ ·性成熟              │         │ ·接触刺激性环境      │
│ ·性激素，尤其是睾酮  │         │ ·性幻想              │
└─────────────────────┘         └─────────────────────┘
            ↘                       ↙
                    ┌────────┐
                    │ 性动机 │
                    └────────┘
                        ↑
            ┌─────────────────────┐
            │ 社会文化因素：       │
            │ ·家庭和社会价值观    │
            │ ·宗教和个人价值观    │
            │ ·文化期望            │
            │ ·媒体                │
            └─────────────────────┘
```

图 11.7 生物心理社会因素对性动机的影响

与进食动机相比，我们的性动机受生物学因素的影响较小，受心理和社会文化因素的影响更大。

外部刺激

男性和女性在看到、听到或读到色情信息时都会产生性欲（Heiman, 1975; Stockton & Murnen, 1992）。与女性相比，男性的性唤起与他们（更明显的）生殖器生理反应密切相关（Chivers et al., 2010）。

人们可能会发现，性唤起既令人愉悦又令人不安（那些希望控制自己性冲动的人通常会避免接触任何会产生性冲动的东西，就像那些希望自己不要暴饮暴食的人要避免接触美味佳肴一样）。随着反复接触，任何刺激（包括色情刺激）引起的情绪反应都会减弱（或者说会习惯化）。在20世纪20年代，当西方女性的裙摆上升到膝盖之上时，露出的腿部让人心跳加速。如今，很多人几乎不会注意到这一点。

接触色情材料会产生不良影响吗？研究表明，它可以通过三种方式产生不良影响。

·**认为强奸是可以接受的。** 尽管一些现代色情作品将女性描绘成强大的角色，但大多数情况下，它将女性描绘成顺从的性对象（Fritz & Paul, 2018; Jones, 2018）。对女性被性胁迫（还似乎很享受）的描写使观众对女性想要被压制的错误想法的信念更加坚定，并增加了男性观众在观看此类场景后表示想要伤害女性和实施强奸的意愿（Allen et al, 1995, 2000; Foubert et al., 2011; Zillmann, 1989）。

·**降低对伴侣的外表或关系的满意度。** 观看了有性吸引力的女性和男性的色情电影后，人们会觉得自己的关系不那么令人满意（Perry, 2018）。反复观看色情内容会降低男性和女性的性满意度（Milas et al., 2019; Miller et al., 2019）。阅读或观看色情作品中不太现实的场景也许会让人产生很不切实际的幻想。

·**脱敏。** 在线观看大量色情作品会让年轻人对正常的性行为脱敏。反复接触这种扭曲的性世界可能导致性欲和满意度降低，大脑对性爱图像的激活反应减弱，还会导致男性的勃起问题（Wright et al., 2018）。"色情正在破坏你的男子气概，"菲利普·津巴多（Philip Zimbardo）和他的同事这样认为。

想象的刺激

有人说，大脑是我们最重要的性器官。大脑中的刺激（我们的想象）会影响性唤起和性欲。由于脊髓损伤而缺乏生殖器感觉的人仍然能感觉到性欲（Willmuth, 1987）。

男性和女性都有性幻想和观看色情片的经历，他们对性想象有类似的大脑反应（Mitricheva et al., 2019; Solano et al., 2018; Wright & vangel, 2019）。对于少数女性来说，单是性幻想就能产生性高潮（Komisaruk & Whipple, 2011）。男性，无论性取向如何，往往有更频繁、更多的肢体接触和更积极的性幻想（Apostolou & Khalil, 2019; Schmitt et al., 2012）。他们也更喜欢书籍和视频中不那么个人化和节奏更快的性爱内容（Leitenberg & Henning, 1995）。性幻想并不表明个体有性问题或对性不满意。要说真有什么的话，那就是性活跃的人有更多的性幻想。

> **检索练习**
> RP-3 什么因素会影响我们的性动机和性行为？

答案见附录 D

性风险与青少年怀孕

学习目标问题 11-9 哪些因素影响青少年的性行为和避孕药具的使用？

不同文化和时代的性态度和行为有很大的不同。97% 的印度尼西亚人和 6% 的德国人认为，"未婚成年人之间的性行为在道德上是不可接受的"（Pew, 2014b）。由于性活动的减少和保护措施的增加，美国青少年怀孕率正在下降（CDC, 2016b, 2018f）。哪些环境因素会导致少女怀孕？

关于生育控制的沟通 许多青少年在与父母、伴侣和同龄人讨论避孕问题时感到不自在。但是，那些与父母和伴侣自由、公开地讨论的青少年更有可能使用避孕工具（Aspy et al., 2007; Milan & Kilmann, 1987）。

冲动 在性行为活跃的 12～17 岁的美国女孩中，72% 的人表示后悔有过性行为（Reuters, 2000）。如果激情压倒了使用避孕工具或推迟性行为的意图，那么计划外的性行为可能导致怀孕（Ariely & Loewenstein, 2006; MacDonald & Hynie, 2008）。

饮酒 在十八九岁的青少年和年轻人中，大多数一夜情都是在饮酒后发生的，通常不是在知情同意的情况下发生的（Fielder et al., 2013; Garcia et al., 2013; Johnson & Chen, 2015）。那些在性行为前饮酒的人不太可能使用安全套（Kotchick et al., 2001）。酒精会抑制大脑中控制判断、抑制和自我意识的区域，从而解除了正常的约束——这一点被性胁迫者广为知晓。

大众传媒 大众传媒通过提供性行为的社会脚本来影响青少年。媒体也会影响同龄人的看法。青少年和年轻人观看或阅读的性内容越多（甚至在控制了早期性活动等其他预测因素的情况下），他们就越有可能认为自己的同龄人性行为活跃，对性持放任态度，有过早性交的经历，不能保证一直使用安全套（Escobar-Chaves et al., 2005; O'Hara et al., 2012; Parkes et al., 2013; Ward et al., 2018）。感受到的同伴规范会影响青少年的性行为（Lyons, 2015; van de Bongardt et al., 2015）。

延迟性行为 延迟性行为的青少年有哪些特征？

"在任何可能的场合都应该使用安全套。"
——佚名

- **高智商** 智力测验分数高于平均水平的青少年，通常更有可能推迟性行为。部分原因是他们考虑到了可能出现的负面后果，并且更关注未来的成就而不是当下的快乐（Harden & Mendle, 2011）。
- **宗教信仰** 积极信教的青少年通常将性活动保留到成年或长期关系中（Hull et al., 2011; Schmitt & Fuller, 2015; Štulhofer et al., 2011）。
- **父亲的存在** 在一项对数百名新西兰和美国女孩从5岁到18岁的研究中，有父亲在身边可以降低少女怀孕和16岁前进行性行为的风险（Ellis et al., 2003）。即使在对贫困等其他影响因素进行控制后，这些关联仍然存在。密切的家庭关系——如全家一起吃饭，父母了解青少年期子女的活动和朋友的家庭——也可以预测孩子以后的性行为（Coley et al., 2008）。
- **参与服务性学习** 自愿担任家庭教师或教师助手，或参与社区项目的美国青少年，怀孕率低于随机分配到控制条件下的对照组青少年（Kirby, 2002; O'Donnell et al., 2002）。研究人员并不清楚原因。服务性学习项目是否提高了个人能力、控制感和责任感？它是否更多地鼓励了面向未来的思考还是仅仅减少了做出无保护性行为的机会？［课后活动和推迟上学时间也减少了意外怀孕的发生（Bryan et al., 2016; Steinberg, 2015）］。

自问

你所在的社区可以采用哪些策略来降低青少年期女孩的怀孕率？

检索练习

RP-4 以下五个因素中，哪三个会导致青少年期女孩意外怀孕？

A. 酗酒　　　　　　　　D. 大众传媒模式

B. 较高的智力水平　　　E. 参加服务性学习项目

C. 父亲缺位

答案见附录D

性取向

学习目标问题 11-10 我们对性取向了解多少？

动机的作用就是激发和引导行为。到目前为止，我们只考虑了性动机的动力，没有考虑其方向，也就是我们的**性取向**（sexual orientation）——我们受到不同性别（异性恋取向）、同一性别（同性恋取向）、男性和女性（双性恋取向）的人的吸引，或者根本不受任何人的性吸引（无性恋取向）。对某些人来说，性吸引不限制性别或性别认同（泛性恋取向）。我们会在性兴趣和性幻想中体验到这种吸引力（谁会出现在你的想象中？）。

> 性取向：我们受到性吸引的方向，反映在我们的渴望和幻想中。
>
> 正如第 4 章所解释的，性取向不同于性别认同（包括跨性别认同）。

各个文化对同性恋的态度各不相同。"社会应该接受同性恋吗？"88% 的西班牙人和 1% 的尼日利亚人说"是的"，在世界上的许多国家，女性比男性更容易接受同性恋（Pew, 2013a）。然而，无论某种文化是谴责还是接受同性结合，异性恋都是最常见的，而同性恋和其他的性吸引方向也同时存在。在大多数非洲国家，同性关系是非法的。然而，据南非科学院报告，南非的同性恋者或双性恋者的比例"与世界其他国家没有区别"。更重要的是，同性行为贯穿了人类历史。

有多少人是纯粹的同性恋？根据欧洲和美国的十几项国家调查，大约 3% 或 4% 的男性和 2% 的女性有同性恋倾向（Chandra et al., 2011; Copen et al., 2016; Savin-Williams et al., 2012）。但这一百分比随着时间推移有所变化，随着社会接受度的提高，自称女同性恋、男同性恋或双性恋的人数比例逐渐增加（Newport, 2018）。如果调查是匿名的，非异性恋人群的百分比也略高（Copen et al., 2016）。有更多的美国人——17% 的女性和 6% 的男性——说他们在生活中有过一些同性性接触（Copen et al., 2016）。心理学家现在才刚刚开始研究那些自认为是泛性恋的人的经历（Borgogna et al., 2019; Greaves et al., 2019）。

在不太宽容的地方，人们更有可能隐藏自己的性取向。例如，约有 3% 的加州男子在脸书上表达了对同性的偏好，而在密西西比州只有约 1% 的人这样做。然而，在这两个州的谷歌色情搜索中，约有 5% 的搜索是关于同性恋色情的。在宽容度较低的州，男性在网站上寻求与其他男性"偶遇"的广告和宽容度较高的州一样常见，在这些州，人们在谷歌上搜索"同性恋性行为"和"我丈夫是同性恋吗？"的次数也更多（MacInnis & Hodson, 2015; Stephens-Davidowitz, 2013）。

在异性恋主流的文化中，非异性恋者会是什么感觉？（可以想象）如果你是异性恋，已经找到了"唯一"——一个完美的异性伴侣。但你不确定可以信任谁，让他知道你有这些感觉，你会是什么感受？如果你无意中听到有人讲关于异性恋者的粗俗笑话，或者如果大多数电影、电视节目和广告只展示同性关系，你会有什么反应？如果听到许多人不会投票给赞成异性婚姻的政治候选人，你会怎么想？如果儿童组织和收养机构认为你可能不安全或不值得信任，因为你被异性所吸引，你会有什么感觉？

面对这样的反应，一些喜欢同性的人起初可能试图忽视或否认他们的欲望，希望它们会消失，但事与愿违。这些人可能会隐藏他们的性取向——特别是如果他们生活在一个谴责同性恋的地区或国家的话（Pachankis & Bränström, 2018）。尤其是在青春期或感到被父母或同龄人排斥时，这些人可能会努力反抗自己的同性性取向。如果没有父母和朋友的支持，同性恋青少年会表现出更严重的焦虑和抑郁，这些情绪往往与欺凌有关，自杀的风险也会增加三倍（Caputi et al., 2017; di Giacomo et al., 2018; NAS, 2019; Ross et al., 2018）。有些人可能会尝试通过心理治疗、意志力或祈祷来改变自己的性取向。但这种感觉通常是持久的，就像异性恋者的感觉一样——他们同样无法改变（Haldeman, 1994, 2002; Myers & Scanzoni, 2005）。

不幸的是，一些有害的反同性恋的成见一直存在。其中一种刻板印象是，同性恋者更可能猥亵儿童（Herek, 2016）。这是真的吗？不，研究者通过测量男性生殖器对各种性图像的反应发现，性取向与恋童癖无关（Blanchard et al., 2009; Herek, 2016）。由雷·布兰查德（Ray Blanchard, 2012; Dreger, 2011）领导的一个加拿大研究小组，给2278名男子（大多数是性犯罪者）安装了一个设备，测量他们在观看男女成年人和儿童的裸体照片时的性兴奋程度，并配以性爱音频故事。大多数男性对儿童没有反应，而对成年男性（如果是同性恋）或成年女性（如果是异性恋）有反应。一些男性——既有异性恋也有同性恋——表现为恋童癖，他们大多对小男孩或小女孩产生反应，而对成年人的反应则少得多。

今天的心理学家认为，性取向既不是有意选择的，也不是可以自愿改变的。美国心理学会2009年的一份报告指出："改变性取向的努力不太可能成功，而且有一定造成伤害的风险。"英国心理健康组织也认为，这种尝试"不道德，而且有潜在风险"（Gale et al., 2017）。认识到这一点后，马耳他于2016年成为第一个取缔"转换疗法"这一有争议的做法的欧洲国家。该疗法旨在改变人们的性别认同或性取向。美国也有越来越多的州和城市禁止对未成年人进行转换疗法。

性取向在某种程度上类似于惯用手：大多数人是一种情况，另一些人则是另一种情况，还有一小部分人则是某种形式的混用。无论如何，我们的性取向会持续存在，尤其是男性（Dickson et al., 2013; Norris et al., 2015）。女性的性取向往往没有那么强烈，对某些女性来说可能更具流动性和变化性。女异性恋者对男性或女性的性刺激都可能产生生殖器兴奋（Chivers, 2017）。一般来说，男性的性冲动和性兴趣更简单。男性在性方面的可变性较小，这一点在很多方面都很明显（Baumeister, 2000）。在不同的时间、文化、环境，以及不同的教育水平、宗教信仰和同伴影响下，男性的性冲动和性兴趣不如女性灵活多变。例如，女性往往倾向于交替度过性行为频繁的时期与几乎没有性行为的时期（Mosher et al., 2005）。鲍迈斯特将这种灵活性称为性欲可塑性。

> "没有可靠的科学证据表明性取向是可以改变的。"
> ——英国皇家精神科医学院

在英国一项针对18 876人的调查（以及此后的其他调查）中，约有1%的人认为自己是无性恋者，即"从未感受到任何人的性吸引"（Bogaert, 2004, 2015）。然而，无性取向的人和其他人一样会自慰，他们认为自慰感觉很好，可以减少焦虑、舒缓性压力。

性取向的起源

如果我们不能选择性取向，也不能改变它（尤其是男性），这些与性取向有关的感觉是从何而来的呢？在早期寻找性取向的环境影响因素时，金赛研究所的研究人员在20世纪80年代对近1000名女同性恋者/男同性恋者和500名异性恋者进行了调查。他们评估了几乎所有可以想象到的导致同性吸引的心理原因——父母关系、儿童性经验、同伴关系和约会经历（Bell et al., 1981; Hammersmith, 1982）。他们发现，同性恋者并不比异性恋者更可能被母亲溺爱或被父亲忽视。如果"疏远的父亲"更可能产生同性恋的儿子，那么在没有父亲的家庭中长大的男孩岂不是更可能成为同性恋者？（然而并非如此）。并且，这种家庭的数量增加不应该导致同性恋人口的明显增加吗？（事实也并非如此）。大多数由同性恋父母抚养的孩子表现出其性别典型的行为，并且是异性恋（Farr et al., 2018; Gartrell & Bos, 2010）。而他们长大后的健康和情感状况与异性恋父母的孩子相似（有时甚至更好）（Bos et al., 2016; Farr, 2017）。

那么，还有什么因素可能影响性取向？有一种理论提出，如果在人们性欲成熟时被性别隔离，就会形成对同性的性爱依恋（Storms, 1981）。的确，男同性恋者倾向于回忆青少年早期的经历，那时的同伴更可能都是男性（Bogaert et al., 2002）。但即使在所有男孩婚前都有过同性性行为的部落文化中，大多数男人仍然是异性恋（Hammack, 2005; Money, 1987）（这说明，性行为并不一定是性取向的标志）。此外，尽管同龄人的态度可以预测青少年的性态度和性行为，但他们并不能预测同性的吸引力。同伴影响对性取向几乎不起作用（Brakefield et al., 2014）。

环境可能对性取向有影响——先天和后天的共同作用，但由于无法确定具体的环境因素，研究人员已开始探索一些生物学因素。这些证据包括其他物种的同性吸引、不同性取向者的大脑差异、基因和产前影响。

其他物种的同性相吸 在波士顿的公共花园里，一对看似恩爱的天鹅夫妇却从未孵蛋，饲养员解开了这一谜团：原来这两只天鹅都是雌性。在纽约中央公园动物园，企鹅西罗和罗伊作为忠实的同性伴侣度过了数年时光。人们在其他几百个物种中也观察到了同性性行为，包括灰熊、大猩猩、长颈鹿、猴子、火烈鸟和猫头鹰（Bagemihl, 1999）。例如，在公羊中，约有7%～10%的公羊表现出被同性吸引，它们避开母羊，并试图骑到其他公羊身上（Perkins & Fitzgerald, 1997）。同性的性行为似乎是动物世界的自然组成部分。

"男同性恋根本没有被女性吸引的脑细胞。"
——西蒙·列维

大脑的差异 同性恋者和异性恋者的大脑结构和功能会不会有差异？研究人员西蒙·列维（Simon LeVay, 1991）研究了从已故同性恋者和异性恋者身上提取的下丘脑切片。他发现男异性恋者的一个细胞核团确实比女异性恋者和男同性恋者大。

我们不应该对大脑因性取向而有所不同的现象感到惊讶（Bao & Swaab, 2011; Savic & Lindström, 2008）。请记住：一切心理学因素同时也是生物学因素。但大脑的差异是从什么时候开始产生的，在受孕时还是在童年或青少年期？是经验导致了这种差异，还是基因或产前激素（抑或两者都有）造成的？

列维不认为下丘脑是一个性取向中心，相反，他认为这是参与性行为的神经通路的一个重要组成部分。他承认，性行为模式可能影响大脑的解剖结构。性研究员马克·布里德洛夫（Marc Breedlove, 1997）报告说，鱼类、鸟类、老鼠和人类的大脑结构因经验而发生变化，包括性经验。但列维认为更有可能的情况是大脑结构影响了性取向。他的直觉似乎得到了证实，因为他发现表现出和不表现出受同性吸引的雄性绵羊，下丘脑也有类似的差异（Larkin et al., 2002; Roselli et al., 2002, 2004）。此外，这种差异似乎是在出生后不久就形成的，甚至可能在出生之前就已形成（Rahman & Wilson, 2003）。

自从列维发现脑结构差异以来，其他研究人员也报告了同性恋和异性恋大脑功能在运作方式上的其他差异。差异之一在下丘脑的某个区域，该区域控制着性唤起（Savic et al., 2005）。当女异性恋者嗅到男性汗液的气味时，这个区域就会活跃起来。男同性恋者的大脑对男性的气味有类似的反应；但男异性恋者的大脑只会对女性激素的衍生物产生兴奋反应。在一项类似的研究中，女同性恋者的反应与女异性恋者不同（Kranz & Ishai, 2006; Martins et al., 2005）。卡齐·拉赫曼（Qazi Rahman, 2015）总结道，与男异性恋者和女异性恋者相比，"平均而言，男同性恋者的大脑模式反应表现得更为'女性典型'，而女同性恋者在某种程度上更为'男性典型'"。

在一些特征上，男同性恋者和女同性恋者的平均水平介于普通的男异性恋者和女异性恋者之间。考虑一下同性恋和异性恋在空间能力上的差异。在如图11.8所示的心

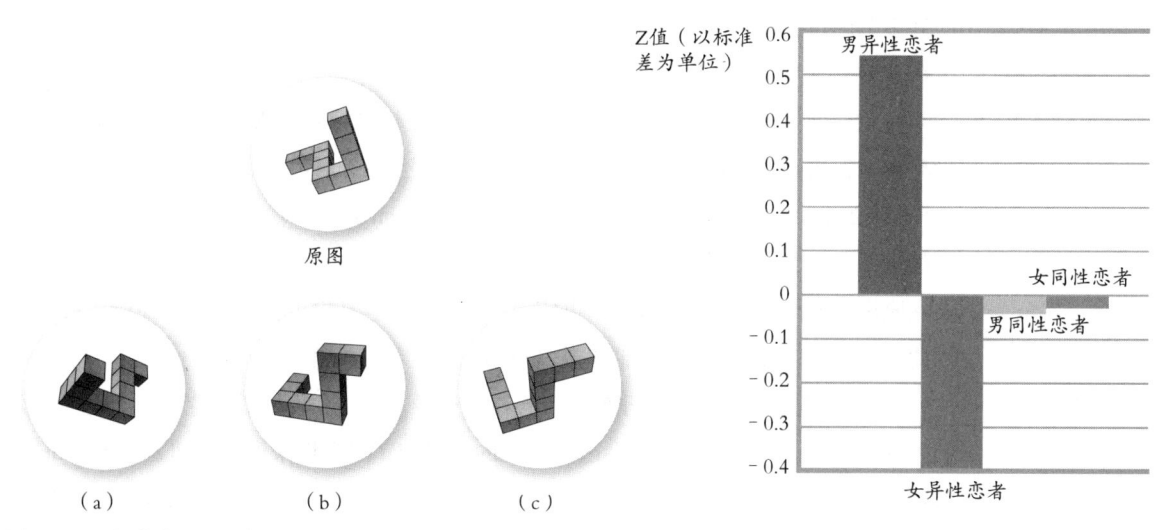

图11.8 空间能力和性取向

这三个图形中，哪一个可以旋转到与原图相匹配？[1] 男异性恋者往往比女异性恋者更擅长这种类型的心理旋转任务，而男同性恋者和女同性恋者则介于两者之间（Rahman et al., 2004）。

---

1 答案：c。

理旋转任务中，男异性恋者的得分往往高于女异性恋者，男同性恋者和女同性恋者的得分介于两者之间（Boone & Hegarty, 2017）。但在记忆游戏任务中，女异性恋者和男同性恋者都比男异性恋者更擅长记忆物体的空间位置（Hassan & Rahman, 2007）。

遗传影响 研究表明，"大约三分之一的性取向变化可归因于遗传影响"（Bailey et al., 2016）。同性取向确实会在家族中遗传。同卵双生子在某种程度上比异卵双生子更有可能拥有同性取向（Alanko et al., 2010; Långström et al., 2010）。但是，由于许多同卵双生子的性取向不同，尤其是女性双生子，我们知道了基因之外的其他因素也在起作用，其中包括似乎有助于区分同性恋和异性恋双生子的表观遗传标记（Balter, 2015; Gavrilets et al., 2018）。

通过改变果蝇的某个基因，实验者改变了果蝇的性取向和行为（Dickson, 2005）。为了寻找影响人类性取向的基因，研究人员分析了409对同性恋兄弟、1231对男异性恋者和1077对男同性恋者的基因组。他们发现性取向与13号和14号染色体上的两个基因之间存在联系。其中第一个基因影响某个脑区，该脑区的大小随性取向改变而变化。第二个基因影响甲状腺功能，也与性取向有关（Sanders et al., 2015, 2017）。但我们也应该回顾一个熟悉的教训：人类的特性受到许多作用很小的基因的影响。事实上，一项近50万人的大型基因研究证实，"同性行为不是受一个或几个基因的影响，而是受许多基因的影响"（Ganna et al., 2019）。

考虑到同性伴侣不能自然繁殖，研究人员推测了人类基因库中存在"同性恋基因"的可能原因。一个可能的答案是亲缘选择。回顾第4章，进化心理学提醒我们，我们的许多基因也存在于我们的生物学亲属中。那么，也许同性恋者通过支持亲属的成功生存和繁殖而使他们的基因得以延续。

有一种可育女性理论认为，母性基因也可能在起作用（Bock-landt et al., 2006）。在世界各地，男同性恋者的母亲一方比父亲一方有更多的同性恋亲属（Camperio-Ciani et al., 2004, 2009, 2012; VanderLaan et al., 2012; VanderLaan & Vasey 2011）。而且与男异性恋者的母系亲属相比，男同性恋者的母系亲属也会生育更多的后代。也许基因使得一些女性愿意与男性生育更多的孩子，也使得一些男性更容易被男性所吸引（LeVay, 2011）。因此，男同性恋者生育的减少似乎被其母系大家庭生育的增加所抵消。

产前影响 回想一下，在子宫里，性激素引导着男性和女性的发育。在动物和人类的一些案例中，产前激素条件会改变胎儿的性取向，对女性来说尤为明显（Breedlove, 2017）。在胎儿发育的关键时期给怀孕的绵羊注射睾酮，它们的雌性后代随后表现出同性性行为（Money, 1987）。妊娠中期的三个月可能是人类大脑神经-激素控制系统发展的关键时期（Ellis & Ames, 1987; Garcia-Falgueras & Swaab, 2010; Meyer-Bahlburg, 1995）。女性胎儿在这一时期所接触的激素水平可能会使其以后更容易被男性所吸引。

> "现代科学研究表明，性取向……部分由遗传决定，但更具体的是由子宫内的激素活动决定。"
> ——格伦·威尔森和卡济·拉曼

受睾酮影响最大的女性胎儿，日后最有可能表现出非典型的性别特征，并对同性产生欲望。

母亲的免疫系统也可能在性取向的发展中发挥作用。雷·布兰查德（Ray Blanchard, 2004, 2018, 2019）报告称，在研究的 36 个样本中，有 35 个样本显示（一个令人惊讶的可靠发现），有哥哥的男性在某种程度上更有可能是同性恋，每增加一个哥哥，成为同性恋的可能性就会提升三分之一（另见 Bogaert, 2003）。在长子中，发生同性吸引的概率约为 2%，在次子中上升到约 2.6%，在第三子中上升到 3.5%，每增加一个兄长，该百分比就依次上升（Bailey et al., 2016）。这就是所谓的兄长效应或兄弟出生顺序效应（图 11.9）。

请注意，这个科学问题不是"是什么导致了同性取向？"（或"是什么导致了异性恋取向？"）而是"是什么导致了不同的性取向？"为了寻找答案，心理科学比较了性取向不同的人的背景和生物学因素。

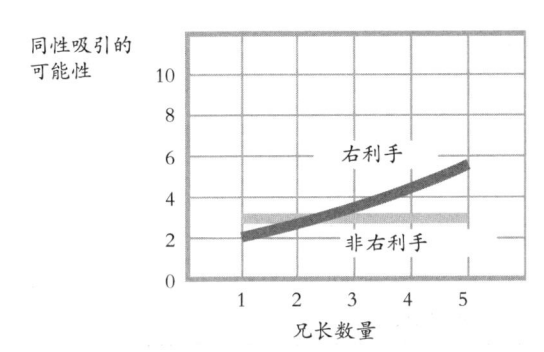

图 11.9 兄长效应

这些近似曲线描述了男性受同性吸引的可能性与他所拥有的亲生（非收养）兄长数量的函数关系（Blanchard, 2008a; Bogaert, 2006a）。这一相关性已在多项研究中被发现，但仅在右利手男性中存在（每 10 个男性中大约有 9 个是右利手）。

产生这一奇怪现象的原因尚不清楚。布兰查德怀疑其原因是母体对男性胎儿产生的外来物质的防御性免疫反应。每怀一个男性胎儿，母体的抗体就变得更强，可能会阻止胎儿的大脑以男性典型模式发育（Bogaert et al., 2018）。与这一生物学解释一致，兄弟的出生顺序效应只会发生在哥哥是同一母亲所生的男性身上（无论他们是否在一起长大）。性取向不受被收养的兄弟的影响（Bogaert, 2006a）。在有姐姐的女性、有双生子兄弟的女性以及非右利手的男性中，没有发现出生顺序对性取向的影响（Rose et al., 2002）。

同性恋者与异性恋者的特质差异

比较同性恋者和异性恋者的特征就像比较男性和女性的身高一样。一般情况下，大多数男人比女人高，但不少女人也比很多男人高。就像一个人的身高不能说明他的性别一样，一个人的性格特征也不能说明他们的性取向。然而，在某些特征上，男女同性恋者的平均水平介于女异性恋者和男异性恋者之间（表 11.3）（LeVay, 2011; Rahman & Koerting, 2008; Rieger et al., 2016）。

表 11.3 性取向的相关生物学因素

同性恋与异性恋的特征差异

性取向是一系列特征的一部分。研究（其中一些还需要进一步重复验证）表明，同性恋者和异性恋者在以下生物和行为特征上存在差异：

·空间能力	·职业偏好	·面部结构和出生时的体型/体重
·指纹脊数	·相对手指长度	·睡眠时长
·听觉系统发展	·生理性别与性别认同不一致	·人身攻击性
·惯用手	·男性青春期开始的年龄	·走路方式

平均而言（男性的证据最为有力），男同性恋者和女同性恋者在这些特征上的结果介于男异性恋者和女异性恋者之间。大脑、遗传和产前这三种生物学因素可能是造成这些差异的原因。

大脑的差异
- 同性恋者的一个下丘脑细胞核团比男异性恋者的小。
- 男同性恋者的下丘脑与女异性恋者的下丘脑一样，会对男性性激素的气味做出反应。

遗传影响
- 同卵双生子具有共同性取向的情况多于异卵双生子。
- 果蝇的性吸引力可以通过基因控制。
- 男性的同性吸引似乎通常来自母亲一方的家族遗传。

产前影响
- 产前激素的改变可能导致人类和其他动物产生同性吸引。
- 有多个亲生兄长的男性更有可能是同性恋，这可能是母亲的免疫系统产生的影响。

要记住的一点：综合来看，大脑、基因和产前的研究结果为性取向的生物学解释提供了强有力的支持，特别是对男性而言（LeVay, 2011; Rahman & Koerting, 2008）。我们越来越了解到，女性在性取向方面具有更强的流动性，这表明我们还需要对生物学、心理学和社会文化因素进行更多研究（Diamond et al., 2017）。

尽管如此，还是有人在想：性取向的原因是否重要？也许不重要，但人们的假设很重要。那些认为性取向是一种可选择的生活方式的人经常否认男女同性恋者享有平等权利。例如，2014 年，乌干达政府签署了一项法案，规定某些同性性行为可被判处终身监禁。为了证明这一点，他宣称同性吸引不是天生的，而是一个"选择"的问题（Balter, 2014; Landau, 2014）。那些认为性取向是与生俱来的本质的人（即认为性取向是由本章所述的生物学因素形成的），更倾向于支持"同性恋和双性恋者享有平等的权利"（Bailey et al., 2016）。

我们对"非二元性别认同"（第 4 章）和"泛性别"等概念的讨论可能会挑战你的理解。这些新术语是否表明人们已经改变了？实际上，科学家们认为，性别认同和性取向总是不同的。古今中外，都有些人并不完全符合男性/女性或同性恋/异性恋的二元分类。

自问

了解了更多影响性取向和性别认同的因素以后，你的观点受到了怎样的影响？

你的新知识会如何影响你与自我认同为同性恋者、双性恋者、跨性别者或酷儿[1]的交往呢？

检索练习

RP-5 研究人员发现以下五个因素中的哪三个对性取向有影响？

A. 专横的母亲

B. 下丘脑中某一细胞核团的大小

C. 产前激素接触

D. 疏远的或不称职的父亲

E. 右利手男性，有多个亲生兄长

答案见附录 D

性与人际关系

学习目标问题 11-11 社会因素在我们的性行为中扮演什么角色？

关于性动机的科学研究并不是为了界定性在我们生活中的个人意义。你可能知道关于性的每一个已知的事实：男性和女性高潮的最初痉挛间隔为 0.8 秒，女性的乳头在性唤起的高峰期会扩张 10 毫米，收缩压上升约 60 点，呼吸频率达到每分钟 40 次。尽管如此，我们仍不明白性亲密对人类的意义。

性欲促使人们建立亲密、忠诚的关系，这种关系反过来又使性生活得到满足（Birnbaum, 2018）。一项全国性研究跟踪调查参与者至 30 岁，发现较晚进行第一次性行为的人对婚姻或伴侣关系更满意（Harden, 2012）。另一项研究询问了 2035 名已婚人士何时开始有性行为（研究同时控制了相关变量如教育、宗教参与和关系持续时间等），那些关系首先发展到深度承诺（如婚姻）的人，不仅报告了更高的关系满意度和稳定性，也报告了更好的性生活（Busby et al., 2010; Galinsky & Sonenstein, 2013）。对于男性和女性来说，处于承诺关系中的性生活，而不是短暂的性关系，更令人满意（有更多的高潮和更少的遗憾），女性尤其如此（Armstrong et al., 2012; Benidixen et al., 2017; Dubé et al., 2017）。与只有一次共同进餐经历的伴侣相比，经常定期进餐的伴侣更可能了解哪种调料适合对方的口味，同床共枕的伴侣也是如此。

性是一种具有社会意义的行为。男性和女性都可以独自达到性高潮，但是大多数人在与所爱的人发生性行为并达到性高潮后会得到更大的满足——体验到更多的催乳素（一种与性满足和满足感相关的激素）释放（Brody & Tillmann, 2006）。在一项研究中，对新婚夫妇来说，"性爱余韵"（性行为后的持续满意度）持续了 48 小时，并提高

性生活增加 ≠ 幸福的增加。在已婚夫妇中，更频繁的性生活与幸福相关（Muise et al., 2016）。那么，有计划地增加性生活频率会使人们更加幸福吗？不幸的是，对异性恋夫妇进行随机分配，要求其中一些夫妇在三个月内的性生活频率增加一倍，他们的幸福感却略有下降（Loewenstein et al., 2015）。

---

[1] 一个广泛且多样化的群体，包括所有不完全符合传统的性别和性取向标准的人群。——编者注

了婚姻满意度（Meltzer et al., 2017）。由于大脑奖励区域的重叠，性欲和爱情是相互促进的（Cacioppo et al., 2012）。人类最美好的性爱是生命的和谐和爱的重燃。

归属和成就

归属需要

学习目标问题 11-12 有什么证据表明我们人类有归属需要？

与朋友或家人分离——在新的学校，在监狱或异国他乡，在"社交疏远"以减缓新冠病毒的传播时，大多数人都强烈地感受到他们与重要的人失去了联系。我们是古希腊哲学家亚里士多德所说的社会动物。"如果没有朋友，"亚里士多德在他的《尼各马可伦理学》中写道，"没人会选择活着，哪怕他拥有其他一切财富。"这种深层的**归属需要**（affiliation need）是人类的一种重要动机（Baumeister & Leary, 1995）。寻求某种程度的隐私和独处是正常和健康的（Nguyen et al., 2019），但我们大多数人也寻求归属感——在持久、密切的关系中与某些人产生紧密的联系。在被研究的39个国家中，那些"经常"（而不是很少）与朋友共度时光的人更快乐（Ortiz-Ospina, 2019）。心理学家阿尔弗雷德·阿德勒（Alfred Adler）认为，人类有一种"对群体的强烈欲望"（Ferguson, 1989, 2001, 2010）。

> 归属需要：建立和维护人际关系，感觉自己是群体一部分的需要。

归属的好处

社会纽带增加了我们早期祖先的生存机会。形成依恋关系的成年人更有可能生存和繁殖，并共同抚养他们的后代长大成人。依恋关系促使照顾者将孩子紧紧抱住，安抚他们，保护他们免受威胁（Esposito et al., 2013）。事实上，"wretched"（悲惨的）一词的中世纪英语起源词汇"wrecched"的字面意思，就是指附近没有亲人。

与朋友和熟人合作也能提高生存能力。论单打独斗，我们的祖先并不是最强悍的捕食者。但作为猎人，他们学会了多几只手比两只手更好。作为食物采集者，他们通过结伴而行来抵御两足或四足的敌人。那些有归属的人生存和繁衍得最成功，他们的基因现在占主导地位。我们与生俱来的归属需要驱使我们与合作的人成为朋友，避开那些剥削他人的人（Feinberg et al., 2014; Kashima et al., 2019）。地球上每个社会中的人都属于不同的群体，喜欢和偏爱"我们"而不是"他们"。拥有一种社会认同感（感觉自己是群体的一部分）能增强人们的健康和幸福感（Allen et al., 2015; Haslam et al., 2019）。

你是否有亲密的朋友——你可以随意跟他们分享你的喜怒哀乐？有一个和我们一起为好消息欢呼的人，会令我们对好消息和友谊都感觉更好（Reis, 2018）。这种陪伴创造了联系和合作（Canavello & Crocker, 2017）。亲密的朋友可以让我们感到温暖，就像握着一杯温暖的茶（Inagaki et al., 2019）。归属需要似乎比任何对财富的需要都要深。一些大学生非常快乐，不是因为他们有钱，而是因为他们拥有"强大的社会关系"（Diener et al., 2018）。

归属需要使我们的思想和情感变得丰富多彩。我们花了大量的时间来思考现实和希望的关系。当关系建立时，我们常常会感到快乐。当人们坠入爱河时，他们会因为无法抑制的笑容而感到脸都被笑痛了。当被问及"什么是你的幸福所必需的？"或者"是什么让你的生活充满意义？"时，大多数人都会首先提到与家人、朋友或恋人之间亲密的、令人满意的关系（Berscheid, 1985）。幸福就在我们身边。

想想看：在过去的一周中，你最满意的时刻是什么时候？研究人员向美国和韩国的大学生提出了这个问题，然后让他们对该时刻满足各种需要的程度进行评价（Sheldon et al., 2001）。在这两个国家，最满足的时刻正是满足了自尊和归属感需要的时刻。我们的归属感需要是普遍的。根据**自我决定理论**（self-determination theory），我们努力满足三种需要：能力、自主性（个人控制感）和归属感（Deci & Ryan, 2012; Ryan & Deci, 2000）。满足这些需要可以使我们健康，减少我们的压力，并提升我们的自尊（Campbell et al., 2018; Cerasoli et al., 2016; Guertin et al., 2017）。对近 500 项研究中的 20 万人进行的一项分析得出结论："自我决定是解释人类动机的关键。"（Howard et al., 2017）

自我决定理论可以帮助领导者激励群体。感到被赋权的员工表现得更好，他们也会感到更有能力、更自主、更有社会归属感（Slemp et al., 2018; Van den Broeck et al., 2016）。教师激励学生和军事领导人激励士兵也是如此（Bakadorova & Raufelder, 2018; Chambel et al., 2015; Hagger & Chatzisarantis, 2016）。赋权心态让人们觉得自己有无限的能量，从而被激发出动力（Sieber et al., 2019）。

因此，我们的社交行为往往旨在增加我们的归属感，花更多的时间与朋友和家人在一起会增加幸福感（Li & Kanazawa, 2016; Rohrer et al., 2018），这一点不足为奇。为了获得认可，我们通常会遵守群体标准。我们排队等候，遵守法律，我们监督自己的行为，希望能给他人留下好印象，我们在服装、化妆品、饮食和健身器材上花费数十

自我决定理论：该理论认为，我们的动机是为了满足我们对能力、自主性和归属感的需要。

亿美元——所有这些行为的动机，在某种程度上都是为了寻求爱和认同。

在学校或工作中，我们聚在一起，结下了深厚友谊。分别时，我们感到忧伤。我们承诺保持联系，回来团聚。通过在"我们"周围画一个清晰的圆圈，归属需要既滋生了对圈内人的深深依恋（有爱的家庭、忠诚的友谊和团队忠诚），也滋生了对圈外人的敌意（青少年帮派、种族竞争和狂热的民族主义）。爱的感觉激活了大脑奖励和安全系统。在一项实验中，处于热恋中的大学生在看到他们心爱的人的照片时，感受到的疼痛减少了（Younger et al., 2010）。我们所爱的人的照片会激活大脑的前额叶皮质，抑制身体的疼痛感（Eisenberger et al., 2011）。爱是一种天然的止痛剂。

即使在糟糕的关系结束时，人们也会感到痛苦。在一项16个国家的调查中，以及在美国反复进行的调查中，分居或离婚的人说他们感到"非常幸福"的概率只有已婚人士的一半（Ingleh art, 1990; NORC, 2016a）。这仅仅是因为幸福的人更容易结婚并保持婚姻吗？一项长期跟踪英国人生活的全国性研究显示，即使在控制了婚前生活满意度之后，"已婚人士仍然具有更高的满意度，这表明了婚姻的因果效应"（Grover & Helliwell, 2014）。离婚也会导致更早的死亡。来自24个国家超过6亿人的数据显示，与已婚人士相比，分居和离婚人士早逝的风险更大（Shor et al., 2012）。正如一位数据科学家所指出的，"'幸福的婚姻'也许和不吸烟一样重要，或者说非常重要"（Ungar, 2014）。

经历过多个寄养家庭或经常面临家庭搬迁的孩子都知道孤独的恐惧。在萌发中的依恋关系反复遭到破坏后，他们可能难以形成深层次的关系（Oishi & Schimmack, 2010b）。在极端情况下，证据最为明显。正如我们在第5章中看到的，在没有归属感的机构中长大的孩子，或者被锁在家里、遭受严重忽视的孩子，往往会变得孤僻、畏缩，甚至沉默寡言。

无论我们早年的生活多么安稳，当社会关系受到威胁或瓦解时，我们都会经历焦虑、孤独、嫉妒或内疚。正如生命中最美好的时刻发生在亲密关系开始的时候——结交新朋友、恋爱、生孩子，生命中最糟糕的时刻则发生在亲密关系结束的时候（Beam et al., 2016）。失去亲人后，我们可能会觉得生活是空虚的或毫无意义的，我们可能会通过暴饮暴食来填补这种空虚（Yang et al., 2016）。甚至校园生活的最初几个月也可能是令人苦恼的（English et al., 2017）。然而，我们对归属感的需要通常会推动我们建立新的社会联系（Oishi et al., 2013a）。

社会隔离会使我们面临精神衰退、健康不佳和产生自杀想法的风险（Cacioppo et al., 2015; Cheek et al., 2019）。例如，孤独的老年人看医生的次数更多，患阿尔茨海默病的风险也更大（Gerst-Emerson & Jayawardhana, 2015; Holwerda et al., 2014）。社会隔离对我们健康的伤害不亚于缺乏运动和糖尿病（Yang et al., 2016）。要克服社会隔离和被排斥的感觉，我们应培养与家人或朋友的牢固关系，并积极参加新的团体活动。

被拒绝的痛苦

你还记得自己被排斥、忽视或回避的感觉吗？也许是你的短信没有人回复或者你在网上被解除好友关系或被忽视，也许是别人对你保持沉默、冷眼相待、避开你、嘲笑你或者以其他方式将你拒之门外，又或者当你身处讲陌生语言的人群中时，你可能会感到被排斥（ostracism）（Dotan-Eliaz et al., 2009）。即使是小范围的排斥，也会让我们感到刺痛，比如当我们的谈话对象似乎对他们的手机比对我们更感兴趣时，我们会被"低头冷落"（phubbed）——这是一个澳大利亚人创造的术语，意思是"电话冷落"（phone-snubbed; Roberts & David, 2016）。频繁低头（伴侣们把手机放在他们可以在交谈间隙查看的地方），预示着一种不太令人满意的关系。

所有这些经历都是社会排斥的实例（Williams, 2007, 2009）。在世界范围内，人类使用多种形式的排斥（放逐、监禁、单独禁闭）来惩罚并控制社会行为。对孩子来说，短暂的计时隔离也是一种惩罚。当要求人们描述让他们感觉特别糟糕的个人事件时，大约五分之四的人会描述一段破裂或痛苦的社会关系（Pillemer et al., 2007）。孤独不仅仅是一个人待着的问题，而是感觉被忽视、被否定或不被关心。

被回避会威胁到一个人的基本归属需要（Vanhalst et al., 2015; Wirth et al., 2010）。"这是你对别人所能做的最卑鄙的事，尤其是当你知道他们无法反击的时候，我就不应该出生。"丽娅说，她一生都是母亲和祖母沉默对待的受害者。像丽娅一样，人们对被排斥的最初反应通常是努力恢复社会的接纳，随后是沮丧的情绪，最后是退缩。因犯威廉·布莱克（到 2013 年时）已经被单独监禁了超过 25 年的时间。他说："我无法想象，有什么死亡会比我被迫忍受的一切更加艰难和可怕。"对许多人来说，社会排斥是比死刑还可怕的惩罚。

社会心理学家基普林·威廉姆斯（Kipling Williams）和他的同事在研究社交媒体上的排斥现象时惊讶地发现，经历排斥就是经历真正的痛苦（Gonsalkorale & Williams, 2006）。这种排斥引起前扣带皮质等脑区的活动增加，它们也是对身体疼痛做出反应的脑区（Lieberman & Eisenberger, 2015; Rotge et al., 2015）。

当人们看到令自己心碎的恋人的照片时，他们的大脑和身体就会开始感到疼痛（Kross et al., 2011）。这有助于解释其他一些令人惊讶的发现。止痛剂扑热息痛可以减轻社会性疼痛和身体疼痛（DeWall et al., 2010）。大麻也是如此（Deckman et al., 2014）。在不同的文化中，人们使用相同的词汇（例如，伤害、粉碎）来描述社会性痛苦和身体痛苦（MacDonald & Leary, 2005）。在心理学上，我们在社交中感受到的痛苦，似乎和生理痛苦一样，都伴随着情感上的不愉快。与集体主义文化相比，在个人主义文化中，人们的社会支持网络较弱，被拒绝往往更容易造成伤害（Heu et al., 2019; Uskul & Over, 2017）。

痛苦，无论其来源是什么，都会吸引我们的注意力并促使我们采取正确的行动。

> 排斥：对个人或群体故意的社会排挤。

> "我们怎么能在明知其后果的情况下，对囚犯进行不必要的单独监禁，然后期望他们作为一个完整的人回到我们的社区？这并不能使我们更安全。这是对我们共同人性的侮辱。"
> ——美国前总统贝拉克·奥巴马

由于被拒绝和无能为力，人们可能会通过寻找新朋友、吃高热量的安慰食品或巩固他们的宗教信仰来缓解压力（Aydin et al., 2010; Manner et al., 2007; Sproesser et al., 2014）。

排斥也会使人们变得不合群、不合作和充满敌意，从而导致他们进一步遭到排斥（Rudert et al., 2019; Walasek et al., 2019）。在一个系列实验中，研究人员告诉一些学生，他们遇到的群体不欢迎他们（Gaertner et al., 2008; Twenge et al., 2001）[1]，而另外的人收到的讯息是"这个群体十分欢迎你们"。研究表明，被拒绝的学生更有可能采取自我挫败的行为，并对那些排斥他们的人采取蔑视或攻击性的行为（例如，对他们发出噪声）。

这些发现可能有助于我们理解校园枪击案。施暴者常常受到社会排斥（Leary et al., 2003）。得克萨斯州的一名高中生反复对一名同学进行令人不快的性挑逗，导致对方公开拒绝他。他的回应是枪杀了这名同学，以及其他9名学生和老师（BBC, 2018）。

> "如果我们进来的时候没有人回头，我们说话的时候没有人回应，我们做什么也没有人在意，如果我们遇到的每个人都'对我们视而不见'，当我们不存在，那么一种愤怒和无力的绝望很快就会在我们心中爆发。"
> ——威廉·詹姆斯

自问

你是否有过感到孤独或被排斥的时候？在你下次有这种感觉时，有什么策略可以帮助你应对？

检索练习

RP-1 在研究中，当学生感到被拒绝和不受欢迎时，他们会如何反应？如何解释这些结果？

答案见附录D

连接和社交网络

学习目标问题 11-13 社交网络是如何影响我们的？

作为社会生物，我们生来就要与他人产生关联。研究员乔治·瓦兰特（George Vaillant, 2013）被询问，他通过研究238名哈佛大学男性从20世纪30年代到其生命最后阶段，学到了什么。他回答说："幸福就是爱。"南非祖鲁人的一句话表达了这个概念：Umuntu ngumuntu ngabantu——"通过他人，一个人才成为人"。

移动网络和社交媒体 环顾四周，你会发现人类在互相联系：聊天、发推特、发短信、玩社交游戏、发电子邮件。走在校园里，你可能会看到学生们总是盯着自己的手机，很少与路人进行眼神交流（或许那就是你）。你是否注意到很少有学生通过面对面地交流，只是默默地查看自己的手机——正如一个研究团队的手机应用程序统计的那样，学生每天查看手机56次（Elias et al., 2016）。我们的连接方式发生了迅速而巨大的变化：

---

[1] 研究人员随后告知并安抚了参与者。

- 移动电话：截至2018年底，全球77亿人口中有96%的人生活在移动蜂窝网络覆盖的地区，大多数人（53亿）是宽带移动电话用户（ITU, 2018）。
- 短信和即时消息：美国人平均每天发送和接收94条短信/消息（Burke, 2018）。在18～29岁的人群中，有一半的人每小时会多次查看手机，而且"无法想象……没有'手机'的生活"（Newport, 2015; Saad, 2015）。
- 互联网：2018年，81%的人使用互联网（ITU, 2018）。一项针对31个国家中9万人的调查发现，6%的人表现出"网络成瘾"的迹象（Cheng & Li, 2014）。在青少年中，女孩比男孩更多地表示她们"几乎持续不断地"使用互联网（Anderson & Jiang, 2018）。
- 社交网络：半数刚入学的美国大学生报告称自己每周至少使用社交网络6小时（Stolzenberg et al., 2019）。朋友们都在线，我们很难避开网络社交：要么登录，要么错过。

随着越来越多的在线时间取代了其他活动，今天的青少年花在约会、开车、工作、喝酒、面对面交谈和读书上的时间越来越少（Livingston et al., 2019; Twenge & Park, 2019; Twenge et al., 2019）。科技已经从根本上改变了青少年的经历。

网络的结果：社会网络的社会效应 通过将志趣相投的人联系起来，互联网起到了社会放大器的作用。在出现社会危机或个人压力的时候，网络可以提供信息和支持性连接。互联网也可以扮演媒人的角色（我可以作证：我就是在网上认识我妻子的）。

但社交媒体也会让人们把自己的生活与他人进行比较。当别人看起来更快乐、更受欢迎或更成功时，就可能会引发嫉妒和抑郁情绪（Verduyn et al., 2017; Whillans et al., 2017）。在一项又一项研究中，大多数人认为别人的社交生活比自己的更活跃（Deri et al., 2017）。也许你已经注意到了？其他人似乎有更多的聚会，更多的外出就餐，有更多的朋友和乐趣？放心吧，你的大多数朋友都有同样的想法。

智能手机已经变得无处不在——在美国，从2011年到2018年，使用智能手机的数量增加了两倍，其他地区也是如此。与此同时，加拿大、英国和美国的青少年抑郁、焦虑、自残和自杀率急速上升。例如，从2011年到2018年，12～17岁的美国青少年的抑郁症发作率从11%增加到14%，18～25岁的成年人抑郁症发作率从8%增加到14%（SAMSHA, 2019）。大学生也是如此，他们产生抑郁、焦虑、自残和自杀想法的比例同样增加了（Duffy et al., 2019）。这仅仅是巧合吗？

那么，屏幕使用时间和青少年心理健康问题同时增加，二者之间是否存在因果关系呢？研究人员正在积累和讨论调查结果，他们从三种类型的探索中得出了初步的结论（Jonathan Haidt & Jean Twenge, 2019）：

- **相关研究提出的问题**：社交媒体的使用与青少年的心理健康有关吗？研究结果各不相同，但总体而言，青少年使用社交媒体的时间与他们抑郁、焦虑和自残的风险之间存在着微小的正相关。与看电视和玩游戏相比，使用社交媒体与屏幕使用时间和抑郁等风险的联系更强，这种联系在女性中更明显，而只有在每天屏幕时间超过 3 小时时，这种相关性才会增加。
- **纵向研究提出的问题**：青少年使用社交媒体的情况是否能预测他们未来的心理健康？在 8 项研究中，有 6 项研究的结果是肯定的。
- **实验研究提出的问题**：被随机分配到限制社交媒体使用组的参与者，在孤独和抑郁等结果上是否比未被分配到限制社交媒体使用组的参与者更好？总的来说，是的，但为数不多的此类研究得出的结果喜忧参半。

屏幕使用时间是罪魁祸首，因为它取代了其他健康的活动——面对面交流、睡眠、锻炼、阅读和户外活动？还是社交媒体，因为把人们自己的平凡生活与看起来更酷的人的生活相比较时，让人会产生嫉妒？还有哪些其他社会力量在起作用呢？我们可以做些什么来保护和改善青少年和成年人的身心健康？请继续关注。这个重要的故事还在撰写之中。

在线社交是一把双刃剑：它确实帮助我们与朋友连接，与家人保持联系，并在面临挑战时找到支持（Clark et al., 2018）；然而，大自然设计我们的目的是让我们建立面对面的关系。即使是亚历山大·格雷厄姆·贝尔（Alexander Graham Bell）在 1876 年拨出世界上的第一个电话，其内容也是对面对面交流的请求："华生先生，请过来。我想见见你。"那些每天花数小时上网的人不太可能了解现实生活中的邻居，也不太可能从他们那里得到帮助。然而，如果适度使用，社交网络会增强面对面的关系，有益于健康（Hobbs et al., 2016; Waytz & Gray, 2018）。

电子通信能促进健康的自我表露吗？ 自我表露就是与他人分享我们自己——我们的快乐、烦恼和弱点。倾诉是一种健康的应对日常压力的方式。通过电子方式交流而不是面对面交流时，我们往往不太关注别人的反应，我们没有那么多的自我意识，因此也就不那么拘束了。有时候，"去抑制"可能会变得有害：政治极端分子发布煽动性信息，网络欺凌者围攻受害者，仇恨团体助长偏见，人们发送事后让自己后悔的自拍照（Frimer et al., 2019）。但更常见的是，自我表露的增加也加强了友谊（Valkenburg & Peter, 2009）。

社交网络会助长自恋吗？ 自恋（narcissism）是一种疯狂的自尊。自恋的人自视甚高、自我关注、自我推销。为了衡量你的自恋倾向，你可以评估你对性格测验中某些题目的认同程度，比如"我喜欢成为关注的中心"。赞同者往往有较高的自恋得分，而

自恋：过度的自爱和自我陶醉。

且在社交网站上特别活跃（Liu & Baumeister, 2016）。他们收集肤浅的"朋友"，发布较多精心布置的、迷人的照片，他们更多地对负面评论进行报复，而且他们在陌生人看来显得较为自恋（Buffardi & Campbell, 2008; Weiser, 2015）。

对于自恋者来说，社交网站不仅是一个聚会场所，也是一个喂食槽。在一项研究中，大学生被随机分配到两组，其中一组用 15 分钟来编辑和解释他们的在线资料，另一组利用这段时间研究和解释谷歌地图的路线（Freeman & Twenge, 2010）。完成任务后，所有人都接受了测验。那么谁在自恋测验中得分更高呢？那些花时间关注自己的人。

保持平衡和专注 在美国，过度的网络社交和游戏与成绩下降以及感到抑郁和焦虑的可能性增加有关（Brooks, 2015; Lepp et al., 2014; Walsh et al., 2013）。在美国的一项调查中，47% 的互联网和其他社交媒体的重度用户的心理健康分数大多为 C 或更低，而轻度用户中只有 23% 得到了 C 或更低的分数（Kaiser Family Foundation, 2010）。在另一项全国性调查中，使用 7 个或更多社交媒体平台的年轻人感到抑郁或焦虑的可能性是使用 2 个或更少社交媒体平台的人的 3 倍（Primack et al., 2016）。大脑扫描显示，极度活跃的社交媒体用户的杏仁核（情绪控制中心）更小，这使得他们在这方面与物质使用障碍患者相似（He et al., 2018）。

在当今世界，如何在我们的现实世界和网络时间之间保持健康的平衡，可能是一个挑战。专家们提出了一些实用的建议。

- 监督你的时间。使用时间跟踪应用程序来计算你的在线时间。然后问自己："我对时间的使用是否反映了我的事务处理优先级？我花在网上的时间是否超过了我的预期？这会影响我的学业、工作表现或人际关系吗？"
- 监控你的情绪。问问你自己："上网互动是否对我造成了情绪干扰？断开网络去做另一件事时，我是什么感觉？"
- 必要时，屏蔽那些不断发帖的网友。在你自己发布帖子时，实践这条黄金法则。问问自己："如果这是别人发布的，我会在意吗？"
- 学习时，养成少查看电子设备的习惯。选择性注意（你大脑中的闪光灯）一次只能关注一个地方。如果我们试图同时做两件事，那么两件事都做不好（Willingham, 2010）。如果你想要高效地学习或工作，就要抵制随时随地的诱惑。禁用声音提醒、振动和弹出窗口（为了减少干扰，我在写作本章时就使用了一个可以屏蔽干扰的应用程序）。
- 去大自然中散步，重新集中注意力。人们在公园里安静地散步后学习效果更好，这与在繁忙的街道上散步不同，在公园里散步能让我们重新集中注意力（Berman et al., 2008）。与大自然的亲密接触可以振奋我们的精神，使我们的思维更加敏锐（Zelenski & Nisbet, 2014）。

正如心理学家史蒂芬·平克（Steven Pinker, 2010）所说："解决的办法不是抱怨技术，而是制定自我控制的策略，就像我们对待生活中的其他诱惑一样。"

> **自问**
>
> 你在社交媒体上的联系是否增加了你的归属感？有时，它们是否让你感到孤独？在所讨论的策略中，你发现哪些策略对保持平衡和专注最有用？

> **检索练习**
>
> RP-2 社交网络通常_____（加强/削弱）你与认识的人的关系，并_____（增加/减少）你的自我表露。

答案见附录 D

成就动机

学习目标问题 11-14 什么是成就动机，有哪些鼓励取得成就的方法？

有些动机似乎没有什么明显的生存价值。亿万富翁的动机可能是为了赚更多的钱，网络名人的动机可能是为了吸引更多的社交媒体追随者，而政治家的动机可能是为了获得更大的权力。不同文化中的动机也各不相同。在个人主义文化中，员工可能为了获得"月度最佳员工奖"而工作；在集体主义文化中，他们可能为了加入公司最努力工作的团队而奋斗。我们取得的成就越多，需要取得的成就也会更多。心理学家亨利·默里（Henry Murray, 1938）将**成就动机**（achievement motivation）定义为渴望取得重大成就、掌握技能或思想、获得控制感和达到高标准。

> 成就动机：渴望取得重大成就、掌握技能或思想、获得控制感和达到高标准。

成就动机很重要。一项著名的研究跟踪记录了 1528 名加利福尼亚州儿童的生活，这些儿童的智力测验分数都位于前 1%。40 年后，研究人员对那些在职业上最成功和最不成功的人进行了比较。研究人员发现了什么？这些人在动机上的差异，最成功的人更雄心勃勃、精力充沛、坚持不懈。小时候，他们有更积极的爱好；成年后，他们参加了更多的团体和运动（Goleman, 1980）。有天赋的孩子学习能力强，有成就的成年人都是顽强的实干家。我们大多数人在开始和完成一个项目时都是精力充沛的实干家。但你注意到了吗？我们最容易在中间卡顿。而这时，高成就者就会继续前进（Bonezzi et al., 2011）。一旦他们进入最佳状态，他们的动机就会使他们保持在朝目标奋斗的轨道上（Foulk et al., 2019）。难怪具有高成就动机的人往往能获得更大的经济成功、健康的社会关系以及良好的身心健康（Steptoe & Wardle, 2017）。

在一些针对中学生和大学生的研究中，自律在预测学生的学校表现、出勤率和毕业荣誉方面超过了智力测验分数。研究人员安吉拉·达克沃斯（Angela Duckworth）和马丁·塞利格曼（Martin Seligman）总结道，就学校表现而言，"自律胜过天赋"。

纪律能集中和完善天赋。在20岁出头时，顶尖小提琴手就已经花费了数千小时的时间练习，事实上，这样的练习时长是其他想当老师的小提琴学生练习时长的两倍（Ericsson, 2001, 2006, 2007）。一项对杰出学者、运动员和艺术家的研究发现，他们都具有高度的上进心和自律，愿意每天花几个小时来追求自己的目标（Bloom, 1985）。但如莫扎特在8岁时就能作曲这种事实表明，天赋也很重要（Hambrick & Meinz, 2011; Ruthsatz & Urbach, 2012）。在体育、音乐和国际象棋领域，人们的练习时间虽然差异显著，但只能解释三分之一或更少的成绩差异（Hambrick et al., 2014a, b; Macnamara et al., 2014, 2016; Ullén et al., 2016）。高成就者受益于他们的激情和毅力，但他们当中的超级明星也因其非凡的天赋而引人瞩目。

达克沃斯赋予将热情奉献于一个雄心勃勃的长期目标的做法一个专有名称：**坚毅**（grit）。其他研究人员认为坚毅类似于自律或自控力（Credé, 2018; Schmidt et al., 2018; Vazsonyi et al., 2019）。研究人员已经开始研究坚毅品质的神经和遗传标记（Nemmi et al., 2016; Rimfeld et al., 2016; Wang et al., 2018）。激情和毅力为坚韧不拔的奋斗提供动机，这样的奋斗可以取得巨大的成就（Jachimowicz et al., 2018; Muenks et al., 2018）。有坚毅品质的学生更有可能留在大学里学习，而不是退学（Saunders-Scott et al., 2018）。正如篮球明星达米安·利拉德（Damian Lillard, 2015）所说，"如果你想在成千上万的人面前看起来很好，你就必须在没有人看见的时候比其他人更努力"。

> **坚毅**：在心理学中指充满激情、坚持不懈地追求长期目标。

虽然智力分布呈钟形曲线，但成就并非如此。这告诉我们成就不仅仅跟原始能力有关。这就是为什么我们要知道如何最有效地调动人们的成就动机，给某个令人愉快的任务承诺奖励，可能会适得其反。过度的奖励会破坏**内在动机**（intrinsic motivation）——一种为了行为本身而有效地执行某项行为的欲望。在实验中，孩子们被许诺，玩某个有趣的谜题或玩具就会得到报酬。后来，这些孩子玩玩具的次数比没有报酬的孩子少（Deci et al., 1999; Tang & Hall, 1995）。同样，用玩具或糖果（或金钱，或使用电子产品的时间）来奖励孩子参与阅读，反而会减少他们花在阅读上的时间（Marinak & Gambrell, 2008）。这似乎会让孩子们认为："如果我必须被贿赂去做这件事，那这件事肯定不值得做！"

> **内在动机**：为了行为本身而有效地执行该行为的欲望。

要了解内在动机和**外在动机**（extrinsic motivation）之间的区别，请思考一下你在学习这门课程时的经历。像大多数学生一样，你可能想获得一个高分。但是，是什么促使你采取行动来实现目标的呢？你是否感到有压力，要在截止日期前读完这本书？你担心自己的成绩吗？渴望获得毕业学分吗？如果是，那么你就有外在动机（在某种程度上，所有的学生都必须如此）。你觉得这本书有趣吗？学习这门课程是否会让你觉得自己更有能力？如果不是为了分数，你是否会出于对这门课程本身的好奇而想要学

> **外在动机**：为了获得承诺的奖励或避免威胁性惩罚而做出某种行为的欲望。

习呢？如果是的话，内在动机也会给你提供动力。

重视工作的意义和重要性的人不仅会做得更好，而且最终会获得更多的外在奖励（Wrzesniewski et al., 2014）。学习的内在动机高于平均水平的小学生（他们热爱学习这件事），在学校里表现得更好，会参加更有挑战性的课程，最终会获得更高的学位（Fan & Williams, 2018; Gottfried et al., 2006）。想要做某事，而不是必须做某事，似乎就会得到回报（Converse et al., 2019）。

当人们执行的任务不能自然地激发复杂的创造性思维时，外部奖励就会发挥作用（Hewett & Conway, 2015）。外部奖励被用来表示工作做得很好（而不是用来贿赂或控制某人）时，能有效发挥作用（Boggiano et al., 1985）。如果管理得当，奖励可以提高绩效，激发创造力（Eisenberger & Aselage, 2009; Henderlong & Lepper, 2002）。例如，"进步最大运动员奖"可以增强运动员的胜任感，增加体育运动的乐趣。而学术成就带来的奖励，比如奖学金和工作机会，也能产生长期的好处。

目标设定

我们每个人都可以采用一些经过研究验证的策略来实现我们的目标。

1. 下定决心。具有挑战性的目标能激发成就感（Harkin et al., 2016）。SMART目标管理是具体的（specific）、可衡量的（measurable）、可实现的（achievable）、现实的（realistic）和及时的（timely）。这样的目标——"在周二之前完成我的心理学论文"——能够引导注意力，激励我们坚持下去。

2. 向朋友或家人宣布这个目标。在做出公开承诺后，我们更有可能坚持到底。

3. 制订实施计划。具体说明何时、何地，以及如何实现目标。制订了详细计划的人会更加专注于目标，也更有可能成功（Gollwitzer & Oettingen, 2012）。与其幻想马拉松比赛，不如把注意力集中在一些小的步骤上，比如一天的跑步目标。

4. 创造短期奖励来支持长期目标。虽然延迟奖励会激励我们设定目标，但即时奖励最能预测我们对目标的坚持程度（Woolley & Fishbach, 2018）。

5. 监控并记录进度。如果你想更多地锻炼，可以使用可穿戴的健身追踪器，或者将自己的活动输入健身应用程序中。如果你的活动进度是公开的，而不是保密的，那你就更有动力了。

6. 创造一个支持性的环境。如果你想要吃得健康，就不要把垃圾食品放在橱柜里；当你专注于一个项目时，可以待在图书馆里；睡觉的时候，你可以把手机藏起来；在运动的前一天晚上把运动包准备好。这种"情境性自我控制策略"可以防止诱惑性的冲动（Duckworth et al., 2016; Schiffer & Roberts, 2018）。

7. 把难以做到的行为转变成必须做的习惯。当我们在特定的环境中重复一些行为时，习惯就形成了（第 7 章）。当我们的行为与环境联系起来时，下一次体验该环境就会唤起我们的习惯性反应。每天做一件事，坚持两个月，就能看到它成为一种根深蒂固的习惯。

为了实现重要的人生目标，我们往往知道该做什么。我们知道，一整夜的睡眠能改善我们的警觉性、精力和情绪。我们知道，运动可以减轻抑郁和焦虑，锻炼肌肉，增强心智。我们还知道，我们摄入体内的物质——垃圾食品或均衡的营养、成瘾物质或洁净的空气——都会影响我们的健康和寿命。正如 T. S. 艾略特（T. S. Eliot）所预见的那样，"在理想和现实之间……阴影重重"。然而，通过这七个策略——下决心、宣布、计划、奖励、监控、创造环境和坚持行动——我们可以在理想和现实之间架起一座桥梁。

"天才是 1% 的灵感加 99% 的汗水。"
——托马斯·爱迪生

> **自问**
>
> 你想实现什么目标？你如何利用本节提供的七个策略来实现这一目标？

> **检索练习**
>
> RP-3 研究人员发现，什么因素比智力测验分数能更好地预测学校成绩？

答案见附录 D

第 12 章

情绪、应激和健康

情绪简介
情绪：唤醒、行为和认知
具身情绪
批判性思考：测谎

情绪的表达
觉察他人的情绪
性别、情绪和非言语行为
文化与情绪表达
面部表情的影响

情绪的体验
愤怒
快乐

应激与疾病
应激：一些基本概念
应激与疾病易感性
批判性思考：应激与健康

健康与应对
应对压力
减轻压力

众所周知，情绪给人们的生活增添了色彩，但在应激状态下，情绪可能毁掉或拯救你的生命。恐惧、愤怒、悲伤、喜悦和爱都是心理状态，也会带来生理反应。为一场重要的会面而紧张时，我们就会感到胃部不适；为公开演讲而焦虑时，我们就会频繁去洗手间；为家庭矛盾而愠怒时，我们就会头痛欲裂。

我们都能回忆起曾被情绪打败的经历。有一天，我带着刚学会走路的大儿子彼得去了一家大型百货商店，当我放下孩子准备付账时，一个路人提醒说："你最好小心点，别把孩子丢了！"而仅仅一会儿工夫，彼得就不见了。

一开始我只是有点着急，在服务台的一头四处寻找，没有看到彼得。我心里不免有些焦急，又去服务台另一头寻找，还是没有找到。于是，我的心跳加快了，开始在附近的服务台来回地找，仍然没看见彼得。此时，焦急变成了恐慌，我开始在商场的通道上来回奔跑，还是没有找到孩子。得知我丢了孩子，商场经理用广播请求顾客帮助寻找。过了一会儿，我碰到刚才提醒我的那位顾客，他责怪我说："我警告过你，你会丢了孩子的！"想象着孩子已经被拐走（陌生人通常喜欢漂亮的孩子），我简直不敢相信，自己的疏忽弄丢了唯一的、最爱的孩子，也无法想象自己独自回到家该如何面对妻子。

但过了一会儿，我再次经过服务台时，孩子已经在那儿等我了，某个好心的顾客找到了他，还把他送了回来！顷刻间，恐惧转换为狂喜。我抱紧儿子，泪流满面。我已经无法表达自己的感激之情，高兴得跌跌撞撞地走出了商店。

情绪是主观的，也是真实的。正如研究者丽莎·费尔德曼·巴雷特（Lisa Feldman Barrett, 2012, 2013）指出："我对愤怒的体验并不是一种幻觉。当我愤怒时，我会感到愤怒。这是真实的情绪。"我们的情绪从何而来？我们为什么会有这些情绪？它们是由什么构成的？

其实，情绪是我们身体的适应性反应。弗兰斯·德·瓦尔（Frans de Waal, 2019）认为，"情绪是身体确保我们做对自己最有利的事情的方式。"在我们面对挑战时，情绪让我们的注意力集中，让我们的行动充满力量（Cyders & Smith, 2008）。我们的心跳加速，步伐加快，所有的感官都处于高度警觉状态。在环境、身体和体验的共同作用下，我们会感受到情绪压力（Francis, 2018）。

但情绪也可以是积极的。获悉意想不到的好消息，我们的眼里会噙着泪水，我们会欢快得手舞足蹈，并感到精力充沛、信心百倍。然而，长期的负面情绪也会损害我们的健康。

情绪简介

情绪：唤醒、行为和认知

学习目标问题 12-1 唤醒、外显行为和认知在情绪中如何相互作用？

就像上述故事中我焦急地寻找彼得的情景所描绘的那样，**情绪**（emotion）是一个混合物，由以下三个部分组成：

- 生理唤醒（心跳加速）。
- 外显行为（步伐加快）。
- 意识体验（思考这是不是拐骗）和情感（恐惧感和随后的喜悦感）。

心理学家面临的难题是，如何将这三个部分组合在一起。为此，第一批情绪研究者考虑了两大问题：

- 先有鸡还是先有蛋的争论：你的生理唤醒先于还是后于你的情绪体验？（我是先注意到自己的心跳加速和步伐加快，然后才对失去彼得感到恐慌？还是我先感到恐慌，然后才心跳加速和步伐加快？）
- 认知和情绪是如何相互作用的？认知总是先于情绪吗？（我是在产生情绪反应之前就想到了孩子被拐骗的可能吗？）

对情绪的心理学研究始于第一个问题：生理反应与情绪有什么关系？最早的两种情绪理论给出了不同的答案。

詹姆斯-兰格理论：生理唤醒先于情绪体验

常识告诉我们，我们哭是因为伤心，攻击是因为生气，发抖是因为恐惧。但心理学的先驱威廉·詹姆斯（William James）却认为，这种关于情绪的常识是错误的，刚好弄反了顺序。根据詹姆斯的观点，"我们感到难受是因为我们在哭泣，感到气愤是因为我们在打斗，感到恐惧是因为我们在颤抖"（James, 1890, p. 1066），我们的情绪源于对身体活动的关注。丹麦生理学家卡尔·兰格（Carl Lange）也提出了跟詹姆斯一样的观点，因此这一观点被称为**詹姆斯-兰格理论**（James-Lange theory）。按照詹姆斯和兰格的理论，我应该是先注意到自己心跳加速，然后惊恐地颤抖，最后才感受到自己的情绪——我的生理反应先于我的恐惧情绪。

情绪：整个机体的反应，包括（1）生理唤醒，（2）外显行为，（3）意识体验和情感。

不仅仅是情绪，大多数心理现象（视觉、睡眠、记忆、性等等）都可以从这三个方面来解释，即生理上的、行为上的和认知上的。

詹姆斯-兰格理论：当我们意识到自己对引起情绪的刺激产生生理反应时，我们就会体验到情绪。

坎农-巴德理论：生理唤醒与情绪体验同时发生

生理学家沃尔特·坎农（Walter Cannon, 1871—1945）不赞同詹姆斯-兰格的理论。心跳加速就一定是恐惧、愤怒和爱的信号吗？坎农称，生理反应（例如心率、排汗和体温的变化）太过相似，且变化太慢，因此不足以引起不同的情绪。坎农和之后的另一位生理学家菲利普·巴德（Philip Bard）认为，生理唤醒与情绪体验是相互独立但同时发生的。因此，按照**坎农-巴德理论**（Cannon-Bard theory），我在感到恐惧的同时，心脏怦怦直跳。激发情绪的刺激传递到我的交感神经系统，唤醒了我的生理反应；与此同时，这一刺激到达我的大脑皮质，让我意识到自己的情绪。而我的心跳加速并没有引起我的恐惧，我的恐惧也没有引起我的心跳加速。

> **坎农-巴德理论**：激发情绪的刺激同时引发了（1）生理反应和（2）情绪的主观体验。

但生理唤醒与情绪体验真的相互独立吗？有人对脊髓严重受损者进行研究，其中一项对 25 名二战士兵的研究结果不支持坎农-巴德理论（Hohmann, 1966）。研究报告显示，那些脊髓低位受损的，即仅仅失去腿部知觉的士兵报告说，他们的情绪强度几乎没有改变；而那些颈部以下丧失知觉的士兵则在情绪的强度上有所改变，某些情绪反应明显减弱。某位士兵透露，类似愤怒这样的情绪："已不像过去那样激烈，它仅仅是一种内心的愤慨。"但是他们对颈部以上身体部位的情绪表达更强烈。这些人在与人告别、做礼拜或观看感伤电影时，流泪、喉咙哽咽和阻塞的情况都增多了。有研究人员认为，这类证据证实了我们的感受主要是生理反应和行为的"影子"（Damasio, 2003）。

然而，我们的情绪也跟认知有关（Averill, 1993; Barrett, 2006, 2017）。这就涉及心理学的第二大问题：认知和情绪是如何相互作用的？走在黑暗的街道上，我们是否害怕自己身后的人，完全取决于我们是否认为他具有危险性。

检索练习

RP-1 根据坎农-巴德理论，我们对刺激的生理反应（如心跳加速）和情绪体验（如恐惧）是＿＿＿＿＿＿（同时/相继）发生的。根据詹姆斯-兰格理论，我们对刺激的生理反应（如心跳加速）和情绪体验（如恐惧）是＿＿＿＿＿＿（同时/相继）发生的。

答案见附录 D

沙赫特-辛格双因素理论：生理唤醒＋认知标签＝情绪

学习目标问题 12-2 为了体验情绪，我们必须有意识地解释和标记它们吗？

> **双因素理论**（沙赫特-辛格理论）：要体验到情绪，个体必须（1）在生理上被唤醒，（2）在认知上对这种唤醒进行评价。

斯坦利·沙赫特（Stanley Schachter）和杰罗姆·辛格（Jerome Singer）证明了一个观点，那就是我们如何评价（解释）体验也十分重要。我们的生理反应和思维（感知、记忆和解释）共同创造了情绪。在沙赫特和辛格的**双因素理论**（two-fact theory）中，情绪有两种成分：生理唤醒和认知评价。他们认为，情绪体验需要对生理唤醒进行有意识地解释。

有时我们对一个事件的唤醒反应会溢出，进一步加强我们对下一个事件的反应。想象一下，在活力满满地跑完步后，你收到了一则喜讯，告知你得到了理想的工作。在跑步时的生理唤醒仍然存留的情况下，你会不会比在通宵学习后听到这一消息更兴奋？

为了考察这种溢出效应，沙赫特和辛格给一些男大学生注射了肾上腺素，这种激素会引发生理唤醒。一组男生被告知注射后会产生生理唤醒，其他人则被研究人员欺骗，以为注射将有助于测量视力。假定你是参与者之一：接受注射后，你走进一个等候室，发现还有一个人在那儿（实际上也是研究人员），这个人表现得很高兴或烦躁。

你在观察这个人时，开始感到心跳加速，身体发热，呼吸越来越急促。如果事先被告知这是注射肾上腺素后产生的效果，你会有什么感觉？在实验中，这些志愿者感觉不到什么情绪，因为他们将自己的唤醒归因于药物。但是如果事先被告知注射药物后有助于测量视力，你又会有什么感觉？也许你会做出像这组参与者一样的反应：这些参与者"捕捉"到了等候室里另一个人的明显情绪——如果这个人表现得很高兴，他们就会变得高兴；如果这个人表现得很烦躁，他们就会变得烦躁。

受刺激而唤醒的状态可以被体验为某种情绪或另一种完全不同的情绪，这取决于我们如何对其进行解释和评价——这一发现已经在数十个实验中反复得到验证，并继续影响着现代情绪研究（MacCormack & Lindquist, 2016; Reisenzein, 1983; Sinclair et al., 1994）。正如研究人员丹尼尔·吉尔伯特（Daniel Gilbert, 2006）所指出的那样，"某个人在面对悬崖时解释为恐惧的感受，可能会被另一个面对衣着轻薄美女的人解释为情欲"。

要记住的一点：生理唤醒助长情绪，认知引导情绪。

检索练习

RP-2 根据沙赫特和辛格的研究，有两个因素构成了我们的情绪体验：（a）生理唤醒，（b）_____ 评价。

答案见附录 D

扎荣茨、勒杜和拉扎勒斯：认知是否总是先于情绪？

但是情绪总是受制于认知吗？要产生情绪体验，我们就必须先对生理唤醒进行解释吗？罗伯特·扎荣茨（Robert Zajonc，1923—2008）的回答是否定的。他认为，除了对某种情况进行有意识地解释之外，还有许多情绪反应在解释前就存在了。也许你能立刻回忆起自己喜欢上某件事或某个人，却不知道为什么。

甚至当人们反复观看那些过于短暂、来不及去解释的刺激时，他们也会变得更偏向于那些刺激（Kunst-Wilson & Zajonc, 1980）。尽管他们没有意识到曾经见过这些刺激，他们却更容易对这些刺激表现出偏好。我们有一个敏锐的自动雷达，对有情绪意义的信息非常敏感，因此，即使是某个在潜意识中闪现的刺激，也能使我们对接下来的刺激产生更好或更糟的感觉（Murphy et al., 1995; Zeelenberg et al., 2006）。

神经科学家正在绘制情绪的神经通路（Ochsner et al., 2009）。我们的情绪反应可以遵循两种不同的大脑通路。某些情绪（尤其是像恨和爱这样更复杂的情绪）走的是一条"高级通路"。刺激会沿着这条通路（通过丘脑）到达大脑皮质（图12.1a）。刺激在皮质中被分析和标记，然后通过杏仁核（情绪控制中枢）下达命令，做出反应。

但有时我们的情绪（尤其是简单的喜欢、厌恶和恐惧）会通过约瑟夫·勒杜（Joseph LeDoux, 2002, 2015）所说的更直接的"低级通路"产生，即绕过大脑皮质。沿着这条"低级通路"，引发恐惧的刺激会从眼或耳（经过丘脑）直接到达杏仁核（图12.1b），让我们在认知判断之前就产生快速的情绪反应。就像快速反射（不经过大脑的思维皮质）一样，杏仁核的反应十分快速，我们可能都没有意识到发生了什么（Dimberg et al., 2000）。当我们意识到大脑已经检测到危险时，有意识的恐惧体验就会产生（LeDoux & Brown, 2017）。

杏仁核发送到大脑皮质区域的神经信息多于它从大脑皮质接收的信息，这使得情绪更容易控制思维，而不是思维控制情绪（LeDoux & Armony, 1999）。因此，在森林中，我们听到附近灌木丛里沙沙作响的声音就会跳起来，之后才由大脑皮质来判断这个声音是由蛇发出还是仅仅由风引起。这些类似经历支撑了扎荣茨和勒杜的观点，他们认为我们的某些情绪反应并不涉及谨慎的思考。

情绪研究者理查德·拉扎勒斯（Richard Lazarus, 1991, 1998）承认大脑在没有意识的情况下能够处理大量信息，也相信某些情绪反应不需要有意识的思维，我们大部分的情绪体验都是通过无意识的、快速的低级通路发生的。然而，拉扎勒斯指出，即使是一些即刻感受到的情绪，也需要对情境做出某种认知判断，否则我们怎么知道我们正在对什么做出反应呢？这种判断可能不需要意志，因为我们可能意识不到，但它仍然是一种心理功能。要知道某个刺激是好是坏，大脑必须先知道它是什么（Storbeck et al., 2006）。因此，拉扎勒斯指出，当我们评价某个事件是否危险的时候，就会产生情绪。我们认为灌木丛的沙沙声是一种威胁，然后才意识到，那只是"风声"。

总之，如扎荣茨和勒杜所证明的，某些简单的情绪反应不涉及有意识的思维（表12.1）。当我们看到一只大蜘蛛被困在玻璃后面时，即使知道蜘蛛不会伤害到自己，我们仍然会感到恐惧。

我们很难通过改变思维来改变这种反应。在某一瞬间，我们可能会认为一个人比另一个人更可爱或更值得信任（Willis & Todorov, 2006）。如果我们（像许多人那样）投

图 12.1 情绪的大脑通路

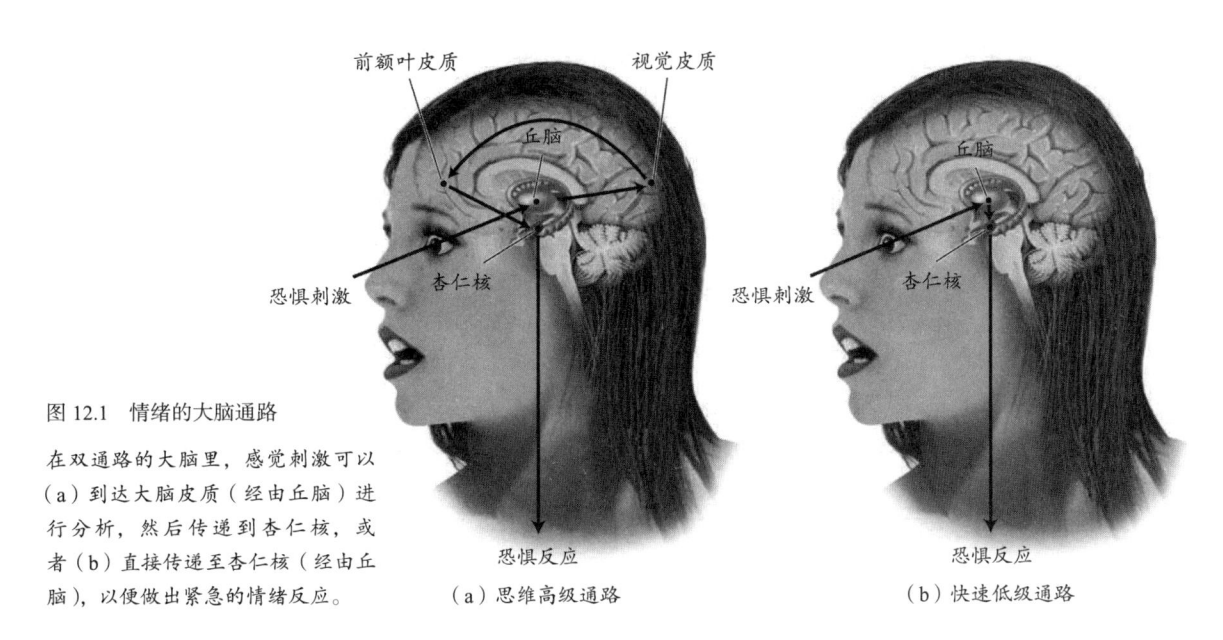

在双通路的大脑里，感觉刺激可以（a）到达大脑皮质（经由丘脑）进行分析，然后传递到杏仁核，或者（b）直接传递至杏仁核（经由丘脑），以便做出紧急的情绪反应。

(a) 思维高级通路

(b) 快速低级通路

票给自己喜欢的候选人，而不是给更接近自己立场的候选人，这种即时的吸引力甚至会影响我们的政治决定（Westen, 2007）。

但其他情绪（包括抑郁情绪和复杂的情感），在很大程度上受到解释、记忆和预期的影响。对于这些情绪，我们有更多的意识控制。感到情绪失控时，我们可以改变自己的解释（Gross, 2013）。

表 12.1 情绪理论概述

理论	情绪解释	举例
詹姆斯–兰格理论	我们意识到自己对唤起情绪的刺激产生生理反应时，情绪就产生了	我们在受到威胁后察觉到自己心跳加速，然后感到恐惧
坎农–巴德理论	唤起情绪的刺激同时引起了生理反应和主观体验	我们在心跳加速的同时感到恐惧
沙赫特–辛格双因素理论	情绪体验取决于两个因素：生理唤醒和有意识的认知评价	根据所处环境的不同，我们可能将自己的生理唤醒解释为恐惧或兴奋
扎荣茨理论、勒杜理论	某些情绪反应是瞬间发生的，并没有进行有意识的判断	在将森林中的声音判断为威胁之前，我们就不由自主地被它吓了一跳
拉扎勒斯理论	认知判断（有时意识不到）影响情绪	那声音"只是风声"

这种重新解释通常会减少痛苦和相应的杏仁核反应（Denny et al., 2015; Troy et al., 2018）。重新解释不仅可以减轻应激，还可以帮助学生取得更好的成绩（Borman et al., 2019）。所以不要为自己的应激而紧张，试着接受它，去迎接你的下一场考试，"应激反应是进化帮助我们保持注意力和解决问题的"。虽然情绪的"低级通路"是无意识运作的，但思维"高级通路"可以让我们重新控制自己的情绪体验。总之，无意识的情绪和有意识的思维共同编织了我们的情绪体验。

> **检索练习**
>
> RP-3 对于情绪反应是否可以在缺乏认知过程的情况下产生这一问题，情绪研究者们存在分歧。如何描述扎荣茨、勒杜、拉扎勒斯、沙赫特和辛格的研究的特点？

答案见附录 D

具身情绪

无论是坠入爱河还是为死亡悲伤，你必须承认这些情绪都牵涉身体活动。没有身体活动的感受就像没有肺的呼吸一样。有些生理反应很容易被注意到，但有些情绪反应根本意识不到。

情绪和自主神经系统

学习目标问题 12-3 情绪唤醒与自主神经系统有何关联？

面临危机时，自主神经系统（ANS）的交感神经会调动身体采取行动（图 12.2）：

图 12.2 情绪唤醒
自主神经系统就如危机控制中心，在危机发生时唤醒身体，危机解除时则让身体平静下来。

自主神经系统控制生理唤醒

交感神经系统（唤醒作用）		副交感神经系统（镇静作用）
瞳孔扩张	眼睛	瞳孔收缩
减少	唾液分泌	增加
排汗	皮肤	干燥
增加	呼吸	减少
加速	心跳	减缓
抑制	消化	活跃
分泌应激激素	肾上腺	应激激素分泌减少
减弱	免疫系统功能	增强

它会让肾上腺分泌应激激素，即肾上腺素和去甲肾上腺素。为了提供能量，肝脏会往血液里注入额外的葡萄糖，为了帮助分解这些糖分，呼吸频率会增加，以提供所需的氧气，于是心率和血压随之上升，消化速度也变慢，血液从内脏转移到肌肉。随着血糖进入大肌肉，行动也变得更加轻松容易，这时，瞳孔会放大以接收更多光线，而出汗可以给激动的身体散热。如果受伤，血液也会凝结得更快。

当危机解除后，随着应激激素慢慢离开血液，自主神经系统的副交感神经逐渐使身体恢复平静。在没有任何意识参与的情况下，你的身体对危险的反应也是非常协调且具有适应性的——使你随时做好战斗或逃跑的准备。那么，不同的情绪有不同的唤醒形式吗？

"恐惧加快了他的步伐。"
——古罗马诗人维吉尔

自问

你能想起最近一次你注意到自己的身体在情绪紧张的情况下做出的反应吗，比如在紧张的社交场合，或者在一次重要的考试或比赛之前？你会如何描述你的交感神经系统的反应？

情绪生理学

学习目标问题 12-4 情绪如何激活不同的生理和大脑反应模式？

设想现在正在进行一项测量不同情绪的生理反应的实验。实验参与者在房间里分别观看不同的电影：恐怖电影、激起愤怒的电影、激起性欲的电影和十分无聊的电影。在控制中心，你可以监测每一个参与者的出汗程度、瞳孔大小、呼吸和心率。你能否通过这些生理指标辨别出谁在害怕？谁在愤怒？谁的性欲被唤起？谁感到无聊？

通过训练，你可能找得出那位感到无聊的参与者。但是要辨别恐惧、愤怒和性唤醒之间的生理差异要困难得多（Siegel et al., 2018）。不同的情绪可以有共同的生理特征。

同一个脑区也可以作为看似不同的情绪的所在地。脑岛是大脑深处的神经中枢，承载着广泛的情绪组合。当我们体验各种负面的社会情绪，例如伴侣移情别恋，他人骄傲自大和我们感到厌恶时，脑岛就会被激活。从大脑的扫描结果可以看出，当人们吃到恶心的食物、闻到恶心的食物、想到要咬一种恶心的食物时，脑岛就会变得活跃（Sapolsky, 2010）。人们在大脑的其他区域也发现了类似的多任务加工区。

然而，各种情绪给我们自己的感觉是不同的，在别人看来也是不同的。我们可能会表现出"吓瘫了"或"气炸了"。尽管恐惧和喜悦都可以引起相似的心率加速，但是它们刺激了不同的面部肌肉。恐惧时，额头肌肉变得紧张；喜悦时，脸颊和眼睛下方的肌肉则会收缩，形成微笑（Witvliet & Vrana, 1995）。

"没有人曾告诉我悲伤竟与恐惧如此相像。我并不害怕，但感觉就像害怕。同样的胃部翻腾，同样的不安，同样的打哈欠。我一直在忍受。"
——C.S. 刘易斯

吓人的兴奋

兴奋的愉悦与惊慌的恐惧可以产生类似的生理唤醒。这能让我们在这两种情绪之间快速地变换。

> "我的主人,你的脸是一本书,从上面可以读到陌生的故事。"
> ——《麦克白》

不同情绪涉及的大脑回路也有所不同（Dixon et al., 2017; Panksepp, 2007）。观看恐惧面孔的人与观看愤怒面孔的人相比,前者杏仁核的脑电活动更强（Whalen et al., 2001）。情绪也会激活大脑皮质的不同区域。当你体验诸如厌恶等负面情绪时,你的右前额叶皮质往往比左前额叶皮质更活跃。容易抑郁的人,以及那些通常持消极观点的人,也显示出更多的右额叶活动（Harmon-Jones et al., 2002）。

积极的情绪往往会激发更多的左额叶活动。具有积极性格的人,例如精力充沛的婴儿和机敏、精力充沛、持之以恒的成年人,也显示出左额叶比右额叶更活跃（Davidson et al., 2000; Urry et al., 2004）。事实上,一个人基线水平的额叶活动越是向左额叶倾斜（或者由感知活动导致其向左额叶倾斜）,这个人通常就越乐观（Drake & Myers, 2006）。

总而言之,我们很难从心率、呼吸和出汗程度看出情绪的差异。但不同情绪对应的面部表情和大脑活动有所不同。那么,我们是否会像匹诺曹一样,在说谎时发出提示性的信号？（关于这个问题的更多信息,请参见下文的批判性思考：测谎。）

检索练习

RP-4 自主神经系统的两部分是如何影响情绪反应的？

答案见附录 D

情绪的表达

表达性行为会揭示情绪,例如海豚脸上似乎挂着笑容,显得很开心。为了解读人们的情绪,我们会观察他们的身体姿态,倾听他们说话的语气,研究他们的面部表情。这种非言语的语言是否具有文化差异？我们的表达是否会影响我们的情绪体验？

觉察他人的情绪

学习目标问题 12-6 我们如何通过非言语渠道沟通？

对西方人来说,有力的握手传达出外向、富有表现力的性格（Chaplin et al., 2000）。深深注视可以传达出亲密的信息,而匆匆一瞥可能是焦虑的信号（Kleinke, 1986;

批判性思考：

测谎

学习目标问题 12-5 多导电生理记录仪利用生理状态检测谎言的效果如何？

多导电生理记录仪（polygraph）实际上不是测谎仪，而是唤醒探测仪，主要测量伴随情绪而变化的几种生理反应，包括呼吸、心率和汗液等。这些测量结果能用来检测谎言吗？

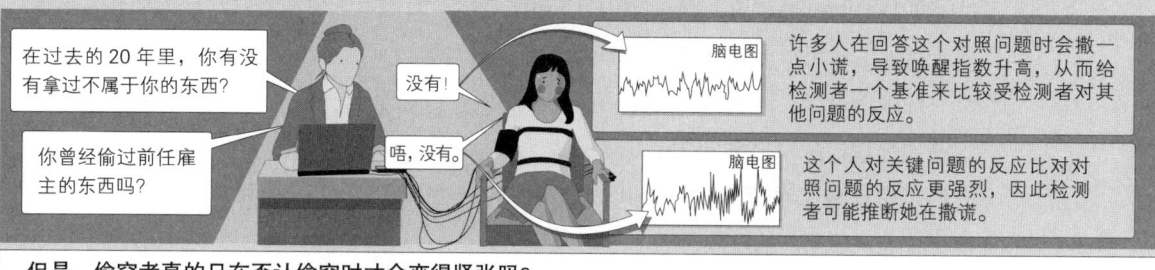

在过去的20年里，你有没有拿过不属于你的东西？

没有！

脑电图

许多人在回答这个对照问题时会撒一点小谎，导致唤醒指数升高，从而给检测者一个基准来比较受检测者对其他问题的反应。

你曾经偷过前任雇主的东西吗？

唔，没有。

脑电图

这个人对关键问题的反应比对对照问题的反应更强烈，因此检测者可能推断她在撒谎。

但是，偷窃者真的只在否认偷窃时才会变得紧张吗？

1. 我们对焦虑、愤怒和内疚有类似的生理唤醒反应。那么，她是真的有负罪感，还是只是焦虑？

2. 许多无辜的人在被指控做坏事时的确会变得紧张不安（例如，许多遭受性侵犯的人"未能通过"测试，因为他们在讲述强奸犯的事实时会有强烈的情绪反应）。[1]

大约在三分之一的情况下，多导电生理记录仪的测谎结果是错误的。[2]

无罪者　　有罪者

多导电生理记录仪判定为无罪　　多导电生理记录仪判定为有罪

如果多导电生理记录仪是法官，超过三分之一的无罪者会被判有罪，近四分之一的有罪者会被无罪释放。

美国中央情报局和其他美国机构已经花费数百万美元对数万名雇员进行测试。然而美国国家科学院报告称，"使用多导电生理记录仪并没有抓获过一个间谍"。

隐藏信息测试法更为有效。 无辜的人很少被误判为说谎。

测谎问题集中在只有警察和罪犯才知道的具体犯罪现场细节上。[3]（例如，如果相机和电脑被偷，只有偷窃者才会对被偷物品的品牌名称做出强烈反应。缓慢的反应时间也可能意味着撒谎，因为陈述真相通常比编造谎言花费的时间要短。[4]）

1. Lykken, 1991。 2. Kleinmuntz & Szucko, 1984。 3. Ben-Shakhar & Elaad, 2003; Verschuere & Meijer, 2014; Vrij & Fisher, 2016。
4. Suchotzki et al., 2017。

Perkins et al., 2012）。热恋中的人通常会花很多时间来注视对方的眼睛（Bolmont et al., 2014; Rubin, 1970）。这种注视能否在陌生人之间激起同样的爱意？为了寻求答案，研究人员将一些互不相识的男女配对（假定都为异性恋），并让他们用两分钟时间一心一意地注视对方的手或眼睛。分开之后，注视的双方均报告说有一种彼此吸引和爱慕的兴奋感（Kellerman et al., 1989）。

我们的大脑在觉察微妙的表情方面非常神奇，帮助大多数人很好地解读非言语线索。我们善于察觉微笑背后所蕴含的情绪（Maher et al., 2014）。通过观看速配约会结束时的10秒视频，人们通常可以判断一个人是否被另一个人吸引（Place et al., 2009）。除此之外，地位的标志也很容易被察觉。当看到某人举起双臂、挺胸、面带微笑时，无论是加拿大的大学生，还是斐济的村民，都会认为这个人充满骄傲与自豪，且拥有很高的地位（Tracy et al., 2013）。哪怕只瞥见某张脸0.1秒，人们也能判断出这个

多导电生理记录仪： 一种用来测谎的仪器，主要测量伴随情绪变化的几种生理反应，包括呼吸、心率和汗液等。

人的可信度，或评估这个人的能力（若这个人是政客），并预测其选民支持率（Willis & Todorov, 2006）。研究人员指出："第一印象……以惊人的速度产生。"（Olivola & Todorov, 2010）

我们还善于察觉非言语形式的威胁。我们很容易感知潜意识中呈现的负面词汇，如蛇或炸弹（Gomes et al., 2018）。一张愤怒的面孔会从人群中"突显出来"（Öhman et al., 2001; Stjepanovic & LaBar, 2018）。即使是两岁的孩子也会注意到愤怒的面孔，这表明人类天生就能察觉到威胁（Burris et al., 2019）。

经验也可以提高我们对特定情绪的敏感度，一项呈现一系列面部表情的实验发现，这些面部表情从愤怒演变为恐惧（或悲伤），当呈现一张有50%恐惧和50%愤怒的面孔时，受过身体虐待的儿童比其他儿童更容易感知到愤怒，他们的知觉会变得敏感，能更快地发现危险的迹象。

难以控制的面部肌肉会泄露出你试图隐藏的情绪。潜意识地挑起眉头，透露出了悲伤与担忧的情绪。眉毛上扬并挤到一块，透露出了恐惧的情绪。凸起的脸颊和活跃的眼下肌肉展现出了自然的微笑。假笑，就像对着摄影师的微笑，通常会持续几秒钟，然后突然消失，而真正快乐的微笑往往更短暂，但消失得不那么突然（Bugental, 1986）。真正的微笑会让他人觉得我们真实、值得信赖、有吸引力（Gunnery & Ruben, 2016）。

尽管我们的大脑具有情绪觉察能力，但要觉察欺骗很困难。说谎者与说真话者之间的行为差异对大多数人来说太过微小而无法察觉（Hartwig & Bond, 2011）。一份总结206项研究的综述发现，人们辨别谎言和真相的准确率只有54%，仅仅比抛硬币的准确率高一点点（Bond & DePaulo, 2006）。事实上，除了面对高风险情况的警方专业人员，几乎没有人的准确率超过随机水平，即使在检测儿童的谎言时也是如此（Gongola et al., 2017; O'Sullivan et al., 2009; ten Brinke et al., 2016）。

对不同情绪的身体信号的敏感度存在着个体差异。在某项研究中，人们被要求说出一些短片中表现出的情绪。这些短片展现了某个人的面部表情或身体姿势，有时还伴随着混乱的声音（Rosenthal et al., 1979）。例如，某个2秒钟的场景只呈现出一张沮丧不安的女性面孔——从整体行为中切下来的一片"薄片"，观看者会被问及这位女性是在批评迟到的人还是在谈论自己的离婚问题。该研究得出的结论是，在觉察情绪方面一些人要强过另一些人，内向的人能较好地解读他人的情绪，而外向者的情绪更容易被他人觉察（Ambady et al., 1995）。

手势、面部表情和声调传递着重要的信息，而这些在书面交流中是不存在的。当一组参与者倾听某些人描述自己婚姻破裂的

情绪的无声语言
印度古典舞能利用面孔和身体有效地传达10种不同的情绪（Hejmadi et al., 2000）。

30秒录音，而另一组参与者阅读录音的脚本时，这种差异就很明显了。那些听到录音的人能够更好地预测说话者对当前和未来婚姻的调整（Mason et al., 2010）。仅仅听到陌生人说"你好"就足以让听众对说话者的性格有所了解。

在线交流往往会因为不能观察声音和面部表情的细微差别而受到影响。如果缺少正常的表达线索，我们就会面临发展心理学家让·皮亚杰（Jean Piaget）所说的自我中心主义的风险，我们可能无法察觉他人如何解读我们"只是开玩笑"的信息（Kruger et al., 2005）。因此，为了帮助他人理解我们的在线言论是严肃的、开玩笑的还是讽刺的，我们可能会使用表情符号。

性别、情绪和非言语行为

学习目标问题 12-7 男性和女性在非言语沟通方面有何不同？

女性对非言语线索的敏感度比男性更高吗？朱迪思·霍尔（Judith Hall, 2016）对176段"短片"的研究分析表明，女性在情绪觉察方面的确优于男性，这种优势在发育早期甚至婴儿时期就已出现（McClure, 2000）。女性的非言语敏感性有助于解释她们更强的情感素养。

当被要求描述自己在特定情况下的感受时，男性倾向于描述更简单的情绪反应（Barrett et al., 2000）。你也可以自己试试：问一问他人关于毕业后对朋友说再见时的感受。研究表明，男性倾向于简单地说"我会感觉很糟糕"，而女性倾向于表达更复杂的情绪如"我感到苦乐参半，既高兴又难过"。

女性善于读懂他人的情绪，这也有助于她们做出更强烈的情绪反应和情绪表达，尤其是积极的情绪（Fischer & LaFrance, 2015; McDuff et al., 2017）。一项对来自全世界26个不同文化背景的23 000个参与者的研究表明，女性比男性更愿意表达情感（Costa et al., 2001）。女孩也比男孩表达出更强烈的情绪，因此有一种根深蒂固的观念认为，情绪化"更适用于女性"，18～29岁的美国人几乎都赞同这种观念（Chaplin & Aldao, 2013; Newport, 2001）。

然而，有一个情况除外：请快速想象一张愤怒的面孔，这张面孔是男性的还是女性的？四分之三的亚利桑那州立大学学生想象的都是男性面孔（Becker et al., 2007）。当一张中性的面孔看起来很生气时，大多数人都会认为这是一张男性的面孔，而如果这张面孔是微笑着的，大多数人更有可能认为这是一张女性的面孔。对大多数人来说，愤怒是一种更男性化的情绪。

人们将女性的情绪化归因于她们的性格，而将男性的情绪化归因于他们的环境，这也助长了人们对女性情绪化的看法，例如，"她很情绪化"和"他今天过得不

> "同理心最重要的作用是……激发善意，即我们互相帮助的倾向，即使是以牺牲自己为代价。"
> ——贾米勒·扎基

好"（Barrett & Bliss-Moreau, 2009）。许多因素影响着我们的情绪体验，包括文化规范（Mason & Morris, 2010）。尽管如此，在描述情绪体验方面还是存在着某些性别差异。调查显示，女性比男性更有可能把自己描述为有同理心的人。如果你有同理心，你就会认同他人，并且会换位思考。你会对某种情况做出跟其他人一样的评价，与那些高兴的人一起高兴，与那些哭泣的人一起哭泣（Wondra & Ellsworth, 2015）。正如在《杀死一只知更鸟》这本书中，辩护律师阿提克斯·芬奇（Atticus Finch）向女儿解释的那样，要想"与各种各样的人更好地相处"，一种简单的方式是从他人的角度看问题。但同理心也有一个缺点，即它让我们专注于当下看到和感受到的事物，忽略了那些看不见的事物或未来的事物（Bloom, 2016）。

报告显示，小说读者，即那些让自己沉浸于他人生活中的人，有更强的同理心（Mar et al., 2009）。这可能有助于解释为什么与男性相比，女性会阅读更多的小说（Tepper, 2000）。然而，生理指标所显示的性别差异要小得多，比如看到他人痛苦时的心率（Eisenberg & Lennon, 1983; Rueckert et al., 2010）。

女性也更容易表达同理心，即在观察别人的情绪时会表现出更多的情绪。如图12.3所示，在学生观看悲伤的（孩子的父母即将去世）、快乐的（打闹喜剧）或恐怖的（一个人差点从高楼上掉下来）电影片段时，这种性别差异表现得很明显（Kring & Gordon, 1998）。女性对令人痛苦的情绪事件（例如观看肢体伤残的照片）的体验往往更加深刻，并且对情绪敏感的脑区会更加活跃。她们在三周后记住的照片场景更多（Canli et al., 2002）。

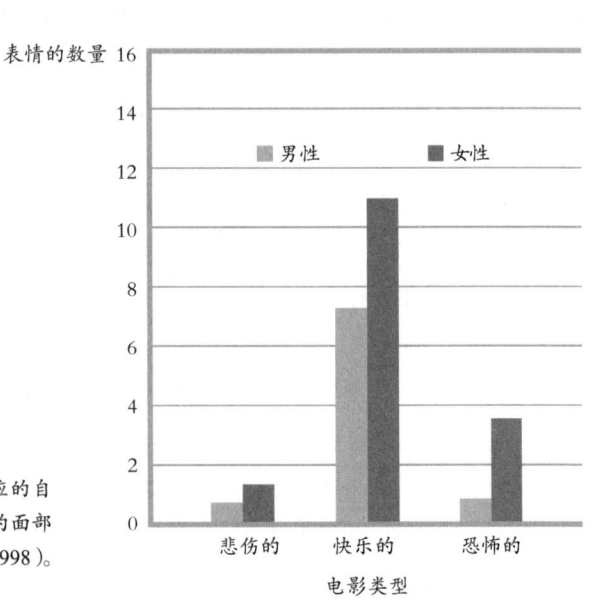

图12.3 性别与情绪的表达性
男性和女性电影观众在情绪和生理反应的自我报告方面没有明显的不同，但女性的面部表现出更多的情绪（Kring & Gordon, 1998）。

检索练习

RP-1 报告显示，_____（女性/男性）对情绪的体验更深刻，且往往更善于解读非言语线索。

答案见附录 D

文化与情绪表达

学习目标问题 12-8 在不同文化中，人们如何理解手势和面部表情？

手势的含义因文化而异。我教自己学龄前的孩子竖起大拇指，这样他们就能通过手势告诉我什么是好的。但如果我们去某些西非和中东国家旅行，我也会教他们不要做这个手势，因为这个手势在那些地区的意思是"去你的！"（Koerner, 2003）。

面部表情在不同的文化中也有不同的含义吗？为了找出答案，两个调查小组向世界不同地区的人们展示了各种面部表情的照片，并让他们猜测照片中的情绪（Ekman, 2016; Ekman & Friesen, 1975; Izard, 1994）。

在任何地方，微笑就是微笑。同理，大笑和悲伤也是如此。世界各地的人们也都能分辨出真笑和假笑（Bryant et al., 2018）。其他的情绪表达则不太被普遍认可（Cowen & Keltner, 2019; Crivelli et al., 2016a）。但没有一种文化认为人们在快乐的时候应该皱眉。

182 项研究的数据表明，我们在判断自己文化中的情绪表达时，表现会稍好一些（Crivelli et al., 2016b; Elfenbein & Ambady, 2002; Laukka et al., 2016）。不过，情绪的迹象通常是跨文化的。在世界各地，孩子们都会在难过时哭泣，反抗时摇头，高兴时微笑。那些未见过人脸的盲人也是如此（Eibl-Eibesfeldt, 1971）。先天性的盲人会自发地表现出与快乐、悲伤、恐惧和愤怒等情绪相关的常见面部表情（Galati et al., 1997）。

这些共同的情绪是否反映了共同的文化体验，比如随处可见的电影和电视节目？显然不是。新几内亚人的生活封闭，研究者要求他们对诸如"假装你的孩子死了"之类的陈述做出反应，并将这些反应录下来。当北美大学生观看录像时，他们很容易就读懂了新几内亚人的面部反应（Ekman & Friesen, 1971）。

因此我们说，面部肌肉能传达一种相当普遍的信息。对情绪研究的先驱达尔文来说，这一发现不足为怪。达尔文认为在史前时期，在我们的祖先能用语言交流前，他们就是用面部表情来传达威胁、问候和服从，共同的面部表情帮助他们生存下来（Hess & Thibault, 2009）。例如，在对抗中，讥笑就保留了动物在咆哮时露出牙齿的特征（图12.4）。情绪表达也可以在其他方面提高我们的生存能力。惊讶会让人眉毛扬起，眼睛睁大，以便接收到更多的信息，而厌恶会让鼻子皱起来，以隔绝难闻的气味。

> "要了解心的秘密，问问脸。"
> ——几内亚谚语

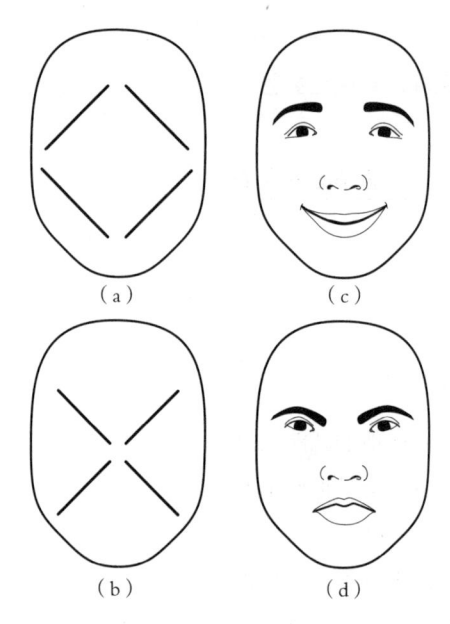

图 12.4 愤怒的情绪表达

将面部（c）和（d）遮住，问问朋友是会选择图片（a）还是（b）作为愤怒的表情。即使没有明显的面部表情线索，大多数人也能轻松地选出正确答案（b）（Franklin et al, 2019）。

同样，微笑既是情绪反应也是社会现象。奥运冠军在等待颁奖典礼时通常不会微笑，但当他们与奥运官员交流，或面对公众和镜头时，他们会露出灿烂的笑容（Femández-Dols & Ruiz-Belda, 1995）。因此，在奥运会和国家柔道比赛之后，瞥一眼选手们的自发表情，就能知道谁是胜利者，各个国家都是如此（Crivelli et al., 2015; Matsumoto & Willingham, 2006, 2009）。即使是从未见过微笑的先天性的盲人运动员，在这种情况下也会展现出社交性的微笑（Matsumoto et al., 2009）。

我们确实倾向于在高兴时微笑，悲伤时皱眉，生气时阴沉着脸。然而，我们有时也会在心情舒畅时皱眉，或在生气时微笑。此外，根据不同的环境和文化，同样的面部表情可能传达不同的情绪（Barrett et al., 2019）。我们往往将处于恐惧环境中的愤怒面孔判断为恐惧，而将处于痛苦环境中的恐惧面孔判断为痛苦（Carroll & Russell, 1996）。因此，电影导演会创造场景和配乐来放大我们对特定情绪的感知，从而抑制这种现象。

微笑也是文化现象，在情绪表达的程度上有一定的展示规则。在那些鼓励个性化的文化中，如西欧、澳大利亚、新西兰和北美，情绪的表现通常是明显的（van Hemert et al., 2007）。而在那些鼓励人们适应他人的文化中，如日本、中国、印度和韩国，情绪的表现往往不太明显（Cordaro et al., 2018; Matsumoto et al., 2009）。在日本，人们更多地从周围的环境来推断情绪。

除此之外，在北美通常具有很强情绪表现能力的嘴部，在日本能传达的情绪却不如眼睛多（Mastuda et al., 2008; Yuki et al., 2007）。与强调冷静的中国领导人相比，欧美领导人在官方照片中露出灿烂笑容的频率是中国领导人的 6 倍（Tsai et al., 2006, 2016）。如果我们知道自己快乐，我们的文化肯定会教我们如何表现出来。

文化差异也存在于国家内部。爱尔兰人和爱尔兰裔美国人往往比斯堪的纳维亚人和斯堪的纳维亚裔美国人更具表现力（Tsai & Chentsova-Dutton, 2003）。这让我们想起了熟悉的知识：与大多数心理事件一样，情绪不仅是一种生物和认知现象，还是一种社会文化现象。

检索练习

RP-2 人们对面部表情或手势的理解，哪一个文化差异更大？

答案见附录 D

面部表情的影响

学习目标问题 12-9 面部表情如何影响我们的情绪？

威廉·詹姆斯在与抑郁和悲伤情绪作斗争时，开始相信我们可以控制情绪，方法就是做出我们想要体验的情绪的"外部动作"。他建议，"要想感觉快乐，请快乐地坐着，快乐地环顾四周，就像你已经感到快乐一样地行动。"查尔斯·达尔文在著作《人类和动物的表情》中指出，自由地表达情绪的外显特征会强化情绪本身，就像表现暴力的手势会增加愤怒。

詹姆斯和达尔文的观点正确吗？你可以验证这个观点：假装露齿微笑，然后再怒形于色。你能感觉到"微笑疗法"的不同吗？许多参与者都感受到了这种不同。研究人员让学生"收紧特定的肌肉""把眉毛聚在一起"，从而巧妙地让他们做出皱眉的表情（Laird, 1974, 1984; Laird & Lacasse, 2014）。其结果是，学生报告说感觉到有一点愤怒，就像人们在面对太阳时自然地（通过眯眼）皱眉一样（Marzoli et al., 2013）。其他基本情绪也是如此。比如，做一个恐惧的表情，"眉毛上扬，眼睛睁大，头靠后，使下巴微微收起，让嘴放松并微微张开"，这时参与者报告说感受到更多的是恐惧而不是愤怒、厌恶或悲伤（Duclos et al., 1989）。

> "只要感到害怕，我就会昂起头，吹一声快乐的口哨。"
> ——罗杰斯和哈默斯坦

检索练习

RP-3（a）根据面部反馈效应，当橡皮筋向上拉起他们的脸颊，好像在微笑时，学生可能会报告有什么感觉？（b）当橡皮筋把他们的脸颊向下拉时，学生可能会报告有什么感觉？

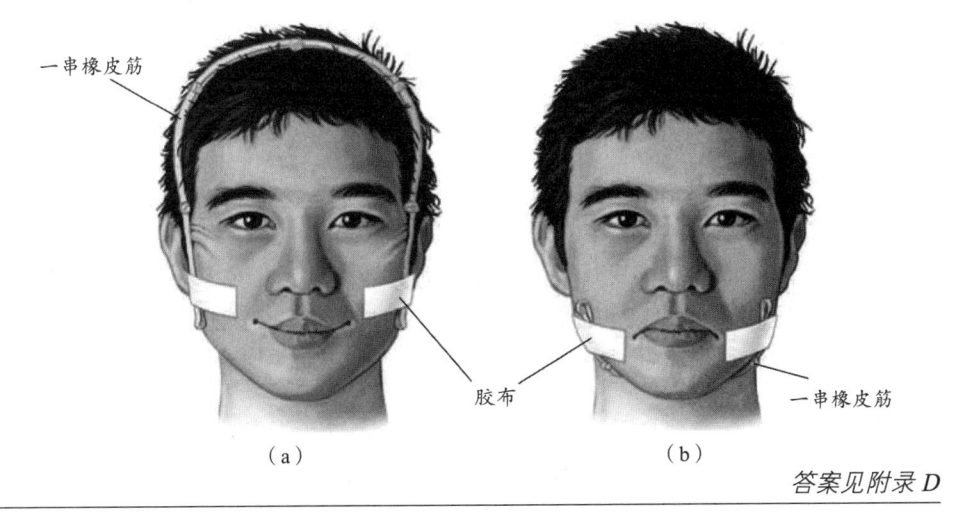

（a）　　　　　　（b）

答案见附录 D

詹姆斯和达尔文的观点是正确的，表情不仅能传达情绪，还能放大和调节情绪。这种**面部反馈效应**（facial feedback effect）已经在很多地方、很多基本情绪中多次被发

> 面部反馈效应：面部肌肉状态引发相应情绪如恐惧、愤怒或快乐的倾向。

现（Coles et al., 2019）。我们在微笑时更快乐，在阴沉着脸时更生气，在皱眉时更悲伤。仅仅用牙齿咬住一支笔来激活笑肌（不要把笔放在双唇之间，这样产生的是中性的表情），就可以让紧张的情况变得不那么令人不安（Kraft & Pressman, 2012）。当你对一些愉快或有趣的事情做出反应时，一个发自内心的微笑（不仅仅是嘴，还包括抬起的脸颊和皱起的眼角）更能增强积极的情绪（Soussignan, 2001）。开心时我们会微笑，微笑时我们会变得更开心（除非我们因为正在被录像而分心）（Marsh et al., 2019; Noah et al., 2018; Strack, 2016）。

因此，面部不仅是表现情绪的展板，还会助长情绪。你板着脸，那么整个世界都会对你皱眉头。难怪一些抑郁症患者在注射肉毒杆菌来麻痹皱眉的肌肉后会感觉好很多（Parsaik et al., 2016）。用肉毒杆菌来麻痹皱眉的肌肉减缓了人们对与悲伤或愤怒相关的句子的阅读速度，也减缓了与情绪相关的大脑回路的活动（Havas et al., 2010; Hennenlotter et al., 2008）。当用肉毒杆菌来麻痹笑肌时，情况则恰恰相反：人们会感到更抑郁（Lewis, 2018）。

研究人员还观察到更广泛的**行为反馈效应**（behavior feedback effect）（Carney et al., 2015; Flack, 2006）。你可以模拟与参与者相同的体验：用拖沓的步伐小步走几分钟，并保持眼睛向下看；再大踏步地绕圈走，并摆动双臂，眼睛直视前方。你能感觉到自己的情绪变化吗？或者在生气时，以斜躺的坐姿向后靠，你可以感觉到愤怒的情绪有所缓解（Krahé et al., 2018）。这些动作都能够唤醒情绪。

你可以利用自己对行为反馈效应的理解，变得更有同理心，方法就是用自己的面部模仿另一个人的表情。模仿他人的行为有助于我们感受他人的情绪（Vaughn & Lanzetta, 1981）。失去这种模仿他人的能力会让我们难以建立情感联系，正如凯瑟琳·鲍嘉（Kathleen Bogart）在帮助卡特里娜飓风难民时发现的那样，她患有莫比乌斯综合征（一种罕见的面神经麻痹症）：当人们做出悲伤的表情时，"我无法回应他们。我试着用语言和语气来表达，但没有用。没有了面部表情，情绪也就消失了，我变得无法分享"（Carey, 2010）。

我们对他人情绪的自然模仿有助于解释为什么情绪是会传染的（Dimberg et al., 2000; Neumann & Strack, 2000; Peters & Kashima, 2015）。积极、乐观的脸书帖子会产生连锁反应，导致脸书上的朋友也表达出更多的积极情绪（Kramer, 2012）。

> **自问**
>
> 想象一个你想要改变自己的情绪感受的情境。你如何通过改变面部表情或行为举止来做到这一点呢？在其他哪些情况下，你可以运用这些反馈效应的知识？

行为反馈效应：行为影响自己和他人的想法、情绪和行动的倾向。

来自本书作者的请求：阅读本书时请经常保持微笑。

情绪的体验

学习目标问题 12-10 基本情绪有哪些?

一共有多少种不同的情绪？在接受调查时，大多数情绪科学家都认为愤怒、恐惧、厌恶、悲伤和快乐是人类的基本情绪（Ekman, 2016）。卡罗尔·伊扎德（Carroll Izard, 1977）分解出 10 种基本情绪（喜悦、兴趣－兴奋、惊讶、悲伤、愤怒、厌恶、轻视、恐惧、害羞和内疚），这些情绪大多出现在婴儿时期（图 12.5）。还有一些人认为骄傲和爱也是基本情绪（Shaver et al., 1996; Tracy & Robins, 2004）。但伊扎德认为，其他情绪是这 10 种情绪的组合，例如，爱是快乐和兴趣－兴奋的组合。

现在我们仔细看看两种重要的情绪：愤怒和快乐。它们具有什么功能？哪些因素影响我们对这两种情绪的体验？

图 12.5 婴儿自然发生的情绪

为识别出生就具有的情绪，伊扎德分析了婴儿的面部表情。

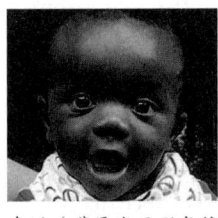

喜悦（嘴唇张开形成笑容，面颊上抬，眼睛闪烁）

愤怒（眉毛向下皱在一起，眼睛盯视，抿着嘴）

感兴趣（眉毛上扬或皱起，嘴巴略呈圆形，嘴唇可能撅起）

厌恶（鼻子皱起，上嘴唇上扬，舌头外伸）

惊讶（眉毛上扬，眼睛变大，嘴巴呈椭圆形）

悲伤（眉毛内侧上扬，嘴角下拉）

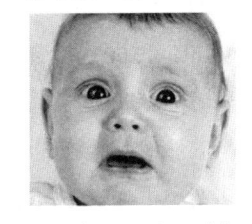

恐惧（眉毛上扬，嘴角向后缩进）

愤怒

学习目标问题 12-11 愤怒的起因和后果是什么?

哲人说，愤怒是"一种短暂的疯狂"（Horace，公元前 65—公元前 8），它使你"丧失理智"（Virgil，公元前 70—公元前 19），并且"比造成愤怒的伤害要严重许多倍"（Thomas Fuller，1654—1734）。但是他们也说，"崇高的愤怒"（William Shakespeare，1564—1616）"使懦夫变得勇敢"（Cato，公元前 234—公元前 149），并"带给你……力量"（Virgil）。

当我们面对威胁或挑战时，恐惧会引起逃避，而愤怒会引发战斗，二者都属于适应性行为。是什么让我们愤怒？有时，愤怒是对某人已知的不当行为的一种反应，尤其当这个人的行为看起来是蓄意的、不合理的，而且是可以避免的时（Averill, 1983）。但无从指责的烦恼或琐碎的麻烦，如恶臭、高温、交通堵塞、疼痛等，也会让我们感到愤怒（Berkowitz, 1990）。

愤怒会伤害我们，尤其是长期的愤怒。愤怒会加快心率，增加炎症的可能性（削弱我们对疾病的防御能力），并提高睾酮激素水平（Barlow et al., 2019; Herrero et al., 2010; Peterson & Harmon-Jones, 2012）。那么，我们怎样才能控制愤怒呢？媒体建议说，释放愤怒情绪比将它们内化更好。当我们生气时，我们应该猛烈抨击冒犯者吗？我们应该对死去的父母大发雷霆，在想象中咒骂老板，或者与童年时的施暴者对峙吗？

个人主义文化的确鼓励人们发泄自己的怒火，但在集体主义文化背景下，人们却很少听到这种鼓励。在集体主义文化中，个体对人与人之间的相互依存十分敏感，他们把愤怒视为一种对群体和谐的威胁（Markus & Kitayama, 1991）。例如，在塔希提岛，人们学着体谅他人和文明礼貌。在日本，从婴儿时期起，愤怒的表达就不像西方文化那样常见，而在最近的西方政治和社交媒体上，愤怒似乎非常普遍。

宣泄：在心理学中，这个概念是指"释放"攻击性能量（通过幻想或行动），可以缓解攻击性冲动。

在西方文化中，"发泄愤怒"的建议假定情绪表达能够释放情绪，即宣泄（catharsis）。研究人员报告称，有时当人们报复激怒自己的人时，他们可能反而会冷静下来，前提是他们的反击是直接针对挑衅者的，或他们的报复看起来是合理的，或他们的反击目标不具威胁性（Geen & Quanty, 1977; Hokanson & Edelman, 1966; Verona & Sullivan, 2008）。简而言之，如果表达愤怒不会使我们感到内疚或焦虑，它可以使我们暂时平静下来。

然而，尽管宣泄可以带来暂时的平静，但是它通常不能消除一个人的愤怒。在更多情况下，表达愤怒会引起更多的愤怒。首先，这可能会引起进一步的报复，导致一场小冲突升级为一场大敌对。其次，表达愤怒会放大愤怒。行为反馈研究表明，表达愤怒的行为会让我们感到更加愤怒（Flack, 2006; Snodgrass et al., 1986）。在一项研究中，人们被要求一边捶打沙袋，一边回想最近激怒他们的人。这种"宣泄"愤怒的机会可以减弱他们的愤怒吗？结果刚好相反。一旦有机会报复，那些宣泄愤怒的人会变得更有攻击性。

愤怒往往是一种适应不良的体现，它会助长攻击性和主要偏见。"9·11"恐怖袭击后，美国人的愤怒多于恐惧，表现出对移民和穆斯林不容忍的态度（DeSteno et al., 2004; Skitka et al., 2004）。愤怒的爆发会让我们暂时平静下来，也可能强化这种行为，从而形成习惯。如果一位焦躁的经理发现训斥自己的雇员可以排解紧张感，那么当下次感到烦躁或紧张时，他更可能再次大发雷霆。

那么，有什么更好的方法来应对你的愤怒？专家给出了三条建议：

- 等待。等待可以降低愤怒的生理唤醒水平。卡罗尔·塔夫里斯（Carol Tavris, 1982）指出，"上升的事物必然下降，如果你等待的时间足够长，任何情绪唤醒都会慢慢平息"。
- 找一个健康的消遣或精神支柱。通过锻炼、演奏乐器或与朋友畅谈来让自己平静下来。大脑扫描图像显示，反复思考自己为什么生气只会增加杏仁核的血流量（Fabiansson et al., 2012）。
- 保持距离。试着在精神上远离这种情况，就好像你从远处或未来看着它发展一样。自我疏离可以减少沉思、愤怒和攻击（Kross & Ayduk, 2011; Mischkowski et al., 2012; White et al., 2015）。

愤怒并不总是错误的。如果运用得当，愤怒能够传达力量和能力（Tiedens, 2001）。愤怒还能激励人们勇敢地行动并实现目标（Aarts & Custers, 2012; Halmburger et al., 2015）。受到控制的愤怒表达比爆发敌意或压抑愤怒更具有适应性。当被激怒时，人们的反应往往是果断的，而不是具有伤害性的（Averill, 1983）。为了减轻自己的委屈，人们经常与肇事者进行交谈。讲礼貌不仅意味着对微小的愤怒保持沉默，也意味着要清楚而果断地传达重要的愤怒感。非指责性的情绪表达有助于解决引起愤怒的冲突，比如让室友知道"如果你把脏盘子留给我洗，我会很生气"。当我们以促进和解而不是报复的方式表达不满时，是有利于促进人际关系的。

如果某人的行为真的伤害到你，而你又无法解决冲突，该怎么办？研究者建议采用传统的方法：宽恕。有时我们需要与冒犯者保持距离，在不让冒犯者逃脱惩罚或招致进一步伤害的情况下，宽恕可以释放愤怒，使身体平静下来。在某项关于宽恕的神经效应的研究中，当有人阻碍德国学生赚钱时，研究人员对这些学生的大脑进行了扫描（Strang et al., 2014），还询问了学生们是否原谅犯错者。研究结果发现，宽恕会让某些脑区的血流量增加，而这些脑区是帮助人们理解自己的情绪，并做出与社会相适应的决定的。

检索练习

RP-1 以下哪一项是减少愤怒情绪的有效策略？

A. 口头或身体上的报复　　　　C. 在行动或幻想中表达愤怒

B. 等待或"冷静下来"　　　　　D. 默默委屈

答案见附录 D

快乐

学习目标问题 12-12 什么是好心情、做好事现象？积极心理学研究的重点是什么？

人们渴望并祝愿彼此健康快乐。不难理解，一个人快乐或不快乐的情绪状态给每件事情都染上了色彩。快乐的人认为世界更安全，他们的眼睛会被积极的信息所吸引（Raila et al., 2015）。他们更自信，更果断，更容易合作，他们有更多事业成功的经历（Walsh et al., 2018）。他们对应聘者的评价更友善，会欣赏应聘者过去积极的经历而不是留意消极的经历，并且更善于社交。他们过着更健康、更有活力、更满足的生活（Boehm et al., 2015; De Neve et al., 2013; Stellar et al., 2015）。除此之外，他们也更慷慨（Boenigk & Mayr, 2016）。

总之，情绪很重要。当你感到沮丧时，整个生活似乎都是令人沮丧且毫无意义的，你的思考会带上更多的怀疑，你也会更加严苛地关注周围的环境。而当你的心情变好时，你的思维会开阔起来，变得更有活力和创造性（Baas et al., 2008; Forgas, 2008; Fredrickson, 2013）。

年轻人的快乐感有助于预测他们未来的人生历程。某项研究表明，最快乐的 20 岁年轻人以后更有可能结婚，且离婚的可能性更小（Stutzer & Frey, 2006）。还有一项研究在 1976 年调查了数千名美国大学生，并在他们 37 岁时进行了第二次调查，调查结果发现，快乐的学生比不快乐的学生赚得更多（Diener et al., 2002）。当我们快乐时，我们的人际关系、自我形象和对未来的期待似乎也更加光明。

此外，心理学家一致发现，当人们感到快乐时，他们会更愿意帮助他人。心情愉悦的体验，比如回忆一件快乐的事情，会让人们更愿意捐款、捡起他人掉落的文件、做志愿者，以及做其他好事。心理学家称其为**好心情、做好事现象**（feel-good, do-good phenomenon; Salovey, 1990）。

> **好心情、做好事现象**：当人们感到快乐时，他们会更愿意帮助他人。

反过来也是如此，做好事能促进好心情。一项对 136 个国家的 20 多万人的调查发现，几乎所有人都表示，把钱花在别人身上比花在自己身上更快乐（Aknin et al, 2015a）。年幼的孩子在赠送礼物而不是接受礼物时，也会表现出更积极的情绪（Aknin et al., 2015b）。在某项实验中，帮助他人让西班牙工人体验到更大的快乐。此外，他们帮助的人也变得更快乐、更乐于助人（Chancellor et al., 2018）。尽管肾脏捐赠会给身体带来伤害，但它会让捐赠者心情愉悦（Brethel-Haurwitz & Marsh, 2014）。即使是被定罪的罪犯在做善事时也会心情愉悦（Hanniball et al., 2019）。

为什么做好事会给我们带来好心情？原因之一是它会加强我们的社会关系（Aknin & Human, 2015; Yamaguchi et al., 2015）。有些快乐教练会利用这种好心情、做好事现象，要求学员每天"随机做好事"并记录结果。

积极心理学

早在 1902 年，威廉·詹姆斯（William James）就写过关于快乐的重要性的句子（快乐是"我们所做的一切的秘密动机"）。到了 20 世纪 60 年代，人本主义心理学家开始对促进人类的成就感很感兴趣。21 世纪，在美国心理学协会前任主席马丁·塞利格曼（Martin Seligman）的领导下，积极心理学正在用科学的方法研究人类的繁荣。这一新兴的分支领域包括对**主观幸福感**（subjective well-being）的研究，即研究我们的幸福感（有时被定义为积极情绪和消极情绪的高比率）或我们对生活的满足感。

总的来说，对过去的满意、对现在的幸福、以及对未来的乐观，定义了积极心理学运动的第一个核心内容：积极的幸福。

塞利格曼认为，积极心理学不仅要构建一个愉快的生活，还要构建一个能够发挥个人技能的美好生活，以及一个能够超越自我的、有意义的生活。因此，积极心理学运动的第二个核心内容是积极的品质，侧重于探索和提高创造力、勇气、同情心、正直、自制力、领导力、智慧和精神。愉快、投入和有意义的生活会带来幸福感。

积极心理学运动的第三个核心内容是积极的群体、社区和文化，旨在培育积极的社会生态。这包括健康的家庭、社区、高效的学校、对社会负责的媒体，以及民间对话。

塞利格曼及其同事曾表示，"积极心理学是对积极情绪、积极性格特征和有利制度的研究的总称"。它的重点不同于心理学的传统研究内容，即理解和缓解消极状态——虐待和焦虑、抑郁和疾病、偏见和贫穷。（自 1887 年以来发表的心理学文章中，提及"抑郁"的文章数量是提及"幸福"的文章数量的 17 倍。）

在过去的年代里，相对和平和繁荣的时期使文化的关注点发生了转移，从弥补缺陷和损害转移到促进塞利格曼（Seligman, 2002）所说的"最高质量的生活"。公元前 5 世纪，繁荣的雅典孕育了哲学和民主；15 世纪，繁荣的佛罗伦萨孕育了伟大的艺术；维多利亚时期，英格兰在大英帝国的恩惠下，孕育了荣誉、纪律和责任。塞利格曼认为，繁荣的西方文化有机会创造一种更积极的心理学，这种心理学是"人道的、科学的丰碑"，不仅关注缺陷和损害，也关注力量和美德。由于塞利格曼的领导以及 2 亿美元以上的资金支持，积极心理学运动拥有了极强的影响力，支持者遍布 77 个国家（IPPA, 2017; Seligman, 2016）。

> 主观幸福感：自我感觉到的幸福或对生活的满足感。与客观幸福（例如物质和经济指标）一起用于评估人们的生活质量。

情绪起伏的短暂性

学习目标问题 12-13 时间、财富、适应能力和比较行为如何影响幸福水平？

一周中的某些日子是否比其他日子更快乐？在可能是心理学史上最大的数据样本

幸福指数

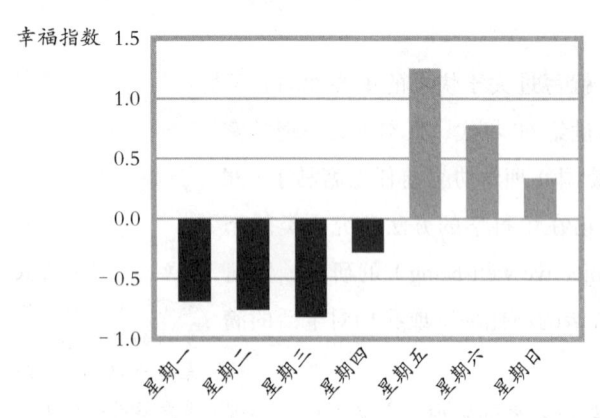

[图表：星期一至星期四为负值，星期五、六、日为正值，其中星期五约1.2，星期六约0.8，星期日约0.3]

图 12.6 情绪通知
亚当·克莱默追踪了"数十亿"（具体数字为保密信息）条美国脸书用户的状态更新消息中包含的积极和消极情绪词汇3年的时间。

中，社会心理学家亚当·克莱默（Adam Kramer）对数十亿条状态更新消息中的情绪词汇进行了观察。在排除了节假日等例外后，他追踪了一周的每一天中积极和消极情绪词汇的出现频率。情绪最积极的日子是哪几天？星期五及星期六（图12.6）。对调查问卷和5900万条推特信息进行的类似分析发现，周五至周日是一周中最快乐的日子（Golder & Macy, 2011; Helliwell & Wang, 2015; Young & Lim, 2014）。对你来说，也是如此吗？

从长远来看，我们的情绪起伏会趋于平衡，即使在一天中也是如此。积极情绪在每天的前几个小时呈上升趋势，在后几个小时降低（Kahneman et al., 2004; Watson, 2000）。应激事件，如争吵、生病的孩子、汽车问题，都会引发坏情绪，这不足为怪，但到了第二天，阴霾几乎总会消散（Affleck et al., 1994; Bolger et al., 1989; Stone & Neale, 1984）。我们对生活的总体判断往往展现出某件好事情或坏事情所产生的持续影响，但我们的日常心境通常会产生与之相反的作用（Luhmann et al., 2012）。人们在经历糟糕的一天后，第二天的心情往往会恢复到比平时更好。

更糟糕的事件，如失去配偶或工作，会让我们在更长的时间内陷入低迷（Infurna & Luthar, 2016），但最终，大多数坏情绪都会结束。分手令人痛心，但伤口终究会愈合。在某项研究中，追求终身教职而未得到的教员认为，不利的决定会降低他们的生活质量。但事实上，5~10年后，他们的幸福水平与那些获得终身教职的人差不多（Gilbert et al., 1998）。

"快乐不会持续长久。"
——塞涅卡

失去爱人的悲痛或创伤性事件（如儿童期受虐待、遭遇强暴或对战争的恐慌）所导致的焦虑不安可能会挥之不去。但通常情况下，即使是灾难也不会永远令人沮丧。失明或瘫痪的人可能无法完全恢复之前的健康，但那些性格随和的人的幸福感通常会渐渐恢复到接近正常水平（Boyce & Wood, 2011; Hall et al, 1999）。心理学家丹尼尔·卡尼曼（Daniel Kahneman, 2005）解释说，即使你瘫痪了，"你也会逐渐开始思考其他事情，你花在思考其他事情上的时间越多，你的痛苦就会越少"。

令人惊讶的是，我们高估了自己情绪的持续时间，低估了自己的复原力和适应能力。（我的母亲在生命的最后13年里完全失聪，作为一个遗传了母亲的听力丧失问题的人，我从这些发现中受到了鼓舞。）

金钱能买到幸福吗?

如果你能赚到更多的钱,你会感到更幸福吗?"在经济上变得非常富裕"有多重要? 82%的美国大学生表示"非常重要"或"必不可少"(Eagan et al., 2016)。但金钱真的能买到幸福吗?

收入和不平等的影响

国家财富十分重要 在大多数人都有稳定生计的国家,人们往往比贫穷国家的人更幸福(Diener & Tay, 2015)。

个人收入(达到饱和点)预示着幸福 有足够的钱吃饭,对自己的生活有足够的控制权,可以偶尔犒劳一下自己,预示着更大的幸福(Fischer & Boer, 2011; Ruberton et al., 2016)。正如澳大利亚的数据所证实的那样,对于低收入人群,金钱最能增加幸福感(Cummins, 2006)。1000美元的涨薪对年薪1万美元的人比对年薪10万美元的人更有意义。

一旦我们有足够的钱来满足舒适和安全需要,我们就达到了"收入饱和点",超过这个点,得到的东西越多反而越不重要(Donnelly et al., 2018; Jebb et al., 2018)。体验奢华会减少我们对生活中简单快乐的欣赏(Cooney et al., 2014; Quoidbach et al., 2010)。如果你曾经在阿尔卑斯山滑过一次雪,你家附近的滑雪场就不那么令人满意了。如果你每年冬天都去阿尔卑斯山滑雪,它就会成为生活中的一部分,而不是一次珍贵的经历(Quoidbach et al., 2015)。

随着时间的推移,经济的增长并没有增加幸福感或减少抑郁 想想看:自20世纪50年代末以来,美国公民的平均购买力几乎增长了两倍——人均拥有更大的住房和两倍数量的汽车,更不用说平板电脑和智能手机了。但这是否买来了更多的幸福?如图12.7所示,美国人并没有变得更幸福。1957年,约35%的人表示自己"非常快乐";而2014年这一比例略低,只有33%。欧洲、加拿大、澳大利亚和日本的情况也差不多,这些国家的实际收入增加并没有带来更多的幸福感(Australian Unity, 2008; Diener & Biswas-Diener, 2008; Di Tella & MacCulloch, 2010; Zuzanek, 2013)。以上这些发现给现代物质主义投下了一枚重磅炸弹:富裕国家的经济增长并没有明显提升人们的精神面貌或社会幸福感。

极端的不平等对社会有害 为什么经济增长没有让我们更幸福?经济增长伴随着不平等的加剧,无论在哪个时代或地域,不平等都预示着人们的不幸福(Cheung & Lucas, 2016; Graafland & Lous, 2019)。在美国和印度等国,日益增长的经济浪潮使游艇比划艇上升得更快[1](Hasell, 2018)。在不平等程度较高的国家和州,低收入者往往会有

"万物皆有其奇妙之处,即使是黑暗与寂静,而我已懂得,无论处于何种境遇,都要感到满足。"
——海伦·凯勒

---

1 隐喻富人从经济浪潮中获益比穷人更多。

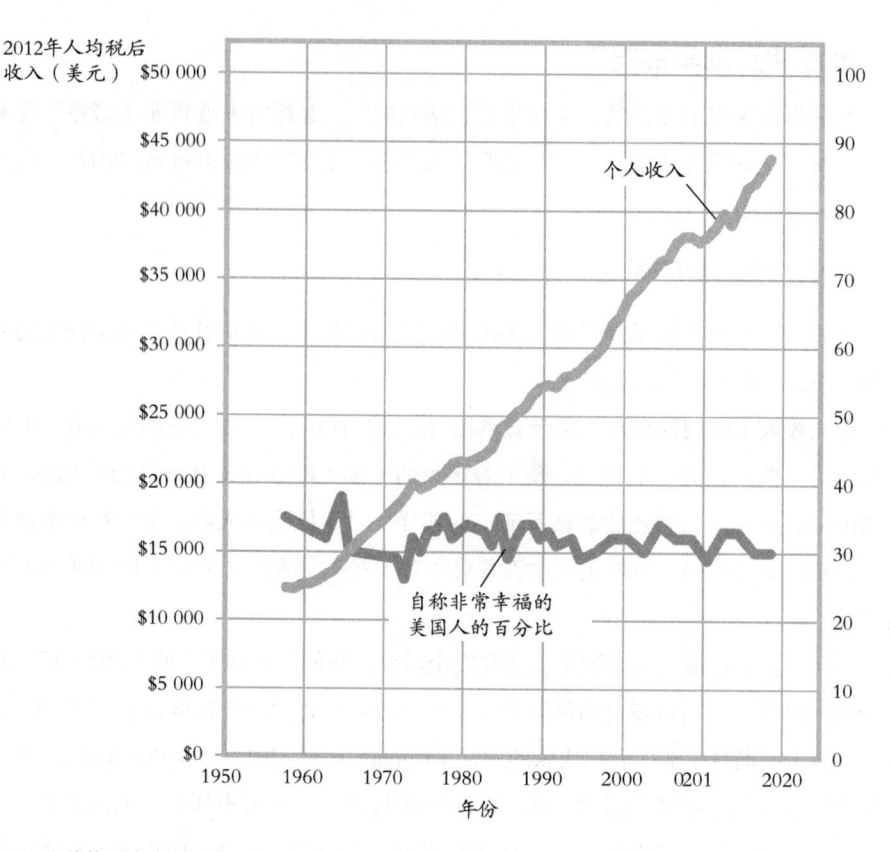

图 12.7 金钱能买来幸福吗？

金钱肯定能帮助我们避免某些痛苦。但是，自20世纪50年代以来，尽管购买力成倍增加，但美国人报告的平均幸福水平几乎保持不变（有关幸福的数据来自美国国家民意研究中心的调查报告，有关收入的数据来自美国历史统计数据和经济指标）。

更多的健康问题、社会问题和心理障碍（Payne, 2017; Sommet et al., 2018; Wilkinson & Pickett, 2017a, b）。世界各地的人们似乎都明白这一点。而无论属于哪个政党，大多数人都表示自己更希望缩小贫富差距（Arsenio, 2018; Kiatpongsan & Norton, 2014）。

讽刺的是，在每一种文化中，那些最努力追求财富的人往往幸福感较低，尤其是当他们通过赚钱来证明自己、获得权力或炫耀，而不是养家糊口时（Donnelly et al., 2016; Niemiec et al., 2009; Srivastava et al., 2001）。相反，那些努力追求亲密关系、个人成长和对社区做贡献的人会体验到更高质量的生活（Kasser, 2018）。

幸福是相对的：适应与比较

这两条心理学原则解释了为什么更多的金钱不能买到更多的幸福（除非在金钱稀缺的情况下）。每条原则都以自己的方式表明，幸福是相对的。

幸福与自己的经验有关 适应水平现象（adaptation-level phenomenon）是指我们

> "我有一条非常自豪的'幸福饼干格言'：人生没有任何事物如你认为的那般重要，虽然你是这样认为的。因此，任何事物都不会如你所愿地让你幸福。"
> ——丹尼尔·卡尼曼

判断各种刺激时，倾向于把它与我们先前的经验联系起来。正如心理学家哈里·赫尔森（Harry Helson, 1898—1977）解释的那样，我们根据经验对自己的"中间"水平进行调节，在这种水平上，声音既不太强也不太弱，温度既不太热也不太冷，事件既不令人愉快也不令人不愉快。然后，我们注意到基于"中间"水平的上下变化，并做出反应。你有没有注意到，第一个寒冷的秋日比同样温度的仲冬还要冷？

那么，我们能创造出一个永久的社会乐园吗？大概不能（Campbell, 1975; Di Tella et al., 2010）。那些最近从彩票、遗产或经济增长中获得横财的人通常会兴高采烈（Diener & Oishi, 2000; Gardner & Oswald, 2007）。如果你明天一觉醒来，就看到你的乌托邦——也许是一个没有账单、没有疾病、成绩完美的世界，你也会如此。但最终，你会适应这种新常态。不久之后，你又会有时感到满足（当事情超过你的期望时），有时感到失落（当事情未达你的期望时）。要记住的一点：满足与不满足感，成功与失败感，都与我们近期的经验有关（Rutledge et al., 2014）。

幸福与他人的成就有关 我们总是拿自己与他人进行比较。而我们的感觉是好是坏，取决于那些人是谁（Lyubomirsky, 2001）。认为他人有更多的朋友或在社会上更成功会让我们感觉更糟糕（Whillans et al., 2017; Zell et al., 2018）。认为我们比被比较的其他人更糟糕，这种感觉被称为**相对剥夺**（relative deprivation; Smith et al., 2018）。

当期望高于成就时，我们会感到失望。在世界范围内，当低收入者将自己与高收入者进行比较时，生活满意度会受到影响（Macchia et al., 2019）。当人们在追求成功时，他们大多将自己与当地处于或高于他们当前水平的同龄人进行比较（Gruder, 1977; Suls & Tesch, 1978; Zell & Alicke, 2010）。正如英国哲学家伯特兰·罗素（Bertrand Russell, 1930/1985）所指出的："拿破仑嫉妒恺撒，恺撒嫉妒亚历山大，而亚历山大，我敢说，嫉妒从未存在过的赫拉克勒斯。因此，你不能仅仅通过成功来摆脱嫉妒，因为历史上或传说中总有比你更成功的人。"

正如将自己与那些境况较好的人进行比较会产生嫉妒一样，当我们将自己与境况较差的人相比时，我们的满足感会增加。在某项研究中，研究人员让女大学生观看1900年时严酷城市生活的录像带，或者让她们在想象自己遭遇灾难之后，如遭遇火灾并被毁容后，写下自己经历的悲剧（Dermer et al., 1979）。结果证明，这些女性对她们目前的生活表达出较高的满意度。同样，当轻度抑郁的人读到更抑郁的人的故事时，他们会感觉好一些（Gibbons, 1986）。波斯谚语说："我哭是因为我没有鞋，直到我遇到一个没有脚的人。"

什么能预测我们的幸福水平？

学习目标问题 12-14 什么能预测幸福，我们如何才能更幸福？

幸福的人有许多共同特征（表 12.2）。但是，为什么一些人看起来经常快乐满怀，

适应水平现象：我们判断各种刺激时，倾向于把它与我们先前的经验联系起来。

相对剥夺：认为我们比被比较的其他人更糟糕的感觉。

如果学生就读于一所大多数学生都不是特别优秀的学校，他们往往会有较高的学业自我概念（Marsh & Parker, 1984; Rogers & Feller, 2016; Salchegger, 2016）。如果你的中学成绩很好，进入大学后你可能会觉得自卑，因为在大学里，有可能班上的每一个同学都曾经很拔尖。

"攀比是偷走快乐的贼。"
——西奥多·罗斯福

而另一些人整天都郁郁寡欢呢？就像在许多其他领域一样，这种现象也是在先天和后天的相互作用下形成的。

表 12.2 幸福是……

研究者发现幸福的人倾向于	幸福似乎与下述因素关系不大
有高度的自尊（在个人主义国家中）	年龄
乐观、外向、随和、幽默	性别（女性更经常出现抑郁，但也更经常感到快乐）
有亲密、积极、持久的人际关系	外表吸引力
有能施展才华的工作和娱乐方式	
有积极的宗教信仰（尤其是在宗教文化中）	
睡眠质量好，参加运动	

资料来源：Batz-Bararich et al., 2018; De Neve & Cooper, 1998; Diener et al., 2003, 2011; Headey et al., 2010; Lucas et al., 2004; Myers, 1993, 2000; Myers & Diener, 1995, 1996; Steel et al., 2008。

基因具有重要影响。在一项对 55 000 对同卵和异卵双胞胎的分析中，人们的幸福指数中 36% 的差异是可遗传的，即可归因于基因（Bartels, 2015）。即使是分开长大的同卵双胞胎也常常会有类似的幸福感。对影响幸福的特定基因的探索证实了一个熟悉的观点：人类的特征受到许多具有微小影响的基因的影响（Raysamb & Nes, 2019）。

然而，我们的个人经历和文化也具有重要影响。在个人层面上，正如我们所看到的，我们的情绪倾向于以我们先前经验定义的水平为基准保持平衡。在文化层面，群体在其重视的特质上存在差异。在重视个人主义的西方文化中，自尊和成就更为重要。而在日本这样强调家庭和社区的社群文化中，社会接纳与和谐更为重要（Diener et al., 2003; Fulmer et al., 2010; Uchida & Kitayama, 2009）。

根据我们的基因、观点和最近的经验，我们的幸福感似乎围绕着一个"幸福设定点"上下波动，使得一些人总是很乐观，而另一些人总是很消极。即便如此，在追踪了数千人的生活 20 年之后，研究人员得出结论，我们对生活的满意度是可以改变的（Lucas & Donnellan, 2007）。幸福感有起有落，并且会受到我们能够掌控的因素的影响（Layous & Lyubomirsky, 2014; Nes, 2010）。关于改善情绪和提高生活满意度的研究建议，请参阅表 12.3。

表 12.3　让生活更幸福的实证建议

- 管理好你的时间。快乐的人能掌控自己的生活，且时间压力更小（Whilans, 2019）。时间太少让人有压力，时间太多让人无聊。因此，我们需要设定大目标并将其划分为日常可管理的小目标。尽管我们经常高估自己某一天能完成的工作量，但我们也总是低估自己一年中能完成的工作量，前提是我们每天都取得一点儿进步。

- 表现得快乐。研究表明，做出微笑的表情会让人们感觉更好，所以我们要在脸上表现出快乐。说话时要表现出乐观、外向和积极的自尊感。我们经常可以通过行动来获得更快乐的心态。

- 寻求能施展你才华的工作和娱乐方式。快乐的人常常处于一种被称为"心流"的状态——沉浸在具有挑战性但不至于压垮自己的任务中。与锻炼、社交或表达艺术兴趣相比，被动的休闲形式（流媒体电影和电视节目）通常提供的"心流"体验较少。

- 把钱花在体验而不是物质上。对于那些没有经济困难的人来说，把钱花在你期待、享受、记住并谈论的体验上，尤其是社会共享的体验上，可以买到更多的快乐（Caprarello & Reis, 2013; Kumar & Gilovich, 2013, 2015; Lee et al., 2018）。正如专家特·布赫瓦尔德（At Buchwald）所说："生命中最美好的东西不是物质。"

- 锻炼。有氧运动不仅能提升健康和精力，还有助于预防或缓解抑郁症（Wlis et al., 2018）。健康的心理往往依赖于健康的身体。

- 保证足够的睡眠。快乐的人积极生活，但也会留出时间来恢复精力，补充睡眠。睡眠不足会导致疲劳、警觉性下降和情绪低落。如果你睡眠充足，你就会微笑。

- 重视亲密的人际关系。与不快乐的人相比，快乐的人会参与更多有意义的对话（Milek et al., 2018）。培养亲密关系的方法是：不要认为别人对你亲密友好是理所应当的，对待好朋友也要像对待其他人一样友善，还要肯定他们。亲密的人际关系十分重要。

- 关注并找到自我以外的生活意义。帮助那些需要帮助的人，做出善意的行为。快乐会增加助人行为，而帮助他人也会让我们快乐，让生活有意义和目标。生活意义至关重要：有意义的生活往往是长寿、积极和健康的生活（Alimujilang et al, 2019; Hooker & Masters, 2018）。

- 挑战消极思维。把"我失败了"重塑为"我可以从中吸取教训"。提醒自己，事情总会发生，这种糟糕的经历在一个月或一年后可能看起来并不是什么大不了的事情。

- 感恩你所拥有的一切，记录下你的感激之情。保持一颗感恩的心能提升幸福感（Davis et al, 2016）。花点时间去品味积极的经历和成就，并理解它们为什么会发生（Sheldon & Lyubomirsky, 2012）。向另一个人表达你的感激之情，你会惊讶于你感受到的积极情绪。

- 培养精神自我。冥想可以帮助我们保持情绪稳定。对于很多人来说，信仰提供了一个支持团体，一个超越自我的理由，一种目标感和希望。这有助于解释为什么积极参与宗教团体的人报告他们感受到超出平均水平的快乐，并往往能更好地应对危机。

如果我们能够在个人层面上提高我们的幸福感，那么我们是否可以利用幸福感研究来调整国家优先事项，使其更多地关注对幸福的追求？许多心理学家认为可以。幸福的社会不仅是繁荣的，而且是人们相互信任、感到自由和享受亲密关系的地方（Helliwell et al., 2013; Oishi & Schimmack, 2010）。因此，在关于最低工资、经济不平等、税率、离婚法、医疗保健和城市规划问题的讨论中，人们的心理幸福感可以成为一个考虑因素。许多政治领导人都同意这一点，43 个国家已经开始衡量其公民的幸福感，许多国家已经采取干预措施来提高公民幸福感（Diener et al., 2015, 2019）。例如，英国的年度人口调查询问了公民对生活的满意度、他们对自己生活的评价，以及他们昨天的快乐和焦虑程度（ONS, 2018）。

自问

有没有哪个与幸福有关的发现让你感到惊讶？你可以改变生活中的哪些事情来增加幸福感？

检索练习

RP-2 以下哪个因素不能预测幸福感？

A. 年龄　　　　　　　　C. 睡眠和运动

B. 性格特征　　　　　　D. 积极的宗教信仰

答案见附录 D

应激与疾病

活着就会经历应激（压力）。在世界范围内，有 35% 的人报告说在前一天经历了"很大的压力"（Gallup, 2019）。希腊人（59%）压力最大，美国人（55%）紧随其后。

有些应激是我们能预料到的。这些应激作为一种触发式预警，旨在提醒人们注意某些事物，如即将到来的视频影像内容可能引起不适，但并不能防止人们感到困扰（Sanson et al., 2019）。而另一些应激的袭来则是毫无征兆的。想象一下 21 岁的本·卡朋特（Ben Carpenter）坐在世界上最疯狂、最快速的轮椅上所面临的应激。当他穿过一条街道时，信号灯变绿了，一辆重型卡车驶入十字路口。在他们相撞时，卡朋特的轮椅把手卡在了卡车前的护栅上。而卡车司机没有看到卡朋特，也听不到卡朋特的呼救，他在高速公路上飞快行驶，以每小时 80 千米的速度推着轮椅，直到到达 3 千米外的目的地。当卡朋特试图应对自己失控的状态时，他的心跳加速、双手冒汗、呼吸急促，他惊呼："这太可怕了。"

在日常生活中，你多久经历一次应激？对于外部强加给你的应激（任务、截止日期、消极事件）和你强加给自己的应激（冒险、挑战、积极事件），你的感受是否有所不同？正如我们将会看到的，我们对事件的解释会影响我们对这些事件的体验，甚至会影响我们是否认为它们是有压力的。在本节中，我们将更深入地了解应激是什么，以及它如何影响我们的健康和幸福。让我们从一些基本的概念开始。

应激：一些基本概念

学习目标问题 12-15 我们对事件的评价如何影响我们的应激反应，三种主要的应激源是什么？

应激（stress）是评价和应对威胁或挑战事件的过程（图 12.8）。但是，应激是一个含糊的概念。我们有时会用这个词来描述威胁或挑战（例如称"卡朋特面临着巨大的应激"），有时又会用这个词来形容我们对应激的反应（例如称"卡朋特经历了强烈的应激"）。对心理学家来说，可怕的卡车之旅是一种应激源，卡朋特的身体和情绪反应都是应激反应，而他理解和应对威胁的过程就是应激。应激往往不是来自事件本身，而是来自我们对它们的评价（Lazarus, 1998）。一个人单独待在一幢房子里，如果他没有注意到吱吱嘎嘎的声响，则不会应激；如果他疑心有入侵者，则会处于警觉状态。某些人把新的工作当作挑战，而另一些人可能认为它存在失败的风险。

> 应激：我们将某些事件评价为具有威胁性或挑战性，这些事件被称为应激源，而我们评价和应对这些事件的过程就是应激。

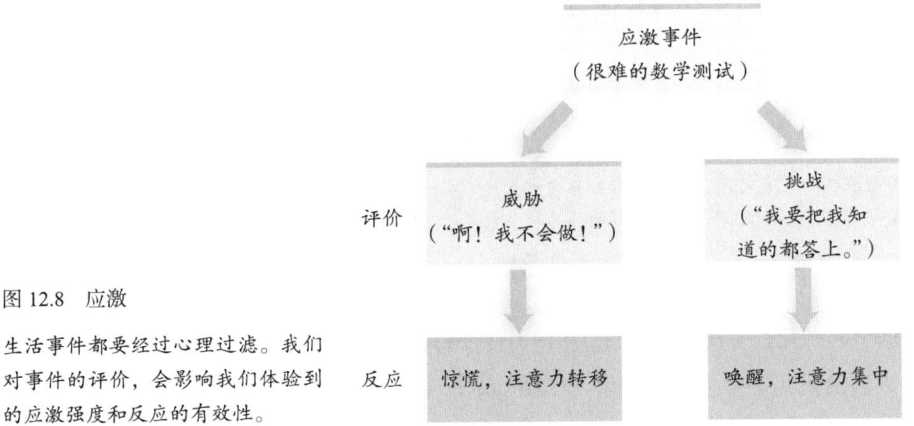

应激事件
（很难的数学测试）

评价：威胁（"啊！我不会做！"） / 挑战（"我要把我知道的都答上。"）

反应：惊慌，注意力转移 / 唤醒，注意力集中

图 12.8 应激
生活事件都要经过心理过滤。我们对事件的评价，会影响我们体验到的应激强度和反应的有效性。

如果应激源是短暂的，或被视为挑战，那么它会产生积极的影响。短暂的应激可以调动免疫系统来抵御感染和愈合伤口（Segerstrom, 2007）。应激也会激励和驱使我们去克服困难。在一项盖洛普世界民意调查中，那些有压力但不抑郁的人报告说他们精力充沛，并且对自己的生活很满意，这与那些抑郁但没有压力的人所报告的无精打采正好相反（Ng & Feldman, 2009）。获得冠军的运动员、成功的企业家、积极进取的学生、优秀的教师和领导者在挑战的激发下，都会战胜困难并表现出色（Blascovich & Mendes, 2010; Wang et al., 2015）。战胜了癌症或者从失业阴影中重新振作的人，会形成更强烈的自尊感、坚强的意志，获得精神升华和使命感。的确，年少时经历一些压力有利于塑造人的韧性（Seery, 2011）。逆境能够使人成长。

但极端或长期的应激对我们有害。应激会刺激人们做出危险的决定或不健康的行为（Cohen et al., 2016; Starcke & Brand, 2016）。而且应激可以直接影响健康，增加由

> "太多的父母过分热衷于让孩子的生活变得轻松，却反而让他们的生活变得艰难。"
> ——约翰·沃尔夫冈·冯·歌德

> **知觉压力量表**
>
> 本量表中的问题问的是你上个月的感受和想法。在每种情况下,指出你以某种方式感受或思考的频率。
>
> | 1 | 2 | 3 | 4 | 5 |
> |---|---|---|---|---|
> | 从不 | 很少 | 有时 | 经常 | 总是 |
>
> 在过去一个月里……
> 1. 你有多少次因为意外发生的事情而心烦意乱?
> 2. 你有多少次觉得自己无法控制生活中重要的事情?
> 3. 你有多少次感到紧张和"有压力"?
> 4. 你有多少次对自己处理个人问题的能力感到自信?
> 5. 你有多少次觉得事情是按照你的方式进行的?
> 6. 你有多少次发现自己无法处理所有必须要做的事情?
> 7. 你有多少次能够控制生活中的烦躁情绪?
> 8. 你有多少次觉得一切都在自己掌控之中?
> 9. 你有多少次因为无法控制的事情而生气?
> 10. 你有多少次感到困难堆积如山,而自己无法克服?
>
> 评分指南:
> · 首先,将你在第4、5、7和8题所得的分数倒过来。将这四个问题的分数改为:0=4,1=3,2=2,3=1,4=0。
> · 接下来,将你的分数相加,得出总分。
> · 分数范围从0到40,分数越高表示感知到的压力越大。
> · 分数在0～13之间,则感知到的压力较低。
> · 分数在14～26之间,则感知到的压力中等。
> · 分数在27～40之间,则感知到的压力较高。

图 12.9
知觉压力量表

传染病引起的死亡(Hamer et al., 2019)。应激反应系统过度活跃的孕妇往往孕期较短,这给她们的婴儿带来了健康风险(Guardino et al., 2016)。你感知到的压力有多大(图12.9)?

我们的大脑和健康之间存在着相互影响。这并不奇怪:大脑和身体是相互作用的,心理上的一切同时也是生理上的。在探讨这种相互作用之前,让我们更仔细地了解一下应激源和应激反应。

应激源——刺激我们的事物

应激源主要分为三种类型:灾难、重大的生活变化和日常琐事(包括社会压力)。所有这些都可能是有害的。

灾难 灾难是大规模的灾害:地震、飓风、野火、战争。这些事件的发生对情绪和身体健康的损害可能是巨大的。据报道,在2005年卡特里娜飓风过后的四个月里,新奥尔良地区的自杀率增加了两倍(Saulny, 2006)。在"9·11"恐怖袭击后的三周内进行的调查中,58%的美国人说他们正经历着高于平均水平的唤醒状态和焦虑(Silver et al., 2002），在纽约市区人们尤其容易报告这种症状，据报道，为市民开出的安眠药处方增加了28%（HMHL, 2002; NSF, 2001）。大量观看关于"9·11"的电视录像的人，很可能在2～3年后健康状况恶化（Silver et al., 2013）。2011年挪威的恐怖袭击引发了类似的健康问题增加的情况，包括从心脏疾病到自杀的各种程度（Strand et al., 2016）。

对于那些为了应对灾难而迁移到另一个国家的人来说，应激源可能是双重的。这些人既面临着背井离乡和家庭分离带来的创伤，又面临着适应新文化的语言、种族、气候和社会规范的挑战（Pipher, 2002; Williams & Berry, 1991）。在重新振作之前，他们往往会经历文化冲击，导致应激和炎症（Gonzales et al., 2018; Sch olaske et al., 2018）。这种文化适应性压力会随着时间的推移而下降，特别是当人们参与有意义的活动，建立社交关系以后（Bostean & Gillespie, 2018; Kim et al., 2012）。未来由于气候变化，这种迁移可能会变得越来越普遍。

重大的生活变化 离家、亲人离世、背负学生贷款、失业、离婚——生活的转变往往让人感受深刻。即使是快乐的事件，如毕业或结婚，也可能是充满压力的人生转变。许多人生变化发生在青少年期。加拿大的某项大规模调查要求人们报告自己处理意外和困难问题的能力是否"优秀或良好"，结果显示青少年的处理能力最差（Statistics Canada, 2019）。当65万美国人被问及"昨天"他们是否经历了很大的压力时，报告显示年轻人的压力最大（Newport & Pelham, 2009）。

某些心理学家通过长期追踪来研究生活变化对健康的影响。另一些心理学家则比较了那些有（或没有）健康问题（如心脏疾病）的人所经历的生活挑战。在这类研究中，那些最近丧偶、被解雇或离婚的人更容易患病（Dohrenwend et al., 1982; Sbarra et al., 2015; Strully, 2009）。芬兰一项关于96 000名寡居（或鳏居）者的研究发现，这些人在伴侣死亡后的一周内，死亡风险增加了一倍（Kaprio et al., 1987）。一连串的挑战（失去工作、住房和伴侣）会让人面临更大的风险。

日常琐事和社会压力 并非只有改变我们生活的事件才会造成应激。压力也来自日常琐事，如恼人的室友、不间断的社交媒体通知，以及时间太少而要做的事情太多（Lazarus, 1990; Pascoe & Richman, 2009; Ruffin, 1993）。我们可能不得不发表公开演讲或做一些困难的数学题（Balodis et al., 2010; Dickerson & Kemeny, 2004）（图12.10）。某些人对这样的麻烦不予理会，另一些人却无法做到。对于那些每天醒来就要面对住房问题、儿童保育困难、余额无法撑到下一个发薪日、健康状况不佳等诸多问题的人来说，情况更是如此。不平等问题同样会损害健康和幸福（Piazza et al., 2013; Sapolsky, 2018; Sin et al., 2015）。来自工作场所的长期压力会导致员工"倦怠"——感觉效率低下、情感枯竭和与外界脱节（WHO, 2019）。今天的压力会在数年后损害你的身体健康，甚至缩短你的寿命（Chiang et al., 2018; Leger et al., 2018）。

日常压力可能会因偏见而加剧。与其他应激源一样，偏见可能会产生心理和生理上

图 12.10 研究应激

大多数人在发表公开演讲时都会经历应激。为了研究应激，研究人员重现了这种情况。在研究结束后，他们向每位参与者进行解释说明，使他们安心。

让参与者嚼口香糖，以便收集唾液。

研究人员在实验开始时从每个参与者身上提取唾液样本，以测量皮质醇（应激激素）的水平。

参与者在评审团面前进行模拟面试演讲。

1223减17等于多少？

然后，参与者被要求大声地计算出困难的数学题。

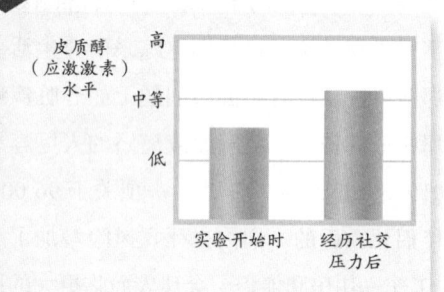

在实验前后测量参与者唾液中的皮质醇水平，我们发现，尽管参与者进入实验室时经历了一些应激，但在经历社交应激后，他们的皮质醇水平上升了40%。

皮质醇（应激激素）水平　高／中等／低

实验开始时　经历社交压力后

研究小组对参与者表示感谢，并就实验目的和研究人员所扮演的角色向其解释说明。

的不良后果（Benner et al., 2018; Pascoe & Richman, 2009）。想想你每天遇到的一些人会不喜欢、不信任或怀疑你，这让你的日常生活充满压力。许多变性者和性别不明者经历着被羞辱和歧视的压力（Valentine & Shipherd, 2018）。在自己的社区中经常遭遇偏见的同性恋者，其平均寿命比那些生活在更包容的社区中的人要短12年（Hatzenbueler, 2014）。对于许多非裔美国人来说，种族歧视的压力会导致血压和胰岛素水平不正常，增加脑部疾病的风险，并导致睡眠不足（Beatty et al., 2019; Brody et al, 2018; Levy et al., 2016）。2016年美国总统大选后，70%的非裔美国人、近60%的亚裔美国人和西班牙裔美国人表示，选举结果对他们来说是压力的来源（APA, 2017）。

压力也来自我们每天面对的不同**趋避动机**（approach and avoidance motives）之间的冲突（Lewin, 1935; Hovland & Sears, 1938）。压力最小的是双趋冲突，在这种冲突中，两个有吸引力但不相容的目标牵引着我们，促使我们去看体育比赛或出去吃比萨，去上舞蹈课或音乐课，穿绿色或灰色的连帽衫。而在其他时候，我们会面临两个不受欢迎的选择之间的双避冲突。你是逃避学习不喜欢的科目，还是通过阅读来逃避失败？你是因承认真相而承受别人的怒火，还是因撒谎而感到内疚？

在发生趋避冲突时，我们会同时感到被吸引和被排斥。你可能喜欢伴侣的某些方面，但不喜欢其他方面。从远处看，幸福的伴侣关系是个很有吸引力的目标，但随着你越来越接近这个目标，你的回避倾向可能会开始超过趋近倾向，你会有一种想要逃离的冲动。退后一步，消极的方面又减退了，你会再次感到被吸引。当我们同时面对几种趋避冲突时，比如选择和谁约会、上哪门课、接受哪份工作，压力就会成倍增加。

趋避动机：趋近或回避刺激物的动机。

应激反应系统

学习目标问题 12-16 我们如何应对和适应应激？

人们对应激的医学研究兴趣要追溯到希波克拉底时期（公元前460—公元前377）。几个世纪后，沃尔特·坎农（Walter Cannon, 1929）确定应激反应是身心系统的一部分。他观察到严寒、缺氧和情绪唤醒等事件都能引起肾上腺素和去甲肾上腺素的分泌。当大脑通路中的某些部分发出警报时，交感神经系统就会唤醒我们，让我们的身体为采取最佳的适应性反应做好准备，坎农称之为战斗或逃跑反应。它会增加心跳和呼吸的频率，将血液从消化系统转移到骨骼肌，减轻疼痛，并释放体内存储的糖和脂肪。交感神经系统更有助于应对眼前的威胁（附近的毒蛇）而不是遥远的或潜在的威胁（气候危机）。通过战斗或逃跑，我们增加了自己生存的机会。

自坎农时期，生理学家们还发现了另一种应激反应系统。根据大脑皮质的命令（通过下丘脑和垂体），肾上腺的外侧部分会分泌糖皮质激素，如皮质醇。生物学家罗伯特·萨波尔斯基（Robert Sapolsky, 2003）解释说，这两种系统以不同的速度运作："在战斗或逃跑的情况下，肾上腺素是递枪的人；糖皮质激素是为战争所需的新航母绘制蓝图的人。"在英国航空公司旧金山至伦敦的航班上因疏忽而导致的一次"实验"中，肾上腺素之枪高速开火：起飞三小时后，一条错误播放的信息告知乘客"飞机即将坠入大海"，尽管机组人员立即意识到这一错误，并试图安抚惊恐的乘客，但仍有几名乘客需要医疗援助（Associated Press, 1999）。

加拿大科学家汉斯·塞利耶（Hans Selye, 1936, 1976）对应激进行了长达40年的研究，扩展了坎农的发现。他主要研究动物对各种应激源（如电击和手术）的反应，促使应激成为心理学和医学的一个主要概念。塞利耶提出，身体对应激的适应性反应十分普遍，就像一个防盗警报器，无论什么东西侵入，它都会响起。因此，他将这种反应命名为**一般适应综合征**（general adaptation syndrome, GAS），有三个阶段。例如，假设你正在遭受身体或精神上的创伤：

> 一般适应综合征：根据塞利耶的概念，身体对应激的适应性反应分为三个阶段——警觉阶段、抵抗阶段和衰竭阶段。

- 第一阶段：警觉阶段。你会有警觉反应，因为你的交感神经系统被突然激活。你的心跳会加快，血液会被转移到骨骼肌。随着资源被调动起来，你已经准备好进行反击。

- 第二阶段：抵抗阶段。你的体温、血压和呼吸仍然维持在较高水平。肾上腺会将肾上腺素和去甲肾上腺素泵入血液中。你会全力以赴，调动所有资源迎接挑战。随着时间的推移，由于应激没有得到缓解，你身体的储备开始减少。

- 第三阶段：衰竭阶段。衰竭会让你在疾病面前显得十分脆弱，在极端情况下你甚至会崩溃或死亡。

塞利耶的基本观点是：尽管人体能很好地应对短暂的应激，但长期的应激会损害人体。例如，叙利亚内战损害了其人民的健康（Al Ibraheem et al., 2017）（图 12.11）。巨大的童年压力会导致成年后更大的压力，或失眠和心脏病（Jakubowski et al., 2018;

图 12.11 塞利耶的一般适应综合征

由于持续不断的冲突，叙利亚的"白头盔"（志愿救援人员）永远处于警觉阶段，在每次新的袭击发生后，都会冲向废墟，将受害者解救出来。当他们的抵抗减弱时，他们很可能陷入衰竭状态。

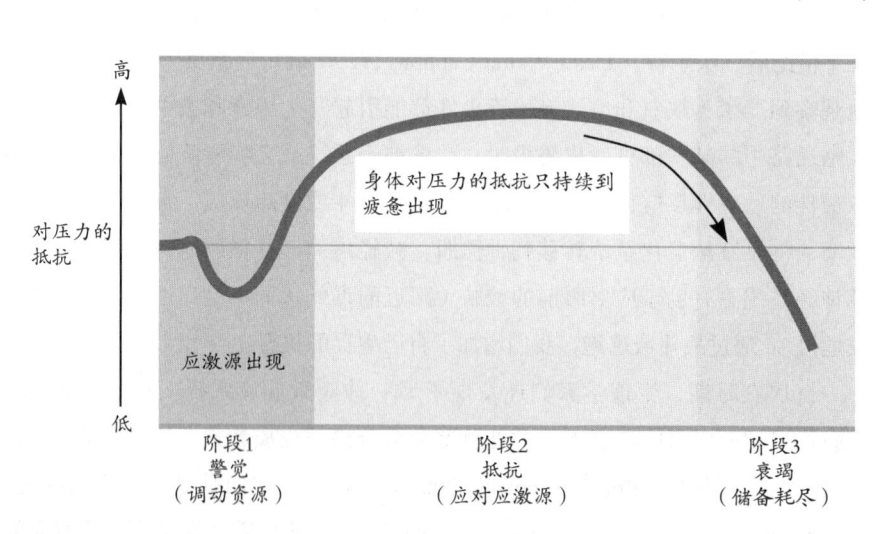

Puterman et al., 2016; Talvitie et al., 2019)。在一项长达 20 年的研究中，承受巨大压力的威尔士儿童成年后患心脏病的可能性是其他儿童的三倍（Ashton et al., 2016）。持续承受压力和痛苦的战俘，其体内的端粒更短（端粒是一种保护染色体末端的 DNA 片段）（Stein et al., 2018）。这可能解释了为什么与非战俘相比，战俘往往更早死亡（Solomon et al., 2014, 2017）。在一项研究中，某些女性因看护重病儿童而持续承受压力，其中那些压力最大的妇女体内的细胞看起来比她们的实际年龄老 10 岁（Epel et al., 2004）。巨大的压力似乎会使人衰老。

我们的应激反应也有其他方式。一种反应在亲人去世后十分常见：脱离、抽身、保存精力。面对极端的灾难，例如船只沉没，有些人会因恐惧而瘫痪，而有些人（通常是女性）会给予和接受帮助，这被称为**照料和结盟反应**（tend-and-befriend response）（Lim & DeSteno, 2016; Taylor, 2006; von Dawans et al., 2019）。

> "我们睡觉时害怕，醒来时害怕，离开家时也害怕。"
> ——15 岁女孩的脸书帖子，描述了她家在战乱的也门的日常生活

照料和结盟反应：在压力下，人们（尤其是女性）经常向他人提供帮助（照料），与他人建立联系并向他人寻求帮助（结盟）。

▶ 检索练习

RP-1 应激反应系统：当某个消极的、不可控制的事件发生时，我们的_____神经系统会唤醒我们。我们的心跳和呼吸会_____（增加/减少），血液从消化系统转移到_____，身体释放糖和脂肪。所有这些都使身体为_____反应做好准备。

答案见附录 D

应激与疾病易感性

学习目标问题 12-17 应激怎样使我们更易患病？

将资源用于逃离或反击外在威胁，这样做往往是值得的，但也是有代价的。当应激较为短暂时，代价很小；而当应激持续存在时，代价则可能较大，我们可能易被病毒等感染，也难以抵抗身心健康方面的其他威胁。

为了研究应激以及健康和不健康的行为如何影响健康和疾病，心理学家和医生们创建了行为医学这一跨学科领域，将行为和医学知识相结合。**健康心理学**（health psychology）为行为医学做出了心理学的贡献。健康心理学的分支——**心理神经免疫学**（psychoneuroimmunology），专注于研究身心相互作用（Kiecolt-Glaser, 2009; Kipnis, 2018）。这个略微拗口的名字听起来似乎挺有道理：你的思想和感觉（心理）影响着你的大脑（神经），而大脑影响着内分泌激素，内分泌激素则影响着你对抗疾病的免疫系统——心理神经免疫学则是对这些相互作用的研究。

健康心理学：心理学的分支领域，为行为医学做出了心理学的贡献。

心理神经免疫学：研究心理、神经和内分泌过程如何共同影响免疫系统和健康。

如果你曾经历过应激性头痛，或因愤怒而血压升高，那你就会相信心理状态会产生生理影响。压力甚至会降低你抵抗疾病的能力，因为神经和内分泌系统会影响免疫

系统（Sternberg, 2009）。你可以把免疫系统想象成一个复杂的监控系统。正常工作时，它通过隔离和消灭细菌、病毒和其他入侵物来保持人体健康。在这一过程中，有四种细胞处于活跃状态（图 12.12）。

年龄、营养、基因和应激水平都会影响免疫系统的活动。当免疫系统无法正常工作时，它可能会出现两种情况：

1. 反应过于强烈，可能会伤害自身的组织，导致过敏反应或自身免疫性疾病，如狼疮、多发性硬化症或某些关节炎。女性的免疫系统比男性更强，更容易发生这种自身免疫性疾病（Nussinovitch & Schoenfeld, 2012; Schwartzman-Morris & Putterman, 2012）。

2. 反应不够强烈，可能会导致细菌感染暴发、潜伏病毒暴发或癌细胞增殖。移植来的器官对于患者的身体来说是入侵物质，为了保护这种器官，患者的免疫系统可能会被刻意抑制。

应激还可以通过减少抗病淋巴细胞的释放来触发免疫抑制。当动物遭遇身体束缚、电击、噪声干扰、拥挤、冷水、社交失败或与母亲分离时，这种情况就会发生（Maier et al., 1994）。某项研究对 43 只猴子的免疫反应进行了为期 6 个月的监测（Cohen et al.,

图 12.12 免疫反应的简化视图
增强免疫系统的四种细胞都属于白细胞，分别为 B 淋巴细胞、T 淋巴细胞、巨噬细胞（"大胃王"）和自然杀伤细胞（NK 细胞）。

入侵者！

是否有细菌感染？
出动：B 淋巴细胞。可以对抗细菌感染（图中前面是 B 淋巴细胞，后面是巨噬细胞）。

是否有癌细胞、病毒或其他外来异物？
出动：T 淋巴细胞。可以对抗癌细胞、病毒和外来异物。

是否有其他有害入侵者，或需要清除的受损细胞？
出动：巨噬细胞（"大胃王"）。可以对抗有害的入侵者和受损细胞（该巨噬细胞正在吞噬结核分枝杆菌）。

是否有需要清除的病变细胞（如被病毒或癌症感染的细胞）？
出动：自然杀伤细胞（NK 细胞）。可以对抗病变细胞（这两个自然杀伤细胞正在攻击一个癌细胞）。

1992）。其中半数猴子留在稳定的群体中，而其余的猴子因为与"新室友"同处而倍感压力——每个月有三到四只新猴子出现。在实验结束时，社交被扰乱的猴子的免疫系统变弱了。

人类免疫系统的反应也类似，以下是三个例子：

- 压力大的人手术伤口愈合更慢。一项研究中，牙科专业的学生受到了穿刺伤（在皮肤上精确打孔形成的小洞），与暑假期间的同类伤口相比，在重要考试前3天所受的伤口愈合速度慢了40%（Kiecolt-Glaser et al., 2005）。在另一些研究中，婚姻不顺也延缓了伤口愈合的速度（Kiecolt-Glaser et al., 2005）。

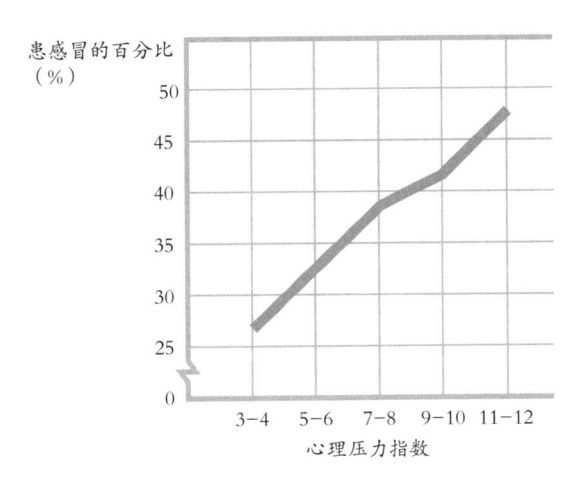

图12.13 应激与感冒

实验发现，生活中心理压力指数最高的人对于实验传递的感冒病毒抵抗力最差（Cohen et al., 1991）。

- 压力大的人更容易感冒。严重的生活压力会增加呼吸道感染的风险（Pedersen et al., 2010）。当研究人员将感冒病毒滴入参与者的鼻子时，生活充满压力的参与者中，47%的人患上了感冒（图12.13）；而生活相对没有压力的参与者中，只有27%的人患上了感冒。在后续研究中，最快乐和最放松的人同样明显不太容易受到实验传递的感冒病毒的影响（Cohen et al., 2003, 2006; Cohen & Pressman, 2006）。

- 压力会加速疾病的进程。艾滋病是一种免疫紊乱，由人体免疫缺陷病毒（HIV）引起。压力不会让人得艾滋病。但一项对来自世界各地的33 252名艾滋病患者的分析发现，压力和负面情绪加速了从感染HIV到艾滋病的转变。压力可能使艾滋病患者的病情恶化速度加快。艾滋病毒感染者承受的压力越大，其病情进展越快。

应激对免疫系统的影响具有生理意义。它需要能量来追踪入侵者，使身体产生肿胀和持续发热的反应。因此，患病时身体通过减少活动（和增加睡眠）来减少肌肉的能量输出。应激则恰恰相反，它产生了竞争性的能量需求。在战斗或逃跑反应被唤醒后，应激反应会将能量从抵抗疾病的免疫系统中转移至肌肉和大脑，使你更容易生病。那些因抑郁而承受压力的人往往衰老得更快，死得更早（McIntosh & Relton, 2018）。即使是双胞胎，其中不快乐的那一个也往往会先离世（Saunders et al., 2018）。要记住的一点：应激本身并不能使我们生病，但是它能抑制我们的免疫功能，降低我们抵御感染的能力。

> **检索练习**
>
> RP-2 _____领域的研究关注身心交互作用，包括心理、神经和内分泌功能对免疫系统和健康的影响。
>
> RP-3 应激对我们的健康有什么总体影响？
>
> *答案见附录 D*

应激与癌症

应激不会产生癌细胞。在健康的、功能正常的免疫系统中，淋巴细胞、巨噬细胞和自然杀伤细胞会寻找并摧毁癌细胞和被癌症破坏的细胞。如果应激削弱了免疫系统，这会削弱一个人抵御癌症的能力吗？实验人员将肿瘤细胞植入啮齿类动物体内，或给它们注射致癌物质。然后他们让其中一些啮齿类动物受到无法控制的压力，如给它们施加无法逃避的电击，这削弱了它们的免疫系统（Sklar & Anisman, 1981）。与未受压力的啮齿类动物相比，承受压力的啮齿类动物更容易患上癌症，肿瘤生长更快，而且肿瘤更大。这种应激与癌症的联系在人类身上也成立吗？研究结果发现人类与啮齿类动物大致相同（Lutgendorf & Andersen, 2015）。一些研究发现，人们在承受巨大压力或丧亲之痛后一年内患癌症的风险增加（Chida et al., 2008; Steptoe et al., 2010）。在瑞典的某项大型研究中，有工作压力史的人患结肠癌的风险是没有此类问题的人的5.5倍，而这种差异并不是年龄、吸烟、饮酒或身体特征的群体差异造成的（Courtney et al., 1993）。然而，其他研究发现压力与人类癌症风险之间没有联系。例如，集中营幸存者和战俘的癌症发病率并没有升高（Butow et al., 2018; Petticrew et al., 1999, 2002）。

> "我没让自己得癌症。"
> ——芭芭拉·博格斯·西格蒙德

过分夸大情绪和癌症之间的联系，可能会导致某些患者将疾病归咎于自身。这直接导致健康人群自鸣得意，认为自己有"健康的人格"，而把疾病归咎于病人。因此，死亡就成了病人最终的失败。

我们必须记住，应激不会产生癌细胞。在最坏的情况下，它可能会削弱人体对恶性细胞繁殖的自然防御，因而癌细胞能够不断增长（Lutgendorf et al., 2008; Nausheen et al., 2010; Sood et al., 2010）。尽管放松、充满希望的状态可能会增强对晚期癌症的防御能力，我们仍要清楚科学并非一厢情愿（Anderson, 2002）。对于抑郁的癌症患者，抑郁治疗通常会提高其生活质量，但不会提高其生存率（Mulick et al., 2018）。

> 当无法得知一种疾病的器质性原因时，人们就倾向于创造一种心理上的解释。在导致肺结核的细菌被发现以前，对该疾病进行人格方面的解释是较普遍的（Sontag, 1978）。

应激与心脏病

学习目标问题 12-18 为什么有些人更容易患冠心病？

想象一下，你每天醒来，吃早餐，看新闻。在头条新闻中，你可以看到昨天又有四架747大型喷气式飞机坠毁，造成1642名乘客死亡。你吃完早餐，拿起包，去上课。

这只是普通的一天。

然而，把飞机失事换成冠心病（coronary heart disease）——导致美国人死亡的头号原因，你就重新回到了现实。每年大约有 63 万美国人死于心脏病（CDC, 2017）。高血压和家族病史会增加患病风险，吸烟、肥胖、不健康的饮食、缺乏运动和高胆固醇水平也是如此。在全球范围内，死于冠心病的男性人数多于女性（Bots et al., 2017）。

应激和人格也对心脏病有很大影响。人们经历的心理创伤越多，身体产生的炎症就越多，这可能产生心脏和其他健康问题，包括抑郁症（Haapakoski et al., 2015; O'Donovan et al., 2012）。测量其中应激激素皮质醇的水平，有助于了解儿童是否长期承受压力，或预测成年人未来是否会患心脏病（Karlén et al., 2015; Pereg et al., 2011; Vliegenthart et al., 2016）。剪下来的指甲中的皮质醇同样可以用于检测人们之前遭受的压力（Izawa et al., 2017）。

人格、悲观主义和抑郁的影响 在一项经典的研究中，梅耶·弗里德曼（Meyer Friedman）、雷·罗森曼（Ray Rosenman）及其同事在一年中的不同时间里，测量了 40 名美国税务会计师的血液胆固醇水平和凝血速度，从而验证了应激会增加患心脏病的可能性（Friedman & Ulmer, 1984）。从 1 月到 3 月，检测结果完全正常。但当会计师们开始忙着在 4 月 15 日的报税截止日期前完成客户的纳税申报表时，他们的胆固醇和凝血指标上升到了危险的水平。5 月和 6 月，随着截止日期过去，这些指标恢复了正常。对这些人来说，应激预示着心脏病发作的可能。

那么我们当中是否有人极易患上与应激相关的冠心病呢？为了回答这个问题，研究人员对 3000 多名 35 ~ 59 岁的健康男性展开了一项纵向研究。他们对每个人进行了 15 分钟的采访，记录其工作、饮食习惯、谈话方式和其他行为模式。那些反应迅速、喜欢竞争、干劲十足、缺乏耐心、时间观念强、动力十足、言语好斗和容易发怒的人表现出的人格被称为 A 型人格（Type A）。而相对随和的人表现出的人格被称为 B 型人格（Type B）。

9 年后，有 257 名男性心脏病发作，其中 69% 的人是 A 型人格。此外，"纯" B 型人格的人——这些人中最温和、最悠闲的人——无一人心脏病发作。

正如科学界经常发生的那样，这一激动人心的发现引起了公众的极大兴趣。但是经过一段时期后，研究人员想了解更多。他们想知道这个发现可靠吗？如果可靠的话，那 A 型人格的有害之处是什么，是时间观念、竞争意识，还是愤怒？

数百项研究探索了可能与心血管健康相关的心理因素或预测因素（Chida & Hamer, 2008; Chida & Steptoe, 2009）。而这些研究结果表明，A 型人格的有害之处是负面情绪，尤其是愤怒，它与攻击性反应有关。他们活跃的交感神经系统对血液进行重新分配，让血液更多地流向肌肉而非内脏，这使得通常负责从血液中清除胆固醇和脂肪的肝脏无法完成自身工作。因此，多余的胆固醇和脂肪可能会继续在血液中循环，然后沉积

A 型人格：弗里德曼和罗森曼将其定义为争强好胜、干劲十足、缺乏耐心、言语咄咄逼人和容易发怒的人格。

B 型人格：弗里德曼和罗森曼将其定义为随和、放松的人格。

在印度和美国，A 型人格的公共汽车司机驾驶较猛，他们刹车、超车、按喇叭的次数均多于较随和的 B 型人格者（Evans et al., 1987）

在心脏周围。心血管健康还与其他风险因素相关，如吸烟、饮酒和肥胖（Bunde & Suls, 2006）。我们的大脑和心脏是相互作用的。

其他数百项针对青年和中年男女的研究证实，对小事愤怒的人最容易患冠心病。在西方文化中，压抑负面情绪会增加抑郁、人际关系问题和健康风险（Cameron & Overall, 2018; Kitayama et al., 2015）。愤怒"似乎会反击，鞭笞我们的心脏"（Spielberger & London, 1982）。

> "快乐的心情是良药，而消沉的意志是毒药。"
> ——《圣经》

悲观主义似乎同样有害。某项纵向研究跟踪了1306名原本健康的男性，他们在10年前分别被评估为乐观主义者、悲观主义者或两者都不是（Kubzansky et al., 2001）。即使在控制了其他风险因素（如吸烟）后，悲观者患心脏病的可能性也是乐观者的两倍多（图12.14）。快乐和持续满足的人往往是健康的，并且比不快乐的同龄人更长寿（Diener et al., 2017; Gana et al., 2016; Martín-María et al., 2017）。笑容灿烂的人往往拥有广泛的社交网络，这预示着他们的寿命更长（Hertenstein, 2009）。有一个快乐的配偶可以预测更好的健康状况。你快乐，我健康（Chopik & O'Brien, 2017）。

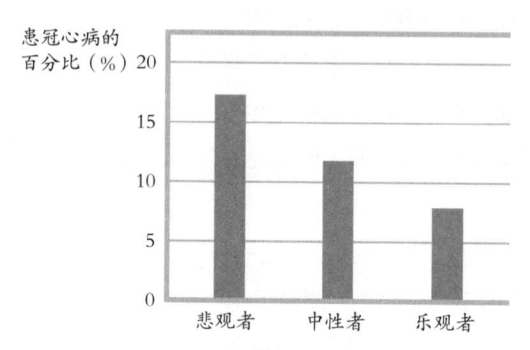

图12.14 悲观主义与心脏病
哈佛大学公共卫生学院的研究小组发现，悲观者在10年内患心脏病的风险增加了一倍。

正如我们之前提到的，抑郁症患者往往衰老得更快，死亡得更早（Han et al., 2018）。在某项研究中，近4000名英国成年人（年龄在52～79岁）提供了一天的情绪报告。与心情好的人相比，心情抑郁的人在5年后死亡的可能性是前者的2倍（Steptoe & Wardle, 2011）。在美国一项针对164 102名成年人的调查中，那些经历过心脏病发作的人称自己曾经抑郁的比例是其他人的2倍（Witters & Wood, 2015）。在心脏病发作后的几年里，抑郁症指数高的人患心脏病的可能性是指数低的人的4倍（Frasure-Smith & Lesperance, 2005）。

自问

你认为自己是A型人格、B型人格还是介于两者之间？这在哪些方面对你有帮助，又在哪些方面给你带来了挑战？

应激与炎症 抑郁的人往往吸烟较多，较少锻炼（Whooley et al., 2008）。但压力也会令人沮丧：工作压力、非自愿失业和与创伤相关的应激症状会增加患心脏病的风险（Allesøe et al., 2010; Gallo et al., 2006; Kubzansky et al., 2009; Slopen et al., 2010）。

当慢性应激引发血管炎症，破坏身体抵御疾病的免疫系统时，心脏病和抑郁症都可能发生（Miller & Blackwell, 2006; Mommersteeg et al., 2016）。经历过社会威胁的人，包括在恶劣家庭中长大的孩子，更容易发生免疫系统炎症反应（Dickerson et al., 2009;

批判性思考：
应激与健康

学习目标问题 12-19　应激会导致疾病吗？

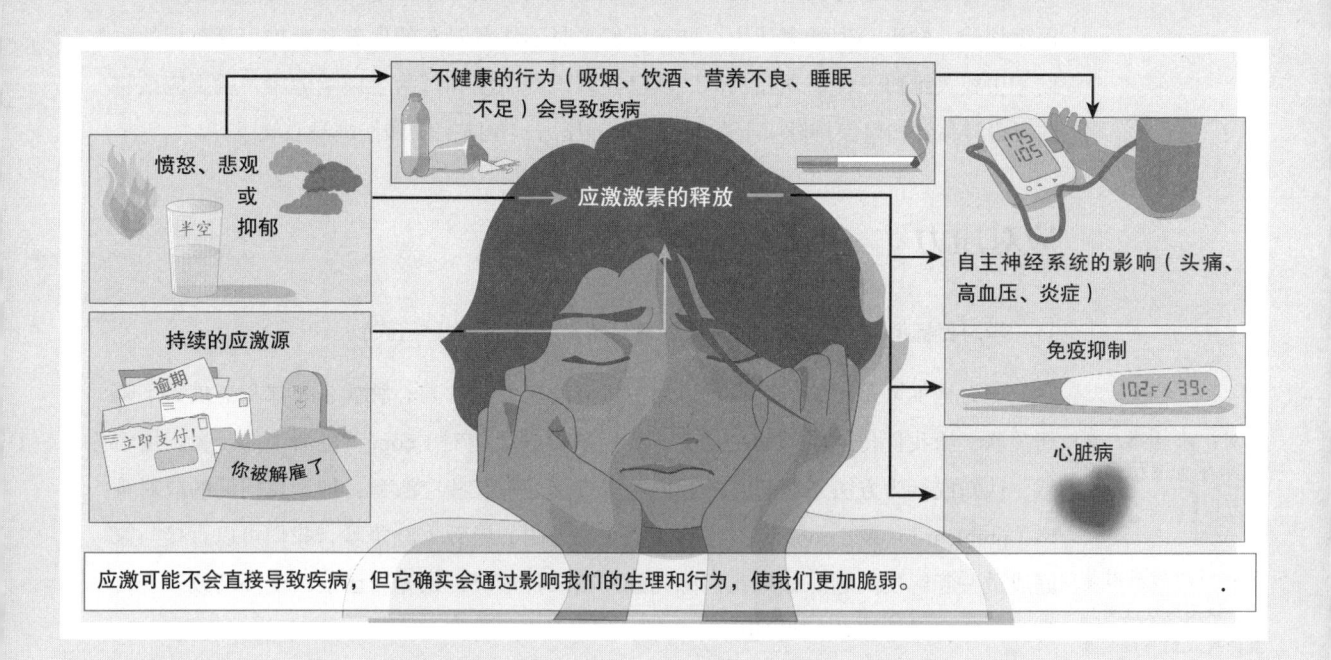

不健康的行为（吸烟、饮酒、营养不良、睡眠不足）会导致疾病

愤怒、悲观或抑郁

持续的应激源

应激激素的释放

自主神经系统的影响（头痛、高血压、炎症）

免疫抑制

心脏病

应激可能不会直接导致疾病，但它确实会通过影响我们的生理和行为，使我们更加脆弱。

Miller & Chen, 2010）。因社会地位低下而承受压力的猴子也是如此（Snyder-Mackler et al., 2016）。炎症可以对抗感染，但持续的炎症会导致哮喘或动脉阻塞等问题，并加剧抑郁（Enache et al., 2019; Sforzini et al., 2019）。

应激可以在很多方面影响我们的健康（参见批判性思考：应激与健康）。应激能够带来好的影响，但同时也有代价，它与疾病存在联系。应激通过唤醒和激励我们，让我们的生活充满活力。没有应激的生活很难有挑战性和成就，甚至不安全。

＊＊＊

关于应激和健康的研究提醒我们，心理状态影响着我们生理系统的其他部分。只要停下来想想咬一瓣橙子，想象一下甜甜的、香气扑鼻的果汁从果肉里流出、在你的舌头上流淌，就会引发唾液分泌。正如印度古籍《摩诃婆罗多》所承认的那样，"精神障碍源于身体原因，同样，身体障碍源于精神原因"。大脑和健康之间是相互作用的，我们相当于一个生物心理社会系统。

检索练习

RP-4 A 型人格的哪一部分与冠心病联系最为密切？

答案见附录 D

健康与应对

促进健康从预防疾病并提升个体身心健康的策略开始。过去，人们只在生病时找医生诊治。健康心理学家认为，这与他们平时不注意对车的保养和维护，等车坏的时候才去找人维修一样。现在我们既然已经认识到态度和行为会影响健康，就更应该将注意力转移到如何保持健康上，即如何减轻压力、预防疾病和促进身心健康等。

应对压力

学习目标问题 12-20 人们试图通过哪两种方式来减轻压力？

应对：用情感、认知或行为方法缓解压力。

聚焦问题的应对策略：试图通过改变应激源或我们与应激源互动的方式来缓解压力。

聚焦情绪的应对策略：试图通过避免或忽视应激源并关注与应激反应相关的情绪需求来缓解压力。

压力是不可避免的，这一点再加上持续的压力通常与心脏病、抑郁和免疫力下降相关联，给我们传递了明确的信息。我们需要学会应对（cope）生活中的压力，用情感、认知或行为方法来缓解它。我们可以直接处理某些应激源，即**聚焦问题的应对策略**（problem-focused coping）。比如，由于缺乏耐心导致家庭争吵，我们可以直接与家庭成员一起解决问题。如果我们感到能控制某种情况，认为自己能改变环境或改变自身，往往会采取聚焦问题的应对策略。如果我们不能（或认为自己不能）改变环境，则会诉诸**聚焦情绪的应对策略**（emotion-focused coping）。如果做出了最大的努力，还是不能与家人和睦相处，我们可能会通过向朋友寻求支持和安慰来缓解压力。一些聚焦情绪的应对策略可能会损害我们的健康，例如通过吃不健康的食品来应对压力。如果受到挑战，有些人倾向于冷静的聚焦问题的应对策略，有些人则倾向于聚焦情绪的应对策略（Connor-Smith & Flachsbart, 2007）。我们的个人控制感、解释方式、幽默感，以及社会支持都会影响我们应对压力的能力。

感知到失控

学习目标问题 12-21 感知到的失控如何影响健康？

个人控制能力：我们对环境的掌控感，而不是无助感。

习得性无助：当无法避免糟糕的事件重复发生时，人类和其他动物会习得绝望和被动的顺从。

想象一下两只老鼠同时受到电击，但是其中一只能够通过踩动轮子来停止电击，另一只则不能，那么那只无助的老鼠会更容易患溃疡，并且对疾病的免疫能力降低（Laudenslager & Reite, 1984）。对于人类而言，不可控制的威胁也会引发最强烈的应激反应（Dickerson & Kemeny, 2004）。

在经历了一系列超出**个人控制能力**（personal control）的糟糕事件后，我们每个人都可能感到无助、绝望和沮丧。马丁·塞利格曼（Martin Seligman）和他的同事已经证明，对于一些动物和人来说，一系列无法控制的事件会产生一种**习得性无助**（learned helplessness）的状态，伴随着被动顺从的感觉（图 12.15）。在实验中，狗被皮带绑着，反复受到电击，没有机会躲避（Seligman & Maier, 1967）。后来，当被置于另一种情境中，只需跃过一个障碍就能逃脱惩罚时，这些狗表现出习得性无助，它们畏缩不前，仿佛没有了希望。而那些能够逃脱第一次电击的狗的反应则不同。它们已经知道自己能够控制，在新的情境中很容易就逃脱了电击（Seligman & Maier, 1967）。人类也会表现出类似的习得性无助（Abramson et al., 1978, 1989; Seligman, 1975）。

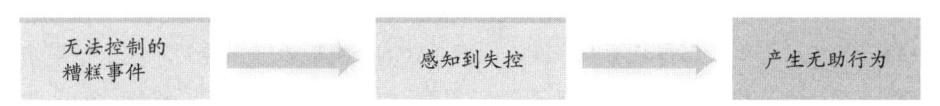

无法控制的糟糕事件 → 感知到失控 → 产生无助行为

图 12.15 习得性无助
当动物和人类无法控制发生的一系列糟糕事件时，他们通常会产生习得性无助。

感到失控，我们会变得更容易生病。对于老年人来说，这是一个特别严重的问题，他们很容易出现健康问题，也会感到最严重的失控（Drewelies et al., 2017）。在一项关于老年疗养院居民的著名研究中，那些认为难以控制自身活动的人比那些有更多控制感的人衰老得更快，死亡时间也更早（Rodin, 1986）。能够调整办公室摆设和控制工作环境中的干扰与分心因素的员工，经受的压力也更小（O'Neill, 1993）。这些发现有助于解释为什么英国的高管往往比文职或劳动岗位上的人更长寿，也有助于解释为什么工作压力小的芬兰员工，与那些从事高要求但对工作环境低控制能力的员工相比，死于中风或心脏病的概率要少一半。员工对工作环境的控制能力越强，寿命就越长（Bosma et al., 1997, 1998; Kivimaki et al., 2002; Marmot et al., 1997）。

贫穷意味着对生活的控制能力较弱，这解释了经济地位和寿命长短之间的联系（Jokela et al., 2009）。在苏格兰格拉斯哥的一项对 843 个墓碑的研究中，那些拥有最昂贵、最高的柱子（代表最富裕）的人往往活得最长（Carroll et al., 1994）。同样地，美国总统通常富有且受过良好教育，他们的寿命也高于平均水平（Olshansky, 2011）。在不同的文化中，经济地位较高都预示着患心脏病和呼吸系统疾病的风险较低（Sapolsky, 2005）。富有的父母往往有健康的、优秀的孩子（Savelieva et al., 2016）。经济地位越高，孩子出生体重过低或死亡的情况以及吸烟和暴力的风险就越低。即使在其他灵长类动物中，当接触到感冒病毒时，社会地位最低的动物也比地位更高的动物更容易生病（Cohen et al., 1997）。

当老鼠不能控制电击时，或当人类和其他灵长类动物感到不能控制自己的环境时，他们的应激激素水平会上升、血压升高、免疫反应下降（Rodin, 1986; Sapolsky, 2005）。与野生动物相比，圈养动物承受的压力更大，更容易感染疾病（Roberts, 1988）。人类研究证实，当我们缺乏控制能力时，压力会增加。护士的工作量越大，他们的皮质醇水平和血压就越高，但这只发生在那些对环境的控制能力较差的护士中（Fox et al.,

1993）。高密度社区、监狱和大学宿舍的拥挤是控制能力减弱的另一个原因，也是应激激素和血压升高的原因（Fleming et al., 1987; Ostfeld et al., 1987）。

增强控制能力，如允许囚犯移动椅子，控制房间的灯和电视；让员工参与决策，允许员工设计自己的工作空间，显著改善了他们的健康和精神面貌（Humphrey et al., 2007; Ng et al., 2012; Ruback et al., 1986）。在养老院居民的研究中，被鼓励施加更多控制的老人中有93%的人变得更警觉、更活跃、更快乐（Rodin, 1986）。正如研究人员埃伦·兰格（Ellen Langer）所总结的那样，"感知控制是人类功能的基础"（1983, p. 291）。兰格建议，"对于年轻人和老年人来说，他们所处的环境应该增强他们对这个世界的控制感"。移动设备和在线流媒体加强了我们对娱乐内容和时间的控制，难怪它们如此受欢迎。

谷歌现在已经有效地纳入了这些原则。每周，谷歌的员工可以把20%的工作时间花在他们个人感兴趣的项目上。这一"创新休假"项目增加了员工对工作环境的个人控制能力，并取得了成效：谷歌邮箱（Gmail）就是这样发展起来的。

当人们生活在有个人自由和控制能力的环境中时，他们就会茁壮成长。在国家层面，稳定的民主国家的公民有更高的幸福水平（Inglehart et al., 2008）。自由和个人控制促进了人类的繁荣。但是，不断增加的选择是否会孕育出越来越幸福的生活？今天的西方文化可能提供了"过度的自由"——太多的选择——可能最终使生活满意度降低、抑郁加剧，甚至行为瘫痪（Schwartz, 2000, 2004）。在一项研究中，人们可以从30种品牌的果酱或巧克力中选择一种，但他们对自身决定的满意度低于只从6种品牌中选择的人（Iyengar & Lepper, 2000）。这种选择带来了信息过载，我们可能更会遗憾于自己没有选择的事情。你是否也曾为太多的选择而浪费时间？

内部控制点和外部控制点 想想你对控制的看法。你是否认为你的生活无法控制：获得一份好工作主要取决于正确的时间和正确的地点，还是你更相信你能控制自己的命运，成功是努力的结果吗？

数百项研究比较了对控制持不同看法的人。有些人具有心理学家朱利安·罗特（Julian Rotter）所说的**外部控制点**（external locus of control），他们认为外部力量控制着自己的命运。在一项针对1200多名遭受导弹袭击的以色列人的研究中，那些具有外部控制点的人经历了最严重的创伤后应激症状（Hoffman et al., 2016）。而具有**内部控制点**（internal locus of control）的人相信自己控制着自己的命运。在一项又一项的研究中，具有内部控制点的人在学业上和工作中取得了更多的成就，行动更加独立，享有更好的健康，并比具有外部控制点的人感受到更少的抑郁（Lefcourt, 1982; Ng et al., 2006）。在对7500多人的纵向研究中，那些在10岁时表现倾向于内部控制点的人，在30岁时肥胖水平、血压和痛苦程度都更低（Gale et al., 2008）。与非领导者相比，军事和商业领袖的应激激素水平低于平均水平，并较少感到焦虑，这要归功于他们更强的控制感

外部控制点：认为不受个人控制的外部力量决定了我们的命运。

内部控制点：认为我们可以控制自己的命运。

（Sherman et al., 2012）。与他们的父辈相比，今天的美国年轻人更多受外部控制点影响（Twenge et al., 2004）。这种转变可能有助于解释为什么年轻人患抑郁症或其他心理障碍的概率更高（Twenge et al., 2010b）。

还有一种说法是，我们相信我们可以控制自己的生活，也就是说我们有自由意志。研究表明，相信自己有自由意志的人表现得更乐于助人，学习更好，在工作中坚持不懈，表现得更好（Job et al., 2010; Li et al., 2018; Still-man et al., 2010）。在不同的文化中，那些相信自由意志的人也会有更高的工作满意度（Feldman et al., 2018）。对自由意志的信仰滋养了意志力或自我控制，而接下来我们要讨论这一点。

自问

你对自己的生活有多强的控制能力？你能做些什么改变来增加你的控制感？

检索练习

RP-1 当我们觉得可以控制自己的世界时，为了应对压力，我们倾向于使用聚焦_____（情绪/问题）的应对策略。当我们认为自己无法改变现状时，为了应对压力，我们倾向于使用聚焦_____（情绪/问题）的应对策略。

答案见附录 D

培养自制力

学习目标问题 12-22 为什么自制力很重要？我们的自制力会枯竭吗？

当我们对自己的生活有了个人控制感，我们就更有可能发展**自我控制能力**（self-control）——控制冲动的能力，即为更大的长期的回报而延迟短期的满足。拥有自我控制能力，就可能拥有健康、高收入和更好的学习成绩（Bub et al., 2016; Keller et al., 2016; Moffitt et al., 2011）。在对美国、亚洲和新西兰儿童的研究中，自我控制能力在预测未来学业和生活的成功方面超过了智力测验分数（Duckworth & Seligman, 2005, 2017; Poulton et al., 2015; Wu et al., 2016）。

加强自我控制是有效应对压力的关键。加强自我控制需要注意力和精力，就像强化肌肉一样。养成坏习惯很容易，但要改掉坏习惯需要努力。通过经常练习克服不必要的冲动，人们已经改善了对愤怒、不诚实、吸烟和冲动消费的自我管理（Beames et al., 2017; Wang et al., 2017a）。

就像肌肉一样，自我控制能力在使用后会减弱，在休息后会恢复，经过锻炼会变得更强（Baumeister & Vohs, 2016）。锻炼意志力是否会暂时消耗我们在其他任务中进行自我控制所需的精神能量（Garrison et al., 2019）？

在一项著名的实验中，饥饿的人耗费意志力来抵抗诱人的巧克力饼干，然后比其他人更快地放弃乏味的任务（Baumeister et al., 1998a）。尽管一些研究人员对这种"消

自我控制：控制冲动和延迟短期满足以获得更大的长期回报的能力。

耗效应"有异议（Hagger et al., 2016），但自我控制能力研究的一个重要经验仍然是：培养自我控制能力，能帮助自己过上更健康、更幸福、更成功的生活（Baumeister et al., 2018; Tuk et al., 2015）。现在享受乐趣延迟一点儿，未来可以得到更大的回报。在今天的斗争中坚持下去，会形成一种内在的力量，让我们能够应对明天的挑战。

解释风格：乐观或悲观

学习目标问题 12-23 乐观的态度如何影响健康和寿命？

在《幸福有方法》(*The How of Happiness*, 2008) 中，心理学家索尼娅·柳博米尔斯基（Sonja Lyubomirsky）讲述了兰迪（Randy）的真实故事。无论从哪个角度来看，兰迪的生活都很艰难。他的父亲和最好的朋友都死于自杀；在他的成长过程中，他母亲的男友对他很不好；兰迪的第一任妻子不忠，于是他们离婚了。尽管有这些挫折，兰迪仍然是一个快乐的人，他无尽的乐观精神可以照亮整个房间。后来他再婚了，有了三个继子，并且乐在其中。他的工作生活也有很好的回报。兰迪说，他看到了"乌云中的一线希望"，从而很好地应对了生活中的压力。

> "乐观主义者宣称我们生活在最好的世界里，悲观主义者则担心这是真的。"
> ——詹姆斯·布兰克·卡贝尔

兰迪的故事说明了我们的世界观，即我们对世界的期望，如何影响我们应对压力的方式。悲观主义者认为事情会变得很糟糕（Aspinwall & Tedeschi, 2010）。他们把糟糕的表现归结于自己的能力不足（如"我做不到"）。而兰迪等乐观主义者则相反，他们期望自己有更多的控制能力、应对能力和更好的健康状况（Aspinwall & Tedeschi, 2010; Boehm & Kubzansky, 2012; Hernandez et al., 2015）。在一个学期的最后一个月里，乐观的学生称自己的疲劳程度低，咳嗽、酸痛和疼痛也较少。而在紧张的法学院课程的前几周，乐观的人情绪更好，免疫系统的能力也更强（Segerstrom et al., 1998）。乐观主义者往往有最佳的健康状况。

乐观主义者往往取得更好的成绩，因为他们对挫折抱以充满希望的态度，认为自己可以改进（Noel et al., 1987; Peterson & Barrett, 1987）。乐观主义者通常都能有效地解决与恋人之间的冲突，从而让双方都感受到更多的支持，对处理方式和彼此之间的关系感到满意（Srivastava et al., 2006）。在许多地方，包括中国和日本，乐观主义与幸福和成功之间具有某种联系（Qin & Piao, 2011）。

仔细想想其他几项研究中乐观和积极情绪因素的一致性和惊人程度：

- 某个研究小组对 70 021 名护士进行了长期的跟踪调查。调查发现，那些在积极情绪方面得分前 25% 的人比那些得分后 25% 的人死亡的可能性低了近 30%（Kim et al., 2017）。在对芬兰男性和美国越战老兵的研究中，研究人员发现了乐观程度与寿命长短之间更大的差异（Everson et al., 1996; Phillips et al., 2009）。在对护士和退伍军人的长期研究中，乐观的人活到 85 岁以上的可能性比悲观的人高出

50%~70%（Lee et al., 2019）。

- 某项经典研究对180名写过简短自传的天主教修女进行了跟踪调查。在22岁左右，她们就开始以相似的方式生活。在自传中表达过爱、幸福和其他积极情感的修女比消极的修女平均长寿7年（Danner et al., 2001）。到80岁时，很少表现积极情绪的修女中约有54%的人已经去世，而在积极的修女中只有24%的人去世。
- 乐观主义者不仅寿命更长，而且看待自己生命的终结更积极。一项研究对68 000多名50~79岁的美国妇女进行了近20年的跟踪调查（Zaslavsky et al., 2015）。随着死亡的临近，乐观的人往往比悲观的人在生活上感到更多满足。

乐观主义具有家族遗传性，所以有些人天生就感到自己的未来充满阳光和希望。如果同卵双胞胎中有一个是乐观的，另一个通常也是乐观的（Bates, 2015; Mosing et al., 2009）。乐观主义也有助于健康的基因表达（Uchida et al., 2018）。当遇到压力时，乐观主义者会放松而不是激动，这使得产生炎症的基因表达水平降低。

好消息是，我们所有人，即使是最悲观的人，也可以学会变得更加乐观。与仅仅记录日常活动的悲观主义者（对照组）相比，那些学会乐观的悲观主义者的抑郁程度较低，他们学会了如何看到困难情况的光明面，以及如何将他们的目标视为可以实现的（Sergeant & Mongrain, 2014）。在其他实验中，研究人员要求实验者想象自己最好的未来（努力工作并成功实现所有生活目标），结果这些参与者变得更加乐观（Malouff & Schutte, 2017）。乐观的期望往往会激励最终的成功：乐观是一盏灯，可以照亮任何人的生活。

社会支持

学习目标问题 12-24 社会支持如何促进健康？

社会支持，即受到亲密朋友和家人的喜爱和鼓励，能促进幸福和健康。一些研究人员使用手机应用程序在不同时段随机要求人们报告目前的幸福感，结果发现人们报告称自己与他人在一起时更幸福（Quoidbach et al, 2019）。在几年来对数千人进行的国际性研究中，亲密关系在个人主义和集体主义文化中都预示着幸福和健康（Brannan et al., 2013; Chu et al., 2010; Rueger et al., 2016）。得到亲密关系支持的人往往寿命更长（Smith et al., 2018; Whisman et al., 2018）。当研究人员结合来自全球340万人的70项研究的数据时，他们证实了社会支持的益处：在7年的研究期间，与那些有充足社会联系的人相比，社会孤立或孤独的人的死亡率高出30%（Holt-Lunstad et al., 2010, 2015, 2017）。前美国卫生局局长维克·H. 默西（Vivek H. Murthy, 2017）直言不讳地指出："孤独预示寿命的缩短，这与每天抽15支烟造成的后果类似。"

宠物也是朋友

养宠物可以增加心脏病发作后的存活概率，缓解艾滋病患者的抑郁，降低血压和其他导致冠心病风险的因素（Allen, 2003; McConnell et al., 2011; Wells, 2009）。宠物不能代替有效的药物和锻炼，但是对于喜欢养宠物的人，尤其是那些独居的人来说，宠物是生活的重要组成部分（Reis et al., 2017; Siegel, 1990）。

朋友间的笑声是良药

微笑会唤醒我们，舒缓我们的肌肉，放松我们的身体（Robinson, 1983）。幽默（而不是恶意的讽刺）可以缓解压力、减轻疼痛并增强免疫活性（Ayan, 2009; Berk et al., 2001; Dunbar et al., 2011; Kimata, 2001）。爱笑的人患心脏病的概率也更低（Clark et al., 2001）。

为了对抗社会孤立，我们需要做的不是仅仅结识一群人，我们需要那些真正关心我们的人（Cacioppo et al., 2014; Hawkley et al., 2008）。有些人通过与朋友、家人、同事、信仰团体成员或互助团体建立联系来满足这一需求，另一些人则在积极、相互支持的婚姻中建立联系。幸福的婚姻让我们获得社会支持，从而减少体重增长、延长寿命（Chen et al., 2018; VanderWeele, 2017）。某项长达70年的研究发现，在50岁时，良好的婚姻比低胆固醇水平更能预测老年的健康程度（Vaillant, 2002）。另一方面，离婚预示着健康状况不佳。在一项对24个国家6亿人的分析中，分居和离婚的人更容易早逝（Shor et al., 2012）。但婚姻质量比婚姻状况对健康的影响更大——与健康饮食和体育活动的影响程度相同（Robles, 2015; Smith & Baucom, 2017）。

如何解释社会支持和健康之间的联系？是独居的中老年人更容易吸烟、肥胖、胆固醇过高，因此心脏病发作的风险增加一倍（Nielsen et al., 2006），还是健康的人更善于交际？都有可能。但研究表明，社会支持确实对健康有益处。

社会支持使我们平静，改善我们的睡眠，并降低血压（Baron et al., 2016; Kent de Grey et al., 2018; Uchino et al., 2017）。为了了解社会支持是否可以改善人们面对威胁的反应，某个研究小组让幸福的已婚女性躺在功能性磁共振成像仪中，她们的脚踝将随机受到电击（Coan et al., 2006）。在实验中，一些女性握着她们丈夫的手，另一些人则握着一个不认识的人的手，或者根本就没有手可握。在等待随机电击时，握着丈夫手的女性在威胁反应脑区的活动较少。

对于那些报告婚姻质量最高的人来说，这种安慰作用最大。牵着爱人的手可以帮助你应对压力、改善冲突（Jakubiak & Feeney, 2019）。

社会支持促进免疫功能的增强 应激会阻碍免疫功能，而社会关系会增强免疫功能（Leschak & Eisenberger, 2019）。接触感冒病毒的志愿者在隔离5天后展现出了这种效果（Cohen, 2004; Cohen et al., 1997）。在年龄、种族、性别和健康习惯相同的情况下，社会关系密切的人患感冒的可能性最小。日常生活中频繁拥抱的人同样较少出现感冒症状，症状严重程度也较轻（Cohen et al., 2015）。要记住的一点：社会关系的影响不容忽视！

亲密的关系使我们有机会进行"敞开心扉的治疗"——一个

倾诉痛苦感受的机会 谈论很久以前的应激事件会暂时让我们心头一紧，但随着时间的推移，它会使我们平静下来（Lieberman et al., 2007; Mendolia & Kleck, 1993; Niles et al., 2015）。在一项研究中，33名大屠杀幸存者花了两个小时回忆他们的经历，其中许多是以前从未披露的细节（Pennebaker et al., 1989）。14个月后，披露信息最多的人的健康状况改善最大。在另一项研究中，研究对象是那些死于自杀或车祸的人的配偶，其中独自承受悲伤的人比与他人诉说悲伤的人有更多的健康问题（Pennebaker & O'Heeron, 1984）。倾诉对身体和灵魂都有好处（见第14章）。

压抑情绪对身体健康有害。心理学家詹姆斯·彭尼贝克（James Pennebaker, 1985）调查了700多名女大学生，那些在童年时经历过性创伤的人比经历过其他创伤的人更容易头痛和得胃病——可能是因为性虐待的幸存者比其他创伤的幸存者更少向他人倾诉。另一项针对437名澳大利亚救护车司机的研究证实，在目睹创伤后压抑情绪会产生不良影响（Wastell, 2002）。

甚至在日记中写下个人创伤也有帮助（Burton & King, 2008; Kállay, 2015; Lyubomirsky et al., 2006）。一项对633名创伤受害者的分析证明，写作疗法在减少心理创伤方面与心理疗法一样有效（van Emmerik et al., 2013）。在另一项实验中，写创伤日记的参与者在接下来的4～6个月里健康问题更少（Pennebaker, 1990）。正如一位参与者解释的那样，"尽管我没有和任何人谈论过我写的东西，但我最终能够处理它，克服痛苦，而不是试图屏蔽它。现在说出来也无妨"。

如果我们的目标是多锻炼、少喝酒、戒烟或保持健康体重，社会关系可以拽着我们远离或走向目标。如果你正在努力实现某些目标，想想你的社会网络是否会帮助或者阻碍你。

> **自问**
> 你是否还记得在与爱人讨论问题后，甚至在与宠物玩耍后感觉好了很多？这样做对你有什么帮助？

减少压力

拥有控制感，发展更乐观的思维方式，建立社会支持，可以帮助我们减少应激，从而改善我们的健康。此外，这些因素也是相互关联的：对自己和自己的未来感到乐观的人，往往也会享有促进健康的社会关系（Stinson et al., 2008）。但有时我们不能减少应激，而只是需要管理应激。有氧运动、放松练习和冥想可以帮助人们聚集内心力量，减轻应激的影响。

"你背负的这些'山'，你只应该去攀爬。"
——纳吉瓦·泽比安

有氧运动

学习目标问题 12-25 作为一种管理应激和改善健康的方式，有氧运动有多有效？

有氧运动：一种持续的、耗氧的、增强心肺能力的运动，也有助于缓解抑郁和焦虑。

找到一种在大多数时候对大多数人都有效的药物很难。但是，**有氧运动**（aerobic exercise）作为一种持续的、耗氧的、增强心肺能力的运动，是罕见的近乎完美的"药物"之一。尽管人们对此的估计各不相同，但一些研究表明，运动可以延长你的寿命——大约每运动 1 小时，寿命就延长 7 个小时（Lee et al., 2017; Mandsager et al., 2018; Zahrt & Crum, 2017），并且运动还可以提高你的生活质量，提供更多的精力、更好的心情和更牢固的关系（Flueckiger et al., 2016; Hogan et al., 2015; Wiese et al., 2018）。想想吧，大自然慷慨地对花在运动上的时间给予 7∶1 的回报（Myers, 2018），多么仁慈啊！

运动通过增强心脏跳动、增加血液流动、保持血管畅通、减少激素和血压对应激的反应，来帮助对抗心脏病（Ford, 2002; Manson, 2002）。与不运动的成年人相比，运动的人患心脏病的概率约少一半（Evenson et al., 2016; Visich & Fletcher, 2009）。事实是：健康能预测寿命（Lee et al., 2011; Moholdt et al., 2018）。饮食中的脂肪会导致动脉堵塞，但运动使肌肉渴望这些脂肪，并将它们从动脉中清除出去（Baringa, 1997）。一项对 144 万美国人和欧洲人的研究发现，运动可以"降低患多种癌症的风险"（Moore et al., 2016）。苏格兰的邮递员每天都在步行，他们患心脏病的风险低于苏格兰邮局的其他工作人员（Tigbe et al., 2017）。晚年定期的运动还可以让人有更好的认知功能，减少神经认知障碍和阿尔茨海默病的风险（Kramer & Erickson, 2007）。

从遥远的祖先那里传下来的基因使我们能够进行狩猎、觅食和耕种等体力活动（Raichlen & Polk, 2013; Shave et al., 2019）。在肌肉细胞中，当这些基因被运动激活时，会产生蛋白质。我们是为运动而生的。在不运动的现代人中，这些基因产生的蛋白质数量较少，使我们容易患 20 多种慢性病，如 2 型糖尿病、冠心病、中风和癌症（Booth & Neufer, 2005）。因此，不活动有潜在的害处。体育活动可以减弱一些遗传风险因素的影响。一项对 45 项研究的分析证明，体育活动使肥胖的风险下降了 27%（Kilpeläinen et al., 2012）。

运动也能振奋精神吗？在一项针对 21 个国家大学生的调查中，体育运动能够有效预测生活满意程度（Grant et al., 2009）。每周至少做三次有氧运动的美国人、加拿大人和英国人能更好地管理压力，表现出更多的自信和活力，比不运动的同龄人更少感到抑郁和疲劳（Rebar et al., 2015; Smits et al., 2011）。一项针对 120 万美国人的分析比较了运动者和不运动者。在控制了他们的其他身体和社会差异后，运动者"上个月心理健康不佳的天数减少了 43%"（Chekroud et al., 2018）。基于 49 项对照研究的摘要得出结论，运动有抗抑郁作用（Schuch et al., 2018）。

但我们可以用另一种方式表述这一观察结果：有压力和抑郁的人运动得更少。请记住，这些相关关系并不意味着因果关系。为了理清因果关系，研究人员进行了实验。他们将压力大、抑郁或焦虑的人随机分配到有氧运动组和对照组。接下来，他们测量有氧运动（与不运动的对照活动相比）是否能改变压力、抑郁、焦虑或其他与健康有关的结果。一项经典实验将轻度抑郁的女大学生随机分配到三个组，其中三分之一的人组成有氧运动组，另外三分之一的人组成放松治疗组，剩下的三分之一（对照组）组成未经治疗组（McCann & Holmes, 1984）。如图12.16所示，10周后，参加有氧运动的女大学生报告说她们的抑郁症状减少得最多。毫不夸张地说，许多人已经摆脱了困境。

另外数十个实验研究和纵向研究证实，运动可以减少或预防抑郁和焦虑（Catalan-Matamoros et al., 2016; Harvey et al., 2018; Stubbs et al., 2017）。当研究人员将抑郁症患者随机分配到运动组、抗抑郁药组或安慰剂组时，运动和抗抑郁药均有效地缓解了抑郁症状，而且效果更持久（Hoffman et al., 2011）。

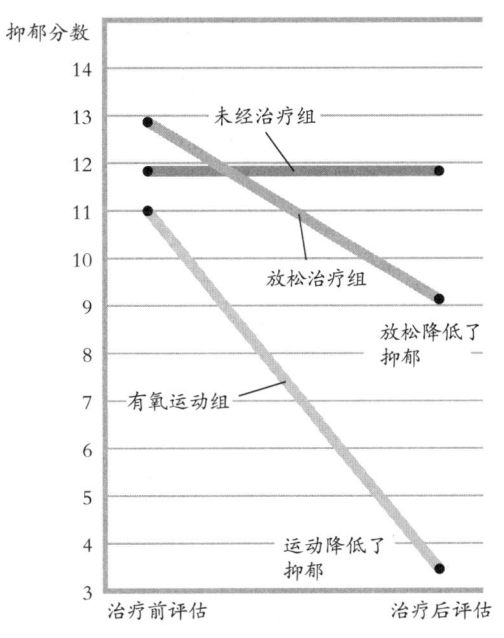

图12.16 有氧运动可以缓解抑郁症状
（McCann & Holmes, 1984）

剧烈的运动能带来实质性的、即时的情绪提升（Watson, 2000）。即使是10分钟的步行，也能通过提高能量水平和降低压力来增加2小时的幸福感（Thayer, 1987, 1993）。运动在几个方面发挥了它的魔力：它增强了唤醒效果，从而抵消了抑郁症的低唤醒状态；它能使肌肉放松，促进睡眠；它能产生强健的肌肉，过滤抑郁产生的毒素（Agudelo et al., 2014）。就像抗抑郁药物一样，它从我们身体的内部"药房"订购提升情绪的化学物质——神经递质，如去甲肾上腺素、5-羟色胺和内啡肽（Jacobs, 1994; Salmon, 2001）。运动还能促进神经生成。运动使实验鼠的大脑产生一种分子，刺激新的抗应激神经元生成（Hunsberger et al., 2007; Reynolds, 2009; van Praag, 2009）。

从更简单的层面上说，成功的运动带来的成就感、体格和身体形象的改善可能会提升一个人的自我形象，产生更好的情绪状态。经常锻炼就像一种药物，可以预防和治疗疾病、增强能量、缓解焦虑、提升积极情绪——如果可以的话，我们都应该服用这种药物。然而，很少有人（只有四分之一的美国人）利用它（Mendes, 2010）。

放松与冥想

学习目标问题 12-26 放松与冥想可能在哪些方面影响应激和健康?

知道了应激的破坏性影响后,我们能否学会通过改变我们的思维和生活方式来消除我们的应激反应? 20世纪60年代末,心理学家开始进行生物反馈研究,这是一个记录、放大和反馈有关细微生理反应信息的系统,许多生理反应是由自主神经系统控制的。生物反馈仪器反映了一个人自身努力的结果,使这个人能够了解哪些技术能够(或不能)控制特定的生理反应。然而,经过十年的研究,最初对生物反馈效果的主张似乎被夸大了,也被过度宣传了(Miller, 1985)。1995年,美国国立卫生研究院的某个研究小组宣布,生物反馈对治疗紧张性头痛产生的效果最好。

不需要昂贵的设备,简单的放松方法就能产生许多生物反馈曾经承诺产生的效果。按摩也有助于放松早产儿和那些遭受疼痛的人,放松他们的肌肉并减少抑郁(Hou et al., 2010)。图12.16显示,有氧运动可以减少抑郁。但你是否注意到,在该图中,放松治疗组的女性的抑郁症状也减少了? 60多项研究发现,放松也可以帮助缓解头痛、高血压、焦虑和失眠(Nestoriuc et al., 2008; Stetter & Kupper, 2002)。

这样的发现并不会让迈尔·弗里德曼(Meyer Friedman)、雷·罗森曼(Ray Rosenman)和他们的同事感到惊讶。在一个旨在帮助A型心脏病患者(他们比同龄的B型患者更容易心脏病发作)降低发作风险的项目中,他们测试了放松治疗的作用。他们将数百名中年男子随机分为两组。第一组接受了心脏病专家关于药物、饮食和运动习惯的标准建议。第二组接受了类似的建议,但心脏病专家还指导他们改变自己的生活方式。他们学会了通过放慢速度走路、说话和更慢地进食来放松;他们学会了对别人微笑,对自己微笑;他们学会了承认自己的错误,花时间享受生活,并重新树立了自己的宗教信仰。该训练得到了回报(图12.17)。在接下来的3年里,那些学会改变生

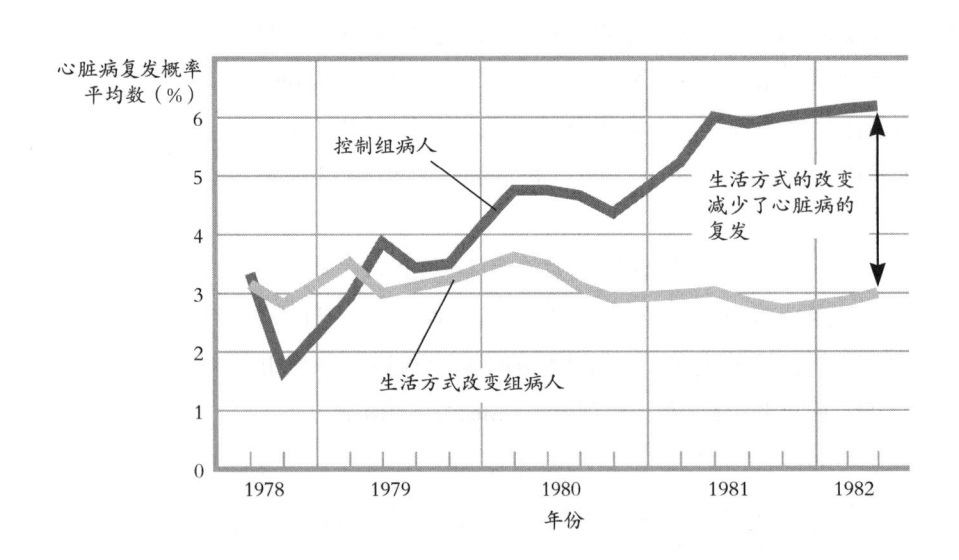

图12.17 心脏病的复发与生活方式的改变

旧金山心脏病的复发防御工程,给心脏病患者提供了专家咨询。那些在指导下改正了A型生活方式的病人,心脏病复发的次数明显减少(Friedman & Ulmer, 1984)。

活方式的人的心脏病复发次数是第一组的一半。兴高采烈的弗里德曼写道：这是心脏病复发率前所未有的显著下降。英国一项历时 13 年的小规模研究同样显示，经过训练改变思维和生活方式的高危人群死亡率减半（Eysenck & Grossarth-Maticek, 1991）。在 55 岁心脏病发作后，弗里德曼开始服用自己的行为"药物"，并活到了 90 岁（Wargo, 2007）。

时间可以治愈所有的创伤，但放松有助于加快这个过程。在一项研究中，手术患者被随机分为两组。两组都接受了标准治疗，但第二组之后经历了 45 分钟的放松课程，并在手术前后听了有助于放松的录音。术后一周，放松组患者报告压力降低，伤口愈合更好（Broadbent et al., 2012）。

冥想是一种具有悠久历史的反思方法的现代实践。在世界上的许多宗教中，冥想被用来减少痛苦，提高觉知、洞察力和同情心。今天的技术使任何人（无论信仰如何）都可以练习冥想。大量研究证实了冥想对心理的益处（Goyal et al., 2014; Rosenberg et al., 2015; Sedlmeier et al., 2012），其中一种是**正念冥想**（mindfulness meditation），它可以用于调节压力。如果你做这种练习，你会放松下来，静静地关注你的内心状态，而不去评判它（Goldberg et al., 2018, 2019; Kabat-Zinn, 2001）。你会坐下来，闭上眼睛，在心里从头到脚打量自己的身体；放大身体的某些部位和反应，你会保持觉察并接受；你也会注意你的呼吸，关注每一次呼吸，就好像它是一个物质一样。

正念冥想：一种内省的方式，在这种方式中，人们以一种不加评判和接受的态度对待当前的经历。

练习正念冥想可以提高幸福感，减少焦虑和抑郁（de Abreu Costa et al., 2019; Lindsay et al., 2018）。在一项实验中，研究人员要求韩国参与者思考自己的死亡。与不冥想的人相比，那些冥想的人在被提醒到不可避免的死亡时，他们的焦虑程度较低（Park & Pyszczynski, 2019）。正念练习也与改善睡眠和增强免疫系统功能有关（Donald et al., 2018; Rusch et al., 2019; Villalba et al., 2019）。它们还能增加端粒长度，从而降低癌症和心脏病的风险（Conklin et al., 2018）。每天只需几分钟的心灵冥想，就足以提高注意力和决策力（Hafenbrack et al., 2014; Rahl et al., 2017）。

尽管如此，一些研究人员提醒说，正念冥想的作用被过度夸大了（Britton, 2019; Van Dam et al., 2018），单纯的独处同样可以让我们放松，减少压力（Nguyen et al., 2018）。但这些积极的结果让我们感到奇怪。当我们练习正念冥想时，大脑中发生了什么？相关研究和实验研究提供了三种解释。

- 正念冥想能够加强大脑区域之间的联系。受影响的区域是那些与集中我们的注意力、处理我们的所见所闻以及反思和意识有关的区域（Berkovich-Ohana et al., 2014; Ives-Deliperi et al., 2011; Kilpatrick et al., 2011）。
- 正念冥想能够激活与更多反思意识相关的大脑区域。当标记情绪时，正念冥想的人的杏仁核（与恐惧有关的大脑区域）的激活较少，而前额叶皮质的激活较

舒缓音乐

音乐是天然的抗压药吗？一项对100多项研究的分析表明，听音乐（特别是慢节奏的音乐）可以降低心率、血压和心理压力（de Witte et al., 2019）。下次你发现自己有压力时，音乐可以帮助放松。

还有一些神秘主义者试图利用精神力量进行无麻醉剂的蛀牙修复。他们的目标是：超越牙科药物治疗。

多，这有助于情绪调节（Creswell et al., 2007; Gotink et al., 2016）。

- 正念冥想在情绪化的情况下会平息大脑活动。一项研究中，参与者观看了两部电影，一部是悲伤的，一部是中性的。没有接受过正念冥想训练的对照组在观看这两部电影时，他们的大脑激活表现出了明显的差异，而接受正念冥想训练的人对两部电影的大脑反应几乎没有变化（Farb et al., 2010）。

引起不愉快情绪的图像在正念冥想的人身上引发的脑电反应也比不正念冥想的人要弱（Brown et al., 2013）。一个有思想的大脑是强大的、能思考的、平静的。

自问

在你的生活中，你用过什么方法来应对压力？效果如何？你还能用哪些其他方法？

检索练习

RP-2 我们可以使用哪些策略来调控我们无法避免的压力？

答案见附录 D

第 13 章

社会心理学

社会思维
基本归因错误
态度与行为
说服
批判性思考：如何说服

社会影响
从众：服从社会压力
服从：服从命令
从众与服从研究的启示
群体行为
批判性思考：互联网——社会放大镜

反社会关系
偏见
攻击

亲社会关系
吸引
利他主义
冲突与调停

1569年，德克·威廉姆斯（Dirk Willems）面临抉择时刻。作为备受迫害的宗教少数派成员，在酷刑和死亡的威胁下，威廉姆斯从荷兰阿斯佩伦的监狱逃出。在穿过一个冰雪覆盖的池塘时，身强力壮的狱卒在后面追赶，不慎掉进了冰窟窿里，爬不出来，只好向威廉姆斯求助。

自由就在前方，威廉姆斯却回过头救了狱卒，很是无私。而狱卒却奉命将他抓了回去，几周后，威廉姆斯被处以火刑。为了纪念威廉姆斯的殉难，今天的阿斯佩伦市有一条街道以这位民间英雄命名（Toews, 2004）。

是什么驱使大多数人蔑视德克·威廉姆斯这样的少数群体，并对其进行迫害？是什么促使人们（比如那名狱卒）去执行不公平的命令？又是什么鼓励了众多如威廉姆斯那般，为拯救他人而牺牲自己的英雄？究竟是什么激励着人们自发行善、慷慨解囊呢？

人类是群居动物，不能只为自己而活。特别是新冠疫情时期，人人需保持社交距离后，越来越多人更真实地感受到了这一点——我们曾经习以为常的面对面社交变得弥足珍贵。社会心理学家通过科学地研究人们如何看待彼此、如何相互影响以及如何建立联系来探索人与人之间的关系。

社会思维

学习目标问题 13-1 社会心理学家研究什么？我们一般如何解释他人和自己的行为？

人格心理学家的研究重点是人，他们主要研究人格特征和动力学，以此来解释为什么在特定情况下，不同个体会有不同行为。（如果你是囚犯，你会帮助掉进冰窟窿的狱卒吗？）而社会心理学（social psychology）关注的是外在情境，主要研究社会影响，以此来解释为什么同一个人在不同的情况下表现不同。（在其他情境下，狱卒有可能释放威廉姆斯吗？）

基本归因错误

社会行为源自社会认知。我们都想了解和解释为什么人们会做出某些行为。在研究了人们如何解释他人的行为后，弗里茨·海德（Fritz Heider, 1958）提出了**归因理论**（attribution theory）。海德提出，一个人的行为可归因于这个人的稳定、持久的人格特质（个性归因），也可归因于情境因素（情境归因）。

例如，在课堂上我们注意到吉尔极少发言，喝咖啡时杰克滔滔不绝。如果把他们的行为归因于个性，我们就会断定吉尔很内向，而杰克比较开朗。由于人们确实有稳定的人格特质，这种归因在某些时候是有效的。但有时**基本归因错误**（fundamental attribution error）（Ross, 1977, 2018）会影响我们的判断，即高估人格特质的影响而低估情境的作用。在课堂上，杰克可能和吉尔一样安静，然而如果在派对上碰到吉尔，你可能很难认出她就是课堂上那个安静斯文的同学。

研究人员在大学生群体中做的一项实验证实了这一现象（Napolitan & Goethals, 1979）。他们让威廉姆斯大学的学生依次与一位年轻女性交谈，这位女士时而冷漠挑剔，时而热情友好。在实验前，他们告知其中一半学生，这位女士的行为是自发产生的，而另一半学生则被告知真相，即这位女性是被安排表现得友好或不友好的。

得知真相是否会影响学生对这位女士的印象呢？其实一点也不影响！如果这位女士态度友好，两组学生都认为她的确是热情友好的人；如果她表现得不友好，学生们则认定她冷漠挑剔。即使告诉他们这位女士的行为是情境性的——也就是说她仅仅是为了实验目的而如此表现，他们仍然将女士的行为归因为她的个性。

我们一定都犯过这种基本归因错误。在推断你的心理学老师是内向或是外向时，如果你认为她或他外向开朗，那么你需要注意，你对老师的了解仅仅来源于课堂——一个需要交谈的场合。恐怕老师自己也很难认可"外向"这个评价，"我很外向吗？这

社会学主要研究社会和社会群体，而社会心理学与主要研究个体之间如何看待彼此，如何相互影响。

社会心理学：研究人与人之间如何看待彼此、如何相互影响以及如何建立联系的一门科学。

归因理论：一种通过归因于情境或人格特质来解释人的行为的理论。

基本归因错误：在分析解释他人行为时，高估人格特质的影响而低估情境作用的倾向。

其实取决于具体的场合。在课堂上或者与好友在一起时确实是这样的，但在开会时我就相当害羞。"在人们既定的角色之外，教授似乎变得不那么像教授，校长不那么像校长，经理也不那么像经理了。

归因的影响因素

文化是影响归因的因素之一。西方人倾向于把行为归因于个人特质，中国人和日本人则更注重情境的影响（Feinberg et al., 2019; Miyamoto & Kitayama, 2018）。研究人员要求参与者观看一些场景，比如一条大鱼在小鱼和植物之间游动，美国人更关注大鱼的特质，而日本人则更关注场景——情境（Chua et al., 2005; Nisbett, 2003）。

行为的发出者也十分重要。在解释自己的行为时，我们会对行为如何随情境而变化非常敏感（Idson & Mischel, 2001）。当解释我们在许多不同背景下看到的人们的行为时，我们也会对情境的影响十分敏感。当一个陌生人行为恶劣时，我们往往会犯基本归因错误。例如，只看到愤怒的球迷在激烈的比赛中对裁判大喊大叫，我们便可能认为这人暴躁易怒。但在球场外，他也许是一个好邻居、好家长。

若站在观察者的角度，我们会更清楚自己的行为吗？为证明这一观点，研究人员使用两部摄像机，分别拍摄两个人的互动。研究者向每个人展示互动的回放（从对方角度拍摄）时，行动者将自己的行为更多地归因于他们的个性（人格特质），就像观察者通常会做的那样（Lassiter & Irvine, 1986; Storms, 1973）。同样，从警察的视角出发，而不是从外部视角看待警察，人们更能切身体会当时的情境，并更加理解警察的行为（Turner et al., 2019）。

但有两个重要的情形例外：对于自己有意做出的高尚行为，我们更倾向于将其归因于自身因素，而非情境因素（Malle, 2006; Malle et al., 2007）。随着年龄的增长，我们逐渐倾向于将年轻时的行为归因于自己的人格特质（Pronin & Ross, 2006）。同样，5年或10年后，你如今的自我或许看起来像另一个人。

归因的作用

我们对他人行为的解释，不管是归因于个人特质还是情境，都会对现实生活产生重要影响（Fincham & Bradbury, 1993; Fletcher et al., 1990）。一句热情问候体现的是恋爱的兴趣还是社交礼节？经理对你言辞刻薄是因为你在工作上出现了问题，还是只是因为他自己情绪糟糕？开枪是出于恶意还是出于自我防卫？在一项研究中，一名暴力罪犯被科学家证实其体内携带某种基因，这种基因可以改变与攻击性有关的脑区。181名美国州法官联合审理，最终对该罪犯给予了较轻的判决（Aspinwall et al., 2012）。因此归因很重要。

每10名女大学生中，就有7名表示曾经有过这样的经历：男性错误地将她们表示友好的行为归因于性诱惑（Jacques-Tiura et al., 2007）。

思考一下，你认为贫穷和失业是社会环境造成的，还是人格特质和错误选择造成的呢？在英国、印度、澳大利亚和美国，政治保守派倾向于将这类社会问题归因于穷人和失业者的人格特质（Dunn, 2018; Furnham, 1982; Pandey et al., 1982; Wagstaff, 1982; Zucker & Weiner, 1993）。"人们做出自己的选择，积极主动的人仍然可以取得成功。"实验中，无论是通过回忆自己的选择还是记录他人的选择，那些会反思选择的人，更有可能认为人们通常会得到他们应得的东西（Savani & Rattan, 2012）。而政治自由主义者和那些不反思选择的人，则更有可能指责过去和当前的形势："假如我们不得不生活在教育水平低下、缺乏机会和备受歧视的社会环境中，我们会过得更好吗？"

要记住的一点：归因，无论是归因于人格特质还是情境，都会产生实际的影响。

态度与行为

学习目标问题 13-2 态度与行为如何相互影响？

态度（attitude）是一种感觉，常会受到信念的影响。态度使人们倾向于对物体、人和事件做出特定的反应。如果我们认为有人在威胁我们，我们可能会对这个人感到恐惧与愤怒，并采取自卫行为。态度影响行为，例如仇恨会助长暴力行为。行为反过来也会影响态度（就像情绪表达会影响情绪一样）。

> 态度：一种感觉，常会受到信念的影响。态度使人们倾向于对物体、人和事件做出特定的反应。

态度影响行为

态度影响行为。不过情境因素，例如强大的社会压力，可以超越态度对行为的影响（Wallace et al., 2005）。政治家们可能会按照支持者的要求投票，尽管他们私下对这些要求持保留意见（Nagourney, 2002）。还有另一种情形，政治家们也可能公开支持与其私下行为相反的观点 [一名国会议员陷入通奸丑闻风波，其行为被人们戏称为"在街上反对堕胎，在床上支持堕胎"（Weiner, 2017）]。然而，当情境影响十分微弱时，态度尤其可能影响行为，如果态度是稳定的，针对具体行为并且易于回忆时，更是如此（Glasman & Albarracín, 2006）。一项实验使用生动形象的、易于回忆的信息来说服喜爱晒太阳的大学生，告诉他们持续地晒黑皮肤会增加患皮肤癌的风险。一个月后，72%的参与者皮肤颜色变浅了，而对照组中仅有16%的人皮肤变浅（McClendon & Prentice-Dunn, 2001）。态度改变（关于皮肤癌风险的言辞说服）影响行为改变（减少持续晒黑的行为）。

行为影响态度

现在，来思考一个更令人惊讶的发现：人们不仅坚持他们所相信的，而且还更加坚定地相信他们所坚持的。一系列的事实都印证了这一点——态度服从行为。

登门槛现象 如果有人诱使你违背自己的信念，你会作何反应？很多情况下，人们会调整自己的态度。**登门槛现象**（foot-in-the-door phenomenon），即当人们接受了一个小的要求后，后续就更容易接受大的要求。道理很简单：要让人们同意做大事，需先从小事入手，再逐步升级（Cialdini, 1993）。每一件细枝末节的小事都在为下一件举足轻重的大事做铺垫。一个个小谎终成弥天大谎：诈骗者在成为骗子之前，最先做的事情就是说谎。屈服于一个诱惑后，下一个诱惑就会变得更难抗拒。

> 登门槛现象：人们在接受了一个小的要求后，更容易接受大的要求。

在许多实验中，研究人员哄骗人们做出与他们的态度或道德标准相悖的行为，其结果是：大部分参与者都会合理化自己的行为，说服自己去相信自己的言行都是正当合理的。假如人们被引导以一种令自己感到良心不安的立场来说话或写作，他们就会开始相信自己的言辞。在收到伤害无辜受害者的命令，如辱骂受害者或对他们施以电击时，如果人们不得不屈服，那么他们就会对无辜受害者产生蔑视的态度。

> 实验还证实了一种"留面子效应"，即向某人提出一个不合理的要求（"你能在接下来的两周每天做志愿者吗？"）被拒绝后，再提出温和的请求（"那你现在能做30分钟志愿工作吗？"），会更容易被接受。

幸运的是，"态度服从行为"原理也适用于善行。在一项经典实验中，研究者装扮成安全驾驶志愿者，请求加州人同意在自家前院放置一个巨大的写有"小心驾驶"的标牌，结果仅有17%的人表示同意。但如果研究人员先提出一个小小的要求：在窗户上放置一个3英寸高的写有"做安全驾驶者"的标牌。两周后他们再去询问是否可以在其前院竖立一块大标牌时，76%的人表示同意（Freedman & Fraser, 1966）。

登门槛现象还能推进慈善捐赠、献血，甚至废除美国学校中的种族隔离制度。随着1964年《人权法案》的通过，废除学校种族隔离制度成为法律。接下来几年里，美国白人表现出的种族歧视逐渐减少。同时，由于不同地区的美国人在这方面的行为日益相似——这多亏全国性的反种族歧视有了更为统一的标准——美国人的想法也日益接近。实验证明，道德行为强化了道德信念。

自问

你有想要改变的态度或倾向吗？按照"态度服从行为"原理，你该如何改变自己的态度？

角色扮演影响态度 当你接受一个新的角色——成为一名大学生、迈入婚姻或开始一份新工作——你会尽力遵循符合这个角色的社会规范。起初，你可能觉得自己的行为有些做作，因为这时你是在扮演一个角色。士兵一开始成为士兵时，可能会觉得自己只是在玩战争游戏。然而不久之后，起初像演戏一样的角色变成了真实的你。正如《广告狂人》中的博比·巴雷特

新护士
第一次穿上手术服的新手护士会觉得自己像是在玩换装游戏。但随着时间的推移，玩家逐渐融入角色——护士——投入日常工作中，并在新情境下遵循社会规范。

（Bobbie Barrett）所说，"选择一份工作，然后成为做这份工作的人"。

在现实世界中，20世纪70年代初期，希腊军政府通过一步步引导受训者进入角色把一批人训练成拷问者（Staub, 1989）。受训者首先站在审讯室外充当警卫（利用登门槛效应），接下来站在审讯室里面充当警卫，到那时，他们才开始积极参与对犯人的审讯与折磨。在一项针对德国男性的研究中，军事训练改变了参军男性的性格，即使在离开军队5年后，他们也不那么讨人喜欢（Jackson et al., 2012）。我们的态度逐渐向行为靠拢，做了什么，态度就会变成什么样：每一次当我们做出和周围人相似的行为时，我们也在做出轻微的调整，让自己变得更像他们，而不像以前的自己。

然而，人与人有所不同。在引发暴行的情境中，有些人选择屈从于情境，但也有人能坚持自己的原则（Haslam & Reicher, 2007, 2012; Mastroianni & Reed, 2006; Zimbardo, 2007）。人和情境是相互作用的。

认知失调：由紧张到轻松 我们已经知道，行为可以影响态度，这有时能将囚犯变为合作者，将角色扮演者变成角色的信徒。但这是为什么呢？一种解释是，我们倾向于让自己的行为合理化。当我们意识到自己的态度和行为不一致时，会感到紧张，或者叫作认知失调。根据利昂·费斯廷格（Leon Festinger, 1957）的**认知失调理论**（cognitive dissonance theory），为了消除紧张感，我们往往会让态度与行为保持一致，将行为合理化。

许多实验已经证实认知失调理论的存在（Levy et al., 2018）。作为其中一个实验的参与者，你可能会写一篇文章来支持你不相信的东西（例如，提高学费）以拿一小笔钱。由于你想对你的书面陈述（与你的态度不一致）负责，尤其是想到管理者也许会看到你的陈述时，你可能会感到认知失调。为减少令人不舒服的紧张感，你开始相信自己编造的谎言。我们合理化自己的行为，"既然选择这样做（说），就必须相信它"。对于一个令人焦虑不安的行为，我们感受到的强迫越弱、责任越强，就会越发感到认知失调；而认知失调越严重，寻求"认知-行为"一致的动机也越强。例如，我们会调整自己的态度，以合理化自己的行为。

态度服从于行为的原理也有一些积极意义，虽然不能直接控制所有的情感，但我们可以通过改变自己的行为来影响情感。如果感到沮丧，我们可以改变归因，以积极的、自我接纳的方式而非自我贬低的方式来说话（Rubenstein et al., 2016）。如果缺乏爱心，我们不如表现得好像自己十分富有爱心的样子，比如做体贴别人的事情、表达喜爱之情、给予他人肯定等，从而让自己变成一个真正有爱心的人。你每次问自己"我应该怎么做"时，其实也是在问"我想成为什么样的人"（Levine, 2016）。这也有助于解释为什么青少年在做志愿工作时，同情心会更加泛滥。如果你假装喜欢某人，你很快就会真的喜欢上他。伪装可以变成现实，行为塑造性格。我们会成为什么，取决于我们做了什么。

"久演成真。"
——戒酒协会匿名会员

认知失调理论：当我们意识到自己的态度和行为不一致时，我们会采取行动来减轻感受到的不适（失调）。例如，当我们意识到自己的态度和行为相悖时，我们常常会调整态度来减轻失调。

"我们整天闷闷不乐，唉声叹气，对一切事情都提不起兴趣，忧郁挥之不去……如果想要克服这些不良的情绪，就必须……经历那些我们更倾向于培养的相反人格特质的外在表现。"
——威廉·詹姆斯

要记住的一点：我们不仅可以把自己的想法付诸实际行动，还可以把自己的行为转化成一种思维。

检索练习

RP-1 一个寒冷的早晨，马克开车去学校，路上险些撞到一辆闯红灯的车，"慢点！这司机车技也太差劲了！"他心里想。过了一会儿，马克自己也在一个十字路口误闯了红灯，他喊道："哇！这路况可真糟糕啊！这里的积雪真该扫扫了。"马克的举动证明了哪个社会心理学原理，请予以解释。

RP-2 态度和行为是如何相互影响的？

RP-3 人们做出与自己态度相悖的行为，然后改变自己的态度，使之与行为保持一致，_____理论可解释他们这样做的原因。

答案见附录 D

说服

学习目标问题 13-3 外周路径说服与中心路径说服有什么区别？

通常，人们会试图通过说服来改变某人的态度，以影响其行为。这种说服有两种形式：

外周路径说服：利用吸引注意力的暗示来触发快速的、基于情感的判断，例如被说话者所吸引。

外周路径说服（peripheral route persuasion）利用吸引注意力的暗示来触发快速的、基于情感的判断。研究人员给一些参与者提供了揭穿"接种疫苗会增加儿童患孤独症的概率"这一谣言的信息；而给另一些参与者展示未接种疫苗的儿童患腮腺炎、麻疹或风疹的照片，以及儿童父母对麻疹的描述。只有那些看过真实照片和听过生动描述的参与者才会变得更加支持接种疫苗（Horne et al., 2015）。无论是支持哪位政治候选人，或是购买哪一款最新的个人护理产品，美女或名人的代言都能影响人们的选择。当凯特·布兰切特（Cate Blanchet，环保活动家、演员）敦促相关部门采取行动应对气候变化灾难时，或者当教皇方济各（Francis, 2015）高呼"气候变化将对全球造成严重影响"时，他们希望通过自己的影响力对人们进行外周路径说服。同样的道理也适用于那些使用扣人心弦的图像来销售产品的广告。

中心路径说服：引导人们自然而然地对证据和论点进行思考。

中心路径说服（central route persuasion）提供证据和论点，引发人们缜密的思考。为说服观众购买一个新出的小工具，广告可能会列举该工具所有的最新功能；为争取他人支持采取气候变化干预措施，宣传的重点就会集中在展示不断累积的温室气体、融化的北极冰川、气温升高和海平面上升，以及越来越多的极端天气（van der Linden et al., 2015）。中心路径说服对天生善于分析或乐于思考的人十分有效，并且中心路径说服更具理性与深度，因此对人造成的影响也更加持久。主动加工一条信息时，人们会在脑海中对信息进行详尽的分析，这类信息会在大脑中保存更久（详尽可能性模型可解释这一现象）。

如何进一步向他人阐明自己的观点？更多关于有效说服策略的信息，请参见批判性思考：如何说服。

自问

你是否发现自己在使用无效说服策略？下次再参与重要讨论时，你会如何改进自己的策略呢？

检索练习

RP-4 有哪些实证方法可以有效说服他人？

答案见附录 D

社会影响

社会心理学中最重要的一课就是社会影响的巨大力量。这种影响部分源于社会规范——大众所理解的、约定俗成的行为准则。在校园里，我们常穿便服；在纽约华尔街或伦敦邦德街，我们最好穿西装打领带。只有知道如何行动、如何打扮、如何与人交谈，我们的生活才能正常运转。

但有时社会压力会把人往反方向推。与同样不满的人隔离在一起后，异议者可能会逐渐成为叛乱分子，而叛乱分子可能变成恐怖分子。枪击、自杀、炸弹威胁和劫机等事件都有一种奇怪的趋势，它们都是集中发生的。大规模杀戮（死亡4人或以上）发生后的13天里，再次发生此类袭击的可能性会增加（Towers et al., 2015）。让我们一起来研究一下这些社会关系的影响力吧。这些力量有多强大呢？它们是如何发挥作用的呢？我们什么时候才能打破它们呢？

"你是否曾经注意过一个榜样（不论好坏）是如何引发他人模仿的？一辆违章停靠的汽车是如何令其他车辆也随之乱停乱放的？一个有关种族的笑话是如何引发其他相同的笑话的？"
——玛丽安·怀特·艾德曼

从众：服从社会压力

学习目标问题 13-5 社会传染如何成为从众的一种形式，从众实验如何揭示社会影响的力量？

社会传染

鱼成群而游，鸟结伴飞行。人类也倾向于跟随自己所处的群体，做大众所做，想

批判性思考：
如何说服

学习目标问题 13-4 怎样才能更有效地表达自己的观点？

你会说服那些与你观点不同的人吗？

不应该做出的行为：

还没听别人的想法，就大喊大叫地争辩。吼叫只会适得其反。

出言不逊，羞辱他人，或者暗示他们愚蠢无知。侮辱会激起他人的防御心理。

^%*&#!!
白痴！
#&#!!
蠢货！

不断用繁杂琐碎的信息去打扰他人。

因此，说了这么多，请把注意力放在这些十分枯燥无聊、可信度低并且你也许永远也不会记得的数据上。然而，另一方面，现在又有更多的数据，比上次更枯燥、更复杂……来，我们继续……

应该做出的行为：

明确你们共同的价值观或目标
例如，"既然我们都想毕业，都想找到更好的工作，那就先复习准备考试，之后再请假出去玩吧"。

诉诸他人高尚的动机
把他人的希冀与自己的目标联系起来[1]，例如：

"我想回到过去，那时人们使用的是猎枪和手枪，而不是突击步枪"

"我倒更愿意做出改变，这样将来人们可以拥有猎枪和手枪，但没有人会拥有突击步枪"

政治保守派
政治保守派偏向怀旧。如果向这一群体推广枪支安全立法，应该首先向他们表达对过去的肯定。

政治自由派
政治自由派倾向于关注面向未来的信息。

让信息生动起来
人们更容易记住具有视觉冲击效果的例子。未接种疫苗的儿童患病和饥饿的儿童等触目惊心的图片，既触及了人们的心灵，也深深印入了人们的脑海中。

重复信息
一遍又一遍重复谎言，人们就会信服。同样，人们也倾向于相信一遍一遍被重复的真理。

让听众重述信息
如果可以的话，最好能引导听众实际行动。积极主动地去做，而不仅仅是被动地倾听。

1. Lammers & Baldwin, 2018。

大众所想。行为受到社会传染的影响,一个人打呵欠、大笑、咳嗽、抓痒、凝视天空或查看手机,群体中其他人通常也会做出相同的举动（Holle et al., 2012）。或许你现在也发现了,只是阅读关于打哈欠的文章也会增加人们打哈欠的次数（Provine, 2012）。

研究人员坦尼娅·沙特兰（Tanya Chartrand）与约翰·巴奇（John Bargh）把这种社会传染现象称为"变色龙效应",并将人们模仿彼此的行为比作变色龙模仿周围环境的颜色。他们做了一项实验来阐明变色龙效应。他们安排参与者在一个房间里与他们的助手一起工作,这名助手在一个实验情境中摸自己的脸,在另一个实验情境中晃动自己的脚。不出所料,与摸脸助手一起工作的参与者也会摸自己的脸,与晃脚助手一起工作的参与者也会晃动自己的脚。

社会传染并不局限于行为。我们这些人类"变色龙"也会受周围人的情感基调的影响,模仿他人的表情、姿势、语调甚至语法（Ireland & Pennebaker, 2010）。仅仅是听到别人用愉悦或伤感的声音来朗读一篇不带快乐或悲伤感情色彩的文章,听者也会产生情绪传染（Neumann & Strack, 2000）。

这种自发的模仿使我们能够感同身受——感受他人的感受,也可称为移情。这有助于解释为什么我们在快乐的人身边比在沮丧的人身边感觉更快乐,也有助于解释为什么对英国工人群体的研究揭示了情绪联系或情绪共享的作用（Totterdell et al., 1998）。具有共情能力的人更招人喜欢。例如跟你交谈的人在你点头时跟着点点头,能增进彼此之间的好感（Chartrand & van Baaren, 2009; Lakin et al., 2008）。我们倾向于模仿自己喜爱的人,也会对模仿我们的人产生好感（Kämpf et al., 2018）。只是和某人（也许是和你意见相左的人）一起散步,不仅可以让你们的动作同步,还可以增加你们之间的共鸣（Webb et al., 2017）。

社交网络是情绪的传染途径之一,如快乐、孤独,甚至导致肥胖和睡眠不足的行为模式都能通过社交网络传染（Christakis & Fowler, 2009）。在网络上,正面评价会激发更多正面评价——这种现象被称为积极羊群效应（Muchnik et al., 2013）。2010年美国国会大选日的一次大规模试验中,脸书向6100万人投放了一条鼓励投票的信息,其中有一个可跳转到当地投票地点的链接,还有一个可点击的"我已投票"按钮。一些收件人在收到的信息中,显示了他们已经投票的脸书好友。那些收到"告诉你的朋友你投票了"这条信息的用户,参与投票的可能性略高,这种做法大约产生了28.2万张额外选票。

受暗示性和模仿有时也会导致悲剧的发生。在一场大规模枪击事件被高度宣传之后,人们购买枪支并威胁使用暴力的概率增加了（Cooper, 1999; Porfiri et al., 2019）。有时,自杀事件的细节高度公开之后会出现自杀高峰期（Phillips et al., 1985, 1989）。

是什么导致一系列相似行为的发生？是人们相互影响而做出相似的举动吗？还是因为他们同时面临相同的事件和环境？为了寻找答案,社会心理学家设计了一些关于

> 当我看到同步和模仿行为时——不管是打哈欠、大笑、跳舞还是其他什么——我看到了社会联系和纽带。
> ——弗朗斯·德瓦尔

从众的实验。

从众与社会规范

从众：调整个人行为或思维以符合群体标准。

受暗示性和模仿是从众（conformity）的两种微妙形式——将自己的行为或想法调整到与群体的标准一致。为了研究从众，所罗门·阿希（Solomon Asch, 1955）设计了一个简易的测验。想象你是一项视觉感知研究的参与者，当你按时到达实验地点并坐下来时，其他5个人都已经就坐。研究人员问：比较这三条线段，看哪一条与标准线段一样长。你看得很清楚，答案是第二条，并等着轮到你时就说出答案。当第二组线段对比测试同样简单时，你开始对这个实验产生了厌烦感。

第三组测试开始，正确的答案似乎非常明显（图13.1），但是第一个回答的人却给出了一个你认为是错误的答案："第三条。"当第二个、第三个和第四个人接连给出错误答案时，你直起身子斜着眼睛看着他们。当第五个人也赞同前四个人的答案时，你心怦怦直跳。这时，研究人员让你给出自己的答案，你在相信自己的眼睛还是相信他人的答案之间来回挣扎，感到紧张不安，犹豫不定，并且不像开头那么自信，思考着是否应该因为自己的意见与大家相悖而承受这种不舒服的感觉，在这样的情景下，你会给出什么回答呢？

在阿希的实验中，单独回答这个问题的大学生出错率低于1%，但当有其他人（实验助手）在场并故意给出错误回答的情况下，结果就相当不同了。尽管多数人并没有被影响，最终给出了正确答案，但结果还是让阿希感到不安，他指出，"聪明而理智"的大学生参与者中，超过1/3的人为了与群体保持一致而"颠倒黑白"。

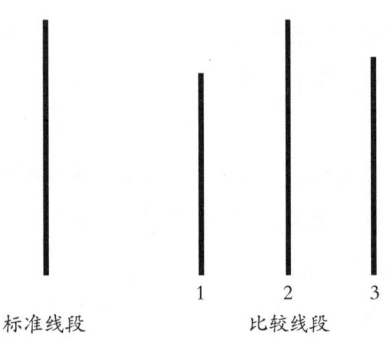

图13.1 阿希的从众实验

比较哪一条线段与标准线段一样长？猜想一下，在听到其他5个人都说是"第3条"的情况下，大多数人会怎么回答？这张图片来自阿希的实验，坐在中间的参与者由于无法同意其他人（实验助手）的答案而表现出严重的不适。

虽然后续许多实验并不是总能像阿希的实验一样，发现这么多从众现象，但是实验确实表明在下列情况下从众现象会增加：

- 个体感到力不从心或有不确定感。
- 至少有3个群体成员。
- 群体意见一致。（只要有一个人持不同意见，那么他的"非一致"意见会极大地鼓励团体中其他人做出"非从众"行为。）
- 个体崇尚群体的地位和吸引力。
- 个体对任何回答都没有预先承诺。
- 个体的举动可以被群体中的其他人看到。

- 个体所处的文化极力倡导人们对社会标准的尊崇。

为什么我们常常模仿他人？为什么别人怎么做，我们就怎么做，别人怎么思考，我们就怎么思考？为什么老师问出有争议的问题时，如果学生们举手回答，得到的答案大多相似，而采用匿名回答，答案则更多样化（Stowell et al., 2010）？为什么我们在别人鼓掌的时候跟着一起鼓掌，别人吃东西时也跟着吃东西，为什么我们相信别人所相信的事情，说别人说的话，甚至别人看什么，我们也跟着去看？

通常，我们的从众行为是为了避免被拒绝或想要获得社会认可。在这种情况下，我们是在回应**规范性社会影响**（normative social influence）。我们对社会规范很敏感，因为与众不同可能会让我们付出惨重的代价（Calcutt et al., 2019）。我们需要归属感。

集体主义文化重视群体和谐，处于该文化背景中的人们最尊崇社会规范（Stamkou et al., 2019）。人们也会对"动态规范"，即规范如何变化（比如社会倡导少吃肉食，少喝含糖饮料，或支持同性恋权利）做出相应的反应（Sparkman & Walton, 2017, 2019）。

有时，我们从众是因为群体可以提供有价值的信息，只有异常固执的人才不会听取他人的意见。当我们接受他人对现实的看法时，比如在网上阅读影评和餐厅评论时，我们是在对**信息性社会影响**（informational social influence）做出反应。有时我们假设别人是正确的，听从他们的意见是有利的，有时却正相反。一名威尔士司机创下了在英国分车道高速公路上逆向行驶的最长距离纪录——48公里，并且没有发生重大交通事故，只是车身侧面轻微擦伤。在48公里后，交警才得以戳破她的轮胎，把她拦了下来。这位醉酒的司机后来解释说，她以为是其他几百个向她驶来的司机开错了车道（Woolcock, 2004）。

从众行为是好是坏呢？两者皆有，人们可能会因为从众而相信谎言或参与霸凌；也可能会受他人慷慨行为的影响，自己也更加慷慨地行善（Nook et al., 2016）。从众行为是好是坏，还取决于我们受文化影响的价值观。在许多亚洲、非洲和拉丁美洲国家，人们非常重视集体主义（强调群体标准），而西欧和大多数英语国家则推崇个人主义（强调独立的自我）。通过在17个国家进行的社会影响实验就可以看出这些价值观念：在提倡个人主义的文化氛围中，从众行为的发生率更低（Bond & Smith, 1996）。例如，在个人主义盛行的美国，大学生们都认为自己与其他人相比更不会从众（Pronin et al., 2007）。在我们自己看来，我们是羊群中的个体。

规范性社会影响：个体想要获得社会认同或避免被拒绝的渴望产生的影响。

信息性社会影响：个体愿意接受他人对现实的看法而产生的影响。

和人类一样，迁徙和聚集的动物出于信息和规范两方面因素也会有从众行为（Claidière & Whiten, 2012）。与独行的大雁相比，成群大雁的迁徙路线更准确（其中存在群体智慧）。与群体聚集在一起也能维系群体成员的关系。

自问

你发现自己从众或者"不守常规"吗？你如何看待别人认同同一文化或亚文化群体的做法？

检索练习

RP-1 尽管母亲为她准备了更符合人体工学的背包，安东尼娅仍坚持使用大号单肩包带书去学校，就像她那些时髦的朋友一样。安东尼娅受到了什么社会影响？

答案见附录 D

服从：服从命令

学习目标问题 13-6 关于社会影响的力量，米尔格兰姆的服从实验告诉了我们什么？

社会心理学家斯坦利·米尔格兰姆（Stanley Milgram, 1966, 1974）是所罗门·阿希（Solomon Asch）的学生，他了解人们常常屈服于社会压力。但是，对无条件的命令，如实施大屠杀暴行，人们会如何反应呢？（米尔格兰姆的一些家庭成员曾是纳粹集中营的幸存者。）为找到答案，他进行了社会心理学中最著名、也最具争议性的实验（Benjamin & Simpson, 2009）。

斯坦利·米尔格兰姆（1933—1984）

这位社会心理学家开展的服从实验如今"属于我们这个时代受过教育的人的自我认知。"

米尔格兰姆开展了20项实验，参与者近千人，大多是20～50岁的男性。现在，请把你自己想象成其中一员：看到招募广告后，你来到耶鲁大学的心理学实验室参加一项实验。米尔格兰姆教授的助手让你和另一个参与者从帽子里抽签，决定谁当"老师"，谁当"学生"。你抽到了"老师"（你不知道的是，其实两张纸条上都写着"老师"）。"学生"看起来温和而顺从，他被带到隔壁的房间，手脚绑在椅子上。这把椅子连着一条电线，电线穿过墙，与另一端的电击控制器相连。你坐在标有不同电压值的控制器前。你的任务是：教学生学习词组，并检查其学习效果；如果学生出错，你就要拨动一个开关，对他实施短时电击作为惩罚；实施电击时，从最初的"15伏——轻微电击"开始，之后学生每犯一次错误，你就把电压调高一档。每次按下开关，会有灯光闪烁和电流的嗡嗡声。

实验开始，学生第一次、第二次给出错误答案后，你对其施以电击。如果你服从研究人员的指令，在按下第三、第四以及第五个开关时你会听到学生的呻吟声，当你按下第八个开关（上面标有"120伏——中等强度电击"）时，学生会喊叫说很痛。当你按下第十个开关（上面标有"150伏——强烈电击"）时，学生哭叫起来："把我放出去！我不要再参加这个实验了！我拒绝继续进行下去！"你听到这些恳求，犹豫要不要继续电击学生，这时研究人员会指示你："请继续，实验要求你继续！"；假如你还是拒绝，他会坚持道，"你必须继续！"或者"你没有其他选择，你必须继续！"。

如果你服从，并继续在学生每次犯错后实施更高强度的电击，你会听到学生痛苦的尖叫声越来越大。在实施超过330伏的电击后，学生拒绝回答并陷入沉默。这时，研究人员仍要你继续，直至最后——450伏的电击。"提问，"研究人员说，"假如学生不能给出正确答案，你要实施更高水平的电击。"

你认为你能在多大程度上听从研究人员的命令？此前，米尔格兰姆曾问过非参与者他们会怎么做，大部分人声称他们肯定会在学生第一次说疼痛之后即刻停止扮演这一残忍的角色，决不会等到学生痛苦地发出尖叫时才停止；有40名精神科医生也同意这一预测。然而他们的预测准确吗？差得远！当米尔格兰姆真正进行实验时，他惊讶地发现，竟有超过60%的人坚持到了最后，直到实施最后一次电击。米尔格兰姆后来进行了一项新实验。这次实验中，有40名新"老师"和一名患有"轻微心脏病"的"学生"，实验结果与上一次相似，足足有65%的"老师"服从了研究人员的要求，坚持到了最后（图13.2）。后来的10项研究有女性参与者，结果发现，女性的服从率与男性相近（Blass, 1909）。

米尔格兰姆的研究结果仅仅是20世纪60年代美国思维模式的产物吗？事实并非如此。在最近一次的模仿实验中，70%的参与者直到150伏电压时，依旧实施了电击（与米尔格兰姆的83%相比仅略有下降）（Burger, 2009）。一个波兰研究小组发现，在150伏电压时90%参与者选择了服从（Doliński et al., 2017）。法国真人秀节目模仿米尔格兰姆的研究时，81%的"老师"在兴奋观众的怂恿下，选择了服从并持续折磨惨叫的"学生"（Beauvois et al., 2012）。

是"老师"发现了真相（其实没有电流）吗？是他们猜到那些学生是实验助手，只是假装自己受到了电击吗？还是他们意识到了这一实验事实上是在检测他们服从命

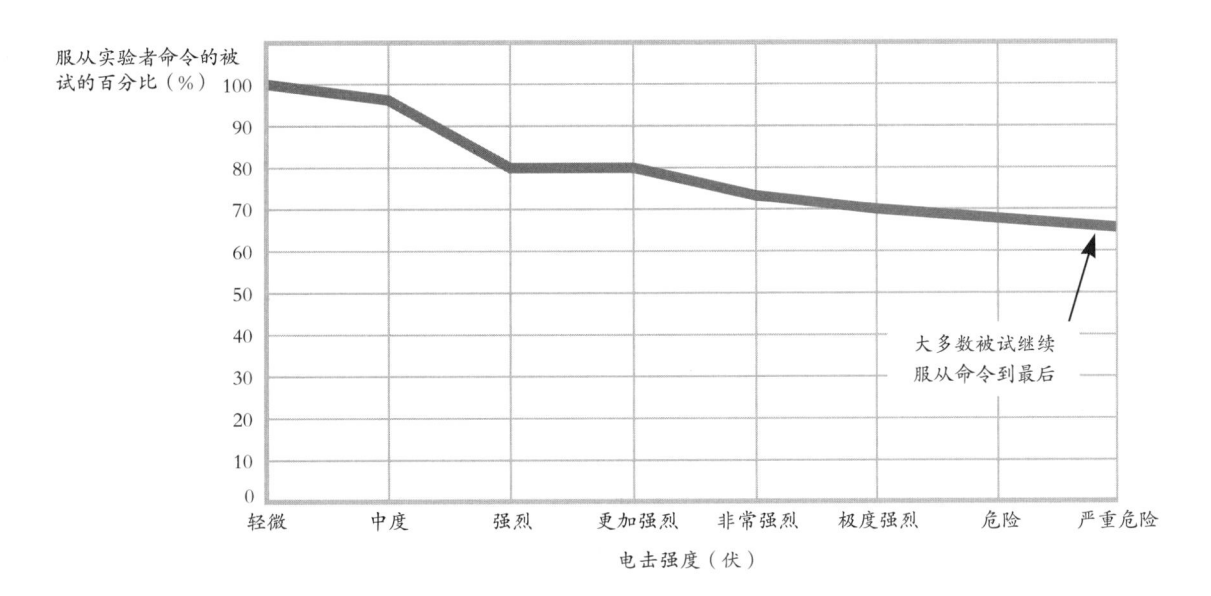

图13.2 米尔格兰姆的后续服从实验

在重复早期实验的过程中，65%的成年男性"老师"完全服从实验者的命令，继续实验，不顾"学生"事前曾表示自己心脏不适，也不顾（他们以为）施加的电压越来越高时他们听到"学生"的痛苦尖叫（Milgram, 1974）。

令、实施惩罚的意愿？都不是。这些"老师"在实验过程中表现出真实的痛苦：他们流汗，发抖，紧张地笑，咬紧嘴唇。

由于米尔格兰姆的实验使用了欺骗和压力，因此其研究的伦理问题颇具争议。米尔格兰姆为自己辩解说，在参与者了解到实验的真相及真正的实验目的后，事实上没有一个人对自己参与实验表示后悔（尽管可能那时参与者的认知失调——因为行为与态度冲突而感到的不适——已经得到缓解）。那40位承受最大痛苦的"老师"在事后接受了精神科医生的面谈，表示自己并没有遭受精神创伤的症状。

米尔格兰姆称，总的来讲，大学生在这些实验中所承受的压力比面临重要考试以及重要考试失败时所承受的压力要小（Blass, 1996）。然而，在深入研究米尔格兰姆的研究后，其他学者称，米尔格兰姆的研究报告不够详尽，参与者实际上承受的痛苦比报告所称的痛苦要大（Nicholson, 2011; Perry, 2013）。批评者还推测，参与者可能早就识别出了研究人员的身份及其科学研究目的，而不是盲目地在服从（Haslam et al., 2014, 2016）。

在后续实验中，米尔格兰姆发现人们的行为受情境影响。当他变换社会条件时，参与者完全顺从的比例在0～93%的范围内变化，在下列几种情况下服从率最高：

- 发号施令的人就在旁边并且被认为是合法的权威人物。2005年，天普大学的篮球教练让一名体重约为113千克的替补球员尼希米·英格拉姆（Nehemiah Ingram）上场比赛，并指示他做出"严重犯规"行为。根据指示，英格拉姆在打断对方球员右臂后4分钟内被罚出场。

- 权威人物得到实力强劲或声名远扬的机构的支持。当米尔格兰姆将实验地点从耶鲁大学转移到别的地方时，实验中的服从率便有所降低。人们想知道：为什么在1994年卢旺达大屠杀期间，那么多胡图族公民屠杀他们的图西族同胞？部分是因为胡图族的文化中"来自上级的命令，即使是邪恶的"，也被视为具有法律效力（Kamatali, 2014）。

- 受害者被剥夺了个性，或者被隔离在远处。同样，在战斗中，许多士兵面对面看到敌人时，要么不会开枪，要么不去瞄准他们。但是，那些操纵远程武器，比如导弹或战斗机的士兵却很少拒绝杀戮（Padgett, 1989）。那些通过操控无人机进行远距离杀戮的人也会感到压力，然而他们的创伤后应激比阿富汗和伊拉克战场上的退伍老兵要小得多（Miller, 2012）。

- 没有违抗命令的榜样。"老师"没有看到任何其他不服从实验命令的参与者。

合法的、近在咫尺的权威力量在那些服从命令实施纳粹大屠杀暴行的人身上表现得很明显。光是服从这一因素还很难解释大屠杀，相互对立的意识形态（反犹主

"大屠杀……不是从毒气室开始的。这种仇恨通过法律排斥、非人道主义以及不断升级的暴力，逐渐从语言、刻板印象和偏见发展而来。"
——2018年奥斯威辛博物馆推文

义）同样会造就屠杀者（Fenigstein, 2015; Mastroianni, 2015）。但是，服从是原因之一。1942年的夏天，近500名德国中年预备军官被派遣到波兰一个叫爵兹弗的德国占领地。7月13日，看上去心烦意乱的指挥官告诉部下（绝大多数是已成家的士兵），他们得到命令，要去围捕村里的犹太人，因为据说这些犹太人有通敌行为，俘虏中有劳动能力的男性被送到集中营，其余就地枪决。当这些军官被告知有一次机会可以选择拒绝参与执行枪决时，只有大约12个人当即表示拒绝，剩下的485名军官在17个小时内枪杀了约1500名手无寸铁的妇女、儿童和老人。这些人被军官从脑袋后面开枪射杀，脸朝下倒在地上。听到受害者的哀求声，看到这种惨状，大约有20%的军官最终表示拒绝，他们设法不瞄准受害者，要么溜走躲起来，直到屠杀结束（Browning, 1992）。但是在现实生活中，正如米尔格兰姆的实验所示，拒绝服从的情况很少见。

另一个故事发生在法国一个叫夏邦的村庄里，这里的村民公然违抗与德国"新秩序"合作的命令，庇护即将被驱逐到德国的法国犹太人，甚至还帮助他们越过瑞士边境。这里居民的祖辈们曾遭到迫害，他们的牧师教导他们，"任何时候，当敌人提出与《圣经》教义相悖的命令时，我们一定要反抗到底"（Rochat, 1993）。当德军要求他们交出一份被藏匿的犹太人名单时，作为首领的牧师树立了违抗命令的榜样："我不知道什么犹太人，我只知道人类！"夏邦人冒着巨大的风险违抗德军命令，他们饱受贫困之苦，并因不服从命令而受到惩罚。尽管如此，他们在自身信念、角色榜样、相互影响以及最初行为的支持下，坚持反抗直到战争结束。

当然，大家可不要认为服从总是邪恶的，反抗总是有益的。1852年，英国士兵与平民一起乘坐伯肯黑德号蒸汽船。当他们接近南非港口时，伯肯黑德号触礁。士兵们安抚乘客，并帮助他们登上三艘可用的救生艇。三艘救生艇救不了所有人，救生艇满员时，长官命令道："稳住，伙计们！"英勇的是，没有士兵疯狂地去抢救生艇的座位，所有留在船上的士兵都随船沉入了大海，大多数人要么被淹死，要么被鲨鱼吃掉。詹姆斯·米切纳（James Michener, 1978）指出，"近一个世纪以来，伯肯黑德号的事迹一直是衡量海上英雄的行为标准"。

从众与服从研究的启示

学习目标问题 13-7 关于社会影响的研究给了我们什么关于自身的启示？作为个体，我们有多大的力量？

关于社会影响的实验是如何与日常生活产生联系的？判断一条线的长度或按下电击开关与日常社会行为有什么关联？心理学实验的目的不是对原有的复杂的日常实际行为进行再创造，而是捕捉和探索形成这些行为的潜在过程。所罗门·阿希和斯坦利·米尔格兰姆的实验中,参与者被迫做出选择:我是否要坚持自己的行为标准,即使这些标准与他人的期望相冲突?

在米尔格兰姆的实验和现代复刻实验中,参与者陷入两难境地,一边是受害者的恳求,一边是研究人员的命令。他们的道德感警醒着自己不要伤害他人,但道德感同样也促使他们服从研究人员,成为一名合格的参与者。善良与服从发生冲突时,服从总是胜者。

> "按下15伏电压按键那一刻,所有罪恶就开始了。"
> ——菲利普·津巴多

这些实验表明,强大的社会压力可以使人们服从谎言,或屈服于残忍。米尔格兰姆指出:"只是简单地从事自己的工作而没有任何特殊敌意的普通人,也可以成为一项恐怖破坏活动的参与者。"(Milgram, 1974)

如果仅仅是关注最终结果,例如450伏的电压,或者某人现实生活中的暴行,我们很难理解这种不人道的行为。但米尔格兰姆并没有要求"老师"直接把电压加大到足以伤害"学生"的程度。而是利用了登门槛效应,让他们以轻微的电压开始,逐渐增强。对于"老师"来说,既然这个小的伤害是合理的,那么下一步的伤害也可以被接受。人们总是一步步地服从,逐渐走向罪恶。

在任何社会中,大恶往往源于人们对小恶的服从。纳粹首领们曾担心大部分德国文员会拒绝直接枪杀犹太人或使用毒气,但是他们吃惊地发现这些人愿意处理有关大屠杀的文书工作(Silver & Geller, 1978)。米尔格兰姆在他的实验中也发现了类似的情形。当他让40名男性来实施学习测验但由其他人来实施电击时,93%的人都同意了。并不是只有恶棍才能做出穷凶极恶的行为,实施恶行只需要把普通人置于一个罪恶的情境之中——如此一来,普通的学生会听从命令去嘲弄群体中的新人;普通的雇员会服从安排去生产和销售有害产品;普通士兵会服从命令去惩罚和折磨囚犯(Lankford, 2009)。在所有被迫加入暴力团体的人中,那些不得不服从命令实施暴力的人,也最可能对团体产生认同(Littman, 2018)。态度服从行为。

无论是在爵兹弗、夏邦还是在米尔格兰姆的实验中,那些拒绝服从的人一般在较早的时候就会拒绝。等到做出服从或拒绝的行为之后,态度就会开始听从行为,并使其合理化。

社会心理学家对个人的力量有何了解?社会控制(情境的力量)和个人控制(个人的力量)相互作用。就像水能溶解盐而不能溶解沙一样,罪恶的情境让一些人变得罪恶,而另一些人会选择反抗(Johnson, 2007)。

当感到有压力时,有些人会做出与预期相反的行为(Rosenberg & Siegel, 2018)。一两个人的力量足以动摇多数人,这就是少数人的影响力(Moscovici, 1985)。一项研究反复证明,当你是少数派时,如果你坚持自己的立场,不含糊其词,就更有可能影响多数人。这种策略可能不会让你受欢迎,但会让你变得有影响力,尤其是当你自信满满、让别人不禁思考你为什么会这么做的时候更是如此。即使少数群体的影响尚不明显，人们私下也可能对少数群体的立场产生同感，并重新思考自己的观点（Wood et al., 1994）。

社会影响的力量是巨大的，但坚定的个人信念也是如此。否则，共产主义将仍然只是一个模糊的理论，基督教只是一个源自中东的小教派，罗莎·帕克斯（Rosa Parks）拒绝坐在公交车后面的行为也不会引发美国民权运动。社会力量很重要，但是个人的力量也不容忽视。

检索练习

RP-2 在心理学最著名的服从实验中，大多数参与者服从权威人物的要求，对另一部分无辜的参与者施以痛苦又危险的电击（参与者并不知道电击是假的），这个实验是由社会心理学家_____主导的。

RP-3 研究人员发现哪些情境下参与者最可能服从？

答案见附录 D

群体行为

学习目标问题 13-8 他人的存在如何通过社会助长、社会懈怠和去个性化影响我们的行为？

试想，你站在一个房间里，手里拿着一根鱼竿，你的任务是尽快把渔线缠绕好。而在另一种情形下，你和另一个参与者一起卷鱼线，他也在尽可能快地缠绕渔线。你认为对方的存在会影响你自己的表现吗？诺曼·特里普利特（Norman Triplett, 1898）在社会心理学的早期实验之一中报告说，当有其他人在场做相同的事情时，参与者缠绕渔线的速度会更快。尽管一项现代的复制研究显示，这种差异并不大（Stroebe, 2012），但特里普利特启发了下一代社会心理学家对他人的存在如何影响人们行为的研究。群体影响既发生在最简单的两人群体中，即一个人对另一个人的影响，也发生在更为复杂的群体中。

社会助长

特里普利特把这种他人在场时表现更好的现象称为**社会助长**（social facilitation），但进一步的研究表明，事实并非如此简单：他人在场强化了我们最可能做出的反应——对简单任务的正确反应，对困难任务的错误反应（Guerin, 1986; Zajonc, 1965）。当他人注视着我们的时候，我们处于一种被唤醒的状态，这强化了我们最可能做出的反应。也许你和大多数人一样，和别人一起吃饭时会吃得更多（Ruddock et al., 2019）。研究人员发现，专业的射击运动员独自射击时命中率为 71%，而在有四个人观看的情

社会助长：在有他人在场的情况下，擅长的事会做得更好，觉得困难的事会做得更糟。

况下命中率为80%；而水平较差的射击者独自射击时命中率为36%，有他人观看时命中率仅为25%（Michaels et al., 1982）。

一项针对不同国家中超过25万场大学生和职业体育赛事的研究发现，主场优势是真实存在的——主场胜利在美国职业棒球大联盟比赛中占54%，美国职业篮球联赛中占60%，英格兰足球超级联赛中占63%（Allen & Jones, 2014; Jamieson, 2010; Moskowitz & Wertheim, 2011）。

要记住的一点：对于你擅长的事情，有观众在场（尤其是友善的观众），你往往会表现得更好；对于你通常认为困难的事情，在这种情况下，做得更好几乎是不可能的。

社会助长也有助于解释一个有趣的拥挤效应。喜剧演员知道，一个坐满观众的场地才是一个"好的表演场所"。但他们可能不知道的是，拥挤会增强唤醒反应。在一个人员密集的屋子里看喜剧表演比在一个人员较少的屋子里更加有趣（Aiello et al., 1983; Freedman & Perlick, 1979）。拥挤也能增强其他反应。在实验中，当参与者彼此坐得很近的时候，他们会更喜欢友善的人，更讨厌不友善的人（Schiffenbauer & Schiavo, 1976; Storms & Thomas, 1977）。实用的经验：下次想要办一场充满活力的活动时，选择一个勉强能容纳所有人的房间。

社会懈怠

社会助长研究考察了他人在场对个人任务表现的影响（比如说打台球），当在完成群体任务时人们又会如何表现呢？比如说，你认为一个人在一支拔河队中所使的力气比他进行一对一拔河比赛时使的力气更大、更小，还是一样？

为了找到答案，马萨诸塞大学的一个研究小组要求参与者蒙着眼睛"尽自己最大的力气"拉一根绳子。当研究人员哄骗参与者，让他们相信还有另外三个人也在他们后面拉绳子时，参与者使出的力气只相当于他们得知只有自己一个人在拉绳子时的82%（Ingham et al., 1974）。在另一项实验中，他让那些蒙着眼睛的参与者坐在一起，尽情地大声拍手或叫喊，同时通过耳机听到其他人的拍手或喊叫声，发生了什么呢？当参与者认为自己是群体的一部分时，产生的声音比"独自一人"鼓掌或大喊时降低了三分之一（Latané, 1981）。

社会懈怠：当处于群体中，完成群体共同目标时，一个人付出的努力会比其单独完成目标时付出的努力要少。

这种完成群体任务时个人付出的努力更少的现象被称为**社会懈怠**（social loafing）（Latané et al., 1981; Jackson & Williams, 1988）。在美国、印度、泰国、日本、中国进行的多项实验发现，任何任务都可能出现社会懈怠，尽管这一现象在个人主义文化中的男性身上表现得尤为普遍（Karau & Williams, 1993）。

当人们作为群体的一部分时，他们可能会：

- 感到自己责任较少，因此也不太担心别人的看法。
- 认为自己的付出可有可无（Harkins & Szymanski, 1989; Kerr & Bruun, 1983）。
- 高估自己的贡献，低估他人的努力（Schroeder et al., 2016）。
- 免费享受他人的努力成果。除非积极性被高度激发，并且对团队有强烈的认同感，否则人们就可能会懈怠（就如小组作业中各成员的表现那样），尤其是在不管每个人贡献如何利益都均分的情况下，人们更容易懒散懈怠。

自问
下一次小组作业中，你将采取什么做法来减少组员的社会懈怠？

去个性化

我们已知，他人在场可以对人们起到激发作用（社会助长），或者减少人们的责任感（社会懈怠）。但有时，他人在场可以同时起到以上两种作用，而结果可能会导致一些不受约束的行为，比如在食堂里因为饭菜问题而打架，或做出故意破坏公物和引发骚乱的行为。这种个体自我意识水平和自我控制能力逐渐减弱或丧失被称为**去个性化**（deindividuation），通常发生在群体的参与使个人感到被唤醒并处于匿名状态的情境下。菲利普·津巴多（Philip Zimbardo）做了一项实验（Zimbardo, 1970），他让纽约大学的女生戴上三K党风格的头巾，这样他人就不能确认她的身份，在这种情况下，与对照组中没有遮挡面部的女性相比，她们对"受害者"施加的电击量是对照组的两倍。

去个性化在很多情形下都有体现。人们在互联网上发布霸凌和仇恨言论，匿名发泄自己的愤怒，肆意表达观点（Chetty & Alathur, 2018; Kowalski et al., 2018; Zych et al., 2018）。网络键盘侠们——代表言论自由的黑暗面——称自己很享受把愤怒发泄到别人身上的感觉（Buckels et al., 2014; Sest & March, 2017）。这些人可能永远不会当着别人的面骂："你真恶心！"但在网络上，隐藏了真实身份后，他们变得肆无忌惮。涂上颜料或戴上面具的士兵比那些暴露面部的士兵更有可能杀死、折磨或残害俘虏（Watson, 1973）。无论是聚众闹事，还是听音乐会、观看球类比赛，当我们摆脱自我意识和自我控制时，不论好坏，我们会更强烈地响应群体行为。关于社会助长、社会懈怠和去个性化的比较，见表13.1。

去个性化：个体自我意识及自我控制能力逐渐减弱或丧失，通常发生在群体的参与使个人感到被唤醒并处于匿名状态的情境下。

***

我们已经考察了在哪些条件下，他人的存在可以（1）激励人们努力，或诱使他们懒散懈怠；（2）使容易的任务变得更容易，困难的任务变得更困难；（3）增强幽默感或助长暴力。研究还表明，群体的相互作用同样也会产生好坏两方面的影响。

表 13.1 他人在场时的行为：三个现象

现象	社会情境	他人在场时的心理效应	行为效应
社会助长	个体被注视	增强唤醒	主导行为被放大，比如把擅长的事做得更好，或者把觉得困难的事做得更糟
社会懈怠	群体任务	不承担个人责任时，责任感减弱	减少付出
去个性化	个体感到被唤醒并处于匿名状态	自我意识降低	自我控制能力减弱或丧失

群体极化

学习目标问题 13-9 群体互动如何促成群体极化？

我们生活在日益两极分化的世界。中东因战争四分五裂，欧盟正在上演民族主义分裂。1990 年时，美国国会的一分钟演讲，你只有 55% 的概率猜出演讲者所属党派；到 2009 年，这一概率增加到 83%（Gentzkow et al., 2016）。2016 年，多数美国共和党人和民主党人——调查史上第一次——都表示对对方党派有"非常不利"的看法（Doherty & Kiley, 2016）。77% 的美国人认为自己的国家正处于分裂状态（Jones, 2016）。

群体极化：通过群体内部讨论强化群体的主导意见。

日益加剧的两极分化现象可用群体极化原理来解释：如果一个群体由志同道合的成员组成，群体内讨论结果会强化群体内部的信念和态度。这一过程被称为**群体极化**（group polarization），它可以产生有益的结果，例如种族偏见较弱的学生在讨论种族问题时会变得更加包容。但是，它也可能产生不好的结果，就如我和乔治·毕晓普（George Bishop）的研究发现的那样，种族偏见强的学生在讨论种族问题后，他们会变得更具偏见（Myers & Bishop, 1970）（图 13.3）。我们发现：想法类似的人之间的互动会导致极化效应。

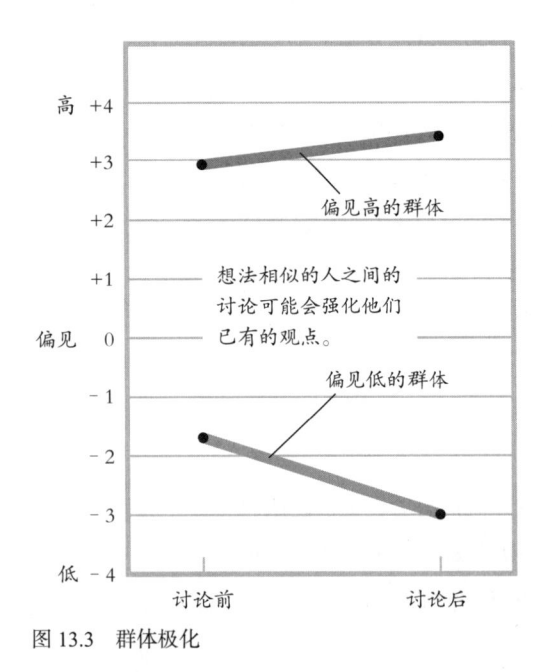

在对全球恐怖组织进行分析之后，心理学家指出，恐怖主义思想不是突然间产生的，而是有一个发展的过程，它产生于一群因不满而聚集在一起的人中，这种群体只在内部相互影响，因此他们的想法变得越来越极端，把世界划分为"我们"和"他们"（Chulov, 2014; Moghaddam, 2005）。2006 年，美国国家情报局出具的评估报告中指出：当"志同道合"的人被隔离在一起时，群体极化就会发生，"激进分子组织带来的行动威胁将会增长"。

图 13.3 群体极化

互联网连接全球，也为群体极化提供了一个触手可及的媒介。我对社会心理学研究就是从群体极化实验入手的，那时我从未想象过虚拟群体中的两极分化的潜在力量。改革派与同为改革派的人士交好，保守派与保守派人士联系紧密，在各自群体内分享肯定彼此共同观点的网站链接。通过新闻推送和转发，人们用肯定信息或反对信息来相互刺激，然后点击查看自己认可的内容（Hills, 2019）。因此，在互联网上想法相似的虚拟群体中，观点容易变得更加极端。怀疑逐渐变成确信，与其他群体的分歧可能升级为妖魔化。2018年，一名美国男子在互联网上发泄自己的党派仇恨后，向知名民主党人和他认为是民主党派的支持者们投送了十多枚管状炸弹，男子认为这些支持者们"响应民主党，认可并支持他们的观点，把本就浑浊的泥潭搅得更浑"（Bruni, 2018）。

虚假新闻在互联网上疯传的现象层出不穷，科技公司正在研究提高媒体素养的方法。欲了解更多关于互联网在群体极化中所起到的好坏作用，请参见批判性思考：互联网——社会放大镜。

"亲爱的撒旦，感谢你为我量身定制的网络新闻推送！"
——喜剧演员史蒂夫·马丁

群体思维

学习目标问题 13-11 群体互动如何促进群体思维？

群体影响是否曾扭曲过重要的国家决策？1961年猪湾事件的惨败便是例子。1961年，美国总统约翰·肯尼迪和他的顾问决定利用1400名接受过中央情报局训练的古巴流放犯入侵古巴。当这些人被轻而易举地俘虏并很快牵连到美国政府后，肯尼迪纳闷："我们怎么会如此愚蠢？"

为此，社会心理学家欧文·贾尼斯（Irving Janis, 1982）研究了导致失败的决策过程。他发现，新当选的总统及其顾问高涨的斗志使他们对这个计划过度自信。为了保持良好的团队感，任何反对意见都被压制或陷入自我怀疑，特别是在总统表达了自己对这一计划的热衷之后更是如此。没有人强烈反对，每个人都认为大家意见一致。为了描述这种表面一致却不切实际的群体性思维，贾尼斯把它命名为**群体思维**（groupthink）。

随后，贾尼斯又对其他历史性错误进行了研究，其中包括未能预料到1941年日本偷袭珍珠港事件、越南战争的节节败退、水门事件、切尔诺贝利核反应堆泄漏事件（Reason, 1987）、挑战者号航天飞机爆炸事件（Esser & Lindoerfer, 1989），以及基于伊拉克拥有大规模杀伤性武器的错误观念而发动的伊拉克战争（U.S. Senate Intelligence Committee, 2004）。他们发现在这些事件中，过分自信、从众、自我合理化和群体极化助长了群体思维。

群体思维：当一个决策群体为寻求群体内部和谐，而放弃对其他备选方案进行现实评估时产生的一种思维模式。

尽管群体思维有时导致错误，但三个臭皮匠赛过诸葛亮，英雄往往所见不同。因

批判性思考：
互联网——社会放大镜

学习目标问题 13-10　互联网在群体极化中起到了什么作用？

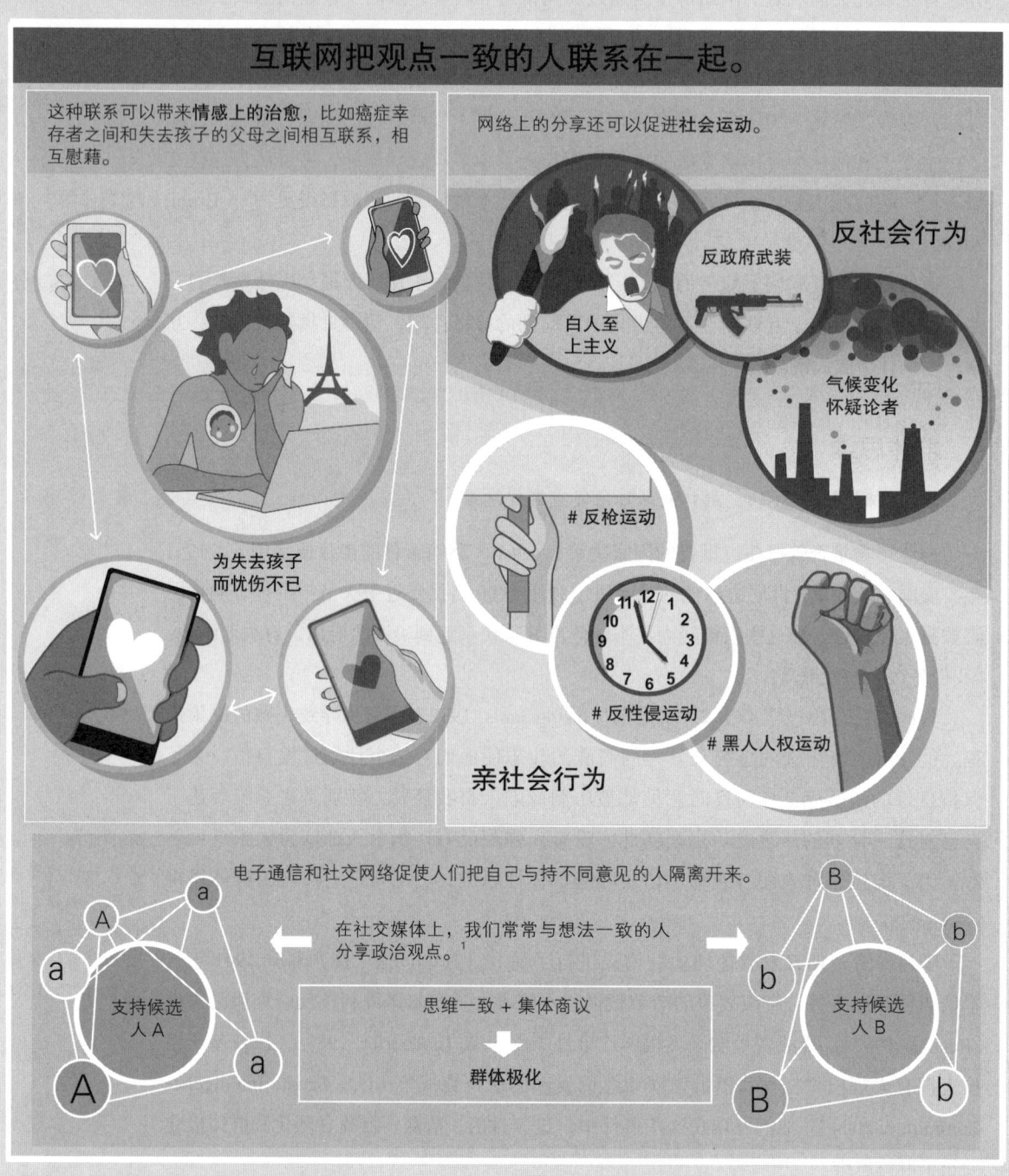

互联网把观点一致的人联系在一起。

这种联系可以带来情感上的治愈，比如癌症幸存者之间和失去孩子的父母之间相互联系，相互慰藉。

为失去孩子而忧伤不已

网络上的分享还可以促进社会运动。

反社会行为
- 白人至上主义
- 反政府武装
- 气候变化怀疑论者

亲社会行为
- #反枪运动
- #反性侵运动
- #黑人人权运动

电子通信和社交网络促使人们把自己与持不同意见的人隔离开来。

支持候选人 A

在社交媒体上，我们常常与想法一致的人分享政治观点。[1]

思维一致 + 集体商议
↓
群体极化

支持候选人 B

---
1. Bakshy et al., 2015; Barberá et al., 2015。

此贾尼斯还研究了美国总统及其顾问集体做出有效决策的例子，例如杜鲁门政府制订马歇尔计划，在二战后向欧洲提供援助。贾尼斯得出结论，不论是从政还是从商，假如领导人欢迎各种不同意见，邀请专家们对计划提出批评建议，并指定专人来检查可能出现的问题，就可以避免群体思维。压制不同意见常使群体做出错误的决策，而公开的争论往往能形成有效的决策。这在规模小但多元化的团队中尤其如此，不同的背景和视角往往能产生具有创造性的、卓越的成果（Nemeth & Ormiston, 2007; Wang et al., 2019; Wu et al., 2019）。在预测政治事件方面，一个充满智者的团队往往比单打独斗的聪明人更准确（Mellers et al., 2015）。没有一个人的智慧能与群体智慧相媲美。

"从历史教训来看，我认为白宫所面临的危险之一是陷入群体思维——所有人都观点一致，没有讨论，也没有表达异议的观点。"
——贝拉克·奥巴马

自问

你最近是否受到社交媒体上群体极化的影响？

检索练习

RP-4 什么是社会助长？为什么在社会助长的作用下，人们完成熟练的任务时能表现更好？

RP-5 当个人在群体中与他人协作时，付出的努力会比单独完成目标时更少，这种现象称为_____。

RP-6 你要组织一次带有政治色彩的聚会，参与者中包括竞争激烈的政治候选人及各自的支持者。为了增加趣味性，有朋友建议让支持者戴上有候选人脸谱的面具。你认为，这些面具会引发什么现象？

RP-7 一个群体由想法相似的成员组成，讨论结果会强化群体内的主导意见，这种现象被称为_____。

RP-8 当一个决策群体为寻求群体内部和谐，而放弃对其他备选方案进行现实评估时，_____就发生了。

答案见附录 D

◆ 反社会关系

社会心理学研究人们如何看待他人，如何相互影响以及如何与他人相处。是什么导致人们有时彼此憎恨、互相伤害，有时又彼此关爱、互帮互助？当具有破坏性的冲突出现时，我们如何保证公正的和平？在本节中，我们将从偏见和攻击两个角度入手，探讨反社会关系。

偏见

学习目标问题 13-12 什么是偏见？显性偏见和隐性偏见有什么区别？

偏见（prejudice）意指"预先判断"，它是针对一个群体及其成员（通常是不同种族、民族、性别或性取向的群体）的一种不合理的、通常是负面的态度。就像所有的态度一样，偏见受信念影响，使我们倾向于以某种方式行事。偏见由三部分组成：

- 负面情绪，如敌意、恐惧。

- 刻板印象（stereotypes），即对一个群体普遍的看法。刻板印象有时会反映现实。正如得克萨斯州参议员特德·克鲁兹（Ted Cruz, 2018）解释的那样："得克萨斯州人都喜欢烧烤就是一种刻板印象。但巧就巧在，的确几乎所有的得克萨斯州人都喜欢烧烤。"不过刻板印象常常过度概括或夸大。例如，党派色彩浓厚的共和党人和民主党人就表现出"认知差距"——高估对方党派的极端性（Yudkin et al., 2019b）。

- 歧视（discriminate）的倾向，以不合理的负面方式对待一个群体及其成员的行为。有时偏见是不加掩饰的。例如，种族歧视者不太可能判定杀害黑人的白人警察有罪（Cooley et al., 2019）。有时偏见则更为微妙，具体表现为轻微的冒犯，例如非白人司机更有可能在路上被拦截要求接受交通检查，选择火车座位时人们不愿与其同坐，或非裔美国人在优步软件[1]上的等待时间更长，且在爱彼迎软件[2]上的被接待率更低（Edelman et al., 2017; Ge et al., 2016; Wang et al., 2011）。

认为肥胖的人都贪吃，对肥胖的人感到反感，这是身材偏见；不愿雇佣肥胖的人或与其约会，这是歧视。

显性偏见与隐性偏见

我们的大脑在两条不同的路径上对想法、记忆和态度进行加工。有时这个过程是显性的——有意识地行动。然而，更多的时候，它是隐性的——一种无意识的条件反射，让我们意识不到我们的态度是如何影响自己的行为的。2015 年，美国最高法院在支持《公平住房法》时，承认了隐性偏见研究，指出即使人们的"无意识偏见"也会导致歧视。

> **偏见**：针对一个群体及其成员的一种不合理的、通常是负面的态度。偏见通常包括负面情绪、刻板印象和歧视。
>
> **刻板印象**：对一个群体普遍的（有时准确，但通常是高度概括的）看法。
>
> **歧视**：以不合理的负面方式对待一个群体及其成员的行为。
>
> 研究人员从 400 万美国成年人中收集到的数据显示，人们对身材的显性偏见远大于对特定性别、残疾、年龄或种族的显性偏见（Charlesworth & Banaji, 2019）。

---

[1] 优步（Uber），打车软件。——译者注
[2] 爱彼迎（Airbnb），一家联系旅游人士和家有空房出租的房主的服务型网站。——译者注

心理学家运用了以下方法研究隐性偏见：

- **测验无意识群体关联**。在测验中，人们将一个人的形象与一种特质快速配对，结果表明，即使认为自己毫无种族偏见的人也可能表现出对其他种族的负面联想（Greenwald & Banaji, 2017）。已经有数百万人做过内隐联想测验。批评者质疑测验的可靠性，并警告不要用该测验来评估"偏见"的程度或给人贴上"偏见"的标签（Oswald et al., 2013, 2015）。但支持者反驳说，隐性偏见很难改变。无论是简单的友好行为，还是影响工作质量的行为，这些行为都很难通过隐性偏见预测（Forscher et al., 2019; Jost, 2019; Kurdi et al., 2019）。

- **考虑无意识庇护**。在一项实验中，研究人员让白人女大学生评估有缺陷的学生论文，这些论文可能是由白人学生写的，也可能是由黑人学生写的。女大学生对被认为是白人学生写的文章给出了较低的评价，通常还附有言辞犀利的评论；而得知文章是黑人学生写的时，女大学生给出了更积极正向的评价（Harber, 1998）。研究人员指出，在真实的评估中，对学生的低期望以及由此产生的"夸大的表扬和不充分的批评"可能会阻碍少数族裔学生的发展。因此，老师在阅读批改文章时，应对作者的种族"视而不见"。

- **监控反射性身体反应**。即使是那些有意识地不去表达偏见的人，当他们的身体对来自其他种族的人的形象有选择性地做出反应时，也会露出破绽。神经科学家可以通过参与者面部肌肉反应和涉及情绪加工的杏仁核的激活来检测隐性偏见的信号（Cunningham et al., 2004; Eberhardt, 2005; Stanley et al., 2008）。

"谁能察觉自己的过失呢？愿你赦免我隐而未现的过错。"
——《赞美诗》

偏见对象

学习目标问题 13-13 哪些群体经常成为遭受偏见的对象？

种族偏见与民族偏见 在过去的半个世纪里，美国人表达出来的种族态度发生了巨变。1959 年，支持黑人和白人通婚的比例仅 4%；到 2013 年时，这个数字陡增到 87%（Saad, 2019）。四分之三的美国人（包括近九成的大学毕业生）都认同，"种族和民族多样性"对国家有好处（Horowitz, 2019）。研究人员对近 900 万篇科学论文和 600 万名科学家进行分析后得出：种族多元化的科学团队往往能做出最具影响力的研究（AlShebli et al., 2018）。

然而，虽然显性偏见逐渐消退，但微妙的隐性偏见依然存在。肤色较深的黑人和西班牙裔更容易受到偏见和歧视（Gonzales-Barrera, 2019; Landor & Smith, 2019）。相比白人，当黑人犯下"典型黑人"罪行（驾车枪击、帮派暴力、街头赌博），而不是"典型白人"罪行（贪污、电脑黑客和内幕交易）时，他们会比白人更容易遭到重判（Petsko & Bodenhausen, 2019）。在医疗方面，花在治疗白人患者上的钱远多于治疗同样

"数据显示，极端贫困、文盲、战争、暴力犯罪、种族主义、性别歧视、同性恋恐惧征、家庭暴力、疾病、致命事故等几乎所有灾难的发生率都在大幅下降。"
——史蒂芬·平克

不健康的黑人患者（Obermeyer et al., 2019）。

许多人想弄清楚这种隐性偏见是如何持续存在的。原因之一是很少有人敢于挑战偏见或仇恨言论。尽管许多人表示，他们会对发表种族主义言论的人感到失望，但每次听到这类言论时，他们却无动于衷（Kawakami et al., 2009）。要记住的一点：如果你不赞同这些偏见，请反问自己："当别人发表种族主义或性别歧视言论时，我保持沉默，这传达了什么信息？"

如上所述，偏见不仅是微妙的，而且通常是无意识的（隐性的）。一项内隐联想测验发现，90%白人受访者看到典型白人名字（如凯蒂和伊恩）时，很容易就能将与之同时呈现的美好词汇（如"和平"和"天堂"）识别为褒义词汇，而当受访者看到典型黑人名字（如拉蒂莎和达内尔）时，则需要花更长时间把与黑人名字同时呈现的美好词汇识别为褒义词汇。此外，那些更快地将美好词汇与白人名字或面孔联系起来的人，也更容易察觉黑人面孔上显现出的愤怒和威胁（Hugenberg & Bodenhausen, 2003）。2008年美国总统大选中，那些表现出显性或隐性种族偏见的人，就不太可能投票给奥巴马。然而，奥巴马当选美国总统减少了这种隐性偏见（Bernstein et al., 2010; Payne et al., 2010; Stephens-Davidowitz, 2014）。

我们的认知也会反映隐性偏见。1999年，名为阿马杜·迪亚洛（Amadou Diallo）的黑人在走近自家门口时，被当时正在抓捕强奸犯的警察拦下。阿马杜掏出钱包的动作，被误以为是在掏枪，警察随即开枪射击，一共开了41枪，其中有19枪击中阿马杜。一项研究对费城7年中59起警察枪击非武装嫌疑人的事件进行分析，发现其中49起枪击都涉及警察对物体或动作的错误识别，例如错把嫌疑人的手机当作手枪，或者把嫌疑人拉拽裤子的动作误认为是在掏枪。警察误认为黑人嫌疑人具有威胁性的可能性是其他肤色人种的两倍，即使黑人警官也对黑人嫌疑人持如此看法（Blow, 2015）。在美国，每1000名黑人男子中就有约1人被警察致死，死亡率是白人男性的两倍多（Edwards et al., 2019）。一个研究小组分析200多万美国人的隐性偏见分数并综合其他因素后发现：一个地区对非裔的隐性偏见可以预测该地区内被警察致死的非裔人数（Hehman et al., 2018）。

为了更好地解释这类悲剧事件发生的原因，研究人员对此类情况进行了模拟还原（Correll et al., 2007, 2015; Plant & Peruche, 2005; Sadler et al., 2012a）。研究人员在大屏幕上播放白人或黑人男子的照片，照片中一些男子拿着枪，一些拿着无害的物品，比如手电筒或空瓶。要求观众快速按下按钮，选择"射击"或"不射击"。结果发现观众（包括黑人和白人，包括警察）倾向于"射击"黑人，就算他们手上拿的是无害物品。观众看到一张闪现的黑色面孔而不是白色面孔时，更容易误把和黑人一起闪现的物品当作是一把枪（图13.4）。疲劳会削弱人们的意识控制，增强下意识反应，从而放大了"射击选择"中的种族偏见（Ma et al., 2013）。

> "如果我们无法控制自己的潜在偏见，那就控制自身行为，以此作为对本能的回应，这就是为什么我们一直不断完善法律制度和执法过程，以克服人性本能。"
> ——美国联邦调查局局长詹姆斯·科米

> 认识到隐性偏见的存在后，许多公司、大学和警察部门对职员进行了针对性培训，以减少隐性偏见——2018年，美国某连锁咖啡店闭店一下午，对旗下17.5万名员工进行培训，以应对隐性偏见。虽然这类关于多元化或偏见的单次培训也许能在一定程度上改变人们的态度，但难以改变的是行为（Chang et al., 2019; Forscher et al., 2019）。

图 13.4 种族观念影响感知

基思·佩恩（Keith Payne, 2006）做了一个实验，他首先给参与者展示（a）一张白人或黑人面孔的照片，然后让（b）一张枪或手持工具的图片一闪而过，最后展示（c）被遮蔽的屏幕。当参与者先看到黑人面孔时，他们更容易把工具误当作枪。

性别偏见 公然的性别偏见已急剧减少。1937 年盖洛普民意调查显示，三分之一的美国人表示，他们愿意投票支持合格的、由本党提名的女性候选人当总统；到 2012 年，这一人数飙升至 95%（Jones, 2012; Newport, 1999）。尽管全球成年文盲中，女性仍占近三分之二，并且全球有 30% 的女性遭受过伴侣的暴力，但现今有 65% 的人认为，女性应拥有与男性同等的权利，并且这一点非常重要（UN, 2015; WHO, 2016a; Zainulbhai, 2016）。

然而，隐性和显性的性别偏见依然存在。请看如下方面：

- 薪酬。在西方国家中，人们付给街道清洁工（通常是男性）的报酬高于照看孩子的保姆（通常是妇女）。
- 领导力。在选取的 2007～2016 年间最热门的 1000 部电影中，男女导演比例为 24∶1（Smith et al., 2017）。隐性性别偏见也会导致女性得不到发展（Régner et al., 2019）。
- 尊重。人们更经常用姓氏称呼男性（包括男性导师），而用名字称呼女性（Atir & Ferguson, 2018）。
- 智力。性别偏见甚至存在于人们对智力的认知中：尽管男女在智力测验分数上水平相当，但人们往往认为父亲比母亲更有智慧，儿子比女儿更聪明（Furnham, 2016）。

尽管现在已经没有人像古希腊人那样，把女婴遗弃在山坡上，任其自生自灭，然而，正常的男女新生儿比例为 105∶100，如果照此发展，为什么世界上仍有几百万的"消失的女性"？直至今天，许多地方仍然重男轻女。在印度，"如何怀上男孩"的谷歌搜索量是"如何怀上女孩"的 3.5 倍（Stephens-Davidowitz, 2014）。此外，由于产前性别检测使孕妇可以根据胎儿的性别选择性流产，一些国家正面临女婴出生不足的问题（图 13.5）。印度新生儿的男女婴性别比最近达到了 112∶100。尽管在中国，性别选择

"直到成了男人，我才知道男性在工作中多么有优势。当我变性后第一次参加会议，用我低沉、平静的男性嗓音发言时，我注意到突然所有人都在关注我，这让我非常不舒服，我甚至没法把话说完。"

——托马斯·佩奇·麦克比

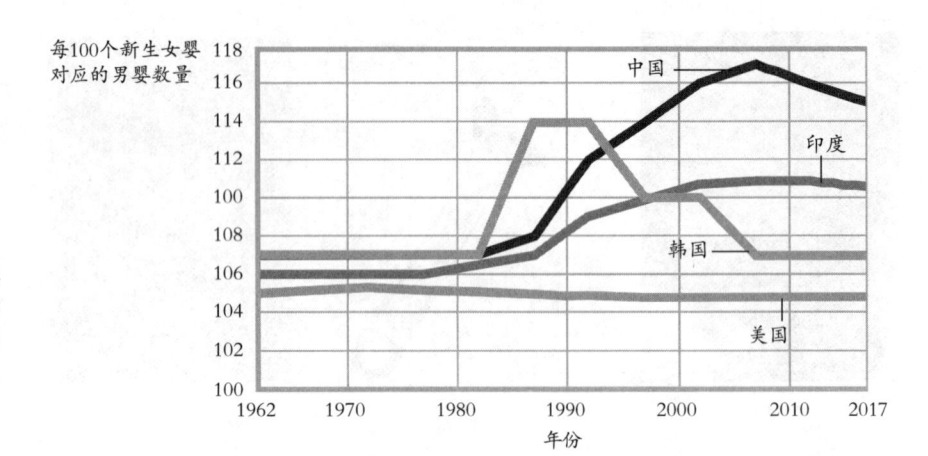

图 13.5 男婴偏好

从生物学角度来看，男女婴比例应为 105∶100。然而事实上，大多数国家都表现出明显的性别偏见，偏爱男婴

性堕胎属刑事犯罪，但男女婴性别比仍高达 111∶100（CIA, 2014）。在中国和印度，20 岁以下的男性比女性多 5000 万，许多男性找不到伴侣（Denyer & Gowen, 2018; Gupta, 2017）。女性数量的短缺也助长了针对女性受害者的犯罪行为（Brooks, 2012）。

同性恋群体偏见 在世界上很多地方，同性恋者和跨性别者无法自由地公开自己的性取向以及自己的爱人。虽然直至 2019 年，已经有 28 个国家将同性婚姻合法化，但仍有几十个国家在法律上将同性关系定为犯罪。98% 的加纳人认为"同性恋在道德上不可接受"，而在西班牙仅有 6% 的人这样认为（Pew, 2014），文化差异是巨大的。在世界范围内，对同性恋的反对一般在男性、老年人、郁郁寡欢的人、失业人士以及受教育程度较低的人中最为普遍（Haney, 2016; Jäckle & Wenzelburger, 2015）。

即使在受法律保护的国家，对同性恋群体的显性偏见依然存在。英美两国的研究人员向招聘广告投递了数千份简历，简历上写有"出纳、进步人士与社会主义联盟"的研究人员比写有"出纳、同性恋者联盟"的研究人员收到了更多回复（Agerström et al., 2012; Bertrand & Mullainathan, 2004; Drydakis, 2009, 2015）。更多事例见针对美国同性恋群体的全国性调查：

- 39% 的受访者表示，曾因性取向或性别认同而"遭到朋友或家人的排斥"（Pew, 2013b）。
- 58% 的受访者称自己"经常受到诋毁或取笑"（Pew, 2013b）。
- 54% 的受访者称自己曾在学校和工作中受到骚扰（Grant et al., 2010; James et al., 2016）。

给同性恋者和跨性别者贴标签，对他们表示轻蔑和歧视的态度或做出类似的行为会加剧该群体的心理障碍和提高其健康状况不佳的风险。在没有针对同性恋仇恨犯罪和歧视的保护措施的美国各州，即使控制了收入和教育差异，同性恋者的抑郁症和相关疾病发病率也要高得多。在对同性恋偏见高的社区，同性恋者自杀和死于心血管疾病的概率也非常高。2001 年至 2005 年间，在美国禁止同性婚姻的 16 个州中，同性恋者患抑郁症的概率增加了 37%，酗酒概率增加了 42%，广泛性焦虑障碍发病率增加了 248%。同一时间段，在同性关系合法的其他州，同性恋者患精神障碍的概率则没有增加（Hatzenbuehler, 2014）。

那么，出台将同性恋者和跨性别者合法化的法律能减少人们对性少数群体的偏见吗？答案是肯定的。正如废除种族隔离和通过相关民权法后所发生的那样，人们的态度随着新法的出现而变化。在美国各州，同性婚姻合法化后，人们变得更加支持同性恋者（Ofuso et al., 2019）。

偏见的根源

学习目标问题 13-14 偏见的社会根源、情感根源和认知根源是什么？有什么方法能减少偏见？

偏见不仅来自社会文化的分歧、内心的愤怒，还来自人们思维的自然运作方式。

社会不平等与分裂 当一些人拥有金钱、权力、声誉，而其他人没有的时候，"拥有者"在看待事物时，常常会形成一种为事物本身辩护的态度。这种**公正世界现象**（just-world phenomenon）体现了一种人们经常教育孩子的观念——善有善报，恶有恶报。从这一角度出发，人们想当然地认为，成功者一定是好人，而失败者一定是坏人。在这样的观念下，富人以为自己的富有和穷人的苦难是理所应当的。奴隶制还没废除时，奴隶主认为奴隶天生懒惰、无知且没有责任感，所以奴隶主们借此"正当地"奴役奴隶。刻板印象使不平等合理化。

歧视的受害者会产生自我责备或愤怒，而这两种反应又通过典型的受害者有罪论为偏见创造了新的理由（Allport, 1954）。假如贫困的环境使得犯罪率比较高的话，有些人便会将这种高犯罪率作为继续歧视穷人的理由。

将世界划分为"我们"和"他们"可能会引发冲突、种族主义和战争，但也能促进社区团结。我们愿意为自己所属的群体欢呼、战斗和牺牲。事实上，我们在一定程度上是根据自己所属的群体来定义自己的社会身份（Thomas et al., 2019; Whitehouse, 2018）。当奥利弗把自己定位为一个男人、一个英国人、一个土生土长的利物浦人和一个脱欧支持者时，他就明白了自己到底是谁，我们也是如此。但"我是谁"的社会定义也暗含了"我不是谁"。在脑海中画一个圈来定义"我们"，即**内群体**（ingroup），圈子之外的人便是"他们"，即**外群体**（outgroup），如此，**内群体偏见**（ingroup bias）——对自己所属群体的偏爱——就随之产生了。实验发现，从孩童时期开始，人们在进行利益分配时就倾向于自己所属的群体，即便只是一个通过抛硬币产生的群体

公正世界现象：人们倾向于相信世界是公正的，认为善有善报，恶有恶报。

内群体："我们"——与自己身份相同的人。

外群体："他们"——那些被视为与"我们"不同的人或内群体之外的人。

内群体偏见：偏爱自己所属群体的倾向。

（Tajfel, 1982; Wilder, 1981; Wynn et al., 2018）。在对 17 个国家进行研究后发现，内群体偏见更多地表现为内群体偏袒，而不是对外群体的伤害（Romano et al., 2017）。引发歧视的并不是外群体的敌意，而是内群体的人际关系和相互支持——比如为了雇佣朋友家的孩子而牺牲其他候选人（Greenwald & Pettigrew, 2014）。

人类天生就需要归属感，向往集体生活，渴求爱与被爱。人类认为安全感源于群体，无论是打猎、防守还是进攻，10 个人总比 2 个人强。我们的辨认能力也不断进化，遇到陌生人时，几乎立即就能判断出敌友。这种区分敌友的冲动，以及"异化"或"他人化"陌生人的行为，促使我们对陌生人产生偏见（Kteily & Bruneau, 2017; Whitley, 1999）。在古希腊时代，所有的非希腊人都是"野蛮人"。现在，大多数孩子认为自己的学校比同一地区的其他学校都要好。运动员和运动员一起、预科生与同为预科生的同学交好、书呆子们沉浸在自己的世界里——学生之间经常组成各种小帮派，并且贬低本群体之外的人员。研究人员甚至发现内群体偏见也存在于黑猩猩中，黑猩猩会把被其他群体的黑猩猩触碰过的地方擦干净（Goodall, 1986），看到群体内其他黑猩猩（而非群体外）打哈欠，他们也跟着打哈欠，从而表现出内群体共鸣（Campbell & de Waal, 2011）。虽然在理想世界中，公正与爱应惠及每一个人，但在现实世界中，内群体之爱往往高于普遍正义。

> **自问**
>
> 在你自己的生活圈和社群中，你见过哪些内群体偏见的例子？你要如何打破自己或他人可能面临的障碍？

负面情绪 负面情绪会滋生偏见。当面对死亡的恐惧、惧怕威胁或经历挫折时，人们会更紧密地依附自己所属的群体。当对极端不平等感到沮丧失望时，人们都希望有一个强有力的领导人来恢复秩序（Sprong et al., 2019）。当面临恐怖主义的威胁时，人们的爱国主义情绪就会高涨，并且深深憎恨那些对自己内群体构成威胁的人（Pyszczynski et al., 2002, 2008）。

替罪羊理论：当事情出错时，偏见让人们找到一个目标来责怪，为负面情绪找到发泄的出口。

根据替罪羊理论（scapegoat theory），当事情出错时，偏见让人们找到一个目标来责怪，为负面情绪找到发泄的出口。2016 年，颇具争议的美国总统大选期间及结束之后，仇恨犯罪率上升；2019 年，70% 的美国人认为种族关系正在恶化（FBI, 2019; Horowitz, 2019）。为什么会出现这种趋势？原因之一可能是人们当时更容易接受候选人唐纳德·特朗普（Donald Trump）竞选期间针对某些群体（如穆斯林、移民）的偏见（Crandall et al., 2018）。据报道，2016 年曾举办过特朗普集会的郡县，集会后仇恨犯罪率是集会前的 2 倍（Feinberg et al., 2019）。

在英格兰和威尔士 2016 年反移民脱欧公投之后，报告的仇恨犯罪从 2015—2016 年的 5.2 万起飙升至 2018—2019 年的 10.3 万起（Home Office, 2019）。同时，在德国和美国，反犹太人的仇恨犯罪率也在升高（ADL, 2019; Statista, 2019）。新冠疫情之初，某些白人占多数的国家政府官员称新冠疫情为"中国病毒"，将病毒与国家联系在一起加剧了偏见和歧视。一名亚裔男子被刺伤，其他人向他吐唾沫并辱骂道："你们带来了病毒，滚回中国去！"（Loffman, 2020）此类针对亚裔的歧视事件，在美国短短一周内就发生了 650 起（Hong, 2020; Van Bavel et al., 2020）。

替罪羊理论有两个论据：（1）社会趋势——经济受挫人士往往表现出更强烈的偏见，经济低迷时期种族偏见也会加剧（Bianchi et al., 2018）；（2）人生经验——暂时的挫败会加深人们的偏见。遭受失败或缺乏安全感的学生会通过诽谤竞争者所在的学校或贬低对手来重建自信（Cialdini & Richardson, 1980; Crocker et al., 1987）。诋毁他人可能会提升自己的地位感，这就是为什么有时对手的不幸会给我们带来快感（德语中有一个词 schadenfreud，即幸灾乐祸，形容人们为他人的失败暗自高兴）。相反，那些感到被爱和被支持的人，会对与自己不同的人更加开放包容（Mikulincer & Shaver, 2001）。

"他人之苦甜如蜜。"
——日本谚语

认知捷径 从某种程度上讲，刻板印象是我们在认知上简化世界的产物。我们在认知上简化世界的方式之一就是进行归类。化学家把分子划分为有机分子与无机分子，心理学家把心理障碍分为几种类型，人们根据性别、民族、种族、年龄和许多其他特征（包括热情程度、能力大小）来对人进行分类（Fiske, 2018）。但我们在把人分成不同的群体时，常常会形成刻板印象。我们把自己看作个体，认为"我们"总是各不相同，却高估"我们"之外的其他群体中成员的相似程度（Bothwell et al., 1989）。在"我们"看来，其他群体的成员在态度、性格与外表等方面看起来总是特别相似。"我们"也更容易辨认出和自己同一种族群体的面孔，这种现象称为**异族效应**（other-race effect，或称跨种族效应、本种族偏见），这种效应在婴儿时期就已经在认知中存在（Anzures et al., 2013; Telzer et al., 2013）。[我们还存在自我年龄偏见，能更快地识别、记忆和自己属于同一年龄段的面孔（Rhodes & Anastasi, 2012）。]

异族效应：也称跨种族效应、本种族偏见。与其他种族的人相比，同种族的人更容易辨认出与自己同一种族群体的面孔。

然而，有时一些人的种族类别难以区分。当这种情况发生时，我们把这些人归类为少数族裔。研究人员认为，这是因为我们在了解自己所熟悉的种族群体特征后，会选择性地将注意力集中到不太熟悉的少数族裔特征上。杰明·哈尔伯斯塔特（Jamin Halberstadt et al., 2011）通过向参与者展示一张具有亚裔特征的白人面孔来验证这种习得关联效应。与华裔参与者相比，欧裔新西兰参与者更容易把这张模棱两可的面孔归类为中国人。随着经历见识的增长，人们能够更好地从一个群体中识别出属于另一群体的面孔（Hugenberg et al., 2010; Young et al., 2012）。

生动案例 除刻板印象外，我们还通过易得性启发式来简化对世界的认知，如第 9 章关于易得性启发式的讨论所示，人们总是依据事件被回忆起来的难易程度，来判断这个事件的发生频率。生动的案例很容易让人想起，所以它们能助长刻板印象也就不足为奇了。在一项经典的实验中，研究人员向俄勒冈大学的两组学生展示了包含 50 名

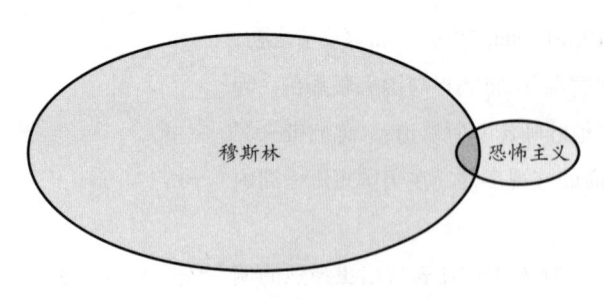

图 13.6　生动的个案会助长刻板印象

恐怖主义在许多人心中形成了一种夸大的刻板印象，认为所有穆斯林都有恐怖主义倾向。事实上，据美国国家恐怖主义研究委员小组报告，大多数恐怖分子并非穆斯林。

男性信息的列表（Rothbart et al., 1978）。展示给第一组人员的名单包括 10 个犯有伪造罪等非暴力罪行的男性，给第二组人员的名单中包括 10 个犯有袭击等暴力罪行的男性。之后，两组人都被问及他们名单上有多少人犯过罪，第二组的人高估了犯罪的人数。暴力犯罪事件令人印象深刻，更容易出现在我们的记忆中，从而影响我们对一个群体的判断（图 13.6）。

受害者有罪论　我们前面提到，人们经常通过指责受害者来为自己的偏见辩解。他们认为，世界是公正的，人们都会得到他们应该得到的。据说，第二次世界大战结束后不久，一位德国人在参观卑尔根－贝尔森集中营时曾说道："受到这样待遇的罪犯，一定曾经犯下可怕的罪行。"

事后偏见也促使人们指责受害者（Carli & Leonard, 1989）。你是否听说过这样一种说法：强奸受害者、被家暴的配偶或艾滋病患者遭受苦难都是罪有应得。在一些国家，如巴基斯坦，被强奸的妇女反倒会遭到重罚，理由是她们犯了通奸罪（Mydans, 2002）。一项由布尔曼主导的实验证明了这种受害者有罪论（Janoff-Bulman et al., 1985）。布尔曼向第一组参与者详细陈述了一位妇女在约会时被强奸的始末，第一组参与者认为这位女子的行为至少在一定程度上应受指责；而给另外一组参与者同样的陈述，只是把关于强奸的部分删掉，这组参与者便不认为该妇女的行为会诱发强奸。在第一组参与者中，事后偏见促使人们去责备受害女子，他们认为"她应该对情况有更好的了解"，指责受害者能让人们放心——相信这种事不会发生在他们身上。

为自己所属文化的社会制度辩护是人们的基本倾向（Jost, 2019）。我们更容易接受事物应有的样子，例如，人们通常简单地认为，如果一个人十分富有，那么他一定非常聪明（Hussak & Cimpian, 2015）。这种自发的保护主义让许多重大的社会变革难以实行，例如改善医疗保健或实施应对气候变化的政策。一旦政策准备就绪，群众内在的"系统公正理论"便被激发，即倾向于维护现状，不愿做出改变。

***

如果直觉告诉你，有时候你对别人产生了你不愿意有的感觉，那么要记住的一点：重要的是我们要如何处理这种感觉。监控自己的感觉和行为，摈弃旧习去适应新习惯，结交新朋友，以此来努力摆脱偏见。

检索练习

RP-1 当偏见使我们把问题归咎于一个无辜的人时，那个人就被称为_____。

答案见附录 D

攻击

学习目标问题 13-15 心理学中"攻击"的定义与日常用语中"攻击"的定义有何不同？哪些生物学因素让我们倾向于伤害彼此？

在心理学上，攻击是指任何意在伤害他人的肢体或言语行为，无论这些行为是出于敌意还是为了达到目的而采取的手段。执着、喋喋不休的销售人员，让你痛得直皱眉的牙医都不具攻击性。但是那些散布关于你的恶意谣言，当面或在网络上欺辱你的霸凌者，以及抢劫你的袭击者是有攻击性的。

攻击行为是生物因素与经验相互作用的产物。要开枪，就必须先扣动扳机，某些人只要有一把枪，就很容易扣动扳机伤害他人。让我们首先看一下激发攻击行为的生物因素，然后是"扣动扳机"时的心理因素。

攻击的生物学因素

攻击会因文化、时代和个体的不同而不同，学界认为攻击是一种无需学习的本能。然而，生物学因素的确会影响攻击行为。我们可以从三个层面探究生物学因素的影响——遗传层面、神经系统层面及生物化学层面。

遗传影响 动物生来就具有攻击性——有时是为了运动，有时是为了觅食。对双生子的研究表明，基因对人类的攻击行为也有影响（Miles & Carey, 1997; Rowe et al., 1999）。如果同卵双生子中的一个承认自己"脾气暴躁"，另一个在单独回答问题时通常也会承认自己"脾气暴躁"。而异卵双生子则不太可能做出类似的反应。

研究人员继续在那些有暴力行为的人身上探寻起决定作用的遗传标志（其中一种已经广为人知，它就是一半人类都携带着的 Y 染色体）。另一个遗传标志是单胺氧化酶 A 基因（monoamine oxidase A，MAOA），它有助于分解多巴胺和血清素等神经递质，有时被称为"斗士基因"。单胺氧化酶 A 基因表达水平低的人在被激怒时往往表现出攻击性。实验发现，与高水平携带者相比，低水平单胺氧化酶 A 基因携带者对挑衅自己的人展现出更多不友好的攻击性（McDermott et al., 2009; Tiihonen et al., 2015）。

神经系统影响 大脑中没有一个单独的区域是控制攻击的。攻击是一种发生在特定环境中的复杂行为。动物和人类的大脑都有神经系统，在受到刺激时，神经系统会抑制或激发攻击行为（Falkner et al., 2016; Fields, 2019）。请思考以下情形：

- 笼子里有一群猴子，研究人员在那只专横的猴王大脑中的某个区域植入由无线电控制的电极，猴脑中该部位受刺激时会抑制攻击行为。研究人员在笼子里安装控制无线电极的按钮后，一只小猴子学会了每次在猴王发火时按这个按钮。

· 神经外科医生为诊断一种障碍，在一位举止温和的女士的杏仁核中植入了一个电极。因为大脑没有感觉接收器，女士无法感觉到刺激，但是当电极通电时，她咆哮着说："快测量我的血压，快！"说着就站起来开始攻击医生。

· 大脑额叶受损、不活跃、被切除或尚未完全发育成熟的人，做出攻击行为的可能性更大（Amen et al., 1996; Davidson et al., 2000; Raine, 2013）。一项对203名暴力杀人犯的研究显示，杀人犯大脑中控制冲动的额叶组织有所减少（Sajous-Turner et al., 2019）。

生物化学因素影响 遗传因素控制着个体的神经系统，这些神经系统通过电化学的方式运作。例如，睾丸激素在血液中循环，影响控制攻击行为的神经系统。一头性情暴烈的公牛被阉割后，雄性激素水平降低，变得十分温和；被阉割的公鼠也是如此。然而，一旦注射了雄性激素，这些阉鼠就会再次恢复攻击性。

人类对激素的变化不太敏感。然而当男性的睾丸激素水平随着年龄的增长而减弱，17岁时激素分泌旺盛的好斗少年，也会慢慢变成70岁时岁月静好的模样。一些能极速降低睾丸激素水平的药物，可以抑制男性的攻击倾向。

> "只要让所有年龄在12～28岁之间、身强体壮的年轻男性保持低温睡眠状态，我们就可以避免三分之二的犯罪行为。"
> ——大卫·莱肯

另一种在血液中循环的物质——酒精——会释放人对挫折的攻击性反应。从警方数据、监狱调查和实验来看，具有攻击倾向的人更可能酗酒，并在醉酒时变得躁狂（White et al., 1993）。酒精是一种去抑制剂——减缓控制判断和抑制行为的大脑活动。在酒精的影响下，人们可能把一些模棱两可的行为（比如在人群中被撞）理解为挑衅，并做出过激反应（Bègue et al., 2010; Giancola & Corman, 2007）。在俄罗斯，73%的杀人案与酒精有关，在美国这一比例为57%（Landberg & Norström, 2011）。

只是认为自己喝了酒，这种认知便会增加攻击性（Bègue et al., 2009）。但是，在不知情的情况下摄入酒精也有如此效果。可见，酒精会从生理和心理两个方面影响攻击行为（Bushman, 1993; Ito et al., 1996; Taylor & Chermack, 1993）。

影响攻击性的心理和社会文化因素

学习目标问题 13-16 哪些心理和社会文化因素会激发攻击行为？

生物学因素使得攻击行为容易被激发，但是，哪些心理因素会激发攻击行为呢？

令人厌恶的事件 虽然苦难有时能塑造一个人的性格，然而实验显示，那些遭受苦难的人往往也会使其他人感到痛苦（Berkowitz, 1983, 1989）。令人厌恶的刺激——高温、身体疼痛、人身攻击、恶臭、香烟烟雾、拥挤以及许多其他刺激因素——都能引发敌意。甚至饥饿也会让人变得"饥肠怒怒"（Bushman et al., 2014）。这种现象被称为**挫折-攻击理论**（frustration-aggression principle）：挫折引发愤怒，而愤怒又会导致攻

> 挫折-攻击理论：因受挫而无法实现某个目标，从而产生愤怒，愤怒又引发攻击行为。

击行为。

对美国 1960～2004 年 27 667 起棒球联赛中触身球事故的分析，体现了挫折与攻击之间的联系（Timmerman, 2007）。如果投手因上轮击球全垒打、本轮击球全垒打，或者上半场队友被投球击中而感到挫败，这名投手就最有可能故意用球击打对方击球手。另一项研究发现，气温上升和投手暴力击球次数之间也有类似的联系（Reifman et al., 1991）（图 13.7）。温度越高，脾气越暴。

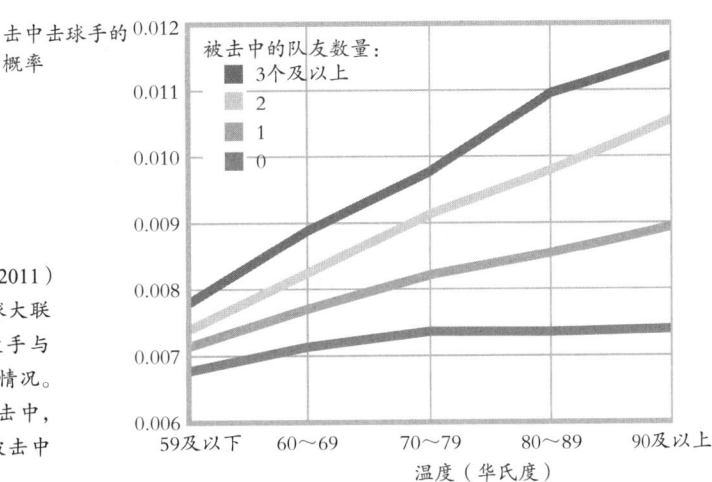

图 13.7 气温与攻击

理查德和他的同事（Richard et al., 2011）研究了自 1952 年以来美国职业棒球大联盟 57 293 场比赛的 4 566 468 场投手与击球手的对垒中击球手被球击中的情况。如果投球手的一个或多个队友被击中，并且当时气温较高，对方击球手被击中的概率就会增加。

暴力犯罪和家庭暴力的发生率往往在燥热的年份、月份和日子里会更高（Anderson et al., 1997; Heilmann & Kahn, 2019）。来自不同领域（考古学、经济学、地理学、政治学和心理学）的研究人员发现了一个同样的现象——在整个人类历史中，气温升高预示着个人暴力、战争和革命运动事件的增加（Hsiang et al., 2013）。研究人员根据现有数据推测，全球温度升高约 2 摄氏度，就可能诱发数万起攻击和谋杀案（Anderson & Delisi, 2011; Miles-Novelo & Anderson, 2019）。然而这个数字还不包括气候变化附加的干旱、贫困、粮食短缺和移民等危害导致的额外暴力事件。

强化与学习模范 攻击也许是对厌恶事件的自然反应，而学习可以改变这种自然反应。我们可以通过行为强化来学习，也可以通过观察别人来学习，从而改变行为。

如果经验告诉我们，攻击会带来回报，我们就很可能会再次攻击。当孩子们的攻击行为成功地威胁到其他孩子时，他们可能会变得恃强凌弱。那些通过打斗获得食物和配偶的动物会变得越来越凶猛。为了建立一个更为文明友善的世界，我们最好从小就通过向孩子示范同情心与合作精神并给予奖励，或者通过培训父母让他们不要对孩子使用暴力来实现。家长培训项目建议父母避免责骂和殴打孩子，相反，父母应强化孩子的优秀行为，同时使用积极的言语表达（比如，应该说"把玩具收起来，你就可以去玩了"，而不是"如果不把玩具收起来，你就会有大麻烦"）。

不同文化会塑造、强化和激发不同的暴力倾向。例如贫富分化严重的时代和地区犯罪率较高，平均幸福感较低（Messias et al., 2011; Oishi et al., 2011; Wilkinson & Pickett, 2009）。父亲这一角色十分重要（Triandis, 1994）。在美国，即使在控制了父母受教育程度、种族、收入和未成年母亲等因素后，成长过程中缺失父爱的男性青年入狱率仍是同龄人的两倍（Harper & McLanahan, 2004）。

一个国家公民是否有暴力行为可能因文化而异。例如，美国南部长期以来一直尊崇一种"荣誉文化"。研究人员对美国南部城镇中美国白人的暴力行为进行了分析，这些城镇中居住的是英格兰裔与爱尔兰裔的牧民，他们历来就强调一种"男子汉荣誉"，主张用武力来保护自己的畜群，并且有压迫奴隶的历史。时至今日，与居住在新英格兰城镇中的白人清教徒、贵格会教徒、荷兰农民和手艺人相比，这些牧民的后代杀人的概率要高出两倍，并且对体罚儿童、主动挑起冲突以及不加控制地持有枪支都更为支持。在南部受"荣誉文化"影响的州内，学生携带武器到学校以及发生校园枪击事件的比例也更高（Brown et al., 2009）。

媒体上的暴力模仿对象 父母的攻击行为并不是孩子们唯一的模仿对象。影视剧、电子游戏和互联网上都存在大量的暴力内容。这种媒体上的暴力内容给人们提供了社会脚本——在特定情况下应该如何行动的"心理录像带"，例如，观看过暴力动作片的青少年期男孩，在现实生活中面临冲突时，为了消除所面临的威胁，他可能会"表现得像个男人"——至少像动作片里的男人。100 多项研究都证实，我们会模仿自己看到的东西。人们在观看媒体对风险行为（危险驾驶、极限运动、无保护措施性行为）的美化后，现实生活中的冒险行为会有所增加（Fischer et al., 2011）；观看暴力行为（谋杀、抢劫）后，现实生活中的攻击性会增加（Anderson et al., 2017）。歌词也会给人提供社会脚本。在一项研究中，一名德国男大学生在听了表达憎恨女性的歌曲后，给一名女性倒了最辣的辣椒酱，还回忆起更多针对女性的负面情感和态度。女性在听过表达厌男情绪的歌曲后也有类似的反应（Fischer & Greitemeyer, 2006）。

反复观看色情电影对观众有何影响？由于色情作品越来越容易获得，美国性暴力犯罪的发生率有所下降（尽管这个情况在加拿大、澳大利亚和欧洲并未发现）。然而，正如反复观看影视剧中的暴力场景会让我们对攻击行为免疫一样，反复观看色情作品（即使是非暴力色情作品），也会让人们觉得性侵犯行为没那么严重（Harris, 1994）。在一项实验中，研究人员让大学生在六周内每周观看六部短片。其中一组大学生观看的是色情影片，另一组大学生观看的是没有出现任何性行为的短片。三周后，让两组人阅读一篇关于男子因强奸女搭便车者而被定罪的报道，并建议合理的刑期。结果，反复观看色情电影的参与者建议的刑期只有对照组的一半（Zillmann & Bryant, 1984）。其他研究调查了色情作品对伴侣暴力行为的影响后发现，色情作品消费增高可预测自我报告的攻击性增加，以及参与者用实验室噪声攻击伴侣的意愿增加（Lambert et al., 2011; Peter & Valkenburg, 2016）。色情作品推波助澜，加剧了具有攻击倾向的男性实施性侵犯行为的风险（Malamuth, 2018）。

暴力色情作品也会增加男性对女性的攻击性行为。21位社会科学家联合发表的一份声明指出，"色情作品把性侵犯美化成受害者所喜欢的事情，提高了人们对两性关系中强迫行为的接受程度"（Surgeon General, 1986）。与广为流行的观点相反，专家们认为暴力色情作品中对性行为的演绎并不能使压抑的冲动得到发泄，相反，"测量短期影响的实验发现，经常观看暴力色情作品会增加对女性的惩罚行为"。

暴力电子游戏会给社会传播暴力吗？ 世界各地多项实验证明，积极正面的游戏会产生积极影响（Greitemeyer & Mügge, 2014; Prot et al., 2014）。例如，经典电子游戏《旅鼠》的玩法设定是帮助他人，这也促使人们在现实生活中更多地互帮互助。那么，暴力游戏是否同样会对现实生活产生影响呢？多地青少年模仿他们经常玩的血腥游戏中的残杀镜头实施了几起谋杀案后，暴力电子游戏成了公众讨论的话题（Anderson, 2004, 2013）。

这类暴力模仿事件让我们不禁疑惑：积极主动地在游戏中扮演攻击者又会带来什么影响呢？会让人们变得对暴力无动于衷或是更具暴力倾向吗？近400项涉及13万人的研究提供了一些答案（Calvert et al., 2017）。暴力电子游戏让人们变得对暴力不那么敏感（Arriaga et al., 2015）。暴力电子游戏会激发人们的攻击性、减少同理心，并诱使人们在受到挑衅时做出攻击性的回应。花最多时间玩暴力电子游戏的大学生一般人身攻击性也最强（Anderson & Dill, 2000）。例如，他们更经常承认自己殴打袭击过别人。24项跟踪儿童和青少年长达4年的纵向研究发现，"随着时间的推移，参与者玩暴力电子游戏的时间越长，公开实施身体暴力行为的频率越高"（Prescott et al., 2018）。

在实验中，被随机分配去玩一款充满血腥残杀和受害者惨叫的游戏的人会变得更具敌意，并且在后续任务中更可能对其他同学大吼大叫。研究显示，那些经常玩大量暴力电子游戏的青少年会变得更具攻击性，并且在他们眼中，世界上有更多敌意存在（Bushman, 2016; Exelmans et al., 2015; Gentile, 2009）；与不玩游戏的孩子相比，他们更容易与别人争斗，成绩也更差。在另一项实验中，玩枪支暴力电子游戏的儿童，长大后更有可能接触真枪，并扣动扳机（Chang & Bushman, 2019）。

但这仅仅是因为暴力游戏会吸引天生充满敌意的孩子吗（Greitemeyer et al., 2019）？显然不是。研究人员比较了在敌意测量中得分较低的游戏玩家和非游戏玩家后发现，他们报告的打架次数有差异。几乎每10个玩暴力游戏的孩子中就有4个打过架，而不玩暴力游戏的100个孩子中总共只有4个打过架（Anderson, 2004）。一些研究人员认为，部分由于游戏中更积极地参与和奖励暴力，暴力电子游戏对攻击行为和认知的影响甚至比暴力影视节目更大（Anderson & Warburton, 2012）。

其他研究人员对此类发现不以为然（Markey & Ferguson, 2018）。他们指出，从1996年到2006年，电子游戏的销量有所增长，但青少年暴力有所下降。他们认为其他

"研究表明，玩暴力电子游戏与攻击性行为、攻击性认知和攻击性情绪加剧，以及亲社会行为、同理心和对攻击行为的敏感性减弱之间存在一致性。"
——美国心理学会媒体暴力工作小组

> "研究发现，暴力儿童玩游戏会导致游戏角色的攻击性增强。"
> ——洋葱新闻

因素——抑郁、家庭暴力、同伴影响和持枪文化——更容易引发攻击性行为。尽管一些评论人士试图将现代大规模枪击事件归咎于暴力电子游戏，但大多数研究人员都认为，即使在最坏的情况下，暴力电子游戏也只是促成社会暴力的众多因素中一个不太起眼儿的因素（Mathur & VanderWeele, 2019）。

总之，研究揭示了生物、心理和社会文化对攻击行为的影响。引发复杂行为（如暴力）的因素很多，任何单一的解释都过于简单。因此，询问是什么导致暴力行为就像询问是什么导致癌症一样。研究石棉对癌症发病率的影响的学者告知我们，石棉确实是一种致癌物质，但它只是众多致癌物质中的一种。和许多其他心理现象和行为一样，攻击也是一种生物心理社会现象（图13.8）。

生物学因素：
- 遗传
- 生物化学因素，比如睾丸激素和酒精
- 神经系统因素，比如严重的头部损伤

心理学因素：
- 支配性行为（提高血液中的睾丸激素水平）
- 认为自己摄入了酒精（无论是否真的摄入了酒精）
- 受挫
- 攻击行为的"角色榜样"
- 奖励攻击行为
- 自我控制能力低

→ 攻击行为 ←

社会文化因素：
- 去个性化，或自我意识和自我约束的丧失
- 具有挑战性的环境因素，如拥挤、炎热和直接挑衅
- 父母有攻击行为
- 成长过程缺少父亲的参与
- 被团体排斥
- 接触暴力媒介

图13.8 从生物学、心理学和社会角度理解攻击

引发攻击行为的因素有很多，但改变这种行为的方法也很多，如学习愤怒管理和沟通技巧，避免观看含有暴力内容的影视节目或玩暴力电子游戏。

令人欣慰的是：历史趋势表明，随着时间的推移，世界上的暴力行为在逐渐减少（Pinker, 2011）。时过境迁，人与环境都在随着时间变化。昔日烧杀掠夺的维京人，如今已成为爱好和平的斯堪的纳维亚人。跟所有其他行为一样，攻击行为源于人与环境的相互作用。

自问

你在哪些方面受到了攻击性社会脚本的影响？你的观影和游戏习惯是否影响了这些社会脚本？

检索练习

RP-2 哪些生物学、心理学和社会文化因素相互作用激发了攻击行为？

答案见附录D

亲社会关系

人类作为社会性动物，需要与他人接触。比起时刻紧握拳头准备争斗，我们更经常张开双臂去接近别人。社会心理学家不仅关注社会关系的阴暗面，也通过研究亲社会行为——意在帮助或造福他人的行为——关注社会关系的积极面。我们可以从吸引、利他主义和爱好和平三个方面来探索亲社会行为。

吸引

请休息片刻，思考一下你与两个人的关系——一个是你的亲密好友，一个是你爱的人。是什么心理化学作用将我们绑定在一段友情或爱情中？社会心理学家给出了一些解答。

人际吸引的心理因素

学习目标问题 13-17 为什么我们会结交或爱上某些特定的人？

我们总是想知道，怎样才能赢得他人的喜爱，以及是什么导致了我们情感高涨或消退？是"亲不敬，熟生蔑"，还是熟悉会放大我们的情感？是"物以类聚，人以群分"，还是"异性相吸"呢？请思考让我们彼此喜爱的三要素：接近性、外貌吸引力和相似性。

接近性 在友谊变得亲密之前，先要产生友谊。接近性——空间上的接近——也许是友谊最重要的推动因素。接近性虽然也可能引起攻击，但更多情况下它会引起喜欢。很多研究表明，人们最有可能去喜欢甚至嫁（娶）那些住在附近的人、上课时坐在旁边的同学、在同一个办公室工作的同事、共用一个停车场的人或者是在同一家餐厅吃饭的人。看看周围我们就会明白：交往始于相遇。

接近会产生好感，一部分原因是**纯粹曝光效应**（mere exposure effect）。反复接触新奇的刺激会提高我们对该事物的喜爱程度。研究人员给 3 个月大的婴儿展示不同种族的人像照片，婴儿表现出更喜欢看和他们同一种族的人像照片（Kelly et al., 2007）。熟悉的面孔看起来更让人感到愉悦（Carr et al., 2017）。对我们的祖先而言，纯粹曝光效应还具有生存价值。熟悉的事物通常是安全的、可接近的，不熟悉的事物往往危险且具有威胁性。因此，进化使我们天生就有一种亲近熟人、警惕陌生人的倾向（Sofer et al., 2015; Zajonc, 1998）。

纯粹曝光效应不只体现在我们倾向于喜欢自己熟悉的面孔。不管是音乐片段、几何图形、汉字还是组成我们名字的字母，一个事物只要反复出现，都会增加我们对它的喜爱（Moreland & Zajonc, 1982; Nuttin, 1987; Zajonc, 2001）。即使是一些出现极快，

> 纯粹曝光效应：反复接触新奇的刺激会提高我们对该事物的喜爱程度。

连大脑都来不及识别的无意义音节组合，在纯粹曝光效应的影响下，我们也会无意识地对这些反复出现的音节产生好感（Van Dessel et al., 2019）。到一定程度后（纯粹曝光效应逐渐减弱后），熟悉会滋生喜爱（Bornstein, 1989, 1999; Montoya et al., 2017）。这一效应对那位给女友写了700多封信、想要求娶佳人的青年来说应该不是什么新鲜事。他女友最后确实嫁人了，新郎却是那位天天出现在女友家门口的邮差（Steinberg, 1993）。

对你来说，再没有谁的脸比你自己的脸更熟悉了，这让一个有趣的实验发现有迹可循：当一张面孔融入了我们自己脸上的一些特征时，我们会更喜欢这张面孔（DeBruine, 2002, 2004）。研究人员让麦克马斯特大学的学生与虚拟的玩家一起玩游戏，如果虚拟玩家的形象加入了大学生自己面孔的一些局部特征，大学生就会更加信任该虚拟玩家，展现出更多的合作意愿。人们当然信任他/她自己。

现代交友 那些没有在自己身边找到伴侣的人，可能会去寻找更多机会。有数百万人在8000个在线约会网站上寻找真爱（Hatfield, 2016）。2015年，在美国18～24岁的年轻人中，有27%的人曾尝试在线约会服务或使用过线上交友应用程序（Smith, 2016）。

线上交友扩大了找寻潜在伴侣的范围，尤其是对于想找寻同性伴侣的人而言（Finkel et al., 2012a, b; Rosenfeld et al., 2019）。那么通过这种形式交友的效果如何？平均而言，线上建立的友谊或恋爱关系比私底下面对面建立的关系更长久，也更令人满足（Bargh & McKenna, 2004; Bargh et al., 2002; Cacioppo et al., 2013）。研究显示，人们对网络上结识的人倾诉更多，并且更少装腔作势（McKenna et al., 2002）。在网上与某人交谈20分钟，人们会觉得比面对面交谈更喜欢对方，甚至就连他们在网上联系的和真正见面的是同一个人（当事人不知道这一点）时也是如此！人们往往感觉网络友谊与现实生活中的人际关系一样真实和重要。

网络交友也有一些风险。大约一半的年轻女性曾收到过性骚扰信息（Anderson et al., 2020）。即便如此，美国仍然有约1000万人使用在线配对工具（Statista, 2018）。据估计，美国每五对新婚夫妻中，就有一对是通过网络交友结识、恋爱，最后步入婚姻的（Crosier et al., 2012）。2017年恋爱的情侣中，有39%的异性恋情侣和65%的同性情侣是通过网络结识对方并确认恋爱关系的（Rosenfeld et al., 2019）（图13.9）。

快速约会将寻找浪漫的步伐推向了高潮。在一个由犹太拉比组织的联谊活动中，人们通过面对面或网络摄像头结识了众多潜在的伴侣（Bower, 2009）。一组人（通常是女性）依照顺序与异性对象交谈3～8分钟，每次交谈结束后如果想再与对方见面，可安排后续联系。对于许多参与者来说，4分钟的时间足以形成对交谈对象的感觉，并记录下对方是否喜欢自己（Eastwick & Finkel, 2008a, b）。

研究人员还可以利用快速约会来考察影响恋爱对象第一印象的因素。请看以下最新发现：

图 13.9 人们结识另一半的方式正在变化

针对美国异性情侣和同性情侣认识渠道的调查发现，互联网的作用越来越明显（Rosenfeld, 2011; Rosenfeld et al., 2018, 2019）。

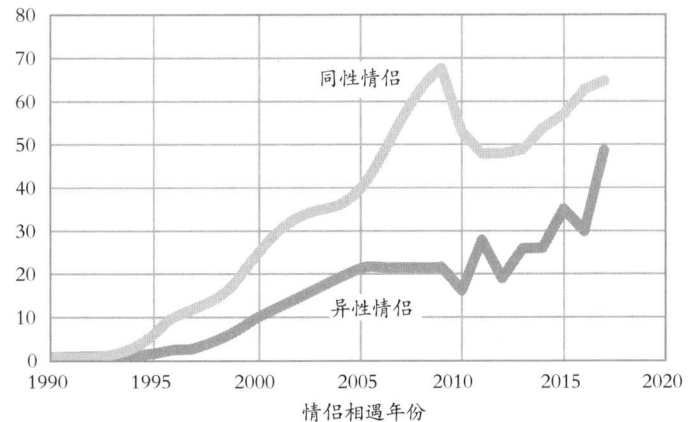

- 害怕被拒绝的人往往更容易招致拒绝。3分钟的快速约会后，那些最害怕被拒绝的人，也最不可能被选中进行后续约会（McClure & Lydon, 2014）。
- 如果有更多的选择的话，人们可能会做出肤浅的选择。当人们遇到很多潜在伴侣，他们首先关注的是潜在对象身上最容易被关注的特征，如身高和体重（Lenton & Francesconi, 2010）。
- 男性常常希望后续能与快速约会对象有更多接触，女性则往往更挑剔。但是，如果角色互换，男性依照顺序与女性交谈，这种差异就会消失（Finkel & Eastwick, 2009）。
- 成功率难以预测。在两项快速配对研究中，参与者事先准备了100多个约会中可能聊到的话题，可没有什么能保证成功配对（Joel et al., 2017）。

外貌吸引力 一旦接近性提供了接触的机会，对方的哪方面最能影响我们对他/她的第一印象？是对方的真诚、智慧还是人格？众多的实验揭示了，它其实是一个比这些都要肤浅得多的因素：外貌。对于那些常常被教导"美丽只是外在"和"外表可能具有欺骗性"的人而言，外貌的巨大吸引力会令他们感到不安。

在一项早期研究中，研究人员在新生欢迎周舞会上随机挑选异性恋的新生进行配对（Walster et al., 1966）。在舞会之前，研究人员给每个学生进行了一系列性格和能力测试，并对每个学生的外貌吸引力进行了评估。舞会当晚，每一组搭档跳舞和交谈的时间都超过了两个小时，然后研究人员让他们在休息的空档评价自己的约会，是什么决定

什么是"吸引力"？

吸引力的概念因文化和时间推移而异。但一些成年人的身体特征，如健康的外表和对称的面孔，似乎在任何地方都是具有吸引力的。

了他们是否喜欢对方？实验发现，只有一个因素起到了关键作用：外貌。男生女生都最中意长得好看的舞伴。虽然女生比男生更有可能说自己不在意搭档长相如何（Lippa, 2007），但研究表明，男性的外貌确实会影响女性的行为（Eastwick et al., 2014a, b）。就像在 Tinder（一款手机交友应用程序）上右滑选择心仪对象一样，快速配对实验中，外貌吸引力会影响两性对彼此的第一印象（Belot & Francesconi, 2006; Finkel & Eastwick, 2008）。

外貌吸引力还能预测一个人的约会频率及受欢迎程度，并影响他人对其人格的最初印象。我们会认为具有吸引力的人更健康快乐、更敏感、更成功、社交能力更强（Eagly et al., 1991; Feingold, 1992; Hatfield & Sprecher, 1986）。

> "美丽的外貌比任何推荐信更管用。"
> ——亚里士多德

一些人认为"外貌很重要"这种观点既不公平又不明智，对于这些人而言，以下三个发现也许会让他们感到安心：

- 首先，一个令人惊讶的发现是，人们的外貌吸引力与他们的自尊和幸福感无关（Diener et al., 1995; Major et al., 1984）。除非我们把自己与极具魅力的人做比较，否则很少有人（也许是受纯粹曝光效应影响）认为自己缺乏吸引力（Thornton & Moore, 1993）。
- 非常有吸引力的人有时会怀疑别人对他们工作的赞美可能只是对他们外表的一种反应，而吸引力较弱的人受到的赞赏才真诚可信（Berscheid, 1981）。
- 对于之前是朋友、第一次见面后很久才坠入爱河的情侣来说，外貌并没有那么重要（Hunt et al., 2015）。在日久生情的恋爱中，共同的价值观和兴趣才是关键。

> 据估计，美国外科整形医生每年切除的鼻子长度加起来大约有 1667 米（Harper's, 2009）。

美存在于特定文化之中。为了让自己看起来更具吸引力，不同文化中的人们会在身上穿孔、文身、拉长脖子、人工美白或美黑皮肤、染发、增肌。他们会暴饮暴食只为让自己看起来更丰满，或者通过抽脂手术让自己变苗条，用化学物质来去除不想要的头发或让想要的头发重新长出来，用内衣来改变腰部、臀部和胸部的比例。审美标准也会随着时间而改变。在北美，20 世纪 20 年代人们追求极度苗条的身材，这种审美观念在 20 世纪 50 年代被柔软丰满的玛丽莲·梦露形象所取代，然而这一形象如今又被身材苗条但胸部丰满的理想标准所替代。

但异性相吸的某些方面能够跨越时空（Cunningham et al., 2005; Langlois et al., 2000）。男女因生殖器官的差异，性吸引力也有所不同。进化心理学家解释道，无论是在澳大利亚还是赞比亚，在许多文化中，男性认为外表年轻、身材丰腴的女性更具吸引力（指腰臀比低的女性）（Karremans et al., 2010; Perilloux et al., 2010; Platek & Singh, 2010）。女性则会被看起来健康的男性所吸引（指男性的阳刚之气和生育能力），尤其是那些看起来成熟、有地位、阳刚且富裕的男性（Gallup & Frederick, 2010; Gangestad et al., 2010）。当然，长相也很重要。当人们分别评价异性的长相和身材时，面孔往往是最能影响整体外貌吸引力的因素（Currie & Little, 2009; Peters et al., 2007）。

感觉也会影响我们对吸引力的判断。如果有两个人在你面前，一个诚实、幽默、懂礼貌，另一个粗鲁、不公道、满口脏话，你觉得谁更吸引你？对于那些拥有吸引人的特质的人，大多数人会认为他们在外貌上也更具吸引力（Lewandowski et al., 2007）。或者再试想一下，你与一名陌生人约会，这人魅力十足，并且在约会过程中认真倾听你的自我表露，你是否会在这位有同理心的陌生人身上感受到一种性吸引力呢？研究人员召集一些学生进行实验发现，参与者确实会在自己喜欢的人身上感受到性吸引力（Birnbaum & Reis, 2012）。感觉影响认知，让我们觉得自己喜欢的人更有吸引力。

在的音乐剧《灰姑娘》（*Cinderella*）中，白马王子问道："是因为你美丽我才爱你，还是因为我爱你你才美丽？"其实二者皆有可能。当我们经常见到某人，并开始对其产生好感时，他们外表的缺陷变得不那么显眼，而吸引力变得更强烈（Beaman & Klentz, 1983; Gross & Crofton, 1977）。莎士比亚在《仲夏夜之梦》（*A Midsummer Night's Dream*）中写道："爱不是来自眼中，而是来自心中。"爱上某个人，你就会看到她/他一天比一天更美丽。越爱越可爱。

相似性 如果说接近性让你有机会接触到某个人，并且你的外貌给对方留下了很好的第一印象，那么影响你们能否成为朋友的因素是什么呢？当你们逐渐了解对方时，彼此之间相异还是相似会产生更好的化学反应？

在阿诺德·洛贝尔（Arnold Lobel）的书中，青蛙与癞蛤蟆成为好友；《哈利·波特》系列作品中，赫敏与罗恩成为恋人。这些故事通过讲述我们很少经历过的事情来取悦我们，让我们看到，完全不同的个体照样可以和谐地生活在一起，交好或是相爱。然而，在现实生活中，相对立的事物会彼此远离（Montoya & Horton, 2013; Rosenbaum, 1986）。高个子往往喜欢跟高个子谈恋爱，矮个子则对其他矮个子有好感（Yengo et al., 2018）。朋友或情侣比那些随机配对的人更可能表现出相似的态度、信仰和兴趣（还有年龄、种族、教育水平、智力、吸烟行为及经济状况等）。此外，人们越相似，他们对彼此的喜爱就越长久（Byrne, 1971; Hartl et al., 2015）。记者沃尔特·李普曼（Walter Lippmann）在这方面的观点十分正确，他认为"当恋人不仅彼此相爱，而且有许多共同喜欢的事物时"，这份爱就会长久。越相似越相爱。

接近性、外貌吸引力和相似性并不是吸引力的全部决定因素。我们也会喜欢那些喜欢我们的人，尤其是在我们的自我形象较差的时候。当你认为某个人喜欢自己的时候，就会更热情地回应那个人，这又会使那个人更加喜欢你（Curtis & Miller, 1986），被人喜欢是一种很有效的奖赏。好消息是：你不必总是在见过某人后为自己的言语或外表而过于烦恼，因为大多数人其实比你自己想象中更喜欢你（Boothby et al., 2018）。

事实上，到目前为止，我们讨论的所有研究发现都可以用吸引回报理论来解释：

> "我喜欢教皇，除非他不喜欢我，那我也就不喜欢他。"
> ——唐纳德·特朗普

我们会喜欢那些行为对我们有益的人，包括那些有能力并且愿意帮助我们实现目标的人（Montoya & Horton, 2014）。如果一个人在我们周围生活或工作，那么与他/她建立友谊和享受友谊带来的好处所需的时间和精力会比较少。如果一个人很有吸引力，那么在审美方面，这个人的外貌是令人愉悦的，与之交往可以带来有益的社会回报。当他人分享我们的观点时，他们的认可对我们来说也是一种回报。

自问

你所拥有的最亲密的关系在多大程度上受到接近性、外貌吸引力和相似性的影响？

检索练习

RP-1 人们更倾向于与生活或工作在自己周围的人结为夫妻。这种行为说明_____原理在起作用。

RP-2 外貌吸引力如何影响他人的看法？

答案见附录 D

浪漫爱情

学习目标问题 13-18 随着时间的流逝，浪漫爱情通常会发生哪些变化？

有时候，人们会从最初印象发展到建立友谊，再发展到更热烈、更复杂、更神秘的浪漫爱情。如果爱能持续下去，那么短暂的激情之爱就会逐渐演变成一种长久的伴侣之爱（Hatfield, 1988）。

激情之爱 激情之爱（passionate love）是对某人既新奇又积极的爱意（Aron et al., 2000; Coulter & Malouff, 2013）。我们强烈渴望与伴侣在一起，看到另一半会刺激体内血液流向与渴望和痴迷有关的脑区（Acevedo et al., 2012; Hatfield et al., 2015）。

> 激情之爱：在唤醒状态下对另一个人强烈而积极的爱意，通常出现在浪漫关系发展之初。

在第 12 章讨论过的情绪的双因素理论，可以帮助我们理解这种对另一个人强烈而又积极的激情之爱（Hatfield, 1988）。情绪的双因素理论包括以下两个假设：

- 情绪有两个因素，即生理唤醒与认知评价。
- 任何原因引起的唤醒状态都可以增强一种或另一种情绪，这取决于我们怎样解释唤醒状态。

研究人员在实验室之外进行了一项经典研究（Dutton & Aron, 1974, 1989）。他们来到横跨加拿大英属哥伦比亚省险峻的卡皮拉诺河的两座桥上，一座是摇摇晃晃的吊桥，离下面岩石有 70 米，另一座桥较矮而且稳固。他们让一位充满吸引力的年轻女实验助手拦住从两座桥上经过的男性，请求他们帮忙填写一份简短的问卷，随后给这些男性留下电话号码，以备他们想了解更多有关这一调查项目的信息。那些刚刚走过那座高桥但还处于胆战心惊状态的男性中有更多人接受了女助手的电话号码，并在后来给她打了电话。

当人们的情绪被唤醒，并把这种唤醒的部分原因与自己渴望的人联系起来时，便会感受到激情的牵引。肾上腺素使两颗心更亲密。"性欲+日益浓烈的依恋=激情之爱"（Berscheid, 2010）。

伴侣之爱 虽然浪漫爱情的渴望和依恋经久不息，但对另一半强烈的关注、浪漫的刺激以及心醉神迷、头晕目眩之感会逐渐消退。这是否应验了法国人那句"爱情，让时间匆匆流过；时间，让爱情消逝于无形"呢？或者说，在激情退却后，友谊和承诺能否继续让一段关系维持下去呢？

研究人员指出，爱情逐渐成熟，最后会变成一种更为稳固的**伴侣之爱**（companionate love）——一种深沉的、真挚的依恋。就像风暴总会过去一样，激发激情的激素（睾酮、多巴胺、肾上腺素）也会慢慢消退。但催产素——一种让我们信任伴侣、平静，并且感到与伴侣契合的激素持续存在。这种从激情到依恋的转变可能具有适应性价值（Reis & Aron, 2008）。当父母失去对彼此的迷恋时，伴侣之爱有助于孩子的生存。

在最令人满意的婚姻中，恋爱初期时的迷恋消逝，但吸引力和性欲持续存在（Acevedo & Aron, 2009）。一些文化认为，激情之爱持续时间短，是不理性的婚姻。人们最好是寻找（或者让别人为你寻找）一个与自己背景相似、兴趣相投的伴侣。在那些把婚姻看得比爱情重要的文化中，离婚率的确要低一些（Levine et al., 1995）。

要建立令人满意且持久的关系，关键因素是**公平**（equity）。当公平存在时——当双方得到的回报与他们的付出成比例时——他们就有机会建立起持久的、令人满意的伴侣之爱（Gray-Little & Burks, 1983; Van Yperen & Buunk, 1990）。在一项全国性调查中，人们列出的建立幸福婚姻最重要的九件事中，"分担家务"排在第三位，仅次于"忠诚"和"和谐的性生活"。皮尤研究中心（2007）对此总结道："我喜欢与你拥抱，喜欢亲吻，但我真正喜欢的是，你能帮忙洗碗。"

公平的重要性超越了婚姻。双方分享自我和财产，共同做决定，给予也获得情感支持，促进和关心彼此的幸福——所有这些行为是每一种情感关系的核心（Sternberg & Grajek, 1984）。这一点不论对于恋人、父母、孩子还是密友都适用。

分享包括**自我表露**（self-disclosure），即吐露私密的细节——我们的喜恶、我们的梦想与担忧、我们感到骄傲和羞愧的时刻等。罗马政治家塞涅卡（Seneca）说："当我和朋友在一起时，我不会感到孤单，我可以自由地谈论想到的任何事情。"自我表露促进好感，而好感又会促进自我表露（Collins & Miller, 1994）。当一方表露了一点儿，另一方回应一点儿，然后一方又表露更多，另一方也会如此，周而复始，朋友或恋人之间就会变得更加亲密（Baumeister & Bratslavsky, 1999）。

伴侣之爱：感受到那些与自己的生活交织在一起的人深沉的、真挚的依恋。

公平：人们在一段关系中的收获与付出是相称的。

自我表露：向他人吐露自己私密的细节。

在一项实验中，学生两人组成一对进行了一次逐渐深入的自我表露谈话，为时45分钟，谈话内容很广泛，话题从"你认为自己一生中最大的成就是什么？"到"你上一次在别人面前哭是在什么时候？你一个人哭泣又是在什么时候？"也有一些学生在这段时间内只相互问了一些无关紧要的问题，比如"你的高中生活是什么样的？"（Aron et al., 1997）。在实验结束时，与只是闲聊的学生相比，那些话题逐渐深入的学生彼此之间明显变得更为亲近了。同样，情侣花45分钟回答这些问题后，也会变得更加亲密（Welker et al., 2014）。

除了公平和自我表露，建立伴侣之爱的第三个关键因素是积极的支持。在一段关系中，冲突无可避免，但伤害性的交流则不是。我们更经常表达的是讽刺还是支持，是蔑视还是同情，是冷笑还是微笑？在不幸福的夫妻之间，分歧、批评和奚落是家常便饭；然而在关系持久的幸福伴侣之间，积极互动（赞美、抚摸、大笑）与消极互动（讽刺、反驳、侮辱）的比例是5:1（Gottman, 2007; Sullivan et al., 2010）。我们对批评十分敏感，一次批评对注意力和情绪产生的消极影响需要多次赞扬才能抵消——不仅是婚姻，这一点也适用于所有情感关系（Tierney & Baumeister, 2019）。也许你也注意到了：在好言好语早已被遗忘后，伤人的言辞还在脑海里久久挥之不去。

爱情数学中有一个公式："自我表露的亲密感＋相互支持的平等感＝持久的伴侣之爱。"

检索练习

RP-3 情绪的双因素理论如何帮助解释激情之爱？

RP-4 维持伴侣之爱的两个关键因素是_____和_____。

答案见附录D

利他主义

学习目标问题13-19 什么是利他主义？什么时候我们最愿意和最不愿意帮助他人？

利他主义（altruism）指对他人福祉的无私关怀。德克·威廉姆斯没有继续逃跑，而是拯救了被困冰窟的狱卒，是利他主义的典范。他符合英雄的定义——道德高尚、勇敢、保护需要帮助的人（Kinsella et al., 2015）。卡尔·威尔肯斯（Carl Wilkens）和保罗·鲁塞萨巴吉纳（Paul Rusesabagina）在卢旺达基加利则展现了另一个英勇的利他主义典范。威尔肯斯是基督复临安息日会的传教士，与家人住在基加利。1994年，胡图族民兵开始对图西族展开大屠杀。当时，美国政府、教会领袖和朋友们都恳求威尔肯斯离开基加利，但他统统拒绝。在家人撤离、其他所有美国人也都离开基加利后，威尔肯斯独自留下，对抗这一场涉及80万条生命的种族大屠杀。当胡图族民兵来处决他

利他主义：对他人福祉的无私关怀。

和他的图西族仆人时，威尔肯斯的胡图族邻居救了他们。尽管一再受到死亡威胁，威尔肯斯依旧每天穿越路障为孤儿院运送食物和水；在流血与冲突中通过谈判、恳求与威逼利诱的方式，一次又一次地拯救图西族人民的生命。威尔肯斯后来解释说："这似乎是一件正确的事情。"（Kristof, 2004）

鲁塞萨巴吉纳是一家豪华饭店的经理，他本是胡图族，他的妻子是图西族。在大屠杀中，鲁塞萨巴吉纳为1200多名惊恐不安的图西族人和温和派胡图族人提供庇护所。当大多数国际维和部队撤离基加利，敌对的民兵不断威胁"卢旺达饭店"（2004年的一部电影中如此称呼该饭店）内的难民时，勇敢的鲁塞萨巴吉纳开始报答过去被给予的恩惠。他贿赂民兵，打电话给国外有影响力的人，向地方政府施压，在一片混乱中，保护了饭店里的难民。威尔肯斯和鲁塞萨巴吉纳的善举都展现出利他主义。

在一起尤为恶劣的性暴力事件发生后，利他主义成了社会心理学家们关注的重点。1964年3月13日，一名歹徒跟踪基蒂·吉诺维斯（Kitty Genovese）并对她连捅数刀，然后在凌晨三点半强奸了她，当时她躺在纽约皇后区的公寓外，奄奄一息："救命啊！救救我！"惨叫声打破了清晨的沉寂。听到叫喊声后，有的窗户打开了，灯也亮了。歹徒逃之夭夭，但不一会儿又返回了现场，再次刺伤并强奸了她。一直到歹徒逃得无影无踪，也没有人报警或去帮助吉诺维斯。

旁观者干扰

尽管最初对吉诺维斯案件的报道高估了目击者的数量，但这些报道引发了大众对旁观者的"冷漠"和"无动于衷"的愤怒。社会心理学家并没有指责旁观者，而是把他们的无动于衷归因于一个重要的情境因素——他人的存在（Darley & Latané, 1968b）。他们推测，在特定的情形下，我们中的大多数人都会有同样无动于衷的表现。套用法国作家伏尔泰的话来说，每个人都该为自己未做的好事感到惭愧。

研究人员在对各种情况下的紧急事件进行模拟后，总结了人们会提供帮助的三个环节：首先，我们认为自己是第一个注意到事件的目击者；其次，我们把该事件看作紧急事件；最后，我们感到自己应当承担起提供帮助的责任，才会去帮助他人（图13.10）。在每一个环节中，他人的存在都可能影响我们最终是否提供帮助的决定。

> "也许没有其他任何一起事件能像基蒂·吉诺维斯被杀一案那样，促使社会心理学家对社会行为的一个方面投入如此多的关注。"
> ——兰斯·肖特兰德

图13.10 旁观者介入时的决策过程

在提供帮助之前，个体必须首先注意到紧急事件，然后对其进行正确的解释，并感到自己有提供帮助的责任（Darley & Latané, 1968b）。

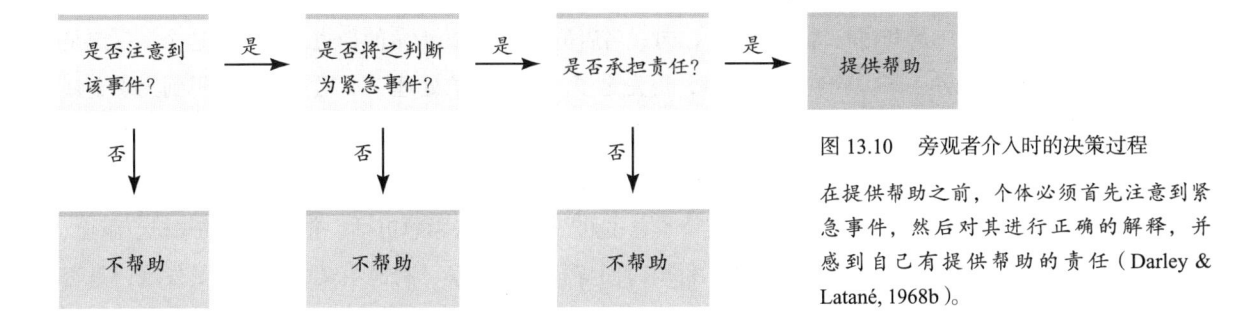

研究人员曾模拟过一个紧急事件，他们让每个学生单独待在一个小房间里，通过对讲机轮流交谈，其中一个学生是实验助手，当轮到他发言时，他会模仿癫痫发作的声音并向对讲机里面的人呼救。

其他学生会有怎样的反应呢？如图13.11所示，那些认为只有自己才能听见呼救声的学生，因为认为他们承担着帮助呼救者的全部责任，通常都会提供帮助；而那些认为其他人也能听到呼救声的学生更可能什么都不做。能够承担救助责任的人越多，一个人提供帮助的可能性就越小，这就是责任分散现象。事实上，漠不关心和责任分散导致了"全球旁观者不介入"，在我们看不见的地方，有数百万人死于饥饿、疾病和种族灭绝（Pittinsky & Diamante, 2015）。

许多后续实验也证实了这种**旁观者效应**（bystander effect）。例如，研究人员和实验助手在三个城市共乘坐了1497次电梯，"意外地"在4813名乘客面前掉落硬币或铅笔（Latané & Dabbs, 1975）。当一个旁观者单独与需要帮助的人在一起时，他有40%的可能性会提供帮助；而当有其他5个旁观者在场的情况下，这一比率只有20%。讽刺的是，也正是因为旁观者的介入，杀害基蒂·吉诺维斯的凶手温斯顿·莫斯利（Winston Moseley）才得以被捕。莫斯利在一次入室行窃时被旁观者发现，并且该旁观者不相信莫斯利是在帮助房主搬家的解释，打电话给了另一个邻居（这名邻居报了警），然后拔掉电线让莫斯利的车子无法开动（Kassin, 2017）。

虽然其他旁观者的存在降低了个人提供帮助的可能性，但人们有时的确会提供帮助。在阿姆斯特丹、兰开斯特和开普敦街头监控拍摄到的90%的争吵和打斗事件中，至少有一个旁观者（通常还有更多旁观者）会提供帮助（Philpot et al., 2019）。另一个研究小组在40个国家进行了17 303次"丢失"钱包的实验，研究人员拿着钱包走进酒店、邮局和银行等公共场所，向一名店员说："我在街角的街道上捡到了这个，一定是有人弄丢了。我现在有急事，得先走了。你能帮忙处理一下吗？"40%得到无现金钱包的参与者提醒了钱包的主人。令经济学家惊讶的是，那些得到有现金的钱包的参与者甚至更可能提供帮助（Cohn et al., 2019）。

根据对成千上万次这类"紧急事件"——拨打紧急电话、帮助被困的司机、献血、捡起掉在地上的书、捐款、付出时间等行为的观察，利他主义的研究人员发现，是否

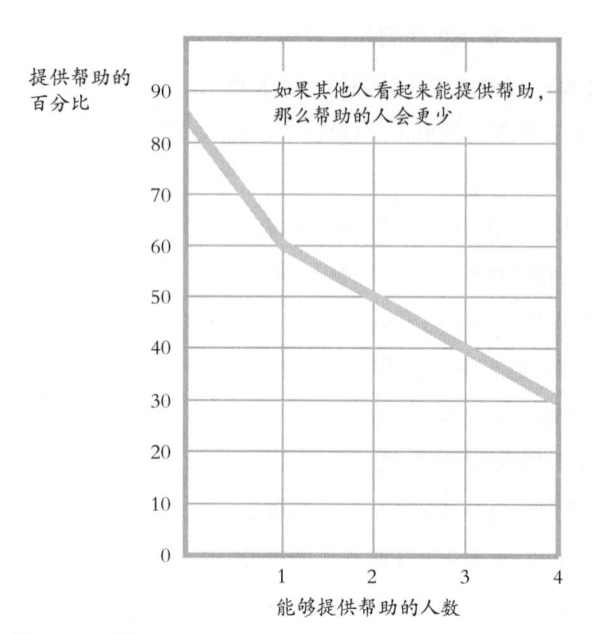

图13.11 模拟紧急情况的反应
当人们认为只有自己一个人听到癫痫病人发出的求救信号时，他们通常会提供帮助；但是当他们认为其他四个人也听到了呼救声时，只有不到三分之一的人做出了提供帮助的反应（Darley & Latané, 1968a）。

旁观者效应：如果有其他旁观者在场，单个旁观者就不太可能提供帮助。

向他人提供帮助取决于那个需要帮助的人的个人特征、当时的情境，以及我们自己的内在状态。在以下几种情况下，我们为他人提供帮助的概率最高。

- 这个人看上去很需要帮助并且值得我们帮助。
- 这个人在某些方面和我们很相似。
- 这个人是个女性。
- 我们刚刚目睹了他人的助人行为。
- 我们没有急事。
- 我们在一个小镇或郊区。
- 我们感到内疚。
- 我们正关注他人，而不是专注于自己的事情。
- 我们当时心情好。

最后这一条，即"快乐的人更会乐于助人"，是心理学中最具有一致性的发现之一。正如诗人罗伯特·勃朗宁（Robert Browning, 1868）的感叹："让我们快乐，也就是让我们善良！"不管人们是通过什么方式快乐起来的——觉得自己成功、聪明，想到高兴的事情，得到了金钱或者接受了催眠暗示——他们都会变得更为慷慨，更加乐善好施（Aknin et al., 2019）。如果我们在目睹或学习他人的无私行为后感到振奋，我们也会更愿意为他人提供帮助（Schnall et al., 2010）。

快乐的情绪会催生乐于助人的行为，而乐于助人反过来又会给人们带来快乐。帮助那些需要帮助的人会激活大脑中与奖励相关的区域（Harbaugh et al., 2007; Kawamichi et al., 2015）。这就能帮助人们理解一个奇怪的现象：把钱捐出去的人比那些把钱全花在自己身上的人更快乐。在一项对照实验中，研究人员给参与者们一个装有现金的信封，并指示一组人把钱花在自己身上，另一组人把钱花在他人身上（Dunn et al., 2008; Dunn & Norton, 2013）。猜一猜哪组人在一天结束时感觉更快乐？没错，那些把钱花在他人身上的人更快乐。一项针对全球 20 多万人的调查发现，无论人们生活在富裕还是贫穷的国家中，只要上个月曾向慈善机构捐款，他们的生活幸福感就能升高。仅仅是回想一下自己曾为别人花钱的例子，大多数人就会感到更快乐（Aknin et al., 2013）。

自问

你站在一个繁忙的公共汽车站里，这个车站你从未来过，现在你需要别人帮忙指路。你能做些什么来增加别人帮助你的概率？哪些人最有可能帮助你？

检索练习

RP-5 基蒂·吉诺维斯被害事件说明了什么社会心理学原理？

答案见附录 D

助人规范

学习目标问题 13-20 社会交换理论和社会规范如何解释助人行为？

我们为什么会帮助他人呢？一个被广泛接受的观点是，自我利益是所有人际互动的基础：我们永恒不变的目标是让收益最大化、成本最小化。会计们称之为成本-收益分析，哲学家称之为功利主义，社会心理学家称之为**社会交换理论**（social exchange theory）。如果你正在考虑是否要献血，你可能会权衡其成本（占用时间、不适感和焦虑感）及收益（减少负罪感、获得社会认可和良好的感觉），假如你认为提供帮助的收益大于成本，你就会提供帮助。

> 社会交换理论：这一理论认为我们的社会行为是一个交换过程，其目的是利益最大化和成本最小化。

还有一些人认为，我们帮助别人是因为我们是社会化的人。社会规范指引着我们的行为（Everett et al., 2015）。社会规范包括互惠性规范和社会责任规范。

> 互惠性规范：回报那些帮助过我们的人，而不是伤害他们。

互惠性规范（reciprocity norm）指我们应该回报那些帮助过我们的人，而不是伤害他们。我们帮助的人往往会回馈我们的帮助（善待他人，将来你也可能会得到他们的善待）。当我们处理与同等地位的其他人的关系时，互惠性规范促使我们做到付出（给予帮助、赠送礼物或提出邀请等）与收获一样多。有时这意味着"把爱传递出去"，就像在一项实验中发生的那样，当人们受到慷慨的对待时，他们更可能慷慨地对待陌生人（Tsvetkova & Macy, 2014）。回报他人令人感觉良好，所以我们倾向于认为互惠性规范是以一种愉快的方式帮助他人（Hein et al., 2016）。

一名亚利桑那州立大学的学生在去买二手车的路上遗失了背包。坦佩市的流浪汉戴夫·塔利（Dave Tally）捡到了这个背包，并在包里发现 3300 美元（Lacey, 2010）。对于塔利来讲，急需修理的自行车、食物和住所都是压在他身上的重担，但他没有把捡来的钱用在这些事情上，而是把背包交给了他志愿服务的社会服务机构。互惠性规范在这时也得到了显现——为了报答塔利的帮助，背包的主人赠送给了他一笔现金作为回报。许多人在听说了塔利拾金不昧的事迹后，给他提供了金钱帮助和工作机会。

> 社会责任规范：期望人们帮助需要帮助的人。

社会责任规范（social-responsibility norm）期望我们帮助需要帮助的人（年幼的儿童，以及无法给予我们相应回报的其他人），即使这样做的成本大于收益。欧洲人最乐于接纳寻求庇护的苦难者，例如那些遭受折磨或失去亲人的人（Bansak et al., 2016）。社会责任规范在新冠疫情最严重的时期也得到了印证。许多人冒着被感染的风险，坚持为有需要的人提供帮助——照顾病人，帮助上年纪的邻居采购生活物资，给无家可归的人分发三明治。建筑工人韦斯利·奥特里（Wesley Autrey）也是一名践行社会责任规范的榜样。2007 年 1 月 2 日，他和两个女儿正在纽约一地铁站内等地铁时，一名男子因癫痫发作而昏倒在他们面前，随后男子又站了起来，跟跟跄跄地走到站台边缘，摔落到了铁轨上。列车前灯逐渐靠近，"我不得不立刻做出决定，"奥特里后来回忆道，在女儿们惊恐的注视下，奥特里从站台跳了下去，把那男子推下铁轨，推到了铁轨之间 1 米深的空隙，然后躺在男子身上。地铁嘎吱嘎吱地停了下来，五节车厢从奥特里的头顶上方驶过，在他的针织帽上留下了油污。奥特里在铁轨下大声喊道："我的两个女儿在上面，请让她们知道她们的父亲没事。"这时，一众旁观者爆发出热烈的掌声（Buckley, 2007）。

冲突与调停

积极的社会规范鼓励人们更加慷慨，促进群体生活。但是冲突常常使我们分裂。最近全球冲突和资源稀缺导致大规模移民的一大后果就是不断加剧的民族主义和本土主义（偏爱本土公民胜过外来移民）。此外，全世界每天在武器和军队上的花费高达 50 亿美元，而这些钱本可以用于提升人们的住房、营养、教育和医疗保健水平。既然战争始于人类的思想，心理学家想弄清楚，思想中的什么因素导致人类产生破坏性的冲突？社会差异带来的威胁如何才能被合作精神所取代？

产生冲突的因素

学习目标问题 13-21 社会陷阱和镜像知觉如何激起社会冲突？

社会心理学家认为，**冲突**（conflict）是行为、目标或想法的可感知的不相容。无论是伙伴之间的争吵、政治集团之间的争斗，还是国家之间的战争，冲突的要素都大同小异。在每一种情境中，冲突都可能是一种积极的变量，也可能是一个破坏性的社会过程，会产生我们不想要的后果。这些破坏性的过程包括社会陷阱和扭曲的观念。

社会陷阱 在某些情境下，追求个人利益也能提升集体福祉。正如资本主义者亚当·斯密（Adam Smith）在其著作《国富论》中写下的："我们的晚餐不是来自屠夫、酿酒师或面包师的仁慈，而是来自他们对自身利益的关注。"而在另一些情境下，我们各自因为追求个人利益而损害共同利益。这种情境就是**社会陷阱**（social traps）。

研究人员设计了一个小型社会陷阱游戏，要求两个参与者在以他人为代价追求自己的眼前利益和两人互利合作之间做出选择。现实生活中也有许多类似的情境，将个人利益与集体福祉对立起来。个体捕鱼者借口说他们的捕鱼量不会对物种构成威胁，而且他们不捕的话其他人也会去捕，结果是，某些鱼类面临着灭绝的危险；预料到新冠疫情会导致封控，人们把厕纸抢购一空，让后来者无纸可买；汽油车主会辩解说："电动汽车更贵。并且，我这一辆车烧不了多少燃料，并不会造成温室气体激增。"如果这种思维模式的个体足够多，那么整体的后果就会导致灾难——气候变化、海平面上升，以及极端天气增多。

社会陷阱要求我们在追求个人幸福的权利与造福集体的责任之间找到平衡。心理

冲突：指行为、目标或想法的可感知的不相容。

社会陷阱：双方因各自追求自身利益而非共同利益，从而陷入相互破坏的行为。

学家因此寻找了合适的方法来说服人们为共同进步和发展而相互合作——这些方法有：建立一致的规则，进行更有效的沟通，以及提升人们对社区、国家乃至整个人类的责任意识（Dawes, 1980; Linder, 1982; Sato, 1987）。这样，不管是在实验条件下还是在现实生活中，人们都更可能相互合作。

敌人知觉 心理学家已经指出，处在冲突中的人们倾向于丑化另一方的形象。具有讽刺意味的是，这些扭曲的形象总是如此相似，以至于我们将其称为**镜像知觉**（mirror-image perceptions）。"不像另一个党派，我们党可是全心全意为国家谋福利"。在我们眼中"他们"不值得信任、怀有歹念，"他们"也用同样的眼光看待我们，每一方都在妖魔化另一方（Waytz et al., 2014）。

> 镜像知觉：冲突双方通常持有的共同观点——如每一方都认为自己有道德、爱好和平，而认为另一方不怀好意、带有攻击性。

镜像知觉常常会造成敌对状态的恶性循环。如果胡安认为玛丽亚讨厌自己，他就可能冷落玛丽亚，这会导致玛丽报以相应的行为，从而证明了胡安一开始的知觉的正确性。国家之间也是如此。知觉会变成**自我实现预言**（self-fulfilling prophecie）——通过影响其他国家的应对方式来证明自身认知的合理性。

> 自我实现预言：一种导致其自身实现的信念。

不论个人还是国家都倾向于把自己的行为视为对挑衅的回应，而非挑起后续事件的原因。他们通常会更猛烈地回击自己认定的挑衅行为，认为自己只不过是以牙还牙。在一个实验中，研究人员让大学生志愿者在感觉到自己手指上的压力后，用一台机械设备按压另一位志愿者的手指，虽然他们的任务是以相同的压力回敬，但他们通常用到的力气比自己体验到的压力要大40%左右。尽管只需以相同等级的力度回应，但他们的触碰很快就升级为用力按压。就像每个孩子在打架后所声称的："我只是碰了碰他，他却打我！"（Shergill et al., 2003）

镜像感知在世界上助长了类似的敌意循环。对大多数人来说，"我们"实施的酷刑，似乎总是比"他们"实施的更合理（Tarrant et al., 2012）。在一些美国媒体报道中，杀人的穆斯林会被描绘成狂热的、充满仇恨的恐怖分子，而一名据称杀害了16名阿富汗人的美国人，却被媒体描述为是在经历婚姻问题、四次服役以及目睹朋友的腿被炸断后的压力下杀人（Greenwald, 2012）。

重点并不在于真理必须介于两种观点之间（其中一种可能更确切），而是对敌人的知觉常常形成镜像。此外，随着敌人的变化，知觉也会发生改变。在美国人的观念和媒体中，二战中"嗜血、残忍、奸诈"的日本人后来成了"聪明、勤奋、自律、足智多谋的盟友"（Gallup, 1972）。

检索练习

RP-6 为什么体育迷在劲敌球队输球时往往感到满足？在其他情况下，这种感觉是否会让冲突变得更加难以解决？

答案见附录D

促进和平

学习目标问题 13-22 我们能为促进和平做些什么？

我们怎样才能实现和平？接触、合作、沟通与调解能否把偏见和冲突导致的敌对转化为有利于促进和平的态度呢？研究表明，某些情况下我们的确能做到。

接触 是否能让冲突双方变得亲密？需要具体情况具体分析。负面接触反而会增加双方的厌恶感（Barlow et al., 2019）；但积极的接触，尤其是地位平等的双方之间的非竞争性接触，比如同店员工商议彼此的工作，通常能增加亲密感。不同种族的同事最初也许会对彼此有偏见，但在这种情况下，他们基本上都会接纳彼此。数项关于多数人与外群体（如少数民族、老年人、同性恋和残疾人）面对面接触的研究证实了上述观点。一项对 38 个国家 25 万人的研究发现，接触与更积极的态度和更深层次的共情有关，或者说实验中的接触能引发积极态度和移情（Paluck et al., 2018; Pettigrew & Tropp, 2011; Tropp & Barlow, 2018）。例子如下：

- 一项对来自 90 个国家 116 667 人的调查显示，在移民最多的国家，人们对移民的支持力度最大；在移民较少的国家中，外群体偏见最为严重（Shrira, 2020）。在德国和美国也是如此：在移民较少的州，人们反对移民的态度更为强烈（Myers, 2018）。

- 异性恋者和顺性别者对同性恋者和跨性别者的态度，不仅取决于他们对这个群体的了解，也取决于他们认识哪些同性恋者和跨性别者（Brown, 2017; DellaPosta, 2018）。在调查中，人们最常给出的支持同性婚姻的理由是"有朋友、家人或熟人是同性恋者"（Pew, 2013a）。在美国，87% 的人表示因为认识的人中有同性恋者，他们也变得更加能接受同性婚姻（McCarthy, 2019; Pew, 2016）。友好的接触——比如，黑人和白人作为室友的友好接触——能改善人们对其他种族的一些个体，甚至是整个种族群体的显性和隐性偏见（Gaither & Sommers, 2013; Meleady et al., 2019; Onyeador et al., 2020）。

- 100 多项研究表明，即使只是"间接接触"——知道自己内群体朋友有外群体朋友——也会改善其对外群体的态度（Zhou et al., 2019）。如果一名异性恋者的异性恋朋友有交好的同性恋者，那么这名异性恋者通常更能接受同性恋。

然而，光有接触还远远不够。在大多数已经废除种族隔离的学校里，少数种族群体会在餐厅、教室和校园内其他地方把自己重新隔离起来（Alexander & Tredoux, 2010; Clack et al., 2005; Schofield, 1986）。每个群体的人通常都认为自己愿意与别的群体有更多的接触，但又假定别的群体不会回应自己的这种意愿（Richeson & Shelton, 2007），

"偏见是一种可以被忘却的习得性行为。"
——德斯蒙德和利亚·图图遗产基金会

"我不会主动与他们接触，是因为我不想遭到拒绝；他们也不会主动与我接触，因为他们对我根本不感兴趣"，只有这种镜像式的错误知觉得以纠正时，友谊才能建立，偏见才会消除。

合作 为了弄清楚敌对双方能否克服他们的差异，研究人员穆扎费尔·谢里夫（Muzafer Sherif, 1966）故意激起了一场群体冲突。他把 22 个俄克拉荷马城的男孩分到两个不同的营地，然后在两组之间发起了一系列的竞争性活动，并奖励获胜者。没过多久，每个男孩都对自己所在的小组产生了强烈的自豪感，而对另一小组充满敌意，用"鬼鬼祟祟""自作聪明的臭家伙"等词汇形容对方小组成员。他们甚至在用餐期间因争夺食物而把餐厅洗劫一空，到了必须由营地职员出面才能制止斗殴的程度。当谢里夫再把两组人聚集在一起时，除了辱骂与威胁，他们互不搭理。但他们难以想象的是，几天后他们就会从"敌人"变为朋友。

谢里夫给两个小组设定了一些必须通过双方合作才能实现的**最高目标**（superordinate goals）。例如，事先安排好中断营地水源供应，男孩们需要一起努力来恢复供水；在网飞[1]还没出现的日子里，租一部电影需要大家一起来想办法。所有男孩一起努力才能使抛锚的卡车重新发动。谢里夫用分离与竞争使陌生人变为了敌对者，又用共同的困境和目标让敌对者和解并成为朋友。减少冲突不能只靠一般的接触，合作性的接触才是根本。

批评人士认为，谢里夫的研究团队为了让这项研究能证实他们对社会恶性竞争和社会有益合作的预测，故意激发了两组男孩之间的冲突（Perry, 2018）。并且，共同困境本来就能将人们团结到一起。遭受排斥或歧视的少数群体成员内部会形成强烈的内群体认同（Bauer et al., 2014; Ramos et al., 2012）；在战争和冲突中长大的儿童和青少年也会形成强烈的社会认同——在冲突地区长大的以色列儿童往往会产生一种支持与他们共同的敌人发生冲突的观念、信念和情感（Nasie et al., 2016）。谢里夫的观点也许能解释内群体的团结，但无法探知外群体成员所经历的痛苦（Levy et al., 2016）。

在充满分歧的美国总统初选结束后，面对共同的威胁——对方党派候选人——同党派成员通常会团结起来。在这种时候，合作可以引导人们解散原有的子群体，重新建立一个全新的、包容性更强的群体（Dovidio & Gaertner, 1999）。让两个团体的成员围着桌子坐在一起，而不是相对而坐，给他们一个共同使用的新名字，让他们一起工作，这样的过程见证了从"我们和他们"到"我们"的转变。

如果敌对小组群体之间的合作性接触有助于人们对彼此形成积极的态度，那么我们是否能把这一原理应用于多元化的课堂呢？课堂上的合作学习能否在提高学生成绩的同时，促进不同种族之间的友谊？答案是肯定的，一项对来自 11 个国家的青少年进

---

1 Netflix，一个视频播放网站。——译者注

行的实验证实了这一点（Roseth et al., 2008）。就像在体育场上一起比赛能促进各种族队友之间的友好关系一样，不同种族的成员在课堂上共同完成学习任务时，通常也会善待彼此。了解合作性接触的优点后，许多教师都把不同种族之间的合作学习运用到了教学实践中。

合作性接触可以化敌为友，因此心理学家们强烈呼吁增加国际交流与合作。实验发现，仅仅想象全球气候变化将对全体人类造成共同威胁，就能减少国际敌对行动（Pyszczynski et al., 2012）。从巴西部落到欧洲各国，昔日敌对的群体在寻求共同目标的过程中，成功建立了双方的相互联系、相互依存和共同的社会身份（Fry, 2012）。当我们参与到互利互惠的贸易中时，当我们为共同命运一起努力保护这颗脆弱的星球时，当我们更加清醒地意识到每个人的希望和恐惧联系在一起时，我们就可以将那些导致分裂与冲突的错误观念转化为建立在共同利益之上的团结一致。

交流 当现实生活中的冲突确实变得激烈时，一个第三方调解人——婚姻顾问、劳动仲裁员、外交官、社区志愿者——可以促成非常必要的交流（Rubin et al., 1994）。调解人帮助双方阐明自己的观点，了解对方的需求和目标。如果成功，调解人可以用一种互惠互利的合作性双赢取向来代替竞争性的非赢则输的取向，从而得到一个双方都受益的解决方案。关于这一点有一个典型的例子：两个朋友为如何使用一个橘子吵架，最后两人决定把橘子平分，其中一个人把他分到的一半橘肉拿来榨了果汁，而另一个人只是用他那一半的果皮给蛋糕调味。假如这两人能事先了解彼此的动机的话，他们完全可以找到一个双赢的解决办法：一个人得到所有的橘肉，另一个人得到所有的橘皮。

调解 在愤怒或危机出现时，最急需的便是理解和合作解决方案，然而，此时相互理解与合作的可能性也最小（Bodenhausen et al., 1994; Tetlock, 1988）。当冲突加剧时，双方在彼此眼中的形象会变得更加刻板，判断变得更加僵化，沟通变得更加困难，甚至无法沟通。每一方都可能对另一方进行威胁、强迫或报复。1990年海湾战争的前几周，美国总统布什公开威胁要"萨达姆尝尝苦头"，伊拉克总统萨达姆·侯赛因也以同样的方式回击，威胁要让美国"血流成河"。

在这种情况下，双方除了战争和投降，还有别的选择吗？社会心理学家查尔斯·奥斯古德（Charles Osgood, 1962, 1980）提出了"缓解紧张关系的分级互惠式策略"（Graduated and Reciprocated Initiatives in Tension-Reduction，GRIT）。在实施GRIT的过程中，一方首先声明自己对共同利益的认识，并表达想要缓和紧张关系的意愿，然后开始进行一个或多个小的调解行为。就算不能降低对方报复的可能性，这种谦让的开端也会为对方回应敞开大门。即使对方报以敌意，本方如果仍然友好地回应，对方也可能会做出一些缓和性的回应。

实验中发现，一些细微的和解姿态，例如一个微笑、一次触摸、一句道歉，以及类似的和解行动都能让双方从紧张对立的状态进入较为缓和的状态，而这时交流与相

> "我们大多数人都有多重身份，这些身份将我们与一些非常不同的群体联合起来。我们可以热爱自己，同时不去反感与我们不同的人或事，我们可以在自己的传统中成长，同时也可以向其他传统学习和借鉴。"
> ——科菲·安南

缓解紧张关系的分级互惠式策略：GRIT —— 一种缓和国际紧张局势的策略。

互理解才能开始（Lindskold, 1978; Lindskold & Han, 1988）。在现实的国际冲突中，也有类似的实例，美国总统约翰·肯尼迪率先表态停止大气层核试验，开启了后续一系列相互回应的调解行动，这些行动最终促成各国在1963年签署《禁止大气层核试验协定》。

为共同目标而努力启示着我们，我们的相似之处多于不同之处。文明的进步不是靠冲突和文化隔离，而是需要把每种文化遗产，包括知识、技能、艺术推广到整个人类。文化共享让开放社会变得丰富（Sowell, 1991）。我们应该感谢中国的造纸术、印刷术，以及开启伟大探索事业的指南针；我们还应该感谢埃及的三角学，感谢伊斯兰世界和印度人带来了阿拉伯数字。当我们肯定这些文化遗产并为此庆贺时，我们同样也可以愉快地接受当今文化多样性的不断丰富。我们可以把自己看作人类交响乐演奏中的一件件乐器。这样，我们就可以建立不同文化传统之间交流、理解与合作的桥梁，同时发扬我们自己的文化传统。

自问

你是否后悔没能与家人和睦相处或跟朋友发生争吵？你将怎样解决这些冲突？

检索练习

RP-7 有什么方法可以调解冲突，促进和平？

答案见附录 D

第 14 章

人格

人格和心理动力学理论简介
什么是人格?
心理动力学理论

人本主义理论和特质理论
人本主义理论
特质理论
批判性思考:内向之耻

社会认知理论与自我
社会认知理论
探索自我

Lady Gaga 以其独特的音乐编曲、诱人的服装和挑衅性的表演赢得数百万人喜爱，捉摸不定就是她最好捉摸的特点。她曾在一次 MTV 音乐录影带颁奖典礼上，身穿肉片装出席，引发了人们的热议。而 2019 年，她与演员布拉德利·库珀（Bradley Cooper）的惊艳对唱，又令奥斯卡观众惊为天人。

然而，即使是难以捉摸的 Lady Gage 也会表现出独特、持久的思维、感觉和行为方式。她的粉丝和批评者不仅喜爱她对新体验的开放性和从聚光灯下获得的能量，还喜爱她对表演的刻苦钻研。她描述自己高中时就"非常专注，非常好学，非常自律"。而现在，成年之后，她仍表现出了类似的自律，"我非常细致，演出的每一分钟都必须完美无瑕"。本章的重点在于人们的人格——独特、持久的思维、感觉和行为模式。

本书的大部分内容都与人格有关。前面几章讨论了人格的生物学影响，整个生命周期的人格发展，人格与学习、动机、情感和健康的关系，以及社会对人格的影响，下一章还将研究人格障碍的问题。本章的重点则是人格本身——什么是人格，以及研究人员如何研究它。

我们将从历史上两个重要的人格理论开始，即西格蒙德·弗洛伊德的精神分析理论和人本主义理论，这两个理论已经成了西方文化的一部分。这些关于人性的广泛观点既为后来的人格理论家的工作奠定了基础，也为本章接下来介绍的内容，即对人格的最新科学探索奠定了基础。

今天的人格研究者关注人格的基本维度，以及人与环境的互动关系。他们还研究自尊、自我服务的偏见，以及文化对人们自我概念的影响，即"我是谁"的感觉。他们也研究无意识的心灵，这些研究结果可能会令弗洛伊德大为震惊。

人格和心理动力学理论简介

什么是人格？

学习目标问题 14-1 什么是人格？哪些理论构成了人们对人格的理解？

心理学家们看待和研究**人格**（personality），即人们特有的思维、感觉和行为方式。西格蒙德·弗洛伊德的精神分析理论认为，儿童期的性行为和无意识动机会对人格造成影响，而人本主义理论则关注人们成长和自我实现的内在动力。后来的理论家们在这两个视角的基础上展开了研究，如研究行为的特征模式（特质）的特质理论，以及探讨人们的特质（包括他们的思维）和社会环境之间互动的社会认知理论等。让我们首先从弗洛伊德的研究，以及这一研究在现代的遗存——心理动力学理论开始吧。

西格蒙德·弗洛伊德（1856—1939）
"我是一个新领域里唯一的工作者"。

> 人格：人们特有的思维、感觉和行为方式。

心理动力学理论

心理动力学理论（psychodynamic theory）认为，人类的行为是意识和无意识之间的动态互动，包括相互联系的动机和冲突。这些理论都源自弗洛伊德的精神分析，即人格理论和相关的治疗技术，他是第一个在临床关注人们无意识心理的人。

> 心理动力学理论：以无意识和童年经历的重要性为重点来看待人格的理论。

弗洛伊德的精神分析视角：探索无意识

学习目标问题 14-2 治疗心理障碍如何使弗洛伊德产生对无意识心理的看法？

基思·斯坦诺维奇（Keith Stanovich, 1996）曾说，要是在大街上让 100 个人说出一位已故的著名心理学家的名字，"弗洛伊德将是其中的获胜者"。在大众心目中，他对心理学的影响就如同猫王之于摇滚乐一样。弗洛伊德的影响不仅存在于精神病学和临床心理学中，还存在于文学和影评中。几乎每 10 门美国大学课程中就有 9 门会提到精神分析，并且这些课程都在心理学系课程之外（Cohen, 2007）。弗洛伊德在 20 世纪早期的概念已经渗透到了现在 21 世纪的语言中，人们可能会大谈特谈自我、压抑、投射、情结（如"自卑情结"）、兄弟姐妹间的竞争、弗洛伊德式口误以及固着，却不知道这些词语的来源。那么，弗洛伊德到底是谁，他又教会了人们什么呢？

和我们所有人一样，西格蒙德·弗洛伊德是他所属时代的产物。19 世纪末，维多利亚时代正处于尾声，这是一个巨大发现和科学进步的时代，也是一个性压抑和男性主导的时代。在这个时代，性别角色受到了明确界定，男性似乎注定具有优越性，只有男性的性行为才会得到普遍认可。这些假定影响了弗洛伊德对人格的思考，他认为，心理问题是男性和女性与他们所期望的角色之间尚未解决的冲突造成的。

早在 1873 年，进入维也纳大学之前，年少的弗洛伊德就表现得聪明又独立。他酷爱戏剧、诗歌和哲学方面的书籍，以至于曾在书店里欠下一笔无力偿还的债务。青少年期，为了节省时间学习，他经常待在自己的小卧室里吃夜宵。从医学院毕业后，他成立了一个私人诊所，专治神经疾病。然而不久后，他面对的都是那些在神经学上毫无意义的患者。一个患者可能失去了一只手的所有感觉，然而神经学上却没有哪个感官神经会在受损后令整只手麻木，失去其他感觉。在对这种疾病病因的摸索过程中，他的思想也开始朝着一个注定要改变人类自我认识的方向发展。

一些神经系统疾病是不是由心理原因造成的呢？在对患者的观察过程中，弗洛伊德"发现"了**无意识**（unconscious）的存在。他推测，患者失去对手的感觉可能是患者害怕触摸自己的生殖器造成的，而原因不明的失明或失聪也可能是由于患者不想看到或听到引起强烈焦虑的事物。早期的几次催眠试验失败后，弗洛伊德想到了**自由联想**（free association），他告诉患者放松，想到什么就说什么，无论大脑里想到的是多么令人尴尬或微不足道的事都可以畅所欲言。他假设在患者的精神中有一列多米诺骨牌，从遥远的过去一直翻倒到烦恼的现在。他相信，自由联想能够让他沿着思维链追溯这条线路，进入患者的无意识。那些通常源于童年的、痛苦的无意识记忆，可以在那里进行提取、回顾和释放。

这种信念正是弗洛伊德理论的基础，他认为大部分心智都处于隐藏状态（图 14.1）。人们的意识就如同庞大冰山露出水面的那一小部分，在意识之下是更大的无意识心智，这样的无意识心智潜藏着思想、愿望、感觉和记忆。人们会将其中一些想法暂时储存在前意识区，从而可以在那里把它们提取到意识中。弗洛伊德对大量未被接受的激情和想法更感兴趣，他认为人们压抑了这些激情和想法，或者强行阻止它们进入意识，因为要承认这些激情和想法未免过于令人不安。弗洛伊德认为，在我们没有意识到的情况下，这些恼人的感觉和想法对我们产生了有力的影响，有时以伪装的形式表达出来，如我们选择的工作、持有的信念、日常习惯以及各种令人不安的症状等。

无意识：根据弗洛伊德的说法，无意识是大部分不可接受的思想、愿望、感觉和记忆的储存库。而根据当代心理学家的说法，它是指人们未意识到的信息加工过程。

自由联想：精神分析的一种探索无意识的方法。使用这种方法时，患者会在放松下来后开始畅所欲言，无论大脑里想到的是多么微不足道或令人尴尬的事。

人格的结构

学习目标问题 14-3 弗洛伊德的人格观是什么？

弗洛伊德认为，人的个性，包括情绪和努力，都产生于冲动和克制之间的冲突，如人们的攻击性、追求快乐的生物冲动和对这些冲动内化的社会控制之间的冲突。他相信，人格来源于人们为解决这一基本冲突所做的努力，即以能够得到满足又不会带来内疚或惩罚的方式来表达这些冲动。为了理解这种冲突中的心理动态，弗洛伊德提出了三个相互作用的系统：本我、自我和超我（图 14.1）。

本我（id）是完全无意识的心理能量，它持续追求满足生存、繁殖和攻击等基本驱力。本我根据享乐原则运作，寻求的是即时满足。本我就如同一个大哭大闹、渴求满足的新生儿，毫不关心外界的条件和要求；又如同那些只着眼现在而罔顾未来的人，如那些滥用烟草、酒精或其他药物的人，一心只想现在就狂欢，不愿为未来的成功和幸福放弃眼下的短时快乐（Fernie et al., 2013; Friedel et al., 2014; Keough et al., 1999）。

随着**自我**（ego）的发展，幼儿会对现实世界做出反应。自我在现实原则的基础上运作，寻求以现实的方式满足本我的欲望，从而带来长期快乐（试想一下，倘若人们缺乏自我，按照自己不受约束的性冲动或攻击性冲动行事，会发生什么情况）。自我包含人们在一定程度上有意识的看法、思想、判断和记忆等。

弗洛伊德认为，在四五岁，儿童的自我就会认识到新出现的**超我**（superego）的需求，即道德指南（良心）在一定程度上有意识的声音，它会迫使自我不仅思考现实，也思考理想。超我关注的是人们应该如何行事，它追求完美，评判行为，会产生积极的自豪感或消极的内疚感。超我特别强的人可能品德高尚，却会被内疚感拖累；而超我较弱的人也可能极端放纵自我，冷酷无情。

超我的要求常与本我的要求相抵触，所以自我会努力调和这两者。自我是人格的"执行者"，在本我的冲动要求、超我的约束要求和外界的现实要求之间进行调解。若是本性善良的康纳感觉到自己喜欢上了塔蒂亚娜，他的自我可能会以加入塔蒂亚娜常出席的志愿者组织的方式来同时满足本我和超我。

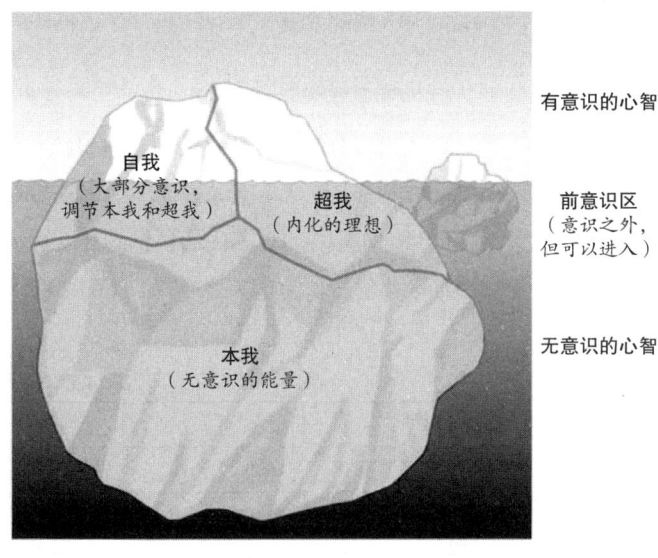

图 14.1 弗洛伊德关于心智结构的观点
心理学家们借用冰山的形象来阐释弗洛伊德的观点，大部分心智隐藏在意识表面之下。

本我：完全无意识的心理能量，根据弗洛伊德的说法，它会持续追求满足基本的性和攻击驱力。本我根据享乐原则运作，寻求即时满足。

自我：人格中负责"执行"的部分，在一定程度上有意识。根据弗洛伊德的说法，它在本我、超我和现实要求之间进行调解。自我根据现实原则运作，以现实中带来快乐而非痛苦的方式满足本我的欲望。

超我：根据弗洛伊德的说法，超我是人格中在一定程度上有意识的部分，代表内化的理想，为判断和未来的愿望提供标准。

人格的发展

学习目标问题 14-4 弗洛伊德提出了哪些发展阶段？

通过分析患者的过去，弗洛伊德相信，人格形成于生命的最初几年。他得出结论：儿童会经历一系列**性心理阶段**（psychosexual stage），在这些阶段中，本我寻求快乐的能量会集中在身体不同的快感区，又称情欲区（表14.1）。每个阶段都存在各自的挑战，而弗洛伊德认为这就是冲突的倾向。

> **性心理阶段**：儿童期的发展阶段（口欲期、肛门期、性器期、潜伏期、生殖期），根据弗洛伊德的说法，在这些阶段中，本我寻求快乐的能量会集中在不同的快感区。

表 14.1　弗洛伊德的性心理阶段

阶段	集中部位
口欲期（0～18个月）	快感集中在口腔，如吸吮、咬、咀嚼等动作都会带来快感
肛门期（18～36个月）	快感集中在肠道和膀胱的排泄行为，应对控制的要求
性器期（3～6岁）	快感集中于生殖器，应对乱伦的性感受
潜伏期（6岁至青春期）	性感觉休眠的阶段
生殖器期（青春期开始）	性兴趣的成熟期

例如，弗洛伊德认为，在性器期时，男孩既会对母亲产生不自觉的性欲，又会对父亲这个假想的对手产生嫉妒和憎恨。他认为这些感觉会使男孩感到内疚，并害怕受到父亲的惩罚，比如害怕被阉割等。弗洛伊德自己正是如此，"在自己的案例中，我也发现了这种现象，爱上我的母亲并嫉妒我的父亲，而现在我认为这是童年早期的普遍现象"。他把这种感情的集合称为**俄狄浦斯情结**（Oedipus complex），得名于希腊神话中的俄狄浦斯传说——俄狄浦斯未能理解自己无意识的欲望，在不知情的情况下杀死了自己的父亲，迎娶了自己的母亲。此外，与弗洛伊德同时代的一些精神分析学家还认为，女孩也会经历一种相应的埃勒克特拉情结（其命名源于神话中一个为遭到谋杀的父亲复仇而设法杀了母亲的女儿）。

> **俄狄浦斯情结**：根据弗洛伊德的说法，指男孩对母亲的性欲和对竞争者父亲的嫉妒、憎恨的感觉。

弗洛伊德说，孩子们最终会以压抑这种威胁感或者认同（试图模仿）作为竞争对手的父母的方式应对。就好像孩子内心认定，"如果不能打败他们（同性父母），那就加入他们"。在这一**认同**（identification）过程中，孩子们的超我融入了许多父母的价值观，得到了力量上的增长。弗洛伊德认为，对同性父母的认同造就了现在心理学家广泛认可的性别认同，即作为男性、女性、两性皆非或某种男性和女性相结合的感觉。他推测说，人们幼儿时期的各种关系，尤其是与父母及其他照顾者的关系，会不断影响人们的认同、人格和弱点的发展。

> **认同**：根据弗洛伊德的说法，认同是儿童将父母的价值观纳入其发展中的超我的过程。

在弗洛伊德看来，早期性心理阶段未能得到解决的冲突可能会在成年后以适应不良的性行为的形式表现出来。在口欲期、肛门期或性器期的任何时间点，强烈的冲突都可能锁定或**固着**（fixation）此人在该阶段的寻求快乐的能量。口欲期过度放纵或遭

> **固着**：精神分析理论中，指在较早的性心理阶段中的冲突没有得到解决，使得寻求快乐的能量长期停留于该阶段。

受剥夺（如突然断奶）的人可能会固着于口欲期，于是在成年后表现出被动依赖（如哺乳期婴儿的依赖），也可能会过度否认这种依赖（如强硬否认或尖刻讽刺等），或者继续以吸烟或过度进食的方式来寻求口腔满足。弗洛伊德认为，在这种方式作用下，人格的枝干在早期的时候就弯曲了。

防御机制

学习目标问题 14-5 弗洛伊德认为，人们会如何抵御焦虑？

弗洛伊德说，焦虑是我们为文明付出的代价。作为社会群体的成员，我们必须控制自己的性冲动和攻击性冲动，而不是将其表现出来。但有时，自我也会害怕失去对本我和超我之间内在战争的掌控。倘若推定的结果是一团如乌云般四散的焦虑，我们就会惴惴不安，而不知其所以然。

弗洛伊德提出，自我会通过**防御机制**（defense mechanism）来保护自己，以扭曲现实的方式来减少或重新定向焦虑（表 14.2）。对于弗洛伊德而言，所有防御机制都是间接地、无意识地发挥作用的。正如身体会无意识地保护自己免受疾病侵害，自我也会无意识地保护自己免于焦虑。例如，压抑会将意识中引起焦虑的欲望和感觉驱除。根据他的说法，压抑是其他所有防御机制的基础。然而，压抑往往不够完整，受到压抑的冲动可能会以象征的形式在梦中表现出来，或以口误的形式在闲聊中表现出来。

防御机制：精神分析理论中，自我通过无意识地歪曲现实来减少或重新定向焦虑的保护自己的方法。

表 14.2 六种防御机制

弗洛伊德认为，驱除引起焦虑的冲动的基本机制是压抑，其他的防御机制也会因压抑而启动，其中六种防御机制如下：		
防御机制	用于避免引起焦虑的想法或感觉的无意识过程	示例
退行	退回到精神能量所固着的早期性心理阶段	一个小男孩第一天上学途中，在车里吮吸拇指，以还原口腔的舒适感
反向形成	将不可接受的冲动转化为其反面表现	压抑愤怒的情绪，如某人表现出过度夸张的友善
投射	将威胁性冲动归因于他人来掩饰自己的威胁性冲动	"小偷认为其他人都是小偷"（萨尔瓦多谚语）
合理化	为某人的行为提供自我辩护的解释，代替真实的、更具威胁性的无意识原因	习惯饮酒的人常说自己和朋友喝酒只是"为了社交"
置换	将性冲动或攻击性冲动转向更容易接受或威胁较小的人或物体	一个小女孩被妈妈责罚后踢了自己家的狗
否认	拒绝相信甚至感知现实的痛苦	伴侣否认自己所爱之人出轨的证据

> "我完全记得你的名字,但我就是想不起你的脸。"
> ——牛津大学教授 W. A. 斯普纳,因其文字游戏(首音误置)而闻名。[1]

一个经济压力大的病人不想吃大粒的药片,并说"请不要给我任何账单,因为我无法吞咽它们"。弗洛伊德认为,他从中看到了无意识的渗出(我们如今称之为"弗洛伊德式口误")。弗洛伊德还将笑话视为受到压抑的性和攻击性倾向的表达形式,将梦视为"通往无意识的坦途"。他认为梦的记忆内容(显性梦境)是做梦者无意识愿望(潜性梦境)的一种经过审查的表达。弗洛伊德常在其梦境分析中探寻患者的内心冲突。

检索练习

RP-1 根据弗洛伊德关于人格结构三部分的观点,_____以现实原则运作,并试图以一种产生长期快乐而非痛苦的方式来平衡需求;而_____以享乐原则运作并寻求即时满足;_____则代表我们内化的理想(良心)的声音。

RP-2 在精神分析的观点中,某一性心理阶段未解决的冲突可能会导致该阶段的_____。

RP-3 弗洛伊德认为我们的防御机制是_____(有意识/无意识地)运作并保护我们免于_____。

答案见附录 D

新弗洛伊德主义者和后来的心理动力学理论家

学习目标问题 14-6 弗洛伊德的哪些观点受到了追随者的接纳或拒绝?

在一个人们对性避而不谈的时期,弗洛伊德谈论跟父母发生性关系的无意识欲望,他的著作引发了激烈的争论。弗洛伊德对一位朋友说,"倘若这是在中世纪,他们可能会烧死我本人,而现在他们只能烧掉我的书"(Jones, 1957)。尽管争议重重,弗洛伊德还是吸引了许多追随者。几位雄心勃勃的年轻医生围绕着这一坚定的领导者形成了一个核心圈子。我们常将这些精神分析的先驱称为新弗洛伊德主义者,他们采用了弗洛伊德的访谈技巧,接受了他的基本思想:本我、自我和超我的人格结构,无意识的重要性,人格的童年根源,以及焦虑的动态和防御机制等。但在两个重要方面上,他们与弗洛伊德分道扬镳。首先,他们更加强调意识在解释经验和应对环境时的作用;其次,他们对性和攻击性是让我们全身心投入的动机提出了质疑,相反的是,他们倾向于强调更崇高的动机和社交互动。

比如,阿尔弗雷德·阿德勒(Alfred Adler)和卡伦·霍尼(Karen Horney)认可弗洛伊德关于童年的重要性的观点,但他们认为,对人格形成至关重要的是儿童期的社

---

[1] 首音误置,也称为斯普纳现象,指说话时误把两个单词的首音调换,常造成滑稽效果。——编者注

交紧张，而非性紧张（Ferguson, 2003, 2015）。阿德勒（他关于自卑情结的想法至今仍然流行）曾努力克服儿童时期的疾病和事故。他认为，人们大部分的行为都为克服童年自卑感的努力所驱使，这种自卑感会引发人们对优越感和权力的追求。而霍尼则认为是童年焦虑引发了人们对爱和安全的渴望，她反对弗洛伊德关于女性超我弱并具有"阴茎嫉妒"的假设，试图平衡弗洛伊德的偏见。

卡尔·荣格（Carl Jung）则由弗洛伊德的门徒转变为了异议者，他不太重视社会因素，也同意弗洛伊德关于无意识会产生强大影响的观点。但对荣格而言，无意识包含的不仅仅是人们遭到压抑的思想和感受，他相信人们存在一个**集体无意识**（collective unconscious），源自人这一物种普遍经验的一个共有的图像库或原型。荣格说，集体无意识解释了许多人精神问题顽固，以及不同文化中的人们会共享某些神话和形象的原因。今天的大多数心理学家都对遗传经验的想法不屑一顾，但他们也同意，人类共同的进化史塑造了一些普遍倾向，而这种经历会留下影响基因表达的表观遗传标记（见第 4 章）。

集体无意识：卡尔·荣格的概念，即我们物种历史中所共享和继承的记忆痕迹库。

弗洛伊德于 1939 年去世。从那时起，他的一些想法被纳入了构成现代心理动力学理论的多种不同观点中。德鲁·韦斯顿（Drew Westen, 1996）指出："大多数当代心理动力学理论家和治疗家并不认同性是人格基础的观点，他们不会谈论本我和自我，也不会到处将患者按口欲期、肛门期或性器期特征归类。"在弗洛伊德和当今心理科学的支持下，他们假设，人们的大部分精神生活是无意识的。就弗洛伊德的观点而言，他们也假设人们常常在愿望、恐惧和价值观之间的内心冲突中挣扎，并且童年塑造了人们的人格和依恋他人的方式。

阿尔弗雷德·阿德勒（1870—1937）
"只要一个人对他人是有用的，并克服自卑感，就会在生活中感到如同家一般惬意，并感觉自己的存在是有价值的。"

卡伦·霍尼（1885—1952）
"认为女性是幼稚和情绪化的动物，因此缺乏责任感和独立性的观点，是男性倾向于降低女性自尊心的结果。"

卡尔·荣格（1875—1961）
"一切创造性的东西都源自本能的活泉，因此，无意识是创造冲动的源泉。"

评价弗洛伊德的精神分析观点以及无意识的现代观点

学习目标问题 14-7 当代心理学家如何看待弗洛伊德的精神分析？

现代研究与弗洛伊德的许多观点相矛盾 我们常从21世纪的角度来批判弗洛伊德，但他无法得知神经递质或DNA研究，也无法得知我们了解人类发展、思维和情感以后所学到的一切。将他的理论与今天的观点相比较，以此来批判他的理论，就如同用特斯拉Model 3与福特Model T相比，以此来批判福特Model T一样。从现在的角度来评判过去是多么诱人。

尽管如此，弗洛伊德的支持者和批评者却都认可，当下的研究与他的许多具体观点相矛盾。如今的发展心理学家认为人们的发展是终身的，而不是固定在儿童期，他们对婴儿的神经网络是否成熟到足以承受弗洛伊德的情感创伤假设提出了质疑。一些人则认为弗洛伊德高估了父母的影响，低估了同辈的影响。这些批评者还怀疑，孩子在5岁或6岁时随着解决俄狄浦斯或埃勒克特拉情结而形成了良知和性别认同。人们形成性别认同的时间要更早，并且即使成长过程中没有同性父母在场，那些男性或女性化程度很高的人也会如此发展。批评者还注意到，弗洛伊德关于儿童性行为的观点源于他的女性患者所讲述的童年性虐待故事，而一些学者认为弗洛伊德对这些故事持怀疑态度，并将其归因于患者自己的童年性愿望和冲突（Esterson, 2001; Powell & Boer, 1994）。而现在我们知道了童年性虐待时常会发生，也了解了弗洛伊德的提问有可能造成有关虐待的虚假记忆。

现代有关梦的研究驳斥了弗洛伊德关于梦会伪装和实现愿望的观点。口误也可以解释为我们记忆网络中相似语言选择相互竞争的结果。有人说，"我不想那样做，那里有很多妓院（brothel）"时，可能只是弄混了"bothel"和"trouble"（麻烦）（Foss & Hakes, 1978）。搜索我自2000年以来收到的近300 000封电子邮件，我看到朋友们写给我的关于他们在"Wisconsin Pubic[1] Radio"的经历以及"pubic venues"的访问，我也收到了一封关于支持"general pubic"新政策的电子邮件。一项针对打字错误的大数据分析的结论是，这些错误可能是随机的拼写错误（Stephens-Davidowitz, 2017）。

历史同样不支持弗洛伊德关于抑制性欲会导致心理障碍的观点，从弗洛伊德的时代到我们的时代，性抑制在不断削弱，而心理障碍没有。心理学家们开始进一步批评弗洛伊德理论的科学缺陷。回顾第1章，良好的科学理论可以解释观察结果，提供可检验的假设，而弗洛伊德的理论很少有客观的观察，其中仅有一部分提供了少量可检验的假设。对弗洛伊德而言，他自己对患者自由联想、梦境和口误的那些回忆和解释——有时挑选一部分出来支持自己的理论——就足以充作证据了。

> "弗洛伊德理论的许多方面确实已经过时了，而且也应该过时：弗洛伊德于1939年去世，他一直在缓慢地进行进一步的修改。"
> ——德鲁·韦斯顿

---

[1] Pubic 为单词 Public（公共）的误拼。

弗洛伊德理论最严重的问题是什么呢？在于它为任何特征，如某人的烟瘾、某人对马的恐惧或某人的性取向等提供了事后解释，但无法对这些行为和特征进行事前预测。如果你对母亲的死感到愤怒，就阐明了弗洛伊德的理论，因为"你未解决的童年依赖需求受到了威胁"；如果你不感到愤怒，同样阐明了他的理论，因为"你在压抑你的愤怒"。这"就像在比赛结束后再对一匹马下注"（Hall & Lindzey, 1978）。一个好的理论应当可以做出可检验的预测。

那么，心理学应该对这一老迈的理论发出"允许自然死亡"的命令吗？弗洛伊德的支持者则表示反对。他们说，批评弗洛伊德的理论不能做出可检验的预测，就像批评棒球不是有氧运动一样，因为它从来没有打算要这样做。弗洛伊德从未声称精神分析是预测科学，他只是声称，通过回顾过往，精神分析学家可以在人们的心理状态中找到意义（Rieff, 1979）。

他的支持者还指出，弗洛伊德的一些想法是经久不衰的。在这些想法并不流行的当时，正是弗洛伊德将人们的注意力吸引到了无意识和非理性上。此后，许多研究人员都对非理性进行了研究（Ariely, 2010; Thaler, 2015）。心理学家丹尼尔·卡尼曼（Daniel Kahneman, 2002）和行为经济学家理查德·泰勒（Richard Thaler, 2017）均因对我们错误决策的研究而获得诺贝尔奖。弗洛伊德还提醒了人们注意人类性行为的重要性，以及人们的生理冲动和社会福祉之间的紧张关系。正是弗洛伊德挑战了人们的自以为是，暴露了人们的自我保护性防御，提醒人们注意内在的邪恶潜力。

现代研究挑战压抑的观念 精神分析理论依赖于这样的假设：人们的思想经常压抑冒犯性的愿望，将它们放逐到潜意识中，直到它们如同尘封已久的阁楼上失落的书一样重新出现。精神分析理论会找回和解决童年的矛盾性愿望，随后才是情绪治疗。压抑的概念渐渐为人们广泛接受，用于解释催眠现象和心理障碍。一些心理动力学的支持者扩展了压抑的概念，以解释明显丢失又恢复的童年创伤记忆（Boag, 2006; Cheit, 1998; Erdelyi, 2006）。一项调查表明，88%的大学生认为痛苦的经历通常会从意识中被推到无意识中去（Garry et al., 1994）。

如今的研究人员一致认为，我们有时会以忽略威胁信息的方式来保持自尊（Green et al., 2008）。然而，他们也发现压抑并不常见，即使是应对可怕的创伤时也是如此。即使是那些目睹父母遭到谋杀或在纳粹集中营中幸存下来的人，也保留了他们的恐怖回忆，并未受到压抑（Helmreich, 1992, 1994; Malmquist, 1986; Pennebaker, 1990）。

一些研究人员认为，极端的长期压力，如一些受到严重虐待的儿童所经历的压力，可能会通过破坏海马体来破坏记忆（Schacter, 1996）。然而，更普遍的现实是，高压和相关的应激激素会增强记忆。事实上，强奸、折磨和其他创伤性事件会困扰幸存者，他们经历着难以面对的记忆闪回，就如同烙印在了灵魂之上。大屠杀幸存者莎莉

"尽管弗洛伊德在表述观点时明显犯了许多错误，但他对无意识心理过程的理解差不多是准确的。事实上，这与现代神经科学家的观点非常一致，即大多数心理过程都是无意识的。"
——埃里克·坎德尔

"大屠杀期间，许多孩子……被迫忍受无法忍受的事情。而那些继续遭受痛苦的人，多年后痛苦仍然会存在，真实得就像在事情发生的那天。"
——埃里克·齐尔默、莫莉·哈罗尔、巴里·瑞茨勒和罗伯特·亚切尔

（Sally H., 1979）说："你会看到婴儿、撕心裂肺的母亲们、被吊着的人，而你坐在那里，看到那张脸，这些情景你永远无法忘怀。"

现代的无意识思想

学习目标问题 14-8 现代研究怎样发展了人们对无意识的理解？

弗洛伊德认为，人们对脑海中发生的一切的认识有限（Erdelyi, 1985, 1988; Norman, 2010）。这一想法是正确的，它构成了当今心理动力学的思维基础。我们的双通道思维是个隐形的广阔领域，一些研究人员甚至认为，"一个人的大部分日常生活都是由无意识的思维过程决定的"（Bargh & Chartrand, 1999）。比如，你也许能回忆起来，某些时候自己莫名伤心或生气却不知道为什么。

然而，现在的许多心理学研究并不认为无意识是涌动的激情和压抑的审查，而是没有意识参与的信息加工过程。对这些研究人员来说，无意识还涉及：

- 自动控制我们的感知和解释的图式（见第6章）。
- 意识没有注意到的刺激引发的启动效应（见第6章、第8章）。
- 分裂脑患者的右脑活动，使患者的左手能够执行其无法用语言描述的指令（见第2章）。
- 在缺少有意识回忆的情况下运作的内隐记忆，尤其是健忘症患者（见第8章）。
- 在有意识分析之前立即激活的情绪（见第12章）。
- 刻板印象和隐性偏见，能够自动地、无意识地影响人们加工关于他人的信息的方式（见第13章）。

人们的大脑自动运作的时间，远超出人们的认识。我们的生活受到屏幕外、视线外的无意识信息加工的引导。无意识思维极为浩瀚，然而，我们目前对无意识信息加工的理解，更接近弗洛伊德思想之前的观点，即一种潜藏于意识之下、放任自流的思想流，种种自发行为和创造性想法在其间浮现（Bargh & Morsella, 2008）。

现在的研究还给弗洛伊德的两种防御机制提供了支持。一项研究表明，那些自称有强烈反同性恋态度的男性身上存在反向形成反应（将不可接受的冲动转换为对立面）。与那些不持这种态度的人相比，这些反同性恋者在观看男同性恋者进行性行为的视频时，体验到的生理兴奋更强（通过设备测量阴茎血流量，并进行评估得出），尽管他们表示这些电影并未让他们产生性唤起（Adams et al., 1996）。同样，一些证据还表明，那些具有无意识的同性恋取向但在意识中又认为自己是异性恋者的人，对男同性恋者的态度更为消极（Weinstein et al., 2012）。

人们会将自己的威胁性冲动归因于他人，即弗洛伊德的投射机制，也得到了证实：人们的确会在他人身上看到自己的特质、态度和目标（Baumeister et al., 1998b; Maner et al., 2005）。现在的研究人员将这种高估他人与自己信念和行为相同程度的倾向称为错误共识效应。暴饮暴食或超速驾驶的人常认为其他很多人也会这样做。然而，大脑扫描显示，投射的动机似乎并非如弗洛伊德所想那样，是为了抑制性冲动和攻击性冲动，而是为了保持积极的自我形象（Welborn et al., 2017）。

最后，研究还证实了弗洛伊德认为人们会无意识地保护自己免受焦虑的观点。研究人员提出，"我们对生命的脆弱性和死亡的意识所产生的恐惧"正是焦虑的来源之一（Greenberg et al., 1997）。数以百计的检验**恐怖管理理论**（terror-management theory）的实验表明，思考某人的死亡，如写一篇关于死亡及其相关情绪的短文等，都会引发各种恐怖管理防御机制（Burke et al., 2010）。例如，对死亡的焦虑会增强个体对对手的攻击性，以及自己的自尊心（Cohen & Solomon, 2011; Koole et al., 2006）。

面对这样充满威胁的世界，人们的行为往往不仅是为了增强自尊心，也是为了更坚定地坚持自己的世界观，以回答有关生命意义的问题。此外，在考虑死亡时，人们会优先考虑自己关系紧密的人（Cox & Arndt, 2012; Mikulincer et al., 2003）。所爱之人的死亡也会激起保护性反应。多年以来，我一直在研究他人对关于死亡的想法的反应方式，但我母亲的意外去世，在使我震惊之余，也促使我重新开始跑步，过上了更健康的生活（Hayasaki, 2014; Kashdan et al., 2014）。直面死亡可以激励我们去肯定生命。

> 恐怖管理理论：一种与死亡相关的焦虑理论，该理论探索人们对即将死亡的提醒的情绪和行为反应。

自问

在上这门课之前，你对弗洛伊德有哪些理解和印象？发现他的一些观点存在价值，或另外一些观点遭人质疑，是否让你感到惊讶呢？

检索练习

RP-4 弗洛伊德的精神分析理论存留了哪些重要思想？弗洛伊德的理论在哪些方面受到了批评？

RP-5 传统精神分析理论的哪些元素被现代心理动力学理论家和治疗师所保留，哪些元素遭到了摒弃？

答案见附录 D

评估无意识过程

学习目标问题 14-9 什么是投射测验，投射测验如何进行，对投射测验存在哪些批评？

人格测试反映了特定人格理论的基本思想。那么，对于继承弗洛伊德传统的人而言，应当选择的评估工具是什么呢？这样的工具需要提供某种通向无意识的道路，以挖掘童年经历的残余，并潜入表面想法之下，揭示隐藏的冲突和冲动等。而客观的评估工具，例如同意-不同意或是非题问卷等，显然是不够的，因为它们只能挖掘意识的表面。

亨利·默里（Henry Murray, 1933）在由他 11 岁的女儿主持的一个派对上，展示了这种测试可能的基础。他让孩子们参与了一场名为"谋杀"的可怕游戏。游戏结束后，再看到某些照片时，这些孩子对照片的看法比游戏前的看法更具恶意。在他看来，孩子们似乎将内心的感受投射到了照片中。

数年后，默里提出了一种**投射测验**（projective test）：**主题统觉测验**（TAT）。在该测验中，人们会看到各种模棱两可的图像，并编造出与之有关的故事。比如，看到一个正做白日梦的男孩时，那些想象男孩正在幻想自己的成就的人，会被认为是将自己的目标投射到图片中。默里说，"作为规则之一，参与者会高兴地结束测试，丝毫没有意识到自己已经向心理学家展示了他内心自我的 X 光片"（Talbot, 1999）。

许多研究表明，默里的发现是正确的：主题统觉测验提供了一张地图，可靠且有效地展示了人们的内隐动机（Jenkins, 2017）。这类讲故事测验已广泛应用于评估成就和归属动机的领域（Drescher & Schultheiss, 2016; Schultheiss et al., 2014）。主题统觉测验还表现出了超越时间的一致性（Lundy, 1985; Schultheiss & Pang, 2007）。今天给人们展示一张照片，他们想象出的故事与一个月后看到同一张照片时所讲述的故事是相似的。

瑞士精神病学家赫曼·罗夏（Hermann Rorshchach, 1884—1922）创造了应用最广泛的投射测试。他那著名的**罗夏墨迹测验**（Rorschach inkblot test）（图 14.2）建立在童年游戏的基础之上。与主题统觉测验的自然生活图像不同，罗夏和朋友们会将墨水滴在纸上，折叠起来，随后说出他们在墨迹中看到的内容（Sdorow, 2005）。若是你在墨迹里看到了掠食动物或武器，说明你也许有攻击性倾向。但考虑到墨迹在现实生活中没有任何意义，这个假设合理吗？研究者的回答各不相同。

一些临床医生很喜欢罗夏墨迹测验，相信它会将来访者的内在动机投射到外部世界。另一些人则将测验视为某种暗示性线索的来源、破冰方法或某种揭示性的访谈技巧。人格评估协会（Society for Personality Assessment, 2005）则推荐在"恰当且合理"的情况下"负责任地使用"该测验（例如，这类情况不包括使

投射测验：一种人格测验，如主题统觉测验或罗夏墨迹测验，该类测试会提供模棱两可的图像，旨在触发人们内心动态的投射。

主题统觉测验（TAT）：一种投射测验，人们观察模棱两可的图像，编造与之相关的故事来表达自己的内心感受和兴趣。

罗夏墨迹测验：赫曼·罗夏设计的投射测验，旨在通过分析人们对 10 张墨迹图像的解释来识别人们的内心感受。

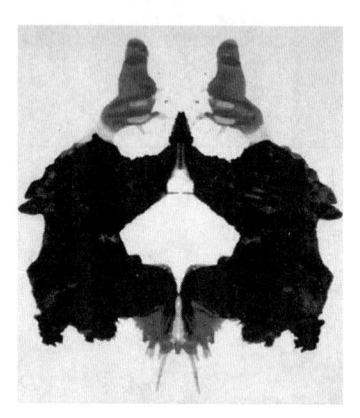

图 14.2 罗夏墨迹测验

在这个投射测验中，实验者要求参与者观察一系列对称的墨迹图，并说出所看到的东西。采用此测试的人认为，对这些模棱两可的图像的解释可以揭示参与者人格的无意识方面。

用该测验来推断参与者的童年性虐待经历）。

而一些批评者坚持认为，罗夏墨迹测验并不是情绪的功能性磁共振成像。他们认为，在罗夏墨迹测验的许多评分中，已经证明有效且可靠的只占少数，如认知障碍和思维障碍评分（Mihura et al., 2013, 2015; Wood et al., 2015）。罗夏墨迹测验会将许多健康的成年人误诊为精神病患者（Wood, 2003; Wood et al., 2006），斯科特·利林菲尔德（Scott Lilienfeld）、詹姆斯·伍德（James Wood）和霍华德·加布（Howard Garb）警告说："即使是经验丰富的专业人士也会被他们的直觉和对缺乏有效证据的工具的盲目自信所愚弄，已有大量研究表明过去的直觉是错误的，是时候采用新的思维方式了。"

"罗夏墨迹测验有一个可疑的独特之处，在所有心理评估工具中，它最受喜爱的同时，也最负骂名。"

——约翰·亨斯利和 J. 迈克尔·贝利

检索练习

RP-6 ＿＿＿＿测验要求参与者观察模棱两可的图像，并描述或讲述与之相关的故事。

答案见附录 D

人本主义理论和特质理论

人本主义理论

学习目标问题 14-10 人本主义心理学家如何看待人格，他们研究人格的目标是什么？

20 世纪 60 年代时，一些人格心理学家开始对于心理动力学理论无望地关注驱力和冲突，以及斯金纳行为主义的机械心理学感到不满（见第 7 章）。亚伯拉罕·马斯洛（Abraham Maslow）和卡尔·罗杰斯（Carl Rogers）这两位理论先驱提出了成为心理学第三势力的观点，强调个体健康成长的潜能。与弗洛伊德强调的疾病源于黑暗冲突相反，这些人本主义理论（humanistic theory）家强调人们为自我决定和自我实现而努力的方式。与行为主义的科学客观性相反，他们通过人们的自述经历和感受来研究人。

人本主义理论：以个人健康成长的潜能为重点的人格理论。

自我实现：根据马斯洛的说法，指基本的生理和心理需要得到满足并且获得自尊之后产生的心理需要之一，是发挥个人潜能的动机。

亚伯拉罕·马斯洛：自我实现的人

马斯洛提出，人们会受到不同需要层次的激励（见第 11 章）。人们的生理需要得到满足时，就会开始担心人身安全；人们获得安全感时，就会开始寻求爱与被爱；而爱情需要得到满足时，就会开始寻求自尊；获得自尊之后，人们最终会寻求**自我实现**

自我超越：根据马斯洛的说法，指超越自我身份、意义和目的的追求。

（self-actualization）（发挥潜能的过程）和**自我超越**（self-transcendence）（超越自我身份、意义和目的的追求）。

通过研究健康、有创造力的人，而不是患者的临床案例，马斯洛的想法得到了发展。他对自我实现的描述源于对亚伯拉罕·林肯（Abraham Lincoln）等人的研究，这些人似乎都以有意义和富有成效的生活著称。马斯洛称，这些人具有某些共同特征：他们具备自我觉察和自我接纳，开放又随意自然，充满爱心，关怀他人，并且不会因他人的意见而不知所措（Kaufman, 2018）。他们对"我是谁"有明确的认识，更喜欢以任务为中心，而不是以自我为中心。

他们对世界充满好奇，敢于接受不确定的事物，竭力寻找新体验（Compton, 2018; Kashdan, 2009）。一旦将精力集中在某项特定任务上，他们常会将其视为自己的人生目标或是"使命"（Hall & Chandler, 2005）。他们大部分都更喜欢少量的深层次关系，厌弃大量的肤浅关系。很多人都被那些超越普通意识层面的精神或个人的高峰体验打动。马斯洛认为，这些是成熟成年人的品德，只体现在那些对生活有足够了解后仍富有同情心、超越了对父母的复杂感情、找到了自己的使命、"有足够的勇气，敢于不受欢迎，不以公开美德为耻"的人身上（你可以在图14.3 中测试你的自我实现水平）。

亚伯拉罕·马斯洛（1908—1970）
"任何值得关注的动机理论都必须涉及健康强壮的人的最高能力，以及残缺的精神的防御策略。"

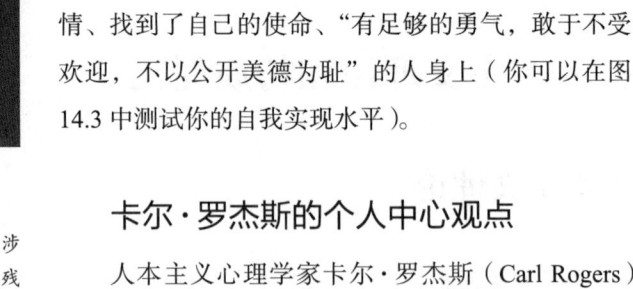

卡尔·罗杰斯的个人中心观点

人本主义心理学家卡尔·罗杰斯（Carl Rogers）认可马斯洛的大部分思想。罗杰斯的个人中心观点认为，基本上所有人都是优秀的，都具有自我实现的倾向。每个人都像一颗橡子，已准备好成长发育、完成一番成就，除非受到了抑制成长的环境的阻碍。罗杰斯认为，促进成长的社会环境应当：

无条件积极关注：一种关怀、接受、不加评判的态度；卡尔·罗杰斯认为这种态度有助于人们发展自我意识和自我接纳。

卡尔·罗杰斯（1902—1987）
"奇怪的悖论是，当我接受自己本来的样子时，我就可以改变。"

• 接纳。人们接纳他人时，能够提供**无条件积极关注**（unconditional positive regard），这是一种即使知道他人的失败也会重视他人的优雅态度。人们放下自己的伪装，承认自己最糟糕的感受，发现自己仍然能够为他人所接受，这是一种深刻的解脱。在美好的婚姻、温馨的家庭或亲密的友谊中，人们可以自由自在，不必担心失去他人的尊重。

> **自我实现量表（CSAS）的特征**
>
> 下列特征可能符合或不符合你的情况，请根据下列陈述，选择最能表明你同意或反对态度的评分。作答过程中请尽可能保持诚实，依靠第一感受，不要犹豫。
>
> | 1 | 2 | 3 | 4 | 5 |
> |---|---|---|---|---|
> | 非常反对 | 反对 | 中立 | 同意 | 非常同意 |
>
> 1. ____无论遇到多少次，我都会对生活中的美好心存感激。
> 2. ____我接受自己的一切，包括自己的缺点。
> 3. ____我为自己的行为负责。
> 4. ____我通常不会为那些困扰大多数人的事情所困扰。
> 5. ____我的人生目标将有利于人类的福祉。
> 6. ____我通常对现实有清晰的认知。
> 7. ____我真诚地渴望帮助人类。
> 8. ____我常会有某种体验，觉得自己与这个星球上的所有人和事物都融为一体。
> 9. ____在日常生活中，我有强烈的是非感。
> 10. ____我对自己的所有工作都持有一种普遍的创新态度。
>
> **评分指南：**
>
> 将上述分数相加并除以 10，就可得到你的总分。上述各条目代表了斯科特·巴里·考夫曼（Scott Barry Kaufman, 2018）所研究的自我实现的 10 个特征：
> （1）持续更新的自我认识，（2）接受，（3）真实性，（4）平等（精神平静），
> （5）目的，（6）寻求真理，（7）人道主义（关注人类福祉），（8）高峰体验，
> （9）良好的道德直觉和（10）创新精神。
>
> 考夫曼发现，得分较高的人，体验到的"生活满意度、自我接纳程度、积极的人际关系、个人成长、生活目标和自我超越的经历"以及"跨越多个成就领域的创造力"也更高。

图 14.3　自我实现量表（CSAS）的特征

这个缩短版的自我实现量表代表了考夫曼研究的 10 个特征。

· 真诚。真诚的人们会敞开心扉表达自己的感受，放下自己的伪装，开放自我，勇于自我披露。

· 同理心。富有同理心的人们会分享和映射他人的感受，并反映它们的意义。罗杰斯说："我们很少能以真正地理解和同理心去倾听。然而，这种非常特殊的倾听是我所知道的最强大的变革力量之一。"

罗杰斯认为，接受、真诚和同理心就是水、阳光和养分，促使人们从橡子生长为生机勃勃的橡树。因为"当人们感受到被接纳和珍视时，往往会发展出一

同理心的作用

在听众表现出真正的理解时，人们更容易敞开心扉、满怀信心地表达。在这样的关系中，我们可以放松下来并充分表达真实的自我。

种更关爱自己的态度"（Rogers, 1980）。人们得到同情的倾听时，"就有可能更准确地倾听自己内心感受的流动"。

作家卡尔文·特里林（Calvin Trillin, 2006）回忆起了一个重度障碍儿童夏令营中有关父母接受和真诚的例子，他妻子爱丽丝（Alice）在这个夏令营里工作。一个"神奇的孩子"L，患有遗传疾病，不得不用管饲法进食，走路都十分困难。爱丽丝回忆说：

"有一天，我们在玩鸭鸭鹅游戏时，我就坐在她身后，她让我帮她拿着邮件，因为轮到她被其他孩子绕圈追着跑了。她花了好长一段时间才跑了一圈，因此我有时间看到在这叠邮件上她妈妈寄来的便条。然后我做了一件非常糟糕的事情——我只想知道她的父母是怎样做到让她如此引人注目，成为我见过的最乐观、最热情、最充满希望的人。我瞥了一眼纸条，目光落在了这句话上：'就算上帝拿出全世界所有的孩子供我们选择，L，我们只会选择你。'在 L 回到她在圈子里的位置前，我把纸条拿给了坐在旁边的巴德看，我低声说：'快读这个，这就是生命的秘密。'"

马斯洛和罗杰斯对此则会心照不宣地一笑吧。对他们而言，人格的一个核心特征就在于人的自我概念——对"我是谁？"这个问题的回答，包括所有与之相关的想法和感受。如果我们有一个积极的自我概念，我们往往会积极地行动起来，观察这个世界。罗杰斯说，如果我们持有消极的自我概念，即在我们自己看来，我们与理想中的自我相差甚远，我们就会感到沮丧，闷闷不乐。因此，他说，对治疗师、父母、老师和朋友而言，帮助他人了解自己、接受自己并忠于自己，是个有价值的目标。

自问

回想一下某次对话中，你知道对方只是在等待轮到他说话的机会，并没有认真听你说话；再回想一下，上一次有人抱着同理心听你说话是什么时候。这两种体验有何不同？

评估自我

学习目标问题 14-11 人本主义心理学家如何评估个人的自我意识？

人本主义心理学家有时会要求人们填写自我概念评价问卷，来评估他们的人格。有一项问卷调查受到卡尔·罗杰斯的启发，要求人们描述理想的自己和实际的自己。罗杰斯说，当理想自我和实际自我相似时，自我概念就是积极的。在评估来访者治疗期间的个人成长时，他寻求最接近实际自我和理想自我的评价。

一些人本主义心理学家则认为，任何对人格的标准化评估，哪怕只是问卷调查，都是在去人格化。相较于强迫人们对狭隘的分类做出反应，这些人本主义心理学家假设，用访谈和对话的方式能更好地理解每个人的独特经历。而现在的一些研究人员认为，可以通过生活故事法来揭示人们的个性——收集个人独特生活史的丰富翔实的叙述（Adler et al., 2016; McAdams & Guo, 2015）。一生的故事比对几个问题的回答更能显示一个人的完整个性（Waters et al., 2019）。

评价人本主义理论

学习目标问题 14-12 人本主义理论如何影响心理学？人本主义受到了怎样的批评？

一个对弗洛伊德的评价同样适用于人本主义心理学家：他们的影响无处不在。马斯洛和罗杰斯的思想影响了咨询、教育、育儿和管理等领域，还为如今科学的积极心理学这一分支学科（见第 12 章）奠定了基础。

无心插柳柳成荫，这些理论家也影响了当今的大部分大众心理学。保持积极的自我概念是通往幸福和成功的关键吗？接受他人和同理心能培养对自己的积极感受吗？基本上所有人都是优秀的，都具备自我提升的能力吗？大多数人的答案都会是"是"。1975 年人本主义心理学的"令人感觉良好"的人生哲学尚未融入美国文化，与那时的学生相比，2006 年美国高中生的自尊心及对未来在职业上取得成功的期望显著提高（Twenge & Campbell, 2008）。如果可以选择，北美大学生表示，他们更愿意得到自尊上的提升，例如论文得到表扬或取得好成绩，而不是享用最喜欢的食物或进行性行为（Bushman et al., 2011）。人本主义心理学的理念已家喻户晓。

但人本主义观点的名声遭到了批评者的强烈反对。首先，批评者认为，人本主义的概念既模糊又主观。想想马斯洛对自我实现者的描述是"开放而又随意自然、充满爱心、自我接受和富有创造力"，这称得上是科学的描述还是仅仅是对理论家自身价值观和理想的描述？布鲁斯特·史密斯（Brewster Smith, 1978）指出，马斯洛提供的只是他自己的个人英雄的印象。假如另一位理论家以其他不同类型的英雄为起点，如法国军事征服者拿破仑或者美国前总统唐纳德·特朗普，这位理论家可能就会将自我实现者描述为"不会被他人的意见吓倒、有动力去实现野心和对权力感到满足"。

也有批评者对下面罗杰斯的观点提出了反对。罗杰斯曾这样表述："唯一重要的问题在于'我是否以一种令自己深感满足并能真正表达自己的方式生活'。"强调这样的个人主义，即相信自己的感受，根据自己的感受行事，忠于自己，实现自己，可能会导致自我放纵、自私和对道德约束的侵蚀（Campbell & Specht, 1985; Wallach & Wallach, 1983）。想象一下，与拒绝执行任何不能令其深感满意或不能真正表达其个性的任务的人一起参与小组项目会是怎样的感受。

人本主义心理学家反驳说，安全的、非防御性的自我接受实际上是爱他人的第一步。事实上，那些仅因为自己是谁，而不是因为自己取得的成就而发自内心地感到被喜欢和被接受的人，表现出较少的防御态度（Schimel et al., 2001）。那些感到自己得到配偶的喜爱和接受的人也称，他们与配偶的关系更幸福，对彼此也更友善（Gordon & Chen, 2010）。

人本主义心理学遭到的最后一项指责是，这一理论过于幼稚，没有认识到人类拥有作恶的能力这一事实（May, 1982）。面对气候危机、人口过剩、恐怖主义和核武器扩散等问题，我们可能对以下两种合理化说法都难以认同：一种是否认威胁的乐观（"基本上所有人都是优秀的，一切都会好起来的"）；另一种是黑暗的绝望（"这是毫无希望的，为什么还要尝试？"）。而采取行动不仅需要充分的现实主义来加强关注，还需要充分的乐观主义带来希望（悲观主义常常通过抑制做出改变的努力来实现自己的预测）。批评者说，人本主义心理学只鼓励必要的希望，不鼓励关于威胁的现实主义，而现实主义同样十分必要。

检索练习

RP-1 人本主义理论提供了怎样的新视角？

RP-2 富有同理心是什么意思？自我实现是怎样的呢？哪些人本主义心理学家使用了这些术语？

答案见附录 D

特质理论

学习目标问题 14-13 心理学家如何通过特质来描述人格？

一些研究人员没有关注无意识抑制成长机会的力量，而是试图根据稳定持久的行为方式来定义人格，例如 Lady Gaga 的刻苦自律和对新体验的开放态度。这一观点可以部分追溯到1919年的一次非凡会面，时年22岁、满怀好奇的心理学学生戈登·奥尔波特（Gordon Allport）在维也纳采访了西格蒙德·弗洛伊德。奥尔波特很快就发现，这位精神分析的创始人有多么专注于寻找隐藏动机，即使是对采访中奥尔波特自己的行为也是如此。这一经历最终引导奥尔波特做了弗洛伊德没有做的事情：用基本**特质**（trait）或人们的特征行为和有意识的动机（例如真正促使奥尔波特采访弗洛伊德的好奇心）来描述人格。奥尔波特说，与弗洛伊德的会面"教会我，尽管精神分析有其优点，但可能会令我陷入得太深，而心理学家最好在探索无意识之前对显而易见的动机有充分的认识"。于是，奥尔波特开始根据可识别的行为方式来定义人格，他关注的不是解释个人特征，而是描述它们。

与奥尔波特一样，伊莎贝尔·布里格斯·迈尔斯（Isabel Briggs Myers, 1987）和母亲凯瑟琳·布里格斯（Katharine Briggs）也想要描述重要的人格差异。她们尝试根据荣

特质：某种行为特征模式或以某种方式感受和行动的倾向，通过自陈量表和同伴报告进行评估。

格的性格类型，基于人们对 126 个问题的回答来对他们进行分类。迈尔斯-布里格斯类型指标（Myers-Briggs Type Indicator，也称 MBTI）目前已有 20 多种语言的版本，被数百万人使用，主要用于咨询、领导能力培训和工作团队发展（CPP, 2017）。这一指标提供了诸如"您通常是重视情感而非逻辑，还是重视逻辑而非情感？"之类的选择题，随后计算测试者的偏好，将这些偏好打上标签作为指标，如"感觉型"或"思维型"等，并以赞许的形式给受测者提供反馈。例如，"感觉型"会得知自己"富有同情心、有欣赏眼光、十分机智"，而"思维型"会得知自己"擅长分析"（每个类型都有其长处，所以所有人都能得到肯定）。

大部分人都会同意公开自己的 MBTI 个人档案，这些档案反映了他们宣称的偏好。他们可能也认可将这些标签作为基础，与工作、约会对象以及各种他们声称符合自己气质的任务进行匹配。但美国研究委员会的一份报告指出，尽管该测试在商业和职业咨询中广受欢迎，但将其作为工作绩效预测指标已经超过了对其有效性研究的范围："在缺乏成熟科学价值的情况下，该工具的流行十分令人棘手"（Druckman & Bjork, 1991, p. 101; Pittenger, 1993）。自从这样的警示语面世，尽管对 MBTI 的研究一直在积累，但该测试仍然主要作为一种咨询和指导工具，而非研究工具。幸运的是，较新的研究已经提供了有效、可靠的工具，对特质进行探索。

探索特质

每个人都是多种特质的独特复合体。那么，我们如何才能以捕捉个性的方式来描述自己的人格呢？我们可以将苹果放在几个特质维度下，对其进行描述，比如相对的大或小、红或绿、甜或酸等。同理，心理学家也可以将人们同时置于几个特质维度下，对无数个体的人格差异进行描述。

哪些特质维度能对人格进行描述呢？假如你正在查看在线约会服务网站上的个人资料，哪些人格特质会让你对他人产生最好的感觉呢？奥尔波特和同事 H. S. 奥德伯特（H. S. Odbert, 1936）曾对一本未删节的字典中可以用来描述人的所有单词进行了统计，有将近 18 000 个！那么，心理学家如何才能将这些单词浓缩为数量可控的基本特质呢？

因子分析 因子分析是心理学家们常用的技术之一，这种统计程序能够识别发掘特质的基本组成部分的测试项目集群（因子）（McCabe & Fleeson, 2016）。想象一下，那些自称外向的人也常会说自己喜欢刺激，爱搞恶作剧或不喜欢安静地阅读。这种统计上相关的行为集群反映了一个基本因子或特质，如上述情形中所反映的就是外向性。

英国心理学家汉斯·艾森克（Hans Eysenck）和西比尔·艾森克（Sybil Eysenck）认为，我们可以将许多正常个体变化归纳为两个维度：外向性-内向性和情绪稳定性-不稳定性（图 14.4）。从中国到乌干达，再到俄罗斯，在全球各地有 35 个国家的人们使用艾森克人格问卷，基于对问卷答案的分析，外向性和情绪因子无可避免地成为基本的人格维度（Eysenck, 1990, 1992）。艾森克夫妇认为，这些因子受到了遗传的影响，并且在研究中证实了这一点。

生物学和性格 外向者的大脑活动扫描对我们如今正在探索的特质和心理状态列表进行了补充，这一列表正不断增长。这类研究表明，外向者寻求刺激是他们的大脑正常唤醒程度相对较低所导致的。例如，PET 扫描表明，与内向者相比，外向者涉及行为抑制的大脑额叶区域不够活跃（Johnson et al., 1999），而多巴胺和与多巴胺相关的神经活动则往往更高（Kim et al., 2008; Wacker et al., 2006）。

我们的生理会影响我们的性格。回顾第 4 章中的双生子和收养研究，我们可以看出，与异卵双生子相比，同卵双生子的性格更加相似（Loehlin & Martin, 2018; Mõttus et al., 2019）。人性的很大一部分如此，性格和人生结果也是如此，都受到许多基因的影响（每个基因的影响很小）（Smith-Wooley et al., 2019; van den Berg et al., 2016）。我们的基因

图 14.4 两个人格维度

地图制作者能够通过两个轴（南北和东西）表达很多信息。人格的两个主要因子（外向性–内向性和稳定性–不稳定性）也同样可以作为描述人格变化的轴。不同的组合定义了其他更具体的特质（Eysenck & Eysenck, 1963）。许多演员都是外向性人格，但也有一些演员，如艾玛·沃特森，是内向性人格，他们尤其擅于独自学习，使得所扮演的每个角色都生动形象。而如吉米·法伦这样的职业喜剧演员，则通常是天生的外向者（Irwing et al., 2020）。

对塑造性格的气质和行为方式也会产生影响。例如，杰罗姆·凯根（Jerome Kagan）将儿童害羞和抑制的差异归因于他们的自主神经系统的反应性。易反应的自主神经系统的人对压力的反应是更加焦虑和抑制，而勇敢、好奇的孩子长大后则可能会成为攀岩者或快速驾驶者（见批判性思考：内向之耻）。

狗的个性差异（在活力、情感、反应和好奇的智力方面）和人类的个性差异一样明显，且具有一致性（Gosling et al., 2003; Jones & Gosling, 2005）。猴子、黑猩猩、虎鲸、海狮，甚至鸟类和鱼类也有独特而稳定的个性（Altschul et al., 2018; Úbeda et al., 2018; Weiss et al., 2017）。各个物种的责任心也会因动物个体而异（Delgado & Sulloway, 2017）。通过选择性育种，研究人员能够培育出大胆或羞怯的鸟类，它们各自在自然历史中占据一席之地：在贫瘠的年份，大胆的鸟类更容易找到食物；在丰饶的年份，羞怯的鸟类觅食的风险更低。

检索练习

RP-3 汉斯·艾森克和西比尔·艾森克提出了哪两个主要维度来描述人格变化？

答案见附录 D

批判性思考：
内向之耻

学习目标问题 14-14 关于内向，有哪些常见的误解？

西方文化对内向者很苛刻

超级英雄们往往都十分外向。比如，黑豹以其卓绝的人格魅力将五个部落团结起来；在《超人总动员》中，领导能力非凡的弹力女超人拯救了世界。

87% 的西方人希望变得更加外向[1]。

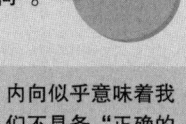

内向似乎意味着我们不具备"正确的东西"[2]。

面试官希望得到怎样的员工？与其他人格特质相比，外向性更重要[3]。

人们认为魅力十足的成功人士都是外向性人格[4]。

什么是内向

内向者往往能从独处中获得能量，可能还会觉得社交互动使他们身心俱疲。相比之下，外向者往往通过与他人相处汲取能量。

内向不是"害羞"。害羞的人沉默寡言，是因为担心别人会对他们有负面评价。

内向者有更敏感的神经系统，因此会从环境中寻求低水平的刺激。例如，看到柠檬汁时，内向者流的口水比外向的人更多[5]。

内向的好处：

- 一些情况下，内向型领导的表现优于外向型领导，例如，在员工提出新想法并挑战现有规范时[6]。
- 内向者能很好地处理冲突。他们的反应常是独自舔舐伤口，而非迫切寻求复仇[7]。
- 有所成就的内向者也不在少数，包括比尔·盖茨、特蕾莎修女和奥普拉·温弗瑞。温弗瑞解释说："一个真正的外向者……靠人获得能量补充……而我被吸干了。"[8]

1. Hudson & Roberts, 2014。 2. Cain, 2012。 3. Kluemper et al., 2015; Salgado & Moscoso, 2002。 4. Wilmot et al., 2019。 5. Corcoran, 1964。 6. Grant et al., 2011。 7. Ren et al., 2016。 8. OWN, 2018。

评估特质

学习目标问题 14-15 什么是人格量表？作为特质评估工具，人格量表有哪些优点和缺点？

如果我们的行为受到稳定持久的特质的引导，那么我们能否设计出有效而可靠的特质量表呢？现有的几种特质评估技术中，一些技术相对有效，一些技术则只能快速评估单一特质，如外向性、焦虑或自尊等。而相对较长的**人格量表**（personality inventory）涵盖的情感和行为更广泛，能够同时评估几种特质。

明尼苏达多相人格量表（Minnesota Multiphasic Personality Inventory，MMPI）就是经典的人格量表之一。MMPI 最初的研发目的是识别情绪障碍，但它也可用于评估人们的人格特质。其创建者之一，斯塔克·海瑟薇（Starke Hathaway，1960），曾将自己的成果与阿尔弗雷德·比奈（还记得第 10 章的内容吗？他开发了第一个智力测验，通过选择题识别法国学校中那些需要特殊帮助的儿童）的成果进行比较。与比奈的题目

人格量表：一份问卷，通常包含需要回答对错或同意/不同意的题目，该问卷通过人们对题目的回答衡量人们的各种感受和行为用于评估选定的人格特征。

明尼苏达多相人格量表：所有人格测试中研究最广泛和临床使用最广泛的一种。该测试最初的开发目的是识别情绪障碍（现在仍被认为是它最合适的用途），现在多用于其他筛查目的。

经验推导量表：一种测试（如MMPI），由题库中选出的可以区分不同群体的题目构成。

人们会用自己模仿的MMPI事项来开玩笑，并乐此不疲，如"哭泣使我热泪盈眶""疯狂尖叫让我紧张"以及"我待在浴缸里直到把自己泡成一颗葡萄干"（Frankel et al., 1983）。

一样，MMPI 的题目也是一种经验推导量表（empirically derived test）：在海量题目中，海瑟薇和同事选择了可以区分特定诊断群体的题目。如"我的手脚通常十分暖和"这样的问题看似轻描淡写，但恰巧焦虑不安的人可能就会回答"否"。研究人员将这样的问题分为 10 个临床量表，包括用于评估抑郁倾向、男性气质–女性气质和内向–外向的量表等。如今的 MMPI-2 还增加了其他量表，可用于评估工作态度、家庭问题和愤怒情绪等。

大部分投射测验（如罗夏墨迹测验）的评分都比较主观，而人格量表的评分则比较客观。然而，客观性并不能保证有效性。例如，出于求职目的填写 MMPI 的个人可以给出满足社会期望的答案，来营造一个良好的印象。但这样做的话，他们在评估虚假答案的谎言量表上也可能得分较高（例如，对人们普遍回答为"是"的问题，如"我有时会生气"，的回答为"否"）。在其他情形中，MMPI 可用于识别假装患病以逃避责任的人（Chmielewski et al., 2017）。得益于其客观性，MMPI 逐渐普及，并被翻译成了 100 多种语言。

大五因子

学习目标问题 14-16 哪些特质似乎提供了关于性格变化最有用的信息？

现在的特质研究人员认为，尽管一些简单的特质因子的确很重要，如艾森克的内向–外向和稳定–不稳定维度，但它们并不能解释全部问题。一组范围稍微扩展的因子，即大五因子（Big Five factor）（也称为五因子模型）的效果更好（Costa & McCrae, 2011; Soto & John, 2017）。如果一项测试指明了你在五个维度（开放性、尽责性、外倾性、宜人性和神经质)（表 14.3）中的位置，那么它就说明了你的人格。大五因子也可用

大五因子：也称为五因子模型。研究人员确定的用于描述人格的五个因子，分别为开放性、尽责性、外倾性、宜人性和神经质。

表 14.3　大五人格因子

研究人员通过自我报告量表来对大五人格因子进行评估。		
（记忆提示：可以通过海洋（OCEAN）这个单词来帮助记忆大五因子包含的名词。		
务实、喜欢例行公事、循规蹈矩	⟷ 开放性（openness） ⟷	想象力丰富、喜欢多样性、独立
杂乱无章、粗心大意、冲动	⟷ 尽责性（conscientiousness） ⟷	有条理、细心、自律
不擅交际、严肃克制、冷淡缄默	⟷ 外倾性（extraversion） ⟷	善于交际、风趣、热情亲切
无情、多疑、不合作	⟷ 宜人性（agreeableness） ⟷	仁慈宽厚、信任他人、乐于助人
平静、可靠、自我满足	⟷ 神经质（neuroticism，情绪稳定或不稳定） ⟷	焦虑、不可靠、自怨自艾

于理解心盛和心理功能障碍（Bleidorn et al., 2019; Ohi et al., 2016; Oltmanns et al., 2018）。

一项覆盖 56 个国家和 29 种语言的研究（Schmitt et al., 2007）发现，全球各地的人们对他人的描述都大致与此表一致。自 20 世纪 90 年代初以来，大五人格一直是最活跃的人格研究课题，也是目前我们对基本特质维度的最佳近似描述。如今，大五人格已经成了"人格心理学的通用货币"（Funder, 2001）。

大五人格所研究的问题：

- 这些特质是否稳定？研究团队分别对 50 岁以下的美国、澳大利亚和德国参与者的特质进行了分析（Damian et al., 2019; Wagner et al., 2019）。参与者的性格总体上保持稳定，但大部分都表露出了成熟原则的迹象。从青少年期开始，他们渐渐变得更尽责、更宜人，而不那么神经质（情绪不稳定）（Allemand et al., 2019; Klimstra et al., 2018; Rohrer et al., 2018）。日本参与者也表现出了人格特质的稳定性，但随着时间的推移，他们所有大五人格因子的变化也更大，原因在于他们的人格总会适应环境的变化（Chopik & Kitayama, 2018）。

- 对这些特质的自我评估是否与他人评估相符？亲戚朋友对我们大五人格特质的评估与我们的自我评估相近（Finnigan & Vazire, 2018; Luan et al., 2019）。

- 这些特征是否反映不同的大脑结构？一些大五人格特质与大脑组织的体积和厚度有关（DeYoung & Allen, 2019; Li et al., 2017; Riccelli et al., 2017）。例如，尽责性得分较高的人往往大脑额叶区域更大，这有助于他们计划和控制行为。大脑的神经连接也会影响大五人格特质（Toschi et al., 2018）。对于高度神经质（情绪不稳定）的人而言，他们的大脑天生就会体验到巨大的压力（Shackman et al., 2016; Xu & Potenza, 2012）。

- 这些特征是否与出生顺序有关？例如，控制家庭规模等其他变量后，长子的尽责性和宜人性是否更强？与流行观点相反的是，几项大规模研究都未能发现出生顺序与人格特质之间存在任何关联（Damian & Roberts, 2015; Harris, 2009; Rohrer et al., 2015）。

- 这些特质在各种文化中的应用情况如何？大五人格特质合理描述了各种文化中的人格（Fetvadjiev et al., 2017; Kim et al., 2018; Schmitt et al., 2007）。无论是肯尼亚和坦桑尼亚的牧民，还是马里的园丁，大五人格都能帮助我们了解他们的人格基本特质（Thalmayer et al., 2019）。对来自 50 种不同文化的参与者进行研究之后，罗伯特·麦克雷（Robert McCrae）和另外 79 位合作研究人员得出了这样的结论："人格特质的特征是所有人类群体共有的。"

- 大五人格特质能预测人们的实际行为吗？是的，大五人格特质能够可靠地预测各种重要生活结果（Soto, 2019）。例如，可以通过尽责性和宜人性预测工作上的成功（是不是尽责友善的人就能先完成工作呢？）(Nickel et al., 2019; Wilmot & Ones, 2019)。具备宜人性的人通常乐于助人、遵纪守法且不带偏见（Crawford & Brandt, 2019; Habashi et al., 2016; Walters, 2018）。大五人格特质也有助于预测人们在社交媒体上的行为和职业道路，例如，具备外倾性人格特质的人通常能成为领导者（Azucar et al., 2018; Hanania, 2017; Spark et al., 2018）。此外，我们的特质还会表现在语言模式上，例如，外倾性人格特质可以预测该人在短信中较多地使用人称代词，而通过神经质人格特质则能预测大量的负面情绪词（Holtgraves, 2011）。

对这些问题的探索，使得"大五"研究延续了特质心理学，让人们重新认识到了人格的重要性（想要描述你的人格，可以通过图 14.5 进行简要的自我评估）。毫无疑问，特质很重要。

你会为哪些内容点赞？让我来统计一下你的点赞数。

研究人员能够通过你社交媒体的点赞数来预测你的大五人格特质、政治观点和态度（Youyou et al., 2015）。一些公司会为广告商收集这些"大数据"（随后广告商会为你个性化定制广告）。一些政治候选人也会做同样的事，这样他们就能用更具说服力的信息来得到你的支持（Matz et al., 2017）。据报道，2016 年，一家名为剑桥分析（Cambridge Analytica）的公司收集了近 8700 万美国人的脸书个人资料和点赞数，从中推断个人选民的政治倾向和人格类型，并将此类信息提供给那些挨家挨户为唐纳德·特朗普进行宣传的竞选人员（Grassegger & Krogerus, 2017）。[1]

自问

在进行图 14.5 中的自我评估之前，你会将自己置于大五人格维度中的什么位置？你的亲戚朋友会把你放在哪里？实际结果是否让你惊讶呢？你认为这些结果会让他们感到诧异吗？

检索练习

RP-4 什么是大五人格因子，为什么它们会具有科学意义？

答案见附录 D

评估特质理论

学习目标问题 14-17 人格特质在不同时间和不同情况下的一致性是否具备研究结果支撑？

---

[1] 脸书现在已经对用户点赞的隐私加以保护。

图 14.5 大五人格自我评估量表（简版）

你会如何描述自己？
应当描述自己现在的总体情况，而非描述自己希望在未来能成为的样子；描述你对自己的真实看法，以及与你认识的同性和大致同龄的人的关系。参照以下量表，为下方描述项进行评分，随后参照底部的评分指南，看看你在大五人格各特质上的位置。

1	2	3	4	5
非常不准确	一般不准确	既非准确也非不准确	一般准确	非常准确

1. ____ 我是聚会的主角。
2. ____ 我同情他人的感受。
3. ____ 我容易感受到压力。
4. ____ 我总是做好充分准备。
5. ____ 我脑海里满是奇思妙想。
6. ____ 我是对话的发起者。
7. ____ 我为他人留出时间。
8. ____ 我做事遵循时间表。
9. ____ 我总会担心许多事。
10. ____ 我想象力丰富。

评分指南：

开放性：描述项 5, 10
尽责性：描述项 4, 8
外倾性：描述项 1, 6
宜人性：描述项 2, 7
神经质：描述项 3, 9

如何进行评分：
参照左方所示内容，按照大五人格特质将你的回答进行区分，并将两个分数相加后除以2，得出你在每个特质上的得分。以"宜人性"特质为例，假如你在描述项2（"我同情他人的感受"）中得了3分，在描述项7（"我为他人留出时间"）中得了4分。这表示，在1到5的范围内，你的"宜人性"特质所得的总分为（3+4）/2=3.5。

量表数据来自国际人格项目库，该库为一个开发人格特质和其他个体差异的高级测量方式的科学合作实验室。

我们的人格特质会稳定持久地存在吗？还是说，我们的行为取决于所处的环境和周围的人呢？那些积极向上、待人友善的孩子长大后往往还会保持同样的个性。一次大学同学聚会上，我惊讶地发现，即使过了50年，以前那些活泼的同学现在依然很活泼，腼腆的人依然很腼腆，总是笑容满面的人也依然满脸笑容。但是，在工作面试时，爱开玩笑的人也的确会突然变得郑重其事、彬彬有礼起来。新的境况和重大生活事件能够改变我们所表现出的人格特质。从高中到大学或到参加工作的过渡阶段，我们的宜人性、尽责性和开放性会增强，也会变得不那么神经质（Bleidornet al., 2018）；而失业可能会让我们的宜人性和开放性减弱（Boyceet al., 2015）；当我们退休时或者选择辞职时，宜人性和开放性往往又会增强（Schwaba & Bleidorn, 2019）。

人–情境之争 内在倾向与外在环境的相互作用影响了人的行为。那么，两者谁更重要呢？探讨人–情境之争时，我们应研究在不同时期、不同环境都能持续存在的真实

> "我们和自己之间的区别，就如同我们和他人之间的区别一样大。"
> ——米歇尔·德·蒙田

粗略地说，社会心理学研究的重点是行为的外部影响因素（见第13章），而人格心理学研究的重点在于内在影响因素。但行为常取决于人与环境的互动。

人格特质。是否有的人天生诚实可靠、有的人则天生难以信赖，有的人活泼开朗、有的人则沉默寡言，有的人大方外向、有的人则害羞腼腆？如果我们考虑把友善视为一种特质，那么友善的人无论何时何地都会表现得亲近友好吗？

在其他章节中，我们探讨了对人们不同时期生活变化进行跟踪的研究。我们注意到，一些学者（尤其是研究婴儿的学者）尤其关注人格变化，而另一些学者则主要关注成年后的人格稳定性。如图 14.6 所示，合计 152 项纵向研究的数据分析表示，各种人格特质的得分与 7 年后的得分呈正相关关系，并且，随着年龄增长，人们的人格会趋于稳定。兴趣可能会改变，那些热带鱼狂热爱好者可能会变得只醉心园艺；职业可能会改变，坚定从事销售的人可能会坚定地投身于社会工作；关系也可能会改变，骄横跋扈的儿子可能会变成一个骄横跋扈的丈夫，但大部分人都会逐渐认识并接受自己。正如研究人员罗伯特·麦克雷和保罗·科斯塔（Paul Costa）的研究发现，认识自己无可回避的人格是"一生中最重要的智慧"。

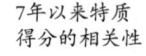

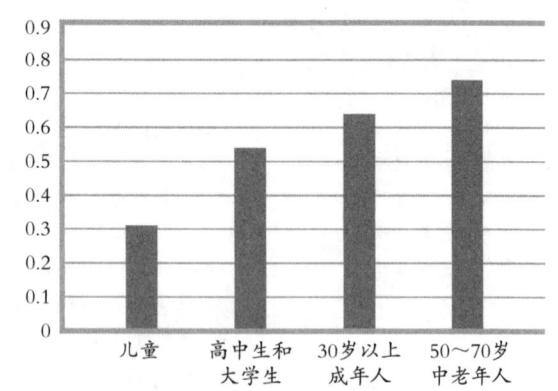

图 14.6　人格的稳定性

随着年龄的增长，人格特质变得更加稳定，这反映在特质分数与 7 年后的分数有更强的相关性（Roberts & DelVecchio, 2000）。

因此，包括大多数心理学家在内的大部分人，都认为人格特质存在稳定性。并且，人格特质还具有社会意义，它们会影响人的健康、思维、职业选择以及行为表现等（Hogan, 1998; Jackson et al., 2012; Mueller et al., 2018）。研究对象超过数千人的长期跟踪研究表明，人格特质和社会经济地位、认知能力一样，可作为死亡率、离婚和职业成就的预测指标（Graham et al., 2017; Roberts et al., 2007）。

虽然人格特质通常持续稳定而又具有强大的影响力，但不同情况下人们具体行为的不一致性是另一码事。你认为一种情况下的自觉（如按时上课）和另一种情况下的自觉（如说不吃不健康食品）之间，会存在怎样的联系呢？联想到自己在某些情境下是多么外向，而在其他情境下又是多么拘谨，也许你就会说，"两者之间联系不大"。这正是研究人员的发现：两者之间的相关性很小（Mischel, 1968; Sherman et al., 2015）。这种行为上的不一致性也使得人格测试的得分很难用于预测行为。例如，人们在外向性测试中的得分并不能准确地预测他们在任何特定场合下的实际社交能力。

牢记这一结果，我们就能更谨慎地标记和归类个体（Mischel, 1968）。科学家们能预测几年后任意一天的月相，气象学家们通常能预测第二天的天气，但我们还远不能预测你明天的感受和行为。

然而，人们在许多情境下的平均外向程度、快乐程度或冷漠程度是可以预测的（Epstein, 1983a, b）。这种行为与特质一致的趋势在世界范围内都有表现，无论是美国、委内瑞拉，还是日本（Locke et al., 2017）。在研究中，马西亚斯·梅尔（Matthias Mehl）和他的同事通过随身携带的录音设备收集人们日常经历的片段，证明具备外向型人格的人确实非常健谈。我就曾多次发誓，在中午与朋友打篮球时要减少喋喋不休地说笑，唉，不消须臾，身体里难以抗拒的话匣子就不可避免地重新占领了阵地。每次买菜时，我也有类似的经历，不知何故，我结账时总是会开始和收银员攀谈。我们最好的朋友都能证明，我们确实具备持久存在的（受基因影响的）人格特质。而人格特质通常会表现在以下几方面：

• 音乐偏好。从你的音乐播放列表就能一窥你的人格特质。比如，古典乐、爵士乐、蓝调和民谣音乐爱好者往往对经验持开放态度并且具备出色的口才，外向的人更喜欢节奏欢快、活力十足的音乐，而乡村音乐、流行音乐和宗教音乐爱好者比较积极开朗、认真负责（Langmeyer et al., 2012; Nave et al., 2018; Rentfrow & Gosling, 2003, 2006）。

• 书面交流。如果你觉得可以从一个人的写作方式中察觉他的人格特质，恭喜你，你是正确的！这个发现太酷了！人们的外倾性、自尊心和合群性等特质，都能在其文字作品，甚至内容简短的推特和脸书帖子中体现出来（Orehek & Human, 2017; Park et al., 2015; Pennebaker, 2011）。"去见一个朋友，真是太好了！"发出此帖的脸书用户在外倾性方面的得分很高（Kern et al., 2014）。并且，外倾的人更喜欢使用形容词。

• 网络和个人空间。在线资料、网站和头像也能体现出人的自我吗？还是说人们只是利用它们来捏造自己的信息，误导他人呢？实际上，更多的是前者（Akhtar et al., 2018a; Hinds & Joinson, 2019）。在脸书或推特上看起来就招人喜欢的人，实际上本人也比较讨人喜欢（Qiu et al., 2012; Weisbuch et al., 2009）。即使仅仅是照片，加上与之相关的衣服、表情和姿势，也能窥见人们的人格和实际行为（Gunyadin et al., 2017; Naumann et al., 2009）。我们的生活和工作空间也有助于我们表达自己的身份，并且揭示出我们的外倾性、宜人性、尽责性和开放性（Back et al.,

房间里的人格线索

即使对完全不了解的人，人们也可以通过查看他人的网络和个人空间来了解他人的个性。那么，你对这两个房间的主人有何了解？

2010; Fong & Mar, 2015; Gosling, 2008）。

在不熟悉的正式场合，如到不同文化背景的家庭做客时，我们会隐藏自己的人格特质，仔细地关注各种社会线索；而在熟悉的非正式场合下，如和朋友们一块儿玩耍时，我们不会感到拘束，也不再隐藏自己的特质（Buss, 1989）。在这些非正式情境下，我们的表达方式，如动作、说话方式和手势，达到了惊人的一致。观察一个人的行为片段，比如花不到一秒的时间只看一张照片，或者看几段时长两秒的教师活动片段，可以告诉我们很多与这个人的基本人格特质有关的信息（Ambady, 2010; Tackett et al., 2016）。

有些人天生善于表达，因此在哑剧和猜字游戏方面很有天赋；而有些人则不善言辞，因此扑克打得很好。为了评估人们对自己表现力的主动控制水平，贝拉·德保罗（Bella DePaulo）和同事要求人们在陈述意见时将表现力或抑制力尽可能地表现出来。他们取得了显著的研究成果：不善表达的人，即使努力假装表现力强的样子，其表达能力也不如善于表达的人的自然表现；同样，善于表达的人，即使试图表现出抑制能力强的样子，其抑制能力也不如不善表达的人的自然表现。要成为别人或不做自己都难于登天。

综上所述，我们可以说，在任何时候，眼前的情境都会强有力地影响一个人的行为。社会心理学家认为，在"强势情境"提出了明确要求时，情况尤其如此（Cooper & Withey, 2009）。知道红绿灯的颜色，比了解司机的性格，更可以让我们准确地预测司机在红绿灯前的行为。因此，教授可能会认为某些学生十分低调，这是基于他们的课堂表现而言的；他的朋友们则可能认为他们相当狂野，这是基于他们的聚会行为而言的。然而，对我们在许多场合的行为平均后，确实可以看出十分明显的人格特质。特质的存在使得我们每个人都是独一无二的，我们每个人之间的差异非常重要。

自问

你认为自己的人格特质是如何在音乐偏好、沟通风格、网络和个人空间中得到体现的？

检索练习

RP-5 请解释人格测试的分数能在多大程度上预测人们的行为？

答案见附录D

社会认知理论与自我

社会认知理论

学习目标问题 14-18 社会认知理论家们如何看待人格发展？如何探索行为？

阿尔伯特·班杜拉（Albert Bandura, 1986, 2006, 2008）提出了关于人格的**社会认知观点**（social-cognitive perspective），强调我们的特质与所处的情境之间的相互作用。正如先天和后天总是相互作用，个人与所处的情境也是如此。

社会认知理论家们认为，人们的许多行为是通过条件反射或观察模仿他人所习得的（这是"社会"的部分）。他们也强调心理过程的重要性：人们对某种情境的思考会影响他们的行为（这是"认知"的部分）。他们不是只关注环境如何控制我们（行为主义），而是关注人们和所处环境的互动方式：人们如何解释和回应外部事件？人们的思维、记忆和期望会如何影响行为模式？

> 社会认知观点：一种认为人们的行为受他们的特质（包括思维）和所处社会环境之间的相互作用的观点。

相互影响

班杜拉认为，人与环境的相互作用是一种**相互决定论**（reciprocal determinism）。他说："行为、个人内在认知和环境影响都是相互关联的决定性因素。"（图 14.7）。这样的相互作用在人际关系中十分常见。例如，罗莎过去的恋爱经历（行为）影响了她对恋爱的态度（内在认知），而态度又影响了她现在对追求者的反应（环境）。

> 相互决定论：行为、个人内在认知和环境的相互影响。

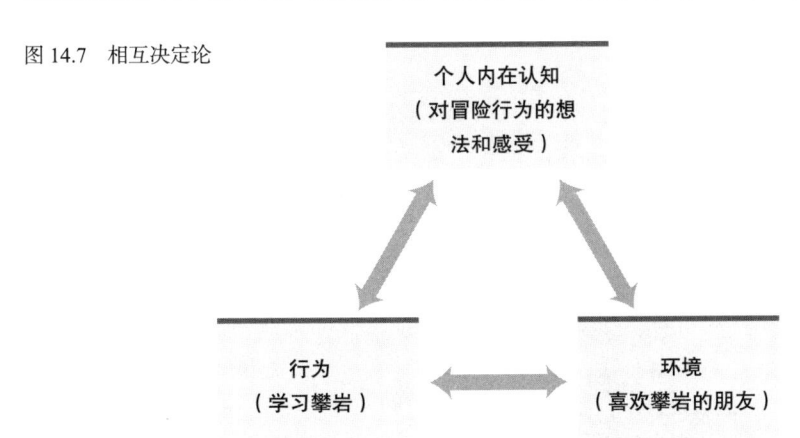

图 14.7 相互决定论

思考个人与环境相互作用的三种具体方式：

1. 不同的人选择不同的环境。我们所阅读的书、所使用的社交媒体、所追求的事业、所听的音乐、所交往的朋友等，或多或少都是我们基于性格所选择的环境的一部分（Denissen et al., 2018; Funder, 2009）。而我们所选择的环境反过来也塑造了我们。自尊心膨胀的人会在网络上频繁发布自拍，从而得到他们渴望的关注和赞美，这也加剧了自恋倾向（Halpern et al., 2016）。

2. 我们的人格塑造了我们解释和应对事件的方式。如果在我们眼里，这个世界危机重重，我们就会时刻注意威胁，并时刻准备保护自己。焦虑的人会十分关注关系危机，并且做出强烈反应（Campbell & Marshall, 2011）。

3. 我们的人格会帮助我们的反应形成相对应的环境。我们待人接物的方式会影响他人对待我们的方式。如果我们以为别人不喜欢我们，那么我们试图凭借吹嘘自己和其他方式来赢得他们认可的行为，实际上可能会导致他们对我们的反感（Scopelliti et al., 2015）。

除个人内在认知、环境和行为之间的相互作用之外，我们还受到基因与环境相互作用的影响（见第4章）。受到基因影响的特质会唤起他人的某些反应，这可能会促使我们朝着不同方向发展。在一项可完全复制的发现中，那些具备下述交互因素的人在成年后最有可能表现出反社会行为：（1）拥有攻击性相关的特定基因，（2）在艰难环境中长大（Byrd & Manuck, 2014; Caspi et al., 2002）。

如此看来，我们既是环境的产物，也是环境的设计者：行为产生于外部和内部影响的相互作用。沸水会使鸡蛋变硬，也会让土豆变软。危机环境会让有的人成为英雄，也会让有的人成为恶棍。处于外向文化的外向者要比处于内向文化中的外向者更幸福（Fulmer et al., 2010）。我们的行为每时每刻都会受到生物学因素、社会文化因素，以及心理学因素的影响（14.8）。

生物学因素：
· 遗传决定的气质
· 自主神经系统反应性
· 大脑活动

心理学因素：
· 习得的反应
· 无意识的思维过程
· 期望和解释

人格

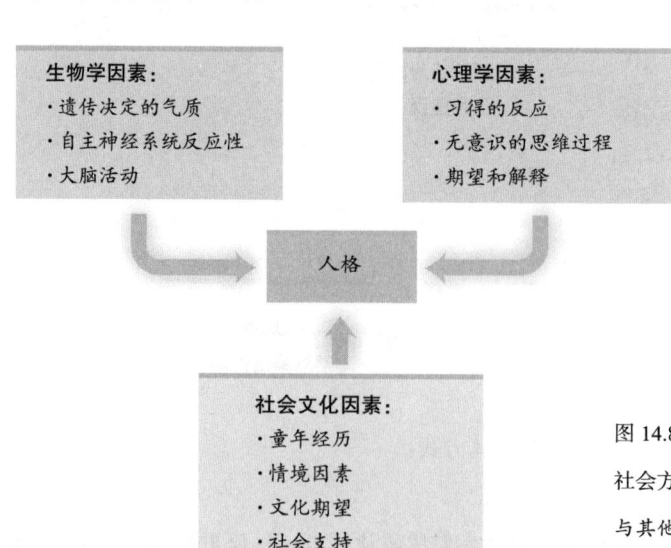

社会文化因素：
· 童年经历
· 情境因素
· 文化期望
· 社会支持

图 14.8 人格研究的生物心理社会方法

与其他心理现象一样，人格研究在多个层面上都富有成效。

自问

你的经历如何塑造了你的人格？而你的人格是如何帮助你塑造环境的？

检索练习

RP-1 阿尔伯特·班杜拉提出了关于人格的＿＿＿＿＿＿观点，强调人与环境的相互作用。为了描述行为、思想和环境的相互影响，他使用了"＿＿＿＿＿＿"这个术语。

答案见附录 D

评估情境中的行为

为了预测行为，社会认知心理学家经常会观察现实情境中人们的行为。第二次世界大战期间美军对间谍任务候选人的评估策略正是其中一个富有野心的例子。军队心理学家并未采取纸笔测试，而是直接将候选人置于模拟卧底环境中，测试候选人处理压力、解决问题、保持领导力，以及在不暴露身份的情况下经受严苛审讯的能力。尽管费时费力，但这种对现实情境中行为的评估对于预测后续实际间谍任务的成功帮助极大（OSS Assessment Staff, 1948）。

军队、教育机构以及许多财富 500 强企业都采用了类似的策略，即所谓的评估中心法（Bray & Byham, 1991, 1997; Eurich et al., 2009）。美国电信巨头 AT&T 就曾对经理候选人的模拟管理工作进行观察和评估。欧洲的一些大学会给申请入学者提供学习材料，并测试他们的学习情况，借此模仿教育项目（Niessen & Meijer, 2017）。许多大学都会观察护理学学生的临床工作，借此评估学生的潜力；他们也会观察应聘教师的教学工作，从而评估他们的教学能力。

评估中心法基于这样的原理：预测行为的最佳手段既不是人格测试，也不是面试官的直觉，而是此人在类似情境下的行为模式（Lyons et al., 2011; Mischel, 1981; Schmidt & Hunter, 1998）。只要情境和人保持大致相同，过去的工作表现就预示了未来的工作表现，过去的成绩就预示了未来的成绩，过去是否有攻击性也预示了未来是否有攻击性。有了家室还在网上拈花惹草的人，在工作中也更可能会做出不道德的行为（Griffin et al., 2019）。如果你无法观察一个人过去的行为，那么最好的办法就是创造一个模拟任务的评估情境，评估这个人处理任务的方式（Lievens et al., 2009; Meriac et al., 2008）。

"凡为过往，皆为序章。"
——威廉·莎士比亚

评价社会认知理论

学习目标问题 14-19 社会认知理论受到了哪些批评？

人格的社会认知理论，让研究人员对于情境如何与个人内在认知相互作用变得敏感了。与其他人格理论相比（表 14.4），这一理论更多地建立在学习和认知的心理学研

表 14.4 主要人格理论比较

人格理论	主要提出者	所基于的假设	人格观点	人格评估方法
精神分析	弗洛伊德	情绪障碍源于无意识的动力，如未解决的性冲突和其他童年冲突，以及不同发展阶段的固着 防御机制可以抵御焦虑	人格由追求快乐的冲动（本我）、面向现实的执行者（自我）和一套内化的理想（超我）组成	自由联想、投射测验、梦境分析
心理动力学	阿德勒、霍尼、荣格	无意识和有意识的心智相互作用 童年经历和防御机制很重要	有意识和无意识的动机和冲突的动态相互作用塑造了我们的人格	投射测验、治疗疗程
人本主义理论	马斯洛、罗杰斯	与其关注黑暗冲突产生的失调，不如强调健康的人如何努力实现自我价值	如果人类的基本需要得到满足，我们将努力实现自我。在无条件积极关注的环境中，我们可以发展自我觉察，形成更现实、更积极的自我概念	问卷调查、治疗疗程、生活故事法
特质理论	阿尔伯特、科斯塔、艾森克夫妇、麦克雷	我们的一些特质稳定而持久，受到遗传倾向影响	有关特质的科学研究确定了人格的重要维度，如大五人格特质（开放性、尽责性、外倾性、宜人性和神经质）	人格量表
社会认知理论	班杜拉	特质与社会环境相互作用产生行为	条件反射和观察学习与认知相互作用，形成行为模式。过去在类似情境中的行为，可以最好地预测我们在某一情境中的行为	观察现实情境中的行为

究上。

批评者认为，社会认知理论过度关注情境，忽略了人的内在特质。这一理论的反对者们更是诘问道，这种人格观点将人置于何地，将人类情感置于何地？的确，情境确实会指导人们的行为，但在许多情况下，人们无意识的动机、情绪和普遍存在的特质也会发挥作用。人格特质可以预测人们在工作、爱情和游戏中的行为，那些受到生物因素影响的特质也确实非常重要。思考一个例子：普里德根和吉尔面临同样的情境——他们都赢得了 9000 万美元的彩票大奖（Harriston, 1993）。普里德根得知中奖号码时，不由自主地颤抖起来，与一个朋友挤在浴室里确认自己中奖后，就开始抽泣；吉尔听到这个消息后，告诉了妻子，随后就若无其事地去睡觉了。

检索练习

RP-2 预测一个人未来行为的最佳方法是什么？

答案见附录 D

探索自我

学习目标问题 14-20 为什么心理学会有如此多关于自我的研究？自尊对人们的幸福有怎样的重要性？

人格促进了自我意识的发展。在回答"我是谁"的问题时，人们总会依靠自己长期形成的独特的思维、感受和行动方式。心理学对自我意识的关注至少可以追溯到威廉·詹姆斯（William James），1890年，他在《心理学原理》中花了100多页的篇幅对这个话题进行探讨。到1943年，戈登·奥尔波特（Gordon Allport）却感叹道，自我已经"在人们的视野里消失了"。人本主义心理学后来也强调自我的重要性，尽管并没有引起太多科研上的关注，但也确实促进了自我概念的发展，使其保持活力。詹姆斯之后一个多世纪的现在，自我仍是西方心理学研究最蓬勃发展的课题之一，每年都会出现大量有关自尊、自我披露、自我觉察、自我图式和自我监控等方面的新研究。就连神经科学家们也在寻找"自我"，他们确定了一个中央额叶区域，人们回答有关自身特质和倾向的自我反思性问题时，这个脑区就会激活（Damasio, 2010; Mitchell, 2009; Pauly et al., 2013）。作为我们思想、情感和行为的组织者，**自我**（self）占据了人格的中心位置。

> 自我：当代心理学认为，自我是人格的中心，是我们思想、情感和行为的组织者。

研究人员提出了可能自我的概念（Markus & Nurius, 1986; Rathbone et al., 2016）。你的可能自我包括你想要成为的自我（如富有的自我、成功的自我、受人爱戴的自我），也包括你害怕成为的自我（如失业的自我、学习差劲的自我、孤单而不受欢迎的自我）。可能自我能够激励我们制定具体目标，从而有效地为我们指引努力的方向（Landau et al., 2014）。如果树立了学业成功的清晰目标，家境贫寒的高二、高三学生就更可能取得高分（Duckworth et al., 2013）。成就往往孕育于梦想之中。

以自我为中心的想法可能会产生激励作用，也会让我们容易假定别人在关注和评价我们，这种现象称为**聚光灯效应**（spotlight effect）。一个实验曾要求大学生参与者穿上令人出糗的短袖后与其他同学见面。参与者们猜测会有近一半同龄人注意到这件衣服，但实际上只有23%的人注意到了（Gilovich, 1996）。我们可以采取以下两种策略来弱化聚光灯效应。第一，简单了解并记住聚光灯效应。知道听众几乎注意不到自己的紧张时，演讲者会表现得更好（Savitsky & Gilovich, 2003）。第二，站在听众的角度。想象听众对我们的处境感同身受时，我们预期得到的评价通常不会那么严苛（Epley et al., 2002）。要记住的一点：我们没有想象中那么突出，即使穿着傻气的衣服、留着难看的发型、还粗心犯错、触发了图书馆的警报，也不会引起过多关注（Gilovich & Savitsky, 1999; Savitsky et al., 2001）。

> 聚光灯效应：高估他人对我们外表、表现和失误的关注和评价（如同我们假定自己站在聚光灯下）。

自问

你想要成为或害怕成为的可能自我是怎样的？如今这些想象中的自我在怎样激励着你？

自尊的积极作用

自尊（self-esteem）是我们对自我价值高低的感受，有着举足轻重的作用。**自我效能感**（self-efficacy）——我们对某一任务的胜任感，也是如此（Bandura, 1977, 2018）。有的学生可能会在数学课上有很高的自我效能感，但整体自尊很低。自我感觉良好（强烈认同问卷中的自我肯定性陈述，如认为自己"是个有趣的人"）的人很少彻夜难眠。他们往往十分外向，认真负责，并对新经验持开放态度（Fetvadjiev & He, 2019）。无论是在网络上，还是现实生活中，他们都会积极与人沟通，令别人对他们更喜欢、更包容（Cameron & Granger, 2019; Mahadevan et al., 2019）。他们很少会觉得害羞、焦虑和孤独，只会感到更加快乐（Greenberg, 2008; Orth & Robins, 2014; Swann et al., 2007）。我们的自尊在冒险经历和成就中成长，因此也会随着年龄增长而改变（Hutteman et al., 2015）。从青少年期到成年中期，自尊往往会急剧上涨，持续攀升，在50～60岁达到顶峰（Bleidorn et al., 2016; Orth et al., 2018; von Soest et al., 2018）。

但大多数心理学家怀疑高自尊是否能保护孩子们免受生活问题的困扰（Baumeister & Vohs, 2018; McKay, 2000; Seligman, 2002）。儿童的学习自我效能感，即对自己能学好某个学科的信心，能够预测他们在学校的成绩，一般的自我形象却做不到这一点（Marsh & Craven, 2006; Swann et al., 2007; Trautwein et al., 2006）。也许自尊是迎接挑战、克服困难的副作用，或者是反映我们与他人关系状况的量表（Reitz et al., 2016）。倘若如此，用空洞的赞美人为推高量表的指针，不正如强迫汽车的低油量表显示出"满油量"一样吗？

如果人们只在表现优异的情况下才会感觉良好的话，在表现较差的情况下对他们进行表扬可能反而会造成伤害。每周都收到鼓舞自尊的信息暗示后，学习较差的学生取得的成绩反而比预期更低了（Forsyth et al., 2007）。其他一些研究表明，随机性奖励会破坏人的生产力。马丁·塞利格曼指出："不劳而获的好事，如同老虎机里弹出来的硬币，并不会增加人们的幸福感，反而会令人产生无助感。人们会放弃努力，不再奋斗，日益消沉。"

然而，自尊受到威胁，也会对人造成重要影响。在实验中，研究人员通过告知参与者其在能力测验中表现不佳或用侮辱其人格等方式，暂时贬低了参与者的自我形象，随后这些参与者开始变得爱贬低他人，喜欢表达种族偏见（van Dellen et al., 2011; van Dijk et al., 2011; Ybarra 1999）。显然，对自我形象的威胁还加剧了无意识的种族偏见（Allen & Sherman, 2011）。那些否定自我的人也开始变得过度敏感，对他人评头论足起来（Baumgardner et al., 1989; Pelham, 1993）。自尊受到威胁后，人们还会下功夫修饰自己的在线资料，试图重建这一自我价值的安全港湾（Toma & Hancock, 2013）。这一发现与人本主义心理学中对于健康自我形象的益处的观点一致。接受自己，才能更好地接纳他人；贬低自己，只会渐渐轻视他人，瞧不起自己的人往往也会瞧不起别人。

自尊：我们对自我价值高低的感受。

自我效能感：我们的胜任感和效率感。

"自制力增强后，孩子们的成绩有所提升。但是，自尊心增强后，成绩却没有变化。"
——安吉拉·达克沃斯

"自尊运动的热情主张大多是幻想和胡说八道。自尊的影响小而有限，而且并不全是好事。"
——罗伊·鲍迈斯特

自尊的消极影响

学习目标问题 14-21 过度乐观、忽视自己的无能以及自我服务偏差如何揭示了自尊的消极影响？防御性自尊和安全性自尊有何不同之处？

过度乐观 面对逆境时，积极乐观的思想固然有利，但关注现实问题也同样大有好处（Schneider, 2001）。对未来可能失败的现实焦虑能够促使人们积极努力，避免这样的厄运（Goodhart, 1986; Norem, 2001; Showers, 1992）。担心未来考试不利的学生可能会刻苦学习，一举超过那些水平相当但更自信的同学。与欧裔学生相比，亚裔学生对自己学业的悲观态度更甚，而这也可能是他们取得惊人学术成就的原因（Chang, 2001）。成功需要足够的乐观来提供希望，也需要足够的悲观来防止自满。我们希望航空公司飞行员也能做到这一点，保持警惕，防止可能出现的最坏结果。

过度乐观会使人看不到真正的风险（Tenney et al., 2015）。超过 1000 项研究表明，我们的自然积极思维偏差助长了"不切实际的乐观主义"（Shepperd et al., 2015; Weinstein, 1980）。尽管未来可能取得研究生学位的高三学生只有 9%，却仍有 56% 的学生相信自己能做到这一点，这就是不切实际的乐观主义（Reynolds et al., 2006）。大部分持相反政治观点的人总会乐观地认为他们的观点能得到更广泛的支持，然而他们中的很多人都大错特错（Rogers et al., 2017）。一些学生总认为自己得到高薪工作和高档住宅的概率比其他同学更高，患心脏病或癌症的概率则比其他同学更低，这也是不切实际的乐观主义（Waters et al., 2011）。如果对自己克制冲动（如吸烟）的能力过于自信，面对诱惑一败涂地的概率反而更大（Nordgren et al., 2009）。盲目乐观可能会适得其反，从那些乐观地否认吸烟的成瘾性、冒险建立注定破裂的关系，以及投资高风险项目的人身上可见一斑。

然而，在等待反馈时（如等待查询考试成绩），我们的自然积极思维偏差似乎消失了（Carroll et al., 2006）。在现实生活（等待律师考试成绩）中和许多实验室（等待智力测验结果）研究中，人们都会"为最坏的情况做准备"（Sweeny & Falkenstein, 2017）。（你是否也能回想起自己在某一关键时刻临近时变得悲观的经历呢？）积极的幻想也会在创伤性个人经历后破碎：加利福尼亚特大地震后，受灾群众不得不摒弃自己比别人更不容易受到地震影响的幻想（Helweg-Larsen, 1999）。

忽视自己的无能 讽刺的是，人们往往在最无能的时候最过度自信。对此，大卫·邓宁（David Dunning）和贾斯廷·克鲁格（Justin Kruger）表示，这往往是因为人们需要有一定的能力才能识别能力。他们发现，大部分在语法和逻辑测验中成绩较差的学生，都认为自己的成绩排名比较靠前。这种"对自己无能的无知"，现在又称为邓宁–克鲁格效应，造成了一些政治领导人的过度自信。有听力障碍的人也存在类似状况，我自己就可以证明这一点。因为不知道自己有什么没听见，我们可能会高估自己的听力。若是朋友在叫我的名字时我没听见，他会注意到我的疏忽。但对我来说，这只是个无关紧要的事件。我只听得见我能听见的，对我来说，这似乎很正常。

邓宁总结道："我们自己是看不见自己的无知的，邓宁-克鲁格俱乐部的入会规则第一条就是，你自己都不知道自己是这个俱乐部的会员。"因此，要想判断自己的能力，预测自己的未来表现，邀请别人进行评估是个有效的办法（Dunning, 2006; Grossmann & Kross, 2014）。在一些研究中，参与者和他们的熟人都对他们的未来进行了预测，基于研究的结果，我可以冒昧地向你提出一些建议：多问问同龄人，让他们坦诚相告。如果你恋爱了，想知道恋情是否会长久，不要听从自己的心声，去问问你的室友。

"我非常希望能够看到自己的邓宁-克鲁格时刻。但从我自己的理论来看，我永远没有这样的机会。"
——大卫·邓宁

自我服务偏差 假如你飞奔去教室上课，希望自己不要错过课程的前几分钟，但你气喘吁吁地走进教室时，依然迟到了5分钟。坐到座位上，你的脑海中会有怎样的想法？是消极地认为"我真是个失败者"还是积极地告诉自己"至少我到了教室"？

人格心理学家发现，大部分人都会选择后者，因为它能带来积极的自我思考。我们总会对自己评价颇高，这正是**自我服务偏差**（self-serving bias）的表现，即更愿意从对自己有利的角度看待自己（Myers, 2010）。思考一下：

自我服务偏差：更愿意从对自己有利的角度看待自己。

人们更愿意接受做好事的回报，不愿意承担干坏事的责任，更愿意接受成功的功劳，不愿意承担失败的苦果。一些运动员常常私下将胜利归功于自己的能力，把失败归咎于休息时间不足、裁判不公正或对方表现太出色等。大多数考试成绩不佳的学生都会责怪考试或老师，不会反省自己的过错。在填写保险申报表时，一些肇事司机曾这样解释事故缘由："一个行人撞了我，倒在了我的车下。"我们只有在遇到麻烦时才会问："我是做了什么才会遇到这种事？"在一帆风顺的时候则不会这样问。尽管自我服务偏差会让我们回避令人不适的真相，但它也能激励我们自信地对待棘手的任务，而不是一蹶不振、绝望消沉（Tomaka et al., 1992; von Hippel & Trivers, 2011）。事实上，许多研究表明，自我提升能带来情绪上的幸福感（Dufner et al., 2019）。

大多数人都认为自己比平均水平要好。与其他大多数人相比，你的道德水平如何？性格随和程度如何？在 1~99 分的范围内打分，你会给自己打多少分呢？大多数人给自己打的分都远高于50。这种优于平均水平的效应几乎在任何主观评估和社会期望的特质或行为上都会出现。也就是说，大多数人都认为自己的智力、吸引力、道德、工作表现甚至驾驶能力均优于平均水平（Heck et al., 2018; Myers & Twenge, 2019; Walker & Keller, 2019）。自我服务偏差在亚洲表现较弱，这是因为亚洲人民更崇尚谦逊（Church et al., 2014; Falk et al., 2009）。然而，在已调查的53个国家中，各个国家的人们所表现出的自尊均高于调查所使用最广泛的量表的中点水平（Schmitt & Allik, 2005）。因此，认为自己优于平均水平是正常的。

"击不中球时，我从不责怪自己，我只会怪球棒，如果它一直让我击不中，我就要换根球棒。"
——棒球大师尤吉·贝拉

自我服务偏差往往是冲突的导火索，比如，将关系问题归咎于伴侣，把工作问题归咎于同事等。我们还倾向于认为自己所属的群体（我们所在的学校、组织、地区或国家等）更优越。尽管美国有50个州，但美国人平均估计，他们的家乡对美国历史的贡献占18%（Putnam et al., 2018）。这种群体服务偏见（认为自己所在的群体更好）导致了恐怖的纳粹主义和卢旺达大屠杀，难怪文学和宗教常会告诫人们警惕自恋和骄傲的危险性。

发现自己的自尊受到威胁时，一些自我膨胀的人可能会做出恶性反应。研究人员布拉德·布什曼（Brad Bushman）和罗伊·鲍迈斯特（Roy Baumeister）让参与实验的本科生写了一篇短论文，并假定另一个学生对该论文给予了表扬（"写得好！"）或尖锐的批评（"这是我读过最差的论文之一！"），随后允许论文作者用令人不愉快的话语来抨击评价者（1998; Bushman et al., 2009）。你能预料到结果如何吗？遭受到批评后，那些自尊膨胀的人"特别有攻击性"，他们的话语所造成的听觉折磨是常人的三倍。有80多项研究复制验证了自恋（过度的自爱和自我关注）对攻击性的危险影响（Rasmussen, 2016）。研究人员总结认为："自负、自大的人很讨厌那些刺破他们自恋泡沫的人。"（Baumeister, 2001）

在对自负进行了几十年的追踪研究后，心理学家简·腾格（Jean Twenge, 2006; Twenge & Foster, 2010）报告说，她称之为"我世代"（出生于20世纪80年代和90年代）的人群表现出的自恋更甚（更认同诸如"如果世界由我统治，将变得更美好"或"我认为自己很特别"之类的陈述）。为什么自恋程度的加深如此紧要呢？自恋的人往往注重物质享受，渴望功成名就，欲望膨胀，爱开空头支票，并且更热衷于赌博和诈骗，所有这些特征都会随着自恋程度的加深而加剧。

自恋的人（常为男性）很少原谅别人，将浪漫关系视作游戏，并且在性方面会采取强迫举动（Blinkhorn et al., 2015; Bushman et al., 2003; Grijalva et al., 2015）。他们通常魅力十足、野心勃勃，这也使得他们很受欢迎，直到其他人厌倦了他们傲慢的夸夸其谈（Leckelt et al., 2020; Poorthuis et al., 2019）。他们渴望得到他人的崇拜，受到批评时往往会变得防备性十足或出奇愤怒（Geukes et al., 2016; Gnambs & Appel, 2018; Krizan & Herlache, 2018）。其中许多人的父母都会告诉他们，他们比别人优越（Brummelman et al., 2015）。那些真人秀明星往往就特别自恋（Rubinstein, 2016; Young & Pinsky, 2006）。

尽管骄傲的危险性已经得到证实，仍有许多人辩驳说，自我服务偏差忽视了那些认为自己毫无价值、并不可爱的人。倘若自我服务偏差如此盛行，为什么还会有那么多人贬低自己呢？原因有五点：（1）一些情况下，自我贬低是个巧妙的策略，能够招来他人的宽慰，说"没有人喜欢我"时，至少可以诱使他人回答"怎么可能，又不是所有人都见过你"；（2）另一些情况下，例如比赛或考试前，自我贬低的评价能让我们为可能的失败做好准备，教练会夸赞对手的超凡实力，使人认为失败也可以理解，胜

> "一个有趣的事实：普通人认为如果发生僵尸危机，他将比其他63%的人活得更好。"
> ——数学家斯宾塞·格林伯格和经济学家塞思·斯蒂芬斯·达维多维茨

> "自由表达自我时，我们实际相信的自我，比现实所能承受的要积极得多。"
> ——雪莉·泰勒

利则更值得注目；（3）一句自我贬低的"我怎么会这么笨！"也有助于我们从错误中学习；（4）有时佯作谦逊也是一种谦虚的显摆，"我几乎没有学习，能得A我自己也很惊讶"（Sezer et al., 2018）；（5）自我贬低常与人过去的自我有关。要求人们回忆自己的恶行时，他们总会想起很久以前的事，而最近才做出的善举却能轻易回想起来（Escobedo & Adolphs, 2010）；相对现在的自己而言，即使没有发生任何变化，人们对遥远过去的自己总会更挑剔（Wilson & Ross, 2001）；在人们眼里，过往的自己总是失败者，现在才是胜利者，"18岁的我没心没肺，但现在的我更体贴人了"。

尽管如此，我们所有人都会在某些时候（一些人会在大多数时候）感到自卑。与那些地位、长相、收入或能力比我们高出一两级的人进行比较时，情况尤其如此。我们越是频繁地感到自卑，就越是不快乐，甚至最后一蹶不振。但对大多数人而言，思维具有天然的积极倾向。

一些研究人员定义了两种类型的自尊：防御型自尊和安全型自尊（Kernis, 2003; Lambird & Mann, 2006; Ryan & Deci, 2004）。防御型自尊比较脆弱，它更注重维护自我，因此，失败和批评对其具有威胁性。防御型自尊的人可能会对此类感知到的威胁报以愤怒和攻击（Crocker & Park, 2004; Donnellan et al., 2005）。

安全型自尊则比较坚强，对外在评价的依赖性较低。安全型自尊的人因自己的内在，而非外表、财富或赞誉而感受到被接纳时，渴求成功的压力就会缓解，从而着眼于超越自我。把关系和目标看得比我们自己更重时，我们就能得到安全型自尊，对个人关系更满意，生活质量也会更高（Crocker & Park, 2004）。真实的自豪感产生于实际成就，能够促进自信和领导能力的提升（Tracy et al., 2009; Weidman et al., 2016; Williams & DeSteno, 2009）。

> "如果你将自己与他人进行比较，你可能会陷入虚荣和痛苦之中；因为总会有比你强和比你弱的人。"
> ——马克斯·艾尔曼

> "谦逊不是把自己看低，而是更少地考虑自己。"
> ——C. S. 刘易斯

检索练习

RP-3 高自尊有什么积极影响和消极影响？

RP-4 将成功归功于自己，而将失败归咎于环境或运气糟的倾向称为_____。

RP-5 _____（安全型/防御型）自尊与愤怒和攻击性行为有关；而_____（安全型/防御型）自尊则是一种更健康的自我形象，使我们超越自我，从而享受更高的生活质量。

答案见附录D

第 15 章

心理障碍

心理障碍概述
心理障碍的定义
理解心理障碍
心理障碍的分类——给人贴标签
对自己和他人造成伤害的风险
心理障碍的患病率

与焦虑相关的心理障碍
焦虑障碍
强迫症及相关障碍
创伤后应激障碍
躯体症状及相关障碍
理解与焦虑相关的障碍

抑郁症和双相障碍
重度抑郁症
双相障碍
理解抑郁症和双相障碍

精神分裂症
精神分裂症的症状
精神分裂症的发病和发展
理解精神分裂症

分离障碍、人格障碍和进食障碍
分离障碍
人格障碍
进食障碍

神经发育障碍
智力障碍
孤独症谱系障碍
注意缺陷多动障碍
批判性思考：注意缺陷多动障碍——是正常的精力充沛还是一种行为障碍？

"我总觉得有必要花上四五个小时来打扫房间。把所有的书从书柜里拿出来，擦干净，再放回原处。每次出门前，我都会很有仪式感地触碰一下卧室的墙壁，因为我觉得，如果不这样做就会有坏事发生。"

——马克，被确诊为强迫症（Summers, 1996）

"我每次感到抑郁，都是因为感到失去了自我。我找不到任何喜欢自己的理由，我觉得自己很丑陋，没人会喜欢我。"

——格里塔，被确诊为抑郁症（Thorne, 1993）

"我总是听到一阵阵声音，像是人群在怒吼。我觉得自己像被钉在十字架上受难的耶稣一样。"

——斯图尔特，被确诊为精神分裂症（Emmons et al., 1997）

很多时候，我们都可能会出现某些类似心理障碍的感觉、思想或行为。我们会感到焦虑、沮丧、不安或是疑神疑鬼。因此，也就难怪我们会想要去了解受到干扰的心理状态，我们会在自己所研究的精神疾病中认识了解自己。威廉·詹姆斯指出："研究异常是理解正常的最好方法。"

因为家人、朋友或者自己的原因，在面对不可解释的身体症状、非理性恐惧，或者感到生活没有价值时，我们可能会感到困惑和痛苦。在对八个国家的一年级大学生进行调查后发现，有三分之一的学生在入学头一年存在心理健康问题（Auerbach et al., 2018）。

据世界卫生组织（WHO, 2017b）报告，全球有五亿多人患有精神或行为障碍。文化不同，心理障碍的发生率和表现也不同，但任何社会都不能幸免于这两种可怕的障碍：重度抑郁症和精神分裂症（Baumeister & Härter, 2007; Jablensky, 1999; Susser & Martínez-Alés, 2018）。本章将探讨这两种障碍及其他心理障碍，相关治疗办法详见第 16 章。

心理障碍概述

很多人可能会认为，某个因抑郁而三个月都卧床不起的人有心理障碍。但我们又该如何看待一个因孩子去世而悲痛欲绝且在三个月后仍未恢复正常社交活动的父亲呢？我们应该如何区分悲伤和临床抑郁症？如何区分害怕和恐惧症？如何区分正常和异常？让我们从以下问题开始：

- 心理障碍应该如何定义？
- 我们应该怎样理解心理障碍？潜在的生物学因素如何引发心理障碍？令人不安的环境如何影响我们的健康？天性与养育的影响如何相互作用？
- 我们该如何对心理障碍进行分类？我们能否想出一种分类方法，既帮助了那些受困扰的人，又不会因"标签化"而使他们受到伤害？
- 心理障碍患者是否有伤害自己或他人的风险？
- 我们对心理障碍的患病率了解多少？有多少人有心理障碍？哪些人容易受到影响，以及何时易受影响？

> "谁能划出彩虹紫色和橙色间的分界线？我们显然可以看出两种颜色的差异，然而一种颜色到底是在哪里与另一种颜色相融合的？理智和疯狂也是如此。"
> ——赫尔曼·梅尔维尔

心理障碍的定义

学习目标问题 15-1 我们应该如何区分正常和异常？

心理障碍（psychological disorder）是一种综合征，其特点是"个人的认知、情绪调节或行为上出现临床意义上的明显紊乱"（American Psychiatric Association, 2013）。这种适应不良或功能失调的认知、情感和行为干扰着正常的日常生活。例如，在每个周末必须对自己的家进行大扫除，这不算心理障碍，但是如果打扫卫生变成了一种仪式化行为，干扰了工作节奏和休闲活动，就像马克无法控制地打扫卫生那样，就有可能是一种心理障碍。偶尔出现的悲伤情绪如果持续下去，进而使得人们丧失能力，也可以看成是某种心理障碍的迹象。

痛苦的情绪往往会伴随着功能失调。马克、格里塔和斯图尔特都因为他们的认知、情绪或行为感到痛苦。

随着时间的推移，对于"明显紊乱"的定义已经有所变化，在美国，1952年到1973年12月9日，同性恋就被归类为一种心理障碍。

但从1973年12月10日起，同性恋就不再是一种心理障碍了。美国精神病学协会做出这一改变，是因为越来越多的协会成员认为同性吸引是一种自然的生物倾向，而

心理障碍：一种综合征，指个体的认知、情绪调节或行为上出现临床意义上的明显紊乱。

不是心理问题。这就是社会观念转变的力量。[尽管有这种文化上的进步，但自认为是跨性别者或性别错位的美国儿童和青少年被诊断为患有心理障碍的可能性仍比同龄人要高出七倍（Becerra-Culqui et al., 2018）。这主要归咎于他们经常遭受的耻辱和压力（Hatzenbuehler et al., 2009; Meyer, 2003）。] 21 世纪，在最新版本的《精神障碍诊断与统计手册》（DSM，一种描述疾病的常用分类工具）中，有关心理障碍诊断的其他变更，同样争议不断（Conway et al., 2019; Widiger et al., 2019）。

检索练习

RP-1 一位律师因每天需要洗 100 次手而感到痛苦。这使得她没有什么时间与客户会面，同事们也对她的能力产生了质疑。她的行为可能会被贴上心理障碍的标签，因为这是＿＿＿＿＿＿＿＿，也就是说，这样的行为干扰了她的日常生活。

答案见附录 D

理解心理障碍

学习目标问题 15-2 医学模式和生物心理社会方法如何影响我们对心理障碍的理解？

我们看待问题的方式影响了我们解决问题的方式。在古代，人们常常以一些神秘力量，如星体的运行、神权或邪灵在起作用来解释那些令人不解的行为。假如你生活在中世纪，你也许会说"魔鬼在驱使她这样做"。于是，治疗方法可能就是通过驱邪降魔的强硬手段来摆脱邪恶的力量。因此，被认为是"疯子"的人，有时会被关在笼子里，让他们接受如割礼、抽打、拔牙、切肠、输动物血等"治疗"（Farina, 1982）。

一些改革者如法国的菲利普·皮内尔（Philippe Pinel，1745—1826）反对这些残忍的"治疗"方法。皮内尔坚持认为，疯癫不是邪魔附体的结果，而是一种因为沉重的压力和不人道的环境所引起的心理障碍。皮内尔认为，这些疾病需要"人道治疗"，应解除对病人的束缚，与病人交谈，以提升他们的精神状态。皮内尔和另一些人努力用温和的方式代替残酷的方式，用各种活动改变病人被孤立的状态，用新鲜的空气和阳光取代污秽的环境。

在某些地方，对精神疾病的残酷治疗手段至今仍然存在，包括把人锁在床上或将他们与野生动物关在一起。世界卫生组织已经发起了一项改革，旨在将全世界的医院改造成"患者友好的、人性化的、最少限制"的场所（WHO, 2014b）。

医学模式

大约在1900年左右，一项医学突破引发了多项改革。研究人员发现，梅毒是一种性传播感染的病毒，会入侵大脑并扭曲人的思维。这一发现引发了对其他心理障碍的生物学因素和治疗方法的探索。医院取代了精神病院，心理障碍**医学模式**（medical model）诊疗方法也由此诞生。在其影响下，我们仍然在推进心理健康的发展。某种心理障碍（或心理病理问题）需要依据症状加以诊断并进行治疗，包括在精神病院住院。新近的一些发现为医学观点提供了更多的证据。基因会导致大脑结构和生物化学异常，从而引发多种重大疾病（Smoller, 2019）。如今，越来越多的临床心理学家在医院工作，他们与医生协同合作，确定心理和身体共同运作的方式。

医学模式：这一概念认为，疾病（这里指的是心理障碍）的出现与生物学因素有关，而生物学因素是可诊断、可治疗，且在大多数情况下可治愈的，通常是在医院治疗。

生物心理社会方法

将心理障碍称为"疾病"，表明其研究方向主要落脚于生物学方面的影响。但正如许多其他领域一样，人的行为、认知和情感在生物学、心理学和社会文化环境的共同影响下形成。作为个体，根据面对的压力大小，选择的应对方式就有所不同。文化也有不同的压力来源和传统的应对方式。我们是躯体性与社会性相互融合的存在。

重度抑郁症和精神分裂症这两种心理障碍在全世界范围内普遍存在。其他心理障碍往往与特定的文化有关。在拉丁美洲，一些人表现出名为萨斯托（Susto）的特有心理障碍，即严重的焦虑和恐慌，这是由于情感创伤和对黑巫术的恐惧而产生的；在日本文化中，对人恐惧症是一种外貌方面的社交焦虑，表现为容易脸红，并且惧怕目光接触；神经性厌食和暴食障碍主要出现在食物充裕的西方文化中。这些心理障碍可能具有相同的潜在原因（如焦虑），但在特定文化中表现出了不同的症状（例如进食问题或特定类型的恐惧）。即使是混乱的攻击性，在不同的文化中也有不同的解释。在马来西亚，残暴性狂症（amok）一词描述的是一种突然爆发的暴力行为（英语习语"run amok"就源于该马来语单词）。

生物心理社会方法（图15.1）认为，心理和生理密不可分。因此，负面情绪会引发生理疾病，生理异常也会引发负面情绪。在生物心理社会方法影响下，研究人员提出易感性-应激模型[1]，该模型假设个人的倾向性与环境的压力因素互相作用，导致心理障碍的产生（Monroe & Simons, 1991; Zuckerman, 1999）。表观遗传学研究显示了我们的DNA是如何与生存环境相互作用的，佐证了这一模型。某个基因可能在一种环境下会表达，但在另一种环境下则处于休眠状态。对某些人来说，这决定了他们是否会患上某个障碍。

---

1 也称为"素质-压力模型"。

图 15.1 心理障碍的生物心理社会方法

当今心理学的研究内容是：生物学、心理学和社会因素如何相互作用，导致某种心理障碍。

生物学因素：
· 进化
· 个体基因
· 脑结构和脑化学反应

心理学因素：
· 压力
· 创伤
· 习得性无助
· 与心境相关的知觉和记忆

社会文化因素：
· 角色
· 期望
· 对正常和障碍的定义

→ 心理障碍

检索练习

RP-2 心理障碍是普遍存在的还是某一文化特有的？请举例说明。

RP-3 什么是生物心理社会方法，为什么它对于我们解释心理障碍很重要？

答案见附录 D

心理障碍的分类——给人贴标签

学习目标问题 15-3 临床医生如何对心理障碍进行分类？为什么某些心理学家不认可这类诊断标签？

在生物学和其他学科中，分类会产生规则。例如，我们把具有体温恒定、有毛发或羽毛、用乳汁来养育后代等特征的动物划分为哺乳动物。分类同样也需要制定规则和描述症状。将某人的心理障碍归类为"精神分裂症"，就意味着该人语无伦次、出现了幻觉或妄想（荒诞的想法），表现出情感淡漠或情绪表达不当、社交退缩等。因此，"精神分裂症"为描述某种复杂的障碍提供了一种方便、易记的方式。

此外，诊断分类不仅是为了描述某种障碍，还旨在预测它的未来发展趋势，对它实施恰当的治疗，并促进对其成因的研究。的确，要研究某一障碍，我们必须首先对它进行命名和描述。

在许多国家，最常用的心理障碍分类工具，是美国精神病学协会的《精神障碍诊断与统计手册》，现在是第 5 版，缩写为 DSM-5。DSM-5 对各类心理障碍的描述详尽，有助于医生和心理健康工作者对病人进行诊断和治疗。例如，符合表 15.1 中所有标准的人可能被诊断为失眠障碍。DSM-5 包含了世界卫生组织制定的《国际疾病分类》

DSM-5：美国精神病学协会的《精神障碍诊断与统计手册（第5版）》，一个被广泛使用的心理障碍分类系统。

（International Classification of Diseases）诊断标准，这也有利于使用者追踪世界范围内心理障碍的发展趋势。

表 15.1 失眠障碍

·对睡眠时长或质量不满意（入睡困难，睡眠状态不佳或难以再次入睡）
·因睡眠中断而感到痛苦或日常功能减弱
·每周至少失眠三次或以上
·连续失眠至少三个月
·即使有充足睡眠的机会也有可能失眠
·与其他睡眠障碍（如嗜睡症）无关
·与药物的使用或滥用无关
·与其他精神障碍或躯体状况无关

为了保证手册的实效性，DSM-5 的分类和诊断标准需具备信度，而在评估其可靠性的实际测试中，有些诊断结果与手册描述相差无几，而有些大相径庭（Freedman et al., 2013）。例如，临床医生通过对成人创伤后应激障碍和儿童孤独症谱系障碍的诊断发现，二者诊断结果一致的概率接近 70%（即如果一位精神科医生或心理学家诊断某人患有其中一种障碍，那么另一位心理健康工作者基于独立判断，给出相同诊断的概率为 70%）。但是对于反社会人格障碍和广泛性焦虑障碍的诊断，一致性只有不到 20%。

本章有几个案例来自旧版 DSM 附带的案例说明书。

长期以来，也有一些批评者指出了这一手册的缺点，即覆盖面过宽，"几乎把所有行为都纳入精神病学的范围"（Eysenck et al., 1983）。现在有些人担心，DSM-5 更广的覆盖面会使日常生活病态化。例如，因亲人去世产生的极度悲痛情绪，DSM 可能将其归类为抑郁症。批评者认为，这种悲痛情绪可以简单地被认为是对悲惨生活事件的正常反应。

在 DSM 的基础上，美国国家心理卫生研究所提出了一种较新的分类体系，这个新体系被称为研究领域标准（Research Domain Criteria，RDoC）（Insel et al., 2010; NIMH, 2017）。在 RDoC 框架下，研究者们根据人的行为和大脑活动构建心理障碍体系，旨在通过"遗传学、神经科学和行为科学的现代研究方法"对这些心理障碍进行研究（Insel & Lieberman, 2013）。

其他的批评者对 DSM 提出了更加根本性的批评，他们认为这些标签非常主观独断，是科学伪装下的最糟糕的价值判断。一旦某人被贴上标签，我们就会以异样的眼光来看待他（Bathje & Pryor, 2011; Farina, 1982; Sadler et al., 2012b）。贴标签可以改变现实，使我们对支持自己观点的证据特别警觉。如果我们听说某个新同事心胸狭隘，我们就会对她持怀疑态度，使得她反过来做出类似小气刻薄的反应。如果我们相信某人很聪明，那么情况也是如此。当老师被告知某些学生"有天赋"，他们就会以某种方式行事，使得学生表现出他们被期望的行为（Snyder, 1984）。贴标签有自我实现的作用，负面的标签则是一种污名化。

一项研究让参与者观看录制好的面谈视频（Langer & Abelson, 1974; Langer & Imber, 1980）。若告知参与者，视频中的人是应聘者，参与者会将其视为正常人；若告知参与者，视频中的人是癌症病人或精神病人，参与者则会认为这些面谈者"与众不同"。而那些认为自己正在观看精神病人访谈的治疗师们，会认为来访者"害怕自己的攻击性冲动"或是"被动的""依赖型的"个体等。人们总是污名化那些有心理障碍的人（Angermeyer & Dietrich, 2006; Corrigan & Watson, 2002; Pachankis et al., 2018; Weiner et al., 1988）。患有心理障碍的耻辱感会导致人们隐瞒自己的病症，避免接受治疗（Corrigan, 2004; Nam et al., 2018）。

在现实中，给人贴标签也会产生同样的影响。对于刚从精神病院出院的人来说，找工作或找地方租住可能会困难重重。一旦某人被贴上"心理障碍患者"的标签，人们可能就会担心此人有潜在的暴力倾向。随着人们对心理障碍的进一步了解，这种担心正在消退。公众人士在公开场合坦陈自己正在与焦虑障碍、抑郁症、药物滥用障碍等进行不懈的斗争，并表示寻求帮助，接受诊断和治疗对心理障碍患者大有裨益，这些行为都有助于增进人们对心理障碍的理解。人们与心理障碍患者接触越多，就越容易接纳他们（Corrigan et al., 2014）。

所以，标签事关紧要。尽管有风险，在诊断中使用标签也有好处。心理健康专家能通过标签来交流他们的个案，研究疾病的原因和治疗方法。当痛苦有了名字，患者将不再独自承受这份痛苦，他们会如释重负。

"我姐姐患有双相障碍，我的侄子患有情感性精神分裂症。事实上我的家人多数抑郁且酗酒。通常来说，只要大家闭口不谈，就能好像一切如常。但这样的污名让人心生不悦。"
——女演员格伦·克洛斯

患心理障碍和行为障碍的影视人物的出现，正在打破那些老旧的刻板观念。《钢铁侠》和《复仇者联盟》电影中的超级英雄人物托尼·斯塔克就患有创伤后应激障碍，剧情以此为背景展开。《黑天鹅》戏剧化地描述了一个患有妄想症的主角。《单身男子》则刻画了一位抑郁症患者。

自问

你是否认识某个被诊断为患有心理障碍的人（也许是你自己）？你认为诊断标签对这个人有什么帮助或伤害？

检索练习

RP-4 贴标签有什么好处，又有什么风险？

答案见附录 D

对自己和他人造成伤害的风险

患心理障碍的人更可能伤害自己。他们是否也更可能伤害他人？

对自杀的理解

学习目标问题 15-4 哪些因素会增加自杀的风险，我们对非自杀性自伤行为有哪些了解？

你是否曾在绝望的时候想过自杀？如果答案是"是"，你并不孤独。全球每年约有 80 万人因绝望而自杀，他们选择用一劳永逸的方式来解决暂时存在的问题（WHO, 2018e）。在你读完这段话的 40 多秒内，就可能有人死于自杀。

焦虑障碍患者的自杀风险是常人的三倍，而抑郁症患者自杀的风险是常人的五倍（Bostwick & Pankratz, 2000; Kanwar et al., 2013）。人们在极度抑郁的时候，精力不足，丧失积极性，因此很少选择自杀。而当他们的身体有所好转，有能力完成自杀行为后，自杀的风险就会增加（Chu et al., 2016）。

对比不同群体的自杀率，研究人员发现：

- 国家差异。俄罗斯的自杀率是美国的两倍，而美国的自杀率是西班牙的两倍（WHO, 2018e）。在欧洲，立陶宛人自杀死亡的可能性是希腊人的七倍。

- 种族差异。在美国，白人和美国原住民的自杀率大约是黑人、西班牙裔和亚裔的两倍（Curtin & Hedegaard, 2019）。加拿大原住民的自杀率是其他加拿大人的三倍（Kumar & Tjepkema, 2019）。

- 性别差异。妇女和女孩考虑和尝试自杀的情况比男性多得多。但在世界范围内，男性实际死于自杀的概率是女性的两倍（ONS, 2019; Ritchie et al., 2019b; WHO, 2018e）。男性自杀的方式更具杀伤力，如向头部开枪。在美国所有试图自杀的人中，死亡率为 13%，但对于使用枪支的人来说，死亡率上升到了 90%（Juskalian, 2019）。

- 特质差异。有强迫症的瑞典人容易患上抑郁症，从而增加了自杀的风险（de la Cruz et al., 2017）。当完美主义者被动地要去完成某个目标或达到某种标准（如变得苗条、身材匀称或富有）而发现无法实现时，自杀的想法也可能增加（Chatard & Selimbegovic´, 2011; Smith et al., 2018）。

- 年龄差异。在成年晚期，世界各地的自杀率都在增加，其中 70 岁以上的人自杀率最高（Ritchie et al., 2019a）。

- 其他群体差异。富人、非宗教人士和未婚人士的自杀率要高得多（Norko et al., 2017; Okada & Samreth, 2013; Van derWeele et al., 2016, 2017）。同性恋、跨性别者和性别错位的青少年在面对不受认可的环境时，包括家人或同龄人的排斥，试图自杀的风险也会增加（Goldfried, 2001; Haas et al., 2011; Hatzenbuehler, 2011; Testa et al., 2017）。

"但是，由于厌倦了这些世俗的条条框框，生命从来不缺乏自我解脱的力量。"

——威廉·莎士比亚

- 周内差异和季节性差异。负面情绪往往会在一周过半的时候上升,这可能会产生悲惨的后果(Watson, 2000)。令人惊讶的是,美国 25% 的自杀事件发生在星期三(Kposowa & D'Auria, 2009)。自杀率在 4 月和 5 月最高,而不是(像通常认为的那样)频发于冬季假期(Nock, 2016)。

- 逐年差异。在大多数国家,自杀人数一直在增加(Ritchie et al., 2020)。例如,1999～2017 年,美国人的自杀念头和自杀率都增加了近 40%(CDC, 2019e; SAMHSA, 2019)。

社会暗示可能引发自杀念头和自杀行为。一项针对 1700 万推特用户数据的分析表明,分享自杀念头,即通过某个人的社交网络传播自杀的想法,会产生连锁反应(Cero & Witte, 2019)。高度公开的自杀事件和以自杀为主题的电视节目被传播之后,自杀率有时会增加(Niederkrotenthaler et al., 2019)。致命的汽车和私人飞机"事故"也是如此。20 世纪 90 年代,斯德哥尔摩市的居住人口为 120 万人,一项为期 6 年的研究追踪了该市人口中的全部自杀案例(Hedström et al., 2008),研究报告身边有同事自杀的男性,自杀率比没有接触过这类事件的男性高 3.5 倍。

自杀通常不是一种敌意或报复的行为。人们,尤其是老年人,可能会选择死亡作为对当前或未来痛苦的一种替代,这是一种逃避难以忍受的痛苦和减轻家人心理负担的方式。当人们没有归属感,认为自己是他人的负担,感觉自身处于一种似乎无法逃脱的困境中或无法感知快乐时,通常会产生自杀的冲动(Chu et al., 2018; Ducasse et al., 2018; Taylor et al., 2011)。心理学家曾担心,在新冠疫情期间,广泛失业与社会隔离会导致自杀率增高(Reger et al., 2020)。与顺性别的美国退伍军人相比,在军队中倍感羞辱的跨性别退伍军人死于自杀的可能性是前者的两倍(Tucker, 2019)。

事后看来,家人和朋友可能会回忆起一些迹象,这些迹象应该起到预先警告的作用,如言语暗示、赠送财物、突然的情绪变化或对死亡的恐惧和关注(Bagge et al., 2017)。根据对 17 个国家 84 850 人的调查判断,大约 9% 的人在生命的某个阶段曾认真考虑过自杀。其中,大约每 10 人中有 3 人会付诸实践,而在这些试图自杀的人中,有 3% 的人会死亡(Han et al., 2016; Nock et al., 2008)。一项研究对第一次自杀未遂的人进行了长达 25 年的跟踪调查,其中约 5% 的人最终仍死于自杀(Bostwick et al., 2016)。

正如某个研究小组总结的那样,自杀是很难预测的,"绝大多数具备某种特定自杀风险因素的人,永远不会实施自杀行为"(Franklin et al., 2017)。但研究人员试图继续解决自杀难题。某个调查小组使用一个收集手机数据的应用程序,希望根据参加研究的青少年参与者的语气、语言、照片、音乐选择和睡眠障碍等要素,预测其自杀风险(Servick, 2019)。其他一些研究团队正基于心理评估、健康记录或社交媒体信息发布,开发能够预测自杀的人工智能算法(Ribeiro et al., 2019; Simon et al., 2018; Walsh et al.,

2017)。

每年约有 47 000 名美国人死于自杀，其中一半死于使用枪支（CDC, 2019c）（试图靠过量服用毒药和药物自杀的人数占 80%，但因此死亡的人数只占 14%）。即使控制了贫困和城市化因素，枪支拥有率高但枪支安全法薄弱的州，自杀率也更高（Anestis & Anestis, 2015; Anestis et al., 2015; Miller et al., 2002, 2016; Tavernise, 2013）。密苏里州废除其严格的手枪法后，自杀率上升了 15%；而康涅狄格州实施枪支法后，自杀率下降了 16%（Crifasi et al., 2015）。因此，尽管美国的枪支持有者可以因此获取安全感，但在家中持有枪支的确存在安全隐患，因为这大大增加了家庭成员死于自杀或凶杀的概率（Kposowa et al., 2016; VPC, 2015; Vyse, 2016）。

我们如何才能帮助那些正在谈论自杀的人？例如有人说，"我希望我能结束这一切"或"我讨厌我的生活，我无法继续生活下去"。如果有人在网上发表以上这类言论，你可以匿名联系各类社交媒体安全小组。如果有朋友或家人谈论自杀，你可以：

1. 倾听与共情。
2. 联系此人的学校心理咨询中心，与国家预防自杀热线或其他的相应国家机构联系。
3. 保护那些存在直接自杀风险的人，向医生、最近的医院急诊室寻求帮助。与其未来参加某人的葬礼，不如现在就把他的秘密告诉专业人士。

"当两种基本需要未得到满足，甚至看不到满足希望时，人们就会渴望死亡：一是归属感或与他人建立联系的需要；二是感觉自己对他人有价值或能够影响他人的需要。"

——托马斯·乔伊纳

非自杀性自伤

自我伤害的形式多种多样。有些人，尤其是青少年女性，可能会进行非自杀性自伤（NSSI; Mercado et al., 2017）（图 15.2）。例如，他们可能会割伤或烧伤自己的皮肤、击伤自己或在自己的指甲或皮肤下插入物体。

图 15.2　美国非自杀性自伤急诊率
15～19 岁女性的自伤率峰值高于同龄男性（Mercado et al., 2017）。加拿大和英国同时出现了相同的性别差异和上升趋势（CIHI, 2019; McManus et al., 2019）。

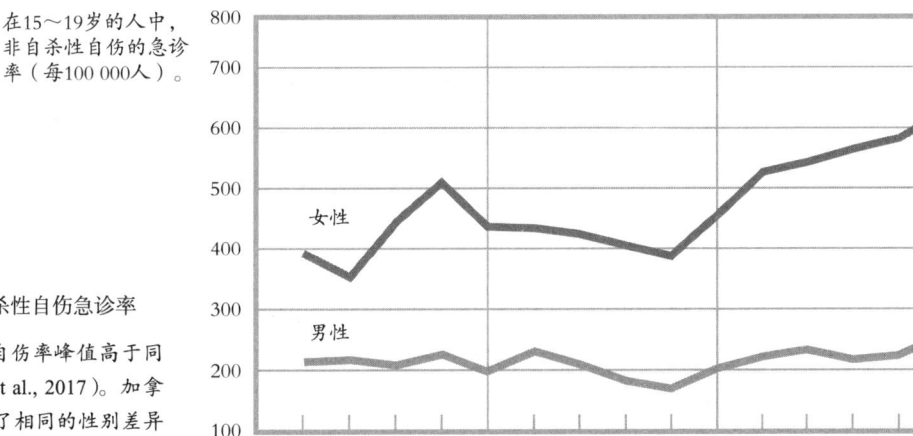

在 15～19 岁的人中，非自杀性自伤的急诊率（每 100 000 人）。

那些有非自杀性自伤行为的人往往经历过欺凌、骚扰或遭受过精神压力（Miller, al., 2019; van Geel et al., 2015）。这些人一般不太能够忍受和调节情绪困扰（Hamza et al., 2015）。他们在对自己严苛的同时又性格冲动（Beauchaine et al., 2019; Cha et al., 2016）。

非自杀性自伤行为通常具有自我强化作用（Hooley & Franklin, 2018; Selby et al., 2019）。人们可能：

- 通过痛苦转移注意力，从而摆脱强烈的消极想法。
- 吸引他人注意力，寻求帮助。
- 通过惩罚自己来减轻内疚感。
- 让别人改变他们的消极行为（欺凌、批评）。
- 让自己融入同龄人群体。

非自杀性自伤会引发自杀行为吗？通常不会。那些有非自杀性自伤行为的人通常是有自杀倾向者，而不是自杀未遂者（Evans & Simms, 2019; Nock & Kessler, 2006）。然而，非自杀性自伤是产生自杀念头和未来尝试自杀的一个风险因素，尤其是与双相障碍并存时（Geulayov et al., 2019）。如果人们未能寻得帮助，他们的非自杀行为就可能升级为自杀念头，最后变成企图自杀的行为。

心理障碍是否等同于危险？

学习目标问题 15-5　心理障碍是否能预测暴力行为？

2013年9月16日，在华盛顿特区的海军基地，最初，与往日的周一一样，人们早早来到这里开始工作。随后，政府大楼承建商亚伦·亚历克西斯（Aaron Alexis）进入大楼并开始射击。一小时后，13人死亡，其中包括有精神病史的亚历克西斯本人，他说："在过去三个月里，我一直遭受着超低频攻击。说实话，这就是促使我这样做的原因。"这次毁灭性的大规模枪击事件，就像此后的许多事件一样，强化了公众认为心理障碍者构成威胁的看法（Barry et al., 2013; Jorm et al., 2012）。美国众议院议长保罗·瑞安（Paul Ryan, 2015）说："有精神疾病的人正在获得枪支并实施这些大规模枪击事件。"在一项调查中，84%的美国人同意"增加政府在心理健康检查和治疗方面的支出"将是"在某种程度上"或"非常"有效地"防止学校出现大规模枪击事件的手段"（Newport, 2012）。在经历2018年佛罗里达州帕克兰的学校大屠杀事件之后，当时的美国总统唐纳德·特朗普提议开设更多的精神病院，以收容潜在的屠杀犯："当你身边存在这类人，请把他们送进精神病院"。

临床医生真的可以预测哪些人有暴力倾向吗？不是的。大多数暴力罪犯不是心理障碍者，也没有暴力倾向（Leshner, 2019; Verdolini et al., 2018）。此外，对暴力行为的临床预测是不可靠的。少数实施暴力行为的心理障碍者往往要么像海军基地枪击案里的枪手一样，觉得自己受到威胁，幻听到一些声音命令他采取行动，要么有药物滥用问题（Douglas et al., 2009; Elbogen et al., 2016; Fazel et al., 2009, 2010）。

心理障碍患者更可能成为暴力的受害者，而非加害者（Buchanan et al., 2019）。美国卫生部长办公室表示："陌生人与有精神障碍的人随意接触，遭遇暴力或伤害的风险非常小。"酗酒或吸毒、暴力行为前科、枪支的可获得性，以及脑损伤（比如头部反复受伤而最终杀人的全国橄榄球联盟球员亚伦·埃尔南德斯），都能更好地预测暴力行为（Belson, 2017）。大规模枪击者有一个共同点：他们大多是年轻男性。

自问

在你看来，为什么人们常常认为有心理障碍的人是危险的？

心理障碍的患病率

学习目标问题 15-6 有多少人有或曾经有心理障碍？有哪些风险因素？

谁最容易受到心理障碍的影响？在人生的哪个阶段最容易患心理障碍？为了回答这些问题，许多国家对其公民进行了长期的结构化访谈。在询问了数百个探究症状的问题后——"你是否曾经有过寻死的念头，且这个念头持续了两周甚至两周以上？"——研究人员推算出了各种心理障碍在当前、前一年乃至一生的患病率。

有多少人有心理障碍？ 一项全球性的重要研究报告指出，"2016 年，全球超过 10 亿人受到心理障碍和成瘾的影响"（Rehm & Shield, 2019）。在美国，有 4700 万成年人在过去一年内患有心理障碍，占比达 19%（SAMHSA, 2018；表 15.2）。

表 15.2 报告"在过去一年中"有特定心理障碍的美国人的百分比

心理障碍	比例（%）
抑郁症或双相障碍	9.3
对特定对象或情境的恐惧症	8.7
社交恐惧症	6.8
注意缺陷多动障碍（ADHD）	4.1
创伤后应激障碍（PTSD）	3.5
广泛性焦虑障碍	3.1
精神分裂症	1.1
强迫症	1.0

数据来源：National Institute of Mental Health, 2015。

心理障碍的患病率是否因地而异？ 世界卫生组织的一项研究估算了在 28 个国家中于上一年患心理障碍的人口数量，该研究数据来源于对数千名各国人口代表的访谈，单人访谈时长为 90 分钟（Kessler et al., 2009）。情况因文化差异而有所不同，如图 15.3 所示，心理障碍患病率最低的是尼日利亚，最高的是美国。此外，来自墨西哥、非洲和亚洲的美国移民的平均心理健康状况比同种族但出生在美国的人要好（Breslau et al., 2007; Maldonado-Molina et al., 2011）。例如，与出生在美国的墨西哥裔美国人相比，最近移民的墨西哥裔美国人患心理障碍的风险较小——这种现象被称为移民悖论（Salas-Wright et al., 2018）。

致使人们更容易患心理障碍的因素有哪些？ 如表 15.3 所示，心理障碍存在各种风险和保护因素。其中一个预测因素——贫困——跨越了种族和性别界限。在贫困线以下的人群中，严重心理障碍的发生率要高出 2.5 倍（CDC, 2014a）。贫困与心理障碍的这种关联性引发了另一个疑问：是贫困导致了心理障碍，还是心理障碍导致了贫困？结论是，对于不同的心理障碍，答案也是不同的。不难理解的是，精神分裂症患者会变得贫困。然而，因贫困而压力重重、心情低落也会引发心理障碍，这种情况在患抑郁症的女性和物质滥用的男性身上尤为突出（Dohrenwend et al., 1992）。在一项调查贫困与病理学联系的自然实验中，研究人员跟踪调查了北卡罗来纳州美国原住民儿童的行为问题发生率，受经济发展影响，该社区的贫困率大幅下降。在研究初期，贫困儿童表现出更多的偏差行为和攻击性行为。四年后，那些家庭收入脱离贫困线的儿童的行为问题减少了 40%。而那些家庭收入维持在之前水平的儿童，不论是处在贫困线上还是贫困线下，行为问题都没有改善（Costello et al., 2003）。

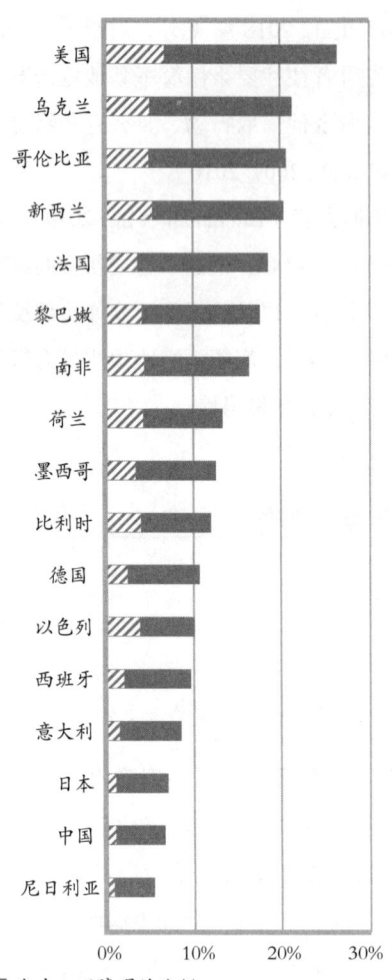

图 15.3 所选区域上一年的心理障碍患病率 基于 28 个国家的访谈（Kessler et al., 2009）。

■ 发生心理障碍的比例
▨ 被认为有"严重"心理障碍的比例

表 15.3 心理障碍的风险因素和保护因素

风险因素	保护因素
学业失败	有氧运动
出生并发症	赋权、提供机会和保障的社区
照顾那些长期患病或有神经认知障碍的人	经济独立
儿童被虐待和忽视	有效的教养方式
慢性失眠	有能够掌握和控制的感觉
慢性疼痛	安全感
家庭解体或家庭冲突	高自尊
出生体重低	读写能力
社会经济地位低	幼年时期积极的情感联结关系
医学疾病	积极的亲子关系
神经化学物质失衡	解决问题的能力
父母的心理障碍	应对压力和逆境的适应性强
父母药物滥用	社会和工作技能
个人损失和丧亲之痛	来自家庭和朋友的社会支持
工作技能不佳和不良的工作习惯	
阅读障碍	
感觉障碍	
社交无能	
应激性生活事件	
物质滥用	
创伤经历	

研究资料来源：WHO（2004a, b）。

心理障碍在人生的哪个阶段开始显现？大约一半的心理障碍患者在十几岁时首次经历相关症状，而对另一些人来说，这些症状会在其二十几岁才开始出现（Kessler et al., 2007; Robins & Regier, 1991）。其中，反社会型人格障碍的症状（中位年龄为 8 岁）和恐惧症（中位年龄为 10 岁）出现得最早。酒精使用障碍、强迫症、双相障碍和精神分裂症等症状出现的中位年龄接近 20 岁。重度抑郁症状的出现时间略晚，中位年龄为 25 岁。

▍检索练习

RP-5 贫困和心理障碍之间有什么关系？

答案见附录 D

与焦虑相关的心理障碍

焦虑是生活的一部分。在课堂上发言，从梯子上往下看，或者等待期末考试的结果，任何人都可能因此感到焦虑。焦虑甚至可能导致我们不敢正视他人或避免与人交流——我们称为"害羞"。值得庆幸的是，大多数人表现出的焦虑并不会十分强烈和持久。然而，有些人更容易对未知事物感到恐惧，并会注意和记住所感知到的威胁——这些人就像生活在有恐怖电影背景音乐渲染的氛围里一样（Gorka et al., 2017; Mitte, 2008）。当大脑的危险探测系统变得过度活跃时，人们患上焦虑障碍的风险就更大，也更有可能出现其他三种与焦虑相关的心理障碍：强迫症（OCD）、创伤后应激障碍（PTSD）和躯体症状障碍。[1]

焦虑障碍

学习目标问题 15-7 广泛性焦虑障碍、惊恐障碍与特定恐惧症有何不同？

焦虑障碍：一种心理障碍，特征是令人苦恼的、持久的焦虑，或以适应不良的行为来缓解焦虑。

焦虑障碍（anxiety disorder）的特征表现为苦恼、持久的焦虑，或以适应不良的行为来缓解焦虑。例如，社交恐惧症患者在某些可能招致他人评价的社会环境（如聚会、课堂演讲，甚至在公共场所吃东西）中，就会变得非常焦虑。一名大学生在做汇报、参加考试或与权威人士会面时，会出现心悸、颤抖、脸红和出汗的症状，会担心自己出丑。为了逃避这种焦虑感，他选择足不出户，但这样做是不利于适应社会的：逃避他人，便无法体会相处之道，甚至会变成孤身一人（Leichsenring & Leweke, 2017）。

让我们详细了解另外三种焦虑障碍：

- 广泛性焦虑障碍：个人无明显原因地持续紧张和不安。
- 惊恐障碍：指一个人经历惊恐发作——突发的、强烈的恐惧感——并担心下一次发作。
- 特定恐惧症：个人对特定物体或环境的非理性惧怕。

广泛性焦虑障碍

在过去的两年里，27岁的机械师汤姆经常抱怨有头晕、手心出汗、心悸等症状。他感到自己很焦躁，甚至有时会颤抖。汤姆成功地向家人和同事隐瞒了这些症状。但

---

[1] 强迫症和创伤后应激障碍曾经被归类为焦虑障碍，但现在 DSM-5 将其分开归类。

他也几乎不参与任何社交活动。有时，他甚至无法继续工作。但他的家庭医生和神经学家都没发现汤姆有任何身体方面的问题。

汤姆无法集中注意力、失去自我控制，伴有消极情绪，这表明他患有**广泛性焦虑障碍**（generalized anxiety disorder）。患有这种障碍的人（约三分之二为女性）会频繁紧张，经常处于紧张、烦躁、睡眠不足的状况中（McLean & Anderson, 2009）。由于长期处于紧张状态下，他们的专注力会受到影响，自主神经系统被唤醒，不由自主地出现皱眉、眼皮抽搐、颤抖、出汗、坐立不安等症状。

受此症状影响的人，通常无法确定焦虑产生的原因，因此也无法应付和回避。用弗洛伊德的术语来说，焦虑就是"自由联想"，与特定的压力源或威胁无关。广泛性焦虑障碍往往伴随着抑郁情绪。但是，抛开抑郁，广泛性焦虑障碍也往往会导致身体失能。而且，广泛性焦虑障碍可能引发身体问题，如高血压。然而随着时间的推移，人的情绪会趋于平静，等到50岁时，广泛性焦虑障碍患者就变得罕见了（Rubio & López-Ibor, 2007）。

广泛性焦虑障碍：一种焦虑障碍，患者频繁紧张，经常处于紧张、烦躁、睡眠不足的状况中，并且自主神经系统处于唤醒状态。

惊恐障碍

某些**惊恐障碍**（panic disorder）患者，其焦虑的程度会突然增强，升级成可怕的惊恐发作——出现长达数分钟的强烈恐惧，担心某种可怕的事情突然发生。伴随惊恐发作的是心律不齐、胸痛、呼吸急促、窒息、颤抖或头晕目眩等症状。一名妇女回忆说，她突然感觉"很热，好像无法呼吸。心跳加速，我开始出汗和颤抖，我觉得自己会晕倒。然后，我的手指开始变得麻木刺痛，一切变得不真实。当时情况十分糟糕，我怀疑自己会死掉，我要丈夫带我去看急诊。当我到达急诊室时（大约10分钟后），最难受的那段时间已经过去，我只觉得自己像是经历了一场浩劫，精疲力竭"（Greist et al., 1986）。

惊恐障碍：一种焦虑障碍，以不可预测的、长达数分钟的强烈惊恐发作为特征，患者可能会因恐惧而产生胸痛、窒息或其他可怕的感觉；随后往往会担心下一次可能的发作。

对于3%的患者来说，惊恐障碍是反复发作的。这些焦虑如龙卷风一般会突然袭来，造成严重破坏后消失，给患者留下难以忘却的记忆。具有讽刺意味的是，对焦虑的担忧（也许是害怕再次惊恐发作，或是害怕在公共场合出现与焦虑有关的症状）会放大焦虑障碍的症状（Ola-tunji & Wolitzky-Taylor, 2009）。遭受几次惊恐发作后，人们可能会避开那些让其惊慌失措的情境。这种害怕情绪一旦足够强烈，可能会发展成广场恐惧症，即害怕或回避难以逃避的公共场所。广场恐惧症患者可能会避免出行，避免去人群聚集地或乘坐电梯。吸烟者患惊恐障碍的风险至少会增加一倍，并且在惊恐发作时症状更加严重（Knuts et al., 2010; Zvolensky & Bernstein, 2005）。因为尼古丁是一种兴奋剂，吸烟并不能使人轻松愉悦。

查尔斯·达尔文在28岁时患上惊恐障碍，此前他花了五年时间在世界各地航行。为了避免社交聚会，他搬到乡下，只在妻子的陪伴下旅行。相对的隐居生活却让达尔文有机会研究阐释自己的进化论。他回忆说，"健康状况不佳，让我免于社会及其他娱乐活动的干扰"。

特定恐惧症

特定恐惧症：一种焦虑障碍，其特点是对特定事物、活动或情境表现出持续的、非理性的恐惧和回避。

人们在生活中总有一些惧怕的东西。但是，**特定恐惧症**（specific phobias）患者被持续的、非理性的恐惧所吞噬，选择回避某些事物、活动或情境，例如某种动物、昆虫、高处、血液或封闭的空间（图15.4）。许多特定恐惧症患者为了摆脱引起其恐惧的因素（如高处），会设法与恐惧症共存，而另一些人则因此失去了正常生活能力。28岁的玛丽莲其他方面均健康，却非常害怕打雷，只要听到天气预报说未来一段时间里可能会有风暴，她就非常焦虑。如果丈夫不在家，又听到了风暴的预告，她通常会和亲戚待在一起。在风暴出现时，她会关上所有的窗户，把头蒙起来，以免看到闪电。

检索练习

RP-1 频繁紧张、忧虑不断，并且自主神经系统处于唤醒状态是_____的症状。

RP-2 那些经历过不可预测的强烈恐惧，并伴随着可怕的生理感觉的人，可能被诊断为_____。

RP-3 如果一个人的焦虑集中在令其恐惧的特定物体、活动或场所上，这个人可能患有_____。

答案见附录 D

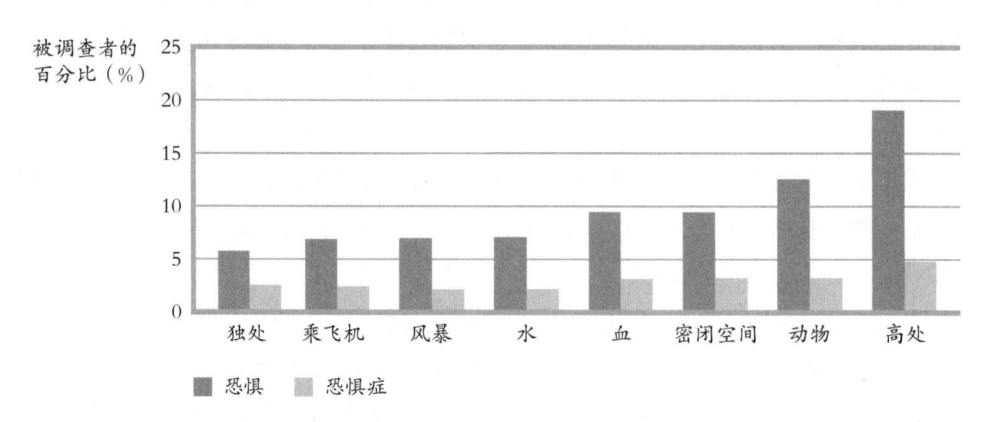

图15.4 一些常见的特定恐惧

研究人员对荷兰人进行调查，确定了最常令他们感到害怕的事物或情境。如果为了逃避可怕的事物或情境，强烈的恐惧感引发了某种不可抗拒的非理性渴望，那么接下来就会发展成某种特定恐惧症。（Depla et al., 2018）。

强迫症及相关障碍

学习目标问题 15-8 什么是强迫症?

和焦虑障碍一样,我们也可以在自己的日常行为中看到**强迫症**(obsessive-compulsive disorder)的某些方面。一些无意义或令人讨厌的想法反复出现在我们的脑海中,挥之不去。强迫行为是对这些想法做出的反应。

我们有时会被这种强迫思维所困扰,继而出现强迫行为。你是否曾经为别人如何看待你的生活空间而感到有点焦虑,发现自己在客人到来之前,总是会做"最后一次"检查和清洁?或者,也许是担心即将到来的考试,你发现自己在学习之前一定会"严格按照某种方式"整理学习资料?我们的日常生活中充满了各种小小的演练和过分挑剔的行为。当强迫思维和强迫行为持续干扰正常生活,继而给我们带来痛苦时,这些思维和行为就越过了正常与异常之间的细微界限。例如,检查门是否锁好是正常的,但假如要检查10次,那就不正常了(表15.4提供了更多的例子)。在生命发展的某些阶段,特别是青少年晚期或成年早期,2%的人从正常的关注细节发展到令他们衰弱的强迫障碍(Kessler et al., 2012)。尽管人们知道这种由焦虑引发的强迫思维是非理性的,但这些想法总是阴魂不散。强迫思维在大脑中频频浮现,强迫性的仪式化行为浪费了大量的时间,使有效的功能(包括学业成功)难以实现(Pérez-Vigil et al., 2018)。

> 强迫症:一种心理障碍,特征是反复出现、挥之不去的想法(强迫思维)、行为(强迫行为),或两者皆有。

表 15.4 患强迫症的儿童和青少年常有的强迫思维和强迫行为

思维或行为	报告症状的百分比(%)
强迫思维(反复出现的想法)	
・对灰尘、细菌或病毒的关注	40
・担心发生可怕的事情(火灾、死亡、疾病)	24
・苛求对称、顺序、精确	17
强迫行为(重复的行为)	
・过度地洗手、洗澡、刷牙或梳理头发	85
・重复的仪式化行为(进/出门,从椅子上起来/坐下)	51
・检查门、锁、用具、汽车刹车或家庭作业	46

数据来源:Rapoport(1989)。

相比老年人,强迫症在青少年和年轻人中更常见(Samuels & Nestadt, 1997)。一项研究对144名被诊断为强迫症的瑞典人进行了为期40年的追踪调查,发现对于大多数人来说,强迫思维和强迫行为随着年龄增加而逐渐减少,尽管只有1/5的人完全康复(Skoog & Skoog, 1999)。

有些人还会患上其他与强迫症相关的障碍，如囤积症（用无法割舍的所有物将个人空间弄得乱七八糟）、躯体变形障碍（对感知到的身体缺陷感到忧虑）、拔毛癖（拔毛症）或抓痕障碍（揭痂症）。

创伤后应激障碍

学习目标问题 15-9 什么是创伤后应激障碍？

一位名叫杰西的士兵在海外服役时曾目睹"对儿童和妇女的杀戮。这对任何一个人来说都是残酷的"。退役回家以后，杰西深受"糟糕的记忆闪回"的折磨（Welch, 2005）。

杰西并非孤例。一项研究显示，在 10.4 万名从伊拉克和阿富汗返回的退伍军人中，有 25% 的退伍军人被诊断为患有心理障碍（Seal et al., 2007）。最常见的是**创伤后应激障碍**（posttraumatic stress disorder，PTSD）。恐怖袭击、酷刑、强奸或地震的幸存者，以及流离失所的难民也表现出创伤后应激障碍（Charlson et al., 2016; Westermeyer, 2018）。其标志性症状是反复出现的、生动的、令人痛苦的记忆和噩梦。创伤后应激障碍患者往往极度专注于可能出现的威胁，社交退缩、极度焦虑，并且有睡眠障碍（Fried et al., 2018; Lazarov et al., 2019; Malaktaris & Lynn, 2019）。

许多人都会经历创伤事件，而很多人都会表现出幸存者的复原力——在严重应激后恢复过来（Galatzer-Levy et al., 2018）。尽管尼采的观点"杀不死我的，终将使我更加强大"并不适用于所有人，但是，约一半的创伤幸存者报告他们在创伤后得到了成长。有时，眼泪也会变成胜利。

为什么只有 5%～10% 的人在经历创伤性事件后出现创伤后应激障碍（Bonanno et al., 2011）？一个影响因素是情绪痛苦的程度：痛苦程度越高（如战俘遭受的身体折磨程度），出现创伤后应激障碍的风险也越高（King et al., 2015; Ozer et al., 2003）。在伊拉克和阿富汗，美国士兵在经历过高强度战斗，产生自我责备的灾难性思考后，特别容易出现创伤后应激障碍（Seligman et al., 2019）。在纽约世贸中心"9·11"恐怖袭击的幸存者中，待在建筑物内部的人后来被诊断为创伤后应激障碍的比率是外部幸存者的 2 倍（Bonanno et al., 2006）。

还有什么因素会影响创伤后应激障碍的发展呢？某些人似乎拥有更敏感的负责加工情绪的边缘系统，这使得他们的身体充斥着应激激素（Duncan et al., 2017; Kosslyn, 2005）。基因可能也起了一定的作用。与非双生兄弟姐妹相比，双生子均存在创伤后应激障碍风险因素的情况更为普遍（Gilbertson et al., 2006）。在经历创伤性事件后，女性比男性更容易患上创伤后应激障碍（Olff et al., 2007; Ozer & Weiss, 2004）。

创伤后应激障碍：一种心理障碍，特点是在经历创伤后，记忆萦绕不去、做噩梦、过度警惕、回避与创伤有关的刺激、社交退缩、极度焦虑、感觉麻木和/或失眠，持续时间达四周或更长时间。

一些心理学家认为，创伤后应激障碍的诊断尺度可能过于宽松（Dobbs, 2009; McNally, 2003）。批评者说，创伤后应激障碍往往被扩大化，甚至包括了那些正常的、只是与应激有关的糟糕记忆和梦境。一些善意的诊疗程序——例如"晤谈"，要求人们回顾经历，发泄情绪——可能会加剧应激反应（Bonanno et al., 2010; Wakefield & Spitzer, 2002）。

检索练习

RP-4 那些通过强迫思维或强迫行为来表达焦虑的人可能患有_____。

RP-5 那些在经历创伤性事件后数周内饱受困扰、做噩梦、过度警惕、回避与创伤有关的刺激、社交退缩、极度焦虑、感觉麻木和/或失眠的人可能被诊断为_____。

答案见附录 D

躯体症状及相关障碍

学习目标问题 15-10　什么是躯体症状，有哪些相关障碍？

常见的导致人们去看医生的问题中，有一些是"医学上无法解释的疾病"（Johnson, 2008）。艾伦在预料丈夫回家前不久，出现了头晕、恶心的症状。主治医生和神经科医生都不能确定导致艾伦患病的生理原因。但两位医生怀疑艾伦的症状源自无意识心理，可能由艾伦对丈夫的复杂情感引发。艾伦患有**躯体症状障碍**（somatic symptom disorder）（以前称为躯体形式障碍），在这种情况下，痛苦的症状以躯体（身体）的形式出现，没有明显的生理原因。

我们都曾在压力之下出现过莫名其妙的身体症状。当被告知问题"都在你的大脑里"时，我们并不觉得受到安慰。虽然这些症状可能源于心理，但又是真真切切、实实在在的感受。一个人可能出现各种各样的不适——呕吐、头晕、视力模糊、吞咽困难，另一个人可能承受着长时间的剧烈疼痛。当这些症状与明显的痛苦和功能受损有关时，它们就发展成了一种心理障碍。

文化环境对人的身体不适，以及如何解释这些不适有很大的影响（Kirmayer & Sartorius, 2007）。在中国，焦虑障碍是最常见的心理障碍（Huang et al., 2019）。然而，与许多西方国家相比，中国社会不太认同对焦虑和抑郁的心理解释，人们因此不大愿意表达情感方面的痛苦。但中国人似乎对身体症状方面的痛苦更敏感，也更愿意表达身体方面遭受的痛苦（Ryder et al., 2008）。

出现躯体症状及相关障碍的人不是去找心理医生或精神科医生，而是去找普通医生。对那些患有**疾病焦虑障碍**（illness anxiety disorder）（以前称为疑病症）的人来说，

> **躯体症状障碍**：一种心理障碍，其症状以躯体（身体）症状的形式出现，没有明显的生理原因。以前称为躯体形式障碍。

> **疾病焦虑障碍**：将正常的身体感觉解释为疾病症状的心理障碍。以前称为疑病症。

情况尤其如此。这种障碍相对常见，患者将正常的感觉（今天胃痉挛，明天头痛）解释为某种可怕的疾病症状。即便有医生安抚，患者也无法相信这些微不足道的症状并非某种重大疾病的反映。因此，患者另寻他医，接受更多的药物治疗，却没有正视产生障碍的心理根源。他人的同情以及使其暂时脱离日常生活，反而会强化患者的这种行为。

自问

你是否有这样的经历（像大多数人一样），对正常的身体感觉有不必要的烦恼？

检索练习

RP-6 躯体是什么意思，它如何适用于躯体症状障碍？

答案见附录 D

理解与焦虑相关的障碍

学习目标问题 15-11 条件反射、认知和生物学是如何影响与焦虑相关的障碍的认知和感觉模式的？

焦虑既是一种感觉，也是一种认知——是一种充满怀疑的自我评价。这些焦虑的情感和认知是如何产生的？现在很少有心理学家像西格蒙德·弗洛伊德那样解释焦虑。弗洛伊德的精神分析学说认为，在儿童期，个体压抑了那些自己无法容忍的冲动、念头和情感，而这些被淹没在潜意识中的心理能量，有时会产生一些难以解释的症状，如焦虑性洗手。但是，很多现代心理学者已经从弗洛伊德的观点转向三种现代的观点——条件反射、认知和生物学的观点。

条件反射

通过经典条件反射，我们的恐惧反应可以与以前的中性物体和事件联系起来。为了解释学习和焦虑之间的联系，在实验室中，研究人员向老鼠施以不可预料的电击（Schwartz, 1984）。这些老鼠就像那些回到犯罪现场时感到焦虑的袭击受害者一样，在实验室环境中变得不安起来。

同样地，焦虑或受过创伤的人学会将自己的焦虑和某些特定线索联系起来（Bar-Haim et al., 2007; Duitset al., 2015）。在一项调查中，58% 有社交恐惧症的个体在经历创伤事件后都表现出社交恐惧症的症状（Öst & Hugdahl, 1981）。当糟糕的事件不可预测或不可控地发生时，更有可能出现焦虑或与之相关的障碍（Field, 2006; Mineka & Oehlberg, 2008）。由于经典条件反射的刺激泛化和操作性条件反射的强化作用，即使是单一的痛苦和惊吓事件也可能引发全面的恐惧症。

一个人因某次事件感到恐惧，后来对类似的事件产生恐惧感，就会出现刺激泛化。我的车曾经被没有看到停车标志的司机撞到过。在之后的几个月中，每当其他车从旁边街道上向我驶过来，我就会感到不安。玛丽莲对雷鸣的恐惧可能也是因为在雷雨期间某次痛苦或可怕的经历的泛化。

恐惧症和强迫症一旦出现，强化作用就会助推这些症状持续发生。回避或逃离可怕的情境可以减轻焦虑，但进一步强化了恐惧行为。我们因为害怕惊恐发作，可能会拒绝出门。由于这让我们感到更加平静，我们可能会重复这种行为（Antony et al., 1992）。同样，强迫行为也是如此。如果洗手能够缓解我们的不安，当焦虑再次出现时，我们可能就会去洗手。

认知

条件反射影响焦虑感，但我们的思想、记忆、理解和期望同样会产生影响。通过对他人的观察，我们能学会害怕别人恐惧的事物。几乎所有的野生猴子都害怕蛇，但实验室里饲养的猴子不害怕。当然，大多数野生猴子实际上并没有被蛇咬伤过，那么实验室里的猴子是否会通过观察野生猴子的恐惧表情而学会害怕呢？为了找到答案，苏珊·米尼卡（Susan Mineka, 1985, 2002）用六只野生猴子（都非常害怕蛇）和它们饲养在实验室的后代（几乎都不害怕蛇）进行了实验。在反复观察到自己的父母或同伴在有蛇的情况下拒绝伸手取食后，小猴子对蛇也产生了类似的强烈恐惧，这种恐惧情绪在三个月后重新测试时仍然存在。我们人类同样通过观察他人来学习恐惧（Helsen et al., 2011; Olsson et al., 2007）。

虽然对危险保持警惕是件好事，但焦虑往往只是一种对自己制造的虚假信息的反应。一项追踪焦虑障碍患者的研究发现，超过九成的担忧被证明是毫无根据的（LaFreniere & Newman, 2019）。这样的人往往警惕性很高，更容易将刺激理解为威胁（Everaert et al., 2018）。对他们而言，心脏跳动预示着心脏病发作；一只独行的蜘蛛预示着害虫横行；与朋友或老板的日常分歧预示着厄运将至。而且他们更容易记住威胁性事件（Van Bockstaele et al., 2014）。当人们无法停止这种侵入性的想法并感到无助时，焦虑就会频繁出现（Franklin & Foa, 2011）。

自问

你体验过哪些恐惧？条件反射和认知在其中起到了什么作用？

生物学的观点

然而，焦虑障碍、强迫症和创伤后应激障碍的方方面面并不完全是条件反射和认知作用的结果。生物学也起到了一定的作用。

基因 对猴子而言，恐惧反应是遗传的。如果某只猴子的近亲中有焦虑反应，那么这只猴子对压力的反应也会更激烈（Suomi, 1986）。人也是如此，虽然在大多数情况下，双生子罹患心理障碍的风险并不会更高，但当同卵双生子中的一人出现焦虑障碍时，另一个双生子也有罹患同类障碍的风险（Polderman et al., 2015）。即使分开抚养，同卵双生子也会表现出类似的特定恐惧症（Carey, 1990; Eckert et al., 1981），例如，一对分开抚养的同卵双生子，都表现出了对水的惧怕，在海边玩耍时，她们会小心翼翼地走进海水中，而当海水没过膝盖时，她们就不敢再往深处走了。另一对有强迫症的双生子，洗澡时间长达数小时，每天使用五瓶外用酒精消毒，很少离开家，不幸的是，他们还是相约自杀而死（Schmidt, 2018）。

鉴于遗传因素对焦虑障碍的影响，研究人员正在寻找其中的罪魁祸首。一个研究小组确定了17种与典型焦虑障碍症状相关的基因变异（Hovatta et al., 2005）。其他团队则发现了与强迫症密切相关的基因（Mattheisen et al., 2015; Taylor, 2013）。

一些基因通过调节大脑的神经递质水平，对这些精神障碍产生影响，其中包括影响睡眠、情绪和威胁关注的5-羟色胺（Canli, 2008; Pergamin-Hight et al., 2012），以及提高大脑警报中心活动水平的谷氨酸（Lafleur et al., 2006; Welch et al., 2007）。

所以，基因很重要。一些人的基因就像兰花一样脆弱，只能在良好的环境下保持美丽；另一些人的基因却像蒲公英一样坚韧，能够在不同的环境中茁壮成长（Ellis & Boyce, 2008; Pluess & Belsky, 2013）。

然而，经历会影响基因表达。战争时期的创伤或儿童受虐的经历会留下长期的表观遗传标记。这些分子标签附着在我们的染色体上，打开或关闭某些基因。因此，诸如虐待等经历可能增加对创伤后应激障碍等疾病的遗传易感性（Mehta et al., 2013; Zannas et al., 2015）。

大脑 我们的经历会改变我们的大脑，铺设新的通路。创伤性的恐惧学习经历会在大脑中留下痕迹，在杏仁核内形成恐惧回路（Etkin & Wager, 2007; Herringa et al., 2013; Kolassa & Elbert, 2007）。这些恐惧通路让人更容易体验到更多的恐惧（Armony et al., 1998）。

广泛性焦虑、惊恐发作、特定恐惧症、强迫症和创伤后应激障碍，在生物学上都表现为，参与冲动控制和习惯化行为的脑区过度唤醒。这些障碍反映大脑的危险检测系统在几乎不存在危险的情况下变得过度活跃，产生焦虑。例如，就强迫症而言，当大脑感觉到不妥时，似乎就会反复出现一样的想法（强迫思维）和行动（强迫行为）（Gehring et al., 2000）。强迫症患者的大脑扫描显示，在强迫性洗手、检查、整理或囤积等行为

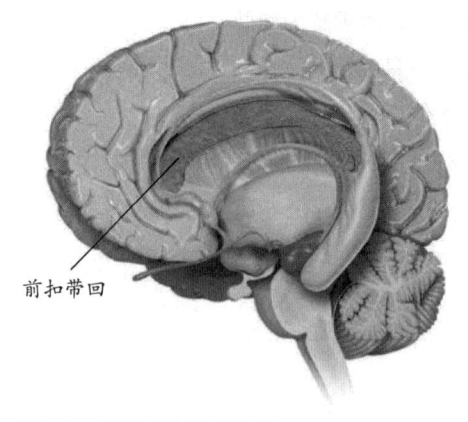

图 15.5 强迫症患者的大脑

当人们从事一项具有挑战性的认知任务时，强迫症患者大脑额叶区的前扣带回显示出的活动最多（Maltby et al., 2005）。

过程中，特定的脑区活动增加（Insel, 2010; Mataix-Cols et al., 2004, 2005）。前扣带回（监控行为和筛查错误的脑区）通常特别活跃（Maltby et al., 2005）（图15.5）。为了帮助人类控制焦虑，科学家们甚至正在确定导致焦虑的特定脑细胞（Jimenez et al., 2018）。

一些抗抑郁药物可以抑制恐惧回路的活动，以及由此产生的强迫行为。当人们回忆并重新记录（"重新巩固"）某次创伤性经历时，也可以通过服用药物来减轻恐惧感（Kindt et al., 2009; Norberg et al., 2008）。虽然人们不会忘记这段经历，但与之相关的情绪在很大程度上被消除了。

自然选择 由于生物遗传的作用，我们似乎会惧怕祖先所面临的威胁情境。特定恐惧症患者惧怕的对象大多是固定的：如蜘蛛、蛇和其他动物，封闭的空间和高处，风暴和黑暗等（对那些偶然出现的威胁的恐惧则几乎很少保留下来，很少遗传给后代）。比起代表着现代威胁的声音（炸弹爆炸、玻璃破碎），九个月大的婴儿更关注标志着来自远古时代的威胁的声音（嘶嘶声、雷声）（Erlich et al., 2013）。人们很容易对这些"与进化相关"的恐惧刺激形成条件反射，一旦形成后就难以消除（Coelho & Purkis, 2009; Davey, 1995; Öhman, 2009）。我们在现代社会产生的一些恐惧（例如害怕坐飞机），也可以用进化的观点来解释（害怕封闭场所和高处，具有生物学上的先天性倾向）。

正如我们的特定恐惧症多集中在祖先所面临的危险，我们的强迫行为往往也会夸大那些有助于我们种族生存的行为。梳理毛发具有生存价值，但疯狂一点，该行为就变成了强迫性拔毛；洗漱清洁变成了仪式性的洗手；检查领土的边界变成不停地检查自己是否已经锁好了大门（Rapoport, 1989）。

检索练习

RP-7 研究人员认为，条件反射和认知是导致焦虑相关障碍的因素。还有哪些生物因素会导致这些障碍呢？

答案见附录D

▶ 抑郁症和双相障碍

学习目标问题 15-12 抑郁症和双相障碍有什么不同？

在过去的一年里，你是否在某些时候"感到非常沮丧，以至于难以正常工作"？如果是这样，你并不孤单。在一项全国性的调查中，31%的美国大学生对此问题做出了肯定的回答（ACHA, 2009）。你可能对未来失去了信心，不满意现有的生活，或在社会上受到孤立。你可能没有气力去做事，去见人，甚至不能将自己从床上拖起来；无法集中注意力，无法正常吃饭、睡觉，甚至想知道死了是不是更好。也许以前取得好成

> "我的生命突然停止了。我还能够呼吸、吃喝和睡觉，我不由自主地这样做着。但是对我来说，这并不是真正意义上的生活。"
> ——列夫·托尔斯泰

绩对你来说轻而易举，但现在你发现，令人失望的成绩使你离目标是那么遥远；也许你因为孤独、歧视或结束了一段浪漫的爱情，陷入了绝望；也许是因为低自尊，你越发焦虑不安，不断进行自我折磨（Orth et al., 2016）。在社交媒体上看到朋友们都玩得很开心，你误以为只有自己有这种感觉（Jordan et al., 2011）。其实大多数人都会有一些直接或间接的抑郁经历，同病相怜的人比我们想象中要多得多。

焦虑是对未来可能出现的损失的反应，而抑郁常是对过去和现在产生的损失的反应。因极度悲伤的事件而难过的反应是和现实相联系的。在这些时候，抑郁就像汽车仪表盘上显示油量过低的指示灯——提醒我们要停下来，采取恰当的行动。俗话说，"给坏情绪一个好理由"。

> "如果有人给你一颗药丸，能让你永远快乐，你最好快跑，跑得远远的。情感是一个指南针，告诉我们该怎么做，而一个永远指向北半球的指南针是没有价值的。"
> ——丹尼尔·吉尔伯特

然而，重度抑郁症患者会在数周或数月内，持续地感到希望渺茫，昏昏欲睡。持续性抑郁症（也称为心境恶劣）与此类似，但表现出的症状较轻，会持续两年或更长时间。那些双相障碍（以前被称为躁郁症）患者的情绪在抑郁和过度兴奋的活跃状态之间交替。

按照生物学的解释，生活的目标不是幸福，而是生存和繁衍。咳嗽、呕吐和各种形式的疼痛，是为了保护身体免受危险的毒素和刺激的伤害。同样，抑郁类似于某种精神上的冬眠：它使我们慢下来，使我们在失去某段关系或某个目标受阻时得以保存能量（Beck & Bredemeier, 2016; Gershon et al., 2016）。当我们因为抑郁而暂时停下来并重新评估自己的生活时，我们就可以将能量投入更有益的方向（Watkins, 2008）。从这个角度来看，经历痛苦是有意义的。

> "抑郁是一场无声的、缓缓而来的黑暗海啸，让我窒息。"
> ——艾菲·雷德曼

即使是轻微的悲伤也能帮助人们更准确地加工和回忆面孔（Hills et al., 2011）。抑郁症患者会更关注细节，进行批判性思考（不容易受骗），并做出更好的决策（Forgas, 2009, 2013, 2017）。不良情绪可以起到良好的作用，但有时抑郁会导致严重不适。我们如何识别情绪低沉和心理障碍之间的微妙界线呢？

自问

学生生活是否曾让你感到沮丧或焦虑？你对新同学有什么建议（或者你希望别人给你什么建议）呢？

重度抑郁症：一种障碍，在没有使用某种物质或出现身体疾病的情况下，个体在两周或更长时间内出现五项或更多的症状，其中至少有一项必须为（1）情绪低落或（2）兴趣或乐趣丧失。

重度抑郁症

快乐、满足、悲伤和绝望是一条连续线段上不同的点，我们中的任何人，在任何特定时刻，都有可能感受到这些情绪。在听到坏消息后表现出的忧郁心境与**重度抑郁症**（major depressive disorder）的区别，就像剧烈跑动后几分钟的呼吸困难与慢性呼吸问题的差异一样（表15.5）。

表 15.5　诊断重度抑郁症的方法

根据 DSM-5，在 2 周内至少出现 5 个以下的症状（至少包括情绪低落或兴趣减退），将被归类为重度抑郁症（American Psychiatric Association, 2013）。
・大部分时间情绪低落
・大部分时间对大多数活动的兴趣或乐趣明显减少
・在调节食欲和体重方面面临重大挑战
・在调节睡眠方面面临重大挑战
・焦虑不安或昏昏欲睡
・感觉无精打采或精力大不如前
・觉得自己没有价值或感到无端的内疚
・在思考、集中注意力或做决定方面出现问题
・反复思考死亡和自杀的问题

抑郁症是人们寻求心理帮助的首要原因。事实上，世界卫生组织宣布，抑郁症是"在全世界范围内导致失能的最重要原因"（WHO, 2017a）。在 21 个国家进行的一项调查中，4.6% 的受访者经历了中度或重度抑郁症（Thornicroft et al., 2017），每十个美国成年人中就有一人在前一年的某个时候抑郁过（Hasin et al., 2018）。

有些人的抑郁症似乎呈现出季节性规律，在黯淡的冬季复发，抗抑郁的处方数也在这个时间段增加（Lansdall-Welfare et al., 2019）。虽然 DSM-5 承认重度抑郁症和双相障碍的季节性规律，但一些研究人员对普遍存在的"季节性情感障碍"的假设提出疑问。研究人员报告说，在较寒冷或光照较短的区域，居民患冬季抑郁症的可能性并没有变大（LoBello & Mehta, 2019; Traffanstedt et al., 2016）。所以该现象还需继续关注。

双相障碍

基因使我们中的一些人比其他人更容易对事件的好坏做出情绪上的反应（Whisman et al., 2014）。**双相障碍**（bipolar disorder）患者从一个情绪极端跳到另一个情绪极端（是一周又一周，而不是一天又一天或一刻又一刻）。当抑郁症发作结束时，随之而来的就是欢欣鼓舞、喋喋不休、精力充沛、过分乐观的**躁狂**（mania）状态。很快，情绪要么恢复正常，要么再次陷入抑郁，有时还会出现反复的两极循环。与这种极端波动（双相 I 型障碍）不同，另一些人（双相 II 型障碍）则在沮丧和轻度的躁狂状态之间转换。

在躁狂期，双相障碍的患者通常睡眠需求很少，对性活动更不节制。他们的积极情绪反常地持续（Gruber et al., 2019; Stanton et al., 2019）。他们的谈话喧闹、轻浮，难

双相障碍：一类心理障碍，抑郁状态的情绪低落、疲劳迟钝和躁狂状态的过度兴奋在个体身上交替出现。以前被称为躁郁症。

躁狂：一种过度活跃、疯狂乐观的状态，个体在这种状态下常常会出现危险的错误判断。

以被打断。他人的建议令其恼火,然而,处于躁狂阶段的双相障碍患者需要避免自身错误判断带来的不良影响,比如不计后果的消费或危险性行为。快速思考的感觉很好,但也增加了冒险行为(Chandler & Pronin, 2012; Pronin, 2013)。

躁狂时的能量和想法可以激发创造力。与高创造力相关的基因增加了罹患双相障碍的风险,而患双相障碍的风险可预测更大的创造力(Taylor, 2017)。例如,乔治·弗雷德里克·亨德尔可能患有轻度的双相障碍。他在极富创造力和活力的3周内,创作了长达3个小时的《弥赛亚》(Keynes, 1980)。罗伯特·舒曼在躁狂的2年内完成了51首音乐作品(1840年和1849年),但在1844年严重抑郁期,却一首也没有写出来(Slater & Meyer, 1959)。与那些依靠情绪的表达和栩栩如生的想象来完成创造的人(作曲家、诗人、小说家、艺术家等)相比,依靠精确和逻辑来完成创造性活动的专业人士(如建筑师、设计师和记者)患双相障碍的可能性更小(Jamison, 1993, 1995; Kaufman & Baer, 2002; Ludwig, 1995)。事实上,一项对超过一百万人的分析显示,唯一与从事创造性职业有关的精神问题就是双相障碍(Kyaga et al., 2013)。

虽然双相障碍比重度抑郁症少见得多,但是双相障碍患者往往表现出更多的功能失调,一年内无法正常工作的日子是重度抑郁症患者的两倍(Kessler et al., 2006)。双相障碍也是自杀的一个预测因素(Schaffer et al., 2015)。与最容易发生在女性群体中的重度抑郁症不同,双相障碍在男女两性中发生的概率是相同的。青少年患双相障碍的诊断数也有所上升。青少年情绪波动大,患病持续时间长,症状表现不一。在1994年至2003年的10年间,令人吃惊的是,在20岁以下的美国人中,诊断出患有双相障碍的人数增加了40倍,预计从2万人上涨到80万人(Carey, 2007; Flora & Bobby, 2008; Moreno et al., 2007)。美国人被诊断为患双相障碍的可能性是其他国家居民的两倍(Merikangas et al., 2011)。然而,在新的DSM-5分类法下,儿童和青少年的双相障碍诊断数量已经开始下降。那些持续易怒、频繁重复爆发行为的人现在会被诊断为破坏性心境失调障碍(Faheem et al., 2017)。

理解抑郁症和双相障碍

学习目标问题 15-13 生物学和社会认知的观点如何帮助我们理解抑郁症和双相障碍?

今天,心理学家们继续探寻产生抑郁症和双相障碍的原因,并提出了更有效的治疗和预防方法。在这里,我们主要关注的是重度抑郁症。研究人员认为,任何抑郁相关理论都必须解释以下事实(Lewinsohn et al., 1985, 1998, 2003):

- 伴随着抑郁发生的认知和行为的巨大改变。个体患抑郁症后变得消极，感觉孤独、空虚，认为未来没有意义（Bullock & Murray, 2014; Khazanoy & Ruscio, 2016; Smith & Rhodes, 2014）。虽然坏事发生时感到悲伤是正常的，但抑郁症患者在没有坏事发生时也感受到沉重的悲伤。他们对负面事件非常敏感，会预期负面的结果，而且更容易回忆负面的信息。在抑郁状态下，他们会预期自己支持的球队失利，自己考试分数会下降，即将失去所爱等（Zetsche et al., 2019）。

- 抑郁症普遍存在，女性面临更大的风险。全世界有 3.5 亿人患重度抑郁症，6000 万人患双相障碍（WHO, 2017a）。在全球范围内，与男性相比，女性患重度抑郁症的风险是男性的两倍（Kuehner, 2017）（图 15.6）。抑郁的性别差异符合一个更常见的规律：通常情况下，女性患者更多地表现出涉及内部状态的病症，如抑郁、焦虑和性欲望的抑制等；女性还要面对更多增加其患抑郁症风险的情况，如同工不同酬、同时扮演多种角色、照顾孩子和老人（Freeman & Freeman, 2013）。而男性患者更多地表现出涉及外部状态的病症，例如酗酒、反社会行为、对冲动缺乏控制等。女性往往比男性更容易感到悲伤，男性往往比女性更易怒。

图 15.6 全球范围内抑郁症患病率女性与男性之比

研究人员雷切尔·索尔克（Rachel Salk）、珍妮特·海德（Janet Hyde）和林·艾布拉姆森（Lyn Abramson）发现，与男性相比，女性患抑郁症的风险是男性的 2 倍；在青少年早期，女性患病率是男性的 3 倍。对于许多女孩来说，青少年早期是一段艰难的时期。

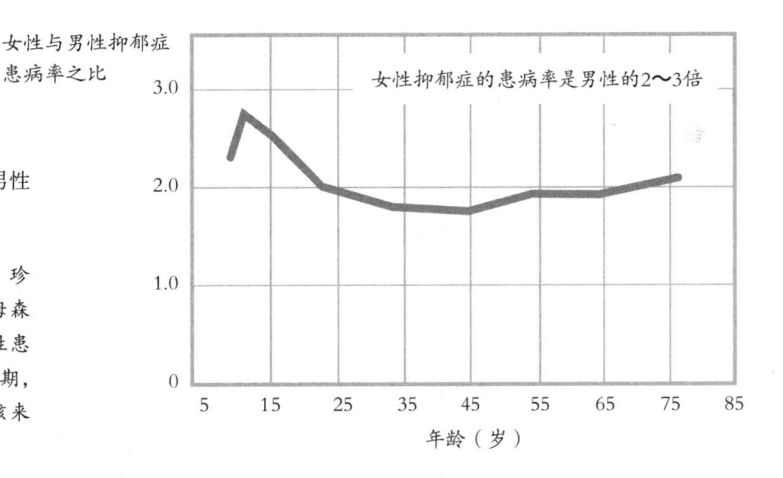

- 大多数人的重度抑郁症会自行消失。虽然治疗可以加速患者的康复，但是大多数重度抑郁症患者在没有专门治疗的情况下也能恢复正常。一些人不但康复了，未来也没有再患上抑郁症，且"健康状况极佳"（Rottenberg et al., 2019）。抑郁症出现后，经过持续治疗，症状往往会消失（Curry et al., 2011; Klein & Kotov, 2016）。对于大约 20% 的人来说，这是一个长期的过程（Klein, 2010）。在下列情况中，永久性康复更有可能出现：第一次发作出现在中老年期，以前没有发作过，个体的身体或心理压力较小，有充足的社会支持（Fuller-Thomson et al., 2016）。

- 在患抑郁症之前，通常会出现一些与工作和人际关系相关的应激事件。每四个被诊断为抑郁症的人中就有一人是被严重的丧失或创伤所击倒，如家庭成员的死亡、失业、婚姻危机或身体伤害等（Kendler et al., 2008; Monroe & Reid, 2009; Orth et al., 2009; Wakefield et al., 2007）。融入某个新的文化也会增加抑郁风险，特别是那些个性尚未成型的年轻人（Zhang et al., 2013）。而儿童期遭受虐待的经历会使一个人在成年后出现抑郁的风险翻倍（Nelson et al., 2017）。

· 与过去几代人相比，抑郁症发作的时间更早、更频繁，在年龄较大的青少年和年轻人中发病率最高（Cross-National Collaborative Group, 1992; Kessler et al., 2010; Olfson et al., 2015）（图15.7）。

基于以上事实，今天的研究者们提出了抑郁症的生物学和认知解释，通常从生物心理社会文化的角度加以整合。

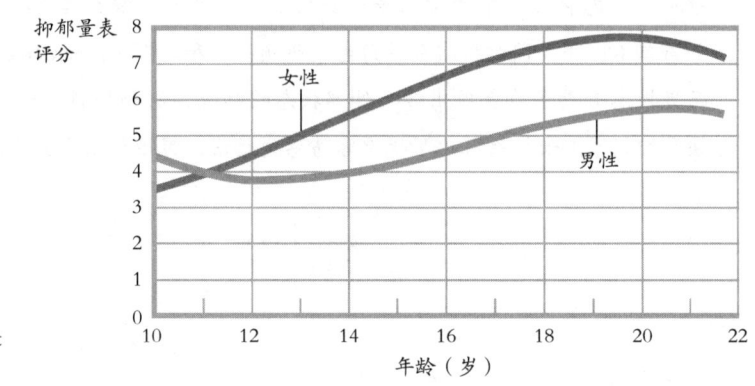

图15.7 抑郁的发展轨迹

在对近万名英国青少年和年轻人的调查中，抑郁症状在青少年期有所增加（Kwong et al., 2019）。

生物学的观点

抑郁症是一种全身性的疾病，涉及遗传基因、生化失衡以及消极观念和阴郁情绪。

遗传影响 重度抑郁症和双相障碍有家族遗传性。正如一位研究人员所指出的，情绪是"来自我们基因的明信片"（Plotkin, 1994）。假如一个人的父母或兄弟姐妹患有抑郁症，那么他患同样疾病的风险就会增加（Sullivan et al., 2000; Weissman et al., 2016）。假如同卵双生子中的一个被诊断为重度抑郁症，那么另一个在某个时候患重度抑郁症的可能性是50%；在同卵双生子被分开抚养的情况下，假如同卵双生子中的一个患有双相障碍，那么另一个有70%的可能性在某个时候也患上双相障碍（DiLalla et al., 1996）。通过整合重要的双生子研究，两个独立的研究团队推测，重度抑郁症的遗传力（即个体差异受基因影响的程度）为40%（Kendler et al., 2018; Polderman et al., 2015）（图15.8）。

为了找出哪种基因更易使人抑郁，研究者们采用了连锁分析（linkage analysis）。首先，研究者们找出几代人都出现同一种疾病的家庭，然后分别对受影响和不受影响

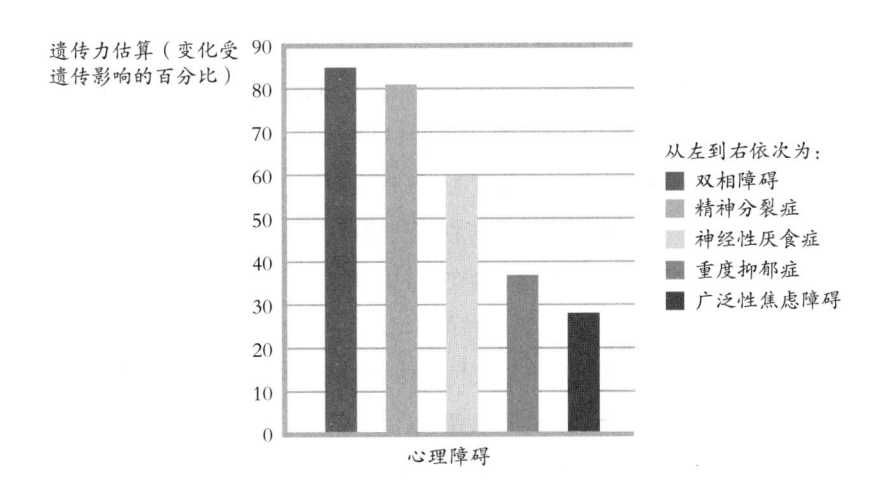

图15.8 各种心理障碍的遗传力 利用同卵双生子和异卵双生子研究的汇总数据,研究人员估算了双相障碍、精神分裂症、神经性厌食症、重度抑郁症和广泛性焦虑障碍的遗传力(Bienvenu et al., 2011)。(遗传力是通过比较同卵双生子和异卵双生子之间的相似程度,基于公式计算得出。)

图表纵轴:遗传力估算(变化受遗传影响的百分比),横轴:心理障碍
从左到右依次为:双相障碍、精神分裂症、神经性厌食症、重度抑郁症、广泛性焦虑障碍

的家庭成员进行 DNA 分析,以便找出差异。连锁分析发现,这些基因属于某个染色体"街区","接下来就需要挨家挨户地寻找其中的罪魁祸首了"(Plomin & McGuffin, 2003)。抑郁症是一种非常复杂的疾病。许多基因共同作用,产生了一系列微小的影响,这些影响与其他因素相互作用,使某些人处于更大的患病风险之中。尽管如此,研究人员正在识别导致抑郁症和双相障碍的基因变异,这可能会为更有效的药物治疗铺平道路(Halldorsdottir et al., 2019; Stahl et al., 2019)。

大脑活动 扫描设备为了解抑郁和躁狂期的大脑活动提供了一个窗口。在一项研究中,研究人员让 13 名加拿大精英游泳运动员观看其未能进入奥运队或在奥运比赛中失败的游泳视频。对这些运动员来说,这是一段极其痛苦的经历(Davis et al., 2008)。功能性磁共振扫描显示,这些对自己失望的游泳运动员的大脑活动模式与情绪低落的人相似。

许多研究发现,人处于抑郁期时大脑的活动水平偏低,躁狂期时大脑活动则会增加。抑郁会导致大脑的奖励中心变得不那么活跃(Pizzagalli et al., 2019)。而处在积极情绪中的时候,左额叶和相邻的奖励中心会变得更加活跃(Davidson et al., 2002; Heller et al., 2009; Robinson et al., 2012)。神经科学家还发现双相障碍患者的大脑结构发生了改变,包括白质(有髓鞘的轴突)减少和充满液体的脑室扩大(Arnone et al., 2009; Hibar et al., 2016)。

至少两种神经递质系统对重度抑郁症和双相障碍有影响,会造成大脑的不活跃或过度活跃状态。第一种是去甲肾上腺素,它是一种提高唤醒水平和改善情绪的神经递质,当个体处于抑郁期时,这种激素的含量明显不足;个体处于躁狂期时,体内这种激素的含量会超过正常水平。缓解躁狂的药物会减少去甲肾上腺素分泌。另一种神经递质是 5- 羟色胺。个体在抑郁时,体内的 5- 羟色胺分泌也很少或不够活跃(Carver et al., 2008)。一项广为人知的对新西兰年轻人的研究发现,抑郁的产生是两种必要因素(巨大的生活压力和控制 5- 羟色胺的基因产生变异)交互作用的结果(Caspi et al.,

留意肠道

食物会改变情绪吗？消化系统的细菌产生影响情绪的神经递质。尽管一些研究人员认为快乐的肠道与快乐的大脑之间的关系被过度夸大了，但健康、多样化的肠道微生物至少与焦虑障碍、抑郁症和创伤后应激障碍的风险降低相关（Hooks et al., 2019; Smith & Wissel, 2019）。

2003; Moffitt et al., 2006）。抑郁症源于不利环境和遗传易感性的共同作用，并非单独产生。但我们还需持续关注：随着其他研究人员对这一结论的可靠性的探讨，基因－环境相互作用的故事仍在书写之中（Border et al., 2019）。

缓解抑郁症的药物往往会提高去甲肾上腺素或 5-羟色胺的含量，抑制二者在体内的再吸收（如氟西汀、舍曲林和帕罗西汀对 5-羟色胺的作用），或阻断二者的化学分解，从而增加其供应。重复性的体育锻炼，如慢跑，可以缓解抑郁症，部分原因是慢跑增加了 5-羟色胺的含量，从而影响了情绪和唤起（Airan et al., 2007; Harvey et al., 2018; Ilardi, 2009）。一项研究发现，跑步 2 小时增加了欣快感相关脑区的活动（Boecker et al., 2008）。因此，有些人会利用跑步来摆脱糟糕的心情。

营养效应 对心脏有益的东西也对大脑和精神有益。吃有益于心脏健康的"地中海饮食"（多吃蔬菜、鱼、全谷物和橄榄油），患心脏病、中风、晚年认知能力下降和抑郁的风险相对较低，所有这些疾病都与体内的炎症有关（Kaplan et al., 2015; Psaltopoulou et al., 2013; Rechenberg, 2016）。过度饮酒也与抑郁相关，部分原因是人在抑郁时会大量饮酒，但主要原因还是酗酒会使人抑郁（Fergusson et al., 2009）。

社会认知的观点

抑郁症受生物学因素的影响，但在先天遗传与后天环境的共同作用之下，人们的生活经历也起到了一定的作用。饮食、药物、压力和其他环境影响都会给我们带来外显的遗传标记，这些分子遗传标记可以打开或关闭某些基因。动物研究表明，长期的表观遗传影响可能在抑郁症中起作用（Nestler, 2011）。

思维方式也很重要。社会认知角度探讨了人们的假设和期望是如何影响其感知的。许多抑郁症患者通过低自尊的"墨镜"来看待生活（Orth et al., 2016）。他们对自己、周围的环境和未来，都抱以强烈的负面假设。听听加拿大的诺曼教授如何回忆自己患抑郁症的经历：

"我再次为自己是人类而感到绝望。我真切地感受到自己是低等动物，比最低等的害虫还低级。而且，我自轻自贱，不明白为什么还会有人愿意和我交往，更不用说还会有人爱我了。我觉得自己是一个十足的骗子和冒牌货，不配获得博士学位，不配获得研究基金，我不理解自己怎么会著书和发表文章……我一定骗了很多人。"（Endler,

1982）

抑郁症患者会预期最坏的情况，会放大糟糕的经历，同时贬低愉快的经历（Wenze et al., 2012）。自我挫败的信念和消极的解释风格会助长其抑郁症状。

消极观念、消极情绪和性别 为什么女性比男性更容易抑郁，而且服用抗抑郁药物的可能性是男性的两倍（Pratt et al., 2017）？与男性相比，女性对压力的反应可能更激烈（Hankin & Abramson, 2001; Mazure et al., 2002; Nolen-Hoeksema, 2001, 2003）。例如，据报告称，美国大学的新生入校后，38%的女性和17%的男性感觉到"自己经常被应做之事压倒"（Pryor et al., 2006）；关系压力对女性的影响也比男性大（Hamilton et al., 2015）。

苏珊·诺伦-霍克西玛（Susan Nolen-Hoeksema, 2003）将女性患抑郁的高风险与她所说的反刍思维（rumination）或过度思考的倾向联系起来。维持注意力的额叶区域被持续激活，使我们对某一问题持续关注，这一过程可以是适应性的（Altamirano et al., 2010; Andrews & Thomson, 2009a, b）。但无情的、以自我为中心的反刍思维会分散我们的注意力，增加负面情绪，并影响日常活动（Johnson et al., 2016; Leary, 2018; Yang et al., 2017）。相互比较也会滋生苦闷。当以利亚开心地玩电子游戏时，孤独的洛里在滚动浏览自己的社交媒体，她看到玛丽亚在派对上玩得很开心，安吉莉克在享受家庭假期，阿米拉穿着泳装光彩夺目，洛里苦涩地想：我的生活可太糟糕了。

但是，为什么生活中不可避免的失败只会使某些人抑郁呢？这一差异部分在于人们对失败的解读角度不同。对于自己的失败，我们可以选择不同的归因对象。想一想，如果考试失利，你会有什么感觉？如果将考试失败归因于外部因素（"这考试太不公平了！"），那么我们很可能感到愤怒；但如果将失败归咎于自己，我们就会认为自己很笨，并感到十分沮丧。

有抑郁症倾向的人会用以自我为中心、自责的方式来对糟糕的事情做出反应（Huang, 2015; LeMoult & Gotlib, 2019; Mor & Winquist, 2002）。正如图15.9所示，抑郁的人更喜欢用稳定、普遍和内部的方式解释不幸。

自我否定的观念可能来自习得性无助，即人类和其他动物在经历无法控制的痛苦事件时感到无能为力或被动地听天由命（Maier & Seligman, 2016）。悲观的、过度一概而论的、自责的态度可能会产生一种令人沮丧的无望感（Abramson et al., 1989; Groß et al., 2017）。正如马丁·塞利格曼（Martin Seligman）所指出的那样，"产生严重抑郁的原因是，先入为主的悲观主义又遭遇了失败"。那么，对于表现出悲观解释风格的大学

反刍思维

思考个人缺陷很正常。但是，不断纠缠于消极的想法——特别是对自己的消极想法——使得我们很难相信自己并解决问题。人们有时会寻求治疗以减少自己的反刍思维。

反刍思维：强迫性地焦虑不安，过度思考问题及成因。

图 15.9 解释风格与抑郁

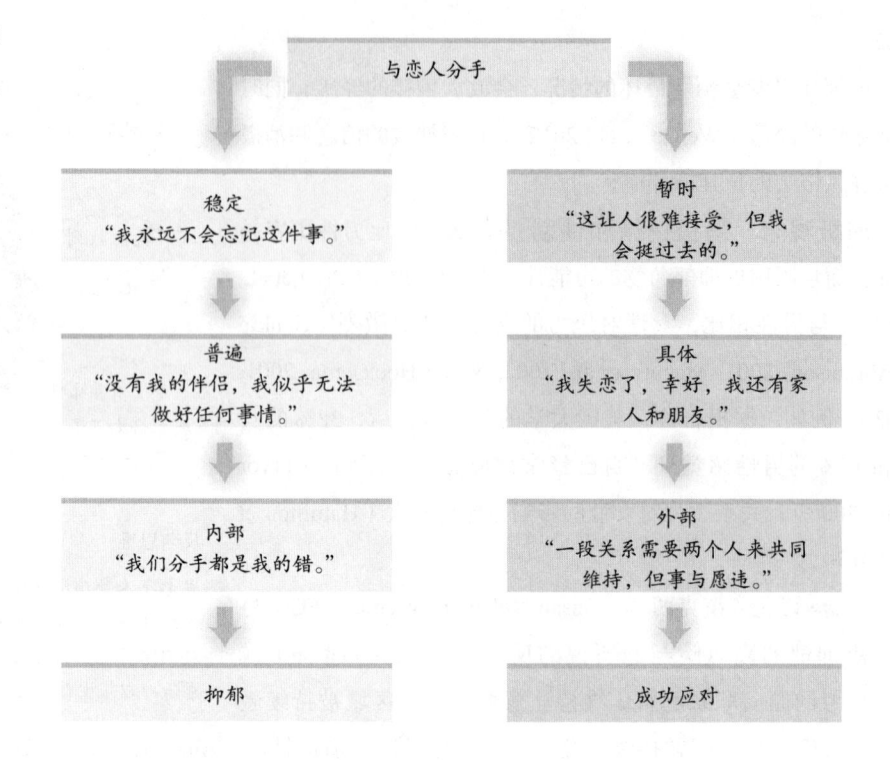

```
                    与恋人分手
              ↙                    ↘
        稳定                         暂时
   "我永远不会忘记这件事。"      "这让人很难接受,但我
                                  会挺过去的。"
         ↓                           ↓
        普遍                         具体
   "没有我的伴侣,我似乎无法       "我失恋了,幸好,我还有家
    做好任何事情。"                 人和朋友。"
         ↓                           ↓
        内部                         外部
   "我们分手都是我的错。"        "一段关系需要两个人来共同
                                  维持,但事与愿违。"
         ↓                           ↓
        抑郁                        成功应对
```

新生,我们可以对其抱有何种期待?劳伦·阿洛依(Lauren Alloy)和她的同事在 2 年半的时间里,每 6 周对数百名学生进行监测。在那些被确认为具有悲观思维风格的人中,17% 的人出现了重度抑郁症的首次发作,而在那些以乐观的思维风格开始大学生活的人中,只有 1% 的人出现了这种情况(Alloy et al., 1999)。

为什么西方年轻人普遍抑郁?塞利格曼(Seligman, 1991, 1995)认为,抑郁在西方国家的年轻人当中普遍存在,是因为个人主义的兴起和对宗教与家庭责任感的降低。而在非西方国家里,亲密的连带关系和合作是很普遍的,因而重度抑郁症并不常见,个体也不会因失败而过分自责(De Vaus et al., 2018; Ferrari et al., 2013)。例如在日本,抑郁的人表示会因让他人失望而感到羞耻(Draguns, 1990)。

批评者们指出,社会认知的观点对抑郁症的解释也存在着鸡和蛋的关系问题,究竟哪一个先出现?是悲观的解释风格,还是抑郁的情绪?事实上,二者是同时出现的。悲观的解释风格是抑郁的指示器。但是悲观的解释风格并不会直接导致抑郁症,就像汽车计速器的读数并不能导致汽车行驶速度发生变化。如果暂时使人们陷入悲伤的情绪状态,他们的判断、记忆和预期等确实会变得更加悲观。人们回忆起的经历与当下的情绪好坏一致,记忆研究人员把这种倾向称为状态依赖性记忆。

抑郁的恶性循环 抑郁症不仅会造成充满压力的经历,也是这些经历导致的结果。这些经历扰乱了我们对自我身份和存在价值的判断。受到干扰的自我身份和价值感会导致我们忧心忡忡,从而放大了消极情绪。退缩、自我中心和抱怨又会招致拒绝(Furr

& Funder, 1998; Gotlib & Hammen, 1992)。实际上，深受抑郁折磨的人更可能离婚、失业和遭遇其他压力事件。在厌倦了某人疲劳、无望的态度和消极情绪后，其配偶可能会离开，其老板可能开始质疑这个人的能力（这为"基因－环境相互作用"提供了另一个证明。有抑郁遗传倾向的人更容易经历令人抑郁的事件）。遭受拒绝和抑郁相互滋长。苦难可能爱着他人的陪伴，但陪伴并不爱他人的苦难。

现在我们可以将抑郁的各个环节连接起来（图15.10）：（1）紧张的压力事件通过（2）反刍的消极解释风格得到解释，导致（3）绝望、抑郁状态的产生，而这种状态又（4）影响着个体的认知和行为方式，反过来又促进了（1）更多的压力体验。抑郁就是一条咬住自己尾巴的蛇。

> "有的人走到哪儿都能带来快乐，有的人只有走了才能给人带来快乐。"
> ——奥斯卡·王尔德

> "人在遭受痛苦时的思考和内省最多，因为人在此时，急于找到痛苦产生的原因。"
> ——路易吉·皮兰德罗

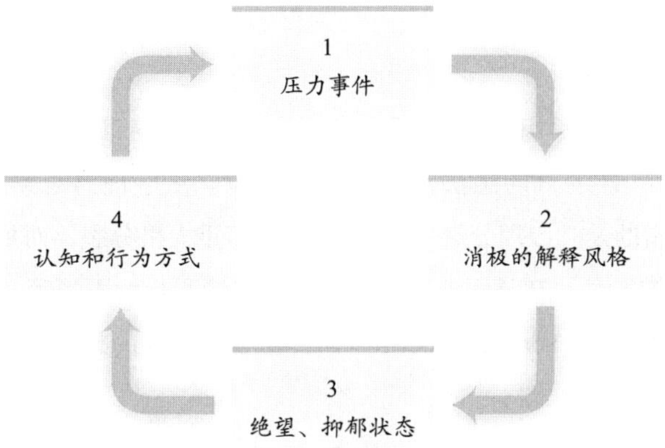

图15.10 抑郁恶性循环图

心理治疗师们意识到了这样的循环，他们努力帮助抑郁症患者摆脱这种循环，改变其消极思维，帮助患者向外转移注意力，让他们参加更有趣的活动或参与更能胜任的事情。

任何人都会受到被拒绝或失败的沮丧、自尊感降低和消极观念的影响。即使是很小的损失，也会暂时扭曲我们的思考。一项研究以美国印第安纳大学一些狂热的篮球球迷为对象，这些球迷几乎把自己喜欢的球队看成自己的一部分，在球迷们观看了自己喜欢的球队的胜利或失败后，研究人员让他们对自己喜欢的球队的未来表现和自己的行为进行预测。结果发现，当球队失利后，那些郁闷的球迷不仅对自己喜欢的球队的未来表现做出了消极的评价，而且估计自己在掷飞镖、猜字谜或约会等活动中也将会表现不佳。当事情没有朝着自己预期的方向发展时，人们似乎觉得它将永远不会达到自己的预期。

这就是我们都知道的那条糟糕的循环之路。坏心情会恶性循环：当我们感到沮丧时，我们就会消极地思考问题，并回忆起那些消极的经历。英国首相温斯顿·丘吉尔将抑郁症称为定期追逐他的"黑狗"；美国总统亚伯拉罕·林肯在年轻时非常孤僻忧郁，导致朋友们总是担心他会结束自己的生命（KCline, 1974）；诗人埃米莉·迪金森非常害怕在公共场合流泪，因此成年后的大部分时间都过着隐居的生活（Patterson, 1951）；

J.K. 罗琳（J.K. Rowling）在与抑郁做斗争时写出了第一部《哈利·波特》。正如这些事实告诉我们的，抑郁症是"我可以坚持下去"的鲜活写照。许多人战胜了抑郁，重新获得了爱、工作和成功的能力。

> **检索练习**
>
> RP-1 说"抑郁症是一种全身性疾病"，这是什么意思？
>
> *答案见附录 D*

精神分裂症

在精神分裂症患者病情最严重的时期，他们完全生活在自己的内心世界里，大脑充斥着不合逻辑的想法和不现实的想象。从字面意思来看，**精神分裂症**（schizophrenia）指的是"心理分裂"。这并不是指多重人格分裂，而是指心灵与现实的分裂，表现为思维混乱、知觉歪曲、言辞混乱、情绪和行为不当等。精神分裂症是典型的**精神病性障碍**（psychotic disorder）——一组以非理性的想法、歪曲的知觉和与现实脱离为特征的疾病。

精神分裂症：一种以心灵与现实的分裂，表现为思维混乱、知觉歪曲、言辞混乱、情绪和行为不当等为特征的疾病。

精神病性障碍：一组以非理性的想法、歪曲的知觉和与现实脱离为特征的疾病。

精神分裂症的症状

学习目标问题 15-14 精神分裂症表现出的感知、思维和知觉模式有哪些特征？

精神分裂症形式多样。精神分裂症患者表现出的症状是阳性的（存在不当行为）或阴性的（缺乏得当行为）。阳性症状是出现知觉歪曲、胡言乱语，以及不恰当的大笑、流泪或生气；阴性症状则表现为声音缺乏情感、面无表情或肢体僵硬。

歪曲的知觉

精神分裂症患者有时会产生幻觉，患者能够看见、感受到、闻到并不存在的东西。幻听最常见，患者可能听到并不存在的侮辱或命令。这些指令可能会告诉患者，他是个坏人，或者他必须要用打火机灼烧自己。想象一下，当梦境侵入你清醒的意识，使你难以区分想象和现实，你会有何反应。当错觉看似真实时，产生的知觉最奇妙也最荒诞可怕。

妄想：一种错误的信念，通常是被迫害的念头或夸张的念头，可能伴随着精神病性障碍的发生。

幻觉即错误的知觉。精神分裂症患者的思维混乱，支离破碎，常常被称为**妄想**（delusion）的错误信念所扭曲。如果出现偏执型妄想，他们可能会认为自己正在受到威胁或被追捕。

造成思维混乱的一个原因在于他们无法进行选择性注意。通常情况下，人类具有很强的选择性注意能力，可以将注意力完全集中在某一组感官刺激上而过滤掉其他刺激。而精神分裂症患者很容易被微小的、不相关的刺激所干扰，如砖块上的凹槽或声调的抑扬变化，都可能扰乱精神分裂症患者的注意力。这种选择性注意困难，只是与精神分裂症相关的几十种认知差异之一（Reichenberg & Harvey, 2007）。

杂乱无章的语言

玛克辛是一位患有精神分裂症的年轻女性，她认为自己是玛丽·波平斯（Mary Poppins）[1]。人们很难与玛克辛交流，因为她以一种无序的逻辑表达自己的思想。玛克辛的传记作者苏珊·希恩（Susan Sheehan, 1982, p.25）观察到她大声对周围人说道："今天早上，当我在希尔斯德医院时，我正在拍一部电影。我周围都是电影明星。这个房间被涂成蓝色是为了让我难过吗？我的祖母在我十八岁生日后的第四个星期就去世了。"

杂乱无章的想法甚至在句子中也可能毫无意义，形成所谓的文字沙拉拼盘。例如，一个年轻人恳求"在治疗时打一下快板"，并建议"以拓宽视野为目的的解放运动"将"在演讲中敲打出一些智慧"。

不恰当的情绪

精神分裂症患者的情绪表达经常是不恰当、完全脱离现实的（Kring & Caponigro, 2010）。玛克辛想起她外祖母的死反而开怀大笑；有时当其他人笑时，她会莫名其妙地生气或大哭。还有一些精神分裂症患者表现出情感淡漠。

大多数精神分裂症患者的心理理论能力受损——他们很难读懂其他人的面部表情和心理状态（Bora & Pantelis, 2016）。由于无法理解他人的精神状态，精神分裂症患者很难产生同情和怜悯的感觉（Bonfils et al., 2016）。这些情感缺陷出现在患病初期，并且有遗传因素（Bora & Pantelis, 2013）。他们的运动行为也可能是不恰当和具有破坏性的。精神分裂症患者可能会表现出紧张症，其特有的运动行为包括身体麻痹（数小时一动不动），无意义的强迫行为（如不停地晃动、摩擦自己的胳膊），或严重且危险的躁动不安。

正如你能想到的，这种混乱的思维、歪曲的知觉、杂乱无章的言语和不恰当的情绪，严重地影响了患者的社会关系。在精神分裂症患者病情最严重的时期，他们完全生活在自己的内心世界里，大脑充斥着不合逻辑的想法和不现实的想象。与其他心理

"现在想一下：给你输送某些信息并过滤掉其他信息的调节器突然关闭了。随即，每一个景象、每一个声音、每一种气味都以同等的分量向你袭来；每一种思想、每一份感觉、每一段记忆和每一个想法都以同样强烈和苛刻的强度呈现在你面前。"
——艾琳·R. 萨克斯

---

1 英国女作家帕·林·特拉弗斯的系列童话作品中的人物，一位有魔法的保姆。——编者注

障碍一样，许多患者存在睡眠问题，深夜进食频率增加，变得过度肥胖（Baglioni et al., 2016; Palmese et al., 2011）。如果能有一个支持性的环境，并获得药物治疗，40% 的患者至少能保持一年或更长时间的正常生活体验（Jobe & Harrow, 2010）。但是，只有 1/7 的人可以完全、持久地康复（Jääskeläinen et al., 2013）。

精神分裂症的发病和发展

学习目标问题 15-15 慢性精神分裂症和急性精神分裂症有何不同？

2017 年，精神分裂症的发病率为 1%，全球约有 2100 万名精神分裂症患者（WHO, 2017b）。这种心理障碍不分国界，通常在人步入成年后发作。男性往往比女性更可能被诊断为精神分裂症，且发病时间更早，症状更严重（Aleman et al., 2003; Eranti et al., 2013; Picchioni & Murray, 2007）。

发展过程缓慢的精神分裂症称为**慢性精神分裂症**（chronic schizophrenia），恢复的可能性较小（Harrison et al., 2001; Jääskeläinen et al., 2013）。例如玛克辛，她在长时间缺乏社交和学业成绩不佳后逐渐患上精神分裂症（MacCabe et al., 2008）。社交退缩是一种阴性症状，经常在慢性精神分裂症患者中出现（Kirkpatrick et al., 2006）。男性更容易表现出阴性症状，也更容易患慢性精神分裂症（Räsänen et al., 2000）。

自我调适良好的个体在特定应激事件后迅速产生精神分裂症，称为**急性精神分裂症**（acute schizophrenia），恢复的可能性较大。他们往往更多地表现出阳性症状，药物治疗的效果更好（Fenton & McGlashan, 1991, 1994; Fowles, 1992）。

慢性精神分裂症：精神分裂症的一种，通常在青少年晚期或成年早期初次发作。随着患者年龄的增长，发作期变得更长，恢复期缩短。也称为过程性精神分裂症。

急性精神分裂症：精神分裂症的一种，可以在任何年龄段出现，经常由创伤性事件导致，恢复的可能性较大。也称为反应性精神分裂症。

理解精神分裂症

精神分裂症是研究最为深入的心理障碍之一。现在，大多数研究将其与异常的脑组织和遗传倾向联系起来。精神分裂症是一种脑部疾病，表现为精神上的症状。

脑部异常

学习目标问题 15-16 哪些脑部异常与精神分裂症有关？

脑内化学失调，是导致精神分裂症的原因吗？科学家们早就知道，奇怪的行为背后，可能暗含着奇怪的成因。谚语中说的"像个疯帽匠"，是指英国制帽人的心理退化。后来人们发现，这是因为他们的大脑受到含有水银的毛毡材料的缓慢毒害造成的（Smith, 1983）。精神分裂症的症状会不会有某个类似的生化原因？科学家们正在寻找可能预测精神分裂症发病的血浆蛋白（Chan et al., 2015）。他们还在追踪化学物质产生幻觉和其他症状的机制。

多巴胺过度活跃 当精神分裂症患者死后，研究者们解剖患者的大脑，发现了过量的多巴胺受体，事实上，其中多巴胺受体 D4 的含量多出了 6 倍（Seeman et al., 1993; Wong et al., 1986）。过量的受体可能增强了精神分裂症患者大脑中的信号，导致患者产生阳性症状，如幻想和偏执等（Maia & Frank, 2017）。阻断多巴胺受体通路的药物可以减轻精神分裂症的症状；而导致多巴胺含量增加的药物，如尼古丁、安非他明和可卡因等，有时会加重这些症状（Basu & Basu, 2015; Farnia et al., 2014）。

异常的脑活动与解剖学 异常的脑活动和脑结构伴随着精神分裂症出现。一些精神分裂症患者额叶部分的脑活动异常低下，而额叶是帮助我们推理、规划和解决问题的脑区（Morey et al., 2005; Pettegrew et al., 1993; Resnick, 1992）。患者大脑扫描也显示，反映额叶神经同步放电的脑电波明显下降（Spencer et al., 2004; Symond et al., 2005）。

一项研究对参与者出现幻觉时的大脑活动进行了 PET 扫描（Silbersweig et al., 1995）。当参与者听到某种声音或看见某一事物时，他们大脑的若干核心区域活动水平过高，其中包括丘脑，它是过滤输入的感觉信号并将这些信号传递到大脑皮质的结构。另一项对妄想障碍患者的 PET 扫描研究发现，其杏仁核活动增加，杏仁核是恐惧加工中心（Epstein et al., 1998）。

许多研究发现，在精神分裂症患者的大脑中，有一些膨胀的、充满液体的区域，以及相应收缩的脑组织（Goldman et al., 2009; van Haren et al., 2016）。这些大脑差异通常会遗传。同卵双生子中的一个如果患精神分裂症，另一个患精神分裂症的概率为 50%（van Haren et al., 2012）。另一些研究甚至发现，即使是后来才患精神分裂症的人，也会出现这些脑部异常（Karlsgodt et al., 2010）。大脑越萎缩，心理障碍就越严重（Collinson et al., 2003; Nelson et al., 1998）。

患者的大脑皮质、海马体和连接大脑两半球的胼胝体小于正常水平（Arnone et al., 2008; Bois et al., 2016）。他们的丘脑往往也比正常人的小，这可以解释为什么精神分裂症患者难以过滤输入的感觉信息和集中注意力（Andreasen et al., 1994; Ellison-Wright et al., 2008）。精神分裂症往往还会损害整个脑神经网络的神经连接（Bohlken et al., 2016; Kambeitz et al., 2016）。结论是：精神分裂症不是某一脑区异常的结果，而是若干脑区及脑区间相互连接的问题（Andreasen, 1997, 2001; Arnedo et al., 2015）。

产前环境与风险因素

学习目标问题 15-17 哪些产前事件是导致精神分裂症出现的重要风险因素？

导致精神分裂症患者出现大脑异常的因素是什么？一些科学家指出，这可能与产前发育或分娩并发症有关（Fatemi & Folsom, 2009; Walker et al., 2010）。出生时体重过轻、母亲患有糖尿病、父亲年龄较大和分娩时缺氧都是导致精神分裂症出现的重要风险因素（King et al., 2010）。饥荒也会加大风险。在第二次世界大战荷兰饥荒高峰期受孕的妇女，其孩子之后的精神分裂症患病率是正常情况的 2 倍（St. Clair et al., 2005; Susser et al., 1996）。极端的母体应激可能是罪魁祸首：一项对 20 万名以色列母亲的研究表明，妊娠期间暴露在恐怖袭击中的母亲，其孩子患精神分裂症的风险增加了一倍（Weinstein et al., 2018b）。

让我们再考虑另一种可能性：妊娠中期的病毒感染是否会影响胎儿的大脑发育（Brown & Patterson, 2011）？你能设计一些方法来检验这一观点吗？心理学家提出了以下问题：

· 在胎儿发育中期，如果母亲所在的国家出现了流感大流行，那么胎儿出生后患精神分裂症的风险会增加吗？答案是肯定的（Mednick et al., 1994; Murray et al., 1992; Wright et al., 1995）。

· 如果一个地区人口稠密，病毒性疾病传播得很快，那么在这里出生的人患精神分裂症的风险更大吗？答案也是肯定的，一项对 175 万丹麦人进行的研究证实了这一点（Jablensky, 1999; Mortensen, 1999）。

· 在秋冬流感季节被孕育，之后的冬春季节出生的人患精神分裂症的风险更大吗？答案仍然是肯定的（Fox, 2010; Schwartz, 2011; Torrey & Miller, 2002; Torrey et al., 1997）。

· 南半球和北半球的季节正好相反，那么精神分裂症患者出生数高于平均水平的月份是否也同样相反呢？虽然月份略有不同，但答案大致还是肯定的。例如，在澳大利亚，8 月到 10 月出生的人患精神分裂症的风险更大——除非他们是来自北半球的移民；而在北半球，1 月到 3 月出生的人患精神分裂症的风险更大（McGrath et al., 1995; McGrath & Welham, 1999）。

· 母亲在孕期患过流感，孩子更易患精神分裂症吗？一项涉及近 8000 名妇女的研究表明，答案是肯定的。孩子患精神分裂症的风险从一般的 1% 增加到 2%，但前提是感染发生在孕期的第 4～6 个月（Brown et al., 2000）。即便是猴子，妊娠期间的母体如患流感，也会影响胎儿的大脑发育（Short et al., 2010）。

· 孩子患有精神分裂症，在妊娠期间从母亲体内抽取的血液中抗体会高于正常水平（提示病毒感染）吗？多项研究肯定了这一结论，其中一项收集了约 2 万名孕妇的血液样本（Brown et al., 2004; Buka et al., 2001; Canetta et al., 2014）。

这些研究证据说明了孕期病毒感染对精神分裂症发展的重要影响。这也支持了世界卫生组织的建议，应该优先给孕期妇女注射季节性流感疫苗。

遗传因素

学习目标问题 15-18 基因是如何对精神分裂症产生影响的？哪些因素可能是儿童精神分裂症的早期预警信号？

在胎儿时期遭受病毒感染的孩子患精神分裂症的概率可能会增加。但是，许多妇女在孕中期患流感，其中只有 2% 的妇女生下的孩子会患上精神分裂症。为什么只有部分孩子有患精神分裂症的风险？一些人是不是遗传了更容易得精神分裂症的体质？确实如此。正常人被诊断为精神分裂症的概率是 1%，如果其父母或兄妹患有精神分裂症，那他被诊断为精神分裂症的概率是 10%；而在同卵双生子中，该概率接近 50%（图 15.11）。甚至在双生子分开抚养的情况下，该概率仍保持不变（Plomin et al., 1997）（有记录的这类案例仅有十多例）。

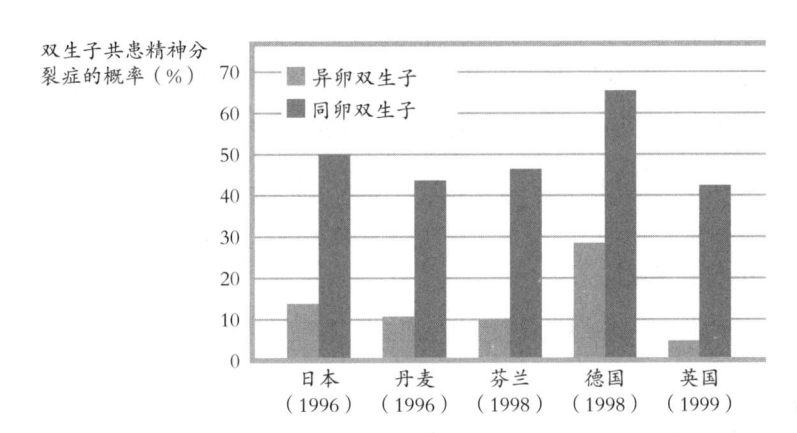

图 15.11 发展出精神分裂症的风险

个体一生中患精神分裂症的概率与其亲属是否有这种疾病有关。跨文化研究表明，异卵双生子共患精神分裂症的概率为 10%，而同卵双生子的共患概率却高达 50%（Gottesman, 2001; Hilker et al., 2018）。

不过请记住，同卵双生子共享的不仅仅是他们的基因。他们还共享同一个产前环境。大约三分之二的同卵双生子共享着相同的胎盘和血液，另外三分之一的同卵双生子则有各自的胎盘。共享胎盘非常重要。如果同卵双生子在母体内共用一个胎盘，出生后其中一个患有精神分裂症，则另一个患病的可能性为 60%；如果他们不共用胎盘，则另一个人患病的可能性仅为 10%（Davis et al., 1995; Davis & Phelps, 1995; Phelps et al., 1997）。共用一个胎盘的双生子在胎儿期更可能感染相同的产前病毒。因此，相同的病毒可能和相同的基因一样，都会导致同卵双生子的相似性。

收养有助于厘清遗传和环境各自的影响（Gottesman, 1991）。若领养人患有精神分裂症，其领养的儿童很少会"感染"这种疾病；相反，如果被领养儿童的亲生父母被诊断为精神分裂症，那么该儿童患精神分裂症的风险则会大大增加。遗传基因确实至关重要。

遗传因素固然重要，但其遗传路径并不像眼睛颜色的遗传那么简单明了。精神分裂症受到许多基因的影响（这并不奇怪）(Binder, 2019; Weinberger, 2019)。研究人员现在正在探究那些导致大脑异常，并易使个体患上精神分裂症的特定基因组合。在规模最大的精神分裂症遗传研究中，科学家们分析了世界范围内数以万计的精神分裂症患者和非精神分裂症患者的基因组数据（Lam et al., 2019; Pardiñas et al., 2018）。一项分析发现了 176 个与精神分裂症相关的基因组，其中某些基因影响了多巴胺和大脑中其他神经递质的作用。另一项对 10 多万人的研究确定了 413 个与精神分裂症相关的基因（近一半研究对象为精神分裂症患者）(Huckins et al., 2019)。

此外，正如我们经常看到的那样，天性和教养是相互作用的。表观遗传因素影响基因是否会被表达。就像用热水冲泡茶包一样，环境因素，如病毒感染、缺乏营养、母体应激或严重的生活压力，都可能"开启"我们中的某些人患上精神分裂症的高风险基因。同卵双生子在子宫内和子宫外的不同经历，也可以解释为何他们会出现不同的基因表达（Dempster et al., 2013; Walker et al., 2010）。遗传和我们的生活经历共同发挥作用。正所谓，一个巴掌拍不响。

随着对遗传和大脑影响精神分裂症等障碍的理解不断深入，公众越来越认识到生物因素在精神障碍中所起的作用（Pescosolido et al., 2010）。未来科学家们能确定一套基因检测，来确定哪些人有患精神分裂症或其他精神疾病的风险吗？如果可以，人们是否愿意让自己、自己的胚胎、自己的孩子去接受基因检测，以确定风险呢？他们将如何使用这些信息呢？在这个全新的 21 世纪，这些问题都有待解答。

精神分裂症的环境诱因

如果产前病毒和遗传倾向不会单独引发精神分裂症，那么家庭或社会因素也不会。正如苏珊·尼科尔（Susan Nicol）和欧文·戈特斯曼（Irving Gottesman）40 年前所说："迄今尚无任何环境因素能使一个与精神分裂症患者无亲缘关系的个体 100% 患上精神分裂症，甚至连中等诱发概率都达不到。"

为了确定精神分裂症的环境影响因素，一些研究者对高风险儿童（如有患精神分裂症亲属的儿童）和低风险儿童的经历进行了研究。在一项为期两年半的研究中，研究人员对 163 名有两位亲属患精神分裂症的青少年和 20 岁出头的成年人进行了跟踪调查，其中 20% 的参与者在精神分裂症发病前表现出社交退缩或其他异常行为（Johnstone et al., 2005）。研究者发现了其他一些可能的预警信号，包括：母亲患有严重、持久的精神分裂症，生产并发症（多为缺氧和体重过轻），儿童期经常因病毒和其他传染病住院，与父母分离，注意力难以集中，肌肉协调性差，破坏行为或退缩行为，情绪不稳定，同伴关系差、独自玩耍，以及童年时遭受身体、性或情感虐待（Abel et al., 2010; Debost et al., 2019; Freedman et al., 1998; Schiffman et al., 2001; Susser, 1999; Welham et al., 2009）。

＊＊＊

大多数人不容易理解精神分裂症患者的各种怪异想法、知觉和行为。有时我们会思维跳跃，但我们不会胡言乱语；偶尔我们会对某人产生不公正的怀疑，但我们不会担心全世界的人都密谋迫害我们；我们的知觉经常会犯错，但我们很少会看见不存在的事物或听到不存在的声音；我们在嘲笑某个人的不幸后会感到内疚，但我们听到关于自己的坏消息时却笑不出来；我们时常想独处，但我们不会与世隔绝。然而，全世界仍有千千万万的人言语怪异，经受着妄想的折磨，听见并不存在的声音，看到并不存在的事物，在不恰当的时候哭或笑，退缩到个人的错觉世界中。因此，我们仍需继续探索并揭开残酷的精神分裂症之谜，还应比以往更加积极。

自问

你能否回忆起你曾经听到有人被随意（且不准确）地描述为"精神分裂症"的场景？现在你对这种疾病有了更多的理解，你会如何纠正这种描述？

检索练习

RP-1 有_____（阳性/阴性）症状的精神分裂症患者可能会面无表情，情感淡漠。这些症状在_____（慢性/急性）精神分裂症中最为常见，而且药物治疗不太可能产生效果；有（阳性/阴性）症状的患者可能会出现妄想，并被诊断为_____（慢性/急性）精神分裂症，药物治疗产生效果的可能性更大。

RP-2 哪些因素会导致精神分裂症的发病和发展？

答案见附录 D

分离障碍、人格障碍和进食障碍

分离障碍

学习目标问题 15-19 什么是分离障碍，为什么这种障碍存在争议？

分离障碍（dissociative disorder）是最令人困惑的障碍之一，也非常罕见，即个体的意识与痛苦的记忆、思想和感觉脱节（分离）。结果可能导致分离性漫游状态：个体突然失忆或自我身份改变，这往往是面对巨大压力时的反应（Harrison et al., 2017）。一位越战老兵就发生了这种情况，他因战友的死亡而备受困扰，在"9·11"恐怖袭击发生前不久，这位老兵离开了世贸中心的办公室，随即失踪。六个月后，人们在芝加哥

分离障碍：一种令人困惑的、罕见的障碍，分离障碍患者的意识与痛苦的记忆、思想和感觉分离（脱节）。

的一个无家可归者收容所发现了他,他已不记得自己是谁,也不知道自己的家在哪儿(Stone, 2006)。分离本身并不罕见。我们每一个人都可能有过失真的感觉,认知与身体分离,像在电影中看着自己。有时我们会说,"当时的我不是我"。也许你有过这样的经历:起身打算去某处,由于大脑想着其他事情,结果去了没打算去的地方;或者,你也可以在与人交谈的同时,用吉他或钢琴演奏练习得很好的乐曲。当我们面对创伤时,分离性脱离可能会保护我们免受情绪侵扰。

分离性身份障碍

据说,一旦患上**分离性身份障碍**(dissociative identity disorder,DID),个体的自我与普通意识会出现大规模的分离。在这种情况下,两个或更多不同的人格(每个人格有着不同的声音,行为举止也大相径庭)似乎在不同时间控制着一个人的行为。因此,某人可能一会儿一本正经,一会儿又聒噪轻浮。一般而言,主要人格不会意识到其他人格的存在。

对分离性身份障碍的解释 怀疑论者对分离性身份障碍表示质疑。首先,分离性身份障碍是否可能并非一种真正的障碍,而是我们正常人格转变能力的延伸?尼古拉斯·斯帕诺斯(Nicholas Spanos, 1986, 1994, 1996)让大学生假扮成谋杀犯,接受精神科医生的检查。在一次催眠治疗中——就像在某些著名的分离性身份障碍案例中那样——大多数人自发地显示出第二人格的特征。这一发现使斯帕诺斯感到奇怪。也许这些分离出来的人格只是我们通常呈现的各种"自我"的一个更极端的版本——在朋友面前,我很开朗;在雇主面前,我极为低调。那些发现多重人格的临床医生是否只是诱使容易产生幻想的人在特定的社会背景下进行角色扮演(Giesbrecht et al., 2008, 2010; Lynn et al., 2014; Merskey, 1992)?毕竟,来访者在接受治疗时不会说"请允许我介绍一下自己"。相反,批评者指出,一些治疗师会引诱来访者表现出多重人格:"你有没有觉得你的另一部分做了你无法控制的事情?""你的这个部分有名字吗?我可以和你愤怒的那个部分谈谈吗?"一旦来访者允许治疗师指名道姓地与"你控诉愤怒事情的那个部分"交谈时,来访者就会开始扮演幻想的角色。就像演员在他们的角色中失去自我一样,脆弱的来访者可能会"变成"他们正在表演的角色,结果来访者就体验到了另一个自我。

怀疑论者还认为,这种障碍的病史如此之短,且存在局限性,不具说服力。1930年至1960年间,北美分离性身份障碍的诊断数量为每10年2例。到了20世纪80年代,DSM第一次正式收录该障碍时,这个数字已经爆炸性地增长到了2万多个(McHugh, 1995)。显示出的平均人格数量也迅速增长——每个病人的平均人格数量从3个增长到12个(Goff & Simms, 1993)。尽管在一些对分离性身份障碍有所宣传的国家,诊断数量一直在增加,但这种障碍在北美以外的地区要少得多(Lilienfeld, 2017)。

分离性身份障碍:以前被称为多重人格障碍。一种罕见的分离障碍,个体展示出两种或更多不同的、交替出现的人格。

"弄假成真。"
——中国谚语

尽管存在一些骗局，其他研究人员和临床医生还是认为，分离性身份障碍是一种真实的障碍。研究人员引用了一些研究结果，这些结果显示了不同的人格具有独特的身体与大脑状态（Putnam, 1991）。分离性身份障碍也可能伴随着异常的大脑解剖形态和大脑活动。大脑扫描显示，那些协助记忆和检测威胁的脑区有所萎缩（Vermetten et al., 2006），而与控制和抑制创伤性记忆有关的脑区活动却有所增强（Elzinga et al., 2007）。

心理动力学和学习的观点都将分离性身份障碍的症状解释为应对焦虑的方式。一些心理动力学理论家认为，患者因爆发非理智冲动行为而产生焦虑，而这些症状就是面对焦虑时的防御措施。该观点认为，第二人格使这些被禁止的冲动得以宣泄。学习理论家认为，分离障碍是因减少焦虑而得以强化的行为。

一些临床医生将分离障碍纳入创伤后应激障碍的范畴，作为一种在儿童期面对创伤经历时自然的保护性反应（Brand et al., 2016; Spiegel, 2008）。许多接受分离性身份障碍治疗的人会回忆起小时候曾受身体虐待、性侵犯或精神虐待等的经历（Gleaves, 1996; Lilienfeld et al., 1999）。然而批评者怀疑，此类回忆可能由生动的想象力或治疗师的暗示促成（Kihlstrom, 2005）。因此，科学辩论仍在继续。

"虽然这很疯狂，但仍然有办法。"
——威廉·莎士比亚

自问

你是否有过根据不同的情况，在不同人格之间转换的经历？你的经历与分离性身份障碍所描述的症状有什么相似和不同之处呢？

检索练习

RP-1 心理动力学观点和学习观点一致认为，分离性身份障碍的症状是应对焦虑的方式。二者在解释上有何不同？

答案见附录D

人格障碍

学习目标问题 15-20 人格障碍分为哪三类？哪些行为和脑活动是反社会型人格障碍的特征？

对于**人格障碍**（personality disorder），僵化和持久的行为模式干扰了社会功能。DSM-5中有10种人格障碍，它们往往被分为三类，包括：

- 焦虑，如对拒绝的恐惧敏感，容易产生退缩的回避型人格障碍。
- 以自我为中心的古怪或奇特的行为，如分裂型人格障碍的奇幻思维所导致的行为。

人格障碍：僵化和持久的行为模式，损害社会功能。

- 戏剧性或冲动的行为，如不稳定的、吸引注意力的边缘型人格障碍，以自我为中心的、自我膨胀的自恋型人格障碍，以及接下来要深入讨论的，冷酷无情、充满危险的反社会型人格障碍。

反社会型人格障碍

患有反社会型人格障碍（antisocial personality disorder）的人通常是男性，其症状在8岁前就有所显现，在15岁以前，他们的良知缺乏就已经表现得非常明显了，例如他们开始撒谎、偷窃、打架，或表现出无节制的性行为（Cale & Lilienfeld, 2002）。并非所有具有这些特征的儿童在成年以后都具有反社会性，对许多男性来说，反社会行为往往在青少年期后消退（Moffitt, 2018）（注意，反社会性意味着危害社会却无悔过之心，而不仅仅是不合群）。其中约一半的个体确实会发展为反社会型人格障碍，不能正常工作，对配偶和父母不负责任，往往会做出暴力攻击或其他犯罪行为（Farrington, 1991）。

但犯罪并不是反社会行为的基本组成部分（Skeem & Cooke, 2010）。许多罪犯并没有表现出反社会型人格障碍，相反，他们对自己的朋友和家人是负责任的。与大多数罪犯相比，反社会型人格障碍患者（有时被称为反社会者或精神变态者）更缺乏社交能力，他们的情商（即理解、管理和感知情绪的能力）不高（Ermer et al., 2012b; Gillespie et al., 2019）。

反社会型人格障碍患者行为冲动，没有任何顾虑和惧怕（Fowles & Dindo, 2009）。他们的冲动可能会带来极端的后果，包括杀人（Camp et al., 2013; Fox & DeLisi, 2019）。看看亨利·李·卢卡斯（Henry Lee Lucas）的案例，他在13岁时就杀死了第一名受害者，从始至终并未感到丝毫的内疚。在其多年的犯罪生涯中，卢卡斯残害了大约157名妇女、男子和儿童。在其犯罪生涯的最后6年里，卢卡斯和另一名杀人犯奥蒂斯·埃尔伍德·图尔（Ottis Elwood Toole）合伙犯罪。图尔说他杀死了他"认为已失去生存价值的人"（Darrach & Norris, 1984）。

理解反社会型人格障碍 反社会型人格障碍是生物和心理因素共同作用的结果。双生子研究和领养研究表明，具有反社会性和非情绪化特征的人，其亲属发生反社会行为的风险有所增加（Frisell et al., 2012; Kendler et al., 2015a）。两个反社会型人格障碍患者的结合会将其反社会型人格基因遗传给下一代（Weiss et al., 2017）。没有任何一个基因可以对犯罪这样的复杂行为进行编码。但削弱心理能力和自我控制能力的基因，意味着更高的犯罪风险（Wertz et al., 2018）。与其他疾病一样，遗传学家也发现了在反社会型人格障碍患者中更常见的特定基因（Gunter et al., 2010; Tielbeek et al., 2017）。

反社会型人格障碍患者所遗传的易感性，导致其面对威胁时唤醒水平较低。当遇到电击或噪声等令人厌恶的事情时，他们的自主神经系统的唤醒水平就很低（Hare, 1975; Ling et al., 2019）。长期研究表明，即使在青少年期，进行犯罪活动之前，他们的

反社会型人格障碍：一种人格障碍，患者（通常是男性）对错误行为缺乏良知，甚至对朋友和家人也是如此；可能具有攻击性且冷漠无情，或是行骗高手。

应激激素水平也比同龄人低（图15.12）。那些在3岁时形成条件化恐惧比较缓慢的儿童，日后也更可能犯罪（Gao et al., 2010）。同样的，在青少年期表现出攻击或反社会倾向的男孩，在童年早期就表现得冲动、放荡不羁、不关心社会奖励、焦虑水平过低（Caspi et al., 1996; Tremblay et al., 1994）。

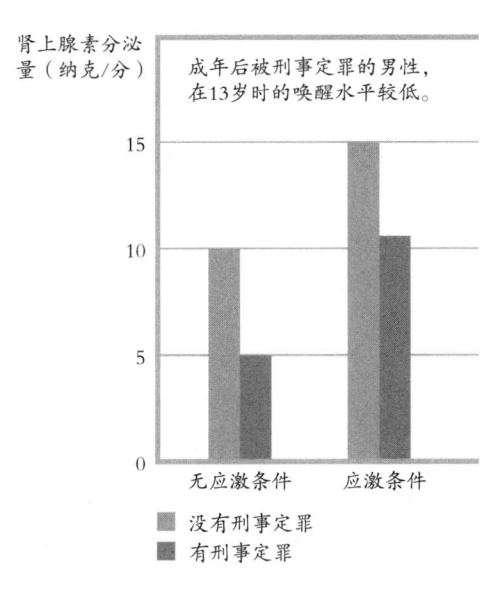

图15.12 冷酷无情者的唤醒水平和犯罪风险

对瑞典的2组13岁男孩的应激激素水平进行测量。在应激条件下和非应激条件下，那些后来（18岁到26岁间）犯罪的儿童都表现出了相对较低的唤醒水平（Magnusson, 1990）。

无畏感和支配力等特点是具有适应性的，如果这些特征能够得到更有效地引导，那么这种无畏的精神可能会造就运动明星、冒险家和大无畏的英雄主义者（Costello et al., 2018; Patton et al., 2018）。事实上，42位美国总统就表现出了高于一般水平的无畏精神和支配力（Lilienfeld et al., 2012, 2016）。患者S.M.是一名杏仁核有损伤的49岁女性，她生性无畏又冲动，但也具有英雄气概。她把自己唯一的大衣和围巾给了需要帮助的人，并在结识了一个患癌儿童后，把自己的头发捐给了"爱之锁"慈善机构（Lilienfeld et al., 2017）。但是，如果缺乏社会责任感，同样的遗传素质可能会使她成为一名冷酷的骗子或杀人犯（Lykken, 1995）。

遗传因素往往与消极的环境因素，如童年虐待、家庭不稳定或贫困相互作用，影响着大脑的功能（Dodge, 2009）。这种基因-环境的相互作用也适用于黑猩猩。黑猩猩和人类一样，在反社会（卑鄙/大胆/不羁）倾向方面存在差异（Latzman et al., 2017）。在有反社会犯罪倾向的人中，控制情绪的杏仁核往往较小（Pardini et al., 2014）。

对41名杀人犯的大脑进行PET扫描，发现与同样年龄、同样性别的普通人相比，这些杀人犯的大脑额叶活动更少（Raine, 2000），而额叶活动有助于控制冲动（图15.13）。对那些冲动杀人的人而言，这一结果尤其能说明问题。在一项跟踪研究中，阿德里安·雷恩（Adrian Raine）和他的同事们发现，与正常人相比，经常参与暴力犯罪的罪犯的额叶神经组织比正常人少11%。这有力地解释了，为什么反社会型人格障碍患者的额叶认知功能如计划、组织和抑制等方面，会表现出明显的缺陷（Morgan & Lilienfeld, 2000）。与能够感受并表现出同理心的人相比，反社会型人格障碍患者的大脑对他人痛苦的面部表情反应较小，这可能是他们情商较低的原因（Deeley et al., 2006）。

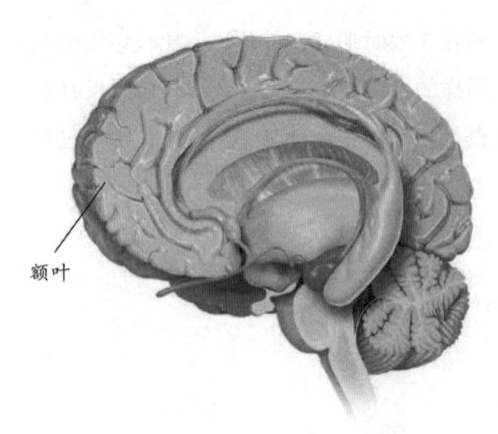

图 15.13　杀人犯的心理

PET 扫描结果表明，杀人犯大脑额叶区的活动减少，而这一脑区（见图）有助于阻止冲动和攻击性行为（From Raine, 1999）。

从生物学的角度来看待无畏感和早期环境，也许可以解释下面这个非同寻常的家庭团聚的案例。27 岁的乔伊斯·洛特和 29 岁的玛丽·琼斯是一对长期分离的姐妹，却同时因为吸毒被送进南加利福尼亚州监狱，这是一个通常让家庭成员分离而不是相聚的地点。该新闻被报道后，二人失散已久的同父异母的弟弟打来联系电话。但他解释说自己也有问题要处理，因为此时他因吸毒、盗窃等罪名正在狱中服刑（Shepherd et al., 1990）。

有反社会行为风险基因的人也有患物质滥用障碍的风险（Dick, 2007）。这些障碍往往是一起出现的——例如，抑郁症和焦虑障碍（Jacobson & Newman, 2017; Plana-Ripoll et al., 2019）。被诊断出患有某种心理障碍的人同时患有另一种心理障碍的风险更高。这种共病是不同心理障碍的易感基因重叠导致的（Brainstorm Consortium, 2018; Gandal et al., 2018）。

但是，仅靠遗传因素无法完全解释反社会型犯罪。由雷恩（Raine, 1996）领导的研究小组核查了将近 400 名 20～22 岁丹麦男子的犯罪记录，发现所有罪犯都有着相似的不良经历，要么是分娩时存在早产等生物风险因素，要么是来自贫困或单亲家庭。研究人员将这两组参与者和既有生物风险因素又有社会风险因素的生物-社会组参与者进行比较。结果表明生物-社会组参与者的犯罪风险是其他组的 2 倍。一项对 1037 名儿童进行长达 25 年的跟踪研究表明，儿童后来表现出的反社会行为与儿童期遭受虐待和使神经递质平衡发生改变的基因都有关系（Caspi et al., 2002）。总之，既不完全是"坏的基因"，也不完全是"坏的环境"使个体后来表现出反社会行为，而是基因使一些儿童对虐待更敏感。对于"基因脆弱的人群"，环境的影响至关重要——无论好坏（Belsky & Pluess, 2009; Moffitt, 2005）。

因此，无论是反社会行为还是其他行为，都是天性和教养相互作用的结果。生物心理社会文化的观点再次帮助我们梳理整个过程。神经科学家们正试图在表现出反社会症状的罪犯中找出大脑活动的差异，进一步探索反社会型人格障碍的神经基础。在看到情感唤起的照片时，比如当看到一个男人拿着刀架在一个女人的脖子上时，患有反社会型人格障碍的罪犯心跳和出汗反应都比普通人更小，通常对情绪刺激做出反应的脑区活动也较少（Harenski et al., 2010; Kiehl & Buckholtz, 2010）。这些罪犯通常有着更大的、反应过度的多巴胺奖励系统，这使得他们容易冲动，不顾后果地做一些自认为值得的事情（Buckholtz et al., 2010; Glenn et al., 2010）。此类数据也提醒我们：一切心理因素也是生物因素。

满月会引发某些人的"疯狂行为"吗？罗顿和凯利（Rotton & Kelly, 1985）对37项研究中与犯罪、杀人、接受心理治疗等活动的相关数据进行了分析，结果并未发现"月亮疯狂"的证据。自杀、攻击、入室抢劫、交通事故等也都与月相无关（Martin et al., 1992; Raison et al., 1999）。

检索练习

RP-2 生物因素和心理因素是如何引发反社会型人格障碍的？

答案见附录 D

进食障碍

学习目标问题 15-21 三种主要的进食障碍是什么？生物、心理和社会文化因素如何使人们更容易患上这些进食障碍？

我们的身体会自然地维持体重，包括在无法获得食物时储存能量。但有时心理影响压倒了生物智慧。这一点在三种进食障碍中体现得淋漓尽致：

- **神经性厌食症**（anorexia nervosa），患有神经性厌食症的人会让自己挨饿，这些人通常是少女，但也有些是成年女性和男性，以及男孩。厌食症往往是从减肥开始，但节食最终成为一种习惯（Steinglass et al., 2018）。即使远远低于正常体重，那些节食挨饿的人仍然觉得自己很胖，害怕自己变胖，并沉迷于减肥，有时会过度运动。

- **神经性贪食症**（bulimia nervosa），反复发生的暴食与之后为避免体重增加而采取的不当补偿行为（如催吐、滥用泻药、禁食或过度运动）相互交替（Wonderlich et al., 2007）。与神经性厌食症患者不同的是，神经性贪食症患者的体重在正常范围到高于正常范围间波动，因此该障碍不易被人察觉。节食减肥的过程因大吃大喝禁忌食物而中断，可能会诱发贪食症。神经性贪食症患者——主要是十几岁或二十几岁的女性（也有一些男性）——有时会受到负面情绪的影响，或受到正在暴食的朋友的影响而冲动性暴食（Crandall, 1988; Haedt-Matt & Keel, 2011）。这些人满脑子都是食物（渴望甜食和高脂肪食物），又害怕超重，在暴食期间和之后会变得抑郁、内疚和焦虑（Hinz & Williamson, 1987; Johnson et al., 2002）。

- **暴食障碍**（binge eating disorder）患者有明显的暴食发作期，随后又会感到后悔。但他们不会因懊悔而清肠、禁食或过度运动。

神经性厌食症：一种进食障碍，尽管患者（通常是少女）体重明显低于正常水平，但仍在节食减肥，且自我知觉不准确，有时还会过度运动。

神经性贪食症：一种进食障碍，患者在暴食（通常是高热量食物）之后会有不当的补偿行为，如催吐、滥用泻药、禁食或过度运动。

暴食障碍：一种进食障碍，患者有明显的暴食发作期，伴随着沮丧、厌恶或内疚情绪，但没有神经性贪食症的特有的补偿行为。

大约有 260 万（8%）美国人在其一生中的某个时刻符合 DSM-5 定义的神经性厌食症标准，260 万人达到神经性贪食症标准，270 万人满足暴食障碍标准（Udo & Grilo, 2019）。这三种进食障碍都可能致命：它们摧残人的身心，缩短预期寿命，增加自杀和非自杀性自伤的风险（Cucchi et al., 2016; Fichter & Quadflieg, 2016; Mandelli et al., 2019）。

理解进食障碍

进食障碍并不（像某些人推测的那样）是儿童期遭受性虐待的某种结果（Smolak & Murnen, 2002; Stice, 2002）。然而，家庭环境可能在其他方面对进食障碍产生影响。例如，神经性厌食症患者的家庭氛围往往充满竞争、追求较高成就，且处处受到监管（Ahrén et al., 2013; Berg et al., 2014; Yates, 1989, 1990）。那些进食障碍患者往往对身材满意度低，设定完美主义标准，并对未实现的预期和他人对自己的看法反刍思维（Farstad et al., 2016; Smith et al., 2018; Wang et al., 2019）。其中一些因素也预测了男性青少年对不切实际的发达肌肉的追求（Karazsia et al., 2017; Ricciardelli & McCabe, 2004）。

遗传也是不容忽视的一环。同卵双生子同患进食障碍的概率比异卵双生子更大——在某种程度上，这表明神经性厌食症有 50%～60% 的遗传性（Yilmaz et al., 2015）。心理学家们正在寻找导致进食障碍的基因。其中规模最大的一个研究通过比较近 17 000 名神经性厌食症患者和 56 000 名其他患者的基因组来确定基因差异（Watson et al., 2019）。

进食障碍也受到文化和性别的影响。对理想身材的定义因文化差异和时间变迁而迥然不同。在贫困率高的国家，丰满可能意味着繁荣，而瘦弱可能意味着贫困或疾病（Knickmeyer, 2001; Swami et al., 2010）。而在富裕的西方国家文化背景下，其含义却大相径庭。一项对 222 项研究的分析发现，20 世纪后半叶进食障碍上涨的患病率与西方女性追求苗条身材的现实一致（Fingold & Mazzella, 1998）。

最容易出现进食障碍的人，也是追求极致瘦身并对自身身材最不满意的人（通常是同性恋者）（Feldman & Meyer, 2010; Kane, 2010; Stice et al., 2010）。对比那些高挑模特和名人，一些女性会产生羞愧、沮丧情绪，并对自己的身材感到不满——这些情绪正是引发进食障碍的罪魁祸首，这是否令人惊讶（Bould et al., 2018; Tiggemann & Miller, 2010）？为了证实这一设想，斯蒂斯（Eric Stice）及其同事只给一部分青少年期女孩订阅了 15 个月的美国青少年时尚杂志。与那些没有收到该杂志的女孩相比，脆弱的女孩（那些已经对自身产生抱怨，追求纤瘦身材，又缺乏社会支持的女孩）会对自己的身体越来越不满，更容易出现进食障碍的倾向。事实上，即使是最瘦的超模也无法达到芭比娃娃的身材标准，即身高 170 厘米、三围分别为 81、41、74 厘米，这样的身材是不现实的（Norton et al., 1996）。

然而，个体对身材不满、患上神经性厌食症不只是因为受到媒体的影响（Ferguson et al., 2011）。同伴的影响，如嘲笑和骚扰，也会起作用。然而，现如今进食障碍部分源于对体重高度敏感的文化——一种以各种方式表示"脂肪有害健康"的文化，数百万女性因此不断节食，长期处于一种半饥饿状态，容易发生暴食。一位前模特回忆道，她在同经纪人参加某次会议时感到饥肠辘辘，神经性厌食症使她的器官正在衰竭（Carroll, 2013），然而她的经纪人却表示："做什么事情，都要坚持到底。"

对于大多数被诊断为进食障碍的人来说，情况确实有所好转。一项为期22年的研究发现，每三名患有神经性厌食症或暴食障碍的女性中就有两名得以康复（Eddy et al., 2017）。进食障碍是可以预防的。在一些互动项目中，让少女学会接受自己的身材差异，可以降低患进食障碍的风险（Beintner et al., 2012; Melioli et al., 2016; Vocks et al., 2010）。通过与"脂肪有害健康"的文化习得对抗，那些有进食障碍风险的人可能反过来变得健康长寿。

> "为什么女性的自尊心如此之低？这有许多复杂的心理和社会原因，我想说这是芭比的问题。"
> ——戴夫·巴里

检索练习

RP-3 患_____（神经性厌食症/神经性贪食症）的人即使体重过轻，也会有持续减重的想法。患_____（神经性厌食症/神经性贪食症）的人的体重往往在正常范围到高于正常范围间波动。

答案见附录D

神经发育障碍

神经发育障碍（neurodevelopmental disorders）指中枢神经系统异常，通常是大脑。其结果是，从孩童时期开始，个体的思维模式和行为方式就发生了改变，表现为智力受限或心理障碍。

> **神经发育障碍**：中枢神经系统（通常是大脑）异常，始于儿童期，会改变人的思维方式和行为方式（表现为智力障碍或心理障碍）。

智力障碍

学习目标问题 15-22 什么是智力障碍？

智力障碍（intellectual disability）显现于18岁之前，通常有已知的生理原因（例如唐氏综合征，因个体基因组中额外多出的21号染色体所导致的疾病，与智力障碍有关）。个体必须满足两个标准，才能被诊断为智力障碍。一是智力功能低下，表现为智力测验分数低。指南规定，若智力测验分数位于总人口的后3%，约70分或以下，则

> **智力障碍**：智力受限，表现为智力测验分数在70分或70分以下，难以适应生活的需求（曾被称为智力低下）。

可判定为智力测验分数低（Schalock et al., 2010）。二是难以满足独立生活的一般需求，表现在三个方面或技能上：概念（语言、阅读，以及金钱、时间和数字的概念），社会性（人际交往能力、社会责任感、遵纪守法、自卫能力），以及实践（健康和个人护理、职业技能和出行）。轻度智力障碍同正常的智力一样，是遗传和环境因素共同作用的结果（Reichenberg et al., 2016）。

> **检索练习**
>
> RP-1 必须满足什么标准才会被诊断为智力障碍？

答案见附录 D

孤独症谱系障碍

学习目标问题 15-23 什么是孤独症谱系障碍？

孤独症谱系障碍（autism spectrum disorder，ASD）是一种认知和社会情感障碍，以社会性缺陷和重复行为为特征。曾经，每2500名儿童中有1名患有孤独症谱系障碍，而现在，每38名韩国儿童中就有1名，每59名美国儿童中就有1名，每66名加拿大儿童中就有1名，每100名英国儿童中就有1名被诊断为孤独症谱系障碍（Baio et al., 2018; CDC, 2014b; Kim et al., 2011; NAS, 2011; Offner et al., 2018）。患"认知障碍"或"学习障碍"的儿童数量在减少，而孤独症谱系障碍的诊断数量却在增加，这可能意味着我们正在对儿童障碍重新贴标签（Gernsbacher et al., 2005; Grinker, 2007; Shattuck, 2006）。

孤独症谱系障碍患病的原因似乎是某些脑区之间的沟通不畅，而这些脑区通常会共同工作，使我们可以理解他人的观点。从2个月起，婴儿会越来越频繁地与他人进行眼神接触，而那些后来发展成孤独症谱系障碍的孩子则恰恰相反（Baron-Cohen, 2017; Wang et al., 2020）。孤独症谱系障碍患者的心理能力受到了损害（Matthews & Goldberg, 2018; Velikonja et al., 2019）。我们大多数人凭直觉就可做到的"读心"（那张脸在传达的是一个微笑还是冷笑？）对孤独症谱系障碍患者来说却很难。患者很难判断和记住他人的想法和感受，无法理解玩伴和父母对事物的不同看法，也无法理解为何老师比他们懂得更多（Boucher et al., 2012; Frith & Frith, 2001; Knutsen et al., 2015）。一项针对家长和学校工作人员的全国性调查报告显示，46%患孤独症谱系障碍的青少年遭受过霸凌性的嘲弄和折磨，是其他儿童（11%）的4倍，发生这一情况的原因可以部分地被孤独症所解释（Sterzing et al., 2012）。孤独症谱系障碍儿童也会交友，但朋友常常感到与他们的关系在情感上并不令人满意（Mendelson et al., 2016）。这也有助于解释为什么"孤独症谱系障碍患者一生中产生抑郁症的可能性要高四倍"（Hudson et al., 2019）。

孤独症谱系障碍：一种在儿童期出现的障碍，特点是在交流和社会互动方面有明显的缺陷，僵化、固定的兴趣和重复的行为。

> "我是孤独症患者，这意味着我周围的人都有一种障碍，使他们……令人毛骨悚然地盯着我的眼睛看。"
> ——脸书评论

孤独症谱系障碍的严重程度不一。约一半的孤独症谱系障碍患者的状况为"一般"甚至"良好"（Steinhausen et al., 2016）。一些人（被诊断为过去所称的亚斯伯格综合征的人）的思维能力通常处于较高水平。他们智力正常，往往在特定领域有特殊技能或天赋。一项针对104个国家6500人的研究发现，具有孤独症谱系障碍特征的人对社会心理现象，如社会懈怠和群体思维的理解能力略高于平均水平（Gollwitzer et al., 2019）。但孤独症谱系障碍患者可能缺乏社会互动和沟通的动机和能力，他们往往会被无关的刺激信号所干扰（Clementset al., 2018; Remington et al., 2009）。症状更严重的患者会出现语言方面的困难。

男女被诊断为孤独症谱系障碍的比例为3:1，或许是由于女孩更善于隐藏孤独症谱系障碍相关的症状（Dean et al., 2017; Loomes et al., 2017）。心理学家西蒙·巴伦-科恩（Simon Baron-Cohen, 2010）认为，这种不平衡是因为男孩比女孩更"系统化"，男孩愿意按照规则或规律来理解事物，如数学和机械系统。科恩认为，女孩往往更具有"共情型思维"，她们擅长读取面部表情和手势（van Honk et al., 2011）。无论男女，孤独症谱系障碍患者都是系统化的，很难读懂面部表情（Baron-Cohen et al., 2015）。从事STEM（科学、技术、工程或数学）职业的人也比其他人更可能表现出一些类似孤独症谱系障碍的特质（Ruzich et al., 2015）。

生物学因素会引发孤独症谱系障碍（Zhou et al., 2019）。产前环境很重要，特别母体感染、使用精神药物或应激激素导致产前环境发生改变时（NIH, 2013; Wang, 2014）。基因也有影响。一项针对5个国家200万人的研究发现，孤独症谱系障碍的遗传率接近80%（Bai et al., 2019）。如果同卵双生子中的一人被诊断为孤独症谱系障碍，另一个人被诊断为孤独症谱系障碍的概率是50%～70%（Tick et al., 2016）。不存在导致这种障碍的单一的"孤独症谱系障碍基因"。相反，迄今为止，人们已经确定了400多个影响孤独症谱系障碍产生的基因（Krishnan et al., 2016; Yuen et al., 2016）。精细胞中随机的基因突变也可能发挥作用。随着男性年龄的增长，基因突变变得更加频繁，这可以解释为什么40岁以上的男性比30岁以下的男性更可能成为孤独症患儿的父亲（Wu et al., 2017）。

研究人员也在探寻孤独症谱系障碍在大脑结构中的蛛丝马迹。一些研究发现了孤独症谱系障碍患者大脑"连接不畅"的迹象，即连接大脑前部和后部的纤维束低于正常值（Picci et al., 2016）。在"连接不畅"的情况下，大脑的同步性就会降低，例如，对视觉信息和情感信息的整合不足。在婴儿3个月时用脑电图记录其大脑活动，就能预测婴儿患孤独症谱系障碍的可能性（Bosl et al., 2018）。

孤独症谱系障碍的生物学因素也影响大脑功能。未患孤独症谱系障碍的人看到别人打哈欠，自己也会跟着打哈欠，看到并模仿别人微笑或皱眉时，他们也会感同身受。而孤独症谱系障碍患者则不然，他们的模仿能力较差，参与模仿他人行为的

"孤独症谱系障碍让我的生活变得困难，也让我的生活变得多姿多彩。当一切变得更加强烈时，那些日常的、单调的、一贯的、正常的——事物就会变得光彩夺目。"

——艾琳·麦金尼

脑区活动较少（Edwards, 2014; Yang & Hofmann, 2015）。例如，当孤独症谱系障碍患者观察另一个人的手部动作时，患者大脑显示的镜像活动低于正常水平（Oberman & Ramachandran, 2007; Théoret et al., 2005）。有一个观点是，孤独症谱系障碍患者的大脑形成的是"破碎的镜像"，心理学家们正在对这一观点进行探究和讨论（Gallese et al., 2011; Schulte-Rüther et al., 2016）。他们也在探索催产素（一种促进社会联系的激素）治疗是否可以提高孤独症谱系障碍患者的社会理解力（Gordon et al., 2013; Lange & McDougle, 2013）。

哪些因素不会导致孤独症谱系障碍的产生？儿童疫苗接种是其中之一。尽管1998年的一项虚假研究声称疫苗接种与此障碍有关，但实情并非如此（Taylor et al., 2014）。例如，一项针对近70万名丹麦儿童的研究发现，那些接种麻疹、腮腺炎、风疹疫苗的儿童后来被诊断为孤独症谱系障碍的情况更少（Hviid et al., 2019）。

注意缺陷多动障碍

注意缺陷多动障碍（ADHD）： 一种心理障碍，以注意力极其不集中或过度活跃、冲动为特征。

对于表现出注意缺陷多动障碍（attention-deficit/hyperactivity disorder，ADHD）的争议性症状的儿童来说，诊断和治疗是很有帮助的（Kupfer, 2012; Maciejewski et al., 2016）。DSM已经扩大了注意缺陷多动障碍的诊断标准。然而，批评者认为这些标准现在过于宽泛，可能会把正常的、幼稚的暴躁行为定义为一种障碍（Frances, 2013, 2014）。我们应该说这样的孩子是多动还是精力充沛，是冲动还是心血来潮，是过度健谈还是激动兴奋？瑞典的一项为期10年的研究发现，儿童的注意行为没有发生变化，但全国注意缺陷多动障碍的诊断数量却增加了5倍（Rydell et al., 2018）。（见"批判性思考：注意缺陷多动障碍——是正常的精力充沛还是一种行为障碍？"）

* * *

心理障碍确实会引发困惑、恐惧、悲哀。但正如我们下一个主题"治疗"所展示的那样，希望也确实存在。

批判性思考：

注意缺陷多动障碍——是正常的精力充沛还是一种行为障碍？

学习目标问题 15-24 注意缺陷多动障碍为何存在争议？

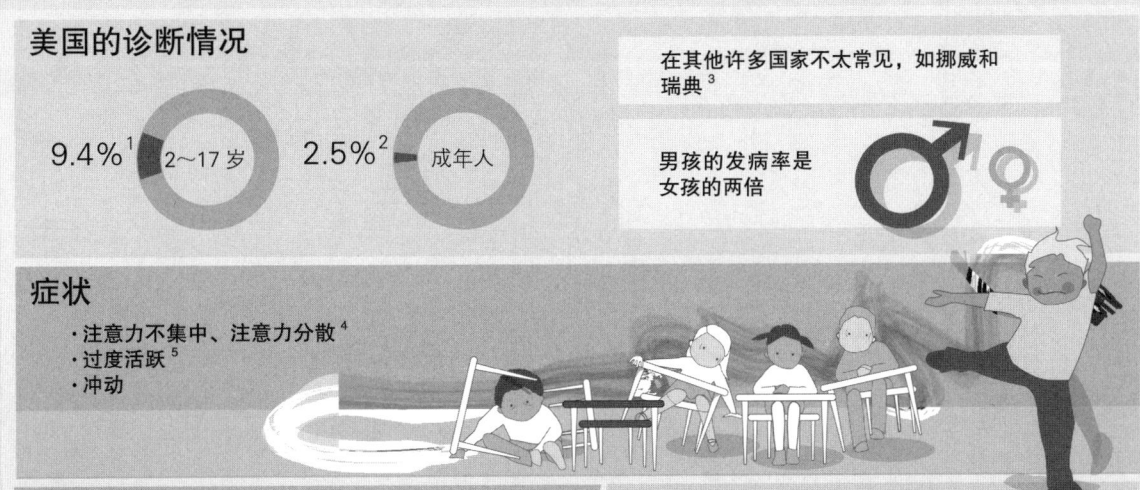

美国的诊断情况

9.4%[1] 2~17 岁　　2.5%[2] 成年人

在其他许多国家不太常见，如挪威和瑞典[3]

男孩的发病率是女孩的两倍

症状
- 注意力不集中、注意力分散[4]
- 过度活跃[5]
- 冲动

批评者指出：

精力充沛的孩子 + 枯燥乏味的学校 = 对 ADHD 的过度诊断

- 儿童无法在室内久坐。
- 班级中年龄最小的孩子往往更容易坐立不安——更容易被诊断为注意缺陷多动障碍。[6]
- 年纪较大的学生可能会用兴奋剂来治疗注意缺陷多动障碍——"聪明药"。[7]
- 药物治疗有何长期影响？
- 为什么注意缺陷多动障碍的诊断数量和治疗药物增加了？[8]

支持者认为：

- 诊断数量的增加反映了人们认识的提高。注意缺陷多动障碍是一种神经生物障碍，其存在与否不应该再有争议。[9]
- 注意缺陷多动障碍与异常的大脑结构和大脑活动模式，以及未来可能发生的危险举动或反社会行为有关。[10]

原因是什么？
- 可能与学习障碍、偏差行为和易怒倾向共存。
- 可能具有遗传性。[11]

治疗方法
- 兴奋剂（利他林和阿德拉）可以改善过度活跃，提高静坐和专注的能力。[12]
- 行为疗法和有氧运动有同样的效果。[13]
- 心理治疗有助于减轻注意缺陷多动障碍带来的困扰。[14]

归根结底：

注意力极度不集中、过度活跃和冲动会破坏社交、学业和工作成果。这些症状可以通过药物和其他疗法来治疗。但是，关于正常的精力充沛是否经常被诊断为注意缺陷多动障碍，以及在治疗时长期使用兴奋剂是否会付出代价的争论仍在继续。

1. CDC, 2019a。2. Simon et al., 2009。3. MacDonald et al., 2019; Smith, 2017。4. Martel et al., 2016。5. Ko er al., 2016。6. Chen, M. et al., 2016。7. Schwarz, 2012。8. Ellison, 2015; Hales et al., 2018; Sayal et al., 2017。9. World Federation for Mental Health, 2005。10. Ball et al, 2019; Hoogman et al., 2019。11. Nikolas & Burt, 2010; Poelmans et al., 2011; Volkow et al., 2009; Williams et al., 2010。12. Barbaresi et al., 2007。13. Cerrillo-Urbina et al., 2015; Pelham et al., 2016。14. Fabiano et al., 2008。

第 16 章

治疗

治疗和心理治疗导论
治疗心理障碍
精神分析和心理动力学疗法
人本主义疗法
行为主义疗法
认知疗法
团体与家庭治疗

评估心理治疗
心理治疗有效吗?
哪种心理治疗更有效?
心理治疗如何帮助人们?
人类多样性是如何影响心理治疗的?
谁在寻求心理治疗,谁在提供心理治疗?
心理治疗有哪些重要的伦理原则?

生物医学疗法和心理障碍的预防
药物治疗

批判性思考:改变生活方式的治疗
脑刺激
精神外科手术
预防心理障碍和培养心理韧性

凯·雷德菲尔德·贾米森（Kay Redfield Jamison）是一位屡获殊荣的临床心理学家，也是研究双相障碍的世界级专家。正如她在《躁郁之心》（An Unquiet Mind）中回忆的那样，她对自己研究的课题有切身的了解。

"从我记事起，情绪对我的影响就大得吓人，但这种影响常常也很奇妙。儿童期我的情绪就非常强烈，到了青少年期又反复无常。我在青少年期第一次患上重度抑郁症，开始工作后我又立马陷入了躁郁症（现在称为双相I型障碍）的循环中。出于需求和理智，我开始研究情绪。"

贾米森十分敏感但也充满激情。和她父亲一样，她有时也会被不计后果的消费、喋喋不休的谈话和失眠所困扰，时而陷入"心灵最黑暗的洞穴"。

然后，"在极度混乱中"，她做出了一个改变人生的决定。尽管她的职业让她对寻找心理治疗师感到尴尬，她还是预约了一位治疗师，在接下来的几年里，她每周都会去拜访这位治疗师。

"他无数次地帮助我活了下来。他看到了我的疯狂和绝望，看着我经历了美妙却又糟糕的爱情，体会了幻灭和胜利，经历了疾病复发，又因自杀而险些丧命，深爱的男人离世，职业生涯喜忧参半……他非常坚强，也非常善良，尽管他比任何人都了解我因为吃药失去了多少精力、活力和创造力，但他对我的疾病导致的巨额开销、毁灭性的伤害和对生命的威胁从未视而不见……虽然我去他那里是为了治病，但他教会了我……大脑与心灵之间完全是相互依赖的。"

演员凯丽·华盛顿（Kerry Washington）和歌手凯蒂·佩里（Katy Perry）也曾公开分享过心理治疗的好处。"我接受心理治疗大约有五年了，"佩里说，"我认为治疗对我的心理健康有非常大的帮助。"（Chen, 2017）。剑桥公爵夫人凯瑟琳（Catherine）一直致力于降低心理障碍和治疗导致的羞耻感："我们需要让年轻人和他们的父母明白，寻求帮助并不是软弱的表现。"（Holmes, 2015）

本章探讨了治疗师和求助者可以选择的一些治疗方法。我们从探讨和评估心理治疗开始，然后重点讨论生物医学疗法和心理障碍的预防。

治疗和心理治疗导论

治疗心理障碍的历史可以追溯到很久以前，想要成为治疗师的人用各种匪夷所思的方法来治疗心理障碍，有的粗暴，有的柔和：他们在患者头上打洞，对患者进行约束、放血，或通过殴打来驱赶他们身上的"恶魔"；他们也会给患者洗热水澡和按摩，将患者安置在阳光充足、宁静的环境中；他们让患者使用药物；他们还与患者谈论童年经历、当前的情绪感受、不适宜的想法和行为。

在改革者菲利普·皮内尔（Philippe Pinel，1745—1826）和多萝西娅·迪克斯（Dorothea Dix，1802—1887）的努力下，心理治疗变得更温和、更人道，他们还推动了精神病院的建设。他们的努力基本上得到了回报。自20世纪50年代以来，由于出现了有效的药物治疗，并引入了以社区为基础的治疗计划，这些精神病院的患者大为减少。不幸的是，这种去机构化导致更多的人无家可归或进入监狱。今天，每五个美国人中就有一个人在接受某种形式的心理健康门诊治疗（Olfson et al., 2019）。

多萝西娅·迪克斯

"我……请求你们关注在这个联邦国家中那些被关在笼子里的精神病患者的处境。"

治疗心理障碍

学习目标问题 16-1 心理治疗和生物医学疗法有何不同？

现代西方疗法可分为两大类：

- 在**心理治疗**（psychotherapy）中，训练有素的治疗师通过心理治疗技术帮助个体克服困难，获得个人成长。治疗师可以探索来访者早期的人际关系，鼓励来访者采用新的思维方式，或指导来访者用新的行为方式取代旧的行为方式。
- **生物医学疗法**（biomedical therapy）提供药物和其他生物疗法。例如，患有严重抑郁症的人可能会服用抗抑郁药，接受电休克疗法（ECT）或深部脑刺激。

采用何种治疗方法与心理障碍的类型和心理治疗师所接受的培训和专业知识有关。许多患者会同时接受药物治疗和心理治疗。凯·雷德菲尔德·贾米森通过与治疗师面谈接受心理治疗，此外她还服用了药物来控制自身强烈的情绪起伏。

让我们先看看对那些接受"谈话疗法"的人行之有效的心理治疗。每种疗法都建立在一个或多个心理学主要理论之上：心理动力学、人本主义、行为主义和认知理论。

心理治疗：心理技术的治疗，由训练有素的治疗师和寻求克服心理困难或实现个人成长的来访者之间的互动构成。

生物医学疗法：使用直接作用于人的生理机能的处方药物或措施的治疗。

折中取向： 一种心理治疗取向，使用来自多种心理疗法的技术。

这些技术大多数的使用场景为：一对一或小组，面对面或在线。一些治疗师会结合多种技术进行治疗。事实上，许多心理治疗师称他们属于结合了各种疗法的**折中取向**（eclectic）。

精神分析和心理动力学疗法

学习目标问题 16-2 精神分析的目标和技术是什么？它们是如何在心理动力学疗法中被应用的？

第一个主要的心理疗法是西格蒙德·弗洛伊德（Sigmund Freud）的**精神分析**（psychoanalysis）。虽然今天很少有治疗师遵循弗洛伊德的方法，但他的方法很值得讨论。精神分析为治疗心理障碍打下了基础，并继续影响着以心理动力学为指导理论来进行工作的现代治疗师。

精神分析： 西格蒙德·弗洛伊德的治疗技术。弗洛伊德认为患者的自由联想、阻抗、梦境和移情，以及分析师对它们的解释，释放了患者以前被压抑的情感，使其获得自我洞察力。

精神分析的目标

弗洛伊德认为，在治疗过程中，患者可以释放他们之前投入在本我-自我-超我冲突中的精力，这样他们就能减少焦虑，获得更加健康的生活（见第14章）。弗洛伊德认为我们并不完全了解自己。他认为有一些具有威胁性的情绪——我们不想知道的情绪被我们压抑着，因此我们否认或拒绝它们。精神分析指弗洛伊德帮助患者让这些被压抑的感受进入意识的方法。通过帮助患者找回无意识的想法和感受，并让他们了解其心理障碍的根源，治疗师可以帮助他们减少阻碍成长的内在冲突。

精神分析的技术

精神分析学说强调童年经历对成人的影响。因此，精神分析是对过去经历的重构。它的目的是挖掘过去，以解开过去对现在的束缚。抛弃了催眠这个不可靠的挖掘工具后，弗洛伊德转而采用自由联想。

想象你是一个正在进行自由联想的患者。你正在放松自己，或许正躺在一张沙发上。精神分析师坐在你视线以外的地方，让你大声说出脑中的任何想法。在某一时刻，你正在讲述一段童年记忆；在另一时刻，你在描述一个梦或近期的一段经历。这听起来很容易，但很快你就会意识到自己在说话时会频繁地切换想法。在说出令人尴尬的想法前你会停顿一秒钟，你会省略那些琐碎的、无关紧要的或令人羞愧的想法。有时你的大脑变得一片空白，或者你即使攥紧了拳头也无法回忆起重要的细节。你可能会开个玩笑，或是转向更轻松的话题。

阻抗： 在精神分析中，使焦虑部分不能进入意识的阻碍。

对精神分析师而言，这些心理阻碍表明存在**阻抗**（resistance）。这意味着焦虑就潜伏在这里，并且你正在抵触敏感的内容。分析师会意识到你的阻抗，然后解释其深层含义。如果时机正确，这种**解释**（interpretation），比如你不愿意给母亲打电话或发短信，可能说明这正是你潜在的愿望、情感，以及正在逃避的冲突。分析师可能还会对这种阻抗如何与你心理困扰的其他部分相互配合，以及你梦境内容的分析做出解释。

在大量类似这样的过程中，你会在与分析师的互动中暴露自己的关系模式。你或许会发现自己对这个知己有强烈的积极或消极的情感。分析师可能会提出，你正在产生**移情**（transferring），如依赖或爱恨交织着的感受，这些情感是你早期与家庭成员或其他重要人物交往时产生的。通过暴露这些情感，你可能会对目前的人际关系有一些洞察。

提供传统精神分析的治疗师相对较少。精神分析的许多基础理论都没有得到科学研究的支持，分析师的解释无法被证实或反驳，而且精神分析耗时很长，价格昂贵，即使每周做好几次都需耗费几年的时间来完成。其中一些问题已经在现代心理动力学（从精神分析演变而来的）理论中得到了解决。

> 解释：在精神分析中，分析师为了提高洞察力而对梦的假定含义、阻抗和其他重要的行为和事件进行诠释。

> 移情：在精神分析中，患者将其他关系中的情感（如对父母的爱或恨）转移到分析师身上。

检索练习

RP-1 在精神分析中，患者对分析师产生强烈情感的现象称为_____。当患者给敏感记忆周围设置阻碍时，即被认为表现出焦虑，表明存在_____。分析师将尝试提供对精神阻碍的_____来让患者获得对潜在焦虑的洞察力。

答案见附录 D

> "精神分析学之父有且仅有一人，那就是弗洛伊德。"
> ——杰梅茵·格里尔

心理动力学疗法

虽然受到弗洛伊德理论的影响，但采用**心理动力学疗法**（psychodynamic therapy）的治疗师很少谈论本我–自我–超我的冲突。相反，治疗师试图通过关注重要的人际关系和事件，包括童年经历和治疗师与来访者的关系，来帮助来访者理解他们当前的症状。"我们可以对同一个人又爱又恨，"心理动力学治疗师乔纳森·谢德勒（Jonathan Shedler, 2009）说，"我们可以对某些东西既渴望又恐惧。"来访者与治疗师每周会面一到两次（并非每周好几次），通常只持续几周或几个月。来访者并不是躺在治疗师视线之外的沙发上，而是与治疗师面对面（或在线）交谈，并在这一过程中讨论被压抑的想法和情感，以理解自己的症状。

> 心理动力学疗法：源自传统精神分析的疗法；帮助个体对无意识力量和童年经历做出反应，追求提高自我洞察力。

治疗师大卫·夏皮罗（David Shapiro, 1999）用一个案例说明了这一点：一个年轻男人同时告诉好几个女人自己爱她们，但他知道自己谁都不爱。来访者是这样解释的：这些女人期待听到肯定的回答，所以他就这么说了。但后来发现，这个男人的妻子想听到他这么说，他却发现自己说不出口——"不知道为什么，我就是说不出口。"

治疗师：你的意思是，如果你能够说出口，你会想这么做吗？

来访者：我不知道，也许我说不出口的原因是我不确定自己到底爱不爱她。也许我不爱。

进一步探讨发现，来访者无法表达真正的爱，因为这样做会让他感到"肉麻"和"柔弱"，觉得自己没有男子气概。他"与自我产生了冲突，并且与冲突的本质隔离开来"。夏皮罗指出，对于这种与自我疏离的来访者，治疗师使用心理动力学疗法"能够让他们认识自我。我们可以让他们重新了解自己的愿望和感受，让他们重新了解自己对这些愿望和感受的反应"。因此，在不全盘接受弗洛伊德理论的情况下，心理动力学治疗师的目标是帮助人们深入了解源自他们人生经历的无意识动力。

人本主义疗法

学习目标问题 16–3 人本主义疗法的基本主题是什么？罗杰斯个人中心疗法的目标和技术是什么？

人本主义的观点（见第 14 章）强调个体自我实现的先天潜能。毫无疑问，人本主义疗法试图减少阻碍自然发展和成长的内在冲突。为了实现这一目标，人本主义治疗师试图帮助来访者产生新的见解。事实上，因为心理动力学疗法和人本主义疗法都有这个目标，它们通常被统称为**顿悟疗法**（insight therapy）。但人本主义疗法与心理动力学疗法在很多方面有所不同：

顿悟疗法：旨在通过提高个体对潜在动机和潜在防御的觉察来改善心理机能的疗法。

- 人本主义治疗师旨在通过帮助个体在自我意识和自我接纳方面成长来获得自我实现。
- 治疗的重点是促进这种成长，而不是治愈疾病。因此，接受治疗的人被称为"个体"或"来访者"，而不是"患者"（许多其他流派的治疗师也采纳了这种做法）。
- 成长之路是对自己的情感和行为直接负责，而不是揭露隐藏着的决定因素。
- 意识层面的想法比潜意识想法更重要。
- 现在和未来比过去更重要。因此，治疗的重点是在情感产生时对其进行探索，而不是深入了解这些情感的童年根源。

个人中心疗法：也称来访者中心疗法。由卡尔·罗杰斯开发的一种人本主义疗法。在这种疗法中，治疗师在接纳、真诚、共情的环境中使用积极倾听等技术来促进来访者的成长。

上述主题都存在于卡尔·罗杰斯（Carl Rogers，1902—1987）所提出的、得到广泛应用的人本主义技术中，这一技术被称为**个人中心疗法**（person-centered therapy）。在这种非指导性治疗中，来访者主导谈话。治疗师在倾听过程中不评判、不解释，并避免将来访者引向某些领悟。罗杰斯坚信大多数人拥有成长的资源，他鼓励治疗师通过表现出接纳、真诚和共情来促进来访者成长。通过接纳，治疗师可以帮助来访者更自由地改变，更愿意去改变；通过真诚，治疗师希望鼓励来访者同样地表达自己真实的情感；通过共情，治疗师尝试感受和反映来访者的情感，帮助他们获得更深层次的自我了解和自我接纳（Hill & Nakayama, 2000）。正如罗杰斯所解释的：

> 倾听具有重要意义，当我真正在某刻去倾听某人，去理解对他很重要的意义时，我听的不仅仅是他说的话，而是他这个人。当我让他知道我已经听懂他个人的人格意义时，就会发生许多事情。首先我会看到充满感激的眼神，他会感到解脱。他想告诉我更多关于他的世界，他迸发出一种新的自由感，他对这种变化过程会越来越开放。
>
> 我常常注意到，我越深入倾听某人，以上情形就越可能发生。无一例外，当一个人意识到自己在被认真倾听时，他的眼睛常常会湿润。我想，在某种意义上，他是喜极而泣。他好像在说："感谢上帝，有人在倾听我，有人知道我是什么样的人。"

对罗杰斯来说，"听"是**积极倾听**（active listening），指治疗师回应、重述和澄清一个人所表达的内容（言语的或非言语的），并认可他所表达的情感。现在，积极倾听是许多学校、学院和诊所咨询实践的一部分。治疗师专注地倾听，只有在需要重述和肯定来访者的情感、表示已经理解了来访者所表达的一切或是想要澄清的时候，才会打断来访者。在下面简短的摘录中，请注意罗杰斯如何尝试提供一面心理镜子来帮助来访者更好地看清自己（Meador & Rogers, 1984）。

> 罗杰斯：这就是你现在的感觉？你对你自己没有用，对任何人都没有用，将来也不会对任何人有用，你完全没有价值？这些真是糟糕的感觉。你感觉自己一无是处？
>
> 来访者：是的。（以一种低沉的、沮丧的声音自语道）这就是那个跟我一起进城的家伙前两天告诉我的。
>
> 罗杰斯：跟你一起进城的家伙真的告诉你，你一点用处都没有？这是不是你刚才说的？我没有听错吧？
>
> 来访者：嗯。
>
> 罗杰斯：如果我没有弄错的话，这件事的意思是有一个人对你很重要，而他对你产生了一系列的想法？为什么他会告诉你他认为你一点用处都没有？他的话确实给了你沉重的打击。（来访者默默地哭了）这让你流泪了（20秒的沉默）。

积极倾听：共情倾听，即治疗师回应、重述并澄清。罗杰斯个人中心疗法的一个特点。

> 来访者：（明显反抗）然而我不在意。
>
> 罗杰斯：你告诉自己，你一点儿也不在意，但以某种方式，我猜你内心的一部分非常在意，因为那一部分现在在为之哭泣。

"我们有两只耳朵和一张嘴，就是为了少说多听。"
——第欧根尼·拉尔修

治疗师可以成为一面完美的镜子吗（在反映来访者的话语时不带有主观的选择和诠释）？罗杰斯承认一个人不可能完全没有方向性。尽管如此，他还是认为治疗师最重要的贡献是接受和理解来访者。假如在一种非评价性的、充满爱意的环境中，治疗师可以给来访者提供无条件积极关注，那么来访者甚至可以接受自己最糟糕的缺点，并且感到自己有价值且完整。

我们如何通过积极倾听来改善人际关系中的沟通？下列三个受罗杰斯启发的提示可能会有所帮助：

1. 解义。用自己的话总结对方的意思，来验证自己的理解是否正确。
2. 要求对方做更多的说明。"可以举一个这方面的例子吗？"这样可以鼓励对方提供更多信息。
3. 情感回应。"它听起来令人沮丧"可以反映出你从对方的身体语言和情感强度中所感受到的东西。

自问

想一想你最亲密的朋友。他是否表达了比那些与你不太亲近的人更多的共情？你如何更深入、更积极地倾听朋友的心声？

行为主义疗法

学习目标问题 16-4 行为主义疗法的基本假设与心理动力学疗法和人本主义疗法的假设有何不同？暴露疗法和厌恶条件反射中使用了哪些经典条件反射技术？

行为主义疗法：应用学习原理来消除不想要的行为的疗法。

顿悟疗法假设自我意识和心理健康是相辅相成的。心理动力学治疗师期望，当人们领悟了自己以前无法消解的、无意识的紧张时，问题就会减少。**行为主义疗法**（behavior therapy）治疗师则期望，当人们与自己的情感相关联时，问题会减少。然而，行为主义治疗师却怀疑自我觉察的治疗能力。行为主义治疗师没有深挖表面现象下的内在原因，而是假设问题行为本身就是问题所在（比如你明明知道考试是你高度焦虑的原因，但你仍会焦虑）。如果特定的恐惧症、性功能障碍或其他适应不良的症状是习得行为，为什么不应用经典条件反射和操作性条件反射的学习原理，用新的、建设性的行为取而代之呢？

经典条件反射技术

一系列的行为疗法都是由伊万·巴甫洛夫20世纪早期的条件反射实验的原理发展而来的（见第7章）。正如巴甫洛夫和其他人的研究所示，通过经典条件反射，我们学会了各种各样的行为和情绪。如果我们曾被狗攻击，此后当其他狗靠近时，我们可能会产生条件性恐惧反应（我们的恐惧会泛化，此时所有的狗都是条件刺激）。

适应不良的症状是条件反应的表现吗？假如是，那重建条件反射是解决问题的办法吗？学习主义者莫勒（Mowrer）给出了肯定的回答。通过将一个对液体敏感的垫子与警报器相连，他成功地研究出了一种治疗慢性尿床的条件反射疗法。孩子睡着后如果弄湿了垫子，湿掉的垫子就会触发警报，并弄醒孩子。经过若干次试验后，孩子在膀胱放松与被弄醒之间建立了连接。在四分之三的案例中，治疗是有效的，而且成功地改善了孩子的自我形象（Christophersen & Edwards, 1992; Houts et al., 1994）。

我们能否通过新的条件反射来解除恐惧反应——比如对公开演讲或高空飞行的恐惧反应？许多人都有恐惧反应。举一个例子：对乘坐电梯的恐惧往往是对处于封闭空间的习得性厌恶。**对抗性条件反射**（counterconditioning），如暴露疗法，将触发刺激（在本例中指电梯内部的封闭空间）与跟恐惧不相容的新反应（放松）进行匹配。

> **对抗性条件反射**：一种行为主义疗法程序，使用经典条件反射使个体对诱发不想要的行为的刺激产生新的反应；包括暴露疗法和厌恶条件反射。

检索练习

RP-2 心理动力学治疗师会怎么评价莫勒的尿床疗法呢？行为主义治疗师会怎么为尿床疗法辩护呢？

答案见附录D

暴露疗法 想象一下这个场景：行为主义心理学家玛丽·琼斯（Mary Jones）发现，3岁大的彼得对兔子和其他有毛的物体会产生恐惧反应。为了让彼得摆脱恐惧，琼斯计划将引起恐惧的兔子和快乐而放松的进食行为相关联。当彼得开始吃午后点心时，琼斯把关在笼子里的兔子拿到大房间的另一边。彼得正兴奋地吃着饼干、喝着牛奶，几乎没有注意到兔子的存在。在接下来的几天，她让兔子越来越靠近彼得。不到两个月，彼得已经可以把兔子抱在腿上，甚至一边吃东西一边抚摸兔子了。此外，他对其他有毛物体的恐惧反应也在减退，恐惧已经被不能与其共存的放松状态"抵消"或是代替了（Fisher, 1984; Jones, 1924）。

琼斯关于彼得和兔子的故事在1924年被报道时并没有广为人知，这对那些本来有可能通过她的对抗性条件反射技术而获得帮助的人来讲是不幸的。直到30多年以后，精神科医生约瑟夫·沃尔普（Joseph Wolpe）才将琼斯的对抗性条件反射技术改进为今天使用的**暴露疗法**（exposure therapies）。这些疗法会通过各种方式反复将人们暴露在

> **暴露疗法**：行为主义疗法技术，如系统脱敏和虚拟现实暴露疗法，通过让人们（在想象的或实际的场景中）暴露于他们害怕和逃避的事物来治疗焦虑。

他们恐惧的刺激中，来改变他们对这些刺激的反应。我们在日常生活中都经历过这个过程。刚搬到新公寓时，人们可能会因附近嘈杂的交通噪声心烦，随着反复暴露于噪声中，人们逐渐适应了噪声。对特定事件有恐惧反应的人也是如此，例如有创伤后应激障碍的人。在谈话疗法的帮助下，通过反复暴露于曾经使患者害怕的刺激，他们的焦虑逐渐消除（Langkaas et al., 2017; Stein & Rothbaum, 2018）。暴露疗法的过程痛苦且不易，所以接受暴露疗法的患者需要家人和朋友的支持（Meis et al., 2019）。

系统脱敏（systematic desensitization）是一种用于治疗特定恐惧症的暴露疗法。我们不能同时感到焦虑和放松，因此当面对引起焦虑的刺激时，如果我们不断地放松自己，那么焦虑就会逐渐消除。这一疗法的诀窍是逐步进行。假设你害怕公开演讲，行为主义治疗师可能会首先帮助你构建一个焦虑等级体系——焦虑水平逐渐升高的一系列演讲情境：可能从引发微弱焦虑的情境（如在一小群朋友中进行演讲）到引发恐慌的情境（不得不在大量观众面前公开演讲）。

> 系统脱敏：一种暴露疗法，将愉快的放松状态与逐渐升级的触发焦虑的刺激相关联。常用于治疗特定恐惧症。

接下来，治疗师会训练你循序渐进地放松。你会学习一组一组地放松肌肉，直到进入一种舒适的、完全放松的状态。然后治疗师可能会让你闭眼想象一个轻微引发焦虑的情境：你正在和一群朋友喝咖啡，并考虑是否要开口讲话。如果想象这个场景使你感到有哪怕一点儿焦虑，你就举起手指来表达紧张。看到信号后，治疗师会指导你关闭心理图像，并回到深度放松状态。这个想象的场景反复地与放松匹配，直到你感受不到任何焦虑。

治疗师会依照焦虑等级体系安排下一个项目，再用放松技术让你对每一个想象中的场景脱敏。几个疗程后，你开始在真实场景中练习之前想象的内容，从相对容易的任务逐渐过渡到更让人焦虑的环境。在真实场景而不只是在想象中战胜自己的焦虑，会增强你的自信（Foa & Kozak, 1986; Williams, 1987）。最终，你甚至可能成为一个自信的公开演讲者。通常，人们不仅害怕某种情境（如公开演讲），还害怕自己因恐惧反应而失去正常的应对能力。随着恐惧消退，对恐惧反应的恐惧也会消退。

> "我们唯一恐惧的就是恐惧本身。"
> ——美国前总统富兰克林·D.罗斯福

如果引发焦虑的情境（如飞行、高空、特定的动物和公开演讲）创建起来太过昂贵、困难或令人难堪，治疗师可能会推荐**虚拟现实暴露疗法**（virtual reality exposure therapy）。接受这种治疗时，你会戴上头戴式显示装置，这种装置能够投射出一个为你的特定恐惧量身定制的、栩栩如生的三维虚拟世界。举个例子，如果你害怕蜘蛛，你可以盯着桌子上电脑生成的三维蜘蛛，然后慢慢地、一步步地走向它，将手放在桌子上，感受"抓"它时它在手上"爬行"的感觉（图16.1）。如果你害怕社交，你可以体验模拟的压力情境，比如走进全是人的房间中。在对照研究中，接受虚拟现实暴露疗法的人，现实生活中的恐惧和社交焦虑得到了缓解（Anderson et al., 2017; Freeman et al., 2018; Minns et al., 2019）。

> 虚拟现实暴露疗法：一种对抗性条件反射疗法，创造性地使用电子模拟来治疗焦虑。这种模拟让人们可以安全地面对他们最大的恐惧，如飞行、蜘蛛或公开演讲。

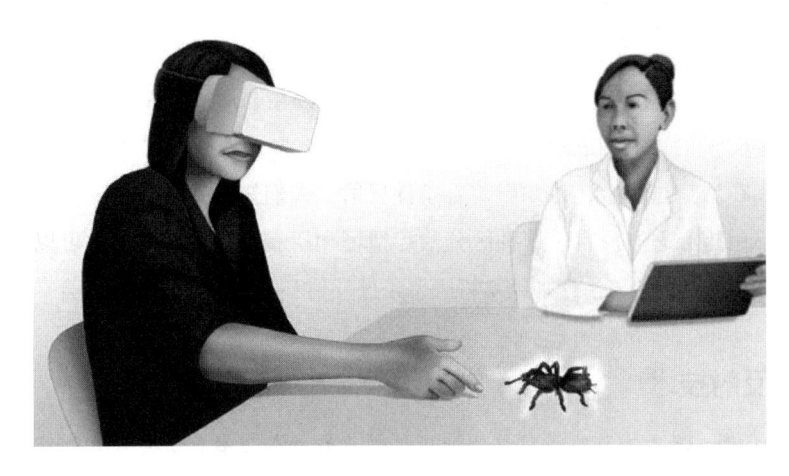

图 16.1 可怕的蜘蛛

在一个房间内，虚拟现实技术将人们暴露在他们所恐惧的刺激（如蜘蛛）的生动模拟场景中，并帮助他们逐渐克服恐惧。

厌恶条件反射 暴露疗法帮助你学习应该做的事，它能让你对令人不安的无害刺激做出更放松、更积极的反应。**厌恶条件反射**（aversive conditioning）帮助你学习不应该做的事，它让人对有害刺激（如酒精）产生消极（厌恶）反应。厌恶条件反射的程序很简单：它将不良的行为与不快的感受相联系。为了治疗强迫性咬指甲的行为，治疗师可能会建议在指甲上涂一层难闻的指甲油（Baskind, 1997）；为了治疗酒精使用障碍，治疗师可能会给来访者提供诱人的酒精饮料，在其中掺入令人严重恶心反胃的药片。该治疗通过将酒精和强烈的恶心感联系起来，将酗酒者对酒精的积极反应转换成消极反应（图 16.2）。

厌恶条件反射：将消极反应（如恶心）与不良的行为（如酗酒）相关联。

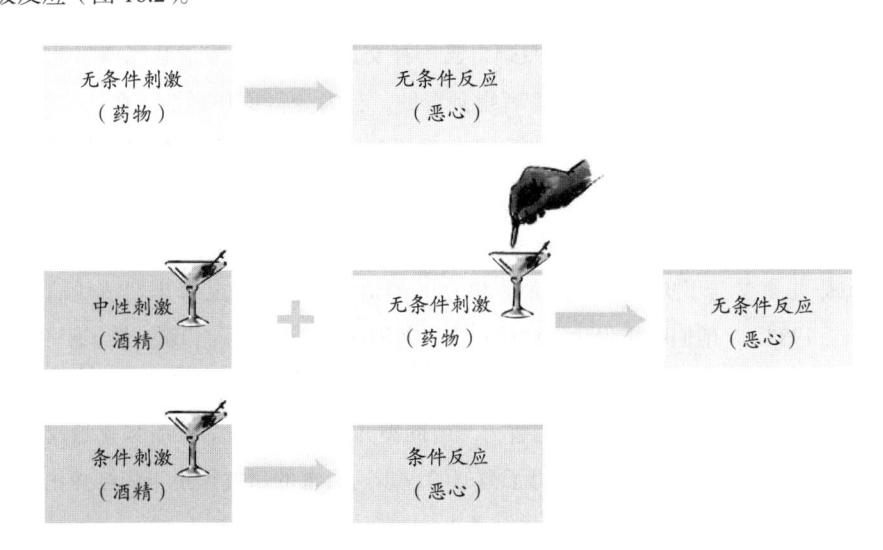

图 16.2 针对酒精使用障碍的厌恶治疗

在酒里放入会令人感到极端恶心反胃的药片，并反复给那些有酒精使用障碍的人喝，他们至少能暂时形成对酒精的厌恶条件反射。

在一些动物保护项目中，味觉厌恶学习已经成功成为杀死捕食者的替代方法（Dingfelder, 2010; Garcia & Gustavson, 1997）。狼吃了被污染的羊而感到恶心，以后可能会避免吃羊。厌恶条件反射也会改变人们对酒精的反应吗？在短期内是可能的。

在一项经典的研究中，685名酒精使用障碍患者完成了一个厌恶治疗项目（Wiens & Menustik, 1983）。在接下来的一年里，他们又接受了几项将酒精与厌恶匹配的强化治疗。一年后，其中有63%的人成功戒断；但是三年后，只有33%的人保持了戒断。

正如研究所示，在治疗过程中，认知影响着条件反射。人们知道在治疗师的办公室之外，喝酒可以不用担心恶心反胃。这种区分治疗情境和所有其他情境的能力可以限制厌恶条件反射的效果。因此，治疗师经常将厌恶条件反射和其他治疗方法相结合。

操作性条件反射技术

学习目标问题 16-5 基于操作性条件反射原理的行为疗法的主要前提是什么？其支持者和批评者的观点是什么？

如果你学过游泳，你就知道当头在水下时，如何屏住气，知道如何在水中移动身体，甚至如何安全潜水。操作性条件反射让你学会了游泳，并且强化了安全、有效的行为。你自然也会因为不正确的游泳动作吃苦头，比如呛一大口水。

因果关系强烈影响着个体的自主行为。知道了操作性条件反射的这一基本原理，行为主义治疗师就能对行为进行矫正。他们强化期望的行为，不强化（或有时惩罚）不良行为。

我们用操作性条件反射来解决特定的行为问题，并为某些看似无望的案例带来了希望。智力障碍患儿学会了如何照顾自己；社交退缩的孤独症谱系障碍患儿学会了如何与人交往；精神分裂症住院患者得到帮助，行为变得更加理性。在这些例子中，治疗师采用积极强化物来塑造行为。他们以循序渐进的方式奖励越来越接近期望的行为。

在极端情况下，必须采用强化治疗。在一个研究中，19名孤僻寡言的3岁孤独症谱系障碍儿童参与了历时2年、每周40小时的治疗方案，由父母来塑造他们的行为（Lovaas, 1987）。他们积极强化期望的行为，忽视或惩罚攻击或自我虐待行为。对一些孩子来说，两者的结合产生了惊人的效果。到一年级时，19个孩子中有9个能够成功地适应学校生活，也表现出正常的智力。由同类儿童组成但没有接受强化治疗的对照组中，40个孩子当中只有1个取得了类似的进步。后来的研究聚焦于积极强化——经证明这是早期强化行为干预的有效成分（Reichow, 2012）。

用于改变行为的奖励各不相同。对某些人来讲，关注或赞赏就会产生足够的强化力量；而另一些人则要求具体的报酬，例如食物。在机构环境下，治疗师可以建立一种代币制（token economy）。当人们表现出期望的行为，如起床、洗漱、穿衣、吃饭、连贯地说话、打扫房间或合作玩游戏时，就会获得代币。他们可以用这些代币换取奖励，例如可以获得糖果、看电视时间、一日游或改善居住环境。代币制已经被成

代币制：一种操作性条件反射程序，人们通过表现出理想的行为来获得代币，然后可以用代币换取特权或优待。

功地运用于团体之家、课堂和矫正机构,以及各种失能人群照护中(Matson & Boisjoli, 2009)。

行为矫正的批评者表达了两方面的担忧:

- 这些行为可以维持多久?个体是否会变得非常依赖外部奖励,以至于当停止强化因素的使用时,期望的行为也会立即消失呢?行为矫正的支持者认为,如果让患者对现实生活中的其他奖励,例如社会认可产生兴趣和需要,摆脱对代币的依赖,那么这些行为就可以维持下去。此外,支持者还指出,期望的行为本身也是有回报的。随着人们社交能力的增强,社交本身的内在满足感就足以让他们保持这些行为。

- 一个人控制另一个人的行为,这是正确的吗?那些建立代币制的人剥夺了他人想要的东西,并决定强化哪些行为。批评者认为,整个行为矫正过程太过专制。而代币制的支持者反驳说,控制本就存在,人们的破坏性行为模式是由其环境中的自然强化物和惩罚物维持和延续的,用积极的奖励来强化恰当的行为,不是比用制度或惩罚更人性化吗?支持者们还认为,获得有效治疗的权利及其对生活的有效改善证明了这种暂时剥夺的合理性。

检索练习

RP-3 什么是顿悟疗法,这类疗法与行为疗法有什么不同?

RP-4 一些适应不良的行为是习得的。这一事实给我们带来什么启示?

RP-5 暴露疗法和厌恶条件反射是_____条件反射的应用。代币制是_____条件反射的应用。

答案见附录 D

自问

你对行为矫正技术(如代币制中使用的技术)有何看法?你是否支持使用这种方法?

认知疗法

学习目标问题 16-6 认知疗法和认知行为疗法的目标和技术是什么?

行为疗法可能对有特定恐惧和问题行为的人有效。然而行为治疗师如何矫正伴随抑郁症的各种行为呢?或者说行为治疗师如何治疗广泛性焦虑障碍的患者呢(他们的焦虑没有重点,不属于某一种特定的引发焦虑的情况)?自20世纪60年代以来,认知革命不但深刻地改变了心理学的其他领域，也对心理治疗产生了影响。

认知疗法（cognitive therapy）假设我们的思维会影响情感（图 16.3）。思维在事件和反应之间起中介作用。例如，焦虑可能源自"对威胁的注意偏差"（MacLeod & Clarke, 2015）。自责和对不良事件过度概括的解释会导致抑郁症。抑郁症患者把建议看作批评，把不同意见看作不喜欢，把表扬看作奉承，把友好看作同情。纠结于这种想法的人会变得消极。认知疗法帮助人们用新的、更具建设性的方式来感知和解释事件，从而改变他们的想法（Schmidt et al., 2019）。

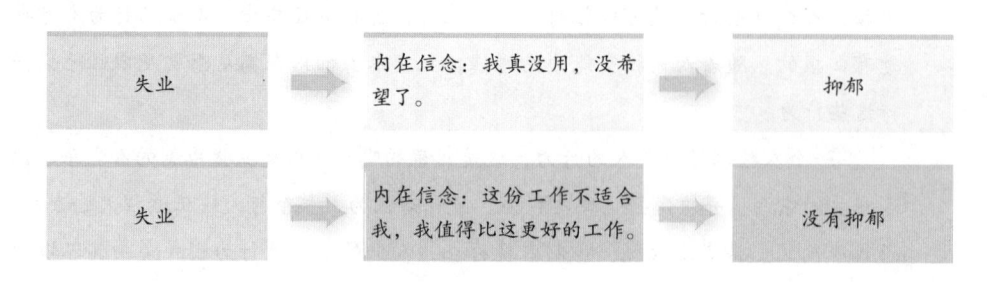

认知疗法：教给人们新的、更具适应性的思维方式的疗法，基于想法在事件和我们的情绪反应之间起中介作用的假设。

图 16.3 对心理障碍的认知观

人的情绪反应并不直接由事件导致，而是由个体对这一事件的认识导致。

失业 → 内在信念：我真没用，没希望了。→ 抑郁

失业 → 内在信念：这份工作不适合我，我值得比这更好的工作。→ 没有抑郁

"生活并非主要由事实和事件组成。生活主要由不断进入脑海的各种想法组成。"
——马克·吐温

贝克的抑郁疗法

20 世纪 60 年代末，一位女士觉得聚会并不愉快，于是提前离开了。她觉得自己和其他聚会者变得疏远，认为没有人喜欢她。几天后，她拜访了认知治疗师亚伦·贝克（Aaron Beck）。贝克没有按照传统的方式去探讨她的童年，而是试图挑战她的思维。在她列举了十几个确实喜欢她的人之后，贝克意识到，挑战人们自动产生的消极思维是有用的。他的抑郁疗法应运而生，这种治疗方法认为改变人们的思维可以改变他们的行为（Spiegel, 2015）。

贝克发现，抑郁症患者经常报告说，他们的梦境都是关于丧失、拒绝和抛弃的消极主题，这些主题延伸到他们清醒时的思维中，当来访者回忆和复述他们的失败和最糟的事件时，这种影响甚至在治疗中也表现了出来（Kelly, 2000）。在认知治疗中，贝克及其同事尝试改变来访者对自己、身边环境和未来的消极态度。通过这种技术和温和的提问方式，他们帮助人们发现自身不合理的想法，并说服人们摘掉他们用来观察世界的墨镜（Beck et al., 1979）。

亚伦·贝克
"认知疗法旨在通过纠正错误的理解和信念来缓解心理压力。纠正错误的信念可以减少过度反应。"

来访者：我同意你对我的描述，但我并不认为这种思维方式让我沮丧。

贝克：那你是怎样理解它的呢？

来访者：当做错事时我感到沮丧。例如，没有通过考试。

贝克：没有通过考试怎么使你沮丧呢？

来访者：是这样的，假如我没有通过考试，我就不能进入法学院。

贝克：所以，没有通过考试对你来说非常糟糕。但是，假如考试失败会让人们产生临床抑郁症状，你岂不是要预期每个不及格的人都是抑郁症患者？……每个不及格的人都会抑郁到需要治疗吗？

来访者：不，但是这取决于考试对每个人的重要程度。

贝克：对，那么谁在决定这个重要程度呢？

来访者：我。

贝克：所以，我们需要考察你看待考试的方式（或你思考考试的方式），以及它如何影响你进入法学院的可能性。你同意吗？

来访者：同意。

贝克：你认为你解释考试结果的方式会影响你吗？你可能会感到沮丧、失眠、没胃口，甚至可能想是否应该放弃。

来访者：我一直都在想，我不会成功了。是的，会影响到我。

贝克：现在，考试失败意味着什么呢？

来访者：（眼泪汪汪）我将不能进入法学院。

贝克：那这对你意味着什么呢？

来访者：那说明我不够聪明。

贝克：还有呢？

来访者：我将永远不会快乐。

贝克：那这些想法会让你有什么样的感觉呢？

来访者：非常不开心。

贝克：所以，让你非常不开心的是考试失败的意义。实际上，认为自己永远不会快乐，这是导致你不开心的一个重要因素，所以，你把不能进入法学院等同于"我永远不会快乐"，你陷入了这样一个困境。

我们常常用言语思考。因此，要求人们改变自我对话的内容，可以有效地改变他们的思维方式。也许你一眼就能认出那些考试焦虑的学生，他们在考试前总是用自我挫败的想法把事情变得更糟。"这次考试可能通过不了，其他同学似乎很轻松自信。我希望我能准备得更好一点。总之我太紧张了，我会忘掉所有的内容。"心理学家把这种不间断的、过度概括性的、自责的行为称为灾难化思维。

为了改变这种消极的自我对话，认知治疗师提供了一种压力免疫训练：指导人们在压力情境下重建自己的思维（Meichenbaum, 1977, 1985）。有时，只需对自己多说些积极的话可能就足够了。"放松，这次考试可能很难，但它对其他人也一样难。我比其他大多数人更努力学习。此外，取得好成绩并不一定需要我得到一个极高的分数。"在学会"反驳"消极思维后，有抑郁倾向的儿童、青少年和大学生未来患抑郁症的概率大大降低（Reivich et al., 2013; Seligman et al., 2009）。同理，他们未来患焦虑障碍的概率也大大降低（Krueze et al., 2018）。在很大程度上，怎么想才是最重要的。常用的认知疗法技术见表 16.1。

表 16.1　可选择的认知治疗技术

技术目标	技术	治疗师的指令
揭示信念	质疑你的理解	探索你的信念，揭示错误的假设，比如"我必须被所有人喜欢"
	对想法和情绪进行排序	将你的想法和情绪按照轻微令人沮丧到极度令人沮丧的顺序排列，从而获得新的视角
检验信念	考察后果	探讨困难的情况，评估可能的后果，挑战错误的推理
	灾难化思维	分析你所面临的情况最糟糕的结果（通常没有想象的那么糟糕），然后决定如何应对你面临的真实情况
改变信念	适当承担责任	质疑完全自责和消极的想法，指出哪些方面是你真正应该负责的，哪些方面不是你应该负责的
	拒绝极端	用新的方式思考和感受，取代适应不良的习惯。例如，把"我是个彻头彻尾的失败者"的想法转变为"我那篇论文不及格，下次我要做出改变，取得成功"

不只抑郁症患者可以从积极的自我对话中受益，我们也都会跟自己对话（想着"我要是没说那句话就好了"，可以防止我们犯同样的错误）。将近 36 项运动心理学研究的结果表明，自我对话干预也可以提高运动技能的学习（Hatzigeorgiadis et al., 2011）。例如，篮球新手可以默念"专注"和"坚持"，游泳运动员可以默念"高肘"，网球运动员可以默念"看球"。如果让那些对公开演讲感到焦虑的人回忆一次成功的演讲，然后问他们"为什么你能表现得这么好？"，他们就会信心大增（Zunick et al., 2015）。

> **自问**
>
> 你是否曾经因为自我挫败的想法而在学业上或工作中难以实现目标？你怎样才能战胜这些想法？

认知行为疗法

治疗师阿尔伯特·艾利斯（Albert Ellis，1913—2007）说："大多数治疗存在的问题是它让你感觉更好，但你实际上并没有变得更好。你必须用实际行动证明自己。"**认知行为疗法**（Cognitive-behavioral therapy，CBT）采用综合方法来治疗抑郁症和其他疾病。这种被广泛应用的综合疗法旨在改变人们的思维方式和行为方式。和其他认知疗法一样，认知行为疗法想让人们意识到自己不合理的消极思维，并以新的思维方式取而代之。和其他行为疗法一样，认知行为疗法训练人们在日常环境中表现得更积极。

以日记辅助的认知行为疗法治疗进食障碍
认知行为治疗师引导进食障碍患者以新的方式解释自己与食物有关的经历，包括好的和坏的经历（Linardon et al., 2017）。通过记录积极事件，以及她是如何做到这件事的，这位女士可能会更加注意自己的自控能力，也更加乐观。

认知行为疗法：一种流行的综合疗法，将认知疗法（改变自我挫败思维）与行为主义疗法（改变行为）相结合。

焦虑障碍、抑郁症和双相障碍的共同问题是：不良的情绪调节（Aldao & Nolen-Hoeksema, 2010; Szkodny et al., 2014）。针对这些情绪障碍，一个有效的认知行为疗法项目既能训练人们用更现实的评价来取代灾难化思维，也能训练人们像完成家庭作业一样，练习与其问题不相容的行为（Kazantzis et al., 2010; Moses & Barlow, 2006）。个体可以记录与消极和积极情绪相关的日常情境，并更积极地参与让人感觉良好的活动。那些害怕社交场合的人可以学着去克制有关社交焦虑的负面想法，并练习与人接触。

认知行为疗法可以有效地治疗强迫症及相关障碍患者（Öst et al., 2015; Tolin et al., 2019）。在一项经典研究中，患者学会通过给强迫性想法重贴标签来防止自己做出强迫行为（Schwartz et al., 1996）。当有再洗一遍手的冲动时，他们会告诉自己，"我正在产生一种强迫性冲动"。他们会对自己解释说，洗手的冲动是他们的大脑异常活动的结果，这是他们之前在PET扫描中观察到的。这样一来，他们便不会执行这一强迫性行为，而是花15分钟时间做令人愉快的替代行为——练习乐器、散步、园艺。这些替代行为有助于转移注意力，让大脑的其他区域活跃起来，以"放松"大脑。患者在接下来的两三个月内，每周参与治疗课程，并在家里练习重新贴标签和重新聚焦。到研究结束时，大多数参与者的症状减轻，PET扫描显示其大脑活动已经正常。许多其他研究证实了认知行为疗法在治疗焦虑障碍、抑郁症、进食障碍、注意缺陷多动障碍、酒精或其他物质使用障碍方面的有效性（Brown et al., 2018; Knouse et al., 2017; Linardon et al., 2017; Magill et al., 2019）。

在线和应用程序引导的认知行为疗法测验和练习——没有治疗师面对面参与的

治疗——也有助于缓解失眠、抑郁和焦虑（Andrews et al., 2018; Carlbring et al., 2018; Ebert et al., 2018）。通过提供灵活、便宜和有效的治疗，在线认知行为疗法可以帮助那些因住在偏远地区、低收入或容易尴尬等原因很少进行面对面治疗的患者（Daddset al., 2019; Sheeber et al., 2017）。

辩证行为疗法（dialectical behavior therapy，DBT）是认知行为疗法的一种较新的变体，有助于改变有害甚至有自杀倾向的行为模式（Linehan et al., 2015; McCauley et al., 2018; Tebbett-Mock et al., 2019）。辩证的意思是"对立"，这种疗法试图在两种对立的力量——接纳和变化之间达成平衡。治疗师创造一个接纳和鼓励的环境，让来访者觉得治疗师是能为自己提供建设性的反馈和指导的盟友。在个体治疗中，来访者学习新的思维方式，以帮助他们耐受痛苦和调节情绪。来访者还会接受社会技能和正念冥想方面的培训，这有助于缓解抑郁情绪（Gu et al., 2015; Wielgosz et al., 2019）。团体训练课程提供了在社会环境中练习新技能的额外机会，并以家庭作业的形式提供进一步的练习。

检索练习

RP-6 人本主义疗法和认知疗法有什么不同？

RP-7 亚伦·贝克提出的_____的主要特点是认为改变人们的思维可以改变他们的行为。

RP-8 什么是认知行为疗法，这种疗法适用于解决什么样的问题？

答案见附录D

团体与家庭治疗

学习目标问题 16-7 团体与家庭治疗的目标和优势是什么？

团体治疗

除传统精神分析外，大多数的治疗方法还可以在小团体中使用。在**团体治疗**（group therapy）过程中，治疗师不能给每个来访者提供相同程度的治疗，然而，它有其他的好处：

- 团体治疗可以节省治疗师的时间和来访者的金钱，通常效果不比个体治疗差（Burlingame et al., 2016）。
- 团体治疗为探索社会行为和发展社会技能提供了一个社会实验室。治疗师通常建议频繁与他人发生冲突的人或行为给别人带来困扰的人进行团体治疗。治疗

团体治疗：对团体而非个人进行的治疗，从团体互动中获益。

师引导来访者们在讨论问题和尝试新行为时互动。

- 团体治疗让人们知道其他人也存在和自己类似的问题。发现别人也有类似的压力、麻烦和行为，会让人们感到安慰（Rahman et al., 2019）。
- 当来访者尝试新的行为方式时，团体治疗能提供反馈。感到焦虑和难为情时，若听见他人评价自己看起来或听起来镇定自若，会非常令人安心。

家庭治疗

家庭治疗（family therapy）是一种特殊的团体互动，该方法认为没有人生来就是一座孤岛，我们在与他人的联系（尤其是我们的家庭）中生活、成长。我们努力将自己与家人区分开来，但我们同样也需要与家人建立情感上的联系。这两种对立的倾向会给个体和家庭带来压力。

家庭治疗师往往将家庭视为一个系统，在这个系统中每个人的行为都会引发他人的反应。例如，孩子的叛逆既会导致家庭成员的紧张关系，同时也被其他成员的紧张关系所影响。治疗师通常能成功地帮助家庭成员找到他们在家庭系统中的角色，促进家庭成员之间的沟通，并帮助他们发现避免或解决冲突的新方法（Hazelrigg et al., 1987; Shadish et al., 1993）。

家庭治疗：在家庭系统的背景下实施的疗法。认为个体的不良行为是受其他家庭成员的影响，或指向其他家庭成员。

自助小组

超过 1 亿的美国人是宗教小组、特殊利益小组或支持小组的成员，这些小组通常定期聚会。其中十分之九的人报告说，小组成员"在情感上相互支持"（Gallup, 1994）。自助小组经常为那些难以在其他地方寻求帮助的人提供支持。一项对 14 000 多个自助小组的分析报告显示，大多数的自助小组致力于帮助解决受大众指责、令人尴尬的问题（Davison et al., 2000）。艾滋病患者参加支持小组的可能性是高血压患者的 250 倍。神经性厌食症和酒精使用障碍患者常常会加入自助小组，但偏头痛和溃疡患者就不这么做。

支持小组的先驱——匿名戒酒会（Alcoholics Anonymous，AA）著名的"12 步策略"，已被其他许多自助小组所模仿。12 步策略要求成员承认自己的无助，需要向更强的力量和他人寻求帮助，并且（第 12 步）将这种信息转告给需要的人（Galanter, 2016）。研究发现，类似 AA 支持小组的 12 步策略有助于减少酒精使用障碍，且效果与其他治疗干预措施相当（Ferri et al., 2006; Moos & Moos, 2005）。一项历时 8 年、耗资 2700 万美元的调查发现，无论是 AA 计划的参与者，还是那些被安排接受 CBT 或替代疗法的参与者，饮酒量都大幅减少（Project Match, 1997）。另一项针对 2300 名想要治疗酒精使用障碍的退伍军人的研究发现，经常参与 AA 聚会确实会减少酒精问题（McKellar et al., 2003）。AA 成员参加的互助会越多，戒酒的程度就越高（Moos &

尽管 AA 有 200 多万成员，分布在 180 个国家和地区，但据说它是"地球上最大的没有人愿意参加的组织"（Finlay, 2000）。

Moos, 2006）。那些个人故事中包含了"救赎性叙述"的人——从自身的挣扎中看到美好的事物——更加能够保持清醒（Dunlop & Tracy, 2013）。

在个人主义时代，随着越来越多的人离群索居，支持小组的盛行——对于丧亲者、离异者，以及那些只是为了寻求伙伴和成长的人来说——可能反映了他们对社区和联系的渴望。

***

有关这些现代心理疗法的概要，请参阅表 16.2。

表 16.2　现代心理治疗之间的比较

治疗	针对的问题	治疗目的	治疗技术
心理动力疗法	童年经历导致的无意识冲突	通过自我洞察来缓解焦虑	解释来访者的记忆、梦和情感
个人中心疗法	自我了解和自我接纳受阻	通过无条件的积极关注、接纳、真诚和共情让患者成长	积极倾听并反映来访者的感受
行为主义疗法	行为失调	学习适应性行为，解决问题	使用经典条件反射（通过暴露或厌恶疗法）或操作性条件反射（如代币制）
认知疗法	消极、自我挫败的思维	促进更健康的思维和自我对话	训练人们质疑消极的想法和归因
认知行为疗法	自我伤害的想法和行为	促进更健康的思维和适应性行为	训练人们对抗自我伤害的想法，并实践新的思维方式
团体治疗和家庭治疗	紧张的关系	健康的关系	进一步理解家庭和其他社会系统，探索角色，改善沟通

评估心理治疗

许多人都对心理治疗充满信心。"寻求咨询"或"让你的伴侣去找一个治疗师"，这是报刊专栏作家最常说的话。1950 年以前，精神科医生是心理健康服务的主要提供者。现在的服务提供者则包括临床和咨询心理学家、临床社会工作者、婚姻咨询师、物质滥用顾问、学校辅导员和精神科医生。在投入大量的时间、金钱和精力之后，我们有必要提这样一个问题：全世界数百万人把希望寄托在心理治疗上，这是合理的吗？

心理治疗有效吗？

学习目标问题 16-8　心理治疗有效吗？我们如何知道？

这个问题看似简单，却很难回答。如果生病后很快就痊愈了，我们可以认为抗生素是有效的。但我们怎样评估心理治疗的效果呢？通过我们对自身进步的感受，通过治疗师对此的感受，通过我们的朋友和家人对此的感受，还是通过我们的行为所发生的变化？

来访者的观点

如果来访者的评价是唯一的衡量标准，我们就能有力地肯定心理治疗的有效性。当2900名《消费者报告》的读者讲述自己和心理健康专家接触的经历时（1995; Kotkin et al., 1996; Seligman, 1995），有多少人表示"相当满意"呢？将近90%（正如我们在本章开头看到的凯·雷德菲尔德·贾米森一样）。那些刚开始治疗时感觉一般或很差的来访者中，九成的人现在感觉非常好，或至少过得去。我们已经知道了他们的评价，我们还可以从哪里了解更多呢？

我们不应该对这些评价有丝毫的轻视，但批评者们给出了他们质疑的理由：

- 人们经常在危机时刻进行治疗。伴随着情况渐近正常和时间的流逝，当危机过去后，人们可能会将他们的好转归功于治疗。无论接受了何种治疗，抑郁症患者通常都会好转。
- 来访者相信治疗是有效的。安慰剂效应能够给人带来积极的期望——相信自己的病能治好。
- 来访者通常会为他们的治疗师说好话。即使问题仍然存在，来访者也会"尽力去说一些积极的话。治疗师非常善解人意，来访者获得了新的视角，他已经学会如何更好地交流，他的心情得到了放松。没必要说任何关于治疗无效的话"（Zilbergeld, 1983, p. 117）。
- 来访者相信治疗是值得的。如果你在某件事情上投入了时间和金钱，你难道不会期待得到好的反馈吗？心理学家表示有这种期待是正常的。

我们对马萨诸塞州500多名5～13岁的男孩（其中许多人似乎注定要走上犯罪道路）进行了一项大规模实验，并在实验结束后收集了反馈评价。通过抛硬币决定，一半的男孩被安排参加一个为期5年的治疗项目。治疗师每个月走访他们两次。这些男孩参加社区活动，必要时接受学业辅导、医疗照顾和家庭帮助。约30年后，琼·麦考德（Joan McCord, 1978, 1979）联系到了485名参与者，给他们发了调查问卷，并调查了法院、精神病医院和其他来源的公共记录。这一治疗成功吗？

来访者的反馈评价很有说服力。一些人说，假如没有治疗师，"我可能会进监狱""我可能走上另一条路"或者"我想我最终会走上犯罪的道路"，司法记录证实了这些反馈评价。即使是治疗组中那些"问题很多的"男孩，也有66%的人没有青少年犯罪的官方记录。

但是心理学最有力的工具——对照组——可以将现实与沾沾自喜的幻想区分开来。对于治疗组的每个男孩，在对照组中都有一个与之背景相似的男孩没有接受治疗。在这些未接受治疗的男孩中，有70%的人并没有青少年犯罪记录。采用其他的测量指标，如二次犯罪记录、酒精使用障碍、死亡率和工作满意度，未接受治疗的男孩表现出的问题也更少。不幸的是，来访者的反馈评价确实会造成误导。

治疗师的观点

如果治疗师的观点能证明治疗的有效性，我们就有更多的理由来判断治疗是否有效。成功治疗的案例研究非常多。问题是，来访者在接受心理治疗时强调的是他们的苦恼，而离开时则在强调他们的幸福。治疗师们很珍惜来访者离开时或后来向他们表达的感谢和赞美之情。但有些来访者在接受完治疗后，痛苦只是暂时减轻，他们会寻找新的治疗师来解决自己反复出现的问题，而不会和之前的治疗师保持联络，因此治疗师是最能意识到其他治疗师的失败的人。同一个长期被焦虑、抑郁或婚姻问题折磨的人，可能成为好几个治疗师的"成功"案例。此外，治疗师和我们其他人一样，很容易出现认知错误。**证实偏差**（confirmation bias）会导致他们不自觉地寻找证实自己信念的证据，忽略相互矛盾的证据，而错觉相关会导致他们感知到并不存在的关联（Lilienfeld et al., 2015b）。

证实偏差：寻找支持我们信念的信息，而忽视或歪曲相互矛盾的证据的倾向。

结果研究

那么我们应该怎样客观地衡量心理治疗的效果呢？我们可以期待什么样的结果——哪些类型的心理治疗方法，可以让哪些类型的人和问题从中受益？

为了更好地评价心理治疗的效果，心理学家开始进行对照研究。19世纪就有人做过类似的研究，并改变了医学领域。当时持怀疑态度的医生开始意识到，许多患者在接受了当时的主流治疗（放血）后，仍会死亡，而其他患者能自行好转。只有在对患者进行观察，并记录使用或不使用某种特定治疗的结果后，才能区分何为迷信，何为真理。例如，伤寒患者总是在放血后有所好转，因此大多数医生相信这种治疗方法是有效的。直到实验中，对照组的患者仅仅是卧床休息，在发烧5周后，竟有70%的人有所好转，震惊的医生们才意识到，放血是无效的（Thomas, 1992）。

在20世纪，英国心理学家汉斯·艾森克（Hans Eysenck, 1952）总结了24项关于心理治疗结果的研究，他的研究同样令人震惊，随即引起了激烈的辩论。艾森克发现，接受心理治疗的人中，有三分之二的人（其障碍不涉及幻觉或妄想）有显著好转。直到现在，也没有人质疑这一乐观的估计。但是有一个问题：艾森克也报告说，未经治疗的来访者也出现了类似的好转，例如那些仍处于待治疗名单上的人。他说，不管有没有接受心理治疗，都有大约三分之二的人显著好转。时间是最好的医生。

后来的研究显示艾森克的分析存在缺陷。他的样本很少——在1952年，艾森克只找到24例心理治疗的结果来进行分析，如今可用的例子成百上千。其中最好的例子是随机临床试验，即研究人员将等候名单上的人随机分配到治疗组或不治疗组，接着由不知道来访者是否接受过治疗的心理学家对来访者进行测试和评价，并比较结果。

然后，研究者用元分析对心理治疗的整体效果进行综合分析，元分析是把大量不同研究结果加以综合的统计方法。简单地说，元分析总结了大量研究的结果。第一次元分析纳入了大约475项心理治疗结果研究，其结果受到治疗师的认可（Smith et al., 1980）。这一研究证明，平均而言，接受治疗的来访者在治疗结束时的感觉好于等候名单上80%未接受治疗的来访者（图16.4）。玛丽·李·史密斯和她的同事总结道："心理治疗对任何年龄段的人都有好处，其作用就跟学校教育、药物治疗、商业利润一样可靠。"

后续的几十项总结性研究证实了心理治疗的有效性。它们证实了早期研究的结果：没有接受治疗的来访者通常能好转，但接受治疗的来访者更有可能好转，而且恢复的速度更快，复发的风险更小（Eckshtain et al., 2019; Weisz et al., 2017）。[值得一提的是：与没有发现治疗效果的研究相比，那些发现积极治疗效果的研究更有可能被发表（Driessen et al., 2015）。] 经过治疗后，许多患者表现出更好的洞察力和情绪觉察，更有耐心、更外向（Høglend & Hagtvet, 2019; Roberts et al., 2017）。一些抑郁症或焦虑症患

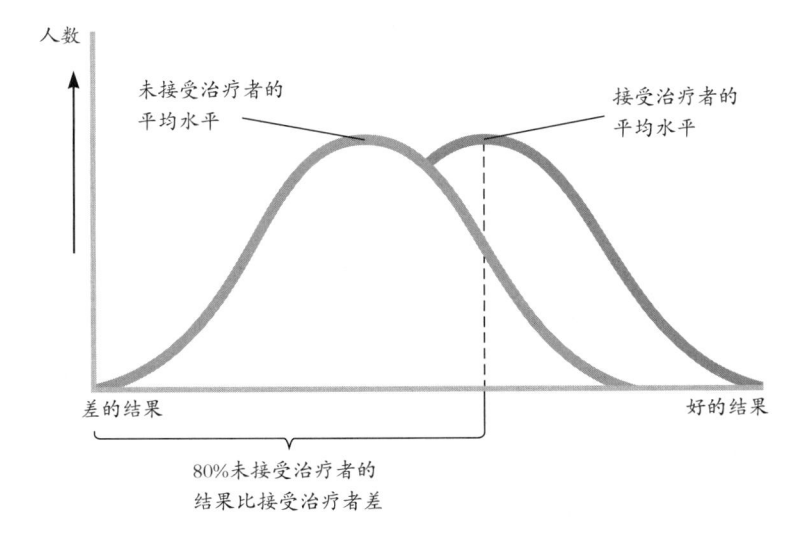

图16.4 治疗与不治疗的对比

这两条正态分布曲线的数据来源于对475项研究的元分析，显示了未经治疗和接受过心理治疗的来访者的好转情况。接受过治疗的来访者平均好转水平超过了80%没有接受治疗的来访者（Smith et al., 1980）。

者在治疗过程中症状也会突然减轻（Aderka et al., 2012）。这些"突如其来的收获"——约有12%的接受治疗者经历了这一现象——预示着改善将是长期的（Wucherpfennig et al., 2017; Zilcha-Mano et al., 2019）。

心理治疗也可以节省成本。研究表明，当人们寻求心理治疗时，他们寻求其他治疗的概率会大幅下降——一份综合了91例研究的综述显示下降程度为16%（Chiles et al., 1999）。药物滥用和其他心理障碍给社会各方面造成了损失，包括事故、失业和治疗等。据估计，2001年至2017年期间，阿片类药物泛滥给美国造成了超过1万亿美元的损失（Altarum, 2018）。因此，在心理治疗上的花费其实是回报率很高的投资，就像在产前和婴儿护理上的花费一样（Chisholm et al., 2016; Johnson et al., 2019）。两者都降低了长期成本。而提高员工的心理健康水平可以降低医疗成本，提高工作效率，并降低缺勤率。难怪美国的医疗保险公司和英国的国民保健服务加大了对心理治疗的资金支持力度（Hockenberry et al., 2019; NHS, 2020）。

但需要注意的是，心理治疗一般来说有一定的效果，但该说法并非指某一特定疗法。这就像对肺癌患者保证，"一般来说"医学治疗是有效的。然而，饱受病痛折磨的患者和为其治疗付费的家属想知道的是，某种特定治疗对他们的特定病症是否有效。

检索练习

RP-1 安慰剂效应如何影响来访者和治疗师对心理治疗的有效性评价？

答案见附录D

哪种心理治疗更有效？

学习目标问题16-9 针对特定的病症，有些心理治疗比其他方法更有效吗？

早期的统计综述和调查并未发现任何一种心理治疗整体疗效具有优势（Smith & Glass, 1977; Smith et al., 1980）。后来的研究同样发现，无论治疗师是否经验丰富、是否经过培训、是否受到督导、有无执照，来访者都可以从心理治疗中受益（Cuijpers, 2017; Kivlighan et al., 2015; Wampold et al., 2017）。《消费者报告》的一项调查也得出了相同的结论（Seligman, 1995）。来访者是否接受过精神科医生、心理治疗师或社会工作者的治疗，他们接受的是团体治疗还是个体治疗，治疗师是否接受过广泛的培训或相对有限的培训，治疗师是否有相关经验等问题都不重要。

难道就像《爱丽丝梦游仙境》里的渡渡鸟所唱的"每个人都能取胜，全部都应该有奖品"？不完全是。研究者从这些研究中得出了一个普遍的规律：问题越具体，心理治疗越有效（Singer, 1981; Westen & Morrison, 2001）。那些有惊恐障碍或特定恐惧症的人、顺从的人或因性能力而受挫的人更有希望得到改善；那些问题不具体的人，如抑郁和焦虑，通常会在短期内有所改善，但之后会反复。一位来访者同时有多重障碍的情况也时常出现（称为共病）。

然而，某些形式的治疗确实特别适用于某些特定的问题：

·认知疗法和认知行为疗法——治疗焦虑障碍、创伤后应激障碍、失眠和抑郁症效果显著（Qaseem et al., 2016; Scaini et al., 2016; Tolin, 2010）。

·行为主义疗法——治疗行为问题，如尿床、特定恐惧症、强迫症、婚姻问题和性功能障碍效果显著（Baker et al., 2008; Hunsley & DiGiulio, 2002; Shadish & Baldwin, 2005）。

·心理动力学疗法——治疗抑郁症和焦虑障碍效果显著（Driessen et al., 2010; Leichsenring & Rabung, 2008; Shedler, 2010）。一些分析表明，心理动力学疗法和认知行为疗法在减轻抑郁症上同样有效（Driessen et al., 2017; Steinert et al., 2017）。

·非指导性（个人中心）咨询——治疗轻度至中度抑郁症有效（Cuijperset al., 2012）。

"对症下药。"
——英国谚语

有了安慰剂效应（单纯的信念在治疗中的治愈力量）的加成，许多异常心理状态都有恢复正常的趋势，这为伪心理治疗创造了条件。但是，某些替代性疗法既没有好处，也没有科学依据（Arkowitz & Lilienfeld, 2006; Lilienfeld et al., 2015a）。我们都应该避免那些试图操纵无形的"能量场"的疗法、那些试图重现来访者出生时的心理创伤的疗法，以及那些"大肆宣传"通过手动引导辅助来与无法交流者交流的疗法，这才是明智的做法。

和一些医疗手段一样，一些心理治疗不仅无效，而且有害。美国精神病学协会、加拿大心理协会和英国心理学会都警告说，禁止用转换疗法来改变人的性别认同或性取向。美国心理学协会主席巴里·安东（Barry Anton, 2015）宣布：这些疗法旨在"纠正……并非精神疾病因此不需要治疗的状况"。事实上，转换疗法可能会造成"重大伤害"（APA, 2018a; Turban et al., 2020）。相关事件的发生已经让许多国家禁止这一疗法（特别是对未成年人）。其他举措——旨在减少青少年暴力的"恐吓之旅"、警方推进的 D.A.R.E（药物滥用抵制教育）反毒品运动，以及大量的减肥计划和恋童癖治疗工作——也被发现无效甚至有害（Walton & Wilson, 2018）。

评估问题——哪些疗法被证实有用，哪些没有用？——是"心理学内战"的核心所在。科学应该在多大程度上指导临床实践？又应该在多大程度上指导保健服务提供者和保险公司为心理治疗付费的意愿？一方面，研究型心理学家用科学的方法给各种疾病以明确的定义，并探索有效的治疗方法。他们谴责那些似乎"更重视个人经验而非科学"的治疗师（Baker et al., 2008）；另一方面，一些不相信科学的治疗师把自己

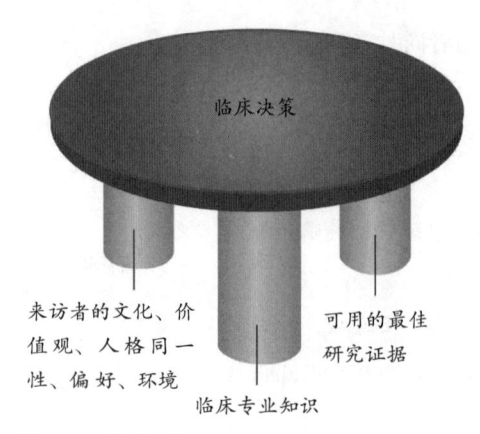

图 16.5 循证实践

理想的临床决策可以被视为一张三条腿的凳子，三条腿分别代表研究证据、临床专业知识和对来访者的了解。

循证实践：将现有的最佳研究与临床专业知识、来访者的偏好和特点相结合的临床决策。

的实践视为艺术而非科学：人体太复杂了，心理治疗太直观了，我没办法对心理治疗做书面记录，也无法在实验中去验证它。

以科学为导向的治疗师不属于任何一派，他们提倡**循证实践**（evidence-based practice），这得到了美国心理学协会等机构的支持（2006；Holmes et al., 2018；Sakaluk et al., 2019）。采用这种方法的治疗师将现有的最佳研究与临床专业知识，以及来访者的偏好和特点结合起来（图 16.5）。在经过严格的评估后，治疗师会根据自己的能力和来访者的独特情况来选择治疗方法。有些治疗师还会诉诸科技。计算机程序在分析了来访者的大量信息后，可以帮助治疗师为来访者提供个性化的治疗方案（Ewbank et al., 2019；Webb et al., 2020）。保险公司和政府对心理健康服务的支持需要更多的循证实践。

检索练习

RP-2 对那些问题_____（有/没有）明确定义的人来说，心理治疗是最有用的。

RP-3 什么是循证实践？

答案见附录 D

心理治疗如何帮助人们？

学习目标问题 16-10 各种形式的心理治疗有哪三个共同点？

为什么研究发现治疗师所受的培训和治疗经验与治疗结果之间几乎没有相关性？一个可能的原因是：所有的心理治疗都有三个基本的好处（Cuijpers et al., 2019；Frank, 1982；Wampold, 2007）：

- 受挫者的希望。寻求心理治疗的人通常会感到焦虑、抑郁、缺乏自信，缺乏处理事情的能力。而无论哪种心理治疗，都会让来访者相信，通过自己的努力一切会好起来的。除了治疗技术外，这种信心能使人振作精神，让人产生自我效能感，从而缓解症状（Corrigan, 2014；Meyerhoff & Rohan, 2016）

- 新的视角。每种治疗都会对来访者的症状做出看似合理的解释。这让他们能够从一个可信赖的新视角看待问题，他们可能会以新的态度对待生活，愿意改变自己的行为和对自己的看法。

- 共情、信任、关怀的关系。无论治疗师使用什么技术，优秀的治疗师本身都是有共情能力的。他们会尽力去体会来访者的处境。他们关心来访者，通过尊重并倾听来访者的诉说、安抚来访者的情绪和帮助来访者恢复，赢得来访者的信任。在 36 位公认的大师级治疗师的治疗记录中，这些品质尤为突出（Goldfried et al., 1998）。有些人使用认知行为疗法，有些人应用心理动力学疗法。虽然大师使用了不同的方法，但他们在某些方面表现出了惊人的相似之处。他们帮助来访者评价自己，将其生活的某个方面与其他方面联系起来，并深入了解他们与他人的互动。治疗师和来访者之间的情感联结——**治疗联盟**（therapeutic alliance）——有助于解释为什么具备共情和关怀能力的治疗师特别有效（Atzil-Slonim et al., 2019; Rubel et al., 2019）。无论是在加拿大还是在柬埔寨，强大的治疗联盟都能促进心理健康（Falkenström et al., 2019; Gold, 2019）。治疗联盟甚至可能挽救生命。在分析了十几项研究后发现，治疗联盟越强大，来访者出现自杀念头、自残行为和自杀企图的频率就越低（Dunster-Page et al., 2017）。

治疗联盟：治疗师和来访者之间信任和相互理解的纽带。治疗师和来访者通过建设性的努力，一起解决来访者的问题。

这三个共同的元素——希望、新的视角和共情、关怀的关系——有助于我们理解为什么辅助人员（接受简单培训的照料者，他们可能是已康复的来访者）可以成功地帮助这么多受到困扰的人（Bryan & Arkowitz, 2015; Christensen & Jacobson, 1994）。越来越多的面对面和在线自助小组和支持小组向其成员，以及传统治疗师向其来访者提供辅助人员服务（Jackson, 1992）。世界各地的治疗者——他人向其倾诉痛苦的特殊人士——都在倾听他人，并给予理解、共情、安抚、建议、慰藉、解释或说明。这些品质或许可以解释为什么那些从亲密关系中得到支持的人——那些与之有爱的人——不太可能寻求心理治疗（Frank, 1982; O'Connor & Brown, 1984）。

***

总之，寻求帮助的人通常都能好转。那些未经心理治疗的人也是如此，这要归功于人类自身的智慧和照顾他人的能力。虽然治疗师的研究取向和经验看起来不是很重要，但接受过心理治疗的人往往比未经治疗的人恢复得更好，而问题具体、明确的人恢复得最好。

自问

根据所学知识，如果你深受某问题的困扰，你会接受心理治疗吗？为什么会或为什么不会？如果你接受过心理治疗，你学过的知识会影响你对治疗的感受吗？

检索练习

RP-4 接受心理治疗的来访者比未接受心理治疗的来访者_____（更有 / 更没有）可能好转。

答案见附录 D

人类多样性是如何影响心理治疗的？

学习目标问题 16-11 哪些个人因素会影响治疗师与来访者的关系？

所有的心理治疗都给来访者带来了希望，几乎所有的心理治疗师都努力提高来访者的敏感性、开放性、个人责任感和目的意识（Jensen & Bergin, 1988）。但在文化观、价值观和人格同一性方面，心理治疗师们的做法则不尽相同，且来访者之间也有所差异（Delaney et al., 2007; Kelly, 1990）。

这些差异会导致不匹配——例如，当来自一种文化的治疗师与来自另一种文化的来访者互动时。在北美、欧洲和澳大利亚，大多数心理治疗师表现出文化影响下的个人主义倾向（往往重视个人需求和人格同一性）；表现出集体主义观点的来访者（如许多来自亚洲文化的来访者）可能会认为人们更加注重社会责任、家庭责任、和谐和团体目标，因此当治疗师要求他们只考虑个人福祉时，常使他们感到为难（Markus & Kitayama, 1991）。

文化差异可用来解释为什么一些群体不愿意接受心理健康服务。生活在"荣誉文化"中的人崇尚顽强和坚韧，他们可能觉得寻求心理健康帮助相当于承认自己的弱点，而不是获得了成长的机会（Brown et al., 2014）。而一些少数群体往往不愿寻求治疗，在寻求治疗后也会很快中断治疗（Chen et al., 2009; Sue et al., 2009）。在一项实验中，如果咨询师与来访者的文化价值观相同（而不是不同），那么亚裔美籍来访者会感受到更多的共情，并与咨询师建立更有力的联盟关系（Kim et al., 2005）。文化价值观明显不同会导致严重后果，甚至可能危及生命：那些认为自己在治疗过程中有很大阻碍的美国军人最有可能自杀（Zuromski et al., 2019）。

来访者—心理治疗师的不匹配也可能源自其他个人差异。宗教观念强的人可能会选择和自己有相同价值观和信仰的治疗师，并从中受益（Masters, 2010; Pearce et al., 2015）。同样，治疗师对同性恋者、双性恋者、跨性别者或性别存疑者的态度也会影响来访者和治疗师的关系。例如，跨性别者可能会向认同他们身份的治疗师寻求帮助，这是可以理解的（Bettergarcia & Israel, 2018）。

谁在寻求心理治疗，谁在提供心理治疗？

学习目标问题 16-12 个体应该在什么时候寻求治疗，在选择治疗师时应该注意什么？

在生活中，岁月静好与负重前行、天伦之乐与孑然一身、称心如意与事与愿违总是相伴相随。那么，我们应该在什么时候寻求心理健康专家的帮助呢？以下是美国心理学协会提供的常见行为信号：

- 感到绝望。
- 严重而持久的抑郁。
- 自我毁灭行为，如药物滥用。
- 破坏性的恐惧。
- 突然的情绪转变。
- 自杀的念头。
- 强迫行为，如检查门锁。
- 性障碍。
- 幻听或幻视。

在找到满意的心理治疗师之前，人们可能需要初步咨询2～3位治疗师。咨询多个治疗师，会更有可能找到一个让人感到舒服并愿意与之分享的治疗师。学院和大学的心理健康中心往往是个好起点——学生可以通过浏览学校官网、亲自拜访以及一些免费服务的方式找到合格的治疗师，也可以让医生或免预约诊所进行推荐。如果买了保险，业务员可能会同时给出一份治疗师的名单。许多人还会上网搜索治疗师并接受在线帮助或通过心理健康类手机应用（相关手机应用有一万多个）接受治疗（Kocsis, 2018; Levin et al., 2018; Nielssen et al., 2019）。在线帮助和通过手机应用获得的治疗都能帮助来访者缓解抑郁、焦虑和失眠症状（Espie et al., 2019; Firth et al., 2017a, b; Linardon et al., 2019）。

在面对面或在线访谈时，来访者可以描述自己的问题并了解每位治疗师的治疗取向，并了解治疗师的价值观、资历（表16.3）和治疗费用。在这之后来访者可以评估自己对每一位治疗师的感受。治疗师和来访者之间的情感联结是有效治疗最重要的因素。

表16.3 心理治疗师的类型及他们所受的训练

类型	描述
临床心理学家	大多数是心理学家，拥有研究型博士学位（受过研究方面的训练）或心理学博士学位（专注于治疗），辅以有督导的实习，通常还有博士后训练。大约一半的临床心理学家在机构工作，另一半在私人诊所工作
精神科医生	精神科医生是专门治疗心理障碍的医生。精神科医生并非全都接受过广泛的心理治疗培训，但作为医学博士，他们可以开药。因此，他们通常接待问题较严重的来访者。大多数精神科医生有自己的私人诊所
临床或精神病学社会工作者	接受为期两年的社会工作硕士研究生课程及其后的督导项目培养的社会工作者，能够提供心理治疗，以有个人问题和家庭问题的来访者为主。在美国，大约一半的社会工作者获得了国家社会工作者协会的认证
心理治疗师	家庭和婚姻治疗师专门处理家庭关系中出现的问题。牧师也为无数人提供咨询。药物滥用治疗师专门处理药物滥用者、对配偶和儿童施虐者，以及虐待受害者的问题。心理健康及其他咨询师要有两年制硕士学位

美国心理学协会意识到了稳固的治疗联盟的重要性，因此鼓励各种类型治疗师与各自类型的来访者建立良好的关系。对于提高文化敏感性（例如，不同价值观、不同沟通风格和不同语言）的培训项目，以及招募未被充分代表的文化群体的项目，该协会均给予认证。

心理治疗有哪些重要的伦理原则？

学习目标问题 16-13 哪些伦理原则对于心理疾病方面的治疗和研究具有指导作用？

心理治疗师使用不同的方法减轻来访者的痛苦。同样，研究者也用了许多方法来弄明白如何才能修正来访者失调的思维、情感和行为。但心理治疗师或研究人员所进行的治疗或调查，必须遵循其国家的伦理原则和行为准行（APA, 2017a）。

美国心理学协会规定，治疗师应该遵循以下原则：

- 治疗师应使来访者受益，避免造成伤害。
- 治疗师需建立信任感，明确自己作为治疗师的角色，并为治疗群体服务。
- 要诚实、真实、准确。
- 要对所有来访者一视同仁，帮助每一位来访者从治疗中获益。
- 尊重来访者的尊严、价值、个人隐私权、保密权和自决权。

心理学研究人员在研究如何降低心理疾病的发病率时，也遵循了同样的伦理准则。他们的目的是造福他人，做到诚实和真实，并且将人们遭遇风险的可能性降至最小。

检索练习

RP-5 心理健康领域有许多可用的治疗方法和研究方法，但所有治疗师和心理学研究人员都必须遵循_____原则。

答案见附录 D

➡ 生物医学疗法和心理障碍的预防

心理治疗是医治心理障碍的一种途径。除了心理治疗，生物医学疗法也可用于医治心理障碍。生物医学疗法用药物改变大脑的化学反应，通过电刺激、磁脉冲、精神外科手术影响大脑的神经通路，通过改变生活方式来影响大脑的反应。

对于下页的生活方式改变，你是否感到惊讶？我们很容易把心理影响和生物影响单拎出来讨论，但所有心理因素同时也是生物学因素。因此，我们的生活方式——运动、营养、人际关系、娱乐、放松，以及为他人服务——都会影响我们的心理健康（Schuch et al., 2016; Walsh, 2011）（见"批判性思考：改变生活方式的治疗"）。

每一个想法和每一种感觉都依赖于大脑的运作。每一个创造性的想法，每一个快乐或愤怒的瞬间，每一个抑郁的时期，都来自活生生的大脑的电化学活动。焦虑障碍、强迫症及其相关障碍、创伤后应激障碍、抑郁症、双相障碍和精神分裂症都是生物事件。一些心理学家甚至认为心理治疗也是一种生物疗法，因为改变我们的思维和行为方式就是改变大脑的体验（Kandel, 2013）。当心理治疗缓解了强迫症或精神分裂症的相关行为时，PET扫描显示大脑变得更加平静（Habel et al., 2010; Schwartz et al., 1996）。我们都知道：人体是一个综合的生物–心理–社会系统。

"每一个扭曲的想法背后都有一个扭曲的分子。"
——心理学家拉尔夫·杰拉德

> **检索练习**
>
> RP-1 人们通过改变生活方式来促进心理健康的例子有哪些？
>
> 答案见附录 D

药物治疗

学习目标问题 16-14 什么是药物治疗？双盲研究如何帮助研究者评估药物的有效性？

到目前为止，应用最广泛的生物医学治疗就是药物治疗。大多数治疗焦虑和抑郁症的药物都是由初级保健医生开具的，其次是精神科医生（在美国的一些州，心理学家也能开这类药物）。就像大多数医疗一样，人们可以自主选择是否服用处方类心理健康药物——极少数可能对自己或他人造成巨大伤害的患者除外。

自20世纪50年代起，**心理药理学**（psychopharmacology，研究药物对思维和行为的作用）的发现彻底改变了严重心理障碍患者的治疗方法，将数十万人从住院治疗中解脱出来。多亏了药物治疗和当地社区心理健康项目，如今美国精神病院的住院患者与以往相比减少了许多。然而，对于一些不能自理的患者来说，离开医院意味着无家可归，而不是解脱。

心理药理学：研究药物对思维和行为的作用。

包括药物治疗在内，几乎所有的新疗法刚面世时都会因其显著效果而备受欢迎。然而，在仔细审视过后，人们对新疗法的热情往往会逐渐消退。为了评估新药的功效，研究者还需知道正常情况下的康复率：

批判性思考：
改变生活方式的治疗

学习目标问题 16-15 为什么改变生活方式的治疗被认为是一种有效的生物医学疗法，它是如何发挥作用的？

生活方式
运动、营养、人际关系、娱乐、放松、为他人服务 → **影响我们的大脑和身体** → **影响我们的心理健康**[1]

应用于治疗

培训工作坊能促进生活方式改变。[3] 抑郁症患者接受为期12周的培训计划，目标如下：

人类的历史已经让我们做好了积极锻炼身体和参与社会活动的准备。

我们的祖先以群体形式狩猎、采集和建造房屋。

有氧运动，每天30分钟，每周至少3次（增加活力，刺激内啡肽分泌）。定期有氧运动的治疗效果与抗抑郁药物相当。[4]

充足的睡眠，目标是每晚睡7～8小时。一整晚的睡眠可以增强免疫力，补充能量，提高警觉性，改善心境。[5]

光疗法，每天早晨接受灯箱15～30分钟的光照（提高唤起程度，影响激素水平）。

增强社会连接，去社交，少独处，每周至少开展两次有意义的社交活动（有助于满足人类归属感的需求）。

现代研究者发现，在自然环境中进行户外活动可以缓解压力，促进健康。[2]

减少反刍思维，通过识别和转移消极的想法增强积极思维。

补充营养，包括每天补充omega-3脂肪酸（减少攻击行为）。[6]

最初的小型研究（74名参与者）[7]

- 77%的参与者在该项目结束后抑郁症状得到缓解。
- 在接受常规治疗的对照组中，只有19%的参与者出现了类似的结果。

未来的研究重点是确定该项目的哪些部分产生了治疗效果。

生物医学治疗认为精神和身体是一个整体：
其中一个受到影响，另一个也会受到影响。

---

1. Sánchez-Villegas et al., 2015; Walsh, 2011。 2. MacKerron & Mourato, 2013; NEEF, 2015; Phillips, 2011。 3. Ilardi, 2009。 4. Babyak et al., 2000; Salmon, 2001; Schuch et al., 2016。 5. Gregory et al., 2009; Walker & van der Helm, 2009。 6. Bègue et al., 2017; Raine et al., 2018。 7. Ilardi, 2009, 2016。

- 有多少人在未经治疗的情况下康复？康复的速度有多快？
- 患者康复是因为药物还是安慰剂效应？

当患者或心理健康工作者期待积极的结果时，他们可能只看得见自己期待的结果，而看不见真实的结果。仅仅是看到宣传药物预期疗效的广告，也能增强药物在患者身上产生的作用（Kamenica et al., 2013）。

为了控制这些影响，药物研究者让一半患者服药，而另一半患者服用外观类似的安慰剂。不仅患者本身，就连医务人员都不被告知哪些人服的是真药，这种双盲实验带来的好消息是：实验证实不少药物对治疗心理障碍有效。

抗精神病药物

某种治疗其他疾病的药物居然使出现幻觉或妄想的患者镇静下来，并将患者拉回现实——这一偶然发现促成了精神疾病患者的治疗革命。第一代**抗精神病药物**（antipsychotic drug），如氯丙嗪（Thorazine），能抑制患者对无关刺激的反应。因此这类药物可以最大限度地帮助产生阳性症状（如幻听和妄想）的患者（Leucht et al., 2018）（抗精神病药物在改变阴性症状如情感淡漠和退缩方面效果较差）。

抗精神病药物：用于治疗精神分裂症和其他形式的严重心理障碍的药物。

大多数传统抗精神病药物的分子和神经递质多巴胺的分子非常相似，可以占据其受体的位置，从而抑制其活动。这一发现再次证明多巴胺系统过度活跃是精神分裂症的致病因素。

左旋多巴胺能提高帕金森患者的多巴胺水平，也许你能猜到，它偶尔会产生副作用：幻觉。

抗精神病药物的副作用很大。有些药物会引起诸如迟缓、颤抖、抽搐等跟帕金森病相似的症状（Kaplan & Saddock, 1989）。长期服用抗精神病药物可导致迟发性运动障碍，表现为面部肌肉、舌头和四肢的不自主运动（如龇牙咧嘴）。许多新一代的抗精神病药物如利培酮（risperidone）和奥氮平（olanzapine），虽然对控制精神分裂症状并不更有效，但对症状严重的人效果更好，副作用也较少（Furukawa et al., 2015）。然而，这些药物可能会增加肥胖症和糖尿病的患病风险（Buchanan et al., 2010; Tiihonen et al., 2009）。研究人员梳理了历史数据后，确定了20多种抗精神病药物的最有效和最安全的剂量（Leucht et al., 2020）。

抗精神病药物结合生活技能培训项目和家人支持，给许多精神分裂症患者带来了新的希望（Goff et al., 2017; Guo et al., 2010）。如今，计算机程序能够帮助治疗师判断特定的抗精神病药物对哪些精神分裂症患者有效（Lee et al., 2018; Yu et al., 2018b）。成千上万的患者已经重返工作岗位，生活几乎恢复了正常（Leucht et al., 2003）。南加州大学的法学教授艾琳·萨克斯（Elyn Saks, 2007）患有精神分裂症，她选择的是抗精神病药物和心理治疗的结合疗法。她说："现在我基本好了，思维也很清晰。我确实复发过，但我不再需要为了每时每刻保持清醒而备受煎熬。"

抗焦虑药物

抗焦虑药物：用于控制焦虑和烦躁的药物。

抗焦虑药物（antianxiety drug）如阿普唑仑（alprazolam）或劳拉西泮（lorazepam），像酒精一样，会抑制中枢神经系统的活动（因此这类药物不能与酒精混用）。当与心理治疗相结合时，抗焦虑药物能促进暴露疗法对习得性恐惧的消除作用，并有助于缓解创伤后应激障碍和强迫症的症状（Davis, 2005; Kushner et al., 2007）。

批评者担心，抗焦虑药物可以减轻症状，却无法解决潜在的问题，特别是作为持续性治疗应用时。一紧张就"服用一片阿普唑仑"可能会导致习得性反应：这种即时的缓解导致个体在焦虑时更容易服用药物。而抗焦虑药物也能使人成瘾，经常服用这些药物的人一旦停止服用，可能会出现焦虑、失眠和其他戒断反应。

抗抑郁药物

抗抑郁药物：用于治疗抑郁症、焦虑障碍、强迫症及其相关障碍，以及创伤后应激障碍的药物。（几种广泛使用的抗抑郁药物都属于选择性5-羟色胺再摄取抑制剂。）

这类药被叫作**抗抑郁药物**（antidepressant drug），是因为它们能将人们从抑郁状态中解脱出来，这也是其主要用途。这些药物现在也越来越广泛地被应用于治疗焦虑障碍、强迫症及其相关障碍，以及创伤后应激障碍（Beaulieu et al., 2019; Merz et al., 2019; Slee et al., 2019）。许多抗抑郁药物都是通过促进去甲肾上腺素或5-羟色胺等神经递质的分泌来发挥作用。这些递质能提高唤醒水平、改善情绪。个体感到抑郁或焦虑时，这些递质水平较低。其中最常见的处方药包括百忧解（Prozac）及同系列的左洛复（Zoloft）和帕罗西汀（Paxil），这些药的作用原理是延长5-羟色胺分子在大脑突触中的停留时间。正如我们在第2章中看到的，抗抑郁药物通过抑制部分正常的再摄取过程来发挥作用。由于它们还能治疗抑郁症以外的疾病（既可治疗焦虑，也可治疗中风），这些药物通常被称为选择性5-羟色胺再摄取抑制剂（SSRIs），而不是抗抑郁药物（Kramer, 2011）。

另一些较早开始使用的抗抑郁药物的作用原理是阻断去甲肾上腺素和5-羟色胺的再吸收或分解。这类药虽然效果也不差，但这些双重作用药物会产生更多潜在的副作用，如服用后会出现口干、体重增加、高血压或头晕的现象（Anderson, 2000; Mulrow, 1999）。用贴片的方式给药，可以不经过肠道和肝脏，有助于减少上述副作用（Bodkin & Amsterdam, 2002）。

但请注意：开始服用抗抑郁药的抑郁症患者不会第二天早上醒来就唱起"今天是个好日子"。SSRIs在几小时内开始影响神经传递，但其心理效应需要四周才能完全产生（可能伴随性欲减退的副作用）。这一延迟的可能原因是，5-羟色胺的增加促进了新突触产生和神经发生（neurogenesis，即神经元再生现象）——也许可以逆转因压力导致的神经元损失（Launay et al., 2011）。为了降低患者的自杀风险，研究者也在探索是否存在见效更快的抗抑郁药。其中的氯胺酮也是一种麻醉剂，它可以阻断谷氨酸（一种神经递质）过度活跃的受体，有时也被用作引起幻觉的、危险的派对毒品。氯胺酮可以在短短一小时内缓解抑郁（Domany et al., 2019; Phillips et al., 2019; Popova et al., 2019）。但是往往一周后，抑郁便重新袭来，让人不禁疑虑重复使用氯胺酮是否会带来风险（Nemeroff, 2018; Schatzberg, 2019）。鉴于氯胺酮是阿片类药物，有人质疑使用氯胺酮的诊所"不过是现代鸦片窝点"（George, 2018）。但也有人指出，氯胺酮会刺激新突触产生（Beyeler, 2019）。

有些制药公司想研发出与氯胺酮有类似效果但副作用更小的速效药物（Kirby, 2015）。研究者也在探索微剂量迷幻药（如裸盖菇素）可能带来的治疗效果（Carey, 2019b; Kuypers et al., 2019）。服用抗抑郁药物并不是调节情绪的唯一途径。有氧运动往往能使焦虑的人平静下来，使抑郁的人恢复活力，因此定期开展体育活动可以促进青少年的心理健康（Beauchamp et al., 2018）。而对于全世界的成年人来说，每周锻炼3小时或3小时以上，可以降低患抑郁症的风险（Choi et al., 2019; Schuch et al., 2018）。

认知疗法帮助患者纠正习惯性的消极思维风格，可以促进药物对抑郁症状的缓解作用，并减少治疗后的复发（Amick et al., 2015）。一些治疗师会同时使用两种方法帮助患者消除抑郁和焦虑（Cuijpers et al., 2010; Hollon et al., 2014; Kennard et al., 2014），即将抗抑郁药物（自下而上，作用于产生情绪的边缘系统）与认知行为疗法（自上而下，改变额叶活动和思维过程）结合起来。

研究人员普遍认为，在服用抗抑郁药物一个月后，抑郁症患者通常有所好转。但如果把自然恢复和安慰剂效应考虑在内，药物的作用到底有多大呢？批评者认为，抗抑郁药物有用，但作用并不是很大（Cipriani et al., 2018; Kirsch et al., 1998, 2014）。双盲临床实验表明，安慰剂产生的改善效果相当于活性药物效果的75%。对于重度抑郁症患者来说，安慰剂效应较小，而药物的额外效应相对更大（Fournier et al., 2010; Kirsch et al., 2008; Olfson & Marcus, 2009）。考虑到抗抑郁药物的副作用，有的治疗师建议在服用抗抑郁药物之前先接受心理治疗（Strayhorn, 2019; Svaldi et al., 2019）。欧文·基尔希（Irving Kirsch, 2016）指出："应该将使用药物作为最后手段。"要记住的一点：如果你担心自己的心理健康，请咨询心理健康专家，以确定最适合你的治疗方法。

镇静剂

除了抗精神病药物、抗焦虑药物和抗抑郁药物，精神科医生还使用镇静剂。其中一种是双丙戊酸钠（Depakote），最初用于治疗癫痫。人们发现它也能有效控制与双相障碍相关的躁狂发作。另一种镇静剂是锂盐，能有效调节这类障碍导致的情绪起伏。

20世纪40年代，澳大利亚医生约翰·凯德（John Cade）发现锂能令豚鼠平静下来。他想弄清楚锂对人类是不是有同样的效果，于是他先在自己身上进行了试验（以确认其安全性），然后在 10 名躁狂症患者身上进行了试验——这 10 名患者都明显好转（Brown, 2019）。有七成的双相障碍患者在长期服用这种廉价盐后有所好转。锂盐有助于预防或缓解躁狂发作，并小幅地缓解抑郁症状（Solomon et al., 1995）。凯·雷德菲尔德·贾米森这样描述锂盐的效果：

> 锂盐能阻止我过度兴奋，减轻我的抑郁状况，将我混乱的思维梳理清晰，放慢我的脚步，让我越发温和。它使我的事业和人际关系得以维持，让我无须住院，活着并且能够接受心理治疗。

服用锂盐的双相障碍患者自杀风险也较低——大约是不服用锂盐的患者的六分之一（Oquendo et al., 2011）。饮用水中天然存在的锂也能降低自杀率（以日本的 18 个城镇为参考样本）和犯罪率（以得州的 27 个县为参考样本）（Ohgami et al., 2009; Schrauzer & Shrestha, 1990, 2010; Terao et al., 2010）。锂的确有用。

检索练习

RP-2 研究者如何确定特定的药物治疗是否有效？

RP-3 最常用于治疗抑郁症的药物是_____。精神分裂症通常用_____药物治疗。

答案见附录 D

脑刺激

学习目标问题 16-16 脑刺激和精神外科手术如何用于治疗特定的病症？

电休克疗法

电休克疗法：一种针对重度抑郁症患者的生物医学疗法，在患者麻醉状态下让其大脑短暂通电。

电休克疗法（electroconvulsive therapy，ECT）是另一种生物医学治疗，指通过电击大脑来操纵它。ECT 于 1938 年首次问世时，清醒的患者被固定在一张桌子上，治疗师用电流刺激其大脑。电击程序会导致患者出现痉挛并短暂地失去知觉，因此 ECT 给人的印象就是野蛮的。虽然这一野蛮的印象留存了下来，但今天的 ECT 要温和得多，而且不再有"痉挛"了。患者被全身麻醉并注射肌肉松弛剂（以防止身体痉挛）。然后精神科医生会向大脑（有时仅大脑右半球）发送一个短时电脉冲，使大脑产生 30～60 秒的痉挛（McCall et al., 2017）。不到 30 分钟，患者就会醒来，而且完全不记得治疗中或治疗前的事情。这种神秘而有效的治疗方法类似于重启电脑或中断乐队演奏，让乐手回家小憩。

多项研究表明，ECT 可以有效治疗"耐药"（药物治疗没有效果）的重度抑郁症患者（Fink, 2009; Giacobbe et al., 2018; Ross et al., 2018）。患者每周接受 3 次 ECT 治疗，2~4 周后，超过 70% 的患者明显好转。与早期的 ECT 相比，如今的 ECT 引起的记忆丧失更少，也不会导致明显的脑损伤或增加痴呆风险（Osler et al., 2018）。ECT 还能抑制患者自杀的念头，因此挽救了许多人的生命（Kellner et al., 2006）。《美国医学会杂志》的一篇社论总结道："ECT 对重度抑郁症的疗效堪称一流。"（Glass, 2001）

ECT 是如何缓解重度抑郁症的？70 多年后，仍然没有人能说清楚。一位接受 ECT 治疗的患者把 ECT 比作天花疫苗——在人们了解其原理之前就已经开始挽救生命了。原因有可能是短时电流使（因过度活动而导致抑郁的）神经中枢平静下来。一些研究表明，ECT 会刺激神经发生和新的突触连接（Joshi et al., 2016; Rotheneichner et al., 2014; Wang et al., 2017b）。

不管治疗效果多么明显，仍然有许多人认为电击大脑的想法很野蛮，尤其是在没人知道 ECT 原理的情况下。此外，ECT 的治疗效果持续不了多久。许多接受过 ECT 治疗的患者会再度抑郁，而那些同时服用抗抑郁药物或进行有氧运动的患者复发的概率要小一些（Rosenquist et al., 2016; Salehi et al., 2016）。最重要的是：在许多精神科医生和患者看来，相比重度抑郁症带来的痛苦和自杀风险，ECT 的危害更小。研究型心理学家诺曼·恩德勒（Norman Endler, 1982）在 ECT 缓解了他的重度抑郁症后说："奇迹在两周后发生了。"

电疗的历史悠久。古罗马的医生把电鳗置于罗马帝国皇帝克劳狄乌斯的太阳穴上来治疗他的头痛。今天，每 10 万人中约有 17 人接受过 ECT 治疗——这些患者在接受其他治疗方法后抑郁症没有好转（Lesage et al., 2016）。

替代神经刺激疗法

另外三种神经刺激技术——经颅电刺激、经颅磁刺激和深部脑刺激——也被用于治疗抑郁的大脑（图 16.6）。

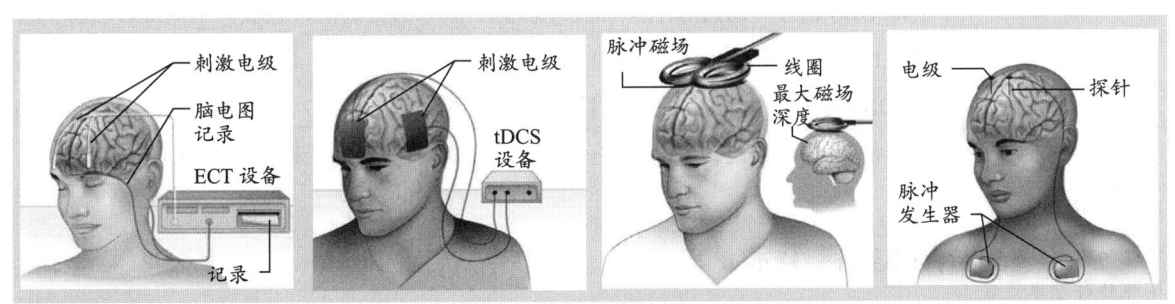

电休克疗法（ECT）：精神科医生给被麻醉的病人施加强电流，使其产生痉挛。

经颅电刺激（tDCS）：精神科医生对头皮施加弱电流。

经颅磁刺激（TMS）：精神科医生穿透颅骨向大脑皮质表面发送无痛的磁场来改变大脑活动。

深部脑刺激（DBS）：精神科医生在"悲伤中枢"植入刺激电极来使这些脑区平静。

图 16.6 神经刺激疗法
如今的神经刺激疗法将强或弱的电流或磁能施加到颅骨表面或直接作用于大脑。

经颅电刺激 与 ECT 相比，经颅电刺激（transcranial direct current stimulation，tDCS）只对头皮施加 1～2 毫安的微弱电流，而 ECT 施加约 800 毫安的电流，并引起大脑痉挛。怀疑论者认为 1～2 毫安的电流太弱，根本无法穿透大脑（Underwood，2016）。但研究表明，tDCS 对于治疗抑郁症、精神分裂症和强迫症确实有效（Brunelin et al., 2018; Jeon et al., 2018; Koops et al., 2018）。

经颅磁刺激 完全清醒的患者在接受数周无痛的**经颅磁刺激**（transcranial magnetic stimulation，TMS）治疗后，抑郁情绪有时也能得到缓解。脉冲波不断穿过被置于颅骨附近的电磁线圈，可以刺激或抑制大脑皮质区域的活动。与 tDCS 一样（不同于 ECT），TMS 可能会导致头痛，但不会造成记忆丧失或其他严重的副作用。

研究发现，对于 30%～40% 的抑郁症患者来说，TMS 是有效的，虽然效果不如 ECT 显著，这一结果喜忧参半（Carmi et al, 2019; Mutz et al., 2019）。TMS 还能减轻一部分精神分裂症的症状，如丧失生活动力和社会兴趣（Osoegawa et al., 2018）。TMS 的作用原理尚不清楚，一个可能的解释是，刺激使抑郁患者相对不活跃的左额叶兴奋起来（Helmuth, 2001），反复刺激可能导致神经细胞在长时程增强作用下形成新的功能回路。还有人认为是安慰剂效应——人们得到一个可信的理由后，相信 TMS 有用，然后有所好转（Geers et al., 2019; Yesavage et al., 2018）。

深部脑刺激 有些抑郁症患者对药物和 ECT 都产生了抵抗性，但是能够从一项实验性治疗中受益——该治疗能精确定位将负责思考的额叶和边缘系统联系起来的神经中枢（Becker et al., 2016; Brunoni et al., 2017; Ryder & Holtzheimer, 2016）。对于抑郁症患者或暂时情绪低落的人，大脑这个区域会过度活跃。而在接受 ECT 或抗抑郁药物治疗后，这一区域通常会平静下来。神经科学家海伦·梅伯格（Helen Mayberg）利用**深部脑刺激**（deep brain stimulation，DBS）技术，实验性地激活了抑制这种负面脑活动的神经元。DBS 技术有时也被用来治疗帕金森病患者的颤抖。自 2003 年以来，梅伯格和同事们用 DBS 治疗（通过在承担神经"悲伤中枢"的脑区植入电极）了约 200 名抑郁症患者（Lozano & Mayberg, 2015）。DBS 到底有没有用呢？研究表明，对于一些患者来说，DBS 可大幅缓解抑郁症状，且效果持久（Crowell et al., 2019; Kisely et al., 2018）。"最重要的是，"梅伯格说，"如果你好起来了，你的状态就会越来越好。"（Carey, 2019a）

精神外科手术

由于**精神外科手术**（psychosurgery）——摘除或损伤脑组织的外科手术——的作用是不可逆的，它是在改变行为方面最激烈也最少使用的医学干预手段。20 世纪 30 年代，葡萄牙医生安东尼奥·埃加斯·莫尼兹（António Egas Moniz）发明了一项非常有名的精神外科手术：**额叶切除术**（lobotomy）。莫尼兹发现，对于情绪失控和有暴力倾向的患

经颅磁刺激（TMS）：不断向大脑发送磁能脉冲，被用于刺激或抑制大脑活动。

精神外科手术：摘除或损伤脑组织以改变患者行为的外科手术。

额叶切除术：一种精神外科手术，曾用于使情绪失控或有暴力倾向的患者平静下来。该手术切断了连接额叶和大脑情绪控制中枢的神经。

者，只要将连接额叶和大脑情绪控制中枢的神经切断，就能使他们平静下来。该手术后来在其他人手中发展成一套粗糙但简单、快速的程序，神经外科医生先电击患者使其昏迷，然后将冰凿一样的工具从眼窝钉进大脑，再摇动它以切断通向额叶的神经连接。1936年到1954年间，成千上万的重度心理障碍患者接受了额叶切除术（Valenstein, 1986）。

尽管手术的目的只是将情绪和思维分离，但后果往往更加严重。额叶切除术通常会减轻患者的痛苦或紧张，但也会导致他们昏昏欲睡、不成熟、缺乏创造力。20世纪50年代，仅在美国就有约35 000人接受该手术。随着**镇静**类药物的出现，精神外科手术逐渐被鄙弃了。正如讽刺作家多萝西·帕克（Dorothy Parker）的那句话："我宁愿在面前放一瓶酒，也不愿意做额叶切除术。"

现在额叶切除术已经被禁用了，其他更精确、更微型的精神外科手术也只是在极端情况下才会偶尔使用。例如，如果患者有无法控制的癫痫，外科医生可以让引起或传递痉挛的特定神经束失活。外科医生偶尔也会在核磁共振的辅助下，实施精确的手术，切断引起重度抑郁症和强迫症的神经回路（Carey, 2009, 2011; Kim et al., 2018; Sachdev & Sachdev, 1997）。由于手术具有不可逆性，神经外科医生只在万不得已的情况下才会这样做。

检索练习

RP-4 对于其他疗法都没有效果的重度抑郁症患者，可以使用_____，这一疗法可能导致治疗前几个小时的记忆丧失。一些更温和的神经刺激技术也有助于缓解抑郁，包括_____电刺激，_____磁刺激，以及_____刺激。

答案见附录D

***

表16.4对我们讨论过的生物医学疗法进行了总结。

表16.4 比较几种生物医学疗法

疗法	针对的问题	治疗目的	治疗技术
改变生活方式的治疗	压力和不健康的生活方式	恢复健康的生理状态	通过充足的锻炼、睡眠、营养等来改变生活方式
药物治疗	神经递质功能失调	控制心理障碍的症状	通过药物改变大脑的化学状态
脑刺激	抑郁症（ECT仅用于难以治疗的重度抑郁症）	缓解抑郁，特别是当药物或其他疗法不起作用时	通过电休克、经颅电刺激、经颅磁刺激或深部脑刺激来刺激大脑
精神外科手术	脑功能失调	缓解严重的精神障碍	摘除或损伤脑组织

> **自问**
>
> 在阅读本节之前,你对生物医学疗法持何种观点?现在你的观点是否发生了变化?为什么?

预防心理障碍和培养心理韧性

学习目标问题 16-17 怎样才能预防心理障碍?为什么培养心理韧性很重要?

心理治疗和生物医学疗法倾向于认为问题出在人身上。我们假设,做出残酷行为的人本身就是残酷的,行为"疯狂"的人一定本来就"有病"。我们给这些患者贴上标签,并把他们同"正常"人区别开来。然后,我们试图通过让他们洞察自己的问题,改变他们的思维,或用药物帮助他们获得控制力,来治疗这些"不正常"的人。

而另一种观点认为:我们可以将许多心理障碍解释为对混乱不安和压力沉重的社会的反应。这样一来,需要治疗的就不只是失常的个体,还有个体所处的社会环境。通过改变不良环境,增强人们的应对能力来预防心理障碍,比等到问题出现后才去解决它更好。

心理健康预防

从急流中救起落水者的故事告诉我们这样一个道理:在第一次施救成功后,救助者会游向第二个人,把她救起来;连续救了六个人后,救助者突然离开,即使他看到还有人在水中挣扎。"你不继续救了吗?"旁观者问。救援者说:"我打算到上游看看,到底是什么东西把他们推入水中。"

> "预防胜过治疗。"
> ——秘鲁民间格言

心理健康预防就是追根溯源的工作。它力求通过查明和减轻造成心理伤害的原因来防止心理伤害。正如乔治·阿尔比(George Albee, 1986, 2006)所指出的,大量证据表明,贫困、无意义的工作、无休止的批评、失业和歧视会削弱人们的能力感、自控感和自尊感。这些压力增加了抑郁、酗酒和自杀的风险。阿尔比认为,为了防止心理伤害,我们应该支持那些致力于改善这些令人沮丧的情况的支持项目。我们消灭天花不是靠治疗患者,而是靠给健康者接种疫苗。

预防心理问题就意味着给无望的人打气,改善滋生孤寂情绪的环境。这意味着重建破裂的家庭关系,提高父母和教师培养孩子的能力,提高他们对自己能力的信心。如此便能通过积极的心理干预来促进人类繁荣。例如,让青少年知道人的性格不是一成不变的,人是可以改变的。这一干预措施使他们未来的抑郁症患病率降低了40%(Miu & Yeager, 2015)。这一结果并非偶然:预防性治疗一直在降低患抑郁症的风险(Breedvelt et al., 2018)。

简而言之,"一切旨在改善人们的状况,让人们的生活更加充实、有意义的做法,都可以被视为心理或情绪困扰的初级预防措施的一部分"(Kessler & Albee, 1975)。预防有时会带来双重回报:越是认为生活有意义的人,社会参与度越高(Stillman et al., 2011)。增强人们在生活中的意义感,可以让他们更容易交到朋友,从而减少他们的孤独感。

考虑到人与环境的相互作用,身为预防工作者的社区心理学家致力于为人们打造有利于心理健康的环境。社区心理学家所做的研究和社会行动的最终目的是为人赋能,提升其能力,促进其健康,增进其福祉。

培养心理韧性

心理健康预防包括培养个体的**心理韧性**(resilience),即应对压力和从逆境中恢复的能力。

面对极端的痛苦或创伤,有些人遭受了持久的伤害,有些人能平稳地从逆境中恢复,有些人实际上还能得到成长(Myers, 2019)。经历"9·11"恐怖袭击后,许多纽约人展现了心理韧性。

对于那些拥有支持性亲密关系的人和近期没有其他压力的人来说尤其如此(Bonanno et al., 2007)。超过 90% 的纽约人,尽管因"9·11"事件感到震惊和悲恸,却没有产生功能失调的应激反应。而那些产生了应激反应的人,应激症状在次年 1 月也基本消失了(Person et al., 2006)。即使大多数曾经饱受战争压力的老兵、酷刑中幸存的政治反叛分子和脊髓受伤的人,之后也没有表现出创伤后应激障碍(Bonanno et al., 2012; Mineka & Zinbarg, 1996)。

与具有挑战性的危机做斗争,可以让人获得**创伤后成长**(posttraumatic growth)。许多癌症幸存者报告说,他们变得更加珍惜生命,建立了更有意义的关系,开始注重提升自我,改变了自己的优先事项,精神生活变得更加丰富(Tedeschi & Calhoun, 2004)。即使身处最低谷时,也会有好事发生,最重要的是要保持积极(Mangelsdorf et al., 2019; Roepke, 2015)。和顺境一样,逆境也会带来新的感知和力量。

> 心理韧性:帮助人们应对压力,从逆境甚至创伤中恢复的个体力量。

> 创伤后成长:在与极具挑战性的环境和生活危机做斗争后产生的积极的心理变化。

检索练习

RP-5 心理健康预防与心理治疗和生物医学疗法有什么区别?

答案见附录 D

***

如果你刚刚读完这本书,我相信你对心理科学一定有了初步的了解。我们从这场心理科学之旅中学到了很多——你也是吗——关于情绪和记忆,关于无意识的影响,关于我们如何繁荣和奋斗，关于我们如何感知物理世界和人类社会，关于生物和文化因素如何共同影响我们。作为此次旅行的导游，我们希望能够激发你对心理科学的兴趣，促进你的理解和同情，并提高你的批判性思维能力。祝你旅途愉快。

祝你在今后的人生旅途中一切顺利。

戴维·G.迈尔斯
C.内森·德沃尔

附录 A

心理学的职业领域

詹妮弗·兹沃林斯基（Jennifer Zwolinski，圣迭戈大学）

拥有心理学学位可以做什么？太多了！

作为一名心理学专业的学生，在你毕业的时候，你将具有科学的思维、了解人类行为的基本原则（如生物机制、先天-后天的交互作用、毕生发展、认知、心理障碍、社会互动等）。心理学的背景能够帮助你在许多领域获得成功，包括商业、助人职业、健康服务、市场营销、法律、销售以及教育。你可以继续就读研究生，接受专业培训，成为一名心理学专业人士。本附录概述了心理学的一些主要职业领域。[1]如果你像大多数心理学学生一样，你可能并不知道心理学专业具有广泛的可选职业和领域（Terre & Stoddart, 2000）。到目前为止，美国心理学会（APA）拥有54个分会（apa.org/about/division/index.aspx），代表学会成员的热门研究领域和兴趣组织（表A.1）。例如，第二分会（心理学教学学会）为心理学本科生提供了包含数百种职业选择的职业探索资源（teachpsych.org/psycareer）。

以下内容描述了心理学的一些主要职业领域，其中大部分需要研究生学位。

临床心理学家 旨在促进个体、团体和组织的心理健康。一些临床心理学家擅长治疗特定的心理障碍；另一些则涉猎广泛，从适应不良到严重的心理障碍均在其治疗范围内。临床心理学家通常提供治疗，但也可能参与研究、教学、评估和咨询。他们的工作环境多种多样，包括私人诊所、心理健康服务组织、中小学、大学、工业、法律系统、医疗系统、咨询中心、政府机构、惩教机构、非营利组织和军队等。

想要成为一名临床心理学家，你需要获得临床心理学项目的博士学位。美国心理学

认知咨询

认知心理学家可能通过了解相关的人为因素，为企业提供如何更加有效运营的建议。

---

[1] 尽管本书涵盖了许多国家学生的心理学世界，但本附录主要来自美国现有的数据。然而，这些对心理学职业领域的描述也适用于其他国家。

表 A.1　美国心理学会分会数量及名称

1. 普通心理学学会	31. 联邦、州和地区事务心理学学会
2. 心理学教学学会	32. 人本主义心理学学会
3. 实验心理学和认知科学学会	33. 智力与发育障碍/孤独症谱系障碍学会
4. 无实际的第四分会	34. 环境、人口与环境保护心理学学会
5. 定量及定性方法学会	35. 女性心理学学会
6. 行为神经科学和比较心理学学会	36. 宗教与灵性心理学学会
7. 发展心理学学会	37. 儿童和家庭政策与实践学会
8. 人格与社会心理学学会	38. 健康心理学学会
9. 社会问题的心理研究学会	39. 精神分析与精神分析心理学学会
10. 美学、创造力及艺术心理学学会	40. 临床神经心理学学会
11. 无实际的第十一分会	41. 美国法律心理学学会
12. 临床心理学学会	42. 独立执业的心理学家学会
13. 咨询心理学学会	43. 伴侣及家庭心理学学会
14. 工业和组织心理学学会	44. 性取向与性别多样性心理学学会
15. 教育心理学学会	45. 文化、种族与民族心理学研究学会
16. 学校心理学学会	46. 媒体心理学与技术学会
17. 心理咨询学会	47. 运动、锻炼与行为心理学学会
18. 公共服务领域的心理学家学会	48. 和平、冲突和暴力行为研究学会：和平心理学分会
19. 军事心理学学会	49. 团体心理学和团体心理疗法学会
20. 成人发展与老龄化学会	50. 成瘾心理学学会
21. 应用实验和工程心理学学会	51. 男性与男性气概心理学研究学会
22. 康复心理学学会	52. 国际心理学学会
23. 消费心理学学会	53. 临床儿童和青少年心理学学会
24. 理论与哲学心理学学会	54. 儿科心理学学会
25. 行为分析学会	55. 美国促进药物治疗学会
26. 心理学史学会	56. 创伤心理学学会
27. 社区研究和行动学会：社区心理学分会	
28. 精神药理学和药物滥用学会	
29. 心理治疗促进学会	
30. 心理催眠学会	

资料来源：Society for Humanistic Psychology（2020）。

会为临床心理学研究生项目制定了标准，为那些符合标准的学生提供官方认可的认证。在美国所有州，独立执业的临床心理学家都必须获得提供治疗和测试等服务的许可证。

认知心理学家　主要研究思维过程。研究主题包括感知觉、语言、注意力、问题解决、记忆、判断和决策以及智力等。研究兴趣包括设计基于计算机的思维过程模型、识别与认知能力相关的生物学因素等。作为一名认知心理学家，你可能会在教育或商业领域担任教授、行业顾问或者人为因素专家。

社区心理学家 不只关注特定的个人或家庭，而是处理社区环境中广泛的心理健康问题。社区心理学家认为，人的行为受到人与身体、社会、政治、经济环境等因素的相互作用。他们试图通过改善环境来促进心理健康，强调预防措施和危机干预，尤其关注那些得不到足够服务的群体和少数群体。一些社区心理学家会与公共卫生等其他领域的专业人士合作，共同强调预防。作为一名社区心理学家，你可能会在联邦、州和基层政府的心理健康、矫正机构和福利部门工作。你也可能会进入医疗服务行业开展研究或帮助评估研究，在私人或政府机构担任独立顾问，受聘于学院或大学进行教学或咨询等。

心理咨询师 帮助人们适应生活中的转变或改变他们的生活方式。虽然与临床心理学家的工作内容有些类似，但心理咨询师更多的是帮助有适应问题的人，而不是严重的精神疾病患者。与临床心理学家一样，心理咨询师进行心理治疗，并为个人和团体提供评估。作为一名心理咨询师，你可能会强调来访者自身的力量，帮助他们借助自己的技能、兴趣和能力来应对生活变化。你可能会在学术环境下担任教员或者行政人员，也有可能在大学的心理咨询中心、社区的心理健康中心、企业或私人诊所中工作。与临床心理学家一样，如果你打算在私人诊所里工作，你需要获得能够向公众提供咨询服务的州级许可证。

发展心理学家 研究与年龄相关的行为变化，并将其科学知识应用于教育、育儿、政策制定及其他相关领域。作为一名发展心理学家，你可以研究一系列与变化发展有关的主题，包括发展的生物学、心理学、认知以及社会等方面。发展心理学能够对许多应用领域产生影响，包括教育心理学、学校心理学、儿童精神病学以及老年医学等。它还能为许多领域的公共政策提供帮助，例如教育和育儿改革、妇幼保健、依恋与收养等领域。你可能会专门研究生命周期的某个特定阶段，比如婴儿期、儿童期、青少年期、成年中期或晚期。你的工作环境可能是教育机构、日托中心、青年团体项目或者老年人服务中心。

教育心理学家 对涉及学习的心理过程感兴趣。他们研究学习与身体、社会环境之间的关系，并制定提升学习过程的策略。作为一名教育心理学家，你可能在大学的心理学系或教育学系工作，从事学习相关主题的基础研究，或者设计具有创新性的教学方法来改善学习过程。你也可以开发有效的测验，包括能力和成就测验。你可能就职于学校或政府机构，或者在企业中负责筹划和执行有效的员工培训项目。

环境心理学家 主要研究个体与他们所在的自然和建筑（城市）环境之间的关系。他们对我们如何影响这些环境以及如何受这些环境影响感兴趣。环境心理学家可能会研究野生动物保护、城市化对健康的影响，或者影响选择可持续生活方式的认知因素等。他们经常与其他领域的专业人士组成跨学科团队，合作解决这些问题。作为一名环境心理学家，你可能会在咨询公司、学术机构、非营利部门或者政府中工作。

实验心理学家 是一群研究人类和其他动物的各种基本行为过程的科学家。实验研究的重点领域包括科学的比较方法、动机、学习、思维、注意力、记忆、感知和语言。大多数实验心理学家会根据自己的兴趣和培训经历，专注于心理学的某个分支，例如认知心理学。实验的研究方法并不局限于实验心理学领域，心理学的其他分支也采用实验法进行研究。作为一名实验心理学家，你最有可能在学术环境中工作，负责教授课程、进行科研并指导学生的研究。此外，你还可能在研究机构、动物园、企业或政府机构中工作。

法医心理学家 将心理学原理应用于法律问题。他们将法学和心理学结合在一起，帮助制定与心理健康有关的公共政策、协助执法机关进行刑事调查或者为陪审团的裁判和审议提供咨询。他们也为从事法律相关职业的人士提供评估帮助。虽然大部分的法医心理学家都是临床心理学家，但是也有许多人精通其他分支的心理学，比如社会或认知心理学。作为一名法医心理学家，你可能会在大学的心理学系、法律学院、研究机构、社区心理健康机构、执法机关或者矫正机构中工作。

健康心理学家 是一群关注心理学对保持健康和预防疾病的贡献的研究者和从业者。作为应用心理学家或临床医生，健康心理学家可以通过设计、执行和评估戒烟、减重、改善睡眠、缓解疼痛、预防性传播疾病、治疗慢性病和绝症造成的心理社会问题的计划，帮助个体过上更加健康的生活。作为研究人员和临床医生，健康心理学家识别出与健康和疾病有关的条件与做法，从而帮助制定有效的干预措施。在公共服务领域，健康心理学家研究并致力于完善政府政策和医疗保健系统。作为一名健康心理学家，你可能就职于医院、医学院、康复中心、公共卫生机构、学院或大学的医务室。如果同时你还是一位临床心理学家，你也可以在私人诊所里工作。

工业—组织（I/O）心理学家 研究人与工作环境之间的关系。他们可能会在组织环境下开发新方法来提高生产力、改善人事选择或提升工作满意度。他们的兴趣包括组织架构变革、消费者行为以及人员招聘与培训。作为一名工业—组织心理学家，你可能会开展工作培训或提供组织分析与发展。你可能会在私人公司、政府或者大学里就职。你还可能是自由执业的独立顾问或在管理咨询公司上班。

神经心理学家 主要研究神经过程（大脑的结构与功能）与行为之间的关系。作为一名神经心理学家，你可能会评估、诊断或治疗中枢神经系统类的疾病，如阿尔茨海默病或中风；你还可能会评估个体头部受损的症状；你可能会评估个体的学习和发展障碍，如孤独症谱系障碍，以及其他精神疾病，如注意缺陷多动障碍（ADHD）。如果你是一名临床神经心理学家，你可能会在医院的神经内科、神经外科或者精神科工作。神经心理学家也可以在学术环境下开展研究与教学工作。

心理测量与定量心理学家 研究获取心理学知识的方法与技术。心理测量心理学家可以修订已有的神经认知或人格测验，或者开发新的量表用于临床、学校、商业和工业领域。他们还需要管理、评分以及解释这些量表。定量心理学家与一些研究人员合作，对研究项目进行设计、分析并对研究结果加以解释。作为一名心理测量与定量心理学家，你需要接受研究方法、统计学以及计算机技术的培训。你很有可能就职于大学或学院、测评公司、私人研究公司或政府机构。

康复心理学家 是一群与因事故、疾病或其他意外而丧失最佳功能的人一起工作的研究者与从业者。作为一名康复心理学家，你可能会在医学康复机构或医院工作。你也可能在医学院、大学、州或联邦政府的职业康复机构，或者专门为残障人士服务的私人诊所中工作。

评估认知功能

美国心理学会预测，到 2030 年，65 岁及以上的老年人将成为美国最需要心理关怀的年龄群体 (APA, 2018)。我们将需要更多受过良好训练的心理学家通过神经心理学的方法来评估老年人的认知能力。心理健康专家可以根据评估结果来诊断、治疗以及控制他们的心理问题，例如阿尔茨海默病。

学校心理学家 参与教育环境中的儿童评估与干预。他们在学校诊断和治疗可能会对儿童的学习或整体功能产生负面影响的认知、社会和情绪问题。作为一名学校心理学家，你可以与教师、父母和管理人员合作，提出改善学生学习的建议。你可能就职于学术机构、联邦或州政府机构、儿童指导中心或者行为研究实验室。

社会心理学家 对人际互动感兴趣。社会心理学家研究我们的信念、感受和行为如何受到他人影响以及如何影响他人。他们的研究主题包括态度、攻击性、偏见、人际吸引力、群体行为和领导力。作为一名社会心理学家，你可能会成为一名学院或者大学的教员。你也可能会从事组织咨询、市场研究或在其他应用心理学领域中工作，包括神经科学。一些社会心理学家还会就职于医院、联邦政府机构、社交网站公司或在进行应用研究的企业内工作。

运动心理学家 研究参与体育运动和其他身体活动如何受到心理因素的影响，以及如何影响心理因素。他们的研究内容包括教练教育、运动员赛前准备以及研究和教授运动心理学。拥有临床或咨询学位的运动心理学家可以将这个技能应用至患有心理问题的个体身上（比如焦虑或药物滥用），因为这些问题可能使运动员无法表现出最佳水平。作为一名运动心理学家，如果你没有在研究所或大学中工作，那么你很有可能加入某个团队或组织，你也有可能独立开展工作。

提高运动员的成绩

苏塞克斯板球（Sussex cricket）运动员斯图尔特·米克（Stuart Meaker）在热身赛中收集球队的运动心理学家的意见。

***

因此，下次再有人问你心理学能做什么工作时，告诉他们你有很多选择。你可以用你学到的技能和知识找到工作，并在任何领域中取得成功。你还可以继续深造，然后在与你研究生专业相关的领域中获得职业机会。无论如何，你对行为和心理过程的了解都肯定会充实你的人生（Hammer, 2003）。

附录 B

术语表

A

A 型人格：弗里德曼和罗森曼将其定义为争强好胜、干劲十足、缺乏耐心、言语咄咄逼人和容易发怒的人格。

阿尔茨海默病：一种以神经斑块为标志的神经认知障碍，通常在 80 岁以后发病，会导致记忆力和其他认知能力逐渐衰退。

阿片类药物：鸦片及其衍生物，如吗啡和海洛因；抑制神经活动，暂时减轻疼痛和焦虑。

艾滋病（获得性免疫缺陷综合征）：由人类免疫缺陷病毒（HIV）引起的一种威胁生命的疾病，可通过性传播感染。艾滋病使免疫系统瘫痪，导致人容易受到感染。

安慰剂效应：(pluh-SEE-bo；拉丁文，意思是"我将取悦"）仅由期望引起的实验结果；使用无效的物质或引入无效的条件，参与者由于误将其当作有效因素而导致的对行为的任何影响。

案例研究：一种描述性技术，该技术对个体或群体进行深入研究，希望能揭示出普遍原理。

B

B 型人格：弗里德曼和罗森曼将其定义为随和、放松的人格。

巴比妥类药物：抑制中枢神经系统活动，减少焦虑，但会损害记忆和影响判断。

伴侣之爱：感受到那些与自己的生活交织在一起的人深沉的、真挚的依恋。

暴露疗法：行为主义疗法技术，如系统脱敏和虚拟现实暴露疗法，通过让人们（在想象的或实际的场景中）暴露于他们害怕和逃避的事物来治疗焦虑。

暴食障碍：一种进食障碍，患者有明显的暴食发作期，伴随着沮丧、厌恶或内疚情绪，但没有神经性贪食症的特有的补偿行为。

本能：某种复杂的行为，在整个物种中具有固定的模式，而且是非习得的行为。

本能漂移：指学习行为逐渐恢复到生物学预设模式的趋势。

本我：完全无意识的心理能量，根据弗洛伊德的说法，它会持续追求满足基本的性和攻击驱力。本我根据享乐原则运作，寻求即时满足。

苯丙胺：甲基苯丙胺等药物，能够刺激神经活动，提升身体机能，并引起相关的能量和情绪变化。

边缘系统：位于大脑半球下方的神经系统（包括杏仁核、下丘脑和海马体），与情绪和驱力有关。

编码：使信息进入记忆系统的过程，通过提取意义等方式。

编码特异性：一种认为专属于特定记忆的线索和背景能够最有效地帮助我们回忆的观点。

变化盲视：未能注意到环境中的变化，是一种非注意盲视。

变量：任何可变的，可测量的，并且对其的测量符合伦理要求的事物。

标准差：测量数值在平均数周围变化程度的计算方法。

标准化：通过与预测验小组的表现进行比较，确定统一的测验程序及有意义的分数。

表观遗传学：研究环境影响基因表达的分子机制（在 DNA 不发生变化的前提下）。

濒死体验：在与死亡擦肩而过（如心脏骤停）后报告的一种意识改变状态；通常与药物引起的幻觉相似。

并行加工：同时处理一个刺激物或问题的许多方面。

波长：指从光或声波的一个峰值到下一个峰值的距离。电磁波的波长从伽马射线的短脉冲到无线电传输的长脉冲不等。

勃起障碍：由于流向阴茎的血流量不足而不能或不能保持勃起。

不应期：在神经活动中，指神经元放电后的短暂停顿；在轴突恢复静息状态之前不能产生后续的动作电位。

不应期：在人类性行为中，指性高潮后的一段平静期，在此期间人无法再次达到性高潮。

布洛卡区：通常位于左额叶的一个脑区，通过指挥与讲话有关的肌肉运动来帮助控制语言表达。

部分（间歇）强化程式：只在一部分时间内对反应进行强化；与连续强化相比，获得反应的速度较慢，但对消退的抵抗力更强。

C

操作箱：也称为斯金纳箱，在操作性条件反射研究中，指一个里面有杆子或按键的箱子，动物可以通过操作杆子或按键来获得强化物，即食物或水；另有装置记录动物按压杆子或啄按键的次数。

操作性定义：对于一项研究所使用的确切程序（操作）的措辞严谨的声明。例如，人的智力可以被操作性定义为智力测试所衡量的东西（也称为操作化）。

操作性条件反射：一种学习方式，即有强化物跟随的行为更可能再次发生；而有惩罚物跟随的行为再次发生的可能性会减少。

操作性行为：对环境进行操作，产生后果的行为。

测试效应：也称为检索练习效应或测试强化学习。对信息进行检索，而非简单重读信息后，记忆得到强化。

差别阈限：一个人在50%的测试中能够察觉到两个刺激间差异的最小刺激变化量，即最小可觉差（jnd）。

长时程增强：经短暂的快速刺激后，神经元的放电增加；长时程增强是学习和记忆的神经基础。

长时记忆：记忆系统中相对永久、没有限制的档案，包括知识、技能和经验等。

超感官知觉：知觉可以脱离感官输入而形成，包括传心术、千里眼和预知能力（但这种说法存在争议）。

超我：根据弗洛伊德的说法，超我是人格中在一定程度上有意识的部分，代表内化的理想，为判断和未来的愿望提供标准。

超心理学：对超自然现象的研究，包括ESP和念力（也叫心灵遥感）。

成就测验：旨在评估一个人所学的知识。

成就动机：渴望取得重大成就、掌握技能或思想、获得控制感和达到高标准。

成人初显期：从18岁至25岁的一段时间，在西方文化中，许多人在这一时期不再是青少年，但仍不能像成年人那样承担自己的责任，也没有完全独立。

成熟：是一种生理发展过程，能使行为有序地发生改变，相对不受经验的影响。

成瘾：强迫性使用药物（有时也指功能失调的行为模式，如难以自控的赌博行为）的日常用语，尽管会产生有害的后果，仍会继续使用该药物（另见药物使用障碍）。

成长型思维模式：关注学习和成长，否定能力一成不变的观点。

惩罚：任何能够减少先前行为的事件。

冲突：指行为、目标或想法的可感知的不相容。

初级强化物：固有的强化刺激，如满足生物需要的刺激。

传导：将一种形式的能量转换为另一种形式。在感觉方面，把视觉、声音和气味等物理能量转化为我们大脑能够理解的神经冲动。

传导性听力损失：一种不太常见的听力损失形式，由将声波传导到耳蜗的机械系统受损引起。

创伤后成长：在与极具挑战性的环境和生活危机做斗争后产生的积极的心理变化。

创伤后应激障碍：一种心理障碍，特点是在经历创伤后，记忆萦绕不去、做噩梦、过度警惕、回避与创伤有关的刺激、社交退缩、极度焦虑、感觉麻木和/或失眠，持续时间达四周或更长时间。

创造力：创造新颖且富有价值的想法的能力。

纯粹曝光效应：反复接触新奇的刺激会提高我们对该事物的喜爱程度。

词素：传递意义的最小语言单位，词素可以是单词或单词的一部分（如前缀）。

磁共振成像：一种技术，使用磁场和无线电波形成软组织图像，并由计算机进行图像生成。MRI扫描能够显示大脑的解剖结构。

雌激素：性激素，如雌二醇，有助于女性性征的形成，女性的雌激素分泌量大于男性。

刺激：任何能唤起反应的事件或情况。

从众：调整个人行为或思维以符合群体标准。

催眠：一种社会互动。在这种互动中，一个人（催眠师）对另一个人（被催眠者）进行暗示，使其自发产生某些知觉、感觉、思想或行为。

催眠后暗示：在催眠过程中给出、在催

眠过程结束后执行的暗示，一些临床医生会通过暗示控制不良症状和行为。

存储：随着时间的推移保留已编码信息的过程。

挫折-攻击理论：因受挫而无法实现某个目标，从而产生愤怒，愤怒又引发攻击行为。

错觉相关：认为无关联的两者有关系，或认为两者之间存在比实际更紧密的关系。

错误信息效应：在记忆被误导性信息破坏时所发生的事情。

D

DNA：一种结构复杂的分子，含有构成染色体的遗传信息。

DSM-5：美国精神病学协会的《精神障碍诊断与统计手册（第5版）》，一个被广泛使用的心理障碍分类系统。

大脑皮质：神经细胞相互连接形成的复杂结构，覆盖两个大脑半球；身体的最终控制和信息加工中心。

大五因子：也称为五因子模型。研究人员确定的用于描述人格的五个因子，分别为开放性、尽责性、外倾性、宜人性和神经质。

代币制：一种操作性条件反射程序，人们通过表现出理想的行为来获得代币，然后可以用代币换取特权或优待。

代表性启发式：根据事件与特定原型的匹配程度或是否能代表特定原型来判断事件的可能性，可能会导致我们忽略其他相关信息。

单词语期：语言发展的一个阶段，在儿童1~2岁，在此期间，幼儿主要用单个单词说话。

单眼线索：一种深度线索，如插入或线条透视，可作用于任何一只眼睛。

倒摄干扰：较晚的学习对旧信息的回忆产生的逆向干扰作用。

登门槛现象：人们在接受了一个小的要求后，更容易接受大的要求。

第二性征：非生殖性特征，如女性的乳房和臀部，男性的声音和体毛。

第一性征：使性繁殖成为可能的身体结构（卵巢、睾丸和外生殖器）。

电报式言语：指儿童在早期的语言阶段，说话具有电报的特征，主要使用名词和动词，如 go car（去汽车）。

电休克疗法：一种针对重度抑郁症患者的生物医学疗法，在患者麻醉状态下让其大脑短暂通电。

调查：一种描述性技术，用于获取特定群体自述的态度或行为，通常通过询问该群体具有代表性的随机样本来实施。

顶叶：大脑皮质中，位于头顶和后方的部分，其功能是接收触觉和身体姿势的感官输入。

动机：激励和引导行为的需要或欲望。

动觉：我们的运动感觉——用来感知身体各个部位的位置和运动的系统。

动作电位：一种沿轴突传播的短暂电荷。

短时记忆：对于少数事项短暂激活的记忆，如打电话时电话号码的数字。短时记忆在之后会被储存下来或遗忘。

对抗性条件反射：一种行为主义疗法程序，使用经典条件反射使个体对诱发不想要的行为的刺激产生新的反应；包括暴露疗法和厌恶条件反射。

对照组：在一个实验中，没有接受操纵；与实验组形成对比，作为评价操纵效果的比较。

顿悟：突然想出问题的解决方案，与基于策略的问题解决方案形成对比。

顿悟疗法：旨在通过提高个体对潜在动机和潜在防御的觉察来改善心理机能的疗法。

多导电生理记录仪：一种用来测谎的仪器，主要测量伴随情绪变化的几种生理反应，包括呼吸、心率和汗液等。

E

俄狄浦斯情结：根据弗洛伊德的说法，指男孩对母亲的性欲和对竞争者父亲的嫉妒、憎恨的感觉。

额叶：大脑皮质中，位于前额后方的部分，其功能包括说话、肌肉运动以及制订计划和判断等。

额叶切除术：一种精神外科手术，曾用于使情绪失控或有暴力倾向的患者平静下来。该手术切断了连接额叶和大脑情绪控制中枢的神经。

耳蜗：内耳中一个卷曲、骨质、充满液体的管，声波通过耳蜗液触发神经冲动。

F

发散思维：提出多个问题解决方案，向不同方向发散的创造性思维。

发展心理学：心理学的一个分支，研究整个生命周期的生理、认知和社会发展。

发作性睡病：一种睡眠障碍，其特点是无法控制睡意来袭。患者往往在不恰当的时候直接进入快速眼动睡眠。

反刍思维：强迫性地焦虑不安，过度思考问题及成因。

反社会型人格障碍：一种人格障碍，患者（通常是男性）对错误行为缺乏良知，甚至对朋友和家人也是如此；可能具有攻击性且冷漠无情，或是行骗高手。

反射：一种对感官刺激的简单自动的反应，如膝跳反射。

泛化：也称为刺激泛化。经典条件反射中，一旦反应被条件化，与条件刺激相似的刺激就倾向于引起类似的反应；在操作性条件反射中，当在一种情况下学到的反应出现在其他类似的情况下时，就表示出现了泛化现象。

防御机制：精神分析理论中，自我通过无意识地歪曲现实来减少或重新定向焦虑的保护自己的方法。

非注意盲视：人们的注意力被引向其他地方，看不到可见的物体。

肥胖：是指体重指数（BMI）在30及以上，这是根据我们的体重身高比计算出来的（超重者的体重指数为25及以上）。

分化：在经典条件反射中，区分条件刺激和没有信号意义的类似刺激的学习能力；在操作性条件反射中，区分被强化的反应和未被强化的类似反应的能力。

分离：意识上的分离，允许不同的思想和行为同时发生。

分离性身份障碍：以前被称为多重人格障碍。一种罕见的分离障碍，个体展示出两种或更多不同的、交替出现的人格。

分离障碍：一种令人困惑的、罕见的障碍，分离障碍患者的意识与痛苦的记忆、思想和感觉分离（脱节）。

分裂脑：通过切断连接两个大脑半球的神经纤维（主要是胼胝体的纤维），使两个大脑半球分离的手术所导致的状况。

分析层次：从生物、心理到社会文化，彼此互补的不同观点，用于分析任何给定的现象。

分子行为遗传学：研究基因的结构和功能如何与我们的环境相互作用，进而影响行为。

分子遗传学：研究基因的分子结构和功能的生物学分支领域。

分组：将刺激组织成连贯组的知觉倾向。

负强化：通过停止或减少厌恶刺激来强化行为。负强化是指任何在反应后被移除会加强该反应的刺激（注意：负强化不是惩罚）。

复制：对研究的本质进行重复，通常是在不同情况下选用不同参与者，以验证该基本发现是否可以被复制。

副交感神经系统：自主神经系统的分支，能够使身体平静，保存能量。

G

感音神经性听力损失：也称为神经性耳聋。最常见的听力损失形式，由耳蜗细胞感受器或听觉神经受损引起。

概念：同类事物、事件、想法和人在大脑中形成的思维集合。

感官互动：一种感觉可以影响另一种感觉的原理，如食物的气味会影响其味道。

感觉记忆：在记忆系统中对感觉信息进行即时的简短记录。

感觉（传入）神经元：将来自身体组织和感受器的信息传入大脑和脊髓的神经元。

感觉：感受器和神经系统接收并表征来自环境的刺激能量的过程。

感觉适应：由于不断的刺激，敏感度下降。

感受器：对刺激做出反应的感觉神经末梢。

感知运动阶段：在皮亚杰的理论中，这个阶段（从出生到将近2岁）的婴儿主要通过感知印象和运动活动来认识世界。

高阶条件反射：也称为二阶条件反射，指一个程序，在这个程序中，一个条件刺激与一个新的中性刺激配对，形成第二个（通常较弱）条件刺激。例如，一只动物已经学会了某个声音信号预示着食物，然后它又学会一个灯光信号预示着声音的到来，并开始对单独呈现的灯光信号做出反应。

睾酮：最重要的男性性激素。男性和女性都有这种激素，但男性体内额外的睾酮会在胎儿期刺激男性性器官的生长，并在青春期刺激男性性征的发育。

格式塔：一个有组织的整体。格式塔心理学家强调我们倾向于将信息碎片整合成有意义的整体。

个人控制能力：我们对环境的掌控感，而不是无助感。

个人中心疗法：也称来访者中心疗法。卡尔·罗杰斯开发的一种人本主义疗法。在这种疗法中，治疗师在接纳、真诚、共情的环境中使用积极倾听等技术来促进来访者的成长。

个人主义：相对看重自己的个人目标，而不是群体的目标，并以个人的特质而不是群体的认同来定义自己的身份。

更年期：月经自然停止的时间，也指女性生育能力下降时所经历的生理变化。

工作记忆：对短时记忆的新认识；对输入的感官信息，以及从长时记忆中提取得到的信息进行有意识地主动加工。

公平：人们在一段关系中的收获与付出是相称的。

公正世界现象：人们倾向于相信世界是公正的，认为善有善报，恶有恶报。

功能性磁共振成像：一种技术，通过对连续的MRI扫描图进行比较来显示血液的流动，从而显示大脑活动。fMRI扫描能够显示大脑的结构，也能够显示某一脑区的功能。

功能主义：詹姆斯倡导的早期思想流派，受到达尔文进化论的影响，探讨心理和行为过程的功能——它们如何使有机体适应、生存和繁衍。

攻击性：任何旨在伤害他人身体或情感的行为（包括身体或言语行为）。

孤独症谱系障碍：一种在儿童期出现的障碍，特点是在交流和社会互动方面有明显的缺陷，僵化、固定的兴趣和重复的行为。

固定比率程式：在操作性条件反射中，指只在反应达到一定次数后对该反应进行强化的强化程式。

固定间隔程式：在操作性条件反射中，指只在一定时间间隔后对反应进行强化的强化程式。

固恋：精神分析理论中，指在较早的性心理阶段中的冲突没有得到解决，使得寻求快乐的能量长期停留在该阶段。

固着：无法从新的角度看待并解决问题，是一种解决问题的障碍。

关键期：有机体生命早期的一个最佳时期，在此时期受到特定刺激或经历特定体验，有机体即可正常发展。

关系攻击行为：一种旨在伤害他人关系或社会地位的攻击行为（包括身体或言语行为）。

观察学习：无需直接经验，通过观察和模仿他人来进行学习。

广泛性焦虑障碍：一种焦虑障碍，患者频繁紧张，经常处于紧张、烦躁、睡眠不足的状况中，并且自主神经系统处于唤醒状态。

归属需要：建立和维护人际关系，感觉自己是群体一部分的需要。

归因理论：一种通过归因于情境或人格特质来解释人的行为的理论。

规范：可接受和期望的行为惯例。

规范性社会影响：个体想要获得社会认同或避免被拒绝的渴望产生的影响。

过度自信：自信心大于正确率，即一种高估知识和判断准确性的倾向。

H

海马体：位于边缘系统的一个神经中枢，帮助加工各种事实和事件的有意识的外显记忆以供储存。

好心情、做好事现象：当人们感到快乐时，他们会更愿意帮助他人。

合子：又称受精卵，它会进入为期两周的细胞快速分裂期，并发展为胚胎。

横断研究：在同一时间点对不同年龄的人进行比较。

后视偏差：在得知某一结果后，认为自己会预见到这一结果的倾向（也称为"我早就知道"现象）。

互惠性规范：回报那些帮助过我们的人，而不是伤害他们。

环境：所有非遗传性的影响因素，包括从母体营养到我们周围的各种外部影响。

幻觉：虚假的感官体验，如在没有外部视觉刺激的情况下看到某些东西。

回声记忆：对听觉刺激的短暂感官记忆；如果注意力在其他地方，你在3~4秒内仍然可以回想起听到的声音和词语。

回忆：一种测量记忆的方法，使用这种方法时，人们必须检索一些以前学习过的信息，如填空测试。

混淆变量：除被研究的因素外，可能影响研究结果的因素。

J

积极倾听：共情倾听，即治疗师回应、重述并澄清。罗杰斯个人中心疗法的一个特点。

积极心理学：对人类繁荣发展的科学研究，其目标是发现和促进有助于个人和群体繁荣发展的优势和美德。

基本归因错误：在分析解释他人行为时，高估人格特质的影响而低估情境作用的倾向。

基本信任：埃里克·埃里克森认为这是一种生活可预期且可依赖的感觉，据说是在婴儿期通过与敏感反应性高的照料者相处而形成的。

基础代谢率：身体静止状态下维持基本身体机能所需的能量消耗率。

基础研究：旨在扩大科学知识基础的纯科学。

基因：构成染色体的遗传生化单位，能够合成蛋白质的DNA小片段。

基因组：构成一个生物体的完整指令系统，由该生物体的染色体中所有遗传物质组成。

激情之爱：在唤醒状态下对另一个人强烈而积极的爱意，通常出现在浪漫关系发展之初。

激素：内分泌腺体制造的化学信使，随血液流动，能够影响其他组织。

急性精神分裂症：精神分裂症的一种，可以在任何年龄段出现，经常由创伤性事件导致，恢复的可能性较大。也称为反应性精神分裂症。

疾病焦虑障碍：将正常的身体感觉解释为疾病症状的心理障碍。以前称为疑病症。

集体无意识：卡尔·荣格的概念，即我们物种历史中所共享和继承的记忆痕迹库。

集体主义：相对看重群体（通常是自己的大家庭或工作群体）的目标，并据此定义自己的身份。

记忆：通过编码、储存和检索信息而长期保持的学习。

记忆巩固：长时记忆的神经储存。

记忆术：记忆辅助工具，尤其指那些使用生动形象和组织技巧的技术。

既视感：一种"似曾相识"的诡异感觉。当前情境中的线索可能会无意识地触发对早期经验的提取。

家庭治疗：在家庭系统的背景下实施的疗法。认为个体的不良行为是受其他家庭成员的影响，或指向其他家庭成员。

甲基苯丙胺：一种具有高度成瘾性的药物，能够刺激人的中枢神经系统，提升身体机能以及相关的能量和情绪变化；随着时间的推移，该药物会降低多巴胺的基线水平。

假设：一个可检验的预测，通常由某个理论产生。

坚毅：在心理学中指充满激情、坚持不懈地追求长期目标。

间隔效应：分散学习或练习产生比大量学习或练习更好的长时记忆趋势。

健康心理学：心理学的分支领域，为行为医学做出了心理学的贡献。

交感神经系统：自主神经系统的分支，能够唤醒身体，调动能量。

焦虑障碍：一种心理障碍，特征是令人苦恼的、持久的焦虑，或以适应不良的行为来缓解焦虑。

胶质细胞：神经系统中支持、滋养和保护神经元的细胞，在学习、思考和记忆过程中也会发挥作用。

角色：是指一组规定的行为，即对处于特定社会地位的人的行为期待。

脚手架：在维果茨基的理论中，脚手架为儿童发展更高层次的思考提供暂时支持。

拮抗过程理论：互补的视网膜加工过程（红和绿、蓝和黄、白和黑）形成了色觉。例如，有些细胞受到绿色的刺激，而受到红色的抑制；另一些则受到红色的刺激，受到绿色的抑制。

拮抗剂：抑制或阻止神经递质作用的分子。

结构主义：冯特和铁钦纳倡导的早期思想流派，通过内省来揭示人的心理结构。

解释：在精神分析中，分析师为了提高洞察力而对梦的假定含义、阻抗和其他重要的行为和事件进行诠释。

戒断：停止使用成瘾性药物或停止行为后出现的不适和痛苦。

进化心理学：利用自然选择原理探讨行为和心理进化的研究。

经典条件反射：一种把两个或两个以上的刺激联系起来的学习方式；以巴甫洛夫的经典实验为例，第一个刺激（声音）会引起狗对第二个刺激（食物）的期待行为（流口水）。

经颅磁刺激（TMS）：不断向大脑发送磁能脉冲，被用于刺激或抑制大脑活动。

经验推导量表：一种测试（如 MMPI），由题库中选出的可以区分不同群体的题目构成。

惊恐障碍：一种焦虑障碍，以不可预测的、长达数分钟的强烈惊恐发作为特征，患者可能会因恐惧而产生胸痛、窒息或其他可怕的感觉；随后往往会担心下一次可能的发作。

晶体智力：积累的知识和言语技能，随着年龄的增长而趋于增加。

精神病性障碍：一组以非理性的想法、歪曲的知觉和与现实脱离为特征的疾病。

精神病学：医学的一个分支，主要治疗心理障碍；由医生从业，能够提供医学治疗（如药物）和心理治疗。

精神分裂症：一种以心灵与现实的分裂，表现为思维混乱、知觉歪曲、言辞混乱、情绪和行为不当等为特征的疾病。

精神分析：西格蒙德·弗洛伊德的治疗技术。弗洛伊德认为患者的自由联想、阻抗、梦境和移情，以及分析师对它们的解释，释放了患者以前被压抑的情感，使其获得自我洞察力。

精神外科手术：摘除或损伤脑组织以改变患者行为的外科手术。

精神活性药物：一种改变感知和情绪的药物。

镜像神经元：一些科学家认为，我们进行某些动作或观察他人做这些动作时，额叶神经元会启动。大脑对他人的行动的镜像可能使大脑具有模仿和共情的能力。

镜像知觉：冲突双方通常持有的共同观点——如每一方都认为自己有道德、爱好和平，而认为另一方不怀好意、带有攻击性。

酒精使用障碍：俗称酗酒，其特点是产生酒精耐受、戒断反应和持续饮酒。

具身认知：身体感觉、手势和其他状态对认知偏好和判断的影响。

具体运算阶段：在皮亚杰的理论中，在这一认知发展阶段（大约从 7 岁到 11 岁），儿童能够对具体事件进行逻辑思考。

聚光灯效应：高估他人对我们外表、表现和失误的关注和评价（如同我们假定自己站在聚光灯下）。

聚合思维：缩小可用的问题解决方案的范围，以确定单一的最佳解决方案。

聚焦情绪的应对策略：试图通过避免或忽视应激源并关注与应激反应相关的情绪需求来缓解压力。

聚焦问题的应对策略：试图通过改变应激源或我们与应激源互动的方式来缓解压力。

绝对阈限：在 50% 的测试中听到一个特定刺激所需的最小刺激强度。

均值回归：极端或不寻常的分数或事件向平均值回落（回归）的趋势。

K

卡特尔 - 霍恩 - 卡罗尔理论：该理论认

为，智力基于一般智力以及具体能力，由 Gf 和 Gc 衔接。

坎农-巴德理论：激发情绪的刺激同时引发了（1）生理反应和（2）情绪的主观体验。

抗焦虑药物：用于控制焦虑和烦躁的药物。

抗精神病药物：用于治疗精神分裂症和其他形式的严重心理障碍的药物。

抗抑郁药物：用于治疗抑郁症、焦虑障碍、强迫症及其相关障碍，以及创伤后应激障碍的药物。（几种广泛使用的抗抑郁药物都属于选择性 5-羟色胺再摄取抑制剂。）

可变比率程式：在操作性条件反射中，指在似乎不可预测的反应次数后对反应进行强化的强化程式。

可变间隔程式：在操作性条件反射中，指在不可预测的时间间隔后对反应进行强化的强化程式。

可卡因：一种从古柯植物中提取的令人上瘾的强效兴奋剂，让人产生暂时的警觉性和兴奋感。

刻板印象：对一个群体普遍的（有时准确，但通常是高度概括的）看法。

刻板印象威胁：一种自我确认的担忧，即担心别人会基于负面的刻板印象对你进行评价。

客体永久性：即物体不会因为感知不到而不存在。

恐怖管理理论：一种与死亡相关的焦虑理论，该理论探索人们对即将死亡的提醒的情绪和行为反应。

跨性别者：一个统称，描述性别认同或性别表达与出生时指定的性别不同的人。

快速眼动睡眠：REM 睡眠；一个反复出现的睡眠阶段，期间通常伴随着一些生动的梦境。

快速眼动睡眠反弹：指快速眼动睡眠被剥夺后，快速眼动睡眠增加的一种趋势。

框架：提出问题的方式；一个问题如何构思，会对决策和判断产生极大影响。

L

来源遗忘：关于信息在何时、何地，如何被得知或想象出来的错误记忆，也称为来源归因错误。来源遗忘与错误信息效应是许多虚假记忆的关键。

理论：一种解释，使用一套整合原则来组织观察结果并预测行为或事件。

利他主义：对他人福祉的无私关怀。

连续强化程式：每一次发生期望的反应时都进行强化。

联合区：大脑皮质中不参与初级运动或感觉功能的区域；相反，它们参与高级心理功能，如学习、记忆、思考和说话等。

联想学习：学会了某些事件是一起发生的。这些事件可能是两个刺激（如经典条件反射）或一个反应及其后果（如操作性条件反射）。

临床心理学：心理学的一个分支，主要研究、评估和治疗心理障碍患者。

流体智力：进行快速、抽象推理的能力；随着年龄的增长，在成年后期，趋于下降。

罗夏墨迹测验：赫曼·罗夏设计的投射测验，旨在通过分析人们对 10 张墨迹图像的解释来识别人们的内心感受。

M

麦角酸二乙胺：一种强烈的致幻药物，也被称为"酸"。

慢性精神分裂症：精神分裂症的一种，通常在青少年晚期或成年早期初次发作。随着患者年龄的增长，发作期变得更长，恢复期缩短。也称为过程性精神分裂症。

盲点：视神经离开眼睛的区域，那里没有感受器细胞。

盲视：一个人可以不知道视觉刺激的存在但仍能对其做出反应的情况。

梦：在睡眠者的脑海中闪现的一系列图像、情绪和想法。

面部反馈效应：面部肌肉状态引发相应情绪如恐惧、愤怒或快乐的倾向。

明尼苏达多相人格量表：所有人格测试中研究最广泛和临床使用最广泛的一种。该测试最初的开发目的是识别情绪障碍（现在仍被认为是它最适合的用途），现在多用于其他筛查目的。

模仿：观察和效仿某一特定行为的过程。

陌生人焦虑：通常从约 8 个月大开始，婴儿表现出对陌生人的恐惧。

N

耐受性：重复使用相同剂量的药物后，药效会逐渐减弱，服药者需要服用更大的剂量才能体验药物效果。

脑垂体：内分泌系统中影响力最大的腺体。脑垂体在下丘脑的影响下调节生长发育并控制其他内分泌腺体。

脑磁图：一种脑成像技术，可测量大脑自然电活动的磁场。

脑电图：对扫过大脑表面的电活动波形的放大读数。这些电波由安放在人头皮上的电极测量得出。

脑干：大脑最古老和中心的部分，起始于从脊髓进入颅内时的膨大处，负责自动生存功能。

内部控制点：认为我们可以控制自己的命运。

内耳：耳朵最里面的部分，包括耳蜗、半规管和前庭囊。

内啡肽："体内的吗啡"，一种天然的、类似阿片的神经递质，与疼痛控制和愉悦感有关。

内分泌系统：身体的"慢速"化学交流系统，包括将激素分泌到血液中的腺体和脂肪组织。

内群体："我们"——与自己身份相同的人。

内群体偏见：偏爱自己所属群体的倾向。

内稳态：保持平衡或恒定的内部状态的趋势；对身体化学的任何方面（如血糖）进行调节，使之保持在某一特定水平。

内隐记忆：对所习得技能或经典条件反射形成的联系的记忆。这种记忆无须有意识思考即可知道，也叫非陈述性记忆。

内在动机：为了行为本身而有效地执行该行为的欲望。

能力测验：旨在预测一个人未来的表现；这里的能力指学习能力。

尼古丁：烟草制品中的一种高度成瘾的刺激性精神物质。

逆行性遗忘：无法回忆储存在长时记忆中的旧信息。

颞叶：大脑皮质中，大致位于耳朵上方的部分；包括听觉区域，每个颞叶主要接收来自对侧耳朵的信息。

女性性高潮障碍：因很少或从未经历性高潮而苦恼。

P

排斥：对个人或群体故意的社会排挤。

旁观者效应：如果有其他旁观者在场，单个旁观者就不太可能提供帮助。

胚胎：受精后约两周到第二个月期间，发育中的人体组织。

批判性思考：一种不会自动接受任何论点和结论的思考方式。相反，批判性思考会检查假设，评估信息来源，辨别隐性偏见，评估证据和结论。

偏见：针对一个群体及其成员的一种不合理的、通常是负面的态度。偏见通常包括负面情绪、刻板印象和歧视。

胼胝体：连接两个大脑半球并在它们之间传递信息的大型神经纤维带。

平均数：一组数据的算术平均数，通过将全部数值相加后再除以数值的个数得到。

平行加工：同时加工一个刺激或问题的许多方面。

葡萄糖：一种在血液中循环的糖，是人体组织主要的能量来源。当葡萄糖在血液中的含量较低时，我们会感到饥饿。

Q

歧视：以不合理的负面方式对待一个群体及其成员的行为。

启动法：激活某些联想，从而使人的感知、记忆或反应具有倾向性，往往是无意识的。

启动效应：记忆中特定联结的激活，通常是无意识的。

启发式：一种简单的思维策略，一种思维捷径——通常能让我们有效地做出判断，解决问题；通常比算法更快但也更容易出错。

气质：一个人特有的情绪反应性和情感强度。

前摄干扰：较早的学习对新信息的回忆产生的前向干扰作用。

前庭觉：我们的平衡感——对身体运动和位置的感觉，让我们保持平衡。

前运算阶段：在皮亚杰的理论中，这个阶段（2～7岁）的儿童能够用语言描述事物，但还不能理解具体逻辑的心理运算。

潜性梦境：根据弗洛伊德的观点，指梦的潜在意义（不同于其显性内容）。

潜在学习：学习已经发生，但在得到激励去展示之前表现并不明显。

浅层加工：在初级或中级水平上，基于单词的结构或发音进行编码。

强度：光或声波的能量大小，影响着我们对明度或响度的感知。强度由波的振幅（高度）决定。

强化：在操作性条件反射中，任何能强化其后续行为的事件。

强化程式：一个模式，规定了对所期望的反应进行强化的频率。

强迫症：一种心理障碍，特征是反复出现、挥之不去的想法（强迫思维）、行为（强迫行为），或两者皆有。

亲密：在埃里克森的理论中，亲密是形成紧密、友爱的关系的能力；这是成年早期的主要发展任务。

亲社会行为：积极有益、有建设性的行为。与反社会行为相反。

青春期：性成熟的时期，人在这一时期开始具有生殖能力。

青少年期：从儿童到成人的过渡期。性成熟的时期，在此期间通常变得具有生育能力。

情景记忆：对个人经历过的事件的明确记忆，是两个有意识的记忆系统之一（另一个是语义记忆）。

情绪：整个机体的反应，包括（1）生理唤醒，（2）外显行为，（3）意识体验和情感。

情绪智力：感知、理解、管理和利用情绪的能力。

丘脑：大脑的感觉控制中心，位于脑干顶部；丘脑将信息传递到大脑皮质的感觉接收区，并将信息反馈传递给延髓和小脑。

驱力减少理论：认为生理需要会产生一种唤醒状态（某种驱力），这种状态会促使生物体去满足这种需要。

躯体神经系统：外周神经系统中控制身

体骨骼肌的部分，也叫骨骼神经系统。
躯体症状障碍：一种心理障碍，其症状以躯体（身体）症状的形式出现，没有明显的生理原因。以前称为躯体形式障碍。
趋避动机：趋近或回避刺激物的动机。
去个性化：个体自我意识及自我控制能力逐渐减弱或丧失，通常发生在群体的参与使个人感到被唤醒并处于匿名状态的情境下。
全或无反应：一种神经元反应，要么放电（全强度的反应），要么不放电。
全距：分布中最小值和最大值之间的差距。
群体思维：当一个决策群体为寻求群体内部和谐，而放弃对其他备选方案进行现实评估时产生的一种思维模式。
群组：一群具有共同特征的人，比如来自某个特定时期。

R

染色体：由 DNA 分子组成的线状结构，DNA 分子中包含了基因。
人本主义理论：以个人健康成长的潜能为重点的人格理论。
人本主义心理学：一种颇具历史意义的观点，强调人类的成长潜能。
人格：人们特有的思维、感觉和行为方式。
人格量表：一份问卷，通常包含需要回答对错或同意/不同意的题目，该问卷通过人们对题目的回答衡量人们的各种感受和行为用于评估选定的人格特征。
人格障碍：僵化和持久的行为模式，损害社会功能。
人工耳蜗：一种将声音转化为电信号并通过插入耳蜗的电极刺激听觉神经的装置。
认同：根据弗洛伊德的说法，认同是儿童将父母的价值观纳入其发展中的超我的过程。
认知：与思维、认识、记忆和交流有关的所有心理活动。
认知地图：对所处环境布局的心理表征。例如，探索完一个迷宫之后，老鼠就会学到了迷宫的认知地图。
认知疗法：教给人们新的、更具适应性的思维方式的疗法，基于想法在事件和我们的情绪反应之间起中介作用的假设。
认知神经科学：与认知（包括感知、思维、记忆和语言）有关的大脑活动的跨学科研究。
认知失调理论：当我们意识到自己的态度和行为不一致时，我们会采取行动来减轻感受到的不适（失调）。例如，当我们意识到自己的态度和行为相悖时，我们常常会调整态度来减轻失调。
认知心理学：该学科研究心理过程，如人们感知、学习、记忆、思考、交流和解决问题的过程。
认知行为疗法：一种流行的综合疗法，将认知疗法（改变自我挫败思维）与行为主义疗法（改变行为）相结合。
认知学习：通过观察事件、他人，或通过语言获得心理信息。

S

SQ3R：一种学习方法，包含五个步骤：纵览、提问、阅读、检索和复习。
散点图：一个由点组成的图形群，其中每个点代表两个变量的值。点的斜率表明两个变量之间关系的方向。散点的分布表明相关的程度（散点越集中，表示相关性越高）。
色调：由光的波长所决定的颜色的维度，我们所知道的颜色有蓝色、绿色等。
闪光灯记忆：对情绪上的重要时刻或事件的清晰记忆。
设定点："体重恒温器"被设定的值。当体重低于某个值时，饥饿感会增加，新陈代谢率会降低，二者结合导致减少的体重得以恢复。
社会交换理论：这一理论认为我们的社会行为是一个交换过程，其目的是利益最大化和成本最小化。
社会脚本：一个指导人们在某种情况下的行为的文化模式。
社会认知观点：一种认为人们的行为受他们的特质（包括思维）和所处社会环境之间的相互作用的观点。
社会时钟：结婚、生育和退休等社会事件在文化影响下的"时机"。
社会同一性：自我概念中的"我们"。关于"我是谁？"，这一问题的答案中来自我们所属的群体的那部分。
社会陷阱：双方因各自追求自身利益而非共同利益，从而陷入相互破坏的行为。
社会懈怠：当处于群体中，完成群体共同目标时，一个人付出的努力会比其单独完成目标时付出的努力要少。
社会心理学：研究人与人之间如何看待彼此、如何相互影响以及如何建立联系的一门科学。
社会性别：心理学中指人们认为与男性和女性相关的行为特征（参见性别认同）。
社会学习理论：认为我们通过观察和模仿，以及奖励和惩罚来学习社会行为。
社会责任规范：期望人们帮助需要帮助的人。
社会助长：在有他人在场的情况下，擅长的事会做得更好，觉得困难的事会做得更糟。
社区心理学：心理学的一个分支，研究

人们如何与社会环境互动，以及社会机构（如学校和邻里）如何影响个人和群体。

深层加工：根据单词含义进行语义编码，深层加工的记忆效果最好。

深度知觉：虽然落在视网膜上的图像是二维的，但我们仍能形成三维知觉的能力。这种能力使得我们能够判断距离。

神经：形成连接中枢神经系统与肌肉、腺体和感受器的神经电缆的束状轴突。

神经递质：穿过神经元突触间隙的化学信使。发送神经元释放的神经递质穿过突触，与接收神经元的受体结合，从而对该神经元是否产生神经冲动造成影响。

神经发生：形成新的神经元。

神经发育障碍：中枢神经系统（通常是大脑）异常，始于儿童期，会改变人的思维方式和行为方式（表现为智力障碍或心理障碍）。

神经可塑性：大脑受到损伤后进行重组或根据经验建立新路径的变化能力，儿童时期可塑性最强。

神经认知障碍：俗称为老年痴呆。以认知缺陷为标志的获得性（非终身）障碍；通常与阿尔茨海默病、脑损伤、疾病或药物滥用有关。

神经系统：人体的快速电化学交流网络，由外周神经系统和中枢神经系统的所有神经细胞组成。

神经性贪食症：一种进食障碍，患者在暴食（通常是高热量食物）之后会有不当的补偿行为，如催吐、滥用泻药、禁食或过度运动。

神经性厌食症：一种进食障碍，尽管患者（通常是少女）体重明显低于正常水平，但仍在节食减肥，且自我知觉不准确，有时还会过度运动。

神经元：一个神经细胞，神经系统的基本组成部分。

肾上腺：一对内分泌腺体，位于肾脏上部，能够分泌肾上腺素和去甲肾上腺素，有助于在应激的情况下唤醒身体。

生物心理社会方法：一种涵盖生物学、心理学和社会文化分析层次的整合性方法。

生物心理学：探讨生物过程（遗传、神经、激素等）和心理过程之间联系的科学研究。一些该领域的研究者自称为行为神经科学家、神经心理学家、行为遗传学家、生理心理学家或生物心理学家等。

生物性别：心理学中指受生物影响的特征，人们通过这些特征来定义男性、女性和双性。

生物医学疗法：使用直接作用于人的生理机能的处方药物或措施的治疗。

声波的频率：在一定时间内（例如一秒内）经过某一点的完整波长的数量。

失眠症：一种睡眠障碍，其特点是在入睡或保持睡眠时反复出现问题。

失语症：语言障碍，通常由大脑左半球的布洛卡区（言语障碍）或韦尼克区（理解障碍）的损伤引起。

实验：一种研究方法，研究人员通过操纵一个或多个因素（自变量）来观察其对某些行为或心理（因变量）的影响。研究人员旨在通过随机分配参与者控制其他相关因素。

实验组：在一个实验中接受操纵，即改变某种自变量的组。

实证方法：以观察和实验为基础的循证方法。

似动现象：两盏或多盏相邻的灯连续快速闪烁时产生的一种运动错觉。

事后解释：实验后，向参与者解释研究内容，包括研究目的和采取的任何欺骗行为。

视杆细胞：视网膜感受器，能识别黑色、白色和灰色，并对运动很敏感。当视锥细胞没有反应时，视杆细胞对于周围视觉和暗视觉来说是必需的。

视交叉上核：下丘脑中的一对细胞群，控制着昼夜节律。视交叉上核对光做出反应，使松果体调整褪黑素的分泌，从而调整人们的睡意。

视觉悬崖：一种检测婴儿和动物幼崽尝试知觉的实验室装置。

视神经：将神经冲动从眼睛传递到大脑的神经。

视网膜：对光具有敏感性的眼睛内表面，包含视杆细胞、视锥细胞以及开始加工视觉信息的神经元层。

视网膜视差：感知深度的双眼线索。通过比较双眼上的视网膜图像，大脑计算出距离——两幅图像之间的差距（差异）越大，物体越近。

视锥细胞：视网膜感受器，集中在视网膜中心，在白天或光线充足的条件下发挥作用。视锥细胞能探测到光线细节并产生颜色感觉。

适应：眼睛的晶状体改变自身形状使近处或远处的物体在视网膜上聚焦的过程。

适应水平现象：我们判断各种刺激时，倾向于把它与我们先前的经验联系起来。

守恒：皮亚杰认为这是具体运算推理的一部分——即使物体的形式发生了变化，但其质量、体积和数量等属性仍保持不变的原则。

首次遗精：第一次射精。

树突：神经元的分支延伸部分，常为灌木状，能够接收和整合信息，并引导冲动至细胞体。

双盲测试：一种实验测试，在测试过程中，研究参与者和研究人员对研究参与者是否接受了治疗或安慰剂都一无所知（盲目）。用于药物评价研究。

双相障碍：一类心理障碍，抑郁状态的情绪低落、疲劳迟钝和躁狂状态的过度兴奋在个体身上交替出现。以前称为躁郁症。

双性：在出生时拥有男性和女性的生物性征。

双性性格：同时展显传统的男性和传统的女性的心理逻辑特征。

双眼线索：深度线索，如视网膜视差，这取决于你用单眼还是双眼看。

双因素理论（沙赫特-辛格理论）：要体验到情绪，个体必须（1）在生理上被唤醒，（2）在认知上对这种唤醒进行标记。

双重加工：信息往往在有意识和无意识的不同通道上同时进行处理的原则。

睡眠：一种定期的意识自然丧失，与昏迷、全身麻醉或冬眠造成的无意识不同。

睡眠窒息：一种睡眠障碍，其特点是在睡眠中暂时停止呼吸，并反复短暂惊醒。

顺行性遗忘：无法形成新的有意识记忆。

顺序加工：一次处理刺激或问题的一个方面，一般用于处理新信息或解决困难的问题。

顺应：调整我们当前的理解（图式）以吸收新的信息。

斯坦福-比奈测验：在美国广泛使用的比奈原始智力测验的修订版（由斯坦福大学教授推孟最先编制）。

四氢大麻酚：大麻的主要活性成分；引发混合效应，包括轻微的幻觉。

塑造法：一个操作性条件反射程序，即强化物引导行为向期望的行为靠拢。

算法：有条理的、有逻辑的规则或解决特定问题的程序；与通常更快速但也更容易出错的启发式相对。

随机分配：通过将参与者分配到实验组和对照组，从而使不同组之间预先存在的差异最小化。

随机样本：能够公平代表某一群体的样

本，因为每个成员被纳入样本的机会是均等的。

髓鞘：一种脂肪组织层，节段地包裹着一些神经元的轴突；神经冲动从一个节点跳到另一个节点时，髓鞘能使其传输速度大大增加。

损伤：组织破坏。脑损伤指自然或实验造成的脑组织破坏。

T

胎儿：怀孕第九周到出生期间的人体组织。

胎儿酒精综合征：由于孕妇大量饮酒而导致子女的身体和认知都出现异常的现象。严重者的体征包括头小且比例失调，面部特征异常。

态度：一种感觉，常会受到信念的影响。态度使人们倾向于对物体、人和事件做出特定的反应。

特定恐惧症：一种焦虑障碍，其特点是对特定事物、活动或情境表现出持续的、非理性的恐惧和回避。

特征觉察器：大脑视觉皮质中的神经细胞对刺激物的具体特征做出反应，如形状、线条角度或运动。

特质：某种行为特征模式或以某种方式感受和行动的倾向，通过自陈量表和同伴报告进行评估。

提取：从储存的记忆中获取信息的过程。

体感皮质：位于顶叶之前的一个大脑皮质区域，用于记录和处理身体的触觉和运动感觉。

替罪羊理论：当事情出错时，偏见让人们找到一个目标来责怪，为负面情绪找到发泄的出口。

条件刺激：在经典条件反射中，指与无条件刺激产生联系后，变得能够触发条件反应的中性刺激。

条件反应：在经典条件反射中，对之前的中性刺激（但现在是条件刺激）的习得性反应。

条件强化物：通过与初级强化物的联系而获得强化能力的刺激，也称为次级强化物。

听觉：听到的感觉或行为。

听觉频率理论：该理论认为沿听神经传播的神经冲动的速率与音调的频率相匹配，从而使我们能够感觉到音调（也叫时间编码）。

听觉位置理论：该理论将我们听到的音调与耳蜗基底膜受到刺激的位置联系起来（也叫位置编码）。

同化：根据我们现有的图式来解释新经验。

同卵双生子：由一个受精卵分裂后分别发育而成，他们在遗传上是相同的。

统计显著性：假设被研究的群体间不存在差异的情况下，某一结果（如样本间差异）为偶然发生的可能性。

投射测验：一种人格测验，如主题统觉测验或罗夏墨迹测验，该类测试会提供模棱两可的图像，旨在触发人们内心动态的投射。

突变：基因复制过程中出现的随机错误，会引起变异。

突触：发送神经元的轴突末端与接收神经元的树突或细胞体之间的连接处。这个连接处的微小间隙称为突触间隙（或突触裂隙）。

图式：组织和解释信息的概念或框架。

图形-背景：将视野组织成从周围环境（背景）中突出的物体（图形）。

团体治疗：对团体而非个人进行的治疗，从团体互动中获益。

W

外部控制点：认为不受个人控制的外部

力量决定了我们的命运。
外群体:"他们"——那些被视为与"我们"不同的人或内群体之外的人。
外显记忆:对自认为知晓和"宣布"的事实和经验的记忆,也叫陈述性记忆。
外在动机:为了获得承诺的奖励或避免威胁性惩罚而做出某种行为的欲望。
外周路径说服:利用吸引注意力的暗示来触发快速的、基于情感的判断,例如被说话者所吸引。
外周神经系统:连接中枢神经系统和身体其他部位的感觉和运动神经元。
网状结构:穿过脑干进入丘脑的神经网络;能够过滤信息,在控制唤起方面发挥重要作用。
妄想:一种错误的信念,通常是被迫害的念头或夸张的念头,可能伴随着精神病性障碍的发生。
韦伯定律:两个刺激之间的差别必须保持一个恒定的最小比例(而不是恒定的数量)才能被察觉到。
韦尼克区:通常位于左颞叶的一个脑区,与语言理解和表达有关。
韦氏成人智力量表(WAIS):韦氏成人智力量表及配套的儿童版本是使用最广泛的智力测验,包括言语和表现(非语言)子测验。
味觉:我们对味道的感觉。
文化:一个群体中所有人共有的行为、观点、态度、价值观和传统,能够一代又一代地传递下去。
无条件刺激:在经典条件反射中,一种无条件自然发生的刺激,会自动触发无条件反应。
无条件反应:在经典条件反射中,对无条件刺激(狗吃到食物)的一种未经学习、自然发生的反应(流口水)。
无条件积极关注:一种关怀、接受、不加评判的态度;卡尔·罗杰斯认为这种态度有助于人们发展自我意识和自我接纳。
无性恋:对他人没有主观上的性欲。
无意识:根据弗洛伊德的说法,无意识是大部分不可接受的思想、愿望、感觉和记忆的储存库。而根据当代心理学家的说法,它是指人们未意识到的信息加工过程。

X

X染色体:在男性和女性体内均有的性染色体。女性通常有两条X染色体,男性通常只有一条。父母双方各提供一条X染色体,会孕育一个女性胎儿。
习得:经典条件反射的最初阶段。指个体把中性刺激和无条件刺激联系起来,使中性刺激开始触发条件反应(在操作性条件反射中指强化的反应)。
习得性无助:当无法避免糟糕的事件重复发生时,人类和其他动物会习得绝望和被动的顺从。
习惯化:反复刺激导致反应减弱。随着婴幼儿对反复接触的刺激的熟悉程度增加,他们对刺激的兴趣会减弱,很快便会转移视线。
系统脱敏:一种暴露疗法,将愉快的放松状态与逐渐升级的触发焦虑的刺激相关联。常用于治疗特定恐惧症。
细胞体:神经元中含有细胞核的部分,细胞的生命支持中心。
下丘脑:边缘系统中的一个神经结构,位于丘脑下方;该结构能够管理一些身体维持性活动(如吃、喝、体温等),能够通过脑垂体来帮助管理内分泌系统,并且与情绪和奖赏有关。
先天—后天问题:一个长期的争议,关于基因和经验对心理特征和行为发展的相对贡献。现代科学认为,特质和行为产生于先天和后天的相互作用。
显性梦境:根据弗洛伊德的观点,指梦中那些具有象征性、可记住的故事线(不同于其潜性或隐藏的内容)。
相对剥夺:认为我们比被比较的其他人更糟糕的感觉。
相关关系:两个因素共同变化的程度,也意味着其中任一因素能够预测另一个因素的程度。
相关系数:两个事物之间关系的统计指数(从 -1.00 到 +1.00)。
相互决定论:行为、个人内在认知和环境的相互影响。
相互作用:一个因素(如环境)的影响依赖另一个因素(如基因),两者相互影响。
消退:条件反应的减弱。经典条件反射中,消退产生于条件刺激不再预示着无条件刺激时;操作性条件反射中,消退产生于反应不再被强化时。
小脑:位于脑干后部的"小型大脑",其功能包括处理感觉输入、协调运动输出和平衡,以及进行非语言学习和记忆。
效度:一项测验对它所要测量内容的实际测量程度,或者对它所要预测内容的实际预测程度。
效果律:由桑代克提出,即引起有利后果的行为更有可能再次出现,引起不利后果的行为出现的可能性更小。
心境一致性:回忆起与自己当前心境一致的经历的倾向。
心理定势:倾向于沿用得心应手的老方法解决问题。
心理动力学理论:以无意识和童年经历的重要性为重点来看待人格的理论。
心理动力学疗法:源自传统精神分析的疗法;帮助个体对无意识力量和童年经历做出反应,追求提高自我洞察力。
心理理论:人们对自己和他人心理状态的看法,包括他们的情感、知觉、想法及可能的行为。

心理年龄：比奈设计的一种衡量智力测验表现的标准，表现水平通常与一定年龄段的儿童有关。因此，如果一个孩子表现得像一个 8 岁的孩子，那么这个孩子的心理年龄就是 8 岁。

心理韧性：帮助人们应对压力，从逆境甚至创伤中恢复的个体力量。

心理神经免疫学：研究心理、神经和内分泌过程如何共同影响免疫系统和健康。

心理物理学：研究刺激性物理特征（如强度）与我们心理体验之间的关系。

心理学：研究行为和心理过程的科学。

心理药理学：研究药物对思维和行为的作用。

心理障碍：一种综合征，指个体的认知、情绪调节或行为上出现临床意义上的明显紊乱。

心理治疗：心理技术的治疗，由训练有素的治疗师和寻求克服心理困难或实现个人成长的来访者之间的互动构成。

信度：测验产生一致结果的程度，通过把测验分成两半、对比用其他形式的测验或重新测验的分数的一致性来评估。

信号检测论：预测我们如何以及何时在背景刺激（噪声）中检测到微弱刺激（信号）的存在的理论。假设没有单一的绝对阈限，检测部分取决于一个人的经验、期望、动机和警觉水平。

信念固着：形成信念的基础被否定后，仍坚持自己最初的信念。

信息性社会影响：个体愿意接受他人对现实的看法而产生的影响。

行为反馈效应：行为影响自己和他人的想法、情绪和行动的倾向。

行为遗传学：探讨遗传和环境影响行为的相对力量和限制的研究。

行为主义：该理论认为心理学（1）应该是一门客观的科学，（2）研究行为而不涉及心理过程。如今，大多数心理学家都认可（1），但不认可（2）。

行为主义疗法：应用学习原理来消除不想要的行为的疗法。

形式运算阶段：在皮亚杰的理论中，在这一认知发展阶段（通常从 12 岁左右开始），人们开始对抽象概念进行逻辑思考。

兴奋剂：如咖啡因、尼古丁，以及威力更强的可卡因、苯丙胺、甲基苯丙胺和摇头丸，可激发神经活动，提升身体机能。

杏仁核：边缘系统中两个青豆大小的神经元簇，与情绪有关。

性别角色：对男性和女性行为方式的期望。

性别类型化：获得传统的男性或女性角色。

性别认同：我们感觉自己是男性、女性、非男非女，或者男性和女性的某种组合。

性反应周期：马斯特斯和约翰逊所描述的性反应的四个阶段——兴奋期、持续期、高潮期和消退期。

性功能障碍：指在性反应周期的任何阶段持续损害性唤起或性功能的问题。

性侵犯：任何不受欢迎的或旨在伤害他人身体或情感的有关性的身体或言语行为。通常表现为性骚扰或性攻击。

性取向：我们受到性吸引的方向，反映在我们的渴望和幻想中。

性心理阶段：儿童期的发展阶段（口欲期、肛门期、性器期、潜伏期、生殖期），根据弗洛伊德的说法，在这些阶段中，本我寻求快乐的能量会集中在不同的快感区。

性欲倒错：对非人对象、对伤害自己或他人、或对未经同意的人的幻想、行为或冲动所引起的性唤起。

虚拟现实暴露疗法：一种对抗性条件反射疗法，创造性地使用电子模拟来治疗焦虑。这种模拟让人们可以安全地面对他们最大的恐惧，如飞行、蜘蛛或公开演讲。

需要层次：马斯洛的人类需要金字塔，从最底层的生理需要开始，首先必须满足生理需要，然后才能满足更高层次的安全需要和心理需要。

序列位置效应：我们更容易回忆起列表中的第一项（首因效应）和最后一项（近因效应）。

宣泄：在心理学中，这个概念是指"释放"攻击性能量（通过幻想或行动），可以缓解攻击性冲动。

选择性注意：将意识集中在某个特定的刺激物上。

学习：通过经验获得新的和相对持久的信息或行为的过程。

学者症候群：智力受限，却在某些方面拥有超常能力（如计算或绘画）的人。

循证实践：将现有的最佳研究与临床专业知识、来访者的偏好和特点相结合的临床决策。

Y

Y 染色体：通常只存在于男性体内的性染色体。当它与母亲的 X 染色体配对时，会孕育一个男性胎儿。

压抑：精神分析理论中的一种基本防御机制，它会把引起焦虑的想法、感受和记忆从意识中驱逐出去。

延髓：脑干的底部，控制心跳和呼吸。

厌恶条件反射：将消极反应（如恶心）与不良的行为（如饮酒）相关联。

杨-亥姆霍兹三色理论：视网膜上有三种类型的颜色感受器，分别对红色、绿色和蓝色最敏感，当同时刺激这些感受器时，便能感知任何颜色。

摇头丸（MDMA）：一种合成兴奋剂和

轻度致幻剂，能够使人产生欣快感和社会亲密感，但会带来短期健康风险，并对产生血清素的神经元以及情绪和认知造成长期损害。

药物使用障碍：指在使用药物后生活受到严重干扰和/或有身体危险的情况下仍然渴望使用药物的障碍。

耶基斯 - 多德森定律：只有在达到一定水平时，个体表现会随唤醒水平提高而提升，达到一定的唤醒水平后，表现就会随唤醒水平提高而下降。

夜惊：一种睡眠障碍，其特点是高唤醒状态或看起来很害怕。与噩梦不同，夜惊发生在 N3 睡眠阶段，在入睡后 2 或 3 小时内，而且患者很少能记住夜惊的内容。

一般适应综合征：根据塞利耶的概念，身体对应激的适应性反应分为三个阶段——警觉阶段、抵抗阶段和衰竭阶段。

一般智力：斯皮尔曼和其他学者的认为，一般智力是所有心理能力的基础，因此可以通过智力测验中的每一项测试来测量。

医学模式：这一概念认为，疾病（这里指的是心理障碍）的出现与生物学因素有关，而生物学因素是可诊断、可治疗，且在大多数情况下可治愈的，通常是在医院治疗。

依恋：与他人的情感联系；儿童表现为想要亲近照料者，并在分离时表现出痛苦。

咿呀学语期：语言发展的阶段，大约从婴儿 4 个月时开始，在此期间，婴儿会自发地发出各种声音，但并不都与家庭语言有关。

移情：在精神分析中，患者将其他关系中的情感（如对父母的爱或恨）转移到分析师身上。

遗传：某些特质从父母到后代的转移。

遗传力：一个群体中的个体差异受遗传影响的程度。某个特质或性状的遗传力可能由于研究人群和环境的范围变化而不同。

异卵双生子：由不同的卵细胞发育而来，虽然有共同的产前环境，但他们在遗传上和普通兄姐妹相差无几。

异族效应：也称跨种族效应、本种族偏见。与其他种族的人相比，同种族的人更容易辨认出与自己同一种族群体的面孔。

易得性启发式：根据记忆中所提供信息的可用性来判断事件的可能性；如果实例很容易就浮现在脑海中（也许是因为实例过于生动），我们便把这类事件假定为普通事件。

意识：人们对自己和环境的主观觉察。

因变量：实验中被测量的结果；当自变量被操纵时，可能发生变化的变量。

音调：高音或低音，取决于频率。

音素：语言系统中能够区分词义的最小语音单位。

印刻：某些动物在生命早期形成强烈依恋的过程。

应答性行为：作为对某些刺激的自动反应而产生的行为。

应对：用情感、认知或行为方法缓解压力。

应激：我们将某些事件评价为具有威胁性或挑战性，这些事件被称为应激源，而我们评价和应对这些事件的过程就是应激。

应用研究：以解决实际问题为目的的科学研究。

映像记忆：对视觉刺激的短暂感官记忆，是持续时间不超过十分之几秒的图像记忆。

有氧运动：一种持续的、耗氧的、增强心肺能力的运动，也有助于缓解抑郁和焦虑。

有意识加工：需要专注和有意识地进行的编码行为。

诱因：某种积极或消极的环境刺激，能促使行为产生。

语法：人与人之间用来进行交流的一系列语言规则。语义是从声音中获得意义的规则，句法则是将单词排列成语法上合理的句子的规则。

语言：口语、书面语或手语，以及将它们组合起来进行思想交流的各种方式。

语言决定论：语言学家本杰明·李·沃尔夫的假设，即语言决定思维方式。

语言相对论：认为语言会影响思维的观点。

语义记忆：对事实和一般知识的明确记忆，是两个有意识的记忆系统之一（另一个是情景记忆）。

预测效度：也称为效标关联效度，预测未来表现标准的准确度；通过计算测验分数和标准行为之间的相关性来进行评估。

预注册：公开交流计划的研究设计、假设、数据采集和分析方法。

阈下：低于意识知觉的绝对阈限。

阈值：引发神经冲动所需的刺激水平。

元分析：对多项研究结果进行分析以得出总体结论的一种统计程序。

元认知：关于认知的认知，跟踪监测和评估我们的心理过程的一系列认知活动。

原型：符合该类别事物所有特征的心理意象或最佳事例。新事物与原型匹配时，可以简单快速地将事物预先分类（例如将有羽毛的生物与鸟类原型如乌鸦进行比较）。

月经初潮：第一次月经。

运动（传出）神经元：将来自大脑和脊髓的信息传出到肌肉和腺体的神经元。

运动皮质：位于额叶后部的大脑皮质区域，其功能是控制随意运动。

Z

再巩固：以前存储的记忆，被提取出来后，在再次存储之前被改写的过程。

再认：一种测量记忆的方法，使用这种方法时，人们必须识别以前学习过的信息，如多项选择测试。

再摄取：发送神经元重新吸收神经递质。

再学习：一种测量记忆的方法，该方法主要评估再次学习同一材料时节省的时间。

躁狂：一种过度活跃、疯狂乐观的状态，个体在这种状态下常常会出现危险的错误判断。

闸门控制理论：该理论认为，脊髓中含有一个神经"门"，可以阻止/允许疼痛信号传递到大脑。当疼痛信号向上传递到小的神经纤维时，"门"就打开了；当较大的纤维活动或接收到来自大脑的信息时，"门"就关上了。

詹姆斯-兰格理论：当我们意识到自己对引起情绪的刺激产生生理反应时，我们就会体验到情绪。

照料和结盟反应：在压力下，人们（尤其是女性）经常向他人提供帮助（照料），与他人建立联系并向他人寻求帮助（结盟）。

折中取向：一种心理治疗取向，使用来自多种心理疗法的技术。

枕叶：大脑皮质中，位于头部后方的部分，包括接收视觉信息的区域。

镇静剂：如酒精、巴比妥类药物和阿片类药物，能够抑制神经活动，减缓身体机能。

正电子发射体层成像：一种技术，能够检测大脑活动，显示大脑执行特定任务时，放射性葡萄糖聚集的位置。

正念冥想：一种内省的方式，在这种方式中，人们以一种不加评判和接受的态度对待当前的经历。

正强化：通过提供愉快的刺激来增加行为发生的次数。正强化物是指任何在反应后出现并强化该反应的刺激。

正态曲线：一种对称的钟形曲线，可用于描述多种类型数据的分布情况；大多数数值都分布在平均数附近（约68%的数值位于一个标准差之内），越靠近极端位置的数值分布越少。正态曲线也称为正态分布。

证实偏差：寻找支持我们信念的信息，而忽视或歪曲相互矛盾的证据的倾向。

知觉：大脑组织和解释感官信息的过程，使我们能够识别有意义的物体和事件。

知觉定势：感知某物而不感知另一物的心理倾向。

知觉恒常性：即使光照和视网膜图像发生变化，依然认为物体不变（具有一致的颜色、亮度、形状和大小）。

知觉适应：适应变化的感觉输入的能力，包括人工移位甚至倒置的视野。

知情同意：向潜在参与者提供足够多的研究信息，使他们能够选择是否参与实验。

直觉：一种毫不费力的、快速的、自发的感觉或想法，与明确的、有意识的推理相对。

治疗联盟：治疗师和来访者之间信任和相互理解的纽带。治疗师和来访者通过建设性的努力，一起解决来访者的问题。

致幻剂：迷幻药（"心灵显现剂"），如麦角酸二乙胺（LSD），在没有感觉输入的情况下扭曲感知并唤起人的感官图像。

致畸剂：在胎儿发展期间可以到达胚胎或胎儿，并对其造成伤害的物质，如化学品和病毒。

智力：从经验中学习、解决问题以及利用知识来适应新情境的能力。

智力测验：用分数来评估一个人的心智能力并与其他人进行比较的一种方法。

智力障碍：智力受限，表现为智力测试分数在70分或70分以下，难以适应生活的需求（曾被称为智力低下）。

智商（IQ）：最初定义为心理年龄与实际年龄之比乘100。在当代智力测验中，给定年龄表现的平均数为100分。

中耳：鼓膜和耳蜗之间的腔室内有三块听小骨——锤骨、砧骨和镫骨——将鼓膜的振动集中到耳蜗的前庭窗上。

中间神经元：大脑和脊髓内的神经元；中间神经元在内部交流，处理感觉输入和运动输出之间的信息。

中枢神经系统：大脑和脊髓。

中位数：一组数据中位于中间的那个数值；一半的数值比它大，另一半比它小。

中心路径说服：引导人们自然而然地对证据和论点进行思考。

中性刺激：在经典条件反射中，指在条件反射发生前不会引起反应的刺激。

中央凹：视锥细胞在视网膜中心聚焦的区域。

众数：一组数据中出现频率最高的一个或多个数值。

重度抑郁症：一种障碍，在没有使用某种物质或出现身体疾病的情况下，个体在两周或更长时间内出现五项或更多的症状，其中至少有一项必须是（1）情绪低落或（2）兴趣或乐趣丧失。

轴突：神经元的延伸部分，通过其分支将信息传递给其他神经元、肌肉或腺体。

昼夜节律：生物钟，以24小时为一个周期的、规律的身体节律（如体温和清醒状态）。

主观幸福感：自我感觉到的幸福或对生

活的满足感。与客观幸福（例如，物质和经济指标）一起用于评估人们的生活质量。

主题统觉测验（TAT）：一种投射测验，人们观察模棱两可的图像，编造与之相关的故事来表达自己的内心感受和兴趣。

助推：以一种鼓励人们做出有益决定的方式制定最优决策。

注意缺陷多动障碍（ADHD）：一种心理障碍，以注意力极其不集中或过度活跃、冲动为特征。

准备性：一种学习具备生存价值的联系的生物学倾向，如学到味觉和恶心之间的联系。

咨询心理学：心理学的一个分支，帮助人们解决生活中的问题（通常与学业、工作或人际关系有关），使人的生活更幸福。

自变量：在一个实验中，被操纵的因素；实验是为研究其变化产生的影响。

自动加工：对空间、时间和频率等次要信息，以及对声音、气味和词义等熟悉或学过的信息进行的无意识编码行为。

自发恢复：暂停一段时间后，已消退的条件反应重新出现。

自恋：过度的自爱和自我陶醉。

自然观察：一种描述性技术，在自然发生的情境下观察和记录行为，而不试图操纵和控制情境。

自然选择：一个原则，即能使有机体在特定环境中更好地生存和繁衍的遗传性状，（在与其他性状变异的竞争中）最有可能传递给后代。

自然选择论：在与其他性状变异的竞争中，使生物能够在特定环境中生存和繁衍的遗传性状最有可能传给后代的原则。

自上而下加工：由更高层次的心理过程引导的信息处理，比如我们根据经验和期望构建感知。

自我：当代心理学认为，自我是人格的中心，是我们思想、情感和行为的组织者。

自我：人格中负责"执行"的部分，在一定程度上有意识。根据弗洛伊德的说法，它在本我、超我和现实要求之间进行调解。自我根据现实原则运作，以现实中带来快乐而非痛苦的方式满足本我的欲望。

自我表露：向他人吐露自己私密的细节。

自我超越：根据马斯洛的说法，指超越自我身份、意义和目的的追求。

自我服务偏差：更愿意从对自己有利的角度看待自己。

自我概念：一种对"我是谁"的理解和评价。

自我决定理论：该理论认为，我们的动机是为了满足我们对能力、自主性和归属感的需要。

自我控制：控制冲动和延迟短期满足以获得更大的长期回报的能力。

自我实现：根据马斯洛的说法，指基本的生理和心理需要得到满足并且获得自尊之后产生的心理需要之一，是发挥个人潜能的动机。

自我实现预言：一种导致其自身实现的信念。

自我同一性：我们的自我概念；根据埃里克森的观点，青少年的任务是通过测试和整合各种角色来巩固自我概念。

自我效能感：我们的胜任感和效率感。

自我中心：皮亚杰认为，前运算阶段的儿童无法从别人的观点认识事物。

自下而上加工：从感受器开始的信息处理，直到大脑将感觉信息整合起来。

自由联想：精神分析的一种探索无意识的方法。使用这种方法时，患者会在放松下来后开始畅所欲言，无论大脑里想到的是多么微不足道或令人尴尬的事。

自主神经系统：外周神经系统中控制腺体和不随意肌（如心肌）的部分，其中交感神经系统具备唤起作用，副交感神经系统能使人平静。

自尊：我们对自我价值高低的感受。

总体：被研究群体的总人数，可从中抽取随机样本（注：除全国性研究外，该术语指的不是国家人口总数）。

纵向研究：在一段时间内对同一人进行追踪和再测试。

阻抗：在精神分析中，使焦虑部分不能进入意识的阻碍。

组块处理：将信息组织成熟悉、易管理的单元；组块处理经常自动发生。

最高目标：一种超越了人与人之间的差异，需要通力合作才能实现的共同目标。缓解紧张关系的分级互惠式策略：GRIT——一种缓和国际紧张局势的策略。

# #

α 波：清醒、放松状态下，相对缓慢的脑电波。

δ 波：速度慢、波幅大的脑电波，与深度睡眠有关。

附录 C

学习目标问题答案

导论
心理学的故事

什么是心理学?

导论-1 为什么心理学是一门科学?

心理学的研究成果基于实证方法,是仔细观察和测验的结果。从无稽之谈中筛选出有意义的内容需要科学的态度,正如心理学早期的一句名言所说:"老鼠永远是对的。"

导论-2 批判性思考如何培养科学态度?在日常生活中如何更聪明地思考?

批判性思考通过假设检验、评估信息来源、辨别隐性偏见、评估证据和结论来检验想法。

导论-3 科学态度的三个关键要素是什么?它们如何在科学探究中发挥作用?

科学的态度使我们在审查互相矛盾的观点或进行自己的观察时保持好奇、怀疑和谦逊。好奇可以引发新的想法,怀疑精神鼓励我们关注事实,谦逊则帮助我们舍弃无法通过研究验证的预测。这三个关键因素加在一起,使现代科学成为可能。

导论-4 心理学早期历史上有哪些重要的里程碑?

1879 年,威廉·冯特在德国建立了第一个心理学实验室。心理学早期的两大思想流派是结构主义和功能主义。玛丽·惠顿·卡尔金斯和玛格丽特·弗洛伊·沃什伯恩是心理学领域的两位女性先驱。

导论-5 行为主义、弗洛伊德心理学和人本主义心理学如何促进心理学发展?

早期的学者将心理学定义为"心理生活的科学"。20 世纪 20 年代,在约翰·华生和其他行为主义者的影响下,心理学的重点转向了"对可观察行为的科学研究"。行为主义在 20 世纪 60 年代成为心理学的两大力量之一。然而,弗洛伊德(精神分析)心理学作为第二股主要力量,加上人本主义心理学的影响,重新点燃了人们对心理过程研究的兴趣。

导论-6 当代心理学如何聚焦于认知、生物学、经验、文化、性别以及人类繁荣?

20 世纪 60 年代的认知革命使心理学的兴趣重回早期对心理过程的兴趣,并产生了当代心理学的定义——研究行为和心理过程的科学。现在的认知神经科学研究大脑活动背后的心理活动。随着我们对生理和经验理解的不断加深,这也引发了心理学最持久的争论。先天—后天问题的争论集中在基因与环境的相对贡献以及它们在特定环境中的交互作用。查尔斯·达尔文认为自然选择塑造了生理和行为,使得进化心理学开始研究人类的共同点,因为我们有共同的生物学和进化史,同时行为遗传学关注基因和环境对行为影响的相对促进和限制。跨文化和性别研究使心理学的假设多样化,同时也提醒了我们注意个体间的相似之处。态度和行为可能因性别或不同文化而有所不同,但由于我们共同的人类亲缘关系,不同群体背后的过程和原则依然是相似大于不同。随着积极心理学呼吁更多研究人类繁荣,心理学的关注点从传统的理解与解决问题开始扩展,积极心理学还试图发现和促进有助于人类繁荣的特质。

导论-7 心理学家如何使用生物心理社会方法,它如何帮助人们理解这个多样化的世界?

生物心理社会方法整合了三个不同但互补的分析水平的信息:生物学、心理学和社会文化。这种方法提供了比通常仅依靠单一心理学理论视角(神经科学、进化论、行为遗传学、心理动力学、行为学、认知和社会文化)更全面的理解。

导论-8 心理学有哪些主要分支？

心理学中研究人员可以通过基础研究以丰富该领域的知识基础（通常在生物学、发展心理学、认知心理学、人格心理学和社会心理学领域），也可以通过应用研究以解决实际问题（工业—组织心理学或其他区域）。那些从事心理帮助职业的人可以作为咨询心理学家帮助那些面临挑战和危机的人（包括学业、职业和人际关系问题），并改善他们的个体和社会功能。他们还可以作为临床心理学家，评估和治疗那些精神、情绪和行为障碍患者（精神病学家也会评估和治疗有障碍的人，但作为医生，除了心理治疗外，他们还可以开药）。社区心理学家致力于创造健康的社会和物理环境（例如在学校和社区）。

导论-9 心理学原理如何帮助人学习、记忆和茁壮成长？

测验效应表明，和简单地复述以前学习过的材料相比，主动检索可以强化学习和记忆。SQ3R 研究方法——纵览、提问、阅读、检索和复习——运用从记忆研究中得出的原理，可以帮助你学习和记忆材料。另外四个建议是：(1)恰当分配你的学习时间；(2)学会批判性思考；(3)主动加工课堂信息；(4)超量学习。心理学研究表明，生活幸福、富足的人会通过时间管理来保证睡眠充足，坚持锻炼，设定长期目标和每日目标，具有成长心态，优先考虑人际关系。

第一章
心理学的批判性思考

研究策略：心理学家如何提出并回答问题

1-1 常识性思维有时是如何引导我们得出错误结论的？

常识性思维会因三种现象引导我们得出错误结论。后视偏差（"我早就知道"现象）指的是一种在知道结果之后认为自己早已预见到了的倾向。过度自信指的是我们往往过于自信而不是正确。这两个倾向以及渴望在随机事件中感知到规律使得我们高估常识性思维的重要性。科学探索尽管能够解决的问题有限，但是也能帮助我们克服这些偏见与不足。

1-2 为什么我们如此容易相信不实之词？

身处"后真相"现代文化之中，我们的情绪、信念和群体关系可能会影响判断，阻碍我们承认客观事实，以及导致我们只接受与自己相同观点的信息。虚假信息可以通过重复和提供有力佐证而传播开来，从而助长后真相文化。对信息的批判性思考和科学的思维方式能帮助我们克服偏见和对抗扭曲思维。

1-3 理论如何推动心理科学的发展？

心理学理论采用一套整合原理来组织观察结果并提出假设。通过假设检验，实验者可以证实、否认或者修订他们的理论。为了使其他研究者能够重复这些研究，研究人员在报告研究结果时会对研究程序和概念进行精确且可度量的操作性定义。如果其他人得到了类似的研究结果，那么人们对结论的信心就会大增。越来越多的心理学家通过预注册来公开交流自己计划的研究设计、假设、数据采集和分析，这促进了研究的开放性与透明度。元分析通过综合许多研究的结果，帮助研究人员避免了样本容量小的问题，从而增强了研究人员对结果的信心。

1-4 心理学家如何通过案例研究、自然观察和调查来观察和描述行为？为什么随机抽样很重要？

描述法包括案例研究（深入分析个体或群体）、自然观察（记录许多个体的自然行为）和调查（向人们提问）。它向我们展示了可能发生的事情，并为进一步研究提供思路。概括一个群体的最佳基础是代表性样本。通过随机抽样，总体中的每一个人被纳入样本的机会均等。但是描述法并不解释行为，它们无法展现因果关系，因为研究者无法控制变量。

1-5 我们所说的两件事情相关是什么意思？什么是正相关和负相关？

相关关系是两个变量的关联程度，以及其中一个可以在何种程度上预测另一个变量。正相关是指两个变量同时增加或减少，负相关是指一个变量增加而另一个变量减少。两者关系的强度和方向用相关系数表示，相关系数的变化范围从 +1.00（完全正相关）到 0（不相关）再到 -1.00（完全负相关）。散点图能够呈现这种关系，其中每一个点代表两个变量的值。

1-6 什么是错觉相关？什么是均值回归？

错觉相关是指我们错误地认为观察到的随机事件是相关的。均值回归是指极端或不寻常分数向平均值回落（回归）的趋势。

1-7 实验的什么特征使它可以厘清因果关系？

为了厘清因果关系，心理学家进行实验，操纵一个或多个感兴趣的变量并控制其他变量。他们通过随机分配来最大限度地减少混淆变量，例如实验组（接受操纵）和对照组（不接受操纵）预先存在的差异。自变量指研究人员为研究其影响而操纵的因素，因变量指为发现由于操纵自变量而发生的任何变化而测量的因素。实验可以采用双盲测试，用来避免安慰剂效应和研究者偏见。

1-8 为什么相关关系能够预测却无法解释因果关系？

相关关系能够预测因果关系，因为它展现了两个因素是如何关联的——

无论是正相关还是负相关。相关关系能够表明存在因果关系的可能性，但不能证明因果关系的方向，也无法表明是否存在能够解释这种相关关系的潜在的第三因素。

1-9 你如何知道要使用哪种研究设计？

心理学家设计研究和选择能够得到有意义结果的最佳研究方法。研究人员提出可检验的问题，然后谨慎考虑研究这些问题的最佳研究设计（如实验研究、相关研究、案例研究、自然观察、双生子研究、纵向研究或横断研究）。接下来，心理学家测量研究变量。最后，他们解释研究结果，并仔细考虑可能产生影响的混淆变量。

1-10 简化的实验室条件能阐明日常生活吗？

研究者有意在实验室中打造一个可控的人为环境，从而检验一般的理论原理。解释日常行为的是一般原理而非具体的研究发现。

1-11 为什么心理学家要研究动物？什么研究伦理准则能够保障人类和动物的福祉？心理学家的价值观如何影响他们的研究以及成果的应用方式？

许多心理学家热衷于研究动物行为，其他心理学家则想要更好地理解人类和其他物种共有的生理及心理过程。政府已经制定了动物护理和饲养标准，专业协会和资助机构也制定了保护动物福利的指导方针。美国心理学会（APA）和英国心理学会（BPS）制定了保障人类参与者福祉的伦理准则，包括获得参与者的知情同意并进行事后解释。伪造数据可能会造成巨大伤害，而科学审查及复制研究有助于防止此行为的发生。心理学家的价值观会影响他们对研究课题的选择、他们应用的理论、获得的观察结果以及他们对行为的解释。心理学原理的应用主要用于为人类服务。

日常生活中的统计推理

1-12 我们如何使用三种集中量数来描述数据？两种差异量数的相对效用是什么？

研究者使用描述性统计来测量和描述研究群体的特征。集中量数是用一个数值来代表整组数值。用来描述数据的三种测量方法是众数（出现频率最高的一个或多个数值）、平均数（算术平均数）及中位数（在一组数据中处于最中间的数值）。集中量数简明地概括了数据，差异量数则能告诉我们数据的多样性。两种差异量数是全距（描述最小值和最大值间的差距）和标准差（说明分数围绕平均数的差异程度）。分数通常呈正态（或钟形）曲线。

1-13 我们如何知道观察到的差异是否可推广到其他人群？

研究者使用推论统计（包括确定不同群体的结果之间观察到的差异的可靠性和显著性的方法）来确定结果是否可以推广到其他人群。可靠的差异基于能够反映所研究群体的具有代表性的样本，这个样本中的个体通常变异性较低，且总样本量达到一定数量。效应量大小——两组之间的差异大小——有助于确定统计显著性：当样本的平均数是对各自总体的可靠测量且样本间差异较大时，我们就可以拒绝认为不存在差异的零假设。许多心理测试会给定 p 值，它表示在给定样本数据的情况下零假设为真的概率。

第二章
心理的生物学基础

神经和激素系统

2-1 心理学家为什么会关注人类的生命机理？

心理学家从生物学的角度研究生物过程和心理过程之间的联系。人类是生物心理社会组成的系统，生物、心理和社会文化因素相互作用从而影响行为。

2-2 生物学和经验如何共同实现神经可塑性？

神经可塑性使大脑能够在适应新经验时建立新的神经通路，也就是说人的大脑同时由基因和经验所塑造。虽然神经可塑性伴随终生，但是在儿童期的最为显著。通过练习，人类大脑能够发展出反映我们生活经历的独特模式。

2-3 什么是神经元？神经元如何传递信息？

神经元是神经系统的基本组成部分，神经系统是人体快速的电化学信息系统。一个神经元由一个细胞体及其分支纤维组成，它通过极为密集的树突纤维接收信号，并通过轴突传递信号。一些轴突被包裹在髓鞘中，这使得传导速度更快。神经胶质细胞支撑、滋养以及保护神经元，同时在学习、思考和记忆过程中也会发挥作用。如果神经元接收到的组合信号超过了最小阈值，神经元就会放电，通过化学-电过程沿着轴突传播电脉冲（动作电位）。神经元放电后需要短暂休息才能再次放电，这个阶段称之为不应期。神经元反应遵循全或无原则。

2-4 神经细胞如何与其他神经细胞交流？

动作电位在到达轴突末端（纽扣状轴突末端）时，会刺激神经递质的释放。这些化学信使通过突触间隙将信息从发送神经元传递到接收神经元上的受体。发送神经元通常会重新吸收突触间隙中的多余神经递质，这一过程称为再摄取。如果传入信号足够强，接收神经元会产生新的动作电位并将信息传递给其他细胞。

2-5 神经递质如何影响行为？药物和其他化学物质如何影响神经递质？

神经递质在大脑中沿着特定通路前行，并影响特定的行为和情绪。乙酰胆碱促进肌肉运动、学习和记忆。内啡肽是一种天然的阿片类物质，在人类应对疼痛和剧烈运动时产生。药物和其他化学物质能够在突触处影响大脑的化学反应。兴奋剂通过各种方式增强神经递质的作用；拮抗剂则通过阻断神经递质的产生或释放来减少其作用。

2-6 神经系统各主要部分有什么功能？神经元有哪三种主要类型？

中枢神经系统由大脑和脊髓所构成，是神经系统的决策者。外周神经系统通过神经将中枢神经系统与身体其他部位相连，负责收集信息并将中枢神经系统的决定传递给其他身体部位。外周神经系统分为躯体神经系统（可自主控制骨骼肌）和自主神经系统（通过交感和副交感系统控制腺体和不随意肌）。下述三种类型的神经集群构成了神经网络：（1）感觉（传入）神经元将来自身体组织和感觉受体的传入信息传递给大脑和脊髓；（2）运动（传出）神经元将大脑和脊髓的信息传递给肌肉和腺体；（3）中间神经元在大脑和脊髓之间进行交流，处理感觉输入和运动输出之间的信息。

2-7 内分泌系统如何传递信息，并与神经系统相互作用？

内分泌系统将激素分泌到血液中，在体内传播并影响包括大脑在内的其他组织。内分泌系统的主腺体是脑垂体，能够影响其他腺体（包括肾上腺）的激素释放。这是一个复杂的反馈系统：大脑的下丘脑影响脑垂体，脑垂体影响其他腺体，腺体释放激素，最终激素反过来又影响大脑。

探索的工具、较古老的大脑结构和边缘系统

2-8 神经科学家们如何研究大脑与行为和心智的联系？

临床观察和损伤法揭示了脑损伤的一般影响。电、化学或磁刺激也可以揭示大脑信息处理的各个方面。脑电图（EEG）、脑磁图（MEG）、正电子发射体层成像（PET）和功能性磁共振成像（fMRI）记录能够揭示大脑功能。其他研究技术还包括光遗传学和功能性近红外光谱（fNIRs）。

2-9 脑干由哪些结构组成？脑干、丘脑、网状结构和小脑有什么功能？

脑干是大脑最古老的区域，控制人的自主生存功能。它包括延髓（控制心跳和呼吸）、脑桥（协调运动、控制睡眠）和网状结构（过滤传入刺激，将信息传递到大脑其他区域以及影响唤醒）。丘脑位于脑干上方，是大脑的感觉控制中心。小脑位于脑干后部，负责协调肌肉运动和平衡、促进非言语学习和记忆。

2-10 边缘系统的结构和功能是什么？

边缘系统与情感、记忆和驱动力有关。它的神经中枢包括杏仁核（产生行为和情绪反应，例如攻击性与恐惧）、下丘脑（负责指挥各种身体维持功能、协助管理内分泌系统，与情绪和奖赏有关）和海马体（帮助处理有意识的外显记忆）。下丘脑通过刺激脑垂体使激素释放，从而实现对身体的控制。

大脑皮质

2-11 大脑皮质由哪四个脑叶组成？运动皮质、体感皮质和联合区分别有什么功能？

大脑分为两个半球，每个半球的大脑皮技有四个脑叶：额叶、顶叶、枕叶和颞叶。每个脑叶都承担着许多功能，并与大脑皮质的其他区域相互作用。运动皮质位于额叶后部，负责自主运动；体感皮质位于顶叶前部，负责记录和处理身体的触觉和运动感觉。需要精确控制的身体区域（位于运动皮质）或特别敏感的部分（位于体感皮质）对应的皮质面积最大。大部分大脑皮质——四个脑叶的主要部分——都存在联合区，这些区域整合学习、记忆、思维和语言等高级心理功能的信息。我们的心理体验源于协调的大脑活动。

2-12 我们的大脑真的有90%没有被使用吗？

我们的联合区对电探测反应迟钝，这导致了一个错误的结论：我们只使用了10%的大脑。但是大脑的广大联合区负责解释、整合感官信息，采取行动，并将其与储存的记忆相联系。脑损伤的证据表明，联合区的神经元正忙于更高级的心理功能，子弹不会落在"未经使用"过的区域。

2-13 受损的大脑能自我重组到什么程度？什么是神经发生？

虽然大脑和脊髓神经元通常不会再生，但是一些神经组织可以在损伤后重组。神经可塑性也可以在损伤的大脑中发生，尤其是在幼儿身上。随着新通路的建立，大脑受损部位的功能会迁移到其他区域。由于损伤或疾病导致失明或失聪的人也能将功能重新分配到大脑的其他不同区域。一些研究表明，大脑有时可以通过产生新的神经元进行自我修复，这一过程被称为神经发生。

2-14 分裂脑揭示了两个大脑半球的哪些功能？

分裂脑研究采用胼胝体被切断的人进行实验。研究证实：对大多数人来说，左半球更擅长处理语言，而右半球擅长视觉感知和推理、帮助调节语言以及协调自我意识。对有着完整大脑的健康群体研究证实，每个半球对整个大脑的综合功能都有独特的贡献。

第三章

意识与心理的双通道

意识的基本概念

3-1 意识在心理学史中有着怎样的地位？

最初，19世纪的心理学家宣称意识是心理学的研究领域，但在20世纪

上半叶不再关注意识，转向了对可观察行为的研究，因为他们发现采用科学方法研究意识很困难。自 20 世纪 60 年代以来，在认知心理学、神经科学和认知神经科学的影响下，我们对自己和周围环境的认识，即我们的意识，重新成为心理学的一个重要研究领域。

3-2 选择性注意如何引导人的感知？

我们有选择性地关注和处理传入信息中非常有限的一部分，屏蔽很多信息，把我们的注意力从一件事转移到另一件事上。当我们有意识地专注于一件事情时，我们通常会对其他事情表现出非注意盲视，包括对我们周围变化的"变化盲视"。

3-3 如今的认知神经科学所揭示的双重加工是什么？

研究意识和认知背后的大脑机制的科学家发现，大脑在两条不同的通路上加工信息。一条是意识层面的（顺序加工），另一条是无意识层面的（平行加工）。平行加工负责处理日常事务，顺序加工则更擅长处理需要人们集中注意力的新问题。这种双重加工——有意识和无意识——共同影响着我们的感知、记忆、态度和其他认知过程。

睡眠与梦

3-4 什么是睡眠？

睡眠是一种定期的意识自然丧失，但与昏迷、全身麻醉或冬眠造成的无意识不同。

3-5 生物节律如何影响人们的日常机能？

我们体内有一个生物钟，与 24 小时的昼夜周期大致相同。体温、唤醒、睡眠和觉醒等日常模式中都有昼夜节律。年龄和经验可以改变这些模式，重塑我们的生物钟。

3-6 我们在入睡和做梦阶段有怎样的生物节律？

年轻人大约每 90 分钟就会经历 4 个不同的睡眠阶段，4 个睡眠阶段作为 1 个睡眠周期（老年人的睡眠周期则更频繁）。在代表清醒、放松的 α 波阶段之后，我们会进入非快速眼动睡眠第一阶段（N1），这时脑电波不规律且常伴有幻觉。之后会进入约占我们睡眠总时长一半的睡眠第二阶段（N2），这一阶段持续 20 分钟左右，伴随着特殊的睡眠纺锤波。紧接着是睡眠第三阶段（N3），持续约 30 分钟，伴有波幅大且缓慢的 δ 波。入睡约一小时后，我们从最初的深度睡眠进入快速眼动（REM）睡眠阶段。快速眼动睡眠会产生梦境，这是一个矛盾的睡眠阶段，因为大脑内部处于唤醒状态而外部平静（近乎瘫痪）。在一个正常的夜间睡眠中，N3 会越来越短，而 REM 和 N2 会越来越长。

3-7 生理和环境的相互作用如何影响睡眠模式？

我们的生理——昼夜节律、年龄和体内褪黑素的分泌（受到视交叉上核影响）——与社会、文化、经济和个体行为相互作用，共同决定了我们的睡眠和觉醒模式。暴露在亮光中（或剥夺亮光）会扰乱人们的 24 小时生物钟。那些长期缺乏自然光照的人，如夜班工人，可能会体验去同步化。

3-8 睡眠有什么功能？

睡眠在人类进化过程中可能起到了保护作用，在人们面临潜在的危险时期保证人们安全。睡眠也有助于恢复和修复受损的神经元。睡眠还会通过重放最近的学习和加强神经连接而强化记忆。睡眠有助于我们第二天创造性地解决问题。在慢波睡眠阶段，脑垂体会释放形成肌肉所必需的人体生长激素。由于这些好处，有规律的整夜睡眠可以大大提高运动表现。

3-9 睡眠不足对我们有什么影响，主要的睡眠障碍有哪些？

睡眠不足会导致疲劳和易怒，损害注意力和记忆，还会导致抑郁、肥胖、关节炎，抑制免疫系统功能，降低人的反应速度（从而更容易发生事故）。睡眠障碍包括失眠症（反复出现入睡和保持睡眠困难）、发作性睡眠症（难以抗拒的睡意突然出现，有时会直接进入快速眼动睡眠）、睡眠窒息（睡眠时间歇性窒息；与肥胖有关，尤其是男性）、夜惊（夜间惊恐和高度唤醒；在 N3 睡眠阶段出现，常见于儿童）、梦游和梦呓。

3-10 我们会梦到什么，心理学家认为梦有哪些功能？

梦境通常反映日常事件和经历，大多数涉及焦虑和不幸。只有不到 10% 的男性的梦境与性有关，女性则更少。大多数的梦在快速眼动睡眠阶段产生。关于梦的功能主要有五种观点：（1）弗洛伊德认为梦是愿望的满足——梦提供了一个精神上的"安全阀"，梦的显性内容（故事情节）是其潜性内容（满足无意识愿望的潜在意义）的审查版本。（2）信息加工：梦有助于我们分类日常事件并在记忆中巩固。（3）生理功能：有规律的大脑刺激有助于发展和保护神经通路。（4）激活整合：梦试图通过将神经静态编织成一个故事来理解它。（5）认知发展：梦反映了做梦者的认知水平，即他们的知识水平和理解能力。大多数睡眠理论学家都认为，快速眼动睡眠及其相关梦境都有着重要作用，因为人类和其他物种在被剥夺快速眼动睡眠之后会出现快速眼动睡眠反弹。

药物与意识

3-11 什么是药物使用障碍？

尽管药物使用障碍会给生活带来严重干扰和/或使身体面临严重风险，那些有药物使用障碍的人仍会持续地渴望和使用药物。精神类药物会改变人的感知和情绪。

3-12 耐受与成瘾在药物使用障碍中扮演什么样的角色？成瘾的概念是如何改变的？

精神活性药物可能会产生耐受性（需要更大的剂量才能达到预期的效果），以及戒断反应（在尝试戒掉成瘾行为时，由于强烈的渴望而产生的明显不适）。尽管成瘾者知道不良后果，但成瘾会促使成瘾者渴望并继续使用这些成瘾物质。治疗或团体支持可能对控制成瘾具有作用；建立成瘾现象是可控的、成瘾状态是可改变的信念也是有帮助的。虽然心理学家试图避免过度使用"成瘾"这个词来描述过度的行为，但确实有一些成瘾行为具有强迫性且可能导致功能障碍（如赌博障碍和网络游戏障碍）。

3-13 什么是镇静剂？镇静剂有什么作用？

镇静剂会减缓神经活动，降低身体机能，如酒精、巴比妥类药物和阿片类药物。酒精会解除抑制，增加我们冲动行事的可能性，无论这种行为是有害的还是有益的。它还会通过减缓神经处理来损害判断力、通过抑制快速眼动睡眠来扰乱记忆过程并降低自我意识和自我控制能力。使用者的期待会影响酒精产生的行为效果。酒精会使有酒精使用障碍的人大脑萎缩（表现为耐受性、暂停使用后的戒断反应以及继续过度饮酒的动机）。

3-14 什么是兴奋剂？兴奋剂有什么作用？

兴奋剂包括咖啡因、尼古丁、可卡因、苯丙胺、甲基苯丙胺和摇头丸，它们会刺激神经活动、提升身体机能、增加活力以及引起情绪变化。它们都极易上瘾。尼古丁使吸烟成为一种难以戒除的习惯，但是反复尝试戒烟会有一定效果。可卡因能让使用者迅速兴奋起来，但是随后很快就会崩溃，其风险包括心脏骤停、呼吸衰竭、抽搐和情绪障

碍。甲基苯丙胺会刺激神经活动，使人精力充沛，情绪高涨。使用甲基苯丙胺可能会永久降低多巴胺的分泌。摇头丸（MDMA）是一种合成兴奋剂和轻度致幻剂，能使人产生欣快感和社会亲密感，使用摇头丸可能会抑制免疫系统作用，对情绪和记忆造成永久性损害，如果在体育活动期间服用，可能导致脱水和体温升高。

3-15 什么是致幻剂？致幻剂有什么作用？

致幻剂会扭曲感知并引起幻觉，如 LSD 和大麻。使用者的情绪和期望会影响 LSD 的效果，但常见的体验是出现幻觉以及从欣快到恐慌的各种情绪。大麻的主要成分是四氢大麻酚（THC），它可能导致解除抑制、感到欣快、放松、缓解疼痛，并对感官刺激高度敏感，但可能会增加患心理障碍的风险，并导致学习能力和记忆力受损。

3-16 为什么有些人会长期使用这些改变意识的药物？

一些人可能在生物学层面上容易受到特定毒品的影响，心理学因素（如压力、抑郁和绝望）和社会文化因素（如同辈压力和文化影响）的交互作用，也会导致许多人尝试毒品，甚至上瘾。不同文化和种族的人吸毒比例不同。每种类型的影响——生物学的、心理学的和社会文化的——都为药物滥用的预防和治疗提供了可能的方法。

第四章
天性、教养与人类的多样性

行为遗传学：预测个体差异

4-1 什么是染色体、DNA、基因和人类基因组？行为遗传学家怎样解释个体差异？

染色体是螺旋状的 DNA 和蛋白质"线圈"，基因是构成染色体的遗传生化单位。基因表达提供了制造蛋白质的代码，这些蛋白质构成了我们身体的组成部分。人类基因组是将人类与其他物种区分开的共同遗传特征，它在个体层面上由生物体染色体中的所有遗传物质组成。行为遗传学家研究遗传和环境对行为影响的相对力量和局限。我们大多数不同的特征都是多基因遗传的，并受到环境与这些遗传倾向相互作用的影响。

4-2 双生子研究和收养研究如何帮助我们了解天性与教养各自的影响和相互作用？

对同卵双生子与异卵双生子、分开抚养的双生子以及生物学亲属与收养亲属的研究，使研究人员能够考虑共享环境和共享基因的影响，从而揭示出先天和后天是如何影响我们的特征的。令人惊讶的是，共同的家庭环境对人格的影响很小，尽管后天环境确实会影响其他因素。

4-3 心理学家对气质有什么认识？

一个人从出生头几周起就具有稳定的气质，即特有的情绪反应能力和强度，这表明气质具有遗传倾向。这种遗传效应表现在心率和神经系统反应性等生理差异上。

4-4 什么是遗传力，它与个体和群体有什么关系？

遗传力描述了群体中的个体差异受遗传影响的程度。可遗传的个体差异（如身高或智力等特征）不一定意味着可遗传的群体差异。基因能够解释为什么有些人比其他人高，但不能解释为什么我们今天的人比一个世纪前的人高。

4-5 分子遗传学研究如何改变了我们对天性和教养影响这一问题的理解？

我们的遗传倾向和特定环境能够相互作用。环境可以触发基因表达，特定基因影响的特征又可以影响我们寻求经验和由他人激起的反应。分子行为遗

传学家研究基因的分子结构和功能，包括那些影响行为的基因。分子行为遗传学的一个目标是识别特定的基因——或者更常见的是识别基因组——如何共同作用于复杂的特征（如体重、性取向和是否易冲动），或者导致人患病。表观遗传学研究环境触发或阻断基因表达的分子机制。

进化心理学：解释人类的天性与教养

4-6 进化心理学家如何利用自然选择来解释行为倾向？

进化心理学家试图理解自然选择是如何塑造人类特征和行为倾向的。能使有机体在特定环境中更好地生存和繁衍的基因变异最有可能传递给后代。一些变异是由突变引起的，另一些是由怀孕时产生的新基因组合引起的。人类共享基因遗产，并倾向于进行有利于祖先生存和繁殖的行为。达尔文的进化论是生物学的基本组织原则之一，他预见了如今进化论原则在心理学中的应用。

4-7 进化心理学家如何解释择偶偏好的性别差异？

女性在选择性伴侣时往往比男性更挑剔。进化心理学家认为这种现象的原因是：男性为了增加广泛传播自己基因的概率，会被许多看起来具有生育能力的女性所吸引；但是由于女性是孕育和哺育婴儿的一方，所以她们倾向于寻找那些能养育和保护他们共同后代的男性作为伴侣。

4-8 对人类性行为的进化论解释有哪些关键的批评？进化心理学家如何回应？

对进化论的批评者认为，进化心理学通常从结果开始，以追溯的方式做出解释，他们将当代社会和文化的影响（包括习得的社会脚本）最小化，并认为人们不必为自己的性行为（包括男性的性侵犯）承担责任。进化心理学家回应说，他们认识到了社会和文化影响的重要性，但同样意识到了基于进化论原则的可检验预测有助于克服社会和文化的影响。

文化与性别的多样性：理解天性与教养的关系

4-9 早期经验如何改变大脑？

随着儿童大脑的发育，神经连接变得越来越多和复杂。但是经验会促使神经连接启动一个修剪的过程，未使用的连接会减弱，而频繁使用的连接会加强。童年早期是塑造大脑的重要时期，但大脑也具有神经可塑性，在人的一生中，它都会根据学习经验重新构建。

4-10 父母和同龄人以何种方式影响孩子的成长？

家庭环境和父母期望会影响孩子的动机和未来。然而，人格在很大程度上不能归因于教养的影响。儿童会通过接受同伴的文化风格、口音和俚语从而试图融入同伴。父母通过选择儿童所在的社区和学校，从而影响塑造儿童同伴群体的文化。

4-11 文化如何影响我们的行为？

文化是一个群体中所有人共有的行为、观点、态度、价值观和传统，能够一代又一代地传递下去。行为规范是一种被成员所理解的规则，它规定了文化群体可接受和期望的行为惯例。文化会因时间和空间而异。

4-12 个人主义和集体主义文化在价值观和目标上有什么不同？

虽然每个人都是不同的个体，但不同的文化要么强调个人主义，要么强调集体主义。个人主义建立在自我实现的基础上，强调个人独立和个体目标。个人主义者根据自尊、个人目标和特征、个人权利和自由等方面来定义自己的身份。集体主义建立在社会联系的基础上，强调重视群体目标、社会认同和承诺。集体主义者从人与人相互依赖、社会传统与和谐等方面来定义自己的身份。

4-13 社会性别与生物性别有何差异？

心理学中的性别是指人类与男孩、女孩、男人和女人联系在一起的行为特征。生物性别指的是受生物学影响的特征，人们通过这些特征来定义男性、女性和双性。我们对性别的理解源于我们的生物特性和经验之间的相互作用。

4-14 男性和女性具有哪些相似性和差异？

无论是男性、女性还是双性，我们大多数人都从母亲和父亲那里分别得到23条染色体。每个人的46条染色体中，有45条是不区分性别的。由于相似的基因构成，男性和女性的相似之处多于不同之处——视觉能力、学习能力和记忆力都相似，且具有相似的创造力、智力和情感。男女的差异则包括从青春期开始的年龄、预期寿命、情感表达和对某些障碍的脆弱性。男性承认自己比女性更具攻击性，而且他们更有可能在肢体上（而不是在感情上）攻击他人。在大多数社会中，男性拥有更多的社会权力。男性往往更独立，而女性往往更相互依赖，女性通常比男性更关注社会联系，她们倾向于成为朋友。

4-15 哪些因素导致了工作场所中的性别偏见？

工作场所的性别偏见主要体现在认知、薪酬和家庭护理责任等方面的差异，其余影响因素还包括社会规范、互动风格和日常行为。男性的领导风格往往是指令性的，而女性的领导风格往往更民主。男性在日常行为和互动中往往表现得更加自信和固执己见；女性倾向于表现得更具支持性，道歉频率更高。

4-16 性激素如何影响产前和青春期的性发育？

性染色体和性激素都会影响发育。

父亲能够提供 X 和 Y 染色体，而母亲只能提供 X 染色体。大约在受孕七周后，来自父亲的 Y 染色体上的一个基因会促使睾酮的产生，这促进了男性性器官的发育。雌激素则对女性的性特征发育有贡献，女性比男性会分泌更多的雌激素。在产前的第四个月和第五个月，性激素会影响胎儿大脑的结构。在男性较高的睾酮水平和女性雌激素的影响下，男性和女性按各自的模式发育。然而，如果女婴在产前接触到高于正常含量的雄激素，她们在成年后的行为则会更多地表现出男性的特征。另一次激素的大量分泌发生在青春期，这时候会进入生长高峰期，第一和第二性征迅速发育，女性月经初潮和男性遗精等具有里程碑意义的事件出现。但是两性染色体、激素和解剖结构的不寻常组合可能导致性发育变异。

4-17 文化对性别角色有哪些影响？

性别角色指的是一种文化对男性和女性的行为、态度和特征的期望，并且在不同的空间和时间上有所不同。上个世纪，世界上许多地方对性别角色的态度发生了巨大变化。此外，关于性侵犯的文化态度会受到性别角色期望的影响。

4-18 性侵犯有什么影响？文化观念是如何发生改变的，我们如何减少性侵犯？

性侵犯包括性骚扰和性攻击。遭受性侵会导致睡眠紊乱、损害健康，并使人们难以信任新的伴侣。不同的时间和地方对性侵犯的文化观点不同，有些文化会指责受害者。但在过去半个世纪里，美国和一些其他地方对受害者的指责不再那么为人所接受。对性侵犯者提供心理治疗尚未被证明是有效的，但我们可以通过鼓励人们报告和分享他们的经历、赋予受害者权力、向人们普及预防性的旁观者干预策略来减少性侵犯。

4-19 我们如何形成自己的性别认同？

社会学习理论提出，我们通过强化、惩罚和观察来学习我们的性别认同，它指的是我们对男性、女性、既不是男性也不是女性或者是男性和女性的某种结合的感受。但批评者认为，认知也发挥了作用，因为模仿和奖励不能解释性别类型的变化。有些孩子同时兼具"男孩世界"和"女孩世界"，一些孩子更倾向于认为自己是双性。对于那些认为自己是顺性别的人来说，性别认同与出生时的生理性别一致；对于那些认为自己是跨性别者的人来说，性别认同不同于他们出生时的性别。跨性别者可能会喜欢异性、同性、所有性别，但也可能对任何人都不感兴趣。

4-20 天性、教养和个人选择怎样影响性别角色和我们生活的其他方面？

个体的发展是生物学、心理学和社会文化因素相互作用的结果。生物学因素包括我们共有的人类基因组、个体的遗传变异、产前环境，以及与性别相关的基因、激素和生理因素；心理学因素包括遗传与环境的相互作用、早期经验对神经的影响、自身的气质、性别等引发的反应，以及个人的信念、感受和期望；社会文化因素包括父母和同伴的影响、文化传统和价值观、文化性别规范。此外，个体选择会影响所有上述因素相互作用的方式。

第五章
生命周期的发展

产前发育和新生儿的发展问题
5-1 发展心理学家关注哪三个问题？

发展心理学家研究人的一生中身体、认知和社会性的变化。他们经常使用横断研究（在同一时间点比较不同年龄的人）和纵向研究（在一段时间内追踪同一个人）来探索三个问题：天性和教养（遗传如何与经验相互作用）；连续性和阶段性（发展的哪些方面是渐进和连续的，哪些方面的变化相对突然）；稳定性和变化性（人格特质随着年龄的增长是不变还是改变）。

5-2 胎儿期的发展过程是什么？致畸物是如何影响胎儿发展的？

当一个精子与一个卵子结合形成受精卵，生命周期就此开始。受精卵的内部细胞形成胚胎，外部细胞形成胎盘。在接下来的 6 周内，身体器官开始形成并发挥作用。到第 9 周时，胚胎就可以被认出是人类了。致畸物是潜在的有害物质，可以通过胎盘伤害发育中的胚胎或胎儿，如造成胎儿酒精综合征。

5-3 新生儿有哪些能力？研究人员如何探索婴儿的心理能力？

新生儿天生就有感官和条件反射能力，这有助于他们的生存和与成年人的社交互动。例如，他们很快就能学会辨别母亲的气味，并且更喜欢人类的声音。研究人员使用习惯化技术来探索婴儿的能力。

婴儿期和儿童期
5-4 在婴儿期和儿童期，大脑和运动能力是如何发展的？

大脑的神经细胞是由遗传和经验塑造的。随着儿童大脑的发育，神经连接变得越来越多和复杂。但是经验会促使神经连接启动一个修剪的过程，未使用的连接会减弱，而频繁使用的连接会加强。在儿童期，复杂的运动技能按照坐、站、走的顺序发展，这个过程的开始和持续时间受个体成熟和文化的影响。我们对 4 岁之前发生的事情几乎没有有意识的记忆。这种婴儿健忘症的部分原因是大脑的主要脑区尚未成熟。

5-5 皮亚杰是如何拓宽我们对儿童思维发展方式的理解的？今天的研究人员又是如何在他的工作基础上进行研究的？

在研究儿童的认知发展过程中，皮亚杰提出儿童通过同化和顺应来积极建构和修正对世界的理解。他们会形成图式帮助组织个体经验。在出生头两年的感知运动阶段，儿童发展出客体永久性的概念，随后儿童发展出更复杂的思维方式。前运算阶段（2岁到7岁）的儿童会发展出一套心理理论。这个阶段的儿童以自我为中心，不能进行简单的逻辑运算。到7岁左右，儿童进入具体运算阶段，能够理解守恒原理。到12岁时，儿童进入形式运算阶段，可以系统地进行推理。今天的研究能够支持皮亚杰提出的发展顺序观点，但也表明幼儿比皮亚杰认为的更有能力，幼儿的发展是一个更连续的过程。

5-6 维果茨基是如何看待儿童的认知发展的？

列夫·维果茨基对儿童发展的研究主要集中在儿童的思维是如何通过与社会环境的互动成长的。在他看来，父母、教师和其他儿童提供了临时的"脚手架"，使儿童能够进入更高的思维水平。

5-7 发展心理理论是什么意思，孤独症谱系障碍患者的思维是如何受损的？

心理理论指的是我们对自己和他人心理状态的看法，它在童年早期形成。患有孤独症谱系障碍的儿童没有发展出完整的心理理论：他们很难理解他人的心理状态，也很难反思自己的心理状态。

5-8 照料者—婴儿之间的依恋关系是如何形成的？

与照料者分开的婴儿会表现出陌生人焦虑，它在婴儿出生后大约8个月的时候产生，这时他们刚刚发展出客体永久性。但更重要的是婴儿会与满足其生理需求的照料者形成依恋关系，这些照料者让他们感到舒适、亲切，而且能及时对他们的需求做出反应。许多鸟类和其他动物会在关键期形成一个更严格的依恋过程，称为印刻。

5-9 心理学家是如何研究依恋差异的？他们通过研究得出什么结论？

依恋可以通过陌生情境实验法进行研究，结果表明一些儿童是安全型依恋，另一些儿童是不安全型依恋（焦虑或回避）。婴儿的不同依恋类型既反映了他们的个体气质，也反映了父母和照料者的回应情况。成人关系似乎反映了童年早期的依恋类型，这支持了埃里克·埃里克森的观点，即基本信任是在婴儿期通过照料者积极响应婴儿需求的经历形成的。

5-10 儿童期受到的忽视或虐待是如何影响儿童的依恋的？

大多数儿童都具有复原力，但那些被照顾者虐待或严重忽视的儿童，或者在很小的时候没有形成依恋关系的儿童，可能面临产生依恋问题的风险。童年期的严重创伤可能会改变大脑，影响压力反应或留下表观遗传印记。

5-11 儿童的自我概念是如何发展的？

自我概念是一种对"我是谁"的理解和评价。15~18个月大的时候，婴儿能在镜子里认出自己；到上学年龄时，他们可以描述自己的许多特征；8~10岁时，他们的自我形象趋于稳定。

5-12 四种主要的教养方式是哪些？

主要的教养方式是专制型（强迫）、放任型（无限制）、忽视型（不参与）和权威型（直面问题）。

5-13 每种教养方式对应着哪些结果？

权威型父母养育的儿童与更高的自尊、更独立、更好的自我调节和社交能力有关；专制型父母养育的儿童与自尊心较低、社交能力较差、大脑对犯错过度反应有关；放任型父母养育的儿童与更强的攻击性和不成熟有关；忽视型父母养育的儿童则与学业和社交成果表现不佳有关。然而，相关关系并不等于因果关系（例如，具有积极特征的儿童更有可能促进父母形成积极的育儿方法）。

青少年期

5-14 如何定义青少年期？身体的变化如何影响发展中的青少年？

青少年期是从童年到成年的过渡时期，社会独立性也自此开始发展。早熟对发育中的青少年来说是一个挑战。大脑的额叶在青少年期至二十岁左右逐渐发育成熟，髓鞘生长也随之增加，从而提高了判断力、冲动控制能力和长期规划能力。

5-15 皮亚杰、柯尔伯格和后来的研究人员是如何描述青少年的认知和道德发展的？

皮亚杰认为青少年发展出了形式运算的能力，这种发展是道德判断的基础。劳伦斯·柯尔伯格提出了一个道德推理的阶段理论，从利己主义的前习俗水平道德，到维护法律和社会规则的习俗水平道德，再到（对某些人来说）反映基本权利和自我定义的道德原则的后习俗水平道德。其他研究人员认为，道德不仅存在于道德思维中，还存在于道德直觉和道德行为中。对柯尔伯格道德阶段论的批评者指出，后习俗水平受文化的限制，但柯尔伯格仅从信奉个人主义社会的角度讨论道德，且他的理论以男性为中心，而女性倾向于关心需要帮助的人而非"公平"。延迟满足的能力可以促进成长与成功。

5-16 青少年期面临的挑战和承担的社会任务是什么？

埃里克森提出了人一生的心理社

会发展的八个阶段。他认为我们需要获得信任、自主、主动、胜任、自我同一性（在青少年期）、亲密（在成年早期）、繁殖和自我整合。每个人生阶段都有各自的心理社会任务。在青少年期完善一个人的自我意识意味着尝试许多不同的角色。社会身份是自我概念的一部分，它来自于一个人的群体成员关系。

5-17 父母和同伴是如何影响青少年的？

在青少年期，父母的影响减弱，同伴的影响增加。青少年会模仿同龄人的穿着、行为和交流方式。然而，积极的亲子关系与积极的同伴关系是相关的。性格和气质是先天和后天共同塑造的，这包括父母和同伴的影响。

5-18 什么是成人初显期？

由于性成熟提前，但独立时间推迟，现在的人从青少年期过渡到成年期的时间比以前要长。成人初显期从18岁到25岁左右，这段时期许多年轻人还没有完全独立。这一阶段主要出现在今天的西方国家中。

成年期

5-19 在成年中期和成年晚期会发生什么生理变化？

肌肉力量、反应时间、感官敏锐度和精力在25岁左右开始衰退，刚开始时这几乎难以察觉，这种趋势在成年中晚期会加速，但是个体因健康和锻炼习惯的不同而有很大差异。女性的生育期在50岁左右伴随着绝经而结束，男性的衰退则更缓慢。在成年晚期，免疫系统能力减弱，这会增加个体对危及生命的疾病的易感性。但长寿基因、生活低压力和健康的生活习惯会让人在晚年也保持健康。

5-20 记忆是如何随着年龄的增长而发生改变的？

虽然记忆力会随着年龄增长而下降，但是不同类型的记忆呈现出不同的下降趋势，对无意义信息的记忆力下降很快，但认知记忆力仍能保持稳定。发展心理学家通过横断研究和纵向研究来探讨与年龄相关的变化，比如记忆力。末期衰退指的是生命最后几年的认知衰退。

5-21 神经认知障碍和阿尔兹海默病是如何影响认知能力的？

神经认知障碍是以认知缺陷为特征的获得性（非终身）障碍，通常与阿尔茨海默病、脑损伤或大脑疾病，以及药物滥用有关。它对脑细胞的损害会导致心智能力的衰退，但这并非正常衰老的典型特征。阿尔茨海默病首先使记忆能力衰退，随后是推理能力的下降。5~20年后，患者将情绪淡漠，方向感丧失，不受控制，然后大小便失禁，最后丧失意识。

5-22 从成年早期到死亡的社会性旅程中，有哪些标志性的主题和影响？

成年人并不是严格按照与年龄相关的社会阶段顺序发展的，机遇事件可以决定人生的选择。社会时钟指的是一种文化中对结婚、为人父母和退休等事件的偏好时间。如今，西方文化中的许多人在设定自己的社会时钟时更加随性。成年的主题是爱和工作（埃里克森理论的亲密和繁殖任务）。

5-23 我们的幸福感在一生中是如何变化的？

调查显示，直到生命末期，生活满意度都与年龄无关。人到中年后，积极情绪增加，消极情绪减少，并且随着年龄的增长，极端强烈的情感和情绪会越来越少。

5-24 所爱之人死亡会引发什么样的反应？

人的悲伤并不像人们曾经认为的那样有可预测的发展阶段。并且，接受和未接受丧亲治疗的人在缓解丧亲带来的悲伤上并没有显著区别。生命甚至在死亡时也值得赞美，尤其是对那些经历过埃里克森所说的整合感的人来说，它是一种认为生活有意义和自己的存在有价值的感觉。

第六章
感觉与知觉

感觉和知觉的基本概念

6-1 什么是感觉和知觉？我们所说的自下而上的加工和自上而下的加工分别是什么意思？

感觉是指我们的感受器和神经系统接收并表现来自环境的刺激信息的过程；知觉是组织和解释这些信息的过程，使人们能够识别有意义的物体和事件。感觉和知觉是一个连续的过程。自下而上加工是一种接收水平的感觉分析，信息从感受器流向大脑；自上而下的信息加工是由高层次的心理过程引导的信息加工，当我们通过经验和期望过滤信息来构建知觉时就采用的这个加工方式。

6-2 哪三个步骤是所有感觉系统的基础？

我们的感官（1）接受感觉刺激，通常使用专门的感受器细胞；（2）将刺激转化为神经脉冲；（3）将神经信息传递给大脑。传导是将一种形式的能量转换成另一种形式的过程。心理物理学家探索刺激的物理能量和我们对它们的心理体验之间的关系。

6-3 绝对阈限和差别阈限有何区别？

我们对任何刺激的绝对阈限是我们在50%的测试中有意识地觉察到它所需要的最小刺激强度。信号检测论预测了我们如何以及何时在背景噪声中检测到微弱的刺激。个体的绝对阈限是不固定的，这依赖信号的强度，也依赖我们的经验、期望、动机和警觉水平。我们的差别阈限（也称为最小可觉差，或

jnd）指的是我们在 50% 的测试中能觉察到两个刺激间差异的最小刺激变化量。韦伯定律指出，两个刺激必须相差一个恒定的最小比例（而不是一个恒定的量）才能被认为是不同的。

6-4 阈下刺激是如何产生影响的？

我们的确会觉察到一些阈下刺激，并且会受到这些可觉察到的次数低于 50% 的刺激的影响。尽管我们可以被阈下刺激启动，但它并没有强大而持久的影响。

6-5 感觉适应有什么功能？

感觉适应（对持续或常规的气味、声音和触觉的敏感度降低）将我们的注意力集中在环境中有意义的变化上。

6-6 期望、情境、动机和情绪是如何影响我们的知觉的？

知觉定势是一种心理倾向，就像我们感知世界的透镜。我们学到的概念（图式）引导我们以某种方式组织和解释模棱两可的刺激。我们的期望、情境、动机和情绪会影响我们对事件和行为的理解。

视觉：感觉和知觉加工

6-7 可见光作为能量有什么特点？

我们所看到的光只是电磁光谱中的一小部分。人类看得见的部分从较短的蓝紫光波长到较长的红光波长。光能粒子通过角膜进入眼睛，经过瞳孔和虹膜，被晶状体聚焦后，投向眼睛的内表面，即视网膜上。我们感受到的光的色调取决于它的波长，而它的亮度取决于它的强度。

6-8 视杆细胞和视锥细胞如何处理视觉信息？视觉信息从眼睛传递到大脑的途径是什么？

进入眼睛的光会引发化学变化，将光能转化为神经脉冲。视网膜后部存在视锥细胞和视杆细胞两种光感受器，它们具有不同的敏感度：视锥细胞对细节和颜色敏感，视杆细胞对微弱的光线和周边运动敏感。经过双极细胞和神经节细胞的处理后，神经脉冲从视网膜经过视神经到达丘脑，最后到达视觉皮质。

6-9 我们如何感知周围世界的颜色？

根据杨-亥姆霍兹三色理论，视网膜包含三种类型的颜色感受器。当代研究已经发现了三种视锥细胞，每一种都对三原色（红、绿、蓝）中的一种波长最为敏感。根据赫林的拮抗过程理论，还有另外三组互补的视网膜过程：红绿、蓝黄、黑白。研究已经证实，在颜色信息传递到大脑的过程中，视网膜和丘脑中的神经元将来自视锥细胞的颜色信息编码为成对的对立颜色。这两种理论以及支持它们的研究表明，颜色处理发生在两个阶段。

6-10 特征觉察器位于何处，有何作用？

特征觉察器是视觉皮质中专门的神经细胞，对视觉刺激的特定特征做出反应，如形状、角度或运动。特征觉察器将信息传递到其他皮质区域，在那里超级单体集群对更复杂的模式做出反应。

6-11 大脑如何通过平行加工来构建视觉感知？

大脑通过平行加工同时加工视觉的许多子维度，包括运动、形状、深度和颜色。大脑的神经系统将信息整合起来，并将其与存储的信息进行比较，从而产生感知。

6-12 格式塔心理学家是如何理解知觉组织的，以及图形—背景和分组原则是如何影响我们的知觉的？

格式塔心理学家认为大脑会将零散的感觉信息组织成有意义的整体形式，它们探索这些组织规则。他们发现，整体可能超过部分的总和，也就是说我们会过滤感觉输入并构建我们的知觉。为了识别一个物体，我们必须首先将它与周围环境（背景）区分开来。我们通过将刺激组织成有意义的整体，遵循邻近性、连续性和封闭性等规则，为刺激带来秩序和形式。

6-13 我们是如何利用双眼和单眼的线索来观察三维空间的？我们如何感知运动？

深度知觉是我们在三维空间中看到物体并判断距离的能力。视觉悬崖和其他研究表明，许多物种在出生时或出生后不久就以三维的方式感知世界。双眼线索，如视网膜视差，是依赖于双眼信息的深度线索。单眼线索（如相对高度、相对大小、相对运动、线性透视和插入）让我们只用一只眼睛传递的信息即可判断深度。当物体移动时，我们设想缩小的物体在后退，变大的物体在靠近。大脑对运动的计算并不完美，尤其幼儿有可能错误地感知接近的危险，比如车辆。在视网膜上快速连续的图像可以产生运动的错觉，如频闪运动或似动现象。

6-14 知觉恒常性如何帮助我们构建有意义的知觉？

知觉恒常性使我们感知到的物体是稳定的，比如颜色、明度（或亮度）、形状或大小，尽管它们投射在我们视网膜上的图像会发生变化。我们的大脑通过与周围其他物体的比较来构建我们对物体颜色或明度的体验。知道一个物体的大小可以让我们知道与它的距离；知道与它的距离可以提供关于它大小的线索，但我们有时会误读单眼距离线索，得出错误的结论，如月亮错觉。

6-15 关于经验对知觉的影响，对视力恢复、感觉限制和知觉适应的研究揭示了哪些内容呢？

经验影响我们的主观解释。先天性失明的人在手术后恢复视力，但缺乏视觉识别形状和形态的经验。感觉限制研究表明，感觉和知觉发展的某些方面存在一个关键期。如果没有早期刺激，大脑的神经组织就不能正常发育。戴上能让世界景像稍微向左或向右偏移甚至颠倒的眼镜的人，会经历知觉适应。最初他们会迷失方向，但他们最终会设法适应新的环境。

非视觉感官

6-16 当我们听到声音时，气压波具有哪些特征？

声波是空气因压缩和膨胀产生的波。我们的耳朵探测到气压的变化，并将其转化为神经脉冲，大脑将其解码为声音。声波的振幅不同，我们会感知到不同的响度（以分贝为单位）；声音的频率（以赫兹为单位）不同，我们会体验到不同的音调。

6-17 耳朵是如何将声波转换为神经信息的？

中耳是鼓膜和耳蜗之间的腔室；内耳由耳蜗、半规管和前庭囊组成。声波穿过耳道会在鼓膜中引起微小的振动。中耳的骨骼放大振动并将其传递给充满液体的耳蜗。耳蜗液的压力变化引起基底膜的波动，使其表面毛细胞运动，从而触发神经冲动将信息（通过丘脑）传递到大脑的听觉皮质。感音神经性听力损失（神经性耳聋）是由耳蜗毛细胞或听觉神经受损引起的。传导性听力损失是由将声波传导到耳蜗的机械系统受损造成的。人工耳蜗可以使一些人恢复听力。

6-18 我们如何感知响度、辨别音调和定位声音？

响度与毛细胞反应强度无关，与激活毛细胞的数量有关。听觉位置理论（位置编码）解释了我们如何听到高音，而听觉频率理论（时间编码）则解释了我们如何听到低音。这两种理论的结合

解释了我们如何听到中间音调的声音。声波传递到一只耳朵比传递到另一只耳朵更快更强烈，为了定位声音，大脑分析两只耳朵接收到的声音的细微差别，并计算出声音的来源。

6-19 有哪四种基本的触觉？我们是如何感知触觉的？

我们的触觉有四种基本感觉——压力、温暖、寒冷和疼痛——它们结合起来产生其他感觉，如"痒"或"湿"。

6-20 哪些生物学、心理学和社会文化方面的因素影响着我们对疼痛的体验？安慰剂、分散注意力和催眠是如何帮助我们控制疼痛的？

生物心理社会方法认为我们对疼痛的感知是生物学、心理学和社会文化共同影响的结果。疼痛反映了自下而上的感觉和自上而下的过程。一种关于疼痛的理论认为，脊髓中的"门"要么打开，允许疼痛信号通过小的神经纤维到达大脑，要么关闭，阻止它们通过。疼痛治疗通常结合生物学和心理因素，将安慰剂与分散注意力相结合，并通过催眠（能增强我们对暗示的反应）来放大效果，有助于缓解疼痛。一些临床医生使用催眠后的暗示来控制不希望出现的症状和行为。

6-21 我们的味觉和嗅觉有哪些相似之处，又有哪些不同之处？

味觉和嗅觉都是化学感官。味觉是五种基本感觉——甜、酸、咸、苦和鲜味——以及与味蕾的味觉感受细胞信息相互作用的香气的综合体。嗅觉不是基本感觉。在每个人鼻腔的顶部，大约有2000万个嗅觉感受器细胞向大脑的嗅球发送信息，然后向颞叶的初级嗅觉皮质和与记忆和情感有关的边缘系统部分传递信息。

6-22 我们如何感知身体的位置和运动？

肌肉、肌腱和关节中的位置和运

动传感器称为本体感受器，使我们能够产生动觉（感知身体部位的位置和运动）。我们通过前庭觉来监测头部（也就是我们的身体）的位置和运动，并保持身体平衡。前庭觉依靠半圆管和前庭囊来感知头部的倾斜或旋转。

6-23 感官互动是如何影响我们的知觉的？什么是具身认知？

我们的感官会相互影响。例如，最喜欢的食物的气味会增强它的好吃程度，这就是感官互动。具身认知是身体感觉、手势和其他状态对认知偏好和判断的影响。

6-24 关于超感官知觉有哪些说法？在对这些说法进行测试后，大多数心理学家得出了什么结论？

超心理学是对超自然现象的研究，包括超感官知觉（ESP）和念力。ESP的三种可测形式是传心术（心与心的交流）、千里眼（感知到远处的事件）和预知能力（预测未来的事件）。要反驳那些说没有超感官知觉的人，只需要找出一个人来证明一个简单的、可复制的超感官知觉事件。尽管研究仍在继续，但研究者还无法在受控条件下复制ESP现象。

第七章
学习

基本的学习概念和经典条件反射

7-1 我们如何定义学习，学习有哪些基本形式？

学习是通过经验获得新信息或习得新行为的过程。在联想学习中，我们了解到某些事件是同时发生的。在经典条件反射中，我们学会将两个或两个以上的刺激联系起来。对我们无法控制的刺激的自动反应被称为应答性行为。在操作性条件反射中，我们学会将反应与其结果联系起来。这些联系产生操作性

行为。通过认知学习，我们获得了指导我们行为的心理信息。例如，在观察学习中，我们通过观察事件和观察他人来学习新的行为。

7-2 行为主义如何看待学习？

伊万·巴甫洛夫关于经典条件反射的研究为行为主义奠定了基础。行为主义认为，心理学应该是一门研究行为而非心理过程的客观科学。行为主义者认为，学习的基本规律对所有生物体都是一样的，包括人类。

7-3 巴甫洛夫是谁，经典条件反射的基本内容是什么？

俄国生理学家伊万·巴甫洛夫创造了关于学习实验的全新范式。他在20世纪早期的研究表明，经典条件反射是一种基本的学习形式，生物体将两个或两个以上刺激联系起来并预测事件。无条件反应（UR）是一种自然发生的事件（如流口水），是对无条件刺激的反应。无条件刺激（US）自然且自动地（不需要学习）触发无条件反应（就像嘴里的食物引发唾液一样）。条件刺激（CS）最初是中性刺激（NS），在与无条件刺激联系后触发条件反应（CR）。条件反应是对原本的中性刺激（但现在是条件刺激）的反应。

7-4 在经典条件反射中，习得、消退、自发恢复、泛化和分化的过程是什么样的？

在经典条件反射中，第一阶段是习得，即将中性刺激与无条件刺激联系起来，并使中性刺激开始触发条件反应。习得发生的最好时机是中性刺激出现在无条件刺激之前（理想情况下，出现在大约半秒之前），让机体为即将到来的事件做好准备。这一发现支持了经典条件反射具有生物学适应性的观点。消退是指条件反应的减退，当条件刺激的出现未伴有无条件刺激的情况反复出现时发生。自发恢复是指暂停一段时间后，已消退的条件反应再次出现。泛化是对类似于条件刺激的刺激做出反应的倾向。辨别是一种后天习得的能力，能够区分条件刺激和其他不相关的刺激。

7-5 为何巴甫洛夫的实验仍然如此重要？

巴甫洛夫告诉我们，重要的心理现象是可以客观研究的，并且经典条件反射是一种适用于所有生物体的基本学习形式。

7-6 巴甫洛夫的实验在人类健康和福祉方面有哪些应用？华生是如何将巴甫洛夫的实验原理应用于习得性恐惧的？

经典条件反射技术在许多领域被用来改善人类的健康和福祉，包括对某些类型的心理障碍的行为治疗。身体的免疫系统也可能对经典条件反射做出反应。巴甫洛夫的研究也为华生的观点提供了基础，即人类的情绪和行为虽然会受到生物学因素的影响，但主要是一系列条件反射的作用。华生在他对"小艾伯特"的研究中运用了经典的条件反射原理来证明如何通过条件反射形成特定的恐惧。

操作性条件反射

7-7 什么是操作性条件反射？

操作性条件反射是一种学习，在这种学习中，有强化物跟随的行为会更容易重复；有惩罚物跟随的行为会更不容易重复。

7-8 斯金纳是谁？操作性行为如何被强化和塑造？

斯金纳大学主修英语专业，后来成为心理学研究生，同时也是一位有抱负的作家。他是现代行为主义最具影响力但也最具争议的人物。在爱德华·桑代克的效果律的基础上，斯金纳等人发现，将老鼠或鸽子放入操作箱（斯金纳箱）中，通过使用强化物引导它们产生越来越接近期望的行为，从而塑造它们的行为。

7-9 正强化和负强化有何不同？强化物的基本类型有哪些？

强化是指任何能强化其行为的事件。正强化通过给予想要的刺激来增加行为的频率。负强化通过减少或消除厌恶的刺激来增加行为的频率。初级强化物（如在饥饿时得到食物或在生病期间不再恶心）天生令人感到满意，不需要学习。条件（或次要）强化物（如现金）通过学习与初级强化物形成联系（如我们用现金购买食物和药品），从而令人感到满意。即时强化（如在期望的行为后立即给予食物奖励）提供即时回报，延迟强化（如固定时间发薪水）需要延迟满足的能力。

7-10 不同的强化程式如何影响行为？

强化程式定义了强化响应的频率。在连续强化中（每次出现期望的反应时都会强化）学习速度很快，但如果奖励停止，消退也很迅速。部分（间歇）强化（仅有时强化反应）的初始学习速度较慢，但行为更不容易消退。固定比率程式会在反应达到一定次数后对反应进行强化；可变比率程式是指在似乎不可预测的反应次数后对反应进行强化。固定间隔程式是只在一定时间间隔后对反应进行强化；可变间隔程式则是在不可预测的时间间隔后对反应进行强化。

7-11 惩罚与负强化有什么不同？惩罚如何影响行为？

惩罚通过给予厌恶刺激（如暂停游戏时间）或撤销奖励刺激（如拿走最喜欢的玩具）来减少行为的频率（孩子的不听话）。负强化（服用阿司匹林）可以消除厌恶刺激（头痛），这种期望的结果（免于疼痛）增加了行为（服用阿司匹林以结束疼痛）重复发生的可能性。体罚可能会产生不良的副作用，例如抑制而不是改变不想要的行为、未能提供适当的行为方向、滋长歧视（从而在惩罚者不在场时出现不良行为）、制造恐惧，并增强攻击性。

7-12 为什么斯金纳的观点会引起争议？他的操作性条件反射原理如何应用？

斯金纳的批评者认为，这种方法忽视了个人自由，并试图控制人的行为，使人失去了人性。斯金纳回答说，人们的行为受到外在结果的控制，作为控制行为的手段，强化比惩罚更人性化。教师可以使用塑造技巧来引导学生的行为，并使用在线适应测验等互动活动来提供即时反馈。教练可以通过奖励小的进步来培养球员的技能和自信，利用强化原理开发的人工智能程序正在告诉我们人类学习的极限，管理者可以通过奖励定义明确和可实现的行为来提高生产力和士气。父母可以奖励期望的行为，不奖励不期望的行为；我们可以通过设定现实的目标，计划如何朝着这些目标努力，监测期望行为的频率、强化期望行为，并随着行为成为习惯而逐渐减少奖励来塑造自己的行为。

7-13 操作性条件反射与经典条件反射有什么不同？

在操作性条件反射中，生物体学习自身行为和行为后果之间的联系，这种形式的条件反射涉及操作性行为（对环境进行操作，产生强化或惩罚的行为）。在经典条件反射中，生物体在它无法控制的刺激事件之间建立联系，这种形式的条件反射涉及应答性行为（对某些刺激的自动反应）。

生物学、认知与学习

7-14 生物学制约因素如何影响经典条件反射和操作性条件反射？

动物的条件反射能力受到生物学因素的制约，所以一些联系才更容易学会。每个物种都会学习有助于生存的行为，这种生物学倾向被称为准备性。那些很容易学会拒绝厌恶味道食物的人不太可能再吃同样的有毒食物，而且更有可能存活下来并留下后代。生物学因素制约了每个物种进行经典条件反射和操作性条件反射的能力。我们将条件刺激与无条件刺激联系在一起的准备通常（但不总是）是适应性的。在操作性训练过程中，动物可能表现出本能漂移，回归生物学的预设模式。

7-15 认知过程如何影响经典条件反射和操作性条件反射？

在经典条件反射中，动物可能会学会何时期待无条件刺激，并可能意识到刺激和反应之间的联系。在操作性条件反射中，认知地图和潜在学习的研究证明了认知过程在学习中的重要性。

7-16 什么是观察学习？

观察学习（也称为社会学习）是指通过观察和模仿来学习，而不是通过直接经验学习。

7-17 观察学习如何通过神经镜像实现？

研究证明，大脑的额叶能够镜像他人的行为，这可能使得我们具有模仿和观察学习的能力。一些科学家认为镜像神经元单独具有这种能力，而其他人则认为大脑的分布式网络是这种能力的产生原因。

7-18 亲社会模仿和反社会模仿有什么影响？

孩子倾向于模仿榜样的言行，无论被模仿的行为是亲社会的（积极有益的、有建设性的）还是反社会的。如果一个榜样的言行不一致，孩子可能会模仿这种被观察到的虚伪。

7-19 什么是暴力观看效应？

媒体上的暴力内容可能导致攻击。这种暴力观看效应可能是由模仿和脱敏作用引起的。虽然相关关系不等于因果关系，但是当参与者看到暴力（而不是非暴力）内容时，他们对挑衅的反应更残忍。

第八章
记忆

研究和编码记忆

8-1 什么是记忆？如何测量记忆？

记忆是一种通过编码、存储和提取信息而长期保持的学习。记忆的证据可能体现在对信息的回忆能力、再认能力，或者在以后更容易重新学习的能力。心理学家可以分别测量这些不同形式的记忆。

8-2 记忆模型如何帮助我们研究记忆？后来的研究是如何修正三级信息加工模型的？

心理学家使用记忆模型来思考和解释我们的大脑是如何形成和提取记忆的。信息加工模型包括三个过程：编码、存储和提取。我们敏捷的大脑通过并行加工的方式同时处理许多事情。联结主义信息加工模型聚焦于这种多轨道处理方式，将记忆视为相互连接的神经网络的产物。阿特金森—希夫林模型中的三个加工阶段是感觉记忆、短时记忆和长时记忆。这个模型后来被修正，包括两个重要的概念：(1) 自动加工，信息通过"后门"进入长时记忆，而不需要有意识地关注它；(2) 工作记忆，即发生在短时记忆阶段的主动"便签本"加工。

8-3 外显记忆和内隐记忆有什么不同？

人类的大脑在有意识和无意识的双重轨道上加工信息。许多外显（陈述性）记忆——我们对事实和经验的有意识记忆——是通过努力加工而形成的，这需要有意识的努力和注意。内隐（非陈述性）记忆——关于学习技能和经典条件反射的记忆——通过自动加工，在我们意识不到的情况下发生。

8-4 我们的大脑会自动加工哪些信息？

除了程序性记忆和经典条件反射，我们还会自动加工有关空间、时间和频率的信息。

8-5 感觉记忆如何发挥作用？

感觉记忆为活跃的工作记忆服务。映像记忆是一种非常短暂（零点几秒）的视觉刺激的感觉记忆，回声记忆是对听觉刺激的三到四秒的感觉记忆。

8-6 什么是短时记忆能力？

短时记忆的容量大约是 7 ± 2 个组块，但这些信息不经过复述就会很快从记忆中消失。我们进行主动加工的工作记忆能力因年龄和其他因素而异，但每个人都能通过避免任务切换而做得更好、更有效率。

8-7 有哪些有意识加工策略可以帮助我们记住新信息？

有效的加工策略包括组块处理、记忆术和层次法。每一种都能增强我们形成新记忆的能力。

8-8 分散练习、深层加工，以及给新材料赋予个人意义是如何帮助记忆的？

分散的练习时段（间隔效应）会形成更好的长时记忆。测试效应表明，有意识地提取信息，而不是简单地重读信息，可以增强记忆力。加工深度也会影响长时记忆。在浅层加工中，我们根据单词的构成或发音对其进行编码。但当我们进行深层加工，即根据单词含义编码单词时，记忆效果最好。当我们把学习和读书的材料重新表述为具有个人意义的词语时，我们也更容易记住，这就是自我参照效应。

存储和提取记忆

8-9 长时记忆的容量有多大？长时记忆是否在特定位置被加工并储存？

我们的长时记忆能力基本上是无限的。记忆不是完整地存储在大脑中的某个点的。当我们对记忆进行编码、存储和提取时，大脑的许多部分都在相互作用。

8-10 额叶和海马体在记忆加工中扮演什么角色？

额叶和海马体是大脑网络中专门负责外显记忆的部分。许多大脑区域将信息发送到额叶进行加工。海马体在附近的大脑神经网络的协助下，在外显记忆（语义或情景记忆）转移到其他大脑区域进行长期存储之前，率先记录并暂时保存外显记忆的内容。睡眠有助于长时记忆的神经存储，被称为记忆巩固。

8-11 小脑和基底神经节在记忆加工中扮演什么角色？

小脑和基底神经节是大脑网络中负责内隐记忆的部分。小脑对于储存经典条件反射的记忆很重要。基底神经节与运动记忆有关，有助于形成程序性记忆。4岁前学到的许多反射和技能会持续到我们成年后，尽管我们不能有意识地记得这些反射和技能（婴儿健忘症）。

8-12 情绪如何影响大脑的记忆加工？

我们的情绪会使影响记忆形成的应激激素分泌，从而激活杏仁核，促进大脑记忆形成区的活动。重大应激事件可以触发非常清晰的闪光灯记忆。通过重演，对个人十分重要的经历的记忆在很大程度上能保留。

8-13 突触层面的变化如何影响记忆加工？

长时程增强（LTP）是学习和记忆联结的神经基础。在LTP中，神经元释放和感知神经递质的效率会提高，神经元之间也会建立更多的连接。

8-14 外部的线索、内部的情绪和出现的顺序如何影响记忆提取？

外部线索能激活联系，帮助我们找回记忆，这个过程可能在我们意识不到的情况下发生，如启动。编码特异性是指特定记忆的线索和背景在帮助我们回忆记忆方面是最有效的。回到我们形成记忆的相同的物理环境或情绪状态（心境一致性）可以帮助我们提取相关记忆。序列位置效应是指我们往往会对一个列表中的最后一个项目（可能仍然在工作记忆中）和第一个项目（我们花了更多时间复述）产生最深刻的记忆。

遗忘、记忆建构和改善记忆

8-15 我们为什么会遗忘？

有些人会经历顺行性遗忘，即无法形成新的有意识记忆；或者逆行性遗忘，即无法恢复旧的记忆。正常的遗忘之所以会发生，是因为我们从未对信息进行编码（编码失败），因为生理记忆痕迹衰减（存储消退），或者因为我们无法提取已经编码和存储的内容（提取失败）。提取问题可能是由于前摄干扰，即较早的学习干扰了对新信息的回忆；或者是由于倒摄干扰，即较晚的学习干扰了对旧信息的回忆。动机性遗忘的确会发生，但研究人员几乎没有发现压抑的证据。

8-16 错误信息、想象和来源性遗忘如何影响记忆建构？我们如何判断记忆是真实的还是虚假的？

记忆可以在提取时不断被修改，记忆研究人员称为"再巩固"。错误信息（接触误导性信息）和想象的影响会破坏我们储存的关于实际发生的事情的记忆。当我们在提取过程中重新组合记忆时，我们可能会将其错误地归因（来源遗忘）。它可能有助于解释"既视感"。虚假记忆感觉就像真实的记忆，可以持续存在，但通常仅限于事件的要点。

8-17 为什么关于记忆压抑和恢复的报告引起了如此激烈的争论？

争论的焦点在于童年早期受虐待的记忆是否被压抑以及是否可以在治疗期间恢复。除非受害者是一个年纪非常小以至于无法记忆的孩子，否则这种创伤通常会被明显地记住，而不是被压抑。心理学家认可儿童被性虐待、无辜的嫌疑人被认定有罪、儿童遗忘以及恢复记忆的存在，也同意儿童对4岁之前发生的事情的记忆是不可靠的，在催眠状态下"恢复"的记忆尤其不可靠。此外，无论是真实还是虚假的性侵记忆，都会让人情绪低落。

8-18 儿童的目击描述有多可靠？

儿童目击证人的描述受到成人暗示性访谈技术的影响。如果在事件发生后不久用他们能理解的中性词汇提问，孩子们可以准确地回忆起事件和与之相关的人。

8-19 如何利用记忆研究的成果来学好本门课程和其他课程？

记忆研究结果提出了以下提高记忆力的策略：复述，赋予材料意义，激活提取线索，使用记忆术，使前摄干扰和倒摄干扰最小化，保持充足睡眠，知识自测以确保能检索和识别材料。

第九章
思维与语言

思维

9-1 什么是认知？什么是元认知？概念的作用是什么？

认知是指与思考、认识、记忆和信息交流有关的心理活动。元认知是关于我们认知的认知，或者是监测和评估我们的心理过程。我们使用概念，对相似的物体、事件、想法或人进行心理分组，来简化和整理我们周围的世界。我们大多数概念都是围绕原型或一个类别的最佳例子而形成的。

9-2 问题解决的过程中有哪些认知策略，其中有何障碍？

算法是一种有条理的、有逻辑的规则或程序（例如在火灾期间疏散建筑物内人群的步骤），它能够保证问题的解决。启发法是一种更简单的思维策略

（例如，如果闻到烟味就跑出去），它通常比算法更快，但也更容易出错。顿悟不是基于策略的解决方案，而是解决问题的灵感闪现。解决问题的障碍包括证实偏差，它使我们倾向于验证而不是挑战自己的假设。固着（如心理定势）它可能会阻止我们从新的角度出发找到解决方案。

9-3 什么是直觉？代表性启发式和易得性启发式如何影响我们的决策和判断？

直觉是我们经常使用的毫不费力的、快速的、自发的感觉或想法，而不是系统的推理。启发式使快速判断成为可能。代表性启发式是指，我们根据事件的特定原型的代表程度来判断发生的可能性；易得性启发式是指，我们根据记忆中所提供信息的可用性来判断它们发生的可能性。

9-4 哪些因素加剧了我们对不太可能发生的事件的恐惧？

我们害怕人类历史上一贯都害怕的东西、我们害怕自己无法掌控的东西、害怕会立即发生的事情，以及最容易从记忆中浮现的事物。但是我们忽略了那些一个接一个夺去生命的持续威胁，如交通事故和疾病。

9-5 过度自信、信念固着和框架效应是如何影响我们的决策和判断的？

过度自信会导致我们高估自己信念的准确性。当我们已经形成并解释的信念被质疑时，信念固着可能会使我们坚持这种信念，解决信念固着的办法是考虑我们如何解释相反的结果。框架效应是指提出问题的方式或表达方式的细微差异会极大地改变我们的反应，促使我们做出有益的决定。

9-6 聪明人如何利用直觉？

聪明人乐于相信他们的直觉（通常是适应性的），但也知道什么时候推翻它们。在做复杂的决定时，我们可以

尽可能多地收集信息，然后花时间让我们的双通道思维来处理它。

9-7 什么是创造力，是什么培养了创造力？

创造力即创造新颖而富有价值的想法的能力，在某种程度上与天赋有关，但不仅仅是学习能力。能力测试需要聚合思维，但创造测试需要发散思维。罗伯特·斯滕伯格提出，创造力涉及的因素有：专业性、富有想象力的思维、冒险精神、内在动机，以及一个激发、支持和完善创造性的环境。

9-8 关于其他物种的思维，我们知道多少？

研究人员根据行为和神经活动推断其他物种的意识和智力。来自不同物种研究的证据表明，许多其他动物使用概念、数字和工具，并将学习从一代传给下一代（传播文化）。而且，其他一些物种像人类一样，表现出顿悟能力、自我意识、利他主义、合作和悲伤。

语言与思维

9-9 语言有哪些结构性组成部分？

音素是语言的基本声音单位。词素是意义的基本单位。语法——使我们能够进行交流的规则系统——包括语义（推导出意义的规则）和句法（将单词排列成句子的规则）。

9-10 我们如何习得语言，什么是普遍语法？

由于我们的生理和经验会产生交互，我们很容易在儿童期掌握学习过的语言的特定语法和词汇。语言学家诺姆·乔姆斯基提出，人类天生就有学习语法规则的内在倾向，他称为普遍语法。但其他研究人员指出，人类语言虽然有共性，但是儿童在识别语言模式的同时也在学习语法。

9-11 语言发展过程中有哪些里程碑？什么时候是学习语言的关键期？

儿童的语言发展的时间各不相同，但都遵循相同的顺序。接受性语言（理

解别人对你说了什么或言语中关于你的话的能力）在生成性语言（产生单词的能力）之前发展。在大约 4 个月大的时候，婴儿咿呀学语，能够发出来自世界各地的语言的声音；到大约 10 个月大的时候，只能发出他们家庭使用的语言的声音；大约 12 个月大的时候，孩子们开始用单一的单词说话。在他们 2 岁之前，单词语阶段演变成双词语（电报式）的阶段，之后他们开始说完整的句子。童年是学习语言的关键期。晚一点开始学习语言的孩子遵循同样的发展顺序，不过速度更快。但是，直到 7 岁才接触口语或手语的孩子永远不会掌握任何一门语言。早期语言经验具有重要性，这在父母失聪的儿童身上表现得尤为明显。

9-12 哪些脑区与语言加工和语言表达有关？

失语症是一种语言障碍，通常由大脑左半球损伤引起。两个重要的语言和语音处理区域是布洛卡区和韦尼克区。前者位于左额叶，控制语言表达；后者位于左颞叶，控制语言接收。语言加工分布在大脑的其他区域，不同的神经网络处理特定的语言子任务。

9-13 我们对其他物种的语言能力了解多少？

黑猩猩和倭黑猩猩能够学会通过手语或按按钮与人类交流。甚至一些黑猩猩的词汇量达到了近 400 个单词，它们通过将这些单词串在一起进行交流，并且对语法也有一定的理解。虽然只有人类才能用复杂的句子进行交流，但其他动物也具有深刻的思考和交流能力，这促使人类思考这一切对动物所享有的道德权利有何意义。

9-14 思维和语言之间的关系是什么？图像有什么思维价值？

虽然本杰明·李·沃尔夫的语言决定论认为语言决定思维，但更准确的说法是语言影响思维（语言相对论）。不同的语言体现不同的思维方式，因此沉浸式的双语教育可以增强思维能力。当我们使用（非陈述性的、程序性的）内隐记忆时，我们经常使用图像式思维——学习技能和经典条件反射的自动记忆系统。当我们在脑海中演练即将发生的事情时，想象可以提高我们的技能。过程模拟（专注于实现目标所需的步骤）是有效的，但结果模拟（幻想实现目标）作用不大。

第十章
智力

智力是什么？

10-1 心理学家如何定义智力？

智力是从经验中学习、解决问题以及利用知识适应新情境的能力。

10-2 g 因素存在的论据是什么？

查尔斯·斯皮尔曼提出，我们有一种一般智力（g 因素），g 因素是所有心理能力的基础。通过因子分析（一种识别相关能力集群的统计程序）研究，他注意到，在某一领域得分高的人通常在其他领域的得分也高于平均水平。瑟斯顿不同意这个观点，他把心理能力分为 7 种不同的类型。然而，在一个能力领域中得分高的人在其他能力领域中得分也高的趋势仍然存在，这进一步证明了 g 因素的存在。

10-3 流体智力和晶体智力的概念以及卡特尔—霍恩—卡罗尔理论是如何影响我们对智力的理解的？

雷蒙德·卡特尔和约翰·霍恩将瑟斯顿的主要心理能力简化为：流体智力和晶体智力。卡特尔—霍恩—卡罗尔理论肯定了一般智力因素，但也识别出了更具体的能力（如阅读和写作能力、记忆能力和处理速度）。

10-4 加德纳和斯滕伯格的多元智力理论有何不同，他们面临哪些质疑？

霍华德·加德纳提出了 8 种相对独立的智力（言语智力、逻辑数学智力、音乐智力、空间智力、身体动觉智力、自我智力、他人智力和自然智力），以及可能的第九种智力（存在智力）。学者症候群、孤独症谱系障碍和某些脑损伤患者的不同智力似乎支持了这一观点。罗伯特·斯滕伯格的三元理论提出了预测现实世界技能的三个智力领域：分析性（解决学术问题）、创造性（创新能力）和实践性（完成日常任务能力）智力。批评人士指出，研究已经证实了一般智力因素可以预测众多领域的成绩。非常成功的人往往也很认真、关系良好、精力充沛。他们的成就来自能力和刻意练习。其他获取成功的重要因素是家境优渥、学校善教以及出生在一个天赋能够大显身手的时间和地点。

10-5 情绪智力的四个组成部分是什么？

情绪智力是社会智力的一个方面，包括感知、理解、管理和利用情绪的能力。情绪智力高的人往往更快乐、健康，在个人和职业上都更成功。一些批评人士质疑将其归为"智力"是否将这一概念延伸得太远。

智力评估和动力学

10-6 什么是智力测验，成就测验和能力测验有何区别？

智力测验对心理能力进行评估，并用数字将其量化，使之可与其他人进行比较。成就测验衡量的是我们已经学到了什么，而能力测验衡量的是学习能力。

10-7 智力测验产生于何时，又为什么产生？现代智力测验和早期的智力测验有什么不同？

弗朗西斯·高尔顿痴迷于测量他认为的遗传的天才（以便鼓励那些有特

殊能力的人繁衍后代），他试图在19世纪后期简单地对智力进行测量，但并未成功。阿尔弗雷德·比奈倾向于用环境来解释智力差异，他于20世纪初在法国开创了现代智力测验运动，当时他设计了一些问题来帮助预测儿童在巴黎学校系统中的未来发展。比奈希望他的测验能够改善儿童的教育，但也担心它被用来给儿童贴标签。20世纪初，斯坦福大学的刘易斯·推孟修订了比奈的量表，以便在美国使用。推孟认为他的斯坦福—比奈测验可以用来帮助人们找到合适的发展可能性，但他相信智力是与生俱来的，并且在不同种群中有所不同，这一观点验证了当初比奈的担心，即智力测验结果也可能会被用来限制孩子的可能性。威廉·斯特恩提出了智商（IQ）的概念。目前使用最广泛的智力测验是韦氏成人智力量表（WAIS）和韦氏儿童智力量表。韦氏系列量表与之前量表的不同之处在于，它们提供了总体智力分数，以及语言理解、感知推理、工作记忆和处理速度的分项分数。

10-8 什么是正态曲线？评价一个测验经过标准化，且具备信度和效度代表着什么？

考试分数的分布通常围绕着中心平均数呈现正态（钟形）曲线，越接近两端，该分数的人数越少。标准化通过对考生的代表性样本进行提前测验，为之后参加同样测验的考生进行分数比较提供了一个标准。信度是测验产生一致结果的程度（通过把测验分成两半、用其他形式的测验或重新测验的分数的一致性来评估）。效度是测验对它所要测量内容的实际测量程度，或者对它所要预测内容的实际预测程度。如果一个测验预测了它意图预测的行为，那么它就具有预测效度（如果一份能力测验能预测未来的成就，那么它就具有预测效

度，并且它们的预测效力在刚开始上学时是最好的）。

10-9 那些智商极低和智商极高的人有什么特点？

位于正态曲线的极端处的两个群体可能有明显的差异，事实也确实如此。智力测验分数等于或低于70分是诊断智力障碍的诊断标准之一。高智商的人——比如在推孟修订的智力测验中得分超过135分的人——往往身体健康，适应能力强，在学业上也取得了极大的成功。"天才儿童"项目和"补偿"计划可能会营造自我实现预言，但如果学生的天赋被恰当地对待，这些项目则可能是有效的。

10-10 什么是横断研究，什么是纵向研究，为什么知道在研究中使用哪种方法很重要？

横断研究能够比较不同时代和生活环境的人，这可以呈现一个特定的时间点上发生的现象；但纵向研究对于追踪更长时间的特征变化更为有效。心理学家使用横断研究得出心理能力随着年龄的增长而下降的结论，但纵向研究的心理学家则发现心理能力保持稳定（甚至增加）。

10-11 智力测验分数在一生中的稳定性如何？

智力测验分数的稳定性随着年龄的增长而增加。在4岁时，智力测验分数已经能够预测青少年和成年时的智力分数。到11岁时，智力分数就非常稳定且具有预测性。

10-12 衰老是如何影响晶体智力（Gc）和流体智力（Gf）的？

年龄与智力的关系取决于我们评估什么以及如何评估。老年人的流体智力（Gf）下降，部分原因是神经处理速度变慢；然而，晶体智力（Gc）有随年龄增长而增加的趋势。

遗传和环境对智力的影响

10-13 什么是遗传力？针对双胞胎和收养的研究告诉我们什么关于智力的天性与教养的知识？

遗传力是指我们可以归因于基因的群体中个体之间变异的比例。对双胞胎、其他家庭成员、养父母和收养家庭的兄弟姐妹的研究表明，遗传对智力分数有重要影响。智力是多基因的组合。

10-14 环境如何影响认知发展？

对在贫困环境中长大的儿童进行的研究表明，生活经历对认知发展有显著影响。但是没有证据表明成长在异常丰富的环境中的正常健康儿童，能够被塑造成天才。培养成长型思维模式的环境不会改变智力，但会对成就产生积极影响。

10-15 两性的心理能力得分有何差异？为什么？

男孩和女孩的平均智力测验分数相同，但他们在某些特定能力上却通常有所不同。一般来说，女孩的拼写能力更强，语言表达更流畅，阅读和定位物体的能力更强，更能识别情绪，对触觉、味觉和色彩也更敏感。虽然男孩和女孩在数学计算和整体数学表现上几乎没有区别，但男孩在空间能力和复杂数学方面优于女孩。男性间的心理能力得分也比女性间的差异更大。人们从进化和文化的角度对这些性别差异进行了解释。

10-16 不同种族和民族群体在心理能力得分上有何不同，为什么？

不同种族和民族在智力测验的平均分数上存在差异。有证据表明，环境差异是造成这些群体差异的原因。

10-17 智力测验是否有偏差或不公？什么是刻板印象威胁？它是如何影响受测者的表现的？

偏差的科学意义完全取决于一项测验是否能预测所有受测者群体（而不仅仅是一部分人）未来的行为。从这个

意义上说，大多数专家认为一些主要的能力测验是公正的。然而，如果我们认为偏差是指测试会受到受测者文化经验的影响，那么在这个意义上，智力测验就可能被认为是不公平的。刻板印象威胁是一种自我确认的担忧，即担心别人会基于负面的刻板印象对你进行评估，这种担忧会影响各种测验的表现。不过一些研究提出了有效的减少负面刻板印象的策略。

第十一章
是什么驱动了我们：饥饿、性、归属感和成就感

动机的基本概念

11-1 心理学家如何定义动机？四种主要的动机理论是什么？

动机是一种激励和引导行为的需要或欲望。本能与进化的观点探讨基因对复杂行为的影响。驱力减少理论探讨生理需求如何产生唤醒状态（某种驱力），促使我们去满足这种需求。其中，环境诱因可以强化内驱力。驱力减少的目标是保持体内平衡，即保持稳定的内部状态。唤醒理论提出，一些行为（比如由好奇心驱动的行为）并不是为了满足生理需求，而是在寻求最佳唤醒水平的过程中产生的。耶基斯—多德森定律描述了唤醒水平与表现之间的关系。亚伯拉罕·马斯洛的需要层次理论提出了一个人类需要的金字塔，包含基本需要到更高层次的需要。

饥饿

11-2 哪些生理因素会产生饥饿感？

饥饿感与胃的收缩相关，但也有其他原因。大脑中的一些神经区域，例如下丘脑，会监测血液化学水平（包括葡萄糖水平）和关于身体状态的传入信息。食欲激素包括胃泌素（空腹时胃分泌）、食欲素（下丘脑分泌）、瘦素（脂肪细胞分泌）和酪酪肽（消化道分泌）。基础代谢率是静止状态下维持基本身体机能所需的能量消耗率。体重可能存在一个设定点（维持最佳体重的生理固定趋势）或一个较松散的稳定值（也受环境的影响）。

11-3 哪些文化和情境因素会影响饥饿感？

饥饿反映了我们对上次吃东西的记忆，以及我们对什么时候应该再吃的期望。人类更喜欢某些口味（比如甜的和咸的），但个人饮食偏好也受到条件反射、文化和环境的影响。一些口味偏好具有生存价值。情境影响包括其他人的存在、食物份量大小和提供的食物种类等。

11-4 肥胖会如何影响身心健康？体重管理涉及哪些因素？

肥胖的定义是体重指数（BMI）达到或超过30，它可能会导致抑郁症（尤其是女性）、他人的欺凌行为以及更多的身体健康风险。基因和环境相互作用导致了肥胖。对我们的祖先来说，储存脂肪是适应性的生存机制，并且维持脂肪所需的食物比增加脂肪所需的食物要少。体重设定点和新陈代谢十分重要。双生子和领养研究表明，体重也受到基因的影响。环境影响因素包括缺乏睡眠、社交影响、食物和活动水平。对想要减肥的人给出的一些建议是：当你感到有动力和自律的时候再开始；锻炼身体，保证充足的睡眠；尽量减少获取美食的线索和途径；限制食物种类，吃健康的食物；减少食物分量，重新标注分量；调整食物摄入时间；警惕暴饮暴食；提前计划在社交活动中的饮食；原谅偶尔的失误；公开展示你的任务完成进度；加入一个互助小组。

性动机

11-5 激素如何影响人类的性动机？

除了少数被认为是无性恋的人之外，大多数人从青春期开始就把约会和交配放在重要位置。雌性的雌激素和雄性的睾丸激素对人类性行为的影响相比于对其他物种性行为的直接影响要小。相比于雌激素水平的变化，女性的性欲反应对睾酮激素水平的变化更敏感。睾酮激素水平的短期变化在男性中是正常的，一部分原因是对性刺激的反应。

11-6 人类性反应周期是什么？性功能障碍和性反常行为有何不同？

威廉·马斯特斯和弗吉尼亚·约翰逊描述了人类性反应周期的四个阶段：兴奋期、持续期、高潮期和消退期。消退期存在一个不应期的阶段，在此阶段无法重新性唤起和性高潮。性功能障碍是持续损害性唤起或性功能的问题，包括勃起障碍和女性性高潮障碍，通常可以通过行为导向疗法或药物疗法成功治疗。如果一个人有不寻常的性兴趣，或者会对他人因性唤起造成伤害或具有伤害的风险，那么他就会被认为有性欲倒错。

11-7 如何预防性病感染？

安全性行为有助于预防性病感染。避孕套在防止艾滋病病毒传播方面特别有效。了解自己的性传播疾病感染状况并告知性伴侣，是预防性病感染的重要第一步。

11-8 外部刺激和想象的刺激是如何引起性唤起的？

外部刺激可以引发性唤起。露骨的色情材料可能会导致人们认为他们的伴侣相对来说没有吸引力，并贬低他们的关系。观看具有强迫情节的色情材料会导致人们更容易接受针对女性的性暴力行为。大量的网络色情内容可能会使年轻人对现实生活中的性行为失去敏感性，导致性欲和满意度降低，并导致男性勃起问题。对色情刺激进行想象（梦和幻想）也会影响性唤起。

11-9 哪些因素影响青少年的性行为和避孕药具的使用？

青少年的性行为因文化和时代的不同而不同。造成这些差异的原因包括关于生育控制的沟通、冲动、饮酒，以及大众媒体的影响。高智商、宗教信仰、父亲的存在和参与服务性学习与青少年的延迟性行为有关。

11-10 我们对性取向了解多少？

性取向是我们性吸引力的方向，反映在我们的渴望和幻想中。我们可能对不同性别（异性恋取向）、同一性别（同性恋取向）、男性和女性（双性恋取向）的人产生性吸引，或根本不对任何人（无性恋取向）产生性吸引。甚至一些人报告说，性吸引不限于任何性别或性别认同（泛性恋取向）。在欧洲和美国，大约有3%～4%的男性和2%的女性有同性恋倾向。科学家们一直无法找到影响性取向的具体环境因素。生物学因素的证据包括其他物种的同性吸引情况，同性恋、异性恋者大脑的差异，遗传影响，以及产前影响。

11-11 社会因素在我们的性行为中扮演什么角色？

关于性动机的科学研究并不是为了界定性在我们生活中的个人意义，它受到许多社会因素的影响。性是一种具有社会意义的行为。性欲促使人们建立亲密的、忠诚的关系，进而促成令人满意的性行为。人类最美好的性爱是生命的和谐和爱的重燃。

归属和成就

11-12 有什么证据表明我们人类有归属需要？

对于我们的祖先来说，我们的归属需要——与他人产生联系和认同——具有生存价值，这也许可以解释为什么每个社会中的人类都生活在群体中。根据自我决定理论，我们努力满足我们对能力、自主性和归属感的需要。社会关系帮助我们变得更健康、更快乐，感觉被爱会激活大脑中与奖赏和安全系统相关的区域。排斥是对个人或群体故意的社会排斥，它会让我们在精神上和身体上都处于危险之中。

11-13 社交网络是如何影响我们的？

我们通过社交网络与他人联系，加强朋友间关系，结识新朋友或伴侣，并在困难时期寻求支持。但上网时间的增加取代了其他活动，社交媒体的使用增加了人们与他人生活的比较。研究人员正在研究屏幕时间增加与青少年心理健康问题增加之间可能的联系。在建立人际关系时，人们倾向于增加自我表露。高度自恋的人在社交网站上特别活跃。自我控制和有计划的电子设备使用策略可以帮助人们在现实世界和网络社交之间保持健康的平衡。

11-14 什么是成就动机，有哪些鼓励取得成就的方法？

成就动机是对取得重大成就、掌握技能或思想的渴望、获得控制感和达到高标准的渴望。高成就动机会带来更大的成功，尤其是当它与坚毅结合在一起时。研究表明，过多的奖励（驱动外在动机）会破坏内在动机。为了实现自己的目标，我们可以下定决心，宣布目标，制订、实施计划，创建短期奖励，监控并记录进度，创造一个支持性的环境，并把这种行为变成习惯。

第十二章
情绪、应激和健康

情绪简介

12-1 唤醒、外显行为和认知在情绪中如何相互作用？

情绪是整个机体的反应，包括生理唤醒、外显行为以及由解释产生的意识体验，其中意识体验是情绪最重要的部分。情绪理论通常解决两个主要问题：（1）生理唤醒是在情感受之前还是之后？（2）感觉和认知是如何相互作用的吗？詹姆斯—兰格理论认为，当我们意识到身体对情绪刺激的反应后，情绪才会产生（我们观察到自己的心跳加速，才会感到恐惧）。坎农—巴德理论提出，我们对情绪诱发刺激的生理反应与我们对情绪的主观感受同时发生（一个不引起另一个）。

12-2 为了体验情绪，我们必须有意识地解释和标记它们吗？

沙赫特—辛格双因素理论认为，情绪包含两种成分：生理唤起和认知评价。我们给自己的觉醒状态贴上认知评价，这是情绪的一个重要组成部分。拉札勒斯也同意这一观点，他认为许多重要的情绪产生于我们的解释或推论。但扎荣茨和勒杜认为，一些简单的情绪反应是瞬间发生的，既意识不到也不存在认知过程。这种情绪和认知之间的相互作用说明了我们的双通路思维。

12-3 情绪唤醒与自主神经系统有何关联？

情绪的觉醒成分是由自主神经系统的交感神经（唤起）和副交感神经（镇静）系统调节的。当处于危险之中时，战斗或逃跑反应会自动调节你的身体从而采取行动。

12-4 情绪如何激活不同的生理和大脑反应模式？

与恐惧、愤怒和性唤起相伴的大规模身体变化通常十分相似（出汗、呼吸和心率加快），尽管它们的感觉是不同的。情绪的唤醒可能是相似的，但一些微妙的生理反应（如面部肌肉运动）能将它们区分开来。体现在一些大脑通路和皮质区域活动中的差异更具意义。

12-5 多导电生理记录仪利用生理状态检测谎言的效果如何？

测谎仪（谎言探测器）试图通过测量几种与情绪相关的生理反应来检测谎言，但不够精确，因此没有在商业和执法部门中广泛应用。隐藏信息测试法能更好揭示说谎的迹象。

情绪的表达

12-6 我们如何通过非言语渠道沟通？

我们的大部分交流是通过肢体动作、面部表情和声调进行的。即使几秒钟的行为片段也能表露情绪。

12-7 男性和女性在非言语沟通方面有何不同？

女性往往更擅长情绪觉察，也更有同理心。女性的面部也能表达更多的情绪。

12-8 在不同文化中，人们如何理解手势和面部表情？

手势的含义因文化而异，但面部表情的含义在世界各地大致相似，如快乐和悲伤。语境和文化会影响对面部表情的解读，文化规则也会影响情绪表达的程度。

12-9 面部表情如何影响我们的情绪？

对面部反馈效应的研究表明，我们的面部表情可以触发情绪，并向我们的身体发出相应的信号。我们也会模仿别人的表情，这有助于我们产生同理心。与此类似的行为反馈效应是指一些行为往往也能影响我们和他人的思想、感觉和行动。

情绪的体验

12-10 基本情绪有哪些？

大多数情绪科学家都认为，愤怒、恐惧、厌恶、悲伤和快乐是人类的基本情绪。卡罗尔·伊扎德的10种基本情绪是：喜悦、兴趣—兴奋、惊讶、悲伤、愤怒、厌恶、轻视、恐惧、害羞和内疚。

12-11 愤怒的起因和后果是什么？

愤怒通常是由我们认为是故意的、不合理的、可以避免的错误行为引起的。但小挫折和无可指责的烦恼也会引发愤怒，我们的文化会影响我们表达愤怒的方式。愤怒会加快我们的心率，增加引发炎症的可能性。宣泄可能会使我们暂时平静下来，但它不能减少愤怒——表达愤怒会让我们更加愤怒。专家建议，我们可以通过等待、寻找健康的消遣或精神支柱，并试图从精神上摆脱这种情况，从而降低愤怒的生理唤起程度。有节制地表达自己的感受可以化解冲突，而宽恕可以让我们摆脱愤怒的情绪。

12-12 什么是好心情、做好事现象？积极心理学研究的重点是什么？

快乐的人往往是健康的、精力充沛的、对生活满意的，这使得他们更愿意帮助别人（好心情、做好事现象）。积极心理学家用科学的方法研究人类的繁荣，旨在发现和促进帮助个人和社区繁荣的力量和品质。

12-13 时间、财富、适应能力和比较行为如何影响幸福水平？

由好事或坏事引发的情绪很少会持续过当天。即使是重大的好事情也很少能长久地增加幸福感。拥有足够的钱可以保证舒适、安全和控制感，这能带来幸福。但是拥有过多的钱并没有增加幸福感。许多国家的经济增长导致不平等加剧，这预示着不幸福。在不平等程度较高的国家或州，低收入人群会面对更多的健康问题、社会问题和心理障碍。幸福与我们自己的经历（适应水平现象）和他人的成功（相对剥夺感）有关。

12-14 什么能预测幸福，我们如何才能更幸福？

一些人由于遗传倾向和个人经历会比其他人更快乐。不同的文化会强调不同的人格特质和期望，鼓励不同的行为，这也会影响个人的幸福水平。提高幸福水平的建议包括：管理好你的时间，表现得快乐，寻求能施展你才华的工作和娱乐方式，把钱花在体验上而不是物质上，锻炼，保证足够的睡眠，培养友谊，关注并找到自我以外的生活意义，挑战消极思维，感恩你所拥有的一切和培养精神自我。

应激与疾病

12-15 我们对事件的评价如何影响我们的应激反应，三种主要的应激源是什么？

应激是我们评估和应对威胁或挑战事件的过程。如果我们把一件事评价为具有挑战性，我们就会被唤醒并集中注意力为成功应对做准备；如果我们把它看作一种威胁，我们就会产生应激反应，我们的健康就会受到影响。三种主要的应激源是灾难、重大的生活变化、日常琐事和社会压力。日常琐事和社会压力可能包括不平等和偏见、长期的工作压力（这可能导致员工"倦怠"）以及我们在不同的趋避动机之间的冲突。

12-16 我们如何应对和适应应激？

沃尔特·坎农认为压力反应是一种战斗或逃跑系统。汉斯·塞利耶提出了三阶段的（警觉、抵抗、衰竭）一般适应综合征（GAS）。人们对压力的反应可能是退缩，但也可能表现为照料和结盟反应（在女性中更常见）。

12-17 应激怎样使我们更易患病？

心理神经免疫学是一门研究心理、神经和内分泌过程如何共同影响免疫系统和健康的学科。应激会消耗免疫系统的能量，抑制其B淋巴细胞和T淋巴细胞、巨噬细胞和自然杀伤细胞的活动。应激不会导致疾病，但应激能改变我们的免疫功能，这可能使我们更容易受到疾病的侵袭以及影响疾病的进程。

12-18 为什么有些人更容易患冠心病？

冠心病与反应迅速、易发怒的A型人格有关。与轻松、随和的B型人相比，A型人更活跃的交感神经系统可能会将血液从肝脏转移到肌肉，使多余的胆固醇和脂肪在血液中循环。B型人不太可能患心脏病。慢性应激也会导致持续的炎症，这与心脏和其他健康问题有关，包括抑郁症。

12-19 应激会导致疾病吗？

应激可能不会直接导致疾病，但它确实会影响我们的生理和行为，使我们更脆弱。

健康与应对

12-20 人们试图通过哪两种方式来减轻压力？

我们使用聚焦问题的应对策略来改变应激源或改变我们与之互动的方式。我们使用聚焦情绪的应对策略来避免或忽略应激源，转而关注与应激反应相关的情绪需求。

12-21 感知到的失控如何影响健康？

缺乏个人控制的感觉会促使激素分泌，从而危及人们的健康。一系列无法控制的厌恶事件会导致我们习得性无助。具有内部控制点的人比具有外部控制点的人成就更高、更健康、更快乐。拥有自由意志信念的人更乐于助人、学习更好、在工作中更能坚持不懈、表现得更好，以及有更高的工作满意度。

12-22 为什么自制力很重要？我们的自制力会枯竭吗？

自我控制需要注意力和精力，高自制力预示着健康、高收入和更好的学习成绩。在预测未来的学业和生活成功方面，自我控制分数比智力测验分数更有效。自制力随时间而变化。研究人员对影响自我控制的因素持不同意见，但加强自制力可以让你的生活更健康、更幸福、更成功。

12-23 乐观的态度如何影响健康和寿命？

研究表明，乐观主义者比悲观主义者更可能拥有好的健康状况，更可能取得成功，并拥有更长的预期寿命。

12-24 社会支持如何促进健康？

社会支持通过让我们平静下来、改善我们的睡眠、降低血压来促进健康，它还能增强免疫功能。通过建立和维持人际关系，通过倾诉而不是压抑痛苦，我们可以显著地减轻压力，增进健康。

12-25 作为一种管理应激和改善健康的方式，有氧运动有多有效？

有氧运动能振奋精神、使肌肉放松，从而使睡眠质量更高、触发神经递质的产生、促进神经新生、改善自我形象。它还可以减少或预防抑郁和焦虑。在晚年生活中，有规律的锻炼与更好的认知功能和更长的寿命有关。

12-26 放松与冥想可能在哪些方面影响应激和健康？

放松和冥想已经被证明可以减轻压力、降低血压、提高免疫功能、减轻焦虑和抑郁。正念冥想是一种反思练习，以一种不加评判和接受的方式对待当前的经历。按摩疗法还能促进放松，减少抑郁。

第十三章
社会心理学

社会思维

13-1 社会心理学家研究什么？我们一般如何解释他人和自己的行为？

社会心理学家使用科学的方法来研究人们如何思考、相互影响和联系。他们研究社会影响，解释为什么同一个人在不同的情况下会有不同的行为。在解释他人的行为时，尤其当我们来自个人主义的西方文化时，可能会犯基本归因错误，这是指我们会低估情境的作用，高估稳定、持久的特质的影响。在解释我们自己的行为时，我们更容易将其归因于环境的影响。

13-2 态度与行为如何相互影响？

我们的态度和行为相互影响。当外在情境影响十分微弱时，如果态度是稳定的、针对具体行为并且易于回忆的，则态度尤其可能影响行为。行为也可以改变态度，如登门槛现象和角色扮演影响。认知失调理论认为，当我们的态度与我们的行为不一致时会产生紧张感，而我们可以通过改变态度来配合我们的行为从而缓解紧张。

13-3 外周路径说服与中心路径说服有什么区别？

外周路径说服使用吸引注意力的线索（比如名人代言）来触发快速但相对轻率的判断。中心路径说服提供证据和论点，以引发缜密的思考。

13-4 怎样才能更有效地表达自己的观点？

为了说服与自己观点不同的人，你需要避免大喊大叫、羞辱他们，或者用繁杂的信息让他们感到厌烦。相反，你应该明确你们共同的价值观或目标，将你的目标与他们的动机联系起来，同时要让你的说服信息生动起来并不断重复，且让对方重述你的观点。

社会影响

13-5 社会传染如何成为从众的一种形式，从众实验如何揭示社会影响的力量？

社会传染（变色龙效应）——我们倾向于无意识地模仿他人的行为、表情、姿势、语调和情绪——是从众的一种形式。社交网络是情绪的传染途径之一，无论情绪是积极的还是消极的都能传染。所罗门·阿希等人发现，我们最有可能调整自己的行为或想法以符合群体标准的条件包括：个体感到力不从心或有不确定感，群体至少有三个成员，群体意见一致，个体崇尚群体的地位和吸引力，个体对任何回答都没有预先承诺，个体的举动可以被群体中的其他人看到，个体所处的文化倡导尊重社会标准。个体遵从可能是为了获得认可（规范性社会影响），也可能是因为个体愿意接受他人的看法作为新的信息（信息性社会影响）。

13-6 关于社会影响的力量，米尔格兰姆的服从实验告诉了我们什么？

斯坦利·米尔格兰姆的实验表明，强大的社会影响可以使普通人屈从于虚假的谎言或残忍的行为。当发号施令的人就在旁边且被认为是合法的权威人物、权威人物得到著名机构的支持、受害者被剥夺个性或与研究人员距离较远，以及没有违抗命令的榜样时，人们的服从性最高。

13-7 关于社会影响的研究给了我们什么关于自身的启示？作为个体，我们有多大的力量？

这些实验证明，强大的社会影响力可以影响人们的行为。个人的力量（个人控制）和环境的力量（社会控制）相互作用。坚持表达自己观点的少数人可能会左右多数人的观点，即使是一个坚定的人也可能受其影响。

13-8 他人的存在如何通过社会助长、社会懈怠和去个性化影响我们的行为？

社会助长是指仅仅身边有他人在场就能强化我们的反应：提高我们在简单或熟悉任务上的表现，但会降低我们在困难任务上的表现。社会懈怠是指群体任务时让我们感到自己责任较少，因而可能会搭便车。当他人的存在既使我们感到兴奋又使我们感到默默无闻时，我们可能会经历去个性化——失去自我意识和自我控制能力。

13-9 群体互动如何促成群体极化？

在群体极化中，与志同道合的人讨论强化了成员的主导信念和态度。

13-10 互联网在群体极化中起到了什么作用？

无论是好是坏，互联网都放大了将观点一致的人联系在一起的效果。人们可以在互联网上寻求支持，从而加强他们的观点。与此同时，往往也会与持不同意见的人产生隔阂。因此，隔离不同加上交流相同可能导致群体极化。

13-11 群体互动如何促进群体思维？

群体思维的驱动力是对决策群体内部和谐的渴望，这种渴望压制了对备选方案的现实评估。但是团队领导者也可以利用团队交流的优势来避免群体思维，可以指派专门的人员来识别可能存在的问题，并欢迎各种意见的提出和专家的批评。

反社会关系

13-12 什么是偏见？显性偏见和隐性偏见有什么区别？

偏见是对一个群体及其成员的一种不合理的、通常是负面的态度。偏见的三个组成部分是信念（通常是刻板印象）、情绪和行动倾向（歧视）。偏见可能是显性的（公开的），也可能是隐性的（一种无意识的条件反射）。即使人们没有有意识地进行歧视，隐性偏见也会导致歧视。

13-13 哪些群体经常成为遭受偏见的对象？

偏见包括对某一特定种族或民族、性别或性取向的人的显性或隐性的负面态度。在美国，经常被针对的群体包括美国黑人、女性和同性恋群体。

13-14 偏见的社会根源、情感根源和认知根源是什么？有什么方法能减少偏见？

偏见的社会根源包括社会不平等和分裂。地位较高的群体常常用公正世界现象来为他们的特权地位辩护。当我们把自己分为"我们"（内群体）和"他们"（外群体）时，我们倾向于支持自己的群体（内群体偏见）。偏见也可以成为保护我们情绪健康的一种工具，比如我们将愤怒归咎于替罪羊。偏见的认知根源来自我们处理信息的自然方式：归类、记住生动案例、相信世界是公正的（以及相信我们自己和我们所处的群体做事的方式是正确的）。监控自己的感觉和行为以及结交新朋友可以帮助我们摆脱偏见。

13-15 心理学中"攻击"的定义与日常用语中"攻击"的定义有何不同？哪些生物学因素让我们倾向于伤害彼此？

心理学上的攻击具体是指任何旨在伤害他人的肢体或言语行为。三个层面的生物学因素影响我们产生攻击行为的阈值：遗传（基因）、神经系统（关键大脑区域的活动）和生物化学（如血液中的酒精或过量睾丸激素）。攻击是一种复杂的行为，是生物学和经验共同作用的结果。

13-16 哪些心理和社会文化因素会激发攻击行为？

挫折（挫折—攻击理论）、先前对攻击行为的强化以及观察做出攻击行为的榜样都会加剧攻击行为。媒体上的暴力内容为儿童提供了学习所遵循的社会脚本。观看暴力色情制品助长了对女性的侵犯。玩暴力电子游戏会增加攻击性的想法、情绪和行为。

亲社会关系

13-17 为什么我们会结交或爱上某些特定的人？

接近性（地理上的接近）会增加好感度，部分原因是纯粹曝光效应——反复接触新奇的刺激会提高我们对该事物的喜爱程度。外貌具有吸引力可以增加社交机会，也能改善别人对我们的看法。态度和兴趣的相似性可以极大地增加好感，尤其是在关系发展的过程中。我们会喜欢那些喜欢我们的人。

13-18 随着时间的流逝，浪漫爱情通常会发生哪些变化？

亲密的爱情关系始于激情之爱——一种强烈而积极的感觉。随着时间的推移，伴侣之爱的强烈情感可能会发展起来，尤其是在平等的关系、亲密的自我表露和积极的支持之下，这种关系更能增强。

13-19 什么是利他主义？什么时候我们最愿意和最不愿意帮助他人？

利他主义是对他人福祉的无私关怀。当我们注意到一个事件，将其判断为紧急情况，并承担起帮助的责任时，我们最有可能提供帮助。其他因素也会影响我们的帮助意愿，包括我们的情绪和我们与受害者的相似度。如果有其他旁观者在场，我们提供帮助的可能性很小（旁观者效应）。

13-20 社会交换理论和社会规范如何解释助人行为？

社会交换理论认为，我们帮助他人是因为这符合我们自己的利益，在这种观点下，社会行为的目标是个人利益最大化和成本最小化。另一些人则认为帮助是社会化的结果。在社会化的过程中，我们被灌输了在社会情境中的预期行为规范，比如互惠性规范和社会责任规范。

13-21 社会陷阱和镜像知觉如何激起社会冲突？

社会陷阱是指处于冲突中的人们追求自己的个人利益而损害共同利益的情况。冲突中的个人和文化往往会形成镜像知觉：每一方都认为对手是不值得信赖的、恶意的，而自己是一个有道德的、和平的受害者。这种看法可能成为自我实现的预言。

13-22 我们能为促进和平做些什么？

个人和团体共同努力实现更高（共享）的目标可以促进和平。研究表明，接触、合作、沟通和调解（例如缓解紧张关系的分级互惠式策略）有助于促进和平。

第十四章
人格

人格和心理动力学理论简介

14-1 什么是人格？哪些理论构成了人们对人格的理解？

人格是一个人特有的思维、感觉和行为方式。精神分析（以及后来的心理动力学）理论和人本主义理论已成为西方文化的一部分。这些理论也为后来的人格特质理论和社会认知理论奠定了基础。

14-2 治疗心理障碍如何使弗洛伊德产生对无意识心理的看法？

心理动力学的人格理论认为，行为是意识与无意识之间的动态互动。这些观点可追溯到西格蒙德·弗洛伊德的精神分析理论。在治疗那些没有明确生理解释的心理障碍患者时，弗洛伊德得出结论，这些问题反映了隐藏在无意识中的不可接受的想法和感觉。为了探索患者心理的这一隐藏部分，弗洛伊德使用了自由联想和梦境分析法。

14-3 弗洛伊德的人格观是什么？

弗洛伊德认为，人格产生于冲突，而冲突来自心理的三大系统之间的相互作用：本我（追求快乐的冲动）、自我（面向现实的执行者）和超我（内化的理想或良知）。

14-4 弗洛伊德提出了哪些发展阶段？

他认为儿童会经历五个性心理阶段（口欲期、肛门期、性器期、潜伏期和生殖器期）。根据这一观点，在任何阶段未解决的冲突都会使此人的快感寻求方式固着（停滞）在该阶段。

14-5 弗洛伊德认为，人们会如何抵御焦虑？

在弗洛伊德看来，焦虑是本我和超我之间紧张关系的产物。自我通过无意识的防御机制（如压抑）来应对焦虑，他认为压抑是所有其他防御机制的基础，促成其他防御机制的实现。

14-6 弗洛伊德的哪些观点受到了追随者们的接纳或拒绝？

弗洛伊德的早期追随者，即新弗洛伊德主义者，接受了他的许多观点。两者的不同之处在于，追随者更强调有意识的思维，更强调社会动机而非性或攻击性。大多数当代心理动力学理论家和治疗师反对弗洛伊德对性动机的强调。他们认为，在现代研究成果的支持下，我们的大部分精神生活都是无意识的，他们相信童年的经历会影响我们成年后的人格和依恋模式。许多人还认为，我们人类共同的进化史塑造了许多具有普遍性的倾向。

14-7 当代心理学家如何看待弗洛伊德的精神分析？

弗洛伊德使我们注意到潜意识的非理性的巨大作用、人类性欲和生物冲动与社会规范之间的冲突的重要性，并提出了一些具有科学依据的防御机制。但他的压抑概念，以及他将无意识视为被压抑的、不可接受的思想、愿望、情感和记忆的集合体的观点，经不起科学推敲。弗洛伊德提供的是事后解释，很难进行科学检验。研究并不支持许多弗洛伊德具体的观点，例如认为人的发展仅固着在童年（我们现在知道人类是毕生发展的）。

14-8 现代研究怎样发展了人们对无意识的理解？

研究证实，我们并不能完全了解

我们头脑中发生的所有事情，尽管当今的科学将潜意识视为在我们意识之外发生的独立而平行的信息处理通路。这种处理包括控制我们感知和解释的图式、启动效应、对所学技能的内隐记忆、瞬间激活的情绪，以及过滤我们对他人特征和特性信息处理的刻板印象和隐性偏见。研究还支持反应形成和投射机制（虚假共识效应），以及我们无意识地保护自己免于焦虑的观点（如恐怖管理理论的实验所示）。

14-9 什么是投射测验，投射测验如何进行，对投射测验存在哪些批评？

投射测验通过向人们展示可以有多种解释的刺激物令其进行主观回答，将答案视为内心动态的揭示。主题统觉测验（TAT）和罗夏墨迹测验就是这样两种测验。主题统觉测验提供了一个有效而可靠的内隐动机图谱，并且随着时间的推移具有一致性。罗夏墨迹测验的信度和效度都较低，但一些临床医生很重视它，将其作为暗示性线索的来源、破冰的方法或揭示性的访谈技巧。

人本主义理论和特质理论

14-10 人本主义心理学家如何看待人格，他们研究人格的目标是什么？

人本主义心理学家的人格观侧重于个人健康成长的潜力以及人们对自我实现和自我超越的追求。亚伯拉罕·马斯洛提出，人类的动机存在需要层次；如果基本需要得到满足，人们就会努力朝着自我实现和自我超越的需要前进。卡尔·罗杰斯认为，促进成长的环境需要提供：接纳（包括无条件的积极关注）、真诚和同理心。自我概念是马斯洛和罗杰斯人格的核心特征。

14-11 人本主义心理学家如何评估个人的自我意识？

一些人本心理学家不使用任何标准化的评估，而是依赖于访谈和谈话。

还有一些心理学家，比如罗杰斯，有时会使用调查问卷，让人们描述理想自我和实际自我；这种方法后来被用于评估治疗过程中的个人成长。现在，有些人使用生活故事法，以丰富的叙事方式详细描述每个人独特的生命历程。

14-12 人本主义理论如何影响心理学？人本主义受到了怎样的批评？

人本主义心理学产生了广泛的文化影响，帮助人们重新对自我概念产生兴趣；它还为今天的积极心理学奠定了基础。批评者则认为，人本主义心理学的概念模糊且主观，价值观以自我为中心，假设天真而乐观。

14-13 心理学家如何通过特质来描述人格？

特质论者认为人格是一种稳定而持久的行为模式。他们关注的是描述我们的差异，而不是解释这些差异。通过因子分析，他们找出了一起出现的行为倾向集群。遗传会影响许多人格特质。

14-14 关于内向有哪些常见的误解？

西方文化推崇外向者，而内向者拥有不同但同样重要的技能。内向并不等于害羞。作为领导者，外向者并不总是胜过内向者。内向者能很好地处理冲突，通常的反应是寻求独处而不是报复。

14-15 什么是人格量表？作为特质评估工具，人格量表有哪些优点和缺点？

人格量表（如MMPI）是一种调查问卷，人们需要在问卷上回答旨在衡量各种情感和行为的项目。测验项目是根据经验得出的，测验评分也是客观的。但客观性并不能保证测验的有效性；人们可以通过伪造答案来给人留下好印象（但可能会在评估虚假答案的谎言量表上得到高分）。

14-16 哪些特质似乎提供了关于性格变化最有用的信息？

大五因子目前是我们对基本特质维度的最佳预测工具，包括开放性、尽责性、外倾性、宜人性和神经质（OCEAN）。这些因子总体上比较稳定，能很好地描述不同文化背景下的人。许多基因（每个基因的影响都很小）共同影响着我们的特质。

14-17 人格特质在不同时间和不同情况下的一致性是否具有研究结果的支撑？

一个人的平均特质随着时间的推移而保持稳定，并且可以在不同的情况下具有稳定性。但人格特质并不能预测任何一种真实情况下的行为。

社会认知理论与自我

14-18 社会认知理论家们如何看待人格发展？如何探索行为？

阿尔伯特·班杜拉的社会认知观点强调我们的特质与所处情境间的相互作用。社会认知研究者将学习、认知和社会行为的原理应用于人格研究。相互决定论描述了行为、个人内在认知和环境之间的相互作用和相互影响。一个人在类似情境中的行为是对未来行为的最佳预测，模拟任务的评估情境正是遵循这一原理而开发的。

14-19 社会认知理论受到了哪些批评？

社会认知理论建立在已经确立的学习和认知概念之上，使研究人员更加关注情境对个人的影响以及个人受情境影响的方式。但批评者认为，该理论没有充分强调无意识动机、情绪和受生物影响的特质的重要性。

14-20 为什么心理学会有如此多关于自我的研究？自尊对人们的幸福有怎样的重要性？

自我作为人格的中心，组织着我们的思想、情感和行为，受到了人们的重点研究。考虑自我的可能性有助于激励我们朝着积极的方向发展，但过于关注自我可能会导致聚光灯效应。高自尊、高自我效能感与提高学习成绩、提升迎接挑战的能力等行为相关,但相关关系的方向并不明确。与其不切实际地提升自我评价,不如奖励自己所取得的成绩,从而提升能力。

14-21 过度乐观、忽视自己的无能以及自我服务偏差如何揭示了自尊的消极影响?防御型自尊和安全型自尊有何不同之处?

过度乐观会导致自满,使我们看不到真正的风险;而对自己的无能视而不见则可能导致我们重蹈覆辙。自我服务偏差是指我们会对自己的评价过高,比如认为自己比一般人强,或者认为自己的成功是理所应当的,但对自己的失败不以为然。防御型自尊是脆弱的,注重维护自我,将失败或批评视为一种威胁;安全型自尊则能让我们感觉到自己是被认可的人。

第十五章
心理障碍

心理障碍概述

15-1 我们应该如何区分正常和异常?

根据心理学家和精神病学家的观点,心理障碍的特征是个体的认知、情绪调节或行为出现临床意义上的明显紊乱。这种功能失调或适应不良的想法、情绪或行为会干扰日常生活,因此属于心理障碍。

15-2 医学模式和生物心理社会方法如何影响我们对心理障碍的理解?

医学模式认为,心理障碍是由生理原因引起的,可以被诊断、治疗,并通过心理治疗来治愈(通常是在医院里)。生物心理社会方法认为,心理障碍是生物学、心理学和社会文化环境三者共同作用的结果。基于该理论,研究者提出了易感性—应激模型,该模型假设个人的倾向性与环境的压力因素互相

作用,导致心理障碍的产生,这一模式得到了表观遗传学研究的支持。

15-3 临床医生如何对心理障碍进行分类?为什么某些心理学家不认可这类诊断标签?

美国精神病学协会出版的 DSM-5(《精神障碍诊断与统计手册(第五版)》)包含各种心理障碍的症状描述和诊断标准,为心理障碍相关的交流和研究提供了共同范本和公认概念。对《精神障碍诊断与统计手册》持批评态度的人认为,该手册的范围太广,将正常行为病理化。美国国家精神卫生研究所的"研究领域标准"(RDoC)项目对此进行补充,提出了一种新的分类方法,它根据行为和大脑活动,从多个维度构建心理障碍体系。任何分类所产生的诊断标签都可能造成先入为主的观念,从而对被贴标签者过去和现在的行为产生偏见。

15-4 哪些因素会增加自杀的风险,我们对非自杀性自伤行为有哪些了解?

自杀率因国家、种族、性别、年龄、收入、宗教信仰、婚姻状况和其他因素而异。在大多数国家,自杀率一直在上升。缺乏社会支持的人,如许多同性恋者、变性人、性别认同与生物性别不一致的年轻人,以及焦虑或抑郁的人,自杀的风险都更大。社会隔离和失业也会增加自杀风险。自杀的前兆可能包括言语暗示、赠送财物、突然的情绪变化和对死亡的持续关注。我们应该认真对待谈论自杀的人:倾听并与他们共情,为他们提供帮助,并保护那些存在直接自杀风险的人。非自杀性自伤(NSSI)通常不会导致自杀,但如果不加以治疗,可能会升级为自杀想法和行为。有 NSSI 行为的人不能很好地承受压力,对自己十分严苛但又性格冲动。

15-5 心理障碍是否能预测暴力行为?

心理障碍很少会导致暴力行为,临床医生也无法预测谁有可能伤害他人。大多数有心理障碍的人都没有暴力行为,他们更有可能成为受害者,而不是加害者。更能预测暴力行为的因素是酗酒或吸毒、暴力行为前科、枪支的可获得性以及脑损伤。

15-6 有多少人有或曾经有心理障碍?有哪些风险因素?

心理障碍发生率因调查的时间和地点而异。在一项跨国调查中,尼日利亚报告的精神障碍发生率最低,而美国的发生率最高。贫困是一个预测因素,但有些疾病,如精神分裂症,也会使人陷入贫困。美国移民的平均精神健康状况可能好于具有相同种族血统的美国人(这种现象被称为移民悖论)。

与焦虑相关的心理障碍

15-7 广泛性焦虑障碍、惊恐障碍与特定恐惧症有何不同?

焦虑障碍是一种心理障碍,其特征是苦恼的、持久地焦虑或以适应不良的行为来缓解焦虑。广泛性焦虑障碍者会无缘无故地感到持久、无法控制的紧张和忐忑。在更极端的惊恐障碍中,焦虑会升级为周期性发作的强烈恐惧。特定恐惧症患者可能会对某些物体、活动或场所产生非理性的恐惧。

15-8 什么是强迫症?

强迫症(OCD)的特征是反复出现、挥之不去的想法(强迫思维)、行为(强迫行为)或两者皆有。

15-9 什么是创伤后应激障碍?

创伤后应激障碍(PTSD)是指在经历某些创伤后,会出现诸如创伤记忆萦绕不去、做噩梦、过度警惕、回避与创伤相关的刺激、社交退缩、极度焦虑、感觉麻木和/或失眠等症状,持续时间达四周或更长时间。

15-10 什么是躯体症状，有哪些相关障碍？

在躯体症状及相关疾病（包括疾病焦虑障碍）中，症状以躯体（身体）形式出现，但无明显的生理原因。

15-11 条件反射、认知和生物学是如何影响与焦虑相关的障碍的认知和感觉模式的？

学习观点认为，与焦虑相关的疾病是恐惧条件反射、刺激泛化、恐惧行为强化以及对他人恐惧和认知的观察学习的产物。生物学视角则考虑了高水平情绪反应和神经递质分泌的遗传倾向、大脑恐惧回路的异常反应，以及对威胁生命的危险的恐惧在自然选择和进化中所扮演的角色。

抑郁症和双相障碍

15-12 抑郁症和双相障碍有什么不同？

重度抑郁症患者会在两周或两周以上的时间里出现至少五种抑郁症状（包括情绪低落或兴趣减退）。持续性抑郁症包括长期的轻度情绪低落。双相障碍患者不仅会出现抑郁症状，还会出现躁狂症状——多动、极端乐观以及冲动行事。

15-13 生物学和社会认知的观点如何帮助我们理解抑郁症和双相障碍？

抑郁症和双相障碍的生物学观点侧重于遗传影响、大脑结构和功能异常（包括神经递质系统中的异常），以及营养（和药物）的影响。社会认知观点认为，抑郁症是压力体验（通过负面信念、归因和记忆进行解释，通常伴随着无休止的反刍思维）导致负面情绪、认知和行为的持续循环，从而助长新的压力体验。

精神分裂症

15-14 精神分裂症表现出的感知、思维和知觉模式有哪些特征？

精神分裂症是一种以妄想、幻觉、胡言乱语和/或缺乏情感表达能力为特征的心理障碍。幻觉是没有感觉刺激的感官体验，妄想是错误的信念。精神分裂症的症状可能是阳性的（存在不当行为），也可能是阴性的（缺乏得当行为）。

15-15 慢性精神分裂症和急性精神分裂症有何不同？

精神分裂症通常在青少年晚期发病，男性发病率略高，在所有文化中都有发生。慢性（或过程性）精神分裂症的发展是渐进的，康复的可能性很小。急性（或反应性）精神分裂症发作突然，是对压力的直接反应，康复的可能性较大。

15-16 哪些脑部异常与精神分裂症有关？

精神分裂症患者的多巴胺受体数量过多，可能会强化大脑信号，产生幻觉和妄想等阳性症状。大脑扫描显示额叶、丘脑和杏仁核的活动异常，整个脑神经连接缺失。与精神分裂症有关的脑部异常包括一些脑区膨胀且充满液体、相应的脑组织萎缩和变薄。其大脑皮质、海马体、胼胝体和丘脑比正常人的脑区面积更小。

15-17 哪些产前事件是导致精神分裂症出现的重要风险因素？

可能的诱发因素包括母亲患有糖尿病、父亲年龄较大、母亲孕期感染病毒、饥荒，以及分娩时体重过轻或缺氧。

15-18 基因是如何对精神分裂症产生影响的？哪些因素可能是儿童精神分裂症的早期预警信号？

双生子和收养研究表明，精神分裂症的易感性具有遗传性，它是多种基因相互作用的结果。没有任何环境因素会必然导致精神分裂症，但环境诱因（如产前母体感染病毒或遭受压力）可能会"开启"易患精神分裂症患者的基因。可能的早期预警信号包括：社交退缩，母亲患有严重而持久的精神分裂症，生产并发症，与父母分离，注意力难以集中，肌肉协调性差，情绪不稳定，同伴关系差和独自玩耍，童年受虐待等。

分离障碍、人格障碍和进食障碍

15-19 什么是分离障碍，为什么这种障碍存在争议？

分离障碍是一种有争议的罕见病症，这种病症会导致患者的意识似乎与从前的记忆、思想和情绪分离开来。怀疑论者指出，分离性身份障碍（DID）在20世纪末急剧增加，且在北美以外地区很少发现，因而可能是对他人暗示具有高敏感性的个人受到了治疗师暗示的影响，从而扮演了一位分离障碍患者的角色。还有人认为，分离性身份障碍是焦虑的一种表现形式，或者是焦虑减轻行为得到强化后习得的一种反应。

15-20 人格障碍分为哪三类？哪些行为和脑活动是反社会型人格障碍的特征？

人格障碍是一种损害社会功能的僵化而持久的行为模式。DSM-5中区分了十种人格障碍倾向，可被分成三大类，包括：（1）焦虑；（2）古怪或奇特的行为；（3）戏剧性或冲动的行为。反社会型人格障碍（第三类之一）的特征是缺乏良知，有时还表现为攻击性行为和冷酷无情。患有这种障碍的人的杏仁核通常较小、额叶较不活跃，这导致其额叶认知功能受损，对他人的痛苦反应麻木。它的形成原因可能是基因与环境的相互作用。

15-21 三种主要的进食障碍是什么？生物、心理和社会文化因素如何使人们更容易患上这些进食障碍？

进食障碍患者（多为女性或男同性恋者）的心理因素压倒了身体维持正常体重的趋势。神经性厌食症患者（通常为青春期女性）尽管体重明显偏低，但仍会保持饥饿，有时还会过度运动，并且自我认知不准确。神经性贪食症患者（通常是十几岁和二十出头的女性）会暴饮暴食，然后通过催吐、断食或过度运动来弥补。暴食障碍患者会暴饮暴食，但不会在之后进行催吐、断食和运动。文化压力、自卑和负面情绪与紧张的生活经历和遗传相互作用，最终导致了进食障碍。

神经发育障碍

15-22 什么是智力障碍？

智力障碍是指智力受损，表现为智力测验分数在70分或70分以下，以及在三个技能领域（概念、社交和实践）难以适应生活的要求。

15-23 什么是孤独症谱系障碍？

孤独症谱系障碍出现在儿童期，其特点是在交流和社会互动方面有明显缺陷，兴趣固化，行为重复。

15-24 注意缺陷多动障碍为何存在争议？

注意力极度不集中和/或多动、冲动的儿童或成人（较少见）可被诊断为注意缺陷多动障碍（ADHD）。争议的焦点在于：ADHD病例的不断增加反映的是过度诊断，还是人们对这种疾病认识的提高？在治疗过程中长期使用兴奋剂是否会造成深远影响？

第十六章
治疗

治疗和心理治疗导论

16-1 心理治疗和生物医学疗法有何不同？

心理治疗是一种涉及心理技术的治疗方法，由训练有素的治疗师和寻求克服心理障碍或实现个人成长的来访者之间的互动构成。主要的心理治疗疗法源自心理动力学、人本主义、行为主义和认知理论。生物医学疗法通过直接作用于人体生理机能的处方药物或措施来治疗心理障碍。折中取向结合了各种心理疗法的技术。

16-2 精神分析的目标和技术是什么？它们是如何在心理动力学疗法中被应用的？

西格蒙德·弗洛伊德试图通过精神分析让人们意识到自身充满焦虑的感受和想法，从而让人们自我洞察，克服障碍。精神分析技术包括自由联想、阻抗和移情的运用以及对它们的解释。心理动力学疗法受到传统精神分析的影响，但在许多方面与之不同，包括很少关注本我、自我和超我的概念。这种当代疗法时间较短、费用较低，更侧重于帮助客户缓解当前的症状。心理动力学治疗师帮助来访者了解过去人际关系产生的问题是如何在当前的关系中体现出来的。

16-3 人本主义疗法的基本主题是什么？罗杰斯个人中心疗法的目标和技术是什么？

心理动力学疗法和人本主义疗法都是顿悟疗法——它们试图通过提高个体对潜在动机和潜在防御的觉察来改善心理机能。人本主义疗法的目标包括：帮助人们增强自我意识和自我接纳，促进个人成长而不是治疗疾病，帮助人们为自己的成长负责，关注有意识的想法而不是无意识的动机，以及把现在和未来看得比过去更重要。卡尔·罗杰斯提出了个人中心疗法，他认为治疗师最重要的贡献是通过积极倾听发挥心理镜像的作用，并提供无条件积极关注的环境来促进成长。

16-4 行为主义疗法的基本假设与心理动力学疗法和人本主义疗法的假设有何不同？暴露疗法和厌恶条件反射中使用了哪些经典条件反射技术？

行为疗法不是顿悟疗法，而是假定问题行为才是问题所在。它们的目标是运用学习原理来改变这些问题行为。经典条件反射技术包括暴露疗法（如系统脱敏疗法或虚拟现实暴露疗法）和厌恶条件反射，它试图通过对抗性条件反射来改变行为——激发会触发不想要行为的旧刺激的新反应。

16-5 基于操作性条件反射原理的行为疗法的主要前提是什么？其支持者和批评者的观点是什么？

操作性条件反射的前提是，自愿行为会受到其后果的强烈影响。因此，基于操作性条件反射原理的疗法使用行为矫正技术，通过积极强化期望行为、忽略或惩罚不良行为来改变不期望的行为。批评者认为：（1）代币经济等技术可能会产生行为改变，但当奖励结束时，行为改变就会消失；（2）决定哪些行为应该改变是专制和不道德的。支持者则认为，与因不良行为而对人进行惩罚或将其送入收容机构相比，以积极奖励的方式进行治疗更加人道。

16-6 认知疗法和认知行为疗法的目标和技术是什么？

认知疗法，如亚伦·贝克的抑郁疗法，假定我们的思维会影响我们的感受，治疗师的作用是通过训练来访者以更具建设性的方式感知和解释事件，从而改变他们自我贬低式的思维方式。经过广泛研究和实践的认知行为疗法（CBT）将认知疗法和行为疗法相结合，帮助来访者在日常生活中定期尝试新的思维和行为方式。一种较新的认知行为疗法变体是辩证行为疗法（DBT），它将耐受痛苦和调节情绪的认知策略与社交技能培训和正念冥想相结合。

16-7 团体与家庭治疗的目标和优势是什么？

与个人治疗相比，团体治疗能以

更低的成本帮助更多的人。当事人可以现场参加或通过网络参与，在团体环境中探索感受和发展社交技能，了解到其他人也存在类似的问题，并就新的行为方式获得反馈，从而从中受益。家庭治疗将家庭视作一个系统，帮助家庭成员发现他们在家庭互动的系统中扮演了何种角色，从而改善沟通，并学习预防或解决冲突的新方法。

评估心理治疗

16-8 心理治疗有效吗？我们如何知道？

来访者和治疗师的积极证明并不能证实心理治疗是有效的，安慰剂效应和证实偏差也让我们很难判断心理障碍是否是因为治疗而获得了改善。研究人员利用元分析对数百项心理治疗研究的结果进行统计分析，发现了未接受治疗的人通常会有所改善，但接受心理治疗的人更有可能得到改善，而且改善得更快，复发的风险更低。

16-9 针对特定的病症，有些心理治疗比其他方法更有效吗？

一般来说，没有哪一种心理疗法优于其他疗法。心理治疗对于那些有明确、具体问题的人来说才是最有效的。有些疗法，如治疗特定恐惧症和强迫症的行为调节疗法，对特定的心理障碍更有效。认知疗法和认知行为疗法在应对焦虑障碍、创伤后应激障碍、失眠症和抑郁症方面效果显著，行为主义疗法可解决特定的行为问题，心理动力学疗法可治疗抑郁症和焦虑障碍，非指导性（个人中心）心理咨询可治疗轻度至中度抑郁症。异常状态往往会自行恢复正常，安慰剂效应会让人产生治疗有效的印象。循证实践将现有的最佳研究成果与临床医生的专业知识以及来访者的文化、价值观、个性特征和具体情况相结合。

16-10 各种形式的心理治疗有哪三个共同点？

所有的心理疗法都能为意志消沉的人带来新的希望、新的视角，以及（如果治疗有效的话）共情、信任和关怀的关系。治疗师和来访者之间的相互信任和相互理解的纽带——治疗联盟——是有效治疗的重要因素。

16-11 哪些个人因素会影响治疗师与来访者的关系？

治疗师具有不同的价值观，这影响了他们的治疗目标和对治疗进展的看法。他们的价值观也可能与来访者的不同。如果治疗师和来访者在文化、宗教或个人价值观上存在差异，可能会带来问题。

16-12 个体应该在什么时候寻求治疗，在选择治疗师时应该注意什么？

学校心理健康中心通常是咨询选择的良好起点，它们可能会提供一些免费服务。寻求治疗的人可能想了解治疗师的治疗取向、价值观、资历和治疗费用。一个重要的考虑因素是，来访者是否感觉舒适，是否能够与治疗师建立联系。美国心理学会认识到稳固的治疗联盟的重要性，因而对于提高文化敏感性的培训项目以及招募未被充分代表的文化群体的项目，均给予认证。

16-13 哪些伦理原则对于心理疾病方面的治疗和研究具有指导作用？

心理治疗师和心理健康研究人员必须遵守本国的伦理和行为准则，以造福他人为目标，诚实守信，将人们遭遇风险的可能性降至最小。

生物医学疗法和心理障碍的预防

16-14 什么是药物治疗？双盲研究如何帮助研究者评估药物的有效性？

心理药理学帮助药物疗法成为应用最广泛的生物医学疗法。抗精神病药物可用于治疗精神分裂症，其中一些药物可阻断多巴胺的活性，副作用可能包括迟发性运动障碍（面部肌肉、舌头和四肢的不自主运动），患肥胖症和糖尿病的风险增加。抗焦虑药物会抑制中枢神经系统的活动，用于治疗焦虑障碍、强迫症和创伤后应激障碍，但可能会上瘾。抗抑郁药物通常会增加血清素和去甲肾上腺素的供应，用于治疗抑郁症、焦虑障碍、强迫症和相关疾病以及创伤后应激障碍，疗效一般。鉴于这些药物可用于治疗抑郁症以外的其他疾病（从焦虑障碍到中风），因此它们通常被称为 SSRIs（5-羟色胺再摄取抑制剂），而不是抗抑郁药。起效较快的抗抑郁药可能包括氯胺酮和微剂量的迷幻剂。锂盐（Lithium）和双丙戊酸钠（Depakote）是双相障碍患者的情绪稳定剂。研究可能会采用双盲测试，以避免安慰剂效应和研究人员的影响。

16-15 为什么改变生活方式的治疗被认为是一种有效的生物医学疗法，它是如何发挥作用的？

改变生活方式的治疗被认为是一种生物医学治疗，因为它会影响大脑的反应方式。身心是一个整体，影响其中一个，就会影响另一个。我们的锻炼、营养、为他人服务、娱乐、放松都会影响我们的心理健康。缓解抑郁症状的方法包括：有氧运动、充足睡眠、光照、社交活动、减少反刍思维和补充营养。

16-16 脑刺激和精神外科手术如何用于治疗特定的病症？

电休克疗法（ECT）是指给麻醉后的患者大脑施以短暂的电流，是治疗其他疗法无效的严重抑郁症患者的有效方法。较新的抑郁症替代疗法包括经颅电刺激（tDCS）、经颅磁刺激（TMS）和深部脑刺激（DBS）；可使某些患者与负面情绪有关的过度活跃的脑区镇静下来。精神外科手术希望通过切除或破坏脑组织改变患者的行为。额叶切除术等激进的精神外科手术已不再实施。如今的微型精神外科手术和核磁共振成像引导的精确脑外科手术是罕见的、最后的治疗方法，因为其效果是不可逆的。

16-17 怎样才能预防心理障碍？为什么培养心理韧性很重要？

　　预防性心理健康计划基于这样一种理念，即通过将压力和消极的社会环境转变为更仁慈、更有教养的环境，促进成长、自信和心理韧性，以期预防许多心理疾病。在挑战中挣扎会促进创伤后成长。社区心理学家致力于通过将伤害性环境转变为更有利于培养能力、健康和幸福的环境，来预防心理障碍。

附录 D

检索练习答案

导论 心理学的故事

什么是心理学？

RP-1 对批判性思考而言，评价证据、评估来源、检视结论和我们自己的假设，是非常重要的。

RP-2 1879年，威廉·冯特在德国建立了第一个心理学实验室，科学心理学从这里开始。

RP-3 个体的自我报告大相径庭，其内容取决于个体经历、智力和语言表达能力。

RP-4 结构主义；功能主义。

RP-5 行为主义；弗洛伊德。

RP-6 它重新唤起了早期心理学领域对心理过程的兴趣，并使其成为合法的科学研究课题。

RP-7 指大自然从偶然的变异中选择出最能使生物在特定环境中生存和繁衍的特征的过程。

RP-8 心理事件源于先天和后天的相互作用，而非任何一方单独的力量。

RP-9 通过整合三个不同层面的分析，生物心理社会方法可以提供比其他任何观点更全面的视角。

RP-10 社会文化；行为。

RP-11 i.b，ii.c，iii.a。

RP-12 测试效应。

RP-13 纵览、提问、阅读、检索、复习。

第一章 心理学的批判性思考

研究策略：心理学家如何提出并回答问题

RP-1 我们在了解某件事的结果后，常常会产生后视偏差，因为这样的结果过于熟悉，显得一目了然。

RP-2 一个好的理论可以将观察到的事实整合起来，并提出包含可供检验的预测的假设，有时这样的理论还能运用到实践中。好的理论通常还能激发进一步的研究。

RP-3 如果其他研究人员复制实验时能够得到相同（或更强）的结果，科学家就能够确认该结果，并对其可靠性更有信心。

RP-4 因为案例研究仅涉及个体或某个群体，所以无法确定所观察到的原则是否适用于更多人群。

RP-5 自然观察并不能解释行为，也不能控制影响行为的因素。尽管如此，观察所提供的描述仍然具有启发性，能加深我们的理解，为今后的研究铺平道路。

RP-6 非代表性样本并不能代表所研究的整个群体。随机抽样有助于研究人员形成具有代表性的样本，因为群体中的每个成员被纳入样本的机会均等。

RP-7 1. 负相关；2. 正相关；3. 正相关；4. 负相关。

RP-8 球队表现不佳并非其典型行为。回归到正常的连胜状态可能只是一种均值回归现象。

RP-9 此案例和许多其他案例一样，可以用第3个因素来解释其相关关系：婚龄70年和脱发都与衰老息息相关。

RP-10 为了避免安慰剂效应，研究人员将参与者分配到实验组（接受操纵）或对照组（没有接受操纵），双盲测试可以防止人们因为信念和期望对结果产生影响，因为参与者和数据收集者都不知道谁服用了安慰剂。两组结果的比较将证明，真正的治疗是否比对治疗有效的信心更有效果。

RP-11 混淆变量。

RP-12 i.c；ii.a；iii.b。

RP-13 我们如果能将服用药物组（实验组）的结果与未服用药物组（对照组）的结果进行比较，就能更好地了解药物的疗效。我们如果给所有1000名参与者都服用药物，就无从得知该药物是作为安慰剂起作用还是真有疗效。
RP-14 动物保护立法组织、实验室监管和检查机构，以及地方的和大学的伦理委员会（负责筛选研究提案）都在努力保障动物利益。国际心理学组织还敦促研究人员在涉及人类参与实验时征得参与者的知情同意，以便保护他们免受超乎寻常的伤害和不适，并对参与者的个人信息加以保密，在实验结束时需向参与者全面告知研究的内容。机构审查委员会负责执行这些标准。

日常生活中的统计推理

RP-1 请注意每个图表中 y 轴的刻度标签。图（a）里，y 轴的刻度范围仅为 95 至 100。而图（b）中的 y 轴刻度范围则为 0 至 100。所有卡车 10 年后仍在运行的概率都在 95% 以上，因此差不多所有的车在 10 年后都还能运行，这一情况在图（b）中展示得很清楚。
RP-2 平均数；众数；中位数；全距；标准差。
RP-3 基于较少课程计算出的平均数变化更大，因此第一学期结束时极低或极高分数必然更多。
RP-4 描述性；推论。

第二章 心理的生物学基础

神经和激素系统

RP-1 二者都关注大脑与行为之间的联系。颅相学之所以消亡，是因为其并无科学依据，颅骨上的凸起并不能揭示心理特征和行为能力。
RP-2 由于神经具有可塑性，我们的大脑会随着经历发生变化。学习和练习某项新技能，比如演奏乐器，可以促进新神经通路的发展，并使大脑组织发生持续的变化。
RP-3 树突、细胞体、轴突。
RP-4 与较弱的刺激（轻轻拍打）相比，较强的刺激（用力拍打）会使更多的神经元放电，并使神经元更频繁地放电。
RP-5 通过一个神经元的轴突末端与下一个神经元树突或细胞体之间这个微小空隙，神经元可以发送神经递质（化学信使）。
RP-6 当多余的神经递质被发送神经元重新吸收时，再摄取就发生了。神经递质也可能流走或被酶分解。
RP-7 神经递质。
RP-8 吗啡是一种兴奋剂；箭毒是一种拮抗剂。
RP-9 i. c；ii. a；iii. b。
RP-10 自主神经系统中的交感神经系统会直接引起唤醒（加快心跳、抑制消化等），而副交感神经系统则负责镇静。
RP-11 脑垂体响应下丘脑发出的信号，释放激素，引发其他内分泌腺分泌激素，进而影响大脑和行为。
RP-12 这两种信息传递系统都会产生作用于人体的化学分子，从而影响我们的行为和情绪。内分泌系统将激素分泌到血液中，其传递信息的速度要比神经系统慢得多，但内分泌系统信息的影响持续时间往往比神经系统更久。

探索的工具、较古老的大脑结构和边缘系统

RP-1 i. b；ii. a；iii. c。
RP-2 脑干。
RP-3（a）小脑；（b）丘脑；（c）网状结构；（d）延髓。
RP-4 交感神经系统。
RP-5（a）杏仁核参与攻击和恐惧反应。（b）下丘脑参与身体维持、愉悦奖赏和控制激素系统。（c）海马体加工对事实和事件的记忆。

大脑皮质

RP-1 脑干；大脑皮质。
RP-2（a）右侧肢体的反向活动会相互干扰，因为两者都由大脑的同一（左）侧控制。（b）大脑的两侧分别控制左右肢体，因此反向运动造成的干扰较小。
RP-3 体感；运动。
RP-4 联合区涉及高级心理功能——解释、整合其他脑区加工的信息并根据这些信息采取行动。
RP-5（a）会；（b）否；（c）绿色。

第三章 意识与心理的双通道

意识的基本概念

RP-1 认知神经科学家。
RP-2 选择性注意使我们只能关注周围环境的有限部分；变化盲视解释了为什么我们在分心时无法感知到某些事情。例如，当我们没有注意到环境中相对不重要的变化时，变化盲视就发生了。这些注意力原则可以帮助魔术师愚弄我们，因为他们在表演魔术时，会把我们的注意力转移到其他地方去。
RP-3 我们的大脑在组织和解释信息时，会同时在有意识和无意识的通道上加工信息（双重加工）。

睡眠与梦

RP-1 由于每个人所处的睡眠阶段不同，因此在任何时候，至少有一个人会处于容易被唤醒的阶段。
RP-2 快速眼动睡眠、N1、N2、N3。通常，我们会先经历 N1，然后是 N2，接着是 N3，然后再返回到 N2，最后才会经历快速眼动睡眠。
RP-3 i. b；ii. c；iii. a。
RP-4 视交叉上；昼夜。
RP-5（1）睡眠具有保护作用。（2）睡眠有助于我们恢复免疫系统、治疗感染并修复脑组织。（3）我们在睡眠中巩固记忆。（4）睡眠激发创造力。（5）睡眠促进发育。
RP-6 反应速度快；体重增加。

RP-7（1）弗洛伊德的愿望满足理论（梦是心理安全阀）；（2）信息加工理论（梦对一天的事件进行分类并巩固记忆）；（3）生理功能理论（梦形成神经通路）；（4）激活整合理论（快速眼动睡眠引发随机神经活动，大脑将其编织成故事）；（5）认知发展理论（梦反映做梦者所处的认知发展水平）。

药物与意识

RP-1 反复接触精神活性药物后，使用者的脑化学反应会发生适应性变化，药效也会减弱，因此需要加大剂量才能达到预期效果。

RP-2 除非出现强迫性的行为或功能失调的情况，否则仅仅是对购物有浓厚的兴趣并不能等同于成瘾。尽管有已知的负面影响，但购物行为通常并不涉及强迫性的渴望。

RP-3 镇静剂。

RP-4 尼古丁戒断症状包括强烈的渴望、失眠、焦虑和注意力不集中。不过，如果您的朋友坚持下去，大约 6 个月后，渴望和戒断症状就会逐渐消失。

RP-5 精神活性药物通过改变脑化学反应来产生快感。随着反复使用，使用者会对药物产生耐受，需要更多的药物才能达到预期效果（大麻除外）。如果停止使用这种药物，就会产生痛苦或心理上不愉快的戒断症状。

RP-6 尼古丁具有很强的成瘾性，那些在年轻时就形成上瘾神经通路的人，可能会发现很难停止使用尼古丁。因此，烟草公司可能会拥有终生消费的顾客。此外，有证据表明，如果香烟生产商在顾客处于成年早期时还没有让他们上瘾，顾客很可能就不会上瘾了。

RP-7 可能的原因包括：（a）生物学因素（一个人可能有早期饮酒和日后酗酒的生物倾向，饮酒可能改变一个人的神经通路）；（b）心理学因素（早期饮酒可能形成对酒精的口味偏好）；（c）社会文化因素（早期饮酒可能影响持久的习惯、态度、活动或同伴关系，从而导致酒精使用障碍）。

第四章 天性、教养与人类的多样性

行为遗传学：预测个体差异

RP-1 基因、染色体、细胞核。

RP-2 研究人员利用双生子和收养研究了解了个体之间的差异到底有多少是由遗传因素造成的，有多少是由环境因素造成的。一些研究比较了同卵双生子（相同基因）和异卵双生子（不同基因，与任意两个兄弟姐妹类似）的特征和行为。研究人员还将领养的孩子与他们的养父母和亲生父母进行比较。一些研究比较了一起抚养或分开抚养的双生子的特征和行为。

RP-3 基因。

RP-4 i. c；ii. b；iii. a。

进化心理学：解释人类的天性与教养

RP-1 经过许多年的努力，贝尔耶夫和特鲁特选择并培育出了他们期望的狐狸特征：驯服。这个过程与自然选择类似，但不同之处在于自然选择要慢得多，并且通常会呈现出有助于繁殖和生存的特征（包括由突变产生的特征）。

RP-2 进化心理学家认为，由于孵化和养育后代带来的巨大挑战，女性继承了祖先在性选择方面更加谨慎的倾向；男性则继承了对性更加随意的倾向，因为成为父亲所需的投入较少。

RP-3 首先，它由结果开始，以追溯的方式提出解释；其次，这种解释可能忽视了文化模式和社会化的影响；最后，男性可以利用这种解释来合理化对女性不负责任的行为。

文化与性别的多样性：理解天性与教养的关系

RP-1 青少年倾向于选择与其相似的人，并将自己与有同样想法的人归为一类。对于喜欢运动的青少年来说，这可能会使他们发现其他喜欢运动的青少年，并一起加入学校的运动队。

RP-2 个人主义者优先考虑个人目标而不是集体目标，并倾向于根据自己的个人特征来定义自己的身份；集体主义者优先考虑集体目标而不是个人目标，并倾向于根据群体认同来定义自己的身份。

RP-3 女性；男性。

RP-4 七；身体变化。

RP-5 性别角色是关于女性和男性预期的行为方式的社会规则或规范。在不同的文化背景下，与各种角色（包括性别角色）相关的规范有很大差异，这证明我们能够学习和适应不同环境的社会需求。

RP-6 生物心理社会方法考虑了影响个体成长的所有因素：生物学因素（包括进化和我们的基因、激素和大脑）、心理学因素（包括我们的经历、信念、感受和期望），以及社会文化因素（包括父母和同伴的影响、文化上的个人主义或集体主义，以及性别规范）。

第五章 生命周期的发展

产前发育和新生儿的发展问题

RP-1 连续性；阶段性。

RP-2（1）阶段理论得到了皮亚杰（认知发展）、柯尔伯格（道德发展）和埃里克森（社会心理发展）的工作的支持。（2）某些特质，例如气质，会表现出显著的长期稳定性。

RP-3 合子；胎儿；胚胎。

RP-4 习惯化。

婴儿期和儿童期

RP-1 成熟。

RP-2 客体永久性、假装游戏、守恒和抽象逻辑分别是感知运动、前运算、具体运算和形式运算阶段的发展里程碑。

RP-3 i. e; ii. b, f; iii. c, d; iv. a.

RP-4 心理理论聚焦于我们理解自己和他人心理状态的能力。孤独症谱系障碍患者在这方面的能力很欠缺。

RP-5 依恋是我们与重要他人建立情感联系的正常过程。而印刻现象只在某些动物身上发生，这些动物在发育初期有某个关键时期，它们必须在这一时期形成依恋关系，而且这种依恋关系是以一种不灵活的方式形成的。

RP-6 专制型太强硬，放纵型太放纵，忽视型太冷漠，权威型恰到好处。权威型父母往往会培养出具有高自尊、自理能力、自我调节能力和社会能力强的孩子。

青少年期

RP-1 前习俗；后习俗；习俗。

RP-2 柯尔伯格的工作反映了个人主义的世界观，因此他的理论在文化上的普遍性并不像他想象的那样广泛。

RP-3 i. g; ii. h; iii. c; iv. f; v. e; vi. d; vii. a; viii. b。

成年期

RP-1 爱；工作。

RP-2 挑战：肌肉力量、反应时间、耐力、感觉敏锐度、心输出量和免疫系统功能下降，认知能力下降的风险增加。
收获：积极情绪往往会增长，负面情绪消退，愤怒、压力、担忧和社会关系问题也会减少。

第六章 感觉与知觉

感觉和知觉的基本概念

RP-1 感觉是自下而上的过程，通过这一过程，感受器和神经系统接收并呈现出刺激结果。知觉是自上而下的过程，大脑通过组织和解释感受器探测到的内容来创造意义。

RP-2 绝对阈限是指在50%的测试中检测到特定声音（例如身后人行道上向你驶来的自行车）所需的最小刺激强度。阈下刺激指的是你的感觉系统在没有意识到的情况下处理低于绝对阈限的声音。差别阈限是在50%的测试中区分两种刺激（例如自行车的声音和身后跑步者的声音）所需的最小差异。

RP-3 因为鞋子提供的持续刺激。由于感觉适应，我们倾向于关注不断变化的刺激。

RP-4 知觉定势涉及自上而下的加工，因为它在解释刺激时会借鉴你的经验、假设和期望。

视觉：感觉和知觉加工

RP-1 盲点位于每个人视网膜的鼻侧，这意味着在你右侧的物体可能会落在右眼的盲点上，左边的物体可能会落在左眼的盲点上。盲点通常不会影响视力，因为你的眼睛一直在移动，因此一只眼睛可以看到另一只眼睛遗漏的东西。此外，即使只睁开一只眼睛，大脑也不会让你的感知中出现一个黑洞。

RP-2 视杆细胞；视锥细胞；彩色。

RP-3 瞳孔。

RP-4 杨-亥姆霍兹三色理论表明，视网膜上有红色、绿色和蓝色的颜色感受器。拮抗过程理论则表明，我们的视网膜和丘脑中存在红绿、蓝黄和黑白的拮抗过程细胞。这些理论相互补充，概括了色觉的两个阶段。视网膜上的红色、绿色和蓝色感受器首先对不同颜色的刺激做出反应。感受器的信号由拮抗过程细胞进行加工，然后到达大脑的视觉皮质。

RP-5 光波从人身上反射出来，并进入你的眼睛。视网膜中的感受器将光波的能量转化为发送到大脑的神经脉冲。大脑检测细胞和工作团队会同时分别加工这一视觉输入的各个子维度，包括颜色、运动、形状和深度。大脑会根据先前存储的信息和你的期望来解释这些信息，并形成对朋友的有意识知觉。

RP-6 图形；背景。

RP-7 格式塔心理学家用这句话来描述我们的感知倾向，即将多个感觉信息组织成有意义的形式或具有一致性的分组。

RP-8 我们通常能够通过双眼线索（如视网膜视差）和单眼线索（包括相对高度、相对大小、相对运动、直线透视和插入的物体）来感知深度。

非视觉感官

RP-1 外耳收集声波，中耳将声波转化为机械波，在内耳中转化为流体波。然后听觉神经将能量转化为电波并发送到大脑，大脑感知并解释声音。

RP-2 响度。

RP-3 低；低。

RP-4 位置理论；频率理论。

RP-5 C。

RP-6 我们有四种基本的触觉和五种基本的味觉，但没有特定的嗅觉感受器。相反，气味感受器的不同组合向大脑发送信息，使我们能够识别大约1万亿种不同的气味。

RP-7 动觉感受器，被称为本体感受器，位于我们的关节、肌腱和肌肉中。前庭觉感受器在我们的内耳中。

RP-8 ESP事件需要在其他科学研究中得到复制。

第七章 学习

基本的学习概念和经典条件反射

RP-1 当我们在特定的环境中重复行为

时，就形成了习惯，并因此习得了联想——通常我们没有意识到。例如，我们可能经常在喝咖啡时享用一块甜点，因而将咖啡的味道和甜点的味道联系起来。那么以后如果只是喝咖啡，似乎就显得不那么合适了！

RP-2 条件反射前的声音是中性刺激，吹气是无条件刺激，吹气时眨眼是无条件反应，条件反射后的声音是条件刺激，听到声音就眨眼是条件反应。

RP-3 蛋糕（包括其味道）是无条件刺激，散发的香气是条件刺激，让人垂涎欲滴的香气是条件反应。

RP-4 习得；消退。

RP-5 泛化。

RP-6 如果看到一位大受欢迎的演员（无条件刺激）会引起无条件反应，那么将无条件刺激与新的中性刺激（饮料）搭配在一起，饮料就变成了一个积极的条件刺激，产生条件反应。

RP-7 无条件刺激是巨大的噪声，无条件反应是对噪声的恐惧反应，中性刺激是大鼠与噪声配对前的状态，中性刺激是与噪声配对前的大鼠，条件反应是对大鼠的恐惧。

操作性条件反射

RP-1 不能；结果。

RP-2（在发送不同数量的电子邮件后）垃圾邮件发送者通过可变比率程式得到强化，面包师通过固定间隔程式得到强化，三明治店铺的奖励计划使用了固定比率程式进行强化。

RP-3 1. PR（正强化）；2. NP（负惩罚）；3. PP（正惩罚）；4. NR（负强化）。

RP-4 如果乔斯琳想要引起注意，老师的责骂可能是一种强化，而不是惩罚。要改变乔斯琳的行为，老师可以在她每次表现良好时给予强化（例如表扬），老师可以通过塑造或将规则表述为奖励而不是惩罚来鼓励乔斯琳做出恰当的行

为，（"如果你和其他孩子愉快地玩耍，你就可以玩积木！"，而不是"如果你表现不好，你就不能玩积木！"）。

RP-5 经典条件反射；操作性条件反射。

生物学、认知与学习

RP-1 加西亚和科林证明，大鼠会对它们赖以生存的味觉产生厌恶感，但不会对视觉或声音产生厌恶感。

RP-2 操作性条件反射的成功不仅受到环境因素的影响，还受到生物学和认知因素的影响。

RP-3 艾米莉更有可能超速。观察学习研究表明，儿童倾向于模仿其他人做事和说话。

RP-4 i. c；ii. d；iii. a；iv. e；v. b。

第八章 记忆

研究和编码记忆

RP-1 识别；回忆。

RP-2 最好通过回忆（例如简答题或填空题）来测试你的记忆力，而不是通过再认（例如多项选择题）来测试你的记忆力。回忆信息比再认信息更难。因此，与只能再认信息的情况相比，如果你能回忆起这些信息，意味着你对材料的记忆保持得更比你好。因此，你考试成功的概率就会更大。

RP-3 阿特金森-希夫林模型将短时记忆视为暂时存储近期想法和经验的临时空间。工作记忆的新概念扩展了我们对阿特金森-希夫林短时记忆阶段的理解，这一概念强调了大脑在理解新的经验并将其与长时记忆联系起来时发生的有意识的、主动的处理。

RP-4 工作记忆有两个基本功能，一是将新信息与现有的长时记忆积极整合，二是让注意力集中。

RP-5 自动加工涉及无意识（自动）加工，例如一天中所发生事件的顺序和频率，阅读和理解我们母语中的单词。有意识加工需要意识，发生在例如我们努力学习课堂上的新材料或戏剧中的新台词时。

RP-6 感觉记忆。

RP-7 虽然填鸭式学习和重读可能会形成对知识的短时记忆，但分散学习和反复测试能使知识得到长期储存。

RP-8 给材料赋予个人意义涉及深层加工，因为你在基于词语的含义进行语义加工。深层加工可使你的记忆更加深刻。

存储和提取记忆

RP-1 小脑和基底神经节对于内隐记忆的加工很重要，额叶和海马体对于外显记忆的形成至关重要。

RP-2 我们对事实和情节的外显记忆不同于我们对技能（例如系鞋带）和经典条件反射的内隐记忆。参与外显性记忆加工的脑区（额叶和海马体）可能在事故中受到了损害，而参与内隐记忆加工的脑区（小脑和基底神经节）似乎没有受到伤害。

RP-3 杏仁核。

RP-4 长时程增强。

RP-5 启动效应是对联结的激活（通常是无意识的）。例如，看到一把枪，可能会暂时让某人将一张模糊的面孔当成威胁，或者回忆起某个令人生厌的老板。

RP-6 序列位置。

遗忘、记忆建构和改善记忆

RP-1 第一种，编码失败（未得到注意的信息永远不会进入我们的记忆系统）；第二种，存储消退（信息从我们的记忆中消失）；第三种，提取失败，我们无法准确地获取存储的信息，该情况有时是干扰或动机性遗忘造成的。

RP-2 压抑。

RP-3 真实的经历会与我们梦中的经历混淆。因此，当见到我们认识的人时，我们可能不确定我们是在对他们以前做过的事情做出反应，还是对我们梦见他们做过的事情做出反应。

RP-4 记住大多数研究人员和专业协会都达成一致的观点很重要：性虐待、不公正、遗忘和记忆建构都会发生；恢复记忆很罕见；4 岁之前的记忆都不可靠；声称通过催眠恢复的记忆尤其不可靠，无论是真实的还是虚假的记忆，都会给人造成情绪困扰。

RP-5 花更多时间复述或积极思考学习材料，以促进长期回忆；考虑成立一个学习小组，以便能组织语言表达学习过的内容；分散（而不是填鸭式）地安排学习时间；通过条理清晰、生动形象的联想，使学习材料具有个人意义；通过重现当时的环境和心情来激活提取线索，从而刷新记忆；使用记忆工具；使前摄干扰和倒摄干扰最小化；提前计划以确保整夜的睡眠；反复自测——检索练习是一种行之有效的记忆保持策略。

第九章 思维与语言

思维

RP-1 与交通事故等更常见的糟糕事件不同，像飞机失事这样的悲惨事件上新闻，是值得注意和不同寻常的。了解这一点，我们就可以减少对不太可能发生的事件的担心，而更多地考虑如何提高日常活动的安全性（例如，我们可以在乘车时系上安全带，在步行时走人行横道）。

RP-2 i. b；ii. c；iii. e；iv. d；v. a；vi. f；vii. h；viii. j；ix. i；x. g；xi. k。

语言与思维

RP-1 两个词素（cat 和 s），四个音素（c、a、t 和 s）。

RP-2 乔姆斯基认为，人类具有学习语法规则的生物学倾向。

RP-3 通常婴儿在出生后的 4 个月左右开始发展出接受性语言技能（理解别人对他们说的话和言语中关于他们的事情）。在出生后 4 个月的咿呀学语期，婴儿通常会开始发展生成性语言技能（发出声音并最终说出词语）。

RP-4 儿童期是大脑学习语言的关键期，此时我们几乎可以毫不费力地学习语言。过了大脑发育的这个阶段，我们学习新语言的能力就会急剧下降。

RP-5 布洛卡区；韦尼克区。

RP-6 狗的这些表现肯定是交流。但如果语言包括词语和我们用来组合词语以传达意义的语法规则的话，那么很少有科学家会把狗的吠叫称为语言。

RP-7 语言决定论。

RP-8 心理练习使用视觉图像对未来的行为进行心理预演，激活了在实际做出这类行为时用到的脑区。将过程的细节视觉化比只将最终目标视觉化更有效。

第十章 智力

智力是什么？

RP-1 患有学者症候群的人整体智力有限，但拥有一项或多项特殊技能。根据霍华德·加德纳的说法，这表明我们拥有多种相对独立的智力，而不是只有一种包含了我们所有才能的一般智力。

RP-2 智力由一般智力和具体能力组成，例如阅读能力、记忆能力和加工速度。

智力评估和动力学

RP-1 比奈希望，通过确定孩子的心理年龄（通常对应着一定的表现水平）来帮助确定孩子在学校里应当的年级。

RP-2 智商分数为 125（5÷4 × 100 = 125）。

RP-3 能力；成就。

RP-4 心理测验必须标准化（在有代表性的样本人群中预先进行测试）、可靠（产生一致的结果）和有效（测量和预测了其应该测量和预测的内容）。

RP-5 不一致；下降；零；一致；上升。

RP-6 研究员 A 应该开展纵向研究，考察同一个人在一生中智力如何变化；研究人员 B 应该开展横断研究，考察处于生命周期不同阶段的人的智力。

遗传和环境对智力的影响

RP-1 A（遗传力——由基因影响解释的变异——将随着环境变异的减少而增加）。

RP-2 如果机会完全均等，遗传力将达到 100%，因为仅用基因就可以解释人与人之间的任何差异。

RP-3 如果具有特定文化经历的人获得的分数更高，则该测验可能存在文化偏差（不公平）。只要该测验具有预测效度（预测了它应该预测的内容），那么它就不存在科学偏差。例如，SAT 可能会有利于那些在美国学校体系中有经验的人，但它仍然可以准确预测考上美国大学的成功率。

RP-4 刻板印象威胁。

第十一章 是什么驱动了我们：饥饿、性、归属感和成就感

动机的基本概念

RP-1（a）因比赛而处于较高的唤醒水平时，训练有素的跑者往往会胜出。（b）对困难考试的高度焦虑可能会影响考生的成绩。

RP-2 根据马斯洛的说法，我们会优先考虑满足充饥止渴的生理需要，这一点超过了我们对安全的需要，有时会促使我们去冒险。

饥饿

RP-1 低；高。

RP-2 你已经学会对食物即将入口的视觉和食物的香气做出反应。生理暗示（低血糖）和心理暗示（对美味佳肴的期待）都会加剧你的饥饿感。

RP-3 受遗传影响的体重设定点、新陈代谢和其他因素（例如睡眠是否充足）会影响我们的身体燃烧卡路里的方式。

性动机

RP-1 雌激素；睾酮。

RP-2 性功能障碍；性欲倒错。

RP-3 影响因素包括，生物学因素（如性成熟和性激素），心理学因素（如接触刺激性环境和性幻想），以及社会文化因素（如从家庭和身边文化中吸收的价值观和期望）。

RP-4 A、C、D。

RP-5 B、C、E。

归属和成就

RP-1 他们会做出更多的自我挫败行为，并表现出更多的贬低和攻击性行为。这些学生的基本归属需要似乎被扰乱了。

RP-2 加强；增加。

RP-3 坚毅。

第十二章 情绪、应激和健康

情绪导论

RP-1 同时；相继（首先是生理反应，然后是情绪体验）。

RP-2 认知。

RP-3 扎荣茨和勒杜认为，我们会在没有经过有意识的认知评价的情况下体验到某些情绪。拉扎勒斯、沙克特和辛格强调了认知评价在情绪体验中的重要性。

RP-4 自主神经系统的交感神经系统会唤起我们更强烈的情绪体验，大量释放应激激素，如肾上腺素和去甲肾上腺素，让身体做好战斗或逃跑的准备。当危机过去后，自主神经系统的副交感神经系统就会接管工作，让身体恢复平静的生理和情绪状态。

情绪的表达

RP-1 女性。

RP-2 对面部的理解不存在文化差异，对手势的理解存在文化差异。

RP-3（a）大多数学生表示，当脸颊被向上拉起时，他们更多地感受到快乐而不是悲伤。（b）大多数学生表示，当脸颊被向下拉时，他们更多地感受到悲伤而非快乐。

情绪的体验

RP-1 B。

RP-2 A（年龄并不能有效地预测幸福水平，更好的预测指标是性格特征、睡眠和运动等）。

应激与疾病

RP-1 交感神经；增加；肌肉；战斗或逃跑。

RP-2 心理神经免疫学。

RP-3 应激往往会降低免疫系统正常运作的能力，因此应激水平越高，患身体疾病的风险通常也越高。

RP-4 经常感到愤怒和消极。

健康与应对

RP-1 问题；情绪。

RP-2 有氧运动、放松和冥想。

第十三章 社会心理学

社会思维

RP-1 马可将他人的行为归因于本人（"多么糟糕的司机"），而把自己的行为归因于环境（"这些道路太糟糕了"），他表现出了基本归因错误。

RP-2 态度常常影响行为，因为我们会做出与信念一致的行为。然而，行为也会影响态度，我们会相信自己的所作所为。

RP-3 认知失调。

RP-4 避免对听者大喊大叫、羞辱听者或让他们感到无聊。更有效的做法是明确你与听者间共同的价值观，利用他人高尚的动机，使你的信息生动起来并不断重复它们，让听者积极地参与到你给出的信息中。

社会影响

RP-1 规范性社会影响。

RP-2 斯坦利·米尔格拉姆。

RP-3 米尔格拉姆的研究表明，当研究人员在附近并且被认为是合法的权威人物，该权威人物还得到了实力劲或声名远扬的机构的支持，而参与者被剥夺了个性，周围没有反抗的榜样或距榜样较远时，参与者最有可能服从命令。

RP-4 这种他人在场时表现更好的现象，最可能发生熟练掌握的任务中，因为旁观者引起的唤醒状态往往会强化我们最可能做出的反应。这也预示着，在有其他人在场的情况下困难任务的表现会较差。

RP-5 社会懈怠。

RP-6 面具提供的匿名性，再加上充满争吵的环境引起的唤醒状态，可能会造成去个性化（自我意识和自我约束的减弱）。

RP-7 群体极化。

RP-8 群体思维。

反社会关系

RP-1 替罪羊。

RP-2 生物学因素（基因、神经系统和生物化学状况——包括睾酮和酒精水平）都会影响我们的攻击倾向。心理学因素（例如挫败感、以前的攻击行为受到的奖励，以及对他人攻击行为的观察）可以引发我们可能具有的任何攻击倾向。社会因素（例如接触暴力媒体或被群体排斥），以及文化因素（例如我们是否在"荣誉文化"或没有父亲的家庭中长大），也会影响我们的攻击性反应。

亲社会关系

RP-1 纯粹曝光效应。

RP-2 外表具有吸引力往往会使人形成积极的第一印象。人们倾向于认为有魅力的人比其他人更健康、更快乐、更敏感、更成功、更有社交能力。

RP-3 情绪包括（1）生理唤醒和（2）我们对这种唤醒的解释。研究人员发现，在一个合你心意的人面前，唤醒的任何来源都可以被解释为激情。

RP-4 公平；自我表露。

RP-5 在有其他人在场的情况下，个体很少注意到某种情况，正确地将其理解为紧急情况，并承担提供帮助的责任。基蒂·吉诺维斯事件就证明了这种旁观者效应，因为每个目击者都认为其他许多人也知道这一事件。

RP-6 体育迷可能会觉得他们是某个内群体的一部分，该内群体将自己与外群体（主要竞争对手球队的粉丝）区分开来。内群体往往会产生偏见，认为外群体"活该"遭遇不幸。因此，主要竞争对手的失败似乎是公平合理的。在冲突中，这种思维方式是有问题的，特别是当冲突中的每一方都对另一方产生镜像知觉（相似的扭曲负面形象，其相似性具有讽刺意味）时。

RP-7 调解人应鼓励人与人间合作性接触以实现最高目标（超越差异的共同目标），通过交流以实现理解，以及使用互惠式和解策略（双方都有所让步）。

第十四章 人格

人格和心理动力学理论简介

RP-1 自我；本我；超我。

RP-2 固着。

RP-3 无意识地；焦虑。

RP-4 弗洛伊德被认为是第一个提醒人们关注童年经历的重要性、无意识思维的存在，以及我们的防御机制的人。弗洛伊德的理论被批评为缺乏科学依据，只提供事后解释，过于关注儿童时期的性冲突，并且建立在压抑的观念之上，而这一观念并未得到现代研究的支持。

RP-5 今天的心理动力学理论家和治疗师仍然使用弗洛伊德的访谈技巧，他们仍然倾向于关注童年经历和依恋、未解决的冲突和无意识的影响。然而，他们不太重视任何性心理阶段的固着，或者性问题是人格基础的观点。

RP-6 投射。

人本主义理论和特质理论

RP-1 人本主义理论试图将心理学的注意力从驱力和冲突转向我们的成长潜力。这场运动关注人们为自我决定和自我实现而努力的方式，这与弗洛伊德的理论和严格的行为主义形成鲜明对比。

RP-2 有同理心就是分享和反映他人的感受。卡尔·罗杰斯相信，人们通过同理心来促进他人的成长。亚伯拉罕·马斯洛提出，自我实现是实现个人潜能的动力，自我超越则是终极的心理需求。

RP-3 外向性-内向性和情绪稳定性-不稳定性。

RP-4 大五人格因子是开放性、尽责性、外倾性、宜人性和神经质（情绪稳定或不稳定），其首字母缩写为 OCEAN。这些因子可以被客观地测量，在人的整个生命周期内相对稳定，并且在所有研究过大五人格因子的文化中都能较好地应用。

RP-5 人格测验的分数可以较好地预测跨情境的典型行为，但对于任何给定情况下的具体行为则预测得不太好。

社会认知理论与自我

RP-1 社会认知；相互决定论。

RP-2 要预测某人未来的行为，就要研究此人过去在类似情况下的行为模式。

RP-3 对自己的能力充满信心的人往往性格外向、有责任感、乐于接受新体验，而且通常更快乐，较少感到焦虑和孤独。膨胀的自尊会导致自我服务偏差、攻击性和自恋。

RP-4 自我服务偏差。

RP-5 防御性；安全性。

第十五章 心理障碍

心理障碍概述

RP-1 功能失调或适应不良。

RP-2 有些心理障碍是文化特异性的。例如，神经性厌食症主要出现在西方文化中，而对人恐惧症主要出现在日本。其他疾病，例如重度抑郁症和精神分裂症，则是普遍存在的——它们发生在所有文化中。

RP-3 生物学、心理学和社会文化的影响共同导致了心理障碍。这一观念帮助我们了解，我们的健康受到基因、大脑功能、内心想法和感受，以及社会和文化环境的影响。

RP-4 治疗师和其他人使用疾病标签，是为了在交流时使用共同语言，并在研究过程中分享概念。当知道自己并不是唯一有这些症状的人时，来访者可能会因此受益。给人贴标签的危险在于：（1）过于宽泛的分类可能会使正常行为病理化；（2）标签可能改变人们对被贴标签者的行为的假设。

RP-5 与贫困相关的压力可能会引发心理障碍，但致残性的障碍也可能导致贫困。因此，贫困和心理障碍的关系就像先有鸡还是先有蛋的问题，很难知道哪个先出现。

与焦虑相关的心理障碍

RP-1 广泛性焦虑障碍。

RP-2 惊恐障碍。

RP-3 特定恐惧症。

RP-4 强迫症。

RP-5 创伤后应激障碍。

RP-6 躯体的意思是"与身体相关";躯体症状障碍会产生令人痛苦的身体症状,但没有明显的生理原因。

RP-7 生物学因素包括遗传的气质差异和其他基因变异、被经历改变的大脑通路,以及对远祖具有生存价值但已过时的遗传反应。

抑郁症和双相障碍

RP-1 许多因素都会导致抑郁症,包括基因和大脑功能的生物学影响。社会认知因素也很重要,包括解释风格、情绪、对充满压力的经历的反应、思维和行为方式的变化,以及文化影响的作用。抑郁症影响整个身体,可能会影响睡眠、精力水平和注意力。

精神分裂症

RP-1 阴性;慢性;阳性;急性。

RP-2 生物学因素包括大脑的结构和功能异常,以及对该障碍的遗传易感性;环境因素(例如缺乏营养、接触病毒)会增加激活风险基因的概率,接触多种环境诱因会增加患精神分裂症的概率。

分离障碍、人格障碍和进食障碍

RP-1 心理动力学的解释是,分离性身份障碍的症状是对无法接受的冲动产生的焦虑的防御。学习观点的解释是,这些症状是因为焦虑减少而得以强化的行为。

RP-2 双生子研究和收养研究表明,反社会型人格障碍患者的血缘亲属出现反社会行为的风险更高。研究人员也观察到,反社会罪犯的大脑活动和结构与常人存在差异。贫穷或儿童期虐待等消极环境因素可能会将无畏等遗传特征引向危险的方向——攻击性和缺乏社会责任感。

RP-3 神经性厌食症;神经性贪食症。

神经发育障碍

RP-1 要被诊断为智力障碍,一是个体的智力测验分数必须处于总人口的后3%,即约70分或以下;二是个体必须难以满足独立生活的一般需求,表现在概念(语言、阅读,以及金钱、时间和数字的概念)、社会(人际交往能力、社会责任感、遵纪守法、自卫能力)和实践(健康和个人护理、职业技能和出行)这三个方面。

第十六章 治疗

治疗和心理治疗导论

RP-1 移情;阻抗;解释。

RP-2 心理动力学治疗师可能对帮助孩子深入了解导致尿床反应的潜在问题更感兴趣。行为治疗师更可能同意莫勒的观点,即尿床症状才是问题所在,通过对抗性条件反射消除不想要的行为,确实能够缓解情绪。

RP-3 顿悟疗法(心理动力学疗法和人本主义疗法)通过理解问题的根源来缓解问题。行为疗法假定问题行为就是问题所在,并直接对它进行治疗,较少关注它产生的根源。

RP-4 如果一种行为可以习得,那么它就可以被忘记,并被其他更具适应性的反应所取代。

RP-5 经典;操作性。

RP-6 人本主义疗法在非指导性的环境中反映人们的感受,试图通过帮助人们提高自我意识和自我接纳来促进个人成长。认知疗法通过让人们意识到自我挫败的思维模式,引导他们以更具适应性的方式思考他们自己和这个世界。

RP-7 认知疗法。

RP-8 一种可以帮助人们改变自我挫败的思维和行为的综合疗法。事实证明,该疗法对焦虑障碍、强迫症及相关障碍、抑郁症、双相障碍、注意缺陷多动障碍、进食障碍,以及酒精或其他物质使用障碍均有效。

评估心理治疗

RP-1 安慰剂效应是指对疗效的信念所产生的治愈力量。期望治疗有效的患者和治疗师可能会相信治疗产生了效果。

RP-2 有。

RP-3 当使用循证方法时,治疗师根据研究证据、临床专业知识和对来访者的了解做出治疗决定。

RP-4 更有。

RP-5 伦理。

生物医学疗法和心理障碍的预防

RP-1 定期锻炼、保证充足的睡眠、多接受光照(到户外活动或使用灯箱)、培养重要的人际关系、改变消极的思维方式,多食用富含 omega-3 脂肪酸的食物。

RP-2 研究者将患者分为接受治疗和不接受治疗两组,观察接受药物治疗的人是否比不接受药物治疗的人有更多改善。双盲测试是最有效的。如果治疗师和患者都不知道哪些参与者接受了药物治疗,那么接受治疗组和不接受治疗组之间的任何差异都将反映药物治疗的实际效果。

RP-3 抗抑郁药物;抗精神病。

RP-4 电休克疗法;经颅;经颅;深部脑。

RP-5 心理治疗和生物医学疗法试图减轻人们因心理障碍而遭受的痛苦。心理健康预防试图通过识别和减轻导致心理障碍的原因,以及增强心理韧性来避免痛苦。

参考文献

Note: As your authors, we aim to report psychology's current state, including each sub-discipline's latest research insights. We've incorporated 2100 citations dated 2015–2020, highlighted here in blue. For more on our Research and Critical Thinking Story, see p. xii of the Preface at the beginning of the text.

AAA. (2010). *Asleep at the wheel: The prevalence and impact of drowsy driving* [PDF file]. https://aaafoundation.org/wp-content/uploads/2018/02/2010DrowsyDrivingReport.pdf

AAA. (2015). *Teen driver safety: Environmental factors and driver behaviors in teen driver crashes*. AAA Foundation for Traffic Safety.

AAMC. (2014). Medical students, selected years, 1965–2013. https://www.aamc.org/download/411782/data/2014_table1.pdf

AAMC. (2018). *Total enrollment by U.S. medical school and sex, 2014–2015 through 2018–2019*. American Association of Medical Colleges (aamc.org).

Aarts, H., & Custers, R. (2012). Unconscious goal pursuit: Nonconscious goal regulation and motivation. In R. M. Ryan (Ed.), *The Oxford handbook of human motivation* (pp. 232–247). Oxford University Press.

Abbey, A. (1987). Misperceptions of friendly behavior as sexual interest: A survey of naturally occurring incidents. *Psychology of Women Quarterly, 11,* 173–194.

Abel, K. M., Drake, R., & Goldstein, J. M. (2010). Sex differences in schizophrenia. *International Review of Psychiatry, 22,* 417–428.

Abrams, D. B., & Wilson, G. T. (1983). Alcohol, sexual arousal, and self-control. *Journal of Personality and Social Psychology, 45,* 188–198.

Abrams, L. (2008). Tip-of-the-tongue states yield language insights. *American Scientist, 96,* 234–239.

Abrams, M. (2002, June). Sight unseen—Restoring a blind man's vision is now a real possibility through stem-cell surgery. But even perfect eyes cannot see unless the brain has been taught to use them. *Discover, 23,* 54–60.

Abramson, L. Y., Metalsky, G. I., & Alloy, L. B. (1989). Hopelessness depression: A theory-based subtype. *Psychological Review, 96,* 358–372.

Abramson, L. Y., Seligman, M. E. P., & Teasdale, J. D. (1978). Learned helplessness in humans: Critique and reformulation. *Journal of Abnormal Psychology, 87,* 49–74.

Abuhamdeh, S., Csikszentmihalyi, M., & Jalal, B. (2015). Enjoying the possibility of defeat: Outcome uncertainty, suspense, and intrinsic motivation. *Motivation and Emotion, 39,* 1–10.

Academy of Science of South Africa. (2015). *Diversity in human sexuality: Implications for policy in Africa.* http://research.assaf.org.za/handle/20.500.11911/38

Acevedo, B. P., & Aron, A. (2009). Does a long-term relationship kill romantic love? *Review of General Psychology, 13,* 59–65.

Acevedo, B. P., Aron, A., Fisher, H. E., & Brown, L. L. (2012). Neural correlates of long-term intense romantic love. *Social Cognitive and Affective Neuroscience, 7,* 145–159.

ACHA. (2009). *American College Health Association-National College Health Assessment II: Reference group executive summary Fall 2008.* American College Health Association.

Ackerman, D. (2004). *An alchemy of mind: The marvel and mystery of the brain.* Scribner.

Ackerman, P. L. (2014). Adolescent and adult intellectual development. *Current Directions in Psychological Science, 23,* 246–251.

ACMD. (2009). *MDMA ('Ecstasy'): A review of its harms and classification under the Misuse of Drugs Act 1971* [PDF file]. https://assets.publishing.service.gov.uk/government/uploads/system/uploads/attachment_data/file/119088/mdma-report.pdf

Adachi, T., Fujino, H., Nakae, A., Mashimo, T., & Sasaki, J. (2014). A meta-analysis of hypnosis for chronic pain problems: A comparison between hypnosis, standard care, and other psychological interventions. *International Journal of Clinical and Experimental Hypnosis, 62,* 1–28.

Adams, H. E., Wright, L. W., Jr., & Lohr, B. A. (1996). Is homophobia associated with homosexual arousal? *Journal of Abnormal Psychology, 105,* 440–446.

Adams, Z. W., Sieverdes, J. C., Brunner-Jackson, B., Mueller, M., Chandler, J., Diaz, V., Patel, S., Wilder, S., & Treiber, F. A. (2018). Meditation smartphone application effects on prehypertensive adults' blood pressure: Dose-response feasibility trial. *Health Psychology, 37,* 850–860.

Addis, D. R., Leclerc, C. M., Muscatell, K. A., & Kensinger, E. A. (2010). There are age-related changes in neural connectivity during the encoding of positive, but not negative, information. *Cortex, 46,* 425–433.

Adelmann, P. K., Antonucci, T. C., Crohan, S. F., & Coleman, L. M. (1989). Empty nest, cohort, and employment in the well-being of midlife women. *Sex Roles, 20,* 173–189.

Ader, R., & Cohen, N. (1985). CNS-immune system interactions: Conditioning phenomena. *Behavioral and Brain Sciences, 8,* 379–394.

Aderka, I. M., Nickerson, A., Bøe, H. J., & Hofmann, S. G. (2012). Sudden gains during psychological treatments of anxiety and depression: A meta-analysis. *Journal of Consulting and Clinical Psychology, 80,* 93–101.

Adetunji, J. (2014, February 17). *Genes predispose obesity but it's fullness that makes you fat.* The Conversation. https://theconversation.com/genes-predispose-obesity-but-its-fullness-that-makes-you-fat-23335

ADL. (2019, accessed November 14). *Anti-Semitism in the US.* Anti-Defamation League. Retrieved from https://www.adl.org/what-we-do/anti-semitism/anti-semitism-in-the-us

Adler, J. (2012). Erasing painful memories. *Scientific American, 306,* 56–61.

Adler, J. M., Lodi-Smith, J., Philippe, F. L., & Houle, I. (2016). The incremental validity of narrative identity in predicting well-being: A review of the field and recommendations for the future. *Personality and Social Psychology Review, 20,* 142–175.

Admon, R., Vaisvaser, S., Erlich, N., Lin, T., Shapira-Lichter, I., Fruchter, E., Gazit, T., & Hendler, T. (2018). The role of the amygdala in enhanced remembrance of negative episodes and acquired negativity of related neutral cues. *Biological Psychology, 139,* 17–24.

Adolph, K. E., & Hoch, J. E. (2019). Motor development: Embodied, embedded, enculturated, and enabling. *Annual Review of Psychology, 70,* 141–164.

Adolph, K. E., Kretch, K. S., & LoBue, V. (2014). Fear of heights in infants? *Current Directions in Psychological Science, 23,* 60–66.

Affleck, G., Tennen, H., Urrows, S., & Higgins, P. (1994). Person and contextual features of daily stress reactivity: Individual differences in relations of undesirable daily events with mood disturbance and chronic pain intensity. *Journal of Personality and Social Psychology, 66,* 329–340.

Afzali, M. H., Sunderland, M., Stewart, S., Masse, B., Seguin, J., Newton, N., Teesson, M., & Conrod, P. (2019). Machine-learning prediction of adolescent alcohol use: a cross-study, cross-cultural validation. *Addiction, 114,* 662–671.

Agerström, J., Björklund, F., Carlsson, R., & Rooth, D.-O. (2012). Warm and competent Hassan = cold and incompetent Eric: A harsh equation of real-life hiring discrimination. *Basic and Applied Social Psychology, 34,* 359–366.

Agrawal, Y., Platz, E. A., & Niparko, J. K. (2008). Prevalence of hearing loss and differences by demographic characteristics among US adults: Data from the National Health and Nutrition Examination Survey, 1999–2004. *Archives of Internal Medicine, 168,* 1522–1530.

Agrigoroaei, S., & Lachman, M. E. (2011). Cognitive functioning in midlife and old age: Combined effects of psychosocial and behavioral factors. *The Journals of Gerontology. Series B: Psychological Sciences and Social Sciences, 66* (suppl 1), 1130–1140.

Agrillo, C. (2011). Near-death experience: Out-of-body and out-of-brain? *Review of General Psychology, 15,* 1–10.

Agudelo, L. Z., Femenía, T., Orhan, F., Porsmyr-Palmertz, M., Goiny, M., Martinez-Redondo, V., Correia, J. C., Izadi, M., Bhat, M., Schuppe-Koistinen, I., Pettersson, A. T., Ferreira, D. M. S., Krook, A., Barres, R., Zierath, J. R., Erhardt, S., & Ruas, J. L. (2014). Skeletal muscle PGC-1α1 modulates kynurenine metabolism and mediates resilience to stress-induced depression. *Cell, 159,* 33–45.

Ahrén, J. C., Chiesa, F., Koupil, I., Magnusson, C., Dalman, C., & Goodman, A. (2013). We are family—parents, siblings, and eating disorders in a prospective total-population study of 250,000 Swedish males and females. *International Journal of Eating Disorders, 46,* 693–700.

Aichele, S., Rabbitt, P., & Ghisletta, P. (2016). Think fast, feel fine, live long: A 29-year study of cognition, health, and survival in middle-aged and older adults. *Psychological Science, 27,* 518–529.

Aiello, J. R., Thompson, D. D., & Brodzinsky, D. M. (1983). How funny is crowding anyway? Effects of room size, group size, and the introduction of humor. *Basic and Applied Social Psychology, 4,* 193–207.

Ainsworth, M. D. S. (1973). The development of infant-mother attachment. In B. Caldwell & H. Ricciuti (Eds.), *Review of child development research* (Vol. 3). University of Chicago Press.

Ainsworth, M. D. S. (1979). Infant-mother attachment. *American Psychologist, 34,* 932–937.

Ainsworth, M. D. S. (1989). Attachments beyond infancy. *American Psychologist, 44,* 709–716.

Airan, R. D., Meltzer, L. A., Roy, M., Gong, Y., Chen, H., & Deisseroth, K. (2007). High-speed imaging reveals neurophysiological links to behavior in an animal model of depression. *Science, 317,* 819–823.

Ajiboye, A. B., Willett, F. R., Young, D. R., Memberg, W. D., Murphy, B. A., Miller, J. P., Walter, B. L., Sweet, J. A., Hoyen, H. A., Keith, M. W., Peckham, P. H., Simeral, J. D., Donoghue, J. P., Hochberg, L. R., & Kirsch, R. F. (2017). Restoration of reaching and grasping in a person with tetraplegia through brain-controlled muscle stimulation: A proof-of-concept demonstration. *Lancet, 389,* 1821–1830.

Akanbi, M. O., Carroll, A. J., Achenbach, C., O'Dwyer, L. C., Jordan, N., Hitsman, B., Bilaver, L. A., McHugh, M. C., & Murphy, R. (2019). The efficacy of smoking cessation interventions in low- and middle-income countries: a systematic review and meta-analysis. *Addiction, 114*, 620–635.

Åkerlund, D., Golsteyn, B. H., Grönqvist, H., & Lindahl, L. (2016). Time discounting and criminal behavior. *PNAS, 113*, 6160–6165.

Akers, K. G., Martinez-Canabal, A., Restivo, L., Yiu, A. P., De Cristofaro, A., Hsiang, H.-L., Wheeler, A. L., Guskjolen, A., Niibori, Y., Shoji, H., Richards, B. A., Miyakawa, T., Josselyn, S. A., & Frankland, P. W. (2014). Hippocampal neurogenesis regulates forgetting during adulthood and infancy. *Science, 344*, 598–602.

Akhtar, R., Winsborough, D., Ort, U., Johnson, A., & Chamorro-Premuzic, T. (2018a). Detecting the dark side of personality using social media status updates. *Personality and Individual Differences, 132*, 90–97.

Akhtar, S., Justice, L. V., Morrison, C. M., & Conway, M. A. (2018). Fictional first memories. *Psychological Science, 29*, 1612–1619.

Akiyama, M., Okada, Y., Kanai, M., Takahashi, A., Momozawa, Y., Ikeda, M., Iwata, N., Ikegawa, S., Hirata, M., Matsuda, K., & Iwasaki, M. (2017). Genome-wide association study identifies 112 new loci for body mass index in the Japanese population. *Nature Genetics, 49*, 1458–1467.

Aknin, L. B., & Human, L. J. (2015). Give a piece of you: Gifts that reflect givers promote closeness. *Journal of Experimental Social Psychology, 60*, 8–16.

Aknin, L. B., Barrington-Leigh, C., Dunn, E. W., Helliwell, J. F., Burns, J., Biswas-Diener, R., Kemeza, I., Nyende, P., Ashton-James, C. E., & Norton, M. I. (2013). Prosocial spending and well-being: Cross-cultural evidence for a psychological universal. *Journal of Personality and Social Psychology, 104*, 635–652.

Aknin, L. B., Broesch, T., Kiley Hamlin, J., & Van de Vondervoort, J. W. (2015a). Prosocial behavior leads to happiness in a small-scale rural society. *Journal of Experimental Psychology: General, 144*, 788–795.

Aknin, L. B., Whillans, A. V., Norton, M. I., & Dunn, E. W. (2019). Happiness and prosocial behavior: An evaluation of the evidence (Chapter 4). In J. Helliwell, R. Layard, & J. Sachs (Eds.), *World happiness report 2019*. Sustainable Development Solutions Network.

Akpinar, E., & Berger, J. (2015). Drivers of cultural success: The case of sensory metaphors. *Journal of Personality and Social Psychology, 109*, 20–34.

Al Aïn, S., Poupon, D., Hétu, S., Mercier, N., Steffener, J., & Frasnelli, J. (2019). Smell training improves olfactory function and alters brain structure. *NeuroImage, 189*, 45–54.

al-Asaadi, M. (2016). "We sleep afraid, we wake up afraid": A child's life in Yemen. *The New York Times*. https://www.nytimes.com/2016/10/12/world/middleeast/yemen-children-in-a-war-zone.html

Al Ibraheem, B., Kira, I. A., Aljakoub, J., & Al Ibraheem, A. (2017). The health effect of the Syrian conflict on IDPs and refugees. *Peace and Conflict: Journal of Peace Psychology, 23*, 140–152.

al-Sharif, L. (2019, April 10). We finally won the right to drive in Saudi Arabia. But the kingdom's war on women is only getting worse. *Time Magazine*. https://time.com/5567330/saudi-arabia-women-rights-drive/

Alanko, K., Santtila, P., Harlaar, N., Witting, K., Varjonen, M., Jern, P., Johansson, A., von der Pahlen, B., & Sandnabba, N. K. (2010). Common genetic effects of gender atypical behavior in childhood and sexual orientation in adulthood: A study of Finnish twins. *Archives of Sexual Behavior, 39*, 81–92.

Albee, G. W. (1986). Toward a just society: Lessons from observations on the primary prevention of psychopathology. *American Psychologist, 41*, 891–898.

Albee, G. W. (2006). Historical overview of primary prevention of psychopathology: Address to the 3rd world conference on the promotion of mental health and prevention of mental and behavioral disorders. September 15–17, 2004, Auckland, New Zealand. *The Journal of Primary Prevention, 27*, 449–456.

Alcock, J. E. (2011, March/April). Back from the future: Parapsychology and the Bem affair. *Skeptical Inquirer*, pp. 31–39.

Aldao, A., & Nolen-Hoeksema, S. (2010). Emotion-regulation strategies across psychopathology: A meta-analytic review. *Clinical Psychology Review, 30*, 217–237.

Aleman, A., Kahn, R. S., & Selten, J.-P. (2003). Sex differences in the risk of schizophrenia: Evidence from meta-analysis. *Archives of General Psychiatry, 60*, 565–571.

Alexander, L., & Tredoux, C. (2010). The spaces between us: A spatial analysis of informal segregation. *Journal of Social Issues, 66*, 367–386.

Alimujiang, A., Wiensch, A., Boss, J., Fleischer, N. L., Mondul, A. M., McLean, K., Mukherjee, B., & Pearce, C. L. (2019). Association between life purpose and mortality among U.S. adults older than 50 years. *JAMA Network Open, 2*, e194270.

Allan, B. A. (2017). Task significance and meaningful work: A longitudinal study. *Journal of Vocational Behavior, 102*, 174–182.

Allard, F., & Burnett, N. (1985). Skill in sport. *Canadian Journal of Psychology, 39*, 294–312.

Allcott, H., Braghieri, L., Eichmeyer, S., & Gentzkow, M. (2019). *The welfare effects of social media*. NBER working paper 25514. http://www.nber.org/papers/w25514

Allemand, M., Job, V., & Mroczek, D. K. (2019). Self-control development in adolescence predicts love and work in adulthood. *Journal of Personality and Social Psychology, 117*, 621–634.

Allen, J. P., Uchino, B. N., & Hafen, C. A. (2015). Running with the pack: Teen peer-relationship qualities as predictors of adult physical health. *Psychological Science, 26*, 1574–1583.

Allen, J., Weinrich, M., Hoppitt, W., & Rendell, L. (2013). Network-based diffusion analysis reveals cultural transmission of lobtail feeding in humpback whales. *Science, 340*, 485–488.

Allen, K. (2003). Are pets a healthy pleasure? The influence of pets on blood pressure. *Current Directions in Psychological Science, 12*, 236–239.

Allen, M., D'Alessio, D., & Emmers-Sommer, T. M. (2000). Reactions of criminal sexual offenders to pornography: A meta-analytic summary. In M. Roloff (Ed.), *Communication Yearbook 22* (pp. 139–169). Sage.

Allen, M., Emmers, T. M., Gebhardt, L., & Giery, M. (1995). Pornography and rape myth acceptance. *Journal of Communication, 45*, 5–26.

Allen, M. S., & Jones, M. V. (2014). The "home advantage" in athletic competitions. *Current Directions in Psychological Science, 23*, 48–53.

Allen, M. W., Gupta, R., & Monnier, A. (2008). The interactive effect of cultural symbols and human values on taste evaluation. *Journal of Consumer Research, 35*, 294–308.

Allen, T., & Sherman, J. (2011). Ego threat and intergroup bias: A test of motivated-activation versus self-regulatory accounts. *Psychological Science, 22*, 331–333.

Allesøe, K., Hundrup, V. A., Thomsen, J. F., & Osler, M. (2010). Psychosocial work environment and risk of ischaemic heart disease in women: The Danish Nurse Cohort Study. *Occupational and Environmental Medicine, 67*, 318–322.

Alloy, L. B., Abramson, L. Y., Whitehouse, W. G., Hogan, M. E., Tashman, N. A., Steinberg, D. L., Rose, D. T., & Donovan, P. (1999). Depressogenic cognitive styles: Predictive validity, information processing and personality characteristics, and developmental origins. *Behaviour Research and Therapy, 37*, 503–531.

Alloy, L. B., Hamilton, J. L., Hamlat, E. J., & Abramson, L. Y. (2016). Pubertal development, emotion regulatory styles, and the emergence of sex differences in internalizing disorders and symptoms in adolescence. *Clinical Psychological Science, 4*, 867–881.

Allport, G. W. (1954). *The nature of prejudice*. Addison-Wesley.

Allport, G. W., & Odbert, H. S. (1936). Trait-names: A psycho-lexical study. *Psychological Monographs, 47*.

Almas, A. N., Degnan, K. A., Nelson, C. A., Zeanah, C. H., & Fox, N. A. (2017). IQ at age 12 following a history of institutional care: Findings from the Bucharest Early Intervention Project. *Developmental Psychology, 52*, 1858–1866.

Almås, I., Cappelen, A. W., Sørensen, E. Ø., & Tungodden, B. (2010). Fairness and the development of inequality acceptance. *Science, 328*, 1176–1178.

Almeida, J., He, D., Chen, Q., Mahon, B. Z., Zhang, F., Gonçalves, Ó. F., Fang, F., & Bi, Y. (2015). Decoding visual location from neural patterns in the auditory cortex of the congenitally deaf. *Psychological Science, 26*, 1771–1782.

AlShebli, B. K., Rahwan, T., & Woon, W. L. (2018). The preeminence of ethnic diversity in scientific collaboration. *Nature Communications, 9*, 5163.

Altamirano, L. J., Miyake, A., & Whitmer, A. J. (2010). When mental inflexibility facilitates executive control: Beneficial side effects of ruminative tendencies on goal maintenance. *Psychological Science, 21*, 1377–1382.

Altarum. (2018). *Economic toll of opioid crisis in U.S. exceeded $1 trillion since 2001*. https://altarum.org/news/economic-toll-opioid-crisis-us-exceeded-1-trillion-2001

Alter, A. (2017). *Irresistible: The rise of addictive technology and the business of keeping us hooked*. Penguin.

Alter, A. L., & Hershfield, H. E. (2014). People search for meaning when they approach a new decade in chronological age. *PNAS, 111*, 17066–17070.

Altschul, D. M., Hopkins, W. D., Herrelko, E. S., Inoue-Murayama, M., Matsuzawa, T., King, J. E., Ross, S. R., & Weiss, A. (2018). Personality links with lifespan in chimpanzees. *eLife, 7*, e33781.

Alvarez, L., & Schwartz, J. (2014, May 30). On death row with low I.Q., and new hope for a reprieve. *The New York Times*. https://www.nytimes.com/2010/09/22/us/22execute.html

Alving, C. R. (2011, March 2). *Carl Alving: Idea for vaccine patch came to me in dream* [Podcast]. American Association for the Advancement of Science. (membercentral.aas.org).

Alwin, D. F. (1990). Historical changes in parental orientations to children. In N. Mandell (Ed.), *Sociological studies of child development* (Vol. 3). JAI Press.

Amabile, T. M., & Hennessey, B. A. (1992). The motivation for creativity in children. In A. K. Boggiano & T. S. Pittman (Eds.), *Achievement and motivation: A social-developmental perspective*. Cambridge University Press.

Amabile, T. M., & Kramer, S. J. (2011). *The progress principle: Using small wins to ignite joy, engagement, and creativity at work*. Harvard Business Review Press.

Amalric, M., & Dehaene, S. (2019). A distinct cortical network for mathematical knowledge in the human brain. *NeuroImage, 189*, 19–31.

Ambady, N. (2010). The perils of pondering: Intuition and thin slice judgments. *Psychological Inquiry*, 21, 271–278.

Ambady, N., Hallahan, M., & Rosenthal, R. (1995). On judging and being judged accurately in zero-acquaintance situations. *Journal of Personality and Social Psychology*, 69, 518–529.

Ambrose, C. T. (2010). The widening gyrus. *American Scientist*, 98, 270–274.

Amedi, A., Merabet, L. B., Bermpohl, F., & Pascual-Leone, A. (2005). The occipital cortex in the blind: Lessons about plasticity and vision. *Current Directions in Psychological Science*, 14, 306–311.

Amen, D. G., Stubblefield, M., Carmichael, B., & Thisted, R. (1996). BrainSPECT findings and aggressiveness. *Annals of Clinical Psychiatry*, 8, 129–137.

American Academy of Pediatrics. (2013). *Promoting the well-being of children whose parents are gay or lesbian*. https://pediatrics.aappublications.org/content/131/4/827

American Academy of Pediatrics. (2014). Policy statement: School start times for adolescents. *Pediatrics*, 134, 642–649.

American Psychiatric Association. (2013). *Diagnostic and statistical manual of mental disorders* (Fifth ed.). American Psychiatric Publishing.

American Psychological Association. (2020). *APA divisions. Professional homes organized by members of APA*. https://www.apa.org/about/division/

American Sociological Association. (2013, February 28). *Brief of Amicus Curiae American Sociological Association in support of respondent Kristin M. Perry and respondent Edith Schlain Windsor*. Supreme Court of the United States, Nos. 12–144, 12–307.

Amick, H. R., Gartlehner, G., Gaynes, B. N., Forneris, C., Asher, G. N., Morgan, L. C., Coker-Schwimmer, E., Boland, E., Lux, L. J., Gaylord, S., Bann, C., Pieri, C. B., & Lohr, K. N. (2015). Comparative benefits and harms of second generation antidepressants and cognitive behavioral therapies in initial treatment of major depressive disorder: Systematic review and meta-analysis. *BMJ*, 351, h6019.

Ammori, B. (2013, January 4). Viewpoint: Benefits of bariatric surgery. *GP*. https://www.gponline.com/viewpoint-benefits-bariatric-surgery/obesity/bariatric-surgery/article/1164873

Amnesty International. (2018). *Amnesty International Report 2017/18: The state of world's human rights* [PDF file]. https://www.amnesty.org/download/Documents/POL1067002018ENGLISH.PDF

Amrhein, V., Greenland, S., & McShane, B. (2019). Scientists rise up against statistical significance. *Nature*, 567, 305–307.

Ananth, M., Hetelekides, E. M., Hamilton, J., & Thanos, P. K. (2019). Dopamine D4 receptor gene expression plays important role in extinction and reinstatement of cocaine-seeking behavior in mice. *Behavioural Brain Research*, 365, 1–6.

Andersen, R. (2019, April). The intention machine. *Scientific American*, pp. 25–31.

Andersen, R. A., Hwang, E. J., & Mulliken, G. H. (2010). Cognitive neural prosthetics. *Annual Review of Psychology*, 61, 169–190.

Andersen, S. M. (1998, September). *Service learning: A national strategy for youth development*. Washington, DC: Institute for Communitarian Policy Studies, George Washington University.

Anderson, B. L. (2002). Biobehavioral outcomes following psychological interventions for cancer patients. *Journal of Consulting and Clinical Psychology*, 70, 590–610.

Anderson, C., Hildreth, J. A. D., & Howland, L. (2015). Is the desire for status a fundamental human motive? A review of the empirical literature. *Psychological Bulletin*, 141, 574–601.

Anderson, C. A. (2004). An update on the effects of playing violent video games. *Journal of Adolescence*, 27, 113–122.

Anderson, C. A. (2013, June). Guns, games, and mass shootings in the U.S. *Bulletin of the International Society for Research on Aggression*, 35, 14–19.

Anderson, C. A., & Delisi, M. (2011). Implications of global climate change for violence in developed and developing countries. In J. Forgas, A. Kruglanski., & K. Williams (Eds.), *The psychology of social conflict and aggression* (pp. 249–265). Psychology Press.

Anderson, C. A., & Dill, K. E. (2000). Video games and aggressive thoughts, feelings, and behavior in the laboratory and in life. *Journal of Personality and Social Psychology*, 78, 772–790.

Anderson, C. A., & Warburton, W. A. (2012). The impact of violent video games: An overview. In W. Warburton & D. Braunstein (Eds.), *Growing up fast and furious: Reviewing the impacts of violent and sexualized media on children* (pp. 56–84). Federation Press.

Anderson, C. A., Brion, S., Moore, D. A., & Kennedy, J. A. (2012). A status-enhancement account of overconfidence. *Journal of Personality and Social Psychology*, 103, 718–735.

Anderson, C. A., Bushman, B. J., & Groom, R. W. (1997). Hot years and serious and deadly assault: Empirical tests of the heat hypothesis. *Journal of Personality and Social Psychology*, 73, 1213–1223.

Anderson, C. A., Suzuki, K., Swing, E. L., Groves, C. L., Gentile, D. A., Prot, S., Lam, C. P., Sakamoto, A., Horiuchi, Y., Krahé, B., Jelic, M., Liuqing, W., Toma, R., Warburton, W. A., Zhang, X. M., Tajima, S., Qing, F., & Petrescu, P. (2017). Media violence and other aggression risk factors in seven nations. *Personality and Social Psychology Bulletin*, 43, 986–998.

Anderson, E., Siegel, E., White, D., & Barrett, L. F. (2012). Out of sight but not out of mind: Unseen affective faces influence evaluations and social impressions. *Emotion*, 12, 1210–1221.

Anderson, F. T., & McDaniel, M. A. (2019). Hey buddy, why don't we take it outside: An experience sampling study of prospective memory. *Memory & Cognition*, 47, 47–62.

Anderson, I. M. (2000). Selective serotonin reuptake inhibitors versus tricyclic antidepressants: A meta-analysis of efficacy and tolerability. *Journal of Affective Disorders*, 58, 19–36.

Anderson, J. R., Gillies, A., & Lock, L. C. (2010). Pan thanatology. *Current Biology*, 20, R349–R351.

Anderson, M. & Jiang, J. (2018). *Teens, social media and technology 2018*. Pew Research Center, Internet & Technology. https://infogram.com/teens-social-media-and-technology-2018-1hxr4zngvexy4yo

Anderson, M., Vogels, E. A., & Turner, E. (2020, February 6). *The virtues and downsides of online dating*. Pew Research Center. https://www.pewresearch.org/internet/2020/02/06/the-virtues-and-downsides-of-online-dating/

Anderson, P. L., Edwards, S. M., & Goodnight, J. R. (2017). Virtual reality and exposure group therapy for social anxiety disorder: Results from a 4-6 year follow-up. *Cognitive Therapy and Research*, 41, 230–236.

Anderson, R. C., Pichert, J. W., Goetz, E. T., Schallert, D. L., Stevens, K. V., & Trollip, S. R. (1976). Instantiation of general terms. *Journal of Verbal Learning and Verbal Behavior*, 15, 667–679.

Anderson, S. E., Dallal, G. E., & Must, A. (2003). Relative weight and race influence average age at menarche: Results from two nationally representative surveys of U.S. girls studied 25 years apart. *Pediatrics*, 111, 844–850.

Andics, A., Gábor, A., Gácsi, M., Faragó, T., Szabó, D., & Miklósi, Á. (2016). Neural mechanisms for lexical processing in dogs. *Science*, 353, 1030–1032.

Andreasen, N. C. (1997). Linking mind and brain in the study of mental illnesses: A project for a scientific psychopathology. *Science*, 275, 1586–1593.

Andreasen, N. C. (2001). *Brave new brain: Conquering mental illness in the era of the genome*. Oxford University Press.

Andreasen, N. C., Arndt, S., Swayze, V., II, Cizadlo, T., & Flaum, M. (1994). Thalamic abnormalities in schizophrenia visualized through magnetic resonance image averaging. *Science*, 266, 294–298.

Andrews, G., Basu, A., Cuijpers, P., Craske, M. G., McEvoy, P., English, C. L., & Newby, J. M. (2018). Computer therapy for the anxiety and depression disorders is effective, acceptable and practical health care: An updated meta-analysis. *Journal of Anxiety Disorders*, 55, 70–78.

Andrews, P. W., & Thomson, J. A., Jr. (2009a). The bright side of being blue: Depression as an adaptation for analyzing complex problems. *Psychological Review*, 116, 620–654.

Andrews, P. W., & Thomson, J. A., Jr. (2009b). Depression's evolutionary roots. *Scientific American Mind*, 20, 56–61.

Andrillon, T., Nir, Y., Cirelli, C., Tononi, G., & Fried, I. (2015). Single-neuron activity and eye movements during human REM sleep and awake vision. *Nature Communications*, 6, Article 7884.

Anestis, M. D., & Anestis, J. C. (2015). Suicide rates and state laws regulating access and exposure to handguns. *American Journal of Public Health*, 105, 2049–2058.

Anestis, M. D., Khazem, L. R., Law, K. C., Houtsma, C., LeTard, R., Moberg, F., & Martin, R. (2015). The association between state laws regulating handgun ownership and statewide suicide rates. *American Journal of Public Health*, 105, 2059–2067.

Angelakis, I., Gillespie, E. L., & Panagioti, M. (2019). Childhood maltreatment and adult suicidality: A comprehensive systematic review with meta-analysis. *Psychological Medicine*, 49, 1057–1078.

Angermeyer, M. C., & Dietrich, S. (2006). Public beliefs about and attitudes towards people with mental illness: a review of population studies. *Acta Psychiatrica Scandinavica*, 113, 163–179.

Anglada-Tort, M., Baker, T., & Müllensiefen, D. (2019). False memories in music listening: Exploring the misinformation effect and individual difference factors in auditory memory. *Memory*, 27, 612–627.

Anglemyer, A., Horvath, T., & Rutherford, G. (2014). The accessibility of firearms and risk for suicide and homicide victimization among household members. *Annals of Internal Medicine*, 160, 101–112.

Anglin, S. M. (2019). Do beliefs yield to evidence? Examining belief perseverance vs. change in response to congruent empirical findings. *Journal of Experimental Social Psychology*, 82, 176–199.

Annese, J., Schenker-Ahmed, N. M., Bartsch, H., Maechler, P., Sheh, C., Thomas, N., Kayano, J., Ghatan, A., Bresler, N., Frosch, M. P., Klaming, R., & Corkin, S. (2014). Postmortem examination of patient H. M.'s brain based on histological sectioning and digital 3D reconstruction. *Nature Communications*, 5, Article 3122.

Ansari, A., Purtell, K., & Gershoff, E. (2015). Classroom age composition and the school readiness of 3- and 4-year-olds in the Head Start program. *Psychological Science*, 27, 53–63.

Anton, B. S. (2015, June). Quoted in, "APA applauds President Obama's call to end use of therapies intended to change sexual orientation." *Monitor*, 46, p. 10.

Antonaccio, O., Botchkovar, E. V., & Tittle, C. R. (2011). Attracted to crime: Exploration of criminal motivation among respondents in three European cities. *Criminal Justice and Behavior*, 38, 1200–1221.

Antony, M. M., Brown, T. A., & Barlow, D. H. (1992). Current perspectives on panic and panic disorder. *Current Directions in Psychological Science, 1,* 79–82.

Antrobus, J. (1991). Dreaming: Cognitive processes during cortical activation and high afferent thresholds. *Psychological Review, 98,* 96–121.

Anumanchipalli, G. K., Chartier, J., & Chang, E. F. (2019). Speech synthesis from neural decoding of spoken sentences. *Nature, 568,* 493–498.

Anzures, G., Quinn, P. C., Pascalis, O., Slater, A. M., Tanaka, J. W., & Lee, K. (2013). Developmental origins of the other-race effect. *Current Directions in Psychological Science, 22,* 173–178.

Aonuma, H., Totani, Y., Kaneda, M., Nakamura, R., Watanabe, T., Hatakeyama, D., Dyakonova, V. E., Lukowiak, K., & Ito, E. (2018). Effects of 5-HT and insulin on learning and memory formation in food-deprived snails. *Neurobiology of Learning and Memory, 148,* 20–29.

AP. (2009, May 9). *AP-mtvU poll: Financial worries, stress and depression on college campus* [PDF file]. http://surveys.associatedpress.com/data/Edison /APMTV%20Topline%20marginals.pdf

AP. (2017). *Strangers on beach form 80-link human chain, rescue family from rip current.* CBC. https://www .cbc.ca/news/world/human-chain-saves-family-in -water-1.4199181

APA. (2006). Evidence-based practice in psychology (from APA Presidential Task Force on Evidence-Based Practice). *American Psychologist, 61,* 271–285.

APA. (2007). *Report of the task force on the sexualization of girls.* https://www.apa.org/pi/women /programs/girls/report

APA. (2010, accessed July 31). *Answers to your questions about transgender individuals and gender identity.* American Psychological Association.

APA. (2012). *Guidelines for ethical conduct in the care and use of nonhuman animals in research.* American Psychological Association.

APA. (2017). *Stress in America: Coping with change.* American Psychological Association.

APA. (2017a). *Ethical principles of psychologists and code of conduct* [PDF file]. American Psychological Association. https://www.apa.org/ethics /code/ethics-code-2017.pdf

APA. (2018). *APA fact sheet series on psychologist supply and demand projections 2015–2030: Demand across age groups* [PDF file]. https://www.apa.org /workforce/publications/supply-demand/demand -age-groups.pdf

APA. (2018). *Supplement to diagnostic and statistical manual of mental disorders* (Fifth ed.). American Psychiatric Publishing.

APA. (2018a). *APA reiterates strong opposition to conversion therapy.* American Psychiatric Association. https://www.psychiatry.org/newsroom /news-releases/apa-reiterates-strong-opposition -to-conversion-therapy

APA. (2019, February). *Resolution on physical discipline of children by parents* [PDF file]. American Psychological Association. https://www.apa.org/about /policy/physical-discipline.pdf

Apostolou, M., & Khalil, M. (2019). Aggressive and humiliating sexual play: Occurrence rates and discordance between the sexes. *Archives of Sexual Behavior, 48,* 2187–2200.

Apostolova, L. G., Dutton, R. A., Dinov, I. D., Hayashi, K. M., Toga, A. W., Cummings, J. L., & Thompson, P. M. (2006). Conversion of mild cognitive impairment to Alzheimer disease predicted by hippocampal atrophy maps. *Archives of Neurology, 63,* 693–699.

Archer, J. (2000). Sex differences in aggression between heterosexual partners: A meta-analytic review. *Psychological Bulletin, 126,* 651–680.

Archer, J. (2004). Sex differences in aggression in real-world settings: A meta-analytic review. *Review of General Psychology, 8,* 291–322.

Archer, J. (2007). A cross-cultural perspective on physical aggression between partners. *Issues in Forensic Psychology, No. 6,* 125–131.

Archer, J. (2009). Does sexual selection explain human sex differences in aggression? *Behavioral and Brain Sciences, 32,* 249–311.

Arendt, H. (1963). *Eichmann in Jerusalem: A report on the banality of evil.* Viking.

Ariel, R., & Karpicke, J. D. (2018). Improving self-regulated learning with a retrieval practice intervention. *Journal of Experimental Psychology: Applied, 24,* 43–56.

Ariely, D. (2010). *Predictably irrational, revised and expanded edition: The hidden forces that shape our decisions.* Harper Perennial.

Ariely, D., & Loewenstein, G. (2006). The heat of the moment: The effect of sexual arousal on sexual decision making. *Journal of Behavioral Decision Making, 19,* 87–98.

Aries, E. (1987). Gender and communication. In P. Shaver & C. Henrick (Eds.), *Review of Personality and Social Psychology, 7,* 149–176.

Arkowitz, H., & Lilienfeld, S. O. (2006, April/May). Psychotherapy on trial. *Scientific American: Mind,* pp. 42–49.

Armony, J. L., Quirk, G. J., & LeDoux, J. E. (1998). Differential effects of amygdala lesions on early and late plastic components of auditory cortex spike trains during fear conditioning. *Journal of Neuroscience, 18,* 2592–2601.

Armstrong, E. A., England, P., & Fogarty, A. C. K. (2012). Accounting for women's orgasm and sexual enjoyment in college hookups and relationships. *American Sociological Review, 77,* 435–462.

Arnedo, J., Mamah, D., Baranger, D. A., Harms, M. P., Barch, D. M., Svrakic, D. M., de Erausquin, G. A., Cloninger, C. R., & Zwir, I. (2015). Decomposition of brain diffusion imaging data uncovers latent schizophrenias with distinct patterns of white matter anisotropy. *NeuroImage, 120,* 43–54.

Arnett, J. J. (1999). Adolescent storm and stress, reconsidered. *American Psychologist, 54,* 317–326.

Arnett, J. J. (2006). Emerging adulthood: Understanding the new way of coming of age. In J. J. Arnett & J. L. Tanner (Eds.), *Emerging adults in America: Coming of age in the 21st century* (pp. 3–19). American Psychological Association.

Arnett, J. J. (2007). Socialization in emerging adulthood: From the family to the wider world, from socialization to self-socialization. In J. E. Grusec & P. D. Hastings (Eds.), *Handbook of socialization: Theory and research* (pp. 208–230). Guilford Press.

Arnold, K. M., Umanath, S., Thio, K., Reilly, W. B., McDaniel, M. A., & Marsh, E. J. (2017). Understanding the cognitive processes involved in writing to learn. *Journal of Experimental Psychology: Applied, 23,* 115–127.

Arnone, D., Cavanagh, J., Gerber, D., Lawrie, S. M., Ebmeier, K. P., & McIntosh, A. M. (2009). Magnetic resonance imaging studies in bipolar disorder and schizophrenia: Meta-analysis. *British Journal of Psychiatry, 195,* 194–201.

Arnone, D., McIntosh, A. M., Tan, G. M. Y., & Ebmeier, K. P. (2008). Meta-analysis of magnetic resonance imaging studies of the corpus callosum in schizophrenia. *Schizophrenia Research, 101,* 124–132.

Aron, A., Norman, C. C., Aron, E. N., McKenna, C., & Heyman, R. E. (2000). Couples' shared participation in novel and arousing activities and experienced relationship quality. *Journal of Personality and Social Psychology, 78,* 273–284.

Aron, A. P., Melinat, E., Aron, E. N., Vallone, R. D., & Bator, R. J. (1997). The experimental generation of interpersonal closeness: A procedure and some preliminary findings. *Personality and Social Psychology Bulletin, 23,* 363–377.

Aronson, E. (2001, April 13). Newsworthy violence [e-mail to Society for Personality and Social Psychology discussion list], drawing from *Nobody left to hate: Teaching compassion after Columbine.* (2000). Freeman.

Arriaga, P., Adrião, J., Madeira, F., Cavaleiro, I., Maia e Silva, A., Barahona, I., & Esteves, F. (2015). A "dry eye" for victims of violence: Effects of playing a violent video game on pupillary dilation to victims and on aggressive behavior. *Psychology of Violence, 5,* 199–208.

Arsenio, W. F. (2018). The wealth of nations: International judgments regarding actual and ideal resource distributions. *Current Directions in Psychological Science, 27,* 357–362.

Arslan, R. C., Schilling, K. M., Gerlach, T. M., & Penke, L. (2018). Using 26,000 diary entries to show ovulatory changes in sexual desire and behavior. *Journal of Personality and Social Psychology.* doi: 10.1037/ pspp0000208

Aryawibawa, I. N., & Ambridge, B. (2018). Is syntax semantically constrained? Evidence from a grammaticality judgment study of Indonesian. *Cognitive Science, 42,* 3135–3148.

Arzi, A., Shedlesky, L., Ben-Shaul, M., Nasser, K., Oksenberg, A., Hairston I. S., & Sobel, N. (2012). Humans can learn new information during sleep. *Nature Neuroscience, 15,* 1460–1465.

Ascády, L., & Harris, K. D. (2017). Synaptic scaling in sleep. *Science, 355,* 457.

Asch, S. E. (1955). Opinions and social pressure. *Scientific American, 193,* 31–35.

Aserinsky, E. (1988, January 17). Personal communication.

Ashton, K., Bellis, M., Davies, A., Hardcastle, K., & Hughes, K. (2016). *Adverse childhood experiences and their association with chronic disease and health service use in the Welsh adult population.* Welsh Adverse Childhood Experiences (ACE) Study, NHS Wales Public Trust.

Askay, S. W., & Patterson, D. R. (2007). Hypnotic analgesia. *Expert Review of Neurotherapeutics, 7,* 1675–1683.

Asperholm, M., Högman, N., Rafi, J., & Herlitz, A. (2019). What did you do yesterday? A meta-analysis of sex differences in episodic memory. *Psychological Bulletin, 145,* 785–821.

Aspinwall, L. G., & Tedeschi, R. G. (2010). The value of positive psychology for health psychology: Progress and pitfalls in examining the relation of positive phenomena to health. *Annals of Behavioral Medicine, 39,* 4–15.

Aspinwall, L. G., Brown, T. R., & Tabery, J. (2012). The double-edged sword: Does biomechanism increase or decrease judges' sentencing of psychopaths? *Science, 337,* 846–849.

Aspy, C. B., Vesely, S. K., Oman, R. F., Rodine, S., Marshall, L., & McLeroy, K. (2007). Parental communication and youth sexual behaviour. *Journal of Adolescence, 30,* 449–466.

Assanand, S., Pinel, J. P. J., & Lehman, D. R. (1998). Personal theories of hunger and eating. *Journal of Applied Social Psychology, 28,* 998–1015.

Associated Press. (1999, April 26). Airline passengers mistakenly told plane would crash. *Grand Rapids Press,* p. A3.

Astin, A. W., Astin, H. S., & Lindholm, J. A. (2004). *Spirituality in higher education: A national study of college students' search for meaning and purpose.* Higher Education Research Institute, University of California, Los Angeles.

Atir, S., & Ferguson, M. J. (2018). How gender determines the way we speak about professionals. *PNAS*, 115, 7278–7283.

Atkinson, R. C., & Shiffrin, R. M. (1968). Human memory: A control system and its control processes. In K. Spence (Ed.), *The psychology of learning and motivation* (Vol. 2). Academic Press.

Atkinson, R. C., & Shiffrin, R. M. (2016). Human memory: A proposed system and its control processes. In R. J. Sternberg, S. T. Fiske, & D. J. Foss (Eds.), *Scientists making a difference: One hundred eminent behavioral and brain scientists talk about their most important contributions*. Cambridge University Press.

Atlas, D. (2016, January 29). Autism's first-ever patient, now 82, "has continued to grow his whole life." *People*. https://people.com/celebrity/donald-triplett-autisms-first-ever-patient-now-82-has-continued-to-grow/

Attard-Johnson, J., Bindemann, M., & Ciardha, C. Ó. (2016). Pupillary response as an age-specific measure of sexual interest. *Archives of Sexual Behavior*, 45, 855–870.

Attard-Johnson, J., Bindemann, M., & Ciardha, C. Ó. (2017). Heterosexual, homosexual, and bisexual men's pupillary responses to persons at different stages of sexual development. *The Journal of Sex Research*, 54, 1085–1096.

Atzil-Slonim, D., Bar-Kalifa, E., Fisher, H., Lazarus, G., Hasson-Ohayon, I., Lutz, W., Rubel, J., & Rafaeli, E. (2019). Therapists' empathic accuracy toward their clients' emotions. *Journal of Consulting and Clinical Psychology*, 87, 33–45.

Aubrey, A. (2019, August 29). *Surgeon General sounds alarm on risk of marijuana addiction and harm*. National Public Radio. https://www.npr.org/sections/health-shots/2019/08/29/755423290/

Auerbach, R. P., Mortier, P., Bruffaerts, R., Alonso, J., Benjet, C., Cuijpers, P., Demyttenaere, K., Ebert, D. D., Green, J. G., Hasking, P., Murray, E., Nock, M. K., Pinder-Amaker, S., Sampson, N. A., Stein, D. J., Vilagut, G., Zaslavsky, A. M., Kessler, R. C., & WHO WMH-ICS Collaborators. (2018). WHO world mental health surveys international college student project: Prevalence and distribution of mental disorders. *Journal of Abnormal Psychology*, 127, 623–638.

Austen, J. M., & Sanderson, D. J. (2019). Delay of reinforcement versus rate of reinforcement in Pavlovian conditioning. *Journal of Experimental Psychology: Animal Learning and Cognition*, 45, 203–221.

Austin, E. J., Deary, I. J., Whiteman, M. C., Fowkes, F. G. R., Pedersen, N. L., Rabbitt, P., Bent, N., & McInnes, L. (2002). Relationships between ability and personality: Does intelligence contribute positively to personal and social adjustment? *Personality and Individual Differences*, 32, 1391–1411.

Australian Unity. (2008). *What makes us happy? The Australian Unity Wellbeing Index*. Australian Unity.

Averill, J. R. (1983). Studies on anger and aggression: Implications for theories of emotion. *American Psychologist*, 38, 1145–1160.

Averill, J. R. (1993). William James's other theory of emotion. In M. E. Donnelly (Ed.), *Reinterpreting the legacy of William James*. American Psychological Association.

Aviv, R. (2017, June 19). Remembering the murder you didn't commit. *The New Yorker*. https://www.newyorker.com/magazine/2017/06/19/remembering-the-murder-you-didnt-commit

Ayan, S. (2009). Laughing matters. *Scientific American Mind*, 20, 24–31.

Aydin, N., Fischer, P., & Frey, D. (2010). Turning to God in the face of ostracism: Effects of social exclusion on religiousness. *Personality and Social Psychology Bulletin*, 36, 742–753.

Azevedo, F. A., Carvalho, L. R., Grinberg, L. T., Farfel, J. M., Ferretti, R. E., Leite, R. E., Filho, J., Lent, R., & Herculano-Houzel, S. (2009). Equal numbers of neuronal and nonneuronal cells make the human brain an isometrically scaled-up primate brain. *Journal of Comparative Neurology*, 513, 532–541.

Azucar, D., Marengo, D., & Settanni, M. (2018). Predicting the Big 5 personality traits from digital footprints on social media: A meta-analysis. *Personality and Individual Differences*, 124, 150–159.

Baas, M., De Dreu, C. K. W., & Nijstad, B. A. (2008). A meta-analysis of 25 years of mood-creativity research: Hedonic tone, activation, or regulatory focus? *Psychological Bulletin*, 134, 779–806.

Babyak, M., Blumenthal, J. A., Herman, S., Khatri, P., Doraiswamy, M., Moore, K., Craighead, W. E., Baldewicz, T. T., & Krishnan, K. R. (2000). Exercise treatment for major depression: Maintenance of therapeutic benefit at ten months. *Psychosomatic Medicine*, 62, 633–638.

Bachman, J., O'Malley, P. M., Schulenberg, J. E., Johnston, L. D., Freedman-Doan, P., & Messersmith, E. E. (2007). *The education-drug use connection: How successes and failures in school relate to adolescent smoking, drinking, drug use, and delinquency*. Earlbaum.

Back, M. D., Stopfer, J. M., Vazire, S., Gaddis, S., Schmukle, S. C., Egloff, B., & Gosling, S. D. (2010). Facebook profiles reflect actual personality, not self-idealization. *Psychological Science*, 21, 372–374.

Backman, L., & Dixon, R. A. (1992). Psychological compensation: A theoretical framework. *Psychological Bulletin*, 112, 259–283.

Backman, L., & MacDonald, S. W. S. (2006). Death and cognition: Synthesis and outlook. *European Psychologist*, 11, 224–235.

Baddeley, A. D. (1982). *Your memory: A user's guide*. Macmillan.

Baddeley, A. D. (2002, June). Is working memory still working? *European Psychologist*, 7, 85–97.

Baddeley, A. D., Thomson, N., & Buchanan, M. (1975). Word length and the structure of short-term memory. *Journal of Verbal Learning and Verbal Behavior*, 14, 575–589.

Baddeley, J. L., & Singer, J. A. (2009). A social interactional model of bereavement narrative disclosure. *Review of General Psychology*, 13, 202–218.

Badura, K. L., Grijalva, E., Galvin, B. M., Owens, B. P., & Joseph, D. L. (2019). Motivation to lead: A meta-analysis and distal-proximal model of motivation and leadership. *Journal of Applied Psychology*, 105, 331–354.

Bagemihl, B. (1999). *Biological exuberance: Animal homosexuality and natural diversity*. St. Martins.

Bagge, C. L., Littlefield, A. K., & Glenn, C. R. (2017). Trajectories of affective response as warning signs for suicide attempts: An examination of the 48 hours prior to a recent suicide attempt. *Clinical Psychological Science*, 5, 259–271.

Baglioni, C., Nanovska, S., Regen, W., Spiegelhalder, K., Feige, B., Nissen, C., Reynolds, C. F., & Riemann, D. (2016). Sleep and mental disorders: A meta-analysis of polysomnographic research. *Psychological Bulletin*, 142, 969–990.

Bahrick, H. P. (1984). Semantic memory content in permastore: 50 years of memory for Spanish learned in school. *Journal of Experimental Psychology: General*, 111, 1–29.

Bahrick, H. P., Bahrick, P. O., & Wittlinger, R. P. (1975). Fifty years of memory for names and faces: A cross-sectional approach. *Journal of Experimental Psychology: General*, 104, 54–75.

Bai, D., Yip, B. H. K., & Windham, G. C. (2019). Association of genetic and environmental factors with autism in a 5-country cohort. *JAMA Psychiatry*, 76, 1035–1043.

Bailey, J. M., Gaulin, S., Agyey, Y., & Gladue, B. A. (1994). Effects of gender and sexual orientation on evolutionary relevant aspects of human mating psychology. *Journal of Personality and Social Psychology*, 66, 1081–1093.

Bailey, J. M., Vasey, P. L., Diamond, L. M., Breedlove, S. M., Vilain, E., & Epprecht, M. (2016). Sexual orientation, controversy, and science. *Psychological Science in the Public Interest*, 17, 45–101.

Bailey, P. E., & Leon, T. (2019). A systematic review and meta-analysis of age-related differences in trust. *Psychology and Aging*, 34, 674–685.

Bailey, R. E., & Gillaspy, J. A., Jr. (2005). Operant psychology goes to the fair: Marian and Keller Breland in the popular press, 1947–1966. *The Behavior Analyst*, 28, 143–159.

Baillargeon, R., Scott, R. M., & Bian, L. (2016). Psychological reasoning in infancy. *Annual Review of Psychology*, 67, 159–186.

Baio, J., Wiggins, L., Christensen, D. L., Maenner, M. J., Daniels, J., Warren, Z., Kurzius-Spencer, M., Zahorodny, W., Rosenberg, C. R., White, T., Durkin, M. S., Imm, P., Nikolaou, L., Yeargin-Allsopp, M., Lee, L.-C., Harrington, R., Lopez, M., Fitzgerald, R. T., Hewitt, A., . . . Dowling, N. F. (2018). Prevalence of autism spectrum disorder among children aged 8 years—Autism and Developmental Disabilities Monitoring Network, 11 Sites, United States, 2014. *MMWR Surveillance Summaries*, 67, 1.

Bakadorova, O., & Raufelder, D. (2018). The essential role of the teacher-student relationship in students' need satisfaction during adolescence. *Journal of Applied Developmental Psychology*, 58, 57–65.

Baker, D. H., & Cass, J. R. (2013). A dissociation of performance and awareness during binocular rivalry. *Psychological Science*, 24, 2563–2568.

Baker, J. T., Dillon, D. G., Patrick, L. M., Roffman, J. L., Brady, R. O., Pizzagalli, D. A., Öngür, D., & Holmes, A. J. (2019). Functional connectomics of affective and psychotic pathology. *PNAS*, 116, 9050–9059.

Baker, M., Strickland, A., & Fox, N. D. (2019). Choosing a meal to increase your appeal: How relationship status, sexual orientation, dining partner sex, and attractiveness impact nutritional choices in social dining scenarios. *Appetite*, 133, 262–269.

Baker, T. B., McFall, R. M., & Shoham, V. (2008). Current status and future prospects of clinical psychology: Toward a scientifically principled approach to mental and behavioral health care. *Psychological Science in the Public Interest*, 9, 67–103.

Baker, T. B., Piper, M. E., McCarthy, D. E., Majeskie, M. R., & Fiore, M. C. (2004). Addiction motivation reformulated: An affective processing model of negative reinforcement. *Psychological Review*, 111, 33–51.

Bakermans-Kranenburg, M. J., van IJzendoorn, M. H., & Juffer, F. (2003). Less is more: Meta-analyses of sensitivity and attachment interventions in early childhood. *Psychological Bulletin*, 129, 195–215.

Bakshy, E., Messing, S., & Adamic, L. A. (2015). Exposure to ideologically diverse news and opinion on Facebook. *Science*, 348, 1130–1132.

Balaban, H., Fukuda, K., & Luria, R. (2019). What can half a million change detection trials tell us about visual working memory? *Cognition*, 191, 103984.

Balcetis, E., & Dunning, D. (2010). Wishful seeing: More desire objects are seen as closer. *Psychological Science*, 21, 147–152.

Ball, G., Adamson, C., Beare, R., & Seal, M. L. (2017). *Modelling neuroanatomical variation due to age and sex during childhood and adolescence*. Unpublished manuscript. biorxiv.org/content/early/2017/07/16/126441

Ball, G., Malpas, C. B., Genc, S., Efron, D., Sciberras, E., Anderson, V., Nicholson, J. M., & Silk, T. J. (2019). Multimodal structural neuroimaging markers of brain development and ADHD symptoms. *The American Journal of Psychiatry, 176*, 57–66.

Balodis, I. M., Wynne-Edwards, K. E., & Olmstead, M. C. (2010). The other side of the curve: Examining the relationship between pre-stressor physiological responses and stress reactivity. *Psychoneuroendocrinology, 35*, 1363–1373.

Balsam, K. F., Beauchaine, T. P., Rothblum, E. S., & Solomon, S. E. (2008). Three-year follow-up of same-sex couples who had civil unions in Vermont, same-sex couples not in civil unions, and heterosexual married couples. *Developmental Psychology, 44*, 102–116.

Balter, M. (2010). Animal communication helps reveal roots of language. *Science, 328*, 969–970.

Balter, M. (2014). Science misused to justify Ugandan antigay law. *Science, 343*, 956.

Balter, M. (2015). Can epigenetics explain homosexuality puzzle? *Science, 350*, 148.

Bancroft, J., Loftus, J., & Long, J. S. (2003). Distress about sex: A national survey of women in heterosexual relationships. *Archives of Sexual Behavior, 32*, 193–208.

Bandura, A. (1977). Self-efficacy: Toward a unifying theory of behavior. *Psychological Review, 84*, 191–215.

Bandura, A. (1982). The psychology of chance encounters and life paths. *American Psychologist, 37*, 747–755.

Bandura, A. (1986). *Social foundations of thought and action: A social-cognitive theory*. Prentice-Hall.

Bandura, A. (2005). The evolution of social cognitive theory. In K. G. Smith & M. A. Hitt (Eds.), *Great minds in management: The process of theory development*. Oxford University Press.

Bandura, A. (2006). Toward a psychology of human agency. *Perspectives on Psychological Science, 1*, 164–180.

Bandura, A. (2008). An agentic perspective on positive psychology. In S. J. Lopez (Ed.), *The science of human flourishing*. Praeger.

Bandura, A. (2016). The power of observational learning through social modeling. In R. J. Sternberg, S. T. Fiske, & D. J. Foss (Eds.), *Scientists making a difference: One hundred eminent behavioral and brain scientists talk about their most important contributions* (pp. 235–239). Cambridge University Press.

Bandura, A. (2017). The Bobo Doll legacy. *Psychology Review, 22*(3), 2–6.

Bandura, A. (2018). Toward a psychology of human agency: Pathways and reflections. *Perspectives on Psychological Science, 13*, 130–136.

Bandura, A., Ross, D., & Ross, S. A. (1961). Transmission of aggression through imitation of aggressive models. *Journal of Abnormal and Social Psychology, 63*, 575–582.

Bang, J. W., Shibata, K., Frank, S. M., Walsh, E. G., Greenlee, M. W., Watanabe, T., & Sasaki, Y. (2018). Consolidation and reconsolidation share behavioural and neurochemical mechanisms. *Nature Human Behaviour, 2*, 507–513.

Bansak, K., Hainmueller, J., & Hangartner, D. (2016). How economic, humanitarian, and religious concerns shape European attitudes toward asylum seekers. *Science, 354*, 217–222.

Banville, J. (2012, April). APA weighs in on the constitutionality of life without parole for juvenile offenders. *Monitor on Psychology*, p. 12.

Bao, A.-M., & Swaab, D. F. (2011). Sexual differentiation of the human brain: Relation to gender identity, sexual orientation and neuropsychiatric disorders. *Frontiers in Neuroendocrinology, 32*, 214–226.

Barash, D. P. (2012). *Homo mysterius: Evolutionary puzzles of human nature*. Oxford University Press.

Barbaresi, W. J., Katusic, S. K., Colligan, R. C., Weaver, A. L., & Jacobsen, S. J. (2007). Modifiers of long-term school outcomes for children with attention deficit/hyperactivity disorder: Does treatment with stimulant medication make a difference? Results from a population-based study. *Journal of Developmental and Behavioral Pediatrics, 28*, 274–287.

Barberá, P., Jost, J. T., Nagler, J., Tucker, J. A., & Bonneau, R. (2015). Tweeting from left to right: Is online political communication more than an echo chamber? *Psychological Science, 26*, 1531–1542.

Bargh, J. A., & Chartrand, T. L. (1999). The unbearable automaticity of being. *American Psychologist, 54*, 462–479.

Bargh, J. A., & McKenna, K. Y. A. (2004). The internet and social life. *Annual Review of Psychology, 55*, 573–590.

Bargh, J. A., & Morsella, E. (2008). The unconscious mind. *Perspectives on Psychological Science, 3*, 73–79.

Bargh, J. A., McKenna, K. Y. A., & Fitzsimons, G. M. (2002). Can you see the real me? Activation and expression of the "true self" on the internet. *Journal of Social Issues, 58*, 33–48.

Bar-Haim, Y., Lamy, D., Pergamin, L., Bakermans-Kranenburg, M. J., & van IJzendoorn, M. H. (2007). Threat-related attentional bias in anxious and nonanxious individuals: A meta-analytic study. *Psychological Bulletin, 133*, 1–24.

Baringa, M. B. (1992). The brain remaps its own contours. *Science, 258*, 216–218.

Baringa, M. B. (1997). How exercise works its magic. *Science, 276*, 1325.

Baringa, M. B. (1999). Salmon follow watery odors home. *Science, 286*, 705–706.

Barkley-Levenson, E., & Galván, A. (2014). Neural representation of expected value in the adolescent brain. *PNAS, 111*, 1646–1651.

Barlow, F. K. (2019). Nature vs. nurture is nonsense: On the necessity of an integrated genetic, social, developmental, and personality psychology. *Australian Journal of Psychology, 71*, 68–79.

Barlow, F. K., Hornsey, M. J., Hayward, L. E., Houkamau, C. A., Kang, J., Milojev, P., & Sibley, C. G. (2019). Why do we hold mixed emotions about racial out-groups? A case for affect matching. *Psychological Science, 30*, 917–929.

Barlow, M., Woodman, T., & Hardy, L. (2013). Great expectations: Different high-risk activities satisfy different motives. *Journal of Personality and Social Psychology, 105*, 458–475.

Barlow, M. A., Wrosch, C., Gouin, J. P., & Kunzmann, U. (2019). Is anger, but not sadness, associated with chronic inflammation and illness in older adulthood? *Psychology and Aging, 34*, 330–340.

Barnier, A. J., & McConkey, K. M. (2004). Defining and identifying the highly hypnotizable person. In M. Heap, R. J. Brown, & D. A. Oakley (Eds.), *The highly hypnotizable person: Theoretical, experimental and clinical issues* (pp. 30–60). Brunner-Routledge.

Baron, C. E., Smith, T. W., Uchino, B. N., Baucom, B. R., & Birmingham, W. C. (2016). Getting along and getting ahead: Affiliation and dominance predict ambulatory blood pressure. *Health Psychology, 35*, 253–261.

Baron-Cohen, S. (2010). Autism and the empathizing-systemizing (E-S) theory. In P. D. Zelazo, M. Chandler & E. Crone (Eds.), *Developmental social cognitive neuroscience* (pp. 125–138). Psychology Press.

Baron-Cohen, S. (2017). The eyes as window to the mind. *American Journal of Psychiatry, 174*, 1–2.

Baron-Cohen, S., Bowen, D. C., Rosemary, J. H., Allison, C., Auyeung, B., Lombardo, M. V., & Lai, M.-C. (2015). The "reading the mind in the eyes" test: Complete absence of typical difference in ~400 men and women with autism. *PLOS ONE, 10*, e0136521.

Baron-Cohen, S., Leslie, A. M., & Frith, U. (1985). Does the autistic child have a "theory of mind"? *Cognition, 21*, 37–46.

Barr, S. M., Budge, S. L., & Adelson, J. L. (2016). Transgender community belongingness as a mediator between strength of transgender identity and well-being. *Journal of Counseling Psychology, 63*, 87.

Barrett, D. (2011). Answers in your dreams. *Scientific American Mind, 22*, 26–33.

Barrett, H. C., Bolyanatz, A., Crittenden, A. N., Fessler, D. M., Fitzpatrick, S., Gurven, M., Henrich, J., Kanovsky, M., Kushnick, G., Pisor, A., Scelza, B. A., Stich, S., von Rueden, C., Zhao, W., & Laurence, S. (2016). Small-scale societies exhibit fundamental variation in the role of intentions in moral judgment. *PNAS, 113*, 4688–4693.

Barrett, L. F. (2006). Are emotions natural kinds? *Perspectives on Psychological Science, 1*, 28–58.

Barrett, L. F. (2012). Emotions are real. *Emotion, 12*, 413–429.

Barrett, L. F. (2013). Quoted by Fischer, S. About face: Emotions and facial expressions may not be directly related. *Boston Magazine*. https://www.bostonmagazine.com/news/2013/06/25/emotions-facial-expressions-not-related/

Barrett, L. F. (2017). *How emotions are made: The secret life of the brain*. Houghton Mifflin Harcourt.

Barrett, L. F., Adolphs, R., Marsella, S., Martinez, A. M., & Pollak, S. D. (2019). Emotional expressions reconsidered: Challenges to inferring emotion from human facial movements. *Psychological Science in the Public Interest, 20*, 1–68.

Barrett, L. F., & Bliss-Moreau, E. (2009). She's emotional. He's having a bad day: Attributional explanations for emotion stereotypes. *Emotion, 9*, 649–658.

Barrett, L. F., Lane, R. D., Sechrest, L., & Schwartz, G. E. (2000). Sex differences in emotional awareness. *Personality and Social Psychology Bulletin, 26*, 1027–1035.

Barretto, R. P., Gillis-Smith, S., Chandrashekar, J., Yarmolinsky, D. A., Schnitzer, M. J., Ryba, N. J., & Zuker, C. S. (2015). The neural representation of taste quality at the periphery. *Nature, 517*, 373–376.

Barrick, M. R., Shaffer, J. A., & DeGrassi, S. W. (2009). What you see may not be what you get: Relationships among self-presentation tactics and ratings of interview and job performance. *Journal of Applied Psychology, 94*, 1394–1411.

Barrouillet, P., Portrat, S., & Camos, V. (2011). On the law relating processing to storage in working memory. *Psychological Review, 118*, 175–192.

Barry, C. L., McGinty, E. E., Vernick, J. S., & Webster, D. W. (2013). After Newtown—Public opinion on gun policy and mental illness. *New England Journal of Medicine, 368*, 1077–1081.

Barry, D. (1985). *Dave Barry's stay fit and healthy until you're dead*. Rodale.

Barry, D. (1995, September 17). Teen smokers, too, get cool, toxic, waste-blackened lungs. *Asbury Park Press*, p. D3.

Bartels, M. (2015). Genetics of wellbeing and its components with life, happiness, and quality of life: A review of meta-analysis of heritability studies. *Behavior Genetics, 45*, 137–156.

Bartoshuk, L. (2010, June 18). Quoted by K. Travis, Interview: Linda Bartoshuk. *Science*. https://blogs.sciencemag.org/sciencecareers/2010/06/linda-bartoshuk.html

Bartoshuk, L. M. (2000). Comparing sensory experiences across individuals: Recent psychophysical advances illuminate genetic variation in taste perception. *Chemical Senses, 25*, 447–460.

Bartz, J. A., Nitschke, J. P., Krol, S. A., & Tellier, P. P. (2019). Oxytocin selectively improves empathic accuracy: A replication in men and novel insights in women. *Biological Psychiatry: Cognitive Neuroscience and Neuroimaging, 4*, 1042–1048.

Bashore, T. R., Ridderinkhof, K. R., & van der Molen, M. W. (1997). The decline of cognitive processing speed in old age. *Current Directions in Psychological Science, 6*, 163–169.

Baskind, D. E. (1997, December 14). Personal communication, from Delta College.

Basner, M., Dinges, D. F., Mollicone, D., Ecker, A., Jones, C. W., Hyder, E. C., Di Antonio, A., Savelev, I., Kan, K., Goel, N., Morukov, B. V., & Sutton, J. P. (2013). Mars 520-d mission simulation reveals protracted crew hypokinesis and alterations of sleep duration and timing. *PNAS, 110*, 2635–2640.

Bassett, D. S., Zurn, P., & Gold, J. I. (2018). On the nature and use of models in network neuroscience. *Nature Reviews Neuroscience, 19*, 566–578.

Bastian, B., Jetten, J., Hornsey, M. J., & Leknes, S. (2014). The positive consequences of pain: A biopsychosocial approach. *Personality and Social Psychology Review, 18*, 256–279.

Basu, S., & Basu, D. (2015). The relationship between psychoactive drugs, the brain and psychosis. *International Archives of Addiction Research and Medicine, 1*, 1.

Bat-Chava, Y. (1993). Antecedents of self-esteem in deaf people: A meta-analytic review. *Rehabilitation Psychology, 38*, 221–234.

Bat-Chava, Y. (1994). Group identification and self-esteem of deaf adults. *Personality and Social Psychology Bulletin, 20*, 494–502.

Bates, T. C. (2015). The glass is half full and half empty: A population-representative twin study testing if optimism and pessimism are distinct systems. *Journal of Positive Psychology, 10*, 533–542.

Bathje, G. J., & Pryor, J. B. (2011). The relationships of public and self-stigma to seeking mental health services. *Journal of Mental Health Counseling, 33*, 161–177.

Batruch, A., Autin, F., Bataillard, F., & Butera, F. (2019). School selection and the social class divide: How tracking contributes to the reproduction of inequalities. *Personality and Social Psychology Bulletin, 45*, 477–490.

Batsell, W. R., Perry, J. L., Hanley, E., & Hostetter, A. B. (2017). Ecological validity of the testing effect: The use of daily quizzes in introductory psychology. *Teaching of Psychology, 44*, 18–23.

Batterink, L. J. (2017). Rapid statistical learning supporting word extraction from continuous speech. *Psychological Science, 28*, 921–928.

Batz-Barbarich, C., Tay, L., Kuykendall, L., & Cheung, H. K. (2018). A meta-analysis of gender differences in subjective well-being: Estimating effect sizes and associations with gender inequality. *Psychological Science, 29*, 1491–1503.

Bauer, C. M., Hirsch, G. V., Zajac, L., Koo, B-B., Collignon, O., & Merabet, L. B. (2017). Multimodal MR-imaging reveals large-scale structural and functional connectivity changes in profound early blindness. *PLOS ONE, 12*, e0173064.

Bauer, M., Cassar, A., Chytilová, J., & Henrich, J. (2014). War's enduring effects on the development of egalitarian motivations and in-group biases. *Psychological Science, 25*, 47–57.

Bauer, P. J., & Larkina, M. (2014). The onset of childhood amnesia in childhood: A prospective investigation of the course and determinants of forgetting of early-life events. *Memory, 22*, 907–924.

Bault, N., di Pellegrino, G., Puppi, M., Opolczynski, G., Monti, A., Braghittoni, D., Thibaut, F., Rustichini, A., & Coricelli, G. (2019). Dissociation between private and social counterfactual value signals following ventromedial prefrontal cortex damage. *Journal of Cognitive Neuroscience, 31*, 639–656.

Baumann, J., & DeSteno, D. (2010). Emotion guided threat detection: Expecting guns where there are none. *Journal of Personality and Social Psychology, 99*, 595–610.

Baumeister, H., & Härter, M. (2007). Prevalence of mental disorders based on general population surveys. *Social Psychiatry and Psychiatric Epidemiology, 42*, 537–546.

Baumeister, R. F. (1996). Should schools try to boost self-esteem? Beware the dark side. *American Educator, 20*, 43.

Baumeister, R. F. (2000). Gender differences in erotic plasticity: The female sex drive as socially flexible and responsive. *Psychological Bulletin, 126*, 347–374.

Baumeister, R. F. (2001). Violent pride: Do people turn violent because of self-hate, or self-love? *Scientific American, 17*, 96–101.

Baumeister, R. F. (2005). *The cultural animal: Human nature, meaning, and social life*. Oxford University Press.

Baumeister, R. F. (2010). *Is there anything good about men?: How cultures flourish by exploiting men*. Oxford.

Baumeister, R. F. (2015). Toward a general theory of motivation: Problems, challenges, opportunities, and the big picture. *Motivation and Emotion, 40*, 1–10.

Baumeister, R. F., & Bratslavsky, E. (1999). Passion, intimacy, and time: Passionate love as a function of change in intimacy. *Personality and Social Psychology Review, 3*, 49–67.

Baumeister, R. F., Bratslavsky, E., Muraven, M., & Tice, D. M. (1998a). Ego depletion: Is the active self a limited resource? *Journal of Personality and Social Psychology, 74*, 1252–1265.

Baumeister, R. F., Catanese, K. R., & Vohs, K. D. (2001). Is there a gender difference in strength of sex drive? Theoretical views, conceptual distinctions, and a review of relevant evidence. *Personality and Social Psychology Review, 5*, 242–273.

Baumeister, R. F., Dale, K., & Sommer, K. L. (1998b). Freudian defense mechanisms and empirical findings in modern personality and social psychology: Reaction formation, projection, displacement, undoing, isolation, sublimation, and denial. *Journal of Personality, 66*, 1081–1125.

Baumeister, R. F., & Leary, M. R. (1995). The need to belong: Desire for interpersonal attachments as a fundamental human motivation. *Psychological Bulletin, 117*, 497–529.

Baumeister, R. F., & Tice, D. M. (1986). How adolescence became the struggle for self: A historical transformation of psychological development. In J. Suls & A. G. Greenwald (Eds.), *Psychological perspectives on the self* (Vol. 3, pp. 183–201). Erlbaum.

Baumeister, R. F., Tice, D. M., & Vohs, K. D. (2018). The strength model of self-regulation: Conclusions from the second decade of willpower research. *Perspectives on Psychological Science, 13*, 141–145.

Baumeister, R. F., & Vohs, K. D. (2016). Strength model of self-regulation as limited resource: Assessment, controversies, update. *Advances in Experimental Social Psychology, 54*, 67–127.

Baumeister, R. F., & Vohs, K. D. (2018). Revisiting our reappraisal of the (surprisingly few) benefits of high self-esteem. *Perspectives on Psychological Science, 13*, 137–140.

Baumgardner, A. H., Kaufman, C. M., & Levy, P. E. (1989). Regulating affect interpersonally: When low esteem leads to greater enhancement. *Journal of Personality and Social Psychology, 56*, 907–921.

Baumrind, D. (1966). Effects of authoritative parental control on child behavior. *Child Development, 37*, 887–907.

Baumrind, D. (1989). Rearing competent children. In W. Damon (Ed.), *Child Development Today and Tomorrow* (pp. 349–378). Jossey-Bass.

Baumrind, D. (1991). The influence of parenting style on adolescent competence and substance abuse. *Journal of Early Adolescence, 11*, 56–95.

Baumrind, D. (1996). The discipline controversy revisited. *Family Relations, 45*, 405–414.

Baumrind, D. (2013). Is a pejorative view of power assertion in the socialization process justified? *Review of General Psychology, 17*, 420–427.

Baur, E., Forsman, M., Santtila, P., Johansson, A., Sandnabba, K., & Långström, N. (2016). Paraphilic sexual interests and sexually coercive behavior: A population-based twin study. *Archives of Sexual Behavior, 45*, 1163–1172.

Bavelier, D., Newport, E. L., & Supalla, T. (2003). Children need natural languages, signed or spoken. *Cerebrum, 5*, 19–32.

Bavelier, D., Tomann, A., Hutton, C., Mitchell, T., Corina, D., Liu, G., & Neville, H. (2000). Visual attention to the periphery is enhanced in congenitally deaf individuals. *Journal of Neuroscience, 20*, 1–6.

Baye, A., & Monseur, C. (2016). Gender differences in variability and extreme scores in an international context. *Large-scale Assessments in Education, 4*, 1.

BBC. (2018, May 21). *Santa Fe school shooting: Suspect 'was rejected' by victim Shana Fisher*. https://www.bbc.com/news/world-us-canada-44194074

Beam, C. R., Emery, R. E., Reynolds, C. A., Gatz, M., Turkheimer, E., & Pedersen, N. L. (2016). Widowhood and the stability of late life depressive symptomatology in the Swedish Adoption Twin Study of Aging. *Behavior Genetics, 46*, 100–113.

Beaman, A. L., & Klentz, B. (1983). The supposed physical attractiveness bias against supporters of the women's movement: A meta-analysis. *Personality and Social Psychology Bulletin, 9*, 544–550.

Beames, J. R., Schofield, T. P., & Denson, T. F. (2017). A meta-analysis of improving self-control with practice. In D. T. D. de Ridder, M. A. Adriaanse, & K. Fujita (Eds.), *Handbook of self-control in health and well-being*. Routledge.

Bearzi, M., & Stanford, C. (2010). A bigger, better brain. *American Scientist, 98*, 402–409.

Beatty Moody, D. L., Taylor, A. D., Leibel, D. K., Al-Najjar, E., Katzel, L. I., Davatzikos, C., Gullapalli, R. P., Seliger, S. L., Kouo, T., Erus, G., Rosenberger, W. F., Evans, M. K., Zonderman, A. B., & Waldstein, S. R. (2019). Lifetime discrimination burden, racial discrimination, and subclinical cerebrovascular disease among African Americans. *Health Psychology, 38*, 63–74.

Beauchaine, T. P., Hinshaw, S. P., & Bridge, J. A. (2019). Nonsuicidal self-injury and suicidal behaviors in girls: The case for targeted prevention in preadolescence. *Clinical Psychological Science, 7*, 643–667.

Beauchamp, G. K. (1987). The human preference for excess salt. *American Scientist, 75*, 27–33.

Beauchamp, M. R., Puterman, E., & Lubans, D. R. (2018). Physical inactivity and mental health in late adolescence. *JAMA Psychiatry, 75*, 543–544.

Beaulieu, A. M., Tabasky, E., & Osser, D. N. (2019). The psychopharmacology algorithm project at the Harvard South Shore Program: an algorithm for adults with obsessive-compulsive disorder. *Psychiatry Research, 281*, 112583.

Beauvois, J.-L., Courbet, D., & Oberlé, D. (2012). The prescriptive power of the television host: A transposition of Milgram's obedience paradigm to the context of TV game show. *European Review of Applied Psychology/Revue Européenne de Psychologie Appliquée, 62*, 111–119.

Becerra-Culqui, T. A., Liu, Y., Nash, R., Cromwell, L., Flanders, W. D., Getahun, D., Giammattei, S. V.,

Hunkeler, E. M., Lash, T. L., Millman, A., Quinn, V. P., Robinson, B., Roblin, D., Sandberg, D. E., Silverberg, M. J., Tangpricha, V., & Goodman, M. (2018). Mental health of transgender and gender nonconforming youth compared with their peers. *Pediatrics, 141*, e20173845.

Bechara, A., Berridge, K. C., Bickel, W. K., Morón, J. A., Williams, S. B., & Stein, J. S. (2019). A neurobehavioral approach to addiction: Implications for the opioid epidemic and the psychology of addiction. *Psychological Science in the Public Interest, 20*, 96–127.

Beck, A. T. (1978). *Cognitive therapy and the emotional disorders.* Penguin.

Beck, A. T., & Bredemeier, K. (2016). A unified model of depression: Integrating clinical, cognitive, biological, and evolutionary perspectives. *Clinical Psychological Science, 4*, 596–619.

Beck, A. T., Rush, A. J., Shaw, B. F., & Emery, G. (1979). *Cognitive therapy of depression.* Guilford Press.

Beck, D. M. (2010). The appeal of the brain in the popular press. *Perspectives on Psychological Science, 5*, 762–766.

Becker, D. V., Kenrick, D. T., Neuberg, S. L., Blackwell, K. C., & Smith, D. M. (2007). The confounded nature of angry men and happy women. *Journal of Personality and Social Psychology, 92*, 179–190.

Becker, J. E., Maley, C., Shultz, E., & Taylor, W. D. (2016). Update on transcranial magnetic stimulation for depression and other neuropsychiatric illnesses. *Psychiatric Annals, 46*, 637–641.

Becklen, R., & Cervone, D. (1983). Selective looking and the noticing of unexpected events. *Memory and Cognition, 11*, 601–608.

Bediou, B., Adams, D. M., Mayer, R. E., Tipton, E., Green, C. S., & Bavelier, D. (2018). Meta-analysis of action video game impact on perceptual, attentional, and cognitive skills. *Psychological Bulletin, 144*, 77–110.

Beeman, M. J., & Chiarello, C. (1998). Complementary right- and left-hemisphere language comprehension. *Current Directions in Psychological Science, 7*, 2–8.

Bègue, L., Bushman, B. J., Giancola, P. R., Subra, B., & Rosset, E. (2010). "There is no such thing as an accident," especially when people are drunk. *Personality and Social Psychology Bulletin, 36*, 1301–1304.

Bègue, L., Subra, B., Arvers, P., Muller, D., Bricout, V., & Zorman, M. (2009). A message in a bottle: Extra-pharmacological effects of alcohol on aggression. *Journal of Experimental Social Psychology, 45*, 137–142.

Bègue, L., Zaalberg, A., Shankland, R., Duke, A., Jacquet, J., Kaliman, P., Pennel, L., Chanove, M., Arvers, P., & Bushman, B. J. (2017). Omega-3 supplements reduce self-reported physical aggression in healthy adults. *Psychiatry Research*. Advance online publication. doi: 10.1016/j.psychres.2017.12.038

Beil, L. (2018, July 21). The clean cycle. *Science News*, pp. 22–26.

Beilin, H. (1992). Piaget's enduring contribution to developmental psychology. *Developmental Psychology, 28*, 191–204.

Beilock, S. (2010). *Choke: What the secrets of the brain reveal about getting it right when you have to.* Free Press.

Beintner, I., Jacobi, C., & Taylor, C. B. (2012). Effects of an Internet-based prevention programme for eating disorders in the USA and Germany: A meta-analytic review. *European Eating Disorders Review, 20*, 1–8.

Bell, A. P., Weinberg, M. S., & Hammersmith, S. K. (1981). *Sexual preference: Its development in men and women.* Indiana University Press.

Belluck, P. (2012, July 16). Footprints to cognitive decline and Alzheimer's are seen in gait. *The New York Times.* https://www.nytimes.com/2012/07/17/health/research/signs-of-cognitive-decline-and-alzheimers-are-seen-in-gait.html?

Belluck, P. (2013, February 5). People with mental illness more likely to be smokers, study finds. *The New York Times.* https://www.nytimes.com/2013/02/06/health/more-smoking-found-by-mentally-ill-people.html?

Belot, M., & Francesconi, M. (2006, November). *Can anyone be "the one"? Evidence on mate selection from speed dating.* Centre for Economic Policy Research.

Belsky, J., & Pluess, M. (2009). Beyond diathesis stress: Differential susceptibility to environmental influences. *Psychological Bulletin, 135*, 885–908.

Belson, K. (2015, September 6). No foul mouths on this field: Football with a New Age twist. *The New York Times.* https://www.nytimes.com/2015/09/07/sports/football/no-foul-mouths-on-pete-carrolls-field-football-with-a-new-age-twist.html?

Belson, K. (2017, September 21). Aaron Hernandez had severe C.T.E. when he died at age 27. *The New York Times.* https://www.nytimes.com/2017/09/21/sports/aaron-hernandez-cte-brain.html?

Bem, D., Tressoldi, P., Rabeyron, T., & Duggan, M. (2015). Feeling the future: A meta-analysis of 90 experiments on the anomalous anticipation of random future events. *F1000Research, 4*, 1188.

Bem, D. J. (1984). Quoted in *The Skeptical Inquirer, 8*, 194.

Bem, D. J. (2011). Feeling the future: Experimental evidence for anomalous retroactive influences on cognition and affect. *Journal of Personality and Social Psychology, 100*, 407–425.

Bem, S. L. (1987). Masculinity and femininity exist only in the mind of the perceiver. In J. M. Reinisch, L. A. Rosenblum, & S. A. Sanders (Eds.), *Masculinity/femininity: Basic perspectives.* Oxford University Press.

Bem, S. L. (1993). *The lenses of gender.* Yale University Press.

Ben Malek, B. H., Philippi, H., Botzung, A., Cretin, B., Berna, F., Manning, L., & Blanc, F. (2019). Memories defining the self in Alzheimer's disease. *Memory, 27*, 698–704.

Ben-Shakhar, G., & Elaad, E. (2003). The validity of psychophysiological detection of information with the guilty knowledge test: A meta-analytic review. *Journal of Applied Psychology, 88*, 131–151.

Benartzi, S., Beshears, J., Milkman, K. L., Sunstein, C. R., Thaler, R. H., Shankar, M., Tucker-Ray, W., Congdon, W. J., & Galing, S. (2017). Should governments invest more in nudging? *Psychological Science, 28*, 1041–1055.

Bendixen, M., Asao, K., Wyckoff, J. P., Buss, D. M., & Kennair, L. E. O. (2017). Sexual regret in US and Norway: Effects of culture and individual differences in religiosity and mating strategy. *Personality and Individual Differences, 116*, 246–251.

Benedict, C., Brooks, S. J., O'Daly, O. G., Almén, M. S., Morell, A., Åberg, K., Gingnell, M., Schultes, B., Hallschmid, M., Broman, J. E., Larsson, E. M., & Schiöth, H. B. (2012). Acute sleep deprivation enhances the brain's response to hedonic food stimuli: An fMRI study. *Journal of Clinical Endocrinology and Metabolism, 97*, 2011–2759.

Benenson, J. F., Markovits, H., Fitzgerald, C., Geoffroy, D., Flemming, J., Kahlenberg, S. M., & Wrangham, R. W. (2009). Males' greater tolerance of same-sex peers. *Psychological Science, 20*, 184–190.

Benjamin, L. T., Jr., & Simpson, J. A. (2009). The power of the situation: The impact of Milgram's obedience studies on personality and social psychology. *American Psychologist, 64*, 12–19.

Benjamins, M. R., Ellison, C. G., & Rogers, R. G. (2010). Religious involvement and mortality risk among pre-retirement aged U.S. adults. In C. E. Ellison & R. A. Hummer (Eds.), *Religion, families, and health: Population-based research in the United States.* Rutgers University Press.

Benner, A. D., Wang, Y., Shen, Y., Boyle, A. E., Polk, R., & Cheng, Y. P. (2018). Racial/ethnic discrimination and well-being during adolescence: A meta-analytic review. *American Psychologist, 73*, 855–883.

Bennett, W. I. (1995). Beyond overeating. *New England Journal of Medicine, 332*, 673–674.

Berg, J. M., Wall, M., Larson, N., Eisenberg, M. E., Loth, K. A., & Neumark-Sztainer, D. (2014). The unique and additive associations of family functioning and parenting practices with disordered eating behaviors in diverse adolescents. *Journal of Behavioral Medicine, 37*, 205–217.

Bergelson, E., & Swingley, D. (2012). At 6–9 months, human infants know the meanings of many common nouns. *PNAS, 109*, 3253–3258.

Bergelson, E., & Swingley, D. (2013). The acquisition of abstract words by young infants. *Cognition, 127*, 391–397.

Bergen, B. K. (2014). *Universal grammar.* Response to 2014 Edge question: What scientific idea is ready for retirement? Edge. https://www.edge.org/response-detail/25539

Berk, L. E. (1994, November). Why children talk to themselves. *Scientific American*, pp. 78–83.

Berk, L. S., Felten, D. L., Tan, S. A., Bittman, B. B., & Westengard, J. (2001). Modulation of neuroimmune parameters during the eustress of humor-associated mirthful laughter. *Alternative Therapies, 7*, 62–76.

Berken, J. A., Gracco, V. L., Chen, J., Soles, J., Watkins, K. E., Baum, S., Callahan, M., & Klein, D. (2015). Neural activation in speech production and reading aloud in native and non-native languages. *NeuroImage, 112*, 208–217.

Berkovich-Ohana, A., Glickson, J., & Goldstein, A. (2014). Studying the default mode and its mindfulness-induced changes using EEF functional connectivity. *Social Cognitive and Affective Neuroscience, 9*, 1616–1624.

Berkowitz, L. (1983). Aversively stimulated aggression: Some parallels and differences in research with animals and humans. *American Psychologist, 38*, 1135–1144.

Berkowitz, L. (1989). Frustration-aggression hypothesis: Examination and reformulation. *Psychological Bulletin, 106*, 59–73.

Berkowitz, L. (1990). On the formation and regulation of anger and aggression: A cognitive-neoassociationistic analysis. *American Psychologist, 45*, 494–503.

Berman, M. G., Jonides, J., & Kaplan, S. (2008). The cognitive benefits of interacting with nature. *Psychological Science, 19*, 1207–1212.

Bernal-Gamboa, R., Rosas, J. M., & Nieto, J. (2018). Extinction makes acquisition context-specific in conditioned taste aversion regardless of the context where acquisition and testing take place. *Journal of Experimental Psychology: Animal Learning and Cognition, 44*, 385–395.

Berndt, T. J. (1992). Friendship and friends' influence in adolescence. *Current Directions in Psychological Science, 1*, 156–159.

Bernieri, F., Davis, J., Rosenthal, R., & Knee, C. (1994). Interactional synchrony and rapport: Measuring synchrony in displays devoid of sound and facial affect. *Personality and Social Psychology Bulletin, 20*, 303–311.

Bernstein, B. O., Lubinski, D., & Benbow, C. P. (2019). Psychological constellations assessed at age 13 predict distinct forms of eminence 35 years later. *Psychological Science, 30*, 444–454.

Bernstein, D. M., & Loftus, E. F. (2009a). The consequences of false memories for food preferences and choices. *Perspectives on Psychological Science, 4,* 135–139.

Bernstein, D. M., & Loftus, E. F. (2009b). How to tell if a particular memory is true or false. *Perspectives on Psychological Science, 4,* 370–374.

Bernstein, M. J., Young, S. G., & Claypool, H. M. (2010). Is Obama's win a gain for Blacks? Changes in implicit racial prejudice following the 2008 election. *Social Psychology, 41,* 147–151.

Berridge, K. C., Robinson, T. E., & Aldridge, J. W. (2009). Dissecting components of reward: "liking", "wanting", and learning. *Current Opinion in Pharmacology, 9,* 65–73.

Berry, C. M., & Sackett, P. R. (2009). Individual differences in course choice result in underestimation of the validity of college admissions systems. *Psychological Science, 20,* 822–830.

Berry, C. M., & Zhao, P. (2015). Addressing criticisms of existing predictive bias research: Cognitive ability test scores still overpredict African Americans' job performance. *Journal of Applied Psychology, 100,* 162–179.

Berscheid, E. (1981). An overview of the psychological effects of physical attractiveness and some comments upon the psychological effects of knowledge of the effects of physical attractiveness. In G. W. Lucker, K. Ribbens, & J. A. McNamara (Eds.), *Psychological aspects of facial form* (Craniofacial Growth Series). Center for Human Growth and Development, University of Michigan.

Berscheid, E. (1985). Interpersonal attraction. In G. Lindzey & E. Aronson (Eds.), *The handbook of social psychology*. Random House.

Berscheid, E. (2010). Love in the fourth dimension. *Annual Review of Psychology, 61,* 1–25.

Berti, A., Cottini, G., Gandola, M., Pia, L., Smania, N., Stracciari, A., Castiglioni, I., Vallar, G., & Paulesu, E. (2005). Shared cortical anatomy for motor awareness and motor control. *Science, 309,* 488–491.

Bértolo, H. (2005). Visual imagery without visual perception? *Psicológica, 26,* 173–188.

Bertrand, M., & Mullainathan, S. (2004). Are Emily and Greg more employable than Lakisha and Jamal? A field experiment on labor market discrimination. *American Economic Review, 94,* 991–1013.

Bettergarcia, J. N., & Israel, T. (2018). Therapist reactions to transgender identity exploration: Effects on the therapeutic relationship in an analogue study. *Psychology of Sexual Orientation and Gender Diversity, 5,* 423–431.

Beyeler, A. (2019). Do antidepressants restore lost synapses? *Science, 364,* 129–130.

Bhatt, R. S., Wasserman, E. A., Reynolds, W. F., Jr., & Knauss, K. S. (1988). Conceptual behavior in pigeons: Categorization of both familiar and novel examples from four classes of natural and artificial stimuli. *Journal of Experimental Psychology: Animal Behavior Processes, 14,* 219–234.

Bialik, K. (2018, December 6). *How asking about your sleep, smoking or yoga habits can help pollsters verify their findings.* Pew Research Center. https://tinyurl.com/skp7yf96

Bialystok, E., Kroll, J. F., Green, D. W., MacWhinney, B., & Craik, F. I. M. (2015). Publication bias and the validity of evidence: What's the connection? *Psychological Science, 26,* 944–946.

Bianchi, E. C., Hall, E. V., & Lee, S. (2018). Reexamining the link between economic downturns and racial antipathy: Evidence that prejudice against blacks rises during recessions. *Psychological Science, 29,* 1584–1597.

Bianconi, E., Piovesan, A., Facchin, F., Beraudi, A., Casadei, R., Frabetti, F., Vitale, L., Pelleri, M. C., Tassani, S., Piva, F., Perez-Amodio, S., Strippoli, P., & Canaider, S. (2013). An estimation of the number of cells in the human body. *Annals of Human Biology, 40,* 463–471.

Bick, J., Fox, N., Zeanah, C., & Nelson, C. A. (2015). Early deprivation, atypical brain development, and internalizing symptoms in late childhood. *Neuroscience, 342,* 140–153.

Bienvenu, O. J., Davydow, D. S., & Kendler, K. S. (2011). Psychiatric "diseases" versus behavioral disorders and degree of genetic influence. *Psychological Medicine, 41,* 33–40.

Bilefsky, D. (2009, March 11). Europeans debate castration of sex offenders. *The New York Times.* https://www.nytimes.com/2009/03/11/world/europe/11castrate.html?

Billock, V. A., & Tsou, B. H. (2012). Elementary visual hallucinations and their relationships to neural pattern-forming mechanisms. *Psychological Bulletin, 138,* 744–774.

Binder, E. B. (2019). Polygenic risk scores in schizophrenia: Ready for the real world? *American Journal of Psychiatry, 176,* 783–784.

Binet, A. (1909). *Les idées modernes sur les enfants* [Modern ideas about children]. Flammarion. Quoted in Clarke, A., & Clarke A. (2006), Born to be bright. *The Psychologist, 19,* 409.

Bird, C. D., & Emery, N. J. (2009). Rooks use stones to raise the water level to reach a floating worm. *Current Biology, 19,* 1410–1414.

Birnbaum, G. E. (2018). The fragile spell of desire: A functional perspective on changes in sexual desire across relationship development. *Personality and Social Psychology Review, 22,* 101–127.

Birnbaum, G. E., & Reis, H. T. (2012). When does responsiveness pique sexual interest? Attachment and sexual desire in initial acquaintanceships. *Personality and Social Psychology Bulletin, 38,* 946–958.

Birnbaum, G. E., Reis, H. T., Mikulincer, M., Gillath, O., & Orpaz, A. (2006). When sex is more than just sex: Attachment orientations, sexual experience, and relationship quality. *Journal of Personality and Social Psychology, 91,* 929–943.

Biro, D., Humle, T., Koops, K., Sousa, C., Hayashi, M., & Matsuzawa, T. (2010). Chimpanzee mothers at Bossou, Guinea carry the mummified remains of their dead infants. *Current Biology, 20,* R351–R352.

Biro, F. M., Galvez, M. P., Greenspan, L. C., Succop, P. A., Vangeepuram, N., Pinney, S. M., Teitelbaum, S., Windham, G. C., Kushi, L. H., & Wolff, M. S. (2010). Pubertal assessment method and baseline characteristics in a mixed longitudinal study of girls. *Pediatrics, 126,* e583–e590.

Biro, F. M., Greenspan, L. C., & Galvez, M. P. (2012). Puberty in girls of the 21st century. *Journal of Pediatric and Adolescent Gynecology, 25,* 289–294.

Bisbey, T. M., Reyes, D. L., Traylor, A. M., & Salas, E. (2019). Teams of psychologists helping teams: The evolution of the science of team training. *American Psychologist, 74,* 278–289.

Bishop, D. I., Weisgram, E. S., Holleque, K. M., Lund, K. E., & Wheeler, J. R. (2005). Identity development and alcohol consumption: Current and retrospective self-reports by college students. *Journal of Adolescence, 28,* 523–533.

Bishop, G. D. (1991). Understanding the understanding of illness: Lay disease representations. In J. A. Skelton & R. T. Croyle (Eds.), *Mental representation in health and illness.* Springer-Verlag.

Bisra, K., Liu, Q., Nesbit, J. C., Salimi, F., & Winne, P. H. (2018). Inducing self-explanation: A meta-analysis. *Educational Psychology Review, 30,* 703–725.

Bjork, E. L., & Bjork, R. (2011). Making things hard on yourself, but in a good way: Creating desirable difficulties to enhance learning. In M. A. Gernsbacher, M. A. Pew, L. M. Hough, & J. R. Pomerantz (Eds.), *Psychology and the real world.* Worth Publishers.

Bjork, R. (2011, January 20). Quoted by P. Belluck, To really learn, quit studying and take a test. *The New York Times.* https://www.nytimes.com/2011/01/21/science/21memory.html?

Bjork, R. A., & Bjork, E. L. (2019). Forgetting as the friend of learning: implications for teaching and self-regulated learning. *Advances in Physiology Education, 43,* 164–167.

Bjorklund, D. F., & Green, B. L. (1992). The adaptive nature of cognitive immaturity. *American Psychologist, 47,* 46–54.

BJS. (2017). *Data collection: National Crime Victimization Survey (NCVS).* https://www.bjs.gov/index.cfm?ty=dcdetail&iid=245

Black, M. C., Basile, K. C., Breiding, M. J., Smith, S. G., Walters, M. L., Merrick, M. T., Chen, J., & Stevens, M. R. (2011). *The National Intimate Partner and Sexual Violence Survey (NISVS): 2010 summary report.* National Center for Injury Prevention and Control, Centers for Disease Control and Prevention.

Blake, A., Nazarian, M., & Castel, A. (2015). The Apple of the mind's eye: Everyday attention, metamemory, and reconstructive memory for the Apple logo. *Quarterly Journal of Experimental Psychology, 68,* 858–865.

Blake, W. (2013, March). Voices from solitary: A sentence worse than death [Essay]. Published at Solitary Watch, News from a Nation in Lockdown. https://www.huffpost.com/entry/voices-from-solitary-a-se_n_2890157

Blakemore, S. (2018). Avoiding social risk in adolescence. *Current Directions in Psychological Science, 27,* 116–122.

Blakemore, S.-J. (2008). Development of the social brain during adolescence. *Quarterly Journal of Experimental Psychology, 61,* 40–49.

Blakemore, S.-J., Wolpert, D. M., & Frith, C. D. (1998). Central cancellation of self-produced tickle sensation. *Nature Neuroscience, 1,* 635–640.

Blakeslee, S. (2006, January 10). Cells that read minds. *The New York Times.* https://www.nytimes.com/2006/01/10/science/cells-that-read-minds.html?

Blanchard, R. (2004). Quantitative and theoretical analyses of the relation between older brothers and homosexuality in men. *Journal of Theoretical Biology, 230,* 173–187.

Blanchard, R. (2008). Review and theory of handedness, birth order, and homosexuality in men. *Laterality, 13,* 51–70.

Blanchard, R. (2018). Fraternal birth order, family size, and male homosexuality: Meta-analysis of studies spanning 25 years. *Archives of Sexual Behavior, 47,* 1–15.

Blanchard, R. (2019). Recent findings on fraternal birth order and homosexuality in males. *Archives of Sexual Behavior, 48,* 1899–1900.

Blanchard, R., Kuban, M. E., Blak, T., Klassen, P. E., Dickey, R., & Cantor, J. M. (2012). Sexual attraction to others: A comparison of two models of alloerotic responding in men. *Archives of Sexual Behavior, 41,* 13–29.

Blanchard, R., Lykins, A. D., Wherrett, D., Kuban, M. E., Cantor, J. M., Blak, T., Dickey, R., & Klassen, P. E. (2009). Pedophilia, hebephilia, and the DSM-V. *Archives of Sexual Behavior, 38,* 335–350.

Blanchard-Fields, F. (2007). Everyday problem solving and emotion: An adult developmental perspective. *Current Directions in Psychological Science, 16,* 26–31.

Blascovich, J., & Mendes, W. B. (2010). Social psychophysiology and embodiment. In S. T. Fiske, D. T. Gilbert, & G. Lindzey (Eds.), *The handbook of social psychology,* 5th ed. (pp. 194–227). Wiley.

Blasi, D. E., Wichmann, S., Hammarström, H., Stadler, P. F., & Christiansen, M. H. (2016). Sound-meaning association biases evidenced across thousands of languages. PNAS, 113, 10818–10823.

Blass, T. (1996). Stanley Milgram: A life of inventiveness and controversy. In G. A. Kimble, C. A. Boneau, & M. Wertheimer (Eds.), Portraits of pioneers in psychology (Vol. II). American Psychological Association and Lawrence Erlbaum.

Blass, T. (1999). The Milgram paradigm after 35 years: Some things we now know about obedience to authority. Journal of Applied Social Psychology, 29, 955–978.

Blazer, D. G., & Tucci, D. L. (2019). Hearing loss and psychiatric disorders: a review. Psychological Medicine, 49, 891–897.

Blechert, J., Testa, G., Georgii, C., Klimesch, W., & Wilhelm, F. H. (2016). The Pavlovian craver: Neural and experiential correlates of single trial naturalistic food conditioning in humans. Physiology & Behavior, 158, 18–25.

Bleidorn, W., Arslan, R. C., Denissen, J. J. A., Rentfrow, P. J., Gebauer, J. E., Potter, J., & Gosling, S. D. (2016). Age and gender differences in self-esteem—A cross-cultural window. Journal of Personality and Social Psychology, 111, 396–410.

Bleidorn, W., Hopwood, C. J., Ackerman, R. A., Witt, E. A., Kandler, C., Riemann, R., Samuel, D. B., & Donnellan, M. B. (2019). The healthy personality from a basic trait perspective. Journal of Personality and Social Psychology. Advance online publication. https://doi.org/10.1037/pspp0000231

Bleidorn, W., Hopwood, C. J., & Lucas, R. E. (2018). Life events and personality trait change. Journal of Personality, 86, 83–96.

Blinkhorn, V., Lyons, M., & Almond, L. (2015). The ultimate femme fatale: Narcissism predicts serious and aggressive sexually coercive behavior in females. Personality and Individual Differences, 87, 219–223.

Blix, I., & Brennen, T. (2011). Mental time travel after trauma: The specificity and temporal distribution of autobiographical memories and future-directed thoughts. Memory, 19, 956–967.

Blokland, G. A. M., McMahon, K. L., Thompson, P. M., Martin, N. G., de Zubicaray, G. I., & Wright, M. J. (2011). Heritability of working memory brain activation. Journal of Neuroscience, 31, 10882–10890.

Bloom, B. C. (Ed.). (1985). Developing talent in young people. Ballantine.

Bloom, F. E. (1993, January/February). What's new in neurotransmitters. Brain-Work, pp. 7–9.

Bloom, P. (2000). How children learn the meanings of words. MIT Press.

Bloom, P. (2016). Against empathy: The case for rational compassion. HarperCollins

Blow, C. M. (2015, March 26). Officers' race matters less than you think. The New York Times. https://www.nytimes.com/2015/03/26/opinion/charles-blow-officer-race-matters-less-than-you-think.html?

BLS. (2011, June 22). American time use survey summary. https://www.scribd.com/document/154489647/American-Time-Use-Survey-Summary

BLS. (2019). Labor force statistics from the current population survey. Bureau of Labor Statistics. https://www.bls.gov/cps/

Blum, D. (2011). Love at Goon Park: Harry Harlow and the science of affection (2nd edition). Perseus.

Blum, K., Cull, J. G., Braverman, E. R., & Comings, D. E. (1996). Reward deficiency syndrome. American Scientist, 84, 132–145.

Blum, K., Thanos, P. K., & Gold, M. S. (2014). Dopamine and glucose, obesity, and reward deficiency syndrome. Frontiers in Psychology, 5, 919.

Blumenstein, B., & Orbach, I. (2012). Mental practice in sport: Twenty case studies. Novinka/Nova Science Publishers.

Boag, S. (2006). Freudian repression, the common view, and pathological science. Review of General Psychology, 10, 74–86.

Bock, L. (2013, June 19). Interview by Adam Bryant, "In head-hunting, big data may not be such a big deal." The New York Times. https://www.nytimes.com/2013/06/20/business/in-head-hunting-big-data-may-not-be-such-a-big-deal.html?

Bocklandt, S., Horvath, S., Vilain, E., & Hamer, D. H. (2006). Extreme skewing of X chromosome inactivation in mothers of homosexual men. Human Genetics, 118, 691–694.

Bockting, W. O. (2014). Transgender identity development. In W. O. Bockting (Ed.), APA handbook of sexuality and psychology (Vol. 1, pp. 739–758). American Psychological Association.

Bodenhausen, G. V., Sheppard, L. A., & Kramer, G. P. (1994). Negative affect and social judgment: The differential impact of anger and sadness. European Journal of Social Psychology, 24, 45–62.

Bodkin, J. A., & Amsterdam, J. D. (2002). Transdermal selegiline in major depression: A double-blind, placebo-controlled, parallel-group study in outpatients. American Journal of Psychiatry, 159, 1869–1875.

Boecker, H., Sprenger, T., Spilker, M. E., Henriksen, G., Koppenhoefer, M., Wagner, K. J., Valet, M., Berthele, A., & Tolle, T. R. (2008). The runner's high: Opioidergic mechanisms in the human brain. Cerebral Cortex, 18, 2523–2531.

Boehm, J. K., & Kubzansky, L. D. (2012). The heart's content: The association between positive psychological well-being and cardiovascular health. Psychological Bulletin, 138, 655–691.

Boehm, J. K., Winning, A., Segerstrom, S., & Kubzansky, L. D. (2015). Variability modifies life satisfaction's association with mortality risk in older adults. Psychological Science, 26, 1063–1070.

Boehm-Davis, D. A. (2005). Improving product safety and effectiveness in the home. In R. S. Nickerson (Ed.), Reviews of human factors and ergonomics. Volume 1 (pp. 219–253). Human Factors and Ergonomics Society.

Boenigk, S., & Mayr, M. L. (2016). The happiness of giving: Evidence from the German socioeconomic panel that happier people are more generous. Journal of Happiness Studies, 17, 1825–1846.

Boesch-Achermann, H., & Boesch, C. (1993). Tool use in wild chimpanzees: New light from dark forests. Current Directions in Psychological Science, 2, 18–21.

Bogaert, A. F. (2003). Number of older brothers and sexual orientation: New texts and the attraction/behavior distinction in two national probability samples. Journal of Personality and Social Psychology, 84, 644–652.

Bogaert, A. F. (2004). Asexuality: Prevalence and associated factors in a national probability sample. Journal of Sex Research, 41, 279–287.

Bogaert, A. F. (2006). Biological versus nonbiological older brothers and men's sexual orientation. PNAS, 103, 10771–10774.

Bogaert, A. F. (2015). Asexuality: What it is and why it matters. Journal of Sex Research, 52, 362–379.

Bogaert, A. F., Friesen, C., & Klentrou, P. (2002). Age of puberty and sexual orientation in a national probability sample. Archives of Sexual Behavior, 31, 73–81.

Bogaert, A. F., Skorska, M. N., Wang, C., Gabrie, J., MacNeil, A. J., Hoffarth, M. R., VanderLaan, D. P., Zucker, K. J., & Blanchard, R. (2018). Male homosexuality and maternal immune responsivity to the Y-linked protein NLGN4Y. PNAS, 115, 302–306.

Bogen, J. E. & Vogel, P. J. (1962). Cerebral commissurotomy in man: Preliminary case report. Bulletin Los Angeles Neurological Society, 27, 169-172.

Boggiano, A. K., Harackiewicz, J. M., Bessette, M. M., & Main, D. S. (1985). Increasing children's interest through performance-contingent reward. Social Cognition, 3, 400–411.

Boggiano, M. M., Chandler, P. C., Viana, J. B., Oswald, K. D., Maldonado, C. R., & Wauford, P. K. (2005). Combined dieting and stress evoke exaggerated responses to opioids in binge-eating rats. Behavioral Neuroscience, 119, 1207–1214.

Bohlken, M. M., Brouwer, R. M., Mandl, R. C. W., Van, d. H., Hedman, A. M., De Hert, M., Cahn, W., Kahn, R. S., & Pol, H. E. H. (2016). Structural brain connectivity as a genetic marker for schizophrenia. JAMA Psychiatry, 73, 11–19.

Bohman, M., & Sigvardsson, S. (1990). Outcome in adoption: Lessons from longitudinal studies. In D. Brodzinsky & M. Schechter (Eds.), The psychology of adoption (pp. 93–106). Oxford University Press.

Bois, C., Levita, L., Ripp, I., Owens, D. C. G., Johnstone, E. C., Whalley, H. C., & Lawrie, S. M. (2016). Longitudinal changes in hippocampal volume in the Edinburgh High Risk Study of Schizophrenia. Schizophrenia Research, 173, 146–151.

Boldrini, M., Fulmore, C. A., Tartt, A. N., Simeon, L. R., Pavlova, I, Poposka, V., Rosoklija, G. B., Stankov, A., Arango, V., Dwork, A. J., Hen, R., & Mann, J. J. (2018). Human hippocampal neurogenesis persists throughout aging. Cell Stem Cell, 22, 589–599.

Bolger, N., DeLongis, A., Kessler, R. C., & Schilling, E. A. (1989). Effects of daily stress on negative mood. Journal of Personality and Social Psychology, 57, 808–818.

Bolmont, M., Cacioppo, J. T., & Cacioppo, S. (2014). Love is in the gaze: An eye-tracking study of love and sexual desire. Psychological Science, 25, 1748–1756.

Boly, M., Garrido, M. I., Gosseries, O., Bruno, M.-A., Boveroux, P., Schnakers, C., Massimini, M., Litvak, V., Laureys, S., & Friston, K. (2011). Preserved feed-forward but impaired top-down processes in the vegetative state. Science, 332, 858–862.

Bonanno, G. A. (2004). Loss, trauma, and resilience: Have we underestimated the human capacity to thrive after extremely aversive events? American Psychologist, 59, 20–28.

Bonanno, G. A., Brewin, C. R., Kaniasty, K., & La Greca, A. M. (2010). Weighing the costs of disaster: Consequences, risks, and resilience in individuals, families, and communities. Psychological Science in the Public Interest, 11, 1–49.

Bonanno, G. A., Galea, S., Bucciarelli, A., & Vlahov, D. (2006). Psychological resilience after disaster. Psychological Science, 17, 181–186.

Bonanno, G. A., Galea, S., Bucciarelli, A., & Vlahov, D. (2007). What predicts psychological resilience after disaster? The role of demographics, resources, and life stress. Journal of Consulting and Clinical Psychology, 75, 671–682.

Bonanno, G. A., & Kaltman, S. (1999). Toward an integrative perspective on bereavement. Psychological Bulletin, 125, 760–777.

Bonanno, G. A., Kennedy, P., Galatzer-Levy, I. R., Lude, P., & Elfström, M. L. (2012). Trajectories of resilience, depression, and anxiety following spinal cord injury. Rehabilitation Psychology, 57, 236–247.

Bonanno, G. A., Westphal, M., & Mancini, A. D. (2011). Resilience to loss and potential trauma. Annual Review of Clinical Psychology, 11, 511–535.

Bond, C. F., Jr., & DePaulo, B. M. (2006). Accuracy of deception judgments. Personality and Social Psychology Review, 10, 214–234.

Bond, M. H., Lun, V. M.-C., Chan, J., Chan, W. W.-Y., & Wong, D. (2012). Enacting modesty in Chinese culture: The joint contribution of personal characteristics and contextual features. *Asian Journal of Social Psychology, 15,* 14–25.

Bond, R., & Smith, P. B. (1996). Culture and conformity: A meta-analysis of studies using Asch's (1952, 1956) line judgment task. *Psychological Bulletin, 119,* 111–137.

Bonezzi, A., Brendl, C. M., & DeAngelis, M. (2011). Stuck in the middle: The psychophysics of goal pursuit. *Psychological Science, 22,* 607–612.

Bonfils, K. A., Lysaker, P. H., Minor, K. S., & Salyers, M. P. (2016). Affective empathy in schizophrenia: A meta-analysis. *Schizophrenia Research, 175,* 109–117.

Bono, J. E., & Judge, T. A. (2004). Personality and transformational and transactional leadership: A meta-analysis. *Journal of Applied Psychology, 89,* 901–910.

Bookheimer, S. H., Strojwas, M. H., Cohen, M. S., Saunders, A. M., Pericak-Vance, M. A., Mazziotta, J. C., & Small, G. W. (2000). Patterns of brain activation in people at risk for Alzheimer's disease. *New England Journal of Medicine, 343,* 450–456.

Bookheimer, S. Y., Salat, D. H., Terpstra, M., Ances, B. M., Barch, D. M., Buckner, R. L., Fischl, B. (2019). The Lifespan Human Connectome Project in Aging: An overview. *NeuroImage, 185,* 335–348.

Boone, A. P., & Hegarty, M. (2017). Sex differences in mental rotation tasks: Not just in the mental rotation process! *Journal of Experimental Psychology: Learning, Memory, and Cognition, 43,* 1005–1019.

Booth, F. W., & Neufer, P. D. (2005). Exercise controls gene expression. *American Scientist, 93,* 28–35.

Boothby, E. J., Cooney, G., Sandstrom, G. M., & Clark, M. S. (2018). The liking gap in conversations: Do people like us more than we think? *Psychological Science, 29,* 1742–1756.

Bopp, K. L., & Verhaeghen, P. (2020). Aging and n-back performance: A meta-analysis. *The Journals of Gerontology: Series B, 75*(2), 229–240.

Bor, D. (2010). The mechanics of mind reading. *Scientific American, 21,* 52–57.

Bora, E., & Pantelis, C. (2013). Theory of mind impairments in first-episode psychosis, individuals at ultra-high risk for psychosis and in first-degree relatives of schizophrenia: Systematic review and meta-analysis. *Schizophrenia Research, 144,* 31–36.

Bora, E., & Pantelis, C. (2016). Social cognitive in schizophrenia in comparison to bipolar disorder: A meta-analysis. *Schizophrenia Research, 175,* 72–78.

Border, R., Johnson, E. C., Evans, L. M., Smolen, A., Berley, N., Sullivan, P. F., & Keller, M. C. (2019). No support for historical candidate gene or candidate gene-by-interaction hypotheses for major depression across multiple large samples. *American Journal of Psychiatry, 176,* 376–387.

Borgogna, N. C., McDermott, R. C., Aita, S. L., & Kridel, M. M. (2018). Anxiety and depression across gender and sexual minorities: Implications for transgender, gender nonconforming, pansexual, demisexual, asexual, queer, and questioning individuals. *Psychology of Sexual Orientation and Gender Diversity, 6,* 54–63

Boring, E. G. (1930). A new ambiguous figure. *American Journal of Psychology, 42,* 444–445.

Boring, E. G. (1959). *Lewis Madison Terman, 1877–1956.* National Academy of Sciences.

Borman, G. D., Rozek, C. S., Pyne, J., & Hanselman, P. (2019). Reappraising academic and social adversity improves middle school students' academic achievement, behavior, and well-being. *PNAS, 116,* 16286–16291.

Bornstein, M. H., Cote, L. R., Maital, S., Painter, K., Park, S.-Y., Pascual, L., Pêcheux, M. G., Ruel, J., Venuti, P., & Vyt, A. (2004). Cross-linguistic analysis of vocabulary in young children: Spanish, Dutch, French, Hebrew, Italian, Korean, and American English. *Child Development, 75,* 1115–1139.

Bornstein, M. H., Tal, J., Rahn, C., Galperin, C. Z., Pecheux, M.-G., Lamour, M., Toda, S., Azuma, H., Ogino, M., & Tamis-LeMonda, C. S. (1992a). Functional analysis of the contents of maternal speech to infants of 5 and 13 months in four cultures: Argentina, France, Japan, and the United States. *Developmental Psychology, 28,* 593–603.

Bornstein, M. H., Tamis-LeMonda, C. S., Tal, J., Ludemann, P., Toda, S., Rahn, C. W., Pêcheux, M. G., Azuma, H., & Vardi, D. (1992b). Maternal responsiveness to infants in three societies: The United States, France, and Japan. *Child Development, 63,* 808–821.

Bornstein, R. F. (1989). Exposure and affect: Overview and meta-analysis of research, 1968–1987. *Psychological Bulletin, 106,* 265–289.

Bornstein, R. F. (1999). Source amnesia, misattribution, and the power of unconscious perceptions and memories. *Psychoanalytic Psychology, 16,* 155–178.

Bornstein, R. F., Galley, D. J., Leone, D. R., & Kale, A. R. (1991). The temporal stability of ratings of parents: Test-retest reliability and influence of parental contact. *Journal of Social Behavior and Personality, 6,* 641–649.

Boroditsky, L. (2009, June 12). *How does our language shape the way we think?* Edge. https://www.edge.org/conversation/lera_boroditsky-how-does-our-language-shape-the-way-we-think

Boroditsky, L. (2011, February). How language shapes thought. *Scientific American,* pp. 63–65.

Bos, H. M. W., Knox, J. R., van Rijn-van Gelderen, L., & Gartrell, N. K. (2016). Same-sex and different-sex parent households and child health outcomes: Findings from the National Survey of Children's Health. *Journal of Developmental and Behavioral Pediatrics, 37,* 179–187.

Bosl, W. J., Tager-Flusberg, H. & Nelson, C. A. (2018). EEG analytics for early detection of autism spectrum disorder: A data-driven approach. *Scientific Reports, 8,* 6828.

Bosma, H., Marmot, M. G., Hemingway, H., Nicolson, A. C., Brunner, E., & Stansfeld, S. A. (1997). Low job control and risk of coronary heart disease in Whitehall II (prospective cohort) study. *British Medical Journal, 314,* 558–565.

Bosma, H., Peter, R., Siegrist, J., & Marmot, M. (1998). Two alternative job stress models and the risk of coronary heart disease. *American Journal of Public Health, 88,* 68–74.

Bostean, G., & Gillespie, B. J. (2018). Acculturation, acculturative stressors, and family relationships among Latina/o immigrants. *Cultural Diversity and Ethnic Minority Psychology, 24,* 126–138.

Bostwick, J. M., Pabbati, C., Geske, J. R., & McKean, A. J. (2016). Suicide attempt as a risk factor for completed suicide: Even more lethal than we knew. *The American Journal of Psychiatry, 173,* 1094–1100.

Bostwick, J. M., & Pankratz, V. S. (2000). Affective disorders and suicide risk: A re-examination. *American Journal of Psychiatry, 157,* 1925–1932.

Bosworth, R. G., & Dobkins, K. R. (1999). Left-hemisphere dominance for motion processing in deaf signers. *Psychological Science, 10,* 256–262.

Bothwell, R. K., Brigham, J. C., & Malpass, R. S. (1989). Cross-racial identification. *Personality and Social Psychology Bulletin, 15,* 19–25.

Bots, S. H., Peters, S. A., & Woodward, M. (2017). Sex differences in coronary heart disease and stroke mortality: a global assessment of the effect of ageing between 1980 and 2010. *BMJ Global Health, 2,* e000298.

Botvinick, M., Ritter, S., Wang, J. X., Kurth-Nelson, Z., Blundell, C., Hassabis, D. (2019). Reinforcement learning, fast and slow. *Trends in Cognitive Sciences, 23,* 408–422.

Bouchard, T. J., Jr. (2009). Genetic influences on human intelligence (Spearman's *g*): How much? *Annals of Human Biology, 36,* 527–544.

Boucher, J., Mayes, A., & Bigham, S. (2012). Memory in autistic spectrum disorder. *Psychological Bulletin, 138,* 458–496.

Bould, H., Carnegie, R., Allward, H., Bacon, E., Lambe, Sapseid, M., Button, K. S., Lewis, G., Skinner, A., Broome, M. R., Park, R., Harmer, C. J., Penton-Boak, I. S., & Munafó, M. R. (2018). Effects of exposure to bodies of different sizes on perception of and satisfaction with own body size: Two randomized studies. *Royal Society Open Science, 5,* 171387.

Bowden, E. M., & Beeman, M. J. (1998). Getting the right idea: Semantic activation in the right hemisphere may help solve insight problems. *Psychological Science, 9,* 435–440.

Bowdring, M. A., & Sayette, M. A. (2018). Perception of physical attractiveness when consuming and not consuming alcohol: A meta-analysis. *Addiction, 113,* 1585–1597.

Bower, B. (2009, February 14). The dating go round. *Science News,* pp. 22–25.

Bower, G. H. (1986). Prime time in cognitive psychology. In P. Eelen (Ed.), *Cognitive research and behavior therapy: Beyond the conditioning paradigm.* North Holland Publishers.

Bower, G. H., Clark, M. C., Lesgold, A. M., & Winzenz, D. (1969). Hierarchical retrieval schemes in recall of categorized word lists. *Journal of Verbal Learning and Verbal Behavior, 8,* 323–343.

Bower, G. H., & Morrow, D. G. (1990). Mental models in narrative comprehension. *Science, 247,* 44–48.

Bower, J. M., & Parsons, L. M. (2003, August). Rethinking the "lesser brain." *Scientific American,* pp. 50–57.

Bowers, J. M., & Moyer, A. (2017). Effects of school start time on students' sleep duration, daytime sleepiness, and attendance: a meta-analysis. *Sleep Health, 3,* 423–431.

Bowers, J. S. (2009). On the biological plausibility of grandmother cells: Implications for neural network theories in psychology and neuroscience. *Psychological Review, 116,* 220–251.

Bowker, E., & Dorstyn, D. (2016). Hypnotherapy for disability-related pain: A meta-analysis. *Journal of Health Psychology, 21,* 526–539.

Bowling, N. A., Eschleman, K. J., & Wang, Q. (2010). A meta-analytic examination of the relationship between job satisfaction and subjective well-being. *Journal of Occupational and Organizational Psychology, 83,* 915–934.

Boxer, P., Huesmann, L. R., Bushman, B. J., O'Brien, M., & Moceri, D. (2009). The role of violent media preference in cumulative developmental risk for violence and general aggression. *Journal of Youth and Adolescence, 38,* 417–428.

Boyatzis, C. J. (2012). Spiritual development during childhood and adolescence. In L. J. Miller (Ed.), *The Oxford handbook of psychology and spirituality* (pp. 151–164). Oxford University Press.

Boyatzis, C. J., Matillo, G. M., & Nesbitt, K. M. (1995). Effects of the "Mighty Morphin Power Rangers" on children's aggression with peers. *Child Study Journal, 25,* 45–55.

Boyce, C. J., & Wood, A. M. (2011). Personality prior to disability determines adaptation: Agreeable individuals recover lost life satisfaction faster and more completely. *Psychological Science, 22,* 1397–1402.

Boyce, C. J., Wood, A. M., Daly, M., & Sedikides, C. (2015). Personality change following unemployment. *Journal of Applied Psychology, 100,* 991–1011.

Boyce, R., Glasgow, S. D., Williams, S., & Adamantidis, A. (2016). Causal evidence for the role of REM sleep theta rhythm in contextual memory consolidation. *Science, 352,* 812–816.

Boyden, E. S. (2014). Let there be light. *Scientific American, 25,* 62–69.

Boynton, R. M. (1979). *Human color vision.* Holt, Rinehart & Winston.

Braden, J. P. (1994). *Deafness, deprivation, and IQ.* Plenum.

Bradley, D. R., Dumais, S. T., & Petry, H. M. (1976). Reply to Cavonius. *Nature, 261,* 78.

Bradley, R. B., Binder, E. B., Epstein, M. P., Tan, Y.-L., Nair, H. P., Liu, W., Gillespie, C. F., Berg, T., Evces, M., Newport, D. J., Stowe, Z. N., Heim, C. M., Nemeroff, C. B., Schwartz, A., Cubells, J. F., & Ressler, K. (2008). Influence of child abuse on adult depression: Moderation by the corticotropin-releasing hormone receptor gene. *Archives of General Psychiatry, 65,* 190–200.

Bradshaw, C., Sawyer, A., & O'Brennan, L. (2009). A social disorganization perspective on bullying-related attitudes and behaviors: The influence of school context. *American Journal of Community Psychology, 43,* 204–220.

Brady, W. J., Wills, J. A., Jost, J. T., Tucker, J. A., & Van Bavel, J. J. (2017). Emotion shapes the diffusion of moralized content in social networks. *PNAS, 114,* 7313–7318.

Braiker, B. (2005, October 18). A quiet revolt against the rules on SIDS. *The New York Times.* https://www.nytimes.com/2005/10/18/health/a-quiet-revolt-against-the-rules-on-sids.html

Brainerd, C. J. (1996). Piaget: A centennial celebration. *Psychological Science, 7,* 191–195.

Brainstorm Consortium. (2018). Analysis of shared heritability in common disorders of the brain. *Science, 360,* 1313.

Brakefield, T. A., Mednick, S. C., Wilson, H. W., De Neve, J., Christakis, N. A., & Fowler, J. H. (2014). Same-sex sexual attraction does not spread in adolescent social networks. *Archives of Sexual Behavior, 43,* 335–344.

Brand, B. L., Sar, V., Stavropoulos, P., Krüger, C., Korzekwa, M., Martínez-Taboas, A., & Middleton, W. (2016). Separating fact from fiction: An empirical examination of six myths about dissociative identity disorder. *Harvard Review of Psychiatry, 24,* 257–270.

Brandon, S., Boakes, J., Glaser, & Green, R. (1998). Recovered memories of childhood sexual abuse: Implications for clinical practice. *British Journal of Psychiatry, 172,* 294–307.

Brang, D., Edwards, L., Ramachandran, V. S., & Coulson, S. (2008). Is the sky 2? Contextual priming in grapheme-color synaesthesia. *Psychological Science, 19,* 421–428.

Brannan, D., Biswas-Diener, R., Mohr, C., Mortazavi, S., & Stein, N. (2013). Friends and family: A cross-cultural investigation of social support and subjective well-being among college students. *Journal of Positive Psychology, 8,* 65–75.

Bransford, J. D., & Johnson, M. K. (1972). Contextual prerequisites for understanding: Some investigations of comprehension and recall. *Journal of Verbal Learning and Verbal Behavior, 11,* 717–726.

Brasel, S. A., & Gips, J. (2011). Media multitasking behavior: Concurrent television and computer usage. *Cyberpsychology, Behavior, and Social Networking, 14,* 527–534.

Braun, S. (2001, Spring). Seeking insight by prescription. *Cerebrum,* pp. 10–21.

Braunstein, G. D., Sundwall, D. A., Katz, M., Shifren, J. L., Buster, J. E., Simon, J. A., Bachman, G., Aguirre, O. A., Lucas, J. D., Rodenberg, C., Buch, A., & Watts, N. B. (2005). Safety and efficacy of a testosterone patch for the treatment of hypoactive sexual desire disorder in surgically menopausal women: A randomized, placebo-controlled trial. *Archives of Internal Medicine, 165,* 1582–1589.

Bray, D. W., & Byham, W. C. (1991, Winter). Assessment centers and their derivatives. *Journal of Continuing Higher Education, 39,* 8–11.

Bray, D. W., & Byham, W. C. (1997). Interviewed by Mayes, B. T. Insights into the history and future of assessment centers: An interview with Dr. Douglas W. Bray and Dr. William Byham. *Journal of Social Behavior and Personality, 12,* 3–12.

Brayne, C., Spiegelhalter, D. J., Dufouil, C., Chi, L. Y., Dening, T. R., Paykel, E. S., O'Connor, D. W., Ahmed, A., McGee, M. A., & Huppert, F. A. (1999). Estimating the true extent of cognitive decline in the old old. *Journal of the American Geriatrics Society, 47,* 1283–1288.

Breedlove, S. M. (1997). Sex on the brain. *Nature, 389,* 801.

Breedlove, S. M. (2017). Prenatal influences on human sexual orientation: Expectations versus data. *Archives of Sexual Behavior, 46,* 1583–1592.

Breedvelt, J. J. F., Kandola, A., Kousoulis, A. A., Brouwer, M. E., Karyotaki, E., Bockting, C. L. H., & Cuijpers, P. M. W. (2018). What are the effects of preventative interventions on major depressive disorder (MDD) in young adults? A systematic review and meta-analysis of randomized controlled trials. *Journal of Affective Disorders, 239,* 18–29.

Brennan, Z. (2010, April 8). The Goering who saved Jews: While Hermann masterminded the Final Solution his brother Albert rescued Gestapo victims. *Daily Mail.* https://www.dailymail.co.uk/news/article-1264738/The-Goering-saved-Jews-A-new-book-reveals-Hermann-masterminded-Final-Solution-brother-Albert-rescued-Gestapo-victims.html

Bresin, K., Mekawi, Y., & Verona, E. (2018). The effect of laboratory manipulations of negative affect on alcohol craving and use: A meta-analysis. *Psychology of Addictive Behaviors, 32,* 617–627.

Breslau, J., Aguilar-Gaxiola, S., Borges, G., Kendler, K. S., Su, M., & Kessler, R. C. (2007). Risk for psychiatric disorder among immigrants and their US-born descendants. *Journal of Nervous and Mental Disease, 195,* 189–195.

Brethel-Haurwitz, K. M., & Marsh, A. A. (2014, March). Geographical differences in subjective well-being predict extraordinary altruism. *Psychological Science, 25,* 762–771.

Brewer, M. B., & Chen, Y.-R. (2007). Where (who) are collectives in collectivism? Toward conceptual clarification of individualism and collectivism. *Psychological Review, 114,* 133–151.

Brewer, W. F. (1977). Memory for the pragmatic implications of sentences. *Memory & Cognition, 5,* 673–678.

Brewin, C. R., & Andrews, B. (2017). Creating memories for false autobiographical events in childhood: A systematic review. *Applied Cognitive Psychology, 31,* 2–23.

Brewin, C. R., Kleiner, J. S., Vasterling, J. J., & Field, A. P. (2007). Memory for emotionally neutral information in posttraumatic stress disorder: A meta-analytic investigation. *Journal of Abnormal Psychology, 116,* 448–463.

Bridgman, T., Cummings, S., & Ballard, J. (2019). Who built Maslow's pyramid? A history of the creation of management studies' most famous symbol and its implications for management education. *Academy of Management Learning & Education, 18,* 81–98.

Briscoe, D. (1997, February 16). Women lawmakers still not in charge. *Grand Rapids Press,* p. A23.

Brislin, R. W. (1988). Increasing awareness of class, ethnicity, culture, and race by expanding on students' own experiences. In I. Cohen (Ed.), *The G. Stanley Hall lecture series.* American Psychological Association.

Britto, P. R., Lye, S. J., Proulx, K., Yousafzai, A. K., Matthews, S. G., Vaivada, T., Perez-Escamilla, R., Rao, N., Ip, P., Fernald, L. C. H., MacMillan, H., Hanson, M., Wachs, T. D., Yao, H., Yoshikawa, H., Cerezo, A., Leckman, J. F., Bhutta, Z. A., & Early Childhood Development Interventions Review Group. (2017). Nurturing care: promoting early childhood development. *The Lancet, 389,* 91–102.

Britton, W. B. (2019). Can mindfulness be too much of a good thing? The value of a middle way. *Current Opinion in Psychology, 28,* 159–165.

Broadbent, E., Kakokehr, A., Booth, R. J., Thomas, J., Windsor, J. A., Buchanan, C. M., Wheeler, B. R., Sammour, T., & Hill, A. G. (2012). A brief relaxation intervention reduces stress and improves surgical wound healing response: A randomized trial. *Brain, Behavior, and Immunity, 26,* 212–217.

Broda, M., Yun, J., Schneider, B., Yeager, D. S., Walton, G. M., & Diemer, M. (2018). Reducing inequality in academic success for incoming college students: A randomized trial of growth mindset and belonging interventions. *Journal of Research on Educational Effectiveness, 11,* 317–338.

Brodbeck, F. C., Chhokar, J. S., & House, R. J. (2008). Culture and leadership in 25 societies: Integration, conclusions, and future directions. In J. S. Chhokar, F. C. Brodbeck & R. J. House (Eds.), *Culture and leadership across the world: The GLOBE book of in-depth studies of 25 societies* (pp. 1023–1099). Erlbaum.

Brodt, S., Gais, S., Beck, J., Erb, M., Scheffler, K., & Schönauer, M. (2018). Fast track to the neocortex: A memory engram in the posterior parietal cortex. *Science, 362,* 1045–1048.

Brody, G. H., Yu, T., Chen, E., Ehrlich, K. B., & Miller, G. E. (2018). Racial discrimination, body mass index, and insulin resistance: A longitudinal analysis. *Health Psychology, 37,* 1107–1114.

Brody, J. E. (2018, August 13). An underappreciated key to college success: Sleep. *The New York Times.* https://www.nytimes.com/2018/08/13/well/an-underappreciated-key-to-college-success-sleep.html

Brody, J. E. (2019, April 29). Virtual reality as therapy for pain. *The New York Times.* https://www.nytimes.com/2019/04/29/well/live/virtual-reality-as-therapy-for-pain.html

Brody, N. (2004). What cognitive intelligence is and what emotional intelligence is not. *Psychological Inquiry, 15,* 234–238.

Brody, S., & Tillmann, H. C. (2006). The post-orgasmic prolactin increase following intercourse is greater than following masturbation and suggests greater satiety. *Biological Psychology, 71,* 312–315.

Broks, P. (2007, April). The mystery of consciousness. *Prospect.* https://www.prospectmagazine.co.uk/magazine/themysteryofconsciousness

Brooks, R. (2012). "Asia's missing women" as a problem in applied evolutionary psychology? *Evolutionary Psychology, 12,* 910–925.

Brooks, S. (2015). Does personal social media usage affect efficiency and well-being? *Computers in Human Behavior, 46,* 26–37.

Brose, A., de Roover, K., Ceulemans, E., & Kuppens, P. (2015). Older adults' affective experiences across 100 days are less variable and less complex than younger adults'. *Psychology and Aging, 30,* 194–208.

Brown, A. (2017, November 8). Republicans, Democrats have starkly different views on transgender issues.

Pew Research Center. https://www.pewresearch.org/fact-tank/2017/11/08/transgender-issues-divide-republicans-and-democrats/

Brown, A. S., Begg, M. D., Gravenstein, S., Schaefer, C. A., Wyatt, R. J., Bresnahan, M., Babulas, V. P., & Susser, E. S. (2004). Serologic evidence of prenatal influenza in the etiology of schizophrenia. *Archives of General Psychiatry, 61,* 774–780.

Brown, A. S., & Patterson, P. H. (2011). Maternal infection and schizophrenia: Implications for prevention. *Schizophrenia Bulletin, 37,* 284–290.

Brown, A. S., Schaefer, C. A., Wyatt, R. J., Goetz, R., Begg, M. D., Gorman, J. M., & Susser, E. S. (2000). Maternal exposure to respiratory infections and adult schizophrenia spectrum disorders: A prospective birth cohort study. *Schizophrenia Bulletin, 26,* 287–295.

Brown, E. L., & Deffenbacher, K. (1979). *Perception and the senses.* Oxford University Press.

Brown, J. A. (1958). Some tests of the decay theory of immediate memory. *Quarterly Journal of Experimental Psychology, 10,* 12–21.

Brown, K. W., Goodman, R. J., & Inzlicht, M. (2013). Dispositional mindfulness and the attenuation of neural responses to emotional stimuli. *Social Cognitive and Affective Neuroscience, 8,* 93–99.

Brown, L. A., Gallagher, T., Petersen, J., Benhamou, K., Foa, E. B., & Asnaani, A. (2018). Does CBT for anxiety-related disorders alter suicidal ideation? Findings from a naturalistic sample. *Journal of Anxiety Disorders, 59,* 10–16.

Brown, R. (1986). Linguistic relativity. In S. H. Hulse & B. F. Green, Jr. (Eds.), *One hundred years of psychological research in America.* Johns Hopkins University Press.

Brown, R. P., Imura, M., & Mayeux, L. (2014). Honor and the stigma of mental healthcare. *Personality and Social Psychology Bulletin, 40,* 1119–1131.

Brown, R. P., Osterman, L. L., & Barnes, C. D. (2009). School violence and the culture of honor. *Psychological Science, 20,* 1400–1405.

Brown, S., Cockett, P., & Yuan, Y. (2019). The neuroscience of Romeo and Juliet: An fMRI study of acting. *Royal Society Open Science, 6,* 181908.

Brown, S. L., Brown, R. M., House, J. S., & Smith, D. M. (2008). Coping with spousal loss: Potential buffering effects of self-reported helping behavior. *Personality and Social Psychology Bulletin, 34,* 849–861.

Brown, S. L., Stykes, J. B., & Manning, W. D. (2016). Trends in children's family instability, 1995–2010. *Journal of Marriage and Family, 78,* 1173–1183.

Brown, W. A. (2019). *Lithium: A doctor, a drug, and a breakthrough.* Liveright.

Browning, C. (1992). *Ordinary men: Reserve Police Battalion 101 and the final solution in Poland.* HarperCollins.

Browning, R. (1868). *The ring and the book. IV—Tertium quid.* Thomas Y. Crowell.

Bruck, M., & Ceci, S. J. (1999). The suggestibility of children's memory. *Annual Review of Psychology, 50,* 419–439.

Bruck, M., & Ceci, S. J. (2004). Forensic developmental psychology: Unveiling common misconceptions. *Current Directions in Psychological Science, 15,* 229–232.

Brummelman, E., Thomaes, S., Nelemans, S. A., Orobio de Castro, B., Overbeek, G., & Bushman, B. J. (2015). Origins of narcissism in children. *PNAS, 112,* 3659–3662.

Brunelin, J., Mondino, M., Bation, R., Palm, U., Saoud, M., & Poulet, E. (2018). Transcranial direct current stimulation for obsessive-compulsive disorder: a systematic review. *Brain Sciences, 8,* 37.

Brunet, A., Saumier, D., Liu, A., Streiner, D. L., Tremblay, J., & Pitman, R. K. (2018). Reduction of PTSD symptoms with pre-reactivation propranolol therapy: A randomized controlled trial. *The American Journal of Psychiatry, 175,* 427–433.

Bruni, F. (2018, October 30). The internet will be the death of us. *The New York Times.* https://www.nytimes.com/2018/10/30/opinion/internet-violence-hate-prejudice.html?

Brunoni, A. R., Chaimani, A., Moffa, A. H., Razza, L. B., Gattaz, W. F., Daskalakis, Z. J., & Carvalho, A. F. (2017). Repetitive transcranial magnetic stimulation for the acute treatment of major depressive episodes: A systematic review with network meta-analysis. *JAMA Psychiatry, 74,* 143–152.

Bryan, A. D., Gillman, A. S., & Hansen, N. S. (2016). Changing the context is important and necessary, but not sufficient, for reducing adolescent risky sexual behavior: A reply to Steinberg (2015). *Perspectives on Psychological Science, 11,* 535–538.

Bryan, A. E. B., & Arkowitz, H. (2015). Meta-analysis of the effects of peer-administered psychosocial interventions on symptoms of depression. *American Journal of Community Psychology, 55,* 455–471.

Bryant, A. N., & Astin, H. A. (2008). The correlates of spiritual struggle during the college years. *Journal of Higher Education, 79,* 1–27.

Bryant, G. A., Fessler, D. M. T., Fusaroli, R., Clint, E., Amir, D., Chávez, B., Denton, K. K., Diaz, C., Duran, L. T., Fančovičová, J., Fux, M., Ginting, E. F., Hasan, Y., Hu, A., Kamble, S. V., Kameda, T., Kuroda, K., Li, N. P., Luberti, F. R., . . . Zhou, Y. (2018). The perception of spontaneous and volitional laughter across 21 societies. *Psychological Science, 29,* 1515–1525.

Bub, K. L., Robinson, L. E., & Curtis, D. S. (2016). Longitudinal associations between self-regulation and health across childhood and adolescence. *Health Psychology, 35,* 1235–1245.

Buchanan, A., Sint, K., Swanson, J., & Rosenheck, R. (2019). Correlates of future violence in people being treated for schizophrenia. *American Journal of Psychiatry, 176,* 694–701.

Buchanan, R. W., Kreyenbuhl, J., Kelly, D. L., Noel, J. M., Boggs, D. L., Fischer, B. A., Himelhoch, S., Fang, B., Peterson, E., Aquino, P. R., Keller, W., & Schizophrenia Patient Outcomes Research Team (PORT). (2010). The 2009 schizophrenia PORT psychopharmacological treatment recommendations and summary statements. *Schizophrenia Bulletin, 36,* 71–93.

Buchanan, T. W. (2007). Retrieval of emotional memories. *Psychological Bulletin, 133,* 761–779.

Buck, L. B., & Axel, R. (1991). A novel multigene family may encode odorant receptors: A molecular basis for odor recognition. *Cell, 65,* 175–187.

Buckell, J., & Sindelar, J. L. (2019). The impact of flavors, health risks, secondhand smoke and prices on young adults' cigarette and e-cigarette choices: a discrete choice experiment. *Addiction, 114,* 1427–1435.

Buckels, E. E., Trapnell, P. D., & Paulhus, D. L. (2014). Trolls just want to have fun. *Personality and Individual Differences, 67,* 97–102.

Buckholtz, J. W., Treadway, M. T., Cowan, R. L., Woodward, N. D., Benning, S. D., Li, R., Ansari, M. S., Baldwin, R. M., Schwartzman, A. N., Shelby, E. S., Smith, C. E., Cole, D., Kessler, R. M., & Zald, D. H. (2010). Mesolimbic dopamine reward system hypersensitivity in individuals with psychopathic traits. *Nature Neuroscience, 13,* 419–421.

Buckingham, M. (2007). *Go put your strengths to work: 6 powerful steps to achieve outstanding performance.* Free Press.

Buckingham, M., & Clifton, D. O. (2001). *Now, discover your strengths.* Free Press.

Buckley, C. (2007, January 3). Man is rescued by stranger on subway tracks. *The New York Times.* https://www.nytimes.com/2007/01/03/nyregion/03life.html?

Buckner, J. D., Walukevich Dienst, K., & Zvolensky, M. J. (2019). Distress tolerance and cannabis craving: The impact of laboratory-induced distress. *Experimental and Clinical Psychopharmacology, 27,* 38–44.

Buehler, R., Griffin, D., & Ross, M. (1994). Exploring the "planning fallacy": Why people underestimate their task completion times. *Journal of Personality and Social Psychology, 67,* 366–381.

Buehler, R., Griffin, D., & Ross, M. (2002). Inside the planning fallacy: The causes and consequences of optimistic time predictions. In T. Gilovich, D. Griffin, & D. Kahneman (Eds.), *Heuristics and biases: The psychology of intuitive judgment.* Cambridge University Press.

Buffardi, L. E., & Campbell, W. K. (2008). Narcissism and social networking web sites. *Personality and Social Psychology Bulletin, 34,* 1303–1314.

Buffett, W. (2006). Quoted by B. Obama in *The audacity of hope: Thoughts on reclaiming the American dream.* Penguin.

Bugental, D. B. (1986). Unmasking the "polite smile": Situational and personal determinants of managed affect in adult-child interaction. *Personality and Social Psychology Bulletin, 12,* 7–16.

Buhle, J. T., Stevens, B. L., Friedman, J. J., & Wager, T. D. (2012). Distraction and placebo: Two separate routes to pain control. *Psychological Science, 23,* 246–253.

Buka, S. L., Tsuang, M. T., Torrey, E. F., Klebanoff, M. A., Wagner, R. L., & Yolken, R. H. (2001). Maternal infections and subsequent psychosis among offspring. *Archives of General Psychiatry, 58,* 1032–1037.

Bullock, B., & Murray, G. (2014). Reduced amplitude of the 24-hour activity rhythm: A biomarker of vulnerability to bipolar disorder? *Clinical Psychological Science, 2,* 86–96.

Bunde, J., & Suls, J. (2006). A quantitative analysis of the relationship between the Cook-Medley Hostility Scale and traditional coronary artery disease risk factors. *Health Psychology, 25,* 493–500.

Buquet, R. (1988). Le reve et les deficients visuels [Dreams and the visually impaired]. *Psychanalyse-a-l'Universite, 13,* 319–327.

Burelli, J. (2008). *Thirty-three years of women in S&E faculty positions* (Publication No. NSF 08-308). National Science Foundation. wayback.archive-it.org/5902/20160210152800/http://www.nsf.gov/statistics/infbrief/nsf08308/

Burger, J. M. (2009). Replicating Milgram: Would people still obey today? *American Psychologist, 64,* 1–11.

Burger, J. M., Bender, T. J., Day, L., DeBolt, J. A., Guthridge, L., How, H. W., Meyer, M., Russell, K. A., & Taylor, S. (2015). The power of one: The relative influence of helpful and selfish models. *Social Influence, 10,* 77–84.

Buri, J. R., Louiselle, P. A., Misukanis, T. M., & Mueller, R. A. (1988). Effects of parental authoritarianism and authoritativeness on self-esteem. *Personality and Social Psychology Bulletin, 14,* 271–282.

Burish, T. G., & Carey, M. P. (1986). Conditioned aversive responses in cancer chemotherapy patients: Theoretical and developmental analysis. *Journal of Counseling and Clinical Psychology, 54,* 593–600.

Burk, W. J., Denissen, J., Van Doorn, M. D., Branje, S. J. T., & Laursen, B. (2009). The vicissitudes of conflict measurement: Stability and reliability in the frequency of disagreements. *European Psychologist, 14,* 153–159.

Burke, B. L., Martens, A., & Faucher, E. H. (2010). Two decades of terror management theory: A meta-analysis of mortality salience research. *Personality and Social Psychology Review, 14,* 155–195.

Burke, D. M., & Shafto, M. A. (2004). Aging and language production. *Current Directions in Psychological Science, 13,* 21–24.

Burke, K. (2018). *How many texts do people send every day (2018)?* Text Request. textrequest.com/blog/how-many-texts-people-send-per-day/

Burlingame, G. M., Seebeck, J. D., Janis, R. A., Whitcomb, K. E., Barkowski, S., Rosendahl, J., & Strauss, B. (2016). Outcome differences between individual and group formats when identical and nonidentical treatments, patients, and doses are compared: A 25-year meta-analytic perspective. *Psychotherapy, 53,* 446–461.

Burns, S. M., Barnes, L. N., McCulloh, I. A., Dagher, M. M., Falk, E. B., Storey, J. D., & Lieberman, M. D. (2019). Making social neuroscience less WEIRD: Using fNIRS to measure neural signatures of persuasive influence in a Middle East participant sample. *Journal of Personality and Social Psychology, 116,* e1–e11.

Burris, C. T., & Branscombe, N. R. (2005). Distorted distance estimation induced by a self-relevant national boundary. *Journal of Experimental Social Psychology, 41,* 305–312.

Burris, J. L., Oleas, D., Reider, L., Buss, K. A., Pérez-Edgar, K., & LoBue, V. (2019). Biased attention to threat: Answering old questions with young infants. *Current Directions in Psychological Science, 28*(6), 534–539.

Burrow, A. L., Hill, P. L., & Sumner, R. (2016). Leveling mountains: Purpose attenuates links between perceptions of effort and steepness. *Personality and Social Psychology Bulletin, 42,* 94–103.

Burton, C. M., & King, L. A. (2008). Effects of (very) brief writing on health: The two-minute miracle. *British Journal of Health Psychology, 13,* 9–14.

Busby, D. M., Carroll, J. S., & Willoughby, B. J. (2010). Compatibility or restraint? The effects of sexual timing on marriage relationships. *Journal of Family Psychology, 24,* 766–774.

Bushdid, C., Magnasco, M. O., Vosshall, L. B., & Keller, A. (2014). Humans can discriminate more than 1 trillion olfactory stimuli. *Science, 343,* 1370–1372.

Bushman, B. J. (1993). Human aggression while under the influence of alcohol and other drugs: An integrative research review. *Current Directions in Psychological Science, 2,* 148–152.

Bushman, B. J. (2002). Does venting anger feed or extinguish the flame? Catharsis, rumination, distraction, anger, and aggressive responding. *Personality and Social Psychology Bulletin, 28,* 724–731.

Bushman, B. J. (2016). Violent media and hostile appraisals: A meta-analytic review. *Aggressive Behavior, 42,* 605–613.

Bushman, B. J. (2018). Teaching students about violent media effects. *Teaching of Psychological Science, 45,* 200–206.

Bushman, B. J., & Anderson, C. A. (2009). Comfortably numb: Desensitizing effects of violent media on helping others. *Psychological Science, 20,* 273–277.

Bushman, B. J., & Baumeister, R. F. (1998). Threatened egotism, narcissism, self-esteem, and direct and displaced aggression: Does self-love or self-hate lead to violence? *Journal of Personality and Social Psychology, 75,* 219–229.

Bushman, B. J., Baumeister, R. F., Thomaes, S., Ryu, E., Begeer, S., & West, S. G. (2009). Looking again, and harder, for a link between low self-esteem and aggression. *Journal of Personality, 77,* 427–446.

Bushman, B. J., Bonacci, A. M., van Dijk, M., & Baumeister, R. F. (2003). Narcissism, sexual refusal, and aggression: Testing a narcissistic reactance model of sexual coercion. *Journal of Personality and Social Psychology, 84,* 1027–1040.

Bushman, B. J., DeWall, C. N., Pond, R. S., Jr., & Hanus, M. D. (2014). Low glucose relates to greater aggression in married couples. *PNAS, 111,* 6254–6257.

Bushman, B. J., & Huesmann, L. R. (2010). Aggression. In S. T. Fiske, D. T. Gilbert, & G. Lindzey (Eds.), *Handbook of social psychology* (5th ed., Ch. 23, pp. 833–863). John Wiley & Sons.

Bushman, B. J., Moeller, S. J., & Crocker, J. (2011). Sweets, sex, or self-esteem? Comparing the value of self-esteem boosts with other pleasant rewards. *Journal of Personality, 79,* 993–1012.

Bushman, B. J., Ridge, R. D., Das, E., Key, C. W., & Busath, G. L. (2007). When God sanctions killing: Effects of scriptural violence on aggression. *Psychological Science, 18,* 204–207.

Buss, A. H. (1989). Personality as traits. *American Psychologist, 44,* 1378–1388.

Buss, D. M. (1991). Evolutionary personality psychology. *Annual Review of Psychology, 42,* 459–491.

Buss, D. M. (2008). *Female sexual psychology.* https://www.edge.org/response-detail/10356

Buss, D. M., & Schmitt, D. P. (2019). Mate preferences and their behavioral manifestations. *Annual Review of Psychology, 70,* 77–110.

Buss, D. M., & von Hippel, W. (2018). Psychological barriers to evolutionary psychology: Ideological bias and coalitional adaptations. *Archives of Scientific Psychology, 6,* 148–158.

Buster, J. E., Kingsberg, S. A., Aguirre, O., Brown, C., Breaux, J. G., Buch, A., Rodenberg, C. A., Wekselman, K., & Casson, P. (2005). Testosterone patch for low sexual desire in surgically menopausal women: A randomized trial. *Obstetrics and Gynecology, 105,* 944–952.

Butler, J. D. (2017). The complex intersection of education and therapy in the drama therapy classroom. *The Arts in Psychotherapy, 53,* 28–35.

Butler, R. A. (1954, February). Curiosity in monkeys. *Scientific American,* pp. 70–75.

Butow, P., Price, M., Coll, J., Tucker, K., Meiser, B., Milne, R., Wilson, J., Heiniger, L., Baylock, B., Bullen, T., Weideman, P., Phillips, K. A., kConFab investigators, kConFab Clinical Follow-Up investigators, & kConFab psychosocial investigators. (2018). Does stress increase risk of breast cancer? A 15-year prospective study. *Psycho-Oncology, 27,* 1908–1914.

Butterworth, G. (1992). Origins of self-perception in infancy. *Psychological Inquiry, 3,* 103–111.

Buttrick, N., Choi, H., Wilson, T. D., Oishi, S., Boker, S. M., Gilbert, D. T., Alper, S., Aveyard, M., Cheong, W., Čolić, M. V., Dalgar, I., Doğulu, C., Karabati, S., Kim, E., Knežević, G., Komiya, A., Laclé, C. O., Ambrosio Lage, C., Lazarević, L. B., . . . Wilks, D. C. (2018). Cross-cultural consistency and relativity in the enjoyment of thinking versus doing. *Journal of Personality and Social Psychology, 117*(5), e71–e83.

Butts, M. M., Casper, W. J., & Yang, T. S. (2013). How important are work-family support policies? A meta-analytic investigation of their effects on employee outcomes. *Journal of Applied Psychology, 98,* 1–25.

Byers-Heinlein, K., Burns, T. C., & Werker, J. F. (2010). The roots of bilingualism in newborns. *Psychological Science, 21,* 343–348.

Byrc, K., Durand, E. Y., Macpherson, J. M., Reich, D., & Mountain, J. L. (2015). The genetic ancestry of African Americans, Latinos, and European Americans across the United States. *American Journal of Human Genetics 96,* 37–53.

Byrd, A. L., & Manuck, S. B. (2014). MAOA, childhood maltreatment, and antisocial behavior: Meta-analysis of a gene-environment interaction. *Biological Psychiatry, 75,* 9–17.

Byrd, A. L., Manuck, S. B., Hawes, S. W., Vebares, T. J., Nimgaonkar, V., Chowdari, K. V., Hipwell, A. E., Keenan, K., & Stepp, S. D. (2019). The interaction between monoamine oxidase A (MAOA) and childhood maltreatment as a predictor of personality pathology in females: Emotional reactivity as a potential mediating mechanism. *Development and Psychopathology, 31,* 361–377.

Byrne, D. (1971). *The attraction paradigm.* Academic Press.

Byrne, D. (1982). Predicting human sexual behavior. In A. G. Kraut (Ed.), *The G. Stanley Hall Lecture Series* (Vol. 2, pp. 211–254). American Psychological Association.

Byrne, R. W. (1991, May/June). Brute intellect. *The Sciences,* pp. 42–47.

Byrne, R. W., Bates, L. A., & Moss, C. J. (2009). Elephant cognition in primate perspective. *Comparative Cognition & Behavior Reviews, 4,* 1–15.

Byron, K., & Khazanchi, S. (2011). A meta-analytic investigation of the relationship of state and trait anxiety to performance on figural and verbal creative tasks. *Personality and Social Psychology Bulletin, 37,* 269–283.

Cable, D. M., & Gilovich, T. (1998). Looked over or overlooked? Prescreening decisions and post-interview evaluations. *Journal of Personality and Social Psychology, 83,* 501–508.

Cacioppo, J. T., Cacioppo, S., Capitanio, J. P., & Cole, S. W. (2015). The neuroendocrinology of social isolation. *Annual Review of Psychology, 66,* 733–767.

Cacioppo, J. T., Cacioppo, S., Gonzaga, G. C., Ogburn, E. L., & VanderWeele, T. J. (2013). Marital satisfaction and break-ups differ across on-line and off-line meeting venues. *PNAS, 110,* 10135–10140.

Cacioppo, S., Bianchi-Demicheli, F., Frum, C., Pfaus, J. G., & Lewis, J. W. (2012). The common neural bases between sexual desire and love: A multilevel kernel density fMRI analysis. *Journal of Sexual Medicine, 12,* 1048–1054.

Cacioppo, S., Capitanio, J. P., & Cacioppo, J. T. (2014). Toward a neurology of loneliness. *Psychological Bulletin, 140,* 1464–1504.

Caddick, A., & Porter, L. E. (2012). Exploring a model of professionalism in multiple perpetrator violent crime in the UK. *Criminological & Criminal Justice: An International Journal, 12,* 61–82.

Cain, S. (2012). *Quiet: The power of introverts in a world that can't stop talking.* Crown.

Calcutt, S. E., Proctor, D., Berman, S. M., & de Waal, F. B. (2019). Chimpanzees (Pan troglodytes) are more averse to social than nonsocial risk. *Psychological Science, 30,* 105–115.

Caldwell, J. A. (2012). Crew schedules, sleep deprivation, and aviation performance. *Current Directions in Psychological Science, 21,* 85–89.

Cale, E. M., & Lilienfeld, S. O. (2002). Sex differences in psychopathy and antisocial personality disorder: A review and integration. *Clinical Psychology Review, 22,* 1179–1207.

Callaghan, T., Rochat, P., Lillard, A., Claux, M. L., Odden, H., Itakura, S., Tapanya, S., & Singh, S. (2005). Synchrony in the onset of mental-state reasoning. *Psychological Science, 16,* 378–384.

Callan, M. J., Shead, N. W., & Olson, J. M. (2011). Personal relative deprivation, delay discounting, and gambling. *Journal of Personality and Social Psychology, 101,* 955–973.

Calvert, S. L., Appelbaum, M., Dodge, K. A., Graham, S., Nagayama Hall, G. C., Hamby, S., Fasig-Caldwell, L. G., Citkowicz, M., Galloway, D. P., & Hedges, L. V. (2017). The American Psychological Association Task Force assessment of violent video games: Science in the service of public interest. *American Psychologist, 72,* 126–143.

Calvo-Merino, B., Glaser, D. E., Grèzes, J., Passingham, R. E., & Haggard, P. (2004). Action observation and acquired motor skills: An fMRI study with expert dancers. *Cerebral Cortex, 15*, 1243–1249.

Calzo, J. P., Mays, V. M., Björkenstam, C., Björkenstam, E., Kosidou, K., & Cochran, S. D. (2019). Parental sexual orientation and children's psychological well-being: 2013–2015 National Health Interview Survey. *Child Development, 90*, 1097–1108.

Camerer, C. F., Dreber, A., Holzmeister, F., Ho, T. H., Huber, J., Johannesson, M., Kirchler, M., Nave, G., Nosek, B. A., Pfeiffer, T., Altmejd, A., Buttrick, N., Chan, T., Chen, Y., Forsell, E., Gampa, A., Heikensten, E., Hummer, L., Imai, T., . . . Wu, H. (2018). Evaluating the replicability of social science experiments in *Nature* and *Science* between 2010 and 2015. *Nature Human Behaviour, 2*, 637–644.

Camerer, C. F., Loewenstein, G., & Weber, M. (1989). The curse of knowledge in economic settings: An experimental analysis. *Journal of Political Economy, 97*, 1232–1254.

Cameron, J. J., & Granger, S. (2019). Does self-esteem have an interpersonal imprint beyond self-reports? A meta-analysis of self-esteem and objective interpersonal indicators. *Personality and Social Psychology Review, 23*, 73–102.

Cameron, L. D., & Overall, N. C. (2018). Suppression and expression as distinct emotion-regulation processes in daily interactions: Longitudinal and meta-analyses. *Emotion, 18*, 465–480.

Camilleri, A. R., Cam, M. A., & Hoffmann, R. (2019). Nudges and signposts: The effect of smart defaults and pictographic risk information on retirement saving investment choices. *Journal of Behavioral Decision Making, 32*, 431–449.

Camp, J. P., Skeem, J. L., Barchard, K., Lilienfeld, S. O., & Poythress, N. G. (2013). Psychopathic predators? Getting specific about the relation between psychopathy and violence. *Journal of Consulting and Clinical Psychology, 81*, 467–480.

Campbell, D. T. (1975). On the conflicts between biological and social evolution and between psychology and moral tradition. *American Psychologist, 30*, 1103–1126.

Campbell, D. T., & Specht, J. C. (1985). Altruism: Biology, culture, and religion. *Journal of Social and Clinical Psychology, 3*, 33–42.

Campbell, L., & Marshall, T. (2011). Anxious attachment and relationship processes: An interactionist perspective. *Journal of Personality, 79*, 1219–1249.

Campbell, M. W., & de Waal, F. B. M. (2011). Ingroup-outgroup bias in contagious yawning by chimpanzees supports link to empathy. *PLOS ONE, 6*, e18283.

Campbell, R., Soenens, B., Beyers, W., & Vansteenkiste, M. (2018). University students' sleep during an exam period: the role of basic psychological needs and stress. *Motivation and Emotion, 42*, 671–681.

Campbell, S. (1986). *The Loch Ness Monster: The evidence*. Aquarian Press.

Camper, J. (1990, February 7). "Drop pompom squad, U. of I. rape study says." *Chicago Tribune*, p. 1.

Camperio-Ciani, A., Corna, F., & Capiluppi, C. (2004). Evidence for maternally inherited factors favouring male homosexuality and promoting female fecundity. *Proceedings of the Royal Society of London B, 271*, 2217–2221.

Camperio-Ciani, A., Lemmola, F., & Blecher, S. R. (2009). Genetic factors increase fecundity in female maternal relatives of bisexual men as in homosexuals. *Journal of Sexual Medicine, 6*, 449–455.

Camperio-Ciani, A., & Pellizzari, E. (2012). Fecundity of paternal and maternal non-parental female relatives of homosexual and heterosexual men. *PLOS ONE, 7*, e51088.

Campitelli, G., & Gobet, F. (2011). Deliberate practice: Necessary but not sufficient. *Current Directions in Psychological Science, 20*, 280–285.

Campos, B., Schoebi, D., Gonzaga, G. C., Gable, S. L., & Keltner, D. (2015). Attuned to the positive? Awareness and responsiveness to others' positive emotion experience and display. *Motivation and Emotion, 39*, 780–794.

Campos, J. J., Bertenthal, B. I., & Kermoian, R. (1992). Early experience and emotional development: The emergence of wariness and heights. *Psychological Science, 3*, 61–64.

Canadian Press. (2018, March 14). *Calgary researchers develop tool to literally shine light on concussions*. https://www.cbc.ca/news/canada/calgary/calgary-university-concussions-brain-imaging-research-dunn-1.4575645

Canavello, A., & Crocker, J. (2017). Compassionate goals and affect in social situations. *Motivation and Emotion, 41*, 158–179.

Canetta, S., Sourander, A., Surcel, H., Hinkka-Yli-Salomäki, S., Leiviskä, J., Kellendonk, C., McKeague, I. W., & Brown, A. S. (2014). Elevated maternal C-reactive protein and increased risk of schizophrenia in a national birth cohort. *American Journal of Psychiatry, 171*, 960–968.

Canli, T. (2008). The character code. *Scientific American, 19*, 52–57.

Canli, T., Desmond, J. E., Zhao, Z., & Gabrieli, J. D. E. (2002). Sex differences in the neural basis of emotional memories. *PNAS, 99*, 10789–10794.

Cannon, W. B. (1929). *Bodily changes in pain, hunger, fear, and rage*. Branford.

Cannon, W. B., & Washburn, A. L. (1912). An explanation of hunger. *American Journal of Physiology, 29*, 441–454.

Cantor, N., & Kihlstrom, J. F. (1987). *Personality and social intelligence*. Prentice-Hall.

Caplan, N., Choy, M. H., & Whitmore, J. K. (1992, February). Indochinese refugee families and academic achievement. *Scientific American*, pp. 36–42.

Caprariello, P. A., & Reis, H. T. (2013). To do, to have, or to share? Valuing experiences over material possessions depends on the involvement of others. *Journal of Personality and Social Psychology, 104*, 199–215.

Capraro, V., Jagfeld, G., Klein, R., Mul, M., & van de Pol, I. (2019). Increasing altruistic and cooperative behaviour with simple moral nudges. *Scientific Reports, 9*, 1–11.

Caputi, T. L., Smith, D., & Ayers, J. W. (2017). Suicide risk behaviors among sexual minority adolescents in the United States, 2015. *JAMA, 318*, 2349–2351.

Cardeña, E. (2018). The experimental evidence for parapsychological phenomena: A review. *American Psychologist, 73*, 663–677.

Carey, B. (2007, September 4). Bipolar illness soars as a diagnosis for the young. *The New York Times*. https://www.nytimes.com/2007/09/04/health/04psych.html?

Carey, B. (2009, November 27). Surgery for mental ills offers both hope and risk. *The New York Times*. https://www.nytimes.com/2009/11/27/health/research/27brain.html?

Carey, B. (2010). Seeking emotional clues without facial cues. *The New York Times*. https://www.nytimes.com/2010/04/06/health/06mind.html?

Carey, B. (2011, February 14). Wariness on surgery of the mind. *The New York Times*. https://www.nytimes.com/2011/02/15/health/15brain.html?

Carey, B. (2016, December 29). Did Debbie Reynolds die of a broken heart? *The New York Times*. https://www.nytimes.com/2016/12/29/health/did-debbie-reynolds-die-of-a-broken-heart.html?

Carey, B. (2019a). Brain stimulation shows promise in treating severe depression. *The New York Times*. https://www.nytimes.com/2019/10/04/health/deep-brain-stimulation-depression.html?

Carey, B. (2019b, September 4). Johns Hopkins opens new center for psychedelic research. *The New York Times*. https://www.nytimes.com/2019/09/04/science/psychedelic-drugs-hopkins-depression.html?

Carey, G. (1990). Genes, fears, phobias, and phobic disorders. *Journal of Counseling and Development, 68*, 628–632.

Carhart-Harris, R. L., Muthukumaraswamy, S., Roseman, L., Kaelen, M., Droog, W., Murphy, K., Tagliazucchi, E., Schenberg, T. N., Nest, T., Orban, C., Leech, R., Williams, L. T., Williams, T. M., Bolstridge, M., Sessa, B., McGonigle, J., Sereno, M. I., Nichols, D., Hellyer, P. J., . . . Nutt, D. J. (2016). Neural correlates of the LSD experience revealed by multimodal neuroimaging. *PNAS, 113*, 4853–4858.

Carlbring, P., Andersson, G., Cuijpers, P., Riper, H., & Hedman-Lagerlöf, E. (2018). Internet-based vs. face-to-face cognitive behavior therapy for psychiatric and somatic disorders: An updated systematic review and meta-analysis. *Cognitive Behaviour Therapy, 47*, 1–18.

Carli, L. L., & Leonard, J. B. (1989). The effect of hindsight on victim derogation. *Journal of Social and Clinical Psychology, 8*, 331–343.

Carmeli, A., Ben-Hador, B., Waldman, D. A., & Rupp, D. E. (2009). How leaders cultivate social capital and nurture employee vigor: Implications for job performance. *Journal of Applied Psychology, 94*, 1553–1561.

Carmi, L., Tendler, A., Bystritsky, A., Hollander, E., Blumberger, D. M., Daskalakis, J., Ward, H., Lapidus, K., Goodman, W., Casuto, L., Feifel, D., Barnea-Ygael, N., Roth, Y., Zangen, A., & Zohar, J. (2019). Efficacy and safety of deep transcranial magnetic stimulation for obsessive-compulsive disorder: A prospective multicenter randomized double-blind place-controlled trial. *American Journal of Psychiatry, 176*, 931–938.

Carney, D. R., Cuddy, A. J. C., & Yap, A. J. (2015). Review and summary of research on the embodied effects of expansive (vs. contractive) nonverbal displays. *Psychological Science, 26*, 657–663.

Carpusor, A., & Loges, W. E. (2006). Rental discrimination and ethnicity in names. *Journal of Applied Social Psychology, 36*, 934–952.

Carr, E. W., Brady, T. F., & Winkielman, P. (2017). Are you smiling, or have I seen you before? Familiarity makes faces look happier. *Psychological Science, 28*, 1087–1102.

Carragan, R. C., & Dweck, C. S. (2014). Rethinking natural altruism: Simple reciprocal interactions trigger children's benevolence. *PNAS, 111*, 17071–17074.

Carroll, D., Davey Smith, G., & Bennett, P. (1994, March). Health and socioeconomic status. *The Psychologist*, pp. 122–125.

Carroll, H. (2013, October). *Teen fashion model Georgina got so thin her organs were failing. But fashion designers still queued up to book her. Now she's telling her story to shame the whole industry*. The Daily Mail. https://www.dailymail.co.uk/femail/article-2442084/Anorexic-model-Georgina-Wilkin-organs-failing-designers-booked-her.html

Carroll, J. M., & Russell, J. A. (1996). Do facial expressions signal specific emotions? Judging emotion from the face in context. *Journal of Personality and Social Psychology, 70*, 205–218.

Carroll, P., Sweeny, K., & Shepperd, J. A. (2006). Forsaking optimism. *Review of General Psychology, 10*, 56–73.

Carstensen, L. L. (2011). *A long bright future: Happiness, health and financial security in an age of increased longevity*. PublicAffairs.

Carstensen, L. L., & Mikels, J. A. (2005). At the intersection of emotion and cognition: Aging and the positivity effect. *Current Directions in Psychological Science, 14*, 117–121.

Carta, I., Chen, C. H., Schott, A. L., Dorizan, S., & Khodakhah, K. (2019). Cerebellar modulation of the reward circuitry and social behavior. *Science, 363*, 248.

Carver, C. S., Johnson, S. L., & Joormann, J. (2008). Serotonergic function, two-mode models of self-regulation, and vulnerability to depression: What depression has in common with impulsive aggression. *Psychological Bulletin, 134*, 912–943.

CASA. (2003). *The formative years: Pathways to substance abuse among girls and young women ages 8–22*. National Center on Addiction and Substance Use. https://www.centeronaddiction.org/addiction-research/reports/formative-years-pathways-sub stance-abuse-among-girls-and-young-women-ages

Casey, B. J., & Caudle, K. (2013). The teenage brain: Self-control. *Current Directions in Psychological Science, 22*, 82–87.

Caspi, A., Harrington, H., Milne, B., Amell, J. W., Theodore, R. F., & Moffitt, T. E. (2003). Children's behavioral styles at age 3 are linked to their adult personality traits at age 26. *Journal of Personality, 71*, 496–513.

Caspi, A., Houts, R. M., Belsky, D. W., Harrington, H., Hogan, S., Ramrakha, S., Poulton, R., & Moffitt, T. E. (2016). Childhood forecasting of a small segment of the population with large economic burden. *Nature Human Behavior, 1*, article 0005.

Caspi, A., McClay, J., Moffitt, T., Mill, J., Martin, J., Craig, I. W., Taylor, A., & Poulton, R. (2002). Role of genotype in the cycle of violence in maltreated children. *Science, 297*, 851–854.

Caspi, A., Moffitt, T. E., Newman, D. L., & Silva, P. A. (1996). Behavioral observations at age 3 years predict adult psychiatric disorders: Longitudinal evidence from a birth cohort. *Archives of General Psychiatry, 53*, 1033–1039.

Cassidy, J., & Shaver, P. R. (1999). *Handbook of attachment*. Guilford.

Castillo-Gualda, R., Cabello, R., Herrero, M., Rodríguez-Carvajal, R., & Fernández-Berrocal, P. (2017). A three-year emotional intelligence intervention to reduce adolescent aggression: The mediating role of unpleasant affectivity. *Journal of Research on Adolescence, 28*, 286–198.

Catalan-Matamoros, D., Gomez-Conesa, A., Stubbs, B., & Vancampfort, D. (2016). Exercise improves depressive symptoms in older adults: An umbrella review of systematic reviews and meta-analyses. *Psychiatry Research, 244*, 202–209.

Catapano, R., Tormala, Z. L., & Rucker, D. D. (2019). Perspective taking and self-persuasion: Why "putting yourself in their shoes" reduces openness to attitude change. *Psychological Science, 30*, 424–435.

CATO Institute. (2017). *Criminal immigrants: Their numbers, demographics, and countries of origin*. https://www.cato.org/publications/immigration-reform-bulletin/criminal-immigrants-their-numbers-demo graphics-countries

Cattell, R. B. (1963). Theory of fluid and crystallized intelligence: A critical experiment. *Journal of Educational Psychology, 54*, 1–22.

Cavalli-Sforza, L., Menozzi, P., & Piazza, A. (1994). *The history and geography of human genes*. Princeton University Press.

Cawley, B. D., Keeping, L. M., & Levy, P. E. (1998). Participation in the performance appraisal process and employee reactions: A meta-analytic review of field investigations. *Journal of Applied Psychology, 83*, 615–633.

CBC News. (2014, March 19). *Distracted driving laws across Canada*. https://www.cbc.ca/news/canada/distracted-driving-laws-across-canada-1.2576880

CCSA. (2017, August). *Canadian drug use summary: Cannabis* [PDF file]. https://www.cpha.ca/sites/default/files/uploads/resources/cannabis/ccsa-canadian-drug-summary-cannabis-2017-en.pdf

CDC. (2011). *Who's at risk? Tobacco use—smoking*. (cdc.gov)

CDC. (2013b). *Tobacco-related mortality*. (cdc.gov)

CDC. (2014a, December). *Depression in the U.S. household population, 2009–2012*. NCHS Data Brief No. 172.

CDC. (2014b, March 28). Prevalence of autism spectrum disorder among children aged 8 years—Autism and developmental disabilities monitoring network, 11 sites. United States, 2010. *Morbidity and Mortality Weekly Report (MMWR), 63*(SS02), 1–21.

CDC. (2016, accessed August 23, 2018). *HIV surveillance report: Diagnoses of HIV infection in the United States and dependent areas* (Vol. 28) [PDF file]. https://www.cdc.gov/hiv/pdf/library/reports/surveillance/cdc-hiv-surveillance-report-2016-vol-28.pdf

CDC. (2016b, accessed January 21). *Reproductive health: Teen pregnancy*. https://www.cdc.gov/teenpregnancy

CDC. (2017). *Heart disease fact sheet*. cdc.gov/dhdsp/data_statistics/fact_sheets/fs_heart_disease.htm

CDC. (2018). *What you need to know about marijuana use and pregnancy*. https://www.cdc.gov/marijuana/factsheets/pregnancy.htm

CDC. (2018a). *Estimated HIV incidence and prevalence in the United States, 2010–2015. HIV Surveillance Supplemental Report*, 23.

CDC. (2018b). *Distracted driving*. https://www.cdc.gov/motorvehiclesafety/distracted_driving/index.html

CDC. (2018b). *Notes from the field: Use of electronic cigarettes and any tobacco product among middle and high school students—United States, 2011–2018*. https://www.cdc.gov/mmwr/volumes/67/wr/mm6745a5.htm

CDC. (2018f). *Youth risk behavior survey: Data summary and trends report 2007–2017* [PDF file]. https://www.cdc.gov/healthyyouth/data/yrbs/pdf/trendsreport.pdf

CDC. (2019, May 3). *Increase in measles cases—United States, January 1–April 26, 2019*. https://www.cdc.gov/mmwr/volumes/68/wr/mm6817e1.htm

CDC. (2019). *"Did not get 8 or more hours of sleep."* Retrieved on May 31, 2019, from High School Youth Risk Behavior Survey, 2017. https://tinyurl.com/s2ck2zs

CDC. (2019a, October 15). *Attention-deficit/hyperactivity disorder*. https://www.cdc.gov/ncbddd/adhd/data.html

CDC. (2019c). *Fatal injury reports, national, regional and state (restricted), 1999–2017*. https://webappa.cdc.gov/sasweb/ncipc/mortrate.html

CDC. (2019e, accessed November 29). *Suicide and self-inflicted injury*. Retrieved from https://www.cdc.gov/nchs/fastats/suicide.htm

CEA. (2014). *Nine facts about American families and work*. Office of the President of the United States: Council of Economic Advisers. https://obamawhitehouse.archives.gov/the-press-office/2014/06/20/white-house-report-nine-facts-about-american-families-and-work

Ceci, S. J. (1993). *Cognitive and social factors in children's testimony*. Master lecture presented at the Annual Convention of the American Psychological Association.

Ceci, S. J., & Bruck, M. (1993). Child witnesses: Translating research into policy. *Social Policy Report (Society for Research in Child Development), 7*, 1–30.

Ceci, S. J., & Bruck, M. (1995). *Jeopardy in the courtroom: A scientific analysis of children's testimony*. American Psychological Association.

Ceci, S. J., Huffman, M. L. C., Smith, E., & Loftus, E. F. (1994). Repeatedly thinking about a non-event: Source misattributions among preschoolers. *Consciousness and Cognition, 3*, 388–407.

Ceci, S. J., & Williams, W. M. (1997). Schooling, intelligence, and income. *American Psychologist, 52*, 1051–1058.

Ceci, S. J., & Williams, W. M. (2009). *The mathematics of sex: How biology and society conspire to limit talented women and girls*. Oxford University Press.

Ceci, S. J., & Williams, W. M. (2010). Sex differences in math-intensive fields. *Current Directions in Psychological Science, 19*, 275–279.

Ceci, S. J., & Williams, W. M. (2011). Understanding current causes of women's underrepresentation in science. *PNAS, 108*, 3157–3162.

Census Bureau. (2018). *Full-time, year-round workers and median earnings: 2000 and 2013–2017*. https://www.census.gov/data/tables/time-series/demo/industry-occupation/median-earnings.html

Centerwall, B. S. (1989). Exposure to television as a risk factor for violence. *American Journal of Epidemiology, 129*, 643–652.

Cepeda, N. J., Pashler, H., Vul, E., Wixted, J. T., & Rohrer, D. (2006). Distributed practice in verbal recall tasks: A review and quantitative synthesis. *Psychological Bulletin, 132*, 354–380.

Cepeda, N. J., Vul, E., Rohrer, D., Wixed, J. T., & Pashler, H. (2008). Spacing effects in learning: A temporal ridgeline of optimal retention. *Psychological Science, 19*, 1095–1102.

Cerasoli, C. P., Nicklin, J. M., & Ford, M. T. (2014). Intrinsic motivation and extrinsic incentives jointly predict performance: A 40-year meta-analysis. *Psychological Bulletin, 140*, 980–1008.

Cerasoli, C. P., Nicklin, J. M., & Nassrelgrgawi, A. S. (2016). Performance, incentives, and needs for autonomy, competence, and relatedness: A meta-analysis. *Motivation and Emotion, 40*, 781–813.

Cero, I., & Witte, T. K. (2019). Assortativity of suicide-related posting on social media. *American Psychologist*. Advance online publication. doi: 10.1037/amp0000477

Cerrillo-Urbina, A. J., García-Hermoso, A., Sánchez-López, M., Pardo-Guijarro, M. J., Santos Gómez, J. L., & Martínez-Vizcaíno, V. (2015). The effects of physical exercise in children with attention deficit hyperactivity disorder: A systematic review and meta-analysis of randomized control trials. *Child: Care, Health and Development, 41*, 779–788.

CFI. (2003, July). *International developments*. Report. Center for Inquiry International.

Cha, C. B., Augenstein, T. M., Frost, K. H., Gallagher, K., D'Angelo, E. J., & Nock, M. K. (2016). Using implicit and explicit measures to predict nonsuicidal self-injury among adolescent inpatients. *Journal of the American Academy of Child & Adolescent Psychiatry, 55*, 62–68.

Chabris, C. (2015, February 9). Quoted by Parker-Pope in Was Brian Williams a victim of false memory? *The New York Times*. https://well.blogs.nytimes.com/2015/02/09/was-brian-williams-a-victim-of-false-memory/?

Chabris, C. F., & Simons, D. (2010). *The invisible gorilla: And other ways our intuitions deceive us*. Crown.

Chajut, E., Caspi, A., Chen, R., Hod, M., & Ariely, D. (2014). In pain thou shalt bring forth children: The peak-and-end rule in recall of labor pain. *Psychological Science, 25*, 2266–2271.

Chambel, M. J., Castanheira, F., Oliveira-Cruz, F., & Lopes, S. (2015). Work context support and Portuguese soldiers' well-being: The mediating role of autonomous motivation. *Military Psychology, 27*, 297–310.

Chamove, A. S. (1980). Nongenetic induction of acquired levels of aggression. *Journal of Abnormal Psychology, 89*, 469–488.

Champagne, F. A. (2010). Early adversity and developmental outcomes: Interaction between genetics, epigenetics, and social experiences across the life span. *Perspectives on Psychological Science, 5,* 564–574.

Champagne, F. A., Francis, D. D., Mar, A, & Meaney, M. J. (2003). Naturally-occurring variations in maternal care in the rat as a mediating influence for the effects of environment on the development of individual differences in stress reactivity. *Physiology & Behavior, 79,* 359–371.

Champagne, F. A., & Mashoodh, R. (2009). Genes in context: Gene-environment interplay and the origins of individual differences in behavior. *Current Directions in Psychological Science, 18,* 127–131.

Chan, E. Y., & Maglio, S. J. (2019). Coffee cues elevate arousal and reduce level of construal. *Consciousness and Cognition, 70,* 57–69.

Chan, M. K., Krebs, M. O., Cox, D., Guest, P. C., Yolken, R. H., Rahmoune, H., Rothermundt, M., Steiner, J., Leweke, F. M., Van Beveren, N. J. M., Niebuhr, D., Weber, N. S., Cowan, D. N., Suarez-Pinilla, P., Crespo-Facorro, B., Mam-Lam-Fook, C., Bourgin, J., Wenstrup, R. J., Kaldate, R. R., . . . Bahn, S. (2015, July 14). Development of a blood-based molecular biomarker test for identification of schizophrenia before disease onset. *Translational Psychiatry, 5,* e601.

Chance News. (1997, 25 November). More on the frequency of letters in texts. Dart.Chance@Dartmouth.edu

Chancellor, J., Margolis, S., Jacobs Bao, K., & Lyubomirsky, S. (2018). Everyday prosociality in the workplace: The reinforcing benefits of giving, getting, and glimpsing. *Emotion, 18,* 507–517.

Chandler, J. J., & Pronin, E. (2012). Fast thought speed induces risk taking. *Psychological Science, 23,* 370–374.

Chandra, A., Mosher, W. D., & Copen, C. (2011, March 3). *Sexual behavior, sexual attraction, and sexual identity in the United States: Data from the 2006–2008 National Survey of Family Growth* (National Health Statistics Report No. 36). https://www.cdc.gov/nchs/data/nhsr/nhsr036.pdf

Chang, A.-M., Aeschbach, D., Duggy, J. F., & Czeisler, C. A. (2015). Evening use of light-emitting eReaders negatively affects sleep, circadian timing, and next-morning alertness. *PNAS, 112,* 1232–1237.

Chang, E. C. (2001). Cultural influences on optimism and pessimism: Differences in Western and Eastern construals of the self. In E. C. Chang (Ed.), *Optimism and pessimism* (pp. 257–280). APA Books.

Chang, E. H., Milkman, K. L., Gromet, D. M., Rebele, R. W., Massey, C., Duckworth, A. L., & Grant, A. M. (2019). The mixed effects of online diversity training. *PNAS, 116,* 7778–7783.

Chang, J. H., & Bushman, B. J. (2019). Effect of exposure to fun violence in video games on children's dangerous behavior with real guns: A randomized clinical trial. *JAMA Network Open, 2,* e194319.

Chaplin, T. M. (2015). Gender and emotion expression: A developmental contextual perspective. *Emotion Review, 7,* 14–21.

Chaplin, T. M., & Aldao, A. (2013). Gender differences in emotion expression in children: A meta-analytic review. *Psychological Bulletin, 139,* 735–765.

Chaplin, W. F., Phillips, J. B., Brown, J. D., Clanton, N. R., & Stein, J. L. (2000). Handshaking, gender, personality, and first impressions. *Journal of Personality and Social Psychology, 79,* 110–117.

Charlesworth, T. E. S., & Banaji, M. R. (2019). Patterns of implicit and explicit attitudes: I. long-term change and stability from 2007 to 2016. *Psychological Science, 30,* 174–192.

Charlson, F. J., Flaxman, A., Ferrari, A. J., Vos, T., Steel, Z., & Whiteford, H. A. (2016). Post-traumatic stress disorder and major depression in conflict-affected populations: An epidemiologic analysis. *Global Mental Health (Cambridge Core), 3,* e4.

Charness, N., & Boot, W. R. (2009). Aging and information technology use. *Current Directions in Psychological Science, 18,* 253–258.

Charpak, G., & Broch, H. (2004). *Debunked! ESP, telekinesis, and other pseudoscience.* Johns Hopkins University Press.

Chartrand, T. L., & Bargh, J. A. (1999). The chameleon effect: The perception-behavior link and social interaction. *Journal of Personality and Social Psychology, 76,* 893–910.

Chartrand, T. L., & Lakin, J. (2013). The antecedents and consequences of human behavioral mimicry. *Annual Review of Psychology, 64,* 285–308.

Chartrand, T. L., & van Baaren, R. (2009). Human mimicry. In M. P. Zanna (Ed.), *Advances in experimental social psychology* (pp. 219–274). Elsevier Academic Press.

Chassin, M. R. L., & MacKinnon, D. P. (2015). Role transitions and young adult maturing out of heavy drinking: Evidence for larger effects of marriage among more severe premarriage problem drinkers. *Alcoholism: Clinical and Experimental Research, 39,* 1064–1074.

Chassy, P., & Gobet, F. (2011). A hypothesis about the biological basis of expert intuition. *Review of General Psychology, 15,* 198–212.

Chatard, A., & Selimbegović, L. (2011). When self-destructive thoughts flash through the mind: Failure to meet standards affects the accessibility of suicide-related thoughts. *Journal of Personality and Social Psychology, 100,* 587–605.

Chatterjee, R. (2015, October 3). Out of the darkness. *Science, 350,* 372–375.

Cheek, J. M., & Melchior, L. A. (1990). Shyness, self-esteem, and self-consciousness. In H. Leitenberg (Ed.), *Handbook of social and evaluation anxiety.* Plenum.

Cheek, S. M., Goldston, D. B., Erkanli, A., Massing-Schaffer, M., & Liu, R. T. (2019). Social rejection and suicidal ideation and attempts among adolescents following hospitalization: a prospective study. *Journal of Abnormal Child Psychology, 48*(1), 123–133.

Chein, J. M., & Schneider, W. (2012). The brain's learning and control architecture. *Current Directions in Psychological Science, 21,* 78–84.

Cheit, R. E. (1998). Consider this, skeptics of recovered memory. *Ethics & Behavior, 8,* 141–160.

Chekroud, S. R., Gueorguieva, R., Zheutlin, A. B., Paulus, M., Krumholz, H. M., Krystal, J. H., & Chekroud, A. M. (2018). Association between physical exercise and mental health in 1.2 million individuals in the USA between 2011 and 2015: A cross-sectional study. *The Lancet Psychiatry, 5,* 739–746.

Chen, A. W., Kazanjian, A., & Wong, H. (2009). Why do Chinese Canadians not consult mental health services: Health status, language or culture? *Transcultural Psychiatry, 46,* 623–640.

Chen, E., Turiano, N. A., Mroczek, D. K., & Miller, G. E. (2016). Association of reports of childhood abuse and all-cause mortality rates in women. *JAMA Psychiatry, 73,* 920–927.

Chen, G., Wu, Z., Guo, Z., & Gearing, M. (2014). Tonic inhibition in dentate gyrus impairs long-term potentiation and memory in an Alzheimer's disease model. *Nature Communications, 5,* 4159.

Chen, J. (2017, June 28). Katy Perry defends her livestream therapy session: 'People think it's weird'. Rolling Stone. https://www.rollingstone.com/music/music-news/katy-perry-defends-her-livestream-therapy-session-people-think-its-weird-194530/

Chen, M.-H., Lan, W.-H., Bai, Y.-M., Huang, K.-L., Su, T.-P., Tsai, S.-J., Li, C. T., Lin, W. C., Chang, W. H., Pan, T. L., Chen, T. J., & Hsu, J.-W. (2016). Influence of relative age on diagnosis and treatment of attention-deficit hyperactivity disorder in Taiwanese children. *Journal of Pediatrics, 172,* 162–167.

Chen, S. H., Kennedy, M., & Zhou, Q. (2012). Parents' expression and discussion of emotion in the multilingual family: Does language matter? *Perspectives on Psychological Science, 7,* 365–383.

Chen, S. X., & Bond, M. H. (2010). Two languages, two personalities? Examining language effects on the expression of personality in a bilingual context. *Personality and Social Psychology Bulletin, 36,* 1514–1528.

Chen, Y., Kawachi, I., Berkman, L. F., Trudel-Fitzgerald, C., & Kubzansky, L. D. (2018). A prospective study of marital quality and body weight in midlife. *Health Psychology, 37,* 247–256.

Cheng, C., & Li, A. Y. L. (2014). Internet addiction prevalence and quality of (real) life: A meta-analysis of 31 nations across seven world regions. *Cyberpsychology, Behavior, and Social Networking, 17,* 755–760.

Chennu, S., Pinoia, P., Kamau, E. Allanson, J., Williams, G. B., Monti, M. M., Noreika, V., Arnatkeviciute, A., Canales-Johnson, A., Olivares, F., Cabezas-Soto, D., Menon, D. K., Pickard, J. D., Owen, A. M., & Bekinschtein, T. A. (2014). Spectral signatures of reorganised brain network in disorders of consciousness. *PLOS Computational Biology, 10,* e1003887.

Cheon, B. K., Im, D.-M., Harada, T., Kim, J.-S., Mathur, V. A., Scimeca, J. M., Parrish, T. B., Park, H., & Chiao, J. Y. (2013). Cultural modulation of the neural correlates of emotional pain perception: The role of other-focusedness. *Neuropsychologia, 51,* 1177–1186.

Cherniss, C. (2010a). Emotional intelligence: New insights and further clarifications. *Industrial and Organizational Psychology, 3,* 183–191.

Cherniss, C. (2010b). Emotional intelligence: Toward clarification of a concept. *Industrial and Organizational Psychology, 3,* 110–126.

Chernyak, N., Kang, C., & Kushnir, T. (2019). The cultural roots of free will beliefs: How Singaporean and U.S. children judge and explain possibilities for action in interpersonal contexts. *Developmental Psychology, 55,* 866–876.

Chess, S., & Thomas, A. (1987). *Know your child: An authoritative guide for today's parents.* Basic Books.

Chester, D. S., & DeWall, C. N. (2016). The pleasure of revenge: Retaliatory aggression arises from a neural imbalance toward reward. *Social Cognitive and Affective Neuroscience, 11,* 1173–1182.

Chester, D. S., DeWall, C. N., Derefinko, K. J., Estus, S., Lynam, D. R., Peters, J. R., & Jiang, Y. (2016). Looking for reward in the wrong places: Dopamine receptor gene polymorphisms indirectly affect aggression through sensation-seeking. *Social Neuroscience, 11,* 487–494.

Chetty, N., & Alathur, S. (2018). Hate speech review in the context of online social networks. *Aggression and Violent Behavior, 40,* 108–118.

Cheung, B. Y., Chudek, M., & Heine, S. J. (2011). Evidence for a sensitive period for acculturation: Younger immigrants report acculturating at a faster rate. *Psychological Science, 22,* 147–152.

Cheung, F., & Lucas, R. E. (2016). Income inequality is associated with stronger social comparison effects: The effect of relative income on life satisfaction. *Journal of Personality and Social Psychology, 110,* 332–341.

Chiang, J. J., Turiano, N. A., Mroczek, D. K., & Miller, G. E. (2018). Affective reactivity to daily stress and 20-year mortality risk in adults with chronic illness: Findings from the National Study of Daily Experiences. *Health Psychology, 37,* 170–178.

Chibanda, D., Weiss, H. A., Verhey, R., Simms, V., Munjoma, R., Rusakaniko, S., Chingono, A., Munetsi, E., Bere, T., Manda, E., Abas, M., & Araya, R. (2016). Effect of a primary care-based psychological intervention on symptoms of common mental disorders in Zimbabwe: a randomized clinical trial. JAMA, 316, 2618–2626.

Chida, Y., & Hamer, M. (2008). Chronic psychosocial factors and acute physiological responses to laboratory-induced stress in healthy populations: A quantitative review of 30 years of investigations. Psychological Bulletin, 134, 829–885.

Chida, Y., Hamer, M., Wardle, J., & Steptoe, A. (2008). Do stress-related psychosocial factors contribute to cancer incidence and survival? Nature Reviews: Clinical Oncology, 5, 466–475.

Chida, Y., & Steptoe, A. (2009). The association of anger and hostility with future coronary heart disease: A meta-analytic review of prospective evidence. Journal of the American College of Cardiology, 17, 936–946.

Chida, Y., Steptoe, A., & Powell, L. H. (2009). Religiosity/spirituality and mortality. Psychotherapy and Psychosomatics, 78, 81–90.

Chida, Y., & Vedhara, K. (2009). Adverse psychosocial factors predict poorer prognosis in HIV disease: A meta-analytic review of prospective investigations. Brain, Behavior, and Immunity, 23, 434–445.

Chiles, J. A., Lambert, M. J., & Hatch, A. L. (1999). The impact of psychological interventions on medical cost offset: A meta-analytic review. Clinical Psychology: Science and Practice, 6, 204–220.

Chisholm, D., Sweeny, K., Sheehan, P., Rasmussen, B., Smit, F., Cuijpers, P., & Saxena, S. (2016). Scaling-up treatment of depression and anxiety: A global return on investment analysis. The Lancet Psychiatry, 3, 415–424.

Chivers, M. L. (2017). The specificity of women's sexual response and its relationship with sexual orientations: A review and ten hypotheses. Archives of Sexual Behavior, 46, 1161–1179.

Chivers, M. L., & Brotto, L. A. (2017). Controversies of women's sexual arousal and desire. European Psychologist, 22, 5–26.

Chivers, M. L., Seto, M. C., Lalumière, M. L., Laan, E., & Grimbos, T. (2010). Agreement of self-reported and genital measures of sexual arousal in men and women: A meta-analysis. Archives of Sexual Behavior, 39, 5–56.

Chmielewski, M., Zhu, J., Burchett, D., Bury, A. S., & Bagby, R. M. (2017). The comparative capacity of the Minnesota Multiphasic Personality Inventory–2 (MMPI–2) and MMPI–2 Restructured Form (MMPI-2-RF) validity scales to detect suspected malingering in a disability claimant sample. Psychological Assessment, 29, 199–208.

Cho, K. W., Neely, J. H., Crocco, S., & Vitrano, D. (2017). Testing enhances both encoding and retrieval for both tested and untested items. The Quarterly Journal of Experimental Psychology, 70, 1211–1235.

Choi, C. Q. (2008, March). Do you need only half your brain? Scientific American. https://www.scientificamerican.com/article/do-you-need-only-half-your-brain/

Choi, J., Broersma, M., & Cutler, A. (2017). Early phonology revealed by international adoptees' birth language retention. PNAS, 114, 7307–7312.

Choi, K. W., Zheutlin, A. B., Karlson, R. A., Wang, M. J., Dunn, E. C., Stein, M. B., Karlson, E. W., & Smoller, J. W. (2019). Physical activity offsets genetic risk for incident depression assessed via electronic health records in a biobank cohort study. Depression and Anxiety, 37(2), 106–114.

Chomsky, N. (1972). Language and mind. Harcourt Brace.

Chopik, W., & O'Brien, E. (2017). Happy you, healthy me? Having a happy partner is independently associated with better health in oneself. Health Psychology, 36, 21–30.

Chopik, W. J., Edelstein, R. S., & Fraley, R. C. (2013). From the cradle to the grave: Age differences in attachment from early adulthood to old age. Journal of Personality, 81, 171–183.

Chopik, W. J., & Kitayama, S. (2018). Personality change across the life span: Insights from a cross-cultural, longitudinal study. Journal of Personality, 86, 508–521.

Christakis, D. A., Garrison, M. M., Herrenkohl, T., Haggerty, K., Rivara, K. P., Zhou, C., & Liekweg, K. (2013). Modifying media content for preschool children: A randomized control trial. Pediatrics, 131, 431–438.

Christakis, N. (2019, March 24). We are one: Obsession with human difference is out of step with scientific evidence on universals that connect us. New York Daily News. https://www.nydailynews.com/opinion/ny-oped-we-are-one-20190324-nmngbhbs3fcelfwawh3iibhpwu-story.html

Christakis, N. A., & Fowler, J. H. (2007). The spread of obesity in a large social network over 32 years. New England Journal of Medicine, 357, 370–379.

Christakis, N. A., & Fowler, J. H. (2008, May). The collective dynamics of smoking in a large social network. New England Journal of Medicine, 358, 2249–2258.

Christakis, N. A., & Fowler, J. H. (2009). Connected: The surprising power of social networks and how they shape our lives. Little, Brown.

Christensen, A., & Jacobson, N. S. (1994). Who (or what) can do psychotherapy: The status and challenge of nonprofessional therapies. Psychological Science, 5, 8–14.

Christiansen, P., Jennings, E., & Rose, A. K. (2016). Anticipated effects of alcohol stimulate craving and impair inhibitory control. Psychology of Addictive Behaviors, 30, 383–388.

Christophersen, E. R., & Edwards, K. J. (1992). Treatment of elimination disorders: State of the art 1991. Applied & Preventive Psychology, 1, 15–22.

Chu, C., Podlogar, M. C., Hagan, C. R., Buchman-Schmitt, J. M., Silva, C., Chiurliza, B., Hames, J. L., Stanley, I. H., Lim, L. I., & Joiner, T. E. (2016). The interactive effects of the capability for suicide and major depressive episodes on suicidal behavior in a military sample. Cognitive Therapy and Research, 40, 22–30.

Chu, C., Walker, K. L., Stanley, I. H., Hirsch, J. K., Greenberg, J. H., Rudd, M. D., & Joiner, T. E. (2018). Perceived problem-solving deficits and suicidal ideation: Evidence for the explanatory roles of thwarted belongingness and perceived burdensomeness in five samples. Journal of Personality and Social Psychology, 115, 137–160.

Chu, P. S., Saucier, D. A., & Hafner, E. (2010). Meta-analysis of the relationships between social support and well-being in children and adolescents. Journal of Social and Clinical Psychology, 29, 624–645.

Chua, A. (2011). Battle hymn of the tiger mother. Bloomsbury.

Chua, H. F., Boland, J. E., & Nisbett, R. E. (2005). Cultural variation in eye movements during scene perception. PNAS, 102, 12629–12633.

Chugani, H. T., & Phelps, M. E. (1986). Maturational changes in cerebral function in infants determined by 18FDG positron emission tomography. Science, 231, 840–843.

Chulov, M. (2014, December 11). ISIS: The inside story. The Guardian. https://www.theguardian.com/world/2014/dec/11/-sp-isis-the-inside-story

Chung, T., Tittgemeyer, M., & Ewing, S. W. F. (2017). Introduction to the Special Issue: Using neuroimaging to probe mechanisms of behavior change. Neuroimage, 151, 1–3.

Church, A. T., Katigbak, M. S., Mazuera Arias, R., Rincon, B. C., Vargas-Flores, J., Ibáñez-Reyes, J., Wang, L., Alvarez, J. M., Wang, C., & Ortiz, F. A. (2014). A four-culture study of self-enhancement and adjustment using the social relations model: Do alternative conceptualizations and indices make a difference? Journal of Personality and Social Psychology, 106, 997–1014.

Churchland, P. S. (2013). Touching a nerve: The self as brain. Norton.

CIA. (2014, accessed April 23). Sex ratio. The world factbook. Retrieved from https://www.cia.gov/library/publications/the-world-factbook/geos/print_ch.html

Cialdini, R. B. (1993). Influence: Science and practice (3rd ed.). HarperCollins.

Cialdini, R. B., & Richardson, K. D. (1980). Two indirect tactics of image management: Basking and blasting. Journal of Personality and Social Psychology, 39, 406–415.

CIHI. (2019, accessed December 2). Intentional self-harm among youth in Canada [PDF file]. Retrieved from https://www.cihi.ca/sites/default/files/info_child_harm_en.pdf

Cin, S. D., Gibson, B., Zanna, M. P., Shumate, R., & Fong, G. T. (2007). Smoking in movies, implicit associations of smoking with the self, and intentions to smoke. Psychological Science, 18, 559–563.

Cipriani, A., Furukawa, T. A., Salanti, G., Chaimani, A., Atkinson, L. Z., Ogawa, Y., Leucht, S., Ruhe, H. G., Turner, E. H., Higgins, J. P., Egger, M., Takeshima, N., Hayasaka, Y., Imai, H., Shinohara, K., Tajika, A., Ioannidis, J. P. A., & Geddes, J. R. (2018). Comparative efficacy and acceptability of 21 antidepressant drugs for the acute treatment of adults with major depressive disorder: A systematic review and network meta-analysis. The Lancet, 391, 1357–1366.

Clack, B., Dixon, J., & Tredoux, C. (2005). Eating together apart: Patterns of segregation in a multi-ethnic cafeteria. Journal of Community and Applied Social Psychology, 15, 1–16.

Claidière, N., & Whiten, A. (2012). Integrating the study of conformity and culture in humans and non-human animals. Psychological Bulletin, 138, 126–145.

Clancy, S. A. (2005). Abducted: How people come to believe they were kidnapped by aliens. Harvard University Press.

Clancy, S. A. (2010). The trauma myth: The truth about the sexual abuse of children—and its aftermath. Basic Books.

Clark, A., Seidler, A., & Miller, M. (2001). Inverse association between sense of humor and coronary heart disease. International Journal of Cardiology, 80, 87–88.

Clark, I. A., & Maguire, E. A. (2016). Remembering preservation in hippocampal amnesia. Annual Review of Psychology, 67, 51–82.

Clark, J. L., Algoe, S. B., & Green, M. C. (2018). Social network sites and well-being: The role of social connection. Current Directions in Psychological Science, 27, 32–37.

Clark, K. B., & Clark, M. P. (1947). Racial identification and preference in Negro children. In T. M. Newcomb & E. L. Hartley (Eds.), Readings in social psychology. Holt.

Clark, R., & Gilchrist, I. D. (2018). The relationship between reward and probability: Evidence that exploration may be intrinsically rewarding. Visual Cognition, 26, 672–694.

Clark, R. D., III, & Hatfield, E. (1989). Gender differences in willingness to engage in casual sex. Journal of Psychology and Human Sexuality, 2, 39–55.

Clarke, E., Reichard, U. H., & Zuberbuehler, K. (2015). Context-specific close-range "hoo" calls in wild gibbons (Hylobates lar). BMC Evolutionary Biology, 15, 56.

Claro, S., Paunesku, D., & Dweck, C. S. (2016). Growth mindset tempers the effects of poverty on academic achievement. PNAS, 113, 8664–8668.

Clausen, J., Fetz, E., Donoghue, J., Ushiba, J., Spöhase, J., Birbaummer, N., & Soekadar, S. R. (2017). Help, hope, and hype: Ethical dimensions of neuroprosthetics. *Science, 356,* 1338–1339.

Cleary, A. M., & Claxton, A. B. (2018). Déjà vu: An illusion of prediction. *Psychological Science, 29,* 635–644.

Clements, C. C., Zoltowski, A. R., Yankowitz, L. D., Yerys, B. E., Schultz, R. T., & Herrington, J. D. (2018). Evaluation of the social motivation hypothesis of autism: A systematic review and meta-analysis. *JAMA Psychiatry, 75,* 797–808.

Clynes, T. (2016). How to raise a genius. *Nature, 537,* 152–155.

CMEC. (2018). *Measuring up: Canadian results of the OECD PISA Study. The performance of Canada's youth in science, reading and mathematics* [PDF file]. Council of Ministers of Education, Canada. https://www.cmec.ca/Publications/Lists/Publications/Attachments/396/PISA2018_PublicReport_EN.pdf

Coan, J. A., Schaefer, H. S., & Davidson, R. J. (2006). Lending a hand: Social regulation of the neural response to threat. *Psychological Science, 17,* 1032–1039.

Coelho, C. M., & Purkis, H. (2009). The origins of specific phobias: Influential theories and current perspectives. *Review of General Psychology, 13,* 335–348.

Cohen, A. B. (2009). Many forms of culture. *American Psychologist, 64,* 194–204.

Cohen, A. O., Breiner, K., Steinberg, L., Bonnie, R. J., Scott, E. S., Taylor-Thompson, K. A., Rudolph, M. D., Chein, J., Richeson, J. A., Heller, A. S., Silverman, M. R. Dellarco, D. V., Fair, D. A., Galván, A., & Casey, B. J. (2016). When is an adolescent an adult? Assessing cognitive control in emotional and nonemotional contexts. *Psychological Science, 27,* 549–562.

Cohen, F., & Solomon, S. (2011). The politics of mortal terror. *Current Directions in Psychological Science, 20,* 316–320.

Cohen, G. (1990). Why is it difficult to put names to faces? *British Journal of Psychology, 81,* 287–297.

Cohen, P. (2007, November 15). Freud is widely taught at universities, except in the psychology department. *The New York Times.* https://www.nytimes.com/2007/11/25/weekinreview/25cohen.html

Cohen, P. (2010, June 11). Long road to adulthood is growing even longer. *The New York Times.* https://www.nytimes.com/2010/06/13/us/13generations.html?

Cohen, S. (2004). Social relationships and health. *American Psychologist, 59,* 676–684.

Cohen, S., Alper, C. M., Doyle, W. J., Treanor, J. J., & Turner, R. B. (2006). Positive emotional style predicts resistance to illness after experimental exposure to rhinovirus or influenza A virus. *Psychosomatic Medicine, 68,* 809–815.

Cohen, S., Doyle, W. J., Skoner, D. P., Rabin, B. S., & Gwaltney, J. M., Jr. (1997). Social ties and susceptibility to the common cold. *Journal of the American Medical Association, 277,* 1940–1944.

Cohen, S., Doyle, W. J., Turner, R., Alper, C. M., & Skoner, D. P. (2003). Sociability and susceptibility to the common cold. *Psychological Science, 14,* 389–395.

Cohen, S., Janicki-Deverts, D., Turner, R. B., & Doyle, W. J. (2015). Does hugging provide stress-buffering social support? A study of susceptibility to upper respiratory infection and illness. *Psychological Science, 26,* 135–147.

Cohen, S., Kaplan, J. R., Cunnick, J. E., Manuck, S. B., & Rabin, B. S. (1992). Chronic social stress, affiliation, and cellular immune response in nonhuman primates. *Psychological Science, 3,* 301–304.

Cohen, S., & Pressman, S. D. (2006). Positive affect and health. *Current Directions in Psychological Science, 15,* 122–125.

Cohen, S., Tyrrell, D. A. J., & Smith, A. P. (1991). Psychological stress and susceptibility to the common cold. *New England Journal of Medicine, 325,* 606–612.

Cohn, A., Maréchal, M. A., Tannenbaum, D., & Zünd, C. L. (2019). Civic honesty around the globe. *Science, 365,* 70–73.

Cohn, D. (2013, February 13). *Love and marriage.* https://www.pewsocialtrends.org/2013/02/13/love-and-marriage/

Coker, A. L., Bush, H. M., Cook-Craig, P. G., DeGue, S. A., Clear, E. R., Brancato, C. J., Fisher, B. S., & Recktenwald, E. A. (2017). RCT testing bystander effectiveness to reduce violence. *American Journal of Preventative Medicine, 52,* 566–578.

Colapinto, J. (2000). *As nature made him: The boy who was raised as a girl.* HarperCollins.

Colarelli, S. M., Spranger, J. L., & Hechanova, M. R. (2006). Women, power, and sex composition in small groups: An evolutionary perspective. *Journal of Organizational Behavior, 27,* 163–184.

Colbert, S. (2014, November 18). Tweet. Twitter: @StephenAtHome

Cole, K. C. (1998). *The universe and the teacup: The mathematics of truth and beauty.* Harcourt Brace.

Cole, M. W., Ito, T., & Braver, T. S. (2015). Lateral prefrontal cortex contributes to fluid intelligence through multinetwork connectivity. *Brain Connectivity, 5,* 497–504.

Coles, N. A., Larsen, J. T., & Lench, H. C. (2019). A meta-analysis of the facial feedback literature: Effects of facial feedback on emotional experience are small and variable. *Psychological Bulletin, 145,* 610–651.

Coley, R. L., Medeiros, B. L., & Schindler, H. (2008). Using sibling differences to estimate effects of parenting on adolescent sexual risk behaviors. *Journal of Adolescent Health, 43,* 133–140.

Collins, F. (2006). *The language of God.* Free Press.

Collins, N. L., & Miller, L. C. (1994). Self-disclosure and liking: A meta-analytic review. *Psychological Bulletin, 116,* 457–475.

Collins, W. A., Welsh, D. P., & Furman, W. (2009). Adolescent romantic relationships. *Annual Review of Psychology, 60,* 631–652.

Collinson, S. L., MacKay, C. E., James, A. C., Quested, D. J., Phillips, T., Roberts, N., & Crow, T. J. (2003). Brain volume, asymmetry and intellectual impairment in relation to sex in early-onset schizophrenia. *British Journal of Psychiatry, 183,* 114–120.

Colombo, J. (1982). The critical period concept: Research, methodology, and theoretical issues. *Psychological Bulletin, 91,* 260–275.

Compton, W. C. (2018). Self-actualization myths: What did Maslow really say? *Journal of Humanistic Psychology.* Advance online publication. doi.org/10.1177/0022167818761929

Confer, J. C., Easton, J. A., Fleischman, D. S., Goetz, C. D., Lewis, D. M. G., Perilloux, C., & Buss, D. M. (2010). Evolutionary psychology: Controversies, questions, prospects, and limitations. *American Psychologist, 65,* 110–126.

Conklin, Q. A., King, B. G., Zanesco, A. P., Lin, J., Hamidi, A. B., Pokorny, J. J., Álvarez-López, M. J., Cosin-Tomás, M., Huang, C., Kaliman, P., Epel, E. S., & Saron, C. D. (2018). Insight meditation and telomere biology: The effects of intensive retreat and the moderating role of personality. *Brain, Behavior, and Immunity, 70,* 233–245.

Conley, T. D. (2011). Perceived proposer personality characteristics and gender differences in acceptance of casual sex offers. *Journal of Personality and Social Psychology, 100,* 300–329.

Connor, C. E. (2010). A new viewpoint on faces. *Science, 330,* 764–765.

Connor-Smith, J. K., & Flachsbart, C. (2007). Relations between personality and coping: A meta-analysis. *Journal of Personality and Social Psychology, 93,* 1080–1107.

Consumer Reports. (1995, November). Does therapy help? pp. 734–739.

Converse, B. A., Juarez, L., & Hennecke, M. (2019). Self-control and the reasons behind our goals. *Journal of Personality and Social Psychology, 116,* 860–883.

Conway, C. C., Forbes, M. K., Forbush, K. T., Fried, E. I., Hallquist, M. N., Kotov, R., Mullins-Sweatt, S. N., Shackman, A. J., Skodol, A. E., South, S. C., Sunderland, M., Waszczuk, M. A., Zald, D. H., Afzali, M. H., Bornovalova, M. A., Carragher, N., Docherty, A. R., Jonas, K. G., Krueger, R. F., . . . Eaton, N. R. (2019). A hierarchical taxonomy of psychopathology can transform mental health research. *Perspectives on Psychological Science, 14,* 419–436.

Conway, M. A., Wang, Q., Hanyu, K., & Haque, S. (2005). A cross-cultural investigation of autobiographical memory. On the universality and cultural variation of the reminiscence bump. *Journal of Cross-Cultural Psychology, 36,* 739–749.

Cook, S., Kokmotou, K., Soto, V., Fallon, N., Tyson-Carr, J., Thomas, A., Giesbrecht, T., Field, M., & Stancak, A. (2017). Pleasant and unpleasant odour-face combinations influence face and odour perception: An event-related potential study. *Behavioural Brain Research, 333,* 304–313.

Cooke, L. J., Wardle, J., & Gibson, E. L. (2003). Relationship between parental report of food neophobia and everyday food consumption in 2–6-year-old children. *Appetite, 41,* 205–206.

Cooley, E., Lei, R., Brown-Iannuzzi, J., & Ellerkamp, T. (2019). Personal prejudice, other guilt: explicit prejudice toward Black people predicts guilty verdicts for White officers who kill Black men. *Personality and Social Psychology Bulletin, 45,* 754–766.

Cooney, G., Gilbert, D. T., & Wilson, T. D. (2014). The unforeseen costs of extraordinary experience. *Psychological Science, 25,* 2259–2265.

Cooper, K. J. (1999, May 1). This time, copycat wave is broader. *The Washington Post.* https://www.washingtonpost.com/wp-srv/national/longterm/juvmurders/stories/copycat050199.htm

Cooper, N., Garcia, J. O., Tompson, S. H., O'Donnell, M. B., Falk, E. B., & Vettel, J. M. (2019). Time-evolving dynamics in brain networks forecast responses to health messaging. *Network Neuroscience, 3,* 138–156.

Cooper, W. H., & Withey, M. J. (2009). The strong situation hypothesis. *Personality and Social Psychology Review, 13,* 62–72.

Coopersmith, S. (1967). *The antecedents of self-esteem.* Freeman.

Copen, C. E., Chandra, A., & Febo-Vazquez, I. (2016, January 7). Sexual behavior, sexual attraction, and sexual orientation among adults aged 18–44 in the United States: Data from the 2011–2013 National Survey of Family Growth. Centers for Disease Control and Prevention, *National Health Statistics Reports,* Number 88.

Corballis, M. C. (2002). *From hand to mouth: The origins of language.* Princeton University Press.

Corballis, M. C. (2003). From mouth to hand: Gesture, speech, and the evolution of right-handedness. *Behavioral and Brain Sciences, 26,* 199–260.

Corcoran, D. W. J. (1964). The relation between introversion and salivation. *The American Journal of Psychology, 77,* 298–300.

Cordaro, D. T., Sun, R., Keltner, D., Kamble, S., Huddar, N., & McNeil, G. (2018). Universals and cultural variations in 22 emotional expressions across five cultures. *Emotion, 18,* 75–93.

Coren, S. (1996). *Sleep thieves: An eye-opening exploration into the science and mysteries of sleep.* Free Press.

Corey, D. P., García-Añoveros, J., Holt, J. R., Kwan, K. Y., Lin, S.-Y., Vollrath, M. A., Amalfitano, A., Cheung, E. L., Derfler, B. H., Duggan, A., Géléoc, G. S., Gray, P. A., Hoffman, M. P., Rehm, H. L., Tamasauskas, D., & Zhang, D.-S. (2004). TRPA1 is a candidate for the mechanosensitive transduction channel of vertebrate hair cells. *Nature, 432*, 723–730.

Corina, D. P. (1998). The processing of sign language: Evidence from aphasia. In B. Stemmer & H. A. Whittaker (Eds.), *Handbook of neurolinguistics* (pp. 313–329). Academic Press.

Corina, D. P., Vaid, J., & Bellugi, U. (1992). The linguistic basis of left hemisphere specialization. *Science, 255*, 1258–1260.

Corkin, S. (2005, September). Quoted by R. Adelson in Lessons from H. M. *Monitor on Psychology*, p. 59.

Corkin, S. (2013). *Permanent present tense: The unforgettable life of the amnesic patient.* Basic Books.

Corneille, O., Huart, J., Becquart, E., & Brédart, S. (2004). When memory shifts toward more typical category exemplars: Accentuation effects in the recollection of ethnically ambiguous faces. *Journal of Personality and Social Psychology, 86*, 236–250.

Cornier, M.-A. (2011). Is your brain to blame for weight regain? *Physiology & Behavior, 104*, 608–612.

Cornil, Y., & Chandon, P. (2013). From fan to fat? Vicarious losing increases unhealthy eating, but self-affirmation is an effective remedy. *Psychological Science, 24*, 1936–1946.

Correll, J., Park, B., Judd, C. M., Wittenbrink, B., Sadler, M. S., & Keesee, T. (2007). Across the thin blue line: Police officers and racial bias in the decision to shoot. *Journal of Personality and Social Psychology, 92*, 1006–1023.

Correll, J., Wittenbrink, B., Crawford, M. T., & Sadler, M. S. (2015). Stereotypic vision: How stereotypes disambiguate visual stimuli. *Journal of Personality and Social Psychology, 108*, 219–233.

Corrigan, P. (2004). How stigma interferes with mental health care. *American Psychologist, 59*, 614–625.

Corrigan, P. W. (2014). Can there be false hope in recovery? *British Journal of Psychiatry, 205*, 423–424.

Corrigan, P. W., Druss, B. G., & Perlick, D. A. (2014). The impact of mental illness stigma on seeking and participating in mental health care. *Psychological Science in the Public Interest, 15*, 37–70.

Corrigan, P. W., & Watson, A. C. (2002). Understanding the impact of stigma on people with mental illness. *World Psychiatry, 1*, 16–20.

Cortes, K., Leith, S., & Wilson, A. E. (2018). Relationship satisfaction and the subjective distance of past relational events. *Journal of Social and Personal Relationships, 35*, 1092–1117.

Costa, A., Foucart, A., Hayakawa, S., Aparici, M., Apesteguia, J., Heafner, J., & Keysar, B. (2014). Your morals depend on language. *PLOS ONE, 9*, e94842.

Costa, D. L., Yetter, N., & DeSomer, H. (2018). Intergenerational transmission of paternal trauma among US Civil War ex-POWs. *PNAS, 115*, 11215–11220.

Costa, P. T., Jr., & McCrae, R. R. (2011). The five-factor model, five-factor theory, and interpersonal psychology. In L. M. Horowitz & S. Strack (Eds.), *Handbook of interpersonal psychology: Theory, research, assessment, and therapeutic interventions* (pp. 91–104). John Wiley & Sons.

Costa, P. T., Jr., Terracciano, A., & McCrae, R. R. (2001). Gender differences in personality traits across cultures: Robust and surprising findings. *Journal of Personality and Social Psychology, 81*, 322–331.

Costello, E. J., Compton, S. N., Keeler, G., & Angold, A. (2003). Relationships between poverty and psychopathology: A natural experiment. *Journal of the American Medical Association, 290*, 2023–2029.

Costello, T. H., Unterberger, A., Watts, A. L., & Lilienfeld, S. O. (2018). Psychopathy and pride: Testing Lykken's hypothesis regarding the implications of fearlessness for prosocial and antisocial behavior. *Frontiers in Psychology, 9*, 185.

Coudé, G., Toschi, G., Festante, F., Bimbi, M., Bonaiuto, J., & Ferrari, P. F. (2019). Grasping neurons in the ventral premotor cortex of macaques are modulated by social goals. *Journal of Cognitive Neuroscience, 31*, 299–313.

Couli, J. T., Vidal, F., Nazarian, B., & Macar, F. (2004). Functional anatomy of the attentional modulation of time estimation. *Science, 303*, 1506–1508.

Coulter, K. C., & Malouff, J. M. (2013). Effects of an intervention designed to enhance romantic relationship excitement: A randomized-control trial. *Couple and Family Psychology: Research and Practice, 2*, 34–44.

Courage, M. L., & Howe, M. L. (2002). From infant to child: The dynamics of cognitive change in the second year of life. *Psychological Bulletin, 128*, 250–277.

Courtney, J. G., Longnecker, M. P., Theorell, T., & de Verdier, M. G. (1993). Stressful life events and the risk of colorectal cancer. *Epidemiology, 4*, 407–414.

Cowan, N. (1988). Evolving conceptions of memory storage, selective attention, and their mutual constraints within the human information-processing system. *Psychological Bulletin, 104*, 163–191.

Cowan, N. (2008). What are the differences between long-term, short-term, and working memory? *Progress in Brain Research, 169*, 323–338.

Cowan, N. (2010). The magical mystery four: How is working memory capacity limited, and why? *Current Directions in Psychological Science, 19*, 51–57.

Cowan, N. (2015). George Miller's magical number of immediate memory in retrospect: Observations on the faltering progression of science. *Psychological Review, 122*, 536–541

Cowan, N. (2016). Working memory maturation: Can we get at the essence of cognitive growth? *Perspectives on Psychological Science, 11*, 239–264.

Cowart, B. J. (1981). Development of taste perception in humans: Sensitivity and preference throughout the life span. *Psychological Bulletin, 90*, 43–73.

Cowart, B. J. (2005). Taste, our body's gustatory gatekeeper. *Cerebrum, 7*, 7–22.

Cowell, J. M., & Decety, J. (2015). Precursors to morality in development as a complex interplay between neural, socioenvironmental, and behavioral facets. *PNAS, 112*, 12657–12662.

Cowen, A. S., & Keltner, D. (2019). What the face displays: Mapping 28 emotions conveyed by naturalistic expression. *American Psychologist*. Advance online publication. https://doi.org/10.1037/amp0000488

Cox, C. R., & Arndt, J. (2012). How sweet it is to be loved by you: The role of perceived regard in the terror management of close relationships. *Journal of Personality and Social Psychology, 102*, 616–632.

Cox, J. J., Reimann, F. Nicholas, A., Thornton, C., Roberts, E., Springell, K., & Woods, C. G. (2006). An SCN9A channelopathy causes congenital inability to experience pain. *Nature, 444*, 894–898.

Coye, C., Ouattara, K., Zuberbühler, K., & Lemasson, A. (2015). Suffixation influences receivers' behaviour in non-human primates. *Proceedings of the Royal Society B, 282*, 1807.

Coyne, S. M., Padilla-Walker, L., Holmgren, H. G., Davis, E. J., Collier, K. M., Memmott-Elison, M., & Hawkins, A. J. (2018). A meta-analysis of prosocial media on prosocial behavior, aggression, and empathic concern: A multidimensional approach. *Developmental Psychology, 54*, 331–347.

CPP. (2017). *Myers-Briggs Type Indicator® (MBTI®).* CPP, Inc. (cpp.com).

Crabbe, J. C. (2002). Genetic contributions to addiction. *Annual Review of Psychology, 53*, 435–462.

Crabtree, S. (2011, December 12). *U.S. seniors maintain happiness highs with less social time.* Gallup poll (gallup.com).

Craik, F. I. M., & Tulving, E. (1975). Depth of processing and the retention of words in episodic memory. *Journal of Experimental Psychology: General, 104*, 268–294.

Crandall, C., & White, M. (2016, November 17). *Trump and the social psychology of prejudice.* Undark. https://undark.org/2016/11/17/trump-social-psychology-prejudice-unleashed/

Crandall, C. S. (1988). Social contagion of binge eating. *Journal of Personality and Social Psychology, 55*, 588–598.

Crandall, C. S., Miller, J. M., & White, M. H. (2018). Changing norms following the 2016 US presidential election: The Trump effect on prejudice. *Social Psychological and Personality Science, 9*, 186–192.

Crawford, J. T., & Brandt, M. J. (2019). Who is prejudiced, and toward whom? The Big Five traits and generalized prejudice. *Personality and Social Psychology Bulletin, 45*, 1455–1467.

Crawford, M., Chaffin, R., & Fitton, L. (1995). Cognition in social context. *Learning and individual differences, special issue: Psychological and psychobiological perspectives on sex differences in cognition: 1. Theory and Research, 7*, 341–362.

Credé, M. (2018). What shall we do about grit? A critical review of what we know and what we don't know. *Educational Researcher, 47*, 606–611.

Credé, M., & Kuncel, N. R. (2008). Study habits, skills, and attitudes: The third pillar supporting collegiate academic performance. *Perspectives on Psychological Science, 3*, 425–453.

Creswell, J. D., Bursley, J. K., & Satpute, A. B. (2013). Neural reactivation links unconscious thought to decision making performance. *Social Cognitive and Affective Neuroscience, 2*, 863–869.

Creswell, J. D., Way, B. M., Eisenberger, N. I., & Lieberman, M. D. (2007). Neural correlates of dispositional mindfulness during affect labeling. *Psychosomatic Medicine, 69*, 560–565.

Creswell, K. G., Chung, T., Clark, D., & Martin, C. (2014). Solitary alcohol use in teens is associated with drinking in response to negative affect and predicts alcohol problems in young adulthood. *Clinical Psychological Science, 2*, 602–610.

Crews, F. T., He, J., & Hodge, C. (2007). Adolescent cortical development: A critical period of vulnerability for addiction. *Pharmacology, Biochemistry and Behavior, 86*, 189–199.

Crews, F. T., Mdzinarishvilli, A., Kim, D., He, J., & Nixon, K. (2006). Neurogenesis in adolescent brain is potently inhibited by ethanol. *Neuroscience, 137*, 437–445.

Crifasi, C. K., Meyers, J. S., Vernick, J. S., & Webster, D. W. (2015). Effects of changes in permit-to-purchase handgun laws in Connecticut and Missouri on suicide rates. *Preventive Medicine: An International Journal Devoted to Practice and Theory, 79*, 43–49.

Cristia, A., Dupoux, E., Gurven, M., & Stieglitz, J. (2019). Child-directed speech is infrequent in a forager-farmer population: A time allocation study. *Child Development, 90*, 759–773.

Crivelli, C., Carrera, P., & Fernández-Dols, J. (2015). Are smiles a sign of happiness? Spontaneous expressions of judo winners. *Evolution and Human Behavior, 36*, 52–58.

Crivelli, C., Jarillo, S., Russell, J. A., & Fernández-Dols, J. M. (2016a). Reading emotions from faces in two indigenous societies. *Journal of Experimental Psychology: General, 145*, 830–843.

Crivelli, C., Russell, J. A., Jarillo, S., & Fernández-Dols, J. M. (2016b). The fear gasping face as a threat display in a Melanesian society. PNAS, 113, 12403–12407.

Crocker, J., & Park, L. E. (2004). The costly pursuit of self-esteem. *Psychological Bulletin*, 130, 392–414.

Crocker, J., Thompson, L. L., McGraw, K. M., & Ingerman, C. (1987). Downward comparison, prejudice, and evaluation of others: Effects of self-esteem and threat. *Journal of Personality and Social Psychology*, 52, 907–916.

Crockett, M. J., Kurth-Nelson, Z., Siegel, J. Z., Dayan, P., & Dolan, R. J. (2014). Harm to others outweighs harm to self in moral decision making. PNAS, 111, 17320–17325.

Crockford, C., Wittig, R. M., & Zuberbühler, K. (2017). Vocalizing in chimpanzees is influenced by social-cognitive processes. *Science Advances*, 3, e1701742.

Croft, A., Schmader, T., Block, K., & Baron, A. S. (2014). The second shift reflected in the second generation: Do parents' gender roles at home predict children's aspirations? *Psychological Science*, 25, 1418–1428.

Croft, R. J., Klugman, A., Baldeweg, T., & Gruzelier, J. H. (2001). Electrophysiological evidence of serotonergic impairment in long-term MDMA ("Ecstasy") users. *American Journal of Psychiatry*, 158, 1687–1692.

Crombie, A. C. (1964, May). Early concepts of the senses and the mind. *Scientific American*, pp. 108–116.

Crook, T. H., & West, R. L. (1990). Name recall performance across the adult lifespan. *British Journal of Psychology*, 81, 335–340.

Crosier, B. S., Webster, G. D., & Dillon, H. M. (2012). Wired to connect: Evolutionary psychology and social networks. *Review of General Psychology*, 16, 230–239.

Cross-National Collaborative Group. (1992). The changing rate of major depression. *Journal of the American Medical Association*, 268, 3098–3105.

Crowell, A. L., Riva-Posse, P., Holtzheimer, P. E., Garlow, S. J., Kelley, M. E., Gross, R. E., Denison, L., Quinn, S., & Mayberg, H. S. (2019). Long-term outcomes of subcallosal cingulate deep brain stimulation for treatment-resistant depression. *American Journal of Psychiatry*, 176, 949–956.

Crowell, J. A., & Waters, E. (1994). Bowlby's theory grown up: The role of attachment in adult love relationships. *Psychological Inquiry*, 5, 1–22.

Croy, I., Bojanowski, V., & Hummel, T. (2013). Men without a sense of smell exhibit a strongly reduced number of sexual relationships, women exhibit reduced partnership security: A reanalysis of previously published data. *Biological Psychology*, 92, 292–294.

Croy, I., Negoias, S., Novakova, L., Landis, B. N., & Hummel, T. (2012). Learning about the functions of the olfactory system from people without a sense of smell. *PLOS ONE* 7, e33365.

Csikszentmihalyi, M. (1990). *Flow: The psychology of optimal experience*. Harper & Row.

Csikszentmihalyi, M. (1999). If we are so rich, why aren't we happy? *American Psychologist*, 54, 821–827.

Csikszentmihalyi, M., & Hunter, J. (2003). Happiness in everyday life: The uses of experience sampling. *Journal of Happiness Studies*, 4, 185–199.

Csikszentmihalyi, M., & Larson, R. (1984). *Being adolescent: Conflict and growth in the teenage years*. Basic Books.

Cucchi, A., Ryan, D., Konstantakopoulos, G., Stroumpa, S., Kaçar, A. Ş., Renshaw, S., Landau, S., & Kravariti, E. (2016). Lifetime prevalence of non-suicidal self-injury in patients with eating disorders: A systematic review and meta-analysis. *Psychological Medicine*, 46, 1345–1358.

Cuijpers, P. (2017). Four decades of outcome research on psychotherapies for adult depression: An overview of a series of meta-analyses. *Canadian Psychology/Psychologie Canadienne*, 58, 7–19.

Cuijpers, P., Driessen, E., Hollon, S. D., van Oppen, P., Barth, J., & Andersson, G. (2012). The efficacy of non-directive supportive therapy for adult depression: A meta-analysis. *Clinical Psychology Review*, 32, 280–291.

Cuijpers, P., Reijnders, M., & Huibers, M. J. H. (2019). The role of common factors in psychotherapy outcomes. *Annual Review of Clinical Psychology*, 15, 207-231.

Cuijpers, P., van Straten, A., Schuurmans, J., van Oppen, P., Hollon, S. D., & Andersson, G. (2010). Psychotherapy for chronic major depression and dysthymia: A meta-analysis. *Clinical Psychology Review*, 30, 51–62.

Cummings, J. R., & Tomiyama, A. J. (2019). Food loves company: Risky eating with friends increases interpersonal closeness. *Journal of Experimental Social Psychology*, 81, 61–69.

Cummins, R. A. (2006, April 4). *Australian Unity Wellbeing Index: Survey 14.1*. Australian Centre on Quality of Life, Deakin University.

Cunningham, G. B., Ferreira, M., & Fink, J. S. (2009). Reactions to prejudicial statements: The influence of statement content and characteristics of the commenter. *Group Dynamics: Theory, Research, and Practice*, 13, 59–73.

Cunningham, M. R., Roberts, A., Barbee, A. P., Druen, P. B., & Wu, C.-H. (2005). "Their ideas of beauty are, on the whole, the same as ours": Consistency and variability in the cross-cultural perception of female physical attractiveness. *Journal of Personality and Social Psychology*, 68, 261–279.

Cunningham, P. J., & Shahan, T. A. (2019). Rats engage in suboptimal choice when the delay to food is sufficiently long. *Journal of Experimental Psychology: Animal Learning and Cognition*, 45, 301–310.

Cunningham, W. A., Johnson, M. K., Raye, C. L., Gatenby, J. C., Gore, J. C., & Banaji, M. R. (2004). Separable neural components in the processing of Black and White faces. *Psychological Science*, 15, 806–813.

Curci, A., Lanciano, T., Mastandrea, S., & Sartori, G. (2015). Flashbulb memories of the Pope's resignation: Explicit and implicit measure across different religious groups. *Memory*, 23, 529–544.

Currie, T. E., & Little, A. C. (2009). The relative importance of the face and body in judgments of human physical attractiveness. *Evolution and Human Behavior*, 30, 409–416.

Curry, J., Silva, S., Rohde, P., Ginsburg, G., Kratochvil, C., Simons, A., Kirchner, J., May, D., Kennard, B., Mayes, T., Feeny, N., Albano, A. M., Lavanier, S., Reinecke, M., Jacobs, R., Becker-Weidman, E., Weller, E., Emslie, G., Walkup, J., . . . March, J. (2011). Recovery and recurrence following treatment for adolescent major depression. *Archives of General Psychiatry*, 68, 263–269.

Curtin, S. C., & Hedegaard, H. (2019). *Suicide rates for females and males by race and ethnicity: United States, 1999 and 2017*. NCHS Health Statistics. https://www.cdc.gov/nchs/data/hestat/suicide/rates_1999_2017.htm

Curtis, R. C., & Miller, K. (1986). Believing another likes or dislikes you: Behaviors making the beliefs come true. *Journal of Personality and Social Psychology*, 51, 284–290.

Custers, R., & Aarts, H. (2010). The unconscious will: How the pursuit of goals operates outside of conscious awareness. *Science*, 329, 47–50.

Cyders, M. A., & Smith, G. T. (2008). Emotion-based dispositions to rash action: Positive and negative urgency. *Psychological Bulletin*, 134, 807–828.

Czarna, A. Z., Leifeld, P., Śmieja, M., Dufner, M., & Salovey, P. (2016). Do narcissism and emotional intelligence win us friends? Modeling dynamics of peer popularity using inferential network analysis. *Personality and Social Psychology Bulletin*, 42, 1588–1599.

Czeisler, C. A., Allan, J. S., Strogatz, S. H., Ronda, J. M., Sanchez, R., & Rios, C. D. (1986). Bright light resets the human circadian pacemaker independent of the timing of the sleep-wake cycle. *Science*, 233, 667–671.

Czeisler, C. A., Duffy, J. F., Shanahan, T. L., Brown, E. N., Mitchell, J. F., Rimmer, D. W., Ronda, J. M., Silva, E. J., Allan, J. S., Emens, J. S., Dijk, D. J., & Kronauer, R. E. (1999). Stability, precision, and near-24-hour period of the human circadian pacemaker. *Science*, 284, 2177–2181.

Czeisler, C. A., Kronauer, R. E., Allan, J. S., & Duffy, J. F. (1989). Bright light induction of strong (Type 0) resetting of the human circadian pacemaker. *Science*, 244, 1328–1333.

da Cunha-Bang, S., Fisher, P. M., Hjordt, L. V., Perfalk, E., Persson Skibsted, A., Bock, C., Ohlhues, B. A., Deen, M., Thomsen, C., Sestoft, D. M., & Knudsen, G. M. (2017). Violent offenders respond to provocations with high amygdala and striatal reactivity. *Social Cognitive and Affective Neuroscience*, 12, 802–810.

Dadds, M. R., Thai, C., Mendoza Diaz, A., Broderick, J., Moul, C., Tully, L. A., Hawes, D. J., Davies, S., Burchfield, K., & Cane, L. (2019). Therapist-assisted online treatment for child conduct problems in rural and urban families: Two randomized controlled trials. *Journal of Consulting and Clinical Psychology*, 87, 706–719.

Dadds, M. R., & Tully, L. A. (2019). What is it to discipline a child: What should it be? A reanalysis of time-out from the perspective of child mental health, attachment, and trauma. *American Psychologist*, 74(7), 794–808.

Dahl, R. E., Allen, N. B., Wilbrecht, L., & Suleiman, A. B. (2018). Importance of investing in adolescence from a developmental science perspective. *Nature*, 554, 441–450.

Dai, H., Milkman, K. L., & Riis, J. (2014). The fresh start effect: Temporal landmarks motivate aspirational behavior. *Management Science*, 60, 2563–2582.

Daley, J. (2011, July/August). What you don't know can kill you. *Discover*. https://www.discovermagazine.com/mind/what-you-dont-know-can-kill-you

Daly, M., Delaney, L., Egan, R. F., & Baumeister, R. F. (2015). Childhood self-control and unemployment throughout the life span: Evidence from two British cohort studies. *Psychological Science*, 26, 709–723.

Damasio, A. R. (2003). *Looking for Spinoza: Joy, sorrow, and the feeling brain*. Harcourt.

Damasio, A. R. (2010). *Self comes to mind: Constructing the conscious brain*. Pantheon.

Damian, R. I., & Roberts, B. W. (2015). The associations of birth order with personality and intelligence in a representative sample of U.S. high school students. *Journal of Research in Personality*, 58, 96–105.

Damian, R. I., Spengler, M., Sutu, A., & Roberts, B. W. (2019). Sixteen going on sixty-six: A longitudinal study of personality stability and change across 50 years. *Journal of Personality and Social Psychology*, 117, 674–695.

Damon, W., & Hart, D. (1982). The development of self-understanding from infancy through adolescence. *Child Development*, 53, 841–864.

Damon, W., & Hart, D. (1988). *Self-understanding in childhood and adolescence*. Cambridge University Press.

Damon, W., & Hart, D. (1992). Self-understanding and its role in social and moral development. In M. H. Bornstein & M. E. Lamb (Eds.), *Developmental psychology: An advanced textbook* (3rd ed.). Lawrence Erlbaum.

Damon, W., Menon, J., & Bronk, K. (2003). The development of purpose during adolescence. *Applied Developmental Science, 7*, 119–128.

Dana, J., Dawes, R., & Peterson, N. (2013). Belief in the unstructured interview: The persistence of an illusion. *Judgment and Decision Making, 8*, 512–520.

Dandine-Roulland, C., Laurent, R., Dall'Ara, I., Toupance, B., & Chaix, R. (2019). Genomic evidence for MHC disassortative mating in humans. *Proceedings of the Royal Society B, 286*(1899), 20182664.

Danek, A. H., & Salvi, C. (2018). Moment of truth: Why aha! experiences are correct. *The Journal of Creative Behavior*. Advance online publication. doi.org/10.1002/jocb.380

Danelli, L., Cossu, G., Berlingeri, M., Bottini, G., Sberna, M., & Paulesu, E. (2013). Is a lone right hemisphere enough? Neurolinguistic architecture in a case with a very early left hemispherectomy. *Neurocase, 19*, 209–231.

Daniel, T. A., & Katz, J. S. (2018). Primacy and recency effects for taste. *Journal of Experimental Psychology: Learning, Memory, and Cognition, 44*, 399–405.

Daniels, D. P., & Zlatev, J. J. (2019). Choice architects reveal a bias toward positivity and certainty. *Organizational Behavior and Human Decision Processes, 151*, 132–149.

Danner, D. D., Snowdon, D. A., & Friesen, W. V. (2001). Positive emotions in early life and longevity: Findings from the Nun Study. *Journal of Personality and Social Psychology, 80*, 804–813.

Danso, H., & Esses, V. (2001). Black experimenters and the intellectual test performance of white participants: The tables are turned. *Journal of Experimental Social Psychology, 37*, 158–165.

Danziger, S., & Ward, R. (2010). Language changes implicit associations between ethnic groups and evaluation in bilinguals. *Psychological Science, 21*, 799–800.

Dargue, N., Sweller, N., & Jones, M. P. (2019). When our hands help us understand: A meta-analysis into the effects of gesture on comprehension. *Psychological Bulletin, 145*, 765–784.

Darley, J. M. (2009). Morality in the law: The psychological foundations of citizens' desires to punish transgressions. *Annual Review of Law and Social Science, 5*, 1–23.

Darley, J. M., & Alter, A. (2013). Behavioral issues of punishment, retribution, and deterrence. In E. Shafir (Ed.), *The behavioral foundations of public policy* (pp. 181–194). Princeton University Press.

Darley, J. M., & Latané, B. (1968a). Bystander intervention in emergencies: Diffusion of responsibility. *Journal of Personality and Social Psychology, 8*, 377–383.

Darley, J. M., & Latané, B. (1968b, December). When will people help in a crisis? *Psychology Today*, pp. 54–57, 70–71.

Darrach, B., & Norris, J. (1984, August). An American tragedy. *Life*, pp. 58–74.

Darwin, C. (1859). *On the origin of species by means of natural selection*. John Murray.

Darwin, C. (1872). *The expression of the emotions in man and animals*. John Murray.

Daum, I., & Schugens, M. M. (1996). On the cerebellum and classical conditioning. *Psychological Science, 5*, 58–61.

Davey, G., & Rato, R. (2012). Subjective well-being in China: A review. *Journal of Happiness Studies, 13*, 333–346.

Davey, G. C. L. (1992). Classical conditioning and the acquisition of human fears and phobias: A review and synthesis of the literature. *Advances in Behavior Research and Therapy, 14*, 29–66.

Davey, G. C. L. (1995). Preparedness and phobias: Specific evolved associations or a generalized expectancy bias? *Behavioral and Brain Sciences, 18*, 289–297.

Davidoff, J. (2004). Coloured thinking. *The Psychologist, 17*, 570–572.

Davidson, R. J., Kabat-Zinn, J., Schumacher, J., Rosenkranz, M., Muller, D., Santorelli, S. F., Urbanowski, F., Harrington, A., Bonus, K., & Sheridan, J. F. (2003). Alterations in brain and immune function produced by mindfulness meditation. *Psychosomatic Medicine, 65*, 564–570.

Davidson, R. J., Pizzagalli, D., Nitschke, J. B., & Putnam, K. (2002). Depression: Perspectives from affective neuroscience. *Annual Review of Psychology, 53*, 545–574.

Davidson, R. J., Putnam, K. M., & Larson, C. L. (2000). Dysfunction in the neural circuitry of emotion regulation—a possible prelude to violence. *Science, 289*, 591–594.

Davidson, T. L., & Riley, A. L. (2015). Taste, sickness, and learning. *American Scientist, 103*, 204–211.

Davies, P. (2007). *Cosmic jackpot: Why our universe is just right for life*. Houghton Mifflin.

Davis, B. E., Moon, R. Y., Sachs, H. C., & Ottolini, M. C. (1998). Effects of sleep position on infant motor development. *Pediatrics, 102*, 1135–1140.

Davis, D. E., Choe, E., Meyers, J., Wade, N., Varias, K., Gifford, A., Quinn, A., Hook, J. N., Van Tongeren, D. R., Griffin, B. J., & Worthington, E. L. (2016). Thankful for the little things: A meta-analysis of gratitude interventions. *Journal of Counseling Psychology, 63*, 20–31.

Davis, E. P., Stout, S. A., Molet, J., Vegetabile, B., Glynn, L. M., Sandman, C. A., Heins, K., Stern, H., & Baram, T. Z. (2017). Exposure to unpredictable maternal sensory signals influences cognitive development across species. *PNAS, 114*, 10390–10395.

Davis, H., IV, Liotti, M., Ngan, E. T., Woodward, T. S., Van Sellenberg, J. X., van Anders, S. M., Smith, A., & Mayberg, H. S. (2008). fMRI BOLD signal changes in elite swimmers while viewing videos of personal failure. *Brain Imaging and Behavior, 2*, 84–93.

Davis, J. O., & Phelps, J. A. (1995). Twins with schizophrenia: Genes or germs? *Schizophrenia Bulletin, 21*, 13–18.

Davis, J. O., Phelps, J. A., & Bracha, H. S. (1995). Prenatal development of monozygotic twins and concordance for schizophrenia. *Schizophrenia Bulletin, 21*, 357–366.

Davis, J. P., Lander, K., & Jansari, A. (2013). I never forget a face. *The Psychologist, 26*, 726–729.

Davis, K., Christodoulou, J., Seider, S., & Gardner, H. (2011). The theory of multiple intelligences. In R. J. Sternberg & S. B. Kaufman (Eds.), *Cambridge handbook of intelligence*. Cambridge University Press.

Davis, M. (2005). Searching for a drug to extinguish fear. *Cerebrum, 7*, 47–58.

Davison, K. P., Pennebaker, J. W., & Dickerson, S. S. (2000). Who talks? The social psychology of illness support groups. *American Psychologist, 55*, 205–217.

Davison, S. L., & Davis, S. R. (2011). Androgenic hormones and aging—The link with female function. *Hormones and Behavior, 59*, 745–753.

Dawes, R. M. (1980). Social dilemmas. *Annual Review of Psychology, 31*, 169–193.

Dawkins, L., Shahzad, F.-Z., Ahmed, S. S., & Edmonds, C. J. (2011). Expectation of having consumed caffeine can improve performance and moods. *Appetite, 57*, 597–600.

Dawkins, R. (1998). *Unweaving the rainbow*. Houghton Mifflin.

Dawkins, R. (2007, July 1). Inferior design. *The New York Times*. https://www.nytimes.com/2007/07/01/books/review/Dawkins-t.html?

Day, F. R., Thompson, D. J., Helgason, H., Chasman, D. I., Finucane, H., Sulem, P., Ruth, K. S., Whalen, S., Sarkar, A. K., Albrecht, E., Altmaier, E., Amini, M., Barbieri, C. M., Boutin, T., Campbell, A., Demerath, E., Giri, A., He, C., Hottenga, J. J., . . . Perry, J. R. B. (2017). Genomic analyses identify hundreds of variants associated with age at menarche and support a role for puberty timing in cancer risk. *Nature Genetics, 49*, 834–841.

de Abreu Costa, M., de Oliveira, G. S. D. A., Tatton-Ramos, T., Manfro, G. G., & Salum, G. A. (2019). Anxiety and stress-related disorders and mindfulness-based interventions: a systematic review and multilevel meta-analysis and meta-regression of multiple outcomes. *Mindfulness, 10*, 996–1005.

de Boer, H., Donker, A. S., Kostons, D. D., & van der Werf, G. P. (2018). Long-term effects of metacognitive strategy instruction on student academic performance: A meta-analysis. *Educational Research Review, 24*, 98–115.

de Boysson-Bardies, B., Halle, P., Sagart, L., & Durand, C. (1989). A cross linguistic investigation of vowel formats in babbling. *Journal of Child Language, 16*, 1–17.

de Chastelaine, M., Mattson, J. T., Wang, T. H., Donley, B. E., & Rugg, M. D. (2016). The neural correlates of recollection and retrieval monitoring: Relationships with age and recollection performance. *NeuroImage, 138*, 164–175.

de Courten-Myers, G. M. (2005, February 4). Personal communication.

De Dreu, C. K. W., Nijstad, B. A., Baas, M., Wolsink, I., & Roskes, M. (2012). Working memory benefits creative insight, musical improvisation, and original ideation through maintained task-focused attention. *Personality and Social Psychology Bulletin, 38*, 656–669.

de Gee, J., Knapen, T., & Donner, T. H. (2014). Decision-related pupil dilation reflects upcoming choice and individual bias. *PNAS, 111*, E618–E625.

de Gelder, B. (2010). Uncanny sight in the blind. *Scientific American, 302*, 60–65.

de Hoogh, A. H. B., den Hartog, D. N., Koopman, P. L., Thierry, H., van den Berg, P. T., van der Weide, J. G., & Wilderom, C. P. M. (2004). Charismatic leadership, environmental dynamism, and performance. *European Journal of Work and Organisational Psychology, 13*, 447–471.

De keersmaecker, J., Dunning, D., Pennycook, G., Rand, D. G., Sanchez, C., Unkelbach, C., & Roets, A. (2019). Investigating the robustness of the illusory truth effect across individual differences in cognitive ability, need for cognitive closure, and cognitive style. *Personality and Social Psychology Bulletin, 46*(2), 204–215.

de la Cruz, L. F., Rydell, M., Runeson, B., D'Onofrio, B. M., Brander, G., Rück, C., Lichtenstein, P., Larsson, H., & Mataix-Cols, D. (2017). Suicide in obsessive-compulsive disorder: A population-based study of 36,788 Swedish patients. *Molecular Psychiatry, 22*, 1626–1632.

de Lange, M., Debets, L., Ruitenberg, K., & Holland, R. (2012). Making less of a mess: Scent exposure as a tool for behavioral change. *Social Influence, 7*, 90–97.

de la Vega, A., Chang, L. J., Banich, M. T., Wager, T. D., & Yarkoni, T. (2016). Large-scale meta-analysis of human medial frontal cortex reveals tripartite functional organization. *The Journal of Neuroscience, 36*, 6553–6562.

De Meyer, G., Shapiro, F., Vanderstichele, H., Vanmechelen, E., Engelborghs, S., De Deyn, P. P., & Trojanowski, J. Q. (2010). Diagnosis-independent Alzheimer disease biomarker signature in cognitively normal elderly people. *Archives of Neurology, 67,* 949–956.

De Neve, J.-E., Diener, E., Tay, L., & Xuereb, C. (2013). The objective benefits of subjective well-being. In J. F. Helliwell, R. Layard, & J. Sachs (Eds.), *World happiness report 2013.* Volume 2. (pp. 54–79). UN Sustainable Network Development Solutions Network.

De Neve, K. M., & Cooper, H. (1998). The happy personality: A meta-analysis of 137 personality traits and subjective well-being. *Psychological Bulletin, 124,* 197–229.

De Pinto, J. (2019, April 19). *Support for marijuana legalization hits new high, CBS News poll finds.* CBS News. https://www.cbsnews.com/news/support-for-marijuana-legalization-hits-new-high-cbs-news-poll-finds/

De Vaus, J., Hornsey, M. J., Kuppens, P., & Bastian, B. (2018). Exploring the East-West divide in prevalence of affective disorder: A case for cultural differences in coping with negative emotion. *Personality and Social Psychology Review, 22,* 285–304.

de Waal, F. (2016). *Are we smart enough to know how smart animals are?* Norton.

de Waal, F. (2019). *Mama's last hug: Animal emotions and what they tell us about ourselves* (p. 85). Norton.

de Witte, M., Spruit, A., van Hooren, S., Moonen, X., & Stams, G. J. (2019). Effects of music interventions on stress-related outcomes: a systematic review and two meta-analyses. *Health Psychology Review, 15,* 1–31.

De Wolff, M. S., & van IJzendoorn, M. H. (1997). Sensitivity and attachment: A meta-analysis on parental antecedents of infant attachment. *Child Development, 68,* 571–591.

Deal, G. (2011, January 14). Chinese parenting: Thanks, I'll pass. *The Wall Street Journal.* https://blogs.wsj.com/wsjam/2011/01/14/chinese-parenting-thanks-ill-pass/

Dean, G. (2012, November/December). Phrenology and the grand delusion of experience. *Skeptical Inquirer,* pp. 31–38.

Dean, M., Harwood, R., & Kasari, C. (2017). The art of camouflage: Gender differences in the social behaviors of girls and boys with autism spectrum disorder. *Autism, 21,* 678–689.

Dean, M., & Ortoleva, P. (2019). The empirical relationship between nonstandard economic behaviors. *PNAS, 116,* 16262–16267.

Deary, I. J. (2008). Why do intelligent people live longer? *Nature, 456,* 175–176.

Deary, I. J. (2016, February). Intelligence over time. Quoted in APS Award Address. Association for Psychological Science *Observer,* p. 15.

Deary, I. J., Johnson, W., & Houlihan, L. M. (2009a). Genetic foundations of human intelligence. *Human Genetics, 126,* 215–232.

Deary, I. J., Pattie, A., & Starr, J. M. (2013). The stability of intelligence from age 11 to age 90 years: The Lothian birth cohort of 1921. *Psychological Science, 24,* 2361–2368.

Deary, I. J., & Ritchie, S. J. (2016). Processing speed differences between 70- and 83-year-olds matched on childhood IQ. *Intelligence, 55,* 28–33.

Deary, I. J., Strand, S., Smith, P., & Fernandes, C. (2007). Intelligence and educational achievement. *Intelligence, 35,* 13–21.

Deary, I. J., Thorpe, G., Wilson, V., Starr, J. M., & Whalley, L. J. (2003). Population sex differences in IQ at age 11: The Scottish mental survey 1932. *Intelligence, 31,* 533–541.

Deary, I. J., Whalley, L. J., & Starr, J. M. (2009). *A lifetime of intelligence: Follow-up studies of the Scottish Mental Surveys of 1932 and 1947.* American Psychological Association.

Deary, I. J., Whiteman, M. C., Starr, J. M., Whalley, L. J., & Fox, H. C. (2004). The impact of childhood intelligence on later life: Following up the Scottish mental surveys of 1932 and 1947. *Journal of Personality and Social Psychology, 86,* 130–147.

Deary, I. J., Yang, J., Davies, G., Harris, S. E., Tenesa, A., Liewald, D., Luciano, M., Lopez, L. M., Gow, A. J., Corley, J., Redmond, P., Fox, H. C., Rowe, S. J., Haggarty, P., McNeill, G., Goddard, M. E., Porteous, D. J., Whalley, L., J., Starr, J. M., & Visscher, P. M. (2012). Genetic contributions to stability and change in intelligence from childhood to old age. *Nature, 481,* 212–215.

deBettencourt, M. T., Keene, P. A., Awh, E., & Vogel, E. K. (2019). Real-time triggering reveals concurrent lapses of attention and working memory. *Nature Human Behaviour, 3,* 808–816.

Debost, J. C., Larsen, J. T., Munk-Olsen, T., Mortensen, P. B., Agerbo, E., & Petersen, L. V. (2019). Childhood infections and schizophrenia: The impact of parental SES and mental illness, and childhood adversities. *Brain, Behavior, and Immunity, 81,* 341–347.

DeBruine, L. M. (2002). Facial resemblance enhances trust. *Proceedings of the Royal Society of London, 269,* 1307–1312.

DeBruine, L. M. (2004). Facial resemblance increases the attractiveness of same-sex faces more than other-sex faces. *Proceedings of the Royal Society of London B, 271,* 2085–2090.

DeCasper, A. J., & Spence, M. J. (1986). Prenatal maternal speech influences newborns' perception of speech sounds. *Infant Behavior and Development, 9,* 133–150.

DeCasper, A. J., Lecanuet, J.-P., Busnel, M.-C., Granier-Deferre, C., & Maugeais, R. (1994). Fetal reactions to recurrent maternal speech. *Infant Behavior and Development, 17,* 159–164.

Dechêne, A., Stahl, C., Hansen, J., & Wänke, M. (2010). The truth about the truth: A meta-analytic review of the truth effect. *Personality and Social Psychology Review, 14,* 238–257.

Dechesne, M., Pyszczynski, T., Arndt, J., Ransom, S., Sheldon, K. M., van Knippenberg, A., & Janssen, J. (2003). Literal and symbolic immortality: The effect of evidence of literal immortality on self-esteem striving in response to mortality salience. *Journal of Personality and Social Psychology, 84,* 722–737.

Deci, E. L., Koestner, R., & Ryan, R. M. (1999, November). A meta-analytic review of experiments examining the effects of extrinsic rewards on intrinsic motivation. *Psychological Bulletin, 125,* 627–668.

Deci, E. L., & Ryan, R. M. (2012). Motivation, personality, and development within embedded social contexts: An overview of self-determination theory. In R. M. Ryan (Ed.), *Oxford handbook of human motivation* (pp. 85–107). Oxford University Press.

Deckman, T., DeWall, C. N., Way, B., Gilman, R., & Richman, S. (2014). Can marijuana reduce social pain? *Social Psychological and Personality Science, 5,* 131–139.

Deeley, Q., Daly, E., Surguladze, S., Tunstall, N., Mezey, G., Beer, D., Ambikapathy, A., Robertson, D., Giampietro, V., Brammer, M. J., & Clark, A. (2006). Facial emotion processing in criminal psychopathy. *British Journal of Psychiatry, 189,* 533–539.

Deer, L. K., Shields, G. S., Ivory, S. L., Hostinar, C. E., & Telzer, E. H. (2018). Racial/ethnic disparities in cortisol diurnal patterns and affect in adolescence. *Development and Psychopathology, 30,* 1977–1993.

Dehaene, S. (2014). *Consciousness and the brain: Deciphering how the brain codes our thoughts.* Viking.

Dehne, K. L., & Riedner, G. (2005). *Sexually transmitted infections among adolescents: The need for adequate health services.* World Health Organization.

Dekker, S., Lee, N. C., Howard-Jones, P., & Jolles, J. (2012). Neuromyths in education: Prevalence and predictors of misconceptions among teachers. *Frontiers in Psychology, 3,* 429.

DeLamater, J. (2012). Sexual expression in later life: A review and synthesis. *Journal of Sex Research, 49,* 125–141.

DeLamater, J. D., & Sill, M. (2005). Sexual desire in later life. *Journal of Sex Research, 42,* 138–149.

Delaney, H. D., Miller, W. R., & Bisonó, A. M. (2007). Religiosity and spirituality among psychologists: A survey of clinician members of the American Psychological Association. *Professional Psychology: Research and Practice, 38,* 538–546.

Delaunay-El Allam, M., Soussignan, R., Patris, B., Marlier, L., & Schaal, B. (2010). Long-lasting memory for an odor acquired at the mother's breast. *Developmental Science, 13,* 849–863.

Delgado, J. M. R. (1969). *Physical control of the mind: Toward a psychocivilized society.* Harper & Row.

Delgado, M. M., & Sulloway, F. J. (2017). Attributes of conscientiousness throughout the animal kingdom: An empirical and evolutionary overview. *Psychological Bulletin, 143,* 823–867.

DellaPosta, D. (2018). Gay acquaintanceship and attitudes toward homosexuality: A conservative test. *Socius: Sociological Research for a Dynamic World, 4,* 1–12.

DeLoache, J. S. (1987). Rapid change in the symbolic functioning of very young children. *Science, 238,* 1556–1557.

DeLoache, J. S., Chiong, C., Sherman, K., Islam, N., Vanderborght, M., Troseth, G. L., Strouse, G. A., & O'Doherty, K. (2010). Do babies learn from baby media? *Psychological Science, 21,* 1570–1574.

DelPriore, D. J., Schlomer, G. L., & Ellis, B. J. (2017). Impact of fathers on parental monitoring of daughters and their affiliation with sexually promiscuous peers: A genetically and environmentally controlled sibling study. *Developmental Psychology, 53,* 1330–1343.

DelPriore, D. J., Shakiba, N., Schlomer, G. L., Hill, S. E., & Ellis, B. J. (2019). The effects of fathers on daughters' expectations for men. *Developmental Psychology, 55,* 1523–1536.

Dement, W. C. (1978). *Some must watch while some must sleep.* Norton.

Dement, W. C., & Wolpert, E. A. (1958). The relation of eye movements, body mobility, and external stimuli to dream content. *Journal of Experimental Psychology, 55,* 543–553.

Demertzi A., Tagliazucchi, E., Dehaene, S., Deco, G., Bartfield, P., Raimondo, F., Martial, C., Fernández-Espejo, D., Rohaut, B., Voss, H. U., Schiff, N. D., Owen, A. M., Laureys, S., Naccache, L., & Sitt, J. D. Human consciousness is supported by dynamic complex patterns of brain signal coordination. *Science Advances, 5,* eaat7603.

Dempster, E., Viana, J., Pidsley, R., & Mill, J. (2013). Epigenetic studies of schizophrenia: Progress, predicaments, and promises for the future. *Schizophrenia Bulletin, 39,* 11–16.

Denissen, J. J. A., Bleidorn, W., Hennecke, M., Luhmann, M., Orth, U., Specht, J., & Zimmermann, J. (2018). Uncovering the power of personality to shape income. *Psychological Science, 29,* 3–13.

Deniz, F., Nunez-Elizalde, A. O., Huth, A. G., & Gallant, J. L. (2019). The representation of semantic information across human cerebral cortex during listening versus reading is invariant to stimulus modality. *Journal of Neuroscience, 39,* 7722–7736.

Dennehy, T. C., & Dasgupta, N. (2017). Female peer mentors early in college increase women's positive academic experiences and retention in engineering. PNAS, 114, 5964–5969.

Dennett, D. C. (1996, September 9). Quoted by Ian Parker in Richard Dawkins' evolution. *The New Yorker*, pp. 41–45.

Denny, B. T., Inhoff, M. C., Zerubavel, N., Davachi, L., & Ochsner, K. N. (2015). Getting over it: Long-lasting effects of emotion regulation on amygdala response. *Psychological Science*, 26, 1377–1388.

Denton, K., & Krebs, D. (1990). From the scene to the crime: The effect of alcohol and social context on moral judgment. *Journal of Personality and Social Psychology*, 59, 242–248.

Denyer, S., & Gowen, A. (2018, April 18). Too many men. *The Washington Post*. https://www.washingtonpost.com/graphics/2018/world/too-many-men/

DePaulo, B. M., Blank, A. L., Swaim, G. W., & Hairfield, J. G. (1992). Expressiveness and expressive control. *Personality and Social Psychology Bulletin*, 18, 276–285.

Depla, M. F. I. A., ten Have, M. L., van Balkom, A. J. L. M., & de Graaf, R. (2008). Specific fears and phobias in the general population: Results from the Netherlands Mental Health Survey and Incidence Study (NEMESIS). *Social Psychiatry and Psychiatric Epidemiology*, 43, 200–208.

Derebery, M. J., Vermiglio, A., Berliner, K. I., Potthoff, M., & Holguin, K. (2012). Facing the music: Pre- and postconcert assessment of hearing in teenagers. *Otology & Neurotology*, 33, 1136–1141.

Deri, S., Davidai, S., & Gilovich, T. (2017). Home alone: Why people believe others' social lives are richer than their own. *Journal of Personality and Social Psychology*, 113, 858–877.

Dermer, M., Cohen, S. J., Jacobsen, E., & Anderson, E. A. (1979). Evaluative judgments of aspects of life as a function of vicarious exposure to hedonic extremes. *Journal of Personality and Social Psychology*, 37, 247–260.

Desikan, R. S., Cabral, H. J., Hess, C. P., Dillon, W. P., Glastonbury, C. M., Weiner, M. W., & Fischl, B. (2009). Automated MRI measures identify individuals with mild cognitive impairment and Alzheimer's disease. *Brain*, 132, 2048–2057.

Deslauriers, L., McCarthy, L. S., Miller, K., Callaghan, K., & Kestin, G. (2019). Measuring actual learning versus feeling of learning in response to being actively engaged in the classroom. PNAS, 116, 19251–19257.

Desmurget, M., Reilly, K. T., Richard, N., Szathmari, A., Mottolese, C., & Sirigu, A. (2009). Movement intention after parietal cortex stimulation in humans. *Science*, 324, 811–813.

DeSteno, D., Dasgupta, N., Bartlett, M. Y., & Cajdric, A. (2004). Prejudice from thin air: The effect of emotion on automatic intergroup attitudes. *Psychological Science*, 15, 319–324.

DeSteno, D., Petty, R. E., Wegener, D. T., & Rucker, D. D. (2000). Beyond valence in the perception of likelihood: The role of emotion specificity. *Journal of Personality and Social Psychology*, 78, 397–416.

Dettman, S. J., Pinder, D., Briggs, R. J. S., Dowell, R. C., & Leigh, J. R. (2007). Communication development in children who receive the cochlear implant younger than 12 months: Risk versus benefits. *Ear and Hearing*, 28(2, Suppl.), 11S–18S.

Deutsch, J. A. (1972, July). Brain reward: ESP and ecstasy. *Psychology Today*, 46–48.

DeValois, R. L., & DeValois, K. K. (1975). Neural coding of color. In E. C. Carterette & M. P. Friedman (Eds.), *Handbook of perception: Vol. 5. Seeing* (pp. 117–166). Academic Press.

Dew, M. A., Hoch, C. C., Buysse, D. J., Monk, T. H., Begley, A. E., Houck, P. R., Hall, M., Kupfer, D. J., & Reynolds, C. F., III. (2003). Healthy older adults' sleep predicts all-cause mortality at 4 to 19 years of follow-up. *Psychosomatic Medicine*, 65, 63–73.

DeWall, C. N., MacDonald, G., Webster, G. D., Masten, C. L., Baumeister, R. F., Powell, C., Combs, D., Schurtz, D. R., Stillman, T. F., Tice, D. M., & Eisenberger, N. I. (2010). Acetaminophen reduces social pain: Behavioral and neural evidence. *Psychological Science*, 21, 931–937.

DeWall, C. N., & Pond, R. S., Jr. (2011). Loneliness and smoking: The costs of the desire to reconnect. *Self and Identity*, 10, 375–385.

DeWall, C. N., Pond, R. S., Jr., Carter, E. C., McCullough, M. E., Lambert, N. M., Fincham, F. D., & Nezlek, J. B. (2014). Explaining the relationship between religiousness and substance use: Self-control matters. *Journal of Personality and Social Psychology*, 107, 339–351.

Dewar, M., Alber, J., Butler, C., Cowan, N., & Sala, S. D. (2012). Brief wakeful resting boosts new memories over the long term. *Psychological Science*, 23, 955–960.

DeYoung, C. G., Allen, T. A. (2019). Personality neuroscience: A developmental perspective. In D. P. McAdams, Rebecca L. Shiner & Jennifer L. Tackett (Eds.), *Handbook of personality development*. Guilford Press.

Di Carlo, D., Schulte-Cloos, J., & Saudelli, G. (2018, March 3). *Has immigration really led to an increase in crime in Italy?* London School of Economics and Political Science. https://blogs.lse.ac.uk/europpblog/2018/03/03/has-immigration-really-led-to-an-increase-in-crime-in-italy/

di Giacomo, E., Krausz, M., Colmegna, F., Aspesi, F., & Clerici, M. (2018). Estimating the risk of attempted suicide among sexual minority youths: A systematic review and meta-analysis. *JAMA Pediatrics*, 172, 1145–1152.

Di Tella, R., Haisken-De New, J., & MacCulloch, R. (2010). Happiness adaptation to income and to status in an individual panel. *Journal of Economic Behavior & Organization*, 76, 834–852.

Di Tella, R., & MacCulloch, R. (2010). Happiness adaptation to income beyond "basic needs." In E. Diener, J. Helliwell, & D. Kahneman (Eds.), *International differences in well-being* (pp. 217–247). Oxford University Press.

Diaconis, P. (2002, August 11). Quoted by L. Belkin in The odds of that. *The New York Times*. https://www.nytimes.com/2002/08/11/magazine/the-odds-of-that.html

Diaconis, P., & Mosteller, F. (1989). Methods for studying coincidences. *Journal of the American Statistical Association*, 84, 853–861.

Diamond, L. M., Dickenson, J. A., & Blair, K. L. (2017). Stability of sexual attractions across different timescales: The roles of bisexuality and gender. *Archives of Sexual Behavior*, 46, 193–204.

Diamond, M. (2016). Quoted in *My love affair with the brain: The life and science of Dr. Marian Diamond* [Video]. Luna Productions. http://lunaproductions.com/marian-diamond/

Dick, D. M. (2007). Identification of genes influencing a spectrum of externalizing psychopathology. *Current Directions in Psychological Science*, 16, 331–335.

Dickens, L. R. (2017). Using gratitude to promote positive change: A series of meta-analyses investigating the effectiveness of gratitude interventions. *Basic and Applied Social Psychology*, 39, 193–208.

Dickens, W. T., & Flynn, J. R. (2006). Black Americans reduce the racial IQ gap: Evidence from standardization samples. *Psychological Science*, 17, 913–920.

Dicker, D., Murray, C. J. L., & Gakidou, E. (2018). Global, regional, and national age-sex-specific mortality and life expectancy, 1950–2017: A systematic analysis for the Global Burden of Disease Study 2017. *Lancet*, 392, 1684–1735.

Dickerson, S. S., Gable, S. L., Irwin, M. R., Aziz, N., & Kemeny, M. E. (2009). Social-evaluative threat and proinflammatory cytokine regulation: An experimental laboratory investigation. *Psychological Science*, 20, 1237–1243.

Dickerson, S. S., & Kemeny, M. E. (2004). Acute stressors and cortisol responses: A theoretical integration and synthesis of laboratory research. *Psychological Bulletin*, 130, 355–391.

Dickson, B. J. (2005, June 3). Quoted in E. Rosenthal, For fruit flies, gene shift tilts sex orientation. *The New York Times*. https://www.nytimes.com/2005/06/03/science/for-fruit-flies-gene-shift-tilts-sex-orientation.html?

Dickson, N., van Roode, T., Cameron, C., & Paul, C. (2013). Stability and change in same-sex attraction, experience, and identity by sex and age in a New Zealand birth cohort. *Archives of Sexual Behavior*, 42, 753–763.

Diener, E., & Biswas-Diener, R. (2008). *Happiness: Unlocking the mysteries of psychological wealth*. Blackwell.

Diener, E., Biswas-Diener, R., & Personal Happiness Committee. (2019). Well-being interventions to improve societies [PDF file]. In J. Sachs, R. Layard, & J. F. Helliwell (Eds.), *Global happiness policy report 2019*. Global Happiness Council. https://s3.amazonaws.com/ghwbpr-2019/UAE/GH19_Ch6.pdf

Diener, E., Nickerson, C., Lucas, R. E., & Sandvik, E. (2002). Dispositional affect and job outcomes. *Social Indicators Research*, 59, 229–259.

Diener, E., & Oishi, S. (2000). Money and happiness: Income and subjective well-being across nations. In E. Diener & E. M. Suh (Eds.), *Subjective well-being across cultures*. MIT Press.

Diener, E., Oishi, S., & Lucas, R. E. (2003). Personality, culture, and subjective well-being: Emotional and cognitive evaluations of life. *Annual Review of Psychology*, 54, 403–425.

Diener, E., Oishi, S., & Lucas, R. E. (2015). National accounts of subjective well-being. *American Psychologist*, 70, 234–242.

Diener, E., Oishi, S., & Park, J. Y. (2014). An incomplete list of eminent psychologists of the modern era. *Archives of Scientific Psychology*, 21, 20–31.

Diener, E., Pressman, S. D., Hunter, J., & Delgadillo-Chase, D. (2017). If, why, and when subjective well-being influences health, and future needed research. *Applied Psychology: Health and Well-Being*, 9, 133–167.

Diener, E., & Tay, L. (2015). Subjective well-being and human welfare around the world as reflected in the Gallup world poll. *International Journal of Psychology*, 50, 135–149.

Diener, E., Tay, L., & Myers, D. G. (2011). The religion paradox: If religion makes people happy, why are so many dropping out? *Journal of Personality and Social Psychology*, 101, 1278–1290.

Diener, E., Wolsic, B., & Fujita, F. (1995). Physical attractiveness and subjective well-being. *Journal of Personality and Social Psychology*, 69, 120–129.

DiFranza, J. R. (2008). Hooked from the first cigarette. *Scientific American*, 298, 82–87.

Dijksterhuis, A., & Strick, M. (2016). A case for thinking without consciousness. *Perspectives on Psychological Science*, 11, 117–132.

Dik, B. J., & Duffy, R. D. (2012). *Make your job a calling: How the psychology of vocation can change your life at work*. Templeton Press.

Dik, B. J., & Rottinghaus, P. J. (2013). Assessments of interests. In K. F. Geisinger & six others (Eds.), APA handbook of testing and assessment in psychology, Vol. 2. American Psychological Association.

DiLalla, D. L., Carey, G., Gottesman, I. I., & Bouchard, T. J., Jr. (1996). Heritability of MMPI personality indicators of psychopathology in twins reared apart. Journal of Abnormal Psychology, 105, 491–499.

Dimberg, U., Thunberg, M., & Elmehed, K. (2000). Unconscious facial reactions to emotional facial expressions. Psychological Science, 11, 86–89.

Dimitrov, S., Lange, T., Gouttefangeas, C., Jensen, A. T. R., Szczepanski, M., Lehnnolz, J., Soekadar, S., Rammensee, H. G., Born, J., & Besedovsky, L. (2019). Gα$_s$-coupled receptor signaling and sleep regulate integrin activation of human antigen-specific T cells. Journal of Experimental Medicine, 216, 517–526.

Dimsdale-Zucker, H. R., Flegal, K. E., Atkins, A. S., & Reuter-Lorenz, P. A. (2019). Serial position-dependent false memory effects. Memory, 27, 397–409.

Dindia, K., & Allen, M. (1992). Sex differences in self-disclosure: A meta-analysis. Psychological Bulletin, 112, 106–124.

Ding, F., O'Donnell, J., Xu, Q., Kang, N., Goldman, N., & Nedergaard, M. (2016). Changes in the composition of brain interstitial ions control the sleep-wake cycle. Science, 352, 550–555.

Dinges, C. W., Varnon, C. A., Cota, L. D., Slykerman, S., & Abramson, C. I. (2017). Studies of learned helplessness in honey bees (Apis mellifera ligustica). Journal of Experimental Psychology: Animal Learning and Cognition, 43, 147–158.

Dinges, N. G., & Hull, P. (1992). Personality, culture, and international studies. In D. Lieberman (Ed.), Revealing the world: An interdisciplinary reader for international studies. Kendall-Hunt.

Dingfelder, S. F. (2010, November). A second chance for the Mexican wolf. Monitor on Psychology, pp. 20–21.

Dion, K. K., & Dion, K. L. (1993). Individualistic and collectivistic perspectives on gender and the cultural context of love and intimacy. Journal of Social Issues, 49, 53–69.

Dirix, C. E. H., Nijhuis, J. G., Jongsma, H. W., & Hornstra, G. (2009). Aspects of fetal learning and memory. Child Development, 80, 1251–1258.

DiSantis, K. I., Birch, L. L., Davey, A., Serrano, E. L., Zhang, J., Bruton, Y., & Fisher, J. O. (2013). Plate size and children's appetite: Effects of larger dishware on self-served portions and intake. Pediatrics, 131, e1451–e1458.

Discover. (1996, May). A fistful of risks. pp. 82–83.

Ditre, J. W., Brandon, T. H., Zale, E. L., & Meagher, M. M. (2011). Pain, nicotine, and smoking: Research findings and mechanistic considerations. Psychological Bulletin, 137, 1065–1093.

Ditto, P. H., Clark, C. J., Liu, B. S., Wojcik, S. P., Chen, E. E., Grady, R. H., Celniker, J. B., & Zinger, J. F. (2019b). Partisan bias and its discontents. Perspectives on Psychological Science, 14, 304–316.

Ditto, P. H., Liu, B. S., Clark, C. J., Wojcik, S. P., Chen, E. E., Grady, R. H., Celniker, J. B., & Zinger, J. F. (2019a). At least bias is bipartisan: A meta-analytic comparison of partisan bias in liberals and conservatives. Perspectives on Psychological Science, 14, 273–291.

Dixon, M. L., Thiruchselvam, R., Todd, R., & Christoff, K. (2017). Emotion and the prefrontal cortex: An integrative review. Psychological Bulletin, 143, 1033–1081.

Dobbs, D. (2009). The post-traumatic stress trap. Scientific American, 300, 64–69.

Dobson, K., Campbell, L., & Stanton, S. C. E. (2018). Are you coming on to me? Bias and accuracy in couples' perceptions of sexual advances. Journal of Social and Personal Relationships, 35, 460–484.

Dodge, K. A. (2009). Mechanisms of gene-environment interaction effects in the development of conduct disorder. Perspectives on Psychological Science, 4, 408–414.

Dodge, K. A., Bai, Y., Ladd, H. F., & Muschkin, C. G. (2017). Impact of North Carolina's early childhood programs and policies on educational outcomes in elementary school. Child Development, 88, 996–1014.

Doherty, C., & Kiley, J. (2016, June 22). Key facts about partisanship and political animosity in America. Pew Research. https://www.pewresearch.org/fact-tank/2016/06/22/key-facts-partisanship/

Doherty, E. W., & Doherty, W. J. (1998). Smoke gets in your eyes: Cigarette smoking and divorce in a national sample of American adults. Families, Systems, and Health, 16, 393–400.

Dohrenwend, B. P., Levav, I., Shrout, P. E., Schwartz, S., Naveh, G., Link, B. G., Skodol, A., & Stueve, A. (1992). Socioeconomic status and psychiatric disorders: The causation-selection issue. Science, 255, 946–952.

Dohrenwend, B. P., Pearlin, L., Clayton, P., Hamburg, B., Dohrenwend, B. S., Riley, M., & Rose, R. (1982). Report on stress and life events. In G. R. Elliott & C. Eisdorfer (Eds.), Stress and human health: Analysis and implications of research (A study by the Institute of Medicine/National Academy of Sciences). Springer.

Doidge, N. (2007). The brain that changes itself. Viking.

Dolezal, H. (1982). Living in a world transformed. Academic Press.

Dolinoy, D. C., Huang, D., Jirtle, R. L. (2007). Maternal nutrient supplementation counteracts bisphenol A-induced DNA hypomethylation in early development. PNAS, 104, 13056–13061.

Doliński, D., Grzyb, T., Folwarczny, M., Grzybała, P., Krzyszycha, K., Martynowska, K., & Trojanowski, J. (2017). Would you deliver an electric shock in 2015? Obedience in the experimental paradigm developed by Stanley Milgram in the 50 years following the original studies. Social Psychological and Personality Science, 8, 927–933.

Dollfus, S., Lecardeur, L., Morello, R., & Etard, O. (2016). Placebo response in repetitive transcranial magnetic stimulation trials of auditory hallucinations in schizophrenia: A meta-analysis. Schizophrenia Bulletin, 42, 301–308.

Domany, Y., Bleich-Cohen, M., Tarrasch, R., Meidan, R., Litvak-Lazar, O., Stoppleman, N., Schreiber, S., Bloch, M., Hendler, T., & Sharon, H. (2019). Repeated oral ketamine for out-patient treatment of resistant depression: Randomised, double-blind, placebo-controlled, proof-of-concept study. The British Journal of Psychiatry, 214, 20–26.

Domhoff, G. W. (1996). Finding meaning in dreams: A quantitative approach. Plenum.

Domhoff, G. W. (2003). The scientific study of dreams: Neural networks, cognitive development, and content analysis. APA Books.

Domhoff, G. W. (2007). Realistic simulations and bizarreness in dream content: Past findings and suggestions for future research. In D. Barrett & P. McNamara (Eds.), The new science of dreaming: Content, recall, and personality characteristics. Praeger.

Domhoff, G. W. (2010). The case for a cognitive theory of dreams [Unpublished manuscript]. University of California at Santa Cruz. https://dreams.ucsc.edu/Library/domhoff_2010a.html

Domhoff, G. W. (2011). The neural substrate for dreaming: Is it a subsystem of the default network? Consciousness and Cognition, 20, 1163–1174.

Domhoff, G. W. (2014, January 5). Personal communication.

Domingue, B. W., Belsky, D. W., Fletcher, J. M., Conley, D., Boardman, J. D., & Harris, K. M. (2018). The social genome of friends and schoolmates in the National Longitudinal Study of Adolescent to Adult Health. PNAS, 115, 702–707.

Dominus, S. (2015, July 9). The mixed-up brothers of Bogotá. The New York Times Magazine. https://www.nytimes.com/interactive/2015/07/09/magazine/twins-promo.html?

Domjan, M. (1992). Adult learning and mate choice: Possibilities and experimental evidence. American Zoologist, 32, 48–61.

Domjan, M. (1994). Formulation of a behavior system for sexual conditioning. Psychonomic Bulletin & Review, 1, 421–428.

Domjan, M. (2005). Pavlovian conditioning: A functional perspective. Annual Review of Psychology, 56, 179–206.

Donahue, C. J., Glasser, M. F., Preuss, T. M., Rilling, J. K., & Van Essen, D. C. (2018). Quantitative assessment of prefrontal cortex in humans relative to nonhuman primates. PNAS, 115, E5183–E5192.

Donald, J. N., Sahdra, B. K., Van Zanden, B., Duineveld, J. J., Atkins, P. W., Marshall, S. L., & Ciarrochi, J. (2018). Does your mindfulness benefit others? A systematic review and meta-analysis of the link between mindfulness and prosocial behaviour. British Journal of Psychology, 110, 101–125.

Dong, X., Talhelm, T., & Ren, X. (2019). Teens in Rice County are more interdependent and think more holistically than nearby Wheat County. Social Psychological and Personality Science, 10, 966–976.

Donnellan, M. B., Trzesniewski, K. H., Robins, R. W., Moffitt, T. E., & Caspi, A. (2005). Low self-esteem is related to aggression, antisocial behavior, and delinquency. Psychological Science, 16, 328–335.

Donnelly, G. E., Ksendzova, M., Howell, R. T., Vohs, K. D., & Baumeister, R. F. (2016). Buying to blunt negative feelings: Materialistic escape from the self. Review of General Psychology, 20, 272–316.

Donnelly, G. E., Zheng, T., Haisley, E., & Norton, M. I. (2018). The amount and source of millionaires' wealth (moderately) predict their happiness. Personality and Social Psychology Bulletin, 44, 684–699.

Dorfman, P., Javidan, M., Hanges, P., Dastmalchian, A., & House, R. (2012). GLOBE: A twenty-year journey into the intriguing world of culture and leadership. Journal of World Business, 47, 504–518.

Doss, B. D., Rhoades, G. K., Stanley, S. M., & Markman, H. J. (2009). The effect of the transition to parenthood on relationship quality: An 8-year prospective study. Journal of Personality and Social Psychology, 96, 601–619.

Dotan-Eliaz, O., Sommer, K. L., & Rubin, S. (2009). Multilingual groups: Effects of linguistic ostracism on felt rejection and anger, coworker attraction, perceived team potency, and creative performance. Basic and Applied Social Psychology, 31, 363–375.

Dotterer, H. L., Hyde, L. W., Swartz, J. R., Hariri, A. R., & Williamson, D. E. (2017). Amygdala reactivity predicts adolescent antisocial behavior but not callous-unemotional traits. Developmental Cognitive Neuroscience, 24, 84–92.

Doty, R. L. (2001). Olfaction. Annual Review of Psychology, 52, 423–452.

Dougherty, M. R., Slevc, L. R., & Grand, J. A. (2018). Making research evaluation more transparent: Aligning research philosophy, institutional values, and reporting. Perspectives on Psychological Science, 14(3), 361–375.

Douglas, K. S., Guy, L. S., & Hart, S. D. (2009). Psychosis as a risk factor for violence to others: A meta-analysis. Psychological Bulletin, 135, 679–706.

Dovidio, J. F., & Gaertner, S. L. (1999). Reducing prejudice: Combating intergroup biases. Current Directions in Psychological Science, 8, 101–105.

Downing, P. E., Jiang, Y., & Shuman, M. (2001). A cortical area selective for visual processing of the human body. *Science, 293*, 2470–2473.

Downs, E., & Smith, S. L. (2010). Keeping abreast of hypersexuality: A video game character content analysis. *Sex Roles, 62*, 721–733.

Doyle, R. (2005, March). Gay and lesbian census. *Scientific American*, p. 28.

Doyle, R. A., & Voyer, R. A. (2016). Stereotype manipulation effects on math and spatial test performance: A meta-analysis. *Learning and Individual Differences, 47*, 103–116.

Draganski, B., Gaser, C., Busch, V., Schuierer, G., Bogdahn, U., & May, A. (2004). Neuroplasticity: Changes in grey matter induced by training. *Nature, 427*, 311–312.

Draguns, J. G. (1990). Applications of cross-cultural psychology in the field of mental health. In R. W. Brislin (Ed.), *Applied cross-cultural psychology* (pp. 302–324). Sage.

Drake, R. A., & Myers, L. R. (2006). Visual attention, emotion, and action tendency: Feeling active or passive. *Cognition and Emotion, 20*, 608–622.

Dreger, A. (2011, February 28). Do gay men have more sexual interest in children than straight men do? *Psychology Today*. Retrieved from https://www.psychologytoday.com/us/blog/fetishes-i-dont-get/201102/do-gay-men-have-more-sexual-interest-in-children

Drescher, A., & Schultheiss, O. C. (2016). Meta-analytic evidence for higher implicit affiliation and intimacy motivation scores in women, compared to men. *Journal of Research in Personality, 64*, 1–10.

Drew, T., Võ, M. L.-H., & Wolfe, J. M. (2013). Sustained inattentional blindness in expert observers. *Psychological Science, 24*, 1848–1853.

Drewelies, J., Wagner, J., Tesch-Römer, C., Heckhausen, J., & Gerstorf, D. (2017). Perceived control across the second half of life: The role of physical health and social integration. *Psychology and Aging, 32*, 76–92.

Driessen, E., Cuijpers, P., de Maat, S. C. M., Abbas, A. A., de Jonghe, F., & Dekker, J. J. M. (2010). The efficacy of short-term psychodynamic psychotherapy for depression: A meta-analysis. *Clinical Psychology Review, 30*, 25–36.

Driessen, E., Hollon, S. D., Bockting, C. L. H., Cuijpers, P., & Turner, E. H. (2015, September 30). Does publican bias inflate the apparent efficacy of psychological treatment for major depressive disorder? A systematic review and meta-analysis of U.S. National Institutes of Health-funded trials. *PLOS ONE, 10*, e0137864.

Driessen, E., Van, H. L., Peen, J., Don, F. J., Twisk, J. W. R., Cuijpers, P., & Dekker, J. J. M. (2017). Cognitive-behavioral versus psychodynamic therapy for major depression: Secondary outcomes of a randomized clinical trial. *Journal of Consulting and Clinical Psychology, 85*, 653–663.

Druckman, D., & Bjork, R. A. (1991). *In the mind's eye: Enhancing human performance.* National Academy Press.

Druckman, J. N., & McGrath, M. C. (2019). The evidence for motivated reasoning in climate change preference formation. *Nature Climate Change, 9*, 111–119.

Drydakis, N. (2009). Sexual orientation discrimination in the labour market. *Labour Economics, 16*, 364–372.

Drydakis, N. (2015). Sexual orientation discrimination in the United Kingdom's labour market: A field experiment. *Human Relations, 68*, 1769–1796.

Dubé, S., Lavoie, F., Blais, M., & Hébert, M. (2017). Consequences of casual sex relationships and experiences on adolescents' psychological well-being: A prospective study. *Journal of Sex Research, 54*, 1006–1017.

Ducasse, D., Loas, G., Dassa, D., Gramaglia, C., Zeppegno, P., Guillaume, S., Olié, E., & Courtet, P. (2018). Anhedonia is associated with suicidal ideation independently of depression: A meta-analysis. *Depression and Anxiety, 35*, 382–392.

Duckworth, A. (2016). *Grit: The power of passion and perseverance.* Scribner.

Duckworth, A. L., Gendler, T. S., & Gross, J. J. (2016). Situational strategies for self-control. *Perspectives on Psychological Science, 11*, 35–55.

Duckworth, A. L., Quinn, P. D., Lynam, D. R., Loeber, R., & Stouthamer-Loeber, M. (2011). Role of test motivation in intelligence testing. *PNAS, 108*, 7716–7720.

Duckworth, A. L., & Seligman, M. E. P. (2005). Discipline outdoes talent: Self-discipline predicts academic performance in adolescents. *Psychological Science, 12*, 939–944.

Duckworth, A. L., & Seligman, M. E. P. (2017). The science and practice of self-control. *Perspectives on Psychological Science, 12*, 715–718.

Duckworth, A. L., Tsukayama, E., & Kirby, T. A. (2013). Is it really self-control? Examining the predictive power of the delay of gratification task. *Personality and Social Psychology Bulletin, 39*, 843–855.

Duclos, S. E., Laird, J. D., Sexter, M., Stern, L., & Van Lighten, O. (1989). Emotion-specific effects of facial expressions and postures on emotional experience. *Journal of Personality and Social Psychology, 57*, 100–108.

Duffy, M. E., Twenge, J. M., & Joiner, T. E. (2019). Trends in mood and anxiety symptoms and suicide-related outcomes among U.S. undergraduates, 2007–2018: Evidence from two national surveys. *Journal of Adolescent Health, 65*, 590–598.

Dufner, M., Gebauer, J. E., Sedikides, C., & Denissen, J. J. A. (2019). Self-enhancement and psychological adjustment: A meta-analytic review. *Personality and Social Psychology Review, 23*, 48–72.

Dugatkin, L. A., & Trut, L. (2017). How to take a fox and build a dog. *American Scientist, 105*, 240–247.

Duggan, J. P., & Booth, D. A. (1986). Obesity, overeating, and rapid gastric emptying in rats with ventromedial hypothalamic lesions. *Science, 231*, 609–611.

Duits, P., Cath, D. C., Lissek, S., Hox, J. J., Hamm, A. O., Engelhard, I. M., Van Den Hout, M.A., & Baas, J. M. P. (2015). Updated meta-analysis of classical fear conditioning in the anxiety disorders. *Depression and Anxiety, 32*, 239–253.

Dumont, K. A., Widom, C. S., & Czaja, S. J. (2007). Predictors of resilience in abused and neglected children grown-up: The role of individual and neighborhood characteristics. *Child Abuse & Neglect, 31*, 255–274.

Dunbar, R. I. M., Baron, R., Frangou, A., Pearce, E., van Leeuwin, E. J. C., Stow, J., Partridge, J., MacDonald, I., Barra, V., & van Vugt, M. (2011). Social laughter is correlated with an elevated pain threshold. *Proceedings of the Royal Society B, 279*, 1161–1167.

Duncan, L., Yilmaz, Z., Gaspar, H., Walters, R., Goldstein, J., Anttila, V., Bulik-Sullivan, B., Ripke, S., Eating Disorders Working Group of the Psychiatric Genomics Consortium, Thornton, L., Hinney, A., Daly, M., Sullivan, P. F., Zeggini, E., Breen, G., & Bulik, C. M. (2017). Significant locus and metabolic genetic correlations revealed in genome-wide association study of anorexia nervosa. *The American Journal of Psychiatry, 174*, 850–858.

Dunlop, W. L., & Tracy, J. L. (2013). Sobering stories: Narratives of self-redemption predict behavioral change and improved health among recovering alcoholics. *Journal of Personality and Social Psychology, 104*, 576–590.

Dunn, A. (2018, October 4). Partisans are divided over the fairness of the U.S. economy—and why people are rich or poor. Pew Research Center. https://pewrsr.ch/39o8yIL

Dunn, E., & Norton, M. (2013). *Happy money: The science of smarter spending.* Simon & Schuster.

Dunn, E. W., Aknin, L. B., & Norton, M. I. (2008). Spending money on others promotes happiness. *Science, 319*, 1687–1688.

Dunn, M., & Searle, R. (2010). Effect of manipulated prestige-car ownership on both sex attractiveness ratings. *British Journal of Psychology, 101*, 69–80.

Dunn, M. J., & Hill, A. (2014). Manipulated luxury-apartment ownership enhances opposite-sex attraction in females but not males. *Journal of Evolutionary Psychology, 12*, 1–17.

Dunning, D. (2006). Strangers to ourselves? *The Psychologist, 19*, 600–603.

Dunning, D. (2019, January 31). *An expert on human blind spots gives advice on how to think* [Interview with Brian Resnick]. Vox. https://lsa.umich.edu/psych/news-events/all-news/faculty-news/an-expert-on-human-blind-spots-gives-advice-on-how-to-think.html

Dunsmoor, J. E., Murty, V. P., Davachi, L., & Phelps, E. A. (2015). Emotional learning selectively and retroactively strengthens memories for related events. *Nature, 520*, 345–348.

Dunson, D. B., Colombo, B., & Baird, D. D. (2002). Changes with age in the level and duration of fertility in the menstrual cycle. *Human Reproduction, 17*, 1399–1403.

Dunster, G. P., de la Iglesia, L., Ben-Hamo, M., Nave, C., Fleischer, J. G., Panda, S., & Horacio, O. (2018). Sleepmore in Seattle: Later school start times are associated with more sleep and better performance in high school students. *Science Advances, 4*(12), eaau6200.

Dunster-Page, C., Haddock, G., Wainwright, L., & Berry, K. (2017). The relationship between therapeutic alliance and patient's suicidal thoughts, self-harming behaviours and suicide attempts: A systematic review. *Journal of Affective Disorders, 223*, 165–174.

Dutton, D. G., & Aron, A. P. (1974). Some evidence for heightened sexual attraction under conditions of high anxiety. *Journal of Personality and Social Psychology, 30*, 510–517.

Dutton, D. G., & Aron, A. P. (1989). Romantic attraction and generalized liking for others who are sources of conflict-based arousal. *Canadian Journal of Behavioural Sciences, 21*, 246–257.

Dutton, E., Bakhiet, S. F. A., Osman, H. A., Becker, D., Essa, Y. A. S., Blahmar, T. A. M., Lynn, R., & Hakami, S. M. (2018). A Flynn effect in Khartoum, the Sudanese capital, 2004–2016. *Intelligence, 68*, 82–86.

Dutton, J. (2018, April). 'She's afflicted by these memories. . . they flood her.' *The Psychologist*, pp. 28–30.

Dweck, C. (2018, August 20). Growth mindset interventions yield impressive results. *Character & Context*. http://www.spsp.org/news-center/blog/growth-mindset-interventions-results

Dweck, C. S. (2006). *Mindset: The new psychology of success.* Random House.

Dweck, C. S., & Yeager, D. S. (2019). Mindsets: A view from two eras. *Perspectives on Psychological Science, 14*, 481–496.

Dygalo, N. N., & Shishkina, G. T. (2019). Optogenetic studies of the pathophysiological mechanisms and treatment of depression. *Neuroscience and Behavioral Physiology, 49*, 178–183.

Dyrdal, G. M., & Lucas, R. E. (2011). *Reaction and adaptation to the birth of a child: A couple level analysis* [Unpublished manuscript]. Michigan State University.

Eagan, K., Stolzenberg, E. B., Bates, A. K., Aragon, M. C. Suchard, M. R., & Rios-Aguilar, C. R. (2016). *The American freshman: National norms 2015*. Higher Education Research Institute, UCLA.

Eagleman, D. (2011, September). Secret life of the mind. *Discover*, pp. 50–53.

Eagly, A. H., Ashmore, R. D., Makhijani, M. G., & Kennedy, L. C. (1991). What is beautiful is good, but . . .: A meta-analytic review of research on the physical attractiveness stereotype. *Psychological Bulletin*, 110, 109–128.

Eagly, A. H., & Carli, L. (2007). *Through the labyrinth: The truth about how women become leaders*. Harvard University Press.

Eagly, A. H., & Wood, W. (1999). The origins of sex differences in human behavior: Evolved dispositions versus social roles. *American Psychologist*, 54, 408–423.

Eagly, A. H., & Wood, W. (2013). The nature-nurture debates: 25 years of challenges in understanding the psychology of gender. *Perspectives on Psychological Science*, 8, 340–357.

Eastman, C. L., Boulos, Z., Terman, M., Campbell, S. S., Dijk, D.-J., & Lewy, A. J. (1995). Light treatment for sleep disorders: Consensus report. VI. Shift work. *Journal of Biological Rhythms*, 10, 157–164.

Eastwick, P. W., & Finkel, E. J. (2008a). Speed-dating as a methodological innovation. *The Psychologist*, 21, 402–403.

Eastwick, P. W., & Finkel, E. J. (2008b). Sex differences in mate preferences revisited: Do people know what they initially desire in a romantic partner? *Journal of Personality and Social Psychology*, 94, 245–264.

Eastwick, P. W., Luchies, L. B., Finkel, E. J., & Hunt, L. L. (2014a). The many voices of Darwin's descendants: Reply to Schmitt (2014). *Psychological Bulletin*, 140, 673–681.

Eastwick, P. W., Luchies, L. B., Finkel, E. J., & Hunt, L. L. (2014b). The predictive validity of ideal partner preferences: A review and meta-analysis. *Psychological Bulletin*, 140, 623–665.

Ebbinghaus, H. (1885/1964). *Memory: A contribution to experimental psychology* (H. A. Ruger & C. E. Bussenius, Trans.). Dover.

Eberhardt, J. L. (2005). Imaging race. *American Psychologist*, 60, 181–190.

Ebert, D. D., Van Daele, T., Nordgreen, T., Karekla, M., Compare, A., Zarbo, C., Brugnera, A., Øverland, S., Trebbi, G., Jensen, K. L., Kaehlke, F., Baumeister, H., & Taylor, J. (2018). Internet- and mobile-based psychological interventions: Applications, efficacy, and potential for improving mental health: A report of the EFPA E-health taskforce. *European Psychologist*, 23, 167–187.

Eccles, J. S., Jacobs, J. E., & Harold, R. D. (1990). Gender role stereotypes, expectancy effects, and parents' socialization of gender differences. *Journal of Social Issues*, 46, 183–201.

Eckensberger, L. H. (1994). Moral development and its measurement across cultures. In W. J. Lonner & R. Malpass (Eds.), *Psychology and culture* (pp. 71–78). Allyn & Bacon.

Eckert, E. D., Heston, L. L., & Bouchard, T. J., Jr. (1981). MZ twins reared apart: Preliminary findings of psychiatric disturbances and traits. In L. Gedda, P. Paris, & W. D. Nance (Eds.), *Twin research: Intelligence, personality, and development* (Vol. 3. Pt. B). Alan Liss.

Eckholm, E. (2010, September 21). Woman on death row runs out of appeals. *The New York Times* (nytimes.com).

Ecklund-Flores, L. (1992). *The infant as a model for the teaching of introductory psychology* [Paper]. Presented at the American Psychological Association annual convention.

Eckshtain, D., Kuppens, S., Ugueto, A., Ng, M. Y., Vaughn-Coaxum, R., Corteselli, K., & Weisz, J. R. (2019). Meta-analysis: 13-year follow-up of psychotherapy effects on youth depression. *Journal of the American Academy of Child & Adolescent Psychiatry*, 59, 45–63.

Economist. (2001, December 20). An anthropology of happiness. *The Economist*. https://www.economist.com/christmas-specials/2001/12/20/an-anthropology-of-happiness

Eddy, K. T., Tabri, N., Thomas, J. J., Murray, H. B., Keshaviah, A., Hastings, E., Edkins, K., Krishna, M., Herzog, D. B., Keel, P. K., & Franko, D. L. (2017). Recovery from anorexia nervosa and bulimia nervosa at 22-year follow-up. *Journal of Clinical Psychiatry*, 78, 184–189.

Edelman, B., Luca, M., & Svirsky, D. (2017). Racial discrimination in the sharing economy: Evidence from a field experiment. *American Economic Journal: Applied Economics*, 9, 1–22.

Edsinger, E., & Dölen, G. (2018). A conserved role for serotonergic neurotransmission in mediating social behavior in octopus. *Current Biology*, 28, 3136–3142.

Edwards, A. C., & Kendler, K. S. (2012). A twin study of depression and nicotine dependence: Shared liability or causal relationship? *Journal of Affective Disorders*, 142, 90–97.

Edwards, F., Lee, H., & Esposito, M. (2019). Risk of being killed by police use of force in the United States by age, race–ethnicity, and sex. *PNAS*, 116, 16793–16798.

Edwards, L. A. (2014). A meta-analysis of imitation abilities in individuals with autism spectrum disorders. *Autism Research*, 7, 363–380.

Edwards, R. R., Campbell, C., Jamison, R. N., & Wiech, K. (2009). The neurobiological underpinnings of coping with pain. *Current Directions in Psychological Science*, 18, 237–241.

Egan, P. J., & Mullin, M. (2012). Turning personal experience into political attitudes: The effects of local weather on Americans' perceptions about global warming. *Journal of Politics*, 74, 796–809.

Ehrlinger, J., Burnette, J. L., Park, J., Harrold, M. L., & Orvidas, K. (2017). Incremental theories of weight and healthy eating behavior. *Journal of Applied Social Psychology*, 47, 320–330.

Eibl-Eibesfeldt, I. (1971). *Love and hate: The natural history of behavior patterns*. Holt, Rinehart & Winston.

Eich, E. (1990). Learning during sleep. In R. B. Bootzin, J. F. Kihlstrom, & D. L. Schacter (Eds.), *Sleep and cognition*. American Psychological Association.

Eichstaedt, J. C., Schwartz, H. A., Kern, M. L., Park, G., Labarthe, D. R., Merchant, R. M., Jha, S., Agrawal, M., Dziurzynski, L. A., Sap, M., Weeg, C., Larson, E. E., Ungar, L. H., & Seligman, M. E. P. (2015). Psychological language on Twitter predicts county-level heart disease mortality. *Psychological Science*, 26, 159–169.

Ein-Dor, T., & Perry, A. (2012). Scared saviors: Evidence that people high in attachment anxiety are more effective in alerting others to threat. *European Journal of Social Psychology*, 42, 667–671.

Ein-Dor, T., & Perry, A. (2013, April). Full house of fears: Evidence that people high in attachment anxiety are more accurate in detecting deceit. *Journal of Personality*, 82, 83–92.

Einstein, G. O., & McDaniel, M. A. (1990). Normal aging and prospective memory. *Journal of Experimental Psychology: Learning, Memory, and Cognition*, 16, 717–726.

Einstein, G. O., McDaniel, M. A., Richardson, S. L., Guynn, M. J., & Cunfer, A. R. (1995). Aging and prospective memory: Examining the influences of self-initiated retrieval processes. *Journal of Experimental Psychology: Learning, Memory, and Cognition*, 21, 996–1007.

Einstein, G. O., McDaniel, M. A., Smith, R. E., & Shaw, P. (1998). Habitual prospective memory and aging: Remembering intentions and forgetting actions. *Psychological Science*, 9, 284–288.

Eippert, F., Finsterbush, J., Bingel, U., & Büchel, C. (2009). Direct evidence for spinal cord involvement in placebo analgesia. *Science*, 326, 404.

Eisenberg, N., & Lennon, R. (1983). Sex differences in empathy and related capacities. *Psychological Bulletin*, 94, 100–131.

Eisenberger, N. I., Master, S. L., Inagaki, T. K., Taylor, S. E., Shirinyan, D., Lieberman, M. D., & Naliboff, B. D. (2011). Attachment figures activate a safety signal-related neural region and reduce pain experience. *PNAS*, 108, 11721–11726.

Eisenberger, R., & Aselage, J. (2009). Incremental effects of reward on experienced performance pressure: Positive outcomes for intrinsic interest and creativity. *Journal of Organizational Behavior*, 30, 95–117.

Eisenberger, R., Rockstuhl, T., Shoss, M. K., Wen, X., & Dulebohn, J. (2019). Is the employee–organization relationship dying or thriving? A temporal meta-analysis. *Journal of Applied Psychology*, 104, 1036–1057.

Ekman, P. (2016). What scientists who study emotion agree about. *Perspectives on Psychological Science*, 11, 31–34.

Ekman, P., & Friesen, W. V. (1971). Constants across cultures in the face and emotion. *Journal of Personality and Social Psychology*, 17, 124–129.

Ekman, P., & Friesen, W. V. (1975). *Unmasking the face*. Prentice-Hall.

Elbert, T., Pantev, C., Wienbruch, C., Rockstroh, B., & Taub, E. (1995). Increased cortical representation of the fingers of the left hand in string players. *Science*, 270, 305–307.

Elbogen, E. B., Dennis, P. A., & Johnson, S. C. (2016). Beyond mental illness: Targeting stronger and more direct pathways to violence. *Clinical Psychological Science*, 4, 747–759.

Eldar, E., Bae, G. J., Kurth-Nelson, Z., Dayan, P., & Dolan, R. J. (2018). Magnetoencephalography decoding reveals structural differences within integrative decision processes. *Nature Human Behaviour*, 2, 670–681.

Elenbaas, L. (2019). Against unfairness: Young children's judgments about merit, equity, and equality. *Journal of Experimental Child Psychology*, 186, 73–82.

Elfenbein, H. A., & Ambady, N. (2002). On the universality and cultural specificity of emotion recognition: A meta-analysis. *Psychological Bulletin*, 128, 203–235.

Elias, S., Lozano, J., & Bentley, J. (2016). *How executive functioning, anxiety, and technology use impact university students' course performance* [Paper]. Presented at the Western Psychological Association Convention.

Elkind, D. (1970). The origins of religion in the child. *Review of Religious Research*, 12, 35–42.

Elkins, G., Johnson, A., & Fisher, W. (2012). Cognitive hypnotherapy for pain management. *American Journal of Clinical Hypnosis*, 54, 294–310.

Ellenbogen, J. M., Hu, P. T., Payne, J. D., Titone, D., & Walker, M. P. (2007). Human relational memory requires time and sleep. *PNAS*, 104, 7723–7728.

Ellis, A., & Becker, I. M. (1982). *A guide to personal happiness*. Wilshire.

Ellis, B. J., Bates, J. E., Dodge, K. A., Fergusson, D. M., John, H. L., Pettit, G. S., & Woodward, L. (2003). Does father absence place daughters at special risk for early sexual activity and teenage pregnancy? *Child Development*, 74, 801–821.

Ellis, B. J., Bianchi, J., Griskevicius, V., & Frankenhuis, W. E. (2017). Beyond risk and protective factors: An adaptation-based approach to resilience. *Perspectives on Psychological Science, 12*, 561–587.

Ellis, B. J., & Boyce, W. T. (2008). Biological sensitivity to context. *Current Directions in Psychological Science, 17*, 183–187.

Ellis, B. J., Schlomer, G. L., Tilley, E. H., & Butler, E. A. (2012). Impact of fathers on risky sexual behavior in daughters: A genetically and environmentally controlled sibling study. *Development and Psychopathology, 24*, 317–332.

Ellis, L., & Ames, M. A. (1987). Neurohormonal functioning and sexual orientation: A theory of homosexuality-heterosexuality. *Psychological Bulletin, 101*, 233–258.

Ellison, K. (2015, November 9). A.D.H.D. rates rise around globe, but sympathy often lags. *The New York Times*. https://well.blogs.nytimes.com/2015/11/09/a-d-h-d-rates-rise-around-globe-but-sympathy-often-lags/?

Ellison-Wright, I., Glahn, D. C., Laird, A. R., Thelen, S. M., & Bullmore, E. (2008). The anatomy of first-episode and chronic schizophrenia: An anatomical likelihood estimation meta-analysis. *American Journal of Psychiatry, 165*, 1015–1023.

Else-Quest, N. M., Hyde, J. S., & Linn, M. C. (2010). Cross-national patterns of gender differences in mathematics: A meta-analysis. *Psychological Bulletin, 136*, 103–127.

Elsey, J. W. B., Van Ast, V. A., & Kindt, M. (2018). Human memory reconsolidation: A guiding framework and critical review of the evidence. *Psychological Bulletin, 144*, 797–848.

Elson, M., Ferguson, C. J., Gregerson, M., Hogg, J. L., Ivory, J., Klisanin, D., Markey, P. M., Nichols, D., Siddiqui, S., & Wilson, J. (2019). Do policy statements on media effects faithfully represent the science? *Advances in Methods and Practices in Psychological Science, 2*, 12–25.

Elzinga, B. M., Ardon, A. M., Heijnis, M. K., De Ruiter, M. B., Van Dyck, R., & Veltman, D. J. (2007). Neural correlates of enhanced working-memory performance in dissociative disorder: A functional MRI study. *Psychological Medicine, 37*, 235–245.

Emmons, S., Geisler, C., Kaplan, K. J., & Harrow, M. (1997). *Living with schizophrenia*. Taylor and Francis.

Empson, J. A. C., & Clarke, P. R. F. (1970). Rapid eye movements and remembering. *Nature, 227*, 287–288.

Enache, D., Pariante, C., & Mondelli, V. (2019). Markers of central inflammation in major depressive disorder: A systematic review and meta-analysis of studies examining cerebrospinal fluid, positron emission tomography and post-mortem brain tissue. *Brain, Behavior, and Immunity, 81*, 24–40.

Endendijk, J. J., Beltz, A. M., McHale, S. M., Bryk, K., & Berenbaum, S. A. (2016). Linking prenatal androgens to gender-related attitudes, identity, and activities: Evidence from girls with congenital adrenal hyperplasia. *Archives of Sexual Behavior, 45*, 1807–1815.

Endler, N. S. (1982). *Holiday of darkness: A psychologist's personal journey out of his depression*. Wiley.

Engeler, I., & Raghubir, P. (2018). Decomposing the cross-sex misprediction bias of dating behaviors: Do men overestimate or women underreport their sexual intentions? *Journal of Personality and Social Psychology, 114*, 95–109.

Engen, T. (1987). Remembering odors and their names. *American Scientist, 75*, 497–503.

Engle, R. W. (2002). Working memory capacity as executive attention. *Current Directions in Psychological Science, 11*, 19–23.

English, T., Davis, J., Wei, M., & Gross, J. J. (2017). Homesickness and adjustment across the first year of college: A longitudinal study. *Emotion, 17*, 1–5.

Epel, E. S. (2009). Telomeres in a life-span perspective: A new "psychobiomarker"? *Current Directions in Psychological Science, 18*, 6–9.

Epel, E. S., Blackburn, E. H., Lin, J., Dhabhar, F. S., Adler, N. E., Morrow, J. D., & Cawthon, R. M. (2004). Accelerated telomere shortening in response to life stress. *PNAS, 101*, 17312–17315.

Epley, N., Keysar, B., Van Boven, L., & Gilovich, T. (2004). Perspective taking as egocentric anchoring and adjustment. *Journal of Personality and Social Psychology, 87*, 327–339.

Epley, N., Savitsky, K., & Gilovich, T. (2002). Empathy neglect: Reconciling the spotlight effect and the correspondence bias. *Journal of Personality and Social Psychology, 83*, 300–312.

Epstein, J., Stern, E., & Silbersweig, D. (1998). Mesolimbic activity associated with psychosis in schizophrenia: Symptom-specific PET studies. In J. F. McGinty (Ed.), *Advancing from the ventral striatum to the extended amygdala: Implications for neuropsychiatry and drug use: In honor of Lennart Heimer*. Annals of the New York Academy of Sciences, 877, 562–574.

Epstein, S. (1983a). Aggregation and beyond: Some basic issues on the prediction of behavior. *Journal of Personality, 51*, 360–392.

Epstein, S. (1983b). The stability of behavior across time and situations. In R. Zucker, J. Aronoff, & A. I. Rabin (Eds.), *Personality and the prediction of behavior*. Academic Press.

Eranti, S. V., MacCabe, J. H., Bundy, H., & Murray, R. M. (2013). Gender difference in age at onset of schizophrenia: A meta-analysis. *Psychological Medicine, 43*, 155–167.

Erdelyi, M. H. (1985). *Psychoanalysis: Freud's cognitive psychology*. Freeman.

Erdelyi, M. H. (1988). Repression, reconstruction, and defense: History and integration of the psychoanalytic and experimental frameworks. In J. Singer (Ed.), *Repression: Defense mechanism and cognitive style*. University of Chicago Press.

Erdelyi, M. H. (2006). The unified theory of repression. *Behavioral and Brain Sciences, 29*, 499–551.

Erel, O., & Burman, B. (1995). Interrelatedness of marital relations and parent–child relations: A meta-analytic review. *Psychological Bulletin, 118*, 108–132.

Erickson, K. I., Raji, C. A., Lopez, O. L., Becker, J. T., Rosano, C., Newman, A. B., Gach, H. M., Thompson, P. M., Ho, A. J., & Kuller, L. H. (2010). Physical activity predicts gray matter volume in late adulthood: The Cardiovascular Health Study. *Neurology, 75*, 1415–1422.

Erickson, M. F., & Aird, E. G. (2005). *The motherhood study: Fresh insights on mothers' attitudes and concerns*. The Motherhood Project, Institute for American Values.

Ericsson, K. A. (2001). Attaining excellence through deliberate practice: Insights from the study of expert performance. In M. Ferrari (Ed.), *The pursuit of excellence in education*. Erlbaum.

Ericsson, K. A. (2006). The influence of experience and deliberate practice on the development of superior expert performance. In K. A. Ericsson, N. Charness, P. J. Feltovich, & R. R. Hoffman (Eds.), *The Cambridge handbook of expertise and expert performance*. Cambridge University Press.

Ericsson, K. A. (2007). Deliberate practice and the modifiability of body and mind: Toward a science of the structure and acquisition of expert and elite performance. *International Journal of Sport Psychology, 38*, 4–34.

Ericsson, K. A., Cheng, X., Pan, Y., Ku, Y., Ge, Y., & Hu, Y. (2017). Memory skills mediating superior memory in a world-class memorist. *Memory, 25*, 1294–1302.

Ericsson, K. A., & Pool, R. (2016). *PEAK: Secrets from the New Science of Expertise*. Houghton Mifflin.

Ericsson, K. A., Roring, R. W., & Nandagopal, K. (2007). Giftedness and evidence for reproducibly superior performance: An account based on the expert performance framework. *High Ability Studies, 18*, 3–56.

Erikson, E. H. (1963). *Childhood and society*. Norton.

Erikson, E. H. (1983, June). A conversation with Erikson (by E. Hall). *Psychology Today*, pp. 22–30.

Erlandsson, A., Nilsson, A., Tinghög, G., & Västfjäll, D. (2018). Bullshit-sensitivity predicts prosocial behavior. *PLOS ONE, 13*, e0201474.

Erlich, N., Lipp, O. V., & Slaughter, V. (2013). Of hissing snakes and angry voices: Human infants are differentially responsive to evolutionary fear-relevant sounds. *Developmental Science, 16*, 894–904.

Ermer, E., Cope, L. M., Nyalakanti, P. K., Calhoun, V. D., & Kiehl, K. A. (2012). Aberrant paralimbic gray matter in criminal psychopathy. *Journal of Abnormal Psychology, 121*, 649–658.

Ermer, E., Kahn, R. E., Salovey, P., & Kiehl, K. A. (2012b). Emotional intelligence in incarcerated men with psychopathic traits. *Journal of Personality and Social Psychology, 103*, 194–204.

Ert, E., Yechiam, E., & Arshavsky, O. (2013). Smokers' decision making: More than mere risk taking. *PLOS ONE, 8*(7), e68064.

Ertmer, D. J., Young, N. M., & Nathani, S. (2007). Profiles of focal development in young cochlear implant recipients. *Journal of Speech, Language, and Hearing Research, 50*, 393–407.

Escasa, M. J., Casey, J. F., & Gray, P. B. (2011). Salivary testosterone levels in men at a U.S. sex club. *Archives of Sexual Behavior, 40*, 921–926.

Escobar-Chaves, S. L., Tortolero, S. R., Markham, C. M., Low, B. J., Eitel, P., & Thickstun, P. (2005). Impact of the media on adolescent sexual attitudes and behaviors. *Pediatrics, 116*, 303–326.

Escobedo, J. R., & Adolphs, R. (2010). Becoming a better person: Temporal remoteness biases autobiographical memories for moral events. *Emotion, 10*, 511–518.

Espie, C. A., Emsley, R., Kyle, S. D., Gordon, C., Drake, C. L., Siriwardena, A. N., Cape, J., Ong, J. C., Sheaves, B., Foster, R., Freeman, D., Costa-Font, J., Marsden, A., & Luik, A. I. (2019). Effect of digital cognitive behavioral therapy for insomnia on health, psychological well-being, and sleep-related quality of life: a randomized clinical trial. *JAMA Psychiatry, 76*, 21–30.

Esposito, G., Yoshida, S., Ohnishi, R., Tsuneoka, Y., Rostagno, M., Yokota, S., Okabe, S., Kamiya, K., Hoshino, M., Shimizu, M., Venuti, P., Kikusui, T., Kato, T., & Kuroda, K. O. (2013). Infant calming responses during maternal carrying in humans and mice. *Current Biology, 23*, 739–745.

Esser, J. K., & Lindoerfer, J. S. (1989). Groupthink and the space shuttle *Challenger* accident: Toward a quantitative case analysis. *Journal of Behavioral Decision Making, 2*, 167–177.

Esterson, A. (2001). The mythologizing of psychoanalytic history: Deception and self-deception in Freud's accounts of the seduction theory episode. *History of Psychiatry, 12*, 329–352.

Etkin, A., & Wager, T. D. (2007). Functional neuroimaging of anxiety: A meta-analysis of emotional processing in PTSD, social anxiety disorder, and specific phobia. *American Journal of Psychiatry, 164*, 1476–1488.

Eurich, T. L., Krause, D. E., Cigularov, K., & Thornton, G. C., III. (2009). Assessment centers: Current practices in the United States. *Journal of Business Psychology, 24*, 387–407.

Euston, D. R., Tatsuno, M., & McNaughton, B. L. (2007). Fast-forward playback of recent memory sequences in prefrontal cortex during sleep. *Science, 318*, 1147–1150.

Evans, C. M., & Simms, L. J. (2019). The latent structure of self-harm. *Journal of Abnormal Psychology, 128*, 12–24.

Evans, G. W., Palsane, M. N., & Carrere, S. (1987). Type A behavior and occupational stress: A cross-cultural study of blue-collar workers. *Journal of Personality and Social Psychology, 52*, 1002–1007.

Evenson, K. R., Wen, F., & Herring, A. H. (2016). Associations of accelerometry-assessed and self-reported physical activity and sedentary behavior with all-cause and cardiovascular mortality among U.S. adults. *American Journal of Epidemiology, 184*, 621–632.

Everaert, J., Bronstein, M. V., Cannon, T. D., & Joormann, J. (2018). Looking through tinted glasses: Depression and social anxiety are related to both interpretation biases and inflexible negative interpretations. *Clinical Psychological Science, 6*, 517–528.

Everett, J. A. C., Caviola, L., Kahane, G., Savulescu, J., & Faber, N. S. (2015). Doing good by doing nothing? The role of social norms in explaining default effects in altruistic contexts. *European Journal of Social Psychology, 45*, 230–241.

Evers, A., Muñiz, J., Bartram, D., Boben, D., Egeland, J., Fernández-Hermida, J. R., Frans, Ö., Gintilienė, G., Hagemeister, C., Halama, P., Iliescu, D., Jaworowska, A., Jimenez, P., Manthouli, M., Matešić, K., Schittekatte, M., Sümer, H. C., & Urbánek, T. (2012). Testing practices in the 21st century: Developments and European psychologists' opinions. *European Psychologist, 17*, 300–319.

Everson, S. A., Goldberg, D. E., Kaplan, G. A., Cohen, R. D., Pukkala, E., Tuomilehto, J., & Salonen, J. T. (1996). Hopelessness and risk of mortality and incidence of myocardial infarction and cancer. *Psychosomatic Medicine, 58*, 113–121.

Ewbank, M. P., Cummins, R., Tablan, V., Bateup, S., Catarino, A., Martin, A. J., & Blackwell, A. D. (2019). Quantifying the association between psychotherapy content and clinical outcomes using deep learning. *JAMA Psychiatry, 77*, 35–43.

Exelmans, L., Custers, K., & Van den Bulck, J. (2015). Violent video games and delinquent behavior in adolescents: A risk factor perspective. *Aggressive Behavior, 41*, 267–279.

Exelmans, L., & Van den Bulck, J. (2018). Self-control depletion and sleep duration: the mediating role of television viewing. *Psychology & Health, 33*, 1251–1268.

Eysenck, H. J. (1952). The effects of psychotherapy: An evaluation. *Journal of Consulting Psychology, 16*, 319–324.

Eysenck, H. J. (1990, April 30). An improvement on personality inventory. *Current Contents: Social and Behavioral Sciences, 22*, 20.

Eysenck, H. J. (1992). Four ways five factors are not basic. *Personality and Individual Differences, 13*, 667–673.

Eysenck, H. J., & Grossarth-Maticek, R. (1991). Creative novation behavior therapy as a prophylactic treatment for cancer and coronary heart disease: Part II—Effects of treatment. *Behaviour Research and Therapy, 29*, 17–31.

Eysenck, H. J., Wakefield, J. A., Jr., & Friedman, A. F. (1983). Diagnosis and clinical assessment: The DSM-III. *Annual Review of Psychology, 34*, 167–193.

Eysenck, S. B. G., & Eysenck, H. J. (1963). The validity of questionnaire and rating assessments of extraversion and neuroticism, and their factorial stability. *British Journal of Psychology, 54*, 51–62.

Fabiano, G. A., Pelham, W. E., Jr., Coles, E. K., Gnagy, E. M., Chronis-Tuscano, A., & O'Connor, B. C. (2008). A meta-analysis of behavioral treatments for attention-deficit/hyperactivity disorder. *Clinical Psychology Review, 29*, 129–140.

Fabiansson, E. C., Denson, T. F., Moulds, M. L., Grisham, J. R., & Schira, M. M. (2012). Don't look back in anger: Neural correlates of reappraisal, analytical rumination, and angry rumination during a recall of an anger-inducing autobiographical memory. *NeuroImage, 59*, 2974–2981.

Facco, E. (2016). Hypnosis and anesthesia: back to the future. *Minerva Anestesiologica, 82*, 1343–1356.

Fagan, J. F., & Holland, C. R. (2007). Racial equality in intelligence: Predictions from a theory of intelligence as processing. *Intelligence, 35*, 319–334.

Fagan, J. F., & Holland, C. R. (2009). Culture-fair prediction of academic achievement. *Intelligence, 37*, 62–67.

Fagundes, C. P., & Way, B. (2014). Early-life stress and adult inflammation. *Current Directions in Psychological Science, 23*, 277–283.

Faheem, S., Petti, V., & Mellos, G. (2017). Disruptive mood dysregulation disorder and its effect on bipolar disorder. *Annals of Clinical Psychiatry, 29*, e1–e8.

Fairbairn, C. E., Briley, D. A., Kang, D., Fraley, R. C., Hankin, B. L., & Ariss, T. (2018). A meta-analysis of longitudinal associations between substance use and interpersonal attachment security. *Psychological Bulletin, 144*, 532–555.

Fairbairn, C. E., & Sayette, M. A. (2014). A social-attributional analysis of alcohol response. *Psychological Bulletin, 140*, 1361–1382.

Fairfield, H. (2012, February 4). Girls lead in science exam, but NOT in the United States. *The New York Times*. https://archive.nytimes.com/www.nytimes.com/interactive/2013/02/04/science/girls-lead-in-science-exam-but-not-in-the-united-states.html

Falk, C. F., Heine, S. J., Yuki, M., & Takemura, K. (2009). Why do Westerners self-enhance more than East Asians? *European Journal of Personality, 23*, 183–203.

Falk, E. B., Hyde, L. W., Mitchell, C., Faul, J., Gonzalez, R., Heitzeg, M. M., Keating, D. P., Langa, K. M., Martz, M. E., Maslowsky, J., Morrison, F. J., Noll, D. C., Patrick, M. E., Pfeffer, F. T., Reuter-Lorenz, P. A., Thomason, M. E., Davis-Kean, P., Monk, C. D., & Schulenberg, J. (2013). What is a representative brain? Neuroscience meets population science. *PNAS, 110*, 17615–17622.

Falkenström, F., Kuria, M., Othieno, C., & Kumar, M. (2019). Working alliance predicts symptomatic improvement in public hospital–delivered psychotherapy in Nairobi, Kenya. *Journal of Consulting and Clinical Psychology, 87*, 46–55.

Falkner, A. L., Grosenick, L., Davidson, T. J., Deisseroth, K., & Lin, D. (2016). Hypothalamic control of male aggression-seeking behavior. *Nature Neuroscience, 19*, 596–604.

Fan, S. P., Liberman, Z., Keysar, B., & Kinzler, K. D. (2015). The exposure advantage: Early exposure to a multilingual environment promotes effective communication. *Psychological Science, 26*, 1090–1097.

Fan, W., & Williams, C. (2018). The mediating role of student motivation in the linking of perceived school climate and academic achievement in reading and mathematics. *Frontiers in Education, 3*, 50.

Fang, Z., Spaeth, A. M., Ma, N., Zhu, S., Hu, S., Goel, N., Detre, J. A., Dinges, D. F., & Rao, H. (2015). Altered salience network connectivity predicts macronutrient intake after sleep deprivation. *Scientific Reports, 5*, Article 8215.

Fanti, K. A., Vanman, E., Henrich, C. C., & Avraamides, M. N. (2009). Desensitization to media violence over a short period of time. *Aggressive Behavior, 35*, 179–187.

Farah, M. J. (2017). The neuroscience of socioeconomic status: Correlates, causes, and consequences. *Neuron, 96*, 56–71.

Farah, M. J., Rabinowitz, C., Quinn, G. E., & Liu, G. T. (2000). Early commitment of neural substrates for face recognition. *Cognitive Neuropsychology, 17*, 117–124.

Farb, N. A. S., Anderson, A. K., Mayberg, H., Bean, J., McKeon, D., & Segal, Z. V. (2010). Minding one's emotions: Mindfulness training alters the neural expression of sadness. *Emotion, 10*, 25–33.

Farina, A. (1982). The stigma of mental disorders. In A. G. Miller (Ed.), *In the eye of the beholder*. Praeger.

Farnia, V., Shakeri, J., Tatari, F., Juibari, T. A., Yazdchi, K., Bajoghli, H., Brand, S., Abdoli, N., & Aghaei, A. (2014). Randomized controlled trial of aripiprazole versus risperidone for the treatment of amphetamine-induced psychosis. *The American Journal of Drug and Alcohol Abuse, 40*, 10–15.

Farr, R. H. (2017). Does parental sexual orientation matter? A longitudinal follow-up of adoptive families with school-age children. *Developmental Psychology, 53*, 252–264.

Farr, R. H., Bruun, S. T., Doss, K. M., & Patterson, C. J. (2018). Children's gender-typed behavior from early to middle childhood in adoptive families with lesbian, gay, and heterosexual parents. *Sex Roles, 78*, 528–541.

Farrington, D. P. (1991). Antisocial personality from childhood to adulthood. *The Psychologist: Bulletin of the British Psychological Society, 4*, 389–394.

Farstad, S. M., McGeown, L. M., & von Ranson, K. M. (2016). Eating disorders and personality, 2004–2016: A systematic review and meta-analysis. *Clinical Psychology Review, 46*, 91–105.

Fatemi, S. H., & Folsom, T. D. (2009). The neurodevelopmental hypothesis of schizophrenia, revisted. *Schizophrenia Bulletin, 35*, 528–548.

Fattore, L. (2016). Synthetic cannabinoids—further evidence supporting the relationship between cannabinoids and psychosis. *Biological Psychiatry, 79*, 539–548.

Fazel, S., Langstrom, N., Hjern, A., Grann, M., & Lichtenstein, P. (2009). Schizophrenia, substance abuse, and violent crime. *JAMA, 301*, 2016–2023.

Fazel, S., Lichtenstein, P., Grann, M., Goodwin, G. M., & Långström, N. (2010). Bipolar disorder and violent crime: New evidence from population-based longitudinal studies and systematic review. *Archives of General Psychiatry, 67*, 931–938.

Fazio, L. K., Brashier, N. M., Payne, B. K., & Marsh, E. J. (2015). Knowledge does not protect against illusory truth. *Journal of Experimental Psychology: General, 144*, 993–1002.

FBI. (2019). *Hate crime statistics*. Retrieved from ucr.fbi.gov/hate-crime

Fecher, N., & Johnson, E. K. (2019). By 4.5 months, linguistic experience already affects infants' talker processing abilities. *Child Development, 90*, 1535–1543.

Fedorenko, E., Scott, T. L., Brunner, P., Coon, W. G., Pritchett, B., Schalk, G., & Kanwisher, N. (2016). Neural correlate of the construction of sentence meaning. *PNAS, 113*, E6256–E6262.

Fedotova, N. O., & Rozin, P. (2018). Contamination, association, or social communication: An examination of alternative accounts for contagion effects. *Judgment & Decision Making, 13*, 150–162.

Feeney, D. M. (1987). Human rights and animal welfare. *American Psychologist, 42*, 593–599.

Feigenson, L., Carey, S., & Spelke, E. (2002). Infants' discrimination of number vs. continuous extent. *Cognitive Psychology, 44*, 33–66.

Feinberg, A. Branton, R., & Martinez-Ebers, V. (2019, March 22). Counties that hosted a 2016 Trump rally saw a 226 percent increase in hate crimes. *The Washington Post* (washingtonpost.com).

Feinberg, M., Fang, R., Liu, S., & Peng, K. (2019). A world of blame to go around: Cross-cultural determinants of responsibility and punishment judgments. *Personality and Social Psychology Bulletin, 45,* 634–651.

Feinberg, M., Willer, R., Antonenko, O., & John, O. P. (2012). Liberating reason from the passions: Overriding intuitionist moral judgments through emotion reappraisal. *Psychological Science, 23,* 788–795.

Feinberg, M., Willer, R., & Schultz, M. (2014). Gossip and ostracism promote cooperation in groups. *Psychological Science, 25,* 656–664.

Feinberg, T. E., & Mallatt, J. (2016). The nature of primary consciousness: A new synthesis. *Consciousness and Cognition, 43,* 113–127.

Feingold, A. (1992). Good-looking people are not what we think. *Psychological Bulletin, 111,* 304–341.

Feingold, A., & Mazzella, R. (1998). Gender differences in body image are increasing. *Psychological Science, 9,* 190–195.

Feinstein, J. S., Buzza, C., Hurlemann, R., Follmer, R. L., Dahdaleh, N. S., Coryell, W. H., Welsh, M. J., Tranel, D., & Wemmie, J. A. (2013). Fear and panic in humans with bilateral amygdala damage. *Nature Neuroscience, 16,* 270–272.

Feinstein, J. S., Duff, M. C., & Tranel, D. (2010, April 27). Sustained experiences of emotion after loss of memory in patients with amnesia. *PNAS, 107,* 7674–7679.

Feldman, G., Farh, J. L., & Wong, K. F. E. (2018). Agency beliefs over time and across cultures: Free will beliefs predict higher job satisfaction. *Personality and Social Psychology Bulletin, 44,* 304–317.

Feldman, M. B., & Meyer, I. H. (2010). Comorbidity and age of onset of eating disorders in gay men, lesbians, and bisexuals. *Psychiatry Research, 180,* 126–131.

Feldman, R., Rosenthal, Z., & Eidelman, A. I. (2014). Maternal-preterm skin-to-skin contact enhances child physiologic organization and cognitive control across the first 10 years of life. *Biological Psychiatry, 75,* 56–64.

Fenigstein, A. (2015). Milgram's shock experiments and the Nazi perpetrators: A contrarian perspective on the role of obedience pressures during the Holocaust. *Theory and Psychology, 25,* 581–598.

Fenn, K. M., & Hambrick, D. Z. (2012). Individual differences in working memory capacity predict sleep-dependent memory consolidation. *Journal of Experimental Psychology: General, 141,* 404–410.

Fenton, W. S., & McGlashan, T. H. (1991). Natural history of schizophrenia subtypes: II. Positive and negative symptoms and long-term course. *Archives of General Psychiatry, 48,* 978–986.

Fenton, W. S., & McGlashan, T. H. (1994). Antecedents, symptom progression, and long-term outcome of the deficit syndrome in schizophrenia. *American Journal of Psychiatry, 151,* 351–356.

Ferguson, C. J. (2009, June 14). Not every child is secretly a genius. *The Chronicle Review.* https://www.chronicle.com/article/Not-Every-Child-Is-Secretly-a/48001

Ferguson, C. J. (2013a). Spanking, corporal punishment and negative long-term outcomes: A meta-analytic review of longitudinal studies. *Clinical Psychology Review, 33,* 196–208.

Ferguson, C. J. (2015). Do angry birds make for angry children? A meta-analysis of video game influences on children's and adolescents' aggression, mental health, prosocial behavior, and academic performance. *Perspectives on Psychological Science, 10,* 646–666.

Ferguson, C. J., Winegard, B., & Winegard, B. M. (2011). Who is the fairest one of all? How evolution guides peer and media influences on female body dissatisfaction. *Review of General Psychology, 15,* 11–28.

Ferguson, E. D. (1989). Adler's motivational theory: An historical perspective on belonging and the fundamental human striving. *Individual Psychology, 45,* 354–361.

Ferguson, E. D. (2001). Adler and Dreikurs: Cognitive-social dynamic innovators. *Journal of Individual Psychology, 57,* 324–341.

Ferguson, E. D. (2003). Social processes, personal goals, and their intertwining: Their importance in Adlerian theory and practice. *Journal of Individual Psychology, 59,* 136–144.

Ferguson, E. D. (2010). Editor's notes: Adler's innovative contributions regarding the need to belong. *Journal of Individual Psychology, 66,* 1–7.

Ferguson, M. J., & Zayas, V. (2009). Automatic evaluation. *Current Directions in Psychological Science, 18,* 362–366.

Fergusson, D. M., Boden, J. M., & Horwood, L. J. (2009). Tests of causal links between alcohol abuse or dependence and major depression. *Archives of General Psychiatry, 66,* 260–266.

Fernandes, M. A., Wammes, J. D., & Meade, M. E. (2018). The surprisingly powerful influence of drawing on memory. *Current Directions in Psychological Science, 27,* 302–308.

Fernández-Dols, J.-M., & Ruiz-Belda, M.-A. (1995). Are smiles a sign of happiness? Gold medal winners at the Olympic Games. *Journal of Personality and Social Psychology, 69,* 1113–1119.

Fernandez-Duque, E., Evans, J., Christian, C., & Hodges, S. D. (2015). Superfluous neuroscience information makes explanations of psychological phenomena more appealing. *Journal of Cognitive Neuroscience, 27,* 926–944.

Fernbach, P. M., Rogers, T., Fox, C. R., & Sloman, S. A. (2013). Political extremism is supported by an illusion of understanding. *Psychological Science, 24,* 939–946.

Fernie, G., Peeters, M., Gullo, M. J., Christianson, P., Cole, J. C., Sumnall, H., & Field, M. (2013). Multiple behavioral impulsivity tasks predict prospective alcohol involvement in adolescents. *Addiction, 108,* 1916–1923.

Fernyhough, C. (2008). Getting Vygotskian about theory of mind: Mediation, dialogue, and the development of social understanding. *Developmental Review, 28,* 225–262.

Ferrari, A. J., Charlson, F. J., Norman, R. E., Patten, S. B., Freedman, G., Murray, C. J. L., Vos, T., & Whiteford, H. A. (2013). Burden of depressive disorders by country, sex, age, and year: Findings from the Global Burden of Disease Study 2010. *PLOS Medicine, 10,* e1001547.

Ferrer, R. A., & Cohen, G. L. (2018). Reconceptualizing self-affirmation with the trigger and channel framework: Lessons from the health domain. *Personality and Social Psychology Review, 23*(3), 285–304.

Ferreri, L., Mas-Herrero, E., Zatorre, R. J., Ripollés, P., Gomez-Andres, A., Alicart, H., Olivé, G., Marco-Pallarés, J., Antonijoan, R. M., Valle, M., Riba, J., & Rodriguez-Fornells, A. (2019). Dopamine modulates the reward experiences elicited by music. *PNAS, 116,* 3793–3798.

Ferri, M., Amato, L., & Davoli, M. (2006). Alcoholics Anonymous and other 12-step programmes for alcohol dependence. *Cochrane Database of Systematic Reviews, 3,* Art. No. CD005032.

Ferriman, K., Lubinski, D., & Benbow, C. P. (2009). Work preferences, life values, and personal views of top math/science graduate students and the profoundly gifted: Developmental changes and gender differences during emerging adulthood and parenthood. *Journal of Personality and Social Psychology, 97,* 517–522.

Ferris, C. F. (1996, March). The rage of innocents. *The Sciences,* pp. 22–26.

Festinger, L. (1957). *A theory of cognitive dissonance.* Stanford University Press.

Fetterman, A. K., Wilkowski, B. M., & Robinson, M. D. (2018). On feeling warm and being warm: Daily perceptions of physical warmth fluctuate with interpersonal warmth. *Social Psychological and Personality Science, 9,* 560–567.

Fetterolf, J. (2017, March 7). *In many countries, at least four-in-ten in the labor force are women.* Pew Research Center. https://www.pewresearch.org/fact-tank/2017/03/07/in-many-countries-at-least-four-in-ten-in-the-labor-force-are-women/

Fetvadjiev, V. H., & He, J. (2019). The longitudinal links of personality traits, values, and well-being and self-esteem: A five-wave study of a nationally representative sample. *Journal of Personality and Social Psychology, 117,* 448–464.

Fetvadjiev, V. H., Meiring, D., van de Vijver, F. J., Nel, J. A., Sekaja, L., & Laher, S. (2017). Personality and behavior prediction and consistency across cultures: A multimethod study of Blacks and Whites in South Africa. *Journal of Personality and Social Psychology, 114,* 465–481.

Fichter, M. M., & Quadflieg, N. (2016). Mortality in eating disorders—results of a large prospective clinical longitudinal study. *International Journal of Eating Disorders, 49,* 391–401.

Fiedler, F. E. (1981). Leadership effectiveness. *American Behavioral Scientist, 24,* 619–632.

Fiedler, F. E. (1987, September). When to lead, when to stand back. *Psychology Today,* pp. 26–27.

Field, A. P. (2006). Is conditioning a useful framework for understanding the development and treatment of phobias? *Clinical Psychology Review, 26,* 857–875.

Field, T., Diego, M., & Hernandez-Reif, M. (2007). Massage therapy research. *Developmental Review, 27,* 75–89.

Field, T., Hernandez-Reif, M., Feijo, L., & Freedman, J. (2006). Prenatal, perinatal and neonatal stimulation: A survey of neonatal nurseries. *Infant Behavior & Development, 29,* 24–31.

Fielder, R. L., Walsh, J. L., Carey, K. B., & Carey, M. P. (2013). Predictors of sexual hookups: A theory-based, prospective study of first-year college women. *Archives of Sexual Behavior, 42,* 1425–1441.

Fields, R. D. (2004, April). The other half of the brain. *Scientific American,* pp. 54–61.

Fields, R. D. (2005). Making memories stick. *Scientific American, 292,* 74–81.

Fields, R. D. (2008, March). White matter matters. *Scientific American,* pp. 54–61.

Fields, R. D. (2011, May/June). The hidden brain. *Scientific American,* pp. 53–59.

Fields, R. D. (2013). Neuroscience: Map the other brain. *Nature, 501,* 25–27.

Fields, R. D. (2019, May). The roots of human aggression. *Scientific American,* pp. 65–71.

Fincham, F. D., & Bradbury, T. N. (1993). Marital satisfaction, depression, and attributions: A longitudinal analysis. *Journal of Personality and Social Psychology, 64,* 442–452.

Finer, L. B., & Philbin, J. M. (2014). Trends in ages at key reproductive transitions in the United States, 1951–2010. *Women's Health Issues, 24,* e271–279.

Fingerman, K. L., & Charles, S. T. (2010). It takes two to tango: Why older people have the best relationships. *Current Directions in Psychological Science, 19,* 172–176.

Fink, A., Bay, J. U., Koschutnig, K., Prettenthaler, K., Rominger, C., Benedek, M., Papousek, I., Weiss, E. M., Seidel, A., & Memmert, D. (2019). Brain and soccer: Functional patterns of brain activity during the generation of creative moves in real soccer decision-making situations. *Human Brain Mapping*, 40, 755–764.

Fink, M. (2009). *Electroconvulsive therapy: A guide for professionals and their patients*. Oxford University Press.

Finkel, E. J. (2017). *The all-or-nothing marriage*. Dutton.

Finkel, E. J., DeWall, C. N., Slotter, E. B., McNulty, J. K., Pond, R. S., Jr., & Atkins, D. C. (2012a). Using I3 theory to clarify when dispositional aggressiveness predicts intimate partner violence perpetration. *Journal of Personality and Social Psychology*, 102, 533–549.

Finkel, E. J., & Eastwick, P. W. (2008). Speed-dating. *Current Directions in Psychological Science*, 17, 193–197.

Finkel, E. J., & Eastwick, P. W. (2009). Arbitrary social norms influence sex differences in romantic selectivity. *Psychological Science*, 20, 1290–1295.

Finkel, E. J., Eastwick, P. W., Karney, B. R., Reis, H. T., & Sprecher, S. (2012b, September/October). Dating in a digital world. *Scientific American Mind*, pp. 26–33.

Finkenauer, C., Buyukcan-Tetik, A., Baumeister, R. F., Schoemaker, K., Bartels, M., & Vohs, K. D. (2015). Out of control: Identifying the role of self-control strength in family violence. *Current Directions in Psychological Science*, 24, 261–266.

Finlay, S. W. (2000). Influence of Carl Jung and William James on the origin of alcoholics anonymous. *Review of General Psychology*, 4, 3–12.

Finnigan, K. M., & Vazire, S. (2018). The incremental validity of average state self-reports over global self-reports of personality. *Journal of Personality and Social Psychology*, 115, 321–337.

Fiore, M. C., Jaén, C. R., Baker, T. B., Bailey, W. C., Benowitz, N. L., Curry, S. J., Dorfman, S. F., Froelicher, E. S., Goldstein, M. G., Healton, C. G., Henderson, P. N., Heyman, R. B., Koh, H. K., Kottke, T. E., Lando, H. A., Mecklenburg, R. E., Mullen, P. D., Orleans, C. T., Robinson, L., . . . Wewers, M. E. (2008). *Treating tobacco use and dependence: 2008 update. Clinical practice guideline*. U.S. Department of Health and Human Services, Public Health Service.

Firsov, M. L. (2019). Perspectives for the optogenetic prosthetization of the retina. *Neuroscience and Behavioral Physiology*, 49, 192–194.

Firth, J., Torous, J., Nicholas, J., Carney, R., Pratap, A., Rosenbaum, S., & Sarris, J. (2017a). The efficacy of smartphone-based mental health interventions for depressive symptoms: A meta-analysis of randomized controlled trials. *World Psychiatry*, 16, 287–298.

Firth, J., Torous, J., Nicholas, J., Carney, R., Rosenbaum, S., & Sarris, J. (2017b). Can smartphone mental health interventions reduce symptoms of anxiety? A meta-analysis of randomized controlled trials. *Journal of Affective Disorders*, 218, 15–22.

Fischer, A., & LaFrance, M. (2015). What drives the smile and the tear: Why women are more emotionally expressive than men. *Emotion Review*, 7, 22–29.

Fischer, P., & Greitemeyer, T. (2006). Music and aggression: The impact of sexual-aggressive song lyrics on aggression-related thoughts, emotions, and behavior toward the same and the opposite sex. *Personality and Social Psychology Bulletin*, 32, 1165–1176.

Fischer, P., Greitemeyer, T., Kastenmüller, A., Vogrincic, C., & Sauer, A. (2011). The effects of risk-glorifying media exposure on risk-positive cognitions, emotions, and behaviors: A meta-analytic review. *Psychological Bulletin*, 137, 367–390.

Fischer, R., & Boer, D. (2011). What is more important for national well-being: money or autonomy? A meta-analysis of well-being, burnout, and anxiety across 63 societies. *Journal of Personality and Social Psychology*, 101, 164–184.

Fischetti, M. (2014). Sleeping through high school. *Scientific American*, 311, 27.

Fischhoff, B. (1982). Debiasing. In D. Kahneman, P. Slovic, & A. Tversky (Eds.), *Judgment under uncertainty: Heuristics and biases*. Cambridge University Press.

Fischhoff, B., Slovic, P., & Lichtenstein, S. (1977). Knowing with certainty: The appropriateness of extreme confidence. *Journal of Experimental Psychology: Human Perception and Performance*, 3, 552–564.

Fishbach, A., Dhar, R., & Zhang, Y. (2006). Subgoals as substitutes or complements: The role of goal accessibility. *Journal of Personality and Social Psychology*, 91, 232–242.

Fisher, H. E. (1993, March/April). After all, maybe it's biology. *Psychology Today*, pp. 40–45.

Fisher, H. T. (1984). Little Albert and Little Peter. *Bulletin of the British Psychological Society*, 37, 269.

Fisher, M., & Keil, F. C. (2018). The binary bias: A systematic distortion in the integration of information. *Psychological Science*, 29, 1846–1858.

Fiske, S. T. (2018). Stereotype content: Warmth and competence endure. *Current Directions in Psychological Science*, 27, 67–73.

Fitz, N., Kushlev, K., Jagannathan, R., Lewis, T., Paliwal, D., & Ariely, D. (2019). Batching smartphone notifications can improve well-being. *Computers in Human Behavior*, 101, 84–94.

Fitzgerald, R. J., & Price, H. L. (2015). Eyewitness identification across the life span: A meta-analysis of age differences. *Psychological Bulletin*, 141, 1228–1265.

Flack, W. F. (2006). Peripheral feedback effects of facial expressions, bodily postures, and vocal expressions on emotional feelings. *Cognition and Emotion*, 20, 177–195.

Flagg, A. (2018, March 30). The myth of the criminal immigrant. *The New York Times*. https://www.nytimes.com/interactive/2018/03/30/upshot/crime-immigration-myth.html?

Flagg, A. (2019, May 13). Is there a connection between undocumented immigrants and crime? *The New York Times*. https://www.nytimes.com/2019/05/13/upshot/illegal-immigration-crime-rates-research.html?

Flaherty, D. K. (2011). The vaccine-autism connection: A public health crisis caused by unethical medical practices and fraudulent science. *Annals of Pharmacotherapy*, 45, 1302–1304.

Flegal, K. M., Carroll, M. D., Kit, B. K., & Ogden, C. L. (2012). Prevalence of obesity and trends in the distribution of body mass index among US adults, 1999–2010. *JAMA*, 307, 491–497.

Flegal, K. M., Carroll, M. D., Ogden, C. L., & Curtin, L. R. (2010). Prevalence and trends in obesity among US adults, 1999–2008. *JAMA*, 303, 235–241.

Flegal, K. M., Kruszon-Moran, D., Carroll, M. D., Fryar, C. D., & Ogden, C. L. (2016). Trends in obesity among adults in the United States, 2005 to 2014. *JAMA*, 315, 2284–2291.

Flegenheimer, M. (2018). Beto O'Rourke dreams of one Texas. Ted Cruz sees another clearly. *The New York Times*. https://www.nytimes.com/2018/08/31/us/politics/beto-orourke-dreams-of-one-texas-ted-cruz-sees-another-clearly.html

Fleming, I., Baum, A., & Weiss, L. (1987). Social density and perceived control as mediator of crowding stress in high-density residential neighborhoods. *Journal of Personality and Social Psychology*, 52, 899–906.

Fletcher, G. J. O., Fitness, J., & Blampied, N. M. (1990). The link between attributions and happiness in close relationships: The roles of depression and explanatory style. *Journal of Social and Clinical Psychology*, 9, 243–255.

Flinker, A., Korzeniewska, A., Shestyuk, A. Y., Franaszczuk, P. J., Dronkers, N. F., Knight, R. T., & Crone, N. E. (2015). Redefining the role of Broca's area in speech. *PNAS*, 112, 2871–2875.

Flora, S. R. (2004). *The power of reinforcement*. SUNY Press.

Flora, S. R., & Bobby, S. E. (2008, September/October). The bipolar bamboozle. *Skeptical Inquirer*, pp. 41–45.

Flore, P. C., Mulder, J., & Wicherts, J. M. (2019). The influence of gender stereotype threat on mathematics test scores of Dutch high school students: a registered report. *Comprehensive Results in Social Psychology*. https://www.tandfonline.com/doi/full/10.1080/23743603.2018.1559647?scroll=top&needAccess=true

Flore, P. C., & Wicherts, J. M. (2015). Does stereotype threat influence performance of girls in stereotyped domains? A meta-analysis. *Journal of School Psychology*, 53, 25–44.

Floud, R., Fogel, R. W., Harris, B., & Hong, S. C. (2011). *The changing body: Health, nutrition, and human development in the western world since 1700*. Cambridge University Press.

Flouri, E., & Buchanan, A. (2004). Early father's and mother's involvement and child's later educational outcomes. *British Journal of Educational Psychology*, 74, 141–153.

Flueckiger, L., Lieb, R., Meyer, A., Witthauer, C., & Mata, J. (2016). The importance of physical activity and sleep for affect on stressful days: Two intensive longitudinal studies. *Emotion*, 16, 488–497.

Flynn, J. R. (1987). Massive IQ gains in 14 nations: What IQ tests really measure. *Psychological Bulletin*, 101, 171–191.

Flynn, J. R. (2009). Requiem for nutrition as the cause of IQ gains: Raven's gains in Britain 1938–2008. *Economics and Human Biology*, 7, 18–27.

Flynn, J. R. (2012). *Are we getting smarter? Rising IQ in the twenty-first century*. Cambridge University Press.

Flynn, J. R. (2018). Reflections about intelligence over 40 years. *Intelligence*, 70, 73–83.

Flynn, M. (2018, November 5). 'I wanted him to feel compassion': The Jewish nurse who treated the synagogue shooting suspect tells his story. *The Washington Post* (washingtonpost.com).

Foa, E. B., & Kozak, M. J. (1986). Emotional processing of fear: Exposure to corrective information. *Psychological Bulletin*, 99, 20–35.

Fodor, J. D. (1999). Let your brain alone. *London Review of Books*, 21.

Foell, J., Palumbo, I. M., Yancey, J. R., Vizueta, N., Demirakca, T., & Patrick, C. J. (2019). Biobehavioral threat sensitivity and amygdala volume: A twin neuroimaging study. *NeuroImage*, 186, 14–21.

Foer, J. (2011). *Moonwalking with Einstein: The art and science of remembering everything*. Penguin.

Foley, M. A. (2015). Setting the records straight: Impossible memories and the persistence of their phenomenological qualities. *Review of General Psychology*, 19, 230–248.

Foley, R. T., Whitwell, R. L., & Goodale, M. A. (2015). The two-visual-systems hypothesis and the perspectival features of visual experience. *Consciousness and Cognition*, 35, 225–233.

Fong, C. J., Zaleski, D. J., & Leach, J. K. (2015). The challenge–skill balance and antecedents of flow: A meta-analytic investigation. *Journal of Positive Psychology*, 10, 425–446.

Fong, K., & Mar, R. A. (2015). What does my avatar say about me? Inferring personality from avatars. *Personality and Social Psychology Bulletin*, 41, 237–249.

Forbes, L., Graham, J., Berglund, C., & Bell, R. (2018). Dietary change during pregnancy and women's reasons for change. *Nutrients*, 10, 1032.

Forbes, M. K., Eaton, N. R., & Krueger, R. F. (2017). Sexual quality of life and aging: A prospective study of a nationally representative sample. *Journal of Sex Research*, 54, 137–148.

Ford, E. S. (2002). Does exercise reduce inflammation? Physical activity and B-reactive protein among U.S. adults. *Epidemiology*, 13, 561–569.

Ford, M. T., Cerasoli, C. P., Higgins, J. A., & Deccesare, A. L. (2011). Relationships between psychological, physical, and behavioural health and work performance: A review and meta-analysis. *Work & Stress*, 25, 185–204.

Foree, D. D., & LoLordo, V. M. (1973). Attention in the pigeon: Differential effects of food-getting versus shock-avoidance procedures. *Journal of Comparative and Physiological Psychology*, 85, 551–558.

Forest, A. L., Kille, D. R, Wood, J. V., & Stehouwer, L. R. (2015). Turbulent times, rocky relationships: Relational consequences of experiencing physical instability. *Psychological Science*, 26, 1261–1271.

Forgas, J. (2017, May 14). Why bad moods are good for you: The surprising benefits of sadness. The Conversation. https://theconversation.com/why-bad-moods-are-good-for-you-the-surprising-benefits-of-sadness-75402

Forgas, J. P. (2008). Affect and cognition. *Perspectives on Psychological Science*, 3, 94–101.

Forgas, J. P. (2009, November/December). Think negative! *Australian Science*, pp. 14–17.

Forgas, J. P. (2013). Don't worry, be sad! On the cognitive, motivational, and interpersonal benefits of negative mood. *Current Directions in Psychological Science*, 22, 225–232.

Forgas, J. P., Bower, G. H., & Krantz, S. E. (1984). The influence of mood on perceptions of social interactions. *Journal of Experimental Social Psychology*, 20, 497–513.

Forman, D. R., Aksan, N., & Kochanska, G. (2004). Toddlers' responsive imitation predicts preschool-age conscience. *Psychological Science*, 15, 699–704.

Forrin, N. D., & MacLeod, C. M. (2018). This time it's personal: The memory benefit of hearing oneself. *Memory*, 26, 574–579.

Forscher, P. S., Lai, C. K., Axt, J. R., Ebersole, C. R., Herman, M., Devine, P. G., & Nosek, B. A. (2019). A meta-analysis of procedures to change implicit measures. *Journal of Personality and Social Psychology*, 117, 522–559.

Forster, S., & Spence, C. (2018). "What smell?" Temporarily loading visual attention induces a prolonged loss of olfactory awareness. *Psychological Science*, 29, 1642–1652.

Forsyth, D. R., Lawrence, N. K., Burnette, J. L., & Baumeister, R. F. (2007). Attempting to improve academic performance of struggling college students by bolstering their self-esteem: An intervention that backfired. *Journal of Social and Clinical Psychology*, 26, 447–459.

Foss, D. J., & Hakes, D. T. (1978). *Psycholinguistics: An introduction to the psychology of language*. Prentice-Hall.

Foss, D. J., & Pirozzolo, J. W. (2017). Four semesters investigating frequency of testing, the testing effect, and transfer of training. *Journal of Educational Psychology*, 109, 1067.

Foss, R. D., Smith, R. L., & O'Brien, N. P. (2019). School start times and teenage driver motor vehicle crashes. *Accident Analysis & Prevention*, 126, 54–63.

Fothergill, E., Guo, J., Howard, L., Kerns, J. C., Knuth, J. D., Brychta, R., Chen, K. Y., Skarulis, M. C., Walter, M., Walter, P. J., & Hall, K. D. (2016). Persistent metabolic adaptation 6 years after "The Biggest Loser" competition. *Obesity*, 24, 1612–1619.

Foubert, J. D., Brosi, M. W., & Bannon, R. S. (2011). Pornography viewing among fraternity men: Effects on bystander intervention, rape myth acceptance, and behavioral intent to commit sexual assault. *Sexual Addiction & Compulsivity*, 18, 212–231.

Foulk, T. A., Lanaj, K., & Krishnan, S. (2019). The virtuous cycle of daily motivation: Effects of daily strivings on work behaviors, need satisfaction, and next-day strivings. *Journal of Applied Psychology*, 104, 755–775.

Foulkes, D. (1999). *Children's dreaming and the development of consciousness*. Harvard University Press.

Fournier, J. C., DeRubeis, R. J., Hollon, S. D., Dimidjian, S., Amsterdam, J. D., Shelton, R. C., & Fawcett, J. (2010). Antidepressant drug effects and depression severity: A patient-level meta-analysis. *Journal of the American Medical Association*, 303, 47–53.

Fowles, D. C. (1992). Schizophrenia: Diathesis-stress revisited. *Annual Review of Psychology*, 43, 303–336.

Fowles, D. C., & Dindo, L. (2009). Temperament and psychopathy: A dual-pathway model. *Current Directions in Psychological Science*, 18, 179–183.

Fox, A. S., Oler, J. A., Shackman, A. J., Shelton, S. E., Raveendran, M., McKay, D. R., Converse, A. K., Alexander, A., Davidson, R. J., Blangero, J., Rogers, J., & Kalin, N. H. (2015). Intergenerational neural mediators of early-life anxious temperament. *PNAS*, 112, 9118–9122.

Fox, B., & DeLisi, M. (2019). Psychopathic killers: A meta-analytic review of the psychopathy-homicide nexus. *Aggression and Violent Behavior*, 44, 67–79.

Fox, D. (2010, June). The insanity virus. *Discover*, pp. 58–64.

Fox, J. A., & Fridel, E. E. (2018). The menace of school shootings in America. In H. Shapiro (Ed.) *The Wiley Handbook on Violence in Education: Forms, Factors, and Preventions* (pp. 15–35). John Wiley & Sons.

Fox, K. C. R., Nijeboer, S., Solomonova, E., Domhoff, G. W., & Christoff, K. (2013). Dreaming as mind wandering: Evidence from functional neuroimaging and first-person content reports. *Frontiers in Human Neuroscience*, 7, 412.

Fox, M. L., Dwyer, D. J., & Ganster, D. C. (1993). Effects of stressful job demands and control on physiological and attitudinal outcomes in a hospital setting. *Academy of Management Journal*, 36, 289–318.

Fox, N. A., Bakermans-Kranenburg, M., Yoo, K. H., Bowman, L. C., Cannon, E. N., Vanderwert, R. E., Ferrari, P. F., & van IJzendoorn, M. H. (2016). Assessing human mirror activity with EEG mu rhythm: A meta-analysis. *Psychological Bulletin*, 142, 291–313.

Fozard, J. L., & Popkin, S. J. (1978). Optimizing adult development: Ends and means of an applied psychology of aging. *American Psychologist*, 33, 975–989.

Fragaszy, D. M., Eshchar, Y., Visalberghi, E., Resende, B., Laity, K., & Izar, P. (2017). Synchronized practice helps bearded capuchin monkeys learn to extend attention while learning a tradition. *PNAS*, 114, 7798–7805.

Fraley, R. C., Roisman, G. I., Booth-LaForce, C., Owen, M. T., & Holland, A. S. (2013). Interpersonal and genetic origins of adult attachment styles: A longitudinal study from infancy to early adulthood. *Journal of Personality and Social Psychology*, 104, 817–838.

Fraley, R. C., & Tancredy, C. M. (2012). Twin and sibling attachment in a nationally representative sample. *Personality and Social Psychology Bulletin*, 38, 308–316.

Fraley, R. C., Vicary, A. M., Brumbaugh, C. C., & Roisman, G. I. (2011). Patterns of stability in adult attachment: An empirical test of two models of continuity and change. *Journal of Personality and Social Psychology*, 101, 974–992.

Frances, A. J. (2013). *Saving normal: An insider's revolt against out-of-control psychiatric diagnosis, DSM-5, Big Pharma, and the medicalization of ordinary life*. HarperCollins.

Frances, A. J. (2014, September/October). No child left undiagnosed. *Psychology Today*, pp. 49–50.

Francis, A. L. (2018). The embodied theory of stress: A constructionist perspective on the experience of stress. *Review of General Psychology*, 22, 398–405.

Frank, J. D. (1982). Therapeutic components shared by all psychotherapies. In J. H. Harvey & M. M. Parks (Eds.), *The Master Lecture Series: Vol. 1. Psychotherapy research and behavior change*. American Psychological Association.

Frank, M., Braginsky, M., Marchman, V., & Yurovsky, D. (2019). Chapter 8, Consistency in early vocabulary comprehension, in *Variability and consistency in early language learning*. The Wordbank Project. https://langcog.github.io/wordbank-book/items-consistency.html

Frankel, A., Strange, D. R., & Schoonover, R. (1983). CRAP: Consumer rated assessment procedure. In G. H. Scherr & R. Liebmann-Smith (Eds.), *The best of The Journal of Irreproducible Results*. Workman.

Frankenburg, W., Dodds, J., Archer, P., Shapiro, H., & Bresnick, B. (1992). The Denver II: A major revision and restandardization of the Denver Developmental Screening Test. *Pediatrics*, 89, 91–97.

Frankl, V. E. (1962). *Man's search for meaning: An introduction to logotherapy*. Beacon Press.

Franklin, J. C., Ribeiro, J. D., Fox, K. R., Bentley, K. H., Kleiman, E. M., Huang, X., Musacchio, K. M., Jaroszewski, A. C., Chang, B. P., & Nock, M. K. (2017). Risk factors for suicidal thoughts and behaviors: A meta-analysis of 50 years of research. *Psychological Bulletin*, 143, 187–232.

Franklin, M., & Foa, E. B. (2011). Treatment of obsessive-compulsive disorder. *Annual Review of Clinical Psychology*, 7, 229–243.

Franklin, R. G., Adams, R. B., Steiner, T. G., Zebrowitz, L. A. (2019). Reading the lines in the face: The contribution of angularity and roundness to perceptions of facial anger and joy. *Emotion*, 19(2), 209–218.

Franz, E. A., Waldie, K. E., & Smith, M. J. (2000). The effect of callosotomy on novel versus familiar bimanual actions: A neural dissociation between controlled and automatic processes? *Psychological Science*, 11, 82–85.

Fraser, M. A., Shaw, M. E., & Cherubin, N. (2015). A systematic review and meta-analysis of longitudinal hippocampal atrophy in healthy human ageing. *NeuroImage*, 112, 364–374.

Frassanito, P., & Pettorini, B. (2008). Pink and blue: The color of gender. *Child's Nervous System*, 24, 881–882.

Frasure-Smith, N., & Lesperance, F. (2005). Depression and coronary heart disease: Complex synergism of mind, body, and environment. *Current Directions in Psychological Science*, 14, 39–43.

Frattaroli, J. (2006). Experimental disclosure and its moderators: A meta-analysis. *Psychological Bulletin*, 132, 823–865.

Frederick, S. (2005). Cognitive reflection and decision making. *Journal of Economic Perspectives*, 4, 25–42.

Fredrickson, B. L. (2013). Updated thinking on positivity ratios. *American Psychologist*, 68, 814–822.

Freedman, D. H. (2011, February). How to fix the obesity crisis. *Scientific American*, pp. 40–47.

Freedman, D. J., Riesenhuber, M., Poggio, T., & Miller, E. K. (2001). Categorical representation of visual stimuli in the primate prefrontal cortex. *Science*, 291, 312–316.

Freedman, J. L., & Fraser, S. C. (1966). Compliance without pressure: The foot-in-the-door technique.

Freedman, J. L., & Perlick, D. (1979). Crowding, contagion, and laughter. *Journal of Experimental Social Psychology, 15,* 295–303.

Freedman, L. R., Rock, D., Roberts, S. A., Cornblatt, B. A., & Erlenmeyer-Kimling, L. (1998). The New York high-risk project: Attention, anhedonia and social outcome. *Schizophrenia Research, 30,* 1–9.

Freedman, R., Lewis, D. A., Michels, R., Pine, D. S., Schultz, S. K., Tamminga, C. A., Gabbard, G. O., Gau, S. S., Javitt, D. C., Oquendo, M. A., Shrout, P. E., Vieta, E., & Yager, J. (2013). The initial field trials of DSM-5: New blooms and old thorns. *American Journal of Psychiatry, 170,* 1–5.

Freeman, D., & Freeman, J. (2013). *The stressed sex: Uncovering the truth about men, women, and mental health.* Oxford University Press.

Freeman, D., Haselton, P., Freeman, J., Spanlang, B., Kishore, S., Albery, E., Denne, M., Brown, P., Slater, M., & Nickless, A. (2018). Automated psychological therapy using immersive virtual reality for treatment of fear of heights: A single-blind, parallel-group, randomised controlled trial. *The Lancet Psychiatry, 5,* 625–632.

Freeman, E. C., & Twenge, J. M. (2010, January). *Using MySpace increases the endorsement of narcissistic personality traits* [Poster]. Presented at the annual conference of the Society for Personality and Social Psychology, Las Vegas, NV.

Freeman, S., Eddy, S. L., McDonough, M., Smith, M. K., Okoroafor, N., Jordt, H., & Wenderoth, M. P. (2014). Active learning increases student performance in science, engineering, and mathematics. *PNAS, 111,* 8410–8415.

Freeman, W. J. (1991, February). The physiology of perception. *Scientific American,* pp. 78–85.

Frenda, S. J., Patihis, L., Loftus, E. F., Lewis, H. C., & Fenn, K. M. (2014). Sleep deprivation and false memories. *Clinical Psychological Science, 25,* 1674–1681.

Freud, S. (1897, October 15). Letter of Freud to Fleiss. In J. M. Masson (Ed.) (1985), *The complete letters of Sigmund Freud to Wilhelm Fleiss, 1887–1904.* Harvard University Press.

Freud, S. (1935: reprinted 1960). *A general introduction to psychoanalysis.* Washington Square Press.

Frey, M. C., & Detterman, D. K. (2004). Scholastic assessment or g? The relationship between the Scholastic Assessment Test and general cognitive ability. *Psychological Science, 15,* 373–378.

Freyd, J. J., DePrince, A. P., & Gleaves, D. H. (2007). The state of betrayal trauma theory: Reply to McNally—Conceptual issues and future directions. *Memory, 15,* 295–311.

Fried, E. I., Eidhof, M. B., Palic, S., Costantini, G., Huisman-van Dijk, H. M., Bockting, C. L. H., Engelhard, I., Armour, C., Nielsen, A. B., & Karstoft, K.-I. (2018). Replicability and generalizability of posttraumatic stress disorder (PTSD) networks: A cross-cultural multisite study of PTSD symptoms in four trauma patient samples. *Clinical Psychological Science, 6,* 335–351.

Friedel, J. E., DeHart, W. B., Madden, G. J., & Odum, A. L. (2014). Impulsivity and cigarette smoking: Discounting of monetary and consumable outcomes in current and non-smokers. *Psychopharmacology, 231,* 4517–4526.

Friedman, H. S., & Martin, L. R. (2012). *The longevity project.* Penguin (Plume).

Friedman, M., & Ulmer, D. (1984). *Treating Type A behavior—and your heart.* Knopf.

Friedman, R., & James, J. W. (2008). The myth of the stages of dying, death and grief. *Skeptic, 14,* 37–41.

Friedman, R. A. (2017, October 11). Psychiatrists can't stop mass killers. *The New York Times.* https://www.nytimes.com/2017/10/11/opinion/psychiatrists-mass-killers.html?

Friedrich, M., Wilhelm, I., Born, J., & Friederici, A. D. (2015). Generalization of word meanings during infant sleep. *Nature Communications, 6,* Article 6004.

Friend, T. (2004). *Animal talk: Breaking the codes of animal language.* Free Press.

Friesen, J. P., Campbell, T. H., & Kay, A. C. (2015). The psychological advantage of unfalsifiability: The appeal of untestable religious and political ideologies. *Journal of Personality and Social Psychology, 108,* 515–529.

Frimer, J. A., Brandt, M. J., Melton, Z., & Motyl, M. (2019). Extremists on the left and right use angry, negative language. *Personality and Social Psychology Bulletin, 45,* 1216–1231.

Frisell, T., Pawitan, Y., Långström, N., & Lichtenstein, P. (2012). Heritability, assortative mating and gender differences in violent crime: Results from a total population sample using twin, adoption, and sibling models. *Behavior Genetics, 42,* 3–18.

Frith, U., & Frith, C. (2001). The biological basis of social interaction. *Current Directions in Psychological Science, 10,* 151–155.

Frithsen, A., Stark, S. M., & Stark, C. E. (2019). Response bias, recollection, and familiarity in individuals with Highly Superior Autobiographical Memory (HSAM). *Memory, 27,* 739–749.

Fritz, C., Curtin, J., Poitevineau, J., & Tao, F.-C. (2017). Listener evaluations of new and Old Italian violins. *PNAS, 114,* 5395–5400.

Fritz, N., & Paul, B. (2018). From orgasms to spanking: A content analysis of the agentic and objectifying sexual scripts in feminist, for women, and mainstream pornography. *Sex Roles, 77,* 639–652.

Fromkin, V., & Rodman, R. (1983). *An introduction to language* (3rd ed.). Holt, Rinehart & Winston.

Frühauf, S., Gerger, H., Schmidt, H. M., Munder, T., & Barth, J. (2013). Efficacy of psychological interventions for sexual dysfunction: A systematic review and meta-analysis. *Archives of Sexual Behavior, 42,* 915–933.

Fry, A. F., & Hale, S. (1996). Processing speed, working memory, and fluid intelligence: Evidence for a developmental cascade. *Psychological Science, 7,* 237–241.

Fry, D. P. (2012). Life without war. *Science, 336,* 879–884.

Fry, R. (2017, May 5). *It's becoming more common for young adults to live at home—and for longer stretches.* Pew Research Center. https://www.pewresearch.org/fact-tank/2017/05/05/its-becoming-more-common-for-young-adults-to-live-at-home-and-for-longer-stretches/

Fu, A., & Markus, H. R. (2014). My mother and me: Why tiger mothers motivate Asian Americans but not European Americans. *Personality and Social Psychology Bulletin, 40,* 739–749.

Fuhrmann, D., Knoll, L. J., & Blakemore, S. J. (2015). Adolescence as a sensitive period of brain development. *Trends in Cognitive Sciences, 19,* 558–566.

Fuller-Thomson, E., Agbeyaka, S., LaFond, D. M., & Bern-Klug, M. (2016). Flourishing after depression: Factors associated with achieving complete mental health among those with a history of depression. *Psychiatry Research, 242,* 111–120.

Fulmer, C. A., Gelfand, M. J., Kruglanski, A. W., Kim-Prieto, C., Diener, E., Pierro, A., & Higgins, E. T. (2010). On "feeling right" in cultural contexts: How person–culture match affects self-esteem and subjective well-being. *Psychological Science, 21,* 1563–1569.

Funder, D. C. (2001). Personality. *Annual Review of Psychology, 52,* 197–221.

Funder, D. C. (2009). Persons, behaviors and situations: An agenda for personality psychology in the postwar era. *Journal of Research in Personality, 43,* 155–162.

Funder, D. C., & Block, J. (1989). The role of ego-control, ego-resiliency, and IQ in delay of gratification in adolescence. *Journal of Personality and Social Psychology, 57,* 1041–1050.

Funk, C. (2019, February 6). *How highly religious Americans view evolution depends on how they're asked about it.* Pew Research Center. https://tinyurl.com/qszpfzc

Furnham, A. (1982). Explanations for unemployment in Britain. *European Journal of Social Psychology, 12,* 335–352.

Furnham, A. (2016). Whether you think you can, or you think you can't—you're right. In R. J. Sternberg, S. T. Fiske, & D. J. Foss (Eds.), *Scientists making a difference: One hundred eminent behavioral and brain scientists talk about their most important contributions.* Cambridge University Press.

Furnham, A. (2018). Myths and misconceptions in developmental and neuro-psychology. *Psychology, 9,* 249–259.

Furnham, A., & Baguma, P. (1994). Cross-cultural differences in the evaluation of male and female body shapes. *International Journal of Eating Disorders, 15,* 81–89.

Furr, R. M., & Funder, D. C. (1998). A multimodal analysis of personal negativity. *Journal of Personality and Social Psychology, 74,* 1580–1591.

Furukawa, T. A., Levine, S. Z., Tanaka, S., Goldberg, Y., Samara, M., Davis, J. M., Cipriani, A., & Leucht, S. (2015). Initial severity of schizophrenia and efficacy of antipsychotics: Participant-level meta-analysis of 6 placebo-controlled studies. *JAMA Psychiatry, 72,* 14–21.

Fuss, J., Steinle, J., Bindila, L., Auer, M. K., Kirchherr, H., Lutz, B., & Gass, P. (2015). A runner's high depends on cannabinoid receptors in mice. *PNAS, 112,* 13105–13108.

Futrell, R., Mahowald, K., & Gibson, E. (2015). Large-scale evidence of dependency length minimization in 37 languages. *PNAS, 112,* 10336–10341.

Gable, S. L., Hopper, E. A., & Schooler, J. W. (2019). When the muses strike: Creative ideas of physicists and writers routinely occur during mind wandering. *Psychological Science, 30,* 396–404.

Gaddy, M. A., & Ingram, R. E. (2014). A meta-analytic review of mood-congruent implicit memory in depressed mood. *Clinical Psychology Review, 34,* 402–416.

Gaertner, L., Iuzzini, J., & O'Mara, E. M. (2008). When rejection by one fosters aggression against many: Multiple-victim aggression as a consequence of social rejection and perceived groupness. *Journal of Experimental Social Psychology, 44,* 958–970.

Gage, S. (2019). Cannabis and psychosis: Triangulating the evidence. *The Lancet, 6,* 364–365.

Gaissmaier, W., & Gigerenzer, G. (2012). 9/11, Act II: A fine-grained analysis of regional variations in traffic fatalities in the aftermath of the terrorist attacks. *Psychological Science, 23,* 1449–1454.

Gaither, S. E., & Sommers, S. R. (2013). Living with another-race roommate shapes whites' behavior in subsequent diverse settings. *Journal of Experimental Social Psychology, 49,* 272–276.

Galambos, N. L. (1992). Parent–adolescent relations. *Current Directions in Psychological Science, 1,* 146–149.

Galanter, E. (1962). Contemporary psychophysics. In R. Brown, E. Galanter, E. H. Hess, & G. Mandler (Eds.), *New directions in psychology* (pp. 87–156). Holt, Rinehart & Winston.

Galanter, M. (2016). *What is Alcoholics Anonymous?* Oxford University Press.

Galati, D., Scherer, K. R., & Ricci-Bitti, P. E. (1997). Voluntary facial expression of emotion: Comparing congenitally blind with normally sighted encoders. *Journal of Personality and Social Psychology, 73,* 1363–1379.

Galatzer-Levy, I., Huang, S. H., & Bonanno, G. A. (2018). Trajectories of resilience and dysfunction following potential trauma: A review and statistical evaluation. *Clinical Psychology Review, 63,* 41–55.

Gale, C. R., Batty, G. D., & Deary, I. J. (2008). Locus of control at age 10 years and health outcomes and behaviors at age 30 years: The 1970 British Cohort Study. *Psychosomatic Medicine, 70,* 397–403.

Gale, N., Swaine, T., Morgan, H., Parkinson, V., Bagnall-Oakeley, R., Clarke, J., Williams, C., Ross, M., Keogh, B., Wilson, S., Singh, R., Reeves, A., Saddington, P., Calderwood, C., Mathers, N., Ruddle, A., Andersen-Warren, M., Stewart, J., Davis, D., & Pollecoff, M. (2017). *Memorandum of understanding on conversion therapy in the UK, Version 2* [PDF file]. https://www.psychotherapy.org.uk/wp-content/uploads/2017/10/UKCP-Memorandum-of-Understanding-on-Conversion-Therapy-in-the-UK.pdf

Galinsky, A. M., & Sonenstein, F. L. (2013). Relationship commitment, perceived equity, and sexual enjoyment among young adults in the United States. *Archives of Sexual Behavior, 42,* 93–104.

Galla, B. M., & Duckworth, A. L. (2015). More than resisting temptation: Beneficial habits mediate the relationship between self-control and positive life outcomes. *Journal of Personality and Social Psychology, 109,* 508–525.

Gallace, A. (2012). Living with touch. *Psychologist, 25,* 896–899.

Gallace, A., & Spence, C. (2011). To what extent do Gestalt grouping principles influence tactile perception? *Psychological Bulletin, 137,* 538–561.

Gallese, V., Gernsbacher, M. A., Heyes, C., Hickok, G., & Iacoboni, M. (2011). Mirror neuron forum. *Perspectives on Psychological Science, 6,* 369–407.

Gallo, W. T., Teng, H. M., Falba, T. A., Kasl, S. V., Krumholz, H. M., & Bradley, E. H. (2006). The impact of late career job loss on myocardial infarction and stroke: A 10-year follow up using the health and retirement survey. *Occupational and Environmental Medicine, 63,* 683–687.

Gallup, G. G., Jr., & Frederick, D. A. (2010). The science of sex appeal: An evolutionary perspective. *Review of General Psychology, 14,* 240–250.

Gallup, G. G., Jr., & Suarez, S. D. (1986). Self-awareness and the emergence of mind in humans and other primates. In J. Suls & A. G. Greenwald (Eds.), *Psychological perspectives on the self* (Vol. 3). Erlbaum.

Gallup, G. H. (1972). *The Gallup poll: Public opinion 1935–1971* (Vol. 3). Random House.

Gallup, G. H., Jr. (1994, October). Millions finding care and support in small groups. *Emerging Trends,* pp. 2–5.

Gallup. (2004, August 16). 65% of Americans receive NO praise or recognition in the workplace. E-mail from Tom Rath: bucketbook@gallup.com

Gallup. (2017). *State of the global workplace.* Gallup. https://www.gallup.com/workplace/238079/state-global-workplace-2017.aspx

Gallup. (2019). *Gallup global emotions report.* https://www.gallup.com/analytics/248906/gallup-global-emotions-report-2019.aspx

Gallup. (2019). *Illegal drugs.* Gallup News. https://news.gallup.com/poll/1657/illegal-drugs.aspx

Gallup. (2020, February 4). *Is working remotely effective? Gallup research says yes.* https://gallup.com/workplace/283985/working-remotely-effective-gallup-research-says-yes.aspx

Gampe, A., Wermelinger, S., & Daum, M. M. (2019). Bilingual children adapt to the needs of their communication partners, monolinguals do not. *Child Development, 90,* 98–107.

Gana, K., Broc, G., Saada, Y., Amieva, H., & Quintard, B. (2016). Subjective wellbeing and longevity: Findings from a 22-year cohort study. *Journal of Psychosomatic Research, 85,* 28–34.

Gandal, M. J., Haney, J. R., Parikshak, N. N., Leppa, V., Ramaswami, G., Hartl, C., Schork, A. J., Appadurai, V., Buil, A., Werge, T. M., Liu, C., White, K. P., CommonMind Consortium, PsychENCODE Consortium; iPSYCH-BROAD Working Group, Horvath, S., & Geschwind, D. H. (2018). Shared molecular neuropathology across major psychiatric disorders parallels polygenic overlap. *Science, 359,* 693–697.

Gandhi, A. V., Mosser, E. A., Oikonomou, G., & Prober, D. A. (2015). Melatonin is required for the circadian regulation of sleep. *Neuron, 85,* 1193–1199.

Gandhi, T. K., Ganesh, S., & Sinha, P. (2014). Improvement in spatial imagery following sight onset late in childhood. *Psychological Science, 25,* 693–701.

Gandhi, T. K., Singh, A. K., Swami, P., Ganesh, S., & Sinha, P. (2017). Emergence of categorical face perception after extended early-onset blindness. *PNAS, 114,* 6139–6143.

Gangestad, S. W., Thornhill, R., & Garver-Apgar, C. E. (2010). Men's facial masculinity predicts changes in their female partners' sexual interests across the ovulatory cycle, whereas men's intelligence does not. *Evolution and Human Behavior, 31,* 412–424.

Gangwisch, J. E., Babiss, L. A., Malaspina, D., Turner, J. B., Zammit, G. K., & Posner, K. (2010). Earlier parental set bedtimes as a protective factor against depression and suicidal ideation. *Sleep, 33,* 97–106.

Ganna, A., Verweij, K. J., Nivard, M. G., Maier, R., Wedow, R., Busch, A. S., Abdellaoui, A., Guo, S., Sathirapongsasuti, J. F., 23andMe Research Team, Lichtenstein, P., Lundström, S., Långström, N., Auton, A., Harris, K. M., Beecham, G. W., Martin, E. R., Sanders, A. R., Perry, J. R. B., Neale, B. M., & Zietsch, B. P. (2019). Large-scale GWAS reveals insights into the genetic architecture of same-sex sexual behavior. *Science, 365*(6456), eaat7693.

Ganzach, Y., & Patel, P. (2018). Wages, mental abilities and assessments in large scale international surveys: Still not much more than g. *Intelligence, 69,* 1–7.

Gao, Y., Raine, A., Venables, P. H., Dawson, M. E., & Mednick, S. A. (2010). Association of poor child fear conditioning and adult crime. *American Journal of Psychiatry, 167,* 56–60.

Garcia, J., & Gustavson, A. R. (1997, January). Carl R. Gustavson (1946–1996): Pioneering wildlife psychologist. *APS Observer,* pp. 34–35.

Garcia, J., & Koelling, R. A. (1966). Relation of cue to consequence in avoidance learning. *Psychonomic Science, 4,* 123–124.

Garcia, J. R., Reiber, C., Massey, S. G., & Merriwether, A. M. (2013, February). Sexual hook-up culture. *Monitor on Psychology,* pp. 60–66.

Garcia-Falgueras, A., & Swaab, D. F. (2010). Sexual hormones and the brain: An essential alliance for sexual identity and sexual orientation. *Endocrine Development, 17,* 22–35.

Gardner, H. (1983). *Frames of mind: The theory of multiple intelligences.* Basic Books.

Gardner, H. (1998, March 19). An intelligent way to progress. *The Independent* (London), p. E4.

Gardner, H. (1999a). *Multiple views of multiple intelligence.* Basic Books.

Gardner, H. (1999b, February). Who owns intelligence? *Atlantic Monthly,* pp. 67–76.

Gardner, H. (2006). *The development and education of the mind: The selected works of Howard Gardner.* Routledge/Taylor & Francis.

Gardner, H. (2011). *The theory of multiple intelligences: As psychology, as education, as social science* [Address]. Upon the receipt of an honorary degree from José Cela University in Madrid and the Prince of Asturias Prize for Social Science.

Gardner, J., & Oswald, A. J. (2007). Money and mental well-being: A longitudinal study of medium-sized lottery wins. *Journal of Health Economics, 6,* 49–60.

Gardner, R. A., & Gardner, B. I. (1969). Teaching sign language to a chimpanzee. *Science, 165,* 664–672.

Garfield, C. (1986). *Peak performers: The new heroes of American business.* Morrow.

Garon, N., Bryson, S. E., & Smith, I. M. (2008). Executive function in preschoolers: A review using an integrative framework. *Psychological Bulletin, 134,* 31–60.

Garrett-Bakelman, F. E., Darshi, M., Green, S. J., Gur, R. C., Lin, L., Macias, B. R., McKenna, M. J., Meydan, C., Mishra, T., Nasrini, J., Piening, B. D., Rizzardi, L. F., Sharma, K., Siamwala, J. H., Taylor, L., Vitaterna, M. H., Afkarian, M., Afshinnekoo, E., Ahadi, S., Turek, F. W. (2019). The NASA Twins Study: A multidimensional analysis of a year-long human spaceflight. *Science, 364*(6436), eaau8650.

Garrison, K. E., Finley, A. J., & Schmeichel, B. J. (2019). Ego depletion reduces attention control: Evidence from two high-powered preregistered experiments. *Personality and Social Psychology Bulletin, 45,* 728–739.

Garry, M., Loftus, E. F., & Brown, S. W. (1994). Memory: A river runs through it. *Consciousness and Cognition, 3,* 438–451.

Gartrell, N., & Bos, H. (2010). U.S. national longitudinal lesbian family study: Psychological adjustment of 17-year-old adolescents. *Pediatrics, 126,* 28–36.

Gasiorowska, A., Chaplin, L. N., Zaleskiewicz, T., Wygrab, S., & Vohs, K. D. (2016). Money cues increase agency and decrease prosociality among children: Early signs of market-mode behaviors. *Psychological Science, 27,* 331–344.

Gaskins, A. J., Rich-Edwards, J. W., Williams, P. L., Toth, T. L., Missmer, S. A., & Chavarro, J. E. (2018). Pre-pregnancy caffeine and caffeinated beverage intake and risk of spontaneous abortion. *European Journal of Nutrition, 57,* 107–117.

Gatchel, R. J., Peng, Y. B., Peters, M. L., Fuchs, P. N., & Turk, D. C. (2007). The biopsychosocial approach to chronic pain: Scientific advances and future directions. *Psychological Bulletin, 133,* 581–624.

Gavin, K. (2004, November 9). U-M team reports evidence that smoking affects human brain's natural "feel good" chemical system [Press release]. med.umich.edu/

Gavrilets, S., Friberg, U., & Rice, W. R. (2018). Understanding homosexuality: Moving on from patterns to mechanisms. *Archives of Sexual Behavior, 47,* 27–31.

Gawande, A. (1998, September 21). The pain perplex. *The New Yorker,* pp. 86–94.

Gawin, F. H. (1991). Cocaine addiction: Psychology and neurophysiology. *Science, 251,* 1580–1586.

Gazzaniga, M. S. (1967, August). The split brain in man. *Scientific American,* pp. 24–29.

Gazzaniga, M. S. (1983). Right hemisphere language following brain bisection: A 20-year perspective. *American Psychologist, 38,* 525–537.

Gazzaniga, M. S. (1988). Organization of the human brain. *Science, 245,* 947–952.

Gazzola, V., Spezio, M. L., Etzel, J. A., Catelli, F., Adolphs, R., & Keysers, C. (2012). Primary somatosensory cortex discriminates affective significance in social touch. *PNAS, 109,* E1657–E1666.

GBD (Global Burden of Disease). (2017). Smoking prevalence and attributable disease burden in 195 countries and territories, 1990–2015: A systematic analysis from the Global Burden of Disease Study 2015. *The Lancet, 389*, 1885–1906.

Ge, X., & Natsuaki, M. N. (2009). In search of explanations for early pubertal timing effects on developmental psychopathology. *Current Directions in Psychological Science, 18*, 327–441.

Ge, Y., Knittel, C. R., MacKenzie, D., & Zoepf, S. (2016, October). *Racial and gender discrimination in transportation network companies* (NBER Working Paper No. 22776). https://www.nber.org/papers/w22776

Geary, D. C. (2010). *Male, female: The evolution of human sex differences* (2nd ed.). American Psychological Association.

Geary, D. C. (2019). The spark of life and the unification of intelligence, health, and aging. *Current Directions in Psychological Science, 28*, 223–228.

Gecewicz, C. (2018, October 1). 'New Age' beliefs common among both religious and nonreligious Americans. Pew Research Center. https://www.pewresearch.org/fact-tank/2018/10/01/new-age-beliefs-common-among-both-religious-and-nonreligious-americans/

Geen, R. G., & Quanty, M. B. (1977). The catharsis of aggression: An evaluation of a hypothesis. In L. Berkowitz (Ed.), *Advances in experimental social psychology* (Vol. 10). Academic Press.

Geers, A. E., & Nicholas, J. G. (2013). Enduring advantages of early cochlear implantation for spoken language development. *Journal of Speech, Language, and Hearing Research, 56*, 643–653.

Geers, A. L., Briñol, P., & Petty, R. E. (2019). An analysis of the basic processes of formation and change of placebo expectations. *Review of General Psychology, 23*, 211–229.

Gehring, W. J., Wimke, J., & Nisenson, L. G. (2000). Action monitoring dysfunction in obsessive-compulsive disorder. *Psychological Science, 11*, 1–6.

Geier, A. B., Rozin, P., & Doros, G. (2006). Unit bias: A new heuristic that helps explain the effects of portion size on food intake. *Psychological Science, 17*, 521–525.

Gellis, L. A., Arigo, D., & Elliott, J. C. (2013). Cognitive refocusing treatment for insomnia: A randomized controlled trial in university students. *Behavior Therapy, 44*, 100–110.

Gelman, A. (2009, April 16). *Red and blue economies?* https://fivethirtyeight.com/features/red-and-blue-economies/

Genesee, F., & Gándara, P. (1999). Bilingual education programs: A cross-national perspective. *Journal of Social Issues, 55*, 665–685.

Gentile, D. A. (2009). Pathological video-game use among youth ages 8 to 18: A national study. *Psychological Science, 20*, 594–602.

Gentile, D. A., & Bushman, B. J. (2012). Reassessing media violence effects using a risk and resilience approach to understanding aggression. *Psychology of Popular Media Culture, 1*, 138–151.

Gentile, D. A., Coyne, S., & Walsh, D. A. (2011). Media violence, physical aggression and relational aggression in school age children: A short-term longitudinal study. *Aggressive Behavior, 37*, 193–206.

Gentner, D. (2016). Language as cognitive tool kit: How language supports relational thought. *American Psychologist, 71*, 650–657.

Gentzkow, M., Shapiro, J. M., & Taddy, M. (2016, July). *Measuring polarization in high-dimensional data: Method and application to congressional speech* (NBER Working Paper 22423). Stanford Institute for Economic Policy Research.

George, M. S. (2018). Is there really nothing new under the sun? Is low-dose ketamine a fast-acting antidepressant simply because it is an opioid? *The American Journal of Psychiatry, 175*, 1157-1158.

Geraerts, E., Bernstein, D. M., Merckelbach, H., Linders, C., Raymaekers, L., & Loftus, E. F. (2008). Lasting false beliefs and their behavioral consequences. *Psychological Science, 19*, 749–753.

Geraerts, E., Schooler, J. W., Merckelbach, H., Jelicic, M., Hauer, B. J. A., & Ambadar, Z. (2007). The reality of recovered memories: Corroborating continuous and discontinuous memories of childhood sexual abuse. *Psychological Science, 18*, 564–568.

Gernsbacher, M. A., Dawson, M., & Goldsmith, H. H. (2005). Three reasons not to believe in an autism epidemic. *Current Directions in Psychological Science, 14*, 55–58.

Gershenson, S., Holt, S. B., & Papageorge, N. W. (2016). Who believes in me? The effect of student-teacher demographic match on teacher expectations. *Economics of Education Review, 52*, 209–224.

Gershoff, E. T., & Grogan-Kaylor, A. (2016). Spanking and child outcomes: Old controversies and new meta-analyses. *Journal of Family Psychology, 30*, 453–469.

Gershoff, E. T., Grogan-Kaylor, A., Lansford, J. E., Chang, L., Zelli, A., Deater-Deckard, K., & Dodge, K. A. (2010). Parent discipline practices in an international sample: Associations with child behaviors and moderation by perceived normativeness. *Child Development, 81*, 487–502.

Gershoff, E. T., Sattler, K. M. P., & Ansari, A. (2018). Strengthening causal estimates for links between spanking and children's externalizing behavior problems. *Psychological Science, 29*, 110–120.

Gershon, A., Ram, N., Johnson, S. L., Harvey, A. G., & Zeitzer, J. M. (2016). Daily actigraphy profiles distinguish depressive and interepisode states in bipolar disorder. *Clinical Psychological Science, 4*, 641–650.

Gerst-Emerson, K., & Jayawardhana, J. (2015). Loneliness as a public health issue: The impact of loneliness on health care utilization among older adults. *American Journal of Public Health, 105*, 1013–1019.

Geschwind, N. (1979, September). Specializations of the human brain. *Scientific American, 241*, 180–199.

Geukes, K., Nestler, S., Hutteman, R., Dufner, M., Küfner, A. C., Egloff, B., Denissen, J. J. A., & Back, M. D. (2016). Puffed-up but shaky selves: State self-esteem level and variability in narcissists. *Journal of Personality and Social Psychology, 11*, 769–786.

Geulayov, G., Casey, D., Bale, L., Brand, F., Clements, C., Farooq, B., Kapur, N., Ness, J., Waters, K., Tsiachristas, A., & Hawton, K. (2019). Suicide following presentation to hospital for non-fatal self-harm in the Multicentre Study of Self-Harm: A long-term follow-up study. *The Lancet Psychiatry, 6*, 1021–1030.

Ghazi Sherbaf, F., Aarabi, M. H., Hosein Yazdi, M., & Haghshomar, M. (2019). White matter microstructure in fetal alcohol spectrum disorders: A systematic review of diffusion tensor imaging studies. *Human Brain Mapping, 40*, 1017–1036.

Giacobbe, P., Rakita, U., Penner-Goeke, K., Feffer, K., Flint, A. J., Kennedy, S. H., & Downar, J. (2018). Improvements in health-related quality of life with electroconvulsive therapy: A meta-analysis. *Journal of ECT, 34*, 87-94.

Giampietro, M., & Cavallera, G. M. (2007). Morning and evening types and creative thinking. *Personality and Individual Differences, 42*, 453–463.

Giancola, P. R., & Corman, M. D. (2007). Alcohol and aggression: A test of the attention-allocation model. *Psychological Science, 18*, 649–655.

Giancola, P. R., Josephs, R. A., Parrott, D. J., & Duke, A. A. (2010). Alcohol myopia revisited: Clarifying aggression and other acts of disinhibition through a distorted lens. *Perspectives on Psychological Science, 5*, 265–278.

Gibbons, F. X. (1986). Social comparison and depression: Company's effect on misery. *Journal of Personality and Social Psychology, 51*, 140–148.

Gibson, E. J., & Walk, R. D. (1960, April). The "visual cliff." *Scientific American*, pp. 64–71.

Gibson, J. J. (1979). *The ecological approach to visual perception*. Houghton Mifflin.

Giedd, J. N. (2015, June). The amazing teen brain. *Scientific American*, pp. 33–37.

Giesbrecht, T., Lynn, S. J., Lilienfeld, S. O., & Merckelbach, H. (2008). Cognitive processes in dissociation: An analysis of core theoretical assumptions. *Psychological Bulletin, 134*, 617–647.

Giesbrecht, T., Lynn, S. J., Lilienfeld, S. O., & Merckelbach, H. (2010). Cognitive processes, trauma, and dissociation—Misconceptions and misrepresentations: Reply to Bremmer (2010). *Psychological Bulletin, 136*, 7–11.

Gigerenzer, G. (2004). Dread risk, September 11, and fatal traffic accidents. *Psychological Science, 15*, 286–287.

Gigerenzer, G. (2006). Out of the frying pan into the fire: Behavioral reactions to terrorist attacks. *Risk Analysis, 26*, 347–351.

Gigerenzer, G. (2010). *Rationality for mortals: How people cope with uncertainty*. Oxford University Press.

Gigerenzer, G. (2015). *Simply rational: Decision making in the real world*. Oxford University Press.

Gilbert, D. T. (2006). *Stumbling on happiness*. Knopf.

Gilbert, D. T., Pinel, E. C., Wilson, T. D., Blumberg, S. J., & Wheatley, T. P. (1998). Immune neglect: A source of durability bias in affective forecasting. *Journal of Personality and Social Psychology, 75*, 617–638.

Gilbertson, M. W., Paulus, L. A., Williston, S. K., Gurvits, T. V., Lasko, N. B., Pitman, R. K., & Orr, S. P. (2006). Neurocognitive function in monozygotic twins discordant for combat exposure: Relationship to posttraumatic stress disorder. *Journal of Abnormal Psychology, 115*, 484–495.

Gildersleeve, K. A., Fales, M. R., & Haselton, M. G. (2017). Women's evaluations of other women's natural body odor depend on target's fertility status. *Evolution and Human Behavior, 38*, 155–163.

Gillen-O'Neel, C., Huynh, V. W., & Fuligni, A. J. (2013). To study or to sleep? The academic costs of extra studying at the expense of sleep. *Child Development, 84*, 133–142.

Gillespie, S. M., Rotshtein, P., Chapman, H., Brown, E., Beech, A. R., & Mitchell, I. J. (2019). Pupil reactivity to emotional faces among convicted violent offenders: The role of psychopathic traits. *Journal of Abnormal Psychology, 128*, 622–632.

Gilligan, C. (1982). *In a different voice: Psychological theory and women's development*. Harvard University Press

Gilligan, C. (2015). In a different voice: Women's conceptions of self and morality. In V. Burr (Ed.), *Gender and psychology* (Vol. II, pp. 33–74). Routledge/Taylor & Francis Group.

Gilovich, T. (1991). *How we know what isn't so: The fallibility of human reason in everyday life*. Free Press.

Gilovich, T. D. (1996). *The spotlight effect: Exaggerated impressions of the self as a social stimulus* [Unpublished manuscript]. Cornell University.

Gilovich, T. D., & Medvec, V. H. (1995). The experience of regret: What, when, and why. *Psychological Review, 102*, 379–395.

Gilovich, T. D., & Savitsky, K. (1999). The spotlight effect and the illusion of transparency: Egocentric assessments of how we are seen by others. *Current Directions in Psychological Science, 8*, 165–168.

Gingerich, O. (1999, February 6). *Is there a role for natural theology today?* http://faculty.smu.edu/jclam/science_religion/gingerich.html

Gingerich, O. (2006). *God's universe*. Belknap Press.

Gino, G., Wilmuth, C. A., & Brooks, A. W. (2015). Compared to men, women view professional advancement as equally attainable, but less desirable. *PNAS, 112*, 12354–12359.

Giuliano, T. A., Barnes, L. C., Fiala, S. E., & Davis D. M. (1998). *An empirical investigation of male answer syndrome*. Paper presented at the Southwestern Psychological Association convention.

Gladwell, M. (2000, May 9). The new-boy network: What do job interviews really tell us? *The New Yorker*, pp. 68–86.

Glasman, L. R., & Albarracín, D. (2006). Forming attitudes that predict future behavior: A meta-analysis of the attitude-behavior relation. *Psychological Bulletin*, 132, 778–822.

Glass, R. M. (2001). Electroconvulsive therapy: Time to bring it out of the shadows. *Journal of the American Medical Association*, 285, 1346–1348.

Glasser, M. F., Coalson, T. S., Robinson, E. C., Hacker, C. D., Harwell, J., Yacoub, E., Ugurbil, K., Andersson, J., Beckmann, C. F., Jenkinson, M., Smith, S. M., & Van Essen, D. C. (2016). A multi-modal parcellation of human cerebral cortex. *Nature*, 536, 171–178.

Gleaves, D. H. (1996). The sociocognitive model of dissociative identity disorder: A reexamination of the evidence. *Psychological Bulletin*, 120, 42–59.

Glenn, A. L., Raine, A. (2014). Neurocriminology: Implications for the punishment, prediction and prevention of criminal behavior. *Nature Reviews Neuroscience*, 15, 54–63.

Glenn, A. L., Raine, A., Yaralian, P.S., & Yang, Y. (2010). Increased volume of the striatum in psychopathic individuals. *Biological Psychiatry*, 67, 52–58.

Gliklich, E., Guo, R., & Bergmark, R. W. (2016). Texting while driving: A study of 1211 U.S. adults with the Distracted Driving Survey. *Preventive Medicine Reports*, 4, 486–489.

Global Burden of Disease Study, 2013 collaborators. (2015). Global, regional, and national incidence, prevalence, and years lived with disability for 301 acute and chronic diseases and injuries in 188 countries, 1990–2013: A systematic analysis for the Global Burden of Disease Study 2013. *The Lancet*, 386, 743–800.

GLSEN. (2012). *The 2011 national school climate survey*. Gay, Lesbian & Straight Education Network. https://www.glsen.org/news/2011-national-school-climate-survey

Glynn, L. M., & Sandman, C. A. (2011). Prenatal origins of neurological development: A critical period for fetus and mothers. *Current Directions in Psychological Science*, 20, 384–389.

Glynn, T. R., Gamarel, K. E., Kahler, C. W., Iwamoto, M., Operario, D., & Nemoto, T. (2017). The role of gender affirmation in psychological well-being among transgender women. *Psychology of Sexual Orientation and Gender Diversity*, 3, 336–344.

Gnambs, T., & Appel, M. (2018). Narcissism and social networking behavior: A meta-analysis. *Journal of Personality*, 86, 200–212.

Gobbi, G., Atkin, T., Zytynski, T., Wang, S., Askari, S., Boruff, J., Ware, M., Marmorstein, N., Cipriani, A., Dendukuri, N., & Mayo, N. (2019). Association of cannabis use in adolescence and risk of depression, anxiety, and suicidality in young adulthood: a systematic review and meta-analysis. *JAMA Psychiatry*, 76, 426–434.

Godart, F. C., Maddux, W. W., Shipilov, A. V., & Galinsky, A. D. (2015). Fashion with a foreign flair: Professional experiences abroad facilitate the creative innovations of organizations. *Academy of Management Journal*, 58, 195–220.

Goddard, M. J. (2018). Extending B.F. Skinner's selection by consequences to personality change, implicit theories of intelligence, skill learning, and language. *Review of General Psychology*, 22, 421–426.

Godden, D. R., & Baddeley, A. D. (1975). Context-dependent memory in two natural environments: On land and underwater. *British Journal of Psychology*, 66, 325–331.

Godlee, F. (2011). Wakefield's article linking MMR vaccine and autism was fraudulent. *BMJ*, 342, c7452.

Goethals, G. R., & Allison, S. T. (2014). Kings and charisma, Lincoln and leadership: An evolutionary perspective. In G. R. Goethals, S. T. Allison, R. M. Kramer, & D. M. Messick (Eds.), *Conceptions of leadership: Enduring ideas and emerging insights* (pp. 111–124). Palgrave Macmillan.

Goetz, S. M. M., Tang, L., Thomason, M. E., Diamond, M. P., Hariri, A. R., & Carré, J. (2014). Testosterone rapidly increases neural reactivity to threat in healthy men: A novel two-step pharmacological challenge paradigm. *Biological Psychiatry*, 76, 324–331.

Goff, D. C., Falkai, P., Fleischhacker, W. W., Girgis, R. R., Kahn, R. M., Uchida, H., Zhao, J., & Lieberman, J. A. (2017). The long-term effects of antipsychotic medication on clinical course in schizophrenia. *The American Journal of Psychiatry*, 174, 840–849.

Goff, D. C., & Simms, C. A. (1993). Has multiple personality disorder remained consistent over time? *Journal of Nervous and Mental Disease*, 181, 595–600.

Gold, M. (2019, Jan. 21). New York passes a ban on 'conversion therapy' after years-long efforts. *The New York Times*. https://www.nytimes.com/2019/01/21/nyregion/conversion-therapy-ban.html?

Gold, M., & Yanof, D. S. (1985). Mothers, daughters, and girlfriends. *Journal of Personality and Social Psychology*, 49, 654–659.

Goldberg, J. (2007). *Quivering bundles that let us hear*. hhmi.org/senses/c120.html

Goldberg, S. B., Tucker, R. P., Greene, P. A., Davidson, R. J., Kearney, D. J., & Simpson, T. L. (2019). Mindfulness-based cognitive therapy for the treatment of current depressive symptoms: A meta-analysis. *Cognitive Behaviour Therapy*, 48, 445–462.

Goldberg, S. B., Tucker, R. P., Greene, P. A., Davidson, R. J., Wampold, B. E., Kearney, D. J., & Simpson, T. L. (2018). Mindfulness-based interventions for psychiatric disorders: A systematic review and meta-analysis. *Clinical Psychology Review*, 59, 52–60.

Golder, S. A., & Macy, M. W. (2011). Diurnal and seasonal mood vary with work, sleep, and day-length across diverse cultures. *Science*, 333, 1878–1881.

Goldfarb, D., Goodman, G. S., Larson, R. P., Eisen, M. L., & Qin, J. (2019). Long-term memory in adults exposed to childhood violence: Remembering genital contact nearly 20 years later. *Clinical Psychological Science*, 7, 381–396.

Goldfried, M. R. (2001). Integrating gay, lesbian, and bisexual issues into mainstream psychology. *American Psychologist*, 56, 977–988.

Goldfried, M. R., Raue, P. J., & Castonguay, L. G. (1998). The therapeutic focus in significant sessions of master therapists: A comparison of cognitive-behavioral and psychodynamic–interpersonal interventions. *Journal of Consulting and Clinical Psychology*, 66, 803–810.

Goldinger, S. D., & Papesh, M. H. (2012). Pupil dilation reflects the creation and retrieval of memories. *Current Directions in Psychological Science*, 21, 90–95.

Goldman, A. L., Pezawas, L., Mattay, V. S., Fischl, B., Verchinski, B. A., Chen, Q., Weinberger, D. R., & Meyer-Lindenberg, A. (2009). Widespread reductions of cortical thickness in schizophrenia and spectrum disorders and evidence of heritability. *Archives of General Psychiatry*, 66, 467–477.

Goldstein, A. P., Glick, B., & Gibbs, J. C. (1998). *Aggression replacement training: A comprehensive intervention for aggressive youth* (rev. ed.). Research Press.

Goleman, D. (1980, February). 1,528 little geniuses and how they grew. *Psychology Today*, pp. 28–53.

Goleman, D. (2006). *Social intelligence*. Bantam Books.

Golkar, A., Selbing, I., Flygare, O., Öhman, A., & Olsson, A. (2013). Other people as means to a safe end: Vicarious extinction blocks the return of learned fear. *Psychological Science*, 24, 2182–2190.

Gollwitzer, A., Martel, C., McPartland, J. C., & Bargh, J. A. (2019). Autism spectrum traits predict higher social psychological skill. *PNAS*, 116, 19245–19247.

Gollwitzer, P. M., & Oettingen, G. (2012). Goal pursuit. In P. M. Gollwitzer & G. Oettingen (Eds.), *The Oxford handbook of human motivation* (pp. 208–231). Oxford University Press.

Gollwitzer, P. M., & Sheeran, P. (2006). Implementation intentions and goal achievement: A meta-analysis of effects and processes. *Advances in Experimental Social Psychology*, 38, 69–119.

Gomes, C. M., Miranda, E. P., de Bessa Jr., J., Bellucci, C. H. S., Battistella, L. R., Abdo, C. H. N., Bruschini, H., Srougi, M., & Mulhall, J. P. (2017). Erectile function predicts sexual satisfaction in men with spinal cord injury. *Sexual Medicine*, 5, e148–e155.

Gomes, N., Soares, S. C., Silva, S., & Silva, C. F. (2018). Mind the snake: Fear detection relies on low spatial frequencies. *Emotion*, 18, 886–895.

Gómez-Robles, A., Hopkins, W. D., Schapiro, S. J., & Sherwood, C. C. (2015). Relaxed genetic control of cortical organization in human brains compared with chimpanzees. *PNAS*, 112, 14799–14804.

Gongola, J., Scurich, N., & Quas, J. A. (2017). Detecting deception in children: A meta-analysis. *Law and Human Behavior*, 41, 44–54.

Gonsalkorale, K., & Williams, K. D. (2006). The KKK would not let me play: Ostracism even by a despised outgroup hurts. *European Journal of Social Psychology*, 36, 1–11.

Gonsalves, B., Reber, P. J., Gitelman, D. R., Parrish, T. B., Mesulam, M.-M., & Paller, K. A. (2004). Neural evidence that vivid imagining can lead to false remembering. *Psychological Science*, 15, 655–659.

Gonzales, N. A., Johnson, M., Shirtcliff, E. A., Tein, J. Y., Eskenazi, B., & Deardorff, J. (2018). The role of bicultural adaptation, familism, and family conflict in Mexican American adolescents' cortisol reactivity. *Development and Psychopathology*, 30, 1571–1587.

Gonzalez, R. (2018, June 8). *How science helps the warriors sleep their way to success*. Wired Magazine. https://www.wired.com/story/how-science-helps-the-warriors-sleep-their-way-to-success/

Gonzalez-Barrera, A. (2019, July 2). *Hispanics with darker skin are more likely to experience discrimination than those with lighter skin*. Pew Research Center. https://pewrsr.ch/2wH7PoH

Goodall, J. (1986). *The chimpanzees of Gombe: Patterns of behavior*. Harvard University Press.

Goodall, J. (1998). Learning from the chimpanzees: A message humans can understand. *Science*, 282, 2184–2185.

Goode, E. (1999, April 13). If things taste bad, "phantoms" may be at work. *The New York Times*. https://www.nytimes.com/1999/04/13/science/if-things-taste-bad-phantoms-may-be-at-work.html?

Goodhart, D. E. (1986). The effects of positive and negative thinking on performance in an achievement situation. *Journal of Personality and Social Psychology*, 51, 117–124.

Goodman, G. S. (2006). Children's eyewitness memory: A modern history and contemporary commentary. *Journal of Social Issues*, 62, 811–832.

Goodman, G. S., Ghetti, S., Quas, J. A., Edelstein, R. S., Alexander, K. W., Redlich, A. D., Cordon, I. M., & Jones, D. P. H. (2003). A prospective study of memory for child sexual abuse: New findings relevant to the repressed-memory controversy. *Psychological Science*, 14, 113–118.

Goodman, J. B., Freeman, E. E., & Chalmers, K. A. (2019). The relationship between early life stress and working memory in adulthood: A systematic review and meta-analysis. *Memory, 27*, 868–880.

Goodwin, P. Y., Mosher, W. D., & Chandra, A. (2010, February). *Marriage and cohabitation in the United States: A statistical portrait based on Cycle 6 (2002) of the National Survey of Family Growth* (Vital Health Statistics Series 23, No. 28). U.S. Department of Health and Human Service, Centers for Disease Control and Prevention, National Center for Health Statistics.

Gopnik, A. (2016). *The carpenter and the gardener.* Farrar, Straus, and Giroux.

Gopnik, A., Griffiths, T. L., & Lucas, C. G. (2015). When younger learners can be better (or at least more open-minded) than older ones. *Current Directions in Psychological Science, 24*, 87–92.

Gopnik, A., & Meltzoff, A. N. (1986). Relations between semantic and cognitive development in the one-word stage: The specificity hypothesis. *Child Development, 57*, 1040–1053.

Goranson, A., Ritter, R. S., Waytz, A., Norton, M. I., & Gray, K. (2017). Dying is unexpectedly positive. *Psychological Science, 28*, 988–999.

Goranson, R. E. (1978). *The hindsight effect in problem solving.* Unpublished manuscript cited in G. Wood (1984), Research methodology: A decision-making perspective. In A. M. Rogers & C. J. Scheirer (Eds.), *The G. Stanley Hall Lecture Series* (Vol. 4, pp. 193–217). American Psychological Association.

Gorchoff, S. M., John, O. P., & Helson, R. (2008). Contextualizing change in marital satisfaction during middle age. *Psychological Science, 19*, 1194–1200.

Gordon, A. M., & Chen, S. (2010). When you accept me for me: The relational benefits of intrinsic affirmations from one's relationship partner. *Personality and Social Psychology Bulletin, 36*, 1439–1453.

Gordon, I., Vander Wyk, B. C., Bennett, R. H., Cordeaux, C., Lucas, M. V., Eilbott, J. A., Zagoory-Sharon, O., Leckman, J. F., Feldman, R., & Pelphrey, K. A. (2013). Oxytocin enhances brain function in children with autism. *PNAS, 110*, 20953–20958.

Gordon, P. (2004). Numerical cognition without words: Evidence from Amazonia. *Science, 306*, 496–499.

Gore, J., & Sadler-Smith, E. (2011). Unpacking intuition: A process and outcome framework. *Review of General Psychology, 15*, 304–316.

Gore-Felton, C., Koopman, C., Thoresen, C., Arnow, B., Bridges, E., & Spiegel, D. (2000). Psychologists' beliefs and clinical characteristics: Judging the veracity of childhood sexual abuse memories. *Professional Psychology: Research and Practice, 31*, 372–377.

Gorka, S. M., Lieberman, L., Shankman, S. A., & Phan, K. L. (2017). Startle potentiation to uncertain threat as a psychophysiological indicator of fear-based psychopathology: An examination across multiple internalizing disorders. *Journal of Abnormal Psychology, 126*, 8.

Gorlick, A. (2010, January 13). Stanford scientists link brain development to chances of recovering vision after blindness. *Stanford Report* (news.stanford.edu).

Gorman, J. (2019, December 3). Why are these foxes tame? Maybe they weren't so wild to begin with. *The New York Times.* https://www.nytimes.com/2019/12/03/science/foxes-tame-belyaev.html

Gormley, W., Kitchens, K., & Adelstein, S. (2013). Do middle-class families benefit from high-quality pre-K? CROCUS Policy Brief, July. Center for Research on Children in the U.S., Georgetown University.

Gorno-Tempini, M. L., & Price, C. J. (2001). Identification of famous faces and buildings: A functional neuroimaging study of semantically unique items. *Brain, 124*, 2087–2097.

Gorrese, A., & Ruggieri, R. (2012). Peer attachment: A meta-analytic review of gender and age differences and associations with parent attachment. *Journal of Youth and Adolescence, 41*, 650–672.

Gosling, S. D. (2008). *Snoop: What your stuff says about you.* Basic Books.

Gosling, S. D., Kwan, V. S. Y., & John, O. P. (2003). A dog's got personality: A cross-species comparative approach to personality judgments in dogs and humans. *Journal of Personality and Social Psychology, 85*, 1161–1169.

Gotink, R. A., Meijboom, R., Vernooij, M. W., Smits, M., & Hunink, M. G. M. (2016). 8-week mindfulness based stress reduction induces brain changes similar to traditional long-term meditation practice—A systematic review. *Brain and Cognition, 108*, 32–41.

Gotlib, I. H., & Hammen, C. L. (1992). *Psychological aspects of depression: Toward a cognitive-interpersonal integration.* Wiley.

Gottesman, I. I. (1991). *Schizophrenia genesis: The origins of madness.* Freeman.

Gottesman, I. I. (2001). Psychopathology through a life span—genetic prism. *American Psychologist, 56*, 867–881.

Gottfredson, L. S. (2002a). Where and why g matters: Not a mystery. *Human Performance, 15*, 25–46.

Gottfredson, L. S. (2002b). g: Highly general and highly practical. In R. J. Sternberg & E. L. Grigorenko (Eds.), *The general factor of intelligence: How general is it?* (pp. 331–380). Erlbaum.

Gottfredson, L. S. (2003a). Dissecting practical intelligence theory: Its claims and evidence. *Intelligence, 31*, 343–397.

Gottfredson, L. S. (2003b). On Sternberg's "Reply to Gottfredson." *Intelligence, 31*, 415–424.

Gottfried, A. W., Gottfried, A. E., & Guerin, D. W. (2006). The Fullerton Longitudinal Study: A long-term investigation of intellectual and motivational giftedness. *Journal for the Education of the Gifted, 29*, 430–450.

Gottman, J. (2007). *Why marriages succeed or fail.* Bloomsbury.

Gottman, J. M., & Gottman, J. S. (2018). *The science of couples and family therapy: Behind the scenes at the "love lab."* W. W. Norton.

Gould, E. (2007). How widespread is adult neurogenesis in mammals? *Nature Neuroscience, 8*, 481–488.

Gould, E., Simhon, A., & Weinberg, B. A. (2019, January). Does parental quality matter? Evidence on the transmission of human capital using variation in parental influence from death, divorce, and family size. NBER Working Paper No. 25495. https://www.nber.org/papers/w25495

Gould, K. L., Gilbertson, K. E., Hrvol, A. J., Nelson, J. C., Seyfer, A. L., Brantner, R. M., & Kamil, A. C. (2013). Differences in relative hippocampus volume and hippocampus neurons among five corvid species. *Brain, Behavior and Evolution, 81*, 56–70.

Gould, S. J. (1981). *The mismeasure of man.* Norton.

Gow, A. J., Bastin, M. E., Maniega, S. M., Hernández, M. C. V., Morris, Z., Murray, C., Royle, N. A., Starr, J. M., Deary, I. J., & Wardlaw, J. M. (2012). Neuroprotective lifestyles and the aging brain: Activity, atrophy, and white matter integrity. *Neurology, 79*, 1802–1808.

Goyal, M., Singh, S., Sibinga, E. S., Gould, N. F., Rowland-Seymour, A., Sharma, R., Berger, Z., Sleicher, D., Maron, D. D., Shihab, H. M., Ranasinghe, P. D., Linn, S., Saha, S., Bass, E. B., & Haythornthwaite, J. A. (2014). Meditation programs for psychological stress and well-being: A systematic review and meta-analysis. *JAMA Internal Medicine, 174*, 357–368.

Graafland, J., & Lous, B. (2019). Income Inequality, Life Satisfaction Inequality and Trust: A Cross Country Panel Analysis. *Journal of Happiness Studies, 20*, 1717–1737.

Grabo, A., & van Vugt, M. (2016). Charismatic leadership and the evolution of cooperation. *Evolution and Human Behavior, 37*, 399–406.

Grady, C. L., McIntosh, A. R., Horwitz, B., Maisog, J. M., Ungeleider, L. G., Mentis, M. J., Pietrini, P., Schapiro, M. B., & Haxby, J. V. (1995). Age-related reductions in human recognition memory due to impaired encoding. *Science, 269*, 218–221.

Graf, N. (2018, April 18). *A majority of U.S. teens fear a shooting could happen at their school, and most parents share their concern.* Pew Research Center. https://www.pewresearch.org/fact-ank/2018/04/18/a-majority-of-u-s-teens-fear-a-shooting-could-happen-at-their-school-and-most-parents-share-their-concern/

Graham, A. M., Fisher, P. A., & Pfeifer, J. H. (2013). What sleeping babies hear: A functional MRI study of interparental conflict and infants' emotion processing. *Psychological Science, 24*, 782–789.

Graham, C., Laffan, K., & Pinto, S. (2018). Well-being in metrics and policy. *Science, 362*, 287–288.

Graham, E. K., Rutsohn, J. P., Turiano, N. A., Bendayan, R., Batterham, P. J., Gerstorf, D., Katz, M. J., Reynolds, C. A., Sharp, E. S., Yoneda, T. B., Bastarache, E. D., Elleman, L. G., Zelinski, E. M., Johansson, B., Kuh, D., Barnes, L. L., Bennett, D. A., Deeg, D. J. H., Lipton, R. B., . . . Mroczek, D. K. (2017). Personality predicts mortality risk: An integrative data analysis of 15 international longitudinal studies. *Journal of Research in Personality, 70*, 174–186.

Graham, M., Winter, A. K., Ferrari, M., Grenfell, B., Moss, W. J., Azman, A. S., Metcalf, J. E., & Lessler, J. (2019). Measles and the canonical path to elimination. *Science, 364*, 584–587.

Gramlich, J. (2018, October 24). *8 facts about Americans and Facebook.* Pew Research Center. https://www.pewresearch.org/fact-tank/2018/10/24/facts-about-americans-and-facebook/

Grand, J. A. (2016). Brain drain? An examination of stereotype threat effects during training on knowledge acquisition and organizational effectiveness. *Journal of Applied Psychology, 102*, 115–150.

Granqvist, P., Mikulincer, M., & Shaver, P. R. (2010). Religion as attachment: Normative processes and individual differences. *Personality and Social Psychology Review, 14*, 49–59.

Granqvist, P., Vestbrant, K., Döllinger, L., Liuzza, M. T., Olsson, M. J., Blomkvist, A., & Lundström, J. N. (2019). The scent of security: Odor of romantic partner alters subjective discomfort and autonomic stress responses in an adult attachment-dependent manner. *Physiology & Behavior, 198*, 144–150.

Grant, A. M., Gino, F., & Hofmann, D. A. (2011). Reversing the extraverted leadership advantage: The role of employee proactivity. *Academy of Management Journal, 54*, 528–550.

Grant, J. M., Mottet, L. A., Tanis, J., Herman, J. L., Harrison, J., & Keisling, M. (2010). *National transgender discrimination survey report on health and health care.* National Center for Transgender Equality and National Gay and Lesbian Task Force.

Grant, N., Wardle, J., & Steptoe, A. (2009). The relationship between life satisfaction and health behavior: A cross-cultural analysis of young adults. *International Journal of Behavioral Medicine, 16*, 259–268.

Grassegger, H., & Krogerus, M. (2017, January 28). *The data that turned the world upside down.* Motherboard. https://www.vice.com/en_us/article/mg9vvn/how-our-likes-helped-trump-win

Gray-Little, B., & Burks, N. (1983). Power and satisfaction in marriage: A review and critique. *Psychological Bulletin, 93*, 513–538.

Graybiel, A. M., & Smith, K. S. (2014, June). Good habits, bad habits. *Scientific American, 310*, 38–43.

Greaves, L. M., Sibley, C. G., Fraser, G., & Barlow, F. K. (2019). Comparing pansexual- and bisexual-identified participants on demographics, psychological well-being, and political ideology in a New Zealand National Sample. *The Journal of Sex Research*, 56(9), 1083–1090.

Green, B. (2002). Listening to leaders: Feedback on 360-degree feedback one year later. *Organizational Development Journal*, 20, 8–16.

Green, J. D., Sedikides, C., & Gregg, A. P. (2008). Forgotten but not gone: The recall and recognition of self-threatening memories. *Journal of Experimental Social Psychology*, 44, 547–561.

Green, J. T., & Woodruff-Pak, D. S. (2000). Eyeblink classical conditioning: Hippocampal formation is for neutral stimulus associations as cerebellum is for association-response. *Psychological Bulletin*, 126, 138–158.

Greenberg, J. (2008). Understanding the vital human quest for self-esteem. *Perspectives on Psychological Science*, 3, 48–55.

Greenberg, J., Solomon, S., & Pyszczynski, T. (1997). Terror management theory of self-esteem and cultural worldviews: Empirical assessments and conceptual refinements. *Advances in Social Psychology*, 29, 61–142.

Greene, J. (2010). Remarks to an Edge conference: The new science of morality. Edge. https://www.edge.org/event/the-new-science-of-morality

Greene, J. D., Sommerville, R. B., Nystrom, L. E., Darley, J. M., & Cohen, J. D. (2001). An fMRI investigation of emotional engagement in moral judgment. *Science*, 293, 2105–2108.

Greenwald, A. G. (1992). *Subliminal semantic activation and subliminal snake oil* [Paper]. Presented at the American Psychological Association Convention, Washington, DC.

Greenwald, A. G., & Banaji, M. R. (2017). The implicit revolution: Reconceiving the relation between conscious and unconscious. *American Psychologist*, 72, 861–871.

Greenwald, A. G., & Pettigrew, T. F. (2014). With malice toward none and charity for some: Ingroup favoritism enables discrimination. *American Psychologist*, 69, 645–655.

Greenwald, A. G., Spangenberg, E. R., Pratkanis, A. R., & Eskenazi, J. (1991). Double-blind tests of subliminal self-help audiotapes. *Psychological Science*, 2, 119–122.

Greenwald, G. (2012, March 19). *Discussing the motives of the Afghan shooter*. Salon. https://www.salon.com/2012/03/19/discussing_the_motives_of_the_afghan_shooter/

Greer, S. G., Goldstein, A. N., & Walker, M. P. (2013). The impact of sleep deprivation on food desire in the human brain. *Nature Communications*, 4, 2259.

Gregory, A. M., Rijsdijk, F. V., Lau, J. Y., Dahl, R. E., & Eley, T. C. (2009). The direction of longitudinal associations between sleep problems and depression symptoms: A study of twins aged 8 and 10 years. *Sleep*, 32, 189–199.

Gregory, R. L. (1978). *Eye and brain: The psychology of seeing* (3rd ed.). McGraw-Hill.

Gregory, R. L., & Gombrich, E. H. (Eds.). (1973). *Illusion in nature and art*. Charles Scribner's Sons.

Greist, J. H., Jefferson, J. W., & Marks, I. M. (1986). *Anxiety and its treatment: Help is available*. American Psychiatric Press.

Greitemeyer, T., & Mügge, D. O. (2014). Video games do affect social outcomes: A meta-analytic review of the effects of violent and prosocial video game play. *Personality and Social Psychology Bulletin*, 40, 578–589.

Greitemeyer, T., Weiß, N., & Heuberger, T. (2019). Are everyday sadists specifically attracted to violent video games and do they emotionally benefit from playing those games? *Aggressive Behavior*, 45, 206–213.

Greyson, B. (2010). Implications of near-death experiences for a postmaterialist psychology. *Review of Religion and Spirituality*, 2, 37–45.

Grèzes, J., & Decety, J. (2001). Function anatomy of execution, mental simulation, observation, and verb generation of actions: A meta-analysis. *Human Brain Mapping*, 12, 1–19.

Griesler, P. C., Hu, M. C., Wall, M. M., & Kandel, D. B. (2019). Nonmedical prescription opioid use by parents and adolescents in the US. *Pediatrics*, 143, e20182354.

Griffin, J. M., Kruger, S., & Maturana, G. (2019). Personal infidelity and professional conduct in 4 settings. *PNAS*, 116, 16268–16273.

Griffin, E. A., Jr., Melas, P. A., Zhou, R., Li, Y., Mercado, P., & Kemp, K. A. (2017). Prior alcohol use enhances vulnerability to compulsive cocaine self-administration by promoting degradation of HDAC4 and HDAC5. *Science Advances*, 3(11), e1701682.

Griffiths, M. (2001). Sex on the internet: Observations and implications for internet sex addiction. *Journal of Sex Research*, 38, 333–342.

Grijalva, E., Newman, D. A., Tay, L., Donnellan, M. B., Harms, P. D., Robins, R. W., & Yan, T. (2015). Gender differences in narcissism: A meta-analytic review. *Psychological Bulletin*, 141, 261–310.

Grilo, C. M., & Pogue-Geile, M. F. (1991). The nature of environmental influences on weight and obesity: A behavior genetic analysis. *Psychological Bulletin*, 110, 520–537.

Grinberg, N., Joseph, K., Friedland, L., Swire-Thompson, B., & Lazer, D. (2019). Fake news on Twitter during the 2016 U.S. presidential election. *Science*, 363, 374–378.

Grinker, R. R. (2007). *Unstrange minds: Remapping the world of autism*. Basic Books.

Grinker, R. R. (2018, December 6). Being trans is not a mental disorder. *The New York Times*. https://www.nytimes.com/2018/12/06/opinion/trans-gender-dysphoria-mental-disorder.html

Grinspoon, D. (2016, September 1). Can humans outsmart extinction? *Scientific American*, 315(3).

Grobstein, C. (1979, June). External human fertilization. *Scientific American*, pp. 57–67.

Grønnerød, C., Grønnerød, J. S., & Grøndahl, P. (2015). Psychological treatment of sexual offenders against children: A meta-analytic review of treatment outcome studies. *Trauma, Violence, & Abuse*, 16, 280–290.

Gross, A. E., & Crofton, C. (1977). What is good is beautiful. *Sociometry*, 40, 85–90.

Groß, J., Blank, H., & Bayen U. J. (2017). Hindsight bias in depression. *Clinical Psychological Science*, 5, 771–788.

Gross, J. J. (2013). Emotion regulation: Taking stock and moving forward. *Emotion*, 13, 359–365.

Grossberg, S. (1995). The attentive brain. *American Scientist*, 83, 438–449.

Grossmann, I., & Kross, E. (2014). Exploring Solomon's paradox: Self-distancing eliminates the self-other asymmetry in wise reasoning about close relationships in younger and older adults. *Psychological Science*, 25, 1571–1580.

Grossmann, I., Na, J., Varnum, M. E. W., Park, D. C., Kitayama, S., & Nisbett, R. E. (2010). Reasoning about social conflicts improves into old age. *PNAS*, 107, 7246–7250.

Grossmann, I., & Varnum, M. E. W. (2015). Social structure, infectious diseases, disasters, secularism, and cultural change in America. *Psychological Science*, 26, 311–324.

Grover, S. & Helliwell, J. F. (2014, December). *How's life at home? New evidence on marriage and the set point for happiness*. NBER Working Paper No. 20794. https://www.nber.org/papers/w20794

Gruber, J., Villanueva, C., Burr, E., Purcell, J. R., & Karoly, H. (2019). Understanding and taking stock of positive emotion disturbance. *Social and Personality Psychology Compass*, 14, e12515.

Gruder, C. L. (1977). Choice of comparison persons in evaluating oneself. In J. M. Suls & R. L. Miller (Eds.), *Social comparison processes*. Hemisphere.

Gu, J., Strauss, C., Bond, R., & Cavanagh, K. (2015). How do mindfulness-based cognitive therapy and mindfulness-based stress reduction improve mental health and wellbeing? A systematic review and meta-analysis of mediation studies. *Clinical Psychology Review*, 37, 1–12.

Gu, X., Lohrenz, T., Salas, R., Baldwin, P. R., Soltani, A., Kirk, U., Cinciripini, P. M., & Montague, P. R. (2015). Belief about nicotine selectively modulates value and reward prediction error signals in smokers. *PNAS*, 112, 2539–2544.

Guardino, C. M., Schetter, C. D., Saxbe, D. E., Adam, E. K., Ramey, S. L., & Shalowitz, M. U. (2016). Diurnal salivary cortisol patterns prior to pregnancy predict infant birth weight. *Health Psychology*, 35, 625–633.

Guéguen, N. (2011). Effects of solicitor sex and attractiveness on receptivity to sexual offers: A field study. *Archives of Sexual Behavior*, 40, 915–919.

Guerin, B. (1986). Mere presence effects in humans: A review. *Journal of Personality and Social Psychology*, 22, 38–77.

Guerin, B. (2003). Language use as social strategy: A review and an analytic framework for the social sciences. *Review of General Psychology*, 7, 251–298.

Guertin, C., Pelletier, L. G., Émond, C., & Lalande, G. (2017). Change in physical and psychological health over time in patients with cardiovascular disease: On the benefits of being self-determined, physically active, and eating well. *Motivation and Emotion*, 41(3), 294–307.

Guinness World Records. (2019). *Guinness world records 2019*. Guinness World Records Limited.

Guiso, L., Monte, F., Sapienza, P., & Zingales, L. (2008). Culture, gender, and math. *Science*, 320, 1164–1165.

Gülgöz, S., Glazier, J. J., Enright, E. A., Alonso, D. J, Durwood, L. J., Fast, A. A., Lowe, R., Ji, C., Heer, J., Martin, C., & Olson, K. R. (2019). Similarity in transgender and cisgender children's gender development. *PNAS*, 116, 24480–24485.

Gunderson, E. A., Gripshover, S. J., Romero, C., Dweck, C. S., Goldin-Meadow, S., & Levine, S. C. (2013). Parent praise to 1- to 3-year-olds predicts children's motivational frameworks 5 years later. *Child Development*, 84, 1526–1541.

Gunn, R. L., Norris, A. L., Sokolovsky, A., Micalizzi, L., Merrill, J. E., & Barnett, N. P. (2018). Marijuana use is associated with alcohol use and consequences across the first 2 years of college. *Psychology of Addictive Behaviors*, 32, 885–894.

Gunnery, S. D., & Ruben, M. A. (2016). Perceptions of Duchenne and non-Duchenne smiles: A meta-analysis. *Cognition and Emotion*, 30, 501–515.

Gunter, T. D., Vaughn, M. G., & Philibert, R. A. (2010). Behavioral genetics in antisocial spectrum disorders and psychopathy: A review of the recent literature. *Behavioral Sciences and the Law*, 28, 148–173.

Gunyadin, G., Selcuk, E., & Zayas, V. (2017). Impressions based on a portrait predict, 1-month later, impressions following a live interaction. *Social Psychological and Personality Science*, 8, 36–44.

Guo, X., Zhai, J., Liu, Z., Fang, M., Wang, B., Wang, C., Hu, B., Sun, X., Lv, L., Lu, Z., Ma, C., He, X., Gui, T., Xie, S., Wu, R., Xue, Z., Chen, J., Twamley, E. W.,

Jin, H., & Zhao, J. (2010). Effect of antipsychotic medication alone vs combined with psychosocial intervention on outcomes of early-stage schizophrenia. *Archives of General Psychiatry, 67*, 895–904.

Gupta, M. D. (2017, September). Return of the missing daughters. *Scientific American*, pp. 78–85.

Gustavson, C. R., Garcia, J., Hankins, W. G., & Rusiniak, K. W. (1974). Coyote predation control by aversive conditioning. *Science, 184*, 581–583.

Gustavson, C. R., Kelly, D. J., & Sweeney, M. (1976). Prey-lithium aversions I: Coyotes and wolves. *Behavioral Biology, 17*, 61–72.

Gutchess, A. (2014). Plasticity in the aging brain: New directions in cognitive neuroscience. *Science, 346*, 579–582.

Guttmacher Institute. (1994). *Sex and America's teenagers*. Alan Guttmacher Institute.

H., Sally. (1979, August). [Videotape.] Recording number T–3, Fortunoff Video Archive of Holocaust Testimonies. Yale University Library.

Haaker, J., Yi, J., Petrovic, P., & Olsson, A. (2017). Endogenous opioids regulate social threat learning in humans. *Nature Communications, 8*, 15495.

Haapakoski, R., Mathieu, J., Ebmeier, K. P., Alenius, H., & Kivimäki, M. (2015). Cumulative meta-analysis of interleukins 6 and 1b, tumour necrosis factor a and C-reactive protein in patients with major depressive disorder. *Brain, Behavior, and Immunity, 49*, 206–215.

Haas, A. P., Eliason, M., Mays, V. M., Mathy, R. M., Cochran, S. D., D'Augelli, A. R., Silverman, M. M., Fisher, P. W., Hughes, T., Rosario, M., Russell, S. T., Malley, E., Reed, J., Litts, D. A., Haller, E., Sell, R. L., Remafedi, G., Bradford, J., Beautrais, A. L., . . . Clayton, P. J. (2011). Suicide and suicide risk in lesbian, gay, bisexual, and transgender populations: Review and recommendations. *Journal of Homosexuality, 58*, 10–51.

Habashi, M. M., Graziano, W. G., & Hoover, A. E. (2016). Searching for the prosocial personality: A big five approach to linking personality and prosocial behavior. *Personality and Social Psychology Bulletin, 42*, 1177–1192.

Habel, U., Koch, K., Kellermann, T., Reske, M., Frommann, N., Wölwer, W., Zilles, K., Shah, N. J., & Schneider, F. (2010). Training of affect recognition in schizophrenia: Neurobiological correlates. *Social Neuroscience, 5*, 92–104.

Haber, R. N. (1970). How we remember what we see. *Scientific American*, pp. 104–112.

Habib, A. M., Okorokov, A. L., Hill, M. N., Bras, J. T., Lee, M-C., Li, S., Gossage, S. J., van Drimmelen, M., Morena, M., Houlden, H., Ramirez, J. D., Bennett, D. L. H., Srivastava, D., & Cox, J. J. (2019). Microdeletion in a FAAH pseudogene identified in a patient with high anandamide concentrations and pain insensitivity. *British Journal of Anaesthesia, 123*, e249–e253.

Hadjistavropoulos, T., Craig, K. D., Duck, S. Cano, A., Goubert, L., Jackson, P. L., Mogil, J. S., Rainville, P., Sullivan, M. J. L., Williams, A. C. C., Vervoort, T., & Fitzgerald, T. D. (2011). A biopsychosocial formulation of pain communication. *Psychological Bulletin, 137*, 910–939.

Haedt-Matt, A. A., & Keel, P. K. (2011). Revisiting the affect regulation model of binge eating: A meta-analysis of studies using ecological momentary assessment. *Psychological Bulletin, 137*, 660–681.

Hafenbrack, A. C., Kinias, Z., & Barsade, S. G. (2014). Debiasing the mind through meditation: Mindfulness and the sunk-cost bias. *Psychological Science, 25*, 369–376.

Hagger, M. S., & Chatzisarantis, N. L. (2016). The trans-contextual model of autonomous motivation in education: Conceptual and empirical issues and meta-analysis. *Review of Educational Research, 86*, 360–407.

Hagger, M. S., Chatzisarantis, N. L. D., Alberts, H., Anggono, C. O., Birt, A., Brand, R., Brandt, M. J., Brewer, G., Bruyneel, S., Calvillo, D., Campbell, W., Cannon, P., Carlucci, M., Carruth, N., Cheung, T., Crowell, A., Ridder, D., Dewitte, S., & Elson, M. (2016). A multi-lab pre-registered replication of the ego-depletion effect. *Perspectives on Psychological Science, 11*, 546–573.

Hahn, A., Kranz, G., Sladky, R., Kaufmann, U., Ganger, S., Hummer, A., Seiger, R., Spies, M., Vanicek, T., Winkler, D., Kasper, S., Windischberger, C., Swabb, D. F., & Lanzenberger, R. (2016). Testosterone affects language areas of the adult human brain. *Human Brain Mapping, 37*, 1738–1748.

Haidt, J. (2000). The positive emotion of elevation. *Prevention and Treatment, 3*, article 3.

Haidt, J. (2002). The moral emotions. In R. J. Davidson, K. Scherer, & H. H. Goldsmith (Eds.), *Handbook of affective sciences*. Oxford University Press.

Haidt, J. (2012). *The righteous mind: Why good people are divided by politics and religion*. Pantheon.

Haidt, J. (2019, accessed May 7). Social media use and mental health: A review. Working document. https://tinyurl.com/y2noowlr

Haidt, J., & Twenge, J. M. (2019). Social media use and mental health: A review. https://bit.ly/2OoPUsJ

Hainey, M. (2016). Lin-Manuel Miranda thinks the key to parenting is a little less parenting. *GQ Magazine*. https://www.gq.com/story/unexpected-lin-manuel-miranda

Hajhosseini, B., Stewart, B., Tan, J. C., Busque, S., & Melcher, M. L. (2013). Evaluating deceased donor registries: Identifying predictive factors of donor designation. *American Surgeon, 79*, 235–241.

Hakuta, K., Bialystok, E., & Wiley, E. (2003). Critical evidence: A test of the critical-period hypothesis for second-language acquisition. *Psychological Science, 14*, 31–38.

Halberstadt, J., Sherman, S. J., & Sherman, J. W. (2011). Why Barack Obama is Black. *Psychological Science, 22*, 29–33.

Halberstadt, J. B., Niedenthal, P. M., & Kushner, J. (1995). Resolution of lexical ambiguity by emotional state. *Psychological Science, 6*, 278–281.

Haldeman, D. C. (1994). The practice and ethics of sexual orientation conversion therapy. *Journal of Consulting and Clinical Psychology, 62*, 221–227.

Haldeman, D. C. (2002). Gay rights, patient rights: The implications of sexual orientation conversion therapy. *Professional Psychology: Research and Practice, 33*, 260–264.

Hales, C. M., Kit, B. K., Gu, Q., & Ogden, C. L. (2018). Trends in prescription medication use among children and adolescents—United States, 1999–2014. *JAMA, 319*(19), 2009–2020.

Hall, C. S., Dornhoff, W., Blick, K. A., & Weesner, K. E. (1982). The dreams of college men and women in 1950 and 1980: A comparison of dream contents and sex differences. *Sleep, 5*, 188–194.

Hall, C. S., & Lindzey, G. (1978). *Theories of personality* (2nd ed.). Wiley.

Hall, D. T., & Chandler, D. E. (2005). Psychological success: When the career is a calling. *Journal of Organizational Behavior, 26*, 155–176.

Hall, G. (1997). Context aversion, Pavlovian conditioning, and the psychological side effects of chemotherapy. *European Psychologist, 2*, 118–124.

Hall, G. S. (1904). *Adolescence: Its psychology and its relations to physiology, anthropology, sex, crime, religion and education* (Vol. 1). Appleton-Century-Crofts.

Hall, J. A., Gunnery, S. D., & Horgan, T. G. (2016). Gender differences in interpersonal accuracy. In J. A. Hall, M. S. Mast & T. V. West (Eds.), *The social psychology of perceiving others accurately* (pp. 309–327). Cambridge University Press.

Hall, K. M., Knudson, S. T., Wright, J., Charlifue, S. W., Graves, D. E., & Warner, P. (1999). Follow-up study of individuals with high tetraplegia (C1-C4) 14 to 24 years postinjury. *Archives of Physical Medicine and Rehabilitation, 80*, 1507–1513.

Hall, M. H., Brindle, R. C., & Buysse, D. J. (2018). Sleep and cardiovascular disease: Emerging opportunities for psychology. *American Psychologist, 73*, 994–1006.

Hall, P. A. (2016). Executive-control processes in high-calorie food consumption. *Current Directions in Psychological Science, 25*, 91–98.

Hall, S. S. (2004, May). The good egg. *Discover*, pp. 30–39.

Hall, S. S., Knox, D., & Shapiro, K. (2017). "I have," "I would," "I won't": Hooking up among sexually diverse groups of college students. *Psychology of Sexual Orientation and Gender Diversity, 4*, 233–240.

Hallal, P. C., Andersen, L. B., Bull, F. C., Guthold, R., Haskell, W., & Ekelund, U. (2012). Global physical activity levels: Surveillance progress, pitfalls, and prospects. *The Lancet, 380*, 247–257.

Halldorsdottir, T., Piechaczek, C., Soares, d. M., Czamara, D., Pehl, V., Wagenbuechler, P., Feldmann, L., Quickenstedt-Reinhardt, P., Allgaier, A. K., Freisleder, F. J., Greimel, E., Kvist, T., Lahti, J., Räikkönen, K., Rex-Haffner, M., Arnarson, E. Ö., Craighead, W. E., Schulte-Körne, G., & Binder, E. B. (2019). Polygenic risk: Predicting depression outcomes in clinical and epidemiological cohorts of youths. *The American Journal of Psychiatry, 176*, 615–625.

Haller, R., Rummel, C., Henneberg, S., Pollmer, U., & Köster, E. P. (1999). The influence of early experience with vanillin on food preference later in life. *Chemical Senses, 24*, 465–467.

Halmburger, A., Baumert, A., & Schmitt, M. (2015). Anger as driving factor of moral courage in comparison with guilt and global mood: A multimethod approach. *European Journal of Social Psychology, 45*, 39–51.

Halpern, D. (2015). The rise of psychology in policy: The UK's de facto council of psychological science advisers. *Perspectives on Psychological Science, 10*, 768–771.

Halpern, D., Valenzuela, S., & Katz, J. E. (2016). "Selfie-ists" or "Narci-selfiers"?: A cross-lagged panel analysis of selfie taking and narcissism. *Personality and Individual Differences, 97*, 98–101.

Halpern, D. F., Benbow, C. P., Geary, D. C., Gur, R. C., Hyde, J. S., & Gernsbacher, M. A. (2007). The science of sex differences in science and mathematics. *Psychological Science in the Public Interest, 8*, 1–51.

Hambrick, D. Z. (2014, December 2). Brain training doesn't make you smarter. *Scientific American*. https://www.scientificamerican.com/article/brain-training-doesn-t-make-you-smarter/

Hambrick, D. Z., Altmann, E. M., Oswald, F. L., Meinz, E. J., Gobet, F., & Campitelli, G. (2014a). Accounting for expert performance: The devil is in the details. *Intelligence, 45*, 112–114.

Hambrick, D. Z., & Meinz, E. J. (2011). Limits on the predictive power of domain-specific experience and knowledge in skilled performance. *Current Directions in Psychological Science, 20*, 275–279.

Hambrick, D. Z., Oswald, F. L., Altmann, E. M., Meinz, E. J., Gobet, F., & Campitelli, G. (2014b). Deliberate practice: Is that all it takes to become an expert? *Intelligence, 45*, 34–45.

Hamer, M., Kivimaki, M., Stamatakis, E., & Batty, G. D. (2019). Psychological distress and infectious disease mortality in the general population. *Brain, Behavior, and Immunity, 76*, 280–283.

Hamid, A. A., Pettibone, J. R., Mabrouk, O. S., Hetrick, V. L., Schmidt, R., Vander Weele, C. M., Kennedy, R. T., Aragona, B. J., & Berke, J. D. (2016). Mesolimbic dopamine signals the value of work. *Nature Neuroscience, 19*, 117–126.

Hamilton, J. L., Stange, J. P., Abramson, L. Y., & Alloy, L. B. (2015). Stress and the development of cognitive vulnerabilities to depression explain sex differences in depressive symptoms during adolescence. *Clinical Psychological Science, 3*, 702–714.

Hamlin, J. K., Wynn, K., Bloom, P., & Mahajan, N. (2011). How infants and toddlers reach to antisocial others. *PNAS, 108*, 19931–19936.

Hammack, P. L. (2005). The life course development of human sexual orientation: An integrative paradigm. *Human Development, 48*, 267–290.

Hammer, E. (2003). How lucky you are to be a psychology major. *Eye on Psi Chi,* 4–5.

Hammersmith, S. K. (1982, August). *Sexual preference: An empirical study from the Alfred C. Kinsey Institute for Sex Research* [Paper]. Presented at the meeting of the American Psychological Association, Washington, DC.

Hammond, D. C. (2008). Hypnosis as sole anesthesia for major surgeries: Historical and contemporary perspectives. *American Journal of Clinical Hypnosis, 51*, 101–121.

Hamza, C. A., Willoughby, T., & Heffer, T. (2015). Impulsivity and nonsuicidal self-injury: A review and meta-analysis. *Clinical Psychology Review, 38*, 13–24.

Han, B., Kott, P. S., Hughes, A., McKeon, R., Blanco, C., & Compton, W. M. (2016). Estimating the rates of deaths by suicide among adults who attempt suicide in the United States. *Journal of Psychiatric Research, 77*, 125–133.

Han, L. K. M., Aghajani, M., Clark, S. L., Chan, R. F., Hattab, M. W., Shabalin, A. A., Zhao, M., Kumar, G., Xie, L. Y., Jansen, R., Milaneschi, Y., Den, B., Aberg, K. A., van den Oord, D. J. C. G., & Penninx, B. W. J. H. (2018). Epigenetic aging in major depressive disorder. *The American Journal of Psychiatry, 175*, 774–782.

Hanania, R. (2017). The personalities of politicians: A big five survey of American legislators. *Personality and Individual Differences, 108*, 164–167.

Haney, J. L. (2016). Predictors of homonegativity in the United States and the Netherlands using the fifth wave of the World Values Survey. *Journal of Homosexuality, 63*, 1355–1377.

Hänggi, J., Koeneke, S., Bezzola, L., Jäncke, L. (2010). Structural neuroplasticity in the sensorimotor network of professional female ballet dancers. *Human Brain Mapping, 31*, 1196–1206.

Hankin, B. L., & Abramson, L. Y. (2001). Development of gender differences in depression: An elaborated cognitive vulnerability-transactional stress theory. *Psychological Bulletin, 127*, 773–796.

Hanlon, E. C., Tasali, E., Leproult, R., Stuhr, K. L., Doncheck, E., de Wit, H., Hillard, C. J., & Van Cauter, E. (2015). Sleep restriction enhances the daily rhythm of circulating levels of endocannabinoid 2-arachidonoylglycerol. *Sleep, 39*, 653–664.

Hanniball, K. B., Aknin, L. B., Douglas, K. S., & Viljoen, J. L. (2019). Does helping promote well-being in at-risk youth and ex-offender samples? *Journal of Experimental Social Psychology, 82*, 307–317.

Hansen, A., Turpyn, C. C., Mauro, K., Thompson, J. C., & Chaplin, T. M. (2019). Adolescent brain response to reward is associated with a bias toward immediate reward. *Developmental Neuropsychology,* 1–12.

Harari, G. M., Lane, N. D., Wang, R., Crosier, B. S., Campbell, A. T., & Gosling, S. D. (2016). Using smartphones to collect behavioral data in psychological science: Opportunities, practical considerations, and challenges. *Perspectives on Psychological Science, 11*, 838–854.

Harbaugh, W. T., Mayr, U., & Burghart, D. R. (2007). Neural responses to taxation and voluntary giving reveal motives for charitable donations. *Science, 316*, 1622–1625.

Harber, K. D. (1998). Feedback to minorities: Evidence of a positive bias. *Journal of Personality and Social Psychology, 74*, 622–628.

Harden, K. P. (2012). True love waits? A sibling-comparison study of age at first sexual intercourse and romantic relationships in young adulthood. *Psychological Science, 23*, 1324–1336.

Harden, K. P., & Mendle, J. (2011). Why don't smart teens have sex? A behavioral genetic approach. *Child Development, 82*, 1327–1344.

Hards, E., Ellis, J., Fisk, J., & Reynolds, S. (2019). Memories of the self in adolescence: Examining 6558 self-image norms. *Memory, 27*, 1–7.

Hardt, O., Einarsson, E. O., & Nader, K. (2010). A bridge over troubled water: Reconsolidation as a link between cognitive and neuroscientific memory research traditions. *Annual Review of Psychology, 61*, 141–167.

Hare, R. D. (1975). Psychophysiological studies of psychopathy. In D. C. Fowles (Ed.), *Clinical applications of psychophysiology*. Columbia University Press.

Harenski, C. L., Harenski, K. A., Shane, M. W., & Kiehl, K. A. (2010). Aberrant neural processing of moral violations in criminal psychopaths. *Journal of Abnormal Psychology, 119*, 863–874.

Harkin, B., Webb, T. L., Chang, B. P. I., Prestwich, A., Conner, M., Kellar, I., Benn, Y., & Sheeran, P. (2016). Does monitoring goal progress promote goal attainment? A meta-analysis of the experimental evidence. *Psychological Bulletin, 142*, 198–229.

Harkins, S. G., & Szymanski, K. (1989). Social loafing and group evaluation. *Journal of Personality and Social Psychology, 56*, 934–941.

Harlow, H. F., Harlow, M. K., & Suomi, S. J. (1971). From thought to therapy: Lessons from a primate laboratory. *American Scientist, 59*, 538–549.

Harmon-Jones, E., Abramson, L. Y., Sigelman, J., Bohlig, A., Hogan, M. E., & Harmon-Jones, C. (2002). Proneness to hypomania/mania symptoms or depression symptoms and asymmetrical frontal cortical responses to an anger-evoking event. *Journal of Personality and Social Psychology, 82*, 610–618.

Harnett, N. G., Shumen, J. R., Wagle, P. A., Wood, K. H., Wheelock, M. D., Baños, J. H., & Knight, D. C. (2016). Neural mechanisms of human temporal fear conditioning. *Neurobiology of Learning and Memory, 136*, 97–104.

Harold, C. M., Oh, I.-S., Holtz, B. C., Han, S., & Giacalone, R. A. (2016). Fit and frustration as drivers of targeted counterproductive work behaviors: A multifoci perspective. *Journal of Applied Psychology, 101*, 1513–1535.

Harper, C., & McLanahan, S. (2004). Father absence and youth incarceration. *Journal of Research on Adolescence, 14*, 369–397.

Harper's. (2009, November). Harper's index. *Harper's,* p. 13.

Harris, B. (1979). Whatever happened to Little Albert? *American Psychologist, 34*, 151–160.

Harris, J. R. (1998). *The nurture assumption.* Free Press.

Harris, J. R. (2000). Beyond the nurture assumption: Testing hypotheses about the child's environment. In J. G. Borkowski & S. L. Ramey (Eds.), *Parenting and the child's world: Influences on academic, intellectual, and social-emotional development.* APA Books.

Harris, J. R. (2007, August 8). Do pals matter more than parents? [PDF]. *The Times.* https://www.nyman.org/Judith%20Rich%20Harris.pdf

Harris, J. R. (2009). *The nurture assumption: Why children turn out the way they do, revised and updated.* Free Press.

Harris, M. A., Brett, C. E., Johnson, W., & Deary, I. J. (2016). Personality stability from age 14 to age 77 years. *Psychology and Aging, 31*, 862–874.

Harris, R. J. (1994). The impact of sexually explicit media. In J. Brant & D. Zillmann (Eds.), *Media effects: Advances in theory and research.* Erlbaum.

Harrison, G., Hopper, K. I. M., Craig, T., Laska, E., Siegel, C., Wanderling, J., Dube, K. C., Ganev, K, Giel, R., Der Heiden, W. A., Holmberg, S. K., Janca, A., Lee, P. W., León, C. A., Malhotra, S., Marsella, A. J., Nakane, Y., Sartorius, N., Shen, Y., . . . Wiersma, D. (2001). Recovery from psychotic illness: A 15-and 25-year international follow-up study. *The British Journal of Psychiatry, 178*, 506–517.

Harrison, L. A., Hurlemann, R., & Adolphs, R. (2015). An enhanced default approach bias following amygdala lesions in humans. *Psychological Science, 26*, 1543–1555.

Harrison, N. A., Johnston, K., Corno, F., Casey, S. J., Friedner, K., Humphreys, K., Jaldow, E. J., Pitkanen, M., & Kopelman, M. D. (2017). Psychogenic amnesia: Syndromes, outcome, and patterns of retrograde amnesia. *Brain: A Journal of Neurology, 140*, 2498–2510.

Harriston, K. A. (1993, December 24). 1 shakes, 1 snoozes: Both win $45 million. *Washington Post* release in *Tacoma News Tribune,* pp. A1, A2.

Harter, J. K., Schmidt, F. L., Asplund, J. W., Killham, E. A., & Agrawal, S. (2010). Causal impact of employee work perceptions on the bottom line of organizations. *Perspectives on Psychological Science, 5*, 378–389.

Harter, J. K., Schmidt, F. L., & Hayes, T. L. (2002). Business-unit-level relationship between employee satisfaction, employee engagement, and business outcomes: A meta-analysis. *Journal of Applied Psychology, 87*, 268–279.

Hartl, A. C., Laursen, B., & Cillessen, A. H. (2015). A survival analysis of adolescent friendships: The downside of dissimilarity. *Psychological Science, 26*, 1304–1315.

Hartshorne, J. K., Tenenbaum, J. B., & Pinker, S. (2018). A critical period for second language acquisition: Evidence from 2/3 million English speakers. *Cognition, 177*, 263–277.

Hartwig, M., & Bond, C. F., Jr. (2011). Why do lie-catchers fail? A lens model meta-analysis of human lie judgments. *Psychological Bulletin, 137*, 643–659.

Harvard Business School. (2019). Admissions—Class of 2020 profile. (hbs.edu).

Harvey, A. G., & Tang, N. K. Y. (2012). (Mis)perception of sleep in insomnia: A puzzle and a resolution. *Psychological Bulletin, 138*, 77–101.

Harvey, P. D. (2019). Smoking cannabis and acquired impairments I cognition: Starting early seems like a really bad idea. *American Journal of Psychiatry, 176*, 90–91.

Harvey, S. B., Øverland, S., Hatch, S. L., Wessely, S., Mykletun, A., & Hotopf, M. (2018). Exercise and the prevention of depression: Results of the HUNT Cohort Study. *American Journal of Psychiatry, 175*, 28–36.

Harward, S. C., Hedrick, N. G., Hall, C. E., Parra-Bueno, P., Milner, T. A., Pan, E., Laviv, T., Hempstead, B. L., Yasuda, R., & McNamara, J. O. (2016). Autocrine BDNF–TrkB signalling within a single dendritic spine. *Nature, 538*, 99–103.

Hasell, J. (2018). *Is income inequality rising around the world?* Our World in Data. https://ourworldindata.org/income-inequality-since-1990

Haselton, M. G., & Gildersleeve, K. (2011). Can men detect ovulation? *Current Directions in Psychological Science, 20*, 87–92.

Haselton, M. G., & Gildersleeve, K. (2016). Human ovulation cues. *Current Opinion in Psychology, 7*, 120–125.

Hasin, D. S., Sarvet, A. L., Meyers, J. L. (2018). Epidemiology of adult DSM-5 major depressive disorder and its specifiers in the United States. *JAMA Psychiatry, 75,* 334–336.

Haslam, C., Cruwys, T., Chang, M. X. L., Bentley, S. V., Haslam, S. A., Dingle, G. A., & Jetten, J. (2019). GROUPS 4 HEALTH reduces loneliness and social anxiety in adults with psychological distress: Findings from a randomized controlled trial. *Journal of Consulting and Clinical Psychology, 87,* 787–801.

Haslam, S. A., & Reicher, S. (2007). Beyond the banality of evil: Three dynamics of an interactionist social psychology of tyranny. *Personality and Social Psychology Bulletin, 33,* 615–622.

Haslam, S. A., & Reicher, S. D. (2012). Contesting the "nature" of conformity: What Milgram and Zimbardo's studies really show. *PLOS Biology, 10,* e1001426.

Haslam, S. A., Reicher, S. D., & Birney, M. E. (2014). Nothing by mere authority: Evidence that in an experimental analogue of the Milgram paradigm participants are motivated not by orders but by appeals to science. *Journal of Social Issues, 70,* 473–488.

Haslam, S. A., Reicher, S. D., & Birney, M. E. (2016). Questioning authority: New perspectives on Milgram's "obedience" research and its implications for intergroup relations. *Current Opinion in Psychology, 11,* 6–9.

Hassan, B., & Rahman, Q. (2007). Selective sexual orientation-related differences in object location memory. *Behavioral Neuroscience, 121,* 625–633.

Hassin, R. R. (2013). Yes it can: On the functional abilities of the human unconscious. *Perspectives on Psychological Science, 8,* 195–207.

Hatfield, E. (1988). Passionate and companionate love. In R. J. Sternberg & M. L. Barnes (Eds.), *The psychology of love* (pp. 191–217). Yale University Press.

Hatfield, E. (2016). Love and sex in the marketplace. In R. J. Sternberg, S. T. Fiske, & D. J. Foss (Eds.), *Scientists making a difference: One hundred eminent behavioral and brain scientists talk about their most important contributions.* Cambridge University Press.

Hatfield, E., Mo, Y., & Rapson, R. L. (2015). Love, sex, and marriage across cultures. In L. A. Jensen (Ed.), *The Oxford handbook of human development and culture: An interdisciplinary perspective* (pp. 570–585). Oxford University Press.

Hatfield, E., & Sprecher, S. (1986). *Mirror, mirror . . . The importance of looks in everyday life.* State University of New York.

Hathaway, S. R. (1960). *An MMPI Handbook* (Vol. 1, Foreword). University of Minnesota Press (rev. ed.), 1972.

Hatzenbuehler, M. L. (2011). The social environment and suicide attempts in lesbian, gay, and bisexual youth. *Pediatrics, 127,* 896–903.

Hatzenbuehler, M. L. (2014). Structural stigma and the health of lesbian, gay, and bisexual populations. *Current Directions in Psychological Science, 23,* 127–132.

Hatzenbuehler, M. L., Nolen-Hoeksema, S., & Dovidio, J. (2009). How does stigma "get under the skin?" The mediating role of emotion regulation. *Psychological Science, 20,* 1282–1289.

Hatzigeorgiadis, A., Zourbanos, N., Galanis, E., & Theodorakis, Y. (2011). Self-talk and sports performance: A meta-analysis. *Perspectives on Psychological Science, 6,* 348–356.

Hauser, M. D., Chomsky, N., & Fitch, W. T. (2002). The faculty of language: What is it, who has it, and how did it evolve? *Science, 298,* 1569–1579.

Havas, D. A., Glenberg, A. M., Gutowski, K. A., Lucarelli, M. J., & Davidson, R. J. (2010). Cosmetic use of Botulinum Toxin-A affects processing of emotional language. *Psychological Science, 21,* 895–900.

Hawkley, L. C., Hughes, M. E., Waite, L. J., Masi, C. M., Thisted, R. A., & Cacioppo, J. T. (2008). From social structure factors to perceptions of relationship quality and loneliness: The Chicago Health, Aging, and Social Relations Study. *Journal of Gerontology: Series B, 63,* S375–S384.

Haworth, C. M. A., Wright, M. J., Luciano, M., Martin, N. G., de Geus, E. J., van Beijsterveldt, C. E., Bartels, M., Posthuma, D., Boomsma, D. I., Davis, O. S., Kovas, Y., Corley, R. P., Defries, J. C. Hewitt, J. K., Olson, R. K., Rhea, S. A., Wadsworth, S. J., Iacono, W. G., McGue, M., . . . Plomin, R. (2010). The heritability of general cognitive ability increases linearly from childhood to young adulthood. *Molecular Psychiatry, 15,* 1112–1120.

Haworth, C. M. A., Wright, M. J., Martin, N. W., Martin, N. G., Boomsma, D. I., Bartels, M., Posthuma, D., Davis, O. S., Brant, A. M., Corley, R. P., Hewitt, J. K., Iacono, W. G., McGue, M., Thompson, L. A., Hart, S. A., Petrill, S. A., Lubinski, D., & Plomin, R. (2009). A twin study of the genetics of high cognitive ability selected from 11,000 twin pairs in six studies from four countries. *Behavior Genetics, 39,* 359–370.

Haxby, J. V. (2001, July 7). Quoted in B. Bower, Faces of perception. *Science News,* pp. 10–12. See also J. V. Haxby, M. I. Gobbini, M. L. Furey, A. Ishai, J. L. Schouten & P. Pietrini (2001), Distributed and overlapping representations of faces and objects in ventral temporal cortex. *Science, 293,* 2425–2430.

Hayasaki, E. (2014, July). Want to know when you'll die? 'Big data' could tell you. *Newsweek.* https://www.newsweek.com/2014/08/01/want-know-when-youll-die-big-data-could-tell-you-260883.html

Hayashi, Y., Kashiwagi, M., Yasuda, K., Ando, R., Kanuka, M., Sakai, K., & Itohara, S. (2015). Cells of a common developmental origin regulate REM/non-REM sleep and wakefulness in mice. *Science, 350,* 957–961.

Haynes, A., Kersbergen, I., Sutin, A., Daly, M., & Robinson, E. (2019). Does perceived overweight increase risk of depressive symptoms and suicidability beyond objective weight status? A systematic review and meta-analysis. *Clinical Psychology Review, 73,* 101753.

Hays, C., & Carver, L. J. (2014). Follow the liar: The effects of adult lies on children's honesty. *Developmental Science, 17,* 977–983.

Hazan, C., & Shaver, P. R. (1994). Attachment as an organizational framework for research on close relationships. *Psychological Inquiry, 5,* 1–22.

Hazelrigg, M. D., Cooper, H. M., & Borduin, C. M. (1987). Evaluating the effectiveness of family therapies: An integrative review and analysis. *Psychological Bulletin, 101,* 428–442.

HBVA. (2018). *Honour killings by region, South and Central Asia.* Honour Based Violence Awareness Network. Retrieved on February 20, 2018, from http://hbv-awareness.com/regions/

He, Q., Turel, O., & Bechara, A. (2018). Association of excessive social media use with abnormal white matter integrity of the corpus callosum. *Psychiatry Research: Neuroimaging, 278,* 42–47.

He, Z., & Jin, Y. (2016). Intrinsic control of axon regeneration. *Neuron, 90,* 437–451.

Headey, B., Muffels, R., & Wagner, G. G. (2010). Long-running German panel survey shows that personal and economic choices, not just genes, matter for happiness. *PNAS, 107,* 17922–17926.

Healy, A. F., Jones, M., Lalchandani, L. A., & Tack, L. A. (2017). Timing of quizzes during learning: Effects on motivation and retention. *Journal of Experimental Psychology: Applied, 23,* 128–137.

Heavey, C. L., & Hurlburt, R. T. (2008). The phenomena of inner experience. *Consciousness and Cognition, 17,* 798–810.

Hebb, D. O. (1949). *The organization of behavior: A neuropsychological theory.* Psychology Press.

Heberle, A. E., & Carter, A. S. (2015). Cognitive aspects of young children's experience of economic disadvantage. *Psychological Bulletin, 141,* 723–746.

Heck, P. R., Simons, D. J., & Chabris, C. F. (2018). 65% of Americans believe they are above average in intelligence: Results of two nationally representative surveys. *PLOS ONE, 13,* e0200103.

Heckert, J. (2012, November 15). The hazards of growing up painlessly. *The New York Times.* https://www.nytimes.com/2012/11/18/magazine/ashlyn-blocker-feels-no-pain.html?

Heckman, J. J., & Karapakula, G. (2019). *Intergenerational and intragenerational externalities of the Perry Preschool Project* (No. w25889). National Bureau of Economic Research.

Hedström, P., Liu, K.-Y., & Nordvik, M. K. (2008). Interaction domains and suicides: A population-based panel study of suicides in the Stockholm metropolitan area, 1991–1999. *Social Forces, 2,* 713–740.

Hehman, E., Flake, J. K., & Calanchini, J. (2018). Disproportionate use of lethal force in policing is associated with regional racial biases of residents. *Social Psychological Personality Science, 9*(4), 393–401.

Heider, F. (1958). *The psychology of interpersonal relations.* Wiley.

Heilmann, K., & Kahn, M. E. (2019, June) *The urban crime and heat gradient in high and low poverty areas* (NBER Working Paper No. 25961). https://www.nber.org/papers/w25961

Heiman, J. R. (1975, April). The physiology of erotica: Women's sexual arousal. *Psychology Today,* pp. 90–94.

Hein, G., Morishima, Y., Leiberg, S., Sul, S., & Fehr, E. (2016). The brain's functional network architecture reveals human motives. *Science, 351,* 1074–1078.

Heine, S. J., Proulx, T., & Vohs, K. D. (2006). Meaning maintenance model: On the coherence of human motivations. *Personality and Social Psychology Review, 10,* 88–110.

Hejmadi, A., Davidson, R. J., & Rozin, P. (2000). Exploring Hindu Indian emotion expressions: Evidence for accurate recognition by Americans and Indians. *Psychological Science, 11,* 183–187.

Helfand, D. (2011, January 7). An assault on rationality. *The New York Times* (nytimes.com).

Heller, A. S., Johnstone, T., Schackman, A. J., Light, S. N., Peterson, M. J., Kolden, G. G., Kalin, N. H., & Davidson, R. J. (2009). Reduced capacity to sustain positive emotion in major depression reflects diminished maintenance of fronto-striatal brain activation. *PNAS, 106,* 22445–22450.

Heller, S. B. (2014). Summer jobs reduce violence among disadvantaged youth. *Science, 346,* 1219–1222.

Heller, W. (1990, May/June). Of one mind: Second thoughts about the brain's dual nature. *The Sciences,* pp. 38–44.

Helliwell, J., Layard, R., & Sachs, J. (Eds.) (2013). *World happiness report.* The Earth Institute, Columbia University.

Helliwell, J. F., & Wang, S. (2015). How was the weekend? How the social context underlies weekend effects in happiness and other emotions for US workers. *PLOS ONE, 10,* e0145123.

Helmreich, W. B. (1992). *Against all odds: Holocaust survivors and the successful lives they made in America.* Simon & Schuster.

Helmreich, W. B. (1994). Personal correspondence. Department of Sociology, City University of New York.

Helms, J. E., Jernigan, M., & Mascher, J. (2005). The meaning of race in psychology and how to change it: A methodological perspective. *American Psychologist, 60,* 27–36.

Helmuth, L. (2001). Boosting brain activity from the outside in. *Science, 292*, 1284–1286.

Helsen, K., Goubert, L., Peters, M. L., & Vlaeyen, J. W. S. (2011). Observational learning and pain-related fear: An experimental study with colored cold pressor tasks. *The Journal of Pain, 12*, 1230–1239.

Helweg-Larsen, M. (1999). (The lack of) optimistic biases in response to the 1994 Northridge earthquake: The role of personal experience. *Basic and Applied Social Psychology, 21*, 119–129.

Hembree, R. (1988). Correlates, causes, effects, and treatment of test anxiety. *Review of Educational Research, 58*, 47–77.

Henderlong, J., & Lepper, M. R. (2002). The effects of praise on children's intrinsic motivation: A review and synthesis. *Psychological Bulletin, 128*, 774–795.

Henderson, J. M. (2007). Regarding scenes. *Current Directions in Psychological Science, 16*, 219–222.

Henig, R. M. (2010, August 18). What is it about 20-somethings? *The New York Times Magazine.* https://www.nytimes.com/2010/08/22/magazine/22Adulthood-t.html?

Henley, N. M. (1989). Molehill or mountain? What we know and don't know about sex bias in language. In M. Crawford & M. Gentry (Eds.), *Gender and thought: Psychological perspectives* (pp. 59–78). Springer-Verlag.

Hennenlotter, A., Dresel, C., Castrop, F., Ceballos Baumann, A., Wohschlager, A., & Haslinger, B. (2008). The link between facial feedback and neural activity within central circuitries of emotion: New insights from Botulinum Toxin-induced denervation of frown muscles. *Cerebral Cortex, 19*, 537–542.

Hennessey, B. A., & Amabile, T. M. (2010). Creativity. *Annual Review of Psychology, 61*, 569–598.

Henrich, J., Heine, S. J., & Norenzayan, A. (2010). The weirdest people in the world? *Behavioral and Brain Sciences, 33*, 61–135.

Henry, J. D., MacLeod, M. S., Phillips, L. H., & Crawford, J. R. (2004). A meta-analytic review of prospective memory and aging. *Psychology and Aging, 19*, 27–39.

Hensley, C., Browne, J. A., & Trentham, C. E. (2018). Exploring the social and emotional context of childhood animal cruelty and its potential link to adult human violence. *Psychology, Crime & Law, 24*, 489–499.

Hepper, P. (2005). Unravelling our beginnings. *The Psychologist, 18*, 474–477.

Herbenick, D., Reece, M., Schick, V., & Sanders, S. A. (2014). Erect penile length and circumference dimensions of 1,661 sexually active men in the United States. *Journal of Sexual Medicine, 11*, 93–101.

Herculano-Houzel, S. (2012). The remarkable, yet not extraordinary, human brain as a scaled-up primate brain and its associated cost. *PNAS, 109* (suppl 1), 10661–10668.

Herek, G. M. (2016, accessed December 27). *Facts about homosexuality and child molestation.* Retrieved from https://psychology.ucdavis.edu/rainbow/html/facts_molestation.html

Herman, C. P., & Polivy, J. (1980). Restrained eating. In A. J. Stunkard (Ed.), *Obesity.* Saunders.

Herman, C. P., Polivy, J., Pliner, P., & Vartanian, L. R. (2015). Mechanisms underlying the portion-size effect. *Physiology & Behavior, 144*, 129–136.

Herman-Giddens, M. E. (2013). The enigmatic pursuit of puberty in girls. *Pediatrics, 132*, 1125–1126.

Herman-Giddens, M. E., Steffes, J., Harris, D., Slora, E., Hussey, M., Dowshen, S. A., Wasserman, R., Serwint, J. F., Smitherman, L., & Reiter, E. O. (2012). Secondary sexual characteristics in boys: Data from the pediatric research in office settings network. *Pediatrics, 130*, 1058–1068.

Hernandez, A. E., & Li, P. (2007). Age of acquisition: Its neural and computational mechanisms. *Psychological Bulletin, 133*, 638–650.

Hernandez, R., Kershaw, K. N., Siddique, J., Boehm, J. K., Kubzansky, L. D., Diez-Roux, A., Ning, H., & Lloyd-Jones, D. M. (2015). Optimism and cardiovascular health: Multi-Ethnic Study of Atherosclerosis (MESA). *Health Behavior and Policy Review, 2*, 62–73.

Herrero, N., Gadea, M., Rodríguez-Alarcón, G., Espert, R., & Salvador, A. (2010). What happens when we get angry? Hormonal, cardiovascular and asymmetrical brain responses. *Hormones and Behavior, 57*, 276–283.

Herringa, R. J., Phillips, M. L., Fournier, J. C., Kronhaus, D. M., & Germain, A. (2013). Childhood and adult trauma both correlate with dorsal anterior cingulate activation to threat in combat veterans. *Psychological Medicine, 43*, 1533–1542.

Herrmann, E., Call, J., Hernández-Lloreda, M. V., Hare, B., & Tomasello, M. (2007). Humans have evolved specialized skills of social cognition: The cultural intelligence hypothesis. *Science, 317*, 1360–1365.

Herrnstein, R. J., & Loveland, D. H. (1964). Complex visual concept in the pigeon. *Science, 146*, 549–551.

Hershenson, M. (1989). *The moon illusion.* Erlbaum.

Hertenstein, M. J., Hansel, C., Butts, S., Hile, S. (2009). Smile intensity in photographs predicts divorce later in life. *Motivation & Emotion, 33*, 99–105.

Hertenstein, M. J., Keltner, D., App, B., Bulleit, B., & Jaskolka, A. (2006). Touch communicates distinct emotions. *Emotion, 6*, 528–533.

Herz, R. (2007). *The scent of desire: Discovering our enigmatic sense of smell.* Morrow/HarperCollins.

Herz, R. (2012, January 28). You eat that? *The Wall Street Journal.* https://www.wsj.com/articles/SB10001424052970204661604577186843056231170

Herz, R. S. (2001, October). Ah, sweet skunk! Why we like or dislike what we smell. *Cerebrum*, pp. 31–47.

Herz, R. S., Beland, S. L., & Hellerstein, M. (2004). Changing odor hedonic perception through emotional associations in humans. *International Journal of Comparative Psychology, 17*, 315–339.

Hess, E. H. (1956, July). Space perception in the chick. *Scientific American*, pp. 71–80.

Hess, M. J., & Hough, S. (2012). Impact of spinal cord injury on sexuality: broad-based clinical practice intervention and practical application. *The Journal of Spinal Cord Medicine, 35*, 211–218.

Hess, U., & Thibault, P. (2009). Darwin and emotion expression. *American Psychologist, 64*, 120–128.

Heu, L. C., van Zomeren, M., & Hansen, N. (2019). Lonely alone or lonely together? A Cultural-psychological examination of individualism–Collectivism and loneliness in five European countries. *Personality and Social Psychology Bulletin, 45*, 780–793.

HEUNI. (2015). *Homicide and gender* [PDF file]. United Nations Office on Drugs and Crime data summarized by the European Institute for Crime Prevention and Control, affiliated with the United Nations. https://www.heuni.fi/material/attachments/heuni/projects/wd2vDSKcZ/Homicide_and_Gender.pdf

Hewett, R., & Conway, N. (2015). The undermining effect revisited: The salience of everyday verbal rewards and self-determined motivation. *Journal of Organizational Behavior, 37*, 436–455.

Hewlett, B. S. (1991). Demography and childcare in preindustrial societies. *Journal of Anthropological Research, 47*, 1–37.

Hibar, D. P., Westlye, L. T., van Erp, T. G., Rasmussen, J., Leonardo, C. D., Faskowitz, J., Hauvick, U. K., Hartberg, C. B., Doan, N. T., Agartz, I., Dale, A. M., Gruber, O., Krämer, B., Trost, S., Liberg, B., Abé, C., Ekman, C. J., Ingvar, M., Landén, M., . . . Andreassen, O. A. (2016). Subcortical volumetric abnormalities in bipolar disorder. *Molecular Psychiatry, 21*, 1710–1716.

Hickok, G. (2014). *The myth of mirror neurons: The real neuroscience of communication and cognition.* Norton.

Hickok, G., Bellugi, U., & Klima, E. S. (2001, June). Sign language in the brain. *Scientific American*, pp. 58–65.

Hilgard, E. R. (1986). *Divided consciousness: Multiple controls in human thought and action.* Wiley.

Hilgard, E. R. (1992). Dissociation and theories of hypnosis. In E. Fromm & M. R. Nash (Eds.), *Contemporary hypnosis research.* Guilford.

Hilker, R., Helenius, D., Fagerlund, B., Skytthe, A., Christensen, K., Werge, T. M., Nordentoft, N., & Glenthøj, B. (2018). Heritability of schizophrenia and schizophrenia spectrum based on the nationwide Danish twin register. *Biological Psychiatry, 83*, 492–498.

Hill, A. J. (2007). The psychology of food craving. *Proceedings of the Nutrition Society, 66*, 277–285.

Hill, C. E., & Nakayama, E. Y. (2000). Client-centered therapy: Where has it been and where is it going? A comment on Hathaway. *Journal of Clinical Psychology, 56*, 961–875.

Hill, D. B. (2019). Androcentrism and the great man narrative in psychology textbooks. *Journal of Research in Gender Studies, 9*, 9–37.

Hills, P. J., Werno, M. A., & Lewis, M. B. (2011). Sad people are more accurate at face recognition than happy people. *Consciousness and Cognition, 20*, 1502–1517.

Hills, T. T. (2019). The dark side of information proliferation. *Perspectives on Psychological Science, 14*, 323–330.

Hinds, J., & Joinson, A. (2019). Human and computer personality prediction from digital footprints. *Current Directions in Psychological Science, 28*, 204–211.

Hines, M. (2004). *Brain gender.* Oxford University Press.

Hingson, R. W., Heeren, T., & Winter, M. R. (2006). Age at drinking onset and alcohol dependence. *Archives of Pediatrics & Adolescent Medicine, 160*, 739–746.

Hinnant, J. B., McConnell, L. M., Yanes, J. A., McCormick, M. J., Murphy, J. E., Erath, S. A., & Robinson, J. L. (2019). Rewarding safe choices in peer contexts: Adolescent brain activity during decision making. *Biological Psychology, 142*, 45–53.

Hintzman, D. L. (1978). *The psychology of learning and memory.* Freeman.

Hinz, L. D., & Williamson, D. A. (1987). Bulimia and depression: A review of the affective variant hypothesis. *Psychological Bulletin, 102*, 150–158.

Hirad, A. A., Bazarian, J. J., Merchant-Borna, K., Garcea, F. E., Heilbronner, S., Paul, D., Hintz, E. B., van Wijngaarden, E., Schifitto, G., Wright, D. W., Espinoza, T. R., & Mahon, B. Z. (2019). A common neural signature of brain injury in concussion and subconcussion. *Science Advances, 5*, 1–11.

Hirsh-Pasek, K., Adamson, L. B., Bakeman, R., Owen, M. T., Golinkoff, R. M., Pace, A., Yust, P. K., & Suma, K. (2015). The contribution of early communication quality to low-income children's language success. *Psychological Science, 26*, 1071–1083.

Hirst, W., & Echterhoff, G. (2012). Remembering in conversations: The social sharing and reshaping of memories. *Annual Review of Psychology, 63*, 55–79.

Hirst, W., & Phelps, E. A. (2016). Flashbulb memories. *Current Directions in Psychological Science, 25*, 36–41.

Hirst, W., Phelps, E. A., Meksin, R., Vaidya, C. J., Johnson, M. K., Mitchell, K. J., Buckner, R. L., Budson, A. E., Gabrieli, J. D., Lustig, C., Mather, M., Ochsner, K. N., Schacter, D., Simons, J. S., Lyle, K. B., Cuc, A. F., & Olsson, A. (2015). A ten-year follow-up of a study of memory for the attack of September 11, 2001: Flashbulb memories and memories for flashbulb events. *Journal of Experimental Psychology: General, 144,* 604.

Hirt, E. R., Zillmann, D., Erickson, G. A., & Kennedy, C. (1992). Costs and benefits of allegiance: Changes in fans' self-ascribed competencies after team victory versus defeat. *Journal of Personality and Social Psychology, 63,* 724–738.

Hjelmborg, J. V. B., Fagnani, C., Silventoinen, K., McGue, M., Korkeila, M., Christensen, K., Rissanen, A., & Kaprio, J. (2008). Genetic influences on growth traits of BMI: A longitudinal study of adult twins. *Obesity, 16,* 847–852.

Hjelmgaard, K. (2019, March 27). Head transplant doctors Xiaoping Ren and Sergio Canavero claim spinal cord progress. *USA Today.* https://conspiracy411.info/head-transplant-doctors-xiaoping-ren-and-sergio-canavero-claim-spinal-cord-progress/

HMHL. (2002, January). Disaster and trauma. *Harvard Mental Health Letter,* pp. 1–5.

Ho, T., Chong, J. K., & Xia, X. (2017). Yellow taxis have fewer accidents than blue taxis because yellow is more visible than blue. *PNAS, 114,* 3074–3078.

Hobaiter, C., Poisot, T., Zuberbühler, K., Hoppitt, W., & Gruber, T. (2014). Social network analysis shows direct evidence for social transmission of tool use in wild chimpanzees. *PLOS Biology, 12,* e1001960.

Hobbs, W. R., Burke, M., Christakis, N. A., & Fowler, J. H. (2016). Online social integration is associated with reduced mortality risk. *PNAS, 113,* 12980–12984.

Hobson, J. A. (1995, September). Quoted by C. H. Colt in The power of dreams. *Life,* pp. 36–49.

Hobson, J. A. (2003). *Dreaming: An introduction to the science of sleep.* Oxford.

Hobson, J. A. (2004). *13 dreams Freud never had: The new mind science.* Pi Press.

Hobson, J. A. (2009). REM sleep and dreaming: Towards a theory of protoconsciousness. *Nature Reviews, 10,* 803–814.

Hochberg, L. R., Serruya, M. D., Friehs, G. M., Mukand, J. A., Saleh, M., Caplan, A. H., Branner, A., Chen, D., Penn, R. D., & Donoghue, J. P. (2006). Neuronal ensemble control of prosthetic devices by a human with tetraplegia. *Nature, 442,* 164–171.

Hochmair, I. (2013, September). *Cochlear implants: The size of the task concerning children born deaf.* www.medel.com

Hockenberry, J. M., Joski, P., Yarbrough, C., & Druss, B. G. (2019). Trends in treatment and spending for patients receiving outpatient treatment of depression in the United States, 1998–2015. *JAMA Psychiatry, 76,* 810–817.

Hoebel, B. G., & Teitelbaum, P. (1966). Effects of forcefeeding and starvation on food intake and body weight in a rat with ventromedial hypothalamic lesions. *Journal of Comparative and Physiological Psychology, 61,* 189–193.

Hoeft, F., Watson, C. L., Kesler, S. R., Bettinger, K. E., & Reiss, A. L. (2008). Gender differences in the mesocorticolimbic system during computer gameplay. *Journal of Psychiatric Research, 42,* 253–258.

Hofer, M. K., Whillans, A. V., & Chen, F. S. (2018). Olfactory cues from romantic partners and strangers influence women's responses to stress. *Journal of Personality and Social Psychology, 114,* 1–9.

Hoff, K. A., Briley, D. A., Wee, C. J. M., & Rounds, J. (2018). Normative changes in interests from adolescence to adulthood: A meta-analysis of longitudinal studies. *Psychological Bulletin, 144,* 426–451.

Hoffman, B. M., Babyak, M. A., Craighead, W. E., Sherwood, A., Doraiswamy, P. M., Coons, M. J., & Blumenthal, J. A. (2011). Exercise and pharmacotherapy in patients with major depression: One-year follow-up of the SMILE study. *Psychosomatic Medicine, 73,* 127–133.

Hoffman, D. D. (1998). *Visual intelligence: How we create what we see.* Norton.

Hoffman, H. (2012). Considering the role of conditioning in sexual orientation. *Archives of Sexual Behavior, 41,* 63–71.

Hoffman, H. G. (2004, August). Virtual-reality therapy. *Scientific American,* pp. 58–65.

Hoffman, J. (2019, Aug. 26). Johnson & Johnson ordered to pay $572 million in landmark opioid trial. *The New York Times.* https://www.nytimes.com/2019/08/26/health/oklahoma-opioids-johnson-and-johnson.html?

Hoffman, J. (2019, September). How anti-vaccine sentiment took hold in the United States. *The New York Times.* https://www.nytimes.com/2019/09/23/health/anti-vaccination-movement-us.html?

Hoffman, Y. S. G., Shrira, A., Cohen-Fridel, S., Grossman, E. S., & Bodner, E. (2016). The effect of exposure to missile attacks on posttraumatic stress disorder symptoms as a function of perceived media control and locus of control. *Psychiatry Research, 244,* 51–56.

Hoffmann, H. (2017). Situating human sexual conditioning. *Archives of Sexual Behavior, 46,* 2213–2229.

Hogan, C. L., Catalino, L. I., Mata, J., & Fredrickson, B. L. (2015). Beyond emotional benefits: Physical activity and sedentary behavior affect psychosocial resources through emotions. *Psychology & Health, 30,* 354–369.

Hogan, R. (1998). Reinventing personality. *Journal of Social and Clinical Psychology, 17,* 1–10.

Høglend, P., & Hagtvet, K. (2019). Change mechanisms in psychotherapy: Both improved insight and improved affective awareness are necessary. *Journal of Consulting and Clinical Psychology, 87,* 332–344.

Hohmann, G. W. (1966). Some effects of spinal cord lesions on experienced emotional feelings. *Psychophysiology, 3,* 143–156.

Hokanson, J. E., & Edelman, R. (1966). Effects of three social responses on vascular processes. *Journal of Personality and Social Psychology, 3,* 442–447.

Holahan, C. K., & Sears, R. R. (1995). *The gifted group in later maturity.* Stanford University Press.

Holden, C. (2008). Poles apart. *Science, 321,* 193–195.

Holden, G. W., & Miller, P. C. (1999). Enduring and different: A meta-analysis of the similarity in parents' child rearing. *Psychological Bulletin, 125,* 223–254.

Holland, D., Chang, L., Ernst, T. M., Curran, M., Buchthal, S. D., Alicata, D., Skranes, J., Johansen, H., Hernandez, A., Yamakawa, R., Kuperman, J. M., & Dale, A. M. (2014). Structural growth trajectories and rates of change in the first 3 months of infant brain development. *JAMA Neurology, 71,* 1266–1274.

Holland, J. L. (1996). Exploring careers with a typology: What we have learned and some new directions. *American Psychologist, 51,* 397–406.

Holle, H., Warne, K., Seth, A. K., Critchley, H. D., & Ward, J. (2012). Neural basis of contagious itch and why some people are more prone to it. *PNAS, 109,* 19816–19821.

Holliday, R. E., & Albon, A. J. (2004). Minimizing misinformation effects in young children with cognitive interview mnemonics. *Applied Cognitive Psychology, 18,* 263–281.

Hollis, K. L. (1997). Contemporary research on Pavlovian conditioning: A "new" functional analysis. *American Psychologist, 52,* 956–965.

Hollon, S. D., DeRubeis, R. J., Fawcett, J., Amsterdam, J. D., Shelton, R. C., Zajecka, J., Young, P. R., & Gallop, R. (2014). Effect of cognitive therapy with antidepressant medications vs. antidepressants alone on the rate of recovery in major depressive disorder. *JAMA Psychiatry, 71,* 1157–1164.

Holmes, E. A., Ghaderi, A., Harmer, C. J., Ramchandani, P. G., Cuijpers, P., Morrison, A. P., Roiser, J. P., Bockting, C. L., O'Connor, R. C., Shafran, R., Moulds, M. L., & Craske, M. G. (2018). The Lancet Psychiatry Commission on psychological treatments research in tomorrow's science. *The Lancet Psychiatry, 5,* 237–286.

Holmes, L. (2015, February 18). Kate Middleton has an empowering message for those facing mental health stigma. *The New York Times* (nytimes.com).

Holstege, G., Georgiadis, J. R., Paans, A. M. J., Meiners, L. C., van der Graaf, F. H. C. E., & Reinders, A. A. T. S. (2003a). Brain activation during male ejaculation. *Journal of Neuroscience, 23,* 9185–9193.

Holstege, G., Reinders, A. A. T., Paans, A. M. J., Meiners, L. C., Pruim, J., & Georgiadis, J. R. (2003b). *Brain activation during female sexual orgasm* (Annual Conference Abstract Viewer/Itinerary Planner Program No. 727.7). Washington, DC: Society for Neuroscience.

Holt-Lunstad, J., Robles, T. F., & Sbarra, D. A. (2017). Advancing social connection as a public health priority in the United States. *American Psychologist, 72,* 517-530.

Holt-Lunstad, J., Smith, T. B., Baker, M., Harris, T., & Stephenson, D. (2015). Loneliness and social isolation as risk factors for mortality: A meta-analytic review. *Perspectives on Psychological Science, 10,* 227–237.

Holt-Lunstad, J., Smith, T. B., & Layton, J. B. (2010). Social relationships and mortality risk: A meta-analytic review. *PLOS Medicine, 7,* e1000316.

Holt, L. (2002, August). Reported in "Sounds of speech," p. 26, and in personal correspondence, July 18, 2002.

Holtgraves, T. (2011). Text messaging, personality, and the social context. *Journal of Research in Personality, 45,* 92–99.

Holwerda, T. J., Deeg, D. J., Beekman, A. T., van Tilburg, T. G., Stek, M. L., Jonker, C., Schoevers, R. A. (2014). Feelings of loneliness, but not social isolation, predict dementia onset: Results from the Amsterdam Study of the Elderly (AMSTEL). *Journal of Neurology, Neurosurgery, and Psychiatry, 85,* 135–142.

Home Office. (2019). *Hate crime, England and Wales, 2018 to 2019.* https://www.gov.uk/government/statistics/hate-crime-england-and-wales-2018-to-2019

Homer, B. D., Solomon, T. M., Moeller, R. W., Mascia, A., DeRaleau, L., & Halkitis, P. N. (2008). Methamphetamine abuse and impairment of social functioning: A review of the underlying neurophysiological causes and behavioral implications. *Psychological Bulletin, 134,* 301–310.

Hong, C. P. (2020, April 12). The slur I never expected to hear in 2020. *The New York Times.* https://www.nytimes.com/2020/04/12/magazine/asian-american-discrimination-coronavirus.html?

Hoogman, M., Muetzel, R., Guimaraes, J. P., Shumskaya, E., Mennes, M., Zwiers, M. P., Jahanshad, N., Sudre, G., Wolfers, T., Earl, E. A., Soliva Vila, J. C., Vives-Gilabert, Y., Khadka, S., Novotny, S. E., Hartman, C., Heslenfeld, D. J., Schweren, L. J. S., Ambrosino, S., Oranje, B., . . . Franke, B. (2019). Brain imaging of the cortex in ADHD: A coordinated analysis of large-scale clinical and population-based samples. *The American Journal of Psychiatry, 176,* 531–542.

Hooker, S. A., & Masters, K. S. (2018). Daily meaning salience and physical activity in previously inactive exercise initiates. *Health Psychology, 37,* 344–354.

Hooks, K. B., Konsman, J. P., & O'Malley, M. A. (2019). Microbiota-gut-brain research: A critical analysis. *Behavioral and Brain Sciences, 42*, e60.

Hooley, J. M., & Franklin, J. C. (2018). Why do people hurt themselves? A new conceptual model of nonsuicidal self-injury. *Clinical Psychological Science, 6*, 428–451.

Hooper, J., & Teresi, D. (1986). *The three-pound universe*. Macmillan.

Hopkins, E. D., & Cantalupo, C. (2008). Theoretical speculations on the evolutionary origins of hemispheric specialization. *Current Directions in Psychological Science, 17*, 233–237.

Hopman, E. W. M., & MacDonald, M. C. (2018). Production practice during language learning improves comprehension. *Psychological Science, 29*, 961–971.

Hopper, L. M., Lambeth, S. P., Schapiro, S. J., & Whiten, A. (2008). Observational learning in chimpanzees and children studied through "ghost" conditions. *Proceedings of the Royal Society, 275*, 835–840.

Hörder, H., Johansson, L., Guo, X., Grimby, G., Kern, S., Östling, S., & Skoog, I. (2018). Midlife cardiovascular fitness and dementia: A 44-year longitudinal population study in women. *Neurology, 90*, e1298–e1305.

Horne, J. (2011). The end of sleep: "Sleep debt" versus biological adaptation of human sleep to waking needs. *Biological Psychology, 87*, 1–14.

Horne, Z., Powell, D., Hummel, J. E., & Holyoak, K. J. (2015). Countering antivaccination attitudes. *PNAS, 112*, 10321–10324.

Horowitz, J. M. (2019, April 9). *How Americans see the state of race relations*. Pew Research Center. https://www.pewsocialtrends.org/2019/04/09/how-americans-see-the-state-of-race-relations/

Horowitz, S. S. (2012, November 9). The science and art of listening. *The New York Times*. https://www.nytimes.com/2012/11/11/opinion/sunday/why-listening-is-so-much-more-than-hearing.html?

Horsthemke, B. (2018). A critical view on transgenerational epigenetic inheritance in humans. *Nature Communications, 9*, 2973.

Horváth, K., Hannon, B., Ujma, P. P., Gombos, F., & Plunkett, K. (2017). Memory in 3-month-old infants benefits from a short nap. *Developmental Science, 21*, e12587.

Horwood, L. J., & Fergusson, D. M. (1998). Breastfeeding and later cognitive and academic outcomes. *Pediatrics, 101*(1), e9.

Hostetter, A. B. (2011). When do gestures communicate? A meta-analysis. *Psychological Bulletin, 137*, 297–315.

Hou, W.-H., Chiang, P.-T., Hsu, T.-Y., Chiu, S.-Y., & Yen, Y.-C. (2010). Treatment effects of massage therapy in depressed people: A meta-analysis. *Journal of Clinical Psychiatry, 71*, 894–901.

House, R., Javidan, M., & Dorfman, P. (2001). Project GLOBE: An introduction. *Applied Psychology: An International Review, 50*, 489–505.

Houser-Marko, L., & Sheldon, K. M. (2008). Eyes on the prize or nose to the grindstone? The effects of level of goal evaluation on mood and motivation. *Personality and Social Psychology Bulletin, 34*, 1556–1569.

Houts, A. C., Berman, J. S., & Abramson, H. (1994). Effectiveness of psychological and pharmacological treatments for nocturnal enuresis. *Journal of Consulting and Clinical Psychology, 62*, 737–745.

Hovatta, I., Tennant, R. S., Helton, R., Marr, R. A., Singer, O., Redwine, J. M., Ellison, J. A., Schadt, E. E., Verman, I. M., Lockhart, D. J., & Barlow, C. (2005). Glyoxalase 1 and glutathione reductase 1 regulate anxiety in mice. *Nature, 438*, 662–666.

Hovland, C. I., & Sears, R. R. (1938). Experiments on motor conflict. I. Types of conflict and their modes of resolution. *Journal of Experimental Psychology, 23*, 477–493.

Howard, D. M., Adams, M. J., Clarke, T.-K., Hafferty, J. D., Gibson, J., Shirali, M., Coleman, J. R. I., Hagenaars, S. P., Ward, J., Wigmore, E. M., Alloza, C., Shen, X., Barbu, M. C.. Xu, E. Y., Whalley, H. C., Marioni, R. E., Porteous, D. J., Davies, G., Deary, I. J., . . . McIntosh, A. M. (2019). Genome-wide meta-analysis of depression identifies 102 independent variants and highlights the importance of the prefrontal brain regions. *Nature Neuroscience, 22*, 343–352.

Howard, J. L., Gagné, M., & Bureau, J. S. (2017). Testing a continuum structure of self-determined motivation: A meta-analysis. *Psychological Bulletin, 143*, 1346–1377.

Howell, E. C., Etchells, P. J., & Penton-Voak, I. S. (2012). The sexual overperception bias is associated with sociosexuality. *Personality and Individual Differences, 53*, 1012–1016.

Hruschka, D. J., Medin, D. L., Rogoff, B., & Henrich, J. (2018). Pressing questions in the study of psychological and behavioral diversity. *PNAS, 115*, 11366–11368.

Hsee, C. K., & Ruan, B. (2016). The Pandora effect: The power and peril of curiosity. *Psychological Science, 27*, 659–666.

Hsee, C. K., Yang, A. X., & Wang, L. (2010). Idleness aversion and the need for justifiable busyness. *Psychological Science, 21*, 926–930.

Hsiang, S. M., Burke, M., & Miguel, E. (2013). Quantifying the influence of climate on human conflict. *Science, 341*, 1317.

Hsin, A., & Xie, Y. (2014). Explaining Asian Americans' academic advantage over Whites. *PNAS, 111*, 8416–8421.

Huang, C. (2015). Relation between attributional style and subsequent depressive symptoms: A systematic review and meta-analysis of longitudinal studies. *Cognitive Therapy and Research, 39*, 721–735.

Huang, J., Chaloupka, F. J., & Fong, G. T. (2013). Cigarette graphic warning labels and smoking prevalence in Canada: A critical examination and reformulation of the FDA regulatory impact analysis. *Tobacco Control*. https://www.ncbi.nlm.nih.gov/pmc/articles/PMC4254709/

Huang, Y., Wang, Y., Wang, H., Liu, Z., Yu, X., Yan, J., Yu, Y., Kou, C., Xu, X., Lu, J., Wang, Z., He, S., Xu, Y., He, Y., Li, T., Guo, W., Tian, H., Xu, G., Xu, X., . . . Wu, Y. (2019). Prevalence of mental disorders in China: A cross-sectional epidemiological study. *The Lancet Psychiatry, 6*, 211–224.

Huart, J., Corneille, O., & Becquart, E. (2005). Face-based categorization, context-based categorization, and distortions in the recollection of gender ambiguous faces. *Journal of Experimental Social Psychology, 41*, 598–608.

Hubbard, E. M., Arman, A. C., Ramachandran, V. S., & Boynton, G. M. (2005). Individual differences among grapheme-color synesthetes: Brain-behavior correlations. *Neuron, 45*, 975–985.

Hubel, D. H. (1979, September). The brain. *Scientific American*, pp. 45–53.

Hubel, D. H., & Wiesel, T. N. (1963). Receptive fields of cells in striate cortex of very young, visually inexperienced kittens. *Journal of Neurophysiology, 26*, 994–1002.

Hubel, D. H., & Wiesel, T. N. (1979, September). Brian mechanisms of vision. *Scientific American*, pp. 150–162.

Huber, E., Webster, J. M., Brewer, A. A., MacLeod, D. I. A., Wandell, B. A., Boynton, G. M., Wade, A. R., & Fine, I. (2015). A lack of experience-dependent plasticity after more than a decade of recovered sight. *Psychological Science, 26*, 393–401.

Hucker, S. J., & Bain, J. (1990). Androgenic hormones and sexual assault. In W. L. Marshall, D. R. Laws, & H. E. Barbaree (Eds.), *Handbook of sexual assault: Issues, theories, and treatment of the offender* (pp. 209–229). Plenum Press.

Huckins, L. M. (2017). Linking cannabis use to depression and suicidal thoughts and behaviours. *Lancet Psychiatry, 4*, P654–656.

Huckins, L. M., Dobbyn, A., Ruderfer, D. M., Hoffman, Wang, W., Pardiñas, A. F., Rajagopal, V. M., Als, T. D., Nguyen, H. T., Girdhar, K., Boocock, J., Roussos, P., Fromer, M., Kramer, R., Domenici, E., Gamazon, E. R., Purcell, S., CommonMind Consortium, Schizophrenia Working Group of the Psychiatric Genomics Consortium, iPSYCH-GEMS Schizophrenia Working Group, . . . Stahl, E. A. (2019). Gene expression imputation across multiple brain regions provides insights into schizophrenia risk. *Nature Genetics, 51*, 659–674.

Hudson, C. C., Hall, L., & Harkness, K. L. (2019). Prevalence of depressive disorders in individuals with autism spectrum disorder: A meta-analysis. *Journal of Abnormal Child Psychology, 47*, 165–175.

Hudson, N. W., & Roberts, B. W. (2014). Goals to change personality traits: Concurrent links between personality traits, daily behavior, and goals to change oneself. *Journal of Research in Personality, 53*, 68–83.

Huey, E. D., Krueger, F., & Grafman, J. (2006). Representations in the human prefrontal cortex. *Current Directions in Psychological Science, 15*, 167–171.

Hugenberg, K., & Bodenhausen, G. V. (2003). Facing prejudice: Implicit prejudice and the perception of facial threat. *Psychological Science, 14*, 640–643.

Hugenberg, K., Young, S. G., Bernstein, M. J., & Sacco, D. F. (2010). The categorization–individuation model: An integrative account of the other-race recognition deficit. *Psychological Review, 117*, 1168–1187.

Hughes, B. L., Camp, N. P., Gomez, J., Natu, V. S., Grill-Spector, K., & Eberhardt, J. L. (2019). Neural adaptation to faces reveals racial outgroup homogeneity effects in early perception. *PNAS, 116*, 14532–14537.

Hughes, J. R. (2010). Craving among long-abstinent smokers: An Internet survey. *Nicotine & Tobacco Research, 12*, 459–462.

Hughes, M. L., Geraci, L., & De Forrest, R. L. (2013). Aging 5 years in 5 minutes: The effect of taking a memory test on older adults' subjective age. *Psychological Science, 24*, 2481–2488.

Hulbert, A. (2005, November 20). The prodigy puzzle. *The New York Times Magazine*. https://www.nytimes.com/2005/11/20/magazine/the-prodigy-puzzle.html

Hull, H. R., Morrow, M. L., Dinger, M. K., Han, J. L., & Fields, D. A. (2007, November 20). Characterization of body weight and composition changes during the sophomore year of college. *BMC Women's Health, 7*, 21.

Hull, J. G., & Bond, C. F., Jr. (1986). Social and behavioral consequences of alcohol consumption and expectancy: A meta-analysis. *Psychological Bulletin, 99*, 347–360.

Hull, J. M. (1990). *Touching the rock: An experience of blindness*. Vintage Books.

Hull, S. J., Hennessy, M., Bleakley, A., Fishbein, M., & Jordan, A. (2011). Identifying the causal pathways from religiosity to delayed adolescent sexual behavior. *Journal of Sex Research, 48*, 543–553.

Hülsheger, U. R., Anderson, N., & Salgado, J. F. (2009). Team-level predictors of innovation at work: A comprehensive meta-analysis spanning three decades of research. *Journal of Applied Psychology, 94*, 1128–1145.

Hummer, R. A., Rogers, R. G., Nam, C. B., & Ellison, C. G. (1999). Religious involvement and U.S. adult mortality. *Demography, 36*, 273–285.

Humphrey, S. E., Nahrgang, J. D., & Morgeson, F. P. (2007). Integrating motivational, social, and contextual work design features: A meta-analytic summary and theoretical extension of the work design literature. *Journal of Applied Psychology*, 92, 1332–1356.

Humphreys, L. G., & Davey, T. C. (1988). Continuity in intellectual growth from 12 months to 9 years. *Intelligence*, 12, 183–197.

Hunsberger, J. G., Newton, S. S., Bennett, A. H., Duman, C. H., Russell, D. S., Salton, S. R., & Duman, R. S. (2007). Antidepressant actions of the exercise-regulated gene VGF. *Nature Medicine*, 13, 1476–1482.

Hunsley, J., & Bailey, J. M. (1999). The clinical utility of the Rorschach: Unfulfilled promises and an uncertain future. *Psychological Assessment*, 11, 266–277.

Hunsley, J., & Di Giulio, G. (2002). Dodo bird, phoenix, or urban legend? The question of psychotherapy equivalence. *Scientific Review of Mental Health Practice*, 1, 11–22.

Hunt, J. M. (1982). Toward equalizing the developmental opportunities of infants and preschool children. *Journal of Social Issues*, 38, 163–191.

Hunt, L. L., Eastwick, P. W., & Finkel, E. J. (2015). Leveling the playing field: Longer acquaintance predicts reduced assortative mating on attractiveness. *Psychological Science*, 26, 1046–1053.

Hunt, M. (1990). *The compassionate beast: What science is discovering about the humane side of humankind*. William Morrow.

Hunt, M. (1993). *The story of psychology*. Doubleday.

Hunter, S., & Sundel, M. (Eds.). (1989). *Midlife myths: Issues, findings, and practice implications*. Sage.

Hurlburt, R. T., Heavey, C. L., & Kelsey, J. M. (2013). Toward a phenomenology of inner speaking. *Consciousness and Cognition: An International Journal*, 22, 1477–1494.

Hurst, Y., & Fukuda, H. (2018). Effects of changes in eating speed on obesity in patients with diabetes: A secondary analysis of longitudinal health check-up data. *BMJ Open*, 8(1), e019589.

Hussak, L. J., & Cimpian, A. (2015). An early-emerging explanatory heuristic promotes support for the status quo. *Journal of Personality and Social Psychology*, 109, 739–752.

Hussong, A. M., Ennett, S. T., McNeish, D. M., Cole, V. T., Gottfredson, N. C., Rothenberg, W. A., & Faris, R. W. (2019). Social network isolation mediates associations between risky symptoms and substance use in the high school transition. *Development and Psychopathology*, 1–16.

Hutchinson, R. (2006). *Calum's road*. Burlinn Limited.

Hutchison, K. A., Smith, J. L., & Ferris, A. (2013). Goals can be threatened to extinction using the Stroop task to clarify working memory depletion under stereotype threat. *Social and Personality Psychological Science*, 4, 74–81.

Hutteman, R., Nestler, S., Wagner, J., Egloff, B., & Back, M. D. (2015). Wherever I may roam: Processes of self-esteem development from adolescence to emerging adulthood in the context of international student exchange. *Journal of Personality and Social Psychology*, 108, 767–783.

Hviid, A., Hansen, J. V., Frisch, M., & Melbye, M. (2019). Measles, mumps, rubella vaccination and autism: A nationwide cohort study. *Annals of Internal Medicine*, 170, 513–520.

Hyde, J. S. (2014). Gender similarities and differences. *Annual Review of Psychology*, 65, 373–398.

Hyde, J. S., Bigler, R. S., Joel, D., Tate, C. C., & van Anders, S. M. (2019). The future of sex and gender in psychology: Five challenges to the gender binary. *American Psychologist*, 74, 171–193.

Hyde, J. S., & Mertz, J. E. (2009). Gender, culture, and mathematics performance. *PNAS*, 106, 8801–8807.

Hymowitz, K., Carroll, J. S., Wilcox, W. B., & Kaye, K. (2013). *Knot yet: The benefits and costs of delayed marriage in America*. National Marriage Project, University of Virginia.

Iacoboni, M. (2008). *Mirroring people: The new science of how we connect with others*. Farrar, Straus & Giroux.

Iacoboni, M. (2009). Imitation, empathy, and mirror neurons. *Annual Review of Psychology*, 60, 653–670.

Ibbotson, P., & Tomasello, M. (2016, November). Language in a new key. *Scientific American*, pp. 71–75.

Idson, L. C., & Mischel, W. (2001). The personality of familiar and significant people: The lay perceiver as a social-cognitive theorist. *Journal of Personality and Social Psychology*, 80, 585–596.

Ikizer, E. G., & Blanton, H. (2016). Media coverage of "wise" interventions can reduce concern for the disadvantaged. *Journal of Experimental Psychology: Applied*, 22, 135–147.

Ilardi, S. (2016). *Therapeutic lifestyle change (TLC)*. University of Kansas. tlc.ku.edu

Ilardi, S. S. (2009). *The depression cure: The six-step program to beat depression without drugs*. De Capo Lifelong Books.

Iliescu, A. F., Hall, J., Wilkinson, L. S., Dwyer, D. M., & Honey, R. C. (2018). The nature of phenotypic variation in Pavlovian conditioning. *Journal of Experimental Psychology: Animal Learning and Cognition*, 44, 358–369.

Ilieva, I. P., Hook, C. J., & Farah, M. J. (2015). Prescription stimulants' effects on healthy inhibitory control, working memory, and episodic memory: A meta-analysis. *Journal of Cognitive Neuroscience*, 27, 1069–1089.

Illes, J., & McDonald, P. J. (2017). Head transplants: Ghoulish takes on new definition. *AJOB Neuroscience*, 8, 211–212.

Im, S., Varma, K., & Varma, S. (2017). Extending the seductive allure of neuroscience explanations effect to popular articles about educational topics. *British Journal of Educational Psychology*, 87, 518–534.

Inagaki, T. K., Hazlett, L. I., & Andreescu, C. (2019). Naltrexone alters responses to social and physical warmth: implications for social bonding. *Social Cognitive and Affective Neuroscience*, 14, 471–479.

Inbar, Y., Cone, J., & Gilovich, T. (2010). People's intuitions about intuitive insight and intuitive choice. *Journal of Personality and Social Psychology*, 99, 232–247.

Inbar, Y., Pizarro, D., & Bloom, P. (2012). Disgusting smells cause decreased liking of gay men. *Emotion*, 12(1), 23–27.

İnel Manav, A., & Simsek, N. (2019). The effect of reminiscence therapy with Internet-based videos on cognitive status and apathy of older people with mild dementia. *Journal of Geriatric Psychiatry and Neurology*, 32, 104–113.

Infurna, F. J., & Luthar, S. S. (2016). The multidimensional nature of resilience to spousal loss. *Journal of Personality and Social Psychology*, 112, 926–947.

Ingalhalikar, M., Smith, A., Parker, D., Satterthwaite, T. D., Elliott, M. A., Ruparel, K., Hakonarson, H., Gur, R. E., Gur, R. C., & Verma, R. (2013). Sex differences in the structural connectome of the human brain. *PNAS*, 111, 823–828.

Ingham, A. G., Levinger, G., Graves, J., & Peckham, V. (1974). The Ringelmann effect: Studies of group size and group performance. *Journal of Experimental Social Psychology*, 10, 371–384.

Inglehart, R. (1990). *Culture shift in advanced industrial society*. Princeton University Press.

Inglehart, R., Foa, R., Peterson, C., & Welzel, C. (2008). Development, freedom, and rising happiness: A global perspective (1981–2007). *Perspectives on Psychological Science*, 3, 264–285.

Ingraham, C. (2016, May 1). Toddlers have shot at least 23 people this year. *The Washington Post*. https://www.washingtonpost.com/

Inman, M. L., & Baron, R. S. (1996). Influence of prototypes on perceptions of prejudice. *Journal of Personality and Social Psychology*, 70, 727–739.

Innocence Project. (2019, accessed September 30). DNA exonerations in the United States. https://www.innocenceproject.org/dna-exonerations-in-the-united-states/

Insel, T., Cuthbert, B., Garvey, M., Heinssen, R., Pine, D. S., Quinn, K., Sanislow, C., & Wang, P. (2010). Research Domain Criteria (RDoC): Toward a new classification framework for research on mental disorders. *American Journal of Psychiatry*, 167, 748–751.

Insel, T. R. (2010). Faulty circuits. *Scientific American*, 302, 44–51.

Insel, T. R., & Lieberman, J. A. (2013, May 13). DSM-5 and RDoC: Shared interests [PDF file]. National Institute of Mental Health. http://publichealth united.org/pressreleases/DSM5andRDoCShared Interests.pdf

Inzlicht, M., & Kang, S. K. (2010). Stereotype threat spillover: How coping with threats to social identity affects aggression, eating, decision making, and attention. *Journal of Personality and Social Psychology*, 99, 467–481.

IPPA. (2017, January 27). Communication from International Positive Psychology Association.

IPU. (2018). *Women in parliament in 2017: The year in review*. Inter-Parliamentary Union. https://www.ipu.org/resources/publications/reports/2018-03/women-in-parliament-in-2017-year-in-review

Ireland, M. E., & Pennebaker, J. W. (2010). Language style matching in writing: Synchrony in essays, correspondence, and poetry. *Journal of Personality and Social Psychology*, 99, 549–571.

Ironson, G., Solomon, G. F., Balbin, E. G., O'Cleirigh, C., George, A., Kumar, M., Larson, D., & Woods, T. E. (2002). The Ironson-Woods spiritual/religiousness index is associated with long survival, health behaviors, less distress, and low cortisol in people with HIV/AIDS. *Annals of Behavioral Medicine*, 24, 34–48.

Irwin, M. R., Cole, J. C., & Nicassio, P. M. (2006). Comparative meta-analysis of behavioral interventions for insomnia and their efficacy in middle-aged adults and in older adults 55+ years of age. *Health Psychology*, 25, 3–14.

Irwing, P., Cook, C., Pollet, T. V., & Hughes, D. J. (2020). Comedians' trait level and stage personalities: Evidence for goal-directed personality adaptation. *Personality and Social Psychology Bulletin*, 46(4), 590–602.

Isaacowitz, D. M. (2012). Mood regulation in real time: Age differences in the role of looking. *Current Directions in Psychological Science*, 21, 237–242.

Ishiyama, S., & Brecht, M. (2017). Neural correlates of ticklishness in the rat somatosensory cortex. *Science*, 354, 757–760.

Islam, S. S., & Johnson, C. (2003). Correlates of smoking behavior among Muslim Arab-American adolescents. *Ethnicity & Health*, 8, 319–337.

Iso-Markku, P., Waller, K., Vuoksimaa, E., Heikkilä, K., Rinne, J., Kaprio, J., & Kujala, U. M. (2016). Midlife physical activity and cognition later in life: A prospective twin study. *Journal of Alzheimer's Disease*, 54, 1303–1317.

Ito, T. A., Miller, N., & Pollock, V. E. (1996). Alcohol and aggression: A meta-analysis on the moderating effects of inhibitory cues, triggering events, and self-focused attention. *Psychological Bulletin*, 120, 60–82.

ITU. (2018, December 7). *ITU releases 2018 global and regional ICT estimates*. International Telecommunications Union. https://www.itu.int/en/mediacentre/Pages/2018-PR40.aspx

Ives-Deliperi, V. L., Solms, M., & Meintjes, E. M. (2011). The neural substrates of mindfulness: An fMRI investigation. *Social Neuroscience, 6,* 231–242.

Iyengar, S., & Westwood, S. J. (2015). Fear and loathing across party lines: New evidence on group polarization. *American Journal of Political Science, 59,* 690–707.

Iyengar, S. S., & Lepper, M. R. (2000). When choice is demotivating: Can one desire too much of a good thing? *Journal of Personality and Social Psychology, 79,* 995–1006.

Izard, C. E. (1977). *Human emotions.* Plenum Press.

Izard, C. E. (1994). Innate and universal facial expressions: Evidence from developmental and cross-cultural research. *Psychological Bulletin, 114,* 288–299.

Izawa, S., Matsudaira, K., Miki, K., Arisaka, M., & Tsuchiya, M. (2017). Psychosocial correlates of cortisol levels in fingernails among middle-aged workers. *The International Journal on the Biology of Stress, 20,* 386–389.

Jääskeläinen, E., Juola, P., Hirvonen, N., McGrath, J. J., Saha, S., Isohanni, M. , Veijola, J., & Miettunen, J. (2013). A systematic review and meta-analysis of recovery in schizophrenia. *Schizophrenia Bulletin, 39,* 1296–1306.

Jablensky, A. (1999). Schizophrenia: Epidemiology. *Current Opinion in Psychiatry, 12,* 19–28.

Jachimowicz, J., Wihler, A., Bailey, E., & Galinsky, A. (2018). Why grit requires perseverance and passion to positively predict performance. *PNAS, 115,* 9980–9985.

Jäckle, S., & Wenzelburger, G. (2015). Religion, religiosity, and the attitudes toward homosexuality—A multilevel analysis of 79 countries. *Journal of Homosexuality, 62,* 207–241.

Jackson, G. (2009). Sexual response in cardiovascular disease. *Journal of Sex Research, 46,* 233–236.

Jackson, J. J., Thoemmes, F., Jonkmann, K., Lüdtke, O., & Trautwien, U. (2012). Military training and personality trait development: Does the military make the man, or does the man make the military? *Psychological Science, 23,* 270–277.

Jackson, J. M., & Williams, K. D. (1988). *Social loafing: A review and theoretical analysis* [Unpublished manuscript]. Fordham University.

Jackson, S. W. (1992). The listening healer in the history of psychological healing. *American Journal Psychiatry, 149,* 1623–1632.

Jacobs, B. L. (1994). Serotonin, motor activity, and depression-related disorders. *American Scientist, 82,* 456–463.

Jacobs, J. (2019, May 7). James Holzhauer was told to smile to get on 'Jeopardy!' He's smiling now. *The New York Times.* https://www.nytimes.com/2019/05/07/arts/television/james-holzhauer-jeopardy.html

Jacobson, L. (2015, August 27). Nicholas Kristof stated on August 27, 2015 in his column in The New York Times: "More Americans have died from guns in the United States since 1968 than on battlefields of all the wars in American history." Politifact. https://bit.ly/2JlMDYg

Jacobson, N. C., & Newman, M. G. (2017). Anxiety and depression as bidirectional risk factors for one another: A meta-analysis of longitudinal studies. *Psychological Bulletin, 143,* 1155–1200.

Jacoby, L. L., & Rhodes, M. G. (2006). False remembering in the aged. *Current Directions in Psychological Science, 15,* 49–53.

Jacques, C., & Rossion, B. (2006). The speed of individual face categorization. *Psychological Science, 17,* 485–492.

Jacques-Tiura, A. J., Abbey, A., Parkhill, M. R., & Zawacki, T. (2007). Why do some men misperceive women's sexual intentions more frequently than others do? An application of the confluence model. *Personality and Social Psychology Bulletin, 33,* 1467–1480.

Jaderberg, M., Czarnecki, W. M., Dunning, I., Marris, L., Lever, G., Castañeda, A. G., Beattie, C., Rabinowitz, N. C., Morcos, A. S., Ruderman, A., Sonnerat, N., Green, T., Deason, L., Leibo, J. Z., Silver, D., Hassabis, D., Kavukcuoglu, K., & Graepel, T. (2019). Human-level performance in 3D multiplayer games with population-based reinforcement learning. *Science, 364,* 859–865.

Jaffe, E. (2004, October). Peace in the Middle East may be impossible: Lee D. Ross on naive realism and conflict resolution. *APS Observer,* pp. 9–11.

Jakubiak, B. K., & Feeney, B. C. (2017). Affectionate touch to promote relational, psychological, and physical well-being in adulthood: A theoretical model and review of the research. *Personality and Social Psychology Review, 21,* 228–252.

Jakubiak, B. K., & Feeney, B. C. (2019). Hand-in-hand combat: Affectionate touch promotes relational well-being and buffers stress during conflict. *Personality and Social Psychology Bulletin, 45,* 431–446.

Jakubowski, K. P., Cundiff, J. M., & Matthews, K. A. (2018). Cumulative childhood adversity and adult cardiometabolic disease: A meta-analysis. *Health Psychology, 37,* 701–715.

James, K. (1986). Priming and social categorizational factors: Impact on awareness of emergency situations. *Personality and Social Psychology Bulletin, 12,* 462–467.

James, S. E., Herman, J. L., Rankin, S., Keisling, M., Mottet, L., & Anafi, M. (2016). *The report of the 2015 U.S. Transgender Survey* [PDF file]. National Center for Transgender Equality. https://transequality.org/sites/default/files/docs/usts/USTS-Full-Report-Dec17.pdf

James, W. (1890). *The principles of psychology* (Vol. 2). Holt.

Jameson, D. (1985). Opponent-colors theory in light of physiological findings. In D. Ottoson & S. Zeki (Eds.), *Central and peripheral mechanisms of color vision* (pp. 83–102). Macmillan.

Jamieson, J. P. (2010). The home field advantage in athletics: A meta-analysis. *Journal of Applied Social Psychology, 40,* 1819–1848.

Jamison, K. R. (1993). *Touched with fire: Manic-depressive illness and the artistic temperament.* Free Press.

Jamison, K. R. (1995). *An unquiet mind.* Knopf.

Janis, I. L. (1982). *Groupthink: Psychological studies of policy decisions and fiascoes.* Houghton Mifflin.

Janis, I. L. (1986). Problems of international crisis management in the nuclear age. *Journal of Social Issues, 42,* 201–220.

Janoff-Bulman, R., Timko, C., & Carli, L. L. (1985). Cognitive biases in blaming the victim. *Journal of Experimental Social Psychology, 21,* 161–177.

Jansen, P. R., Watanabe, K., Stringer, S., Skene, N., Bryois, J., Hammerschlag, A. R., de Leeuw, C. A., Benjamins, J. S., Muñoz-Manchado, A. B., Nagel, M., Savage, J. E., Tiemeier, H., White, T., 23andMe Research Team, Tung, J. Y., Hinds, D. A., Vacic, V., Wang, X., Sullivan, P. F., & Posthuma, D. (2019). Genome-wide analysis of insomnia in 1,331,010 individuals identifies new risk loci and functional pathways. *Nature Genetics, 51,* 394–403.

Janssen, S. M. J., Rubin, D. C., & Conway, M. A. (2012). The reminiscence bump in the temporal distribution of the best football players of all time: Pelé, Cruijff or Maradona? *The Quarterly Journal of Experimental Psychology, 65,* 165–178.

Jansson-Fröjmark, M., Evander, J., & Alfonsson, S. (2019). Are sleep hygiene practices related to the incidence, persistence and remission of insomnia? Findings from a prospective community study. *Journal of Behavioral Medicine, 42,* 128–138.

Jaroslawska, A. J., & Rhodes, S. (2019). Adult age differences in the effects of processing on storage in working memory: A meta-analysis. *Psychology and Aging, 34,* 512–530.

Jayakar, R., King, T. Z., Morris, R., & Na, S. (2015). Hippocampal volume and auditory attention on a verbal memory task with adult survivors of pediatric brain tumor. *Neuropsychology, 29,* 303–319.

Jebb, A. T., Tay, L., Diener, E., & Oishi, S. (2018). Happiness, income satiation and turning points around the world. *Nature: Human Behaviour, 2,* 33–38.

Jeffrey, K., Mahoney, S., Michaelson, J., & Abdallah, S. (2014). *Well-being at work: A review of the literature.* https://neweconomics.org/2014/03/wellbeing-at-work

Jelbert, S. A., Hosking, R. J., Taylor, A. H., & Gray, R. D. (2018). Mental template matching is a potential cultural transmission mechanism for New Caledonian crow tool manufacturing traditions. *Scientific Reports, 8,* article number 8956.

Jena, A. B., Jain, A., & Hicks, T. R. (2018). Do 'Fast and Furious' movies cause a rise in speeding? *The New York Times.* https://www.nytimes.com/2018/01/30/upshot/do-fast-and-furious-movies-cause-a-rise-in-speeding.html?

Jenkins, J. G., & Dallenbach, K. M. (1924). Obliviscence during sleep and waking. *American Journal of Psychology, 35,* 605–612.

Jenkins, J. M., & Astington, J. W. (1996). Cognitive factors and family structure associated with theory of mind development in young children. *Developmental Psychology, 32,* 70–78.

Jenkins, R., Dowsett, A. J., Burton, A. M. (2018) How many faces do people know? *Proceedings of the Royal Society, B285,* 20181319.

Jenkins, S. R. (2017). Not your same old story: New rules for Thematic Apperceptive Techniques (TATs). *Journal of Personality Assessment, 99,* 238–253.

Jennings, W., & Wlezien, C. (2018). Election polling errors across time and space. *Nature Human Behaviour, 2,* 276–283.

Jensen, A. R. (1980). *Bias in mental testing.* Free Press.

Jensen, A. R. (1983, August). *The nature of the Black-White difference on various psychometric tests: Spearman's hypothesis* [Paper]. Presented at the meeting of the American Psychological Association, Anaheim, CA.

Jensen, A. R. (1998). *The g factor: The science of mental ability.* Praeger/Greenwood.

Jensen, J. P., & Bergin, A. E. (1988). Mental health values of professional therapists: A national interdisciplinary survey. *Professional Psychology: Research and Practice, 19,* 290–297.

Jensen, M. P. (2008). The neurophysiology of pain perception and hypnotic analgesia: Implications for clinical practice. *American Journal of Clinical Hypnosis, 51,* 123–147.

Jeon, D.-W., Jung, D.-U., Kim, S.-J., Shim, J.-C., Moon, J. J., Seo, Y.-S., Jung, S.-S., Seo, B.-J., Kim, J.-E., Oh, M., & Kim, Y.-N. (2018). Adjunct transcranial direct current stimulation improves cognitive function in patients with schizophrenia: A double-blind 12-week study. *Schizophrenia Research, 197,* 378–385.

Jepson, C., Krantz, D. H., & Nisbett, R. E. (1983). Inductive reasoning: Competence or skill. *The Behavioral and Brain Sciences, 3,* 494–501.

Jerrim, J., Parker, P., & Shure, N. (2019, April). *Bullshitters. Who are they and what do we know about their lives?* Discussion Paper Series. Institute of Labor Economics, Bonn, Germany.

Jessberger, S., Aimone, J. B., & Gage, F. H. (2008). Neurogenesis. In J. H. Byrne (Ed.), *Learning and* memory: A comprehensive reference: Vol. 4. Molecular mechanisms of memory (pp. 839–858). Elsevier.

Jesse, D. (2019, February 8). Second wave of more than 160 Nassar survivors fight for acknowledgement. Detroit Free Press. https://www.freep.com/story/news/education/2019/02/08/second-wave-nassar-survivors-fight-acknowledgement/2794436002/

Jiang, H., White, M. P., Greicius, M. D., Waelde, L. C., & Spiegel, D. (2016). Brain activity and functional connectivity associated with hypnosis. Cerebral Cortex, 27, 4083–4093.

Jiang, M., Wong, S., Chung, H., Hsiao, J., Sui, J., & Humphreys, G. (2019). Cultural orientation of self bias in perceptual matching. Frontiers in Psychology, 10, 1469.

Jiang, Y., Costello, P., Fang, F., Huang, M., & He, S. (2006). A gender- and sexual orientation-dependent spatial attentional effect of invisible things. PNAS, 103, 17048–17052.

Jimenez, J. C., Su, K., Goldberg, A. R., Luna, V. M., Biane, J. S., Ordek, G., Zhou, P., Ong, S. K., Wright, M. A., Zweifel, L., Paninski, L., Hen, R., & Kheirbek, M. A. (2018). Anxiety cells in a hippocampal-hypothalamic circuit. Neuron, 97, 670–683.

Jin, M., Onie, S., Curby, K. M., & Most, S. B. (2018). Aversive images cause less perceptual interference among violent video game players: evidence from emotion-induced blindness. Visual Cognition, 26, 753–763.

Job, V., Dweck, C. S., & Walton, G. M. (2010). Ego depletion—Is it all in your head?: Implicit theories about willpower affect self-regulation. Psychological Science, 21, 1686–1693.

Jobe, T. H., & Harrow, M. (2010). Schizophrenia course, long-term outcome, recovery, and prognosis. Current Directions in Psychological Science, 19, 220–225.

Jobson, L., & Cheraghi, S. (2016). Influence of memory theme and posttraumatic stress disorder on memory specificity in British and Iranian trauma survivors. Memory, 24, 1015–1022.

Joel, D., Berman, Z., Tavor, I., Wexler, N., Gaber, O., Stein, Y., Shefi, N., Pool, J., Urchs, S., Margulies, D. S., Liem, F., Hänggi, J., Jäncke, L., & Assaf, Y. (2015, December). Sex beyond the genitalia: The human brain mosaic. PNAS, 112, 15468–15473.

Joel, S., Eastwick, P. W., & Finkel, E. J. (2017). Is romantic desire predictable? Machine learning applied to initial romantic attraction. Psychological Science, 28, 1478–1489.

Johnson, D., Thorpe, R., McGrath, J., Jackson, W., & Jackson, C. (2018). Black–white differences in housing type and sleep duration as well as sleep difficulties in the United States. International Journal of Environmental Research and Public Health, 15, 564.

Johnson, D. F. (1997). Margaret Floy Washburn. Psychology of Women Newsletter, pp. 17, 22.

Johnson, D. J., Cesario, J., & Pleskac, T. J. (2018). How prior information and police experience impact decisions to shoot. Journal of Personality and Social Psychology, 115, 601–623.

Johnson, D. L., Wiebe, J. S., Gold, S. M., Andreasen, N. C., Hichwa, R. D., Watkins, G. L., & Ponto, L. L. B. (1999). Cerebral blood flow and personality: A positron emission tomography study. American Journal of Psychiatry, 156, 252–257.

Johnson, D. P., Rhee, S. H., Friedman, N. P., Corley, R. P., Munn-Chernoff, M., Hewitt, J. K., & Whisman, M. A. (2016). A twin study examining rumination as a transdiagnostic correlate of psychopathology. Clinical Psychological Science, 4, 971–987.

Johnson, E. J., & Goldstein, D. (2003). Do defaults save lives? Science, 302, 1338–1339.

Johnson, J. A. (2007, June 26). Not so situational. Commentary on the SPSP listserv. https://www.psychologicalscience.org/observer/not-so-situational

Johnson, J. E., Stout, R. L., Miller, T. R., Zlotnick, C., Cerbo, L. A., Andrade, J. T., Nargiso, J., Bonner, J., & Wiltsey-Stirman, S. (2019). Randomized cost-effectiveness trial of group interpersonal psychotherapy (IPT) for prisoners with major depression. Journal of Consulting and Clinical Psychology, 87, 392–406.

Johnson, J. G., Cohen, P., Kotler, L., Kasen, S., & Brook, J. S. (2002). Psychiatric disorders associated with risk for the development of eating disorders during adolescence and early adulthood. Journal of Consulting and Clinical Psychology, 70, 1119–1128.

Johnson, J. S., & Newport, E. L. (1991). Critical period affects on universal properties of language: The status of subjacency in the acquisition of a second language. Cognition, 39, 215–258.

Johnson, M. D., & Chen, J. (2015). Blame it on the alcohol: The influence of alcohol consumption during adolescence, the transition to adulthood, and young adulthood on one-time sexual hook-ups. Journal of Sex Research, 52, 570–579.

Johnson, M. H. (1992). Imprinting and the development of face recognition: From chick to man. Current Directions in Psychological Science, 1, 52–55.

Johnson, M. P. (2008). A typology of domestic violence: Intimate terrorism, violent resistance, and situational couple violence. Northeastern University Press.

Johnson, R. (2017, August 12). The mystery of S. The man with an impossible memory. The New Yorker. https://www.newyorker.com/books/page-turner/the-mystery-of-s-the-man-with-an-impossible-memory

Johnson, S. C., Schmitz, T. W., Moritz, C. H., Meyerand, M. E., Rowley, H. A., Alexander, A. L., Hansen, K. W., Gleason, C. E., Carlsson, C. M., Ries, M. L., Asthana, S., Chen, K., Reiman, E. M., & Alexander, G. E. (2006). Activation of brain regions vulnerable to Alzheimer's disease: The effect of mild cognitive impairment. Neurobiology of Aging, 27, 1604–1612.

Johnson, W. (2010). Understanding the genetics of intelligence: Can height help? Can corn oil? Current Directions in Psychological Science, 19, 177–182.

Johnson, W., Carothers, A., & Deary, I. J. (2008). Sex differences in variability in general intelligence: A new look at the old question. Perspectives on Psychological Science, 3, 518–531.

Johnson, W., Gow, A. J., Corley, J., Starr, J. M., & Deary, I. J. (2010). Location in cognitive and residential space at age 70 reflects a lifelong trait over parental and environmental circumstances: The Lothian Birth Cohort 1936. Intelligence, 38, 403–411.

Johnson, W., Turkheimer, E., Gottesman, I. I., & Bouchard, Jr., T. J. (2009). Beyond heritability: Twin studies in behavioral research. Current Directions in Psychological Science, 18, 217–220.

Johnstone, E. C., Ebmeier, K. P., Miller, P., Owens, D. G. C., & Lawrie, S. M. (2005). Predicting schizophrenia: Findings from the Edinburgh High-Risk Study. British Journal of Psychiatry, 186, 18–25.

Joiner, T. E., Jr. (2006). Why people die by suicide. Harvard University Press.

Jokela, M., Elovainio, M., Archana, S.-M., & Kivimäki, M. (2009). IQ, socioeconomic status, and early death: The U.S. National Longitudinal Survey of Youth. Psychosomatic Medicine, 71, 322–328.

Jonas, E., & Fischer, P. (2006). Terror management and religion: Evidence that intrinsic religiousness mitigates worldview defense following mortality salience. Journal of Personality and Social Psychology, 91, 553–567.

Jones, A. C., & Gosling, S. D. (2005). Temperament and personality in dogs (Canis familiaris): A review and evaluation of past research. Applied Animal Behaviour Science, 95, 1–53.

Jones, B., Reedy, E. J., & Weinberg, B. A. (2014, January). Age and scientific genius. NBER Working Paper Series. nber.org/papers/w19866

Jones, E. (1957). Sigmund Freud: Life and work, Vol. 3, Pt. 1., Ch. 4. Basic Books.

Jones, J. M. (2012, June 21). Atheists, Muslims see most bias as presidential candidates. Gallup. https://news.gallup.com/poll/155285/atheists-muslims-bias-presidential-candidates.aspx

Jones, J. M. (2016, November 21). Record-high 77% of Americans perceive nation as divided. Gallup. https://news.gallup.com/poll/197828/record-high-americans-perceive-nation-divided.aspx

Jones, M. (2018, February 7). What teenagers are learning from online porn. The New York Times Magazine. https://www.nytimes.com/2018/02/07/magazine/teenagers-learning-online-porn-literacy-sex-education.html?

Jones, M. C. (1924). A laboratory study of fear: The case of Peter. Journal of Genetic Psychology, 31, 308–315.

Jones, S. (2017). Can newborn infants imitate? WIREs Cognitive Science, 8(1–2), 1–13.

Jones, S. E., Lane, J. M., Wood, A. R., van Hees, V. T., Tyrell, J., Beaumont, R. N., Jeffries, A. R., Dashti, H. S., Hillsdon, M., Ruth, K. S., Tuke, M. A., Yaghootkar, H., Sharp, S. A., Jie, Y., Thompson, W. D., Harrison, J. W., Dawes, A., Dyrne, E. M., Tiemeier, H., . . . Weedon, M. N. (2019). Genome-wide association analyses of chronotype in 697,828 individuals provides insights into circadian rhythms. Nature Communications, 10, 343.

Jones, S. S. (2007). Imitation in infancy: The development of mimicry. Psychological Science, 18, 593–599.

Jones, W. H., Carpenter, B. N., & Quintana, D. (1985). Personality and interpersonal predictors of loneliness in two cultures. Journal of Personality and Social Psychology, 48, 1503–1511.

Joo, M., Terzino, K. A., Cross, S. E., Yamaguchi, N., & Ohbuchi, K. I. (2019). How does culture shape conceptions of forgiveness? Evidence from Japan and the United States. Journal of Cross-Cultural Psychology, 50, 676–702.

Jordan, A. H., Monin, B., Dweck, C. S., Lovett, B. J., John, O. P., & Gross, J. J. (2011). Misery has more company than people think: Underestimating the prevalence of others' negative emotions. Personality and Social Psychology Bulletin, 37, 120–135.

Jordan, G., Deeb, S. S., Bosten, J. M., & Mollon, J. D. (2010). The dimensionality of color vision in carriers of anomalous trichromacy. Journal of Vision, 10, ArtID: 12.

Jorm, A. F., Reavley, N. J., & Ross, A. M. (2012). Belief in the dangerousness of people with mental disorders: A review. Australian and New Zealand Journal of Psychiatry, 46, 1029–1045.

Jose, A., O'Leary, D., & Moyer, A. (2010). Does premarital cohabitation predict subsequent marital stability and marital quality? A meta-analysis. Journal of Marriage and Family, 72, 105–116.

Joseph, J. (2001). Separated twins and the genetics of personality differences: A critique. American Journal of Psychology, 114, 1–30.

Joshi, S. H., Espinoza, R. T., Pirnia, T., Shi, J., Wang, Y., Ayers, B., Leaver, A., Woods, R. P., & Narr, K. L. (2016). Structural plasticity of the hippocampus and amygdala induced by electroconvulsive therapy in major depression. Biological Psychiatry, 79, 282–292.

Jost, J. T. (2019). A quarter century of system justification theory: Questions, answers, criticisms, and societal applications. British Journal of Social Psychology, 58, 263–314.

Jovanovic, T., Blanding, N. Q., Norrholm, S. D., Duncan, E., Bradley, B., & Ressler, K. J. (2009). Childhood abuse is associated with increased startle reactivity in adulthood. Depression and Anxiety, 26, 1018–1026.

Juarez, B., Liu, Y., Zhang, L., & Han, M. H. (2019). Optogenetic investigation of neural mechanisms for alcohol use disorders. *Alcohol, 74,* 29–38.

Judge, T. A., Thoresen, C. J., Bono, J. E., & Patton, G. K. (2001). The job satisfaction/job performance relationship: A qualitative and quantitative review. *Psychological Bulletin, 127,* 376–407.

Julian, K. (2018, December). Why are young people having so little sex? *The Atlantic.* https://www.realclearpolitics.com/2018/11/13/why_are_young_people_having_so_little_sex_458984.html

Jung, H., Herrenkohl, T. I., Skinner, M. L., Lee, J. O., Klika, J. B., & Rousson, A. N. (2019). Gender differences in intimate partner violence: a predictive analysis of IPV by child abuse and domestic violence exposure during early childhood. *Violence Against Women, 25,* 903–924.

Jung, R. E., & Haier, R. J. (2013). Creativity and intelligence: Brain networks that link and differentiate the expression of genius. In O. Vartanian, A. S. Bristol, & J. C. Kaufman (Eds.), *Neuroscience of creativity.* MIT Press.

Jung, S. J., Woo, H., Cho, S., Park, K., Jeong, S., Lee, Y. J., Kang, D., & Shin, A. (2017). Association between body size, weight change and depression: Systematic review and meta-analysis. *The British Journal of Psychiatry, 211,* 14–21.

Jung-Beeman, M., Bowden, E. M., Haberman, J., Frymiare, J. L., Arambel-Liu, S., Greenblatt, R., Reber, P. J., & Kounios, J. (2004). Neural activity when people solve verbal problems with insight. *PLOS Biology, 2,* e111.

Juskalian, R. (2019, September/October). The science of fun violence. *Discover,* pp. 31–37.

Just, M. A., Keller, T. A., & Cynkar, J. (2008). A decrease in brain activation associated with driving when listening to someone speak. *Brain Research, 1205,* 70–80.

Kabadayi, C., & Osvath, M. (2017). Ravens parallel great apes in flexible planning for tool-use and bartering. *Science, 357,* 202–203.

Kabat-Zinn, J. (2001). Mindfulness-based interventions in context: Past, present, and future. *Clinical Psychology: Science and Practice, 10,* 144–156.

Kable, J. W., Caulfield, M. K., Falcone, M., McConnell, M., Bernardo, L., Parthasarathi, T., Cooper, N., Ashare, R., Audrain-McGovern, J., Hornik, R., Diefenbach, P., Lee, F. J., & Lerman, C. (2017). No effect of commercial cognitive training on brain activity, choice behavior, or cognitive performance. *Journal of Neuroscience, 37,* 7390–7402.

Kadohisa, M. (2013). Effects of odor on emotion, with implications. *Frontiers in Systems Neuroscience, 7,* 6.

Kagan, J. (1976). Emergent themes in human development. *American Scientist, 64,* 186–196.

Kagan, J. (1984). *The nature of the child.* Basic Books.

Kagan, J. (1995). On attachment. *Harvard Review of Psychiatry, 3,* 104–106.

Kagan, J. (1998). *Three seductive ideas.* Harvard University Press.

Kagan, J., & Snidman, N. (2004). *The long shadow of temperament.* Belknap Press.

Kahneman, D. (1985, June). Quoted by K. McKean in Decisions, decisions [PDF file]. *Discover.* http://d1m3qhodv9fjlf.cloudfront.net/wp-content/uploads/2013/01/Decisions_Decisions.pdf

Kahneman, D. (1999). Assessments of objective happiness: A bottom-up approach. In D. Kahneman, E. Diener, & N. Schwartz (Eds.), *Understanding well-being: Scientific perspectives on enjoyment and suffering.* Russell Sage Foundation.

Kahneman, D. (2005, January 13). What were they thinking? Q&A with Daniel Kahneman. *Gallup Management Journal.* https://news.gallup.com/businessjournal/14503/what-were-they-thinking.aspx

Kahneman, D. (2011). *Thinking, fast and slow.* Farrar, Straus and Giroux.

Kahneman, D. (2015, July 18). Quoted by D. Shariatmadari in Daniel Kahneman: 'What would I eliminate if I had a magic wand? Overconfidence.' *The Guardian.* https://www.theguardian.com/books/2015/jul/18/daniel-kahneman-books-interview

Kahneman, D., Fredrickson, B. L., Schreiber, C. A., & Redelmeier, D. A. (1993). When more pain is preferred to less: Adding a better end. *Psychological Science, 4,* 401–405.

Kahneman, D., Krueger, A. B., Schkade, D. A., Schwarz, N., & Stone, A. A. (2004). A survey method for characterizing daily life experience: The day reconstruction method. *Science, 306,* 1776–1780.

Kail, R. (1991). Developmental change in speed of processing during childhood and adolescence. *Psychological Bulletin, 109,* 490–501.

Kaiser, J. (2019). Screen embryos for complex genetic traits called premature. *Science, 366,* 405–406.

Kaiser Family Foundation. (2010, January). *Generation M2: Media in the lives of 8- to 18-year-olds* (by V. J. Rideout, U. G. Foeher, & D. F. Roberts). Henry J. Kaiser Family Foundation.

Kakinami, L., Barnett, T. A., Séguin, L., & Paradis, G. (2015). Parenting style and obesity risk in children. *Preventive Medicine, 75,* 18–22.

Kállay, É. (2015). Physical and psychological benefits of written emotional expression: Review of meta-analyses and recommendations. *European Psychologist, 20,* 242–251.

Kalokerinos, E. K., Kjelsaas, K., Bennetts, S., & von Hippel, C. (2018). Men in pink-collars: Stereotype threat and disengagement among male teachers and child protection workers. *European Journal of Social Psychology, 47,* 553–565.

Kamatali, J.-M. (2014, April 4). Following orders in Rwanda. *The New York Times.* https://www.nytimes.com/2014/04/05/opinion/following-orders-in-rwanda.html?

Kambeitz, J., Kambelitz-Ilankovic, L., Cabral, C., Dwyer, D. B., Calhoun, V. C., van den Heuvel, M. P., Falkai, P., Koutsouleris, N., & Malchow, B. (2016). Aberrant functional whole-brain network architecture in patients with schizophrenia: A meta-analysis. *Schizophrenia Bulletin, 42,* Suppl. no. 1, S13–S21.

Kamel, N. S., & Gammack, J. K. (2006). Insomnia in the elderly: Cause, approach, and treatment. *American Journal of Medicine, 119,* 463–469.

Kamenica, E., Naclerio, R., & Malani, A. (2013). Advertisements impact the physiological efficacy of a branded drug. *PNAS, 110,* 12931–12935.

Kamil, A. C., & Cheng, K. (2001). Way-finding and landmarks: The multiple-bearings hypothesis. *Journal of Experimental Biology, 204,* 103–113.

Kaminski, J., Call, J., & Fischer, J. (2004). Word learning in a domestic dog: Evidence for "fast mapping." *Science, 304,* 1682–1683.

Kämpf, M. S., Liebermann, H., Kerschreiter, R., Krause, S., Nestler, S., & Schmukle, S. C. (2018). Disentangling the sources of mimicry: Social relations analyses of the link between mimicry and liking. *Psychological Science, 29,* 131–138.

Kandel, E. (2008, October/November). Quoted by S. Avan in Speaking of memory. *Scientific American Mind,* pp. 16–17.

Kandel, E. (2012, March 5). Interview by Claudia Dreifus: A quest to understand how memory works. *The New York Times.* https://www.nytimes.com/2012/03/06/science/a-quest-to-understand-how-memory-works.html?

Kandel, E. (2013, September 6). The new science of mind. *The New York Times.* https://www.nytimes.com/2013/09/08/opinion/sunday/the-new-science-of-mind.html?

Kandel, E. R. (2012, March 5). A quest to understand how memory works [Interview with Claudia Dreifus]. *The New York Times.* https://www.nytimes.com/2012/03/06/science/a-quest-to-understand-how-memory-works.html?

Kandel, E. R., & Schwartz, J. H. (1982). Molecular biology of learning: Modulation of transmitter release. *Science, 218,* 433–443.

Kandler, C., Bleidorn, W., Riemann, R., Angleitner, A., & Spinath, F. M. (2012). Life events as environmental states and genetic traits and the role of personality: A longitudinal twin study. *Behavior Genetics, 42,* 57–72.

Kandler, C., & Riemann, R. (2013). Genetic and environmental sources of individual religiousness: The roles of individual personality traits and perceived environmental religiousness. *Behavior Genetics, 43,* 297–313.

Kandler, C., Riemann, R., & Angleitner, A. (2013). Patterns and sources of continuity and change of energetic and temporal aspects of temperament in adulthood: A longitudinal twin study of self- and peer reports. *Developmental Psychology, 49,* 1739–1753.

Kane, G. D. (2010). Revisiting gay men's body image issues: Exposing the fault lines. *Review of General Psychology, 14,* 311–317.

Kane, J. M., & Mertz, J. E. (2012). Debunking myths about gender and mathematics performance. *Notices of the American Mathematical Society, 59,* 10–21.

Kane, M. J., Brown, L. H., McVay, J. C., Silvia, P. J., Myin-Germeys, I., & Kwapil, T. R. (2007). For whom the mind wanders, and when: An experience-sampling study of working memory and executive control in daily life. *Psychological Science, 18,* 614–621.

Kanwar, A., Malik, S., Prokop, L. J., Sim, L. A., Feldstein, D., Wang, Z., & Murad, M. H. (2013). The association between anxiety disorders and suicidal behaviors: A systematic review and meta-analysis. *Depression and Anxiety, 30,* 917–929.

Kaplan, B. J., Rucklidge, J. J., Romijn, A., & McLeod, K. (2015). The emerging field of nutritional mental health: Inflammation, the microbiome, oxidative stress, and mitochondrial function. *Clinical Psychological Science, 3,* 964–980.

Kaplan, H. I., & Saddock, B. J. (Eds.). (1989). *Comprehensive textbook of psychiatry,* V. Williams and Wilkins.

Kaprio, J., Koskenvuo, M., & Rita, H. (1987). Mortality after bereavement: A prospective study of 95,647 widowed persons. *American Journal of Public Health, 77,* 283–287.

Kaptchuk, T. J., Stason, W. B., Davis, R. B., Legedza, A. R. T., Schnyer, R. N., Kerr, C. E., Stone, D. A., Nam, B. H., Kirsch, I., & Goldman, R. H. (2006). Sham device v inert pill: Randomised controlled trial of two placebo treatments. *British Medical Journal, 332,* 391–397.

Karacan, I., Goodenough, D. R., Shapiro, A., & Starker, S. (1966). Erection cycle during sleep in relation to dream anxiety. *Archives of General Psychiatry, 15,* 183–189.

Karasik, L. B., Adolph, K. E., Tamis-LeMonda, C. S., & Bornstein, M. H. (2010). WEIRD walking: Cross-cultural research on motor development. *Behavioral and Brain Sciences, 33,* 95–96.

Karau, S. J., & Williams, K. D. (1993). Social loafing: A meta-analytic review and theoretical integration. *Journal of Personality and Social Psychology, 65,* 681–706.

Karazsia, B. T., Murnen, S. K., & Tylka, T. L. (2017). Is body dissatisfaction changing across time? A cross-temporal meta-analysis. *Psychological Bulletin, 143*, 293–320.

Kark, J. D., Shemi, G., Friedlander, Y., Martin, O., Manor, O., & Blondheim, S. H. (1996). Does religious observance promote health? Mortality in secular vs. religious kibbutzim in Israel. *American Journal of Public Health, 86*, 341–346.

Karlén, J., Ludvigsson, J., Hedmark, M., Faresjö, Å., Theodorsson, E., & Faresjö, T. (2015). Early psychosocial exposures, hair cortisol levels, and disease risk. *Pediatrics, 135*, e1450–e1457.

Karlsgodt, K. H., Sun, D., & Cannon, T. D. (2010). Structural and functional brain abnormalities in schizophrenia. *Current Directions in Psychological Science, 19*, 226–231.

Karni, A., Meyer, G., Rey-Hipolito, C., Jezzard, P., Adams, M. M., Turner, R., & Ungerleider, L. G. (1998). The acquisition of skilled motor performance: Fast and slow experience-driven changes in primary motor cortex. *PNAS, 95*, 861–868.

Karni, A., & Sagi, D. (1994). Dependence on REM sleep for overnight improvement of perceptual skills. *Science, 265*, 679–682.

Karns, C. M., Dow, M. W., & Neville, H. J. (2012). Altered cross-modal processing in the primary auditory cortex of congenitally deaf adults: A visual-somatosensory fMRI study with a double-flash illusion. *The Journal of Neuroscience, 32*, 9626–9638.

Karpicke, J. D. (2012). Retrieval-based learning: Active retrieval promotes meaningful learning. *Current Directions in Psychological Science, 21*, 157–163.

Karremans, J. C., Frankenhis, W. E., & Arons, S. (2010). Blind men prefer a low waist-to-hip ratio. *Evolution and Human Behavior, 31*, 182–186.

Karsay, K., Knoll, J., & Matthes, J. (2018). Sexualizing media use and self-objectification: A meta-analysis. *Psychology of Women Quarterly, 42*, 9–28.

Kasen, S., Chen, H., Sneed, J., Crawford, T., & Cohen, P. (2006). Social role and birth cohort influences on gender-linked personality traits in women: A 20-year longitudinal analysis. *Journal of Personality and Social Psychology, 91*, 944–958.

Kashdan, T., DeWall, C. N., Schurtz, D., Deckman, T., Lykins, E. L. B., Evans, J., McKenzie, J., Segerstrom, S. C., Gailliot, M. T., & Brown, K. (2014). More than words: Contemplating death enhances positive emotional word use. *Personality and Individual Differences, 71*, 171–175.

Kashdan, T. B. (2009). *Curious? Discover the missing ingredient to a fulfilling life*. William Morrow.

Kashima, Y., Bain, P. G., & Perfors, A. (2019). The psychology of cultural dynamics: What is it, what do we know, and what is yet to be known? *Annual Review of Psychology, 70*, 499–529.

Kashubeck-West, S., & Meyer, J. (2008). The well-being of women who are late deafened. *Journal of Counseling Psychology, 55*, 463–472.

Kasser, T. (2018). Materialism and living well. In E. Diener, S. Oishi, & L. Tay (Eds.), *Handbook of well-being*. DEF Publishers.

Kassin, S. M. (2017). The killing of Kitty Genovese: What else does this case tell us? *Perspectives on Psychological Science, 12*, 374–381.

Kassing, F., Godwin, J., Lochman, J. E., Coie, J. D., & Conduct Problems Prevention Research Group. (2019). Using early childhood behavior problems to predict adult convictions. *Journal of Abnormal Child Psychology, 47*, 765–778.

Katz-Wise, S. L., Priess, H. A., & Hyde, J. S. (2010). Gender-role attitudes and behavior across the transition to parenthood. *Developmental Psychology, 46*, 18–28.

Kaufman, J., & Zigler, E. (1987). Do abused children become abusive parents? *American Journal of Orthopsychiatry, 57*, 186–192.

Kaufman, J. C., & Baer, J. (2002). I bask in dreams of suicide: Mental illness, poetry, and women. *Review of General Psychology, 6*, 271–286.

Kaufman, L., & Kaufman, J. H. (2000). Explaining the moon illusion. *PNAS, 97*, 500–505.

Kaufman, S. B. (2018). Self-actualizing people in the 21st century: Integration with contemporary theory and research on personality and well-being. *Journal of Humanistic Psychology*. Advance online publication. doi: 10.1177/0022167818809187

Kaufmann, R. K., Mann, M. L., Gopal, S., Liederman, J. A., Howe, P. D., Pretis, F., Tang, X., & Gilmore, M. (2017). Spatial heterogeneity of climate change as an experiential basis for skepticism. *PNAS, 114*, 67–71.

Kaunitz, L. N., Rowe, E. G., & Tsuchiya, N. (2016). Large capacity of conscious access for incidental memories in natural scenes. *Psychological Science, 27*, 1266–1277.

Kawakami, K., Dunn, E., Karmali, F., & Dovidio, J. F. (2009). Mispredicting affective and behavioral responses to racism. *Science, 323*, 276–278.

Kawamichi, H., Yoshihara, K., Sugawara, S. K., Matsunaga, M., Makita, K., Hamano, Y. H., Tanabe, H. C., & Sadato, N. (2015). Helping behavior induced by empathic concern attenuates anterior cingulate activation in response to others' distress. *Social Neuroscience, 11*, 109–122.

Kayser, C. (2007, April/May). Listening with your eyes. *Scientific American Mind*, pp. 24–29.

Kazantzis, N., Whittington, C., & Dattilio, F. M. (2010). Meta-analysis of homework effects in cognitive and behavioral therapy: A replication and extension. *Clinical Psychology: Science and Practice, 17*, 144–156.

Kean, S. (2016, September). The audacious plan to save this man's life by transplanting his head. *The Atlantic*. https://www.theatlantic.com/magazine/archive/2016/09/the-audacious-plan-to-save-this-mans-life-by-transplanting-his-head/492755/

Kearns, M. C., Ressler, K. J., Zatzick, D., & Rothbaum, B. O. (2012). Early interventions for PTSD: A review. *Depression and Anxiety, 29*, 833–842.

Keefe, P. R. (2016, August 15). *The detectives who never forget a face*. NPR. https://www.npr.org/2016/08/17/490314062/new-yorker-the-detectives-who-never-forget-a-face

Keesey, R. E., & Corbett, S. W. (1984). Metabolic defense of the body weight set-point. In A. J. Stunkard & E. Stellar (Eds.), *Eating and its disorders* (pp. 87–96). Raven Press.

Keiser, H. N., Sackett, P. R., Kuncel, N. R., & Brothen, T. (2016). Why women perform better in college than admission scores would predict: Exploring the roles of conscientiousness and course-taking patterns. *Journal of Applied Psychology, 101*, 569–581.

Keith, S. W., Redden, D. T., Katzmarzyk, P. T., Boggiano, M. M., Hanlon, E. C., Benca, R. M., Ruden, D., Pietrobelli, A., Barger, J. L., Fontaine, K. R., Wang, C., Aronne, L. J. Wright, S. M., Baskin, M., Dhurandhar, N. V., Lijoi, M. C., Grilo, C. M., DeLuca, M., Westfall, A. O., & Allison, D. B. (2006). Putative contributors to the secular increase in obesity: Exploring the roads less traveled. *International Journal of Obesity, 30*, 1585–1594.

Kell, H. J., Lubinski, D., & Benbow, C. P. (2013). Who rises to the top? Early indicators. *Psychological Science, 24*, 648–659.

Keller, C., Hartmann, C., & Siegrist, M. (2016). The association between dispositional self-control and longitudinal changes in eating behaviors, diet quality, and BMI. *Psychology & Health, 31*, 1311–1327.

Keller, P. S., Haak, E. A., DeWall, C. N., & Renzetti, C. (2019). Poor sleep is associated with greater marital aggression: The role of self-control. *Behavioral Sleep Medicine, 17*, 174–180.

Kellerman, J., Lewis, J., & Laird, J. D. (1989). Looking and loving: The effects of mutual gaze on feelings of romantic love. *Journal of Research in Personality, 23*, 145–161.

Kelling, S. T., & Halpern, B. P. (1983). Taste flashes: Reaction times, intensity, and quality. *Science, 219*, 412–414.

Kellner, C. H., Knapp, R. G., Petrides, G., Rummans, T. A., Husain, M. M., Rasmussen, K., Mueller, M., Bernstein, H. J., O'Connor, K., Smith, G., Biggs, M., Bailine, S. H., Malur, C., Yim, E., McClintock, S., Sampson, S., & Fink, M. (2006). Continuation electroconvulsive therapy vs. pharmacotherapy for relapse prevention in major depression: A multisite study from the Consortium for Research in Electroconvulsive Therapy (CORE). *Archives of General Psychiatry, 63*, 1337–1344.

Kelly, A. E. (2000). Helping construct desirable identities: A self-presentational view of psychotherapy. *Psychological Bulletin, 126*, 475–494.

Kelly, D. J., Quinn, P. C., Slater, A. M., Lee, K., Ge, L., & Pascalis, O. (2007). The other-race effect develops during infancy: Evidence of perceptual narrowing. *Psychological Science, 18*, 1084–1089.

Kelly, S. D., Özyürek, A. & Maris, E. (2010). Two sides of the same coin: Speech and gesture mutually interact to enhance comprehension. *Psychological Science, 21*, 260–267.

Kelly, T. A. (1990). The role of values in psychotherapy: A critical review of process and outcome effects. *Clinical Psychology Review, 10*, 171–186.

Kelly, Y., Zilanawala, A., Booker, C. & Sacker, A. (2018). Social media use and adolescent mental health: Findings from the UK Millennium Cohort Study. *EClinicalMedicine (The Lancet), 6*, 59–68.

Kempe, R. S., & Kempe, C. C. (1978). *Child abuse*. Harvard University Press.

Kempermann, G. (2019). Environmental enrichment, new neurons and the neurobiology of individuality. *Nature Reviews Neuroscience, 20*, 235–245.

Kempermann, G., Gage, F. H., Aigner, L., Song, H., Curtis, M. A., Thuret, S., Kuhn, H. G., Jessberger, S., Frankland, P. W., Cameron, H. A., Gould, E., Hen, R., Abrous, D. N., Toni, N., Schinder, A. F., Zhao, X., Lucassen, P. J., & Frisén, J. (2018). Human adult neurogenesis: Evidence and remaining questions. *Cell Stem Cell, 23*, 25–30.

Kendall-Tackett, K. A., Williams, L. M., & Finkelhor, D. (1993). Impact of sexual abuse on children: A review and synthesis of recent empirical studies. *Psychological Bulletin, 113*, 164–180.

Kendler, K. S. (1996). Parenting: A genetic-epidemiologic perspective. *The American Journal of Psychiatry, 153*, 11–20.

Kendler, K. S., Maes, H. H., Lönn, S. L., Morris, N. A., Lichtenstein, P., Sundquist, J., & Sundquist, K. (2015a). A Swedish national twin study of criminal behavior and its violent, white-collar and property subtypes. *Psychological Medicine, 45*, 2253–2262.

Kendler, K. S., Morris, N. A., Ohlsson, H., Lönn, S. L., Sundquist, J., & Sundquist, K. (2016). Criminal offending and the family environment: Swedish national high-risk home-reared and adopted-away co-sibling control study. *The British Journal of Psychiatry, 209*, 294–299.

Kendler, K. S., Myers, J., & Zisook, S. (2008). Does bereavement-related major depression differ from major depression associated with other stressful life events? *American Journal of Psychiatry, 165*, 1449–1455.

Kendler, K. S., Neale, M. C., Kessler, R. C., Heath, A. C., & Eaves, L. J. (1994). Parent treatment and the equal environment assumption in twin studies of psychiatric illness. *Psychological Medicine, 24,* 579–590.

Kendler, K. S., Neale, M. C., Thornton, L. M., Aggen, S. H., Gilman, S. E., & Kessler, R. C. (2002). Cannabis use in the last year in a U.S. national sample of twin and sibling pairs. *Psychological Medicine, 32,* 551–554.

Kendler, K. S., Ohlsson, H., Lichtenstein, P., Sundquist, J., & Sundquist, K. (2018) The genetic epidemiology of treated major depression in Sweden. *The American Journal of Psychiatry, 175,* 1137–1144.

Kendler, K. S., Ohlsson, H., Sundquist, J., & Sundquist, K. (2016). Alcohol use disorder and mortality across the lifespan: A longitudinal cohort and co-relative analysis. *JAMA Psychiatry, 73,* 575–581.

Kendler, K. S., Sundquist, K., Ohlsson, H., Palmer, K., Maes, H., Winkleby, M. A., & Sundquist, J. (2012). Genetic and familiar environmental influences on the risk for drug abuse: A Swedish adoption study. *Archives of General Psychiatry, 69,* 690–697.

Kendler, K. S., Turkheimer, E., Ohlsson, H., Sundquist, J., & Sundquist, K. (2015b). Family environment and the malleability of cognitive ability: A Swedish national home-reared and adopted-away cosibling control study. *PNAS, 112,* 4612–4617.

Kendrick, K. M., & Feng, J. (2011). Neural encoding principles in face perception revealed using non-primate models. In G. Rhodes, A. Calder, M. Johnson, & J. V. Haxby (Eds.), *The Oxford handbook of face perception.* Oxford University Press.

Kennard, B. D., Emslie, G. J., Mayes, T. L., Nakonezny, P. A., Jones, J. M., Foxwell, A. A., & King, J. (2014). Sequential treatment of fluoxetine and relapse-prevention CBT to improve outcomes in pediatric depression. *American Journal of Psychiatry, 171,* 1083–1090.

Kennedy, M., Kreppner, J., Knights, N., Kumsta, R., Maughan, B., Golm, D., Rutter, M., Schlotz, W., & Sonuga-Barke, E. J. (2016). Early severe institutional deprivation is associated with a persistent variant of adult attention-deficit/hyperactivity disorder: Clinical presentation, developmental continuities and life circumstances in the English and Romanian Adoptees study. *Journal of Child Psychology and Psychiatry, 57,* 1113–1125.

Kennedy, S., & Over, R. (1990). Psychophysiological assessment of male sexual arousal following spinal cord injury. *Archives of Sexual Behavior, 19,* 15–27.

Kenrick, D. T., Griskevicious, V., Neuberg, S. L., & Schaller, M. (2010). Renovating the pyramid of needs: Contemporary extensions build upon ancient foundations. *Perspectives on Psychological Science, 5,* 292–314.

Kenrick, D. T., Nieuweboer, S., & Buunk, A. P. (2009). Universal mechanisms and cultural diversity: Replacing the blank slate with a coloring book. In M. Schaller, A. Norenzayan, S. Heine, A. Norenzayan, T. Yamagishi, & T. Kameda (Eds.), *Evolution, culture, and the human mind.* Erlbaum.

Kensinger, E. A. (2007). Negative emotion enhances memory accuracy: Behavioral and neuroimaging evidence. *Current Directions in Psychological Science, 16,* 213–218.

Kent de Grey, R. G., Uchino, B. N., Trettevik, R., Cronan, S., & Hogan, J. N. (2018). Social support and sleep: A meta-analysis. *Health Psychology, 37,* 787–798.

Keough, K. A., Zimbardo, P. G., & Boyd, J. N. (1999). Who's smoking, drinking, and using drugs? Time perspective as a predictor of substance use. *Basic and Applied Social Psychology, 2,* 149–164.

Keramati, M., Durand, A., Girardeau, P., Gutkin, B., & Ahmed, S. H. (2017). Cocaine addiction as a homeostatic reinforcement learning disorder. *Psychological Review, 124,* 130–153.

Keresztes, A., Bender, A. R., Bodammer, N. C., Lindenberger, U., Shing, Y. L., & Werkle-Bergner, M. (2017). Hippocampal maturity promotes memory distinctiveness in childhood and adolescence. *PNAS, 114,* 9212–9217.

Kern, M. L., Eichstaedt, J. C., Schwartz, H. A., Dziurzynski, L., Ungar, L. H., Stillwell, D. J., Kosinski, M., Ramones, S. M., & Seligman, M. E. P. (2014). The online social self: An open vocabulary approach to personality. *Assessment, 21,* 158–169.

Kernis, M. H. (2003). Toward a conceptualization of optimal self-esteem. *Psychological Inquiry, 14,* 1–26.

Kerns, J. C., Guo, J., Fothergill, E., Howard, L., Knuth, N. D., Brychta, R., Chen, K. Y., Skarulis, M. C., Walter, P. J., & Hall, K. D. (2017). Increased physical activity associated with less weight regain six years after "The Biggest Loser" competition. *Obesity, 25,* 1838–1843.

Kerr, N. L., & Bruun, S. E. (1983). Dispensability of member effort and group motivation losses: Free-rider effects. *Journal of Personality and Social Psychology, 44,* 78–94.

Kersbergen, I., Oldham, M., Jones, A., Field, M., Angus, C., & Robinson, E. (2018). Reducing the standard serving size of alcoholic beverages prompts reductions in alcohol consumption. *Addiction, 113,* 1598–1608.

Kessler, M., & Albee, G. (1975). Primary prevention. *Annual Review of Psychology, 26,* 557–591.

Kessler, R. C., Aguilar-Gaxiola, S., Alonso, J., Chatterji, S., Lee, S., Ormel, J., Üstün, T. B., & Wang, P. S. (2009). The global burden of mental disorders: An update from the WHO World Mental Health (WMH) Surveys. *Epidemiology and Psychiatric Services, 18,* 23–33.

Kessler, R. C., Akiskal, H. S., Ames, M., Birnbaum, H., Greenberg, P., Hirschfeld, R. M. A., Jin, R., Merikangas, K., Simon, G., & Wang, P. S. (2006). Prevalence and effects of mood disorders on work performance in a nationally representative sample of U.S. workers. *American Journal of Psychiatry, 163,* 1561–1568.

Kessler, R. C., Amminger, G. P., Aguilar-Gaxiola, S., Alonso, J., Lee, S., & Üstün, T. B. (2007). Age of onset of mental disorders: A review of recent literature. *Current Opinion in Psychiatry, 20,* 359–364.

Kessler, R. C., Brinbaum, H. G., Shahly, V., Bromet, E., Hwang, I., McLaughlin, K. A., Sampson, N., Andrade, L. H., De Girolamo, G., Demyttenaere, K., Haro, J. M., Karam, A. N., Kostyuchenko, S., Kovess, V., Lara, C., Levinson, D., Matschinger, H., Nakane, Y., Oakley, B., . . . Stein, D. J. (2010). Age differences in the prevalence and co-morbidity of DSM-IV major depressive episodes: Results from the WHO World Mental Health Survey Initiative. *Depression and Anxiety, 27,* 351–364.

Kessler, R. C., Petukhova, M., Sampson, N. A., Zaslavsky, A. M., & Wittchen, H.-A. (2012). Twelve-month and lifetime morbid risk of anxiety and mood disorders in the United States. *International Journal of Methods in Psychiatric Research, 21,* 169–184.

Keyes, K. M., Cerdá, M., Brady, J. E., Havens, J. R., & Galea, S. (2014). Understanding the rural-urban differences in nonmedical prescription opioid use and abuse in the United States. *American Journal of Public Health, 104,* e52–e59.

Keyes, K. M., Maslowsky, J., Hamilton, A., & Schulenberg, J. (2015). The great sleep recession: Changes in sleep duration among U.S. adolescents, 1991–2012. *Pediatrics, 135,* 460–468.

Keynes, M. (1980, December 20/27). Handel's illnesses. *The Lancet,* pp. 1354–1355.

Keys, A., Brozek, J., Henschel, A., Mickelsen, O., & Taylor, H. L. (1950). *The biology of human starvation.* University of Minnesota Press.

Khaldun, I. (1377/1967). *Muqaddimah: An introduction to history. Abridged.* Princeton University Press.

Khanna, S., & Greyson, B. (2014). Daily spiritual experiences before and after near-death experiences. *Psychology of Religion and Spirituality, 6,* 302–309.

Khanna, S., & Greyson, B. (2015). Near-death experiences and posttraumatic growth. *Journal of Nervous and Mental Disease, 203,* 749–755.

Khazanov, G. K., & Ruscio, A. M. (2016). Is low positive emotionality a specific risk factor for depression? A meta-analysis of longitudinal studies. *Psychological Bulletin, 142,* 991–1015.

Khera, M., Bhattacharya, R. K., Blick, G., Kushner, H., Nguyen, D., & Miner, M. M. (2011). Improved sexual function with testosterone replacement therapy in hypogonadal men: Real-world data from the Testim Registry in the United States (TriUS). *Journal of Sexual Medicine, 8,* 3204–3213.

Khodagholy, D., Gelinas, J. N., & Buzsáki, G. (2017). Learning-enhanced coupling between ripple oscillations in association cortices and hippocampus. *Science, 358,* 369–372.

Kiatpongsan, S., & Norton, M. (2014). How much (more) should CEOs make? A universal desire for more equal pay. *Perspectives on Psychological Science, 9,* 587–593.

Kiecolt-Glaser, J. K. (2009). Psychoneuroimmunology: Psychology's gateway to the biomedical future. *Perspectives on Psychological Science, 4,* 367–369.

Kiecolt-Glaser, J. K., Loving, T. J., Stowell, J. R., Malarkey, W. B., Lemeshow, S., Dickinson, S. L., & Glaser, R. (2005). Hostile marital interactions, proinflammatory cytokine production, and wound healing. *Archives of General Psychiatry, 62,* 1377–1384.

Kiecolt-Glaser, J. K., Page, G. G., Marucha, P. T., MacCallum, R. C., & Glaser, R. (1998). Psychological influences on surgical recovery: Perspectives from psychoneuroimmunology. *American Psychologist, 53,* 1209–1218.

Kiehl, K. A., & Buckholtz, J. W. (2010). Inside the mind of a psychopath. *Scientific American Mind, 21,* 22–29.

Kihlstrom, J. (2019). The motivational unconscious. *Social and Personality Psychology Compass, 13,* e12466.

Kihlstrom, J. F. (2005). Dissociative disorders. *Annual Review of Clinical Psychology, 1,* 227–253.

Kilgore, A. (2017, November 9). Aaron Hernandez suffered from most severe CTE ever found in a person his age. *The Washington Post.* https://tinyurl.com/ycj8mx64

Kille, D. R., Forest, A. L., & Wood, J. V. (2013). Tall, dark, and stable: Embodiment motivates mate selection preferences. *Psychological Science, 24,* 112–114.

Kilpatrick, L. A., Suyenobu, B. Y., Smith, S. R., Bueller, J. A., Goodman, T., Creswell, J. D., Tillisch, K., Mayer, E. A., & Naliboff, B. D. (2011). Impact of mindfulness-based stress reduction training on intrinsic brain activity. *Neuroimage, 56,* 290–298.

Kilpeläinen, T. O., Qi, L. Brage, S., Sharp, S. J., Sonestedt, E., Demerath, E., Ahmad, T., Mora, S., Kaakinen, M., Sandholt, C. H., Holzapfel, C., Autenrieth, C. S., Hyppönen, E., Cauchi, S., He, M., Kutalik, Z., Kumari, M., Stančáková, A., Meidtner, K., . . . Loos, R. J. F. (2012). Physical activity attenuates the influence of FTO variants on obesity risk: A meta-analysis of 218,166 adults and 19,268 children. *PLOS Medicine, 8,* e1001116.

Kim, B. S. K., Ng, G. F., & Ahn, A. J. (2005). Effects of client expectation for counseling success, client-counselor worldview match, and client adherence to Asian and European American cultural values on counseling process with Asian Americans. *Journal of Counseling Psychology, 52,* 67–76.

Kim, E. S., Hagan, K. A., Grodstein, F., DeMeo, D. L., De Vivo, I., & Kubzansky, L. D. (2017). Optimism and cause-specific mortality: A prospective cohort study. *American Journal of Epidemiology, 185*, 21–29.

Kim, H., & Markus, H. R. (1999). Deviance or uniqueness, harmony or conformity? A cultural analysis. *Journal of Personality and Social Psychology, 77*, 785–800.

Kim, H., Schimmack, U., Oishi, S., & Tsutsui, Y. (2018). Extraversion and life satisfaction: A cross-cultural examination of student and nationally representative samples. *Journal of Personality, 86*, 604–618.

Kim, J., Suh, W., Kim, S., & Gopalan, H. (2012). Coping strategies to manage acculturative stress: Meaningful activity participation, social support, and positive emotion among Korean immigrant adolescents in the USA. *International Journal of Qualitative Studies on Health and Well-Being, 7*, 1–10.

Kim, J., Wang, C., Nunez, N., Kim, S., Smith, T., & Sahgal, N. (2015). Paranormal beliefs: Using survey trends from the USA to suggest a new area of research in Asia. *Asian Journal for Public Opinion Research, 2*, 279–306.

Kim, M., Kim, C.-H., Jung, H. H., Kim, S. J., & Chang, J. W. (2013). Treatment of major depressive disorder via magnetic resonance-guided focused ultrasound surgery. *Biological Psychiatry, 83*, e17–e18.

Kim, S. H., Hwang, J. H., Park, H. S., & Kim, S. E. (2008). Resting brain metabolic correlates of neuroticism and extraversion in young men. *Neuro-Report, 19*, 883–886.

Kim, S. H., Vincent, L. C., & Goncalo, J. A. (2013). Outside advantage: Can social rejection fuel creative thought? *Journal of Experimental Psychology: General, 142*, 605–611.

Kim, Y. S., Leventhal, B. L., Koh, Y., Fombonne, E., Laska, E., Lim, M., Cheon, K. A., Kim, S. J., Kim, Y. K., Lee, H., Song, D. H., & Grinker, R. R. (2011). Prevalence of autism spectrum disorders in a total population sample. *The American Journal of Psychiatry, 168*, 904–912.

Kimata, H. (2001). Effect of humor on allergen-induced wheal reactions. *Journal of the American Medical Association, 285*, 737.

Kimble, G. A. (1981). Biological and cognitive constraints on learning. In L. T. Benjamin, Jr. (Ed.), *The G. Stanley Hall lecture series*, Vol. 1 (pp. 11–60). American Psychological Association.

Kindt, M., Soeter, M., & Vervliet, B. (2009). Beyond extinction: Erasing human fear responses and preventing the return of fear. *Nature Neuroscience, 12*, 256–258.

King, D. W., King, L. A., Park, C. L., Lee, L. O., Pless Kaiser, A., Spiro, A., III, Moore, J. L., Kaloupek, D. G., & Keane, T. M. (2015). Positive adjustment among American repatriated prisoners of the Vietnam War: Modeling the long-term effects of captivity. *Clinical Psychological Science, 3*, 861–876.

King, L. A., Heintzelman, S. J., & Ward, S. J. (2016). Beyond the search for meaning: A contemporary science of the experience of meaning in life. *Current Directions in Psychological Science, 25*, 211–216.

King, S., St.-Hilaire, A., & Heidkamp, D. (2010). Prenatal factors in schizophrenia. *Current Directions in Psychological Science, 19*, 209–213.

Kinnier, R. T., & Metha, A. T. (1989). Regrets and priorities at three stages of life. *Counseling and Values, 33*, 182–193.

Kinsella, E. L., Ritchie, T. D., & Igou, E. R. (2015). Zeroing in on heroes: A prototype analysis of hero features. *Journal of Personality and Social Psychology, 108*, 114–127.

Kinsey, A. C., Pomeroy, W. B., & Martin, C. E. (1948). *Sexual behavior in the human male*. Indiana University Press.

Kinsey, A. C., Pomeroy, W. B., Martin, C. E., & Gebhard, P. H. (1953). *Sexual behavior in the human female*. W. B. Saunders.

Kipnis, J. (2018, August). The seventh sense. *Scientific American*, pp. 28–35.

Kirby, D. (2002). Effective approaches to reducing adolescent unprotected sex, pregnancy, and childbearing. *Journal of Sex Research, 39*, 51–57.

Kirby, T. (2015, September). Ketamine for depression: The highs and lows. *The Lancet Psychiatry, 2*, 783–784.

Kirk, M., Rasmussen, K. W., Overgaard, S. B., & Berntsen, D. (2019). Five weeks of immersive reminiscence therapy improves autobiographical memory in Alzheimer's disease. *Memory, 27*, 441–454.

Kirkpatrick, B., Fenton, W. S., Carpenter, W. T., Jr., & Marder, S. R. (2006). The NIMH-MATRICS consensus statement on negative symptoms. *Schizophrenia Bulletin, 32*, 214–219.

Kirkpatrick, L. (1999). Attachment and religious representations and behavior. In J. Cassidy & P. R. Shaver (Eds.), *Handbook of attachment*. Guilford.

Kirmayer, L. J., & Sartorius, N. (2007). Cultural models and somatic syndromes. *Psychosomatic Medicine, 69*, 832–840.

Kirsch, I. (2010). *The emperor's new drugs: Exploding the antidepressant myth*. Basic Books.

Kirsch, I. (2016). *The emperor's new drugs: Medication and placebo in the treatment of depression*. In Behind and beyond the brain. Symposium conducted by the Bial Foundation, March 30–April 2.

Kirsch, I., Deacon, B. J., Huedo-Medina, T. B., Scoboria, A., Moore, T. J., & Johnson, B. T. (2008). Initial severity and antidepressant benefits: A meta-analysis of data submitted to the Food and Drug Administration. *Public Library of Science Medicine, 5*, e45.

Kirsch, I., Kong, J., Sadler, P., Spaeth, R., Cook, A., Kaptchuk, T. J., & Gollub, R. (2014). Expectancy and conditioning in placebo analgesia: Separate or connected processes? *Psychology of Consciousness; Theory, Research, and Practice, 1*, 51–59.

Kirsch, I., & Sapirstein, G. (1998). Listening to Prozac but hearing placebo: A meta-analysis of antidepressant medication. *Prevention & Treatment, 1*, 2a.

Kisely, S., Li, A., Warren, N., & Siskind, D. (2018). A systematic review and meta-analysis of deep brain stimulation for depression. *Depression and Anxiety, 35*, 468–480.

Kisley, M. A., Wood, S., & Burrows, C. L. (2007). Looking at the sunny side of life: Age-related change in an event-related potential measure of the negativity bias. *Psychological Science, 18*, 838–843.

Kisor, H. (1990). *What's that pig outdoors? A memoir of deafness*. Hill and Wang.

Kitahara, C. M., Flint, A. J., de Gonzalez, A. B., Bernstein, L., Brotzman, M., MacInnis, R. J., Moore, S. C., Robien, K., Rosenberg, P. S., Singh, P. H., Weiderpass, E., Adami, H. O., Anton-Culver, H., Ballard-Barbash, R., Buring, J. E., Freedman, D. M., Fraser, G. E., Beane Freeman, L. E., Gapstur, S. M., . . . Hartge, P. (2014, July 8). Association between class III obesity (BMI of 40-59 kg/m2) and mortality: A pooled analysis of 20 prospective studies. *PLOS Medicine, 11*(7), e1001673.

Kitaoka, A. (2016, September 11). Facebook post. https://www.facebook.com/photo.php?fbid=10207806660899237&set=a.2215289656523&type=3&theater

Kitayama, S., Conway, L. G., III, Pietromonaci, P. R., Park, H., & Plaut, V. C. (2010). Ethos of independence across regions in the United States: The production-adoption model of cultural change. *American Psychologist, 65*, 559–574.

Kitayama, S., Ishii, K., Imada, T., Takemura, K., & Ramaswamy, J. (2006). Voluntary settlement and the spirit of independence: Evidence from Japan's "northern frontier." *Journal of Personality and Social Psychology, 91*, 369–384.

Kitayama, S., Park, J., Boylan, J. M., Miyamoto, Y., Levine, C. S., Markus, H. R., Karasawa, M., Coe, C. L., Kawakami, N., Love, G. D., & Ryff, C. D. (2015). Expression of anger and ill health in two cultures: An examination of inflammation and cardiovascular risk. *Psychological Science, 26*, 211–220.

Kitayama, S., Park, H., Sevincer, A. T., Karasawa, M., & Uskul, A. K. (2009). A cultural task analysis of implicit independence: Comparing North America, Western Europe, and East Asia. *Journal of Personality and Social Psychology, 97*, 236–255.

Kivimaki, M., Leino-Arjas, P., Luukkonen, R., Rihimaki, H., & Kirjonen, J. (2002). Work stress and risk of cardiovascular mortality: Prospective cohort study of industrial employees. *British Medical Journal, 325*, 857.

Kivipelto, M., & Håkansson, K. (2017, April). A rare success against Alzheimer's. *Scientific American*, pp. 33–37.

Kivisto, A. J., Magee, L. A., Phalen, P. L., & Ray, B. R. (2019). Firearm ownership and domestic versus nondomestic homicide in the U.S. *American Journal of Preventive Medicine, 57*, 311–320.

Kivlighan, D. M., Goldberg, S. B., Abbas, M., Pace, B. T., Yulish, N. E., Thomas, J. G., Cullen, M. M., Flückiger, C., & Wampold, B. E. (2015). The enduring effects of psychodynamic treatments vis-à-vis alternative treatments: A multilevel longitudinal meta-analysis. *Clinical Psychology Review, 40*, 1–14.

Klahr, A. M., & Burt, S. A. (2014). Elucidating the etiology of individual differences in parenting: A meta-analysis of behavioral genetic research. *Psychological Bulletin, 140*, 544–586.

Klayman, J., & Ha, Y.-W. (1987). Confirmation, disconfirmation, and information in hypothesis testing. *Psychological Review, 94*, 211–228.

Klein, D. N. (2010). Chronic depression: Diagnosis and classification. *Current Directions in Psychological Science, 19*, 96–100.

Klein, D. N., & Kotov, R. (2016). Course of depression in a 10-year prospective study: Evidence for qualitatively distinct subgroups. *Journal of Abnormal Psychology, 125*, 337–348.

Klein, R. A., Ratliff, K. A., Vianello, M., Adams, R. B., Jr., Bahník, Š., Bernstein, M. J., Bocian, K., Brandt, M. J., Brooks, B., Brumbaugh, C. C., Cemalcilar, Z., Chandler, J., Cheong, W., Davis, W. E., Devos, T., Eisner, M., Frankowska, N., Furrow, D., Galliani, E. M., . . . Nosek, B. A. (2014). Investigating variation in replicability: A "many labs" replication project. *Social Psychology, 45*, 142–152.

Klein, R. A., Vianello, M., Hasselman, F., Adams, B. G., Adams, R. B., Alper, S., Aveyard, M., Axt, J. R., Babalola, M. T. Bahník, Š., Batra, R., Berkics, M., Bernstein, M. J., Berry, D. R., Bialobrzeska, O., Binan, E. D., Bocian, K., Brandt, M. J., Busching, R., . . . Nosek, B. A. (2018). Many Labs 2: Investigating variation in replicability across samples and settings. *Advances in Methods and Practices in Psychological Science, 1*, 443–490.

Kleinke, C. L. (1986). Gaze and eye contact: A research review. *Psychological Bulletin, 1000*, 78–100.

Kleinman, D., & Gollan, T. H. (2016). Speaking two languages for the price of one: Bypassing language control mechanisms via accessibility-driven switches. *Psychological Science, 27*, 700–714.

Kleinmuntz, B., & Szucko, J. J. (1984). A field study of the fallibility of polygraph lie detection. *Nature, 308*, 449–450.

Kleitman, N. (1960, November). Patterns of dreaming. *Scientific American*, pp. 82–88.

Klemm, W. R. (1990). Historical and introductory perspectives on brainstem-mediated behaviors. In W. R. Klemm & R. P. Vertes (Eds.), *Brainstem mechanisms of behavior* (pp. 3–32). Wiley.

Klimstra, T. A., Hale, W. W., III, Raaijmakers, Q. A. W., Branje, S. J. T., & Meeus, W. H. J. (2009). Maturation of personality in adolescence. *Journal of Personality and Social Psychology, 96*, 898–912.

Klimstra, T. A., Kuppens, P., Luyckx, K., Branje, S., Hale, W. W., Oosterwegel, A., Koot, H. M., & Meeus, W. H. J. (2015). Daily dynamics of adolescent mood and identity. *Journal of Research on Adolescence, 26*, 459–473.

Klimstra, T. A., Noftle, E. E., Luyckx, K., Goossens, L., & Robins, R. W. (2018). Personality development and adjustment in college: A multifaceted, cross-national view. *Journal of Personality and Social Psychology, 115*, 338–361.

Kline, D., & Schieber, F. (1985). Vision and aging. In J. E. Birren & K. W. Schaie (Eds.), *Handbook of the psychology of aging* (2nd ed., pp. 296–331). Van Nostrand Reinhold.

Kline, N. S. (1974). *From sad to glad*. Ballantine Books.

Klinke, R., Kral, A., Heid, S., Tillein, J., & Hartmann, R. (1999). Recruitment of the auditory cortex in congenitally deaf cats by long-term cochlear electrostimulation. *Science, 285*, 1729–1733.

Kluemper, D. H., McLarty, B. D., Bishop, T. R., & Sen, A. (2015). Interviewee selection test and evaluator assessments of general mental ability, emotional intelligence and extraversion: Relationships with structured behavioral and situational interview performance. *Journal of Business and Psychology, 30*, 543–563.

Knapp, S., & VandeCreek, L. (2000). Recovered memories of childhood abuse: Is there an underlying professional consensus? *Professional Psychology: Research and Practice, 31*, 365–371.

Knickmeyer, E. (2001, August 7). In Africa, big is definitely better. *Seattle Times*, p. A7.

Knight, R. T. (2007). Neural networks debunk phrenology. *Science, 316*, 1578–1579.

Knight, W. (2004, August 2). *Animated face helps deaf with phone chat*. NewScientist.com. https://www.newscientist.com/article/dn6228-animated-face-helps-deaf-with-phone-chat/

Knoblich, G., & Oellinger, M. (2006, October/November). The Eureka moment. *Scientific American Mind*, pp. 38–43.

Knolle, F., Goncalves, R. P., Morton, J. A. (2017, November 8). Sheep recognize familiar and unfamiliar human faces from two-dimensional images. *Royal Society Open Science, 4*, 171228.

Knouse, L. E., Teller, J., & Brooks, M. A. (2017). Meta-analysis of cognitive–behavioral treatments for adult ADHD. *Journal of Consulting and Clinical Psychology, 85*, 737–750.

Knowles, E. E. M., Mathias, S. R., McKay, D. R., Sprooten, E., Blangero, H., Almasy, L., & Glahn, D. C. (2014). Genome-wide analyses of working-memory ability: A review. *Current Behavioral Neuroscience Reports, 1*, 224–233.

Knuts, I. J. E., Cosci, F., Esquivel, G., Goossens, L., van Duinen, M., Bareman, M., Overbeek, T., Griez, E. J., & Schruers, K. R. J. (2010). Cigarette smoking and 35% CO_2 induced panic in panic disorder patients. *Journal of Affective Disorders, 124*, 215–218.

Knutsen, J., Mandell, D. S., & Frye, D. (2015). Children with autism are impaired in the understanding of teaching. *Developmental Science, 20*, e12368.

Knutsson, A., & Bøggild, H. (2010). Gastrointestinal disorders among shift workers. *Scandinavian Journal of Work, Environment & Health, 85*–95.

Kobayashi, K., & Hsu, M. (2019). Common neural code for reward and information value. *PNAS, 116*, 13061–13066.

Kocevar, G., Suprano, I., Stamile, C., Hannoun, S., Fourneret, P., Revol, O., Nusbaum, F., & Sappey-Marinier, D. (2019). Brain structural connectivity correlates with fluid intelligence in children: A DTI graph analysis. *Intelligence, 72*, 67–75.

Koch, C. (2015, January/February). The face as entryway to the self. *Scientific American Mind*, pp. 26–29.

Koch, C. (2016, November/December). Sleeping while awake. *Scientific American Mind*, pp. 20–23.

Kocsis, J. H. (2018). Internet-based psychotherapy: How far can we go? *American Journal of Psychiatry, 175*, 202–203.

Koenen, K. C., Moffitt, T. E., Roberts, A. L., Martin, L. T., Kubzansky, L., Harrington, H., Poulton, R., & Caspi, A. (2009). Childhood IQ and adult mental disorders: A test of the cognitive reserve hypothesis. *American Journal of Psychiatry, 166*, 50–57.

Koenig, H. G., & Larson, D. B. (1998). Use of hospital services, religious attendance, and religious affiliation. *Southern Medical Journal, 91*, 925–932.

Koenig, L. B., & Vaillant, G. E. (2009). A prospective study of church attendance and health over the life-span. *Health Psychology, 28*, 117–124.

Koenigs, M., Young, L., Adolphs, R., Tranel, D., Cushman, F., Hauser, M., & Damasio, A. (2007). Damage to the prefrontal cortex increases utilitarian moral judgements. *Nature, 446*, 908–911.

Koerner, B. (2003, March 28). What does a "thumbs up" mean in Iraq? *Slate*. https://slate.com/news-and-politics/2003/03/what-does-a-thumbs-up-mean-in-iraq.html

Kofler, M. J., Raiker, J. S., Sarver, D. E., Wells, E. L., & Soto, E. F. (2016). Is hyperactivity ubiquitous in ADHD or dependent on environmental demands? Evidence from meta-analysis. *Clinical Psychology Review, 46*, 12–24.

Koh, A. W. L., Lee, S. C., & Lim, S. W. H. (2018). The learning benefits of teaching: A retrieval practice hypothesis. *Applied Cognitive Psychology, 32*, 401–410.

Kohlberg, L. (1981). *The philosophy of moral development: Essays on moral development* (Vol. 1). Harper & Row.

Kohlberg, L. (1984). *The psychology of moral development: Essays on moral development* (Vol. 2). Harper & Row.

Kohler, I. (1962, May). Experiments with goggles. *Scientific American*, pp. 62–72.

Köhler, W. (1925; reprinted 1957). *The mentality of apes*. Pelican.

Kolassa, I.-T., & Elbert, T. (2007). Structural and functional neuroplasticity in relation to traumatic stress. *Current Directions in Psychological Science, 16*, 321–325.

Kolb, B. (1989). Brain development, plasticity, and behavior. *American Psychologist, 44*, 1203–1212.

Kolb, B., & Whishaw, I. Q. (1998). Brain plasticity and behavior. *Annual Review of Psychology, 49*, 43–64.

Kolb, B., & Whishaw, I. Q. (2006). *An introduction to brain and behavior* (2nd ed.). Worth.

Koltko-Rivera, M. E. (2006). Rediscovering the later version of Maslow's hierarchy of needs: Self-transcendence and opportunities for theory, research, and unification. *Review of General Psychology, 10*, 302–317.

Komisaruk, B. R., & Whipple, B. (2011). Non-genital orgasms. *Sexual and Relationship Therapy, 26*, 356–372.

Kondoh, K., Lu, Z., Olson, D. P., Lowell, B. B., & Buck, L. B. (2016). A specific area of olfactory cortex involved in stress hormone responses to predator odours. *Nature, 532*, 103–106.

Kong, A., Thorleifsson, G., Frigge, M. L., Vilhjalmsson, B. J., Young, A. I., Thorgeirsson, T. E., Benonisdottir, S., Oddsson, A., Halldorsson, B. V., Masson, G., Gudbjartsson, D. F., Helgason, A., Bjornsdottir, G., Thorsteinsdottir, U., & Stefansson, K. (2018). The nature of nurture: Effects of parental genotypes. *Science, 359*, 424–428.

Konkle, T., Brady, T. F., Alvarez, G. A., & Oliva, A. (2010). Conceptual distinctiveness supports detailed visual long-term memory for real-world objects. *Journal of Experimental Psychology: General, 139*, 558–578.

Kontula, O., & Haavio-Mannila, E. (2009). The impact of aging on human sexual activity and sexual desire. *Journal of Sex Research, 46*, 46–56.

Koole, S. L., Greenberg, J., & Pyszczynski, T. (2006). Introducing science to the psychology of the soul. *Current Directions in Psychological Science, 15*, 212–216.

Koops, S., Blom, J. D., Bouachmir, O., Slot, M. I., Neggers, B., & Sommer, I. E. (2018). Treating auditory hallucinations with transcranial direct current stimulation in a double-blind, randomized trial. *Schizophrenia Research, 201*, 329–336.

Kornell, N., & Bjork, R. A. (2008). Learning concepts and categories: Is spacing the "enemy of induction?" *Psychological Science, 19*, 585–592.

Kosslyn, S. M. (2005). Reflective thinking and mental imagery: A perspective on the development of posttraumatic stress disorder. *Development and Psychopathology, 17*, 851–863.

Kosslyn, S. M., & Koenig, O. (1992). *Wet mind: The new cognitive neuroscience*. Free Press.

Kotchick, B. A., Shaffer, A., & Forehand, R. (2001). Adolescent sexual risk behavior: A multi-system perspective. *Clinical Psychology Review, 21*, 493–519.

Koten, J. W., Jr., Wood, G., Hagoort, P., Goebel, R., Propping, P., Willmes, K., & Boomsma, D. I. (2009). Genetic contribution to variation in cognitive function: An fMRI study in twins. *Science, 323*, 1737–1740.

Kotkin, M., Daviet, C., & Gurin, J. (1996). The Consumer Reports mental health survey. *American Psychologist, 51*, 1080–1082.

Kouider, S., Stahlhut, C., Gelskov, S. V., Barbosa, L. S., Dutat, M., de Gardelle, V., Christophe, A., Dehaene, S., & Dehaene-Lambertz, G. (2013). A neural marker of perceptual consciousness in infants. *Science, 340*, 376–380.

Kounios, J., & Beeman, M. (2014). The cognitive neuroscience of insight. *Annual Review of Psychology, 65*, 71–93.

Kovács, Á. M., Téglás, E., & Endress, A. D. (2010). The social sense: Susceptibility to others' beliefs in human infants and adults. *Science, 330*, 1830–1834.

Kovelman, I., Shalinsky, M. H., Berens, M. S., & Petitto, L. (2014). Words in the bilingual brain: An fNIRS brain imaging investigation of lexical processing in sign-speech bimodal bilinguals. *Frontiers in Human Neuroscience, 8*, article 606.

Kowalski, R. M., Limber, S. P., & McCord, A. (2018). A developmental approach to cyberbullying: Prevalence and protective factors. *Aggression and Violent Behavior, 45*, 20–32.

Koyanagi, A., Oh, H., Carvalho, A. F., Smith, L., Haro, J. M., Vancampfort, D., Stubbs, B., & Devylder, J. E. (2019). Bullying victimization and suicide attempt among adolescents aged 12–15 years from 48 countries. *Journal of the American Academy of Child & Adolescent Psychiatry, 58*, 907–918.

Kposowa, A., Hamilton, D., & Wang, K. (2016). Impact of firearm availability and gun regulation on state suicide rates. *Suicide and Life-Threating Behavior, 46*, 678–696.

Kposowa, A. J., & D'Auria, S. (2009). Association of temporal factors and suicides in the United States, 2000–2004. *Social Psychiatry and Psychiatric Epidemiology, 45*, 433–445.

Kraft, C. (1978). A psychophysical approach to air safety: Simulator studies of visual illusions in night approaches. In H. L. Pick, H. W. Leibowitz, J. E. Singer, A. Steinschneider, & H. W. Stevenson (Eds.), *Psychology: From research to practice.* Plenum Press.

Kraft, T., & Pressman, S. (2012). Grin and bear it: The influence of the manipulated facial expression on the stress response. *Psychological Science, 23,* 137–1378.

Krahé, B., & Berger, A. (2017). Longitudinal pathways of sexual victimization, sexual self-esteem, and depression in women and men. *Psychological Trauma: Theory, Research, Practice, and Policy, 9,* 147–155.

Krahé, B., Lutz, J., & Sylla, I. (2018). Lean back and relax: Reclined seating position buffers the effect of frustration on anger and aggression. *European Journal of Social Psychology, 48,* 718–723.

Krakow, B., Germain, A., Warner, T. D., Schrader, R., Koss, M. P., Hollifeld, M., Tandberg, D., Melendrez, D., & Johnston, L. (2001). The relationship of sleep quality and posttraumatic stress to potential sleep disorders in sexual assault survivors with nightmares, insomnia, and PTSD. *Journal of Traumatic Stress, 14,* 647–665.

Krakow, B., Schrader, R., Tandberg, D., Hollifeld, M., Koss, M. P., Yau, C. L., & Cheng, D. T. (2002). Nightmare frequency in sexual assault survivors with PTSD. *Journal of Anxiety Disorders, 16,* 175–190.

Kramer, A. (2010). Personal communication.

Kramer, A. D. I. (2012). The spread of emotion via Facebook. *Proceedings of the SIGCHI Conference on Human Factors in Computing Systems.* ACM (Association for Computing Machinery), New York, 767–770.

Kramer, A. F., & Colcombe, S. (2018). Fitness effects on the cognitive function of older adults: A meta-analytic study—revisited. *Perspectives on Psychological Science, 13,* 213–217.

Kramer, A. F., & Erickson, K. I. (2007). Capitalizing on cortical plasticity: Influence of physical activity on cognition and brain function. *Trends in Cognitive Sciences, 11,* 342–348

Kramer, P. D. (2011, July 9). In defense of antidepressants. *The New York Times.* https://www.nytimes.com/2011/07/10/opinion/sunday/10antidepressants.html?

Kranz, F., & Ishai, A. (2006). Face perception is modulated by sexual preference. *Current Biology, 16,* 63–68.

Kranz, G. S., Hahn, A., Kaufmann, U., Küblböck, M., Hummer, A., Ganger, S., Seiger, R., Winkler, D., Swaab, D. F., Windischberger, C., Kasper, S., & Lanzenberger, R. (2014). White matter microstructure in transsexuals and controls investigated by diffusion tensor imaging. *The Journal of Neuroscience, 34,* 15466–15475.

Kranzler, E. C., Schmälzle, R., O'Donnell, M. B., Pei, R., & Falk, E. B. (2019). Adolescent neural responses to antismoking messages, perceived effectiveness, and sharing intention. *Media Psychology, 22,* 323–349.

Kraul, C. (2010, October 12). Chief engineer knew it would take a miracle. *The Los Angeles Times.* https://www.latimes.com/archives/la-xpm-2010-oct-12-la-fg-chile-miners-rescuer-20101013-story.html

Kremen, W. S., Jacobsen, K. C., Xian, H., Eisen, S. A., Eaves, L. J., Tsuang, M. T., & Lyons, M. J. (2007). Genetics of verbal working memory processes: a twin study of middle-aged men. *Neuropsychology, 21,* 569–580.

Kret, M. E., & De Dreu, C. K. W. (2019). The power of pupil size in establishing trust and reciprocity. *Journal of Experimental Psychology: General, 148*(8), 1299–1311.

Kretch, K. S., Franchak, J. M., & Adolph, K. E. (2014). Crawling and walking infants see the world differently. *Child Development, 85,* 1503–1518.

Kreuder, A. K., Wassermann, L., Wollseifer, M., Ditzen, B., Eckstein, M., Stoffel-Wagner, B., Hennig, J., Hurlemann, R., & Scheele, D. (2018). Oxytocin enhances the pain-relieving effects of social support in romantic couples. *Human Brain Mapping, 40*(1), 242–251.

Kring, A. M., & Caponigro, J. M. (2010). Emotion in schizophrenia: Where feeling meets thinking. *Current Directions in Psychological Science, 19,* 255–259.

Kring, A. M., & Gordon, A. H. (1998). Sex differences in emotion: Expression, experience, and physiology. *Journal of Personality and Social Psychology, 74,* 686–703.

Kringelbach, M. L., & Berridge, K. C. (2012, August). The joyful mind. *Scientific American,* pp. 40–45.

Krishnan, A., Zhang, R., Yao, V., Theesfeld, C. L., Wong, A. K., Tadych, A., Volfovsky, N., Packer, A., Lash, A., & Troyanskaya, O. G. (2016). Genome-wide prediction and functional characterization of the genetic basis of autism spectrum disorder. *Nature Neuroscience, 19,* 1454–1462.

Kristof, N. (2017, February 11). Husbands are deadlier than terrorists. *The New York Times.* https://www.nytimes.com/2017/02/11/opinion/sunday/husbands-are-deadlier-than-terrorists.html?

Kristof, N. (2019, March 16). This 8-year-old chess champion will make you smile. *The New York Times.* https://www.nytimes.com/2019/03/16/opinion/sunday/chess-champion-8-year-old-homeless-refugee-.html

Kristof, N. D. (2004, July 21). Saying no to killers. *The New York Times.* https://www.nytimes.com/2004/07/21/opinion/saying-no-to-killers.html?

Krizan, Z., & Herlache, A. D. (2018). The narcissism spectrum model: A synthetic view of narcissistic personality. *Personality and Social Psychology Review, 22,* 3–31.

Krizan, Z., & Hisler, G. (2019). Sleepy anger: Restricted sleep amplifies angry feelings. *Journal of Experimental Psychology: General, 148,* 1239–1250.

Krosnick, J. A., & Alwin, D. F. (1989). Aging and susceptibility to attitude change. *Journal of Personality and Social Psychology, 57,* 416–425.

Krosnick, J. A., Betz, A. L., Jussim, L. J., & Lynn, A. R. (1992). Subliminal conditioning of attitudes. *Personality and Social Psychology Bulletin, 18,* 152–162.

Kross, E., & Ayduk, O. (2011). Making meaning out of negative experiences by self-distancing. *Current Directions in Psychological Science, 20,* 187–191.

Kross, E., Berman, M., Mischel, W., Smith, E. E., & Wager, T. (2011). Social rejection shares somatosensory representations with physical pain. *PNAS, 108,* 6270–6275.

Kross, E., Bruehlman-Senecal, E., Park, J., Burson, A., Dougherty, A., Shablack, H., Bremner, R., Moser, J., & Ayduk, O. (2014). Self-talk as a regulatory mechanism: How you do it matters. *Journal of Personality and Social Psychology, 106,* 304–324.

Krueze, L. J., Pijnenborg, G. H. M., de Jonge, Y. B., & Nauta, M. H. (2018). Cognitive-behavior therapy for children and adolescents with anxiety disorders: A meta-analysis of secondary outcomes. *Journal of Anxiety Disorders, 60,* 43–57.

Kruger, J., & Dunning, D. (1999). Unskilled and unaware of it: How difficulties in recognizing one's own incompetence lead to inflated self-assessments. *Journal of Personality and Social Psychology, 77,* 1121–1134.

Kruger, J., Epley, N., Parker, J., & Ng, Z.-W. (2005). Egocentrism over e-mail: Can we communicate as well as we think? *Journal of Personality and Social Psychology, 89,* 925–936.

Krumhansl, C. L. (2010). Plink: "Thin slices" of music. *Music Perception, 27,* 337–354.

Krupenye, C., Kano, F., Hirata, S., Call, J., & Tomasello, M. (2016). Great apes anticipate that other individuals will act according to false beliefs. *Science, 354,* 110–113.

Krützen, M., Mann, J., Heithaus, M. R., Connor, R. C., Bejder, L., & Sherwin, W. B. (2005). Cultural transmission of tool use in bottlenose dolphins. *PNAS, 102,* 8939–8943.

Krynen, R. C., & McBeath, M. K. (2019). Baseball's sight-audition farness effect (SAFE) when umpiring baserunners: Judging precedence of competing visual versus auditory events. *Journal of Experimental Psychology: Human Perception and Performance, 45,* 67–81.

Kteily, N. S., & Bruneau, E. (2017). Darker demons of our nature: The need to (re)focus attention on blatant forms of dehumanization. *Current Directions in Psychological Science, 26,* 487–494.

Kubzansky, L. D., Koenen, K. C., Jones, C., & Eaton, W. W. (2009). A prospective study of posttraumatic stress disorder symptoms and coronary heart disease in women. *Health Psychology, 28,* 125–130.

Kubzansky, L. D., Sparrow, D., Vokanas, P., & Kawachi, I. (2001). Is the glass half empty or half full? A prospective study of optimism and coronary heart disease in the normative aging study. *Psychosomatic Medicine, 63,* 910–916.

Kuchynka, S. L., Salomon, K., Bosson, J. K., El-Hout, M., Kiebel, E., Cooperman, C., & Toomey, R. (2018). Hostile and benevolent sexism and college women's STEM outcomes. *Psychology of Women Quarterly, 42,* 72–87.

Kuehn, B. (2019). Vaping and pregnancy. *JAMA, 321,* 1344.

Kuehner, C. (2017). Why is depression more common among women than among men? *The Lancet Psychiatry, 4,* 146–158.

Kuhl, P. K. (2015, November). Baby talk. *Scientific American,* pp. 65–69.

Kuhl, P. K., & Meltzoff, A. N. (1982). The bimodal perception of speech in infancy. *Science, 218,* 1138–1141.

Kuhl, P. K., Ramírez, R. R., Bosseler, A., Lin, J. L., & Imada, T. (2014). Infants' brain responses to speech suggest analysis by synthesis. *PNAS, 111,* 11238–11245.

Kumar, A., & Epley, N. (2018). Undervaluing gratitude: Expressers misunderstand the consequences of showing appreciation. *Psychological Science, 29,* 1423–1435.

Kumar, A., & Gilovich, T. (2013). Talking about what you did and what you have: The differential story utility of experiential and material purchases. *Advances in Consumer Research, 41.*

Kumar, A., & Gilovich, T. (2015). Some "thing" to talk about? Differential story utility from experiential and material purchases. *Personality and Social Psychology Bulletin, 41,* 1320–1331.

Kumar, M. B., & Tjepkema, M. (2019). *Suicide among First Nations people, Métis and Inuit (2011–2016): Findings from the 2011 Canadian census health and environment cohort (CanCHEC).* https://www150.statcan.gc.ca/n1/pub/99-011-x/99-011-x2019001-eng.htm

Kuncel, N. R., & Hezlett, S. A. (2007). Standardized tests predict graduate students' success. *Science, 315,* 1080–1081.

Kuncel, N. R., & Hezlett, S. A. (2010). Fact and fiction in cognitive ability testing for admissions and hiring decisions. *Current Directions in Psychological Science, 19,* 339–345.

Kunst-Wilson, W. & Zajonc, R. (1980). Affective discrimination of stimuli that cannot be recognized. *Science, 207,* 557–558.

Kupfer, D. J. (2012, June 1). *Dr. Kupfer defends DSM-5.* https://www.medscape.com/viewarticle/764735

Kurdi, B., Seitchik, A. E., Axt, J. R., Carroll, T. J., Karapetyan, A., Kaushik, N., Tomezsko, D., Greenwald, A. G., & Banaji, M. R. (2019). Relationship between the Implicit Association Test and intergroup behavior: A meta-analysis. *American Psychologist, 74*, 569–586.

Kurtycz, L. M. (2015). Choice and control for animals in captivity. *The Psychologist, 28*, 892–893.

Kushlev, K., & Dunn, E. W. (2015). Checking email less frequently reduces stress. *Computers in Human Behavior, 43*, 220–228.

Kushner, M. G., Kim, S. W., Conahue, C., Thuras, P., Adson, D., Kotlyar, M., McCabe, J., Peterson, J., & Foa, E. B. (2007). D-cycloserine augmented exposure therapy for obsessive-compulsive disorder. *Biological Psychiatry, 62*, 835–838.

Kutas, M. (1990). Event-related brain potential (ERP) studies of cognition during sleep: Is it more than a dream? In R. R. Bootzin, J. F. Kihlstrom, & D. Schacter (Eds.), *Sleep and cognition*. American Psychological Association.

Kutcher, E. J., & Bragger, J. D. (2004). Selection interviews of overweight job applicants: Can structure reduce the bias? *Journal of Applied Social Psychology, 34*, 1993–2022.

Kuttler, A. F., La Greca, A. M., & Prinstein, M. J. (1999). Friendship qualities and social-emotional functioning of adolescents with close, cross-sex friendships. *Journal of Research on Adolescence, 9*, 339–366.

Kuypers, K. P. C., Ng, L., Erritzoe, D., Knudsen, G. M., Nichols, C. D., Nichols, D. E., Pani, L., Soula, A., & Nutt, D. (2019). Microdosing psychedelics: More questions than answers? An overview and suggestions for future research. *Journal of Psychopharmacology, 33*, 1039–1056.

Kuzawa, C. W., Chugani, H. T., Grossman, L. I., Lipovich, L., Muzik, O., Hof, P. R., Wildman, D. E., Sherwood, C. C., Leonard, W. R., & Lange, N. (2014). Metabolic costs and evolutionary implications of human brain development. *PNAS, 111*, 13010–13015.

Kwauk, C., Petrova, D., & Robinson, J. P. (2016). *Sesame Street: Combining education and entertainment to bring early childhood education to children around the world*. Center for Universal Education at Brookings (brookings.edu). https://bit.ly/38Pje3x

Kwong, A. S. F., Manley, D., Timpson, N. J., Pearson, R. M., Heron, J., Sallis, H., Stergiakouli, E., Davis, O. S., & Leckie, G. (2019). Identifying critical points of trajectories of depressive symptoms from childhood to young adulthood. *Journal of Youth and Adolescence, 48*, 815–827.

Kyaga, S., Landén, M., Boman, M., Hultman, C. M., Långström, N., Lichtenstein, P. (2013). Mental illness, suicide, and creativity: 40-year prospective total population study. *Journal of Psychiatric Research, 47*, 83–90.

L'Engle, M. (1973). *A wind in the door*. Farrar, Straus and Giroux.

Labella, M. H., Johnson, W. F., Martin, J., Ruiz, S. K., Shankman, J. L., Englund, M. M., Collins, W. A., Roisman, G. I., & Simpson, J. A. (2018). Multiple dimensions of childhood abuse and neglect prospectively predict poorer adult romantic functioning. *Personality and Social Psychology Bulletin, 44*, 238–251.

LaCapria, K. (2015, December 17). *Kindergarten, stop*. Snopes. https://www.snopes.com/fact-check/toddlers-killed-americans-terrorists/

Lacey, M. (2010, December 11). He found bag of cash, but did the unexpected. *The New York Times*. https://www.nytimes.com/2010/12/12/us/12backpack.html

Lachman, M. E. (2004). Development in midlife. *Annual Review of Psychology, 55*, 305–331.

Ladd, G. T. (1887). *Elements of physiological psychology*. Scribner's.

Laeng, B., & Sulutvedt, U. (2014). The eye pupil adjusts to imaginary light. *Psychological Science, 25*, 188–197.

Lafleur, D. L., Pittenger, C., Kelmendi, B., Gardner, T., Wasylink, S., Malison, R. T., Sanacora, G., Krystal, J. H., & Coric, V. (2006). N-acetylcysteine augmentation in serotonin reuptake inhibitor refractory obsessive-compulsive disorder. *Psychopharmacology, 184*, 254–256.

LaFreniere, L. S., & Newman, M. G. (2019). Exposing worry's deceit: Percentage of untrue worries in generalized anxiety disorder treatment. *Behavior Therapy*. Advance online publication. https://doi.org/10.1016/j.beth.2019.07.003

Laird, J. D. (1974). Self-attribution of emotion: The effects of expressive behavior on the quality of emotional experience. *Journal of Personality and Social Psychology, 29*, 475–486.

Laird, J. D. (1984). The real role of facial response in the experience of emotion: A reply to Tourangeau and Ellsworth, and others. *Journal of Personality and Social Psychology, 47*, 909–917.

Laird, J. D., & Lacasse, K. (2014). Bodily influences on emotional feelings: Accumulating evidence and extensions of William James's theory of emotion. *Emotion Review, 6*, 27–34.

Lakin, J. L., Chartrand, T. L., & Arkin, R. M. (2008). I am too just like you: Nonconscious mimicry as an automatic behavioral response to social exclusion. *Psychological Science, 19*, 816–822.

Lally, P., Van Jaarsveld, C. H. M., Potts, H. W. W., & Wardle, J. (2010). How are habits formed: Modelling habit formation in the real world. *European Journal of Social Psychology, 40*, 998–1009.

La Londe, K. B., Mahoney, A., Edwards, T. L., Cox, C., Weetjens, B., Durgin, A., & Poling, A. (2015). Training pouched rats to find people. *Journal of Applied Behavior Analysis, 48*, 1–10.

Lam, C. B., & McBride-Chang, C. A. (2007). Resilience in young adulthood: The moderating influences of gender-related personality traits and coping flexibility. *Sex Roles, 56*, 159–172.

Lam, M., Chen, C. Y., Li, Z., Martin, A. R., Bryois, J., Ma, X., Gaspar, H., Ikeda, M., Benyamin, B., Brown, B. C., Liu, R., Zhou, W., Guan, L., Kamatani, Y., Kim, S.-W., Kubo, M., Kusumawardhani, A. A., Liu, C.-M., Ma, H., . . . Huang, H. (2019). Comparative genetic architectures of schizophrenia in East Asian and European populations. *Nature Genetics, 51*, 1670–1678.

Lambert, J.-C., Ibrahim-Verbaas, C. A., Harold, D., Naj, A. C., Sims, R., Bellenguiez, C., DeStafano, A. L., Bis, J. C., Beecham, G. W., Grenier-Boley, B., Russo, G., Thorton-Wells, T. A., Jones, N., Smith, A. V., Chouraki, V., Thomas, C., Ikram, M. A., Zelenika, D., Vardarajan, B. N., Kamatani, Y., . . . Amouyel, P. (2013). Meta-analysis of 74,046 individuals identifies 11 new susceptibility loci for Alzheimer's disease. *Nature Genetics, 45*, 1452–1458.

Lambert, N. M., DeWall, C. N., Bushman, B. J., Tillman, T. F., Fincham, F. D., Pond, R. S., Jr., & Gwinn, A. M. (2011). *Lashing out in lust: Effect of pornography on nonsexual, physical aggression against relationship partners* [Paper]. Presented at the Society for Personality and Social Psychology convention.

Lambert, W. E. (1992). Challenging established views on social issues: The power and limitations of research. *American Psychologist, 47*, 533–542.

Lambert, W. E., Genesee, F., Holobow, N., & Chartrand, L. (1993). Bilingual education for majority English-speaking children. *European Journal of Psychology of Education, 8*, 3–22.

Lambird, K. H., & Mann, T. (2006). When do ego threats lead to self-regulation failure? Negative consequences of defensive high self-esteem. *Personality and Social Psychology Bulletin, 32*, 1177–1187.

Lammers, J., & Baldwin, M. (2018). Past-focused temporal communication overcomes conservatives' resistance to liberal political ideas. *Journal of Personality and Social Psychology, 114*, 599–619.

Lampert, M. (2017). *Majority of humanity say we are not alone in the universe*. Glocalities. http://www.glocalities.com/reports/majority-of-humanity-say-we-are-not-alone-in-the-universe

Landau, E., Verjee, Z., & Mortensen, A. (2014, February 24). *Uganda president: Homosexuals are 'disgusting.'* CNN. https://www.cnn.com/2014/02/24/world/africa/uganda-homosexuality-interview/index.html

Landberg, J., & Norström, T. (2011). Alcohol and homicide in Russia and the United States: A comparative analysis. *Journal of Studies on Alcohol and Drugs, 72*, 723–730.

Landor, A. M., & Smith, S. M. (2019). Skin-tone trauma: Historical and contemporary influences on the health and interpersonal outcomes of African Americans. *Perspectives on Psychological Science, 14*, 797–815.

Landry, M. J. (2002). MDMA: A review of epidemiologic data. *Journal of Psychoactive Drugs, 34*, 163–169.

Lange, N., & McDougle, C. J. (2013). Help for the child with autism. *Scientific American, 25*, 72–77.

Lange, S., Probst, C., Gmel, G., Rehm, J., Burd, L., & Popova, S. (2017). Global prevalence of fetal alcohol spectrum disorder among children and youth: A systematic review and meta-analysis. *JAMA Pediatrics, 171*, 948–956.

Langer, E. J. (1983). *The psychology of control*. Sage.

Langer, E. J., & Abelson, R. P. (1974). A patient by any other name . . .: Clinician group differences in labeling bias. *Journal of Consulting and Clinical Psychology, 42*, 4–9.

Langer, E. J., & Imber, L. (1980). The role of mindlessness in the perception of deviance. *Journal of Personality and Social Psychology, 39*, 360–367.

Langkaas, T. F., Hoffart, A., Øktedalen, T., Ulvenes, P., Hembree, E. A., & Smucker, M. (2017). Exposure to non-fear emotions: A randomized controlled study of exposure-based and rescripting-based imagery in PTSD treatment. *Behavior Research Therapy, 97*, 33–42.

Langlois, J. H., Kalakanis, L., Rubenstein, A. J., Larson, A., Hallam, M., & Smoot, M. (2000). Maxims or myths of beauty? A meta-analytic and theoretical review. *Psychological Bulletin, 126*, 390–423.

Langmeyer, A., Guglhör-Rudan, A., & Tarnai, C. (2012). What do music preferences reveal about personality? A cross-cultural replication using self-ratings and ratings of music samples. *Journal of Individual Differences, 33*, 119–130.

Långström, N. H., Rahman, Q., Carlström, E., & Lichtenstein, P. (2010). Genetic and environmental effects on same-sex sexual behavior: A population study of twins in Sweden. *Archives of Sexual Behavior, 39*, 75–80.

Lankford, A. (2009). Promoting aggression and violence at Abu Ghraib: The U.S. military's transformation of ordinary people into torturers. *Aggression and Violent Behavior, 14*, 388–395.

Lanman, J. A., & Buhrmester, M. D. (2017). Religious actions speak louder than words: Exposure to credibility-enhancing displays predicts theism. *Religion, Brain & Behavior, 7*, 3–16.

Lansdall-Welfare, T., Lightman, S., & Cristianini, N. (2019). Seasonal variation in antidepressant prescriptions, environmental light and web queries for seasonal affective disorder. *The British Journal of Psychiatry, 215*, 481–484.

Lapidos, R. (2016, August 2). *Five things we learned from Kristen Stewart's struggle with anxiety*. Well + Good. https://www.wellandgood.com/good-advice/kristen-stewart-anxiety/

Lapp, D. (2019, December 17). *Gellert Dornay on the benefits of employee-ownership: 5 questions with family studies*. Institute for Family Studies. https://ifstudies.org/blog/gellert-dornay-on-the-benefits-of-employee-ownership-5-questions-with-family-studies

Larkin, J. E., Brasel, A. M., & Pines, H. A. (2013). Cross-disciplinary applications of I/O psychology concepts: Predicting student retention and employee turnover. *Review of General Psychology, 17*, 82–92.

Larkin, K., Resko, J. A., Stormshak, F., Stellflug, J. N., & Roselli, C. E. (2002). *Neuroanatomical correlates of sex and sexual partner preference in sheep* [Paper]. Presented at Society for Neuroscience convention.

Larrick, R. P., Timmerman, T. A., & Carton, A. M., & Abrevaya, J. (2011). Temper, temperature, and temptation: Heat-related retaliation in baseball. *Psychological Science, 22*, 423–428.

Larsen, R. J., & Diener, E. (1987). Affect intensity as an individual difference characteristic: A review. *Journal of Research in Personality, 21*, 1–39.

Larson, R. W., & Verma, S. (1999). How children and adolescents spend time across the world: Work, play, and developmental opportunities. *Psychological Bulletin, 125*, 701–736.

Larzelere, R. E. (2000). Child outcomes of non-abusive and customary physical punishment by parents: An updated literature review. *Clinical Child and Family Psychology Review, 3*, 199–221.

Larzelere, R. E., Gunnoe, M. L., Ferguson, C. J., & Roberts, M. W. (2019). The insufficiency of the evidence used to categorically oppose spanking and its implications for families and psychological science: Comment on Gershoff et al. (2018). *American Psychologist, 74*, 497–499.

Lashley, K. S. (1950). In search of the engram. In J. F. Danielli & R. Brown (Eds.), *Symposia of the Society for Experimental Biology: Vol. 4. Physiological mechanisms in animal behaviour* (pp. 454–482). Cambridge University Press.

Lassek, W. D., & Gaulin, S. J. C. (2018). Do the low WHRs and BMIs judged most attractive indicate higher fertility? *Evolutionary Psychology, 16*(4), 147470491880063.

Lassek, W. D., & Gaulin, S. J. C. (2019). Evidence supporting nubility and reproductive value as the key to human female physical attractiveness. *Evolution and Human Behavior, 40*, 408–419.

Lassiter, G. D., & Irvine, A. A. (1986). Video-taped confessions: The impact of camera point of view on judgments of coercion. *Journal of Personality and Social Psychology, 16*, 268–276.

Latané, B. (1981). The psychology of social impact. *American Psychologist, 36*, 343–356.

Latané, B., & Dabbs, J. M., Jr. (1975). Sex, group size and helping in three cities. *Sociometry, 38*, 180–194.

Latzman, R. D., Patrick, C. J., Freeman, H. D., Schapiro, S. J., & Hopkins, W. D. (2017). Etiology of triarchic psychopathy dimensions in chimpanzees (*Pan troglodytes*). *Clinical Psychological Science, 5*, 341–354.

Laudenslager, M. L., & Reite, M. L. (1984). Losses and separations: Immunological consequences and health implications. *Review of Personality and Social Psychology, 5*, 285–312.

Lauer, J. E., Yhang, E., & Lourenco, S. F. (2019). The development of gender differences in spatial reasoning: A meta-analytic review. *Psychological Bulletin, 145*, 537–565.

Laukka, P., Elfenbein, H. A., Thingujam, N. S., Rockstuhl, T., Iraki, F. K., Chui, W., & Althoff, J. (2016). The expression and recognition of emotions in the voice across five nations: A lens model analysis based on acoustic features. *Journal of Personality and Social Psychology, 111*, 686–705.

Launay, J. M., Mouillet-Richard, S., Baudry, A., Pietri, M., & Kellermann, O. (2011). Raphe-mediated signals control the hippocampal response to SRI antidepressants via miR-16. *Translational Psychiatry, 1*, e56.

Lavi, I., Katz, L. F., Ozer, E. J., & Gross, J. J. (2019). Emotion reactivity and regulation in maltreated children: A meta-analysis. *Child Development, 90*, 1503–1524.

Laws, K. R., & Kokkalis, J. (2007). Ecstasy (MDMA) and memory function: A meta-analytic update. *Human Psychopharmacology: Clinical and Experimental, 22*, 381–388.

Layous, K., & Lyubomirsky, S. (2014). The how, who, what, when, and why of happiness: Mechanisms underlying the success of positive activity interventions. In J. Gruber & J. T. Moskowitz (Eds.), *Positive emotions: Integrating the light and dark sides* (pp. 473–495). Oxford University Press.

Lazarov, A., Suarez-Jimenez, B., Tamman, A., Falzon, L., Zhu, X., Edmondson, D. E., & Neria, Y. (2019). Attention to threat in posttraumatic stress disorder as indexed by eye-tracking indices: a systematic review. *Psychological Medicine, 49*, 705–726.

Lazaruk, W. (2007). Linguistic, academic, and cognitive benefits of French immersion. *Canadian Modern Language Review, 63*, 605–628.

Lazarus, R. S. (1990). Theory-based stress measurement. *Psychological Inquiry, 1*, 3–13.

Lazarus, R. S. (1991). Progress on a cognitive-motivational-relational theory of emotion. *American Psychologist, 46*, 352–367.

Lazarus, R. S. (1998). *Fifty years of the research and theory of R. S. Lazarus: An analysis of historical and perennial issues*. Erlbaum.

Lea, S. E. G. (2000). Towards an ethical use of animals. *The Psychologist, 13*, 556–557.

Leaper, C., & Ayres, M. M. (2007). A meta-analytic review of gender variations in adults' language use: Talkativeness, affiliative speech, and assertive speech. *Personality and Social Psychology Review, 11*, 328–363.

Leaper, C., & Starr, C. R. (2019). Helping and hindering undergraduate women's STEM motivation: experiences With STEM encouragement, STEM-related gender bias, and sexual harassment. *Psychology of Women Quarterly, 43*, 165–183.

Leary, M. R. (2018). Self-awareness, hypo-egoicism, and psychological well-being. In J. E. Maddux (Ed.), *Subjective well-being and life satisfaction*. Routledge.

Leary, M. R., Diebels, K. J., Davisson, E. K., Jongman-Sereno, K. P., Isherwood, J. C., Raimi, K. T., Deffler, S. A., & Hoyle, R. H. (2017). Cognitive and interpersonal features of intellectual humility. *Personality and Social Psychology Bulletin, 43*, 793–813.

Leary, M. R., Kowalski, R. M., Smith, L., & Phillips, S. (2003). Teasing, rejection, and violence: Case studies of the school shootings. *Aggressive Behavior, 29*, 202–214.

Lebedev, A. V., Lövdén, M., Rosenthal, G., Feilding, A., Nutt, D. J., & Carhart-Harris, R. L. (2015). Finding the self by losing the self: Neural correlates of ego-dissolution under psilocybin. *Human Brain Mapping, 36*, 3137–3153.

Leckelt, M., Geukes, K., Küfner, A. C., Niemeyer, L. M., Hutteman, R., Osterholz, S., Egloff, B., Nestler, S., & Back, M. D. (2020). A longitudinal field investigation of narcissism and popularity over time: How agentic and antagonistic aspects of narcissism shape the development of peer relationships. *Personality and Social Psychology Bulletin, 46*(4), 463–659.

Leding, J. K. (2019). Adaptive memory: Animacy, threat, and attention in free recall. *Memory & Cognition, 47*, 383–394.

LeDoux, J. (1996). *The emotional brain: The mysterious underpinnings of emotional life*. Simon & Schuster.

LeDoux, J. (2002). *The synaptic self*. Macmillan.

LeDoux, J. (2009, July/August). Quoted by K. McGowan in Out of the past. *Discover*, pp. 28–37.

LeDoux, J. (2015). *Anxious: Using the brain to understand and treat fear and anxiety*. Viking.

LeDoux, J. E., & Armony, J. (1999). Can neurobiology tell us anything about human feelings? In D. Kahneman, E. Diener, & N. Schwartz (Eds.), *Well-being: The foundations of hedonic psychology*. Sage.

LeDoux, J. E., & Brown, R. (2017). A higher-order theory of emotional consciousness. *PNAS, 114*, E2016–E2025.

Lee, B. S., McIntyre, R. S., Gentle, J. E., Park, N. S., Chiriboga, D. A., Lee, Y., Singh, S., & McPherson, M. A. (2018). A computational algorithm for personalized medicine in schizophrenia. *Schizophrenia Research, 192*, 131–136.

Lee, C. A., Derefinko, K. J., Milich, R., Lynam, D. R., & DeWall, C. N. (2017). Longitudinal and reciprocal relations between delay discounting and crime. *Personality and Individual Differences, 111*, 193–198.

Lee, D. C., Sui, X., Artero, E. G., Lee, I. M., Church, T. S., McAuley, P. A., Stanford, F. C., Kohl, H. W., III, & Blair, S. N. (2011). Long-term effects of changes in cardiorespiratory fitness and body mass index on all-cause and cardiovascular disease mortality in men: The Aerobics Center Longitudinal Study. *Circulation, 124*, 2483–2490.

Lee, D. S., Kim, E., & Schwartz, N. (2015). Something smells fishy: Olfactory suspicion cues improve performance in the Moses illusion and Wason rule discovery task. *Journal of Experimental Social Psychology, 59*, 47–50.

Lee, G. Y., & Kisilevsky, B. S. (2014). Fetuses respond to father's voice but prefer mother's voice after birth. *Developmental Psychobiology, 56*, 1–11.

Lee, J. J., Wedow, R., Okbay, A., Kong, E., Maghzian, O., Zacher, M., Nguyen-Viet, A., Bowers, P., Sidorenko, J., Karlsson Linnér, R., Fontana, M. A., Kundu, T., Lee, C., Li, H., Li, R., Royer, R., Timshel, P. N., Walters, R. K., Willoughby, E. A., . . . Cesarini, D. (2018). Gene discovery and polygenic prediction from a 1.1-million-person GWAS of educational attainment. *Nature Genetics, 50*, 1112–1121.

Lee, L., Frederick, S., & Ariely, D. (2006). Try it, you'll like it: The influence of expectation, consumption, and revelation on preferences for beer. *Psychological Science, 17*, 1054–1058.

Lee, L. O., James, P., Zevon, E. S., Kim, E. S., Trudel-Fitzgerald, C., Spiro, A., Grodstein, F., & Kubzansky, L. D. (2019). Optimism is associated with exceptional longevity in 2 epidemiologic cohorts of men and women. *PNAS, 116*, 18357–18362.

Lee, M. R., Boness, C. L., McDowell, Y. E., Vergés, A., Steinley, D. L., & Sher, K. J. (2018). Desistance and severity of alcohol use disorder: A lifespan-developmental investigation. *Clinical Psychological Science, 6*, 90–105.

Lee, S. J., Zhang, J., Neale, M. C., Styner, M., Zhu, H., & Gilmore, J. H. (2019). Quantitative tract-based white matter heritability in 1-and 2-year-old twins. *Human Brain Mapping, 40*, 1164–1173.

Lee, S. W. S., & Schwarz, N. (2012). Bidirectionality, mediation, and moderation of metaphorical effects: The embodiment of social suspicions and fishy smells. *Journal of Personality and Social Psychology, 103*, 737–749.

Lefcourt, H. M. (1982). *Locus of control: Current trends in theory and research*. Erlbaum.

Legault, J., Grant, A., Fang, S. Y., & Li, P. (2019). A longitudinal investigation of structural brain changes during second language learning. *Brain and Language, 197*, 104661.

Legendre, G., Andrillon, T., Koroma, M., & Kouider, S. (2019). Sleepers track informative speech in a multitalker environment. *Nature Human Behaviour, 3*, 274–283.

Leger, K. A., Charles, S. T., & Almeida, D. M. (2018). Let it go: Lingering negative affect in response to daily stressors is associated with physical health years later. *Psychological Science, 29*, 1283–1290.

Lehman, D. R., Wortman, C. B., & Williams, A. F. (1987). Long-term effects of losing a spouse or child in a motor vehicle crash. *Journal of Personality and Social Psychology, 52*, 218–231.

Lehtonen, M., Soveri, A., Laine, A., Järvenpää, J., de Bruin, A., & Antfolk, J. (2018). Is bilingualism associated with enhanced executive functioning in adults? A meta-analytic review. *Psychological Bulletin, 144*, 394–425.

Leichsenring, F., & Leweke, F. (2017). Social anxiety disorder. *The New England Journal of Medicine, 376*, 2255–2264.

Leichsenring, F., & Rabung, S. (2008). Effectiveness of long-term psychodynamic psychotherapy: A meta-analysis. *JAMA, 300*, 1551–1565.

Leitenberg, H., & Henning, K. (1995). Sexual fantasy. *Psychological Bulletin, 117*, 469–496.

Lemonick, M. D. (2002, June 3). Lean and hungrier. *Time*, p. 54.

LeMoult, J., & Gotlib, I. H. (2019). Depression: A cognitive perspective. *Clinical Psychology Review, 69*, 51–66.

Lenneberg, E. H. (1967). *Biological foundations of language.* Wiley.

Lennox, B. R., Bert, S., Park, G., Jones, P. B., & Morris, P. G. (1999). Spatial and temporal mapping of neural activity associated with auditory hallucinations. *The Lancet, 353*, 644.

Lenton, A. P., & Francesconi, M. (2010). How humans cognitively manage an abundance of mate options. *Psychological Science, 21*, 528–533.

Lepp, A., Barkley, J. E., & Karpinski, A. C. (2014). The relationship between cell phone use, academic performance, anxiety, and satisfaction with life in college students. *Computers in Human Behavior, 31*, 343–350.

Lesage, A., Lemasson, M., Medina, K., Tsopmo, J., Sebti, N., Potvin, S., & Patry, S. (2016). The prevalence of electroconvulsive therapy use since 1973: A meta-analysis. *Journal of ECT, 32*, 236–242.

Leschak, C. J., & Eisenberger, N. L. (2019). Two distinct immune pathways linking social relationships with health: Inflammatory and antiviral processes. *Psychosomatic Medicine, 81*, 711–719.

Leshner, A. I. (2019). Stop blaming mental illness. *Science, 365*, 623.

Leucht, S., Barnes, T. R. E., Kissling, W., Engel, R. R., Correll, C., & Kane, J. M. (2003). Relapse prevention in schizophrenia with new-generation antipsychotics: A systematic review and exploratory meta-analysis of randomized, controlled trials. *American Journal of Psychiatry, 160*, 1209–1222.

Leucht, S., Chaimani, A., Leucht, C., Huhn, M., Mavridis, D., Helfer, B., Samara, M., Cipriani, A., Geddes, J. R., Salanti, G., & Davis, J. M. (2018). 60 years of placebo-controlled antipsychotic drug trials in acute schizophrenia: Meta-regression of predictors of placebo response. *Schizophrenia Research, 201*, 315–323.

Leucht, S., Crippa, A., Siafis, S., Patel, M. X., Orsini, N., & Davis, J. M. (2020). Dose-response meta-analysis of antipsychotic drugs for acute schizophrenia. *American Journal of Psychiatry, 177*(4), 342–353.

LeVay, S. (1991). A difference in hypothalamic structure between heterosexual and homosexual men. *Science, 253*, 1034–1037.

LeVay, S. (2011). *Gay, straight, and the reason why: The science of sexual orientation.* Oxford University Press.

Levenson, R. M., Krupinski, E. A., Navarro, V. M., & Wasserman, E. A. (2015, November 18). Pigeons (*Columba livia*) as trainable observers of pathology and radiology breast cancer images. *PLOS ONE, 10*, e0141357.

Levin, M. E., Stocke, K., Pierce, B., & Levin, C. (2018). Do college students use online self-help? A survey of intentions and use of mental health resources. *Journal of College Student Psychotherapy, 32*, 181–198.

Levin, R., & Nielsen, T. A. (2007). Disturbed dreaming, posttraumatic stress disorder, and affect distress: A review and neurocognitive model. *Psychological Bulletin, 133*, 482–528.

Levin, R., & Nielsen, T. A. (2009). Nightmares, bad dreams, and emotion dysregulation. *Current Directions in Psychological Science, 18*, 84–87.

Levine, J. A., Lanningham-Foster, L. M., McCrady, S. K., Krizan, A. C., Olson, L. R., Kane, P. H., Jensen, M. D., & Clark, M. M. (2005). Interindividual variation in posture allocation: Possible role in human obesity. *Science, 307*, 584–586.

Levine, R. (2016). *Stranger in the mirror: The scientific search for self.* Princeton University Press.

Levine, R., Sato, S., Hashimoto, T., & Verma, J. (1995). Love and marriage in eleven cultures. *Journal of Cross-Cultural Psychology, 26*, 554–571.

Levine, R. V., & Norenzayan, A. (1999). The pace of life in 31 countries. *Journal of Cross-Cultural Psychology, 30*, 178–205.

Levy, B., & Langer, E. (1992). *Avoidance of the memory loss stereotype: Enhanced memory among the elderly deaf* [Paper]. Presented at American Psychological Association convention, Washington, DC.

Levy, D. J., Heissel, J. A., Richeson, J. A., & Adam, E. K. (2016). Psychological and biological responses to race-based social stress as pathways to disparities in educational outcomes. *American Psychologist, 71*, 455–473.

Levy, N., Harmon-Jones, C., & Harmon-Jones, E. (2018). Dissonance and discomfort: Does a simple cognitive inconsistency evoke a negative affective state? *Motivation Science, 4*, 95–108.

Levy, P. E. (2003). *Industrial/organizational psychology: Understanding the workplace.* Houghton Mifflin.

Lewald, J. (2007). More accurate sound localisation induced by short-term light deprivation. *Neuropsychologia, 45*, 1215–1222.

Lewandowski, G. W., Jr., Aron, A., & Gee, J. (2007). Personality goes a long way: The malleability of opposite-sex physical attractiveness. *Personality Relationships, 14*, 571–585.

Lewin, K. (1935). *A dynamic theory of personality.* McGraw-Hill.

Lewinsohn, P. M., Hoberman, H., Teri, L., & Hautzinger, M. (1985). An integrative theory of depression. In S. Reiss & R. Bootzin (Eds.), *Theoretical issues in behavior therapy* (pp. 331–359). Academic Press.

Lewinsohn, P. M., Petit, J., Joiner, T. E., Jr., & Seeley, J. R. (2003). The symptomatic expression of major depressive disorder in adolescents and young adults. *Journal of Abnormal Psychology, 112*, 244–252.

Lewinsohn, P. M., Rohde, P., & Seeley, J. R. (1998). Major depressive disorder in older adolescents: Prevalence, risk factors, and clinical implications. *Clinical Psychology Review, 18*, 765–794.

Lewis, C. S. (1960). *Mere Christianity.* Macmillan.

Lewis, C. S. (1967). *Christian reflections.* Eerdmans.

Lewis, D. M. G., Al-Shawaf, L., Conroy-Beam, D., Asao, K., & Buss, D. M. (2017). Evolutionary psychology: A how-to guide. *American Psychologist, 72*, 353–373.

Lewis, D. M. G., Russell, E. M., Al-Shawaf, L., & Buss, D. M. (2015). Lumbar curvature: A previously undiscovered standard of attractiveness. *Evolution and Human Behavior, 36*, 345–350.

Lewis, D. O., Pincus, J. H., Bard, B., Richardson, E., Prichep, L. S., Feldman, M., & Yeager, C. (1988). Neuropsychiatric, psychoeducational, and family characteristics of 14 juveniles condemned to death in the United States. *American Journal of Psychiatry, 145*, 584–589.

Lewis, M. (2016). *The undoing project: A friendship that changed our minds.* W.W. Norton.

Lewis, M. B. (2018). The interactions between botulinum-toxin-based facial treatments and embodied emotions. *Scientific Reports, 8*, 14720.

Lewis, N. A., Jr., & Earl, A. (2018). Seeing more and eating less: Effects of portion size granularity on the perception and regulation of food consumption. *Journal of Personality and Social Psychology, 114*, 786–803.

Lewontin, R. (1982). *Human diversity.* Scientific American Library.

Li, J., Laursen, T. M., Precht, D. H., Olsen, J., & Mortensen, P. B. (2005). Hospitalization for mental illness among parents after the death of a child. *New England Journal of Medicine, 352*, 1190–1196.

Li, J., Zhao, Y., Lin, L., Chen, J., & Wang, S. (2018). The freedom to persist: Belief in free will predicts perseverance for long-term goals among Chinese adolescents. *Personality and Individual Differences, 121*, 7–10.

Li, L., Abutalebi, J., Emmorey, K., Gong, G., Yan, X., Feng, X., Zou, L., & Ding, G. (2017). How bilingualism protects the brain from aging: Insights from bimodal bilinguals. *Human Brain Mapping, 38*, 4109–4124.

Li, L., Wang, Y. Y., Wang, S. B., Zhang, L., Li, L., Xu, D. D., Ng, C. H., Ungvari, G. S., Cui, X., Liu, Z.-M., De Li, S., Jia, F.-J., & Xiang, Y.-T. (2018). Prevalence of sleep disturbances in Chinese university students: a comprehensive meta-analysis. *Journal of Sleep Research, 27*, e12648.

Li, N., & DiCarlo, J. J. (2008). Unsupervised natural experience rapidly alters invariant object representation in visual cortex. *Science, 321*, 1502–1506.

Li, N. P., & Kanazawa, S. (2016). Country roads, take me home . . . to my friends: How intelligence, population density, and friendship affect modern happiness. *British Journal of Psychology, 107*, 675–697.

Li, S., Stampfer, M. J., Williams, D. R., & VanderWeele, T. J. (2016). Association of religious service attendance with mortality among women. *JAMA Internal Medicine, 176*, 777–785.

Li, T., Yan, X., Li, Y., Wang, J., Li, Q., Li, H., & Li, J. (2017). Neuronal correlates of individual differences in the Big Five personality traits: Evidences from cortical morphology and functional homogeneity. *Frontiers in Neuroscience, 11*, 414.

Li, Y., Johnson, E. J., & Zaval, L. (2011). Local warming: Daily temperature change influences belief in global warming. *Psychological Science, 22*, 454–459.

Li, Z. H., Jiang, D., Pepler, D., & Craig, W. (2010). Adolescent romantic relationships in China and Canada: A cross-national comparison. *International Journal of Behavioral Development, 34*, 113–120.

Liberman, M. C. (2015, August). Hidden hearing loss. *Scientific American*, pp. 49–53.

Libertus, M. E., & Brannon, E. M. (2009). Behavioral and neural basis of number sense in infancy. *Current Directions in Psychological Science, 18*, 346–351.

Licata, A., Taylor, S., Berman, M., & Cranston, J. (1993). Effects of cocaine on human aggression. *Pharmacology Biochemistry and Behavior, 45*, 549–552.

Lichtenstein, E., Zhu, S.-H., & Tedeschi, G. J. (2010). Smoking cessation quitlines: An underrecognized intervention success story. *American Psychologist, 65*, 252–261.

Liddle, J. R., Shackelford, T. K., & Weekes-Shackelford, V. W. (2012). Why can't we all just get along?: Evolutionary perspectives on violence, homicide, and war. *Review of General Psychology, 16,* 24–36.

Lieberman, M. D., & Eisenberger, N. I. (2015). The dorsal anterior cingulate is selective for pain: Results from large-scale fMRI reverse inference. *PNAS, 12,* 15250–15255.

Lieberman, M. D., Eisenberger, N. L., Crockett, M. J., Tom, S. M., Pfeifer, J. H., & Way, B. M. (2007). Putting feelings into words: Affect labeling disrupts amygdala activity in response to affective stimuli. *Psychological Science, 18,* 421–428.

Lieberman, M. D., Straccia, M. A., Meyer, M. L., Du, M., & Tan, K. M. (2019). Social, self, (situational), and affective processes in medial prefrontal cortex (MPFC): Causal, multivariate, and reverse inference evidence. *Neuroscience & Biobehavioral Reviews, 99,* 311–328.

Lieberman, P. (2013). Synapses, language, and being human. *Science, 342,* 944–945.

Lievens, F., Dilchert, S., & Ones, D. S. (2009). The importance of exercise and dimension factors in assessment centers: Simultaneous examinations of construct-related and criterion-related validity. *Human Performance, 22,* 375–390.

Lifton, R. J. (1961). *Thought reform and the psychology of totalism: A study of "brainwashing" in China.* Norton.

Lilienfeld, S. O. (2009, Winter). Tips for spotting psychological pseudoscience: A student-friendly guide. *Eye of Psi Chi,* pp. 23–26.

Lilienfeld, S. O. (2017). Clinical psychological science: Then and now. *Clinical Psychological Science, 5,* 3–13.

Lilienfeld, S. O., Lynn, S. J., Kirsch, I., Chaves, J. F., Sarbin, T. R., Ganaway, G. K., & Powell, R. A. (1999). Dissociative identity disorder and the sociocognitive model: Recalling the lessons of the past. *Psychological Bulletin, 125,* 507–523. ok

Lilienfeld, S. O., Marshall, J., Todd, J. T., & Shane, H. C. (2015a). The persistence of fad interventions in the face of negative scientific evidence: Facilitated communication for autism as a case example. *Evidence-Based Communication Assessment and Intervention, 8,* 62–101.

Lilienfeld, S. O., Ritschel, L. A., Lynn, S. J., Cautin, R. L., & Latzman, R. D. (2015b). Science–practice gap. *Encyclopedia of Clinical Psychology* (1–7). Wiley.

Lilienfeld, S. O., Sauvigné, K. C., Reber, J., Watts, A. L., Hamann, S., Smith, S. F., Patrick, C. J., Bowes, S. M., & Tranel, D. (2017). Potential effects of severe bilateral amygdala damage on psychopathic features: A case report. *Personality Disorders: Theory, Research, and Treatment, 9,* 112–121.

Lilienfeld, S. O., Smith, S. F., & Watts, A. L. (2016). Fearless dominance and its implications for psychopathy: Are the right stuff and the wrong stuff flip sides of the same coin? In V. Zeigler-Hill & D. K. Marcus (Eds.), *The dark side of personality: Science and practice in social, personality, and clinical psychology* (pp. 65–86). American Psychological Association.

Lilienfeld, S. O., Waldman, I. D., Landfield, K., Watts, A. L., Rubenzer, S., & Fashingbauer, T. R. (2012). Fearless dominance and the U.S. presidency: Implications of psychopathic personality traits for successful and unsuccessful political leadership. *Journal of Personality and Social Psychology, 103,* 489–505. ok

Lilienfeld, S. O., Wood, J. M., & Garb, H. N. (2001, May). What's wrong with this picture? *Scientific American,* pp. 81–87.

Lillard, D. (2015). Tweet. https://twitter.com/dame_lillard/status/555485512492785665?lang=en

Lim, D., & DeSteno, D. (2016). Suffering and compassion: The links among adverse life experiences, empathy, compassion, and prosocial behavior. *Emotion, 16,* 175–182.

Lim, J., & Dinges, D. F. (2010). A meta-analysis of the impact of short-term sleep deprivation on cognitive variables. *Psychological Bulletin, 136,* 375–389.

Lin, F. R., Ferrucci, L., Metter, E. J., An, Y., Zonderman, A. B., & Resnick, S. M. (2011a). Hearing loss and cognition in the Baltimore longitudinal study of aging. *Neuropsychology, 25,* 763–770.

Lin, F. R., Metter, E. J., O'Brien, R. J., Resnick, S. M., Zonderman, A. B., & Ferrucci, L. (2011b). Hearing loss and incident dementia. *Archives of Neurology, 68,* 214–220.

Lin, F. R., Yaffe, K., Xia, J., Xue, Q.-L., Harris, T. B., Purchase-Helzner, E., Satterfield, S., Ayonayon, H. N., Ferrucci, L., & Simonsick, E. M. (2013). Hearing loss and cognitive decline in older adults. *JAMA, 173,* 293–299.

Lin, P. (2016). Risky behaviors: Integrating adolescent egocentrism with the theory of planned behavior. *Review of General Psychology, 20,* 392–398.

Lin, X., Chen, W., Wei, F., Ying, M., Wei, W., & Xie, X. (2015). Night-shift work increases morbidity of breast cancer and all-cause mortality: A meta-analysis of 16 prospective cohort studies. *Sleep Medicine, 16,* 1381–1387.

Lin, Z., & Murray, S. O. (2015). More power to the unconscious: Conscious, but not unconscious, exogenous attention requires location variation. *Psychological Science, 26,* 221–230.

Linardon, J., Cuijpers, P., Carlbring, P., Messer, M., & Fuller-Tyszkiewicz, M. (2019). The efficacy of app-supported smartphone interventions for mental health problems: A meta-analysis of randomized controlled trials. *World Psychiatry, 18,* 325–336.

Linardon, J., Wade, T. D., de la Piedad Garcia, X., & Brennan, L. (2017). The efficacy of cognitive-behavioral therapy for eating disorders: A systematic review and meta-analysis. *Journal of Consulting and Clinical Psychology, 85,* 1080–1094.

Lind, A., Hall, L., Breidegard, B., Balkenius, C., & Johansson, P. (2014). Speakers' acceptance of real-time speech exchange indicates that we use auditory feedback to specify the meaning of what we say. *Psychological Science, 25,* 1198–1205.

Lindberg, S. M., Hyde, J. S., Linn, M. C., & Petersen, J. L. (2010). New trends in gender and mathematics performance: A meta-analysis. *Psychological Bulletin, 136,* 1125–1135.

Linder, D. (1982). Social trap analogs: The tragedy of the commons in the laboratory. In V. J. Derlega & J. Grzelak (Eds.), *Cooperative and helping behavior: Theories and research.* Academic Press.

Lindner, I., Echterhoff, G., Davidson, P. S. R., & Brand, M. (2010). Observation inflation: Your actions become mine. *Psychological Science, 21,* 1291–1299.

Lindsay, E. K., Chin, B., Greco, C. M., Young, S., Brown, K. W., Wright, A. G., Smyth, J. M., Burkett, D., & Creswell, J. D. (2018). How mindfulness training promotes positive emotions: Dismantling acceptance skills training in two randomized controlled trials. *Journal of Personality and Social Psychology, 115,* 944–973.

Lindskold, S. (1978). Trust development, the GRIT proposal, and the effects of conciliatory acts on conflict and cooperation. *Psychological Bulletin, 85,* 772–793.

Lindskold, S., & Han, G. (1988). GRIT as a foundation for integrative bargaining. *Personality and Social Psychology Bulletin, 14,* 335–345.

Lindson-Hawley, N., Banting, M., West, R., Michie, S., Shinkins, B., & Aveyard, P. (2016). Gradual versus abrupt smoking cessation: A randomized, controlled noninferiority trial. *Annals of Internal Medicine, 164,* 585–592.

Lindström, B., Golkar, A., Jangard, S., Tobler, P. N., & Olsson, A. (2019). Social threat learning transfers to decision making in humans. *PNAS, 116,* 4732–4737.

Linehan, M. M., Korslund, K. E., Harned, M. S., Gallop, R. J., Lungu, A., Neacsiu, A. D., McDavid, J., Comtois, K. A., & Murray-Gregory, A. M. (2015). Dialectical behavior therapy for high suicide risk in individuals with borderline personality disorder: A randomized clinical trial and component analysis. *JAMA Psychiatry, 72,* 475–482.

Ling, S., Umbach, R., & Raine, A. (2019). Biological explanations of criminal behavior. *Psychology, Crime & Law, 25,* 626–640.

Lionetti, F., Palladino, B. E., Moses Passini, C., Casonato, M., Hamzallari, O., Ranta, M., Dellagiulia, A., & Keijsers, L. (2019). The development of parental monitoring during adolescence: A meta-analysis. *European Journal of Developmental Psychology, 16,* 552–580.

Lippa, R. A. (2007). The relation between sex drive and sexual attraction to men and women: A cross-national study of heterosexual, bisexual, and homosexual men and women. *Archives of Sexual Behavior, 36,* 209–222.

Lippa, R. A. (2009). Sex differences in sex drive, sociosexuality, and height across 53 nations: Testing evolutionary and social structural theories. *Archives of Sexual Behavior, 38,* 631–651.

Lipsitt, L. P. (2003). Crib death: A biobehavioral phenomenon? *Current Directions in Psychological Science, 12,* 164–170.

Littlewood, D. L., Kyle, S. D., Carter, L. A., Peters, S., Pratt, D., & Gooding, P. (2019). Short sleep duration and poor sleep quality predict next-day suicidal ideation: An ecological momentary assessment study. *Psychological Medicine, 49,* 403–411.

Littman, R. (2018). Perpetrating violence increases identification with violent groups: Survey evidence from former combatants. *Personality and Social Psychology Bulletin, 44,* 1077–1089.

Liu, D., & Baumeister, R. F. (2016). Social networking online and personality of self-worth: A meta-analysis. *Journal of Research in Personality, 64,* 79–89.

Liu, J., Zhao, S., Chen, X., Falk, E., & Albarracín, D. (2017). The influence of peer behavior as a function of social and cultural closeness: A meta-analysis of normative influence on adolescent smoking initiation and continuation. *Psychological Bulletin, 143,* 1082–1115.

Liu, P. Z., & Nusslock, R. (2018). Exercise-mediated neurogenesis in the hippocampus via BDNF. *Frontiers in Neuroscience, 12,* 52.

Liu, S., Huang, J. L., & Wang, M. (2014). Effectiveness of job search interventions: A meta-analytic review. *Psychological Bulletin, 140,* 1009–1041.

Liu, X., Hodgson, J. J., & Buchon, N. (2017). Drosophila as a model for homeostatic, antibacterial, and antiviral mechanisms in the gut. *PLOS Pathogens, 13,* e1006.

Liu, Y., Balaraman, Y., Wang, G., Nephew, K. P., & Zhou, F. C. (2009). Alcohol exposure alters DNA methylation profiles in mouse embryos at early neurulation. *Epigenetics, 4,* 500–511.

Livi, A., Lanzilotto, M., Maranesi, M., Fogassi, L., Rizzolatti, G., & Bonini, L. (2019). Agent-based representations of objects and actions in the monkey pre-supplementary motor area. *PNAS, 116,* 2691–2700.

Livingston, G. (2019, February 20). *The way U.S. teens spend their time is changing, but differences between boys and girls persist.* Pew Research Center. https://pewrsr.ch/2ILALhO

Livingston, G., & Parker, K. (2011). *A tale of two fathers: More are active, but more are absent.* Pew Research Center. https://www.pewsocialtrends.org/2011/06/15/a-tale-of-two-fathers/

Lo, J. C., Chong, P. L., Ganesan, S., Leong, R. L., & Chee, M. W. (2016). Sleep deprivation increases formation of false memory. *Journal of Sleep Research, 25,* 673-682.

LoBello, S. G., & Mehta, S. (2019). No evidence of seasonal variation in mild forms of depression. *Journal of Behavior Therapy and Experimental Psychiatry, 62,* 72–79.

Locke, A. E., Kahali, B., Berndt, S. I., Justice, A. E., Pers, T. H., Day, F. R., . . . Speliotes, E. K. (2015). Genetic studies of body mass index yield new insights for obesity biology. *Nature, 518,* 195–206.

Locke, K. D., Church, A. T., Mastor, K. A., Curtis, G. J., Sadler, P., McDonald, K., Vargas-Flores, J. J., Ibáñez-Reyes, J., Morio, H., Reyes, J. A. S., Cabrera, H. F., Mazuera Arias, R., Rincon, B. C., Albornoz Arias, N. C., Muñoz, A., & Ortiz, F. A. (2017). Cross-situational self-consistency in nine cultures: The importance of separating influences of social norms and distinctive dispositions. *Personality and Social Psychology Bulletin, 43,* 1033–1049.

Lodder, P., Ong, H. H., Grasman, R. P., & Wicherts, J. M. (2019). A comprehensive meta-analysis of money priming. *Journal of Experimental Psychology: General, 148,* 688–712.

Loehlin, J. C. (2016). What can an adoption study tell us about the effect of prenatal environment on a trait. *Behavior Genetics, 46,* 329–333.

Loehlin, J. C., Horn, J. M., & Ernst, J. L. (2007). Genetic and environmental influences on adult life outcomes: Evidence from the Texas adoption project. *Behavior Genetics, 37,* 463–476.

Loehlin, J. C. & Martin, N. G. (2018). Personality types: A twin study. *Personality and Individual Differences, 122,* 99–103.

Loehlin, J. C., & Nichols, R. C. (1976). *Heredity, environment, and personality.* University of Texas Press.

Loewenstein, G., Krishnamurti, T., Kopsic, J., & McDonald, D. (2015). Does increased sexual frequency enhance happiness? *Journal of Economic Behavior & Organization, 116,* 206–218.

Loffman, M. (2020). *Asian Americans describe 'gut punch' of racist attacks during coronavirus pandemic.* PBS News Hour. https://www.pbs.org/newshour/nation/asian-americans-describe-gut-punch-of-racist-attacks-during-coronavirus-pandemic

Loftus, E. F. (2001, November). Imagining the past. *The Psychologist, 14,* 584–587.

Loftus, E. F. (2012, July). *Manufacturing memories.* Invited address to the International Congress of Psychology, Cape Town.

Loftus, E. F., & Ketcham, K. (1994). *The myth of repressed memory: False memories and allegations of sexual abuse.* St. Martin's Press.

Loftus, E. F., Levidow, B., & Duensing, S. (1992). Who remembers best? Individual differences in memory for events that occurred in a science museum. *Applied Cognitive Psychology, 6,* 93–107.

Loftus, E. F., & Loftus, G. R. (1980). On the permanence of stored information in the human brain. *American Psychologist, 35,* 409–420

Loftus, E. F., & Palmer, J. C. (October, 1974). Reconstruction of automobile destruction: An example of the interaction between language and memory. *Journal of Verbal Learning & Verbal Behavior, 13,* 585–589.

Logan, G. D. (2018). Automatic control: How experts act without thinking. *Psychological Review, 125,* 453–485.

Logan, J. A., Justice, L. M., Yumus, M., & Chaparro-Moreno, L. J. (2019). When children are not read to at home: The million word gap. *Journal of Developmental & Behavioral Pediatrics, 40,* 383–386.

Logan, T. K., Walker, R., Cole, J., & Leukefeld, C. (2002). Victimization and substance abuse among women: Contributing factors, interventions, and implications. *Review of General Psychology, 6,* 325–397.

Logel, C., Kathmandu, A., & Cohen, G. L. (2019). Affirmation prevents long-term weight gain. *Journal of Experimental Social Psychology, 81,* 70–75.

Logue, A. W. (1998a). Laboratory research on self-control: Applications to administration. *Review of General Psychology, 2,* 221–238.

Logue, A. W. (1998b). Self-control. In W. T. O'Donohue (Ed.), *Learning and behavior therapy.* Allyn & Bacon.

London, P. (1970). The rescuers: Motivational hypotheses about Christians who saved Jews from the Nazis. In J. Macaulay & L. Berkowitz (Eds.), *Altruism and helping behavior.* Academic Press.

Lonsdorf, E. V. (2017). Sex differences in nonhuman primate behavioral development. *Journal of Neuroscience Research, 95,* 213–221.

Loomes, R., Hull, L., & Mandy, W. P. L. (2017). What is the male-to-female ratio in autism spectrum disorder? A systematic review and meta-analysis. *Journal of the American Academy of Child & Adolescent Psychiatry, 56,* 466–474.

Lopez, D. J. (2002, January/February). Snaring the fowler: Mark Twain debunks phrenology. *Skeptical Inquirer.* https://skepticalinquirer.org/2002/01/snaring-the-fowler-mark-twain-debunks-phrenology/

Lopez-Quintero, C., de los Cobos, P., Hasin, D. S., Okuda, M., Wang, S., Grant, B. F., & Blanco, C. (2011). Probability and predictors of transition from first use to dependence on nicotine, alcohol, cannabis, and cocaine: Results of the national epidemiologic survey on alcohol and related conditions (NESARC). *Drug and Alcohol Dependence, 115,* 120–130.

Loprinzi, P. D., Loenneke, J. P., & Blackburn, E. H. (2015). Movement-based behaviors and leukocyte telomere length among US adults. *Medical Science and Sports Exercise, 47,* 2347–2352.

Lord, C. G., Lepper, M. R., & Preston, E. (1984). Considering the opposite: A corrective strategy for social judgment. *Journal of Personality and Social Psychology, 47,* 1231–1247.

Lord, C. G., Ross, L., & Lepper, M. (1979). Biased assimilation and attitude polarization: The effects of prior theories on subsequently considered evidence. *Journal of Personality and Social Psychology, 37,* 2098–2109.

Lorenz, K. (1937). The companion in the bird's world. *Auk, 54,* 245–273.

Loughrey, D. G., Kelly, M. E, Kelley, G. A., Brennan, S., & Lawlor, B. A. (2018). Association of age-related hearing loss with cognitive function, cognitive impairment, and dementia: A systematic review and meta-analysis. *JAMA Otolaryngology Head Neck Surgery, 144,* 115–126.

Louie, K., & Wilson, M. A. (2001). Temporally structured replay of awake hippocampal ensemble activity during rapid eye movement sleep. *Neuron, 29,* 145–156.

Lourenco, O., & Machado, A. (1996). In defense of Piaget's theory: A reply to 10 common criticisms. *Psychological Review, 103,* 143–164.

Lovaas, O. I. (1987). Behavioral treatment and normal educational and intellectual functioning in young autistic children. *Journal of Consulting and Clinical Psychology, 55,* 3–9.

Low, P. (2012). *The Cambridge declaration on consciousness* [PDF file]. Publicly proclaimed in Cambridge, UK, on July 7, 2012, at the Francis Crick Memorial Conference on Consciousness in Human and Non-Human Animals. fcmconference.org/img/CambridgeDeclarationOnConsciousness.pdf

Lowe, H., Haddock, G., Mulligan, L. D., Gregg, L., Carter, L-A., Fuzellier-Hart, A., & Kyle, S. D. (2019). Does exercise improve sleep for adults with insomnia? A systematic review with quality appraisal. *Clinical Psychology Review, 68,* 1–12.

Lozano, A. M., & Mayberg, H. S. (2015, February). Treating depression at the source. *Scientific American,* pp. 68–73.

Lu, J., Zhong, X., Liu, H., Hao, L., Huang, C. T. L., Sherafat, M. A., Jones, J., Ayala, M., Li, L., & Zhang, S. C. (2016). Generation of serotonin neurons from human pluripotent stem cells. *Nature Biotechnology, 34,* 89–94.

Lu, J. G., Martin, A., Usova, A., & Galinsky, A. D. (2018). Creativity and humor across cultures: Where Aha meets Haha. In S. R. Luria, J. Baer, & J. C. Kaufman (Eds.), *Creativity and humor* (pp. 183–203). Academic Press.

Lu, Z.-L., Williamson, S. J., & Kaufman, L. (1992). Behavioral lifetime of human auditory sensory memory predicted by physiological measures. *Science, 258,* 1668–1670.

Luan, Z., Poorthuis, A. M., Hutteman, R., Denissen, J. J., Asendorpf, J. B., & van Aken, M. A. (2019). Unique predictive power of other-rated personality: An 18-year longitudinal study. *Journal of Personality, 87,* 532–545.

Lubinski, D. (2009). Cognitive epidemiology: With emphasis on untangling cognitive ability and socioeconomic status. *Intelligence, 37,* 625–633.

Lubinski, D. (2016). From Terman to today: A century of findings on intellectual precocity. *Review of Educational Research, 86,* 900–944.

Lubinski, D., Benbow, C. P., & Kell, H. J. (2014). Life paths and accomplishments of mathematically precocious males and females four decades later. *Psychological Science, 25,* 2217–2232.

Luby, J. L., Belden, A., Harms, M. P., Tillman, R., & Barch, D. M. (2016). Preschool is a sensitive period for the influence of maternal support on the trajectory of hippocampal development. *PNAS, 113,* 5742–5747.

Lucas, R. E., Clark, A. E., Georgellis, Y., & Diener, E. (2004). Unemployment alters the set point for life satisfaction. *Psychological Science, 15,* 8–13.

Lucas, R. E., & Donnellan, M. B. (2007). How stable is happiness? Using the STARTS model to estimate the stability of life satisfaction. *Journal of Research in Personality, 41,* 1091–1098.

Lucas, R. E., & Donnellan, M. B. (2009). Age differences in personality: Evidence from a nationally representative Australian sample. *Developmental Psychology, 45,* 1353–1363.

Luciano, M., Gow, A. J., Harris, S. E., Hayward, C., Allerhand, M., Starr, J. M., Visscher, P. M., & Deary, I. J. (2009). Cognitive ability at age 11 and 70 years, information processing speed, and APOE variation: The Lothian birth cohort 1936 study. *Psychology and Aging, 24,* 129–138.

Ludwig, A. M. (1995). *The price of greatness: Resolving the creativity and madness controversy.* Guilford Press.

Ludwig, D. S., & Friedman, M. I. (2014). Increasing adiposity: Consequence or cause of overeating? *JAMA, 311,* 2167–2168.

Luhmann, M., & Hawkley, L. C. (2016). Age differences in loneliness from late adolescence to oldest old age. *Developmental Psychology, 52,* 943–959.

Luhmann, M., Hofmann, W., Eid, M., & Lucas, R. E. (2012). Subjective well-being and adaptation to life events: A meta-analysis. *Journal of Personality and Social Psychology, 102,* 592–615.

Luna, V. M., Anacker, C., Burghardt, N. S., Khandaker, H., Andreu, V., Millette, A., Leary, P., Ravenelle, R., Jimenez, J. C. Mastrodonato, A., Denny, C. A., Fenton, A. A., Scharfman, H. E., & Hen, R. (2019). Adult-born hippocampal neurons bidirectionally modulate entorhinal inputs into the dentate gyrus. *Science, 364*, 578–583.

Lund, T. J., & Dearing, E. (2012). Is growing up affluent risky for adolescents or is the problem growing up in an affluent neighborhood? *Journal of Research on Adolescence, 23*, 274–282.

Lundy, A. C. (1985). The reliability of the Thematic Apperception Test. *Journal of Personality Assessment, 49*, 141–145.

Luo, D., Kwok, V. P., Li, P., Liu, Q., Li, W., Yang, Y., Zhou, K., Xu, M., Gao, J. H., & Tan, L. H. (2019). Microstructural plasticity in the bilingual brain. *Brain and Language, 196*, 104654.

Luria, A. M. (1968). In L. Solotaroff (Trans.), *The mind of a mnemonist*. Basic Books.

Lustig, C., & Buckner, R. L. (2004). Preserved neural correlates of priming in old age and dementia. *Neuron, 42*, 865–875.

Lutgendorf, S. K., & Andersen, B. L. (2015). Biobehavioral approaches to cancer progression and survival. *American Psychologist, 70*, 186–197.

Lutgendorf, S. K., Lamkin, D. M., Jennings, N. B., Arevalo, J. M. G., Penedo, F., DeGeest, K., Langley, R. R., Lucci, J. A., III, Cole, S. W., Lubaroff, D. M., &Sood, A. K. (2008). Biobehavioral influences on matrix metalloproteinase expression in ovarian carcinoma. *Clinical Cancer Research, 14*, 6839–6846.

Lutgendorf, S. K., Russell, D., Ullrich, P., Harris, T. B., & Wallace, R. (2004). Religious participation, interleukin-6, and mortality in older adults. *Health Psychology, 23*, 465–475.

Luthar, S. S., Barkin, S. H., & Crossman, E. J. (2013). "I can, therefore I must": Fragility in the upper-middle classes. *Development and Psychopathology, 25*, 1529–1549.

Lutz, P. E., Gross, J. A., Dhir, S. K., Maussion, G., Yang, J., Bramoullé, A., Meaney, M. J., & Turecki, G. (2017). Epigenetic regulation of the kappa opioid receptor by child abuse. *Biological Psychiatry, 84*, 751–761.

Luyckx, K., Tildesley, E. A., Soenens, B., Andrews, J. A., Hampson, S. E., Peterson, M., & Duriez, B. (2011). Parenting and trajectories of children's maladaptive behaviors: A 12-year prospective community study. *Journal of Clinical Child and Adolescent Psychology, 40*, 468–478.

Lyall, S. (2005, November 29). What's the buzz? Rowdy teenagers don't want to hear it. *The New York Times*. https://www.nytimes.com/2005/11/29/world/europe/whats-the-buzz-rowdy-teenagers-dont-want-to-hear-it.html?

Lykes, V. A., & Kemmelmeier, M. (2014). What predicts loneliness? Cultural difference between individualistic and collectivistic societies in Europe. *Journal of Cross-Cultural Psychology, 45*, 468–490.

Lykken, D. T. (1991). *Science, lies, and controversy: An epitaph for the polygraph*. Invited address upon receipt of the Senior Career Award for Distinguished Contribution to Psychology in the Public Interest, American Psychological Association convention.

Lykken, D. T. (1995). *The antisocial personalities*. Erlbaum.

Lykken, D. T. (2006). The mechanism of emergenesis. *Genes, Brain & Behavior, 5*, 306–310.

Lynch, G. (2002). Memory enhancement: The search for mechanism-based drugs. *Nature Neuroscience, 5* (suppl.), 1035–1038.

Lynch, G., Palmer, L. C., & Gall, C. M. (2011). The likelihood of cognitive enhancement. *Pharmacology, Biochemistry and Behavior, 99*, 116–129.

Lynch, G., & Staubli, U. (1991). Possible contributions of long-term potentiation to the encoding and organization of memory. *Brain Research Reviews, 16*, 204–206.

Lynn, M. (1988). The effects of alcohol consumption on restaurant tipping. *Personality and Social Psychology Bulletin, 14*, 87–91.

Lynn, R. (2009). What has caused the Flynn effect? Secular increases in the development quotients of infants. *Intelligence, 37*, 16–24.

Lynn, R., Cheng, H., & Wang, M. (2016). Differences in the intelligence of children across thirty-one provinces and municipalities of China and their economic and social correlates. *Intelligence, 58*, 10–13.

Lynn, R., & Harvey, J. (2008). The decline of the world's intelligence. *Intelligence, 36*, 112–120.

Lynn, R., & Kanazawa, S. (2011). A longitudinal study of sex differences in intelligence at ages 7, 11 and 16 years. *Personality and Individual Differences, 51*, 321–324.

Lynn, R., Sakar, C., & Cheng, H. (2015). Regional differences in intelligence, income and other socio-economic variables in Turkey. *Intelligence, 50*, 144–149.

Lynn, R., & Vanhanen, T. (2012). *Intelligence: A unifying construct for the social sciences*. Ulster Institute for Social Research.

Lynn, S. J., Laurence, J., & Kirsch, I. (2015). Hypnosis, suggestion, and suggestibility: An integrative model. *American Journal of Clinical Hypnosis, 57*, 314–329.

Lynn, S. J., Lilienfeld, S. O., Merckelbach, H., Giesbrecht, T., McNally, R. J., Loftus, E. F., Bruck, M., Garry, M., & Malaktaris, A. (2014). The trauma model of dissociation: Inconvenient truths and stubborn fictions. Comment on Dalenberg et al. (2012). *Psychological Bulletin, 140*, 896–910.

Lynn, S. J., Rhue, J. W., & Weekes, J. R. (1990). Hypnotic involuntariness: A social cognitive analysis. *Psychological Review, 97*, 169–184.

Lyons, A. (2015). Resilience in lesbians and gay men: A review and key findings from a nationwide Australian survey. *International Review of Psychiatry, 27*, 435–443.

Lyons, B. D., Hoffman, B. J., Michel, J. W., & Williams, K. J. (2011). On the predictive efficiency of past performance and physical ability: The case of the National Football League. *Human Performance, 24*, 158–172.

Lyons, D. E., Young, A. G., & Keil, F. C. (2007). The hidden structure of overimitation. *PNAS, 104*, 19751–19756.

Lyons, L. (2004, February 3). *Growing up lonely: Examining teen alienation*. https://news.gallup.com/poll/10465/growing-lonely-examining-teen-alienation.aspx

Lyons, M. J., Panizzon, M. S., Liu, W., McKenzie, R., Bluestone, N. J., Grant, M. D., Franz, C. E., Vuoksimaa, E. P., Toomey, R., Jacobson, K. C., Reynolds, C. A., Kremen, W. S., & Xian, H. (2017). A longitudinal twin study of general cognitive ability over four decades. *Developmental Psychology, 53*, 1170–1177.

Lyubomirsky, S. (2001). Why are some people happier than others? The role of cognitive and motivational processes in well-being. *American Psychologist, 56*, 239–249.

Lyubomirsky, S. (2008). *The how of happiness*. Penguin.

Lyubomirsky, S., Sousa, L., & Dickerhoof, R. (2006). The costs and benefits of writing, talking, and thinking about life's triumphs and defeats. *Journal of Personality and Social Psychology, 90*, 690–708.

Ma, A., Landau, M. J., Narayanan, J., & Kay, A. C. (2017). Thought-control difficulty motivates structure seeking. *Journal of Experimental Psychology: General, 146*, 1067–1072.

Ma, D. S., Correll, J., Wittenbrink, B., Bar-Anan, Y., Sriram, N., & Nosek, B. A. (2013). When fatigue turns deadly: The association between fatigue and racial bias in the decision to shoot. *Basic and Applied Social Psychology, 35*, 515–524.

Ma, L. (1997, September). On the origin of Darwin's ills. *Discover*, p. 27.

Maas, J. B. (1999). *Power sleep. The revolutionary program that prepares your mind and body for peak performance*. HarperCollins.

Maas, J. B., & Robbins, R. S. (2010). *Sleep for success: Everything you must know about sleep but are too tired to ask*. Author House.

Macan, T. H., & Dipboye, R. L. (1994). The effects of the application on processing of information from the employment interview. *Journal of Applied Social Psychology, 24*, 1291–1314.

MacCabe, J. H., Lambe, M. P., Cnattingius, S., Torrång, A., Björk, C., Sham, P. C., David, A. S., Murray, R. M., & Hultman, C. M. (2008). Scholastic achievement at age 16 and risk of schizophrenia and other psychoses: A national cohort study. *Psychological Medicine, 38*, 1133–1140.

Macchia, L., Plagnol, A. C., & Powdthavee, N. (2019). Buying happiness in an unequal world: Rank of income more strongly predicts well-being in more unequal countries. *Personality and Social Psychology Bulletin*. Advance online publication. https://doi.org/10.1177/0146167219877413

Maccoby, E. (1980). *Social development: Psychological growth and the parent-child relationship*. Harcourt Brace Jovanovich.

Maccoby, E. E. (1990). Gender and relationships: A developmental account. *American Psychologist, 45*, 513–520.

Maccoby, E. E. (1998). *The paradox of gender*. Harvard University Press.

Maccoby, E. E. (2002). Gender and group process: A developmental perspective. *Current Directions in Psychological Science, 11*, 54–58.

Maccoby, E. E., & Martin, J. A. (1983). Socialization in the context of the family: Parent-child interaction. In P. H. Mussen, & E. M. Hetherington (Eds.), *Handbook of child psychology: Vol. 4. Socialization, Personality, and Social Development* (pp. 1–101). Wiley.

MacCormack, J. K., & Lindquist, K. A. (2016). Bodily contribution to emotion: Schachter's legacy for a psychological constructionist view on emotion. *Emotion Review, 9*, 36–45.

MacDonald, B., Pennington, B. F., Willcutt, E. G., Dmitrieva, J., Samuelsson, S., Byrne, B., & Olson, R. K. (2019). Cross-country differences in parental reporting of symptoms of ADHD. *Journal of Cross-Cultural Psychology, 50*, 806–824.

MacDonald, G., & Leary, M. R. (2005). Why does social exclusion hurt? The relationship between social and physical pain. *Psychological Bulletin, 131*, 202–223.

Macdonald, K., Germine, L., Anderson, A., Christodoulou, J., & McGrath, L. M. (2017). Dispelling the myth: Training in education or neuroscience decreases but does not eliminate beliefs in neuromyths. *Frontiers in Psychology, 8*, 16.

MacDonald, T. K., & Hynie, M. (2008). Ambivalence and unprotected sex: Failure to predict sexual activity and decreased condom use. *Journal of Applied Social Psychology, 38*, 1092–1107.

MacDonald, T. K., Zanna, M. P., & Fong, G. T. (1995). Decision making in altered states: Effects of alcohol on attitudes toward drinking and driving. *Journal of Personality and Social Psychology, 68*, 973–985.

MacFarlane, A. (1978, February). What a baby knows. *Human Nature*, pp. 74–81.

Macfarlane, J. W. (1964). Perspectives on personality consistency and change from the guidance study. *Vita Humana, 7*, 115–126.

Maciejewski, P. K., Maercker, A., Boelen, P. A., & Prigerson, H. G. (2016). "Prolonged grief disorder" and "persistent complex bereavement disorder," but not "complicated grief," are one and the same diagnostic entity: An analysis of data from the Yale Bereavement Study. *World Psychiatry, 15*, 266–275.

MacInnis, C. C., & Hodson, G. (2015). Do American states with more religious or conservative populations search more for sexual content on Google? *Archives of Sexual Behavior, 44*, 137–147.

Mack, A., & Rock, I. (2000). *Inattentional blindness.* MIT Press.

MacKay, D. M. (1978). Selves and brains. *Neuroscience, 3*, 599–606.

Mackenzie, J. L., Aggen, S. H., Kirkpatrick, R. M., Kendler, K. S., & Amstadter, A. B. (2015). A longitudinal twin study of insomnia symptoms in adults. *Sleep, 38*, 1423–1430.

MacKenzie, M. J., Nicklas, E., Waldfogel, J., & Brooks-Gunn, J. (2013). Spanking and child development across the first decade of life. *Pediatrics, 132*, e1118–1125.

MacKerron, G., & Mourato, S. (2013). Happiness is greater in natural environments. *Global Environmental Change, 23*, 992–1000.

Mackey, S., Allgaier, N., Chaarani, B., Spechler, P., Orr, C., Bunn, J., Allen, N. B., Alia-Klein, N., Batalla, A., Blaine, S., Brooks, S., Caparelli, E., Chye, Y. Y., Cousijn, J., Dagher, A., Desrivieres, S., Feldstein-Ewing, S., Foxe, J. J., Goldstein, R. Z., . . . ENIGMA Addiction Working Group. (2019). Mega-analysis of gray matter volume in substance dependence: General and substance-specific regional effects. *The American Journal of Psychiatry, 176*, 119–128.

MacLeod, C., & Clarke, P. J. F. (2015). The attentional bias modification approach to anxiety intervention. *Clinical Psychological Science, 3*, 58–78.

MacLeod, C. M., & Bodner, G. E. (2017). The production effect in memory. *Current Directions in Psychological Science, 26*, 390–395.

Macmillan, M., & Lena, M. L. (2010). Rehabilitating Phineas Gage. *Neuropsychological Rehabilitation, 17*, 1–18.

Macnamara, B. N., Hambrick, D. Z., & Oswald, F. L. (2014). Deliberate practice and performance in music, games, sports, education, and professions: A meta-analysis. *Psychological Science, 25*, 1608–1618.

Macnamara, B. N., Moreau, D., & Hambrick, D. Z. (2016). The relationship between deliberate practice and performance in sports: A meta-analysis. *Perspectives on Psychological Science, 11*, 333–350.

MacNeilage, P. F., & Davis, B. L. (2000). On the origin of internal structure of word forms. *Science, 288*, 527–531.

MacNeilage, P. F., Rogers, L. J., & Vallortigara, G. (2009, July). Origins of the left and right brain. *Scientific American*, pp. 60–67.

MacPherson, S. E., Turner, M. S., Bozzali, M., Cipolotti, L., & Shallice, T. (2016). The Doors and People Test: The effect of frontal lobe lesions on recall and recognition memory performance. *Neuropsychology, 30*, 332–337.

Maddieson, I. (1984). *Patterns of sounds.* Cambridge University Press.

Madigan, S., Cyr, C., Eirich, R., Fearon, R. P., Ly, A., Rash, C., Poole, J. C., & Alink, L. R. (2019). Testing the cycle of maltreatment hypothesis: Meta-analytic evidence of the intergenerational transmission of child maltreatment. *Development and Psychopathology, 31*, 23–51.

Madison, G., Mosling, M. A., Verweij, K. J. H., Pedersen, N. L., & Ullen, F. (2016). Common genetic influences on intelligence and auditory simple reaction time in a large Swedish sample. *Intelligence, 59*, 157–162.

Madrid-Valero, J. J., Ordoñana, J. R., Klump, K. L., & Burt, S. A. (2019). Children sleep and antisocial behavior: Differential association of sleep with aggression and rule-breaking. *Journal of Abnormal Child Psychology, 47*, 791–799.

Maes, H. H. M., Neale, M. C., & Eaves, L. J. (1997). Genetic and environmental factors in relative body weight and human adiposity. *Behavior Genetics, 27*, 325–351.

Maes, H. H., Neale, M. C., Ohlsson, H., Zahery, M., Lichtenstein, P., Sundquist, K., Sundquist, J., & Kendler, K. S. (2016). A bivariate genetic analysis of drug abuse ascertained through medical and criminal registries in Swedish twins, siblings and half-siblings. *Behavior Genetics, 46*, 735–741.

Maestripieri, D. (2003). Similarities in affiliation and aggression between cross-fostered rhesus macaque females and their biological mothers. *Developmental Psychobiology, 43*, 321–327.

Maestripieri, D. (2005). Early experience affects the intergenerational transmission of infant abuse in rhesus monkeys. *PNAS, 102*, 9726–9729.

Magill, M., Ray, L., Kiluk, B., Hoadley, A., Bernstein, M., Tonigan, J. S., & Carroll, K. (2019). A meta-analysis of cognitive-behavioral therapy for alcohol or other drug use disorders: Treatment efficacy by contrast condition. *Journal of Consulting and Clinical Psychology, 87*, 1093–1105.

Magnuson, K. A., Ruhm, C., & Waldfogel, J. (2007). Does prekindergarten improve school preparation and performance? *Economics of Education Review, 26*, 33–51.

Magnussen, S., Andersson, J., Cornoldi, C., De Beni, R., Endestad, T., Goodman, G. S., Helstrup, T., Koriat, A., Larsson, M., Melinder, A., Nilsson, L. G., Rönnberg, J., & Zimmer, H. (2006). What people believe about memory. *Memory, 4*, 595–613.

Magnusson, D. (1990). Personality research—challenges for the future. *European Journal of Personality, 4*, 1–17.

Maguire, E. A., Gadian, D. G., Johnsrude, I. S., Good, C. D., Ashburner, J., Frackowiak, R. S. J., & Frith, C. D. (2000). Navigation-related structural change in the hippocampi of taxi drivers. *PNAS, 97*, 4398–4403.

Maguire, E. A., Spiers, H. J., Good, C. D., Hartley, T., Frackowiak, R. S. J., & Burgess, N. (2003a). Navigation expertise and the human hippocampus: A structural brain imaging analysis. *Hippocampus, 13*, 250–259.

Maguire, E. A., Valentine, E. R., Wilding, J. M., & Kapur, N. (2003b). Routes to remembering: The brains behind superior memory. *Nature Neuroscience, 6*, 90–95.

Maguire, E. A., Woollett, K., & Spiers, H. J. (2006). London taxi drivers and bus drivers: A structural MRI and neuropsychological analysis. *Hippocampus, 16*, 1091–1101.

Mah, C. D., Mah, K. E., Kezirian, E. J., & Dement, W. C. (2011). The effects of sleep extension on the athletic performance of collegiate basketball players. *Sleep, 34*, 943–950.

Mahadevan, N., Gregg, A. P., & Sedikides, C. (2019). Is self-regard a sociometer or a hierometer? Self-esteem tracks status and inclusion, narcissism tracks status. *Journal of Personality and Social Psychology, 116*, 444.

Maharani, A., Dawes, P., Nazroo, J., Tampubolon, G., & Pendleton, N. (2018). Longitudinal relationship between hearing aid use and cognitive function in older Americans. *Journal of the American Geriatrics Society, 66*, 1130–1136.

Maher, S., Ekstrom, T., & Chen, Y. (2014). Greater perceptual sensitivity to happy facial expression. *Perception, 43*, 1353–1364.

Mai, Q. D., Hill, T. D., Vila-Henninger, L., & Grandner, M. A. (2019). Employment insecurity and sleep disturbance: Evidence from 31 European countries. *Journal of Sleep Research, 28*, e12763.

Maia, T. V., & Frank, M. J. (2017). An integrative perspective on the role of dopamine in schizophrenia. *Biological Psychiatry, 81*, 52–66.

Maier, M., & Abdel Rahman, R. (2018). Native language promotes access to visual consciousness. *Psychological Science, 29*, 1757–1772.

Maier, S. F., & Seligman, M. E. P. (2016). Learned helplessness at fifty: Insights from neuroscience. *Psychological Review, 123*, 349–367.

Maier, S. F., Watkins, L. R., & Fleshner, M. (1994). Psychoneuroimmunology: The interface between behavior, brain, and immunity. *American Psychologist, 49*, 1004–1017.

Maiti, S., Kumar, K. H. B. G., Castellini, C. A., O'Reilly, R., & Singh, S. M. (2011). Ontonogenetic de novo copy number variations (CNVs) as a source of genetic individuality: Studies on two families with MZD twins for schizophrenia. *PLOS ONE, 6*, e17125.

Major, B., Carrington, P. I., & Carnevale, P. J. D. (1984). Physical attractiveness and self-esteem: Attribution for praise from an other-sex evaluator. *Personality and Social Psychology Bulletin, 10*, 43–50.

Major, B., Schmidlin, A. M., & Williams, L. (1990). Gender patterns in social touch: The impact of setting and age. *Journal of Personality and Social Psychology, 58*, 634–643.

Makel, M. C., Kell, H. J., Lubinski, D., Putallaz, M., & Benbow, C. P. (2016). When lightning strikes twice: Profoundly gifted, profoundly accomplished. *Psychological Science, 27*, 1004–1018.

Malaktaris, A. L., & Lynn, S. J. (2019). The phenomenology and correlates of flashbacks in individuals with posttraumatic stress symptoms. *Clinical Psychological Science, 7*, 249–264.

Malamuth, N. (2018). "Adding fuel to the fire"? Does exposure to non-consenting adult or to child pornography increase risk of sexual aggression? *Aggression and Violent Behavior, 41*, 74–89.

Malani, P., Singer, D., Clark, S., Kirch, M., & Sølway, E. (2018, May). *Let's talk about sex. National poll on healthy aging.* University of Michigan. https://www.healthyagingpoll.org/report/lets-talk-about-sex

Maldonado-Molina, M. M., Reingle, J. M., Jennings, W. G., & Prado, G. (2011). Drinking and driving among immigrant and US-born Hispanic young adults: Results from a longitudinal and nationally representative study. *Addictive Behaviors, 36*, 381–388.

Malkiel, B. G. (2016). *A random walk down Wall Street: The time-tested strategy for successful investing* (11th Ed.). Norton.

Malle, B. F. (2006). The actor–observer asymmetry in attribution: A (surprising) meta-analysis. *Psychological Bulletin, 132*, 895–919.

Malle, B. F., Knobe, J. M., & Nelson, S. E. (2007). Actor–observe asymmetries in explanations of behavior: New answers to an old question. *Journal of Personality and Social Psychology, 93*, 491–514.

Malmquist, C. P. (1986). Children who witness parental murder: Post-traumatic aspects. *Journal of the American Academy of Child Psychiatry, 25*, 320–325.

Malouff, J. M., & Schutte, N. S. (2017). Can psychological interventions increase optimism? A meta-analysis. *The Journal of Positive Psychology, 12*, 594–604.

Maltby, N., Tolin, D. F., Worhunsky, P., O'Keefe, T. M., & Kiehl, K. A. (2005). Dysfunctional action monitoring hyperactivates frontal-striatal circuits in obsessive-compulsive disorder: An event-related fMRI study. *NeuroImage, 24*, 495–503.

Mampe, B., Friederici, A. D., Christophe, A., & Wermke, K. (2009). Newborns' cry melody is shaped by their native language. *Current Biology*, 19, 1–4.

Mandelli, L., Arminio, A., Atti, A. R., & De Ronchi, D. (2019). Suicide attempts in eating disorder subtypes: a meta-analysis of the literature employing DSM-IV, DSM-5, or ICD-10 diagnostic criteria. *Psychological Medicine*, 49, 1237–1249.

Mandsager, K., Harb, S., Cremer, P., Phelan, D., Nissen, S. E., & Jaber, W. (2018). Association of cardiorespiratory fitness with long-term mortality among adults undergoing exercise treadmill testing. *JAMA Network Open*, 1, e183605–e183605.

Maner, J. K., DeWall, C. N, Baumeister, R. F., & Schaller, M. (2007). Does social exclusion motivate interpersonal reconnection? Resolving the "porcupine problem." *Journal of Personality and Social Psychology*, 92, 42–55.

Maner, J. K., Kenrick, D. T., Neuberg, S. L., Becker, D. V., Robertson, T., Hofer, B., Neuberg, S. L., Delton, A. W., Butner, J., & Schaller, M. (2005). Functional projection: How fundamental social motives can bias interpersonal perception. *Journal of Personality and Social Psychology*, 88, 63–78.

Mangelsdorf, J., Eid, M., & Luhmann, M. (2019). Does growth require suffering? A systematic review and meta-analysis on genuine posttraumatic and postecstatic growth. *Psychological Bulletin*, 145, 302–338.

Mani, A., Mullainathan, S., Shafir, E., & Zhao, J. (2013). Poverty impedes cognitive function. *Science*, 341, 976–980.

Mann, T., Tomiyama, A. J., & Ward, A. (2015). Promoting public health in the context of the "obesity epidemic": False starts and promising new directions. *Perspectives on Psychological Science*, 10, 706–710.

Manning, W., & Cohen, J. A. (2012). Premarital cohabitation and marital dissolution: An examination of recent marriages. *Journal of Marriage and Family* 74, 377–387.

Manson, J. E. (2002). Walking compared with vigorous exercise for the prevention of cardiovascular events in women. *New England Journal of Medicine*, 347, 716–725.

Manuck, S. B., & McCaffery, J. M. (2014). Gene-environment interaction. *Annual Review of Psychology*, 65, 41–70.

Maquet, P. (2001). The role of sleep in learning and memory. *Science*, 294, 1048–1052.

Maquet, P., Peters, J.-M., Aerts, J., Delfiore, G., Degueldre, C., Luxen, A., & Franck, G. (1996). Functional neuroanatomy of human rapid-eye-movement sleep and dreaming. *Nature*, 383, 163–166.

Mar, R. A., & Oatley, K. (2008). The function of fiction is the abstraction and simulation of social experience. *Perspectives on Psychological Science*, 3, 173–192.

Mar, R. A., Oatley, K., & Peterson, J. B. (2009). Exploring the link between reading fiction and empathy: Ruling out individual differences and examining outcomes. *Communications: The European Journal of Communication*, 34, 407–428.

Marangolo, P., Fiori, V., Sabatini, U., De Pasquale, G., Razzano, C., Caltagirone, C., & Gili, T. (2016). Bilateral transcranial direct current stimulation language treatment enhances functional connectivity in the left hemisphere: Preliminary data from aphasia. *Journal of Cognitive Neuroscience*, 28, 724–738.

Marceau, K., McMaster, M. T. B., Smith, T. F., Daams, J. G., van Beijsterveldt, C. E. M., Boomsma, D. I., & Knopik, V. S. (2016). The prenatal environment in twin studies: A review on chorionicity. *Behavior Genetics*, 46, 286–303.

Marcinkowska, U. M., Kaminskȉ, G., Little, A. C., & Jasienska, G. (2018). Average ovarian hormone levels, rather than daily values and their fluctuations, are related to facial preferences among women. *Hormones and Behavior*, 102, 114–119.

Mariani, J., Simonini, M. V., Palejev, D., Tomasini, L., Coppola, G., Szekely, A. M., Horvath, T. L., & Vaccarino, F. M. (2012). Modeling human cortical development in vitro using induced pluripotent stem cells. *PNAS*, 109, 12779–12785.

Marinak, B. A., & Gambrell, L. B. (2008). Intrinsic motivation and rewards: What sustains young children's engagement with text? *Literacy Research and Instruction*, 47, 9–26.

Marjonen, H., Sierra, A., Nyman, A., Rogojin, V., Gröhn, O., Linden, A.-M., Hautaniemi, S., & Kaminen-Ahola, N. (2015). Early maternal alcohol consumption alters hippocampal DNA methylation, gene expression and volume in a mouse model. *PLOS ONE*, 10, e0124931.

Markey, P. M., & Ferguson, C. J. (2017). Moral combat: Why the war on violent video games is wrong. BenBella Books.

Marks, A. K., Patton, F., & Coll, C. G. (2011). Being bicultural: A mixed-methods study of adolescents' implicitly and explicitly measured multiethnic identities. *Developmental Psychology*, 47, 270–288.

Marks, E. H., Franklin, A. R., & Zoellner, L. A. (2018). Can't get it out of my mind: A systematic review of predictors of intrusive memories of distressing events. *Psychological Bulletin*, 144, 584–640.

Markus, G. B. (1986). Stability and change in political attitudes: Observe, recall, and "explain." *Political Behavior*, 8, 21–44.

Markus, H. R., & Kitayama, S. (1991). Culture and the self: Implications for cognition, emotion, and motivation. *Psychological Review*, 98, 224–253.

Markus, H. R., & Nurius, P. (1986). Possible selves. *American Psychologist*, 41, 954–969.

Markus, H. R., Uchida, Y., Omoregie, H., Townsend, S. S. M., & Kitayama, S. (2006). Going for the gold: Models of agency in Japanese and American contexts. *Psychological Science*, 17, 103–112.

Marmot, M. G., Bosma, H., Hemingway, H., Brunner, E., & Stansfeld, S. (1997). Contribution to job control and other risk factors to social variations in coronary heart disease incidents. *The Lancet*, 350, 235–239.

Marsh, A. A., Rhoads, S. A., & Ryan, R. M. (2019). A multi-semester classroom demonstration yields evidence in support of the facial feedback effect. *Emotion*, 19(8), 1500–1504.

Marsh, H. W., & Craven, R. G. (2006). Reciprocal effects of self-concept and performance from a multidimensional perspective: Beyond seductive pleasure and unidimensional perspectives. *Perspectives on Psychological Science*, 1, 133–163.

Marsh, H. W., & Parker, J. W. (1984). Determinants of student self-concept: Is it better to be a relatively large fish in a small pond even if you don't learn to swim as well? *Journal of Personality and Social Psychology*, 47, 213–231.

Marshall, M. J. (2002). Why spanking doesn't work. Bonneville Books.

Marshall, P. J., & Meltzoff, A. N. (2014). Neural mirroring mechanisms and imitation in human infants. *Philosophical Transactions of the Royal Society: Series B*, 369.

Martel, M. M., Levinson, C. A., Langer, J. K., & Nigg, J. T. (2016). A network analysis of developmental change in ADHD symptom structure from preschool to adulthood. *Clinical Psychological Science*, 4, 988–1001.

Martela, F., & Steger, M. F. (2016). The three meanings of meaning in life: Distinguishing coherence, purpose, and significance. *The Journal of Positive Psychology*, 11, 531–545.

Martin, C. K., Anton, S. D., Walden, H., Arnett, C., Greenway, F. L., & Williamson, D. A. (2007). Slower eating rate reduces the food intake of men, but not women: Implications for behavioural weight control. *Behaviour Research and Therapy*, 45, 2349–2359.

Martin, C. L., & Ruble, D. (2004). Children's search for gender cues. *Current Directions in Psychological Science*, 13, 67–70.

Martin, C. L., Ruble, D. N., & Szkrybalo, J. (2002). Cognitive theories of early gender development. *Psychological Bulletin*, 128, 903–933.

Martín, R., Bajo-Grañeras, R., Moratalla, R., Perea, G., & Araque, A. (2015). Circuit-specific signaling in astrocyte-neuron networks in basal ganglia pathways. *Science*, 349, 730–734.

Martin, S. J., Kelly, I. W., & Saklofske, D. H. (1992). Suicide and lunar cycles: A critical review over 28 years. *Psychological Reports*, 71, 787–795.

Martín-María, N., Miret, M., Caballero, F. F., Rico-Uribe, L., Steptoe, A., Chatterji, S., & Ayuso-Mateos, J. (2017). The impact of subjective well-being on mortality: A meta-analysis of longitudinal studies in the general population. *Psychosomatic Medicine*, 79, 565–575.

Martínez-Rivera, F. J., Martínez, N. A., Martínez, M., Ayala-Pagán, R. N., Silva, W. I., & Barreto-Estrada, J. L. (2019). Neuroplasticity transcript profile of the ventral striatum in the extinction of opioid-induced conditioned place preference. *Neurobiology of Learning and Memory*, 163, 107031.

Martini, M., Bufalari, I., Stazi, M. A., & Aglioti, S. M. (2015). Is that me or my twin? Lack of self-face recognition advantage in identical twins. *PLOS ONE*, 10, e0120900.

Martins, N., & Weaver, A. (2019). The role of media exposure on relational aggression: A meta-analysis. *Aggression and Violent Behavior*, 47, 90–99.

Martins, Y., Preti, G., Crabtree, C. R., & Wysocki, C. J. (2005). Preference for human body odors is influenced by gender and sexual orientation. *Psychological Science*, 16, 694–701.

Marty-Dugas, J., Ralph, B. C. W., Oakman, J. M., & Smilek, D. (2018). The relation between smartphone use and everyday inattention. *Psychology of Consciousness: Theory, Research, and Practice*, 5, 46–62.

Marzoli, D., Custodero, M., Pagliara, A., & Tommasi, L. (2013). Sun-induced frowning fosters aggressive feelings. *Cognition and Emotion*, 27, 1513–1521.

Mashour, G. A. (2018). The controversial correlates of consciousness. *Science*, 360, 493–494.

Maslow, A. H. (1970). *Motivation and personality* (2nd ed.). Harper & Row.

Maslow, A. H. (1971). *The farther reaches of human nature.* Viking Press.

Mason, A. E., Sbarra, D. A., & Mehl, M. R. (2010). Thin-slicing divorce: Thirty seconds of information predict changes in psychological adjustment over 90 days. *Psychological Science*, 21, 1420–1422.

Mason, C., & Kandel, E. R. (1991). Central visual pathways. In E. R. Kandel, J. H. Schwartz, & T. M. Jessell (Eds.), *Principles of neural science* (3rd ed.). Elsevier.

Mason, M. F., & Morris, M. W. (2010). Culture, attribution and automaticity: A social cognitive neuroscience view. *Social Cognitive and Affective Neuroscience*, 5, 292–306.

Mason, R. A., & Just, M. A. (2004). How the brain processes causal inferences in text. *Psychological Science*, 15, 1–7.

Mason, R. A., & Just, M. A. (2016). Neural representations of physics concepts. *Psychological Science*, 27, 904–913.

Massimini, M., Ferrarelli, F., Huber, R., Esser, S. K., Singh, H., & Tononi, G. (2005). Breakdown of cortical effective connectivity during sleep. *Science*, 309, 2228–2232.

Masten, A. S. (2001). Ordinary magic: Resilience processes in development. *American Psychologist*, 56, 227–238.

Masters, K. S. (2010). The role of religion in therapy: Time for psychologists to have a little faith? *Cognitive and Behavioral Practice*, 17, 393–400.

Masters, K. S., & Hooker, S. A. (2013). Religiousness/spirituality, cardiovascular disease, and cancer: Cultural integration for health research and intervention. *Journal of Consulting and Clinical Psychology*, 81, 206–216.

Masters, W. H., & Johnson, V. E. (1966). *Human sexual response*. Little, Brown.

Mastroianni, G. R. (2015). Obedience in perspective: Psychology and the Holocaust. *Theory and Psychology*, 25, 657–669.

Mastroianni, G. R., & Reed, G. (2006). Apples, barrels, and Abu Ghraib. *Sociological Focus*, 39, 239–250.

Masuda, T., Ellsworth, P. C., Mesquita, B., Leu, J., Tanida, S., & Van de Veerdonk, E. (2008). Placing the face in context: Cultural differences in the perception of facial emotion. *Journal of Personality and Social Psychology*, 94, 365–381.

Mata, A., Ferreira, M. B., & Sherman, S. J. (2013). The metacognitive advantage of deliberative thinkers: A dual-process perspective on overconfidence. *Journal of Personality and Social Psychology*, 105, 353–373.

Mata, R., Josef, A. K., & Hertwig, R. (2016). Propensity for risk taking across the life span and around the globe. *Psychological Science*, 27, 231–243.

Mataix-Cols, D., Rosario-Campos, M. C., & Leckman, J. F. (2005). A multidimensional model of obsessive-compulsive disorder. *American Journal of Psychiatry*, 162, 228–238.

Mataix-Cols, D., Wooderson, S., Lawrence, N., Brammer, M. J., Speckens, A., & Phillips, M. L. (2004). Distinct neural correlates of washing, checking, and hoarding symptom dimensions in obsessive-compulsive disorder. *Archives of General Psychiatry*, 61, 564–576.

Mather, M. (2016). The affective neuroscience of aging. *Annual Review of Psychology*, 67, 213–238.

Mather, M., & Sutherland, M. (2012, February). *The selective effects of emotional arousal on memory*. APA Science Brief. https://www.apa.org/science/about/psa/2012/02/emotional-arousal

Mather, M., Cacioppo, J. T., & Kanwisher, N. (2013). How fMRI can inform cognitive theories. *Perspectives on Psychological Science*, 8, 108–113.

Mather, M., Canli, T., English, T., Whitfield, S., Wais, P., Ochsner, K., Gabrieli, J. D., & Carstensen, L. L. (2004). Amygdala responses to emotionally valenced stimuli in older and younger adults. *Psychological Science*, 15, 259–263.

Mathur, M. B., & VanderWeele, T. J. (2019). Finding common ground in meta-analysis "wars" on violent video games. *Perspectives on Psychological Science*, 14, 705–708.

Matoba, N., Akiyama, M., Ishigaki, K., Kanai, M., Takahashi, A., Momozawa, Y., Ikegawa, S., Ikeda, M., Iwata, N., Hirata, M., Matsuda, K., Kubo, M., Okada, Y., & Kamatani, Y. (2019). GWAS of smoking behaviour in 165,436 Japanese people reveals seven new loci and shared genetic architecture. *Nature Human Behaviour*, 3, 471–477.

Matson, J. L., & Boisjoli, J. A. (2009). The token economy for children with intellectual disability and/or autism: A review. *Research on Developmental Disabilities*, 30, 240–248.

Matsumoto, D. (1994). *People: Psychology from a cultural perspective*. Brooks/Cole.

Matsumoto, D., & Ekman, P. (1989). American-Japanese cultural differences in intensity ratings of facial expressions of emotion. *Motivation and Emotion*, 13, 143–157.

Matsumoto, D., Frank, M. G., & Hwang, H. C. (2015). The role of intergroup emotions on political violence. *Current Directions in Psychological Science*, 24, 369–373.

Matsumoto, D., & Willingham, B. (2006). The thrill of victory and the agony of defeat: Spontaneous expressions of medal winners of the 2004 Athens Olympic Games. *Journal of Personality and Social Psychology*, 91, 568–581.

Matsumoto, D., & Willingham, B. (2009). Spontaneous facial expressions of emotion of congenitally and noncongenitally blind individuals. *Journal of Personality and Social Psychology*, 96, 1–10.

Matsumoto, D., Willingham, B., & Olide, A. (2009). Sequential dynamics of culturally moderated facial expressions of emotion. *Psychological Science*, 20, 1269–1275.

Mattanah, J. F., Lopez, F. G, & Govern, J. M. (2011). The contributions of parental attachment bonds to college student development and adjustment: A meta-analytic review. *Journal of Counseling Psychology*, 58, 565–596.

Mattheisen, M., Samuels, J. F., Wang, Y., Greenberg, B. D., Fyer, A. J., McCracken, J. T., Geller, D. A., Murphy, D. L., Knowles, J. A., Grados, M. A., Riddle, M. A., Rasmussen, S. A., McLaughlin, N. C., Nurmi, E. L., Askland, K. D., Qin, H.-D., Cullen, B. A., Piacentini, J., Pauls, D. L., . . . Nestadt, G. (2015). Genome-wide association study in obsessive-compulsive disorder: Results from OCGAS. *Molecular Psychiatry*, 20, 337–344.

Matthews, N. L., & Goldberg, W. A. (2018). Theory of mind in children with and without autism spectrum disorder: Associations with the sibling constellation. *Autism*, 22, 311–321.

Matthews, R. N., Domjan, M., Ramsey, M., & Crews, D. (2007). Learning effects on sperm competition and reproductive fitness. *Psychological Science*, 18, 758–762.

Matz, S. C., Kosinski, M., Nave, G., & Stillwell, D. J. (2017). Psychological targeting as an effective approach to digital mass persuasion. *PNAS*, 114, 12714–12719.

Maurer, D., & Maurer, C. (1988). *The world of the newborn*. New York: Basic Books.

Mautz, B., Wong, B., Peters, R., & Jennions, M. (2013). Penis size interacts with body shape and height to influence male attractiveness. *PNAS*, 110, 6925–6693.

May, C., & Hasher, L. (1998). Synchrony effects in inhibitory control over thought and action. *Journal of Experimental Psychology: Human Perception and Performance*, 24, 363–380.

May, P. A., Chambers, C. D., Kalberg, W. O., Zellner, J., Feldman, H., Buckley, D., Kopald, D., Hasken, J. M., Xu, R., Honerkamp-Smith, G., Taras, H., Manning, M. A., Robinson, L. K., Adam, M. P., Abdul-Rahman, M. D., Vaux, K., Jewett, T., Elliott, A. J., Kable, J. A., . . . Hoyme, E. (2018). Prevalence of fetal alcohol spectrum disorders in 4 US communities. *JAMA*, 319, 474–482.

May, R. (1982). The problem of evil: An open letter to Carl Rogers. *Journal of Humanistic Psychology*, 22, 10–21.

Mayer, J. D., Caruso, D. R., & Salovey, P. (2016). The ability model of emotional intelligence: Principles and updates. *Emotion Review*, 8, 290–300.

Mayer, J. D., Salovey, P., & Caruso, D. R. (2002). *The Mayer-Salovey-Caruso emotional intelligence test (MSCEIT)*. Multi-Health Systems, Inc.

Mayer, J. D., Salovey, P., & Caruso, D. R. (2012). The validity of the MSCEIT: Additional analyses and evidence. *Emotion Review*, 4, 403–408.

Mazei, J., Hüffmeier, J., Freund, P. A., Stuhlmacher, A. F., Bilke, L., & Hertel, G. (2015). A meta-analysis on gender differences in negotiation outcomes and their moderators. *Psychological Bulletin*, 141, 85–104.

Mazure, C., Keita, G., & Blehar, M. (2002). *Summit on women and depression: Proceedings and recommendations*. American Psychological Association.

Mazza, S., Gerbier, E., Gustin, M. P., Kasikci, Z., Koenig, O., Toppino, T. C., & Magnin, M. (2016). Relearn faster and retain longer: Along with practice, sleep makes perfect. *Psychological Science*, 27, 1321–1330.

Mazzei, P. (2019, March 24). After 2 apparent student suicides, Parkland grieves again. *The New York Times*. https://www.nytimes.com/2019/03/24/us/parkland-suicide-marjory-stoneman-douglas.html?

Mazzoni, G., Clark, A., De Bartolo, A., Guerrini, C., Nahouli, Z., Duzzi, D., De Marco, M., McGeown, W., & Venneri, A. (2019). Brain activation in highly superior autobiographical memory: The role of the precuneus in the autobiographical memory retrieval network. *Cortex*, 120, 588–602.

Mazzoni, G., Scoboria, A., & Harvey, L. (2010). Nonbelieved memories. *Psychological Science*, 21, 1334–1340.

Mazzoni, G., & Vannucci, M. (2007). Hindsight bias, the misinformation effect, and false autobiographical memories. *Social Cognition*, 25, 203–220.

McAdams, D. P., & Guo, J. (2015). Narrating the generative life. *Psychological Science*, 26, 475–483.

McBurney, D. H. (1996). *How to think like a psychologist: Critical thinking in psychology*. Prentice-Hall.

McBurney, D. H., & Collings, V. B. (1984). *Introduction to sensation and perception* (2nd ed.). Prentice-Hall.

McBurney, D. H., & Gent, J. F. (1979). On the nature of taste qualities. *Psychological Bulletin*, 86, 151–167.

McCabe, K. O., & Fleeson, W. (2016). Are traits useful? Explaining trait manifestations as tools in the pursuit of goals. *Journal of Personality and Social Psychology*, 110, 287–301.

McCain, J. (2017, February 18). McCain attacks Trump administration and inability to "separate truth from lies." *The Guardian*. https://www.theguardian.com/us-news/2017/feb/18/john-mccain-savages-donald-trump-administration-inability-separate-truth-from-lies

McCall, W. V., Lisanby, S. H., Rosenquist, P. B., Dooley, M., Husain, M. M., Knapp, R. G., Petrides, G., Rudorfer, M. V., Young, R. C., McClintock, S. M., Mueller, M., Prudic, J., Greenberg, R. M., Weiner, R. D., Bailine, S. H., Riley, M. A., McCloud, L., Kellner, C. H., & CORE/PRIDE Work Group. (2017). Effects of a right unilateral ultrabrief pulse electroconvulsive therapy course on health related quality of life in elderly depressed patients. *Journal of Affective Disorders*, 209, 39–45.

McCann, I. L., & Holmes, D. S. (1984). Influence of aerobic exercise on depression. *Journal of Personality and Social Psychology*, 46, 1142–1147.

McCann, U. D., Eligulashvili, V., & Ricaurte, G. A. (2001). (+−)3,4-Methylenedioxymethamphetamine ('Ecstasy')-induced serotonin neurotoxicity: Clinical studies. *Neuropsychobiology*, 42, 11–16.

McCarthy, J. (2017, June 28). *Americans more positive about effects of immigration*. Gallup. https://news.gallup.com/poll/213146/americans-positive-effects-immigration.aspx

McCarthy, J. (2018, October 22). *Two in three Americans now support legalizing marijuana*. Gallup News. https://news.gallup.com/poll/243908/two-three-americans-support-legalizing-marijuana.aspx

McCarthy, J. (2019, May 22). *U.S. support for same-sex marriage stable, at 63%*. Gallup. https://news.gallup.com/poll/257705/support-gay-marriage-stable.aspx

McCarthy, P. (1986, July). Scent: The tie that binds? *Psychology Today*, pp. 6, 10.

McCauley, C. R. (2002). Psychological issues in understanding terrorism and the response to terrorism. In C. E. Stout (Ed.), *The psychology of terrorism* (Vol. 3, pp. 3–29). Praeger/Greenwood.

McCauley, C. R., & Segal, M. E. (1987). Social psychology of terrorist groups. In C. Hendrick (Ed.), *Group processes and intergroup relations: Review of personality and social psychology* (Vol. 9, pp. 231–256). Sage.

McCauley, E., Berk, M. S., Asarnow, J. R., Adrian, M., Cohen, J., Korslund, K., Avina, C., Hughes, J., Harned, M, Gallop, R., & Linehan, M. M. (2018). Efficacy of dialectical behavior therapy for adolescents at high risk for suicide: A randomized clinical trial. *JAMA Psychiatry, 75*, 777–785.

McClendon, B. T., & Prentice-Dunn, S. (2001). Reducing skin cancer risk: An intervention based on protection motivation theory. *Journal of Health Psychology, 6*, 321–328.

McClintock, M. K., & Herdt, G. (1996, December). Rethinking puberty: The development of sexual attraction. *Current Directions in Psychological Science, 5*, 178–183.

McClung, M., & Collins, D. (2007). "Because I know it will!": Placebo effects of an ergogenic aid on athletic performance. *Journal of Sport & Exercise Psychology, 29*, 382–394.

McClure, E. B. (2000). A meta-analytic review of sex differences in facial expression processing and their development in infants, children, and adolescents. *Psychological Bulletin, 126*, 424–453.

McClure, M. J., & Lydon, J. E. (2014). Anxiety doesn't become you: How attachment compromises relational opportunities. *Journal of Personality and Social Psychology, 106*, 89–111.

McConnell, A. R., Brown, C. M., Shoda, T. M., Stayton, L. E., & Martin, C. E. (2011). Friends with benefits: On the positive consequences of pet ownership. *Journal of Personality and Social Psychology, 101*, 1239–1252.

McCord, J. (1978). A thirty-year follow-up on treatment effects. *American Psychologist, 33*, 284–289.

McCord, J. (1979). Following up on Cambridge-Somerville. *American Psychologist, 34*, 727.

McCrae, R. R., & Costa, P. T., Jr. (1986). Clinical assessment can benefit from recent advances in personality psychology. *American Psychologist, 41*, 1001–1003.

McCrae, R. R., & Costa, P. T., Jr. (1990). *Personality in adulthood*. Guilford.

McCrae, R. R., & Costa, P. T., Jr. (1994). The stability of personality: Observations and evaluations. *Current Directions in Psychological Science, 3*, 173–175.

McCrae, R. R., & Costa, P. T., Jr. (2008). The Five-Factor Theory of personality. In O. P. John, R. W., Robins, & L. A. Pervin (Eds.), *Handbook of personality: Theory and research, 3rd edition*. Guilford.

McCrae, R. R., Terracciano, A., & 78 members of the Personality Profiles and Cultures Project. (2005). Universal features of personality traits from the observer's perspective: Data from 50 cultures. *Journal of Personality and Social Psychology, 88*, 547–561.

McCrink, K., & Wynn, K. (2004). Large-number addition and subtraction by 9-month-old infants. *Psychological Science, 15*, 776–781.

McCrory, E. J., De Brito, S. A., Sebastian, C. L., Mechelli, A., Bird, G., Kelly, P. A., & Viding, E. (2011). Heightened neural reactivity to threat in child victims of family violence. *Current Biology, 21*, R947–948.

McCullough, M. E., Hoyt, W. T., Larson, D. B., Koenig, H. G., & Thoresen, C. (2000). Religious involvement and mortality: A meta-analytic review. *Health Psychology, 19*, 211–222.

McCullough, M. E., & Laurenceau, J.-P. (2005). Religiousness and the trajectory of self-rated health across adulthood. *Personality and Social Psychology Bulletin, 31*, 560–573.

McCullough, M. E., & Willoughby, B. L. B. (2009). Religion, self-regulation, and self-control: Associations, explanations, and implications. *Psychological Bulletin, 135*, 69–93.

McDaniel, M. A., Bugg, J. M., Liu, Y., & Brick, J. (2015). When does the test-study-test sequence optimize learning and retention? *Journal of Experimental Psychology: Applied, 21*, 370–382.

McDaniel, M. A., Howard, D. C., & Einstein, G. O. (2009). The read-recite-review study strategy: Effective and portable. *Psychological Science, 20*, 516–522.

McDermott, R., Tingley, D., Cowden, J., Frazzetto, G., & Johnson, D. D. P. (2009). Monoamine oxidase A gene (MAOA) predicts behavioral aggression following provocation. *PNAS, 106*, 2118–2123.

McDonald, P. (2012). Workplace sexual harassment 30 years on: A review of the literature. *International Journal of Management Reviews, 14*, 1–17.

McDuff, D., Kodra, E., el Kallouby, R., & LaFrance, M. (2017). A large-scale analysis of sex differences in facial expressions. *PLOS ONE, 12*, e0173942.

McElwain, N. L., Ravindran, N., Emery, H. T., & Swartz, R. (2019). Theory of mind as a mechanism linking mother–toddler relationship quality and child–friend interaction during the preschool years. *Social Development, 28*, 998–1015.

McEvoy, S. P., Stevenson, M. R., McCartt, A. T., Woodward, M., Hawroth, C., Palamara, P., & Ceracelli, R. (2005). Role of mobile phones in motor vehicle crashes resulting in hospital attendance: A case-crossover study. *British Medical Journal, 33*, 428.

McEvoy, S. P., Stevenson, M. R., & Woodward, M. (2007). The contribution of passengers versus mobile phone use to motor vehicle crashes resulting in hospital attendance by the driver. *Accident Analysis and Prevention, 39*, 1170–1176.

McFarland, C., & Ross, M. (1987). The relation between current impressions and memories of self and dating partners. *Psychological Bulletin, 13*, 228–238.

McGaugh, J. L. (1994). Quoted by B. Bower, Stress hormones hike emotional memories. *Science News, 146*, 262.

McGaugh, J. L. (2003). *Memory and emotion: The making of lasting memories*. Columbia University Press.

McGaugh, J. L. (2015). Consolidating memories. *Annual Review of Psychology, 66*, 1–24.

McGaugh, J. L., & LePort, A. (2014). Remembrance of all things past. *Scientific American, 310*, 40–45.

McGeehan, P. (February 6, 2018). Failure to screen for sleep apnea led to two recent train crashes. *The New York Times*. https://www.nytimes.com/2018/02/06/nyregion/train-crash-sleep-apnea.html?

McGhee, P. E. (June, 1976). Children's appreciation of humor: A test of the cognitive congruency principle. *Child Development, 47*, 420–426.

McGrath, J. J., & Welham, J. L. (1999). Season of birth and schizophrenia: A systematic review and meta-analysis of data from the Southern hemisphere. *Schizophrenia Research, 35*, 237–242.

McGrath, J. J., Welham, J., & Pemberton, M. (1995). Month of birth, hemisphere of birth and schizophrenia. *British Journal of Psychiatry, 167*, 783–785.

McGrath, R. E. (2015). Character strengths in 75 nations: An update. *The Journal of Positive Psychology, 10*, 41–52.

McGue, M. (2010). The end of behavioral genetics? *Behavioral Genetics, 40*, 284–296.

McGue, M., & Bouchard, T. J., Jr. (1998). Genetic and environmental influences on human behavioral differences. *Annual Review of Neuroscience, 21*, 1–24.

McGue, M., Bouchard, T. J., Jr., Iacono, W. G., & Lykken, D. T. (1993). Behavioral genetics of cognitive ability: A life-span perspective. In R. Plomin & G. E. McClearn (Eds.), *Nature, nurture and psychology*. American Psychological Association.

McGue, M., & Christensen, K. (2013). Growing old but not growing apart: Twin similarity in the latter half of the lifespan. *Behavior Genetics, 43*, 1–12.

McGurk, H., & MacDonald, J. (1976). Hearing lips and seeing voices. *Nature, 264*, 746–748.

McHugh, P. R. (1995). Resolved: Multiple personality disorder is an individually and socially created artifact. *Journal of the American Academy of Child and Adolescent Psychiatry, 34*, 957–959.

McIntosh, A. M., & Relton, C. (2018). Do depression and stressful events cause premature aging? *American Journal of Psychiatry, 175*, 714–715.

McKay, J. (2000). Building self-esteem in children. In M. McKay & P. Fanning (Eds.), *Self-esteem*. New Harbinger/St. Martins.

McKellar, J., Stewart, E., & Humphreys, K. (2003). Alcoholics Anonymous involvement and positive alcohol-related outcomes: Cause, consequence, or just a correlate? A prospective 2-year study of 2,319 alcohol-dependent men. *Journal of Consulting and Clinical Psychology, 71*, 302–308.

McKenna, K. Y. A., Green, A. S., & Gleason, M. E. J. (2002). What's the big attraction? Relationship formation on the internet. *Journal of Social Issues, 58*, 9–31.

McKinney, B. C. (2017). Epigenetic programming: A putative neurobiological mechanism linking childhood maltreatment and risk for adult psychopathology. *American Journal of Psychiatry, 174*, 1134–1136.

McKinnon, M. C., Palombo, D. J., Nazarov, A., Kumar, N., Khuu, W., & Levine, B. (2015). Threat of death and autobiographical memory: A study of passengers from flight AT236. *Clinical Psychological Science, 3*, 487–502.

McKone, E., Kanwisher, N., & Duchaine, B. C. (2007). Can generic expertise explain special processing for faces? *Trends in Cognitive Sciences, 11*, 8–15.

McLaughlin, K. A., Sheridan, M. A., Tibu, F., Fox, N. A., Zeanah, C. H., & Nelson, C. A. (2015). Causal effects of the early caregiving environment on development of stress response systems in children. *PNAS, 112*, 5637–5642.

McLaughlin, M. (2010, October 2). J. K. Rowling: Depression, the "terrible place that allowed me to come back stronger." *The Scotsman* (scotsman.com).

McLean, C. P., & Anderson, E. R. (2009). Brave men and timid women? A review of the gender differences in fear and anxiety. *Clinical Psychology Review, 29*, 496–505.

McManus, S., Gunnell, D., Cooper, C., Bebbington, P. E., Howard, L. M., Brugha, T., Jenkins, R., Hassiotis, A., Weich, S., & Appleby, L. (2019). Prevalence of non-suicidal self-harm and service contact in England, 2000–14: Repeated cross-sectional surveys of the general population. *The Lancet Psychiatry, 6*, 573–581.

McMurray, B. (2007). Defusing the childhood vocabulary explosion. *Science, 317*, 631.

McNally, R. J. (2003). *Remembering trauma*. Harvard University Press.

McNally, R. J. (2007). Betrayal trauma theory: A critical appraisal. *Memory, 15*, 280–294.

McNally, R. J. (2012). Are we winning the war against posttraumatic stress disorder? *Science, 336*, 872–874.

McNally, R. J., & Geraerts, E. (2009). A new solution to the recovered memory debate. *Perspectives on Psychological Science, 4*, 126–134.

McNeil, J., Ellis, S. J., & Eccles, F. J. R. (2017). Suicide in trans populations: A systematic review of prevalence and correlates. *Psychology of Sexual Orientation and Gender Diversity, 4*, 341–353.

McNulty, J. K., Olson, M. A., Jones, R. E., & Acosta, L. M. (2017). Automatic associations between one's partner and one's affect as the proximal mechanism of change in relationship satisfaction: Evidence from evaluative conditioning. *Psychological Science, 28*, 1031–1040.

Meador, B. D., & Rogers, C. R. (1984). Person-centered therapy. In R. J. Corsini (Ed.), *Current psychotherapies* (3rd ed.). Peacock.

Mednick, S. A., Huttunen, M. O., & Machon, R. A. (1994). Prenatal influenza infections and adult schizophrenia. *Schizophrenia Bulletin, 20*, 263–267.

Meerwijk, E. L., & Sevelius, J. M. (2017). Transgender population size in the United States: A meta-regression of population-based probability samples. *American Journal of Public Health, 107*, e1–e8.

Meeussen, L., Van Laar, C., & Verbruggen, M. (2019). Looking for a family man? Norms for men are toppling in heterosexual relationships. *Sex Roles, 80*, 429–442.

Mehl, M., Gosling, S. D., & Pennebaker, J. W. (2006). Personality in its natural habitat: Manifestations and implicit folk theories of personality in daily life. *Journal of Personality and Social Psychology, 90*, 862–877.

Mehta, D., Klengel, T., Conneely, K. N., Smith, A. K., Altmann, A., Pace, T. W., Rex-Haffner, M., Loescher, A., Gonik, M., Mercer, K. B., Bradley, B., Müller-Myhsok, Ressler, K. J., & Binder, E. B. (2013). Childhood maltreatment is associated with distinct genomic and epigenetic profiles in posttraumatic stress disorder. *PNAS, 110*, 8302–8307.

Meichenbaum, D. (1977). *Cognitive-behavior modification: An integrative approach*. Plenum Press.

Meichenbaum, D. (1985). *Stress inoculation training*. Pergamon.

Meis, L. A., Noorbaloochi, S., Hagel Campbell, E. M., Erbes, C. R., Polusny, M. A., Velasquez, T. L., Bangerter, A., Cutting, A., Eftekhari, A., Rosen, C. S., Tuerk, P. W., Burmeister, L. B., & Spoont, M. R. (2019). Sticking it out in trauma-focused treatment for PTSD: It takes a village. *Journal of Consulting and Clinical Psychology, 87*, 246–256.

Melby-Lervåg, M., Redick, T. S., & Hulme, C. (2016). Working memory training does not improve performance on measures of intelligence or other measures of "far transfer": Evidence from a meta-analytic review. *Perspectives on Psychological Science, 11*, 512–534.

Meleady, R., Crisp, R. J., Hodson, G., & Earle, M. (2019). On the generalization of intergroup contact: A taxonomy of transfer effects. *Current Directions in Psychological Science, 28*, 430–435.

Melioli, T., Bauer, S., Franko, D. L., Moessner, M., Ozer, F., Chabrol, H., & Rodgers, R. F. (2016). Reducing eating disorder symptoms and risk factors using the internet: A meta-analytic review. *International Journal of Eating Disorders, 49*, 19–31.

Mellers, B., Stone, E., Atanasov, P., Rohrbaugh, N., Metz, S. E., Ungar, L., Bishop, M. M., Horowitz, M., Merkle, E., & Tetlock, P. (2015). The psychology of intelligence analysis: Drivers of prediction accuracy in world politics. *Journal of Experimental Psychology: Applied, 21*, 1–14.

Meltzer, A. L., Makhanova, A., Hicks, L. L., French, J. E., McNulty, J. K., & Bradbury, T. N. (2017). Quantifying the sexual afterglow: The lingering benefits of sex and their implications for pair-bonded relationships. *Psychological Science, 28*, 587–598.

Meltzoff, A. N. (1988). Infant imitation after a 1-week delay: Long-term memory for novel acts and multiple stimuli. *Developmental Psychology, 24*, 470–476.

Meltzoff, A. N., Kuhl, P. K., Movellan, J., & Sejnowski, T. J. (2009). Foundations for a new science of learning. *Science, 325*, 284–288.

Meltzoff, A. N., & Moore, M. K. (1989). Imitation in newborn infants: Exploring the range of gestures imitated and the underlying mechanisms. *Developmental Psychology, 25*, 954–962.

Meltzoff, A. N., & Moore, M. K. (1997). Explaining facial imitation: A theoretical model. *Early Development and Parenting, 6*, 179–192.

Melzack, R. (1992, April). Quoted in "Phantom limbs." *Scientific American*, pp. 120–126.

Melzack, R. (1998, February). Quoted in "Phantom limbs." *Discover*, p. 20.

Melzack, R. (2005). Evolution of the neuromatrix theory of pain. *Pain Practice, 5*, 85–94.

Melzack, R., & Katz, J. (2013). Pain. *Wiley Interdisciplinary Reviews: Cognitive Science, 4*, 1–15.

Melzack, R., & Wall, P. D. (1965). Pain mechanisms: A new theory. *Science, 150*, 971–979.

Melzack, R., & Wall, P. D. (1983). *The challenge of pain*. Basic Books.

Mende-Siedlecki, P., Said, C. P., & Todorov, A. (2013). The social evaluation of faces: A meta-analysis of functional neuroimaging studies. *SCAN, 8*, 285–299.

Mendelson, J. L., Gates, J. A., & Lerner, M. D. (2016). Friendship in school-age boys with autism spectrum disorders: A meta-analytic summary and developmental, process-based model. *Psychological Bulletin, 142*, 601–622.

Mendes, E. (2010, June 2). U.S. exercise levels up, but demographic differences remain. Gallup. https://news.gallup.com/poll/139340/exercise-levels-demographic-differences-remain.aspx

Mendolia, M., & Kleck, R. E. (1993). Effects of talking about a stressful event on arousal: Does what we talk about make a difference? *Journal of Personality and Social Psychology, 64*, 283–292.

Mennella, J. A., Coren, P., Jagnow, M. S., & Beauchamp, G. K. (2001). Prenatal and postnatal flavor learning by human infants. *Pediatrics, 107*, E88.

Mensa. (2019, accessed October 6). About us. Mensa International. http://www.mensa.org/mensa/about-us

Merari, A. (2002). *Explaining suicidal terrorism: Theories versus empirical evidence* [Invited address]. The American Psychological Association.

Mercado, M. C., Holland, K., Leemis, R. W., Stone, D. M., & Wang, J. (2017). Trends in emergency department visits for nonfatal self-inflicted injuries among youth aged 10 to 24 years in the United States, 2001–2015. *JAMA, 318*, 1931–1933.

Mercer, T. (2015). Wakeful rest alleviates interference-based forgetting. *Memory, 23*, 127–137.

Meriac, J. P., Hoffman, B. J., Woehr, D. J., & Fleisher, M. S. (2008). Further evidence for the validity of assessment center dimensions: A meta-analysis of the incremental criterion-related validity of dimension ratings. *Journal of Applied Psychology, 93*, 1042–1052.

Merikangas, K. R., Jin, R., He, J. P., Kessler, R. C., Lee, S., Sampson, N. A., Viana, M. C., Andrade, L. H., Hu, C., Karam, E. G., Ladea, M., Medina-Mora, M. E., Ono, Y., Posada-Villa, J., Sagar, R., Wells, J. E., & Zarkov, Z. (2011). Prevalence and correlates of bipolar spectrum disorder in the World Mental Health Survey initiative. *Archives of General Psychiatry, 68*, 241–251.

Merskey, H. (1992). The manufacture of personalities: The production of multiple personality disorder. *British Journal of Psychiatry, 160*, 327–340.

Merz, J., Schwarzer, G., & Gerger, H. (2019). Comparative efficacy and acceptability of pharmacological, psychotherapeutic, and combination treatments in adults with posttraumatic stress disorder: a network meta-analysis. *JAMA Psychiatry, 76*, 904–913.

Merzenich, M. (2007). Quoted in the Posit Science Brain Fitness Program (positscience.com).

Mesman, J., van Ijzendoorn, M., Behrens, K., Carbonell, O. A., Cárcamo, R., Cohen-Paraira, I., Kondo-Ikemura, K., Mels, C., Mooya, H., Murtisari, S., Nóblega, M., Ortiz, J. A., Sagi-Schwartz, A., Sichimba, F., Soares, I., Steele, H., Steele, M., Pape, M., van Ginkel, J., . . . Zreik, G. (2015). Is the ideal mother a sensitive mother? Beliefs about early childhood parenting in mothers across the globe. *International Journal of Behavioral Development, 40*, 385–397.

Mesoudi, A. (2009). How cultural evolutionary theory can inform social psychology and vice versa. *Psychological Review, 116*, 929–952.

Messias, E., Eaton, W. W., & Grooms, A. N. (2011). Economic grand rounds: Income inequality and depression prevalence across the United States: An ecological study. *Psychiatric Services, 62*, 710–712.

Meston, C. M., & Buss, D. M. (2007). Why humans have sex. *Archives of Sexual Behavior, 36*, 477–507.

Metcalfe, J. (1986). Premonitions of insight predict impending error. *Journal of Experimental Psychology: Learning, Memory, and Cognition, 12*, 623–634.

Metcalfe, J. (1998). Cognitive optimism: Self-deception or memory-based processing heuristics. *Personality and Social Psychology Review, 2*, 100–110.

Metzler, D. (2011, Spring). Vocabulary growth in adult cross-fostered chimpanzees. *Friends of Washoe, 32*, 11–13.

Meyer, A., Carlton, C., Chong, L. J., & Wissemann, K. (2019). The presence of a controlling parent is related to an increase in the error-related negativity in 5-7 year-old children. *Journal of Abnormal Child Psychology, 47*, 935–945.

Meyer-Bahlburg, H. F. L. (1995). Psychoneuroendocrinology and sexual pleasure: The aspect of sexual orientation. In P. R. Abramson & S. D. Pinkerton (Eds.), *Sexual nature/sexual culture* (pp. 135–153). University of Chicago Press.

Meyer, I. H. (2003). Prejudice, social stress, and mental health in lesbian, gay, and bisexual populations: Conceptual issues and research evidence. *Psychological Bulletin, 129*, 674–697.

Meyerhoff, J., & Rohan, K. J. (2016). Treatment expectations for cognitive-behavioral therapy and light therapy for seasonal affective disorder: Change across treatment and relation to outcome. *Journal of Consulting and Clinical Psychology, 84*, 898–906.

Mez, J., Daneshvar, D. H., Kiernan, P. T., Abdolmohammadi, B., Alvarez, V. E., Huber, B. R., Alosco, M. L., Solomon, T. M., Nowinski, C. J., McHale, L., Cormier, K. A., Kubilius, C. A., Martin, B. M., Murphy, L., Baugh, C. M., Montenigro, P. H., Chaisson, C. E., Tripodis, Y., Kowall, N. W., . . . McKee, A. C. (2017). Clinicopathological evaluation of chronic traumatic encephalopathy in players of American football. *JAMA, 318*, 360–370.

Miao, C., Humphrey, R. H., & Qian, S. (2016). Leader emotional intelligence and subordinate job satisfaction: A meta-analysis of main, mediator, and moderator effects. *Personality and Individual Differences, 102*, 13–24.

Michael, R. B., Garry, M., & Kirsch, I. (2012). Suggestion, cognition, and behavior. *Current Directions in Psychological Science, 21*, 151–156.

Michaels, J. W., Bloomel, J. M., Brocato, R. M., Linkous, R. A., & Rowe, J. S. (1982). Social facilitation and inhibition in a natural setting. *Replications in Social Psychology, 2*, 21–24.

Michalka, S. W., Kong, L., Rosen, M. L., Shinn-Cunningham, B., & Somers, D. C. (2015). Short-term memory for space and time flexibly recruit complementary sensory-biased frontal lobe attention networks. *Neuron, 87*, 882–892.

Michel, M., Beck, D., Block, N., Blumenfeld, H., Brown, R., Carmel, D., Dehaene, S., Fleming, S. M., Frith, C., Haggard, P., He, B. J., Heyes, C., Goodale, M. A., Irvine, L., Kawato, M., Kentridge, R., King, J.

R., Knight, R. T., Kouider, S., . . . Yoshida, M. (2019). Opportunities and challenges for a maturing science of consciousness. *Nature Human Behaviour, 3*, 104–107.

Michener, J. A. (1978, February 3). *External forces and inner voices.* Speech at the Chapel of the Four Chaplains, Philadelphia, PA.

Middlebrooks, J. C., & Green, D. M. (1991). Sound localization by human listeners. *Annual Review of Psychology, 42*, 135–159.

Miech, R., Patrick, M. E., O'Malley, P. M., & Johnston, L. D. (2017). E-cigarette use as a predictor of cigarette smoking: Results from a 1-year follow-up of a national sample of 12th grade students. *Tobacco Control, 26*, e2.

Miech, R. A., Johnston, L. D., O'Malley, P. M., Bachman, J. G., & Schulenberg, J. E. (2016). *Monitoring the Future national survey results on drug use, 1975–2015: Volume I, Secondary school students.* Institute for Social Research (The University of Michigan). https://eric.ed.gov/?id=ED578604

Miech, R. A., Schulenberg, J. E., Johnston, L. D., Bachman, J. G., O'Malley, P. M., & Patrick, M. E. (2019, December 19). *National adolescent drug trends in 2019: Findings released. Monitoring the Future.* Institute for Social Research. https://www.ncbi.nlm.nih.gov/pmc/articles/PMC6411424/

Miers, R. (2009, Spring). Calum's road. *Scottish Life*, pp. 36–39, 75.

Mihura, J. L., Meyer, G. J., Bombel, G., & Dumitrascu, N. (2015). Standards, accuracy, and questions of bias in Rorschach meta-analyses: Reply to Wood, Garb, Nezworski, Lilienfeld, and Duke (2015). *Psychological Bulletin, 141*, 250–260.

Mihura, J. L., Meyer, G. J., Dumitrascu, N., & Bombel, G. (2013). The validity of individual Rorschach variables: Systematic reviews and meta-analyses of the comprehensive system. *Psychological Bulletin, 139*, 548–605.

Mikalson, P., Pardo, S., & Green, J. (2012). *First, do no harm: Reducing disparities for lesbian, gay, bisexual, transgender, queer and questioning populations in California.* National Council on Crime & Delinquency. https://www.nccdglobal.org/newsroom/news-of-interest/first-do-no-harm-reducing-disparities-lesbian-gay-bisexual-transgender

Mikhail, J. (2007). Universal moral grammar: Theory, evidence and the future. *Trends in Cognitive Sciences, 11*, 143–152.

Mikkelsen, T. S., & The Chimpanzee Sequencing and Analysis Consortium. (2005). Initial sequence of the chimpanzee genome and comparison with the human genome. *Nature, 437*, 69–87.

Mikulincer, M., Florian, V., & Hirschberger, G. (2003). The existential function of close relationships: Introducing death into the science of love. *Personality and Social Psychology Review, 7*, 20–40.

Mikulincer, M., & Shaver, P. R. (2001). Attachment theory and intergroup bias: Evidence that priming the secure base schema attenuates negative reactions to out-groups. *Journal of Personality and Social Psychology, 81*, 97–115.

Milan, R. J., Jr., & Kilmann, P. R. (1987). Interpersonal factors in premarital contraception. *Journal of Sex Research, 23*, 289–321.

Milas, G., Wright, P., & Štulhofer, A. (2019). Longitudinal assessment of the association between pornography use and sexual satisfaction in adolescence. *The Journal of Sex Research, 57*(1), 16–28.

Milek, A., Butler, E. A., Tackman, A. M., Kaplan, D. M., Raison, C. L., Sbarra, D. A., Vazire, S., & Mehl, M. R. (2018). "Eavesdropping on happiness" revisited: A pooled, multisample replication of the association between life satisfaction and observed daily conversation quantity and quality. *Psychological Science, 29*, 1451–1462.

Miles, D. R., & Carey, G. (1997). Genetic and environmental architecture of human aggression. *Journal of Personality and Social Psychology, 72*, 207–217.

Miles-Novelo, A., & Anderson, C. A. (2019). Climate change and psychology: Effects of rapid global warming on violence and aggression. *Current Climate Change Reports, 5*, 36–46.

Milgram, S. (1963). Behavioral study of obedience. *Journal of Abnormal and Social Psychology, 67*, 371–378.

Milgram, S. (1974). *Obedience to authority.* Harper & Row.

Miller, A. B., Eisenlohr-Moul, T., Glenn, C. R., Turner, B. J., Chapman, A. L., Nock, M. K., & Prinstein, M. J. (2019). Does higher-than-usual stress predict nonsuicidal self-injury? Evidence from two prospective studies in adolescent and emerging adult females. *Journal of Child Psychology and Psychiatry, 60*, 1076–1084.

Miller, D. I., Nolla, K. M., Eagly, A. H., & Uttal, D. H. (2018). The development of children's gender-science stereotypes: A meta-analysis of 5 decades of U.S. Draw-A-Scientist studies. *Child Development, 89*, 1943–1955.

Miller, D. J., McBain, K. A., Li, W. W., & Raggatt, P. T. (2019). Pornography, preference for porn-like sex, masturbation, and men's sexual and relationship satisfaction. *Personal Relationships, 26*, 93–113.

Miller, G. (2004). Axel, Buck share award for deciphering how the nose knows. *Science, 306*, 207.

Miller, G. (2012). Drone wars: Are remotely piloted aircraft changing the nature of war? *Science, 336*, 842–843.

Miller, G. A. (1956). The magical number seven, plus or minus two: Some limits on our capacity for processing information. *Psychological Review, 63*, 81–97.

Miller, G. E., & Blackwell, E. (2006). Turning up the heat: Inflammation as a mechanism linking chronic stress, depression, and heart disease. *Current Directions in Psychological Science, 15*, 269–272.

Miller, G. E., & Chen, E. (2010). Harsh family climate in early life presages the emergence of a proinflammatory phenotype in adolescence. *Psychological Science, 21*, 848–856.

Miller, J. F., Neufang, M., Solway, A., Brandt, A., Trippel, M., Mader, I., Hefft, S., Merkow, M., Polyn, S. M., Jacobs, J., Kahana, M. J., & Schulze-Bonhage, A. (2013). Neural activity in human hippocampal formation reveals the spatial context of retrieved memories. *Science, 342*, 1111–1114.

Miller, J. G., Goyal, N., & Wice, M. (2017). A cultural psychology of agency: Morality, motivation, and reciprocity. *Perspectives on Psychological Science, 12*, 867–875.

Miller, L. K. (1999). The savant syndrome: Intellectual impairment and exceptional skill. *Psychological Bulletin, 125*, 31–46.

Miller, M., Azrael, D., & Hemenway, D. (2002). Household firearm ownership levels and suicide across U.S. regions and states, 1988–1997. *Epidemiology, 13*, 517–524.

Miller, M., Swanson, S. A., & Azrael, D. (2016). Are we missing something pertinent? A bias analysis of unmeasured confounding in the firearm-suicide literature. *Epidemiologic Reviews, 38*, 62–69.

Miller, M. A., Kruisbrink, M., Wallace, J., Ji, C., & Cappuccio, F. P. (2018). Sleep duration and incidence of obesity in infants, children, and adolescents: a systematic review and meta-analysis of prospective studies. *Sleep, 41*, zsy018.

Miller, N. E. (1985, February). Rx: Biofeedback. *Psychology Today*, pp. 54–59.

Miller, P. (2012, January). A thing or two about twins. *National Geographic*, pp. 38–65.

Miller, P. J. O., Aoki, K., Rendell, L. E., & Amano, M. (2008). Stereotypical resting behavior of the sperm whale. *Current Biology, 18*, R21–R23.

Miller, S. L., & Maner, J. K. (2010). Scent of a woman: Men's testosterone responses to olfactory ovulation cues. *Psychological Science, 21*, 276–283.

Miller, S. L., & Maner, J. K. (2011). Ovulation as a male mating prime: Subtle signs of women's fertility influence men's mating cognition and behavior. *Journal of Personality and Social Psychology, 100*, 295–308.

Milling, L. S., Gover, M. C., & Moriarty, C. L. (2018). The effectiveness of hypnosis as an intervention for obesity: A meta-analytic review. *Psychology of Consciousness: Theory, Research, and Practice, 5*, 29–45.

Milling, L. S., Kirsch, I., Meunier, S. A., & Levine, M. R. (2002). Hypnotic analgesia and stress inoculation training: Individual and combined effects in analog treatment of experimental pain. *Cognitive Therapy and Research, 26*, 355–371.

Milner, A. D., & Goodale, M. A. (2008). Two visual systems reviewed. *Neuropsychologia, 46*, 774–785.

Mineka, S. (1985). The frightful complexity of the origins of fears. In F. R. Brush & J. B. Overmier (Eds.), *Affect, conditioning and cognition: Essays on the determinants of behavior.* Erlbaum.

Mineka, S. (2002). Animal models of clinical psychology. In N. Smelser & P. Baltes (Eds.), *International encyclopedia of the social and behavioral sciences.* Elsevier Science.

Mineka, S., & Oehlberg, K. (2008). The relevance of recent developments in classical conditioning to understanding the etiology and maintenance of anxiety disorders. *Acta Psychologica, 127*, 567–580.

Mineka, S., & Zinbarg, R. (1996). Conditioning and ethological models of anxiety disorders: Stress-in-dynamic-context anxiety models. In D. Hope (Ed.), *Perspectives on anxiety, panic, and fear* (Nebraska Symposium on Motivation). University of Nebraska Press.

Minică, C. C., Verweij, K. J., van der Most, P. J., Mbarek, H., Bernard, M., van Eijk, K. R., Lind, P. A., Liu, M. Z., Maciejewski, D. F., Palviainen, T., Sánchez-Mora, C., Sherva, R., Taylor, M., Walters, R. K., Abdellaoui, A., Bigdeli, T. V., Branje, S. J. T., Brown, S. A., Casas, M., . . . Derks, E. M. (2018). Genome-wide association meta-analysis of age at first cannabis use. *Addiction, 113*, 2073–2086.

Minns, S., Levihn-Coon, A., Carl, E., Smits, J. A., Miller, W., Howard, D., Papini, S., Quiroz, S., Lee-Furman, E., Telch, M., Carlbring, P., Xanthopoulos, D., & Powers, M. B. (2019). Immersive 3D exposure-based treatment for spider fear: A randomized controlled trial. *Journal of Anxiety Disorders, 61*, 37–44.

Minsky, M. (1986). *The society of mind.* Simon & Schuster.

Mischel, W. (1968). *Personality and assessment.* Wiley.

Mischel, W. (1981). Current issues and challenges in personality. In L. T. Benjamin, Jr. (Ed.), *The G. Stanley Hall Lecture Series* (Vol. 1). American Psychological Association.

Mischel, W. (2014). *The marshmallow test: Mastering self-control.* Little, Brown.

Mischkowski, D., Kross, E., & Bushman, B. (2012). Flies on the wall are less aggressive: Self-distancing "in the heat of the moment" reduces aggressive thoughts, angry feelings and aggressive behavior. *Journal of Experimental Social Psychology, 48*, 1187–1191.

Miserandino, M. (1991). Memory and the seven dwarfs. *Teaching of Psychology, 18*, 169–171.

Mishkin, M. (1982). A memory system in the monkey. *Philosophical Transactions of the Royal Society of London: Biological Sciences, 298*, 83–95.

Mishkin, M., Suzuki, W. A., Gadian, D. G., & Vargha-Khadem, F. (1997). Hierarchical organization of cognitive memory. *Philosophical Transactions of the Royal Society of London: Biological Sciences, 352*, 1461–1467.

Mishra, A., & Mishra, H. (2010). Border bias: The belief that state borders can protect against disasters. *Psychological Science, 21*, 1582–1586.

Mita, T. H., Dermer, M., & Knight, J. (1977). Reversed facial images and the mere-exposure hypothesis. *Journal of Personality and Social Psychology, 35*, 597–601.

Mitani, J. C., Watts, D. P., & Amsler, S. J. (2010). Lethal intergroup aggression leads to territorial expansion in wild chimpanzees. *Current Biology, 20*, R507–R509.

Mitchell, G. (2012). Revisiting truth or triviality: The external validity of research in the psychological laboratory. *Perspectives on Psychological Science, 7*, 109–117.

Mitchell, J. P. (2009). Social psychology as a natural kind. *Cell, 13*, 246–251.

Mitricheva, E., Kimura, R., Logothetis, N. K., & Noori, H. R. (2019). Neural substrates of sexual arousal are not sex dependent. *PNAS, 116*, 15671–15676.

Mitte, K. (2008). Memory bias for threatening information in anxiety and anxiety disorders: A meta-analytic review. *Psychological Bulletin, 134*, 886–911.

Miu, A. S., & Yeager, D. S. (2015). Preventing symptoms of depression by teaching adolescents that people can change: Effects of a brief incremental theory of personality intervention at 9-month follow-up. *Clinical Psychological Science, 3*, 726–743.

Miyamoto, Y., & Kitayama, S. (2018). Cultural differences in correspondence bias are systematic and multifaceted. *Advances in Methods and Practices in Psychological Science, 1*, 497–498.

Miyatsu, T., Nguyen, K., & McDaniel, M. A. (2018). Five popular study strategies: Their pitfalls and optimal implementations. *Perspectives on Psychological Science, 13*, 390–407.

Mobbs, D., Yu, R., Meyer, M., Passamonti, L., Seymour, B., Calder, A. J., Schweizer, S., Frith, C. D., & Dalgeish, T. (2009). A key role for similarity in vicarious reward. *Science, 324*, 900.

Moffitt, T. E. (2005). The new look of behavioral genetics in developmental psychopathology: Gene-environment interplay in antisocial behaviors. *Psychological Bulletin, 131*, 533–554.

Moffitt, T. E. (2018). Male antisocial behavior in adolescence and beyond. *Nature Human Behavior, 2*, 177–186.

Moffitt, T. E., Arsenault, L., Belsky, D., Dickson, N., Hancox, R. J., Harrington, H., Houts, R., Poulton, R., Roberts, B. W., Ross, S., Sears, M. R., Thompson, W. M., & Caspi, A. (2011). A gradient of childhood self-control predicts health, wealth, and public safety. *PNAS, 108*, 2693–2698.

Moffitt, T. E., Caspi, A., Harrington, H., & Milne, B. J. (2002). Males on the life-course—persistent and adolescence-limited antisocial pathways: Follow-up at age 26 years. *Development and Psychopathology, 14*, 179–207.

Moffitt, T. E., Caspi, A., & Rutter, M. (2006). Measured gene-environment interactions in psychopathology: Concepts, research strategies, and implications for research, intervention, and public understanding of genetics. *Perspectives on Psychological Science, 1*, 5–27.

Moffitt, T. E., Poulton, R., & Caspi, A. (2013). Lifelong impact of early self-control. *American Scientist, 101*, 352–359.

Moghaddam, F. M. (2005). The staircase to terrorism: A psychological exploration. *American Psychologist, 60*, 161–169.

Mogilner, C., & Norton, M. I. (2016). Time, money, and happiness. *Current Opinion in Psychology, 10*, 12–16.

Moholdt, T., Lavie, C., & Nauman, J. (2018). Sustained physical activity, not weight loss, associated with improved survival in coronary heart disease. *Journal of the American College of Cardiology. 71*, 1094–1101.

Molenberghs, P., Ogilivie, C., Louis, W. R., Decety, J., Bagnall, J., & Bain, P. G. (2015). The neural correlates of justified and unjustified killing: An fMRI study. *Social Cognitive and Affective Neuroscience, 10*, 1397–1404.

Möller-Levet, C. S., Archer, S. N., Bucca, G., Laing, E. E., Slak, A., Kabiljo, R., Lo, J. C. Y., Santhi, N., von Schantz, M., Smith, C. P., & Dijk, D.-J. (2013). Effects of insufficient sleep on circadian rhythmicity and expression amplitude of the human blood transcriptome. *PNAS, 110*, E1132–E1141.

Mommersteeg, P. M. C., Schoemaker, R. G., Naudé, P. J., Eisel, U. L., Garrelds, I. M., Schalkwijk, C. G., Westerhuis, B. W. J. J. M., Kop, W. J., & Denollet, J. (2016). Depression and markers of inflammation as predictors of all-cause mortality in heart failure. *Brain, Behavior, and Immunity, 57*, 144–150.

Mondloch, C. J., Lewis, T. L., Budreau, D. R., Maurer, D., Dannemiller, J. L., Stephens, B. R., & Kleiner-Gathercoal, K. A. (1999). Face perception during early infancy. *Psychological Science, 10*, 419–422.

Money, J. (1987). Sin, sickness, or status? Homosexual gender identity and psychoneuroendocrinology. *American Psychologist, 42*, 384–399.

Money, J., Berlin, F. S., Falck, A., & Stein, M. (1983). *Antiandrogenic and counseling treatment of sex offenders.* Johns Hopkins University School of Medicine, Department of Psychiatry and Behavioral Sciences.

Monroe, S. M., & Reid, M. W. (2009). Life stress and major depression. *Current Directions in Psychological Science, 18*, 68–72.

Monroe, S. M., & Simons, A. D. (1991). Diathesis-stress theories in the context of life stress research: Implications for the depressive disorders. *Psychological Bulletin, 110*, 406–425.

Montagne, A., Barnes, S. R., Sweeney, M. D., Halliday, M. R., Sagare, A. P., Zhao, Z., Toga, A. W., Jacobs, R. E., Liu, C. Y., Amezcua, L., Harrington, M. G., Chui, H. C., Law, M., & Zlokovic, B. V. (2015). Blood-brain barrier breakdown in the aging human hippocampus. *Neuron, 85*, 296–302.

Monteiro, B. M., Moreira, F. A., Massensini, A. R., Moraes, M. F., & Pereira, G. S. (2014). Enriched environment increases neurogenesis and improves social memory persistence in socially isolated adult mice. *Hippocampus, 24*, 239–248.

Montgomery, G. H., DuHamel, K. N., & Redd, W. H. (2000). A meta-analysis of hypnotically induced analgesia: How effective is hypnosis? *International Journal of Clinical and Experimental Hypnosis, 48*, 138–153.

Montoya, R. M., & Horton, R. S. (2013). A meta-analytic investigation of the processes underlying the similarity-attraction effect. *Journal of Social and Personal Relationships, 30*, 64–94.

Montoya, R. M., & Horton, R. S. (2014). A two-dimensional model for the study of interpersonal attraction. *Personality and Social Psychology Review, 18*, 59–86.

Montoya, R. M., Horton, R. S., Vevea, J. L., Citkowicz, M., & Lauber, E. A. (2017). A re-examination of the mere exposure effect: The influence of repeated exposure on recognition, familiarity, and liking. *Psychological Bulletin, 143*, 459–498.

Mook, D. G. (1983). In defense of external invalidity. *American Psychologist, 38*, 379–387.

Moon, C., Lagercrantz, H., & Kuhl, P. K. (2013). Language experienced in utero affects vowel perception after birth: A two-country study. *Acta Paediatrica, 102*, 156–160.

Moorcroft, W. H. (2003). *Understanding sleep and dreaming.* Kluwer Academic/Plenum Press.

Moore, D. M., D'Mello, A. M., McGrath, L. M., & Stoodley, C. J. (2017). The developmental relationship between specific cognitive domains and grey matter in the cerebellum. *Developmental Cognitive Neuroscience, 24*, 1–11.

Moore, D. W. (2004, December 17). *Sweet dreams go with a good night's sleep.* Gallup News Service. https://news.gallup.com/poll/14380/sweet-dreams-good-nights-sleep.aspx

Moore, S. C., Lee, I., Weiderpass, E., Campbell, P. T., Sampson, J. N., Kitahara, C. M., Keadle, S. K., Arem, H., Berrington de Gonzalez, A., Hartge, P., Adami, H. O., Blair, C. K., Borch, K. B., Boyd, E., Check, D. P., Fournier, A., Freedman, N. D., Gunter, M., Johannson, M., . . . Patel, A. V. (2016). Association of leisure-time physical activity with risk of 26 types of cancer in 1.44 million adults. *JAMA Internal Medicine, 176*, 816–825.

Moos, R. H., & Moos, B. S. (2005). Sixteen-year changes and stable remission among treated and untreated individuals with alcohol use disorders. *Drug and Alcohol Dependence, 80*, 337–347.

Moos, R. H., & Moos, B. S. (2006). Participation in treatment and Alcoholics Anonymous: A 16-year follow-up of initially untreated individuals. *Journal of Clinical Psychology, 62*, 735–750.

Mor, N., & Winquist, J. (2002). Self-focused attention and negative affect: A meta-analysis. *Psychological Bulletin, 128*, 638–662.

More, H. L., Hutchinson, J. R., Collins, D. F., Weber, D. J., Aung, S. K. H., & Donelan, J. M. (2010). Scaling of sensorimotor control in terrestrial mammals. *Proceedings of the Royal Society: Series B, 277*, 3563–3568.

Moreira, M. T., Smith, L. A., & Foxcroft, D. (2009). Social norms interventions to reduce alcohol misuse in university or college students. *Cochrane Database of Systematic Reviews,* Issue 3, Art. No. CD006748.

Moreland, R. L., & Zajonc, R. B. (1982). Exposure effects in person perception: Familiarity, similarity, and attraction. *Journal of Experimental Social Psychology, 18*, 395–415.

Morelli, G. A., Rogoff, B., Oppenheim, D., & Goldsmith, D. (1992). Cultural variation in infants' sleeping arrangements: Questions of independence. *Developmental Psychology, 26*, 604–613.

Moreno, C., Laje, G., Blanco, C., Jiang, H., Schmidt, A. B., & Olfson, M. (2007). National trends in the outpatient diagnosis and treatment of bipolar disorder in youth. *Archives of General Psychiatry, 64*, 1032–1039.

Morewedge, C. K., & Norton, M. I. (2009). When dreaming is believing: The (motivated) interpretation of dreams. *Journal of Personality and Social Psychology, 96*, 249–264.

Morey, R. A., Inan, S., Mitchell, T. V., Perkins, D. O., Lieberman, J. A., & Belger, A. (2005). Imaging frontostriatal function in ultra-high-risk, early, and chronic schizophrenia during executive processing. *Archives of General Psychiatry, 62*, 254–262.

Morgan, A. B., & Lilienfeld, S. O. (2000). A meta-analytic review of the relation between antisocial behavior and neuropsychological measures of executive function. *Clinical Psychology Review, 20*, 113–136.

Morgan, C., Webb, R. T., Carr, M. J., Kontopantelis, E., Green, J., Chew-Graham, C. A., Kapur, N., & Ashcroft, D. M. (2017). Incidence, clinical management, and mortality risk following self-harm among children and adolescents: Cohort study in primary care. *BMJ, 359*, j4351.

Morgenthaler, T. I., Hashmi, S., Croft, J. B., Dort, L., Heald, J. L., & Mullington, J. (2016). High school start times and the impact on high school students: What we know and what we hope to learn. *Journal of Clinical Sleep Medicine, 12*, 1681–1689.

Mori, K., & Mori, H. (2009). Another test of the passive facial feedback hypothesis: When your face smiles, you feel happy. *Perceptual and Motor Skills, 109*, 1–3.

Morris, G., Baker-Ward, L., & Bauer, P. J. (2010). What remains of that day: The survival of children's autobiographical memories across time. *Applied Cognitive Psychology, 24*, 527–544.

Morris, M. (2015, September 18). Opinion: Damaging labels do transgender people a disservice. *Edmonton Journal.* https://www.usatoday.com/story/news/politics/2019/05/28/transgender-rights-supreme-court-wont-hear-school-bathroom-challenge/1258665001/

Morris, M. C., Wang, Y., Barnes, L. L., Bennett, D. A., Dawson-Hughes, B., & Booth, S. L. (2018). Nutrients and bioactives in green leafy vegetables and cognitive decline: Prospective study. *Neurology, 90*(3), e214–e222.

Morrison, A. R. (2003). The brain on night shift. *Cerebrum, 5*, 23–36.

Morrison, M., Tay, L., & Diener, E. (2014). *Subjective well-being across the lifespan worldwide* [Paper]. Presented at the Society for Personality and Social Psychology convention, Austin, Texas.

Morrison, R., & Reiss, D. (2018). Precocious development of self-awareness in dolphins. *PLOS ONE, 13*, e0189813.

Mortensen, P. B. (1999). Effects of family history and place and season of birth on the risk of schizophrenia. *New England Journal of Medicine, 340*, 603–608.

Moscovici, S. (1985). Social influence and conformity. In G. Lindzey & E. Aronson (Eds.), *The handbook of social psychology* (3rd ed., pp. 347–412). Erlbaum.

Moses, E. B., & Barlow, D. H. (2006). A new unified treatment approach for emotional disorders based on emotion science. *Current Directions in Psychological Science, 15*, 146–150.

Mosher, C. E., & Danoff-Burg, S. (2008). Agentic and communal personality traits: Relations to disordered eating behavior, body shape concern, and depressive symptoms. *Eating Behaviors, 9*, 497–500.

Mosher, W. D., Chandra, A., & Jones, J. (2005, September 15). *Sexual behavior and selected health measures: Men and women 15–44 years of age, United States, 2002.* Advance Data from Vital and Health Statistics, No. 362, National Center for Health Statistics, Centers for Disease Control and Prevention, U.S. Department of Health and Human Services.

Mosing, M. A., Butkovic, A., & Ullen, F. (2018). Can flow experiences be protective of work-related depressive symptoms and burnout? A genetically informative approach. *Journal of Affective Disorders, 226*, 6–11.

Mosing, M. A., Zietsch, B. P., Shekar, S. N., Wright, M. J., & Martin, N. G. (2009). Genetic and environmental influences on optimism and its relationship to mental and self-rated health: A study of aging twins. *Behavior Genetics, 39*, 597–604.

Moskowitz, T. J., & Wertheim, L. J. (2011). *Scorecasting: The hidden influences behind how sports are played and games are won.* Crown Archetype.

Mosnier, I., Bebear, J.-P., Marx, M., Fraysse, B., Truy, E., Lina-Granade, G., Mondain, M., Sterkers-Artières, F., Bordure, P., Robier, A., Godey, B., Meyer, B., Frachet, B., Poncet-Wallet, C., Bouccara, D., & Sterkers, O. (2015). Improvement of cognitive function after cochlear implantation in elderly patients. *JAMA Otolaryngology—Head & Neck Surgery, 141*, 442–450.

Moss, A. C., & Albery, I. P. (2009). A dual-process model of the alcohol-behavior link for social drinking. *Psychological Bulletin, 135*, 516–530.

Moss, A. J., Allen, K. F., Giovino, G. A., & Mills, S. L. (1992, December 2). *Recent trends in adolescent smoking, smoking-update correlates, and expectations about the future.* CDC. Advance Data No. 221.

Moss-Racusin, C. A., Pietri, E. S., Hennes, E. P., Dovidio, J. F., Brescoll, V. L., Roussos, G., & Handelsman, J. (2018). Reducing STEM gender bias with VIDS (video interventions for diversity in STEM). *Journal of Experimental Psychology: Applied, 24*, 236–260.

Motivala, S. J., & Irwin, M. R. (2007). Sleep and immunity: Cytokine pathways linking sleep and health outcomes. *Current Directions in Psychological Science, 16*, 21–25.

Mõttus, R., Briley, D. A., Zheng, A., Mann, F. D., Engelhardt, L. E., Tackett, J. L., Harden, K. P., & Tucker-Drob, E. M. (2019). Kids becoming less alike: A behavioral genetic analysis of developmental increases in personality variance from childhood to adolescence. *Journal of Personality and Social Psychology, 117*, 635–658.

Motyl, M., Demos, A. P., Carsel, T. S., Hanson, B. E., Melton, Z. J., Mueller, A. B., Prims, J. P., Sun, J., Washburn, A. N., Wong, K. M., Yantis, C., & Skitka, L. J. (2017). The state of social and personality science: Rotten to the core, not so bad, getting better, or getting worse? *Journal of Personality and Social Psychology, 113*, 34–58.

Moulin, S., Waldfogel, J., & Washbrook, E. (2014). *Baby bonds: Parenting, attachment, and a secure base for children.* Sutton Trust, 1–42.

Moxley, J. H., Ericsson, K. A., Charness, N., & Krampe, R. T. (2012). The role of intuition and deliberative thinking in experts' superior tactical decision-making. *Cognition, 124*, 72–78.

Mroczek, D. K., & Kolarz, D. M. (1998). The effect of age on positive and negative affect: A developmental perspective on happiness. *Journal of Personality and Social Psychology, 75*, 1333–1349.

Muchnik, L., Aral, S., Taylor, S. J. (2013). Social influence bias: A randomized experiment. *Science, 341*, 647–651.

Mueller, P. A., & Oppenheimer, D. M. (2014). The pen is mightier than the keyboard: Advantages of long-hand over laptop note-taking. *Psychological Science, 25*, 1159–1168.

Mueller, S., Wagner, J., Smith, J., Voelkle, M. C., & Gerstorf, D. (2018). The interplay of personality and functional health in old and very old age: Dynamic within-person interrelations across up to 13 years. *Journal of Personality and Social Psychology, 115*, 1127.

Mueller, S. C., De Cuypere, G., & T'Sjoen, G. (2017). Transgender research in the 21st century: A selective critical review from a neurocognitive perspective. *The American Journal of Psychiatry, 174*, 1155–1162.

Muenks, K., Yang, J. S., & Wigfield, A. (2018). Associations between grit, motivation, and achievement in high school students. *Motivation Science, 4*, 158–176.

Muggleton, N. K., Tarran, S. R., & Fincher, C. L. (2019). Who punishes promiscuous women? Both women and men are prejudiced towards sexually-accessible women, but only women inflict costly punishment. *Evolution and Human Behavior, 40*, 259–268.

Muhlnickel, W. (1998). Reorganization of auditory cortex in tinnitus. *PNAS, 95*, 10340–10343.

Muise, A., Schimmack, U., & Impett, E. A. (2016). Sexual frequency predicts greater well-being, but more is not always better. *Social Psychological and Personality Science, 7*, 295–302.

Mulcahy, N. J., & Call, J. (2006). Apes save tools for future use. *Science, 312*, 1038–1040.

Muldoon, S., Taylor, S. C., & Norma, C. (2016). The survivor master narrative in sexual assault. *Violence Against Women, 22*, 565–587.

Mulick, A., Walker, J., Puntis, S., Burke, K., Symeonides, S., Gourley, C., Wanat, M., Frost, C., & Sharpe, M. (2018). Does depression treatment improve the survival of depressed patients with cancer? A long-term follow-up of participants in the SMaRT oncology-2 and 3 trials. *The Lancet Psychiatry, 5*, 321–326.

Mull, A. (2019, May 31). What 10,000 steps will really get you. *The Atlantic.* https://www.theatlantic.com/health/archive/2019/05/10000-steps-rule/590785/

Muller, J. E., Mittleman, M. A., Maclure, M., Sherwood, J. B., & Tofler, G. H. (1996). Triggering myocardial infarction by sexual activity. *Journal of the American Medical Association, 275*, 1405–1409.

Müller, M. J., Bosy-Westphal, A., & Heymsfield, S. B. (2010). Is there evidence for a set point that regulates human body weight? *F1000 Medicine Reports, 2*, 59.

Mullin, C. R., & Linz, D. (1995). Desensitization and resensitization to violence against women: Effects of exposure to sexually violent films on judgments of domestic violence victims. *Journal of Personality and Social Psychology, 69*, 449–459.

Mulrow, C. D. (1999, March). Treatment of depression—newer pharmacotherapies: Summary. *Evidence Report/Technology Assessment, 7.* Agency for Health Care Policy and Research. https://www.ncbi.nlm.nih.gov/books/NBK11912/

Murayama, K., Pekrun, R., Lichtenfeld, S., & vom Hofe, R. (2013). Predicting long-term growth in students' mathematics achievement: The unique contributions of motivation and cognitive strategies. *Child Development, 84*, 1475–1490.

Mure, L. S., Le, H. D., Benegiamo, G., Chang, M. W., Rios, L., Jillani, N., Ngotho, M., Kariuki, T., Dkhissi-Benyahya, O., Cooper, H. M., & Panda, S. (2018). Diurnal transcriptome atlas of a primate across major neural and peripheral tissues. *Science, 359*(6381), eaao0318.

Murphy, G., Loftus, E. F., Grady, R. F., Levine, L. J., & Greene, C. M. (2019). False memories for fake news during Ireland's abortion referendum. *Psychological Science, 30*, 1449–1459.

Murphy, K. R., & Cleveland, J. N. (1995). *Understanding performance appraisal: Social, organizational, and goal-based perspectives.* Sage.

Murphy, S., & Dalton, P. (2016). Out of touch? Visual load induces inattentional numbness. *Journal of Experimental Psychology: Human Perception and Performance, 42*, 761–765.

Murphy, S., & Dalton, P. (2018). Inattentional numbness and the influence of task difficulty. *Cognition, 178*, 1–6.

Murphy, S. T., Monahan, J. L., & Zajonc, R. B. (1995). Additivity of nonconscious affect: Combined effects of priming and exposure. *Journal of Personality and Social Psychology, 69*, 589–602.

Murray, H. (1938). *Explorations in personality.* Oxford University Press.

Murray, H. A. (1933). The effect of fear upon estimates of the maliciousness of other personalities. *Journal of Social Psychology, 4*, 310–329.

Murray, H. A., & Wheeler, D. R. (1937). A note on the possible clairvoyance of dreams. *Journal of Psychology, 3*, 309–313.

Murray, R., Jones, P., O'Callaghan, E., Takei, N., & Sham, P. (1992). Genes, viruses, and neurodevelopmental schizophrenia. *Journal of Psychiatric Research, 26*, 225–235.

Murray, S. L., Bellavia, G. M., Rose, P., & Griffin, D. W. (2003). Once hurt, twice hurtful: How perceived regard regulates daily marital interactions. *Journal of Personality and Social Psychology, 84*, 126–147.

Murthy, V. (2017, September). Work and the loneliness epidemic. *Harvard Business Review.* https://hbr.org/cover-story/2017/09/work-and-the-loneliness-epidemic

Murty, V. P., Calabro, F., & Luna, B. (2016). The role of experience in adolescent cognitive development: integration of executive, memory, and mesolimbic systems. *Neuroscience & Biobehavioral Reviews, 70,* 46–58.

Musick, M. A., Herzog, A. R., & House, J. S. (1999). Volunteering and mortality among older adults: Findings from a national sample. *Journals of Gerontology, 54B,* 173–180.

Mutz, J., Vipulananthan, V., Carter, B., Hurlemann, R., Fu, C. H. Y., & Young, A. H. (2019). Comparative efficacy and acceptability of non-surgical brain stimulation for the acute treatment of major depressive episodes in adults: Systematic review and network meta-analysis. *BMJ: British Medical Journal, 364,* 13.

Muusses, L. D., Kerkhof, P., & Finkenauer, C. (2015). Internet pornography and relationship quality: A longitudinal study of within and between partner effects of adjustment, sexual satisfaction and sexually explicit internet material among newlyweds. *Computers in Human Behavior, 45,* 77–84.

Mydans, S. (2002, May 17). In Pakistan, rape victims are the 'criminals.' *The New York Times.* https://www.nytimes.com/2002/05/17/world/in-pakistan-rape-victims-are-the-criminals.html

Myers, D. G. (1993). *The pursuit of happiness.* Harper.

Myers, D. G. (2000). *The American paradox: Spiritual hunger in an age of plenty.* Yale University Press.

Myers, D. G. (2010). *Social psychology,* 10th edition. McGraw-Hill.

Myers, D. G. (2018, August 23). Do more immigrants equal greater acceptance or greater fear of immigrants? TalkPsych. https://bit.ly/2UEvGNT

Myers, D. G. (2018, December 6). Does exercise benefit as much as smoking harms? https://community.macmillan.com/community/the-psychology-community/blog/2018/12/06/does-exercise-benefit-as-much-as-smoking-harms

Myers, D. G. (2019, May). The likely aftermath of adversity: harm, resilience, or growth? *APS Observer.* https://www.psychologicalscience.org/observer/teaching-current-directions-in-psychological-science-57#adversity

Myers, D. G., & Bishop, G. D. (1970). Discussion effects on racial attitudes. *Science, 169,* 778–779.

Myers, D. G., & Diener, E. (1995). Who is happy? *Psychological Science, 6,* 10–19.

Myers, D. G., & Diener, E. (1996, May). The pursuit of happiness (PDF). *Scientific American.* http://www.davidmyers.org/davidmyers/assets/Pursuit.Happ.scientific.american.pdf

Myers, D. G., & Scanzoni, L. D. (2005). *What God has joined together?* Harper.

Myers, D. G., & Twenge, J. M. (2019). *Social psychology,* 13th edition. McGraw-Hill.

Myers, I. B. (1987). *Introduction to type: A description of the theory and applications of the Myers-Briggs Type Indicator.* Consulting Psychologists Press.

Myre, G. (2000, April 27). McCain still can't forgive guards at "Hanoi Hilton." *The Washington Post.* https://www.washingtonpost.com/archive/politics/2000/04/27/mccain-still-cant-forgive-guards-at-hanoi-hilton/3dc0cd5c-5596-4bd7-852b-e6e44a15750f/

Nagourney, A. (2002, September 25). For remarks on Iraq, Gore gets praise and scorn. *The New York Times.* https://www.nytimes.com/2002/09/25/us/threats-responses-former-vice-president-for-remarks-iraq-gore-gets-praise-scorn.html

Nagourney, A., Sanger, D. E., & Barr, J. (2018, January 13). Hawaii panics after alert about incoming missile is sent in error. *The New York Times.* https://www.nytimes.com/2018/01/13/us/hawaii-missile.html?

Nairne, J. S., Coverdale, M. E., & Pandeirada, J. N. (2019). Adaptive memory: The mnemonic power of survival-based generation. *Journal of Experimental Psychology: Learning. Memory, and Cognition, 45,* 1970–1982.

Nakamura, K., Arai, S., & Kawabata, H. (2017). Prioritized identification of attractive and romantic partner faces in rapid serial visual presentation. *Archives of Sexual Behavior, 46,* 2327–2338.

Nakamura, Y., Gaetano, L., Matsushita, T., Anna, A., Sprenger, T., Radue, E. W., Wuerfel, J., Bauer, L., Amann, M., Shinoda, K., Isobe, N., Yamasaki, R., Saida, T., Kappos, L., & Isobe, N. (2018). A comparison of brain magnetic resonance imaging lesions in multiple sclerosis by race with reference to disability progression. *Journal of Neuroinflammation, 15,* 255.

Nam, B., Wilcox, H. C., Hilimire, M., & DeVylder, J. E. (2018). Perceived need for care and mental health service utilization among college students with suicidal ideation. *Journal of American College Health, 66*(8), 713–719.

Nancekivell, S. E., Shah, P., & Gelman, S. A. (2019). Maybe they're born with it, or maybe it's experience: Toward a deeper understanding of the learning style myth. *Journal of Educational Psychology, 112*(2), 221–235.

Napolitan, D. A., & Goethals, G. R. (1979). The attribution of friendliness. *Journal of Experimental Social Psychology, 15,* 105–113.

NAS. (2011, accessed May 11). *Statistics: How many people have autistic spectrum disorders?* National Autistic Society. Retrieved from autism.org.uk

NAS. (2019). *Fostering healthy mental, emotional, and behavioral development in children and youth: A national agenda.* National Academies Press.

Nasie, M., Diamond, A. H., & Bar-Tal, D. (2016). Young children in intractable conflicts: The Israeli case. *Personality and Social Psychology Review, 20,* 365–392.

Nathan, D. (2011). *Sybil exposed: The extraordinary story behind the famous multiple personality case.* Simon and Schuster.

Nathanson, L., Rivers, S. E., Flynn, L. M., & Brackett, M. A. (2016). Creating emotionally intelligent schools with RULER. *Emotion Review, 8,* 1–6.

National Academies of Sciences, Engineering, and Medicine. (2017). *The health effects of cannabis and cannabinoids: The current state of evidence and recommendations for research.* National Academies Press.

National Center for Health Statistics. (1990). *Health, United States, 1989.* U.S. Department of Health and Human Services.

National Council on Aging. (1999). *The consequences of untreated hearing loss in older persons.* Washington, DC: Author (ncoa.org).

National Institute on Aging (NIA). (2019). *Parkinson's disease.* National Institutes of Health. https://www.nia.nih.gov//health/parkinsons-disease

National Safety Council. (2019). *Deaths by transportation mode: Passenger death rates, United States, 2007–2017.* https://injuryfacts.nsc.org/home-and-community/safety-topics/deaths-by-transportation-mode/

National Science Foundation. (2019). *Number of women with U.S. doctorates in science, engineering, or health employed in the United States more than doubles since 1997* [PDF file]. Info brief. National Centers for Science and Engineering Statistics. nsf.gov/statistics/2019/nsf19307/nsf19307.pdf

Natsuaki, M. N., Neiderhiser, J. M., Harold, G. T., Shaw, D. S., Reiss, D., & Leve, L. D. (2019). Siblings reared apart: a sibling comparison study on rearing environment differences. *Developmental Psychology, 55,* 1182–1190.

Nature. (2016). Character traits: Scientific virtue. *Nature, 532,* 139.

Naumann, L. P., Vazire, S., Rentfrow, P. J., & Gosling, S. D. (2009). Personality judgments based on physical appearance. *Personality and Social Psychology Bulletin, 35,* 1661–1671.

Nausheen, B., Carr, N. J., Peveler, R. C., Moss-Morris, R., Verrill, C., Robbins, E., Nugent, K. P., Baker, A. M., Judd, M., & Gidron, Y. (2010). Relationship between loneliness and proangiogenic cytokines in newly diagnosed tumors of colon and rectum. *Psychosomatic Medicine, 72,* 912–916.

Nave, G., Minxha, J., Greenberg, D. M., Kosinski, M., Stillwell, D., & Rentfrow, J. (2018). Musical preferences predict personality: Evidence from active listening and Facebook likes. *Psychological Science, 29,* 1145–1158.

NCASA. (2007). *Wasting the best and the brightest: Substance abuse at America's colleges and universities.* https://www.centeronaddiction.org/newsroom/op-eds/wasting-best-and-brightest-alcohol-and-drug-abuse-college-campuses

NCD Risk Factor Collaboration. (2016). Trends in adult body-mass index in 200 countries from 1975 to 2014: A pooled analysis of 1698 population-based measurement studies with 19.2 million participants. *The Lancet, 387,* 1377–1396.

NCEE. (2018, February 22). Statistic of the month: How much time do students spend in school? National Center on Education and the Economy. http://ncee.org/2018/02/statistic-of-the-month-how-much-time-do-students-spend-in-school/

Neal, D. T., Wood, W., & Drolet, A. (2013). How do people adhere to goals when willpower is low? The profits (and pitfalls) of strong habits. *Journal of Personality and Social Psychology, 104,* 959–975.

Neatby, L. H. & Mercer, K. (2018). Sir John Franklin. *The Canadian Encyclopedia.* https://www.thecanadianencyclopedia.ca/en/article/sir-john-franklin

Nedeltcheva, A. V., Kilkus, J. M., Imperial, J., Schoeller, D. A., & Penev, P. D. (2010). Insufficient sleep undermines dietary efforts to reduce adiposity. *Annals of Internal Medicine, 153,* 435–441.

NEEF. (2015). *Fact sheet: Children's health and nature.* National Environmental Education Foundation. https://www.jeffersfoundation.org/real-research.php

Neese, R. M. (1991, November/December). What good is feeling bad? The evolutionary benefits of psychic pain. *The Sciences,* pp. 30–37.

Neimeyer, R. A., & Currier, J. M. (2009). Grief therapy: Evidence of efficacy and emerging directions. *Current Directions in Psychological Science, 18,* 352–356.

Neisser, U. (1979). The control of information pickup in selective looking. In A. D. Pick (Ed.), *Perception and its development: A tribute to Eleanor J. Gibson.* Erlbaum.

Neisser, U., Boodoo, G., Bouchard, T. J., Jr., Boykin, A. W., Brody, N., Ceci, S. J., Halpern, D. F., Loehlin, J. C., Perloff, R., Sternberg, R. J., & Urbina, S. (1996). Intelligence: Knowns and unknowns. *American Psychologist, 51,* 77–101.

Neitz, J., Carroll, J., & Neitz, M. (2001). Color vision: Almost reason enough for having eyes. *Optics & Photonics News, 12,* 26–33.

Neitz, J., Geist, T., & Jacobs, G. H. (1989). Color vision in the dog. *Visual Neuroscience, 3,* 119–125.

Nelson, B. W., & Allen, N. B. (2018). Extending the passive-sensing toolbox: Using smart-home technology in psychological science. *Perspectives on Psychological Science, 13,* 718–733.

Nelson, C. A., III, Fox, N. A., & Zeanah, C. H., Jr. (2013, April). Anguish of the abandoned child. *Scientific American,* pp. 62–67.

Nelson, C. A., III, Fox, N. A., & Zeanah, C. H., Jr. (2014). *Romania's abandoned children.* Harvard University Press.

Nelson, C. A., III, Furtado, E. Z., Fox, N. A., & Zeanah, C. H., Jr. (2009). The deprived human brain. *American Scientist, 97,* 222–229.

Nelson, J., Klumparendt, A., Doebler, P., & Ehring, T. (2017). Childhood maltreatment and characteristics of adult depression: A meta-analysis. *The British Journal of Psychiatry, 210,* 96–104.

Nelson, L. D., Simmons, J., & Simonsohn, U. (2018). Psychology's renaissance. *Annual Review of Psychology, 69,* 511–534.

Nelson, M. D., Saykin, A. J., Flashman, L. A., & Riordan, H. J. (1998). Hippocampal volume reduction in schizophrenia as assessed by magnetic resonance imaging. *Archives of General Psychiatry, 55,* 433–440.

Nelson-Coffey, S. K., Killingsworth, M., Layous, K., Cole, S. W., & Lyubomirsky, S. (2019). Parenthood is associated with greater well-being for fathers than mothers. *Personality and Social Psychology Bulletin, 45,* 1378–1390.

Nemeroff, C. B. (2018). Ketamine: Quo vadis? *American Journal of Psychiatry, 175,* 297-299.

Nemeth, C. J., & Ormiston, M. (2007). Creative idea generation: Harmony versus stimulation. *European Journal of Social Psychology, 37,* 524–535.

Nemmi, F., Nymberg, C., Helander, E., & Klingberg, T. (2016). Grit is associated with structure of nucleus accumbens and gains in cognitive training. *Journal of Cognitive Neuroscience, 28,* 1688–1699.

Nes, R. B. (2010). Happiness in behaviour genetics: Findings and implications. *Journal of Happiness Studies, 11,* 369–381.

Ness, E. (2016, January/February). FDA OKs sex drug for women. *Discover.* https://www.discovermagazine.com/health/fda-oks-sex-drug-for-women

Nestler, E. J. (2011). Hidden switches in the mind. *Scientific American, 305,* 76–83.

Nestoriuc, Y., Rief, W., & Martin, A. (2008). Meta-analysis of biofeedback for tension-type headache: Efficacy, specificity, and treatment moderators. *Journal of Consulting and Clinical Psychology, 76,* 379–396.

Nettle, D., Andrews, C., & Bateson, M. (2017). Food insecurity as a driver of obesity in humans: The insurance hypothesis. *Behavioral and Brain Sciences, 40,* e105.

Neubauer, D. N. (1999). Sleep problems in the elderly. *American Family Physician, 59,* 2551–2558.

Neumann, R., & Strack, F. (2000). "Mood contagion": The automatic transfer of mood between persons. *Journal of Personality and Social Psychology, 79,* 211–223.

Newcomb, M. D., & Harlow, L. L. (1986). Life events and substance use among adolescents: Mediating effects of perceived loss of control and meaninglessness in life. *Journal of Personality and Social Psychology, 51,* 564–577.

Newell, B. R. (2015). "Wait! Just let me not think about that for a minute": What role do implicit processes play in higher-level cognition? *Current Directions in Psychological Science, 24,* 65–70.

Newell, F. N., & Mitchell, K. J. (2016). Multisensory integration and cross-modal learning in synaesthesia: A unifying model. *Neuropsychologia, 88,* 140–150.

Newman, L. S., & Ruble, D. N. (1988). Stability and change in self-understanding: The early elementary school years. *Early Child Development and Care, 40,* 77–99.

Newport, C., Wallis, G., Reshitnyk, Y., & Siebeck, U. E. (2016). Discrimination of human faces by archerfish (*Toxotes chatareus*). *Scientific Reports, 6,* 27523.

Newport, E. L. (1990). Maturational constraints on language learning. *Cognitive Science, 14,* 11–28.

Newport, F. (1999, accessed April 28, 2016). *Americans today much more accepting of a woman, Black, Catholic, or Jew as president.* Gallup. Retrieved from https://news.gallup.com/poll/3979/americans-today-much-more-accepting-woman-black-catholic.aspx

Newport, F. (2001, February). Americans see women as emotional and affectionate, men as more aggressive. *The Gallup Poll Monthly,* pp. 34–38.

Newport, F. (2012, December 19). *To stop shootings, Americans focus on police, mental health.* Gallup. https://news.gallup.com/poll/159422/stop-shootings-americans-focus-police-mental-health.aspx

Newport, F. (2013b, July 31). *Most U.S. smokers want to quit, have tried multiple times.* Gallup. https://news.gallup.com/poll/163763/smokers-quit-tried-multiple-times.aspx

Newport, F. (2015, July 9). *Most U.S. smartphone owners check phone at least hourly.* Gallup. https://news.gallup.com/poll/184046/smartphone-owners-check-phone-least-hourly.aspx

Newport, F. (2018, May 22). *In U.S. estimate of LGBT population rises to 4.5%.* Gallup. https://news.gallup.com/poll/234863/estimate-lgbt-population-rises.aspx

Newport, F., Argrawal, S., & Witters, D. (2010, December 23). *Very religious Americans lead healthier lives.* Gallup. https://news.gallup.com/poll/145379/religious-americans-lead-healthier-lives.aspx

Newport, F., & Pelham, B. (2009, December 14). *Don't worry, be 80: Worry and stress decline with age.* Gallup. https://news.gallup.com/poll/124655/dont-worry-be-80-worry-stress-decline-age.aspx

Newport, F., & Wilke, J. (2013, August 2). *Most in U.S. want marriage, but its importance has dropped.* Gallup Poll. https://news.gallup.com/poll/163802/marriage-importance-dropped.aspx

Newton, E. L. (1991). The rocky road from actions to intentions. *Dissertation Abstracts International, 51,* 4105.

Newton, I. (1704). *Opticks: Or, a treatise of the reflexions, refractions, inflexions and colours of light.* Royal Society.

Newton, P. M., & Miah, M. (2017). Evidence-based higher education—Is the learning styles 'myth' important? *Frontiers in Psychology, 8,* 444.

Ng, J. Y. Y., Ntoumanis, N., Thøgersen-Ntoumani, C., Deci, E. L., Ryan, R. M., Duda, J. L., & Williams, G. C. (2012). Self-determination theory applied to health contexts: A meta-analysis. *Perspectives on Psychological Science, 7,* 325–340.

Ng, S. H. (1990). Androcentric coding of man and his in memory by language users. *Journal of Experimental Social Psychology, 26,* 455–464.

Ng, T. W. H., & Feldman, D. C. (2009). How broadly does education contribute to job performance. *Personnel Psychology, 62,* 89–134.

Ng, T. W. H., Sorensen, K. L., & Eby, L. T. (2006). Locus of control at work: A meta-analysis. *Journal of Organizational Behavior, 27,* 1057–1087.

Ng, T. W. H., Sorensen, K. L., & Yim, F. H. K. (2009). Does the job satisfaction—job performance relationship vary across cultures? *Journal of Cross-Cultural Psychology, 40,* 761–796.

Nguyen, H.-H. D., & Ryan, A. M. (2008). Does stereotype threat affect test performance of minorities and women? A meta-analysis of experimental evidence. *Journal of Applied Psychology, 93,* 1314–1334.

Nguyen, T. T., Ryan, R. M., & Deci, E. L. (2018). Solitude as an approach to affective self-regulation. *Personality and Social Psychology Bulletin, 44,* 92–106.

Nguyen, T. V., Werner, K. M., & Soenens, B. (2019). Embracing me-time: Motivation for solitude during transition to college. *Motivation and Emotion, 43,* 571–591.

NHS. (2020, accessed January 6). *Mental health.* National Health Service England. Retrieved from https://www.england.nhs.uk/five-year-forward-view/next-steps-on-the-nhs-five-year-forward-view/mental-health/

NHTSA. (2000). *Traffic safety facts 1999: Older population.* National Highway Traffic Safety Administration (ntl.bts.gov).

Nichols, R. M., & Loftus, E. F. (2019). Who is susceptible in three false memory tasks? *Memory, 27,* 962–984.

Nicholson, I. (2011). "Torture at Yale": Experimental subjects, laboratory torment and the "rehabilitation" of Milgram's "Obedience to Authority." *Theory and Psychology, 21,* 737–761.

Nickel, L. B., Roberts, B. W., & Chernyshenko, O. S. (2019). No evidence of a curvilinear relation between conscientiousness and relationship, work, and health outcomes. *Journal of Personality and Social Psychology, 116,* 296–312.

Nickell, J. (2005, July/August). The case of the psychic detectives. *Skeptical Inquirer.* https://skepticalinquirer.org/2005/07/the-case-of-the-psychic-detectives/

Nickerson, R. S. (1999). How we know—and sometimes misjudge—what others know: Imputing one's own knowledge to others. *Psychological Bulletin, 125,* 737–759.

Nickerson, R. S. (2002). The production and perception of randomness. *Psychological Review, 109,* 330–357.

Nickerson, R. S. (2005). Bertrand's chord, Buffon's needles, and the concept of randomness. *Thinking & Reasoning, 11,* 67–96.

Nickerson, R. S., & Adams, M. J. (1979). Long-term memory for a common object. *Cognitive Psychology, 11,* 287–307.

Nicol, S. E., & Gottesman, I. I. (1983). Clues to the genetics and neurobiology of schizophrenia. *American Scientist, 71,* 398–404.

Nicolas, S., & Levine, Z. (2012). Beyond intelligence testing: Remembering Alfred Binet after a century. *European Psychologist, 17,* 320–325.

Nicolaus, L. K., Cassel, J. F., Carlson, R. B., & Gustavson, C. R. (1983). Taste-aversion conditioning of crows to control predation on eggs. *Science, 220,* 212–214.

Nicolelis, M. A. L. (2011). *Beyond boundaries: The new neuroscience of connecting brains with machines—and how it will change our lives.* Times Books.

NIDA (National Institute on Drug Abuse). (2017). *The science of drug use: Discussion points.* https://www.drugabuse.gov/related-topics/criminal-justice/science-drug-use-discussion-points

NIDA. (2002). *Methamphetamine abuse and addiction.* Research Report Series. NIH Publication Number 02–4210.

NIDA. (2005, May). *Methamphetamine.* NIDA Info Facts.

NIDA. (2018). *Overdose death rates.* https://www.drugabuse.gov/related-topics/trends-statistics/overdose-death-rates

Niederkrotenthaler, T., Stack, S., Till, B., Sinyor, M., Pirkis, J., Garcia, D., Rockett, I. R., & Tran, U. S. (2019). Association of increased youth suicides in the United States with the release of 13 Reasons Why. *JAMA Psychiatry, 76*(9), 933–940.

NIEHS. (2019). *Institutional review board.* National Institute of Environmental Health Sciences, National Institutes of Health. Retrieved on May 8, 2019, from https://www.niehs.nih.gov/about/boards/irb/index.cfm

Nielsen, K. M., Faergeman, O., Larsen, M. L., & Foldspang, A. (2006). Danish singles have a twofold risk of acute coronary syndrome: Data from a cohort of 138,290 persons. *Journal of Epidemiology and Community Health, 60,* 721–728.

Nielsen, M., & Tomaselli, K. (2010). Overimitation in Kalahari Bushman children and the origins of human cultural cognition. *Psychological Science, 21*, 729–736.

Nielssen, O., Karin, E., Staples, L., Titov, N., Gandy, M., Fogliati, V. J., & Dear, B. F. (2019). Opioid use before and after completion of an online pain management program. *Journal of Consulting and Clinical Psychology, 87*, 904–917.

Niemiec, C. P., Ryan, R. M., & Deci, E. L. (2009). The path taken: Consequences of attaining intrinsic and extrinsic aspirations in post-college life. *Journal of Research in Personality, 43*, 291–306.

Niessen, A. S., & Meijer, R. R. (2017). On the use of broadened admission criteria in higher education. *Perspectives on Psychological Science, 12*, 436–448.

Nietzsche, F. (1889/1990). *Twilight of the idols and the Anti-Christ: Or how to philosophize with a hammer* (R. J. Hollindale, translator). Penguin Classics.

Nieuwenstein, M. R., Wierenga, T., Morey, R. D., Wicherts, J. M., Blom, T. N., Wagenmakers, E., & van Rijn, H. (2015). On making the right choice: A meta-analysis and large-scale replication attempt of the unconscious thought advantage. *Judgment and Decision Making, 10*, 1–17.

NIH. (2001, July 20). *Workshop summary: Scientific evidence on condom effectiveness for sexually transmitted disease (STD) prevention.* National Institute of Allergy and Infectious Diseases, National Institutes of Health.

NIH. (2010). *Teacher's guide: Information about sleep.* http://sleep.boomja.com/index.php?ITEM=61174

NIH. (2013, January 24). *Prenatal inflammation linked to autism risk.* https://www.nih.gov/news-events/news-releases/prenatal-inflammation-linked-autism-risk

NIH. (2019). *All of us health surveys.* https://allofus.nih.gov/

Nikitin, E. S., Roshchin, M. V., Ierusalimsky, V. N., Egorov, A. V., & Balaban, P. M. (2019). Optogenetic stimulation of the axons of visual cortex and hippocampus pyramidal neurons in living brain slices. *Neuroscience and Behavioral Physiology, 49*, 227–232.

Nikles, M., Stiefel, F., & Bourquin, C. (2017). What medical students dream of: A standardized and data-driven approach. *Dreaming, 27*, 177–192.

Nikolas, M. A., & Burt, A. (2010). Genetic and environmental influences on ADHD symptom dimensions of inattention and hyperactivity: A meta-analysis. *Journal of Abnormal Psychology, 119*, 1–17.

Nikolova, H., & Lamberton, C. (2016). Men and the middle: Gender differences in dyadic compromise effects. *Journal of Consumer Research, 43*, 355–371.

Niles, A. N., Craske, M. G., Lieberman, M. D., & Hur, C. (2015). Affect labeling enhances exposure effectiveness for public speaking anxiety. *Behavior Research and Therapy, 68*, 27–36.

NIMH. (2017, accessed February 27). *Research Domain Criteria (RDoC).* National Institute of Mental Health. https://www.nimh.nih.gov/research/research-funded-by-nimh/rdoc/index.shtml

NIMH. (2019, accessed June 16). *Adolescent Brain Cognitive Development (ABCD) Study.* https://www.nimh.nih.gov/research/research-funded-by-nimh/research-initiatives/adolescent-brain-cognitive-development-abcd-study.shtml

Ninio, J., & Stevens, K. A. (2000) Variations on the Hermann grid: an extinction illusion. *Perception, 29*, 1209–1217.

Niparko, J. K., Tobey, E. A., Thal, D. J., Eisenberg, L. S., Wang, N., Quittner, A. L., & Fink, N. E. (2010). Spoken language development in children following cochlear implantation. *JAMA, 303*, 1498–1506.

Nir, Y., & Tononi, G. (2010). Dreaming and the brain: From phenomenology to neurophysiology. *Trends in Cognitive Sciences, 14*, 88–100.

Nisbett, R. (2015). *Mindware: Tools for smart thinking.* Farrar, Straus and Giroux.

Nisbett, R. E. (1987). Lay personality theory: Its nature, origin, and utility. In N. E. Grunberg, R. E. Nisbett et al. (Eds.), *A distinctive approach to psychological research: The influence of Stanley Schachter.* Erlbaum.

Nisbett, R. E. (2003). *The geography of thought: How Asians and Westerners think differently . . . and why.* Free Press.

Nisbett, R. E. (2009). *Intelligence and how to get it: Why schools and culture count.* Norton.

Nisbett, R. E., Aronson, J., Blair, C., Dickens, W., Flynn, J., Halpern, D. F., & Turkheimer, E. (2012). Intelligence: New findings and theoretical developments. *American Psychologist, 67*, 130–159.

Nisbett, R. E., & Cohen, D. (1996). *Culture of honor: The psychology of violence in the South.* Westview Press.

Nisbett, R. E., & Ross, L. (1980). *Human inference: Strategies and shortcomings of social judgment.* Prentice-Hall.

Nitschke, J. P., Krol, S. A., & Bartz, J. A. (2019). Oxytocin and human sociality: An interactionist perspective on the hormone of love. *Biological Psychiatry: Cognitive Neuroscience and Neuroimaging.* In press.

Noah, T., Schul, Y., & Mayo, R. (2018). When both the original study and its failed replication are correct: Feeling observed eliminates the facial-feedback effect. *Journal of Personality and Social Psychology, 114*, 657–664.

Noble, W., & Spires-Jones, T. L. (2019). Sleep well to slow Alzheimer's progression? *Science, 363*, 813–814.

Nock, M. (2016, May 6). Five myths about suicide. *The Washington Post* (washingtonpost.com).

Nock, M. K., Borges, G., Bromet, E. J., Alonso, J., Angermeyer, M., Beautrais, A., Bruffaerts, R., Chiu, W. T., de Girolamo, G., Gluzman, S., de Graaf, R., Gureje, O., Haro, J. M., Huang, Y., Karam, E., Kessler, R. C., Lepine, J. P., Levinson, D., Medina-Mora, M. E., . . . Williams, D. (2008). Cross-national prevalence and risk factors for suicidal ideation, plans, and attempts. *British Journal of Psychiatry, 192*, 98–105.

Nock, M. K., & Kessler, R. C. (2006). Prevalence of and risk factors for suicide attempts versus suicide gestures: Analysis of the National Comorbidity Survey. *Journal of Abnormal Psychology, 115*, 616–623.

Noel, J. G., Forsyth, D. R., & Kelley, K. N. (1987). Improving the performance of failing students by overcoming their self-serving attributional biases. *Basic and Applied Social Psychology, 8*, 151–162.

Noice, H., & Noice, T. (2006). What studies of actors and acting can tell us about memory and cognitive functioning. *Current Directions in Psychological Science, 15*, 14–18.

Nolen-Hoeksema, S. (2001). Gender differences in depression. *Current Directions in Psychological Science, 10*, 173–176.

Nolen-Hoeksema, S. (2003). *Women who think too much: How to break free of overthinking and reclaim your life.* Holt.

Nolen-Hoeksema, S., & Larson, J. (1999). *Coping with loss.* Erlbaum.

Nollet, M., Hicks, H., McCarthy, A. P., Wu, H., Moller-Levet, C. S., Laing, E. E., Malki, K., Lawless, N., Wafford, K. A., Dijk, D.-J., & Winsky-Sommerer, R. (2019). REM sleep: Unique associations with corticosterone regulation, apoptotic pathways and behavior in chronic stress in mice. *PNAS, 116*, 2733–2742.

Nook, E. C., Ong, D. C., Morelli, S. A., Mitchell, J. P., & Zaki, J. (2016). Prosocial conformity: Prosocial norms generalize across behavior and empathy. *Personality and Social Psychology Bulletin, 42*, 1045–1062.

Norberg, M. M., Krystal, J. H., & Tolin, D. F. (2008). A meta-analysis of d-cycloserine and the facilitation of fear extinction and exposure therapy. *Biological Psychiatry, 63*, 1118–1126.

Nørby, S. (2015). Why forget? On the adaptive value of memory loss. *Perspectives on Psychological Science, 10*, 551–578.

NORC. (2016a). *General Social Survey data, 1972 through 2014.* Accessed via sda.berkeley.edu.

NORC. (2016b). *New insights into Americans' perceptions and misperceptions of obesity treatments, and the struggles many face.* National Opinion Research Center and the American Society for Metabolic and Bariatric Surgery (norc.org).

NORC. (2019). *General social survey.* NORC (formerly National Opinion Research Center), University of Chicago.

Nordgren, L. F., McDonnell, M.-H. M., & Loewenstein, G. (2011). What constitutes torture? Psychological impediments to an objective evaluation of enhanced interrogation tactics. *Psychological Science, 22*, 689–694.

Nordgren, L. F., van der Pligt, J., & van Harreveld, F. (2006). Visceral drives in retrospect: Explanations about the inaccessible past. *Psychological Science, 17*, 635–640.

Nordgren, L. F., van der Pligt, J., & van Harreveld, F. (2007). Evaluating Eve: Visceral states influence the evaluation of impulsive behavior. *Journal of Personality and Social Psychology, 93*, 75–84.

Nordgren, L. F., van Harreveld, F., & van der Pligt, J. (2009). The restraint bias: How the illusion of self-restraint promoted impulsive behavior. *Psychological Science, 20*, 1523–1528.

Norem, J. K. (2001). *The positive power of negative thinking: Using defensive pessimism to harness anxiety and perform at your peak.* Basic Books.

Norenzayan, A., & Hansen, I. G. (2006). Belief in supernatural agents in the face of death. *Personality and Social Psychology Bulletin, 32*, 174–187.

Norko, M. A., Freeman, D., Phillips, J., Hunter, W., Lewis, R., & Viswanathan, R. (2017). Can religion protect against suicide? *Journal of Nervous and Mental Disease, 205*, 9–14.

Norman, D. A. (2001). *The perils of home theater.* https://jnd.org/the_perils_of_home_theater/

Norman, E. (2010). "The unconscious" in current psychology. *European Psychologist, 15*, 193–201.

Norman, Y., Yeagle, E. M., Khuvis, S., Harel, M., Mehta, A. D., & Malach, R. (2019). Hippocampal sharp-wave ripples linked to visual episodic recollection in humans. *Science, 365*(6454), eaax1030.

Norris, A. L., Marcus, D. K., & Green, B. A. (2015). Homosexuality as a discrete class. *Psychological Science, 26*, 1843–1853.

Northey, J. M., Cherbuin, N., Pumpa, K. L., Smee, D. J., & Rattray, B. (2018). Exercise interventions for cognitive function in adults older than 50: A systematic review with meta-analysis. *British Journal of Sports Medicine, 52*, 154.

Norton, K. L., Olds, T. S., Olive, S., & Dank, S. (1996). Ken and Barbie at life size. *Sex Roles, 34*, 287–294.

Nosek, B. A., Ebersole, C. R., DeHaven, A. C., & Mellor, D. T. (2018). The preregistration revolution. *PNAS, 115*, 2600–2606.

Novén, M., Schremm, A., Nilsson, M., Horne, M., & Roll, M. (2019). Cortical thickness of Broca's area and right homologue is related to grammar learning aptitude and pitch discrimination proficiency. *Brain and Language, 188*, 42–47.

NPR. (2009, July 11). *Afraid to fly? Try living on a plane.* https://www.npr.org/templates/story/story.php?storyId=106498235

NPR. (2018, October 1). *They always remember a face: What it takes to be a Scotland Yard 'super recognizer.'* NPR Here & Now. https://www.wbur.org/hereandnow/2018/10/01/skripal-poisoning-super-recognizer

NSC. (2019). *Odds of dying.* https://injuryfacts.nsc.org/all-injuries/preventable-death-overview/odds-of-dying/data-details/

NSF. (2001, October 24). *Public bounces back after Sept. 11 attacks, national study shows.* National Science Foundation. https://www.nsf.gov/od/lpa/news/press/01/pr0185.htm

NSF. (2006). *The ABC's of back-to-school sleep schedules: The consequences of insufficient sleep.* National Sleep Foundation press release (sleepfoundation.org).

NSF. (2008). *2008 sleep in America poll: Summary of findings* [PDF file]. https://www.sleepfoundation.org/sites/default/files/2018-11/2008_POLL_SOF.pdf

NSF. (2013). *2013 International bedroom poll: Summary of findings* [PDF file]. https://www.sleepfoundation.org/sites/default/files/inline-files/RPT495a.pdf

Nugent, N. R., Goldberg, A., & Uddin, M. (2016). Topical review: The emerging field of epigenetics: Informing models of pediatric trauma and physical health. *Journal of Pediatric Psychology, 41,* 55–64.

Nunziata, L. (2015). Immigration and crime: Evidence from victimization data. *Journal of Population Economics, 28,* 697–736.

Nurmikko, A. V., Donoghue, J. P., Hochberg, L. R., Patterson, W. R., Song, Y.-K., Bull, C. W., Borton, D. A., Laiwalla, F., Park, S., Ming, Y., & Aceros, J. (2010). Listening to brain microcircuits for interfacing with external world—Progress in wireless implantable microelectronic neuroengineering devices. *Proceedings of the IEEE, 98,* 375–388.

Nussinovitch, U., & Shoenfeld, Y. (2012). The role of gender and organ specific autoimmunity. *Autoimmunity Reviews, 11,* A377–A385.

Nuttin, J. M., Jr. (1987). Affective consequences of mere ownership: The name letter effect in twelve European languages. *European Journal of Social Psychology, 17,* 381–402.

Nye, C. D., Su, R., Rounds, J., & Drasgow, F. (2012). Vocational interests and performance: A quantitative summary of over 60 years of research. *Perspectives on Psychological Science, 7,* 384–403.

O'Brien, E., & Ellsworth, P. C. (2012). Saving the last for best: A positivity bias for end experiences. *Psychological Science, 23,* 163–165.

O'Brien, E., & Smith, R. W. (2019). Unconventional consumption methods and enjoying things consumed: Recapturing the "first-time" experience. *Personality and Social Psychology Bulletin, 45,* 67–80.

O'Brien, F., Bible, J., Liu, D., & Simons-Morton, B. (2017). Do young drivers become safer after being involved in a collision? *Psychological Science, 28,* 407–413.

O'Brien, L., Albert, D., Chein, J., & Steinberg, L. (2011). Adolescents prefer more immediate rewards when in the presence of their peers. *Journal of Research on Adolescence, 21,* 747–753.

O'Callaghan, C., Shine, J. M., Hodges, J. R., Andrews-Hanna, J. R., & Irish, M. (2019). Hippocampal atrophy and intrinsic brain network dysfunction relate to alterations in mind wandering in neurodegeneration. *PNAS, 116,* 3316–3321.

O'Connor, P., & Brown, G. W. (1984). Supportive relationships: Fact or fancy? *Journal of Social and Personal Relationships, 1,* 159–175.

O'Connor, R. J., Fix, B. V., McNeill, A., Goniewicz, M. L., Bansal-Travers, M., Heckman, B. W., Cummings, M. K., Hitchman, S., Borland, R., Hammond, D., Levy, D. T., Gravely, S., & Fong, G. (2019). Characteristics of nicotine vaping products used by participants in the 2016 ITC Four Country Smoking and Vaping Survey. *Addiction, 114,* Suppl 1, 15–23.

O'Donnell, L., Stueve, A., O'Donnell, C., Duran, R., San Doval, A., Wilson, R. F., Haber, E. P., & Pleck, J. H. (2002). Long-term reduction in sexual initiation and sexual activity among urban middle schoolers in the Reach for Health service learning program. *Journal of Adolescent Health, 31,* 93–100.

O'Donovan, A., Neylan, T. C., Metzler, T., & Cohen, B. E. (2012). Lifetime exposure to traumatic psychological stress is associated with elevated inflammation in the Heart and Soul Study. *Brain, Behavior, and Immunity, 26,* 642–649.

O'Hara, R. E., Gibbons, F. X., Gerrard, M., Li, Z., & Sargent, J. D. (2012). Greater exposure to sexual content in popular movies predicts earlier sexual debut and increased sexual risk taking. *Psychological Science, 23,* 984–993.

O'Leary, K. D., O'Leary, S., & Becker, W. C. (1967). Modification of a deviant sibling interaction pattern in the home. *Behaviour Research and Therapy, 5,* 113–120.

O'Leary, T., Williams, A. H., Franci, A., & Marder, E. (2014). Cell types, network homeostasis, and pathological compensation from a biologically plausible ion channel expression model. *Neuron, 82,* 809–821.

O'Neill, M. J. (1993). *The relationship between privacy, control, and stress responses in office workers* [Paper]. Presented to the Human Factors and Ergonomics Society convention.

O'Sullivan, M., Frank, M. G., Hurley, C. M., & Tiwana, J. (2009). Police lie detection accuracy: The effect of lie scenario. *Law and Human Behavior, 33,* 530–538.

Oakley, D. A., & Halligan, P. W. (2013). Hypnotic suggestion: Opportunities for cognitive neuroscience. *Nature Reviews Neuroscience, 14,* 565–576.

Obama, B. (2017, January 10). President Obama's farewell address. *The New York Times.* https://www.nytimes.com/video/us/politics/100000004864201/watch-live-president-obamas-farewell-speech.html?

Oberauer, K., Lewandowsky, S., Awh, E., Brown, G. D. A., Conway, A., Cowan, N., Donkin, C., Farrell, S., Hitch, G. J., Hurlstone, M. J., Ma, W. J., Morey, C. C., Nee, D. E., Schweppe, J., Vergauwe, E., & Ward, G. (2018). Benchmarks for models of short-term and working memory. *Psychological Bulletin, 144,* 885–958.

Oberman, L. M., & Ramachandran, V. S. (2007). The simulating social mind: The role of the mirror neuron system and simulation in the social and communicative deficits of autism spectrum disorders. *Psychological Bulletin, 133,* 310–327.

Obermeyer, Z., Powers, B., Vogeli, C., & Mullainathan, S. (2019). Dissecting racial bias in an algorithm used to manage the health of populations. *Science, 366,* 447–453.

Obschonka, M., Zhou, M., Zhou, Y., Zhang, J., & Silbereisen, R. K. (2018). "Confucian" traits, entrepreneurial personality, and entrepreneurship in China: a regional analysis. *Small Business Economics,* 1–19.

Ochsner, K. N., Ray, R. R., Hughes, B., McRae, K., Cooper, J. C., Weber, J., Gabrieli, J. D., & Gross, J. J. (2009). Bottom-up and top-down processes in emotion generation: Common and distinct neural mechanisms. *Psychological Science, 20,* 1322–1331.

Odgers, C. L., Caspi, A., Nagin, D. S., Piquero, A. R., Slutske, W. S., Milne, B. J., Dickson, N., Poulton, R., & Moffitt, T. E. (2008). Is it important to prevent early exposure to drugs and alcohol among adolescents? *Psychological Science, 19,* 1037–1044.

Odic, D., & Wojcik, E. H. (2020). The publication gender gap in psychology. *American Psychologist, 75,* 92–103.

OECD. (2018). *Employment: Time spent in paid and unpaid work, by sex.* Organisation for Economic Co-operation and Development. https://stats.oecd.org/index.aspx?queryid=54757

Offer, D., Ostrov, E., Howard, K. I., & Atkinson, R. (1988). *The teenage world: Adolescents' self-image in ten countries.* Plenum Press.

Offner, M., Coles, A., Decou, M. L., Minh, T. D. Bienek, A., Snider, J., & Ugnat, A.-M. (2018). *Autism Spectrum Disorder among children and youth in Canada 2018: A report of the National Autism Spectrum Disorder Surveillance System.* Public Health Agency of Canada. https://www.nimh.nih.gov/research/research-funded-by-nimh/rdoc/index.shtml

Ofosu, E. K., Chambers, M. K., Chen, J. M., & Hehman, E. (2019). Same-sex marriage legalization associated with reduced implicit and explicit anti-gay bias. *PNAS, 116,* 8846–8851.

Ogden, J. (2012, January 16). HM, the man with no memory. *Psychology Today.* https://www.psychologytoday.com/us/blog/trouble-in-mind/201201/hm-the-man-no-memory

Ogihara, Y., Fujita, H., Tominaga, H., Ishigaki, S., Kashimoto, T., Takahashi, A., Toyohara, K., & Uchida, Y. (2015). Are common names becoming less common? The rise in uniqueness and individualism in Japan. *Frontiers in Psychology, 6,* article 1490.

Ogunnaike, O., Dunham, Y., & Banaji, M. R. (2010). The language of implicit preferences. *Journal of Experimental Social Psychology, 46,* 999–1003.

Ohgami, H., Terao, T., Shiotsuki, I., Ishii, N., & Iwata, N. (2009). Lithium levels in drinking water and risk of suicide. *British Journal of Psychiatry, 194,* 464–465.

Ohi, K., Shimada, T., Nitta, Y., Kihara, H., Okubo, H., Uehara, T., & Kawasaki, Y. (2016). The five-factor model personality traits in schizophrenia: A meta-analysis. *Psychiatry Research, 240,* 34–41.

Öhman, A. (2009). Of snakes and fears: An evolutionary perspective on the psychology of fear. *Scandinavian Journal of Psychology, 50,* 543–552.

Öhman, A., Lundqvist, D., & Esteves, F. (2001). The face in the crowd revisited: A threat advantage with schematic stimuli. *Journal of Personality and Social Psychology, 80,* 381–396.

Oishi, S., & Diener, E. (2014). Can and should happiness be a policy goal? *Policy Insights from Behavioral and Brain Sciences, 1,* 195–203.

Oishi, S., Diener, E. F., Lucas, R. E., & Suh, E. M. (1999). Cross-cultural variations in predictors of life satisfaction: Perspectives from needs and values. *Personality and Social Psychology Bulletin, 25,* 980–990.

Oishi, S., Kesebir, S., & Diener, E. (2011). Income inequality and happiness. *Psychological Science, 22,* 1095–1100.

Oishi, S., Kesebir, S., Miao, F., Talhelm, T., Endo, U., Uchida, Y., Shibanai, Y., & Norasakkunkit, V. (2013a). Residential mobility increases motivation to expand social network. But why? *Journal of Experimental Social Psychology, 49,* 217–223.

Oishi, S., & Schimmack, U. (2010). Culture and wellbeing: A new inquiry into the psychological wealth of nations. *Perspectives in Psychological Science, 5,* 463–471.

Okada, K., & Samreth, S. (2013). A study on the socio-economic determinants of suicide: Evidence from 13 European OECD countries. *Journal of Behavioral Economics, 45,* 78–85.

Okimoto, T. G., & Brescoll, V. L. (2010). The price of power: Power seeking and backlash against female politicians. *Personality and Social Psychology Bulletin, 36,* 923–936.

Okuyama, T., Kitamura, T., Roy, D. S., Itohara, S., & Tonegawa, S. (2016). Ventral CA1 neurons store social memory. *Science, 353,* 1536–1541.

Olatunji, B. O., & Wolitzky-Taylor, K. B. (2009). Anxiety sensitivity and the anxiety disorders: A meta-analytic review and synthesis. *Psychological Bulletin, 135,* 974–999.

Olds, J. (1958). Self-stimulation of the brain. *Science, 127*, 315–324.

Olds, J. (1975). Mapping the mind onto the brain. In F. G. Worden, J. P. Swazey, & G. Adelman (Eds.), *The neurosciences: Paths of discovery* (pp. 375–400). MIT Press.

Olds, J., & Milner, P. (1954). Positive reinforcement produced by electrical stimulation of the septal area and other regions of rat brain. *Journal of Comparative and Physiological Psychology, 47*, 419–427.

Olff, M., Langeland, W., Draijer, N., & Gersons, B. P. R. (2007). Gender differences in posttraumatic stress disorder. *Psychological Bulletin, 135*, 183–204.

Olfson, M., Gerhard, T., Huang, C., Crystal, S., & Stroup, T. S. (2015). Premature mortality among adults with schizophrenia in the United States. *JAMA Psychiatry, 72*, 1172–1181.

Olfson, M., & Marcus, S. C. (2009). National patterns in antidepressant medication treatment. *Archives of General Psychiatry, 66*, 848–856.

Olfson, M., Wall, M., Liu, S-M., Morin, C. MN., & Blanco, C. (2018). Insomnia and impaired quality of life in the United States. *Journal of Clinical Psychiatry, 79*(5), 17m12020.

Olfson, M., Wang, S., Wall, M., Marcus, S. C., & Blanco, C. (2019). Trends in serious psychological distress and outpatient mental health care of U.S. adults. *JAMA Psychiatry, 76*, 152–161.

Oliner, S. P., & Oliner, P. M. (1988). *The altruistic personality: Rescuers of Jews in Nazi Europe*. Free Press.

Oliveira, D. F., Ma, Y., Woodruff, T. K., & Uzzi, B. (2019). Comparison of National Institutes of Health grant amounts to first-time male and female principal investigators. *JAMA, 321*, 898–900.

Olivola, C. Y., & Todorov, A. (2010). Elected in 100 milliseconds: Appearance-based trait inferences and voting. *Journal of Nonverbal Behavior, 54*, 83–110.

Olshansky, S. J. (2011). Aging of U.S. Presidents. *Journal of the American Medical Association, 306*, 2328–2329.

Olson, K. R., & Gülgöz, S. (2018). Early findings from the TransYouth Project: Gender development in transgender children. *Child Development Perspectives, 12*, 93–97.

Olson, K. R., Key, A. C., & Eaton, N. R. (2015). Gender cognition in transgender children. *Psychological Science, 26*, 467–474.

Olson, R. L., Hanowski, R. J., Hickman, J. S., & Bocanegra, J. (2009, September). *Driver distraction in commercial vehicle operations* [PDF file]. U.S. Department of Transportation, Federal Motor Carrier Safety Administration. https://www.fmcsa.dot.gov/sites/fmcsa.dot.gov/files/docs/DriverDistractionStudy.pdf

Olsson, A., Nearing, K. I., & Phelps, E. A. (2007). Learning fears by observing others: The neural systems of social fear transmission. *Social Cognitive and Affective Neuroscience, 2*, 3–11.

Oltmanns, J. R., Smith, G. T., Oltmanns, T. F., & Widiger, T. A. (2018). General factors of psychopathology, personality, and personality disorder: Across domain comparisons. *Clinical Psychological Science, 6*, 581–589.

Oman, D., Kurata, J. H., Strawbridge, W. J., & Cohen, R. D. (2002). Religious attendance and cause of death over 31 years. *International Journal of Psychiatry in Medicine, 32*, 69–89.

Oman, D., & Syme, S. L. (2018). Weighing the evidence: What is revealed by 100+ meta-analyses and systematic reviews of religion/spirituality and health? In D. Oman (Ed.) *Why religion and spirituality matter for public health: Evidence, implications, and resources* (pp. 261–281). Springer.

ONS. (2018). *Measuring national well-being: Quality of life in the UK, 2018*. Office of National Statistics. https://www.ons.gov.uk/releases/measuringnationalwellbeinglifeintheukapril2018

ONS. (2019, September 3). *Suicides in the UK: 2018 registrations*. Office for National Statistics. https://bit.ly/34Y9a7c

Onyeador, I. N., Wittlin, N. M., Burke, S. E., Dovidio, J. F., Perry, S. P., Hardeman, R. R., Dyrbye, L. N., Herrin, J., Phelan, S. M., & van Ryn, M. (2020). The value of interracial contact for reducing anti-Black bias among non-Black physicians: A cognitive habits and growth evaluation (CHANGE) study report. *Psychological Science, 31*(1), 18–30. Open Science Collaboration. (2015). Estimating the reproducibility of psychological science. *Science, 349*, 943.

Opp, M. R., & Krueger, J. M. (2015). Sleep and immunity: A growing field with clinical impact. *Brain, Behavior, and Immunity, 47*, 1–3.

Oquendo, M. A., Galfalvy, H. C., Currier, D., Grunebaum, M. F., Sher, L., Sullivan, G. M., Burke, A. K., Harkavy-Friedman, J., Sublette, M. E., Parsey, R. V., & Mann, J. J. (2011). Treatment of suicide attempters with bipolar disorder: A randomized clinical trial comparing lithium and valproate in the prevention of suicidal behavior. *The American Journal of Psychiatry, 168*, 1050–1056.

Orehek, E., & Human, L. J. (2017). Self-expression on social media: Do tweets present accurate and positive portraits of impulsivity, self-esteem, and attachment style? *Personality and Social Psychology Bulletin, 43*, 60–70.

Oren, D. A., & Terman, M. (1998). Tweaking the human circadian clock with light. *Science, 279*, 333–334.

Orth, U., Erol, R. Y., & Luciano, E. C. (2018). Development of self-esteem from age 4 to 94 years: A meta-analysis of longitudinal studies. *Psychological Bulletin, 144*, 1045–1080.

Orth, U., & Robins, R. W. (2014). The development of self-esteem. *Current Directions in Psychological Science, 23*, 381–387.

Orth, U., Robins, R. W., Meier, L. L., & Conger, R. D. (2016). Refining the vulnerability model of low self-esteem and depression: Disentangling the effects of genuine self-esteem and narcissism. *Journal of Personality and Social Psychology, 110*, 133–149.

Orth, U., Robins, R. W., Trzesniewski, K. H., Maes, J., & Schmitt, M. (2009). Low self-esteem is a risk factor for depressive symptoms from young adulthood to old age. *Journal of Abnormal Psychology, 118*, 472–478.

Ortiz-Ospina, E. (2019, July 17). Are we happier when we spend more time with others? *Our World in Data*. https://ourworldindata.org/happiness-and-friends

Osborne, L. (1999, October 27). A linguistic big bang. *The New York Times Magazine*. https://archive.nytimes.com/www.nytimes.com/library/magazine/home/19991024mag-sign-language.html

Osgood, C. E. (1962). *An alternative to war or surrender*. University of Illinois Press.

Osgood, C. E. (1980). *GRIT: A strategy for survival in mankind's nuclear age?* [Paper]. Presented at the Pugwash Conference on New Directions in Disarmament.

Oskarsson, A. T., Van Voven, L., McClelland, G. H., & Hastie, R. (2009). What's next? Judging sequences of binary events. *Psychological Bulletin, 135*, 262–285.

Osler, M., Rozing, M. P., Christensen, G. T., Andersen, P. K., & Jørgensen, M. B. (2018). Electroconvulsive therapy and risk of dementia in patients with affective disorders: A cohort study. *The Lancet Psychiatry, 5*, 348–356.

Osoegawa, C., Gomes, J. S., Grigolon, R. B., Brietzke, E., Gadelha, A., Lacerda, A. L., Dias, A. M., Cordeiro, Q., Laranjeira, R., de Jesus, D., Daskalakis, Z. J., Brunelin, J., Cordes, J., & Paulino Trevizol, A. (2018). Non-invasive brain stimulation for negative symptoms in schizophrenia: An updated systematic review and meta-analysis. *Schizophrenia Research, 197*, 34–44.

OSS Assessment Staff. (1948). *The assessment of men*. Rinehart.

Ossher, L., Flegal, K. E., & Lustig, C. (2012). Everyday memory errors in older adults. *Aging, Neuropsychology, and Cognition, 20*, 220–242.

Ossola, A. (2014). This woman sees 100 times more colors than the average person. *Popular Science*. https://www.popsci.com/article/science/woman-sees-100-times-more-colors-average-person/

Öst, L. G., Havnen, A., Hansen, B., & Kvale, G. (2015). Cognitive behavioral treatments of obsessive-compulsive disorder. A systematic review and meta-analysis of studies published 1993–2014. *Clinical Psychology Review, 40*, 156–169.

Öst, L. G., & Hugdahl, K. (1981). Acquisition of phobias and anxiety response patterns in clinical patients. *Behaviour Research and Therapy, 16*, 439–447.

Österman, K., Björkqvist, K., & Wahlbeck, K. (2014). Twenty-eight years after the complete ban on the physical punishment of children in Finland: Trends and psychosocial concomitants. *Aggressive Behavior, 40*, 568–581.

Ostfeld, A. M., Kasl, S. V., D'Atri, D. A., & Fitzgerald, E. F. (1987). *Stress, crowding, and blood pressure in prison*. Erlbaum.

Osvath, M., & Karvonen, E. (2012). Spontaneous innovation for future deception in a male chimpanzee. *PLOS ONE, 7*, e36782.

Oswald, F. L., Mitchell, G., Blanton, H., Jaccard, J., & Tetlock, P. E. (2013). Predicting ethnic and racial discrimination: A meta-analysis of IAT criterion studies. *Journal of Personality and Social Psychology, 105*, 171–192.

Oswald, F. L., Mitchell, G., Blanton, H., Jaccard, J., & Tetlock, P. E. (2015). Using the IAT to predict ethnic and racial discrimination: Small effect sizes of unknown societal significance. *Journal of Personality and Social Psychology, 108*, 562–571.

Otgaar, H., & Baker, A. (2018). When lying changes memory for the truth. *Memory, 1*, 2–14.

Otgaar, H., Howe, M. L., Patihis, L., Merckelbach, H., Lynn, S. J., Lilienfeld, S. O., & Loftus, E. F. (2019). The return of the repressed: The persistent and problematic claims of long-forgotten trauma. *Perspectives on Psychological Science, 14*, 1072–1095.

Ott, B. (2007, June 14). Investors, take note: Engagement boosts earnings. *Gallup Business Journal*. https://news.gallup.com/businessjournal/27799/investors-take-note-engagement-boosts-earnings.aspx

Ott, C. H., Lueger, R. J., Kelber, S. T., & Prigerson, H. G. (2007). Spousal bereavement in older adults: Common, resilient, and chronic grief with defining characteristics. *Journal of Nervous and Mental Disease, 195*, 332–341.

Ouellette, J. A., & Wood, W. (1998). Habit and intention in everyday life: The multiple processes by which past behavior predicts future behavior. *Psychological Bulletin, 124*, 54–74.

Our World in Data. (2019). *Human height*. https://ourworldindata.org/human-height

Owczarski, W. (2018). Adaptive nightmares of Holocaust survivors: The Auschwitz camp in the former inmates' dreams. *Dreaming, 28*, 287–302.

Owen, A. (2017a). Into the gray zone: A neuroscientist explores the border between life and death. Scribner.

Owen, A. (2017b, August). Adrian Owen: At the flimsy border between life and death [Interview]. *The Psychologist*. https://thepsychologist.bps.org.uk/volume-30/august-2017/flimsy-border-between-life-and-death

Owen, A. M., Coleman, M. R., Boly, M., Davis, M. H., Laureys, S., & Pickard, J. D. (2006). Detecting awareness in the vegetative state. *Science, 313,* 1402.

Owen, R. (1814). First essay in *New view of society or the formation of character.* Quoted in *The story of New Lamark.* New Lamark Conservation Trust, 1993.

OWN. (2018, April 20). *Oprah and Amy Schumer on being secret introverts* [Video file]. http://www.oprah.com/own-supersoulsessions/oprah-and-amy-schumer-on-being-secret-introverts-video_2

Oxfam. (2005, March 26). *Three months on: New figures show tsunami may have killed up to four times as many women as men.* https://reliefweb.int/report/india/south-asia-three-months-new-figures-show-tsunami-may-have-killed-four-times-many-women

Özçaliskan, S., Lucero, C., & Goldin-Meadow, S. (2016). Is seeing gesture necessary to gesture like a native speaker? *Psychological Science, 27,* 737–747.

Ozer, E. J., Best, S. R., Lipsey, T. L., & Weiss, D. S. (2003). Predictors of posttraumatic stress disorder and symptoms in adults: A meta-analysis. *Psychological Bulletin, 1,* 52–73.

Ozer, E. J., & Weiss, D. S. (2004). Who develops posttraumatic stress disorder? *Current Directions in Psychological Science, 13,* 169–172.

Özgen, E. (2004). Language, learning, and color perception. *Current Directions in Psychological Science, 13,* 95–98.

Pace-Schott, E. P., & Spencer, R. M. C. (2011). Age-related changes in the cognitive function of sleep. *Progress in Brain Research, 191,* 75–89.

Pachankis, J. E., & Bränström, R. (2018). Hidden from happiness: Structural stigma, sexual orientation concealment, and life satisfaction across 28 countries. *Journal of Consulting and Clinical Psychology, 86,* 403–415.

Pachankis, J. E., Hatzenbuehler, M. L., Wang, K., Burton, C. L., Crawford, F. W., Phelan, J. C., & Link, B. G. (2018). The burden of stigma on health and well-being: A taxonomy of concealment, course, disruptiveness, aesthetics, origin, and peril across 93 stigmas. *Personality and Social Psychology Bulletin, 44,* 451–474.

Padgett, V. R. (1989). *Predicting organizational violence: An application of 11 powerful principles of obedience* [Paper]. Presented to the American Psychological Association convention.

Painter, D. R., Dwyer, M. F., Kamke, M. R., & Mattingley, J. B. (2018). Stimulus-driven cortical hyperexcitability in individuals with Charles Bonnet hallucinations. *Current Biology, 28,* 3475–3480.

Palagini, L., Bastien, C. H., Marazziti, D., Ellis, J. G., & Riemann, D. (2019). The key role of insomnia and sleep loss in the dysregulation of multiple systems involved in mood disorders: A proposed model. *Journal of Sleep Research, 28,* e12841.

Palladino, J. J., & Carducci, B. J. (1983). *"Things that go bump in the night": Students' knowledge of sleep and dreams* [Paper]. Presented at the meeting of the Southeastern Psychological Association.

Paller, K. A., & Oudiette, D. (2018, November). Sleep learning gets real. *Scientific American,* pp. 27–31.

Palmer, B. (2013, May 9). *Investigative intuition: Do psychics ever solve crimes? Why do police consult them?* Slate. https://slate.com/news-and-politics/2013/05/psychic-sylvia-browne-said-amanda-berry-was-dead-why-do-police-consult-psychics.html

Palmer, D. C. (1989). A behavioral interpretation of memory. In L. J. Hayes (Ed.), *Dialogues on verbal behavior: The first international institute on verbal relations* (pp. 261–279). Context Press.

Palmese, L. B., DeGeorge, P. C., Ratliff, J. C., Srihari, V. H., Wexler, B. E., Krystal, A. D., & Tek, C. (2011). Insomnia is frequent in schizophrenia and associated with night eating and obesity. *Schizophrenia Research, 133,* 238–243.

Palomar-García, M. Á., Bueichekú, E., Ávila, C., Sanjuán, A., Strijkers, K., Ventura-Campos, N., & Costa, A. (2015). Do bilinguals show neural differences with monolinguals when processing their native language? *Brain and Language, 142,* 36–44.

Palombo, D. J., McKinnon, M. C., McIntosh, A. R., Anderson, A. K., Todd, R. M., & Levine, B. (2015). The neural correlates of memory for a life-threatening event: An fMRI study of passengers from Flight AT236. *Clinical Psychological Science, 4,* 312–319.

Paluck, E. L., Green, S. A., & Green, D. P. (2018). The contact hypothesis re-evaluated. *Behavioural Public Policy,* 1–30.

Pan, S. C., & Rickard, T. C. (2018). Transfer of test-enhanced learning: Meta-analytic review and synthesis. *Psychological Bulletin, 144,* 710–756.

Pandey, J., Sinha, Y., Prakash, A., & Tripathi, R. C. (1982). Right-left political ideologies and attribution of the causes of poverty. *European Journal of Social Psychology, 12,* 327–331.

Pänkäläinen, M., Kerola, T., Kampman, O., Kauppi, M., & Hintikka, J. (2016). Pessimism and risk of death from coronary heart disease among middle-aged and older Finns: An eleven-year follow-up study. *BMC Public Health, 16,* 1124.

Panksepp, J. (2007). Neurologizing the psychology of affects: How appraisal-based constructivism and basic emotion theory can coexist. *Perspectives on Psychological Science, 2,* 281–295.

Pantev, C., Oostenveld, R., Engelien, A., Ross, B., Roberts, L. R., & Hoke, M. (1998). Increased auditory cortical representation in musicians. *Nature, 392,* 811–814.

Papadatou-Pastou, M., Gritzali, M., & Barrable, A. (2018, November). The learning styles educational neuromyth: Lack of agreement between teachers' judgments, self-assessment, and students' intelligence. In *Frontiers in Education* (Vol. 3, pp. 1–5).

Pappas, A. (2016, August 26). Alexi Pappas shares secrets from the Olympic Village. *The New York Times.* https://well.blogs.nytimes.com/2016/08/26/alexi-pappas-shares-secrets-from-the-olympic-village/

Pardiñas, A. F., Holmans, P., Pocklington, A. J., Escott-Price, V., Ripke, S., Carrera, N., Legge, S. E., Bishop, S., Cameron, D., Hamshere, M. L., Han, J., Hubbard, L., Lynham, A., Mantripragada, K., Rees, E., MacCabe, J. H., McCarroll, S. A., Baune, B. T., Breen, G., . . . Walters, J. T. R. (2018). Common schizophrenia alleles are enriched in mutation-intolerant genes and in regions under strong background selection. *Nature Genetics, 50,* 381–389.

Pardini, D. A., Raine, A., Erickson, K., & Loeber, R. (2014). Lower amygdala volume in men is associated with childhood aggression, early psychopathic traits, and future violence. *Biological Psychiatry, 75,* 73–80.

Park, C. L. (2007). Religiousness/spirituality and health: A meaning systems perspective. *Journal of Behavioral Medicine, 30,* 319–328.

Park, D. C., & McDonough, I. M. (2013). The dynamic aging mind: Revelations from functional neuroimaging research. *Perspectives on Psychological Science, 8,* 62–67.f

Park, G., Schwartz, H. A., Eichstaedt, J. C., Kern, M. L., Kosinski, M., Stillwell, D. J., Ungar, L. H., & Seligman, M. E. P. (2015). Automatic personality assessment through social media language. *Journal of Personality and Social Psychology, 108,* 934–952.

Park, G., Yaden, D. R., Schwartz, H. A., Kern, M. L., Eichstaedt, J. C., Kosinski, M., Stillwell, D., Ungar, L. H., & Seligman, M. E. P. (2016). Women are warmer but no less assertive than men: Gender and language on Facebook. *PLOS ONE, 11,* e0155885.

Park, K., Lee, S., Yang, J., Song, T., & Hong, G. R. S. (2019). A systematic review and meta-analysis on the effect of reminiscence therapy for people with dementia. *International Psychogeriatrics, 31,* 1581–1597.

Park, Y. C., & Pyszczynski, T. (2019). Reducing defensive responses to thoughts of death: Meditation, mindfulness, and Buddhism. *Journal of Personality and Social Psychology, 116,* 101–118.

Parker, E. S., Cahill, L., & McGaugh, J. L. (2006). A case of unusual autobiographical remembering. *Neurocase, 12,* 35–49.

Parker, K., & Wang, W. (2013). *Modern parenthood. roles of moms and dads converge as they balance work and family* [PDF file]. Pew Research Center, Social & Demographic Trends. https://www.pewsocialtrends.org/wp-content/uploads/sites/3/2013/03/FINAL_modern_parenthood_03-2013.pdf

Parkes, A., Wight, D., Hunt, K., Henderson, M., & Sargent, J. (2013). Are sexual media exposure, parental restrictions on media use and co-viewing TV and DVDs with parents and friends associated with teenagers' early sexual behavior? *Journal of Adolescence, 36,* 1121–1133.

Parkinson's Foundation. (2018). *Statistics.* https://www.parkinson.org/Understanding-Parkinsons/Statistics

Parnia, S., Spearpoint, K., de Vos, G., Fenwick, P., Goldberg, D., Yang, J., Zhu, J., Baker, M., Killingback, H., McLean, P., Wood, M., Zafari, A. M., Dickert, N., Beisteiner, R., Sterz, F., Berger, M., Warlow, C., Bullock, S., Lovett, S., . . . Schoenfeld, E. R. (2014). AWARE—AWAreness during REsuscitation—A prospective study. *Resuscitation, 85,* 1799–1805.

Parsaik, A. K., Mascarenhas, S. S., Hashmi, A., Prokop, L. J., John, V, Okusaga, O., & Singh, B. (2016). Role of botulinum toxin in depression. *Journal of Psychiatric Practice, 22,* 99–110.

Partanen, E., Kujala, T., Näätänen, R., Liitola, A., Sambeth, A., & Huotilainen, M. (2013). Learning-induced neural plasticity of speech processing before birth. *PNAS, 110,* 15145–15150.

Parthasarathy, S., Vasquez, M. M., Halonen, M., Bootzin, R., Quan, S. F., Martinez, F. D., & Guerra, S. (2015). Persistent insomnia is associated with mortality risk. *American Journal of Medicine, 128,* 268–275.

Paşca, A. M., Sloan, S. A., Clarke, L. E., Tian, Y., Makinson, C. D., Huber, N., Kim, C. H., Park, J. Y. O'Rourke, N. A., Nguyen, K. D. Smith, S. J., Huguenard, J. R., Geschwind, D. H., Barres, B. A., & Paşca, S. P. (2015). Functional cortical neurons and astrocytes from human pluripotent stem cells in 3D culture. *Nature Methods, 12,* 671–678.

Pascoe, E. A., & Richman, L. S. (2009). Perceived discrimination and health: A meta-analytic review. *Psychological Bulletin, 135,* 531–554.

Passell, P. (1993, March 9). Like a new drug, social programs are put to the test. *The New York Times.* https://www.nytimes.com/1993/03/09/science/like-a-new-drug-social-programs-are-put-to-the-test.html?

Patihis, L. (2016). Individual differences and correlates of highly superior autobiographical memory. *Memory, 24,* 961–978.

Patihis, L., Frenda, S. J., & Loftus, E. F. (2018). False memory tasks do not reliably predict other false memories. *Psychology of Consciousness: Theory, Research, and Practice, 5,* 140.

Patihis, L., Ho, L. Y., Tingen, I. W., Lilienfeld, S. O., & Loftus, E. F. (2014a). Are the "memory wars" over? A scientist-practitioner gap in beliefs about repressed memory. *Psychological Science, 25,* 519–530.

Patihis, L., Lilienfeld, S. O., Ho, L. Y., & Loftus, E. F. (2014b). Unconscious repressed memory is scientifically questionable. *Psychological Science, 25,* 1967–1968.

Patterson, D. R., & Jensen, M. P. (2003). Hypnosis and clinical pain. *Psychological Bulletin, 129*, 495–521.

Patterson, F. (1978, October). Conversations with a gorilla. *National Geographic*, pp. 438–465.

Patterson, G. R., Chamberlain, P., & Reid, J. B. (1982). A comparative evaluation of parent training procedures. *Behavior Therapy, 13*, 638–650.

Patterson, G. R., Ray, R. S., & Shaw, D. A. (1968). Direct intervention in families of deviant children. *Oregon Research Institute Research Bulletin, 8*(No. 9). Oregon Research Institute and University of Oregon.

Patterson, M., Warr, P., & West, M. (2004). Organizational climate and company productivity: The role of employee affect and employee level. *Journal of Occupational and Organizational Psychology, 77*, 193–216.

Patterson, R. (1951). *The riddle of Emily Dickinson.* Houghton Mifflin.

Patton, C. L., Smith, S. F., & Lilienfeld, S. O. (2018). Psychopathy and heroism in first responders: Traits cut from the same cloth? *Personality Disorders: Theory, Research, and Treatment, 9*, 354–368.

Pauker, K., Weisbuch, M., Ambady, N., Sommers, S. R., Adams, R. B., Jr., & Ivcevic, Z. (2009). Not so Black and White: Memory for ambiguous group members. *Journal of Personality and Social Psychology, 96*, 795–810.

Paulesu, E., Démonet, J.-F., Fazio, F., McCrory, E., Chanoine, V., Brunswick, N., Cappa, S. F., Cossu, G., Habib, M., Frith, C. D., & Frith, U. (2001). Dyslexia: Cultural diversity and biological unity. *Science, 291*, 2165–2167.

Pauletti, R. E., Menon, M., Cooper, P. J., Aults, C. D., & Perry, D. G. (2017). Psychological androgyny and children's mental health: A new look with new measures. *Sex Roles, 76*, 705–718.

Pauly, K., Finkelmeyer, A., Schneider, F., & Habel, U. (2013). The neural correlates of positive self-evaluation and self-related memory. *Social Cognitive and Affective Neuroscience, 8*, 878–886.

Paus, T., Zijdenbos, A., Worsley, K., Collins, D. L., Blumenthal, J., Giedd, J. N., Rapoport, J. L., & Evans, A. C. (1999). Structural maturation of neural pathways in children and adolescents: In vivo study. *Science, 283*, 1908–1911.

Pavlenko, A. (2014). *The bilingual mind and what it tells us about language and thought.* Cambridge University Press.

Pavlov, I. (1927). *Conditioned reflexes: An investigation of the physiological activity of the cerebral cortex.* Oxford University Press.

Payne, B. K. (2006). Weapon bias: Split-second decisions and unintended stereotyping. *Current Directions in Psychological Science, 15*, 287–291.

Payne, B. K., Krosnick, J. A., Pasek, J., Lelkes, Y., Akhtar, O., & Tompson, T. (2010). Implicit and explicit prejudice in the 2008 American presidential election. *Journal of Experimental Social Psychology, 46*, 367–374.

Payne, K. (2017). *The broken ladder: How inequality affects the way we think, live, and die.* Viking.

PBS. (2019). Alfred Kinsey's life, and sex research and social policies in America. *PBS American Experience.* https://www.pbs.org/wgbh/americanexperience/features/kinsey-timeline/

Pearce, M. J., Koenig, H. G., Robins, C. J., Nelson, B., Shaw, S. F., Cohen, H. J., & King, M. B. (2015). Religiously integrated cognitive behavioral therapy: A new method of treatment for major depression in patients with chronic medical illness. *Psychotherapy, 52*, 56–66.

Pedersen, A., Zachariae, R., & Bovbjerg, D. H. (2010). Influence of psychological stress on upper respiratory infection—A meta-analysis of prospective studies. *Psychosomatic Medicine, 72*, 823–832.

Peigneux, P., Laureys, S., Fuchs, S., Collette, F., Perrin, F., Reggers, J., Phillips, C., Degueldre, C., Del Fiore, G., Aerts, J., Luxen, A., & Maquet, P. (2004). Are spatial memories strengthened in the human hippocampus during slow wave sleep? *Neuron, 44*, 535–545.

Pelham, B., & Crabtree, S. (2008, October 8). Worldwide, highly religious more likely to help others. Gallup. https://news.gallup.com/poll/111013/worldwide-highly-religious-more-likely-help-others.aspx

Pelham, B. W. (1993). On the highly positive thoughts of the highly depressed. In R. F. Baumeister (Ed.), *Self-esteem: The puzzle of low self-regard.* Plenum.

Pelham, W. E., Jr., Fabiano, G. A., Waxmonsky, J. G., Greiner, A. R., Gnagy, E. M., Pelham, W. E., III, Coxe, S., Verley, J., Bhatia, I., Hart, K., Karch, K., Konijnendijk, E., Tresco, K., Nahum-Shani, I., & Murphy, S. A. (2016). Treatment sequencing for childhood ADHD: A multiple-randomization study of adaptive medication and behavioral interventions. *Journal of Clinical Child and Adolescent Psychology, 45*, 396–415.

Peng, Y., & Tullis, J. G. (2019). Theories of intelligence influence self-regulated study choices and learning. *Journal of Experimental Psychology: Learning, Memory, and Cognition*, in press.

Pennebaker, J. (1990). *Opening up: The healing power of confiding in others.* William Morrow.

Pennebaker, J. W. (1985). Traumatic experience and psychosomatic disease: Exploring the roles of behavioral inhibition, obsession, and confiding. *Canadian Psychology, 26*, 82–95.

Pennebaker, J. W. (2011). *The secret life of pronouns: What our words say about us.* Bloomsbury Press.

Pennebaker, J. W., Barger, S. D., & Tiebout, J. (1989). Disclosure of traumas and health among Holocaust survivors. *Psychosomatic Medicine, 51*, 577–589.

Pennebaker, J. W., Gosling, S. D., & Ferrell, J. D. (2013). Daily online testing in large classes: Boosting college performance while reducing achievement gaps. *PLOS ONE, 8*, e79774.

Pennebaker, J. W., & O'Heeron, R. C. (1984). Confiding in others and illness rate among spouses of suicide and accidental death victims. *Journal of Abnormal Psychology, 93*, 473–476.

Pennycook, G., De Neys, W., Evans, J. S. B., Stanovich, K. E., & Thompson, V. A. (2018). The mythical dual-process typology. *Trends in Cognitive Sciences, 22*, 667–668.

Pennycook, G., & Rand, D. G. (2019). Fighting misinformation on social media using crowdsourced judgments of news source quality. *PNAS, 116*, 2521–2526.

Pennycook, G., & Rand, D. G. (2019). Lazy, not biased: Susceptibility to partisan fake news is better explained by lack of reasoning than by motivated reasoning. *Cognition, 188*, 39–50.

Peplau, L. A., & Fingerhut, A. W. (2007). The close relationships of lesbians and gay men. *Annual Review of Psychology, 58*, 405–424.

Pepler, D., & Craig, W. (2012, November 15). *Health development depends on healthy relationships* [Paper]. Prepared for the Division of Childhood and Adolescence, Centre for Health Promotion, Public Health Agency of Canada. PREVNet and York University.

Pepperberg, I. M. (2009). *Alex & me: How a scientist and a parrot discovered a hidden world of animal intelligence—and formed a deep bond in the process.* Harper.

Pepperberg, I. M. (2012). Further evidence for addition and numerical competence by a grey parrot (*Psittacus erithacus*). *Animal Cognition, 15*, 711–717.

Pepperberg, I. M. (2013). Abstract concepts: Data from a grey parrot. *Behavioural Processes, 93*, 82–90.

Perdue, K. L., Jensen, S. K., Kumar, S., Richards, J. E., Kakon, S. H., Haque, R., Petri, W. A., Jr., Lloyd-Fox, S., Elwell, C., & Nelson, C. A. (2019). Using functional near-infrared spectroscopy to assess social information processing in poor urban Bangladeshi infants and toddlers. *Developmental Science, 22*, e12839.

Pereg, D., Gow, R., Mosseri, M., Lishner, M., Rieder, M., Van Uum, S., & Koren, G. (2011). Hair cortisol and the risk for acute myocardial infarction in adult men. *Stress, 14*, 73–81.

Pereira, A. C., Huddleston, D. E., Brickman, A. M., Sosunov, A. A., Hen, R., McKhann, G. M., Sloan, R., Gage, F. H., Brown, T. R., & Small, S. A. (2007). An *in vivo* correlate of exercise-induced neurogenesis in the adult dentate gyrus. *PNAS, 104*, 5638–5643.

Pereira, G. M., & Osburn, H. G. (2007). Effects of participation in decision making on performance and employee attitudes: A quality circles meta-analysis. *Journal of Business Psychology, 22*, 145–153.

Pérez-Vigil, A., Fernández de, l. C., Brander, G., Isomura, K., Jangmo, A., Feldman, I., Hesselmark, E., Serlachius, E., Lázaro, L., Rück, C., Kuja-Halkola, R., D'Onofrio, B. M., Larsson, H., & Mataix-Cols, D. (2018). Association of obsessive-compulsive disorder with objective indicators of educational attainment: A nationwide register-based sibling control study. *JAMA Psychiatry, 75*, 47–55.

Pergamin-Hight, L., Bakermans-Kranenburg, M. J., van IJzendoorn, M. H., & Bar-Haim, Y. (2012). Variations in the promoter region of the serotonin transporter gene and biased attention for emotional information: A meta-analysis. *Biological Psychiatry, 71*, 373–379.

Perilloux, C., Easton, J. A., & Buss, D. M. (2012). The misperception of sexual interest. *Psychological Science, 23*, 146–151.

Perilloux, H. K., Webster, G. D., & Gaulin, S. J. (2010). Signals of genetic quality and maternal investment capacity: The dynamic effects of fluctuating asymmetry and waist-to-hip ratio on men's ratings of women's attractiveness. *Social Psychological and Personality Science, 1*, 34–42.

Perkins, A., & Fitzgerald, J. A. (1997). Sexual orientation in domestic rams: Some biological and social correlates. In L. Ellis & L. Ebertz (Eds.), *Sexual orientation: Toward biological understanding.* Praeger Publishers.

Perkins, A. M., Inchley-Mort, S. L., Pickering, A. D., Corr, P. J., & Burgess, A. P. (2012). A facial expression for anxiety. *Journal of Personality and Social Psychology, 102*, 910–924.

Perrachione, T. K., Del Tufo, S. N., & Gabrieli, J. D. E. (2011). Human voice recognition depends on language ability. *Science, 333*, 595.

Perrett, D. I., Harries, M., Mistlin, A. J., & Chitty, A. J. (1990). Three stages in the classification of body movements by visual neurons. In H. Barlow, C. Blakemore, & M. Weston-Smith (Eds.), *Images and understanding* (pp. 94–108). Cambridge University Press.

Perrett, D. I., Hietanen, J. K., Oram, M. W., & Benson, P. J. (1992). Organization and functions of cells responsive to faces in the temporal cortex. *Philosophical Transactions of the Royal Society of London: Series B, 335*, 23–30.

Perrett, D. I., May, K. A., & Yoshikawa, S. (1994). Facial shape and judgments of female attractiveness. *Nature, 368*, 239–242.

Perry, G. (2013). *Behind the shock machine: The untold story of the notorious Milgram psychology experiments.* New Press.

Perry, G. (2018). *The lost boys: Inside Muzafer Sherif's Robbers Cave experiment.* Scribe.

Person, C., Tracy, M., & Galea, S. (2006). Risk factors for depression after a disaster. *Journal of Nervous and Mental Disease, 194*, 659–666.

Pert, C. B. (1986). Quoted in J. Hooper & D. Teresi, *The three-pound universe.* Macmillan.

Pert, C. B., & Snyder, S. H. (1973). Opiate receptor: Demonstration in nervous tissue. *Science, 179*, 1011–1014.

Perugini, E. M., Kirsch, I., Allen, S. T., Coldwell, E., Meredith, J., Montgomery, G. H., & Sheehan, J. (1998). Surreptitious observation of responses to hypnotically suggested hallucinations: A test of the compliance hypothesis. *International Journal of Clinical and Experimental Hypnosis, 46*, 191–203.

Peschel, E. R., & Peschel, R. E. (1987). Medical insights into the castrati in opera. *American Scientist, 75*, 578–583.

Pescosolido, B. A., Martin, J. K., Long, J. S., Medina, T. R., Phelan, J. C., & Link, B. G. (2010). "A disease like any other?" A decade of change in public reactions to schizophrenia, depression, and alcohol dependence. *American Journal of Psychiatry, 167*, 1321–1330.

Pesko, M. F. (2014). Stress and smoking: Associations with terrorism and causal impact. *Contemporary Economic Policy, 32*, 351–371.

Peter, C. J., Fischer, L. K., Kundakovic, M., Garg, P., Jakovcevski, M, Dincer, A., Amaral, S. C., Ginns, E., Galdzicka, M., Bryce, C. P., Ratner, C., Waber, D. P., Mokler, D., Medford, G., Champagne, F. A., Rosene, D. L., McGaughy, J. A., Sharp, A. J., Galler, J. R. & Akbarian, S. (2016). DNA methylation signatures of early childhood malnutrition associated with impairments in attention and cognition. *Biological Psychiatry, 80*, 765–774.

Peter, J., & Valkenburg, P. M. (2016). Adolescents and pornography: A review of 20 years of research. *Journal of Sex Research, 53*, 509–531.

Peters, K., & Kashima, Y. (2015). A multimodal theory of affect diffusion. *Psychological Bulletin, 141*, 966–992.

Peters, M., Rhodes, G., & Simmons, L. W. (2007). Contributions of the face and body to overall attractiveness. *Animal Behaviour, 73*, 937–942.

Petersen, J. L., & Hyde, J. S. (2010). A meta-analytic review of research on gender differences in sexuality, 1993–2007. *Psychological Bulletin, 136*, 21–38.

Petersen, J. L., & Hyde, J. S. (2011). Gender differences in sexual attitudes and behaviors: A review of meta-analytic results and large datasets. *Journal of Sex Research, 48*, 149–165.

Peterson, C., & Barrett, L. C. (1987). Explanatory style and academic performance among university freshmen. *Journal of Personality and Social Psychology, 53*, 603–607.

Peterson, C., Peterson, J., & Skevington, S. (1986). Heated argument and adolescent development. *Journal of Social and Personal Relationships, 3*, 229–240.

Peterson, C. C., & Siegal, M. (1999). Representing inner worlds: Theory of mind in autistic, deaf, and normal hearing children. *Psychological Science, 10*, 126–129.

Peterson, C. K., & Harmon-Jones, E. (2012). Anger and testosterone: Evidence that situationally-induced anger relates to situationally-induced testosterone. *Emotion, 12*, 899–902.

Peterson, G. B. (2004). A day of great illumination: B. F. Skinner's discovery of shaping. *Journal of the Experimental Analysis of Behavior, 82*, 317–328.

Peterson, L. R., & Peterson, M. J. (1959). Short-term retention of individual verbal items. *Journal of Experimental Psychology, 58*, 193–198.

Peterson, R. S., Dvorak, R. D., Stevenson, B. L., Kramer, M. P., Pinto, D. A., Mora, E. T., & Leary, A. V. (2019). Protective behavioral strategies and alcohol-related regretted sex among college students. *Experimental and Clinical Psychopharmacology, 28*(1), 6–12.

Petitto, L. A., & Marentette, P. F. (1991). Babbling in the manual mode: Evidence for the ontogeny of language. *Science, 251*, 1493–1496.

Petsko, C. D., & Bodenhausen, G. V. (2019). Race–crime congruency effects revisited: Do we take defendants' sexual orientation into account? *Social Psychological and Personality Science, 10*, 73–81.

Pettegrew, J. W., Keshavan, M. S., & Minshew, N. J. (1993). 31P nuclear magnetic resonance spectroscopy: Neurodevelopment and schizophrenia. *Schizophrenia Bulletin, 19*, 35–53.

Pettersson, E., Lichtenstein, P., Larsson, H., Song, J., Attention Deficit/Hyperactivity Disorder Working Group of the iPSYCH-Broad-PGC Consortium, Autism Spectrum Disorder Working Group of the iPSYCH-Broad-PGC Consortium, Bipolar Disorder Working Group of the PGC, Eating Disorder Working Group of the PGC, Major Depressive Disorder Working Group of the PGC, Obsessive Compulsive Disorders and Tourette Syndrome Working Group of the PGC, Schizophrenia CLOZUK, Substance Use Disorder Working Group of the PGC, Agrawal, A., Børglum, A. D., Bulik, C. M., Daly, M. J., Davis, L. K., Demontis, D., Edenberg, H. J., . . . Polderman, T. J. C. (2019). Genetic influences on eight psychiatric disorders based on family data of 4,408,646 full and half-siblings, and genetic data of 333,748 cases and controls. *Psychological Medicine, 49*, 1166–1173.

Petticrew, C., Bell, R., & Hunter, D. (2002). Influence of psychological coping on survival and recurrence in people with cancer: Systematic review. *British Medical Journal, 325*, 1066.

Petticrew, M., Fraser, J. M., & Regan, M. F. (1999). Adverse life events and risk of breast cancer: A meta-analysis. *British Journal of Health Psychology, 4*, 1–17.

Pettigrew, T. F., & Tropp, L. R. (2011). *When groups meet: The dynamics of intergroup contact.* Psychology Press.

Pew. (2007, July 18). *Modern marriage: "I like hugs. I like kisses. But what I really love is help with the dishes."* https://www.pewsocialtrends.org/2007/07/18/modern-marriage/

Pew. (2013a, June 4). *The global divide on homosexuality.* Global Attitudes Project. https://www.pewresearch.org/global/2013/06/04/the-global-divide-on-homosexuality/

Pew. (2013b, June 13). *A survey of LGBT Americans.* https://www.pewsocialtrends.org/2013/06/13/a-survey-of-lgbt-americans/

Pew. (2014). *Global views of morality.* Global Attitudes Project. https://www.pewresearch.org/global/interactives/global-morality/

Pew. (2015). *Teen girls more likely to text, call and use social media to get in touch; boys more likely to use gaming.* https://www.pewresearch.org/internet/2015/08/06/teens-technology-and-friendships/2015-08-06_teens-and-friendships_2-06/

Pew. (2015, November 4). *Raising kids and running a household: How working parents share the load.* https://www.pewsocialtrends.org/2015/11/04/raising-kids-and-running-a-household-how-working-parents-share-the-load/

Pew. (2016, September 28). *Where the public stands on religious liberty vs. nondiscrimination.* https://www.pewforum.org/2016/09/28/where-the-public-stands-on-religious-liberty-vs-nondiscrimination/

Pew. (2017). *Internet/Broadband technology fact sheet.* pewinternet.org/fact-sheet/internet-broadband/

Pew. (2019, January 31). *Religion's relationship to happiness, civic engagement and health around the world.* https://www.pewforum.org/2019/01/31/religions-relationship-to-happiness-civic-engagement-and-health-around-the-world/

Pfaff, L. A., Boatwright, K. J., Potthoff, A. L., Finan, C., Ulrey, L. A., & Huber, D. M. (2013). Perceptions of women and men leaders following 360-degree feedback evaluations. *Performance Improvement Quarterly, 26*, 35–56.

Phelps, E. A., & Hofmann, S. G. (2019). Memory editing from science fiction to clinical practice. *Nature, 572*, 43–50.

Phelps, J. A., Davis J. O., & Schartz, K. M. (1997). Nature, nurture, and twin research strategies. *Current Directions in Psychological Science, 6*, 117–120.

Philbeck, J. W., & Witt, J. K. (2015). Action-specific influences on perception and postperceptual processes: Present controversies and future directions. *Psychological Bulletin, 141*, 1120–1144.

Philip Morris. (2003). Philip Morris USA youth smoking prevention. Teenage attitudes and behavior study, 2002. In *Raising kids who don't smoke.* Series, Vol. 1(2).

Phillips, A. C., Batty, G. D., Gale, C. R., Deary, I. J., Osborn, D., MacIntyre, K., & Carroll, D. (2009). Generalized anxiety disorder, major depressive disorder, and their comorbidity as predictors of all-cause and cardiovascular mortality: The Vietnam Experience Study. *Psychosomatic Medicine, 71*, 395–403.

Phillips, A. L. (2011). A walk in the woods. *American Scientist, 69*, 301–302.

Phillips, D. P. (1985). Natural experiments on the effects of mass media violence on fatal aggression: Strengths and weaknesses of a new approach. In L. Berkowitz (Ed.), *Advances in experimental social psychology* (Vol. 19, pp. 207–250). Academic Press.

Phillips, D. P., Carstensen, L. L., & Paight, D. J. (1989). Effects of mass media news stories on suicide, with new evidence on the role of story content. In C. R. Pfeffer (Ed.), *Suicide among youth: Perspectives on risk and prevention* (pp. 101–116). American Psychiatric Press.

Phillips, J. L. (1969). *Origins of intellect: Piaget's theory.* Freeman.

Phillips, J. L., Norris, S., Talbot, J., Birmingham, M., Hatchard, T., Ortiz, A., Owoeye, O., Batten, L. A., & Blier, P. (2019). Single, repeated, and maintenance ketamine infusions for treatment-resistant depression: a randomized controlled trial. *American Journal of Psychiatry, 176*, 401–409.

Phillips, W. J., Fletcher, J. M., Marks, A. D. G., & Hine, D. W. (2016). Thinking styles and decision making: A meta-analysis. *Psychological Bulletin, 142*, 260–290.

Philpot, R., Liebst, L. S., Levine, M., Bernasco, W., & Lindegaard, M. R. (2019). Would I be helped? Cross-national CCTV footage shows that intervention is the norm in public conflicts. *American Psychologist, 75*(1), 66–75.

Piaget, J. (1930). *The child's conception of physical causality.* Routledge & Kegan Paul.

Piaget, J. (1932). *The moral judgment of the child* (M. Gabain, Trans.). Harcourt, Brace & World.

Piazza, J. R., Charles, S. T., Silwinski, M. J., Mogle, J., & Almeida, D. M. (2013). Affective reactivity to daily stressors and long-term risk of reporting a chronic health condition. *Annals of Behavioral Medicine, 45*, 110–120.

Picardi, A., Fagnani, C., Nisticò, L., & Stazi, M. A. (2011). A twin study of attachment style in young adults. *Journal of Personality, 79*, 965–992.

Picchioni, M. M., & Murray, R. M. (2007). Schizophrenia. *British Medical Journal, 335*, 91–95.

Picci, G., Gotts, S. J., & Scherf, K. S. (2016). A theoretical rut: Revisiting and critically evaluating the generalized under/over-connectivity hypothesis of autism. *Developmental Science, 19*, 524–549.

Picci, G., & Scherf, K. S. (2016). From caregivers to peers: Puberty shapes human face perception. *Psychological Science, 27*, 1461–1473.

Piekarski, D. J., Routman, D. M., Schoomer, E. E., Driscoll, J. R., Park, J. H., Butler, M. P., & Zucker, I. (2009). Infrequent low dose testosterone treatment maintains male sexual behavior in Syrian hamsters. *Hormones and Behavior, 55*, 182–189.

Pierce, L. J., Klein, D., Chen, J., Delcenserie, A., & Genesee, F. (2014). Mapping the unconscious maintenance of a lost first language. *PNAS, 111,* 17314–17319.

Pietschnig, J., & Voracek, M. (2015). One century of global IQ gains: A formal meta-analysis of the Flynn effect (1909–2013). *Perspectives on Psychological Science, 10,* 282–306.

Piliavin, J. A. (2003). Doing well by doing good: Benefits for the benefactor. In C.L.M. Keyes & J. Haidt (Eds.), *Flourishing: Positive psychology and the life well-lived* (pp. 227–247). American Psychological Association.

Pillemer, D. (1998). *Momentous events, vivid memories.* Harvard University Press.

Pillemer, D. B., Ivcevic, Z., Gooze, R. A., & Collins, K. A. (2007). Self-esteem memories: Feeling good about achievement, feeling bad about relationship distress. *Personality and Social Psychology Bulletin, 33,* 1292–1305.

Pilley, J. W. (2013). Chaser: Unlocking the genius of the dog who knows a thousand words. Houghton Mifflin.

Pinker, S. (1995). The language instinct. *The General Psychologist, 31,* 63–65.

Pinker, S. (1998). Words and rules. *Lingua, 106,* 219–242.

Pinker, S. (2005, April 22). *The science of gender and science: A conversation with Elizabeth Spelke.* Harvard University. The Edge. https://www.edge.org/event/the-science-of-gender-and-science-pinker-vs-spelke-a-debate

Pinker, S. (2007). *The stuff of thought.* Viking.

Pinker, S. (2008). *The sexual paradox: Men, women, and the real gender gap.* Scribner.

Pinker, S. (2010). 2010: How is the internet changing the way you think? Not at all. Edge. https://www.edge.org/inthenews/how-is-the-internet-changing-the-way-you-think

Pinker, S. (2011, September 27). *A history of violence.* Edge. https://www.edge.org/3rd_culture/pinker07/pinker07_index.html

Pinker, S. (2015, June 8). The trauma of residential schools is passed down through the generations. *The Globe and Mail.* https://www.theglobeandmail.com/opinion/the-trauma-of-residential-schools-is-passed-down-through-the-generations/article24828005/

Pinker, S. A. [@sapinker]. (2019, March 10). [Tweet.] https://twitter.com/sapinker/status/1104610776420139008?lang=en

Pinquart, M. (2016). Associations of parenting styles and dimensions with academic achievement in children and adolescents: A meta-analysis. *Educational Psychology Review, 28,* 475–493.

Pinto, Y., de Haan, E. H. F., Lamme, V. A. F. (2017). The split-brain phenomenon revisited: A single conscious agent with split perception. *Trends in Cognitive Sciences, 21,* 835–851.

Pipe, M.-E., Lamb, M. E., Orbach, Y., & Esplin, P. W. (2004). Recent research on children's testimony about experienced and witnessed events. *Developmental Review, 24,* 440–468.

Pipher, M. (2002). *The middle of everywhere: The world's refugees come to our town.* Harcourt Brace.

Pitcher, D., Walsh, V., Yovel, G., & Duchaine, B. (2007). TMS evidence for the involvement of the right occipital face area in early face processing. *Current Biology, 17,* 1568–1573.

Pitman, R. K., Sanders, K. M., Zusman, R. M., Healy, A. R., Cheema, F., Lasko, N. B., Cahill, L., & Orr, S. P. (2002). Pilot study of secondary prevention of post-traumatic stress disorder with propranolol. *Biological Psychiatry, 51,* 189–192.

Pittenger, D. J. (1993). The utility of the Myers-Briggs Type Indicator. *Review of Educational Research, 63,* 467–488.

Pittinsky, T. L., & Diamante, N. (2015). Global bystander nonintervention. *Peace and Conflict: Journal of Peace Psychology, 21,* 226–247.

Pizzagalli, D. A., Berretta, S., Wooten, D., Goer, F., Pilobello, K. T., Kumar, P., Murray, L., Beltzer, M., Boyer-Boiteau, A., Alpert, N., El Fakhri, G., Mechawar, N., Vitaliano, G., Turecki, G., & Normandin, M. (2019). Assessment of striatal dopamine transporter binding in individuals with major depressive disorder: In vivo positron emission tomography and postmortem evidence. *JAMA Psychiatry, 76,* 854–861.

Place, S. S., Todd, P. M., Penke, L., & Asendorph, J. B. (2009). The ability to judge the romantic interest of others. *Psychological Science, 20,* 22–26.

PLAN USA. (2018). *The state of gender equality for U.S. adolescents* [PDF file]. https://www.planusa.org/docs/state-of-gender-equality-summary-2018.pdf

Plana-Ripoll, O., Pedersen, C. B., Holtz, Y., Benros, M. E., Dalsgaard, S., de Jonge, P., Fan, C. C., Degenhardt, L., Ganna, A., Greve, A. N., Gunn, J., Moesgaard Iburg, K., Vedel Kessing, L., Lee, B. K., Lim, C. C. W., Mors, O., Nordentoft, M., Prior, A., Roest, A. M., . . . McGrath, J. J. (2019). Exploring comorbidity within mental disorders among a Danish national population. *JAMA Psychiatry, 76,* 259–270.

Plant, E. A., & Peruche, B. M. (2005). The consequences of race for police officers' responses to criminal suspects. *Psychological Science, 16,* 180–183.

Plassmann, H., O'Doherty, J., Shiv, B., & Rangel, A. (2008). Marketing actions can modulate neural representations of experienced pleasantness. *PNAS, 105,* 1050–1054.

Platek, S. M., & Singh, D. (2010) Optimal waist-to-hip ratios in women activate neural reward centers in men. *PLOS ONE, 5,* e9042.

Pliner, P. (1982). The effects of mere exposure on liking for edible substances. *Appetite: Journal for Intake Research, 3,* 283–290.

Pliner, P., Pelchat, M., & Grabski, M. (1993). Reduction of neophobia in humans by exposure to novel foods. *Appetite, 20,* 111–123.

Plomin, R. (1999). Genetics and general cognitive ability. *Nature, 402,* C25–C29.

Plomin, R. (2011). Why are children in the same family so different? Nonshared environment three decades later. *International Journal of Epidemiology, 40,* 582–592.

Plomin, R. (2018). *Blueprint: How DNA makes us who we are.* MIT Press.

Plomin, R. (2018b, December 14). In the nature-nurture war, nature wins [Blog]. *Scientific American.* https://blogs.scientificamerican.com/observations/in-the-nature-nurture-war-nature-wins/

Plomin, R., & Bergeman, C. S. (1991). The nature of nurture: Genetic influence on "environmental" measures. *Behavioral and Brain Sciences, 14,* 373–427.

Plomin, R., & DeFries, J. C. (1998). The genetics of cognitive abilities and disabilities. *Scientific American, 278,* 62–69.

Plomin, R., DeFries, J. C., Knopik, V. S., & Neiderhiser, J. M. (2016). Top 10 replicated findings from behavioral genetics. *Perspectives on Psychological Science, 11,* 3–23.

Plomin, R., DeFries, J. C., McClearn, G. E., & Rutter, M. (1997). *Behavioral genetics.* Freeman.

Plomin, R., McClearn, G. E., Pedersen, N. L., Nesselroade, J. R., & Bergeman, C. S. (1988). Genetic influence on childhood family environment perceived retrospectively from the last half of the life span. *Developmental Psychology, 24,* 37–45.

Plomin, R., & McGuffin, P. (2003). Psychopathology in the postgenomic era. *Annual Review of Psychology, 54,* 205–228.

Plomin, R., Reiss, D., Hetherington, E. M., & Howe, G. W. (1994, January). Nature and nurture: Genetic contributions to measures of the family environment. *Developmental Psychology, 30,* 32–43.

Plomin, R., & von Stumm, S. (2018). The new genetics of intelligence. *Nature Reviews Neuroscience, 19,* 148–159.

Plotkin, H. (1994). *Darwin machines and the nature of knowledge.* Harvard University Press.

Plotnik, J. M., Brubaker, D. L., Dale, R., Tiller, L. N., Mumby, H. S., & Clayton, N. S. (2019). Elephants have a nose for quantity. *PNAS, 116,* 12566–12571.

Plous, S., & Herzog, H. A. (2000). Poll shows researchers favor lab animal protection. *Science, 290,* 711.

Pluess, M., & Belsky, J. (2013). Vantage sensitivity: Individual differences in response to positive experiences. *Psychological Bulletin, 139,* 901–916.

Poelmans, G., Pauls, D. L., Buitelaar, J. K., & Franke, B. (2011). Integrated genomewide association study findings: Identification of a neurodevelopmental network for attention deficit hyperactivity disorder. *American Journal of Psychiatry, 168,* 365–377.

Polák, J., Rádlová, S., Janovcová, M., Flegr, J., Landová, E., & Frynta, D. (2019). Scary and nasty beasts: Self-reported fear and disgust of common phobic animals. *British Journal of Psychology.* https://doi.org/10.1111/bjop.12409

Polanin, J. R., Espelage, D. L., & Pigott, T. D. (2012). A meta-analysis of school-based bully prevention programs' effects on bystander intervention behavior. *School Psychology Review, 41,* 47–65.

Polderman, T. J. C., Benyamin, B., de Leeuw, C. A., Sullivan, P. F., van Bochoven, A., Visscher, P. M., & Posthuma, D. (2015). Meta-analysis of the heritability of human traits based on fifty years of twin studies. *Nature Genetics, 47,* 702–709.

Poldrack, R. A. (2018). *The new mind readers: What neuroimaging can and cannot reveal about our thoughts.* Princeton University Press.

Polivy, J., Herman, C. P., & Coelho, J. S. (2008). Caloric restriction in the presence of attractive food cues: External cues, eating, and weight. *Physiology and Behavior, 94,* 729–733.

Pollak, S. D., & Kistler, D. J. (2002). Early experience is associated with the development of categorical representations for facial expressions of emotion. *PNAS, 99,* 9072–9076.

Pollak, S. D., & Tolley-Schell, S. A. (2003). Selective attention to facial emotion in physically abused children. *Journal of Abnormal Psychology, 112,* 323–328.

Pollard, R. (1992). 100 years in psychology and deafness: A centennial retrospective. Invited address to the American Psychological Association convention, Washington, DC.

Pollatsek, A., Romoser, M. R. E., & Fisher, D. L. (2012). Identifying and remediating failures of selective attention in older drivers. *Current Directions in Psychological Science, 21,* 3–7.

Pollick, A. S., & de Waal, F. B. M. (2007). Ape gestures and language evolution. *PNAS, 104,* 8184–8189.

Poole, D. A., & Lindsay, D. S. (1995). Interviewing preschoolers: Effects of nonsuggestive techniques, parental coaching and leading questions on reports of nonexperienced events. *Journal of Experimental Child Psychology, 60,* 129–154.

Poole, D. A., & Lindsay, D. S. (2001). Children's eyewitness reports after exposure to misinformation from parents. *Journal of Experimental Psychology: Applied, 7,* 27–50.

Poorthuis, A. M., Slagt, M., van Aken, M. A., Denissen, J. J., & Thomaes, S. (2019). Narcissism and popularity among peers: A cross-transition longitudinal study. *Self and Identity*, 1–15.

Pope, D., & Simonsohn, U. (2011). Round numbers as goals: Evidence from baseball, SAT takers, and the lab. *Psychological Science, 22*, 71–79.

Pope Francis. (2015). *Encyclical letter Laudato Si' of the Holy Father Francis on care for our common home* (official English-language text of encyclical). https://bit.ly/2ycGx9Z

Popova, S., Lange, S., Shield, K., Burd, L., & Rehm, J. (2019). Prevalence of fetal alcohol spectrum disorder among special subpopulations: A systematic review and meta-analysis. *Addiction, 114*, 1150–1172.

Popova, V., Daly, E. J., Trivedi, M., Cooper, K., Lane, R., Lim, P., Mazzucco, C., Hough, D., Thase, M. E., Shelton, R. C., Molero, P., Vieta, E., Bajbouj, M., Manji, H., Drevets, W. C., & Singh, J. B. (2019). Efficacy and safety of flexibly dosed esketamine nasal spray combined with a newly initiated oral antidepressant in treatment-resistant depression: A randomized double-blind active-controlled study. *The American Journal of Psychiatry, 176*, 428–438

Porfiri, M., Sattanapalle, R. R., Nakayama, S., Macinko, J., & Sipahi, R. (2019). Media coverage and firearm acquisition in the aftermath of a mass shooting. *Nature Human Behaviour, 3*, 913–921.

Poropat, A. E. (2014). Other-rated personality and academic performance: Evidence and implications. *Learning and Individual Differences, 34*, 24–32.

Porter, D., & Neuringer, A. (1984). Music discriminations by pigeons. *Journal of Experimental Psychology: Animal Behavior Processes, 10*, 138–148.

Porter, S., Birt, A. R., Yuille, J. C., & Lehman, D. R. (2000, November). Negotiating false memories: Interviewer and rememberer characteristics relate to memory distortion. *Psychological Science, 11*, 507–510.

Porter, S., & Peace, K. A. (2007). The scars of memory: A prospective, longitudinal investigation of the consistency of traumatic and positive emotional memories in adulthood. *Psychological Science, 18*, 435–441.

Potter, G. D. M., Cade, J. E., & Hardie, L. J. (2017). Longer sleep is associated with lower BMI and favorable metabolic profiles in UK adults: Findings from the National Diet and Nutrition Survey. *PLOS ONE 12*(7), e0182195.

Poulton, R., Moffitt, T. E., & Silva, P. A. (2015). The Dunedin multidisciplinary health and development study: Overview of the first 40 years, with an eye to the future. *Social Psychiatry and Psychiatric Epidemiology, 50*, 679–693.

Poundstone, W. (2014). *How to predict the unpredictable. The art of outsmarting almost everyone.* OneWorld.

Powell, R., Digdon, N. A., Harris, B., & Smithson, C. (2014). Correcting the record on Watson, Rayner and Little Albert: Albert Barger as "Psychology's Lost Boy." *American Psychologist, 69*, 600–611.

Powell, R. A., & Boer, D. P. (1994). Did Freud mislead patients to confabulate memories of abuse? *Psychological Reports, 74*, 1283–1298.

Powell, R. A., & Schmaltz, R. M. (2017, July). *Did Little Albert actually acquire a conditioned fear of animals? What the film evidence tells us* [Paper]. Presented at the Vancouver International Conference on the Teaching of Psychology.

PPP (Public Policy Polling). (2016, December 9). *Trump remains unpopular; voters prefer Obama on SCOTUS pick* [PDF file]. https://www.publicpolicypolling.com/wp-content/uploads/2017/09/PPP_Release_National_120916.pdf

Prather, A. A., Janicki-Deverts, D., Hall, M. H., & Cohen, S. (2015). Behaviorally assessed sleep and susceptibility to the common cold. *Sleep, 38*, 1353–1359.

Pratt, L. A., Brody, D. J., & Gu, Q. (2017, August). Antidepressant use among persons aged 12 and over: United States, 2011–2014. *NCHS Data Brief, 283*, 1–8.

Preckel, F., Lipnevich, A., Boehme, K., Branderner, L., Georgi, K., Könen, T., Mursin, K., & Roberts, R. (2013). Morningness–eveningness and educational outcomes: The lark has an advantage over the owl at high school. *British Journal of Educational Psychology, 83*, 114–134.

Preller, K. H., Razi, A., Zeidman, P., Stämpfli, P., Friston, K. J., & Vollenweider, F. X. (2019). Effective connectivity changes in LSD-induced altered states of consciousness in humans. *PNAS, 116*, 2743–2748.

Premack, D. G. (2007). Human and animal cognition: Continuity and discontinuity. *PNAS, 104*, 13861–13867.

Premack, D. G., & Woodruff, G. (1978). Does the chimpanzee have a theory of mind? *Behavioral and Brain Sciences, 1*, 515–526.

Prentice, D. A., & Miller, D. T. (1993). Pluralistic ignorance and alcohol use on campus: Some consequences of misperceiving the social norm. *Journal of Personality and Social Psychology, 64*, 243–256.

Prescott, A. T., Sargent, J. D., & Hull, J. G. (2018). Metaanalysis of the relationship between violent video game play and physical aggression over time. *PNAS, 115*, 9882–9888.

Presley, C. A., Meilman, P. W., & Lyerla, R. (1997). *Alcohol and drugs on American college campuses: Issues of violence and harassment.* Core Institute, Southern Illinois University.

Primack, B. A., Shensa, A., Escobar-Viera, C. G., Barrett, E. L., Sidani, J. E., Colditz, J. B., & James, A. E. (2016). Use of multiple social media platforms and symptoms of depression and anxiety: A nationally-representative study among U.S. young adults. *Computers in Human Behavior, 69*, 1–9.

Prochaska, J. J. (2019). The public health consequences of e-cigarettes: A review by the National Academies of Sciences. A call for more research, a need for regulatory action. *Addiction, 114*, 587–589.

Prochazkova, E., Prochazkova, L., Giffin, M. R., Scholte, H. S., De Dreu, C. K., & Kret, M. E. (2018). Pupil mimicry promotes trust through the theory-of-mind network. *PNAS, 115*, E7265–E7274.

Profet, M. (1992). Pregnancy sickness as adaptation: A deterrent to maternal ingestion of teratogens. In J. H. Barkow, L. Cosmides, and J. Tooby (Eds). *The adapted mind: Evolutionary psychology and the generation of culture* (pp. 327–366). Oxford University Press.

Proffitt, D. R. (2006a). Distance perception. *Current Directions in Psychological Research, 15*, 131–135.

Proffitt, D. R. (2006b). Embodied perception and the economy of action. *Perspectives on Psychological Science, 1*, 110–122.

Project Match Research Group. (1997). Matching alcoholism treatments to client heterogeneity: Project MATCH posttreatment drinking outcomes. *Journal of Studies on Alcohol, 58*, 7–29.

Pronin, E. (2007). Perception and misperception of bias in human judgment. *Trends in Cognitive Sciences, 11*, 37–43.

Pronin, E. (2013). When the mind races: Effects of thought speed on feeling and action. *Current Directions in Psychological Science, 22*, 283–288.

Pronin, E., & Ross, L. (2006). Temporal differences in trait self-ascription: When the self is seen as another. *Journal of Personality and Social Psychology, 90*, 197–209.

Propper, R. E., Stickgold, R., Keeley, R., & Christman, S. D. (2007). Is television traumatic? *Dreams, stress, and media exposure in the aftermath of September 11, 2001. Psychological Science, 18*, 334–340.

Prot, S., Gentile, D. A., Anderson, C. A., Suzuki, K., Swing, E., Lim, K. M., Horiuchi, Y., Jelic, M., Krahé, B., Liuqing, W., Liau, A. K., Khoo, A., Petrescu. P. D., Sakamoto, A., Tajima, S., Toma, R. A., Warburton, W., Zhang, X., & Lam, B. C. P. (2014). Long-term relations among prosocial-media use, empathy, and prosocial behavior. *Psychological Science, 25*, 358–368.

Protzko, J., Aronson, J., & Blair, C. (2013). How to make a young child smarter: Evidence from the database of raising intelligence. *Perspectives on Psychological Science, 8*, 25–40.

Provine, R. R. (2001). *Laughter: A scientific investigation.* Penguin.

Provine, R. R. (2012). *Curious behavior: Yawning, laughing, hiccupping, and beyond.* Harvard University Press.

Pryor, J. H., Hurtado, S., Saenz, V. B., Korn, J. S., Santos, J. L., & Korn, W. S. (2006). *The American freshman: National norms for fall 2006.* UCLA Higher Education Research Institute.

Pryor, L. (2019, March 15). Mental illness isn't all in your head. *The New York Times* https://www.nytimes.com/2019/03/15/opinion/preventing-mental-illness.html

Przybylski, A. K., Weinstein, N., & Murayama, K. (2017). Internet gaming disorder: Investigating the clinical relevance of a new phenomenon. *American Journal of Psychiatry, 174*, 230–236.

Psaltopoulou, T., Sergentanis, T. N., Panagiotakos, D. B., Sergentanis, I. N., Kosti, R., & Scarmeas, N. (2013). Mediterranean diet, stroke, cognitive impairment, and depression: A meta-analysis. *Annals of Neurology, 74*, 580–591.

Psychologist. (2003). Who's the greatest? *The Psychologist, 16*, 170–175.

PTC. (2007, January 10). *Dying to entertain: Violence on prime time broadcast TV, 1998 to 2006.* Parents Television Council.

Puhl, R. M., Latner, J. D., O'Brien, K., Luedicke, J., Forhan, M., & Danielsdottir, S. (2015). Cross-national perspectives about weight-based bullying in youth: Nature, extent and remedies. *Pediatric Obesity, 11*, 241–250.

Punamäki, R. L., & Joustie, M. (1998). The role of culture, violence, and personal factors affecting dream content. *Journal of Cross-Cultural Psychology, 29*, 320–342.

Puterman, E., Gemmill, A., Karasek, D., Weir, D., Adler, N. E., Prather, A. A., & Epel, E. S. (2016). Lifespan adversity and later adulthood telomere length in the nationally representative U.S. Health and Retirement Study. *PNAS, 113*, E6335–E6342.

Putnam, A. L., Ross, M. Q., Soter, L. K., & Roediger, H. L. (2018). Collective narcissism: Americans exaggerate the role of their home state in appraising U.S. history. *Psychological Science, 29*, 1414–1422.

Putnam, F. W. (1991). Recent research on multiple personality disorder. *Psychiatric Clinics of North America, 14*, 489–502.

Puttonen, S., Kivimäki, M., Elovainio, M., Pulkki-Råback, L., Hintsanen, M., Vahtera, J., Telama, R., Juonala, M., Viikari, J. S., Raitakari, O. T., & Keltikangas-Järvinen, L. (2009). Shift work in young adults and carotid artery intima-media thickness: The Cardiovascular Risk in Young Finns study. *Atherosclerosis, 205*, 608–613.

Pyszczynski, T. A., Motyl, M., Vail, K. E., III, Hirschberger, G., Arndt, J., & Kesebir, P. (2012). Drawing attention to global climate change decreases support for war. *Peace and Conflict: Journal of Peace Psychology, 18*, 354–368.

Pyszczynski, T. A., Rothschild, Z., & Abdollahi, A. (2008). Terrorism, violence, and hope for peace: A terror management perspective. *Current Directions in Psychological Science, 17,* 318–322.

Pyszczynski, T. A., Solomon, S., & Greenberg, J. (2002). *In the wake of 9/11: The psychology of terror.* American Psychological Association.

Qaseem, A., Kansagara, D., Forciea, M. A., Cooke, M., & Denberg, T. D., for the Clinical Guidelines Committee of the American College of Physicians. (2016). Management of chronic insomnia disorder in adults: A clinical practice guideline from the American College of Physicians. *Annals of Internal Medicine, 165,* 125–133.

Qin, H.-F., & Piao, T.-J. (2011). Dispositional optimism and life satisfaction of Chinese and Japanese college students: Examining the mediating effects of affects and coping efficacy. *Chinese Journal of Clinical Psychology, 19,* 259–261.

Qiu, L., Lin, H., Ramsay, J., & Yang, F. (2012). You are what you tweet: Personality expression and perception on Twitter. *Journal of Research in Personality, 46,* 710–718.

Quaedflieg, C. W. E. M., & Schwabe, L. (2017). Memory dynamics under stress. *Memory, 26,* 364–376.

Quasha, S. (1980). *Albert Einstein: An intimate portrait.* Forest.

Quinn, P. C., Bhatt, R. S., Brush, D., Grimes, A., & Sharpnack, H. (2002). Development of form similarity as a Gestalt grouping principle in infancy. *Psychological Science, 13,* 320–328.

Quiroga, R. Q., Fried, I., & Koch, C. (2013, February). Brain cells for grandmother. *Scientific American,* pp. 30–35.

Quoidbach, J., Dunn, E. W., Hansenne, M., & Bustin, G. (2015). The price of abundance: How a wealth of experiences impoverishes savoring. *Personality and Social Psychology Bulletin, 41,* 393–404.

Quoidbach, J., Dunn, E. W., Petrides, K. V., & Mikolajczak, M. (2010). Money giveth, money taketh away: The dual effect of wealth on happiness. *Psychological Science, 21,* 759–763.

Quoidbach, J., Gilbert, D. T., & Wilson, T. D. (2013). The end of history illusion. *Science, 339,* 96–98.

Quoidbach, J., Taquet, M., Desseilles, M., de Montjoye, Y., & Gross, J. J. (2019). Happiness and social behavior. *Psychological Science, 30,* 1111–1122.

Rabbitt, P. (2006). Tales of the unexpected: 25 years of cognitive gerontology. *The Psychologist, 19,* 674–676.

Rabinowicz, T., Dean, D. E., Petetot, J. M., & de Courten-Myers, G. M. (1999). Gender differences in the human cerebral cortex: More neurons in males; more processes in females. *Journal of Child Neurology, 14,* 98–107.

Rabinowicz, T., deCourten-Myers, G. M., Petetot, J. M., Xi, G., & de los Reyes, E. (1996). Human cortex development: Estimates of neuronal numbers indicate major loss late during gestation. *Journal of Neuropathology and Experimental Neurology, 55,* 320–328.

Raby, K. L., Cicchetti, D., Carlson, E. A., Cutuli, J. J., Englund, M. M., & Egeland, B. (2012). Genetic and care-giving-based contributions to infant attachment: Unique associations with distress reactivity and attachment security. *Psychological Science, 23,* 1016–1023.

Raby, K. L., Roisman, G. I., Fraley, R. C., & Simpson, J. A. (2014). The enduring predictive significance of early maternal sensitivity: Social and academic competence through age 32 years. *Child Development, 86,* 695–708.

Racsmány, M., Conway, M. A., & Demeter, G. (2010). Consolidation of episodic memories during sleep: Long-term effects of retrieval practice. *Psychological Science, 21,* 80–85.

Radford, B. (2010, March 5). *Missing persons and abductions reveal psychics' failures.* DiscoveryNews. https://culteducation.com/group/1104-psychics/22804-missing-persons-and-abductions-reveal-psychics-failures.html

Rae, J. R., Gülgöz, S., Durwood, L., DeMeules, M., Lowe, R., Lindquist, G., & Olson, K. R. (2019). Predicting early-childhood gender transitions. *Psychological Science, 30,* 669–681.

Rahl, H. A., Lindsay, E. K., Pacilio, L. E., Brown, K. W., & Creswell, J. D. (2017). Brief mindfulness meditation training reduces mind wandering: The critical role of acceptance. *Emotion, 17,* 224–230.

Rahman, A., Khan, M. N., Hamdani, S. U., Chiumento, A., Akhtar, P., Nazir, H., Nisar, A., Masood, A., Din, I. U., Khan, N. A., Bryant, R. A., Dawson, K. S., Sijbrandij, M., Wang, D., & van Ommeren, M. (2019). Effectiveness of a brief group psychological intervention for women in a post-conflict setting in Pakistan: A single-blind, cluster, randomised controlled trial. *The Lancet, 393*(10182), 1733–1744.

Rahman, Q. (2015, July 24). "Gay genes": Science is on the right track, we're born this way. Let's deal with it. *The Guardian.* https://www.theguardian.com/science/blog/2015/jul/24/gay-genes-science-is-on-the-right-track-were-born-this-way-lets-deal-with-it

Rahman, Q., & Koerting, J. (2008). Sexual orientation-related differences in allocentric spatial memory tasks. *Hippocampus, 18,* 55–63.

Rahman, Q., & Wilson, G. D. (2003). Born gay? The psychobiology of human sexual orientation. *Personality and Individual Differences, 34,* 1337–1382.

Rahman, Q., Wilson, G. D., & Abrahams, S. (2004). Biosocial factors, sexual orientation and neurocognitive functioning. *Psychoneuroendocrinology, 29,* 867–881.

Raichle, M. (2010, March). The brain's dark energy. *Scientific American,* pp. 44–49.

Raichlen, D. A., & Polk, J. D. (2013). Linking brains and brawn: Exercise and the evolution of human neurobiology. *Proceedings of the Royal Society of Biology, 280,* 20122250.

Raila, H., Scholl, B. J., & Gruber, J. (2015). Seeing the world through rose-colored glasses: People who are happy and satisfied with life preferentially attend to positive stimuli. *Emotion, 15,* 449–462.

Raine, A. (1999). Murderous minds: Can we see the mark of Cain? *Cerebrum: The Dana Forum on Brain Science 1,* 15–29.

Raine, A. (2005). The interaction of biological and social measures in the explanation of antisocial and violent behavior. In D. M. Stoff & E. J. Susman (Eds.), *Developmental psychobiology of aggression.* Cambridge University Press.

Raine, A. (2013). *The anatomy of violence: The biological roots of crime.* Pantheon.

Raine, A., Ang, R. P., Choy, O., Hibbeln, J. R., Ho, R., Lim, C. G., Lim-Ashworth, N. S. J., Ling, S., Liu, J. C. J., Ooi, Y. P., Tan, Y. R., & Fung, D. S. S. (2018). Omega-3 (ω-3) and social skills interventions for reactive aggression and childhood externalizing behavior problems: A randomized, stratified, double-blind, placebo-controlled, factorial trial. *Psychological Medicine.* Advance online publication. doi: 10.1017/S0033291718000983.

Raine, A., Brennan, P., Mednick, B., & Mednick, S. A. (1996). High rates of violence, crime, academic problems, and behavioral problems in males with both early neuromotor deficits and unstable family environments. *Archives of General Psychiatry, 53,* 544–549.

Raine, A., Lencz, T., Bihrle, S., LaCasse, L., & Colletti, P. (2000). Reduced prefrontal gray matter volume and reduced autonomic activity in antisocial personality disorder. *Archives of General Psychiatry, 57,* 119–127.

Rainville, P., Duncan, G. H., Price, D. D., Carrier, B., & Bushnell, M. C. (1997). Pain affect encoded in human anterior cingulate but not somatosensory cortex. *Science, 277,* 968–971.

Raison, C. L., Klein, H. M., & Steckler, M. (1999). The moon and madness reconsidered. *Journal of Affective Disorders, 53,* 99–106.

Rajangam, S., Tseng, P. H., Yin, A., Lehew, G., Schwarz, D., Lebedev, M. A., & Nicolelis, M. A. (2016). Wireless cortical brain-machine interface for whole-body navigation in primates. *Scientific Reports, 6,* 22170.

Raji, C. A., Merrill, D. A., Eyre, H., Mallam, S., Torosyan, N., Erickson, K.I., Lopez, O. L., Becker, J. T., Carmichael, O. T., Gach, H. M., Thompson, P. M., Longstreth, W. T., & Kuller, L. H. (2016). Longitudinal relationships between caloric expenditure and gray matter in the cardiovascular health study. *Journal of Alzheimer's Disease, 52,* 719–729.

Ramachandran, V. S., & Blakeslee, S. (1998). *Phantoms in the brain: Probing the mysteries of the human mind.* Morrow.

Ramírez-Esparza, N., Gosling, S. D., Benet-Martínez, V., Potter, J. P., & Pennebaker, J. W. (2006). Do bilinguals have two personalities? A special case of cultural frame switching. *Journal of Research in Personality, 40,* 99–120.

Ramos, M. R., Cassidy, C., Reicher, S., & Haslam, S. A. (2012). A longitudinal investigation of the rejection-identification hypothesis. *British Journal of Social Psychology, 51,* 642–660.

Ramot, M., Walsh, C., & Martin, A. (2019). Multifaceted integration: Memory for faces is subserved by widespread connections between visual, memory, auditory, and social networks. *Journal of Neuroscience, 39,* 4976–4985.

Rand, D. G., Tomlin, D., Bear, A., Ludvig, E. A., & Cohen, J. D. (2017). Cyclical population dynamics of automatic versus controlled processing: An evolutionary pendulum. *Psychological Review, 124,* 626–642.

Randall, D. K. (2012, September 22). Rethinking sleep. *The New York Times.* https://www.nytimes.com/2012/09/23/opinion/sunday/rethinking-sleep.html?

Randi, J. (1999, February 4). 2000 club mailing list e-mail letter.

Randler, C. (2008). Morningness–eveningness and satisfaction with life. *Social Indicators Research, 86,* 297–302.

Randler, C. (2009). Proactive people are morning people. *Journal of Applied Social Psychology, 39,* 2787–2797.

Ranzini, M., & Girelli, L. (2019). Colours + Numbers differs from colours of numbers: cognitive and visual illusions in grapheme-colour synaesthesia. *Attention, Perception, & Psychophysics, 81,* 1500–1511.

Rapoport, J. L. (1989). The biology of obsessions and compulsions. *Scientific American, 260,* 83–89.

Räsänen, S., Pakaslahti, A., Syvalahti, E., Jones, P. B., & Isohanni, M. (2000). Sex differences in schizophrenia: A review. *Nordic Journal of Psychiatry, 54,* 37–45.

Rashbaum, W. K. (2019, April 23). For first time, pharmaceutical distributor faces federal criminal charges over opioid crisis. *The New York Times.* https://www.nytimes.com/2019/04/23/nyregion/opioid-crisis-drug-trafficking-rochester.html?

Rasmussen, K. (2016). Entitled vengeance: A meta-analysis relating narcissism to provoked aggression. *Aggressive Behavior, 42,* 362–379.

Rath, T., & Harter, J. K. (2010, August 19). Your friends and your social well-being: Close friendships are vital to health, happiness, and even workplace productivity. *Gallup Business Journal.* https://news.gallup.com/businessjournal/127043/friends-social-wellbeing.aspx

Rathbone, C. J., Salgado, S., Akan, M., Havelka, J., & Berntsen, D. (2016). Imagining the future: A cross-cultural perspective on possible selves. *Consciousness and Cognition, 42,* 113–124.

Rattan, A., Savani, K., Naidu, N. V. R., & Dweck, C. S. (2012). Can everyone become highly intelligent? Cultural differences in and societal consequences of beliefs about the universal potential for intelligence. *Journal of Personality and Social Psychology, 103,* 787–803.

Ravizza, S. M., Uitvlught, M. G., & Fenn, K. M. (2017). Logged in and zoned out. *Psychological Science, 28,* 171–180.

Ray, J., & Kafka, S. (2014, May 6). *Life in college matters for life after college.* Gallup. https://news.gallup.com/poll/168848/life-college-matters-life-college.aspx

Ray, O., & Ksir, C. (1990). *Drugs, society, and human behavior* (5th ed.). Times Mirror/Mosby.

Ray, R., Sanes, M., & Schmitt, J. (2013). *No-vacation nation revisited.* Center for Economic and Policy Research, 1–22.

Raynor, H. A., & Epstein, L. H. (2001). Dietary variety, energy regulation, and obesity. *Psychological Bulletin, 127,* 325–341.

Raz, A., Fan, J., & Posner, M. I. (2005). Hypnotic suggestion reduces conflict in the human brain. *PNAS, 102,* 9978–9983.

Reason, J. (1987). The Chernobyl errors. *Bulletin of the British Psychological Society, 40,* 201–206.

Reason, J., & Mycielska, K. (1982). *Absent-minded? The psychology of mental lapses and everyday errors.* Prentice-Hall.

Rebar, A. L., Stanton, R., Geard, D., Short, C., Duncan, M. J., & Vandelanotte, C. (2015). A meta-meta-analysis of the effect of physical activity on depression and anxiety in non-clinical adult populations. *Health Psychology Review, 9,* 366–378.

Rechenberg, K. (2016). Nutritional interventions in clinical depression. *Clinical Psychological Science, 4,* 144–162.

Redden, J. P., Mann, T., Vickers, Z., Mykerezi, E., Reicks, M., & Elsbernd, E. (2015). Serving first in isolation increases vegetable intake among elementary schoolchildren. *PLOS ONE, 10,* e0121283.

Redick, T. (2019). The hype cycle of working memory training. *Current Directions in Psychological Science, 28,* 423–429.

Redick, T. S., Unsworth, N., Kane, M. J., & Hambrick, D. Z. (2017). Don't shoot the messenger: Still no evidence that video-game experience is related to cognitive abilities—A reply to Green et al. (2017). *Psychological Science, 28,* 683–686.

Reed, D. (2012, January). Quoted by Miller, P. in A thing or two about twins. *National Geographic.* https://www.nationalgeographic.com/magazine/2012/01/identical-twins-science-dna-portraits/.

Rees, M. (1999). *Just six numbers: The deep forces that shape the universe.* Basic Books.

Reger, M. A., Stanley, M. S., & Joiner, T. E. (2020). Suicide mortality and coronavirus disease 2019—a perfect storm? *JAMA Psychiatry.* Advance online publication. doi:10.1001/jamapsychiatry.2020.1060

Régner, I., Thinus-Blanc, C., Netter, A., Schmader, T., & Huguet, P. (2019). Committees with implicit biases promote fewer women when they do not believe gender bias exists. *Nature Human Behaviour, 3,* 1171–1179.

Rehm, J., & Shield, K. D. (2019). Global burden of disease and the impact of mental and addictive disorders. *Current Psychiatry Reports, 21*(2), 10.

Reichenberg, A., Cederlöf, M., McMillan, A., Trzaskowski, M., Kapara, O., Fruchter, E., Ginat, K., Davidson, M., Weiser, M., Larsson, H., Plomin, R., & Lichtenstein, P. (2016). Discontinuity in the genetic and environmental causes of the intellectual disability spectrum. *PNAS, 113,* 1098–1103.

Reichenberg, A., & Harvey, P. D. (2007). Neuropsychological impairments in schizophrenia: Integration of performance-based and brain imaging findings. *Psychological Bulletin, 133,* 833–858.

Reichert, R. A., Robb, M. B., Fender, J. G., & Wartella, E. (2010). Word learning from baby videos. *Archives of Pediatrics & Adolescent Medicine, 164,* 432–437.

Reichow, B. (2012). Overview of meta-analyses on early intensive behavioral intervention for young children with autism spectrum disorders. *Journal of Autism and Developmental Disorders, 42,* 512–520.

Reid, V. M., Dunn, K., Young, R. J., Amu, J., Donovan, T., & Reissland, N. (2017). The human fetus preferentially engages with face-like visual stimuli. *Current Biology, 27,* 1825–1828.

Reifman, A. S., Larrick, R. P., & Fein, S. (1991). Temper and temperature on the diamond: The heat-aggression relationship in major league baseball. *Personality and Social Psychology Bulletin, 17,* 580–585.

Reilly, D., Neumann, D. L., & Andrews, G. (2019). Gender differences in reading and writing achievement: Evidence from the National Assessment of Educational Progress (NAEP). *American Psychologist, 74,* 445–458.

Reimann, F., Cox, J. J., Belfer, I., Diatchenko, L., Zaykin, D. V., McHale, D. P., Drenth, J. P., Dai, F., Wheeler, J., Sanders, F., Wood, L., Wu, T. X., Karppinen, J., Nikolaisen, L., Männikkö, M., Max, M. B., Kiselycznyk, C., Poddar, M., Te Morsche, R. H., . . . Woods, C. G. (2010). Pain perception is altered by a nucleotide polymorphism in SCN9A. *PNAS, 107,* 5148–5153.

Reimão, R. N., & Lefévre, A. B. (1980). Prevalence of sleep-talking in childhood. *Brain and Development, 2,* 353–357.

Reiner, W. G., & Gearhart, J. P. (2004). Discordant sexual identity in some genetic males with cloacal exstrophy assigned to female sex at birth. *New England Journal of Medicine, 350,* 333–341.

Reis, H. (2018). *Relationships, well-being and behaviour: Selected works of Harry T. Reis.* Routledge.

Reis, H. T., & Aron, A. (2008). Love: What is it, why does it matter, and how does it operate? *Perspectives on Psychological Science, 3,* 80–86.

Reis, M., Ramiro, L., Camacho, I., Tomé, G., Brito, C., & Gaspar de Matos, G. (2017). Does having a pet make a difference? Highlights from the HBSC Portuguese study. *European Journal of Developmental Psychology, 15,* 548–564.

Reis, S. M. (2001). Toward a theory of creativity in diverse creative women. In M. Bloom & T. Gullotta (Eds.), *Promoting creativity across the life span* (pp. 231–275). CWLA Press.

Reisenzein, R. (1983). The Schachter theory of emotion: Two decades later. *Psychological Bulletin, 94,* 239–264.

Reitz, A. K., Motti-Stefanidi, F., & Asendorpf, J. B. (2016). Me, us, and them: Testing sociometer theory in a socially diverse real-life context. *Journal of Personality and Social Psychology, 110,* 908–920.

Reitzle, M. (2006). The connections between adulthood transitions and the self-perception of being adult in the changing contexts of East and West Germany. *European Psychologist, 11,* 25–38.

Reivich, K., Gillham, J. E., Chaplin, T. M., & Seligman, M. E. P. (2013). *From helplessness to optimism: The role of resilience in treating and preventing depression in youth.* Springer Science + Business Media.

Rekker, R., Keijsers, L., Branje, S., & Meeus, W. (2015). Political attitudes in adolescence and emerging adulthood: Developmental changes in mean level, polarization, rank-order stability, and correlates. *Journal of Adolescence, 41,* 136–147.

Remick, A. K., Polivy, J., & Pliner, P. (2009). Internal and external moderators of the effect of variety on food intake. *Psychological Bulletin, 135,* 434–451.

Remington, A., Swettenham, J., Campbell, R., & Coleman, M. (2009). Selective attention and perceptual load in autism spectrum disorder. *Psychological Science, 20,* 1388–1393.

Remley, A. (1988, October). From obedience to independence. *Psychology Today,* pp. 56–59.

Ren, D., Wesselmann, E., & Williams, K. D. (2016). Evidence for another response to ostracism: Solitude seeking. *Social Psychological and Personality Science, 7*(3), 204–212.

Ren, X., & Canavero, S. (2017). HEAVEN in the making: Between the rock (the academe) and a hard case (a head transplant). *AJOB Neuroscience, 8,* 200–205.

Ren, X., Kim, C. Y., & Canavero, S. (2019). Bridging the gap: Spinal cord fusion as a treatment of chronic spinal cord injury. *Surgical Neurology International, 10,* 51.

Renner, M. J., & Renner, C. H. (1993). Expert and novice intuitive judgments about animal behavior. *Bulletin of the Psychonomic Society, 31,* 551–552.

Renner, M. J., & Rosenzweig, M. R. (1987). *Enriched and impoverished environments: Effects on brain and behavior.* Springer-Verlag.

Renninger, K. A., & Granott, N. (2005). The process of scaffolding in learning and development. *New Ideas in Psychology, 23,* 111–114.

Rentfrow, P. J., & Gosling, S. D. (2003). The do re mi's of everyday life: The structure and personality correlates of music preferences. *Journal of Personality and Social Psychology, 84,* 1236–1256.

Rentfrow, P. J., & Gosling, S. D. (2006). Message in a ballad: The role of music preferences in interpersonal perception. *Psychological Science, 17,* 236–242.

Repacholi, B. M., Meltzoff, A. N., Toub, T. S., & Ruba, A. L. (2016). Infants' generalizations about other people's emotions: Foundations for trait-like attributions. *Developmental Psychology, 52,* 364.

Rescorla, R. A., & Wagner, A. R. (1972). A theory of Pavlovian conditioning: Variations in the effectiveness of reinforcement and nonreinforcement. In A. H. Black & W. F. Perokasy (Eds.), *Classical conditioning II: Current theory.* Appleton-Century-Crofts.

Resnick, M. D., Bearman, P. S., Blum, R. W., Bauman, K. E., Harris, K. M., Jones, J., Tabor, J., Beuhring, T., Sieving, R. E., Shew M., Ireland, M., Bearinger, L. H., & Udry, J. R. (1997). Protecting adolescents from harm. Findings from the National Longitudinal Study on Adolescent Health. *Journal of the American Medical Association, 278,* 823–832.

Resnick, S. M. (1992). Positron emission tomography in psychiatric illness. *Current Directions in Psychological Science, 1,* 92–98.

Retraction Watch. (2015, December 8). *Diederik Stapel now has 58 retractions.* https://www.retractionwatch.com/category/diederik-stapel

Reuters. (2000, July 5). *Many teens regret decision to have sex.* National Campaign to Prevent Teen Pregnancy survey.

Reuters. (2019). *Factbox: South African athlete Semenya loses appeal against testosterone rule.* https://www.reuters.com/article/us-athletics-semenya-factbox/factbox-south-african-athlete-semenya-loses-appeal-against-testosterone-rule-idUSKCN1S73XX

Reyna, V. F., Chick, C. F., Corbin, J. C., & Hsia, A. N. (2014). Developmental reversals in risky decision making: Intelligence agents show larger decision biases than college students. *Psychological Science, 25,* 76–84.

Reynolds, G. (2009, November 18). Phys ed: Why exercise makes you less anxious. *The New York Times* blog. https://well.blogs.nytimes.com/2009/11/18/phys-ed-why-exercise-makes-you-less-anxious/?

Reynolds, G. (2019, January 16). How exercise may help keep our memory sharp. *The New York Times.* https://www.nytimes.com/2019/01/16/well/move/exercise-brain-memory-irisin-alzheimer-dementia.html?

Reynolds, J., Stewart, M., MacDonald, R., & Sischo, L. (2006). Have adolescents become too ambitious? High school seniors' educational and occupational plans, 1976 to 2000. *Social Problems, 53,* 186–206.

Reynolds, J. P., Archer, S., Pilling, M., Kenny, M., Hollands, G. J., & Marteau, T. M. (2019). Public acceptability of nudging and taxing to reduce consumption of alcohol, tobacco, and food: A population-based survey experiment. *Social Science & Medicine, 236,* 112395.

Rhodes, E. (2017, August). Back to academia . . . and elephants. *The Psychologist,* pp. 12–13.

Rhodes, M. G., & Anastasi, J. S. (2012). The own-age bias in face recognition: A meta-analytic and theoretical review. *Psychological Bulletin, 138,* 146–174.

Ribeiro, J. D., Huang, X., Fox, K. R., Walsh, C. G., & Linthicum, K. P. (2019). Predicting imminent suicidal thoughts and nonfatal attempts: The role of complexity. *Clinical Psychological Science, 7,* 941–957.

Riccelli, R., Toschi, N., Nigro, S., Terracciano, A., & Passamonti, L. (2017). Surface-based morphometry reveals the neuroanatomical basis of the five-factor model of personality. *Social Cognitive and Affective Neuroscience, 12,* 671–684.

Ricciardelli, L. A., & McCabe, M. P. (2004). A biopsychosocial model of disordered eating and the pursuit of muscularity in adolescent boys. *Psychological Bulletin, 130,* 179–205.

Rice, M. E., & Grusec, J. E. (1975). Saying and doing: Effects on observer performance. *Journal of Personality and Social Psychology, 32,* 584–593.

Richardson, G. B., La Guardia, A. C., & Klay, P. M. (2018). Determining the roles of father absence and age at menarche in female psychosocial acceleration. *Evolution and Human Behavior, 39,* 437–446.

Richardson, J. (1993). The curious case of coins: Remembering the appearance of familiar objects. *The Psychologist: Bulletin of the British Psychological Society, 6,* 360–366.

Richardson, J. T. E., & Zucco, G. M. (1989). Cognition and olfaction: A review. *Psychological Bulletin, 105,* 352–360.

Richardson, M., Abraham, C., & Bond, R. (2012). Psychological correlates of university students' academic performance: A systematic review and meta-analysis. *Psychological Bulletin, 138,* 353–387.

Richeson, J. A., & Shelton, J. N. (2007). Negotiating interracial interactions. *Current Directions in Psychological Science, 16,* 316–320.

Richtel, M., & Kaplan, S. (2018, August 27). Did Juul lure teenagers and get 'customers for life'? *The New York Times.* https://www.nytimes.com/2018/08/27/science/juul-vaping-teen-marketing.html?

Rieff, P. (1979). *Freud: The mind of a moralist* (3rd ed.). University of Chicago Press.

Rieger, G., Savin-Williams, R., Chivers, M. L., & Bailey, J. M. (2016). Sexual arousal and masculinity-femininity of women. *Journal of Personality and Social Psychology, 111,* 265–283.

Rigoni, J. B., & Asplund, J. (2016a, July 7). Strengths-based development: The business results. Gallup. https://www.gallup.com/workplace/236297/strengths-based-employee-development-business-results.aspx

Rigoni, J. B., & Asplund, J. (2016b, July 12). Global study: ROI for strengths-based development. Gallup. https://www.gallup.com/workplace/236288/global-study-roi-strengths-based-development.aspx

Rihm, J. S., Menz, M. M., Schultz, H., Bruder, L., Schilbach, L., Schmid, S. M., & Peters, J. (2019). Sleep deprivation selectively up-regulates an amygdala-hypothalamic circuit involved in food reward. *Journal of Neuroscience, 39,* 888–899.

Riley, L. D., & Bowen, C. (2005). The sandwich generation: Challenges and coping strategies of multigenerational families. *The Family Journal, 13,* 52–58.

Rimfeld, K., Kovas, Y., Dale, P. S., & Plomin, R. (2016). True grit and genetics: Predicting academic achievement from personality. *Journal of Personality and Social Psychology, 111,* 780–789

Rindermann, H., & Becker, D. (2018). FLynn-effect and economic growth: Do national increases in intelligence lead to increases in GDP? *Intelligence, 69,* 87–93.

Rindermann, H., Becker, D., & Coyle, T. R. (2016). Survey of expert opinion on intelligence: The Flynn effect and the future of intelligence. *Personality and Individual Differences, 106,* 242–247.

Rindermann, H., & Ceci, S. J. (2009). Educational policy and country outcomes in international cognitive competence studies. *Perspectives on Psychological Science, 4,* 551–577.

Riordan, M. (2013, March 19). *Tobacco warning labels: Evidence of effectiveness.* Washington, DC: The Campaign for Tobacco-Free Kids (tobaccofreekids.org).

Ritchie, H., Roser, M., & Ortiz-Espina, E. (2019a). *Suicide (by age).* Our World in Data. ourworldindata.org/suicide#suicide-by-age

Ritchie, H., Roser, M., & Ortiz-Ospina, E. (2019b). *Suicide (by gender).* Our World in Data. ourworldindata.org/suicide#suicide-by-gender

Ritchie, H., Roser, M., & Ortiz-Ospina, E. (2020). *Suicide.* Our World in Data. https://ourworldindata.org/suicide

Ritchie, S. J., Cox, S. R., Shen, X., Lombardo, M. V., Reus, L. M., Alloza, C., Harris, M. A., Alderson, H. L., Hunter, S., Neilson, E., Liewald, D. C. M., Auyeung, B., Whalley, H. C., Lawrie, S. M., Gale, C. R., Bastin, M. E., McIntosh, A. M., & Deary, I. J. (2018). Sex differences in the adult human brain: Evidence from 5216 UK Biobank participants. *Cerebral Cortex, 28,* 2959–2975.

Ritchie, S. J., Dickie, D. A., Cox, S. R., Valdes Hernandez Mdel, C., Corley, J., Royle, N. A., Pattie, A., Aribisala, B. S., Redmond, P., Muñoz Maniega, S., Taylor, A. M., Sibbett, R., Gow, A. J., Starr, J. M., Bastin, M. E., Wardlaw, J. M., & Deary, I. J. (2015). Brain volumetric changes and cognitive ageing during the eighth decade of life. *Human Brain Mapping, 36,* 4910–4925.

Ritchie, S. J., & Tucker-Drob, E. M. (2018). How much does education improve intelligence? A meta-analysis. *Psychological Science, 29,* 1358–1369.

Ritchie, S. J., Wiseman, R., & French, C. C. (2012). Failing the future: Three unsuccessful attempts to replicate Bem's "retroactive facilitation of recall" effect. *PLOS ONE, 7,* e33r23.

Ritter, S. M., Damian, R. I., Simonton, D. K., van Baaren, R. B., Strick, M., Derks, J., & Dijksterhuis, A. (2012). Diversifying experiences enhance cognitive flexibility. *Journal of Experimental Social Psychology, 48,* 961–964.

Rivera, M., Locke, A. E., Corre, T., Czamara, D., Wolf, C., Ching-Lopez, A., Milaneschi, Y., Kloiber, S., Cohen-Woods, S., Rucker, J., Aitchison, K. J., Bergmann, S., Boomsma, D. I., Craddock, N., Gill, M., Holsboer, F., Hottenga, J. J., Korszun, A., Kutalik, Z., . . . McGuffin, P. (2017). Interaction between the FTO gene, body mass index and depression: Metaanalysis of 13701 individuals. *The British Journal of Psychiatry, 211,* 70–76.

Rizzolatti, G., Fadiga, L., Fogassi, L., & Gallese, V. (2002). From mirror neurons to imitation: Facts and speculations. In A. N. Meltzoff & W. Prinz (Eds.), *The imitative mind: Development, evolution, and brain bases.* Cambridge University Press.

Rizzolatti, G., Fogassi, L., & Gallese, V. (2006, November). Mirrors in the mind. *Scientific American, 295,* 54–61.

Roberson, D., Davidoff, J., Davies, I. R. L., & Shapiro, L. R. (2004). The development of color categories in two languages: A longitudinal study. *Journal of Experimental Psychology: General, 133,* 554–571.

Roberson, D., Davies, I. R. L., Corbett, G. G., & Vandervyver, M. (2005). Free-sorting of colors across cultures: Are there universal grounds for grouping? *Journal of Cognition and Culture, 5,* 349–386.

Roberti, J. W., Storch, E. A., & Bravata, E. A. (2004). Sensation seeking, exposure to psychosocial stressors, and body modifications in a college population. *Personality and Individual Differences, 37,* 1167–1177.

Roberts, B. W., & DelVecchio, W. F. (2000). The rank-order consistency of personality traits from childhood to old age: A quantitative review of longitudinal studies. *Psychological Bulletin, 126,* 3–25.

Roberts, B. W., Donnellan, M. B., & Hill, P. L. (2013). Personality trait development in adulthood. In H. Tennen, J. Suls, & I. B. Weiner (Eds.), *Handbook of psychology, Vol. 5: Personality and social psychology* (2nd ed.). Wiley.

Roberts, B. W., Kuncel, N. R., Shiner, R., Caspi, A., & Goldberg, L. R. (2007). The power of personality: The comparative validity of personality traits, socioeconomic status, and cognitive ability for predicting important life outcomes. *Perspectives on Psychological Science, 2,* 313–345.

Roberts, B. W., Luo, J., Briley, D. A., Chow, P. I., Su, R., & Hill, P. L. (2017). A systematic review of personality trait change through intervention. *Psychological Bulletin, 143,* 117–141.

Roberts, J. A., & David, M. E. (2016). My life has become a major distraction from my cell phone: Partner phubbing and relationship satisfaction among romantic partners. *Computers in Human Behavior, 54,* 134–141.

Roberts, L. (1988). Beyond Noah's ark: What do we need to know? *Science, 242,* 1247.

Roberts, P., & Stewart, B. A. (2018). Defining the 'generalist specialist' niche for Pleistocene Homo sapiens. *Nature Human Behaviour, 2,* 542–550.

Roberts, T.-A. (1991). Determinants of gender differences in responsiveness to others' evaluations. *Dissertation Abstracts International, 51*(8–B).

Robine, J.-M., & Allard, M. (1999). Jeanne Calment: Validation of the duration of her life. In B. Jeune & J. W. Vaupel (Eds.). *Validation of exceptional longevity.* Odense University Press. https://www.demogr.mpg.de/books/odense/6/09.htm

Robins, L., & Regier, D. (Eds.). (1991). *Psychiatric disorders in America.* Free Press.

Robins, L. N., Davis, D. H., & Goodwin, D. W. (1974). Drug use by U.S. Army enlisted men in Vietnam: A follow-up on their return home. *American Journal of Epidemiology, 99,* 235–249.

Robinson, F. P. (1970). *Effective study.* Harper & Row.

Robinson, J. P., & Martin, S. (2008). What do happy people do? *Social Indicators Research, 89,* 565–571.

Robinson, J. P., & Martin, S. (2009). Changes in American daily life: 1965–2005. *Social Indicators Research, 93,* 47–56.

Robinson, O. J., Cools, R., Carlisi, C. O., & Drevets, W. C. (2012). Ventral striatum response during reward and punishment reversal learning in unmedicated major depressive disorder. *American Journal of Psychiatry, 169,* 152–159.

Robinson, T. E., & Berridge, K. C. (2003). Addiction. *Annual Review of Psychology, 54,* 25–53.

Robinson, T. N., Borzekowski, D. L. G., Matheson, D. M., & Kraemer, H. C. (2007). Effects of fast food branding on young children's taste preferences. *Archives of Pediatric and Adolescent Medicine, 161,* 792–797.

Robinson, V. M. (1983). Humor and health. In P. E. McGhee & J. H. Goldstein (Eds.), *Handbook of humor research: Vol. II. Applied studies.* Springer-Verlag.

Robles, T. F. (2015). Marital quality and health: Implications for marriage in the 21st century. *Current Directions in Psychological Science, 23,* 427–432.

Rochat, F. (1993). *How did they resist authority? Protecting refugees in Le Chambon during World War II* [Paper]. Presented at the American Psychological Association convention.

Rock, I., & Palmer, S. (1990, December). The legacy of Gestalt psychology. *Scientific American,* pp. 84–90.

Rodin, J. (1986). Aging and health: Effects of the sense of control. *Science, 233,* 1271–1276.

Rodriguez, D. N., & Strange, D. (2015). False memories for dissonance inducing events. *Memory, 23,* 203-212.

Rodríguez, G., & Hall, G. (2019). Explaining learned predictiveness: Roles of attention and integration of associative structures. *Journal of Experimental Psychology: Animal Learning and Cognition, 45,* 163–173.

Roediger, H. L. (1980). Memory metaphors in cognitive psychology. *Memory & Cognition, 8,* 231–246.

Roediger, H. L., III. (2013). Applying cognitive psychology to education: Translational educational science. *Psychological Science in the Public Interest, 14,* 1–3.

Roediger, H. L., III, & DeSoto, K. A. (2016). Was Alexander Hamilton president? *Psychological Science, 27,* 644–650.

Roediger, H. L., III, & Finn, B. (2010, March/April). The pluses of getting it wrong. *Scientific American Mind,* pp. 39–41.

Roediger, H. L., III, & Karpicke, J. D. (2006). Test-enhanced learning: Taking memory tests improves long-term retention. *Psychological Science, 17,* 249–255.

Roediger, H. L., III, & Karpicke, J. D. (2018). Reflections on the resurgence of interest in the testing effect. *Perspectives on Psychological Science, 13,* 236–241.

Roediger, H. L., III, & McDaniel, M. A. (2007). Illusory recollection in older adults: Testing Mark Twain's conjecture. In M. Garry H. Hayne (Ed.), *Do justice and let the sky fall: Elizabeth F. Loftus and her contributions to science, law, and academic freedom.* Erlbaum.

Roediger, H. L., III, & McDermott, K. B. (1995). Creating false memories: Remembering words not presented in lists. *Journal of Experimental Psychology: Learning, Memory, and Cognition, 21,* 803–814.

Roediger, H. L., III, Meade, M. L., & Bergman, E. T. (2001). Social contagion of memory. *Psychonomic Bulletin & Review, 8,* 365–371.

Roediger, H. L., III, Wheeler, M. A., & Rajaram, S. (1993). Remembering, knowing, and reconstructing the past. In D. L. Medin (Ed.), *The psychology of learning and motivation: Advances in research and theory* (Vol. 30). Academic Press.

Roehling, P. V., Roehling, M. V., & Moen, P. (2001). The relationship between work-life policies and practices and employee loyalty: A life course perspective. *Journal of Family and Economic Issues, 22,* 141–170.

Roelofs, T. (2010, September 22). Somali refugee takes oath of U.S. citizenship year after his brother. *The Grand Rapids Press* (mlive.com).

Roenneberg, T., Kuehnle, T., Pramstaller, P. P., Ricken, J., Havel, M., Guth, A., & Merrow, M. (2004). A marker for the end of adolescence. *Current Biology, 14,* R1038–R1039.

Roepke, A. M. (2015). Psychosocial interventions and posttraumatic growth: A meta-analysis. *Journal of Consulting and Clinical Psychology, 83,* 129.

Roese, N. J., & Summerville, A. (2005). What we regret most . . . and why. *Personality and Social Psychology Bulletin, 31,* 1273–1285.

Roese, N. J., & Vohs, K. D. (2012). Hindsight bias. *Perspectives on Psychological Science, 7,* 411–426.

Roesser, R. (1998). *What you should know about hearing conservation.* betterhearing.org/

Rogers, C. R. (1961). *On becoming a person: A therapist's view of psychotherapy.* Houghton Mifflin.

Rogers, C. R. (1980). *A way of being.* Houghton Mifflin.

Rogers, C. R. (1985, February). Quoted by M. L. Wallach & L. Wallach, How psychology sanctions the cult of the self. *Washington Monthly,* pp. 46–56.

Rogers, T., & Feller, A. (2016). Discouraged by peer excellence: Exposure to exemplary peer performance causes quitting. *Psychological Science, 27,* 365–374.

Rogers, T., & Milkman, K. L. (2016). Reminders through association. *Psychological Science, 27,* 973–986.

Rogers, T., Moore, D. A., & Norton, M. I. (2017). The belief in a favorable future. *Psychological Science, 28,* 1290–1301.

Rohner, R. P., & Veneziano, R. A. (2001). The importance of father love: History and contemporary evidence. *Review of General Psychology, 5,* 382–405.

Rohrer, J. M., Egloff, B., Kosinski, M., Stillwell, D., & Schmukle, S. C. (2018). In your eyes only? Discrepancies and agreement between self- and other-reports of personality from age 14 to 29. *Journal of Personality and Social Psychology, 115,* 304–320.

Rohrer, J. M., Egloff, B., & Schmukle, S. C. (2015). Examining the effects of birth order on personality. *PNAS, 112,* 14224–14229.

Roiser, J. P., Cook, L. J., Cooper, J. D., Rubinsztein, D. C., & Sahakian, B. J. (2005). Association of a functional polymorphism in the serotonin transporter gene with abnormal emotional processing in Ecstasy users. *American Journal of Psychiatry, 162,* 609–612.

Rokach, A., Orzeck, T., Moya, M., & Exposito, F. (2002). Causes of loneliness in North America and Spain. *European Psychologist, 7,* 70–79.

Romano, A., Balliet, D., Yamagishi, T., & Liu, J. H. (2017). Parochial trust and cooperation across 17 societies. *PNAS, 114,* 12702–12707.

Romelsjö, A., Danielsson, A., Wennberg, P., & Hibell, B. (2014). Cannabis use and drug related problems among adolescents in 27 European countries: The utility of the prevention paradox. *Nordic Studies on Alcohol and Drugs, 31,* 359–369.

Ronay, R., & von Hippel, W. (2010). The presence of an attractive woman elevates testosterone and physical risk taking in young men. *Social Psychology and Personality Science, 1,* 57–64.

Roper, K. R. (2016, July 19). Public Facebook post. https://www.facebook.com/kate.riffleroper/posts/1746348308987959

Roper, S. D., & Chaudhari, N. (2017). Taste buds: Cells, signals, and synapses. *Nature Reviews Neuroscience, 18,* 485–497.

Roque, L., Verissimo, M., Oliveira, T. F., & Oliveira, R. F. (2012). Attachment security and HPA axis reactivity to positive and challenging emotional situations in child-mother dyads in naturalistic settings. *Developmental Psychobiology, 54,* 401–411.

Rosch, E. (1978). Principles of categorization. In E. Rosch & B. L. Lloyd (Eds.), *Cognition and categorization.* Erlbaum.

Rose, A. J., & Rudolph, K. D. (2006). A review of sex differences in peer relationship processes: Potential trade-offs for the emotional and behavioral development of girls and boys. *Psychological Bulletin, 132,* 98–131.

Rose, H., & Rose, S. (2016). *Can neuroscience change our minds?* Polity.

Rose, J. S., Chassin, L., Presson, C. C., & Sherman, S. J. (1999). Peer influences on adolescent cigarette smoking: A prospective sibling analysis. *Merrill-Palmer Quarterly, 45,* 62–84.

Rose, R. J., Kaprio, J., Winter, T., Dick, D. M., Viken, R. J., Pulkkinen, L., & Koskenvuo, M. (2002). Femininity and fertility in sisters with twin brothers: Prenatal androgenization? Cross-sex socialization? *Psychological Science, 13,* 263–266.

Roselli, C. E., Larkin, K., Schrunk, J. M., & Stormshak, F. (2004). Sexual partner preference, hypothalamic morphology and aromatase in rams. *Physiology and Behavior, 83,* 233–245.

Roselli, C. E., Resko, J. A., & Stormshak, F. (2002). Hormonal influences on sexual partner preference in rams. *Archives of Sexual Behavior, 31,* 43–49.

Rosenbaum, M. (1986). The repulsion hypothesis: On the nondevelopment of relationships. *Journal of Personality and Social Psychology, 51,* 1156–1166.

Rosenberg, B. D., & Siegel, J. T. (2018). A 50-year review of psychological reactance theory: Do not read this article. *Motivation Science, 4,* 281–300.

Rosenberg, E. L., Zanesco, A. P., King, B. G., Aichele, S. R., Jacobs, R. L., Bridwell, D. A., MacLean, K. A., Shaver, P. R., Ferrer, E., Sahdra, B. K., Lavy, S., Wallace, B. A., & Saron, C. D. (2015). Intensive meditation training influences emotional responses to suffering. *Emotion, 15,* 775–790.

Rosenberg, N. A., Pritchard, J. K., Weber, J. L., Cann, H. M., Kidd, K. K., Zhivotosky, L. A., & Feldman, M. W. (2002). Genetic structure of human populations. *Science, 298,* 2381–2385.

Rosenberg, T. (2010, November 1). The opt-out solution. *The New York Times* (nytimes.com).

Rosenberg, T. (2019, Dec. 17). Five who spread hope in 2019. *The New York Times.* https://www.nytimes.com/2019/12/17/opinion/spread-hope-2019.html?

Rosenblum, L. D. (2013, January). A confederacy of senses. *Scientific American,* pp. 73–78.

Rosenfeld, M. J. (2014). Couple longevity in the era of same-sex marriage in the United States. *Journal of Marriage and Family, 76,* 905–911.

Rosenfeld, M. J., Reuben, T. J., & Falcon, M. (2011). *How couples meet and stay together, Waves 1, 2, and 3: Public version 3.04. Machine Readable Data File.* Stanford University Libraries. https://data.stanford.edu/hcmst

Rosenfeld, M. J., Thomas, R. J., & Hausen, S. (2018). *How couples meet and stay together 2017 fresh sample.* Stanford University Libraries. https://data.stanford.edu/hcmst2017

Rosenfeld, M. J., Thomas, R. J., & Hausen, S. (2019). Disintermediating your friends: How online dating in the United States displaces other ways of meeting. *PNAS, 116,* 17753–17758.

Rosenquist, P. B., McCall, W. V., & Youssef, N. (2016). Charting the course of electroconvulsive therapy: Where have we been and where are we headed? *Psychiatric Annals, 46,* 647–651.

Rosenthal, E. (2009, November 1). When texting kills, Britain offers path of prison. *The New York Times.* https://www.nytimes.com/2009/11/02/technology/02texting.html?

Rosenthal, R., Hall, J. A., Archer, D., DiMatteo, M. R., & Rogers, P. L. (1979). The PONS test: Measuring sensitivity to nonverbal cues. In S. Weitz (Ed.), *Nonverbal communication* (2nd ed.). Oxford University Press.

Rosenzweig, M. R. (1984). Experience, memory, and the brain. *American Psychologist, 39,* 365–376.

Rosenzweig, M. R., Krech, D., Bennett, E. L., & Diamond, M. C. (1962). Effects of environmental complexity and training on brain chemistry and anatomy: A replication and extension. *Journal of Comparative and Physiological Psychology, 55,* 429–437.

Roser, M. (2019). *Life expectancy.* Our World in Data. https://ourworldindata.org/life-expectancy

Roseth, C. J., Johnson, D. W., & Johnson, R. T. (2008). Promoting early adolescents' achievement and peer relationships: The effects of cooperative, competitive, and individualistic goal structures. *Psychological Bulletin, 134,* 223–246.

Rosling, H., Rosling Rönnlund, A., & Rosling, O. (2018). *Factfulness: Ten reasons we're wrong about the world—and why things are better than you think.* Flatiron Books.

Ross, E. L., Zivin, K., & Maixner, D. F. (2018). Cost-effectiveness of electroconvulsive therapy vs pharmacotherapy/psychotherapy for treatment-resistant depression in the United States. *JAMA Psychiatry, 75,* 713–722.

Ross, J. (2006, December). Sleep on a problem . . . it works like a dream. *The Psychologist, 19,* 738–740.

Ross, L. (1977). The intuitive psychologist and his shortcomings: Distortions in the attribution process. In L. Berkowitz (Ed.) *Advances in experimental social psychology* (Vol. 10). Academic Press.

Ross, L. (2018). From the fundamental attribution error to the truly fundamental attribution error and beyond: My research journey. *Perspectives on Psychological Science, 13,* 750–769.

Ross, L. E., Salway, T., Tarasoff, L. A., MacKay, J. M., Hawkins, B. W., & Fehr, C. P. (2018). Prevalence of depression and anxiety among bisexual people compared to gay, lesbian, and heterosexual individuals: A systematic review and meta-analysis. *Journal of Sex Research,* 55(4–5), 435–456.

Ross, M., McFarland, C., & Fletcher, G. J. O. (1981). The effect of attitude on the recall of personal histories. *Journal of Personality and Social Psychology, 40,* 627–634.

Ross, M., Xun, W. Q. E., & Wilson, A. E. (2002). Language and the bicultural self. *Personality and Social Psychology Bulletin, 28,* 1040–1050.

Rossi, A. S., & Rossi, P. H. (1993). *Of human bonding: Parent-child relations across the life course.* Aldine de Gruyter.

Rossi, P. J. (1968). Adaptation and negative aftereffect to lateral optical displacement in newly hatched chicks. *Science, 160,* 430–432.

Rotge, J.-Y., Lemogne, C., Hinfray, S., Huguet, P., Grynszpan, O., Tartour, E., George, N., & Fossati, P. (2015). A meta-analysis of the anterior cingulate contribution to social pain. *Social Cognitive and Affective Neuroscience, 10,* 19–27.

Roth, B., Becker, N., Romeyke, S., Schäfer, S., Domnick, F., & Spinath, F. M. (2015). Intelligence and school grades: A meta-analysis. *Intelligence, 53,* 118–137.

Roth, T., Roehrs, T., Zwyghuizen-Doorenbos, A., Stpeanski, E., & Witting, R. (1988). Sleep and memory. In I. Hindmarch & H. Ott (Eds.), *Benzodiazepine receptor ligans, memory and information processing.* Springer-Verlag.

Rothbart, M., Fulero, S., Jensen, C., Howard, J., & Birrell, P. (1978). From individual to group impressions: Availability heuristics in stereotype formation. *Journal of Experimental Social Psychology, 14,* 237–255.

Rothbaum, F., & Tsang, B. Y.-P. (1998). Lovesongs in the United States and China: On the nature of romantic love. *Journal of Cross-Cultural Psychology, 29,* 306–319.

Rotheneichner, P., Lange, S., O'Sullivan, A., Marschallinger, J., Zaunmair, P., Geretsegger, C., Aigner, L., & Couillard-Despres, S. (2014). Hippocampal neurogenesis and antidepressive therapy: Shocking relations. *Neural Plasticity, 2014,* 723915.

Rottenberg, J., Devendorf, A. R., Panaite, V., Disabato, D. J., & Kashdan, T. B. (2019). Optimal well-being after major depression. *Clinical Psychological Science, 7,* 621–627.

Rottensteiner, M., Leskinen, T., Niskanen, E., Aaltonen, S., Mutikainen, S., Wikgren, J., Heikkilä, K., Kovanen, V., Kainulainen, H., Kaprio, J., Tarkka, I. M., & Kujala, U. M. (2015). Physical activity, fitness, glucose homeostasis, and brain morphology in twins. *Medicine and Science in Sports and Exercise, 47,* 509–518.

Rotton, J., & Kelly, I. W. (1985). Much ado about the full moon: A meta-analysis of lunar-lunacy research. *Psychological Bulletin, 97,* 286–306.

Rounds, J., & Su, R. (2014). The nature and power of interests. *Current Directions in Psychological Science, 23,* 98–103.

Rovee-Collier, C. (1989). The joy of kicking: Memories, motives, and mobiles. In P. R. Solomon, G. R. Goethals, C. M. Kelley, & B. R. Stephens (Eds.), *Memory: Interdisciplinary approaches.* Springer-Verlag.

Rovee-Collier, C. (1993). The capacity for long-term memory in infancy. *Current Directions in Psychological Science, 2,* 130–135.

Rovee-Collier, C. (1999). The development of infant memory. *Current Directions in Psychological Science, 8,* 80–85.

Rowe, D. C. (1990). As the twig is bent? The myth of child-rearing influences on personality development. *Journal of Counseling and Development, 68,* 606–611.

Rowe, D. C., Almeida, D. M., & Jacobson, K. C. (1999). School context and genetic influences on aggression in adolescence. *Psychological Science, 10,* 277–280.

Rowe, D. C., Vazsonyi, A. T., & Flannery, D. J. (1994). No more than skin deep: Ethnic and racial similarity in developmental process. *Psychological Review, 101,* 396.

Rowe, D. C., Vazsonyi, A. T., & Flannery, D. J. (1995). Ethnic and racial similarity in developmental process: A study of academic achievement. *Psychological Science, 6,* 33–38.

Roy, J., & Forest, G. (2018). Greater circadian disadvantage during evening games for the National Basketball Association (NBA), National Hockey League (NHL) and National Football League (NFL) teams travelling westward. *Journal of Sleep Research, 27,* 86–89.

Royal, K. (2019, September 14). *What engaged employees do differently.* Gallup. https://www.gallup.com/workplace/266822/engaged-employees-differently.aspx

Røysamb, E., & Nes, R. B. (2019). The role of genetics in subjective well-being. *Nature Human Behavior, 3*(1), 3.

Rozin, P., Dow, S., Mosovitch, M., & Rajaram, S. (1998). What causes humans to begin and end a meal? A role for memory for what has been eaten, as evidenced by a study of multiple meal eating in amnesic patients. *Psychological Science, 9,* 392–396.

Rozin, P., Haddad, B., Nemeroff, C., & Slovic, P. (2015). Psychological aspects of the rejection of recycled water: Contamination, purification and disgust. *Judgment and Decision Making, 10,* 50–63.

Rozin, P., Millman, L., & Nemeroff, C. (1986). Operation of the laws of sympathetic magic in disgust and other domains. *Journal of Personality and Social Psychology, 50,* 703–712.

Ruau, D., Liu, L. Y., Clark, J. D., Angst, M. S., & Butte, A. J. (2012). Sex differences in reported pain across 11,000 patients captured in electronic medical records. *Journal of Pain, 13,* 228–234.

Ruback, R. B., Carr, T. S., & Hopper, C. H. (1986). Perceived control in prison: Its relation to reported crowding, stress, and symptoms. *Journal of Applied Social Psychology, 16,* 375–386.

Rubel, J. A., Hilpert, P., Wolfer, C., Held, J., Vîslǎ, A., & Flückiger, C. (2019). The working alliance in manualized CBT for generalized anxiety disorder: Does it lead to change and does the effect vary depending on manual implementation flexibility? *Journal of Consulting and Clinical Psychology, 87,* 989–1002.

Rubenstein, J. S., Meyer, D. E., & Evans, J. E. (2001). Executive control of cognitive processes in task switching. *Journal of Experimental Psychology: Human Perception and Performance, 27,* 763–797.

Rubenstein, L. M., Freed, R. D., Shapero, B. G., Fauber, R. L., & Alloy, L. B. (2016, June). Cognitive attributions in depression: Bridging the gap between research and clinical practice. *Journal of Psychotherapy Integration, 26,* 103–115.

Ruberton, P. M., Gladstone, J., & Lyubomirsky, S. (2016). How your bank balance buys happiness. *Emotion, 16,* 575–580.

Rubin, D. C., Rahhal, T. A., & Poon, L. W. (1998). Things learned in early adulthood are remembered best. *Memory and Cognition, 26,* 3–19.

Rubin, J. Z., Pruitt, D. G., & Kim, S. H. (1994). *Social conflict: Escalation, stalemate, and settlement.* McGraw-Hill.

Rubin, L. B. (1985). *Just friends: The role of friendship in our lives.* Harper & Row.

Rubin, Z. (1970). Measurement of romantic love. *Journal of Personality and Social Psychology, 16,* 265–273.

Rubinstein, G. (2016). Modesty doesn't become me: Narcissism and the Big Five among male and female candidates for the *Big Brother* TV show. *Journal of Individual Differences, 37,* 223–230.

Rubio, G., & López-Ibor, J. J. (2007). Generalized anxiety disorder: A 40-year follow-up study. *Acta Psychiatrica Scandinavica, 115,* 372–379.

Rubio-Fernández, P., & Geurts, B. (2013). How to pass the false-belief task before your fourth birthday. *Psychological Science, 24,* 27–33.

Ruchlis, H. (1990). *Clear thinking: A practical introduction.* Prometheus Books.

Ruddock, H. K., Brunstrom, J. M., Vartanian, L. R., & Higgs, S. (2019). A systematic review and meta-analysis of the social facilitation of eating. *American Journal of Clinical Nutrition, 110,* 842–861.

Rudert, S. C., Keller, M. D., Hales, A. H., Walker, M., & Greifeneder, R. (2019). Who gets ostracized? A personality perspective on risk and protective factors of ostracism. *Journal of Personality and Social Psychology,* in press.

Rueckert, L., Doan, T., & Branch, B. (2010). *Emotion and relationship effects on gender differences in empathy.* Presented at the annual meeting of the Association for Psychological Science, Boston, MA.

Rueger, S. Y., Malecki, C. K., Pyun, Y., Aycock, C., & Coyle, S. (2016). A meta-analytic review of the association between perceived social support and depression in childhood and adolescence. *Psychological Bulletin, 142,* 1017–1067.

Ruffin, C. L. (1993). Stress and health—little hassles vs. major life events. *Australian Psychologist, 28,* 201–208.

Rule, B. G., & Ferguson, T. J. (1986). The effects of media violence on attitudes, emotions, and cognitions. *Journal of Social Issues, 42,* 29–50.

Rumbaugh, D. M. (1977). *Language learning by a chimpanzee: The Lana project.* Academic Press.

Rumbaugh, D. M., & Washburn, D. A. (2003). *Intelligence of apes and other rational beings.* Yale University Press.

Ruotsalainen, H., Kyngäs, H., Tammelin, T., & Kääriäinen, M. (2015). Systematic review of physical activity and exercise interventions on body mass indices, subsequent physical activity and psychological symptoms in overweight and obese adolescents. *Journal of Advanced Nursing, 71,* 2461–2477.

Rusanen, M., Kivipelto, M., Quesenberry, C. P., Jr., Zhou, J., & Whitmer, R. A. (2011). Heavy smoking in midlife and long-term risk of Alzheimer disease and vascular dementia. *Archives of Internal Medicine, 171,* 333–339.

Rusch, H. L., Rosario, M., Levison, L. M., Olivera, A., Livingston, W. S., Wu, T., & Gill, J. M. (2019). The effect of mindfulness meditation on sleep quality: a systematic review and meta-analysis of randomized controlled trials. *Annals of the New York Academy of Sciences, 1445,* 5–16.

Rushton, J. P. (1975). Generosity in children: Immediate and long-term effects of modeling, preaching, and moral judgment. *Journal of Personality and Social Psychology, 31,* 459–466.

Russell, B. (1930/1985). *The conquest of happiness.* Unwin Paperbacks.

Ruthsatz, J., & Urbach, J. B. (2012). Child prodigy: A novel cognitive profile places elevated general intelligence, exceptional working memory and attention to detail at the root of prodigiousness. *Intelligence, 40,* 419–426.

Rutledge, R. B., Skandali, N., Dayan, P., & Dolan, R. J. (2014). A computational and neural model of momentary subjective well-being. *PNAS, 111,* 12252–12257.

Rutz, C., Klump, B. C., Komarczyk, L., Leighton, R., Kramer, J., Wischnewski, S., Sugasawa, S., Morrissey, M. B., James, R., St. Clair, J. J., Switzer, R. A., & Masuda, B. M. (2016). Discovery of species-wide tool use in the Hawaiian crow. *Nature, 537,* 403–407.

Ruzich, E., Allison, C., Chakrabarti, B., Smith, P., Musto, H., Ring, H., & Baron-Cohen, S. (2015). Sex and STEM occupation predict autism-spectrum quotient (AQ) scores in half a million people. *PLOS ONE 10*(10), e0141229.

Ruzich, E., Crespo-García, M., Dalal, S. S., & Schneiderman, J. F. (2019). Characterizing hippocampal dynamics with MEG: A systematic review and evidence-based guidelines. *Human Brain Mapping, 40,* 1353–1375.

Ryan, B. (2016, March 8). *Women's life ratings get better with full-time jobs.* Gallup. https://news.gallup.com/opinion/gallup/189854/women-life-ratings-better-full-time-jobs.aspx

Ryan, P. (2015, December 15). Quoted by Editorial Board of *The New York Times* in Don't blame mental illness for gun violence. *The New York Times.* https://www.nytimes.com/2015/12/16/opinion/dont-blame-mental-illness-for-gun-violence.html?

Ryan, R. M., & Deci, E. L. (2000). Self-determination theory and the facilitation of intrinsic motivation, social development, and well-being. *American Psychologist, 55,* 68–78.

Ryan, R. M., & Deci, E. L. (2004). Avoiding death or engaging life as accounts of meaning and culture: Comment on Pyszczynski et al. (2004). *Psychological Bulletin, 130,* 473–477.

Rydell, M., Lundström, S., Gillberg, C., Lichtenstein, P., & Larsson, H. (2018). Has the attention deficit hyperactivity disorder phenotype become more common in children between 2004 and 2014? Trends over 10 years from a Swedish general population sample. *Journal of Child Psychology and Psychiatry, 59,* 863–871.

Rydell, R. J., Rydell, M. T., & Boucher, K. L. (2010). The effect of negative performance stereotypes on learning. *Journal of Personality and Social Psychology, 99,* 883–896.

Ryder, A. G., Yang, J., Zhu, X., Yao, S., Yi, J., Heine, S. J., & Bagby, R. M. (2008). The cultural shaping of depression: somatic symptoms in China, psychological symptoms in North America? *Journal of Abnormal Psychology, 117,* 300–313.

Ryder, J. G., & Holtzheimer, P. E. (2016). Deep brain stimulation for depression: An update. *Current Behavioral Neuroscience Reports, 3,* 102–108.

Saad, L. (2002, November 21). *Most smokers wish they could quit.* Gallup News Service. https://news.gallup.com/poll/7270/most-smokers-wish-they-could-quit.aspx

Saad, L. (2015, July 13). *Nearly half of smartphone users can't imagine life without it.* Gallup. https://news.gallup.com/poll/184085/nearly-half-smartphone-users-imagine-life-without.aspx

Saad, L. (2019, August 16). *10 major social changes in the 50 years since Woodstock.* Gallup. https://news.gallup.com/opinion/gallup/265490/major-social-changes-years-woodstock.aspx

Sabbagh, M. A., Xu, F., Carlson, S. M., Moses, L. J., & Lee, K. (2006). The development of executive functioning and theory of mind: A comparison of Chinese and U.S. preschoolers. *Psychological Science, 17,* 74–81.

Sabesan, R., Schmidt, B. P., Tuten, W. S., & Roorda, A. (2016). The elementary representation of spatial and color vision in the human retina. *Science Advances, 2,* e1600797.

Sabini, J. (1986). Stanley Milgram (1933–1984). *American Psychologist, 41,* 1378–1379.

Sachdev, P., & Sachdev, J. (1997). Sixty years of psychosurgery: Its present status and its future. *Australian and New Zealand Journal of Psychiatry, 31,* 457–464.

Sackett, P. R., Kuncel, N. R., Beatty, A. S., Rigdon, J. L., Shen, W., & Kiger, T. B. (2012). The role of socioeconomic status in SAT-grade relationships and in college admissions decisions. *Psychological Science, 23,* 1000–1007.

Sacks, O. (1985). *The man who mistook his wife for a hat.* Summit Books.

Sadato, N., Pascual-Leone, A., Grafman, J., Ibanez, V., Deiber, M.-P., Dold, G., & Hallett, M. (1996). Activation of the primary visual cortex by Braille reading in blind subjects. *Nature, 380,* 526–528.

Sadler, M. S., Correll, J., Park, B., & Judd, C. M. (2012a). The world is not Black and White: Racial bias in the decision to shoot in a multiethnic context. *Journal of Social Issues, 68,* 286–313.

Sadler, M. S., Meagor, E. L., & Kaye, M. E. (2012b). Stereotypes of mental disorders differ in competence and warmth. *Social Science and Medicine, 74,* 915–922.

Saffran, J. A. (2009). What can statistical learning tell us about infant learning? In A. Woodward & A. Needham (Eds.), *Learning and the infant mind.* Oxford University Press.

Saffran, J. R., Aslin, R. N., & Newport, E. L. (1996). Statistical learning by 8-month-old infants. *Science, 274,* 1926–1928.

Sagan, C. (1977). *The dragons of Eden: Speculations on the evolution of human intelligence.* Ballantine.

Sagan, C. (1987, February 1). *The fine art of baloney detection* [PDF file]. www.inf.fu-berlin.de/lehre/pmo/eng/Sagan-Baloney.pdf

Saint Louis, C. (2017, February 2). Pregnant women turn to marijuana, perhaps harming infants. *The New York Times.* https://www.nytimes.com/2017/02/02/health/marijuana-and-pregnancy.html

Saito, A., Shinozuka, K., Ito, Y., & Hasegawa, T. (2019). Domestic cats (Felis catus) discriminate their names from other words. *Scientific Reports, 9,* 5394.

Sajous-Turner, A., Anderson, N. E., Widdows, M., Nyalakanti, P., Harenski, K., Harenski, C., Koenigs, M., Decety, J., & Kiehl, K. A. (2019). Aberrant brain gray matter in murderers. *Brain Imaging and Behavior.* Advance online publication. https://doi.org/10.1007/s11682-019-00155-y

Sakaluk, J. K., Williams, A. J., Kilshaw, R. E., & Rhyner, K. T. (2019). Evaluating the evidential value of empirically supported psychological treatments (ESTs): A meta-scientific review. *Journal of Abnormal Psychology, 128,* 500–509.

Saks, E. (2007, August 27). A memoir of schizophrenia. *Time* (time.com).

Sala, G., Tatlidil, K. S., & Gobet, F. (2018). Video game training does not enhance cognitive ability: A comprehensive meta-analytic investigation. *Psychological Bulletin, 144,* 111–139.

Salas-Wright, C., Vaughn, M. G., Goings, T. C., Miller, D. P., & Schwartz, S. J. (2018). Immigrants and mental disorders in the United States: New evidence on the healthy migrant hypothesis. *Psychiatry Research, 267,* 438–445.

Salas-Wright, C. P., Vaughn, M. G., Hodge, D. R., & Perron, B. E. (2012). Religiosity profiles of American youth in relation to substance use, violence, and delinquency. *Journal of Youth and Adolescence, 41,* 1560–1575.

Salazar Kämpf, M., Liebermann, H., Kerschreiter, R., Krause, S., Nestler, S., & Schmukle, S. C. (2018). Disentangling the sources of mimicry: Social relations analyses of the link between mimicry and liking. *Psychological Science, 29,* 131–138.

Salchegger, S. (2016). Selective school systems and academic self-concept: How explicit and implicit school-level tracking relate to the big-fish-little-pond effect across cultures. *Journal of Educational Psychology, 108,* 405–423.

Salehi, I., Hosseini, S. M., Haghighi, M., Jahangard, L., Bajoghli, H., Gerber, M., Pühse, U., Holsboer-Trachsler, E., & Brand, S. (2016). Electroconvulsive therapy (ECT) and aerobic exercise training (AET) increased plasma BDNF and ameliorated depressive symptoms in patients suffering from major depressive disorder. *Journal of Psychiatric Research, 76,* 1–8.

Salgado, J. F., & Moscoso, S. (2002). Comprehensive meta-analysis of the construct validity of the employment interview. *European Journal of Work and Organizational Psychology, 11,* 299–326.

Salk, R. H., Hyde, J. S., & Abramson, L. Y. (2017). Gender differences in depression in representative national samples: Meta-analyses of diagnoses and symptoms. *Psychological Bulletin, 143,* 783–822.

Salles, A., Bjaalie, J. G., Evers, K., Farisco, M., Fothergill, B. T., Guerrero, M., Maslen, H., Muller, J., Prescott, T., Stahl, B. C., Walter, H., Zilles, K., & Amunts, K. (2019). The Human Brain Project: Responsible brain research for the benefit of society. *Neuron, 101,* 380–384.

Salmela-Aro, K., Tolvanen, A., & Nurmi, J. (2009). Achievement strategies during university studies predict early career burnout and engagement. *Journal of Vocational Behavior, 75,* 162–172.

Salmon, P. (2001). Effects of physical exercise on anxiety, depression, and sensitivity to stress: A unifying theory. *Clinical Psychology Review, 21,* 33–61.

Salovey, P. (1990, January/February). Interview. *American Scientist,* pp. 25–29.

Salthouse, T. A. (2010). Selective review of cognitive aging. *Journal of the International Neuropsychological Society, 16,* 754–760.

Salthouse, T. A. (2013). Within-cohort age-related differences in cognitive functioning. *Psychological Science, 24,* 123–130.

Salthouse, T. A. (2014). Why are there different age relations in cross-sectional and longitudinal comparisons of cognitive functioning? *Current Directions in Psychological Science, 23,* 252–256.

Salthouse, T. A., & Mandell, A. R. (2013). Do age-related increases in tip-of-the-tongue experiences signify episodic memory impairments? *Psychological Science, 24*, 2489–2497.

SAMHSA. (2018). *Key substance use and mental health indicators in the United States: Results from the 2017 National Survey on Drug Use and Health* (HHS Publication No. SMA 18-5068, NSDUH Series H-53). Center for Behavioral Health Statistics and Quality, Substance Abuse and Mental Health Services Administration.

SAMHSA. (2019). *Results from the 2018 National Survey on Drug Use and Health: Graphics from the key findings report.* Center for Behavioral Health Statistics and Quality, Substance Abuse and Mental Health Services Administration, U.S. Department of Health and Human Services.

Samson, D. R., Crittenden, A. N., Mabulla, I. A., Mabulla, A. Z. P., & Nunn, C. L. (2017). Chronotype variation drives night-time sentinel-like behaviour in hunter-gatherers. *Proceedings of the Royal Society B, 284*(1858), 20170967.

Samuels, J., & Nestadt, G. (1997). Epidemiology and genetics of obsessive-compulsive disorder. *International Review of Psychiatry, 9*, 61–71.

Sánchez-Álvarez, N., Extremera, N., & Fernández-Berrocal, P. (2016). The relation between emotional intelligence and subjective well-being: A meta-analytic investigation. *Journal of Positive Psychology, 11*, 276–285.

Sánchez-Villegas, A., Henríquez-Sánchez, P., Ruiz-Canela, M., Lahortiga, F., Molero, P., Toledo, E., & Martínez-González, M. A. (2015). A longitudinal analysis of diet quality scores and the risk of incident depression in the SUN Project. *BMC Medicine, 13*, 1.

Sanders, A. R., Beecham, G. W., Guo, S., Dawood, K., Rieger, G., Badner, J. A., Gershon, E. S., Krishnappa, R. S., Kolundzija, A. B., Duan, J., MGS Collaboration, Gejman, P. V., Bailey, J. M., & Martin, E. R. (2017). Genome-wide association study of male sexual orientation. *Nature: Scientific Reports, 7*(1), 16950.

Sanders, A. R., Martin, E. R., Beecham, G. W., Guo, S., Dawood, K., Rieger, G., Badner, J. A., Gershon, E. S., Krishnappa, R. S., Kolundzija, A. B., Duan, J., Gejman, P. V., & Bailey, J. M. (2015). Genome-wide scan demonstrates significant linkage for male sexual orientation. *Psychological Medicine, 45*, 1379–1388.

Sandler, W., Meir, I., Padden, C., & Aronoff, M. (2005). The emergence of grammar: Systematic structure in a new language. *PNAS, 102*, 2261–2265.

Sandoval, M., Leclerc, J. A., & Gómez, R. L. (2017). Words to sleep on: Naps facilitate verb generalization in habitually and nonhabitually napping preschoolers. *Child Development, 88*(5), 1615–1626.

Sandstrom, A. (2015, December 2). *Religious groups' policies on transgender members vary widely.* Pew Research Center. https://www.pewresearch.org/fact-tank/2015/12/02/religious-groups-policies-on-transgender-members-vary-widely/

Sanson, M., Strange, D., & Garry, M. (2019). Trigger warnings are trivially helpful at reducing negative affect, intrusive thoughts, and avoidance. *Clinical Psychological Science, 7*, 778–793.

Santangelo, V., Cavallina, C., Colucci, P., Santori, A., Macri, S., McGaugh, J. L., & Campolongo, P. (2018). Enhanced brain activity associated with memory access in highly superior autobiographical memory. *PNAS, 115*, 7795–7800.

Santavirta, T., Santavirta, N., & Gilman, S. E. (2018). Association of the World War II Finnish evacuation of children with psychiatric hospitalization in the next generation. *JAMA Psychiatry, 75*, 21–27.

Santomauro, J., & French, C. C. (2009). Terror in the night. *The Psychologist, 22*, 672–675.

Santos, H. C., Varnum, M. E. W., & Grossmann, I. (2017). Global increases in individualism. *Psychological Science, 28*, 1228–1239.

Sanz, C., Blicher, A., Dalke, K., Gratton-Fabri, L., McClure-Richards, T., & Fouts, R. (1998, Winter-Spring). Enrichment object use: Five chimpanzees' use of temporary and semi-permanent enrichment objects. *Friends of Washoe, 19*, 9–14.

Sanz, C., Morgan, D., & Gulick, S. (2004). New insights into chimpanzees, tools, and termites from the Congo Basin. *American Naturalist, 164*, 567–581.

Sapadin, L. A. (1988). Friendship and gender: Perspectives of professional men and women. *Journal of Social and Personal Relationships, 5*, 387–403.

Sapolsky, R. (2003). Taming stress. *Scientific American, 289*, 86–95.

Sapolsky, R. (2005). The influence of social hierarchy on primate health. *Science, 308*, 648–652.

Sapolsky, R. (2010, November 14). This is your brain on metaphors. *The New York Times.* https://opinionator.blogs.nytimes.com/2010/11/14/this-is-your-brain-on-metaphors/?

Sapolsky, R. (2015, September 3). *Caitlyn Jenner and our cognitive dissonance.* Nautilus. http://nautil.us/issue/28/2050/caitlyn-jenner-and-our-cognitive-dissonance

Sapolsky, R. M. (2018, November). The science of inequality. *Scientific American,* pp. 54–67.

Saposnik, G., Redelmeier, D., Ruff, C. C., & Tobler, P. N. (2016). Cognitive biases associated with medical decisions: A systematic review. *BMC Medical Informatics and Decision Making, 16*, 138.

Sarrasin, J. B., Nenciovici, L., Foisy, L.-M. B., Allaire-Duquette, G., Riopel, M., Masson, S. (2018). Effects of teaching the concept of neuroplasticity to induce a growth mindset on motivation, achievement, and brain activity: A meta-analysis. *Trends in Neuroscience and Education, 12*, 22–31.

Sarro, E. C., Wilson, D. A., & Sullivan, R. M. (2014). Maternal regulation of infant brain state. *Current Biology, 24*, 1664–1669.

Sassenberg, K., & Ditrich, L. (2019). Research in social psychology changed between 2011 and 2016: Larger sample sizes, more self-report measures, and more online studies. *Advances in Methods and Practices in Psychological Science, 2*(2), 107–114.

Sasser, T. R., Bierman, K. L., Heinrichs, B., & Nix, R. L. (2017). Preschool intervention can promote sustained growth in the executive-function skills of children exhibiting early deficits. *Psychological Science, 28*, 1719–1730.

Satel, S., & Lilienfeld, S. G. (2013). *Brainwashed: The seductive appeal of mindless neuroscience.* Basic Books.

Sato, K. (1987). Distribution of the cost of maintaining common resources. *Journal of Experimental Social Psychology, 23*, 19–31.

Sauce, B., & Matzel, L. D. (2018). The paradox of intelligence: Heritability and malleability coexist in hidden gene-environment interplay. *Psychological Bulletin, 144*, 26–47.

Saulny, S. (2006, June 21). A legacy of the storm: Depression and suicide. *The New York Times.* https://www.nytimes.com/2006/06/21/us/a-legacy-of-the-storm-depression-and-suicide.html?

Saunders, G. R. B., Elkins, I. J., Christensen, K., & McGue, M. (2018). The relationship between subjective well-being and mortality within discordant twin pairs from two independent samples. *Psychology and Aging, 33*, 439–447.

Saunders-Scott, D., Braley, M. B., & Stennes-Spidahl, N. (2018). Traditional and psychological factors associated with academic success: investigating best predictors of college retention. *Motivation and Emotion, 42*, 459–465.

Saurat, M., Agbakou, M., Attigui, P., Golmard, J., & Arnulf, I. (2011). Walking dreams in congenital and acquired paraplegia. *Consciousness and Cognition, 20*, 1425–1432.

Savage, J. E., Jansen, P. R., Stringer, S., Watanabe, K., Bryois, J., de Leeuw, C. A., Nagel, M., Awasthi, S., Barr, P. B., Coleman, J., Grasby, K. L., Hammerschlag, A. R., Kaminski, J. A., Karlsson, R., Krapohl, E., Lam, M., Nygaard, M., Reynolds, C. A., Trampush, J. W., . . . Grasby, K. L. (2018). Genome-wide association meta-analysis in 269,867 individuals identifies new genetic and functional links to intelligence. *Nature Genetics, 50*, 912–919.

Savage-Rumbaugh, E. S., Murphy, J., Sevcik, R. A., Brakke, K. E., Williams, S. L., & Rumbaugh, D. M., with commentary by Bates, E. (1993). Language comprehension in ape and child. *Monographs of the Society for Research in Child Development, 58*, 1–254.

Savage-Rumbaugh, E. S., Rumbaugh, D., & Fields, W. M. (2009). Empirical Kanzi: The ape language controversy revisited. *Skeptic, 15*, 25–33.

Savani, K., & Job, V. (2017). Reverse ego-depletion: Acts of self-control can improve subsequent performance in Indian cultural contexts. *Journal of Personality and Social Psychology, 113*, 589–607.

Savani, K., & Rattan, A. (2012). A choice mind-set increases the acceptance and maintenance of wealth inequality. *Psychological Science, 23*, 796–804.

Savelieva, K., Pulkki-Råback, L., Jokela, M., Kubzansky, L. D., Elovainio, M., Mikkilä, V., Tammelin, T., Juonala, M., Raitakari, O. T., & Keltikangas-Järvinen, L. (2016). Intergenerational transmission of socioeconomic position and ideal cardiovascular health: 32-year follow-up study. *Health Psychology, 36*, 270–279.

Savic, I., Berglund, H., & Lindstrom, P. (2005). Brain response to putative pheromones in homosexual men. *PNAS, 102*, 7356–7361.

Savic, I., & Lindström, P. (2008). PET and MRI show differences in cerebral asymmetry and functional connectivity between homo- and heterosexual subjects. *PNAS, 105*, 9403–9408.

Savin-Williams, R., Joyner, K., & Rieger, G. (2012). Prevalence and stability of self-reported sexual orientation identity during young adulthood. *Archives of Sexual Behavior, 41*, 103–110.

Savitsky, K., Epley, N., & Gilovich, T. D. (2001). Do others judge us as harshly as we think? Overestimating the impact of our failures, shortcomings, and mishaps. *Journal of Personality and Social Psychology, 81*, 44–56.

Savitsky, K., & Gilovich, T. D. (2003). The illusion of transparency and the alleviation of speech anxiety. *Journal of Experimental Social Psychology, 39*, 618–625.

Savoy, C., & Beitel, P. (1996). Mental imagery for basketball. *International Journal of Sport Psychology, 27*, 454–462.

Sawyer, A. C. P., Miller-Lewis, L. R., Searle, A. K., & Sawyer, M. G. (2015). Is greater improvement in early self-regulation associated with fewer behavioral problems later in childhood? *Developmental Psychology, 51*, 1740–1755.

Sawyer, S. M., Azzopardi, P. S., Wickremarathne, D., & Patton, G. C. (2018). The age of adolescence. *Lancet Child and Adolescent Health, 2*, 223–228.

Sayal, K., Chudal, R., Hinkka-Yli-Salomäki, S., Joelsson, P., & Sourander, A. (2017). Relative age within the school year and diagnosis of attention-deficit hyperactivity disorder: A nationwide population-based study. *The Lancet Psychiatry, 4*(11), 868–875.

Sayer, L. C. (2016). Trends in women's and men's time use, 1965–2012: Back to the future? In S. M. McHale, V. King, J. Van Hook, and A. Booth (Eds.), *Gender and couple relationships.* Springer International.

Sayette, M. A., Loewenstein, G., Griffin, K. M., & Black, J. J. (2008). Exploring the cold-to-hot empathy gap in smokers. *Psychological Science, 19*, 926–932.

Sayette, M. A., Reichle, E. D., & Schooler, J. W. (2009). Lost in the sauce: The effects of alcohol on mind wandering. *Psychological Science, 20*, 747–752.

Sayette, M. A., Schooler, J. W., & Reichle, E. D. (2010). Out for a smoke: The impact of cigarette craving on zoning out during reading. *Psychological Science, 21*, 26–30.

Sayre, R. F. (1979). The parents' last lessons. In D. D. Van Tassel (Ed.), *Aging, death, and the completion of being*. University of Pennsylvania Press.

Sbarra, D. A., Hasselmo, K., & Bourassa, K. J. (2015). Divorce and health: Beyond individual differences. *Current Directions in Psychological Science, 24*, 109–113.

Scaini, S., Belotti, R., Ogliari, A., & Battaglia, M. (2016). A comprehensive meta-analysis of cognitive-behavioral interventions for social anxiety disorder in children and adolescents. *Journal of Anxiety Disorders, 42*, 105–112.

Scarborough, E., & Furumoto, L. (1987). *Untold lives: The first generation of American women psychologists.* Columbia University Press.

Scarf, D., Boy, K., Reinert, A. U., Devine, J., Güntürkün, O., & Colombo, M. (2016). Orthographic processing in pigeons (*Columba livia*). PNAS, 113, 11272–11276.

Scarr, S. (1984, May). What's a parent to do? A conversation with E. Hall. *Psychology Today*, pp. 58–63.

Scarr, S. (1989). Protecting general intelligence: Constructs and consequences for interventions. In R. J. Linn (Ed.), *Intelligence: Measurement, theory, and public policy*. University of Illinois Press.

Scarr, S. (1990). Back cover comments on J. Dunn & R. Plomin (1990), *Separate lives: Why siblings are so different*. Basic Books.

Scarr, S. (1993, May/June). So long, superparents. *Psychology Today*. https://www.psychologytoday.com/us/articles/199305/so-long-superparents

Schab, F. R. (1991). Odor memory: Taking stock. *Psychological Bulletin, 109*, 242–251.

Schachter, S., & Singer, J. E. (1962). Cognitive, social and physiological determinants of emotional state. *Psychological Review, 69*, 379–399.

Schacter, D. L. (1992). Understanding implicit memory: A cognitive neuroscience approach. *American Psychologist, 47*, 559–569.

Schacter, D. L. (1996). *Searching for memory: The brain, the mind, and the past*. Basic Books.

Schaefer, J. D., Moffitt, T. E., Arseneault, L., Danese, A., Fisher, H. L., Houts, R., Sheridan, M. A., Wertz, J., & Caspi, A. (2018). Adolescent victimization and early-adult psychopathology: Approaching causal inference using a longitudinal twin study to rule out noncausal explanations. *Clinical Psychological Science, 6*, 352–371.

Schaefer, A. M., Cherkasskiy, L., Denke, C., Spies, C., Song, H., Malahy, S., Heinz, A., Ströhle, A., & Bargh, J. A. (2018). Incidental haptic sensations influence judgment of crimes. *Scientific Reports, 8*, 6039.

Schafer, G. (2005). Infants can learn decontextualized words before their first birthday. *Child Development, 76*, 87–96.

Schaffer, A., Isometsä, E. T., Tondo, L., Moreno, D., Turecki, G., Reis, C., Cassidy, F., Sinyor, M., Azorin, J. M., Kessing, L. V., Ha, K., Goldstein, T., Weizman, A., Beautrais, A., Chou, Y.-H., Diazgranados, N., Levitt, A. J., Zarate, C. A., Jr., Rihmer, Z., & Yatham, L. N. (2015). International society for bipolar disorders task force on suicide: Meta-analyses and meta-regression of correlates of suicide attempts and suicide deaths in bipolar disorder. *Bipolar Disorders, 17*, 1–16.

Schaie, K. W. (1994). The life course of adult intellectual abilities. *American Psychologist, 49*, 304–313.

Schaie, K. W., & Geiwitz, J. (1982). *Adult development and aging*. Little, Brown.

Schalock, R. L., Borthwick-Duffy, S., Bradley, V. J., Buntinx, W. H. E., Coulter, D. L., Craig, E. M. (2010). *Intellectual disability: Definition, classification, and systems of supports* (11th edition). American Association on Intellectual and Developmental Disabilities.

Schatzberg, A. F. (2019). A word to the wise about intranasal esketamine. *The American Journal of Psychiatry, 176*, 422–424.

Schein, E. H. (1956). The Chinese indoctrination program for prisoners of war: A study of attempted brainwashing. *Psychiatry, 19*, 149–172.

Scheufele, D. A., Xenos, M. A., Howell, E. L., Rose, K. M., Brossard, D., & Hardy, B. W. (2017). U.S. attitudes on human genome editing. *Science, 357*, 553–554.

Schick, V., Herbenick, D., Reece, M., Sanders, S. A., Dodge, B., Middlestadt, S. E., & Fortenberry, J. D. (2010). Sexual behaviors, condom use, and sexual health of Americans over 50: Implications for sexual health promotion for older adults. *Journal of Sexual Medicine, 7*(Suppl. 5), 315–329.

Schiffenbauer, A., & Schiavo, R. S. (1976). Physical distance and attraction: An intensification effect. *Journal of Experimental Social Psychology, 12*, 274–282.

Schiffer, L. P., & Roberts, T. A. (2018). The paradox of happiness: Why are we not doing what we know makes us happy?. *The Journal of Positive Psychology, 13*, 252–259.

Schiffman, J., Abrahamson, A., Cannon, T., LaBrie, J., Parnas, J., Schulsinger, F., & Mednick, S. (2001). Early rearing factors in schizophrenia. *International Journal of Mental Health, 30*, 3-16.

Schilt, T., de Win, M. M. L., Koeter, M., Jager, G., Korf, D. J., van den Brink, W., & Schmand, B. (2007). Cognition in novice Ecstasy users with minimal exposure to other drugs. *Archives of General Psychiatry, 64*, 728–736.

Schimel, J., Arndt, J., Pyszczynski, T., & Greenberg, J. (2001). Being accepted for who we are: Evidence that social validation of the intrinsic self reduces general defensiveness. *Journal of Personality and Social Psychology, 80*, 35–52.

Schlaug, G., Jancke, L., Huang, Y., & Steinmetz, H. (1995). In vivo evidence of structural brain asymmetry in musicians. *Science, 267*, 699–701.

Schlomer, G. L., Del Giudice, M., & Ellis, B. J. (2011). Parent-offspring conflict theory: An evolutionary framework for understanding conflict within human families. *Psychological Review, 118*, 496–521.

Schloss, J. (2009). Does evolution explain human nature? Totally, for a Martian. In *Celebrating the bicentenary of the birth of Charles Darwin*. John Templeton Foundation (templeton.org).

Schmid, S. M., Hallschmid, M., & Schultes, B. (2015). The metabolic burden of sleep loss. *The Lancet Diabetes & Endocrinology, 3*, 52–62.

Schmidt, A., Dirk, J., & Schmiedek, F. (2019). The importance of peer relatedness at school for affective well-being in children: Between-and within-person associations. *Social Development, 28*, 873–892.

Schmidt, C., Collette, F., Leclercq, Y., Sterpenich, V., Vandewalle, G., Berthomier, P., Phillips, C., Tinguely, G., Darsaud, A., Gais, S., Schabus, M., Desseilles, M., Dang-Vu, T. T., Salmon, E., Balteau, E., Degueldre, C., Luxen, A., Maquet, P., Cajochen, C., & Peigneux, P. (2009). Homeostatic sleep pressure and responses to sustained attention in the suprachiasmatic area. *Science, 324*, 516–519.

Schmidt, F. L., & Hunter, J. E. (1998). The validity and utility of selection methods in personnel psychology: Practical and theoretical implications of 85 years of research findings. *Psychological Bulletin, 124*, 262–274.

Schmidt, F. L., & Hunter, J. E. (2004). General mental ability in the world of work: Occupational attainment and job performance. *Journal of Personality and Social Psychology, 86*, 162–173.

Schmidt, F. T. C., Nagy, G., Fleckenstein, J., Möller, J., & Retelsdorf, J. (2018). Same same, but different? Relations between facets of conscientiousness and grit. *European Journal of Personality, 32*, 705–720.

Schmidt, I. D., Pfeifer, B. J., & Strunk, D. R. (2019). Putting the "cognitive" back in cognitive therapy: Sustained cognitive change as a mediator of in-session insights and depressive symptom improvement. *Journal of Consulting and Clinical Psychology, 87*, 446–456.

Schmidt, S. (2018, April 4). Twin sisters known for battle with debilitating OCD die in possible 'suicide pact.' *The Washington Post* (washingtonpost.com).

Schmitt, D. P. (2003). Universal sex differences in the desire for sexual variety; tests from 52 nations, 6 continents, and 13 islands. *Journal of Personality and Social Psychology, 85*, 85–104.

Schmitt, D. P. (2007). Sexual strategies across sexual orientations: How personality traits and culture relate to sociosexuality among gays, lesbians, bisexuals, and heterosexuals. *Journal of Psychology and Human Sexuality, 18*, 183–214.

Schmitt, D. P., & Allik, J. (2005). Simultaneous administration of the Rosenberg Self-esteem Scale in 53 nations: Exploring the universal and culture-specific features of global self-esteem. *Journal of Personality and Social Psychology, 89*, 623–642.

Schmitt, D. P., Allik, J., McCrae, R. R., & Benet-Martínez, V., Reips, U.-D. (2007). The geographic distribution of Big Five personality traits: Patterns and profiles of human self-description across 56 nations. *Journal of Cross-Cultural Psychology, 38*, 173–212.

Schmitt, D. P., & Fuller, R. C. (2015). On the varieties of sexual experience: Cross-cultural links between religiosity and human mating strategies. *Psychology of Religion and Spirituality, 7*, 314–326.

Schmitt, D. P., Jonason, P. K., Byerley, G. J., Flores, S. D., Illbeck, B. E., O'Leary, K. N., & Qudrat, A. (2012). A reexamination of sex differences in sexuality: New studies reveal old truths. *Current Directions in Psychological Science, 21*, 135–139.

Schmitt, D. P., & Pilcher, J. J. (2004). Evaluating evidence of psychological adaptation: How do we know one when we see one? *Psychological Science, 15*, 643–649.

Schnall, E., Wassertheil-Smoller, S., Swencionis, C., Zemon, V., Tinker, L., O'Sullivan, M. J., Van Horn, L., & Goodwin, M. (2010). The relationship between religion and cardiovascular outcomes and all-cause mortality in the women's health initiative observational study. *Psychology and Health, 25*, 249–263.

Schnall, S., Haidt, J., Clore, G. L., & Jordan, A. (2008). Disgust as embodied moral judgment. *Personality and Social Psychology Bulletin, 34*, 1096–1109.

Schneider, M. (2019, October 10). *A year after Michael, Florida community still in crisis.* Associated Press. https://apnews.com/0d260a9ec44545458ab1f25b6f969a5a

Schneider, S. L. (2001). In search of realistic optimism: Meaning, knowledge, and warm fuzziness. *American Psychologist, 56*, 250–263.

Schneider, W. J., & McGrew, K. S. (2012). The Cattell-Horn-Carroll model of intelligence In Flanagan D. P., Harrison P. L. (Eds.), *Contemporary intellectual assessment: Theories, tests, and issues* (3rd ed.). Guilford Press.

Schneier, B. (2007, May 17). *Virginia Tech lesson: Rare risks breed irrational responses.* Schneir on Security. https://www.schneier.com/essays/archives/2007/05/virginia_tech_lesson.html

Schnur, J. B., Kafer, I., Marcus, C., & Montgomery, G. H. (2008). Hypnosis to manage distress related to medical procedures: a meta-analysis. *Contemporary Hypnosis, 25*, 114–128.

Schoeneman, T. J. (1994). Individualism. In V. S. Ramachandran (Ed.), *Encyclopedia of human behavior* (Vol. 2, pp. 631–643). Academic Press.

Schofield, J. W. (1986). Black-White contact in desegregated schools. In M. Hewstone & R. Brown (Eds.), *Contact and conflict in intergroup encounters* (pp. 79–92). Basil Blackwell.

Scholaske, L., Buss, C., Wadhwa, P. D., & Entringer, S. (2018). Acculturation and interleukin (IL)-6 concentrations across pregnancy among Mexican-American women. *Brain, Behavior, and Immunity, 73*, 731–735.

Scholtz, S., Miras, A. D., Chhina, N., Prechtl, C. G., Sleeth, M. L., Daud, N. M., Ismail, N. A. Durighel, G., Ahmed, A. R., Olbers, T., Vincent, R. P., Alaghband-Zadeh, J., Ghatei, M. A., Waldman, A. D., Frost, G. S., Bell, J. D., le Roux, C. W., & Goldstone, A. P. (2013). Obese patients after gastric bypass surgery have lower brain-hedonic responses to food than after gastric banding. *Gut, 63*, 891–902.

Schonfield, D., & Robertson, B. A. (1966). Memory storage and aging. *Canadian Journal of Psychology, 20*, 228–236.

Schooler, J. W., Gerhard, D., & Loftus, E. F. (1986). Qualities of the unreal. *Journal of Experimental Psychology: Learning, Memory, and Cognition, 12*, 171–181.

Schorr, E. A., Fox, N. A., van Wassenhove, V., & Knudsen, E. I. (2005). Auditory–visual fusion in speech perception in children with cochlear implants. *PNAS, 102*, 18748–18750.

Schrauzer, G. N., & Shrestha, K. P. (1990). Lithium in drinking water and the incidences of crimes, suicides, and arrests related to drug addictions. *Biological Trace Element Research, 25*, 105–113.

Schrauzer, G. N., & Shrestha, K. P. (2010). Lithium in drinking water. *British Journal of Psychiatry, 196*, 159.

Schreiber, F. R. (1973). *Sybil.* Regnery.

Schroeder, J., Caruso, E. M., & Epley, N. (2016). Many hands make overlooked work: Over-claiming of responsibility increases with group size. *Journal of Experimental Psychology: Applied, 22*, 238–246.

Schroeder, J., & Epley, N. (2015). The sound of intellect: Speech reveals a thoughtful mind, increasing a job candidate's appeal. *Psychological Science, 26*, 877–891.

Schroeder, J., & Epley, N. (2016). Mistaking minds and machines: How speech affects dehumanization and anthropomorphism. *Journal of Experimental Psychology: General, 145*, 1427–1437.

Schuch, F., Vancampfort, D., Firth, J., Rosenbaum, S., Ward, P., Silva, E. S., Hallgren, M., Ponce De Leon, A., Dunn, A. L., Deslandes, A. C., Fleck, M. P., Carvalho, A. F., & Stubbs, B. (2018). Physical activity and incident depression: A meta-analysis of prospective cohort studies. *American Journal of Psychiatry, 175*, 631–648.

Schuch, F. B., Vancampfort, D., Rosenbaum, S., Richards, J., Ward, P. B., & Stubbs, B. (2016). Exercise improves physical and psychological quality of life in people with depression: A meta-analysis including the evaluation of control group response. *Psychiatry Research, 241*, 47–54.

Schulte-Rüther, M., Otte, E., Adigüzel, K., Firk, C., Herpertz-Dahlmann, B., Koch, I., & Konrad, K. (2016). Intact mirror mechanisms for automatic facial emotions in children and adolescents with autism spectrum disorder. *Autism Research, 10*, 298–310.

Schultheiss, O. C., & Pang, J. S. (2007). Measuring implicit motives. In R. W. Robins, R. C. Fraley, & R. F. Krueger (Eds.), *Handbook of research methods in personality psychology* (pp. 322–345). Guilford Press.

Schultheiss, O., Wiemers, U. & Wolf, O. (2014). Implicit need for achievement predicts attenuated cortisol responses to difficult tasks. *Journal of Research in Personality, 48*, 84–92.

Schuman, H., & Scott, J. (June, 1989). Generations and collective memories. *American Sociological Review, 54*, 359–381.

Schumann, K., & Ross, M. (2010). Why women apologize more than men: Gender differences in thresholds for perceiving offensive behavior. *Psychological Science, 21*, 1649–1655.

Schutte, N. S., Malouff, J. M., Thorsteinsson, E. B., Bhullar, N., & Rooke, S. E. (2007). A meta-analytic investigation of the relationship between emotional intelligence and health. *Personality and Individual Differences, 42*, 921–933.

Schutte, N. S., Palanisamy, S. K. A., & McFarlane, J. R. (2016). The relationship between positive characteristics and longer telomeres. *Psychology & Health, 31*, 1466–1480.

Schuyler, A. C., Kintzle, S., Lucas, C. L., Moore, H., & Castro, C. A. (2017). Military sexual assault (MSA) among veterans in Southern California: Associations with physical health, psychological health, and risk behaviors. *Traumatology, 23*, 223–234.

Schwaba, T., & Bleidorn, W. (2019). Personality trait development across the transition to retirement. *Journal of Personality and Social Psychology, 116*, 651-665.

Schwartz, B. (1984). *Psychology of learning and behavior* (2nd ed.). Norton.

Schwartz, B. (2000). Self-determination: The tyranny of freedom. *American Psychologist, 55*, 79–88.

Schwartz, B. (2004). *The paradox of choice: Why more is less.* Ecco/HarperCollins.

Schwartz, H. A., Eichstaedt, J. C., Kern, M. L., Dziurzynski, L., Ramones, S. M., Agrawal, M., Shah, A., Kosinski, M., Stillwell, D., Seligman, M. E., & Ungar, L. H. (2013). Personality, gender, and age in the language of social media: The open-vocabulary approach. *PLOS ONE, 8*, e73791.

Schwartz, J. M., Stoessel, P. W., Baxter, L. R., Jr., Martin, K. M., & Phelps, M. E. (1996). Systematic changes in cerebral glucose metabolic rate after successful behavior modification treatment of obsessive-compulsive disorder. *Archives of General Psychiatry, 53*, 109–113.

Schwartz, P. J. (2011). Season of birth in schizophrenia: A maternal-fetal chronobiological hypothesis. *Medical Hypotheses, 76*, 785–793.

Schwartz, S. (2012). Dreams, emotions and brain plasticity. In *Aquém e além do cérebro* [Behind and beyond the brain]. Fundação Bial Institution of Public Utility.

Schwartz, S. H., & Rubel-Lifschitz, T. (2009). Cross-national variation in the size of sex differences in values: Effects of gender equality. *Journal of Personality and Social Psychology, 97*, 171–185.

Schwartz, S. J., Lilienfeld, S. O., Meca, A., & Sauvigné, K. C. (2016). The role of neuroscience within psychology: A call for inclusiveness over exclusiveness. *American Psychologist, 71*, 52–70.

Schwartzman-Morris, J., & Putterman, C. (2012). Gender differences in the pathogenesis and outcome of lupus and of lupus nephritis. *Clinical and Developmental Immunology, 2012*, 604892.

Schwarz, A. (2012, June 9). Risky rise of the good-grade pill. *The New York Times.* https://www.nytimes.com/2012/06/10/education/seeking-academic-edge-teenagers-abuse-stimulants.html?

Schwarz, N., Strack, F., Kommer, D., & Wagner, D. (1987). Soccer, rooms, and the quality of your life: Mood effects on judgments of satisfaction with life in general and with specific domains. *European Journal of Social Psychology, 17*, 69–79.

Schwemmer, M. A., Skomrock, N. D., Sederberg, P. B., Ting, J. E., Sharma, G., Bockbrader, M. A., & Friedenberg, D. A. (2018). Meeting brain–computer interface user performance expectations using a deep neural network decoding framework. *Nature Medicine, 24*, 1669-1676.

Scinicariello, F., Przybyla, J., Carroll, Y., Eichwald, J., Decker, J., & Breysse, P. N. (2019). Age and sex differences in hearing loss association with depressive symptoms: Analyses of NHANES 2011–2012. *Psychological Medicine, 49*, 962–968.

Sclafani, A. (1995). How food preferences are learned: Laboratory animal models. *PNAS, 54*, 419–427.

Scoboria, A., Wade, K. A., Lindsay, D. S., Azad, T., Strange, D., Ost, J., & Hyman, I. E. (2017). A mega-analysis of memory reports from eight peer-reviewed false memory implantation studies. *Memory, 25*, 146–163.

Scopelliti, I., Loewenstein, G., & Vosgerau, J. (2015). You call it "self-exuberance"; I call it "bragging": Miscalibrated predictions of emotional responses to self-promotion. *Psychological Science, 26*, 903–914.

Scott, D. J., Stohler, C. S., Egnatuk, C. M., Wang, H., Koeppe, R. A., & Zubieta, J.-K. (2007). Individual differences in reward responding explain placebo-induced expectations and effects. *Neuron, 55*, 325–336.

Scott, K. M., Wells, J. E., Angermeyer, M., Brugha, T. S., Bromet, E., Demyttenaere, K., de Girolamo, G., Gureje, O., Haro, J. M., Jin, R., Karam, A. N., Kovess, V., Lara, C., Levinson, D., Ormel, J., Posada-Villa, J., Sampson, N., Takeshima, T., Zhang, M., & Kessler, R. C. (2010). Gender and the relationship between marital status and first onset of mood, anxiety and substance use disorders. *Psychological Medicine, 40*, 1495–1505.

Scott-Sheldon, L., Carey, K. B., Elliott, J. C., Garey, L., & Carey, M. P. (2014). Efficacy of alcohol interventions for first-year college students: A meta-analytic review of randomized controlled trials. *Journal of Consulting and Clinical Psychology, 82*, 177–188.

Scullin, M. K. (2019). The eight hour sleep challenge during final exams week. *Teaching of Psychology, 46*, 55-63.

Scullin, M. K., & Bliwise, D. L. (2015). Sleep, cognition, and normal aging: Integrating a half century of multidisciplinary research. *Perspectives on Psychological Science, 10*, 97–137.

Scullin, M. K., & McDaniel, M. A. (2010). Remembering to execute a goal: Sleep on it! *Psychological Science, 21*, 1028–1035.

Scully, I. D., Napper, L. E., & Hupbach, A. (2017). Does reactivation trigger episodic memory change? A meta-analysis. *Neurobiology of Learning and Memory, 142*, 99–107.

Sdorow, L. M. (2005). The people behind psychology. In B. Perlman, L. McCann, & W. Buskist (Eds.), *Voices of experience: Memorable talks from the National Institute on the Teaching of Psychology.* American Psychological Society.

Seal, K. H., Bertenthal, D., Miner, C. R., Sen, S., & Marmar, C. (2007). Bringing the war back home: Mental health disorders among 103,788 U.S. veterans returning from Iraq and Afghanistan seen at Department of Veterans Affairs facilities. *Archives of Internal Medicine, 167*, 467–482.

Seamon, J., Punjabi, P., & Busch, E. (2010). Memorizing Milton's *Paradise Lost*: A study of a septuagenarian exceptional memoriser. *Memory, 18*, 498–503.

Sedley, W., Gander, P. E., Kumar, S., Oya, H., Kovach, C. K., Nourski, K. V., Kawasaki, H., Howard, M. A., & Griffiths, T. D. (2015). Intracranial mapping of a cortical tinnitus system using residual inhibition. *Current Biology, 25,* 1208–1214.

Sedlmeier, P., Eberth, J., Schwarz, M., Zimmermann, D., Haarig, F., Jaeger, S., & Kunze, S. (2012). The psychological effects of meditation: A meta-analysis. *Psychological Bulletin, 138,* 1139–1171.

Seehagen, S., Konrad, C., Herbert, J. S., & Schneider, S. (2015). Timely sleep facilitates declarative memory consolidation in infants. *PNAS, 112,* 1625–1629.

Seeman, P., Guan, H.-C., & Van Tol, H. H. M. (1993). Dopamine D4 receptors elevated in schizophrenia. *Nature, 365,* 441–445.

Seery, M. D. (2011). Resilience: A silver lining to experiencing adverse life events. *Current Directions in Psychological Science, 20,* 390–394.

Segal, N. L. (2005). *Indivisible by two: Lives of extraordinary twins.* Harvard University Press.

Segal, N. L. (2013). Personality similarity in unrelated look-alike pairs: Addressing a twin study challenge. *Personality and Individual Differences, 54,* 23–28.

Segal, N. L., Graham, J. L., & Ettinger, U. (2013). Unrelated look-alikes: Replicated study of personality similarity and qualitative findings on social relatedness. *Personality and Individual Differences, 55,* 169–174.

Segal, N. L., McGuire, S. A., & Stohs, J. H. (2012). What virtual twins reveal about general intelligence and other behaviors. *Personality and Individual Differences, 53,* 405–410.

Segal, N. L., & Montoya, Y. S. (2018). *Accidental brothers: The story of twins exchanged at birth and the power of nature and nurture.* Macmillan.

Segall, M. H., Dasen, P. R., Berry, J. W., & Poortinga, Y. H. (1990). *Human behavior in global perspective: An introduction to cross-cultural psychology.* Pergamon.

Segerstrom, S. C. (2007). Stress, energy, and immunity. *Current Directions in Psychological Science, 16,* 326–330.

Segerstrom, S. C., Taylor, S. E., Kemeny, M. E., & Fahey, J. L. (1998). Optimism is associated with mood, coping, and immune change in response to stress. *Journal of Personality and Social Psychology, 74,* 1646–1655.

Seibert, S. E., Wang, G., & Courtright, S. H. (2011). Antecedents and consequences of psychological and team empowerment in organizations: A meta-analytic review. *Journal of Applied Psychology, 96,* 981–1003.

Sejnowski, T. (2016, January 20). Quoted in Memory capacity of brain is 10 times more than previously thought. Salk News. https://www.salk.edu/news-release/memory-capacity-of-brain-is-10-times-more-than-previously-thought/

Selby, E. A., Kranzler, A., Lindqvist, J., Fehling, K. B., Brillante, J., Yuan, F., Gao, X., & Miller, A. L. (2019). The dynamics of pain during nonsuicidal self-injury. *Clinical Psychological Science, 7,* 302–320.

Self, C. E. (1994). *Moral culture and victimization in residence halls* [Unpublished master's thesis]. Bowling Green University.

Seli, P., Risko, E. F., Smilek, D., & Schacter, D. L. (2016). Mind-wandering with and without intention. *Trends in Cognitive Sciences, 20,* 605–617.

Seligman, M. (2016). How positive psychology happened and where it is going. In R. J. Sternberg, S. T. Fiske & D. J. Foss (Eds.), *Scientists making a difference: One hundred eminent behavioral and brain scientists talk about their most important contributions* (pp. 478–480). Cambridge University Press.

Seligman, M. E. P. (1975). *Helplessness: On depression, development and death.* Freeman.

Seligman, M. E. P. (1991). *Learned optimism: How to change your mind and your life.* Knopf.

Seligman, M. E. P. (1995). The effectiveness of psychotherapy: The *Consumer Reports* study. *American Psychologist, 50,* 965–974.

Seligman, M. E. P. (2002). *Authentic happiness: Using the new positive psychology to realize your potential for lasting fulfillment.* Free Press.

Seligman, M. E. P. (2012, May 8). Quoted in A. C. Brooks, America and the value of 'earned success.' *The Wall Street Journal.* https://www.wsj.com/articles/SB10001424052702304749904577385650652966894

Seligman, M. E. P., Allen, A. R., Vie, L. L., Ho, T. E., Scheier, L. M., Cornum, R., & Lester, P. B. (2019). PTSD: Catastrophizing in combat as risk and protection. *Clinical Psychological Science, 7,* 516–529.

Seligman, M. E. P., Ernst, R. M., Gillham, J., Reivich, K., & Linkins, M. (2009). Positive education: Positive psychology and classroom interventions. *Oxford Review of Education, 35,* 293–311.

Seligman, M. E. P., & Maier, S. F. (1967). Failure to escape traumatic shock. *Journal of Experimental Psychology, 74,* 1–9.

Seligman, M. E. P., Peterson, C., Barsky, A. J., Boehm, J. K., Kubzansky, L. D., Park, N., & Labarthe, D. (2011). Positive health and health assets: Re-analysis of longitudinal datasets [Unpublished manuscript]. University of Pennsylvania.

Seligman, M. E. P., Steen, T. A., Park, N., & Peterson, C. (2005). Positive psychology progress: Empirical validation of interventions. *American Psychologist, 60,* 410–421.

Seligman, M. E. P., & Yellen, A. (1987). What is a dream? *Behavior Research and Therapy, 25,* 1–24.

Selimbeyoglu, A., & Parvizi, J. (2010). Electrical stimulation of the human brain: Perceptual and behavioral phenomena reported in the old and new literature. *Frontiers in Human Neuroscience, 4,* 1–11.

Selye, H. (1936). A syndrome produced by diverse nocuous agents. *Nature, 138,* 32.

Selye, H. (1976). *The stress of life.* McGraw-Hill.

Senghas, A., & Coppola, M. (2001). Children creating language: How Nicaraguan Sign Language acquired a spatial grammar. *Psychological Science, 12,* 323–328.

Sergeant, S., & Mongrain, M. (2014). An online optimism intervention reduces depression in pessimistic individuals. *Journal of Consulting and Clinical Psychology, 82,* 263–274.

Serruya, M. D., Hatsopoulos, N. G., Paninski, L., Fellow, M. R., & Donoghue, J. P. (2002). Instant neural control of a movement signal. *Nature, 416,* 141–142.

Servant, M., Cassey, P., Woodman, G. F., & Logan, G. D. (2018). Neural bases of automaticity. *Journal of Experimental Psychology: Learning, Memory, and Cognition, 44,* 440–464.

Service, R. F. (1994). Will a new type of drug make memory-making easier? *Science, 266,* 218–219.

Servick, K. (2019). Warning signs. *Science, 365,* 742–744.

Sest, N., & March, E. (2017). Constructing the cybertroll: Psychopathy, sadism, and empathy. *Personality and Individual Differences, 119,* 69–72.

Sezer, O., Gino, F., & Norton, M. I. (2018). Humblebragging: A distinct—and ineffective—self-presentation strategy. *Journal of Personality and Social Psychology, 114,* 52–74.

Sforzini, L., Pariante, C. M., Palacios, J. E., Tylee, A., Carvalho, L. A., Viganò, C. A., & Nikkheslat, N. (2019). Inflammation associated with coronary heart disease predicts onset of depression in a three-year prospective follow-up study: A preliminary study. *Brain, Behavior, and Immunity, 81,* 659–664.

Shackman, A. J., Tromp, D. P., Stockbridge, M. D., Kaplan, C. M., Tillman, R. M., & Fox, A. S. (2016). Dispositional negativity: An integrative psychological and neurobiological perspective. *Psychological Bulletin, 142,* 1275–1314.

Shadish, W. R., & Baldwin, S. A. (2005). Effects of behavioral marital therapy: A meta-analysis of randomized controlled trials. *Journal of Consulting and Clinical Psychology, 73,* 6–14.

Shadish, W. R., Montgomery, L. M., Wilson, P., Wilson, M. R., Bright, I., & Okwumabua, T. (1993). Effects of family and marital psychotherapies: A meta-analysis. *Journal of Consulting and Clinical Psychology, 61,* 992–1002.

Shafir, E. (Ed.) (2013). *The behavioral foundations of public policy.* Princeton University Press.

Shafir, E., & LeBoeuf, R. A. (2002). Rationality. *Annual Review of Psychology, 53,* 491–517.

Shakeshaft, N. G., Trzaskowski, M., McMillan, A., Rimfeld, K., Krapohl, E., Haworth, C. M. A., Dale, P. S., & Plomin, R. (2013). Strong genetic influence on a UK nationwide test of educational achievement at the end of compulsory education at age 16. *PLOS ONE 8,* e80341.

Shaki, S. (2013). What's in a kiss? Spatial experience shapes directional bias during kissing. *Journal of Nonverbal Behavior, 37,* 43–50.

Shalev, I., Moffitt, T. E., Sugden, K., Williams, B., Houts, R. M., Danese, A., Mill, J., Arseneault, L., & Caspi, A. (2013). Exposure to violence during childhood is associated with telomere erosion from 5 to 10 years of age: A longitudinal study. *Molecular Psychiatry, 18,* 576–581.

Shallcross, A. J., Ford, B. Q., Floerke, V. A., & Mauss, I. B. (2013). Getting better with age: The relationship between age, acceptance, and negative affect. *Journal of Personality and Social Psychology, 104,* 734–749.

Shanahan, L., McHale, S. M., Osgood, D. W., & Crouter, A. C. (2007). Conflict frequency with mothers and fathers from middle childhood to late adolescence: Within- and between-families comparisons. *Developmental Psychology, 43,* 539–550.

Shannon, B. J., Raichle, M. E., Snyder, A. Z., Fair, D. A., Mills, K. L., Zhang, D., Bache, K., Calhoun, V. D., Nigg, J. T., Nagel, B. J., Stevens, A. A., & Kiehl, K. A. (2011). Premotor functional connectivity predicts impulsivity in juvenile offenders. *PNAS, 108,* 11241–11245.

Shapin, S. (2013, October 15). The man who forgot everything. *The New Yorker* (newyorker.com).

Shapiro, D. (1999). *Psychotherapy of neurotic character.* Basic Books.

Shapiro, K. A., Moo, L. R., & Caramazza, A. (2006). Cortical signatures of noun and verb production. *PNAS, 103,* 1644–1649.

Shappell, S., Detweiler, C., Holcomb, K., Hackworth, C., Boquet, A., & Wiegmann, D. A. (2007). Human error and commercial aviation accidents: An analysis using the human factors analysis and classification system. *Human Factors, 49,* 227–242.

Shargorodsky, J., Curhan, S. G., Curhan, G. C., & Eavey, R. (2010). Changes of prevalence of hearing loss in US adolescents. *JAMA, 304,* 772–778.

Shariff, A. F., Greene, J. D., Karremans, J. C., Luguri, J. B., Clark, C. J., Schooler, J. W., Baumeister, R. F., & Vohs, K. D. (2014). Free will and punishment: A mechanistic view of human nature reduces retribution. *Psychological Science, 25,* 1563–1570.

Sharma, A. R., McGue, M. K., & Benson, P. L. (1998). The psychological adjustment of United States adopted adolescents and their nonadopted siblings. *Child Development, 69,* 791–802.

Shattuck, P. T. (2006). The contribution of diagnostic substitution to the growing administrative prevalence of autism in US special education. *Pediatrics, 117,* 1028–1037.

Shave, R. E., Lieberman, D. E., Drane, A. L., Brown, M. G., Batterham, A. M., Worthington, S., Atencia, R., Feltrer, Y., Neary, J., Weiner, R. B., & Wasfy, M. M. (2019). Selection of endurance capabilities and the trade-off between pressure and volume in the evolution of the human heart. *PNAS, 116*, 19905–19910.

Shaver, P. R., Morgan, H. J., & Wu, S. (1996). Is love a basic emotion? *Personal Relationships, 3*, 81–96.

Shaw, B. A., Liang, J., & Krause, N. (2010). Age and race differences in the trajectories of self-esteem. *Psychology and Aging, 25*, 84–94.

Shaw, J. (2018). How can researchers tell whether someone has a false memory? Coding strategies in autobiographical false memory research. A reply to Wade, Garry, and Pezdek. *Psychological Science, 29*, 477–480.

Shedler, J. (2009, March 23). *That was then, this is now: Psychoanalytic psychotherapy for the rest of us* [Unpublished manuscript]. Department of Psychiatry, University of Colorado Health Sciences Center.

Shedler, J. (2010). The efficacy of psychodynamic psychotherapy. *American Psychologist, 65*, 98–109.

Sheeber, L. B., Feil, E. G., Seeley, J. R., Leve, C., Gau, J. M., Davis, B., Sorensen, E., & Allan, S. (2017). Momnet: Evaluation of an internet-facilitated cognitive behavioral intervention for low-income depressed mothers. *Journal of Consulting and Clinical Psychology, 85*, 355–366.

Sheehan, S. (1982). *Is there no place on earth for me?* Houghton Mifflin.

Sheikh, S., & Janoff-Bulman, R. (2013). Paradoxical consequences of prohibitions. *Journal of Personality and Social Psychology, 105*, 301–315.

Sheldon, K. M., Elliot, A. J., Kim, Y., & Kasser, T. (2001). What is satisfying about satisfying events? Testing 10 candidate psychological needs. *Journal of Personality and Social Psychology, 80*, 325–339.

Sheldon, K. M., & Lyubomirsky, S. (2012). The challenge of staying happier: Testing the hedonic adaptation prevention model. *Personality and Social Psychology Bulletin, 38*, 670–680.

Shelton, L. T., Elliott, E. M., Matthews, R. A., Hill, B. H., & Gouvier, W. D. (2010). The relationships of working memory, secondary memory, and general fluid intelligence: working memory is special. *Journal of Experimental Psychology, 36*, 813–820.

Shen, L., Fishbach, A., & Hsee, C. K. (2015, February). The motivating-uncertainty effect: Uncertainty increases resource investment in the process of reward pursuit. *Journal of Consumer Research, 41*, 1301–1315.

Shen, W., Yuan, Y., Liu, C., & Luo, J. (2017). The roles of the temporal lobe in creative insight: An integrated review. *Thinking & Reasoning, 23*, 321–375.

Shen, Y. A., Shoda, Y., & Fine, I. (2018). Too few women authors on research papers in leading journals. *Nature, 555*, 7695.

Shenton, M. E. (1992). Abnormalities of the left temporal lobe and thought disorder in schizophrenia: A quantitative magnetic resonance imaging study. *New England Journal of Medicine, 327*, 604–612.

Shepard, R. N. (1990). *Mind sights*. Freeman.

Shepherd, C., Kohut, J. J., & Sweet, R. (1990). *More news of the weird*. Penguin/Plume Books.

Shepperd, J. A., Waters, E., Weinstein, N. D., & Klein, W. M. P. (2015). A primer on unrealistic optimism. *Current Directions in Psychological Science, 24*, 232–237.

Shergill, S. S., Bays, P. M., Frith, C. D., & Wolpert, D. M. (2003). Two eyes for an eye: The neuroscience of force escalation. *Science, 301*, 187.

Sherif, M. (1966). *In common predicament: Social psychology of intergroup conflict and cooperation*. Houghton Mifflin.

Sherif, M., Radhakrishnan, R., D'Souza, D. C., & Ranganathan, M. (2016). Human laboratory studies on cannabinoids and psychosis. *Biological Psychiatry, 79*, 526–538.

Sherman, G. D., Lee, J. J., Cuddy, A. J. C., Renshon, J., Oveis, C., Gross, J. J., & Lerner, J. S. (2012). Leadership is associated with lower levels of stress. *PNAS, 109*, 17903–17907.

Sherman, L. E., Payton, A. A., Hernandez, L. M., Greenfield, P. M., & Dapretto, M. (2016). The power of the like in adolescence: Effects of peer influence on neural and behavioral responses to social media. *Psychological Science, 27*, 1027–1035.

Sherman, P. W., & Flaxman, S. M. (2001). Protecting ourselves from food. *American Scientist, 89*, 142–151.

Sherman, R. A., Rauthmann, J. F., Brown, N. A., Serfass, D. S., & Jones, A. B. (2015). The independent effects of personality and situations on real-time expressions of behavior and emotion. *Journal of Personality and Social Psychology, 109*, 872–888.

Sherry, D., & Vaccarino, A. L. (1989). Hippocampus and memory for food caches in black-capped chickadees. *Behavioral Neuroscience, 103*, 308–318.

Shettleworth, S. J. (1973). Food reinforcement and the organization of behavior in golden hamsters. In R. A. Hinde & J. Stevenson-Hinde (Eds.), *Constraints on learning*. Academic Press.

Shettleworth, S. J. (1993). Where is the comparison in comparative cognition? Alternative research programs. *Psychological Science, 4*, 179–184.

Shiell, M. M., Champoux, F., & Zatorre, R. (2014). Enhancement of visual motion detection thresholds in early deaf people. *PLOS ONE, 9*, e90498.

Shilsky, J. D., Hartman, T. J., Kris-Etherton, P. M., Rogers, C. J., Sharkey, N. A., & Nickols-Richardson, S. M. (2012). Partial sleep deprivation and energy balance in adults: An emerging issue for consideration by dietetics practitioners. *Journal of the Academy of Nutrition and Dietetics, 112*, 1785–1797.

Shimamura, A. P. (2010). Bridging psychological and biological science: The good, bad, and ugly. *Perspectives on Psychological Science, 5*, 772–775.

Shimizu, M., & Pelham, B. W. (2008). Postponing a date with the grim reaper. *Basic and Applied Social Psychology, 30*, 36–45.

Shin, J. E., Suh, E. M., Li, N. P., Eo, K., Chong, S. C., & Tsai, M. H. (2019). Darling, get closer to me: Spatial proximity amplifies interpersonal liking. *Personality and Social Psychology Bulletin, 45*, 300–309.

Shinkareva, S. V., Mason, R. A., Malave, V. L., Wang, W., Mitchell, T. M., & Just, M. A. (2008, January 2). Using fMRI brain activation to identify cognitive states associated with perceptions of tools and dwellings. *PLOS ONE, 3*, 31394.

Shirazi, T. N., Self, H., Dawood, K., Rosenfield, K. A., Penke, L., Carré, J. M., Ortiz, T., & Puts, D. A. (2019). Hormonal predictors of women's sexual motivation. *Evolution and Human Behavior, 40*, 336–344.

Shockley, K. M., Ispas, D., Rossi, M. E., & Levine, E. L. (2012). A meta-analytic investigation of the relationship between state affect, discrete emotions, and job performance. *Human Performance, 25*, 377–411.

Shor, E., Roelfs, D. J., Bugyi, P., & Schwartz, J. E. (2012). Meta-analysis of marital dissolution and mortality: Reevaluating the intersection of gender and age. *Social Science & Medicine, 75*, 46–59.

Shors, T. J. (2014). The adult brain makes new neurons, and effortful learning keeps them alive. *Current Directions in Psychological Science, 23*, 311–318.

Short, M., Gradisar, M., Wright, H., Dewald, J., Wolfson, A., & Carskadon, M. (2013). A cross-cultural comparison of sleep duration between U.S. and Australian adolescents: The effect of school start time, parent-set bedtimes, and extra-curricular load. *Health Education Behavior, 40*, 323–330.

Short, S. J., Lubach, G. R., Karasin, A. I., Olsen, C. W., Styner, M., Knickmeyer, R. C., Gilmore, J. H., & Coe, C. L. (2010). Maternal influenza infection during pregnancy impacts postnatal brain development in the rhesus monkey. *Biological Psychiatry, 67*, 965–973.

Shotland, R. L. (1984, March 12). Quoted in Maureen Dowd, 20 years after the murder of Kitty Genovese, the question remains: Why? *The New York Times*, p. B1.

Showers, C. (1992). The motivational and emotional consequences of considering positive or negative possibilities for an upcoming event. *Journal of Personality and Social Psychology, 63*, 474–484.

Shrestha, A., Nohr, E. A., Bech, B. H., Ramlau-Hansen, C. H., & Olsen, J. (2011). Smoking and alcohol during pregnancy and age of menarche in daughters. *Human Reproduction, 26*, 259–265.

Shrira, I. (2020). Population diversity and ancestral diversity as distinct contributors to outgroup prejudice. *Personality and Social Psychology Bulletin*. Advance online publication. doi: 10.1177/0146167219880190

Shuffler, M. L., Burke, C. S., Kramer, W. S., & Salas, E. (2013). Leading teams: Past, present, and future perspectives. In M. G. Rumsey (Ed.), *The Oxford handbook of leadership*. Oxford University Press.

Shuffler, M. L., DiazGranados, D., & Salas, E. (2011). There's a science for that: Team development interventions in organizations. *Current Directions in Psychological Science, 20*, 365–372.

Shuwairi, S. M., & Johnson, S. P. (2013). Oculomotor exploration of impossible figures in early infancy. *Infancy, 18*, 221–232.

Siclari, F., Baird, B., Perogamvros, L., Bernardi, G., LaRocque, J. J., Riedner, B., Boly, M., Postle, B. R., & Tononi, G. (2017). The neural correlates of dreaming. *Nature Neuroscience, 20*, 872–878.

Sieber, V., Flückiger, L., Mata, J., Bernecker, K., & Job, V. (2019). Autonomous goal striving promotes a nonlimited theory about willpower. *Personality and Social Psychology Bulletin, 45*, 1295–1307.

Siegel, E. H., Sands, M. K., Van den Noortgate, W., Condon, P., Chang, Y., Dy, J., Quigley, K. S., & Barrett, L. F. (2018). Emotion fingerprints or emotion populations? A meta-analytic investigation of autonomic features of emotion categories. *Psychological Bulletin, 144*, 343–393.

Siegel, J. M. (1990). Stressful life events and use of physician services among the elderly: The moderating role of pet ownership. *Journal of Personality and Social Psychology, 58*, 1081–1086.

Siegel, J. M. (2009). Sleep viewed as a state of adaptive inactivity. *Nature Reviews Neuroscience, 10*, 747–753.

Siegel, J. M. (2012). Suppression of sleep for mating. *Science, 337*, 1610–1611.

Siegel, R. K. (1977, October). Hallucinations. *Scientific American*, pp. 132–140.

Siegel, R. K. (1980). The psychology of life after death. *American Psychologist, 35*, 911–931.

Siegel, R. K. (1982, October). Quoted by J. Hooper, Mind tripping. *Omni*, pp. 72–82, 159–160.

Siegel, R. K. (1984, March 15). Personal communication.

Siegel, R. K. (1990). *Intoxication: Life in pursuit of artificial paradise*. Pocket Books.

Siegel, S. (2005). Drug tolerance, drug addiction, and drug anticipation. *Current Directions in Psychological Science, 14*, 296–300.

Silber, M. H., Ancoli-Israel, S., Bonnet, M. H., Chokroverty, S., Grigg-Damberger, M. M., Hirshkowitz, M.,

Kapen, S., Keenan, S. A., Kryger, M. H., Penzel, T., Pressman, M. R., & Iber, C. (2007). The visual scoring of sleep in adults. *Journal of Clinical Sleep Medicine, 3*, 121–131.

Silbersweig, D. A., Stern, E., Frith, C., Cahill, C., Holmes, A., Grootoonk, S., Seaward, J., McKenna, P., Chua, S. E., Schnorr, L., Jones, T., & Frackowiak, R. S. J. (1995). A functional neuroanatomy of hallucinations in schizophrenia. *Nature, 378*, 176–179.

Silston, B., Bassett, D. S., & Mobbs, D. (2018). How dynamic brain networks tune social behavior in real time. *Current Directions in Psychological Science, 27*, 413–421.

Silva, C. E., & Kirsch, I. (1992). Interpretive sets, expectancy, fantasy proneness, and dissociation as predictors of hypnotic response. *Journal of Personality and Social Psychology, 63*, 847–856.

Silver, M., & Geller, D. (1978). On the irrelevance of evil: The organization and individual action. *Journal of Social Issues, 34*, 125–136.

Silver, N. (2012). *The signal and the noise: Why so many predictions fail—but some don't*. Penguin.

Silver, R. C., Holman, E. A., Anderson, J. P., Poulin, M., McIntosh, D. N., & Gil-Rivas, V. (2013). Mental- and physical-health effects of acute exposure to media images of the September 11, 2001 attacks and Iraq War. *Psychological Science, 24*, 1623–1634.

Silver, R. C., Holman, E. A., McIntosh, D. N., Poulin, M., & Gil-Rivas, V. (2002). Nationwide longitudinal study of psychological responses to September 11. *Journal of the American Medical Association, 288*, 1235–1244.

Silverman, K., Evans, S. M., Strain, E. C., & Griffiths, R. R. (1992). Withdrawal syndrome after the double-blind cessation of caffeine consumption. *New England Journal of Medicine, 327*, 1109–1114.

Silverstein, B. H., Snodgrass, M., Shevrin, H., & Kushwaha, R. (2015). P3b, consciousness, and complex unconscious processing. *Cortex, 73*, 216–227.

Silwa, J., & Frehwald, W. A. (2017). A dedicated network for social interaction processing in the primate brain. *Science, 356*, 745–749.

Simek, T. C., & O'Brien, R. M. (1981). *Total golf: A behavioral approach to lowering your score and getting more out of your game*. B-MOD Associates.

Simek, T. C., & O'Brien, R. M. (1988). A chaining-mastery, discrimination training program to teach Little Leaguers to hit a baseball. *Human Performance, 1*, 73–84.

Simon, G. E., Johnson, E., Lawrence, J. M., Rossom, R. C., Ahmedani, B., Lynch, F. L., Beck, A., Waitzfelder, B., Ziebell, R., Penfold, R. B., & Shortreed, S. M. (2018). Predicting suicide attempts and suicide deaths following outpatient visits using electronic health records. *The American Journal of Psychiatry, 175*, 951–960.

Simon, V., Czobor, P., Bálint, S., Mésáros, A., & Bitter, I. (2009). Prevalence and correlates of adult attention-deficit hyperactivity disorder: Meta-analysis. *British Journal of Psychiatry, 194*, 204–211.

Simon-Kutscher, K., Wanke, N., Hiller, C., & Schwabe, L. (2019). Fear without context: Acute stress modulates the balance of cue-dependent and contextual fear learning. *Psychological Science, 30*(8), 1123–1135.

Simons, D. J., Boot, W. R., Charness, N., Gathercole, S. E., Chabris, C. F., Hambrick, D. Z., & Stine-Morrow, E. A. L. (2016). Do "brain-training" programs work? *Psychological Science in the Public Interest, 17*, 103–186.

Simons, D. J., & Chabris, C. F. (1999). Gorillas in our midst: Sustained inattentional blindness for dynamic events. *Perception, 28*, 1059–1074.

Simons, D. J., & Chabris, C. F. (2011). What people believe about how memory works: A representative survey of the U.S. population. *PLOS ONE, 6*, e22757.

Simons, D. J., & Levin, D. T. (1998). Failure to detect changes to people during a real-world interaction. *Psychonomic Bulletin & Review, 5*, 644–649.

Simonsohn, U., & Gino, F. (2013). Daily horizons: Evidence of narrow bracketing in judgment from 10 years of M.B.A. admissions interviews. *Psychological Science, 24*, 219–224.

Simonton, D. K. (1988). Age and outstanding achievement: What do we know after a century of research? *Psychological Bulletin, 104*, 251–267.

Simonton, D. K. (1990). Creativity in the later years: Optimistic prospects for achievement. *The Gerontologist, 30*, 626–631.

Simonton, D. K. (1992). The social context of career success and course for 2,026 scientists and inventors. *Personality and Social Psychology Bulletin, 18*, 452–463.

Simonton, D. K. (2000). Methodological and theoretical orientation and the long-term disciplinary impact of 54 eminent psychologists. *Review of General Psychology, 4*, 13–24.

Simonton, D. K. (2012a). Teaching creativity: Current findings, trends, and controversies in the psychology of creativity. *Teaching of Psychology, 39*, 217–222.

Simonton, D. K. (2012b, November–December). The science of genius. *Scientific American Mind*, pp. 35–41.

Sims, C. R. (2018). Efficient coding explains the universal law of generalization in human perception. *Science, 360*, 652–656.

Sin, N. L., Graham-Engeland, J. E., Ong, A. D., & Almeida, D. M. (2015). Affective reactivity to daily stressors is associated with elevated inflammation. *Health Psychology, 34*, 154–1165.

Sinclair, R. C., Hoffman, C., Mark, M. M., Martin, L. L., & Pickering, T. L. (1994). Construct accessibility and the misattribution of arousal: Schachter and Singer revisited. *Psychological Science, 5*, 15–18.

Singer, J. L. (1981). Clinical intervention: New developments in methods and evaluation. In L. T. Benjamin, Jr. (Ed.), *The G. Stanley Hall Lecture Series* (Vol. 1). American Psychological Association.

Singer, T., Seymour, B., O'Doherty, J., Kaube, H., Dolan, R. J., & Frith, C. (2004). Empathy for pain involves the affective but not sensory components of pain. *Science, 303*, 1157–1162.

Singh, D. (1993). Adaptive significance of female physical attractiveness: Role of waist-to-hip ratio. *Journal of Personality and Social Psychology, 65*, 293–307.

Singh, D., & Randall, P. K. (2007). Beauty is in the eye of the plastic surgeon: Waist-hip ration (WHR) and women's attractiveness. *Personality and Individual Differences, 43*, 329–340.

Singh, S. (1997). *Fermat's enigma: The epic quest to solve the world's greatest mathematical problem*. Bantam Books.

Singh, S., & Riber, K. A. (1997, November). Fermat's last stand. *Scientific American*, pp. 68–73.

Sio, U. N., Monahan, P., & Ormerod, T. (2013). Sleep on it, but only if it is difficult: Effects of sleep on problem solving. *Memory and Cognition, 41*, 159–166.

SIOP. (2018, August 28). *Materials for incorporating I-O into an introductory psychology textbook.* https://www.siop.org/Events-Education/Educators/Incorporating-I-O

Sipski, M. L., Alexander, C. J., & Rosen, R. C. (1999). Sexual response in women with spinal cord injuries: Implications for our understanding of the able bodied. *Journal of Sexual & Marital Therapy, 25*, 11–22.

Sireteanu, R. (1999). Switching on the infant brain. *Science, 286*, 59–61.

Sisk, V. F., Burgoyne, A. P., Sun, J., Butler, J. L., & Macnamara, B. N. (2018). To what extent and under which circumstances are growth mind-sets important to academic achievement? Two meta-analyses. *Psychological Science, 29*, 549–571.

Skeem, J. L., & Cooke, D. J. (2010). Is criminal behavior a central component of psychopathy? Conceptual directions for resolving the debate. *Psychological Assessment, 22*, 433–445.

Skinner, B. F. (1953). *Science and human behavior*. Macmillan.

Skinner, B. F. (1956). A case history in scientific method. *American Psychologist, 11*, 221–233.

Skinner, B. F. (1960). Pigeons in a pelican. *American Psychologist, 15*, 28–37.

Skinner, B. F. (1961, November). Teaching machines. *Scientific American, 205*, 90–112.

Skinner, B. F. (1966). *The behavior of organisms: An experimental analysis*. Appleton-Century-Crofs. (Original work published 1938.)

Skinner, B. F. (1983, September). Origins of a behaviorist. *Psychology Today*, pp. 22–33.

Skinner, B. F. (1989). Teaching machines. *Science, 243*, 1535.

Skitka, L. J., Bauman, C. W., & Mullen, E. (2004). Political tolerance and coming to psychological closure following the September 11, 2001, terrorist attacks: An integrative approach. *Personality and Social Psychology Bulletin, 30*, 743–756.

Sklar, L. S., & Anisman, H. (1981). Stress and cancer. *Psychological Bulletin, 89*, 369–406.

Skoog, G., & Skoog, I. (1999). A 40-year follow-up of patients with obsessive-compulsive disorder. *Archives of General Psychiatry, 56*, 121–127.

Skov, R. B., & Sherman, S. J. (1986). Information-gathering processes: Diagnosticity, hypothesis-confirmatory strategies, and perceived hypothesis confirmation. *Journal of Experimental Social Psychology, 22*, 93–121.

Slagt, M., Dubas, J. S., Deković, M., & van Aken, M. A. (2016). Differences in sensitivity to parenting depending on child temperament: A meta-analysis. *Psychological Bulletin, 142*, 1068–1110.

Slater, E., & Meyer, A. (1959). *Confinia psychiatra*. S. Karger AG.

Slaughter, V., Imuta, K., Peterson, C. C., & Henry, J. D. (2015). Meta-analysis of theory of mind and peer popularity in the preschool and early school years. *Child Development, 86*, 1159–1174.

Slee, A., Nazareth, I., Bondaronek, P., Liu, Y., Cheng, Z., & Freemantle, N. (2019). Pharmacological treatments for generalised anxiety disorder: a systematic review and network meta-analysis. *The Lancet, 393*, 768–777.

Slemp, G. R., Kern, M. L., Patrick, K. J., & Ryan, R. M. (2018). Leader autonomy support in the workplace: A meta-analytic review. *Motivation and Emotion, 42*, 706–724.

Sloan, R. P. (2005). *Field analysis of the literature on religion, spirituality, and health* [PDF file]. Columbia University. https://metanexus.net/archive/templetonadvancedresearchprogram/pdf/TARP-Sloan.pdf

Sloan, R. P., & Bagiella, E. (2002). Claims about religious involvement and health outcomes. *Annals of Behavioral Medicine, 24*, 14–21.

Sloan, R. P., Bagiella, E., & Powell, T. (1999). Religion, spirituality, and medicine. *The Lancet, 353*, 664–667.

Sloan, R. P., Bagiella, E., VandeCreek, L., & Poulos, P. (2000). Should physicians prescribe religious activities? *New England Journal of Medicine, 342*, 1913–1917.

Slopen, N., Glynn, R. J., Buring, J., & Albert, M. A. (2010, November 23). Job strain, job insecurity, and incident cardiovascular disease in the Women's

Health Study. *Circulation, 122*(21, Suppl.), Abstract A18520.

Slovic, P. (2007). "If I look at the mass I will never act": Psychic numbing and genocide. *Judgment and Decision Making, 2,* 79–95.

Slovic, P., Västfjälla, D., Erlandsson, A., & Gregory, R. (2017). Iconic photographs and the ebb and flow of empathic response to humanitarian disasters. *PNAS, 114,* 640–644.

Slutske, W. S., Moffitt, T. E., Poulton, R., & Caspi A. (2012). Under-controlled temperament at age 3 predicts disordered gambling at age 32: A longitudinal study of a complete birth cohort. *Psychological Science, 23,* 510–516.

Smalarz, L., & Wells, G. L. (2015). Contamination of eyewitness self-reports and the mistaken identification problem. *Current Directions in Psychological Science, 24,* 120–124.

Smaldino, P. E., & McElreath, R. (2016). The natural selection of bad science. *Royal Society Open Science, 3,* 160384.

Small, M. F. (1997). Making connections. *American Scientist, 85,* 502–504.

Smedley, A., & Smedley, B. D. (2005). Race as biology is fiction, racism as a social problem is real: Anthropological and historical perspectives on the social construction of race. *American Psychologist, 60,* 16–26.

Smith, A. (1776). *An inquiry into the nature and causes of the wealth of nations.* W. Strahan and T. Cadell.

Smith, A. (1983). Personal correspondence.

Smith, A. (2016, February 11). *15% of American adults have used online dating sites or mobile dating apps.* Pew Research Center. https://www.pewresearch.org/internet/2016/02/11/15-percent-of-american-adults-have-used-online-dating-sites-or-mobile-dating-apps/

Smith, B. C. (2011, January 16). *The senses and the multi-sensory.* Edge. https://www.edge.org/response-detail/11677

Smith, C. (2006, January 7). Nearly 100, LSD's father ponders his "problem child." *The New York Times.* https://www.nytimes.com/2006/01/07/pageoneplus/world/the-saturday-profile-nearly-100-lsds-father-ponders-his.html?

Smith, G. E. (2016). Healthy cognitive aging and dementia prevention. *American Psychologist, 71,* 268–275.

Smith, J. A., & Rhodes, J. E. (2014). Being depleted and being shaken: An interpretative phenomenological analysis of the experiential features of a first episode of depression. *Psychology and Psychotherapy: Theory, Research and Practice, 88,* 197–209.

Smith, J. C., Nielson, K. A., Woodard, J. L., Seidenberg, M., Durgerian, S., Hazlett, K. E., Figueroa, C. M., Kandah, C. C., Kay, C. D., Matthews, M. A., & Rao, S. M. (2014, April 23). Physical activity reduces hippocampal atrophy in elders at genetic risk for Alzheimer's disease. *Frontiers in Aging Neuroscience, 6,* 61.

Smith, K. (2018). Sex and drugs and self-control: How the teen brain navigates risk. *Nature, 554,* 426-428.

Smith, L. K., & Wissel, E. F. (2019). Microbes and the mind: How bacteria shape affect, neurological processes, cognition, social relationships, development, and pathology. *Perspectives on Psychological Science, 14,* 397–418.

Smith, M. (2017). Hyperactive around the world? The history of ADHD in global perspective. *Social History of Medicine, 30,* 767–787.

Smith, M. B. (1978). Psychology and values. *Journal of Social Issues, 34,* 181–199.

Smith, M. L., & Glass, G. V. (1977). Meta-analysis of psychotherapy outcome studies. *American Psychologist, 32,* 752–760.

Smith, M. L., Glass, G. V., & Miller, R. L. (1980). *The benefits of psychotherapy.* Johns Hopkins Press.

Smith, M. M., Sherry, S. B., Chen, S., Saklofske, D. H., Mushquash, C., Flett, G. L., & Hewitt, P. L. (2018). The perniciousness of perfectionism: A meta-analytic review of the perfectionism–suicide relationship. *Journal of Personality, 86,* 522–542.

Smith, P. B., & Tayeb, M. (1989). Organizational structure and processes. In M. Bond (Ed.), *The cross-cultural challenge to social psychology.* Sage.

Smith, S. G., Jackson, S. E., Kobayashi, L. C., & Steptoe, A. (2018). Social isolation, health literacy, and mortality risk: Findings from the English Longitudinal Study of Ageing. *Health Psychology, 37,* 160–169.

Smith, S. L., Pieper, K., & Choueiti, M. (2017, February). *Inclusion in the director's chair? Gender, race, & age of film directors across 1,000 films from 2007–2016* [PDF file]. University of Southern California Annenberg School for Communications and Journalism. https://bit.ly/2QRRkNw

Smith, T. W., & Baucom, B. R. W. (2017). Intimate relationships, individual adjustment, and coronary heart disease: Implications of overlapping associations in psychosocial risk. *American Psychologist, 72,* 578–589.

Smith-Woolley, E., Selzam, S., & Plomin, R. (2019). Polygenic score for educational attainment captures DNA variants shared between personality traits and educational achievement. *Journal of Personality and Social Psychology, 117,* 1145–1163.

Smits, I. A. M., Dolan, C. V., Vorst, H. C. M., Wicherts, J. M., & Timmerman, M. E. (2011). Cohort differences in Big Five personality traits over a period of 25 years. *Journal of Personality and Social Psychology, 100,* 1124–1138.

Smolak, L., & Murnen, S. K. (2002). A meta-analytic examination of the relationship between child sexual abuse and eating disorders. *International Journal of Eating Disorders, 31,* 136–150.

Smoller, J. W. (2019). Psychiatric genetics begins to find its footing. *American Journal of Psychiatry, 176,* 609–614.

Snedeker, J., Geren, J., & Shafto, C. L. (2007). Starting over: International adoption as a natural experiment in language development. *Psychological Science, 18,* 79–86.

Snell, J., & Grainger, J. (2019). Readers are parallel processors. *Trends in Cognitive Sciences, 23,* 537–546.

Sniekers, S., Stringer, S., Watanabe, K., Jansen, P. R., Coleman, J. R. I., Krapohl, E., Taskesen, E., Hammerschlag, A. R., Okbay, A., Zabaneh, D., Amin, N., Breen, G., Desarini, D., Chabris, C. F., Iacono, W. G., Ikram, M. A., Johannesson, M., Koellinger, P., Lee, J. J., . . . Posthuma, D. (2017). Genome-wide association meta-analysis of 78,308 individuals identifies new loci and genes influencing human intelligence. *Nature Genetics, 49,* 1107–1112.

Snipes, D. J., Calton, J. M., Green, B. A., Perrin, P. B., & Benotsch, E. G. (2017). Rape and posttraumatic stress disorder (PTSD): Examining the mediating role of explicit sex-power beliefs for men versus women. *Journal of Interpersonal Violence, 32,* 2453–2470.

Snodgrass, S. E., Higgins, J. G., & Todisco, L. (1986). *The effects of walking behavior on mood* [Paper]. Presented at the American Psychological Association convention.

Snyder, F., & Scott, J. (1972). The psychophysiology of sleep. In N. S. Greenfield & R. A. Sterbach (Eds.), *Handbook of psychophysiology.* Holt, Rinehart & Winston.

Snyder, S. H. (1984). Neurosciences: An integrative discipline. *Science, 225,* 1255–1257.

Snyder-Mackler, N., Sanz, J., Kohn, J. N., Brinkworth, J. F., Morrow, S., Shaver, A. O., Grenier, J. C.,

Pique-Regi, R., Johnson, Z. P., Wilson, M. E., Barreiro, L. B. & Tung, J. (2016). Social status alters immune regulation and response to infection in macaques. *Science, 354,* 1041–1045.

Society for Personality Assessment. (2005). The status of the Rorschach in clinical and forensic practice: An official statement by the Board of Trustees of the Society for Personality Assessment. *Journal of Personality Assessment, 85,* 219–237.

Soderstrom, N. C., Kerr, T. K., & Bjork, R. A. (2016). The critical importance of retrieval—and spacing—for learning. *Psychological Science, 27,* 223–230.

Sofer, C., Dotsch, R., Wigboldus, D. H. J., & Todorov, A. (2015). What is typical is good: The influence of face typicality on perceived trustworthiness. *Psychological Science, 26,* 39–47.

Solano, I., Eaton, N. R., & O'Leary, K. D. (2018). Pornography consumption, modality and function in a large internet sample. *The Journal of Sex Research, 57*(1), 92–103.

Solomon, D. A., Keitner, G. I., Miller, I. W., Shea, M. T., & Keller, M. B. (1995). Course of illness and maintenance treatments for patients with bipolar disorder. *Journal of Clinical Psychiatry, 56,* 5–13.

Solomon, Z., Greene, T., Ein-Dor, T., Zerach, G., Benyamini, Y., & Ohry, A. (2014). The long-term implications of war captivity for mortality and health. *Journal of Behavioral Medicine, 37,* 849–859.

Solomon, Z., Tsur, N., Levin, Y., Uziel, O., Lahav, M., & Ohry, A. (2017). The implications of war captivity and long-term psychopathology trajectories for telomere length. *Psychoneuroendocrinology, 81,* 122–128.

Somerville, L. H., Jones, R. M., Ruberry, E. J., Dyke, J. P., Glover, G., & Casey, B. J. (2013). The medial prefrontal cortex and the emergence of self-conscious emotion in adolescence. *Psychological Science, 24,* 1554–1562.

Sommet, N., Morselli, D., & Spini, D. (2018). Income inequality affects the psychological health of only the people facing scarcity. *Psychological Science, 29,* 1911–1921.

Song, S. (2006, March 27). Mind over medicine. *Time,* p. 47.

Sontag, S. (1978). *Illness as metaphor.* Farrar, Straus, & Giroux.

Sood, A. K., Armaiz-Pena, G. N., Halder, J., Nick, A. M., Stone, R. L., Hu, W., Carroll, A. R., Spannuth, W. A., Deavers, M. T., Allen, J. K., Han, L. Y., Kamat, A. A., Shahzad, M. M., McIntyre, B. W., Diaz-Montero, C. M., Jennings, N. B., Lin, Y. G., Merritt, W. M., DeGeest, K., . . . Lutgendorf, S. K. (2010). Adrenergic modulation of focal adhesion kinase protects human ovarian cancer cells from anoikis. *Journal of Clinical Investigation, 120,* 1515–1523.

Soral, W., Bilewicz, M., & Winiewski, M. (2018). Exposure to hate speech increases prejudice through desensitization. *Aggressive Behavior, 44,* 136–146.

Sorrells, S., Alvarez-Buylla, A. A., & Paredes, M. (2018). No evidence for new adult neurons. *American Scientist, 106,* 152–155.

Soto, C. J. (2019). How replicable are links between personality traits and consequential life outcomes? The Life Outcomes of Personality Replication Project. *Psychological Science, 30,* 711–727.

Soto, C. J., & John, O. P. (2017). The next Big Five inventory (BFI-2): Developing and assessing a hierarchical model with 15 facets to enhance bandwidth, fidelity, and predictive power. *Journal of Personality and Social Psychology, 113,* 117–143.

Soussignan, R. (2001). Duchenne smile, emotional experience, and autonomic reactivity: A test of the facial feedback hypothesis. *Emotion, 2,* 52–74.

South, S. C., Krueger, R. F., Johnson, W., & Iacono, W. G. (2008). Adolescent personality moderates genetic and environmental influences on relationships with parents. *Journal of Personality and Social Psychology, 94*, 899–912.

Sowell, T. (1991, May/June). Cultural diversity: A world view. *American Enterprise*, pp. 44–55.

Spanos, N. P. (1986). Hypnosis, nonvolitional responding, and multiple personality: A social psychological perspective. *Progress in Experimental Personality Research, 14*, 1–62.

Spanos, N. P. (1994). Multiple identity enactments and multiple personality disorder: A sociocognitive perspective. *Psychological Bulletin, 116*, 143–165.

Spanos, N. P. (1996). *Multiple identities and false memories: A sociocognitive perspective.* American Psychological Association Books.

Spanos, N. P., & Coe, W. C. (1992). A social-psychological approach to hypnosis. In E. Fromm & M. R. Nash (Eds.), *Contemporary hypnosis research* (pp. 102–130). Guilford Press.

Spark, A., Stansmore, T., & O'Connor, P. (2018). The failure of introverts to emerge as leaders: The role of forecasted affect. *Personality and Individual Differences, 121*, 84–88.

Sparkman, G., & Walton, G. M. (2017). Dynamic norms promote sustainable behavior, even if it is counter-normative. *Psychological Science, 28*, 1663–1674.

Sparkman, G., & Walton, G. M. (2019). Witnessing change: Dynamic norms help resolve diverse barriers to personal change. *Journal of Experimental Social Psychology, 82*, 238–252.

Sparks, S., Cunningham, S. J., & Kritikos, A. (2016). Culture modulates implicit ownership-induced self-bias in memory. *Cognition, 153*, 89–98.

Spearman, C. (1904). "General intelligence," objectively determined and measured. *American Journal of Psychology, 15*, 201–292.

Spector, T. (2012). *Identically different: Why you can change your genes.* Weidenfeld & Nicolson.

Speer, N. K., Reynolds, J. R., Swallow, K. M., & Zacks, J. M. (2009). Reading stories activates neural representations of visual and motor experiences. *Psychological Science, 20*, 989–999.

Spelke, E. S., Bernier, E. P., & Skerry, A. E. (2013). Core social cognition. In M. R. Banaji & S. A. Gelman (Eds.), *Navigating the social world: What infants, children, and other species can teach us.* Oxford University Press.

Spencer, K. M., Nestor, P. G., Perlmutter, R., Niznikiewicz, M. A., Klump, M. C., Frumin, M., Shenton, M. E., & McCarley, R. W. (2004). Neural synchrony indexes disordered perception and cognition in schizophrenia. *PNAS, 101*, 17288–17293.

Spencer, S. J., Logel, C., & Davies, P. G. (2016). Stereotype threat. *Annual Review of Psychology, 67*, 415–437.

Spencer, S. J., Steele, C. M., & Quinn, D. M. (1997). *Stereotype threat and women's math performance.* Unpublished manuscript. Hope College, Michigan.

Sperry, R. W. (1964). Problems outstanding in the evolution of brain function [Lecture]. The James Arthur Lecture, delivered at the American Museum of Natural History, New York, NY. Cited by R. Ornstein (1977) in *The psychology of consciousness* (2nd ed.). Harcourt Brace Jovanovich.

Sperry, R. W. (1985). Changed concepts of brain and consciousness: Some value implications. *Zygon, 20*, 41–57.

Sperry, R. W. (1992, Summer). Turnabout on consciousness: A mentalist view. *Journal of Mind & Behavior, 13*, 259–280.

Spiegel, A. (2015, January 8). *Dark thoughts.* From "Invisibilia," National Public Radio. https://www.npr.org/2015/01/09/375928124/dark-thoughts

Spiegel, D. (2007). The mind prepared: Hypnosis in surgery. *Journal of the National Cancer Institute, 99*, 1280–1281.

Spiegel, D. (2008, January 31). *Coming apart: Trauma and the fragmentation of the self.* Dana Foundation. https://www.dana.org/article/coming-apart-trauma-and-the-fragmentation-of-the-self/

Spielberger, C., & London, P. (1982). Rage boomerangs. *American Health, 1*, 52–56.

Sprecher, S., Treger, S., & Sakaluk, J. K. (2013). Premarital sexual standards and sociosexuality: Gender, ethnicity, and cohort differences. *Archives of Sexual Behavior, 42*, 1395–1405.

Spring, B., Pingitore, R., Bourgeois, M., Kessler, K. H., & Bruckner, E. (1992). *The effects and non-effects of skipping breakfast: Results of three studies.* Paper presented at the American Psychological Association convention.

Sproesser, G., Schupp, H. T., & Renner, B. (2014). The bright side of stress-induced eating: Eating more when stressed but less when pleased. *Psychological Science, 25*, 58–65.

Sprong, S., Jetten, J., Wang, Z., Peters, K., Verkuyten, M., Bastian, B., Ariyanto, A., Autin, F., Ayub, N., Badea, C., Besta, T., Butera, F., Costa-Lopes, R., Cui, L., Fantini, C., Finchilescu, G., Gaertner, L., Gollwitzer, M., Gómez, Á., . . . Wohl, J. A. (2019). "Our country needs a strong leader right now": Economic inequality enhances the wish for a strong leader. *Psychological Science, 30*(11), 1625–1637.

Squire, L. R., & Zola-Morgan, S. (1991, September 20). The medial temporal lobe memory system. *Science, 253*, 1380–1386.

Srivastava, A., Locke, E. A., & Bartol, K. M. (2001). Money and subject well-being: It's not the money, it's the motives. *Journal of Personality and Social Psychology, 80*, 959–971.

Srivastava, S., McGonigal, K. M., Richards, J. M., Butler, E. A., & Gross, J. J. (2006). Optimism in close relationships: How seeing things in a positive light makes them so. *Journal of Personality and Social Psychology, 91*, 143–153.

St-Onge, M.-P., McReynolds, A., Trivedi, Z. B., Roberts, A. L., Sy, M., & Hirsch, J. (2012). Sleep restriction leads to increased activation of brain regions sensitive to food stimuli. *American Journal of Clinical Nutrition, 95*, 818–824.

St. Clair, D., Xu, M., Wang, P., Yu, Y., Fang, Y., Zhang, F., Zheng, X., Gu, N., Feng, G., Sham, P., & He, L. (2005). Rates of adult schizophrenia following prenatal exposure to the Chinese famine of 1959–1961. *Journal of the American Medical Association, 294*, 557–562.

Stacey, D., Bilbao, A., Maroteaux, M., Jia, T., Easton, A. C., Longueville, S., Nymberg, C., Banaschewski, T., Barker, G. J., Büchel, C., Carvalho, F., Conrod, P. J., Desriviéres, S., Fauth-Bühler, M., Fernandez-Medarde, A., Flor, H., Gallinat, J., Garavan, H., Bokde, A. L., . . . IMAGEN Consortium. (2012). RASGRF2 regulates alcohol-induced reinforcement by influencing mesolimbic dopamine neuron activity and dopamine release. *PNAS, 109*, 21128–21133.

Stafford, T., & Dewar, M. (2014). Tracing the trajectory of skill learning with a very large sample of online game players. *Psychological Science, 25*, 511–518.

Stager, C. L., & Werker, J. F. (1997). Infants listen for more phonetic detail in speech perception than in word-learning tasks. *Nature, 388*, 381–382.

Stahl, A. E., & Feigenson, L. (2015). Observing the unexpected enhances infants' learning and exploration. *Science, 348*, 91–94.

Stahl, E. A., Breen, G., Forstner, A. J., McQuillin, A., Ripke, S., Trubetskoy, V., Mattheisen, M., Wang, Y., Coleman, J. R., Gaspar, H. A., de Leeuw, C. A. Steinberg, S., Whitehead Pavlides, J. M., Trzaskowski, M., Byrne, E. M., Pers, T. H., Holmans, P. A., Richards, A. L., Abbott, L., . . . Bipolar Disorder Working Group of the Psychiatric Genomics Consortium. (2019). Genome-wide association study identifies 30 loci associated with bipolar disorder. *Nature Genetics, 51*, 793–803.

Stamkou, E., van Kleef, G. A., Homan, A. C., Gelfand, M. J., van de Vijver, F. J., van Egmond, M. C., Boer, D., Phiri, N., Ayub, N., Kinias, Z., Cantarero, K., Efrat Treister, D., Figueiredo, A., Hashimoto, H., Hofmann, E. B., Lima, R. P., & Lee, I. C. (2019). Cultural collectivism and tightness moderate responses to norm violators: Effects on power perception, moral emotions, and leader support. *Personality and Social Psychology Bulletin, 45*, 947–964.

Stanley, D., Phelps, E., & Banaji, M. (2008). The neural basis of implicit attitudes. *Current Directions in Psychological Science, 17*, 164–170.

Stanley, S. M., Rhoades, G. K., Amato, P. R., Markman, H. J., & Johnson, C. A. (2010). The timing of cohabitation and engagement: Impact on first and second marriages. *Journal of Marriage and Family, 72*, 906–918.

Stanley, S., & Rhoades, G. (2016a, July 19). *Testing a relationship is probably the worst reason to cohabit.* Institute for Family Studies. https://ifstudies.org/blog/testing-a-relationship-is-probably-the-worst-reason-to-cohabit

Stanley, S., & Rhoades, G. (2016b, July/August). The perils of sowing your wild oats. *Psychology Today*, pp. 40–42.

Stanley, T. D., Carter, E. C., & Doucouliagos, H. (2018). What meta-analyses reveal about the replicability of psychological research. *Psychological Bulletin, 144*, 1325–1346.

Stanovich, K. (1996). *How to think straight about psychology.* HarperCollins.

Stanovich, K. E., West, R. F., & Toplak, M. E. (2013). My side bias, rational thinking, and intelligence. *Current Directions in Psychological Science, 22*, 259–264.

Stanovich, K. E., West, R. F., & Toplak, M. E. (2016). *The rationality quotient: Toward a test of rational thinking.* MIT Press.

Stanton, K., Khoo, S., Watson, D., Gruber, J., Zimmerman, M., & Weinstock, L. M. (2019). Unique and transdiagnostic symptoms of hypomania/mania and unipolar depression. *Clinical Psychological Science, 7*, 471–487.

Starcke, K., & Brand, M. (2016). Effects of stress on decisions under uncertainty: A meta-analysis. *Psychological Bulletin, 142*, 909–933.

Stark, R. (2003a). *For the glory of God: How monotheism led to reformations, science, witch-hunts, and the end of slavery.* Princeton University Press.

Stark, R. (2003b, October–November). False conflict: Christianity is not only compatible with science—it created it. *American Enterprise*, pp. 27–33.

Starzynski, L. L., Ullman, S. E., & Vasquez, A. L. (2017). Sexual assault survivors' experiences with mental health professionals: A qualitative study. *Women & Therapy, 40*, 228–246.

Statista. (2017). *Reported violent crime in the United States from 1990 to 2015.* https://www.statista.com/statistics/191219/reported-violent-crime-rate-in-the-usa-since-1990/

Statista. (2018). *Matchmaking—United States.* https://www.statista.com/outlook/371/109/matchmaking/united-states

Statista. (2019, October 10). *Anti-Semitic violence on the rise in Germany.* https://www.statista.com/chart/19608/anti-semitic-crimes-in-germany/

Statistics Canada. (2011). *Marital status: Overview, 2011. Table 2: Divorces and crude divorce rates, Canada, provinces and territories, 1981 to 2008.* https://www150.statcan.gc.ca/n1/pub/91-209-x/2013001/article/11788/tbl/tbl2-eng.htm

Statistics Canada. (2013). Table A.5.1. *Second language immersion program enrolments in public elementary and secondary schools, Canada, provinces and territories, 2005/2006 to 2009/2010.* https://www150.statcan.gc.ca/n1/pub/81-595-m/2011095/tbl/tbla.5.1-eng.htm

Statistics Canada. (2016). "Chart 10: Prevalence of fair/poor mental health and mood disorders, female population aged 12 to 19, Canada, 2003 to 2014." https://www150.statcan.gc.ca/n1/pub/89-503-x/2015001/article/14324/c-g/c-g10-eng.htm

Statistics Canada. (2019, February 7). *National Cannabis Survey, fourth quarter 2018.* https://www150.statcan.gc.ca/n1/daily-quotidien/190207/dq190207b-eng.htm

Statistics Canada. (2019). *Mental health characteristics: Ability to handle stress and sources of stress.* https://www150.statcan.gc.ca/t1/tbl1/en/tv.action?pid=1310080201

Staub, E. (1989). *The roots of evil: The psychological and cultural sources of genocide.* Cambridge University Press.

Stavrinos, D., Pope, C. N., Shen, J., & Schwebel, D. C. (2017). Distracted walking, bicycling, and driving: Systematic review and meta-analysis of mobile technology and youth crash risk. *Child Development, 89,* 118–128.

Stavrova, O., & Ehlebracht, D. (2018). The cynical genius illusion: Exploring and debunking lay beliefs about cynicism and competence. *Personality and Social Psychology Bulletin, 45*(2), 254–269.

Steel, P., Schmidt, J., & Schultz, J. (2008). Refining the relationship between personality and subject well-being. *Psychological Bulletin, 134,* 138–161.

Steele, C. M. (1990, May). A conversation with Claude Steele. *APS Observer,* pp. 11–17.

Steele, C. M. (1995, August 31). Black students live down to expectations. *The New York Times.* https://www.nytimes.com/1995/08/31/opinion/black-students-live-down-to-expectations.html

Steele, C. M. (2010). *Whistling Vivaldi: And other clues to how stereotypes affect us.* Norton.

Steele, C. M., & Josephs, R. A. (1990). Alcohol myopia: Its prized and dangerous effects. *American Psychologist, 45,* 921–933.

Steele, C. M., & Spencer, S. J., & Aronson, J. (2002). Contending with group image: The psychology of stereotype and social identity threat. *Advances in Experimental Social Psychology, 34,* 379–440.

Stein, J. Y., Levin, Y., Lahav, Y., Uziel, O., Abumock, H., & Solomon, Z. (2018). Perceived social support, loneliness, and later life telomere length following wartime captivity. *Health Psychology, 37,* 1067–1076.

Stein, M. B., & Rothbaum, B. O. (2018). 175 years of progress in PTSD therapeutics: Learning from the past. *The American Journal of Psychiatry, 175,* 508–516.

Stein, R. (2018, December 18). *Surgeon General warns youth vaping is now an 'epidemic.'* National Public Radio. https://www.npr.org/sections/health-shots/2018/12/18/677755266/surgeon-general-warns-youth-vaping-is-now-an-epidemic

Steinberg, L. (1987, September). Bound to bicker. *Psychology Today,* pp. 36–39.

Steinberg, L. (2012, Spring). Should the science of adolescent brain development inform public policy? *Issues in Science and Technology, 28,* pp. 67–78.

Steinberg, L. (2013). The influence of neuroscience on U.S. Supreme Court decisions involving adolescents' criminal culpability. *Nature Reviews Neuroscience, 14,* 513–518.

Steinberg, L. (2015). How to improve the health of American adolescents. *Perspectives on Psychological Science, 10,* 711–715.

Steinberg, L., Cauffman, E., Woolard, J., Graham, S., & Banich, M. (2009). Are adolescents less mature than adults? Minors' access to abortion, the juvenile death penalty, and the alleged APA "flip-flop." *American Psychologist, 64,* 583–594.

Steinberg, L., Icenogle, G., Shulman, E. P., Breiner, K., Chein, J., Bacchini, D., Chang, L., Chaudhary, N., Giunta, L. D., Dodge, K. A., Fanti, K. A., Lansford, J. E., Malone, P. S., Oburu, P., Pastorelli, C., Skinner, A. T., Sorbring, E., Tapanya, S., Tirado, L. M. U., . . . Takash, H. M. S. (2018). Around the world, adolescence is a time of heightened sensation seeking and immature self-regulation. *Developmental Science, 21,* e12532.

Steinberg, L., Lamborn, S. D., Darling, N., Mounts, N. S., & Dornbusch, S. M. (1994). Over-time changes in adjustment and competence among adolescents from authoritative, authoritarian, indulgent, and neglectful families. *Child Development, 65,* 754–770.

Steinberg, L., & Morris, A. S. (2001). Adolescent development. *Annual Review of Psychology, 52,* 83–110.

Steinberg, L., & Scott, E. S. (2003). Less guilty by reason of adolescence: Developmental immaturity, diminished responsibility, and the juvenile death penalty. *American Psychologist, 58,* 1009–1018.

Steinberg, N. (1993, February). Astonishing love stories (from an earlier United Press International report). *Games,* p. 47.

Steiner, J. L., Murphy, E. A., McClellan, J. L., Carmichael, M. D., & Davis, J. M. (2011). Exercise training increases mitochondrial biogenesis in the brain. *Journal of Applied Physiology, 111,* 1066–1071.

Steinert, C., Munder, T., Rabung, S., Hoyer, J., & Leichsenring, F. (2017). Psychodynamic therapy: As efficacious as other empirically supported treatments? A meta-analysis testing equivalence of outcomes. *American Journal of Psychiatry, 174,* 943–953.

Steinglass, J. E., Glasofer, D. R., Walsh, E., Guzman, G., Peterson, C. B., Walsh, B. T., Attia, E., & Wonderlich, S. A. (2018). Targeting habits in anorexia nervosa: A proof-of-concept randomized trial. *Psychological Medicine, 48,* 2584–2591.

Steinhausen, H.-C., Mohr Jensen, C., & Lauritsen, M. B. (2016). A systematic review and meta-analysis of the long-term overall outcome of autism spectrum disorders in adolescence and adulthood. *Acta Psychiatrica Scandinavica, 133,* 445–452.

Stellar, J. E., John-Henderson, N., Anderson, C. L., Gordon, A. M., McNeil, G. D., & Keltner, D. (2015). Positive affect and markers of inflammation: Discrete positive emotions predict lower levels of inflammatory cytokines. *Emotion, 15,* 129–133.

Stender, J., Gosseries, O., Bruno, M.-A., Charland-Verville, V., Vanhaudenhuyse, A., Demertzi, A., Chatelle, C., Thonnard, M., Thibaut, A., Heine, L., Soddu, A., Boly, M., Schnakers, C., Gjedde, A., & Laureys, S. (2014). Diagnostic precision of PET imaging and functional MRI in disorders of consciousness: A clinical validation study. *The Lancet, 384,* 514–522.

Stephan, Y., Sutin, A. R., Kornadt, A., Caudroit, J., & Terracciano, A. (2018). Higher IQ in adolescence is related to a younger subjective age in later life: Findings from the Wisconsin Longitudinal Study. *Intelligence, 69,* 195–199.

Stephens-Davidowitz, S. (2013, December 7). How many American men are gay? *The New York Times.* https://www.nytimes.com/2013/12/08/opinion/sunday/how-many-american-men-are-gay.html

Stephens-Davidowitz, S. (2014). The effects of racial animus on a black candidate: Evidence using Google search data. *Journal of Public Economics, 118,* 26–40.

Stephens-Davidowitz, S. (2017). *Everybody lies: Big data, new data, and what the internet can tell us about who we really are.* Dey St. (Morrow).

Steptoe, A., Chida, Y., Hamer, M., & Wardle, J. (2010). Author reply: Meta-analysis of stress-related factors in cancer. *Nature Reviews: Clinical Oncology, 7,* 1.

Steptoe, A., & Wardle, J. (2011). Positive affect measured using ecological momentary assessment and survival in older men and women. *PNAS, 108,* 18244–18248.

Steptoe, A., & Wardle, J. (2017). Life skills, wealth, health, and wellbeing later in life. *PNAS, 114,* 4354–4359.

Sterling, R. (2003). *The traveling curmudgeon: Irreverent notes, quotes, and anecdotes on dismal destinations, excess baggage, the full upright position, and other reasons not to go there* (p. 102). Sasquatch Books.

Stern, M., & Karraker, K. H. (1989). Sex stereotyping of infants: A review of gender labeling studies. *Sex Roles, 20,* 501–522.

Sternberg, E. M. (2009). *Healing spaces: The science of place and well-being.* Harvard University Press.

Sternberg, R. (2017). ACCEL: A new model for identifying the gifted. *Roeper Review, 39,* 152–169.

Sternberg, R. J. (1985). *Beyond IQ: A triarchic theory of human intelligence.* Cambridge University Press.

Sternberg, R. J. (1988). Applying cognitive theory to the testing and teaching of intelligence. *Applied Cognitive Psychology, 2,* 231–255.

Sternberg, R. J. (2003). Our research program validating the triarchic theory of successful intelligence: Reply to Gottfredson. *Intelligence, 31,* 399–413.

Sternberg, R. J. (2006). The Rainbow Project: Enhance the SAT through assessments of analytical, practical, and creative skills. *Intelligence, 34,* 321–350.

Sternberg, R. J. (2015). Successful intelligence: A model for testing intelligence beyond IQ tests. *European Journal of Education and Psychology, 8,* 76–84.

Sternberg, R. J., & Grajek, S. (1984). The nature of love. *Journal of Personality and Social Psychology, 47,* 312–329.

Sternberg, R. J., & Kaufman, J. C. (1998). Human abilities. *Annual Review of Psychology, 49,* 479–502.

Sternberg, R. J., & Lubart, T. I. (1991). An investment theory of creativity and its development. *Human Development, 34,* 1–31.

Sternberg, R. J., & Lubart, T. I. (1992). Buy low and sell high: An investment approach to creativity. *Psychological Science, 1,* 1–5.

Sterzing, P. R., Shattuck, P. T., Narendorf, S. C., Wagner, M., & Cooper, B. P. (2012). Bullying involvement and autism spectrum disorders: prevalence and correlates of bullying involvement among adolescents with an autism spectrum disorder. *Archives of Pediatric and Adolescent Medicine, 166,* 1058–1064.

Stetter, F., & Kupper, S. (2002). Autogenic training: A meta-analysis of clinical outcome studies. *Applied Psychophysiology and Biofeedback, 27,* 45–98.

Stevenson, R. J. (2014). Flavor binding: Its nature and cause. *Psychological Bulletin, 140,* 487–510.

Stevenson, R. J., & Francis, H. M. (2017). The hippocampus and the regulation of human food intake. *Psychological Bulletin, 143,* 1011–1032.

Steyvers, M., Hawkins, G. E., Karayanidis, F., & Brown, S. D. (2019). A large-scale analysis of task switching practice effects across the lifespan. *PNAS, 116,* 17735–17740.

Stice, E. (2002). Risk and maintenance factors for eating pathology: A meta-analytic review. *Psychological Bulletin, 128,* 825–848.

Stice, E., Ng, J., & Shaw, H. (2010). Risk factors and prodromal eating pathology. *Journal of Child Psychology and Psychiatry, 51,* 518–525.

Stice, E., Spangler, D., & Agras, W. S. (2001). Exposure to media-portrayed thin-ideal images adversely affects vulnerable girls: A longitudinal experiment. *Journal of Social and Clinical Psychology, 20*, 270–288.

Stickgold, R. (2000, March 7). Quoted by S. Blakeslee, For better learning, researchers endorse "sleep on it" adage. *The New York Times*, p. F2.

Stickgold, R. (2012). Sleep, memory and dreams: Putting it all together. In *Aquém e além do Cérebro* [Behind and beyond the brain]. Fundação Bial Institution of Public Utility.

Stillman, T. F., Baumeister, R. F., Vohs, K. D., Lambert, N. M., Fincham, F. D., & Brewer, L. E. (2010). Personal philosophy and personnel achievement: Belief in free will predicts better job performance. *Social Psychological and Personality Science, 1*, 43–50.

Stillman, T. F., Lambet, N. M., Fincham, F. D., & Baumeister, R. F. (2011). Meaning as magnetic force: Evidence that meaning in life promotes interpersonal appeal. *Social Psychological and Personality Science, 2*, 13–20.

Stinson, D. A., Logel, C., Zanna, M. P., Holmes, J. G., Cameron, J. J., Wood, J. V., & Spencer, S. J. (2008). The cost of lower self-esteem: Testing a self- and social-bonds model of health. *Journal of Personality and Social Psychology, 94*, 412–428.

Stipek, D. (1992). The child at school. In M. H. Bornstein & M. E. Lamb (Eds.), *Developmental psychology: An advanced textbook*. Erlbaum.

Stith, S. M., Rosen, K. H., Middleton, K. A., Busch, A. L., Lunderberg, K., & Carlton, R. P. (2000). The intergenerational transmission of spouse abuse: A meta-analysis. *Journal of Marriage and the Family, 62*, 640–654.

Stjepanovic, D. & LaBar, K. S. (2018). Fear learning. In Wixted, J.T.(Ed.), *Stevens' Handbook of Experimental Psychology*, 4th Ed., Vol. 1. Wiley.

Stockton, M. C., & Murnen, S. K. (1992, June). *Gender and sexual arousal in response to sexual stimuli: A meta-analytic review* [Paper]. Presented at the Fourth Annual Convention of the American Psychological Society, San Diego.

Stoet, G., & Geary, D. C. (2018). The gender-equality paradox in science, technology, engineering, and mathematics education. *Psychological Science, 29*, 581–593.

Stokoe, W. C. (1960). Sign language structure: An outline of the visual communication systems of the American Deaf. *Studies in Linguistics: Occasional papers (No. 8)*. Dept. of Anthropology and Linguistics, University of Buffalo.

Stoll, G., Rieger, S., Lüdtke, O., Nagengast, B., Trautwein, U., & Roberts, B. W. (2017). Vocational interests assessed at the end of high school predict life outcomes assessed 10 years later over and above IQ and Big Five personality traits. *Journal of Personality and Social Psychology, 113*, 167–184.

Stolzenberg, E. B., Eagan, M. K., Aragon, M. C., Cesar-Davis, N. M., Jacobo, S., Couch, V., & Rios-Aguilar, C. (2019). *The American freshman: National norms fall 2017*. Higher Education Research Institute, UCLA.

Stone, A. A., & Neale, J. M. (1984). Effects of severe daily events on mood. *Journal of Personality and Social Psychology, 46*, 137–144.

Stone, A. A., Schwartz, J. E., Broderick, J. E., & Deaton, A. (2010). A snapshot of the age distribution of psychological well-being in the United States. *PNAS, 107*, 9985–9990.

Stone, A. A., Schwartz, J. E., Broderick, J. E., & Shiffman, S. S. (2005). Variability of momentary pain predicts recall of weekly pain: A consequence of the peak (or salience) memory heuristic. *Personality and Social Psychology Bulletin, 31*, 1340–1346.

Stone, G. (2006, February 17). *Homeless man discovered to be lawyer with amnesia*. ABC News. https://abcnews.go.com/US/story?id=1629645&page=1

Stone, M. & Vogelstein, R. (2019, March 7). *Celebrating #MeToo's global impact*. Foreign Policy. https://foreignpolicy.com/2019/03/07/metooglobalimpactinternationalwomens-day/

Stop Street Harassment. (2018). *The facts behind the #MeToo movement: A national study on sexual harassment and assault* [PDF file]. http://www.stopstreetharassment.org/wp-content/uploads/2018/01/Executive-Summary-2018-National-Study-on-Sexual-Harassment-and-Assault.pdf

Storbeck, J., Robinson, M. D., & McCourt, M. E. (2006). Semantic processing precedes affect retrieval: The neurological case for cognitive primary in visual processing. *Review of General Psychology, 10*, 41–55.

Storm, B. C., & Jobe, T. A. (2012). Retrieval-induced forgetting predicts failure to recall negative autobiographical memories. *Psychological Science, 23*, 1356–1363.

Storm, L., Tressoldi, P. E., & Di Risio, L. (2010a). A meta-analysis with nothing to hide: Reply to Hyman (2010). *Psychological Bulletin, 136*, 491–494.

Storm, L., Tressoldi, P. E., & Di Risio, L. (2010b). Meta-analysis of free-response studies, 1992–2008: Assessing the noise reduction model in parapsychology. *Psychological Bulletin, 136*, 471–485.

Storms, M. D. (1973). Videotape and the attribution process: Reversing actors' and observers' points of view. *Journal of Personality and Social Psychology, 27*, 165–175.

Storms, M. D. (1981). A theory of erotic orientation development. *Psychological Review, 88*, 340–353.

Storms, M. D., & Thomas, G. C. (1977). Reactions to physical closeness. *Journal of Personality and Social Psychology, 35*, 412–418.

Stothart, C., Mitchum, A., & Yehnert, C. (2015). The attentional cost of receiving a cell phone notification. *Journal of Experimental Psychology: Human Perception and Performance, 41*, 893–897.

Stout, D. M., Glenn, D. E., Acheson, D. T., Spadoni, A. D., Risbrough, V. B., & Simmons, A. N. (2018). Neural measures associated with configural threat acquisition. *Neurobiology of Learning and Memory, 150*, 99–106.

Stowell, J. R., Oldham, T., & Bennett, D. (2010). Using student response systems ("clickers") to combat conformity and shyness. *Teaching of Psychology, 37*, 135–140.

Strack, F. (2016). Reflection on the smiling preregistered replication report. *Perspectives on Psychological Science, 11*, 929–930.

Strain, J. F., Womack, K. B., Didenbani, N., Spence, J. S., Conover, H., Hart, J., Jr., Kraut, M. A., & Cullum, C. M. (2015). Imaging correlates of memory and concussion history in retired National Football League athletes. *JAMA Neurology, 72*, 773–780.

Strand, L. B., Mukamal, K. J., Halasz, J., Vatten, L. J., & Janszky, I. (2016). Short-term public health impact of the July 22, 2011, terrorist attacks in Norway: A nationwide register-based study. *Psychosomatic Medicine, 78*, 525–531.

Strang, S., Utikal, V., Fischbacher, U., Weber, B., & Falk, A. (2014). Neural correlates of receiving an apology and active forgiveness: An fMRI study. *PLOS ONE, 9*, e87654.

Strange, D., Hayne, H., & Garry, M. (2008). A photo, a suggestion, a false memory. *Applied Cognitive Psychology, 22*, 587–603.

Strasburger, V. C., Jordan, A. B., & Donnerstein, E. (2010). Health effects of media on children and adolescents. *Pediatrics, 125*, 756–767.

Stratton, G. M. (1896). Some preliminary experiments on vision without inversion of the retinal image. *Psychological Review, 3*, 611–617.

Straus, M. A., & Gelles, R. J. (1980). *Behind closed doors: Violence in the American family*. Anchor/Doubleday.

Straus, M. A., Sugarman, D. B., & Giles-Sims, J. (1997). Spanking by parents and subsequent antisocial behavior of children. *Archives of Pediatric Adolescent Medicine, 151*, 761–767.

Strauss, M. (2018, August 16). *Americans are divided over the use of animals in scientific research*. Pew Research Center. https://www.pewresearch.org/fact-tank/2018/08/16/americans-are-divided-over-the-use-of-animals-in-scientific-research/

Strawbridge, W. J. (1999). *Mortality and religious involvement: A review and critique of the results, the methods, and the measures* [Paper]. Presented at a Harvard University conference on religion and health, sponsored by the National Institute for Health Research and the John Templeton Foundation.

Strawbridge, W. J., Cohen, R. D., & Shema, S. J. (1997). Frequent attendance at religious services and mortality over 28 years. *American Journal of Public Health, 87*, 957–961.

Strayhorn, J., Jr. (2019). Editorial: Cognitive-behavior therapy versus serotonin reuptake inhibitors for pediatric obsessive-compulsive disorder. *Journal of the American Academy of Child & Adolescent Psychiatry, 59*, 219–221.

Strick, M., Dijksterhuis, A., Bos, M. W., Sjoerdsma, A., & van Baaren, R. B. (2011). A meta-analysis on unconscious thought effects. *Social Cognition, 29*, 738–762.

Strick, M., Dijksterhuis, A., & van Baaren, R. B. (2010). Unconscious-thought effects take place offline, not on-line. *Psychological Science, 21*, 484–488.

Strickland, B. (1992, February 20). *Gender differences in health and illness* [Lecture]. Sigma Xi national lecture delivered at Hope College, Michigan.

Striem-Amit, E., Vannuscorps, G., & Caramazza, A. (2018). Plasticity based on compensatory effector use in the association but not primary sensorimotor cortex of people born without hands. *PNAS, 115*, 7801–7806.

Stroebe, M., Finenauer, C., Wijngaards-de Meij, L., Schut, H., van den Bout, J., & Stroebe, W. (2013). Partner-oriented self-regulation among bereaved parents: The costs of holding in grief for the partner's sake. *Psychological Science, 24*, 395–402.

Stroebe, W. (2012). The truth about Triplett (1898), but nobody seems to care. *Perspectives on Psychological Science, 7*, 54–57.

Stroebe, W. (2013). Firearm possession and violent death: A critical review. *Aggression and Violent Behavior, 18*, 709–721.

Stroebe, W., Gadenne, V., & Nijstad, B. A. (2018). Do our psychological laws apply only to college students? External validity revisited. *Basic and Applied Social Psychology, 40*, 384–395.

Stroebe, W., Leander, N. P., & Kruglanski, A. W. (2017). Is it a dangerous world out there? The motivational bases of American gun ownership. *Personality and Social Psychology Bulletin, 43*, 1071–1085.

Stroebe, W., Schut, H., & Stroebe, M. S. (2005). Grief work, disclosure and counseling: Do they help the bereaved? *Clinical Psychology Review, 25*, 395–414.

Stroud, L. R., Panadonatos, G. D., Rodriguez, D., McCallum, M., Salisbury, A. L., Phipps, M. G., Lester, B., Huestis, M. A., Niaura, R., Padbury, J. F., & Marsit, C. J. (2014). Maternal smoking during pregnancy and infant stress response: Test of a prenatal programming hypothesis. *Psychoneuroendocrinology, 48*, 29–40.

Strully, K. W. (2009). Job loss and health in the U.S. labor market. *Demography, 46*, 221–246.

Stuart, G. J., & Spruston, N. (2015). Dendritic integration: 60 years of progress. *Nature Neuroscience, 18*, 1713–1721.

Stubbs, B., Vancampfort, D., Rosenbaum, S., Firth, J., Cosco, T., Veronese, N., Salum, G. A., & Schuch, F. B.

(2017). An examination of the anxiolytic effects of exercise for people with anxiety and stress-related disorders: A meta-analysis. *Psychiatry Research, 249*, 102–108.

Studte, S., Bridger, E., & Mecklinger, A. (2017). Sleep spindles during a nap correlate with post sleep memory performance for highly rewarded word-pairs. *Brain and Language, 167*, 28–35.

Štulhofer, A., Šoh, D., Jelaska, N., Baćak, V., & Landripet, I. (2011). Religiosity and sexual risk behavior among Croatian college students, 1998-2008. *Journal of Sex Research, 48*, 360–371.

Stutzer, A., & Frey, B. S. (2006). Does marriage make people happy, or do happy people get married? *Journal of Socio-Economics, 35*, 326–347.

Subotnik, R. F., Olszewski-Kubilius, P., & Worrell, F. C. (2011). Rethinking giftedness and gifted education: A proposed direction forward based on psychological science. *Psychological Science in the Public Interest, 12*, 3–54.

Suchotzki, K., Verschuere, B., Van Bockstaele, B., Ben-Shakhar, G., & Crombez, G. (2017). Lying takes time: A meta-analysis on reaction time measures of deception. *Psychological Bulletin, 143*, 428–453.

Suddath, R. L., Christison, G. W., Torrey, E. F., Casanova, M. F., & Weinberger, D. R. (1990). Anatomical abnormalities in the brains of monozygotic twins discordant for schizophrenia. *New England Journal of Medicine, 322*, 789–794.

Suddendorf, T. (2018, September). Two key features created the human mind. *Scientific American*, pp. 43–47.

Sue, S., Zane, N., Hall, G. C. N., & Berger, L. K. (2009). The case for cultural competency in psychotherapeutic interventions. *Annual Review of Psychology, 60*, 525–548.

Suedfeld, P., & Mocellin, J. S. P. (1987). The "sensed presence" in unusual environments. *Environment and Behavior, 19*, 33–52.

Sugaya, L., Hasin, D. S., Olfson, M., Lin, K.-H., Grant, B. F., & Blanco, C. (2012). Child physical abuse and adult mental health: A national study. *Journal of Traumatic Stress, 25*, 384–392.

Sulik, M. J., Blair, C., Mills-Koonce, R., Berry, D., Greenberg, M., & Family Life Project Investigators. (2015). Early parenting and the development of externalizing behavior problems: Longitudinal mediation through children's executive function. *Child Development, 86*, 1588–1603.

Sullivan, K. T., Pasch, L. A., Johnson, M. D., & Bradbury, T. N. (2010). Social support, problem solving, and the longitudinal course of newlywed marriage. *Journal of Personality and Social Psychology, 98*, 631–644.

Sullivan, P. F., Neale, M. C., & Kendler, K. S. (2000). Genetic epidemiology of major depression: Review and meta-analysis. *American Journal of Psychiatry, 157*, 1552–1562.

Suls, J. M., & Tesch, F. (1978). Students' preferences for information about their test performance: A social comparison study. *Journal of Experimental Social Psychology, 8*, 189–197.

Summers, M. (1996, December 9). Mister Clean. *People Weekly*, pp. 139–142.

Sumner, R., Burrow, A. L., & Hill, P. L. (2018). The development of purpose in life among adolescents who experience marginalization: Potential opportunities and obstacles. *American Psychologist, 73*, 740–752.

Sun, G. J., Zhou, Y., Ito, S., Bonaguidi, M. A., Stein-O'Brien, G., Kawasaki, N. K., Modak, N., Zhu, Y., Ming, G. L., & Song, H. (2015). Latent tri-lineage potential of adult hippocampal neural stem cells revealed by Nf1 inactivation. *Nature Neuroscience, 18*, 1722–1724.

Sun, X., Zheng, B., Lv, J., Guo, Y., Bian, Z., Yang, L., Chen, Y., Fu, Z., Guo, H., Liang, P., Chen, Z., Chen, J., Li, L., Yu, C., & China Kadoorie Biobank (CKB) Collaborative Group. (2018). Sleep behavior and depression: Findings from the China Kadoorie Biobank of 0.5 million Chinese adults. *Journal of Affective Disorders, 229*, 120–124.

Sunahara, C. S., Zelkowitz, P., Bolger, N., Sadikaj, G., Samuel, S., Gold, I., Hayton, B., Feeley, N., Carter, C. S., & Bartz, J. A. (2019). Maternal oxytocin predicts relationship survival during the perinatal transition period: Preliminary evidence. *International Journal of Psychophysiology, 136*, 33–38.

Sundstrom, E., De Meuse, K. P., & Futrell, D. (1990). Work teams: Applications and effectiveness. *American Psychologist, 45*, 120–133.

Sung, S., Simpson, J. A., Griskevicius, V., Sally, I., Kuo, C., Schlomer, G. L., & Belsky, J. (2016). Secure infant-mother attachment buffers the effect of early-life stress on age of menarche. *Psychological Science, 27*, 667–674.

Sunstein, C. R., Bobadilla-Suarez, S., Lazzaro, S. C., & Sharot, T. (2016). How people update beliefs about climate change: Good news and bad news [PDF file]. *Cornell Law Review, 102*(6). https://scholarship.law.cornell.edu/cgi/viewcontent.cgi?article=4736&context=clr

Sunstein, C. R., Reisch, L. A., & Kaiser, M. (2019). Trusting nudges? Lessons from an international survey. *Journal of European Public Policy, 26*, 1417–1443.

Sunstein, C. R. & Thaler, R. (2016, December 7). The two friends who changed how we think about how we think. *The New Yorker.* https://www.newyorker.com/books/page-turner/the-two-friends-who-changed-how-we-think-about-how-we-think

Suomi, S. J. (1986). Anxiety-like disorders in young nonhuman primates. In R. Gettleman (Ed.), *Anxiety disorders of childhood*. Guilford Press.

Suomi, S. J., Collins, M. L., Harlow, H. F., & Ruppenthal, G. C. (1976). Effects of maternal and peer separations on young monkeys. *Journal of Child Psychology and Psychiatry, 17*, 101–112.

Suppes, P. (1982). Quoted in R. H. Ennis, Children's ability to handle Piaget's propositional logic: A conceptual critique. In S. Modgil & C. Modgil (Eds.), *Jean Piaget: Consensus and controversy* (pp. 101–130). Praeger.

Surgeon General. (1986). *The Surgeon General's workshop on pornography and public health*, June 22–24. Report prepared by E. P. Mulvey & J. L. Haugaard and released by Office of the Surgeon General on August 4, 1986.

Surgeon General. (1999). *Mental health: A report of the Surgeon General*. U.S. Department of Health and Human Services.

Surgeon General. (2012). *Preventing tobacco use among youth and young adults: A report of the Surgeon General*. Department of Health and Human Services, Office of the Surgeon General.

Susser, E., & Martínez-Alés, G. (2018). Putting psychosis into sociocultural context: An international study in 17 locations. *JAMA Psychiatry, 75*, 9–10."

Susser, E. S. (1999). Life course cohort studies of schizophrenia. *Psychiatric Annals, 29*, 161–165.

Susser, E. S., Neugenbauer, R., Hoek, H. W., Brown, A. S., Lin, S., Labovitz, D., & Gorman, J. M. (1996). Schizophrenia after prenatal famine. *Archives of General Psychiatry, 53*, 25–31.

Svaldi, J., Schmitz, F., Baur, J., Hartmann, A. S., Legenbauer, T., Thaler, C., von Wietersheim, J., de Zwaan, M., & Tuschen-Caffier, B. (2019). Efficacy of psychotherapies and pharmacotherapies for bulimia nervosa. *Psychological Medicine, 49*, 898–910.

Swami, V. (2015). Cultural influences on body size ideals: Unpacking the impact of Westernization and modernization. *European Psychologist, 20*, 44–51.

Swami, V., Frederick, D. A., Aavik, T., Alcalay, L., Allik, J., Anderson, D., Andrianto, S., Arora, A., Brännström, A., Cunningham, J., Danel, D., Dorosqewicz, K., Forbes, G. B., Furnham, A., Greven, C. U., Halberstadt, J., Hao, S., Haubner, T., Hwang, C. S., . . . Zivcic-Becirevic, I. (2010). The attractive female body weight and female body dissatisfaction in 26 countries across 10 world regions: Results of the International Body Project I. *Personality and Social Psychology Bulletin, 36*, 309–325.

Swann, W. B., Jr., Chang-Schneider, C., & McClarty, K. L. (2007). Do people's self-views matter? Self-concept and self-esteem in everyday life. *American Psychologist, 62*, 84–94.

Swartz, J. R., Hariri, A. R. & Williamson, D. E. (2016). An epigenetic mechanism links socioeconomic status to changes in depression-related brain function in high-risk adolescents. *Molecular Psychiatry, 22*, 209–214.

Sweeny, K., & Falkenstein, A. (2017). Even optimists get the blues: Interindividual consistency in the tendency to brace for the worst. *Journal of Personality, 85*, 807–816.

Swift, A. (2013, October 28). *Personal safety top reason Americans own guns today.* Gallup. https://news.gallup.com/poll/165605/personal-safety-top-reason-americans-own-guns-today.aspx

Swift, A. (2016, November 9). *Americans' perceptions of U.S. crime problem are steady.* Gallup. https://news.gallup.com/poll/197318/americans-perceptions-crime-problem-steady.aspx

Swift, A. (2017). *In U.S., belief in creationist view of humans at new low.* Gallup. https://news.gallup.com/poll/210956/belief-creationist-view-humans-new-low.aspx

Symbaluk, D. G., Heth, C. D., Cameron, J., & Pierce, W. D. (1997). Social modeling, monetary incentives, and pain endurance: The role of self-efficacy and pain perception. *Personality and Social Psychology Bulletin, 23*, 258–269.

Symond, M. B., Harris, A. W. F., Gordon, E., & Williams, L. M. (2005). "Gamma synchrony" in first-episode schizophrenia: A disorder of temporal connectivity? *American Journal of Psychiatry, 162*, 459–465.

Symons, C. S., & Johnson, B. T. (1997). The self-reference effect in memory: A meta-analysis. *Psychological Bulletin, 121*, 371–394.

Szkodny, L. E., Newman, M. G., & Goldfried, M. R. (2014). Clinical experiences in conducting empirically supported treatments for generalized anxiety disorder. *Behavior Therapy, 45*, 7–20.

Szutorisz, H., & Hurd, J. L. (2016). Epigenetic effects of cannabis exposure. *Biological Psychiatry, 79*, 586–594.

Tackett, J. L., Herzhoff, K., Kushner, S. C., & Rule, N. (2016). Thin slices of child personality: Perceptual, situational, and behavioral contributions. *Journal of Personality and Social Psychology, 110*, 150–166.

Taha, F. A. (1972). A comparative study of how sighted and blind perceive the manifest content of dreams. *National Review of Social Sciences, 9*, 28.

Taheri, S. (2004, December 20). Does the lack of sleep make you fat? *University of Bristol Research News.* https://www.bristol.ac.uk/news/2004/1113989409.html

Taheri, S., Lin, L., Austin, D., Young, T., & Mignot, E. (2004). Short sleep duration is associated with reduced leptin, elevated ghrelin, and increased body mass index. *PLOS Medicine, 1*, e62.

Tajfel, H. (Ed.). (1982). *Social identity and intergroup relations*. Cambridge University Press.

Takizawa, R., Maughan, B., & Arseneault, L. (2014). Adult health outcomes of childhood bullying victimization: Evidence from a five-decade longitudinal British birth cohort. *American Journal of Psychiatry, 171*, 777–784.

Talarico, J. M., Bohn, A., & Wessel, I. (2019). The role of event relevance and congruence to social groups in flashbulb memory formation. *Memory, 27,* 985–997.

Talarico, J. M., & Moore, K. M. (2012). Memories of "the rivalry": Differences in how fans of the winning and losing teams remember the same game. *Applied Cognitive Psychology, 26,* 746–756.

Talbot, M. (1999, October). The Rorschach chronicles. *The New York Times.* https://www.nytimes.com/1999/10/17/magazine/the-rorschach-chronicles.html?

Talhelm, T., Oishi, S., & Zhang, X. (2019). Who smiles while alone? Rates of smiling lower in China than U.S. *Emotion, 19,* 741–745.

Talhelm, T., Zhang, X., & Oishi, S. (2018). Moving chairs in Starbucks: Observational studies find rice-wheat cultural differences in daily life in China. *Science Advances, 4,* eaap8469.

Talhelm, T., Zhang, X., Oishi, S., Shimin, C., Duan, D., Lan, X., & Kitayama, S. (2014). Large-scale psychological differences within China explained by rice versus wheat agriculture. *Science, 344,* 603–608.

Talvitie, E., Hintsanen, M., Pulkki-Råback, L., Lipsanen, J., Merjonen, P., Hakulinen, C., Elovainio, M., Rosenström, T., Lehtimäki, T., Raitakari, O., & Keltikangas-Järvinen, L. (2019). Adverse childhood environment and self-reported sleep in adulthood: The Young Finns Study. *Health Psychology, 38,* 705–715.

Talwar, S. K., Xu, S., Hawley, E. S., Weiss, S. A., Moxon, K. A., & Chapin, J. K. (2002). Rat navigation guided by remote control. *Nature, 417,* 37–38.

Tam, T. (2018). *The Chief Public Health Officer's report on the state of public health in Canada 2018: Preventing problematic substance use in youth.* Public Health Agency of Canada. https://www.canada.ca/en/public-health/corporate/publications/chief-public-health-officer-reports-state-public-health-canada/2018-preventing-problematic-substance-use-youth.html

Tamminen, J., & Mebude, M. (2019). Reinstatement of odour context cues veridical memories but not false memories. *Memory, 27,* 575–579.

Tamres, L. K., Janicki, D., & Helgeson, V. S. (2002). Sex differences in coping behavior: A meta-analytic review and an examination of relative coping. *Personality and Social Psychology Review, 6,* 2–30.

Tan, Y., Singhal, S. M., Harden, S. W., Cahill, K. M., Nguyen, D. T. M., Colon-Perez, L. M., Sahagian, T. J., Thinschmidt, J. S., de Kloet, A. D., Febo, M., Frazier, C. J., & Krause, E. G. (2019). Oxytocin receptors are expressed by glutamatergic prefrontal cortical neurons that selectively modulate social recognition. *Journal of Neuroscience, 39,* 3249–3263.

Tang, S.-H., & Hall, V. C. (1995). The overjustification effect: A meta-analysis. *Applied Cognitive Psychology, 9,* 365–404.

Tangney, J. P., Baumeister, R. F., & Boone, A. L. (2004). High self-control predicts good adjustment, less pathology, better grades, and interpersonal success. *Journal of Personality, 72*(2), 271–324.

Tannen, D. (1990). *You just don't understand: Women and men in conversation.* Morrow.

Tannen, D. (2001). *You just don't understand: Women and men in conversation.* Harper.

Tanner, J. M. (1978). *Fetus into man: Physical growth from conception to maturity.* Harvard University Press.

Tardif, T., Fletcher, P., Liang, W., Zhang, Z., Kaciroti, N., & Marchman, V. A. (2008). Baby's first 10 words. *Developmental Psychology, 44,* 929–938.

Tarrant, M., Branscombe, N. R., Warner, R. H., & Weston, D. (2012). Social identity and perceptions of torture: It's moral when we do it. *Journal of Experimental Social Psychology, 48,* 513–518.

Tasbihsazan, R., Nettelbeck, T., & Kirby, N. (2003). Predictive validity of the Fagan test of infant intelligence. *British Journal of Developmental Psychology, 21,* 585–597.

Taub, E. (2004). Harnessing brain plasticity through behavioral techniques to produce new treatments in neurorehabilitation. *American Psychologist, 59,* 692–698.

Taubes, G. (2001). The soft science of dietary fat. *Science, 291,* 2536–2545.

Taubes, G. (2002, July 7). What if it's all been a big fat lie? *The New York Times.* https://www.nytimes.com/2002/07/07/magazine/what-if-it-s-all-been-a-big-fat-lie.html?

Tavernise, S. (2013, February 13). To reduce suicide rates, new focus turns to guns. *The New York Times.* https://www.nytimes.com/2013/02/14/us/to-lower-suicide-rates-new-focus-turns-to-guns.html

Tavernise, S. (2016, February 29). "Female Viagra" only modestly increases sexual satisfaction, study finds. *The New York Times.* https://www.nytimes.com/2016/03/01/health/female-viagra-addyi-flibanserin-sex-drive-women.html?

Tavris, C. (1982, November). Anger defused. *Psychology Today,* pp. 25–35.

Tavris, C., & Aronson, E. (2007). *Mistakes were made (but not by me).* Harcourt.

Tay, L., & Diener, E. (2011). Needs and subjective well-being around the world. *Journal of Personality and Social Psychology, 101,* 354–365.

Tay, R. Y. L., & Ng, B. C. (2019). Effects of affective priming through music on the use of emotion words. *PLOS ONE, 14,* e0214482.

Taylor, C. (2017). Creativity and mood disorder: A systematic review and meta-analysis. *Perspectives on Psychological Science, 12,* 1040–1076.

Taylor, K., & Rohrer, D. (2010). The effects of interleaved practice. *Applied Cognitive Psychology, 24,* 837–848.

Taylor, L. E., Swerdfeger, A. L., & Eslick, G. D. (2014). Vaccines are not associated with autism: An evidence-based meta-analysis of case-control and cohort studies. *Vaccine, 32,* 3623–3629.

Taylor, P. (2014). *The next America: Boomers, millennials, and the looming generational showdown.* Public Affairs.

Taylor, P. J., Gooding, P., Wood, A. M., & Tarrier, N. (2011). The role of defeat and entrapment in depression, anxiety, and suicide. *Psychological Bulletin, 137,* 391–420.

Taylor, P. J., Russ-Eft, D. F., & Chan, D. W. L. (2005). A meta-analytic review of behavior modeling training. *Journal of Applied Psychology, 90,* 692–709.

Taylor, R. J., & Garry, M. (2019). People infuse their passwords with autobiographical information. *Memory, 27,* 581–591.

Taylor, S. (2013). Molecular genetics of obsessive-compulsive disorder: A comprehensive meta-analysis of genetic association studies. *Molecular Psychiatry, 18,* 799–805. ok

Taylor, S. E. (2002). *The tending instinct: How nurturing is essential to who we are and how we live.* Times Books.

Taylor, S. E. (2006). Tend and befriend: Biobehavioral bases of affiliation under stress. *Current Directions in Psychological Science, 15,* 273–277.

Taylor, S. E., Pham, L. B., Rivkin, I. D., & Armor, D. A. (1998). Harnessing the imagination: Mental simulation, self-regulation, and coping. *American Psychologist, 53,* 429–439.

Taylor, S. P., & Chermack, S. T. (1993). Alcohol, drugs and human physical aggression. *Journal of Studies on Alcohol, Supplement 11,* 78–88.

Taylor-Covill, G. A., & Eves, F. F. (2016). Carrying a biological "backpack": Quasi-experimental effects of weight status and body fat change on perceived steepness. *Journal of Experimental Psychology: Human Perception and Performance, 42,* 331–338.

Teachman, B. A., McKay, D., Barch, D. M., Prinstein, M. J., Hollon, S. D., & Chambless, D. L. (2019). How psychosocial research can help the National Institute of Mental Health achieve its grand challenge to reduce the burden of mental illnesses and psychological disorders. *American Psychologist, 74,* 415–431.

Teasdale, T. W., & Owen, D. R. (2008). Secular declines in cognitive test scores: A reversal of the Flynn effect. *Intelligence, 36,* 121–126.

Tebbett-Mock, A. A., Saito, E., McGee, M., Woloszyn, P., & Venuti, M. (2019). Efficacy of dialectical behavior therapy versus treatment as usual for acute-care inpatient adolescents. *Journal of the American Academy of Child & Adolescent Psychiatry, 59,* 149–156.

Tedeschi, R. G., & Calhoun, L. G. (2004). Posttraumatic growth: Conceptual foundations and empirical evidence. *Psychological Inquiry, 15,* 1–18.

Teghtsoonian, R. (1971). On the exponents in Steven's law and the constant in Ekman's law. *Psychological Review, 78,* 71–80.

Teicher, M. H., & Samson, J. A. (2016). Annual research review: Enduring neurobiological effects of childhood abuse and neglect. *Journal of Child Psychology and Psychiatry, 57,* 241–266.

Teller. (2009, April 20). Quoted by J. Lehrer in *Magic and the brain: Teller reveals the neuroscience of illusion.* Wired Magazine. https://www.wired.com/2009/04/ff-neuroscienceofmagic/

Telzer, E. H., Flannery, J., Shapiro, M., Humphreys, K. L., Goff, B., Gabard-Durman, L., Gee, D. D., & Tottenham, N. (2013). Early experience shapes amygdala sensitivity to race: An international adoption design. *Journal of Neuroscience, 33,* 13484–13488.

ten Brinke, L., Vohs, K. D., & Carney, D. (2016). Can ordinary people detect deception after all? *Trends in Cognitive Sciences, 20,* 579–588.

Tenenbaum, H. R., & Leaper, C. (2002). Are parents' gender schemas related to their children's gender-related cognitions? A meta-analysis. *Developmental Psychology, 38,* 615–630.

Teng, Z., Nie, Q., Guo, C., Zhang, Q., Liu, Y., & Bushman, B. J. (2019). A longitudinal study of link between exposure to violent video games and aggression in Chinese adolescents: The mediating role of moral disengagement. *Developmental Psychology, 55,* 184–195.

Tenney, E. R., Logg, J. M., & Moore, D. A. (2015). (Too) optimistic about optimism: The belief that optimism improves performance. *Journal of Personality and Social Psychology, 108,* 377–399.

Tenopyr, M. L. (1997). Improving the workplace: Industrial/organizational psychology as a career. In R. J. Sternberg (Ed.), *Career paths in psychology: Where your degree can take you.* American Psychological Association.

Tepper, S. J. (2000). Fiction reading in America: Explaining the gender gap. *Poetics, 27,* 255–275.

Terada, S., Sakurai, Y., Nakahara, H., & Fujisawa, S. (2017). Temporal and rate coding for discrete event sequences in the hippocampus. *Neuron, 94,* 1248–1262.

Terao, T., Ohgami, H., Shlotsuki, I., Ishil, N., & Iwata, N. (2010). Author's reply. *British Journal of Psychiatry, 196,* 160.

Terman, L. (1930). Autobiography of Lewis Terman. In C. A. Murchison & E. G. Boring (Eds.) *A history of psychology in autobiography.* Clark University Press.

Terracciano, A., Costa, P. T., Jr., & McCrae, R. R. (2006). Personality plasticity after age 30. *Personality and Social Psychology Bulletin, 32,* 999–1009.

Terrace, H. S. (1979, November). How Nim Chimpsky changed my mind. *Psychology Today,* pp. 65–76.

Terre, L., & Stoddart, R. (2000). Cutting edge specialties for graduate study in psychology. *Eye on Psi Chi*, 23–26.

Terrell, J., Kofink, A., Middleton, J., Rainear, C., Murphy-Hill, E., Parnin, C., & Stallings, J. (2017). Gender differences and bias in open source: Pull request acceptance of women versus men. *PeerJ Computer Science*, 3, e111.

Tesser, A., Forehand, R., Brody, G., & Long, N. (1989). Conflict: The role of calm and angry parent-child discussion in adolescent development. *Journal of Social and Clinical Psychology*, 8, 317–330.

Testa, R. J., Michaels, M. S., Bliss, W., Rogers, M. L., Balsam, K. F., & Joiner, T. (2017). Suicidal ideation in transgender people: Gender minority stress and interpersonal factors. *Journal of Abnormal Psychology*, 126, 125–136.

Teter, C. J., DiRaimo, C. G., West, B. T., Schepis, T. S., & McCabe, S. E. (2018). Nonmedical use of prescription stimulants among U.S. high school students to help study: Results from a national survey. *Journal of Pharmacy Practice*, 33(1), 38–47.

Tetlock, P. E. (1988). Monitoring the integrative complexity of American and Soviet policy rhetoric: What can be learned? *Journal of Social Issues*, 44, 101–131.

Tetlock, P. E. (1998). Close-call counterfactuals and belief-system defenses: I was not almost wrong but I was almost right. *Journal of Personality and Social Psychology*, 75, 639–652.

Tetlock, P. E. (2005). *Expert political judgment: How good is it? How can we know?* Princeton University Press.

Tetlock, P. E., & Gardner, D. (2016). *Superforecasting: The art and science of prediction.* Broadway Books.

Thaler, L., Arnott, S. R., & Goodale, M. A. (2011). Neural correlates of natural human echolocation in early and late blind echolocation experts. *PLOS ONE*, 6, e20162.

Thaler, L., Milne, J. L., Arnott, S. R., Kish, D., & Goodale, M. A. (2014). Neural correlates of motion processing through echolocation, source hearing, and vision in blind echolocation experts and sighted echolocation novices. *Journal of Neurophysiology*, 111, 112–127.

Thaler, R. H. (2015, May 8). Unless you are Spock, irrelevant things matter in economic behavior. *The New York Times*. https://www.nytimes.com/2015/05/10/upshot/unless-you-are-spock-irrelevant-things-matter-in-economic-behavior.html?

Thaler, R. H., & Sunstein, C. R. (2008). *Nudge: Improving decisions about health, wealth, and happiness.* Yale University Press.

Thalmann, M., Souza, A. S., & Oberauer, K. (2019). How does chunking help working memory? *Journal of Experimental Psychology: Learning, Memory, and Cognition*, 45, 37–55.

Thalmayer, A. G., Saucier, G., Ole-Kotikash, L., & Payne, D. (2019). Personality structure in east and west Africa: Lexical studies of personality in Maa and Supyire-Senufo. *Journal of Personality and Social Psychology*. Advance online publication. doi: 10.1037/pspp0000264

Tharmaratnam, T., Iskandar, M. A., Tabobondung, T. C., Tobbia, I., Gopee-Ramanan, P., & Tabobondung, T. A. (2018). Chronic traumatic encephalopathy in professional American football players: Where are we now? *Frontiers in Neurology*, 9, 445.

Thatcher, R. W., Walker, R. A., & Giudice, S. (1987). Human cerebral hemispheres develop at different rates and ages. *Science*, 236, 1110–1113.

Thayer, R. E. (1987). Energy, tiredness, and tension effects of a sugar snack versus moderate exercise. *Journal of Personality and Social Psychology*, 52, 119–125.

Thayer, R. E. (1993). Mood and behavior (smoking and sugar snacking) following moderate exercise: A partial test of self-regulation theory. *Personality and Individual Differences*, 14, 97–104.

Théoret, H., Halligan, H., Kobayashi, M., Fregni, F., Tager-Flusberg, H., & Pascual-Leone, A. (2005). Impaired motor facilitation during action observation in individuals with autism spectrum disorder. *Current Biology*, 15, R84–R85.

Thibodeau, R., Jorgensen, R. S., & Kim, S. (2006). Depression, anxiety, and resting frontal EEG asymmetry: A meta-analytic review. *Journal of Abnormal Psychology*, 115, 715–729.

Thiebaut de Schotten, M., Dell'Acqua, F., Ratiu, P., Leslie, A., Howells, H., Cabanis, E., Iba-Zizen, M. T., Plaisant, O., Simmons, A., Dronkers, N. F., Corkin, S., & Catani, M. (2015). From Phineas Gage and Monsieur Leborgne to HM: Revisiting disconnection syndromes. *Cerebral Cortex*, 25, 4812–4827.

Thiel, A., Hadedank, B., Herholz, K., Kessler, J., Winhuisen, L., Haupt, W. F., & Heiss, W.-D. (2006). From the left to the right: How the brain compensates progressive loss of language function. *Brain and Language*, 98, 57–65.

Thomas, A., & Chess, S. (1986). The New York Longitudinal Study: From infancy to early adult life. In R. Plomin & J. Dunn (Eds.), *The study of temperament: Changes, continuities, and challenges.* Erlbaum.

Thomas, E. F., Zubielevitch, E., Sibley, C. G., & Osborne, D. (2019). Testing the social identity model of collective action longitudinally and across structurally disadvantaged and advantaged groups. *Personality and Social Psychology Bulletin.* Advance online publication. doi: 10.1177/0146167219879111

Thomas, L. (1974). *The lives of a cell.* Viking Press.

Thomas, L. (1992). *The fragile species.* Scribner's.

Thompson, G. (2010). The $1 million dollar challenge. *Skeptic Magazine*, 15, 8–9.

Thompson, J. K., Jarvie, G. J., Lahey, B. B., & Cureton, K. J. (1982). Exercise and obesity: Etiology, physiology, and intervention. *Psychological Bulletin*, 91, 55–79.

Thompson, P. M., Cannon, T. D., Narr, K. L., van Erp, T., Poutanen, V.-P., Huttunen, M., Lönnqvist, J., Standertskjöld-Nordenstam, C. G., Kaprio, J., Khaledy, M., Dail, R., Zoumalan, C. I., & Toga, A. W. (2001). Genetic influences on brain structure. *Nature Neuroscience*, 4, 1253–1258.

Thompson, P. M., Giedd, J. N., Woods, R. P., MacDonald, D., Evans, A. C., & Toga, A. W. (2000). Growth patterns in the developing brain detected by using continuum mechanical tensor maps. *Nature*, 404, 190–193.

Thompson, R., Emmorey, K., & Gollan, T. H. (2005). "Tip of the fingers" experiences by Deaf signers. *Psychological Science*, 16, 856–860.

Thompson-Hollands, J., Marx, B. P., Lee, D. J., Resick, P. A., & Sloan, D. M. (2018). Long-term treatment gains of a brief exposure-based treatment for PTSD. *Depression and Anxiety*, 35, 985–991.

Thompson-Schill, S. L., Ramscar, M., & Chrysikou, E. G. (2009). Cognition without control: When a little frontal lobe goes a long way. *Current Directions in Psychological Science*, 18, 259–263.

Thomson, K. S., & Oppenheimer, D. M. (2016). Investigating an alternate form of the cognitive reflection test. *Judgment and Decision Making*, 11, 99–113.

Thorarinsdottir, E. H., Bjornsdottir, E., Benediktsdottir, B., Janson, C., Gislason, T., Aspelund, T., Kuna, S. T., Pack, A. I., & Arnardottir, E. S. (2019). Definition of excessive daytime sleepiness in the general population: Feeling sleepy relates better to sleep-related symptoms and quality of life than the Epworth Sleepiness Scale score. Results from an epidemiological study. *Journal of Sleep Research*, 28, e12852.

Thorndike, E. L. (1898). Animal intelligence: An experimental study of the associative processes in animals. *Psychological Review Monograph Supplement*, 2, 4–160.

Thorne, J., with Larry Rothstein. (1993). *You are not alone: Words of experience and hope for the journey through depression.* Harper Perennial.

Thornicroft, G., Chatterji, S., Evans-Lacko, S., Gruber, M., Sampson, N., Aguilar-Gaxiola, S., Al-Hamzawi, A., Alonso, J., Andrade, L., Borges, G., Bruffaerts, R., Buntin, B., Caldas de Almeida, J. M., Florescu, S., de Girolamo, G., Gureje, O., Hara, J. M., He, Y., Hinkov, H., ... Kessler, R. C. (2017). Undertreatment of people with major depressive disorder in 21 countries. *British Journal of Psychiatry*, 210, 119–124.

Thornton, A. (2019, February 8). This is how many animals we eat each year. *World Economic Forum.* https://www.weforum.org/agenda/2019/02/chart-of-the-day-this-is-how-many-animals-we-eat-each-year/

Thornton, B., & Moore, S. (1993). Physical attractiveness contrast effect: Implications for self-esteem and evaluations of the social self. *Personality and Social Psychology Bulletin*, 19, 474–480.

Thorpe, W. H. (1974). *Animal nature and human nature.* Metheun.

Tick, B., Bolton, P., Happé, F., Rutter, M., & Rijsdijk, F. (2016). Heritability of autism spectrum disorders: A meta-analysis of twin studies. *Journal of Child Psychology and Psychiatry*, 57, 585–595.

Tickle, J. J., Hull, J. G., Sargent, J. D., Dalton, M. A., & Heatherton, T. F. (2006). A structural equation model of social influences and exposure to media smoking on adolescent smoking. *Basic and Applied Social Psychology*, 28, 117–129.

Tiedens, L. Z. (2001). Anger and advancement versus sadness and subjugation: The effect of negative emotion expressions on social status conferral. *Journal of Personality and Social Psychology*, 80, 86–94.

Tielbeek, J. J., Johansson, A., Polderman, T. J., Rautiainen, M. R., Jansen, P., Taylor, M., Tong, X., Lu, Q., Burt, A. S., Tiemeier, H., Viding, E., Plomin, R., Martin, N. G., Heath, A. C., Madden, P. A. F., Montgomery, G., Beaver, K. M., Waldman, I., Gelernter, J., ... Broad Antisocial Behavior Consortium collaborators. (2017). Genome-wide association studies of a broad spectrum of antisocial behavior. *JAMA Psychiatry*, 74, 1242–1250.

Tierney, J., & Baumeister, R. F. (2019). *The power of bad: How the negativity effect rules us and how we can rule it.* Penguin.

Tigbe, W. W., Granat, M. H., Sattar, N., & Lean, M. E. J. (2017). Time spent in sedentary posture is associated with waist circumference and cardiovascular risk. *International Journal of Obesity*, 41, 689–696.

Tiggemann, M., & Miller, J. (2010). The Internet and adolescent girls' weight satisfaction and drive for thinness. *Sex Roles*, 63, 79–90.

Tiihonen, J., Lönnqvist, J., Wahlbeck, K., Klaukka, T., Niskanen, L., Tanskanen, A., & Haukka, J. (2009). 11-year follow-up of mortality in patients with schizophrenia: A population-based cohort study (FIN11 study). *The Lancet*, 374, 260–267.

Tiihonen, J., Rautiainen, M. R., Ollila, H. M., Repo-Tiihonen, E., Virkkunen, M., Palotie, A., Pietiläinen, O., Kristiansson, K., Joukamaa, M., Lauerma, H., Saarela, J., Tyni, S., Vartiainen, H., Paananen, J., Goldman, D., & Paunio, T. (2015). Genetic background of extreme violent behavior. *Molecular Psychiatry*, 20, 786–792.

Timerman, J. (1980). *Prisoner without a name, cell without a number.* University of Wisconsin Press.

Timmerman, T. A. (2007). "It was a thought pitch": Personal, situational, and target influences on hit-by-pitch events across time. *Journal of Applied Psychology*, 92, 876–884.

Timmermann, C., Spriggs, M. J., Kaelen, M., Leech, R., Nutt, D. J., Moran, R. J., Carhart-Harris, R. L., & Muthukumaraswamy, S. D. (2018). LSD modulates effective connectivity and neural adaptation mechanisms in an auditory oddball paradigm. *Neuropharmacology, 142*, 251–262.

Tinbergen, N. (1951). *The study of instinct*. Clarendon.

Tirrell, M. E. (1990). Personal communication.

Tobin, D. D., Menon, M., Menon, M., Spatta, B. C., Hodges, E. V. E., & Perry, D. G. (2010). The intrapsychics of gender: A model of self-socialization. *Psychological Review, 117*, 601–622

Todd, R. M., MacDonald, M. J., Sedge, P., Robertson, A., Jetly, R., Taylor, M. J., & Pang, E. W. (2015). Soldiers with posttraumatic stress disorder see a world full of threat: Magnetoencephalography reveals enhanced tuning to combat-related cues. *Biological Psychiatry, 78*, 821–829.

Todes, D. P. (2014). *Ivan Pavlov: A Russian life in science*. Oxford University Press.

Toews, P. (2004, December 30). *Dirk Willems: A heart undivided*. Mennonite Brethren Historical Commission. https://mbhistory.org/profiles/dirk/

Tolin, D. F. (2010). Is cognitive-behavioral therapy more effective than other therapies? A meta-analytic review. *Clinical Psychology Review, 30*, 710–720.

Tolin, D. F., Wootton, B. M., Levy, H. C., Hallion, L. S., Worden, B. L., Diefenbach, G. J., Jaccard, J., & Stevens, M. C. (2019). Efficacy and mediators of a group cognitive–behavioral therapy for hoarding disorder: A randomized trial. *Journal of Consulting and Clinical Psychology, 87*, 590–602.

Tolman, E. C., & Honzik, C. H. (1930). Introduction and removal of reward, and maze performance in rats. *University of California Publications in Psychology, 4*, 257–275.

Tolstoy, L. (1904). *My confessions*. Dana Estes.

Toma, C., & Hancock, J. (2013). Self-affirmation underlies Facebook use. *Personality and Social Psychology Bulletin, 369*, 321–331.

Tomaka, J., Blascovich, J., & Kelsey, R. M. (1992). Effects of self-deception, social desirability, and repressive coping on psychophysiological reactivity to stress. *Personality and Social Psychology Bulletin, 18*, 616–624.

Tomasello, M. (2019). *Becoming human*. Belknap Press.

Tomasello, M. (2019). The moral psychology of obligation. *Behavioral and Brain Sciences*, 1–33.

Tomita, K. K., Testa, R. J., & Balsam, K. F. (2018). Gender-affirming medical interventions and mental health in transgender adults. *Psychology of Sexual Orientation and Gender Diversity, 6*, 182–193.

Tompkins, D. A., Hobelmann, J. G., & Compton, P. (2017). Providing chronic pain management in the "Fifth Vital Sign" Era: Historical and treatment perspectives on a modern-day medical dilemma. *Drug and Alcohol Dependence, 173*, S11–S21.

Toni, N., Buchs, P.-A., Nikonenko, I., Bron, C. R., & Muller, D. (1999). LTP promotes formation of multiple spine synapses between a single axon terminal and a dendrite. *Nature, 402*, 421–442.

Topolinski, S., & Reber, R. (2010). Gaining insight into the "aha" experience. *Current Directions in Psychological Science, 19*, 401–405.

Torrey, E. F. (1986). *Witchdoctors and psychiatrists*. Harper & Row.

Torrey, E. F., & Miller, J. (2002). *The invisible plague: The rise of mental illness from 1750 to the present*. Rutgers University Press.

Torrey, E. F., Miller, J., Rawlings, R., & Yolken, R. H. (1997). Seasonality of births in schizophrenia and bipolar disorder: A review of the literature. *Schizophrenia Research, 28*, 1–38.

Toschi, N., Riccelli, R., Indovina, I., Terracciano, A., & Passamonti, L. (2018). Functional connectome of the five-factor model of personality. *Personality Neuroscience, 1*, e2.

Totterdell, P., Kellett, S., Briner, R. B., & Teuchmann, K. (1998). Evidence of mood linkage in work groups. *Journal of Personality and Social Psychology, 74*, 1504–1515.

Towers, S., Gomez-Lievano, A., Khan, M., Mubayi, A., & Castillo-Chavez, C. (2015) Contagion in mass killings and school shootings. *PLOS ONE, 10*, e0117259.

Townsend, S. S. M., Stephens, N. M., Smallets, S., & Hamedani, M. G. (2019). Empowerment through difference: An online difference-education intervention closes the social class achievement gap. *Personality and Social Psychology Bulletin, 45*(7), 1068–1083.

Tracy, J. L., Cheng, J. T., Robins, R. W., & Trzesniewski, K. H. (2009). Authentic and hubristic pride: The affective core of self-esteem and narcissism. *Self and Identity, 8*, 196–213.

Tracy, J. L., & Robins, R. W. (2004). Show your pride: Evidence for a discrete emotion expression. *Psychological Science, 15*, 194–197.

Tracy, J. L., Shariff, A. F., Zhao, W., & Henrich, J. (2013). Cross-cultural evidence that the nonverbal expression of pride is an automatic status signal. *Journal of Experimental Psychology: General, 142*, 163–180.

Traffanstedt, M. K., Mehta, S., & LoBello, S. G. (2016). Major depression with seasonal variation: Is it a valid construct? *Clinical Psychological Science, 4*, 825–834.

Trahan, L. H., Stuebing, K. K., Fletcher, J. M., & Hiscock, M. (2014). The Flynn effect: A meta-analysis. *Psychological Bulletin, 140*, 1332–1360.

Tran, U. S., Hofer, A. A., & Voracek, M. (2014). Sex differences in general knowledge: Meta-analysis and new data on the contribution of school-related moderators among high-school students. *PLOS ONE, 9*, e110391.

Trautwein, U., Lüdtke, O., Köller, O., & Baumert, J. (2006). Self-esteem, academic self-concept, and achievement: How the learning environment moderates the dynamics of self-concept. *Journal of Personality and Social Psychology, 90*, 334–349.

Treanor, M., Brown, L. A., Rissman, J., & Craske, M. G. (2017). Can memories of traumatic experiences or addiction be erased or modified? A critical review of research on the disruption of memory reconsolidation and its applications. *Perspectives on Psychological Science, 12*, 290–305.

Treffert, D. A. (2010). *Islands of genius: The beautiful mind of the autistic, acquired, and sudden savant*. Jessica Kinsley.

Treffert, D. A., & Christensen, D. D. (2005, December). Inside the mind of a savant. *Scientific American*, pp. 108–113.

Treisman, A. (1987). Properties, parts, and objects. In K. R. Boff, L. Kaufman, & J. P. Thomas (Eds.), *Handbook of perception and human performance* (pp. 159–198). Wiley.

Tremblay, P., & Dick, A. S. (2016). Broca and Wernicke are dead, or moving past the classic model of language neurobiology. *Brain and Language, 162*, 60–71.

Tremblay, R. E., Pihl, R. O., Vitaro, F., & Dobkin, P. L. (1994). Predicting early onset of male antisocial behavior from preschool behavior. *Archives of General Psychiatry, 51*, 732–739.

Tremblay, R. E., Vitaro, F., & Côté, S. M. (2018). Developmental origins of chronic physical aggression: A bio-psycho-social model for the next generation of preventive interventions. *Annual Review of Psychology, 69*, 383–407.

Triandis, H. C. (1981). *Some dimensions of intercultural variation and their implications for interpersonal behavior*. Paper presented at the American Psychological Association convention.

Triandis, H. C. (1994). *Culture and social behavior*. McGraw-Hill.

Trickett, E. (2009). Community psychology: Individuals and interventions in community context. *Annual Review of Psychology, 60*, 395–419.

Trillin, C. (2006, March 27). Alice off the page. *The New Yorker*, p. 44.

Trimmer, C., Keller, A., Murphy, N. R., Snyder, L. L., Willer, J. R., Nagai, M. H., Katsanis, N., Vosshall, L. B., Matsunami, H., & Mainland, J. D. (2019). Genetic variation across the human olfactory receptor repertoire alters odor perception. *PNAS, 116*, 9475–9480.

Triplett, N. (1898). The dynamogenic factors in pacemaking and competition. *American Journal of Psychology, 9*, 507–533.

Troeger, C., Khalil, I., Rao, P. C., Cao, S., Blacker, B. F., Ahmed, T., Armah, G., Bines, J. E., Brewer, T. G., Colombara, D. V., Kang, G., Kirkpatrick, B. D., Kirkwood, C. D., Mwenda, J. M., Parashar, U. D., Petri, W. A., Jr., Riddle, M. S., Steele, A. D., Thompson, R. L., . . . Reiner, R. C., Jr. (2018, October). Rotavirus vaccination and the global burden of rotavirus diarrhea among children younger than 5 years. *JAMA Pediatrics, 172*, 958-965.

Tropp, L. R., & Barlow, F. K. (2018). Making advantaged racial groups care about inequality: Intergroup contact as a route to psychological investment. *Current Directions in Psychological Science, 27*, 194–199.

Trotter, J. (2014). The power of positive coaching. *Sports Illustrated*. https://www.si.com/nfl/2014/01/23/power-positive-coaching

Troy, A. S., Shallcross, A. J., Brunner, A., Friedman, R., & Jones, M. C. (2018). Cognitive reappraisal and acceptance: Effects on emotion, physiology, and perceived cognitive costs. *Emotion, 18*, 58–74.

Trumbo, M. C., Leiting, K. A., McDaniel, M. A., & Hodge, G. K. (2016). Effects of reinforcement on test-enhanced learning in a large, diverse introductory college psychology course. *Journal of Experimental Psychology: Applied, 22*, 148–160.

Trut, L. N. (1999). Early canid domestication: The farm-fox experiment. *American Scientist, 87*, 160–169.

Tsai, J. L., Ang, J. Y. Z., Blevins, E., Goernandt, J., Fung, H. H., Jiang, D., Elliott, J., Kölzer, A., Uchida, Y., Lee, Y. C., Lin, Y., Zhang, X., Govindama, Y., & Haddouk, L. (2016). Leaders' smiles reflect cultural differences in ideal affect. *Emotion, 16*, 183–195.

Tsai, J. L., & Chentsova-Dutton, Y. (2003). Variation among European Americans in emotional facial expression. *Journal of Cross-Cultural Psychology, 34*, 650–657.

Tsai, J. L., Knutson, B., & Fung, H. H. (2006). Cultural variation in affect valuation. *Journal of Personality and Social Psychology, 90*, 288–307.

Tsang, Y. C. (1938). Hunger motivation in gastrectomized rats. *Journal of Comparative Psychology, 26*, 1–17.

Tsao, D. Y. (2019, February). Face values. *Scientific American*, pp. 23–29.

Tskhay, K. O., Zhu, R., Zou, C., & Rule, N. O. (2018). Charisma in everyday life: Conceptualization and validation of the General Charisma Inventory. *Journal of Personality and Social Psychology, 114*, 131–152.

Tsui, A. S. M., Byers-Heinlein, K., & Fennell, C. T. (2019). Associative word learning in infancy: A meta-analysis of the switch task. *Developmental Psychology, 55*, 934–950.

Tsvetkova, M., & Macy, M. W. (2014). The social contagion of generosity. *PLOS ONE, 9*(2), e87275.

Tuber, D. S., Miller, D. D., Caris, K. A., Halter, R., Linden, F., & Hennessy, M. B. (1999). Dogs in animal shelters: Problems, suggestions, and needed expertise. *Psychological Science*, 10, 379–386.

Tucker, R. P. (2019). Suicide in transgender veterans: Prevalence, prevention, and implications of current policy. *Perspectives on Psychological Science*, 14, 452–468.

Tucker-Drob, E. (2012). Preschools reduce early academic-achievement gaps: A longitudinal twin approach. *Psychological Science*, 23, 310–319.

Tucker-Drob, E., & Briley, D. A. (2014). Continuity of genetic and environmental influences on cognition across the life span: A meta-analysis of longitudinal twin and adoption studies. *Psychological Bulletin*, 140, 949–979.

Tucker-Drob, E., Brandmaier, A. M., & Lindenberger, U. (2019). Coupled cognitive changes in adulthood: A meta-analysis. *Psychological Bulletin*, 145, 273–301.

Tucker-Drob, E. M., & Bates, T. C. (2016). Large cross-national differences in gene x socioeconomic status interaction on intelligence. *Psychological Science*, 27, 138–149.

Tuerk, P. W. (2005). Research in the high-stakes era: Achievement, resources, and No Child Left Behind. *Psychological Science*, 16, 419–425.

Tuk, M. A., Zhang, K., & Sweldens, S. (2015). The propagation of self-control: Self-control in one domain simultaneously improves self-control in other domains. *Journal of Experimental Psychology: General*, 144, 639–654.

Tullett, A. M., Kay, A. C., & Inzlicht, M. (2015). Randomness increases self-reported anxiety and neurophysiological correlates of performance monitoring. *Social Cognitive and Affective Neuroscience*, 10, 628–635.

Tully, T. (2003). Reply: The myth of a myth. *Current Biology*, 13, R426.

Turban, J. L., Beckwith, N., Reisner, S. L., & Keuroghlian, A. S. (2020). Association between recalled exposure to gender identity conversion efforts and psychological distress and suicide attempts among transgender adults. *JAMA Psychiatry*, 77, 68–76.

Turkheimer, E., Pettersson, E., & Horn, E. E. (2014). A phenotypic null hypothesis for the genetics of personality. *Annual Review of Psychology*, 65, 515–540.

Turner, B. L., Caruso, E. M., Dilich, M. A., & Roese, N. J. (2019). Body camera footage leads to lower judgments of intent than dash camera footage. *PNAS*, 116, 1201–1206.

Turner, N., Barling, J., & Zacharatos, A. (2002). Positive psychology at work. In C. R. Snyder & S. J. Lopez (Eds.), *The handbook of positive psychology*. Oxford University Press.

Turpin, A. (2005, April 3). The science of psi. *FT Weekend*, pp. W1, W2.

Tversky, A. (1985, June). Quoted in K. McKean, Decisions, decisions. *Discover*, pp. 22–31.

Tversky, A., & Kahneman, D. (1974). Judgment under uncertainty: Heuristics and biases. *Science*, 185, 1124–1131.

Twenge, J. M. (2006). *Generation me*. Free Press.

Twenge, J. M. (2017). *iGen: Why today's superconnected kids are growing up less rebellious, more tolerant, less happy — and completely unprepared for adulthood—and what that means for the rest of us*. Atria Books.

Twenge, J. M., Abebe, E. M., & Campbell, W. K. (2010a). Fitting in or standing out: Trends in American parents' choices for children's names, 1880–2007. *Social Psychology and Personality Science*, 1, 19–25.

Twenge, J. M., Baumeister, R. F., Tice, D. M., & Stucke, T. S. (2001). If you can't join them, beat them: Effects of social exclusion on aggressive behavior. *Journal of Personality and Social Psychology*, 81, 1058–1069.

Twenge, J. M., & Campbell, W. K. (2008). Increases in positive self-views among high school students: Birth-cohort changes in anticipated performance, self-satisfaction, self-liking, and self-competence. *Psychological Science*, 19, 1082–1086.

Twenge, J. M., & Campbell, W. K. (2019). Media use is linked to lower psychological well-being: Evidence from three datasets. *Psychiatric Quarterly*, 90, 311–331.

Twenge, J. M., Dawson, L., & Campbell, W. K. (2016a). Still standing out: Children's names in the United States during the Great Recession and correlations with economic indicators. *Journal of Applied Social Psychology*, 46, 663–670.

Twenge, J. M., & Foster, J. D. (2010). Birth cohort increases in narcissistic personality traits among American college students, 1982–2009. *Social Psychological and Personality Science*, 1, 99–106.

Twenge, J. M., Gentile, B., DeWall, C. N., Ma, D., Lacefield, K., & Schurtz, D. R. (2010b). Birth cohort increases in psychopathology among young Americans, 1938–2007: A cross-temporal meta-analysis of the MMPI. *Clinical Psychology Review*, 30, 145–154.

Twenge, J. M., Martin, G. N., & Spitzberg, B. H. (2019). Trends in U.S. adolescents' media use, 1976–2016: The rise of digital media, the decline of TV, and the (near) demise of print. *Psychology of Popular Media Culture*, 8, 329–345.

Twenge, J. M., & Park, H. (2019). The decline in adult activities among U.S. adolescents, 1976–2016. *Child Development*, 90, 638–654.

Twenge, J. M., Sherman, R. A., & Wells, B. E. (2017). Declines in sexual frequency among American adults, 1989–2014. *Archives of Sexual Behavior*, 46, 2389–2401.

Twenge, J. M., Zhang, L., & Im, C. (2004). It's beyond my control: A cross-temporal meta-analysis of increasing externality of locus of control, 1960–2002. *Personality and Social Psychology Review*, 8, 308–319.

Twiss, C., Tabb, S., & Crosby, F. (1989). Affirmative action and aggregate data: The importance of patterns in the perception of discrimination. In F. Blanchard & F. Crosby (Eds.), *Affirmative action: Social psychological perspectives*. Springer-Verlag.

Úbeda, Y., Ortín, S., St. Leger, J., Llorente, M., & Almunia, J. (2018). Personality in captive killer whales (Orcinus orca): A rating approach based on the five-factor model. *Journal of Comparative Psychology*, 133, 252–261.

Uchida, Y., & Kitayama, S. (2009). Happiness and unhappiness in East and West: Themes and variations. *Emotion*, 9, 441–456.

Uchida, Y., Kitayama, S., Akutsu, S., Park, J., & Cole, S. W. (2018). Optimism and the conserved transcriptional response to adversity. *Health Psychology*, 37, 1077–1080.

Uchino, B. N., & Way, B. M. (2017). Integrative pathways linking close family ties to health: A neurochemical perspective. *American Psychologist*, 72, 590–600.

Udo, T., & Grilo, C. M. (2019). Psychiatric and medical correlates of DSM-5 eating disorders in a nationally representative sample of adults in the United States. *International Journal of Eating Disorders*, 52, 42–50.

Udry, J. R. (2000). Biological limits of gender construction. *American Sociological Review*, 65, 443–457.

Uga, V., Lemut, M. C., Zampi, C., Zilli, I., & Salzarulo, P. (2006). Music in dreams. *Consciousness and Cognition*, 15, 351–357.

Uhlhaas, P. J., Grent-Jong, T., & Gross, J. (2018). Magnetoencephalography and translational neuroscience in psychiatry. *JAMA Psychiatry*, 75, 969–971.

Ullén, F., Hambrick, D. Z., & Mosing, M. A. (2016). Rethinking expertise: A multifactorial gene–environment interaction model of expert performance. *Psychological Bulletin*, 142, 427–446.

Ullsperger, J. M., & Nikolas, M. A. (2017). A meta-analytic review of the association between pubertal timing and psychopathology in adolescence: Are there sex differences in risk? *Psychological Bulletin*, 143, 903–938.

Ulrich, R. E. (1991). Animal rights, animal wrongs and the question of balance. *Psychological Science*, 2, 197–201.

UN. (2015). *The world's women: Trends and statistics* [PDF file]. United Nations Department of Economic and Social Affairs. https://unstats.un.org/unsd/gender/downloads/worldswomen2015_report.pdf

UNAIDS. (2013, accessed May 17). *Data and analysis*. Joint United Nations Programme on HIV/AIDS. https://www.unaids.org/en/data-analysis

Underwood, E. (2016). Cadaver study challenges brain stimulation methods. *Science*, 352, 397.

UNESCO. (2017). *Women in science* [PDF file]. http://uis.unesco.org/sites/default/files/documents/fs43-women-in-science-2017-en.pdf

UNFPA. (2016). *Changing attitudes towards gender equality: Update from the World Values Survey*. United Nations Population Fund (unstats.un.org).

Ungar, L. (2014). Quiz: How long will you live? *Time Magazine*. https://bit.ly/2tnbjdQ

Ungerleider, S. (2005). *Mental training for peak performance, revised & updated edition*. Rodale.

UNICEF. (2014). *Hidden in plain sight: A statistical analysis of violence against children*. UNICEF.

United Nations. (2017). *World population prospects: The 2017 revision* [PDF file]. United Nations Division of Economic and Social Affairs. https://population.un.org/wpp/Publications/Files/WPP2017_DataBooklet.pdf

Unsworth, N., & Engle, R. W. (2007). The nature of individual differences in working memory capacity: Active maintenance in primary memory and controlled search from secondary memory. *Psychological Review*, 114, 104–132.

Urbain, C., De Tiège, X., De Beeck, M. O., Bourguignon, M., Wens, V., Verheulpen, D., Van Bogaert, P., & Peigneux, P. (2016). Sleep in children triggers rapid reorganization of memory-related brain processes. *NeuroImage*, 134, 213–222.

Urcelay, G. P., & Jonkman, S. (2019). Delayed rewards facilitate habit formation. *Journal of Experimental Psychology: Animal Learning and Cognition*, 45(4), 413–421.

Urquhart, J. A., Sivakumaran, M. H., Macfarlane, J. A., & O'Connor, A. R. (2018). fMRI evidence supporting the role of memory conflict in the déjà vu experience. *Memory*, 20, 1–12.

Urry, H. L., & Gross, J. J. (2010). Emotion regulation in older age. *Current Directions in Psychological Science*, 19, 352–357.

Urry, H. L., Nitschke, J. B., Dolski, I., Jackson, D. C., Dalton, K. M., Mueller, C. J., Rosenkranz, M. A., Ryff, C. D., Singer, B. H., & Davidson, R. J. (2004). Making a life worth living: Neural correlates of well-being. *Psychological Science*, 15, 367–372.

U.S. Senate Intelligence Committee. (2004, July 9). *Report of the Select Committee on Intelligence on the U.S. intelligence community's prewar intelligence assessments on Iraq*. Washington, DC: Author.

U.S.D.O.J. (United States Department of Justice). (2018). *Sexual assault*. Office on Violence Against Women. https://www.justice.gov/ovw/sexual-assault

U.S.E.E.O.C. (Equal Employment Opportunity Commission). (2018). *Sexual harassment*. https://www.eeoc.gov/laws/types/sexual_harassment.cfm

Uskul, A. K., & Over, H. (2017). Culture, social interdependence, and ostracism. *Current Directions in Psychological Science, 26*, 371–376.

Uttal, W. R. (2001). *The new phrenology: The limits of localizing cognitive processes in the brain*. MIT Press.

Uy, J. P., Goldenberg, D., Tashjian, S. M., Do, K. T., & Galván, A. (2019). Physical home environment is associated with prefrontal cortical thickness in adolescents. *Developmental Science*, e12834.

Vaci, N., Edelsbrunner, P., Stern, E., Neubauer, A., Bilalić, M., & Grabner, R. H. (2019). The joint influence of intelligence and practice on skill development throughout the life span. *PNAS, 116*, 18363–18369.

Vaillant, G. (2013, May). What makes us happy, revisited. *The Atlantic*. https://www.theatlantic.com/magazine/archive/2013/05/thanks-mom/309287/

Vaillant, G. E. (1977). *Adaptation to life*. Little, Brown.

Vaillant, G. E. (2002). *Aging well: Surprising guideposts to a happier life from the landmark Harvard study of adult development*. Little, Brown.

Valenstein, E. S. (1986). *Great and desperate cures: The rise and decline of psychosurgery*. Basic Books.

Valentine, S. E., & Shipherd, J. C. (2018). A systematic review of social stress and mental health among transgender and gender non-conforming people in the United States. *Clinical Psychology Review, 66*, 24–38.

Valenza, E. Simion, F., Cassia, V. M., & Umiltà, C. (1996). Face preference at birth. *Journal of Experimental Psychology: Human Perception and Performance, 22*, 892–903.

Valkenburg, P. M., & Peter, J. (2009). Social consequences of the Internet for adolescents: A decade of research. *Current Directions in Psychological Science, 18*, 1–5.

van Anders, S. M. (2012). Testosterone and sexual desire in healthy women and men. *Archives of Sexual Behavior, 41*, 1471–1484.

Van Bavel, J. J., Baicker, K., Boggio, P., Capraro, V., Chichocka, A., Crockett, M., Cikara, M., Crum, A., Douglas, K., Druckman, J., Drury, J., Dube, O., Ellemers, N., Finkel, E. J., Fowler, J. H., Gelfand, M., Han, S., Haslam, S., Jetten, J., . . . Willer, R. (2020). Using social and behavioural science to support COVID-19 pandemic response. In press. https://doi.org/10.31234/osf.io/y38m9

van Beijsterveldt, C. E. M., Overbeek, L. I. H., Rozendaal, L., McMaster, M. T. B., Glasner, T. J., Bartels, M., Vink, M. J., Martin, N. G., Dolan, C. V., & Boomsma, D. I. (2016). Chorionicity and heritability estimates from twin studies: The prenatal environment of twins and their resemblance across a large number of traits. *Behavior Genetics, 46*, 304–314.

Van Blerkom, D. L. (2012). *Orientation to learning* (7th ed.). Wadsworth.

Van Bockstaele, B., Verschuere, B., Tibboel, H., De Houwer, J., Crombez, G., & Koster, E. H. W. (2014). A review of current evidence for the causal impact of attentional bias on fear and anxiety. *Psychological Bulletin, 140*, 682–721.

Van Boven, L., Ramos, J., Montal-Rosenberg, R., Kogut, T., Sherman, D. K., & Slovic, P. (2019). It depends: Partisan evaluation of conditional probability importance. *Cognition, 188*, 51–63.

Van Dam, N. T., van Vugt, M. K., Vago, D. R., Schmalzl, L., Saron, C. D., Olendzki, A., Meissner, T., Lazar, S. W., Kerr, C. E., Gorchov, J., Fox, K. C. R., Field, B. A., Britton, W. B., Brefczynski-Lewis, J. A., & Meyer, D. E. (2018). Mind the hype: A critical evaluation and prescriptive agenda for research on mindfulness and meditation. *Perspectives on Psychological Science, 13*, 36–61.

van de Bongardt, D., Reitz, E., Sandfort, T., & Deković, M. (2015). A meta-analysis of the relations between three types of peer norms and adolescent sexual behavior. *Personality and Social Psychology Review, 19*, 203–234.

van de Waal, E., Borgeaud, C., & Whiten, A. (2013). Potent social learning and conformity shape a wild primate's foraging decisions. *Science, 340*, 483–485.

Van den Akker, A. L., Asscher, J., & Prinzie, P. (2014). Mean-level personality development across childhood and adolescence: A temporary defiance of the maturity principle and bidirectional associations with parenting. *Journal of Personality and Social Psychology, 107*, 736–750.

van den Berg, S. M., de Moor, M. H., Verweij, K. J., Krueger, R. F., Luciano, M., Vasquez, A. A., Matteson, L. K., Derringer, J., Esko, T., Amin, N., Gordon, S. D., Hansell, N. K., Hart, A. B., Seppälä, I., Huffman, J. E., Konte, B., Lahti, J., Lee, M., Miller, M., . . . Boomsma, D. I. (2016). Meta-analysis of genome-wide association studies for extraversion: Findings from the Genetics of Personality Consortium. *Behavior Genetics, 46*, 170–182.

van den Boom, D. C. (1994). The influence of temperament and mothering on attachment and exploration: An experimental manipulation of sensitive responsiveness among lower-class mothers with irritable infants. *Child Development, 65*, 1457–1477.

van den Bos, K., & Spruijt, N. (2002). Appropriateness of decisions as a moderator of the psychology of voice. *European Journal of Social Psychology, 32*, 57–72.

Van den Broeck, A., Ferris, D. L., Chang, C. H., & Rosen, C. C. (2016). A review of self-determination theory's basic psychological needs at work. *Journal of Management, 42*, 1195–1229.

Van den Bulck, J., Çetin, Y., Terzi, Ö., & Bushman, B. J. (2016). Violence, sex, and dreams: Violent and sexual media content infiltrate our dreams at night. *Dreaming, 26*, 271–279.

van der Linden, S. L., Leiserowitz, A. A., Feinberg, G. D, & Maibach, E. W. (2015). The scientific consensus on climate change as a gateway belief: Experimental evidence. *PLOS ONE, 10*, e0118489.

Van Dessel, P., Mertens, G., Smith, C. T., & De Houwer, J. (2019). Mere exposure effects on implicit stimulus evaluation: The moderating role of evaluation task, number of stimulus presentations, and memory for presentation frequency. *Personality and Social Psychology Bulletin, 45*, 447–460.

van Dijk, W. W., Van Koningsbruggen, G. M., Ouwerkerk, J. W., & Wesseling, Y. M. (2011). Self-esteem, self-affirmation, and schadenfreude. *Emotion, 11*, 1445–1449.

Van Dyke, C., & Byck, R. (1982, March). Cocaine. *Scientific American*, pp. 128–141.

van Egmond, L., Ekman, M., & Benedict, C. (2019). Bed and rise times during the Age of Enlightenment: A case report. *Journal of Sleep Research, 28*, e12862.

van Emmerik, A. A. P., Reijntjes, A., & Kamphuis, J. H. (2013). Writing therapy for posttraumatic stress: A meta-analysis. *Psychotherapy and Psychosomatics, 82*, 82–88.

van Engen, M. L., & Willemsen, T. M. (2004). Sex and leadership styles: A meta-analysis of research published in the 1990s. *Psychological Reports, 94*, 3–18.

van Geel, M., Goemans, A., & Vedder, P. (2015). A meta-analysis on the relation between peer victimization and adolescent non-suicidal self-injury. *Psychiatry Research, 230*, 364–368.

van Gelderen, M., Kautonen, T., Wincent, J., & Biniari, M. (2018). Implementation intentions in the entrepreneurial process: Concept, empirical findings, and research agenda. *Small Business Economics, 51*, 923–941.

van Haren, N. E., Rijsdijk, F., Schnack, H. G., Picchioni, M. M., Toulopoulou, T., Weisbrod, M., Sauer, H., van Erp, T. G., Cannon, T. D., Huttunen, M. O., Boomsma, D. I., Hulshoff Pol, H. E., Murray, R. M., & Kahn, R. S. (2012). The genetic and environmental determinants of the association between brain abnormalities and schizophrenia: The schizophrenia twins and relatives consortium. *Biological Psychiatry, 71*, 915–921.

van Haren, N. E., Schnack, H. G., Koevoets, M. G., Cahn, W., Pol, H. E. H., & Kahn, R. S. (2016). Trajectories of subcortical volume change in schizophrenia: A 5-year follow-up. *Schizophrenia Research, 173*, 140–145.

van Hemert, D. A., Poortinga, Y. H., & van de Vijver, F. J. R. (2007). Emotion and culture: A meta-analysis. *Cognition and Emotion, 21*, 913–943.

van Honk, J., Schutter, D. J., Bos, P. A., Kruijt, A.-W., Lentje, E. G., & Baron-Cohen, S. (2011). Testosterone administration impairs cognitive empathy in women depending on second-to-fourth digit ratio. *PNAS, 108*, 3448–3452.

Van Horn, J., Irimia, A., Torgerson, C., Chambers, M., Kikinis, R., & Toga, A. (2012). Mapping connectivity damage in the case of Phineas Gage. *PLOS ONE, 7*, e37454.

van IJzendoorn, M., Fearon, P., & Bakermans-Kranenburg, M. (2017). Attachment—public and scientific. *The Psychologist, 30*, 6–9.

van IJzendoorn, M. H., & Juffer, F. (2006). The Emanual Miller Memorial Lecture 2006: Adoption as intervention. Meta-analytic evidence for massive catch-up and plasticity in physical, socioemotional, and cognitive development. *Journal of Child Psychology and Psychiatry, 47*, 1228–1245.

van IJzendoorn, M. H., Juffer, F., & Poelhuis, C. W. K. (2005). Adoption and cognitive development: A meta-analytic comparison of adopted and nonadopted children's IQ and school performance. *Psychological Bulletin, 131*, 301–316.

van IJzendoorn, M. H., & Kroonenberg, P. M. (1988). Cross-cultural patterns of attachment: A meta-analysis of the strange situation. *Child Development, 59*, 147–156.

van IJzendoorn, M. H., Luijk, M. P. C. M., & Juffer, F. (2008). IQ of children growing up in children's homes: A meta-analysis on IQ delays in orphanages. *Merrill-Palmer Quarterly, 54*, 341–366.

Van Kesteren, P. J. M., Asscheman, H., Megens, J. A. J., & Gooren, J. G. (1997). Mortality and morbidity in transsexual subjects treated with cross-sex hormones. *Clinical Endocrinology, 47*, 337–342.

Van Leeuwen, M. S. (1978). A cross-cultural examination of psychological differentiation in males and females. *International Journal of Psychology, 13*, 87–122.

Van Munster, C. E., Jonkman, L. E., Weinstein, H. C., Uitdehaag, B. M., & Geurts, J. J. (2015). Gray matter damage in multiple sclerosis: Impact on clinical symptoms. *Neuroscience, 303*, 446–461.

van Praag, H. (2009). Exercise and the brain: Something to chew on. *Trends in Neuroscience, 32*, 283–290.

Van Tongeren, D. R., DeWall, C. N., Chen, Z., Sibley, C. G., & Bulbulia, J. (2020). Religious residue: Cross-cultural evidence that religious psychology and behavior persist following deidentification. *Journal of Personality and Social Psychology*. Advance online publication. doi: 10.1037/pspp0000288

Van Tongeren, D. R., DeWall, C. N., Green, J. D., Cairo, A. H., Davis, D. E., & Hook, J. N. (2018). Self-regulation facilitates meaning in life. *Review of General Psychology, 22*, 95–106.

Van Yperen, N. W., & Buunk, B. P. (1990). A longitudinal study of equity and satisfaction in intimate relationships. *European Journal of Social Psychology, 20*, 287–309.

Van Zeijl, J., Mesman, J., Van IJzendoorn, M. H., Bakermans-Kranenburg, M. J., Juffer, F., Stolk, M. N., Koot, H. M., & Alink, L. R. A. (2006). Attachment-based intervention for enhancing sensitive discipline in mothers of 1- to 3-year-old children at risk for externalizing behavior problems: A randomized controlled trial. *Journal of Consulting and Clinical Psychology, 74*, 994–1005.

van Zuiden, M., Geuze, E., Willemen, H. L., Vermetten, E., Maas, M., Amarouchi, K., Kevelaars, A. & Heijnen, C. J. (2012). Glucocorticoid receptor pathway components predict posttraumatic stress disorder symptom development: A prospective study. *Biological Psychiatry, 71*, 309–316.

Vancampfort, D., Stubbs, B., Smith, L., Hallgren, M., Firth, J., Herring, M. P., Probst, M., & Koyanagi, A. (2018). Physical activity and sleep problems in 38 low-and middle-income countries. *Sleep Medicine, 48*, 140–147.

Vance, E. (2018, June). Can you super-charge your baby? *Scientific American*, pp. 35–39.

Vance, E. B., & Wagner, N. N. (1976). Written descriptions of orgasm: A study of sex differences. *Archives of Sexual Behavior, 5*, 87–98.

vanDellen, M. R., Campbell, W. K., Hoyle, R. H., & Bradfield, E. K. (2011). Compensating, resisting, and breaking: A meta-analytic examination of reactions to self-esteem threat. *Personality and Social Psychology Review, 15*, 51–74.

VanderLaan, D. P., Forrester, D. L., Petterson, L. J., & Vasey, P. L. (2012). Offspring production among the extended relatives of Samoan men and Fa'afafine. *PLOS ONE, 7*, e36088.

VanderLaan, D. P., & Vasey, P. L. (2011). Male sexual orientation in Independent Samoa: Evidence for fraternal birth order and maternal fecundity effects. *Archives of Sexual Behavior, 40*, 495–503.

VanderWeele, T. J. (2017, May 30). *What the New York Times gets wrong about marriage, health, and well-being.* Institute for Family Studies. https://ifstudies.org/blog/what-the-new-york-times-gets-wrong-about-marriage-health-and-well-being

VanderWeele, T. J. (2018, September 18). *Religious upbringing and adolescence.* Institute for Family Studies. https://ifstudies.org/blog/religious-upbringing-and-adolescence

VanderWeele, T. J., Li, S., & Kawachi, I. (2017). Religious service attendance and suicide rates—reply. *JAMA Psychiatry, 74*, 197–198.

VanderWeele, T. J., Li, S., Tsai, A. C., & Kawachi, I. (2016). Association between religious service attendance and lower suicide rates among US women. *JAMA Psychiatry, 73*, 845–851.

Vanhalst, J., Soenens, B., Luyckx, K., Van Petegem, S., Weeks, M. S., & Asher, S. R. (2015). Why do the lonely stay lonely? Chronically lonely adolescents' attributions and emotions in situations of social inclusion and exclusion. *Journal of Personality and Social Psychology, 109*, 932–948.

Varnum, M. E. W., Grossmann, I., Kitayama, S., & Nisbett, R. E. (2010). The origin of cultural differences in cognition: The social orientation hypothesis. *Current Directions in Psychological Science, 19*, 9–13.

Vasilev, M. R., Kirkby, J. A., & Angele, B. (2018). Auditory distraction during reading: A Bayesian meta-analysis of a continuing controversy. *Perspectives on Psychological Science, 13*, 567–597.

Vaughn, K. B., & Lanzetta, J. T. (1981). The effect of modification of expressive displays on vicarious emotional arousal. *Journal of Experimental Social Psychology, 17*, 16–30.

Vaz, A. P., Inati, S. K., Brunel, N., & Zaghloul, K. A. (2019). Coupled ripple oscillations between the medial temporal lobe and neocortex retrieve human memory. *Science, 363*, 975–978.

Vazsonyi, A. T., Ksinan, A. J., Jiskrova, G. K., Mikuška, J., Javakhishvili, M., & Cui, G. (2019). To grit or not to grit, that is the question! *Journal of Research in Personality, 78*, 215–226.

Vecera, S. P., Vogel, E. K., & Woodman, G. F. (2002). Lower region: A new cue for figure-ground assignment. *Journal of Experimental Psychology: General, 13*, 194–205.

Veenhoven, R. (2014, accessed March 17). *World database of happiness.* https://worlddatabaseofhappiness.eur.nl/

Veenhoven, R. (2015). Informed pursuit of happiness: What we should know, do know and can get to know. *Journal of Happiness Studies, 16*, 1035–1071.

Vekassy, L. (1977). Dreams of the blind. *Magyar Pszichologiai Szemle, 34*, 478–491.

Velikonja, T., Fett, A. K., & Velthorst, E. (2019). Patterns of nonsocial and social cognitive functioning in adults with autism spectrum disorder: a systematic review and meta-analysis. *JAMA Psychiatry, 76*, 135–151.

Velliste, M., Perel, S., Spalding, M. C., Whitford, A. S., & Schwartz, A. B. (2008). Cortical control of a prosthetic arm for self-feeding. *Nature, 453*, 1098–1101.

Verdolini, N., Pacchiarotti, I., Köhler, C. A., Reinares, M., Samalin, L., Colom, F., Totorella, A., Stubbs, B., Carvalho, A. F., Vieta, E., & Murru, A. (2018). Violent criminal behavior in the context of bipolar disorder: Systematic review and meta-analysis. *Journal of Affective Disorders, 239*, 161–170.

Verduyn, P., Ybarra, O., Résibois, M., Jonides, J., & Kross, E. (2017). Do social network sites enhance or undermine subjective well-being? A critical review. *Social Issues and Policy Review, 11*, 274–302.

Vergauwe, J., Wille, B., Hofmans, J., Kaiser, R. B., & De Fruyt, F. (2018). The double-edged sword of leader charisma: Understanding the curvilinear relationship between charismatic personality and leader effectiveness. *Journal of Personality and Social Psychology, 114*, 110–130.

Vergunst, F., Tremblay, R. E., Nagin, D., Algan, Y., Beasley, E., Park, J., Galera, C., Vitaro, F., & Côté, S. M. (2019). Association between childhood behaviors and adult employment earnings in Canada. *JAMA Psychiatry, 76*, 1044–1051.

Verhaeghen, P., & Salthouse, T. A. (1997). Meta-analyses of age–cognition relations in adulthood: Estimates of linear and nonlinear age effects and structural models. *Psychological Bulletin, 122*, 231–249.

Vermetten, E., Schmahl, C., Lindner, S., Loewenstein, R. J., & Bremner, J. D. (2006). Hippocampal and amygdalar volumes in dissociative identity disorder. *American Journal of Psychiatry, 163*, 630–636.

Verona, E., & Sullivan, E. A. (2008). Emotional catharsis and aggression revisited: Heart rate reduction following aggressive responding. *Emotion, 8*, 331–340.

Verschuere, B., & Meijer, E. H. (2014). What's on your mind? Recent advances in memory detection using the concealed information test. *European Psychologist, 19*, 162–171.

Vezzali, L., Stathi, S., Giovannini, D., Capozza, D., & Trifiletti, E. (2015). The greatest magic of Harry Potter: Reducing prejudice. *Journal of Applied Social Psychology, 45*, 105–121.

Vigliocco, G., & Hartsuiker, R. J. (2002). The interplay of meaning, sound, and syntax in sentence production. *Psychological Bulletin, 128*, 442–472.

Villalba, D. K., Lindsay, E. K., Marsland, A. L., Greco, C. M., Young, S., Brown, K. W., Smyth, J. M., Walsh, C. P., Gray, K., Chin, B., & Creswell, J. D. (2019). Mindfulness training and systemic low-grade inflammation in stressed community adults: Evidence from two randomized controlled trials. *PLOS ONE, 14*, e0219120.

Vining, E. P. G., Freeman, J. M., Pillas, D. J., Uematsu, S., Carson, B. S., Brandt, J., Boatman, D., Pulsifer, M. B., & Zukerberg, A. (1997). Why would you remove half a brain? The outcome of 58 children after hemispherectomy—The Johns Hopkins Experience: 1968 to 1996. *Pediatrics, 100*, 163–171.

Vinkhuyzen, A. A. E., van der Sluis, S., Posthuma, D., & Boomsma, D. I. (2009). The heritability of aptitude and exceptional talent across different domains in adolescents and young adults. *Behavior Genetics, 39*, 380–392.

Visich, P. S., & Fletcher, E. (2009). Myocardial infarction. In J. K. Ehrman, P. M. Gordon, P. S. Visich, & S. J. Keleyian (Eds.). *Clinical exercise physiology* (2nd ed.). Human Kinetics.

Visser, B. A., Ashton, M. C., & Vernon, P. A. (2006). Beyond g: Putting multiple intelligences theory to the test. *Intelligence, 34*, 487–502.

Vita, A. J., Terry, R. B., Hubert, H. B., & Fries, J. F. (1998). Aging, health risks, and cumulative disability. *New England Journal of Medicine, 338*, 1035–1041.

Vitello, P. (2012, August 1). George A. Miller. A pioneer in cognitive psychology, is dead at 92. *The New York Times*. https://www.nytimes.com/2012/08/02/us/george-a-miller-cognitive-psychology-pioneer-dies-at-92.html?

Vitiello, M. V. (2009). Recent advances in understanding sleep and sleep disturbances in older adults: Growing older does not mean sleeping poorly. *Current Directions in Psychological Science, 18*, 316–320.

Vitória, P. D., Salgueiro, M. F., Silva, S. A., & De Vries, H. (2009). The impact of social influence on adolescent intention to smoke: Combining types and referents of influence. *British Journal of Health Psychology, 14*, 681–699.

Vlasic, B. (2015, Feb. 4). Despite recalls, G.M. pays workers a big bonus. *The New York Times*. https://www.nytimes.com/2015/02/05/business/gm-reports-2-8-billion-profit-in-2014.html?

Vliegenthart, J., Noppe, G., van Rossum, E. F. C., Koper, J. W., Raat, H., & van den Akker, E. L. T. (2016). Socioeconomic status in children is associated with hair cortisol levels as a biological measure of chronic stress. *Psychoneuroendocrinology, 65*, 9–14.

Vocks, S., Tuschen-Caffier, B., Pietrowsky, R., Rustenbach, S. J., Kersting, A., & Herpertz, S. (2010). Meta-analysis of the effectiveness of psychological and pharmacological treatments for binge eating disorder. *International Journal of Eating Disorders, 43*, 205–217.

Vogel, G. (2010). Long-fought compromise reached on European animal rules. *Science, 329*, 1588–1589.

Vogel, N., Schilling, O. K., Wahl, H.-W., Beekman, A. T. F., & Penninx, B. W. J. H. (2013). Time-to-death-related change in positive and negative affect among older adults approaching the end of life. *Psychology and Aging, 28*, 128–141.

Volkow, N. D., & Boyle, M. (2018). Neuroscience of addiction: Relevance to prevention and treatment. *The American Journal of Psychiatry, 175,* 729–740.

Volkow, N. D., Wang, G. J., Kollins, S. H., Wigal, T. L., Newcorn, J. H., Telang, F., Fowler, J. S., Zhu, W., Logan, J., Ma, Y., Pradhan, K., Wong, C., & Swanson, J. M. (2009). Evaluating dopamine reward pathway in ADHD: Clinical implications. *Journal of the American Medical Association, 302,* 1084–1091

von Békésy, G. (1957, August). The ear. *Scientific American,* pp. 66–78.

von Dawans, B., Ditzen, B., Trueg, A., Fischbacher, U., & Heinrichs, M. (2019). Effects of acute stress on social behavior in women. *Psychoneuroendocrinology, 99,* 137–144.

von Hippel, W. (2007). Aging, executive functioning, and social control. *Current Directions in Psychological Science, 16,* 240–244.

von Hippel, W. (2015, July 17). *Do people become more prejudiced as they grow older?* BBC News Magazine. https://www.bbc.com/news/magazine-33523313

von Hippel, W. & Trivers, R. (2011). The evolution and psychology of self-deception. *Behavioral and Brain Sciences, 34,* 1–56.

von Senden, M. (1932). *The perception of space and shape in the congenitally blind before and after operation.* Free Press.

von Soest, T., Wagner, J., Hansen, T., & Gerstorf, D. (2018). Self-esteem across the second half of life: The role of socioeconomic status, physical health, social relationships, and personality factors. *Journal of Personality and Social Psychology, 114,* 945–958.

von Stumm, S., Hell, B., & Chamorro-Premuzic, T. (2011). The hungry mind: Intellectual curiosity is the third pillar of academic performance. *Perspectives on Psychological Science, 6,* 574–588.

Vonk, J., Jett, S. E., & Mosteller, K. W. (2012). Concept formation in American black bears, *Ursus americanus. Animal Behaviour, 84,* 953–964.

Vosoughi, S., Roy, D., & Aral, S. (2018). The spread of true and false news online. *Science, 359,* 1146–1151.

Voss, U., Tuin, I., Schermelleh-Engel, K., & Hobson, A. (2011). Waking and dreaming: Related but structurally independent. Dream reports of congenitally paraplegic and deaf-mute persons. *Consciousness and Cognition, 20,* 673–687.

Voyer, D., & Voyer, S. D. (2014). Gender differences in scholastic achievement: A meta-analysis. *Psychological Bulletin, 140,* 1174–1204.

VPC. (2015, June). *Firearm justifiable homicides and non-fatal self-defense gun use: An analysis of Federal Bureau of Investigation and National Crime Victimization Survey Data.* Violence Policy Center.

VPC. (2016, January 4). *States with weak gun laws and higher gun ownership lead nation in gun deaths, new data for 2014 confirms.* Violence Policy Center. http://vpc.org/press/states-with-weak-gun-laws-and-higher-gun-ownership-lead-nation-in-gun-suicides/

Vrij, A., & Fisher, R. P. (2016). Which lie detection tools are ready for use in the criminal justice system? *Journal of Applied Research in Memory and Cognition, 5,* 302–307.

Vukasović, T., & Bratko, D. (2015). Heritability of personality: A meta-analysis of behavior genetic studies. *Psychological Bulletin, 141,* 769–785.

Vyse, S. (2016, March/April). Guns: Feeling safe ≠ being safe. *Skeptical Inquirer,* pp. 27–30.

Waber, R. L., Shiv, B., Carmon, Z., & Ariely, D. (2008). Commercial features of placebo and therapeutic efficacy. *Journal of the American Medical Association, 299,* 1016–1017.

Wacker, J., Chavanon, M.-L., & Stemmler, G. (2006). Investigating the dopaminergic basis of extraversion in humans: A multilevel approach. *Journal of Personality and Social Psychology, 91,* 177–187.

Wade, K. A., Garry, M., & Pezdek, K. (2018). Deconstructing rich false memories of committing crime: Commentary on Shaw and Porter (2015). *Psychological Science, 29,* 471–476.

Wade, K. A., Garry, M., Read, J. D., & Lindsay, D. S. (2002). A picture is worth a thousand lies: Using false photographs to create false childhood memories. *Psychonomic Bulletin & Review, 9,* 597–603.

Wadley, J., & Lee, J. (2016, September 23). *Compared with Europe, American teens have high rates of illicit drug use.* Michigan News (University of Michigan). https://news.umich.edu/compared-with-europe-american-teens-have-high-rates-of-illicit-drug-use/

Wadman, M. (2018). 'Rapid onset' of transgender identity ignites storm. *Science, 361,* 958–959.

Wadman, M. (2018). Watching the teen brain grow. *Science, 359,* 13.

Wagemans, J., Elder, J. H., Kubovy, M., Palmer, S. E., Peterson, M. A., Singh, M., & von der Heydt, R. (2012a). A century of Gestalt psychology in visual perception: I. Perceptual grouping and figure-ground organization. *Psychological Bulletin, 138,* 1172–1217.

Wagemans, J., Feldman, J., Gepshtein, S., Kimchi, R., Pomerantz, J. R, van der Helm, P., & van Leeuwen, C. (2012b). A century of Gestalt psychology in visual perception: II. Conceptual and theoretical foundations. *Psychological Bulletin, 138,* 1218–1252.

Wagenmakers, E.-J. (2014, June 25). *Bem is back: A skeptic's review of a meta-analysis on psi.* Open Science Collaboration. http://osc.centerforopenscience.org/2014/06/25/a-skeptics-review/

Wagenmakers, E.-J., Wetzels, R., Borsboom, D., & van der Maas, H. (2011). Why psychologists must change the way they analyze their data: The case of psi. *Journal of Personality and Social Psychology, 100,* 1–12.

Wager, R. D., & Atlas, L. Y. (2013). How is pain influenced by cognition? Neuroimaging weighs in. *Perspectives on Psychological Science, 8,* 91–97.

Wagner, G., Becker, B., Koester, P., Gouzoulis-Mayfrank, E., & Daumann, J. (2012b). A prospective study of learning, memory, and executive function in new MDMA users. *Addiction, 108,* 136–145.

Wagner, D. D., Altman, M., Boswell, R. G., Kelley, W. M., & Heatherton, T. F. (2013). Self-regulatory depletion enhances neural responses to rewards and impairs top-down control. *Psychological Science, 24,* 2262–2271.

Wagner, J., Lüdtke, O., & Robitzsch, A. (2019). Does personality become more stable with age? Disentangling state and trait effects for the Big Five across the life span using local structural equation modeling. *Journal of Personality and Social Psychology, 116,* 666–680.

Wagner, J., Ram, N., Smith, J., & Gerstorf, D. (2016). Personality trait development at the end of life: Antecedents and correlates of mean-level trajectories. *Journal of Personality and Social Psychology, 111,* 411–429.

Wagner, K., & Dobkins, K. R. (2011). Synaesthetic associations decrease during infancy. *Psychological Science, 22,* 1067–1072.

Wagstaff, G. (1982). Attitudes to rape: The "just world" strikes again? *Bulletin of the British Psychological Society, 13,* 275–283.

Wai, J., Brown, M., & Chabris, C. (2018). Using standardized test scores to include general cognitive ability in education research and policy. *Journal of Intelligence, 6,* 37.

Wakefield, J. C., Schmitz, M. F., First, M. B., & Horwitz, A. V. (2007). Extending the bereavement exclusion for major depression to other losses: Evidence from the National Comorbidity Survey. *Archives of General Psychiatry, 64,* 433–440.

Wakefield, J. C., & Spitzer, R. L. (2002). Lowered estimates—but of what? *Archives of General Psychiatry, 59,* 129–130.

Walasek, L., Juanchich, M., & Sirota, M. (2019). Adaptive cooperation in the face of social exclusion. *Journal of Experimental Social Psychology, 82,* 35–46.

Walker, D. M., Cates, H. M., Loh, Y. H. E., Purushothaman, I., Ramakrishnan, A., Cahill, K. M., Lardner, C. K., Godino, A., Kronman, H. G., Rabkin, J., Lorsch, Z. S., Mews, P., Doyle, M. A., Feng, J., Labonté, B., Koo, J. W., Bagot, R. C., Logan, R. W., Seney, M. L., . . . Nestler, E. J. (2018). Cocaine self-administration alters transcriptome-wide responses in the brain's reward circuitry. *Biological Psychiatry, 84,* 867–880.

Walker, E., Shapiro, D., Esterberg, M., & Trotman, H. (2010). Neurodevelopment and schizophrenia: Broadening the focus. *Current Directions in Psychological Science, 19,* 204–208.

Walker, M., & Keller, M. (2019). Beyond attractiveness: A multi-method approach to study enhancement in self-recognition on the Big Two personality dimensions. *Journal of Personality and Social Psychology, 117(3),* 483–499.

Walker, M. P., & van der Helm, E. (2009). Overnight therapy? The role of sleep in emotional brain processing. *Psychological Bulletin, 135,* 731–748.

Wall, P. D. (2000). *Pain: The science of suffering.* Columbia University Press.

Wallace, D. S., Paulson, R. M., Lord, C. G., & Bond, C. F., Jr. (2005). Which behaviors do attitudes predict? Meta-analyzing the effects of social pressure and perceived difficulty. *Review of General Psychology, 9,* 214–227.

Wallace, L. E., Anthony, R., End, C. M., & Way, B. M. (2018). Does religion stave off the grave? Religious affiliation in one's obituary and longevity. *Social Psychological and Personality Science, 10,* 662–670.

Wallach, M. A., & Wallach, L. (1983). *Psychology's sanction for selfishness: The error of egoism in theory and therapy.* Freeman.

Walsh, C. G., Ribeiro, J. D., & Franklin, J. C. (2017). Predicting risk of suicide attempts over time through machine learning. *Clinical Psychological Science, 5,* 457–469.

Walsh, J. L., Fielder, R. L., Carey, K. B., & Carey, M. P. (2013). Female college students' media use and academic outcomes: Results from a longitudinal cohort study. *Emerging Adulthood, 1,* 219–232.

Walsh, L. C., Boehm, J. K., & Lyubomirsky, S. (2018). Does happiness promote career success? Revisiting the evidence. *Journal of Career Assessment, 26,* 199–219.

Walsh, R. (2011). Lifestyle and mental health. *American Psychologist, 66,* 579–592.

Walster (Hatfield), E., Aronson, V., Abrahams, D., & Rottman, L. (1966). Importance of physical attractiveness in dating behavior. *Journal of Personality and Social Psychology, 4,* 508–516.

Walters, G. D. (2018). Predicting short-and long-term desistance from crime with the NEO personality inventory-short form: Domain scores and interactions in high risk delinquent youth. *Journal of Research in Personality, 75,* 37–45.

Walton, G. M., & Spencer, S. J. (2009). Latent ability: Grades and test scores systematically underestimate the intellectual ability of negatively stereotyped students. *Psychological Science, 20,* 1132–1139.

Walton, G. M., & Wilson, T. D. (2018). Wise interventions: Psychological remedies for social and personal problems. *Psychological Review, 125*, 617–655.

Wampold, B. E. (2007). Psychotherapy: The humanistic (and effective) treatment. *American Psychologist, 62*, 857–873.

Wampold, B. E., Flückiger, C., Del Re, A. C., Yulish, N. E., Frost, N. D., Pace, B. T., Goldberg, S. B., Miller, S. D., Baardseth, T. P., Laska, K. M., & Hilsenroth, M. J. (2017). In pursuit of truth: A critical examination of meta-analyses of cognitive behavior therapy. *Psychotherapy Research, 27*, 14–32.

Wang, F., DesMeules, M., Luo, W., Dai, S., Lagace, C., & Morrison, H. (2011). Leisure-time physical activity and marital status in relation to depression between men and women: A prospective study. *Health Psychology, 30*, 204–211.

Wang, G., Cao, M., Sauciuvenaite, J., Bissland, R., Hacker, M., Hambly, C., Vaanholt, L. M., Niu, C., Faries, M. D., & Speakman, J. R. (2018). Different impacts of resources on opposite sex ratings of physical attractiveness by males and females. *Evolution and Human Behavior, 39*, 220–225.

Wang, G., Holmes, Jr., R. M., Devine, R. A., & Bishoff, J. (2018). CEO gender differences in careers and the moderating role of country culture: A meta-analytic investigation. *Organizational Behavior and Human Decision Processes, 148*, 30–53.

Wang, J., Cheng, G. H., Chen, T., & Leung, K. (2019). Team creativity/innovation in culturally diverse teams: A meta-analysis. *Journal of Organizational Behavior, 40*, 693–708.

Wang, J., He, L., Liping, J., Tian, J., & Benson, V. (2015a). The "positive effect" is present in older Chinese adults: Evidence from an eye tracking study. *PLOS ONE, 10*, e0121372.

Wang, J., Rao, Y., & Houser, D. E. (2017a). An experimental analysis of acquired impulse control among adult humans intolerant to alcohol. *PNAS, 114*, 1299–1304.

Wang, J., Wei, Q., Bai, T., Zhou, X., Sun, H., Becker, B., Tian, Y., Wang, K., & Kendrick, K. (2017b). Electroconvulsive therapy selectively enhanced feedforward connectivity from fusiform face area to amygdala in major depressive disorder. *Social Cognitive and Affective Neuroscience, 2*, 1983–1992.

Wang, Q., Hoi, S. P., Wang, Y., Song, C., Li, T., Lam, C. M., Fang, F., & Yi, L. (2020). Out of mind, out of sight? Investigating abnormal face scanning in autism spectrum disorder using gaze-contingent paradigm. *Developmental Science, 23*(1), e12856.

Wang, S. (2014, March 29). How to think about the risk of autism. *The New York Times*. https://www.nytimes.com/2014/03/30/opinion/sunday/how-to-think-about-the-risk-of-autism.html?

Wang, S., Dai, J., Li, J., Wang, X., Chen, T., Yang, X., He, M., & Gong, Q. (2018). Neuroanatomical correlates of grit: Growth mindset mediates the association between gray matter structure and trait grit in late adolescence. *Human Brain Mapping, 39*, 1688–1699.

Wang, S. B., Haynos, A. F., Wall, M. M., Chen, C., Eisenberg, M. E., & Neumark-Sztainer, D. (2019). Fifteen-year prevalence, trajectories, and predictors of body dissatisfaction from adolescence to middle adulthood. *Clinical Psychological Science, 7*, 1403–1415.

Wang, S.-H., Baillargeon, R., & Brueckner, L. (2004). Young infants' reasoning about hidden objects: Evidence from violation-of-expectation tasks with test trials only. *Cognition, 93*, 167–198.

Wang, W., & Wilcox, W. B. (2019). *Less stable, less important: Cohabiting families' comparative disadvantage across the globe*. Institute for Family Studies.

https://ifstudies.org/blog/less-stable-less-important-cohabiting-families-comparative-disadvantage-across-the-globe

Wang, X., Gallegos, D. A., Pogorelov, V. M., O'Hare, J. K., Calakos, N., Wetsel, W. C., & West, A. E. (2018). Parvalbumin interneurons of the mouse nucleus accumbens are required for amphetamine-induced locomotor sensitization and conditioned place preference. *Neuropsychopharmacology, 43*, 953–963.

Wang, Y., Highhouse, S., Lake, C. J., Petersen, N. L., & Rada, T. B. (2017). Meta-analytic investigations of the relation between intuition and analysis. *Journal of Behavioral Decision Making, 30*, 15–25.

Wang, Y., & Olson, I. R. (2018). The original social network: White matter and social cognition. *Trends in Cognitive Sciences, 22*, 504–516.

Wang, Z., Lukowski, S. L., Hart, S. A., Lyons, I. M., Thompson, L. A., Kovas, Y., Mazzocco, M. M., Plomin, R., & Petrill, S. A. (2015). Is math anxiety always bad for math learning? The role of math motivation. *Psychological Science, 26*, 1863–1876.

Wann, J. P., Poulter, D. R., & Purcell, C. (2011). Reduced sensitivity to visual looming inflates the risk posed by speeding vehicles when children try to cross the road. *Psychological Science, 22*, 429–434.

Ward-Griffin, E., Klaiber, P., Collins, H. K., Owens, R. L., Coren, S., & Chen, F. S. (2018). Petting away pre-exam stress: The effect of therapy dog sessions on student well-being. *Stress and Health, 34*, 468–473.

Ward, A., & Mann, T. (2000). Don't mind if I do: Disinhibited eating under cognitive load. *Journal of Personality and Social Psychology, 78*, 753–763.

Ward, C. (1994). Culture and altered states of consciousness. In W. J. Lonner & R. Malpass (Eds.), *Psychology and culture*. Allyn & Bacon.

Ward, K. D., Klesges, R. C., & Halpern, M. T. (1997). Predictors of smoking cessation and state-of-the-art smoking interventions. *Journal of Social Issues, 53*, 129–145.

Ward, L. M., Seabrook, R. C., Grower, P., Giaccardi, S., & Lippman, J. R. (2018). Sexual object or sexual subject? Media use, self-sexualization, and sexual agency among undergraduate women. *Psychology of Women Quarterly, 42*, 29–43.

Wardle, J., Cooke, L. J., Gibson, L., Sapochnik, M., Sheiham, A., & Lawson, M. (2003). Increasing children's acceptance of vegetables: A randomized trial of parent-led exposure. *Appetite, 40*, 155–162.

Wargo, E. (2007, December). Understanding the have-knots. *APS Observer*, pp. 18–21.

Warne, R. T., & Burningham, C. (2019). Spearman's g found in 31 non-Western nations: Strong evidence that g is universal. *Psychological Bulletin, 145*, 237–272.

Wason, P. C. (1960). On the failure to eliminate hypotheses in a conceptual task. *Quarterly Journal of Experimental Psychology, 12*, 129–140.

Wason, P. C. (1981). The importance of cognitive illusions. *The Behavioral and Brain Sciences, 4*, 356.

Wasserman, E. A. (1993). Comparative cognition: Toward a general understanding of cognition in behavior. *Psychological Science, 4*, 156–161.

Wasserman, E. A. (1995). The conceptual abilities of pigeons. *American Scientist, 83*, 246–255.

Wastell, C. A. (2002). Exposure to trauma: The long-term effects of suppressing emotional reactions. *Journal of Nervous and Mental Disorders, 190*, 839–845.

Waterhouse, L. (2006). Inadequate evidence for multiple intelligences, Mozart effect, and emotional intelligence theories. *Educational Psychologist, 41*, 247–255.

Waterman, A. S. (1988). Identity status theory and Erikson's theory: Commonalities and differences. *Developmental Review, 8*, 185–208.

Waters, E. A., Klein, W. M. P., Moser, R. P., Yu, M., Waldron, W. R., McNeel, T. S., & Freedman, A. N. (2011). Correlates of unrealistic risk beliefs in a nationally representative sample. *Journal of Behavioral Medicine, 34*, 225–235.

Waters, T. E., Köber, C., Raby, K. L., Habermas, T., & Fivush, R. (2019). Consistency and stability of narrative coherence: An examination of personal narrative as a domain of adult personality. *Journal of Personality, 87*, 151–162.

Watkins, E. R. (2008). Constructive and unconstructive repetitive thought. *Psychological Bulletin, 134*, 163–206.

Watson, D. (2000). *Mood and temperament*. Guilford Press.

Watson, H. J., Yilmaz, Z., Thornton, L. M., Hübel, C., Coleman, J. R., Gaspar, H. A., Bryois, J., Hinney, A., Leppä, V.M., Mattheisen, M., Medland, S. E., Ripke, S., Yao, S., Giusti-Rodríguez, P., Anorexia Nervosa Genetics Initiative, Hanscombe, K. B., Purves, K. L., Eating Disorders Working Group of the Psychiatric Genomics Consortium, Adan, R. A. H., Alfredsson, L., . . . Bulik, C. M. (2019). Genome-wide association study identifies eight risk loci and implicates metabo-psychiatric origins for anorexia nervosa. *Nature Genetics, 51*, 1207–1214.

Watson, J. B. (1913). Psychology as the behaviorist views it. *Psychological Review, 20*, 158–177.

Watson, J. B. (1924). The unverbalized in human behavior. *Psychological Review, 31*, 339–347.

Watson, J. B., & Rayner, R. (1920). Conditioned emotional reactions. *Journal of Experimental Psychology, 3*, 1–14.

Watson, R. I., Jr. (1973). Investigation into deindividuation using a cross-cultural survey technique. *Journal of Personality and Social Psychology, 25*, 342–345.

Watts, T. W., Duncan, G. J., & Quan, H. (2018). Revisiting the marshmallow task: A conceptual replication investigating links between early delay of gratification and later outcomes. *Psychological Science, 29*, 1159–1177.

Way, B. M., Creswell, J. D., Eisenberger, N. I., & Lieberman, M. D. (2010). Dispositional mindfulness and depressive symptomatology: Correlations with limbic and self-referential neural activity during rest. *Emotion, 10*, 12–24.

Wayment, H. A., & Peplau, L. A. (1995). Social support and well-being among lesbian and heterosexual women: A structural modeling approach. *Personality and Social Psychology Bulletin, 21*, 1189–1199.

Waytz, A., & Gray, K. (2018). Does online technology make us more or less sociable? A preliminary review and call for research. *Perspectives on Psychological Science, 13*, 473–491.

Waytz, A., Young, L. L., & Ginges, J. (2014). Motive attribution asymmetry for love vs. hate drives intractable conflict. *PNAS, 111*, 15687–15692.

Webb, C. A., Cohen, Z. D., Beard, C., Forgeard, M., Peckham, A. D., & Björgvinsson, T. (2020). Personalized prognostic prediction of treatment outcome for depressed patients in a naturalistic psychiatric hospital setting: A comparison of machine learning approaches. *Journal of Consulting and Clinical Psychology, 88*, 25–38.

Webb, C. E., Rossignac-Milon, M., & Higgins, E. T. (2017). Stepping forward together: Could walking facilitate interpersonal conflict resolution? *American Psychologist, 72*, 374–385.

Webb, M. E., Cropper, S. J., & Little, D. R. (2019). "Aha!" is stronger when preceded by a "huh?":

Presentation of a solution affects ratings of aha experience conditional on accuracy. *Thinking & Reasoning*, 25, 324–364.

Weber, A., Fernald, A., & Diop, Y. (2017). When cultural norms discourage talking to babies: Effectiveness of a parenting program in rural Senegal. *Child Development*, 88, 1513–1526.

Weber, B., Koschutnig, K., Schwerdtfeger, A., Rominger, C., Papousek, I., Weiss, E. M., Tilp, M., & Fink, A. (2019). Learning unicycling evokes manifold changes in gray and white matter networks related to motor and cognitive functions. *Scientific Reports*, 9, 4324.

Webster, G. D., DeWall, C. N., Pond, R. S., Jr., Deckman, T., Jonason, P. K., Le, B. M., Nichols, A. L., Schember, T. O., Crysel, L. C., Crosier, B. S., Smith, C. V., Paddock, E. L., Nezlek, J. B., Kirkpatrick, L. A., Bryan, A. D., & Bator, R. J. (2014). The Brief Aggression Questionnaire: Psychometric and behavioral evidence for an efficient measure of trait aggression. *Aggressive Behavior*, 40, 120–139.

Wechsler, D. (1972). "Hold" and "Don't Hold" tests. In S. M. Chown (Ed.), *Human aging*. Penguin.

Wegner, D. M. (2002). *The illusion of conscious will*. MIT Press.

Wegner, D. M., & Ward, A. F. (2013). How Google is changing your brain. *Scientific American*, 309, 58–61.

Wei, Q., Fentress, H. M., Hoversten, M. T., Zhang, L., Hebda-Bauer, E. K., Watson, S. J., Seasholtz, A. F., & Akil, H. (2012). Early-life forebrain glucocorticoid receptor overexpression increases anxiety behavior and cocaine sensitization. *Biological Psychiatry*, 71, 224–231.

Weichbold, V., Holzer, A., Newesely, G., & Stephan, K. (2012). Results from high-frequency hearing screening in 14- to 15-year old adolescents and their relation to self-reported exposure to loud music. *International Journal of Audiology*, 51, 650–654.

Weidman, A. C., Tracy, J. L., & Elliot, A. J. (2016). The benefits of following your pride: Authentic pride promotes achievement. *Journal of Personality*, 84, 607–622.

Weinberg, A., & Doyle, N. (2017). *Psychology at work: Improving wellbeing and productivity in the workplace*. British Psychological Society. https://www.bps.org.uk/news-and-policy/psychology-work-improving-wellbeing-and-productivity-workplace

Weinberger, D. R. (2019). Thinking about schizophrenia in an era of genomic medicine. *American Journal of Psychiatry*, 176, 12–20.

Weiner, B., Perry, R. P., & Magnusson, J. (1988). An attributional analysis of reactions to stigmas. *Journal of Personality and Social Psychology*, 55, 738–748.

Weiner, J. (2017, October 6). The flagrant sexual hypocrisy of conservative men. *The New York Times*. https://www.nytimes.com/2017/10/06/opinion/sunday/conservative-men-abortion-hypocrisy.html?

Weingarden, H., & Renshaw, K. D. (2012). Early and late perceived pubertal timing as risk factors for anxiety disorders in adult women. *Journal of Psychiatric Research*, 46, 1524–1529.

Weingarten, E., Chen, Q., McAdams, M., Yi, J., Hepler, J., & Albarracín, D. (2016). From primed concepts to action: A meta-analysis of the behavioral effects of incidentally presented words. *Psychological Bulletin*, 142, 472.

Weingarten, G. (2002, March 10). Below the beltway. *The Washington Post*, p. W03.

Weinstein, J. J., van de Giessen, E., Rosengard, R. J., Xu, X., Ojeil, N., Brucato, G., Gil, R. B., Kegeles, L. S., Laruelle, M., Slifstein, M., & Abi-Dargham, A. (2018). PET imaging of dopamine-D2 receptor internalization in schizophrenia. *Molecular Psychiatry*, 23, 1506–1511.

Weinstein, N. D. (1980). Unrealistic optimism about future life events. *Journal of Personality and Social Psychology*, 39, 806–820.

Weinstein, N. D., Ryan, W. S., DeHaan, C. R., Przbylski, A. K., Legate, N., & Ryan, R. M. (2012). Parental autonomy support and discrepancies between implicit and explicit sexual identities: Dynamics of self-acceptance and defense. *Journal of Personality and Social Psychology*, 102, 815–832.

Weinstein, Y., Levav, I., Gelkopf, M., Roe, D., Yoffe, R., Pugachova, I., & Levine, S. Z. (2018b). Association of maternal exposure to terror attacks during pregnancy and the risk of schizophrenia in the offspring: A population-based study. *Schizophrenia Research*, 199, 163–167.

Weir, K. (2013, May). Captive audience. *Monitor on Psychology*, pp. 44–49.

Weir, W. (2010, May 17). Middletown man, age 76, has memorized epic poem "Paradise Lost." *Hartford Courant* (courant.com).

Weisbuch, M., Ivcevic, Z., & Ambady, N. (2009). On being liked on the web and in the "real world": Consistency in first impressions across personal webpages and spontaneous behavior. *Journal of Experimental Social Psychology*, 45, 573–576.

Weiser, E. B. (2015). #Me: Narcissism and its facets as predictors of selfie-posting frequency. *Personality and Individual Differences*, 86, 477–481.

Weiskrantz, L. (2009). *Blindsight*. Oxford University Press.

Weiskrantz, L. (2010). Blindsight in hindsight. *The Psychologist*, 23, 356–358.

Weisman, N., Dweck, C. S., & Markman, E. M. (2017). Rethinking people's conceptions of mental life. *PNAS*, 114, 11374–11379.

Weiss, A., Wilson, M. L., Collins, D. A., Mhungu, D., Kamenya, S., Foerster, S., & Pusey, A. E. (2017). Personality in the chimpanzees of Gombe National Park. *Nature: Scientific Data*, 4, #170146.

Weiss, B., Lavner, J. A., & Miller, J. D. (2017). Self- and partner-reported psychopathic traits' relations with couples' communication, marital satisfaction trajectories, and divorce in a longitudinal sample. *Personality Disorders: Theory, Research, and Treatment*, 9, 239–249.

Weissman, M. M., Wickramaratne, P., Gameroff, M. J., Warner, V., Pilowsky, D., Kohad, R. G., Verdeli, H., Skipper, J., & Talati, A. (2016). Offspring of depressed parents: 30 years later. *American Journal of Psychiatry*, 173, 1024–1032.

Weisz, J. R., Kuppens, S., Ng, M. Y., Eckshtain, D., Ugueto, A. M., Vaughn-Coaxum, R., Jensen-Doss, A., Hawley, K. M., Krumholz Marchette, L. S., Chu, B. C., Weersing, V. R., & Fordwood, S. R. (2017). What five decades of research tells us about the effects of youth psychological therapy: A multilevel meta-analysis and implications for science and practice. *American Psychologist*, 72, 79–117.

Welborn, B. L., Gunter, B. C., Vesich, I. S., & Lieberman, M. D. (2017). Neural correlates of the false consensus effect: Evidence for motivated projection and regulatory restraint. *Journal of Cognitive Neuroscience*, 29, 708–717.

Welch, J. M., Lu, J., Rodriquiz, R. M., Trotta, N. C., Peca, J., Ding, J.-D., Feliciano, C., Chen, M., Adams, J. P., Luo, J., Dudek, S. M., Weinberg, R. J., Calakos, N., Wetsel, W. C., & Feng, G. (2007). Cortico-striatal synaptic defects and OCD-like behaviours in Sapap3-mutant mice. *Nature*, 448, 894–900.

Welch, W. W. (2005, February 28). Trauma of Iraq war haunting thousands returning home. *USA Today*. https://archive.commondreams.org/scriptfiles/headlines05/0228-01.htm

Welham, J., Isohanni, M., Jones, P., & McGrath, J. (2009). The antecedents of schizophrenia: A review of birth cohort studies. *Schizophrenia Bulletin*, 35, 603–623.

Welker, K. M., Baker, L., Padilla, A., Holmes, H., Aron, A., & Slatcher, R. B. (2014). Effects of self-disclosure and responsiveness between couples on passionate love within couples. *Personal Relationships*, 21, 692–708.

Weller, S. C., & Davis-Beaty, K. (2002). Condom effectiveness in reducing heterosexual HIV transmission. *Cochrane Database of Systematic Reviews*, Issue 1, Article CD003255.

Wells, D. L. (2009). The effects of animals on human health and well-being. *Journal of Social Issues*, 65, 523–543.

Wells, G. L. (1981). Lay analyses of causal forces on behavior. In J. Harvey (Ed.), *Cognition, social behavior and the environment*. Erlbaum.

Wenze, S. J., Gunthert, K. C., & German, R. E. (2012). Biases in affective forecasting and recall in individuals with depression and anxiety symptoms. *Personality and Social Psychology Bulletin*, 38, 895–906.

Werker, J. F., Yeung, H. H., & Yoshida, K. A. (2012). How do infants become experts at native-speech perception? *Current Directions in Psychological Science*, 21, 221–226.

Werner, L., Geisler, J., & Randler, C. (2015). Morningness as a personality predictor of punctuality. *Current Psychology*, 34, 130–139.

Wertz, J., Caspi, A., Belsky, D. W., Beckley, A. L., Arseneault, L., Barnes, J. C., Corcoran, D. L., Hogan, S., Houts, R. M., Morgan, N., Odgers, C. L., Prinz, J. A., Sugden, K., Williams, B. S., Poulton, R., & Moffitt, T. E. (2018). Genetics and crime: Integrating new genomic discoveries into psychological research about antisocial behavior. *Psychological Science*, 29, 791–803.

Westen, D. (1996). *Is Freud really dead? Teaching psychodynamic theory to introductory psychology* [Presentation]. Annual Institute on the Teaching of Psychology, St. Petersburg Beach, FL.

Westen, D. (1998). The scientific legacy of Sigmund Freud: Toward a psychodynamically informed psychological science. *Psychological Bulletin*, 124, 333–371.

Westen, D. (2007). *The political brain: The role of emotion in deciding the fate of the nation*. PublicAffairs.

Westen, D., & Morrison, K. (2001). A multidimensional meta-analysis of treatments for depression, panic, and generalized anxiety disorder: An empirical examination of the status of empirically supported therapies. *Journal of Consulting and Clinical Psychology*, 69, 875–899.

Westermeyer, J. (2018). Assessing and treating posttraumatic stress disorder: An update. *Journal of Nervous and Mental Disease*, 206(1), 1–2.

Whalen, P. J., Shin, L. M., McInerney, S. C., Fisher, H., Wright, C. I., & Rauch, S. L. (2001). A functional MRI study of human amygdala responses to facial expressions of fear versus anger. *Emotion*, 1, 70–83.

Wheelock, M. D., Hect, J. L., Hernandez-Andrade, E., Hassan, S. S., Romero, R., Eggebrecht, A. T., & Thomason, M. E. (2019). Sex differences in functional connectivity during fetal brain development. *Developmental Cognitive Neuroscience*, 36, 100632.

Whelan, R., Conrod, P. J., Poline, J.-B., Lourdusamy, A., Banaschewski, T., Barker, G. J., Bellgrove, M. A., Büchel, C., Byrne, M., Cummins, T. D. R.,

Fauth-Bühler, Flor, H., Gallinat, J., Heinz, A., Ittermann, B., Mann, K., Martinot, J.-L., Lalor, E. C., Lathrop, M., . . . IMAGEN Consortium. (2012). Adolescent impulsivity phenotypes characterized by distinct brain networks. *Nature Neuroscience, 15*, 920–925.

Whillans, A. (2019). Time poor and unhappy. *Harvard Business Review*. https://bit.ly/3agABLB

Whillans, A. V., Christie, C. D., Cheung, S., Jordan, A. H., & Chen, F. S. (2017). From misperception to social connection: Correlates and consequences of overestimating others' social connectedness. *Personality and Social Psychology Bulletin, 43*, 1696–1711.

Whillans, A. V., Weidman, A. C., & Dunn, E. W. (2016). Valuing time over money is associated with greater happiness. *Social Psychological and Personality Science, 7*, 213–222.

Whisman, M. A., Gilmour, A. L., & Salinger, J. M. (2018). Marital satisfaction and mortality in the United States adult population. *Health Psychology, 37*, 1041–1044.

Whisman, M. A., Johnson, D. P., & Rhee, S. H. (2014). A behavior genetic analysis of pleasant events, depressive symptoms, and their covariation. *Clinical Psychological Science, 2*, 535–544.

Whitaker, K. J., Vértes, P. E., Romero-Garcia, R., Váša, F., Moutoussis, M., Prabhu, G., Weiskopf, N., Callaghan, M. F., Wagstyl, K., Rittman, T., Tait, R., Ooi, C., Suckling, J., Inkster, B., Fonagy, P., Dolan, R. J., Jones, P. B., Goodyer, I. M., NSPN Consortium, & Bullmore, E. T. (2016). Adolescence is associated with genomically patterned consolidation of the hubs of the human brain connectome. *PNAS, 113*, 9105–9110.

White, H. R., Brick, J., & Hansell, S. (1993). A longitudinal investigation of alcohol use and aggression in adolescence. *Journal of Studies on Alcohol, Supplement 11*, 62–77.

White, L., & Edwards, J. (1990). Emptying the nest and parental well-being: An analysis of national panel data. *American Sociological Review, 55*, 235–242.

White, R. A. (1998). Intuition, heart knowledge, and parapsychology. *Journal of the American Society for Psychical Research, 92*, 158–171.

White, R. E., Kross, E., & Duckworth, A. L. (2015). Spontaneous self-distancing and adaptive self-reflection across adolescence. *Child Development, 86*, 1272–1281.

Whitehouse, H. (2018). Dying for the group: Towards a general theory of extreme self-sacrifice. *Behavioral and Brain Sciences, 7*, 1–64.

Whitehurst, L. N., Cellini, N., McDevitt, E. A., Duggan, K. A., & Mednick, S. C. (2016). Autonomic activity during sleep predicts memory consolidation in humans. *PNAS, 113*, 7272–7277.

Whiten, A., & Boesch, C. (2001, January). Cultures of chimpanzees. *Scientific American*, pp. 60–67.

Whiten, A., & Byrne, R. W. (1988). Tactical deception in primates. *Behavioral and Brain Sciences, 11*, 233–244, 267–273.

Whiten, A., Goodall, J., McGrew, W. C., Nishidas, T., Reynolds, V., Sugiyama, Y., Tutin, C. E. G., Wrangham, R. W., & Boesch, C. (1999). Cultures in chimpanzees. *Nature, 399*, 682–685.

Whiten, A., Spiteri, A., Horner, V., Bonnie, K. E., Lambeth, S. P., Schapiro, S. J., & de Waal, F. B. M. (2007). Transmission of multiple traditions within and between chimpanzee groups. *Current Biology, 17*, 1038–1043.

Whiting, B. B., & Edwards, C. P. (1988). *Children of different worlds: The formation of social behavior*. Harvard University Press.

Whitley, B. E., Jr. (1999). Right-wing authoritarianism, social dominance orientation, and prejudice. *Journal of Personality and Social Psychology, 77*, 126–134.

Whitlock, J. R., Heynen, A. L., Shuler, M. G., & Bear, M. F. (2006). Learning induces long-term potentiation in the hippocampus. *Science, 313*, 1093–1097.

Whitmore, L. M., & Smith, T. C. (2018). Isolating the association of sleep, depressive state, and other independent indicators for suicide ideation in United States teenagers. *Archives of Suicide Research, 23*, 471–490.

WHO. (2000). *Effectiveness of male latex condoms in protecting against pregnancy and sexually transmitted infections*. https://bit.ly/2vjBcN7

WHO. (2003). *The male latex condom: Specification and guidelines for condom procurement*. Department of Reproductive Health and Research, Family and Community Health, World Health Organization.

WHO. (2004a). *Prevention of mental disorders: Effective interventions and policy options. Summary report* [PDF file]. https://www.who.int/mental_health/evidence/en/prevention_of_mental_disorders_sr.pdf

WHO. (2004b). *Promoting mental health: Concepts, emerging evidence, practice. Summary report* [PDF file]. https://www.who.int/mental_health/evidence/en/promoting_mhh.pdf

WHO. (2012, May). *Tobacco: Fact sheet N339*. https://www.ncbi.nlm.nih.gov/pmc/articles/PMC3850892/

WHO. (2012b, November 23). *WHO recommends seasonal influenza vaccination to pregnant women as the highest priority*. https://www.who.int/immunization/newsroom/newsstory_seasonal_influenza_vaccination_pregnancy/en/

WHO. (2014). *Global status report on alcohol and health 2014* [PDF file]. https://www.who.int/substance_abuse/publications/global_alcohol_report/msb_gsr_2014_1.pdf

WHO. (2014b, accessed September 20). *Chain-free initiative*. emro.who.int/mental-health/chain-free-initiative

WHO. (2016). *Global status on road safety 2015* [PDF file]. https://www.who.int/violence_injury_prevention/road_safety_status/2018/English-Summary-GSRRS2018.pdf.

WHO. (2016). *Growing recognition of transgender health*. https://www.who.int/bulletin/volumes/94/11/16-021116/en/

WHO. (2016b). *World Health Statistics 2016* [PDF file]. https://www.who.int/gho/publications/world_health_statistics/2016/en/

WHO. (2016a, November). *Violence against women. Intimate partner and sexual violence against women. Fact Sheet*.

WHO. (2017a). *Depression*. https://www.who.int/mediacentre/factsheets/fs369/en

WHO. (2017b). *Mental disorders*. https://www.who.int/mediacentre/factsheets/fs396/en

WHO. (2018). *Gaming disorder*. https://www.who.int/features/qa/gaming-disorder/en/

WHO. (2018). *Report on global sexually transmitted infection surveillance 2018*. https://www.who.int/reproductivehealth/publications/stis-surveillance-2018/en/

WHO. (2018a). (V. Poznyak & D. Rekve, Eds.). *Global status report on alcohol and health 2018* https://www.who.int/substance_abuse/publications/global_alcohol_report/en/

WHO. (2018b). *Adolescent alcohol-related behaviours: Trends and inequalities in the WHO European Region, 2002–2014*. http://www.euro.who.int/en/publications/abstracts/adolescent-alcohol-related-behaviours-trends-and-inequalities-in-the-who-european-region,-20022014-2018

WHO. (2018e, July 17). *Suicide rate estimates, age-standardized: Estimates by country*. https://apps.who.int/gho/data/node.main.MHSUICIDEASDR?lang=en

WHO. (2019). *Burn-out an "occupational phenomenon": International classification of diseases*. https://www.who.int/mental_health/evidence/burn-out/en/

WHO. (2019, March 20). *Deafness and hearing loss*. https://www.who.int/news-room/fact-sheets/detail/deafness-and-hearing-loss

Whooley, M. A., de Jonge, P., Vittinghoff, E., Otte, C., Noos, R., Carney, R. M., Ali, S., Dowray, S., Na, B., Feldman, M. D., Schiller, N. B., & Browner, W. S. (2008). Depressive symptoms, health behaviors, and risk of cardiovascular events in patients with coronary heart disease. *JAMA, 300*, 2379–2388.

Whorf, B. L. (1956). Science and linguistics. In J. B. Carroll (Ed.), *Language, thought, and reality: Selected writings of Benjamin Lee Whorf*. MIT Press.

Wicherts, J. M., Dolan, C. V., Carlson, J. S., & van der Maas, H. L. J. (2010). Raven's test performance of sub-Saharan Africans: Mean level, psychometric properties, and the Flynn effect. *Learning and Individual Differences, 20*, 135–151.

Wickelgren, I. (2009, September/October). I do not feel your pain. *Scientific American Mind*, pp. 51–57.

Wickelgren, W. A. (1977). *Learning and memory*. Prentice-Hall.

Widén, S. E., Båsjö, S., Möller, C., & Kähäri, K. (2017). Headphone listening habits and hearing thresholds in Swedish adolescents. *Noise & Health, 19*, 125–132.

Widiger, T. A., Sellbom, M., Chmielewski, M., Clark, L. A., DeYoung, C. G., Kotov, R., Krueger, R. F., Lynam, D. R., Miller, J. D., Mullins-Sweatt, S., Samuel, D. B., South, S. C., Tackett, J. L., Thomas, K. M., Watson, D., & Wright, A. G. C. (2019). Personality in a hierarchical model of psychopathology. *Clinical Psychological Science, 7*, 77–92.

Wielgosz, J., Goldberg, S. B., Kral, T. R., Dunne, J. D., & Davidson, R. J. (2019). Mindfulness meditation and psychopathology. *Annual Review of Clinical Psychology, 15*, 285–316.

Wiens, A. N., & Menustik, C. E. (1983). Treatment outcome and patient characteristics in an aversion therapy program for alcoholism. *American Psychologist, 38*, 1089–1096.

Wierenga, L. M., Bos, M. G., van Rossenberg, F., & Crone, E. A. (2019). Sex effects on development of brain structure and executive functions: Greater variance than mean effects. *Journal of Cognitive Neuroscience, 31*, 730–753.

Wierson, M., & Forehand, R. (1994). Parent behavioral training for child noncompliance: Rationale, concepts, and effectiveness. *Current Directions in Psychological Science, 3*, 146–149.

Wierzbicki, M. (1993). Psychological adjustment of adoptees: A meta-analysis. *Journal of Clinical Child Psychology, 22*, 447–454.

Wiese, C. W., Kuykendall, L., & Tay, L. (2018). Get active? A meta-analysis of leisure-time physical activity and subjective well-being. *The Journal of Positive Psychology, 13*, 57–66.

Wiese, H., Tüttenberg, S. C., Ingram, B. T., Chan, C. Y., Gurbuz, Z., Burton, A. M., & Young, A. W. (2019). A robust neural index of high face familiarity. *Psychological Science, 30*, 261–272.

Wiesel, T. N. (1982). Postnatal development of the visual cortex and the influence of environment. *Nature, 299*, 583–591.

Wiesner, W. H., & Cronshaw, S. P. (1988). A meta-analytic investigation of the impact of interview format and degree of structure on the validity of the employment interview. *Journal of Occupational Psychology, 61*, 275–290.

Wigdor, A. K., & Garner, W. R. (1982). *Ability testing: Uses, consequences, and controversies*. National Academy Press.

Wilar, G., Shinoda, Y., Sasaoka, T., & Fukunaga, K. (2019). Crucial role of dopamine D2 receptor signaling in nicotine-induced conditioned place preference. *Molecular Neurobiology*, 1–18.

Wilcox, W. B., & DeRose, L. (2017, March 27). *In Europe, cohabitation is stable . . . right?* Brookings Institution. https://www.brookings.edu/blog/social-mobility-memos/2017/03/27/in-europe-cohabitation-is-stable-right/

Wilcox, W. B., & Marquardt, E. (2011, December). *When baby makes three: How parenthood makes life meaningful and how marriage makes parenthood bearable*. National Marriage Project, University of Virginia.

Wilcox, W. B., Van Leeuwen, J., & Price, J. (2018, October 17). *The family geography of the American dream: New neighborhood data on single parenthood, prisons, and poverty*. Institute for Family Studies. https://ifstudies.org/blog/the-family-geography-of-the-american-dream-new-neighborhood-data-on-single-parenthood-prisons-and-poverty

Wilcox, W. B., & Wolfinger, N. H. (2017, February). *Men & marriage: Debunking the ball and chain myth* [PDF file]. Institute for Family Studies. https://ifstudies.org/wp-content/uploads/2017/02/IFSMenandMarriageResearchBrief2.pdf

Wilder, D. A. (1981). Perceiving persons as a group: Categorization and intergroup relations. In D. L. Hamilton (Ed.), *Cognitive processes in stereotyping and intergroup behavior* (pp. 213–257). Erlbaum.

Wildman, D. E., Uddin, M., Liu, G., Grossman, L. I., & Goodman, M. (2003). Implications of natural selection in shaping 99.4% nonsynonymous DNA identity between humans and chimpanzees: Enlarging genus Homo. *PNAS, 100*, 7181–7188.

Wiley, J., & Jarosz, A. F. (2012). Working memory capacity, attentional focus, and problem solving. *Current Directions in Psychological Science, 21*, 258–262.

Wilford, J. N. (1999, February 9). New findings help balance the cosmological books. *The New York Times*. https://www.nytimes.com/1999/02/09/science/new-findings-help-balance-the-cosmological-books.html?

Wilkey, E. D., Cutting, L. E., & Price, G. R. (2018). Neuroanatomical correlates of performance in a state-wide test of math achievement. *Developmental Science, 21*, e12545.

Wilkinson, M. J., Manoogian, E. N., Zadourian, A., Lo, H., Fakhouri, S., Shoghi, A., Wang, X., Fleischer, J. G., Navlakha, S., Panda, S., & Taub, P. R. (2020). Ten-hour time-restricted eating reduces weight, blood pressure, and atherogenic lipids in patients with metabolic syndrome. *Cell Metabolism, 31*(1), 92–104.

Wilkinson, R. G., & Pickett, K. (2009). *The spirit level: Why greater equality makes societies stronger*. Bloomsbury Press.

Wilkinson, R. G., & Pickett, K. (2017a). Inequality and mental illness. *The Lancet Psychiatry, 4*, 512–513.

Wilkinson, R. G., & Pickett, K. E. (2017b). The enemy between us: The psychological and social costs of inequality. *European Journal of Social Psychology, 47*, 11–24.

Willett, L. L., Halvorsen, A. J., McDonald, F. S., Chaudhry, S. I., & Arora, V. M. (2015). Gender differences in salary of internal medicine residency directors: A national survey. *The American Journal of Medicine, 128*, 659–665.

Williams, C. L., & Berry, J. W. (1991). Primary prevention of acculturative stress among refugees. *American Psychologist, 46*, 632–641.

Williams, J. E., & Best, D. L. (1990). *Measuring sex stereotypes: A multination study*. Sage.

Williams, K. D. (2007). Ostracism. *Annual Review of Psychology, 58*, 425–452.

Williams, K. D. (2009). Ostracism: A temporal need-threat model. *Advances in Experimental Social Psychology, 41*, 275–313.

Williams, L. A., & DeSteno, D. (2009). Adaptive social emotion or seventh sin? *Psychological Science, 20*, 284–288.

Williams, N. M., Zaharieva, I., Martin, A., Langley, K., Mantripragada, K., Fossdal, R., Steffanson, H., Steffanson, K., Magnusson, P., Gudmundsson, O. O., Gustafsson, O., Holmans, P., Owen, M. J., O'Donovan, M., & Thapar, A. (2010). Rare chromosomal deletions and duplications in attention-deficit hyperactivity disorder: A genome-wide analysis. *The Lancet, 376*, 1401–1408.

Williams, S. (2018, March 1). Are the brains of transgender people different from those of cisgender people? *The Scientist*. https://www.the-scientist.com/features/are-the-brains-of-transgender-people-different-from-those-of-cisgender-people-30027

Williams, S. L. (1987). *Self-efficacy and mastery-oriented treatment for severe phobias* [Paper]. Presented to the American Psychological Association convention.

Williams, T. (2015, March 17). Missouri executes killer who had brain injury. *The New York Times*. https://www.nytimes.com/2015/03/18/us/missouri-executes-killer-who-had-brain-injury.html?

Williams, W. W., & Ceci, S. (2015). National hiring experiments reveal 2:1 faculty preference for women on tenure track. *PNAS, 112*, 5360–5365.

Willingham, D. T. (2010, Summer). Have technology and multitasking rewired how students learn? *American Educator, 34*, 23–28, 42.

Willingham, W. W., Lewis, C., Morgan, R., & Ramist, L. (1990). *Predicting college grades: An analysis of institutional trends over two decades*. Educational Testing Service.

Willis, B. L., Leonard, D., Barlow, C. E., Martin, S. B., DeFina, L. F., & Trivedi, M. H. (2018). Association of midlife cardiorespiratory fitness with incident depression and cardiovascular death after depression in later life. *JAMA Psychiatry, 75*, 911–917.

Willis, J., & Todorov, A. (2006). First impressions: Making up your mind after a 100-ms. exposure to a face. *Psychological Science, 17*, 592–598.

Willmuth, M. E. (1987). Sexuality after spinal cord injury: A critical review. *Clinical Psychology Review, 7*, 389–412.

Willoughby, B. J., Carroll, J. S., & Busby, D. M. (2014). Differing relationship outcomes when sex happens before, on, or after first dates. *Journal of Sex Research, 51*, 52–61.

Willoughby, E. A., Love, A. C., McGue, M., Iacono, W. G., Quigley, J., & Lee, J. J. (2019). Free will, determinism, and intuitive judgments about the heritability of behavior. *Behavior Genetics, 49*, 136–153.

Wilmot, M. P., & Ones, D. S. (2019). A century of research on conscientiousness at work. *PNAS, 116*, 23004–23010.

Wilmot, M. P., Wanberg, C. R., Kammeyer-Mueller, J. D., & Ones, D. S. (2019). Extraversion advantages at work: A quantitative review and synthesis of the meta-analytic evidence. *Journal of Applied Psychology, 104*(12), 1447–1470.

Wilson, A. E., & Ross, M. (2001). From chump to champ: People's appraisals of their earlier and present selves. *Journal of Personality and Social Psychology, 80*, 572–584.

Wilson, B., Smith, K., & Petkov, C. I. (2015). Mixed-complexity artificial grammar learning in humans and macaque monkeys: Evaluating learning strategies. *European Journal of Neuroscience, 41*, 568–578.

Wilson, B. S., Tucci, D. L., Merson, M. H., & O'Donoghue, G. M. (2017). Global hearing health care: New findings and perspectives. *The Lancet, 390*, 2503–2515.

Wilson, J. P., Hugenberg, K., & Rule, N. O. (2017). Racial bias in judgments of physical size and formidability: From size to threat. *Journal of Personality and Social Psychology, 113*, 59–80.

Wilson, R. S. (1979). Analysis of longitudinal twin data: Basic model and applications to physical growth measures. *Acta Geneticae Medicae et Gemellologiae, 28*, 93–105.

Wilson, R. S., Arnold, S. E., Schneider, J. A., Tang, Y., & Bennett, D. A. (2007a). The relationship between cerebral Alzheimer's disease pathology and odour identification in old age. *Journal of Neurology, Neurosurgery, and Psychiatry, 78*, 30–35.

Wilson, R. S., Beck, T. L., Bienias, J. L., & Bennett, D. A. (2007b). Terminal cognitive decline: Accelerated loss of cognition in the last years of life. *Psychosomatic Medicine, 69*, 131–137.

Wilson, R. S., & Matheny, A. P., Jr. (1986). Behavior-genetics research in infant temperament: The Louisville twin study. In R. Plomin & J. Dunn (Eds.), *The study of temperament: Changes, continuities, and challenges*. Erlbaum.

Wilson, T. D. (2002). *Strangers to ourselves: Discovering the adaptive unconscious*. Harvard University Press.

Wilson, T. D., Reinhard, D. A., Westgate, E. C., Gilbert, D. T., Ellerbeck, N., Hahn, C., Brown, C. L., & Shaked, A. (2014). Just think: The challenges of the disengaged mind. *Science, 345*, 75–77.

Wimber, M., Alink, A., Charest, I., Kriegeskorte, N., & Anderson, M. C. (2015). Retrieval induces adaptive forgetting of competing memories via cortical pattern suppression. *Nature Neuroscience, 18*, 582–589.

Wimmer, R. D., Schmitt, L. I., Davidson, T. J., Nakajima, M., Deisseroth, K., & Halassa, M. M. (2015). Thalamic control of sensory selection in divided attention. *Nature, 526*, 705–709.

Windholz, G. (1989, April-June). The discovery of the principles of reinforcement, extinction, generalization, and differentiation of conditional reflexes in Pavlov's laboratories. *Pavlovian Journal of Biological Science, 26*, 64–74.

Windholz, G. (1997). Ivan P. Pavlov: An overview of his life and psychological work. *American Psychologist, 52*, 941–946.

Wingfield, A., McCoy, S. L., Peelle, J. E., Tun, P. A., & Cox, L. C. (2005). Effects of adult aging and hearing loss on comprehension of rapid speech varying in syntactic complexity. *Journal of the American Academy of Audiology, 17*, 487–497.

Winkler, A., Dörsing, B., Rief, W., Shen, Y., & Glombiewski, J. A. (2013). Treatment of internet addiction: A meta-analysis. *Clinical Psychology Review, 33*, 317–329.

Winter, W. C., Hammond, W. R., Green, N. H., Zhang, Z., & Bilwise, D. L. (2009). Measuring circadian advantage in major league baseball: A 10-year retrospective study. *International Journal of Sports Physiology and Performance, 4*, 394–401.

Wirth, J. H., Sacco, D. F., Hugenberg, K., & Williams, K. D. (2010). Eye gaze as relational evaluation: Averted eye gaze leads to feelings of ostracism and relational devaluation. *Personality and Social Psychology Bulletin, 36*, 869–882.

Wiseman, R., & Greening, E. (2002). The Mind Machine: A mass participation experiment into the possible existence of extra-sensory perception. *British Journal of Psychology, 93*, 487–499.

Witelson, S. (2011). Sandra Witelson. http://www.science.ca/scientists/scientistprofile.php?pID=273

Witt, J. K., Linkenauger, S. A., & Proffitt, D. R. (2012). Get me out of this slump! Visual illusions improve sports performance. *Psychological Science, 23*, 397–399.

Witteman, H. O., Hendricks, M., Straus, S., & Tannenbaum, C. (2019). Are gender gaps due to evaluations of the applicant or the science? A natural experiment at a national funding agency. *Lancet, 393*, 531–540.

Witters, D. (2014, October 20). *U.S. adults with children at home have greater joy, stress*. Gallup. https://news.gallup.com/poll/178631/adults-children-home-greaterjoy-stress.aspx

Witters, D., & Wood, J. (2015, January 14). *Heart attacks and depression closely linked*. Gallup. https://news.gallup.com/poll/180470/heart-attacks-depression-closely-linked.aspx

Wittgenstein, L. (1922). *Tractatus logico-philosophicus* (C. K. Ogden, Trans.). Harcourt, Brace.

Witvliet, C. V. O., & Vrana, S. R. (1995). Psychophysiological responses as indices of affective dimensions. *Psychophysiology, 32*, 436–443.

Wixted, J. T., & Ebbesen, E. B. (1991). On the form of forgetting. *Psychological Science, 2*, 409–415.

Wixted, J. T., Mickes, L., & Fisher, R. P. (2018). Rethinking the reliability of eyewitness memory. *Perspectives on Psychological Science, 13*, 324–335.

WKYT. (2017). *Kentucky fans set crowd roar world record*. https://www.wkyt.com/content/news/Kentucky-fans-set-crowd-roar-world-record-412059133.html

Wolf, R. (2019). *Supreme Court lets stand Pennsylvania school district's bathroom accommodations for transgender students*. USA Today. https://www.usatoday.com/story/news/politics/2019/05/28/transgender-rights-supreme-court-wont-hear-school-bathroom-challenge/1258665001/

Wolfe, M. B., & Williams, T. J. (2018). Poor metacognitive awareness of belief change. *The Quarterly Journal of Experimental Psychology, 71*, 1898–1910.

Wolfinger, N. H. (2015). *Want to avoid divorce? Wait to get married, but not too long*. Institute for Family Studies. https://ifstudies.org/blog/want-to-avoid-divorce-wait-to-get-married-but-not-too-long/

Wolfson, A. R., & Carskadon, M. A. (1998). Sleep schedules and daytime functioning in adolescents. *Child Development, 69*, 875–887.

Wolpe, J. (1958). *Psychotherapy by reciprocal inhibition*. Stanford University Press.

Wolpe, J., & Plaud, J. J. (1997). Pavlov's contributions to behavior therapy: The obvious and the not so obvious. *American Psychologist, 52*, 966–972.

Wolpe, P. (2018, June 12). *A human head transplant would be reckless and ghastly. It's time to talk about it*. Vox. https://www.vox.com/the-big-idea/2018/4/2/17173470/human-head-transplant-canavero-ethics-bioethics

Won, J., Alfini, A. J., Weiss, L. R., & Michelson, C. S. (2019). Semantic memory activation after acute exercise in healthy older adults. *Journal of the International Neuropsychological Society, 25*, 557–568.

Wonderlich, S. A., Joiner, T. E., Jr., Keel, P. K., Williamson, D. A., & Crosby, R. D. (2007). Eating disorder diagnoses: Empirical approaches to classification. *American Psychologist, 62*, 167–180.

Wondra, J. D., & Ellsworth, P. C. (2015). An appraisal theory of empathy and other vicarious emotional experiences. *Psychological Review, 122*, 411–428.

Wong, D. F., Wagner, H. N., Tune, L. E., Dannals, R. F., Pearlson, G. D., Links, J. M., Tamminga, C. A., Broussolle, E. P., Ravert, H. T., Wilson, A. A., Toung, J. K., Malat, J., Williams, J. A., O'Tuama, L. A., Snyder, S. H., Kuhar, M. J., & Gjedde, A. (1986). Positron emission tomography reveals elevated D$_2$ dopamine receptors in drug-naive schizophrenics. *Science, 234*, 1588–1593.

Wong, J. (2019). *Why Arthur creator Marc Brown enjoyed 'blowing up Twitter' with gay wedding*. CBC News. https://www.cbc.ca/news/entertainment/arthur-gay-wedding-reaction-1.5135547

Wong, M. M., Craun, E. A., Bravo, A. J., & Pearson, M. R. (2019). Insomnia symptoms, cannabis protective behavioral strategies, and hazardous cannabis use among U.S. college students. *Experimental and Clinical Psychopharmacology, 27*, 309–317.

Wong, M. M., & Csikszentmihalyi, M. (1991). Affiliation motivation and daily experience: Some issues on gender differences. *Journal of Personality and Social Psychology, 60*, 154–164.

Wongupparaj, P., Kumari, V., & Morris, R. G. (2015). A cross-temporal meta-analysis of Raven's Progressive Matrices: Age groups and developing versus developed countries. *Intelligence, 49*, 1–9.

Wood, C. (2018, October 1). *Thought-reading AI helps a person with quadriplegia play Guitar Hero*. Popular Science. https://www.popsci.com/machine-learning-quadriplegia-brain-interface/

Wood, D., Bruner, J., & Ross, G. (1976). The role of tutoring in problem solving. *Journal of Child Psychology and Child Psychiatry, 17*, 89–100.

Wood, J. M. (2003, May 19). Quoted in R. Mestel, Rorschach tested: Blot out the famous method? Some experts say it has no place in psychiatry. *The Los Angeles Times*.

Wood, J. M., Bootzin, R. R., Kihlstrom, J. F., & Schacter, D. L. (1992). Implicit and explicit memory for verbal information presented during sleep. *Psychological Science, 3*, 236–239.

Wood, J. M., Garb, H. N., Nezworski, M. T., Lilienfeld, S. O., & Duke, M. C. (2015). A second look at the validity of widely used Rorschach indices: Comment on Mihura, Meyer, Dumitrascu, and Bombel (2013). *Psychological Bulletin, 141*, 236–249.

Wood, J. M., Nezworski, M. T., Garb, H. N., & Lilienfeld, S. O. (2006). The controversy over Exner's Comprehensive System for the Rorschach: The critics speak. *Independent Practitioner, 26*, 73–82.

Wood, W. (1987). Meta-analytic review of sex differences in group performance. *Psychological Bulletin, 102*, 53–71.

Wood, W. (2017). Habit in personality and social psychology. *Personality and Social Psychology Review, 21*, 389–403.

Wood, W., & Eagly, A. H. (2002). A cross-cultural analysis of the behavior of women and men: Implications for the origins of sex differences. *Psychological Bulletin, 128*, 699–727.

Wood, W., & Eagly, A. H. (2007). Social structural origins of sex differences in human mating. In S. W. Gagestad & J. A. Simpson (Eds.), *The evolution of mind: Fundamental questions and controversies*. Guilford Press.

Wood, W., Lundgren, S., Ouellette, J. A., Busceme, S., & Blackstone, T. (1994). Minority influence: A meta-analytic review of social influence processes. *Psychological Bulletin, 115*, 323–345.

Wooden, J. (1977). Wooden preaches preparation. Reported by Cromwell, C. *Lubbock Avalanche-Journal*, p. D3.

Woolcock, N. (2004, September 3). Driver thought everyone else was on wrong side. *The Times*, p. 22.

Woollett, K., & Maguire, E. A. (2011). Acquiring "the knowledge" of London's layout drives structural brain changes. *Current Biology, 21*, 2109–2114.

Woollett, K., & Maguire, E. A. (2012). Exploring anterograde associative memory in London taxi drivers. *Neuroreport, 23*, 885–888.

Woolley, A. W., Chabris, C. F., Pentland, A., Hasmi, N., & Malone, T. W. (2010). Evidence for a collective intelligence factor in the performance of human groups. *Science, 330*, 686–688.

Woolley, K., & Fishbach, A. (2017). Immediate rewards predict adherence to long-term goals. *Personality and Social Psychology Bulletin, 43*, 151–162.

Woolley, K., & Fishbach, A. (2018). It's about time: Earlier rewards increase intrinsic motivation. *Journal of Personality and Social Psychology, 114*, 877–890.

Woolley, K., & Risen, J. L. (2018). Closing your eyes to follow your heart: Avoiding information to protect a strong intuitive preference. *Journal of Personality and Social Psychology, 114*, 230–245.

World Bank. (2019, accessed June 10). *Life expectancy at birth, total (years)*. https://data.worldbank.org/indicator/sp.dyn.le00.in

World Federation for Mental Health. (2005). *ADHD: The hope behind the hype*. www.wfmh.org

Worobey, J., & Blajda, V. M. (1989). Temperament ratings at 2 weeks, 2 months, and 1 year: Differential stability of activity and emotionality. *Developmental Psychology, 25*, 257–263.

Worthman, C. M., & Trang, K. (2018). Dynamics of body time, social time and life history at adolescence. *Nature, 554*, 451–457.

Wortman, C. B., & Silver, R. C. (1989). The myths of coping with loss. *Journal of Consulting and Clinical Psychology, 57*, 349–357.

Wren, C. S. (1999, April 8). Drug survey of children finds middle school a pivotal time. *The New York Times* (nytimes.com).

Wright, J. (2006, March 16). *Boomers in the bedroom: Sexual attitudes and behaviours in the boomer generation*. https://www.ipsos.com/en-ca/boomers-bedroom-sexual-attitudes-and-behaviours-boomer-generation

Wright, P., Takei, N., Rifkin, L., & Murray, R. M. (1995). Maternal influenza, obstetric complications, and schizophrenia. *American Journal of Psychiatry, 152*, 1714–1720.

Wright, P. J., Bridges, A. J., Sun, C., Ezzell, M. B., Johnson, J. A. (2018). Personal pornography viewing and sexual satisfaction: A quadratic analysis. *Journal of Sex and Marital Therapy, 44*, 308–315.

Wright, P. J., & Vangeel, L. (2019). Pornography, permissiveness, and sex differences: An evaluation of social learning and evolutionary explanations. *Personality and Individual Differences, 143*, 128–138.

Wrzesniewski, A., & Dutton, J. E. (2001). Crafting a job: Revisioning employees as active crafters of their work. *Academy of Management Review, 26*, 179–201.

Wrzesniewski, A., Schwartz, B., Cong, X., Kane, M., Omar, A., & Kolditz, T. (2014). Multiple types of motives don't multiply the motivation of West Point cadets. *PNAS, 111*, 10990–10995.

Wu, L., Wang, D., & Evans, J. A. (2019). Large teams develop and small teams disrupt science and technology. *Nature, 566*, 378–382.

Wu, S., Wu, F., Ding, Y., Hou, J., Bi, J., & Zhang, Z. (2017). Advanced parental age and autism risk in children: A systematic review and meta-analysis. *Acta Psychiatrica Scandinavica, 135*, 29–41.

Wu, W., & Small, S. A. (2006). Imaging the earliest stages of Alzheimer's disease. *Current Alzheimer Research, 3*, 529–539.

Wu, X., Kaminga, A. C., Dai, W., Deng, J., Wang, Z., Pan, X., & Liu, A. (2019). The prevalence of moderate-to-high posttraumatic growth: A systematic review and meta-analysis. *Journal of Affective Disorders, 243,* 408–415.

Wu, X., Zhang, Z., Zhao, F., Wang, W., Li, Y., Bi, L., Qian, Z. Z., Lu, S. S., Feng, F., Hu, C. Y., Gong, F. F., & Sun, Y. (2016). Prevalence of internet addiction and its association with social support and other related factors among adolescents in China. *Journal of Adolescence, 52,* 103–111.

Wucherpfennig, F., Rubel, J. A., Hofmann, S. G., & Lutz, W. (2017). Processes of change after a sudden gain and relation to treatment outcome—Evidence for an upward spiral. *Journal of Consulting and Clinical Psychology, 85,* 1199–1210.

Wyatt, J. K., & Bootzin, R. R. (1994). Cognitive processing and sleep: Implications for enhancing job performance. *Human Performance, 7,* 119–139.

Wynn, K. (1992). Addition and subtraction by human infants. *Nature, 358,* 749–759.

Wynn, K. (2000). Findings of addition and subtraction in infants are robust and consistent: Reply to Wakeley, Rivera, and Langer. *Child Development, 71,* 1535–1536.

Wynn, K. (2008). Some innate foundations of social and moral cognition. In K. Wynn (Ed.) *The innate mind. Volume 3: Foundations and the future* (pp. 330–347). Oxford University Press.

Wynn, K., Bloom, P., Jordan, A., Marshall, J., & Sheskin, M. (2018). Not noble savages after all: Limits to early altruism. *Current Directions in Psychological Science, 27,* 3–8.

Wynne, C. D. L. (2004). *Do animals think?* Princeton University Press.

Wynne, C. D. L. (2008). Aping language: A skeptical analysis of the evidence for nonhuman primate language. *Skeptic, 13,* 10–13.

Wysocki, C. J., & Gilbert, A. N. (1989). National Geographic Smell Survey: Effects of age are heterogeneous. *Annals of the New York Academy of Sciences, 561,* 12–28.

Xie, L., Kang, H., Xu, Q., Chen, M. J., Liao, Y., Thiyagarajan, M., O'Donnell, J., Christensen, D. J., Nicholson, C., Iliff, J. J., Takano, T., Deane, R., & Nedergaard, M. (2013). Sleep drives metabolite clearance from the adult brain. *Science, 342,* 373–377.

Xu, J., Murphy, S. L., Kochanek, K. D., & Bastian B. A. (2016, February 16). Deaths: Final data for 2013. *National Vital Statistics Report, 64*(2), 1–119. Centers for Disease Control and Prevention.

Xu, J., & Potenza, M. N. (2012). White matter integrity and five-factor personality measures in healthy adults. *NeuroImage, 59,* 800–807.

Xu, Y., & Corkin, S. (2001). H.M. revisits the Tower of Hanoi puzzle. *Neuropsychology, 15,* 69–79.

Yamaguchi, M., Masuchi, A., Nakanishi, D., Suga, S., Konishi, N., Yu, Y. Y., & Ohtsubo, Y. (2015). Experiential purchases and prosocial spending promote happiness by enhancing social relationships. *The Journal of Positive Psychology,* 1–9.

Yang, J., & Hofmann, J. (2015). Action observation and imitation in autism spectrum disorders: An ALE meta-analysis of fMRI studies. *Brain Imaging and Behavior, 10,* 960–969.

Yang, S. Y., Lin, C. Y., Huang, Y. C., & Chang, J. H. (2018). Gender differences in the association of smartphone use with the vitality and mental health of adolescent students. *Journal of American College Health, 66,* 693–701.

Yang, Y., Cao, S., Shields, G. S., Teng, Z., & Liu, Y. (2017). The relationships between rumination and core executive functions: A meta-analysis. *Depression and Anxiety, 34,* 37–50.

Yang, Y., & Raine, A. (2009). Prefrontal structural and functional brain imaging findings in antisocial, violent, and psychopathic individuals: A meta-analysis. *Psychiatry Research: Neuroimaging, 174,* 81–88.

Yang, Y. C., Boen, C., Gerken, K., Li, T., Schorpp, K., & Harris, K. M. (2016). Social relationships and physiological determinants of longevity across the human life span. *PNAS, 113,* 578–583.

Yankelovich Partners. (1995, May/June). Growing old. *American Enterprise,* p. 108.

Yarnell, P. R., & Lynch, S. (1970, April 25). Retrograde memory immediately after concussion. *The Lancet,* pp. 863–865.

Yasmin, S. (2017). Experts debunk study that found Holocaust trauma is inherited. *Chicago Tribune.* https://www.chicagotribune.com/lifestyles/health/ct-holocaust-trauma-not-inherited-20170609-story.html

Yates, A. (1989). Current perspectives on the eating disorders: I. History, psychological and biological aspects. *Journal of the American Academy of Child and Adolescent Psychiatry, 28,* 813–828.

Yates, A. (1990). Current perspectives on the eating disorders: II. Treatment, outcome, and research directions. *Journal of the American Academy of Child and Adolescent Psychiatry, 29,* 1–9.

Yau, J. O. Y., & McNally, G. P. (2018). Brain mechanisms controlling Pavlovian fear conditioning. *Journal of Experimental Psychology: Animal Learning and Cognition, 44,* 341–357.

Ybarra, O. (1999). Misanthropic person memory when the need to self-enhance is absent. *Personality and Social Psychology Bulletin, 25,* 261–269.

Yeager, D. S., Dahl, R. E., & Dweck, C. S. (2018). Why interventions to influence adolescent behavior often fail but could succeed. *Perspectives on Psychological Science, 13,* 101–122.

Yeager, D. S., Hanselman, P., Walton, G. M., Murray, J. S., Crosnoe, R., Muller, C., Tipton, E., Schneider, B., Hulleman, C. S., Hinojosa, C. P., Paunesku, D., Romero, C., Flint, K., Robert, A., Trott, J., Iachan, R., Buontempo, J., Yang, S. M., Carvalho, C. M., . . . Dweck, C. S. (2019). A national experiment reveals where a growth mindset improves achievement. *Nature, 573,* 364–369.

Yehuda, R., Daskalakis, N. P., Bierer, L. M., Bader, H. N., Klengel, T., Holsboer, F., & Binder E. B. (2016). Holocaust exposure induced intergenerational effects on FKBP5 methylation. *Biological Psychiatry, 80,* 372–380.

Yengo, L., Robinson, M. R., Keller, M. C., Kemper, K. E., Yang, Y., Trzaskowski, M., Gratten, J., Turley, P., Cesarini, D., Benjamin, D. J., Wray, N. R., Goddard, M. E., Yang, J., & Visscher, P. M. (2018). Imprint of assortative mating on the human genome. *Nature Human Behaviour, 2,* 948–954.

Yerkes, R. M., & Dodson, J. D. (1908). The relation of strength of stimulus to rapidity of habit-formation. *Journal of Comparative Neurology and Psychology, 18,* 459–482.

Yesavage, J. A., Fairchild, J. K., Mi, Z., Biswas, K., Davis-Karim, A., Phibbs, C. S., Forman, S. D., Thase, M., Williams, L. M., Etkin, A., O'Hara, R., Georgette, G., Beale, T., Huang, G. D., Noda, A., George, M. S., & VA Cooperative Studies Program Study Team. (2018). Effect of repetitive transcranial magnetic stimulation on treatment-resistant major depression in US veterans: A randomized clinical trial. *JAMA Psychiatry, 75,* 884–893.

Yilmaz, Z., Hardaway, J. A. & Bulik, C. M. (2015). Genetics and epigenetics of eating disorders. *Advances in Genomics and Genetics, 5,* 131–150.

Yin, L., & Weber, B. (2019). I lie, why don't you: Neural mechanisms of individual differences in self-serving lying. *Human Brain Mapping, 40,* 1101–1113.

Yokum, D., Ravishankar, A., & Coppock, A. (2019). A randomized control trial evaluating the effects of police body-worn cameras. *PNAS, 116,* 10329–10332.

Yong, H. H., Borland, R., Cummings, K. M., Gravely, S., Thrasher, J. F., McNeill, A., Hitchman, S., Greenhalgh, E., Thompson, M. E., & Fong, G. T. (2019). Reasons for regular vaping and for its discontinuation among smokers and recent ex-smokers: Findings from the 2016 ITC Four Country Smoking and Vaping Survey. *Addiction, 114,* Suppl 1, 35–48.

Yoshimoto, C., & Frauenheim, E. (2018, February 27). The best companies to work for are beating the marketplace. *Fortune.* https://fortune.com/2018/02/27/the-best-companies-to-work-for-are-beating-the-market/

Young, C., & Lim, C. (2014). Time as a network good: Evidence from unemployment and the standard workweek. *Sociological Science, 1,* 10–27.

Young, S. G., Hugenberg, K., Bernstein, M. J., & Sacco, D. F. (2012). Perception and motivation in face recognition: A critical review of theories of the cross-race effect. *Personality and Social Psychology Review, 16,* 116–142.

Young, S. M., & Pinsky, D. (2006). Narcissism and celebrity. *Journal of Personality, 40,* 463–471.

Youngentob, S. L., & Glendinning, J. I. (2009). Fetal ethanol exposure increases ethanol intake by making it smell and taste better. *PNAS, 106,* 5359.

Youngentob, S. L., Kent, F., Scheehe, P. R., Molina, J. C., Spear, N. E., & Youngentob, L. M. (2007). Experience-induced fetal plasticity: The effect of gestational ethanol exposure on the behavioral and neurophysiologic olfactory response to ethanol odor in early postnatal and adult rats. *Behavioral Neuroscience, 121,* 1293–1305.

Younger, J., Aron, A., Parke, S., Chatterjee, N., & Mackey, S. (2010) Viewing pictures of a romantic partner reduces experimental pain: Involvement of neural reward systems. *PLOS ONE, 5,* e13309.

Yount, K. M., James-Hawkins, L., Cheong, Y. F., & Naved, R. T. (2017). Men's perpetration of partner violence in Bangladesh: Community gender norms and violence in childhood. *Psychology of Men & Masculinity, 19,* 117–130.

Youyou, W., Kosinski, M., & Stillwell, D. (2015). Computer-based personality judgments are more accurate than those made by humans. *PNAS, 112,* 1036–1040.

Yu, H., McCoach, D. V., Gottfried, A. W., & Gottfried, A. E. (2018). Stability of intelligence from infancy through adolescence: An autoregressive latent variable model. *Intelligence, 69,* 8–15.

Yu, H., Yan, H., Wang, L., Li, J., Tan, L., Deng, W., Chen, Q., Yang, G., Zhang, F., Lu, T., Yang, J., Li, K., Lv, L., Tan, Q., Zhang, H., Xiao, X., Li, M., Ma, X., Yang, F., . . . Chinese Antipsychotics Pharmacogenomics Consortium. (2018b). Five novel loci associated with antipsychotic treatment response in patients with schizophrenia: A genome-wide association study. *The Lancet Psychiatry, 5,* 327–338.

Yudkin, D., Hawkins, S., Dixon, T. (2019b, June). *The perception gap: How false impressions are pulling Americans apart* [PDF file]. More in Common. https://perceptiongap.us/media/zaslaroc/perception-gap-report-1-0-3.pdf

Yudkin, D. A., Van Bavel, J. J., & Rhodes, M. (2019). Young children police group members at personal cost. *Journal of Experimental Psychology: General, 149,* 182–191.

Yuen, R. K., Merico, D., Cao, H., Pellecchia, G., Alipanahi, B., Thiruvahindrapuram, B., Tong, X., Sun, Y., Cao, D., Zhang, T., Wu, X., Jin, X., Zhou, Z., Liu, X., Nalpathamkalam, T., Walker, S., Howe, J. L., Wang, Z., MacDonald, . . . Scherer, S. W. (2016).

Genome-wide characteristics of de novo mutations in autism. *NPJ Genomic Medicine, 1,* 1–10.

Yuki, M., Maddux, W. W., & Masuda. T. (2007). Are the windows to the soul the same in the East and West? Cultural differences in using the eyes and mouth as cues to recognize emotions in Japan and the United States. *Journal of Experimental Social Psychology, 43,* 303–311.

Zagorsky, J. L. (2007). Do you have to be smart to be rich? The impact of IQ on wealth, income and financial distress. *Intelligence, 35,* 489–501.

Zahrt, O. H., & Crum, A. J. (2017). Perceived physical activity and mortality: Evidence from three nationally representative U.S. samples. *Health Psychology, 36,* 1017–1025.

Zainulbhai, H. (2016, March 8). *Strong global support for gender equality, especially among women.* Pew Research Center. https://www.pewresearch.org/fact-tank/2016/03/08/strong-global-support-for-gender-equality-especially-among-women/

Zajonc, R. B. (1965). Social facilitation. *Science, 149,* 269–274.

Zajonc, R. B. (1980). Feeling and thinking: Preferences need no inferences. *American Psychologist, 35,* 151–175.

Zajonc, R. B. (1984). On the primacy of affect. *American Psychologist, 39,* 117–123.

Zajonc, R. B. (1998). Emotions. In D. Gilbert, S. T. Fiske, & G. Lindzey (Eds.), *Handbook of social psychology* (4th ed.). McGraw-Hill.

Zajonc, R. B. (2001). Mere exposure: A gateway to the subliminal. *Current Directions in Psychological Science, 10,* 224–228.

Zajonc, R. B., & Markus, G. B. (1975). Birth order and intellectual development. *Psychological Review, 82,* 74–88.

Zanarini, M. C., Williams, A. A., Lewis, R. E., Reich, R. B., Vera, S. C., Marino, M. F., Levin, A., Yong, L., & Frankenburg, R. F. (1997). Reported pathological childhood experiences associated with the development of borderline personality disorder. *American Journal of Psychiatry, 154,* 1101–1106.

Zannas, A. S., Provençal, N., & Binder, E. B. (2015). Epigenetics of posttraumatic stress disorder: current evidence, challenges, and future directions. *Biological Psychiatry, 78,* 327–335.

Zaslavsky, O., Palgi, Y., Rillamas-Sun, E., LaCroix, A. Z., Schnall, E., Woods, N. F., Cochrane, B. B., Garcia, L., Hingle, M., Post, S., Seguin, R., Tindle, H., & Shrira, A. (2015). Dispositional optimism and terminal decline in global quality of life. *Developmental Psychology, 51,* 856–863.

Zauberman, G., & Lynch, J. G., Jr. (2005). Resource slack and propensity to discount delayed investments of time versus money. *Journal of Experimental Psychology: General, 134,* 23–37.

Zaval, L., Keenan, E. A., Johnson, E. J., & Weber, E. U. (2014). How warm days increase belief in global warming. *Nature Climate Change, 4,* 143–147.

Zeelenberg, R., Wagenmakers, E.-J., & Rotteveel, M. (2006). The impact of emotion on perception. *Psychological Science, 17,* 287–291.

Zeidner, M. (1990). Perceptions of ethnic group modal intelligence: Reflections of cultural stereotypes or intelligence test scores? *Journal of Cross-Cultural Psychology, 21,* 214–231.

Zeineh, M. M., Engel, S. A., Thompson, P. M., & Bookheimer, S. Y. (2003). Dynamics of the hippocampus during encoding and retrieval of face-name pairs. *Science, 299,* 577–580.

Zelenski, J. M., & Nisbet, E. K. (2014). Happiness and feeling connected: The distinct role of nature relatedness. *Environmental Behavior, 46,* 3–23.

Zell, E., & Alicke, M. D. (2010). The local dominance effect in self-evaluation: Evidence and explanations. *Personality and Social Psychology Review, 14,* 368–384.

Zell, E., Krizan, Z., & Teeter, S. R. (2015). Evaluating gender similarities and differences using meta-synthesis. *American Psychologist, 70,* 10–20.

Zell, E., Strickhouser, J. E., & Krizan, Z. (2018). Subjective social status and health: A meta-analysis of community and society ladders. *Health Psychology, 37,* 979–987.

Zentner, M., & Eagly, A. H. (2015). A sociocultural framework for understanding partner preferences of women and men: Integration of concepts and evidence. *European Journal of Social Psychology, 26,* 328–373.

Zerr, C. L., Berg, J. J., Nelson, S. M., Fishell, A. K., Savalia, N. K., & McDermott, K. B. (2018). Learning efficiency: Identifying individual differences in learning rate and retention in healthy adults. *Psychological Science, 29,* 1436–1450.

Zerubavel, N., Hoffman, M. A., Reich, A., Ochsner, K. N., & Bearman, P. (2018). Neural precursors of future liking and affective reciprocity. *PNAS, 115,* 4375–4380.

Zetsche, U., Bürkner, P.-C., & Renneberg, B. (2019). Future expectations in clinical depression: Biased or realistic? *Journal of Abnormal Psychology, 128,* 678–688.

Zhang, H., Gross, J., De Dreu, C., & Ma, Y. (2019). Oxytocin promotes coordinated out-group attack during intergroup conflict in humans. *eLife, 8,* e40698.

Zhang, J. (2016, July 2). Personal correspondence from Dept. of Psychology and Behavioral Science, Zhejiang University, Hangzhou, China, based on "2015–2016 Nationwide Psychology Specialty Ranking."

Zhang, J., Fang, L., Yow-Wu, B. W., & Wieczorek, W. F. (2013). Depression, anxiety, and suicidal ideation among Chinese Americans: A study of immigration-related factors. *The Journal of Nervous and Mental Disease, 201,* 17–22.

Zhang, W., Jiao, B., Zhou, M., Zhou, T., & Shen, L. (2016). Modeling Alzheimer's disease with induced pluripotent stem cells: Current challenges and future concerns. *Stem Cells International, 2016,* 7828049.

Zhong, C.-B., Dijksterhuis, A., & Galinsky, A. D. (2008). The merits of unconscious thought in creativity. *Psychological Science, 19,* 912–918.

Zhou, J., Park, C. Y., Theesfeld, C. L., Wong, A. K., Yuan, Y., Scheckel, C., Fak, J. J., Funk, J., Yao, K., Tajima, Y., Packer, A., Darnell, R. B., & Troyanskaya, O. G. (2019). Whole-genome deep-learning analysis identifies contribution of noncoding mutations to autism risk. *Nature Genetics, 51,* 973–980.

Zhou, S., DeFranco, J. P., Blaha, N. T., Dwivedy, P., Culver, A., Nallamala, H., Chelluri, S., & Dumas, T. C. (2019). Aversive conditioning in the tardigrade, *Dactylobiotus dispar. Journal of Experimental Psychology: Animal Learning and Cognition, 45*(4), 405–412.

Zhou, S., Page-Gould, E., Aron, A., Moyer, A., & Hewstone, M. (2019). The extended contact hypothesis: A meta-analysis on 20 years of research. *Personality and Social Psychology Review, 23,* 132–160.

Zhou, Y., Zou, M., Woods, S. A., & Wu, C.-H. (2019). The restorative effect of work after unemployment: An intraindividual analysis of subjective well-being recovery through reemployment. *Journal of Applied Psychology, 104,* 1195–1206.

Zilbergeld, B. (1983). *The shrinking of America: Myths of psychological change.* Little, Brown.

Zilcha-Mano, S., Errázuriz, P., Yaffe-Herbst, L., German, R. E., & DeRubeis, R. J. (2019). Are there any robust predictors of "sudden gainers," and how is sustained improvement in treatment outcome achieved following a gain? *Journal of Consulting and Clinical Psychology, 87,* 491–500.

Zill, N., & Wilcox, W. B. (2017, June 8). *What happens at home doesn't stay there: It goes to school.* Institute for Family Studies. https://ifstudies.org/blog/what-happens-at-home-doesnt-stay-there-it-goes-to-school

Zillmann, D. (1989). Effects of prolonged consumption of pornography. In D. Zillmann & J. Bryant (Eds.), *Pornography: Research advances and policy considerations* (pp. 127–157). Erlbaum.

Zillmann, D., & Bryant, J. (1984). Effects of massive exposure to pornography. In N. Malamuth & E. Donnerstein (Eds.), *Pornography and sexual aggression.* Academic Press.

Zimbardo, P., Wilson, G., & Coulombe, N. (2016). How porn is messing with your manhood. *Skeptic.* https://www.skeptic.com/reading_room/how-porn-is-messing-with-your-manhood

Zimbardo, P. G. (1970). The human choice: Individuation, reason, and order versus deindividuation, impulse, and chaos. In W. J. Arnold & D. Levine (Eds.), *Nebraska Symposium on Motivation, 1969.* University of Nebraska Press.

Zimbardo, P. G. (2007, September). Person x situation x system dynamics. *The Observer* (Association for Psychological Science), p. 43.

Zimmermann, T. D., & Meier, B. (2006). The rise and decline of prospective memory performance across the lifespan. *Quarterly Journal of Experimental Psychology, 59,* 2040–2046.

Zinzow, H. M., Amstadter, A. B., McCauley, J. L., Ruggiero, K. J., Resnick, H. S., & Kilpatrick, D. G. (2011). Self-rated health in relation to rape and mental health disorders in a national sample of college women. *Journal of American College Health, 59,* 588–594.

Zogby, J. (2006, March). *Survey of teens and adults about the use of personal electronic devices and head phones.* Zogby International.

Zoma, M., & Gielen, U. P. (2015). How many psychologists are there in the world? *International Psychology Bulletin, 19,* 47–50.

Zou, L. Q., van Hartevelt, T. J., Kringelbach, M. L., Cheung, E. F., & Chan, R. C. (2016). The neural mechanism of hedonic processing and judgment of pleasant odors: An activation likelihood estimation meta-analysis. *Neuropsychology, 30,* 970–979.

Zubieta, J.-K., Bueller, J. A., Jackson, L. R., Scott, D. J., Xu, Y., Koeppe, R. A., Nichols, T. E., & Stohler, C. S. (2005). Placebo effects mediated by endogenous opioid activity on μ-opioid receptors. *Journal of Neuroscience, 25,* 7754–7762.

Zubieta, J.-K., Heitzeg, M. M., Smith, Y. R., Bueller, J. A., Xu, K., Xu, Y., Koeppe, R. A., Stohler, C. S., & Goldman, D. (2003). COMT val158met genotype affects μ-opioid neurotransmitter responses to a pain stressor. *Science, 299,* 1240–1243.

Zucco, G. M. (2003). Anomalies in cognition: Olfactory memory. *European Psychologist, 8,* 77–86.

Zucker, G. S., & Weiner, B. (1993). Conservatism and perceptions of poverty: An attributional analysis. *Journal of Applied Social Psychology, 23,* 925–943.

Zuckerman, M. (1979). *Sensation seeking: Beyond the optimal level of arousal.* Erlbaum.

Zuckerman, M. (1999). *Vulnerability to psychopathology: A biosocial model.* American Psychological Association.

Zuckerman, M. (2009). Sensation seeking. In M. Zuckerman (Ed.), *Handbook of individual differences in social behavior.* Guilford Press.

Zuckerman, M., Li, C., & Hall, J. A. (2016). When men and women differ in self-esteem and when they don't: A meta-analysis. *Journal of Research in Personality, 64,* 34–51.

Zunick, P. V., Fazio, R. H., & Vasey, M. W. (2015). Directed abstraction: Encouraging broad, personal generalizations following a success experience. *Journal of Personality and Social Psychology, 109*, 1–19.

Zuromski, K. L., Dempsey, C. L., Ng, T. H. H., Riggs-Donovan, C. A., Brent, D. A., Heeringa, S. G., Kessler, R. C., Stein, M. B., Ursano, R. J., Benedek, D., & Nock, M. K. (2019). Utilization of and barriers to treatment among suicide decedents: Results from the Army Study to Assess Risk and Resilience Among Servicemembers (Army STARRS). *Journal of Consulting and Clinical Psychology, 87*, 671–683.

Zuzanek, J. (2013). Does being well-off make us happier? Problems of measurement. *Journal of Happiness Studies, 14*, 795–815.

Zvolensky, M. J., Bakhshaie, J., Sheffer, C., Perez, A., & Goodwin, R. D. (2015). Major depressive disorder and smoking relapse among adults in the United States: A 10-year, prospective investigation. *Psychiatry Research, 226*, 73–77.

Zvolensky, M. J., & Bernstein, A. (2005). Cigarette smoking and panic psychopathology. *Current Directions in Psychological Science, 14*, 301–305.

Zwaan, R. A., Etz, A., Lucas, R. E., & Donnellan, M. B. (2018). Making replication mainstream. *Behavioral and Brain Sciences, 41*, 13.

Zych, I., Farrington, D. P., & Ttofi, M. M. (2018). Protective factors against bullying and cyberbullying: A systematic review of meta-analyses. *Aggression and Violent Behavior, 45*, 4–19.